CHOISY · LE ROY

G.
60.
11.

# LE GRAND DICTIONNAIRE GEOGRAPHIQUE ET CRITIQUE,

Par M. BRUZEN LA MARTINIERE,

Géographe de Sa Majesté Catholique Philippe V. Roi des Espagnes et des Indes.

## TOME SIXIÈME.

PREMIÉRE PARTIE.

N. & O.

A la Haye, Chez PIERRE GOSSE, & PIERRE DE HONDT.
A Amsterdam, Chez HERM. UITWERF, & FRANÇ. CHANGUION.
A Rotterdam, Chez JEAN DANIEL BEMAN.

MDCCXXXVI.

# LE GRAND
# DICTIONNAIRE
# GEOGRAPHIQUE
# ET
# CRITIQUE

Par M. BRUZEN LA MARTINIERE,

Géographe de Sa Maj. tè Catholique Philippe
V. Roi des Espagnes et des Indes.

## TOME SIXIÉME.
PREMIÈRE PARTIE.
N & O.

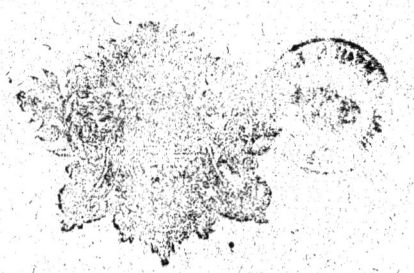

A la Haye, Chez Pierre Gosse, Pierre de Hondt,
& Compagnie, Chez Herm. Uytwerf, & Franç. Changuion,
A Amsterdam, Chez Jean Daniel Beman,

MDCCXXXVI.

# LE GRAND
# DICTIONNAIRE
# GÉOGRAPHIQUE,
# ET
# CRITIQUE.

## NAA.

NAAGRAMMA [a], Ville d'Asie, sur le Gange, selon Ptolomée, qui la met entre Budæa & Camigara.

[a] Lib. 7. c. 1.

NAAGRAMMUM ; Ptolomée [b] dit que Ναάγραμμον, étoit la Métropole de l'Isle Taprobane : il la place dans les terres, entre Anurogrammum & Adisamum.

[b] Ibid. c. 4.

NAALOL, ou NAHALOL, ou NACHALAL, Ville de la Tribu de Zabulon [c]. Elle fut cédée aux Levites & donnée à la famille de Merari [d]. Les enfans de Zabulon n'exterminérent point les habitans de Naalol [e] : ils y laisserent habiter les Cananéens, qui devinrent leurs Tributaires. On ne sait pas positivement la situation de cette Ville [f].

[c] Josué, 19. LAL
[d] Ibid. 21. 35.
[e] Judic. 1. 30.
[f] Dom Cal- met Dict.

NAAMA, Ville de la Tribu de Juda. Elle est seulement nommée dans Josué [g].

[g] c. 15. 41.

NAAMATH, ou NAAMA ; Sophar, un des trois amis de Job qui le vinrent trouver, étoit de Naamath [h]. Cette Ville est nommée *Minæi* par les Septante. Eusebe [i] écrit Μαυυαῖοι.

[h] Job 2. 11.
[i] Præpar.

NAANA. Voyez NABLA.

NAANSI, Peuples de l'Amérique Septentrionale, dans la Louïsiane, auprès des Nabiri, entre les Cenis & les Cadodaquios. Ce Peuple est très-nombreux.

NAARAN, appellée autrement NORAN, Ville de la Tribu d'Ephraïm [k], du côté de l'Orient.

[k] 1 Paral. 7. 28.

## NAA.

NAARATHA, Ville de la Tribu d'Ephraïm [l], sur la Frontiére. Eusébe [m] met une Ville de Naarath, à cinq milles de Jericho. C'est apparemment la même que Neara, dont parle Josephe ; & d'où il dit que l'on conduisoit les eaux, pour arroser les palmiers de Jericho [n]. C'est peut-être aussi la même que NAARAN, dont on vient de parler.

[l] Josué, 16. 7.
[m] In Naa- ρώθα.
[n] Dom Cal- met Dict.

NAARDA, Ville de Syrie, sur l'Euphrate, selon Etienne le Géographe. Ptolomée [o] la place dans la Mésopotamie entre Teridata & Sipphara. Voyez NEARDA.

[o] l. 5. c. 18.

NAARMALCHA, c'est-à-dire le fleuve des Rois : [p] nom d'une fosse creusée par les ordres de Trajan & ensuite par ceux de Sévére, pour joindre l'Euphrate avec le Tigre. D'autres [q] disent que Trajan ne fit pas creuser cette fosse ; mais qu'il en forma seulement le projet. Voyez EUPHRATE.

[p] Am. Mar. l. 24.
[q] Dion. in Vit.Trajani.

NAARSAFARUM, Ville d'Arabie, selon la Notice [r] des Dignitez de l'Empire Romain ; où on lit : *Ala secunda miliarensis Naarsafari*.

[r] Sect. 2.

1. NAAS, Ville de la Tribu de Juda ; elle fut peuplée par Theinna [s].

[s] 1 Paral. 4.

2. NAAS [t], Ville d'Irlande, dans la Province de Leinster, au Comté de Kildare, à treize milles au Sud-Est de Carbury, près de la Liffe, & à onze milles presque à l'Est de Kildare. Cette Ville a droit d'envoyer deux Députez au Parlement.

[t] Etat pré- sent d'Irlan- de, p. 40.

NAASON [a], ou NAASSON, Ville de la Galilée, au dessous de la Ville de Nephtali.

[a] Tobiæ 1. 1.

NAASSE [b] Forteresse des Turcs, dans la haute Egypte, à la droite du Nil. Elle est bâtie sur une petite hauteur & n'a qu'une porte pour y entrer. Ses murailles ne sont que de briques cuites au Soleil. Toute son artillerie consiste en cinq petits Fauconneaux & en un gros Canon de fer. La garnison est d'environ cent cinquante Janissaires. On commence delà à entendre le bruit des Cataractes du Nil, & à voir les Montagnes d'où les eaux de ce fleuve se précipitent. A un quart de lieuë de cette Forteresse on trouve un endroit rempli de tombeaux d'une très-belle pierre blanche comme du marbre; & sur ces tombeaux il y a des Inscriptions d'un caractére inconnu. Au sortir de ces tombeaux on entre dans une des plus grandes Villes du monde, mais ruïnée. Elle est située au pied d'une longue Montagne. On y voit encore un Temple, qui étoit un superbe bâtiment, à en juger par ce qui en reste. Il y a apparence que les ruïnes cachent les marches, qui conduisoient à quatre grandes portes, dont chacune étoit soutenuë de huit grandes Colonnes de granite rougeâtre & comme jaspées. Tout le dessus des Colonnes est tombé en ruïne. Au milieu de ce vaste Edifice il y avoit un bâtiment de marbre blanc, dont les dehors étoient pleins de figures en bas relief. Elles reprefentoient de petits enfans, des oiseaux, des vaches & d'autres animaux, sur tout quantité de Chathuans. Il n'est pas possible d'approcher de ce petit Temple, à cause de la quantité des serpens au milieu desquels il faudroit passer. Il y avoit 160. colonnes autour de cet Edifice: mais plus des deux tiers sont tombées par terre. On voit aussi aux environs plusieurs Palais bâtis de pierres d'une prodigieuse grosseur.

[b] Paul Lucas, 1. Voy. du Levant.t. 1.p.89.

Après avoir marché quelque tems dans les ruïnes de cette ancienne Ville, on rencontre à l'abri d'une Montagne & précisément au Midi, un bâtiment merveilleux. C'est un Palais grand comme une petite Ville. Quatre avenuës de Colonnes conduisent à quatre Portiques, à chacun desquels, entre deux grandes colonnes de porphyre sont deux figures de Géans, en marbre noir, & qui ont chacun une masse à la main. Chaque avenuë est composée de plus de 1500. Colonnes, placées en triangle; & sur le chapiteau de chaque triangle il y a un Sphinx. Toutes ces colonnes ne sont pas debout: on en voit plusieurs qui sont tombées. Elles ont 70. pieds de haut & sont toutes d'une seule pierre. Il faut que dans les quatre avenuës leur nombre aille à 5. ou 6. mille.

La prémiére sale de ce Palais est peinte de très-beaux sujets d'Histoire; & il ne paroît pas qu'il y ait bien longtems que cette peinture est achevée. On y voit des chasses de Gazelles en quelques endroits, des festins en d'autres & quantité de petits enfans, qui jouënt avec divers animaux. On passe delà à d'autres appartemens, tous revêtus de marbre, & dont les voutes étoient soutenuës par des colonnes de porphyre & de marbre noir. Quoique les décombremens ne permettent pas d'aller par-tout, on ne laisse pas de trouver le moyen de parvenir jusqu'au haut, d'où l'on apperçoit les ruïnes d'une des plus grandes Villes qu'on puisse se figurer. Quelques-uns croient que ce pourroit être l'ancienne Thébes à cent portes. En regardant du côté du Désert, qui est au Levant, on découvre environ douze grandes Pyramides, qui, ce semble, ne cédent en rien à celles du grand Caire: outre cela on voit quantité de Bustes de figures d'hommes, & qui ont plus de 30. pieds de haut. On remarque encore un fort grand nombre de Palais, qui paroissent tous entiers; mais ils sont tellement enfévelis dans les ruïnes, que l'on n'en voit plus les portes. Sur le chemin de cette Ville à Nasse, en prenant le penchant de la Montagne, on trouve un endroit tout rempli de puits quarrez: ils servoient à enterrer les gens du Pays.

NAB, ou NABE, Riviere d'Allemagne. Elle sort des Montagnes de Franconie, prend son cours du côté du Midi, traverse le Palatinat de Bavière & le Duché de Neubourg & va se jetter dans le Danube, un peu au dessus de Ratisbonne.

[c] De l'Isle Carte de l'Allemagne & du Cours du Danube.

NABA. Voyez ABARIM.

NABABURUM, Ville de la Mauritanie Césariense, selon Ptolomée [d], qui la place entre Zaratha & Vitaca.

[d] Lib.4.c. 2.

NABADATH. Voyez MADABA.

NABADES, Peuples de la Mauritanie Césariense, selon Pline [e]. Ne seroit-ce point les *Nabafi* que Ptolomée [f] place sur le mont Cinnaba?

[e] Lib.5.c. 2.
[f] Lib.4.c.2.

NABÆ. Voyez NOBE.

NABÆUS. Voyez NANÆUS.

NABALENSIS, cet Evêché étoit vacant, lorsque la Notice Episcopale des Evêchez d'Afrique fut faite. C'est peut-être la seule trace qui nous reste de cet Evêché.

1. NABALIA, fleuve. Voyez VAHALIS.

2. NABALIA, Ville. Voyez NAVALIA.

NABALLO, Forteresse des Arabes, dans la Palestine [g]. Les Israëlites en firent la conquête.

[g] Joseph. Antiq. lib. 14.c.2.

NABANDIS. Voyez NAMADOS.

NABANNÆ, Peuple d'Asie, dans la Serique, selon Ptolomée [h], qui les plus Orientaux que les ANNIBI. Ammian Marcellin [i] au lieu de *Nabanna* lit *Rabanna*; & c'est ainsi qu'écrivent les Interprétes de Ptolomée: de sorte que *Nabanna* & *Rabanna* sont le même Peuple.

[h] Lib.6 c. 16.
[i] Lib.23. p. 277.

NABAON, petite Riviere de Portugal dans l'Estramadure. [k] Elle baigne Tomar à quelques lieues au dessous de ses sources. Elle va ensuite se décharger dans le Zezare entre Paypelle & Tancos, un peu avant que le Zezare mêle ses eaux avec celles du Tage.

[k] Jaillot, Carte de Portugal.

NABANTIUM. Voyez TOMAR.

NABAR. Voyez NASABATH.

NABARA. Village de la Batanée suivant Eusébe [l].

[l] In Nebra.

NABARIS, Ville de l'Arie, suivant le temoignage de Ptolomée [m]. Ses Interprétes lisent NAMARIS.

[m] Lib.6.c. 17.

NABARUS. Voyez NOUERUS.

NABASI, Peuples de la Mauritanie Césariense, sur le mont Cinaba, selon Ptolomée [n]: ses Interprétes croient qu'il faut lire ENABASI.

[n] Lib. 4. c. 2.

# NAB.

**NABATH.** Voyez NAIBOTH.

**NABATHÆI**, les NABATHÉENS, ou les NABATHENIENS; Peuples de l'Arabie heureuse. Ce sont les descendans de Nabajot, prémier fils d'Ismaël. Leur Pays s'appelle Nabathéne & s'étend depuis l'Euphrate jusqu'à la Mer rouge [a]. Ce n'est pas à dire que les Nabathéens soient les seuls qui habitent ces vastes Contrées, mais ils en sont les principaux habitans. Leurs principales Villes sont, PETRA Capitale de l'Arabie déserte, ME'DABA & quelques autres; car le Pays est, pour ainsi dire, entiérement désert, & les Nabathéens, non plus que les autres Arabes de l'Arabie déserte, ne se mettent point en peine de bâtir des Maisons, ni de demeurer dans des Villes. La plupart même regardent cela comme une servitude & une lâcheté. La vie errante qu'ils ménent avec leurs femmes, leurs enfans & leurs Bestiaux, & la liberté dont ils jouïssent, n'ayant à répondre à personne, leur paroît le plus grand de tous les biens de la vie; leurs principales richesses consistent en bétail. Isaïe [b] promet à Jérusalem que les gras beliers de Cédar & de Nabajoth seront apportez dans le Temple du Seigneur, & offerts sur son autel. Les Nabathéens ne sont guere connus dans l'Ecriture que du tems des Maccabées. Pendant les guerres que les Juifs soûtinrent contre les Syriens, & pendant le soulévement de presque tous les peuples des environs de la Judée contre les Hebreux, les seuls Nabathéens leur témoignérent de l'affection. Judas Maccabée étant allé au secours de ses fréres dans le Pays de Galaad, fut reçu des Nabathéens [c]. Quelque tems après, [d] Jonathas Maccabée envoya son frere Jean, pour conduire & pour mettre en dépôt chez les Nabathéens les bagages de son Armée, qui l'embarrassoient: mais les habitans de Medaba prirent Jean, le tuérent & se saisirent de tout ce qu'il avoit. Diodore de Sicile [e], après avoir dit que l'Arabie est située entre la Syrie & l'Egypte & partagée entre différens Peuples, ajoute que les Arabes *Nabathæi*, habitent un Pays désert, qui manque d'eau, & qui ne produit aucuns fruits, si ce n'est dans un très-petit Canton. Il sembleroit par-là que le Pays de ces Peuples s'étendoit jusqu'à la Chaldée, & qu'il faudroit en retrancher toute la partie Occidentale des Terres qu'on leur attribuë communément: Ovide paroît même favoriser ce sentiment dans ce vers [f]:

*Eurus ad Auroram Nabathæaque regna recessit.*

Au contraire Etienne le Géographe met les *Nabathæi* dans l'Arabie heureuse. Mais tous les autres Géographes s'accordent à leur donner l'Arabie Pétrée. Strabon [g] dit que la Ville de Petra leur appartenoit: Pline [h] dit la même chose; & Diodore de Sicile lui-même dit dans un autre endroit [i] que les *Nabathæi* habitoient aux environs du Golphe Elanitique, qui est à l'Occident de l'Arabie, & en même tems dans l'Arabie Pétrée. Joséphe [k] nous apprend que Jonathas Maccabée étant dans le Pays d'Emath, & ayant chassé ses ennemis au delà du fleuve Eleuthére, entra dans l'Arabie, batit les Nabathéens &

*Notes marginales:*
[a] Joseph. Antiq. l. 1. c. 13. Hieronym. qu. Heb. in Genes. 25. 13.
[b] Isai. 60. 7.
[c] 1 Macc. v. 24. 25. An. du Monde 3842. avant J.C. 159. avant l'Ere vulgaire 163.
[d] 1 Macc. 9. 35. vers l'An du Monde 3843. avant J.C. 157. avant l'Ere vulgaire 161.
[e] l. 2. c. 48.
[f] l. 1. Metamorph. v. 61.
[g] l. 16.
[h] l. 6. c. 28.
[i] l. 3. c. 43.
[k] Antiq. l. 13. c. 9.

# NAB.

vint à Damas. St. Epiphane [l] ajoute que les Ebionites venoient principalement du Pays des Nabathéens & de Panéade.

**NABATHÆA PETRA**, Ville de l'Arabie, selon Strabon [m] qui la place entre le Golphe Arabique & la Babylonie. C'est la Ville de Petra, dont Ptolomée [n] fait mention dans l'Arabie Pétrée.

**NABATHRÆ**, Peuples de la Libye intérieure. Ptolomée [o] les place immédiatement après les Nanosbes, & les étend jusqu'au mont Arualtus.

**NABATHRÆ**, Peuples de l'Afrique propre dans la partie Occidentale de cette Contrée, selon Ptolomée [p].

**NABDÆI**, Peuples différens des *Nabathæi*. Eusébe [q] dit que David les dompta.

**NABEL**, NEBEL, ou NABIS, [r] comme les Maures l'appellent; petite Ville d'Afrique dans la Seigneurie de la Goulette. Ptolomée [s] en fait mention sous le nom de NEAPOLIS COLONIA. Les habitans la nomment encore aujourd'hui *Napoli de Barbarie*. Elle a été bâtie par les Romains. Elle est située près de la Mer Méditerranée, à 3. lieues de Tunis vers l'Orient. On n'y trouve à présent que quelques Paysans. C'étoit autrefois une Ville très-peuplée.

**NABIANI**, Peuples de la Sarmatie Asiatique, selon Strabon [t]. Il les place sur le Palus Méotide. Il ajoute qu'ils vivent errans & qu'ils sont voisins des Aorses.

**NABIRI**, Peuple de l'Amerique Septentrionale, dans la Louïsiane. Ce Peuple qui est nombreux habitoit entre les Cenis & les Cadodaquios, furent la route que le Sieur Cavelier tint pour aller des Cenis aux Alkansa, après la mort du Sieur la Salle son frere: on dit que ce Peuple s'est retiré plus bas, au Nord de la Riviere Rouge & de celle des Ouanahinan.

**NABITI**, petit Peuple de l'Amerique Septentrionale dans la Louïsiane. Il demeure au bord de la Riviere Ouatchitas, entre les Chiakantesou & les Ouanahinan.

**NABIUS**, fleuve de l'Espagne Tarraconoise, selon Ptolomée [v], qui place *Nabii fluminis ostia*, entre *Metari fluminis ostia* & *Navillovionis fluminis ostia*. Pomponius Méla nomme ce fleuve *Narius* [x], selon Pintaut. Les autres Editions portent *Ivia*.

**NABLA**, Ville de la Sarmatie Asiatique. Ptolomée [y] la place auprès du fleuve Corax. Ses Interpretes lisent NAANA au lieu de NABLA.

1. **NABO**, ou NEBO, Ville de la Tribu de Ruben [z]. Comme elle étoit au voisinage du Pays de Moab, les Moabites s'en rendirent maîtres; & du tems de Jérémie elle étoit à eux [a].

2. **NABO**, ou NEBO, Ville de la Tribu de Juda [b]. C'est apparemment le Village de Nabau, à huit milles d'Hébron, vers le Midi [c], & qui étoit désert du tems d'Eusébe & de St. Jerome.

3. **NABO** ou NEBO, Montagne au-delà du Jourdain; C'est-là que Moyse mourut [d]. Voyez NEBO.

**NABOR**, ou ST. NABOR, [e] Abbaye de France, en Lorraine, Diocèse de Metz. St. Fridolin Abbé de St. Hilaire de Poitiers, quittant le Poitou pour aller s'habituer en Al-

*Notes marginales:*
[l] Hæres. l. 10. vel 30.
[m] l. 17.
[n] l. 5. c. 17.
[o] l. 4. c. 6.
[p] l. 4. c. 3.
[q] 9 Præpar.
[r] Dapper, descr. de l'Afrique, p. 194.
[s] l. 4. c. 3.
[t] l. 11. p. 506.
[v] l. 2. c. 6.
[x] l. 3. c. 1.
[y] l. 5. c. 9.
[z] Num. 32. 38.
[a] Jerem. 48. 1.
[b] Esdr. 11. 29. 10. 43.
[c] D. Calmet Dict.
[d] Deut. 32. 49.
[e] Topograph. des Saints, p. 330.

A 2

lemagne, fonda plufieurs Monaftéres fur la route. L'un des plus célèbres fut celui qu'il fit bâtir vers l'an 516. dans le Diocèfe de Mets fous le nom de St. Hilaire de Mofelle, quoique fort loin de cette Riviere. Mais en 765. Saint Chrodegang, Evêque de Mets, y ayant dépofé le corps du Martyr St. Nabor, qu'il avoit eu des cimetiéres de Rome, le Monaftére de St. Hilaire de Mofelle changea de nom & fut appellé l'Abbaye de St. Nabor.

NABOTH, Ville bâtie par les Enfans de Ruben [a]. La Verfion Chaldéenne lit NEBO. Voyez NEBO 1. & NOBE.

[a] Num. 32. 38.

NABOUZAN. Voyez NEBOUZAN.

NABRUM, fleuve d'Afie, dans la Gédrofie; Pline [b] dit qu'il eft navigable.

[b] l. 6. c. 33.

NACANNE, petit Peuple de l'Amerique Septentrionale, dans la Louïfiane, au bord Oriental de la Riviere des Cenis, vers le haut de ce fleuve.

NACACHES, Peuple de l'Amerique Septentrionale, dans la Louïfiane. Il habite à l'Occident du Miffiffipi, au bord de la Riviere que le Sr. Tonti appelle Onoroyfte; c'eft-à-dire, Riviere rouge.

NACADUMA, Ville de l'Ifle de Taprobane. Ptolomée [c] la place dans les terres, auprès de Ulifpada.

[c] l. 7. c. 4.

NACCARARUM, ancien nom d'un Marais dans l'Efpagne Tarraconnoife, felon Ortelius. Avienus [d] en fait mention dans ces vers:

[d] Or. Marit. v. 492.

*Palus per illa Naccararum extenditur:*
*Hoc nomen ifti nam paludi mos dedit,*
*Stagnique medio parva furgit infula,*
*Ferax olivi, & hinc Minerva ftat facra.*

NACE. Voyez PTOLEMAÏDE.

NACHABA, Ville de l'Arabie déferte. Ptolomée [e] la place dans le voifinage de la Méfopotamie, entre Artemita & Dumætha. Au lieu de NACHABA, les Interprétes lifent BANACHA.

[e] l. 5. c. 19.

NACHAL [f], ou NEHEL ESCOL; c'eft-à-dire le Torrent de la grappe. C'eft le lieu d'où les enfans d'Ifraël que Moyfe avoit envoyez pour confidérer la Terre promife, apportérent la grappe de raifin, les grenades & les figues. Le terme Hebreu *Nachal* ou *Nehel*, fignifie une Vallée, ou un Torrent. NEHEL ESCOL étoit vers le Midi de la Terre promife.

[f] Num. 13. 24. & 25.

NACCHEB, Ville de la Tartarie, [g] dans la Tranfoxiane. On la nomme affez fouvent Carchi & quelquefois Nefef. Voyez NEKSHCHEB.

[g] Petis de la Croix Hift. de Timur l. 3. c. 7.

NACCHIDGEHAN; [h] c'eft le nom du Palais du Roi de Perfe à Ifpahan.

[h] Ibid. c. 27.

NACCHIVAN [i], Ville de l'Armenie, dans la partie de cette Province, dont elle eft la Capitale. Les Hiftoires de Perfe font foi, que Nacchivan a été une des plus grandes & des plus belles Villes de l'Armenie. L'Hiftoire qui fe garde dans le célèbre Monaftére des Trois Eglifes porte que cette Ville eft l'ancienne Ardafchad, nommée Artaxate & Artaxafate, par les Ecrivains Grecs. D'autres Auteurs Arméniens font Nacchivan encore plus ancienne. Ils difent que Noé commença à la bâtir, & qu'il y établit fa demeure après le Déluge. Ils rapportent à cette origine l'Etymologie du nom Nacchivan, qui, à leur dire, fignifie en vieux Arménien, prémière habitation, ou prémier hofpice. Ptolomée [k] fait mention en cet endroit d'une Ville qu'il nomme *Naxuana*; ce pourroit être NACCHIVAN. On croit que c'eft la fameufe Artaxate, ou du moins qu'Artaxate en étoit fituée fort proche. Tacite en fait mention n'eft qu'à fept lieues de la Ville, & ce fleuve n'eft qu'à fept lieues de Nacchivan. La hauteur du Pole fur fon Horifon eft marquée fur les Aftrolabes Perfans, 38. d. 40'., & la Longitude 81. d. 34'.

[i] Chardin Voy. à Ifpahan, t. 2. p. 305.

[k] l. 5. c. 13.

Les ruïnes que l'on y voit aujourd'hui [l] témoignent aufli fon ancienneté, & marquent combien elle a fouffert par les guerres, furtout de la barbarie d'Amurath, qui la ruïna. Il ne laifla fur pied aucune de ces fuperbes Mofquées, que les Sectateurs d'Aly avoient fait bâtir: les Turcs les croyoient impures: de même les Armées des Perfans ruïnent les Mofquées des Turcs, par une jaloufie de fécte. [m] Nacchivan n'eft proprement aujourd'hui qu'un grand & prodigieux amas de ruïnes, qu'on reléve & qu'on repeuple peu à peu. Il n'y a que le cœur de la Ville qui foit rebâti & habité. On y voit de beaux Bazars, ou ruës couvertes, remplies de boutiques: on y vend toutes fortes de marchandifes & de denrées. Il y a cinq Caravanferais, des bains, des marchez, de grands cabarets à tabac & à caffé & deux mille Maifons ou environ. Les Hiftoires du Pays affurent qu'il y a eu autrefois quarante mille Maifons. Le Fauxbourg eft petit & fes Maifons reffemblent à des grotes.

[l] Careri Voy. autour du Monde, t. 2. p. 18.

[m] Chardin Ibid.

On voit proche de Nacchivan un grand Edifice de briques, haut de près de 70. palmes, octogone & terminé par une aiguille. On y entre par une grande porte: on monte par un efcalier en limaçon à deux tours fort élevées qui font de chaque côté, fans avoir de communication avec l'aiguille. On dit que Tamerlan le fit faire, quand il alla à la conquête de la Perfe. La Ville & le Pays qui en dépend font gouvernez par un Kan.

NACHES [n], Peuples de l'Amerique Septentrionale dans la Louïfiane. Ils font partagez en deux dominations [o]. Les terres de celle qui eft la moindre ne vont pas à plus de vingt lieues à la ronde. L'autre Nation de même nom eft dix lieues plus avant dans le Pays. Elle peut mettre en tout tems trois mille hommes fous les armes. Leurs terres portent du bled d'Inde, de toutes fortes de fruits, des oliviers & des vignes. On y voit de vaftes prairies, de grandes forêts & du bétail de toute efpéce. La pêche & la chaffe font les occupations & les richeffes de ces Sauvages, qui reconnoiffent un Chef.

[n] Corneille Dict.

[o] Nouvelle Rel. de l'Amerique fept. 1697.

NACHITOCHES, Peuples de l'Amerique Septentrionale dans la Louïfiane, à l'Eft du Miffiffipi. Mr. Tonti dit qu'ils étoient unis avec les Ouachita & les Capichis; qu'ils étoient maîtres de certaines falines, à l'occafion defquelles ils étoient en guerre avec les Taenta; & qu'il les reconcilia.

NACHON, il eft parlé de l'Aire de Nachon dans le fecond livre des Rois [p]. Ain-

[p] c. 6. v. 6.

## NAC.

*a* Dict.

NACHON, dit Dom Calmet [a], devroit être un nom d'homme, qui ne nous est connu par aucun autre endroit de l'Ecriture, que par celui où il est dit que quand les Bœufs qui portoient l'Arche, furent arrivez à l'aire de Nachon, ils commencérent à regimber; ce qui ayant mis l'Arche en danger d'être renversée, Oza y voulut mettre la main, &c. Mais d'autres traduisent l'Hebreu עד גרן נכון par, l'*Aire préparée*, l'Aire d'Obédédom, que l'on trouva près delà, disposée pour y placer l'Arche. Les livres des Paralipoménes [b] lisent l'*Aire de Chidon*, au lieu de l'Aire de Nachon; le Chaldéen dit simplement, *au lieu préparé*. [c] Ce lieu, quel qu'il soit, étoit ou dans Jérusalem, ou fort près de Jérusalem & de la Maison d'Obédédom [d], qui étoit dans cette Ville.

[b] 1 Par. 13. 9.
[c] D. Calmet Dict.
[d] 2 Reg. 6. 10.

NACHOR, Ville de Mesopotamie, suivant les Septante, & de Syrie auprès de l'Euphrate, suivant le Chaldéen. Il en est parlé dans la Genese [e], où au lieu de Nachor Josephe lit Χάῤῥαν. On croit que c'est la Ville de Haran, qui est nommée la Ville de Nachor dans deux autres endroits de la Genese [f].

[e] 24. 10.
[f] 20. 20. 21. 22.

NACHSHAB, ou NASAPH, Ville de la Grande Tartarie dans le Mawaralnahra [g] sur la Frontiére. Nachshab est le nom que les Etrangers donnent à cette Ville: les Arabes la nomment Nasaph. Elle est située dans une plaine. Les Montagnes en sont éloignées de deux journées de chemin du côté du fleuve de Cash. Entre Nachshab & Jihun, il y a un désert. Tout le reste du Pays est fertile. Cette Ville fournit ordinairement un grand nombre de Savans. Selon Alfaras elle est située à 88. d. 55′. de Longitude & à 39. d. 40′. de Latitude; mais suivant Albiruni elle n'est qu'à 88. d. 0′. de Longitude & à 39. d. 50′. de Latitude.

[g] Abulfeda Chorasmiæ, &c. Descr. p. 60.

NACIS, Village d'Ethiopie, que Ptolomée [h] place sur le bord Occidental du Nil entre *Mori* & *Tathis*.

[h] l. 4. c. 7.

NACLENSES. Voyez THESSALIA.

NACLES, Ville de la Phénicie, auprès d'Heliopolis, selon Ortelius [i] qui cite Suidas.

[i] Thesaur.

NACMUSII, Peuples de la Mauritanie Césariense. Ptolomée [k] les place derriére le Mont Durdus avec les *Tolotæ* & les *Elulii*, jusqu'aux Montagnes Garaphes.

[k] l. 4. c. 2.

NACOLE. Voyez NACONA.

NACOLEIA, Ville de la grande Phrygie, selon Ptolomée [l] & Strabon [m]. Etienne le Géographe & Ammian écrivent *Nacolia*, Νακολία; Suidas dit *Nacoleum* & *Nacoleia*, mettant ce dernier mot au pluriel; & Leunclavius lit *Einagiol*. Selon d'Herbelot [n] cette Ville est située auprès d'un Lac, que les Turcs appellent aussi-bien que la Ville *Ainehghiol*.

[l] l. 5. c. 2.
[m] l. 12.
[n] Bibliot. Orient.

NACONA, en Grec Νακῶνα, Ville de Sicile, selon Etienne le Géographe, qui cite Philistus. Phavorinus [o] écrit Νακώλη.

[o] Lexic.

NACONENSIS COLONIA, Onuphre [p] fait mention de cette Colonie & la met dans la Syrie.

[p] ex Ulpiano.

NACRASA, Ville de Lydie, selon Ptolomée [q], qui la met entre *Hiero-Cæsarea*, & *Thyatire*.

[q] l. 5. c. 2.

NACRI. Voyez CAMPI MACRI.

## NAC. NAD.

NACRIA, ou NUCRIA, Ville de la Tyrsénie, selon Etienne le Géographe & Suidas. [r] Il se pourroit faire que ce seroit Nu-CERIA.

[r] Ortel. Thesaur.

NACSIA. Voyez NAXE.

NACUENSII, Peuples de la Mauritanie Césariense. Ptolomée [s] les met au pied des Monts Garaphes. Les Interprétes au lieu de *Nacuensii* écrivent *Acuensii*.

[s] l. 4. c. 2.

NADDAUER, grande Ville d'Ethiopie, selon Ortelius, qui cite Abdias le Babylonien [t] & Fortunat [v].

[t] In Vita Matthæi Ap.
[v] De Partu Virginis.

NADER, Ville des Indes Orientales, dans l'Indoustan: [x] Elle est éloignée d'Agra de 60. lieues & se trouve sur la route de cette Ville à Surate. On ne compte que quatre lieues de Nader à Gate. Nader est une grande Ville, sur la pente d'une Montagne, au dessus de laquelle il y a une Forteresse; & toute la Montagne est entourée de murailles. La plupart des Maisons sont couvertes de chaume, & n'ont qu'un étage. Celles des gens riches vont jusqu'à deux étages & sont en terrasse. On fait à Nader quantité de couvertures piquées, les unes blanches, les autres brodées en or, en argent ou en soie.

[x] Vitæ æternæ gaudiis.
Tavernier, Voyage des Indes, liv. 1. p. 42.

On trouve aux environs de cette Ville plusieurs grands étangs, qui étoient autrefois revêtus de pierres de taille, & que l'on a négligé d'entretenir. A une lieue de la Ville il y a quelques sépultures remarquables. La même Riviere qu'on passe avant que d'arriver à Nader & qu'on repasse quatre ou cinq lieues au delà, entoure les trois quarts de la Ville & de la Montagne, dont elle fait comme une Presqu'Isle, & après un long cours, en serpentant, elle va se rendre dans le Gange.

NADIN y, petite Ville de la Dalmatie, sur une Montagne, dans le Comté de Zawa. Elle est à sept milles de la côte du Golphe de Venise; à dix d'Urana & à quinze de la Ville de Zara. Elle fut prise en prémier lieu [z] par les Turcs en 1539. Les Vénitiens la leur enlevérent en 1647. Ils la rendirent au Turc, à la Paix de Candie; mais enfin ils s'en rendirent de nouveau les maîtres en 1684. & la détruisirent, en sorte qu'on n'en voit plus aujourd'hui que les ruïnes.

[y] Corneille Dict.
[z] Freschot, Memor.
Geogr. della Dalmatia. p. 283.

NADIR, (LE) on appelle ainsi en Géographie l'extrémité inférieure d'une ligne que l'on conçoit passer par le centre de l'Horison d'un homme qui est debout. Nous avons observé ailleurs que son Horizon le suit par tout. · Car si nous suposons un homme marchant dans une plaine où la vue n'est bornée par aucun objet plus élevé que le reste, il apperçoit autour de lui tous les objets qui se trouvent dans une certaine distance; & sa vuë forme autour de lui un Cercle d'autant plus regulier que le terrain sera plus égal & plus de niveau. S'il avance, il perdra la verité la vue de certains objets qu'il laisse derriere lui, mais il en regagne autant devant lui; de sorte qu'à vrai dire il ne perd rien, & ne fait que changer d'objets. Or si l'on imagine une ligne aussi longue que l'on voudra, & qui coupe perpendiculairement le plan de cet Horizon, dans le centre, en passant par la tête & par les pieds de cet homme que nous supposons debout, cette ligne aura deux extrêmitez, l'une au dessus de sa tête, l'autre sous ses pieds. Nous avons pris des Arabes deux noms pour designer ces extrêmitez. Nous appellons la superieure ZENITH, & l'inferieure NADIR. On devroit dire NATIR; l'Arabe étant אל נטיר al-Natir, du Verbe נטר Natar, voir, considerer, observer, remarquer; mais ce ט ou t, est ponctué & se prononce en Arabe comme d. Ainsi nous écrivons & prononçons Nadir. Voyez ZENITH.

[a] D'Herbelot Bibliot. Orient.

NADOUBAH [a], Ville du Pays que les Arabes appellent Kofarah, qui est la Cafrerie, & qui est distingué du Pays des Zinges, qui est le Zanguebar. Cette Ville est éloignée de celle de Beroah, environ de trois journées par Mer; & elle est à pareille distance de Melinde, qui est au Pays des Zinges.

[b] Le P. Hennepin, nouv. Découverte dans l'Amerique Sept. c. 4. Amsterdam 1688. Corn. Dict.

NADOUESSANS, ou NADOUESSIONS [b], Peuples sauvages dans l'Amerique Septentrionale. Ils ont leur demeure vers le Lac des Issati, à soixante & dix lieues à l'Ouest du Lac superieur. Il est impossible d'aller par terre de l'un à l'autre, à cause des terres marécageuses & tremblantes qui sont entre deux. On y peut aller en raquette quand il y a de la neige. Si le voyage n'est pas impossible par eau, il n'est pas sans difficulté, parce qu'il y a plusieurs portages & que d'ailleurs on est obligé de faire plus de cent cinquante lieues de chemin, par les détours qu'on est forcé de prendre. Aux environs de ce Lac des Issati, il y en a quantité d'autres, d'où sortent plusieurs Rivieres, sur les bords desquelles habitent les Issati, les Nadouessans, les Tintonha, c'est-à-dire gens de prairie; les Ouadebathon, ou gens de Riviere; les Chongasketon, Nation du Chien ou du Loup, le mot de Chonga signifiant chez ces Peuples un Chien ou un Loup. Il y a encore plusieurs autres Nations comprises sous le nom général de Nadouessans. Tous ces Barbares peuvent faire huit ou neuf mille hommes de guerre : ils sont vaillans, grands coureurs, & très-bons archers.

[c] Zeyler, Topogr. Electorat. Brandeburg.

NADRAVIE, ou NADROVIE; [c] Province du Royaume de Prusse, dans le Cercle de Samland. Elle est bornée au Nord par la Sclavonie; à l'Orient par le fleuve Niemen; au Midi par le Biss, & à l'Occident par le Samland propre. La petite Ville de Lubiaw est le lieu le plus considerable de cette Province, dont les Rivieres principales sont,

| | |
|---|---|
| La Wippe, | L'Eimen, |
| Le Lauckne, | Le Nipot, |
| Le Neuken, | Le Strige, |
| Le Meldanck, | L'Inster, |
| L'Argo, | Le Schirkup, |
| Le Schenecke, | Le Biss, |
| Le Schilup, | Le Deme, |
| Le Niemen, | Le Swerupe, |
| L'Iodup, | Le Mavers. |

[d] Etat & Delices de la Suisse, t. 2, p. 470.

NÆFELS, ou NÆHEFELS; [d] en Latin Navalia; Bourg de Suisse dans le Canton de Glaris, sur la Lint. Ce Bourg est fort joli. Il y a sur la Riviere un Pont qui conduit à Mullis ou Mollis, beau & grand Village. Quelques-uns prétendent que NÆFELS est un nom corrompu du Latin Navalia, & que c'étoit autrefois un Port, sur le Lac de Wahlestatt, qui s'étendoit jusque-là. On remarque dans ce lieu deux bâtimens magnifiques: l'un est le Palais de l'illustre Maison de Fræulers; & l'autre un Couvent de Capucins, situé sur une hauteur & construit de maniere, qu'il peut servir de citadelle en cas de besoin. Il a été bâti à l'endroit où étoit autrefois un fort Château, qui servoit de résidence aux Gouverneurs du Pays, lorsqu'il étoit sous la domination de la Maison d'Autriche. Ce Château s'appelloit anciennement Burg Stock & son nom est maintenant Mariebourg. Le Château fut rasé en 1352. & le Couvent a été bâti en 1677. & dédié en 1679.

[e] Etat & Delices de la Suisse, t. 3. p. 144.

NÆGELSE'E [e], petit Lac de la Suisse dans le Comté de Bade : il est sur une Montagne; il appartient à l'Abbé de Wettingen & il fournit une grande quantité de poissons.

[f] Dict. Géog. des Pays-Bas.

NAELDWICK [f], Village de Hollande dans le Delfland, à deux lieues de Delft, & à une petite lieue de 's Gravesend. Ce Village est ancien.

NAELUS. Voyez MELSUS.

NAEPAPHA, Village de Galilée. Josephe [g] dit qu'il le fit fortifier.

[g] in Vita sua.

NAERDEN, petite Ville des Pays-Bas dans la Hollande, sur le Zuidersée, à quatre lieues de la Ville d'Amsterdam & à même distance ou environ de celle d'Utrecht. Elle est la Capitale du Goyland. Sa Fondation ne remonte pas au delà du milieu du quatorzieme siécle. Des Lettres-Patentes de Guillaume de Baviere, données l'an 1350. en font foi. On y voit par le nom de vieux Naerden ayant été brûlée & détruite, on pensa à en bâtir une nouvelle. L'ancienne Ville étoit aussi bâtie sur le Zuidersée & ses ruïnes en ont été submergées. Lorsque l'eau est basse on découvre encore aujourd'hui les vestiges des principaux Edifices. Il ne seroit pourtant pas aisé de marquer précisément en quel tems cette Ville fut incendiée & ruïnée. La plupart des Ecrivains rapportent cet événement au tems de Jean d'Arckel, Evêque d'Utrecht. On sait que ce Prélat eut en 1348. une rude guerre avec Guillaume de Baviere. On conjecture que la Ville de Naerden s'y trouva mêlée. Cette premiere Ville s'appelloit Naerdinc. C'est du moins le nom qui lui est donné en 1233. dans des Lettres de Gisbert d'Amstel, à l'Abbesse & aux Religieuses du Couvent de Reinsburch : au bas de ces lettres on lit : *Datum in Naerdinc*, &c. Les habitans de cette ancienne Ville, rendirent en 1296. de grands services à Florent V. Comte de Hollande.

Les fondemens de la nouvelle Naerden ayant été jettez, Guillaume de Baviere, dans la vuë d'y attirer des habitans, accorda en 1355. diverses immunitez à ceux qui viendroient s'y établir. Elle se peupla en si peu de tems, que dès l'année suivante ses habitans furent en état de tenir tête à ceux d'Amersford, sur qui ils eurent même l'avantage. En 1472. Charles de Bourgogne Comte de Hollande donna aux habitans de Naerden

## NAE. NAF. NAG.

den des Lettres par lesquelles il leur promettoit que leur Ville ne seroit jamais séparée du Comté de Hollande. Les habitans d'Utrecht ayant surpris en 1481. la Ville de Naerden, elle ne se racheta que moyennant une grosse somme d'argent. Mais la même année les habitans de Naerden eurent leur revanche, ils entrérent en armes sur le Territoire d'Utrecht. Ils y raférent quelques Châteaux, livrérent un combat dans lequel quinze cens de leurs Ennemis demeurérent sur la place, & remportérent un butin considérable. Des dépouilles des habitans d'Utrecht ils bâtirent une Tour sur laquelle ils mirent cette Inscription : SWIICHT UTRECHT ; c'est-à-dire, *tai-toi-Utrecht*. En 1486. la Ville de Naerden fut presque toute réduite en cendres par un embrasement arrivé par accident. Les Espagnols qui la prirent en 1572. y firent un grand carnage ; & les François s'en étant rendus maîtres en 1672. le Prince d'Orange la reprit sur eux un an après. Comme cette Ville est à la tête des Canaux de la Province de Hollande, on y a fait de bonnes fortifications avec de doubles fossez. L'Eglise Paroissiale étoit dédiée à St. Vit. Elle fut bâtie en 1440. Il y avoit un Couvent de Religieuses de St. François & près de la Ville un Prieuré de Chanoines Reguliers fondé en 1400.

NAERDINC. Voyez NAERDEN.

NÆSOPOLIS, en Grec Ναςουπόλις; Place que fit fortifier l'Empereur Justinien, *[c Liv. 4. Edif. c. 1. de la Traduct. de M. Cousin.]* & dont Procope [a] parle ainsi : ,, Il a réparé de telle sorte les murailles de Sardique, de NAÏSOPOLE, de Germane, & ,, de Pantalie, qu'elles sont maintenant imprenables. Il a fondé tout auprès trois ,, autres Villes, Cratifcare, Quimedabe, & ,, Rumifiéne, parce qu'il avoit dessein que le ,, Danube servît comme de rempart à l'Europe & à toutes les Places que je viens de ,, nommer". Ortelius [b] croit que NÆSOPOLIS pourroit être la même Ville que Ναΐσσος. *[b Thesaur.]*

NAESSON, Ville Episcopale aux Frontiéres de la Perse [c], selon Metaphraste dans la Vie de Ste. Acespime. *[c Ibid.]*

NAESSOS. Voyez NESSUS.

NAETÆ, Peuples aux environs du Pont-Euxin, selon Ortelius qui cite Orphée [d]. *[d In Argonaut.]*

NÆVIA SILVA [e], on appelloit ainsi une Forêt à quatre milles de Rome, la Maison d'un certain Nævius bâtie dans ce quartier, lui avoit fait donner ce nom. Varron [f] fait mention de *Nævia Silva* & de *Nævia porta*. C'est aujourd'hui *Porta Majore*. *[e Sexti Pomp. Festi, de verb. signif. Lib. 12.]* *[f Lib. 4. de L. L.]*

NAFA. Voyez HAFA.

NAFIA, NAPHIA, ou NAPHITIA [g], petit Lac de la Vallée de Noto en Sicile, auprès de Mineo en tirant vers le Nord. On le nommoit anciennement *Palicorum Lacus*; il est au Midi de *Palicorum Templum*; & l'on voit sur ses bords les ruïnes de l'ancienne *Palica*. *[g De l'Isle Carte de la Sicile.]*

1. NAGADEBA, Ναγάδιβα, Ptolomée [h] nomme ainsi une des treize cens soixante & dix huit Isles qu'on disoit être devant l'Isle de Taprobane. *[h Lib. 7. c. 4.]*

2. NAGADIBA, Ville de l'Isle de Taprobane sur la côte appellée *Littus Magnum*. Ptolomée [i] la place entre *Spatana Portus* & *Pantisinus*. *[i Ibid.]*

## NAG.

NAGADIBI, Ναγαδίβιοι, Peuples de l'Isle de Taprobane. Ptolomée [k] les met avec les *Anurogrammi*, dans la partie la plus Septentrionale de l'Isle sous les *Galibi* & les *Mudutta*. *[k Ibid.]*

NAGAIA, partie de la Tartarie, entre les Riviéres de Wolga & d'Iaïka : elle s'étend jusqu'à la Mer Caspienne. Voyez TARTARES-NAGAÏS.

1. NAGARA, Ville Métropole dans l'Arabie heureuse, selon Ptolomée [l]. *[l Lib. 6. c.]*

2. NAGARA, Ville des Indes en deça du Gange. Voyez DIONYSOPOLIS. *[107.]*

NAGARURIS, ou NATARURA, selon divers Exemplaires de Ptolomée [m]; Ville des Indes en deça du Gange, entre le Fleuve Bynda & Pfeudoftomus, au Nord d'Hippocura. Cette Ville étoit dans les Terres & par conséquent peu connuë des étrangers. *[m Lib. 7. c. 1.]*

NAGASACKI. Voyez NANGASACKI.

NAGASAMA [n], petite Ville du Japon, dans l'Isle de Niphon, au Royaume d'Oomi. Dans l'année 1586. la moitié de cette Ville fut abîmée par un tremblement de terre, & l'autre moitié fut consumée par un feu qui sortit de la terre. Elle avoit environ mille Maisons. *[n Kampfer, Hist. du Japon, de la Traduct. de Mr. Scheuchzer, T. 1. p. 90.]*

NAGAZ [o], ou NAGAR, Ville d'Asie, dans l'Empire du Mogol & dans la Province de Cabulestan, entre l'Indus & la Riviere de Cabul. *[o Petis de la Croix, Hist. de Timurbec. l. 4. c. 8.]*

NAGERA, NAJARA, ou NAXERA [p], Ville d'Espagne dans la Province de Rioja au pied d'une petite hauteur, avec une Forteresse élevée; au bord du Ruisseau Nagerilla, dans un Canton fertile en grains, en vin, en fruits, en gibier, en volaille, en poisson & en jardinage. Il y a treize cens feux, trois paroisses, trois Couvens d'hommes & un de Religieuses. On y tient marché toutes les semaines & une foire à la St. Michel. Elle a été autrefois le Siége d'un Evêché, & Garcie son Evêque assista au Concile de Pampelune l'an 1030. Ce Siége fut transféré en 1196. à St. Domingue *de la Calçada*, à l'instance de Don Rodrigue Prélat de Calahorra. On y conserve avec soin un Crucifix, que le peuple croit être un ouvrage de Nicodéme. Quelques Rois de Navarre y ont fait leur séjour, particulièrement Don Sanche le Grand en 1006. il se qualifioit Don Garcie, Roi de Nagera. *[p Rodrigo Mendez Silva, Poblacion general de España, fol. 27.]*

Les Rois Catholiques [q] Don Ferdinand & Doña Isabelle érigérent Nagera en Duché, par leurs Lettres Patentes données à Cordoue le 30. Août 1482. en faveur de Don Pedro Manrique de Lara, surnommé le Vaillant, second Comte de Trevigno, & dixiéme Seigneur d'*Amusco*, qui l'avoit acquise un peu auparavant. Ce nouveau Duché fut d'abord revêtu de la prérogative de la perpétuité ; mais il est tombé si souvent en quenouille, que depuis son érection il est passé dans six familles. Premiérement il fut porté dans celle de Cardenas, par Doña Louïse Manrique de Lara fille & héritiére du quatriéme Duc de Nagera, & femme de Dom Bernardin de Cardenas troisiéme Duc de Maqueda, qui en eut plusieurs enfans de l'un & de l'autre séxe ; mais dont la postérité s'éteignit en 1656. par la mort de Don François Marie de Monferrato son petit-fils, huitiéme Duc de *[q Vayrac, Etat présent de l'Espagne. Liv. 5. p. 132.]*

de Nagera. Il y eut un grand procès pour son héritage, entre les enfans de la sœur aînée de son père, appellée Doña Marie, Marquise de Cagnete & Doña Anne Marie, Duchesse de Terras novas, son autre tante qui l'avoit survêcu. Le Procès ayant été terminé en faveur des héritiers de la Marquise de Cagnete, le Duché de Nagera passa de la Maison de Cardenas dans celle de Mendoza, & puis dans celle de Velasco, dont étoit issu le Comte de Revilla, Mari de Doña Nicolette de Mendoza derniere fille de la Marquise de Cagnete, dont on vient de parler. Don Antoine Manrique de Mendoza & Velasco leur fils ayant succédé à Doña Therese Antoinette de Mendoza sa Tante neuviéme Duchesse de Naxera, qui mourut sans enfans en 1637. fut le dixiéme Duc de cette Terre, & eut de Doña Marie Michelle de Tajada sa seconde femme & fille de Don Ferdinand Michel de Tajada Seigneur de Manhamalo, un fils appellé Don François Michel Manrique de Mendoza & Velasco, qui après la mort de son père fut onziéme Duc de Nagera; mais étant mort en 1678. âgé de trois ans seulement, les grands biens de sa Maison échurent à Doña Nicolette Manrique de Mendoza Velasco & Acuña, qui par la devint douziéme Duchesse de Naxera, Comtesse de Trivigno, de Valence, &c. Elle naquit en 1672. & épousa le 6. Juin 1687. Don Bertrand Emanuel de Guevarra, frère du dixiéme Comte d'Oñate, Commandeur de los Bastimentos del Campo de Montiel de l'Ordre de St. Jacques, Capitaine Général des Galeres de Sicile, puis de celles de Naples & enfin de celles d'Espagne. Il ne resta de son Mariage qu'une fille appellée Doña Anne Manrique de Guevarra, née le 28. Juillet 1692. & qui fut mariée en 1715. avec Dom Pedro de Zuniga frère unique du Duc de Bejar & Lieutenant Général des Armées du Roi ; par ce Mariage il est devenu Duc de Nagera.

NAGERI, Peuples de l'Isle de Taprobane. Ptolomée [a] les met dans la partie la plus Méridionale de l'Isle. Au lieu de NAGERI, les Interprétes lisent NANIGERI.

[a] Lib. 7. c. 4.

NAGERILLE [b], Ruisseau d'Espagne. Il a sa source dans la vieille Castille, aux Frontières du petit Pays de Rioxa : qu'il traverse prenant son cours vers le Nord Oriental, jusqu'à l'Ebre, où il se perd au dessous de Logroño.

[b] De l'Isle Carte d'Espagne.

1. NAGIA, Ville de l'Arabie heureuse, dans le Pays des Gebanites, selon Pline [c], qui ajoute que cette Ville étoit très-grande.

[c] Lib. 6. c. 28.

2. NAGIA [d], Ville de la Barbarie Ethiopique, dans la Province de Berberah. Elle est au Midi de la Ville de Maracah, qui en est éloignée d'une journée & demie par mer, & de quatre par terre.

[d] D'Herbelot, Bibliot. Or.

3. NAGIA [e], ou CALAAT ALNAGIA; c'est-à-dire le Château de Nagia. Cette place est située sur les confins de la Province de Schirvan, avec celle d'Adherbigian, & ces deux Villes font la Médie des Anciens. Ahmed Ben A'rabschah fait passer Nagia pour la plus forte place de toute l'Asie. Ce Château que quelques Historiens appellent aussi Nagion est celui où Thogrul Ben Arslan, Sultan des Selgiucides de l'Iraque Persienne fut enfermé, & c'est aussi le même que Ta-

[e] Ibid.

merlan tint assiégé pendant l'espace de douze ans. Il tomba enfin entre les mains de ce Prince par la fuite de Dhaher fils du Sultan Ahmed Ben Avis.

NAGIAD [f], ou NEGED, petite Province de l'Arabie, dans laquelle la Ville de Médine est située. On l'appelle ainsi, à cause que son terrein est un plus élevé que celui de la Province de Tahamah, où la Ville de la Mecque est bâtie.

[f] Ibid.

NAGIAGAH [g], petite Ville du Pays de Habaschah, qui est l'Ethiopie. Elle est située sur une grande Riviere, qui se décharge auprès de la Ville d'Ilak dans le Nil. Cette Ville est éloignée de huit journées de celle de Giambita; & seulement de six journées de celle de Marcathah. On dit qu'au delà de cette Ville, en tirant vers le Midi, on ne trouve plus aucun lieu habité.

[g] Ibid.

NAGIAT [h], Peuple d'Ethiopie. Au rapport d'Ebn Batrik, ce Peuple se circoncisoit encore de son tems avec des couteaux faits de pierre dure, semblables à ceux desquels Josué se servit pour faire circoncire les Juifs, qui ne l'avoient pas été dans le Désert.

[h] Ibid.

NAGIBANIA, petite Ville de la Transylvanie, aux confins de la Haute Hongrie, sur la Riviere de Samos à l'Orient de la Ville de Zatmar. Mr. de l'Isle dans sa Carte de 1703. dit qu'elle s'appelle NAGIBANIA ou NEUSTADT. Cependant dans sa Carte de 1717. dressée sur de nouveaux Mémoires, non seulement on n'y trouve ni Nagibania ni Neustad; il n'y est même fait mention d'aucune Ville qui approche de ces noms. On trouve seulement le Comté de Neubania, dont Kosorvar paroît être le Chef-lieu.

NAGIDOS, Ville située entre la Pamphylie & la Cilicie, selon Etienne le Géographe & Strabon [i]. L'Interpréte de ce dernier, avoit par erreur écrit *Agidos* pour *Nagidos*. Ce changement étoit pourtant fondé sur un MS. où on lisoit ἔςι Ἀ'γιδος, pour ἔςι Νάγιδος. Mais la faute étoit dans le MS. où la lettre N, qui est la prémiére de Νάγιδος avoit été jointe avec ἔςι.

[i] Lib. 14.
[k] Pintaut dans ses Not. sur Mela. l. 1. c. 13.

NAGIDUSA, Isle sur la côte de Cilicie, aux environs de Nagidos, selon Etienne le Géographe.

NAGIREM [l], Ville de la Province de Fars; c'est-à-dire de la Perse proprement dite, & située dans le second Clima, selon l'Auteur de Massahat Alardh.

[l] D'Herbelot, Bibliot. Or.

NAGNATA, Ville de l'ancienne Hibernie, selon Ptolomée [m], qui la place sur la côte Occidentale, & ajoute que c'étoit une Ville considérable. On croit que c'est aujourd'hui Lemerich.

[m] Lib. 2. c. 1.

NAGNATÆ, Peuples de l'ancienne Hibernie, sur la côte Occidentale. Ptolomée les met sous les *Erdini*.

[n] Ibid.

NAGNIA. Voyez NARNI.

NAGRACUT [o], Ville des Indes dans les Etats du Grand-Mogol, au Royaume de Nagracut Ayoud, dont elle est la Capitale. Elle est située sur la Riviere de Ravi, qui la traverse [p]. Il y a dans cette Ville un petit Temple fort riche, pavé de carreaux d'or massif. Il y vient tous les ans un nombre infini d'Indiens en Pélérinage, pour voir l'Idole de ce Temple, appellée Matta; & parmi ces Pélérins il s'en trouve quelques-uns qui se coupent

[o] De l'Isle Atlas.
[p] Terri, Voy. au Mogol. p. 10.

## NAG. NAH.

[a De l'Isle Atlas.]
**NAGRACUT** Ayoud, Royaume des Indes, dans les Etats du Grand-Mogol [a]. Il est borné au Nord par le Royaume du petit Tibet; à l'Orient par le grand Tibet; au Midi en partie par le Royaume de Siba, & en partie par celui de Pengab; à l'Occident par ceux de Bankich & de Cachemire [b]. Il y a dans ce Royaume deux Pélerinages fameux, l'un à **NAGRACUT**. Voyez ce mot. L'autre dans un lieu nommé JALLAMAKA, où l'on adore des flammes qui sortent du creux d'une roche & d'une fontaine dont l'eau est très-froide.

[b Terri, Voy. au Mogol, p. 20.]

[c Topograph. des Saints, p. 331.]
**NAGRAM**, ou NOGRAN, [c] Ville de l'Arabie heureuse, & l'une des principales du Pays des Sabéens ou Homerites. Elle étoit toute Catholique au commencement du sixiéme Siécle. Son Evêque Paul étant mort en 520. Aretas principal Magistrat de la Ville prit soin de l'Eglise, jusqu'en 522. qu'il souffrit le Martyre sous Dunaam. Trois cens quarante autres Citoyens de la Ville eurent aussi la tête coupée: plusieurs furent jettez dans des buchers allumez; le reste fut vendu comme des Esclaves dans le Pays même, ou emmené en captivité.

[d D'Herbelot, Bibliot. Or.]
[e Descr. Géner. de l'Arabie de la Trad. de M. de la Roque.]
**NAGRAN** [d], ou NEDGERAN, Ville de la Province d'Iemen en Arabie, dont le terroir est couvert d'arbres contre l'ordinaire de ce Pays-là. Abulfeda [e] dit que cette Ville est petite, & qu'il y a des Palmiers. Elle est habitée par des familles des Tribus de l'Iemen, de qui l'on tire des Maroquins. Nagran est éloignée de dix stations de Sanaa, & située entre Aden & Hadramout dans des Montagnes où l'on trouve quantité d'arbres. On va sur des chameaux, de la Mecque à Nagran presque en vingt jours de tems par un chemin uni & fort droit. Cette route se fait entre Sanaa & la Mecque, à l'Orient de Saadah. Nag'ran est une des dépendances de la Tribu de Hamadan, située entre des Villes, des Villages, des bâtimens & des eaux.

**NAH.** Voyez NAW.

**NAHALIEL**, Campement des Israëlites dans le Desert. De Mathana ils allérent à Nahaliel, & de Nahaliel à Bamoth [f]. Dom Calmet [g], qui cite Eusébe, dit que Nahaliel est sur l'Arnon, & que Mathana est au delà de l'Arnon, vers l'Orient, à douze milles de Medaba. Nahaliel signifie, *Mon Fleuve est le Seigneur.* Voyez NATHANAEL.

[f Num. 21. 19.]
[g Dict.]

[h D'Herbelot, Bibliot. Or.]
**NAHAR** [h], ce nom signifie en Arabe un Fleuve, ou une Riviere; c'est ce qui fait qu'il se trouve joint au nom de quelques Villes situées sur des Rivieres.

[i Ibid.]
**NAHAR-MALEK** [i], ou NAHAR-MELIK, c'est-à-dire le Fleuve du Roi. C'est le nom d'une Ville de l'Iraque Arabique ou Babyloni nne, qui est éloignée de la Ville de Coufa de quatre Parasanges, qui font huit de nos lieues. Elle porte ce nom à cause qu'elle est située sur un grand bras de l'Euphrate; ce bras fut séparé de ce Fleuve, dès le tems des guerres que les Romains firent aux Perses; & c'est autour de ce bras de l'Euphrate, que les Bourgades appellées par les Arabes, Souad-E'rak, sont dispersées. C'est donc proprement ce bras de l'Euphrate, qui s'appelle Nahar al Malek, de même que les Anciens l'ont appellé, *Fossa regia* & *Basilicus Fluvius.*

## NAH.

**NAHAR-OBOLLAH** [k], & NAHAR AL OBOLLA: c'est le nom d'un Vallon, coupé par une petite Riviere, qui se décharge dans le Tigre, auprès de la Ville de Bassorah. Ce Vallon passe chez les Orientaux pour un des quatre lieux qu'ils appellent Montazehat al Duniah; c'est-à-dire, les plus délicieux de toute l'Asie & auxquels ils donnent aussi le nom de Feradis, c'est-à-dire Paradis.

[k Ibid.]

**NAHARTES.** Voyez INTERAMNA, N°. 1.

**NAHARUALI**, Peuples de la Germanie. Tacite [l] fait entendre qu'ils habitoient avec d'autres Peuples entre la Ouarte & la Vistule. Il ajoute qu'ils avoient un Bois sacré; que le Prêtre étoit vêtu en femme, & que la Divinité qu'on y adoroit s'appelloit Alcé. Elle avoit quelque rapport à Castor & à Pollux. C'étoit deux jeunes hommes que l'on croyoit fréres. Il n'y avoit pourtant aucune statuë, ni aucune image étrangére.

[l De Moribus Germanor.]

**NAHARUAN** [m], ancienne Ville des Indes, située entre Bagdet & Vasseth, à quatre lieues du Tigre du côté de l'Orient. Elle a donné son nom à un petit Pays dans lequel on trouve une autre petite Ville nommée Assaf. Il y a plusieurs Auteurs qui confondent la Ville de Naharuan, avec celle de Nahar-Malek; mais c'est sans aucun fondement. Cette derniere n'est située qu'à deux lieues de Coufah sur un des bras de l'Euphrate. Le Géographe Persien dans son troisiéme Climat, écrit pour distinguer ce bras de l'Euphrate d'avec le grànd Lit, ou Canal de l'Euphrate, que les Arabes l'appellent Nahar Coufah, le fleuve de Coufah.

[m D'Herbelot, Bibliot. Orient.]

**NAHE.** Voyez NAW.

**NAHIAH**, Ville d'Asie, selon Mr. Corneille [n]. Il cite la Bibliothéque Orientale d'Herbelot, qui ne dit rien de pareil. L'erreur est double de la part de Mr. Corneille: premierement il n'y a point dans la Bibliotheque Orientale de Ville nommée Nahiah; mais bien une Ville appellée Nagia, qui est celle dont il est question dans cet Article: secondement ni NAGIA, ni le Zanguebar, ni les Provinces de Berberah & de Zenghe où Mr. Corneille met Nahiah, ne sont point en Asie, mais dans la Barbarie Ethiopique. Voyez NAGIA, N°. 2.

[n Dict.]

**NAHON**, NAON, NAHOM & NAUM, petite Riviere de France dans le Berry. Il en est fait mention dans la Vie de St. Genou [o] sous le nom de NAUM. Elle a deux sources; l'une à l'Orient, l'autre à l'Occident: la prémiere au dessus de St. Phalier, elle passe aussi bien qu'à Levroux, à Moulin & à Tarzay; la seconde qui vient d'au-dessus d'Heugnes, se rend de cet endroit à Selles sur Naon, à Crox & à Géez. Un peu au dessous de ce dernier lieu les deux bras se joignent & ne forment plus qu'un ruisseau, qui après avoir baigné Balzême, Langeai, Vic, Bourneuf, Veuil, Bourg de l'Hôpital, Valançay, Varennes & Menetou sur Naon, reçoit la Riviere de Fouzon & celle de Fourion, déja jointes ensemble un peu au dessus, se rend à Paumery & à Meusnes; au dessous duquel il va se jetter dans le Cher auprès de Couffy.

[o Lib. I. 6. 16.]

B   NAIA,

**NAIA**, fontaine dans la Laconie, aux environs de Teuthrone, selon Pausanias [a].

[a] In Laconica. l. 3. c. 25.

**NAJAC**, **NAJACUM**, petite Ville de France dans le Rouërgue, Diocèse de Rodez, Election de Villefranche. Elle est sur la Rivière d'Aveïrou, à 6. lieuës au Nord d'Alby, & elle a une Sénéchauffée non reffortiffante. On trouve auprès de cette Ville une mine de cuivre rouge, qui fut ouverte par ordre du Roi en 1672.

**NAIACIS.** Voyez NAIN.

**NAIBOTH**, ou NAIOTH, ou NABAD, comme écrivent les Septante; lieu de la Palestine auprès de Ramatha, où David se retira, pour éviter la violence de Saül, qui cherchoit à le faire mourir. Samuel avec les enfans des Prophétes demeuroit à Najoth, près de Ramatha [b]. C'étoit là que se tenoit le College des Prophétes. Najot signifie *maifon de Doctrine*.

[b] 1. Reg. 19. 23.

**NAID**, c'est la Terre où habita Caïn après son péché [c] elle étoit vers la région Orientale d'Eden. Le Paraphraste Chaldéen lit NOD au lieu de NAID. Voyez NOD.

[c] Genef. 4. 16.

**NAIM** [d], Ville de la Palestine peu éloignée de Capharnaüm, & où JESUS-CHRIST reffuscita le fils d'une Veuve, dans le tems qu'on le portoit en terre. Eusebe [e] dit que cette Ville étoit aux environs d'Endor & de Scythopolis. Ailleurs il dit [f] qu'elle est à deux milles du Thabor vers le Midi. Le torrent de Cifon coule entre le Thabor, Naïm & Endor, felon Jean Phocas, cité par Reland [g] mais il ajoute que Naïm étoit au Nord du Thabor, environ à 12. Stades & qu'Endor étoit à l'Orient de Naïm.

[d] Luc. 7. 11. & fuiv.
[e] Onomaft. in Endor.
[f] Ibid. in Naïm.
[g] De Urb. Palaeft. l. 3.

**NAIMA**, **TAIMI**, ou NAIM [h], Village d'Afrique au Royaume de Tripoli dans la Province de Macellata fur la côte. C'est là qu'est le tombeau des Philénes, deux frères qui s'étoient immolez pour leur Patrie & à qui les Carthaginois avoient confacré des autels. Ainsi ce lieu feroit la petite Ville que les Anciens appelloient *Phileni Vicus*.

[h] Dapper, Defcr. du Royaume de Tripoli. p. 202.

**NAIN**, Ville, Bourg, ou Village de l'Idumée, felon Josephe [i]. Simon fils de Giora entoura ce lieu de murailles. Hegefippus [k] appelle cet endroit *Nincis murus*; mais il faut lire *Naiacis muris*.

[i] De Bell. Lib. 5. c. 7.
[k] Lib. 4. c. 21.

**NAIRIN KEUTEL**, Montagne du Mogoliftan, felon Mr. Petis de la Croix [l].

[l] Hift. de Timur-bec. l. 3. c. 6.

1. **NAIRN** [m], fleuve d'Ecoffe, dans la Province de Murray. Il fort des Montagnes qui féparent Stratherin de Glentarf, paffe par la Vallée de Strathnairn, & fe jette dans la Mer auprès de Nairn.

[m] Etat préfent de la Grande-Bret. p. 276.

2. **NAIRN** [n], Contrée d'Ecoffe avec titre de Comté, appellé communément *the Shire of Nairn*. C'est une des deux parties & la plus grande de la Province de Murray.

[n] Ibid.

3. **NAIRN** [o], Ville d'Ecoffe, dans la partie Occidentale de la Province de Murray fur le fleuve de même nom & à fon embouchure.

[o] Ibid.

**NAIS**, Village du Pays de Samarie, dans le grand Champ, felon Josephe [p]. Ailleurs ce même Auteur l'appelle Ἐσίμων [q]. L'Interprète Rufin au lieu de NAIS avoit écrit Girgafi. Dans une ancienne Notice Ecclefiaftique [r] Κώμη Ναες étoit mife au rang des Villes de la feconde Paleftine.

[p] Ant. 20. 5.
[q] De Bel. Lib. 2. c. 11.
[r] Reland. de Naïs. Urb. Palaeft. l. 3.
[s] Ortelii Thefaur.

**NAISUM**, & **INGIDUNUM** [s], ce font deux Villes de l'Illyrie, fuivant Marcellinus Comes; mais on connoît le peu d'exactitude de cet Auteur. Il dit qu'elles furent enlevées aux Huns. Peut-être faut-il lire NESTUM & LINGIDUNUM.

**NAITHUM**, ou NAITHUS, Ville d'Egypte, felon la Notice des Dignitez de l'Empire, qui la met [t] dans la Province Auguftamnique. On y lit *Cohors prima Sagittariorum Naithu*.

[t] Sect. 18.

**NAKHLAT MAHMOUD** [u], lieu fort agréable dans l'Arabie, à trois journées de la Ville de Coufah: les Pélerins de la Mecque ont coutume de s'arrêter dans cet endroit, & de camper fous les Palmiers, qui lui ont donné le nom.

[u] D'Herbelot, Bibliot. Or.

**NAKI** [v], Cité de la Chine, dans la Province de Suchuen, au département de Liucheu cinquième grande Cité de la Province. Elle eft à 11. d. 4'. plus Occidentale que Pekin, fous les 29. d. 12'. de Latitude Septentrionale.

[v] Atlas Sinenfis.

**NAKSCHEBE** [x], c'est le nom de la Campagne, aux environs de Carfchi, dans la Tranfoxiane. On donne à la Ville le nom de la Campagne, & on les prend fouvent l'une pour l'autre, ainfi que Nesef. Voyez NAECHEB.

[x] Petis de la Croix, Hift. de Timur-bec. l. 1. c. 12.

**NALAY** [y], petite Ifle, à l'Occident de l'Ecoffe, proche de l'Ifle de North-Vift. Elle à quatre milles de tour & elle eft fertile en bled & en pâturages. On y compte trois chapelles.

[y] Etat préfent de la Gr. Br. T. 2. p. 294.

**NALBANE** [z], Montagne de Perfe, à une petite lieuë de la Ville d'Amadan. Il y en a qui l'appellent la Montagne du Soleil, parce que le Soleil la regarde toujours depuis fon lever jufqu'à fon coucher. Elle n'a guère que cinq quarts de lieuë de long & autant de haut, & elle fe joint à d'autres Montagnes fort élevées; mais il n'y a que ce petit efpace qui s'appelle Nalbané. On affure qu'elle produit des herbes très-précieufes pour la fanté, & qu'on dit avoir fait vivre jufqu'à 200. ans & au delà des perfonnes qui s'en font fervies. Ce qu'il y a de certain c'eft qu'on trouve dans cette Montagne de quoi fatisfaire fa curiofité par rapport aux Simples. Il femble qu'on y ait femé de toutes les plantes qui font au monde. Pour peu qu'on s'éloigne d'un endroit où l'on voit une certaine plante, on ne la retrouve plus dans les autres endroits de la Montagne, quelque part qu'on la cherche. On y refpire de fi agréables odeurs & l'air y eft fi bon, qu'on fe fent dans un état plus tranquille & plus délicieux que par tout ailleurs. On ajoute qu'il n'y a fur cette Montagne aucune herbe dans laquelle on connoiffe la moindre malignité. Il paroit en différens endroits des ruïnes d'habitations, qu'on croit avoir été occupées par des Solitaires, ou par des perfonnes curieufes, qui venoient y apprendre la vertu des Simples. Il femble en effet que l'on doit compter pour rien les grands Voyages que les Curieux ont entrepris pour la recherche des plantes, s'ils n'ont pas été au Mont Nalbane. Dans le Printems on y voit venir de tous côtez des malades qui fe couchent fur les Herbes, pour y recouvrer leur fanté. Les moutons qui y paiffent ont la laine plus fine & plus longue que les autres.

[z] Paul Lucas, 2. Voy. au Levant, T. 2. ch. 10.

NAL. NAM.

**NALCUA.** Voyez CALEUA.

**NALEU**[a], Forteresse de la Chine, dans la Province d'Iunnan, au département de Lingan, troisième Métropole de la Province. Elle est de 14. d. 25'. plus Occidentale que Pekin, sous les 23. d. 19'. de Latitude Septentrionale.

[a] *Atlas Sinensis.*

**NALO**[b], Montagne de la Chine, dans la Province d'Iunnan, au voisinage de la Ville de Chinyven. Elle est dangereuse à cause des Tigres & des Léopards qui l'habitent.

[b] *Ibid.*

**NALPOTES**, lieu dans l'Afrique propre, selon l'Itineraire d'Antonin. Il étoit sur la route d'Hippon à Utique, entre le lieu nommé *Ad Dianam* & la Ville de *Tabraca*; à quarante mille pas d'*Ad Dianam*, & à vingt-quatre milles de *Tabraca*.

**NAMADOS**, fleuve de l'Inde en deçà du Gange. Ptolomée[c] dit que ce fleuve prend sa source au Mont Vindius, & qu'il a[d] son embouchure dans le Golphe Canthicolpique. Dans un endroit il le nomme Ναμάδος & dans l'autre Ναμβάδιος. D'autres l'appellent *Amaudaune*. Ce pourroit bien être le ΛΑΜΝΑΙΟΣ Λιμναῖος d'Arrien[e].

[c] Lib. 7. c. 1.
[d] Ibid.
[e] Perip. Mar. Érythr. p. 25.

**NAMAQUAS**[f], Nation d'Afrique, sur la côte Occidentale, entre l'Ethiopie & le Cap de bonne Espérance. Quelques Hollandois les découvrirent pour la première fois en 1632. ils entrérent dans leur Village & envoyérent au Capitaine du tabac, une pipe, de l'eau de vie, un couteau & quelques grains de corail. Le Capitaine ayant reçu les présens envoya aux Hollandois deux moutons gras, dont la queue pesoit chacune plus de vingt livres, avec un vase plein de lait & une certaine herbe, qu'ils appellent *Kanna*, qui est, selon les apparences, cette plante fameuse que les Chinois appellent *Genseng*. Ces Peuples usent du Kanna aussi fréquemment que les Indiens du Betel & de l'Areka. Le lendemain un de leurs Capitaines alla trouver les Hollandois : il menoit à sa suite cinquante jeunes hommes avec autant de femmes & de filles. Les hommes portoient chacun à la main une flute d'un certain roseau, très-bien travaillée & qui rendoit un son assez agréable. Le Capitaine leur ayant fait signe, ils se mirent à jouer tous ensemble de ces instrumens auxquels les femmes & les filles mêloient leurs voix & le bruit qu'elles faisoient en frappant des mains. Ils se rangérent en deux cercles renfermez l'un dans l'autre : le prémier, qui étoit extérieur & formé par les hommes, entouroit le second ou celui des femmes, qui étoit intérieur. Les uns & les autres dansoient ainsi en rond ; les hommes tournant à droite & les femmes à gauche, tandis qu'un vieillard qui se tenoit debout, au milieu d'eux un bâton à la main, battoit la mesure & régloit leur cadence. La Musique entenduë de loin paroissoit agréable & même assez harmonieuse ; mais la danse n'avoit rien de régulier : ce n'étoit qu'une confusion.

[f] Voy. de Siam, l. 2. Traduction d'une Relat. Latine des environs du Cap. Ibid & suiv.

Ces Namaquas sont en grande réputation parmi ces Nations, & sont estimez braves, guerriers & puissans, quoique leurs plus grandes forces ne passent pas deux mille hommes portans les armes. Ils sont tous de grande taille & robustes : ils ont un bon sens naturel ; & lorsqu'on leur fait quelque question, ils ne répondent qu'après avoir bien pesé leurs paroles, & toutes leurs réponses sont courtes & accompagnées de gravité. Ils rient rarement & parlent fort peu : les femmes paroissent artificieuses, & ne sont pas à beaucoup près si graves que les hommes.

**NAMAR**, nom d'une Tribu des Arabes.

**NAMARINI.** Voyez EGURRI.

**NAMARIS.** Voyez NABARIS.

**NAMASTÆ.** Voyez NOMASTÆ.

**NAMFIO.** Voyez NANFIO.

**NAMKING.** Voyez NANKING.

**NAMMANTIA**, Ville de la Valerie sur le Danube, selon le Livre des Notices de l'Empire. On y lit g : *Equites Dalmatæ ad* [g] Sect. 57. *Nammantia.*

**NAMNETÆ.** Voyez NANNETES.

**NAMSLAU**, petite Ville de Silesie[h] dans la Principauté de Breslau. Elle n'a rien de remarquable qu'un Château assez joli.

[h] Hubner, Geogr.

1. **NAMUR**, Ville des Pays-bas, Capitale du Comté de même nom. Elle prend son nom d'une Idole nommée *Nam*, par où ceux du Pays avoient voulu désigner Neptune. On veut que St. Materne, Apôtre des Namurois & Disciple de St. Pierre, ait fait taire cette Idole & que de *Nam mutum*, se soit formé insensiblement *Namurcum*.

Quoiqu'il en soit, on place cette Ville à cinq lieues de Huy, à égale distance de Dinant, à six lieues de Charleroi & à dix de Liége, de Bruxelles & de Louvain. Elle est située au confluent de la Meuse & de la Sambre entre deux Montagnes & défenduë d'un Château très-fort, placé sur un roc escarpé à l'opposite de la Sambre, & qui a été bâti long-tems avant la Ville.

[i] Cluvier & Samson veulent que cette Forteresse soit l'ancienne Capitale des Aduatiques, que Cesar décrit dans ses Commentaires, où il dit qu'elle étoit environnée de rochers & qu'on n'en pouvoit approcher ; que par une Langue de terre large de deux cens pas. Mais ce n'est qu'une simple conjecture. On ne peut déterminer la place où étoit cette Capitale des Aduatiques, qui ne paroît pas convenir à un simple Château, comme celui de Namur : outre que Cesar, en décrivant cette Capitale des Aduatiques, qu'il fait voisins des Nerviens & des Eburons, ne parle ni de la Meuse ni de la Sambre, qui se joignent à Namur & qui sont des Rivieres qu'il a bien connuës & qu'il nomme *Mosa* & *Sabis*. Ce Château étoit déja bâti dans le septiéme Siécle. Le Continuateur de Fredegaire, marquant[k] que Gislemar Maire du Palais y surprit par une trahison les troupes de Pepin le Gros, appelle cette Place *Castrum Manucum*. Ce nom a été long-tems en usage, puisque Flodoard, qui écrivoit près de 300. ans après, dit qu'un certain Robert se fortifia l'an 960. contre Brunon Archevêque de Cologne à qui Othon le Grand son frére avoit donné le commandement général, ou l'Administration de tout le Royaume de Lorraine ; & cette Place est nommée *Castrum Manuvium*, qui doit être *Manucum*, la situation de Namur convenant à celle dont parle cet Auteur, du tems duquel on n'avoit pas encore transposé l'*m* en *n* : ce qui fut fait peu après ; car dans le dixiéme Siécle & dans le suivant on voit

[i] Longueruë, Descr. de la France. 2. part. p. 107.

[k] c. 99.

NAM.

toujours *Namucum* & jamais *Manucum*. De-là vient que Sigebert rapportant l'expédition du Maire Gislemar contre Pepin, dit que le combat se donna entre Pepin & Gislemar *apud Namucum Castrum*, & on continua à appeller ce Château & la Ville qui est au pied, *Namucum* en Latin. Mais dès le douziéme Siécle, le nom vulgaire étoit NAMUR, comme on le voit par des Lettres de Louis Comte de Soissons écrites au Roi Louis VII. dit le Jeune, où il est fait mention du Comté de Namur. Dans la suite on a appellé en Latin cette Ville *Namurcum* au lieu de *Namucum*.

[a *Délices des Pays-bas*, T. 3. p. 17. & *suiv*.]

[a] Le Château est maintenant défendu par le Fort Guillaume, qui vaut une autre Citadelle, outre plus de douze Forts qui environnent la Ville. Les plus confidérables sont le Fort de Meuse bâti à l'opposite du Château & le Fort de Cocquelet, qui est si grand qu'il renferme dans ses fortifications l'étenduë de deux Villages.

Louis XIV. Roi de France assiégea en personne cette Place en 1692. Le 1. de Juin on ouvrit la tranchée & la Ville ne tint que 6. jours. On attaqua ensuite le Fort Guillaume dans lequel commandoit l'Ingénieur Coehorn : il l'avoit construit l'année précédente, par ordre de Guillaume III. Roi d'Angleterre, qui lui avoit donné son nom. Coehorn ayant été blessé le Fort se rendit le 22. Après la prise de ce Fort les François attaquérent le Château, qui capitula le 30. Ils n'en restérent que trois ans les maîtres : ils rendirent Namur le 5. Septembre 1695. après un Siége de deux mois formé par Guillaume III. Roi d'Angleterre & par Maximilien Emanuel, Electeur de Baviere. La Place avoit été défenduë par le Maréchal de Boufflers. Le 26. de Juillet 1704. le Felt-Maréchal Auwerkerke s'approcha de Namur, avec l'Armée des Alliez ; & se retira après y avoir jetté quantité de bombes & de boulets rouges, qui ne firent presque aucun mal. Enfin en 1713. la Paix ayant été conclue à Utrecht la Ville de Namur fut cédée par le Traité aux Etats-Généraux pour leur servir de barriére contre la France.

L'Eglise Cathédrale est dédiée à St. Aubin Evêque d'Angers. On voit sur le maître-autel l'Epitaphe de Don Jean d'Autriche, Gouverneur des Pays-bas. Alexandre Farnese l'avoit fait faire en mémoire de son Oncle, dont le Corps avoit été mis en dépôt pour quelque tems, en attendant qu'il fût transporté en Espagne. Le Chapitre est composé de 20. Chanoines. Il a pour Dignitez un Prévôt, un Doyen, deux Archidiacres, un Chantre, un Ecolâtre, un Pénitencier, un Archiprêtre & neuf Graduez. Ce Chapitre fut fondé en 1046. par Albert Comte de Namur & confirmé ensuite par Fridéric de Lorraine, Beau-frére du Comte Albert, qui d'Archidiacre de Liége devint Pape, sous le nom d'Etienne IX. Outre l'Eglise Cathédrale, il y a encore la Collégiale de Notre-Dame, où est un Chapitre composé de douze Chanoines, avec un Abbé seculier, qui est l'Evêque, Collateur des Prébendes avec le Pape, outre un Prévôt & un Doyen. Il y a eu au Château une Collégiale dédiée à St. Pierre fondée en 1212.

NAM.

par Philippe le Noble, Comte de Namur ; mais elle a été unie au Chapitre de St. Aubin. Notre-Dame est la principale paroisse : les autres sont St. Jean l'Evangeliste, St. Jean Baptiste, St. Loup, ou St. Leu, dont le Curé est Religieux de l'Abbaye de Malogne & St. Nicolas.

Les Communautez ou Couvens d'Hommes sont au nombre de six ; savoir les Jesuites, qui enseignent les Humanitez, les Recollets, les Dominicains, les Capucins, les Carmes déchaussez & les Croifiers. On compte sept Monastéres de Filles ; savoir, l'Abbaye des Bénédictines réformées, dite Notre-Dame de Paix, les Ursulines, les Annonciades, les Carmelites déchaussées, les Recollectines, les Dames Blanches ou Carmélites chaussées & les Hospitaliéres. L'Eglise des Jesuites est d'une grande beauté, toute incrustée de marbre rouge & noir & soutenuë par dix grandes Colonnes de marbre noir : son Frontispice est aussi très-beau.

Entre les autres bâtimens publics on admire principalement la Cour du Prince. C'est un beau Palais quarré, qui sert ordinairement de demeure au Gouverneur.

On renouvelle le Magistrat de Namur tous les ans à la St. André. Il a pour Chef le Grand Mayeur dont la Charge est perpétuelle, & il est composé du Bourgmestre ou prémier Elu, du Lieutenant Mayeur, ou second Elu, de six Echevins, parmi lesquels il y en a deux qui sont Nobles ; de deux Avocats, de deux Bourgeois, du Greffier de la Ville, du Greffier des Elus, & de quatre Jurez.

Il y a encore un autre Tribunal, qui est le Souverain Bailliage : il est composé de 6. Avocats, qui jugent de toutes les matiéres féodales en prémiere instance. Le Gouverneur de la Ville est Chef de ce Corps.

L'Evêché de Namur est suffragant de l'Archevêché de Cambrai. Il fut demembré de l'Evêché de Liége en 1559. par le Pape Paul IV. à la priére de Philippe II. Le prémier qui fut pourvu de cet Evêché étoit Antoine Havet, Religieux de l'Ordre de St. Dominique. On a attribué à ce nouvel Evêché outre le Comté de Namur tout le Brabant Walon ; desorte qu'il comprend huit Villes, trois cens quarante-sept Villages, quatorze Doyennez, quatre Abbayes de l'Ordre de St. Benoît, quatorze de l'Ordre de Citeaux, une de Prémontré, une Abbaye & deux Prieurez de Chanoines Reguliers, sept Chapitres de Chanoines, trois Chapitres de Nobles Chanoinesses & un grand nombre de Couvens. Le Bailliage de Namur comprend douze Villages avec le Bois de Marlagne, un grand nombre d'Abbayes & de Couvens, & plusieurs Hameaux. Toute cette Contrée est arrosée des eaux de la Meuse & de la Sambre.

2. NAMUR [b], Province des Pays-bas avec Titre de Comté. Elle est bornée du côté du Nord par le Brabant Wallon ; à l'Orient par l'Evêché de Liége ; au Midi par le même Evêché & par la Terre d'Agimont entre Sambre & Meuse ; à l'Occident par le Pays entre Sambre & Meuse, qui dépend de Liége, & de ce côté-là elle touche au Hainaut.

[b *Longueruë, Descr. de la France*, part. 2. p. 106.]

Le Comté de Namur autrefois partie du Pays des Eburons & des Tongriens, fut mis
sous

fous la feconde Germanie par les Romains. Il fut enfuite occupé par les François, qui le mirent fous le Royaume d'Auftrafie. Ce Royaume ayant été conquis par Othon le Grand & poffédé par fon fils & fon petit-fils, ils y établirent des Ducs & entre autres Charles frére de Lothaire Roi de France. Ermengarde fille de Charles ayant époufé l'an 1000. un Seigneur nommé Albert, il fut prémier Comte de Namur. Il laiffa ce Comté à fon fils Albert II. qui eut pour fucceffeur fon fils Geofroi. Ce dernier eut deux Enfans, Henri Comte de Namur, & Aléxie ou Aléïfe. Henri en mourant laiffa fa fille Ermefende ou Ermenfon, qui fut privée de la fucceffion de fon pére par fon Coufin Baudouïn le Courageux, Comte de Hainaut, fils d'Alexie, tante d'Ermenfon. L'aîné des fils de Baudouïn fut Comte de Flandres & de Hainaut, & enfin Empereur de Conftantinople. Il eut pour fucceffeur à l'Empire fon frére Henri, qui étoit Comte de Namur. Henri céda le Comté de Namur à fon frére Philippe, qui mourut fans enfans, & eut pour héritiére fa fœur Yoland qui époufa Pierre de Courtenay, Comte d'Auxerre & de Nevers. Pierre fut par fa femme Comte ou Marquis de Namur. Ce Comté relevoit de celui de Hainaut & il n'avoit été donné à Henri, qu'à la charge de le tenir en fief de fon frére Baudouïn.

Ce droit des Comtes de Hainaut étoit alors hors de conteftation, étant autorifé par plufieurs Actes, & même il le fut par le jugement de Guillaume Roi des Romains. Comme on prétendoit que les poffeffeurs de ce Comté étoient tombez dans la Commife & pouvoïent être privez du Fief, il fut adjugé au Seigneur Dominant, qui étoit le Comte de Hainaut. Pierre de Courtenay ayant été tué en Gréce, il eut pour fucceffeur au Comté de Namur fon fils Philippe, qui mourut fans enfans l'an 1226. Son frére Henri lui fuccéda, felon Alberic Auteur contemporain ; & ce Comte Henri étant mort fans pofterité, fa fœur Marguerite, nommée Sibylle par Alberic, laquelle avoit époufé Henri de Luxembourg, Comte de Vianden, fe porta héritiére de fes fréres ; & s'étant emparée du Comté de Namur, elle en jouït jufqu'à ce que l'Empereur de Conftantinople, Baudouïn II. fils de Robert & petit-fils de Pierre de Courtenay étant venu de Gréce en France, obligea la Comteffe de Vianden à lui rendre le Comté de Namur. Baudouïn engagea ce Comté à Blanche Reine de France, & pour cela la Comteffe de Flandre & de Hainaut, Jeanne, foutint qu'elle pouvoit confifquer le Fief de Namur.

Jean & Baudouïn d'Avênes, neveux de Jeanne & fils de fa fœur Marguerite cédérent au Roi St. Louïs le droit que la Comteffe Jeanne & l'Empereur leur avoient donné, ne refervant rien que l'hommage dû au Comte de Hainaut. Jean & Baudouïn revoquérent la donation qu'ils avoient faite du Comté de Namur à Henri de Luxembourg. Saint Louïs fit généreufement rétablir l'Empereur Baudouïn en la jouïffance de ce Comté. Mais comme il avoit de la peine à s'y maintenir, il le vendit par le confeil de St. Louïs l'an 1262. à Guy de Dampierre Comte de Flandre ; & ce fut pour lors que ce Comté entra dans cette Maifon, où il demeura près de cent foixante & dix ans ; car Guy Comte de Flandre donna ce Comté à un de fes jeunes fils nommé Guy, dont les defcendans mâles, qui prénoient le nom de Flandre, furent Comtes de Namur jufqu'à Jean de Flandre dernier Comte, qui vendit tous fes biens l'an 1421. à Philippe Duc de Bourgogne.

Le Duc après la mort du Comte Jean prit poffeffion l'an 1429. du Comté de Namur qui fut dès lors indépendant du Comté de Hainaut & mis fous le reffort du Parlement de Malines, d'où Namur reléve encore aujourd'hui. Ce Comté porté dans la Maifon d'Autriche par le Mariage de Marie de Bourgogne, y eft encore aujourd'hui. La propriété & la Souveraineté de ce Comté appartiennent à l'Empereur Charles VI. quoique par le Traité de Barriére les Etats-Généraux des Provinces-Unies ayent la garde de la Ville & du Château de Namur, où ils ont garnifon.

a Le Territoire du Comté de Namur eft montueux & inégal, arrofé des Riviéres de Meufe, de Sambre & de la Mehagne. Il eft rempli de forêts, fur-tout dans fa partie Méridionale où eft la Forêt de Marlagne, qui a plufieurs mines de fer & de plomb, des carriéres de diverfes fortes de marbre, des foffes d'où l'on tire des pierres blanches & bleuës & des charbons de terre. Ce territoire renferme les Villes de

| | |
|---|---|
| Namur, | Marienbourg, |
| Charleroi, | Bouvigne, |
| Charlemont, | Walcourt. |

On le divife en fept Bailliages, qui font

| | |
|---|---|
| Namur, | Fleurus, |
| Waffeige, | Bouvigne, |
| Feix, | Sanfons, |
| Polvache. | |

Les Etats du Comté de Namur font compofez du Clergé, de la Nobleffe & des Députez des Villes. L'Evêque de Namur eft le Chef de l'Etat Eccléfiaftique ; & le Gouverneur de la Province eft le Chef de la Nobleffe. Les Etats ne s'affemblent que lorfque le Souverain l'ordonne ; mais chaque Corps choifit fes Députez.

Il y a dans le Namurois douze anciennes Pairies ou Fiefs qui relévent du Château de Namur, favoir:

| | |
|---|---|
| Le Ban de Syes, | Faux, Pairie éteinte, |
| La Seigneurie de Bailleul, | La Terre de Boffu en Hainaut, |
| Le Fief d'Oudenarde, | Zetrud & Lumay, |
| Le Fief d'Obay, | Le Fief de Wanghes, |
| Le Fief d'Avelois, | Le Fief de Bergilers, |
| Ham fur Sambre, | Polvache, Pairie éteinte. |

On peut dire à la louänge des Namurois que dans les grandes révolutions du XVI. Siécle, Namur & Luxembourg furent les deux Provinces, qui reftérent les plus fidéles au Roi d'Efpagne leur Souverain.

NAMUTENSIS, dans les Décrétales il eft fait mention d'une Comteffe de ce nom. Ortelius croit que ce lieu pourroit être en France aux environs de Toul.

*a* Delices des Pays-bas, T. 3. p. 1. & fuiv.

*b* Lib. 1. c. 36. de Refcriptis.

1. NAN,

1. NAN [a], Forteresse de la Chine, dans la Province de Chekiang, au département de Chinkan, grande Forteresse de la Province. Elle est de 4. d. 6'. plus Occidentale que Peking, sous les 27. d. 20'. de Latitude Septentrionale.

[a] Atlas Sinensis.

2. NAN [b], Lac de la Chine, dans la Province de Honan, au Midi de la Ville de Queite. Il y a sur ce Lac un Pont de pierre, avec un grand nombre d'arches.

[b] Ibid.

3. NAN [c], grande Montagne de la Chine, dans la Province de Quangsi, au voisinage de la Ville de Quei. On lui compte jusqu'à vingt-quatre sommets.

[c] Ibid.

NANA. Voyez TUSSA.

NANÆUS, fleuve de l'Isle d'Albion. Ptolomée [d] met *Nanai fluminis ostia* dans la partie Septentrionale de l'Isle. Au lieu de *Nanaus* les Interprêtes lisent *Nabaus*.

[d] l. 2. c. 1.

NANAGUNA, fleuve en deçà du Gange, selon Ptolomée [e]. Ce Géographe place *Nanagunæ fluvii ostia* dans le Golphe Barigazene.

[e] l. 7. c. 1.

NANBU, Golphe du Japon au Nord de la côte Orientale de Niphon, avec un Cap, nommé aussi Nanbu, qui borde ce Golphe au Midi, assez près de la petite Isle de Mamura, selon la Carte de l'Empire du Japon dressée par Mr. Scheuchzer sur les Cartes des Japonois & sur les observations de Mr. Kæmpfer. Ce Cap est à 169. d. 40'. de Longitude & à 39. d. 50'. de Latitude.

NANCEI. Voyez NANCY.

1. NANCHANG [f], prononcez NANTCHANG, Ville de la Chine, dans la Province de Kiangsi, où elle a rang de prémiere Métropole. Elle est d'1. d. 36'. plus Occidentale que Peking, sous les 29. d. 13'. de Latitude Septentrionale. Quoique cette Ville ne soit pas mise au nombre des plus grandes & des plus célèbres, elle est très-renommée par la multitude des Lettrez, qui s'y trouvent: elle n'est même pas si petite puisque son enceinte est de deux milles tout au moins. Il est arrivé à cette Ville une chose dont l'Histoire de la Chine ne fournit point d'autre exemple; c'est que deux Rois de la famille Taiminga y ont demeuré en même tems. Les Jesuites y avoient autrefois une Eglise assez belle & une Maison commode; mais ces édifices furent réduits en cendres, lorsque les Tartares brûlerent cette Ville pour la punir d'une révolte. Nanchang a été rétabli depuis & elle a aujourd'hui un Viceroi & d'autres Magistrats; mais les Jesuites ne se sont pas trouvez en état de relever leur Eglise.

[f] Atlas Sinensis.

Cette Ville est située sur le bord Méridional d'un grand Lac nommé Poyang ou Pengly, dans une Isle que forme la Riviere Chang autrement Can. Elle étoit anciennement la borne entre les Royaumes de çu & d'U. Sous la famille Cina, elle étoit unie au Pays de Kieukiang; la famille Hana lui donna le nom d'Iuchung; celui qu'elle porte aujourd'hui lui a été donné par la famille Tanga; la famille Sunga le changea en celui de Lunghing; mais enfin la famille de Taiminga rétablit le nom de Nanchang. Il y a plus de trois siécles que cette Ville eut le titre de Ville Royale. Le Prêtre Chu, après avoir chassé les Tartares de la Chine, prit le nom de Roi & fixa sa demeure à Nanchang, qu'il nomma Hungtu; c'est-à-dire grand Palais Royal: lorsqu'il eut rempcrté d'autres victoires il transféra son trône à Nankin & rendit à Nanchang son prémier nom. Aujourd'hui cette Métropole a dans sa dépendance sept Villes, qui sont,

Nanchang,      Fung sin,
Fungchin,      Cinygam,
Cinhien,       Ning ☉,
       Vuning.

Tout le territoire de cette Ville est fertile; le moindre petit endroit est cultivé, & tant dans la Ville qu'au dehors on éléve une quantité prodigieuse de cochons. Le nombre en est si grand, que souvent il n'est pas possible de passer dans les rues, tant elles sont remplies de ces animaux. Malgré cela la Ville ne laisse pas d'être propre, parce qu'on a grand soin d'enlever les excrémens des cochons pour fumer les champs.

2. NANCHANG [g], Ville de la Chine, dans la Province de Huquang, au département de Siangyang, troisiéme Métropole de la Province. Elle est de 8. d. 48'. plus Occidentale que Peking, sous les 32. d. 9'. de Latitude Septentrionale.

[g] Atlas Sinensis.

NANCHAO [h], Ville de la Chine, dans la Province de Honan au département de Nanyang septiéme Métropole de la Province. Elle est de 7. d. 35'. plus Occidentale que Peking, sous les 34. d. 0'. de Latitude Septentrionale.

[h] Ibid.

1. NANCHUEN [i], Ville de la Chine, dans la Province de Quansi, au département de Kingyuen, troisiéme Métropole de la Province. Elle est de 10. d. 47'. plus Occidentale que Peking, sous les 24. d. 33'. de Latitude Septentrionale.

[i] Ibid.

2. NANCHUEN [k], Ville de la Chine, dans la Province de Suchuen, au département de Chungking, cinquiéme Métropole de la Province. Elle est de 9. d. 50'. plus Occidentale que Pekin, sous les 30. d. 50'. de Latitude Septentrionale.

[k] Ibid.

NANCING [l], Ville de la Chine, dans la Province de Fokien, au département de Changcheu, troisiéme Métropole de la Province. Elle est de 0. d. 34'. plus Orientale que Peking, sous les 24. d. 39'. de Latitude Septentrionale.

[l] Ibid.

NANCUNG [m], Ville de la Chine, dans la Province de Peking, au département de Chinting, quatriéme Métropole de la Province. Elle est d'1. d. 39'. plus Occidentale que Peking, sous les 37. d. 56'. de Latitude Septentrionale.

[m] Ibid.

1. NANCY, Ville de Lorraine, dans le Bailliage François. [n] Elle est le Chef-lieu de ce Bailliage, & la Capitale des Etats du Duc de Lorraine, où est la Cour Souveraine, qui décide en dernier Ressort les procès de ses Sujets. Il y en a qui ont dit que cette Ville, que l'on écrivoit autrefois *Nancei*, étoit fort ancienne, & qu'elle est la même qui est appellée *Nasium* dans l'Itineraire d'Antonin; mais celle-ci étoit, selon l'Itineraire, entre Andelot & Toul, au lieu que Nanci est au delà de Toul. Fredegaire marque *Nasium* dans la même situation que l'Itineraire, & dit au Chap.

[n] Longuerue Desc. de la France. Part. II. p. 143.

Chap. 27. que le Roi Thierry marchant contre son frere Theodebert, alla de Langres à Andelot (*Andelaum*) que delà il marcha à *Nasium* sur la Riviere d'Orne, qui étoit un Château ou Place forte qu'il prit, & ensuite alla rencontrer son frere à Toul; ainsi *Nasium* sur Orne ne peut être autre que Nas sur Ornei en Barrois, qui est au deçà, non seulement de la Moselle sur laquelle est Toul, mais de la Meuse. *Nasium* n'est point aussi le grand Nanci, qui n'est pas sur la Riviere d'Ornei.

NANCI n'est pas une Ville ancienne, & ce lieu n'a pas été connu avant le douzième siécle. Ce n'étoit alors qu'un Château qui appartenoit à un Seigneur nommé Drogon. Matthieu I. du nom Duc de Lorraine l'acquit l'an 1153; en donnant à Drogon en échange les Seigneuries de Lenoncourt & de Rosiére aux Salines. Cette Seigneurie de Nanci étoit alors de fort petite étendue, puisque Simon Duc de Lorraine avoit tout auprès un Château, où il fit une donation à l'Abbesse de Bouxieres l'an 1130, comme on le voit par la date, *datum in Castro meo juxta Nanceium*, en mon Château près de Nanci. Le Duc Matthieu commença d'y faire sa résidence sur la fin de sa vie, car auparavant il demeuroit à Chastenoi. Cette Terre de Nanci relevoit du Comte de Champagne, qui avoit de grands Fiefs dans le Diocèse de Toul.

Thibault Comte de Champagne, qui fut depuis Roi de Navarre, investit Matthieu II. du nom Duc de Lorraine, de Nanci & de ses dependances l'an 1220. Ferri II. Duc de Lorraine fils de Matthieu II. donna aux Bourgeois de Nanci des Privileges; & à ceux des Villes de Port, aujourd'hui St. Nicolas, de Luneville, *Lunaris-Villa*, & à Amance, *Esmantia*. Il reconnut par ses Lettres dattées de l'an 1265. pour garant & protecteur le Comte de Champagne, qui étoit alors le jeune Thibaut, & que le Duc Ferri appelle son très-cher Seigneur, *charissimo Domino meo Comiti Palatino*, consentant qu'en cas qu'il vînt à manquer à sa parole, le Comte de Champagne pût prendre ses Fiefs sans lui faire tort; *carpere Feoda mea sine mesfacere*. Le Duc ne dit point quels étoient ses Fiefs; mais on voit ailleurs que c'étoit Nanci & ses dépendances, Neufchâteau, Chatenoi, Montfort près de Mirécourt, & Grands en Bassigny, & on ne voit point que les Ducs de Lorraine aient fait hommage au Comte de Champagne de Port, d'Amance & de Luneville, que le Duc soûmit à la Loi de Beaumont en Argone, qui appartenoit à l'Archevêque de Rheims en Souveraineté, ce Comte étoit établi seulement garant des promesses faites par le Duc à ses Sujets.

Depuis la fin du treiziéme siécle & la réunion de la Champagne à la Couronne, on ne voit pas que les Ducs de Lorraine aient reconnu les Rois de France ou les Comtes de Champagne pour Nanci, & ils y ont été Souverains, quoiqu'ils ayent continué à reconnoître les Rois pour Neufchâteau, Chatenoi, Froüart & Montfort durant long tems, comme nous verrons dans la suite. Nanci étoit alors fort petit, n'y ayant que la vieille Ville fermée d'une muraille à l'antique. Elle fut prise par Charles dernier Duc de Bourgogne après un long Siége l'an 1475. sur le Duc René qui fut chassé de son Pays par les Bourguignons, & contraint de se retirer chez les Allemands & les Suisses.

Le Duc de Bourgogne ayant attaqué les Suisses l'an 1470., ils le défirent en deux Batailles; ce qui donna le moyen à René de recouvrer Nanci. Le Duc de Bourgogne l'assiégea une seconde fois sur la fin de cette année; mais les Allemands & les Suisses étant venus au secours des assiégez, ils donnérent Bataille le 5. de Janvier de l'année suivante aux Bourguignons, qui furent défaits, & leur Duc fut tué. René & ses Successeurs joüirent ensuite paisiblement de Nanci & de la Lorraine, bâtirent la nouvelle Ville d'une maniere régulière. Ils la fortifierent bien, & l'ancienne pareillement, qui servoit de Citadelle à la nouvelle.

Le Duc Henri mit ce grand ouvrage dans sa perfection; mais son Gendre Charles qui lui avoit succedé s'étant brouillé avec Louis XIII. Roi de France il fut contraint de lui remettre Nanci pour le garder durant la guerre qui étoit allumée dans l'Empire, & les François en ont été les Maîtres jusqu'après la Paix des Pirenées, par laquelle on accorda que les fortifications des deux Villes de Nanci seroient rasées, sans pouvoir être refaites. Cet article fut confirmé par le Traité que le Duc fit à Paris l'an 1661. le dernier Février avec le feu Roi Loüis XIV. & ensuite les François évacuérent Nanci, qui fut démantelé cette même année. Neuf ans après ce Traité le Duc Charles fut contraint de se retirer en Allemagne, lorsque les François sous la conduite du Maréchal de Crequi occupérent la Lorraine l'an 1670. Le Roi Loüis XIV. fit après cela refortifier les deux Villes de Nanci, & il obtint au Traité de Nimegue la cession de ces deux Villes en échange de celle de Toul; mais le Duc Charles neveu de celui qui avoit perdu son Pays, ne voulut point accepter ces conditions, & le feu Roi continua de joüir de Nanci jusqu'au Traité de Ryswic conclu le 31. Octobre 1697., par lequel il fut arrêté que la Lorraine seroit rendue au Duc Léopold fils du Duc Charles, pour en joüir comme son grand oncle Charles en joüissoit l'an 1670.

Néanmoins à l'égard de Nanci, on accorda par l'article 29. que tous les remparts & tous les bastions de la vieille Ville seroient conservez, les bastions & les remparts de la neuve devant être ruïnez à la reserve des portes, & que généralement tous les dehors de l'une & de l'autre Ville seroient démolis, sans pouvoir être relevez dans la suite des tems, en laissant néanmoins au Duc & à ses Successeurs la liberté d'enfermer la Ville neuve d'une simple muraille sans angles.

Le Corps de St. Sigebert [a], Roi d'Austrasie, mort en 655. fut transporté en 1552. de Mets à Nanci, où il est conservé dans l'Eglise Collégiale.

[a] Topogr. des Saints, pag. 331.

NANCY est divisé en trois Paroisses, qui sont, St. Evre, dont le Chapitre de St. George est Patron. Ce n'étoit dans son commencement qu'un petit Oratoire, que l'on bâtit peu

peu après l'Eglise du Prieuré de Notre-Dame, les Religieux de ce Prieuré firent les fonctions de Curé dans cet Oratoire jusqu'en 1340. qu'il fut érigé en Paroisse, dont la Cure fut unie au Chapitre de St. George, qui la fit desservir par un Chanoine qui changeoit toutes les semaines; ensuite par un Vicaire amovible, qui devint dans la suite perpétuel. Au commencement du quinziéme siécle l'Eglise fut bâtie en l'état où elle est à present; en 1595. le Chapitre se déporta de cette Cure & s'en reserva le droit de Patron. Il y a dans cette Eglise neuf Chapelles en titre. La seconde Paroisse est de Notre-Dame, elle est dediée sous le titre de l'Assomption de Nôtre-Dame. C'est un Prieuré, le Chapitre de la Primatiale étoit autrefois Collateur de cette Cure, mais il s'est déporté de ce droit en faveur des Peres de l'Oratoire, que le Duc Henri appella pour la desserte de cette Cure, & s'est seulement reservé les droits honorifiques. Le Titulaire de la Cure n'a qu'une commission de son Général. Le Prieuré de Notre-Dame qui est affecté à la même Eglise fut fondé vers l'an 1075. par Thierri Duc de Lorraine & Haduide de Namur sa mere; ils y appellérent les Religieux de Molesme, qui dans la suite abandonnérent ce Prieuré à l'Abbaye de St. Martin de Metz, dont les Religieux s'y retirérent après l'incendie arrivé à leur Abbaye dans le quinziéme siécle, & ils apportérent avec eux le Corps de St. Sigebert Roi d'Austrasie. Ce Prieuré a depuis été uni à la Primatiale de Nancy, par Clement VIII. il y a dans son Eglise dix Chapelles en titre. La troisiéme Paroisse est celle de St. Sebastien dans la Ville neuve: elle a quatre Chapelles. Il y a dans Nancy trois Collégiales, la Primatiale, St. George & St. Michel. La Primatiale a été érigée par Clement VIII. au commencement du dix-septiéme siécle, à la priére de Charles III. Duc de Lorraine. Ses revenus sont formés de la suppression de la Manse abbatiale de Clait-lieu, de l'Abbaye St. Martin, de trois Prébendes de St. Dié, de la Collegiale de Dieuloüart, des Prieurez de Varengeville, de St. Nicolas, de St. Dagobert de Stenay, de Salone, &c. Elle est sous le titre de Nôtre-Dame. Le Primat officie pontificalement; le Chapitre est composé d'un Primat, d'un Doyen, d'un Chantre, d'un Ecolâtre, de treize Chanoines & de dix Vicaires: toutes ces Prebendes sont à la collation du Duc de Lorraine pendant onze mois, & à la collation du Chapitre seulement dans le mois d'Avril. Les Prebendes sont de mille livres. Le Primat a dix mille livres, le Doyen a deux Prébendes, le Chantre & l'Ecolâtre en ont trois à eux deux. Le Prince a fait plusieurs efforts pour ériger cette Collegiale en Cathedrale. La Collegiale de St. George a été fondée par Rodolphe Duc de Lorraine en 1339. & confirmée par Thomas de Bourlemont Evêque de Toul la même année. Ce Chapitre est composé d'un Prévôt, d'un Chantre, d'un Ecolâtre, d'un Trésorier, d'un Aumônier & de huit Chanbines; les Prebendes sont d'environ trois cens cinquante livres; la premiere est pour le Duc, qui se qualifie de premier Chanoine de St. George, le Prévôt a double Prébende, toutes ces Prebendes sont à la Collation du Souverain. L'Eglise fut achevée par Jean I. Duc de Lorraine. Il y a quatre Chapelles en titre. Le petit Chapitre de St. Michel composé de quatre Chanoines est aussi dans cette Ville. Ils n'ont que douze écus de rente. Il y a deux Abbayes, la premiere est une Abbaye d'hommes de l'Ordre de St. Benoît de la Congregation de St. Vanne & de St. Hidulphe. Cette Abbaye est quinquennale à la nomination du Chapitre de la Congregation de St. Vanne. Le savant P. Dom Augustin Calmet, si connu par ses Commentaires sur la Bible, en est ancien Abbé. Le Prieuré de Belval du même Ordre est uni à cette Abbaye. La seconde Abbaye est celle de Nôtre-Dame de Consolation; c'est une Abbaye de filles, Ordre de St. Benoît, fondée par Madame Catherine de Lorraine Abbesse de Remiremont & Madame Marguerite de Lorraine Duchesse d'Orléans sa Niéce. En 1625. le titre Abbatial a été supprimé, & la Maison donnée aux Religieuses Benedictines de l'Adoration perpetuelle du St. Sacrement en 1669. Il y a à Nanci une Communauté d'Ecclesiastiques composée de huit Prêtres pour aider le Curé de St. Sebastien. On voit un Hôpital sous le titre de St. Julien: cet Hôpital est sous l'administration des Notables Bourgeois: il est de fondation Ducale & riche: l'on y entretient un grand nombre de pauvres. Le Chapelain en a la charge d'ame qu'il reçoit de l'Evêque. Les Jesuites ont deux Maisons, le Noviciat fondé par Charles Cardinal de Lorraine & Antoine de Lenoncourt à la fin du seiziéme siécle, & le Collége fondé par Mr. de Maillane Evêque de Toul, peu de tems après le Noviciat. Les Prêtres de l'Oratoire ont une maison à Nancy. Le Duc Henri, comme je l'ai déja dit ci-devant, les appella en 1619. pour desservir la paroisse de Nôtre-Dame. Les Chevaliers de St. Jean de Jerusalem dit de Malthe, ont la Commanderie de St. Jean de Viélatre, à laquelle on a uni celle de St. George, elle vaut dix mille livres. Il y a neuf Couvens d'hommes & huit de filles. Les Cordeliers fondés en 1484. par René II. Duc de Lorraine. Les Capucins fondez en 1593. par le Cardinal de Lorraine. Les Piquepuces vulgairement nommez Tiercelins, par le Sr. Bouvet en 1720. Les Premontrez à l'hospice de St. Joseph. Les Jacobins fondez en 1644. par Mr. du Hailler. Les Augustins dans l'ancien Hôtel de Mayenne. Deux Couvents de Minimes; l'un fondé en 1592. par Messieurs de Bassompierre; & celui de Bon-secours, pour desservir la Chapelle des Bourguignons en 1609. Les Carmes en ont aussi un. Les Couvens de filles sont les Sœurs grises ou Religieuses de Sainte Elisabeth, fondées en 1485. par René II. Duc de Lorraine. Les Religieuses du refuge. Les grandes Carmelites, fondées le 15. Juillet 1618. Les petites Carmelites fondées le 19. Mai 1655. Les Religieuses de la Congregation de Nôtre-Dame en 1627. Celles de St. Dominique fondées en 1299. par Ferry IV. Duc de Lorraine & Marguerite de Navarre son épouse. Les Annonciades celestes fondées l'an 1616. Les Religieuses de la Visitation, fon-

NAN.      NAN.

fondées l'an 1630. Les filles de la Charité fondées par Mr. Chauvenel, confirmées par Charles IV. approuvées par Mr. du Sauſſay Evêque de Toul. en 1663, & engagées à faire des vœux par Mr. de Fieux auſſi Evêque de Toul en 1679.

Outre la Cour Souveraine, il y a à Nancy une Chambre des Comptes, une Sénéchauſſée & une Prevôté.

2. NANCY, ou GRAND NANCEI, Village de Lorraine dans le Duché de Bar, entre Donremi au Bois & Villeroncour; environ à trois lieues de Bar-le-Duc du côté du Levant. On le prend aſſez communément pour l'ancien Naſium. Voyez Nancy N°. 1.

3. NANCY, ou PETIT NANCY, Village de Lorraine, dans le Duché de Bar, ſur la Riviere d'Orne, à la droite, entre Barle-Duc & Ligny en Barrois, mais plus près de cette derniere Ville.

*a* l.6.c.2.    NANDÆ, Ville de Medie: Ptolomée *a* la met dans les terres entre Gabris & Zazaca.

*b* Thevenot,    NANDER *b*, Ville des Indes, dans les Voyage des Etats du Grand-Mogol, & dans la Province Indes, p. de Doltabad. Elle eſt ſituée à cinq lieues de 225, *&ſuiv.* Lazana.

*c* Antonini    NANDIA NULLUS, *c* ou NANTIANULUM; lieu d'Aſie aux confins de la Galatie, & de la Cappadoce, entre Archelaïde Colonie & Saſima, à vingt-cinq mille pas de la premiére & à vingt-quatre mille de la ſeconde.

NANDRIA. Voyez NEANDRIA.

NANDUBANDAGAR, Ville de l'Inde *d* l.7.c.1. de, en deçà du Gange, ſelon Ptolomée *d*, qui la place dans la Sandrabatide.

NANESSUS. Voyez NEANESSUS.

NANFIO, ΑΝΑΦΗ, & ANAPHE, Iſle *e* Tournefort, de l'Archipel, vers la Mer de Candie *e*. C'eſt Voy. de Levant, Lettre une de ces Iſles qui faiſoient partie du Du-6.    ché de Naxie, ſous les Princes des Maiſons de Sanudo & de Criſpo. *f* Jacques Criſpo *f* Hiſt. des douziéme Duc, qu'on pourroit appeller le Ducs de pacifique, donna cette Iſle à ſon frére Guillaume, qui y fit bâtir la Forteresse, dont on voit les ruïnes ſur un rocher tout au haut du Bourg: il fut Duc de Naxie après la mort de Jacques ſon frére. Sa fille unique Florence Criſpo reſta Dame de Nanfio, & l'Iſle ne fut réunie au Duché qu'après ſa mort.

*g* Steph.    *g* Memblaros a été l'ancien nom de l'Iſle Dict. de Nanfio, nom tiré de Membliarès parent de Cadmus & qui vint s'établir à Thera, au lieu de ſuivre les avantures de ſes Héros. Nanfio ne fut nommée *Anaphe*, qu'à l'occaſion des Argonautes *h*, qui la découvrirent *h* Ibid. après une tempête horrible, qui les jetta au fond de l'Archipel. La découverte ne fut pas grande; car l'Iſle n'a que 16. milles de tour, point de port, & ſes Montagnes ſont toutes pelées: elles fourniſſent pourtant de belles ſources, capables de porter la fecondité dans les Campagnes pour peu qu'on ſût les employer utilement.

Les habitans de Nanfio ſont tous du Rite Grec & ſoumis à l'Evêque de Siphno: on n'y voit ni Turcs ni Latins. Le Cadi & le Vaivode ſont ambulans. En 1700. ils payérent 500. écus pour toutes ſortes de droits, la Capitation n'y étant qu'à un Ecu & demi

par tête. Leur fainéantiſe eſt blâmable, & tout leur négoce conſiſte en oignons, en cire & en miel: ils n'ont de vin & d'orge que pour leur entretien. Quant au bois, il n'y en a pas aſſez pour faire rôtir les perdrix qu'on y pourroit manger. La quantité de cette eſpéce de gibier eſt ſi prodigieuſe que pour conſerver les bleds, on amaſſe par ordre des Conſuls tous les œufs que l'on peut trouver vers les Fêtes de Pâques, & l'on convient qu'ils ſe montent ordinairement à plus de 10. ou 12. mille. On les met à toutes ſortes de ſauſſes & ſur tout en omelettes. Cependant malgré cette précaution on ne peut faire un pas dans l'Iſle ſans voir lever des perdrix. La race en eſt ancienne; elles ſont venuës d'Aſtypalia ou Stampalia, s'il en faut croire Hegeſander: un habitant d'Aſtypalia n'en porta qu'une paire à Anaphe; *i* mais elle multiplia ſi fort, que *i* Athen. les habitans ſaillirent à en être chaſſez: c'eſt Deipn.l.9 apparemment depuis ce tems-là qu'on s'eſt aviſé d'en caſſer les œufs.

Du côté de la Marine vers le Sud, en allant à la Chapelle de Notre Dame du Roſeau, on voit ſur un petit Tertre les ruïnes d'un Temple d'Apollon *k* Eglete ou brillant de lu- *k* Strabo. l. miere. Strabon qui parle de ce Temple ne 10. dit pas à quelle occaſion il fut bâti: c'eſt Conon *l* qui nous l'apprend. Suivant cet *l* Narrat. Auteur la Flotte de Jaſon revenant de la 49. Colchide fut battuë d'une ſi furieuſe tempête, qu'on eut recours aux prieres & aux vœux. Apollon vint de fort bonne grace au ſecours de tant de Héros: la foudre qui tomba du Ciel fit ſortir du fond de la Mer une Iſle pour les recevoir. On y dreſſa un Autel à Apollon Sauveur des Argonautes: ce Dieu fut remercié parmi les verres & les pots. Médée & les Dames de ſa Cour firent les honneurs de la fête: le vin & la joie leur inſpirérent de belles ſaillies, & ſurtout, dit Conon, on ne manqua pas de railler les Héros ſur la peur qu'ils n'avoient pu cacher dans la tempête. Les Héros de leur côté n'étoient pas muets. Toute la nuit ſe paſſa en railleries piquantes. Il ne ſeroit pas facile de dire qui laiſſa cette hiſtoire par écrit dans l'Iſle; mais Conon aſſure qu'après que cette Iſle fut peuplée les habitans en célébrérent tous les ans l'anniverſaire & on y ſacrifioit à Apollon: le vin n'y étoit pas épargné; & ſuivant l'eſprit de l'inſtitution, les plaiſanteries n'y étoient pas non plus oubliées: les Grecs ſont admirables pour s'eſcrimer à ces ſortes de jeux d'eſprit. Les ruïnes du Temple conſiſtent en quelques morceaux de colonnes de marbre, qui en indiquent la ſituation: on y voit une belle architrave de même pierre ſur laquelle il y a une Inſcription fort longue: peut-être faiſoit-elle mention du conte de Conon; mais elle eſt ſi uſée qu'à peine connoît-on qu'il y ait eu des caractéres ſur ce marbre. On a bâti à quelques pas de là une Chapelle des débris du Temple: la carriere de marbre eſt tout proche du côté de la Mer, au pied d'une des plus effroyables roches qui ſoit au monde, & ſur laquelle eſt bâtie la Chapelle de la Vierge. On voit auſſi dans ce quartier les ruïnes d'un bel Edifice de marbre, qui ne paroît pas de la même antiquité, mais du tems des Ducs de Naxie.

NANFUNG *m*, Ville de la Chine, dans la *m* Atlas ſi-
C    Pro- nenſis.

Province de Kiangsi, au département de Kienchang, sixiéme Métropole de la Province. Elle est de 0. d. 49'. plus Occidentale que Peking, sous les 27. d. 42'. de Latitude Septentrionale.

1. NANGAN [a], Ville de la Chine dans la Province de Kiangsi, où elle a le rang de treiziéme Métropole. Elle est de 3. d. 3'. plus Occidentale que Peking, sous les 25. d. 49'. de Latitude Septentrionale. Cette Ville est située dans la partie Méridionale de la Province. Le fleuve Chang baigne ses murailles ; ce qui fait qu'elle est un entrepôt considérable. Toutes les marchandises qu'on porte à Quantung des diverses Provinces de l'Empire & celles qui se transportent de Quantung dans les diverses Provinces de la Chine, passent par cette Ville. Les unes sont mises sur le fleuve Chang & le descendent ; les autres sont transportées par terre. C'est ce qui fait la richesse de Nangan. Quoique cette Ville soit grande, ses Fauxbourgs le lui disputent presque pour la grandeur. Elle a dans sa dépendance quatre Villes :

Nangan,         Yangyeu,
Nankang,        çungy.

Autrefois Nangan appartenoit au Royaume d'U. C'est la famille Sanga qui lui a donné le nom qu'elle porte.

2. NANGAN [b], Ville de la Chine, dans la Province de Fokien, au département de Civencheu, seconde Métropole de la Province. Elle est de 2. d. 29'. plus Orientale que Peking, sous les 25. d. 14'. de Latitude Septentriole.

3. NANGAN [c], Forteresse de la Chine, dans la Province d'Iunnan, au département de çuhiung quatriéme Métropole de la Province. Elle est de 15. d. 12'. plus Occidentale que Peking, sous les 24. d. 55'. de Latitude Septentrionale.

NANGASACKI [d], l'une des cinq Villes Impériales du Japon, à l'extrémité Occidentale de l'Isle de Kiusju, dans la Province de Fifen, au bout du Havre de même nom, dans l'endroit où il a le plus de largeur, & où allant au Nord il forme un rivage en demi-Cercle. Elle est située sous les 151. d. de Longitude & à 32. d. 36'. de Latitude. Elle a trois quarts de lieue de longueur & presque autant de largeur. Sa figure représente celle d'un Croissant, tirant un peu sur celle du triangle. Elle est bâtie sur le rivage dans une vallée étroite, qui va du côté de l'Est. La vallée est formée par l'ouverture des Montagnes voisines, qui ne sont pas bien hautes ; mais elles sont roides, & d'ailleurs vertes jusqu'à leur sommet ; ce qui forme un point de vuë très-agréable.

La Ville de Nangasacki est ouverte comme le sont la plupart des Villes du Japon ; sans Château, sans murailles, sans Fortifications, sans aucunes défenses. Les ruës n'en sont ni droites, ni larges : elles vont en montant vers la Colline & finissent près des Temples, qui sont au dehors. Trois Rivieres, dont l'eau est belle, traversent la Ville. Elles ont leurs sources sur les Montagnes voisines. Celle du milieu, qui est la plus grande, traverse la Vallée de l'Est à l'Ouest. Pendant la plus grande partie de l'année elles ont à peine assez d'eau pour arroser des champs de ris, & pour faire aller quelques moulins ; mais pendant les pluyes elles grossissent au point qu'elles entrainent des Maisons entieres.

Nangasacki tire son nom de ses anciens Seigneurs, qui la possédoient avec tout son District d'environ 3000. Kokfs de revenu annuel. Ils en ont joui depuis Nagasaki Kotavi prémier du nom, jusqu'à Nangasacki Sijn Seijemon, pendant douze générations de pére en fils. On montre encore au haut d'une Colline, derrière la Ville les ruïnes de leur ancienne demeure. Le dernier de cette famille étant mort sans enfans vers la fin du quinziéme siécle, la Ville & son ressort tombérent sous la puissance du Prince d'Omura. L'endroit où Nangasacki est bâtie n'étoit qu'un misérable hameau, habité par quelques pauvres pêcheurs : on l'appelloit Fukaje ou Irije ; c'est-à-dire la longue Baie, à cause de la longueur du Havre, & pour le distinguer d'un autre Village situé près du même port, appelé Fukafori, comme qui diroit le long Etang, nom qu'il garde encore. Le nouveau Seigneur de Fukaje trouva à propos de changer le nom de ce hameau dans celui de Nangasacki ; & ce fut par ses soins & par son attention que ce lieu devint avec le tems un gros Village ou Bourg.

Les choses continuérent sur ce pied encore quelque tems après la prémière arrivée des Portugais au Japon. On ne leur avoit assigné aucun Port particulier : ils firent divers établissemens dans les Provinces de Bungo & de Fisen, où ils poussérent leur Negoce & travaillérent en même tems à la propagation de la Religion Chrétienne. Le Prince d'Omura lui-même ayant embrassé l'Evangile invita les Portugais à venir s'établir à Nangasacki ; & ce nouvel établissement devint avantageux à cette Ville à divers égards. La situation sure & commode du Havre, & le Négoce des Portugais invitérent les Chinois d'y venir avec leurs navires & leurs marchandises. Les Japonnois attirez par l'attrait du gain, vinrent en même tems s'y établir en si grand nombre, que la vieille Ville, qu'on nomme encore Utsimatz, ou le cœur de la Ville, contenant en tout vingt-six ruës, ne fut pas assez grande pour les contenir. Il fallut bâtir de nouvelles ruës. On leur donna les noms de diverses Provinces, Villes ou Bourgs d'où étoient venus leurs prémiers habitans ; & outre ces ruës il y en eut d'autres appelées Bunts, du nom d'un des prémiers habitans qui les fit bâtir à ses dépens. Ainsi Nangasacki de pauvre & chetif Hameau qu'il étoit auparavant, devint par degrez une Ville riche & peuplée, où il y a environ quatre vingt-sept ruës bien habitées.

L'état florissant & l'opulence de la Ville de Nangasacki, qui alloit en augmentant lorsqu'elle étoit au pouvoir des Portugais, fournit d'abord matière de jalousie & de mécontentement à la Cour. Taico, le Monarque séculier, qui étoit alors sur le trône, fit une sévére reprimande au Prince d'Omura, de ce qu'il avoit cédé une place de cette importance à une Nation étrangere ; ajoutant qu'il qu'il voyoit que ce Prince n'étoit plus propre à la garder, & que cette raison l'obligeoit de l'annéxer aux domaines de l'Empire. Il ne se contenta pas de s'emparer de cette Ville, il se rendit maître encore de toute la Jurisdiction & de tout le revenu d'Omura.

Nangasacki est divisée en deux parties: l'une est appellée Utsimatz ou Ville intérieure, & consiste en 26. Tsjoo ou ruës toutes fort régulières; l'autre est appellée Sottomatz, comme qui diroit la Ville extérieure, ou les Fauxbourgs. Elle contient soixante & une ruë. Les bâtimens les plus remarquables de Nangasacki & de son voisinage sont les Janagura, qui appartiennent à l'Empereur. Ce sont cinq grandes Maisons bâties de bois, au côté Septentrional de la Ville, sur un fonds bas auprès du rivage. On y garde trois grandes Jonques Impériales, ou Vaisseaux de guerre, avec tous leurs agrêts & prêts à mettre en Mer au prémier signal. Le Ten Siogura, ou magazin à poudre est sur le rivage vis-à-vis de la Ville; & pour plus de sureté & pour prévenir les accidens on a bâti une grande voute sur une Colline aux environs où l'on garde la poudre. Les Palais des deux Gouverneurs occupent un terrein considérable, un peu plus élevé que le reste des ruës. Les Maisons sont propres, belles, toutes uniformes & également élevées. On entre dans la Cour par des portes fortifiées & bien gardées. Le troisiéme Gouverneur loge à Tattejama dans un Temple. Outre les Palais des Gouverneurs, il y a vingt autres Maisons & des piéces de terre qui appartiennent à tous les Dai Mio & à quelques-uns des Sio Mio du plus haut rang. Les Dai Mio sont les Seigneurs du prémier rang ou les Princes de l'Empire; & les Sio Mio sont d'un rang inférieur. Quelques-uns de leurs Gentilshommes résident perpétuellement dans ces Maisons, pour veiller dans toutes les occasions aux intérêts de leurs maîtres, à qui ils sont responsables de tout ce qui se passe.

Les étrangers demeurent hors de la Ville dans des endroits séparez où ils sont veillez comme des personnes suspectes. Les Hollandois demeurent dans une petite Isle située dans le Port tout contre la Ville, & qu'on nomme De Sima, c'est-à-dire l'Isle de De. Les Chinois & les Nations voisines qui professent la même Religion & négocient sous le même nom demeurent derriére la Ville au bout Méridional sur une éminence: leurs demeures sont entourées d'une muraille & sont nommées Jakujin, ou Jardin de Médecine, parce qu'il étoit autrefois en cet endroit-là. On l'appelle aussi Diusensju, nom tiré des Observateurs de l'Empereur, employez à observer du haut des Collines voisines les Navires étrangers, qui gouvernent du côté du Port & à donner avis de leur arrivée au Gouverneur de la Ville.

Il y a environ soixante & deux Temples tant au dedans qu'au dehors de la Ville; savoir cinq Temples des Sinsia consacrez aux Cami ou Dieux & Idoles adorez dans le Pays depuis un tems immémorial; sept Temples de Jammabos ou Prêtres de Montagne; & cinquante Tira, ou Temples en l'honneur des Idoles étrangeres dont le culte a été apporté d'outre mer: de ces derniers il y en a 21. au dedans & 29. au dehors de la Ville sur le penchant des collines avec de beaux escaliers de pierre pour y monter. Ces Temples sont non seulement consacrez à la devotion & au culte, ils servent encore au divertissement & à la récréation; c'est pourquoi ils sont accompagnez & ornez de jardins agreables, de belles allées & de beaux appartemens. Ce sont les plus beaux Edifices de Nangasacki.

Après les Temples, les lieux les plus fréquentez sont les Maisons de débauche. La partie de la Ville où elles sont bâties se nomme Kasiematz, c'est-à-dire le quartier des filles de joie. Ce quartier est au Midi sur une éminence appellée Mariam. Il consiste selon les Japonnois en deux ruës; mais les Européens en compteroient bien davantage. Il contient les plus jolies Maisons de particuliers de toute la Ville, toutes habitées par des Courtisannes. Cet endroit & un autre qui est dans la Province de Tsikusen, quoique de moindre réputation, sont les deux seuls Mariam, ou lieux publics de débauche qui soient dans l'Isle de Saikokf. C'est-là que le pauvre peuple de cette Isle, qui produit les plus belles filles du Japon, si l'on en excepte Miaco, peut placer ses filles pour ce genre de vie. Ce Commerce est plus lucratif à Nagasacki qu'en aucun autre endroit, tant à cause du grand nombre des étrangers, Nangasacki étant le seul lieu, où ils ayent la permission de séjourner; que parce que les habitans eux-mêmes sont les plus débauchez de tout l'Empire.

Le Gokuja, l'Enfer, ou, comme on le nomme encore, le Roja; c'est-à-dire la Cage, ou plus proprement la prison, est au cœur de la Ville, à la descente d'une ruë. Elle consiste en plusieurs huttes, ou petites chambres séparées pour loger les prisonniers, selon leur qualité, ou selon le genre du crime pour lequel on les a arrêtez. Outre ceux qu'on met dans cette prison pour les crimes commis à Nangasacki, on y met aussi les fraudeurs de douane, & ceux qui sont soupçonnez de professer la Religion Chrétienne. Les tristes restes des Chrétiens du Japon sont maintenant condamnez à une prison perpétuelle. Ils ne connoissent guére autre chose de cette Religion que le nom de Notre-Redempteur & celui de sa bienheureuse Mére. Cependant ils y sont attachez avec tant de zèle, qu'ils aiment mieux mourir misérablement en prison, que de se procurer la liberté en faisant abjuration.

Il y a à Nangasacki 35. ponts tant grands que petits, vingt desquels sont bâtis de pierre. Ils n'ont rien de remarquable dans leur structure: ils sont faits pour résister à la violence de l'eau & non pour la parade. Les ruës pour la plupart ne sont ni droites ni larges, mais irrégulieres, mal propres & étroites: elles montent & descendent à cause de l'inégalité du terrein. Elles sont séparées l'une de l'autre par deux portes de bois, une à chaque bout, que l'on ferme toutes les nuits & souvent pendant le jour, lorsqu'il est nécessaire. Les Maisons du commun Peuple sont de chétifs bâtimens: elles sont petites, basses & ont rarement plus d'un étage. Elles sont bâties de bois comme celles de tous les autres endroits de l'Empire. Les Maisons des riches Marchands tant naturels qu'étrangers & des autres personnes riches, sont beaucoup mieux bâties : elles ont ordinairement deux étages avec une avant-cour & un jardin sur le derriere.

Nangasacki est habité par des Marchans, par des gens de boutique, des Artisans, des Ouvriers, des Artistes, des Brasseurs ; outre les nombreuses suites des Gouverneurs de la Ville & les personnes qui sont employées dans le Commerce des Hollandois & des Chinois. Il y a encore des mendiants qui sont plus effrontez que par-tout ailleurs, & de pauvres gens, qui font vœu de mener une vie devote, chaste & austére. Ils se font raser la tête & s'habillent de noir comme les Prêtres pour obtenir plus facilement l'aumone.

Les Manufactures pour la plupart ne sont pas si bonnes à Nangasacki, que dans les autres endroits de l'Empire, & cependant tout se vend plus cher, sur tout aux étrangers. Il faut pourtant en excepter ce qui se travaille en or, en argent & Sawaas. Ces sortes de Marchandises ne sont pas si propres pour le Commerce domestique que pour l'étranger ; aussi ces ouvrages se font-ils avec plus de goût.

Le ris qui est la nourriture ordinaire dans toute l'Asie, ne vient pas en assez grande abondance aux environs de Nangasacki pour nourrir ses habitans. Il faut faire venir des vivres des Provinces voisines.

Une chose remarquable c'est qu'on ne connoit point la tranquilité dans cette Ville. Il s'y fait un bruit continuel. On crie dans les rues pendant le jour les vivres & les autres Marchandises. Les ouvriers qui travaillent à la journée s'encouragent l'un l'autre, par un cri toujours du même ton. Les matelots sont au Port mesurent le progrès de leur manœuvre à un autre ton fort élevé. Pendant la nuit les gens du guet & les soldats qui sont en faction, soit dans les ruës soit sur le port, battent deux fortes piéces de bois l'une contre l'autre, afin de montrer leur vigilance & d'enseigner les heures de la nuit de tems en tems. Les Chinois ont aussi leur rôle & augmentent le bruit, sur tout sur le soir lorsqu'ils brûlent des morceaux de papier doré & se jettent dans la Mer, comme une offrande qu'ils font à leur Idole Maatso Bosa, ou lorsqu'ils portent en Procession cette Idole autour du Temple ; ce qu'ils font au son des tambours & des cymbales. Mais tout cela est peu de chose en comparaison des cris & des clabauderies des Prêtres & des parens des agonisans, ou des personnes mortes, qui dans les Maisons où est le corps mort, ou ailleurs dans certains jours consacrez à la mémoire du défunt, chantent des Namanda à haute voix & battent des cloches pour le repos de son ame. Namanda est une courte priére, abrégée des mots Nama Amida Budsu, adressée à leur Dieu Amida à qui ils demandent son intercession auprès du suprême Juge de la Cour des Enfers, en faveur de la pauvre ame condamnée à souffrir. La même chose se fait aussi par les Nembuds Kô, qui sont certaines Confrairies ou Sociétez de voisins dévots, amis ou parens, qui se rendent tour à tour dans leurs Maisons matin ou soir pour chanter le Namanda par précaution pour le soulagement à venir de leurs propres ames.

Le Havre de Nangasacki commence au Nord de la Ville. Son entrée est étroite & n'a que peu de brasses de profondeur avec un fond de sable. La Mer reçoit auprès quelques Rivieres qui descendent des Montagnes voisines. Le Port s'élargit ensuite & devient plus profond ; & lorsqu'il a une demi-lieue de largeur, & cinq ou six brasses de profondeur, il tourne au Sud-Ouest & court ainsi la longueur d'une lieue, le long d'une côte élevée & des Montagnes. Il a du moins un quart de lieue de largeur jusqu'à ce qu'il aboutisse à une Isle, ou plutôt à une Montagne entourée de Mer & appellée Taka Jama, ou Taka Boko, comme qui diroit le Pic des Bambous ou la haute Montagne des Bambous. Les Hollandois la nomment Papenberg : ce dernier nom a son fondement sur une Histoire fabuleuse de quelques Prêtres Catholiques, qui, à ce qu'on dit, jetterent cette Montagne dans la Mer dans le tems de la persécution. Tous les Navires qui doivent faire voile de Nangasacki à Batavia jettent l'ancre ordinairement près de cette Isle, pour attendre l'occasion de sortir du Havre ; ce que l'on feroit aisément en deux heures, si ce n'étoit la quantité de bancs de sable, de bas fonds & de rochers qui rendent le passage de ce Détroit également difficile & dangereux. Pour se tirer d'affaire, les Navires doivent gouverner Ouest, laissant la terre à la droite, & gagner la pleine Mer, passant entre de petites Isles. On a élevé des bastions tout le long du Havre, comme une défense ; mais ils n'ont point de Canon. A une demi-lieue de la Ville il y a deux gardes Imperiales vis-à-vis l'une de l'autre & entourées de palissades : elles sont de 700. hommes chacune, y compris ceux qui sont en faction dans les batteaux de garde, qui sont dans le Havre pour sa défense, & pour empêcher les Navires étrangers de jetter l'ancre. Auprès de Papenberg, où à proprement parler commence le Port, il y a une petite Isle, où le dernier Navire Portugais, envoyé de Macao au Japon, fut brûlé en 1642. avec toutes ses marchandises, qu'il avoit à bord. Depuis ce tems-là on appelle le lieu l'endroit où on brûle les Vaisseaux ennemis ; parce qu'il est destiné pour être le théâtre de pareilles exécutions à l'avenir.

Il y a rarement moins de cinquante navires dans le Port, outre quelques centaines de batteaux de pêcheurs & autres petits bâtimens. A l'égard des Vaisseaux étrangers, si l'on en excepte quelques mois de l'hyver, il y en a rarement moins de trente, la plupart desquels sont des Jonques de la Chine. Les Vaisseaux Hollandois ne séjournent jamais plus de trois mois en Automne, & rarement tout ce tems-là ; parce qu'alors le vent de Sud, ou d'Ouest, ou la Monson qui les ont amenez au Japon tournent au Nord. C'est à la faveur de la Monson du Nord-Est, qu'ils doivent retourner à Batavia ou aux autres Ports pour lesquels on les a équipez. L'ancrage est au bout de la Baie à portée des gardes Imperiales, à une portée de mousquet de

# NAN.

de la Ville. On y mouille sur une argille molle, à six brasses de profondeur, & à quatre & demie, quand la marée est basse.

NANGIS,[a] petite Ville de France dans la Brie, Diocèse de Sens, Parlement de Paris, avec titre de Marquisat. Elle est située dans une Plaine fertile en grains, à deux lieues de la Chapelle Gautier; à trois lieues de Rosay, de Provins & de Vaudois, à quatre de Melun & de Monsereau sur Seine, & à quatorze de Paris. On y voit un beau Château, & l'on y tient marché tous les Mécredis, & un grand marché franc, tous les prémiers Mardis de chaque mois. Le revenu de ce Marquisat est d'environ quinze mille livres de rente.

NANGOLOGÆ, Ναυγωλόγαι, Peuples de l'Inde au delà du Gange, selon Ptolomée [b], qui les place après les Dabasæ, jusque sur le Meandre.

NANGUEI [c], Cité Militaire de la Chine, dans la Province de Huquang, au département de Xi, grande Cité Militaire de la Province. Elle est de 7. d. 35'. plus Occidentale que Peking, sous les 30. d. 10'. de Latitude Septentrionale.

1. NANHIUNG, ou NAMHEUNG [d], Ville de la Chine, dans la Province de Canton ou Quangtung, où elle a le rang de troisiéme Métropole. Elle est de 3. d. 10'. plus Occidentale que Peking, sous les 25. d. 32'. de Latitude Septentrionale. En remontant le fleuve Chin, jusque vers sa source, on rencontre la Ville de Nanhiung qui n'en est pas éloignée. C'est la Ville la plus Septentrionale de la Province & en même tems un entrepôt riche & fréquenté. Le Pays appartenoit anciennement aux Rois de çu: sous la famille Cina, il dépendoit du Pays de Nanhai, & de celui de Queiyang, sous la famille de Hana. On l'appelloit alors Hiungcheu. La famille Sunga lui donna le nom moderne. Cette Métropole n'a que deux Villes dans sa dépendance.

| Nanhiung, | Xihing. |

[e] Cette Ville est semblable à Sucheu. Elle est située comme cette derniere Ville, sur une Langue de terre entre les deux Rivieres, situation qui la rendroit imprenable, si elle étoit ménagée, sans y employer d'autres avantages que ceux qu'elle tire de la nature même. Il y a de bons ponts de pierre pour passer de la Campagne en la Ville, chacun de ces ponts a 8. arcades, & chaque arcade est barrée par de grosses chaines de fer, en sorte que personne n'y peut passer que du consentement du Gouverneur, & après avoir païé le droit de peage: Elle a été fort maltraitée par les Tartares la derniere fois qu'ils l'ont prise, toutefois du côté de la Riviere où demeurent la plupart des Marchands & des Voituriers, les Maisons y sont encore en leur entier, apparemment pour s'être rachetez du pillage à force d'argent: l'on voit en cette Ville plusieurs Maisons où le nom de N. Sauveur est gravé en lettres d'Or au dessus des portes.

2. NANHIUNG, ou NAMHEUNG [f], Montagne de la Chine, dans la Province de Canton, entre la Ville de Nanhiung & celle

# NAN.

de Nanjan. Cette Montagne est fort élevée. Elle a pris son nom de la Ville de Nanhiung. Il faut passer par cette Montagne quand on va par terre à Nanjan. Le chemin qui conduit par cette Montagne depuis la Ville de Namheung, jusqu'à celle de Nanjan est aussi bien pavé que les plus belles ruës des Villes de Hollande; ce qui le rend fort commode aux personnes qui voyagent; la vuë d'ailleurs est fort agréable, à cause des belles plaines, des Campagnes labourables, & des Ruisseaux d'eaux courantes que l'on y rencontre.

NANHO [g], Ville de la Chine, dans la Province de Peking au département de Xunte, cinquiéme Métropole de la Province. Elle est de 2. d. 53'. plus Occidentale que Peking, sous les 37. d. 48'. de Latitude Septentrionale.

NANIA. Voyez VANIA.

NANIABE, petit Peuple de l'Amérique Septentrionale dans la Louïsiane, au bord de la Riviere de la Mobile, près des Tomes à la bande de l'Ouest.

NANIAN. Voyez NANYANG.

NANICHE. Voyez ANICHÆ.

NANIGÆNA. Voyez PANIGÆNA.

NANIGERI. Voyez NAGERI.

NANIGERIS, Isle des Indes, sur la côte: Ptolomée [h] la met en deçà du Golphe Colchique, & la plus près de ce Golphe. Au lieu de Nanigeris, les MS. Grecs portent Πανιγηρὶς. Mercator écrit Nanigeris dans sa Table générale, & ajoute que nos Geographes l'appellent Zeilan; mais que les habitans de l'Isle la nomment Tenarisis.

1. NANKANG [i], Ville de la Chine, dans la Province de Kiangsi, où elle a le rang de quatriéme Métropole de la Province. Elle est d' 1. d. 13'. plus Occidentale que Peking, sous les 30. d. 2'. de Latitude Septentrionale. Cette Ville est bâtie assez près du Lac Poyang du côté de l'Occident. Son territoire est très-fertile: il produit du grain & des legumes en abondance; les Montagnes voisines donnent beaucoup de bois dans les endroits où elles ne sont pas cultivées; & le Lac enrichit les habitans par la quantité de poisson qu'il fournit. Il y a quatre Villes qui dépendent du territoire de Nankang:

| Nankang, | Kienchang, |
| Tuchang, | Gany. |

La Métropole appartenoit anciennement aux Rois çu: la famille Cina l'unit au Pays de Kieukiang; celle de Hana l'appella Pengçe; celle de Tanga la nomma Kiancheu; & celle de Sunga lui donna le nom qu'elle porte aujourd'hui.

2. NANKANG [k], Ville de la Chine, dans la Province de Kiangsi, au département de Nangan treiziéme Métropole de la Province. Elle est de 2. d. 49'. plus Occidentale que Peking, sous les 25. d. 56'. de Latitude Septentrionale.

1. NANKI [l], Ville de la Chine, dans la Province de Suchuen, au département de Siucheu, quatriéme Métropole de la Province. Elle est de 11. d. 47'. plus Occidentale que Peking, sous les 29. d. 7'. de Latitude Septentrionale.

C 3           2. NAN-

2. NANKI *, Montagne de la Chine, dans la Province de Xenſi, auprès de la Ville de Fung. Il y a ſur cette Montagne un grand Lac.

NANKIANG [a], Ville de la Chine, dans la Province de Suchuen, au département de Paoning, ſeconde Métropole de la Province. Elle eſt de 11. d. 35′. plus Occidentale que Peking, ſous les 31. d. 55′. de Latitude Septentrionale.

1. NANKIN [b], ou NANKING, ou KIANGNAN; grande Province de la Chine, qui n'a que le neuviéme rang parmi les Provinces de ce vaſte Empire; mais qui pourroit paſſer pour la prémiere ſi l'on conſideroit ſeulement ſon étenduë & ſa richeſſe. Voyez KIANGNAN.

2. NANKIN [c], autrement KIANGNING, Ville de la Chine, dans la Province de Nankin où elle a le rang de prémiere Métropole. Elle eſt d'1. degré 25′. plus Orientale que Peking, ſous les 32. d. 40′. de Latitude. Cette Ville autrefois nommée la ſuperbe & la nonpareille, reconnoît pour ſon fondateur Guejus, Roi de çu qui l'appella Kinling, c'eſt-à-dire Pays d'Or: le prémier de la Famille Cina la nomma Moling: les Rois d'U qui y tinrent leur Cour, lui donnèrent le nom de Kienye: ſous la famille Tanga elle fut appelée Kiangning, nom que la Famille de Taiminga changea en celui d'Ingtien. Enfin les Tartares après qu'ils eurent conquis la Chine lui donnèrent le nom de Kiangning. Mais elle n'a pas laiſſé de conſerver, ſur-tout parmi les étrangers, le nom de Nanking.

[d] Cette Ville eſt ſituée dans un fond très-fertile, qui eſt arroſé partout du grand fleuve de Kiang, par le moyen d'une infinité de canaux artificiels ſur leſquels il y a autant de ponts bâtis de pierres dures & bien travaillées. Selon les Chinois elle ſurpaſſe toutes les Villes de l'Univers en magnificence, en beauté & en grandeur. Elle avoit anciennement trois enceintes de murailles, à la troiſiéme deſquelles on donnoit ſeize grandes lieues de circuit. On en voit encore quelques veſtiges; & il ſemble que ce ſoient plutôt les bornes d'une Province que celles d'une Ville. Quand les Empereurs y tenoient leur cour, le nombre des habitans de Nankini, ſa ſituation, ſon port, la fertilité des terres, qui l'environnent, les canaux qui facilitent le Commerce, tout cela contribuoit à ſa ſplendeur. Depuis ce tems-là elle a fort déchu de ſon ancien état. Cependant ſi l'on compte ſes Fauxbourgs, & les habitans de ſes canaux, il s'y trouve encore plus de monde qu'à Peking. Quoique les collines incultes, les terres labourées, les jardins & les vuides conſidérables qu'on y voit dans ſon enceinte en diminuent la grandeur; ce qui eſt habité fait pourtant, une Ville d'une prodigieuſe étenduë. Elle a encore des Palais, des Tours & des Temples très-ſomptueux. Ses autres Edifices publics ont auſſi beaucoup de magnificence. Ses ruës principales ſont droites & bâties au cordeau & ont environ vingt-huit pas de large. Le milieu eſt pavé de grands marbres & les côtez ſont garnis d'un pavé à menus cailloux très-nettement rapportez & cimentez. Elles ont chacune un guichet qu'on ferme la nuit pour empêcher les déſordres; chaque ruë a auſſi un Syndic, qui tient regiſtre de ceux qui y demeurent. Les Maiſons du menu Peuple ſont fort ſimplement bâties. Elles n'ont qu'une porte pour y entrer & pour en ſortir; qu'une chambre de retraite pour manger & pour coucher, & qu'un trou quarré à la ruë, ſur lequel ils étalent leurs denrées. Celles des Marchands fameux ſont très-bien bâties & ont divers corps de logis de pluſieurs étages, & de très-belles boutiques remplies d'étoffes de cotton & de ſoie; de porcelaines, de perles, de diamans & d'autres marchandiſes de grand prix. On voit devant chaque boutique le nom du Marchand écrit en lettres d'or ſur une planche, & tout proche il y a un mât qui s'élève au deſſus du toit. Ce mât eſt orné d'une banderole, ou d'une autre marque qui fait connoître la demeure du Marchand.

On compte plus d'un million d'habitans dans cette Ville, où le Lieutenant Général des Provinces du Midi fait ſa réſidence, ſans comprendre une garniſon de quarante mille hommes. Les vivres y ſont à un fort bas prix à cauſe que les Campagnes voiſines ſont fertiles en toutes ſortes de fruits. Les ſimples y croiſſent fort heureuſement & le Ciel y eſt ſi ſerein & ſi tempéré, que les Medecins choiſiſſent Nankin préférablement à tous les autres lieux du Royaume, pour y établir la prémiere Academie de leur Faculté.

[e] La prémiere muraille de cette Ville a treize portes revêtuës de lames de fer, avec des canons de chaque côté. Son circuit eſt de vingt-milles d'Italie, & ſelon quelques-uns de ſix grandes lieues d'Allemagne, ſans parler des Fauxbourgs qui ſont d'une longueur incroyable. Il y a encore une muraille qui eſt d'une plus vaſte étenduë; mais elle n'eſt pas continuée tout à l'entour: elle ne va qu'aux endroits où il y a le plus de danger, & où la nature ſemble avoir beſoin du ſecours de l'art. Les Chinois pour vouloir vanter la grandeur de Nankin diſent que ſi deux hommes ſortoient à cheval au point du jour par la même porte & qu'ils priſſent le grand galop l'un d'un côté l'autre de l'autre, ils ne pourroient ſe rencontrer le ſoir.

Le Palais Impérial qui n'eſt preſque plus aujourd'hui qu'une maſure de ruïnes, avoit plus d'une lieue de circuit & étoit environné d'une fort bonne muraille. Il y avoit au milieu une voie croiſée, qui ſervoit à la promenade & qui étoit couverte d'un pavé de groſſes pierres quarrées & unies, & défenduë de chaque côté d'un bas mur de pierres de taille, dont le pied étoit mouillé des eaux d'un Ruiſſeau. On voit encore au deſſus de la porte du deuxième rez de chauſſée une cloche d'une groſſeur extraordinaire, de la hauteur de deux hommes, de trois braſſes & demie de tour, & de l'épaiſſeur d'un bon quart d'aune. Les Tartares qui ont fait dans cette Ville de moindres dégats qu'ailleurs, ont déchargé leur fureur ſur ce Palais, par la haine qu'ils avoient pour la Famille de Taiminga, qui avoit tenu ſon Siége en ce lieu-là juſqu'à ce qu'elle le tranſportât à Peking.

Au ſortir de la Ville, on entre dans une grande plaine que les habitans appellent Paolinki ou Paulingyng. Cette plaine enferme un un beau bois planté de pins : il a de circuit plus de douze milles d'Italie, & contient un petit mont, qui a servi de sépulcre aux anciens Rois de la Chine. On voit dans cette plaine plusieurs magnifiques bâtimens, de fort hautes Tours & des Temples superbes. Il y en a un entre autres qui est un ouvrage vraiment Royal : il est bâti dans un lieu élevé, sur une terrasse faite de pierres quarrées, avec quatre escaliers dont les degrez sont de marbre & regardent les quatre parties du Monde. Ce Temple a cinq nefs, qui ont deux rangs de colonnes de chaque côté. Ces Colonnes sont rondes, longues, bien polies, & d'une telle grosseur que deux hommes n'en sauroient qu'à peine embrasser une : chacune a plus de vingt-quatre coudées de hauteur. Elles soutiennent de très-grosses poutres sur lesquelles on a dressé des piliers plus petits pour mettre la couverture, qui est faite d'ais, lambrissée & d'une structure rare. On voit dans les portes de ce Temple des Lauriers gravez & des lames dorées, que l'on a pris soin d'y enchasser : les fenêtres y sont défenduës d'un fil d'archal si fin & si délié qu'il ne met aucun obstacle à la lumière. On montre encore au milieu du Temple deux Trônes fort bien bâtis, enrichis de perles & de pierres précieuses. Il y a aussi deux Sièges dans l'endroit le plus élevé : l'un servoit au Roi, quand il vouloit sacrifier en ce lieu-là, ce qui n'étoit permis autrefois qu'à lui ; l'autre qui a toujours été vuide, est pour la Divinité qu'ils croient s'y trouver invisiblement. Dans les cours du Temple, il y a un grand nombre d'autels de marbre rouge, & où sont representez le Soleil, la Lune, les monts & les fleuves de la Chine. Ce Temple est outre cela environné de diverses Chambres, où les bains du Roi étoient enfermez : des chemins spacieux y conduisent ainsi qu'aux sépulcres. Ces chemins sont plantez de pins en échiquier dans une distance égale, & ces allées d'arbres étoient autrefois conservées si soigneusement, qu'il y alloit de la vie d'en couper la moindre branche. La Tour de porcelaine, qu'on nomme la grande Tour embellit la même plaine. Voyez au mot TOUR.

La superbe Ville de Nankin ayant été forcée de recevoir le joug des Tartares, tâcha par toutes sortes de moyens de s'insinuer dans les bonnes graces de l'Empereur. Elle lui envoie tous les ans à Pekin cinq Vaisseaux chargez de quantité de riches rouleaux de Draps de soie & d'autres belles étoffes. On nomme ces Vaisseaux Lungychueu, comme qui diroit les Navires des habits du Dragon ; parce qu'ils sont destinez pour l'Empereur qui porte des Dragons dans ses armes. Les Mariniers ont un tel respect pour ces Vaisseaux, qu'aussitôt qu'ils les découvrent, ils calent leurs voiles. Cette même Ville envoie à la Cour, vers les mois d'Avril & de Mai d'excellens poissons qui se pêchent au pied de ses murailles dans la Riviere de Kiang. Quoiqu'il y ait plus de deux cens lieues d'Allemagne delà à Pecking, ce chemin se fait en huit ou dix jours. Il y a des hommes gagez pour tirer les navires jour & nuit, & d'autres tous frais pour prendre la place de ceux qui se trouvent fatiguez. On donne avis du jour précis que ces Vaisseaux doivent arriver ; & on dit qu'il y a de la vie même des Gouverneurs, s'il y a du retardement. Pendant cette pêche deux Navires se rendent à la Cour toutes les semaines, sans qu'on ait égard aux frais excessifs, qu'on est obligé de faire dans un voyage si précipité.

Quand on sort de Nankin par la porte de Suifimon, & qu'on a fait environ deux lieues, on trouve au bout des dernieres murailles de cette Ville un Temple fort somptueux où des Hollandois entrèrent en 1655. & furent témoins d'un sacrifice qu'y firent quelques Chinois. Ces Idolâtres se prosternoient à l'envi sur le pavé & se frappoient la poitrine avec de grands hurlemens. Ils égorgèrent ensuite des boucs & des pourceaux qu'ils mirent sur l'Autel, au derrière duquel étoit placé un marmouset monstrueux, qu'ils disoient être le Dieu tutelaire du lieu & le Souverain des eaux de cette contrée. Toutes les autres petites poupées qui l'entouroient étoient ses Ministres. Lorsque les boucs & les pourceaux eurent été immolez, on apporta un grand nombre de coqs qu'on égorgea : on arrosa de leur sang toutes ces petites images, qui furent lavées & nétoyées un moment après par ses assistans. Enfin on alluma un grand nombre de flambeaux, & tout le monde se mit à genoux, les yeux abattus & en marmottant entre les dents. Les Prêtres qui faisoient fort les empressez dans cette cérémonie, montrèrent aux Hollandois une boëte de bambous, garnie de petits tuyaux de roseau, figurée de différens caractères, & de laquelle ils se vantoient de tirer le don de Prophétie, les horoscopes & le bonheur ou le malheur de ceux qui le consultoient.

La Métropole de Nankin a dans sa dépendance sept Villes ; savoir,

Nanking ou Kiangning,    Liexui,
Kiuyung,    Caoxun,
Lieyang,    Kiangpu,
     Loho.

3. NANKIN [a], Montagne de la Chine dans la Province de Fokien, au Midi de la Ville de Foning, sur le bord de la Mer. [a] *Atlas Sinensis.*

NANLING [b], Ville de la Chine, dans la Province de Nanking, au département de Ningque, douziéme Métropole de la Province. Elle est de o. d. 40'. plus Orientale que Peking, sous les 31. d. 54'. de Latitude Septentrionale. [b] *Atlas Sinensis.*

NANLO [c], Ville de la Chine, dans la Province de Peking, au département de Taming, septiéme Métropole de la Province. Elle est de 2. d. o'. plus Occidentale que Peking, sous les 36. d. 31'. de Latitude Septentrionale. [c] *Ibid.*

NANMO [d], Torrent, ou plutôt Ruisseau de la Chine, dans la Province d'Iunnan, auprès de la Ville de Fu. Ses eaux sont toujours chaudes : on leur attribue la vertu de guerir diverses maladies. [d] *Ibid.*

NANNETES, Peuples de la Gaule Celtique, au Diocèse de Nantes, selon Jules César [e]. Presque tous les autres Ecrivains disent NAMNETES, au lieu de NANNETES. [e] *Lib. 3. c. 9.*

Stra-

24 NAN.

[a] Lib. 4.
[b] Lib. 4. c. 18.
[c] Lib. 2. c. 8.
[d] Cellar. Geogr. Ant. l. 2. c. 2.
[e] Notit. Provinc. Lugdun. III.
[f] Gregor. Turon. l. 6. c. 15.
[g] Venant. Fortunat. Lib. 3.
[h] Lib. 5. c. 5.
[i] Atlas Sinensis.

Strabon [a] les met les prémiers dans l'Armorique aux Frontiéres de l'Aquitaine. Pline [b] dit : *Ultra peninfulam* (la Province de Bretagne) *Nannetes*. Ce sont les Ναμνῆται, *Namneta*, de Ptolomée [c]; & leur Ville s'appelloit CONDIVICNUM. Elle étoit située sur la Loire, dans le lieu où est aujourd'hui la Ville de Nantes. Dans le moyen âge [d], comme cela est arrivé à beaucoup d'autres Villes, celle de *Condivicnum* perdit son ancien nom pour prendre celui du Peuple; & non seulement on l'appella *Civitas Namnetum* [e] & *Civitas Namnetica* [f]; on se contenta même de l'appeller simplement *Namnetes* [g], ou *Namneta*, comme Ptolomée; d'où s'est formé le nom vulgaire de NANTES. Voyez ce mot.

NANNIGI, NANNAGI, on DANNAGI; Nation de l'Afrique intérieure, selon Pline [h]. Elle fut subjuguée par Cornelius Balbus.

NANNING [i], Ville de la Chine, dans la Province de Quangsi, où elle a le rang de septiéme Métropole. Elle est de 9. d. 30'. plus Occidentale que Peking, sous les 23. d. 40'. de Latitude Septentrionale. Le Territoire de Nanning est fort étendu si l'on regarde sa longueur : il prend depuis le fleuve Puon & s'étend jusqu'au Ly ; mais sa largeur ne répond pas à sa longueur. Le terrein est partagé en plaines & en Montagnes ou Collines; & c'est une des plus beaux & des meilleurs endroits de la Province. La Ville de Nanning est située au confluent de deux Rivieres, qui se jettent dans le fleuve Takiang au Midi de la Ville & y perdent leur nom. La partie Méridionale de ce Pays fut envahie par les Rois de Tungking, lorsque les Chinois se révoltérent contre leur Empereur. Avant qu'il fût réuni à l'Empire de la Chine il dépendoit de la Principauté de Pegao : la Famille Cina l'unit au Pays de Queileu : celle d'Hana le nomma Yolin; le Roi Cyn l'appella Xihing : sous Suius la Ville eut le nom de Yhoa, & celui de Vute sous la Famille Tanga; la Famille Sunga lui donna le nom moderne. Cette Métropole a six Villes sous sa jurisdiction :

| | |
|---|---|
| Nanning, | Yunghiang, |
| Lunggan, | Xangsu ☉, |
| Heng ☉, | Sinning ☉. |

[k] Lib. 4. c. 6.
[l] Atlas Sinensis.

NANOSBES, Peuples de la Libye intérieure : Ptolomée [k] les place entre les *Gongaleæ* & les *Nabathræ*.

NANPI [l], Ville de la Chine, dans la Province de Peking, au département de Hokien, troisiéme Métropole de la Province. Elle est de 0. d. 20'. plus Orientale que Peking, sous les 38. d. 20'. de Latitude Septentrionale.

[m] Ibid.

NANPU [m], Ville de la Chine, dans la Province de Suchuen, au département de Paoning, seconde Métropole de la Province. Elle est de 11. d. 1'. plus Occidentale que Pekin, sous les 31. d. 38'. de Latitude Septentrionale.

[n] Corneille. Dict.

NANSBERG [n], Montagne du Pays de Trente; elle est à quatre lieues de la Capitale & remarquable par tout ce qu'elle produit. On y trouve du froment, du vin, des prés, des forêts, des pommes, des noix, de l'or, de l'argent, du plomb, de l'étain, du fer,

NAN.

des chamois, des chevreuils, des rats de Montagne, quantité de bétail gros & menu, du beurre, du fromage & des oiseaux & beaucoup de gibier.

NANSOUA, Peuples de l'Amérique Septentrionale, sur le bord du Lac des Hurons : il est allié des François.

NANTERRE, Village de France à deux lieues de Paris, fameux par la naissance de Ste. Généviéve. La tradition veut sottement que cette Sainte fut une paysane & une gardeuse de moutons. Les Peintres ont été fort fidéles à copier cette sottise : ils nous représentent Ste. Généviéve en Bergere avec un bavolet & une quenouille à la main gardant un troupeau. Le judicieux & savant Mr. de Valois prétend qu'elle étoit fille du Seigneur de Nanterre, ou du moins de quelque Parisien de distinction, qui avoit une Maison de Campagne en cet endroit. Ce que St. Germain d'Auxerre lui dit en la consacrant à Dieu prouve parfaitement qu'elle n'étoit point Bergére. Ce St. Homme lui recommanda de renoncer à la braverie & de lui bien porter à l'avenir aucuns joyaux. L'exhortation auroit été risible si elle avoit été adressée à une Paysane. Ce fut dans l'Eglise paroissiale de Nanterre qu'elle fit vœu de Virginité entre les mains de St. Germain. Elle y rendit aussi la vuë à Geronce sa mére en lui lavant les yeux avec de l'eau du puits que l'on voit dans l'Eglise qui est sous son invocation, & où l'on tient qu'étoit son domicile ordinaire. Les Religieux de Ste. Généviéve ont un Collége à Nanterre, où l'on instruit la Jeunesse.

[o] Longueruë, Descr. de la France, part. I. p. 88.
[p] Piganiol de la Force, Descr. de la France. T. 5. p. 220. & suiv.

NANTES [o], Ville de France, dans la Bretagne, où elle a le second rang entre les Villes de cette Province, sur la droite de la Riviere de Loire qui lui sert de port.

[p] Cette Ville que les Latins appellent CONDIVICNUM, CIVITAS NAMNETUM, CIVITAS NAMNETICA, NAMNETES, NAMNETA, est sur la Loire & l'Ardre, & très-heureusement située pour le Commerce ; aussi en fait-elle un des plus considerables du Royaume. Quelques-uns disent que Namnes Roi des Gaules la fit bâtir vers l'an du monde 2715. mais il faut être bien habile ou bien effronté pour oser décider là dessus. Tout ce que je puis dire, c'est qu'elle est fort ancienne, & que Strabon, César, Pline & Ptolomée en font mention. Nantes est une assez grande Ville entourée de remparts, qui ont des fossez très-profonds & quelques fortifications. Nantes l'une des Villes des plus Marchandes de France a été souvent la résidence des Ducs de Bretagne. Ils demeuroient dans le Château St. Hermine, qui subsiste encore aujourd'hui. Alain dit Barbetorte le fit bâtir sur le bord de la Riviere : il est flanqué de grosses tours rondes du côté de la Ville, & de quelques demi-lunes du côté du Faubourg saint Clement. L'Eglise Cathédrale est dediée à Saint Pierre. On voit dans les Actes de Saint Felix, que du tems de Constantin on éleva à Nantes une Eglise composée de trois voutes qui subsistérent jusqu'au tems de Clotaire fils de Clovis. Pour lors Eumelius Evêque de cette Ville, jetta les fondemens d'une plus grande Eglise, & mourut avant qu'elle fût achevée. Saint Felix son successeur conduisit cet édifice sacré

## NAN.

éré jufqu'à fa perfection, & le fit benir en 568. avec beaucoup de folemnité. Cette Eglife étoit couverte d'étain, & la grande nef étoit flanquée de deux autres nefs, & au deſſus s'élevoit une tour quarrée, terminée en dôme, & foutenue de plufieurs Arcades. La décoration intérieure étoit fomptueufe ; un grand nombre de Colonnes, dont les Chapiteaux étoient de marbre de diverfes couleurs, foutenoient cet édifice, & les autels étoient enrichis des marbres les plus rares, de couronnes d'or, de vafes d'argent, & d'ornemens précieux. Saint Felix fit pofer au milieu de l'Eglife fur une Colonne de marbre un Crucifix d'argent ceint d'un jupon d'or, embelli de pierres précieufes, & attaché à la voute principale par une chaine d'argent [a]. Tout le pavé étoit de différens marbres, & Felix avoit fait mettre fur une Colonne auſſi de marbre un gros rubis qui éclairoit toute l'Eglife pendant la nuit [b]. Ce magnifique Temple fut détruit par les Normands, & après que leur fureur fut appaifée, on bâtit dans la même partie de la Ville une nouvelle Eglife, que les Ducs de Bretagne avoient réfolu d'augmenter. Jean V. Duc de Bretagne pofa la première pierre de la façade que l'on voit aujourd'hui, au mois d'Avril de l'an 1434. Elle eſt d'une Architecture Gothique, flanquée au dehors de deux tours quarrées & fort hautes, qui augmentent la façade fur les ouvertures des grandes portes. On voit dans l'Eglife quelques anciens tombeaux des Ducs de Bretagne. Celui de François fecond, dernier Duc de cette Province, eſt dans l'Eglife des Carmes. Ce Duc, fes deux femmes, & quelques-uns de leurs enfans y ont été enterrez. Leur tombeau eſt de marbre, & eſtimé pour fa fculpture qui eſt de Michel Colombe. La Maifon de Ville eſt un bâtiment tout neuf & aſſez bien entendu.

Il y a à Nantes Evêché, Chambre des Comptes, Bureau des Finances, Préſidial & une Univerſité.

Les Fauxbourgs de Nantes font beaucoup plus grands que la Ville. Ils font au nombre de quatre ; Saint Clement, le Marché, la Foſſe, & Pillemil. Celui de la Foſſe eſt près du Port, & habité par de riches Marchands. Il y a un grand quai, le long duquel on voit de belles Maifons & de grands Magaſins. C'eſt par ce Fauxbourg que l'on paſſe pour aller à l'Hermitage, qui eſt ſituée fur un roc d'où l'on découvre les Fauxbourgs, & une grande étendue de Pays le long de la Loire. Les Solitaires qui habitent cet Hermitage ont creuſé dans le roc, & y ont pratiqué des jardins, & une fort jolie Eglife. Une partie de ce rocher eſt en pente & d'un aſſez poli, ce qui n'empêche pas les enfans d'y danfer avec beaucoup de hardieſſe & d'adreſſe, lorſqu'on veut leur donner quelque argent, & voila ce qu'on appelle la Pierre Nantoiſe. Ce fut en cette Ville que le Roi Henri le Grand donna au mois d'Avril de l'an 1598. le fameux Edit de Nantes, par lequel il permettoit aux Calviniſtes de fon Royaume le libre exercice de leur Religion. Cet Edit a été revoqué par Louïs le Grand l'an 1685.

[c] On croit que St. Clair fut le prémier Evêque de Nantes vers l'an 277. & qu'il y

[a] Ibid.

[b] Fortunat. Lib. 3. Act. de St. Felix. Mem. de Trevoux mois d'Août 1714.

[c] Ibid. p. 138.

## NAN.

fut envoyé par St. Gatien Evêque de Tours : du moins eſt-il certain que Nunnechius, Evêque de Nantes, aſſiſta en 468. au Concile de Vannes, convoqué pour l'ordination d'un Evêque. Leurs fucceſſeurs ont eu la Seigneurie d'une partie de la Ville & font Conſeillers nez au Parlement de Bretagne. L'Evêché eſt un des plus conſidérables de la Province pour le revenu : fon temporel eſt afferméé trente mille livres, fans compter quelques autres revenus qui ne s'afferment point, comme le Secrétariat, le droit de Procuration &c. L'Eglife Cathédrale, comme je l'ai dit ci-deſſus, eſt dediée à St. Pierre, & fon Chapitre conſiſte en fept Dignitez & en vingt Prébendes ou Canonicats. Le Chapitre de l'Eglife Collégiale de Notre-Dame à Nantes fut fondé l'an 940. par Alain Barbe-torte Duc de Bretagne. Il y a encore deux autres Chapitres dans le Dioceſe ; favoir ,

Guerande,    Cliſſon,

On y compte deux cens douze Paroiſſes & huit Abbayes :

| Blanche Couronne, | Geneſton, |
|---|---|
| La Chaume, | Buzé, |
| Saint Gildas des Bois, | Melerai, |
| Pornid, | Villeneuve. |

[d] Saint Donatien & Saint Rogatien frères étoient de la Ville de Nantes : ils y ſouffrirent le Martyre fous Maximien Hercule. St. Semblein, ou Similien étoit Evêque de cette Ville au quatrième Siècle ; & il eſt compté pour le troiſième. St. Felix en fut fait Evêque l'an 520. & mourut en 584. St. Friard né au territoire de Nantes, vers l'an 511. après avoir fait la profeſſion de Laboureur juſqu'en 560. fe retira dans l'Iſle de Vindonite, fur la Loire, au même Dioceſe & y mourut en 583. fon corps fut tranſporté depuis à Beſnay, dans le même Dioceſe & quelques-uns prétendent que Beſnay étoit le lieu de fa naiſſance. St. Martin qui fut Abbé de Vertou au Dioceſe de Nantes, dans le même Siècle & le fuivant, étoit né à Nantes l'an 527. Il mourut dans fon Abbaye nouvelle de Durieu, l'an 601.

L'Univerſité de Nantes fut fondée par Pie II. à la priére de François II. dernier Duc de Bretagne, vers l'an 1460.

On peut dire fans exagération, qu'il n'y a point de Ville dans tout le Royaume où le Commerce foit plus vif. Nantes eſt très-heureuſement ſituée pour le Commerce, n'étant éloignée de la Mer que d'une journée. Les Vaiſſeaux de cent tonneaux & au deſſus font obligez de décharger leurs Marchandiſes à Painbœuf & de les faire tranſporter à Nantes, qui en eſt à neuf lieues : pour ce tranſport on fe fert de batteaux legers nommez Gabares. Les Vaiſſeaux ainſi déchargez remontent la Riviere & fe rendent devant un gros Bourg appellé Pellerin ; à cinq lieues au deſſus de Painbœuf & à quatre au deſſous de Nantes. C'eſt-là qu'on les déſarme entierement après qu'ils ont mouillé ou qu'ils fe font échouez dans cette rade qui eſt très-bonne. C'eſt auſſi que fe font les radoubs ; & quand les Vaiſſeaux font en état de recevoir les Marchandiſes qui leur font deſtinées, on

[d] Topograph. des Saints, p. 332.

les fait descendre à Painbœuf & on leur envoye les Marchandises par les Gabares. Quant aux Bâtimens qui sont au dessous de cent tonneaux, ils peuvent remonter la Riviere & se rendre devant la Ville de Nantes.

Depuis que le Roi a suprimé la Compagnie de Guinée & qu'il a permis aux Négocians d'y envoyer, l'on arme tous les ans dix-huit ou vingt Vaisseaux à Nantes pour ce Commerce, & ils transportent au moins trois mille Noirs dans les Colonies Françoises. Outre cela on arme tous les ans soixante & dix ou quatre-vingt Bâtimens pour les Isles Françoises de l'Amérique, la plus grande partie pour St. Domingue & la Martinique. Les cargaisons de ces Vaisseaux consistent en toutes sortes de choses nécessaires à la vie, & elles ne différent quant à la destination qu'en ce qu'on porte à la Martinique une très-grande quantité de bœuf salé qu'on tire d'Irlande. On arme aussi tous les ans des Vaisseaux qui vont à la pêche de la Moruë verte sur le banc de Terre neuve, & à celle de la Moruë que l'on séche au Cap Breton. Ces Bâtimens apportent ici le poisson & l'huile de leur pêche dont la meilleure partie est envoyée par la Riviere de Loire dans différentes Provinces du Royaume. Avant la cession faite aux Anglois, par le Traité d'Utrecht de Plaisance & de la côte de Terre-neuve il partoit de Nantes pour cette pêche un plus grand nombre de bâtimens, dont plusieurs portoient leur poisson en Espagne & dans la Méditerranée; mais cette cession a beaucoup dérangé ce Commerce: on court même risque de le voir tomber entierement aux Anglois, si on n'apporte autant de soin à le soutenir qu'ils en apportent à s'en rendre les maîtres.

Outre les bâtimens dont il vient d'être parlé, on en arme encore à Nantes quinze ou vingt depuis quarante jusqu'à cent tonneaux pour le Commerce avec les Etats voisins. Quelques-uns vont en Irlande, pour y prendre des viandes salées: les autres vont en Angleterre, en Hollande, dans la Mer Baltique, en Espagne & en Portugal.

Le Commerce qui se fait par les Vaisseaux qui viennent des autres Ports du Royaume, ou même par les Vaisseaux étrangers, n'est pas moins considérable. Il entre tous les ans à Nantes neuf cens milliers de Moruë vérte, dont la plus grande partie est apportée par des bâtimens d'Olonne. Dans les tems où la France est en guerre avec la Hollande & l'Angleterre, il y en vient un plus grand nombre à cause du danger qu'il y a d'entrer dans la Manche, pour aller à Rouën ou au Havre. Pour lors Nantes est le seul entrepôt du Royaume pour la distribution de la Moruë. La plupart des Vaisseaux que l'on arme dans les autres Ports du Royaume, soit pour les Isles de l'Amérique, soit pour la pêche de la Moruë, déchargent à Nantes, à l'exception des bâtimens de la Rochelle & de Bourdeaux: le débit de toutes sortes de Marchandises est plus aisé & plus vif à Nantes qu'ailleurs. Il vient aussi tous les ans à Nantes plusieurs bâtimens de Bayonne & de tous les Ports de la Province de Bretagne & même de presque tous les Ports du Royaume.

On voyoit autrefois à Nantes un grand nombre de Vaisseaux Anglois, Hollandois, Suedois, Danois, Hambourgeois, &c. pour y enlever des vins du Comté Nantois & d'Anjou, des eaux de vie, du sel & différens fruits; mais les longues guerres que la France a euës avec la plupart de ces Nations; & plus encore les droits qu'on a imposez sur l'entrée de ces Vaisseaux & sur la sortie des Marchandises, ont fort diminué ce Commerce: tout cela a forcé ces Nations à se passer de nous & à aller prendre des vins & du sel en Espagne & en Portugal. Cependant on peut encore compter qu'il vient tous les ans à Nantes près de cinquante Bâtimens étrangers.

On remarque une Société bien singuliére, établie depuis plus d'un Siécle, entre les Marchands de Nantes & ceux de Bilbao. Cette Société s'appelle *la Contractation* & a un Tribunal réciproque en forme de Jurisdiction Consulaire; un Marchand de Nantes, qui se trouve à Bilbao, a droit d'assister à ce Tribunal, & a voix délibérative; & les Marchands de Bilbao, quand ils sont à Nantes sont traitez de même. C'est à cause de cette Société que les laines d'Espagne ne payent qu'un droit fort leger à Nantes; & en revanche les toiles de Bretagne, sont traitées sur le même pied à Bilbao. Ces deux Villes avoient même autrefois des Vaisseaux communs qui trafiquoient au profit de la Société; mais cet usage a cessé.

Depuis quelques années on a établi à Nantes une Manufacture de toiles cotonades qui réussit aussi-bien que celle qui est établie à Rouen depuis long-tems: elle pourra même la surpasser un jour, parce que le coton & l'indigo sont ici à meilleur marché qu'à Rouën.

LE PAYS NANTOIS, ou le COMTÉ DE NANTES est divisé en deux parties par la Loire. La partie d'outre Loire est à la gauche en descendant la Riviere, & celle d'endeça de la Loire est à la droite. Cette derniere a eu ses Comtes particuliers; & a été réunie à la Bretagne il y a plusieurs Siécles: la partie qui est à la gauche ou au Midi de la Loire dépendoit anciennement de l'Aquitaine. Hérispée Roi des Bretons s'en empara & elle lui fut cédée par Charles le Chauve avec Rennes & Nantes en 851. On l'appelle en Latin *Pagus Ratiatensis* ou *Ratensis*: Voyez REZ. Les Villes de ce Comté sont:

à la droite de la Loire. { Nantes, Ancenis, Châteaubriant, Guerande.

Outre Loire. { Painbœuf, Le Croisic, Machecou, Bourgneuf, Tiffauge, Clisson.

Il n'y a que les Villes de Nantes, de Guerande & du Croisic, qui soient au Roi, les autres appartiennent à des Seigneurs particuliers. Les Villes de Nantes, de Guérande, de Châteaubriant, d'Ancenis, le Croisic & le Bourg de la Roche-Bernard ont droit d'envoyer des Dépu-

Députez à l'Assemblée des Etats de la Province.

On fait du Sel dans deux Cantons différens du Nantois. L'un est la Baie de Bourgneuf, qui est composée de neuf Paroisses, dont les marais salans produisent environ douze mille charges de sel, qui font seize ou dix-sept mille muids de la mesure dont l'usage est établi dans la Ferme générale des Gabelles. Les autres marais salans sont dans le territoire de Guérande & du Croisic, qui ne comprend que cinq paroisses. On estime qu'année commune ces marais salans produisent la quantité de vingt-cinq mille muids. Il se fait aussi des nourritures de bestiaux & des engrais dans les Paroisses d'outre Loire; ce qui produit un grand avantage au Pays: enfin on recueille du bled & du vin.

Il y a dans le Comté Nantois une redevance Seigneuriale, appellé la Quintaine. Les hommes de bas état, qui se sont mariez depuis un an doivent *courre la Quintaine*, un certain jour de l'année, ou payer l'amende au Seigneur, de qui le Fief duquel ils ont couché la prémière nuit de leurs noces. La Quintaine consiste à aller rompre une perche ou lance de bois contre un poteau qui est planté exprès. On court la Quintaine ou en batteau, ou à cheval en trois courses. La Quintaine du Roi se court à Nantes par terre, & celle de l'Evêque par eau sur la Loire. Il y a un grand nombre de Seigneurs Hauts Justiciers dans ce Comté, qui ont droit de Quintaine.

[a *Piganiol.* Descr. de la France, T. 3. p. 71.]

1. NANTEUIL [a], ou NANTEUIL LE HAUDOUIN, gros Bourg de l'Isle de France, dans le Duché de Valois, avec un Château régulier, bien situé & bien logeable. Il appartient au Maréchal d'Etrées, Grand d'Espagne & Vice-Amiral des Mers de Ponant. L'Auteur de la Vie de Louïs le Débonnaire, fait mention de ce lieu & le nomme *Nantogilum*.

[b *Baillet*, Topograph. des Sts. P. 332.]

2. NANTEUIL [b], *Nantus* & quelquefois *Nantogilum*, en Latin: lieu près de la Mer en basse Normandie, aux extremitez du Cotentin, du côté du Bessin. Ce fonds fut donné par le Roi Childebert à St. Marcoul, pour y bâtir un Monastère, dont il fut le prémier Abbé. Son Corps y fut enterré l'an 558. par St. Lo, Evêque de Coutances: mais la crainte des Normans en fit enlever, vers la fin du neuviéme Siécle.

[c *Corneille*, Dict.]

3. NANTEUIL, EN VALLÉE, [c] Bourg ou Village de France dans le Poitou, en Latin *Nantolium in Valle*. Il est situé au Confluent des petites Rivieres d'Or & d'Argent, à sept lieues d'Angoulême, du côté de l'Orient d'Eté, & à douze de Poitiers vers le Midi. On y trouve une Abbaye de l'Ordre de St. Benoit, qui le rend considérable. Charlemagne fonda cette Abbaye dans un lieu qu'on nommé Fossé, & elle fut rebâtie en 1046. par le Seigneur de Château-Roussy.

4. NANTEUIL, en Latin *Nantogilum*, ☞ *Nantoilum* & *Nantolium*; tous ces mots viennent de *Nant*, vieux mot, dont les Gaulois & les Bretons se servoient pour désigner une eau courante ou une quantité d'eau qui se ramassoit dans un lieu. Il y a divers Villages en France qui portent le nom de Nanteuil, & divers autres lieux, dont le nom formé du mot *Nant*, a la même origine.

NANTIEN [d], Forteresse de la Chine, dans la Province d'Iunnan, au département de Mengyang, grande Cité de la Province. Elle est de 18. d. 43′. plus Occidentale que Peking, sous les 25. d. 8′. de Latitude Septentrionale. [d *Atlas Sinensis*.]

NANTONENSE CASTRUM, ancien Château ou Forteresse de France dans le Diocèse de Sens, selon Ortelius qui cite Ivon [e]. [e *Epistola* 122.]

NANTOUNAGAN, ou RIVIERE TALON; Riviere de l'Amérique Septentrionale, dans la nouvelle-France, à la bande du Sud du Lac Supérieur, près de l'Ance de Kiaonan. Cette Riviere a reçu son second nom d'un Intendant de la nouvelle France.

NANTUA [f], Ville de France dans le Bugey, où elle a le second rang. On la trouve nommée en Latin *Nantuadis*, *Nantois*, *Namtoacum*, *Namtoacus* & *Nantuacum*. Elle est située entre deux hautes Montagnes, à l'extremité d'un Lac qui est à l'Occident, & qui a environ un quart de lieuë d'étenduë. Il n'y a dans cette Ville qu'une grande ruë, longue d'environ mille pas, & dont les Maisons sont assez bien bâties. La largeur de Nantua n'est que de deux cens pas. Il y a un Prieuré de l'Ordre de Saint Benoit, & de la Congregation de Clugni; il est considérable. Le Prieur est Commandataire, & les Religieux sont gouvernez par un Prieur Claustral. Ils ne sont point reformez, cependant ils doivent vivre en commun, suivant l'Arrêt du Grand Conseil de l'an 1688. qui porte aussi que nul n'y sera reçu s'il n'est de famille noble. Il n'y a qu'une seule paroisse à Nantua, dont l'Eglise est Collégiale. Le Couvent des Religieuses Bénédictines est fort pauvre, & nouvellement établi. Le Collége est occupé par quelques Prêtres du Séminaire de Saint Joseph de Lyon, qui montrent aux jeunes gens à lire, à écrire, la Grammaire, & les principes des Humanitez. La Seigneurie & la Terre de Nantua sont fort considerables, & dependent en toute Justice du Prieuré. Voyez NANTUEIL, No. 3. [f *Piganiol.* Descr. de la France. T. 3. p. 537.]

NANTUATES, & ANTUATES; César n'écrit qu'une seule fois NANTUATES [g], & trois fois ANTUATES [h]; mais dans ces trois occasions il y a deux fois *in Antuates* & une fois *in Antuatibus*, toujours N. avant A: ce n'est pas le passage seul du Livre 4. qui fait juger qu'il faut mettre la lettre N. par tout & lire *in Nantuates* & *in Nantuatibus*; c'est encore le témoignage de tous les anciens Géographes. Pline [i], Strabon [k] & la Table Itinéraire écrivent tous *Nantuates*, *Nantuatæ*, *Nantuani*. Marlianus à la vérité a voulu lire *Antuates* dans le Livre 3. & *Nantuates* dans le Livre 4. Il a fait plus: il a placé les *Antuates* entre les *Allobroges* & les *Veragri*, & mis les *Nantuates* à Constance. D'autres encore se sont avisez de mettre les *Nantuates* à *Nantua*, Ville du Bugey; mais Joseph Scaliger tourne en ridicule ces deux opinions; & Sanson [l] le réfute par l'autorité de Pline, de Strabon & de la Table Itinéraire. Ce dernier met les *Nantuates* entre les *Allobroges* & les *Veragri*; & c'est la place que semble leur assigner César [m], en les joignant avec les *Veragri* & les *Seduni*, qui, selon cet Auteur, habitoient depuis

[g *De Bell. Gal.* Lib. 4.]
[h *Ibid.* Lib. 3.]
[i Lib. 3. c. 20.]
[k Lib. 4.]
[l *Rem. sur la Carte de l'ancienne Gaule.*]
[m Lib. 4.]

les

**NANTWICH**[a], Ville d'Angleterre dans la Cheshire ou le Comté de Chester. Elle est remarquable par ses Mines de Sel : c'est où se fait le meilleur.

[a] État de la Gr. Bret. T. 1. p. 48.

**NANTZ**, ou **NANT**, en Latin *Nantum*; petite Ville ou Bourg de France dans le Rouergue, au Diocèse de Vabres. Il y a une Abbaye de l'Ordre de St. Benoît, dédiée à St. Pierre : l'Abbé est Seigneur du lieu & jouït de six mille livres de rente.

1. **NANUANG**[b], Lac de la Chine dans la Province de Xantung, auprès de la Ville de Ven.

[b] Atlas Sinensis.

2. **NANUANG**[c], haute Montagne de la Chine, dans la Province de Queicheu, au Nord de la Ville de Queiyang. Peu de personnes osent y monter, tant elle est escarpée.

[c] Ibid.

**NANYANG**[d], Ville de la Chine, dans la Province de Honan, où elle a le rang de septième Métropole de la Province. Elle est de 5. d. 15′. plus Occidentale que Pekin, sous les 33. d. 53′. de Latitude Septentrionale. Cette Ville est bâtie sur la rive Occidentale du fleuve Yo; & son territoire passe pour le plus fertile de la Chine. On y compte treize Villes :

[d] Ibid.

| | |
|---|---|
| Nanyang, | Tengo, |
| Chinpcing, | Nuichiang, |
| Tang, | Sinye, |
| Pieyang, | Chechuen, |
| Tungpe, | Yu ☉, |
| Nanchao, | Vuyang, |
| | Ye. |

Le territoire de la Ville de Nanyang est tout entouré de Montagnes & de rochers; & la Ville est séparée en deux par la Rivière de Kian, qui vient du côté du Nord-Nord-Ouest. Il s'y fait un grand Négoce. Cette Ville est un peu plus petite que Naheung; mais elle n'est pas si ruïnée. Du côté du Nord il y a un Temple bâti sur la pente de la Montagne. Le Pays est coupé de Rivières, & il produit une si grande abondance de grains, qu'on pourroit y faire subsister de grandes Armées. L'Empereur Yu unit ce Pays à la Province de Iu. C'étoit le Royaume propre de la Famille Hiaa, avant qu'elle envahît l'Empire. Sous la Famille Cheva, il s'appelloit Xinpe : les Rois qu s'en emparérent ensuite; & après eux la Famille Han le posséda. Le nom qu'il porte aujourd'hui lui a été donné par la Famille Cina : celles de Sunga & de Tanga le nommérent Voncheu. La Ville de Nanyang est très-peuplée & très-riche. On y voit des Edifices magnifiques & en grande quantité; on remarque entre autres neuf Temples dédiez à des Héros. Ce qui a principalement illustré cette Ville, c'est le séjour qu'y fit un Roi de la Famille Taiminga.

**NAO**. Voyez **ANAO**.

**NAOPOURA**, Ville d'Asie, dans l'Indoustan, au Royaume de Decan, sur les Frontières des Provinces de Candich & de Guzurate, au bord Méridional de la Rivière de Tapti, qui coulant delà vers l'Occident passe à Surate. Les Terres des environs sont en labour ; & le ris dont les Campagnes sont couvertes est le plus beau qu'il y ait dans toutes les Indes. Il a un goût odoriférant, qui n'est pas commun au ris des autres Pays. On y fait aussi quantité de cotton. Il y a des cannes de sucre en divers endroits; & les gens à qui elles appartiennent ont tout un moulinet pour briser les cannes & un fourneau pour en cuire le suc.

**NAOUBAKHT**[e], Ville du Pays d'Ilak, dans le Maverannahar. Ce Pays d'Ilak, qui est le même que celui de Schah, s'étend depuis les confins du territoire de Naoubakht jusqu'à celui de Farganah.

[e] D'Herbelot, Bibliot. Orient.

**NAOUBENDAN**[f], nom d'une grande Campagne déserte & stérile qui s'étend entre le Pays de Fars, qui est la Province de Perse proprement dite, & celui de Khorassan.

[f] Ibid.

**NAOUBENDGIAN**[g], ou **NAOUBENDIGHIAN**; Ville de la Province de Fars, ou de Perse proprement dite. Elle a été bâtie par Schabour ou Sapor ancien Roi de la troisième Dynastie de Perse. C'est auprès de cette Ville qu'on trouve un petit Pays nommé **SCHIBBAVAN**. Voyez ce mot. Le Géographe Persien écrit dans son troisième Climat, que la Ville de Naoubendgian est aussi communément appellée **CASBAH SCHABOUR**; c'est-à-dire la Ville ou la Bourgade de Schabour.

[g] Ibid.

**NAOUDIKHE**, Nation de l'Amérique Septentrionale, dans la Louïsiane, & alliée des Cénis.

**NAPÆ**, Peuples de la Scythie, selon Diodore de Sicile[h] : ce sont les *Napæi* de Pline[i]. Voyez **SCYTHÆ**.

[h] Lib. 2. c. 43.
[i] Lib. 6. c. 7.

**NAPÆI**, Peuple de l'Epire, selon Etienne le Géographe.

**NAPARIS**, Fleuve de la Scythie & l'un des cinq qui, selon le témoignage d'Hérodote[k], se jettent dans l'Ister. [l] Peucer a prétendu, que les Habitans du Pays nommoient ce Fleuve Dnieper; mais il ne paroit pas que le Dnieper se jette dans l'Ister, ce que fait le **NAPARIS**.

[k] Lib. 4. c. 48.
[l] Ortelii Thesaur.

**NAPATÆ**. Voyez **TANAPÆ**.

**NAPATHÆI**. Voyez **NABATHÆA**.

**NAPE**, ou **NAPÆ**, Ville de l'Isle de Lesbos, selon Etienne le Géographe[m], qui cite Hellanicus : cependant Strabon dit qu'Hellanicus la nomme par ignorance **LAPE** au lieu de **NAPÆ**. Le même Strabon ajoute que cette Ville étoit dans la plaine de Methymna. Voyez **PYTHO**.

[m] Lib. 9.

**NAPEGUS**, petite Ville ou gros Village de l'Arabie heureuse : il étoit dans le Pays des Elesates, selon Ptolomée[n].

[n] Lib. 6. c. 7.

**NAPES**. Voyez **PALI**.

**NAPHAT-DOR**. Voyez **NEPHAT-DOR**.

**NAPHILUS**, Riviere de l'Arcadie, selon Pausanias[o]; c'est une des cinq Rivieres qui se jettent dans le Fleuve Alphée.

[o] Lib. 8. c. 38.

**NAPHTHUIM**. Voyez **AFRIQUE PROPRE**.

**NAPIS**, Village de Scythie, suivant Etienne le Géographe. Voyez **PALI**.

**NAPITIA**[p], Ville de la Calabre dans le Pays des Brutiens. Barri prétend que c'est aujourd'hui la Ville d'Amantea dans la Calabre Citérieure. Mais Scipion Mazella fait sa description du Royaume de Naples fait voir

[p] Ortel. Thesaur.

## NAP.

[a] Baudrand, Dict. Ed. 1681.

voir [a] que Barri se trompe & qu'il prend *Nepetia* pour *Napitia* : il ajoute que NAPITIA est *Pizzo*, Château de la Calabre ultérieure au Royaume de Naples, dans le Golphe Hipponiate, qui est aussi nommé *Napitinus Sinus*; vulgairement *le Golphe de Ste. Euphemie*, environ à six milles d'Hipponium vers le Septentrion.

NAPITINUS SINUS. Voyez HIPPONIATES.

NAPLES, Ville d'Italie, la Capitale & la Métropole du Royaume auquel elle donne son nom. Cette Ville est très-ancienne [b], & fut appellée d'abord Parthenope; à cause, disent quelques-uns qu'Ulysse & ses Compagnons s'étoient échappez des douceurs du chant de la Sirène Parthenope, cette Nymphe marine qui se précipita de désespoir & fut enterrée à Palæopolis: d'autres prétendent qu'une Parthenope, fille d'Eumeleus Roi de Thessalie & petite-fille d'Alceste, y amena une Colonie des Etats de son père & qu'elle donna son nom à cette Ville, qui en portoit auparavant un autre qui est aujourd'hui inconnu.

[b] Misson, Voy. d'Italie. T. 2. p. 27.

[c] L'Histoire ajoute, que les Cumains ayant détruit cette Ville, de peur qu'elle ne s'élevât au dessus de celle de Cumes, furent attaquez d'une cruelle peste, & avertis en même tems par l'Oracle, qu'elle ne cesseroit point jusqu'à ce qu'ils eussent rebâti la Ville de *Parthenope*, & qu'ils y honorassent le tombeau de cette Déesse : les Cumains remirent cette Ville sur pied & la nommérent NEAPOLIS, des mots Grecs πόλις Ville, & νέα neuve. Quoiqu'il en soit, il paroît par ces noms Grecs que Naples a été bâtie par des Grecs. Ce qui est encore certain, c'est qu'elle est plus ancienne que la Ville de Rome, à laquelle néanmoins elle se soumit. Elle lui garda toujours inviolablement la foi; & en reconnoissance les Romains, non seulement du tems des Consuls, mais encore du tems des Empereurs, la mirent au nombre de Villes libres & confédérées.

[c] Journal d'un Voy. de France & d'Italie, p. 516.

La beauté de sa situation, la quantité de Noblesse qu'on y voit, la multitude de ses Marchands, le grand nombre de ses Palais, la magnificence de ses Eglises, tout cela la rend considérable. [d] Quoiqu'elle ait souvent essuyé de terribles assauts, c'est encore une des plus nobles Villes du monde & peut-être la plus également belle. Elle est toute pavée d'un grand Carreau d'échantillon. Les ruës sont droites & larges pour la plupart : les Maisons sont hautes, presque toutes à toits plats & d'une structure uniforme. Rome, Paris, Londres, Vienne, Venise & quantité d'autres Villes fameuses ont à la vérité de beaux Palais; mais ces Palais sont entremêlez de vilaines Maisons; au lieu que Naples est généralement toute belle. La Mer y fait un petit Golphe qui l'arrose au Midi. Vers le Nord elle a de riches côteaux, qui montent insensiblement à la Campagne heureuse : à l'Orient c'est la Plaine qui conduit au mont Vésuve, & à l'Occident c'est la haute Naples, où sont les Grands Chartreux & le Château de St. Erasme. On compte communément qu'en suivant les murailles de la Ville Naples a neuf milles de tour, & qu'elle en a dix-huit milles en suivant ses Fauxbourgs.

[d] Misson. p. 28.

## NAP.

Entre les Palais dont la Ville de Naples est ornée, celui du Viceroi l'emporte sur tous les autres. Il est situé sur une grande Place : la façade est régulière, & ornée de trois Ordres d'Architecture. Elle est longue de près de quatre cens pieds; & cet ouvrage est du fameux Fontana. Au dessus de ce Palais il y a une terrasse, comme à la plupart des grands Edifices de cette Ville & d'où l'on a une vuë charmante sur la Mer, sur tout le Port & sur les Isles voisines [e]. La Place qui regne des deux côtez de ce Palais est des plus agréables, tant parce qu'elle s'étend jusque sur le bord de la Mer, que par les deux belles Fontaines dont elle est ornée. La prémiere a été faite par le Duc de Medina, Viceroi. Elle est la plus belle de la Ville. Autour de son grand bassin sont huit Lions de marbre, qui font autant de grands jets d'eau, entre lesquels il y en a plusieurs autres petits. Au milieu il y a un bassin plus petit, où quatre hommes montez sur des Tigres font rejaillir autant de Fontaines, & entre eux sont des têtes de différens animaux, qui donnent leurs eaux d'une maniere fort ingenieuse : tout au milieu on voit une tasse où quatre chevaux marins fournissent de l'eau en abondance, ainsi qu'un Neptune par son trident. La seconde Fontaine, qui sert d'ornement à la même place, est de Gusman aussi Viceroi : des Dauphins & des chevaux marins y forment différens jets d'eau. Du côté de la Mer à l'extrémité de la Place qui est devant le Palais, il y a une belle structure de marbre où sont diverses statuës, & au milieu un bassin qui reçoit les eaux d'un jet d'eau fort élevé. L'eau de la Fontaine qui est devant le Palais est reçuë dans un aqueduc sur lequel d'espace en espace sont des Tigres, des Lions & d'autres animaux qui se donnent de l'eau les uns aux autres; & à l'extrémité de cet aqueduc est une autre Fontaine aussi de marbre, avec diverses statuës. Il y a encore un grand nombre de Maisons qui méritent le nom de Palais : on peut mettre de ce nombre celles des Ducs de Matalone, de Gravina, d'Airola, de la Tour, des Princes de Ste. Agathe, de Mont-milet, de Botera, de Cellamare, &c.

[e] Journal d'un Voy. de France & d'Italie, p. 334.

Il n'y a qu'un fossé qui sépare le Palais du Viceroi d'avec le Château neuf : il y a même une communication par le moyen d'une galerie sécrete, précaution sage & nécessaire pour se mettre en sureté en cas de sedition. Ce Château est le plus fort des trois qui sont à Naples. Il est élevé au bord de la Mer qui le baigne de tous les côtez. C'étoit autrefois un Couvent des Frères Mineurs de l'Observance, & on le nommoit *Santa Maria della Nuova*, & quelquefois *la Torre Maëstra*. Charles I. Roi de Naples transporta le Couvent à l'endroit où il est présentement, & fit un Château de cette *Torre Maëstra*; Alphonse I. ou les Normans plus de deux cens ans après le fortifièrent: Charles V. y ajouta de nouveaux ouvrages, & Philippe II. y mit la derniere main & en fit une place de bonne défense. En continuant le long du rivage de la Mer on rencontre le Château de l'Oeuf, ainsi appellé parce qu'il est sur un plan ovale, qui avance dans la Mer. On n'y peut aller de la Ville que par le moyen d'une levée faite de main d'hommes dessus laquelle

quelle font deux ponts qu'on léve ou qu'on abaiſſe ſuivant le beſoin. On prétend que ce fut le fameux Lucullus Romain qui fit bâtir ce Château; & que c'étoit une de ſes Maiſons de plaiſance. Les Princes Normands, après avoir conquis le Royaume ſur les Sarraſins firent une fortereſſe de ce lieu. C'eſt un amas de tours rondes & quarrées, excellentes avant l'invention du canon & des bombes; mais qui feroient aujourd'hui une foible réſiſtance, ſi on les attaquoit un peu vivement. Entre ce Château & le Mole on trouve la Tour de St. Vincent, ou *de gli Ragatzi*, parce qu'on y renferme les fous & les enfans qui ont beſoin de correction: c'eſt une groſſe Tour ronde fort élevée, renfermée dans un ouvrage à pluſieurs faces. Le Château St. Elme ou St. Erme eſt dans la partie Occidentale de la Ville, ſur un rocher ſi élevé au deſſus de la Ville qu'il commande les environs auſſi bien que Naples. Le Roi Robert bâtit cette Fortereſſe & Charles V. y ajouta de nouveaux ouvrages.

[a] *Labat, Voy. d'Italie. T. 5. p. 264.*

[a] Le Nonce du Pape a ſon Palais dans la rue de Tolède; & il a ſon Tribunal, ſes Priſons, ſon Barigel, ſes Sbirres, en un mot tout l'attirail de Judicature. Comme il y a bien des gens qui ont leurs cauſes commiſes devant lui, & qui croient en être quittes à meilleur marché qu'aux Tribunaux ſéculiers, il ne manque pas de beſogne, non plus que ceux qui travaillent ſous lui. Le Collége de l'Univerſité appelé *Studii Novi* eſt d'une grande beauté. Le bâtiment eſt immenſe. Les Profeſſeurs en toutes ſortes de Sciences y ont leurs Ecoles & leurs appartemens. Leurs appointemens ſont conſidérables & le nombre des Ecoliers eſt très-grand. Il y a encore d'autres Colléges, ſans compter ceux qui ſont chez les Réguliers; ce qui fait voir que les études & les Sciences fleuriſſent à Naples. Le Mont de piété a auſſi été bâti par le Chevalier Fontana. Le nom de cet Edifice fait connoître ſon uſage & ſon utilité dans une Ville qui étant auſſi peuplée ne manque pas de renfermer bien des gens, qui ſans ce ſecours charitable ſeroient bientôt réduits à la derniere miſére & peut-être pour toujours. On y obſerve les mêmes régles & les mêmes formalitez que dans le mont de Rome; & tout s'y paſſe avec un extrême ſecret & une fidélité à toute épreuve. Bien des gens riches & dépoſent leur argent, afin qu'il y ſoit plus en ſûreté que chez eux, & qu'il ſoit prêté aux pauvres ſans intérêt. On a remarqué à l'occaſion de ce mont, que dans les plus grands troubles & dans les ſéditions les plus vives qu'il y a eu tant de fois dans cette Ville, les partis les plus oppoſez, les plus avides de butin, ont toujours reſpecté ce lieu, & ne ſe ſont jamais aviſez d'y faire la moindre violence: au contraire ils y mettoient des Sauvegardes; & les Miniſtres de ce lieu de charité faiſoient leurs fonctions auſſi tranquillement, que ſi la Ville avoit été dans la plus profonde paix [b]. L'Académie où l'on enſeigne à monter à cheval, les Couvens, les Hôpitaux, l'Arſenal & les Magaſins pour les Galéres ſont encore autant d'Edifices conſidérables. Mais ce qui paroit le plus extraordinaire à Naples, c'eſt le nombre & la magnificence des Egliſes. Cela ſurpaſſe l'i-

[b] *Miſſon, p. 29.*

magination. Si on veut voir de beaux morceaux d'Architecture, il faut viſiter les Egliſes: il faut voir les Chapelles, les Autels, les tombeaux: il y a à la verité peu de belles façades d'Egliſes à Naples: preſque toute la beauté eſt en dedans. Si on veut voir de rares peintures, de la ſculpture & des charretées de vaſes d'or & d'argent, il ne faut qu'entrer dans les Egliſes. Les voutes, les lambris, les murailles; tout eſt, ou revêtû de marbres précieux & artiſtement rapportez; ou à compartimens de bas reliefs & de menuiſerie dorée & enrichie des ouvrages des plus fameux Peintres. On ne voit par tout que jaſpe, que porphyre, que Moſaïque de toutes façons, que chef-d'œuvres de l'Art. Que l'on paſſe d'une Egliſe à l'autre, on ſe trouve toujours nouvellement ſurpris.

L'Egliſe Profeſſe des Jéſuites entre autres eſt une piéce admirable: le Dôme eſt peint de la main du Cavalier Lanfranc, & de quelque côté qu'on ſe tourne dans ce ſuperbe Edifice, tout y eſt chargé d'enrichiſſemens, qui diſputent enſemble de prix, depuis le pavé juſqu'à la voute. C'eſt la même choſe à Ste. Marie de l'Annonciade. On peut dire que ce Vaiſſeau eſt d'une éclatante beauté: c'eſt là qu'on voit auſſi ce fameux Hôpital, dont le revenu monte à plus de deux-cens mille Ecus. Ces quatre vers ſe liſent ſur la porte:

*Lac pueris, dotem innuptis, velumque pudicis,*
*Datque medelam ægris, hæc opulenta domus.*
*Hinc meritò ſacra eſt illi, quæ nupta, pudica,*
*Et lactans; Orbis vera medela fuit.*

Tout eſt encore riche & ſurprenant à St. Philippe de Neri, à Santa Maria *la Nuova*; à St. Severin, à St. Paul; à St. Dominique, à l'Egliſe & au Monaſtére où mont Olivét, aux SS. Apôtres, à St. Jean Carbonara, à la Cathédrale, à l'Hoſpitalette, à Ste. Marie de la Santé, & en plus de trois cens autres Egliſes, dont la plupart renferment des Treſors & des Sacriſties où l'on voit des richeſſes immenſes. Par exemple dans la Sacriſtie des SS. Apôtres, Egliſe qui appartient aux Théatins, on trouve quatorze grandes armoires, à doubles battans, toutes remplies de Vaiſſelle de vaſes ſacrez d'or & d'argent, & d'autres choſes précieuſes. La grande Chartreuſe de St. Martin eſt un lieu extraordinairement rempli de choſes rares & magnifiques. On aſſure que ſous un ſeul *Priorat*, il y fut dépenſé juſqu'à cinq cens mille ducats en argenterie, en tableaux & en ouvrage de ſculpture. Leur Egliſe n'eſt pas des plus grandes; mais elle n'a aucune partie qui ne mérite d'être admirée. On ne peut rien ajouter, ni au prix de la matiére, ni à l'excellence de l'ouvrage tout y eſt fini & d'une beauté exquiſe. La Nativité du Guide, dans le Chœur de cette Egliſe eſt une piéce ineſtimable. Les quatre tableaux de la Céne, qui ſe voient dans le même lieu ſont de l'Eſpagnolet, d'Ann. Carache, de Paul Véroneſe & du Cavalier Maſſimo. Le Cloître a 100. pas en quarré: tout le pavé eſt de marbre, rapporté en rinceaux & en autres ornemens de cette ſorte; & les quatre galeries ſont ſoutenuës de ſoixante colonnes d'une
ſeule

NAP. NAP. 31

seule piéce d'un beau marbre blanc de Carraré. Les Religieux sont agréablement logez, & l'appartement du Prieur est digne d'un Prince. Les diverses vuës qu'on découvre de cette hauteur suspendent l'esprit en admiration. On voit la Mer & plusieurs Isles: on peut considérer distinctement la grandeur de Naples, avec ses Châteaux, son Port, son Mole & son Fanal. On se plaît à regarder les Jardinages, qui environnent la Ville & les Châteaux fertiles qui montent à la Campagne qu'on appelle heureuse. Si on jette les yeux d'un autre côté, en suivant le rivage, les Sinuositez, qui se mêlent réciproquement avec les petits Caps, que cette paisible Mer arrose, & les jolis Villages dont cette côte est parsemée, on a des objets tout-à-fait agréables. Un peu plus loin l'air s'épaissit des horribles fumées du Véluve, & l'on voit tout à plein cette affreuse Montagne.

Les Reliques, les Statues & les Images miraculeuses sont en si grand nombre qu'il n'est pas possible de les détailler. J'en donnerai seulement une idée. A Ste. Restituta, qui étoit autrefois l'Eglise Cathédrale, on conserve un Crucifix miraculeux fait par un Aveugle; & une Image de la Vierge: cette Image est faite à la Mosaïque; & elle est la première à laquelle on ait rendu un culte religieux en toute l'Italie: A St. Laurent des Franciscains Conventuels dans la Chapelle de l'*Ecce homo*, il y a une Image de *Jesus-Christ*, qui ayant été frappé d'un coup de poignard, saigna & porta la main droite sur sa plaie: A St. Marcellin, il y a une autre Image de *Jesus-Christ*, qui s'appesantit sur un tronc de Colomne & qu'on fut obligé d'y laisser. On garde à St. Louïs du Palais une assez raisonnable quantité du lait de la Ste. Vierge; & ce lait devient liquide dans toutes les Fêtes de Notre-Dame. A la Cathédrale, le sang de St. Janvier bouillonne toutes les fois qu'on l'approche de la châsse où est le corps de ce Saint. Le sang de St. Jean Baptiste, qui est à *Sta. Maria Donna Romita*, fait le même chose, pendant qu'on dit la Messe de la décollation de ce Saint. A St. Dominique Majeur on voit le Crucifix, qui dit un jour à St. Thomas d'Aquin: *Bene scripsisti de me Thoma, quam ergo mercedem accipies?* & auquel St. Thomas répondit: *Non aliam nisi te ipsum*. Un autre Crucifix, qui est dans l'Eglise des Benedictins, parla aussi, dit-on, au Pape Pie V. Celui de Ste. Marie des Carmes baissa la tête à la vuë d'un boulet de Canon qui la lui alloit emporter: ce fut en 1439. lorsque Don Alfonse d'Arragon tenoit Naples assiégée: le boulet ne fit qu'abattre la Couronne du Crucifix. A l'Eglise de St. Agnello, dans la Chapelle de la Maison de Monaco, on voit un Crucifix qui a encore parlé, à ce qu'on prétend.

[a] St. Janvier Evêque de Benevent est devenu Patron de la Ville de Naples, où l'on a transporté son Corps. Celui de St. Sosie Diacre de Miséne, après la ruïne de cette Ville par les Sarrasins fut transporté à Naples vers l'an 920. & mis dans l'Abbaye de St. Severin. Le Corps de St. Severin, Apôtre de Baviere & d'Autriche est à Naples, dans l'Abbaye de son nom. On l'y apporta, vers l'an 910. On le fait Evê-

[a] Topograph. des Saints. p. 333.

que de Naples mal à propos. St. Quodvult-Deus, Evêque de Carthage, après la prise de sa Ville par les Vandales, aborda à Naples avec plusieurs Prêtres sur des Vaisseaux brisez. St. Gaudiose Evêque Africain & d'autres Confesseurs persécutez par les Vandales au cinquiéme siécle, se refugierent à Naples & y moururent. St. Jean fut Evêque de Naples au neuviéme siécle & mourut en 853. La Ville l'a mis au rang de ses Patrons. St. Thomas d'Aquin fut aussi mis au nombre des Patrons & des Protecteurs de la Ville de Naples, l'an 1603. par le Pape Clément VIII. St. Gaëtan de Thienne, Instituteur des Théatins mourut à Naples l'an 1547. dans la Maison de l'Ordre qu'il avoit établi: son corps y est enterré.

[b] A l'exception d'un certain nombre de ruës, de médiocre largeur, qui aboutissent au Port, presque toutes les autres sont larges & autant droites, qu'il a été possible de pratiquer dans une Ville où il y a à monter considérablement. Mais ce qu'on ne trouve à Naples & ce qu'on ne trouve point dans toutes les autres grandes Villes d'Europe; c'est que toutes les Maisons sont belles, avec des toits la plupart en terrasse, & où il y a des loges pour prendre le frais. Les Maisons des particuliers ne font point affront aux Palais qu'elles accompagnent. Le pavé des ruës est grand, parfaitement bien entretenu, & très-propre. Outre le soin qu'on a de balayer les ruës, on les inonde pour les rafraîchir, & ces torrens d'eau emportent avec eux toutes les ordures. Il a déja été parlé de quelques fontaines: il y en a de tous côtez, & toutes ont quelque chose de beau & de singulier dans leur figure & dans leur matiere: à peine en trouvera-t-on cinq ou six qui ne mériteront pas l'attention des curieux.

Cette abondance d'eau n'empêche pas qu'il n'y ait un très-grand nombre de gens qui gagnent leur vie à vendre de l'eau aux passans, soit pour se désaltérer soit pour se rafraîchir. Quand c'est pour ce dernier usage, ils présentent une jatte de fayence fort propre pleine d'eau fraîche: on se lave le visage & la bouche; on en tire par le nez, & on se lave les mains.

Le meilleur savon & les meilleures savonnettes se font à Naples. On y a aussi des manufactures d'étoffes de soie de toutes sortes, de bas, de bonnets, de camisoles, &c. Il y en a aussi de toile, de cotton & de laine. La ruë des Orfévres peut passer pour la plus riche de la Ville. Rien n'est plus beau que des boutiques, les ateliers & les magazins de ces ouvriers. Ils excellent sur tout dans l'argenterie d'Eglise; parce qu'ils en font beaucoup, ils se perfectionnent dans ce genre d'Ouvrage.

La Justice étoit très-sévére du tems que les Espagnols étoient les maîtres de Naples: elle l'est peut-être encore davantage, à présent que cette Ville est entre les mains des Allemands, qui sont d'étranges maîtres, bien difficiles à contenter.

Pour faire voir les richesses prodigieuses de Naples, il n'y a qu'à considérer les dépenses excessives qu'elle est obligée de faire pour l'en-

[b] Labat. p. 273.

l'entretien du Viceroi, de sa Cour & de ses Gardes, pour les Garnisons & les Officiers & pour le nombre exorbitant de Prêtres, de Religieux & de Religieuses, qui sont dans la Ville & aux environs. On compte dix-huit Couvens de Dominicains, & huit Monastéres de Religieuses de l'Ordre de St. Dominique; huit Couvens d'Augustins & cinq d'Augustines; huit de Carmes & cinq de Carmelites; deux de Chartreux; deux de Celestins; cinq de Chanoines Réguliers & un de Chanoinesses; un de Bénédictins; cinq de Bénédictines; un d'Olivetains; quatre de Minimes; trois de Servites; un de Jeronimitains; un de Camaldules; un de Basiléens; un de Moines de Monte Virgini; six de Théatins; un de Théatines; trois de Clercs réguliers; trois de Clercs appellez Ministres des Infirmes; six de la Compagnie de Jesus; trois de Clercs appellez *Operarii pii*; trois de Barnabites; quatre appellez *Scholæ piæ*; un de Somasques : cinq de Péres de la Mercy Espagnols; deux de Religieuses Espagnoles; deux de Clercs Reguliers de la Congrégation de Luques; cinq Conservatoires de Garçons; vingt-neuf de filles & de femmes; onze Hôpitaux; cinq Séminaires d'Ecclesiastiques; quatre Paroisses principales, ayant titre de Basiliques; trente-deux autres Paroisses; soixante & dix autres Eglises ou Chapelles, desservies par des Prêtres séculiers, & plus de cent trente Chapelles de Confrairies, ou Oratoires. Un si grand nombre d'Eglises & de Couvens suppose un très-grand nombre de personnes. Il va jusqu'à trois cens mille ames; ce qui est considerable; quoique bien au dessous de ce que l'on en débite communément.

La Noblesse de Naples est divisée en deux Classes principales. La première qui est divisée en cinq Siéges, qu'on appelle *le Seggi*, & qui a l'administration de la Police de la Ville : la seconde qui ne veut point se mêler des affaires publiques & qui par conséquent n'est ni inscrite ni enrollée dans les Siéges. Ces Siéges ou lieux d'assemblée sont des Salons magnifiques, accompagnez des autres piéces nécessaires, où la Noblesse se rend pour traiter de ses affaires particulieres & de celles de son ressort. Ce sont à proprement parler des Tribunaux; car elle est chargée de beaucoup de détails, comme de la conservation des Priviléges, Franchises & Immunitez de la Ville, du soin d'y maintenir l'abondance, chose absolument nécessaire pour contenir dans le devoir un Peuple naturellement mutin & volage; de mettre les taxes aux vivres & à toutes les denrées, de châtier ceux que l'on surprend en contrebande, d'empêcher qu'on ne mette de nouveaux impôts sans son agrément. Elle est encore chargée de l'entretien & de la reparation des murailles de la Ville, des acqueducs, du pavé des ruës, des édifices publics & de quantité d'autres choses qui regardent le bien public. Les Siéges de la Noblesse sont la Porte Capuane, le Nido, la Montagne, le Port & la Porte-neuve. On les appelle ainsi, parce que les Salons ou Tribunaux sont voisins de ces lieux-là. Le Peuple a aussi un Siége pour veiller à ses intérêts particuliers & pour empêcher qu'il ne soit opprimé par la Noblesse. Ce Siége est dans le Cloître des Augustins. Ceux de la Noblesse choisissent chacun tous les ans un Chef à qui on donne le nom d'Elu; mais le Chef du Siége du Peuple est nommé par le Viceroi, & demeure en charge tant qu'il plait à celui qui l'a nommé. C'est une chose incroyable que la quantité de gens de Justice & de Pratique qu'il y a dans la Ville de Naples. Tout le monde sait la réponse du Marquis Carpio à Innocent XI. lorsque ce Pontife le fit prier de lui fournir trente-mille têtes de cochon. Je ne saurois fournir tant de cochons, dit le Marquis; mais si sa Sainteté a besoin de trente mille Avocats, je les ai tous prêts à son service. Ces sortes de gens ne manquent pas d'occupation à Naples. Il y a peu de personnes de consideration qui n'ayent quelque procès. On dit communement que lorsqu'un Cavalier Napolitain n'a rien à faire, ce qui arrive souvent, il se renferme sérieusement dans son cabinet & se met à feuilleter ses papiers, pour voir s'il ne peut point commencer quelque procès & tourmenter ses voisins : tant a changé le génie de ce Peuple depuis le tems de Stace [b] : [a Addisson Voy. d'Italie t. 4. P. 130.] [b Sil. l. 3]

*Nulla foro rabies, aut stricta jurgia legis,
Moris jura viris solum & sine fascibus æquum.*

Un autre point sur lequel ils n'ont guére changé, c'est la paresse. Les habitans de Naples ont toujours été réputez très-paresseux, & très-voluptueux. Ces défauts pourroient bien venir en partie de la grande fécondité du Pays, qui ne leur rend pas le travail si nécessaire, & en partie du Climat qui relâche les fibres de leur corps & dispose le Peuple à une humeur fainéante & indolente. De quelque côté que cela vienne, les Napolitains étoient autrefois aussi fameux à cet égard qu'aujourd'hui. Horace dit [c] : [c Epist. 5.]

*Otiosa Neapolis.*

Ovide dit la même chose [d] : [d Met. L. 15]

*Et in otia natam,
Parthenopen.*

La BAIE DE NAPLES, est la plus agréable que l'on puisse voir. Elle est presque ronde, d'environ trente milles de Diametre. Les côtez sont couverts de forêts & de Montagnes. Le haut Promontoire de Surrentum sépare cette Baie de celle de Salerne. Entre l'extrêmité de ce Promontoire & l'Isle de Caprée, la Mer entre par un Détroit large d'environ trois milles. Cette Isle est comme un vaste Mole, pour rompre la violence des vagues qui entrent dans la Baie. Elle est en long & presque dans une ligne paralléle à Naples. La hauteur excessive de ses roches sert d'abri contre une grande partie des Vents & des Ondes. Cette Baie est appellée *le Crater* par les anciens Géographes, probablement à cause de sa ressemblance à une boule ronde, à moitié pleine de quelque liqueur. Peut-être que Virgile, qui composa à Naples une partie de son Eneïde prenoit de cette Baie le plan de ce beau Havre dont il donne la description dans son prémier Livre; car le Port Libyen n'est que la Baie de Naples en petit.

# NAP.

<sup>a</sup> Æn. 1. v. 163.

<sup>a</sup> *Est in secessu longo locus. Insula portum,*
*Efficit objectu laterum, quibus omnis ab alto,*
*Frangitur, inque sinus scindit sese unda reductos:*
*Hinc atque hinc vastæ rupes geminique minantur*
*In cœlum scopuli, quorum sub vertice late,*
*Æquora tuta silent, tum silvis scena coruscis,*
*Desuper, horrentique antrum nemus imminet*
*umbra.*

Le Mole est large & fort long. Il paroit ancien : il a une branche en retour d'équerre, à un bout de laquelle est la Tour de la Lanterne, autrement le Fanal où l'on doit allumer des feux pour diriger les Vaisseaux, qui veulent s'approcher pendant la nuit. L'autre extrémité est chargée d'une batterie fermée en forme de Tour quarrée basse. On l'appelle le Fort St. Jacques. Tous les bâtimens mouillent à couvert de ces deux branches. La Douane est vis-à-vis. Elle a une place de grandeur raisonnable, avec trois ou quatre petites jettées, accompagnées de degrés pour la commodité du débarquement des chaloupes. Il y a une petite chapelle à un bout de cette place.

2. NAPLES, (le Royaume de) grande Contrée d'Italie, dont il occupe toute la partie Méridionale <sup>b</sup>. Il est borné au Nord-Ouest par l'Etat Ecclésiastique, & par la Mer de tous les autres côtez. Cet Etat le plus grand de l'Italie passa dans le cinquiéme siécle de la domination des Romains à celle des Goths : ensuite les Lombards en furent les maîtres, jusqu'à ce que leur Roi Didier eut été vaincu & pris par Charlemagne. Les enfans de ce grand Empereur partagérent cet Etat avec les Grecs, qui n'y voulurent point de compagnons & prirent la part des autres. Les Sarrasins leur en enlevérent une grande partie vers la fin du IX. siécle & au commencement du X. Ils y étoient très-puissans lorsque dans le siécle suivant les enfans de Tancréde, Gentilhomme Normand, les en chassérent. Les descendans de ceux-ci y régnérent jusqu'à Guillaume III. qui ne laissa point d'enfans. Constance fille posthume de Roger Duc de la Pouille, porta cette riche succession à l'Empereur Henri VI. Après la mort de Conrad leur petit-fils en 1257. Mainfroi son frére bâtard, fut reconnu pour son héritier : mais Charles de France frére de St. Louïs, Comte d'Anjou, de Provence, &c. ayant été investi du Royaume de Naples & de Sicile par le Pape Clement IV. en 1265. défit & tua Mainfroi l'année suivante & fit couper la tête à Conradin, fils de Conrad, le 29. Octobre 1269. : il avoit pris ce Prince dans une Bataille près du Lac Celano le 23. Août de l'année précédente. Pierre III. Roi d'Arragon, qui avoit épousé Constance fille de Mainfroi, fit égorger tous les François en 1282. le jour de Paques, au prémier coup du son de Vêpres, d'où ce massacre a été appellé *les Vêpres Siciliennes.* Cette catastrophe commença les fameuses querelles des deux Maisons d'Anjou & d'Arragon. La prémiere eut aussi ses divisions particulieres: la Reine Jeanne petite-fille de Robert, ayant adopté par son Testament du 29. Juin 1380. Louïs de France I. du nom, Duc d'Anjou, & devenu par là Chef de la seconde branche d'Anjou à Naples, Charles de Duras son

<sup>b</sup> La Forêt de Bourgon. Géogr. Hist. T. 2. p. 537.

# NAP. 33

cousin s'établit sur le Trône, d'où son compétiteur fit ses efforts pour le faire descendre. Jeanne II. ou Jeannelle fille de Charles, rafraîchit les prétentions des Arragonois, en adoptant Alphonse V. Roi d'Arragon l'an 1420. ce qu'elle fit en haine de ce que le Pape Martin V. avoit donné trois ans auparavant l'investiture du Royaume à Louïs III. petit-fils de Louïs I. Il est vrai que cette Princesse pénétrée de l'ingratitude d'Alphonse, révoqua cette adoption par son Testament fait le 2. Fevrier 1434. & reconnut René d'Anjou, fils de Louïs pour son Successeur. Ce Prince qui avoit encore lieu de prétendre au Royaume d'Arragon par sa mére Yolande, fut contraint de borner ses prétentions à ce qu'il possédoit en France ; & ayant vu mourir tous ses enfans avant lui, il laissa ses Etats à Charles fils de son frére de même nom, Comte du Maine. Celui-ci institua pour son héritier Louïs XI. Roi de France son cousin germain, & les Rois de France ses Successeurs, par son Testament le 10. Décembre 1481. Charles VIII. son fils & Louïs XII. son Successeur se rendirent maîtres de ce Royaume : mais l'éloignement & la mauvaise foi des Arragonnois leur firent perdre leurs conquêtes presque aussi-tôt qu'ils les eurent faites. Pour revenir à Alphonse V. Roi d'Arragon, ce Prince s'empara du Royaume en 1442. & y laissa en mourant Ferdinand son fils naturel, qui perdit deux fois ses Etats & les recouvra deux fois sous le secours des Papes. Son fils Alphonse II. & son frére Ferdinand II. lui succéderent. Frederic fils de ce dernier fut chassé par le Roi Louïs XII. & par Ferdinand V. Roi d'Arragon : ces deux Princes partagérent les dépouilles de Frederic : mais l'Arragonnois se servant d'une dispute concertée pour les limites l'an 1504. en chassa les François, qui n'y ont pu mettre le pied depuis; si l'on en excepte la revolte des Napolitains, qui appellerent à leur secours Henri de Lorraine II. du nom, Duc de Guise en 1647. Mais ce Prince pour n'avoir pas été secouru à propos fut fait prisonnier l'année suivante par les Espagnols. Ce Royaume, après avoir passé en deux branches de la Maison d'Anjou, passa encore, avec toute la Succession d'Espagne en 1700. à Philippe de France, Duc d'Anjou, qui lui fit son entrée publique à Naples le 29. Mai 1702. mais les affaires des François étant sur leur déclin en Italie, l'Archiduc Charles, depuis Empereur, sous le nom de Charles VI. envahit le Royaume de Naples en 1706. & le posséda jusqu'à la Paix d'Utrecht. Les Alliez en gratifiérent le Duc de Savoie, qui porta le titre de Roi de Sicile. L'Espagne ayant attaqué ce Royaume, les Piémontois appellérent les Autrichiens à leur secours. Le Traité de Londres disposa enfin de ce Royaume en faveur de l'Empereur, qui réunit sous une seule domination les Royaumes de Naples & de Sicile.

Le Royaume de Naples qu'on appelle aussi SICILE EN DEÇA DU FARE, est gouverné par un Viceroi triennal : cependant la pluspart sont continuez deux ou trois fois, selon que les Rois leurs maîtres le jugent à propos. Le Souverain de Naples tient ce Royaume avec la Sicile en Fief de l'Eglise, & en rend

E tous

tous les ans la veille de St. Pierre, le tribut d'une bourse de 7000. Ecus d'or; & le lendemain d'une haquenée blanche, qu'il fait presenter au Pape.

La plus grande longueur du Royaume de Naples est d'environ 300. milles, à compter depuis l'extrêmité de l'Abruzze ultérieure, jusqu'à Reggio, au fond de la Calabre; & sa plus grande largeur depuis Gaëte, jusqu'à l'Embouchure du Pescaire est de près de 80. milles. L'air y est si admirable & la terre si fertile en grains, vins & fruits excellens, que les Italiens disent en Proverbe ; que *Naples est un Paradis habité par des Diables*. Il est vrai que les habitans de ce Royaume sont grossiers, inconstans, fainéans & même dissimulez; mais ils sont généreux, bienfaisans, & les meilleures gens du monde, lorsqu'on sait s'accommoder à leurs manieres. Il y a quantité de fleuves dans cet Etat ; mais la plûpart & presque tous doivent être considerez comme des Torrens.

DIVISION DU ROYAUME DE NAPLES.

Le Royaume de Naples divisé en douze parties.
- Sur ou proche de la Mer supérieure.
  - La Terre d'Otrante,
  - La Terre de Barri,
  - La Capitanate,
  - Le Comté de Molisse,
  - L'Abruzze Citérieure,
  - L'Abruzze Ultérieure.
- Sur ou proche de la Mer Inférieure.
  - La Terre de Labour,
  - La Principauté Citérieure,
  - La Principauté Ultérieure,
  - La Basilicate,
  - La Calabre Citérieure,
  - La Calabre Ultérieure.

NAPLOUSE, Ville de la Palestine, à dix lieues de Jerusalem du côté du Nord. C'est la même que Sichem ou Sichari, Ville célèbre de la Tribu d'Ephraïm ; ou du moins Naplouse étoit très-voisine de la place de Sichem [a]. Cette Ville a eu plusieurs noms. S'il est vrai qu'elle soit la véritable Sichem, elle fut appellée depuis *Mabarta*, selon Josephe [b]; ou *Mamortha*, comme écrit Pline [c]. On lui donna ensuite le nom de *Flavia Cesarea* de celui de l'Empereur Flavien Domitien : on a des Medailles avec cette Inscription : ΦΛ. ΝΕΑΣ. ΠΟΛΕΩΣ. ΣΥΡ. ΠΑΛ. C'est-à-dire *Flavia Neapolis Syria Palestina* : Enfin elle fut nommée simplement Neapolis & elle a aujourd'hui ce nom parmi les Arabes, qui le corrompent pourtant, en l'appellant *Naplos*. Naplouse est presque aussi grande que Jerusalem ; & il y a une Milice entretenuë de divers ordres. Les Janissaires sont à la solde du Bacha de Damas : le reste dépend de l'Emir Hhagge ; c'est-à-dire du Prince conducteur des Pélerins de la Mecque. Cette Ville est à présent sans murailles & sans portes, au fond d'une Vallée terminée au Midi par la Montagne de Garizim, & au Septentrion par la Montagne d'Hebal, deux Montagnes fameuses dans l'Ecriture par les bénédictions que les six principales Tribus donnérent aux observateurs de la Loi, & par les malédictions que les six autres Tribus donnérent à ceux qui la violeroient. Ces deux Montagnes sont proches l'une de l'autre, & elles le sont tant que les Mahométans

[a] Le P. Nau, Voy. de la Terre-Sainte liv. 2. c. 22.
[b] de Bello l. 5. c. 4.
[c] l. 5. c. 13.

racontent qu'un Géant, nommé Aïrout, neveu de Noé mettoit un pied sur l'une & un pied sur l'autre, pour insulter aux gens du Pays. Ils ajoutent que ceux-ci pour se defaire de ces honteuses importunitez, le presséront si fort de payer certaines dettes qu'il avoir, que pour être en repos il s'enfuit ailleurs. Ils font d'autres contes ridicules de ce Géant, & ils veulent que ce soit lui qui apportoit à Noé le bois dont il faisoit l'Arche. Il y a encore dans cette Ville quelques Juifs Samaritains, que les autres Juifs desavouent & maudissent. On dit qu'ils adorent les colombes. Cependant ils prient & lisent dans des Livres semblables à ceux des autres Juifs. Ils ne mangent rien de ce que les Chrétiens ou les Mahométans apprêtent, ni même de ce qu'ils touchent. [d] La terre des environs de Naplouse est fertile & produit des olives en abondance : les Jardins sont remplis d'orangers & de citroniers, qu'une Riviere & divers Ruisseaux arrosent. A cinq cens pas de la Ville sort une fontaine sous une voute vers le Levant. Son eau se répand dans un reservoir de marbre tout d'une piéce, long de dix pas & large de cinq, avec autant de hauteur. Au devant il y a quelques feuillages & des roses en relief taillées sur le marbre. *Voyez* SICHEM.

1. NAPO [e], Riviere de l'Amerique Méridionale au Perou, dans l'Audience de Quito. Elle a sa source au dessous de Baëça: elle prend d'abord son cours en serpentant du côté du Sud-Est ; elle tourne ensuite du côté du Sud ; & après avoir baigné Napo, elle court du côté du Nord Oriental : enfin après avoir reçu la Riviere de Payanano, elle se jette dans la Riviere des Amazones, dont elle est une des sources.

2. NAPO, Bourgade de l'Amerique Méridionale au Perou, dans l'Audience de Quito, sur la Riviere de Napo, à la gauche, dans l'endroit où elle prend son cours du côté du Nord Oriental.

NAPOCENSIS COLONIA ; il est fait mention de cette Colonie dans le Digeste [f]. Un MS. lit *Nacocensis*. Turnebe lit *Naponensis* & sans autorité il en fait deux lieux, savoir *Neapolis* & *Ocensis*. Ortelius [g] parle d'un autre MS. où il y avoit *Narporensis*.

NAPOLI [h], Ville de Grece, dans l'ancienne Argie, qui est aujourd'hui la Saccania ou la Romanie mineure, riche Contrée de la Morée. De toutes les Villes de l'ancienne Argie, Napoli, est, pour ainsi dire, la seule qui ait conservé jusqu'à présent des restes de sa première splendeur. Les Anciens l'appelloient *Anaplia* ; & Ptolomée [i] la nomme *Nauplia navale*. Cette Ville fut bâtie par Nauplio fils de Neptune & d'Amimone dans l'endroit le plus reculé du Golphe appellé communément *le Golphe de Napoli*, & par Ptolomée *Argolicus Sinus*, sur le haut d'un petit Promontoire qui se sépare en deux pointes. Celle qui est vers la Mer forme un Port spacieux, & l'autre cause aux passagers une grande incommodité ; parce qu'ils ne peuvent y monter, que par un sentier étroit & escarpé, qui est entre le mont Palamides & la Marine. [k] Son Port qui est un des meilleurs du Pays est à couvert des Corsaires & du vent, par un petit Château que l'on a bâti

[d] Thevenot, Voy. du Levant, Part. 2. c. 56.
[e] De l'Isle, Carte du Perou, 1703.
[f] Lib. 50. tit. de Censib.
[g] Thesaur.
[h] Coronelli Mem. Hist. & Géogr. Part. 2. p. 107.
[i] l. 3. c. 16.
[k] La Guilletiére, Lacedemone anc. & mod. liv. sur 4. p. 319.

fur un écueil & qui en défend l'entrée. Comme il y a plus d'abri & plus de fond, qu'en aucun autre Port de tout le parage Oriental de la Morée, il s'y fait un grand trafic de bleds, de vins, d'huile, de foie, de cotton & de tabac. Pour entrer dans la Ville du côté de la Terre ferme, il n'y a qu'une avenuë & qu'une porte qui regarde l'Oueft: par tout ailleurs la mer bat contre les murailles qui font affez bonnes & flanquées par des Tours à l'antique. Pour chaque cheval qui entre dans la Ville par cette porte on paye trois afpres. Outre le Château qui eft à l'entrée du Port, il y en a un autre du côté du Nord; il avoit autrefois trois enceintes, qui font réduites préfentement à une feule. De quelque côté qu'on regarde cette Place, on trouve que la nature & l'art ont également concouru pour la rendre forte. Comme elle eft fituée au pied d'une roche qui regarde le Midi, & qui renvoie en bas les rayons du Soleil, avec force, les chaleurs font prefque infupportables à Napoli. Les ruës font extrêmement fales. Elles font peuplées de Chrétiens, de Turcs & de Juifs; car les Arnautes demeurent dans le Fauxbourg. Les Grecs ont fept ou huit Eglifes dans la Ville. L'Eglife Cathédrale s'appelle *Sotiras*, parce qu'elle eft dédiée au Sauveur. Les Juifs ont une Synagogue, & les Turcs ont trois Mofquées, fans compter celle du Château. Les Capucins François, qui ont été appellez à la Miffion de la Morée par la Congrégation *de propaganda Fide*, y ont leur principale réfidence à Napoli; parce que les Galéres des Beys y vont hiverner, & qu'elles y font ordinairement depuis le mois de Novembre jufqu'à la Fête de St. George, qui eft le jour qu'elles fe remettent en Mer.

Parmi les Cabanes des Arnautes, qui compofent le Fauxbourg de Napoli, il y a trois ou quatre petites Eglifes Grecques; & à côté de celles qui font dédiées à la *Panagia* & à *Agios Thomas*, on voit un *Takias* de Dervis. Le mot Turc de Takias fignifie un Monaftére. Celui-ci a été bâti par Muftapha Bacha, qui s'eft contenté d'y faire du logement pour douze Dervis & pour leurs femmes; car les Dervis fe marient quand il leur plaît, quoique beaucoup de Voyageurs ayent publié le contraire. Il y a auffi un Jardin où chacun fe peut promener. Au Nord du Fauxbourg de Napoli, & au Nord-Oueft de la Ville, on voit le *Vouni tou Palamedou*; c'eft-à-dire la Montagne de Palamede. Voyez ce mot. Au Nord de la Ville font les ruïnes de l'ancienne NAUPLION; voyez ce mot. Cruſius a été trompé par de faux avis, quand il a écrit que les Grecs de Napoli étoient exempts du Tribut des enfans. Les plus anciens du Pays n'ont jamais entendu parler de ce Privilege. A Napoli comme ailleurs, il n'y a que trois moyens de s'exempter de ce Tribut; favoir, en gagnant le Commiffaire, ou en mariant les enfans, ou en les faifant Papas.

Les habitans de Napoli ont beaucoup d'efprit; & comme aucune crainte ne borne celui des Turcs il brille davantage, fur tout quand il faut faire une avanie aux Chrétiens ou aux Juifs. Ils ont le talent de lire dans la main fans aucun fecours de la Chiromancie. Quand deux hommes veulent faire quelque complot fecret devant le monde & tromper les yeux & la penfée des temoins, ils tiennent tous deux les mains couchées fur l'eftomach, & feignant de faire un gefte d'étonnement, ou de joie, felon la nature des affaires, & le fujet de la converfation, ils lévent le bras, & fe montrent les doigts ouverts de la maniere qu'ils ont concertée: ils expliquent ainfi leurs penfées en affurance.

Napoli a eu le fort de toutes les autres Villes, de paffer fous la domination de différens Princes. Elle fut prife en 1205. par les Véniciens liguez avec les François. Quelque tems après le Roi Giovaniffa l'emporta d'affaut, paffa la garnifon au fil de l'Epée & ruïna la Ville. Une Defpœne ou Princeffe, appellée Marie, dont les Ayeux étoient François d'origine, commandoit dans Napoli & dans Argos, dans le quatorziéme fiécle. Elle époufa un Noble Venitien, nommé Pietro Cornaro, & lorfqu'elle fut veuve elle ceda en 1383. ces deux Villes à la République de Venife, moyennant une penfion annuelle de deux mille piéces d'or. En 1539. la République l'abandonna au Grand Seigneur, pour acheter la Paix. Elle la reprit en 1686. Mais enfin cette Place tomba entre les mains des Turcs au commencement de ce fiécle.

NAPOLI, *de Barbarie*. Voyez NEBEL.

1. NAPOULE, (LA) Bourg ou Village de France, dans la Provence, Diocèfe de Frejus, fur la côte Occidentale d'un Golphe appellé de même nom, & par d'autres Plage de Cannes. Il contient environ 430. habitans. Il y a auprès de ce lieu un Etang qui a une demi-lieue de circuit, où l'on trouve beaucoup de poiffon & quantité d'Oifeaux aquatiques. Quelques-uns ont cru que c'étoit l'ancienne ATHENOPOLIS. Voyez ce mot.

2. NAPOULE, (le Golphe de la) dans la Mer Méditerranée, fur la côte de France. Quelques-uns l'appellent pourtant Plage de Cannes. Il eft fitué entre le Cap de la Napoule & celui de la Croifette, le prémier à l'Occident & le fecond à l'Orient. Les Ifles de Ste. Marguérite & de St. Honorat font à l'entrée.

3. NAPOULE, Cap fur la Côte de France dans la Mer Mediterranée dans la partie Occidentale du Golphe de même nom, & au Midi du Bourg de la Napoule.

NAPUCA, ancienne Ville de la Dace, felon Ptolomée [a] qui la place entre *Ulpianum*, & *Patruiffa*. Lazius [b] la nomme *Bufa* & *Bufaten*.

[a] l. 3. c. 8.
[b] 12. R. P. R. Sect. 2. c. 1.

1. NAR, Riviere de l'Umbrie. Tacite [c] dit que le Lac Velinus y decharge fes eaux. Elle donna le nom, felon Tite-Live [d], à une Colonie que les Romains envoyérent dans l'Umbrie. Pomponius Sabinus a remarqué [e] qu'elle tiroit fa fource des Montagnes d'Aminterne. Selon Leandre c'eft aujourd'hui le *Negra*.

[c] Annal. l. 1. c. 79.
[d] l. 10. c. 10.
[e] ad 7. Æneid.

2. NAR [f], petite Ville de Pologne en Mazovie, au Palatinat de Czersk fur le Bug, à 16. lieuës de Bielsk. C'eft le Chef-lieu d'une Chatellenie.

[f] *Baudrand Edit. 1705.*

NARA. Voyez NARENSIS.

**NARABO**, fleuve de la Pannonie inferieure, selon Ptolomée [a] : Quelques-uns nomment ce fleuve *Arrabo* & prétendent que ce
soit le Rab. L'Itineraire d'Antonin écrit Ar-
rabona & le met sur la route de Taurunum
dans les Gaules entre le lieu nommé *Ad mures*
& un autre lieu nommé *Ad statuas*, à quinze milles de l'un & de l'autre dans la premiere Pannonie, en allant de Valerie vers le Norique.

[a] l. 2. c. 16.

**NARACCATENSIS**, Siége Episcopal
d'Afrique, dans la Numidie. La Notice E-
piscopale d'Afrique nomme Fortunation
son Evêque. Il est vrai que dans l'Edition
ordinaire on lit *Fortunatianus Naratcatensis*;
mais dans le Concile de Carthage tenu l'an
525. sous le Pape Boniface on trouve entre
les Péres qui y souscrivirent Columbus E-
piscopus plebis *Naraccatensis* : c'est le même
Siége.

**NARACUM.** Voyez INARIACIUM.

**NARAGGARRITANUS**, Siége E-
piscopal d'Afrique dans la Province Proconsulaire. La Notice Episcopale d'Afrique fournit ce mot très-corrompu : on y lit, *Maxi-
minus Maragavitanus*, ou *Maraggavitanus*.
Dans le Concile de Carthage de 525. Victorin est qualifié *Episcopus plebis Nagargarita-
na*; & dans la Lettre Synodale des Evêques
de la Province Proconsulaire, qui se trouverent au Concile de Latran sous le Pape Martin, on lit entre les Souscriptions *Benenatus
Episcopus Ecclesiæ Naraggaritana*. Ce qui fait
voir que cette derniere Orthographe est la
véritable ; c'est que Ptolomée [b] nomme la
Ville *Naraggara*. Tite-Live [c] la nomme *Nadagara*. Antonin la met sur la route d'Hip-
poregius à Carthage, entre Tagaste & Sieca
Veneria, à 25. M. P. de la premiere & à
32. M. P. de la seconde.

[b] l. 4. c. 3.
[c] l. 30. c. 29.

**NARANGARA.** Voyez NARAGGAR-
RITANUS.

**NARANGIA** [d], Ville d'Afrique, au
Royaume de Fez, dans la Province de Ha-
bad ou Elhabad, à trois milles d'Ezagen,
près du Fleuve Licus, au dessus de l'Embouchure de ce fleuve. Dans le voisinage
de cette Ville, mais on peu plus avant dans
le Pays, on voit les masures de *Besar* ou
*Besra*, autrefois *Lixa*.

[d] Dapper, Desc. de l'Afrique, p. 153.

**NARANUS.** Voyez VOLCEIUM.

**NARATEANENSIS.** Voyez NARAC-
CATENSIS.

**NARBAS**, Riviere aux environs de la
Perside. Cedren en fait mention dans son
Histoire de la guerre d'Heraclius contre Cos-
roës ; & dans son Histoire Miscellanée [e].

[e] l. 8.

**NARBASES**, c'est ainsi que Vaseus lit
ce nom dans Isidore : ce doit être un
Peuple d'Espagne dans la Galice. D'autres
placent dans le même Canton des Montagnes
nommées ARBASES ou Arvases : c'est aujour-
d'hui Artuas entre Leon & Oviedo. Cet Article n'est jusqu'ici que le sentiment d'Ambroise Morales rapporté par Ortelius. Il a-
joute à cette occasion que Ptolomée [f] nomme entre les Peuples de l'Espagne Tarraconoise une Nation qu'il nomme *Narbasi* : il
lui donne une Ville, appellée *Forum Narba-
sorum* : Ses Interpretes la prenent pour *Artuas*.

[f] l. 2. c. 6.

**NARBATA**, Ville ou lieu de la Palestine, Capitale du Canton nommé Narbatene.
Elle étoit située, selon Josephe [g], à soixante
stades de Césarée de Palestine. Rufin lit *Na-
bata* & la met dans la Samarie.

[g] de Bello, l. 11. c. 14.

**NARBATENE**, Canton de la Palestine, auquel la Ville de Narbata, qui en étoit
la Capitale donnoit le nom. Ce Canton, selon Josephe [h], étoit voisin de Césarée de Palestine ὅμορος τῆς Καισαρείας. Rufin, sur la
foi apparemment de quelque Manuscrit particulier [i], traduit *finitimam Samariæ Nabar-
tenem*, pour *finitimam Cæsareæ*. Cedren, qui
a coutume de copier Josephe, fait aussi mention de Narbatene [k] en ces termes : Καὶ Ναρ-
βάθων καὶ τὴν Περιξῆν.

[h] de Bello, l. 11. c. 22.
[i] Reland at Urb. & Vic. Palæst. t. 2. p. 905.
[k] pag. 189.

**NARBINCENSIS.** Voy. NASBINCENSIS.

**NARBIS**, Ville de l'Illyrie, selon Etienne le Géographe : ne seroit-ce point la *Narbona Colonia* de Ptolomée l?

[l] l. 2. c. 17.

**NARBON**, ou NARBO MARTIUS,
fleuve de la Gaule, selon Polybe [m], qui le
donne pour la borne de la plus grande partie
de l'Europe, & le place auprès de Marseille
& des bouches du Rhône. Comme on ne
trouve point de fleuve considerable entre les
bouches du Rhône & la Ville de Marseille &
que d'ailleurs le nom de *Narbo Martius* n'a
jamais été donné qu'à la Ville de Narbonne,
il est visible que Polybe par ce fleuve *Narbo
Martius* n'entend autre chose que la Riviere
de Narbonne ; c'est-à-dire l'Atax, aujour-
d'hui l'Aude, à l'Embouchure de laquelle Strabon [n] dit que Narbonne est située.

[m] l. 3. c. 37.
[n] l. 4.

1. **NARBONA**, Ville de l'Illyrie dans
la Dalmatie, selon Ptolomée [o], qui dit que
c'étoit une Colonie Romaine & qu'elle étoit
située dans les terres.

[o] l. 2. in fine.

2. **NARBONA.** Voyez NARENTA.

**NARBONENSIS** Locus. Voyez RU-
BRENSIS.

**NARBONENSIS PROVINCIA.** Voyez. NARBONENSIS GALLIA.

**NARBONESIA**, nom que quelques-
uns ont donné à la Ville de Narbonne.

**NARBONENSIS GALLIA**, ou PRO-
VINCIA ROMANA, avant la division des
Gaules par Auguste, les Romains appelloient
*Provincia Romana* [p], tous les Pays de la Gaule qui étoient compris depuis les Pyrénées
les Frontieres d'Espagne, jusqu'aux Alpes
ou jusqu'à l'Italie, & entre la Mer Méditerranée, les Cevénes, le Rhône avant qu'il
soit joint à la Saone & le Lac de Geneve.
On lui avoit donné ce nom & Cesar l'avoit
appellée *Provincia* ou *Provincia nostra* parce
qu'elle étoit la premiere & la seule Province
des Romains au delà des Alpes. *Belgæ*, dit
Cesar [q], *à cultu atque humanitate Provinciæ
longissimè absunt*; & dans un autre endroit il
dit [r] : *Quum nuntiatum esset Helvetios per
Provinciam nostram iter facere conari*. Lorsqu'Auguste eut fait la division des Gaules, la
Province Romaine fut appellée *Gallia Narbonensis*, ou Gaule Narbonnoise. Pline [s]
donne les bornes en cette maniere : *Narbonensis Provincia pars Galliarum : quæ interno
mari adluitur Bracctata antea dicta amne Varo
ab Italia discreta, Alpiumque vel saluberrimis
Romano imperio jugis : à reliqua vero Gallia
latere septentrionali montibus Gebenna & Jura*.
Elle se trouva alors si peuplée de Colonies
Romaines & de Villes Municipales, que Pline [t] est tenté de la regarder plutôt comme l'I-

[p] Cellarius Geogr. ant. l. 2. c. 2.
[q] l. 1. c. 1.
[r] Ibid. c. 7.
[s] l. 3. c. 4.
[t] Ibid.

NAR. NAR. 37

talie même, que comme une Province dépendante de l'Italie. Elle fournit aussi de grands hommes à la Ville de Rome, ce qui fait dire à Claudius [a] : *Num pænitet Balbos ex Hispania, nec minus insignes viros è Gallia Narbonensi transivisse*. Après Auguste, mais avant Constantin, selon *Carolus a Santo Paulo* [b], la Province de Narbonne fut démembrée & de ce demembrement on forma deux autres Provinces : savoir, la Province des Alpes & la Province Viennoise. Enfin dans la suite, comme on le voit dans la huitiéme Lettre du Pape Hilaire [c], la Province Narbonnoise étoit divisée en prémiere Narbonnoise & seconde Narbonnoise. [d] Elle fut toujours regardée comme appartenant aux Gaules jusqu'au régne des Goths, qui la mirent sous la dépendance de l'Espagne, & elle y demeura jusqu'à la fin du septiéme siécle & quelques années même au delà, puisque l'on voit la souscription de Suniefredus Métropolitain de Narbonne, parmi celles des Evêques qui assistérent au quinziéme Concile de Tolede l'an 726. Voici de quelle maniere le Pére Briet divise la Gaule Narbonnoise du tems d'Auguste.

[a] Tacit. lib. 11. c. 24.
[b] Geogr. Sacræ l. 5. N. 3.
[c] du 3. des Nones de Decemb. 462.
[d] Schelstrate, Antiq. Eccles. T. 2. p. 298.

DIVISION DE LA GAULE NARBONNOISE, OU PROVINCE ROMAINE.

VOLCÆ TECTOSAGES.
Tout l'Archevêché de Toulouse, & les Diocéses de Narbonne, de Besiers, de Carcassone, de St. Pons & d'Aleth.
{ *Narbo Martius*, Narbonne,
*Tolosa*, Toulouse,
*Carcasso*, Carcassone,
*Bliterra Septimanoru*, Besiers,
*Danitari*, Castelnaudari, ou Mirepoix,
*Alethum*, Aleth,
*Salsulæ*, Salses,
*Leocata*, Locate,
*Ruscino*, aujourd'hui la Tour de Roussillon auprès de Perpignan,
*Illiberis*, Elne,
*Telis*, Riviere, aujourd'hui Egli. }

VOLCÆ ARECOMICI.
Les Diocéses de Nismes, d'Uses, de Montpellier, de Lodève & d'Agde.
{ *Nemausus*, Nismes,
*Rhode*, ou *Civitas Rhodiorum*, Pecais,
*Agatha*, *ad Aranravim*, Agde sur l'Errault.
*Agatha*, Isle : Magalone,
*Ucecia*, Usez,
*Gernum*, ou *Ugernum*, Beaucaire,
*Luteua*, ou *Lutana Castrum*, Lodève,
*Blascon*, Isle : le Brescou,
*Mons Setius*, le Cap d'Agde. }

HELVII,
Le Vivarez.
{ *Albaugusta*, Viviers. }

ALLOBROGES,
Le Viennois, Duché de Savoie, Graisivaudan, le Genevois, le Chablais, & Fossigny.
{ *Vienna Col. Rom. Allobrogum*, Vienne en Dauphiné,
*Cularo*, ou *Acusiorum Col.* Grenoble,
*Geneva*, Genève,
*Lacus Lemanus*, le Lac de Geneve ou de Lausane. }

SEGALAUNI, ou SEGOVELLANI,
Le Duché de Valentinois.
{ *Valentia* Valence,
*Trophæum Æmiliani*, auprès de Cursol. }

CENTRONES,
La Tarentaise, & le Val de Morienne.
{ *Forum Claudii*, Moustier en Tarentaise. }

CATURIGES,
Le Gapençois.
{ *Vapincum*, Gap en Dauphiné ou Charges auprès de Gap. }

SEGUSIANI, ou SEGUSINI.
Le Marquisat de Suze & le Briançonnois.
{ *Segusium*, Suse,
*Brigatium*, Briançon. }

EBRODUNTII,
Le Diocése d'Ambrun.
{ *Ebrodunum*, Ambrun. }

DATIATII,
Les Diocéses de Glandève, de Vence, & de Grace.
{ *Antipolis*, Antibes,
*Glanateva Capillatorum*, Glandève,
*Vintium Neruforum*, Vence,
*Varus*, fleuve : le Var,
*Lero*, Isle Ste. Marguerite, ou St. Honorat. }

VOCONTI,
Le Diois, les Baronies & l'Evêché de Vaison, au Comtat.
{ *Vasio*, Vaison,
*Dea Bocontiorum*, Die. }

TRICASTINI,
L'Evêché de St. Pol, ou de 3. Châteaux.
{ *Augusta Tricastinorum*, St. Pol des trois Châteaux ou de Tricastin. }

CAVARES, ou CAVARI,
Le Comtat d'Avignon, la Principauté d'Orange, & l'Evêché d'Apt.
{ *Avenio, Col. Rom.* Avignon,
*Carpentoracte*, Carpentras,
*Arausio, Col. Secundanorum*, Orange,
*Undalum*, le Pont de Sorge,
*Cabellio*, Cavaillon,
*Apta Julia*, Apt. }

NIMENI,
Les Diocéses de Cisteron, de Digne, de Senez & de Riez.
{ *Durio*, Cisteron,
*Forum Neronis*, Forcalquier,
*Dinia Sontiorum*, Digne,
*Sanicium Vesdantiorum*, Senez,
*Reij Appollinarii Albicorum*, Riez. }

SALYI, ou SALIES,
Les Diocéses d'Aix & d'Arles.
{ *Aqua Sextia*, Aix en Provence,
*Arelate*, Arles,
*Tarasco*, Tarascon. }

ANATILI, ou AUATILI.
La Crau & Camargue.
{ *Maritima Colonia*, Martegue, ou Martigue,
*Fossa Mariana*,
*Diane Fanum*, Notre-Dame,
*Rhodani Ostia*, la Robine, le Gras d'Orgon, le Gras de Passon,
*Campus Lapideus*, la Crau. }

E 3 COM-

NAR. NAR.

| | | |
|---|---|---|
| COMMO-NI. Les Diocèses de Marseille, de Toulon & de Frejus. | *Massilia*, Marseille, *Promontorium Citharistes*, le Cap de la Croisette, *Olbia*, Hiéres, *Taurois*, ou Tauroentum, peut-être la Ciotat, *Telo Martius*, Toulon, *Forum Julii*, Frejus, | |
| | STOECADES, selon Pline. | Prote, Porquerolles, Mese, ou Pomponiana Porte Cros, Hypæa ou Hippata, l'Isle du Titan. |
| Peuples attribuez à la Gaule Narbonoise, quoique situez hors des limites de cette Province. | *Salassi Augusta Prætoria*, Aoste, *Lepontii Oscela*, Domo d'Oscela, *Veragri Seduni*, le Valais | *Octodurus*, Martinach, *Sedinum*, Sion, |
| | *Vediantii*, | *Nicea*, Nice, *Caput Cemelenum*, Monte Camelione, |
| | *Vagienni Salina*, Salusses, *Libici Riomagus*, Trin, *Taurini Augusta Taurinorum*, Turin. | |

NARBONNE, Ville de France dans le bas Languedoc. Elle est située sur un Canal tiré de la Riviere d'Aude [a], qu'on appelle en Latin *Atax*; elle est à deux lieuës de la Mer dans le Lac nommé par Pline & par Mela, *Rubresus* ou *Rubrensis*, & en François, l'Etang de la *Rubine*, qui formoit autrefois un Port, où les Vaisseaux abordoient, & par où ceux de Narbonne faisoient un très-grand Commerce en toutes les Provinces qui sont sur la Mer Méditerranée, jusqu'en Egypte. C'est ce que nous apprenons de plusieurs Auteurs, & particulierement de Sulpice Severe qui vivoit sous les Empereurs Valentin II. Théodose, & Honorius. Mais il y a long-tems que ce Port a été bouché, la Mer s'étant retirée de ses côtes, où les navires ne peuvent plus aborder, à cause des bas fonds. Narbonne a donné son nom à la Province Narbonnoise [b] ou Gaule Narbonnoise, dont elle étoit la Capitale : & qui dans sa suite fut divisée en Narbonnoise prémière, Narbonnoise seconde, Viennoise, Alpes Graïennes & Alpes Maritimes. Elle a aussi donné son nom à cette partie de la Mer Mediterranée qui mouilloit les côtes de la Province Narbonnoise, & que Strabon [c] appelle *Mare Narbonense*, & d'autres *Mare Narbonicum*. Narbonne étoit la plus ancienne Colonie des Romains dans la Gaule Transalpine. Elle fut fondée l'an de Rome 636. sous le Consulat de Porcius & de Marcius, par l'Orateur Licinius Crassus, qui avoit été chargé de la conduite de la Colonie. Il donna à Narbonne (en Latin, *Narbo*) le surnom de *Martius* & de *Decumanorum Colonia*, à cause qu'il y établit des soldats Vétérans de la dixième Légion surnommée *Martia*. Cette Ville fut durant quelque tems non seulement très-considerable, mais un boulevard de l'Empire Romain contre les Nations voisines qui n'étoient point encore soûmises. C'est ce que nous apprenons de Ciceron dans son Oraison pour Fonteius, où il appelle cette Colonie de Narbonne, *Specula Populi Romani ac propugnaculum istis ipsis Nationibus oppositum & objectum*, Pomponius Mela, qui vivoit

[a] Longuerue Desc. de la France, Part. I. p. 241.

[b] Hadr. Valesii Not. Gal. p. 370.

[c] Lib. 4.

sous l'Empereur Claude, parle au V. Chap. de son II. Liv. de Narbonne, comme d'une Colonie qui l'emportoit au dessus des autres; voici ses termes, *Sed antestat omnes Atacinorum, Decumanorumque Colonia, unde olim his terris auxilium fuit, nunc & nomen, & decus est. Martius Narbo*. On voit par là que Narbonne s'appelloit non seulement *Decumanorum Colonia*, mais *Atacinorum*, à cause de la Riviere Atax ou Aude, sur laquelle cette Ville avoit été bâtie, à cause de laquelle on nommoit les habitans de Narbonne, *Atacini*, comme le Poëte Gaulois Varron, qu'on nomme *Atacinus*, pour le distinguer du savant Varron qui étoit Romain ; on a depuis detourné le cours de l'Atax ou Aude. Sidonius fait aussi l'éloge de cette Ville, dans la piéce de vers qu'il a intitulée *Narbo*. Il dit entre autres qu'elle étoit célèbre :

*Muris, Civibus, ambitu, tabernis,*
*Portis, porticibus, foro, theatro,*
*Delubris, Capitoliis, monetis,*
*Thermis, arcubus, horreis, macellis,*
*Pratis, fontibus, insulis, salinis,*
*Stagnis, flumine, merce, ponte, ponto.*

Les Ecrivains du moyen âge nomment quelquefois cette Ville *Narbona*, au lieu de *Narbo* : c'est une faute ; *Narbona* est une Ville de l'Illyrie ; & aucun ancien Auteur, si ce n'est Ammien Marcellin, [d] ne donne le nom de *Narbona* à la Ville de Narbonne.

[d] Lib. 15. p. 59.

Narbonne, après les prémiers Cesars, fut obligée de céder le prémier rang à Vienne sur le Rhône, à qui les Romains avoient donné de grandes prérogatives : mais lorsque sous Constantin les Charges de l'Empire & les Provinces furent multipliées, Narbonne fut reconnuë sans contredit la Métropole de tout le Pays qui est entre le Rhône & la Garonne, quoiqu'il y eût alors en ce même Pays des Villes qui ne lui cedoient pas en grandeur & en puissance, & cette Province fut nommée la *Prémiere Narbonnoise*.

Cette Ville vint au pouvoir des Visigoths sur la fin du Regne de Valentinien III. au milieu du cinquième siécle, & ils l'ont conservée jusqu'à la mort de leur dernier Roi Roderic, tué en Espagne par les Sarrazins. Les Goths de la Province de Septimanie se soûmirent sans resistance à ces Conquerans, qui passerent les Pyrenées avec une grande Armée l'an 721. & ils établirent une Colonié de Mahometans à Narbonne, qui devint leur Place d'Armes au deçà des monts. Ils s'y soutinrent longtems contre les François ; mais enfin sous le regne de Pepin, les Sarrazins furent contraints l'an 759. après avoir souffert un blocus de plus de six ans, de rendre la Place.

Ensuite sous le regne de Charlemagne, Narbonne fut prise encore par les Sarrazins ; car leur Roi, qui avoit son Siége à Cordoue en Espagne, ayant passé les Pyrenées, défit en Bataille les François commandez par Guillaume, qui étoit alors Duc ou Gouverneur Général d'Aquitaine & de Septimanie. Ce Roi après sa Victoire s'empara de Narbonne ; les Sarrazins en furent chassés deux ans après par les Troupes de Charlemagne ; ensuite les François conquirent en plusieurs années la Catalogne ; ce qui éloigna entiérement les Sarrazins du voisinage de Narbonne.

Le

# NAR.

Le Roi Pepin donna la moitié de la Seigneurie de cette Ville & de son Domaine aux Archevêques, ce qui fut confirmé par Charlemagne & ses Successeurs, ainsi qu'il paroit par une Patente de Charles le Chauve donnée en la quatriéme année de son Regne dans la sixiéme Indiction; ce qui revient à l'an de Jesus-Christ 843. néanmoins les Ducs qui commandoient pour le Roi avoient une Jurisdiction Supérieure à celle de l'Archevêque; ce qui dura jusqu'au déclin de la race de Charlemagne, lorsque les Comtes de Toulouse & de Carcassone, & même plusieurs Vicomtes se rendirent Propriétaires & indépendans, les Rois n'ayant plus assez d'autorité pour établir en leur nom des Ducs de Septimanie & de Gothie. On voit que les Vicomtes de Beziers avoient quelque part à la Seigneurie de Narbonne & de son Territoire, mais celui qui avoit le plus d'autorité étoit le Vicomte de cette Ville, qui relevoit de l'Archevêque; ce Prélat tenoit alors lieu de Duc de Narbonne, ce qui dura jusqu'à la fin de l'onziéme Siécle. Ce fut alors que Raymond de Saint Gilles Comte de Toulouze prit le Titre de Duc de Narbonne, auquel ses prédécessurs les Comtes Propriétaires de Toulouse n'avoient jamais prétendu; car ceux qui ont joüi sous Charlemagne & ses Successeurs du titre de Duc de Narbonne, de Septimanie & de Gothie n'étoient que de simples Officiers, & Commandans par Commission du Roi; ce fut donc uniquement par la Loi du plus fort, que Raymond de Saint Gilles s'empara du haut Domaine de Narbonne & des Villes voisines, ayant même usurpé une partie de la Provence. Ses enfans & ses Successeurs voulurent soutenir ses prétentions, à quoi ils trouverent de grandes oppositions; les Archevêques se maintirent toujours dans leurs droits, & continuerent à recevoir l'hommage des Vicomtes de Narbonne; & même lorsque Simon de Montfort après avoir vaincu les Albigeois se fut rendu le maître de tout le Pays, il fit hommage, & prêta serment de fidelité à Renaud Amauri Archevêque de Narbonne, comme on voit par une Lettre d'Innocent III. écrite à Simon, où ce Pape le blâme d'avoir fait plusieurs attentats sur la Ville de Narbonne & sur son Eglise, quoiqu'il eût fait hommage & serment de fidelité à l'Archevêque, *licet ei hominum feceris & fidelitatis præstiteris juramentum*.

Les Vicomtes de Narbonne portoient tous le nom d'Amaulri ou Almaric, que les Espagnols prononcent Manrique, le prémier Amauri étoit Vicomte de Narbonne vers l'an 1000. & le dernier mourut l'an 1134. sans enfans. Sa sœur aînée Hermengarde fut son héritiere, & mourut aussi sans enfans l'an 1197. elle eut pour héritier Pierre de Lara son Neveu, fils de sa sœur Hermesende, qui avoit épousé Manrique de Lara Seigneur Castillan, de qui sont descendus les Vicomtes de Narbonne, aussi bien que les Marquis de Lara Grands Seigneurs de Castille. Aymeri ou Amauri fils de Pierre, sans avoir égard au droit des Archevêques de Narbonne, fit hommage de son Vicomté de Narbonne à Saint Louïs l'an 1240. deux ans après le Comte de Toulouse ayant renoncé à toutes

# NAR. 39

ses prétentions sur Narbonne, le Vicomte & les habitans, qui avoient été absous par le Comte de Toulouse du serment de fidélité, le prétèrent au même Roi, qui acquit l'an 1247. de Trincavel Vicomte de Beziers ce qu'il avoit à Narbonne. Ce Seigneur étoit, comme nous l'avons dit, Vassal du Roi d'Arragon; mais ce Roi, par la Transaction de l'an 1258. céda tous ses droits à Saint Louïs.

Le dernier Vicomte de Narbonne, sorti des Almarics ou Manriques de Lara, fut Guillaume III. qui mourant sans enfans, fit son héritier Pierre de Tanieres son frére uterin, qui mourut aussi sans enfans après avoir vendu le Vicomté de Narbonne à Gaston Comte de Foix. Ce Comte donna le Vicomté de Narbonne à son plus jeune fils Jean de Foix de Grailly, qui épousa Marie d'Orleans sœur de Louïs XII. de ce Mariage vint le célébre Gaston de Foix, à qui le Roi son Oncle donna le Duché de Nemours & plusieurs autres Terres pour le récompenser du Vicomté de Narbonne. La Chambre des Comptes de Paris, refusa d'enrégistrer le Contract passé entre le Roi & Gaston, parce que les Officiers de cette Chambre soutenoient que le Vicomté de Narbonne, depuis la mort du dernier Vicomte Guillaume III. étoit revenu au Roi Charles VI. qui en avoit fait don à Mathieu de Foix, & qu'ensuite Louïs XI. avoit donné le Vicomté à Jean de Foix pére de Gaston, pour en joüir par Jean de Foix seulement durant sa vie, & pour récompense de ses services; ainsi ces dons des Rois devoient avoir été annullez par la mort de ces Seigneurs.

Tous les différens pour le Vicomté de Narbonne furent terminez, parce que les droits du Comte de Foix passérent à la Maison d'Albret, & que Jeanne d'Albret les apporta en Mariage à Antoine de Bourbon pére d'Henri IV. Roi de France, qui a réüni à la Couronne ses biens patrimoniaux. Il y avoit autrefois à Narbonne grand nombre de bâtimens antiques, un Capitole, un Cirque, un Amphithéatre; mais tout cela a été ruïné, & on s'est servi des materiaux pour bâtir les nouvelles Fortifications de cette Ville, qui étoit un Boulevard de la France, au tems que les Espagnols tenoient Perpignan.

[a] La Ville de Narbonne est divisée par son Canal en Cité & en Ville. On y entre par quatre portes, dont la Royale & la Connétable sont anciennes: les deux autres sont assez nouvelles; & leurs Inscriptions marquent les raisons qu'on a eu de les ouvrir. Le Séminaire est auprès d'une de ces dernieres, & son bâtiment est estimé des connoisseurs. La Cathédrale passe dans l'esprit des gens du Pays pour un Chef-d'œuvre, à cause de la hauteur de ses voutes & de la hardiesse de sa structure. Ce bâtiment fut commencé sous le Pontificat de Clement IV. qui en avoit été Archevêque & sous le Regne de St. Louïs. Il fut interrompu après la construction du Chœur, & on ne l'a repris qu'en 1708. ce fut le 17. de Juin de cette année-là, que Charles le Goux de la Berchére, Archevêque de Narbonne, posa solemnellement la prémière pierre pour la continuation de cet Edifice. Ce Prélat a eu la consolation avant de mourir d'en avoir fait élever la Croisée, ouvrage qui avoit été toujours regardé comme

[a] *Pigniol. Descr. de la France. T. 4. p. 364.*

me une chose très-difficile. Il mourut le 2 Juin 1719, & fut enterré dans la Chapelle de St. Charles : elle fait partie du bâtiment qui a été élevé de son vivant. On trouve dans cette Eglise plusieurs tombeaux de marbre : celui du milieu du Chœur est de Philippe le Hardi, & un des plus anciens que l'on voye de nos Rois de la troisième Race. Ce Prince mourut à Perpignan d'une fievre chaude le troisième des Nones d'Octobre, 1285. Il fut porté à Narbonne où l'on célébra ses obséques. On fit bouillir son corps dans de l'eau & du vin, afin de séparer les chairs d'avec les os. Ses entrailles & toutes les chairs furent inhumées dans ce tombeau; & ses os avec son cœur furent portez à Paris. Il est représenté sur ce tombeau, en marbre blanc, revêtu de ses habits Royaux & couché : il tient de la main droite un long sceptre & de l'autre ses gants. Derriere le chevet du tombeau il y a une Inscription Latine en Lettres Gothiques : elle est conçuë en ces termes :

*Sepulcrum bonæ memoriæ Philippi quondam Francorum Regis, filii B. Ludovici, qui Perpiniani calidâ febre ex hac luce migravit in tertio nonas Octobris, anno Domini M. CCLXXXV.*

Sur les quatre faces de ce tombeau on a représenté le convoi : les Chanoines y portent leurs aumusses les uns sur la tête & les autres sur le bras; de l'autre côté on voit des Princesses qui portent aussi des aumusses sur la tête. Enfin on voit Philippe le Bel, entre ses deux Gardes de la Manche : il est en habit de deuil, qui ne traîne point. Sa Cornette est rabaissée sur les épaules, au lieu que les autres la portent sur la tête. Cette représentation fait connoître que les Rois de France assistoient alors aux funérailles de leurs prédécesseurs. C'est Philippe le Bel qui fit élever ce tombeau bien-tôt après la mort de son pére, pour qui il fit une fondation.

Le Soleil où l'on expose le St. Sacrement est si grand & si massif, qu'il faut huit Prêtres pour le porter. Le Tableau qui représente la resurrection du Lazare est un Chef-d'œuvre de Sebastien de Venise, & un présent du Cardinal Jule de Medicis, Archevêque de Narbonne. Parmi les reliques de cette Eglise on garde dans un magnifique Reliquaire un morceau de la vraie Croix. L'Eglise des Carmélites fait l'admiration des Curieux par la beauté des marbres de son Maître-autel & de ses Chapelles. Dans l'Eglise de St. Paul, il y a des tapisseries qui sont anciennes, & d'un goût exquis.

[a] St. Paul est honoré, comme le prémier Evêque de Narbonne. St. Rustique fut Evêque de cette Ville, après la mort d'Hilaire vers l'an 427, ou peu après : d'autres disent l'an 430. Il mourut vers l'an 461. St. Théodard ou Thodart en fut fait Evêque l'an 885, & mourut l'an 893. à Montauban où son corps est demeuré. St. Just, Martyr de Complute en Espagne, est devenu le Patron de la Cathédrale de Narbonne.

Le Palais de l'Archevêque est une espéce de Forteresse, composée de plusieurs corps de logis & flanquée de plusieurs Tours quarrées. Le jardin est spacieux, & on y remarque un antique & magnifique tombeau de marbre blanc; & une niche aussi de marbre, au travers de laquelle les Prêtres du Paganisme rendoient les Oracles, par un trou quarré, qui paroît au milieu de la niche.

[b] Bachaumont & Chapelle étoient bien de mauvaise humeur, lorsqu'ils ont apostrophé Narbonne en ces termes :

> Digne objet de notre couroux,
> Vieille Ville toute de fange,
> Qui n'és que ruisseaux & qu'égouts;
> Pourrois-tu prétendre de nous
> Le moindre vers à ta louange ?

Il faut néanmoins convenir, que comme Narbonne est située dans un fond environné de Montagnes, lorsqu'il y pleut cinq ou six jours de suite, les eaux se ramassent en si grande abondance, qu'il est presque impossible d'en sortir sans courir risque de se noyer.

L'Archevêché de Narbonne étoit autrefois le seul qu'il y eût dans le Languedoc. Le Pape Jean XXII. érigea celui de Toulouse en 1316. & l'Evêché d'Alby a été demembré de Bourges, & érigé en Archevêché en 1676. Les Archevêques de Narbonne perdirent aussi, il y a environ six cens ans, la Jurisdiction que leurs Prédécesseurs avoient euë sur toutes les Eglises de Catalogne, & dont ils avoient été mis en possession dans le huitiéme Siécle, où la Ville Métropolitaine de Terragone fut ruïnée jusqu'aux fondemens par les Sarrasins. Cette derniere Métropole ayant été rétablie sur la fin de l'onziéme Siécle & au commencement du douziéme elle rentra dans ses prémiers droits. Cependant l'Archevêque de Narbonne prend toujours le Titre de Primat. Cet Archevêché est ainsi considérable par son ancienneté, par sa Primatie, par son droit de présider aux Etats de la Province & par son revenu. On prétend que le Proconsul Sergius Paulus, qui fut converti par St. Paul, fut le prémier Evêque de Narbonne. Cette Ville ayant été la Métropole de la prémiere Narbonnoise la Primatie fut dévoluë à son Archevêque. Celui d'Aix voulut lui contester la Primatie sur son Diocèse ; mais le Pape Urbain II. décida en faveur de l'Archevêque de Narbonne. On remarque qu'en 588. l'Evêque de Narbonne assista au troisiéme Concile de Tolède, & qu'il y prit la qualité d'*Evêque de Narbonne Métropolitain de la Province des Gaules.* La Présidence aux Etats dont jouïssent les Archevêques de Narbonne, leur a été acquise par la possession, & par les délibérations des Etats mêmes. L'Eglise Métropolitaine est sous l'invocation de la Sainte Vierge & des Saints Juste & Pasteur. Son Chapitre est composé d'un grand Archidiacre, d'un Précenteur, des Archidiacres de Corbières & du Razes : d'un Succenteur & de vingt Chanoines.

Il y a deux autres Chapitres ; St. Paul qui est une Collégiale composée d'un Abbé & de douze Chanoines : la Collégiale de St. Sébastien a un Prévôt, un Sacristain, un Précenteur & douze Chanoines.

Le Diocèse de Narbonne n'est composé que de

---

[a] Topograph. des Saints, p. 334.

[b] Piganiol, p. 366.

de cent quarante paroisses; & le revenu de l'Archevêché est cependant de près de quatre-vingt dix mille livres. Il a dix suffragans qui sont :

| | |
|---|---|
| Carcassone, | Montpellier, |
| Alet, | Nismes, |
| Beziers, | Uzès, |
| Agde, | St. Pons, |
| Lodève, | Alais. |

L'Evêque d'Elne, aujourd'hui de Perpignan, étoit autrefois suffragant de l'Archevêché de Narbonne; mais Grégoire XIII. donna un Bref, qui le soumit à l'Archevêché de Tarragone.

On compte dans le Diocèse de Narbonne quatre Abbayes d'hommes, & deux de filles :

| Abbayes d'Hommes. | Cannes, Fontfroide, Grand-Selve, St. Polycarpe. |
|---|---|

| Abbayes de Filles. | Quarante ou *Quadraginta*, Olives. |
|---|---|

Le Diocèse de Narbonne produit beaucoup de bled, qui même, à ce qu'on assure, est d'une meilleure qualité qu'ailleurs. Il est fort recherché pour les semailles, & il y a à Narbonne de fort riches Marchands qui entendent parfaitement le Commerce du bled & de toutes sortes de grains. Il y a peu de vin; mais la recolte d'huile est très-considérable. Les salins de Periat. fournissent des sels qui se débitent dans le haut Languedoc. Ce Pays produit encore beaucoup de Salicot.

2. NARBONNE (le Golphe de) en Latin *Narbonense Mare*; c'est une partie du Golphe de Lyon ou de Leon. Il commence au Port ou Cap de Lanfranqui & finit au Cap de Cette.

NARCASUS, Nation & Ville de Carie, selon Etienne le Géographe, qui cite Apollodore.

NARCES, ou NARCE, Ville de Numidie. Appien d'Alexandrie [a] dit qu'Annibal surprit cette Ville.

[a] De Bel. Pun. p. 18.

NARCISSI FONS, Pausanias [b] dit qu'aux confins des Thespiens, il y a un Village nommé *Hedonacon*; que dans ce Village on trouve une Fontaine appellée Ναϱϰίϲϲου πηγή, *Narcissi fons*; & que l'on prétendoit que c'étoit dans cette Fontaine que Narcisse se regarda & entra en admiration de lui-même. Ovide a décrit élegamment cette Fontaine [c].

[b] Lib. 9. c. 31.
[c] Met. Lib. 3.

NARCY, ou NARZY, Riviere de France dans le Nivernois. Elle y a sa source auprès du Prieuré de Bouras. Elle passe entre Garchy & Narzy; & après avoir reçu quelques ruisseaux, elle va se jetter dans la Loire à Mesuë au dessous de la Charité.

NARDINIUM, Ville de l'Espagne Tarragonoise. Ptolomée [d] la met sous les *Longones*, après *Selinorum*.

[d] Lib. 2. c. 6.

1. NARDO, Ville d'Italie, au Royaume de Naples, dans la Terre d'Otrante, dans une Plaine, à quatre milles de la côte du Golphe de Tarente, à neuf de Gallipoli, & à quinze de Leccie. Elle est assez peuplée : c'est le Siége d'un Evêché érigé par le Pape Jean XXIII. Suffragant de l'Archevêché de Brindes; quoiqu'il ne relève que du St. Siége ayant été tiré de la Jurisdiction de l'Archevêché de Brindes. Le Pape Alexandre VII. possedoit cet Evêché dans le tems qu'il faisoit les fonctions de Nonce à Cologne & à Munster. Nardo a aussi le titre de Duché, & appartient à la Maison d'Aquaviva. Voyez NERITUM.

2. NARDO, c'est ainsi qu'écrivoient quelques anciennes Editions de Sidonius Apollinaris [e]. Ortelius [f] dit avoir eu un MS. en parchemin, où on lisoit Wardo. Il y a apparence que c'est ainsi qu'il faut lire. C'est aujourd'hui le Gardon, qui conserve encore son ancien nom, à la première lettre près. Il est assez ordinaire de voir le double W. changé en G.

[e] Ep. 9.
[f] Thesaur.

NARDUS, Ville de l'Inde au delà du Gange, & dans le voisinage de ce Fleuve. Ptolomée [g] la place dans *Rhandamarcotta*.

[g] Lib. 7.

NAREA, NEREA, ENAREA, ou ENARJA; Mr. Ludolf préfére [h] ces deux derniers. C'est un des Royaumes d'Afrique dans l'Abissinie, entre le huitiéme & le neuviéme degré de Latitude Septentrionale. Ce Royaume est habité par des Chrétiens & par des Payens [i]. Melec-Saghed s'en rendit Maître, lorsque le Souverain du Pays eut embrassé la Foi Chrétienne. La terre est fertile & produit beaucoup d'or. Les Peuples qui l'habitent, quoique peu policez, sont fort estimables. Ils sont plus sincéres que ne le sont ordinairement les Peuples d'Ethiopie & d'Abissinie : ils sont aussi religieux observateurs de leurs promesses; & ils ne surpassent pas moins leurs voisins par les qualitez du corps que par celles de l'esprit.

[h] Ludolf. Lib. 1. c. 2. Sect. 14.
[i] Ibid. c. 3. Sect. 18.

NAREÆ, Peuple de l'Inde, selon Pline [k].

[k] Lib. 6.

NARENSIS, Siége Episcopal d'Afrique dans la Byzacène. Janvier son Evêque fut présent à la Conférence de Carthage : la Notice Episcopale d'Afrique [l] met Victor *Narensis*. entre les Evêques de la Byzacène; & Antonin place Nara sur la route d'*Assura* à *Thena*, entre *Suffetula* & *Mardarsuma* à 15. milles de la prémière & à 25. de la derniere.

[l] N°. 11.

1. NARENTA, NARO, NARON, & NARONA, Ville de la Dalmatie, dans l'*Hercegovina*, sur une Riviere de même nom, à la gauche. Cette Ville est moins fameuse par ses fortifications présentes, que par la réputation de ses prémiers habitans. Ils se rendirent si puissans sur Mer, que non seulement toutes les Villes de la Dalmatie, mais encore la République de Venise, furent forcées pendant plus de 170. ans de leur payer tribut pour avoir la liberté d'entrer dans le Golphe de Narenta. Elle fut anciennement nommée *Naro*, *Narona* & même *Narbona*. Son Territoire consiste en une seule Vallée, d'environ trente milles de longueur : la Riviere l'inonde en certains mois de l'année; ce qui rend le Pays extrêmement fertile. Elle a eu autrefois l'honneur d'être la Capitale de toute la Dalmatie : les Députez des autres Villes s'y rendoient pour travailler aux intérêts communs de la Province. Du tems de Ciceron Narenta étoit une forteresse de conséquence, comme on le voit dans la Lettre [m] où Vatinius lui

[m] Epist. ad Famil. lib. 5. Epist. 10.

lui mande la peine qu'il avoit euë à emporter cette Place. Elle fut une des Villes où les Romains envoyérent des Colonies après la conquête du Royaume de l'Illyrie. Dans la suite elle eut des Souverains indépendans des Rois des deux Dalmaties; & comme ces Souverains faisoient leur principale occupation de la Piraterie, ils n'embrassérent que fort tard la Foi Chrétienne. L'Evangile n'y fut reçu que dans l'onziéme Siécle, l'Empereur Basile s'étant rendu maître de la partie Orientale de la Dalmatie, procura la conversion des habitans de Narenta. Cette Ville devint bientôt Episcopale, sous la Jurisdiction de l'Archevêché de Raguse, d'où Narenta est éloignée de 30. milles, vers le Septentrion. Son Evêque se trouve communément nommé Evêque de St. Etienne, parce que l'Eglise Cathédrale est sous l'invocation de ce Saint. Narenta a encore été depuis une Principauté particuliére, sous le nom de Principauté de Chulmia, & quelques Rois de Dalmatie ont pris ce titre. Aujourd'hui le Pays s'appelle l'*Hercegovina* ou le Duché de *S. Saba*, quoique ce Duché s'étende jusqu'aux Frontiéres de la Bosnie.

2. NARENTA, Fleuve de Dalmatie. Il ne porte ce nom qu'après la jonction des Riviéres Visera & Trebista, qui le forment de leurs eaux, & qui viennent des Montagnes de Bosnie. Autrefois il se nommoit *Naro* ou *Naron*. Après avoir couru quelques lieues du Nord au Midi, il reçoit à sa droite la Riviere de Rama : il tourne alors du côté de l'Orient pour recevoir la Buna : grossi des eaux de cette Riviere il prend son cours du côté du Midi, & après avoir reçû à droite la Radobugla, à gauche la Boiogaua & encore à droite l'Yabiak, il se rend à Narenta, au dessous de laquelle il se partage en deux bras qui forment une Isle auprès de laquelle on a bâti la Forteresse de Ciclut avec un Bourg d'environ 300. Maisons : A cinq milles par terre & à neuf milles au dessous de Ciclut, il forme encore l'Isle de Norin, où il reçoit à la droite une Riviere aussi nommée Norin; & enfin il va se décharger dans le Golphe de Narenta, par diverses embouchures, qui forment différentes Isles.

3. NARENTA, Golphe de la Mer de Dalmatie, il est entre les Côtes de l'Hercegovine au Nord; celles de la République de Raguse à l'Orient, celles de Sabioncelo au Midi, & l'Isle de Liesina à l'Occident.

NARESII, Peuples de la Dalmatie, selon Pline [a] : ce sont les *Napivatoi*, que Ptolomée [b] place avec les *Sardiota*, dans l'intérieur des terres, au dessus des *Romenii* & des *Vardei*.

[a] Lib. 3. c. 22.
[b] Lib. 2. c. 17.

1. NAREW [c], Riviere de Pologne : elle prend sa source dans le Duché de Lithuanie, au Palatinat de Brezescie, du côté de l'Occident, & dans la partie la plus Septentrionale. Elle prend son cours d'Orient en Occident, passe à Narew, à Sieras, à Tykoczin, à Wizna, à Rozana, à Pultausk; & après avoir ainsi traversé les Palatinats de Podlaquie & de Mazovie, elle va se jetter dans le Boug au dessus de Serolzeck.

[c] De l'Isle Carte de la Pologne.

2. NAREW [d], petite Ville, ou Bourgade de la Pologne, sur la Riviere de même nom, dans la partie Orientale du Palati-

[d] Ibid.

nat de Podlaquie, au Nord Oriental de la petite Ville de Bielsk.

NARGARA, ou NADAGARA, Ville de l'Afrique propre : Scipion & Annibal y eurent une Conférence, selon Tite-Live [e]. Cependant Surita & Sigonius ont remarqué qu'on lisoit *Narangara* dans d'anciens MSS. Polybe écrit *Margarum*; mais c'est une faute, selon les apparences. Voyez NARAGGARRITANUS.

[e] Lib. 30. c. 29.

NARGOLOGÆ. Voyez NANGOLOGÆ.

NARGUR, Ville de l'Inde en deça du Gange : Ptolomée [f] la place la derniere dans les terres, au Pays des *Soretapes*. Quelques Interprétes lisent MAGUR pour NARGUR.

[f] Lib. 7. c. 1.

NARIANDUS, Ville de la Carie, selon Pline [g]. Voyez CARYANDA.

[g] Lib. 5. c. 29.

NARIAD, ou NIRIAUD, petite Ville des Indes Orientales dans le Guzerat, entre Broudra & Amedabad; il se fait beaucoup de toiles dans cette Ville.

[h] Thevenot, Voy. des Indes, Ch. 18.

1. NARIME, ou NARYM, Contrée de la Tartarie en Siberie, au Nord du Fleuve Keta, & au Midi de la Contrée d'Ostiaki. A l'Orient & à l'Occident leurs bornes ne paroissent pas fixées.

2. NARIME, ou NARYM, Ville de la Tartarie en Siberie, dans la Contrée de Narym, sur le bord Oriental de l'Oby, un peu au dessous de l'endroit où il reçoit le Keta.

NARINSII. Voyez NARESII.

NARISCI, ou NARISQUES, anciens Peuples de la Germanie, selon Tacite [i]. Ils sont nommez *Karisti* par Ptolomée [k], & Dion les appelle *Narista*. Il y a grande apparence que ces Peuples tiroient leur nom d'une Riviere nommée *Navus*, la Nawe, qui traversoit leur Pays. [m] Peut-être, que le *Navus* fut aussi appellé *Narus*, ou que les *Navisci* furent nommez *Narisci* par les Romains, en changeant l'*u* en *r*. Le lieu qu'ils habitoient s'étendoit au Midi du Danube des deux côtez de la Nawe, & selon la position que Ptolomée leur donne, ils étoient bornez au Septentrion par la Forêt Gabreta & par les Montagnes Hercyniennes; à l'Orient par la Forêt Hercynienne; au Midi par le Danube, & au Couchant par le Pays des *Hermunduri*; de cette façon leur Pays renfermoit le Haut Palatinat ou le Palatinat de Baviere, avec le Landgraviat de Leuchtenberg. Tacite [n] fait l'éloge des Narisques : après avoir donné des louanges aux Marcomans, il dit que les prémiers ne cédent en rien à ceux-ci. Il y a apparence, que leur Pays composoit une partie du Royaume de Marobodus, & d'Ariovjste : les Historiens ne le disent pas néanmoins positivement; mais tout concourt à le persuader. Si après que Marobodus eut été chassé de ses Etats, ils joüirent de leur liberté, ou bien s'ils furent gouvernez par un Roi ou par un Duc; c'est ce qu'il n'est pas possible de décider, parce que l'Antiquité n'en dit rien : nous apprenons seulement de Dion [o], & de Capitolin [p], que ces Peuples subsistoient du tems des Antonins, puisque ces Auteurs les mettent au nombre des Nations qui conspirérent contre les Romains.

[i] Germ. c. 42.
[k] Lib. 2. c. 11.
[l] Lib. 71.
[m] Spener, Not. Germ. Ant. l. 5. c. 6.
[n] Germ. c. 42.
[o] Lib. 71.
[p] In Antonino, Cap. 22.

NARISII. Voyez NARESII.

NARISTÆ. Voyez NARISCI.

NARITI, Peuples de l'Arabie heureuse, selon

NAR.

[a] Lib. 6. c. 7.

selon Ptolomée [a], qui les place sur le Golphe Persique.

NARIUS. Voyez NABIUS.

NARMALIS, Ville de la Pisidie, selon Etienne le Géographe.

NARMUNTHUM, Ville d'Egypte. Voyez HERMUNTHIS.

NARNI, petite Ville d'Italie, dans la terre des Sabins, Province de l'Etat Ecclésiastique, sur la Riviere de Néra. Elle est en partie située sur la croupe, & en partie sur la pente d'une Montagne élevée, escarpée & d'un accès difficile [b]. Ses habitans disent qu'elle est plus ancienne que Rome. Tout le monde n'en convient pas : on veut assez généralement qu'elle soit moins ancienne de quelques années. Il seroit plus facile de s'acorder sur ce point que sur l'Etymologie de son ancien nom. On l'appelloit *Nequinum*, qu'on fait venir de *Nequitia*, méchanceté. Les uns disent qu'elle a eu ce nom à cause de la difficulté des chemins qui y conduisent [c], ou à cause de sa situation sur une Montagne rude & escarpée, où l'on ne peut arriver qu'avec peine : d'autres moins indulgens soutiennent que cette Ville avoit mérité ce nom odieux à cause de la méchanceté de ses habitans & de leur naturel cruel & barbare. Ils fondent ce sentiment sur un point de l'Histoire qui dit, que cette Ville ayant été assiégée & tellement pressée par la disette, qu'il falloit se rendre ou mourir de faim, les habitans résolurent de tuer leurs méres, leurs sœurs & leurs femmes, afin d'épargner le peu de vivres, qui leur restoient ; & que ces vivres étant consumés ils se tuérent les uns les autres, ayant choisi de mourir plutôt que de survivre à la prise de leur Ville & à la perte de leur liberté ; on concluda de ces actions barbares, qu'elles ont donné l'origine au nom *Nequinum*. Il faut pourtant qu'il soit resté quelques-uns de ces desespérez & qu'ils ayent repeuplé leur Ville ; puisqu'on voit dans l'Histoire Romaine, que les Nequiens & les Samnites confédérez furent défaits par les Romains commandez par le Consul *M. Fulvius Petmius*, qui triompha d'eux l'an de Rome 454. Leur Ville a pris depuis le nom de Narnia, ou de Narni, à cause de la Riviere Nera, qui passe au pied de la Montagne sur laquelle est bâtie Narni. Ce changement arriva lorsque les Romains la peuplérent d'une Colonie à qui il ne convenoit pas de porter un nom aussi odieux que celui de *Nequinum*.

[b] Labat, Voy. d'Italie. T. 7. p. 86. & suiv.

[c] Tite-Live, Lib. 10. c. 9.

On voit à Narni les restes d'un Pont magnifique, qu'on dit avoir été bâti par Auguste après la défaite des Sicambres & de leurs dépouilles. Ce Pont étoit extraordinairement exhaussé, afin de pouvoir joindre les sommets des deux Collines, au milieu desquelles passe la Nera, & pour donner un cours plus libre à l'eau de ce torrent, qui s'éleve souvent à une hauteur considérable. On peut juger par ce qui en reste, que l'arche du milieu avoit deux cens pieds de large & cent cinquante de hauteur : il étoit bâti de grands quartiers de marbre joints ensemble par des bandes de fer scellées en plomb. On a fait un autre pont au dessous & à une assez petite distance de celui qui est rompu. Il est de pierres de taille & de briques. Il s'en faut

infiniment qu'il soit de la beauté de l'ancien : aussi n'est-il pas permis à tout le monde d'imiter Auguste. Ce nouveau Pont a sept arches, au lieu que l'ancien n'en avoit que quatre. Une de ces arches est en Pont-levis. La tête du côté opposé à la Ville est fortifiée d'une tour quarrée de peu de défense. Le chemin qui conduit du Pont à la Ville est difficile & rude. On trouve, en entrant par ce côté, une espéce de Fauxbourg environné de vieilles murailles flanquées de tours : on continuë de monter & on trouve la Ville, aussi environnée de vieilles murailles avec des crenaux & des tours. Il y a de ce côté-là trois boulevards : ils paroissent d'une maçonnerie plus moderne que le reste de l'enceinte.

La Ville de Narni est beaucoup plus longue que large. Quoique sa situation n'en rende pas le terrein commode, les ruës ne laissent pas d'être belles : les Maisons sont bien bâties & les Eglises sont propres. La Cathédrale est sous l'invocation de St. Juvenal son prémier Evêque. Elle est ancienne, bâtie dans le goût Gothique ; mais réparée à la moderne & ornée autant qu'on a pu. Le revenu de l'Evêché n'est pas fort considérable ; mais le Chapitre est très-riche. L'Ordre de St. Dominique y a un Couvent bien bâti avec de bons revenus. Les Augustins, les Conventuels de St. François & les Observantins y ont chacun une Maison, & les Capucins en ont deux : elles sont à la verité hors des murs. Il y a un Collége sous la direction des Ecoles pieuses : ces Péres ne se mêloient autrefois que d'enseigner aux enfans à lire, à écrire & à leur apprendre les prémiers rudimens de la Grammaire ; ils les conduisoient ensuite au Collége des Jésuites ou d'autres, dans les Villes où ils étoient établis ; mais peu à peu ils se sont érigez eux-mêmes en maîtres & ont fait des Classes. St. Juvenal fut le prémier Evêque de Narni, au quatriéme Siécle, selon Mr. Baillet [d].

[d] Topograp. des Saints, p. 334.

NARNI, qui resista à toute la puissance d'Annibal, dans le tems qu'il ravageoit l'Italie, ne fit pas la même défense lors du seiziéme Siécle : s'étant trouvée dans des divisions, lorsque l'Armée de Charles V. assiégeoit le Pape Clement VII. dans le Château St. Ange, elle tomba par sa faute entre les mains des Troupes Vénitiennes, qui grossissoient les Troupes Impériales. On ne sauroit exprimer les ravages, qu'ils y firent : ils brûlérent & démolirent la plupart des Maisons & des édifices publics. Ils égorgérent sans pitié jusqu'aux femmes & aux enfans & réduisirent cette Ville dans un état si affreux, que l'Historien Léandre témoigne n'avoir pu trouver un endroit pour y loger dans le Voyage qu'il fit en cette Ville en 1530. le Peuple & les Magistrats mêmes, qui gouvernoient la Ville sous le nom de Prieurs, n'avoient pas de quoi se mettre à couvert. Elle est heureusement ressuscitée de ses cendres. Elle est riche, & bien peuplée. Ses Citoyens sont polis ; il y a nombre de Familles nobles qui donnent tous les jours des Chevaliers aux Ordres de Malthe & de Saint Etienne, dans lequel, comme dans le prémier, il faut faire les mêmes preuves de noblesse. Les Familles nobles les plus considérables sont celles de Scotti, des Cardoli, des Cardoni, des Ge-

Geremics, des Mangoni, des Vipera, & plusieurs autres, à la tête desquelles on doit mettre la Maison des Princes Cesi, établie à Rome depuis bien des années, & qui possede encore de grands biens dans cette Ville & aux environs. Mais ce qui releve infiniment cette Ville, c'est que l'Empereur Nerva y étoit né. L'eau n'y manque pas quoiqu'elle soit bâtie sur une Montagne haute & escarpée. Elle y est conduite par un acqueduc auquel on donne quinze milles de longueur. Il passe sous des Montagnes, une desquelles est très-haute & très-difficile à percer; on n'a pas laissé de creuser son lit avec des peines & des dépenses très-grandes; il fournit l'eau à trois Fontaines publiques, ornées de Bassins de marbre & de Statuës de Bronze qui font plusieurs jets, dont les eaux se partagent en differens canaux de plomb, qui les conduisent dans plusieurs Maisons.

On voit auprès de la Ville le lieu, d'où sort une Fontaine, que l'on appelle la Fontaine de la famine : parce qu'on a observé qu'elle n'y donne de l'eau, que pour marquer que l'année suivante sera sterile. Elle étoit alors à sec. C'est un Phénoméne bien propre à exciter des disputes entre les Savans. Ceux qui en voudroient douter n'ont qu'à consulter les Registres de l'Hôtel de Ville, où l'on a marqué avec exactitude, les années que cette Fontaine a coulé, & les sterilitez qui les ont suivies. Il y a à l'extrêmité & au plus haut de la Montagne, sur laquelle la Ville est située, une ancienne forteresse quarrée, flanquée de quatre tours quarrées, qui étoit respectable dans le tems qu'on n'avoit ni canons ni bombes. Elle est à présent fort délabrée. Quoiqu'on la veuille faire passer pour un ouvrage des Romains, le Pere Labat dit qu'il a des raisons de croire qu'elle est bien plus moderne, & qu'elle n'est tout au plus que du tems des Lombards. Une des choses extraordinaires que l'on remarque dans ce Canton, c'est que les revers des Montagnes qui regardent le Midi, qui, dans toute l'Italie & je crois dans tout le reste du monde, font les plus fertiles à cause de leur exposition au Soleil, le nourricier des plantes, & des arbres, sont dans celui-ci les plus steriles. Ce ne sont que des Rochers nuds, secs, brûlés, incapables de rien produire, & qui n'offrent rien que de triste, & de desagréable à la vuë : au lieu que ceux qui sont tournez vers le Septentrion, l'Orient, & l'Occident sont très-fertiles. On y voit quantité d'Oliviers dont les fruits produisent une huile fort vantée pour sa bonté. Les vignes y viennent très-bien, & le vin est bon. Il y a aussi de ces treilles qui portent le raisin appellé Passarine, qui est une espece de raisin de Corinthe fort petit, d'un goût admirable ; on le fait secher, & on l'envoie presque par toute l'Italie. Ils s'en fait une grande consommation. Les Italiens les mettent à toutes sauces, aussi bien que les Hollandois, les Anglois, & toutes les Nations du Nord.

NARNI n'est pas féconde seulement en Noblesse, elle l'est encore en Savans, & en grand Capitaines. Sans compter l'Empereur Nerva, elle a eu il n'y a pas longtems, le fameux Gattamelata Général des Armées des Venitiens, qui les conduisit avec tant de sagesse, de bravoure & de bonheur, qu'après avoir remporté une infinité de Victoires, ces superbes Républiquains lui firent élever une Statuë de Bronze dans Padouë, cette Ville célébre qu'il avoit prise, & unie au Domaine de la République. Le nombre des Savans est beaucoup plus grand, que celui des Capitaines; quoique celui-ci soit très-considerable, sans parler des Cardinaux Cesi, & de plusieurs savans Evêques de la Famille des Carduli, on conserve avec respect la mémoire d'un François Carduli savant au delà de ce qu'on peut s'imaginer, & dont la mémoire étoit si prodigieuse, qu'il repetoit mot pour mot deux pages entieres, qu'il avoit entendu lire une seule fois, mais même en retrogradant du dernier mot jusqu'au prémier. Son frére Marc étoit un des savans hommes de son Siécle, & d'une mémoire qui ne cédoit guere à celle de son frére François. Galeoto, Maxime Arcano, Michel Ange Arrono, Pierre Dominique Scoto, & une infinité d'autres, qui ont honoré la République des Lettres dans les seiziéme & dix-septiéme Siécles, étoient de Narni. Il n'en manque pas encore à présent, mais comme ils sont encore vivans, ce seroit blesser leur modestie, de les nommer. Ils sont d'ailleurs assez connus chez les Savans.

1. NARO [a], Ville du Royaume de Sicile dans la Vallée de Mazzara. Elle est située vers la source de la Riviere de Naro, à dix milles de Gergenti vers l'Orient. [a De l'Isle Carte de la Sicile, 1717.]

2. NARO [b], Riviere de la Sicile dans la Vallée de Mazzara. Elle prend sa source auprès de la Ville de Naro; son cours est du côté du Midi, & elle se jette dans la Mer d'Afrique auprès de Vallone di Mole. [b Ibid.]

3. NARO, Ville & Riviere de Dalmatie. Voyez NARENTA, N°. 1. & 2.

NARON, Fleuve de la Dalmatie. Voyez NARENTA, N°. 2.

NARONA. Voyez NARENTA, N°. 1.

NAROUA [c], Lac de l'Amérique Septentrionale dans la nouvelle France, du côté du Midi, à douze lieues ou environ de Montreal & de la grande Riviere de St. Laurent du côté du Sud. [c Corn. Dict.]

NARRACUSTOMA. Voyez INARIACIUM.

1. NARRAGA, Fleuve aux environs de la Babylonie, selon Pline [d]. Narraga vient du Chaldéen Naarraga qui signifie flumen scissum, fleuve coupé. Le Pére Hardouin [e] prétend que Bochard [f] se trompe lorsqu'il dérive Narraga de Naar-agam. C'est le Canal ou la branche la plus Occidentale de l'Euphrate ; & ce Canal a été creusé de mains d'homme. Ptolomée [g] l'appelle Maarsares ; & Ammien Marcellin [h] le nomme Marsias. [d Lib. 6. c. 26. e Ibid. in Not. f Geogr. l. 1. c. 8. g Lib. 5. c. 20. h Lib. 23. p. 272.]

2. NARRAGA, Ville aux environs de la Babylonie, selon Pline [i], qui dit qu'elle tire son nom du Fleuve NARRAGA. [i Lib. 6. 26.]

NARRAGARA. Voyez NARANGARA.

NARSAPOUR [k], Ville de l'Inde, dans le Golphe de Bengale, sur la côte de Coromandel, au Royaume de Golconde, à l'embouchure Méridionale de la Riviere de Veneron, environ à douze lieues au dessus de Masulipatan, du côté du Nord-Est. [k De l'Isle Atlas.]

NARSEPILLE [l], Riviere des Indes Orientales : Elle prend sa source dans les Montagnes d'Orixa, court du Nord-Ouest [l Ibid.]

au

## NAR.

au Sud-Est, passe à Narsingapatan, & va se jetter dans la Mer, à l'extrémité de la côte de Coromandel entre l'embouchure Orientale de la Riviere de Veneron, & l'embouchure de la Riviere de Corangui.

NARSINGAPATAN [a], ou NARSINGUE, Ville de l'Inde, dans le Golphe de Bengale, à l'extrémité de la côte de Coromandel, dans la partie Orientale du Royaume de Golconde, sur la Riviere de Narsepille à la droite & environ à dix lieues au dessus de son embouchure, en tirant vers le Nord. Mr. Corneille trompé par Mati, qu'il suit aveuglément, fait une Ville de Narsingapatan & une autre de Narsingue. Cependant le rapport qu'il trouvoit entre les deux noms & la position qu'il donne à l'une & à l'autre devoient bien lui donner à penser qu'il ne s'agissoit que d'une seule Ville.

[a] De l'Isle Atlas.

NARTABIE, petite Riviere de France, dans la Provence. Elle prend sa source près de Trigance, & se jette dans le Verdon, auprès d'Aiguines.

NARTES. Voyez NARNIA & INTERAMNIA.

NARTEX. Voyez NARTHECIS.

NARTHACIENSIUM MONS, autrement ANTHRACEORUM MONS; c'est-à-dire la Montagne des Charbonniers. Xenophon [b] la place dans la Thessalie. On trouve dans cette Montagne quatre belles Fontaines, dont les eaux s'assemblent dans la plaine de Pharsale & forment grand nombre de ruisseaux, qui vont se jetter dans le Pénée [c]. Ce fut sur cette Montagne, qu'Agesilaüs étant revenu d'Asie éleva un trophée après la victoire qu'il remporta sur ceux de Pharsale; & ce fut là aussi que l'Ephore Diphridas vint trouver ce Prince un peu avant la bataille de Coronée. A côté de la Montagne de *Narthacium* il y a des Forêts peuplées de bêtes fauves & de bêtes noires.

[b] Orat. de Agesilao, p. 658.
[c] La Guilletiére. Lacedemone Anc. & Mod. l. 4.

NARTHACIUM, Ville d'Asie dans la Phthiotide, selon Ptolomée [d].

[d] Lib. 3. c. 13.

NARTHAICUM. Voyez NARTHECIUM, & NARTHACIENSIUM MONS.

NARTHECIS, en Grec Ναρθηκίς; petite Isle sur la côte de celle de Samos, selon Strabon [e] & Etienne le Géographe. Suidas écrit *Narthex*. On trouve cette Isle à la droite en allant à la Ville de Samos par Mer.

[e] Lib. 14.

NARTHECIUM, ou NARTHACIUM, lieu de la Thessalie, selon Xenophon [f]. Ortelius croit que ce pourroit être le Ναρθάκιον de Ptolomée. Voyez NARTHACIUM, & NARTHACIENSIUM MONS.

[f] Orat. de Agesilao, p. 658.

NARTHECUSA, Isle jointe au Promontoire *Parthenium* par un tremblement de terre, selon Pline [g], mais plus bas [h] il fait entendre que c'étoit encore une Isle, aux environs de celle de Rhodes.

[g] Lib. 2. c. 89.
[h] Lib. 5. c. 31.

1. NARVA, ou NERVA, [i] Riviere de Livonie. Elle sort du Lac de Peipis, baigne la Ville de Narva à laquelle elle donne le nom & à deux lieues au dessous elle va se jetter dans le Golphe de Finlande. Elle est presque aussi large que l'Elbe; mais beaucoup plus rapide & ses eaux sont fort brunes. A demi-lieue au dessus de la Ville, elle a un saut: ses eaux tombent avec un bruit effroyable & avec

[i] Olearius, Voy. de Moscovie. T. 1. p. 85.

## NAR. 45

tant de violence qu'elles se brisent contre les rochers & se réduisent en de très-petites gouttes. Lorsque le Soleil y donne le matin, on y voit une sorte d'Arc-en-ciel aussi admirable, que celui qui se forme quelquefois dans les nuës. Ce saut fait qu'on est contraint de décharger en cet endroit-là toutes les Marchandises que l'on envoye de Plescow & de Derpt à Narva. Cette Riviere a cela de particulier [k] que son eau ne peut souffrir aucune bête venimeuse.

[k] Voy. Histor. de l'Europe.

2. NARVA, ou NERVA, [l] Ville de l'Empire Russien, dans la Livonie, sur la Riviere de Narva, qui lui donne son nom. On tient que cette Ville fut bâtie par Valdemar II. Roi de Dannemarck en 1213. Jean Basilowitz, Grand Duc de Moscovie, la prit en 1558. & Pontus de la Gardie la leur enleva en 1581. Les Suédois en demeurerent les maîtres jusqu'en 1704. qu'elle fut reprise par le Czar Pierre le Grand. Narva a longtems joüi des Priviléges des Villes Anséatiques; mais les guerres entre la Moscovie & la Suéde y avoient tellement ruïné le Commerce, qu'il a été longtems à se rétablir: il ne s'est même relevé qu'aux dépens de celui de Revel. La guerre entre les Anglois & les Hollandois fut favorable à la Ville de Narva: le Commerce d'Archangel se trouvant alors interrompu, les Vaisseaux qui avoient coutume d'aller en Moscovie, furent obligez de se servir du Havre de Narva. Il y en aborda plus de soixante en 1654. On commença après cela à nétoyer & aggrandir la Ville: on y fit des ruës neuves & régulieres, pour la commodité des Marchands étrangers, & on raccommoda le Havre pour faciliter l'abord des Navires. La Reine Christine de Suede avoit retiré cette Ville de la Jurisdiction générale du Gouvernement de la Province, & lui avoit donné un Vicomte particulier pour juger en dernier ressort les affaires tant Séculiéres qu'Ecclésiastiques. Le Château est au deçà de la Riviere; & au delà se trouve celui d'Iwanogorod, bâti par les Moscovites sur un roc escarpé, dont la Riviere de Narva fait une Peninsule. Au pied de ce Château est un Bourg qu'on appelle NARVA LA RUSSIENNE, pour la distinguer de la NARVA TEUTONIQUE ou ALLEMANDE. Voyez l'Article suivant.

[l] Olearius, Voy. de Moscovie. T. 1. p. 85.

3. NARVA LA RUSSIENNE [m], Bourg de l'Empire Russien, dans l'Ingrie, sur la Riviere de Narva, au pied du Château d'Iwanogorod. Dans le tems que la Livonie & l'Ingrie appartenoient aux Suedois, ce Bourg étoit habité par des Moscovites, sujets de la Couronne de Suede; mais cette Couronne, en perdant ces Provinces a perdu ce Bourg.

[m] Ibid.

NARVAL [n], Ville des Indes, dans les Etats du Grand-Mogol, & dans la Province de Halabas. Cette Ville est assez considérable; mais les Peuples y sont de la derniére superstition sur le fait de la Religion. Ils donnent dans tout ce qu'ils voyent & approuvent toutes les actions de ceux qui font paroître de la dévotion, quelques extravagantes qu'elles puissent être.

[n] Thevenot, Voy. des Indes, p. 193.

1. NARVAR, Royaume ou Province [o] des Etats du Grand-Mogol [o], dans les terres: il est borné au Nord par les Royaumes d'Agra,

[o] De l'Isle Carte des Indes & de la Chine.

F 3

d'Agra, de Doab & de Mevat; à l'Orient par celui de Patna; au Midi par ceux de Bengale & de Malva, & à l'Occident par celui d'Agra. Ses principaux lieux sont,

| | |
|---|---|
| Narvar, | Halabas, |
| Ratipor, | Gehud. |

2. NARVAR, petite Riviere d'Asie [a] dans l'Indoustan. Elle a sa source au Couchant Méridional & assez près de la Ville de Mandoa. Elle serpente d'Orient en Occident dans le Pays de Candich, se joint avec la Riviere de Cepra & forme avec elle la Riviere de Nerdaba, qui passant à Baroche a son embouchure dans le Golphe de Cambaye.

[a] De l'Isle Carte des Indes & de la Chine.

NARULLA, Ville en deçà du Gange: Ptolomée [b] la place sur le *Pseudostomus*.

[b] Lib. 7. c. 1.

NARYCION, Ville des *Locres Ozoles*, selon Pline [c]. Suidas & Etienne le Géographe écrivent [d] Ναρυξ, Νάρυξ, & *Narycium*, Ναρύκιον.

[c] Lib. 4. c. 7.
[d] Ortelii Thesaur.

NARYTIA. Voyez LOCRI.

NASABATH, Fleuve de la Mauritanie Césariense, selon Ptolomée [e]. Quelques MSS. Grecs portent Νασαύα & celui de la Bibliothéque Palatine écrit Νασαύατ. Pline [f] le nomme Nabar; & Marmol [g] dit qu'on l'appelle *Huet el quibir*, ou *Rio di Zinganor*. Selon ce dernier Géographe Nasabath a son embouchure au Levant de la Ville de Bugie. Cette Riviere est assez petite; mais elle s'enfle extraordinairement quand les neiges se fondent. Elle est très-poissonneuse. Dans le tems que Bugie appartenoit aux Chrétiens, il n'entroit point de Vaisseaux dans cette Riviere, à cause du sable qui étoit à son embouchure. Cependant la même année que Salharraes prit Bugie, il plut tant, que les eaux emportèrent la barre de la Riviere: il y entra depuis des Galéres & des Galiottes & même de gros Vaisseaux. Ils y sont à couvert de la tempête: ils ne peuvent être incommodez que du vent du Nord. La Riviere NASABATH passe entre les Montagnes de Coco & d'Abez, l'une au Septentrion & l'autre au Midi.

[e] Lib. 4. c. 2.
[f] Lib. 5. c. 2.
[g] Lib. 5. c. 49.

NASABUTES, ou NAZABUTES, Peuples de l'Afrique propre: Ptolomée [h] les place dans la partie Occidentale, entre les Misulam & les Nisibes; au dessous des prémiers & au dessus des derniers. Quelques Interprétes, au lieu de NAZABUTES lisent NATABUTES.

[h] Lib. 4. c. 3.

NASAITENSIS, Siége Episcopal d'Afrique; mais dont on ne connoit point la Province. La Notice Episcopale d'Afrique fournit seulement le nom *Nasaitensis*; & la Conférence de Carthage [i] nous apprend que *Liberalis Episcopus loci Nasaitensis*, y fut présent.

[i] C. 187.

NASAMONES, Peuples d'Afrique, selon Herodote [k]. Ils étoient nombreux, habitoient la Syrte, & étoient situez à l'Occident des *Auschisa*. Dans l'été ils laissoient leurs Troupeaux le long des côtes de la Mer [l], & se rendoient à un lieu dans les terres nommé Augila, pour y cueillir des dattes. Lorsqu'ils prenoient des sauterelles à la chasse, ils les faisoient sécher au Soleil & les mettoient en poudre, ils jettoient ensuite du lait sur cette poudre & avaloient le tout. Ils prénoient plusieurs femmes; mais la prémiere nuit des noces, la femme s'abandonnoit à tous les Convives, qui après avoir habité avec elle lui faisoient chacun un présent. Ils avoient l'usage du serment & de la divination: ils juroient au nom des personnes qui avoient vécu avec probité, & ce jurement se faisoit en touchant leurs tombeaux: pour prédire ils se rendoient aux tombeaux de leurs ancêtres; après y avoir fait leurs priéres, ils s'endormoient, & tout ce qu'ils rêvoient durant le sommeil étoit reputé pour des prédictions. Quand deux personnes vouloient se donner la foi, elles buvoient dans la main l'une de l'autre: si elles n'avoient aucune liqueur elles prenoient de la poussiére qu'elles léchoient. Ptolomée [m] place ces Peuples dans la partie Septentrionale de la Marmarique, entre les *Augila* & les *Bacata* & dans le voisinage des *Auchisa*, ce qui convient assez à la situation que leur donne Hérodote. Pline [n] leur donne aussi la même position en les plaçant dans la Syrte; mais il met au dessous d'eux les *Hasbita* & les *Maca*. Il ajoute que les NASAMONES avoient été appellez MESAMMONES par les Grecs, parce qu'ils étoient situez au milieu des sables.

[k] Lib. 2. c. 32.
[l] Lib. 4. c. 172.
[m] Lib. 4. c. 5.
[n] Lib. 4. c. 5.

NASANIA, Fontaine dans la Forêt d'Ardenne, selon Ortelius [o]; qui cite la Vie de St. Monon.

[o] Thesaur.

NASAUA. Voyez NASABATH.

NASAUDUM, Ville d'Ethiopie sous l'Egypte, selon Pline [p].

[p] Lib. 6.

NASBANA, Ville des Indes en deçà du Gange: Ptolomée [q] la place à l'Occident de ce Fleuve, dont il dit qu'elle étoit un peu éloignée. Quelques Interprétes lisent *Sabana*.

[q] Lib. 7. c. 1.

NASBINCENSIS, Siége Episcopal d'Afrique, dans la Mauritanie Césariense. L'unique Monument que l'on en ait est la Notice Episcopale d'Afrique [r], où l'on trouve *Jannarius Nasbecensis* nommé entre les Evêques de cette Province.

[r] N°. 39.

1. NASCA [s], ou la NASCA, lieu de l'Amérique Méridionale, sur la côte du Pérou dans l'Audience de Lima, environ à 15. d. de Latitude Méridionale, entre le port St. Nicolas & le Cap de Sangalla. Ce lieu est à l'embouchure d'une petite Riviere, qui forme une espéce de Cap.

[s] De l'Isle Carte de la Terre ferme du Perou.

2. NASCA, nom d'une Montagne, selon Serapion [t], cité par Ortelius.

[t] Cap. de Visco.

NASCARO [u], Riviere d'Italie au Royaume de Naples dans la Calabre Ulterieure. Elle a sa source dans l'Apennin, auprès du Village Marulata. Son cours est du Nord-Ouest au Sud-Est depuis sa source jusqu'à Belcastro, & depuis cette petite Ville dont elle mouille les murailles, elle court du Nord au Sud. Elle a son embouchure dans le Golphe Squilacci, entre l'embouchure du Tacina à l'Orient & celle de la petite Riviere d'Acqni à l'Occident. Cette Riviere s'appelloit anciennement *Cirus*.

[u] Ant. Magini. Calabria Ultra.

NASCI, peuples de la Sarmatie Européenne, selon Ptolomée [x], qui les met au voisinage des Monts *Riphai*, auprès des *Acibi* & au dessus des *Vibiones* & des *Idra*.

[x] Lib. 3. c. 4.

NASCICA. Voyez CALAGURIS.

NASCUS, Ville de l'Arabie heureuse: [y] Pline y la met dans les Terres, de même que Ptolo-

[y] Lib. 6. c. 28.

# NAS.

Ptolomée *a*, qui en fait une Métropole. Quelques Interprétes au lieu de *Nasus* lisent *Maocosmos*. Ammien Marcellin écrit *Nascum*.

NASENUR *b*, la Table de Peutinger place une Isle de ce nom, entre la Gaule Belgique & l'Isle des Bretons.

1. NASIBINE, Ville de Perse dans le Courdistan *c*. Elle est située à 76. d. 30'. de Longitude, sous les 37. d. de Latitude.

2. NASIBINE, Isle de Perse, dans la Province de Hamid-Eïli, au milieu du Lac Falac-Abad. On y avoit bâti une Forteresse, avec des Maisons & des jardins. Timur-Bec *d* prit cette Forteresse en 1413.

NASIBIS. Voyez NISIBIS.

NASICA, Ville des Indes en deçà du Gange. Ptolomée *e* la nomme parmi les Villes qui étoient à l'Orient du Gange.

NASIUM, ancienne Ville ou Forteresse des Gaules, chez les *Leuci*, sur la Riviere d'Orne, entre Andelot, & Toul. Ptolomée *f* met deux Villes dans le Pays des *Leuci* ; savoir *Tullum* & *Nasium*, & l'Itinéraire d'Antonin place *Nasium*, entre *Caturrigæ* & *Tullum*, à seize milles de celle-ci, & à neuf milles de la prémiere, sur le chemin de *Durocortorum* à *Divodurum*. Fredegaire *g* désigne la situation de ce lieu en ces termes : *Anno XVII. Regni Theuderici Lingonas de universis regni sui Provinciis mense Maio exercitus adunatur : dirigensque per Andelaum, Naso castro capto, Tullum civitatem perrexit.* On voit par là que *Nasum* étoit sur le chemin d'Andelot à Toul. *h* Nous en trouvons une nouvelle preuve dans la Chronique de l'Abbaye de St. Benigne de Dijon, & l'Auteur de cette Chronique ajoute de plus, que *Nasium* étoit située sur la Riviere d'Orne : ainsi en allant de Langres à Toul & passant par Andelot on rencontroit *Nasium* sur la Riviere d'Orne. Comme il y a encore aujourd'hui sur l'Orne deux Villages, l'un nommé le petit Nanci, l'autre le grand Nanci : il est hors de doute que l'un ou l'autre ne soit le *Nasium* des Anciens ; puisqu'ils en conservent & le nom & la situation. Quelques-uns ont cru que Nanci, la Capitale de Lorraine, étoit cet ancien *Nasium* ; mais cette opinion ne peut absolument se soutenir ; car *Nasium* étoit sur l'Orne entre Andelot & Toul ; au lieu que Nanci est sur la Meurte, & non seulement au delà de l'Orne ; mais encore au delà de Toul : ainsi on n'eût pu le rencontrer entre Andelot & Toul. Ceux qui veulent que *Nasium*, soit le Village de *Nas*, dans le Duché de Bar, à douze milles de Nanci, ne sont pas mieux fondez : la situation de *Nasium* sur l'Orne entre Andelot & Toul y répugne.

1. NASO *i*, ou NASSO, Bourg & Château de Sicile avec titre de Comté, dans le Val Demona, sur une Montagne, au pied de laquelle passe une Riviere de même nom. Ce Bourg est environ à quatre milles de la côte Septentrionale de l'Isle, au Sud-Ouest du Fort de Brolo, & au Sud-Est du Cap d'Orlando.

2. NASO, ou NASSO, *k* Riviere de Sicile, dans le Val Demona : elle a sa source entre Ucria & Raccuria, court l'espace de

# NAS.

quelques milles du Sud-Est au Nord-Ouest & baigne Ucria & Castania : après quoi tournant du côté du Nord, elle passe auprès du Château de Naso, & va se décharger dans la Mer, entre le Cap d'Orlando & le Fort de Brolo.

NASONNACUM, il est parlé d'une Ville de ce nom dans le douziéme livre du Code *l* ; aussi-bien que dans le Code Théodosien *m*.

NASOR. Voyez ASOR.

NASOS, Ville du Peloponèse, selon Pausanias *n*.

NASOTIANI, Peuples d'Asie. Pline *o* semble les placer aux environs de la Sogdiane.

NASQUE, ou NESQUE, Riviere de France dans la Provence. Elle prend sa source dans les Omergues de Forcalquier, au Diocèse de Sisteron, passe à Sault, traverse le Diocèse de Carpentras, & après avoir reçu un ruisseau à la gauche, & l'Auson à la droite, elle va se joindre à la Sorgue un peu avant que cette derniere Riviere se décharge dans le Rhône.

NASSA *p*, ou NESSA, Bourgade d'Asie, dans le Territoire de Farganah. C'est la prémiere qu'on trouve, quand on entre dans cette Ville du côté de Khogend. Elle est divisée en haute & en basse Bourgade. La prémiere est appellée *Nassa-aliah*, parce qu'elle est située sur une Montagne couverte de bois & où l'on recueille beaucoup de poix & de raisine : l'autre est nommée *Nassa-alsefeli*, parce qu'elle est dans une plaine fort unie où il n'y a pas la moindre hauteur.

NASSAF, ou NESSEF. Voyez NECKSCHEB.

NASSARI, ou NAUSARI *q*, petite Ville des Indes dans les Etats du Grand-Mogol, au Royaume de Guzurate, & à six lieues de la Ville de Surate vers le Midi. Elle est située environ à deux lieues de la Mer. On y fait quantité de grosses toiles de Cotton, & c'est dans ce quartier-là que l'on coupe le bois, qui s'employe dans tout le Royaume au bâtiment des Maisons & des Navires.

1. NASSAU, petite Ville d'Allemagne, dans le Cercle du Haut-Rhin, & dans un Comté auquel elle donne son nom, à six milles de Hager & à deux de Dietz, sur la rive droite de Lohn, que l'on y passe sur un Pont de pierre qui a dix arches. Son terrein est fort marécageux. De l'autre côté de la Riviere sur une hauteur on voit un Château nommé Stein dont le pied est lavé des eaux de la Lohn ; & sur une Montagne plus haute & isolée est l'ancien Château de Nassau, qui a donné le nom au Pays, & à l'illustre Maison, qui a fourni un Empereur à l'Allemagne, un Roi à l'Angleterre ; des Stadthouders à la Republique des Provinces-Unies, & des Ducs à la Gueldre.

2. NASSAU, Pays d'Allemagne avec titre de Comté. Ce Pays renferme plusieurs autres Comtez partagez entre un assez grand nombre de branches, qui portent les unes le titre de Prince, les autres celui de Comte, & qui prénent chácune le nom de leur résidence, savoir ;

SIE-

SIEGEN, DIETS,
DILLENBOURG, HADAMAR,
SCHAUMBOURG, VERBURG,
IDSTEIN.

On peut voir ces articles chaçun en leur rang particulier. Le Pays de Nassau est montueux en quelques endroits, uni en d'autres; une partie est couverte de forêts; une autre est peuplée de vignes, en d'autres endroits il y a de gras paturages & des terres fertiles qui produisent du froment & des legumes. On y trouve aussi des mines de plomb & de cuivre & une pierre dont on tire une certaine masse de fer, qui sert à faire des marmites, des enclumes, &c. La principale forêt est celle de Westerwald : les autres moindres sont Kaldt-Eych, Heiger-Struth, Schelder-Waldt, Horre & Calmberg. La Lohn, le Dill & le Siegen sont les principales Rivieres. Le Comté de Nassau a toujours été mis au rang des Fiefs les plus libres de l'Empire, comme ne reconnoissant que l'Empereur & jouïssant de tous les privileges & de toutes les prérogatives dont jouïssent les Comtés de l'Empire & particulierement du pouvoir de battre monnoie d'or, d'argent & de cuivre. La Maison de Nassau possede encore dans le Westreich aux Confins de la Lorraine le Comté de SAARBRUCK & le Comté de SAARWERDEN : Voyez ces Articles particuliers.

3. NASSAU, Forteresse des Pays-Bas entre Berg-op-Zom & Tholen, dans les marais.

4. NASSAU (le Cap de) : Dans le tems que les Hollandois cherchoient dans le Nord un chemin, pour passer dans les Mers d'Orient, ils donnerent le nom de Nassau à plusieurs endroits des côtes. Ces noms pour la plupart, n'ont pas été conservez : le Cap de Nassau est de ce nombre.

5. NASSAU, Isle de l'Ocean Indien. Voyez ISLE DE NASSAU.

6. NASSAU, Château en Afrique. Voyez FORT DE NASSAU.

7. NASSAU, Détroit entre la nouvelle Zemble & les Samoyédes. Voyez FORT DE NASSAU.

NASSAVELS. Voyez NASSENFELS.

NASSARIES (LES). Voyez NAZERINORUM TETRARCHIA.

NASSARO, NAXARO, ou CASAL NASEHAR [a]; Village de l'Isle de Malthe, à deux ou trois lieues de la Cité de la Valette du côté du Septentrion. Il est orné d'une fort belle Eglise. Tout auprès on voit un beau jardin de plaisance appellé St. Antoine, du nom du Grand Maître qui le fit planter. Ce jardin est grand & divisé en plusieurs autres jardins ou quartiers plantez de vignes, d'Orangers, de Limonniers, de Grenadiers & Citronniers, d'Oliviers. Il est de plus embelli d'un Palais médiocrement grand & orné de plusieurs sales, chambres, fontaines & Jets d'eau.

[a] Dapper, Descr. des Isles d'Afrique, p. 517.

NASSENFELS, [b] beau Bourg d'Allemagne en Franconie dans l'Etat de l'Evêque d'Aichstadt. Aventin [c] & le Pere Gretzer [d] le prenent pour l'ancienne *Aureatum* & en rapportent beaucoup d'Antiquitez. On prétend que la Cour qui est dans le Château sur

[b] Zeyler, Francon. Topogr. p. 73.
[c] Annal. Boïor.
[d] De Episcop. Eychstedt. p. 155.

une roche est un ouvrage des Romains. Les Paysans y ont quelquefois trouvé dans la terre d'anciennes monnoies, des armes telles que celles dont se servoient les Payens & des épées rompuës.

NASSIBIN. Voyez NISIBE.

NASSO, ou ASSO, [d] Forteresse de l'Isle de Céfalonie, dans la partie Orientale. Les Venitiens l'éleverent en 1595. pour la défense de l'Isle que la Ville de Céfalonie seule ne pouvoit pas mettre en sureté contre les insultes des Ennemis. Cette Forteresse est située sur une Montagne très-haute, qui forme en cet endroit une Peninsule environnée de la Mer de trois côtez & qui est très-escarpée. Ses Fortifications sont proportionnées à l'inégalité du terrein ; de sorte qu'il n'y faut pas chercher de regularité. L'Isthme qui communique de l'Isle à la Forteresse n'a que vingt pas de largeur, & on a même parlé plusieurs fois de le couper pour rendre la Forteresse entierement isolée. On y compte soixante bâtimens publics destinez au logement des Officiers, & des Soldats & à servir de Magasins pour les munitions : il peut y avoir outre cela deux cens Maisons de particuliers. Le petit Port qui est au pied ne peut être d'aucune utilité, parce que les torrens qui tombent des Montagnes dans le tems de pluye, le remplissent de pierre : & l'on ne sauroit y apporter de reméde.

[d] Iolario, del P. Coronelli, p. 177.

NASSONY ou ASSONY, Peuples de l'Amerique Septentrionale dans la Louïsiane, à trois lieues des Naoudikhés, du côté de l'Orient. Ils sont alliez des Cenis. Mr. de la Salle qui les reconnut dans le tems qu'il cherchoit le Mississipi les nomme ASSONY. Le P. Anastase Recollet, qui accompagnoit Mr. de la Salle, les appelle NASSONY : d'autres écrivent ASSINAIS. Il paroît qu'il y en a deux Colonies : l'une près des Cenis ; c'est celle dont il est parlé au commencement de cet Article ; l'autre près des CODODAQUIOS & alliez de ceux-ci. On appelle à présent les derniers NASSONIS.

NASSUNIA, ou NASUNIA ; Ville de la Sarmatie Asiatique : Ptolomée [e] dit qu'elle étoit sur le haut d'une Montagne.

[e] l. 5. c. 9.

NASTEDE [f], beau Bourg d'Allemagne, dans la Vetteravie, au Bailliage de Hohnstein, à un demi mille de Gruna qui étoit autrefois un Monastére & qui est présentement un Hôpital.

[f] Zeyler Topogr. Hassiæ, &c. reg. p. 72.

NASTUS. Voyez NESTUS.

NASUS, lieu dans l'Arcadie, selon Pausanias [g],

[g] In Arcad. l. 8. c. 23.

NATA [h]; Ville de l'Amérique Méridionale, dans le Gouvernement de Panama. Elle est située sur la Baie de Parita ou de Paris, à trente lieues de Panama vers l'Ouest ; & on l'appelle aussi *San Jago de Nata*. Son terroir est fertile, plat & agréable. Il est fermé du côté du Nord par les Montagnes d'Urraca ou de Veragua. Après le Golphe de Parita s'éleve le Cap Chama, où le Roi Chiapes commandoit, quand Balboa découvrit la Mer du Sud. Vers le Levant de la petite Ville de Nata, on rencontre d'abord la Riviere de Coquira ou de Chepo ; puis celle de las Balsas ; & la côte se courbant delà vers le Sud, on trouve le Golphe de San Niguel,

[h] Laët, Descr. des Indes Oc. l. 8. c. 10.

au fond duquel se décharge la Riviere de Congos.

NATABUTES. Voyez NATHABUTES.

NATAL [a], Pays d'Afrique, dans la Caf rerie. Le Pays de NATAL comprend environ 3. degrez & demi de Latitude du Nord au Sud, puisqu'il est situé entre le 31. degré 30. minutes & le 28. degré de Latitude Méridionale. Il est borné au Sud par un Pays, qu'une petite Nation de Sauvages habite : ils demeurent dans des Cavernes ou trous de Rochers, & n'ont ainsi d'autres Maisons que celles que la nature leur fournit. Ils ont le cuir basané, la taille petite, & les cheveux crepus. Ils passent pour être fort cruels envers leurs Ennemis. Ils tirent de l'arc, & se servent de fléches empoisonnées. Les Hottentots sont leurs voisins au Sud. Le Pays de Natal est borné au Nord par la Riviere Dellagoa, qui est navigable. Ceux qui habitent auprès de cette Riviere ont commerce avec les Portugais de Mozambique, qui s'y rendent sur de petites barques, & leur achetent des dents d'Elephant, dont ils ont grande abondance. Quelques Anglois y sont aussi allez depuis peu dans la même vûë, entre autres le Capitaine Freke [b], qui après avoir embarqué 8. ou 10. Tonneaux de dents d'Elephant, eut le malheur d'échouer sur un Roc proche de Madagascar. Le Capitaine Rogers y a été aussi à bord d'un Vaisseau qu'il commandoit. Ce Pays est borné à l'Est par la Mer des Indes ; mais on ne sait pas encore jusqu'où il s'étend à l'Ouest. Le quartier qui regarde la Mer est un Pays de plaines & de forêts ; mais plus avant dans les terres, il y a plusieurs Montagnes de différentes hauteurs. On y voit un mélange fort agréable de vallées & de grandes plaines, de bocages & de savanes. On n'y manque pas d'eau non plus, puisque toutes les Montagnes en fournissent, & qu'il en découle une infinité de petits Ruisseaux, qui après plusieurs tours & détours, se joignent ensemble & forment la Riviere de Natal, qui se décharge dans l'Océan Oriental des Indes, au 30. dégré de Latitude Méridionale. Son Embouchure est assez large & profonde pour recevoir de petits Vaisseaux. Mais il y a une barre, sur laquelle on n'a pas plus de dix ou douze pieds d'eau dans les plus hautes Marées ; quoique l'on trouve assez de profondeur au delà. Il y a d'autres Rivieres qui courent vers le Nord, sur-tout une, qui est assez considérable, à 100. milles ou environ de la Mer, & qui court droit au Nord. Les bois sont remplis de diverses sortes d'Arbres de haute futaye, dont les uns sont fort gros, & propres à tous les ouvrages de charpente. Les savanes y sont aussi revêtues de très-bonne herbe, fort épaisse. Entre les animaux terrestres, on voit ici des Lions, des Tigres, des Elephans, des Busles, des Bœufs, des Bêtes fauves, des Cochons, des Lapins ; &c. Il y a aussi quantité de Chevaux marins, ou des Vaches Montagnardes. On y apprivoise les Busles, les Bœufs, mais les autres sont tous sauvages. Les Elephans y abondent d'une telle maniere qu'ils passent au nombre de mille ou de 1500. à la fois. Soir & matin on leur voit brouter l'herbe dans les savanes ; mais durant la chaleur du jour ils se retirent dans les Bois. Du reste ils sont fort paisibles, pourvû qu'on ne les inquiete pas. Il y a aussi grand nombre de bêtes fauves, que les naturels du Pays laissent vivre tranquillement dans les savanes, avec le bétail domestique. Pour la volaille, il y en a des mêmes sortes qu'en Angleterre, des Canards sauvages & domestiques, des Sarcelles, quantité de Cocqs & de Poules ; outre une infinité d'Oiseaux sauvages, qui nous sont inconnus. On y en trouve d'une espece, qui est assez rare & timide, de la grosseur d'un Paon, & dont le plumage est bigarré de très-belles couleurs. Il y en a d'autres qui ressemblent à nos Corlieux, quoiqu'ils soient plus gros, & dont la chair est noire, mais de bon goût & fort saine. La Mer & les Rivieres abondent en poisson de diverses sortes ; mais les habitans du Pays ne prennent guere que des Tortues, sur-tout lorsqu'elles viennent de nuit pondre leurs œufs à terre. Quelquefois ils les pêchent d'une maniere assez plaisante. Ils sont pour cet effet un Poisson en vie, qu'on appelle *Rémore*, & après lui avoir mis un Cordon à la tête, & un autre à la queuë, pour le tenir bien ferme, ils le jettent dans l'eau à l'endroit où les jeunes tortuës se rendent. Le Poisson ne manque pas de s'attacher d'abord sur le dos de quelqu'une, & d'abord que les pêcheurs s'en apperçoivent, ils les tirent tout d'un coup l'un & l'autre. Les Naturels de ce Pays ont la taille médiocre, mais bien proportionnée, le teint noir, les cheveux crépus, le visage ovale, le nez ni plat, ni relevé, mais bien pris, les dents blanches & la mine fort agréable. Ils sont agiles, mais fort paresseux, peut-être faute de Commerce. Leur principale occupation est l'Agriculture. Ils ont quantité de Taureaux, de Vaches, dont ils prennent grand soin ; & quoique ces bêtes s'entremêlent dans les savanes, chacun connoît celles qui sont à lui. D'ailleurs ils ont de petits parcs tout auprès de leurs Maisons, pour y tenir leurs vaches, & les accoutumer à se laisser traire. Ils sément aussi du bled, & enferment leurs champs, pour empêcher le bétail d'y entrer. Ils sont leur pain du blé de Guinée, & leur boisson d'un petit grain qui n'est pas plus gros que de la graine de Moutarde. Il n'y a ni Arts, ni métiers établis parmi eux ; mais chacun fait pour soi ce qui lui est nécessaire, soit pour la vie ou l'ornement, les hommes d'un côté & les femmes de l'autre. Les hommes bâtissent les Maisons, chassent, plantent, & gouvernent toutes les affaires du dehors. Les femmes vont traire les vaches, aprêtent à manger, & ont soin de tout ce qui regarde le domestique.

Leurs Maisons ne sont pas grandes, ni richement garnies ; mais elles sont si serrées, & si bien couvertes de paille, que les vents & la pluye ne sauroient y pénétrer. Leurs habits consistent en très-peu de chose. Les hommes vont presque tout nuds, puisqu'ils ne portent d'ordinaire qu'un morceau quarré d'étoffe, faite d'herbe à soye, ou d'écorce de *Moho*, en forme de Tablier court. Aux deux bouts d'enhaut il y a deux Cordons, qui servent à l'attacher autour de la Ceinture ; & au bas il y a une jolie frange de la même étoffe, qui leur pend jusqu'au genou. Ils portent des Bonnets faits de suif de Bœuf, & hauts d'environ 9. ou 10. pouces. Ils y travaillent long-tems, parce que le suif doit être bien épuré, avant qu'on le puisse employer à cet usage. Ils n'en mettent que peu à la fois, & ils le mêlent si bien avec leurs cheveux, qu'il y demeure toûjours colé dans la suite. Lorsqu'ils vont à la chasse, ce qui n'arrive guéres, ils en ôtent 3. ou 4. pouces du sommet afin qu'il tienne mieux sur la tête, mais ils ne manquent pas de le reparer le lendemain, & d'y travailler tous les jours jusqu'à ce qu'il soit d'une hauteur conforme à la mode. Ce seroit la chose du monde la plus ridicule, si un homme y paroissoit sans avoir un bonnet de suif sur la tête. Mais ils ne commencent à le construire qu'après avoir atteint un âge raisonnable, & il n'est pas permis aux jeunes garçons d'en porter. Lorsqu'il pleut, ils jettent sur leurs épaules un simple cuir de vache, dont ils se couvrent comme d'un Manteau. Les femmes n'ont qu'une espéce de jupon fort court, qui ne passe pas le genou. Ils se nourrissent pour l'ordinaire avec du pain tout de blé de Guinée, du Bœuf, du Poisson, du lait, des Canards, des Poules, des œufs, &c. Ils boivent aussi fort souvent du lait pour se désaltérer, sur tout après qu'il est un peu aigri. Outre cette Boisson qui leur est ordinaire, ils en font une du petit grain, dont j'ai déja parlé, qu'ils employent dans leurs réjouïssances. Les hommes s'y rendent avec leurs Bonnets chargez des plus longues plumes qu'on trouve à la queüe des Coqs. Ils portent aussi une bande de cuir, large d'environ 6. pouces, qui leur pend sur le derriere, en forme de queüe depuis la ceinture jusqu'à terre, & dont les bords de l'un & l'autre côté, sont ornez de petits anneaux de fer, qu'ils fabriquent eux-mêmes. Dans cet équipage, échauffez par la Boisson, & animez par la Musique, ils sautent fort gaillardement, & secouent ces queües postiches de la bonne maniere, quoi qu'avec beaucoup d'innocence & de simplicité. Il est permis à chaque homme d'avoir autant de femmes qu'il en peut entretenir ; mais il faut qu'il les achete, puisque c'est la seule marchandise qu'on achete, & qu'on vende en ce Pays. Les peres, les freres, ou les plus proches parens mâles disposent des jeunes filles, dont le prix est proportionné à la beauté. Comme il n'y a point d'argent ici, on donne des vaches en troc pour des femmes : de sorte que le plus riche est celui qui a le plus de filles ou de sœurs à marier, & qui est par conséquent en état d'aquerir le plus de bétail. Ils se réjouïssent bien quand ils se marient ; mais l'épouse pleure tout le jour des nôces. Ils demeurent ensemble dans de petits Villages, composez de familles toutes alliées les unes avec les autres. C'est pour cela qu'ils se soûmettent volontiers au plus âgé d'entre eux, qui les gouverne tous. Ils sont fort justes & civils envers les étrangers. Deux de nos Matelots Anglois, dit Dampier, en firent une heureuse experience cinq années de suite. Après que leur Vaisseau eut échoué sur la côte, & que leurs Camarades eurent passé à la Riviere *Dellagon*, ils s'arrêterent ici jusqu'à ce que le Capitaine Rogers y toucha par accident, & les prit sur son bord. Ils savoient déja la Langue du Pays, & les habitans leur avoient donné des femmes & des vaches, d'une maniere fort généreuse. Tout le monde les aimoit, & l'on avoit de si grands égards pour eux, que leurs paroles étoient respectées comme des Loix : de sorte qu'à leur embarquement, il y eut quantité de jeunes Garçons, qui pleuroient parce que le Capitaine Rogers ne vouloit pas les prendre avec lui.

NATARURA. Voyez NAGARURIS.

NATAURI. Voyez NOTHABRIS.

NATCHEZ, NACHEZ, ou NACHIÉ, Peuple puissant de l'Amérique Septentrionale, dans la Louisiane, situé au bord Oriental du Mississipi, au-dessus & du même côté que les Tonikas, à quelques dix lieuës au-dessous des Taensas. Cette Nation étoit divisée en deux Peuples, gouvernez par un Prince absolu & despotique, selon quelques Voyageurs ; d'autres disent seulement que la Nation a de grands égards pour lui ; mais ils ne lui donnent pas ce pouvoir despotique. Les Natchez sont plus policés que les Américains de la nouvelle France ; ils ont une Religion formée, ils ont un Temple, où une garde veille pour la conservation du feu perpétuel, que l'on a grand soin de ne jamais laisser éteindre. Ce feu est entretenu par neuf buches appointées les unes contre les autres, sans qu'on en augmente ni diminüe jamais le nombre, à mesure qu'elles se consument, l'on a soin de les approcher, jusqu'à ce qu'il soit besoin d'en substituer d'autres. Ils conservent aussi dans ce Temple en dépôt les Cadavres de leurs Chefs, & de ceux de leur famille. Le Chef va tous les jours à certaines heures à l'entrée de ce Temple, où se courbant à mi-corps, & étendant les bras en croix, il fait un certain murmure confus de la bouche, sans prononcer aucune parole distincte. Ses Sujets observent la même ceremonie à son égard & à l'égard de tous ceux de son sang. L'on reporte qu'ils conservent aussi dans leur Temple une pierre conique envelopée de plus de cent peaux de Chevreuil mises les unes sur les autres ; l'on veut qu'ils adorent sous la figure de cette pierre le Dieu de la Nature & peut-être aussi le même Dieu sous le nom du Soleil, dans le feu perpétuel qu'ils conservent si soigneusement. Ils portent dans leur Temple les présens un peu considerables, que les autres Nations leur font ; & personne n'y entre que ceux qui en sont tenus, croyant que tout autre qui y entreroit y mourroit secrétement. L'on y voit aussi plusieurs figures d'hommes & d'animaux en relief assez mal travaillées. Les Natchez aussi bien que les Taensas leurs voisins, ont une coutume cruelle qui est, que quand leur Chef meurt, ils massacrent plusieurs de ses confidens, pour lui tenir compagnie dans l'autre Monde. Ce sacrifice religieux se fait en les assommant ou en les étranglant. Lorsque Messieurs de la Salle & de Tonti les reconnurent, ils pouvoient faire autour de trois mille hommes, propres à porter les armes. La chasse & la pêche sont leurs occupations ordinaires, lorsqu'ils ne sont point en guerre. Leurs terres consistent en de vastes prairies

# NAT.

ries & de grandes forêts; ils ont de la vigne & des olives: l'on y recueille du bled d'Inde & de toutes sortes de fruits, ils nourrissent beaucoup de bestiaux. Les François y ont un petit établissement.

NATCHITOS, Peuples de l'Amérique Septentrionale, dans la Louïsiane Occidentale, amis des Assonys.

NATEMBES, Peuple de la Libye interieure: il étoit, selon Pline [a] plus au Nord que la Montagne Usargala.

[a] l.4.c.6.

NATHABUR, fleuve de l'Afrique intérieure, selon Pline [b]. Peut-être arrosoit-il le Pays des NATHABRES. Voyez NOTHABRES.

[b] l.5.c.5.

NATHAN, c'est le nom que St. Jérôme donne à un lieu de la Palestine, nommé *Hanathon* par les Septante [c]. La Frontiere des enfans de Zabulon, tournoit au Septentrion vers *Hanathon*.

[c] Josué c. 19. 14.

NATHANAEL, lieu dans le Desert: St. Jérôme lit Nahaliel. [d] De Matthana le Peuple vint à Nahaliel & de Nahaliel à Bamoth.

[d] Num. 21. 19.

1. NATANGEN, Cercle du Royaume de Prusse. Il est borné au Nord, par la Samlandie & par la Nadrovie, dont il est séparé par le Prégel; à l'Orient en partie par la Nadrovie & en partie par le Palatinat de Troki & par la Podlachie: au Midi par le Duché de Mazovie, & à l'Occident, par le Frisch-Haff, par le Palatinat de Marienbourg & par le Hockerland. Ce Cercle contient quatre Provinces, qui sont,

| le Natangen propre, | la Sudavie, |
| le Bartenland, | la Galindie. |

2. NATANGEN, NATANGERLAND, ou NATANGIE, [e] Contrée de la Prusse Ducale sur le Pregel, qui a la borne au Nord: à l'Orient elle a le Bartenland, dont elle est séparée par la Dême: au Midi elle est bornée par le Palatinat de Marienbourg, & à l'Occident par le Frisch-Haff. Ses principaux lieux sont,

[e] Homan, Carte du Royaume de Prusse.

| Brandebourg, | Fridland, |
| Heiligpeil, | Landsperg. |

NATEL, Ville de Perse située, selon Tavernier [f] à 77. d. 40'. de Longitude, sous les 36. d. 7'. de Latitude.

[f] l. 3. p. 402.

NATENS [g], Ville de Perse; c'est la même que Contarini nomme Nethas: les habitans du Pays l'appellent Natens. Elle est située dans un Vallon au pied d'un grand rocher, qui est entre le Midi & le Couchant de la Ville; elle a du côté de l'Orient & du Nord d'autres Montagnes plus petites, en sorte qu'elle est environnée de hauteurs de tous côtez. Quoique les Montagnes, qui séparent la Perse de la Médie soient si unies, qu'on n'y voit presque point de roche, celles de Natens en sont hérissées, & sont par conséquent très-difficiles. Cependant elles ne laissent pas de s'ouvrir en certains endroits & de donner un passage assez aisé, du côté par où elles coupent le chemin. Ce qu'il y a de particulier & d'avantageux, c'est qu'on y trouve de l'eau en quantité & elle est très-

[g] Olearius, Voyage de Perse, liv. 4. p. 477.

# NAT. 51

bonne. Cette eau descendant depuis le sommet des Montagnes par toutes leurs pentes se va rendre dans le fond de la Vallée qui est toute parsemée de jardins, où il vient de très-excellens fruits, quoique la terre y soit assez stérile & pierreuse. Le lieu même est tellement environné d'arbres, de vergers & de levées de pierres, posées les unes sur les autres, que ceux qui ne connoissent pas bien le chemin ont beaucoup de peine à le trouver. Natens est situé à l'opposite de ce Vallon, quand on va de Casbin à Ispahan; & ce Vallon est parsemé de petits Villages qui sont bâtis entre les jardins; mais si peu séparez les uns des autres qu'ils semblent ne faire qu'une seule Ville. En arrivant à Natens on laisse à la droite deux Montagnes fort hautes & fort pointuës: Une de ces Montagnes a sur son sommet une grosse Tour que Schach Abas fit bâtir en mémoire de l'avantage qu'un de ses faucons eut en ce lieu-là sur une aigle qu'il attaqua, abattit & tua, après un combat fort opiniâtre. Ce bâtiment est fait de briques, & de forme octogone par le bas. Il a environ huit pas de diametre: à mesure qu'il s'élève il perd peu à peu de cette forme & de sa grosseur: il est percé en haut de tant de fenêtres, que le jour y entre de tous côtez.

[h] Olearius, liv. 4. p. 477.

NATERS [i], Bourg du Haut-Vallais, au département de Brieg, à la droite du Rhône, dans un lieu pierreux, semé de rochers & néanmoins passablement fertile. Il a de belles Maisons construites de pierre & beaucoup de vignes.

[i] Etat & Délices de la Suisse, t. 4. p. 178.

NATHUMBES. Voyez MENTOUBES.

NATHO, Isle de l'Egypte, dans le Delta: Hérodote [k] dit que la moitié de l'Isle Prosopitis s'appelloit Natho.

[k] l. 2. c. 165.

NATIDOS. Voyez NAGIDOS.

NATION, substantif feminin; ce mot dans sa signification primitive veut dire un nombre de familles sorties d'une même tige, ou nées en un même Pays. On entend ordinairement par le mot de Nation un grand Peuple gouverné par les mêmes Loix, & parlant une même Langue; & quelquefois la Nation se divise en Tribus comme la Nation Juive, en Cantons comme la Nation Helvetique, en Royaumes comme la Nation Espagnole, en divers Peuples comme dans l'ancienne Gaule où le mot de Nation est exprimé par celui de *Civitas*; qui comprenoit sous lui des Peuples particuliers; Voyez CIVITAS. Plusieurs Peuples font une seule Nation (*Civitas*) les Bourguignons, les Champenois, les Picards, les Normands, les Bretons, les Angevins, les Tourangeaux, &c. sont autant de Peuples qui font partie de la Nation Françoise.

LES NATIONS, en Latin GENTES, dont nous avons pris le mot de GENTILS, dans le sens de Payens, & d'Idolatres. Les Auteurs sacrez & les Peres de l'Eglise ont employé ce mot pour signifier tous les Peuples qui étoient plongez dans l'idolatrie. On a dit en ce sens que St. Paul étoit *l'Apôtre des Nations*, c'est-à-dire *des Gentils*.

NATIONENSIS 1, Siége Episcopal d'Afrique dans la Province de Byzacène. La Notice Episcopale d'Afrique nomme Pirasius son Evêque; & l'on trouve dans la Confé-

[l] Gest. Collat. Carthag. No. 208.

ren-

G 2

rence de Carthage, Fauftin qualifié *Epifcopus Nationenfis*.

NATISCOTEC, Ifle de l'Amérique Septentrionale, dans l'Embouchure du grand fleuve de Canada, qui la divife en deux. Natifcotec eft le nom que lui donnent les Sauvages. Quartier en la découvrant l'appella l'Ifle de l'Affomption, & Jean Alphonfe lui donna le nom d'Ifle de l'Afcenfion.

NATISO, fleuve des Venetes, felon Pline [a], qui dit qu'il paffoit auprès d'*Aquileia Colonia*. [b] Jornandes dit la même chofe en ces termes: *Aquileia muros ab Oriente Natifo amnis elambit*. Leander la nomme *Naifone*. Elle prend fa fource dans les Alpes; court d'abord en ferpentant du Nord-Oueft au Sud-Eft, jufqu'à Starafelle; de là tournant de l'Eft à l'Oueft elle fe rend à S. Pietro, d'où après avoir reçu les eaux du Cofice Canale & du S. Leonardo Canal, elle court du Nord au Midi, paffe à Cividal de Friuli & à Palma la Nuova après s'être jointe à la Riviere Corno. Enfin prenant fon cours du côté du Sud-Eft elle va fe jetter dans la Lifonzo, au deffous de Gradifca. Les Anciens font entendre que le Natifo fe jettoit dans la Mer: ainfi ils donnoient le nom de Natifo à la Lifonzo avec laquelle il fe joint.

[a] l. 3. c. 18.
[b] de reb. Getic.

NATIUS, Port dans la Bætique, felon Avienus, cité par Ortelius [e].

[e] Thefaur.

NATO, Château aux environs de la Moefie, felon Ortelius [d] qui cite Marcellinus Comes: il étoit fitué fur la rive du grand fleuve.

[d] Ibid.

1. NATOLIE, ou ANATOLIE, anciennement appellée l'ASIE MINEURE [e]; c'eft une grande Prefqu'Ifle, qui s'avance entre la Mer Méditerranée & la Mer Noire, jufqu'à l'Archipel & la Mer de Marmara. Les Turcs la nomment *Anatol Vilaiete*. On la divifoit autrefois en plufieurs Royaumes ou Provinces. On mettoit la Cappadoce, la Galatie, la Lycaonie & la Pifidie vers le milieu: la Bithynie, la Paphlagonie & le Royaume de Pont vers la Mer Noire: l'Arménie Mineure à l'Occident de l'Euphrate: la Cilicie, la Pamphylie, la Carbalie, l'Ifaurie & la Lycie vers la Mer Méditerranée: la Carie, la Doride, la Lydie, l'Ionie, l'Æolide, la grande & petite Phrygie, la grande & petite Myfie & la Troade fur l'Archipel. Tous ces Royaumes, & Provinces fe divifoient encore en plufieurs autres; ce qui fe peut voir fous chaque Article particulier. Aujourd'hui la Natolie eft divifée en quatre principales parties, dont la plus Occidentale & la plus grande eft encore appellée du même nom. Voyez l'Article fuivant. Les trois autres font la CARAMANIE, L'AMASIE & L'ALADULIE. Voyez ces trois Articles, fous leur titre particulier.

[e] Robbe Meth. pour apprendre la Geogr. T. 2. p. 10.

### DIVISION DE LA NATOLIE.

| NATOLIE. | Natolie propre. | Chiutaye, Burfe, Angouri, Bolli, Chiangare, Smyrne, Ephèfe. |
|---|---|---|
| | Caramanie. | Cogni, Tiagna, Scalemure, Satalie, Tarfun. |
| | Amafie. | Amafie, Toccat, Sivas, Trebifonde, Arfinga, Charafar. |
| | Aladulie. | Maraz, Sis, Sarmufada, Lajazzo, Adena. |

Les principales Rivieres font: Zagari, Portoni, Aitoefu, Cafalmach, qui fe jettent dans la Mer Noire: Jechel-Irma, ou la Riviere verte, qui fe joint au Kara: Kara ou la Riviere Noire qui fe décharge dans l'Euphrate: Satalie, qui a fon Embouchure dans la Mer Méditerrahée: Madre & Sarabat, qui fe rendent dans l'Archipel.

2. NATOLIE PROPRE; Contrée de la Turquie en Afie, & l'un des quatre Gouvernemens de la Prefqu'Ifle de NATOLIE. Elle occupe prefque la moitié de la Prefqu'Ifle, s'étendant depuis la Riviere de Cafalmach fur la Mer Noire, fur la Mer de Marmara, fur l'Archipel & fur la Mer Méditerrahée jufqu'à la côte qui eft entre l'Ifle de Rhodes & le Xante, d'où tirant une ligne à l'Embouchure du Cafalmach, elle fe trouve féparée de la Caramanie & de l'Amafie. La Ville de Chiutaye, fituée fur le fleuve Ayala, eft la Capitale de cette Province & le Siége d'un Béglierbej. [f] On compte dans fon Gouvernement les Ziamets & les Timars fuivans:

[f] Ricaut Etat préfent de l'Empire Ottoman, liv. 3. p. 518. de la Trad. de Befpier.

| Sangiacs, | Ziamets, | Timars, |
|---|---|---|
| Kiotahia, | 39 | 948. |
| Saruhan, | 41 | 674. |
| Aidin, | 19 | 572. |
| Caftamoni, | 24 | 570. |
| Hudavendighiar, | 42 | 1005. |
| Boli, | 14 | 551. |
| Mentefché, | 52 | 381. |
| Angura, | 10 | 257. |
| Cara-hifar, | 10 | 615. |
| Tekeili, | 7 | 257. |
| Kiangri, | 7 | 381. |
| Hamid, | 9 | 385. |
| Sultan-Ughi, | 7 | 390. |
| Carefi, | 7 | 242. |
| Jenigehifar. | 7 | 212. |

En tout 295 Ziam. & 7440 Tim.

Ainfi en comptant fuivant la plus baffe eftimation quatre Gebelus pour chaque Zaim, ils peuvent monter, avec ceux qui les accompagnent au nombre de - - - - - 1180

En doublant le nombre des Timariots, felon l'efti-

## NAT. NAV.

l'estimation la plus basse, ils font - 14880

En tout    16060.

Pour l'entretien de cette Armée le revenu, suivant l'état du Grand Seigneur, est de 37310700. aspres.

Outre ces Cavaliers on entretenoit autrefois environ six mille neuf cens hommes, pour nétoyer les chemins, pour porter des provisions & pour le service de l'Artillerie; & il y avoit encore un fonds pour douze cens quatre-vingt Sutlers ou Vivandiers, & pour cent vingt-huit Trompettes & Tambours qui étoient Egyptiens. Mais cela n'a été en usage que lorsque la Natolie étoit Frontiere des Chrétiens; car en ce tems-là elle étoit mieux fournie & mieux fortifiée qu'elle n'est aujourd'hui. Depuis qu'elle est devenuë une des Provinces des plus tranquilles & des moins exposées aux attaques des Ennemis, on a donné ce revenu aux Zaims & aux Timariots; de sorte qu'on a augmenté leur nombre de trois cens trente Ziamets & de onze cens trente-six Timars. Voyez CARAMANIE.

NATSOHOS, Peuples de l'Amérique Septentrionale, dans la Louïsiane: ils sont amis des Assonys.

NATUPHA, Désert aux environs de la Palestine, selon Ortelius [a], qui cite Metaphraste.

*[a] Thesaur.*

NAU, NAVE, ou NAHE, en Latin *Nava*; Riviere d'Allemagne. Tacite [b] fait mention de cette Riviere, & dit qu'elle se joint au Rhin auprès de *Bingium*, aujourd'hui *Bingen*: en effet Bingen est encore situé au lieu où la NAU se jette dans le Rhin. Ausone parle aussi de cette Riviere dans ce prémier vers de sa Moselle [c]:

*[b] Hist.l.4. c.70.*
*[c] Edyl. 3.*

*Transieram celerem nebuloso lumine Navam.*

Les Allemans nomment aujourd'hui cette Riviere NAHE. Elle a sa source dans la Lorraine, à l'Orient de Neukirch, prend son cours du Sud-Ouest au Nord-Est, passe à Werdenstein & à Obersten, traverse le Lenahegaw où elle reçoit diverses Rivieres & plusieurs Ruisseaux, & baigne Kirn, Martenstein, Sobernheim, Eberburg, Creutznach; enfin tournant du Midi au Nord, après avoir mouillé les murs de Bretzenheim, elle va se jetter dans le Rhin au dessous de Bingen.

NAUA. Voyez NAU.

NAVÆTUS. Voyez NEAETHUS.

☞ NAVALE, ce mot Latin peut avoir beaucoup de significations differentes. Il peut signifier *un Port, un Havre*; quelquefois le lieu du port où l'on construit les Vaisseaux, comme à Venise; ou *le Bassin* où ils sont conservez & entretenus, comme au Havre de Grace. Mais ce n'est point là le principal usage de ce mot. Il y avoit des Villes, qui étoient assez importantes pour avoir un Commerce maritime & qui néanmoins n'étoient pas situées assez près de la Mer pour faire un port. En ce cas on en choisissoit un le plus près & le plus commode qu'il étoit possible. On bâtissoit des Maisons à l'entour, & ce Bourg, ou cette Ville, devenoit le *Navale* de l'autre Ville. C'est ainsi que Corinthe si-

## NAV.

tuée dans l'Isthme du Peloponnese avoit deux ports (*duo Navalia*) savoir *Lechaeum* dans le Golphe de Corinthe; & *Cenchrées* dans le Golphe Saronique. Quelquefois une Ville se trouvoit bâtie en un lieu qui n'avoit pas un port suffisant pour ses Vaisseaux, parce que son Commerce auquel des barques avoient suffi au commencement, étoit devenu plus florissant, & demandoit un havre où de gros bâtimens pussent entrer; alors quoique la Ville eût déjà une espece de port, elle s'en procuroit un autre plus large, plus profond quoiqu'à quelque distance, & souvent il s'y formoit une Colonie qui devenoit aussi florissante que la Ville même. C'est une erreur de croire que le port ou *Navale* fût toujours contigu à la Ville dont il dependoit; il y avoit quelquefois une distance de plusieurs milles.

NAVALE. Voyez EPENIUM.

NAVALE CÆS. AUG. Voyez FORUM JULII, & FREJUS.

NAVALE STAGNUM. Voyez CÆSARIS DICTATORIS VILLA.

1. NAVALIA, Ville de la Germanie inférieure, selon Ptolomée [d], qui la met entre *Asciburgium* & *Mediolanium*. On croit que c'est la Ville de Swol.

*[d] l.2, c.11.*

2. NAVALIA. Voyez QUINTIANA PRATA.

NAVAN [e], petite Ville d'Irlande, dans la Province de Leinster, au Comté d'Est-Meath, sur la Boyne, à dix milles & à l'Ouest de Duleck; à sept presque au Sud-Est de Kello & à huit milles au Nord-Est d'Athboy. Elle a droit d'envoyer deux Députez au Parlement.

*[e] Etat présent de l'Irlande, p. 39.*

NAVAPOURA, gros Bourg des Indes, sur la route d'Agra à Brampour. Il est situé à quinze costes de Kekoa & à neuf de Nasarbar. On y trouve une grande quantité de Tisserans; & il y passe une Riviere, qui rend son territoire excellent & fort abondant en ris, dont le Négoce est le principal de ce lieu-là. Tout le ris qui croît dans ce quartier-là a une qualité particuliere qui fait qu'il est fort estimé. Son grain est la moitié plus petit que celui du ris ordinaire, & quand il est cuit la neige n'est pas plus blanche: outre cela il sent le musc. Les Grands Seigneurs des Indes ne mangent point d'autre ris, & quand on veut faire un présent agréable à quelqu'un en Perse, on lui donne un sac de ce ris-là.

NAVARI, ou NAVARRI; Peuples de la Sarmatie Européenne, selon Ptolomée [f].

*[f] l. 3.c.5.*

NAVARIN, ou ZUNCHIO, Ville de la Morée, dans le petit Pays de Belvedere, sur la côte du Golphe de Zunchio, au dessus de Modon en tirant vers le Nord. Il y a apparence que c'est la même Ville que Ptolomée [g] nomme *Pylus* & qu'il met dans la Messenie. Navarin est à dix milles de Coron sur une hauteur au pied de laquelle est le Port, qui peut contenir plus de deux mille Vaisseaux. Ce Port a deux Châteaux pour défense: l'un est le VIEUX NAVARIN, sur une haute Montagne & qui commande l'entrée du Port du côté du Nord; l'autre Château commande l'entrée du Port du côté du Midi & défend la Ville de Navarin qui est bâtie sur le penchant d'une colline. Nava-

*[g] l. 3. c.16.*

rin a passé de tout tems pour une Place importante ; c'est ce qui fait qu'elle a changé souvent de maîtres. En 1498. les Turcs la prirent sur les Vénitiens ; & ceux-ci rentrérent peu de tems après ; les Turcs les en chassérent bien-tôt, & la gardérent pendant près de deux siécles. En 1286. le Généralissime Morosini l'obligea de rentrer sous l'obéïssance de la République ; mais enfin les Vénitiens la cédérent aux Turcs avec toute la Morée en 1699.

1. NAVARRE, Royaume d'Europe, situé entre la France & l'Espagne & divisé en Haute & Basse Navarre. La prémiere appartient à l'Espagne, & la seconde à la France ; & toutes les deux ensemble se divisent encore en plusieurs Districts ou Bailliages, qu'on appelle en Espagne *Merindades* : La Haute Navarre en comprend cinq, qui ont pour leurs Capitales,

Pampelune,                 Tudéle,
Estella,                   Olite,
            Sanguessa.

*a Vayrac, Etat présent de l'Espagne, liv. 1. p. 74.*

La Basse Navarre [a] ne contient qu'un de ces Bailliages, & a pour Capitale St. Jean Pié de Port.

2. NAVARRE, (LA HAUTE) a au Nord une partie des Provinces de Guipuscoa & d'Alava, les Pyrénées, le Bearn & le Pays de Labour, autrement le Pays des Basques : à l'Orient une partie du Royaume d'Aragon, les Pyrénées & les Vallées qui se jettent au dedans de l'Espagne par Roncevaux, par le Val de Salazar & par celui de Roncal, jusqu'à Ysava. Ses Riviéres principales sont,

l'Ebre,                    l'Arga,
l'Aragon,                  l'Elba.

Et ses principales Vallées sont celles de

Roncevaux,                 Roncal,
Salazar,                   Ahescoa,
            Bastan.

Ce Royaume avoit autrefois une étendue bien plus grande que celle qu'il a aujourd'hui. Il comprenoit les Provinces de Guipuscoa, d'Alava, de Rioja & une partie de l'Aragon. Mais à présent il est restraint à ce qu'on appelle proprement Haute-Navarre, & peut avoir vingt-huit ou trente lieues de longueur & environ vingt-trois ou vingt-quatre de largeur. Quelques-uns prétendent qu'on y peut compter jusqu'à quarante mille Familles ; mais il y a des Ecrivains qui en comptent beaucoup moins. On y va de France par trois endroits : savoir par Roncevaux, par Maya, & par Vera.

On n'est pas d'accord sur le tems de la fondation de ce Royaume. Il y en a qui veulent qu'il ait été établi dès l'an 716. après que les Maures eurent occupé l'Espagne. Voici le sentiment de plusieurs Historiens à cet égard. Dans une roche, disent-ils, appellée *Peña de Oruel*, près de la Ville de Jacca vivoit un bon Hermite en compagnie de quatre Confréres. Ce Saint Solitaire étant mort, trois cens Gentilshommes ou environ s'assemblérent pour honorer son enterrement, & étant venus à parler du malheur de l'Espagne, ils délibérérent d'élire un Chef pour conserver le reste de leur Liberté & de leur Religion dans les Détroits de ces Montagnes. Après une mûre délibération, le choix tomba sur Garcie Ximenès le plus considérable d'entre eux, François de naissance, Comte de Bigorre & possesseur de plusieurs riches terres dans la Biscaye. Ce Prince se signala par une infinité d'exploits contre les Maures. Garcias Ignigo son fils, Fortunio, Sanche Garcias, Ximenès Garcias, un autre Garcias & Ignigo Ximenès, surnommé Arista, lui succedérent de pére en fils. Cependant d'autres soutiennent que cet Ignigo Arista, que les Espagnols donnent pour le dernier Successeur de Garcie Ximenès est le prémier qui ait régné dans la Haute Navarre. Ils ajoutent qu'il fut nommé par les principaux de la Noblesse pour les conduire contre les Sarrasins, pendant que les François étoient occupez aux guerres civiles, qui déchiroient la France sous la domination des enfans de Louïs le Débonnaire.

Les descendans d'Ignigo Arista joüirent du Royaume de Navarre jusqu'en 1234. que Sanche VII. dit l'Enfermé ou le Fort, mourut sans enfans, & ne laissa que deux sœurs ; l'une appellée Bérengére fut mariée avec Richard, surnommé *Cœur de Lion*, Roi d'Angleterre, & mourut aussi sans enfans ; l'autre appellée Blanche épousa Thibaut V. Comte de Champagne, dont le fils nommé Thibaut VI. fut Roi de Navarre. Ce dernier laissa deux enfans mâles ; savoir Thibaut & Henri, qui furent successivement Rois de Navarre. Henri laissa en mourant une fille unique appellée Jeanne & qui fut mariée avec Philippe-le-Bel, Roi de France & de Navarre. Mais Jeanne fille de Louïs X. dit Hutin, ayant hérité de la Navarre après la mort de son frére, elle porta en 1316. cet Etat dans la Maison d'Evreux par son Mariage avec Philippe Comte d'Evreux. Charles leur Petit-fils ayant laissé Blanche II. héritiere de la Navarre, cette Princesse épousa en prémiéres noces Martin Roi de Sicile, & en secondes Jean Roi d'Aragon & de Navarre, de qui elle eut Charles Prince de Viane mort en 1461. sans postérité ; Blanche prémiére femme d'Henri IV. surnommé l'Impuissant Roi de Castille, morte en 1463. & Eléonore qui porta la Navarre à Gaston Comte de Foix & de Bigorre, Vicomte de Bearn. Catherine leur fille la porta à Jean Sire d'Albret, à qui Ferdinand, le Catholique, Roi d'Aragon, l'enleva, à la faveur d'une Bulle du Pape, qui exposoit la Navarre au prémier occupant, sous prétexte que Jean étoit fauteur du Concile de Pise & Allié de Louïs XII. Roi de France, alors selon lui ennemi du St. Siége. Ferdinand & ses Successeurs gardérent cet Etat à titre de conquête, fondant leur droit sur les Loix de la guerre.

Les prémiers Rois de Navarre ne prénoient quelquefois que le titre de Rois de Pampelune. Don Pedro prémier de ce nom & dix-septiéme Roi de Navarre se nommoit Roi de Pampelune & d'Aragon. Lorsqu'ils devoient prendre possession du Royaume, ils montoient à cheval, faisoient porter l'étendard

dard de Navarre par un Cavalier, & faifoient marcher devant eux un Heraut vêtu de la cotte d'armes de Navarre & qui crioit à haute voix : *Navarre, Navarre pour NN*. Le Prince faifoit ainfi plufieurs tours par la Ville ou dans le Camp, au fon des trompettes, avec une grande fuite. Il faifoit enfuite convoquer à Pampelune les Etats du Royaume, & les Députez étant affemblez dans la grande Chapelle de la Cathédrale, l'Evêque difoit au Roi qu'avant qu'il fût oint, il falloit qu'il prêtât le ferment accoutumé à fon Peuple. Alors on lui préfentoit une croix & un Livre des Evangiles, fur lequel il portoit la main & juroit de maintenir les Droits, les Coutumes & les Libertez du Royaume; après quoi les Députez juroient de garder & de défendre fidélement fa perfonne & fes Etats.

Ces fermens prêtez de part & d'autre, par les Etats à l'exception du Clergé qui ne juroit pas, le Roi fe rétiroit dans la Chapelle de St. Etienne de la même Eglife; il y prenoit une robe de foie blanche, & enfuite deux Evêques le ramenoient dans la grande chapelle, où l'Evêque de Pampelune l'oignoit d'huile avec les cérémonies accoutumées. Immédiatement après l'onction, le Roi quittoit la robe blanche, fe revêtoit des habits royaux & s'approchoit du Maître-Autel, où il trouvoit une épée, la couronne du Royaume, garnie de pierreries, & le fceptre Royal. Il ceignoit lui-même l'épée, & la tirant du fourreau, il la levoit en haut en figne de juftice. Après cela il fe mettoit la couronne fur la tête & prenoit le fceptre en main, pendant que les Prélats continuoient les priéres; & lorfque les priéres étoient finies, le Roi montoit fur un pavois ou écu, fur lequel les armes de Navarre étoient peintes. Cet Ecu étoit foutenu par les Députez de la Nobleffe, des Citez & des Villes du Royaume, qui pouffoient de grands cris de joie, tandis que le Roi porté de cette forte jettoit au Peuple des piéces de monnoie d'or & d'argent. Après cela les Prélats conduifoient le Roi à fon Siége royal, qui étoit fort élevé & très-magnifique : On chantoit alors le *Te Deum*, à la fin duquel l'Evêque de Pampelune commençoit la Meffe pontificalement; & à l'Offertoire le Roi offroit de l'or, de l'argent & de l'écarlatte.

Ce Royaume jouit encore de grands priviléges. Lorfque Ferdinand le Catholique aggrégea le Royaume de Navarre à fes autres Etats, il ne changea rien dans la forme de Gouvernement, ni dans les Loix que les anciens Rois de ce Pays-là y avoient établies; & il laiffa les peuples dans la pleine poffeffion de leurs priviléges, fans les affujettir en aucune maniere aux ufages de Caftille ni d'Arragon : de forte que le Confeil fouverain où s'exerçoit la Juftice avant cette aggrégation, a toujours fubfifté dans l'exercice de fes droits, fans recevoir la moindre atteinte. Il eft compofé du Viceroi qui y préfide, quand il lui plaît; d'un Régent qui eft un homme de robe, de fix Confeillers, avec titre d'Auditeurs, de quatre Alcaldes, d'un Rapporteur, d'un Ecrivain ou Greffier, qui a fous lui quelques Commis, de divers Alguazils & de deux Portiers. Sa Jurifdiction s'étend fur toute la Haute Navarre; & il juge fouverainement tant au Civil qu'au Criminel. Il confulte toutes les femaines avec le Viceroi, fur les affaires qui furviennent par rapport à la Police & au Gouvernement du Royaume. Mais il ne prend aucune connoiffance du Gouvernement Eccléfiaftique ni du Militaire, non plus que des Finances royales, qui font de la compétence de la Chambre des Comptes, à laquelle le Viceroi eft en droit d'affifter quand il lui plaît, de même qu'au Confeil.

Comme le Royaume de Navarre a des Loix particuliéres, la Jurifprudence & le ftyle n'ont aucun rapport ni à la Jurifprudence ni au ftyle des autres Tribunaux fouverains d'Efpagne, fi ce n'eft dans le cas où les uns & les autres fe conforment au Droit Romain. Les habitans trouvent un avantage dans ce Confeil fouverain; c'eft que les procédures n'y traînent pas en longueur, comme dans les autres Tribunaux, où quelquefois la troifiéme Génération voit à peine la fin d'un procès. Lorfque le Viceroi n'affifte pas au Confeil, le Régent y préfide, & en fon abfence le plus ancien Auditeur. Les Commiffions des Juges ne font que pour trois ans; mais quelquefois elles font prorogées; & delà ils font admis au Confeil de Caftille, ou à quelque autre Tribunal fouverain, dont les émolumens & les prérogatives font plus confidérables.

L'air de ce Pays eft plus doux, plus tempéré & plus fain, que celui des Provinces voifines, qui font plus avancées dans l'Efpagne. Le terrein eft raboteux, entrecoupé, ou pour mieux dire hériffé de Montagnes. Cependant il ne laiffe pas de produire affez de grains & de vins, dont les meilleurs font ceux de Peralta & de Tudele. Celui de Peralta eft une efpéce de vin de liqueur approchant de celui de St. Laurent; mais incomparablement plus fort & beaucoup meilleur. Celui de Tudele a beaucoup de rapport au vin de Bourgogne; mais il n'eft pas tout à fait fi délicat ni fi exquis. La terre produit auffi des fruits excellens, furtout des mufcats, des poires & des pêches. Il s'y trouve des fangliers en quantité, des chevreuils, des liévres, des loups, des renards, des perdrix, des becaffes & toute forte d'autre gibier & de venaifon. Les mines de fer y font fréquentes & abondantes : il y a même & en quantité des mines d'or, d'argent & de plomb; mais on ne fe met pas en peine de les exploiter. Le Cidre qu'on fait dans quelques Vallées de la Navarre, & furtout dans celle de Baftan paffe pour le meilleur qui fe faffe dans toute l'Efpagne.

Les Navarrois ont beaucoup d'efprit : ils font polis, fins, adroits, induftrieux, laborieux, & très-propres pour les Sciences & pour les affaires. Leurs mœurs font affez conformes à celles des François.

3. NAVARRE, (LA BASSE) c'eft une des *Merindades* ou Bailliages dont tout le Royaume de Navarre étoit compofé. Elle a au Nord les Landes & le Territoire d'Acqs; à l'Orient la Soule; au Midi les Pyrénées qui la féparent de la Navarre Efpagnole; & à l'Occident le Labour. Les Efpagnols appellent la Baffe Navarre *Merindada de ultra Puertos*; parce qu'elle eft à leur égard au delà des Pyrénées & des paf-
*fages*

sages des Montagnes qu'ils nomment *Puertos*, Ports.

*a* Ce Pays fut occupé des prémiers par les Vascons ou Gascons, lorsqu'ils passérent les monts pour s'établir dans la Novempopulanie sur la fin du sixiéme siécle : aussi tous les habitans sont Basques & parlent la Langue Basque, qui est la même que celle des Biscayens Espagnols. Les Ducs de Gascogne furent toujours Souverains de ce Pays, qui étoit partagé entre plusieurs Seigneurs ou Vicomtes. Les Ducs d'Aquitaine succédérent aux droits des Ducs de Gascogne, & ils en jouïrent toujours, jusqu'au dernier Duc Guillaume, qui laissa ses Etats & ses droits à sa fille Eléonor. Cette Princesse ayant épousé Louïs le jeune Roi de France, ce Prince, à ce qu'assure Hugues Moine de Vezelay dans sa Chronique, acquit par ce mariage toute l'Aquitaine, la Gascogne, & les Navarrois, jusqu'à la Croix de Charlemagne, *usque ad crucem Caroli*. Cette Croix qui est au Port de Roncevaux, étoit autrefois la borne de la France & de l'Espagne ; & le Diocèse de Bayonne s'étendoit aussi jusquelà. Roger de Hoveden, qui vivoit sur la fin du douziéme siécle, assure que Richard Comte de Poitiers, fils d'Henri, Roi d'Angleterre, & d'Eléonor de Guyenne, se fit connoître pour Souverain par tous les Basques & les Navarrois, jusqu'au Port de Sisara, qu'on nomme aujourd'hui communément le Port de Roncevaux.

On donnoit dans le douziéme siécle le nom de Navarrois aux Basques, qui habitent au Nord des Pyrénées ; parce qu'Alphonse Roi d'Aragon se rendit maître de ce Pays-là, & de celui de Labour l'an 1130. ayant pris alors Bayonne, qu'il perdit aussi-tôt après ; mais il conserva le Pays voisin. Après sa mort son frére & Successeur Ramire le Moine, ne fut pas en état de résister à la puissance du dernier Guillaume Duc d'Aquitaine & encore moins à celle de Louïs le jeune Roi de France, qui avoit épousé Eléonor, fille & héritiere du Duc Guillaume ; de sorte qu'on voit dans l'ancienne Chronique de Vezelay, écrite par Hugues Auteur contemporain, que ce Roi se fit reconnoître pour Souverain de tout le Pays des Basques & de la Navarre, jusqu'aux Monts Pyrénées & à la Croix de Charlemagne : *Acquisivit omnem Aquitaniam, Gascogniam, Basconiam & Navarriam, usque ad montes Pyreneos, & usque ad Crucem Caroli* : cette Croix étoit alors la borne de la France, comme elle l'a été long-tems du Diocèse de Bayonne. C'est ce passage que les Anciens appellent *Portus Sisara* & quelquefois la Porte d'Espagne. Eléonor ayant été répudiée par Louïs le jeune, & ayant ensuite épousé Henri II. Roi d'Angleterre, elle transporta ses droits à son fils Richard Comte de Poitiers ; & ce Prince subjugua les Basques & les Navarrois jusqu'à la Porte d'Espagne, & fut ensuite Roi d'Angleterre.

Ce ne fut que sous Jean sans terre, frére & Successeur de Richard, que les Ducs de Guienne perdirent la Basse-Navarre & les Pays adjacens. Alphonse le Noble Roi de Castille profitant des malheurs de Jean sans terre, à qui Philippe Auguste faisoit une furieuse guerre, se rendit maître de la Ville & du territoire de St. Sebastien & subjugua tous les Basques qui sont au Nord des Monts Pyrénées & même une partie de la Gascogne & du Bearn ; car il prit la Ville d'Acqs en Gascogne & celles de Sauvetat & d'Ortez, comme le rapporte en sa Chronique Lucas Tudensis, autrement Luc, Evêque de Tuy en Galice, qui vivoit du tems du Roi Alphonse, & qu'il n'y a aucune apparence de démentir. Néanmoins il est probable que ce Roi rendit au Vicomte de Bearn ce qu'on lui avoit pris. En effet on voit par un titre cité dans l'Histoire de Bearn que l'an 1204. le Roi Alphonse avoit avec lui comme un de ses amis, le Vicomte de Bearn. Il est indubitable qu'Alphonse ne conserva pas toutes les conquêtes qu'il avoit faites dans le Pays des Basques & dans la Gascogne ; mais seulement St. Sébastien & son territoire, où sont Fontarabie, Iron & Oyarçon. Sanche Roi de Navarre s'appropria ce qu'on appelle la Basse Navarre, & les Anglois regagnerent ce qu'ils avoient perdu jusqu'à la Riviere de Bidassoa, laquelle fut depuis ce tems-là la borne du Duché de Guienne du côté de l'Espagne.

*b* Tout ce que Jean d'Albret, & Catherine Reine de Navarre sa femme purent recouvrer des Etats, que Ferdinand Roi d'Aragon & de Castille leur enleva en 1512. se réduit à la Basse Navarre, petit Royaume, qui n'a que huit lieues de long sur cinq de large, & qui ne renferme que trois petites Villes : sçavoir,

St. Jean-Pié-de-Port, Saint Palais,
la Bastide de Clarence.

Henri d'Albret, fils de Jean ne fut pas plus heureux que son Pére ; & ne régna que dans cette petite partie de la Navarre. Il ne laissa qu'une fille de son mariage avec Marguérite sœur de François I. Cette Princesse appellée Jeanne épousa le 21. d'Octobre 1548. Antoine de Bourbon, & en eut entre autres enfans Henri le Grand, qui fut Roi de France. Ce magnanime Prince laissa la Couronne de France & celle de Navarre à Louïs XIII. son fils. C'est ce dernier qui a uni au Royaume de France la Basse Navarre & le Béarn, en 1620.

Ce Pays est montueux, stérile & les terres n'y rapportent qu'à force de soins & de travail, il produit peu de fruits ; mais ils sont excellens. Les habitans sont fort laborieux, d'un esprit vif & brillant & fort zélez pour la Religion & pour le service du Roi. Ils parlent la Langue Basque. Les deux principales Rivieres sont,

la Nive, & la Bidouse.

Une partie de la Basse Navarre est du Diocèse de Dax, & l'autre partie de celui de Bayonne. Au reste il n'y a aucun Chapitre, ni Abbaye, ni Monastére. On compte seulement quatre Prieurez-Cures, dont le revenu est très-modique, & cent-deux Paroisses.

Quant au Gouvernement, la Basse Navarre & le Béarn n'en font qu'un aujourd'hui, & sont du ressort du Parlement de Pau. La Bas-

*a* Longuerue, Descr. de la France, Part. I. p. 211.

*b* Piganiol, Descr. de la France. T. 4. p. 418. & suiv.

Basse Navarre est divisée en cinq Territoires; savoir,

L'Amix,  Le Baigorri,
La Cize,  L'Arberou,
L'Ostabaret.

La Justice se rend conformement aux Coutumes du Pays: on les appelle *Fors*.

Le Royaume de Navarre étant un Pays d'Etats, & se trouvant presque toute passée en 1512. sous la domination de Ferdinand Roi d'Aragon & de Castille, Henri d'Albret, fils de Jean, à qui cinq Provinces de ce Royaume avoient été enlevées, songea à conserver dans la Merindade, qui lui étoit demeurée la même forme de Gouvernement, qui étoit observée dans la Haute Navarre, & pour cet effet institua des Etats dans la Basse. Ils sont composez du Clergé, de la Noblesse & du Tiers Etat. Le Clergé comprend les Evêques de Bayonne & de Dax; leurs Vicaires Généraux; le Prêtre Majeur, ou Curé de St. Jean Pié de Port; du Prieur de la Ville de St. Palais, du Prieur d'Harembels & du Prieur d'Utziat. Le Corps de la Noblesse est composé de Gentilshommes possédans des Terres ou Maisons nobles, & ayant entrée aux Etats. La Tiers-Etat consiste en vingt-huit Députez des Villes & Communautez, qui ont entrée aux mêmes Etats.

Quand ces Assemblées sont convoquées à St. Jean Pié de Port, qui est dans le Diocèse de Bayonne, l'Evêque de Bayonne est à la tête du Clergé; & lorsqu'elle est convoquée à St. Palais, qui est dans le Diocèse de Dax, c'est l'Evêque de Dax. En l'absence des deux Evêques, leurs Vicaires Généraux observent le même ordre. Il n'y a point de rang réglé dans le Corps de la Noblesse: chacun se place, selon qu'il arrive dans l'Assemblée, & par là souvent un simple Gentilhomme est assis avant les Vicomtes & les Barons. Quoique le Clergé & la Noblesse soient deux Corps distinguez, ils n'ont pourtant qu'une séance où le Clergé tient le premier rang. Le Député de St. Jean de Pié de Port préside dans le Corps du Tiers Etat; parce que cette Ville est la Capitale du Royaume. Il y a un Syndic, un Secrétaire & un Huissier des Etats, & ces Commissions sont à la nomination des Etats. Le Syndic fait les propositions, rapporte les requêtes, fait délibérer & prend les avis, car il n'y a point de Président dans ces Assemblées: les Evêques ne président pas même. Le Secrétaire a soin d'écrire les avis sur le registre. Lorsque des trois Corps il y en a deux du même avis ils l'emportent. Néanmoins en matiére de finances le Tiers-Etat seul l'emporte sur les deux autres.

La Commission du Roi pour tenir les Etats est ordinairement adressée au Gouverneur ou au Lieutenant de Roi de la Province. Il envoye des Lettres circulaires à tous ceux qui y ont entrée & leur marque le jour & le lieu où ils doivent se trouver. Quand les Etats sont assemblez, ils envoyent une Députation des trois Ordres à celui qui est chargé de la Commission du Roi, pour l'avertir qu'ils l'attendent afin de savoir ce qu'il a à leur proposer de la part du Roi. Pour lors le Gouverneur, ou celui qui est chargé de la Commission du Roi, accompagne la Députation jusque dans le lieu de l'Assemblée, où celui qui est à la tête du Clergé lui fait un discours, qu'il écoute couvert & debout, & auquel il répond aussi couvert. Il parle de sa Commission & exhorte l'Assemblée à faire le don le plus fort qu'il sera possible. Après ce discours il se retire chez lui, & il est accompagné des mêmes Députez. Il envoye ensuite la Commission aux Etats assemblez & une Lettre de cachet pour les tenir. On fait la lecture de l'une & de l'autre; on les enregître & on nomme des Députez pour composer le cahier. Il contient les griefs que l'on a à alléguer, ou les réglemens que l'on a à demander pour le bien de la Province. Les Députez ont trois jours pour travailler à ce cahier, & pendant ces trois jours les Etats ne s'assemblent point. Au bout de ce terme le Secrétaire fait la lecture du cahier en pleine Assemblée: on délibére sur chaque article & on arrête que le cahier sera mis au net, & présenté par le Syndic à celui qui représente la personne du Roi & qui est chargé de l'examiner en présence du Commissaire départi, qui assiste aux Etats & sur l'avis de deux Graduez. Le Syndic rapporte alors le cahier aux Etats; & s'il y a quelques Articles sur lesquels ils ne soient pas satisfaits, ils en demandent la réformation par une requête qu'ils présentent au Gouverneur, ou à celui qui représente la personne du Roi: en cas de refus on se pourvoit devant le Roi même.

On procéde après cela au Don pour le Roi & à l'état des sommes qui doivent être imposées, ce qui se fait en présence du Commissaire départi, qui signe l'état. Après la signature on nomme des Députez des trois Corps pour en aller donner avis au Gouverneur, ou à celui qui est chargé de la Commission du Roi & pour le prier de se rendre à l'Assemblée afin de faire la clôture des Etats. Il s'y rend accompagné des Députez & précédé de l'Huissier des Etats, ayant à la main une baguette, aux deux bouts de laquelle sont empreintes les armes de Navarre. Celui qui est à la tête du Clergé rend compte du Don fait au Roi par les Etats; le Gouverneur après l'avoir écouté debout & couvert lui répond; & sa réponse finie les Etats se séparent. Ce n'est qu'après la clôture, que le Trésorier rend ses comptes aux Députez nommez par les Etats & en présence du Commissaire départi.

Les dons ordinaires que les Etats font au Roi vont qu'à quatre mille huit cens soixante livres, outre deux mille livres qu'on donne pour la subsistance des Troupes; encore prend-on sur ce don neuf cens livres, que le Roi donne pour les frais de la tenuë des Etats. On donne davantage au Gouverneur: les Etats lui allouent sept mille sept cens quatorze livres, & au Lieutenant de Roi deux mille sept cens quatorze livres.

Les habitans de ce Pays sont fort laborieux; & le Commerce qu'ils ont avec l'Espagne sert beaucoup à les faire subsister.

4. NAVARRE, Bois de France, dans le Languedoc, Maîtrise de Quillan: il a quinze cens arpens trois quarts.

5. **NAVARRE**, ou **Chateau de Navarre** [a], en France dans la Province de Normandie auprès d'Evreux. Ce Château est d'une structure magnifique : il consiste en un gros corps de bâtiment à quatre faces de même dessein, de même hauteur & de même symmétrie. Le bas de ce bâtiment, où sont les offices, est couvert par un talus en forme de Boulevart gazonné, élevé de huit à neuf pieds au dessus du niveau du jardin. On monte de ce jardin au premier étage du Château par de grands degrez, qui conduisent par un vestibule à un Salon d'une grande magnificence, pavé de marbre & orné de quantité de bustes de différens marbres. Un grand dôme ou coupole couvre ce Salon, qui est accompagné de quatre vestibules qui séparent quatre grands appartemens ; & ce dôme est enrichi de trophées d'armes en relief sur la pierre, avec les écussons de la Maison de Bouillon & autres ornemens d'une grande beauté. Le Salon est éclairé par les grands vitrages des vestibules & par les grandes fenêtres, pratiquées au dessous de la calote du dôme qui est fort élevée. Le second étage contient autour du dôme vingt chambres meublées pour y loger des personnes de distinction. Les quatre faces de ce superbe Château ont des vues différentes & variées : une sur Evreux, dont les Eglises avec leurs tours & leurs clochers forment un bel aspect ; une sur la prairie, qui conduit au bois qu'on a ouvert pour étendre la vue ; les deux autres sur de grandes pièces d'eau ; & toutes les quatre vues donnent sur des jardins très-bien ordonnez, & sur des canaux artificiels formez par les eaux de la petite Rivière de Conches. On arrive à ce Château par quantité d'avenues d'arbres.

[a] Corn. Dict. sur des Mem. dressez sur les lieux.

**NAVARREINS**, ou **Navarrinx** [b], Ville de France dans le Béarn, sur le Gave d'Oleron, dans la Sénéchaussée de Sauveterre. Elle fut bâtie par Henri d'Albret, Roi de Navarre & Prince de Béarn, au milieu d'une plaine très-fertile. Elle est de figure quarrée. Son enceinte est assez petite : mais elle a de belles murailles & quatre bons bastions. D'ailleurs elle n'a nuls dehors ; & elle est commandée au Levant par des hauteurs. C'étoit du tems du Prince qui la fit bâtir une assez bonne Place : on la regardoit comme le boulevart de ce Pays-là ; mais présentement elle ne peut plus passer pour telle. Il y a à Navarreins un Gouverneur particulier, un Lieutenant de Roi & un Major.

[b] Piganiol, Descr. de la France, T. 4. p. 445.

**NAVARETTE** [c], Ville d'Espagne, dans la petite Province de Rioxa. Elle est située sur une Montagne, à deux lieues ou environ de Logrono du côté du Couchant, & à pareille distance de Nagera, ou Najara, du côté du Levant, entre ces deux Villes. [d] Ce fut Alphonse de Castille qui la fit bâtir pour mettre le Pays en sureté.

[c] De l'Isle, Carte d'Espagne.
[d] Corn. Dict.

**NAVAS DE TOLOSA** [e], Montagnes d'Espagne, dans la partie Septentrionale de l'Andalousie, à l'Orient de Sierra Morena. Elles sont remarquables par la grande bataille que les Chrétiens y gagnèrent sur les Maures le 16. Juillet 1202. sous les ordres d'Alphonse Roi de Castille. Ce fut près du passage que l'on appelle *el Puerto de Muladar*.

[e] De l'Isle, Carte d'Espagne.

**NAUATA**, Ville de la Valerie Ripense, selon la Notice des Dignitez de l'Empire [f], Dans un ancien MS. au lieu de NAUATA, on lisoit PONEUATA. Il est fait mention d'un Evêque de Navata dans les Décrétales [g].

[f] Sect. 57.
[g] Descr. 2. Causa 9. & Decreto 1. Dist. 14.

**NAVAZA**, Isle d'Amérique Septentrionale, à 8. d. de la Ligne. [h] Elle est fort petite & âpre par les rochers & n'a pour verdure que de petits arbrisseaux. On met entre les merveilles du monde une fontaine qui est en Mer à demi-lieue de cette Isle [i]. Cette Fontaine est profonde au plus de seize pieds, & sourd d'une telle force que l'on puise son eau douce au milieu des ondes de la Mer.

[h] Laët, Descr. des Indes Occid. l. 1. c. 8.
[i] Corn. Dict.

**NAUBARIS**. Voyez **Nauari**.

**NAUBARUM**, Ville de la Sarmatie Européenne, quelques MSS. de Pline [k] lisent *Navarum*. Ptolomée [l] la met la dernière Ville dans les terres.

[k] l. 4. c. 12.
[l] l. 3. c. 5.

**NAUBOLENSES**. Voyez **Drymæa**.

**NAUBONENSES**, lieu de la Mauritanie Césariense.

**NAUCRATICUM**. Voyez **Canosse**.

**NAUCRATIS**, Ville d'Egypte dans le Delta, au dessus de *Metelis*, à main gauche en remontant le Nil. Cette Ville étoit ancienne, & Strabon [m] dit qu'elle fut bâtie par les Milesiens ; mais il l'appelle Ναύκρατον. Il y a apparence que c'est une faute de Copiste ; car Strabon un peu plus bas l'appelle Naucratis. C'est ainsi qu'écrivent Hérodote [n], Ptolomée & Etienne le Géographe. Cette Ville a été la Patrie d'Athenée célèbre Grammairien, comme il le témoigne lui-même dans un de ses ouvrages.

[m] l. 17.
[n] Gymnosophistar. L. 11. c. 9.

**NAUECTABE**, Ville d'Ethiopie, sous l'Egypte : Pline [o] la met au bord du Nil.

[o] l. 6. c. 30.

**NAUEGO**. Voyez **Bubegentas**.

**NAVEILLE**, Bourg de France dans la Beauce, Diocèse de Blois, Election de Vendôme.

**NAUENNA**. Voyez **Rauenna**.

**NAVERN** [p], Riviere d'Ecosse ; elle prend sa source dans les Montagnes de Sutherland, & donne son nom à la Province de *Strath-Navern*, qu'elle traverse du Sud au Nord.

[p] Etat présent de la Gr. Br. T. 2. p. 280.

**NAVES**, Bourg de France, dans le Limousin, Diocèse & Election de Tulle : il a 1700. habitans.

**NAUGRACUT**. Voyez **Nagracut** & **Purbet**.

**NAVIA** [q], Port d'Espagne dans l'Asturie, aux Frontieres de la Galice. Il y a auprès de ce Port un Bourg situé dans une plaine. Les habitans prétendent que leur Bourg doit sa fondation à Noé, & qu'il l'appella *Navia* du nom de sa belle-fille femme de Cham.

[q] Delices d'Espagne, T. 1. p. 144.

**NAUIA**. Voyez **Flavionauia**.

**NAUILLOINUS**, Fleuve de l'Espagne Tarragonoise : Ptolomée [r] met *Nauillouionis fluv. ostia* immédiatement après *Nabii fluv. ostia*, chez les *Callaici Lucenses*. Pline [s] écrit *Nauilubio*.

[r] l. 2. c. 6.
[s] l. 4. c. 20.

**NAUILUBIO**. Voyez **Nauilloinus**.

**NAULIBE**, Ville des Indes, en deçà du Gange, selon Ptolomée [t], qui la place entre le *Suastus* & l'*Indus*.

[t] l. 7. c. 1.

**NAULIBIS**, Ville ou Bourg de la Paropamisade : Ptolomée [v] la place entre *Gauzaca* & *Parsia*.

[v] l. 6. c. 18.

## NAU.

**NAULOCHIUM**, lieu de la Sicile, sur la côte, entre *Pelorum* & *Mylas*, selon Suetone [a]. Auguste remporta une victoire sur Pompée entre Mylas & NAULOCHIUM.
[a] In Aug. l. 2. c. 16.

**NAULOCHOS**, Isle sur la côte de l'Isle de Crète : Pline [b] la place devant le Promontoire *Sammonicum*. Voyez NAUMACHOS.
[b] l. 4. c. 12.

1. **NAULOCHUM**, Ville de la Phocide, selon Pline [c].
[c] l. 4. c. 3.

2. **NAULOCHUM PROMONTORIUM**, Pline [d] met ce lieu dans la Bithynie. Quelques-uns croient que c'est le *Nausimachium* de Denis de Byzance.
[d] l. 5. c. 32.

**NAULOCHUS**. Voyez SMYRNA.

**NAULOGON**. Voyez NAUMACHOS.

1. **NAUM**, ou **NAUN**, Ville d'Asie, aux confins de la Tartarie Moscovite & de la Tartarie Chinoise. La Carte d'Isbrantz Ides écrit NAUNKOTON, & la nouvelle Carte de l'Empire de la Grande Russie porte simplement NAUN. L'une & l'autre placent cette Ville sur la Riviere de Naun, à la gauche & à peu près dans l'endroit où elle fait un coude pour prendre son cours à l'Est.

2. **NAUM** [e], ou **NAUN**, Riviere de la Grande Tartarie, aux confins de la Tartarie Moscovite & de la Tartarie Chinoise. Elle prend sa source au Midi d'Albassinskoy, Ville des Russes ruïnée par les Chinois & par les Mongales : elle court en serpentant du Nord au Midi, baigne Mergeen & se rend à Naum, au dessus de laquelle ayant reçu l'Ialo, elle commence à courir du côté de l'Est : elle va ensuite se joindre au Chingal, qui se décharge dans le Fleuve Amur.
[e] Nouvelle Carte de l'Empire de la Grande Russie.

**NAUMACHOS**, Isle sur la côte de celle de Crète : Pomponius Mela [f] en fait mention. Ne seroit-ce point l'Isle NAULOCHOS de Pline [g] ?
[f] l. 2. c. 7. v. 115.
[g] l. 4. c. 12.

1. **NAUMBOURG**, Ville du Cercle de la Haute Saxe, dans les Etats de la Branche de Saxe-Zeitz, sur la Sale. [h] Avant la Réformation elle étoit le Siége d'un Evêché, qui y avoit été transféré de Zeitz en 1028. Ce Siége ne subsiste plus aujourd'hui. Il y a une Foire célèbre à Naumbourg le 29. de Juin, jour de la Fête de St. Pierre & St. Paul. [i] En 1714. cette Ville fut réduite en cendres par un incendie arrivé le jour de la Foire. On y voit un Château assez grand, ouvrage de Louis surnommé de fer, Landgrave de Turinge.
[h] Wagenseil, Localiment. II. ad Orbis Notit. p. 306.
[i] Hubner, Géogr. p. 577.

2. **NAUMBOURG** [k], petite Ville de Silesie, sur le Queiss, dans la Principauté de Jauer, & aux confins de la Haute-Lusace. Les Suedois y étoient l'an 1642.
[k] Zeyler, Bohem. Topog. p. 163.

3. **NAUMBOURG** [l], Ville de Silésie, dans la Principauté de Sagan, sur le Bober. Il y a eu autrefois un Evêché ; mais Primislas Duc de Glogau, Seigneur de Proto & de Sagan, le transféra le 19. Mai 1284. de la Ville de Naumbourg où son Ayeul le Duc Henri le Barbu l'avoit établi, à Sagan, qui devint grande & riche avec le tems.
[l] Ibid.

**NAUNDA**, c'est le nom que donne Isbrantz Ides [m] à la Riviere de Naum, depuis sa source jusqu'à la Ville de Naum, au dessous de cette Ville jusqu'à son embouchure dans le Chingal il la nomme *Naun*. Voyez NAUM, N°. 2.
[m] Nouvelle Carte de l'Empire de Russie.

**NAUNES**, ou plutôt **GENAUNES**, Peuples des Alpes, selon Pline [n]. Tous les
[n] l. 3. c. 20.

## NAU.

MSS. écrivent GENAUNES, & le Pere Hardouin [o] avertit que c'est ainsi qu'il faut lire. La première syllabe de ce mot est retranchée mal à propos dans des Exemplaires Latins. Ils étoient voisins des *Breuni*. Horace [p] a parlé de ces peuples en ces termes :
[o] In Not. p. 177.
[p] l. 4. od. 14.

> *Drusus Genaunos, implacidum genus,*
> *Breunosque veloces, & arces*
> *Alpibus impositas tremendis*
> *Dejicit acer,* &c.

**NAUONIUS PORTUS**, aujourd'hui *Porto Navone*, port de l'Isle de Corse dans la partie Méridionale de cette Isle & dans le voisinage de *Portus Syracusanus* de Ptolomée [q]. Quelques MSS. de l'Itineraire d'Antonin lisent *Nauonius Portus* & placent ce Port dans l'Isle de Corse, sur la route de *Mariana* à *Palas*, entre *Præsidium* & *Palas*, à trente milles de la première & à vingt-cinq milles de la derniere. Cependant les Exemplaires revus par Surita & par Bertius, au lieu de *Portum Nauonium* écrivent *Portum Favoni*.
[q] l. 3. c. 2.

**NAUOS**, Ville d'Ethiopie sous l'Egypte, sur le bord du Nil, selon Pline [r]. Le Père Hardouin soupçonne [s] que ce mot pourroit être corrompu aussi bien que celui de *Nautis* qu'on lit dans quelques MSS.
[r] l. 6. c. 30.
[s] Not. & Emend. No. 118.

**NAUPACTUS**, Ville de Gréce dans l'Ætolie. C'est aujourd'hui Lepante. Strabon [t] nous donne sa situation & l'origine de son nom : *Naupactus*, dit-il, *Antirrhio vicina, a navibus ibi compactis nominata*. Pline [v] la place dans le Golphe de Corinthe, parmi les Villes d'Ætolie. A la vérité Ptolomée [x] la donne aux Locriens Ozoles; mais Strabon explique la chose. Il dit que de son tems Naupactus étoit de l'Ætolie, parce que Philippe avoit jugé à propos de l'attribuer à cette Province : *Nunc vero Naupactus Ætolorum est Philippo adjudicante*.
[t] l. 9. p. 427.
[v] l. 4. c. 2.
[x] l. 3. c. 15.

**NAUPHRA**, Ville de Crete, selon Pomponius Sabinus [y], qui dans ce vers de Virgile :
[y] Ad Not. in Cirim.

> *Gnosia neu Partho contendens spicula cornu :*

au lieu de *neu Partho*, lit *Nauphreo* : d'autres au contraire pour *neu Partho*, lisent NAUPACTO.

**NAUPLIA**, ou **NAUPLIA NAVALE**, Ville & Port de Mer dans l'Argie : Strabon [z] la place après *Temenium*. Ptolomée [a] & Herodote [b] en font mention, & Pausanias [c] dit qu'elle étoit à cinquante stades de *Temenium*. Ces Auteurs en ayant parlé comme d'un Port fort commode, on a jugé que ce devoit être Napoli de Romanie. Du tems de Pausanias Nauplia étoit détruite & à peine en voyoit-on les ruïnes. [d] On prétend qu'elle avoit été bâtie par Nauplius, fils de Neptune, & de la Nymphe Amynone, fille du Roi Danaüs, & l'un des Argonautes. On voit encore auprès de Napoli de Romanie les ruïnes de l'ancienne Nauplia. On y découvre entre autres un grand Portail fait en voute. Il est bâti de pierres de taille d'une grosseur & d'une dureté extraordinaire. Il paroit aussi une grande enceinte de murailles fort hautes, qui enferment un champ de terres labourables où l'on séme du grain. La Montagne de Pala-
[z] lib. 8.
[a] l. 3. c. 16.
[b] l. 6. c. 76.
[c] l. 2. c. 38.
[d] Lacedemone Anc. & nouv. l. 4.

H 2

laméde est dans le voisinage ; mais on ne peut plus démêler la célèbre fontaine de *Canathus*, où la Déesse Junon alloit souvent se baigner & d'où elle sortoit toujours en état de Vierge : sans doute que les femmes du Pays ayant inutilement essayé si elles en sortiroient comme Junon, ont laissé perdre la mémoire du nom de *Canathus*.

NAUPLIUM, Ville aux environs de l'Eubée, selon Ortelius [a] qui cite Euripide.

[a] *Thesaur.*

NAUPONTUS. Voyez NAUPORTUS.

NAUPORTUS, ou NAUPONTUS, Riviere qui, selon Pline [b], prend sa source dans les Alpes, entre Æmona & les Alpes, auprès de *Longaticum*, lieu qui dans la Table de Peutinger est à six milles de la Ville Nauportus. [c] Cette Riviere passoit à Æmona & à un mille au dessous de cette Ville elle se joignoit avec le Save. On croit que cette Riviere est le *Laubach*. Voyez ISTER.

[b] l. 3. c. 18.
[c] *Cellarius*, *Geogr. Ant.* l. 2. c. 8.

NAUPORTUM, Ville des Taurisques, vers la source de la Riviere *Nauportus*. Strabon [d] la nomme Ναύποντου, *Naupontum* ; mais c'est une faute ; car elle tire son nom de la Riviere *Nauportus*, selon le témoignage de Pline [e]. Dans la Table de Peutinger cette Ville est placée entre *Longaticum* & *Æmona* à six milles de la prémiere & à douze milles de la dernière. [f] On juge delà que *Nauportum* étoit précisément, où est aujourd'hui *Ober-Laubach*.

[d] l. 7. c. 18.
[e] l. 3. c. 17.
[f] *Cellarius*, *Geogr. Ant.* l. 2. c. 8.

NAURA, contrée de la Scythie Asiatique, selon Quinte-Curse. Arrian [g] dans le Périple de la Mer rouge en fait une Ville de l'Inde en deçà du Gange dans la Limyrique. Stukius de Zurich prétend qu'au lieu de Naura on doit lire NITRIA comme Pline [h] & Ptolomée [i], à moins qu'on n'aime mieux corriger ces deux Ecrivains & y lire NAURA pour NITRIA.

[g] pag. 30.
[h] l. 6. c. 24.
[i] l. 7. c. 1.

NAURIA [k], place d'Asie dans la Syrie, qu'on croit être l'ancienne *Chalybon* ou *Calybon* : elle est située à trente mille pas d'Alep, du côté de l'Occident, & elle est fort peu considérable.

[k] *Corn. Dict.*

NAUROUSE [l], lieu de France où l'on fait le point de partage des eaux qu'on a assemblées pour fournir aux canaux qui font la jonction de la Mer Océane avec la Mer Méditerranée. C'est une petite éminence située dans la route, qui conduit du bas au haut Languedoc, & où il y a deux Vallons qui naissent : un de ces Vallons a sa pente du Couchant au Levant & est arrosé par une petite Riviere qui descend dans celle de Fresques. La Riviere d'Aude qui reçoit cette dernière au dessus de Carcassonne, se rend d'un côté par son Canal naturel dans l'Etang de Vandres, qui communique avec la Méditerranée, & elle est conduite de autre par un Canal artificiel jusqu'à Narbonne d'où elle va se perdre dans la Mer même. L'autre Vallon qui descend du Levant au Couchant est traversé par les eaux de la Riviere de Lers. Elle entre dans la Garonne au dessous de Toulouse, & ces deux petites Rivieres Aude & Lers, ayant leurs sources à la tête de ces deux Vallons, à un quart de lieue l'une de l'autre, on ne douta point que si elles étoient assez grandes pour y établir une Navigation, on pourroit faire approcher à une fort petite distance les batteaux dont on se serviroit sur l'une & sur l'autre. La difficulté ne consistoit qu'en deux points : l'un si sur l'éminence de Nairouse on pourroit faire un bassin & un Canal à droite & à gauche, pour descendre d'un côté à la source de la Riviere de Lers, & de l'autre à celle de la Riviere de Fresques qui entre dans l'Aude, & supposé que ce bassin eût pu se faire, s'il seroit possible d'assembler des eaux & de les y amener en assez grande abondance, pour remplir les deux canaux & les rendre propres à la Navigation.

[l] *Vie de Mr. Colbert. Corneille, Dict.*

Pour s'en éclaircir avec certitude, on visita toutes les Montagnes voisines ; on chercha la hauteur des sources de plusieurs Rivieres que l'on y voit naître : on parcourut tous ces Pays, que l'on considéra exactement & l'on nivella tant de fois le terrein qu'on trouva enfin qu'il étoit aisé d'assembler les eaux des petites Rivieres, qui sortoient de ces petites Montagnes. Ces Rivieres arrosent la plaine de Revel & d'autres Contrées du Laurageois, & s'appellent Alsau, Bernasson, Lampy, Lampillon, Rientort & Sor. On trouva même qu'en pratiquant un Canal qui cotoyeroit les Montagnes, on en feroit descendre les eaux, jusqu'à l'éminence de Naurouse, qu'on regarda comme le point de partage où l'eau se distribueroit, pour aller à droite & à gauche vers l'Océan & vers la Méditerranée, remplir les canaux qu'on auroit faits pour la Navigation. Toutes ces épreuves ayant convaincu de la possibilité de faire réussir cette entreprise, on en fit une tentative par le moyen d'une petite rigole. On la commença à la Montagne noire, au dessus de la Ville de Revel, & elle fut conduite si heureusement, qu'elle porta à Naurouse l'eau de ces Rivieres. Le succès de cette épreuve ayant répondu de celui de l'entreprise, on travailla tout de bon. Ce qui n'étoit qu'une rigole, devint un Canal de largeur & de profondeur suffisante pour le transport des eaux nécessaires. Il fut ouvert près de la Forêt de Ramondins un peu au dessus de la source de l'Alsau & conduit en la maniere suivante. Après qu'il a descendu jusqu'aux deux petits ruisseaux de Camberouge & de Coudiere, il prend la Riviere de Bernasson, avec un autre ruisseau du même nom un peu au dessous ; ensuite il reçoit les Rivieres de Lampy & de Lampillon avec le ruisseau de Costére & porte toutes ces eaux dans la Riviere de Sor au dessus de Campinase, petit Village près de la Forêt de Crables mortes. Tout ce chemin est fort sinueux & a de longueur dix-mille sept cens soixante & une toises. Pour faire entrer l'eau de ces Rivieres dans la rigole, il a fallu les barrer par des digues de terre bien cimentées : la hauteur de ces digues est telle, que si l'eau devenoit trop abondante elle pourroit se surnager & se répandre dans les Canaux naturels. Comme on a cherché à donner de l'eau à ces mêmes Rivieres, après que les bassins de communication en seroient fournis, on a fait à la rigole plusieurs décharges appellées dans le *Pays Escampadours*. La Riviere de Sor étant enflée de toutes ces eaux les porte la longueur de trois mille quatre cens quarante neuf toises jusqu'au pied de la Montagne, où elles sont arrê-

arrêtées par une digue semblable aux prémieres, pour les faire entrer dans un autre Canal, qui n'est pourtant que la continuation de la rigole. Ce Canal serpente le long des côteaux jusqu'à Nauroufe durant l'espace de dix neuf mille trois cens soixante & dix-huit toises. La crainte qu'on eut de ne tirer pas assez d'eau de toutes les petites Rivieres que la rigole recevoit, sur tout pendant l'été que la plupart sont à sec, fit chercher dans la Montagne un lieu propre à faire un refervoir si considérable, qu'il pût en tout tems suppléer au défaut des Rivieres. Ce lieu fut trouvé : c'est un vallon situé à un quart de lieue au dessous de la Ville de Revel. On lui a donné le nom de *St. Ferreol*, à cause d'une métairie de ce nom qui en est proche. Comme le ruisseau d'Audaut le traverse entierement, ce fut de son eau & de celle des pluyes & des neiges qui sont fort fréquentes dans cette Montagne, qu'on prétendit le pouvoir remplir. Ce vallon qui a sept cens toises de longueur, sur cinq cens cinquante de largeur, est fort étroit à la tête, s'élargit au milieu & est resserré au pied par l'approché de deux Montagnes, qui le bornent de l'un & l'autre côté & qu'on a jointes ensemble pour former un Etang & retenir l'eau par le moyen d'une chaussée. On peut appeller cette chaussée une troisiéme Montagne, tant elle a de hauteur & d'épaisseur. Sa largeur est de soixante & une toises, & sa base est un corps solide de maçonnerie fondé & enclavé de toutes parts dans le roc. Il n'y a qu'une petite ouverture au dessus en forme de voute, à rez de terre & qui sert de passage à l'eau de ce refervoir. On s'est assujetti à suivre le ruisseau d'Audaut qui coule dans ce Vallon, afin que l'eau passant par un côté qui lui est naturel, & n'ayant aucune violence à souffrir elle ne causât aucune ruïne : on a donné neuf pieds de hauteur à ce passage, douze de largeur, & quatre vingt-seize toises de longueur en allant en ligne courbe. Un gros mur est élevé sur le corps de cette maçonnerie qui excéde de quelques toises la hauteur de la voûte en aqueduc. Ce mur prend depuis la tête de la digue, & va jusqu'au pied en droite ligne. Dans l'épaisseur de ce mur est une autre voûte en forme de galerie, qui a son entrée vers le pied de la chaussée, & sa hauteur aussi-bien que sa largeur est parallèle à celle de la prémiere. La galerie qui se retrecit insensiblement au fond n'a qu'une toise de largeur & une demie à la sortie de l'ouvrage. Elle est moins longue que l'Aqueduc, parce qu'elle est tirée en droite ligne & non pas en ligne courbe : ainsi elle n'a que soixante & une toises au lieu que l'Aqueduc en a quatre-vingt quatorze. Elle répond par en haut ; c'est-à-dire à la tête de la chaussée perpendiculairement à l'orifice de cet Aqueduc, & par en bas elle est à côté & à main gauche de son embouchure. Ces travaux ayant ainsi été disposez on bâtit trois murs de traverse, qui allant d'un bout de la chaussée à l'autre, sont fondez sur le corps de la maçonnerie, qui fait la base du travail : ils sont aussi non seulement enlacés avec la maçonnerie de la galerie qu'ils traversent en forme de croix, mais encore ancrez & enlacez à droite & à gauche dans les rochers des deux Côteaux du Vallon. Le prémier placé à la tête de la chaussée est de douze pieds d'épaisseur à l'extrémité, étant plus large au bas à cause du talus. Il n'a que sept toises de hauteur & huit à dix de longueur. Le second qui est le plus élevé des trois a cent dix-huit toises de longueur, quinze pieds d'épaisseur & seize toises deux pieds de hauteur. Il est placé à peu près au milieu de la chaussée, à la distance de trente-trois toises du prémier : il peut être prolongé jusqu'à la distance de deux cens quatre vingt neuf toises & même davantage. Le troisiéme qui est éloigné de trente & une toises du second fait le pied de la chaussée & a la même hauteur & la même longueur que le prémier avec huit pieds d'épaisseur. Des deux voûtes dont il a été parlé, celle d'en bas sert pour l'écoulement des eaux du Magasin, & celle de dessus pour aller ouvrir ou fermer le passage à ces mêmes eaux par le moyen de deux trebuchets de bronze posez horisontalement dans un tour qui a le nom de tambour, & qui est attaché au prémier mur appellé interne. Au troisiéme mur qu'on nomme externe sont les ouvertures de ces deux voûtes. Quant au Bassin de Nauroufe, qui est le lieu où les eaux de la Montagne noire & du refervoir de St. Ferreol sont apportées par le Canal de dérivation, on l'appelle le point de partage ; à cause que c'est delà que l'eau se distribuë à droite & à gauche dans les canaux qui conduisent aux deux mers. Sa figure est un Octogone ovale, dont le grand Diametre est de deux cens toises & le petit de cent cinquante, & il est tout revêtu. Ce bassin reçoit les eaux de la rigole, par l'un de ses angles & les distribuë par deux canaux sortans de deux autres angles : l'un qui va vers l'Ocean, gagne la Vallée de Lers, & le second se rend dans la Garonne. Il a dix-huit Ecluses tant doubles que simples, qui sont vingt sept corps d'Ecluses dans l'espace de vingt-huit mille cent quarante deux toises : ce sont quatorze lieues de France. L'autre Canal qui va vers la Méditerranée jusqu'à l'Etang de Thun a quarante Ecluses, tant doubles que triples, quadruples & octuples, & contient en longueur, quatre vingt neuf mille quatre-cens quarante toises, qui sont près de cinquante lieues de France. Il y a encore deux autres canaux. Le prémier a été fait pour décharger le bassin quand il y a trop d'eau, & comme il seroit inutile de le répandre dans les canaux qui servent à la navigation, on le fait décharger dans la Riviere de Lers. Le second qui ne tient point au bassin a son issue à la rigole, pour faire couler les eaux sales & boueuses qu'elle pourroit amener, afin que l'Etang ne recevant que des eaux claires & nettes ne soit pas sujet à se remplir de bouë & à se combler, comme font les autres Etangs, qu'il faut nétoyer & approfondir de nouveau de tems en tems. Pour faire la communication des Mers, rien n'étoit plus favorable que la Riviere de Garonne, qui donne un passage libre & commode à l'Océan. Il n'en étoit pas de même des Rivieres qui vont à la Méditerranée le long des côtes du Languedoc. Celle d'Aude n'avoit jamais porté de batteaux que depuis Narbonne,

bonne, & d'ailleurs elle ne donne entrée à la Mer; que par les Etangs de Bagés & de Vandres, & par des endroits où la rade est si sausse qu'il est impossible d'y établir aucun port. Toutes ces côtes furent exactement visitées & enfin on ne trouva que le seul endroit du Cap de Sete, qui est un fond suffisant pour les Vaisseaux de cinq à six cens tonneaux. L'établissement d'un Port y fut incontinent résolu. Séte est un Promontoire dans le voisinage de la petite Ville de Frontignan, recommandable par ses vins muscats. Elle a d'un côté la Mer, de l'autre les Etangs de Thau, de Maguelone & de Peraut, bornez par les plaines du bas Languedoc, & à droite & à gauche la plage, qui est entre la Mer & ces étangs. Cette Montagne pousse dans la Mer une longue pointe, & d'un autre côté cela fait un ventre dans la terre, où l'on a trouvé ce fond suffisant dont il a été parlé. Les bords qui sont le long de la plage, tenant la plage même, sont remplis de sable, comme toutes les autres côtes du Languedoc. Aux environs du Golphe de Lyon le Cap est plus enfoncé, & il a tout à l'entour depuis vingt jusqu'à vingt-quatre pieds d'eau. Comme les étangs n'ont d'eau que ce qu'ils en peuvent tirer des Graux ou passages que la Mer, quand elle est forte, donne à travers la plage, ils changent au gré du vent, & donnent communication de ces étangs à la Mer. Cela ne pouvoit servir qu'à de petits bâtimens, à cause qu'il n'y a pas assez de fond, ni en la plupart des étangs ni aux graux, ni en plusieurs endroits de la Mer où ils aboutissent. Il falloit afin que cette communication fût parfaite chercher les moyens de la rendre propre pour toutes sortes de Vaisseaux. Le plus grand & le plus profond de tous ces étangs, appellé l'Etang de Thun se trouvant heureusement au voisinage du Cap de Séte, ce fut celui qu'on choisit. Il est de grande étenduë & a vingt-cinq à trente pieds de profondeur en plusieurs endroits. On y navige aussi surement que commodément & dans un besoin il pourroit servir de Port. D'un côté on y fait aboutir les canaux qui viennent à Nauroufe & qui communiquent à l'Océan, & de l'autre côté on y joint un Canal, qui en traversant la plage se rend dans la Mer Méditerranée. Ce Canal qui est profond de deux toises en a seize d'ouverture, huit de base & environ huit cens de longueur. Voyez à l'Article CANAL ROYAL, N°. 2.

NAURUS, Riviere de la Thessalie. Voyez ANAURUS, N°. 1.

NAUS, lieu maritime en Italie, aux environs de Crotone, selon l'Itineraire [a] d'Antonin, qui le marque sur la route des endroits où l'on doit toucher, lorsqu'on navige de la Province de l'Achaïe jusqu'en Afrique, en passant par la Sicile. Ce lieu, suivant cet Itinéraire est entre Crotone & Stilida, à cent Stades de la prémiere & à six cens de la seconde.

[a] Itiner. Maritim.

NAUSICLIA. Voyez APSASIUM.
NAUSIMACHIUM. Voyez NAULOCHUS.

NAUSTAQUION, Riviere de l'Amérique Septentrionale, dans la nouvelle France, à la côte de la Terre des Eskimaux. Cette Riviere se jette dans l'embouchure du Fleuve St. Laurent, vis-à-vis de l'Isle d'Anticosti.

1. NAUSTATHMUS, Port de Sicile, selon Pline [b]. Ptolomée le nomme Φοινικοῦς Λιμήν. C'est aujourd'hui Fontana Blanche, entre Syracuse & le Fleuve Acellaro, autrefois nommé Elorus.

[b] l. 3. c. 8.

2. NAUSTATHMUS PORTUS, Port d'Afrique, dans la Pentapole, selon Ptolomée. [c] Pomponius Mela [d] en fait mention; mais il le place dans la Cyrénaïque, où Strabon [e] met pareillement un Port nommé Naustathmus.

[c] l. 4. c. 4.
[d] l. 1. c. 8.
[e] v. 13.
l. 17.

3. NAUSTATHMUS, lieu maritime dans l'Asie Mineure, selon Arrien [f], qui dit qu'il y avoit quatre-vingt dix Stades du Fleuve Halys à Naustathmus, & qu'on trouvoit un marais dans ce lieu.

[f] Peripl. Pont. Eux. p. 16.

4. NAUSTATHMUS, Port à l'embouchure du Fleuve Indus, selon Marcian Héracleote [g]. Il dit que ce Port étoit dans le Golphe Canthi. Voyez PHOCOEA.

[g] Peripl. p. 27. 28. & suiv.

5. NAUSTATHMUS, Port d'Asie, aux environs de la Troade, selon Strabon [h].

[h] l. 13.

NAUTACA, Ville d'Asie dans la Sogdiane. Arrien [i] dans l'Histoire de l'Expédition d'Alexandre, dit que Bessus ayant appris que le Prince n'étoit pas loin, traversa le fleuve Oxus, brûla les Vaisseaux qui lui avoient servi à faire passer ses Troupes & se retira à Nautaca, dans la Sogdiane. Le même Auteur & Diodore de Sicile [k] parlent aussi de Peuples nommez Nautaca.

[i] l. 3. p. 147.

[k] In Fragmento. l. 17.

NAUZES, ou les NAUZES, Forêt Royale de France dans le Languedoc, Maîtrise de St. Pons : elle contient trois cens quatre vingt-huit arpens.

NAW. Voyez NAU.

NAX, Bourg de France, dans le Bourbonnois, Diocèse & Election de Nevers, à neuf lieues de Moulins & à quatre de la Loire, en plaine. Ce Bourg a plus de quatre cens habitans : les terres des environs font varennes à seigle & de bon rapport. Il y a aussi des vignes.

NAXE. Voyez NAXOS.

NAXIA, Ville de la Carie, selon Ortelius [l] qui cite Etienne le Géographe & Suidas.

[l] Thesaur.

NAXIO [m], Bourg de l'Anatolie dans la Province de Becsangil, anciennement Aconé. Ce Bourg est sur la côte de la Mer noire : il a un port proche de Penderachi.

[m] Corneil. Dict.

NAXIUS, Fleuve de la Mysie, auprès de la Ville Tomis, selon Ælien [n].

[n] Animal. l. 14. c. 25.

NAXON, Ville de l'Eubée, selon Tzetzès [o]. Voyez TAUROMINIA.

[o] In Variis, Chiliad. I.

1. NAXOS [p], Isle au milieu de l'Archipel, à 37. d. d'Elévation : son circuit est de plus de cent milles ; c'est-à-dire de près de trente-cinq lieues Françoises, & sa largeur est de trente milles qui font dix lieues de France. Elle est la plus grande, la plus fertile & la plus agréable de toutes les Cyclades. Les Anciens l'appelloient Dionysia [q], parce qu'on asseuroit que Bacchus avoit été nourri dans cette Isle, & les habitans prétendoient que cet honneur leur avoit attiré toutes sortes de félicitez. D'autres [r] cependant croyoient que Jupiter avoit confié Bacchus à Mercure pour le nourrir dans l'antre de Nyse sur les côtes de la Phénicie, du côté qui s'approche du Nil.

[p] N°. 32, Nouv. des anciens Ducs de l'Archipel. p. 4.

[q] Tournefort, Voy. du Levant, Lettre 5.

[r] Diodor. Sicil. Biblioth. Hist. l. 4.

Nil, d'où vient que Bacchus fut surnommé *Dionyfius*. Ce n'eſt pas ici le lieu de débrouiller l'Hiſtoire des Bacchus ; car on ſait qu'il y en a eu trois, à qui on étoit redevable non ſeulement de la culture des fruits, mais de l'invention du vin & de celle de la biére. Il ſuffit de dire que Bacchus étoit particuliérement adoré dans l'Iſle de Naxos. Cette Iſle s'appella auſſi *Strongili* à cauſe de ſa figure ronde.

[a] Hiſt. des anciens Ducs de l'Archipel, p. 5.

[a] Les principales choſes qui rendent Naxos célèbre, ſont la hauteur de ſes Montagnes, la quantité de marbre blanc qu'on en tire, la beauté de ſes plaines, la multitude des fontaines & des ruiſſeaux, qui arroſent ſes Campagnes, le grand nombre de jardins remplis de toutes ſortes d'arbres fruitiers, les Forêts d'Oliviers, d'Orangers de Limoniers & de Grenadiers d'une hauteur prodigieuſe. Tous ces avantages qui la diſtinguent de toutes les autres lui ont acquis le nom de Reine des Cyclades. Cependant cette Iſle n'a jamais eu que peu de Commerce, par le défaut d'un beau port, où les bâtimens puſſent être en ſureté ; car quoiqu'outre le Port ordinaire, qui eſt au deſſous de la Ville, il y en ait quatre autres ; ſavoir, *Driagatha*, *Agiaſſo*, *Panermo*, & les *Potamides*, ce ne ſont à proprement parler que des rades, où les galéres & les Vaiſſeaux peuvent être à l'abri du vent du Nord : outre que ces Ports étant directement oppoſez à l'Orient ou au Midi, il eſt impoſſible d'y être à couvert contre le vent de Siroc autrement Sud-Oueſt, qui excite ſouvent de violentes tempêtes dans toutes ces Mers.

[b] Tournefort, Voyage du Levant, Lettre 5.

Naxos [b], quoique ſans Ports, étoit une République très-floriſſante & maîtreſſe de la Mer, dans le tems que les Perſes paſſérent dans l'Archipel. Il eſt vrai qu'elle poſſédoit les Iſles de Paros & d'Andros, dont les Ports ſont excellens pour entretenir & recevoir les plus grandes Flottes. Ariſtagoras [c], commandant à Milet en Ionie, forma le deſſein de ſurprendre Naxos, ſous prétexte de rétablir les plus grands Seigneurs de l'Iſle chaſſez par la populace & réfugiez chez lui. Darius Roi de Perſe lui fournit non ſeulement des Troupes mais encore une Flotte de 200. Vaiſſeaux. Les Naxiotes avertis de cette entrepriſe, ſe mirent tellement en défenſe qu'Ariſtagoras fut obligé de ſe retirer après un ſiége de quatre mois ; & tout le ſervice qu'il put rendre aux Inſulaires qui s'étoient retirez à Milet, fut d'obtenir qu'on leur bâtiroit une Ville à Naxos, pour les mettre à couvert des inſultes du Peuple.

[c] Herodot. l. 5.

Les Perſes firent une ſeconde deſcente dans cette Iſle, lorſqu'ils ravagerent l'Archipel [d]. Datis & Artaphernes n'y trouvant pas de réſiſtance firent brûler juſqu'aux Temples, & emmenérent un très-grand nombre de captifs.

[d] Ibid. l. 6.

Naxos ſe releva de cette perte & fournit [e] quatre Vaiſſeaux de guerre à cette puiſſante Flotte des Grecs qui battit celle de Xerxès à Salamine, dans le fond du Golphe d'Athénes. Le ſouvenir des maux que les Perſes avoient faits à Naxos, & la crainte de s'en attirer de nouveaux, obligérent le Peuple à ſe déclarer pour les Aſiatiques ; mais les Officiers de l'Iſle furent d'un ſentiment contraire & menérent à l'Armée Grecque, par l'ordre de Démo-

[e] Ibid.l.8.

crite, le plus accrédité des Citoyens de Naxos, les Vaiſſeaux qu'ils commandoient. Diodore de Sicile [f] aſſure que les Naxiotes donnérent des marques d'une grande valeur à la bataille de Platée, où Mardonius autre Général des Perſes fut défait par Pauſanias. Néanmoins les Alliez [g] ayant donné le commandement des troupes aux Athéniens ; ceux-ci déclarérent la guerre aux Naxiotes, pour châtier les partiſans des Perſes. La Ville fut donc aſſiégée & forcée à capituler avec ſes prémiers Maîtres ; car Hérodote [h], qui place Naxos dans le département de l'Ionie [i] l'appelle la plus heureuſe des Iſles, en fait une Colonie d'Athénes & rapporte que Piſiſtrate l'avoit poſſédée à ſon tour.

[f] Biblioth. Hiſt. l. 5.
[g] Thucydid. l. 1.
[h] l. 7.
[i] l. 5.

Voila ce qui ſe paſſa de plus remarquable en l'Iſle de Naxos, dans le tems de la belle Gréce. Si l'on veut remonter juſqu'à l'antiquité la plus reculée, on trouvera dans Diodore de Sicile & dans Pauſanias l'origine des prémiers Peuples qui s'y établirent. Butes fils de Boreas Roi de Thrace, ayant voulu ſurprendre en embuſcade ſon frére Lycurgus, fut obligé par ordre de ſon pére de quitter le Pays avec ſes complices. Leur bonne fortune les conduiſit à l'Iſle *Strongili*, autrement l'Iſle ronde. Comme les Thraces n'y trouverent que peu ou point de femmes & que la plupart des Iſles de l'Archipel étoient ſans habitans, ils firent quelques irruptions dans la terre ferme d'où ils emmenérent des femmes, parmi leſquelles étoit Iphimédie, femme du Roi Aloeus & Pancratis ſa fille. Ce Roi outré de dépit ordonna à ſes fils Otus & Ephialtes de la venger : ils battirent les Thraces & ſe rendirent les Maîtres de l'Iſle ronde, qu'ils nommérent Dia. Ces Princes s'entre-tuérent enſuite dans un combat, comme dit Pauſanias, ou furent tuez par Apollon, ſuivant le ſentiment d'Homére & de Pindare : ainſi les Thraces reſtérent paiſibles poſſeſſeurs de l'Iſle, juſqu'à ce que la grande ſechereſſe les contraignit de l'abandonner, plus de deux cens ans après leur établiſſement. Elle fut enſuite occupée par les Cariens, & leur Roi Naxios, ou Naxos, ſuivant Etienne le Géographe, leur donna ſon nom. Il eut pour ſucceſſeur ſon fils Leucippus, & celui-ci pére de Smardius, ſous le Régne duquel Théſée, revenant de Créte avec Ariadne aborda dans l'Iſle, où il abandonna ſa maitreſſe à Bacchus, dont les menaces l'avoient horriblement frappé dans un ſonge.

[k] Dans le tems que les Athéniens étoient Maîtres de cette Iſle, ils y bâtirent un Aqueduc long de deux lieues : il portoit de l'eau juſque dans le fameux Temple de Bacchus ; & parce que deux différentes ſources d'où ſortoit cette eau étoient éloignées l'une de l'autre, il falut pour la jonction de ces eaux percer une prodigieuſe Montagne, avec un artifice & un travail ſurprenant. Ils bâtirent encore à l'extrémité de l'Iſle, du côté qu'elle regarde Delos un Temple magnifique en l'honneur d'Apollon, dont il ne reſte plus aucun veſtige. Ils y établirent le culte des Dieux qui étoient en vénération dans leur Pays, & ainſi l'Idolatrie s'y augmenta tellement, qu'on ne voyoit par-tout que des Temples & des Idoles. Les habitans de Naxe demeurérent dans les ténébres de l'Idolatrie,

[k] Hiſt. de l'Archipel, p. 7.

latrie, jusqu'à l'arrivée de St. Jean l'Evangeliste dans l'Isle de Patmos. Ce grand Apôtre se voyant dans le voisinage d'une Isle si peuplée, y envoya un de ses Disciples pour y prêcher la foi. C'est pour cela que les Peuples reconnoissent St. Jean pour leur Apôtre, & qu'ils célèbrent sa fête avec beaucoup de magnificence.

*a Thucyd. l. 2.*

Pendant la guerre du Peloponèse, Naxos se déclara pour Athènes, avec les autres Isles de la Mer Egée, excepté le Milo & Thera: ensuite elle tomba sous la puissance des Romains, & après la bataille de Philippes, Marc-Antoine la donna aux Rhodiens *b*. Cependant il la leur ôta quelque tems après; parce que leur gouvernement étoit trop dur. Elle fut soumise aux Empereurs Romains & ensuite aux Empereurs Grecs jusqu'à la prise de Constantinople par les François & par les Vénitiens en 1207. car trois ans après ce grand événement, comme les François travailloient sous l'Empereur Henri à la conquête des Provinces & des Places de Terre ferme *c*, les Vénitiens maîtres de la Mer donnerent la liberté aux Sujets de la République qui voudroient équiper des navires, de s'emparer des Isles de l'Archipel, *d* & autres Places maritimes, à condition que les acquereurs en seroient hommage à ceux à qui elles appartenoient, à raison du partage fait entre les François & les Vénitiens, *e* Marc Sanudo l'un des Capitaines les plus accomplis qu'eut alors la République, s'empara des Isles de Naxos, Paros, Antiparos, Milo, l'Argentiére, Sifanto, Policandro, Nansio, Nio & Santorin. L'Empereur Henri érigea Naxos en Duché & donna à Sanudo le titre de Duc de l'Archipel & de Prince de l'Empire. Ses descendans régnerent dans la même qualité jusqu'à Nicolas Carceiro, neuviéme Duc de Naxos, qui fut assassiné par les ordres de François Crispo, qui prétendoit descendre des anciens Empereurs Grecs, & qui avoit épousé la fille de Prince Marc frére de Jean Carceiro septiéme Duc de Naxos. Après la mort de Nicolas Carceiro, François Crispo s'empara du Duché: son fils Jean lui succeda; & transmit le Duché à sa posterité qui en jouit jusqu'à Jacques Crispo vingt & uniéme & dernier Duc de Saxe. Les Grecs ravis de trouver dans les vexations de leur Duc & dans la débauche des Latins dequoi autoriser la haine qu'ils conservoient toujours contre eux, formerent le projet de changer de Maîtres. Ils envoyerent deux Députez à la Porte, pour demander au Grand Seigneur qu'il leur donnât de sa main quelqu'un qui fût plus digne de les commander. Voyez au mot ARCHIPEL, de quelle maniere prit fin la Souveraineté du Duché de Naxos. Le Grand Seigneur essaya pendant quelque tems de mettre dans l'Isle de Naxos un Officier qui gouvernât en son nom; mais les Armateurs Chrétiens qui couroient ces mers, leur faisoient tous les jours, tant d'insultes, que la Porte a pris le parti de ne gouverner plus cette Isle que de loin. Depuis ce tems-là Naxos crée des Magistrats tous les ans & fait comme une petite République à part. Ses Magistrats se nomment *Epitropes*. Ils ont une autorité fort étenduë, & à la mort près, qu'ils ne peuvent ordonner sans la participa-

*b Appian. l. 5.*

*a Flavius Blond Brevier. Rer. Venet.*

*d Du Cange Hist. des Emper. de Constantinop. l. 2.*

*e Histoire des Ducs de l'Archipel.*

tion de la Porte, ils sont maîtres d'infliger toutes les autres peines.

Il faut parcourir Naxos pour en découvrir les beaux endroits qui sont,

les Plaines de
{ Naxia,
Angarez,
Carchi,
Sangri,
Sideropetra,
Potamides,
Livadia.

les Valées de
{ Melanes,
Perato.

Les Anciens ont eu raison de l'appeller la petite Sicile. Archilochus dans Athénée compare le vin de Naxos au Nectar des Dieux. On voit une medaille de Septime Sévere, sur le revers de laquelle Bacchus est représenté le gobelet à la main droite & le thyrse à la gauche : pour legende il y a ce mot ΝΑΞΙΩΝ. On boit encore aujourd'hui d'excellent vin à Naxos : les Naxiotes, qui sont les vrais enfans de Bacchus, cultivent bien la vigne, quoiqu'ils la laissent traîner par terre jusqu'à huit ou neuf pieds loin de son tronc; ce qui fait que dans les grandes chaleurs le Soleil desseiche trop les raisins & que la pluye les fait pourrir.

*f Agathem. l. 1. c. 5.*

Quoiqu'il n'y ait point à Naxos de port propre à y attirer un grand Commerce, on ne laisse pas d'y faire un trafic considerable en orge, vins, figues, cotton, soie, emeril & huile. Le bois & le charbon, Marchandises très-rares dans les autres Isles, sont en abondance dans celle-ci. On y fait bonne chére : les lievres & les perdrix y sont à bon marché. Les perdrix s'y prennent avec des trappes de bois, ou bien par le moyen d'un âne, sous le ventre duquel un paysan se cache & marche dans cette posture, pour les chasser dans les filets.

2. NAXOS, ou NAXIE, Ville de l'Isle de même nom, dont elle est la Capitale. Cette Ville est située sur la côte Occidentale de l'Isle, vis-à-vis de l'Isle de Paros.

*g* Suivant les apparences la Ville de Naxie a été bâtie sur les ruines de quelque ancienne Ville du même nom, dont il semble que Ptolomée *h* ait fait mention. Le Château situé sur le haut de la Ville, est l'ouvrage de Marc Sanudo prémier Duc de l'Archipel : c'est une enceinte flanquée de grosses tours qui en renferme une plus considerable & quarrée, dont les murailles sont fort épaisses, & qui proprement étoit le Palais des Ducs. Les descendans des Gentilshommes Latins, qui s'établirent dans l'Isle sous ces Princes, occupent encore l'enceinte de ce Château. Les Grecs qui sont en beaucoup plus grand nombre, s'étendent depuis le Château jusqu'à la Mer. La haine de la Noblesse Greque & de la Latine est irreconciliable : les Latins aimeroient mieux s'allier à des paysannes que d'epouser des Demoiselles Gréques; c'est ce qui leur a fait obtenir de Rome la dispense de se marier avec leurs Cousines germaines. Les Turcs traitent tous ces Gentilshommes sur un même pied. A la venuë du moindre Bey de galiote les Latins & les Grecs n'ose-

*g Tournefort du Levant, T. 1. p. 82.*
*h l. 3. c. 15.*

n'oſeroient paroître qu'en bonnets rouges, comme les forçats de galères, & tremblent devant les plus petits Officiers. Dès que les Turcs ſe ſont retirez, la Nobleſſe de Naxie reprend ſa prémière fierté : on ne voit que de bonnets de velours, & l'on n'entend parler que d'arbres de Généalogie ; les uns ſe font deſcendre des Paléologues ou des Comnenes ; les autres des Juſtiniani, des Grimaldi, de Summaripa ou Sommerives. Le Grand Seigneur n'a pas lieu d'appréhender de revolte dans cette Iſle : dès qu'un Latin ſe remuë les Grecs en avertiſſent le Cadi, & ſi un Grec ouvre la bouche, le Cadi fait ce qu'il a voulu dire avant qu'il l'ait fermée.

Les Dames y ſont d'une vanité ridicule, on les voit venir de la Campagne après les vendanges, avec une ſuite de 30. ou 40. femmes, moitié à pied, moitié ſur des ânes ; l'une porte ſur ſa tête des ſerviettes de toile de coton, ou quelque jupe de ſa maîtreſſe ; l'autre marche avec une paire de bas à la main, une marmite de grez, ou quelques plats de fayence : on étale ſur le chemin tous les meubles de la maiſon, & la Maîtreſſe montée ſur une méchante roſſe, entre dans la Ville comme en triomphe à la tête de cette troupe : les enfans ſont au milieu de la marche ; ordinairement le mari fait l'arriére-garde. Les Dames Latines s'habillent quelquefois à la Vénitienne : l'habit des Gréques eſt un peu différent de celui des Dames de Milo.

Il y a deux Archevêques dans Naxie, l'un Grec & l'autre Latin : le Latin eſt aſſez à ſon aiſe, c'eſt le Pape qui nomme : ſon Egliſe qui s'appelle la Métropole, fut bâtie & rentée par le prémier Duc de l'Iſle ; auſſi le Chapitre eſt compoſé de ſix Chanoines, d'un Doyen, d'un Chantre, d'un Prévôt & d'un Thréſorier, outre neuf ou dix Prêtres habituez qui forment le reſte du Clergé.

Les Jeſuites ont leur réſidence auprès de la tour Ducale ; ils ſont ordinairement ſept ou huit Prêtres, non ſeulement occupez à élever la jeuneſſe, mais à faire des miſſions avec beaucoup de zèle dans les autres Iſles de l'Archipel. Les Capucins ſont auſſi établis à Naxie, & ne s'appliquent pas avec moins d'ardeur & de ſuccès à l'inſtruction des Chrétiens. La Maiſon des Cordeliers eſt hors de la Ville ; mais il n'y a qu'un Prêtre & un Frére Lai, logez dans l'ancien Monaſtére de Saint Antoine, érigé en Commanderie de Rhodes, & donné aux Chevaliers par la Ducheſſe Françoiſe Criſpo.

La Médecine y eſt exercée par tous ces Religieux. Les Jeſuites & les Capucins y ont de très-bonnes Apoticaireries. Les Cordeliers s'en mêlent auſſi : le Superieur a été Chirurgien Major de l'Armée Vénitienne pendant la derniere guerre, & s'eſt fait naturaliſer Vénitien pour être le Maître de ſon Couvent, lequel dépend de la République, quoiqu'il ſoit ſur les Terres des Turcs. Voilà les Docteurs qui compoſent la Faculté de Médecine de Naxie : ils ſont tous trois François, & ne s'accordent pas mieux pour cela.

La Maiſon de Campagne des Jeſuites eſt jolie pour un Pays où l'on ne fait pas bâtir. Les Grecs qui ſavent à peine placer une échelle en dehors pour monter au prémier étage d'un bâtiment, admirent l'eſcalier de celui-ci, qui eſt renfermé en dedans : cela paſſe la capacité de leurs Architectes. Nous en admirâmes les jardins & les vergers : les champs s'étendent juſques dans la Vallée de Melanez, quartier des plus agréables de l'Iſle.

L'Archevêque Grec de Naxie eſt fort riche : Paros & Antiparos dépendent de lui pour le ſpirituel : il y a dans la Ville 35. Prêtres ou Moines ſacrez qui lui ſont ſoumis. Voici les noms de ſes principales Egliſes :

La Métropolitaine,
Deux Egliſes ſous le nom de Chriſt,
L'Egliſe de la Croix,
Notre-Dame de Miſéricorde,
Notre-Dame Protectrice de l'Iſle,
St. Jean l'Evangeliſte,
St. Dimitre,
St. Pantaleon ou le Grand Aumônier,
Deux Egliſes ſous le nom de Ste. Venerande,
St. Jean Baptiſte,
St. Michel Archange,
St. Helie,
L'Egliſe du Favori de Dieu,
Ste. Théodoſie,
Ste. Dominique,
Ste. Anaſtaſie,
Ste. Catherine,
L'Annonciade.

Les principaux Monaſtéres de l'Iſle ſont :

La Vierge de Publication,
La Vierge la plus élevée,
Le St. Eſprit,
St. Jean porte-lumiére,
Le Couvent de bonne remontrance,
Le Couvent de la Croix,
Le Couvent de St. Michel.

Les Villages de l'Iſle ſe nomment :

| | |
|---|---|
| Comiaqui, | Damala, |
| Votri, | Melanez, |
| Scados, | Cabonez, |
| Checrez, | Cournocorio, |
| Apano Sangri, | Engarez, |
| Cato Sangri, | Danaio, |
| Cheramoti, | Tripodez, |
| Siphones, | Apano Lagadia, |
| Moni, | Cato Lagadia, |
| Perato, | Metochi, |
| Caloxylo, | Pyrgos, |
| Charami, | Carchi, |
| Filoti, | Acadimi, |
| Damariona, | Mognitia, |
| Vourvouria, | Kinidaro, |
| Scalaria, *où ſe fabriquent les marmites*, | Aiolas, |
|  | Apano Potamia, |
|  | Cato Potamia, |
| Couchoucherado, | Aitelini, |
| Gizamos, | Vazokilotiſa, |
| St. Eleuthere, *dont la Tour s'apelle* Faſouilla. | |

Tous ces Villages ne ſont pas fort peuplez ; on aſſure qu'il n'y a guères plus de 8000. ames dans l'Iſle. En 1700. les habitans payerent 5000. écus de capitation, & 5500. écus

écus de taille réelle. On élit tous les ans dans la Ville six Administrateurs.

Les Gentilshommes de Naxie se tiennent à la Campagne dans leurs Tours, qui sont des Maisons quarrées assez propres, & ils ne se visitent que rarement : la chasse fait leur plus grande occupation. Quand un ami vient chez eux, ils ordonnent à un de leurs domestiques de faire passer délit sont confisquez, égorgez suivant la coûtume du Pays, & l'on en fait bonne chere. Pliki est un quartier de l'Isle où l'on dit qu'il y a des cerfs : les arbres n'y sont pas fort hauts ; ce sont des Cédres à feuilles de Cyprès.

A une portée de fusil de l'Isle, tout près du Château s'élève un petit écueil, sur lequel on voit une très-belle porte de marbre parmi quelques grosses piéces de la même pierre, & quelques morceaux de granit : les Turcs & les Chrétiens ont emporté le reste : on dit que ce sont les debris du Palais de Bacchus ; mais il y a plus d'apparence que ce sont les restes d'un Temple de ce Dieu. Cette porte qui n'est que de trois piéces de marbre blanc est d'un grand goût dans sa simplicité : deux piéces en font le montant & la troisiéme le linteau : le seuil étoit de trois piéces, on a emporté celle du milieu. La porte ouvre a 18. pieds de haut, sur 11. pieds trois pouces de large : le linteau est épais de 4. pieds ; les montans ont trois pieds & demi de largeur, sur quatre pieds d'épaisseur : tous ces marbres étoient cramponez avec du cuivre ; car on en trouve encore des morceaux parmi ces ruïnes.

Zia qui est la plus haute Montagne de l'Isle, signifie le Mont de Jupiter & a retenu le nom de Dia, qui étoit autrefois celui de l'Isle. Corono autre Montagne de Naxie a conservé celui de la Nymphe Coronis nourrisse de Bacchus, ce qui semble autoriser la prétention des anciens Naxiotes, qui vouloient que l'éducation de ce Dieu eût été confiée dans leur Isle aux Nymphes Coronis, Philia, & Cleis, dont les noms se trouvent dans Diodore de Sicile. Fanari est encore une autre Montagne de Naxie assez considerable.

Vers le bas de la Montagne de Zia, à la droite du chemin de Perato, sur le chemin même, se présente un bloc de marbre brut, large de huit pieds, naturellement avancé plus que les autres d'environ deux pieds & demi. On lit sous ce marbre cette ancienne inscription : ΟΡΟΣ ΔΙΟΣ ΜΗΛΩΣΙΟΥ. C'est-à-dire, *Montagne de Jupiter, conservateur des troupeaux.*

Mr. Galand de l'Academie Royale des Inscriptions, qui accompagna Mr. de Nointel dans son Voyage de l'Archipel, a communiqué cette inscription à Mr. Spon, & le P. Sauger l'a rapportée aussi. La maniere d'écrire par dessous, ou pour mieux dire sur la surface inférieure d'un marbre, est fort propre pour en conserver le caractère.

On voit aussi la grotte où l'on prétend que les Bacchantes ont célébré les Orgies. A l'égard de l'Histoire naturelle, on prétend qu'il y a des mines d'or & d'argent tout près du Château de Naxie. Celles d'émeril sont au fond d'une Vallée au dessous de Perato. On découvre l'Emeril en labourant & on le porte à la Marine pour l'embarquer à Triangata ou à St. Jean. Les Anglois en lestent souvent leurs Vaisseaux : il est à si bon marché sur les lieux qu'on en donne vingt quintaux pour un écu, & chaque quintal pese 140. livres.

3. NAXOS, Ville de Créte, suivant Suidas, cité par Ortelius [a]. [a Thesaur.

4. NAXOS, Ville de l'Acarnanie, selon Polybe [b] : les Ætoliens enlevérent cette Ville aux Acarnaniens. [b Hist. l. 4. 9. c. 33.

5. NAXOS, ou NAXUS [c], ancienne Ville de la Sicile, sur la côte Orientale de cette Isle. Elle étoit bâtie sur un petit promontoire, au Midi d'*Apollinis Archageta Ara*, & à l'Orient de *Veneris Fanum*. C'est aujourd'hui *Castel Schiso*. [c De l'Isle, Siciliæ Ant. Tabul.

NAXKOW, NACHSOW, & NASCHOU, Ville de Dannemarck, dans l'Isle de Laland, sur la côte Septentrionale de l'Isle. Cette Ville a un Port commode, qui procure aux habitans l'avantage de pouvoir exercer le Commerce & la Navigation : la pêche outre cela est abondante sur cette côte, & les terres, qui sont fertiles, produisent des grains pour la nourriture des habitans & de bons pâturages pour les Bestiaux qu'on y élève en quantité. En 1510, ceux de Lubet surprirent cette Ville & la reduisirent en cendres après l'avoir pillée. Les Suedois qui la prirent dans le dernier Siécle après un long siége la traitérent plus humainement & la rendirent par le Traité de Paix. [d Rutgeri Hermanid. Daniæ Descr. p. 683.

NAXERA. Voyez NAGERA & ANAGARUM.

NAXUANA, Ville de la Grande Armenie : Ptolomée [e] la place auprès de l'Euphrate, dans le voisinage d'*Artaxata*. [e l. 5. c. 13

1. NAY [f], Ville de France dans le Bearn, Diocèse de Lescar, sur le Gave Béarnois. Cette Ville est fort marchande : elle fut presque entierement consumée par le feu du Ciel en 1545. elle a été rebâtie depuis. [f Piganiol, Descr. de la France, T. 4. p. 445.

2. NAY, Bourg de France dans l'Auvergne, Diocèse de St. Flour.

3. NAY, Bois de France dans le Rouergue, Maitrise de Rodez : il contient dix arpens.

4. NAY, ou NE [g], Riviere de France : elle prend sa source à Maints-fonts en Angoumois, entre dans la Saintonge, & arrose toute cette grande plaine que les habitans du Pays appellent la Champagne de Cognac : elle se jette dans la Charante entre Cogniac & Saintes. [g Coulon, Rivieres de France, p. 445.

NAZADA, Ville de Medie : elle étoit dans les terres, selon Ptolomée [h], qui la met entre *Phaniaca* & *Alinza*. [h l. 6. c. 2.

NAZALA, Ville de Phénicie : on lit dans la Notice des Dignitez de l'Empire [i] : *Equites promoti indigenæ Nazalæ*. [i Sect. 23.

NAZAMA, ou NAMAXA, Ville de Syrie dans l'Apamenes, selon Ptolomée [k]. [k l. 5. c. 15.

NAZAMBA, petite Ville de la Cilicie : Rubeus dit [l] d'après *Andreas Agnellus*, que cette Ville fut abîmée par un tremblement de terre. [l Ortelius, Thesaur.

NAZAMONS. Voyez NASAMONES.
NAZARANA. Voyez MARAZANA.

NAZAR-

## NAZ.

*a* l. 1.
*b* Thesaur.

**NAZARBONENSEM**, St. Athanase[a], selon Ortelius [b], donne le titre de *Nasarbonensis* à un certain Athanase.

**NAZAUITIUM.** Voyez TAURUS.

**NAZARE'EN, NAZARÆUS**, ou *Nazarenus* : ce terme peut signifier,

1. Celui qui est de Nazareth ; un homme natif de cette Ville quel qu'il soit.
2. On a donné ce nom à JESUS-CHRIST & à ses Disciples, & ordinairement il se prend dans un sens de mépris ou de dérision dans les Auteurs, qui ont écrit contre le Christianisme.
3. On l'a pris pour une Secte d'Hérétiques nommez NAZARE'ENS.
4. On entend, par un NAZARE'EN, un homme qui a fait vœu d'observer les régles du Nazareat.
5. Le nom de NAZARE'EN, *Nazaræus*, dans quelques endroits de l'Ecriture [c], marque que l'homme d'une distinction particuliere, & qui posséde une grande dignité dans le Palais d'un Prince.

*c* Genes. 49. 26. Deut. 33. 16.

**NAZARETH**, petite Ville de la Palestine, dans la Tribu de Zabulon, dans la basse Galilée, au Couchant du Thabor & à l'Orient de Ptolémaïde. Eusebe dit qu'elle est à quinze milles de Legion vers l'Orient. Cette Ville est très-célèbre dans les Ecritures, pour avoir été la demeure de JESUS-CHRIST, pendant les trente-trois prémieres années de sa vie [d]. C'est-là où le Sauveur s'est incarné, où il a vécu sous l'obeïssance de Joseph & de Marie, & d'où il a pris le nom de Nazareen. Depuis qu'il eut commencé sa mission, il y prêcha quelquefois dans la Synagogue [e]. Mais comme ses compatriotes n'avoient point de foi en lui, & que la bassesse de sa naissance leur causoit du scandale, il n'y fit pas beaucoup de Miracles [f], & ne voulut pas même y demeurer ; de sorte qu'il fixa sa demeure à Capharnaüm, pendant les dernieres années de sa vie. La Ville de Nazareth étoit située sur une hauteur, & il y avoit à côté un rocher, d'où les Nazaréens voulurent un jour précipiter le Sauveur, parce qu'il leur reprochoit leur incrédulité [g].

*d* Luc 11. 51.

*e* Luc 4. 16.

*f* Matt. 13. 54...58.

*g* Luc 4. 29.

*h* Hæref. 30. c. 11. p. 136. a.

Saint Epiphane [h] dit que de son tems Nazareth n'étoit plus qu'une Bourgade & que jusqu'au Regne de Constantin, les Juifs seuls l'habitoient, à l'exclusion des Chrétiens. Adamnanus [i] Ecrivain du septiéme Siécle dit que de son tems on voyoit à Nazareth deux grandes Eglises : l'une au milieu de la Ville & bâtie sur deux arcades, au lieu où étoit autrefois la Maison, où notre Sauveur fut élevé. Au dessous des deux arcades, dont on vient de parler, il y avoit une fort belle Fontaine, qui fournissoit de l'eau à toute la Ville, & d'où par une poulie l'on en tiroit aussi pour l'Eglise qui étoit au dessus. La seconde Eglise de Nazareth étoit bâtie au lieu qu'occupoit autrefois la Maison, où l'Ange Gabriel annonça à la Ste. Vierge le mystére de l'Incarnation. Voila ce que dit Adamnanus. St. Willibrode au huitiéme Siécle [k] parle de la même Eglise de Nazareth & dit que les Chrétiens étoient souvent obligez de la racheter à prix d'argent, des Payens qui vouloient démolir. Phocas qui écrivoit au douziéme Siécle dit qu'aussitôt qu'on

*i* l. 2. de locis SS.

*k* Vide in Act. SS. Ord. S. Bened. T. 4. p. 374.

## NAZ.

étoit entré dans Nazareth, on trouvoit l'Eglise de St. Gabriel, & qu'au dessous étoit une petite voûte, où se trouvoit la Fontaine près de laquelle l'Ange avoit parlé d'abord à Marie. Il est à remarquer que les Orientaux [l] croient que d'abord l'Ange parla à Marie près d'une Fontaine & ensuite dans sa Maison. Phocas ajoute qu'il y a dans la même Ville une fort belle Eglise, qui étoit autrefois la Maison de St. Joseph.

*l* Voyez le Protévangile de St. Jacques, N°. 2.

Tous ces témoignages rendent fort suspecte la fameuse translation de la Maison de la Ste. Vierge, translation que l'on prétend avoir été faite par le ministére des Anges en 1291. de la Ville de Nazareth dans la Dalmatie [m], d'où ensuite elle fut transportée quatre ans après au delà du Golphe de Venise, dans le Diocèse de Recanati en la Marche d'Ancone, sur la terre d'une Dame nommée Laurette, d'où est venu le nom de Notre-Dame de Lorette à l'Eglise qui se trouva dans ce lieu. Mais comme la situation de cette Sainte Maison se trouvoit dans un bois, où l'on ne pouvoit aller sans danger, à cause des Voleurs, elle fut transportée une troisiéme fois, à une demie lieue delà, sur une Colline, & enfin encore un peu plus loin, dans l'endroit où elle est aujourd'hui. Il y a beaucoup d'apparence que ces différentes translations ne sont autres que des bâtimens que l'on a construits sur la forme de l'Eglise de Nazareth, de même qu'en plusieurs endroits on a bâti des sépulcres, sur le modéle de celui de Jérusalem.

*m* Voyez l'Hist. de Lorette par le P. Tursselin.

Aujourd'hui Nazareth n'est qu'un très-petit Village, composé de cinquante ou soixante Maisons de gens de Campagne, tous habillez de toile. Il est situé sur le penchant d'une Montagne environnée d'autres petites Montagnes & Collines dans un terrein ingrat & stérile, à l'exception de quelques petites Vallées, qui sont arrosées des eaux de diverses Fontaines [o]. Le seul bâtiment qui ait un peu d'apparence, c'est le Couvent des Religieux de St. François : on le prendroit de loin pour un petit Château, parce qu'on a été obligé de l'environner de hautes murailles pour le défendre des courses de Arabes. Les étrangers ont accoutumé d'y loger en laissant quelque aumône pour la dépense qu'ils y font. Auprès de ce Couvent est une Chapelle bâtie au même endroit où se trouva Marie lorsque l'Ange lui annonça le mystére de l'Incarnation. On prétend que la chambre qui est aujourd'hui à Lorette fut tirée miraculeusement de ce saint lieu, qui est en partie creusé dans la Montagne, comme l'étoient les autres Maisons des Nazaréens. Ils avoient [p] creusé dans la roche même de petites chambres en forme de cabinets & sur le devant ils avoient bâti un petit corps de logis, consistant en une sale basse seulement ; car pour l'ordinaire il n'y avoit qu'un étage aux Maisons du commun, & il y en a encore quelques-unes de la sorte. De ces deux places qui n'étoient séparées que d'un mur & d'une porte, on ne faisoit qu'un seul appartement ; car on alloit de plein-pied d'une chambre à l'autre.

*n* Doubdan, Voy. de la Terre-Sainte, p. 508.

*o* Coppin, Voy. de Phenicie, p. 436.

*p* Doubdan, Voy. de la Terre-Sainte, p. 509.

Telle étoit la Maison de la Sainte Vierge & de St. Joseph : elle consistoit en une grotte te ou cabinet taillé dans le roc & une chambre bâtie sur la ruë. [a] Après la derniere perte qu'en firent les Chrétiens, les Infidéles avoient comblé ce lieu & l'avoient caché sous des ruïnes afin d'en dérober la connoissance. Au bout de plusieurs années un Religieux de St. François apprit d'un vieux Juif où étoit la place, qui avoit été consacrée par le mystére de l'Incarnation du Verbe. Il commença alors à nétoyer ce lieu & il trouva d'abord le pavé : il rencontra ensuite un peu à côté deux colonnes de pierre grise, qui avoient été plantées anciennement ; l'une à l'endroit où l'on avoit cru qu'étoit la Vierge, lorsque l'Ange Gabriel lui apparut, & l'autre à l'endroit où étoit l'Ange quand il salua la Vierge. Ce Religieux assisté de quelques Chrétiens, remit la grotte en quelque sorte de décence, & la fit connoître aux Pélerins. Son zèle fut mal recompensé par les Turcs. Ils le battirent si cruellement qu'ils le laissérent à demi-mort. Il voulut repasser en Occident ; mais il ne put y arriver. Les blessures qu'il avoit à la tête, lui firent perdre la vie à Malthe, dont l'air est fort contraire à ces sortes de plaies.

On ne sait pas si les chapelles, que l'on voit maintenant à Nazareth furent trouvées par ce Religieux dans la forme où elles sont, ou si l'on y a ajouté quelque chose depuis. Quoiqu'il en soit, voici le véritable état où se trouvent les choses. On entre par deux portes différentes dans la principale Chapelle ou Grotte, qui est du côté du chemin : elle a dix-huit pieds de long d'Orient en Occident, sur onze pieds de large. Dans les endroits où le roc a manqué, on y a suppléé par des murs qui paroissent très-anciens. Il y a un Autel, qui regarde du côté du Levant, & dans la muraille du Midi on voit une fenêtre à l'endroit où l'on dit que l'Ange passa ; c'étoit la chambre de la Ste. Vierge : toute la maçonnerie qui étoit de brique est, à ce qu'on dit, à Lorette ; il ne reste plus que le pavé, que les Chrétiens avoient enrichi d'une marqueterie de marbre blanc, noir & rouge, dont la plus grande partie subsiste encore. Cette premiere chapelle n'a qu'un simple couvert ; mais du côté du Septentrion elle est jointe par une arcade à une plus petite chambre, qui est voûtée, & qui servoit apparemment ou de chambre de Provisions, ou de cabinet, ou d'Oratoire à la Mére de Dieu. Sur l'Autel de cette seconde chambre, & aussi du côté de l'Orient, on lit ces mots écrits en grosses lettres : HIC VERBUM CARO FACTUM EST ; & les deux colonnes qui marquent le lieu de l'Annonciation, sont disposées à cinq pieds de distance, comme pour soutenir la voute dans sa longueur : elles ont chacune dix-sept ou dix-huit pieds de hauteur. La Colonne de l'Ange est encore dans son entier ; mais l'autre est rompuë par le bas : il s'en manque deux pieds qu'elle ne pose à terre ; elle demeure comme suspenduë en l'air par une espéce de prodige ; car elle ne tient que bien peu à la voûte. Les Turcs qui avoient abattu une belle Eglise, bâtie par Ste. Heléne, au dessus de la Sainte Grotte, vouloient encore détruire la Grotte & avoient déja commencé à renverser cette Colonne ; mais une telle épouvante les prit, que pas un d'eux n'osa continuer l'ouvrage : ils remplirent les deux Chapelles d'immondices, & répandirent les ruïnes de l'Eglise au dessus, afin de dérober la connoissance de ce lieu. Tout respire une extrême pauvreté dans ces deux Chapelles : les murs en sont grossiers ; ils ne sont seulement pas blanchis : sur les Autels il n'y a pour tout ornement que des chandeliers de bois fort simples, & l'on n'y laisse pas même de cierges, parce que les Turcs à qui l'on n'oseroit refuser les portes y alloient quelquefois, commandoient qu'on allumât les cierges, & s'en servoient pour mettre le feu à leurs pipes.

On assure que la colonne qui est rompuë, opére tous les jours de grandes merveilles. On dit que les femmes enceintes, qui peuvent s'y aller frotter accouchent heureusement ; qu'en y touchant du dos on est délivré de toutes sortes de douleurs de reins ; en sorte que non seulement les Chrétiens, mais encore les Nations infidéles y accourent pour recevoir la guérison. On ajoute que des ceintures que l'on avoit fait toucher à cette colonne ont produit les mêmes merveilles en différens Pays.

Au fond de la grotte du côté du Nord, il y a une ouverture qui répond à un petit caveau de figure ovale, qui sert de Sacristie ; & au fond de cette Sacristie, aussi du côté du Nord, on voit un escalier fort obscur, qui fait la communication avec le couvent, qui est fort pauvre & dont toute la Communauté consiste en un seul Prêtre & un seul Frére.

Il y a plusieurs autres endroits remarquables tant au dedans qu'au dehors de Nazareth. Tout proche du Couvent, du côté du Septentrion, est un lieu où St. Joseph avoit sa boutique. Il y avoit autrefois en cet endroit une belle Eglise, autant qu'on en peut juger par quelques bouts de murailles & par des restes de beaux pilliers. Elle sert maintenant d'habitation aux Infidéles.

A quelques centaines de pas du Couvent, presque au milieu de la Ville, en tirant un peu vers le Couchant, on trouve un vieux bâtiment de pierre de taille, qu'on dit être un reste de la Synagogue, où Notre Seigneur étant entré, [b] on lui donna le Livre du Prophéte Isaïe, qui regardoit sa mission, & où s'étant fait admirer d'abord de ses Auditeurs, il en fut ensuite mal-traité lorsqu'il vint à leur reprocher l'aveuglement de leur esprit & la dureté de leur cœur ; de sorte qu'ils se saisirent de lui à dessein de l'aller jetter dans un précipice. [c] Ce précipice est environ à une demi-lieuë de Nazareth ; & c'est un des plus affreux qui se puisse voir. Il est presque sur l'extrémité de la Montagne, qui va du Nord-Ouest de cette Ville au Sud-Est. Il est extrémement profond, & le côté de la Montagne par où on avoit résolu de jetter le Fils de Dieu est tout à fait escarpé : il aboutit à une Vallée étroite, qui est toute couverte de gros grais, difficile à marcher ; mais agréable par la diversité des arbrisseaux, entre lesquels on marche à couvert. A l'endroit où ceux de Nazareth conduisirent le Sauveur, il y a une pierre d'une grosseur énorme, élevée & comme mise à dessein sur le haut de la roche du côté du précipice. On dit que lorsque Notre Seigneur

gneur disparut, cette pierre se leva d'elle-même, comme pour marquer le lieu du crime des Nazaréens, & pour leur reprocher leur injustice, mais quoiqu'il y ait quelque chose d'extraordinaire dans la situation de cette pierre, elle peut être un effet de la nature & du hazard. Quoiqu'en disent quelques Ecrivains, on ne trouve point en cet endroit les vestiges des pieds du Sauveur imprimez dans le roc, comme on les trouve sur la Montagne des olives: on montre seulement au dessous de ce lieu, dans la descente du précipice une grotte large d'environ quatre ou cinq pieds & peu enfoncée. Il y en a qui veulent que Notre Seigneur s'y cacha, le haut de la Montagne s'étant ouvert pour le recevoir & s'étant au même moment refermé. On y a bâti un Autel, où l'on dit la Messe aux Pélérins, & c'étoit l'Eglise d'un Monastére du voisinage. On y voit encore quelques peintures; mais si effacées qu'on n'y peut rien reconnoître. Pour venir du haut du précipice à cette grotte, il y a des degrez qu'on dit que Sainte Hélène fit faire pour rendre le chemin plus aisé.

Près de cette grotte en retournant vers Nazareth on rencontre deux Citernes; l'une d'environ douze pieds de diamétre où il y a de l'eau; l'autre une fois plus grande & qui est à sec. Toutes deux étoient pour l'usage du Monastére.

Vis-à-vis de la haute Montagne du précipice, on en voit une autre encore plus haute & qui n'est guere moins roide. Leur sommet n'est éloigné que d'une bonne portée de fusil, & le bas dans la Vallée s'entre-touche presque: le torrent qui passe entre deux dans les grandes pluyes en fait la séparation. Toutes deux regardent à leur pointe le Champ d'Esdrelon, qui est une des plus belles, des plus fertiles & des plus grandes plaines qu'on puisse voir. Le Torrent de Cisson y passe environ à une lieue de ces Montagnes; mais il est à sec la plus grande partie de l'année. Il n'a de l'eau en tout tems que depuis Endor, dont il est proche, jusqu'à la Mer de Galilée, où il se décharge du côté de l'Orient. Il en a aussi toujours, à ce qu'on dit, vers le mont Carmel, au pied duquel il coule & va ensuite s'emboucher dans la Mer Méditerranée, du côté de l'Occident.

Quelques Auteurs ont écrit, que le Sauveur en se retirant des mains des Nazaréens arriva à une pierre, qui s'amolit & le reçut comme un moule reçoit une statuë & que l'empreinte de la robe du Fils de Dieu & celle de ses pieds y paroissoient: on ne montre rien de semblable aujourd'hui dans cet endroit. Cependant à Nazareth, en montant la Montagne vers l'Occident de la Sainte Maison, on voit sur la descente une grosse pierre sur laquelle on dit que notre Seigneur mangeoit quelquefois avec ses Apôtres. Sur un des côtez de cette pierre on remarque comme des plis de robe & la figure des plis qu'elle fait sous les genoux, quand on courbe un peu les jambes pour se reposer. On voit ces plis, comme venans jusqu'à mi-corps, & à présent on n'en découvre pas davantage, parce que la pierre est couverte de terre vers l'autre bout. Elle étoit ci-devant vers le haut de la Montagne & il y avoit à quelques pas une fontaine que les Chrétiens nomment la Fontaine de St. Pierre. Une tradition veut que notre Seigneur ayant envoyé St. Pierre chercher de l'eau en cet endroit, St. Pierre obéit quoiqu'il fût qu'il n'y avoit point d'eau. On ajoute qu'à son arrivée la fontaine commença à couler. C'est pour cela qu'on l'appelle aussi en Arabe *Aïn gedide*, la Fontaine nouvelle. Depuis environ cinquante ans cette Fontaine ne paroît plus & la grande pierre dont je viens de parler est descenduë bien bas dans le penchant de la Montagne. Elle a été poussée hors de sa place par un tremblement de terre & par le tonnerre, qui tomba dans la place, où elle étoit & tarit la fontaine. On alloit souvent dire la Messe sur cette pierre, pour laquelle on a une grande vénération.

Il y a une autre pierre sur le chemin de Nazareth au précipice & pour laquelle les Chrétiens ont aussi de la vénération. On y apperçoit la figure de deux genoux imprimez fort avant. On dit que c'est celle des genoux de la Sainte Vierge. Quand elle apprit le dessein que les Nazaréens avoient de précipiter le Sauveur elle alla après eux, & ayant été informée en chemin qu'il s'étoit miraculeusement sauvé de leurs mains, elle se mit à genoux pour en rendre ses actions de graces à Dieu: ce fut alors, à ce qu'on prétend, que cette pierre reçut la forme de ses genoux. On avoit bâti sur cet endroit de la Montagne un Monastére nommé *Ste. Marie de la Crainte*: il étoit habité par des Religieuses; mais on n'en voit plus que les ruïnes.

La Montagne où étoit ce Couvent & le St. Précipice semble être séparée de la Montagne sur laquelle la Ville de Nazareth est bâtie. Cette séparation est formée par une petite Vallée fort étroite; ce qui a fait douter si le St. Précipice est au lieu où on le montre. St. Luc dit expressement qu'il étoit sur la Montagne où Nazareth étoit bâtie: *Et surrexerunt & ejecerunt eum extra civitatem, & duxerunt illum usque ad supercilium montis super quem civitas illorum erat ædificata*. Cette difficulté est grande; & pour y répondre, on dit que ce ne furent pas ceux de Nazareth; mais les habitans d'un Village ou Bourg voisin, qui étoit sur cette Montagne & dont on voit quelques vestiges, qui se saisirent de notre Seigneur pour l'aller précipiter. Cependant l'Evangile exprime, ce semble assez clairement, que ce furent les Nazaréens. D'autres ont dit qu'une partie de Nazareth étoit bâtie sur cette Montagne; mais alors Nazareth n'auroit pas été une Ville si petite qu'on nous la représente [a]. En effet Nazareth étoit si peu considérable devant la venuë du Sauveur, qu'il n'en est fait aucune mention dans tout l'ancien Testament: elle étoit même en tel mépris parmi les Juifs du tems de Notre Seigneur, que Nathanaël dit à St. Philippe, qu'il n'en pouvoit rien sortir de bon: *A Nazareth potest aliquid boni esse?* Et si elle est prise par St. Luc pour une des Villes de Galilée; c'est que l'Ecriture Sainte use quelquefois indifféremment des noms de Villes, de Bourg & de Village. Il conviendroit mieux peut-être de dire que

[a] *Doubdan. p.* 508.

toutes

NAZ.

toutes ces Montagnes entourant Nazareth & s'appellant les Montagnes de Nazareth, & la séparation qui se voit entre celles dont il est question étant fort petite, & n'étant pas même une vraie séparation ; mais une seule voie, qui s'abaisse & qui s'élève en divers endroits, elles peuvent passer toutes pour une seule Montagne. Elles ne font en effet rien autre chose ; on est forcé d'en convenir si l'on veut faire quelque attention ; & l'on explique ainsi l'Evangile à la lettre.

La Ville de Nazareth [a] diminua beaucoup dans les prémiers siécles de l'Eglise. St. Jérôme temoigne que de son tems ce n'étoit qu'un fort petit Village. Mais dans la suite les Chrétiens considérant combien elle avoit été honorée par le mystére de l'Incarnation ou de la Conception de Jesus-Christ, & par une demeure qu'il y avoit faite de plus de trente ans, y firent mettre le Siége d'un Evêché, qu'ils firent même depuis ériger en Archevêché de Nazareth, sous le Patriarchat de Jerusalem. Depuis que les Mahométans se sont rendus les maitres du lieu, l'Archevêché a été éteint, ou du moins rendu titulaire, comme ceux qui sont demeurez ou péris dans les Pays infidéles, puis transporté au Royaume de Naples, mis dans le Diocèse de Trani, annéxé à l'Eglise de Barletta dans la terre de Bari, vers la côte de la Mer Adriatique. Cet Archevêché de Nazareth, dont on a vu Urbain VIII. titulaire avant qu'il fût Pape, a été uni à l'Evêché de *Monte Verde*, petite Ville de la Principauté Ultérieure, sur les limites de la Basilicate & de la Capitanate, dont le Siége étoit suffragant de l'Archevêché de Compsa.

[b] St. Joseph mourut, selon les apparences, à Nazareth & peut-être les Parens de la Sainte Vierge, St. Joachim & Ste. Anne y moururent aussi. Pour elle depuis le Baptême de son Fils, elle quitta ce séjour & alla demeurer à Capharnaüm.

NAZEBY, [c] Bourg, ou Village d'Angleterre, dans la Province de Northamptonshire. C'est le lieu où se donna le 14. de Juin 1645. une fameuse Bataille, entre le Roi Charles I. & l'Armée du Parlement, & où cette derniere remporta la victoire.

NAZELLES, en Latin *Navicellæ*; Bourg & Château de France dans la Touraine, Election d'Amboise au Levant de Tours. Ce lieu est situé sur la Riviere de Cisse [d] (*ad Siceram*) il est destiné particulierement au culte de St. Martin dès le cinquiéme siécle. La Cure est à la Collation de l'Archevêque de Tours.

NAZERINORUM TETRARCHIA, la Tetrarchie des *Nazerini*, étoit dans la Cœlesyrie, selon Pline [e]. Le Pére Hardouin [f] croit que ce sont les Peuples, que Strabon [g] donne pour voisins aux Apamiens du côté de l'Orient, auprès du fleuve Marsyas, & que ce Géographe appelle Φυλάρχους Ἀραβαας. Ils venoient de ceux qui s'avancérent vers l'Occident, passerent le Marsyas & l'Oronte, s'établirent dans les Montagnes, entre l'Oronte à l'Orient, la Mer Méditerranée au Couchant, le Marathus, *Tortose*, au Midi, & Laodicée au Nord, & où ils conservent leur ancien nom, s'appellant encore *les Nassaries*.

NAZIANZE, Ville d'Asie, dans la Cappadoce, au voisinage de Césarée. Cette Ville étoit petite ; mais elle devint célébre dans la suite. Selon Mr. Baillet elle fut d'abord [h] Suffragante de Césarée : depuis on l'érigea en Metropole. St. Gregoire le Pére en fut fait Evêque l'an 328. Il y mourut & y fut enterré en 373. Le Grand & Docte St. Gregoire le fils y naquit peu de tems après l'Ordination de son pére. Il n'en fut point Evêque ; mais il servit l'Eglise après la mort de son pére durant la vacance du Siége, comme il avoit fait pendant quelque tems dès le vivant de son pére. St. Césaire, le dernier des enfans de St. Gregoire & de Ste. Nonne, mourut le prémier de cette sainte famille, en Bithynie ou à Constantinople l'an 379. Mais son corps fut rapporté à Nazianze, où son Pére & sa mére le mirent dans le tombeau qu'ils avoient préparé pour eux ; & son frére Grégoire le Théologien fit son Oraison funébre. Ste. Gorgonie leur sœur étoit aussi née à Nazianze ; mais elle fut mariée à Seleucie en Isaurie & elle y mourut. On n'a point laissé d'assigner son culte à Nazianze dans les Martyrologes. Ste. Nonne, femme du vieux St. Grégoire, mére de St. Grégoire, de St. Césaire & de St. Grégoire surnommé de Nazianze, mourut dans cette Ville & fut enterrée, auprès de son mari.

NAZIANSUS, lieu fortifié, dans l'Asie Mineure, selon Ortelius [i], qui cite Suidas, & dit qu'il y avoit une Auberge. Il pourroit se faire que ce seroit la même chose que NAZIANZE. Voyez ce mot.

NAZORIUM, Montagne [k] dont fait mention Phavorin dans son Lexicon.

### N E.

1. NEA, ou NOA, Ville de la Tribu de Zabulon [l]. Voyez NOA.

2. NEA, Ville d'Egypte dans la Province Thébaïque au voisinage de la Ville de Chemnis. Herodote [m] en fait mention & ses Interprétes au lieu de *Nea* lisent *Neapolis*. La Notice des dignitez de l'Empire dit *Ala octava Vandilorum Neæ.*

3. NEA, ou NE'E, Ville de la Troade, selon Pline [n]. Etienne le Géographe la met dans la Mysie.

4. NEA, lieu fortifié, dans la Mysie, selon Etienne le Géographe.

5. NEA, Isle de la Mer Ægée ; Pline [o] la met entre Lemnos & l'Hellespont. Elle étoit consacrée à Minerve. D'autres en comptent plusieurs dans le même quartier & les nomment *Neæ*.

1. NEÆ, Ville de Sicile, selon Diodore de Sicile [p]. Fazell dit que c'est le *Neetum* de Ptolomée [q] ; mais dans les MSS. de ce Géographe on lit Νέκτον *Nectum*. C'est la même Ville que Pline [r] nomme *Netini*, & que Ciceron [s] appelle du même nom. Quelques-uns croient que c'est aujourd'hui *Noti* : d'autre soutiennent que c'est *Minio*.

2. NEÆ. Voyez NEA. No. 5.

NEÆTHUS, fleuve de la grande Gréce, selon Pline [t] & Strabon [v]. Il étoit dans le territoire de Crotone. Ovide le surnomme *Sallentinum*, dans ce Vers [x] :

*Prateriit & Sybarim Sallentinumque Neathum,*

II

## NEA.

Il avoit son Embouchure dans le Golphe de Crotone [a]. Théocrite [b] en parle ; & son Scholiaste en fait un fleuve de Sicile ; mais c'est toujours le même fleuve ; car par le nom de Sicile ce Scholiaste n'entend autre chose que cette Partie de l'Italie à laquelle les Ecrivains du moyen âge ont donné le nom de Sicile, & que l'on appelle encore de la sorte quand on distingue les deux Siciles.

[a] Cellar. Geogr. Ant. l. 2. c. 9.
[b] Idyl. 4. v. 24.

NEAMA, lieu de la Palestine. Josué en parle : la Version des Septante porte Νομὰ, *Noma*.

[c] 15. 41.

NEANE, ou NEYNE. Voyez NEN.

NEANDRIA, ou NEANDRIUM, Ville de la Troade sur l'Hellespont, selon Strabon [d]. Quelques-uns ont écrit *Leandria* pour *Neandria*; mais c'est une faute. Les habitans de cette Ville furent transferez à Alexandrie. *Neandria* est appellée *Neandros* par Pline [e]. Antigonus, cité par Ortelius [f] écrit *Neandrida*, au nombre pluriel.

[d] l. 13.
[e] l. 5. c 30.
[f] Thesaur.

NEANESSUS, Ville de la Garsaurie, dans la Cappadoce, selon Ptolomée [g] : ses Interprétes écrivent Nanessus. Ortelius [h] croit que c'est le *Nanianullus* d'Antonin.

[g] l. 5. c. 6.
[h] Thesaur.

NEANT, Abbaye de France, dans le Diocèse de Vabres. Elle est de l'Ordre de St. Benoît, & son revenu peut monter à six mille livres.

NEAOATISEOTON, ou AUX AUNAGES, petite Riviere de l'Amérique, dans la nouvelle France ; elle se jette dans le Lac superieur, à la bande du Sud, à l'Occident de l'Ance Chaguamicon & près de l'Isle de St. Michel.

NEAPAPHOS. Voyez PAPHOS NOVA.

NEAPECHA, en Grec Νεαπήχη; lieu où étoient les statuës, que fit Tilesius l'Athenien, selon St. Clement d'Alexandrie [i]. Leopardus lit ενναπήχη; c'est-à-dire de neuf coudées ; ce ne seroit donc pas le nom d'un lieu. Cette remarque est d'Ortelius [k].

[i] ad Gentes.
[k] Thesaur.

1. NEAPOLIS, autrement NAPLOUSE. Voyez ce mot en son rang. [l] Le vrai nom de Neapolis, comme il est marqué dans les Medailles, est *Flavia Neapolis Syriæ, Palestinæ* ou *Samariæ*. Voyez au mot SICHEM.

[l] Dom Calmet, Dict.

2. NEAPOLIS, aujourd'hui NAPOLI, dont il est parlé dans les Actes des Apôtres [m] : C'est une Ville de Macedoine, où St. Paul arriva en venant de l'Isle de Samothrace. De Napoli il alla à Philippes. Napoli est toute voisine des Frontieres de la Thrace. Voyez NAPOLI.

[m] c. 16. v. 11.

3. NEAPOLIS, ou NEAPOLIS COLONIA, Ville de l'Afrique propre, selon Ptolomée [n], qui l'appelle aussi Tripoli dans ses MSS. Grecs ; mais dans les Exemplaires Latins, au lieu de *Tripoli*, on lit *Leptis Magna*. Voyez LEPTIS MAGNA.

[n] l. 4. c. 3.

4. NEAPOLIS, ou NABEL. Voyez NABEL.

5. NEAPOLIS. Voyez NAPLES.

6. NEAPOLIS, lieu fortifié dans la Chersonese Taurique, selon Strabon [o].

[o] l. 7.

7. NEAPOLIS, Ville de la Carie : Pline [p] la place entre Nariandus & Caryanda. Pomponius Mela [q] & Ptolomée [r] parlent aussi de cette Ville, ainsi que la Notice des Evêchez de la Province de Carie.

[p] l. 5. c. 29.
[q] l. 1. c. 6.
[r] l. 5. c. 2.

8. NEAPOLIS, Ville de Grece dans l'Ionie, selon Strabon [s], qui la place entre Samos & Ephèse.

[s] l. 14.

9. NEAPOLIS, Ville d'Asie, dans l'Isaurie, selon Suidas, au mot Ἰνδακος. Il se pourroit faire que ce seroit la même Ville que Ptolomée [t] place dans la Pisidie.

[t] l. 5. c. 4.

10. NEAPOLIS, Ville d'Egypte, dans la Thebaïde : Herodote [v] la place auprès de Chemnis.

[v] l. 2. c. 91.

11. NEAPOLIS, Metaphraste [x] donne ce nom à un des Ports d'Alexandrie & fait une magnifique description de ce Port.

[x] In S Spiridione.

12. NEAPOLIS, Ville de la Pisidie. Voyez NEAPOLIS No. 9.

13. NEAPOLIS, Ville de l'Isle de Sardaigne, sur la côte Occidentale : Ptolomée [y] la place entre *Sardopatoris Fanum* & *Pachia extrema*.

[y] l. 3. c. 3.

14. NEAPOLIS, Ville de la Colchide : Ptolomée [z] la met entre *Siganeum* & *Acapolis*.

[z] l. 5. c. 10.

15. NEAPOLIS, Ville de la Cyrenaïque, selon Ptolomée [a] : il la met dans les terres entre la Ville de *Charecla* & le Village d'*Artamis*.

[a] l. 4. c. 4.

16. NEAPOLIS, Ville de l'Asie propre dans la Lydie ou dans la Mæonie : Ptolomée [b] la place entre *Orthosia*, & *Bargaza*.

[b] l. 5. c. 2.

17. NEAPOLIS, Ville de l'Isle de Cypre, & dont Sigebert de Gemblours semble donner la description, il nomme son Evêque Leontius. Ortelius [c] dit que Metaphraste & Thesaur. Lusignan font mention de cette Ville. Selon le témoignage de ce dernier les Grecs la nomment *Lemise la neuve* & les Latins l'appellent *Nemosia* ou *Lemonce*.

18. NEAPOLIS. Voyez ANAZARCUS.

NEAPOLITÆ, Peuples de l'Isle de Sardaigne : Ptolomée [d] les met au Nord de l'Isle, auprès des *Valentini* & au dessous des *Siculensii*. Pline [e] les nomme *Neapolitani*. Leur Ville s'appelloit *Aquæ Neapolitanæ*. L'Itineraire d'Antonin la met sur la route de *Tibulis* à *Caralis*, entre *Othoca* & *Caralis*, à seize milles de la prémiere & à trente-six milles de la derniere. Cette Ville, selon le Pere Hardouin [f], conserve encore aujourd'hui son nom : on l'appelle NAPOLI.

[d] l. 3. c. 3.
[e] l. 3. c. 7.
[f] Ibid in Not. No. 4.

NEAPOLITANÆ AQUÆ. Voyez AQUÆ NEAPOLITANÆ, & NEAPOLITÆ.

NEARA. Voyez NAARATHA.

NEARCHI, Peuples de la Gaule Narbonnoise, selon Ortelius [g] qui cite Sextus Avienus.

[g] Thesaur.

NEARDA, Ville de la Babylonie : Josephe [h] dit que l'Euphrate la baignoit de tous les côtez. Ce pourroit être la même Ville que Ptolomée [i] appelle NAARDA.

[h] Ant. l. 18. c. 16.
[i] l. 5. c. 18.

NEARTHI, Nation Ichthyophage, selon Etienne le Géographe.

NEAZ. Voyez NEA. No. 2.

1. NEATH [k], petite Ville ou Bourg d'Angleterre dans le Glamorganshire, sur Atlas. une Riviere de même nom, à la gauche. Elle est située entre Swansey & Landaff. Quelques-uns croient que c'est l'ancienne *Nidum*, Cité des Silures.

[k] De l'Isle, Atlas.
[l] Corn. Dict.

2. NEATH [m], Riviere d'Angleterre : Elle a sa source dans le South-Walles ; elle traverse le Glamorganshire ; mouille la Ville de Neath & va se jetter un peu au dessous dans le Canal de St. George.

[m] De l'Isle, Atlas.

NEAU-

# NEA. NEB.

**NEAUFLE** LE VIEIL; [a] Bourg de France sur la Maudre, dans la Prévôté de Paris, Election de Mante ; à trois lieues de Montfort l'Amaury, & à quatre lieues de Villepreux. Il y a une Abbaye d'hommes, de l'Ordre de St. Benoît, non réformée & dédiée à St. Pierre. Elle vaut à l'Abbé trois mille Livres par an. Ce lieu est un Prieuré-Cure, sous le titre de St. André : il dépend de l'Abbaye & vaut huit cens livres.

[a] De l'Isle, Atlas.

**NEAUFLE** LE CHÂTEAU ; [b] Bourg de France, dans la Prévôté de Paris, Election de Mante, environ à une lieue & demie de Neaufle le vieil du côté de l'Orient.

[b] Ibid.

**NEBALLAT**, Ville de la Tribu de Benjamin [c].

[c] Esdr. 11. 34.

**NEBBITANUS**, Siége Episcopal d'Afrique, dans la Province Byzacene, suivant la Notice des Evêchez d'Afrique. La Conférence de Carthage nomme *Quod-vult-Deus Episcopus Nebbitanus*, parmi les Evêques qui souscrivirent : peut-être doit-on lire *Neptitanus* au lieu de *Nebbitanus*.

**NEBBITENSIS**. Voyez NEBBITANUS.

**NEBEL**. Voyez NABEL.

**NEBESSE**, ou ENABESSE; [d] Ville d'Afrique, dans le Royaume de Goiame. Cette Ville est remarquable par un Temple magnifique que l'Imperatrice Hélène, mére de l'Empereur David, y fit bâtir autrefois. Il fut ensuite détruit par les Galles ; & il a été relevé depuis par les Jesuites, qui ont une résidence à ENABESSE [e], appellée vulgairement NEBESSE.

[d] Corn. Dict. Descr. de l'Empire du Prete-Jean.

[e] Ludolf, Hist. Æthiop. l. 3. c. 11.

**NEBIO**, ou NEBBIO [f], Ville ruinée, de l'Isle de Corse dans sa partie Septentrionale. Ce n'est plus qu'un Village, quoiqu'il ait un Evêché suffragant de l'Archevêché de Génes. Il est à un mille de la côte & du Château de St. Florent & à neuf milles de la Bastie.

[f] Baudrand, Dict. Ed. 1705.

**NEBIODUNUM**, nom de lieu ; il en est parlé dans le Code [g]; mais peut-être NEBIODUNUM est-il là pour NOVIODUNUM.

[g] l. 11. tit. 8.

1. **NEBO** [h], Montagnes au delà du Jourdain, dans la Tribu de Ruben, au Pays des Moabites, à l'Orient de la Ville de Jéricho ; mais à une distance de plus de dix lieues de cette Ville : on les nomme aussi ABARIM, & même encore PHASGA. Ce fut du haut de l'une de ces Montagnes qui se touchoient, que Dieu fit voir à Moyse la Terre promise aux Israëlites & dont il ne lui permettoit pas l'entrée. Moyse y mourut ensuite ; mais le Seigneur voulant cacher son corps aux Israëlites, pour les empêcher d'en abuser, l'ensévelit (par un de ses Anges) dans la Vallée du Pays de Moab, vis-à-vis de Phogor ; de sorte que nul homme n'a jamais su où il avoit été enterré. A la prise de Jerusalem par Nabuchodonosor, le Prophéte Jérémie, profitant de la faveur & du crédit, que sa réputation lui avoit donné auprès de Nabuzardan & des autres Généraux des Chaldéens, fit retirer le feu sacré du Temple, avec le Tabernacle, l'Arche d'Alliance & l'Autel des encensemens. Il les fit porter au delà du Jourdain, & alla lui-même les enterrer dans une Caverne de la Montagne de NEBO, où Moyse étoit mort.

[h] Topograph. des Saints, p. 337.

2. **NEBO**, NABO, ou NABOTH ; [i] Ville de la Palestine, au delà du Jourdain, dans la Tribu de Ruben, au Pays des Moabites. La Montagne de Nebo donna son nom à cette Ville, qui fut toujours peu considérable. L'opinion de la mort ou de la Sépulture de Moyse, n'eut point la force d'y attirer les Peuples en pélérinage. Voyez NABO, Nº. 1.

[i] Ibid.

3. **NEBO**. Voyez NABO, Nº. 2.

**NEBOPRIDUM**, ou NOVOBARDUM, Ville de Mœsie, à ce que croit Ortelius [k], qui cite Laonicus.

[k] Thesaur. 4. p. 511.

**NEBOUZAN**; Pays du Gouvernement de Guienne & de Gascogne. Il est situé le long du Pays de Comenges. Ce Pays, titre de Vicomté relevant de la Principauté de Bearn, & il fait partie de l'ancien domaine de Navarre & du Pays d'Armagnat. Ses lieux les plus considérables sont,

Barbazan,   Mauresug,
   St. Gaudens.

[l] Quoique la Justice du Pays, dont le Siége est à St. Gaudens, ait le titre de Sénéchaussée, les appellations des Jugemens ne laissent pas de se porter dans tous les cas au Sénéchal & Siége Présidial de Toulouse. Le Sénéchal de Nébouzan a soixante & quinze livres de gages de sa Charge ; cent cinquante livres que le Roi lui donne pour sa table, & cinq cens livres ; que le Pays lui paye tous les ans pour l'ouverture des Etats, comme Commissaire du Roi. Ses appointemens sont payez par le Trésorier general de Navarre établi à Pau, sur les deniers du don annuel que le Pays fait au Roi. Les Etats du Nébouzan s'assemblent toutes les années à St. Gaudens. L'Abbé de Nisos est Chef & Président né du Clergé : le Baron de la Roque est le Chef de la Noblesse ; & le prémier Consul de St. Gaudens est le Chef du Tiers-Etat.

[l] Piganiol, Descr. de la France. T. 4. p. 511.

**NEBRI**. Voyez UNNI.

**NEBRIM**, ou NEMRIM, il est parlé des eaux de Nebrim dans Isaïe [m]. St. Jérôme dit que c'est un Village appellé *Benamerium*, au Nord de *Zoaras*. Eusébe en fait mention au mot Νεμρείμ ; mais il faut lire Νεμψείμ.

[m] c. 15. 6.

**NEBRISSA**, ou NABRISSA, Ville d'Espagne dans la Bætique ; Ptolomée [n] la met dans les terres au voisinage de la Lusitanie, entre *Sala* & *Ugia*. Pline [o] la surnomme *Veneria*, & elle a le même surnom dans une Medaille de l'Empereur Claude, selon le temoignage de Ligorius, qui n'est pas toujours bien exact. On la voit dans le recueil de Holsten [p] & on y lit cette inscription: COLONIA VENEREA NABRISSA AUGUSTA. Cette Ville étoit située sur la Branche Orientale du Bœtis ; mais cette branche s'étant bouchée avec le tems, elle se trouve aujourd'hui à deux bonnes lieues du fleuve Guadalquivir. Mariana [q] dit qu'elle est à présent éloignée du Bætis de huit mille pas. On la nomme maintenant LEBRINÆ. Voyez ce mot.

[n] l. 2. c. 4.
[o] l. 3. c. 1.
[p] pag. 128.
[q] Hist. Hispan. l. 1. c. 3.

**NEBRODES**, Montagne de la Sicile ; c'est ainsi qu'écrivent Pomponius Méla & Solin ; mais on lit dans Strabon *Nevrodes*, Νευρώδες. Il est surprenant que Xylander ne se soit pas apperçu que c'étoit un nom propre

## NEB. NEC.

pre: il l'a traduit par *Nervosus*; cependant Solin décide que ce mot ne vient pas de *Nervi*, mais de *Dama*. Fazell [a], qui dit qu'on le nomme aujourd'hui *Madonia*, veut que ce soit le *Cratona* de Ptolomée [b]; mais on lit *Cratas*, Κράτας, & non pas *Craton* dans Ptolomée, & *Cratas* même est différent de *Nebrode*. Silius Italicus fait mention de cette Montagne en ces termes:

*Nebrodes gemini nutrit divortia fontis*
*Quo mons Sicania non surgit ditior umbrâ.*

[a] Decad. I. l. 10.
[b] l. 3. c. 4.

NEBSAN, Ville de la Tribu de Juda [c]: l'Hebreu lit *Nipsan*.

[c] Josué, 15. 62.

NECAMIDON. Voyez SOSIPPUS.

NECATE, Promontoire dans le Picentin, auprès de *Pisaurum*, selon Ortelius [d], qui dit que quelques-uns le nomment *Focaria*.

[d] Thesaur.

NECAUS, Ville d'Afrique, au Royaume de Tremecen, dans la Province de Bugie, sur les confins de la Numidie. Ptolomée [e] la nomme *Vaga*, & la place vers cinq autres entre le Fleuve *Ampsaga*, & la Ville de *Thabraca*. [f] Necaus est une Ville antique, fermée de hautes murailles de pierre, & bâtie par les Romains à vingt lieues de Teztéza du côté du Midi. Tout auprès passe une Riviere dont les bords sont couverts de bocages d'arbres fruitiers, parmi lesquels il y a des noyers & des figuiers considérables par leur grandeur & par leur beauté. Les figues de ces quartiers sont les meilleures de l'Afrique: après les avoir sechées on les porte vendre à Constantine, qui en est à plus de cinquante lieues entre le Levant & le Nord. Le Pays autour de la Ville est un Pays-plat qui rapporte de bon froment; de sorte que les gens de la Contrée sont fort à leur aise. Au dedans de la Ville il y a une superbe Mosquée, dont l'ouvrage est très-délicat, & où l'on trouve un grand nombre d'Alfaquis. Auprès de cette Mosquée, il y a un Collége où l'on instruit la jeunesse aux Sciences & dans la Religion Mahométane, & il y a plusieurs Boursiers qui vivent des pensions qu'on a fondées. Les femmes de cette Ville sont fort blanches & ont les cheveux noirs; les hommes y sont fort sociables & amis des Etrangers. Il y a des Bains en plusieurs endroits de la Ville: les Maisons y sont agréables, quoique plusieurs n'ayent point de plancher, la plûpart sont embellies de Fontaines & de jardins où l'on voit des jasmins, des rosiers, des géroflées, des myrtes, des lauriers & d'autres fleurs, avec de grandes treilles, & quantité d'orangers, de limoniers, de citroniers & d'autres arbres de cette nature. Ce seroit une des meilleures & des plus belles Villes de la Barbarie, si les Turcs, qui en sont moins les Seigneurs que les Tyrans, ne chargeoient les habitans d'impôts.

[e] l. 4. c. 3.
[f] Marmol Descrip. du Roy. de Tremecen l. 5. c. 55.

NECCARTHAL. Voyez NECKER-THAL.

NECEB. Voyez ADAMI.

NECHERS, Bourg de France dans l'Auvergne, Election de Clermont.

NECHESIA, lieu en Egypte: Ptolomée [g] le place sur le Golphe Arabique, entre les Montagnes *Acabe* & *Smaragdus*.

[g] l. 4. c. 5.

NECHILIS, nom de lieu, dans la Syrie,

## NEC. 73

à ce que croit Ortelius [h], qui cite Sozomene. Calliste [i] écrit *Mechilis*.

[h] Thesaur.
[i] l. 2. c. 41.

NECHRÆI, Peuples des Indes, voisins des *Oxydraca* & des *Brachmanes*. Lucien [k] écrit qu'ils sont adonnés à la Philosophie.

[k] In Fugitivis.

NECICA, Ville de la Dalasside, dans la Cilicie, selon Ptolomée [l]. Ses Interprétes lisent *Ninica*.

[l] l. 5. c. 8.

NECII, Nation voisine de la Gréce, à ce que croit Ortelius [m], qui dit que Frontin en parle [n].

[m] Thesaur.
[n] Stratagem.

NECIUM, c'est un des noms Latins que l'on donne à la Ville d'Annecy, dans les Etats du Duc de Savoye. Voyez ANNECY.

[l. a. c. 11]

NECKAR, NECKER, ou NECRE, Riviere d'Allemagne. Elle a sa source dans la Forêt-Noire, auprès du Village de Schwenningen, environ à deux lieues au dessus de Rotweil en tirant du côté du Midi. Son cours est en partie du Midi au Nord en serpentant, & après avoir mouillé les murs de Rotweil, elle passe à Oberndorff, à Sultz, à Horb, à Hohenberg, à Rotenbourg, à Tubingen, à Niertingen, à Esslingen, à Canstatt, à Marbac, à Lauffen, à Hailbron, à Wimpfen, à Gundelsheim, à Neckerelts, d'où en commençant à courir de l'Est à l'Ouest elle se rend à Eberbach, à Hirschhorn, à Neckers-Gemund, à Heydelberg & enfin à Manheim, où elle se décharge dans le Rhin. Les principales Rivieres qu'elle reçoit sont, le Breim au dessous de Rottweil, le Teyach & le Startzeck entre Horb & Hohenberg; le Lauter & le Wils au dessus d'Esslingen; le Remms, le Murtz, le Botwar, entre Esslingen & Hailbron; le Koker, l'Iagst, entre Hailbron & Neckereltz: toutes ces Rivieres se jettent dans le Neckar à la droite. Il reçoit encore à la gauche, le Glatt entre Sultz & Horb; le Zaber au dessous de Lauffen; l'Entz entre Marbac & Hailbron; le Bellingenbach entre Hailbron & Wimpfen & l'Elsatz, à Neckers-Gemund.

NECKARS-ULM [o], Ville d'Allemagne, dans la Franconie, aux Frontiéres de cette Province, sur le Neckar, à la droite entre Hailbron & Wimpfen, à égale distance de chacune de ces Villes. Elle appartient [p] au Grand-Maître de l'Ordre Teutonique.

[o] Sanson, Carte du Cercle de Suabe.
[p] Corn. Dict.

NECKERS-GEMUND [q], Ville d'Allemagne, dans le Palatinat du Rhin, sur le Necker, à la gauche de ce Fleuve & à l'endroit où l'Elsatz y a son embouchure.

[q] Sanson, Carte du Cercle Elect. du Rhin.

NECKER-THAL, ou NECCARTHAL [r], Vallée de la Suisse dans le Comté de Toggenbourg: elle est partagée en Neckerthal supérieur & en Necker-thal inferieur.

[r] Etat & Delices de la Suisse, T. 3. p. 319.

NECKER-THAL SUPERIEUR (le), [s] il n'a qu'une Communauté & qu'une Paroisse principale appellée *Peterzell*. Aux confins du *Necker-thal Supérieur*, on voit les restes d'une ancienne Forteresse, qui a été détruite.

[s] Ibid.

NECKER-THAL INFERIEUR (le) [t]; il ne compose qu'une seule Justice; mais les Paroisses suivantes y sont comprises,

[t] Ibid.

Brunaderen,  Helffenschweil,
Mogelsperg,  Ganderschweil,

NECOUIA, ou NECVIA, Ville de l'Umd'Umbrie, selon Etienne le Géographe, qui cite le dix-septiéme livre des Antiquitez Romaines de Denys d'Halicarnasse, Livre que nous n'avons plus. Il ajoute que le nom vulgaire de cette Ville étoit Νηκουιάτης, Necuiata. Cet endroit est suspect à Cluvier. Il croit que Denys d'Halicarnasse avoit écrit Νηκουϊνα, & que le nom vulgaire étoit Νηκουϊνάτης. Ortelius [a] juge que ce doit être *Nequinum*.

[a] Thesaur.

NECRETICE, Contrée de la Colchide, selon Ptolomée [b] : le MS. de la Bibliotheque Palatine porte ECRETICE, & Pline [c] lit *Ecretice*. Pomponius Mela [d] lit aussi *Ecretice*. Mais Arrien [e] appelle cette Contrée *Nitice*, & dit qu'elle fut anciennement habitée par une Nation Scythe.

[b] l. 5. c. 10.
[c] l. 6. c. 4.
[d] l. 1. c. 19.
[e] Peripl. Ponti Euxini. p. 18.

NECROPOLIS, c'est-à-dire *la Ville des Cadavres*; ce nom avoit été donné à une espéce de Fauxbourg de la Ville d'Alexandrie en Egypte [f]. Il y avoit en cet endroit une grande quantité de jardins, de tombeaux & de Maisons où l'on trouvoit les choses propres pour embaumer les corps morts.

[f] Strabo, l. 17.

NECROPYLA SINUS, [g] Golphe qui borne à l'Occident la Chersonése Taurique, dans la côte Septentrionale du Pont Euxin; le Danapris ou Boristhène, le Bogu & le Danastris s'y jettent.

[g] De l'Isle, Atlas.

NECROTHALASSA [h], Grand Golphe ou Port que la Mer fait sur la côte de l'Isle de Corfou, du côté de l'Ouest, dans la Vallée des Saints. Un Ecueil embelli d'un Monastère de Caloyers Grecs occupe le milieu de l'entrée. Ce Port étoit autrefois fort profond & capable de contenir deux cens galéres; mais à présent il est en grande partie rempli de sable, & par là devenu inutile. Il s'y prend néanmoins une grande quantité de poissons qui sont très-bons. Il sert comme d'étang ou de reservoir à des particuliers qui en ont le droit & s'appelle en langue Grecque *Necrothalassa*; c'est-à-dire Mer morte.

[h] Davity, T. 3. p. 167.

NECTENSIS SYLVA, Forêt de l'Hibernie, selon Ortelius [i], qui cite Surius & Vincent de Beauvais, dans la Vie de St. Ethbin.

[i] Thesaur.

NECTIBERES, Peuples de la Mauritanie Tingitane : Ptolomée [k] les place au dessous des *Angaucani*.

[k] l. 4. c. 1.

NECTUM. Voyez NEÆ.

NECUIA. Voyez NECOUIA.

NECYOPA, Marais situé quelque part, aux environs de la Campanie, selon Ortelius [l], qui cite Cedréne; ce dernier écrit qu'Ulysse y apprit diverses choses qui devoient lui arriver.

[l] Thesaur.

1. NEDA, en Grec Νέδα; Fleuve qui, selon Pausanias [m], prend sa source au Mont Lycée, traverse l'Arcadie & sépare les Messenil [n] des *Eleis*, du côté de la Mer. Pausanias dit encore qu'après le Meandre, le Neda est celui de tous les fleuves qui serpente davantage. Il passe au voisinage de la Ville de *Leprius*, & se jette dans la Mer, selon Ortelius [o], qui cite Callimaque. C'est apparemment le même Fleuve que Strabon [p] appelle *Nedas*.

[m] l. 4. c. 20.
[n] l. 8. c. 4.
[o] Thesaur.
[p] l. 8.

2. NEDA, Ville d'Arcadie, selon Ortelius [q] qui cite Etienne le Géographe.

[q] Thesaur.

NEDGERAN. Voyez NAGRAN.

NEDINUM, Ville de la Liburnie : Ptolomée [r] la met dans les terres. Ortelius [s],

[r] l. 2. c. 17.
[s] Thesaur.

qui cite Niger, dit que les habitans du Pays l'appellent Sufied.

1. NEDON, lieu dans la Lycaonie, selon Strabon [t] & Etienne le Géographe. Le prémier ajoute que Telechus y avoit bâti *Pacessa*, *Echeias*, & *Tragium*.

[t] l. 8.

2. NEDON, Ville de la Lycaonie : Etienne le Géographe, qui fait mention de cette Ville, avertit que Νέδων fait au Genitif Νέδωντος.

3. NEDON, Fleuve du Peloponèse : Strabon [v] dit qu'il traverse la Lycaonie & qu'il est différent du *Neda*.

[v] l. 8.

NEDROMA, ou NED-ROMA [x], ancienne Ville d'Afrique, dans le Royaume de Tremecen, bâtie par les Romains dans une grande plaine, à deux lieues & demie du mont Atlas & à quatre lieues de la Mer. Sa situation est semblable à celle de Rome, dont elle a tiré son nom. Les Interpretes de Ptolomée y disent que c'est l'ancienne Celama & la mettent à 12. d. 10'. de Longitude, sous les 33. d. 20'. de Latitude. Les murs sont encore debout & sont bâtis de gros moilons liez avec de la chaux, à la façon des Romains. Les Maisons ont été ruinées dans les guerres, que les Rois de Tremecen ont euës avec ceux de Tunis & de Fez; & les Maisons qui subsistent aujourd'hui sont bâties à la manière du Pays. On voit hors des murailles les restes de quelques vastes Edifices des Romains : il y a de grandes tables, des colonnes d'albâtre & des tombes de pierre, avec des Inscriptions Latines. Près de la Ville passe un Fleuve, dont les bords sont couverts d'arbres fruitiers de toutes sortes. Les Montagnes d'alentour portent de certains arbres appellez Carrobiers : le fruit en est si doux, que les habitans en font du miel & en mangent toute l'année avec leurs viandes. C'est quelque chose de pitoyable, qu'une si belle Ville située au plus bel endroit de l'Afrique & dans un si bon Pays, soit tellement ruinée, qu'on la prendroit en y entrant pour une basse-cour, tant les Maisons en sont miserables. Les habitans cueillent quantité de froment & d'orge : ils ont beaucoup de Troupeaux & ils font les plus belles toiles de cotton de toute la Barbarie. La plupart sont Marchands, trafiquent à Alger & à Trémecen; & pour la liberté de ce Commerce, ils payent quelque reconnoissance au Roi. Ils pourroient néanmoins s'en dispenser; parce qu'ils ont pour amis les Zénétés de la Montagne, qui sont les plus braves de toute l'Afrique. Ces Zénétés sont vingt-cinq mille Combattans bien équipez; & la plupart ont des mousquets.

[x] Marmol. Descr. du Roy. de Tremecen, l. 5. c. 7.
l. 4. c. 2.

NEDUS. Voyez NEDON, N°. 2.

NEDUBA, Ville d'Afrique, selon Mr. Corneille [z] qui cite la Bibliothéque Orientale de d'Herbelot. Cette Ville est dans le Pays qu'habitent les Cafres, & plus Septentrionale que celle de Berua, dont elle n'est éloignée que de trois journées de chemin, sur le rivage de la Mer Ethiopique.

[z] Dict.

NEE. Voyez NEA.

NEEDHAM, Bourg d'Angleterre [a] dans le Comté de Suffolc. Il s'y tient un Marché.

[a] Etat présent de la Gr. Br. T. 1. p. 112.

NEERDA [b], Ville de la Babylonie, ou de la Mésopotamie. Les Juifs y avoient une Ecole

[b] Dom Calmet, Dict.

NEE. NEF. NEF.

Ecole célébre. Les deux Fréres *Afinée* & *Anilée*, connus dans l'Histoire de Joseph [a] étoient natifs de *Neerda*, & les Juifs de Mésopotamie perfécutez à caufe d'eux, furent obligez de fe retirer à Nifibe & à Neerda, vers l'an 40. de Jefus-Chrift, ou de l'Ere vulgaire.

[a] Antiq. l. 18. c. 12.

NEERE, ou NEERRE, Riviere de France [b]; elle arrofe la Sologne. Sa fource eft à une lieue au deffus d'Aubigny, & après l'avoir traverfé, elle va fe joindre à la grande Saudre, un peu au deffous de Clermont. On y pêche beaucoup d'écreviffes.

[b] Coulon Rivieres de France, p. 311.

NEERENSIS, c'eft, felon Ortelius, [c] le nom d'un Village de France, dont fait mention Grégoire de Tours, mais on lit *Nereenfis* dans cet ancien Hiftorien, & non pas *Neerenfis*. Voyez NEREENSIS.

[c] Thef.

NEETO, ou NETHO, Riviere d'Italie, dans le Royaume de Naples; en Latin *Netus*: [d] Elle coule fur les confins des deux Calabres, du Couchant au Levant. Elle paffe à S. *Severina*, & va fe jetter dans la Mer Ionienne, entre le Cap de Liffe & le Cap *delle Colonne*, environ à égale diftance de l'un & de l'autre.

[d] De l'Ifle Atlas.

NEFçAOA, [e] Ville d'Afrique, dans la Province de Biledulgerid, à 42. degrez 15′. de longitude, & à 30. degrez de Latitude. Ce font trois Villages affez près l'un de l'autre, & affez bien peuplez; mais les maifons ou les murailles n'en valent rien.

[e] Dapper, Defcr. de l'Afrique, p. 213.

NEFISE. Voyez NEFUSA, N. 1.

NEFTA, Ville d'Afrique, au défert de Numidie, dans la Province de Zeb. [f] Cette Ville eft partagée en trois Places, féparées les unes des autres par des murailles, & dans l'une defquelles il y a une Foctereffe, dont la ftructure témoigne que c'eft un ouvrage des Romains. NEFTA eft fort peuplée; mais il n'y a aucune police. Les Habitans étoient autrefois affez riches, ce qui venoit de ce qu'ils étoient fur la Frontiére de la Libye & fur le chemin qui va de la Barbarie au Pays des Negres. Mais comme ils fe révoltérent plufieurs fois contre les Rois de Tunis, ils furent pillez & faccagez, il y a environ deux-cens ans. Enfin Mahamet, Pére de Hafcen, Roi de Tunis, que Charles V. rétablit dans fon Etat, ayant pris *Nefta* de force, tua une partie des Habitans & fit abattre quelques pans de mur. Il y a auprès de cette Ville une petite Riviere d'eau chaude: le Peuple en boit & en arrofe les Terres.

[f] Marmol, Defcr. de la Numidie. liv. 7. c. 50.

1. NEFUSA, [g] Montagne d'Afrique, qu'on nomme maintenant DERENDEREN ou d'ADREN. C'eft une branche du Grand Atlas, & qui borde du côté du Couchant celle de Tenzére dans la Province de Hea. Il y neige ordinairement, parce qu'elle eft très-haute. Cependant on ne laiffe pas d'y cueillir quantité d'orge. Elle eft peuplée des Communautez de Recrec, de Hafcure, de Janface & autres Béréberes de la Tribu de Muçamoda, Nations vaillantes, nombreufes & fuperbes; mais d'un autre côté fi fimples & fi ruftiques, qu'elles croyent tout ce qu'on leur dit en matiére de Religion. Ils ont quantité de troupeaux de chevres, & beaucoup de miel, de cire & de ces fruits dont on fait de l'huile. Leur façon de vivre & de traiter a-

[g] Marmol, Defc. du Royaume de Maroc, liv. 3. c. 43.

vec les Etrangers eft pleine de perfidie. Ils n'ont point de Villes fermées, & leurs maifons répanduës çà & là par la Montagne, font faites de pierres feiches, ou de méchants carreaux de terre qui ne font liez avec aucun mortier; & elles font couvertes d'une efpece d'ardoife, ou feulement de branches d'arbres. La principale habitation n'eft pas compofée de plus de cinquante maifons & la plupart n'en ont que huit ou dix, qui font placées dans des fonds qui fe trouvent fur les plus hautes Montagnes. En 1543. Cidi Abdala, Alfaqui, ou Prédicateur Morabite, de la Secte de Moaydin, fe fouleva dans cette Montagne, contre le Cherif Mahamet Roi de Maroc & affembla plufieurs Barbares. Auffi-tôt le Cherif envoya contre lui fept-cens Arquebufiers Turcs & quatre mille Maures à cheval, fous le commandement d'un Marchand Perfan. Les Turcs grimpérent fur la Montagne, après avoir laiffé leurs chevaux au pied, & comme elle eft fort droite, & qu'il y a des endroits difficiles, ils ne parvinrent jufqu'au haut, qu'avec beaucoup de peines & de danger. Les Barbares rouloient fur eux de grandes piéces de rocher, les effrayoient avec leurs hurlemens & leurs cris, & fans fe foucier des coups d'arquebufe, paffoient à leur vue d'une Montagne à l'autre, & franchiffoient les détroits & les détours de la Montagne. Malgré ces difficultez les Turcs tinrent un fi bon ordre, faifant foutenir un peloton par un autre, qu'ils arrivérent au haut de la Montagne. Abdalla fe retira d'abord au lieu le plus élevé; cependant comme les Montagnes voifines étoient foumifes au Cherif, & qu'il ne lui reftoit plus aucune reffource, il fe rendit, à la charge qu'il pourroit fe retirer au Royauume de Fez avec fes enfans & fa fuite. On le lui promit; mais le Cherif fuivant la maxime de Jacob Almanfor, qui veut qu'on ne foit point obligé de garder la foi à un Traître, lui fit couper la tête en fa préfence. Abdalla étoit grand Magicien, ou du moins fe donnoit pour tel. Quand il voulut fe foulever, il affembla d'autres Béreberes de la Montagne de Chauchava, & leur dit qu'il viendroit aifément à bout des ennemis par fon favoir. Les troupes du Cherif trouvérent en arrivant à la Montagne, dans le milieu du chemin des moutons égorgez: la laine en étoit grillée, & les pieds, qui étoient coupez étoient paffez dans les yeux. Il avoit fait encore divers autres fortiléges aux paffages difficiles; ce qui épouvanta d'abord les troupes du Chérif & leur faifoit appréhender quelque chofe de finiftre. Mais le Perfan qui les commandoit ayant fait avancer quelques Chrétiens, qu'il avoit avec lui & leur ayant dit de brûler ces fortileges, fes Troupes fe raffurérent: ce qui fit dire à Abdalla qu'il avoit été vaincu par les Chrétiens & non par les Maures contre qui il avoit fait fes enchantemens; au-lieu qu'il n'avoit point fait contre les prémiers. La plus belle fille du Pays, voyant fuir fes compatriotes délia fes beaux cheveux, qui étoient treffez & fort longs, & prenant deux dards à la main commença à crier à la jeuneffe: Courage, qui m'aime me fuive. Ne fouffrez pas que d'autres jouïffent de ce que vous aimez, ni que je fois en proye à des brigans: après a-

K 2 voir

voir ainsi rassemblé autour d'elle une troupe de jeunes gens, elle alla tomber sur les ennemis, à qui elle eût pu donner de la peine, si un coup d'arquebuse ne l'eût renversée. Depuis ce tems-là les Habitans de cette Montagne se sont revoltez encore plusieurs fois.

2. NEFUSA, Riviere d'Afrique: elle a sa source dans la Montagne de même nom, & elle se joint au Tansift.

3. NEFUSA, Montagne d'Afrique, au Royaume de Tunis, auprès du desert de Numidie, sur la Frontiere des Esfaques & des Gelves, dix lieues au dedans du Pays, du côté du Midi. Voyez au mot BENITEFEREN, autre Montagne du même Canton. Marmol [a] dit de l'une ce qu'il dit de l'autre.

[a] Descr. du Royaume de Tunis, liv. 6. c. 56.
[b] l. 5. c. 12.

NEGA, Ville de l'Albanie, selon Ptoloméeb: ses Interprétes écrivent NIGA.

NEGAPATAN, Ville des Indes, sur la Côte de Coromandel, au Royaume de Tanjaour, un peu au dessus du Cap de Cagliamera, en tirant vers le Nord. [c] Elle est située à 11 degrez de Latitude Septentrionale. Les Indiens l'appellent NAGAPATTENAM; c'est à dire la Ville des Serpens. On lui a donné ce nom à cause de la multitude des Serpens qui y sont. [d] De tout tems il y en a eu beaucoup: les Habitans ne les tuent point, & ne veulent pas qu'on les tue. Cette Ville a été bâtie par les Portugais; & c'étoit un de leurs plus beaux établissemens sur la côte de Coromandel. Comme ils possédoient la côte de la Pescherie & l'Isle de Ceylan, Negapatan étoit d'un grand abord. On y voyoit plusieurs belles Eglises & un Collége appartenant aux Jésuites. Les Portugais la conservérent jusqu'à l'an 1558. qu'elle fut subjuguée par les Hollandois, avec le secours du Roi de Tanjaour, qu'ils engagérent à trahir les Portugais. Depuis ce tems-là elle a été assiegée par le Roi de Tanjaour; mais ayant été battu dans une sortie que les Hollandois firent, il se retira. La Place est assez forte: elle est revêtue de murailles, fortifiée d'un fossé plein d'eau & de quelques Ouvrages. La Garnison est nombreuse, & bien fournie de tout ce qui est necessaire pour une bonne défense. On y a même bâti une Forteresse. Les rües de Negapatan sont larges, les maisons assez grandes, mais vieilles & bâties à la mode de Portugal; c'est à dire, avec de grandes salles, de grandes chambres, de grands appartemens & des galleries. Il y a aussi plusieurs Eglises, entre autres une Eglise Catholique desservie par un Religieux de St. François. Les Habitans sont en grand nombre, & la plupart sont des Métifs descendus de Portugais, ou de Castillans Chrétiens. On y voit des Maures, des Benjanes & des Indiens, qui font tranquillement leur Commerce, sous la Régence des Hollandois. En sortant par la porte du Nord, on trouve un beau Fauxbourg, qui a plusieurs Pagodes & Temples d'Idoles; mais ils sont obscurs, sales, & presque bâtis comme les fours à brique qu'on voit en Hollande. Ils sont ornez d'Idoles, de statues & de têtes de monstres; & presque toutes les Idoles, sont des figures de monstres affreux, faites d'argile. Plus loin on voit une Tour ou un Pagode, construit [e] de pierre: on dit [e] qu'il a été bâti en une seule

[c] Lettr. Edif. Tom. 15. p. 32.
[d] Voy. de Gaut. Schouten, p. 454.
[e] l. 4. c. 3.

le nuit par le Demon qui sans doute étoit alors un habile Maçon.

NEGADE, ou l'ISLE NOYÉE. Voyez ANEGADA.

NEGEUGNUS, Montagne d'Italie: le Pape St. Gregoire le Grand en fait mention [f]. Ortelius [g] croit qu'elle est aux environs de Spolete.

[f] Epist. l. 7. c. 2.
[g] Thesaur.

NEGLA, Ville d'Arabie, selon Etienne le Géographe. Ortelius [h] dit que Suidas écrit NEGNE; & il juge que ce pourroit être la NEGRA de Cedrenes.

[h] Ibid.

NEGLIMELA, Ville de l'Afrique intérieure selon Ortelius [i] qui cite Pline; mais au lieu de Neglimela on lit NEGUIGEMELA dans Pline [k]. C'est une des Villes que subjugua Cornelius Balbus.

[i] Thesaur.
[k] l. 5. c. 5.

NEGLINA, petite Riviere de l'Empire Russien, au Duché de Moscou. Elle a sa source au-dessus du Monastére de la Trinité auprès duquel elle passe; & elle va se jetter ensuite dans la Riviere de Moska, un peu au dessus de la Ville de Moskou.

[l] De Lisle Atlas.

NEGNE. Voyez NEGLA.

NEGOAS, ou l'ISLE DES NEGRES, [m] Isle d'Asie & l'une des Philippines, entre l'Isle de Luçon au Nord, & celle de Mindanao au Midi: elle est accompagnée de l'Isle du nom de Jesus à l'Est & de celle de Panay au Nord-Est. Cette Isle est grande & bien peuplée.

[m] Ibid.

1. NEGOMBO, [n] Forteresse de l'Isle de Ceylan au Pays de la Canelle, sur la Côte Occidentale, à l'embouchure de la Riviere du même nom. Ce lieu n'étoit proprement qu'un Quarré fermé de murailles, avec deux redoutes que les Portugais avoient bâties, pour empêcher qu'on ne vînt inquiéter leurs Caneliers dans le tems de leur travail. Ils y avoient mis cinq piéces de canon, un Capitaine avec quelques soldats & un Chapelain pour dire la Messe. Les Hollandois la leur enlevérent en 1640. & s'y fortifiérent: les Portugais la reprirent en 1643. mais ce ne fut pas pour long-tems; les Hollandois s'en rendirent maîtres l'année suivante, & elle leur est demeurée.

[n] J. Ribeyro, Hist. de l'Isle de Ceylan, p. 91.

2. NEGOMBO, Riviere de l'Isle de Ceylan, dans le Pays de la Canelle auparavant dit le Royaume de Cota. Elle prend sa source au Nord de la Province de Dehibambare-Corla. Elle court de l'Est & l'Ouest, & va se jetter dans la Mer, au Midi de la Forteresse de Negombo.

NEGRA, Ville de l'Arabie heureuse, où [o] quelques-uns veulent que S. Arethas ait été tué par les Homérites. Peut-être est-ce la même Ville que NEGLA. Voyez ce mot.

[o] Ortelius, Thesaur.

NEGRAILLES, [p] Isle des Indes au Royaume de Pegu, dans le Golfe de Bengale, assez près de la Terre-ferme, dont elle n'est séparée, que par un Détroit peu large. Elle n'est remarquable que par sa Pagode.

[p] De l'Isle Atlas.

NEGRAM. Voyez NAG'RAN.

NEGRAN. Voyez EGRA & AGRANORUM.

NEGREPELISSE, petite Ville de France dans le Quercy, Diocese & Election de Montauban, à quatre lieues de cette derniere sur l'Aveiron. [q] Elle avoit été fortifiée par les Calvinistes; mais ayant été prise 4. p. 558.

[q] Piganiol, Descr. de la France, t.

prise en 1621. elle fut saccagée & ses fortifications furent rasées dans la suite. La Seigneurie de Negrepelisse fut autrefois vendue par un Comte d'Evreux à Pierre de la Deveze, de qui est sortie la Maison de Carmain & qui étoit frére du Pape Jean XXII. Le Maréchal de Lavardin descendu d'une fille de cette Maison vendit le Comté de Negrepelisse à Henri de la Tour Grend-Pére de Mr. le Duc de Bouillon mort en 1721.

NEGREPONT [a], Isle de Gréce, que les Anciens appelloient Euboée & qui est après Candie la plus grande de toutes les Isles de l'Archipel. Voyez EUBOE'E. Elle a trois cens soixante milles de tour & s'étend le long de la Béotie, dont elle n'est séparée que par le fameux canal de l'Euripe. [b] Le nom moderne de NEGREPONT ou NEGROPONTE, ou même NIGROPONTE, vient de celui d'*Egripos* que les Grecs lui donnent. Les prémiers François qui passérent dans cette Isle, entendant dire aux gens du Pays, *eis ton Egripon*, ce qui signifie *à Egripos*, crurent qu'on appelloit ce lieu *Negripon*, confondant la derniére lettre de l'Article *ton* avec *Egripon*. Il ne faut donc point aller chercher d'autre origine de ce nom sur l'erreur des Italiens qui l'appellent *Nigroponte*, comme s'il y avoit quelque pont de pierre noire qui passat de la Béotie dans l'Isle. Le nom de Négrepont est commun à l'Isle, à la Ville & au Détroit.

Plusieurs ont cru [c] que cette Ile a été autrefois jointe à la Béotie & qu'elle en a été séparée par des tremblemens de terre, ou par l'effort impétueux des eaux de la Mer. *Piano de Negroponte* ou la plaine de Negrepont est au milieu de l'Isle, & en occupe environ le tiers. Il y a quatre principaux Promontoires: l'un au Nord & qui a l'Archipel à l'Orient & le Golfe de Zeiton à l'Occident, le second est dans la partie Meridionale, du côté de l'Est & se nomme le Cap d'Oro. C'est sur la croupe de ce Promontoire que Nauplius Roi de cette Isle fit allumer ses feux, afin qu'à la faveur de cette lumiere l'armée des Grecs qui revenoit de Troye pût arriver à bon port; le Cap Mantello est dans la partie la plus meridionale; & le Cap Zittar est du côté du Nord dans la partie la plus Occidentale: il est baigné d'un côté par les eaux du Détroit de Negrepont & de l'autre par celles du Golfe de Zeiton. Au voisinage de ce Promontoire étoit la Côte d'*Artemisia*, ainsi appellée du Temple qui y avoit été élevé, sous le nom d'*Artemisia*, & c'est là que les Grecs mirent leur Armée navale à l'abri durant les Guerres que leur firent les Perses.

Les principaux Lieux [d] de cette Isle sont aujourd'hui,

au Nord, { Litad ou Litar.

à l'Orient, { Lorco, Cerinto, Valonis ou Valana, Graspitea, Acaria, Armenia.

au Midi, { Porto Chimi, Bocca di Silofia, Porto caristo.

à l'Occident, { Porto Buffalo, Disco, Caristo ou Chateauroux, Stura, Potiri, Cupna, Protino, Andi, Vatia, Negroponte, Politica, Limint ou Limea, Dipso, Colochit, Porto Calos.

Dans les terres. { Neso, Iltrodo, Tianto.

[a] Histoire de l'Archipel, l. 2. p. 127.
[b] Spon, Voy. de Negrepont, t. 2. p. 186.
[c] Coronelli, Descr. de la Morée, p. 205.
[d] Coronelli, Carte de Negrepont.

Après la prise de Constantinople, [e] plusieurs Seigneurs Grecs profitant de la confusion où se trouvoit l'Empire, formérent divers petits Etats dans la Grèce; mais ils en furent bientôt dépouillez par les François & par les Vénitiens. Boniface Marquis de Montferrat [f] devenu Roi de Thessalie, pour reconnoitre les services qu'il avoit reçus de Ravan ou Ravin de Carceiro originaire de Verone, ne crut pas faire trop que de lui aider à conquerir sur les Grecs la belle Isle de Négrepont, que ce Ravin & ses descendans possédérent à titre de Souveraineté. Guillaume Carceiro son fils poussa sa fortune encore plus loin : outre qu'il fut Souverain de Négrepont par succession & de l'Isle de Schyro par conquête, sa femme Héléne de Montferrat, petite-fille de l'Empereur Isaac, lui apporta encore en dot le Royaume de Thessalie. De ce mariage sortirent trois enfans, François, Conrad & Boniface, auxquels Guillaume partagea l'Isle de Négrepont, Théodore Comnéne ayant envahi la Thessalie. François qui étoit l'aîné eut la Ville de Negrepont, & toutes ses dépendances: Conrad eut pour sa part, la partie supérieure qui regarde le Nord, dont la principale Ville étoit Lorco, que les Anciens nommoient *Orcum*: la partie méridionale fut le partage de Boniface, qui choisit la Ville de Caristo pour le lieu de sa résidence. François Carceiro n'eut qu'un fils, nommé Jean, qui devint Duc de l'Archipel du chef de sa femme Florence Sanudo, fille unique de Jean Sanudo sixiéme Duc de Naxe. Nicolas Carceiro son fils neuviéme Duc de Naxe & Seigneur de Négrepont, ayant été assassiné, par les ordres de François Crispo, celui-ci [g], devenu par ce crime, Duc de Naxe & Seigneur de Négrepont rechercha la protection des Vénitiens, sans lesquels il n'eût pu maintenir long-tems son usurpation. Il céda à la République la partie de Negrepont, qui avoit appartenu à Carceiro, & qui n'avoit point laissé d'autres héritiers, que Marie sa soeur utérine, qu'on ne craignoit guére. Les soumissions, dont il accompagna sa donation lui acquirent l'affection des Vénitiens, qui se déclarérent hautement ses protecteurs.

Les Vénitiens devenus à peu maitres de l'Isle entiére, y envoyérent un Baile, avec des troupes de terre & une Escadre de

[e] Histoire de l'Archipel, liv. 1. p. 2.
[f] Ibid. liv. 2. p. 126 & suiv.
[g] Ibid. liv. 3. p. 194 & suiv.

Vaisseaux de guerre pour la défense de l'Ile. Ils lui confièrent aussi l'administration de la Justice. Ils gouvernèrent ainsi cette Isle jusqu'à l'année 1469. que les Turcs la leur enlevèrent. Voyez l'Article suivant.

La terre de Negrepont est très fertile [a] : elle produit quantité de bled, de vin & de cotton, & l'huile aussi bien que le miel y sont en grande abondance. Il y a de beaux & vastes pâturages où l'on élève des troupeaux sans nombre : la laine, les fromages & les autres denrées qu'on en tire font une partie des richesses de l'Isle. Il y avoit autrefois plusieurs Villes fort peuplées, un très grand nombre de gros Bourgs & plus de huit cens Villages ; mais depuis que cette Isle est passée sous la domination des Infidelles, il s'en faut bien qu'elle soit dans l'état où elle étoit autrefois. On y voit de hautes Montagnes couvertes de neige six mois de l'année. La partie Méridionale est si étroite en quelques endroits, qu'elle n'a pas plus d'une demi-lieue de large ; & vers la fin du dernier siécle, il y arriva une chose assez surprenante. Un Armateur François s'étoit engagé dans le Détroit de Négrepont, dans l'espérance d'y faire quelque bonne rencontre ; mais il s'y vit enfermé de côté & d'autre par six Galéres Turques, qui lui ôtèrent tout moyen d'échapper. Le Capitaine ne sachant quel parti prendre, s'avisa de faire tirer à terre sa Galiotte sur le soir ; & pendant la nuit il la fit porter en silence d'une Mer à l'autre sur les épaules de ses soldats & de ses matelots, traversant ainsi toute la largeur de l'Isle en cet endroit, c'est à dire un espace de près de deux lieues. Les Turcs qui n'attendoient que le jour, pour attaquer & prendre l'Armateur, furent surpris de ne plus le trouver le lendemain.

2. NEGREPONT, Ville de Gréce Capitale de l'Ile de même nom, sur la côte Occidentale dans le fameux Détroit de l'Euripe [b] aujourd'hui le Détroit de Négrepont. C'est l'ancienne CHALCIS. Voyez ce mot. L'enceinte des Murailles de Négrepont est d'environ deux milles ; mais il y a plus de maisons & plus de peuples aux fauxbourgs où sont les Chrétiens, que dans la Ville où sont les Turcs & les Juifs. Les Turcs y ont deux Mosquées & deux autres au dehors. Les Grecs ont leurs Eglises dans les Fauxbourgs & tous les Habitans peuvent monter à près de quinze mille. Il n'y a guére que sept ou huit familles de Francs & quelques Esclaves des Galéres, qui se tiennent à terre une partie de l'année. Les Jesuites y ont aussi une maison où ils enseignent la jeunesse. La Ville est séparée des fauxbourgs par un grand fossé à fond de Cuve, & elle est située dans un lieu plain & uni. Le Serrail du Capitan Bacha, bâti sur le Détroit, est enjolivé de galeries & de portiques de bois rouge vernissé. C'est lui qui commande toute l'Isle & une partie de la Béotie : en son absence les ordres sont donnez par son Kiaja, ou Lieutenant, & dans l'absence de celui-ci par le Sous-Kiaja. Il y a aussi un Bey qui a quelques revenus, dont il doit entretenir une Galére.

Dans l'endroit où le Détroit est le plus resserré [c], on traverse de Béotie dans l'Isle par un pont de pierre de cinq petites arcades & qui n'a guére que trente pas de long : il méne sous une Tour, bâtie au milieu du Canal par les Venitiens, & l'on voit encore la figure de St. Marc sur la porte de la Tour dans la Ville : il n'y a qu'un Pont-levis en dos d'âne d'environ vingt pas de long : il se léve, la moitié du côté de la Tour & l'autre moitié du côté de la Ville, pour donner passage aux Galéres & aux Bâtimens qui veulent passer ; ce qui ne se peut faire aisément sans retirer les rames. [d] Le Palais qu'occupoit le Baile ou Provéditeur des Venitiens est dans la Ville. On y trouve des caves voutées ; & dans la Cour on voit sur une pierre du pilier, une Inscription de l'année 1273. elle parle d'une Chapelle de St. Marc, bâtie par les soins du Baile Nicolas Miliani & de ses deux Conseillers Michel de Andro & Pierre Navayer.

Il n'y a rien de si beau que de voir les jours de Marché, qui se tiennent tous les Dimanches. Les Paysans d'une partie de la Beotie & de presque toute l'Isle se rendent à la Ville de Négrepont, comme à une Foire, ce qui fait que les denrées sont à très bon marché. La livre de mouton ne valoit pas en 1676. tout à fait un sol, monnoye de France ; celle de chevre ne coûtoit qu'un demi sol & la livre de poisson valoit trois liards, ou un peu plus. On a pour trois aspres le Crondiri de vin ; ce qui revient à un sol mesure de Lion. Les confitures de coins, de poires & d'amandes au vin cuit, qui est meilleur dans cette Ile, qu'en aucun lieu du monde, ne valent que cinq liards la livre.

Ce fut dans l'année 1469. que les Turcs entreprirent la conquête de cette Ville [e]. Ils se rendirent dans le Détroit de Négrepont avec une Flotte de trois cens voiles. Ils firent d'abord un Pont sur l'Euripe, pour avoir la liberté de répandre leurs Troupes dans les Campagnes de l'Isle ; mais les Habitans du Pays s'opposerent si fortement à la descente que les Infideles furent contraints de retourner sur leurs Galeres. Peu de tems après Mahomet II y parut lui-même en personne, à la tête d'une Armée formidable. Il fit dresser un nouveau pont à un mille de la Ville, & se fit par là un chemin pour faire le siege. La Ville de Negrepont étoit fortifiée à la maniere de ce tems-là ; & il y avoit dedans une forte garnison, sous les ordres de Giovanni Bondulmiero, Ludovico Calbo, & Paolo Erizzo. Ce dernier avoit été Baile de la Ville, & quoi que le tems de sa charge fût expiré, il ne voulut point partir, dans un tems qu'il pouvoit contribuer à la défense de la Place, & signaler son zèle pour le service de la Patrie. Les Turcs après avoir battu en brèche, livrerent quatre assauts : quarante mille de leurs gens y furent tuez. La Place étoit assiegée par Mer & par Terre & pressée vivement de tous les côtez. Néanmoins les Assiégez tenoient toujours bon, & ils avoient déja soutenu un mois de siége, lors qu'on découvrit une trahison. Une petite fille trouva une Lettre à l'adresse de Thomaso Schiava, & dans cette Lettre il étoit parlé des moyens de soumettre au plutôt la Ville au pouvoir des Ottomans. Luigi Delfino, transporté d'indignation, attaqua le Traître en pleine

[a] Ibid. liv. 2. p. 127.

[b] Spon, Voy. de Negrepont, t. 2. p. 188.

[c] Coronelli, Descr. de la Morée, p. 207.

[d] Spon, Voyage de Negrepont, t. 2. p. 188.

[e] Coronelli, Descr. de la Morée, p. 210.

pleine place, & lui fit avoüer à grands coups d'épée, fa Conspiration. Les Assiegez s'en animérent de plus en plus à la défense : ils donnoient à tous momens des marques de leur valeur & de leur constance ; mais enfin ils se trouvérent si abattus du travail continuel & si pressez de la faim, que ceux qui faisoient garde à la Porte Bureliana, abandonnérent leur poste & sortirent de la Ville le 12 de Juillet 1469. Les Turcs s'appercevant que l'entrée de cette porte étoit libre s'avancérent & penétrerent dans la Ville l'épée à la main. Ils laisserent par tout des marques de leur barbarie. Calbo fut tué au milieu de la Place & Bondulmiero dans sa maison. Erizzo, s'étant retranché dans un poste avantageux se défendoit vaillamment : le Sultan lui promit la vie s'il vouloit se rendre. Erizzo se rendit ; mais le cruel vainqueur, au lieu de lui tenir sa parole, le fit scier en deux. Une des Filles de ce brave Venitien, jeune personne d'une rare beauté, aima mieux se laisser poignarder que de recevoir les caresses du Sultan. On fit mourir toutes les personnes qui passoient vingt ans. Mahomet partit ensuite laissant dans la Place une garnison, qui devoit veiller sur toute l'Isle.

3. NEGREPONT, Détroit, ou petit bras de Mer qui sépare l'Isle de Negrepont de la Livadie en terre ferme. Voyez EURIPE.

☞ 1. NEGRES, mot que les François ont emprunté des Portugais, qui disent *Negro*, Noir, & qui appellent de ce nom les Peuples de cette couleur, qui habitent la Nigritie, la Haute & la Basse Guinée, l'Abissinie & autres Pays voisins. Quelques-uns ont appellé très-improprement *Pays des Negres*, le Pays qui est des deux côtez du *Niger* & dont le vrai nom est la Nigritie ; mais ils n'ont pas fait réflexion que ce nom convient généralement à tous les pays qui sont habitez par des Peuples Noirs ; que le mot de Négre ne vient pas de Niger nom propre de ce Fleuve, mais des Portugais, qui dans ces derniers siécles ont les prémiers découvert les Côtes Occidentales de l'Afrique & transporté les Habitans qu'ils ont employez, soit en Europe soit ailleurs, à tous les travaux serviles : ainsi sous le nom de Négres, on comprend comme autant d'espéces, un grand nombre de Nations différentes, qui, à la honte du Genre-humain entrent dans le nombre des Marchandises, dont on trafique, tant dans leur propre Pays, qu'ailleurs. Les Européens depuis quelques siécles, font commerce de ces malheureux Esclaves, qu'ils tirent de Guinée & des autres Côtes d'Afrique, pour soutenir les Colonies, qu'ils ont établies dans plusieurs Colonies de l'Amérique.

Il est difficile de justifier le Commerce des Negres : cependant, comme le remarque Savary [*], ces Esclaves trouvant ordinairement leur salut dans la perte de leur Liberté, la raison de l'Instruction Chrétienne qu'on leur donne, jointe au besoin qu'on a d'eux pour les cultures des Sucres, des Tabacs, des Indigos, &c. adoucissent ce qui paroît d'inhumain dans un négoce, où des hommes font des marchands d'autres hommes, & les achetent de même que des bestiaux pour cultiver leurs Terres.

[*] Dict. Universel du Commerce.

Le Commerce des Negres est fait par toutes les Nations, qui ont des établissemens dans les Indes Occidentales & particuliérement par les François, les Anglois, les Portugais, les Hollandois, les Suedois & les Danois.

A l'égard des Espagnols, quoiqu'ils soient les mieux établis dans cette vaste partie du Monde qu'ils ont découverte les prémiers, & dont ils ont été aussi les prémiers conquérans, ils n'ont guére les Negres de la prémiere main ; ce sont les autres Nations qui font des Traitez avec eux pour leur en fournir, comme ont fait long-tems la Compagnie des Grilles établie à Génes, celle de l'Assiento en France, & à présent la Compagnie du Sud en Angleterre, depuis la Paix d'Utrecht en 1713. Paix qui a terminé la Guerre pour la succession d'Espagne.

Il paroît presque indubitable, que ce sont les François qui ont fait les prémiers le Commerce du Cap-Verd & des Côtes de Guinée, où se fait présentement le plus grand commerce d'Esclaves Negres. Les noms de Baye de France, de Paris & de Petit Diépe, que plusieurs lieux d'Afrique conservent encore, rendent cette opinion plus que vraisemblable ; & il y a même des Auteurs qui parlant plus affirmativement avancent que les Diepois en ayant entrepris le voyage dès l'an 1364. s'y étoient établis & y avoient des Habitations plus de cinquante ans, avant que les Portugais en eussent eu connoissance. Mais quand cette opinion seroit tout à fait certaine, il faut du moins convenir qu'il ne s'agissoit point alors du commerce des Negres & que dans les commencemens & même jusqu'en 1604. que les Anglois & les Hollandois en chassérent le peu de François qui étoient venus y relever les ruines des Habitations de leurs Ancêtres ; ils n'y trafiquoient que de Poudre d'or, de Morfil, de Cuirs, de Gommes, de Plumes d'Autruches, d'Ambre gris, de Civette, de Malaguette & d'autres telles Marchandises.

Ce n'est qu'assez long-tems après l'établissement des Colonies Françoises dans les Isles Antilles qu'on a vu des Vaisseaux François sur les Côtes de Guinée, pour y faire le trafic des Negres qui commença à devenir un peu commun, lors que la Compagnie des Indes Occidentales eut été établie en 1664. & que les Côtes d'Afrique, depuis le Cap-Verd jusqu'au Cap de Bonne-Espérance eurent été comprises dans sa concession. La Compagnie du Senegal lui succéda pour le Commerce ; mais quelques années après, la concession de cette derniere, comme trop étenduë, fut partagée & ce qu'on lui en ôta fut donné à la Compagnie de Guinée, qui prit ensuite le nom de Compagnie de l'Assiento. De ces deux Compagnies Françoises celle du Senegal subsiste toujours ; mais celle de l'Assiento a fini comme il a été dit, après le Traité d'Utrecht, & la liberté du Commerce, dans tous les lieux, qui lui avoient été cédez, soit pour les Negres, soit pour les autres Marchandises, a été rétablie dans la prémiere année du Régne de Louis XV.

Les meilleurs Negres se tirent du Cap-Verd, d'Angole, du Senegal, du Royaume de Joloffes, de celui de Galland, de Damel, de la Riviére de Gambie, de Mujugard, de Bar, &c. Un Negre Piéce d'Inde, comme on les nomme, depuis 17. à 18. ans jusqu'à 30.

30. ne revenoit autrefois qu'à trente ou trente-deux livres en marchandises propres au Pays, qui sont des eaux-de-vie, du fer, de la toile, du papier, des masses, ou rasades de toutes couleurs, des chaudiéres & bassins de cuivre, & autres choses semblables, que ces Peuples estiment beaucoup. Mais depuis que les Européens ont, pour ainsi dire, encheri les uns sur les autres, ces Barbares ont sû profiter de la jalousie des Marchands, & il est rare qu'on traite encore de beaux Negres pour soixante livres, la Compagnie de l'Assiento en ayant acheté jusqu'à cent livres la piéce.

Ces Esclaves se font de plusieurs manieres; les uns pour éviter la faim se vendent eux-mêmes, leurs enfans & leurs femmes aux Rois, ou aux plus puissans d'entre eux, qui ont dequoi les nourrir, car quoiqu'ils se passent de peu, la stérilité est quelquefois si extraordinaire dans certains endroits de l'Afrique, sur-tout quand il y a passé quelque nuage de Sauterelles: c'est même une playe assez ordinaire; on ne peut alors faire aucune récolte, ni de mil, ni de ris, ni des autres légumes dont ils ont coutume de subsister. Les autres sont des prisonniers faits en guerre, & dans les incursions que ces petits Roitelets font sur les terres de leurs voisins, souvent sans d'autres raisons que de faire des Esclaves: ils emménent jeunes, vieux, femmes, filles, jusqu'aux enfans à la mamelle.

Il y a des Negres qui se surprennent les uns les autres, pendant que les Vaisseaux d'Europe sont à l'ancre: ils y aménent ceux qu'ils ont pris, les vendent & les embarquent malgré eux; & il n'est point nouveau de voir des fils vendre de cette sorte leurs malheureux peres, des peres leurs propres enfans, & encore plus souvent ceux qui ne sont liez d'aucune parenté; mettre la liberté des uns des autres à prix de quelques bouteilles d'eau-de-vie ou de quelque barre de fer. Ceux qui font ce Négoce, outre les victuailles pour l'Equipage du Vaisseau, portent du gruau, des pois gris & blancs, des féves, du vinaigre & de l'eau-de-vie pour la nourriture des Negres qu'ils espérent avoir de leur Traite.

Si-tôt que la Traite est finie, il ne faut point perdre de tems pour mettre à la voile: l'expérience a fait connoître, que tant que ces misérables sont encore à la vuë de leur Patrie, la tristesse ou le desespoir les prend: l'une leur cause des maladies, qui en font mourir une bonne partie durant la traversée; l'autre les porte à s'ôter eux-mêmes la vie, soit en se refusant la nourriture, soit en s'ôtant la respiration par une manière dont ils savent plier & contourner la langue, qui à coup sûr les étouffe; soit enfin en se brisant la tête contre le Vaisseau, ou en se précipitant dans la Mer, s'ils en trouvent l'occasion. Cet excès d'amour pour la Patrie, semble pourtant diminuer à mesure qu'ils s'en éloignent: la gayeté même leur prend; & c'est un secret presque immanquable pour la leur inspirer & pour les conserver jusqu'au lieu de leur destination, que de leur faire entendre des instrumens de musique, ne fût-ce que quelque violle ou quelque musette.

A l'arrivée aux Isles, chaque tête de Negre se vend, depuis trois jusqu'à cinq-cens livres suivant leur jeunesse, leur vigueur & leur santé; ce n'est pas pour l'ordinaire en argent, mais en Marchandises du cru du Pays.

Ces Negres sont la principale richesse des Habitans des Isles: quiconque en a une douzaine peut être estimé riche. Comme ils multiplient beaucoup dans les Pays chauds, leurs Maîtres, pour peu qu'ils les traitent avec douceur, voyent croître insensiblement cette famille de Noirs & augmenter en même tems le nombre de leurs Esclaves, l'esclavage étant heréditaire parmi ces misérables. Il est vrai qu'il est quelquefois dangereux d'avoir trop d'indulgence pour eux; car ils sont pour la plupart d'un naturel dur, intraitable & incapable de se gagner par la douceur; mais il faut éviter les deux extrémitez: un châtiment modéré les rend souples & les anime au travail: au contraire trop de dureté les rebute; & dans leur désespoir ils se jettent parmi les Négres Marrons ou Sauvages, qui se tiennent dans des lieux inaccessibles, où ils ménent une vie très misérable, mais plus à leur gré parce qu'elle est libre. Voyez ETHIOPIE, ABISSINIE, & NIGRITIE.

2. NEGRES, (fond des) Lieu de l'Amérique Septentrionale, dans l'Isle de St. Domingue au Quartier François, sur le chemin du petit Goave au fond Jacquin. Il est à huit lieues au Sud du petit Goave: il y a une quantité prodigieuse de Cacao.

3. NEGRES (la pointe des) Petit Cap de l'Amérique Septentrionale, dans l'Isle de la Martinique, & qui avec la pointe du Fort Royal forme la rade de ce Fort. Cette Pointe est de la Paroisse de la Case-Pilote, à une lieue au Nord du Fort Royal. Il y a une Sucrerie en cet endroit & les Terres y sont fort hautes.

NEGRETES. Voyez NIGRITÆ.

NEGRO, en Latin, *Niger*, ou *Tanager*; Riviere du Royaume de Naples, dans la Principauté Citérieure, selon Mr. Baudrand[a]. Elle a sa source aux Frontiéres de la Basilicate, à quelques milles de Policastro, d'où courant au Septentrion à Atino, Auleta & quelques autres Lieux & étant accruë des Eaux de la Bota & d'autres Rivieres moins considérables, elle se rend dans la Riviere de Selo. Mr. Baudrand, qui cite Cluvier, ajoute que cette Riviere se perd sous terre avec un grand bruit l'espace de quatre milles entre l'Hôtellerie de la Polla & le Château d'Auleta.

[a] Dict. Éd. 1705.

1. NEGRO, ou Capo NEGRO. Voyez le CAP. NEGRE, N. 1.

2. NEGRO, ou MONTE NEGRO. Voy. AMANUS.

NEHAVEND,[b] Ville de Perse, dans le Couhestan, au Midi de Hamedan, sur une Montagne, à 14. lieues de Hamedan près de Ouroudgerd. On dit que cette Ville fut bâtie par Noé, & que de Nouhavend qui est son veritable nom, on a fait par corruption Nehavend. Elle est située à 83. degrés 50'. de Longitude & à 34. degrés 10'. de Latitude. Il s'y donna le fameux Combat des Mahométans commandés par le Caliphe Omar, fils d'Elcattab, avec le Roi de Perse Yez Degerd qui fut vaincu & perdit son Royaume en l'an 638. Khondemir[c] dit dans la Vie d'Omar, que ce fut le dernier com-

[b] Petit de la Croix, Hist. de Timur-Bec, l. III. c. 22.
[c] D'Herbelot Biblioth. Orient.

## NEH. NEI. — NEI.

combat, que les Arabes livrérent aux Persans & après lequel toute la Perse leur fut soumise, l'an 21. de l'Hégire. Il est vrai que la grande défaite des Persans est réputée ordinairement celle de Cadessiah, qui arriva l'an 15. de l'Hégire & qui fut cause de la perte de la Ville Royale de Madaïn ; car Sâad, fils d'Abou-Vakas, étant entré dans la Perse l'an 15. de l'Hégire, donna la fameuse bataille de Cadesie & prit l'année suivante la Ville de Madaïn : mais les Persans ayant rallié leurs Troupes, donnérent un autre combat dans la même année, auprès de Gialoulah, où ils furent défaits une seconde fois & Iezdegerd leur dernier Roi fut contraint de s'enfuir jusqu'à la Ville de Farganah, au delà du Gihon. Enfin le troisiéme & dernier combat que les Persans donnérent & perdirent, & après lequel ils n'oférent plus paroître en corps d'armée devant les Arabes fut celui de Nehavend ; & c'est cette journée fatale pour la Perse que les Arabes appellent Fath-al-Fotouth ; c'est à dire la Victoire des victoires.

*a* Dict. **NEHAUS**, Ville d'Allemagne, dans la Westphalie, selon Mr. Corneille [a] ; c'est ainsi qu'il a traduit *Neuhusium*; mais c'est une faute. Le véritable nom est NIENHAUS. Voyez ce mot.

**NEHEL**, ou NEHELAM, ou plutôt NAHAL : Séméïas, faux Prophète de Juda étoit 
*b* Jerem. de Néhélam [b]. Le nom de Nehelamith peut 39. 24. signifier un songe ; ainsi Séméïas Nehelami-
*c* Dom Cal- te peut signifier Séméïas le rêveur [c]. Nous met, Dict. connoissons une Ville de NE'HE'LAL ou NA-
*d* Josué, 19. HALAL dans la Tribu de Zabulon [d]. Voyez 15. NAALOL, c'est peut-être delà qu'étoit Séméïas.

**NEHEL-ESCOL**, *Vallis Botri* ; le Torrent du raisin, ou la Vallée du raisin : on donna ce nom à la Vallée de la Terre promise, où les Envoyez des Israëlites cueillirent un raisin, que deux personnes apportérent au Camp de Cadès, sur un bâton [e]. Le terme 
*e* Num. 13. Hebreu *Nebel* [f] ou *Nachal* signifie une Val-25.
*f* Dom Cal- lée ou un Torrent. Nehel-Escol étoit vers met, Dict. le Midi de la Terre promise. Voyez NACHAL.

*g* Delices **NEHEMIANE**, [g] petite Ville ou Bourg d'Espagne, d'Espagne dans la Galice, auprès du Cap de t. 1. p. 127. Coriane.

**NEHER-TERII**, Ville de Perse, située à 75. degrés de longitude & à 32. degrés 40'.
*h* Tavernier de latitude [h]. Cette Ville fut démolie l'an Voy. de 279. de l'Hégire.
Perse, liv. **NEHIEL**, Voyez NEIEL.
3.
**NEIA**, Ville de Phénicie, selon la Noti-
*i* Sect. 23. ce [i] des Dignitez de l'Empire : on y lit ces mots; *Ala prima Alamannorum Neia*.

**NEIEL**, ou NEHIEL, en Grec *Naulá*, Ville de la Palestine. La Frontiére de la Tribu des enfans d'Aser s'étendoit jusqu'à Né-
*k* Josué, hiel [k].
19. 27. **1. NEILIOS**, Colonie Romaine conduite en Asie, selon Ortelius [l], qui cite Suidas.
*l* Thesaur.

**2. NEILIOS**, Contrée de l'Ethiopie,
*m* Ibid. selon Ortelius [m], qui cite Strabon, où je l'ai cherché en vain.

*n* Schlesstrat. **NEIN**, ou NEYN [n], Siége Episcopal en Ant. Ecc. t. Syrie, sous la Metropole de Bererca d'Ara-
2. p. 769. bie, selon la Notice de l'Evêque de Cathara.

**NEINDA** [o], Montagne du Bas-Vallais, *o* Etat & dans le Gouvernement de Gondes, ou Gon- Delices de they : cette Montagne abonde en vignes & la Suisse, en paturages. t. 4. p. 203.

**NEINDA** [p], Village du Bas-Vallais, dans *p* Ibid. le Gondes ou Gonthey. Il est au pied de la Montagne de même nom.

**NEISCHABOUR**, ou NISCHABOURG [q], Ville de Perse, dans la Province *q* Dherbelot de Khorassan, dont elle passe pour être la Bibliot. Or. plus grande & la plus riche. Elle fut bâtie, selon les Historiens de Perse, par Thahmurath, Roi de la première Dynastie des Perses, & ruinée par Alexandre le Grand. Schabour fils d'Ardeschir Babegan, surnommé Dhoulacthaf, que nous pourrions nommer Sapor aux épaules, & qui fut un des anciens Rois de Perse de la quatriéme Dynastie, étant en marche dans ses Etats, se trouva un jour auprès des ruïnes d'une Ville & voulut y camper. Ces ruïnes étoient celles d'une ancienne Ville, qui portoit le nom d'*Aber Scheber*, mot qui signifie Haute-Ville, & que l'on dit communément avoir été le nom ancien de la Ville de NEISCHABOUR. Sapor trouva ce lieu si fort à son gré, qu'il résolut d'y bâtir une Ville. Il fit couper une grande quantité de roseaux, qui étoient à l'entour & défricha ainsi la place, où il prétendoit établir le Siége de son Empire, & sa résidence. Ce fut alors que cette Ville prit le nom de Neïschabour, qui est composé de *Nei*, qui signifie en Persien un roseau ; & de *Schabour*, qui étoit le nom du Fondateur. Sa Statue a demeuré long-tems sur pied auprès de cette Ville ; & on l'y voyoit encore lors que les Musulmans se rendirent maîtres de cette Place ; mais ils la renversérent & la mirent en pieces. Cette origine de la Ville de Neïschabour est rapportée par Al-Meïdani, dans son Livre intitulé *Alansab*, c'est-à-dire des Généalogies & des Origines, & par Ben-Khalecan, dans la Vie d'Ahmeth-al-Thalebi, surnommé Al-Nischabouri, à cause qu'il étoit natif de cette Ville.

La Ville de Neïschabour a toujours passé pour une des quatre Villes, qui ont été successivement Capitales & Royales dans la Province de Khorassan. Les Sultans Selgiucides y ont fait leur résidence ordinaire depuis que Thogrul Beg le Fondateur de cette Dynastie s'y fit couronner.

Sous le Régne de Sangiar Sultan de cette même Dynastie, Neïschabour fut tellement désolée par les Turcomans, que les Habitans, après la retraite des Ennemis, ne pouvoient reconnoître ni le quartier ni la situation de leurs maisons. Le Poëte Persien Khacani, qui fleurissoit en ce tems-là, a deploré le misérable état de cette Ville d'une maniére fort touchante. Neïschabour fut encore réparée & possédée par les Sultans de Khouarezm ; mais elle fut une seconde fois ruïnée par les Mogols & Tartares de Ginghizkhan, sous le Régne du malheureux Mohammed Kouarezm Schah.

**1. NEISS** ou NEISSE [r], Ville d'Allema- *r* Zeilern, gne dans la Basse Silésie, proche d'une rivie- Topogr. Si- re dont elle a pris le nom, & arrosée d'une au- lesiæ, p. 164. tre Riviére nommée Bielan. Cette Ville qui est la résidence ordinaire de l'Evêque de Breslau égale en grandeur celles de Lignitz & de Brieg

# NEI. NEK.

Brieg dans la même Province; mais elle les surpasse beaucoup en magnificence. La plupart de ses Maisons qui sont fort élevées sont bâties de pierre de taille, & forment de belles ruës & de belles places publiques. Elle est environnée d'une bonne muraille & defenduë d'un fossé plein d'eau; ses Fauxbourgs sont fort spacieux & son territoire est très-fertile. Entre un grand nombre d'Edifices publics, on remarque le Palais de l'Evêque & la Maison de Ville. Ces deux bâtimens ont un air de grandeur. La Paroisse de St. Jacques est la plus ancienne & la plus remarquable. L'Eglise des Chanoines de St. Jean, celles des Frères Mineurs & celles des Jésuites peuvent passer pour belles. Le Collège qui appartient à ces derniers fut richement fondé en 1625. par l'Empereur Ferdinand II. Il y a aussi différens Hôpitaux pour les malades, pour les pauvres habitans & pour les Etrangers. Le bon air dont on jouït dans cette Ville & les autres avantages que sa situation lui donne y ont fait souvent tenir l'assemblée des Princes & des Etats de la Silésie.

2. NEISS, Rivière d'Allemagne, dans la Silésie [a], elle prend sa source dans les Montagnes du Comté de Glatz, environ à une demie lieue de Mittelwald. Après avoir passé à Glatz & ensuite auprès de la Ville de Neiss, elle va se perdre dans l'Oder, à quelque distance de Brieg.

[a] Zeyler, Topog. Silésie, p. 164.

3. NEISS [b], Rivière d'Allemagne dans la Silésie; elle prend sa source dans les Montagnes de Bohême & va se joindre à l'Oder au dessous de Crossen.

[b] Ibid.

1. NEIVA [c], ou NEYVA, Rivière de Portugal, dans la Province d'Entre Minho & Douro. Elle prend sa source à quelques milles de Braga à l'Ouest de cette Ville : elle court en serpentant du Nord-Est au Sud-Ouest, passe à Ponte, se rend à Neyva, au dessous de laquelle elle se décharge dans l'Océan Occidental. Elle a son embouchure entre celles des Rivières de Lima au Nord & de Cavado au Midi. Cette Rivière s'appelloit anciennement *Nabis*.

[c] Sanson, Carte de Portugal.

2. NEIVA, ou NEYVA, petite Ville de Portugal [d], dans la Province d'Entre-Minho & Douro, sur la côte Occidentale & à l'embouchure de la Rivière de Neiva, qui lui donne son nom [e]. Elle est Capitale d'un Comté, qui appartient au Roi, en qualité de Duc de Bragance.

[d] Ibid.
[e] Delices, de Portugal, p. 704.

NEIUM, Montagne de l'Isle d'Ithaque, dont parle Homère [f]. Strabon [g] dit qu'il est incertain si Homère par le mot *Neium* entend le mont *Neritum*, ou une autre Montagne, ou quelque autre lieu. Ortelius [h] dit que Suidas appelle cette Montagne *Hyponeium*; mais qu'Etienne le Géographe écrit *Hyperneium*.

[f] Odyss. l. 3. v. 81.
[g] l. 10.
[h] Thesaur.

NEKHIL-BANI-HELAL [i], c'est-à-dire les Palmiers des enfans de Helal. On donne ce nom à un lieu dans l'Arabie, à treize journées de la Ville de Coufah & à quatre de Médine. C'est un des entrepôts de la Caravane des Pélerins de la Mecque.

[i] D'Herbelot, Bibliot. Orient.

NEKHSCHEB, Ville de la Transoxane, c'est-à-dire du Pays qui est au delà du Fleuve Gihon, ou Amou, que les Anciens ont nommé Oxus. Les Arabes ont adouci la prononciation du nom de cette Ville: ils l'appellent ordinairement Nessef ou Nassaf. Elle est située dans une grande plaine, arrosée de plusieurs ruisseaux qui rendent le terrein très-fertile, & elle n'est éloignée que de deux journées du mont Imaüs. Les fruits qui croissent aux environs l'ont renduë fameuse; on n'en peut voir ni de plus beaux ni de meilleurs : les grands hommes qui en sont sortis & qui ont porté le surnom de Nassafi ou Nessefi, l'ont aussi renduë célèbre. Ce fut Nekhscheb, que le fameux Imposteur Barcaï choisit pour le Théatre de ses prestiges, & où il fit sortir du fond d'un puits une machine qu'il disoit être la Lune, & que l'on a toujours appellée depuis la Lune de Nekhscheb. Abulfeda & Ahmedben A'rab Schah écrivent que cette Ville porte aussi le nom de Carschi, qu'elle est située sur le chemin qui conduit depuis les bords du Gihon jusqu'à la Ville de Kasch, & que du rivage de ce fleuve jusqu'à Nekhscheb, le Pays est desert & fort sterile. Le Canoun de Baïnouri donne à cette Ville 88. d. de Longitude & 39. d. 50'. de Latitude Septentrionale. Quelques-uns pourtant retranchent les 50'. de Latitude.

NELAXA, Ville de la Syrie dans la Batanée : Ptolomée [k] la met entre *Elere* & *Adrama*.

[k] l. 5. c. 15.

NELCYNDA, Ville d'Arabie sur la côte de la Mer Rouge. Arrien [l] en fait mention & dit qu'il s'y faisoit du Commerce. Ortelius [m] croit que c'est la Ville *Melenda* de Ptolomée [n], que ses Interprétes écrivent *Melcynda*.

[l] Peripl. p. 30.
[m] Thesaur.
[n] l. 7. c. 1.

NELEA. Voyez PYLUS.

NELEUS, Fleuve de l'Euboëe, selon Ortelius [o], qui cite Antigonus. Il est nommé NILEAS par Strabon [p], & il semble que Pline [q] l'appelle MELAS : Ortelius juge que c'est une faute.

[o] Thesaur.
[p] l. 10.
[q] l. 31. c. 2.

NELI, Peuples Troglodytes, que Pline [r] place sur le Golphe Arabique.

[r] l. 6. c. 29.

NELIA, Ville de Gréce sur le Golphe Pelasgique, selon Strabon [s].

[s] l. 9.

1. NELLENBOURG [t], Landgraviat d'Allemagne dans la Suabe Autrichienne, entre l'Evêché de Constance, le Canton de Schafhouse & la Principauté de Furstenberg. On l'appelloit autrefois le Hegow, & il avoit une étenduë beaucoup plus grande qu'il n'a présentement; parce qu'il comprenoit la Ville de Schafhouse & plusieurs terres qui appartiennent à l'Evêché de Constance & à la Maison de Furstenberg. Il a été possédé par des Seigneurs particuliers, qui portoient le titre de Landgraves de Nellenbourg. Marguérite fille aînée de Conrad fit passer ce Landgraviat dans la Maison de Tengen par son Mariage avec Everard Comte de Tengen. Christofle Ladislas, Prévôt de l'Eglise de Strasbourg, fut le dernier de sa Race, & l'Empereur Rodolphe II. donna l'Investiture de ce Landgraviat à l'Archiduc Ferdinand. L'Empereur Léopold Ignace en démembra le Comté de Tengen, qu'il vendit en 1663. à Jean Wicard Prince d'Aversperg. Il n'y a dans ce Landgraviat que les petites Villes de Stockeim & de Nellenbourg avec la Forteresse de Hohentwiel, qui est à deux milles de Schafhouse sur un rocher presque inaccessible.

[t] D'Audifret, Geogr. Anc. & Mod. T. 3. p. 201.

2. NELLENBOURG [v], petite Ville d'Al-

[v] Ibid.

NEL.

d'Allemagne, dans la Suabe Autrichienne, au Landgraviat de Nellenbourg, dans la partie Septentrionale.

NELO, Fleuve de l'Espagne Tarragonoise, selon Pline [a]. Le Pére Hardouin [b] dit que ce Fleuve s'appelle aujourd'hui *Ulla*.

[a] l. 4. c. 20.
[b] Ibid. in Not. No. 18.

NELOUR, Ville des Indes [c], sur la route de Masulipatan à Gandicot. A un quart de lieue de cette Ville, il passe une grande Riviere. Ce qu'il y a de plus remarquable sur cette route ce sont les Pagodes qui sont en fort grand nombre.

[c] Tavernier, Voyage des Indes. T. 2. p. 192.

NELSON [d], (LE FORT) dans l'Amerique Septentrionale sur la côte Meridionale de la Baye d'Hudson. Ce Fort est au 57. degré 30′. de Latitude Nord. C'est la derniere place de l'Amérique de ce côté-là. Il a la figure d'un Trapeze flanqué de trois Bastions & demi. L'un est au Nord, le second à l'Est-Sud-Est & le troisiéme au Sud-Sud-Ouest. Celui du Nord & le demi Bastion sont revétus d'un chemin couvert. La situation du Pays paroit assez agréable; il est tout couvert de bois taillis, & beaucoup marecageux; d'ailleurs la terre y est ingrate. Le froid commence dès le mois de Juin, mais il ne quitte pas pour cela. Il n'y a point de milieu entre le froid & le chaud dans ce tems-là: ou les chaleurs y sont excessives, ou le froid y est perçant. Les vents du Nord qui viennent de la Mer dissipent cette chaleur & quiconque a bien sué de chaud le matin est glacé le soir. Il y pleut rarement; l'air y est pur & net tout l'hyver. Il y neige même peu à proportion, & l'on n'y voit que 9. pieds de neige tout au plus. [e] Quoique ce Pays soit si froid, la Providence Divine n'a pas laissé de pourvoir à la subsistance des Peuples de ces quartiers. Les Rivieres y sont fort poissonneuses. La Chasse y est abondante. Il y a des perdrix en si grande quantité que l'on en peut tuer des quinze à vingt mille dans un an. Elles sont toutes blanches presque toute l'année & grosses comme des gelinotes; mais beaucoup plus délicates qu'en Europe. Elles ont les pieds patus, & dans le mois d'Août elles ont une partie des ailes grises avec plusieurs tâches rouges. Les Outardes & les Oyes sauvages y abondent si fort au Printems & en Automne, que tous les bords de la Riviere de Ste. Thérèse en sont couverts. L'Outarde est un très-bon manger qui ressemble assez à l'Oye, mais beaucoup plus grosse & d'un autre goût. Le Caribou se trouve presque toute l'année, principalement au Printems en Automne, & en bandes de sept à huit cens. La viande en est plus délicate que celle du Cerf. Lorsqu'un Chasseur en tué quelqu'un sur la place; les autres s'arrêtent tout à coup sans s'émouvoir du bruit de l'arme à feu; mais lorsque le Caribou n'est que blessé il court avec une grande vitesse, & tous les autres le suivent. Il y a aussi beaucoup de Pelleteries fines, comme des Marthes fort noires, des Renards de même, des Loutres, des Ours, des Loups, dont le poil est fort fin & principalement du Castor qui est le plus beau de tout le Canada.

[d] La Potherie, Hist. de l'Amer. Sept. p. 110.

[e] Ibid. p. 113.

[f] Les Peuples qui viennent faire la Traite à ce Fort sont les

[f] Ibid. p. 174.

Ouenebigonhelinis, Assiniboëls,

NEL. 83

Monsaunis, Oskquisaquamais,
Savanois, Michinipicpoets,
Christinaux ou Kricqs, Netaouatscmipoets,
Migichihiliniouş, Attimospiquaies.

Ceux d'entre ces Nations qui viennent de loin pour faire la traite s'y disposent au mois de Mai. Lorsque les Lacs & les Rivieres commencent à charier, ils s'assemblent quelquefois douze à quinze cens sur le bord d'un Lac, qui est un rendez-vous où ils prennent pour cet effet tous les expédiens nécessaires pour leur Voyage. Les Chefs représentent les besoins de la Nation, engagent les jeunes Chasseurs à prendre les intérêts publics, les conjurant de se charger de Castors au nom des Familles. Quand ils ont jetté les yeux sur un certain nombre, ce sont des festins que châque Famille leur fait. La Nation se donne mutuellement toutes les marques d'estime que l'on peut souhaiter. La joie, le plaisir, la bonne chére regnent alors, & pendant ce tems l'on construit des canots pour le départ. Ils sont faits d'écorce de Bouleau, & ces arbres y sont d'une grosseur bien considérable que ceux que nous avons en France. Les Fondemens sont des varangues ou petites piéces de bois blanc de la largeur de quatre doigts, qui en font le gabari. Ils attachent au bout des bâtons d'un pouce de large, qui soutiennent l'ouverture des deux côtés. Ces petits bâtimens sont d'une diligence surprenante. L'on peut faire avec en un jour plus de trente lieuës sur les Rivieres. On s'en sert aussi pour la Mer. Leur grandeur n'est pas reglée. On les porte facilement sur le dos. Ils sont fort volages à l'eau, & lorsqu'on veut ramer il faut se tenir debout, à genoux ou assis dans le fond, car il n'y a point de Siéges.

Lorsque les Sauvages sont prêts de descendre l'on choisit outre ces Chasseurs, quelques Chefs qui viennent lier Commerce de la part de la Nation. Il n'est pas possible de donner au juste le nombre des Sauvages qui descendent, parce qu'il y a des années qu'ils sont occupés à la guerre, ce qui les detourne de la Chasse, il peut arriver ordinairement mille hommes, quelques femmes & environ 600. Canots. Ils ont cette politique qu'ils ne prennent point leur poste en arrivant, que quelqu'un ne leur ait limité auparavant un endroit, & lorsqu'ils sont à une certaine distance du Fort, ils se laissent aller insensiblement au Courant afin que l'on ait le tems de les appercevoir, & ils font ensuite des Cabanes sur le bord de la Riviere.

Le Chef d'une Nation entre au Fort avec un ou deux de ses Sauvages les plus qualifiés. Celui qui commande dans cette place leur fait d'abord présent de pipes & de tabac. Ce Chef lui fait un compliment fort succinct, le priant d'avoir quelque considération pour sa Nation. Ce que le Commandant lui promet. Le Chef ayant fumé fort de sang froid sans prendre congé de qui que ce soit. L'on ne s'en formalise même pas. Il assemble ses gens, leur fait le recit de l'accueil qui lui a été fait, & rentrant ensuite au Fort fait présent au Commandant de quelques Pelleteries, le priant derechef d'avoir en mémoire sa Nation, (c'est là leur expression) & de ne point traiter ses

L 2 Mar-

Marchandises aussi cher qu'aux autres Nations, car c'est à qui aura bon marché. Le Commandant le rassure de sa bienveillance, lui fait encore présent de pipes & de tabac pour faire fumer tous ses Députés. La Traite se fait après hors du Fort par une fenêtre grillée, car l'on ne souffre point que le commun des Sauvages y entre. Lorsqu'elle est faite avec le Chef d'une Nation on lui fait un festin hors du Fort. L'on apporte sur l'herbe, une grande Chaudière dans laquelle il y a des pois, des pruneaux & de la melasse. Lorsque les Sauvages sont assemblés, une personne de la part du Commandant vient les prier de continuer toujours la même Alliance, présente le Calumet au Chef & fait fumer tous les autres. Après que ce repas est fait on les prie de faire une danse; ce qu'ils font avec plaisir. Le Chef commençant le prémier, dit un air sur le champ sur l'agréable accueil qui lui a été fait. On lui donne à son départ du tabac pour faire fumer ceux des autres Nations qu'il rencontrera, & les engager de venir faire la Traite, en cas qu'elles ne soient point encore venuës. Le Tabac est le présent le plus considérable dont on puisse les régaler. Tel a été l'usage pratiqué par les François dans le tems qu'ils ont été Maîtres du Fort Nelson.

NELUPA, lieu dans l'Egypte; selon Ortelius [a], il cite St. Athanase, qui nomme l'Evêque de ce lieu Théon.

[a] Thesaur.

NEMALONI, Peuples des Alpes, Pline [b] ne les mit au nombre de ceux qui furent subjuguez par Auguste. Il y en a qui croient que c'est aujourd'hui Miolans, au voisinage d'Ambrun; mais dans les Etats du Duc de Savoie.

[b] l. 3. c. 20.
[c] Honor. Bouche, p. 104.

NEMANTURISTA, Ville d'Espagne, selon Ptolomée [d], qui la place chez les Vascones, dans les terres, entre *Andelus* & *Curnonium*.

[d] l. 2. c. 6.

NEMAS, lieu fortifié auprès de *Forum Julium*, selon Paul Diacre dans son Histoire des Lombards [e]: les MSS. varient sur ce mot. Il y en a qui au lieu de NEMAS lisent NEMASUM & d'autres portent MEMASUM. Voyez BILIGA.

[e] l. 5.

NEMASIA, lieu dont il est parlé dans le Code Théodosien au Titre douzième [f].

[f] De Ponderatoribus.

1. NEMAUSUS, c'est l'ancien nom Latin d'une fontaine de France, qui, selon les apparences, a donné le nom à la Ville de Nismes dans le bas Languedoc. C'est de cette Fontaine, que parle Ausone [g] en ces termes,

[g] Claræ Urbes, v. 214.

..... *Vitrea non luco Nemausus Purior*.

Elle s'appelle aujourd'hui le Vistre: c'est un petit ruisseau qui passe au travers de la Ville de Nismes, & qui après avoir mouillé le Bourg, Vergezes, Vestric, Vauvert, Salmoze, va se jetter dans l'Etang du Tau au voisinage d'Aigue-mortes. Comme les eaux de cette petite Riviere sont extrêmement claires, on lui donna dans le moyen âge le nom de *Vitrenis*, d'où l'on a fait le nom François Vistre en ajoutant une *s*.

[h] Had. Valesii, Not. Galliar. p. 618.

2. NEMAUSUS, Ville des Gaules, chez les *Volcæ Arecomici*. Strabon [i] dit que les *Volcarum Arecomicorum Nemausus* étoit à cent Stades du Rhône, & Mela met *Arecomicorum*

[i] l. 4.

*Nemausus* au nombre des Villes les plus riches de la Gaule Narbonnoise. Pline [k] la place dans la même Province, & d'anciennes Medailles lui donnent le titre de Colonie Romaine. On en trouve avec ces Inscriptions: COL. NEM.; c'est-à-dire *Colonia Nemausus*; COL. AUG. NEM. *Colonia Augusta Nemausus*. Selon Ptolomée [l] *Nemausum Colonia* toit au Pays des *Volcæ Aricomii*, dans les Terres. Etienne le Géographe dit que *Parthenices* avoit avancé que la Ville *Nemausum* dans les Gaules avoit été fondée par Nemausus l'Héraclide; mais il est bien plus probable que cette Ville tiroit son nom de celui d'une petite Riviere qui la traverse. Voyez NEMAUSUS, N°. 1. [m] Dans les anciennes Notices des Provinces & des Villes des Gaules, on lit ordinairement *Civitas Nemausensium*, & une seule fois *Civitas Nemausa*; ce qui est une faute. Quelquefois on lui donne le quatrième rang entre les huit principales Villes de la Gaule Narbonnoise; mais le plus souvent on ne lui donne que le cinquième rang, & ce qui est surprenant, les Notices postérieures ne le mettent qu'au septième rang. L'Itinéraire d'Antonin, place jusqu'à deux fois *Nemausus* entre *Arelate* & *Ambrussum*, à dix-neuf milles de la première & à quinze de la seconde; dans un autre endroit néanmoins il la place à quatorze milles d'*Arelate*. Enfin Grégoire de Tours [n] la met dans la Septimanie. C'est aujourd'hui la Ville de NISMES. Voyez ce mot.

[k] l. 3. c. 4.
[l] l. 2. c. 10.
[m] Adr. Valesii Not. Galliar. p. 618.
[n] l. 8. c. 30.

1. NEMEA, Ville du Péloponèse dans l'Argie, selon Ptolomée [o], qui la place dans les terres. Pausanias [p] & Strabon [q] font aussi mention de cette Ville. Au lieu de *Nemea* on lit *Nemesa* dans Appien; mais Ortelius [r] juge que c'est une faute: il ajoûte que Niger veut que cette Ville & son territoire s'appellent aujourd'hui *Tristena*.

[o] l. 3. c. 16.
[p] l. 2. c. 15.
[q] l. 8.
[r] Thesaur.

2. NEMEA, Fleuve du Péloponèse: Strabon [s] dit qu'il séparoit le Royaume de Sicyone du territoire de Corinthe. Quelques-uns ont cru que c'est le même fleuve qui est appellé *Langia*, dans plusieurs endroits de Stace [t].

[s] l. 8. p. 382.
[t] Thebaid. l. 4. v. 158. & suiv.

3. NEMEA, Contrée du Péloponèse dans l'Elide, selon Etienne le Géographe.

4. NEMEA, Rocher dans le voisinage de Thebes, selon Ortelius [v] qui cite Servius. Virgile en parle dans le Livre VIII. de son Eneide.

[v] Thesaur.

5. NEMEA CHARADRA, lieu du Péloponèse, selon Ortelius [x], qui cite Suidas.

[x] Thesaur.

NEMEUS, ou NEMÆUS. Voyez NEMEA, N°. 3.

NEMEIUM, lieu dans la Locride: Plutarque [y] dit que c'est l'endroit où Hesiode fut tué. Ce lieu étoit chez les Locres Ozoles suivant Ortelius [z].

[y] In Sapient. Convivio.
[z] Thesaur.

NEMEN. Voyez NIEMEN.

NEMENTURI, Peuples des Alpes: Pline [a] les mit au nombre de ceux que subjugua Auguste. Ortelius [b] croit qu'il faut lire *Nemeturi*, comme portent quelques MSS. Columelle [c] qui parle, de la poix de ce Pays-là & la nomme *Nemeturica pix*, appuye le sentiment d'Ortelius.

[a] l. 3. c. 20.
[b] Thesaur.
[c] l. 2.

1. NEMESA, Contrée du Péloponèse; c'est celle où Hercule tua le Lion. Ortelius [d] qui fait mention de ce nom & qui cite St. Grégoire

[d] Thesaur.

# NEM.

Grégoire de Nazianze, doute si on ne devroit pas lire NEMEA au lieu de NEMESA.

2. NEMESA, Riviere qui, selon Ausone [a] se joint au Saar. Ortelius dit qu'elle s'appelle aujourd'hui *le Nyms*.

[a Mosella, v. 354.]

NEMESIUM, en Grec Νεμέσιον : Ville de la Marmarique. Ptolomée [b] la met entre *Azicis* & *Tisarchi*.

[b l. 4. c. 5.]

2. NEMESIUM, Temple de la Gréce dans l'Eolide. Pausanias [c] dit qu'il étoit bâti sur le Mont Pagus.

[c l. 7. c. 5.]

NEMETA, nom d'une Fontaine ou d'une Riviere d'Espagne, selon Martial [d]. Mais au lieu de *Nemeta*, quelques-uns lisent *Nemea* & d'autres *Nutha*.

[d Epigr. 49. ad Licinianum.]

NEMETACUM. Voyez NIMETACUM.

NEMETATI, Peuples de l'Espagne Tarragonoise, selon Ptolomée [e], qui ne leur donne qu'une seule Ville nommée *Volobriga*. Quelques Interprétes de Ptolomée lisent *Nemetani* pour *Nemetati*.

[e l. 2. c. 6.]

NEMETES [f], Peuples du Diocése de Spire, puisque leur Ville Capitale est *Noviomagus*, selon Ptolomée, & que cette *Noviomagus* répond à Spire, suivant les Itinéraires Romains, & du tems même de César ces Peuples étoient des deux côtez du Rhin. César dit que la Forêt Hercynienne, qui traverse toute la longueur de la Germanie, commence *ab Helvetiorum, Rauracorum & Nemetum finibus* sur les confins des Suisses, de Basle, de l'Alsace & du Palatinat du Rhin. Il faut donc que tous ces Peuples ayent tenu ce qui est dessus, & ce qui est au delà du Rhin, jusqu'aux Montagnes qui séparent l'Alsace de la Suabe, & dans l'endroit où commence la Forêt Noire, que les Romains appelloient dans ce quartier *Marciana Sylva*, & qui est le commencement de l'ancienne Forêt Hercynienne. Ces Peuples, de même que les *Vangiones* & les *Tribocci* étoient naturels Germains d'au delà du Rhin, ils s'étoient habituez dans cette partie de la Gaule Belgique un peu auparavant l'entrée de César dans les Gaules. Aussi dans toutes les guerres que César fit dans les Gaules, les *Nemetes* se trouvérent seulement avec *Arioviftus*, Roi des Germains, & jamais avec les Gaulois.

[f Sanson, Remarq. sur l'ancienne Gaule.]

NEMETOBRIGA, Ville des *Tiburi*, dans l'Espagne Tarragonoise, selon Ptolomée [g]. Quelques MSS. de l'Itinéraire d'Antonin écrivent NEMETOBRICA, & tous les Exemplaires la placent sur le chemin de *Bracara* à *Afturica*, entre *Præsidium* & *Forum*; à treize milles de la prémiere & à dix-neuf milles de la seconde. Il y en a qui veulent que ce soit aujourd'hui *Val de Nebro*.

[g l. 2. c. 6.]

NEMETOCENNA, ou NEMETOCERNA : *Nemetocernam collocat Cluverius in Bellovacis* (dit le Pére Labbe) *quibusdam*, (c'est de nous qu'il entend) *est Arras, Monteo Gand, Bouillo, Namur. Ego vero hic ἐπέχω.* Le Pére Labbe, dit Sanson [h], se trouve ici bien empêché, parce qu'il rencontre diverses opinions : quand il ne faut que copier le travail d'autrui cela ne l'empêche pas tant. Le Géographe ajoute qu'il a montré dans son Traité de Britania ou Abbeville, que *Nemetocenna* est dans le *Belgium*, & précisément dans l'Artois, qu'il le prouve par César même, que c'est la même Ville que les

[h Remarq. sur la Carte de l'anc. Gaule.]

# NEM. 85

Itinéraires Romains appellent *Nemetacum* & qu'ils placent entre *Teruanna*, *Samarobriva* & *Bagacum*; entre Terouenne, Amiens, & Bavay : ce qui ne peut répondre ailleurs qu'à Arras.

NEMETURI. Voyez NEMENTURI.

NEMEUS, MONS CIEONENSIUM, ou DEINONENSIUM, c'est ainsi qu'on lit, selon Ortelius [i], dans les divers Exemplaires de *i* Thesaur. Vibius, & d'autres écrivent *Nemeus* par une Diphthongue, & *Clionensium* pour *Cleonensium*; mais il y a apparence que toutes ces Orthographes sont vicieuses & qu'il faut lire NEMEUS MONS CLEONENSIUM; car la Ville de Nemée n'étoit pas éloignée de celle de Cleonis : on la trouve dans l'Argie Contrée du Péloponese.

NEMIA, Ville de Thessalie, selon Ortelius [k], qui cite le Grand Etymologique.

[k Thesaur.]

NEMINIA, ou NEMINIE, Fontaine d'Italie dans le Territoire des Peuples *Reatini*. Pline [l] fait mention de cette Fontaine : il dit qu'elle sortoit tantôt d'un endroit tantôt d'un autre & qu'elle marquoit la fertilité ou la stérilité de l'année.

[l l. 2. c. 103.]

NEMIÆUM, Montagne du Peloponese, selon Phavorin [m].

[m Lexic.]

1. NEMISCO [n], Riviere de l'Amérique Septentrionale, dans la nouvelle France. C'est une grande Riviere qui part du grand Lac de Mistasin, à cent lieues au Nord de Quebec : elle traverse le Lac de Nemisco & se rend dans le fond de la Baie d'Hudson, au bas de la côte Orientale, après un cours de soixante à soixante-cinq lieues, à travers des Montagnes. De cette Riviére on peut communiquer en canot au Fleuve de St. Laurent par la Riviere de Kokigaou; on va du Lac de Mistasin dans le Lac de St. Jean & du Lac de St. Jean par la Riviere du Saguenay, on descend dans le Fleuve de St. Laurent, auprès de Tadoussac.

[n De l'Isle, Atlas.]

2. NEMISCO [o], Lac de l'Amérique Septentrionale dans la nouvelle France. Il est formé par les eaux de la Riviere de même nom environ aux deux tiers de sa course.

[o Ibid.]

NEMITZI, Peuple de la Gaule, selon Ortelius [p], qui cite Zonare. H. Wolfius croit que ce sont les *Nemetes*.

[p Thesaur.]

NEMORENSIS AGER. Voyez TRIUIÆ.

NEMORENSIS LACUS. Voyez TRIUIÆ.

NEMOS, Ville du *Latium*, selon Appien [q].

[q 5. Civilium.]

NEMOSSUS, ancienne Ville des Gaules, sur la Loire & la Capitale des *Arverni*, selon Strabon [r] : Lucain parle aussi de cette Ville [s]. On croit communément que c'est l'*Augustomenetum* de Ptolomée [t]; ce qui a fait croire à Casaubon, qu'il faut lire Νέμετ-τος dans Strabon au lieu de Νεμωσσὸς : il se fonde sur ce qu'il est assez ordinaire aux Copistes de mettre un ω pour un ε, & de changer le double ττ en double σσ. On a aussi cru devoir faire un changement dans le 419. Vers du prémier Livre de la Pharsale de Lucain : au lieu de *Tunc rura Nemossi*, les uns lisent Tunc rura *Nemetis*; d'autres pour *Nemossi* ont écrit *Monethis*, ou *Nanetis*, ou *Menetis*.

[r l. 4. p. 191.]
[s Pharsal. l. 1. v. 419.]
[t l. 2. c. 7.]

NEMOURS, Ville de l'Isle de France sur la Riviere de Loing, à quatre lieues de Fontai-

L 3

Fontainebleau & à dix-huit de Paris. [a] Son nom Latin est *Nemus*: on la nomma anciennement *Nemox* & *Nemoux* en François & de ce dernier on a fait le nom moderne NEMOURS. Quelques-uns l'ont appellée *Nemosum* & *Nemosum* mais ces noms sont corrompus. Celui de *Nemus* lui avoit été donné parce qu'elle étoit située dans la Forêt de Biére ou de Fontainebleau : aujourd'hui que l'on a coupé une partie de cette Forêt, Nemours se trouve entre la forêt de Fontainebleau & celle de Montargis ; mais plus près de la premiere que de la derniere. Elle est entre deux Collines [b] dans l'endroit où étoit la Ville de *Grex*, du tems de Cesar. On a trouvé depuis peu du côté du Fauxbourg St. Pierre les fondemens des murailles & des Fortifications de cette ancienne Ville. Nemours a commencé par un Château, qu'on nommoit *Nemus*. Il étoit bâti dans une Isle que forme le Loing, & il n'étoit point fermé de murailles. Ce Château n'a pas aujourd'hui grande apparence. Il y a quelques tours fort hautes, qui servent de prisons. La Ville se forma peu à peu quand la terre a été érigée en Duché. Dans la grande ruë est un Marché couvert & la Paroisse de la Ville, appellée le Prieuré de St. Jean. Ce Prieuré fut fondé par Louis VII. à son retour de Jerusalem. Ce Prince le dota de grands revenus & lui donna une partie de la machoire superieure de St. Jean : il avoit obtenu cette Relique de l'Evêque de Sebaste. [c] Le Prieuré-Cure & la Paroisse appartenoient à l'Ordre de St. Augustin, ayant été mis dès le tems de sa fondation, sous le Patronage du Monastére des Chanoines Réguliers de St. Jean de Sebaste en Armenie ; Monastére qui a été détruit, comme tous les autres du même Pays dans le quatorzième siécle par les Mahometans, lorsqu'ils eurent conquis sur les Chrétiens le Royaume d'Armenie. Le Couvent des Religieuses de Ste. Marie [d] est un bâtiment neuf & beau. Dans le Fauxbourg de St. Pierre est une autre Eglise Paroissiale, sous l'invocation des Princes des Apôtres. Tout auprès est une Abbaye de filles de l'Ordre de Citeaux : on l'appelle Notre-Dame de la Joie ; & on y voit quelques Tombeaux des anciens Seigneurs de Nemours.

Il y a dans cette Ville un Bailliage Royal établi par François I. en 1524. Il est régi par la Coutume de Lorris, redigée en 1531. malgré les oppositions qu'y formerent les Deputez de la Ville de Sens. On compte cinq Prevôtez Royales dans le ressort de Nemours. Ce sont,

Château-Landon, Cheisy,
Pont sur Yonne, Lorrey,
Vaux.

Le Commerce du Pays se fait en bleds, farines, vins & fromages qu'on vend à des Marchands des environs, ou qu'on transporte à Paris par la Riviere de Seine ; mais il n'y a aucune manufacture.

François Hedelin, connu sous le nom d'Abbé d'Aubignac étoit né à Nemours dont son pére étoit Lieutenant Général. Il avoit été Précepteur du Duc de Fronsac, neveu du Cardinal de Richelieu. Son eleve étant devenu majeur lui fit une pension de quatre mille livres. L'Abbé d'Aubignac en joüit jusqu'à sa mort arrivée en 1673. La Pratique du Théatre est celui de ses ouvrages, qui lui a fait le plus d'honneur.

[e] Nemours a eu autrefois ses Seigneurs particuliers, qui n'avoient d'autre qualité que celle de Chevaliers ; & ce fut d'eux que le Roi Philippe le Hardi, fils de St. Louis l'acquit vers l'an 1276. Le Roi Charles VI. voulant recompenser Charles Roi de Navarre de ses droits sur le Comté de Champagne & d'Evreux lui donna entre autres choses Nemours.

Ce Roi de Navarre étant mort l'an 1425. Blanche la fille & femme de Jean Prince de Castille, laquelle avoit herité des Terres que son pére avoit en France, prit le parti des Anglois l'an 1425. ce qui lui fit confisquer son bien dont Charles VII. joüit jusqu'à sa mort.

Blanche avoit eu une fille nommée Beatrix, qui épousa Jacques de Bourbon, Comte de la Marche, dont elle n'eut qu'une fille appellée Eleonor, qui épousa Bernard d'Armagnac, dont le fils Jacques d'Armagnac fut mis en possession de Nemours, & de plusieurs autres Terres sous Charles VIII. Jean fils de Jacques, eut une fille nommée Marguerite, qui épousa Pierre de Rohan de Gié Maréchal de France, lequel étant mort sans enfans, le Roi Louis XII. donna Nemours à son Neveu Gaston de Foix, & l'érigea en Duché Pairie l'an 1507. la premiere érection que Charles VI. en avoit faite, ayant été suprimée. Après la mort de Gaston, & celle de Louis XII. ce Duché fut donné par François I. l'an 1515. à Julien de Medicis frere de Leon X. & ensuite ce même Roi donna ce Duché à Louïse de Savoye sa mére, elle le fit transporter à Philippe de Savoye son frere, Comte de Genevois, sur la fin de l'an 1528. mais par Arrêt du Parlement du 22. Fevrier 1532. le Duché de Nemours fut réüni à la Couronne, quoique Jacques de Savoye, fils de Philippe, prit toûjours le titre de Duc de Nemours. Charles IX. l'an 1570. pour recompenser Renée de France Duchesse de Ferrare, de ses pretentions sur la succession d'Anne de Bretagne sa mére, donna entre autres choses à cette Duchesse de Ferrare, le Duché de Nemours, qu'elle transporta à Anne d'Est sa fille & à Jacques de Savoye Duc de Nemours son gendre, qui laissa ce Duché à ses Successeurs. Les deux derniers Ducs de cette Maison étant morts sans enfans mâles, Louis XIV. retira ce Duché, qu'il a donné à son frere Philippe, & qui est possédé aujourd'hui par Monsieur le Duc d'Orleans.

NEMRA, ou NIMRA, Ville de la Tribu de Gad, ou plutôt de la Tribu de Ruben, à l'Orient de la Mer morte [f]. Eusebe, sur le nom *Nebra* dit qu'il y a un grand Bourg dans la Batanée nommé *Nabara*. Dom Calmet [g] ne doute pas que *Nemra*, *Nimra*, *Nimrim*, *Nemrim* & *Beth-Nemra* ne soient la même Ville. Jérémie [h] parle de *Nemrim* & de ses belles eaux. Isaïe [i] fait aussi mention des eaux de *Nemrim* ; & St.

## NEM. NEN. NEO. NEO.

St. Jerôme [a] dit que Nemrim est située sur la Mer morte ; il ajoute que son nom de Nemrim vient de l'amertume de ses eaux, qui n'ont contracté cette qualité que depuis la désolation de cette Ville, qui a été annoncée par les Prophetes Isaïe & Jeremie.

NEMRIM. Voyez NEBRIM & NEMRA.

NEN, NEANE, ou NEYNE [b], Riviere d'Angleterre : elle a sa source dans la Northamptonshire, qu'elle traverse ; & après avoir baigné la Ville de Northampton & celle de Peterboroug, elle va se jetter dans le Golphe de Boston.

NENSIA, en Grec Νήσσα, Ville de l'Afrique propre. Ptolomée [d] la met au nombre des Villes qui sont entre celle de *Thabraca* & le fleuve *Bagrada*.

NENTIDAVA, Ville de la Dace, selon Ptolomée [e] & l'une des plus considérables de cette Province. On veut que ce soit la Ville que les Allemands appellent Hosenstadt & que les Hongrois nomment Bistrick.

NEOA. Voyez NEVA.

1. NEOCASTRO [f], Bourg de la Morée, sur la côte du Belveder : on l'appelle aussi *Aliarcho*, mot corrompu d'*Aliartus*, nom qu'il portoit autrefois. Il est situé à six lieues d'Arcadia vers le Nord.

2. NEOCASTRO, ou Nouveau Château, Forteresse de la Romanie, sur le Promontoire Hermæus, à deux ou trois lieues au Nord de Constantinople [g]. Chalcondyle écrit mal à propos que cette Forteresse est située sur la Propontide, puisqu'il dit lui-même qu'elle est au milieu du Bosphore. Cet Auteur nous apprend par qui ce Château a été bâti : Au commencement du Printems, dit-il, Mechmet fils d'Amurat, bâtit, auprès de la Propontide, dans l'endroit où le trajet du Bosphore, pour passer de l'Asie en Europe, est le plus étroit, une Forteresse qui fut appellée *Lamocopien* ; & qui ayant aussi-tôt appellé des Asiatiques & des Européens, à qui il distribua des emplacemens pour bâtir des Maisons, il consomma dans peu de tems son ouvrage. Le dessein qu'il eut en élevant cette Forteresse fut d'assurer le passage du Bosphore, & d'empêcher que les Peuples de l'Europe n'en pussent faire le trajet, pour aller recommencer la guerre en Asie : D'ailleurs il prévoyoit qu'elle lui seroit d'un grand secours pour le Siége de Constantinople. Les murailles furent flanquées de trois tours les plus grandes qu'on eut encore vuës : deux regardoient le Continent ; la troisiéme étoit du côté de la Mer, & elles furent toutes trois couvertes de plomb. L'épaisseur des murs de la place est de vingt-deux pieds, & celle des tours de trente-deux. L'ouvrage fut porté à sa perfection dans l'espace de trois mois. Depuis ce tems-là les Turcs y ont toujours tenu une forte garnison. Ils se servent aujourd'hui de ces Tours pour y renfermer les prisonniers de conséquence qu'ils font sur les Chrétiens pendant la guerre. Il ne peut demeurer que des Turcs dans cette Forteresse, non plus que dans les Maisons qu'on a bâties au dehors, sur le rivage, dans un espace de près de quatre-cens stades. Mr. de l'Isle [h] appelle cette Forteresse les nouveaux Châteaux, sans doute parce qu'il y a une autre Forteresse opposée à celle-ci de l'autre côté du Bosphore.

1. NEOCESARE'E, Ville de la Province du Pont, comprise assez souvent dans la Cappadoce, située sur la Riviere de Lyque, & appellée par divers Auteurs Hadrianopolis. Ptolomée [i] la place dans les terres entre *Ablata* & *Saurania*. Elle fut érigée en Evêché dans l'année 240. par Phédime Evêque Métropolitain d'Amasée, qui y établit St. Grégoire Thaumaturge pour prémier Evêque. Cette Ville que les Grecs aujourd'hui nomment Nixar, d'un mot abrégé ou corrompu de Neocésarée, & que les Turcs appellent Tocate, étoit alors Métropole civile de la Province du Pont, dite Polemoniaque, & elle devint ensuite Métropole pour le Gouvernement Ecclésiastique. Elle étoit célèbre par son Commerce & fort peuplée ; mais tout y étoit encore Payen, & St. Grégoire en y entrant n'y trouva que dix sept Chrétiens. Ste. Macrine Grand-mére de St. Basile le Grand étoit de ce lieu. St. Troade & plusieurs autres furent martyrisez en cette Ville durant la persécution de l'Empereur Dece.

2. NEOCESARE'E, Ville de Bithynie selon Ortelius [l], qui cite Suidas & Etienne le Géographe. Elle étoit différente de Neocésarée de Cappadoce.

3. NEOCESARE'E, Ville de Syrie ou de l'Euphratense. La Notice [m] des Dignitez de l'Empire en fait mention en ces termes : *Equites Mauri Illyriciani Neocæsareæ*.

4. NEOCESARE'E, Ville d'Asie, sur le bord de l'Euphrate, selon Ortelius qui cite l'Histoire Tripartite & Callifte, qui dit que son Evêque présida au Concile de Nicée : ce pourroit être la même que celle dont fait mention la Notice des Dignitez de l'Empire. Voyez l'Article précédent.

5. NEOCESARE'E, Ville de Mauritanie, selon le Martyrologe : elle donna la naissance à St. Severian.

NEOCLAUDIOPOLIS, Ville de Paphlagonie : Ptolomée [n] la place dans les terres, entre CONICA & SABANIS. Elle est aussi appellée ANDRAPA.

NEOCNUS. Voyez NEOGNIUS.

NEOCORES, on donnoit ce nom chez les Grecs à ceux qui prenoient le soin des Temples communs à toute une Province & dans lesquels on s'assembloit à l'occasion des Jeux publics. La charge de Neocoré répondoit à peu près à celle de Marguillier ; mais comme dans la suite on s'avisa de déïfier les Empereurs, les Villes qui demandérent qu'il leur fût permis de leur dresser des Temples acquirent aussi le nom de Neocores. Par exemple la Legende d'une Medaille du Vieux Valerien marque que la Ville d'Ancyre étoit deux fois Néocore. Elle reçut cette dignité pour la prémière fois sous Caracalla & pour la seconde fois sous Valerien le vieux. Le revers de cette Medaille représente trois Urnes, de chaque côté desquelles sortent deux palmes. Voici la Legende : ΑΝΚΤΡΑC ΜΗΤ. Β. Ν. c'est-à-dire, *Ancyræ Metropolis bis Neocora*. Cette remarque est de Mr. Tournefort. *Voy. du Levant Lettre 21.*

NEOCORIA [o], Village dans la Beotie, au pied du Mont Zagara ou Helicon. Neocoria veut dire nouveau Village.

NEO-

## NEO.

**NEOCRETES**, Pline [a] & Polybe [b] parlent d'un Peuple de ce nom. Il y a apparence qu'il étoit de l'Isle de Crète. [a l. 37. c. 40. b l. 5. c. 65.]

**NEOCUM**. Voyez MORADUNUM.

**NEODA**. Voyez NETAD.

**NEODUNUM**, Ville de France, dans la Bretagne, selon Grégoire de Tours [c]. Ortelius [d] croit que c'est *Dol*, ou comme lit Cenalis *Doul*, qui anciennement a été appellé *Neodunum*. [c Histor. L. 2. d Thesaur.]

**NEOGIALA**, ou NEOGILLA, port de l'Arabie heureuse : Ptolomée [e] place *Neogilla Navale* dans le Golphe Sachalite, entre le Village d'*Astoa* & *Hormani fluv.* Ostia. [e l. 6. c. 7.]

**NEOGNUS**, Fleuve aux environs de la Colchide, à ce que croit Ortelius [f], qui cite Agathias, mais les MSS. Grecs portent Νεόκνος. [f Thesaur.]

1. **NEOMAGUS**, LEXUBIORUM. Voyez NOVIOMAGUS LEXOVIORUM.

2. **NEOMAGUS**, NOVIMACUS, ou NOVIOMAGUS, Ville des *Regni*, Peuples de l'Isle d'Albion, selon Ptolomée [g]. L'Itinéraire d'Antonin la marque sur la route du Retranchement au Port *Ritupa* entre *Londinio* & *Vagniacis*, à dix milles de la prémière & à dix-huit milles de la seconde. Camden croit que c'est aujourd'hui *Woodcote*, & une ancienne & constante tradition veut qu'il y ait eu autrefois une Ville dans cet endroit [h]. Diverses choses appuyent cette opinion. On y voit de vieilles masures, des tuiles, des ruës, des fondemens de murailles, des pierres taillées, & une grande quantité de puits fort près les uns des autres & d'une profondeur incroyable, si l'on en juge du moins par celle d'un d'entre eux : les Laboureurs rencontrent souvent des pierres polies pour peu qu'ils creusent dans le voisinage : enfin la situation de ce lieu convient si fort avec la distance marquée par l'Itinéraire d'Antonin, qu'on ne peut guere se dispenser d'y placer *Neomagus*. La position que Ptolomée donne à *Neomagus* convient aussi-bien que celle que marque Antonin ; car il met *Neomagus* après les Peuples *Cantiani* & chez les *Regni* ou *Reierses*. On peut même dire que si on change une lettre dans le nom Ρηγνους, & que l'on écrive Ρηγνους, on y verra le nom de l'ancien Peuple *Regni*, comme il s'en conserve encore quelques traces dans les noms modernes de *Suth Rie*, de *Reigate* & de *Rye*. [g l. 2. c. 3. h Mr. Gale, dans son Commentaire sur Antonin, p. 73.]

3. **NEOMAGUS TRICASTINORUM**. Voyez NOVIOMAGUS TRICASTINORUM.

4. **NEOMAGUS NEMETUM**. Voyez NOVIOMAGUS NEMETUM.

5. **NEOMAGUS**, ou NOVIOMAGUS BATAVORUM ; ancienne Ville de la seconde Germanie, sur la rive gauche du Wahal, à l'extrémité de la Gaule. La Table de Peutinger [k] est le plus ancien monument qui fasse mention de cette Ville : elle la met sur le Rhin entre *Castra Herculis* & *Arenatio*, à huit milles du prémier & à douze milles du second. Cependant quelques-uns prétendent que Tacite [l] l'a connuë, & que c'est elle qu'il a indiquée sous le nom d'*Oppidum Batavorum*, [m] jugeant qu'elle étoit suffisamment désignée par le titre de Capitale du Pays. Tous les Géographes ne s'accordent pas néanmoins à lui donner ce titre de Capitale des Bataves : on peut voir à l'Article BATAVODURUM, N°. 1. que Cluvier donne ce titre à une autre Place. Dans les siècles suivans cette Ville fut plus connuë. [n] Charlemagne y fit bâtir un Palais Royal : *Inchoavit*, dit Eginhard, *& Palatia operis egregii, unum haud longè à Moguntiaco, juxta Villam cui nomen est Ingelheim, alterum Noviomagi super Vahalem fluvium*. Le même Auteur ajoute que ce Prince célébra la Pâque à *Noviomagus* en 777 ; qu'il y passa le Carême & y fit pareillement la Pâque en 806. ; qu'en 817. l'Empereur Louïs le Débonnaire s'y rendit & y prit le divertissement de la chasse ; & qu'en 821. le même Empereur y convoqua une Diète au mois de Mai. Les autres Ecrivains la nomment, *Niumagus*, *Niumagum*, *Niumaga*, *Niumaga*, *Neomagum* & *Neumaga*, tous noms corrompus de *Noviomagus*. Dans ce Pays elle a été appellée, tantôt *Niumegen*, tantôt *Nimmeghen*, *Nimegen*, ou plus communément *Nimmeguen*. Les François écrivent & prononcent *Nimégue* : quelquefois pourtant ils ont écrit *Nimaye*. C'est aujourd'hui la Capitale de la Gueldre Hollandoise. Voyez NIMEGUE. [f Pontanus, Hist. Gelric. l. 1. k Segment. 1. l Hist. l. 5. c. 19. m Joh. Smith oppid. Batav. c. 1. n Had. Valesii Not. Gall. p. 385.]

6. **NEOMAGUS**, ce mot Hybride est composé du Grec & du Gaulois, & donné à diverses Villes ou Bourgs de France, des Pays-Bas & d'Allemagne, & même en Angleterre à la Ville de Chichester.

1. **NEON**, Ville de Grece dans la Phocide, auprès du Parnasse, selon Pausanias [o] & Etienne le Géographe. Hérodote [p] fait aussi mention de cette Ville. [o l. 10. c. 2. & 3. p l. 8. c. 32. & 33.]

2. **NEON**, Bourg de France dans le Berry, Election de Blanc : il a 825. habitans.

1. **NEONTICHOS**, Ville de l'Eolide, selon Pline [q] & Etienne le Géographe. Strabon [r] dit qu'elle étoit éloignée de *Larisse* de vingt stades ; & Hérodote [s] la met au voisinage du fleuve Hermus. [q l. 5. c. 30. r l. 13. p. 621. s in Homero.]

2. **NEONTICHOS**, Ville de la Phocide, selon Ortelius [t], qui cite Pausanias. [t Thesaur.]

3. **NEONTICHOS**, Ville de Thrace sur la Propontide. Ortelius [v] parle de cette Ville & cite Xenophon. [v Ibid.]

4. **NEONTICHOS**, Ville de la Carie ; Ptolomée [u] la place entre *Orthosia* & *Bargassa* : mais presque tous les Exemplaires lisent *Neapolis* pour *Neontichos*. [u l. 5. c. 2.]

**NEOPACTUS**. Voyez NAUPACTUS.

**NEOPAGUS**, lieu aux environs de l'Embouchure du Rhin. Ortelius [x] qui cite Hunnibaldus, dit que c'est l'endroit où les *Franco-Galli* avoient coutume d'élire leurs Rois. [x Thesaur.]

**NEOPRATENSIS**, Siége Archiépiscopal, dans la Thessalie, suivant la Notice de l'Abbé Milon, qui lui donne deux Suffragans ; savoir les Evêques de Zaroconium & de Castorie. La Notice de l'Evêque de Cathara lui donne des Suffragans au pluriel, & n'en marque qu'un qu'elle nomme *Lunacensis* ou *Lanatensis*.

**NEOPOLICHNA**, Ville du Peloponese, selon Ortelius [y] qui cite Calchondyle. [y Ibid.]

**NEOPOLIS**. Voyez NEAPOLIS.

**NEOPTANA**, rivage de la Carmanie, à l'Occident & à cent stades du fleuve Anamis, selon Arrien [z]. [z In Indicis, c. 33.]

NEO-

# NEO. NEP.

**NEOPTOLEMI TURRIS**, Tour à l'Embouchure du fleuve Tyra : Strabon[a] dit qu'il y avoit auprès un Village nommé *Hermonactis*.

[a] l.7.p.306.

**NEORIS**, Ville de l'Ibérie Asiatique, selon Pline[b]. Peut-être est-ce la Ville *Oüáπιχα*, que Ptolomée[c] place dans l'Iberie.

[b] l.6.c.10.
[c] l.5.c.11.

**NEORIUM PORTUM**, c'est ainsi qu'on lit dans la Description de Constantinople[d], Region sixiéme.

[d] Incerti Auctoris.

**NEOS.** Voyez NOVÆ.

**NEOSTI**, Ville de Syrie, suivant Josephe[e].

[e] Antiq. l. 14.

**NEOTENSES**, Ortelius trouvant ce mot dans Demosthene soupçonne que c'étoit un Peuple de la Beotie.

**NEOTERIDIS**, Contrée des Indes aux environs de la Gedrosie. Diodore de Sicile[f] la place au voisinage du fleuve Indus.

[f] l. 17.

**NEOTTIUM**, Montagne de la Neméé, selon Phavorin; mais comme le nom de Nemée étoit commun à divers lieux, c'est ne rien expliquer.

**NEPA**, lieu fortifié dans quelque quartier de la Syrie, suivant Ortelius[g] qui cite Guillaume de Tyr.

[g] Thesaur.

**NEPEIUM.** Voyez NEPIAS.

**NEPETA**, Ville d'Italie dans la Toscane. Ptolomée[h] la met dans les terres, entre *Forum Claudii* & *Falerinum*. Tite-Live[i] & Pline écrivent NEPET & NEPETE. * C'est aujourd'hui la Ville de *Nepe* ou *Nepi*, auprès du fleuve Pozzolo, entre Rome & Viterbe. [k] Dans les Decrets du Pape Hilaire on lit : *Projectus Nepesinus Episcopus*. On lit aussi *Nepesinos* sur un ancien marbre.

[h] l.3.c.1.
[i] l.6.c.9.
* Leand. Alb.
[k] Ibid.in Not.

**NEPHADOR**, lieu ou Pays de la Palestine sur la Mediterranée ; il en est parlé au troisiéme Livre des Rois[l], où il est dit que Benabinadab en avoit l'Intendance. Ortelius[m] dit que Josephe l'appelle DORENSIS & LITTORALIS. St. Jerôme dans Josué traduit *Nephat-Dor* par *regiones Dor*, les Cantons de Dor, ou la Province de Dor.

[l] c.4.v.1.
[m] Thesaur.

**NEPHARIS.** Voyez NEPHERIS.

**NEPHELE**, c'est-à-dire Nuée : Ortelius[n] dit que c'est un lieu dans les Montagnes, ou un Village quelque part dans la Grece : il cite pour garant Palephatus dans ses fables.

[n] Ibid.

**NEPHELIDA**, Promontoire de la Cilicie : Tite-Live[o] dit qu'il étoit célébre par une ancienne alliance des Atheniens. Voyez NEPHELIS.

[o] l.33.c.20.

**NEPHELIS**, Ville de Cilicie, selon Ptolomée[p]. Elle étoit bâtie sur le Promontoire Nephelida.

[p] liv.5.c.8.

**NEPHEONITÆ**, Peuples de la Sarmatie Asiatique, selon Pline[q]. Au lieu de *Neophenitas* le P. Hardouin lit *Inapæos*, sans marquer la raison de ce changement.

[q] l.6.c.7.

**NEPHERIS**, Ville de l'Afrique propre. Scipion la prit après vingt-deux jours de siége[r] : elle lui servit beaucoup pour le siége de Carthage. Strabon[s] dit que cette derniere Ville à Nepheris il y avoit cent vingt stades. Nepheris étoit forte par sa situation sur un rocher.

[r] Appian. de bel.Pun. c. 57.
[s] l.17.p.834.

**NEPHI**, c'est le nom que plusieurs donnoient au lieu où Néhemie trouva l'eau bouïlleuse[*], qui étoit dans le puits où le feu sacré avoit été caché. [t] Les Exemplaires varient

[*] 2 Maccab. 1.36.

sur le mot *Nephi* : [u] le Syriaque & le Grec de l'Edition Romaine lisent *Naphtai* ; le Manuscrit Alexandrin & les autres Exemplaires Grecs portent *Nephtar*.

[u] Dom Calmet Dict.

**NEPHTALI**, c'est le nom d'une des douze Tribus d'Israël. Nephtali étoit sixiéme fils de Jacob, & de Bala servante de Rachel. Le nom de Nephtali vient de l'Hebreu *Phatal*, qui signifie lutter, combattre, faire effort, supplanter. Lorsque Rachel lui imposa le nom elle dit : [v] J'ai lutté contre ma sœur par une Lutte de Dieu & j'ai remporté la victoire. J'ai combattu contre elle à la maniere des Lutteurs, qui cherchent à se renverser : j'ai fait de grands efforts & je suis enfin sortie victorieuse. Nous ne savons aucune particularité de la vie de Nephtali : ses fils furent [w] Jaziel, Guni, Jezer & Sallem. Le Patriarche Jacob dans la benediction qu'il donne à son fils Nephtali lui dit [x] : Nephtali est comme un Cerf échappé, il parle avec beaucoup de grace. La plûpart des Rabbins & des Commentateurs expliquent cela de Barac, qui étoit de la Tribu de Nephtali, & qui ayant d'abord temoigné la timidité d'un Cerf, en refusant de marcher contre les Chananéens, à moins que la Prophetesse Debora, ne vînt avec lui y, imita dans la suite la vitesse d'un Cerf en poursuivant l'Ennemi : il signala[s] son éloquence dans le beau Cantique qu'il composa avec Debora, pour rendre graces à Dieu de sa victoire.

[v] Genes. 30.8.
[w] Ibid. 46. 24.
[x] Ibid. 49. 21.
[y] Judic. 4.
[s] (5)

Les Septante expliquent autrement le texte de la Genese : Nephtali est comme un arbre qui pousse des branches nouvelles & dont les rejettons sont beaux. Ce sens me paroît du moins aussi bon que celui qu'on suit ordinairement. Jacob louë la grande fecondité de Nephtali & la beauté de sa race. Nephtali n'eut que quatre fils ; & cependant en sortant de l'Egypte sa Tribu étoit composée de cinquante-trois mille quatre cens hommes capables de porter les armes. Moyse[z] dans la benediction qu'il donne à la même Tribu lui dit : Nephtali joüira en abondance de toutes choses ; il sera comblé des benedictions du Seigneur ; il possédera la Mer & le Midi, c'est-à-dire la Mer de Genezareth, qui étoit au Midi du partage de cette Tribu. Son terrein étoit très-fertile en froment & en huile. Il s'étendoit dans la basse & dans la haute Galilée, ayant le Jourdain à l'Orient, les Tribus d'Aser & de Zabulon au Couchant, le Liban au Septentrion & la Tribu d'Issachar au Midi.

[z] Deut. 33. 23.

La Tribu de Nephtali étoit campée dans le desert, au Septentrion du Tabernacle, entre les Tribus de Manassé & de Dan[a]. Après le partage que Josué fit de la Terre promise, les enfans de Nephtali n'exterminerent pas tous les Chananéens, qui étoient dans leur Pays[b] : ils aimerent mieux les y laisser & leur faire payer tribut. Les Nephtalites, comme les plus avancez, vers le Septentrion du Pays, furent aussi des prémiers emmenez captifs par les Rois d'Assyrie[c]. Isaïe[d] leur prédit qu'ils verront la lumiere du Messie & qu'ils seront des prémiers éclairez de l'Evangile. En effet notre Sauveur prêcha plus souvent & plus long-tems dans la Galilée & en par-

[a] Num. 11. &c.
[b] Judic. 1. 33.
[c] 4 Reg. 15. 29.
[d] 9.1.

## NEP.

[a Matt. 4. 13.15.] particulier dans la Tribu de Nephtali [a], que dans aucun autre endroit de la Judée. On lit dans le Testament des douze Patriarches quelques particularitez de la vie de Nephtali & quelques prédictions qu'on lui attribue; mais ce Livre est reconnu pour Apocryphe; & il n'est d'aucune autorité parmi les Savans.

[b Josué, 19.35.] Les Villes de cette Tribu étoient très-fortes [b] & montoient au nombre de dix-neuf, selon Josué, qui n'en marque neanmoins que seize: savoir,

| | |
|---|---|
| Assedin, | Cedès, |
| Ser, | Edraï, |
| Emath, | Enhasor, |
| Reccath, | Jeron. |
| Cenereth, | Magdalel, |
| Edema, | Horem, |
| Arama, | Bechanath, |
| Asor, | Bethsamès. |

[e Ibid. v. 32. & 34.] Quelques-uns croient que pour remplir le nombre des dix-neuf Villes, il faut y en ajouter trois de celles que Josué [e] met aux Frontieres de cette Tribu, telles que sont,

Heleph, Lecum, Hucuca.

NEPHTALIM, Ville de Judée, à trois lieues de Nason du côté de l'Orient, & à égale distance de Dotaim du côté du Nord, [d Terræ Sanctæ Descr. p. 16.] selon le Moine Brocardus. [d] Il ajoute que du tems de la destruction de Jerusalem, elle s'appelloit, à ce qu'on croit, Jonapa; & que Bethsaide en étoit éloignée de trois lieues. [e Thesaur.] Ortelius [e] qui cite Postellus, dit que les Arabes la nomment aujourd'hui Siziz, & que d'autres l'appellent Syrin & Suziz.

[f Dom Calmet, Dict.] NEPHTAR [f], c'est le nom que Nehemie donna au lieu où avoit été caché le feu sacré, & où l'on trouva une eau boueuse, qui, ayant été répanduë sur le bois de l'Autel, s'alluma dès que le Soleil commença à [g 2 Maccab. 1.36.] paroître [g]. Ce mot peut dériver du Chaldéen *petir*; c'est-à-dire pur, sans mélange; ou en lisant *Neephar* il deriveroit de l'Hebreu *caphar*, expier, purifier, nétoyer.

NEPHTHOA, la Fontaine de Nephthoa [h Josué, 15.9.] étoit dans la Tribu de Benjamin [h]. On [i Dom Calmet, Dict.] montre aux Voyageurs [i] une fontaine que l'on dit être celle de Nephthoa, & près de laquelle il y avoit autrefois une Eglise dédiée sous l'invocation de St. Jean Baptiste; parce que l'on croyoit que la demeure de Zacharie & d'Elisabeth avoit été en ce lieu-là, & que cette Fontaine leur avoit servi.

NEPI, petite Ville d'Italie dans le Patrimoine de St. Pierre, sur la Riviere de [k Labat, Voy. d'Italie, t. 3. p. 40.] Triglia, qui se jette dans le Tibre [k]. Le Titre Episcopal de Sutri, Ville abandonnée à cause du mauvais air qui y régne, a été transféré à Nepi, autre Ville depeuplée & [l Ibid. t. 2. p. 245.] qui ne vaut guére mieux. La Seigneurie [l] avec la Principauté de Camerin, qui appartenoient aux Farneses, furent données au St. Siége par Pierre Louis Farnese, en échange de Parme & de Plaisance, que lui donna le Pape Paul III. son Pere Chef de la Maison de Farnese. Ces deux Seigneuries étant plus voisines de Rome, étoient par conséquent

## NEP.

plus à la bienséance de l'Eglise que le Parmesan qui en étoit plus éloigné.

NEPIAS, en Grec Νηπείας; Campagne aux environs de la Ville de Cyzique, dans la Mysie, selon Ortelius [m] qui cite le Scholiaste [m Thesaur.] d'Apollonius. Phavorin lit Νηπίων.

NEPICIRINIENS, Peuples sauvages de l'Amerique Septentrionale, dans la nouvelle France, alliez des François, ils habitent vers le Lac Nepissing, & vers les côtes Septentrionales du Lac des Hurons, par les quarante-cinq & quarante-six degrez de Latitude; ils habitoient autrefois le long du fleuve St. Laurent; mais depuis qu'ils eurent commerce avec les François, ils furent s'établir où ils sont, pour être maîtres des portages & servir d'entrepôt pour le Commerce avec les Nations de l'Ouest, à qui ils faisoient payer droit de passage. Ils ont inventé le canot d'écorce de bouleau pour le transport de leur Castor. Ces Peuples étoient autrefois bien puissans; ils faisoient le Commerce des Sauvages du Nord-Ouest qu'ils rançonnoient souvent. Les courses des Iroquois les ont fort affoiblis, & obligez de se retirer vers Missilimakinak pour la plupart, & une partie vers les Colonies Françoises. Le Sieur de la Poterie croit que c'est un reste d'Algonkins, qui auroient alors pris le nom du Lac Nepissing.

NEPISSING, Lac de l'Amerique Septentrionale, dans la nouvelle France: il a environ trente lieuës de long, sur trois à quatre de large. Il s'y degorge plusieurs Rivieres qui viennent du Nord & du Nord-Ouest & qui facilitoient beaucoup le Commerce des Nepiciriniens & des Amikouets. Ce Lac est éloigné de vingt-quatre lieuës de celui des Hurons, il est entouré de petits Rochers & de terre graveleuse, qui ne rapporte qu'un peu de bled d'Inde & quelques Citrouilles. Le Lac est fort poissonneux, & l'on y pêche quantité d'Esturgeons, de Brochets & d'autres poissons. La Chasse d'Orignac, d'Ours & de Castor y est abondante.

NEPISTA, Ville de la Carmanie: Ptolomée [n] place dans les terres entre *Thaspis* [n l. 6. c. 8.] & *Chodda*. Ses Interpretes écrivent *Nipista*.

NEPOS [o], nom d'une Montagne, selon [o Ortelius Thesaur.] le Grand Etymologique, qui nous dit seulement qu'elle étoit sans une goutte d'eau; mais il ne marque point où elle est située.

NEPR. COL. CARENORUM: On lit sur une Medaille de l'Empereur Gordien [p] [p in Goltzii, Thesaur.] ces mots Grecs: Νηπρ. κολ. καρηνῶν. Cette Ville pouvoit être aux environs de la Perside, où étoient les Peuples CARENI. Voyez ce mot.

NEPTHOA. Voyez NEPHTHOA.

NEPTE, Ville d'Afrique, dans la Province Byzacène, selon Mr. Baillet [q], d'où [q Topogr. des Saints, p. 634.] étoit Evêque St. Lætus martyrisé l'an 484. sous les Vandales.

NEMPTODURUM, ou NEMETODURUM, ce sont les noms Latins du Bourg de Nanterre, lieu de la naissance & de l'éducation de Ste. Geneviève. Voyez NANTERRE.

1. NEPTUNE, Dieu de la Mer: ce nom a été donné à plusieurs lieux où il y a voit

voit des Temples, élevez à l'honneur de cette Divinité. Voyez POSIDION.

2. NEPTUNI ARÆ, Ville maritime dans l'Afrique propre: Ptolomée [a] la place dans le Golphe de Numidie, entre *Apollinis Templum* & *Hippon*. [a] l.4.c.3.

3. NEPTUNI FANUM, Strabon [b] place un Temple de Neptune dans le Peloponese, entre Patras & Ægium : il ajoute que ce Temple étoit fort beau. [b] l.8.p.336.

4. NEPTUNI TEMPLUM, Temple dédié à Neptune dans l'Elée, selon Strabon [c], qui dit que de Pylus de Messenie, jusqu'à ce Temple, il y avoit quatre cens stades par Mer. [c] l.8.p.351.

5. NEPTUNI TEMPLUM, Strabon [d] met ce Temple dans la Messenie : *in ore maritimi sinu*, dit-il, *Tænarum est, atla in mare porrecta, quæ continet Neptuni Fanum*. Ce Temple étoit dans un Bois. [d] l.8.p.363.

6. NEPTUNI TEMPLUM, Strabon [e] témoigne que sur l'Isthme de Corinthe il y avoit un Temple ombragé d'une forêt de Pins, où les Corinthiens célébroient les Jeux nommez les combats de l'Isthme. [e] l.8.p.380.

7. NEPTUNI TEMPLUM, Temple de Neptune, dans l'Achaïe, selon Strabon [f], où on lit ces mots : *Post Sicyonem Pallene est sita : deinde secunda Ægira, tertia Ægæ, quæ Templum habent Neptuni*. [f] l.8.p.385.

8. NEPTUNI TEMPLUM, il y avoit un Temple de ce nom à Gereste dans l'Euboée, Strabon [g] dit que ce Temple étoit le plus beau de tout le Pays. [g] l.10.p.446.

9. NEPTUNI TEMPLUM, Temple dans l'Isle de Ténos, l'une des Cyclades. Il y avoit à ce que dit Strabon [h], une petite Ville dans cette Isle, hors de la Ville un Bois, où étoit un Temple de Neptune, & ce Temple méritoit d'être vû. [h] l.10.p.487.

10. NEPTUNI TEMPLUM, Temple de Neptune dans l'Isle de Samos : *Ad dexteram*, dit Strabon [i], *quà intro navigatur ad Urbem* (Samum) *est Possidium Promontorium, quod cum opposita Mycala fretum inclusit VII. stadiorum : Templum habet Neptuni*. Au devant de ce Temple étoit situéé la petite Ville Narthecis. [i] l.14.p.637.

11. NEPTUNI TEMPLUM, on voyoit anciennement un Temple de ce nom à Posidium sur la côte d'Egypte au voisinage d'Alexandrie. Strabon [k] en fait mention. [k] l.17.p.794.

12. NEPTUNI TEMPLUM, Plutarque [l] parle d'un Temple de ce nom dans l'Isle de Calaurie. Archias ayant appris que Demosthéne, retiré dans l'Isle de Calaurie, s'étoit rendu suppliant dans le Temple de Neptune, il y passa sur des esquifs, & étant descendu à terre avec quelques soldats de Thrace, il alla dans le Temple, & là il conseilloit à Démosthéne de se lever & de venir avec lui vers Antipater, l'assurant qu'il ne lui seroit fait aucun mal ; mais Demosthéne avoir eu la nuit précédente un songe, qui le dissuada de faire ce qu'Archias desiroit. [l] Vie de Demosthéne, Trad. de Mr. Dacier, T.7.p.242.

13. NEPTUNI TEMPLUM. A Oncheste dans la Béotie, il y avoit un Temple de ce nom selon Strabon [m], qui l'appelle *Templum nudum*, parce qu'il étoit sans arbres. Mais les Poëtes, par coutume, ou pour l'ornement de la Poësie, ne laissent pas de donner à un pareil Temple le nom de *Lucus* ou de *Nemus*. Homere lui-même parlant du Temple de Neptune à Oncheste l'appelle *sacrum nemus* dans ce vers de l'Iliade [n] : [m] l.9.p.412. [n] l.2.v.506.

*Onchestumque sacrum Neptuniam clarum nemus*.

14. NEPTUNI ASPHALII TEMPLUM, les Rhodiens élevérent ce Temple dans une Isle qui, selon le témoignage de Strabon [o], sortit de la Mer par une sorte de prodige. Il place cette Isle entre celles de Thera & de Therasia. C'est l'Isle *Automate* de Pline [p]. [o] l.1.p.57. [p] l.4.c.12.

15. NEPTUNI ÆGEI TEMPLUM. Voyez NEPTUNI TEMPLUM, N°. 7.

16. NEPTUNI HELICONII TEMPLUM, Temple dédié à Neptune Heliconien. Voyez HELICE, N°. 2.

17. NEPTUNI ISTHMII FANUM. Voyez NEPTUNI TEMPLUM, N°. 7. & SAMICUM.

18. NEPTUNI SAMII TEMPLUM. Voyez NEPTUNI TEMPLUM, N°. 10.

NEPTUNIA COLONIA, Ville d'Italie. Velleïus est, je crois, le seul qui en parle [q], Ortelius [r] soupçonne que ce pourroit être *Posidonia* de Strabon, qui est la même Ville que *Pæsto*. Voyez PÆSTUM & RHEGIUM. [q] l.1.c.15. [r] Thesaur.

NEPTUNIA CLAUSTRA, lieu d'Italie dans le Pays des *Brutii* ; il étoit au pied du Mont Moscius & auprès de *Scyllatium*, selon Cassiodore [s]. [s] Ortelius Thesaur. [t] 12. Variat.

NEPTUNIUM POSIDIUM, ou POSIDIUM PROMONTORIUM ; Promontoire de l'Arabie heureuse, dans le Golphe Arabique, selon Ptolomée [u] & Diodore de Sicile. [u] l.6.c.7.

NEPTUNIUM NEMUS, en Grec Ποσειδώνιος κλύθος. Ortelius [w] croit qu'il faut chercher cette forêt quelque part en Grece. Il devoit dire plutôt qu'il falloit la chercher dans l'imagination des Poëtes, qui pour la grace de la Poësie mettent des Bois & des Forêts où il n'y en eut jamais ; *Neptunium Nemus*, n'est autre chose qu'un Bois imaginaire, que les Poëtes ont supposé être autour du Temple de Neptune à Oncheste. Voyez NEPTUNI TEMPLUM, N. 13. [v] l.3. [w] Thesaur.

NEPTUNIUS MONS, Montagne de la Sicile, qui prend depuis les racines de l'Etna & s'étend jusqu'à la pointe de Messine. Solin [y] parle de cette Montagne, & dit qu'au sommet il y avoit une guérite, qui avoit la vuë sur la Mer de Toscane & sur la Mer Adriatique : on nomme aujourd'hui cette Montagne *Spreverio monti*. [x] De l'Isle Atlas. [y] c.5.Edit. Salmas.

NEPTUNIUS FONS, Fontaine d'Italie dans la Terracine. Vitruve [z] dit que ses eaux étoient empoisonnées, & que ceux qui en buvoient imprudemment en mouroient. Il ajoute qu'on avoit depuis jugé à propos de combler cette fontaine. Ortelius [a] juge que ce pourroit être de cette fontaine que parle Tite-Live [b], lorsqu'il dit : *Flaccus molem ad Neptunias aquas, ut iter populo esset & viam per Formianum montem, &c*. Voyez POSIDIANÆ. [z] l.8.c.3. [a] Thesaur. [b] l.39.c.44.

NEQUINUM. Voyez NARNIA.

1. NERA, Village de l'Arabie heureuse : Strabon [c] le place sous Obida, sur le rivage de la Mer. [c] l.16.p.782.

2. NE-

2. NERA, (LA) Rivière d'Italie, ou plutôt Torrent, qui a sa source dans l'Appennin un peu au dessus de Montaglioni: elle passe à Terni & à Narni, & après un cours de quarante-cinq à cinquante milles elle va se perdre dans le Tibre à Guastanello, un peu au dessus & au Nord-Est d'Orta. C'est plutôt un Torrent qu'une Rivière. Elle grossit considérablement par les moindres pluyes, ou par la fonte des neiges: les sauts & les cascades qu'elle fait en rendent la navigation impraticable.

3. NERA, ou NEERO, ou même BANDA; Isle d'Asie, dans les Indes; c'est la seconde des Isles de Banda. Elle est située entre l'Isle de Gunnanappi, ou Goenongapi, & celle de Lontoor, & à vingt-quatre lieues d'Amboine [a]. Ceux qui la nomment Banda disent qu'elle communique son nom aux deux autres Isles qui sont auprès; ils ajoûtent qu'elle est de la figure d'un fer à cheval, qu'elle s'étend du Nord au Sud, l'espace de trois lieues; ce qui fait toute sa longueur; & qu'elle n'a guère qu'une lieue de largeur. [b] Le principal Fort que les Hollandois ayent dans les Isles de Banda est dans l'Isle de Nera; il se nomme Nassau, & il y en a encore un autre plus petit situé sur une Montagne; on a donné à celui-ci le nom de Belgica. L'Isle de Goenongapi qui est une Montagne ardente, peu éloignée de Nera, & où personne n'habite, fume jour & nuit, & vomit quelquefois des flames de feu & des pierres. Au commencement du dernier siècle elle jetta une si grande quantité de pierres qu'elles comblérent le Canal qui sépare les deux Isles; ce Canal avoit alors vingt brasses de profondeur; & il n'a plus été navigable depuis ce tems-là.

Il y a quantité de grands serpens à Nera. Ils dévorent les poules, les canards, & jusqu'aux petits cochons. L'Auteur de la Relation citée en marge rapporte [c], qu'un jour ayant fait tuer un de ces serpens, on lui trouva dans le ventre, un cochon de lait, un canard & cinq poules; il ajoute qu'on le fit cuire, & qu'on le mangea avec la chair de serpent qui n'est point venimeuse.

L'Isle de Nera a plusieurs Montagnes toutes couvertes d'arbres qui produisent la Noix muscade. On y trouve quantité de Cerisiers, dont le fruit est aussi gros que des prunes; il y a même de ces cerises qui sont aussi grosses que des poires; elles sont d'un beau rouge, pleines de jus, & d'un goût très-agréable. On a dans les bois une sorte d'arbres qu'on nomme Saguetières, ou Clapess; on en tire comme d'une fontaine, une agréable liqueur, qu'on boit au lieu de vin, & qui enivre comme le vin. Pour la tirer on coupe une branche de l'arbre, & on pend au bout qui tient à la branche coupée, un roseau creux capable de contenir environ cinq pots de liqueur. On va au matin & au soir battre & secouer l'arbre & il distille dans le roseau sa liqueur, qui est très-agréable & à peu près de la couleur du petit lait. Mais si l'on ne secoue point ces arbres, au lieu de rendre leur liqueur, ils produisent des noix qui sont presque aussi grosses que la tête d'un homme & à peu près du goût des noisettes. On les prépare pour les faire cuire dans l'eau, comme le ris. Elles ont au dedans une liqueur à peu près semblable à celle qui coule de leurs arbres.

On trouve aussi dans les bois beaucoup de Perroquets, des Cacatuas, qui sont plus gros que les Perroquets, & qui ont un beau plumage; des corbeaux des Indes, dont les plumes sont plus belles que celles des Perroquets; des oiseaux nommez Loo, qui ont aussi un beau plumage, & d'autres qui ne vivent que de noix muscade. On leur a donné un de mangeurs de noix: ils sont de la grandeur d'un coq de Bruière; & ne sont point farouches. Quand on veut les manger, on les fait cuire sans les vuider. Voyez [...].

4. NERA [d]; Ville des Indes, dans une Isle de même nom dont elle est la Capitale. Elle est située dans la partie Occidentale de l'Isle p. 488. Ses habitans sont presque toujours en guerre avec ceux d'une autre petite Ville nommée Labbetacca, qui en est à une petite lieue. Ils se livrent des combats sur terre & sur mer. Ils ont des galères dont ils se servent dans ces occasions. Elles sont fort foibles, de bois. Les pièces en sont liées ensemble avec des cordes. Les côtes sont à une brasse de distance les unes des autres, & on prend garde en joignant le bâtiment que toutes ces pièces qui tiennent les bordages, s'accordent bien ensemble; & viennent l'une sur l'autre pour former le gabarit; & pour le joindre & faire la liaison on met deux taquets ou pièces de bois aux deux côtés de chaque endroit où les côtés du gabarit portent également l'une sur l'autre, & on les lie fortement & les assemble. On enduit le dehors de goudron. On prend les écorces des plus grosses noix des Indes, calcinées au four; on les bat avec un maillet pour les réduire en étoupe, & en raréfier le vaisseau à la suite on frote les coutures d'une composition de chaux, mêlée avec certaines autres matières qui la rendent propre à cet usage, & qui la mettent en état de n'être pas détrempée & rôtée par l'eau. Quand ces galères sont toutes à la Mer pour aller exécuter quelques entreprises, les habitans font un grand bruit, & crient hautement, de son de tambours, & de retentissement de bassins, dans lesquels on frappe, qu'on les prendroit pour des gens furieux, & hors de leur bon sens. Les Nobles, qui sont sur le tillac de la galère, sont des sauts périlleux, & celui qui saute avec le plus d'aisance, & celui qui saute le mieux est le plus admiré. Aux deux bouts de la galère il y a comme deux galeries, ou un petit toit de roseaux, qui fait saillie en dehors & touche presque à l'eau. C'est dessus que sont les esclaves, à deux ou trois par rang, pour nager. Les rames sont proprement des pelles de bois, qu'ils font passer par dessus leur tête pour ramer, & jettent ainsi l'eau à derrière. Pendant ce tems-là ils ne laissent pas de chanter de toutes leurs forces; de battre la caisse, & de frapper quelquefois sur leurs bassins. Cette manière de nager donne tant d'air à leurs bâtimens, qu'ils avancent autant qu'un navire pourroit faire par un bon vent. Il y a ordinairement sur chaque galère deux pierriers dont ils savent passablement se servir, esfor-

[a 2. Voy. des Hollandois aux Indes Orient. p. 488.

b Voy. de Rechteren aux Indes, Orient. p. 116.

c Ibid. p. 120.

d Voy. des Hollandois aux Indes, p. 488.]

## NER.

te qu'ils se défendent fort bien contre leurs ennemis.

NERAC, Ville de France, dans la Gascogne, la seconde Ville du Bazadois.[a] Elle n'est pas fort ancienne; mais elle est devenue considérable, parce que les Seigneurs d'Albret, à qui elle appartenoit & qui se trouvoient Rois de Navarre & Souverains de Bearn, l'aggrandirent & y bâtirent un Château ou Palais, dans lequel ils tenoient souvent leur Cour. Ils y établirent le principal Siége de Justice du Duché d'Albret.[b] Nerac est à deux lieues de la Garonne, à quatre d'Agen, & sur la Riviere de Baïse qui la sépare en deux parties, appellées le Grand & le Petit Nerac, trois lieues environ au dessous de la Ville de Condom. Des collines s'élevent de chaque côté. Le grand Château, que les Anglois ont bâti, est ce qu'on y voit de plus remarquable. Il est au bord de la Baïse, avec de profonds fossez & des pont-levis, d'où on va dans une garenne, où est un beau jeu de mail. Celle-ci s'appelle la *Garenne de Bas*, parce qu'il y en a deux. Dans le milieu de cette garenne, sur le bord de la Riviere, il y a une fort belle allée, qui conduit à un moulin appellé *Nazareth*. A gauche & près du Château, il y a une fontaine dans un roc: on la nomme la Fontaine de St. Jean. Elle fournit de l'eau à la Ville par trois gros jets différens. Proche de cette fontaine est un arbre appellé, *l'arbre de la Reine*. La garenne d'enhaut est de la même longueur que celle d'enbas & on le peut voir d'un bout à l'autre par le moyen d'une allée qui est formée par de gros arbres. L'Eglise Paroissiale est renfermée dans le Grand Nerac. Elle est tout proche du Château & dédiée à St. Nicolas. Il y a aussi des Capucins qui ont un fort beau Couvent, des Doctrinaires, des Cordeliers & un Monastere de Religieuses. Du côté de la Ville pour entrer dans le Château est un Pontlevis après lequel on trouve une belle cour. La place qui est devant ce Pont-levis est ornée d'une belle croix de marbre & de quantité de grands ormeaux, avec une fort belle Halle à côté & plus bas une grande & large rue qui s'appelle le pavé & qui aboutit à la Rivière. Cette Halle où se vendent toutes sortes de denrées est proche d'une très belle fontaine appellée le Gril & de la rue d'Houringer, au bas de laquelle est la porte de Bourdeaux. Le Grand Nerac a encore deux autres portes, celle de Marcadion, où se tient le marché du Bétail & celle de Condom. Autour de la Ville, quand on sort par une de ces trois portes, on trouve une promenade très-agréable, qui s'appelle les allées. On passe du Grand Nerac au petit par le moyen d'un Pont, où il y a un très-beau moulin à eau, & au delà une assez longue chaussée. Le petit Nerac est plus élevé que le grand à cause qu'il est bâti sur des rochers. Il y a aussi trois portes: celle de Gaujac, celle d'Agen, & celle de St. Germain. A côté du Château il y a un très-beau jardin nommé le *jardin du Roi*: il est orné d'une fontaine, qui jette de l'eau de tous côtez & qui sert à l'arroser. A la sortie du jardin on trouve une longue allée où l'on joue au mail.

[a] *Longuerue Descr. de la France, part. 1. p. 187.*

[b] *Corn. Dict. Memoires Manuscrits.*

## NER.

Les Habitans de Nerac embrassèrent la plupart le Calvinisme dans le seizième siècle, & y firent établir la Chambre mi-partie de Guienne, où les Huguenots du Parlement de Bourdeaux avoient leurs causes commises. Cette Ville qui étoit affectionnée à son parti, prit les armes contre Louis XIII. en 1621. mais ayant été attaquée par l'Armée Royale, elle fut contrainte de se rendre. Nerac fut érigé en Siége Présidial l'an 1629. mais le Siege ne fut établi qu'en 1639. Comme la Baïse commence à être navigable à Nerac, cette Ville est assez marchande, & les habitans y sont plus aisez que ceux des Villes des environs.

NERABUS, en Grec Νηραβος, Ville de Syrie, selon Etienne le Géographe.

NERATA, Ville de Liburnie, selon Ortelius, qui cite un Manuscrit de Pline.

NERBII. Voyez NERVIOS.

NERE, Bourg de France, dans la Saintonge, Election de St. Jean d'Angely.

NEREA, ou ALAPIA, Ville de Cœlesyrie, selon Guillaume de Tyr[c]. Il y en a qui croient que c'est aujourd'hui Alepo.

[c] *l. 2. c. 19.*

NEREÆ. Voyez NARIÆ.

NEREENSIS VICUS, Bourg, ou Village de France, vers les confins du Bourbonnois au voisinage de l'Abbaye de Colombieres en Berry. Gregoire de Tours fait mention[d] de ce lieu, & dit que St. Patrocle y bâtit un Oratoire, qu'il y mit des Reliques de St. Martin, & qu'il s'y appliqua quelque tems à l'instruction de la jeunesse. Il ajoute que St. Patrocle étant mort le Prêtre de ce lieu, qu'il qualifie *Archipresbyter Nereensis Vici*, à la tête d'une troupe de ses Clercs, voulut aller enlever de force le corps de ce St. pour l'enterrer dans son Village, d'où il étoit sorti quelque tems avant sa mort; mais dès que cet Archiprêtre apperçut le drap mortuaire, il fut saisi d'une telle frayeur, qu'il n'eut pas la force d'exécuter le dessein qu'il avoit formé. Au lieu de penser à enlever le corps du Saint, il se joignit avec les Religieux, qui faisoient l'enterrement, & les accompagna jusqu'à l'Abbaye de Colombière où le corps de St. Patrocle fut enterré, ainsi qu'il l'avoit demandé. Voyez NERIS, N°.

[d] *Patrocli reclausi.*

NERESSUS, en Grec Νυρησσός, Ville de l'Archipel, dans l'Ile nommée *Cia* par les Latins & *Zeu* par les modernes. Ortelius[e] parle de cette Ville & cite Æschynes. Mais Ptolomée, Pline, Strabon, &c. au lieu de *Neressus* lisent CARESSUS. Voyez ce mot.

[e] *Thesaur. in Epistolis.*

NERESTABLE, Bourg de France dans le Forez, Election de Roanne. Il a plus de mille habitans.

NERETINI, ou comme portent quelques MSS. NERECINI, Peuples d'Italie, dans le Pays des *Salentini*, selon Pline[f], Ptolomée[g] nomme leur Ville *Nyritos* & la place dans les terres. C'est aujourd'hui la Ville de NARDO.

[f] *l. 3. c. 11.*
[g] *l. 3. c. 1.*

NERGHIES, Ville de Georgie ou de Mingrelie à 77. degrez de Longitude & 43. degrez de Latitude.

[h] *Petis de la Croix, Hist. de Timur-Bec, liv. 3.*

NERGOBRIGES. Voyez NERTO-BRIGA.

NERIE, ou NERII. Voyez CELTICI.

NERICIA. Voyez ITHACA.

NERI-

# NER.

**NERICIE**, Province de Suede, dans les terres [a]. Elle est bornée au Nord par la Westmanie, à l'Orient par la Sudermanie; au Midi, en partie par l'Ostrogothie & en partie par l'extrémité Septentrionale du Lac Vater & à l'Occident en partie par la Westrogothie & en partie par le Vermeland. Il n'y a proprement qu'une Ville dans la Nericie, savoir *Orebro*, Oreborg, ou Orebroa; ses autres lieux les plus considerables sont:

Askelsund, Hielmersberg, Glanshammar.

Entre plusieurs Lacs, qui se trouvent dans cette Province, le Lac Hielmer en occupe une partie considerable à l'Orient, & le Lac Vater au Midi. Il y a aussi quelques Rivieres, entre autres la Trosa, qui coupe la Province en deux d'Occident en Orient. [b] Il y a des Mines d'argent dans la Nericie; mais on n'y travaille point: les habitans se contentent de faire valoir celles de fer, d'alun & de soufre. Il se trouve parmi eux quantité de forgerons, qui font de toutes sortes d'instrumens de fer, dont ils fournissent les étrangers.

**NERICUM**. Voyez LEUCAS.

**NERIEU**. Voyez NÉRONICA.

**NERIGON**, quelques-uns se sont imaginez, que par ce mot Pline entendoit parler d'une Isle aux environs de celle des Bretons; mais Ortelius [c] sur le témoignage de Becanus, & le Pere Hardouin dans ses Notes sur Pline, prétendent que Nerigon ne signifie rien autre chose que la Norwege. Il n'est même pas permis de penser autrement.

**NERII**, Peuples de l'Espagne Tarragonoise: Pomponius Mela [e] les place avec les *Tamarici* auprès du Promontoire *Nerium*; Pintaut croit qu'on doit lire *Neria* au lieu de *Nerii*.

**NERIPHUS**, Isle deserte auprès de la Chersonèse de Thrace, selon Pline [f].

**NERIPI**, Peuples de la Sarmatie Asiatique: Pline [g] les place entre les *Catoni* & les *Agandei*.

1. **NERIS** [h], Ville de Messenie, selon Etienne le Géographe: Stace en parle dans le quatriéme livre de la Thebaïde.

2. **NERIS**, Ville de Grèce dans l'Argie: Pausanias [i] la met aux confins de la Laconie.

3. **NERIS**, **NERIIS**, **NEREAE AQUAE**, **NERI** ou **NERIENSIS VICUS**, Ville d'une ancienne Gauloise, que quelques-uns prennent pour la *Gergobia Boiorum*; dont il est parlé dans Cesar [k]. Ce qu'il y a de certain, c'est qu'aujourd'hui ce n'est qu'un Bourg, sur les confins du Bourbonnois & de l'Auvergne, Election de Montluçon. Plusieurs prétendent que c'est en cet endroit que Saint Patrocle reclus en Berry fit bâtir un Monastere de Filles. D'autres cependant l'appellent Mesre, & lui donnent une autre situation. Voyez NERIENSIS VICUS. Neris est situé sur un coteau, ou plûtôt sur des rochers, & les environs sont terres à seigle. Il y a des eaux minerales insipides. Les Anciens les ont connuës & les nommoient AQUAE NERIAE. Il en est fait mention dans la Table de Peutinger, qui met [m] *Aquis Neri*,

[a] De l'Isle Atlas.

[b] Martin. Zuyler, Sueciae Descr. p. 7.

[c] l. 4. c. 16.
[d] Thesaur.

[e] de situ Orbis, l. 3. c. 1.

[f] l. 4. c. 12.
[g] l. 6. c. 7.
[h] Ortelius Thesaur.

[i] l. 2. c. 38.

[k] l. 7.

[l] Baillet, Topograph. des Saints p. 635.

[m] Segm. 1.

# NER.

entre *Mediolanum* & *Cantilia*. Les eaux qui s'écoulent font tourner sept à huit moulins. On y trouve encore de beaux restes d'antiquitez. On tient trois Foires chaque année à Neris.

**NERISUM**, en Grec *Νήρισον*: Montagne de Thrace, selon Etienne le Géographe, qui la place auprès de la Ville *Cynetha*.

1. **NERITUM** [n], Ville d'Armenie: Ferculphe écrit que l'Apôtre St. Jacques y a été enterré.

2. **NERITUM**, Ville d'Italie dans le Pays des *Salentini*, selon Ptolomée [o]. On croit assez generalement que c'est aujourd'hui la Ville de *Nardo*. C'est peut-être aussi la même chose que les *Neretini* de Pline. Voyez NERETINI.

**NERITUM ACTORICUM**, lieu de l'Epire [p], appelé depuis *Leucas*. Voyez LEUCADE.

**NERITUS**, Montagne dans l'Isle d'Ithaque. Homere en parle dans le second livre de l'Iliade [q]. Pline, en fait aussi mention. Ortelius soupçonne que c'est cette Montagne que Suidas appelle *Neritum*.

1. **NERIUM**. Voyez ARTABRUM.

2. **NERIUM**, petite Ville d'Espagne dans la Galice, auprès du Cap de Finisterre, appelé par quelques Auteurs *Nerium Promontorium*. Ce Cap lui a donné son nom.

**NERLAC**, ou **NOIRLAC**, Abbaye de France dans le Berry. Son nom Latin est *Nigri Lacus Abbatia*, ou *Domus Dei de Nigrolacu*. C'est une Abbaye d'hommes Ordre de Cîteaux fille de Clairvaux. Elle est située sur le Cher, à une lieuë de S. Amand. Dom Etienne rapporte sa fondation à Robert, parent de St. Bernard: l'an 1136. son lui donne néanmoins ordinairement pour fondateur Ebbon de Charenton, qui donna du consentement d'Agnès sa femme, aux Moines de Clairvaux l'an 1150. en lieu appelé Maison-Dieu, pour y établissement d'une Abbaye, avec des revenus pour l'entretien & la subsistance des Moines qui l'habiteroient. Pierre Archevêque de Bourges confirma cette fondation l'an 1149. & son pieux fondateur Ebbon touché de la sainteté des mœurs de ces nouveaux Religieux, augmenta encore leur revenu par de nouvelles liberalitez, donna la possession leur fut aussi confirmée par le Pape, qui y ajouta encore: & par Henri Archevêque de Bourges l'an 1187. Les bâtimens qui y sont assez, comme le Cloistre, le Refectoire, le Vivier, le Dortoir, la Celle des Novices, & le Chapitre, sont encore d'une beauté qui marque assez quelle fut la premiere magnificence de ce Monastere. On voit dans le Chapitre les tombes d'Ebbon son Fondateur, d'Agnès son Epouse, d'Ebbon leur fils, & de Mahaut ou Matilde, de Charenton, & de Noble homme Raimond de Montfaucon le jeune. Dans le Cloître, est la tombe du Seigneur de la Chastre, & dans l'Eglise près du grand Autel, du côté de l'Evangile se voit celle d'Henri d'Avangour Archevêque de Bourges, qui mourut l'an 1346. On compte trente-six Abbez de cette Maison jusqu'en 1719.

**NERMAY** [x], petite Ville d'Allemagne. Elle est située dans une Campagne très-fertile,

[n] Ortelius Thesaur.

[o] l. 3. c. 1.

[p] l. 4. c. 12.
[q] l. 4. c. 12.
Thesaur.

[x] Memoires & Plans Geographiques. Corn. & Dict.

## NER.

& des dépendances de Neubourg à cause de Juliers. L'enceinte en est assez grande; mais elle n'a point de fossez. Le long de ses murailles qui sont extrêmement simples, régne une galerie couverte, où l'on peut faire la ronde; le tout sans terreplein.

**NERMONSTIER.** Voyez NOIRMOUSTIER.

**NERO,** Bois ou Fauxbourg, près d'Antioche Capitale de la Syrie : il fut prémierement appellé DAPHNÉ. Voyez ce mot, N°. 3.

☞ On a donné à ce lieu le nom de NERO, du mot Syriaque *Ner*, qui veut dire Fontaine ou Fleuve, à cause de la grande abondance de ses eaux, outre que *Nero* dans la Langue Grecque moderne signifie de l'eau. Cette remarque est de Mr. Corneille, qui cite Sozomene, Baronius & Procope.

**NEROASSUS.** Voyez NERA.

1. **NERON,** Isle de la Mer rouge, sur la côte de l'Arabie : Pline [a] dit que le cryſtal y croît. Selon le P. Hardouin tous les MSS. portent *Necron*. Il prétend que *Neron* est une faute. [a l. 37. c. 2.]

2. **NERON,** ou NERONDES, Ville de France dans le Forez, Election de Roanne. Il y a une Châtellenie Royale reſſortiſſante de la Sénéchauſſée de St. Etienne.

**NERONDES,** Bourg de France dans le Berry, Election de Bourges, & à huit lieues de cette Ville. Il a plusieurs Annéxes : Precilly-Milly en est la plus conſidérable. Le terroir est excellent : il produit du bled de toutes espéces; il y a des Etangs & de bons paturages pour les beſtiaux.

**NERONIA,** ou NERONIAS, Ville de la Palestine, près de la source du Jourdain. Joseph [b] dit que le jeune Agrippa donna le nom de Néroniade à la Ville de Panéade. [b l. 20. c. 8.]

**NERONIANA PISCINA,** Lac d'Italie dans le Padouan aux environs de Bagni d'Abano. Voyez ABANO.

**NERONIANA VILLA SUBLACENSIS,** Maison de Campagne d'Italie, dans le Latium, auprès de Sublac, selon Frontin [c]. [c l. 2.]

**NERONIANA** [d], c'est le nom d'un Aqueduc en Italie, à trois milles de Rome; il avoit été bâti par Neron pour conduire les eaux Claudiennes au mont Celius & au mont Aventin dans la Ville. [d Ibid.]

**NERONIANÆ THERMÆ,** Bains conſtruits à Rome par l'Empereur Neron. On les appella depuis *Thermæ* ALEXANDRINÆ, selon le témoignage d'Eutrope [e]. [e l. 7.]

**NERONIANI CAMPI,** Procope fait entendre que les *Champs de Neron* étoient aux environs de Rome entre *Salaria* & *Pinciana*.

**NERONIAS,** Ville de la seconde Cilicie, & aujourd'hui appellée *Irenopolis*, selon Nicephore Calliſte [f], Theodoret [g] dit la même chose. On lit HERENOPOLIS, pour *Irenopolis* dans une ancienne Inscription. S. Athanase, selon Ortelius [h], fait mention d'une Ville nommée *Neronopolis* & donne le nom de Narciſſe à son Evêque; mais dans un autre endroit il appelle ce même Evêque, *Episcopus Neroniadis*, ainſi *Neronias* & *Neronopolis* font la même Ville. [f l. 8. c. 18. g l. 1. c. 7. h Thesaur.]

**NERONICA** [i], ancienne Ville de Suisse, dans la Seigneurie de Neuchâtel. On la nommoit en François Nerieu. Elle étoit très-grande : on prétend qu'elle tenoit depuis le Mont Jura jusqu'à la Thiele & depuis Landeron jusqu'au Village de Creſſy. Landeron, à ce qu'on croit, a été bâtie de ſes ruïnes. [i Etat & Délices de la Suiſſe, t. 3. p. 244.]

**NERONIENSES,** ou FORO-NERONIENSES. Voyez FORUM-NERONIS.

**NERONIS IMPERATORIS SUBURBANUM,** ce lieu étoit entre la Voye *Salaria* & la Voye *Numentana*, selon Suetone [k], & environ à quatre milles de Rome; peut-être étoit-il dans les Champs Neroniens. [k l. 6. c. 48.]

**NEROUER** [l], Montagne des Indes, dans les Etats du Grand-Mogol, à cinq journées au delà de la Ville d'Agra, sur le chemin de Surate à Golconde. Il y a dans cette Montagne une mine d'excellent fer. Mais ce n'est pas par où elle rapporte le plus de profit : les chaſſeurs d'Agra s'y rendent pour y prendre certaines vaches sauvages qu'ils nomment Merous. Ils les trouvent dans des bois aux environs de cette Montagne, & comme ces vaches sont ordinairement fort belles, ils en tirent un grand profit. [l Thevenot, Voy. des Indes, p. 113.]

**NERRE** [m], (LA) Riviere de France dans le Berry. Elle a sa source à trois lieues au deſſus d'Aubigny, coule du Levant au Couchant & tombe dans la grande Saudre aux Planches du Bourg de Clémont, au deſſous d'Aubigny. [m Piganiol, Deſcr. de la France, T. 6. p. 406.]

**NERTERANÆ,** ou NERTERIANI, ancien Peuple de la Germanie : Ptolomée [n] les place entre les *Caſuari* & les *Danduti*, au deſſous des prémiers & au deſſus des derniers. [n l. 2. c. 11.]

**NERTOBRIGA,** ancienne Ville de l'Espagne Tarragonoiſe, selon Ptolomée [o], qui la place chez les Celtibéres, entre *Turiaſo* & *Bilbis*. Elle étoit grande & fort conſidérable. [p] On en voit encore les ruïnes auprès de Merida, à une lieue de Frexenal, dans un lieu nommé Valera, & ces ruïnes font connoître de quelle grandeur elle étoit. Elle fut détruite du tems de l'invasion des Barbares, & de ſes ruïnes on a bâti trois ou quatre Bourgades; ſavoir Frexenal, Fuentes, Bodenal & Higuera. Les MSS. varient beaucoup ſur le nom de cette Ville : les uns écrivent *Nertobriga* qui eſt le véritable nom : d'autres portent *Nergobriges*, *Nitobrica* & *Natobrica*. [o l. 2. c. 6. p Délices d'Eſpagne, t. 2. p. 384.]

**NERTZINSKOY.** Voyez NERZINSKOI.

**NERUA,** Fleuve d'Eſpagne, dans le Pays des Cantabres, selon Ortelius : il cite Ptolomée [q] qui met l'embouchure du Fleuve *Nerua* chez les *Autrigones*, peuples voiſins des Cantabres. Pomponius Mela [r] appelle ce Fleuve *Neſua*, & Pintaut croit que c'eſt ainſi qu'il faut lire, tant parce que quelques MSS. de Ptolomée portent aussi *Nesua*, que parce que le nom moderne qui est *Nanſa*, ſemble confirmer cette Orthographe. [q l. 2. c. 6. r l. 3. c. 1.]

**NERVESIÆ,** Village d'Italie, au Pays des Æquicoles. Pline [s] dit que l'Herbe nommée par les Latins *Consiligo* & *Pommelée* en François croiſſoit aux environs de ce Village. [s l. 25. c. 8.]

**NERUICA.** Voyez NERVII.

NER-

NERVICIQ, Bourg de France dans le Forez, Election de Montbrison.

NERVII, anciens Peuples de la Gaule Belgique : ils tiroient leur origine des Germains, selon Strabon [a], qui les place au voisinage des *Treviri*. Ils affectoient eux-mêmes cette origine Germanique & s'en faisoient gloire ; ce qui a fait dire à Tacite [b] *Treveri & Nervii circa adfectationem Germanica originis ultro ambitiosi sunt, tanquam per hanc gloriam sanguinis a similitudine & inertia Gallorum separentur.* Cesar [c] en parle comme d'un Peuple considerable, qui pouvoit fournir jusqu'à cinquante mille hommes, pour une guerre commune. Leur Cité en effet étoit d'une si grande étenduë, qu'elle prenoit depuis les *Treviri*, selon le témoignage de Strabon [d], jusqu'aux *Bellovaci*, comme Cesar nous le fait entendre. Ils confinoient outre cela aux *Ambiani*, aux *Atrebates*, & aux *Veromandui* ; de sorte qu'ils avoient ces derniers aussi-bien que les *Rhemi* au Midi, au Nord les *Aduatici*, & à l'Orient la Meuse. Cesar ne se contente pas de marquer les bornes du Pays des *Nervii*; il nous donne encore une idée de leurs mœurs. Il dit que lorsqu'il fut aux Frontiéres des *Ambiani*, qui touchoient les *Nervii*, s'étant informé des mœurs de ces derniers, il apprit qu'ils ne permettoient l'entrée de leur Pays à aucuns Marchands étrangers, & ne souffroient point qu'on leur apportât du vin, ni aucune autre chose capable de relâcher la vertu. Ils avoient excité les Atrebates & les Veromandui à une généreuse défense, & avoient joint leurs forces à celles de ces deux Peuples : ils donnérent à Cesar une bataille dont il parle comme de la plus sanglante & de la plus perilleuse, où il se fût trouvé de sa vie. Il paroit par le recit qu'il en fait que les seuls Nerviens, après que les deux autres Peuples eurent été défaits, le réduisirent à l'extremité, & que quand le secours que lui envoya Labienus un de ses Lieutenans, les y eut réduits eux-mêmes, il ne fut pas possible de les rompre. Dès qu'il en tomboit quelqu'un un autre incontinent se mettoit sur son corps, où il combattoit comme sur un rempart, & Cesar qui admira ces derniers efforts, dit, qu'il ne falloit pas s'étonner si des gens qui en étoient capables avoyent passé une large Riviere, franchi une rive escarpée & grimpé sur une Montagne pour le venir attaquer. Leur résistance fut si opiniâtre, que de soixante mille qu'ils étoient ils se virent réduits à cinq cens, & de six cens personnes de familles Patriciennes il n'en resta que trois. Cesar leur laissa toutes leurs Villes, & pour empêcher qu'on ne profitât de leur foiblesse, il fit défendre à tous leurs voisins de les opprimer.

Par les bornes que Cesar donne aux *Nervii* [e] on peut conjecturer quelles étoient leurs Villes. Il semble que *Cameracum*, Cambrai en devoit être la Capitale, quoique cette Ville ne soit nommée par aucun des Ecrivains qui ont précédé la Table de Peutinger & l'Itinéraire d'Antonin. Ce dernier en décrivant la route de *Castellum* à Cologne observe cet ordre.

Castello Minariacum     M. P. XI.
Nemetacum     M. P. XVIIII.
Camaracum     M. P. XIIII.
Bagacum     M. P. XVIII.
Vodgoriacum     M. P. XII.
Germiniacum     M. P. X.
Perviciacum     M. P. XXII.
Advocam Tongrorum     M. P. XIIII.

Et dans une autre route de Tarvenna à Durocortorum le même Itinéraire garde cet ordre :

Tarvenna
Nemetacum     M. P. XXII.
Camaracum     M. P. XIIII.
Augustam Veromanduorum     M. P. XVIII.

Ces routes ne nous apprennent pas seulement la situation de Cambrai; mais encore celle de *Bagacum*, Bavay, qui appartenoit pareillement aux *Nervii*, comme le témoigne une Inscription qui se voit dans le même Itinéraire ; on y lit ces mots : *Iter a Bagaco Nerviorum, Durocortorum, Remorum usque.*

La Table de Peutinger appelle pareillement cette Ville *Bagacum Nerviorum*, dans cet ordre.

Turnacum
Ponte Scaldis     XII.
Bataco Nervior.     X.

*Pons Scaldis*, aujourd'hui Condé, doit aussi être mis au rang des places qui appartenoient aux *Nervii* ; car non seulement la Table de Peutinger, mais encore l'Itinéraire d'Antonin le place entre *Turnacum*, Tournay & *Bagacum Nerviorum*. Peut-être doit-on également leur donner *Fanum Martis*, dont il est parlé dans la Notice [f] des Dignitez de l'Empire en ces termes : *Præfectus Lætarum Nerviorum Fano Martis Belgicæ secundæ.* De plus on voit que les *Nervii* avoient différens Peuples sous eux. Cesar [g] le dit positivement & nomme même ces Peuples : *Facile*, dit-il, *hac oratione* (Ambiorix) *Nerviis persuadet. Itaque confestim dimissis nuntiis ad Centrones, Grudios, Levacos, Pleumosios, Gordunos & qui omnes sub eorum imperio sunt, quam maximas manus possunt, cogunt.* Ces Peuples ne sont point connus dans les autres Auteurs ; ce qui doit faire croire, ou qu'ils changérent de nom, ou ce qui est plus vraisemblable, qu'ils furent compris sous le nom général de *Nervii*. Cluvier non seulement croit que ces Peuples soumis aux *Nervii* formérent ensemble le Peuple nommé *Sueconi*, dont Pline [h] seul fait mention ; il juge encore leur devoir donner la Ville de Tournai ; mais outre que ce nom *Sueconi* est suspect, aucun autre Ecrivain ne le connoissant point, la situation de *Turnacum*, & l'ordre des Itinéraires rapportez ci-dessus, obligent de donner cette Ville aux *Nervii*.

Le Pére Briet [i] paroit de l'opinion de Cluvier, par rapport aux *Sueconi*, aussi-bien que par rapport à la Ville de Valenciennes, *Valentiniana*, qu'il donne aux *Nervii*, quoiqu'il soit probable que cette Ville appartient à la Géographie du moyen âge plutôt qu'à l'ancienne. Voici la Table que nous a donné ce Pére.

NER-

# NER. NER. NES.

**NER-VII**, le Hainault, le Cambresis, & la Flandre Françoise.

- *Bacenum* ou *Baganum*, Bavay en Hainault.
- *Ventiniana*, Valenciennes.
- *Pons Scaldis*, Condé.
- *Camaracum*, Cambray.
- *Sutconi*, ou les environs de Tournay, sous la dépendance des Nervii.
- *Centrones*, *Gratii Levaci*, Blemosi, Gorduni.
- *Turnacum* ou *Turnacum*, Tournay.

**NERVIO**[a], Rivière d'Espagne dans la Biscaye, & la plus considérable de la Province. Les Biscayens l'appellent en leur langue *Ybay-cabal*, ce qui signifie une large Rivière. Elle traverse le milieu du Pays du Midi au Septentrion, passe à Bilbao, Capitale de la Province, & à deux milles au dessous de cette Ville & non à deux lieues comme Moreri le dit dans son Dictionnaire, elle va se jetter dans l'Océan. Les Anciens l'ont appellée *Chalybs*. Son eau est excellente pour tremper les armes, & de là vient que les Cantabres n'estimoient nullement les épées ou les autres armes de cette sorte, si l'on n'y avoit été trempé dans le *Chalybs*. Voyez ZACAVALE, c'est la même Rivière, que quelques Auteurs appellent aussi NERVA en Italie.

[a] *Delices d'Espagne, T. 1. p. 72.*

**NERULA**[b], Château d'Italie dans la Sabine, sur la Rivière Farfara à la petite Gatanne, qui appartenoit autrefois à la Maison des Ursins, & le titre de Duché & appartient aujourd'hui à la Maison de Barberin.

[b] *Leander, Descr. di tutta Italia, p. 105. c. Corn. Dict.*

**NERULONENSIS**. Voyez NERULUM.

**NERULUM**, Ville d'Italie dans la Lucanie. Tite-Live d dit que le Consul Æmilius la prit d'emblée. L'Itinéraire d'Antonin la met sur la route de Milan à la Colomne, entre *Semuncium* & *Summuranum*, à seize milles de la première & à égale distance de la seconde. Il la place aussi sur la route de la Ville *Appia* à la Colomne, *Caput via*, *Viniam* & *Summuranum*, à treize milles de la première, & à quatorze milles de la seconde. Ainsi ces deux routes varient pour la distance de *Nerulum* à *Summuranum*. Cette différence a engagé quelques Géographes modernes à dire qu'il y avoit deux Villes nommées *Nerulum*; mais si cette raison étoit suffisante, il faudroit admettre pareillement une troisiéme *Nerulum*, puisqu'il y a des MSS. d'Antonin qui ne mettent que treize milles de distance de *Nerulum* à *Summuranum*. Ortelius e croit que c'est aujourd'hui *Lagonero*. On lit *Nerulonensi* dans Suétone f; mais tout le monde avoue ne savoir ce que signifie ce nom qui ne paroît avoir aucun rapport avec la Ville NERULUM.

[d] *l. 9. c. 20.* [e] *Thesaur.* [f] *in August. c. 4.*

**NERVOSI MONTES**, Montagnes d'Espagne dans la Galice, selon Ortelius g, qui cite Isidore.

[g] *Thesaur.*

**NERUSII**, ou NERUSI, Peuples des Alpes. Pline h les met au nombre de ceux qui furent subjuguez par Auguste. Quelques Exemplaires portent *Verusi*, pour *Nerusi*, mais c'est une faute. Ptolomée i les place dans les Alpes Maritimes & leur donne une Ville nommée VENTIUM. Voyez ce mot.

[h] *l. 3. c. 20.* [i] *l. 3. c. 1.*

**NERWINDE**, ou NEERWINDE k, Village du Brabant, à une lieue de Tillemont & à une lieue & demie de Landen. Ce lieu est fameux par la bataille qui s'y donna le 29. de Juillet 1693. & qu'on nomme également la bataille de Neerwinde, & la bataille de Landen. Voyez LANDEN.

[k] *Dict. Geogr. des Pays-Bas.*

**NERZINSKOI**[l], Ville forte dans les Etats du Grand Duc de Moscovie en Siberie, & la Capitale de la Province de Daurie. Elle est située sur la Nercza, qui vient du Nord-Est & se décharge dans la Schilka, à un quart de lieue de cette Forteresse. Les ouvrages que l'on a élevez pour la défense de cette Ville ne sont pas mauvais, on les a pourvus d'une bonne Artillerie de fonte, & il y a toujours une bonne garnison de Cosaques de Daurie, qui servent à pied & à cheval. Cette Place, quoiqu'environnée de hautes Montagnes ne laisse pas d'avoir assez de prairies pour paître ses chameaux, ses chevaux & son bétail. On voit même par-ci, par-là dans les Montagnes à deux lieues de distance des terres propres à cultiver, & à semer les choses dont les habitans ont besoin. Qu'on trouve en remontant la Schilka quatre à cinq lieues au dessus de cette Ville, & dix lieues au dessous en descendant la Rivière, plusieurs Gentilshommes Russiens & Polaques qui subsistent de l'Agriculture. Le bérail & de la pêche. Les environs de cette Ville & les Montagnes produisent toutes sortes de fleurs & de plantes, de la rhubarbe bâtarde, ou du Ravon Pontique, d'une grosseur extraordinaire, de beaux lys blancs, des lys orangers, des pivoines rouges & blanches d'une odeur charmante & du romarin, du thim, de la marjolaine & de la lavande, outre plusieurs autres plantes odoriferantes inconnues parmi nous; mais on n'y trouve point de fruits, si ce n'est de groseilles. Les Payens qui habitent depuis long-tems ce Pays-là, vivent sous la domination du Czar de Moscovie, & sont de deux sortes à savoir des *Konni Tongusi*, & des *Olenni Tongusi*. Les premiers sont obligez de monter à cheval aux premiers ordres du Voivode de Nerzinskoi, ou quand les frontières sont infestées de Tartares; les *Olebi* sont tenus de comparoître à pied & armez dans la Ville lorsque la nécessité le requiert.

[l] *De Bruy, Voy. de Moscovie, p. 126.*

**NESA**, Ville d'Asie dans la Perse au Dargestan, située entre le Khorassan & la Caspienne à 91 d. 30'. de longitude & 48 d. 5'. de latitude.

[m] *Petis de la Croix, Hist. de Timur-Bec, liv. 2. c. 48.*

**NESACTIUM**, ou NESATIUM, Ville de l'Istrie, selon Tite-Live n, qui dit en la demolissant Ortolophe, Mandonius & Arbiminus, allèrent se soûmettre à cette Ville l'an 575. de la fondation de Rome. Durant le siége ils avoient détourné le cours de la Rivière Arsia, qui passoit au travers de la Ville; le manque d'eau, qui devoit naturellement obliger les habitans à se rendre leur inspira au contraire des sentimens de fureur. Ils égorgerent leurs femmes & leurs enfans, & jetterent les corps par dessus les murailles, afin que les Romains eussent horreur de l'extrémité à laquelle ils les reduisoient. Mais les Assiégeans profiterent de ce tems pour escalader les murailles, & se rendirent ainsi Maîtres de la Ville,

[n] *l. 41. c. 15.*

## NES. NES.

Ville, où le Roi Æpulo & les Princes du Pays s'étoient renfermez pour la défendre. Sitôt que le Roi apprit que la Ville étoit au pouvoir de l'Ennemi, il se passa son épée au travers du corps pour s'épargner les chagrins de la captivité. Tout le reste des habitans fut ou fait Esclave ou passé au fil de l'épée. Pline [a] parle de cette Ville & la nomme *Nesactium*. Ptolomée [b] écrit *Nesactum*. On convient que c'est aujourd'hui *Castel-nuovo* à l'embouchure de l'Arsias.

NESÆA, en Grec Νησαία; c'est le nom que donne Straban à une partie de l'Hyrcanie, & dont d'autres cependant font un Pays entiérement séparé. Le Fleuve Ochus coule au travers de cette contrée.

1. NESÆUM, lieu ou Campagne dans la Medie, selon Ortelius [c]. Voyez HIPPOBOTON.

2. NESÆUM, lieu sur les côtes de la Mer Rouge, selon Suidas qui cite Orphée.

NESAIS, Voyez NESA.

NESBIN, Voyez NESIBIS.

NESCANIA, Ville de la Bétique, à six mille pas d'Antiquara; il en est fait mention [e] dans un ancien marbre, à ce que dit Ambroise Morales.

NESEI, Peuples de l'Inde. Pline [f] nomme seulement ces Peuples.

NESEF, Voyez CARSCHI.

NESIB, Ville de la Palestine dans la Tribu de Juda [g], Eusebe dit qu'elle est à sept milles d'Eleuthéropolis & St. Jérôme la met à neuf milles de cette même Ville, tirant vers Hébron.

NESIBIS, Voyez NISIBIS.

NESIDES, Voyez NESSADES.

NESIDION, Voyez HALONESUS.

NESIDUM, Voyez AMNIAS.

NESIOPE, Voyez NASOPE.

NESIOTÆ, CRANII, SAMII, & PALENTES, Peuples de l'Isle de Cephallénie, selon Tite-Live [h] qui fait entendre qu'ils n'étoient pas fort puissans. Straban [i] connoît quelques-uns de ces Peuples & leur donne quatre Villes; qu'il dit être de peu de conséquence. Ces Villes sont

Samé ou Samos, Pronesus, Palæis, Cranii.

NESIOTIS, Voyez HENETORIA.

NESIS, Isle d'Italie sur les côtes de la Campanie. Pline [k] vante la bonté des asperges qui y croissoient. Cicéron [l] parle aussi de cette Isle. C'est aujourd'hui NISITA.

NESUS, Ville ou lieu de la Chersonèse Asiatique, selon Arrien [m] à l'entrée de la Borée à *Nesso* où est le Promontoire d'Hercules, on compte quatre-vingt stades, & que de *Nesso* à *Massaceio*, on en compte quatre-vingt-dix.

NESLAU, Village de Suisse, dans le Toggenbourg. C'est le chef-lieu de la Communauté de Zum-Waster ou Walsersenwind, & le seul Village de cette Communauté. [n]

1. NESLE, ou NELLE, *Nigella*, petite Ville de France [o], dans la Picardie, au Gouvernement de Santerre, sur le Lingon ou l'Ingon, qui se jette dans la Somme. Elle est située entre Roye & Ham, au Nord-Est de la prémiere & à l'Occident de la seconde. C'est le prémier Marquisat de France & l'une des plus grandes Terres du Royaume; car elle a dans sa mouvance plus de quatre-vingt Fiefs. St. Louis [p], avant que de passer la Mer pour la seconde fois, confia la Régence de son Royaume à Matthieu Abbé de St. Denis & au Seigneur Simon de Nesle, personnages sages, prudens & d'une fidélité reconnue, & lorsque Philippe son fils & Successeur marcha contre le Roi d'Aragon, il mena avec lui Radulfus de Nesle, Connétable de France. L'an 1472, Charles le Téméraire [q] Duc de Bourgogne assiegea la Ville de Nesle & la prit après plusieurs assauts, qui furent vaillamment soutenus par le Gouverneur nommé de Petit Picard: il fit pendre ce Gouverneur, & la plupart de la garnison, & couper le poing à quelques autres, reprenant pour prétexte de cette cruauté la vengeance de la mort du Duc de Guienne, dont il accusoit le Roi, quoi dans la vérité ce fût là la raison qu'il étoit... pas été rendu en possession d'Amiens & de St. Quentin, comme on en étoit convenu par un Traité que le Roi avoit refusé de ratifier. Le Marquisat de Nesle passa à la suite dans la Maison de Clermont en Beauvoisis par le Mariage de Gertrude Dame de Nesle. Il appartient présentement à la Maison de Mailly.

2. NESLE LA REPOSTE, *Nigella reposta*, ou *Nigella dormiens*, Abbaye d'Hommes de l'Ordre de St. Benoît, Diocèse de Troyes dans la Brie, proche de Villenoxe, où elle est transférée depuis 1760. que les Calvinistes ruinerent l'Abbaye de Nesle. Il y avoit aussi un Monastère de Filles séparé de l'Abbaye des Religieux.

NESONIS, Voyez THESSALIA & NESSONIUM.

NESOS, Ville de l'Ibérie, selon Étienne le Geographe.

NESOS, lieu de l'Arcadie, au voisinage de la Ville d'Orchomene. Denys d'Halicarnasse en parle. Voyez ATHLANTA & ORCHOMENUS.

NESOTOS, Voyez NEPES.

NESSA, Ville de Sicile, dans la Province de Mylœ. Elle sort du Lac de *Cosorte*, & va se jetter dans la Mer à cinq mille ou delà; quelque froid qu'il fasse, cette Rivière ne se prend non plus que le lac.

2. NESSA, Ville de Sicile, avec une Forteresse, selon Thucydide. Les Athéniens qui avoient fait une descente dans la Sicile, attaquèrent cette Place en vain.

2. NESSA, Ville de l'Arabie heureuse. Pline la donne aux Peuples *Amathei*. Agatharcide [u] fait mention d'une Ville nommée NESSA qui tiroit son nom de la grande quantité de canards qu'on voyoit aux environs. Mais peut-être que cette Ville est différente de celle de Pline; car Agatharcide fait entendre qu'elle étoit fort éloignée de la Mer, au lieu que Pline la met sur la côte.

3. NESSA, Ville de Perse dans le Khorasan; c'est là que les Seleucides, après avoir passé le Gihon, s'arrêtèrent & fixèrent leur demeure, aussi-bien qu'à Bavard, qui n'en est pas éloignée. Cet événement arriva sous le règne de Mahmoud, fils de Sebekteghin, Sul-

## NES. NET.

Sultan de la Dynaftie des Gaznerides. Neffa a donné à la naiffance à plufieurs Auteurs célèbres.

NESSAH, Ville de Perfe, que les Géographes du Pays mettent à 84. d. 47′. de Longitude & à 38. d. 40′. de Latitude. Par cette pofition elle doit être dans la partie Méridionale du Schirwan. Tavernier [a] qui en parle dans fon Voyage de Perfe dit qu'il y croît d'excellens fruits. *a l. 3. p. 403.*

1. NESSONIUM. Voyez THESSALIA.

2. NESSONIUM, Etang de la Theffalie, felon Ortelius [b] qui cite Suidas, & dit qu'il étoit auprès de la Ville de Lariffe. Strabon [c] en fait un marais & le nomme *Nefonis*. *b Thefaur.* *c l. 9. p. 430.*

NESSUM, Ville de la Theffalie, felon Etienne le Géographe.

NESSUS, Fleuve de Thrace: Ptolomée [d] nomme *Neffus* le Fleuve qu'Hérodote [e] & Pline [f] appellent NESTUS. Les Turcs [g], felon Belon, lui donnent le nom de *Charafon* & les Grecs celui de *Meftro*. *d l. 3. c. 11.* *e l. 7. c. 109.* *f l. 4. c. 11.* *g Ortelii Thefaur.*

NESTÆI [h], Peuples de l'Illyrie. Apollonius les place auprès des Monts Cerauniens, & du Fleuve *Nifis*. *h Ortelii Thefaur.*

NESTENIA. Voyez NOSTIA.

NESTE [i], Riviere de France: elle prend fa fource vers le Haut Comminge, dans trois lieux différens; favoir des Fontaines de Bagnieres, de Luchon & de Goueil, trois Fontaines, ou petits étangs appellez *Boms* par ceux du Pays, & dont les eaux quoique glacées la plupart du tems font renommées pour la guérifon de diverfes maladies. Cette Riviere coule enfuite dans la Vallée d'Aure, & va enfin fe jetter dans la Garonne à Montréal. *i Coulon Riv. de France, p. 502. & 503.*

NESTER. Voyez NIESTER.

1. NESTUS, ou NASTUS [k], Ville de Thrace, felon Etienne le Géographe & Suidas. C'eft peut-être la Ville que Ptolomée [l] appelle Νέσος, & qu'il place dans la Myfie. Quelques-uns veulent que ce foit aujourd'hui NYSSA, Métropole de la Servie. *k Ortelii Thefaur.* *l l. 3. c. 9.*

2. NESTUS, Ville de l'Illyrie, felon Etienne le Géographe. Ortelius [m] dit fur la foi de l'Itinéraire de Corneille Scepper, que cette Ville fe nomme aujourd'hui NISSAUA. *m Thefaur.*

3. NESTUS, Fleuve de l'Illyrie. Etienne le Géographe en parle & [n] dans les Cartes Géographiques le nomment NISSAVA. *n Ibid.*

NESUA. Voyez NERUA.

NESWIES. Voyez NIESWICZ.

NESYDRION. Voyez HALONESE.

NETAD [o], Fleuve de la Pannonie, felon Jornandes, qui écrit *Nedao* à la marge: d'autres lifent NEODA. *o Ibid.*

NETAOUATSEMIPOETS [p], (les) c'eft-à-dire Hommes de Pointe. Ce font des Peuples de l'Amérique Septentrionale, qui vont tous les ans faire la Traite au Fort Nelfon. Leur demeure ordinaire en eft cependant éloignée de quatre cens lieues. *p La Poterie, Hift. de l'Amerique Sept. p. 177.*

NETEC. Voyez NOTECZ.

NETHE [q], ou plus communément NEETHE, Riviere des Pays-Bas dans le Brabant. Elle eft divifée en grande & en petite. La grande a fon commencement entre Poftel & Moll, dans le Quartier d'Anvers, paffe à Moll, à Gheel, à Oofterloo, à Wefterloo, à Heeft-Meerbeck, à Ramey, à Gheftel, à Ballar & à Liere, où elle reçoit la petite Neehete. *q Dict. Géogr. des Pays-Bas.*

## NET.

La petite a fa fource au deffus du Village de Refthy, d'où elle paffe à Herentals, à Thoren, à Grobbendonck, à Neerwerfel, à l'Abbaye de Nazareth & à Liere où elle fe joint à la grande: depuis Liére elles ne font plus qu'une même Riviere, qui fe rend à Duffel, à l'Abbaye de Rofendael, & à Heydonck, où elle fe perd dans la Dyle.

NETHERBY. Voyez ÆSICA.

NETHINI. Voyez ENAMIÆ.

NETHUM, NEA, NEÆTHUM, ce font les noms Latins de la Ville de Noto en Sicile. Voyez NOTO.

NETINENSES. Voyez NEÆ.

NETINI. Voyez NEÆ.

NETIS, autrement HOMERI VICUS, Théodoret parle de ce lieu [r]. Ortelius foupçonne qu'il pouvoit être chez les Homérites. *r In Vita S. Maris.*

NETIUM, Ville d'Italie: Strabon [s] la place chez les *Peucetii*, fur la route de Brundufe à Benevent. Comme aucun Géographe ne parle de cette Ville, mais bien d'*Ehetium*; il y en [!] a qui ont cru que *Netium* étoit un mot corrompu d'*Ehetium*, ou qu'*Ehetium* étoit corrompu de *Netium*. Mais Surita dans fes remarques fur l'Itinéraire d'Antonin avertit qu'au lieu de *Netium*, il faut lire *Neritum*. *s l. 6. p. 282.*

NETOPHA. Voyez NETUPHA.

NETSIBIS. Voyez NISIBIS.

NETTACOURT, Bourg de France dans la Champagne, Election de Chalons.

NETTUNO, Ville d'Italie, dans la Campagne de Rome, à l'embouchure de la Riviere Loracina, fur la rive droite, & à l'Eft du Cap d'Anzio. Cette Ville [t] eft petite & affez mal peuplée. Elle eft pourtant ceinte de murailles, qui forment des baftions fans remparts & qui attendent des foffez & un chemin couvert. On a joint à fa partie Occidentale une petite Foreteteffe quarrée, dont les angles flanquez de baftions font arrondis: l'Ingenieur en a tiré l'avantage de pouvoir y placer une embrafure, qui n'auroit pu y être fi l'angle avoit été aigu. Il y a un Gouverneur dans cette Foretereffe, & on ne lui donne que le Titre de Caftelan felon l'ufage du Pays. Il a fous lui un Lieutenant, avec une garnifon proportionnée au pofte qu'elle doit garder. *t Labat, Voy. d'Italie, T. 6. p. 27.*

On ne fait pas trop bien ni par qui cette Ville a été bâtie, ni dans quel tems, ni à quelle occafion, ni pourquoi on lui a donné le nom de *Nettuno*, corrompu de celui de Neptune Dieu de la Mer. Le Pére Labat dit, fans citer fes garants, que quelques-uns croient qu'il y avoit très-anciennement dans cet endroit un Temple dédié à Neptune, pour qu'il foit favorable à ceux qui arrivoient fur cette côte, fujette à des vents impétueux & à des tempêtes qui rendent le rivage très-dangereux. Il ajoute qu'il y a apparence que ce Temple n'étoit pas fi feul, qu'il n'y eût autour de lui quelques Maifons, dont le nombre s'augmentant peu-à-peu auroit à la fin formé quelque efpéce de Village ou de Bourg à qui on auroit donné par honneur le nom de celui à qui le Temple étoit dédié. Voilà un Temple, des Maifons, un Village ou Bourg de l'imagination du Pére Labat. Les Anciens nous donnent quelque chofe de plus certain. Ils nous apprénent que lorf-

## NET.

lorsque les Romains attaquèrent les Antiates[a] ils leur enlevèrent d'abord une petite Ville maritime, qui leur servoit de Port, & que Denis d'Halicarnasse[a] appelle NAVALE ANTIATIUM. Tite-Live[b] en parlant de cette première expédition des Romains, sous la conduite de Numicius nomme cette petite Ville CENO. On doit conclure qu'elle étoit voisine d'ANTIUM, puisque, selon Denis d'Halicarnasse[c], les Antiates y tenoient leurs Marchandises & leur butin, outre que c'étoit le marché où les habitans d'Antium achetoient toutes les choses nécessaires à la vie. On ne décide pourtant pas duquel côté de la Ville d'Antium étoit Ceno; car le rivage paroît sans ports des deux côtez, & il n'y a aucune Rivière proche d'Antium, si ce n'est la Loracina à l'embouchure de laquelle est aujourd'hui la Ville Nettuno[d], ce qui fait que Cluvier[e], Holstenius, Cellarius & la plupart des autres Géographes modernes s'accordent à dire, que Neptunium ou Nettuno est précisément au même lieu où étoit la petite Ville Ceno, & par conséquent le Navale Antiatium. Il ne sert de rien au Père Labat[f] de dire qu'il n'a pû découvrir de Port aux environs; le tems & la Mer ont pû le ruiner, & renverser les travaux que les Antiates avoient faits.

[a] l. 9. p. 612.
[b] l. 2. c. 63.
[c] l. 9. p. 612.
[d] Ital. Ant. l. 3.
[e] Geogr. Antiq. l. 2. c. 9.
[f] Voy. d'Italie, T. 6. p. 18.

Nettuno aussi bien que tout le reste de la côte, ayant été exposé aux ravages des Sarrasins pendant le huitième & le neuvième Siècle, fut détruit, ruiné & renversé, & ses habitans furent emmenez en esclavage, par ces Barbares. Cependant à la fin ces mêmes Barbares s'avisèrent, on ne sait pas pourquoi, d'établir une Colonie de leur Nation en cet endroit. Mais les Chrétiens ayant pris le dessus chassèrent ces infidelles, on les tuèrent, & ne firent grace qu'aux femmes & aux enfans. On prétend que les habitans de Nettuno viennent de ces femmes Sarrasines, qui en embrassant la Religion Chrétienne, n'ont pas tellement quitté les coutumes de leur Pays, qu'elles n'en ayent conservé plusieurs, qu'elles transmirent à leurs descendantes, qui les conservent encore avec soin. De ce nombre peut-être faut la coutume de s'habiller de rouge, & celle de porter de petits corsets, comme en portent les femmes de Barbarie; d'être extrêmement laborieuses, obéïssantes & soumises à leurs maris, fort œconomes, fort retirées, élevant leurs enfans avec un soin tout particulier, en un mot telles qu'étoient celles dont elles descendent.

Quoique le terrein aux environs de Nettuno soit gras & en état de rapporter abondamment, il est pourtant fort négligé. Les habitans prétendent qu'il y a près auprès qu'ils croyent avoir besoin pour eux. Ils ne pensent point au trafic, qu'ils pourroient faire avec les Etrangers, soit qu'il ne soit pas de leur goût, soit qu'ils n'aiment pas le travail. En effet ils n'ont pas besoin de se fatiguer beaucoup pour avoir de quoi vivre, & ils n'ont rien à payer au Souverain. Leur passion est pour la chasse. Ils sont tous chasseurs & oiseleurs; en venant au monde. Leur Pays est fort propre pour ces exercices; il est environné d'épaisses forêts, & de Marais, où l'on trouve des Sangliers,

## NET. NEV.

des Dains, & des Chevreuils en quantité. Les plaines & les bords de la Mer fournissent des lievres & des lapins. On trouve des becasses dans la saison, & d'autres oiseaux de Mer & de Rivière. On a dans le printems, & dans l'automne le retour & le passage des Cailles qui viennent d'Afrique, & qui s'y en retournent, après avoir fait leur ponte. Quelque quantité de gibier qu'ils ayent, ils sont sûrs d'en trouver un prompt débit à Rome où ils ont pouvoir de le porter. Les rues de cette petite Ville sont propres, le pavé bien entretenu, les Maisons peu élevées, & en assez bon ordre. Il y manque du peuple. Ce défaut est ordinaire dans presque tout l'Etat ecclésiastique excepté dans quelques grandes Villes, tout le reste paroît désert. Il est difficile d'en dire la raison, car le Pays est bon, il n'est point du tout chargé d'impôts, les femmes y sont fécondes, les vivres excellens & à bon marché.

Il y a une Collégiale à Nettuno dont les Prébendes sont d'un revenu assez raisonnable pour le Pays. Ils sont quatorze ou quinze Chanoines qui font leur service eux-mêmes; ce qui est fort édifiant. Il est vrai qu'ils s'abstiennent autant qu'ils peuvent à cause du mauvais air, dont les lieux peu fréquentés sont plus susceptibles, que ceux qui le sont davantage. C'est par cette raison qu'ils vont tous aux présens tous passer tout semestre à Rome, c'est-à-dire le tems de la canicule, qu'on fait durer depuis la fin de Juillet, jusqu'au commencement d'Octobre ou peu s'en faut. Il est certain que dans ces chaleurs, les exhalaisons putrides qui s'élèvent des Marais infectent l'air, & causent de grandes maladies, & sur tout des fièvres ardentes avec des transports au cerveau, des dyssenteries opiniâtres qui dégénèrent souvent en hydropisies presqu'incurables. Aussi voit-on communément dans ce Pays-ci les visages plombés, les yeux jaunes & battus, & les enfans s'y élèvent difficilement.

NETUM. Voyez MICITA.

NETUPHA, NETUPHAT & NETOPHATI, Ville de Campagne entre Bethléem & Anathoth. On trouve dans l'Ecriture quelques Personnes nommés de Netophati. Dom Calmet croit que Netophati fils de Salma, à donc la nom à ce Bourg. Il y a des Paralipomenes qui ne l'ont que des habitans de Nétuphati.

[g] 1. Esdr. 11. 22. & 2. Esdr. 7. 76. Jerem. 40. 8. 1. Par. 9. 16. b 11. 54.

NETUSI, Ville de Perse, dans la Province d'Yerach ou d'Iraque; elle est dans le voisinage de Caschan.

[i] Petis de la Croix, Hist. de Timur-Bec, l. 5. c. 4.

NEVA, Rivière de l'Empire Russien. Voyez NIEN.

NEVA, Ville de la Calabre. L'Itinéraire d'Antonin la place sur la route de Bemman à Neapolis entre Ate & Capitolada, à trente milles de la première & à trente six milles de la seconde.

NEUBOURG, Ville d'Allemagne, Capitale du Duché de même nom, sur le Danube, dans le Diocèse d'Augsbourg, à trois lieuës au dessus d'Ingolstad. Elle est petite, mais bien bâtie. Marc Velser dit que du tems de Charlemagne cette Ville avoit un Evêque nommé Marino; mais que dans la suite cet Evêché fut réuni à celui d'Augsbourg.

[k] fol. 255. Augustan. Vindel.

# NEU.

[a] I. Annal. Boic. p. 711.

bourg. André Bruner [a] ajoute que ce même Manno préfida au Concile tenu à Dingolving en 772. C'eſt le ſeul Evêque de cette Ville dont l'Hiſtoire faſſe mention. Selon Wiguleus Hund [b], cette Ville fut appellée Neubourg pour la diſtinguer d'un ancien Château nommé Altenbourg, dont les ruïnes ſe voient un peu au deſſus de Neubourg [c]. Matthieu de Pappenheim en parlant de l'origine des Seigneurs Calatins, avance que Neubourg avoit appartenu à ſes Ancêtres. Quoiqu'il en ſoit il eſt certain que ce lieu a appartenu à la Maiſon de Bavière, puiſque le Duc Louïs le Boſſu Duc d'Ingolſtadt y aſſiegea ſon Pére Louïs le Barbu. Mais après la guerre de Bavière l'Empereur Maximilien unit en 1505. cette Ville au Palatinat, & il s'en forma une nouvelle Principauté avec titre de Duché dont Neubourg fut le Chef-lieu. On lit dans la Coſmographie de Munſterus [d], que Neubourg eſt Fief maſculin & féminin, relevant de l'Empire. Du tems de l'Empereur Charles V. le Comte Otton fit rebâtir le Château, & le Comte Wolfgang Wilhelm fit fortifier la Ville. Il y a eu à Neubourg un Monaſtére de Filles nobles de l'Ordre de St. Benoît : il fut fondé ou du moins rétabli en 1007. par l'Empereur Henri II. & Cunigonde ſa femme, née Comteſſe Palatine. La dernière Abbeſſe fut Madelaine de Hundt de Lautterbach ; elle mourut en 1555. Le Luthéraniſme s'étant alors introduit dans la Ville on aſſigna à chaque Religieuſe une penſion, & cette Abbaye prit fin de la ſorte. Cependant le Comte Wolfgang Wilhelm ayant introduit de nouveau la Religion Catholique dans ſes Etats, changea cette Abbaye en un Collége, qu'il donna aux Jéſuites en 1618. La Ville de Neubourg ſouffrit beaucoup durant les guerres de Religion. Dans les années 1632. & 1633. elle fut ſouvent priſe & repriſe, ſoit par les Suédois ſoit par les Bavarois. Il ſe tient touſles ſemaines dans cette Ville un marché pour le vin.

[b] Metrop. Saliſb. T. 2. fol. 524.

[c] Zeylern, Topogr. Palat. Rheni.

[d] l. 5. c. 324

2. NEUBOURG, Duché d'Allemagne ſur le Danube [e]. C'eſt un petit Pays entre Donawerth & Ingolſtadt. Au commencement du ſeizième Siécle il fut érigé en Duché Souverain, en faveur d'une des Branches de la Maiſon Palatine, qui prit le nom de Neubourg & qui eſt parvenuë depuis à la dignité Electorale. Ainſi ce Duché appartient aujourd'hui à l'Electeur Palatin. Voici ſes principaux lieux.

[e] Hubner, Geogr. p. 408.

| Neubourg, | Keiſersheim, ou Keisheim, |
| Laugingen, | Hochſtadt. |

3. NEUBOURG, en Allemand [f] Neuburg vorm Wald; petite Ville avec un Château dans le Palatinat, à trois lieues de Cham, entre Retz & Schwandorff, ſur une petite Riviere appellée Schwatzach, qui va ſe jetter dans la Nabe. Les Suédois attachérent le pétard à une des portes en 1634. & y entrérent. En 1641. le Général Banier s'en rendit encore Maître; mais peu de tems après les Impériaux la reprirent.

[f] Zeylern, Topogr. Palat. Rheni.

4. NEUBOURG, ou NEUENBOURG [g], petite Ville d'Allemagne ſur l'Ens dans le Duché de Wirtemberg au deſſus de Pfortzheim. Elle a un Château & elle eſt le Chef-

[g] Zeylern, Topogr. Sueviæ.

# NEU.

lieu d'un Bailliage. Elle jouït du droit d'Aſyle : un Meurtrier, qui dans un prémier mouvement de colére a tué quelqu'un peut y demeurer en ſureté ſix ſemaines & trois jours. L'Empereur Sigiſmond, à la priére du Comte Louïs de Wirtemberg accorda à cette Ville le privilége de tenir deux Foires par an : l'une à l'Aſcenſion & l'autre à la St. André. Une ancienne Chronique dit qu'elle fut ceinte de murailles en 1274.

5. NEUBOURG, en Allemand NEUENBOURG, Ville d'Allemagne, dans le Brisgaw. Elle eſt ſituée près du Rhin entre Baſle & Briſack. Cette Ville a eu anciennement ſes Comtes particuliers. On dit qu'elle fut entourée de murailles en 1212. par Wulfelin Gouverneur du Pays pour l'Empereur Fridéric II. Ce fut une des Villes que l'Empereur Louïs de Baviere donna en hypothéque pour les frais de la guerre à Otton Duc d'Autriche ſurnommé le joyeux. Depuis ce tems-là elle eſt reſtée à la Maiſon d'Autriche. Elle fut priſe en 1632. & en 1634. par les Suédois, & en 1638. par le Duc de Saxe-Weymar qui y mourut l'année ſuivante. Le Rhin eſt ſi rapide en cet endroit que l'Egliſe qui en étoit autrefois aſſez éloignée a été emportée pour la plus grande partie par ce fleuve dont les eaux ont gagné juſque là. Il y avoit quelques Forts auprès de cette Ville, mais les Payſans du voiſinage les raſerent en 1649.

[h] Zeylern, Topogr. Alſatiæ.

6. NEUBOURG [i], Ville de la Baſſe Autriche, ſur le Danube, à deux lieues de Vienne, près de la Montagne de Kalenberg. On la nomme communément CLOSTER NEWBOURG, pour la mieux diſtinguer de Kornewbourg, qui eſt de l'autre côté du Danube. Le fameux Monaſtére qu'elle renferme, & qui lui fait donner communément le nom de Cloſter Newbourg a été fondé en 1120. par Leopold Marquis d'Autriche, & Agnès ſa femme, qui étoit fille de l'Empereur Henri IV. Il eſt vrai qu'ils n'y mirent d'abord que des Chanoines Séculiers ; mais ceux-ci embraſſerent enſuite la Régle de St. Auguſtin qui s'y eſt maintenuë juſqu'à préſent : en conſequence de cette démarche la Maiſon fut comblée des graces du S. Siége qui lui accorda de très-grandes Prérogatives. Elle conſerve encore les Tombeaux de ſes deux illuſtres fondateurs. Il n'y a point de Monaſtére plus conſiderable & plus magnifiquement bâti dans toute l'Autriche. Cette Ville a auſſi un Château où ſes Princes ont fait leur Reſidence. Elle vint au pouvoir de l'Empereur Rodolphe I. en 1175. par l'adreſſe d'un petit nombre de Bavarois qui la ſurprirent. Elle fut emportée en 1477. par les armes victorieuſes de Matthias Corvin Roi d'Hongrie, après la mort duquel elle fut repriſe par l'Empereur Maximilien I. l'an 1490.

[i] Zeylern, Topogr. Auſtriæ.

7. NEUBOURG, ou NYBORG, Ville du Royaume de Dannemarck [k] ſur la côte Orientale de l'Iſle de Funen. Cette Ville eſt aſſez bien bâtie : elle rapporte ſa fondation à l'année 1175. & les Etats du Royaume s'y ſont aſſemblez fort fréquemment, parce qu'elle ſe trouvoit ſituée comme au milieu du Royaume. C'eſt dans le Port de cette Ville qu'on s'embarque pour traverſer le Belt & paſſer de l'Iſle de Funen dans celle de Zelan-

[k] Rutg. Hermanid. Deſc. Daniæ, p. 71.

## NEU.

Zelande. En 1549. le Roi Christian III. la fit fortifier. Elle est fameuse par la Victoire que les Troupes de l'Empereur, de l'Electeur de Brandebourg, du Roi de Pologne & des Etats-Généraux des Provinces-Unies y remportèrent sur les Suédois, qui s'étoient emparez de toute l'Isle de Funen & qui en furent chassez par là.

8. NEUBOURG, en Latin *Novus Burgus* [a], Bourg de France dans la Normandie, entre la Rille & la Seine, à six lieues de Rouen &. à quatre d'Elbeuf au milieu d'une belle plaine. Ce Bourg est considérable: il a donné le nom à un petit Pays. Il a un Château avec titre de Marquisat. Le Marché qu'on y tient toutes les semaines pour le Bétail, & qui est un des plus beaux Marchez de la Province, le rendent fort connu & fort fréquenté. Il s'y tient aussi quatre Foires par an. La Paroisse est sous l'Invocation de St. Pierre & de St. Paul [b]. On y trouve un Prieuré de Bénédictines & un Hôpital avec une Commanderie de l'Ordre de Malthe dans son voisinage à St. Etienne de Renneville. Les Officiers du Bailliage & de la Vicomté de Beaumont-le-Roger viennent tous les Mercredis à l'alternative administrer la Justice dans ce Bourg. Le Château nommé le Champ de bataille, n'est éloigné de Neubourg que de demi-lieuë.

9. NEUBOURG, Plaine de France dans la Normandie. C'est un petit Pays qui s'étend entre les Rivieres d'Eure & de Rille & les Contrées de Lieuvin & du Rumois. Il est très-fertile en bons grains, qu'on transporte aux marchez d'Elbeuf, de Brionne, d'Harcourt, & de Beaumont-le-Roger. Ce Pays est une portion de la Champagne, Contrée de la Normandie.

On y trouve les Villes ou Bourgs, qui suivent.

| Le Pont de l'Arche, | Harcourt, |
| Louviers, | Evreux, |
| Neubourg, | Gaillon, &c. |

10. NEUBOURG, Abbaye d'hommes en Alsace sur la Moteré, à une lieuë & demie de Haguenau. Elle est de l'Ordre de Citeaux & fut fondée en 1128. par les Comtes de Lutzelbourg, dont la Seigneurie n'est plus qu'un Village près de Phaltzbourg. Ils appellérent douze Religieux de l'Abbaye de Lutzel, sous la conduite du Moine Walderick, qui étoit de la Maison des Comtes de Bourgogne, & qui fut le premier Abbé de Neubourg. L'Abbaye jouit d'environ dix mille livres de rentes. Son Abbé ne prend point de Bulles à Rome: il reçoit ses Provisions & l'Investiture de l'Abbé de Lutzel, sur le Brevet que le Roi lui accorde après l'Election: il reçoit ensuite la bénédiction comme un autre Abbé.

NEUF-BRISAC [d], (le) Ville de France dans la Haute Alsace. C'est une Ville reguliére & flanquée de huit bastions & fondée par le feu Roi Louis XIV. après la Paix de Ryswick. Elle est située dans une plaine, environ à mille pas du Rhin, & sur la rive gauche il y a un Fort nommé le Mortier qui est demeuré en entier à la France par les Traitez de Ryswick, de Rastat & de Bade. Il est

*a Piganiol, Descr. de la France, T. 5. p. 389.*

*b Corn. Dict. Memoires dressez sur les lieux en 1704.*

*c Ibid.*

*d Longuerue, Descr. de la France, part. 2. p. 240.*

## NEU.

vis-à-vis du vieux Brisac, & il servoit autrefois à défendre la tête du Pont du Rhin. Ce Pont étoit de bois & il a deux fois été ruiné en exécution des Traitez de Paix.

NEUBURY, ou NEWBERRY, Bourg d'Angleterre, sur la Rivière de Kennet dans le Berkshire, autrement le Comté de Berks. Il s'y tient un Marché.

NEUCAN [e], Ville de Perse, dans le Khorasan: elle est située au 82. d. 41. de Longitude, sous les 38. d. 8. de Latitude Septentrionale.

NEUGHAN, NIEUWSCHANS, ou SCHANS-TER-NYE, tous noms qui signifient le Fort-neuf. C'étoit une Forteresse située sur la Nieva, du côté de la Finlande, à 40. Warstes au couchant de Nootebourg, & dans un angle formé par un gros ruisseau, qui se joint dans cet endroit à la Nieva. Les Suédois y tenoient garnison, dans le tems qu'ils en étoient en possession, & les habitans faisoient un Commerce assez considérable. Pierre le Grand, Empereur de Russie, s'en étant emparé au commencement de ce Siecle, a ruiné cette Forteresse.

1. NEUCHATEL, c'est le nom que l'on donne à un Lac de la Suisse, que l'on nomme également le LAC DE NEUCHATEL & le LAC D'YVERDUN [f]. Il a plus de sept lieuës de long depuis Yverdun jusqu'à Saint Blaise, mais il n'a guere plus de deux lieuës dans sa plus grande largeur, qui est de Neuchatel à Cudrefin. Ce Lac sépare la Souveraineté de Neuchatel & le Bailliage de Granson en partie, des Terres des deux Cantons de Berne & de Fribourg. Il y a beaucoup d'apparence qu'il a été autrefois plus long, car on voit vers ses deux bouts, d'un côté dans le Bailliage d'Yverdun, à compter depuis la Ville, & de l'autre dans le lieu & dans le voisinage de St. Blaise, un assez long espace de Pays, marécageux, & uni, environné de rochers &, qui semble avoir été autrefois couvert d'eau: il se peut faire que ce Lac s'étant retiré peu à peu, par longue succession de tems, ait laissé ces terres à sec. Ce qui confirme cette conjecture, c'est que dans nos jours, ce Lac se retire à vuë d'œil, au lieu qu'il n'y a que cinquante ou soixante ans qu'il venoit battre jusqu'aux murailles d'Yverdun; maintenant il en est éloigné d'environ la portée d'un Canon. De même à Neuchatel plusieurs Vieillards se souviennent qu'il alloit quelquefois, jusqu'à la porte de la Ville, au lieu qu'aujourd'hui il en est bien reculé. D'autre côté on remarque que le Pays de Vullies, qui est la Presqu'Isle située entre les Lacs de Neuchatel & de Morat, s'abaisse peu à peu, de sorte que de certaines hauteurs du Bailliage d'Avenche, on peut découvrir par dessus cette Presqu'Isle de certains endroits du côté de Neuchatel, qu'on ne pouvoit pas découvrir auparavant. On remarque que ce Lac n'est pas fort profond: c'est ce qui fait qu'il est très-orageux & très-perilleux. Il se gèle quelquefois, comme cela lui est arrivé au commencement de l'année 1695. neanmoins, ce qui est surprenant, il ne se gela point dans le rude hyver de 1709.

2. NEUCHATEL, en Allemand *Welsch-Newenbourg*, & en Latin *Neocomum*, *Neoburgum*, *Neopyrgum*, *Noidolelox*, *Avenicus* & *Novi-*

*D'Herbelot, Biblioth. Orient.*

*f Etat & Délices de la Suisse, T. 3. p. 261.*

*Novicastrum*; Ville de Suisse, sur un Lac auquel elle donne son nom, & la Capitale d'un Comté Souverain de même nom. Cette Ville est belle, passablement grande & dans une situation inégale. Elle est en partie sur une Colline, dont la pente est assez rude & en partie dans la plaine. Il y a grande aparence que dans les anciens tems elle ne s'étendoit que sur la Colline; mais que le Lac s'étant retiré, par succession de tems, les habitans gagnant peu à peu du terrein sur lui se sont étendus dans la plaine. Les Maisons y sont généralement bonnes & bien bâties & l'on y voit divers beaux édifices, tant publics que particuliers. La Riviere de Sion coule au milieu de cette Ville & y forme d'espaces à autres diverses cascades agréables. Le Château est sur la hauteur qui commande la Ville. C'est un grand bâtiment à l'antique. On y monte de la Ville par un escalier de pierre d'une centaine de marches, dont quelques-unes sont taillées dans le Roc. A côté du Château est un beau Temple antique, & dans la même enceinte, avec une belle place en terrasse, qui donne la vuë sur la Ville & sur le Lac. On dit que ce Château & ce Temple ont été bâtis par la Reine Berthe, femme de Rodolfe II. Roi de Bourgogne, mort l'an 937. On voyoit autrefois en bas relief au dessus du grand portail de ce Temple, la Ste. Vierge assise sur un Trône, la Reine Berthe à genoux devant elle, en habit royal, présentant un Temple à la Vierge, & St. Ulrich son frére en habit de Prêtre aussi à genoux. On y lisoit cette Inscription en Latin barbare: *Respice Virgo pia, me Bertha Scamaria, & simul Ulricus & fugiens inimici; dat domus honoris in facientibus & Paradisum.* Mais de faux zélez, pour ne rien dire de pis, ont abattu tout cela; ce qui a fait dire aux Catholiques, que les habitans de Neuchâtel avoient ôté la Ste. Vierge de la porte de leur Temple, & y avoient laissé le Diable. En effet on le voit représenté en pierre à un des côtez de la même porte. Il y a dans ce Temple quelques Mausolées des anciens Comtes & Comtesses de Neuchâtel.

Au milieu de la Place qui est au devant du Temple, on montre une pierre toute nuë, sous laquelle est enterré Guillaume Farel le Réformateur de l'Eglise de Neuchâtel. En descendant la Ville, on rencontre au milieu de la descente une ancienne & grosse Tour, épaisse, construite de gros quartiers de pierre, & qui est un reste de l'Antiquité de cette Ville. Dans la plaine, on voit la Maison de Ville & le Temple neuf qui est commode & fort propre. Il fut bâti en 1695. De trois côtez il est entouré de grandes & larges galeries construites en amphithéâtre pour la commodité des Auditeurs. Il sert aux assemblées de l'Eglise du lieu, & à celles de l'Eglise Allemande. Au bord du Lac, il y a une très-belle place, longue, large & bordée de plusieurs belles Maisons.

*a Longuerue Desc. de la France, p. 299. B.*

3. NEUCHATEL, Comté Souverain dans la Suisse, à l'Occident des Cantons de Berne & de Fribourg, & à l'Orient de la Franche Comté, de laquelle il est separé par le Mont Jura. Ce Comté est un demembrement du Duché de la Bourgogne Transjurane possedé par les Princes de Zeringue.

Le premier Comte de Neuchâtel qui est connu, est Ulric, qui vivoit vers la fin du douzième siécle & au commencement du treiziéme. Il avoit un fils nommé Bertold, qui fit l'an 1214. une convention avec les habitans touchant les Franchises de ces Bourgeois & des gens du Pays. Bertold eut pour heritier Rodolphe I. dont vint Rolin.

Jusqu'ici les Comtes avoient relevé des Empereurs immédiatement; mais Rolin ayant résigné volontairement son Comté à l'Empereur Rodolphe de Habsbourg l'an 1288., cet Empereur en investit Jean de Châlon. Rolin reprit en fief le Comté en même tems de Jean de Châlon pour le tenir de lui à foi & hommage, selon la nature des Fiefs Imperiaux; ainsi Rolin ne fut plus qu'arriére-Vassal de l'Empire. Rodolphe, qui succeda à Rolin à ce Comté, en fit hommage l'an 1311. au même Jean de Châlon, & alors les filles furent déclarées habiles à succeder au défaut des mâles.

Louis Comte de Neuchâtel son fils rendit hommage l'an 1357. aux mêmes conditions; ce Comte Louïs mourut l'an 1373. ne laissant que deux filles dont l'aînée s'appelloit Isabelle & la cadette Frena ou Varenne. Isabelle jouït seule du Comté de Neuchâtel; & n'ayant point d'enfans, elle declara que son heritier étoit Conrad de Fribourg, fils de sa sœur Frena ou Varene, qui rendit hommage l'an 1407. de ce Comté, à la reserve du droit que les filles y avoient d'y succeder.

Conrad de Fribourg laissa ce Comté à son fils Jean de Fribourg, qui fit le même hommage que ses Prédécesseurs. L'an 1406. les habitans de Neuchâtel ayant obtenu la confirmation de leurs Privileges de Jean de Châlon, Seigneur direct du Comté, ils lui passerent cette reconnoissance, que si Conrad mouroit sans enfans legitimes, ou ses enfans sans enfans, alors ils reconnoîtroient Jean de Châlon pour leur Seigneur; & que si Conrad ou ses heritiers vouloient donner, vendre ou transferer par Testament, institution hereditaire ou autrement, le tout ou partie du Comté de Neuchâtel à d'autres qu'aux enfans qui leur devoient succeder, les habitans de Neuchâtel prometoient par serment qu'ils ne se soûmettroient point à ceux à qui ce Comté auroit été aliené, mais qu'ils reconnoîtroient pour leur Seigneur Jean de Châlon.

L'an 1409. Conrad mécontent de ce que ceux de Neuchâtel avoient fait, s'en plaignit au Senat de Berne, qui est Juge competent des differents qui surviennent entre le Seigneur de Neuchâtel & ses Sujets; il renonça à ses plaintes, & l'Acte demeura dans sa force. Jean de Fribourg n'eut point d'enfans & mourut l'an 1457. Il avoit cédé son Comté à son cousin germain Rodolphe Marquis de Hochberg & de Rotelin, qui étoit de la Maison de Bade, & fils de Guillaume de Bade Marquis de Rotelin, & d'Anne de Fribourg Sœur du Comte Conrad. Le Marquis Rodolphe avoit épousé Marguerite de Vienne, fille de Guillaume de Vienne Seigneur de Sainte Croix, & d'Alix de Châlon.

Par ce Mariage Rodolphe crut avoir réuni

&

## NEU.

& acquis les prétentions que ceux de la Maison de Châlon avoient eu sur le Comté de Neuchâtel. Il mourut l'an 1487. ne laissant qu'une fille & unique heritiere Jeanne de Hochberg, qui épousa Louis d'Orleans Duc de Longueville. Elle fut reconnuë Dame de Neuchâtel, & reçuë dans l'Alliance des quatre Cantons de Berne, Lucerne, Fribourg & Soleure, en laquelle ce Pays de Neuchâtel étoit entré 100. ans auparavant.

Les Suisses étant devenus ennemis de Louis XII. Roi de France, dépossederent Louis & Jeanne l'an 1509. Les Cantons après avoir joüi dix ans de Neuchâtel restituerent à cette Princesse sa Souveraineté en confirmant les anciennes alliances & le droit de Bourgeoisie, avec les Franchises des habitans qui sont très-grandes; car encore que le Comté ne releve de personne, & qu'il soit un Membre du Corps Helvétique, il n'a aucun pouvoir sur ses Sujets que conformément aux Loix établies par l'avis & le consentement des trois Etats.

Ils ont même changé de Religion sans l'aveu du Prince & ont aboli la Messe & tous les cultes de l'Eglise Romaine l'an 1530. étant appuyez de ceux de Berne leurs Protecteurs. Du reste ils ont laissé joüir ceux de la Maison d'Orleans-Longueville de leurs droits & de leurs revenus.

Le dernier mâle de cette Maison a été Jean Louis d'Orleans, mort l'an 1694. Le Prince de Conti fondé sur un Testament de Jean Louis fait en sa faveur, lui voulut succeder, mais il eut les trois Etats contraires, qui rejetterent sa demande dans les années 1694. & 1699.

Dans ce tems-là Guillaume Roi de la Grande-Bretagne & Prince d'Orange, soûtint qu'il avoit des droits sur le Comté de Neuchâtel, à cause de la Maison de Châlon. Ce Prince étant mort l'an 1702. le feu Roi de Prusse se déclara son heritier comme fils de la sœur aînée de Guillaume Prince d'Orange, Pere du Roi Guillaume, & soûtint que non seulement la Principauté d'Orange, mais le Comté de Neuchâtel lui appartenoient.

L'an 1707. après la mort de Marie d'Orleans Duchesse de Nemours investie de cette Principauté par les trois Etats l'an 1694. ce Roi envoya demander l'investiture de Neuchâtel aux trois Etats, qui la lui accorderent volontiers parce qu'il étoit de leur Religion, & ils rejetterent les parens de la défunte & les autres prétendans.

Après sa mort son fils le Roi de Prusse, aujourd'hui regnant, faisant la paix à Utrecht l'an 1713. avec le feu Roi de France Louis XIV. a obtenu par le IX. Article que le Roi très-Chrétien le reconnoîtroit pour Souverain Seigneur de la Principauté de Neuchâtel & de Valengin; le Roi promit pour lui & ses Successeurs qu'il ne le troubleroit point dans la possession de cette Principauté, les habitans de laquelle joüiront en France des mêmes avantages dont joüissent ceux des autres Pays de la Suisse.

Les Comtes de Neuchâtel d'autrefois avoient toujours un Gouverneur, qui résidoit dans le Pays. Le Roi de Prusse en envoye pareillement un. Mais la Justice ordinaire est administrée par un Conseil, qui réside dans la Ville de Neuchâtel. Il est composé de soixante-quatre personnes, qui rendent la Justice au nom & de la part du Prince. La Justice en dernier ressort est renduë par le corps des Etats, formé de quatre Conseillers d'Etat, de quatre Officiers de Judicature & de quatre Conseillers de la Ville. C'est au Corps d'Etat seul à qui il appartient de faire des réglemens, des statuts, des Loix & des Ordonnances. C'est lui qui représente la Souveraineté & qui exerce l'autorité suprême. Le Prince y fait présider son Gouverneur; mais il n'entre point en consultation avec les Conseillers. C'est ce Tribunal qui donna l'investiture de la Souveraineté au feu Roi, & devant qui tous les prétendans firent valoir leurs prétentions & instruisirent leur affaire.

Ces priviléges sont grands & les Bourgeois de Neuchâtel en sont extrêmement jaloux; cependant ils ne laissent pas de paroître fortement attachez au service du Prince. L'ambition en est pourtant le plus puissant motif. Aussi a-t-on remarqué que les Princes précedens, qui étoient à portée de connoître ce foible, ne manquoient pas d'en profiter. Ils n'épargnoient point surtout les titres de Noblesse. Ils en ont accordé à tous ceux qui se trouvent nobles dans ce Pays-là; quoique dans le fond ce titre de Noblesse n'accorde pas plus de distinction ni de privilege que celui de Bourgeois. Le Peuple seul leur donne une certaine préférence d'estime. D'ailleurs comme ces Princes accompagnoient toujours de bons gages les brevets qu'ils donnoient à leurs Officiers, c'étoit un nouveau motif pour faire rechercher leur service. En effet, c'est une des choses qui ont le plus contribué à former de riches Maisons dans le Pays, & outre les gages & les autres liberalitez des Souverains, les recettes des deniers Seigneuriaux, emplois par-tout lucratifs, n'étoient que pour ceux qui s'attachoient à eux. Aujourd'hui les choses sont beaucoup changées à cet égard; ces sortes d'emplois se sont plus donnez qu'au plus offrant; ce qui produit un inconvenient dont on commence à craindre les suites. C'est que l'argent comptant sortant tous les ans du Pays, il sera immanquablement bientôt épuisé, d'autant plus qu'on voit ne pouvoir plus compter sur deux autres moyens qui avoient aussi enrichi ci-devant plusieurs familles, savoir le service militaire chez l'Etranger & le Commerce. Le premier leur donnoit souvent occasion d'amasser de grands biens, surtout en France; mais depuis l'année 1707. qu'ils ont changé de maître, cette voie leur a été fermée, ils n'ont pu y obtenir des postes auxquels leurs peres étoient parvenus. A l'égard du Commerce on peut dire qu'il est presque entierement tombé, par l'interdiction que la France a publiée & celui qui se faisoit par la Bourgogne. On est borné à celui que l'on peut faire dans le Pays de Vaud, dans le Pays Allemand du Canton de Berne, ou pour mieux dire on est presque réduit au seul Commerce des vins.

L'air du Comté de Neuchâtel est doux le long du Lac, mais un peu vif dans les Montagnes. De même le terroir y est différent, selon la differente situation des lieux; mais en

*Etat & Delices de la Suisse, T. 3. p. 250. & suiv.*

# NEU.

en général il est rendu fertile par-tout par le travail des habitans. Au pied des Montagnes il y a de bonnes prairies & des champs fertiles. Les côteaux le long du Lac sont couverts de vignes qui rapportent de deux sortes de vins, du blanc & du rouge. Le blanc est médiocre, & le rouge est excellent. On trouve beaucoup de bêtes fauves dans les bois, aussi-bien que d'autre gibier. Le Lac & la Reuse fournissent de très-bons poissons. Il y a dans ces Montagnes plus de pierres rares & de coquillages pétrifiez qu'en aucun autre endroit de la Suisse. Il s'en trouve aussi dans le Torrent de Syon. Dans divers endroits du Pays on a des mines de fer & de plomb, des carrières de marbre & des minières de craie : il y a aussi quelques eaux minérales.

Les habitans passent généralement pour être gens d'esprit, industrieux, adroits, appliquez, laborieux ; mais aussi un peu glorieux ; ce qui vient des grands priviléges dont ils jouïssent. Ils sont tous Protestans, depuis l'an 1530. à l'exception d'un petit nombre, qui demeure ferme dans la Religion Catholique. Parmi les Protestans la Discipline Ecclésiastique s'exerce avec plus de rigueur qu'en aucun autre endroit de la Suisse. On va jusqu'à condamner à faire amende honorable en pleine assemblée ceux qui sont convaincus de mener une vie libertine ou sensuelle. A l'égard des Catholiques ils sont uniquement dans la Baronie de Landeron, qui contient une petite Ville & trois ou quatre Villages, qui dépendent actuellement pour le spirituel de l'Evêque de Fribourg. Quant au gouvernement spirituel des Protestans, il est tout entier entre les mains de la Classe ou du Synode des Ministres, qui s'assemblent tous les ans à Neuchâtel & aussi quelquefois extraordinairement. C'est la Classe qui donne l'imposition des mains ou l'ordination ; c'est elle qui donne les Pasteurs aux Eglises, à la réserve de la Ville de Neuchâtel qui a le droit de choisir les siens.

Dans tout le Pays on parle François, ou plutôt un jargon ou patois particulier approchant du Bourguignon & qui est assez agréable dans la bouche des femmes.

Les principaux lieux de ce Comté sont :

| | |
|---|---|
| Neuchâtel, | St. Blaise, |
| Serriére, | Landeron, |
| St. Aubin, | Nerieu, |
| Vaumarcus, | Cressy, |
| Bevais, | Rochefort, |
| Boudri ou Buldri, | Vaux-Travers, |
| Colombier, | Travers, |
| Cortaillot, | Les Verriéres. |
| Auvergnez, | |

Les Comtes de Neuchâtel ont une ancienne alliance de Combourgeoisie, avec les quatre Cantons suivans, Berne, Lucerne, Fribourg & Soleurre ; & la Ville de Neuchâtel a aussi une étroite alliance de Combourgeoisie avec Berne.

*in Indicis, c. 4.* NEUDRUS, Fleuve de l'Inde : Arrien[a] dit qu'il a sa source dans le Pays des *Attacemi*, & qu'il se décharge dans le Fleuve Hyraotes. Dans un Manuscrit on lit Εὔδρος, pour Νεύδρος.

NEVEIA, en Grec Νησαία, Ville de la Toscane. Voyez LARNIA.

NEUENCALEN[b], ou NIENCALEN, petite Ville d'Allemagne, dans le Meckelbourg près du Lac de Kummerow entre Dargun & Malchin. Le nom de ce lieu signifie le nouveau Calen & dénote que ses habitans y furent transportez du vieux Calen, ou selon la Langue du Pays Old Calen, qui est à quelque distance de-là, près de Dargun. Neuncalen est le Chef-lieu d'un Bailliage. [b Zeyler, Topogr. Infer. Sax. p. 186.]

NEVERD, Ville d'Asie, c'est une des dépendances de Cazeron, selon Mr. Petis de la Croix dans son Histoire de Timur-Bec[c]. [c liv. 3. c. 68.]

NEVERS, Ville de France sur la Loire & la Capitale du Nivernois. Ses noms Latins sont NOVIODUNUM ÆDUORUM, NIVERNUM & NEVERNUM. Jules Cesar[d], Ptolomée & les plus anciens Auteurs l'appellent *Noviodunum*, & dans la suite elle fut appellée *Nivernum*, à cause de la Rivière de Niévre, en Latin *Niveris*, qui se jette en cet endroit dans la Loire. Le nom de *Noviodunum* avoit déja été changé du tems d'Antonin, puisqu'il appelle cette Ville *Nivernum* ou *Nevernum*. Alors cette Ville avoit été entièrement distraite d'Autun & érigée en Cité, ayant été mise par la Division d'Honorius dans la Quatrième Lyonnoise & sous la Métropole de Sens, que l'Evêque de Nevers a toujours reconnu depuis, au lieu qu'Autun étoit dans la premiere Lyonnoise & sous la Métropole de Lyon. [d De Bel. Gal. l. 7.]

Après l'invasion des Barbares dans les Gaules cette Ville fut du Royaume des Bourguignons ; & les Rois François qui possédérent ce Royaume eurent aussi Nevers, jusqu'au déclin de la Race de Charlemagne. Ce fut pour lors que les Gouverneurs s'étant rendus absolus dans les Villes où ils commandoient, le Comte Guillaume devint propriétaire du Comté de Nevers, vers le milieu du dixième siècle sous le regne de Lothaire. Il laissa ce Comté à son fils Landri, & Landri à son fils Renaud, qui épousa Alix, que quelques-uns font fille, & d'autres sœur du Roi Robert. Ce Comte Renaud fut aussi investi du Comté d'Auxerre ; & son petit-fils Renaud fut Comte de Tonnerre. Gui arriére-petit-fils de Renaud II. n'eut qu'une fille nommée Agnès qui épousa Pierre de Courtenai, Empereur de Constantinople, qui n'eut d'Agnès qu'une fille nommée Mathilde femme d'Hervé Baron de Donzy, dont la fille Agnès épousa Gui de Châtillon, qui n'en eut qu'une fille nommée Yolande, femme d'Archambaud Seigneur de Bourbon. De ce mariage il n'y eut encore qu'une fille nommée Mathilde, laquelle hérita des trois Comtez de Nevers, d'Auxerre & de Tonnerre, après la mort de sa Bisayeule Mathilde de Courtenai. Mathilde de Bourbon épousa Eudes fils de Hugues de Bourgogne, dont elle eut trois filles, Yolande, Alix & Marguerite. Yolande qui étoit l'aînée eut en partage la Baronnie de Donzi & le Comté de Nevers : elle épousa premierement Jean Tristan Fils de St. Louïs, dont elle n'eut point d'enfans, & en secondes nôces elle épousa Robert dit de Bethune, fils de Gui Comte de Flandre, [e Longuerué, Descr. de la France, Part. 2. p. 119.]

dre, qui étoit de la Maison de Bourbon Dampierre. Robert eut d'Yolande Louis Comte de Nevers, qui mourut avant son pére & laissa un fils nommé Louis, qui fut Comte de Nevers & succéda à son Ayeul Robert au Comté de Flandre & à d'autres grands Etats. Mais cette Maison étant tombée en quenouille, Marguerite qui en fut l'héritiére épousa Philippe, fils de France, dit le Hardi, Duc de Bourgogne, dont le troisième fils nommé Philippe, eut en partage les Comtez de Nevers & de Rétel. Le dernier Mâle de cette Branche de Bourgogne-Nevers fut le Comte Jean qui n'eut que des filles, dont l'aînée Elisabeth avoit épousé le Duc de Cleves; & la Cadette Charlotte, le Sire d'Orval; ce qui forma une grande contestation, qui fut assoupie par le mariage de Charles de Cleves avec Marie d'Albret fille du Sire d'Orval. Cet Accord fut fait l'an 1504. par l'autorité de Louis XII.

Charles de Cleves & Marie d'Albret eurent pour Successeur au Comté de Nevers & à leurs autres grandes Terres, François de Cleves qui fut premier Duc de Nevers, après que Nevers eut été érigé en Duché par François I. Le Duc François & Jacques qui furent successivement Ducs de Nevers & moururent sans enfans, laissant pour héritières leurs sœurs, dont l'aînée Henriette, qui eut en partage les Duchez de Nevers & de Rétel, épousa Ludovic de Gonsagues, Cadet de la Maison de Mantoue. Leur fils Charles succéda aux Duchez de Mantoue & de Montferrat l'an 1627. & depuis tous les Duchez & les autres grandes Terres qu'il avoit en France, furent vendues à la poursuite de ses filles Marie Reine de Pologne, & Anne Princesse Palatine. Le Cardinal Mazarin acheta le Duché de Nevers, qu'il donna à son neveu Mancini, qui ne s'étant jamais fait recevoir Duc & Pair, le Titre Ducal après sa mort fut supprimé & celui de Comte de Nevers rétabli en la personne du fils & Successeur du Duc de Nevers-Mancini.

La Ville de Nevers est bâtie en forme d'Amphithéatre [a], sur les bords de la Loire, qui passe sous un Pont de pierre, composé de vingt arches, au bout duquel il y a une levée fort large & fort longue, qui rend l'abord de cette Ville, du côté de Moulins très-magnifique. Les rües sont étroites & le terrein fort inégal. L'Eglise Cathédrale est belle & dédiée à St. Cyr. Il y a onze paroisses, & plusieurs Maisons religieuses de l'un & de l'autre Sexe. On découvrit en 1719. dans l'Abbaye de Notre-Dame un tombeau couvert d'une pierre, d'environ six pieds de long. On y voyoit une figure en bosse dont la tête porte une Couronne radiale, ou à pointes; le corps est enveloppé d'un linceul qui descend jusqu'aux pieds, & n'en laisse voir que l'extrémité. Les mains sont aprochées l'une de l'autre au-dessous de l'estomach. On voit aussi sur le bas de la figure une épée inclinée de la gauche à la droite, & deux petits Anges à côté de la tête, qui paroissent encenser la figure. Dans le tombeau on trouva onze pieces de monnoie parmi lesquelles il y en a de Charles VII. de François I. d'Henri II. &c. Quelques Antiquaires croient que ce tombeau est celui d'un Comte enterré dans cette Eglise au treizième ou quatorzième siècle, & que les pièces de monnoie qui sont postérieures au quatorzième siècle ont été jettées après coup dans ce monument, ou y ont été cachées comme dans un lieu sacré & inviolable.

On compte dans Nevers environ huit mille ames & mille huit cens feux. Le Château des Ducs est ancien & fait face à une grande & belle Place, dont les Maisons bâties avec symmétrie font un aspect très-agréable. La Verrerie & la Fayencerie font un débit assez considérable. Les environs de la Ville sont beaux; & il y a une promenade publique appellée le Parc.

Adam Billaud, connu sous le nom de Maître Adam, étoit Menuisier à Nevers & fit quelque figure parmi les Poëtes, qui se signalérent sous le Ministère du Cardinal de Richelieu. Jacques Carpentier Sieur de Marigni étoit aussi de Nevers, & fils d'un Marchand de fer. Il eut beaucoup d'accès auprès de Mr. le Prince de Condé qu'il suivit en Flandres: il y trouva des Gentilshommes de son nom, qui le reconnurent pour leur parent; ce qui fut cause qu'il se fit réhabiliter. Il y a quelques Lettres & quelques Poësies de sa façon qui ont été imprimées. Voyez NIVERNOIS.

NEUF-CHATEAU, Ville des Etats du [b] Duc de Lorraine, sur la Meuse, dans la Châtelenie de Chastenoi, dont elle est la Capitale. Il y a long-tems que les Ducs de Lorraine en sont Seigneurs, & l'on voit que Matthieu premier demeuroit vers le milieu du douzième siècle à Chastenoi. Ils tenoient cette Seigneurie avec ses dépendances (qui étoient Montfort, Frouart, & la moitié de Grand, qui est à l'Occident de la Meuse) en fief des Comtes de Champagne.

Neuf-Château n'étoit pas au commencement avec Châtenoi; il faisoit une Châtellenie séparée. Matthieu II. Duc de Lorraine en rendant hommage à Blanche Comtesse de Champagne & à son fils le Comte Thibaut, reconnut par un Acte du 30. Juillet 1220. qu'il avoit reçu Neuf-Château en augmentation des Fiefs qu'il tenoit de ce Comte, & promettoit de rendre Neuf-Château toutes fois, & quantes qu'il en seroit réquis. Depuis ce tems-là les Ducs de Lorraine regardérent Neuf-Château, Châtenoi, Montfort & Frouart comme unis.

Après la mort de Matthieu, son fils & Successeur Ferri II. obtint la confirmation des droits tant des Seigneurs que des Bourgeois de Neuf-Château, de Thibaut Roi de Navarre & Comte de Champagne, qui donna sur cela des Lettres où il est exprimé que Neuf-Château est un Fief qui relevoit de lui. Philippe le Bel ayant épousé l'héritière de Champagne, fut reconnu Seigneur Suzerain de Neuf-Château, Châtenoi & Frouart; & en les déclarant Fiefs de Champagne, il ordonne, que les habitans seront reçus aux Foires de Champagne par ses Lettres du 22. Janvier 1303. Le Duc obtint ensuite des Lettres de Philippe le Bel, par lesquelles ce Roi renonce à tous droits de Souveraineté & de ressort qu'il avoit sur Neuf-Château, & les autres au-de-là de la Meuse; mais ces Lettres ne furent vérifiées ni au Parlement, ni à la Chambre des Comptes, & on y eut si peu d'égard, que

*a* Piganiol, Descr. de la France, t. 6. p. 163.

*b* Longuerue, Descr. de la France, Part. 2. p. 150.

que le Duc Ferri ayant donné à son fils Thibaud en mariage Neuf-Château, Châtenoi, Frouart & Montfort avec ce qu'il avoit à Grand, il en fit foi & hommage au Roi Philippe, qui lui accorda plusieurs Priviléges, & entre autres celui de battre monnoye, pourvû qu'elle n'eût cours que dans l'Empire, & non dans le Royaume de France, par ses Lettres données à Orleans au mois de Juin l'an 1300. dans lesquelles il est expressément marqué que s'il arrive quelque contestation pour ces Fiefs, les causes seront portées aux Assises d'Andelot en Champagne, & en cas d'appel aux grands Jours à Troye. Louïs dit Hutin fils aîné de Philippe le Bel, ayant eu l'administration du Comté de Champagne, qui étoit un propre de sa mére, confirma les Lettres du Roi son pére données aux Bourgeois de Neuf-Château à la priére du Duc de Lorraine par d'autres Letttres données à Paris au mois de Juin 1312. Dans le même tems Louïs Hutin Roi de Navarre & Comte de Champagne, traita avec Ferri fils aîné de Thibaud Duc de Lorraine pour la réparation des injures & desobéissances qu'il avoit commises contre le Roi de Navarre, & en même tems Ferri fit hommage au Roi Comte de Champagne de Neuf-Château, Châtenoi, Frouart, Montfort, d'une partie de Grand & de leurs dépendances. Les Lettres du Roi Louïs furent confirmées par son frére Charles le Bel Roi de France & de Navarre, par d'autres Lettres données au mois de Novembre 1322. Sous Philippe de Valois l'an 1344. Neuf-Château fut reconnu Fief de Champagne du ressort d'Andelot. Le même Roi fit taxer les habitans de Neuf-Château pour l'entretien des hommes d'Armes, & le Bailliff de Chaumont commit le Prevôt d'Andelot pour les contraindre. Sous le Régne de Charles VI. Jean Duc de Lorraine reconnut tenir du Roi Neuf-Château & ses dépendances à cause du Comté de Champagne; cependant l'Esprit du Roi étant aliené, & les troubles affoiblissant la France, Charles Duc de Lorraine fils & Successeur de Jean, voulut se dispenser de l'hommage qu'il devoit pour Neuf-Château & les autres biens. Il se servit des Lettres obtenues de Philippe le Bel cent ans auparavant, dont le Procureur Général au Parlement de Paris ayant fait voir la nullité, le Duc Charles I. fut condamné à faire hommage pour ces Villes par un Arrêt célébre de la Cour rendu l'an 1399. Isabeau fille de Charles, ayant porté le Duché de Lorraine dans la Maison Royale d'Anjou par son mariage avec René, dont nous avons déja parlé, les Princes d'Anjou reconnurent ce droit du Roi Comte de Champagne pour Neuf-Château, Frouart & Châtenoi. Jean Duc de Calabre & de Lorraine fils de René présenta ses Actes de foi, hommage, & son dénombrement pour ces Villes, comme Charles VII. le reconnut par ses Lettres du 21. d'Août 1456. Le même Duc de Calabre reconnut la Souveraineté du Roi pour Neuf-Château & les autres Terres; il obtint un délai d'un an à cause qu'il étoit occupé à la guerre pour le recouvrement du Royaume de Sicile tenu par les Arragonois, & Louïs donna sur cela ses Lettres le 9. Mars 1463. Après la mort du jeune Duc Nicolas fils du Duc Jean, René cousin Germain du Duc fils d'Yoland d'Anjou ayant succédé au Duché de Lorraine, on ne voit pas qu'il ait reconnu les Rois pour Neuf-Château & ses annexes, ni même que les Officiers du Roi l'ayent poursuivi. Il n'y a eu que Grand qui est demeuré uni à la Champagne; mais pour Neuf-Château, Châtenoi & Montfort ils ont été unis au Bailliage de Vosge, & Frouart à celui de Nanci, les Ducs de Lorraine ayant été Souverains en ces lieux-là, comme dans le reste de leurs Etats, & ayant joui de cette Souveraineté paisiblement près de 200. ans. Enfin la Chambre des réunions établie à Metz donna des Arrêts où l'on allégua la plûpart des Titres & des Actes dont j'ai fait mention; en exécution de ces Jugemens on réunit Neuf-Château, Châtenoi & Frouart, l'an 1681. le Seigneur ayant encouru la commise & la confiscation pour n'avoir pas reconnu le Roi à cause de son Comté de Champagne; mais ces réunions ayant été révoquées, & les Arrêts de cette Chambre annullez par le Traité de Ryswyck, le Prince Léopold I. qui est aujourd'hui Duc de Lorraine, a été rétabli l'an 1698. non seulement dans la propriété, mais dans la Souveraineté de ces lieux-là, comme son bisayeul le Duc Henri & son grand-oncle Charles en jouïssoient.

Il est fait mention de la Ville de Neuf-Château dans l'Itinéraire d'Antonin, sous le nom de *Neomagus*, depuis changé en celui *Neocastrum*, dont on a fait le nom moderne Neuf-Château. Cette Ville est considérable & bien peuplée, & elle a titre de Doyenné dans le Diocèse de Toul. Son Eglise Paroissiale est dédiée à St. Christophle. Les Religieux de St. Mansui sont Patrons de la Cure, & ils ont les deux tiers des dixmes. La Cure est unie au Prieuré de Notre-Dame & cependant desservie par un Prêtre séculier. Il y a une Eglise succursale dédiée à St. Nicolas, & fondée par Thierri Duc de Lorraine à la fin du onzième siécle. Cette Eglise est très-bien entretenue. On y voit une Chapelle souterraine, & neuf Chapelles en titre. La plus considérable est celle de Nicolas Marchand; c'est le nom de son fondateur. Elle est sous l'invocation du nom de Jesus, & desservie par huit Prêtres nez à Neuf-Château & obligez à résidence. Le Curé fait le neuvième, quand il n'est point enfant de la Ville. Les autres Chapelles sont moins considérables. On trouve encore dans cette Ville une Abbaye, une Maison de l'Ordre de Malthe, un Hôpital, deux Couvens d'hommes & trois Maisons de Religieuses. L'Abbaye fut fondée en 1295. par Ferri IV. Duc de Lorraine & Marguerite de Navarre sa femme. Jean de Sirck Evêque de Toul en consacra l'Eglise en 1301. Elle est occupée par des Religieuses de l'Ordre de Ste. Claire, qui choisissent leur Abbesse tous les trois ans. Ste. Colette essaya envain d'y mettre la Réforme, les Religieuses s'y opposérent & voulurent suivre la commune observance. Le Prieuré est dédié à Notre-Dame. Il a été fondé par Thierri Duc de Lorraine sur la fin du onzième siécle, pour l'Ordre de St. Benoît. On l'a uni à l'Abbaye de Mansui, & il est desservi par un Religieux de cette Maison. La Maison de l'Ordre de Malthe, dont l'Eglise est dédiée à St. Jean, se trouve aujourd'hui unie à la Commanderie de Robécourt. L'Hôpital est situé dans un Fauxbourg; il a été uni à la Maison de Besançon de l'Ordre du St. Esprit. C'est une Commanderie Ecclésiastique. Le Commandeur est aidé par des Religieuses du même Ordre pour le soulagement des malades. Cet Hôpital n'a que douze cens livres de rente. Les Couvens de Religieux sont les Cordeliers & les Capucins: les premiers furent établis en 1249. par Matthieu II. Ferri IV. son fils & Marguerite de Navarre achevèrent le Monastère & l'Eglise, qui fut consacrée en 1291. C'est le premier Couvent de la Custodie de Lorraine. Les Capucins furent appellez en 1619. par Louis de Lorraine Prince de Phaltzbourg, & Henriette de Lorraine sa femme. Les Couvens de filles sont les Annonciades des dix Vertus fondées en 1630. par Henriette de Lorraine Princesse de Phaltzbourg; les Religieuses de la Congrégation de Notre-Dame, qui furent établies en 1619. les Carmelites établies en 1645. par la libéralité de la Reine Mere Anne d'Autriche & de Henriette de Lorraine Princesse de Phaltzbourg. Il y a aussi un Hormitage sur le bord de la Meuse; il est dédié à St. Leger.

*a Longueruë, Descr. de la France. Part. 1. p. 69.*

1. NEUF-CHATEL EN BRAY [a], Ville de France dans la Normandie au Pays de Bray. Ce n'est pas une Ville ancienne, ni connue dans l'Histoire avant les derniers siècles. Le Pays où elle est située est abondant en pâturages, mais fort bourbeux, d'où est venu ce nom *Bray*, qui dans l'ancienne Langue Françoise signifioit de la *bouë*, comme on le voit dans le Livre des Miracles de St. Bernard, dont l'Auteur vivoit il y a près de sept cens ans; car en parlant de Brai-sur-Seine, il dit *Castrum Braium quod lutum interpretatur.* La situation de cette petite Ville est agréable & commode. Elle renferme trois Paroisses dans son enceinte: celle de Notre-Dame, celle de St. Pierre & celle de St. Jacques. Depuis quelques années il s'y est aussi formé un Collège par les soins d'un Prêtre séculier. Mrs. Corneille & Baudrand disent dans l'Article du Pays de Bray, que la Ville de Neuf-Châtel y est renfermée: cependant à l'Article de Neuf-Châtel, ils se donnent la main pour la placer dans le Pays de Caux. Ce sont des fautes qui échappent dans des Ouvrages d'une aussi grande étenduë qu'un Dictionnaire Géographique. Tout ce qu'on étoit en droit d'exiger d'eux, c'étoit que ces sortes de fautes ne fussent pas aussi fréquentes qu'elles le sont.

2. NEUF-CHATEL, Bourg de France dans le Maine, Diocèse & Election du Mans.

3. NEUF-CHATEL, Bourg & lieu de passage, dans la Picardie, aux confins de la Champagne, Diocèse de Laon. Il a titre de Comté sous le nom de Comté d'Avaux.

*b Dict. des Pays-bas.*

4. NEUF-CHATEL [b], en Ardenne, Seigneurie & Château, au Duché de Luxembourg, à quatre grandes lieuës d'Arlon.

*c Ibid.*

5. NEUF-CHATEL [c], Ville de Lorraine. Voyez NEUF-CHÂTEAU.

NEUF-FOSSE [c], (le) on nomme ainsi le Canal qu'on a tiré depuis Airé, jusque par de-là St. Omer en Artois.

NEUF-FONS, NEUF-FONTAINES &

AUBETERRE, en Latin *Novem Fontes & Alba terra,* [d] Monastère de France en Auvergne. St. Gilbert, Gentilhomme d'Auvergne, au retour de la malheureuse Croisade de la Palestine l'an 1149. ayant trouvé sa femme Petronille & sa fille Ponce disposées à renoncer au monde comme lui, vendit tout son bien, dont il distribua une partie aux pauvres & employa l'autre à bâtir & doter deux Monastères: l'un pour des Religieuses au Diocèse de Clermont; c'est aujourd'hui le Prieuré d'Aubeterre, de l'Ordre de Prémontré sur les limites du Bourbonnois & de l'Auvergne, près de la Rivière de Sioule. Petronille & Ponce s'y renfermèrent, en furent Abbesses successivement & s'y sanctifièrent. L'autre Monastère destiné pour les hommes fut bâti dans un lieu appellé Neuf-Fons ou Neuf-Fontaines, à une lieuë & demie de celui d'Aubeterre dans le même Diocèse, sur la petite Rivière d'Andelot, dans la Paroisse de St. Didier, à une grande lieuë de St. Pourçain, vers le Midi. C'étoit un lieu marécageux, mal-sain & convenable à des Pénitens. L'Abbaye fut soumise aussi à l'Ordre de Prémontré; & St. Gilbert en fut fait le premier Abbé.

*d Baillet, Topogr. des Saints p. 339.*

NEUF-MARCHE', Bourg de France [e] en Normandie, Diocèse de Rouen, avec Prévôté. Il est situé sur l'Epte, quatre lieuës au dessus de Gisors, & une lieuë au dessous de Gournai en Bray, dans une Vallée entre Vardes & Boucheviller. L'Eglise de St. Aubin est Paroisse primitive de ce Bourg; mais aujourd'hui celle de St. Pierre est la résidence du Curé, qui y fait toutes les fonctions Curiales, & tout le Service Paroissial. Le bâtiment du Prieuré simple communique à cette dernière Eglise, comme celui d'un Monastère. Neuf-marché étoit autrefois plus considérable qu'il n'est à présent. On y voit les ruïnes d'un grand Château qui défendoit le passage de son Pont de pierre. Ses murailles ont été entièrement détruites; mais il y a encore des restes de belles Tours à ses trois portes. Son Territoire consiste partie en terres de labour & partie en pâturages. La Chapelle du Titre de la Magdélaine, qui est proche de-là, est en décadence; mais la Chapelle du Mont Crespin est assez bien entretenuë.

*e Corn. Dict. Mémoires dressez sur les lieux en 1704.*

1. NEUFVI, Bourg de France, dans le Maine, Election du Mans.

2. NEUFVI, Bourg de France, dans la Champagne, Diocèse de Sens, Election de St. Florentin.

NEUFVILLETTE, Bourg de France, dans le Maine, Election du Mans.

1. NEUFUY, Bourg de France, dans le petit Pays de Puysaye. Voyez NEUVI.

NEUFUY, SUR BARANJOM. Voyez NEUVI, SUR BARANJOM.

NEUGARTEN [f], petite Ville d'Allemagne dans la Pomeranie, à un mille & demi de Golnow & à deux de Platte sur le chemin de Cammin. Elle appartenoit autrefois aux Evêques de Cammin; elle a été depuis possédée par les Comtes d'Eberstein qui la reçurent, en fief de l'Evêque Hermand qui étoit de la même famille. A la droite de cette Ville est un fort Château que le Comte Louïs fit bâtir sous le regne de Barnime Duc de Poméranie. Neugarten fut presque entièrement

*f Zeiler, Topogr. Bohem.*

# NEU.

ment brûlée en 1635. mais elle s'eft affez bien rétablie depuis. Il s'y tient une Foire tous les ans le premier Dimanche après l'Affomption.

*a Zeiler, Topog. Bohem.*

1. NEUHAUS [a], autrement HRADETZ, felon le nom Bohémien ; Ville avec Château dans le Cercle de Bechyn en Bohême, fituée proche de Strafch & de Cardaffawa en tirant vers l'Autriche. Elle a eu ci-devant des Seigneurs du même nom, qui ont fait du bruit dans l'Hiftoire, & fe font rendus redoutables aux Huffites & au Roi George par le zèle qu'ils avoient pour la Religion Catholique. Après l'extinction des Seigneurs du nom de Neuhaus, cette Ville avec la plus grande partie de leurs Domaines a paffé aux Seigneurs de Slawata. L'an 1467. elle fut affiégée par les deux fils du Roi George. En 1618. au commencement de la guerre de Bohême, les Etats de ce Royaume mirent fi bonne garnifon dans Neuhaus que ce fut en vain que le Général Tampir entreprit d'en faire le fiège par deux fois, & que les efforts du Général Comte de Buquoi ne furent pas plus heureux. Cependant les Suedois l'emportèrent aifément en 1645. fous la conduite du Général Torftenfon après qu'ils eurent gagné la Bataille de Jankow, & ils eurent foin d'y conftruire de nouvelles fortifications.

*b Ibid.*

2. NEUHAUS, lieu fortifié dans le Cercle de Bechyn en Bohême, proche Dobrawoda. Ce Château eft fitué fur une Montagne.

*c Corn. Dict. Hift. & Defcr. du Royaume de Hongrie, liv. 3.*

NEUHAUSEL [c], Ville de la Haute Hongrie, dans une plaine marécageufe ; mais dont le fond eft fi bon qu'on peut paffer par-tout. Son nom Latin eft *Neofelium* ou *Ovaria*. Elle eft à deux milles ou environ du confluent du Vag avec le Danube, & confidérable nonobftant fon peu d'étendue, à caufe qu'elle eft fortifiée de fix Baftions revêtus d'une bonne maçonnerie. Les Courtines font de différentes longueurs. Il y a un foffé plein d'eau de fept à huit pieds de profondeur & de dix-fept à dix-huit toifes. Cette Place ayant été affiégée en 1663. par Ali Bacha fouffrit trois affauts ; & trois mille hommes, que le Comte Forgatz Gouverneur, le Comte Palfi & le Marquis Pio commandèrent pour furprendre l'Ennemi ayant été maffacrez ou faits prifonniers, elle perdit toute efpérance d'être fecourue & fe rendit par compofition le 24. de Septembre. Le Prince de Lorraine la fit invertir le 3. de Juin 1685. & le Bacha qui y commandoit fit arborer deux drapeaux blancs & un rouge & mettre le feu aux Fauxbourgs aux premières approches des Chrétiens, qui après quelques attaques, ayant appris que les Turcs étoient en marche pour la fecourir, levèrent le Siège fi précipitamment que quelques troupes qui étoient au fourrage n'en ayant point été averties, furent prefque entièrement taillées en pièces. On l'affiégea de nouveau en 1685. & on ouvrit la tranchée le 11. de Juillet. L'attaque fe fit par le même endroit que les Turcs avoient choifi pour la prendre, lorfqu'ils s'en rendirent maîtres. Il y avoit une garnifon de trois mille hommes, qui par de grandes forties & par un feu continuel, ruinèrent plufieurs fois les travaux des Affiégeans. Ils continuoient à réfifter avec beaucoup de vigueur, quand le Prince de Lorrai-

# NEU.

ne fut obligé de faire un détachement d'une partie de l'Armée pour aller combattre le Seraskier qui affiégeoit Gran. Pendant ce tems-là le Comte Caprara, qui avoit eu le commandement du Siège, fit battre la place fi heureufement, que le 15. d'Août il y eut aux deux baftions attaquez & à la demi-courtine, une brèche à monter foixante foldats de front. Il réfolut là-deffus de donner l'affaut, & les pluyes ne le permettant pas il ne laiffa pas de feindre de le vouloir faire le 17. ce qui attira les Affiégez fur la brèche. Il y en eut un grand nombre de tuez par le feu de la tranchée. Ce Général ufa de la même feinte le jour fuivant avec un pareil fuccès & ne les voyant plus revenir fur la brèche le 19. il détacha trois mille hommes outre la garde de la tranchée pour monter à l'affaut, après qu'on eut jetté dans la Place une quantité prodigieufe de bombes, dont la plûpart des Maifons furent embrafées. Les Turcs croyant que c'étoit encore une feinte pour les attirer, négligèrent de s'avancer pour s'oppofer aux Chrétiens, & quand ils virent qu'ils avoient gagné le haut de la brèche, ils combattirent en defefpérez. Les Affiégeans irritez de leur longue réfiftance, tuèrent en entrant dans la Place tout ce qui fe rencontra devant eux, fans faire grace ni à l'âge ni au fexe. Il y eut plus de fix mille perfonnes paffées au fil de l'épée, & le Bacha fut bleffé à mort. On y trouva quatre-vingt trois pièces de canon, trois mortiers, deux chambres pleines de bombes, quatre cens milliers de poudre & quantité d'autres munitions. Le butin qu'on y fit alla au de-là de deux millions. En général la Place fut tellement ruinée, qu'il n'y refta prefque pas une Maifon qu'on pût habiter. La principale Mofquée, qui étoit autrefois l'Eglife de St. François, fut de nouveau bénite, & l'on recommença à y célébrer la Meffe. Les Hongrois donnent à la Ville de NEUHAUSEL, le nom D'OUVAR ; ce qui fignifie Château.

1. NEUHAUSEN [d], Bailliage de Suiffe, dans le Canton de Schaffhoufe, au-deffus de la Ville de Kletgaw, dans le petit Pays de même nom. On envoye un Membre du Grand Confeil de Schaffhoufe, pour gouverner ce Bailliage.

*d Etat & Délices de la Suiffe, t. 3. p. 96.*

2. NEUHAUSEN SUR EKEN [e], Bailliage de la Suiffe, dans le Canton de Schaffhoufe, au vieux Comté de Baar. On donne ordinairement ce Bailliage à un Bourgeois d'Engen en Suabe.

*e Ibid. t. 3. p. 98.*

NEUHAUSS [f], Maifon ou Château appartenant aux Princes de Brunswich Wolffenbuttel en Allemagne. Il eft fitué fur un Rocher, & au milieu d'un Bois affez près de Drömling. Il a deux fortes Tours, qui jointes à fes autres défenfes, l'ont mis en état de foutenir des Sièges. C'eft auffi un Bailliage.

*f Zeiler, Topog. Brunsw. & Luneb. p. 159.*

NEVIAN, Bourg de France dans la Saintonge, Election de St. Jean d'Angely.

NEVIASCA, Fleuve de Ligurie, felon Ortelius [g], qui le met auprès de Génes & cite pour garant une ancienne Table de cuivre, qui fe trouve à Génes.

*g Thefaur.*

NEVIDUNUM. Voyez NOVIODUNUM.

NEVIL SOUS PASSAVANT, Bourg de

de France, avec Château dans l'Anjou, Election de Montreuil-Belay.

NEVILLAC, Bourg de France, dans la Saintonge, Election de Saintes.

NEVILLE, Bourg de France [a], ou gros Village dans la Haute Normandie, à une lieuë de St. Valery en Caux. Il est au milieu d'une belle campagne de terres de labour. L'Eglise qui est ornée d'une tour, est assez bien bâtie, entretenuë proprement, & les Autels ont des rétables dorez. Le Château de Bréauté se trouve dans le territoire de cette Paroisse. Il est bâti de pierres de grais & flanqué de bonnes tours avec des fossez & un Pont-Levis. De belles chênayes forment quantité d'agréables avenuës autour de ce Château.

[a] Corn. Dict. Mémoires dressez sur les lieux, en 1703.

NEVILLE-AUX-BOIS, Bourg de France dans l'Orléanois, Election de Petiviers.

NEVILLE-PONT-ST. PIERRE, Bourg de France dans la Touraine, Election de Tours.

NEUILLE, Bourg de France, dans l'Anjou, avec Château, Election de Saumur.

1. NEUILLY, Bourg de France dans la Touraine, Election d'Amboise.

2. NEUILLY, en Latin, *Newvillium*, *Neucallium* & *Nulhatum*, Bourg de France avec Seigneurie, dans la Touraine, Election de Chinon.

3. NEUILLY, Ville de France dans la Picardie, Election de Crépy. C'est un Gouvernement particulier dépendant du Gouvernement de l'Isle de France. Il y a une Prevôté.

4. NEUILLY, Bourg de France dans la Champagne, Election de Joigny.

NEVIUS. Voyez PONS ÆLII.

NEUKERCK, Bourg de Flandre [b], dans le Bailliage de Bailleul, ou Belle, entre cette Ville & celle de Varneton.

[b] Dict. des Pays-bas.

1. NEUKIRCH, petite Ville d'Allemagne, dans la Principauté de Troppau, en Silesie.

2. NEUILLY, ou NEUNKIRCH, Bailliage de la Suisse, dans le Canton de Schaffhouse, au Pays de Kletgaw. On donne ordinairement ce Bailliage à un Bourgeois de la Ville de Neukirch. De ce Bailliage dépendent, Hallau, Sieblingen, Wilchingen, Osterfingen, &c.

[c] Etat & Délices de la Suisse, t. 3 p. 98.

3. NEUKIRCH, ou NEUNKIRCH, petite Ville de Suisse, [d] dans le Canton de Schaffhouse. Elle est située dans le Haut Kletgau, & composée de trois rues parallèles. Hugues de Landenberg, Evêque de Constance, la vendit au Canton de Schaffhouse en 1520.

[d] Ibid.

1. NEUMARCK, petite Ville d'Allemagne dans la Principauté de Breslau, entre la Ville de ce nom & celle de Lignitz, à quatre lieuës de distance de l'une & de l'autre. L'an 1245. pendant la guerre que les fils du Duc Henri le Pieux se firent, Boleslas un de ces Princes prit cette Ville d'assaut & y commit de grandes cruautez; il alla même jusqu'à faire mettre le feu à une Eglise où plus de 500. Bourgeois s'étoient retirez avec leurs femmes & leurs enfans, comme dans un Asyle où ils avoient cru que leurs vies pourroient être en sureté. On trouve cet évenement dans la [e] Chronique de Silesie, écrite par Cureus en 1459. Neumarck fut prise par les Troupes de George Roi de Bohême. En 1632. les Troupes de l'Electeur de Saxe s'en emparèrent. Quelques années après elle essuya encore diverses vicissitudes, en passant aux Suédois, puis aux Impériaux, de ceux-ci encore aux Suédois, qui furent enfin contraints de la rendre aux Impériaux.

[e] Chron. Part. 1. fol. 94.

2. NEUMARCK, [f] ou Neuenmarck, Bourg d'Allemagne, dans le Voigtland, entre Plawen & Zwickau, à deux lieuës de chacun de ces deux endroits. Il apartenoit en 1632. au Seigneur Haubolden de Schönberg.

[f] Zeiler, Top. super. Sax. Pag. 144.

3. NEUMARCK, [g] autre Bourg d'Allemagne en Thuringe, situé sur la petite Riviére de Vippach, proche du Lac appellé Schwanseé, c'est-à-dire Lac des Cygnes.

[g] Ibid.

4. NEUMARCK, [h] petite Ville d'Allemagne dans la Poméranie, entre Stettin & Pyritz. Elle est du Cercle & Bailliage de Colbatz. Il s'y tient une Foire dans le Carême.

[h] Zeiler, Topogr. Pomeraniæ.

5. NEUMARCK. (Les Polonois l'appellent *Novo Miasto*,) [i] petite Ville de Prusse, sur la Riviére de Driebentz auprès de Bretchem. Elle fut bâtie l'an 1319.

[i] Ibid.

6. NEUMARCK, Bourgade de la Prusse, auprès de Christburg.

7. NEUMARCK, [k] petite Ville d'Allemagne dans le Haut-Palatinat. Elle est située dans une plaine à cinq milles de Nürnberg, & à deux d'Aldorff, assez près de Wofstein, sur la Sultz. Autrefois elle appartenoit au Margrave de Vochbourg en Baviére; & elle a été ensuite sous la puissance des Rois de Bohême; mais en 1266. le Duc de Baviére l'enleva. D'autres veulent pourtant qu'elle ait appartenu à Conradin dernier Duc de Suabe, & que ce ne soit qu'après sa mort qu'elle soit tombée entre les mains des Ducs de Baviére. L'Empereur Albert I. la prit en 1300. ou 1301. sur l'Electeur Palatin Rodolphe; mais elle fut restituée dans la suite. Le Comte Palatin Friderik II. avant que de parvenir à l'Electorat y faisoit sa résidence. Il y a un beau Château. Les Suédois la prirent en 1633. & la gardérent assez long-tems.

[k] Ibid. Topogr. Palatinat.

8. NEUMARCK, Bourg d'Allemagne dans la Haute Styrie, à 3. milles au dessous de Muraw, & à deux de Friesach. Ce Bourg est fermé & est du domaine du Souverain.

9. NEUMARCK, Bourg d'Allemagne dans le Tyrol, à quatre milles ou à une demi-journée de chemin de Trente, dans l'Etschland. Ce Bourg est bien bâti, & est accompagné d'un Château situé sur une hauteur. Il appartient aux Comtes de Trautsam.

1. NEWMARKET, [l] grande Plaine d'Angleterre, sur les Frontiéres de Suffolc & de Cambrige. Elle est fameuse par les courses à cheval qui s'y font ordinairement après la St. Michel, & au mois d'Avril.

[l] Etat présent de la Gr. Br. t. 1. p. 25.

2. NEWMARKET [m], Maison Royale en Angleterre, sur les Frontieres de Suffolc & de Cambrige. Charles II. la fit bâtir seulement pour s'y loger dans la saison des courses: elle n'est pas fort considérable.

[m] Ibid.

3. NEWMARKET [n], petite Ville d'Angleterre, dans la Province de Suffolc, aux Frontiéres de Cambridgeshire, & à dix milles de Cambrige. Cette Ville seroit peu connuë sans les courses des chevaux [o], qui rendent

[n] Ibid. p. 113.
[o] Mémoires d'Angleterre, p. 306.

# NEU.

dent son nom fameux, & qui se font dans une grande plaine voisine. Le Roi Charles II. qui prenoit un grand plaisir à ces sortes de courses, bâtit une Maison à Newmarket, Voyez ce mot, n°. 1. & 2.

**NEUMASUM CASTRUM**, Voyez NEMAS & BILIGA.

**NEUMÜNSTER** ou **NIEMUNSTER**,[a] petite Ville d'Allemagne dans le Holstein, entre Itschoa & Ploën, sur la Rivière de Schwala ou de Schala, qui va se jetter dans la Stör. Selon la Chronique des Villes du Holstein[*] faite par Andreas Angelus, le premier nom de ce lieu étoit *Vippenrode*: il a eu ensuite celui de *Falder*; après qu'on y eut bâti un Monastère, il n'a plus eu d'autre nom que celui de Neumunster: sa Longitude est de 27. d. 40'. & sa Latitude de 50. d. 16'. La grande antiquité de cette Ville fait qu'on en ignore la premiere origine. A l'égard de la fondation du Monastère qui lui a procuré le nom qu'elle a présentement, elle s'est faite selon Crantzius du tems d'Adolphe I. Comte de Holstein, & d'Adalberon Archevêque de Hambourg & de Brême, & un certain Vicelinus en fut le premier Abbé. Neumunster fut presque entièrement ruïné par le fer & le feu des Wendes en 1140. Il éprouva le même sort en 1322. de la part des Ditmarsiens.

[a] *Zeil. Top. Inf. Saxon. p. 186.*
[*] *Cap. 18.*

**NEUNHAUSS** ou **NIENHUSS**,[b] Forteresse de la Basse-Saxe en Allemagne située sur l'Elbe, entre Dömits & Lawembourg, dont elle est éloignée de 4. lieuës. Les eaux & les Marais qui l'environnent contribuent le plus à sa défense. Cependant le Général Tilly l'emporta en 1627. après qu'il eut pris Boytzenbourg. Le Comte de Pappenheim Général des Troupes Impériales s'en rendit aussi maître en 1630. C'est le Chef-lieu du Bailliage de même nom.

[b] *Zeiler, Top. Inf. Saxon. p. 186.*

**NEUROE.** Voyez NEURI.

**NEURI** ou **NEURÆI**, Peuples de la Sarmatie en Europe, selon Etienne le Géographe. Herodote[c], Pline[d], & Pomponius Mela[e] en font mention. Herodote ajoute, qu'avant l'expédition de Darius ces Peuples furent forcez d'abandonner leur Pays, qui étoit infecté d'une quantité prodigieuse de serpens, & qu'ils allèrent demeurer dans le Pays des *Budini*.

[c] *lib. 4. c. 105.*
[d] *lib. 4. c. 12.*
[e] *lib. 2. c. 1.*

**NEURIS**, c'est le nom qu'Herodote[f] donne au Pays des *Neuri*. Il dit qu'un vaste marais le séparoit de la Scythie.

[f] *lib. 4. c. 51.*

**NEURIS.** Voyez PROCONNESUS.

**NEURODES.** Voyez NEBRODES.

**NEUS.** Voyez NESSUS.

**NEUSIUM**, en Grec Νεούτζιον[g], Lieu de Thrace, entre Philippopolis & Hadrianopolis, selon Nicetas.

[g] *Ortelii, Thesaur.*

1. **NEUSTADT**, ou **NEUSTÄTTLEIN**,[h] petite Ville d'Allemagne dans la Principauté de Gross-glogau, en Silésie. Elle est située entre Milkau & Freystatt, sur la petite Rivière de Weisfurt, qui va se jetter dans l'Oder, au-dessous de Beuten. Elle fut entièrement brûlée en 1474. Elle a aussi beaucoup souffert dans la Guerre que les Suédois ont portée en ce Pays.

[h] *Zeiler. Topogr. Silesiæ.*

2. **NEUSTADT** ou **NIENSTADT**[i], Ville d'Allemagne, au Cercle de la Basse-Saxe, dans la Wagrie. Cette Ville qui est située au bord de l'Ostsée ou Mer Baltique, fut prise en 1644. par les Suédois sous la conduite du Général Wrangel.

[i] *Zeil. Top. Saxon. Inf. p. 186.*

3. **NEUSTADT**, petite Ville d'Allemagne[k], au Cercle de la Basse-Saxe dans le Duché de Meckelbourg sur une petite Rivière qui vient du Lac de Schwerin & tombe dans l'Elbe à Dömitz. Elle forme à Newstadt un petit Lac. Cette Ville qui est à quatre milles de Schwerin est peu de chose, mais elle est remarquable par un ancien Château dans lequel se voit une tour, dont les murs sont fort épais, & dans le milieu de laquelle est une fosse où on ne peut descendre que par une échelle. C'est dans ce trou que Waldemar II. Roi de Dannemarck fit une rude pénitence, pour l'incontinence qu'il avoit euë en deshonorant la femme d'un Duc de Meckelbourg, Comte de Schwerin. Ce Roi fut pris & enfermé en cet endroit par le mari qu'il avoit outragé. Ce Château étant fort vieux & mal-bâti le Duc Frederic Guillaume en fit construire un nouveau, qui ne consiste qu'en un corps de Logis avec deux aîles. Le premier dessein n'a point été exécuté. L'Architecte Sturme fils du fameux Mathématicien y a fait des changemens qui en ont fait un séjour assez incommode. Ce n'est après tout qu'une simple maison de chasse. Le terrain où est la Ville n'est qu'un sable où l'absynthe croit naturellement & en abondance. En récompense c'est le plus beau Pays de chasse qu'il y ait au monde.

[k] *Mém. dressez sur les lieux en 1718.*

4. **NEUSTADT**, Ville de la Basse Autriche[l], située sur le grand chemin de Stirie & de Gratz, à 8. lieuës de Vienne. Elle a été appellée de ce nom, qui signifie *nouvelle Ville*, parce que divers incendies, qui l'ont entièrement consumée, l'ont aussi fait entièrement renouveller. Elle avoit d'abord été fondée par Léopold surnommé le Glorieux, Marquis d'Autriche, qui mourut en 1230. Son Château qui a un très-beau Parc a été magnifiquement rétabli par l'Empereur Ferdinand I. Il y a un Arsenal tout vis-à-vis. Cette Ville dont l'assiéte est sur un terrain uni, a de fortes murailles & peut être entièrement environnée d'eau lorsqu'on le juge à propos; ce qui fait sa meilleure défense. L'Empereur Frédéric IV. y avoit fondé un Evêché qui fut ensuite uni à celui de Vienne, mais ce Siège a été relevé depuis peu, & a un Evêque particulier. Ce même Empereur fut assiégé dans Neustadt par l'Armée des Etats d'Autriche, parce qu'il ne leur vouloit pas rendre le jeune *Ladislas* légitime héritier de cette Province & prétendoit sous prétexte de Tutèle y disposer de tout. Il fut enfin contraint de rendre la Ville; & le jeune Prince qui étoit pour lors dans sa 13. année, Mathias Corvin Roi de Hongrie la prit en l'an 1485. après un Siège de 19. mois, si on en croit Bonfinius. Mais après la mort du Prince Hongrois, les Autrichiens la recouvrèrent par la faveur des Habitans, qui aidèrent eux-mêmes à chasser les Hongrois. Néanmoins ceux-ci gardèrent encore quelque tems le Château.

[l] *Zeiler, Topogr. Austriæ.*

5. **NEUSTATT AN DER HART**[m], ou *sur la Hart*, Ville d'Allemagne dans le Palatinat du Rhin, située sur une petite chaîne de Montagnes appellée la Hart. Comme son

[m] *Zeiler, Top. Palat. Rheni. p. 38.*

son territoire fait partie du Speyrgow, les Latins l'appellent *Neapolis Nemetum*. Les Habitans y jouïssent d'un air fort bon : plusieurs eaux vives y donnent des Truites, des Ecreviſſes & diverſes autres ſortes de poiſſons en abondance. C'étoit autrefois le Siège d'un Tribunal pour tout le Speyrgow ; il étoit compoſé de tous les Nobles de cette contrée qui s'y aſſembloient en certain tems de l'année. Robert l'ancien Electeur Palatin qui mourut en 1390. & Beatrix ſa femme avoient fondé très-richement en ce lieu un Chapitre de 16. Chanoines. Mais les revenus de 4. Prebendes furent enſuite appliqués à l'entretien de l'Univerſité de Heidelberg. Le Duc & Comte Palatin Jean Caſimir frère de l'Electeur Louis ſe rendit maître de Neuſtadt en 1379. d'une manière fort aiſée, & qui ne cauſa pas grand dommage aux Habitans. Ce Prince ayant trouvé moyen de ſe faire inviter à un repas que les Magiſtrats donnèrent dans la Maiſon de Ville, & ayant pouſſé aſſez avant dans la nuit le divertiſſement, demanda enſuite qu'on lui ouvrît une porte pour ſortir avant le point du jour ſous un prétexte qu'il leur expoſa : on y conſentit quoiqu'avec peine. La Porte ne fut pas plutôt ouverte, que des Troupes qui s'en étoient approchées à la faveur des ténèbres, s'en ſaiſirent, & entrèrent en aſſez grand nombre pour mettre le Duc en état de faire la loi aux Bourgeois. Dès que ce Prince fut poſſeſſeur tranquille de ce nouveau Domaine, il y établit des Ecoles pour les Humanitez, & enſuite pour toutes les autres Facultez. Son but étoit de faire fleurir en ce lieu, & dans les autres Domaines la Religion Calviniſte dont il faiſoit profeſſion & d'y faire inſtruire, ſelon ſes idées, de jeunes gens qui autrement auroient été faire leurs études à Heidelberg où ſon frère Louis, Electeur Palatin avoit rendu l'Univerſité Luthérienne. Auſſi l'Académie de Neuſtate tomba-t-elle, dès que par la mort de l'Electeur Louis, l'Univerſité de Heidelberg eut encore une fois changé de ſentimens ou de Profeſſeurs. Il y a auſſi eu ci-devant deux Monaſtères de Religieuſes ; l'un étoit dans le Fauxbourg, & ſes bâtimens ſubſiſtent encore ; mais ils ont été appropriez à une Ecole appellée la *Clauſis* ; l'autre qui étoit près des murs de la Ville, fut entièrement ruïné lorſque les Habitans eurent livré en 1525. leur Ville aux Payſans qui s'étoient attroupez & avoient déjà détruit tous les Châteaux des environs. Dans les Guerres qui précédèrent la Paix de Weſtphalie, cette Ville fut obligée de ſe rendre tantôt à un parti, tantôt à l'autre ; mais comme elle ne fit pas beaucoup de réſiſtance aux uns & aux autres, elle ne fut pas beaucoup endommagée par ces viciſſitudes.

[a Zeyler, Topogr. Franconiæ.]

4. NEUSTADT [a], Ville d'Allemagne dans la Franconie, Evêché de Wurtzbourg, ſur la Saale, près de Koenigshoffen. Munſterus dit, que Charlemagne bâtit dans ce lieu, nommé pour lors *Ober Saltza*, un magnifique Palais ; & qu'après lui les Empereurs Louïs le Débonnaire, Arnould & Otton I. y tinrent quelques Dièttes. Ce Palais a depuis été ruïné ; on en voit encore les reſtes : mais il s'eſt formé d'Ober-Saltz une Ville qu'on nomme Neuſtadt.

5. NEUSTATT, ou NEU STATTELEIN [b], petite Ville d'Allemagne dans la Franconie, ſituée aſſez près de Cronnach & à deux milles de Cobourg, ſur le territoire de laquelle elle ſe trouve. [b Ibid.]

6. NEUSTATT [c], petite Ville d'Allemagne dans la Franconie, près de Schnabelwyd, Raukulm, & Eſchenbach & Graffenwerd. Elle eſt le chef-lieu d'un Bailliage & appartient au Margrave de Culmbach. [c Ibid.]

7. NEUSTATT AN DER AISCH [d], petite Ville d'Allemagne, dans la Franconie. Elle eſt aſſez jolie. C'eſt le chef-lieu d'un Bailliage. Lorſque l'Electeur Palatin Frederic le Victorieux donna du ſecours à Louïs de Bavière, contre le Margrave Albert de Brandebourg, cette Ville tomba entre les mains du Palatin. [d Ibid.]

8. NEUSTATT [e], petite Ville d'Allemagne dans le Landgraviat de Heſſe, à cinq lieües de Marpurg, vers l'Orient Septentrional. Elle appartient à l'Electeur de Mayence avec un petit Pays qui en dépend. [e Corn. Dict.]

9. NEUSTATT [f], petite Ville d'Allemagne, dans le Cercle de Weſtphalie au Comté de la Marck. Elle eſt ſituée à la ſource de l'Egers, vers les confins du Duché de Weſtphalie & de Berg, environ à 6. lieües de Ham du côté du Nord. [f Zeiler, Topogr. Weſtphaliæ.]

10. NEUSTATT ou NEUSTETTLEIN, Ville d'Allemagne, dans la Haute Bavière, ſur l'Abenz, près du Danube. Elle a été nommée anciennement Salingſtatt. Cluvier l'appelle *Celenſum*. [g Zeiler, Topogr. Bavariæ.]

11. NEUSTATT [h], petite Ville d'Allemagne dans le Nortgau, entre le Bourg de Dompach & la petite Ville de Kemmath, ſur le chemin d'Eger à Nürnberg. [h Ibid.]

12. NEUSTATT [i], petite Ville d'Allemagne, dans la Bavière, près de Wald-Nabe, ſur le chemin d'Eger à Ratisbonne, entre le Bourg de Schöne-fecht & la Ville de Vyden, dont elle eſt éloignée d'un mille. Elle eſt aſſez jolie, & a un Château. [i Ibid.]

13. NEUSTATT [k], petite Ville du Royaume de Bohême, dans la Moravie, environ à trois lieües d'Olmutz vers le Nord. [k Corn. Dict.]

14. NEUSTADT [l], Ville d'Allemagne, dans le Holſtein, ſur un Golfe, que forme la Mer Baltique, ſur la côte de la Wagrie. Elle a un port commode, capable de recevoir un bon nombre de Vaiſſeaux marchands. Son enceinte eſt un vieux rempart ſans baſtions ni boulevards. Il s'y fait quelque négoce. On ignore le tems de ſa fondation : on ſait ſeulement qu'il en eſt parlé dans l'Acte de partage fait en 1339. entre Gerhard, Albert & Henri, Ducs de Holſtein & de Stormarie. Elle eſt ſituée à quatre grands milles d'Oldenbourg & environ à pareille diſtance de Lubec, d'Eutin, & de Ploen. En 1544. elle paſſa entre les mains d'Adolphe Duc de Schleswic & de Holſtein, & elle eſt toujours demeurée depuis en la poſſeſſion des Ducs de Gottorp. [l Rutger, Hermanid. Holſtiæ Deſcr. pag. 965.]

15. NEUSTATT AM KOCHER [m], Ville d'Allemagne dans la Suabe, à deux lieües de Wimpffen, & à trois de Heylbronn. Selon le rapport de Cruſius dans ſes Annales de Suabe, ce lieu ou domaine qu'on appelloit autrefois Helmſtadt avoit appartenu aux Barons de Weinsperg, enſuite à la Maiſon Electorale Palatine, d'où il paſſa dans celle des [m Zeil. Top. Sueviæ pag. 58.]

Ducs

Ducs de Würtemberg en 1404. à l'occasion des guerres du Haut-Palatinat. Depuis il est entré dans celle des Comtes de Trautmandorff.

16. NEUSTADT AM RUBENBERG [a], Ville & Château d'Allemagne, dans le Duché de Brunswich-Lunebourg, à trois milles d'Hanover, sur la Riviére de Leina. Ce lieu faisoit autrefois partie du Comté de Wölpe, avant qu'il eût été érigé en Ville par les Ducs de Brunswich-Lunebourg. Le Château est entouré de fortes murailles; la Ville n'est encore ceinte qu'en partie.

[a] Zeiler, Top. Duc. Brunsw. pag. 160.

17. NEUSTADT SUR L'ORLA [b], Ville d'Allemagne, dans la Thuringe, sur la petite Riviére d'Orla, à une lieuë de Pesneck. Elle est presentement ruïnée. Dresserus, dans son Livre des Villes *, rapporte qu'il y avoit en ce lieu un Monastère d'Ermites de l'Ordre de St. Augustin qui avoit été fondé en 1292. Mais ces Religieux ayant dès les premiers tems de la Réformation brûlé les Images & pris des femmes sans cesser néanmoins de vivre en communauté, les Habitans peu satisfaits de leur conduite pillérent entiérement le Monastère, & priérent d'une manière peu gracieuse les Moines d'aller loger ailleurs avec leurs femmes. Cette Ville étoit venuë en 1301. avec le Comté d'Orlamond & quelques autres Domaines en la puissance de Frederic Marquis de Misnie par son Mariage avec Elisabeth Comtesse d'Arnshaug. Elle subsistoit encore en 1632. & fut pillée cette même année par les Cravattes, & on ne sait pas précisément le tems où elle fut détruite.

[b] Zeiler, Top. super. Sax. p. 144.
* Pag. 466.

18. NEUSTATT UNICOW [c], Ville d'Allemagne dans la Moravie située proche Litta ou Littowal, à deux milles & demi d'Olmütz, vers le Comté de Glatz qui est dans la Silesie. Les Suédois qui s'en étoient rendûs maîtres en 1642. y furent bloquez en 1643. par les Hongrois. Peu de tems après, un incendie en ruïna une grande partie.

[c] Zeiler, Top. Marg. Morav. p. 103.

NEUSTÄTTLEIN [d], très-petite Ville d'Allemagne, dans le Duché d'Oppelen en Silesie, près du petit Glogau & de Zülch.

[d] Zeiler, Topogr. Silesiæ.

1. NEUSTRIE [e], c'est le nom que l'on imposa après la mort de Clovis ou un peu auparavant, à l'une des deux parties principales de la France, partie qui comprenoit toutes les terres renfermées entre la Meuse & la Loire, & cette portion des Pays Armoriques qu'on appelloit dès lors petite Bretagne parce que les Bretons y habitoient. On l'appella en Latin *Neustria*, *Neustrasia* ou *Neuster*, & quelquefois *Neptricum* ou *Neptria*; les Habitans du Pays furent nommez *Neustrasii*: on ne donnoit le nom de *Franci*, qu'aux *Nenstrasii* & aux *Austrasii* joints ensemble; comme on n'appelloit France que la Neustrie & l'Austrasie prises conjointement. Voyez à l'Article FRANCE.

[e] Hadr. Valesii, Not. Gal. p. 372. M. de Cordemoi, Hist. de France, p. 159.

Vers le tems de Charlemagne les bornes de la NEUSTRIE furent plus étroites: elle se trouva alors renfermée entre la Seine & la Loire. C'est ce que nous apprennent entre autres Adrevald Moine de Fleury dans son Livre des Miracles de St. Benoît [f], Guillaume Moine de Jumiége dans son Livre des Gestes des Normans [g], & Conrad Abbé d'Userche dans sa Chronique où on lit ces mots:

[f] Cap. 33.
[g] Cap. 7.

*Neustria pays est Galliæ Celticæ, illa scilicet quæ Sequana Ligerique interjacet*. La partie de l'ancienne Neustrie, comprise entre la Seine, l'Escaut & la Meuse, fut appellée France; & toutes les fois que les Ecrivains de ce tems-là veulent distinguer la France de la Neustrie & de l'Austrasie, ils donnent le nom de France, à cette portion de l'ancienne Neustrie, qui comprend les environs de Paris & le Pays au-delà de la Seine.

Comme l'Armorique qui comprenoit d'abord les terres qui sont entre la Seine & la Loire, fut enfin réduite à l'étenduë de la seule Bretagne; de même la Neustrie bornée en premier lieu par la Meuse & par la Loire & ensuite par la Seine & par la Loire, fut enfin tellement resserrée, qu'on ne donna plus ce nom qu'au Pays que nous appellons aujourd'hui la Normandie. On lit dans les Gestes des Normans, que Charles le Simple Roi de France, donna en 895. à Rollon Duc des Normans la Neustrie que ces Peuples avoient nommée *Nortmannie*. Mais il en arriva encore à la Neustrie comme à l'Armorique: l'une & l'autre perdirent leur nom; & comme on ne connut plus celle-ci que sous le nom de Bretagne, on ne donna plus à la premiere que le nom de Normandie.

2. NEUSTRIE [h], Contrée de l'Italie, entre la Ligurie & l'Emilie. Les Lombards s'étant rendus maîtres d'une partie de l'Italie, donnérent, à l'imitation des François, les noms de Neustrie & d'Austrasie à une portion de leurs conquêtes. Ils appellérent Austrasie la partie qui étoit à l'Orient, & Neustrie ou Hespérie celle qui étoit à l'Occident, & laissérent à la Toscane son ancien nom.

[h] Hadr. Valesii Not. Gal. p. 372.

NEUTRE, Nation sauvage de l'Amérique Septentrionale: elle a été détruite par les Iroquois. Elle habitoit entre les trois Lacs Huron, Erié & Frontenac.

NEUVERBURG, Seigneurie dans le Luxembourg à deux petites lieuës de Vianden.

NEUVI [i], en Latin *Novus Vicus*; Bourg de France, dans la Touraine, à une lieuë au dessus de Beuil. Ce Bourg est bien bâti & a l'air d'une petite Ville; tout auprès on voit le Château de Gros-Bois, qui est aussi très-bien bâti.

[i] Piganiol, Descr. de la France. T. 7. p. 45.

NEUVIC, Bourg de France dans le Perigord, Election de Perigueux.

NEUVIC ENTIER, Bourg de France dans le Limousin, Election de Limoges.

NEUVICQ, petite Ville de France dans le Limousin, Election de Tulle.

1. NEUVILLE; dans le Lyonnois. Voyez VIMY.

2. NEUVILLE, petit Village, en Hainaut, vis-à-vis de la Bussière.

3. NEUVILLE, petite Ville de la Basse-Alsace, à demi lieuë de la Rivière de Zinzel.

4. NEUVILLE, Bourg de France dans le Nivernois, Diocèse d'Auxerre, Election de Clamecy.

5. NEUVILLE, Bourg de France dans le Poitou, Election de Poitiers.

6. NEUVILLE, Bourg de France dans la Normandie, Election de Caudebec, proche de la Mer.

NEUVILLE AUX BOIS, Village de France, dans la Picardie, Election d'Abbeville

ville, Sainte Goberte, l'une des Patrones, de la Ville de Noyon, nâquit à Neuville aux Bois.

NEUVILLE-CHAMP-D'OISEL, (la) Bourg de France dans la Normandie, Election de Rouen.

NEUVILLE-LALAIS, Bourg de France dans le Maine, Election du Mans.

NEUVILLE-LA-MARC, lieu de la naissance de St. Lomer, à trois ou quatre lieües de Chartres.

NEUVILLE AU PONT, Bourg de France dans la Champagne. Il fut bâti dans l'année 1203. par Blanche Comtesse de Champagne, sur les Terres de l'Abbaye de Moirmont.

NEUVILLE SUR SARTE, Bourg de France dans le Maine, Election du Mans.

NEUWILLER, petite Ville de France, dans d'Alsace. [a] Elle est située au pied d'une haute Montagne, son enceinte est fermée par un mur de dix ou vingt pieds de haut, & elle a une ancienne fausse-braye presque entiérement ruinée. Le fossé est comblé: il étoit autrefois revêtu, comme on en peut juger par des marques qui en restent. Il y avoit autrefois une Abbaye de l'Ordre de St. Benoît. Elle fut sécularisée en 1496. son Chapitre est composé d'un Prevôt, d'un Doyen, de six Chanoines résidens & de quatre autres non résidens. Les Canonicats sont de mille livres. La Prébende du Prevôt est de deux Canonicats, & celle du Doyen d'un Canonicat & demi.

[a] Piganiol Descr. de la France. T. 7. p. 461.

NEUVILLY, Bourg de France, dans la Normandie, Election de Bayeux.

☞ 1. NEUVY, ce mot a été formé du Latin *Novus Vicus*, ou de *Noviacus* & de *Noviacum*, mots corrompus de *Novus Vicus*. En effet tous les lieux appellez NEUVY ont cette origine. On en trouve autant d'exemples qu'il y a de lieux qui portent le nom de NEUVY.

2. NEUVY, Bourg de France, dans la Touraine. Voyez NEUVI.

3. NEUVY, Bourg ou Village de France, dans le petit Pays de Puysaye: son nom Latin est *Novus Vicus* ou *Noviacus ad Ligerim* [b]. Il est situé sur la Loire, aux Frontiéres du Nivernois, & vis-à-vis du Berry, quatre lieuës au dessus de Briare, en allant vers Cône. Ce Bourg est accompagné d'un Château.

[b] La Thaumassiére, Hist. de Berry, p. 620. Mém. de Litterature, T. 9. p. 378.

4. NEUVY LE PAILLOUX, en Latin *Novus Vicus Paludosus*; Bourg ou Village de France dans le Berry.

5. NEUVY-SAINT-SEPULCRE, Bourg de France dans le Berry, Election d'Issoudun. C'est une Châtellenie, qui releve du Duché de Château-Roux. Ce Bourg est situé à dix-huit lieuës de Bourges & à neuf d'Issoudun, dans un Pays où il y a beaucoup de bois & d'étangs, sur la petite Riviére de la Bouzane. Dans le Château qui est auprès du Bourg, il y a une Collégiale, sous l'invocation de St. Jacques le Majeur & fondée avant l'an 1228. Le Cardinal de Château-roux ayant fait présent en 1245. au Chapitre de cette Eglise d'une pierre du St. Sépulcre, ce Bourg qui s'appelloit simplement NEUVY, prit le nom de NEUVY-SAINT-SEPULCRE.

6. NEUVY SUR BARANGEON, petit Village de France, dans le Berry, à cinq lieuës de Vierzon, & à sept de Bourges. Mr. de Valois croit que c'est la Ville NOVIODUNUM, que l'Armée de Cesar trouva sur son chemin dans le Pays des *Bituriges* (le Berry) lorsqu'elle s'approcha de l'Armée de Vercingetorix. Mais Mr. Lancelot, [c] ne peut souscrire à cette opinion, parce que tous les lieux appellez NEUVY, viennent de *Novus Vicus*, d'où *Noviacus* & *Noviacum*. Voyez NEUVY, n°. 1.

[c] Mémoires de Litterature, T. 9. p. 378.

NEW-ABERDEEN. Voyez ABERDEEN.

NEW-ANGERMUND. Voyez ANGERMUND.

NEWARK, Bourg d'Angleterre [d], dans le Nottinghamshire, sur la Trente. Il a pris son nom d'un Château, qu'Alexandre Evéque de Lincoln y fit bâtir sous le régne d'Etienne, & dont on voit encore les murailles, qui sont de belles preuves de sa magnificence. Il y a une belle Eglise. Ce Bourg a droit de députer au Parlement.

[d] Etat présent de la Gr. Br. T. 1. p. 98.

NEUBOROUGH [e], Ville d'Angleterre dans l'Isle d'Anglesey.

[e] Ibid.

1. NEWCASTLE, Ville d'Angleterre [f] & la Capitale de la Province de Northumberland, sur la Tine, à 7. milles de la Mer, & à 212. milles de Londres. Elle est bâtie sur le penchant d'une colline, avec vûe sur la Riviére, pour la commodité des Vaisseaux qui y abordent. Elle est grande, & bien peuplée, négociante, & riche. Les Maisons y sont la plûpart bâties de pierres, & la plûpart des ruës ont une fort grande pente. La Maison de Ville n'est pas éloignée du quay, ni celui-ci du pont de pierre qu'il y a sur la Riviére, avec une porte de fer au milieu; qui sépare cette Province de celle de Durham. C'est ici que se fait le grand négoce du charbon de terre, cette Ville étant presque toute environnée de Mines de charbon, qu'on y va querir, principalement pour l'usage de Londres, où il s'en debite jusqu'à 600000. Chaldrons par année, à 36. boisseaux le Chaldron. Delà vient qu'on y voit toûjours des Flotes de Vaisseaux Charbonniers, quelquefois de 3. 4. ou 500. voiles, dont le rendez-vous est à Sheals, à l'embouchure de la Tine. C'est ce négoce particuliérement, qui rend cette Ville opulente. Elle a quatre grandes Paroisses, & quatre Eglises; dont la principale est celle de St. Nicolas. Cette Ville étoit autrefois défenduë par un Château, dont on voit encore les murailles. Cambden dit, qu'elle s'appelloit Monkchester, & qu'elle ne prit le nom de Newcastle, qui signifie Château-neuf, qu'après que ce Château fut bâti par le Prince Robert, fils de Guillaume le Conquérant. Enfin cette Ville jouït de grands Privileges, qu'elle obtint sous la Reine Elizabeth. Elle est du nombre de celles qui se gouvernent elles-mêmes, indépendamment du Lieutenant de la Province; & qu'on appelle *County-Towns*, ou *Comites Corporate*. Tout y abonde & les provisions s'y vendent à grand marché.

[f] Etat présent de la Grande Bretagne, T. 1. p. 95.

2. NEWCASTLE, Bourg d'Irlande, dans le Comté de Stafford, à la source de la Riviére de Trente.

3. NEWCASTLE, Bourg d'Irlande dans le Comté de Dublin, à huit milles de cette Capitale presque à l'Ouest. Il a titre de Ba-

# NEW.

Baronie & droit d'envoyer deux Députez au Parlement.

4. NEWCASTLE, Bourg d'Irlande, avec titre de Baronie dans le Comté de Wicklow.

NEWENDEN. Voyez ANDERIDA.

*a Etat présent de la Gr. Br. t. 1. p. 16.*
NEW-FOREST, [a] l'une des principales Forêts de l'Angleterre. Elle est dans l'Hampshire.

*b Baudrand, Edit. 1705.*
NEWHAM-REGIS [b]; Village d'Angleterre en Warwickshire. Il n'est connu que par ses eaux minerales, qui ont le goût & la couleur du lait. On dit qu'elles sont laxatives lorsqu'on les boit avec du sel & astringentes lorsqu'on y met du sucre.

*c Etat présent des terres des Anglois dans l'Amérique, p. 94.*
NEW-JERSEY,[c] ou NOUVEAU JERSEY; Province de la nouvelle Albion, divisée en *Est-Jersey* ou Jersey Orientale; & en *Ouest-Jersey* ou Jersey Occidentale.

La Province d'EST-JERSEY est située entre le 39. & le 41. degré de Latitude Septentrionale. Elle est bornée au Sud-Est par la Mer Océane; à l'Est par un gros torrent navigable, appellé la Riviére de Hudson, à l'Ouest par une ligne de séparation, qui la distingue de l'Ouest-Jersey & au Nord par plusieurs Terres qui s'étendent en long sur les côtes de la Mer, & au long de la Riviére d'Hudson, l'espace d'environ cent milles d'Angleterre.

La commodité de la situation, la bonté de l'air, & la fertilité du terroir, ont fait qu'on y a bâti sept Villes considérables, qui sont:

Shrewsbury,      Neuwark,
Middle-Town,     Elisabeth-Town,
Burgin,          Voodbridge,
           Piscataway.

Cette Province a de grands avantages pour la navigation: non seulement elle est située le long de la partie navigable de la Riviére d'Hudson, elle s'étend encore plus de cinquante milles sur la Mer. Vers le milieu de la Côte, il y a une Baye pour les Navires, dans Sandhoock. Les bâtimens peuvent y demeurer en sureté dans les plus grandes tempêtes, & l'on peut les expédier de tous vents, & entrer & sortir aussi bien en été qu'en hyver. La pêche y est abondante: le Pays est abondamment fourni de belles sources d'eau & de petites Riviéres qui se rendent dans la Mer, ou dans la Riviére d'Hudson. Il y a une grande quantité de bois propres pour la construction des navires & pour des mâts. La terre est généralement fertile. Elle produit abondamment de toutes les espéces de grains qui croissent en Angleterre. Elle produit aussi de bons Lins & des Chanvres dont on fait de la toile. Les habitans n'ont point encore cherché quelles sortes de Mines ou de Minéraux se trouvent dans la Terre: il y a cependant dans cette Colonie un fourneau de fonte & une forge où l'on fait de bon fer; ce qui est d'un grand revenu dans le Pays. Il y a des Indiens naturels; mais en petit nombre si on les compare à ceux des Colonies voisines. Ils ne sont point ennemis des Planteurs & autres habitans: au contraire ils leur rendent toutes sortes de bons offices. Ils chassent & prennent les bêtes farouches & sauvages; ils les fournissent de poisson & d'oiseaux pour manger; ils détruisent les castors, les loups, les renards, &c. dont on porte les peaux & les fourrures en Angleterre.

La Province d'OUEST-JERSEY s'étend sur la Mer & sur la Riviére Delaware. Elle a tous les avantages dont jouit la Province d'Est-Jersey, & elle l'emporte même à divers égards. C'est une des meilleures Colonies de toute l'Amérique, tant par sa situation avantageuse, par la bonté de l'air qu'on y respire, & par la fertilité de son terroir, que par ses ports, ses criques & ses havres. Les Anglois qui sont établis dans ce Pays-là achétent des terres des Naturels, & sont par-là assurez de leur amitié. Ces Sauvages se trouvent par le moyen du Trafic fournis de tout ce qui leur manquoit. Il y a dans cette Province une Ville nommée Burlington. On peut avec un soin médiocre avoir en peu d'années des chevaux, des bœufs, des cochons, de la farine & des pois pour garder. Le Pays produira du miel, de la cire, de la soie, du chanvre, du lin, du houblon, du fel, &c. Outre cela la terre fournit de la poix liquide, du bray, de la résine, de la terébentine, &c. Pour les fourrures il y a des castors, des renards noirs, des loûtres &c. Le tabac y est excellent, sur-tout sur la Riviére Delaware. La pêche de la moruë & de divers autres gros poissons est abondante.

NEWIS. Voyez MEWIS.

*d Etat présent de la Gr. Br. t. 2. p. 206.*
NEW-MILS, [d] lieu d'Ecosse, dans la partie Occidentale de ce Royaume. On y trouve une eau admirable, pour les maux scorbutiques & hypocondriaques.

NEW-MINSTER, *novum Monasterium*, Abbaye en Angleterre au Diocèse d'Yorck près de Morpet, au Pays de Northumberland, selon Mr. Baillet [e]. Cette Abbaye étoit de l'Ordre de Cîteaux. St. Robert en fut le premier Abbé au douzième siècle.

*e Topograph. des Saints, p. 635.*

NEW-MUNSTER, NEUENMUNSTER, ou NIENMUNSTER [f], petite Ville du Duché de Holstein, sur la Swale. Voyez NEUMUNSTER. Il y a vingt-huit villages & divers hameaux dans le ressort de cette Ville. Elle n'est habitée aujourd'hui que par des Charretiers & des Laboureurs.

*f Rutger. Hermanid. Holsatiæ Descr. p. 496.*

NEW-PLYMOUTH [g], Ville & Colonie Angloise dans l'Amérique Septentrionale, sur la Côte de la nouvelle Angleterre, où elle est la Capitale d'une Province, nommée aussi PLYMOUTH, & qui s'étend l'espace de cent milles le long de la Mer, depuis Kabeljawuskaap, au Canton de Barnstable, jusqu'à Manchester, dans la Province de Bristol, sur environ cinquante milles de largeur. Cette Province est divisée en sept Cantons qui prennent chacun le nom de leur Ville, savoir

*g Het Britan. Ryk, in Amerik. p. 77.*

Plymouth,        Marsfeild,
Bridgewater,     Middlebury,
Duxbury,         Scituate.

La Capitale est en même tems la principale & la plus ancienne Colonie de la nouvelle Angleterre. Elle est située dans le grand Golphe de Patuxet & consiste en trois ou quatre cens famil-

96 NEW.

familles. La seconde Ville pour la grandeur est Scituate, qui a deux Eglises, quoique Plymouth n'en ait qu'une.

1. NEW-PORT [a], Bourg d'Angleterre dans l'Isle de Wight. On y tient marché & il a le privilége de députer au Parlement. Ce Bourg est assez grand & bien peuplé. A l'entrée du Havre de New-Port on trouve Cowes, où les vaisseaux viennent souvent se mettre à couvert, sous la protection d'un Château, qui défend la Place & le Havre, & au Couchant de New-port il y a un autre Château nommé Carisbrook-Castle.

2. NEW-PORT [b], Ville ou Bourg d'Angleterre dans le Buckinghamshire. Il s'y tient un Marché.

3. NEW-PORT [c], Bourg d'Angleterre, dans la Province de Cornouailles. Il a droit de députer au Parlement.

4. NEW-PORT [d], Ville d'Angleterre, dans le Monmouthshire, sur la Riviére d'Usk. On y tient un marché.

1. NEWRY, petite Riviére d'Irlande [e]. Elle sort de Lough-Neagh, prend son cours du Nord au Sud, sépare le Comté de Down de celui d'Armagh, mouille la Ville de Newry & va se jetter dans la Mer un peu au dessous de cette Ville.

2. NEWRY, petite Ville d'Irlande [f], dans le Comté de Down, à vingt-cinq milles au Sud-Ouest de Down, sur la Riviére Neury, près des Frontieres d'Armagh. Elle envoie deux Députez au Parlement & a le droit de tenir un marché public.

NEWSIDEL [g], petite Ville de la Basse Hongrie, au Comté de Sporon, sur la rive Septentrionale du Lac Nowsidlerzée auquel elle donne son nom. Elle ne consiste qu'en une seule ruë, avec quelques Maisons derriére. Il y a un petit Château bâti sur une Montagne d'où on découvre facilement le Lac.

NEWSIDLERZEE, Lac situé dans la Basse Autriche, à quelques milles du Danube, au Midi de ce Fleuve. Les Allemands lui donnent le nom de Mer à cause de l'abondance des poissons que l'on y prend. Les Hongrois l'appellent Tertou ou Terto. Pline [h] le nomme Peiso. Il a i sept milles d'Allemagne de longueur & trois milles de largeur. Pendant les troubles de Botscai, les Turcs & les Tartares brûlérent quatorze villages qui étoient bâtis aux environs de ce Lac.

NEWTEICH [k], petite Ville d'Allemagne dans la Prusse, dans le Grand Werder sur la Riviére de Schwente. Elle fut bâtie en 1329. & ruïnée par un incendie en 1400.

NEWTOWN [l], Ville d'Irlande dans le Comté de Down, à quatre milles presque au Sud de Bangor. Elle est située sur le côté Septentrional du Lac de Strangford. Elle envoye deux Députez au Parlement.

NEWYN [m], petit Port de Mer dans la Grande-Bretagne au Pays de Galles, au fond d'une petite Ance sur la Côte Occidentale de Carnarvanshire, au Midi de l'Isle d'Anglesey. C'est une Bourgade, où il y a quelque commerce.

NEU-ZOLL [n], Ville de la Haute Hongrie, & l'une des sept Villes des Montagnes, parmi lesquelles elle a le troisième rang. Elle

NEX.

est située sur la Riviére de Gran. C'est une Ville assez jolie [o] au bout de laquelle il y a une belle Tour. Le Château est grand. Il y a dedans une Eglise toute couverte de cuivre, & dans laquelle sont plusieurs figures de bois & quelques reliques. Comme ce sont les Lutheriens qui les possédent, ils ne les estiment pas beaucoup, quoiqu'ils les conservent avec soin.

Il y a dans cette Ville & aux environs les plus belles mines de cuivre, qui soient en Hongrie; mais comme le cuivre est fort attaché à la pierre qui est dans la mine, on a bien de la peine à l'en tirer. Quand on en est venu à bout on le fait brûler & fondre quatorze fois, avant qu'on s'en puisse servir. On le fait premierement fondre avec une pierre appellée Fluss-stein, & avec un peu de sa propre écume & du Kis, qui est une sorte de Pyrite. On le porte ensuite dans l'endroit où on le fait rôtir & on le place sur de grands monceaux de bois auxquels on met le feu. On le fait brûler de cette maniére sept ou huit diverses fois, & on l'apelle alors rôti. On le fait encore après cela fondre une fois dans la fournaise, avant qu'il puisse servir à quelque chose.

On voit dans cette Ville un Pont sur lequel on passe la Riviére. On y a élevé un très-beau bâtiment pour arrêter le bois qu'on jette dans cette Riviére dix mille au dessus de la Ville. C'est par ce moyen qu'on fait venir du bois à New-zol, sans qu'il en coûte beaucoup, & on s'en sert pour travailler aux mines qui sont dans la Ville.

NEX, ou NEXOE, petite Ville du Dannemarck [p], dans l'Isle de Bornholm, sur la Côte Occidentale. On la nomme communément Nexoe. [q] Elle a été ruïnée par les guerres.

NEXON, Bourg de France dans le Limousin, Election de Limoges.

1. NEYBE, NEYBA, ou NEYBAM [r], Riviére de l'Amérique Septentrionale dans l'Isle Hispaniola ou de St. Domingue. Elle a sa source vers le milieu de l'Isle, court presque du Nord au Sud, & se partage en sept branches avant que de se décharger dans la Baye à laquelle elle donne son nom. Cette Riviére [s] est assez profonde à son embouchure; mais un peu plus haut elle est platte & pleine de bancs.

2. NEYBE, Baye de l'Amérique Septentrionale [t], sur la Côte méridionale de l'Isle Hispaniola ou St. Domingue, environ à trente lieues de la Ville de San Domingo en tirant à l'Ouest. Elle tire son nom de la Riviére de Neybe qui s'y décharge.

1. NEYTRACHT, ou NEITRA: [v] Contrée de la Haute Hongrie, avec titre de Comté. Elle est bornée au Nord par le Comté de Trapczin; à l'Orient par le Comté de Zwol; au Midi par le Comté de Comore, & à l'Occident par celui de Poson. Elle a pris son nom de sa Capitale.

2. NEYTRACHT, ou NEITRA [x] Ville de la Haute-Hongrie & la Capitale d'un Comté de même nom. Elle est située sur la Riviére de Nytra. Elle est remarquable par le Siège d'un Evêché, nommé en Latin Nitriensis Episcopatus.

3. NEYTRACHT, ou NEYTRA; [y] Riviére de la Haute Hongrie. Elle a sa source dans

le

## NEY. NEZ. NI. NIA.

le Comté de Tranczin. Après avoir mouillé la Ville de Neytra, elle passe à Neuhausel, & va ensuite se joindre au Danube, un peu au dessous de Comore.

NEYVA,[a] petite Ville de Portugal, dans la Province d'*Entre-Douro & Minho*, vers les frontiéres de la Galice, à l'embouchure d'une Riviére de même nom, appellée anciennement *Næbis*. Cette Ville est Capitale d'un Comté, qui appartient au Roi en qualité de Duc de Bragance.

NEZ,[b] Riviére de France, dans le Bearn. Son cours n'est que de deux lieues : elle prend sa source près du Château de Ravenac, passe au Bourg de Gan, & à Juranson & va se jetter dans le Gave, auprès de Pan, sans avoir reçu d'autres eaux que celles de sa grande source.

### N I.

NI,[c] Montagne de la Chine, dans la Province de Kiangnan, au voisinage de la Ville de Nanking. Il y a sur cette Montagne un Temple dans lequel on compte au delà de mille Idoles.

NIA, Fleuve dans la Libye intérieure : Ptolomée[d] place l'embouchure du Fleuve Nia, dans le Golphe Hespérien, entre *Catharum Promontorium*, & *Hesperi Ceras*.

NIACCABA, Ville de la Commagene. L'Itinéraire d'Antonin la place sur la route d'Antioche à Emesa, entre Antioche & Caperturi, à vingt-cinq milles de la premiere & à vingt-quatre milles de la seconde. Quelques MSS. lisent NIACCUBA ; d'autres portent NIACOABA, & Ortelius[e] NIACCURA.

1. NIAGARA,[f] Riviére de l'Amérique Septentrionale, dans le Pays des Iroquois. Elle sort du Lac Erié & après un cours de quatorze lieues elle va se jetter dans le Lac Ontario, autrement le Lac de Frontenac ; mais à quatre lieues au dessus de son embouchure, elle fait un saut prodigieux, & qui n'a pas son pareil dans l'Univers. On en voit quelques-uns en Italie, dans le Royaume de Suède, &c. mais on peut dire que ce ne sont que de foibles échantillons de celui dont nous parlons ici. Au pied de cet affreux saut la Riviére n'a qu'un demi-quart de lieue de large; mais elle est très-profonde en quelques endroits. Elle est si rapide au dessus de son saut qu'elle entraîne avec violence toutes les bêtes sauvages qui le veulent traverser, pour aller pâturer dans les terres qui sont au delà. Rien ne peut résister à la force de son cours, & tout ce qu'elle entraîne est précipité de plus de six cens pieds de haut.

La chute de cet incomparable saut est composée de deux grandes nappes d'eau & de deux cascades avec une Isle en talus au milieu. Les Eaux qui tombent d'une hauteur si prodigieuse écument & bouillonnent de la maniére du monde la plus étonnante. Elles font un bruit terrible qui est plus fort que le tonnerre, & quand le vent souffle au Sud, on entend cet effroyable mugissement à plus de quinze lieues. Depuis ce grand saut ou chute d'eau, la Riviére Niagara se jette, sur-tout pendant l'espace de deux lieues, jusqu'à un gros rocher, avec une rapidité extraordinaire;

## NIA. NIB.

mais pendant deux autres lieues, c'est-à-dire jusqu'au Lac de Frontenac, l'impétuosité de ce grand courant se rallentit.

Depuis le Fort de Frontenac on peut aller en barque ; ou sur de grands bâtimens jusqu'au pied du gros Rocher, qui est à l'Ouest & détaché de la terre par la Riviére de Niagara, à deux lieues du grand saut. C'est dans ces deux lieues qu'on est obligé de faire le portage, c'est-à-dire de transporter les Marchandises par terre. Heureusement le chemin est très-beau. Il y a peu d'arbres : ce sont partout des prairies, dans lesquelles on trouve d'espace en espace des chênes & des sapins. Depuis le grand saut jusqu'au rocher, les deux bords de la Riviére sont d'une hauteur si prodigieuse, qu'on ne peut s'empêcher de frémir en regardant fixement la rapidité avec laquelle les eaux de cette Riviére coulent au bas. Sans ce grand saut qui interrompt la Navigation, on pourroit aller avec de grandes barques & même avec des navires plus de quatre cens cinquante lieues, en traversant le Lac des Hurons, jusqu'au bout du Lac des Illinois.

2. NIAGARA, c'est le nom d'un Fort de l'Amérique Septentrionale, à l'embouchure de la Riviére de même nom. On l'appelle aussi le Fort de Conti, ou le Fort de Denouville, du nom de l'Officier qui le fit bâtir. Il est situé à l'Est de la Riviére sur le bord du Lac de Frontenac ; & il sert à assurer le passage aux François & aux Sauvages qui leur sont alliez, contre les insultes des Iroquois qui en sont voisins. Ce Fort fut commencé par le Sr. la Salle en 1679. Ce n'étoit alors qu'une Maison ou un Magasin sous le nom de Conti. Depuis le Sieur Denouville y fit un Fort de pieux à quatre bastions.[g] Mais où il ne subsiste plus, ou il n'y a pas d'apparence qu'on puisse le conserver. Ce poste est regardé comme insoutenable à cause de la difficulté des Cataractes inaccessibles, où dix Iroquois embusquez pourroient aisément arrêter mille François à coups de pierre.

3. NIAGARA, Village des Iroquois Tsonnontouans, près du Fort & du saut qui portent le même nom, sur le bord Oriental du Lac de Frontenac, à l'embouchure de la Riviére Niagara dans ce Lac.

NIANG,[h] Montagne de la Chine, dans la Province de Kiangsi, au Midi de la Ville d'Ivencheu. Niang en Chinois signifie visible. Ce nom a été donné à cette Montagne; parce qu'on peut seulement la voir, sans qu'il soit possible d'y monter, à cause des rochers & des précipices dont elle est environnée. Elle occupe environ trois cens stades de terrein, & il en sort une fontaine dont l'eau est si froide en toute sorte de tems, que personne ne peut en boire, si on ne l'expose un peu au Soleil.

NIAOSO[i], Isle de la Chine, dans la Province de Huquang : elle est formée par les eaux du Fleuve Kiang & située auprès de la Ville de Ki.

NIAPOLLINIS. Voyez AQUÆ.

NIARA, Ville de Syrie : Ptolomée[k] la place dans la Cyrrestique, au dessous d'Héraclée. Théodoret en fait aussi mention. Voyez CITTACA.

NIBA, Fontaine de Thrace, selon Ortelius[l] : il cite Suidas.

NIBA-

*Marginal notes:*
[a] *Délices de Portugal,* t. la 5. p. 704.
[b] Coulon, Riv. de France, p. 571.
[c] *Atlas Sinensis.*
[d] l. 4. c. 6.
[e] *Thesaur.*
[f] Le Pere Hennepin, Nouv. Voy. de l'Amérique Sept. c. 7.
[g] *La Hontan, Voy. de l'Amér.* Sept. t. 1. p. 101. & 195.
[h] *Atlas Sinensis.*
[i] Ibid.
[k] l. 5. c. 15.
[l] Thesaur.

## NIB. NIC.

**NIBARUS**, Fleuve de la Grande Arménie, selon Strabon [a].

**NIBAS**, lieu au voisinage de Thessalonique. Ælien [b] dit que les poules y sont muettes.

**NIBENES.** Voyez MINIUS.

**NIBENSIS**, Siège Episcopal dans la Numidie : [c] *Paulus Nibensis* se trouve au nombre des Evêques Catholiques de la Province de Numidie, dans la Liste des Evêques d'Afrique citez à Carthage la sixiéme année du régne de Huneric, pour rendre raison de leur foi.

**NIBIANO** [d], petite Ville d'Italie, dans la partie Occidentale du Duché de Plaisance, sur le Tidone, à quatre ou cinq lieues de Plaisance en tirant vers le Sud-Ouest.

**NIBIS**, Village d'Egypte [e], selon Suidas. Etienne le Géographe en fait une Ville.

**NICA**, Ville de Thrace, selon Ortelius [f], qui cite Calliste [g] & Socrate le Scholastique. Voyez NICE, N°. 8.

1. **NICÆA.** Voyez NICE'E.

2. **NICÆA**, Ville des Locres Epicnemidiens dans le Golphe *Maliacus*, selon Strabon [h]. Tite-Live [i] dit que le Consul Q. Minutius eut une entrevuë avec le Roi Amynander dans le Golphe *Maliacus*, auprès de *Nicæa*. Etienne le Géographe fait aussi mention de cette Ville.

3. **NICÆA**, Ville de l'Illyrie, selon Etienne le Géographe.

4. **NICÆA**, Ville de l'Inde, au voisinage du Fleuve Hydaspe. Arrien [k], Etienne le Géographe, Quinte-Curce [l] & Justin [m] parlent de la fondation de cette Ville & disent qu'elle fut bâtie par Alexandre après la victoire qu'il remporta sur Porus.

5. **NICÆA**, Ville des Indes au voisinage des *Paropamisades*, & auprès du Fleuve Cophene. Arrien [n] dit qu'Alexandre entra dans cette Ville, & qu'il y fit un sacrifice à Pallas.

6. **NICÆA**, Ville de l'Isle de Corse : elle fut fondée, selon Diodore de Sicile [o] par les Etruriens, lorsqu'ils avoient l'Empire de la Mer & qu'ils s'approprioient les Isles voisines de l'Etrurie. Etienne le Géographe fait aussi mention de cette Ville.

7. **NICÆA**, Ville de la Bœotie, chez les *Leuctriens*, selon Etienne le Géographe.

8. **NICÆA**, Etienne le Géographe met une Ville de ce nom dans la Thrace, & ajoute qu'il y en a encore d'autres aux environs des Thermopyles & de la Thrace. Théodoret [p] parle aussi d'une Ville nommée *Nicea* dans la Thrace, & devenuë fameuse par la superchérie que les Ariens y firent aux Députez que le Concile de Rimini avoit envoyez à l'Empereur. Ces Députez qui étoient à Andrinople, dit Théodoret [q], furent conduits malgré eux à une petite Ville voisine, nommée Nice ou Nicée & auparavant *Ustodizo*; [r] où les Ariens séduisant les plus simples, & intimidant les autres, leur firent souscrire une formule de foi, semblable à la derniére de Sirmium, qui avoit été rejettée à Rimini, & encore pire en ce qu'elle disoit que le Fils est semblable au Pére, selon les Ecritures, sans ajouter, *en toutes choses*. Elle rejette absolument le mot de *Substance*, comme introduit par les Péres avec trop de simplicité & scandalisant les Peuples : elle ne veut pas que l'on

parle d'une seule *Hypostase* en la personne du Pére, du Fils & du Saint Esprit. Enfin elle dit anathême à toutes les hérésies tant anciennes que nouvelles, contraires à cet Ecrit : c'est-à-dire qu'elle condamne la Doctrine Catholique. Ceux qui se trouvérent à Nicée signérent cette formule, & les Ariens la voulurent faire passer pour la Profession de foi de Nicée en Bithynie, & tromper les simples par cette confusion de nom : car c'est pour cela qu'ils avoient affecté ce lieu ; mais l'artifice étoit si grossier que peu de gens y furent trompez.

**NICAGUAYA**, [s] Riviére de l'Amérique Septentrionale dans l'Isle Hispaniola, ou de St. Domingue. Elle est remarquable par l'or qu'elle porte. Elle traverse la Province de Cibao ; & après avoir reçu les eaux de trois autres Riviéres, elle va se jetter dans la Mer.

**NICAMA**, Ville de l'Inde en deçà du Gange : Ptolomée [t] la place chez les *Bati*, & lui donne le titre de Métropole ; ses Interprêtes lisent *Nigama*, au lieu de Nicama.

1. **NICARAGUA**, [v] Province de l'Amérique Septentrionale, dans l'Audience de Guatimala. Elle est bornée au Nord par la Province d'Honduras ; à l'Orient par la Mer au Midi par la Province de Costarica, & à l'Occident par la Province de Guatimala. La terre de cette Province est fertile [x], le ciel sain & le paysage un des plus agréables du monde. Il offre à la vuë des plaines, des Riviéres, des ruisseaux des bosquets, dont les arbres s'élevent jusque dans les nues, & il s'y en trouve d'une si prodigieuse grosseur, que douze hommes se tenans par les mains les peuvent à peine embrasser. Il y a dans cette Province un grand nombre de Villages, de Bourgs & de Villes, dont les principales sont :

Leon, Grenade,
Segovie, Nicaragua,

Il y a aussi quelques Riviéres qui ont leur cours de l'Occident à l'Orient, savoir,

L'Yare, L'Yairepa,
Desaguadero.

A cinq milles de Nicaragua, on voit une très-belle Isle sur un Lac de même nom. Cette Isle est fertile en Cacao, Ouatte, Teinture d'écarlate & en Fruits d'un goût délicieux. Ses Ports sur la Mer du Sud, sont ceux de Nicoya, de Realexo & de Masoya ; & cette célébre Habitation des Indiens du Pays, qu'on appelle le vieux Bourg, est si grande & si peuplée, qu'on y compte vingt mille personnes. On y voit dans le Couvent des Religieux de St. François, une Image de Notre-Dame, qui, par ses Miracles fréquens & avérez, rend cet endroit encore plus célébre que le nombre des habitans. Dans toute cette Province on recueille en abondance du sucre, de la teinture d'écarlate, de la gomme, de la poix, de la résine, du goudron, du bois pour les Navires, du Chanvre, du Lin, & du meilleur Cacao de toutes les Indes ; mais il ne sort guéres du Pays à cause que ce fruit est le principal ingrédient qui entre dans la composition du Chocolat, dont on fait un usage excessif. C'est entre les rochers de ces côtes qu'on pêche ce petit poisson à écaille si renom-

## NIC.

renommé, qui travaille la pourpre dont on teint une si grande quantité de toiles de soie, de coton & de fil, & cette teinture ne perd jamais sa couleur, quoiqu'on la lave dans la lessive la plus forte.

2. NICARAGUA, Lac de l'Amérique Septentrionale, dans l'Audience de Guatimala, au Gouvernement de Nicaragua. Ce Lac a quatre-vingt lieues de circuit [a]. Les vaisseaux y peuvent naviger commodément ; mais ce qu'il y a de merveilleux, c'est qu'étant partout d'une eau très-douce & bonne à boire, il ne laisse pas d'avoir son flux & son reflux comme la Mer. Une chose encore assez extraordinaire, c'est que dans la grande Isle qui se voit au milieu, & où il y a une grande quantité de fruits délicieux de toutes espèces, on trouve un Volcan, qui jette beaucoup de flames, & presque autant que celui de Guatimala. On peut en quelque façon dire que ces flames sortent du sein des eaux, puisque ce Volcan est tout environné de celles du Lac.

[a] Voy. de Wafer, p. 157.

3. NICARAGUA, Ville de l'Amérique Septentrionale, dans la Province de Nicaragua, dont elle est la Capitale. Cette Ville est Épiscopale & son Évêché rapporte huit mille écus de revenu.

NICARIA, ou ICARIA, Isle de l'Archipel, entre celle de Samos à l'Orient & celle de Tine à l'Occident. Cette Isle [b] a soixante milles de tour & s'étend depuis la pointe appellée Papa, qui regarde Mycone, jusqu'à la pointe du Fanar, qui est vis-à-vis du Cap Catabate de l'Isle de Samos. Strabon [c] ne donne à Nicaria que trois stades de circonférence, qui font seulement trente-sept milles & demi. Il détermine la distance de ces deux Caps à quatre-vingt stades, qui ne font que dix milles. Cependant le grand Bougas, ou le Canal qui est entre Samos & Nicaria, est de 18. milles de large. L'Isle de Nicaria anciennement appellée Doliche & Macris, [d] est fort étroite & traversée dans sa longueur par une chaîne de Montagnes en dos d'âne, qui lui avoit fait donner autrefois le nom de l'Isle longue & étroite. Ces Montagnes sont couvertes de bois & fournissent des sources à tout le Pays. Les habitans ne vivent que du commerce des planches de pin, des chênes & des bois à bâtir ou à brûler qu'ils portent à Scio ou à Scalanova : aussi ces pauvres Nicariens sont si misérables, qu'ils demandent l'aumône dès qu'ils sont hors de leur Isle. Néanmoins il y a de leur faute ; ils seroient heureux s'ils vouloient cultiver leurs terres. Ils recueillent peu de froment, assez d'orge, de figues, de miel & de cire ; mais après tout, ce sont de sottes gens, grossiers & à demi-sauvages. Ils font leur pain à mesure qu'ils veulent dîner ou souper. Le pain n'est autre chose que des fouaces sans levain : on les fait cuire à demi sur une pierre platte bien chaude. Si la maîtresse de la Maison est grosse, elle tire deux portions de fouaces, une pour elle & l'autre pour son enfant. On fait la même honnêteté aux étrangers.

[b] Tournefort, Voy. du Levant, t. 1. p. 153.
[c] l. 14. p. 639.

[d] Plin. l. 4. c. 12.

Cette Isle n'a jamais été bien peuplée. Strabon [e] en parle comme d'un Pays inculte, dont les pâturages étoient d'une grande utilité aux Samiens. On ne croit pas qu'il y ait présentement plus de 1000. ames. Les deux

[e] l. 10. p. 485.

## NIC. 99

principales Villes sont d'environ 100. maisons chacune ; l'une s'appelle Masseria, & l'autre Peramaré. Les Villages sont :

Aratusa,        Perdikis,
Ploumara,       Oxo,
Nea,            Langada.

On appelle Villages dans cette Isle les endroits où il y a plus d'une maison. Le plus fort n'en a que sept.

Nicaria n'a pas changé de nom, elle s'appelle Icaria, tout comme autrefois. Voyez Icaria, N°. 1. mais les Francs qui ne savent pas le Grec, corrompent la plûpart des noms. Tout le monde sait que l'on attribue ce nom à Icare fils de Dédale, qui se noya aux environs dans la Mer, qui pour la même raison fut nommée Icarienne. Strabon enferme dans cette Mer les Isles de Leros & de Cos. Pline [f] ne lui donne de l'étendue que depuis Samos jusqu'à Mycone. Mr. Bochart est le seul qui dérive le nom d'Icarie d'un mot Phénicien Icaure, qui signifie poissonneux ; ce qui pourtant convient assez à un nom Grec que les Anciens ont donné à la même Isle. Quoiqu'il en soit, la fable d'Icare paroît fort joliment expliquée par Pline [g], qui attribue l'invention des voiles des navires à Icare. Pausanias veut que ce soit Dédale ; mais de quelque manière qu'on le prenne, il y a beaucoup d'apparence que les ailes que la Fable a données à Icare pour se sauver de Crète n'étoient que les voiles du Bâtiment sur lequel il passa jusqu'à l'Isle de Nicaria, ou Icaria, & où il fit naufrage faute de savoir les gouverner avec prudence.

[f] l. 4. c. 12.

[g] l. 7. c. 56.

Tous les Habitans de Nicaria sont du Rite Grec, & leur Langue tient plus du Grec littéral, à ce qu'on dit, que celles des autres Isles, où le commerce a fait établir plusieurs étrangers qui ont introduit une infinité de mots & de terminaisons de leur Pays. On ne s'est jamais embarrassé de conquérir cette Isle : il y a beaucoup d'apparence qu'elle a suivi le destin de celle de Samos, sa voisine & sa maîtresse. Il n'est parlé de l'Isle Nicaria dans la relation d'aucune guerre ; si ce n'est dans celles qui se passèrent [h] entre Baudouin II. du nom, Empereur de Constantinople, & Vatace Gendre de Théodore Lascaris : car la Flote de Vatace prit en 1247. les Isles de Metelin, de Scio, de Samos, d'Icarie & de Cos, comme nous l'apprend Gregoras [i]. Les Nicariens reconnoissent l'Evêque de Samos pour le spirituel. Il y tient son Protopapas, sous lequel il y a vingt-quatre Papas, qui ont soin de plusieurs Chapelles. Il n'y a qu'un Monastère appellé Sainte Lesbie, dont ils ont le corps, à ce qu'ils croient ; mais ce Monastère est aussi bien en Religieux, que les Villages dont il vient d'être parlé le sont en habitans ; car il n'y a qu'un seul Caloyer.

[h] Du Cange, Hist. des Empereurs de Constantin. liv. 4.

[i] Nicephor. Gregoras, l. 2. c. 5.

L'Isle manque de Ports, comme Strabon [k] l'a remarqué. L'une des principales Calanques est à Fanar, où étoit l'ancienne Ville Dracanon. L'autre regarde Scio, & s'appelle Caraboustas ; c'est-à-dire la Calanque ou le Port. Les ruïnes de la Ville d'Ænoë sont tout auprès, dans un quartier appellé le Champ simplement, ou le Champ des roseaux. C'est apparemment dans ce lieu que les Milésiens menèrent une Colonie ; & comme Caraboustas

[k] l. 14. p. 639.

tas est le meilleur Port du Pays ; il y a lieu de croire que c'est celui qu'on nommoit *Isti*, dans ce tems-là. Les bons Ports de ces quartiers sont aux Isles de Fourni qui ont pris leur nom de leur figure ; car ces Ports sont creusés naturellement dans les rochers, comme des voutes de fours. Ces Isles sont à égale distance de Nicaria & de Samos au dessous du vent, & par conséquent plus Méridionales. On n'y voit que des chevres sauvages.

[a] l. 14. p. 639.

Strabon [a] assure qu'il y avoit dans Nicaria un Temple de Diane appellé *Tauropolium*, & Callimaque n'a pas fait difficulté de dire, que de toutes les Isles il n'y en avoit pas de plus agréable à Diane, que celle-ci. Goltzius a donné le type d'une médaille représentant d'un côté une Diane chasseresse, & de l'autre une personne sur un Taureau ; on y lit ce mot : ΙΚΑΡΙΩΝ. On pourroit prendre cette derniere pour Europe ; mais selon la conjecture de Nonius, c'est plutôt la même Diane, le Taureau marquant l'abondance des pâturages de l'Isle & la protection de cette Déesse. Cette médaille a été frappée dans l'Isle dont nous parlons, & non pas dans une autre Isle de même nom dans le Sein Persique. Voyez NICARIA, N°. 2.

Le Fanar ou Fanari de Nicarie est une vieille Tour, qui servoit de fanal pour éclairer le passage des Vaisseaux entre cette Isle & celle de Samos ; car ce Canal est dangereux quand la Mer est grosse, quoiqu'il ait dix-huit milles de large. Celui de Nicarie à Mycone a près de quarante milles, & il en faut faire plus de soixante pour aller d'un Port à l'autre. Mrs. Fermanel & Thevenot se sont trompés en parlant de Nicarie ; ils l'ont prise pour Nissaro où sont les plus fameux plongeurs de l'Archipel. Les Habitans de Nicarie n'ont ni Cadi, ni Turc chez eux. Deux Administrateurs qui sont annuels font toutes les affaires du Pays. En 1700, ils payèrent cinq cens vingt-cinq écus pour la capitation, & cent trente écus au Douanier de Scio pour la taille, & sur-tout pour avoir la liberté d'aller vendre leur bois hors de l'Isle. On ne se sert à Nicaria que de moulins à bras que l'on fait venir de Milo ou de l'Argentiére ; mais les pierres de Milo sont les meilleures. Ces moulins consistent en deux pierres plates & rondes d'environ deux pieds de diamétre ; l'on fait rouler l'une sur l'autre par le moyen d'un bâton, qui tient lieu de manivelle. Le blé tombe sur la pierre inférieure par un trou qui est au milieu de la meule supérieure, laquelle par son mouvement circulaire le répand sur la meule inférieure, où il est écrasé & réduit en farine : cette farine s'échappant par les bords des meules, tombe sur une planche, où on la ramasse : le pain qu'on en fait est de meilleur goût que le pain de farine moulue aux moulins à vent ou à eau. Ces moulins à bras ne se vendent qu'un écu, ou un écu & demi piéce.

NICASIA, petite Isle de l'Archipel, auprès de celle de Naxos, selon Ortelius [b] qui cite Etienne le Géographe & Suidas.

[b] Thesaur.

NICASTRO, en Latin *Neocastrum* ; petite Ville d'Italie au Royaume de Naples dans la Calabre Ultérieure, aux confins de la Citérieure, à deux lieues du Lac de Ste. Euphémie. Elle a un Evêché, suffragant de Rhegio. Elle fut presque ruinée en 1638. par un tremblement de terre.

[c] Baudrand, Ed. 1705.

NICATES, [d] Montagne d'Italie, dont Tite-Live fait mention. Niger juge que c'est aujourd'hui la Montagne que l'on appelle *Maiella* & *Mathesio*, & que Ciofanus & Leander [e] placent chez les *Peligni*.

[d] Ortelii Thesaur.
[e] Descr. di tutta Italia, p. 259. f l. 16. p.

NICATORIUM, Montagne d'Assyrie ; Strabon [f] la met auprès d'Arbele. Sur une médaille de Vespasien rapportée par Goltzius, 737. on lit. Νικατόριον.

1. NICE, Cedrene met une Ville de ce nom [g] aux confins de la Macédoine.

[g] Ortelii, Thesaur.

2. NICE, Ville de Thrace, selon Ortelius [h] qui cite Calliste.

[h] Ibid.

3. NICE, Ville de Thrace, ou simple Station, comme l'appelle Ammien Marcellin [i] l. 31. p. 490.

4. NICE. Voyez NICENSIS.

5. NICE, [k] Ville aux Confins de la France & de l'Italie, sur le Var, dans les Etats du Roi de Sardaigne. Les Phocéens fondateurs de la Ville de Marseille, voyant leur Colonie accrue considérablement, s'étendirent le long de la Côte, & ayant trouvé sur le Var un endroit fort agréable, ils y bâtirent une Ville, au retour d'une expédition contre les Saliens & les Liguriens. Ils nommérent cette nouvelle Ville *Nicaa*. Leander qui l'appelle *Nicia*, prétend qu'elle fut fondée par *Nicius Laertes* Duc d'Etrurie ; cependant tous les anciens Géographes & les modernes attribuent la fondation de cette Ville aux Marseillois & non aux Etruriens.

[k] Theatrum Pedemontii, p. 141.

Le terrein qu'occupe cette Ville n'est pas d'une grande étendue, mais la beauté de ses collines, la fertilité du Pays, la bonté de l'air lui procurent de si grands avantages, qu'André Thevet n'a point craint d'assurer dans sa Géographie universelle, qu'il n'avoit jamais vu de Ville bâtie dans une situation plus avantageuse. Les Romains faisoient leurs délices de ce lieu, où croissent en abondance tous les fruits que produit l'Italie. C'est une erreur grossiere de dire, que la Ville de Nice se forma des ruines de *Cemellenum* ; car celui-ci subsista, selon Sidonius Apollinaris, jusqu'au tems de l'irruption des Lombards dans les Gaules, & la Ville de Nice, dans le tems de Ptolomée, étoit regardée comme une des plus célèbres Villes de l'Italie. En effet, ce Géographe lui donne de second rang [l] & la met immédiatement, après la Ville de Rome. Aujourd'hui, cette Ville est déchue considérablement de son ancienne dignité. Elle a beaucoup souffert durant les guerres, parce qu'elle se trouvoit sur le passage des Armées Françoises qui alloient en Italie ; mais le plus grand desastre qu'elle ait essuyé arriva en 1543. que François I. l'assiégea avec une Armée de terre, tandis que les Turcs la pressoient du côté de la Mer. Elle fut prise, pillée & presque réduite en cendres par Barberousse II. Roi d'Alger qui étoit irrité d'avoir vu son bonheur échouer devant la Citadelle. Depuis ce tems-là le nombre des habitans est beaucoup diminué.

[l] Europæ Tabula VI.

La Citadelle de Nice fait cependant regarder encore cette Ville comme une Place très-importante. Au milieu d'une plaine, s'éleve sur le bord de la Mer un gros rocher, qui fut premiérement fortifié par Louïs & par Charles III. Duc de Savoie ; de sorte qu'il qu'il n'y avoit guère de Places en Europe capables de faire une meilleure défense & qui fussent plus en sûreté contre le canon & contre la mine. Du côté de l'Orient & du côté du Midi, le rocher se trouvoit tellement escarpé qu'il n'avoit pas besoin de murailles pour être hors d'attaque. L'endroit le plus foible étoit du côté du Nord, à cause d'une hauteur contiguë au rocher, & sur laquelle les Turcs avoient monté leur canon, qui avoit presque renversé toute la muraille de la Citadelle de ce côté-là. Mais Emanuel Philibert, Duc de Savoie, fit fortifier cette hauteur, qui devenuë seconde Citadelle, pourroit donner une retraite assurée aux Habitans, au cas que la Ville vînt à être prise. Les fortifications ont été élevées de façon qu'il se trouve une triple muraille, dont la plus basse est défenduë par la plus haute. Quand on y est entré on trouve une grande Place à la gauche de laquelle on a bâti une Eglise magnifique toute de marbre, sous l'invocation de la Sainte Vierge, & à l'extrémité de cette Place on a ménagé une longue batterie de canon, qui donne sur la Mer. Au pied de cette batterie il y a un puits d'une profondeur extraordinaire & dont l'eau est très-bonne. Quelque forte que soit cette Place, elle ne put résister en 1691. au Maréchal de Catinat, ni au Duc de Barwick dans la dernière guerre.

La Ville est bâtie au dessous de la Citadelle, du côté de l'Occident, où le rocher a une pente douce & n'est point escarpé comme ailleurs. La hauteur des Maisons suplée à la petitesse de l'enceinte, qui d'un côté est baignée par la Mer, & de l'autre par le Fleuve Polone, & il y a sur ce Fleuve un Pont de pierre, qui donne la communication avec les Fauxbourgs. La Ville est aussi fortifiée.

Elle fut anciennement soumise aux Comtes de Provence Rois de Naples. Dans le tems des démêlez de Ladislas & de Louïs II. elle prit le parti de la Maison de Duras contre le Duc d'Anjou. Au bout d'une guerre de six ans elle obtint de Ladislas, qu'elle pourroit se mettre sous la protection du Prince qu'elle choisiroit, pourvu que ce ne fût point le Duc d'Anjou. En conséquence de cette liberté, elle se donna à Amé ou Amédée VII. Comte de Savoie en 1388. elle lui fit serment de fidélité, & ce Prince devint par-là Souverain de tout le Comté de Nice.

On prétend que dès le tems des Apôtres, St. Nazaire prêcha l'Evangile dans cette Ville & que du tems des premières persécutions quelques-uns de ses Evêques eurent la gloire de souffrir le martyre. Après la ruïne de Ceméle *a* on transporta à Nice le corps du Martyr St. Pons, & l'on y bâtit sous Charlemagne un Monastère de son nom. Au dixième siècle une partie de ce saint Corps fut portée à Tomiéres en Languedoc, & l'autre demeura à Nice. St. Hospice Reclus en Provence étant mort près de Villefranche, à une lieuë de Nice l'an 581. son Corps fut transporté dans la Cathédrale de cette Ville. Outre la Cathédrale, il y a à Nice un grand nombre d'Eglises anciennes, savoir celles de Ste. Réparate Vierge & Martyre, de St. Dominique, de St. François, de St. Augustin, de Ste. Croix, de St. Jacques, de St. Roch, de St. Sepulcre, du St. Suaire,

*a Baillet, Topograph. des Saints. p. 34.*

du St. Esprit; celles des Filles de Ste. Claire, de la Visitation, & des Bernardines; celles des Jésuites, des Minimes, des Augustins déchaussez & des Théatins, & celles des Religieux des quatre Ordres mendians; outre un grand nombre d'Hôpitaux fondez pour le soulagement des pauvres & des malades. La Ville de Nice est le Siège d'un Evêque Suffragant d'Ambrun, & le Tribunal d'un Sénat ou Parlement que le Duc Charles Emanuel y établit dans le siècle dernier.

Le Gouvernement de la Ville de Nice a la forme d'une espèce de Démocratie. Elle est divisée en quatre Classes, qui sont celle des Nobles, celle des Marchands, celle des Artisans & celle des habitans de la Campagne. Chaque Classe élit un Consul annuel, qui a pour Conseillers dix personnes de sa Classe.

Il y avoit autrefois de grands Fauxbourgs auprès de Nice; mais on n'en voit plus guère aujourd'hui que les ruïnes.

*b* Le Comté de Nice s'étend du Sud au Nord l'espace de quatre-vingt-dix milles. Comme les Alpes séparent l'Italie de l'ancienne Gaule, il est assez surprenant comment d'habiles Géographes ont placé dans l'Italie le Comté de Nice, qui est en deça de ces hautes Montagnes, & qui a fait durant plusieurs siècles partie de la Gaule Narbonnoise & ensuite partie du Comté de Provence. Il fut, comme on l'a vu plus haut, démembré de ce dernier en 1388. que les habitans du Pays se donnérent à Amé VII. Comte de Savoie. Yoland d'Aragon mére & Tutrice de Louïs III. Roi de Naples, loin de chercher à recouvrer cet Etat pour son fils, le céda à Amé VIII. par le Traité de Chambery du 5. Octobre 1419. pour quelque somme d'argent qu'Amé le Verd avoit autrefois prêtée à Louïs I. Comte de Provence.

*b La Forêt du Bourgon, Geog. Hist. t. 2. p. 507.*

Ce Pays quoiqu'entrecoupé de hautes Montagnes est assez fertile en vin & en huile. Ses bornes sont au Nord, le Marquisat de Salusses; le Piémont propre à l'Est; la Méditerranée au Sud, & la Provence à l'Ouest. Son étenduë du Septentrion au Midi est d'environ treize lieuës, & celle d'Orient en Occident de près de dix-huit. Sous le Comté de Nice, on entend le Comté de Nice particulier & d'autres Etats qui lui sont annexez: savoir

| Le Comté de Nice proprement dit, | Le Comté de Beuil, |
| Le Comté de Tende, | La Principauté de Barcelonette. |

Le Comté de Nice particulier est entre le Marquisat de Salusses, le Comté de Tende, l'Etat de Gènes, la Mer Méditerranée, la Provence & le Comté de Beuil: il comprend deux Villes qui sont

Nice & Villefranche.

6. NICE DE LA PAILLE, petite Ville du Montferrat dans les Etats du Roi de Sardaigne. Elle est située sur la Riviére de Belbo, entre les Villes d'Acqui & d'Api, à neuf milles de la premiere & à douze milles de l'autre.

1. NICE'E, Ville de Bithynie, aujourd'hui *Isnich*. C'est la *Νικαια* de Ptolomée *c*. *c l. 5. c. 1.*

Q Stra-

## NIC.

*a* l. 12. p. 565.

Strabon *a* lui donne le même nom & le titre de *primaria Bithyniæ urbs*. Il la place sur le Lac Ascanius. Elle étoit entourée d'une grande plaine, très-fertile; mais l'air n'y étoit pas fort sain en Eté. Antigonus fils de Philippe en avoit été le fondateur & l'avoit nommée *Antigonia*. Dans la suite Lysimachus l'appella *Nicæa*, du nom de sa femme fille d'Antipater. Cette Ville étoit de figure quarrée & avoit du tems de Strabon *b* seize stades de circuit. Elle étoit éloignée de la Mer *c* & distante de vingt-cinq mille pas de Prusa, & le Lac Ascanius, aujourd'hui *Lago di Nicea*, à une journée de la Mer, se trouvoit entre deux. *Nicæa* ou la Ville de Nicée est principalement célèbre par la tenuë du premier Concile Général. On a diverses Médailles de cette Ville depuis Auguste jusqu'à Gallien. Néanmoins elle n'a dans aucune le titre de Métropole. La Médaille de l'Empereur Domitien où on voit cette Inscription: ΝΙΚΑΙΕΩΣ ΠΡΩΤΟΣ ΤΗΣ ΕΠΑΡΧΕΙΑΣ, *Nicæensis primi Provinciæ*, ne dit pas que Nicée fût la première de la Province; elle apprend seulement que ses habitans furent les premiers qui firent des Sacrifices à Jupiter pour la conservation de Domitien. C'est ce que prouve l'Autel qui paroît sur cette Médaille avec ces mots: ΔΙΟΣ ΑΓΟΡΑΙΟΥ, *Jovis, qui Fori Custos & Præses est*. Cette Médaille est dans le Cabinet du Roi de France. Nicée *d* fut d'abord Evêché; elle devint ensuite Métropole pendant quelque tems. Ste. Théodore & ses enfans au nombre de trois au moins y souffrirent le martyre vers l'an 303. St. Tryphon & St. Respice, transférez d'Apamée, Ville de la même Province, avoient déja été martyrisez dans Nicée vers l'an 251. sous l'Empereur Déce. St. Théophane frère de St. Théodore Grapt, défenseur des Images, fut Evêque de Nicée après la mort de ce frère au neuviéme siècle.

*b* Ibid.

*c* Le P. Hardouin, dans ses Not. sur Pline, l. 5. c. 32.

*d* Topograph. des Saints, p. 341.

2. NICÉE, Ville de Bithynie, sur la Côte, Pline *e* dit qu'elle se nommoit anciennement *Olbia*, nom que lui donne aussi Ptolomée *f*. Cette Ville est différente de la précédente.

*e* l. 5. c. 32.

*f* l. 5. c. 1.

NICENSIS, Siège Episcopal d'Afrique, selon Ortelius *g*; mais c'est une faute. Il falloit lire OENSIS. Voyez ce mot.

*g* Thesaur.

1. NICEPHORIUM, Ville de Mésopotamie sur l'Euphrate, selon Ptolomée *h*, qui la place entre *Maube* & *Maguda*. Pline *i* dit que la situation avantageuse du lieu engagea Alexandre à bâtir cette Ville. Elle fut depuis rétablie par l'Empereur Constantin, selon le témoignage de Suidas & d'Etienne le Géographe. Quelques-uns veulent qu'elle se nomme aujourd'hui *Nasuincasi*; d'autres l'appellent *Nephrum*.

*h* l. 5. c. 18.

*i* l. 6. c. 26.

2. NICEPHORIUM, Ville de l'Asie mineure, auprès de la Propontide. Arrien *k* en parle comme d'un lieu fortifié, & où il y avoit des Temples.

*k* In Mithridaticis, c. 114.

NICEPHORIUS AMNIS, Fleuve de l'Arménie: Tacite *l* dit qu'il arrosoit & défendoit d'un côté la Ville de *Tigranocerta*.

*l* Annal. l. 15. c. 4.

NICER, Fleuve de Germanie. Voyez NECKAR.

NICERTE, Village très-grand & très-peuplé, selon Ortelius *m*. Il cite Théodoret *n* & dit que ce Village étoit aux environs d'A-

*m* Thesaur.

*n* In Theophilis.

## NIC.

pamée, sans dire de quelle Apamée il entend parler.

NICETA, Ortelius *o* croit que c'est un lieu de la Thrace, & cite l'Histoire miscellanée *p*.

*o* Thesaur.

*p* l. 24.

NICETIANA, nom d'un lieu dans la France selon Ortelius *q* qui cite Sidonius Apollinaris *r*, où on lit ces mots: *Nicetianamque, si nescis, hæreditas Curriciaci superioris pretium fuit*; mais il y a apparence que Sidonius parle en cet endroit de la succession d'un certain Nicetius & non d'un héritage ou terre, appellée *Nicetiana*.

*q* Thesaur.

*r* Epist. 1. l. 3.

NICHABOURG, *s* gros Bourg de Perse renommé par une mine de Turquoises qui se trouve dans son voisinage. Il est à trois journées de Meched tirant au Nord-Ouest. Cette mine est appellée la *Vieille Roche*. Depuis plusieurs années le Roi de Perse a défendu d'y fouiller pour tout autre que pour lui, parce qu'en n'ayant point d'Orfèvres du Pays qui sachent émailler sur l'or, il se sert de ces Turquoises au lieu d'émail pour les garnitures des sabres, des poignards & autres ouvrages. Ceux qu'il employe pour ce travail taillent ces Turquoises & les appliquent dans des chatons; selon les fleurs & autres figures qu'ils font. Cela frappe assez la vûe & part d'un travail patient, mais qui n'a aucun dessein.

*s* Tavernier, Voy. des Indes, liv. 2. c. 19.

NICHIOS. Voyez NICHOEIS.

NICHOCIS, Isle d'Egypte, selon Achilles Tatius *t*. Ortelius *u* croit que ce pourroit être la même Isle que *Nichios*, dont parle le Théophile d'Alexandrie.

*t* Amor. l. 4. p. 250. Ed. Cl. Salmasii.

*u* Thesaur.

NICI. Voyez TONICA.

1. NICIA. Voyez NICE N°. 3.

2. NICIA, Fleuve d'Italie, selon Pline *w*. On croit communément que c'est le *Lenza*; d'autres veulent pourtant que ce soit le Nura.

*w* l. 3. c. 16.

3. NICIA, Voyez NICII.

NICIBENSIS, Siège Episcopal dans la Numidie, selon la Notice des Evêchez d'Afrique. *Justus Episcopus Nicibensis* est aussi nommé dans la Conférence de Carthage *x*. Mais peut-être dans l'un & l'autre endroit faut-il lire *Nibensis* au lieu de *Nicibensis*.

*x* p. 284.

NICII, Ville Métropole de la basse Egypte: Ptolomée la place sur le Nil. Magin *y* remarque sur cet endroit de Ptolomée que NICII est la même chose que le Village *Nicia* de Strabon *z*; cela ne se peut. Strabon *z* l. 17. p. met *Nicia* sur la Mer, & Ptolomée place 799. *Nicii* sur le Nil.

*y* l. 4. c. 5.

NICKLSPURG, ou NIKLAUSPURG *a*, Ville d'Allemagne dans la Moravie sur les frontières de l'Autriche. Elle est fort bien bâtie, & a un bon Château qui la commande toute entière. Il y a à quelque petite distance de très-beaux Vignobles sur des côteaux, en tirant vers Laba. Cette Place avoit été promise en propriété à Ladislas Keretschm qui avoit livré aux Turcs Giula en Hongrie; mais on ne lui tint pas parole. Frideric Baron de Tieffenbach Général des Etats de Moravie la prit en 1620. & y fit un butin considérable. Le Thrésor qu'il y trouva appartenoit en grande partie au Comte Tampier, qui avoit ramassé en ce lieu les richesses qu'il avoit tirées d'une infinité d'endroits. Ce fut en cette Ville que la Paix fut con-

*a* Zeiler, Top. Mor. p. 103.

conclue en 1621. entre l'Empereur & Bethlem Gabor Prince de Transilvanie. En 1645. les Suédois sous la conduite du Général Tortensohn s'emparérent de Nicklspourg, & y trouvérent un grand nombre de Canons de Bronze; mais l'année suivante les Impériaux prirent d'assaut la Ville, & peu de tems après le Château.

NICKLSTATT,[a] ou NICKLASTATT & proprement NICOLSTATT, petite Ville d'Allemagne dans la Silesie, au Duché de Lignits. Il y a eu autrefois près de là une mine qui donnoit de l'or, mais, soit qu'on l'ait épuisée ou gâtée, elle a cessé d'en donner en 1360. mais en récompense il s'en est découvert une nouvelle d'argent à Reichenstein, lieu qui n'est pas bien éloigné de Nicklstatt, & le Katsbach petit ruisseau sur lequel *Lignits* est situé a commencé à donner des grains & des Paillettes d'or pur.

[a] Zeiler, Top. Duc Silesiæ. p. 106.

1. NICOBAR, NICOUBAR, NICUBAR, ou NICOUBARS,[b] Isles des Indes, à l'entrée du Golphe de Bengale, vis-à-vis l'une des embouchures du Détroit de Malaca. Elles s'étendent depuis le septième degré jusque vers le dixième de Latitude Septentrionale. La principale de ces Isles s'appelle NICOBAR, & elle donne son nom à toutes les autres, quoiqu'elles ayent outre cela un nom particulier. Voyez l'Article suivant.

[b] Lettres édif. t. 10. p. 67.

2. NICOBAR,[c] Isle des Indes, à l'entrée du Golphe de Bengale. C'est à cette Isle que vont mouiller les Vaisseaux des Indes & que les Peuples qui l'habitent paroissent plus traitables que ceux des autres Isles, que l'on comprend quelquefois sous le même nom. Voyez l'Article précédent. L'Isle de Nicobar n'est éloignée d'Achen que de trente lieues; car elle est la plus méridionale des Isles de Nicobar[d]. Le gros de cette Isle est à 7. d. 30'. de Latitude Septentrionale. Elle peut avoir dix lieues de long & trois ou quatre de large. Le côté Méridional est assez élevé, & près de la Mer il y a des rochers escarpez. Le reste de l'Isle est bas, plat & uni. Le terroir est noir & profond & arrosé par de petits ruisseaux. Il produit quantité de grands arbres, bons à toutes sortes d'usages & qui paroissent ne former qu'un seul bocage. Mais ce qui releve la beauté de cette Isle quand on la voit de quelque distance en Mer, ce sont plusieurs pièces de Cacaotiers qui croissent autour dans chaque Baye. Les Bayes ont un demi-mille, ou un mille de long plus ou moins, & elles sont divisées les unes des autres par autant de petites pointes pierreuses de terre garnies de bois. Comme les Cacaotiers croissent par bocages dans les Bayes, il y a aussi une autre sorte d'arbres fruitiers, qui font face derrière les Cacaotiers & qui sont plus éloignez de la Mer. Les habitans de l'Isle appellent ces arbres Melory. Ils sont de la grosseur de nos gros pommiers & à peu près de la même hauteur. L'écorce est noirâtre & la feuille assez large. Le fruit est de la grosseur d'un pain d'un sou & de la figure d'une poire, avec la peau dure & polie & d'un verd clair. Le dedans du fruit ressemble fort à la pomme, à la reserve qu'il est plein de petits filamens, aussi gros que de gros fil. Dampier déclare n'avoir jamais vu de ces sortes d'arbres ailleurs.

[c] Ibid.

[d] Dampier Voy. autour du Monde t. 2. p. 153. & suiv.

Les habitans de Nicobar sont grands & bien proportionnez: ils ont le visage assez long, les cheveux noirs & lissez, le nez médiocre, & leur teint est de la couleur du cuivre. Les Hommes sont tous nuds à la reserve d'une longue & étroite pièce de toile ou ceinture qu'ils ont autour des reins & qui leur descendant entre les cuisses se releve par derrière & se retrousse dans la ceinture: les Femmes ont une espèce de jupon court, qui s'attache sur les reins & descend jusqu'aux genoux. Leur langage est différent de tous ceux des Indes. Cependant ils ont quelques mots Malayans, & il y en a parmi eux qui parlent quelques mots du Portugais. Ils les apprennent des vaisseaux qui passent par là. En effet quand ces gens voient un Vaisseau, ils prennent incontinent leurs canots & se rendent à bord. Souvent ils n'y apportent pas tant de façons; car ils s'y rendent à la nage.

Ils sont si bons nageurs[e] qu'ils peuvent atteindre un vaisseau qui va à pleines voiles. En nageant ils sautent de tems en tems hors de l'eau. Ils portent leurs Marchandises attachées au col & se troquent contre des hameçons, des petits couteaux & d'autres semblables bagatelles; mais principalement contre du linge, s'ils en peuvent avoir. De quelque côté qu'ils abordent le vaisseau, ils y grimpent avec une legéreté & une adresse surprenante. Ils sont communément robustes & bien faits: ils ont la bouche grande & les dents longues. Leur langage leur est particulier: cependant ils entendent quelques mots de Malayen, de Portugais & de Hollandois. On dit qu'ils sont encore fort cruels & que si un Européen tomboit entre leurs mains ils le mangeroient.

[e] Kampfer, Hist. du Japon, de la Traduct. de Mr. Scheuchzer. t. 1. p. 9.

Tout ce qu'on a pu connoître de la Religion des Nicobarois, c'est qu'ils adorent la Lune & qu'ils craignent fort les Démons, dont ils ont quelque grossière idée. Ils ne sont point divisez en diverses Castes ou Tribus, comme les Peuples de Malabar & de Coromandel. Les Mahométans même n'ont pu y pénétrer, quoiqu'ils se soient répandus si aisément dans toute l'Inde, au grand préjudice du Christianisme. On n'y voit aucun Monument public qui soit consacré à un Culte religieux. Il y a seulement quelques Grottes creusées dans les rochers, pour lesquelles ces Insulaires ont une grande vénération, & où ils n'osent entrer de peur d'y être maltraitez du Démon.

[f] Lettres édif. t. 10. p. 69.

Comme il ne croît ni bled, ni ris, ni autre sorte de grains dans l'Isle, les Nicobarois se nourrissent de fruits, de poissons & de racines fort insipides appellées Ignames. Il y a pourtant des poules & des cochons en assez grande quantité; mais ces Insulaires n'en mangent point: ils les trafiquent, lorsque quelque vaisseau passe; ils prennent en échange du fer, du tabac & de la toile. Ils vendent de la même manière des fruits, & leurs perroquets, qui sont fort estimez dans l'Inde, parce qu'il n'y en a point qui parlent si distinctement. On y trouve encore de l'ambre & de l'étain.

Il n'y a que les côtes qui soient habitées.[g] Les Nicobarois demeurent tout autour de l'Isle dans les Baies proche de la Mer. Il peut y avoir dans chaque Baye quatre ou cinq maisons plus ou moins. Elles sont bâties sur des pilotis: leur figure est quarrée & elles sont petites

[g] Dampier, Voy. t. 2. p. 155.

petites & basses. Chaque Maison n'a qu'une chambre exhaussée d'environ huit pieds. Le toit n'a point de goutiéres : il est fait en forme de dôme, avec de petits soliveaux de la grosseur du bras ; ils sont courbez en rond comme un demi-croissant, & fort adroitement couverts de feuilles de Palmeto. Leurs Plantations sont composées uniquement de Cacaotiers, qui croissent près de la Mer ; la terre n'est point défrichée plus avant dans le Pays ; car quand on a passé les fruitiers, on ne voit point de chemins qui conduisent dans les bois. Les hommes s'occupent principalement à la pêche : chaque Maison a pour le moins deux ou trois Canots qu'on tire à terre. Ces canots sont pointus par les deux bouts, & les deux bouts & le fond sont fort minces & fort polis : ils sont plats d'un côté, de l'autre ils sont un assez gros ventre, & d'un côté ils ont de petits ailerons legers. Comme ces canots sont minces & legers, on les mène mieux à la rame qu'à la voile. Cependant ils vont assez bien à la voile, & on les gouverne par le moyen d'une pièce de bois qui pend dans l'eau perpendiculairement. Il y a communément sur un de ces canots vingt ou trente hommes, & il est rare qu'il y en ait moins de neuf ou dix. Leurs avirons sont courts, & ils s'en servent comme nous faisons des nôtres. Les bancs sur lesquels les rameurs s'asseyent sont des Bambous fendus, mis en travers & si près les uns des autres, qu'il semble que ce soit un pont. Ces Bambous sont mobiles, & quand quelqu'un entre pour ramer, il enleve le Bambou de l'endroit où il veut s'asseoir & le met à côté pour faire place à ses jambes. Les autres canots des Isles voisines sont faits comme ceux de l'Isle de Nicobar, & il y a apparence qu'il en est de même pour toutes les autres choses.

NICOMÉDIE, Ville d'Asie, Capitale & Métropole de la Bithynie, sur la Propontide, entre Chalcedoine & Nicée, aujourd'hui appellée *Comidia* par les Italiens ; elle a toujours été recommandable depuis que Nicomède [a], Roi de Bithynie, Fils de Zipoltes, Père de Zela & Grand-Père de Prusias, l'augmenta & lui donna le nom de Nicomédie, au lieu de celui d'Olbia qu'elle avoit eu auparavant de la Nymphe Olbia, qui en jetta les premiers fondemens. Strabon [b] dit seulement qu'elle portoit le nom de son fondateur, un des Rois de Bithynie ; ce qui ne définit rien ; mais indique pourtant que ce fondateur étoit un des anciens Rois du Pays. Pline [c] lui donne le titre d'*Urbs præclara* : Ammien Marcellin [d] l'appelle la Mère des Villes de Bithynie : Pausanias [e] dit que c'étoit la plus grande des Villes de Bithynie, & ajoute qu'elle se nommoit *Astacus*, nom qui fut changé par le Roi Nicomède. Trebellius Pollio [f] & Ammien Marcellin [g] sont du même sentiment ; mais malgré ces autoritez on ne peut guère se dispenser de dire, qu'Astacus & Nicomédie sont deux Villes différentes. Voyez ASTACUS. Ptolomée [h] fait trois Villes voisines de *Nicomédie*, d'*Olbia* & d'*Astacus*, ce qui n'est pas sans vraisemblance. Ce fut à Nicomédie qu'Annibal après ses défaites se réfugia vers Antiochus & Prusias Rois de Bithynie ; mais cet infortuné Capitaine craignant que ces Princes ne le remissent entre les mains des Carthaginois qu'il avoit perdus, ou entre celles des Romains qui l'avoient vaincu & qui l'avoient envoyé demander à Prusias, se donna la mort.

[a] *Tzetzes, Chil. 3. hist. 115. v. 950. Étienne le Géographe.*
[b] *l. 12. p. 563.*
[c] *l. 5. c. ult.*
[d] *l. 17. c. 13.*
[e] *Eliac. l. 1. c. 12.*
[f] *in Gallienis, c. 4.*
[g] *l. 22. c. 12.*
[h] *l. 5. c. 1.*

La Ville de Nicomédie [i] ne fut pas célèbre seulement sous ses Rois, elle le fut aussi sous les Romains. Pline [k] qui fut Préteur de Bithynie parle de cette Ville avec éloge. Elle a été une des premieres qui ait reçu la Foi Chrétienne, & le grand nombre de Martyrs, qui y ont versé leur sang pour la défense de la foi l'ont renduë encore plus illustre. Ce fut, selon Mr. Baillet [l], par la Ville de Nicomédie que commença la persécution sous Dioclétien. On en rasa l'Eglise le 23. de Février de l'an 303. Le lendemain le premier Edit fut affiché par la Ville. Saint Anthime qui en étoit Evêque eut la tête coupée peu de jours après, & l'on fit mourir beaucoup de Citoyens & même des Officiers de la Maison de l'Empereur dans cette Ville. Les Eunuques de la Cour & les Officiers de la Chambre furent martyrisez depuis le 12. de Mars de la même année. Entre les Martyrs morts à Nicomédie avant cette grande persécution, on compte comme les plus illustres Saint Lucien & Saint Marcien, qui avoient été Magiciens avant leur conversion : quelques-uns néanmoins les mettent en Numidie ; Ste. Julienne Vierge & Martyre ; Ste. Barbe Vierge & Martyre ; Ste. Justine Vierge d'Antioche, avec St. Cyprien, dit le Magicien, tous deux Martyrs vers l'an 304. St. Lucien Prêtre d'Antioche, Martyr à Nicomédie ; St. Basilique Evêque de Comanes martyr du Pont, & dont le corps fut reporté en son pays ; St. Pantaleon & ses Compagnons, St. Hermolaüs, St. Hermippe, & St. Hermocrate, martyrisez l'an 305. sous l'Empereur Galére Maximien ; St. Jean martyrisé au commencement de la grande persécution ; St. Adrien & ses Compagnons ; St. Dorothée, St. Gorgone, St. Pierre & leurs Compagnons ; St. Eleuthére & ses Compagnons ; St. Marcel confondu avec Marculé Donatiste.

[i] *Cellarius, Geog. Ant. l. 3. c. 8.*
[k] *l. 10. E. pist. 16. 40. 42. & 50.*
[l] *Topogr. des Saints, p. 341.*

St. Arsace menoit une vie solitaire dans Nicomédie vers le milieu du quatrième siècle. Il y mourut l'an 358. durant le tremblement de terre qu'il avoit prédit. Le tremblement arrivé le 24. d'Août ne dura que deux heures ; mais il causa un incendie qui acheva la ruïne de Nicomédie.

Ce fut proche de cette Ville [m], dans un Bourg nommé Acciron, que le Grand Constantin âgé de soixante-six ans mourut d'une fièvre chaude en l'année 340. Quelques Auteurs veulent que cet Empereur étant tombé dans l'Hérésie des Ariens, qui avoit été condamnée en sa présence au Concile de Nicée, résolut d'aller se faire baptiser une seconde fois dans le Fleuve du Jourdain ; & qu'étant à Constantinople pour ce voyage, il tomba malade à Nicomédie où Eusébe, qui en étoit Evêque, infecté de l'Arianisme, lui donna ce second Baptême, que les Ariens admettoient.

[m] *Grelot, Voy. de Constantinople, p. 41.*

Il seroit difficile de trouver une situation plus avantageuse, que celle de Nicomédie : elle l'emporte assurément, après Constantinople

ple fur toutes les autres Villes. Elle eft placée au fond d'un Golfe à qui elle donne le nom ; & elle couvre tout le penchant d'une petite Colline embellie de fontaines & chargée d'arbres fruitiers, de vignes & de grains. Elle a quantité de grands jardins dont les fruits font excellens, entre autres des mélons qui ne cédent en rien à ceux de Cachan en Perfe, que l'on eftime par deffus tous les autres. Les Voyageurs curieux des belles Infcriptions trouvent de quoi fatisfaire leur curiofité dans la Ville de Nicomédie : il n'y a guère de rues ni de cimetiéres où l'on n'en voye quelque fragment & fouvent même d'entiéres foit Grecques foit Latines.

La Ville de Nicomédie eft fort grande & bien peuplée. Il y a quantité d'Eglifes Grecques & de belles Mofquées, plufieurs Kans ou Caravanferais & plufieurs beaux Bazars, Halles ou Marchez. Elle eft peuplée d'environ trente mille ames, tant Grecs & Arméniens, que Juifs & Turcs, qui exercent prefque tout le Commerce des foies, cottons, laines, toiles, fruits, Potterie, Verrerie & d'autres chofes qui rendent cette Ville d'un grand trafic. La plupart des grands Vaiffeaux, Saïques, Barques, Kaïques & autres batteaux des Marchands de Conftantinople fe fabriquent à Nicomédie ; mais les Turcs ne réuffiffent pas mieux dans la conftruction des Bâtimens de Mer que dans l'Architecture civile & militaire. Il s'y fait à la vérité des Vaiffeaux qui font très-haut bord & fort grands, mais qui font auffi très-méchans voiliers & de facile prife.

Le Golfe de Nicomédie n'a pas plus d'une demi-lieue de large : il eft affez long & on découvre de côté & d'autre quantité de petites collines, qui par leurs inflexions & finuofitez différentes, forment avec le Golfe qui eft entr'elles un des plus charmans payfages qu'on puiffe voir. On trouve à la droite de ce Golfe ou à fon Nord, au Couchant de Nicomédie, une fontaine d'eau minérale, alumineufe, à ce qu'on prétend, & dont les Turcs & les Grecs difent des merveilles : ils y vont en troupes de tous côtez, & à les entendre parler, il n'y a guère de maladies que cette fontaine ne guériffe. Elle eft au pied d'un rocher attaché à une petite Montagne, d'où s'écoulant vers le Golfe, elle arrofe avec quelques autres petits Ruiffeaux, une plaine couverte de joncs & autres herbes.

Un peu plus avant vers le Couchant on trouve dans le Golfe à main gauche au Sud une avance de terre comme un grand Môle, qui n'a pas plus de cinq à fix toifes de large & bien un demi-quart de lieue de long. A fon extrémité du côté de la terre, il y a une Mofquée dont les Turcs font un affez plaifant conte. Un jour de grande Fête, difent-ils, un Derviche ou Moine qui demeuroit de l'autre côté du Fleuve au Nord, eut dévotion d'aller faire fa priére à fon ordinaire dans cette Mofquée : mais une tempête de la nuit précédente lui ayant emporté fa petite barque & n'ayant plus de quoi paffer le Golfe, il pria Dieu de lui infpirer ce qu'il devoit faire. Sa priére fut exaucée, & Melek Gebraïl ou l'Ange Gabriel ne manqua pas de lui révéler auffi-tôt de prendre fur le bord de la Mer, dans un coin de fon manteau, autant de fable qu'il pourroit, & qu'en le femant fur l'eau devant lui il fe feroit un chemin, fur lequel il pourroit marcher fans crainte. Le bon Hermite fit ce qui lui avoit été révélé, mais n'ayant pas pris affez de fable, ou l'ayant verfé trop abondamment, il fe trouvá court au milieu de l'eau. Comme fon chemin couloit à fond derriére lui à mefure qu'il marchoit & qu'il n'avoit plus de fable à jetter, ce Derviche eut recours aux priéres & aux larmes pour fe tirer d'embarras. Mais Mahomet voyant l'extrême dévotion de ce bon Mufulman & le péril où il s'étoit expofé pour aller à la Mofquée, obtint auffi-tôt de Dieu de faire avancer un bras de terre jufqu'à ce pauvre Derviche, pour lui donner le moyen de fe trouver au Temple à l'heure de la priére. Depuis ce tems-là cette avance de terre eft toujours demeurée pour perpétuer à jamais le fouvenir de cette action.

NICOMEDIUM, Entrepôt dans la Bithynie, felon Etienne le Géographe, qui cite Arrien [a]. Ortelius [b] foupçonne que ce pourroit être le Navale de Nicomédie.

[a] in Bithyniacis. [b] Thefaur.

NICON. Voyez Tonica.

1. NICONIA, Ville du Pont. Etienne le Géographe la met à l'embouchure de l'Ifter. Ce pourroit être [c] le Niconium que Ptolomée [d] place dans la baffe Myfie. Niconium feroit néanmoins un peu plus reculé, puifqu'il eft mis près du Fleuve Hierafus.

[c] Ortelii Thefaur. [d] l. 3. c. 10.

2. NICONIA, Ville du Pays des Getes, fur le Fleuve Tyra, à la droite. Strabon [e], qui parle de cette Ville nous apprend, qu'il y en avoit une autre à la gauche du même Fleuve, qu'on la nommoit Ophiufa, & que ces deux Villes étoient à cent vingt ou à cent quarante ftades au deffus de l'embouchure du Tyra. Ortelius [f] dit que Niger donne à la Ville de Niconia le nom de Nomanofter.

[e] l. 7. p. 306. [f] Thefaur.

NICONIUM. Voyez Niconia. No. 1.

NICOPING. Voyez Nikoping.

1. NICOPOLI, ou Nicopolis, Ville de la Gréce dans l'Epire, à l'entrée du Golfe d'Ambracie, fur la Côte Septentrionale à l'oppofite de la Ville d'Actium. Cette Ville doit fa fondation à Augufte qui la fit bâtir pour être le monument de la victoire qu'il avoit remportée fur Antoine à la journée d'Actium. Ce Prince n'oublia rien pour la rendre recommandable, dès fes premiers commencemens : Pline [g] la nomme Ville libre : Tacite [h] lui donne le titre de Colonie Romaine : Strabon [i] dit qu'Augufte voyant que les Villes des environs devenoient défertes, raffembla leurs habitans & les attira dans la Ville à laquelle il venoit de donner le nom de Nicopolis : enfin Paufanias [k] nous a confervé les noms de deux de ces Peuples, qu'il nomme Ambracioté & Anactorii. Comme il y avoit déja plufieurs Villes nommées Nicopolis ; pour diftinguer celle-ci on l'appella [l] Achaia Nicopolis ou Actia Nicopolis [m].

[g] l. 4. c. 1. [h] Annal. l. 5. c. 10. [i] l. 7. p. 325. [k] Eliac. l. 1. c. 23. [l] Tacit. An. l. 2. c 53. [m] Anton. Itin.

St. Paul paffa dans cette Ville l'Hyver l'an 64. de l'Ere commune. Il manda à St. Tite, qui étoit en Gréce, de l'y venir trouver [n]. Cependant quelques-uns [o] croient que la Ville de Nicopolis, où St. Paul voulut paffer l'Hyver, n'étoit pas celle d'Epire, mais celle de Thrace, à l'entrée de la Macédoine, fur la Rivière de Neffe.

[n] in Tit. 3. 12. [o] Chryfoft. Theodoret. Theophyl. Capell. Ravenne, l. 4. c. 8.

Le

Le Pape St. Eleuthére étoit de ce lieu; mais on ne voit pas qu'on lui ait décerné un Culte particulier dans cette Ville, qu'on nomme aujourd'hui *Prevesa*, sur le Golfe de Larta.

2. NICOPOLIS, ou NICOPOLIS AD HÆMUM; Ville de la Thrace, au pied du Mont Hemus, vers la source du Fleuve Iatrus. Ptolomée [a] la place dans les terres, entre *Præsidium* & *Ostaphos*. Elle étoit différente d'une autre *Nicopolis* aussi dans la Thrace sur la Rivière de Nesse.

[a] l. 1. c. 11.

3. NICOPOLIS, Ville de la Basse Moesie sur l'Iatrus à l'embouchure de ce Fleuve dans le Danube. Pour la distinguer de Nicopolis, bâtie aussi sur l'Iatrus, on l'appelloit *Nicopolis ad Danubium*, ou *Nicopolis ad Istrum*. Trajan en fut le fondateur, selon Ammien Marcellin [b], & il la bâtit après la Victoire qu'il remporta sur les Daces. Bonfinius [c] met sur le Danube deux Villes nommées *Nicopolis*; sçavoir une peu considérable au de-là du Danube, fondée par Trajan; l'autre plus grande au deçà de ce Fleuve, & fondée par Adrien; il ajoute que ces deux Villes étoient seulement séparées par le Danube. [d] Le mal qu'il y a, c'est qu'il ne cite aucun ancien Ecrivain pour garantir ce qu'il avance. Ce qu'il y a de sûr, c'est que ni Antonin ni la Table de Peutinger ne font point cette distinction.

[b] l. 31. c. 16.
[c] Rer. Hungar. Decad. 3. l. 2.
[d] Cellarius, Geogr. ant. l. 2. c. 8.

4. NICOPOLIS, ou NICOPOLIS AD NESSUM, Ville de la Thrace sur la Rivière de Nesse ou Neste, à la gauche, à quelques lieues au dessus de son embouchure. Elle fut fondée par Trajan. Ptolomée [e] la place dans les terres entre *Pantalia* & *Topiris*. Nous avons quelques anciennes Médailles de cette Ville; elle y est surnommée *Ulpia* ou *Olpia*, ce qui est la même chose, car quelquefois dans les Médailles on met O pour Ω. L'Inscription d'une de ces Médailles, qui se trouve dans le Recueil de Spanheim [f] est conçue en ces termes: ΟΥΛΠ. ΝΙΚΟΠΟΛΕΟϹ ΠΡΟϹ ΝΕϹΤΟ; c'est-à-dire, *Ulpia Nicopoleos ad Nestum*.

[e] l. 3. c. 11.
[f] pag. 889.

5. NICOPOLIS, Ville d'Egypte aux environs d'Alexandrie. Joséphe [g] parle de cette Ville en décrivant la route que prit Titus pour se rendre d'Alexandrie en Judée, & il la met à vingt stades de cette dernière Ville. Dio Cassius [h] nous apprend qu'Auguste en fut le fondateur; qu'il la bâtit dans le lieu où il avoit donné la Bataille; qu'il lui donna le même nom, & lui accorda le privilège des mêmes Jeux qu'il avoit accordez à la Ville de Nicopolis en Epire.

[g] De Bello Jud. l. 4. c. 14.
[h] l. 51. p. 456.

6. NICOPOLIS, Ville de l'Arménie Mineure. Strabon [i] ne nomme que cette seule Ville dans cette Province, & il nous apprend qu'elle fut bâtie par Pompée. Pline [k], Ptolomée [l] & Etienne le Géographe en parlent. Ptolomée la met dans les terres; c'est-à-dire qu'il l'éloigne de l'Euphrate, & il ajoute qu'elle étoit au voisinage des Montagnes. Pour la distinguer des autres Nicopolis on lui donna le nom de son fondateur [m]: on l'appella *Nicopolis Pompeii*. Dans le moyen âge elle fut la seconde Ville de la première Arménie. C'étoit un Siège Episcopal, suffragant de Sebaste [n]. On la nomme maintenant *Gianich*: elle est sur la Rivière de Ceraune. C'est aujourd'hui un Siège de Justice & de Gouvernement chez les Turcs. St. Grégoire d'Arménie, qui fut depuis reclus à Pluviers en France fut élevé dans cette Ville, & en fut Evêque vers la fin du dixième siècle.

[i] l. 12. p. 555.
[k] l. 6. c. 9.
[l] l. 5. c. 7.
[m] Dio Cassius l. 49. p. 415.
[n] Baillet, Topograp. des Saints, p. 343.

7. NICOPOLIS, Ville de Bithynie sur le Bosphore, ou du moins dans le voisinage. Pline & Etienne le Géographe sont les seuls qui connoissent cette Ville. Le premier en parle ainsi [o]: *Ultra Calchedona Chrysopolis fuit. Deinde Nicopolis, à qua nomen etiamnum Sinus retinet*. Le second nomme seulement cette Ville qu'il appelle Nicopolis de Bithynie. Le Pére Hardouin prétend que c'est aujourd'hui *Scutari*.

[o] l. 5. c. 32.

8. NICOPOLIS, Ville de l'Asie Mineure, dans la Cilicie propre, selon Ptolomée [p], qui la place entre *Castabala* & *Epiphania*. Mais il ne s'accorde pas avec Strabon [q], qui la met au nombre des Villes qui sont sur la Côte du Golfe *Issus*. Quoiqu'il en soit, ces deux Ecrivains distinguent la Ville de Nicopolis de celle d'Issus; de sorte qu'Etienne le Géographe se trompe, quand il dit qu'Alexandre donna le nom de Nicopolis à la Ville d'Issus, après qu'il eut vaincu Darius auprès de cette dernière Ville.

[p] l. 5. c. 8.
[q] l. 14. p. 676.

9. NICOPOLIS, Ville d'Asie, dans la Phrygie salutaire, selon la Notice de Léon le Sage. Cette Ville ne paroît point dans la Notice d'Hieroclès.

10. NICOPOLIS, autrement EMMAÜS, Ville de la Palestine. Voyez EMMAÜS, N°. 2. Elle commença à porter le nom de Nicopolis, sous l'Empereur Alexandre fils de Mammée. Jules Africain [r] Auteur Ecclésiastique célèbre par ses Chroniques, fut envoyé à l'Empereur, pour solliciter le rétablissement de cette Ville, qui s'appelloit *Emmaüs*. Cependant Sozoméne [s] dit que cette Ville eut le nom de Nicopolis, aussi-tôt après la ruïne de Jerusalem par les Romains. Ce n'étoit avant cela qu'un Bourg nommé Emmaüs. [t] Vespasien l'érigea en Ville en lui donnant le nom de Nicopolis, lorsqu'il y eut envoyé une Colonie. Ce Bourg avoit été ruïné par Varus, qui y avoit fait mettre le feu. La Ville devint Evêché sous les Empereurs Chrétiens.

[r] Chronic. Pascal. ad. An. Christi 223.
[s] Hist. Ec. cles. l. 5. c. 21.
[t] Topograp. des Saints, p. 344.

11. NICOPOLIS, Ville de Capadoce, sur les limites d'Arménie, Evêché suffragant de Sébaste. Voyez COLONIA, N°. 2.

[v] Ibid p. 343.

NICOPOLITANUS SINUS, petit Golfe auprès de la Ville de NICOPOLIS. Voyez ce mot, N°. 7.

NICOPSIS. Voyez ZICCHIA.

1. NICOSIA, ou NICUSIA, Ville de Sicile [x], dans le Val-Demone; auprès de la Rivière de Cerame à la gauche, entre Trachina & Calascibetta. Quelques-uns croient que c'est l'ancienne *Erbita*. Voyez ce mot.

[x] De l'Isle Atlas.

2. NICOSIE, ou LEUCOSIE; anciennement *Leucoto*, Capitale de l'Isle de Cypre. Elle est située dans les terres, à une journée de la Mer & dans la grande plaine de Massarée. Elle est grande, assez belle & bâtie à la façon des Orientaux [y]. Son enceinte est de forme ronde, flanquée d'onze Bastions & défenduë par de bons fossez. Elle a eu autrefois jusqu'à quarante mille Maisons; mais elle a été ruïnée en divers endroits durant les guerres, qui en ont fait perdre la domi-

[y] Dandini, Voy. au Mont Liban, p. 21. & suiv.

mination aux Venitiens & l'ont fait passer sous celle des Turcs. Les Tours & les Clochers sont pour la plûpart en ruïne & sans cloches. Il y a à Nicosie quatre sortes d'Eglises. Les Mosquées des Turcs sont les plus considérables tant par leur nombre, que par la beauté & par la grandeur de leurs Bâtimens. Celle qui a été ci-devant le Temple de Ste. Sophie est la principale & la plus magnifique. C'est un grand & spacieux Vaisseau, qui a quantité de colomnes. Il y a à la porte de cet Edifice une belle fontaine, qui n'y étoit point du tems des Chrétiens. Les Turcs s'y lavent le haut de la tête, les mains & les pieds, avant que d'entrer dans la Mosquée aux heures ordinaires de la priére. Les Grecs occupent une autre sorte d'Eglise; mais si quelque Prêtre Latin y dit la Messe, ils ne croient pas que toute l'eau de la Mer soit suffisante pour la purifier: ils lavent l'Autel & toute l'Eglise dans la pensée qu'ils ont que la Messe des Latins la rend impure & profane. Les Latins n'ont qu'une petite Eglise, ou plutôt une Chapelle, qui est bien entretenuë & desservie par un Prêtre. Les Marchands Italiens qui demeurent dans la Ville, lui fournissent sa nourriture, ses habits & les ornemens sacrez. Enfin les Maronites y ont aussi leur Eglise, qui est en assez mauvais état.

La Ville de Nicosie étoit autrefois la demeure des Rois de la Maison de Lusignan & le Siège de l'Archevêque de toute l'Isle. Le Bacha ou Gouverneur pour le Turc y fait sa résidence.

NICOTERA, Ville d'Italie, chez les *Brutii*. L'Itinéraire d'Antonin la met sur la route de Rome à la Colonne, par la voie Appienne entre *Vibo* & *Ad Mallias*, à dix-huit milles de la premiere & à vingt-quatre milles de la seconde. Leander [a] dit qu'on la nomme aujourd'hui *Nicodro*. Mr. Baudrand [b] nomme *Nicotera* sans aucun changement de l'ancien nom, & dit qu'elle est dans la Calabre Ultérieure, avec un Evêché suffragant de Rhegio, sur la côte de la Mer de Naples & du Golfe de Gioia. Il ajoute: elle est bien petite & peu habitée, & fut fort maltraitée par un tremblement de terre en 1638. Elle est sur le haut d'une Montagne, à six milles de l'embouchure du *Metramo* vers le Nord, en allant du côté de Tropea.

NICOURIA, Isle de l'Archipel, à un mille de celle d'Amorgos. C'est une roche escarpée, ou proprement c'est un bloc de marbre [c] au milieu de la Mer. Il est peu élevé; & il a environ cinq milles de tour. On n'y voit que des chévres assez maigres & des perdrix rouges d'une beauté surprenante; mais qui sont maigres & coriaces.

NICOYA, Ville de l'Amérique Septentrionale, dans la nouvelle Espagne [d], sur la côte de la Mer pacifique, au fond du Golfe des Salines. Elle est située aux confins des Provinces de Nicaragua & de Costarica [e], & dirigée par le Lieutenant du Gouverneur de la premiere de ces Provinces. La Ville appellée Aranjuez est du territoire de Nicoya; ce territoire s'étend jusqu'aux limites des Sauvages que l'on nomme *Chomas*, & n'est séparé que de cinq lieues de leurs principales Bourgades. Ce quartier étoit anciennement sous le Parlement de Panama; mais en 1576. il fut joint à Costarica, quoiqu'il y ait un Lieutenant de Nicaragua pour le temporel, & un Vicaire de l'Evêque de la même Province de Nicaragua, pour ce qui regarde le spirituel. Il y a eu autrefois sur la côte du Golfe une Colonie d'Espagnols nommée *Bruxelle*. Il n'en reste plus aujourd'hui aucune marque.

NICSARA, ou NEOCÆSAREA [f], Ville de l'Empire Ottoman dans la Natolie, à deux journées de Tocat & presque ruïnée. Elle est encore la Métropole de la Cappadoce, & l'on n'oubliera jamais que dans le troisième siècle elle a eu pour Pasteur St. Grégoire Thaumaturge, ou le faiseur de miracles. Niger & quelques autres Géographes n'ont pas eu raison de confondre cette Ville avec Tocat. L'Archevêque de Nicsara a la cinquième place parmi les Prélats qui sont sous le Patriarche de Constantinople.

NID, Forêt de France, dans la Bourgogne, Maîtrise de Châlons, Châtellenie de Buxi. Elle est de quatre cens trois arpens.

NIDA, Fleuve de l'Inde, selon Ortelius [g] qui cite Isidore.

1. NIDAU, ou NIDOW, Ville de Suisse, dans le Canton de Berne, [h] au bord du Lac de Bienne, & à l'endroit où ce Lac se dégorge & rend la Thiele telle qu'il l'a reçuë. *Nidau* signifie en Allemand une prairie basse; aussi cette Ville est-elle dans un terrein fort bas; & à la moindre inondation qui arrive, toute la Campagne est couverte d'eau. Si cette situation la rend un peu mal-saine, elle contribuë d'un autre côté à la rendre forte, & peut lui servir de rempart dans un besoin, contre les insultes des ennemis. Cette Ville peut passer pour jolie, & elle a un Château bien bâti qui sert de résidence au Baillif. Elle a eu anciennement ses Comtes particuliers, qui profitant de la foiblesse des Empereurs se rendirent Souverains indépendans.

2. NIDAU, Bailliage de Suisse, dans le Canton de Berne, & dont la Ville de Nidau est le Chef-lieu. Ce Bailliage s'étend aux deux côtez du Lac de Bienne & comprend une dixaine de Paroisses. Son Territoire est fertile: il a été autrefois un Comté, dont les Comtes [i] sont assez célèbres dans l'Histoire de Suisse; car Rodolphe I. Comte de Nidow, fut tué avec plusieurs autres dans une Bataille, où les Bernois & leurs Alliez les vainquirent l'an 1291. & firent lever le Siège de Loupen. Dans le siècle suivant Rodolphe II. Comte de Nidow, fut tué l'an 1375. faisant la guerre aux Suisses. Il ne laissa point d'enfans mâles. Son gendre Rodolphe Comte de Kibourg & de Habsbourg, se saisit du Comté de Nidow, qu'il vendit à Leopold d'Autriche; mais ce Duc ayant été vaincu & tué à la Bataille de Sampach l'an 1387. avec le Marquis Hocberg, le Comte de Fustemberg, & plusieurs autres grands Seigneurs, les Bernois assiégerent & prirent Nidow.

1. NIDDA, Rivière d'Allemagne [k]. Elle a sa source dans la partie Orientale du Comté de Solms au dessus de Schotten, qu'elle baigne. Elle passe ensuite à Nidda, & à Assenheim: au dessus de ce lieu elle reçoit le Kirlof & au dessous le Wetter. D'Assenheim [l] elle entre dans l'Electorat de Ma-

Mayence ; & après avoir mouillé Dorteweil & divers autres petits lieux, elle va se jetter dans le Meyn au dessus de Hoechst.

2. NIDDA [a], Comté d'Allemagne dans les Etats du Landgrave de Hesse-Darmstat. Il est borné au Nord par la Principauté de Lahn ; à l'Orient par celle d'Isenbourg ; au Midi aussi par la Principauté d'Isenbourg, & à l'Occident partie par le Comté de Solms & partie par les terres du Comté de Hanau.

[a] *Gerhard Vall*, Carte de la Hesse.

3. NIDDA, [b] petite Ville, ou Bourg d'Allemagne, dans les Etats du Landgrave de Hesse-Darmstat, & le Chef-lieu du Comté de même nom. Ce lieu est situé sur la Riviére de Nidda, à la gauche, entre Schotten & Assenheim. Les anciens Comtes de Nidda tenoient leur Cour dans cette Ville.

[b] Ibid.

NIDE, Riviére de Lorraine [c]. Elle est formée de deux Rivières, qui sont la NIDE FRANÇOISE & la NIDE ALLEMANDE. La premiere a diverses sources dans le Marquisat de Pont à Mousson. Les principales sont dans la partie Orientale de ce Marquisat ; savoir au dessus de St. Jean, au dessus de Martille, au dessus de Castel-Brehain. Elles se joignent au dessous de ce lieu où la Riviére commence à couler du Sud au Nord. Elle passe à Luci, à Ste. Eve, à Remilli, à Courcelle sur Nide, à Pange, à Pont à Chaussy, à Condé & à Norten. La NIDE ALLEMANDE prend sa source dans la Prevoté de Gemunde, au dessus de Mongas : elle coule d'abord de l'Est à l'Ouest jusqu'à Fauquemont, où elle commence à prendre son cours du côté du Nord en serpentant. Sur sa route elle mouille Créange, Foligny, Raville, Bionville, Voirise, Lautremang & va se joindre à la Nide Françoise au dessous de Norten. Ces deux Riviéres jointes ensemble n'ont plus alors qu'un seul lit qui porte le nom de Nide, se rend en serpentant à Genkirchen, à Boussonville, à Felstroff, à Hirstroff, & à Omerstroff, au dessous duquel elle va se jetter dans la Sare.

[c] *Juillot*, Carte des Etats du Duc de Lorraine.

1. NIDECK [d], Château & Bailliage d'Allemagne, dans le Duché de Brunswich Lunebourg, sur une haute Montagne à deux milles de Göttingen, sur le chemin de Duderstatt. Il fait partie du District ou de la Principauté de Calenberg.

[d] *Zeiler*, Top. Duc. Brunsw.

2. NIDECK [e], petite Ville d'Allemagne, dans le Duché de Juliers, sur la Riviére de Roer ou Ruhr, entre Duren & Zulpich.

[e] *Zeiler*, Top. Westphal.

NIDER-ALTAICH, en Latin *Altahimum inferius*; Abbaye dans la Haute-Baviére au Diocèse de Passaw. Elle fut fondée, selon Mr. Baillet [f], par les soins de St. Pyrmin Instituteur ou Réformateur de l'Ordre Monastique & dont St. Godard, Evêque de Hildesheim, fut l'Eléve, puis Abbé, à la fin du dixième siècle.

[f] Topogr. des Saints. p. 635.

NIDER-BAZENTHEIDT, [g] c'est le nom que l'on a donné à un petit Quartier du Toggenbourg, & qui compose la moitié de la Justice de Bazentheider.

[g] Etat & Délices de la Suisse, t. 3. p. 320.

NIDER-BUNDT, [h] petit pays de la Suisse, dans la dépendance de l'Abbaye de St. Gall. Il est partagé en quelques Bailliages.

[h] Ibid. t. 3. p. 305.

NIDER-MOTTERN [i], Château d'Allemagne dans l'Alsace. Il a appartenu autrefois aux Seigneurs d'Alben & depuis à ceux de Burn, qui le vendirent, à Frideric Comte de Deux-Ponts. En 1592. les Seigneurs de Sultz y faisoient leur résidence, mais cette Maison finit en 1648. à la mort de Nicolas Jacques de Sultz. En 1653. il appartenoit aux Seigneurs de Böcklen. Ce Château a été appellé *Nider-Mottern* ou le Bas-Mottern pour le distinguer du Haut-Mottern ou Ober-Mottern, qui est dans le Comté de Hanau.

[i] *Zeiler*, Topog. Alsatiæ.

1. NIDER-MUNSTER, en Latin *inferius Monasterium*; Abbaye en Alsace au Diocèse de Strasbourg. Selon Mr. Baillet [k], elle fut bâtie par Sainte Odille, au commencement du huitième siècle.

[k] Topogr. des Saints. p. 635.

2. NIDER-MUNSTER, Abbaye d'Allemagne dans la Baviére. Elle fut réformée, à ce que dit Mr. Baillet [l], par Saint Wolfgang, puis changée en Chapitre de Chanoinesses.

[l] Ibid.

NIDER-URNEN [m], Village de la Suisse, dans le Canton de Glaris. Entre ce Village & celui d'Ober-Urnen, on trouve un excellent bain d'eau minérale, qui charrie divers Métaux & Minéraux, & qui est utile pour la guérison de diverses maladies. L'eau en est ordinairement froide ; mais elle s'échauffe quelquefois de façon, qu'il n'est pas possible de la boire. Il y avoit anciennement à Nider-Urnen un Château assez fort, qu'on nommoit Windek : il est maintenant ruiné. L'an 1703. ce Village souffrit beaucoup ; le 13. d'Août, par un déluge d'eau, qui tomba tout près & qui enfla si fort le Ruisseau qui y passe, que semblable à un Lac, ou plutôt devenu un torrent impétueux, il inonda tout le Village, renversa les haies, remplit d'eau les étages d'enbas de toutes les Maisons, de sorte que les habitans purent à peine se sauver dans les étages d'enhaut : il couvrit les Campagnes voisines de sable, de gravier & de pierres, entraîna divers Ponts, détruisit un Moulin & une Blancherie & déracina quantité d'arbres. La perte fut considérable pour le lieu ; & si le Torrent ne s'étoit pas partagé bientôt, il auroit entièrement ruïné le Village. Les eaux avoient été prodigieusement grosses dans la Montagne & avoient arraché quantité de sapins & d'autres arbres & détaché de gros quartiers de roche. Auprès du Village de Nider-Urnen, on voit un Pont nouvellement bâti : il donne une libre communication aux Réformez du Canton de Glaris, qui habitent des deux côtez de la Lint. On a construit ce Pont dans la crainte que si les Réformez demeuroient séparez, ils ne fussent un jour opprimez par les Catholiques de Glaris, par ceux de Schwitz ou par ceux du Pays des Grisons.

[m] Etat & Délices de la Suisse, t. 2. p. 467.

NIDER-UZWEIL [n], c'est le nom de la dixième Justice, du Toggenbourg inférieur en Suisse.

[n] Ibid. t. 3. p. 323.

NIDROSIA. Voyez DRONTHEIM.

NIDS, ou ST. PIERRE DE NIDS; Bourg de France, dans le Maine, Election du Mans.

NIDISDAIL. Voyez NITHSDALE.

NIDUM, ou NIDUS ; Ville d'Angleterre, selon l'Itinéraire d'Antonin, qui la met sur la route de *Calleva Muridunum* à *Urioconium*, entre *Bomium* & *Iscelegua Augusti*, à quinze milles de la premiere & à égale distance de la seconde. Mais Mr. Gale dans son Commentaire sur l'Itinéraire Britannique d'An-

## NIC.

*d'Antonin*, prétend qu'il y a une transposition dans l'Itinéraire, & qu'il faut mettre *Nidus* dans la place de *Bomium*, & *Bomium* dans celle de *Nidus*. Il se fonde sur la situation des lieux. En effet *Nidas* qui est aujourd'hui Neath, sur la Riviére de même nom, se trouve sur cette route avant *Bomium* qui est *Boverton*. Il prétend aussi que *Nidus* étoit éloigné de *Leucarum* d'onze milles, & de vingt-deux milles de *Bomium*.

[* De l'Isle Atlas.]
NIEBE, ou NIIBE, * petite Ville du Dannemarck dans le Jutland sur le Détroit du Lymfiord, à quelques milles à l'Ouest d'Albourg. Elle est située auprès d'un Angle d'un petit Lac formé par le détroit, dans ce quartier-là.

NIEBLA, Ville d'Espagne, dans l'Andalousie, sur la rive Occidentale du *Rio Tinto*, environ à six lieues de la Mer. Niebla est une ancienne Ville [b], formée de murailles passablement bonnes. Elle appartient aux Ducs de Medina Sidonia, sous le titre de Comté, dont les Aînez de ces Seigneurs prennent le nom. Le Rio Tinto & l'Odier ou Odiel forment une petite Presqu'Isle en cet endroit : au milieu de cette Presqu'Isle à cinq lieues de Niebla est un beau Bourg nommé *Traigueros*. Voyez ce mot. La Campagne voisine est fertile en bled & en vin : seulement du côté qu'on vient de Niebla, on rencontre de grandes bruyères d'une bonne lieue d'étenduë, peuplée de serpens & d'autres semblables insectes. Mr. Baillet [c] dit que c'est le lieu de la naissance de Sainte Marie compagne de Sainte Flore, Vierges & Martyres, sous les Sarrasins. Niebla étoit autrefois une Ville considérable : elle se nommoit *Elepla* ou *Ilipla*.

[b Délices d'Espagne, t. 3. p. 446.]
[c Topogr. des Saints, p. 636.]

[d Dict. des Pays-bas.]
NIEBROECK, [d] Village des Pays-bas, dans la Gueldre, au Quartier de Veluwe, à demi-lieue de l'Issel.

[e Zeiler, Topogr. Elect. Trevirens.]
NIEDERN BRECHEN, [e] Bourg d'Allemagne, dans les Etats de l'Electeur de Trèves. La Chronique de Limbourg lui donne le titre de Ville.

NIEMECZ, ou NIMIEC, Place forte de la Moldavie. Elle est sur les confins de la Transylvanie, entre Socozwa & Cronstadt, à deux lieues de l'une & l'autre Place, selon Mr. Baudrand [f], & à dix lieues de ces deux Villes, selon Mr. Corneille [g]. Les Polonois s'en rendirent maîtres en 1691. & la restituérent à la Paix, qui fut faite ensuite.

[f Dict.]
[g Dict.]

[h De l'Isle Atlas.]
NIEMEN [h], grande Riviére de Pologne. Elle a sa source dans la Lithuanie, vers la partie Méridionale du Palatinat de Minski. Depuis sa source jusqu'aux Frontières du Palatinat de Troki son cours est du Sud-Est au Nord-Ouest. Elle fait un coude en cet endroit & prend son cours du Nord-Est au Sud-Ouest, recevant sur sa route diverses Riviéres ; savoir l'Usza, le Molziac, la Sezara, le Zelwio à la gauche, & le Kotra à la droite. Un peu au-dessous de cette derniére elle fait un nouveau coude, & coule alors du Sud au Nord, mouille Grodno & Merecz au dessus de laquelle elle reçoit la Riviére de même nom. Après avoir ainsi traversé le Palatinat de Troki, elle tourne à l'Ouest, côtoye le Royaume de Prusse & la Samogitie, & va se jetter dans le Curish-haff par plusieurs embouchures ; dont la plus Septentrionale prend

## NIC.

le nom de Rus ; qui est celui d'un Bourg situé sur cette embouchure à la droite.

NIEM [i], ou NIHEM, petite Ville d'Allemagne dans l'Evêché de Paderborn, située près de Driborg. Les Suédois la pillerent en 1639.

[i Zeiler, Top. Westphaliæ.]

NIEMECK [k], petite Ville d'Allemagne dans l'Electorat de Saxe, sur la Riviére d'Ada ; elle fait partie du Bailliage de Belzioi & n'est pas loin de cette derniere Ville. Elle a été fort maltraitée dans les guerres qui ont précédé la Paix de Westphalie, & ne paroît plus qu'un amas de ruïnes.

[k Zeller, Top. Sup. Saxon. p. 144.]

NIENBOURG [l], Ville & Château d'Allemagne dans le Duché de Brunswich-Lunebourg, située sur le Weser, entre Stoltzenau & Hoye. Elle appartient aux Comtes de Hoye, & en étoit autrefois la Résidence. Son territoire est si fertile qu'il fournit non seulement tous les grains & les fruits qui peuvent suffire à l'entretien des habitans, mais leur donne encore de quoi faire Commerce en ce genre avec le reste de la Province. Comme il y a aussi des pâturages, on y nourrit une grande quantité de Bétail. On croit que les Comtes de Hoye ont bâti cette Ville & son Château sur les debris d'une Seigneurie qui avoit appartenu aux Seigneurs de Stumpenhausen. Ce qui est certain, c'est qu'aux murs du Château, dans l'Eglise & en quelques autres endroits on voit les anciennes armes des Comtes de Hoye, qui paroissent y avoir été posées en même tems que les Edifices ont été construits. Le Château qui est au Couchant par rapport au reste de la Ville, est bâti en quarré sur le Weser qui en baigne les murs de ce côté-là. Du côté de la Ville il a des fossez larges & profonds & un bon rempart. Par sa situation il commande une bonne partie de la Ville & le passage du Weser. La Ville a aussi de fortes murailles terrassées, dont un double fossé & quelques autres ouvrages environnent la plus grande partie ; il y avoit autrefois un fort beau Pont sur le Weser, mais il a été ruïné ; cependant on y supplée par des Bacs, parce que c'est un principal passage qui sert beaucoup à la communication & au Commerce du Cercle de Saxe avec la Westphalie. On peut bien s'imaginer aussi que la facilité que le Weser donne pour le transport d'une infinité de choses ne sert pas peu au Commerce particulier de cette Ville. Au reste, ce Commerce consiste principalement en bled, en laine, en lin, en miel, en cire, & en bétail.

[l Zeiler, Top. Duc, Brunsw. p. 161.]

Nienbourg a une très-belle Eglise Paroissiale où tous les ornemens, que peut donner l'Architecture, ne paroissent point épargnez. Un grand nombre des Comtes de Hoye y ont leurs monumens. C'est aussi à cette Eglise qu'est attachée la Surintendance, ou l'inspection sur toutes celles du Comté de Hoye. Ceux qui seront curieux de savoir comment le Lutheranisme s'est introduit en cette Ville, pourront le trouver dans l'Histoire Ecclésiastique que *Herman Hamelman* a donnée du Comté de Hoye. Cette Ville, qui de même que le reste du Comté a passé aux Ducs de Brunswich-Lunebourg a été fort inquiétée par les guerres qui ont agité le dix-septième siècle, principalement avant la Paix de Westphalie. Le Roi de Dannemarck s'en étant emparé en 1625. y mit une bonne gar-

garnison; peu après le Général Tilli la vint assiéger avec une Armée forte de 30. mille hommes d'Infanterie & de 9. mille de Cavalerie; il saigna les fossez, battit en brèche avec une très-nombreuse Artillerie, donna plusieurs assauts, enfin pressa extrêmement la Ville pendant plus d'un mois. Mais la garnison qui étoit sous les ordres du Commandant Danois nommé Lymbach, & les habitans firent une telle résistance & causèrent tant de dommage aux Assiégeans par un feu continuel & des sorties faites à propos, que le Général Tilli fut obligé de lever le Siège, & de décamper à la sourdine; encore ne put-il éviter d'être attaqué dans sa retraite & d'y perdre une partie de son Arriere-garde. La Ville avoit fait un tel feu sur les ennemis pendant le mois qu'avoit duré le Siège, qu'elle avoit employé 500. Tonnes de Poudre. Cependant après que le Roi de Dannemarck eut perdu la Bataille de Lutter, Nienbourg ayant été derechef bloquée par les Troupes Impériales, sous les ordres du Comte d'Anholt, & le Commandant Lymbach étant venu à mourir de la peste, la garnison fut obligée de se rendre par accord l'an 1627. Cette Ville revint en 1632. sous la puissance de George Duc de Brunswich-Lunebourg. Les Suédois s'en emparerent quelques années après & la garderent jusqu'en l'année 1650. où elle fut restituée à Louis Duc de Brunswich-Lunebourg.

NIENCHEU [a], Ville de la Chine, dans la Province de Chekiang, où elle a le rang de quatrième Métropole. Elle est de 2. d. 24'. plus Orientale que Peking, sous les 29. d. 33'. de Latitude Septentrionale. Presque tout son territoire est couvert de Montagnes ou de Collines; ce qui fait que cette Ville ne peut être comparée aux autres de la même Province ni pour sa grandeur ni pour le nombre de ses habitans. Elle a néanmoins un avantage assez considérable, que lui procurent deux Rivières navigables qui se joignent auprès de ses murs; outre que ses habitans font un assez grand Commerce de papier. Dans les Montagnes voisines il y a des Mines de cuivre. Anciennement cette Ville étoit appellée Sintu. La famille Tanga la nomma Locheu, & celle de Sunga lui donna le nom de Niencheu. Il y a six Villes sous cette Métropole.

[a] *Atlas Sinensis.*

| Niencheu, | Suigan, |
| Xungan, | Xeuchang, |
| Tungliu, | Fuenxui. |

NIENCUNG [b], Montagne de la Chine, dans la Province de Queicheu, à l'Orient de la Ville de Ganxun. Cette Montagne est extrêmement haute, quoiqu'elle n'occupe qu'environ dix stades de terrein.

[b] *Ibid.*

NIENHAUSEN [c], Ville de Livonie, dans l'Evêché de Derpt. Quelques-uns lui donnent seulement le nom de Château; d'autres lui donnent le nom de petite Ville.

[c] Zeiler, Topograp. Livoniæ.

1. NIENHUSS, ou NEUHAUSS [d], Bourg & Château de Westphalie dans l'Evêché de Paderborn, à la jonction de la Lippe & de l'Alm, auprès de la Ville de Paderborn en tirant à l'Ouest. Il y a plus de quatre siécles que ce lieu est la demeure ordinaire des Evêques de Paderborn. Quelques-uns prétendent que c'est le lieu où Drusus éleva la Forteresse Alison, pour arrêter les courses des Sicambres, & que Charlemagne répara ce lieu dans le dessein de tenir les peuples voisins en respect. Dans la suite les Evêques de Paderborn bâtirent un Château, & pensèrent à y fixer leur demeure pour se mettre à l'abri des insultes des Bourgeois de Paderborn, avec lesquels ils avoient de tems en tems de grands démêlez.

[d] Monumenta Paderborn. p. 252.

2. NIENHUSS, ou NEWHAUSEN [e], Bourgade d'Allemagne dans le Comté de Bentheim sur la Vechta, Rivière de Westphalie.

[e] Zeiler, Topogr. Weltphaliæ.

NIENOVER [f], Château d'Allemagne, dans le Duché de Brunswig-Lunebourg, sur une Montagne, au milieu de la Forêt de Sölling, à un demi-mille d'Usler. C'est le Chef-lieu d'un Bailliage de la Principauté de Calemberg.

[f] Zeiler, Topogr. Ducat. Brunswic.

NIENWARPE, Bourg de la Poméranie, situé au bord d'un Lac qui fait partie de celui qu'on nomme Frischaff. Il est à l'opposite d'un Bourg nommé Oldewarpe qui est de l'autre côté du Lac. On tient que ces deux endroits ont été autrefois contigus avant que les Eaux eussent emporté le terrain qui les unissoit. En effet [g] Goropius Becanus faisant mention de ces deux Bourgs de Poméranie dit, que c'étoient deux jettées, que la nature & l'art réunies avoient contribué à former sur ce Lac, & que leur nom même qui ne signifie autre chose que nouvelle & vieille jettée, marque que cela étoit ainsi.

[g] Gorop. Bec. l. 1. Orig. Antw.

1. NIEPE [h], petite Riviere ou Canal dans la Flandre Teutone, dans la partie Méridionale de la Châtellenie de Cassel. Elle sort de la Rivière de Borre, traverse la Forêt de Niepe & va se joindre à la Merle.

[h] De l'Isle Atlas.

2. NIEPE [i], Forêt ou Bois de la Flandre Teutone, dans la partie Méridionale de la Châtellenie de Cassel, au Nord de la Lis, au dessus de St. Venant. Cette Forêt contient quatre mille cinq cens arpens. Elle prend son nom de la petite Riviere de Niepe qui la traverse, du Nord-Est au Sud-Ouest.

[i] *Ibid.*

3. NIEPE [k], gros Village ou Bourg de la Flandre Teutone, dans la Forêt de Niepe, sur la Rivière de même nom. Il y a autour de mille habitans.

[k] *Ibid.*

NIEPER, ou DNIEPER, autrefois BORYSTHENES, Rivière de l'Europe, & l'une des plus grandes du Nord. Pomponius Mela [l] en parle en ces termes: Le Borysthénes roule au milieu d'un Peuple qui a le même nom. C'est le plus beau Fleuve de la Scythie: selon quelques-uns ses eaux sont troubles, selon d'autres elles sont très-claires: il arrose de belles prairies, & nourrit de grands poissons, qui n'ont point d'os, & dont le goût est délicieux. Il n'y a point de Fleuve plus tranquille & ses eaux sont très-agréables à boire. Il vient de loin; ses sources sont inconnuës; on fait, seulement qu'il parcourt un espace de quarante journées de chemin & qu'il est par-tout navigable. Cette description est presque toute tirée d'Herodote [m] qui ajoute qu'après le Danube c'est le plus grand de tous les Fleuves; mais il veut par-

[l] l. 2. c. 1.

[m] l. 4. c. 53.

## NIE.

...ler des Fleuves du Septentrion ; car dans un autre endroit il dit que le Nil eſt plus grand que le Danube. Aujourd'hui on l'appelle Nieper ou Dnieper, qui ne ſont pourtant pas modernes : ils ſont formez du mot *Danapris*, nom que les Ecrivains [a] anciens donnoient auſſi à ce Fleuve. Ptolomée [b] lui donne deux ſources. Il en place une au Nord dans le Mont Budinus : l'autre au Midi de cette premiére & dont la jonction ſe fait du côté de l'Occident du Fleuve.

[a] Peripl. Ponti Euxin. p. 16.
[b] Europæ Tab. 8.

La ſource du Nieper eſt aujourd'hui plus connuë qu'elle ne l'a été des Anciens. Elle ſe trouve dans la Ruſſie Moſcovite vers la partie Méridionale du Duché de Recchou, entre Wolock & Oleſchno. Ce Fleuve prend d'abord [c] ſon cours de l'Orient à l'Occident, traverſe le Palatinat de Smolenskow, mouille la Ville de ce nom & ſe rend à Dubrowna & enſuite à Orſa, d'où il commence à couler en ſerpentant du Nord au Midi dans la partie Orientale de la Lithuanie, où il reçoit à la droite la Bobosna, la Berezina, & la Wyedrzycz : aux Confins du Palatinat de Czernichow, de la Terre de Rzeczyca & de la Ruſſie Polonoiſe il reçoit la Sofz à la gauche. Environ vingt lieues au deſſous il ſe groſſit des eaux du Pripecz & coule dans le Palatinat de Kiow, où une lieue au-deſſus de la Ville de ce nom, la Riviére de Deſuna ſe jette dans ſon lit. Depuis Kiow juſque vers les treize Porouys il coure du Nord-Oueſt au Sud-Eſt, recevant tant à la droite qu'à la gauche diverſes petites Riviéres. Quand il eſt rendu aux Porouys, au deſſus deſquels il reçoit la Samara à la gauche, il coule du Nord au Midi, juſqu'à ce qu'il reçoive auſſi à la gauche la Riviére de Kuhaczow. C'eſt entre ces deux Riviéres que ſe trouvent les treize Porouys qui ont donné le nom aux [d] COSAQUES POROUIS. Porouy eſt un mot Ruſſien qui ſignifie Pierre de Roche : de ſorte que ces Porouys ſont comme une chaîne de ces pierres étendues tout au travers de la Riviére, quelques-unes ſous l'eau, d'autres à fleur d'eau & d'autres hors de l'eau de plus de huit à dix pieds. Elles ſont groſſes comme des Maiſons & ſont proches les unes des autres : ainſi elles forment comme une digue qui arrête le cours de la Riviére, qui tombe à la hauteur de cinq à ſix pieds en quelques endroits & en d'autres de ſix à ſept pieds, ſelon que le Nieper eſt plus ou moins enflé. En effet au Printems, lorſque les Neiges fondent, tous les Porouys ſont couverts d'eau, excepté le ſeptième qui s'appelle *Nienaſtites* & qui ſeul empêche la navigation, dans cette ſaiſon. En Eté & en Automne, lorſque les eaux ſont fort baſſes, les ſauts ſont quelquefois de dix à quinze pieds ; & de ces treize ſauts il n'y a que l'entre le Budilou, qui eſt le dixième, & le Tawolzane, qui eſt l'onzième, où les Coſaques puiſſent paſſer la Riviére à la nage, à cauſe des rives qui ſont de difficile accès depuis le premier Porouy juſqu'au dernier. Dans tout cet eſpace on ne voit que deux Iſles qui ne ſont point ſubmergées. La premiere eſt au travers du quatrième ſaut appellé *Strelezi*. C'eſt une roche haute de trente pieds & eſcarpée tout autour. Elle a environ cinq cens pas de longueur & ſoixante & dix ou quatre-vingt

[c] De l'Iſle Atlas.

[d] Beauplan, Deſcript. du Boriſthene. p. 19. & ſuiv.

de largeur. On ne peut ſavoir ce qu'il y a au dedans ; car perſonne n'en aborde que les oiſeaux : au reſte tout le tour de cette Iſle eſt ombragé de vignes ſauvages. La ſeconde Iſle eſt beaucoup plus grande : elle eſt longue de près de deux mille pas & large de cent cinquante. Ce n'eſt qu'une roche comme la premiére ; mais elle n'eſt pas ſi eſcarpée. Ce lieu eſt fort par ſa ſituation & propre à être habité. Il y croît beaucoup de Tavala, qui eſt un bois rouge comme du bouis, & qui a la vertu de faire uriner les chevaux. Cette Iſle s'appelle Tawolzany qui eſt le nom de l'onzième ſaut. Le treizième Porouy appellé Wolny eſt dans une ſituation commode : on pourroit y bâtir une Ville ou un Château. A une portée de canon au deſſus on trouve un Iſlet de Roches que les Coſaques appellent *Kaczawaniczè* ; ce qui veut dire bouillir du miller. Ils ont voulu par-là exprimer la joie qu'ils ont d'avoir deſcendu les Porouys. Ils célébrent alors un feſtin dans cette petite Iſle, & ils ſe régalent avec du millet. Quoiqu'il ſemble qu'il ſoit impoſſible de paſſer ces treize ſauts dans un canot, il eſt néanmoins certain qu'on les franchit : nul même ne peut être agrégé parmi les Coſaques qu'il n'ait monté tous ces différents Porouys ; on peut juger de-là qu'il eſt néceſſaire de bien jouer de l'aviron.

Au deſſous de l'embouchure de la Kuhaczow, le Nieper court de l'Eſt à l'Oueſt ; & depuis cette Riviére, juſqu'à Oczakow, où il ſe jette dans la Mer noire ; on rencontre diverſes Iſles où ſe retirent les Coſaques. On y voit auſſi cinq paſſages par où les Tartares peuvent paſſer. Dans cet eſpace le Nieper reçoit encore quelques Riviéres, ſavoir le Konskawoda à la gauche & l'Augulet-Maly & le Bogh à la droite. Son embouchure dans la Mer noire a une bonne lieue Françoiſe de large.

NIERS [e], Riviére d'Allemagne : elle prend ſa ſource partie dans l'Electorat de Cologne à l'Occident de Nuys, partie dans le Duché de Juliers à l'Orient d'Erkelens de Gueldre. Elle coule du Midi au Sud, paſſe par Wachtendonck, par Gueldre, par Goch & ſe rend à Gennep, au-deſſous de laquelle elle ſe jette dans la Meuſe.

[e] De l'Iſle Atlas.

NIERSTEIN [f], Bourg d'Allemagne dans le Bas Palatinat. Il eſt ſitué ſur le Neckar, à trois lieuës de la Ville d'Eſſing du côté du Sud. Ce Bourg qui appartient au Duc de Wirtenberg étoit autrefois Ville Impériale.

[f] Corn. Dict.

NIESEN [g], Montagne de la Suiſſe, au Canton de Berne, dans l'Oberland ou Pays d'enhaut, au voiſinage du Lac de Thoun. Cette Montagne eſt très-haute, & Rabman [h] lui fait diſputer la prééminence avec le Soerhorn, autre Montagne voiſine.

[g] Etat & Délices de la Suiſſe. t. 2. p. 211.
[h] De Mont. tib.

NIESTER [i], Riviére de Pologne : elle a ſa ſource au Palatinat de Ruſſie, dans les Montagnes appellées anciennement Monts Carpathiens. Son cours eſt du Nord-Oueſt au Sud-Eſt. Elle traverſe la Pokucie, ſépare la Moldavie du Palatinat de Podolie & de celui de Braclaw, & ſe rend à Akierma, autrement Billogrod, où elle ſe décharge dans la Mer Noire.

[i] Andr. Cellarius, Poloniæ Deſcr. p. 25. & 328.

NIEVA, Riviére dans les Etats de l'Empereur de Ruſſie. C'eſt le Canal par lequel le le Lac de Ladoga se décharge dans le Golfe de Finlande.

NIEVES [a], qui signifie des *neiges*, Isle de l'Amérique Septentrionale : elle est au Sud de St. Christophle, dont elle ne se trouve éloignée que d'une lieuë. C'est une petite Isle, mais assez fertile en sucre, en cotton, en gimgembre & en tabac. On y a aussi des Daims & quelques sources d'eau douce. Les Anglois en prirent possession en 1628. & y bâtirent un Fort qui fait la sureté de la Colonie, forte d'environ quatre cens hommes. Voyez Ma-vis.

[a] Etat present de la Gr. Br. t. 3. p. 208.

1. NIEUIL, Abbaye d'hommes, près de Fontenai-le-Comte, dans le Poitou. Elle est de l'Ordre de Saint Augustin & dédiée sous l'invocation de St. Vincent. Elle étoit autrefois du Diocèse de Maillezais, & elle est présentement du Diocèse de la Rochelle. La Chronique de Maillezais qui en place la fondation sous l'an 1068. ou 1069. lui donne pour fondateur Ayraud Gassadener, que les Tables de Nieuil appellent Seigneur de Vousrant. La premiere Charte de sa fondation est perduë : on n'a que la seconde de l'an 1076. & celle de l'an 1141. Depuis quelques années les revenus de cette Abbaye ont été unis au Chapitre de la Rochelle, & les Religieux ont été secularisez & incorporez avec les Chanoines ; on a conservé la Dignité d'Abbé qui doit être la seconde du Chapitre, & dont le revenu est fixé à trois mille livres.

2. NIEUIL, Bourg de France dans le Pays d'Aunis, à une lieuë de la Rochelle.

3. NIEUIL LES SAINTES, Bourg de France dans la Saintonge, Election de Saintes.

4. NIEUIL LE VEROUL, Bourg de France dans la Saintonge, Election de Saintes.

NIEULET, Fort de France dans la Picardie. Il est placé dans les marais de Calais à l'Occident de cette Ville, dont il est fort près. On l'a bâti pour la défense des Ecluses. Il est très-bien fortifié.

NIEUKI [b], Forteresse de la Chine dans la Province d'Iunnan, au département de Lungehuen, grande Cité de la Province. Elle est de 16. d. 3'. plus Occidentale que Pekin, sous les 23. d. 30'. de latitude septentrionale.

[b] Atlas Sinensis.

NIEULAND [c], Village des Pays-bas, au voisinage de la Brille, dans l'Isle de Voorn.

[c] Dict. des Pays-bas.

1. NIEUPORT, Ville des Pays-bas Autrichiens dans la Flandre, sur la Riviére d'Yperlée qui la traverse, à trois lieuës d'Ostende, à deux de Furnes & à cinq de Dunkerque. Cette Ville est située à un quart de lieuë de la Mer, a un port propre pour de moyens bâtimens, & qui est formé par un Canal, où se déchargent les eaux de la Riviére d'Yperlée & celles de la Châtellenie de Furnes. Le Port devient presque sec lorsque la Mer s'est retirée, & à son retour il y a treize pieds de profondeur. La principale défense de cette Ville consiste encore plus en ses écluses qu'en ses fortifications, car on peut inonder en un instant tous les environs. Elle s'appelloit autrefois *Sandhoofs*, c'est-à-dire la tête du Sable. On la nomma Nieuport vers l'an 1168. lorsque Philippe d'Alsace, Comte de Flandres, y fit un Port, & donna à ce même lieu de grands Priviléges & de belles Loix, qui ont été fort loüées des Jurisconsultes & entr'autres de Cujas.

[d] Longuerüe, Descr. de la France, part. 2. p. 61.

2. NIEUPORT, est une Vicomté, que Jeanne Dame de Halluin [e] & de Commines porta en mariage à Philippe de Croi Duc d'Arschot. Elle dépend pour le spirituel de l'Evêque d'Ypres. Il n'y a qu'une Paroisse qui est sous l'invocation de Notre-Dame. On y voit des Recollets, des Carmes & un Beguinage. L'Hôpital de Notre-Dame est desservi par des Religieuses du Tiers-Ordre de St. François. Il y a aussi un Monastère de Chartreux Anglois, fondez l'an 1415. à Schenie en Angleterre, par Henri V. Roi de la Grande Bretagne, mais durant la persécution de la Reine Elisabeth, ils furent obligez de quitter le Pays : après avoir demeuré quelque tems à Malines, ils vinrent s'établir à Nieuport l'an 1626. Il y a eu aussi dans cette Ville un Monastère de Religieuses Angloises du Tiers-Ordre de St. François, mais elles se sont transportées à Bruges.

[e] Délices des Pays-bas, t. 2. p. 131.

Dans l'année 1183. cette Ville fidèle à son Seigneur légitime, fut brûlée par les Gantois rebelles. En 1488. elle soutint un Siège contre Philippe Duc de Cléves, & les femmes des Assiégez y firent admirer leur courage. Elle fut enveloppée dans la révolte des Pays-bas, mais elle fut soumise en 1583. par le Duc de Parme.

Ce fut dans le voisinage de cette Ville, que le 2. de Juillet de l'an 1600. se donna cette fameuse bataille, nommée la bataille de Nieuport, entre le Prince Maurice de Nassau, commandant l'Armée des Etats des Provinces-Unies & l'Archiduc Albert d'Autriche ; l'Armée de celui-ci fut entiérement défaite, lui-même blessé, & Don Francisco de Mendoza, Amirante d'Aragon, fait prisonnier. En 1706. le Feldt-Maréchal d'Owerkercke Général des Troupes des Etats-Généraux des Provinces-Unies se présenta devant cette Ville le 17. de Juin avec plusieurs Régimens Anglois & Hollandois pour en former le Siège ; mais soit que l'expédition parût trop difficile, soit que ce ne fût qu'une feinte, il décampa le 19. du même mois, pour aller attaquer Ostende. Enfin la Paix ayant été conclue l'an 1713. entre la France & l'Angleterre, les François qui y étoient en garnison, cédérent Nieuport aux Anglois, qui en sortirent en 1715. pour faire place aux troupes de l'Empereur Charles VI.

3. NIEUPORT [f], petite Ville des Pays-Bas en Hollande, sur la rive gauche du Leck, proche de Schonhove, & à trois petites lieuës de Gorcum.

[f] Dict. des Pays-bas.

NIEURE [g], Riviére de France dans le Nivernois, & qui, à ce qu'on croit, a donné son nom à la Ville de Nevers. Elle entre dans la Loire, sous le grand Pont de Nevers, auprès de Bisy Paroisse de Parigny. Elle prend sa source en deux lieux différens ; savoir à Giry ; & dans l'Etang de Bonrais, près de Champenuz. Il y a sur cette Riviére plusieurs moulins & des forges de fer & d'acier.

[g] Coulon, Riv. de France, p. 261.

NIEUSAVANNE ou NIEUSAVERNE [h], Riviére de l'Amérique Septentrionale, qui a son embouchure dans la Baye d'Hudson environ à trente lieuës au-dessous du Fort Nelson en tirant vers le fond de la Baye. Cette Riviére sort d'un Lac, qu'on nomme le Lac des

[h] La Potherie, Histoire de l'Amér. Sept. p. 164.

des deux décharges; parce qu'il en fort une autre Riviére, dont le cours est d'Occident en Orient jusqu'à la Baye d'Hudson. Pour celle dont il est ici question, elle court du Sud au Nord.

Le Fort de NIEUSAVANNE est à l'embouchure de la Riviére de Nieusavanne dont il porte le nom, & sur la Côte Orientale.

NIEUSTAT, ou NIEUWERSTAT [a], Seigneurie des Pays-Bas Autrichiens, dans la Gueldre, enclavée dans le Duché de Juliers, à une lieuë de la Meuse.

[a] Dict. des Pays-bas.

NIEUWE-HOON [b], petit Village des Pays-bas, dans l'Isle de Voorn, entre la Brille & Helvoetsluis.

[b] Ibid.

NIEUWENDAM [c], gros Village des Pays-bas proche de Nieuport, en Flandre.

[c] Ibid.

NIEUWENRODE [d], Village des Pays-bas, dans la Seigneurie d'Utrecht, sur la Riviére du Wecht.

[d] Ibid.

NIEUWERBURG [e], Village des Pays-bas, sur le Rhin, entre Voerden & Bodegrave.

[e] Ibid.

NIEUWERKERK [f], Village des Pays-bas dans le Schieland, à deux petites lieues de Rotterdam.

[f] Ibid.

NIEUWERWART. Voy. CLUNDERT.

NIEUWKERCK [g], petit Village des Pays-bas, dans l'Isle de Cadsant.

[g] Ibid.

NIEW-FRIESLAND. Voyez FRIESLANDE.

NIEWKOOP [h], Village des Pays-bas, dans le Rhinland, à une lieuë & demie d'Alphen & à une grande lieuë de Bodegrave.

[h] Ibid.

NIGA. Voyez NEGA.

NIGÆA. Voyez NISÆA.

NIGAMA. Voyez NICAMA.

NIGBENI, Peuples de l'Afrique propre:[i] Ptolomée [i] les place entre les *Damensii* & les *Nycpii*, au-dessous des premiers & au-dessus des autres.

[i] lib. 4. c. 3.

NIGDE, ou NIGIDA, petite Ville de la Natolie, dans la Caramanie, ou Pays de Cogni. Elle est bâtie en dos d'âne [k]. Son Château est au milieu & dans l'endroit le plus élevé. Elle a été considérable autrefois; mais à présent c'est peu de chose, & elle se détruit même tous les jours. Il y a un assez bon nombre de Grecs & quelques Arméniens seulement. Les deux Sectes y ont chacune leur Eglise; mais celle des premiers est plus belle & beaucoup mieux ornée. Nigde n'a que trois Bazars assez beaux: tous les Samedis il s'y tient un petit Marché, qui dure jusqu'au Dimanche. Son terroir est plein de jardinages; ce qui rend le Pays très-agréable. Les collines d'alentour sont pleines de souterrains travaillez, qui ressemblent fort à des Catacombes. On assure que sur les autres Montagnes plus hautes & plus éloignées, il croît des herbes fort singuliéres tant pour la figure, que pour les propriétez médicinales.

[k] Paul Lucas. Voy. de l'Asie Mineure, t. 2. p. 144.

NIGEIROU, Bourg de France dans la Marche, Election de Guerat.

NIGELLA. Voyez NESLE.

NIGENTIMI, Peuples de l'Afrique propre, selon Ptolomée [l], qui dit qu'ils s'étendoient depuis les *Cinichii* jusqu'au fleuve *Cyniphus*. Quelques-uns croient que ce sont les *Cinithii* de Tacite [m] & les *Ethini* de Pline [n]. Mais Ortelius [o] soupçonne que les *Cinithii* de Tacite sont les *Cinethii* de Ptolomée.

[l] lib. 4. c. 3.
[m] Annal. l. 2.
[n] lib. 4. c. 4.
[o] Thesaur.

NIGER, NIGRIS, ou NIGIR, autrement la RIVIÉRE DU SENÉGAL; grand Fleuve d'Afrique. Ptolomée [p] l'appelle NIGIR, & Pline [q] le nomme NIGRIS: il le donne pour la borne qui séparoit l'Afrique de l'Ethiopie; & plus bas il ajoute: la nature du Nigris est la même que celle du Nil: il produit, dit-il, le roseau & la plante appellée *papyrus*: on y voit les mêmes animaux, & il a ses accroissemens dans les mêmes tems.

[p] l. 4. c. 6.
[q] l. 5. c. 4.

On ne connoît que depuis peu d'années le cours de ce Fleuve dont les Anciens & les Modernes n'ont parlé qu'au hazard. Les François qui ont pénétré assez avant dans le Pays, ont en partie reconnu par eux-mêmes & en partie appris des Négres, bien des particularitez que l'on avoit jusqu'ici ignorées. Les Négres Mandingues, dit le Pere Labat [r] qui sont de tous les Peuples Noirs ceux qui voyagent davantage & qui sont les plus habiles Commerçans, rapportent que la source du Niger est dans un Lac qu'ils nomment Maberia. A l'égard de la situation de ce Lac on n'en peut rien savoir par leur rapport, parce qu'ils ne sont pas assez habiles pour connoître les Longitudes & les Latitudes. Ils ajoutent que ce Fleuve étant arrivé à un lieu appellé Baracota se partage en deux branches; que celle qui court vers le Sud est appellée Gambea ou Gambie, laquelle après un assez long cours se perd, ou du moins semble se perdre dans un Lac marécageux rempli d'herbes & de roseaux si forts & si pressez qu'il est impénétrable; qu'elle en sort à la fin & reprend la forme d'une Riviére belle & profonde, telle qu'on la voit au Village de Baraconda, où les Anglois & les Portugais établis sur cette Riviére, vont faire leur traite avec les Marchands Mandingues. Les Canots peuvent aller de Baraconda jusqu'au Lac des roseaux; mais les barques ne le peuvent pas faire, même dans la saison des grandes eaux, à cause d'un banc de roches, qui borne toute la Riviére entre ces deux endroits, & qui ne laisse que de petits chenaux étroits qui suffisent à peine pour le passage d'un canot, quoique d'ailleurs assez profonds pour porter une barque. Ils supposent encore qu'à quelque distance de Baracota où le Niger a formé la Riviére de Gambie, il se partage de nouveau en deux bras. Celui qui va à l'Ouest traverse le Pays de Bambouc qui renferme tant de Mines d'or; on l'appelle la Riviére de Faleme. Ses bords sont fertiles: elle retombe dans le Niger un peu au-dessus de Guion dans le Royaume de Galam. Ils assurent qu'après que le Niger a formé la Riviére de Gambie, il se partage derechef en deux branches, qui forment une Isle fort considérable qu'ils appellent Baba-Degou: ils nomment la branche du Niger qui descend à gauche, la Riviére noire, & celle qui descend à droit la Riviére blanche: ces deux branches se réunissent à Cassou, vingt lieuës ou environ au-dessus de la Cataracte de Govina & continuent à former le Niger. A leur compte on trouve à l'Est du Lac Maberia le Pays ou Royaume de Guinbala, gouverné par un Roi Négre nommé Tonca-Quata dans les Etats duquel est la Riviére de Guion qui passe par la Ville de Tombut. C'est là où ils vont traiter de l'Or, du Morphil & des Esclaves. Ils comptent deux Lu-

[r] Nouvelle Relat. d'Afrique, t. 2. p. 161.

Lunes ou soixante jours de chemin du rocher Felou à cette Ville ce qui seroit environ quatre cens cinquante lieues.

Si on pouvoit s'en rapporter aux Relations des Négres & fixer au juste la position du Lac Maberia il seroit facile de donner une description complète du cours du Niger ; mais comme cela nous manque, il faut se contenter de marquer les découvertes qui ont été faites, depuis son embouchure jusqu'à la cataracte de Govina. En prenant par le bas de la Riviére à la gauche, on trouve que le Niger fait un coude environ à vingt-cinq lieues, avant que de se jetter dans la Mer ; & que cette partie de son cours est du Nord au Sud. C'est au Village de Serinpâté que ceux qui le remontent s'apperçoivent qu'il court de l'Est à l'Ouest. Depuis l'Isle de St. Louis, jusqu'à quatre ou cinq lieues au-dessus, la Côte de terre ferme n'est point habitée : elle est maigre & sablonneuse en bien des endroits ; le reste est couvert de broussailles & de quelques prairies tant bonnes que mauvaises qui servent pour le pâturage des bestiaux. A mesure que le terrein devient meilleur on le trouve cultivé & habité par des Négres qui choisissent presque toujours pour leur demeure le bord de la Riviére, ou les Marigots qui en sortent.

On trouve à dix ou douze lieues au-dessus de l'Isle de St. Louis une pointe de terre assez considérable, où le terrein s'est trouvé si bon qu'il s'y est formé sept ou huit villages, dont le principal s'appelle Bouxar. A mesure qu'on s'éloigne de la Mer, on trouve le Pays plus gras & assez bien cultivé : il abonde en mil ou mahis, marchandise d'un très-bon débit ; car ni les Négres ni les Blancs, ne sauroient s'en passer : les premiers ne vivent d'autre chose ; & outre qu'il s'en consume une quantité considérable pour la nourriture des captifs que l'on garde dans les Comptoirs, jusqu'au départ des Vaisseaux qui les portent à l'Amérique, & pour celle des Négres libres qui sont au service de la Compagnie, & pour servir de supplément aux Engagez & aux Soldats, lorsque la farine de froment vient à manquer ; il faut encore pourvoir les Vaisseaux qui portent les Négres captifs aux Isles de l'Amérique auxquels cette nourriture est plus ordinaire & meilleure que les légumes de l'Europe.

Le Niger peut porter en tout tems des barques de 40 à 50. tonneaux depuis son embouchure jusqu'à Donguel ; c'est une étendue de cent quarante lieues ou environ. Il y a en cet endroit un banc de rochers qui traverse toute la Riviére & sur lequel il ne peut passer que des canots. On trouve encore des bancs de sable & de terre à Abdala & à Santavis, qui empêchent la Navigation des barques, depuis le mois de Décembre jusqu'à la fin de Mai. Dans les autres mois les barques peuvent monter jusqu'au rocher Felou ; c'est une étendue de deux cens quatre-vingt sept lieues. Peut-être que si, on faisoit faire des bâtimens plats & longs on surmonteroit ces obstacles, & qu'on pourroit trafiquer dans les tems que les eaux sont basses, comme quand elles sont grosses ; ces tems seroient les plus commodes & exemts des maladies qui sont fréquentes dans les saisons des pluyes.

Au pis aller comme ces bancs ne sont point de chûtes & qu'ils n'ont pas beaucoup de largeur, on pourroit décharger les marchandises sur la rive & les recharger quand on auroit fait repasser le bâtiment au delà des barges à force de bras. On pourroit même dans les plus basses eaux engager les Négres des environs à aider les ouvriers de la Compagnie, afin de faire un passage assez large, pour que les batteaux plats y pussent passer. Enfin il y a une infinité de moyens pour rendre les Riviéres navigables.

On a remarqué que le Niger faisoit plusieurs Isles considérables, plusieurs Marigots & plusieurs Lacs, entre lesquels il y en a deux qui sont fort grands. Le premier est le Lac du Panier Foule : on le trouve à la droite de la Riviére, à trente-sept lieues un quart de la barre. On y entre par un bras de la Riviére, appellé la Riviére Portugaise, avec aussi peu de raison qu'on a nommé l'Islet aux Anglois celui qui est voisin de la Barre ; car il est certain que les Portugais n'ont jamais eu d'établissement de ce côté-là. Quoiqu'il en soit, cette Riviére qui n'est, à proprement parler, qu'un canal naturel qui joint le Niger au Lac, & par lequel l'eau de la Riviére reflue dans le Lac au tems de son inondation & en sort à mesure que la crue des eaux diminue ; cette Riviére, dis-je, n'a que cinq à six lieues de longueur. Voyez PANIER FOULE. Le second Lac que le Niger fait, ou du moins dont il augmente ses eaux dans le tems de son inondation, s'appelle CAJOR ou CAJAR. Il est situé à la gauche de la Riviére, à cinquante lieues ou environ de la Barre en la remontant. On ne le connoit pas parfaitement, on sait seulement qu'il est très-grand & plus considérable que celui du Panier Foule.

Les Isles les plus considérables que fait le Niger au-dessus de celle de St. Louis sont celles de Bifèche, de Botxar & du Palmier, dans le Pays d'Oval ; celles de Morphi, de Biblas & de Sadel, dans le Pays de Poulle ; celle de Cagneux, au-dessous du rocher Felou & celle de Lontou, au-dessus du même rocher, dans le Royaume de Galam.

Nous avons vu ci-devant que le Niger couloit presque toujours de l'Est à l'Ouest, depuis qu'il étoit sorti du Lac Bournou, jusqu'à deux lieues & demie près de l'Océan Occidental, & que dans cet endroit il faisoit un coude & tournoit tout d'un coup au Sud. Il n'est alors séparé de la Mer que par une digue naturelle, ou langue de sable & de terre, qui dans quelques endroits n'a pas cent toises de large & dans d'autres une ou deux & jusqu'à deux lieuës & demie. Après un cours d'environ vingt-cinq lieues du Nord au Sud il s'ouvre enfin un passage dans la Mer par les 25. d. 55. de latitude. Ce passage a quelquefois une demi-lieue de large, mais il est fermé par une digue de sable mouvant qu'on appelle barre, dont le trajet est très-difficile & très-dangereux à cause du peu d'eau qu'il y a dessus. Elle est formée par les vases & par les sables que la Riviére emporte avec elle dans ses débordemens & que la Mer repousse continuellement vers la Terre. Cela suffiroit pour rendre son embouchure impraticable ; mais la violence du mouvement de la Riviére, &

& la pesanteur de ses eaux y font deux ouvertures ; & c'est proprement ce qu'on appelle les Passes de la barre. La plus grande a pour l'ordinaire cent cinquante à deux cens brasses de largeur, & depuis une brasse & demie jusqu'à deux brasses de profondeur. Il s'en faut de beaucoup que cette profondeur suffise pour des bâtimens même médiocres : il n'y peut passer que des barques de 40. à 50. tonneaux, qui ne tirent que dix pieds d'eau au plus ; le surplus leur est nécessaire pour le Tangage, qui est rude sur cette barre, où il s'éleve des lames très-grosses, courtes & qui se brisent d'une manière à épouvanter ceux qui n'y sont pas accoutumez. La petite est droite & a si peu de profondeur, qu'il n'y a que les Canots des Négres qui y puissent passer. Ces Canots ne sont ni grands , ni forts ni bien travaillez : Ils n'ont au plus que dix pieds de longueur. Le fond est tout d'une pièce ; mais les côtez y sont ajoutez & cousus avec de petites cordes faites d'écorce d'arbres, calfatez avec de la paille battuë & de la terre grasse. Ils sont ordinairement cinq hommes dans chaque Canot ; c'est tout ce qu'il en peut contenir : l'un est assis à la poupe & gouverne d'une pagaie , avec une petite pelle ou pagalle , pendant qu'avec une moitié de Calebasse qu'il a dans l'autre main, il vuide sans cesse l'eau qui entre dans le Canot, ou par le clapotage des lames, ou par les coutures qui font eau. Les quatre autres sont debout le visage tourné à demi à la proüe ; c'est-à-dire vers l'avant du Canot. Ils ont à la main des pagalles , faites à peu près comme des pelles de four , & les plongeant dans l'eau ils la poussent derriére eux. Cette manière est plus pénible que celle des avirons dont on se sert dans les chaloupes ; mais elle est bien plus propre à avancer & à virer promptement. Ces Canots sont extrêmement volages ; c'est-à-dire qu'ils sont sujets à tourner dessus dessous ; mais ceux qui les montent s'en embarrassent peu. Ils ont soin de bien attacher au fond & aux côtez ce qu'ils y mettent ; & quand il leur arrive de virer ils en sont quittes pour retourner le Canot, après quoi un d'eux entre dedans & le vuide, & les autres qui ont soutenu le bâtiment pendant ce tems-là y montent & continuent leur voyage.

Les ouvertures ou passes, que la Riviére se fait dans la barre, pour se jetter dans la Mer, ne sont pas toujours au même endroit : selon la grosseur de ses eaux & la rapidité de son cours, elle s'ouvre ces passages tantôt dans un endroit, tantôt dans un autre ; de sorte que l'Isle du Sénégal, où est le Fort Saint Louïs se trouve quelquefois à quatre lieues & quelquefois seulement à deux lieues de la barre. C'est uniquement cette barre qui empêche les navires de quatre à cinq cens tonneaux d'entrer dans la Riviére & d'aller mouiller sous le Fort de St. Louïs. Cette incommodité oblige la Compagnie du Sénégal à l'entretien d'une Barque, montée de quelques Négres libres : d'un autre côté cette difficulté met la Compagnie dans une entière sureté contre les attaques de ses Ennemis, tels qu'ils puissent être. La saison la plus commode pour passer la barre est depuis le mois de Janvier jusqu'à celui d'Août : les vents sont alors variables, & le flot porte en haut ; c'est-à-dire vers le Nord : deux circonstances qui favorisent le passage parce que la Mer est alors plus traitable ; & que du moins elle donne lieu d'attendre que les vents & la marée ne s'opposent point directement au courant de la Riviére. Ce choc impétueux des eaux de la Mer qui montent contre celles de la Riviére qui descendent, fait ces grosses lames qui s'élevent extrêmement haut & qui se brisent sur la barre de manière à faire trembler les plus hardis.

Cet obstacle étant surmonté, on se trouve dans une belle Riviére, d'une largeur très-considérable de dix-huit, vingt & vingt-cinq pieds de profondeur, dont l'eau est parfaitement belle & dont le cours est aussi agréable & aussi uni que son entrée est rude & dangereuse. Le terrein que l'on trouve à gauche en entrant dans la Riviére & qui la sépare de la Mer est cette langue ou pointe de sable mouvant fin & sec comme de la poussière, que le vent enleve & fait voler où il lui plaît. On l'appelle *Pointe de Barbarie* : elle est plate, inculte & stérile ; elle n'a pas plus de cent toises de large , à quelque distance de la barre. Elle s'élargit dans la suite jusqu'à deux lieues & deux lieues & demie & conduit la Riviére en suivant le bord de la Mer presque droit au Nord pendant près de vingt-cinq lieuës.

Lorsqu'on a monté la Riviére , environ une lieue & demie au-dessus de son embouchure, on trouve que cette pointe en s'élargissant devient meilleure & sablonneuse. Elle commence à se couvrir d'herbes & de verdure ; & c'est en cet endroit que la Compagnie fait paître son bétail. La droite de la Riviére après que l'on a passé la barre est incomparablement plus agréable & meilleure que la Pointe de Barbarie : on l'appelle *Terre de Guinée* ; c'est-à-dire dans le langage du Pays *Terre du Diable*. On trouve à deux lieues de la barre un Marigot ; c'est-à-dire un Bras ou Canal naturel de la Riviére, qui conduit au Village de Bicart. Ce Marigot a une barre à son entrée qui est quelquefois dangereuse. Il renferme deux petites Isles : Celle qui est sur la grande Riviére s'appelle l'Isle de Bocos. C'étoit là que la première Compagnie avoit bâti son Comptoir. L'Isle qui est derriére celle de Bocos est inculte & inhabitée. On l'appelle *l'Isle de Mogue*. Entre l'Isle de Bocos & la grande Isle de Biféche on trouve une Isle de cinq à six lieues de circonférence : on l'appelle *l'Isle de Jean Barre*. Elle est accompagnée de deux autres, qui lui sont presque parallèles & à peu près de même grandeur. Elles sont à l'Est de celle de Jean Barre & dans le même Marigot ; la prémière s'appelle Guiogoa & la seconde Doremour. Il y a encore un Islet peu considérable, à la tête de l'Isle de Jean Barre : on l'appelle l'Islet à Galet. On trouve vis-à-vis l'Isle de Bocos un petit Islet au milieu de la Riviére, à qui on a donné le nom d'Islet aux Anglois. Environ à trois quarts de lieue au-dessus on rencontre l'Isle de Sénégal, nommée aussi l'Isle de St. Louïs, à cause du Fort de ce nom qui y est situé. La pointe de la grande Isle de Biféche est environ à deux lieues plus haut que l'Isle du Sénégal, à la droite de la Riviére.

viére. Le Royaume de Cajor finit à cet endroit & c'est là que commence celui de Hoval, qui a environ quarante-six lieues d'étenduë de l'Est à l'Ouest. Le Royaume des Foules est à l'Est de celui d'Hoval & s'étend en remontant la Riviére jusqu'au dessus du Village d'Embacané ou Embacany. Les Pays qui sont depuis Embacané jusqu'au rocher Felou & au-de-là sont partie du Royaume de Galam. On compte quarante-cinq lieues depuis Embacané jusqu'à ce rocher & environ quarante lieues depuis ce rocher jusqu'à une autre Cataracte appellée Govina, plus haute & plus escarpée que la premiere. Ce qui est au delà, comme on l'a vu ci-devant, n'est connu que sur les Relations des Négres.

Le Rocher FELOU fait une Cataracte de plus de trente toises de hauteur presque perpendiculaire. Avant que la Riviére arrive à cet endroit qui est resserré entre deux Montagnes fort élevées, elle coule pendant plus de quatre à cinq lieues entre des rochers, dont son lit fort large en cet endroit se trouve semé. Il semble qu'ils fassent partie d'une Montagne, par le milieu de laquelle l'eau se seroit ouvert un chemin en détrempant les terres & les emportant avec elle sans laisser autre chose que les Rochers qu'elle n'a pu déraciner, entre lesquels elle coule par cent canaux différens, qui resserrent ses eaux, & en rendent le cours très-rapide & tout à fait impraticable. Ces rochers ne durent que quatre à cinq lieues; ils finissent à une grande & belle Isle, que la Riviére fait en se partageant en deux bras. Cette Isle n'a point encore de nom.

La Cataracte appellée GOVINA est encore plus haute que celle de FELOU. La Riviére y forme d'une Nape d'une largeur considérable, & tombant ensuite, avec un bruit qu'on entend de fort loin, elle s'eleve en petites parties qui font une espéce de nuée épaisse, où les rayons du Soleil représentent quantité d'Iris ou d'Arcs-en-Ciel, selon les différens points de vue dont on les regarde.

Quant aux inondations du Niger, il ne faut pas en chercher la cause bien loin: Ce sont les pluyes qui tombent entre la Ligne & le Tropique, qui produisent ces accroissemens. Ces pluyes commencent tous les ans au Royaume de Galam & aux autres Pays qui lui sont à l'Est les premiers jours du mois de Juin: elles continuent durant trois à quatre mois, sans qu'il se passe presque jamais un jour entier sans pluye; & souvent il pleut jour & nuit sans discontinuer. Ces pluyes gagnent toujours pays & avancent de l'Est à l'Ouest, selon qu'il plaît au vent d'Est de hâter leur marche ou de la retarder. On ne les voit guére au bas de la Riviére avant le quinze de Juin, ni plus tard que le vingt-neuf du même mois. Elles font tellement croître les eaux qu'elles rendent la Riviére navigable jusqu'au pied de la premiere Cataracte appellée le Rocher Felou. Elles se répandent en même tems de tous côtez: elles remplissent une infinité de Marigots & de petits ruisseaux qui n'ont de l'eau que dans ce tems-là: elles forment les Lacs de Cajar, & du Panier-Foulé, & d'autres moins considérables, ou du moins elles augmentent tellement leurs eaux qu'elles les font ressembler à de petites mers; & en inondant tous les Pays plats, elles engraissent les terres par le limon qu'elles y laissent, & les rendent extrémement fertiles. Elles demeurent dans presque toute leur hauteur jusqu'à la fin de Novembre, sans qu'on s'apperçoive de leur diminution; mais aussi-tôt qu'elles commencent à se retirer elles décroissent si promptement qu'on s'en apperçoit à vue d'œil: de maniére que du six au huit de Décembre, on a trouvé qu'elles étoient quelquefois diminuées de quatre pieds sur le banc des Roches de Donguel. Le neuf il ne s'en trouvoit plus qu'un pied de haut; ce qui diminua en peu d'heures si considérablement, qu'il n'y resta plus qu'un petit canal, où à peine un Canot de Négre pouvoit être à flot. Telle est la crue des eaux du Niger & leur abbaissement qui arrivent si réguliérement toutes les années, qu'on n'y voit jamais plus de différence que celle qui a été remarquée.

NIGER LAPIS, en Grec Μέλανος λίθος; Montagne d'Egypte, selon Ptolomée [a].    [a] l. 4. c. 5.

NIGER MONS, Montagne de France dans le Limousin: Gregoire de Tours parle de cette Montagne.    [b] Hist. l. 4, c. 16.

NIGER TUMULUS, lieu aux environs de la Thrace, selon Ortelius [c], qui cite Nicetas.    [c] Thesaur.

NIGETIA, Ville aux Frontiéres de l'Assyrie & de la Médie, selon Ortelius [d], qui cite Calchondyle.    [d] Thesaur.

NIGILGIA, Ville de la Mauritanie Cæsariense: Ptolomée [e] la place dans les terres, entre *Pigava* & *Thisixima*.    [e] l. 4. c. 2.

NIGIR. Voyez NIGER.

NIGIRA, Ville Métropole de la Libye. Ptolomée [f] la place près du *Nigir* ou *Niger* sur la rive Septentrionale de ce Fleuve.    [f] l. 4. c. 6.

NIGIRIS. Voyez NIGER.

NIGIZUBITENSIS, Siége Episcopal en Afrique, selon Ortelius [g], qui être à la Conférence de Carthage; mais il faut lire *Nigizubitanus*. On trouve en effet dans la Conférence de Carthage [h], que *Gaudentius Episcopus Nigizubitanus* y assista & y sousérivit. On ne sait pas de quelle Province il étoit.    [g] Thesaur.    [h] Edit. de Dupin. P. 285.

NIGRA REGIO, Contrée dans le voisinage des Médes [i]. Galien en fait mention dans son Livre de la bonté de l'Eau, & dit que l'eau de cette Contrée s'allumoit avec le feu.    [i] Ortelii, Thesaur.

NIGRAMMA, Ville de l'Inde, en deçà du Gange, selon Ptolomée [k], qui la place sur l'Inde. Le MS. de la Bibliothéque Palatine porte *Nigranigramma*.    [k] l. 7. c. 1.

NIGRANIGRAMMA. Voyez NIGRAMMA.

NIGRIS, Fontaine chez les Ethiopiens Hesperiens, selon Pline [l]. Il y en a qui la prennent pour la source du Nil [m]. C'est peut-être le *Nigritis Palus* de Ptolomée.    [l] l. 5. c. 9.    [m] Ortelii, Thesaur.

NIGRITIS PALUS, Marais de la Libye intérieure. Ptolomée [n] dit qu'il est formé par les eaux du Fleuve *Nigris*. Voyez NILIDES.    [n] l. 4. c. 6.

NIGRITÆ, c'est le nom que Pline [o] & Ptolomée [p] donnent aux Ethiopiens les plus Septentrionaux. Ils disent que ces Peuples étoient ainsi nommez à cause qu'ils habitoient sur les bords du Niger. Denis le Périégete [q] les nomme Νιγρῆτες, *Nigretes*.    [o] l. 5. c. 8.    [p] l. 4. c. 6.    [q] Orbis Descr. v. 215.

NIGRITIE; grand Pays d'Afrique [r]    [r] De l'Isle Atlas.

## NIG.

Il s'étend d'Orient en Occident des deux côtez du Niger. Les deferts de Barbarie le bornent au Septentrion : il a la Nubie & l'Abiffinie à l'Orient ; la Guinée au Midi, & l'Océan Occidental au Couchant. Ce Pays comprend plufieurs Royaumes tant au Nord qu'au Midi. Voici les noms qu'on leur donne en les prenant d'Orient à l'Occident, enfemble leurs principaux lieux.

| | | |
|---|---|---|
| Au Nord du Niger | Gaoga, | Gaoga ou Kaugha. |
| | Bournou, | Bournou Defert de Seth. |
| | Agadès, | Agadès. |
| | Ouangara. | |
| | Zanfara, | Zanfara. |
| | Cano, | Cano. |
| | Goubour, | Goubour. |
| Au Midi du Niger | Gorham, Courourea, Nouffy, | Nouffy. |
| | Zarzac, | Zarzac. |
| | Yaourry, | Yaourry. |
| | Gonge, | Goaffy, Gago. |
| | Les Mallous, | Guinala. |
| Des deux côtés du Niger | Tombut, | Tanbouctou, ou Tombut, Cabra, Cachine, Gaby, petit Royaume. Quequia, Boufa, Cormachy, Cormaya, petit Royaume, Teloué, petit Royaume. Collega, Caftaba, petit Royaume, Bourgou, Gingiro, petit Royaume. |
| | Jaga ou Pays des Mandingues. | Jarra-Saracolé, Jagou, Barou, Conjour, Borocata, Banbouc, Songo. |
| | Galam. | |
| | Foules, | Foules, Tuabo. |
| | Ouale. | |

NIGROÆ, Peuples d'Ethiopie, felon Pli- *a l.6.c.30.* ne [a], qui dit que leur Roi n'avoit qu'un œil au front. C'eft apparemment le même Peuple, qu'il nomme ailleurs NIGRITÆ.

NIGRONIS MONS, Montagne de la *b l.2.c.11.* Paleftine, felon Guillaume de Tyr [b].

NIGROPOLI, Ville qui eft, dit-on, dans la petite Tartarie, au fond du Golfe & fur la Riviére de même nom. Ortelius & Mercator en font mention dans leurs Cartes. Mais les Relations modernes n'en difent rien : ce qui donne lieu à Mr. Baudrand [c] de croi- *c Ed. 1705.* re, que c'eft une Ville ruïnée, ou qu'elle n'a même jamais exifté. Il ne laiffe pas de l'appeller en Latin *Carcina*, comme fi elle occupoit la place de cette ancienne Ville. Il demeure toujours vrai que le Golfe de *Nigropoli* ou *Negropoli* eft le nom moderne du Golfe que les Anciens ont nommé *Carcinites Sinus*.

NIGRO PULLO, lieu dans le Pays des Bataves, felon la Table de Peutinger [d], qui *d Segment.* le place entre *Albamana* & *Lauris*. .1.

NIGRUM MONASTERIUM. Voyez NOIRMOUTIER.

NIGRUM PROMONTORIUM. Voyez ACRITAS.

NIGUA, Riviére de l'Amérique Septentrionale dans l'Ifle de St. Domingue [e]. El- *e Corn. Dict.* le fe décharge dans la Mer à quatre lieues de *Laës, Defcr.* la Ville de Saint Domingo. Cette Riviére eft *des Indes* petite ; mais on la tient fans pareille pour la *Oc.liv.1.c.* fertilité des terres qui en font voifines & .5. pour la quantité des Villages, qui font fur fes bords.

NIGUZA, Ville de Medie : Ptolomée [f] *f l.6.c.2.* la place dans les terres entre *Vefafpe* & *Sanais*.

NIKIKON, Lac de l'Amérique Septentrionale dans la nouvelle France & dans la Terre de Labrador : il eft peu confidérable, & fe forme des eaux d'une Riviére qui prend fa fource à quelques lieuës au Nord, & qui après avoir paffé par le Lac Pereitibi fe va jetter dans le Fleuve de St. Laurent à vingt-cinq lieues au-deffous de Tadouffac.

NIKONATICHIOU, Riviére de l'Amérique Septentrionale, dans la nouvelle France, fur les Côtes de la Terre des Eskimaux. Elle fe rend dans l'Embouchure du Fleuve de St. Laurent vis-à-vis l'Ifle d'Anticofte.

1. NIKOPING. Voyez NYKOPING.
2. NIKOPING [g], Ville du Royaume de *g Rutger,* Dannemarck, dans l'Ifle de Falfter, dont elle *Hermannid.* eft la Capitale. Elle eft fituée dans le *Synder-* *Defcr. Da-* *herrit*, autrement dans la Préfecture Méridio- *niæ, p. 675.* nale, fur la Côte Occidentale de l'Ifle, dans le Détroit qui fépare l'Ifle de Falfter de celle de Låland. En 1288. le Roi de Norwege, pilla & brûla cette Ville & affiégea la Citadelle, qui a été démolie. On a bâti à la place une autre Forterefle. Elle fut commencée en 1589. Ce fut dans ce lieu que Sophie fille d'Ulric, Duc de Mecklenbourg, & Veuve du Roi Frideric II. fixa fon domicile.

1. NIL, grand Fleuve d'Afrique, qui a fa fource dans la Haute Ethiopie. Plufieurs l'ont pris pour le Géhon [h] un des quatre *h Dom Cal-* Fleuves du Paradis terreftre, dont parle Moy- *met, Dict.* fe ; mais ce fentiment eft infoutenable puisque l'Euphrate & le Tigre, qui font indubitablement du nombre de ces quatre Fleuves, font trop éloignez du Nil pour avoir jamais pu avoir une fource commune. Cependant Jofephe [i] l'appelle *Geon* : d'autres Ecri- *i Ant.l.1.c.2.* vains [k] le nomment *Gihon*, & les Peuples du *k Ortelii* Royaume de Goïam lui donnent encore au- *Thefaur.* jourd'hui ce nom. Les Abiffins l'appellent *Aba-*

Abavi, ou Abanhi, le Pére des Eaux ou des Riviéres. Mais ce ne sont pas là ses anciens noms. Il s'appella d'abord Ægyptus, Oceanus, Siris, Triton, Astapus, & Astaboras. Homére [a], Diodore de Sicile [b] & plusieurs autres Ecrivains anciens témoignent que son ancien nom étoit Ægyptus; mais ils ne disent point si c'est le Nil qui a porté d'abord le nom d'Egypte & qui l'a communiqué au Pays qu'il arrose en entrant dans la Mer, ou si on l'appella ainsi du nom du Pays, comme il arrive souvent qu'on nomme les Riviéres du nom des lieux par où elles passent. Hésyche dit pourtant que le Nil s'appelloit d'abord Egypte & que c'est ce Fleuve qui a donné son nom au Pays, & Diodore assure qu'il ne prit le nom de Nilus que depuis le régne d'un Roi d'Egypte nommé Nilus. Pline [c] rapporte le sentiment du Roi Juba, qui disoit que le Nil avoit sa source dans la Mauritanie, qu'il paroissoit & reparoissoit en différens endroits, se cachant sous terre & puis se montrant de nouveau; qu'en ce Pays il s'appelloit Niger; que dans l'Ethiopie on lui donnoit le nom d'Astapus; qu'aux environs de Méroé il se partageoit en deux bras, dont le droit s'appelloit Astusapes & le gauche Astabore, & qu'enfin il ne prenoit le nom de Nil qu'au dessus de Méroé. Denys le Périégéte [d] dit que les Ethiopiens l'appellent Siris & que lorsqu'il est arrivé à Siéne on lui donne le nom de Nilus. Il y a assez d'apparence [e] que le nom Siris vient de l'Hebreu Sihors ou Sichor qui signifie trouble, & que Nilus vient de l'Hebreu Nahal ou Nachal qui signifie Riviére ou torrent. Dans l'Ecriture on ne donne communément au Nil que le nom de Fleuve d'Egypte: Josué [f] & Jérémie [g] le désignent pourtant sous le nom de Sichor, ou Fleuve d'eau trouble. Les Grecs le nomment Melas, qui signifie aussi noir ou trouble. En effet l'eau de ce Fleuve est ordinairement assez trouble; mais on l'éclaircit très-aisément, en jettant dedans quelques amandes, ou quelques féves pilées. Servius en expliquant ce vers de Virgile [h],

*Et viridem Ægyptum nigrâ fœcundat arena*,

remarque que les Anciens nommoient le Nil Melo. Melo en Hebreu signifie, rempli; ce qui peut convenir au Nil, à cause de ses grands débordemens. Selon Diodore de Sicile [i], le plus ancien nom que les Grecs ayent donné au Nil c'est celui d'Oceanus. On l'appella aussi Ætus, ou Aquila, c'est-à-dire Aigle, puis Ægyptus; & à cause de ces trois noms Oceanus, Ætus, Ægyptus, on lui donna celui de Triton. Enfin les Grecs & les Latins ne le connoissent aujourd'hui que sous le nom de Nil. Les Egyptiens qui croyoient lui être redevables de la fécondité de leurs terres & de tout ce qu'elle produit, lui ont prodigué les noms de Sauveur, de Soleil, de Dieu & de Pere. C'est peut-être pour cela, dit Dom Calmet [k], que le Seigneur dans les Isaï 11. 15. Prophétes menace quelquefois le Fleuve Ezech. 29. d'Egypte de le dessécher, de faire mourir 3. & suiv. ses poissons, comme pour faire sentir aux Egyptiens la vanité de leur culte, & la foiblesse de leur prétendue Divinité.

Les plus grands hommes de l'Antiquité ont souhaité avec passion de pouvoir découvrir les sources du Nil, s'imaginant après plusieurs conquêtes [m] que cette découverte manquoit encore à leur gloire. Cambyse perdit beaucoup de tems & sacrifia beaucoup de monde dans cette recherche. Lorsqu'Alexandre consulta l'Oracle de Jupiter Ammon, la premiere chose qu'il demanda fut, où étoit la source du Nil? Et depuis ayant campé à la tête du Fleuve Indus, il crut que c'étoit celle du Nil & il en eut une joie infinie. Ptolémée Philadelphe un de ses Successeurs porta la guerre en Ethiopie, afin de pouvoir remonter le Nil. Lucain fait dire à César qu'il auroit abandonné le dessein de faire la guerre à sa Patrie, s'il avoit cru être assez heureux pour voir le lieu où le Nil prenoit sa source, qui étoit la chose qu'il desiroit le plus.

— *Nihil est quod noscere malim,*
*Quam Fluvii causas per sæcula tanta latentis,*
*Ignotum caput; spes sit mihi certa videndi,*
*Niliacos fontes, bellum civile relinquam.*

Neron poussé par d'autres motifs eut la même envie: il envoya des Armées entiéres pour faire cette découverte; mais le rapport qu'on lui fit ôta toute espérance d'y pouvoir réussir. La source du Nil demeura toujours inconnuë [n]: Et quoique dans le seizième siécle la Navigation eût ouvert le chemin de l'Ethiopie, il ne se trouva pourtant personne qui pût se vanter d'avoir vu couler les premieres eaux de ce Fleuve. C'est dans le siécle passé que fut faite la découverte d'une chose si cachée, & nous la devons aux soins du Pére Pierre Pays, Jesuite Portugais, qui le premier des Européens a vu ces deux fontaines qui forment la naissance de cette Riviére: voici la Relation qu'il en a donnée:

Le Nil, que les Ethiopiens appellent maintenant Abavi, prend origine au Royaume de Goyam en un certain territoire que les Habitans nomment Agous. Ces gens-là sont Chrétiens, quoique leur Eglise n'ayant pas été cultivée, ils se soient par succession de tems laissez aller à beaucoup de superstitions; & que s'étant corrompus par le commerce qu'ils ont eu avec les Payens du voisinage, ils ne soient guère différens d'eux. La source du Nil est située dans la partie Occidentale de ce Royaume, au haut d'une Montagne qui a une plaine pareille à un grand champ, environné de toutes parts de hautes Montagnes.

L'an 1618, continuë le Pere Pays, le 21. d'Avril, je me trouvai avec l'Empereur d'Ethiopie qui étoit à la tête de son Armée dans le Royaume de Goyam. Il étoit campé dans le territoire de Sacala, Pays des Agaux, assez près d'une Montagne qui ne paroît pas fort haute, parce que toutes celles qui l'environnent le sont beaucoup plus. Je montai dans ce lieu & j'y observai attentivement toutes choses. Premiérement je découvris deux fontaines rondes, & le diamétre de chacune étoit large de quatre palmes. Je ne puis exprimer quelle fut ma joie en considérant ce que Cyrus, ce que Cambyse, ce qu'Alexandre, ce que Jules César avoient désiré si ardemment & si inutilement de savoir. L'eau de ces fontaines est très-claire,

très-

très-legére & très-agréable à boire. Il faut pourtant remarquer que ni l'une ni l'autre n'a point de sortie dans cette plaine ; mais seulement au pied de la Montagne. Je voulus sonder la profondeur de ces sources : j'enfonçai dans la premiere une lance longue de douze palmes ; il me sembla qu'elle rencontroit les racines des arbres voisins, qui étoient entrelaffées. J'allai pour sonder la profondeur de l'autre, qui est distante de la premiere, vers l'Orient, d'un jet de pierre : je n'en trouvai point le fond avec la lance de douze palmes : je liai ensemble deux lances qui faisoient la longueur de vingt palmes ; je les enfonçai dans la fontaine ; mais je ne pus encore trouver le fond par cette voie là.

Les Habitans assurent que toute la Montagne est pleine d'eaux : ils disent pour preuve, que toute la terre qui est à l'entour de ces fontaines tremble, & est mobile, signe certain de l'eau qui se trouve dessous. Ils disent que c'est la raison pour laquelle l'eau des fontaines demeure toujours égale sans croître jamais & sort avec tant d'impétuosité au bas de la Montagne. Ils ajoutent une chose que l'Empereur qui étoit présent confirma : sçavoir que cette année-là la terre avoit été peu tremblante à cause de la grande sécheresse qui avoit précédé ; mais que dans les années précédentes elle avoit si fort tremblé, qu'on avoit cru n'y pouvoir aller sans péril.

L'enclos de cette plaine ressemble à un Lac de figure ronde ; & une pierre jettée avec la fronde pourroit la traverser. Au-dessous de la Montagne il y en a une autre vers l'Occident, & qui est éloignée de cette source d'environ une lieue. C'est l'endroit où habite le Peuple qu'on nomme Guyx. Au reste il est difficile de monter au lieu où sont ces fontaines, à moins qu'on ne prenne par le côté de la Montagne qui regarde le Nord : dans cet endroit la montée est assez facile. Une lieuë au-dessous de la Montagne il y a une profonde vallée où sort une autre Ruisseau qui se joint bien-tôt à celui du Nil. On croit qu'il vient de la même source ; mais qu'après avoir coulé dans des canaux soûterrains, il commence à paroître dans cette vallée.

Le Nil qui sort du pied de la Montagne coule d'abord vers l'Orient, environ l'espace d'une portée de canon : alors il se détourne tout à coup & va vers le Nord. A trois quarts de lieuë de-là, il rencontre un autre Ruisseau qui sort des rochers : un peu après il en reçoit deux autres qui viennent du côté de l'Orient ; & se joignant encore à quelques autres il croît considérablement. Ensuite ayant couru l'espace d'une journée de chemin, il se joint avec un gros Ruisseau nommé Ima : de-là il coule vers l'Occident jusqu'à trente lieues loin de sa source. Après quoi changeant son cours, il va vers l'Orient & tombe dans un grand Lac de la Province de Bed, & dont une partie est dans le Royaume de Goyam & l'autre dans celui de Dambia. Mais il traverse ce Lac de maniére qu'il est aisé de discerner les eaux de l'un & de l'autre, parce qu'elles ne se mêlent point. En sortant de ce Lac il prend son cours vers le Midi, baigne par les divers détours qu'il fait, le Pays d'*Ala-tu*, éloigné du Lac de cinq lieues. Il rencontre en cet endroit des rochers, qui font un précipice de quatorze brasses de haut : il s'y précipite avec un bruit épouvantable & avec tant de violence que de loin on diroit que toute son eau s'en va en écume & en fumée. Après qu'il s'est ainsi précipité, il est comme englouti entre deux grandes roches, qui le resserrent tellement qu'on a de la peine à le voir : ces roches sont si près l'une de l'autre, qu'en jettant un pont dessus l'Empereur y a passé quelquefois avec toute son Armée. Le Nil coule ensuite en serpentant par les Royaumes de *Bagamidri* & de *Goyam* & par tous les autres Royaumes qui sont entre deux, comme ceux d'*Ambara*, d'*Olaca*, de *Xaoa*, & de *Damot* : il arrose le Pays de Bizan & celui de Gumacanca, & se rapproche insensiblement du Royaume de Goyam ; en sorte qu'il n'est éloigné de sa source que d'environ une journée de chemin. Delà il prend son cours vers les Royaumes de Fazelo & d'Ombarea, qu'Eraz Selachristes frére de l'Empereur conquit en 1613. & qu'il nomma *Ayzolam* ; c'est-à-dire nouveau Monde, parce que c'est un pays vaste & qui étoit inconnu auparavant. Le Nil quitte alors l'Orient (l'Abissinie) & commence à couler vers le Nord, & après avoir traversé une infinité de Pays & passé par des précipices effroyables, il tombe dans l'Egypte & va se décharger dans la Mer Méditerranée.

Le Pére Pays n'expliquant pas davantage le cours du Nil & n'en disant presque rien depuis que ce Fleuve a laissé l'Abissinie, il faut avoir recours à ce que l'Abissin Grégoire en a appris à Mr. Ludolf [a], & à ce que les autres Voyageurs nous en apprennent.

[a] Hist. Æthiop. lib. 1. c. 8.

Après que le Nil a passé entre Bizamo & Goyam, il entre dans le Pays des Shankelas ; & alors tournant sur la droite, il laisse à gauche la partie Occidentale & traverse le Royaume de Sannar. Mais avant que d'y arriver, il reçoit la Riviére de Tacazé, qui a sa source dans le Royaume de Tigré, & le Gangue qui vient de Dambée. Lorsqu'il est dans le Royaume de Sennar, il passe par le pays de Dangala & entre dans la Nubie : ensuite tournant encore plus à droite, à mesure qu'il s'approche d'Alexandrie, il arrose le Pays d'Abrim, où s'arrêtent toutes les barques qui viennent d'Egypte, étant impossible de remonter cette Riviére plus haut à cause des rochers dont elle est remplie. Le Nil entre ensuite dans l'Egypte : il couvre toûjours les Royaumes de Sennar & de Nubie du côté du Levant : les Abissins & ceux de Sennar qui descendent en Egypte ont toûjours ce Fleuve à leur droite. Dès qu'ils ont passé la Nubie, ils traversent pendant quinze jours sur des chameaux, un désert, où ils ne trouvent que du sable. Ils arrivent enfin dans le Pays de Rif, qui est la haute Egypte, & là ils quittent les chameaux & se mettent sur l'eau : quelques-uns néanmoins vont par terre & à pied.

Le Nil, continuë le même Grégoire, reçoit dans son cours toutes les Riviéres, grandes & petites, hors le Hamazo, qui a sa source dans le Royaume d'Angore & l'Aoaxe ou Hawash, qui passe par les Royaumes de Dawara & de Fategur.

NIL.

*a Atlas.*

Mr. de l'Isle *a* marque une Cataracte du Nil, environ les 23. d. de latitude Septentrionale, sous les 47. d. 50′. de longitude & il l'appelle la petite cataracte, pour la distinguer d'une plus grande qu'il met auprès de Souené, à 49. d. 50′. de latitude, sous les 23. d. 60. de longitude. *b* Le Nil tombe là par plusieurs endroits d'une Montagne de plus de deux cens pieds de haut. Le seul endroit remarquable est une belle nappe d'eau large de trente pieds & qui forme en tombant une espèce d'arcade par dessous laquelle on pourroit passer sans se mouiller. Il y a apparence qu'on y prenoit autrefois ce plaisir. On y voit en effet comme une petite platteforme, où il y a plusieurs niches pour s'asseoir, & plusieurs ouvertures qui conduisent à des lieux souterrains; mais on n'y sauroit aller présentement, parce que l'eau qui passe par plusieurs endroits en empêche l'abord. Depuis cette Cataracte, le Nil coule en serpentant du Nord au Sud jusqu'à Chilacan. Les principaux lieux qu'on trouve dans ce grand espace tant à la gauche qu'à la droite sont,

*b Lucas, Voy. du Levant, t. 1. p. 95.*

| | |
|---|---|
| d. Assuana, | g. Siout, |
| d. Naassa, | g. Mansallu, |
| d. Des Cabanes d'Arabes, | g. Faisaire, |
| g. Essenai, | g. Meloué, |
| g. Luxor, | g. Minio, |
| g. Bellade-Mousse, | g. Samalut, |
| g. Barbampou, | d. Le Gouvent de la poulie, |
| g. Dandre, | |
| d. Caana, | g. Fesene, |
| g. Hus, | g. Benesuées, |
| g. Girgé, | g. Guisse, |
| d. Aquemin, | d. Le vieux Caire, |
| g. Taata, | d. Le grand Caire, |
| g. Cardousse, | d. Boulac, |
| g. Aboutiche, | g. Embab, |
| | g. Couratije, |
| | d. Chilacan. |

Au-dessous de Chilacan, le Nil se divise en deux principaux Canaux, qui forment cette partie de la Basse Egypte à laquelle les Anciens ont donné le nom de DELTA. Voyez ce mot.

On remarque que le Nil a très-peu de poisson *c*: cela vient sans doute du grand nombre de Chevaux marins & de Crocodiles qui le dépeuplent: peut-être aussi seroit-ce en partie l'effet de ses Cataractes; parce qu'il est difficile que le poisson ne se tue pas en montant.

*c Le Grand, Relat. de l'Abissinie, p. 110.*

L'ignorance où l'on étoit des sources du Nil avoit donné occasion à plusieurs Auteurs graves de forger beaucoup de Systêmes différens, touchant la nature de ses eaux & la cause de ses inondations. Il est aisé présentement de voir combien de fausses hypothèses, combien de faux raisonnemens, on a fait à ce sujet. Cependant il y a encore des gens si entêtez de l'Antiquité, qu'ils ne peurent ajouter foi à ceux qui ont été sur les lieux, & qui par le témoignage de leurs propres yeux peuvent ruiner ce que les Anciens en ont écrit. Il étoit difficile & même comme impossible, en suivant le cours du Nil, de remonter à sa source: ceux qui l'ont entrepris ont toujours été arrêtez par les Cataractes, & n'espérant pas que qui que ce fût pût y réussir, ils ont inventé mille fables. Ajoutons que ni les Grecs, ni les Romains qui sont les seuls de qui nous avons emprunté toutes nos connoissances, n'ont jamais porté leurs armes assez avant de ce côté-là; qu'ils n'ont pas même entendu parler de tant de Nations barbares, qui demeurent le long de ce grand Fleuve; que les Terres où le Nil prend sa source & toutes celles qui l'environnent, ne sont habitées que par des Peuples sauvages & barbares; que pour y arriver, il faut traverser des montagnes affreuses, des forêts impénétrables, des deserts pleins de bêtes féroces, qui à peine y trouvent de quoi vivre. Si cependant ceux qui ont fait des tentatives pour découvrir la source du Nil étoient entrez par la Mer Rouge, ils auroient pu avec moins de frais & de dépense trouver ce qu'ils cherchoient, en allant de Maçua un peu plus au Midi qu'au Sud-Ouest. En prenant cette route, il n'y a guère plus de vingt journées de chemin, de la Mer rouge aux sources du Nil.

Le point qui a le plus tourmenté les Ecrivains anciens & modernes, c'est l'accroissement ou le débordement du Nil *d*. Ils vouloient en savoir la cause & croyoient la pouvoir trouver à force de bâtir des Systêmes; mais on est bien sujet à se tromper, quand on veut rendre raison d'une chose qu'on ne connoît pas. Diodore de Sicile *e* après avoir décrit le cours du Nil, traite de son accroissement *f*. Il rapporte toutes les opinions de ceux qui l'ont précédé & dont il a eu connoissance. Il commence par Thalès Milesien un des sept Sages, qui dit que le Nil ne se déborde, que parce que ses eaux sont arrêtées par la violence des vents de Nord que les Grecs appellent *Etesies* ou *Etesiens*. Diodore dit que si cette raison étoit vraie, toutes les Rivières qui coulent du Sud au Nord devroient se déborder de la même manière que le Nil. Anaxagoras & Euripide son Disciple prétendent que le débordement du Nil est causé par la fonte des Neiges; mais, comme remarque Diodore de Sicile, il n'y a point de Neiges dans les Montagnes d'Ethiopie, ou du moins il n'y en a presque point. D'ailleurs si le Nil grossissoit par la fonte des Neiges, l'air seroit beaucoup plus froid & cette Rivière seroit couverte de brouillards. Or le Nil a cela de particulier, qu'on ne le voit point couvert de nuages épais dans aucun tems. On ne rapporte point le sentiment d'Hérodote. Démocrite paroît approcher davantage de la vérité, quoique Diodore le refute comme les autres. Il dit que les Vents du Nord qui soufflent un peu avant le débordement du Nil, amènent la Neige des Pays plus froids; que cette Neige se convertit en pluyes, & que les pluyes qui tombent en quantité dans ce tems-là grossissent & le font sortir de son lit.

*d Pag. 212.*
*e l. 1. c. 37.*
*f Ibid. c. 38.*

Plusieurs ont cru que la Mer communiquoit au Nil par des Canaux souterrains, & que l'accroissement du Nil venoit dans une saison où la Mer étant violemment agitée elle poussoit ses vagues sous terre & faisoit dé-

# NIL.

déborder cette Riviére. D'autres ont cru que c'étoit des vents réglez, qui retardoient le cours des eaux du Nil. Quelques-uns se sont imaginé que la *Goutte* qu'on dit qui tombe dans ce Fleuve, le faisoit fermenter & causoit ce débordement. On appelle Goutte[a], dans les Relations qu'on fait de l'Egypte, une certaine rosée qui tombe en ce Pays-là vers le mois de Juin, & qui vient un peu avant l'accroissement du Nil, au Pays de Sud à 7. ou 8. journées du Caire. Ce sont des vents du Nord & du Ponent qui la causent en portant des nuages de la Méditerranée. Elle est si subtile qu'elle pénétre le verre; en sorte que du sable qu'on enferme dans une bouteille bien bouchée en est humecté. On connoît cette sorte de rosée au coton que l'on met dans une boëte sur une fenêtre. Ce coton devient humide lorsque la goutte est tombée, & aussi-tôt toutes les maladies cessent, & on peut communiquer sans aucun péril, même avec ceux qui sont atteints de la peste.

Peu se sont arrêtez à ce que les Géographes & les Historiens les plus exacts parmi les Anciens & parmi les Modernes, ont écrit & dont on ne peut plus douter aujourd'hui: savoir que les pluyes tombent en abondance dans l'Abissinie pendant les mois de Juillet,[b] Août & Septembre. Strabon[b] l'avoit écrit: St. Athanase[c] l'avoit confirmé: Cosmas Indoplustes qui a parlé plus pertinemment qu'aucun autre de l'Abissinie a dit la même chose que Strabon & St. Athanase; enfin tous les Jésuites Portugais, qui ont demeuré long-tems en ce Pays-là ne nous permettent plus de douter que l'inondation du Nil est causée par les pluyes qui tombent pendant les mois de Juin & de Juillet. Ils refutent ceux qui l'attribuent à la fonte des Neiges & ils assurent qu'il ne neige point en Ethiopie, à moins que ce ne soit sur le sommet de quelques-unes de ces hautes Montagnes, qui sont dans le Royaume de Tigré; mais s'il y tombe de la Neige, c'est en si petite quantité, qu'elle ne pourroit pas faire enfler le moindre ruisseau. Ainsi comme l'Abissinie où le Nil prend sa source, est pleine de Montagnes, que l'Hiver y commence au mois de Juin & dure jusqu'en Septembre; que pendant ce tems-là il y pleut tous les jours; que l'Ethiopie est beaucoup élevée au-dessus de l'Egypte; que le Nil reçoit dans son lit toutes les Riviéres, tous les ruisseaux, tous les torrens, qui tombent de ces Montagnes & enflent considérablement ce Fleuve; il faut nécessairement qu'il inonde toutes les campagnes de l'Egypte. Cette inondation arrive réguliérement vers le mois de Juillet; c'est-à-dire environ trois semaines ou un mois depuis que les pluyes ont commencé en Abissinie; & selon que l'inondation est plus ou moins grande, l'année est plus ou moins abondante. Aussi a-t-on soin de remarquer au Caire jusqu'à quelle hauteur le Nil monte, & de publier par la Ville de combien il croît chaque nuit. Voyez au mot CAIRE.

A l'égard de la source du Nil[d] qui se trouve au haut d'une Montagne, il en est comme de quelques autres qui se trouvent dans la même situation. Elle vient des vapeurs; que la chaleur des Astres & celle qui est

*a Dict. de l'Académie Françoise, Ed. 1694.*

*b l.15 p.693.*
*c In Vita S. St. Antonii.*

*d La Chambre, du débordement du Nil, p. 310.*

# NIL.

dans les entrailles de la Terre font élever à tous momens au sommet de la Montagne: ces vapeurs ne pouvant s'exhaler s'épaississent par le froid & se changent en eau. Cette eau se fait ensuite passage par les veines qu'elle trouve & sort enfin par la premiere ouverture qu'elle rencontre en sa descente. Les pluyes & les neiges y peuvent aussi contribuer, & principalement les neiges; car comme elles se fondent lentement, l'eau ne s'en écoule pas comme celle des pluyes; mais elle pénétre dans la Terre; & s'il s'y trouve quelque cavité considérable, elle s'y amasse comme toute autre eau, & fait une espece de réservoir, qui sert à entretenir les sources qui en viennent. C'est de-là sans doute que se forme l'eau qui fait la source du Nil & qui remplit la Montagne d'où il sort: car comme cette Montagne est environnée d'un grand nombre d'autres, qui sont beaucoup plus hautes qu'elle, l'eau qui s'est amassée dans leurs cavitez par les vapeurs qui s'y sont épaissies & par les neiges dont elles sont couvertes, se décharge par des canaux souterrains en celle-ci, où elle conserve toujours un même niveau, soit parce qu'il y en vient toujours autant qu'il en sort; soit parce qu'il y a quelque autre réservoir dans ces autres Montagnes, où les eaux se sont amassées, & d'où celle-ci coule montant jusqu'à la même hauteur du réservoir, sans qu'elle croisse ni diminuë.

On releve fort la bonté de l'eau du Nil[e]; on dit que quoi qu'elle soit toujours un peu trouble, elle est très-legére & très-saine. Galien dit que les femmes grosses qui boivent de l'eau du Nil accouchent plus aisément, que souvent elles accouchent de deux, de trois & même de quatre enfans; que les brebis & les chevres sont plus fécondes sur les bords du Nil que par-tout ailleurs. J'ai déja dit que la fertilité de l'Egypte dépend du débordement du Nil: l'année est mauvaise quand le débordement est au-dessous de quatorze coudées, ou au-dessus de dix-huit: elle est très-bonne lorsqu'il est de seize coudées.

2. NIL, ou NILOPLE, Ville de l'Egypte, dont étoit Evêque Saint Chérémon, selon Mr. Baillet[f]. Ce Saint Evêque vivoit durant la persécution de l'Empereur Dece. Voyez NILOPOLIS.

NILAB,[g] Riviére des Indes, elle a sa source dans le Royaume de Caboul, qu'elle mouille du Nord au Midi. Elle se jette dans l'Inde, à l'Orient du Royaume de Hajacan, un peu au dessous de la Ville Atok.

D'Herbelot dans sa Bibliothéque Orientale dit: NILAB, l'Eau, ou plutôt le Fleuve du Nil. Les Persiens appellent ainsi une des Riviéres qui se jettent dans le Fleuve Indus, à cause de la grande quantité d'Indigo qui croît sur ses bords & duquel on fait un très-grand trafic dans les Etats du Mogol. Ce Nil Riviére des Indes, ajoute-t-il, pourroit mieux convenir que celui d'Egypte à la situation du Paradis terrestre, lequel, selon le commun consentement de tous les Anciens, étoit dans le milieu de l'Asie, & non pas dans l'Afrique.

NILCOS,[h] Port de l'Amérique Septentrionale, sur la Côte du Gouvernement de Pana-

*e Le Grand, Relat. d'Abissinie, p. 215.*

*f Topogr. des Saints, p. 636.*

*g De l'Isle, Atlas.*

*h Corn. Dict. Laët, Indes Occid. liv. 8. c. 10.*

Panama. Il est tout proche de l'embouchure de la Rivière de Darien, qui sépare ce Gouvernement de celui de Cartagéne. C'est là que finit le Golphe d'Uraba, d'où ce lieu a été appellé par les Espagnols la *Culata*, comme qui diroit le fond du Golphe.

NILEUS. Voyez NELEUS & THONIS.

NILIDES LACUS, Lac sur une Montagne de la Basse Mauritanie, au voisinage de l'Océan : Pline [a] & Solin [b] parlent de ce Lac. On prétendoit que c'étoit la source du Nil, & on le plaçoit sur le Mont-Atlas. Voyez NUCHUL.

*a l. 5. c. 9.*
*b c. 32. p. 59.*

NILI OSTIA, Pomponius Méla [c], Strabon [d] & Diodore de Sicile [e] prétendent que le Nil a neuf bouches par lesquelles il se décharge dans la Mer. Ptolomée [f] en compte neuf; mais il y en a deux qu'il appelle fausses embouchures; Herodote qui n'en compte que sept en admet pareillement deux fausses. Voici les noms de ces embouchures;

*c l. 1. c. 9.*
*d l. 17. p. 788.*
*e l. 1. c. 33.*
*f l. 4. c. 5.*

*Heracleoticum, Taniticum,*
*Pelusiacum, Phatnitieum,*
*Sebennitieum, Mendesium,*
*Bolbitinum.*

Les deux que Ptolomée ajoute, sont,

*Dioclos, & Pineptimi.*

Pline [g] nomme la première des embouchures du Nil *Heracleoticum* ou *Naucraticum*, comme mots synonymes, & Pomponius Méla [h] l'appelle *Canopicum* au lieu de *Phatniticum*, Ptolomée [i] écrit *Pathmeticum*; Strabon [k] & Diodore de Sicile [l] lisent *Pharbmicum*; mais dans un autre endroit ce dernier change son Orthographe & écrit *Phagnetimum*; Herodote [m] semble aussi varier sur le nom de cette Embouchure; car il y a apparence que c'est celle-là qu'il appelle *Bucolicum*. Quelques-uns pour *Taniticum* lisent *Saiticum* & les Exemplaires de Pomponius Méla [n] portent *Tanicum*.

*g l. 5. c. 10.*
*h l. 1. c. 9.*
*i l. 4. c. 5.*
*k l. 17. p. 788.*
*l l. 1. c. 33.*
*m l. 2. p. 17. cum*
*n l. 1. c. 9.*

NILI VENÆ. Voyez MOPHI.

NILOPOLIS, en Grec Νειλούπολις, selon Ptolomée & Νείλου πόλις, selon Etienne le Géographe. C'étoit une Ville d'Egypte. Ptolomée [p] la place dans les terres. Eusebe en fait mention dans son Histoire Ecclésiastique [q] : il suit la même Orthographe qu'Etienne le Géographe, & il nomme son Evêque Chæremon.

*o l. 4. c. 5.*
*p Ibid.*
*q l. 6. c. 34.*

NILOPTOLEMÆUM, lieu d'Ethiopie, sur la côte de la Mer Rouge, selon Arrien [r].

*r Peripl. Maris Erythræi, p. 7.*

1. NILUS. Voyez NIL.

2. NILUS, Contrée quelque part dans l'Arabie, selon Strabon [s] : il la met dans les terres & dit qu'on y trouvoit de la Myrrhe & de l'Encens.

*s l. 16. p. 774.*

NIMEGUE, Ville des Pays-Bas, dans la Gueldre Hollandoise, sur la rive gauche du Wahal, à trois lieues communes de Cleves, à trois du Fort Schenk, entre Arnhem & Grave. Le nom de cette Ville est diversement écrit dans la Langue du Pays. Les uns écrivent NIEW-MEEGEN, d'autres NIEWMAGEN, NYMEGEN, NIMWEGEN & NIMMÉGEN, d'où les François ont dit NIMEGUE. Cette Ville est très-ancienne : il n'en faut pas d'autre preuve [t] que les Monumens d'antiquité Romaine, que l'on découvre de tems en tems, soit au dedans de ses murailles, soit dans son territoire : de plus on la trouve nommée *Noviomagus* dans la Table de Peutinger, où elle est marquée à six milles d'*Arenatium*, qu'on croit être *Arnhem*. De *Noviomagus* on a fait par corruption, NIOMAGUS, NEUMAGUS, NEUMAGA & enfin NIMEGUE. Après la décadence de l'Empire Romain, elle demeura quelque tems dans l'Alliance que les Bataves avoient avec les François; mais quelque tems après le Pays ayant été démembré & soumis à la puissance des Comtes de l'Empire, la Ville de Nimégue fut soumise premierement aux Rois d'Austrasie & ensuite aux Empereurs. Charlemagne vers l'an 774. rétablit le Château, ouvrage des Bataves, & en fit un Palais Royal, où lui-même, son fils Loüis le Débonnaire & divers autres Empereurs demeurérent assez souvent. L'Annaliste de Metz dit que de son tems ce Palais étoit très-grand & d'une merveilleuse Architecture, *ingentis magnitudinis mirique operis*; en sorte qu'on comptoit pour les deux premiers Palais Impériaux, Aix-là-Chapelle & Nimégue, *Noviomagus*. L'Empereur Friderie Barberousse le répara en 1155. comme on le voit dans une Inscription gravée sur un Marbre en Lettres Gothiques.

*t Theatr. Urb. Belg.*

Dix ans après naquit dans ce même Palais Henri fils de Friderie Barberousse & son Successeur à l'Empire. Friderie II. fils de celui-ci & Henri II. son petit-fils, confirmerent à la Ville de Nimégue ses anciens priviléges, & lui accordérent tous ceux dont jouïssoit la Ville d'Aix-la-Chapelle. Les Empereurs leurs Successeurs confirmérent ces mêmes Priviléges, & quoique Guillaume Roi des Romains eût engagé en 1248. à Otton Comte de Gueldre, le Palais Impérial avec son Domaine, la Ville ne laissa pas de conserver le droit de Territoire, la dignité de Ville Impériale & les Priviléges que les Empereurs lui avoient accordez en différens tems, & même les Comtes, & ensuite les Ducs de Gueldre, lorsque la Ville se fût mise sous leur protection, n'étoient point reconnus qu'ils n'eussent auparavant confirmé ces Priviléges tant serment que par une Patente qu'ils en faisoient expédier. La Ville de Nimégue jouït encore de divers Priviléges considérables, entre autres de l'exemption de tous impôts sur la Meuse. Ce sont ces avantages qui ont engagé les autres Villes à lui céder le premier rang.

Ses habitans durant les troubles des guerres civiles dans les Pays-Bas furent plus attachez que les autres au parti du Roi Philippe II. Ils lui demeurérent fidèles jusqu'à l'extrémité. Ce ne fut qu'en 1579. que le chagrin de voir leurs Priviléges violez par l'emprisonnement de leurs Concitoyens suspects d'hérésie, les engagea à entrer dans l'Alliance d'Utrecht qui a donné le nom aux Provinces-Unies des Pays-Bas. Une sédition qui s'éleva dans la Ville les fit retomber en 1585. sous la puissance du Roi d'Espagne ; mais en 1590. le Comte Maurice pour les bloquer ayant fait bâtir sur la rive droite du Wahal vis-à-vis de Nimégue le Fort *Knodsebourg*, & l'année suivante

## NIM.

vanté ce Comte les ayant attaquez vivement, ils furent contraints de capituler, de rentrer dans l'Alliance des Provinces-Unies, & de consentir à l'abolition de l'Exercice de la Religion Catholique.

L'enceinte de la Ville de Nimégue est fortifiée de divers ouvrages. Au delà du Wahal, il y a le Fort de Knodsebourg, bâti en premier lieu pour bloquer les habitans, mais qui depuis est devenu leur sûreté & les rend maîtres du passage du Wahal. Le Bourg, ou le Palais Impérial appellé vulgairement *Valckhof* est une grande Forteresse, qui commande le Fleuve & la Ville. Elle est bâtie sur une colline assez élevée & escarpée par-tout, excepté d'un côté. Son enceinte qui est de pierres de taille est flanquée de plusieurs Tours : du côté du Midi néanmoins la muraille n'est que de brique : aussi est-elle nouvelle; l'injure du tems avoit ruïné l'ancienne muraille de ce côté-là. Outre une grande quantité de bâtimens, cette Forteresse renferme trois grandes Places & deux Chapelles, dans la plus grande desquelles on voit des Inscriptions anciennes. De cette Forteresse & sur-tout de sa principale Tour on a une des plus belles vues qu'on puisse souhaiter. Le Palais est respectable par son antiquité & remarquable par son Architecture. L'Enceinte de cette Ville étoit autrefois bien moins grande qu'elle n'est présentement ; les anciens Fauxbourgs & la Citadelle ont été renfermez dans la Ville : on voit encore deux des anciennes portes. La Ville est bâtie sur plusieurs collines & on en compte neuf, & dans l'endroit le plus élevé il y a trois fontaines qui fournissent de l'eau abondamment. On a creusé dans presque toutes les ruës des puits publics. Ils sont d'une grande profondeur ; & ce qui est surprenant, ils ne tirent pas leur eau du Wahal, qui est si voisin, mais de la Meuse qui en est assez éloignée.

Avant les troubles des guerres civiles, on voyoit à Nimégue un très-grand nombre d'Eglises. Il n'en reste plus dix qui ayent des clochers : les autres ont été destinées à l'usage du Public. La principale Eglise qui porte le nom de St. Etienne étoit Collégiale autrefois : elle fut bâtie en 1272. & consacrée par St. Albert le Grand Evêque de Ratisbonne. On y voit dans le Chœur un superbe Monument de Catherine de Bourbon fille de Charles de Valois, femme d'Adolfe d'Egmond Duc de Gueldre. L'Ecole est voisine de cette Eglise. On compte à Nimégue un grand nombre d'Hôpitaux bien fondez & bien entretenus, & entre plusieurs beaux Edifices on remarque la Maison de Ville, qui est magnifique, & ornée des Statuës de divers Empereurs.

C'est dans cette Ville que les Plénipotentiaires de la plûpart des Princes de l'Europe, après y avoir été assemblez près de trois ans, conclurent une Paix générale dans les années 1678. & 1679.

Les Habitans de Nimégue passent pour être ceux de toutes les Provinces-Unies, qui ont conservé avec plus d'attachement les mœurs & les usages de leurs ancêtres. Ils accordent difficilement le droit de Bourgeoisie aux Etrangers, & ils n'en reçoivent guère, à moins qu'ils ne soient en état de procurer quelque avantage à la Patrie. Quelques-uns d'eux se sont rendus célèbres dans le parti des armes; d'autres se sont acquis de la réputation dans la République des Lettres, & le plus grand nombre s'adonne au Commerce, qui est favorisé par la situation avantageuse de la Ville & par les exemptions d'impôts. Plusieurs Familles nobles des Provinces-Unies tirent leur origine de cette Ville.

LE QUARTIER DE NIMÉGUE, Contrée de la Gueldre, bornée au Nord par le Quartier de Veluwe, dont elle est séparée par le Rhin ; le Comté de Berg, & le Duché de Cleves la bornent à l'Orient; elle a au Midi le Brabant, dont elle est séparée par la Meuse, & elle est bornée à l'Occident par la Hollande. Cette Contrée est partagée en six autres Quartiers ou Préfectures qui sont,

| | |
|---|---|
| Het Ryk van Nimwegen, | ou District de Nimégue, |
| De Over-Betuwe, | ou le Haut-Betuwe, |
| De Neder-Betuwe, | ou le Bas-Betuwe, |
| Tielerwaerdt, | ou le Territoire de Tiel, |
| Bommelerwaerdt, | ou le Territoire de Bommel, |
| Maas en Waal, | C'est-à-dire Entre la Meuse & le Waal. |

Il y a dans ces Préfectures deux Villes qui sont Tiel & Bommel, & deux autres lieux qui participent à quelques droits des Villes, savoir Bateburg & Gent. On y compte cinquante Terres Seigneuriales avec droit de Justice Criminelle & un plus grand nombre qui n'ont que la Justice Civile. Il y a cinq Forteresses où on tient toujours Garnison, savoir,

| | |
|---|---|
| Le Fort de Skenk, | Le Fort de Nassau, |
| Le Fort de Knodseburg, | Le Fort St. Andries, |
| Le Fort de Loewenstein. | |

NIMETACUM; L'Itinéraire d'Antonin met cette Ville sur la route de *Gastellum à Colonia Agrippina*, entre *Minariacum* & *Camaracum*, à dix-huit-mille pas de la première, & à quatorze milles de la seconde. Ortelius dit que ce doit être Lens en Artois, à moins qu'il n'y ait erreur dans le nombre des milles. Meyer prétend au contraire que ce soit Mainy dans la Châtellenie de Lille. La Notice des Dignitez de l'Empire semble pourtant favoriser l'opinion d'Ortelius : on y lit ces mots; *Præfectus Lætorum Batavorum Nemetacensium Atrebatis Belgicæ secundæ*. [a Thesaur.] [b Sect. 65.]

NIMIROUF, Ville de Pologne dans le Palatinat de Russie. Elle est assez grande & bâtie toute de bois. Elle a un Etang considérable, au milieu duquel on voit dans une Isle un ancien Château, aujourd'hui fort délabré. C'est la Maison de la Starostie. [*Corn. Dick. Mémoires du Chevalier de Beaujeu.*]

NIMIS. Voyez MINIUS.

NIMISSAKOUAT, ou NAQUESSACOUET, petite Riviére de l'Amérique Septentrionale, dans la nouvelle France. Elle se jette dans l'extrémité Occidentale du Lac supérieur. Les deux noms qu'on donne à cette Riviére sont proprement le même. Ils ne différent que dans la prononciation. Les François prononcent de la première manière & les Sauvages de la seconde. La différence

férence vient de ce que les Sauvages ne se servent jamais de la Lettre M.

NIMPTSCH,[a] petite Ville d'Allemagne, au Duché de Silesie, dans la Principauté de Brieg entre Franckenstein & Breslau, & sur le chemin qui va de Prague & de Glatz à Breslau. Il est fait mention de cette Ville & de son Château dans l'Histoire, dès l'an 1331, mais particulièrement au tems des Hussites qui se défendirent si vaillamment en 1431. & 1434. dans cette Place contre les Silesiens, qu'ils les obligerent d'en lever le Siège, après leur avoir fait perdre l'élite de leurs Troupes.

[a] Zeiler, Top. Duc. Siles.

NINÆA,[b] ancienne Ville d'Italie dans l'Oenotrie. Ortelius a dit que Suidas & Etienne le Géographe la placent dans les Terres, & que selon Gabriel Barri les Latins la nomment *Ninetum*, & les Italiens *Donaio*.

[b] Thesaur.

NINE, Voyez NIVE.

1. NING,[c] Forteresse de la Chine, dans la Province d'Iunnan, au département de Lingan troisième Métropole de la Province. Elle est de 14. d. 0'. plus Occidentale que Peking, sous les 24. d. 10'. de Latitude Septentrionale.

[c] Atlas Sinensis.

2. NING,[d] Forteresse de la Chine, dans la Province de Xensi, au département de Kyngyang, septième Métropole de la Province. Elle est de 8. d. 54'. plus Occidentale que Peking, sous les 37. d. 55'. de Latitude Septentrionale.

[d] Ibid.

3. NING,[e] Forteresse de la Chine, dans la Province de Kiangsi, au département de Nanchang, première Métropole de la Province. Elle est de 2. d. 59'. plus Occidentale que Peking, sous les 29. d. 11'. de Latitude Septentrionale.

[e] Ibid.

1. NINGCIN,[f] Ville de la Chine dans la Province de Peking, au département de Chinting, quatrième Métropole de la Province. Elle est de 2. d. 14'. plus Occidentale que Peking, sous les 38. d. 23'. de Latitude Septentrionale.

[f] Ibid.

2. NINGCIN,[g] Ville de la Chine, dans la Province de Peking, au département de Hokien troisième Métropole de la Province. Elle est de 0. d. 3'. plus Orientale que Peking, sous les 38. d. 0'. de Latitude Septentrionale.

[g] Ibid.

3. NING'ING,[h] Forteresse de la Chine, dans la Province de Xantung, où elle a le rang de première grande Forteresse de la Province. Elle est de 4. d. 55'. plus Orientale que Peking, sous les 36. d. 18'. de Latitude Septentrionale.

[h] Ibid.

NINGCO,[i] Forteresse de la Chine, dans la Province de Queicheu, au département de Ganxun, quatrième grande Cité de la Province. Elle est de 12. d. 16'. plus Occidentale que Peking, sous les 25. d. 25'. de Latitude Septentrionale.

[i] Ibid.

1. NINGHAI,[k] Ville de la Chine, dans la Province de Chekiang, au département de Taicheu, dixième Métropole de la Province. Elle est de 5. d. 18'. plus Orientale que Peking, sous les 29. d. 3'. de Latitude Septentrionale.

[k] Ibid.

2. NINGHAI,[l] Forteresse de la Chine, dans la Province de Xantung, au département de Tengcheu, cinquième Métropole de la Province. Elle est de 4. d. 40'. plus Orientale que Peking sous les 37. d. 4'. de Latitude Septentrionale.

[l] Ibid.

3. NINGHAI,[m] Forteresse de la Chine, dans la Province de Chekiang, au département de Chinxan grande Forteresse de la Province. Elle est de 5. d. 28'. plus Orientale que Peking, sous les 29. d. 10'. de Latitude Septentrionale.

[m] Atlas Sinensis.

NINGHIA,[n] Forteresse de la Chine, dans la Province de Xensi, au département d'Iungchang grande Forteresse de la Province. Elle est de 10. d. 26'. plus Occidentale que Peking, sous les 38. d. 50'. de Latitude Septentrionale. Cette Forteresse est environnée du Mont Holan, qui forme une espèce de muraille tout autour. Dans le voisinage il y a deux Lacs d'eau salée : l'un est grand & l'autre petit. La nature d'elle-même y produit du sel, sans que l'industrie des hommes y contribué en rien.

[n] Ibid.

NINGHIACHUNG,[o] Forteresse de la Chine, dans la Province de Xensi, au département d'Iungchung grande Forteresse de la Province. Elle est de 11. d. 10'. plus Occidentale que Peking, sous les 38. d. 40'. de Latitude Septentrionale.

[o] Ibid.

1. NINGHIANG,[p] Ville de la Chine, dans la Province de Xansi, au département de Fuencheu cinquième Métropole de la Province. Elle est de 6. d. 45'. plus Occidentale que Peking, sous les 38. d. 10'. de Latitude Septentrionale.

[p] Ibid.

2. NINGHIANG,[q] Ville de la Chine, dans la Province de Xantung, au département d'Iencheu, seconde Métropole de la Province. Elle est de 0. d. 16'. plus Orientale que Peking, sous les 36. d. 30'. de Latitude Septentrionale.

[q] Ibid.

3. NINGHIANG,[r] Ville de la Chine, dans la Province de Huquang, au département de Changxa, huitième Métropole de la Province. Elle est de 5. d. 22'. plus Occidentale que Peking, sous les 29. d. 11'. de Latitude Septentrionale.

[r] Ibid.

NINGHOA,[s] Ville de la Chine, dans la Province de Fokien, au département de Tingcheu huitième Métropole de la Province. Elle est de 0. d. 44'. plus Occidentale que Peking, sous les 26. d. 30'. de Latitude Septentrionale.

[s] Ibid.

NINGKIANG,[t] Forteresse de la Chine, dans la Province de Xensi au département de Hanchung, troisième Métropole de la Province. Elle est de 10. d. 3'. plus Occidentale que Peking, sous les 35. d. 13'. de Latitude Septentrionale.

[t] Ibid.

NINGLIEU,[v] Ville de la Chine, dans la Province de Honan, au département de Queite, seconde Métropole de la Province. Elle est d'1. d. 6'. plus Occidentale que Peking, sous les 35. d. 11'. de Latitude Septentrionale.

[v] Ibid.

1. NING'PO,[w] Ville de la Chine, dans la Province de Chekiang, où elle a le rang de neuvième Métropole. Elle est de 4. d. 46'. plus Orientale que Peking, sous les 29. d. 40'. de Latitude Septentrionale. Les Portugais fréquentoient autrefois beaucoup le Promontoire de cette Ville, qu'ils appellèrent *Liampo* par corruption. On dit communément que ce Promontoire, lorsque le tems est

[w] Ibid.

## NIN.

est sérein, on voit les côtes du Japon ; mais la chose n'est guère possible vu la grande distance qu'il y a.

Sous les Rois de Jue cette Ville fut appellée Jungtung. La Famille Cina la joignit à la Province d'Houki ; la Famille Tanga lui donna le nom de Mingcheu ; celle de Sunga celui de Kingyuen, & celle de Taiminga la nomme Ning'po ; mot qui signifie *qui appaisé les ondes*. L'air que l'on respire dans ce quartier est assez pur ; le Pays est agréable & le terroir est très-fertile ; si ce n'est en quelques endroits où l'on trouve des rochers escarpez. Il se fait à Ning'po un grand Commerce de poisson soit frais soit séché au Soleil. Ses Habitans passent pour avoir beaucoup d'esprit & à chaque examen il fournit un grand nombre de Docteurs à l'Empire. Dans la Ville comme dans la campagne on ne mange guère que des choses salées. Cela a donné lieu à une espèce de proverbe. On dit communément que les corps des Habitans de Ning'po ne se corrompent point après leur mort, parce qu'ils ont été confits dans le sel dès leur vivant. Il y a cinq Villes sous cette Métropole,

Ning'po,    Funghoa,
Cuki,       Tinghai,
     Siangxan.

*a Atlas Sinensis.*

2. NING'PO, [a] Forteresse de la Chine, dans la Province de Suchuen, au département de Cienguei, grande Forteresse de la Province. Elle est de 14. d. 42′. plus Occidentale que Pekin, sous les 28. d. 50′. de Latitude Septentrionale.

*b Ibid.*

1. NINGQUE, [b] Ville de la Chine, dans la Province de Nanking, où elle a le rang de douzième Métropole. Elle est d'1. d. 0′. plus Orientale que Peking, sous les 31. d. 40′. de Latitude Septentrionale. La Rivière Von baigne ses murailles du côté de l'Orient, & facilite son Commerce, en portant les Navires de cette Ville jusque dans le grand Fleuve Kiang. Tout son Territoire est couvert de hautes Montagnes ; au dedans de ses murailles il y a d'agréables collines, de petits bois & de magnifiques Edifices, & l'on y fait beaucoup de papier. Cette Métropole a six Villes dans sa dépendance :

Ningque,    Taiping,
Ninque,     Cingte,
King,       Nanling.

*c Ibid.*

2. NINGQUE, [c] Ville de la Chine, dans la Province de Nanking, Capitale de Ningque, douzième Métropole de la Province. Elle est d'1. d. 13′. plus Orientale que Peking, sous les 31. d. 9′. de Latitude Septentrionale.

*d Ibid.*

NINGTE, [d] Cité de la Chine dans la Province de Fokien, au département de Foning, grande Cité de la Province. Elle est de 3. d. 34′. plus Orientale que Peking, sous les 26. d. 32′. de Latitude Septentrionale.

NINGUM, ou MINGUM : on lit l'un & l'autre dans l'Itinéraire d'Antonin, qui place cette Ville sur la route d'Italie en Dalmatie, en passant par l'Istrie, & plus particuliérement sur la route d'Aquilée à Salone, par l'Istrie, en ne prenant point la Mer. Il la met entre Tergeste & Parentium, à vingt-huit milles de la premiere & à dix-huit de la seconde. Ortelius [e] dit que Simler veut que *e Thesaur.* ce soit *Mngia*, Ville de l'Istrie.

NINGYANG, [f] Ville de la Chine, dans *f Atlas Sinensis.* la Province de Fokien, au département de Changcheu, troisième Métropole de la Province. Elle est d'1. d. 15′. plus Orientale que Peking, sous les 24. d. 56′. de Latitude Septentrionale.

1. NINGYUEN, [g] Ville de l'Empire Chi- *g Ibid.* nois, dans la Province de Leaotung, au département de Leaoyang, Métropole de cette Province. Elle est de 2. d. 38′. plus Orientale que Peking, sous les 40. d. 26′. de Latitude Septentrionale.

2. NINGYUEN, [h] Forteresse de l'Empire *h Ibid.* Chinois, dans la Province de Leaotung, au département de Leaoyang, Métropole de cette Province. Elle est de 10. d. 55′. plus Orientale que Peking, sous les 40. d. 13′. de Latitude Septentrionale.

1. NINGYVEN, [i] Ville de la Chine, dans *i Ibid.* la Province de Xensi, au département de Cungch'ang cinquième Métropole de la Province. Elle est de 10. d. 58′. plus Occidentale que Pekin, sous les 36. d. 38′. de Latitude Septentrionale.

2. NINGYVEN, [k] Ville de la Chine, *k Ibid.* dans la Province de Huquang, au département de Iungcheu, treizième Métropole de la Province. Elle est de 5. d. 30′. plus Occidentale que Peking, sous les 26. d. 5′. de Latitude Septentrionale.

NINIA, Ville de la Dalmatié, selon Strabon l. *l l.7.p.315.*

NINICA. Voyez NECICA.

1. NINIVE, NINIUE, comme le nomment les Ecrivains sacrez, ou bien NINUS, comme l'appellent les Ecrivains profanes. Ce sont les noms que l'on a donnez à l'ancienne Ville de Ninive Capitale de l'Assyrie, fondée par Assur fils de Sem ou par Nemrod fils de Chus ; car ces paroles de Moyse [m] *m Genes.* *De illo egressus est Assur & ædificavit Niniven,* 10. 11. se rapportent, selon quelques-uns, à Nemrod, dont il est parlé auparavant, ensorte qu'il faudroit lire : *De terra illa (Babylonia Nemrod) egressus est in Assyriam & ædificavit Niniven.* Quoiqu'il en soit, [n] il faut convenir que Ni- *n Dom Calmet, Dict.* nive étoit une des plus anciennes, des plus illustres, des plus puissantes & des plus grandes Villes du Monde. Il seroit difficile de marquer au juste le tems de sa fondation : cependant on ne peut pas la mettre long-tems après la Tour de Babel. Elle étoit située sur le Tigre, & du tems du Prophète Jonas [o], qui *o c. 3. 6.* y fut envoyé sous Jeroboam II. Roi d'Israël, & comme on croit, sous le régne de Phul, pére de Sardanapale, Roi d'Assyrie, Ninive étoit une très-grande Ville, ayant trois jours de chemin d'étenduë, c'est-à-dire trois jours de chemin de circuit. Diodore de Sicile [p] qui *p l. 2.* nous en a conservé les dimensions, dit qu'elle avoit cent cinquante stades de longueur, quatre-vingt-dix stades de largeur, & quatre cens vingt stades de tour ; c'est-à-dire pour réduire ces mesures aux nôtres, qu'elle avoit environ sept lieues de long, en prenant la lieuë à trois milles pas, environ trois lieuës de large & dix-huit lieuës de tour. Ses murs étoient

toient hauts de cent pieds, & si larges que trois Chariots y pouvoient marcher de front. Les Tours, qui étoient au nombre de quinze cens, étoient hautes chacune de deux cens pieds. Strabon fait aussi mention de la grandeur de cette Ville. Comme elle ne subsistoit plus de son tems, il dit qu'elle avoit été beaucoup plus grande que Babylone, & que comme Babylone elle renfermoit des jardins, des champs & d'autres lieux qui n'étoient point habitez.

Diodore de Sicile place Ninive sur l'Euphrate ; mais c'est une erreur. Herodote dit qu'elle étoit sur le Tigre. Pline dit la même chose & ajoute qu'elle avoit été bâtie sur la rive gauche de ce Fleuve, quoique d'autres la placent sur la rive droite. Enfin Strabon, Ptolomée & les autres Géographes la mettent pareillement sur le Tigre. Du tems que Jonas y fut envoyé elle étoit si peuplée qu'on y comptoit plus de six-vingt mille personnes, qui ne savoient pas distinguer leur main droite de leur main gauche, ce qu'on explique communément des enfans qui n'avoient pas encore l'usage de leur Raison ; de sorte qu'à ce compte il devoit y avoir plus de six cens mille personnes à Ninive. Elle fut prise l'an du Monde 3257. 743. ans avant Jesus-Christ, & 747. avant l'Ere vulgaire. Ce fut Arbacès & Belesus, qui la prirent sur le Roi Sardanapale, du tems d'Achas Roi de Juda, vers le tems de la fondation de Rome. Elle fut prise une seconde fois par Astyages & Nabopolassar sur Chinaladan, Roi d'Assyrie, l'an du Monde 3378. 622. ans avant Jesus-Christ, & 626. ans avant l'Ere vulgaire. Strabon dit qu'aussitôt après la destruction de l'Empire des Syriens (ou plutôt des Assyriens) la Ville de Ninive fut ruïnée, & elle l'étoit tellement du tems de Lucien de Samosate, qui vivoit sous Adrien, qu'on n'en voyoit plus aucuns vestiges, & qu'on ignoroit même le lieu où elle avoit été bâtie. Aussi Saumaise a-t-il repris Ptolomée d'avoir mis Ninive au nombre des Villes de l'Assyrie qui subsistoient de son tems, quoiqu'il fût constant qu'elle eût été détruite il y avoit très-long-tems. Le témoignage de Tacite seroit plus embarassant : car on lit les mots suivans dans cet H*** : *Sed capta in transitu Urbs Ninos, vetustissi*** *sedes Assyriæ*, & même Ammien Marcellin met de son tems une Ville de Ninive dans l'Adiabene. Il est à croire qu'après la destruction de Ninive par les Médes, il se forma de ses ruïnes, une nouvelle Ville, à laquelle on donna le nom de la premiére, & qui cependant ne lui étoit comparable ni en grandeur ni en magnificence. Il en arriva sans doute à Ninive comme à la Ville de Troye : après l'embrasement de cette derniére la Ville d'Ilium se forma dans le voisinage ; de même quand l'ancienne Ville de Ninive eut été détruite, on en bâtit une nouvelle, qui subsistoit du tems des Romains.

Ce fut cette derniere Ninive que les Sarrasins ruïnerent vers le septieme siécle, selon Marsham & Usserius. Les Voyageurs modernes disent, qu'on voit sur le bord Oriental du Tigre les ruïnes de l'ancienne Ninive & que sur le bord opposé on trouve la Ville de Mozul ou Mozil, que plusieurs confondent avec Ninive. Voyez MOZUL.

Les Historiens profanes veulent que Ninus l'Ancien ait été le fondateur de Ninive ; mais l'Ecriture Sainte infiniment plus croyable dit que ce fut Assur ou Nemrod, qui la fonda ; comme je l'ai remarqué au commencement de cet Article. Les Auteurs sacrez ont souvent parlé de Ninive. Les Rois Teglathphalasar, Sennacherib, Salmanasar, & Asfarador, si fameux par les maux qu'ils firent aux Hébreux, regnoient à Ninive.

Tobie a vécu dans cette Ville : Nahum & Sophonie ont prédit la ruïne de Ninive d'une maniére très-claire & très-pathétique. Tobie l'avoit aussi prédite. On sait ce que fit Jonas à Ninive & la pénitence des Ninivites louée même dans l'Evangile. Ce fut le lieu de la sepulture de Tobie. Son fils quitta ensuite cette demeure pour se retirer à Ecbatane en Médie, auprès de son Beau-pere, pour n'être point enveloppé dans la ruïne de Ninive.

2. NINIVE, Ville d'Arabie. St. Jerôme la distingue de Ninive Capitale de l'Assyrie. Il dit qu'elle étoit située dans l'Angle de l'Arabie & que de son tems on l'appelloit par corruption *Neneve*.

NINOE, Ville de la Carie. Elle s'appelloit aussi Aphrodisia, selon Suidas & Etienne le Géographe. Elle avoit été bâtie par les Pelasges Leleges ; ce qui l'avoit fait nommer Δελέγων πόλις. Dans la suite on lui donna encore le nom de Megalopolis ; c'est-à-dire Grande Ville.

NINOVE, petite Ville des Pays-Bas dans la Flandre Autrichienne, sur la Riviére de Denre, à deux lieuës au dessus d'Alost. Cette Ville est très-ancienne. Elle étoit déjà en réputation dans l'onziéme siécle, & avoit ses Seigneurs, dont plusieurs ont été Connétables des Comtes de Flandres ; ce qui fait qu'on leur a donné le surnom de Connétables. Ils étoient estimez très-braves ; de sorte que Baudouin le Grand, Seigneur d'Alost, ayant attaqué Amauri Seigneur de Ninove, il fut défait & pris prisonnier par le Seigneur de Ninove vers l'an 1090. Gerard qui lui succéda y fonda l'Abbaye de St. Corneille de l'Ordre de Prémontré l'an 1137. Cette Seigneurie, ayant ensuite été réunie au Domaine des Comtes de Flandres, la Ville fut fermée de murailles l'an 1194. Jean Despautere, célébre Grammairien, étoit de Ninove.

NINTIACUM. Voyez MINATICUM.

1. NINUS, Fleuve de la Lycie, selon Etienne le Géographe. Voyez CALBIS.

2. NINUS, c'est le nom que les Ecrivains profanes donnent à la Ville de NINIVE. Voyez ce mot.

3. NINUS, ancienne Ville de la Compagéne, selon Ortelius qui cite Ammien Marcellin.

NIO, ou IOS ; Isle de l'Archipel, entre celle de Naxie au Nord ; celle d'Amorgo à l'Orient ; celle de Santorin au Midi, & celle de Sikino, à l'Occident. Cette Isle a été connuë des Anciens sous le nom de IOS, nommée ainsi par les Ioniens, qui l'habiterent les premiers. Elle a quarante milles de tour ; mais elle n'a jamais été guére célébre que par le tombeau d'Homére. Ce fameux Poëte, passant de Samos à Athénes, vint aborder à Ios : il y mourut sur le Port & on lui dressa

# NIO.

sa un tombeau, où l'on grava long-tems après l'épitaphe rapportée par Herodote, à qui on attribue la Vie d'Homére. Strabon, [a] Pline & Pausanias [b] parlent de ce tombeau : ce dernier ajoute qu'on y montroit aussi celui de Climéne mere de cet excellent homme, & assure qu'on lisoit un vieil Oracle à Delphes, gravé sur une colonne, qui soutenoit la Statuë d'Homére. Il paroissoit par cette Inscription, que sa Mere étoit de l'Isle d'Ios : on lit le même Oracle dans Etienne le Géographe, qui a été suivi par Eustathe sur Homére & sur Denys d'Alexandrie ; mais Aulugelle [c] prétend qu'Aristote a écrit qu'Homére avoit pris naissance dans l'Isle dont nous parlons. Quoiqu'il en soit, on cherche inutilement les restes de ce tombeau à Nio autour du Port : on n'y voit qu'une excellente source d'eau douce, qui bouillonne au travers d'une auge de marbre, à un pas seulement de l'eau salée.

Pline a bien déterminé la distance de Nio à Naxie à vingt-quatre milles ; car on compte douze milles de Naxie à Raclia, & autant de Raclia à Nio. Le même Auteur a fort bien connu la distance de Nio à Santorin. Elle est de trente milles, quoiqu'il ne la marque que de vingt-cinq ; mais cette différence n'est pas considérable.

Marc Sanudo [d] premier Duc de Naxie joignit Nio à son Duché, & cette Isle n'en fut démembrée que par Jean Crispo, douziéme Duc, qui la donna au Prince Marc son frere. Ce Prince fit bâtir un Château dans un lieu élevé à deux milles au dessus du Port, tant pour la sûreté de sa personne, que pour défendre son petit domaine contre les Mahométans ; & voyant que les terres de l'Isle naturellement fertiles demeuroient incultes faute de Laboureurs, il fit venir quelques familles Albanoises pour les cultiver. Par les soins de ce Prince, cette Isle regardée comme un désert se trouva très-peuplée en peu de tems, & ne manqua de rien de ce qui contribue aux commoditez de la vie. Le Bourg qui subsiste encore à présent fut bâti autour du Château en maniére d'Amphithéatre, sur les ruines apparemment de l'ancienne Ville d'Ios ; car l'Auteur de la Vie d'Homére rapporte que les Habitans de la Ville descendoient à la marine pour prendre soin de cet homme admirable. Il n'est pas nécessaire de dire, que Nio fut soumise dans son tems aux Empereurs Romains & aux Grecs : il suffit de remarquer qu'elle passa dans la famille des Pisani par le mariage d'Adriane Sanudo, fille unique du Prince Marc, laquelle épousa Louïs Pisani Noble Venitien.

La Porte tient ordinairement un Cadi à Nio, & la coutume est d'y élire tous les ans un Consul ou deux. A l'égard des droits du Grand Seigneur, les Habitans de Nio payérent en 1700. deux mille écus pour la capitation & trois mille écus pour la taille réelle. L'Isle est assez bien cultivée & n'est pas si escarpée que les Isles voisines : ainsi l'Etymologie que lui donne Mr. Bochart [e] ne lui convient pas : les terres en sont excellentes, & l'on estime beaucoup le froment qu'elle produit, & qui fait presque tout le Commerce de ses Habitans ; mais elle manque d'huile & de bois. On n'y voit plus de palmiers,

[a] l. 10.
[b] l. 10.

[c] Noct. Attic. l. 3. c. 11.

[d] Hist. des Ducs de l'Archipel.

[e] Geogr. Sacr. l. 1. c. 14.

quoique suivant les apparences, ces sortes d'arbres lui ayent anciennement attiré le nom de Phénicie, qu'elle a porté, suivant la remarque de Pline & d'Etienne le Géographe. Il y a dans le Cabinet du Roi de France une médaille de la Légende de cette Isle [ΙΗΤΩΝ] : d'un côté c'est la tête de Jupiter ; de l'autre c'est une Pallas & un Palmier. Le Pere Hardouin fait mention d'une autre médaille de cette Isle : la tête de Lucilla y est représentée avec cette Légende NUM. POPUL. ET URB. Il ne reste pourtant aucune marque d'antiquité dans Nio. Ses Habitans ne sont curieux que de piastres, & tous voleurs de profession. Aussi les Turcs appellent Nio, la petite Malthe ; c'est-à-dire la retraite de la plûpart des Corsaires de la Méditerranée. Les Latins n'y ont qu'une Eglise desservie par un Vicaire de l'Evêque de Santorin. Les autres Eglises sont Grecques & dépendent de l'Evêque de Siphanto.

La beauté des Ports de cette Isle y attire souvent des Armateurs. Au dessous du Bourg il y a un des ports les plus assurez de tout l'Archipel, & son entrée décline du Sud au Sud-Sud-Ouest. Le Port de Manganari regarde l'Est & les plus grandes Flotes peuvent y mouiller sans crainte & sans précaution. Les Pilotes de Nio passent pour les plus habiles du Levant, parce qu'ils connoissent bien les ports de Syrie & d'Egypte, où se font les prises des meilleures Saïques.

On n'oubliera jamais dans Nio les grandes actions des Chevaliers d'Hoquincour & de Téméricourt. Le premier vint s'y radouber, après avoir combattu dans le Port de Scio avec un seul Vaisseau, trente Galéres commandées par le Capitan Bacha : le second à la faveur d'un bon vent obligea dans le port de Nio soixante Galéres Turques à le quitter, après en avoir maltraité plusieurs ; cette Flote eut toutes les peines du monde à arriver en Candie, où elle conduisoit deux mille Janissaires.

Le séjour de Nio seroit assez agréable, s'il y avoit des fruits & des rafraichissemens ; mais le terrain n'y est bon que pour les grains. L'habit des Dames de cette Isle n'est guère mieux imaginé que celui des femmes des autres Isles, quoiqu'il paroisse un peu moins embarrassant.

D'une des hauteurs qui sont autour du Port, Mr. de Tournefort a remarqué la position de cette Isle par rapport aux Isles du voisinage. L'Argentiére reste entre l'Ouest & l'Ouest-Nord-Ouest de Nio : Siphanto entre le Nord-Ouest & l'Ouest-Nord-Ouest : Santorin au Sud-Sud-Est : Christiania décline du Sud au Sud-Sud-Ouest : Sikino se trouve à l'Ouest-Sud-Ouest : Avelo décline du Nord-Nord-Est au Nord.

NIOBE, fontaine de la Laconie, selon Pline [f]. Elle fut ainsi nommée de Niobe sœur de Pelops & femme d'Amphion [g].

NIOBES LACRYMÆ, les Anciens avoient donné ce nom à une source qui couloit d'un certain Promontoire de la Phrygie. Ortelius [h] ajoute, sur le témoignage d'Eustathe que de loin ce Promontoire avoit la ressemblance de la tête d'une femme.

NION. Voyez NYON.

NIONS, ou NYON ; petite Ville de France, dans le Dauphiné, & dans la Baronie de Montauban [i]. Elle est située dans un

[f] l. 4. c. 5.
[g] Strabo, l. 8. p. 360.
[h] Thesaur.
[i] Piganiol, Descr. de la France, t. 4. p. 51.

Val-

128 NIO. NIP. NIP.

Vallon fur le bord de la Rivière d'Aygues. Il y a dans cette Ville un Pont qu'on dit être un ouvrage des Romains. Il y souffle un vent particulier, qu'on appelle *Pontias*, du nom de la Montagne, où quelques-uns croient qu'il commence. C'est un vent froid qui souffle ordinairement depuis minuit jusqu'à dix ou onze heures du matin. Jacques Bernard Pasteur de l'Eglise Wallonne & Professeur de Philosophie à Leide, étoit né à Nions le 1. de Septembre 1658. Il mourut à Leide le 27. d'Avril 1718. Il a donné au public plusieurs ouvrages qui ont été bien reçus.

a *Baudrand*, Ed. 1705. NIORA,[a] autrefois Helice; ancien Bourg de la Morée, dans le Duché de Clarence, à l'embouchure du Cimo dans le Golphe de Lepante, à douze lieues de Patras du côté du Couchant. Ce lieu a été presque englouti par les eaux.

1. NIORT, Ville de France dans le Poitou, vers les confins de la Saintonge, à quatorze lieues de Poitiers & à autant de la Rochelle. Cette Ville[b] est une des plus considérables du Poitou. Elle n'est pas fort ancienne, puisqu'il n'en est fait aucune mention avant le douzième siècle. Guillaume le Breton dans son Poëme loue la fertilité du Territoire de cette Ville, sur-tout en vin :

b *Longuerue*, Descr. de la France, part. 1. 149.

*...... ferax Bacchique Niortum.*

L'Auteur de la Vie de Louïs VIII. nomme Niort un Château noble, *Castrum nobile*. Cette Place a toujours été du Domaine des Comtes de Poitiers, elle est située dans une Plaine, sur la Rivière de Sevre, qu'on écrivoit autrefois Savre, en Latin *Savara*. Il y a la Paroisse de Notre-Dame, & celle de St. André, une Maison de Prêtres de l'Oratoire, un Couvent de Capucins, un de Cordeliers, & un de Frères de la Charité: aussi bien que des Carmelites, des Bénédictines, des Ursulines, des Hospitalières & des Filles de St. François. Quant à la Justice, il y a un Siège Royal, une Election, une Maréchaussée, une Jurisdiction des Eaux & Forêts, une des Traites Foraines, & une de Juges & de Conservateurs des Marchands.

Dans l'Election de Niort on fait un grand commerce de bestiaux, de chevaux & de mulets aux Foires de Niort, de la Motte-Sainte Heraye, de Chandenier, &c. Le principal Commerce des Habitans de la Ville de Niort consiste dans la Manufacture du chamois, dont il se fait un grand débit, comme aussi de droguets, serges & autres étoffes de laine qu'on y fabrique.

2. NIORT, ou ST. MARTIN DE NIORT ; Bourg de France dans la Saintonge, Election de Saintes.

NIOSSUM, Ville de la Sarmatie Européenne : Ptolomée[c] la met sur un bras du Borysthène.

c l. 3. c. 5.

NIPCHU, NIPCHOU, ou NEREZIN; Ville de l'Empire Russien, dans la Tartarie Moscovite, au Pays des Daouri, sur la Rivière d'Ingueda, selon Mr. de l'Isle[d] ; mais que les Lettres Edifiantes[e] nomment Helonkian. Cette Ville est située au 52. d. de Latitude Septentrionale, & presque sous le même Méridien que Pekin. Ce fut à Nipchou[f], nommé par les Moscovites *Negoviim*,

d Atlas.
e Tom. 7. p. 178.
f Hist. de que les Plénipotentiaires du Czar & de l'Empereur de la Chine, signèrent la Paix entre les deux Empires, le 3. de Septembre 1689.

l'Edit de l'Empereur de la Chine. liv. 2. p. 210.

NIPES, ou NIPE, Colonie Françoise, dans l'Isle de St. Domingue, au quartier du Sud, au bord d'une petite Rivière à deux lieues de la Mer & à quatre ou cinq à l'Ouest du petit Hoare. L'on trouve aux environs de cette Colonie des Chevaux marons, qui ne sont pas plus grands que des Anes, mais plus ramassez & fort bien proportionnez; ils sont vifs, infatigables & de très-petite nourriture. Nipes est une Paroisse desservie à présent par les Jacobins; elle n'est presque composée que de Mulatres, & de Négres libres qui ont une infinité d'enfans.

NIPHAGRÆ, en Grec Νιφάγρη : c'étoit, selon Hérodote[g], le nom d'une muraille chez les Pieres, Peuples voisins de la Macédoine. Mais Ortelius[h] après quelques autres Ecrivains avertit qu'il faut lire Φάγρης, *Phagres*.

g l. 7. c. 112.

h Thesaur.

NIPHANA, nom d'un Pays[i]. Il en est fait mention dans le Livre second des Pandectes.

i Ortelii Thesaur.

NIPHANDA, Ville de la Paropanisade, selon Ptolomée[k] qui la place entre *Caissa* & *Drassoca*.

k l. 6. c. 18.

NIPHAS, Village de la Terre Sainte. Benjamin dans son Itinéraire, cité par Mr. Baudrand[l], prétend qu'il tient aujourd'hui la place de Gad, ancienne Ville de la Tribu de même nom. Mais l'un ou l'autre auroient du nous dire quelle autorité ancienne, ils trouvent de l'existence de cette Ville de Gad.

l Dict.

1. NIPHATES, Montagne de l'Arménie : Ptolomée[m] dit que c'est une partie du Mont Taurus, & il l'éloigne beaucoup du Mont Abos qu'il place au Nord. Strabon[n] au contraire met les Montagnes *Niphates*, *Abus* & *Nibarus* sur la même ligne : Au dessus de *Masium*, dit-il, mais assez loin du côté de l'Orient est situé *Niphates* ; ensuite *Abos* & après *Abos*, *Nibarus*, & quelques pages[o] auparavant, il dit que du côté du Midi on trouve dans cette Montagne les sources du Tigre. Quant aux sources de ce Fleuve, Ptolomée les éloigne du Mont Taurus du côté du Septentrion & les place à 39. d. 20'. de Latitude ; mais dans la Carte qui a été dressée sur la description que donne Ptolomée, le Mont Niphates se trouve être une partie du Mont Taurus, & sur la même ligne. Les Poëtes ont parlé de cette Montagne : Virgile en fait mention dans le troisième livre des Géorgiques[p] en ces termes :

m l. 5. c. 13.

n l. 11. p. 527.

o Ibid. p. 523.

p v. 30.

*Addam urbes Asiâ domitas, pulsumque Niphatem.*

Il donne ainsi au Peuple le nom du Fleuve. Horace dit[q] :

q l. 2. Od. 9.

*Cantemus Augusti trophæa
Cæsaris, & rigidum Niphaten :
Medumque Flumen, gentibus additum
Victis minores volvere vortices.*

2. NIPHATES, c'est le nom d'une partie de la Mésopotamie, si on s'en rapporte à Probus[r]. Voyez NYMPHATES & TAURUS.

r Ad 3. Georgic.

NIPHAUANDRA, Ville de Médie : Ptolomée[s] la place dans les terres, entre *Choas-*

s l. 6. c. 2.

# NIP. NIR.     NIS.

*Choaſtra* & *Guriauna*. Ses Interpretes liſent NIPHANANDRA.

**NIPHON**, ou **NIPON**; grande Iſle ou Preſqu'Iſle de l'Océan Oriental & la plus conſidérable partie de l'Empire du Japon. Je n'en ferai ici ni deſcription ni diviſion : je ne le pourrois ſans repeter ce que j'en ai dit au mot JAPON, ſur les Mémoires de Mr. Kæmpfer celui de tous les Ecrivains qui a le mieux débrouillé cette matiére. J'ajouterai ſeulement ici, qu'avant que le Kubo eût abſorbé tous les petits Etats de ce Pays, on comptoit cinquante-trois Royaumes dans cette ſeule partie de l'Empire. Voyez JAPON.

**NIPIS**. Voyez NEPISSING.

*a De l'Iſle, Atlas.*
**NIPISSIGNIT**, [a] ou **NEPEGIGUIT**, Riviére de l'Amérique Septentrionale, dans la Gaſpeſie. Elle coule de l'Occident à l'Orient & va ſe jetter dans le Golphe de St. Laurent à l'extrémité de la Baye des Chaleurs. L'endroit où elle ſe décharge eſt un beau baſſin, formé également par deux autres Riviéres. Il y a derriére ce baſſin de grandes & belles prairies, qui s'étendent une grande demi-lieue dans les Terres. [b] Le baſſin a plus d'une lieue & demie de longueur & près d'une lieue de large. A trois lieues en Mer, vis-à-vis de ſon entrée, il y a des battures dont la moitié afféche de baſſe Mer : il reſte un petit Canal par où des Chaloupes peuvent entrer environ une portée de fuſil dans le baſſin, & tout le reſte du baſſin afféche de baſſe Mer. On y trouve une quantité prodigieuſe d'outardes, de canards, & de cravans.

*b Denis, Deſcr. de l'Amérique Sept. c. 8.*

**NIPISTA**. Voyez NEPISTA.

*c Kæmpfer, Hiſt. du Japon, de la Trad de Mr. Scheuchzer, t. 2. p. 125.*
**NIPONBAS**, [c] c'eſt-à-dire le Pont du Japon. C'eſt le cinquième grand Pont de cet Empire. Il eſt nommé Niponbas par excellence & par prééminence. Il eſt placé préciſément à l'oppoſite du Palais Royal, au milieu de Jedo, & il eſt particuliérement renommé à cauſe que les lieues qui ſervent à meſurer tous les grands chemins du Japon, commencent à ſe compter de cet endroit-là, & s'étendent juſqu'aux extrémitez de ce grand & puiſſant Empire.

**NIPSA**, Ville de Thrace, ſelon Etienne le Géographe, qui a ſoin de nous avertir auſſi bien que la Ville du nom des Peuples nommez Νυψαῖοι dans quelques anciens Exemplaires d'Herodote [d]. Mais, comme aujourd'hui au lieu de Νυψαῖοι on lit Μυψαῖοι, ſi ces Peuples avoient une Ville, elle devoit ſe nommer *Mipſa*, & non pas *Nipſa*.

*d l. 4. c. 93.*

**NIRETHINE**. Voyez NITHINE.

*e Ortelii Theſaur.*
**NIRIDANUM**, [e] Monaſtère en Italie, au voiſinage de Naples, ſelon Bede, qui nomme ſon Evêque *Adrianus Afer*.

*f Zeiler, Topogr. Palat. inferior, p. 64.*
**NIRSTEIN**, [f] ou **NERSTEIN**, Bourg d'Allemagne dans le Bas Palatinat, ſur le Rhin. Avant la guerre qui précéda la Paix de Weſtphalie il y avoit pluſieurs Châteaux & Maiſons de plaiſance, qui ont été ruïnés. Ce Bourg eſt à un demi-mille d'Oppenheim, aſſez près du Bourg & Château de Schwartzbourg, qui eſt auſſi ruïné.

*g Zeiler, Top. Sueviæ, p. 58.*
**NIRTINGEN**, ou **NÜRTINGEN** [g], Ville d'Allemagne dans le Duché de Würtenberg, ſituée ſur le Necker, entre Tubingen & Kirchheim. Elle a un beau Château qui a été quelquefois la réſidence des Princes de Würtemberg. Elle fait néanmoins partie de la Seigneurie de Neiffen. Il y a des Vignobles à l'entour, mais le vin n'en eſt pas d'une fort agréable ſaveur.

1. **NISA**, Ville de Lycie dans la Myliade : Ptolomée [h] la place entre *Podalæa* & *Choma*. Ortelius [i] conjecture, que le Territoire de cette Ville pourroit bien être la même choſe que le *Nyſais* ou *Neſais*, de Strabon [k]. Voyez NYSAIS.

*h l. 5. c. 3.*
*i Theſaur.*
*k l. 12. p. 579.*

2. **NISA**, [l] Ville de l'Aſie dans la Coraſſane aux confins du deſert ; elle eſt ſituée au 39. degré de Latitude. Elle ſervoit autrefois de frontiére aux Turcs & aux Perſans, & l'on dit qu'elle a été bâtie par Darius Hyſtaſpes Roi de Perſe que les Turcs appellent Guiſehtasbe. Le Sultan Mehemet avoit uſurpé cette Ville ſur les enfans mineurs d'un Prince nommé Naſreddin, qui en étoit le Souverain. Il en avoit fait raſer la Citadelle, & par ſon ordre on avoit ſemé de l'orge ſur la place où elle avoit été bâtie. Mais depuis il avoit permis aux habitans de la faire rétablir ; & comme elle étoit bien fortifiée les habitans eſpérérent en 1221. de s'y défendre contre l'Armée du Grand Can. Mais après quinze jours d'une vigoureuſe défenſe, les Mogols firent une bréche que les aſſiégez ne purent réparer. Ils ſe ſaiſirent des murailles une nuit ; on ne put les en chaſſer, & le lendemain s'étant rendus maîtres de la Place, ils allérent dans toutes les maiſons ; ils en firent ſortir les habitans & les conduiſirent dans une Plaine où ces malheureux ne furent pas plûtôt aſſemblés que l'Armée du Mogol les environna de toutes parts pour les empêcher de ſe retirer dans la Montagne. Alors on fit tomber ſur eux une grêle de fléches & de traits qui les percérent & les tuérent tous, ſans qu'un ſeul pût ſe ſauver de ce carnage. On dit qu'ils étoient au nombre de ſoixante & dix mille tant habitans naturels qu'étrangers & payſans, qui s'étoient retirez dans la Ville.

*l Petis de la Croix, Hiſt. du Grand Genghizcan, l. 3. c. 8.*

3. **NISA**, **NISSÆ**, ou **NYSA**, Ville de l'Aſie Proconſulaire ſur le Méandre ; elle étoit Epiſcopale, ſous la Métropole d'Epheſe, ſelon la Notice de Leon le Sage. La Notice de Hieroclès écrit *Nyſſa*, en Grec Νύσσα : Voyez ANTIOCHE, N°. 3. & NYSA.

4. **NISA**, [m] lieu ſur la Mer Rouge, ſelon Suidas, qui cite Orphée au mot Ἵππος νισαῖος.

*m Ortelii Theſaur.*

5. **NISA**, ou **NYSSA** Ville de la Cappadoce : l'Itinéraire d'Antonin la met ſur la route d'Ancyre à Céſarée, entre *Parnaſſus* & *Oſiana*, à vingt-quatre mille pas de la premiere, & à trente-deux milles de la ſeconde. Elle étoit Epiſcopale. Voyez NYSA, N°. 3.

1. **NISAWAEY**, Contrée d'Aſie dans le Schirwan, ſur la Côte Occidentale de la Mer Caſpienne. [a] On ne trouve ni Villages ni maiſons ſur cette Côte, qui eſt baſſe ; de ſorte qu'on eſt obligé d'y dreſſer des tentes, ou d'avancer plus avant dans le Pays, ſelon qu'on le juge à propos, & ſelon le ſéjour qu'on y veut faire. Les Arabes y viennent trouver les Voyageurs avec des chameaux & des chevaux pour les conduire à Samachi. Les Turcs tranſportent auſſi des Marchandiſes ſur cette Côte, & les uns & les autres habitent ſous des tentes en Eté, & en Hyver, dans des Villages aſſez éloignez des Côtes. Avant que de partir il faut payer les droits.

*a Le Brun, Voy. p. 148.*

Ils

Ils se montent à quarante-six sols par balot, & chaque balot pese quatre cens livres, charge ordinaire d'un cheval. On trouve sur ce rivage de gros animaux avec de petites têtes : on les nomme des chiens marins. Il y en a d'aussi gros que des chevaux, & leur peau est admirable pour couvrir des coffres. Dans la saison où ces animaux s'accouplent on en voit des milliers sur le rivage de Nisawaey.

2. NISAWAEY, Rivière d'Asie, dans le Schirwan [a], qui donne son nom à une partie de la Côte Occidentale de la Mer Caspienne. Elle a sa source dans les Montagnes. Son cours est du Couchant au Levant. Elle se jette dans la Mer Caspienne par deux embouchures différentes, & [b] elle est remplie de poissons en certains tems.

[a] Reiner Ottens, Carte de la Mer Caspienne.
[b] Le Brun, Voy. p. 148.

NISÆA, Ville d'Asie, dans la Margiane, selon Ptolomée [c]. Dans son huitième livre il la nomme Nigæa : il y a apparence que c'est une faute de Copiste. Voyez NISSÆA.

[c] l. 6. c. 10.

NISÆE. Voyez NISSÆA.

NISÆI, Peuple de l'Asie. Ptolomée a dit qu'ils en occupoient la partie Septentrionale, avec les Astauceni.

[d] l. 6. c. 17.

NISÆUM. Voyez HIPPOBOTUM.

NISARO, NISARI, ou NISSARI, Isle de l'Archipel, à l'Occident de celle de Rhodes, & entre celles de Piscopia & de Galy [e]. Elle est habitée par des Grecs, qui payent tribut aux Venitiens & aux Turcs. Il y croît du bled, du coton, du vin &c. Il n'y a guère de Vaisseaux qui la fréquentent, parce que la rade est mauvaise & qu'on n'y peut faire de l'eau. C'est la Nisyrus des Anciens.

[e] Voy. de Robert, t. 4. p. 295.

NISBARA, & NISCHANABE, Ville des Perses, selon Ortelius [f], qui dit d'après Zosime [g], que le Tigre séparoit ces deux Villes.

[f] Thesaur.
[g] l. 3.

NISCHABOUR, Ville d'Asie [h], & qui a été souvent Capitale de la Corassane. Elle est située à 12. lieues ou environ de la Ville de Tous & au 31. degré de Latitude suivant le célèbre Nassir Eddin Toussi Auteur des Ephémérides. Des Historiens prétendent que cette Ville tire son origine de Sapor Roi de Perse qui l'avoit fait bâtir, & ils la surnommerent le Cabinet d'Orient, parce qu'autrefois elle étoit remplie de toutes sortes de curiositez que son grand Commerce y attiroit. Après la mort du Sultan Mehemed, les Mogols qui s'emparèrent par force de la partie Occidentale de la Corassane à la prise d'un grand nombre de Villes, se contentèrent du serment de fidélité que les habitans de Nischabour leur prétèrent. Mais le grand Can ayant été informé qu'ils avoient donné du secours à Gelaleddin fils du Sultan leur Maître d'abord qu'il les avoient vû paroître dans leur Pays ; il donna ordre au Prince Tuli d'aller assiéger Nischabour & de faire ressentir à cette Ville les plus durs châtimens. Tuli assiégea cette Ville & la fit battre de plus de douze cens machines. Les assiégez se défendirent avec opiniâtreté, mais après trois jours de Siège les Mogols ayant apperçu une entrée secrete que les ruïnes des murailles avoient découverte, ils surprirent par-là la Place, & firent un carnage effroyable des habitans. Ils employèrent un jour & une nuit au sac de cette misérable Ville, & elle fut entiérement détruite. Il ne resta sur pied ni Mosquées, ni Maisons,

[h] Petis de la Croix, Hist. du grand Genghiz-can, l. 4. c. 7.

ni Citadelles, ni Tours, ni murailles. Tout fut rasé jusqu'aux fondemens, & l'on applanit la terre : de façon qu'au rapport de l'Histoire de Corassane les chevaux y pouvoient courir sans broncher. On remarque que l'on employa douze jours à compter les morts de la Ville, & qu'en comprenant ceux qui furent tuez dans les autres lieux du domaine de Nischabour, le nombre s'en monta jusqu'à dix-sept cens quarante-sept mille. Ce qui ne paroît pas possible à moins qu'on n'y comprenne tous ceux qui périrent à la ruïne de Tous & de quelques autres Villes qui dépendoient alors de Nischabour & qui furent prises en même tems. Cette Ville n'a pas laissé de se rétablir dans la suite. On y a fait tout ce qui peut contribuer à orner une Ville, & l'on y a conduit par des canaux les plus belles eaux du monde, qu'on a trouvées dans les Montagnes voisines. C'est de ces mêmes Montagnes qu'on tire les Turquoises Orientales qu'on nomme dans le Levant Pirouzé Nischabouri, pour les distinguer des autres. Voyez NICHABOUR.

NISCHANABE. Voyez NISBARA.

NISE. Voyez NISSA.

NISE. Voyez NISA.

NISE. Voyez NISEN.

NISEN, NIESNA, NISI-NOVOGOROD, ou le PETIT-NOVOGOROD & NISEN NIEUGARTEN, Ville de l'Empire Russien, au Confluent de l'Occa & du Wolga, & la Capitale d'un petit Duché de même nom [i]. Elle est bâtie sur un rocher & ceinte d'une belle muraille de pierre, avec une Citadelle. On traverse un grand Bazar ou Marché avant que d'arriver à la porte d'Iwanoskie, qui est du côté de la Riviére. Cette porte est bâtie de grandes & grosses pierres & est fort profonde. On va delà toujours en montant par une grande ruë, remplie de ponts de bois, jusqu'à l'autre porte nommée Diawietrofskie. On voit auprès de celle-ci la grande Eglise, qui est de pierre & dont les cinq dômes sont vernis de verd & ornez de belles croix. Le Palais Archiépiscopal est à côté & aussi bâti de pierres. Il y a dans son enceinte une jolie petite Eglise avec un clocher & deux autres Eglises, l'une de pierre & l'autre de bois. Le Prikaes ou la Chancellerie est aussi proche de cette porte & de bois aussi-bien que la maison du Gouverneur. C'est tout ce qu'il y a de plus remarquable dans cette Ville qui n'est pas bien grande & dont toutes les maisons sont de bois. Les murailles sont flanquées de Tours rondes & quarrées. On en voit entr'autres une grande beaucoup plus élevée que les autres, & que l'on découvre de fort loin. Il n'y a que deux portes. Les Fauxbourgs sont très-grands, sur-tout celui qui est du côté de la Riviére & où il y a plusieurs Eglises de pierre. La Montagne qui est séparée en diverses parties sur lesquelles il y a des Eglises & des Maisons fait un très-bel aspect. On n'en peut pourtant pas bien voir le tour à cause des hauteurs & des vallées qui bornent la vue. La Riviére est toujours remplie d'un grand nombre de Barques, qui vont & viennent de tous côtez sur l'autre rive. A l'opposite de la Ville, il y a un grand Village, dans lequel on trouve une grande Eglise de pierre & une grande Maison de même. L'eau de vie

[i] Le Brun, Voy. p. 80.

vie y est à bon marché, puisqu'on en a huit bouteilles pour quarante sols. Les vivres n'y sont pas plus chers à proportion. On y achéte un agneau ou un mouton ordinaire treize à quatorze sols ; deux petits canards un sol, une bonne poularde trois sols, vingt œufs un sol, deux pains blancs de grandeur raisonnable un sol, un pain bis de sept à huit livres aussi un sol. La biére y est bonne & à grand marché.

On compte que la Ville de Nisen est à huit cens Werstes de Moscou ; ce qui fait cent soixante lieues d'Allemagne ; mais il n'y en a pas plus de cent par terre. Elle est située sur l'Occa dans l'endroit où il se joint avec le Wolga sur la rive droite. Ces deux Fleuves unis ont environ quatre mille pieds de large, si l'on en veut croire ceux qui disent les avoir mesurez en hyver sur la glace. La Ville n'est habitée aujourd'hui que par des Russiens : on n'y voit plus de Tartares. Elle est fort peuplée. Les jours de fêtes se solemnisent dans cette Ville par la débauche. On ne fait rien que s'enyvrer ces jours-là. Les riches boivent chez eux : les pauvres se rendent devant les Kabaks ou Maisons où l'on vend de l'eau de vie, & en prennent outre mesure. Lorsque la boisson leur monte à la tête, ils se couchent sur le pavé ; car il faut qu'ils restent dans la rue : il ne leur est pas permis d'entrer dans la Maison. Il y a à la porte une table, sur laquelle ils mettent leur argent : on leur mesure alors la quantité d'eau de vie qu'ils souhaitent. On la tire d'un grand chaudron avec une cuiller de bois, & on la met dans une tasse qui est aussi de bois. Ils sont servis par une personne qui n'est occupée qu'à cela toute la journée. Les femmes y vont comme les hommes & se saoulent de même.

NISERGE, Ville de la Perside : Ptolomée [a] la place dans les terres.

[a] l. 6. c. 4.

1. NISI [b], Riviére de Sicile, dans le Val-Demone. Elle a sa source dans le mont Sprevério : elle coule du Nord-Ouest au Sud-Est, & se décharge dans le Far de Messine, au Nord du Cap S. Alessio.

[b] De l'Isle Atlas.

2. NISI [c], Bourg de Sicile, dans le Val-Demone, sur une Riviére de même nom. Il a titre de Baronie.

[c] Ibid.

NISIBE, ou NISIBIS, Ville très-ancienne & très-célébre dans la partie Septentrionale de la Mésopotamie. Elle étoit fort éloignée de l'Euphrate, mais voisine du Tigre, dont elle étoit distante de deux journées de chemin, à ce que nous dit Procope [d]. Pierre Patrice [e] erre par conséquent lorsqu'il remarque que Nisibe étoit située sur le bord du Tigre. Il est bien vrai qu'elle étoit sur une Riviére ; mais c'étoit sur le Mygdonius [f] & non sur le Tigre. Julien [?] s'exprime ainsi en ces termes : *Amnis Mygdonius inundabe, & Orat. dans infunditur in adjacentibus manibus campum*. A la vérité [g] Etienne le Géographe paroît la placer sur le Tigre ; mais il faut traduire avec précaution ce passage de cet Ecrivain Νίσιβις πόλις ἐν τῇ Περσίᾳ τῇ πρὸς τῷ Τίγρητι ποταμῷ : il doit se rendre de la sorte ; „ Nisibe est une „ Ville située dans le Quartier appellé Trans-„ Euphratense, qui est dans le voisinage du „ Tigre".

[d] Persic. l. 1. c. 11.
[e] in ultimis Excerptis, p. 30.
[f] Orat. 1. p. 27. de Nisibe, & Orat. 2. p. 62.
[g] Cellarius, Geogr. Ant. l. 3. c. 15.

La Ville de Nisibe passe pour être si ancienne qu'on ne fait aucune difficulté d'attribuer sa fondation à Nimrod. En effet on lit dans St. Jérôme, que Nimrod régna & dans Arac, qui est Edesse, & dans Achad ; qu'on appelloit de son tems Nisibe. Quelques Auteurs que l'on consulte il y sera toujours parlé de Nisibe comme d'une Ville de la premiére antiquité. Les Macédoniens ne la fondérent pas, ils ne firent qu'en changer le nom : comme ils donnérent à ce Canton de la Mésopotamie le nom de Mygdonie, ils donnérent à la Ville de Nisibe, qui s'y trouve située, le nom d'Antioche de Mygdonie. Les Barbares, dit Plutarque [h], la nommoient Nisibe & les Grecs l'appelloient Antioche de Mygdonie. Strabon [i] est du même sentiment & ajoute qu'elle étoit située au pied du Mont Masius. Tigranes en étoit possesseur du tems de la guerre de Mithridate, & Lucullus la lui enleva. Elle devint alors le boulevard de l'Empire Romain, tant contre les Parthes que contre les Perses ; mais l'Empereur Jovien la rendit [k] ignominieusement à ces derniers. St. Jacques qui y étoit né en fut fait Evêque vers les commencemens du régne de Constantin, qui le regarda toujours comme un puissant protecteur de la Ville. En effet tant qu'il vécut il la garantit des assauts des Perses ses ennemis. Après sa mort Jovien ayant cédé Nisibe aux Perses, la plûpart des Habitans, plutôt que de subir le joug de ces nouveaux Maîtres s'en allérent demeurer dans un Bourg éloigné & emportérent le corps de St. Jacques avec eux. St. Ephrem étoit né dans le territoire de cette Ville & y avoit demeuré long-tems avant que de passer à Edesse. St. Malch, Solitaire célébre par sa captivité, dont St. Jérôme nous a donné l'Histoire, étoit né aussi dans le territoire de Nisibe.

[h] in Lucul. p. 514.
[i] l. 16. p. 747.
[k] Am. Marcell. 25. c. 31.
[l] Baillet, Topogr. des Saints, p. 347.

Dans l'Inscription d'une Médaille de Julie Paulla, on lit ces mots CE..... ΚΟΛΩ. ΝΕϹΙ-ΒΙ., c'est-à-dire *Septimia Colonia Nesibitana*. Etienne le Géographe veut que quelques-uns ayent écrit Νάσιβις, *Nasibis* ; mais par tout ailleurs on lit *Nisibis*. Aujourd'hui on écrit NESBIN, NASSIBIN ou NAISIBIN ; c'est le nom moderne. Mais la Ville n'est plus que l'ombre de ce qu'elle étoit anciennement. Elle est partagée en deux quartiers séparez [m] par une terre labourée, & ces deux quartiers ne valent pas un bon Village. Il y avoit autrefois une Eglise, dédiée à Mar Jacob ; c'est-à-dire à St. Jacques, qui est appellé frére de Notre Seigneur : elle étoit fort grande : on ne voit à présent que les arcades des portes, & un petit espace qui étoit, selon les apparences, le fond de l'Eglise. Les Syriens ont fermé cet endroit, & y célébrent encore aujourd'hui, de même que les Arméniens. Nisbin dépend du Bacha de Merdin.

[m] Olearius, Voy. du Levant, t. 3. p. 92.

A une grande demi-lieue de Nesbin [n] du côté du Levant, il passe une assez belle Riviére, qu'on traverse sur un Pont de pierre ; & l'on voit sur le chemin plusieurs pans de murailles avec une grande Arcade ; ce qui fait juger qu'anciennement la Ville s'étendoit jusqu'à la Riviére. A deux portées de Mousquet du pont vers le Couchant on rencontre une pierre, à moitié enfoncée dans la terre & sur laquelle sont écrits quelques mots Latins qui font connoître que c'est le tombeau d'un Général d'Armée François de Na-

[n] Tavernier, Voy. de Perse le liv. 2.

Nation; mais on ne peut lire le nom que le tems a effacé. Naffibin eft éloignée de Moufful de cinq journées: le Pays eft presque par-tout défert & inhabité de ce côté-là. On ne trouve de l'eau qu'en deux endroits, encore n'eft-elle pas trop bonne : de tems en tems on rencontre quelques Paftres qui habitent fous des tentes. A deux ou trois lieues en deçà de Nesbin, il y a proche du chemin un Hermitage. C'eft une petite chambre dans un Enclos de murailles, & dont la porte eft fi baffe qu'il s'y faut presque traîner fur le ventre pour y entrer. Quelques Juifs vont de tems en tems à cet Hermitage, pour y faire leurs priéres, parce qu'ils croient que c'eft le lieu où eft enféveli le Prophéte Elifée.

Le Pays qui s'étend depuis Coufafar jusqu'à Nesbin eft une large Campagne, & la premiere journée on ne voit d'autre herbe fur la terre que de la pimprenelle: la plante en eft fi groffe qu'il s'en trouve d'un pied & demi de diamétre. La journée fuivante, on trouve la Campagne couverte d'une autre plante, dont la feuille eft grande, large & épaiffe, & l'oignon gros comme un œuf d'oye: on y voit auffi quantité de fleurs jaunes, rouges & violettes, des tulipes de différentes couleurs, des anémones & des narciffes fimples.

NISIBES. Voyez NISIVES.

1. NISIBIS. Voyez NISIBE.

2. NISIBIS, Ville de la Méfopotamie, fur l'Euphrate, felon Jofephe [a]. Je ne crois pas qu'aucun autre Ecrivain faffe mention de cette Ville. [a Antiq. l. 18. c. 12.]

3. NISIBIS, Ville d'Afie, dans l'Arie : Ptolomée [b] le place entre *Arcitane* & *Paracanece*. [b l. 6. c. 17.]

NISICATES, ou NISICASTES & NISITÆ, Peuples de l'Ethiopie, fous l'Egypte, felon Pline [c], qui dit que ces noms fignifient des hommes qui ont trois ou quatre yeux : non pourtant que ces Peuples fuffent tels; mais parce qu'ils appliquoient toute leur attention en tirant leurs fléches & tiroient jufte. [c l. 6. c. 30.]

NISITÆ. Voyez NISICATES. [d Thefaur.]

NISIOBENSES, Ortelius [d] dit qu'il trouvoit des Peuples ainfi nommez fur une Médaille de l'Empereur Trajan en cuivre, qu'il avoit entre les mains.

NISIS. Voyez NESTUS.

NISISTA, nom d'une Ville dont il étoit parlé dans les Sanctions Pontificales des Empereurs d'Orient : Ortelius [e] juge qu'elle étoit aux environs de l'Epire. [e Thefaur.]

NISITA, Ifle fur la Côte du Royaume de Naples, entre Pozzuolo, & l'Ifle de Lagajola. Elle eft de forme ronde & n'a guère qu'un-mille & demi de tour. Du côté du Midi elle a un petit port appellé *Porto Pavone*. On lit les deux vers fuivans [f] dans un Marbre ancien fur la porte du Pont qu'il faut paffer, pour monter dans l'Ifle: [f Corn.Dict.]

*Navita, fifte ratem, temonem hic velaque fige.*
*Meta laborum hac eft, lata quies animo.*

Quelque petite que foit cette Ifle [g], elle rapporte huit mille ducats tous les ans. Elle en rapporteroit davantage s'il y avoit moins de lapins. Ces animaux femblent en être les [g Labat, Voy. d'Italie, t. 5. p. 241.]

maîtres, & il pourroit bien arriver aux habitans ce qui arriva à ceux de *Porto Santo* près de Madére, que ces animaux chafferent de l'Ifle. On fait ce qu'on peut pour empêcher que le nombre n'en devienne exceffif; car pour les détruire il ne faut pas y fonger. Ils font leurs trous dans des rochers efcarpez, qui environnent l'Ifle, & où il n'y a point d'homme qui puiffe grimper. On trouve auffi dans cette Ifle quantité de perdrix, de faifans & de cailles dans la faifon de leur paffage. Outre cela il y a une Madrague pour la pêche du Ton; & le terrein de l'Ifle eft excellent : c'eft dommage qu'il n'y en a pas davantage. En fuivant la route par Mer, à environ un demi-mille, on rencontre un petit Ecueil, qui n'eft détaché de la terre que de l'efpace de quinze pas. Il eft nommé par les gens du Pays *Lagajola*, la cage. Sur le fommet & aux environs même dans la Mer on voit des mafures de bâtimens anciens, & au rivage de la terre-ferme, il y a le refte d'un Temple ancien, qu'on appelle l'Ecole de Virgile. C'eft à préfent un Hermitage fort bien fitué & dans une folitude très-agréable.

NISIVES, Peuple de l'Afrique propre, felon Pline [h]. Ptolomée [i] les place après les *Natabuta*. Ce font peut-être les mêmes Peuple que Tite Live [k] nomme *Nifueta*. [h l. 5. c. 4. i l. 4. c. 3. k l. 33. c.]

NISMES [l], en Latin *Nemaufus*, Ville de France dans le Languedoc. Elle eft fort ancienne, & il paroît qu'on peut lui trouver environ 3400. ans de durée depuis fa premiere fondation, dont on fait honneur à Nemaufus fils d'Hercule foit du Thebain, foit de l'Egyptien foit du Libyen. On prétend donc que l'un de ces Hercules, qui vint dans les Gaules pour combattre le Tyran Taurifcus, & qui paffa en Efpagne pour dompter un autre Tyran nommé Gerion, eut des femmes de ces Princes vaincus, un grand nombre d'enfans, & entre autres un appellé *Nemaufus* qui donna l'être & le nom à la Ville de Nifmes. Cet Hercule & ce Nemaufus, felon Eufebe & Profper, étoient à peu près du tems de Priam Roi de Troye, un peu avant l'Epoque de fa deftruction. Selon ce fentiment, Nifmes auroit été feulement fondée 5. ou 600. ans avant Rome. Cette origine paroît affez vraifemblable, d'autant qu'on fait qu'il y a eu en effet un *Nemaufus* fils d'Hercule. Diodore de Sicile & Ammien Marcellin rapportent que les enfans qu'Hercule eut de plufieurs femmes dans la Gaule Celtique y fondérent beaucoup de Villes auxquelles ils donnérent leurs noms. Cependant depuis cette fondation de Nifmes par Nemaufus, on n'a point de Mémoires concernants fes Succeffeurs, & on ne connoît plus l'état de cette Ville jufqu'au tems que les Phocéens de Marfeille, Colonie Grecque, vinrent s'y établir mille ou onze cens ans après. Quelques-uns prétendent à la vérité que cette Ville fe gouverna pendant ce long intervalle en République, & qu'elle avoit même vingt-quatre Bourgs ou Villes dans fa dépendance au tems que les Phocéens de Marfeille y vinrent. Ces Phocéens avoient été premierement habitans de l'Ionie dans l'Afie Mineure, autrefois Colonie d'Athènes, & avoient été contraints de quitter leur Pays défolé par les Medes & par les Perfes. Ils étoient ve- [l Gautier, Hift. de la Ville de Nifmes.]

venus sur les côtes de Provence, & y avoient fondé Marseille du tems de Tarquin, cinquième Roi des Romains. Ils avoient même été rejoints 60. ou 80. ans après par le reste de leurs compatriotes lorsque *Cyrus* Roi des Perses eut porté de nouveau la guerre dans l'Ionie. Mais cette double Colonie s'étant trouvée trop resserrée dans le Territoire de Marseille, fut obligée de se répandre du côté d'Avignon, à Orange, à Nice, à Antibes, à Turin, à Tarragone & à Nismes. Aussi voit-on que la plûpart des noms de Lieux circonvoisins de cette derniere sont Grecs, comme est celui du *Cataraa*, Torrent qui coule avec une très-grande impétuosité, & qui traversoit l'ancienne Ville. Plusieurs autres expressions Grecques sort restées dans la Langue ou le jargon des petits Bourgeois, & on a trouvé même quelques Epitaphes Grecques qui doivent achever de confirmer cette opinion. De plus le Symbole, ou les Armoiries anciennes de Nismes, qui étoient un Taureau d'Or, en champ de Gueules, & qui étoient semblables à celles de Marseille & de Turin, font voir que ces Villes avoient eu quelque chose de commun dans leur origine. Au reste les Phocéens qui vinrent habiter Nismes, s'accommodans avec les plus anciens habitans qui suivoient les superstitions Egyptiennes s'accorderent à adorer les mêmes Divinitez en changeant seulement les noms. Ainsi la Déesse Isis devint Diane, &c. Et les Temples ne reçurent aucun changement.

Nismes resta environ 440. ans dans l'état où les Phocéens la mirent, ou du moins il y a cet intervalle à compter jusqu'au tems qu'elle tomba avec le reste des Volsques dont elle étoit Capitale, sous la puissance des Romains. Les Volsques habitoient le long du Rhône; ils avoient assujetti cette Ville, ou avoient été conquis par elle. Ce qu'il y a de sûr c'est qu'au tems où Fabius Maximus la soumit aux Romains, elle étoit appellée *Nemausus, Urbs Volscorum Arecomicorum.* Apparemment qu'elle fut dans la suite se soustraire de cette nouvelle Domination; car on trouve qu'elle fut du nombre des 837. Villes que Pompée conquit dans ses exploits depuis les Alpes jusqu'aux derniers confins de l'Espagne.

Plusieurs Marbres que l'on a trouvé dans les débris de Nismes avec des Inscriptions Latines, font voir que les Romains y ont envoyé des Colonies; qu'elle a été gouvernée par des *Consuls* & des *Duumvirs*, qu'il y avoit des Ediles comme à Rome, un Sénat, une Compagnie de Décurions, un Questeur; qu'il y avoit un College de Prêtres & un Temple dédié à Auguste. Ces Inscriptions qu'on trouve en différens endroits sont au nombre de cinq à six cens.

Le Gouvernement qui avoit été établi à Nismes avec les Colonies Romaines, y dura jusqu'en l'an de la fondation de Rome 1160. qui se rapporte à l'année 410. de l'Ere Chrétienne auquel tems les Empereurs Honorius & Arcadius furent obligez de céder Nismes aux Goths après que cette Ville eut été environ 500. ans ou plus sous la Domination des Romains. Durant ces cinq siècles Nismes a produit de grands Hommes dans la profession des Lettres & dans celles des Armes.

On en vit sortir sous l'Empire de Tibere un Préteur, Orateur d'une grande réputation, appellé *Domitius Afer*. Elle donna aussi la naissance à *Aurelius Fulvius*, qui fut Consul à Rome & Pere de l'Empereur Antonin Pie. Il ne faut pas douter que cette Ville ne se soit beaucoup agrandie pendant qu'elle a été sous la puissance des Romains. On sait par certains Indices ou restes que les murs dont ils l'environnerent, faisoient 4640. Toises de circuit, & que l'étendue de ces murs comparée avec celle des murs de Rome, du tems de Vespasien, n'en étoit moindre que de mille Toises. Ce fut pendant le même tems que la plûpart des Monumens qu'on y voit aujourd'hui furent construits: mais on ne sait point par qui, ni précisément en quel tems ils le furent. On conjecture pourtant avec vraisemblance, que l'Amphithéatre & le Pont du Gard ont été ordonnez par l'Empereur Antonin & ses Successeurs, pour marquer leur bienveillance à une Ville d'où ils étoient originaires: & on est, ce semble, bien fondé à croire qu'aucun de ces fameux ouvrages n'a été produit depuis que les Romains cédérent cette Ville aux Goths; cette Nation Barbare étoit d'un goût qui ne les portoit point à donner aux Peuples le divertissement des spectacles, ni à construire des ouvrages avec tant d'art. Dès qu'ils furent venus à Nismes ils se fortifièrent dans les Arenes, & firent de ce superbe Monument une Citadelle, où ils bâtirent les deux Tours qu'on y voit encore aujourd'hui, du moins en partie.

Quoique sous les derniers Empereurs Romains & sous les premiers Rois Goths le Christianisme eût fait quelque progrès dans Nismes, ce ne fut qu'environ l'an 535. que la Superstition Payenne commença d'y avoir le dessous, & qu'on changea divers établissemens de ce dernier genre en d'autres plus conformes à l'esprit de la vraye Religion. Néanmoins comme les Goths voulurent absolument faire régner l'Arianisme, les Chrétiens Orthodoxes ne laissèrent pas d'être encore l'objet de la persécution qui ne finit que par la conversion du Roi Recarede. Ce Prince fit present de sa Couronne à l'Eglise de St. Julien.

Cette Ville étant ensuite tombée au pouvoir des Wisigoths souffrit beaucoup sur la fin du septième siècle, ayant osé soutenir un long Siège contre le Roi Wamba qui y força le Comte Paul célèbre Rebelle, le prit dans les Caves des Arenes, & le punit de son infidélité.

Dans le 8. siècle Nismes malgré ses efforts succomba sous la puissance des Sarrasins qui s'étant emparés de l'Espagne vouloient réunir tout ce qui en avoit dépendu. Ses habitans ayant marché à la rencontre de ces nouveaux Conquérans, défendirent pendant quelque tems le passage de la Rivière du Vidourle: mais ces derniers l'ayant enfin traversée & s'étant établis d'abord à Galargues & à Saturargues, qui sont à trois & 4. lieues de Nismes prirent enfin cette Ville & quelques autres Places du Languedoc qu'ils conservèrent environ vingt années. Pendant ce tems l'exercice public de la Religion Chrétienne cessa, & les Eglises furent changées en Mosquées. Mais après que Charles Martel, Prince des François, eut dé-

délivré la Guienne des Sarrasins, par la célèbre Victoire qu'il remporta à Poitiers, où plus de trois cens mille de ces Infidèles périrent, il vint assiéger Nismes qui tenoit encore pour eux, & l'ayant prise d'assaut, il la brûla, & renversa presque tout ce qui n'avoit pu être consumé par le feu ; néanmoins l'Amphithéatre & quelques autres Monumens échapérent à ce ravage. Les Wisigots qui vinrent peu après du côté des Alpes rétablirent un peu cette Ville. Mais les Sarrasins la reprirent encore une fois, & la gardérent jusqu'à ce que Pepin reconquit ce Pays. Nismes fut dans la suite gouvernée par des Vicomtes sous l'autorité des Ducs de Septimanie. Ces Vicomtes de Nismes se rendirent propriétaires dans le dixième siècle & prirent quelquefois le nom de Comtes. Car on voit que Berthe mere de Raimond, à laquelle ce Territoire appartenoit l'an 960. dans la septième année de Lothaire fils de Louis d'Outremer prenoit la qualité de Comtesse. Mais sous le regne de Robert fils de Hugues Capet, Hermengarde en ses Chartes ne prend que le titre de Vicomtesse.

Raimond Comte de Toulouse usurpa pendant quelques années le haut Domaine de Nismes, quoique les habitans, l'Evêque, & le Vicomte prétendissent être Vassaux immediats du Roi. Les Comtes ou Vicomtes de Carcassonne & de Beziers avoient aussi leurs prétentions sur Nismes, de sorte que les Rois d'Arragon, de qui toutes les Terres de ces Seigneurs relevoient, croyoient avoir aussi droit sur cette Ville & sur son Territoire appellé *le Nemosex*. Mais Jacques Roi d'Arragon y renonça en faveur de St. Louis & de la Couronne de France par une Transaction de l'an 1258. Quant aux prétentions des Comtes de Toulouse elles furent anéanties avec eux.

Sur la fin du douzième siècle l'Hérésie des Albigeois s'étoit répandue jusqu'à Nismes ; le mal s'étant fortifié le Pape Honorius III. exhorta instamment les habitans de cette Ville de rentrer dans le sein de l'Eglise, comme on le voit par ses Lettres qui sont encore dans les Archives du lieu même. On déféra à ses ordres ou sollicitations en 1226. mais ce ne fut pas pour long tems, de sorte que le St. Pere fut obligé de faire agir les Armées des Princes Catholiques pour mettre ces réfractaires à la raison. Cette Hérésie finit à Nismes au decès de Jeanne leur dernière Comtesse, & d'Alphonse Comte de Poitiers son mari vers l'an 1270. & le Languedoc fut alors réuni à la Couronne de France.

En 1417. Nismes qui appartenoit à Charles VI. Roi de France fut pris par le Prince d'Orange, qui étoit à la tête des Anglois ; ce fut alors que le Château des Arenes fut ruiné, & réduit en l'état où on le voit aujourd'hui. Depuis l'extinction des Albigeois jusqu'en l'an 1560. la Religion Catholique ne souffrit plus aucun trouble dans Nismes. Cependant il y avoit déja du tems que plusieurs personnes suivoient la Réforme de Calvin. Plusieurs Ministres venus de Genéve l'y avoient prêchée secrétement. Mais comme ceux-ci après que leur Secte eut fait du progrès ne gardérent plus de mesures en 1560. il y en eut bientôt plusieurs troubles & divers massacres u sujet de la Religion ; ce qui n'empêcha pas que la plus grande partie des Magistrats & du Peuple ne se déclarassent pour la Réforme, & ne fissent bâtir un grand Temple en 1565. pour y faire le Service divin à leur maniére. Ce Temple fut détruit par le feu en 1568. rétabli en 1569. & dura jusqu'en l'année 1685. qu'il fut abbatu par ordre du feu Roi Louis XIV. Quelque tems après ce même Monarque fit bâtir à Nismes le Château ou Fort à quatre Bastions qu'on y voit aujourd'hui, pour le tenir mieux en bride. Depuis que cette Ville avoit été sous le Domaine des Rois de France, elle avoit obtenu de grands privilèges, mais comme elle parut en abuser & vouloir se rendre indépendante, après qu'elle eut embrassé le Calvinisme ; qu'elle se distingua même par sa fierté entre toutes les Villes de son parti pendant un tems assez considérable, elle fut contrainte par la force de se soumettre, & se vit dépouillée d'une partie de ses privilèges. C'étoit-là qu'avoit été publié l'Edit de grace & de Pacification l'an 1629.

On prétend que St. Sernin Disciple des Apôtres fut le premier qui apporta le Christianisme en Languedoc, & par conséquent à Nismes ; & qu'il y convertit d'abord à la vraye Religion *Honestus* natif de cette Ville. Quoiqu'il en soit, St. Castor qu'on dit être né dans les Arenes fut le premier Evêque de Nismes, & la Cathédrale lui a été dédiée dans la suite.

Il s'est tenu à Nismes quatre Conciles : le premier en l'an 389. C'est de cette Assemblée que Sulpice Sévère rapporte, que St. Martin de Tours souhaitant de savoir ce qui s'y étoit passé, l'apprit d'un Ange qui lui apparut. Le second s'y tint en 886. contre *Salva* Clerc Espagnol qui se portoit pour Archevêque de Narbonne. Théodat véritable Archevêque de Narbonne y étoit avec trois autres Métropolitains, Gilbert de Nismes étoit du nombre des Evêques. Un troisième Concile fut assemblé onze ans après le précédent, en 897. Enfin le 4. y fut convoqué & tenu en 1096. par le Pape Urbain II. qui retournoit à Rome après la célébration du fameux Concile de Clermont. Ce Pontife y donna l'Archevêché de Narbonne à Bertrand Evêque de Nismes.

Cette Ville jouit d'un ciel pur & serain pendant presque toute l'année, & se trouve située dans un des plus agréables Pays du monde. Une belle plaine couverte de beaux jardins, dont les graines se répandent dans toute l'Europe, fait une partie de son terroir. L'autre est composée de plusieurs Côteaux, & Vallons couverts de Vignes & d'Oliviers, & d'autres Côteaux nommés Guarigues, qui sont des endroits couverts de Bois taillis, où croissent pour l'ordinaire le Thim, le Serpollet, la Sariette, le Romarin. Ces Guarigues produisent une belle espèce de Vermillon qui s'y ramasse sur des feuilles de certains Arbustes, où un petit ver le jette. On en compose la couleur rouge de Garence, & le syrop de *Kermes* qu'on envoye dans les Pays les plus lointains. Dans tout ce Territoire les Vins, le Gibier & le Bétail sont des plus excellens de la Province. Enfin tout ce qui peut contribuer à rendre la vie délicieuse, s'y trouve tellement rassemblé, qu'il n'est pas éton-

# NIS.

étonnant, que les Colonies Egyptiennes, Grecques, & Romaines, ayent préféré le séjour de cette heureuse Contrée à celle de leurs Patries.

Il ne me reste plus qu'à donner une idée des principaux Monumens Antiques qui se trouvent dans cette Ville ou dans ses environs. Un des plus considérables est l'Amphithéatre nommé les Arenes. Il est de figure ovale, parce que les Jeux qu'on y faisoit étoient consacrés à Castor & à Pollux, freres jumeaux que la Mythologie des Gentils disoit être nez d'un œuf. Il est composé de deux rangs d'Arcades l'une sur l'autre, qui forment quatre Portiques tout autour; le nombre de ces Arcades est de cent vingt & forment un contour de cent quatre-vingt toises. Ceux qui furent maîtres de la Ville après les Romains en firent une espèce de Forteresse. Aussi y voit-on une fort grande brèche faite par ceux qui ont forcé en ce lieu-là leurs ennemis.

Le Pont du Gard, qui n'est pas loin de cette Ville est une des plus belles antiquitez du monde, & l'ouvrage le plus hardi qu'on ait jamais pu imaginer. Il servoit en même tems d'Aqueduc pour conduire les eaux de la Fontaine d'Eure depuis Usez jusqu'à Nismes, en les faisant passer sur la Rivière du Gardon d'une Montagne à l'autre, à la hauteur de 25. toises. Cet ouvrage est composé de trois rangs d'Arcades à plein Cintre les unes sur les autres, qui sont trois Ponts les uns sur les autres. L'Aqueduc qui est au dessus du troisième Pont, & qui en fait le couronnement a quatre pieds de large & cinq de haut dans œuvre. On ne sait pas précisément à quel usage servoient les eaux que cet Aqueduc conduisoit à Nismes; les uns veulent qu'elles étoient pour l'usage du Temple de Diane; d'autres pour donner lieu à des Naumachies, ou Combats navals dans l'Amphithéatre; d'autres à des Bains, ou pour servir à la Boisson des habitans de cette grande Ville, qui étoit regardée comme une seconde Rome.

On voit aussi un beau reste des anciens murs qui, comme je l'ai déjà dit, avoient un circuit de 4640. Toises. Ce reste fait connoître qu'ils avoient six toises de hauteur & une toise d'épaisseur, de sorte qu'ils soutenoient un Corridor ou chemin de ronde. Ces murs parcouroient sept Montagnes ou Collines comme celles de Rome. Ces sept Montagnes sur lesquelles on voit encore quelques debris de ces murs, sont 1°. celle de *Tafiau* ou des *Juifs*; 2°. celle de *Pied-Ferrié*; 3°. celle de *Pied-Crema*; 4°. celle de *Lampeze*; 5°. celle de la *Tourmagne*; 6°. celle de *Canteduc*; 7°. celle de *Montauri* ou du Peirel. Charles Martel fit abbattre ces murs en 736. à l'exception de la partie qui est entre la Tour du Château & la Platte-forme. Entre les 90. Tours, qui défendoient les anciens murs, la plus grande appellée pour cette raison la Tourmagne subsiste encore en partie. Elle commandoit toutes les autres; elle avoit sept faces par en bas & huit en haut. Sa circonférence est par le bas de 40. toises cinq pieds. Depuis son rez-de-chaussée jusqu'à la premiere Galerie, elle a de hauteur 5. toises deux pieds. Cette Galerie regnoit tout autour à la hauteur des murs de la Ville, & avoit deux toises deux pieds de largeur, à la reserve de

# NIS.

la face du Levant qui n'avoit qu'une toise de large. La Tour au dessus de la Galerie avoit dix-sept toises cinq pieds de circonférence. Elle avoit en tout dix-neuf toises trois pieds de haut, lorsqu'elle étoit en son entier. Les ornemens de cette Tour étoient d'Ordre Dorique. Trois Corniches la partageoient différemment, au dessus desquelles l'ouvrage alloit en diminuant de deux pieds de retraite vers son centre. Les seuls premiers Pilastres qui faisoient le premier étage de sa décoration, & qui étoient au nombre de quatre à chaque face, sont entiers: le second étage qui étoit également composé de Colomnes Doriques, & en pareil nombre, est renversé, de même que l'Escalier dont on voit encore l'emplacement. On croit que cette magnifique Tour étoit un Ouvrage des Phocéens, qui avoient coûtume de bâtir leurs Tours de forme pyramidale; & que les Romains pouvoient avoir construit les autres.

Il reste encore quelques anciens Temples qui donnent pareillement une grande idée de la puissance de ceux qui les ont fait bâtir, & de l'état où les Arts étoient alors. Celui qu'on croit avoir été dédié à la Déesse Diane, ou même, selon quelques-uns, à la Déesse Vesta, est d'une structure très-belle & très-industrieuse. Il est entièrement bâti de grosses pierres sans ciment ni mortier avec plusieurs niches dans les intercolomnes. Il est de dix-neuf Toises de long, de sept & demi de large, & de six de hauteur dans œuvre; il a seize Colomnes d'Ordre Corinthien qui supportent une Corniche sur laquelle repose la voute avec des Arcs doubles.

Ce qu'on appelle vulgairement la Maison quarrée paroît aussi avoir été un Temple; on a voulu que ce fut autrefois le Capitole parce que les Consuls & les Magistrats s'y sont assemblez pour déliberer des affaires publiques; mais il faut remarquer que ce n'a été que depuis la destruction de Nismes par Charles Martel, qui respectant la beauté de cet Edifice, l'avoit laissé dans son entier. Les premiers Citoyens de la Ville de Nismes alors sans Maisons purent bien se servir pour un tems de ce bâtiment, mais ils l'abandonnerent dès qu'ils furent en état d'avoir un Hôtel de Ville.

Cette Maison n'a aucune fenêtre qui n'ait été faite après coup. Selon qu'elle a été construite d'abord elle ne pouvoit avoir de jour que par la Porte qui étoit à la vérité fort grande à proportion du reste. Elle est enrichie en dehors de trente Colomnes canelées de l'Ordre Corinthien. Le Plan de tout l'Edifice est de douze toises de long, & de six de large: il a autant d'élévation. Les ornemens de la Corniche & de la Frise sont fort beaux, mais les ornemens des Chapiteaux Corinthiens ont paru inimitables aux plus habiles Architectes & Sculpteurs, qui sont allez exprès de Rome, ou de Paris pour examiner ce beau morceau d'antiquité. Louis le Grand informé que cet admirable Edifice dépérissoit le fit réparer en 1689. & de profane qu'il étoit auparavant, en a fait un Temple consacré au vrai Dieu.

On croit, ce semble, avec fondement que la Cathédrale de Nismes, est le Temple même qui avoit été dédié à Auguste, de qui elle avoit reçu beaucoup de bienfaits. Il est vrai qu'on trouve au-dessous de son fronton en bas relief l'Histoire de notre Religion depuis la création du Monde jusqu'à J. C. mais on prétend que cela est postiche & fait après coup. En effet on y voyoit autrefois la coupe d'un grand Arc, avec un pavé à la Mosaïque qui a été recouvert par le moderne, & deux têtes de Taureaux de marbre issans sur la petite porte du Septentrion. Il n'y a pas de doute que ces têtes de Taureaux ne soient des marques de la Religion Payenne. L'on voit encore à cet Edifice une figure couronnée tenant deux bâtons à la main, & près d'elle deux Taureaux élevez par deux Griffons, avec une autre figure aîlée, un Autel, & un Sacrificateur tenant une patere à la main qu'il offre en libation; & tout proche un autre Personnage qui tient un belier.

La Colomne de la Salamandre, sur laquelle on voit une espèce de Dragon qui brûle au milieu des flammes, est un Monument qu'on éleva à la gloire de François I. en 1553. lorsqu'il fit son entrée à Nismes. Ce Prince y fonda alors pour l'éducation de la jeunesse un Collége qui a passé depuis aux RR. PP. Jésuites.

[a] Piganiol, Descr. de la France. t. 4. p. 394.

[a] Il s'en faut de beaucoup que la Ville de Nismes ne soit aussi grande aujourd'hui qu'elle l'a été autrefois. Elle est pourtant encore habitée par douze mille cinq-cens familles ou environ. On entre dans la Ville par neuf portes. Les rues en sont assez belles & les maisons bien bâties. La Maison de Ville n'est remarquable que par son Horloge. L'Esplanade est une promenade hors de la Ville & fort agréable : on y va le soir prendre le frais. Le Couvent des Recollets est à la porte de la Magdelaine. Il y a au devant de ce Couvent une avenue de plusieurs allées d'Ormes, & qui sert aussi de promenade. Le jardin de ces Religieux est fort beau. L'Eglise des Jésuites est belle & magnifique, son seul défaut est d'avoir trop d'ornemens dans les Ordres d'Architecture; ce qui en rend le goût mesquin & colifichet.

Nismes est la Patrie de Jean Nicot, Auteur du Dictionnaire François & Latin qui porte son nom. Il fut Ambassadeur en Portugal en 1559. & en rapporta la plante, qui de son nom fut appellée Nicotiane, & que nous nommons aujourd'hui Tabac. Jean Baptiste Cotelier, Docteur de la Maison & Société de Sorbonne & Professeur Royal en Langue Grecque étoit aussi de Nismes. Il a donné divers Ouvrages au Public; il mourut à Paris le 12. Août 1686.

NISOPE, Isle sur la Côte de celle de Lesbos, & qui forme le Port *Sigris*, selon Etienne le Géographe. Les dernières Editions portent *Nesope*, Νησώπη; & Suidas écrit Νησιώπη.

NISORS, Bourg ou Village de France dans le Comté de Cominges. Il est situé vers la Garonne, & remarquable par une Abbaye d'hommes de l'Ordre de Citeaux, fille de Bonnefont, à laquelle il donne son nom, & qu'on appelle aussi la *Bénissons-Dieu*, en Latin *Benedictio Domini*. Cette Abbaye fut fondée, selon quelques-uns, en 1184. & selon d'autres en 1213. Elle vaut quatre mille livres par an à l'Abbé. Ce que disent les Auteurs du Dictionnaire Géographique de la France, & au mot NISORS ils disent que l'Abbé jouït seulement de seize cens livres.

NISOS, Abbaye de France dans le Neobousan : elle est de l'Ordre de Cîteaux.

1. NISSA [b], Ville de la Turquie en Europe, dans la Servie, aux confins de la Bulgarie, sur la Rivière de Nissava, qui peu après se joint avec la Morave, à l'Orient de la Ville d'Urchup, ou Precop. C'est le Naissus des Anciens. On y voit [c] plusieurs Mosquées dont la principale est nommée *Dunkiar Giamissi* : on appelle la seconde *Tusouf-Begi-Giamissi*. Les autres sont moindres. Il y a deux bains & plusieurs fontaines dans la même Ville.

[b] De l'Isle Atlas.
[c] Corn. Dict. Voy. de Quiclet, à Constantinople, 1664.

2. NISSA, NISÆA, ou NISA, Ville de l'Achaïe, dans la Megaride : on l'appelloit aussi *Megara*, selon Ptolomée [d]. Voyez MEGARA. La Mer, dit Mr. Spon, n'est qu'à deux lieues de Megare & il y a un petit port qu'on appelloit anciennement *Nisea*. On y voit encore les ruines d'un Couvent, & quelques Eglises desertes, sans aucune habitation.

[d] l. 3. c. 15.

NISSAVA [e], Rivière de la Bulgarie. Elle a sa source dans la plaine de Sophie, son cours est d'abord de l'Est à l'Ouest, jusqu'à Pirot ou Chercui. De-là elle coule du Sud-Est au Nord-Ouest, jusqu'à Nissa, au dessous de laquelle elle se jette dans la Morave.

[e] De l'Isle Atlas.

NISSÆA. Voyez NISSA. N°. 2.

NISSOS, Ville aux environs de Pallene, Péninsule de la Macédoine, selon Pline [f]. Le Pere Hardouin juge qu'il faut lire NYSSOS, comme portent les meilleurs MSS. & parce que Hesyche [g] nomme une Montagne de la Thrace Νύσσας & Νύσιον, ou Νύσσιον, il soupçonne qu'il a pu y avoir aussi une Ville de même nom. Du reste il laisse à juger, si au lieu de *Nysses* on ne devroit point mettre *Eion*, qui est une Ville de Thrace & Colonie des *Mendéi*, dont parle l'Harpocration [h].

[f] l. 4. c. 10.
[g] p. 672.
[h] p. 141. ex Thucydide.

NISTKOW [i], ou NISTKO, petite Ville d'Allemagne au Duché de Silesie, dans la Principauté de Teschen, près de la source de l'Ostrawitz. Comenius & quelques autres la mettent dans la Moravie, & la nomment MISKO.

[i] Zeiler, Top. Duc. Silesiæ.

NISTRA, c'est le nom d'une Ville quelque part [k], aux environs de l'Illyrie, selon Calchondyle.

[k] Ortelii, Thesaur.

NISUA, Ville de l'Afrique propre : Ptolomée [l] la place sur le Golfe de Numidie, entre Carpis & Clipea. Ortelius [m] soupçonne que c'est la même Ville, que Pline [n] nomme *Missua*. Fazel l'appelle *Nubia*.

[l] l. 4. c. 3.
[m] Thesaur.
[n] l. 5. c. 4.

NISUETÆ. Voyez NISIVES.

NISUM. Voyez NESTUS.

1. NISYRUS, ou NISYROS, Isle des Rhodiens, selon Pline [o], qui dit d'après Apollodore, qu'elle avoit été séparée de l'Isle de Cos; & qu'on la nommoit autrefois *Porphyris*. Strabon [p] la met auprès de l'Isle de Cnide. Cette Isle s'appelle aujourd'hui NISARO. Voyez ce mot.

[o] l. 5. c. 31.
[p] l. 12. p. 489.

2. NISYRUS, ou NISYROS, Ville dans l'Isle de même nom, selon Strabon [q].

[q] Ibid.

3. NISYRUS, Strabon [r] donne ce nom à une des quatre Villes de l'Isle *Carpathus*.

[r] Ibid.

NISYRIORUM INSULÆ, petites Isles de l'Archipel : Strabon [s] les place au voisinage de l'Isle NISYRUS.

[s] Ibid.

NITAZUM, ou NITAZIS, Ville de Galatie, selon l'Itinéraire d'Antonin, qui met

## NIT.

met fur la route de Conftantinople à Antioche, entre Ozzala & Colonia Archelaïda, à dix-huit mille pas de la premiere & à vingt-fept milles de la feconde. Quelques MSS. portent *Hitafis*.

NITERIS, Peuples de l'Afrique intérieure : Pline [a] les met au nombre de ceux que fubjugua Corn. Balbus. Il y a des MSS. où on lit *Nitebres* pour *Niteris*.

NITH [b], Riviere d'Ecoffe, qui donne fon nom à la Province de Nithsdale, qu'elle traverfe du Nord au Sud. Elle a fa fource dans la partie Méridionale de la Province de Kyle, & fon embouchure [c] fur la Côte Méridionale du Golfe de Solwaï, auprès de la Ville de Dumfries. Son eau eft fort claire.

NITHAGOU, Contrée de la Germanie [d], Eginhard y place ces trois lieux, Hecgftadt, Urfel & Suntiligen, dont il donne la defcription, dans le troifième livre de la Tranſlation des SS. Martyrs Marcellin & Pierre.

NITHINE, ou NICHINE, Ville d'Egypte, felon l'Itinéraire d'Antonin, qui la met fur la route de Conftantinople à Antioche, entre Andron & Hermupolis, à douze mille pas de la premiere & à vingt-quatre mille de la feconde. Les MSS. varient fur ce nom : les uns écrivent *Nitine*; d'autres *Nirethine*, & d'autres *Naithu*, & *Niciu*. Voyez NICII.

NITHSDALE, Province maritime d'Ecoffe [e], dans fa partie Méridionale, à l'Eft de Gallouay. Elle a tiré fon nom de la Riviére de Nith, qui la traverfe du Nord au Sud. Cette Province, particuliérement le Territoire de Dumfries, abonde en bled & en pâturages, & les habitans trouvent bien leur compte dans la vente qu'ils font de leur bétail en Angleterre. Il y a beaucoup de forêts dans cette Province : Holy-wood qui eft la principale a donné le nom au fameux Aftronôme, *Johannes de Sacro Bofco*. Les Places les plus confidérables de cette Province font:

Sanquehar,        Dumfries,
        Drumlanrig.

NITIBRUM, Ville de l'Afrique intérieure : Pline [f] la place au nombre de celles qui furent fubjuguées par Cornelius Balbus.

NITICE. Voyez NECRETICE.

NITIOBRIGES, Peuples que Céfar [g] place entre les Celtes : dans la fuite ils furent mis entre les Aquitains. Pline [h] en a corrompu le nom en *Antobroges*. Leur Ville Capitale eft *Aginnum*, encore aujourd'hui Agen; & le Peuple répond au Diocèfe d'Agen.

NITOBRICA. Voyez NERTOBRIGA.

NITRA. Voyez NITRIÆ.

NITRÆÆ, lieu dans l'Egypte, felon Etienne le Géographe. Le *Nitriotes Nomus* de Strabon [i] avoit pris fon nom de ce lieu.

NITRAN, Contrée de la Palaftine, à ce que croit Ortelius [k], qui cite Serapion.

1. NITRIA, NEITRA, ou NEYTRACK, Ville de la haute Hongrie, Capitale d'un Comté de même nom. Voyez NEYTRACK.

2. NITRIA, Montagne d'Egypte, aux environs de Scété. Voyez NITRIE.

NITRIÆ, Entrepôt dans l'Inde, en deçà du Gange, felon Ptolomée [l] : fes Interprêtes lifent NITRA.

NITRIE, (le defert de) fameufe Solitude dans la Baffe Egypte, contigue au defert de Scété en avançant du côté d'Alexandrie, vers l'Embouchure la plus Occidentale du Nil, auprès d'une haute Colline ou Montagne médiocre auffi nommée Nitrie [m]. Le Defert & la Montagne ont pris ce nom d'un Lac de Nitre qui s'y rencontre; & le Bourg qui en étoit le plus proche s'appelloit encore Nitrie, avant qu'il tombât fous la puiffance des Sarrafins. Le Defert a plus de quarante milles de longueur : il eft borné au Nord par la Méditerranée, à l'Orient par le Nil, au Midi par le Defert de Scété, & à l'Occident par le Defert de St. Hilarion & par celui des Cellules. Comme le Nil ne peut approcher jufque-là, le terrein eft aride & inculte, & tout ce Defert eft une grande plaine de fable, entrecoupée feulement de deux ou trois petites Montagnes. Ce fut fur la Montagne de Nitrie, felon Mr. Baillet [n], que fe retira Saint Amons ou Saint Ammon vers l'an 326. Il fut le premier qui habita cette célèbre Montagne : il y fut fuivi par quelques Anachorétes, & bien-tôt après il s'y vit le Supérieur d'un grand nombre de Solitaires. Il eft regardé comme le fondateur de ce fameux Hermitage. Ce lieu fut long-tems le féjour de Saint Macaire d'Alexandrie. St. Ifidore Prêtre hofpitalier de l'Eglife d'Alexandrie eft auffi qualifié Solitaire de Nitrie, qui étoit fa retraite ordinaire. [o] Aujourd'hui il n'y refte plus que quatre Couvens habitez par des Cophtes, qui ont les mêmes Règles & les mêmes vétemens, que ceux de la Thebaïde. Les Voyageurs, qui veulent vifiter ce Defert fe rendent par le Nil à un gros Village nommé Terrana, fur la Rive occidentale du Fleuve, & où refide un Cachef, qui eft chargé de veiller fur les Frontiéres de Libye : on lui fait un préfent pour obtenir l'efcorte qu'on demande, afin d'être en état de fe défendre des Troupes Arabes, qu'on pourroit rencontrer.

Du Village de Terrana, en marchant vers le Couchant & le Nord, on arrive en une journée au premier des Monaftères. On n'entre point dans ceux-ci par deffus les murailles comme à la Thébaïde : ils ont chacun une porte couverte de lames de fer, & les murs en font élevez. Ils font tous quatre dans la Plaine. Le premier qu'on trouve, & qui eft le plus près du Nil, porte le nom de St. Macaire, à qui fon Eglife eft dédiée. C'eft un bâtiment très-vafte, & quoiqu'il ait fouffert beaucoup, on reconnoît aifément qu'il a été autrefois très-beau; & l'on y voit encore cinq ou fix tables d'Autel de marbre. Le Corps de fon Fondateur & repofe dans un fépulcre grillé de fer. Il y a auffi plufieurs autres Saints inhumez dans cette Eglife, qui eft encore fournie de tous les ornemens néceffaires pour le Service divin. La plus grande partie de cette Maifon, qui étoit fort nombreufe, a été détruite : auffi n'y demeure-t-il qu'un petit nombre de Religieux. Le meilleur de leur Bâtiment eft une Tour quarrée, où l'on entre par un petit Pont-levis; c'eft-là qu'ils tiennent leurs provifions & leurs Livres, dont ils font tant de cas, qu'il eft défendu aux Religieux d'en divertir un feul fous peine d'Anathême. Les autres Couvens de ce Defert ont chacun une Tour femblable, qui fert de retraite aux Solitaires, quand ils fe voyent

*Marginal notes:*
[a] l. 5. c. 5.
[b] Etat préfent de la Gr. Br. t. 2. p. 231.
[c] De l'Isle Atlas.
[d] Ortelii Thefaur.
[e] Etat préfent de la Gr. Br. t. 2. p. 231.
[f] l. 5. c. 5.
[g] de Bel. Gal. l. 7. c. 7. & fuiv.
[h] l. 4. c. 19.
[i] l. 17. p. 803.
[k] Thefaur.
[l] l. 7. c. 1.
[m] Coppin, Voy. d'Egypte, p. 343.
[n] Topogr. des Saints, p. 348.
[o] Coppin, Voy. d'Egypte, p. 343.

voyent attaquez de quelques Arabes qui ne leur sont pas connus. Mais le premier qui porte le nom de Saint Macaire a deux incommoditez considérables : la premiere est qu'il n'a d'autre eau que celle d'un puits, qui est un peu salée : l'autre, qu'il n'a aucun jardinage, parce que le terrein où il est situé n'est qu'un sable stérile.

Le second Monastère, qui porte le nom d'AMBACIOCHE, est éloigné du premier d'environ dix ou douze milles, & l'on trouve dans cet espace de petites éminences ou hauteurs de terre, qui ont deux ou trois pieds de large, & qui sont disposées par intervalles le long du chemin. On dit qu'elles furent faites pour guider les Hermites répandus dans le Desert ; parce qu'ils s'égaroient souvent le Dimanche en venant entendre la Messe à quelqu'un des Monastères, dans le tems qu'il n'y en avoit qu'un petit nombre. Il leur étoit aisé de s'égarer, quand le vent souleveoit les sables de la plaine. En traversant ces petites éminences, on apperçoit des ruines de tous côtez : ce sont les restes de trois cens Monastères ; car on assure qu'il y en a eu autant dans ce Desert. Tant de graves Auteurs ont marqué ce nombre, qu'on ne sauroit guère le révoquer en doute : peut-être cependant que dans ce nombre on comprenoit les petites demeures où quelques-uns des Religieux les plus parfaits se retiroient deux ou trois ensemble, pour y vivre avec plus de solitude & d'austérité qu'on ne faisoit dans les Communautez. Entre toutes ces masures, on voit encore un petit Dôme qui faisoit partie d'une Eglise dédiée à St. Jean le petit ; & tout auprès on montre l'Arbre que produisit, à ce qu'on dit, le bâton sec qu'il arrosa par l'ordre de son Supérieur : on lui a donné le nom de *Chadgeret-el-Taa* ; c'est-à-dire arbre d'obéissance. Ambaciochè est le Couvent le plus agréable & le mieux bâti des quatre : il y demeure vingt Religieux, & l'Eglise est d'une belle sculpture. Elle est dédiée à la Vierge sans tache. Les eaux sont beaucoup meilleures en ce lieu qu'à St. Macaire ; & comme le terrein n'en est pas si sablonneux, on y a fait un jardin d'une grandeur raisonnable.

Le troisième Monastère qu'on appelle des Syriens, est dédié à St. George & n'est éloigné d'Ambaciochè que d'un petit mille. Ces trois Monastères forment, comme un triangle & se regardent l'un & l'autre. Ce dernier est peu habité & tombe en ruïne. Il y a deux Eglises dont l'une sert pour les Syriens ou Jacobites, qui vont visiter ce Desert. On a conservé jusqu'ici beaucoup de Reliques dans ces deux Eglises. C'est dans ce Couvent que l'on montre l'Arbre de St. Ephrem, qui est unique de son espèce dans toute l'Egypte. On attribue sa production à un miracle. On dit que le Serviteur de Dieu étant entré dans la Cellule d'un Solitaire pour le visiter, son bâton qu'il avoit laissé à la porte prit racine & fleurit, pendant l'entretien qu'il eut. L'eau de cette Maison est assez bonne : les jardins sont les meilleurs, & rapportent plus de fruit que les autres.

Le quatrième Monastère est éloigné d'une journée de celui des Syriens, & en y allant on voit la Mer séche, que les gens du Pays appellent *Bahr-el-malame* ; c'est-à-dire Mer de reproche. C'est présentement une plaine de sable, & les Cophtes assurent que c'étoit autrefois une Ance ou Baye que la Mer faisoit en cet endroit. Ils disent que St. Macaire & ses Religieux ayant apperçu des Barques pleines de Pirates, qui venoient par ce petit Golfe, se prosternérent en terre pour implorer l'assistance divine, & que la Mer s'étant en un instant retirée de la Baye, tout ce qui s'y trouva d'hommes, d'animaux & de barques fut pétrifié, du moins la chose passe-t-elle pour certaine en Egypte. On allégue pour preuve de ce grand miracle les pétrifications, dont cet endroit est parsemé. En effet on y en voit d'assez curieuses : on y trouve des Os humains qui ont changé de nature & qui n'ont rien de reconnoissable que la figure. Ce dernier Couvent qui porte le nom de NOTRE-DAME est assez éloigné de la Mer séche. On ne s'y rend qu'aux approches de la nuit. Il est fort grand, mais un peu ruïné, & quoique l'eau y soit salée, il est le plus rempli de Religieux, à cause des revenus qu'il tire du Nitre. Il y a une assez belle Eglise & un Jardin avec une Tour, où l'on entre par un Pont-levis, comme aux trois autres. A quelques milles pas de ce Monastère on trouve le Lac où se fait le Nitre. Voyez l'Article suivant.

NITRIE [a], (le Lac de) on appelle ainsi un Lac qui se trouve dans le Desert de même nom, parce qu'il s'y fait du Nitre, que l'on appelle communément Natron en Egypte. Il paroît comme un grand Etang glacé sur lequel il seroit tombé un peu de neige. Il est plus long que large, & il rétrécit par le milieu, en sorte qu'il est presque divisé en deux parties. Celle qui est au Septentrion est formée par des eaux qui sourdent du fond, sans qu'on puisse remarquer de quel endroit précisément ; mais celle qui est au Midi est formée par une grosse source qu'on voit bouillonner, & qui demeure liquide trois ou quatre pieds à l'entour de la bouche qui la vomit. Par-tout ailleurs cette eau qui est rougeâtre se congèle d'abord. Cependant elle ne s'endurcit pas si-tôt : elle reste pendant longtems comme une glace assez tendre ; & il faut le cours d'une année pour achever d'en former le véritable Nitre. Quand le Nitre est dans sa perfection, le dessus du Lac est une glace qui ressemble à un sel rougeâtre & de l'épaisseur d'un demi pied : au dessous de ce premier couvert est un Nitre noir, dont on se sert pour faire la lessive en Egypte ; & quand on a ôté tout ce qu'il y a de noir on trouve le véritable Nitre ou Natron, qui est semblable à la glace du dessus, excepté qu'il est plus dur & plus solide. Il s'en fait un grand Commerce, parce qu'il est utile à plusieurs choses. Ce Nitre a une qualité détersive qui blanchit & qui nétoye.

[a] *Coppin, Voy. d'Egypte, p. 347.*

NITRIE, Bourg d'Egypte. Voyez NITRIE, n°. 1.

NITRIOTÆ, Peuples de la Libye : Ptolomée [b] les place avec les *Oasita*, auprès des *Mastita*, mais plus au Midi. Ortelius [c] soupçonne qu'ils prenoient leur nom du Mont *Nitria*.

[b] *l. 4. c. 5.*
[c] *Thesaur.*

NITRIOTES. Voyez NITRÆÆ.

NIVALIS. Voyez NIVIGELLA.

NIVARIA, une des Isles Fortunées, selon

# NIV.      NIV.

[a] l.6.c.32. lon Pline [b], qui dit qu'elle avoit pris ce nom de la neige qu'on y voyoit perpétuellement. Tous les MSS., dit le Pere Hardouin, portent *Ninguaria*; & Ptolomée [b] écrit Νινγουαρία pour Νιγγουαρία ou Νιγγουαρίας. C'est l'Isle de Teneriffe, ou l'Isle d'Enfer; car dans les autres Canaries on ne voit point de neige; on n'en trouve que dans celle-là.

[b] l.4.c.6.

NIVARIA, Ville d'Espagne, selon l'Itinéraire d'Antonin, qui la met sur la route d'*Emerita*, à *Cæsaraugusta*, entre *Septimanca* & *Canca*, à vingt-deux milles de la premiere & à égale distance de la seconde.

[c] Relat. de la Tartarie Orient. par le P. Martini, p. 142.

NIUCHE, Royaume de la Tartarie Orientale ou Chinoise. C'est le premier [c] que l'on rencontre de ce côté-là, & que l'on peut dire avoir été jusqu'à présent inconnu à ceux de l'Europe. Voici ce qu'en dit le Géographe Chinois. Ce Royaume au Couchant est borné par les Terres de Kilango; au Midi il touche à la Corée & se nommoit jadis Soxin; alors il ne comprenoit seulement que le Pays, qui est situé le long de la Rivière de Quentung, qui tire vers l'Orient, & vers Caiyven au Septentrion. Ce Peuple a été appellé Kin, La Famille d'Hana nomma le Pays Yeleu, & le Roi de Guei, Hoekie. Sous la Famille de Tanga on lui donna le nom de Vico; sous la Famille de Taiminga on y bâtit quelques Forts & on l'appella Niuche, & ce Royaume lui paya tribut durant quelques années. Voilà ce qu'il dit de la situation & du nom. Quant aux mœurs, voici ce qu'il en écrit. Ils habitent, dit-il, en des cavernes sous terre; s'habillent de peaux de bêtes, se plaisent extrêmement à exercer leurs forces, approuvent le larcin & les rapines & mangent la chair toute crue, font un certain breuvage ou biére de millet pilé qu'ils mêlent & détrempent avec de l'eau. Les Arts auxquels ils s'adonnent sont, de tirer de l'arc avec adresse & de chasser. Il y a bien des sortes de ces Barbares: aussi ont-ils des mœurs & des façons de faire bien différentes. Voilà ce qu'en dit l'Historien Chinois fort succinctement. Le Pere Martini ajoute d'autres particularitez. Les bornes de ce Royaume, dit-il, sont au Septentrion & au Nord-Est, Niulhan, autre Royaume de Tartarie: au Levant celui d'Yupi, qui est encore un autre Royaume: au Midi il touche à la Péninsule de Corée, qui est proche du Pays de Leaotung. Ses limites au Couchant sont le grand Fleuve de Linhoang, qui passe entre le Royaume de Niuche & les terres de Kilangho.

Entre tous les Tartares ceux de Niuche ont toujours été les plus grands ennemis des Chinois. Ils entrérent dans la Chine sous la Famille Impériale de Sungi & défirent les Chinois en diverses rencontres. Les Empereurs furent contraints d'abandonner les Provinces du Septentrion, pour se retirer dans celles du Midi; les Tartares s'étoient rendus maîtres des Provinces de Leaotung, de Pecheli, de Xansi, de Xensi & de Xantung. Ils auroient aisément subjugué tout l'Empire si les Tartares de Samahania leurs voisins n'eussent pas été jaloux de leurs conquêtes. Ceux-ci qui avoient déja conquis une grande partie des Etats de l'Asie, entrérent par les Provinces du Midi & par les plus Occidentales de la Chine pour leur faire la guerre. Ils les chassé-

rent de la Chine & se rendirent maîtres de la plus grande partie de la Tartarie Orientale, & après avoir livré à leur tour un grand nombre de combats aux Empereurs Chinois, ils eurent l'Empire tout entier pour prix de leurs victoires.

Le Pere Martini continue de la sorte: Ce que les Auteurs Chinois rapportent, que les Tartares de Niuche habitent dans des cavernes sous terre, fait connoître la haine que les Chinois portent aux Tartares, qui ne demeurent point dans des cavernes; mais sous des pavillons, ou tentes, les unes faites d'étoffe de soie, citées d'un beau lustre, les autres de peaux. Ils ressemblent assez aux Chinois: Leur couleur tire sur le blanc, & leur taille est ramassée & quarrée. A l'égard de la Religion ils n'en ont presque aucune. Ils ont en horreur le Mahométisme & ils ont mauvaise opinion des Turcs: peut-être que leur haine est venue de ce que les Turcs aidérent autrefois ceux de la Chine à les chasser. Sous le régne du Fondateur de la Famille de Taiminga. Il y a apparence qu'ils ont tiré des Sacrificateurs des Indes quelques cérémonies, ou plutôt quelques superstitions; car ils ont des Sacrificateurs qu'ils nomment Lamas: ils les aiment & les respectent beaucoup. De plus ils brûlent les corps morts; ce qui est ordinaire dans les Indes, & ils jettent dans le même bucher les femmes, les serviteurs, les chevaux & les armes du défunt. Leur Langue est aisée; elle semble avoir quelque affinité avec celle des Persans; & il y a des Caracteres qui ressemblent à quelques-unes des lettres Arabes.

Les Chinois écrivent qu'on trouve des rubis & de fort belles perles dans ce Royaume: peut-être que la pêche s'en fait dans cette Mer qui est entre la Tartarie & le Japon. La plus grande Montagne qu'on trouve dans le Pays est celle de Tin. Il y a un Lac de quarante stades, d'où sortent deux Fleuves: l'un qui va vers le Midi & se nomme Yalo, & l'autre qui tire vers le Nord & s'appelle Quenthung. La Rivière de Sunghoa prend sa source dans la Montagne de Tin, & à quelque distance mêle ses eaux avec celles du Quenthung.

NIVE [d], Riviére du Royaume de Navarre, appellée *Errobi*, dans la Langue du Pays. Elle descend des Montagnes de la Basse Navarre, & prend sa source en trois endroits, à sçavoir, auprés de St. Jean Pied-de-Port, dans la Terre de Baïgorri & dans celle d'Ossez. Aprés avoir passé à Jatsu, à Cambo, à Ustans, à Villefranche, elle va se joindre avec l'Adour dans les fossez de Bayonne, pour aller se jetter dans la Mer à une lieue de cette Ville. Elle est navigable depuis la Mer jusqu'à Cambo. Un grand Canal détaché de cette même Rivière va se rendre plus bas dans la Mer entre St. Jean de Luz & Sibouré, deux gros Bourgs, situez sur la côte & joints ensemble par un Pont qui traverse le Canal, où le reflux de la Mer monte. Les gros Vaisseaux y peuvent entrer.

[d] Coulon, Riv. de France p. 577.

NIVELLE, Ville des Pays-bas Autrichiens, dans le Brabant Wallon, Diocèse de Namur, à cinq lieues de Bruxelles, à sept de Namur, & à neuf de Louvain. On l'entoura de murailles l'an 1356, & on y fit six

par

**NIV.**

portes. Outre l'Eglise Collégiale de Ste. Gertrude, & celle de St. Paul, il y a cinq Paroisses qui sont St. Jacques, Notre-Dame, St. André, St. Nicolas & St. Sépulcre qui est à un pas de la Ville. Il y a des Récollets, des Carmes, des Jésuites qui y enseignent les Humanitez, des Religieuses de la Conception, des Annonciates, des Beguines, des Hospitalieres, & un Seminaire que François Buisseret Evêque de Namur y a fondé pour vingt Etudians.

[a] Topogr. des Saints. p. 348.

[a] La bienheureuse Itte ou Iduberge, Veuve du bienheureux Pepin de Landen, Maire du Palais d'Austrasie, fonda vers l'an 640. l'Abbaye de Nivelle pour des Religieuses sur les avis de Saint Amand, qui fut depuis Evêque de Maftricht. Elle y joignit aussi un Monastère pour les hommes, selon l'usage de ces tems-là. Elle s'y retira aussi-tôt avec sa fille Sainte Gertrude qu'elle y fit établir Abbesse en 647. quoiqu'elle n'eût que vingt & un ans. La Discipline de cette Abbaye s'est conservée avec réputation dans sa premiere régularité jusqu'à ce qu'elle a été changée dans un Chapitre double de Chanoines & de Chanoinesses, qui sont les maîtresses de la Ville avec l'Abbesse. Elles peuvent sortir & se marier, à l'exception de l'Abbesse qui fait veu de Virginité.

Les Chanoines chantent journellement leur Office, dans l'Eglise de St. Paul, hormis en certaines Fêtes de l'année, qu'ils font l'Office conjointement avec les Chanoinesses dans l'Eglise de Ste. Gertrude. On ne reçoit dans le Chapitre des Chanoinesses que des filles de Princes, de Comtes ou de Nobles de quatre générations, tant du côté paternel que du côté maternel. On nomme leur Abbesse la Princesse de Nivelle. La nomination appartient au Prince, après que les Chanoinesses lui ont présenté trois sujets de leur Corps. Elles s'habillent le matin en Religieuses & l'après dînée en Séculieres.

La bienheureuse Marie d'Ognies naquit à Nivelle l'an 1177. Elle s'appelloit d'abord Marie de Willembroeck, qui est au Fauxbourg de Nivelle. Elle se retira depuis au Village d'Ognies, à une lieuë de Nivelle, qui est maintenant dans le Diocèse de Namur, & y mourut.

☞ Jean de Nivelle, dont on parle tant, n'est autre chose qu'un homme de fer, qui est tout droit sur ses pieds au haut d'une Tour, auprès de l'Horloge de la Ville, qui répond sur la grande Place : cet homme de fer sonne les heures avec un marteau.

On voit aux environs de cette Ville un Prieuré, des Perés Trinitaires, dit Orival; comme aussi l'Abbaye de Nifelle, qui en est à une lieuë, laquelle fut commencée vers l'an 1425. par quelques Religieux de l'Ordre de Citeaux, qui y furent envoyés de l'Abbaye de Moulins au Comté de Namur. Les Armes de Nivelle sont d'argent à une Crosse de gueules, mise en pal.

NIVERNIUM. Voyez NEVERS.

NIVERNOIS, Province de France, bornée au Nord par le Pays de Puisaie, à l'Orient par le Duché de Bourgogne, au Midi par le Bourbonnois, & au Couchant par le Berri [b]. Une partie de cette Province a été démembrée du Territoire des Peuples *Edui*,

[b] Longuerue, Descr. de la France, part. 1. p. 119.

à qui ce Pays appartenoit avec la Ville de *Noviodunum* située sur la Loire, comme le dit Jules-César au septième livre de la guerre des Gaules. Quant à la partie du Nivernois qui est dans le Diocèse d'Auxerre, elle a été démembrée des Peuples Senonois de qui Auxerre dépendoit. Le Nivernois a pris le nom qu'il porte aujourd'hui de la Ville de Nevers sa Capitale, qui, comme on l'a vu à l'Article NEVERS, a reçu le sien de la petite Rivière de Nyevre, qui entre dans la Loire sous le pont de cette Ville.

Cette Province [c] est assez fertile en vins, en fruits, & en grains; il faut pourtant en excepter le Morvant qui est un Pays de Montagnes fort steriles, & où on ne recueille pas assez de grains pour la nourriture des habitans. On y trouve aussi quantité de Bois & plusieurs Mines de fer. Ces Mines sont principalement dans la partie de cette Province qu'on appelle les *Vaux de Nevers*. On fond la mine de fer avec l'aide d'une matière appellée *Castine*. Les pièces de fer qu'on tire des fourneaux sont affinées dans les forges, & par le moyen d'un gros marteau sont battuës & réduites en bandes plates. C'est de la même matière de fer bien affinée & bien trempée que se fait l'acier qui se met en petits carreaux. Auprès de Defise il y a des mines de charbon de terre, noir, gras & visqueux. Il s'allume aussi facilement que le charbon de Bois; mais le feu en est plus ardent, & ceux qui travaillent aux forges s'en servent plus volontiers. Les machines dont on se sert pour tirer le charbon des mines, sont très-curieuses.

[c] Piganiol, Descr. de la France, t. 6. p. 147.

Le Nivernois est arrosé par un grand nombre de Riviéres, dont trois sont navigables; savoir,

La Loire,  l'Allier,
 l'Yonne.

Quoique les autres Riviéres ne soient pas navigables, elles ne laissent pas d'avoir leur utilité. Elles arrosent de belles prairies & servent à plusieurs moulins & à plusieurs forges. Ces Riviéres sont :

| | |
|---|---|
| La Nyevre, | l'Abron, |
| l'Arron, | La Besbre, |
| l'Alaine, | l'Acolastre, |
| La Quenne, | l'Aubois, |
| l'Andarge, | La Narcy, |
| l'Yffeure, | La Guerchy, |
| La Creffonne, | La Noain, |
| l'Acolin, | l'Arrou, &c. |

On ne trouve pas à beaucoup près dans cette Province autant de fontaines minérales qu'il y en a dans l'Auvergne & dans le Bourbonnois. Je n'y connois que celle de SAINT PARISE, dont l'eau est froide & laisse quelque âpreté à la langue; & celle de POUGUES. Voyez ce mot.

Il y a dans le Nivernois deux Evêchez; celui de Nevers & celui de Bethléem. La plus grande partie de cette Province est de l'Evêché de Nevers & la partie Septentrionale est de l'Evêché d'Auxerre, & celle qui est au delà de l'Yonne est de l'Evêché d'Autun.

L'E-

## NIV.

L'Evêché de Nevers, selon quelques-uns, reconnoît pour premier Evêque St. Are ou Arey, en Latin *Aregius*, qui vivoit vers le milieu du sixième siècle. Mais comment accorder ce sentiment avec ce qu'on lit ailleurs, que l'an vingtième de Childebert Roi de France, c'est-à-dire environ l'an 534. Rusticus Evêque de Nevers assista au Concile National assemblé à Orleans? Clementius autre Evêque de Nevers se trouva au cinquième Concile tenu à Orleans l'an trente-huit du même Childebert, environ l'an 552. Il n'est donc pas possible que St. Aré ait été le premier Evêque de Nevers. Je n'ai garde d'un autre côté de croire, que cet Evêché ait eu Saint Auftremoine Disciple des Apôtres pour son premier Evêque : plusieurs bonnes raisons rendent ce sentiment insoutenable. St. Déodat, vulgairement St. Dié, fut fait Evêque de cette Ville vers l'an 655. Il quitta son Evêché vers l'an 664. pour se retirer dans les Deserts de Vosge.

Cet Evêché est suffragant de Sens : il vaut dix ou douze mille livres de rente & renferme dans son Diocèse deux cens soixante & onze Paroisses, partagées entre l'Archidiaconé de Nevers & celui de Décise. L'Evêque de Nevers est Seigneur temporel des Châtellenies de Prémery, d'Urzy, & de Parzy & de son Evêché relèvent plusieurs Fiefs, autres quatre principaux, qui sont,

| Drui, | Cours-les-barres, |
|---|---|
| Poiseux, | Givry. |

Chacun de ces Fiefs a le titre de Baronnie de l'Evêché ; & ceux qui les possédent sont tenus de porter l'Evêque le jour qu'il fait son entrée à Nevers.

L'Eglise Cathédrale de Nevers étoit autrefois dédiée à St. Gervais ; mais Charles le Chauve l'ayant aggrandie la fit dédier à St. Cyr, dont il lui donna les reliques. Le Chapitre est composé d'un Doyen, de l'Archidiacre de Nevers, d'un Trésorier, d'un Chantre, de l'Archidiacre de Décise, qui sont Dignitez ; d'un Sacristain & d'un Scholastique, qui sont Personats, & de quarante Prébendes, dont quatre sont amorties : l'une a été affectée au Doyenné, une autre à l'entretien des Enfans de Chœur, la troisième à St. Gildard & la quatrième aux Religieux de St. Gildard. Tous ces Bénéfices sont à la collation de l'Evêque. Le Doyenné vaut environ douze cens livres, & les Prébendes trois cens livres au plus. Le Trésorier a droit par un ancien usage d'assister au Chœur l'épée au côté, l'oiseau sur le poing & botté & éperonné. Les autres Chapitres du Diocèse de Nevers sont ceux de Franay-les-Chanoines, de Prémery, de Tannai, de Notre-Dame, de St. Pierre le Moustier, de Dorne & de Molins. On compte trois Abbayes : Celle de St. Martin de Nevers, de l'Ordre de St. Augustin, occupée par des Chanoines réguliers de la Congrégation de Ste. Geneviéve. Cette Abbaye fut fondée par Hervé Baron de Donzy & Mathilde de Courtenai sa femme. Le revenu de l'Abbé est d'environ trois mille livres & celui des Religieux de deux mille. Bellevaux est de l'Ordre de Prémontré & rapporte à l'Abbé environ huit cens livres & aux Religieux environ mille livres. Notre-Dame de Nevers est une Abbaye de filles de l'Ordre de St. Benoît. Elle jouit d'environ dix mille livres de rente.

L'Evêché de Bethléem a été établi à Clameci. Voyez BETHLEEM & CLAMECI.

Le Nivernois est du ressort du Parlement de Paris & a sa Coutume particuliére, qui fut rédigée par écrit, mais non entièrement accordée par les Etats du Pays assemblez par le commandement de Jean de Bourgogne, Comte de Nevers l'an 1490. En l'année 1534. les Etats du Pays furent encore assemblez par commission du Roi adressée à Marie d'Albret Comtesse de Nevers ; & la Coutume du Nivernois fut arrêtée, accordée & mise par écrit par devant les Commissaires du Roi.

Il y a dans le Nivernois deux Bailliages, une Sénéchaussée & un Présidial : un de ces Bailliages, la Sénéchaussée & le Présidial sont établis à ST. PIERRE LE MOUSTIER. Voyez cet Article en son rang. L'autre Bailliage est à Nevers : son ressort est d'une grande étenduë & les Appellations sont portées immédiatement au Parlement de Paris. On compte vingt-quatre Châtellenies qui dépendent du Duché de Nevers, & qui ressortissent à ce Bailliage. Ces Châtellenies sont,

| Cufy, | Lucy, |
|---|---|
| Châtel-neuf, sur Allier, | Moulins en Gilbert, Liernaix, |
| Pougues, | St. Brisson, |
| Garchesy, | Montruillon, |
| Chaugne, | Chastel-Censoi, |
| La Marche, | Clamecy, |
| St. Saulge, | Mets-le-Comte, |
| Décise, | Monceaux-le-Comte, |
| Gannat, | Neusfontaines, |
| Charrain, | Château-neuf au Val de Bargis, |
| Champuer, | |
| Cercy la Tour, | Champalemand & Montenoison. |

Outre ces Châtellenies, il y a deux cens cinquante autres Justices Subalternes. Les Châtellenies du Donziois sont,

| Antrain, | Billy, |
|---|---|
| Estaiz, | Cortiol l'Orgueilleux, |
| Dreve, | St. Sauveur en Puisaie, |
| | & le Châtel de Cosne. |

Le Nivernois est pour la plus grande partie de la Généralité de Moulins : Il a deux Elections qui en dépendent, savoir Nevers & Château-Chinon. Celle de Clamecy est de la Généralité d'Orleans, & celle de la Charité est de la Généralité de Bourges.

Le Duc de Nevers a une Chambre des Comptes, pour la conservation de son domaine. Elle est composée d'un Président, de quatre Maîtres des Comptes, d'un Procureur Général, de deux Secrétaires, d'un Greffier & d'un Huissier. Cette Chambre fut établie par Philippe de Bourgogne Comte de Nevers, troisième fils de Philippe le Hardi Duc de Bourgogne. Il y a encore une Maîtrise particuliére des Eaux & Forêts & une Maîtrise Ducale. La premiere est pour les Forêts du Roi ; & l'autre pour celles du Duc de Nevers.

Dans cette Province les revenus du Roi con-

consistent dans les Tailles, les Gabelles, les Aydes, le Domaine, la Ferme du Tabac, la Ferme des Bureaux des postes, la vente & la coupe des Bois, la Capitation, &c. Quant aux Gabelles on peut dire que les Greniers à sel de St. Pierre le Moustier, de Décise, de Moulins en Gilbert, de St. Saulge, de Château-Chinon, de Nevers, de Luzy & de Cencoings, sont tous de vente volontaire. A l'égard du Domaine le Roi n'en a point d'autre que celui de la Tour quarrée de St. Pierre le Moustier & de ses dépendances & le Droit de Contrôle des Exploits. Les Fermiers du Domaine ont autrefois prétendu que le Comté de Château-Chinon avoit été engagé; & ils intentèrent procès à ce sujet à Mesdames de Carignan & de Nemours; mais l'instance est demeurée indécise.

Le Commerce du Nivernois consiste principalement dans la vente des bleds, des chanvres, des bois, & sur-tout de ceux du Morvant; dans le charbon de pierre que l'on tire du côté de Décise; & qui rapporte à la Province, environ cent vingt mille livres par an; dans la vente du poisson, des cochons, du Fer, qui année commune produit trois cens mille livres; dans celle du Fer blanc qui rapporte environ cinquante mille livres, dans la Fayencerie & la Verrerie qui peuvent produire environ deux cens mille livres; dans les Draps de Château-Chinon. Quant au Commerce de Fer, il seroit aisé de l'augmenter en y continuant les Manufactures des Boulets, Ancres & Canons que le Roi y a fait faire pour la Marine. Il faudroit encore par des Franchises & par des Privilèges y attirer des Ouvriers pour la Manufacture du Fer blanc; elle seroit aussi considérable que celle d'Allemagne si elle étoit soutenue. La Manufacture de draps de Château-Chinon seroit avantageuse si la pauvreté des Ouvriers n'étoit pas si grande; car ils n'ont pas de quoi acheter des laines, ni de quoi faire dégraisser leurs étoffes au Foulon; ce qui rend leurs draps durs & de mauvaise odeur, quoique d'ailleurs d'une bonne qualité.

Il n'y a ni Université, ni Académie pour les Belles-Lettres dans ce Gouvernement: Il y a seulement un Collège de Jésuites à Nevers pour l'Instruction de la Jeunesse. La Ville de Nevers accorda à ces Péres un ancien Collège où l'on n'enseignoit presque plus. Ludovic de Gonzague & Henriette de Cleves sa femme augmentèrent beaucoup l'ancienne fondation de ce Collège, en 1571.

Il y a dans le Nivernois un Gouverneur, un Lieutenant Général & un Lieutenant de Roi de nouvelle création.

Le Ban du Nivernois est partagé en deux Corps; l'un est composé de la Noblesse du Bailliage de St. Pierre le Moustier, qui élit son Commandant & ses Officiers: l'autre consiste dans la Noblesse du Bailliage & Comté de Nevers, qui nomme aussi son Commandant & ses Officiers. Ces deux Corps marchent néanmoins toujours ensemble & les Commandans commandent alternativement la Compagnie, ayant chacun leur jour. Il y a un Prévôt Provincial à Nevers, & sa Compagnie est composée d'un Lieutenant, d'un Assesseur & de dix-sept Archers.

Cette Province est divisée en huit Contrées principales, dont quelques-unes renferment des Villes; savoir,

| | |
|---|---|
| Les Vaux de Nevers. | Nevers, La Charité, Chamlemy. |
| Les Amognes. | Il n'y a ni Ville ni Bourg, qui méritent quelque attention. |
| Les Vallées de Montenoison. | Montenoyson, Prémery-Ville, Champalemand. |
| Les Vallées d'Yonne. | Clamecy, Tannay, Domecy, Vezelay, Varsy, Corbigny, ou St. Léonard. |
| Le Morvant. | Château-Chinon, Auroux. |
| Le Bazois. | Moulins-Engilbert, Montruillon, Cercy, Décise, St. Saulge, Châtillon, Luzy. |
| Le Pays d'entre Loire & Allier. | St. Pierre le Moustier, La Ferté-Chauderon. |
| Le Donziois. | Donzy, Antrain, Dreve, Saint Sauveur, Coruol l'Orgueilleux, Billy, Estaiz, Cosne sur Loire. |

NIVESDUM ou NIVESDONCK [a], Village des Pays-bas dans le Brabant, selon l'Auteur de la Vie de St. Cummar. Ce Village regardoit d'un côté le Pays des *Taxandri*, de l'autre la Province de Rien, & la Nethe le séparoit en deux. On l'appelloit vulgairement *Ledo*, & bien des gens prétendent que c'est aujourd'hui la Ville de LIRE. Voyez ce mot.

St. Gomer [b], né au Village d'Emblehem, dont il étoit Seigneur, au Canton de Rien ou Rün dans le Brabant, à une lieuë de la Ville de Lire, étant rebuté par la mauvaise conduite de sa femme, se retira dans un Ermitage qu'il se bâtit dans une petite Isle de la Rivière de Nethe en un lieu qui s'appelloit Nivesdunc. Les Peuples lui donnèrent depuis le nom de *Ledo*; & c'est aujourd'hui la Ville de Lire, qui est petite, mais fortifiée, parce que son territoire touche le Brabant Hollandois. St. Gomer y mourut vers l'an 774. après y avoir passé neuf ou dix ans. L'on y bâtit dans la suite une Eglise en son honneur & l'on y transfera son corps. C'est au-

[a] *Ortelii Thesaur.*
[b] *Baillet, Topogr. des Saints, p. 272.*

## NIV. NIX. NIZ.

aujourd'hui une Collégiale de son nom, où se gardent ses reliques.

NIVIGELLA ou NIVALIS, ce sont les noms Latins de la Ville de NIVELLE, dans le Brabant. Voyez NIVELLE.

NIVISIUM. Voyez NOVÆSIUM.

NIULHAN [a], Royaume de la Tartarie Orientale ou Chinoise, & qui dépend du Royaume de Niuche ; c'est proprement la partie de ce dernier Royaume, qui regarde vers le Nord-Est & vers le Nord. Les Tartares Ypiens, qui ne sont pas loin de la Mer, sont proches de Niulhan. On les nomme ainsi parce qu'ils se font des casques & des corselets de peaux de poissons très-dures & très-fortes. Plus loin il y a une Terre ferme de grande étendue : les Chinois l'appellent Yeço ; c'est sans doute la même que celle qu'on nomme d'ordinaire JESSO. Voyez ce mot.

[a] Le P. Martini, Relat. de la Tartarie Orient. p. 151.

NIVOMAGUM, ou comme d'autres lisent NOVIOMAGUM, Ville sur la Moselle, aujourd'hui NUMAGEN. Voyez ce mot. Aufone [b] appelle cette Ville,

[b] Moselle, v. 11.

- - - *Divi Castra inclyta Constantini.*

Ortelius [c] dit qu'elle est aussi appellée *Mosomagum.*

[c] Thesaur.

NIVOS ou NIVORS [d], Bourg ou petite Ville de Turquie dans la Basse Bulgarie, aux confins de la Bessarabie, sur le Danube, qui s'y partage en deux Bras. Elle est dans le Pays des Tartares de Dobruce, à vingt-trois lieues de Chiustenge. On prétend que c'étoit autrefois une Ville considérable.

[d] Baudrand, Dict. Ed. 1705.

NIXAPA [e], Ville des Indes Occidentales, dans la Nouvelle Espagne. Elle est bâtie sur le bord d'une Riviére que l'on croit être un des Bras de la grande Riviére d'Alvarado. Cette Ville, qui n'est pas loin de celle d'Antequera a du moins huit cens Habitans Espagnols & Indiens. On y voit un riche Couvent de Religieux de l'Ordre de St. Dominique, où une Image de la Vierge, qu'on dit avoir fait plusieurs miracles, attire par devotion grand nombre de gens de divers endroits. Il y a quantité de lampes d'argent & d'autres richesses. La Ville de Nixapa, est estimée un des plus riches lieux de tout le Pays de Guaxuca, à cause de la grande quantité d'indigo, de sucre, & de cochenille qu'on y recueille. Il y a aussi beaucoup d'arbres, qui produisent le cacao & l'achiote, dont on fait le chocolat.

[e] Corn. Dict. Thomas Gage, Nouv. Relat. des Indes Oc. 2. p. c. 9.

NIXAR, mot abbrégé ou corrompu de Néocesarée, Ville du Pont, puis de la Cappadoce, appellée Toçate par les Turcs. Voyez NEOCESAREE.

NIXE [f], petit Pays dans la Basse Navarre. Mr. de l'Isle écrit Mixe dans sa Carte de la Navarre. Il y a dans ce Pays un Bailli d'épée & un Lieutenant général de robe longue, qui a son Siège dans la petite Ville de Garris. Il connoît en premiere instance de toutes les affaires civiles & criminelles dans l'étendue de sa Jurisdiction. Le Bailli est d'épée & employé dans l'Etat du Roi pour deux quartiers de gages à cinquante-sept livres quatorze sols quatre deniers.

[f] Piganiol, Descr. de la France, t. 4. p. 429.

NIZAO [g], Riviére de l'Amérique dans l'Isle Hispaniola ou St. Domingue. Elle prend sa source vers le milieu de l'Isle, court du

[g] Frezier, Carte de l'Isle de St. Domingue.

## NIZ. NOA.

Nord au Sud, & va se jetter dans la Mer à neuf ou dix lieues au Couchant de la Ville de San Domingo. Cette Riviére n'est ni profonde ni large, mais elle est considérable pour le terroir & pour les prairies qu'elle arrose. Il y croît des cannes de sucre fort hautes.

2. NIZAO [h], Cap de l'Amérique, sur la Côte Méridionale de l'Isle Hispaniola ou Saint Domingue. Derriére ce Cap, il s'ouvre une Baye remarquable par trois Havres qu'on y trouve ; savoir *Porto Formoso*, à seize lieues de San Domingo, auprès duquel il y a des Salines excellentes, *Zexebin* & *Ocoa*, à dix-huit lieues de la même Ville. La Flotte Espagnole, qui va dans la Nouvelle Espagne, a coutume de mouiller dans ces Havres, principalement dans celui d'Ocoa. Elle y fait de l'eau, & s'y rafraîchit ; car il y a une habitation de quarante ou cinquante maisons, qui est à une lieue du rivage, & l'on peut s'y fournir de toutes sortes de vivres. Près de cette Habitation est un moulin à sucre, que pillérent les Anglois, lorsque Christophle de Neoport qui les commandoit aborda en ce lieu-là.

[h] Laet, Descr. des Ind. Oc. l. 1. c. 5. & 8. Corn. Dict.

NIZARI. Voyez NISARO.

NIZIBIS. Voyez NISIBE.

NIZYN [i], petite Ville de l'Empire Russien, aux Frontiéres du Palatinat de Kiow sur la Rive gauche d'un petit Ruisseau, qui sépare ce Palatinat du Duché de Czernichow. Les Polonois enlevérent cette Place aux Cosaques en 1652. mais ils la cedérent aux Moscovites en 1687. Nizyn est une petite Place forte & bien peuplée.

[i] And. Cellarii. Descr. Polonie, p. 400.

NIZZA ; c'est le nom que les Italiens donnent à la Ville de NICE. Voyez NICE.

## N O.

NO, Ville d'Egypte, dont parlent les Prophétes Ezechiel [k] & Nahum [l], selon l'Hébreu. St. Jérôme a traduit *No* par Alexandrie, pour faire entendre quelle Ville c'est. Les Septante portent *Diospolis*, qui est la même que Thèbes, & dans Nahum ils lisent *Ammon*. Ils entendent sans doute le Temple de Jupiter Ammon, qui, selon Diodore de Sicile, étoit bâti dans la Thébaïde. Voyez Noo.

[k] c. 30. 14. [l] c. 3. 8.

1. NOA, Ville de l'Arabie heureuse, selon Ortelius [m], qui cite le faux Berose.

[m] Thesaur.

2. NOA, ou NEA, Ville aux confins de la Tribu de Zabulon, selon Josué [n]. Reland [o] dit qu'Eusebe la nomme Ἀννουά. Je soupçonne, dit Dom Calmet [p], que c'est la même que *Nevé* marquée dans l'Itinéraire d'Antonin à trente-six milles de Capitoliade : mais il faut avouer que la maniére dont *Noa* s'écrit n'est pas favorable à cette conjecture.

[n] c. 19. 13. [o] de Urbib. Palæst l. 3. [p] Dict.

NOÆ [q], Ville de Sicile, selon Etienne le Géographe & Suidas. Les Habitans de cette Ville sont nommez *Noani* par Pline [r]. On croit que c'est aujourd'hui la Ville de *Noara*.

[q] Ortelii, Thesaur. [r] l. 3. c. 8.

NOAILLAN, Bourg de France dans le Comté de Comminge.

NOAILLE, Bourg de France en Poitou, à trois petites lieues de Poitiers, vers le Midi. Mr. Corneille écrit mal à propos NOAILLES pour NOAILLE, & par une autre erreur aussi grande, il dit que ce Bourg a don-

143

## NOA. NOB.

donné son nom à l'illustre Maison de Noailles, comme si cette Maison étoit originaire de Poitou, & non du Limousin. Voyez NOAILLES.

St. Junien [a] né à Briou, sur la Cloëre en Poitou, qui étoit une Terre de sa Famille, comme celle de Champagné, se fit Reclus à Chaulnay, puis à Châtel-Acher. Il bâtit un Monastère à Mariac, aujourd'hui Mairé, où son corps fut apporté de Chaulnay ; car il y étoit retourné pour mourir dans son Hermitage. Il fut transporté l'an 830. à Noaillé, qui de Prieuré dépendant de l'Eglise de St. Hilaire de Poitiers, avoit été érigé en Abbaye, vers la fin du huitième Siècle. Le jour même de cette Translation se fit la Dédicace de la nouvelle Eglise de Noaillé sous son nom, & il en a toujours été le Patron depuis.

Mairé avoit été ruiné sous Charles Martel ; & Noaillé ayant été fait Abbaye sous Charlemagne il n'eut point d'autres Abbez que ceux de Mairé jusqu'à cette Translation. L'Eglise de Mairé fut racommodée depuis & érigée en Paroisse qu'on appelle *Mairé l'Evesciau*; c'est-à-dire l'Episcopal, pour être distingué de *Mairé le Gaulier*. L'Abbaye de Noaillé subsiste toujours dans la Règle de St. Benoît.

NOAILLES, Duché-Pairie de France, dans le Limousin [b]. Elle est composée des Châtellenies d'Ayen, de Larche, de Manzat, de Terrasson & de vingt-quatre Paroisses, dont quelques-unes sont dans le Périgord. La Châtellenie d'Ayen fut acquise en 1581. par François de Noailles Evêque d'Acqs, de Henri IV. pour lors Roi de Navarre. Elle fut érigée en Comté en 1594. en faveur de Henri de Noailles, Lieutenant-Général & Gouverneur de Rouergue. Il y a cinquante-neuf Vassaux qui en relèvent. La Châtellenie de Terrasson est sur la Vezere, en Périgord & n'appartient qu'en partie au Duc de Noailles. Ces quatre Châtellenies furent érigées en Duché-Pairie, sous le nom de Noailles par Lettres Patentes du mois de Décembre 1663. enregîtrées le 15. du même mois, en faveur d'Anne de Noailles premier Capitaine des Gardes du Corps du Roi & Grand-Pére du Duc de Noailles d'aujourd'hui.

NOAIN [c], Rivière de France, dans le Nivernois. Elle passe à Donzy, à Vergiaz & à Sully où elle se décharge dans la Loire.

NO-AMMON, Ville d'Egypte [d], que St. Jérôme traduit toujours par Alexandrie. Dom Calmet croit que c'est plutôt la Ville de Diospolis dans la Delta, entre Busiris au Midi & Mendese au Nord. Voyez No.

NOARA, NOARATH, NOARATHA, ou NEARATH [f], Ville de la Tribu d'Ephraïm, à cinq milles de Jericho, à ce que dit Eusébe sur le mot NAARATHA.

NOARUS. Voyez SAUUS.

NOAS, Fleuve de Scythie: Valerius Flaccus [g] en parle quelque part. Herodote [g] le nomme *Noes*, *Nees*; il se décharge dans le Danube; & Peucer croit que c'est aujourd'hui la Sirhniz.

NOB, NOBE, NOBA ou NOMBA [h], Ville Sacerdotale de la Tribu de Benjamin ou de celle d'Ephraïm. St. Jérôme [i] dit que de son tems elle étoit détruite & qu'on en

[a] Baillet, Topogr. des Saints, p. 349.
[b] Piganiol, Descr. de la France, t. 6. p. 371.
[c] Coulon, Riv. de France, p. 262.
[d] Nahum, 3. 8.
[e] Dict.
[f] Ibid.
[g] l. 4. c. 49.
[h] Esdr. 11. 32.
[i] In Epitaphio Paulae. Euseb. in lo.

## NOB. NOC.

voyoit les ruines au voisinage de Diospolis. David chassé par Saül étant allé à Nobé, & ayant demandé quelque chose à manger au Grand Prêtre Achimelech; celui-ci lui donna des pains qu'on avoit ôtez tout récemment de dessus la Table sacrée, & l'épée de Goliath [k]. Saül en ayant été informé par Doëg, fit tuer tous les Prêtres de Nobé & saccager leur Ville. And Masius prétend que ce soit la même Ville qu'*Anab*, que St. Jérôme appelle *Beth-Anoba*. Quelques-uns la nomment *Bochonopolis*; & Guillaume de Tyr [l] dit qu'on lui donnoit vulgairement le nom de *Bettemuble*.

NOBA. Voyez NOVA & NOMBA.

NOBÆ. Voyez PYGMÆI.

NOBANA. Voyez NOVANA.

NOBATÆ, Peuples d'Ethiopie, aux environs du Nil, dans le voisinage de la Ville *Oasis*. Procope [m] en parle; & Ortelius soupçonne que ce sont les mêmes Peuples que quelques-uns appellent *Nubai*.

NOBE, NABA, CANATHA ou CANATH [n], Ville de la Tribu de Manassé. Elle étoit au delà du Jourdain. Le nom de Nobe lui fut donné depuis qu'un Israëlite de ce nom en eut fait la conquête [o]. Gédeon poursuivit les Madianites [p] jusque là. Eusébe dit qu'il y a à huit milles d'Esebon, vers le Midi, un lieu nommé *Nobé*, & qu'il est abandonné; mais ce n'est pas le *Nobé*, dont il est ici question; car il étoit beaucoup plus avant vers le Septentrion. Les Septante écrivent *Naba*. Voyez NOB, & NOMBA.

NOBENSES & NOBICENSES. Voyez NOVA.

NOBILIA, & CUSIBI, Villes des Oretanes dans l'Espagne, sur le Tage, selon Tite-Live [q]. Moralis lit *Noliba* dans ses Antiquitez; il s'agit de savoir, si c'est une faute de Copiste, ou s'il est fondé sur quelque ancien MS.

NOBILIACENSIS PAGUS, ancien Canton de la France, près de la Ville de Tours, selon St. Grégoire de Tours [r].

NOBILIACUM, c'est le nom d'un ancien Fauxbourg de la Ville d'Arras, selon Meyer. Il en est aussi fait mention dans la Ville de St. Vast. Ortelius prétend que c'est l'ancien nom de l'Abbaye même de St. Vast.

NOBOPYRUS, Ville de Moesie, selon Ortelius, qui cite Chalchondyle [s].

NOBUNDÆ, Peuple des Indes, selon Pline [v].

1. NOCERA, Ville d'Italie, dans l'Umbrie, ou Duché de Spolete, au pied de l'Apennin & au voisinage d'une des sources du Topino. Elle est nommée *Nuceria* par Strabon [x], qui dit qu'il s'y fabriquoit des vases de bois qui étoient estimez. Ptolomée [y] lui donne le nom de Colonie, & Pline [z] la nomme simplement *Nuceria*. On l'appella aussi anciennement *Nuceria Alfaterna*, sans doute pour la distinguer des autres Villes qui portoient le nom de *Nuceria*. Voyez ce mot.

2. NOCERA, Ville d'Italie, dans la Principauté citérieure, à quatre milles de la Rivière Sarno ou Sasari, & à neuf milles de la Côte de la Mer. Voyez NUCERIA.

3. NOCERA, Ville d'Italie au Royaume de Naples, dans la Calabre Ultérieure. Elle est située environ à huit milles au Nord du Gol-

[cis] voce *Nombra*.
[Dom Calmet, Dict.]
[k] 1. Reg. 21. 9. & seq. & 22. 6. & seq.
[l] l. 14. c. 8.
[m] Persic. l. 1. c. 19.
[n] Thesaur.
[o] Num. 32.
[p] Judic. 8. 11.
[q] l. 35. c. 32.
[r] 2. Martyrum.
[Thesaur.]
[s] lib. 7.
[v] l. 6. c. 10.
[x] l. 5. p. 227.
[y] l. 3. c. 1.
[z] l. 3. c. 5.

## NOC. NOD.

Golfe de Ste. Euphémie dans les terres, entre Martorano à l'Orient & la Mer à l'Occident, à égale distance de l'une & de l'autre.

NOCETUM [a], Village ou Château de France sur la Marne. Grégoire de Tours & Aimoin en font mention.

[a] *Ortelii Thesaur.*

NOCHETI, Peuples de l'Arabie heureuse : Pline [b] les place sur le Golfe Persique.

[b] *l. 6. c. 28.*

NOCKES, Peuples de l'Amérique Septentrionale, dans la Nouvelle France, au bord du Lac des Hurons, à vingt lieues à l'Occident des Mississaguez.

NOCOR [c], Riviére d'Afrique, au Royaume de Fez. Elle sort des Montagnes d'Elchans, prend son cours vers le Nord, sépare la Province d'Errif de celle de Gared, & se jette dans la Mer Méditerranée. Castel croit que c'est le Molocath de Ptolomée [d], & Davity le prend pour la Riviére de Milucan.

[c] *Dapper Descr. d'Afrique, p. 140.*
[d] *l. 4. c. 1.*

NOD, ou TERRE DE NOD, c'est le Pays où se retira Caïn après son crime [e]. Les Septante aussi-bien que Josephe, ont lu Naïd [f], au lieu de *Nod*, & l'ont pris pour un nom de lieu. On ne sait pas distinctement quel étoit ce Pays de Nod; si ce n'est peut-être le Pays de Nyse ou Nysée, vers l'Hyrcanie. St. Jérôme & le Chaldéen ont pris le terme *Nod* dans un sens générique, pour *vagabond, fugitif : Habitavit profugus in terra*. L'Hébreu porte [g]: *Habitavit in terra Nod*.

[e] *Genes. 4. 16.*
[f] *Dom Galmet, Dict.*
[g] *Genes. 4. 16.*

NODAB, Pays voisin de l'Iturée & de l'Idumée, mais aujourd'hui inconnu. Il est dit dans les Paralipoménes [h], que la Tribu de Ruben, aidée de celles de Gad & de Manassé, eut une guerre contre les Agaréens, les Tharéens & les Peuples de Nophis & de Nodab, dans laquelle les Israélites eurent de l'avantage; mais on ignore le tems & les autres particularitez de cette guerre.

[h] *1. Paral. 5. 19.*

NODALES, Bourg ou Village de la vieille Castille en Espagne, entre les Villes de Siguença & de Medina-Celi. Mr. Corneille [i] dit qu'il y a des Géographes, qui le prennent pour l'ancienne *Aracillum*. J'ai marqué au mot *Aracillum* en quel endroit les meilleurs Géographes plaçoient cette ancienne Ville. Voyez ARACILLUM.

[i] *Dict.*

NOE, Ville de France dans le Haut-Languedoc, Diocèse & Recette de Rieux.

NOEGA, ancienne Ville d'Espagne, selon Pomponius Mela [k], qui la place chez les *Asturi*, sur la Côte. Pline [l] la met aussi dans le même quartier. A la verité Ptolomée [m] qui l'appelle *Noega Ouesia, Noega Ucesia*, la place chez les Cantabres parmi leurs Villes maritimes; mais l'autorité de Pomponius Mela paroit préférable. On croit communément que c'est aujourd'hui *Navia*.

[k] *l. 3. c. 1.*
[l] *l. 4. c. 20.*
[m] *l. 2. c. 6.*

NOELA, Ville de l'Espagne Tarragonoise, dans le Pays des *Asturi*, selon Pline [n]. C'est aujourd'hui *Noya*, sur le *Tambra*. Ptolomée [o] nomme cette Ville *Novium* & l'attribue aux *Artabres*. Quelques MSS. portent *Noeta* pour *Noela*.

[n] *l. 4. c. 20.*
[o] *l. 2. c. 6.*

NOELÆ, & NOEGLÆ [p], Colonies des Celtibériens sortis d'Hispalis, selon le faux Berose.

[p] *Ortelii Thesaur.*

1. NOEMAGUS, Ville de la Gaule Lyonnoise. Ptolomée [q] l'attribue aux *Vadicassi*.

[q] *l. 2. c. 8.*

2. NOEMAGUS [r], Ville de la Gaule Lyonnoise. Ptolomée la place chez les *Lexubi*; & de Villeneuve la nomme *S. Salvator*.

[r] *Ibid.*

NOEODUNUM, Ville des Gaules :

## NOE. NOG.

Ptolomée [s] la donne aux *Aulirci Diauliræ*, Peuples de la Gaule Lyonnoise : de Villeneuve dans son Ptolomée la nomme *Leondoul*.

[s] *Ibid.*

NOERE [t], Riviére de France dans l'Angoumois. Elle se jette dans la Charente entre la Ville d'Angoulême & Chateau-neuf.

[t] *Coulon, Riv. de France, p. 453.*

NOES. Voyez NOAS.

NOESA [v], ou plûtôt NOESLAU, Isle de la Mer des Indes, à l'embouchure du Détroit de Ceru à l'Orient d'Amboine. Les Habitans sont Anthropophages.

[v] *Hist de la Conquête des Moluques, liv. 7. p. 97.*

NOESIA, Isle de l'Archipel [x], au voisinage de celle de Rhodes, selon Eustathe. C'est une des Sporades.

[x] *Ortelii Thesaur.*

NOGARO, petite Ville de France dans la Gascogne & la Capitale du Bas-Armagnac [y]. Cette Ville est située sur la Riviére de Douze, à trois lieues d'Eause & à quatre d'Aire. C'est une des cinq Villes qui furent données en échange au Duc de Bouillon, pour la Principauté de Sedan. Il s'est tenu un Concile en cette Ville, où il y a une Eglise Collégiale.

[y] *Piganiol Descr. de la France, t. 4. p. 571.*

NOGENS, Bourg de France dans l'Anjou, Election de la Flèche.

NOGENT, Bourgade de l'Isle de France, à deux lieues de Paris [z]. C'est un grand Bourg au bord de la Seine. Ce lieu est fort ancien, & son nom Latin étoit *Novigentum* ou *Novientum*. Il étoit déja une Bourgade dès le commencement du sixiéme Siècle, sous les enfans de Clovis. Ce fut là où Clodoald, vulgairement appellé *St. Cloud*, fils du Roi Clodomir, se retira après avoir évité la mort. Il y bâtit un Monastére, qui depuis a été changé en une Eglise Collégiale, où le corps de ce Saint est gardé dans une châsse. La grande dévotion que le Peuple a eue pour lui, a fait changer le nom de Nogent en celui de ST. CLOUD. Voyez SAINT CLOUD.

[z] *Longueruë, Descr. de la France, part. 1. p. 15.*

NOGENT-L'ARTAUT, Bourg de France, dans la Brie, Diocèse de Soissons, Election de Château-Thierry. Il y a une Abbaye de Religieuses de l'Ordre de St. Benoit, fondée par la Reine Blanche Mere de S. Louis. Ce sont à présent des Religieuses de l'Ordre de Sainte Claire. L'Abbesse est triennale. Cette Maison n'a qu'environ sept mille livres de rente, quoiqu'il y ait une grande quantité de Religieuses. Ce lieu a pris le nom d'Artaut, Trésorier de Thibaut le liberal, Comte de Champagne, son Fondateur.

NOGENT-SOUS-COUCY, Bourg de France dans la Picardie, Diocèse & Election de Laon, vers les limites du Diocèse de Soissons, sur la Riviére de Delette. Il y a une Abbaye d'hommes de l'Ordre de St. Benoît, Congrégation de St. Maur. Elle est située à une demi-lieue de Coucy [a], vers le Midi, & à deux heues & demie de Prémontré vers le Couchant d'hyver. St. Godefroi depuis Evêque d'Amiens, fut Abbé de ce Monastére, sur la fin de l'onziéme Siècle. Les Sires de Coucy sont pour la plûpart enterrez dans cette Abbaye, qui vaut sept à huit mille livres à l'Abbé. On veut qu'il y ait eu autrefois dans ce lieu un Temple des Druides consacré à la Vierge qui doit enfanter : *Virgini paritura*.

[a] *Baillet, Topograph. des Saints, p. 350.*

NOGENT-LE-BERNARD, Bourg de France dans le Maine, Election du Mans.

1. NOGENT-LE-ROI, Ville de France dans

dans la Champagne, Election de Langres. C'est le Siège d'une Prévôté Royale, ressortissante au Bailliage de Chaumont en Bassigny.

2. NOGENT-LE-ROI [a], en Latin *Novigentum Regis*; petite Ville de France dans l'Orléanois, à cinq lieues de Chartres & à quatre de Dreux. Elle est située dans un Vallon à l'endroit où l'Eure commence à porter batteau. Quelques-uns croient qu'elle a pris le nom de Nogent-le-Roi, parce que Philippe VI. Roi de France y mourut en 1350. D'autres prétendent que cette petite Ville s'appelloit autrefois Nogent-Isembert, ou l'Erembert, mais qu'Isabelle de Blois l'ayant donnée à Philippe Auguste, elle fut nommée NOGENT-LE-ROI.

[a] *Piganiol, Descr. de la France, t. 6. p. 109.*

NOGENT-LE-ROTROU, Bourg de France dans le Perche sur la Rivière d'Huine, Diocèse de Seez, Election de Mortagne. Cette Ville a pris son nom de Rotrou Comte du Perche, qui demeuroit souvent dans le Château qui est fort ancien; on l'appelle en Latin *Novigentum Rotrodi* ou *Rotroci*. Ce n'est qu'un Bourg, mais qui est fort peuplé & ne cède point à plusieurs Villes. La Baronie a toujours eu ses Seigneurs particuliers qui y ont leur Justice ressortissante au Siège Royal de Bellesme. Au Bourg de Nogent est contigu celui de St. Denis, qui en est entièrement séparé pour la Seigneurie & le Ressort, ne relevant que du Roi & appartenant au Monastère de St. Denis, qui y est situé & dépend de Cluny. Henri de Bourbon I. du nom, Prince de Condé obtint du Roi Henri III. des Lettres par lesquelles la Baronie de Nogent-le-Rotrou fut érigée en sa faveur en Duché & Pairie sous le nom d'Enghien le François. Son fils Henri II. s'accommoda de Nogent-le-Rotrou avec Maximilien de Bethune Duc de Sully, qui a laissé cette Baronie à ses Enfans du second lit. Le Prince Henri II. obtint des Lettres de Louis XIII. en 1614. pour faire transférer le titre de Duché d'Enghien sur Issoudun en Berry. Il s'y trouva de la difficulté, parce qu'Issoudun est un Domaine Royal, qui est seulement engagé. Enfin Henri Jules de Bourbon, qui le dernier a porté le titre de Prince de Condé, obtint des Lettres de Louis XIV. pour faire changer le nom de Montmorency en celui d'Enghien; ainsi le Duché de Montmorency est aujourd'hui celui d'Enghien. La Terre de Montigny est jointe à celle de Nogent: il y a cent Fiefs, qui relevent l'un de l'autre, & plus de quarante Justices.

NOGENT-LES-VIERGES [b], Village de France, au Diocèse de Beauvais, près de Creil. On y conserve les Corps des deux Vierges Sainte Maure & Sainte Britte-Brigitte. Ce lieu est au delà de l'Oyse dans le Doyenné de Clermont.

[b] *Baillet, Topograph. des Saints. p. 350.*

NOGENT-SUR-AUBE, Bourg de France dans la Champagne, Election de Troyes.

NOGENT-SUR-MARNE, Bourg de l'Isle de France, Election de Paris. Ce lieu existoit dès le Règne de Chilpéric, qui y reçut une Ambassade des Grands du Royaume d'Austrasie, vers l'an 580. Cette Ville relevoit autrefois de l'Abbaye de St. Denis.

NOGENT-SUR-SEINE, *Novigentum ad Sequanam*, petite Ville de France dans la Champagne [c], sur les Frontières de la Brie, au bas d'une côte sur la Rivière de Seine. Elle est à vingt-deux lieues de Paris, à douze de Troyes & à neuf de Montereau. Elle relevoit autrefois de l'Abbé de St. Denis, & fut comprise dans le Douaire d'Elisabeth de Bavière. Cette Ville est le Siège d'un Bailliage, d'un Grenier à sel & d'une Maréchaussée. Les prairies sont le principal revenu de l'Election de Nogent [d]. Il s'y fait un assez grand Commerce de foin, qu'on transporte à Paris par le moyen de la Seine. Il y a aussi des Vignes dans quelques Paroisses, où l'on recueille année commune environ deux mille muids de vin; mais il se consume dans le Pays.

[c] *Piganiol, France, t. 3. p. 385.*

[d] *Pag. 328.*

C'est à Nogent [e] sur Seine que naquit vers le milieu du sixième Siècle St. Vinebaud Abbé de St. Loup de Troyes. Il y avoit pratiqué un Hermitage où il demeura jusqu'à ce que l'Evêque de Troyes l'eût appellé dans la Ville, pour le retenir dans son Clergé, & le faire Abbé du Monastère de St. Loup. Pour conserver la mémoire de St. Vinebaud, il reste à Nogent un Prieuré dépendant de l'Abbaye de St. Loup de Troyes.

[e] *Baillet, Topograph. des Saints p. 350.*

NOGRUS. Voyez MOGRUS.

NOHAN EN GOUST, Bourg de France dans le Berry, Diocèse & Election de Bourges. La petite Rivière de Tripende y passe. La Cure est à portion congrue de trois cens livres. Le Commerce consiste en laines, vacives, vacivaux, & chanvres.

1. NOIA, Bourg d'Italie [f], au Royaume de Naples, dans la Terre de Bari, au Nord Oriental de Rutigliano, environ à quatre milles de la Côte du Golfe de Venise, & à dix milles de Barri.

[f] *Magin, Carte de la Terre de Bari.*

2. NOIA, Bourg d'Italie [g] au Royaume de Naples, dans la partie méridionale de la Basilicate, environ à cinq milles de Franca Villa, en tirant vers l'Orient.

[g] *Id. Carte de la Basilicate.*

3. NOIA, Château d'Italie [h], au Royaume de Naples, dans la Terre d'Otrante, à six milles de Convertino. Ce Château est très-fort par sa situation.

[h] *Leander, Descr. di tutta Ital. p. 240.*

1. NOIRE (Rivière); c'est une Rivière de l'Amérique Septentrionale dans la Nouvelle France. Elle sort du Lac Manikougen dans la Terre des Eskimaux, & se rend dans le Fleuve de St. Laurent, à vingt-cinq ou trente lieues au-dessous de Tadoussac, après avoir traversé une partie de la Province de Saguenay & le Pays des Bersiamites.

2. NOIRE (la) Pointe; autrement le QUARTIER DE CAILLOU à la Guadeloupe. Ce Quartier est entre celui de l'Isle à Goyave & l'Ance Ferry. Il est coupé de Mornes ou de petites ances. Le terrein en est pierreux, il ne laisse pourtant pas d'être assez bon & bien cultivé. On y a bâti une Eglise Paroissiale.

3. NOIRE (la Rivière), c'est une des petites Rivières de l'Amérique Septentrionale dans la Nouvelle France. Elle se jette dans le Lac des Ilinois, à la bande de l'Est. Son embouchure est entre celle des Rivières Maramec & des Miamis.

4. NOIRE (Rivière); c'est une petite Rivière de l'Amérique Septentrionale, dans le Pays des Illatis qui la nomment *Chabadeba* ou *Chabaoudeba*. Elle se jette dans le Fleu-

## NOI.

ve du Miſſiſſipi, à la bande de l'Eſt, à vingt lieues au Nord de la Rivière d'Oniſconſing, par les 43. d. de latitude Septentrionale.

5. NOIRE (Montagne); On appelle ainſi une Montagne de l'Iſle de St. Domingue, dans le Quartier du Sud. C'eſt la retraite ordinaire des Negres-Marons de l'Iſle, où ils font en grand nombre & armez.

NOIREAU [a], petite Rivière de France dans la Normandie. Elle a ſa ſource au-deſſus de Condé, & va ſe jetter dans l'Orne au-deſſous de Cliſſy.

[a] Coulon Riviéres de France, p. 205.

NOIRLAC, Abbaye de France, ſur le Cher dans le Bourbonnois, Dioceſe de Bourges. Cette Abbaye, qui eſt de l'Ordre de Cîteaux, fut fondée en 1150. par Ebbon Seigneur de Charenton. On l'appelle ordinairement la Maiſon-Dieu. L'Abbé jouït de trois mille livres de rente.

1. NOIRMOUTIER, Iſle de l'Océan Occidental [b] ſur la Côte de France aux extrémitez du Poitou & de la Bretagne, vers l'embouchure de la Loire. Elle a environ trois lieues de long & ſept de tour. Elle eſt fort étroite depuis la Barre de Mont, juſqu'à Barbaſtre; mais elle s'élargit en approchant de la Ville de Noirmoutier. Elle eſt du Dioceſe de Luçon & de la Généralité de Poitiers. Il y a deux Paroiſſes, l'une nommée St. Philibert, dans la Ville de Noirmoutier, l'autre dans le Bourg de Barbaſtre, nommée St. Nicolas, & dans laquelle on compte mille huit cens Habitans.

[b] Piganiol, Deſcr. de la France, t. 5. p. 121.

Cette Iſle s'appelloit autrefois Her, Herio, Hero ou Herius. [c] St. Philibert, qui avoit été chaſſé de ſon Monaſtère de Jumieges par St. Ouën, Partiſan d'Ebroin, Maire du Palais, s'étant retiré en Poitou, pour fuïr la perſécution de ſes Ennemis, Anſoald Evêque de Poitiers lui donna une retraite dans l'Iſle de Her. Le Saint y fonda vers l'an 674. un Monaſtère qui fut appellé HERMOUTIER & depuis NOIRMOUTIER ou par corruption, ou à cauſe de l'Habit noir des Moines Bénédictins qui l'occupoient. St. Philibert y mourut, & le Monaſtère ſubſiſta juſqu'au tems des courſes des Normans, qui le ruïnérent ſous le règne de Louïs le Débonnaire [d], Lorſqu'en l'année 834. dans leurs prémieres courſes les Normans ravagérent les Iſles & les Côtes de France, ces Moines furent pluſieurs années errans en diverſes Provinces, & ils s'arrétérent enfin à Tournus ſur la Saone, que Charles le Chauve leur donna. Ils conſervérent néanmoins leur ancienne maiſon de l'Iſle, où ils avoient un Prieuré Conventuel. Les Moines de Cîteaux s'établirent au douzième Siècle dans cette Iſle: ils y vinrent du Monaſtère de Buzay près de Nantes; & c'eſt à cauſe de leur robe blanche que l'Abbaye de Notre-Dame en l'Iſle de Noirmoutier fut appellée l'Abbaye blanche. On a donné encore anciennement à cette Iſle le nom d'Inſula Dei, l'Iſle de Dieu; parce qu'elle étoit habitée par des Moines qui y vivoient ſaintement; mais depuis long-tems il n'y a plus de Moines Noirs dans le Prieuré de St. Philibert; & les Blancs ne ſont pas en grand nombre dans l'Abbaye de Notre-Dame. Il y a long-tems que les Laïcs ſe ſont rendus les maîtres de l'Iſle. Elle vint au pouvoir des Seigneurs de la Branche Cadette de la

[c] Baillet, Topogr. des Saints, p. 334.

[d] Longuerue Deſcr. de la France, part. 1. p. 154.

## NOI. NOT. NOL. 147

Maiſon de la Trimouille, qui pour cette Iſle relevoient de la Baronnie de la Garnache dans la Terre ferme du Poitou, Terre qui appartient à préſent à la Maiſon de Villeroi, comme héritière de la Ducheſſe de Leſdiguiéres. Au commencement de 1720. Madame la Princeſſe des Urſins, de la Branche Cadette de la Trimouille, vendit l'Iſle de Noirmoutier à Mr. le Duc de Bourbon. Son revenu eſt d'environ ſeize mille livres de rente.

En allant de Barbaſtre à la Ville de Noirmoutier, on trouve beaucoup de Marais ſalans, des terres labourables, dont la plûpart ſont cultivées, & qu'on ſème alternativement de froment, d'orge & de fèves, ſans les laiſſer repoſer. Il y a auſſi des vignes dont le vin eſt très-médiocre; peu de pâturages & par conſéquent peu de beſtiaux. Il y a un paſſage réglé de la Barre de Mont, en bas Poitou, à la Foſſe de l'Iſle de Noirmoutier: il eſt d'environ un quart de lieue de large. Du reſte c'eſt une eſpèce d'Iſle fortunée: la Maltôte n'y a jamais pénétré. Les Habitans ne payent ni Taille, ni Capitation, ni Dixième, ni aucun autre ſubſide que le papier timbré & les droits de Controlle & d'Inſinuation.

2. NOIRMOUTIER [e], Ville de France, dans l'Iſle de même nom. Voyez NOIRMOUTIER. Elle peut contenir deux mille cinq cens Habitans.

[e] Piganiol, Deſcr. de la France, t. 5. p. 122.

NOISEAU ou NID-OISEAU, Nidus Avis; Bourg de France dans l'Anjou, Election d'Angers. Il y a une Abbaye de Filles, de l'Ordre de St. Benoît, Congrégation de St. Maur. Elle eſt dédiée à Notre-Dame, & jouït de dix-mille livres de revenu. Ce lieu eſt ſitué entre Craon & Châteaugontier, à une lieuë de Segré vers le Nord. Il y a environ quarante Bénéfices qui en dépendent. Elle fut fondée en 1068. par Airaud Gaſſeneder, Seigneur du lieu & de Vouvant ſur l'Autiſe.

NOIZAY, Bourg de France dans la Touraine, Election de Tours: il eſt au bord de la Rivière de Liſſe.

1. NOLA, Ville d'Italie chez les Picentini, ſelon Ptolomée [f], & Strabon [g]. Tite-Live [h] la met dans le Samnium. Elle eſt appellée [g] Colonia Auguſta. Son nom eſt corrompu dans Polybe qui la nomme Νωλῶνἀης. Elle conſerve encore ſon ancien nom. Voyez l'Article ſuivant.

[f] l. 3. c. 1.
[g] l. 5. p. 249.
[h] l. 9. c. 28. & 93.

NOLA ou NOLE, Ville d'Italie, au Royaume de Naples, dans la Terre de Labour, avec Evêché Suffragant de Naples. Cette Ville eſt très-ancienne. Les Hiſtoriens & les Géographes en parlent comme d'une Place forte, & qui avoit été fondée par les Chalcidiens. Elle ſubſiſte encore aujourd'hui, & conſerve ſon ancien nom qui étoit Nola; mais elle a beaucoup perdu de ſa ſplendeur. Silius Italicus en parle de la ſorte [k]:

[k] l. 12. v. 161.

*Hinc ad Chalcidicam transfert citus agmina*
*Nolam.*

*Campo Nola ſedet, crebris circumdata in orbem*
*Turribus, & celſo facilem tuatur adiri*
*Planiciem vallo.*

Juſtin [l] appuye le ſentiment qui veut que Nole ait été fondée par les Chalcidiens; car il appelle les Habitans de Nole Chalcidienſium Coloni. Cependant Velleïus [m] dit que quelques-

[l] l. 20. c. 1.
[m] l. 1. c. 7.

ques-uns prétendoient qu'elle avoit été bâtie par les Toscans. Annibal l'assiégea inutilement l'an 540. de la fondation de Rome & ce fut aux portes de cette Ville [a] que le Conful Marcellus lui préfenta la bataille. Vespasien honora Nole du titre de Colonie Romaine. Tite-Live [b] appelle les Habitans *Nolani*, & le Territoire de la Ville, *Nolanus ager*. L'Empereur Auguste y mourut. On conserve plusieurs Corps saints dans cette Ville; entre autres ceux de St. Felix Martyr & de St. Paulin qui a été Evêque de Nole. Jean de Nole, excellent Sculpteur, & Jordanus Brunus, Philosophe, ont fait honneur à leur patrie, ainsi que plusieurs autres Personnages fameux de la même Ville. Saint Felix, Prêtre de Nole & Confesseur, selon Mr. Baillet [c], est Patron de la Ville de Nole. Saint Maxime fut Evêque de ce lieu vers le milieu du troisième Siècle; St. Paulin, Reclus près de Nole, & Sacristain de l'Eglise de St. Felix, fut fait Evêque de cette Ville, vers la fin de l'an 409. Il mourut en 431.

[a] Tit-Liv. l. 22. c. 16.
[b] l. 23. c. 14.
[c] Topogr. des Saints, p. 350.

NOLASENA, Ville de la petite Arménie; Ptolomée [d] la met dans la Préfecture nommée *Lavianensis*, auprès de l'Euphrate. Ses Interprètes lisent *Nosalene*.

[d] l. 5. c. 7.

NOLAY, Bourg de France, dans la Bourgogne, Bailliage de Beaune. Il est situé dans un vallon fort étroit. La fontaine nommée la Tournée y a sa source, & les environs sont plantez de vignes. Nolay a titre de Marquisat.

NOLI, Ville d'Italie, sur la Côte de Genes, à l'Occident de cette dernière Ville. Elle a été fondée par les Habitans [e] de Genes & par ceux de Savone. Le Pape Innocent IV. y mit un Evêque Suffragant de l'Archevêque de Genes. Il y a, néanmoins qui veulent que l'Evêché ait été établi par le Pape Alexandre III. Noli a un port fort considérable non-seulement pour son étendue, mais encore pour les avantages que les Habitans en retirent. Ils ne sont plus néanmoins ce qu'ils étoient. Il y avoit autrefois de très-riches Marchands dans cette Ville; mais le nombre en est considérablement diminué; parce que la Ville a beaucoup souffert en différens tems des démêlez des Génois, outre qu'elle fut pillée par l'Armée d'Alphonse I. d'Aragon, Roi de Naples & d'Espagne. On attribue ces calamitez de Noli à la malediction d'un de ses Evêques, qui voyant qu'il ne pouvoit les détourner de porter du fer & autres choses semblables aux Infidèles, les menaça de la colére du Ciel.

[e] Leander, Descr. di tutta Italia. p. 12.

NOLON, ou NOLOS. Voyez BERECYNTHE, no. 1.

NOLYNADES. Voyez NOLA.

NOMA, lieu de la Palestine, selon Josué [f]; St. Jérôme lit *Neama*.

[f] c. 15. 41.

NOMADES, ce nom a été donné à divers Peuples, qui n'avoient point de demeures fixes & qui en changeoient perpétuellement pour chercher de nouveaux pâturages; de sorte que ce mot ne désigne pas un Peuple particulier, mais le genre de vie de ce Peuple; c'est ce qui fait qu'on trouve dans les anciens Ecrivains des Nomades Arabes, Numides, Scythes, &c. Festus dit que le nom de Νομάδες, *Nomades*, fut donné à ces Peuples, parce qu'ils commerçoient en bétail, ou parce qu'ils se nourrissoient d'herbes comme les animaux; mais il est plus probable, qu'ils furent ainsi appellez à cause qu'ils changeoient de pâturages, appellez en Grec Νομοὶ. En effet les meilleurs MSS. de Pline portent *Nomades, à permutandis pabulis*. A la vérité dans l'Edition de Parme on lit *à permutandis papilionibus*; mais cette leçon seroit supportable; car on appelloit anciennement *papiliones* des tentes, & c'est de là que les François ont fait leur mot *Pavillon*.

NOMADES ARABES, après les Déserts Palmirenes, dit Pline [g], suivent du côté de l'Orient les Nomades Arabes, & ils s'étendent du côté du Midi, jusqu'au delà du Lac Asphaltite. Ensuite on trouve les Attales, Peuples accoutumez à faire des courses sur les Terres des Chaldéens voisins de l'Euphrate. Ces deux Peuples, savoir les Nomades & les Attales, étoient bornez au Midi par les Scenites, qui, selon Eustathe [h], habitoient depuis la Cœlésyrie jusqu'à l'Euphrate. Strabon [i] est du même sentiment que Pline, ne par rapport à la situation de ces Peuples.

[g] l. 6. c. 28.
[h] In Dionys.
[i] l. 16. p. 767.
p. 121.

NOMADES NUMIDES: les Numides furent appellez Νομάδες, Nomades, par les Grecs, selon Pline [k]; de sorte que le mot *Nomades* auroit une origine Grecque. *Ab Ampsaga Numidia est*, dit cet Auteur, *Massinissa clara nomine, Metagonitis terra à Græcis appellata: Numidia vero Nomades à permutandis pabulis*, &c. Ni l'un ni l'autre ne plaît à Isaac Vossius [l]. Voyez METAGONITIDE. Quant au mot NOMADES, il dit qu'il a trouvé que plusieurs des Anciens, s'étoient trompez, en prenant les Nomades pour les Numides. Polybe [m] place dans la Numidie les Nomades Massyles & les Nomades Massæsyliens; Denys le Periegete [n] appelle les Massoesyliens & les Massyles *Nomadum Gentes*; & Dion Cassius [o] dit que Juba, fils d'Hiempsal, régnoit sur les Nomades, c'est-à-dire sur les Numides. [p] On ne sauroit nier que dans l'Afrique & même dans la Numidie il n'y eût des NOMADES; c'est-à-dire des Peuples qui changeoient de lieu à mesure que les pâturages venoient à leur manquer; mais il ne seroit pas aussi aisé de décider si le nom de Numidie a une origine Grecque. Il est à croire qu'un pays barbare a eu un nom barbare.

[k] l. 5. c. 3.
[l] Melam.
[m] l. 3. c. 33.
[n] v. 186.
[o] l. 41. p. 174.
[p] Cellarius, Geogr. Ant. l. 4. c. 5.

NOMADES SCYTHES, Pline [q] les place à la gauche de la Mer Caspienne, & dit que le Fleuve Panticapes les séparoit des Georgiens. Strabon [r] ajoute qu'ils habitoient sur des Chariots.

[q] l. 4. c. 12.
[r] l. 16. p. 767.

NOMÆA, Peuple de la Libye: Elien [s] nous apprend qu'il fut détruit par les Lions.

[s] Animal. l. 17. c. 27.

NOMÆI, Peuples de la Thrace. Etienne le Géographe dit qu'ils furent dans la suite appellez Scythes.

NOMANIAH [t], Ville de l'Iraque Arabique ou Babylonienne, qui est la Chaldée. Elle est située sur le Tigre, entre les Villes de Bagdet & de Vassethe. Elle a été bâtie par un Roi appellé Noman-Ben-Mondir.

[t] D'Herbelot, Biblioth. Or.

NOMANTIA. Voyez NUMANTIA.

NOMARE. Voyez MELCK.

NOMAS, Fleuve de la Sarmatie Européenne, à ce qu'il paroît, selon cet endroit de Valerius Flaccus [v].

[v] l. 4. v. 719.

*Quas*

# NOM.

*Quas Tanais, flavusque Lyces, Hypanisque*
*Nomasque*
*Addit opes.*

Cependant quelques Exemplaires au lieu de *Nomas*, portent *Melas*.

NOMAS, lieu de la Sicile, selon Diodore de Sicile [a]. Les Habitans de ce lieu se nommoient *Nomæ*. Ils devoient être voisins d'*Amastratum*. Silius Italicus [b] en parle dans ces vers:

- - - - *comitata Nomais*
*Venit Amastra Viris.*

Mr. de l'Isle [c] place NOMÆ au Nord des Monts *Nebrodes*, à quelques milles de la Mer.

NOMASTÆ, Peuples de la Scythie: Ptolomée [d] les met en deçà du mont Imaüs. Ses Interprêtes lisent *Namasta* pour *Nomasta*.

NOMATIS AGER, il en est parlé dans le Livre des Limites. Ortelius [e] soupçonne qu'il pourroit être en Sicile & tirer son nom de NOMAS ou NOMÆ.

NOMBA, Ville de Judée, selon Etienne le Géographe, d'après Josephe [f]. Mais ce dernier dans un autre endroit [g] écrit OBA pour NOBA.

NOMBRE DE DIOS, Ville ruïnée, en Amérique, dans la Nouvelle Espagne sur la Côte Septentrionale de l'Isthme de Panama, au Nord de la Ville de même nom & à l'Orient de *Porto-belo*.

Elle étoit bâtie au fond d'une Baye [h] tout auprès de la Mer, dans un lieu qui est à présent rempli d'une espèce de cannes sauvages, qui ressemblent beaucoup à celles dont les Pêcheurs se servent en Angleterre; & il n'y a plus de traces d'aucune maison. Cette situation ne paroît pas avoir été fort avantageuse, puisque la Baye est toute ouverte à la Mer, & qu'il n'y a presque point d'abri pour les Vaisseaux. C'est aussi la raison, à ce qu'on dit, qui obligea les Espagnols à l'abandonner; & peut-être que l'intempérie de l'air, qui est fort mal-sain dans ce Pays bas & marécageux, en fut un autre motif. Cependant il y a un petit ruisseau d'eau douce qui coule à l'Est du lieu où étoit la Ville. L'embouchure du Havre est fort large; & quoiqu'il y ait deux ou trois petites Isles, ou rochers qui le couvrent, on n'y étoit pas trop en sûreté. Les Espagnols le quittèrent pour aller s'établir à Portobel, où le Havre est merveilleux & facile à défendre.

NOMBRE DE JESUS [i], petite Ville fortifiée, que bâtirent les Espagnols, dans l'Amérique Méridionale, au Nord de l'entrée Orientale du Détroit de Magellan, auprès du Cap de *las Virgines*, ou des onze mille Vierges. Elle est présentement ruïnée & abandonnée.

NOMENTANA. Voyez NUMENTANA.

NOMENTUM, ancienne Ville d'Italie, chez les Latins. Elle n'étoit pas éloignée du Tibre, puisque Strabon [k] tire les limites des Sabins du côté de l'Occident, depuis le Tibre & la Ville *Nomentum*, jusque chez les *Vestini*. Tite-Live [l] la place au nombre des Villes des anciens Latins qui furent réduites sous la puissance de Rome par Tarquin le vieux. Etienne le Géographe la nomme *Νωμέντος*; Leander dit que c'est aujourd'hui La-

# NOM.

*mentana* dans la Sabine; & Mr. Baillet [m] la met à quatre ou cinq lieues de Rome vers le Nord. Il ajoute que c'étoit autrefois une Ville Episcopale, à l'entrée du Pays des Sabins; & que ce fut le lieu du martyre de St. Prime & de St. Felicien, dont les corps furent transportez à Rome 360. ans environ après leur mort.

NOMENY, petite Ville de Lorraine, sur la Seille, avec titre de Marquisat. Elle est située à cinq lieues de Nancy vers le Nord & à pareille distance de Metz, entre l'une & l'autre Ville. Elle a été une [n] des principales Places de l'Evêché de Metz. Le Comte Sauvage ou Wildgrave, étoit Avoué de cette Ville, & un de ses Comtes fit hommage de cette Avouerie à l'Evêque Renaud de Bar l'an 1306. Sur la fin de ce Siècle Raoul de Couci, Evêque de Metz, engagea à Charles I. du nom Duc de Lorraine pour sept mille francs de bon or, la Ville & le Château de Nomeni, & le Ban de Delme. L'année suivante l'Evêque retira du Duc le tiers de ce qu'il avoit engagé. L'Evêque Conrad Baïer retira encore un tiers de Nomeni & de Delme l'an 1436. de René d'Anjou & de sa femme Isabelle; en sorte que peu à peu Nomeni & Delme furent dégagez entièrement. Ils demeurèrent unis au Domaine de l'Evêché jusqu'à l'an 1551. que les Cardinaux de Lenoncourt & de Lorraine, qui possédoient l'Evêché de Metz, inféodèrent Nomeni à Nicolas de Lorraine Comte de Vaudemont, à quoi le Chapitre de Metz consentit le 6. de Juillet 1551. pour la crainte des incommodités que le Comte de Vaudemont pouvoit apporter à l'Eglise de Metz. Dix ans après le Cardinal de Lorraine, Administrateur de Metz donna en fief perpétuel au Comte de Vaudemont, Delme & son Ban, achetez & unis au Domaine de l'Evêché de Metz par l'Evêque Jacques de Lorraine, qui tenoit ce Siège vers 1240. Le Chapitre néanmoins ne voulut consentir à cette aliénation l'an 1562. que pour les Héritiers mâles du Comte; ce qui ne le satisfit pas. Le Roi Charles IX. alors Protecteur de l'Evêché, bien loin de s'opposer à cette aliénation, l'appuya de son autorité, & écrivit au Chapitre des Lettres pour l'obliger à consentir à une aliénation pure & simple de Nomeni & de Delme; & le Maréchal de Vieilleville Gouverneur de Metz, avec les autres Officiers Royaux, renouvellèrent leurs instances de manière que le Chapitre de Metz donna l'an 1566. son Consentement à l'aliénation & à l'accroissement de Delme au Fief de Nomeni, pour le Comte de Vaudemont, & ses descendans en loyal mariage.

Le Cardinal Charles de Lorraine, Administrateur de l'Evêché, transigea l'an 1571. avec le Comte de Vaudemont sur plusieurs différents. Le Droit de Supériorité territoriale fut conservé à l'Evêque de Metz, aussi bien que le droit d'appel du Juge de Nomeni de l'Evêché, duquel on pourroit appeller à la Chambre Impériale.

Le Comte de Vaudemont eut pour Héritier en ses Seigneuries de Nomeni & de Delme, son fils Philippe Emmanuel de Lorraine Duc de Mercœur, qui n'eut de sa femme Marie de Luxembourg qu'une fille unique
que

que nommée Françoise, femme de Cesar Duc de Vendôme. Après la mort du Duc de Mercœur le Cardinal de Lorraine Evêque de Metz, demanda à Françoise de Lorraine l'hommage, les reconnoissances & les devoirs que les Vassaux devoient à cette Eglise; mais la Duchesse mére & tutrice de Françoise, demanda l'an 1607. un delai jusqu'à ce que sa fille fût mariée: ensuite la Duchesse Marie de Luxembourg vendit Nomeni & Delme, à Henri Duc de Lorraine, moyennant cinq cens mille livres. Le Duc se fit reconnoître pour Vassal immédiat de l'Empire en qualité de Marquis de Nomeni. Les Lorrains ont même prétendu que leur Duc n'étoit vrayement Vassal de l'Empire que pour ce seul Marquisat, & que pour toutes leurs autres Seigneuries, ils n'étoient que sous la protection de l'Empire, dont les Allemands ne conviennent pas.

Le Duc Charles de Lorraine fut rétabli l'an 1661. en possession de Nomeni & de Delme, à la reserve de ce qui a été cédé par le Traité de Vincennes en Souveraineté, pour le Chemin Royal large d'une demie lieue de Lorraine, & enfin par le Traité de Paris de l'an 1718. le Roi a déchargé le Duc pour le Marquisat de Nomeni de tous les droits de suprême Domaine que la Couronne de France avoit acquis tant par le Traité de Munster, l'an 1648. qu'autrement.

NOMICIUS. Voyez NUMICIUS.

NOMII, en Grec Νόμιος, Montagnes de l'Arcadie: Pausanias *a* dit qu'il y avoit dans ces Montagnes un Temple consacré au Dieu Pan le Nomien.

*a* l. 8. c. 38.

NOMISTERIUM, Ville de la Germanie: Ptolomée *b* la place entre *Redintuinum* & *Meliodunum*.

*b* l. 2. c. 11.

NOMMANA. Voyez COMBANA.

1. NOMUS, en Grec Νόμος, lieu dans l'Attique, selon le Scholiaste de Sophocle cité par Ortelius *c*.

*c* Thesaur.

☞ 2. NOMUS, Canton, Province, ou plutôt Préfecture. Ce terme est employé dans la division des Préfectures de l'Egypte, que l'on partageoit en plusieurs Nomes. Il paroît plutôt être de la Langue Egyptienne que de la Grecque. Strabon *d* & Ptolomée *e* & les Latins même se sont servis du mot *Nomus*. Pline *f* en a donné l'interprétation : l'Egypte, dit-il, est divisée en Préfectures de Villes, que l'on appelle *Nomus*. St. Cyrille d'Alexandrie *g* parle encore plus clairement : il dit qu'on appelle *Nomus* chez les Egyptiens chaque Ville avec ses Bourgs & Villages. Trajan ayant demandé à Pline de quelle Préfecture, *ex quo Nomo*, étoit son Parfumeur, Pline lui répondit qu'il étoit de la Préfecture de Memphis, Νόμου Μεμφιτικοῦ. Il ne seroit pas possible de dire combien il y avoit de ces sortes de Préfectures dans l'Egypte. Strabon les compte d'une façon, Ptolomée de l'autre & Pline encore différemment. Le nombre n'étoit réglé, selon les apparences, que suivant le caprice du Souverain, qui distribuoit ses Etats en plus ou moins de Préfectures suivant qu'il le jugeoit à propos. Par exemple, Strabon compte neuf Préfectures dans la Thébaïde; Pline y en met onze & Ptolomée treize. Il en étoit ainsi des autres grandes parties de l'Egypte. En général chaque Ville

*d* l. 17. p. 787.
*e* l. 4. c. 5.
*f* l. 5. c. 9.
*g* In Esa. c. 19.

un peu considérable formoit un Nome, avec son Territoire, & chaque Nome portoit le nom de sa Ville Capitale.

NONA, Ville de la Dalmatie dans la partie de l'ancienne Liburnie qu'elle renferme. *h* On l'appelloit anciennement *Ænona* & *Ænonum*. Elle est éloignée de Zara, du côté du Nord-Ouest de dix milles par terre & de vingt milles par mer. Cette Ville a douze cens pas de tour & environ huit cens habitans. Elle appartient aux Venitiens & la Mer l'entoure de tous côtez, si ce n'est lorsque les eaux sont basses.

*h* Corn. Dict. Niger. Eur. Com. 6.

1. NONACRIS, Ville du Péloponése, fameuse par la source du Styx, qui étoit auprès, selon Hérodote *i*. Pausanias *k* dit que le nom de *Nonacris* lui avoit été donné par une Fille de Lycaon, & il ajoute que de son tems cette Ville ne subsistoit plus.

*i* l. 4. c. 74.
*k* l. 8. c. 17.

2. NONACRIS, Montagne de l'Arcadie, selon Pline *l*. C'est au pied de cette Montagne qu'étoit la Ville de *Nonacris*, qui lui avoit donné le nom. Pausanias *m* témoigne n'avoir jamais vu de Montagne si haute. De ses roches il distile, dit Vitruve *n*, une eau appelée Styx; & cette eau est si froide qu'elle ne peut être contenue en aucun vase; fût-il d'argent, d'airain ou de fer. Elle passe au travers & se dissipe: il n'y a que la corne du pied du mulet qui puisse la retenir.

*l* l. 2. c. 103.
*m* l. 8. c. 17.
*n* l. 8. c. 3.

NONACRINUM NEMUS, Forêt de l'Arcadie, au voisinage de la Ville *Nonacris*, qui lui donnoit son nom. Ovide *o* en fait mention dans ce vers :

*o* Fastor. l. 5. v. 275.

*Cinctaque Pinetis nemoris juga Nonacrini.*

NONAGRIA. Voyez ANDROS.

NONAGRIS. Voyez NONACRIS.

NONANCOURT, *Nonanticuria*; Ville de France, en Normandie, avec titre de Vicomté. Elle est située sur la Rivière d'Aure dans le Diocése d'Evreux, entre Dreux, Damville & Tillieres. Ses murailles bâties de brique se dégradent fort, & la plûpart de ses maisons n'ont pas beaucoup d'apparence. C'étoit une Place de défense dans le douzième siècle. Il y a à Nonancourt trois Sièges; celui du Bailliage; celui de la Vicomté & celui d'une Jurisdiction des Eaux & Forêts.

*p* Corn. Dict.

NONANQUE, Abbaye de France, dans le Rouergue. C'est une Abbaye de Filles de l'Ordre de Cîteaux & de la Filiation de Salvanez sous Cîteaux. Gérard troisième Abbé de Salvanez la fonda en 1161. dans la paroisse de St. Jean d'Aucas : elle a été dotée par les Rois de France. On trouve cette Abbaye nommée en Latin, *Nonnaticum*, *Elno Anonanca* & *Elnonanca*.

NONANT, Bourg de France, dans la Normandie, Election d'Argentan, avec titre de Marquisat. Il est situé au bord de la Forêt d'Hiesme, entre Seez, Argentan & Gassey. Il y a une belle Verrerie à Nonant.

NONANTOLA, *q* Ville d'Italie, au Duché de Modène, dans une Isle formée par les deux bras de la Muzza, aux confins du Territoire de Bologne. Elle est ceinte de bonnes murailles & de fossez pleins d'eau. Elle a une riche Abbaye où l'on voit une Bibliothé-

*q* Magin, Carte du Territoire de Bologne.
*r* Corn. Dict.

## NON. NOO.

bliothéque remplie d'anciens MSS. entr'autres on y garde le Bréviaire de la Comtesse Mathilde. Il y a dans l'Eglise sept Corps Saints dans une grande chasse : on y voit celui de St. Adrien Pape & une partie de celui de St. Sylvestre. Entre les peintures on remarque les Tableaux de la Ste. Vierge, de St. Roch, & de St. Sebastien, par le Guerchin.

NONASINUENSIS. Voyez NOVASINENSIS.

NONDAQUO, petit Peuple de l'Amérique Septentrionale, dans la Louïsiane : il est voisin des Cenis, & habite entre ces derniers & les Nacannez.

NONIGENTUM. Voyez ALISIUM & NOVIGENTUM.

1. NONNETTE, Riviére de France *. Elle prend sa source auprès de Fontaine St. Pierre, passe à Nanteuil, à Versigny, à l'Abbaye de la Victoire dans un Fauxbourg de Senlis : au dessous de cette Ville, elle entre dans l'Etang de Gouvieux, & quand elle en est sortie elle va se joindre avec l'Oyse. Le Château de Chantilli, à l'entrée de l'Etang de Gouvieux est aussi situé sur cette Riviére.

* Coulon, Riv. de France, p. 157.

2. NONNETTE, Bourg de France, dans l'Auvergne, Election d'Issoire. C'est une Châtellenie Royale du ressort de la Sénéchaussée de Riom.

NONSUCH, ª c'est le nom d'une Maison Royale d'Angleterre, dans la Province de Surrey, auprès de Cheam, dans un lieu fort sain & fort agréable nommé Cudinkton. ᵇ Ce mot de NONSUCH veut dire sans pareille, & en effet il n'y avoit rien de si beau en Angleterre. On y avoit employé tout ce que l'Architecture a de plus parfait : elle étoit environnée de jardins délicieux, de parcs remplis de Daims, de bocages où étoient taillées les figures de toutes sortes d'animaux, & elle étoit assortie des plus belles promenades. La Reine Marie l'échangea pour d'autres possessions avec Henri-Fitz-Alan, Comte d'Arondell, qui l'augmenta de nouveaux ouvrages & d'une fort belle Bibliotheque. En mourant il transporta tous ses droits au Baron de Lumley ; & cette Maison retourna depuis aux Rois d'Angleterre, qui l'ont si fort négligée ᶜ qu'à peine il n'en voit-on aujourd'hui les traces.

ª Etat présent de la Gr. Br. t. 1. p. 116.
ᵇ Corn. Dict.
ᶜ Etat présent de la Gr. Br. t. 1. p. 116.

NONTRON, Bourg de France, dans le Périgord, Election de Perigueux. Quelques-uns lui donnent le nom de Ville & le titre de Baronnie ᵈ. Nontron est situé sur le Bandiat, & fut sujet autrefois à la Vicomté de Limoges, comme on le peut voir par les alliances & les armoiries de Bretagne & de Limoges, qui sont dans l'Eglise de St. Etienne, bâtie dans le Château.

ᵈ Du Chêne, Antiquitez des Villes de France. Corn. Dict.

NONYMNA, Ville de Sicile, selon Ortelius ᵉ qui cite Etienne le Géographe & Suidas. Il n'y a rien de certain touchant la situation de cette Ville. Quelques-uns prétendent pourtant que c'est aujourd'hui Nauny. Ce n'est qu'une pure conjecture imaginée par Fazell ᶠ.

ᵉ Thesaur.
ᶠ Decad. I. l. 10.

NOO, c'est la Ville de Thebes en Egypte, à ce que croit Matth. Beroald. Voyez No, & ALEXANDRIE.

NOOENI. Voyez No Æ.

NOORDA, lieu de l'Empire des Perses,

## NOO. NOP.     151

au delà du Tigre, selon Zosime ᵍ. Ortelius ʰ soupçonne que c'est le Nearda de Josephe.

ᵍ l. 3.
ʰ Thesaur.

NOORDEN, ⁱ Ville d'Allemagne dans le Cercle de Westphalie, à 2. milles d'Embden. Elle apartient au Prince d'Oostfrise. Elle est assez grande & assez peuplée, mais elle n'a ni murailles ni portes : sa grande Place où se tient le Marché n'est pas même pavée, quoique la Maison de Ville & plusieurs autres Edifices bien bâtis y soient situez. On y suit la Confession d'Augsbourg. Il y a aussi des Calvinistes, mais en petit nombre. Cette Ville a un Port, qui pourroit être mis en meilleur état. La sépulture des Comtes d'Oostfrise étoit autrefois à Noorden ; mais lorsque Balthasar Seigneur d'Esens eut ravagé cette Place par le fer & le feu en 1531. & détruit les deux Monastères qui y étoient avec la belle Eglise paroissiale qui étoit dédiée à St. André, le Comte Ennon fut enterré à Embden en 1540. & les os de ses Ancêtres furent aussi tirez de Noorden pour être placez dans le nouveau monument qui fut construit à Embden pour la sépulture des Comtes d'Oostfrise. L'Historien Adam de Brême rapporte que les Normans ayant abordé en Frise du tems de St. Rembert Archevêque de Brême furent défaits au nombre de plus de 10. mille près du Village de Nordwide. C'est ce lieu-là même qui est devenu la Ville de Noorden dont nous parlons, quoique Boxhorn ait voulu que le Champ de Bataille ait été à Nordwyk pour faire honneur à ses Compatriotes Hollandois : deux raisons prouvent que le Nordwide de ce tems-là est la Ville de Noorden d'aujourd'hui. Premierement on trouve dans l'Histoire des Archevêques de Brême, & en particulier dans la Vie de St. Rembert, le lieu en question désigné aussi par le mot Norden, & il en est parlé comme d'un endroit qui étoit sous la jurisdiction de l'Eglise de Brême. En second lieu, il est marqué dans cette Vie de St. Rembert que Norden avoit un Port, ce qui convient à la Ville dont nous parlons ici, & non au Bourg de Nordwyk dans la Hollande.

ⁱ Zeiler, Top. Westphal.

NOPH. J'exterminerai, dit le Seigneur, les Idoles & j'anéantirai les Statues de Noph ᵏ. St. Jérôme traduit NOPH par MEMPHIS. Voyez ce mot.

ᵏ Ezechiel, c. 30. 13.

NOPHAC, & NOPHE, lieu dans le Desert. Il en est parlé au Livre des Nombres ˡ, où St. Jérôme traduit Jophe. Nophé, dit Dom Calmet ᵐ, est une Ville des Moabites, qui fut ensuite aux Amorrhéens, & enfin aux Israëlites. Nophé étoit près de Medaba. Il y a quelque apparence que c'est la même que Nephis ⁿ, ou bien ᵒ Nebo, ou Nabo. La situation des lieux y convient parfaitement. Nabo est jointe à Medaba, dans le Prophète Isaïe ᵖ.

ˡ c. 21. 30.
ᵐ Dict.
ⁿ 3. Esdr. 5.
ᵒ 2. Esdr. 7. 33. & 1. Esdr. 11.
ᵖ 15. 2. 46.

NOPHET : ce nom se prend dans Josué & ailleurs pour un Canton ou pour une Province. Assez souvent ᑫ on le joint à Dor : Nophet-Dor, ou Naphat-Dor ; le Canton des environs de la Ville de Dor, sur la Méditerranée, au Midi du Mont Carmel & au Nord de Césarée de Palestine. Dans l'endroit où Josué lit dans la Vulgate ʳ tertia pars urbis Nophet, l'Hebreu porte simplement, tertia pars Nopheth ; le tiers du Canton nommé No-

ᑫ Josué, 11.
ʳ Josué, 17.
2. & 12. 23.
11.

pheth,

Y 2

NOP. NOR. NOR.

pheth. Ce Canton étoit aux environs de Dor, & il étoit possédé par la Tribu de Zabulon, pour deux tiers, & par celle de Manassé pour l'autre tiers.

NOPIA, ou CNOPIA; Ville de la Bœotie, dans la dépendance de Thebes, selon Strabon [a]. [a l.9. p.404.]

NOPOIN, petite Ville d'Allemagne, dans la Marche de Brandebourg. Les habitans ne voulurent point donner des quartiers aux Troupes du Général Mansfeld en 1626. [b Zeiler, Topogr. Pomeraniæ.]

1. NORA, Ville de l'Isle de Sardaigne; Ptolomée [c] la place sur la Côte Méridionale de l'Isle, entre *Herculis Portus* & *Litus Anneum*. L'Itinéraire d'Antonin la nomme *Nura*, & la met à trente-cinq mille pas de *Tegula* & à trente-deux milles de *Caralis*. Pline [d] ne la connoît que sous le nom de *Norenses*. Solin l'appelle *Norus* & *Leander*, la nomme *Calviri*. Pausanias [e] dit qu'elle fut bâtie par les Ibéres, & que leur Chef Norax lui donna son nom. [c l. 3. c. 3. d l. 3. c. 7. e l. 10. c. 17.]

2. NORA, lieu fortifié dans la Phrygie, selon Diodore de Sicile [f]. Plutarque [g] dit que cette Forteresse étoit située aux confins de la Lycaonie & de la Cappadoce. Cornelius Nepos [h] la met, comme Diodore de Sicile, dans la Phrygie; mais il y a des Ecrivains qui étendent fort loin les bornes de la Phrygie. Du reste Strabon [i] la place dans la Cappadoce & nous apprend que de son tems on la nommoit Νωροασσὸν, *Noroassum*. [f l. 18. c. 41. g in Vita Eumenis, p. 589. h Cap. 5. i l. 12. p. 537.]

3. NORA, ou NORAN, Ville de la Palestine, dans la Tribu d'Ephraïm [k]. Elle étoit du côté de l'Orient. L'Hebreu porte *Naaran*. Dom Calmet [l] semble croire que c'est la même Ville qu'Eusebe nomme *Noorath* ou *Naarath*, & qu'il place à six milles de Jericho. [k 1. Paral. 7. 28. l Dict.]

4. NORA. Voyez ORA.

5. NORA, petite Ville de Suède, dans la Westmanie, ou Westermannerland, entre les Mines de Norberg au Midi, & celles de Lindesberg au Nord.

NORACUS, Ville de la Pannohie, selon Etienne le Géographe. Dans presque toutes les anciennes Editions on lisoit Νωράκος, πόλις Παιονίας, pour πόλις Πανονίας: c'est une faute assez ordinaire dans les Ecrits Anciens de confondre Παιονία avec Πανονία. On a rétabli la véritable Leçon. Mais c'est toujours une faute dans Etienne le Géographe, comme dans Suidas, qui l'a suivi, d'avoir fait une Ville d'une Province. NORACUS n'est autre chose que *Norique*. La Ville s'appelloit NOREIA. Voyez ce mot aussi bien que NORIQUE.

1. NORBA, Ville d'Italie, dans le *Latium*. Denys d'Halicarnasse [m] en fait l'éloge, & Tite-Live [n] lui donne le nom de Colonie Romaine. Il appelle le Peuple *Norbani* [o] & le Territoire *Norbanus Ager* [p]. Ces Norbani de Tite-Live sont différens des *Norbanenses* de Pline [q], qui place ceux-ci dans la Calabre. NORBA s'appelle aujourd'hui NORMA. On la trouve dans la Campagne de Rome [r], au Midi de Segni r. [m l. 7. p. 428. n l. 2. c. 34. o l. 8. c. 1. p Ibid. c. 19. q l. 3. c. 11. r Magini Campagna di Roma. s l. 2. c. 5.]

2. NORBA CÆSAREA, ancienne Ville de la Lusitanie, selon Ptolomée [s], qui la place dans les terres entre *Ebura* & *Liciniana*. Pline [t] la nomme *Norbensis Colonia Cæsariana*, & ne la met point sur le Tage; ce qui pourroit donner lieu de douter que ce fût aujourd'hui Alcantara, comme plusieurs l'ont prétendu. Il se pourroit faire pourtant, qu'*Alcantara* auroit été bâtie dans son voisinage & de ses ruïnes. Voyez ALCANTARA. [t l. 4. c. 22.]

NORBANI. Voyez NORBA, N°. 1.
NORBENSES. Voyez NORBA, N°. 2.
NORBURG, ou NURBURG [v], petite Ville d'Allemagne qu'on met communément dans l'Electorat de Cologne. Dans l'Histoire d'Allemagne du dernier Siècle, il est dit que cette Ville appartenoit au Duc d'Arschot. Le Général Suédois Bauditz s'en empara en 1633. [v Zeiler, Topogr. Elect. Colonicns.]

NORCIA, NURSIA, ou NORSIA [w], petite Ville d'Italie, dans l'Ombrie, au Duché de Spolete, autrefois Episcopale. Elle est située entre les Montagnes, vers le Nord du Duché de Spolete, & à vingt-cinq milles ou environ de cette Ville. Quoiqu'elle soit sujette au Pape, elle conserve une espèce de Gouvernement républicain: elle élit ses Magistrats qui sont au nombre de quatre & qui ne doivent savoir ni lire ni écrire; ce qui les fait appeller *li quatri Illiterati*. On prétend que les habitans sont pris de parti si extraordinaire, dans la pensée que l'étude inspiroit l'esprit de chicane. On nourrit dans le Territoire de Norcia une quantité prodigieuse de cochons, & ils sont presque tous noirs. Mr. Baillet [x] dit que St. Benoît nâquit dans cette Ville ou dans son Territoire, vers l'an 480. & que St. Eutique, Abbé en Ombrie, mort dans son Monastère vers l'an 540. fut mis au rang des Patrons de Norcia, sur-tout depuis l'an 1492. [w De l'Isle, Atlas. x Topogr. des Saints, p. 351.]

NORD, NORT, ou NORTH; mot que les Septentrionaux employent pour signifier la partie du Ciel & celle du Globe de la Terre qui est opposée au Midi & qui se trouve entre l'Equateur ou la Ligne équinoctiale & le Pole où les Anciens remarquérent sept Etoiles qu'ils nommerent SEPTEM TRIONES, d'où est venu à cette partie le nom de Septentrion, & celui de Septentrional à tout ce qui est tourné de ce côté-là. C'est la même Constellation que les Astronomes appellent la *petite Ourse* & le peuple *le Chariot de St. Jaques*. Comme le Pole doit être un point fixe dans le Ciel & que cette Constellation tourne avec le Ciel autour du Pole, on peut conclure qu'elle n'est pas précisément au point du Pole. On choisit donc pour l'Etoile du Nord, la derniere de la queuë de la petite Ourse, parce qu'elle décrit le plus petit Cercle & est par conséquent la plus voisine du Pole qui doit être un point immobile au centre du Cercle qu'elle décrit. Ce centre est le véritable Nord. Le Nord moins proprement dit est cette Constellation que le Peuple appelle le Nord; & on appelle vent du Nord le vent qui vient de ce côté-là. Le Nord Juste & le Midi Juste sont diamétralement opposez & une Ligne que l'on tireroit de l'un à l'autre est la MERIDIENNE. Voyez MERIDIEN.

On appelle encore Nord tout ce qui est du côté du Nord, depuis l'Ouest jusqu'à l'Est, c'est-à-dire depuis l'Occident vrai jusqu'à l'Orient vrai. Mais les Navigateurs divisent ce demi-cercle en plusieurs parties; premièrement ils divisent ce demi-cercle en quatre, en plaçant le NORD-EST entre le Nord & l'Est; c'est-à-dire entré le vrai Septentrion & l'Orient vrai;
&

## NOR.

& le Nord-Ouest entre le Nord & l'Ouest, c'est-à-dire entre le même Septentrion & l'Occident vrai.

Ils subdivisent encore les espaces qui sont entre l'Ouest, le Nord-Ouest, le Nord, le Nord-Est & l'Est. Ils placent l'Ouest-Nord-Ouest, entre l'Ouest & le Nord-Ouest; & le Nord-Nord-Ouest entre le Nord-Ouest & le Nord. De même ils mettent le Nord-Nord-Est entre le Nord-Est & le Nord, & l'Est-Nord-Est entre l'Est & le Nord-Est.

Comme cette subdivision ne suffisoit pas, ils en ajoutent une autre. Entre l'Ouest & l'Ouest-Nord-Ouest ils disent Ouest-Quart-au-Nord-Ouest. Entre l'Ouest-Nord-Ouest & le Nord-Ouest ils disent Nord-Ouest-Quart-à-l'Ouest. Entre le Nord-Ouest & le Nord-Nord-Ouest, ils disent Nord-Ouest-Quart-au-Nord. Entre le Nord-Nord-Ouest & le Nord, ils disent Nord-Quart-au-Nord-Ouest. De même en avançant, vers l'Orient, entre le Nord & le Nord-Nord-Est ils disent Nord-Quart-au-Nord-Est. Entre le Nord-Nord-Est & le Nord-Est, ils disent Nord-Est-Quart-au-Nord. Entre le Nord-Est & l'Est-Nord-Est, ils disent Nord-Est-Quart-à-l'Est, & enfin entre l'Est-Nord-Est & l'Est, ou l'Orient vrai, ils disent Est-Quart-au-Nord-Est.

Quand les Voyageurs & le plus grand nombre des Géographes après eux disent qu'un lieu est au Nord de l'autre, ils parlent rarement avec assez de précision; ainsi il ne faut pas toujours l'entendre du vrai Nord; mais du Nord plus ou moins Oriental ou Occidental.

On appelle les TROIS COURONNES DU NORD, le DANEMARCK, la NORVEGE & la SUEDE.

Quelques-uns nomment les Puissances du Nord les Etats qui ont des ports & leurs forces autour de la Mer Baltique, & y comprennent la RUSSIE, la POLOGNE, & l'Electeur de Brandebourg en qualité de Roi de Prusse.

On appelle une partie de l'Océan la MER DU NORD par opposition à la Mer du Sud. Voyez MER.

Mr. Mary nomme RIVIERE DU NORD la Rivière qui tombe au fond du Golphe de Californie. Son vrai nom est RIO COLORADO, les Espagnols l'ont quelquefois nommée RIO DEL NORTE; mais ils semblent avoir présentement réservé ce nom à une grande Rivière du Nouveau Mexique dont voici la description. Elle a sa source dans les Montagnes chez les Taos. Elle court du Nord au Sud dans le Pays des Apaches où elle baigne dans son Cours un grand nombre de Bourgades. Vers le 30. d. de Latitude elle se détourne vers l'Orient & ensuite serpente vers le Sud-Est, recevant plusieurs Rivieres dans son lit. Ensuite elle sépare le Mexique de la Floride & va enfin se jetter dans le Golphe du Mexique, à l'Orient du nouveau Royaume de Léon & au Nord de la Province de Guasteca ou de Panuco.

On appelle NORDALBINGIE, dans les Ecrivains du moyen âge, le Pays situé au Nord de l'Elbe, savoir le Holstein & le Sleswig.

Le NORD-LAND & les NORDELLES,

## NOR. 153

sont les Provinces Septentrionales de la Suède.

On appelle CAP DU NORD, le Cap le plus Septentrional de l'Europe. Voyez CAP.

NORD ET SUD FOELE, c'est ainsi que le Brun [a] nomme des rochers ou Isles au Nord de la Laponie Danoise. Il dit que ces rochers sont lavez de la Mer de tous côtez, & qu'il y en avoit qui étoient couverts de neige. Il ajoute que ces rochers sont inconnus, & que les Géographes ne les marquent point dans leurs Cartes. Je crois que Mr. de l'Isle, [b] les a connus, & que ce sont ceux qu'il place au Nord des Isles de Tromsond & qu'il nomme Nord-foulen.

NORDBOURG, ou NORSBURG, c'est-à-dire Forteresse du Nord. On a donné ce nom à un Château situé dans la partie Septentrionale de l'Isle d'Alsen, dans la Mer Baltique, sur la Côte du Duché de Schleswig, & qui est la résidence des Ducs de Nordbourg. Ce Château est très-ancien: on prétend qu'il fut bâti par le Roi Suenon Gratenhede. Il est dans la partie de l'Isle la plus fertile. Il a donné le nom à une Branche de la Maison de Holstein.

NORDELLES, [d] partie de la Suède qu'on nomme communément les Provinces du Nord, en Latin *Nordlandia* ou *Provinciæ Boreales*. Elles renferment la Gestricie, l'Helsingie, la Medelpadie, l'Angermanie, la Botnie, la Laponie Suédoise, le Jempsland & le Harndall.

NORDEN. Voyez NOORDEN.

NORDHAUSEN, [e] Ville Impériale d'Allemagne dans les confins de la Thuringe, près de la Rivière appellée Hartz, qui sépare cette Province de la Saxe Electorale sous la protection de laquelle elle est, quoiqu'elle appartienne proprement au Cercle de la Basse-Saxe. Elle a reçu son nom de sa situation à l'égard de la Thuringe, au Nord de laquelle elle se trouve placée. Cette Ville est soumise à la Confession d'Augsbourg, & faisoit autrefois une des Villes Hanséatiques. On prétend que l'Empereur Théodose II. en jetta les fondemens, ou du moins qu'il lui accorda la plûpart de ses Privilèges. Cependant *Dresserus* veut que Merovée Roi de France en a été le fondateur. Ce qui est de certain, c'est qu'on lit sur une de ses Portes l'Inscription suivante tracée en Lettres d'or: *Adm Domini 410. Theodosius II. Nobiliss. Hispanus Roman. Imp. anno Imperii sui quarto hanc Urbem fundavit, libertatibus armisque Imperialibus dotavit.* Il ne seroit question que de prouver que cette Inscription y a été mise du tems de Théodose II. C'est ce dont on pourroit difficilement venir à bout. Cette Ville a son Conseil souverain, qui décide toutes les affaires publiques & particulières. Néanmoins la Charge du Bailli qui répond à celle de Grand Prévôt en France, est à la disposition de l'Electeur de Saxe comme Landgrave de Thuringe. Le bon air dont on jouit à Nordhausen, la fertilité du Terroir qui est à l'entour, & les autres agrémens que sa situation offre, y ont fait tenir plusieurs Diètes de l'Empire, & célébrer quelques Tournois, entr'autres celui que Henri surnommé l'Illustre, Landgrave de Thuringe & Marquis de Misnie, fit durer pendant huit jours consécutifs en 1225. Si nous en croyons *Reusnerus* dans sa Descrip-

[a] Voyages, p. 434.

[b] Carte des Couronnes du Nord.

[c] St Rutger Hermanid. Descr. Danix, p. 697.

[d] *Andifret*, Geog. ano. & mod. t. 1. p. 305.

[e] *Zeiler*, Top. Sax. Sup. p. 148.

tion des Villes Impériales, celle-ci a eu beaucoup à souffrir sous Hermand Landgrave de Thuringe, & sous les Empereurs Othon IV. & Adolphe. Elle a eu aussi beaucoup à démêler avec les Comtes de Hohnstein, & quelques autres qui étoient liguez avec ces premiers. L'an 1612. un incendie, qui prit de nuit la consuma presque entièrement. A peine étoit-elle relevée de ce malheur qu'elle se vit exposée à ceux des guerres qui agitérent l'Allemagne dans le siècle passé avant la Paix de Westphalie. Elle tint d'abord le parti des Impériaux, & leur rendit de bons services; mais lorsque les Suédois en approchérent avec une Armée considérable, elle reçut garnison du Duc George de Lunebourg. Comme elle ne l'avoit reçue que parce qu'elle ne voyoit pas lieu de faire autrement, elle ouvrit ses portes aux Impériaux lorsqu'ils furent en état de lui envoyer des troupes suffisantes pour lui servir de défense. Cette démarche ayant piqué les Suédois, ils vinrent l'attaquer sous la conduite du Général Königsmarck, l'emportérent d'assaut & firent prisonniers les Chefs de la Garnison Impériale.

*a Baillet, Topogr. des Saints, p. 351.*

Sainte Mathilde [a] avec le Roi Henri l'Oiseleur son Mari, bâtit en Thuringe vers l'an 934. deux grands Monastéres, l'un à Palid ou Poled pour trois mille Ecclesiastiques Religieux, l'autre à Nordhausen, pour trois mille Religieuses. Elle se retira elle-même dans ce dernier, pour y achever sa course.

*b Rutger. Hermanid. Descr. Daniæ, p. 697.*

NORDERHERDE, [b] c'est le nom que l'on a donné à la partie Septentrionale de l'Isle d'Alsen, dans la Mer Baltique, sur la Côte du Duché de Schleswig. Le Château de Nordbourg, qui est la Résidence des Ducs de ce nom est situé dans cette Contrée; elle renferme outre cela quatre Eglises, qui ont chacune leur Territoire, savoir:

Eeckenkirche, Oxbyllkirche,
Schwenstrupkirche, Tundtoffskirche.

NORDLINGEN, ou NÖRLIN, Ville d'Allemagne dans la Suabe. On rapporte la premiére origine de cette Ville, à un Campement que Tibére Néron conduisant une Armée entre les Vindelices forma en ces quartiers, & d'où on prétend que le nom de Nerolingen lui est resté. Quoiqu'il en soit, il est certain qu'elle n'a pas d'abord été dans la Plaine où elle est à présent, mais sur les Hauteurs voisines, où les Protestans campérent en 1546. Après un incendie qui ne laissa qu'un fort petit nombre de maisons entiéres, on jugea à propos de la rebâtir dans le lieu qu'elle occupe à cause de la commodité de l'eau. L'Empereur Fréderic II. lui donna alors de nouveaux Priviléges, les Instrumens authentiques des anciens ayant été brûlez. L'Empereur Louïs IV. l'agrandit encore considérablement en 1327. & l'environna de murailles, de Tours & d'autres ouvrages qui pouvoient servir de défenses en ce tems-là. Sa figure est ronde, elle a 5. Portes & des fossez qui sont pleins d'eau en quelques endroits & secs en d'autres. Ses Rues sont fort larges & ont des maisons assez bien bâties; néanmoins la plûpart sont de bois. Entre ses Edifices Publics, l'Eglise & Paroisse de St. George est remarquable, elle est soutenue sur 22. Colomnes; & a un Clocher qui passe pour le plus haut, de toute l'Allemagne, il est construit de pierres de taille presque jusqu'à sa pointe. L'Eglise qui avoit appartenu aux Carmes avant la Réformation qui fut introduite en 1524. dans ce lieu, est un assez beau Vaisseau, c'est là que se récitent les Oraisons funèbres. Les Bâtimens de l'Ecole Latine, & de l'Hôpital du St. Esprit sont propres & commodes. Ce dernier est fort ample, & la fondation y est riche. Enfin la Maison de Ville, l'Arsenal & la Maison des Marchands font encore honneur à ce lieu. On fait à Nördlingen un trafic considérable, principalement de Toiles & de Peaux aprêtées. Elle étoit même autrefois, selon que le rapporte l'ancienne Chronique d'Augsbourg, la Ville la plus Marchande de toute l'Allemagne. On y tient encore tous les ans après Paques une Foire, qui, pour n'être pas aussi célébre que celle de Francfort ou de Leipsic, ne laisse pas d'être considérable. Il y vient des Marchands d'assez loin qui y apportent toutes sortes de Marchandises, & remportent les Fabriques du Pays. Au reste la plus grande partie de la Bourgeoisie professe la Religion Luthérienne. La Ville qui avoit d'abord été Impériale, devint ensuite un Domaine de l'Evêque d'Eichstatt le 13e. Evêque de celle-ci, la céda pour un Equivalent à celui de Ratisbonne; mais Nördlingen après avoir été quelque tems sous cette nouvelle domination, crut avoir lieu de s'en plaindre; elle se souleva, & redevint comme autrefois Ville Impériale. Son Contingent pour chaque Mois Romain qui se paye pour les nécessitez de l'Empire est de deux cens soixante florins du Rhin. Elle est gouvernée par 15. Conseillers, 12. Juges & trois Bourguemaitres. Au reste elle a eu beaucoup à souffrir en différentes occasions. Dès le tems de l'Empereur Sigismond, les Comtes d'Oetingen sur le terrain desquels elle est bâtie ont fait plusieurs tentatives pour la soumettre à leur Domination. Pendant la guerre que fit éclore la Ligue de Smalcalde, elle fut exposée à bien des dangers, & un grand nombre de ses Habitans y périt par le fer ou par la famine. L'an 1634. elle fut assiégée par Ferdinand III. Roi de Hongrie & de Bohême, depuis Empereur, & comme les Suédois de l'Alliance desquels elle étoit, furent mis peu de semaines après que le Siège eut été commencé, hors d'état de la secourir; elle fut dans la nécessité de se rendre à discrétion. Néanmoins Ferdinand en usa généreusement avec elle en lui accordant son pardon, & la laissant jouïr comme auparavant du libre exercice de sa Religion, & de ses autres Priviléges.

*c Zeiller Top. Duc. Brunsw.*

NORDSTEIMKE, [c] Château ou Maison Seigneuriale d'Allemagne dans le Duché de Brunswich-Wolffenbuttel, située à une demie lieue de Dröinling. Il n'y avoit autrefois en ce lieu que quelques maisons de Paysans, mais les Seigneurs de Marenholtz l'ayant acquise firent bâtir la Maison qu'on y voit.

*d Rutgeri Hermanid. Descr. Daniæ, p. 900.*

NORDSTRAND, ou NOORSTRAND, [d] Isle du Royaume de Dannemarck, dans le Duché de Schleswig, sur la Côte Occidentale, vis-à-vis les Préfectures de Flensbourg & de Husum. On assure qu'anciennement elle

NOR.   NOR.   155

elle faisoit partie du Continent, & que ce sont les tempêtes & les inondations, qui l'en ont détachée. Quand elle fut réduite en Isle elle avoit trois milles d'Allemagne de longueur, & sa largeur étoit inégale : dans des endroits elle alloit à un mille, & dans d'autres elle étoit moindre. Elle renfermoit vingt & une ou vingt-deux Paroisses, peuplées d'environ huit mille Habitans, & divisées en cinq Territoires, savoir ;

Pilwormharde,         Beltringharde,
Edomsharde,           Lindtbollharde.
         Widrichsharde.

Le nombre de ces Territoires fut ensuite réduit à trois, savoir ;

Pilwormharde,         Edomsharde,
         Beltringharde.

Le terroir de cette Isle est très-fertile. Il produisoit du froment en abondance, avant les inondations, dont je parlerai plus bas. Il y avoit de gras paturages où l'on élevoit du bétail qui étoit estimé pour sa bonté, & tous les jours on portoit à Husum & ailleurs, une quantité incroyable de Moutons, de Poules, d'Oyes, de Canards & de Beurre.

Les anciens Habitans étoient originaires de la Frise Septentrionale ; mais leurs descendans avoient dégénéré de la simplicité des mœurs de leurs Ancêtres, si le reproche que leur *a* fait Matthias Bocchius, leur Ministre & leur Compatriote est bien fondé. Dans la derniere division du Duché de Schleswig, entre Frideric Roi de Dannemarck & Adolphe Duc de Schleswig & de Holstein, l'Isle de Nordstrand fut adjugée au Duc, & elle est toujours demeurée depuis dans la Ligne des Ducs de Gottorp.

*a in Cataclysmo Nordtrandiensi, an. 1615.*

Cette Isle a été affligée en différens tems par de funestes inondations, qui l'ont peu à peu diminuée, & l'ont enfin submergée, à quelques endroits près, dans le dernier siècle. Dans l'année 1300. la petite Ville de Rungholt, plusieurs Eglises & divers Villages, furent emportés par les eaux, qui firent outre cela périr beaucoup de monde & beaucoup de bétail. En 1532. le lendemain de la Toussaints, il s'éleva une furieuse tempête, qui inonda presque toute l'Isle ; seize cens personnes, ou dix-neuf cens, selon d'autres, y furent noyées. L'année suivante une nouvelle tempête causa beaucoup de dommage aux digues. Depuis 1612. jusqu'en 1618. il y eut tous les ans des inondations, qui causerent de grandes pertes & engagerent dans de gros frais : celle de 1615. entre autres, fit périr jusqu'à trois cens personnes. On respira les années suivantes & l'on eut le tems de réparer les digues. Mais les soins qu'on s'étoit donnez & les précautions qu'on avoit prises ne purent rien contre la tempête du 11. Octobre 1634. A dix heures du soir toute l'Isle se trouva couverte d'eau. Plus de six mille personnes furent submergées. De tous les habitans il s'en sauva à peine quinze cens. Les Eglises qui étoient sur des lieux élevez résisterent à la vérité, mais elles tomberent dans la suite. Cette tempête renversa vingt-huit moulins à vent : on comptoit que la perte du Bétail se montoit à cinquante mille pieces, tant bœufs, chevaux, vaches & veaux que brebis & cochons. Les digues furent rompues en quarante-quatre endroits. Toute l'Isle demeura ainsi submergée, à l'exception d'un endroit, qui étoit plus élevé que le reste. Depuis les Habitans ont travaillé avec le secours de quelques Hollandois à regagner quelque partie du Terrein qu'ils avoient perdu.

NORE. Voyez NORA, N°. 2.

NORE, *b* Ruisseau de France en Champagne : il se rend dans la Velle à Fismes.

*b Coulan, Rivier. de France, p. 167.*

NORENA. Voyez BEDUNIA.

NORDUMBRI, *c* Peuples de l'Isle d'Angleterre, selon Bede : il dit qu'ils étoient partagez en deux Provinces ; savoir les *Deiri* & les *Bernici.*

*c Ortelii Thesaur.*

NORENSES, Peuples de Sardaigne, selon Pline. Voyez NORA, N°. 1.

NORFOLCK, Province maritime d'Angleterre, *d* dans le Diocese de Norwich. Elle est bornée au Nord & à l'Est par l'Océan Germanique. On lui donne environ quarante milles de tour, & elle contient environ un million cent quarante-huit mille arpens, & quarante-sept mille cent quatre-vingt maisons. Son terroir varie fort. En certains endroits il est gras ; en d'autres sablonneux, & en d'autres pesant. Vers la Mer c'est un Pays plat, qui abonde en bled. Ailleurs on trouve des bois & des bruyeres : les bois nourrissent beaucoup de bétail, & les bruyeres nourrissent une infinité de brebis & de lapins. Ses principales Rivieres sont l'Ouse, le Waveney, la Yare & le Thyrn. Ses Marchandises consistent en bled, laine, miel & le saffran, dont le meilleur croît auprès de Walsingham. Il y a quelques Manufactures, comme étoffes & bas d'estame. Les Côtes abondent en Harangs, & l'on y trouve quelquefois du jayet & de l'ambre sur le rivage.

*d Etat présent de la Gr. Br. t. 1. p. 89.*

Les Habitans de cette Province ont la réputation d'aimer fort la chicane : delà vient qu'elle fourmille de Procureurs. On en compte jusqu'à quinze cens qui taillent plus de besogne aux Juges dans les Assises, que ne font trois autres Provinces.

Les Villes & Bourgs, où l'on tient marché sont,

* NORWICH, la Capitale.

* Lyn,              Fakenham,
* Yarmouth,         Foulsham,
* Thetford,         Hingham,
* Castle-rising,    Caston,
Attleborough,       Clay,
Alesham,            Cromer,
Buckenham,          Diss,
Burnham,            Harlston,
Dereham,            Herling,
Downham,            Hickling,
Walsingham,         Holt,
Walsham,            Methwould,
Windham,            Lodden,
Repeham,            Wotton,
Snasham,            Worsted.
Swafham,

NORINE. Voyez ORINE.

NORIQUE, en Latin *Noricum* : *e* Grande Contrée située entre le Danube & les Alpes,

*e Spener, Not. Germ. antiq. l. 6. c. 2.*

pes, que le Danube séparoit de l'ancienne Germanie & qui s'y trouva depuis entiérement enclavée. Ses bornes étoient originairement le Danube, du côté du Nord, le Mont Cetius à l'Orient ; les Alpes Noriques au Midi & l'Inn à l'Occident. Ces bornes sont conformes à celles que marque Ptolomée [a]. Il ne paroît pas qu'il ait été fait aucune division du Norique, avant l'Empire de Constantin. Jusque là il avoit été compris sous une seule contrée, qui fut premierement le Royaume Norique & ensuite le Pays ou la Province Norique. La Notice de l'Empire & Sextus Rufus [b] nous apprennent que ce Pays fut partagé en deux principales Provinces, l'une nommée *Noricum Ripense*, parce qu'elle étoit située le long du Danube ; l'autre *Noricum Mediterraneum*, parce qu'elle se trouvoit dans les terres. Les bornes de ces deux Provinces sont pourtant incertaines : il n'y a aucun Ecrivain ancien qui nous les ait données. On sait que le Drave partageoit la seconde de ces Provinces en deux portions, & l'on conjecture seulement, que le *Murus* (Muer) étoit la borne des deux Provinces. Lorsque le Norique eut secoué le joug des Romains, ses limites furent tantôt plus étenduës, tantôt plus resserrées. Les Boïariens s'emparerent d'une partie du Norique. Ce ne fut qu'assez tard que ce Pays recouvra ses premieres bornes, qui furent ensuite étenduës jusque dans la Pannonie, & qu'il se trouva comprendre une grande partie de l'Autriche, l'Archevêché de Saltzbourg, avec la Stirie & la Carinthie.

L'ancien Norique renfermoit plusieurs Villes, dont la plûpart subsistent encore aujourd'hui & conservent leur ancien nom ; savoir,

| | |
|---|---|
| *Boiodurum*, | Innstadt, |
| *Lentia*, | Lintz, |
| *Laureacum*, | Lorch, |
| *Arlapis* ou *Arlape*, | |
| *Pirum*, *torsum*, | Pinendorff, |
| *Æni pons*, | |
| *Jovanum* ou *Juvavia*, | Saltzbourg, |
| *Viscelli*, | Weltz, |
| *Graviacis*, | Gurck, |
| *Solva Flavia*, | Solfeld, |
| *Celeia*, | Cilley. |

J'ai dit que le Norique fut premierement un Royaume. En effet nous voyons dans les anciens Historiens [c] que ce Pays avoit ses Rois particuliers. César nous a même conservé le nom d'un de ces Rois qu'il appelle Vocion. Nous trouvons aussi que les Habitans du Norique, étoient originaires de l'Illyrie. Mais on doit regarder comme des fables, tout ce qu'on dit de Noricus, fils d'Hercule, ou d'un autre Noricus, que l'on fait descendre du Roi Alemannus. On ne doit pas plus compter sur l'opinion de ceux qui veulent que le Norique tirât son nom de celui de l'ancienne Ville *Noreia* ; car il seroit encore plus naturel de dire que c'étoit le pays qui avoit donné son nom à la Ville. Ce qu'on peut regarder comme constant, c'est que le Norique fut subjugué par les Romains, sous l'Empire d'Auguste, qu'il fut réduit en Province Romaine ; que les Germains en tenterent souvent la conquête sans succès, & que les Quades, les Marcomans & les autres Sueves ne réussirent pas mieux dans une pareille entreprise. Les Goths vinrent à bout de ce que ces Peuples ne purent exécuter. Ils s'emparerent du Norique : Alaric parut même quelque tems vouloir y fixer sa demeure ; mais à la fin il aima mieux porter ses armes dans les Gaules & dans l'Espagne.

Après le départ des Goths, le Norique fut exposé aux Incursions de divers Peuples. Les Sueves, les Rugiens, les Herules, &c. y partagerent successivement les dépouilles des Romains. Odoacre Roi des Herules ayant chassé les Rugiens, régna quelque tems dans le Norique ; mais vaincu à son tour par Théodoric Roi des Ostrogoths, il fut contraint de lui céder une partie du Norique, dont il fut dédommagé par une portion de l'Italie & de la Rhétie. On croit que ce fut lui qui appella dans le Norique les Boïariens, qui avoient déja pénétré dans la Vindelicie.

Saint Severin fut l'Apôtre de ce Pays au cinquième siècle [d]. Les lieux où il fit plus de séjour sont *Asturæ* ou *Astaris*, où est aujourd'hui Stockeraw ; *Comagenes* où est aujourd'hui Langenleber ; & *Favianes*, que quelques-uns prennent sans fondement pour la Ville de Vienne en Autriche.

NORITÆ. Voyez ORITÆ.

NORKOPING, ou NORKOEPING ; en Latin, *Norcopia* [e], Ville de Suede, dans l'Ostrogothie, entre Sudercoeping & Nycoeping, sur le bord d'un grand Etang [f], qui a sa décharge assez près de cette Ville, & dont les eaux vont se rendre dans le Golphe Bräwiken. Comme l'eau de l'Etang sur lequel cette Ville est bâtie se trouve douce, les saumons montent jusque là ; ce qui produit une pêche avantageuse aux Habitans. Cette Ville est grande & assez peuplée ; on lui a donné le nom de Norkoping, qui veut dire Marché du Nord, parce qu'elle est située dans la partie Septentrionale de l'Ostrogothie.

NORLTINGUE. Voyez NORDLINGUE.

NORMANDIE, [g] grande Province de France, avec titre de Duché, & l'un de ses plus importans Gouvernemens générauх, par sa situation sur la Mer Océane, dans le voisinage de l'Angleterre qu'elle a au Septentrion, & dont elle n'est séparée que par le Canal de la Manche. Elle a à l'Orient la Picardie & l'Isle de France ; au Midi la Beausse, le Perche & le Maine, & au Couchant la Bretagne. Son étendue de l'Orient à l'Occident passe soixante lieues, depuis Aumale sur la Bresle & Gisors sur l'Epte, jusqu'à Grandville & jusqu'au Mont St. Michel situez sur l'Océan vers la Côte de Bretagne. Sa largeur du Midi au Septentrion est de trente lieues, depuis Verneuil sur l'Aure, & les environs de Dreux, jusqu'à la Ville d'Eu & Tréport, situez au pied de la Côte de Picardie, & sa largeur est aussi étendue depuis Pontorson sur le Coesnon, jusqu'au Cap de la Hogue & jusqu'à la pointe de Barfleur, au dessous de Cherbourg. Le circuit de la Normandie est d'environ deux cens quarante lieues, dont la plus grande partie est en côtes de Mer ; mais particulierement le Cotentin qui avance dans la Mer en maniere de Peninsule.

Ce Pays [h] du tems des Empereurs Romains faisoit

faisoit partie de la Gaule Celtique ou Lyonnoise. Ensuite après que les François eurent conquis les Gaules, ce même Pays fit partie du Royaume de Neustrie sous les Rois Merovingiens. Sous les Carlovingiens, après le partage fait entre les enfans de Louïs le Débonnaire, cette Province demeura à Charles le Chauve Roi de la France Occidentale. Ce Prince en donna le Commandement, & de tous les Pays voisins situez entre la Seine & la Loire, à Robert le Fort, Tige de la Maison des Capets & ce Gouvernement fut nommé le Duché de France: mais la Neustrie maritime ayant été désolée par les fréquentes Courses des Normands ou Danois, le Roi Charles le Simple, petit-fils de Charles le Chauve (du consentement des principaux Seigneurs François) céda ce Pays en pleine propriété à Rollo Chef de ces Barbares, qui se fit baptiser, & se rendit Vassal des Rois de France. Charles lui donna en mariage sa fille Giséle, & en cette considération il lui céda la partie du Vexin, qui est entre les Riviéres d'Andelle & d'Ette. Les Successeurs de ce Duc Rollo furent très-puissans, non seulement au deçà de la Mer, mais au delà; car Guillaume Duc de Normandie, fils naturel du Duc Robert, descendit en Angleterre l'an 1066. y vainquit & tua Harald, qui s'étoit fait Roi après la mort de Saint Edouard, & s'étant rendu maître de tout le Royaume, il en fut couronné Roi le jour de Noël de la même année. Henri I. Roi d'Angleterre & Duc de Normandie, fils de Guillaume, n'ayant eu qu'une fille légitime, Mathilde mariée à Géofroi Plantagenest Comte d'Anjou, la Normandie premierement, & ensuite l'Angleterre vinrent au pouvoir de Henri fils de Géofroi. Ce Roi Henri II. eut plusieurs fils, & le plus jeune nommé Jean après la mort de ses Fréres, s'empara de tous les Etats du Roi Richard I. son frére & de sa mére Eleonor de Guienne. Géofroi Duc de Bretagne frére aîné du Roi Jean, avoit laissé un fils nommé Artus, que Jean fit mourir étant en Normandie, & pour cela il fut mis au ban du Royaume l'an 1202. par Philippe Auguste, du consentement des Pairs; ce qui fit perdre à Jean sans terre la plus grande partie des Etats qu'il avoit au deçà de la Mer, & la Normandie fut conquise & réunie à la Couronne l'année suivante 1203. Henri III. fils de Jean, par le Traité de Paix qu'il conclut avec St. Louïs, lui céda & à ses Successeurs toutes ses prétentions sur la Normandie, & depuis ce tems là quelques-uns des Rois de France, jusqu'à la fin du quatorzième siécle, donnérent à leurs fils aînez le titre de Duc de Normandie, jusqu'à ce que celui de Dauphin ait prévalu.

Comme cette Province est une des plus grandes & des plus fertiles du Royaume, elle est aussi celle qui donne le plus au Roi. La Terre y produit en abondance toute sorte de Grains, du Lin, du Chanvre, & des herbes propres pour la teinture, telles que la Garance, le Pastel & la Guesde. Il n'y a de Vignobles que dans quelques Cantons des Dioceses de Rouën & d'Evreux, & le vin en est même d'une petite qualité: mais en récompense il y a dans cette Province une prodigieuse quantité de Pommiers & de Poiriers, du fruit desquels on fait le Cidre & le Poiré, qui est la boisson ordinaire des Habitans du Pays. On y voit aussi de vastes Prairies & des pâturages très-gras qui servent à l'engrais de quantité de Bestiaux. On vante le Bœuf du Pays d'Auge; le Veau & les Confitures de Rouën; les Moutons & les Lapins de Cabour; les Poules de Caux & du Bessin, & les Perdrix rouges du Bec. La Mer y est très-poissonneuse, & le poisson en est excellent. Il se fait beaucoup de Sel blanc dans l'Avranchin, dans le Cotentin & dans le Bessin dont on sale les Beurres du Pays. On dit que parmi les Cailloux appellez *Galets* que la Mer roule sur la Côte de Normandie, il y en a dans lesquels on trouve de fort beaux Cristaux de différentes couleurs qui ne le céderoient pas à beaucoup d'autres qu'on estime, si on savoit les tailler & les polir comme les Diamans.

Cette Province a des Mines de fer à Conches, à St. Evroul, à Carouges, à Baleroi, &c, où l'on fait des Canons, des Bombes, des Boulets, des Pots, des Marmites, & toutes sortes d'ouvrages de Ferrure, & de Clouterie. Elle a aussi quelques Mines de Cuivre dans la Forêt de Briquebec, en Cotentin, à Carolles auprès d'Avranches & ailleurs. Ces Mines sont cause qu'il y a un grand nombre de Fontaines Minérales en Normandie. L'eau de la Fontaine de Belesme est froide & insipide, & participe d'un sel semblable au sel commun; celle de St. Paul de Rouën est froide, limpide, & a une légére apreté qui rend la langue un peu séche. Les eaux de celles d'Hebecrevon près de St. Lo, de Menitouë, de Bourberouge, & de Pont-Normand dans l'Election de Mortain, de Monbosq dans l'Election de Bayeux, & celles de Forges sont froides & de saveur ferrugineuse ou austère.

Les Riviéres qui arrosent cette Province sont;

| | |
|---|---|
| La Seine, | La Dive, |
| L'Eure, | La Touque, |
| L'Aure, | La Carentone, |
| L'Iton, | L'Ante, |
| L'Andelle, | L'Orne, |
| La Rille, | L'Aure, |
| & la Drome. | |

On trouve dans cette Province plusieurs petits Ports dont les plus considérables sont, Dieppe, le Havre, Honfleur, Cherbourg, & Granville; à ceux-là quelques-uns ajoûtent *la Hogue St. Waast* dans le Cotentin: mais ce n'est pas un Port; ce n'est qu'une rade défendue de quelques Isles.

La Normandie comprend sous la Métropole de Rouën six Evêchez, qui sont;

| | |
|---|---|
| Bayeux, | Séez, |
| Avranches, | Lisieux, |
| Evreux, | Coutance. |

L'on compte dans ces sept Diocèses quatre-vingt Abbayes, & 4289. Paroisses. L'Archevêque de Rouën prend la qualité de Primat de Normandie, quoiqu'il n'ait aucun Archevêque pour suffragant: mais ce titre ne lui donne d'autre Prérogative, que de n'avoir point de Supérieur en France, & de dépendre immédiatement du St. Siège: encore cette immunité lui a-t-elle été contestée par l'Archevêque

chevêque de Lyon, jufqu'en 1702. C'eſt un Droit de l'Egliſe Cathédrale de Rouën que les Evêques fuffragans de la Province font obligez de lui prêter ferment d'obéiſſance comme auſſi à l'Archevêque. Ils prêtent le ferment entre les mains de ce Prélat, ou en fon abſence entre celles du Célébrant, lorfqu'il eſt monté à l'Autel, avant que de dire l'Introïte. Juſqu'à ce qu'ils s'acquittent de ce devoir, ils ne font point reconnus pour Evêques fuffragans dans l'Egliſe Métropolitaine, ne font point admis aux Affemblées Provinciales, & ne peuvent point être Deputez de la Province pour les Affemblées Générales du Clergé de France.

Les principales ou plus riches Abbayes de la Province font:

St. Ouën de Rouën, de l'Ordre des Bénédictins Réformez,
Fécamp,
Jumiége,
Le Bec,
St. Vandrille,
St. George de Bocherville,
St. Amand de Rouën,
La Valace,
Mortemer,
Foucarmont,
St. Etienne de Caën,
Cerify,
La Trinité de Caën,
Mondée, ou *Mons Dei*,
Mont St. Michel,
Savigni,
Lyre,
St. Martin de Seez,
La Trappe,
St. Evroul,
Bernai,
Leffai.

Pour donner une idée du Gouvernement Civil de la Normandie, il faut remonter juſqu'à l'Erection de cette Province en Duché Souverain en faveur de Raoul Chef des Danois ou Normans. Ce Prince ne fut pas plutôt établi par Charles le Simple, paifible poſſeſſeur de la Neuſtrie qu'il inſtitua des Loix conformes au Génie des deux Peuples qu'il réunifoit fous fa Domination, & forma des Tribunaux pour y rendre la Juſtice. Ces Loix étoient compofées de quelques Coûtumes de Danemarck, & de quelques Ufages des François. Raoul les fit obferver avec tant de rigueur & de févérité, que fon nom y eſt encore terrible, & fert de fondement à la *Clameur de Haro*, parce que celui qui fe prétendoit injuſtement traité, en s'écriant *Ha Rol*, (ainſi que fe prononçoit alors le nom de ce premier Duc,) arrêtoit celui qui le pourfuivoit. Cet ufage s'eſt obfervé juſqu'à préſent, ce qui fait qu'on employe dans les Edits & les Déclarations du Roi une Claufe dérogatoire à *la Clameur de Haro*. Lorfque Guillaume le Conquérant fut établi en Angleterre, les Normands empruntérent quelques Ufages des Anglois de leur côté avoient reçu les Loix Normandes avec leur Souverain. Tel eſt le *Droit de Garde-noble* & le Droit de Viduité qu'ils appellent la Courtoifie d'Angleterre. C'eſt de tous ces Ufages qu'eſt formée la Coûtume de Normandie qui fut réformée en 1583. Cette Coûtume eſt favorable aux Maris, aux Femmes veuves, aux Aînez de Famille; mais elle laiſſe peu de liberté de diſpoſer de fon bien. Comme Louïs Hutin accorda une Charte aux Normands pour la manutention de leur Coûtume, & pour l'établiſſement de quelques Priviléges en faveur de la Nation, & que cette Charte fut augmentée par Philippe de Valois, on a été obligé dans la fuite d'employer dans les Edits & Déclarations du Roi la Claufe dérogatoire à la Charte Normande.

Le Tribunal Supérieur que Raoul Duc de Normandie avoit établi pour juger les Appellations des Juges inférieurs, fe nommoit l'Echiquier. Il étoit compofé de Juges Eccléſiaſtiques & Laïques. Raoul avoit auſſi établi en même tems un grand Sénéchal pour redreſſer les Sentences des Vicomtes, & des Baillis, pour vifiter la Province, & pour juger toutes les Caufes provifoires en attendant la Séance de l'Echiquier qui fe tenoit en tel tems, & en tel lieu qu'il plaifoit au Prince. L'Echiquier, à proprement parler, étoit l'Affemblée de tous les Notables de la Province, ou un Parlement Ambulatoire qui fe tenoit deux fois l'an, tantôt à Rouën, puis à Caën, & quelquefois à Falaife, & qui duroit trois mois ou environ chaque fois. Aux Echiquiers que les Ducs de Normandie Succeſſeurs de Raoul ont fait tenir, les Eccléſiaſtiques & les Nobles avoient ainſi voix délibérative: mais les Rois de France ayant réuni la Normandie à la Couronne députoient tels Juges qu'il leur plaifoit pour tenir le Parlement ou l'Echiquier, & ces Juges feuls décidoient, comme le voit par celui qui fut tenu en 1426. où les Evêques & les autres Eccléfiaſtiques, les Comtes & les Nobles, eurent feulement Séance & non pas voix délibérative. Ils y étoient uniquement appellez pour la décoration, & pour y donner l'ornement, ainſi que porté le titre.

Louïs XII. qui avoit été Gouverneur de Rouën, changea en 1499. la forme de l'Echiquier à la priére des Etats de la Province. & principalement à celle du Cardinal d'Amboife. Il établit donc à Rouën un Corps de Juſtice Souveraine & perpétuelle, compofé de quatre Préfidens, & de vingt-huit Confeillers dont il y en avoit treize Eccléfiaſtiques. Ses Succeſſeurs augmentérent dans la fuite le nombre des Officiers, & depuis quelques années on y a établi une feconde Chambre des Enquêtes. La Jurifdiction de ce Parlement s'étend fur toute la Normandie, qui eſt divifée en 7. Bailliages; & autant de Sièges Préſidiaux.

Les Bailliages font;

Rouën,         Alençon,
Caux,           Caën,
Evreux,        Coutance,
& Gifors.

Chaque Bailliage eſt compofé de plufieurs Vicomtez, & chaque Vicomté de plufieurs Sergenteries.

Les fept Siéges Préfidiaux ont été établis par Edit du Roi Henri II. donné à Rheims en 1551. & font dans les Villes fuivantes:

Rouën,         Evreux,

Cau-

Caudebec, Alençon,
Caën, Andely,
& Coutances.

Ce dernier avoit d'abord été mis à St. Lo. Dès l'an 1380. une Chambre des Comptes fut créée à Rouën. Elle fut supprimée en 1553. par Henri II. & rétablie en 1580. par Henri III. Elle est composée de quatre Présidens, de 29. Maîtres des Comptes, de 8. Correcteurs, & de trente Auditeurs servans par semestre.

La Cour des Aides de Normandie fut établie à Rouën par l'Edit de l'an 1483. Il y en eut une seconde érigée à Caën en 1638. mais celle-ci fut unie à celle de Rouën par un Edit donné à St. Germain en Laye en 1641. La Cour des Aides de Rouën fut unie à son tour à la Chambre des Comptes de la même Ville en 1705.

Il n'y eut d'abord que deux Généralitez en Normandie, celle de Rouën & celle de Caën, & par conséquent que deux Bureaux des Finances; mais en 1636. le Roi créa celle d'Alençon qui est un démembrement des deux autres.

Le Bureau des Finances de Rouën fut établi en 1551. Il est composé de 26. Officiers, y compris les Gens du Roi & le Greffier. Cette Généralité comprend quatorze Elections qui sont,

Rouën, Caudebec,
Pont de l'Arche, Montivilliers,
Andely, Arques,
Evreux, Eu,
Magny, Neuf-Châtel,
Gisors, Pont-Audemer,
Lions, Et Pont-l'Evêque.

Le Bureau des Finances de Caën est aussi de l'an 1551. & composé d'un pareil nombre d'Officiers que le précédent. Mais cette Généralité ne renferme que sept Elections, qui sont

Caën, Coutances,
Bayeux, Avranches,
Carentan, Mortain,
Valogne Vire,
Et St. Lo.

Le Bureau des Finances d'Alençon n'est composé que de 21. Officiers, & comprend neuf Elections qui sont:

Bernai, Alençon,
Lisieux, Domfront,
Conches, Falaise,
Verneuil, Argentan,
Et Mortagne dans le Perche.

Outre ces Jurisdictions, il y a à Rouën une Table de Marbre, une Jurisdiction appellée *la Vicomté de l'Eau*, qui est très-ancienne & dont le Juge connoît de tout ce qui arrive sur la Rivière depuis Vernon jusqu'à la Mer, & de tous les Poids & Mesures de Rouën; il y a aussi dans la même Ville un Siège d'Amirauté, & un Consulat.

Comme la Normandie est une des grandes Provinces du Royaume, il y a trois Grands Maîtres des Eaux & Forêts. L'un a le Département de Rouën, le second celui de Caën, & le troisième celui d'Alençon.

Le Commerce de la Ville & Généralité de Rouën est très-considérable. Il consiste en Laines, Draperies, Toiles, Cuirs, Chapeaux, Peignes, Cartes, Papier, & une infinité d'autres Marchandises. En particulier le Commerce des Draperies & autres Etoffes, est fort avantageux pour toute la Province, d'autant que plusieurs milliers d'Ouvriers y sont employez, & y trouvent une honnête subsistance. Toutes ces Etoffes se vendent & se consomment en France, ou sont utiles au Royaume en empêchant l'argent d'en sortir pour l'achat des Draperies étrangères. Le Commerce des Toiles qui se fabriquent dans cette Généralité, & qui sortent pour la plus grande partie du Royaume est plus profitable encore que celui de la Draperie, en ce qu'il attire l'argent dans le Royaume. Ces Toiles sont envoyées en Espagne, & passent pour la plûpart aux Indes Occidentales, où elles sont en grande réputation sous le nom de Toiles de Rouën; les retours s'en font en or & en argent. L'on compte qu'en tems de Paix, il s'en débite pour plus d'un million par an.

Il se fait d'autres Toiles dans le Pays de Caux, propres pour faire des chemises, des mouchoirs, & pour tous les usages du ménage. On en fabrique encore d'autres propres pour les voiles de Vaisseaux & les Emballages. On en fait d'autres à carreaux dont une partie passe en la nouvelle France; mais la Fabrique la plus considérable est celle des Toiles brunes qui servent à doubler les habits. Il s'en fait jusqu'à six ou sept mille pièces par an, & cinq ou six mille Ouvriers y sont occupez.

Les Verreries sont dans cette Province en très-grand nombre, & y attirent beaucoup d'argent. On y fabrique non seulement du Verre de toute espèce, mais aussi des glaces de Miroir d'une grandeur extraordinaire, de sorte que le profit de ces Manufactures est un des plus avantageux à la Province.

Les Cuirs des Bêtes que l'on tue aux Boucheries, & quantité de ceux qui viennent des Isles sont tannez à Rouën & aux environs, & de-là transportez dans le reste du Royaume.

La Pêche est encore un des principaux Commerces de toute la Province. Ce sont principalement les Habitans de Dieppe qui la continuent toute l'année. En tems de Paix la Pêche du Hareng commence avec le mois d'Août sur les Côtes d'Angleterre, au Nord proche d'Yarmouth. Les Dieppois y envoyent ordinairement 60. grands Bateaux, qui portent leur Sel & des Barils, & reviennent à la mi-Octobre. Ces mêmes Pêcheurs vont ensuite faire une nouvelle pêche sur la Côte depuis Boulogne jusque vers le Havre. Le Hareng qu'ils y prennent étant moins bon que celui de la Côte d'Angleterre, sert à faire du Hareng sauret. Cette pêche est ordinairement de cent Bateaux, & lorsqu'elle est abondante, elle va à trois ou quatre cens mille écus.

La pêche des Vives commence avec le Carême, & se fait vers la Côte d'Angleterre; celle des Maquereaux commence à la fin d'Avril, & est très-considérable. On continue toute l'année celle des Merlans, des Soles & autres poissons.

Celle de la Moruë sur le grand Banc à l'Isle Royale & à Labrador se fait principalement par les Vaisseaux de Honfleur, du Havre & de St. Valeri en Caux.

La Foire de *Guibrai* qui se tient dans un des Fauxbourgs de Falaise contribuë beaucoup au Commerce de cette Province, elle commence le 16, d'Août, & dure huit jours. Il s'y fait un grand grand Commerce à cause des exemptions de Péage, & d'Impôt accordées par Guillaume surnommé le Conquérant.

La Normandie étant une Province qui a toujours produit des gens d'esprit & de goût pour les Sciences, il y auroit eu de l'injustice de n'y pas faire des établissemens propres à cultiver ces heureuses dispositions : aussi a-t-on fondé des Collèges, dans presque toutes ses Villes. Dès l'an 1431. Henri VI. Roi d'Angleterre & Duc de Normandie, fonda une Faculté de Droit Civil & Canonique à Caën. Les Facultez de Théologie & des Arts, y furent établies par le même Prince en 1436. & la Faculté de Médecine l'année suivante. Charles VII. Roi de France ayant conquis la Normandie sur les Anglois fit expédier en 1452. de nouvelles Lettres de fondation à cette Université. Depuis ce tems il y a eu quantité d'autres établissemens en faveur des Sciences & des Arts en divers autres endroits de cette Province. Le goût que plusieurs personnes d'esprit & de savoir avoient pour les Belles-Lettres forma en 1652. une Académie à Caën sur le modèle de celle de Paris. Il suffit pour en donner une idée de dire que Mr. Huet, qui a été depuis Evêque d'Avranches, Mr. de Segrais, Mr. Bochart, & Mr. Morin en étoient Membres. Cette Compagnie obtint en 1705. des Lettres-Patentes du Roi qui l'érigent en Compagnie réglée & rendent son établissement solide.

Le Gouvernement militaire de la Normandie, étant un des plus considérables du Royaume, est divisé en deux Lieutenances Générales, celle de la Haute & celle de la Basse Normandie. Il y a aussi un Lieutenant de Roi dans chacun des sept Bailliages de cette Province. Les Places fortifiées de cette Province sont Cherbourg, la Hogue, Caën, Honfleur, le Havre qui fait un Gouvernement séparé, & indépendant du Gouverneur Général de Normandie; Dieppe, St. Valeri en Caux, Treport, &c. Dans chacune il y a un Gouverneur particulier, & dans quelques-unes un Etat Major.

Les Pairies & Duchez de cette Province qui subsistent aujourd'hui sont Eu, Aumale, Elbœuf & Harcourt, ci-devant nommé Tury.

Du tems des Romains le Pays que comprend la Normandie, s'appelloit la seconde Lyonnoise & étoit divisé en sept Peuples; aujourd'hui elle est divisée en HAUTE & BASSE NORMANDIE.

LA HAUTE NORMANDIE est vers l'Orient, & confine à l'Isle de France & à la Picardie. Sa principale Ville est Rouën, Capitale de toute la Province & le lieu de la résidence des Cours Souveraines. Voyez ROUEN.

LA BASSE NORMANDIE est la partie Occidentale de la Province : elle s'étend jusqu'aux confins de la Bretagne, & sa Capitale est Caën une des plus considérables Villes de France. Voyez CAEN.

NORMANVILLE [a], Bourg de France, en Normandie, avec Château, titre de Baronnie & Haute Justice. Il est situé sur la Rivière d'Iton, dans le Diocèse d'Evreux, une lieuë & demie au dessous de la Ville de ce nom, dans un Vallon dont on voit les deux côteaux couverts de bosquets.

[a] Corn. Dict. Mémoires MSS.

NOROSSI, Peuples de Scythie : Ptolomée [b] les place avec les *Norobes*, en deçà de l'Imaüs, entre les *Machetegi* & les *Cachaga*, au dessous des premiers & au dessus des derniers.

[b] l. 6. c. 15.

NOROSSUS, Montagne de la Scythie, selon Ptolomée [c].

[c] Ibid.

NORRE-TELGE [d], ou NORR-TALGE, Ville de Suède, dans la partie Orientale de l'Uplande, sur un petit Lac, à quelques milles d'Upsal en tirant vers l'Orient & assez près de la Mer.

[d] De l'Isle, Atlas.

NORTBARWICH, [e] Ville d'Ecosse dans la Province de Lothien, environ à six lieues d'Edimbourg, vers le Levant. Elle est située sur la Côte Méridionale du Golfe de Forth.

[e] De l'Isle, Atlas.

NORTGAW, NORTGOW, ou NORTGOEW [f], Contrée d'Allemagne, appellée autrement le Haut-Palatinat du Rhin, ou le Palatinat de Bavière ; en Allemand *Pfaltz in Bayern* ou *Ober Pfaltz*, & en Latin *Nortgavia*. La Capitale de cette Contrée est Amberg.

[f] Le P. Labbe Géogr. Royale, p. 163.

Le nom de NORTGAU est présentement peu usité & négligé dans presque toutes les Cartes.

NORTHALBEN ou NORTALBEN [g], Bourg & Bailliage d'Allemagne, dans l'Evêché de Bamberg en Franconie.

[g] Zeiler, Top. Franconiæ.

NORTHALVERTON, ou NORSHALLERTON, petite Ville ou Bourg d'Angleterre, dans Yorkshire. Il s'y tient un Marché.

NORTHAMPTON [h], Ville d'Angleterre, sur le Nen. Elle est la Capitale du Northamptonshire, & située à cinquante-cinq milles de Londres. C'est une des plus agréables Villes du Royaume. Le 3. de Septembre 1695. elle eut le malheur de se voir ensevelie sous ses cendres, & peu de tems après, par la généreuse contribution de diverses personnes, elle eut l'avantage de se relever beaucoup plus belle & plus uniforme qu'auparavant.

[h] Etat présent de la Gr. Br. t. 1. p. 93.

NORTHAMPTONSHIRE [i], Province maritime d'Angleterre, dans le Diocèse de Peterborough. Elle a cent vingt milles de tour, & contient environ cinq cens cinquante mille arpens, & vingt-quatre mille huit cens huit Maisons. C'est une des meilleures Provinces d'Angleterre extrêmement peuplée & où il y a beaucoup de Noblesse. L'air y est sain & le terroir fertile. Elle abonde en bled & en bétail & ne manque ni de Bois ni de Salpêtre. Ses principales Rivières sont l'Ouse, le Weland & le Nen, qui ont tou-

[i] Ibid.

NOR.

toutes trois leurs sources dans cette Province.
Les Villes & Bourgs où l'on tient marché
sont:

* NORTHAMPTON, Capitale,

* Peterborough,                 Towcester,
* Brackley,                     Rothwell,
* Higham Ferrers,               Wellingborough,
  Daventry,                     Kettering,
  Rockingham,                   Thrapston,
  Oundle,                       Cliff.

NORTHAUSEN. Voyez NORDHAUSEN.

[a] Zeiler, Top. Duc. Brunsw.

1. NORTHEIM, Ville d'Allemagne [a], dans le Duché de Brunswich-Luneburg, située entre les Riviéres de Ruhme, & de Leina. Elle est une des principales Villes de ce Duché, & un lieu de passage fort fréquenté. Quelques-uns prétendent qu'elle a tiré son nom des Normands qui se sont arrêtez en cet endroit en 878, mais il est plus probable qu'elle a eu des Comtes de Northein du Domaine desquels elle a autrefois fait partie. Quoiqu'il en soit, on ne commença à l'entourer de murs que l'an 1246. & ils ne furent achevez que long-tems après, aussi-bien que les fossez. Ses principales défenses consistent en 48. Tours qu'on a construites au dedans des murs & en 35. autres Ouvrages extérieurs; mais contigus aux murs qui sont des espéces de Bastions à l'antique. Il y a trois Portes, celle qui est vers l'Orient est appelée *Oberthor* ou la Haute Porte. Celle qui regarde le Couchant se nomme *Hockelheimorthor*, parce qu'elle est vis-à-vis du Monastére de Hockelheim. La derniére qui est du côté du Nord s'appelle *Muhlenthor*, parceque le Moulin qui est sur la Riviére est devant elle. Celle-ci est une des mieux fortifiées. L'Eglise Paroissiale est assez belle. Il y a dans cette Ville un Chapitre du nom de St. Blaise; il fut fondé en 1056. par Othon Duc de Baviére, & Comte de Northeim, mais ce premier Chapitre ayant péri entiérement par la cruauté du Comte Adolphe de Dassel qui fit consumer par le feu non seulement les Bâtimens, mais même un bon nombre de personnes de distinction qui s'y trouvérent enfermées; le Comte Sifrid de Northeim en fit une nouvelle fondation en 1141.

La Religion Protestante s'établit dans cette Ville l'an 1539. du consentement des Magistrats, & des Chefs des Communautez, & Corps de métiers. Depuis on y a établi une Ecole qui est pourvue de différens Maîtres ou Professeurs pour l'instruction de la Jeunesse.

On tient à Northeim tous les ans quatre Foires. On y brasse beaucoup de Biere qui se transporte en différens endroits, & fait une des sources de l'opulence de cette Ville.

[b] Zeiler, Top. Franconiæ.

2. NORTHEIM [b], Bourg d'Allemagne, dans le Comté de Hennsberg en Franconie. Il y a dans le lieu un Doyenné.

NORTHEN, petite Ville d'Allemagne, dans l'Electorat de Mayence, sur la Riviére de Bibert, au dessus de son embouchure dans la Leine. Entre cette Ville & le Château de Hardenberg on trouve le Monastére de Sein, qui appartient aux Seigneurs de Pless.

NORTH-RONALSA [c], on appelle ain-

[c] Etat présent de la Gr. Br. t. 3. p. 301.

NOR. 161

si une des Isles Orcades. On lui a donné ce nom par opposition à South-Ronalsa. De toutes les Orcades elle est la plus avancée vers le Nord. On lui donne environ trois milles de longueur & un demi-mille de largeur.

NORTMANNI [d], Sigebert & les Ecrivains du même siécle donnent ce nom à presque tous les Peuples du Nord, savoir aux Norwegiens, aux Suédois & aux autres Nations qui habitent la Scandinavie & la Russie.

[d] Ortelii Thesaur.

NORTMANNIA, Province du Royaume de France, appellée auparavant NEUSTRIE & depuis NORMANDIE. Voyez ces mots.

1. NORTHUMBERLAND [e], ancien Royaume de la Grande Bretagne. Il étoit situé au Nord de l'Humber, comme son nom le porte. Cette Riviére qui le bornoit du côté du Midi le séparoit de la Mercie. Il avoit la Mer d'Irlande à l'Occident, le Pays des Pictes & des Ecossois au Nord, & la Mer Germanique à l'Orient. Il contenoit les Provinces qu'on nomme aujourd'hui Lancastre, Cumberland, Westmorland, Northumberland, Yorck & l'Evêché de Durham. Ses principales Villes étoient, Yorck, Dunelm, appellée depuis Durham, Carlisle, nommée par les Romains *Luguballia*, Henham ou Hagulstadt, Lancastre, & quelques autres moins considérables. Ce Pays étoit divisé en deux parties, savoir la DEIRE & la BERNICIE, dont chacune fit quelquefois un Royaume à part. La première étoit proprement le Northumberland Méridional, & l'autre le Northumberland Septentrional. Celle-ci étoit en partie située au Nord de la muraille de Sévére, & s'étendoit en pointe du côté de l'Orient jusqu'à l'embouchure de la Twede. Tout le Royaume, en y comprenant les deux parties, avoit environ cent soixante milles dans sa plus grande longueur, & cent milles à l'endroit où il étoit le plus large. Ida, premier Roi de ce Pays, commença son régne l'an 747. Ces Royaumes subsistérent sous trente-cinq Rois, quelquefois Souverains seulement d'une partie du Northumberland, quelquefois possédans les deux portions. Enfin dans l'année 810. sous le régne d'Andred, dernier Roi de ce Pays, le Northumberland se soumit à la domination d'Ecbert Roi de Wessex.

[e] Rapin Hist. d'Angleterre, liv. 3. p. 154.

2. NORTHUMBERLAND [f], Province maritime & Septentrionale de l'Angleterre, dans le Diocese de Durham, & qui confine à l'Ecosse. Elle a cent quarante-trois milles de tour, & contient environ un million trois cens soixante & dix-mille arpens & vingt-deux mille sept cens quarante & une maisons. Cette Province n'est pas des plus fertiles, quoiqu'il y ait d'assez bons endroits, sur-tout du côté de la Mer. Elle a plusieurs Mines de Charbon de terre, qu'on transporte dans la plûpart des Ports d'Angleterre & principalement à Londres. Il y a aussi plusieurs Mines de Plomb; & le Gibier & le Poisson abondent dans cette Province.

[f] Etat présent de la Gr. Br. t. 1. p. 94.

Les Villes & Bourgs où l'on tient marché sont:

* NEWCASTLE Capitale,

* Berwick,                Hexham,
* Morpeth,                Learmouth,
  Alnwick,                Haltwisle,

Z 3                                    Bel-

Beltingham, Rothbury,
Billingham, Weller.
Hellerdon,

Sur les Côtes de cette Province on trouve trois Isles, qui sont

Holy Island, Cocket,
Farn.

NORTHUMBRIE. Voyez NORTHUMBERLAND; n°. I.

NORTHWALES, partie Septentrionale de la Principauté de Galles en Angleterre. Voyez GALLES.

NORTWICH, Ville d'Angleterre, dans le Cheshire. Elle est située sur la Riviére de Weever, & elle est remarquable [a] par ses Mines de Sel.

[a] Etat présent de la Gr. Br. t. I. p. 48.

NORUS. Voyez NORA.

NORWEGUE, Royaume d'Europe, dans la Scandinavie. Il s'étend du Midi au Nord, depuis le 59. degré, jusqu'au 72. de Latitude & depuis le 26. d. jusqu'au 52. de Longitude, sans y comprendre ses dépendances, [b] Il est borné au Septentrion par la Mer du Nord ; à l'Orient par une longue chaîne de Montagnes qui le séparent de la Suède ; au Midi par l'entrée de la Mer Baltique, & à l'Occident encore par la Mer du Nord. Il est panché sur la Suède [c] en forme d'une côte de baleine, & il peut avoir environ quatre cens lieues de Côtes & soixante & quinze lieues de largeur.

[b] Rutger Hermand. Descr. Norwegiæ p. 3.
[c] La Forêt de Bourgon Géogr. Hist. t. 2. p. 207.

On veut que ce Royaume ait reçu son nom de sa situation vers le Pole Arctique, & qu'il soit formé de Nor & de Weg, qui dans la Langue du Pays signifient chemin du Nord. Il a été appellé en Latin Nortmannia du nom de ses Peuples connus sous celui de Normanni, qui veut dire hommes du Nord. Les Anciens l'ont connu & l'ont appellé Nerigon [d].

[d] Plin. l. 4. c. 16.

Les Sitons qui habitérent originairement la Norwegue, vécurent long tems sans Loix, & sans Religion. Un certain Norus, à ce qu'on prétend, leur apporta l'un & l'autre, environ 1360. ans avant Jesus-Christ. Quelques-uns de ses descendans gouvernérent ces Peuples, tantôt comme Monarques, tantôt comme Chefs de République ; mais ces Gouvernemens furent souvent interrompus par des Anarchies. Les sujets de ces désordres, leur durée, ni le tems auquel ces Princes ont régné ne sont point venus jusqu'à nos Historiens, qui font commencer la succession Chronologique des Rois de Norwége, vers le milieu du dixiéme siècle par Harald. La plûpart assurent que sa postérité s'y perpétua, à l'exception d'un interrégne de quatre ans entre Gibbus & Magnus IV. jusqu'après la mort d'Olaüs IV. que ce Royaume fut incorporé à celui de Danemarck en 1387. par le mariage d'Aquin Roi de Norwége, avec Marguerite de Danemarck. Depuis ce tems-là le Royaume de Norwégue a suivi le sort de ce dernier. La Justice y est administrée en plusieurs Tribunaux, dont les Appellations ressortissent à celui de la Capitale du Royaume, où le Viceroi, qui gouverne cet Etat avec un pouvoir absolu fait sa résidence.

La situation de ce Pays, partie dans la Zone tempérée & partie dans la Zone froide, Septentrionale de notre Hemisphére y rend le froid extrême & la terre peu fertile. Le froment n'y vient point : celui dont on use est apporté d'ailleurs à Berghen, la seule Ville qui ait droit de le distribuer. Cependant il est certain que l'on en recueille dans la partie Méridionale du Royaume. Dans le reste du Pays, le terrein est sablonneux & plein de cailloux : outre que les Rochers, les Bois & les Montagnes en occupent la plus grande partie. Tout ce qu'on en peut tirer consiste en mâts de Vaisseaux, en poix, en goudron, en cuivre, en fourrures & en poissons ; ce qui fait tout le Commerce de la Norwégue.

Il n'y a que deux Riviéres de remarque ; le Teno vers le Septentrion & le Glama vers le Midi. Il n'y a même que cette derniére qui puisse porter quelques Bateaux : Les principales Montagnes sont celles qu'on appelle Felices, Dofrines & Daars-field.

La sterilité qui rend les Pays méprisables servit autrefois à la gloire de celui-ci, puis qu'elle fut la cause des fameuses irruptions de la plûpart de ses habitans, sur les Côtes de Frise & des Isles Britanniques, & comme la base de leurs conquêtes, & de leur établissement dans une des meilleures Provinces de France : à quoi on peut ajouter le grand nom que leurs descendans se sont fait en Europe, sous celui de Normans, par leurs exploits en Angleterre, en France & jusque dans l'Italie & dans la Gréce.

Aujourd'hui les habitans de Norwégue passent pour être forts, vigoureux, bons matelots, grossiers & fort simples. Les Lapons qui habitent la partie la plus Septentrionale de ce Royaume & par conséquent du Continent de l'Europe, sont mal-faits, sauvages, jaloux, trompeurs & sans aucune industrie que pour la pêche & pour la chasse. Ils passent la plûpart pour être sorciers, & s'il en faut croire les Relations, ils vendent du vent favorable pour les Vaisseaux qui les ont bien payez & excitent des tempêtes pour perdre ceux dont ils ne sont pas contens. Les Norwégiennes sont belles, moins grossieres & plus spirituelles que leurs maris. Quant aux femmes des Lapons, elles sont assez passables pour le visage ; mais petites & mal-faites, à demi-sauvages, vindicatives & coléres.

Le Roi Olaüs, surnommé le Saint, établit le Christianisme dans ses Etats avec tant de zéle qu'il en chassa au commencement du onziéme siècle ceux qui ne voulurent pas se convertir & quelques autres qui se méloient de magie. La superstition excitée par la simplicité de ces Peuples altéra souvent la Religion & enfin la Doctrine de Luther abolit la Religion Catholique en 1525. On trouve encore quelques Idolâtres dans la Laponie Norwégienne.

On divise le Royaume de Norwége en deux parties principales ; sçavoir la Norwégue propre & ses dépendances.

LA NORVEGUE PROPRE est partagée en quatre Gouvernemens Généraux, qui sont

AGGERHUS, DRONTHEIM,
BERGHEN, WARDHUS.

Voici les Villes & les principaux Bourgs qu'ils contiennent.

Gou-

| | |
|---|---|
| Gouvernement d'Aggerhus. | Opsolo, Obsolo ou Christiania, Aggerhus, Friderichstadt, Tonsberg, Vleckeren, Skeen, Saltzberg, Hammer. |
| Gouvernement de Berghen. | Berghen, Stavanger. |
| Gouvernement de Drontheim. | Drontheim ou Druntheim, Romsdael ou Romsdalen, Lofoten, ou Lofoeren, Maelstrom, Samien, Isle, Sallere, Isle, Trommes, Isle. |
| Gouvernement de Wardhus. | Wardhus. |

Les Dépendances de la Norwégue sont,

L'Islande, & L'Isle de Ferd.

NORWICH, Ville d'Angleterre, dans la Province de Norfolck [a], dont elle est la Capitale. Son nom Latin est *Norvicum* ou *Nordovicum*. Elle est située au cœur de la Province, dans l'endroit où le Winsder se jette dans la Yare, à quatre-vingt dix milles de Londres. On croit que cette Ville fut bâtie par les Saxons des ruines de *Venta Icenorum*, qu'on appelle aujourd'hui *Caster*, & où l'on a trouvé depuis quelque tems plusieurs Urnes Romaines. Du tems des Anglo-Saxons Norwich étoit la Capitale des Angles Orientaux. Dans la suite elle fut réduite en cendres par Suenon Roi des Danois. Etant relevée de ses cendres elle fut obligée par la famine de se rendre à Guillaume le Conquérant. La rebellion suscitée par Kert, Tanneur de Windham, sous le régne d'Edouard VI, causa derechef la ruine de cette Ville. Mais elle fut heureusement rétablie par la Reine Elisabeth, qui y envoya une partie des Wallons, qui se réfugiérent en Angleterre, du tems que le Duc d'Albe étoit Gouverneur des Pays-bas. Ce furent ces Flamans qui établirent la Manufacture des étoffes de Norwich, dont le débit monte tous les ans à la somme de cent mille livres Sterling. C'est ce qui rend cette Ville florissante. On y compte sept mille maisons & au moins trente mille ames. Enfin c'est une des plus grandes & des plus belles Villes d'Angleterre. C'est le Siége d'un Evêque: l'Evêché a été transféré de Thetford à Norwich en 1088. par l'Evêque Herebert. Les principaux bâtimens de cette Ville sont, la Cathédrale, la Maison du Duc de Norfolck, le Palais de l'Evêque & l'Hôpital. Elle a trois Marchez par semaine.

[a] Etat prés. de la Gr. Br. t. 1. p. 90.

NOSALA. Voyez SOLIS INSULA.
NOSALENA. Voyez NOLASENA.
NOSCOPIUM, Ville de Lycie, selon Pline [b]. 

[b] l. 5. c. 27.

NOSORA. Voyez SOLIS INSULA.
NOSTANA, Ville de la Drangiane: Ptolomée [c] la place entre *Xarxiara*: & *Pharazana*.

[c] l. 6. c. 19.

NOSTIA, Village de l'Arcadie [d]. Il y en a qui écrivent *Nestania*: on lit *Estiania* dans Etienne le Géographe, & *Nestana* dans Pausanias [e].

[d] Ortelii Thesaur.
[e] l. 8. c. 7.

NOTEBOURG, Ville de l'Empire Russien, dans l'Ingrie, & que l'on appelle aujourd'hui SLEUTELBOURG. Voyez ce mot.

NOTECZ, Riviére de Pologne [f]. Elle sort du Lac de Gople, dans le Palatinat de Cujavie, à l'Orient de Gnesne. Elle prend son cours du côté de l'Ouest, traverse la Grande Pologne, arrose les Villes & Châteaux de Nackel, Pyla, Usztye & Zandock & va se joindre à la Warta un peu au dessus de Landsperg dans le Brandebourg.

[f] De l'Isle Atlas.

NOTHABRES [g], Peuples d'Afrique, selon Orosius. Un MS. en parchemin porte *Nathabres*; & l'Itinéraire d'Antonin lit dans cet endroit *Nataüros*.

[g] Ortelii Thesaur.

NOTI CORNU, en Grec Νότου κέρας, Promontoire de l'Ethiopie sous l'Egypte. Ptolomée [h] le place dans le Golfe Arabique, entre *Apocopa* & *parvum litus*.

[h] l. 4. c. 7.

NOTIA, lieu fortifié, dans la Macedoine, à ce que croit Ortelius [i]. Cedrene & Curopalate le mettent dans le voisinage de Moglene.

[i] Thesaur.

NOTITÆ, Peuples de Mésopptamie: Pline [k] les place vers le Midi.

[k] l. 6. c. 26.

1. NOTIUM, en Grec Νότιον; c'est-à-dire Méridional. [l] On appelloit ainsi anciennement un Cap de l'Irlande sur la Côte Occidentale: il regardoit l'Espagne. Il y en a qui prétendent que c'est le Cap de Clare & d'autres le nomment *Biarheat*.

[l] Cellar. Geogr. ant. l. 2. c. 4.

2. NOTIUM [m], Ville de l'Ionie, selon Hesyche & Etienne le Géographe.

[m] Ortelii Thesaur.

3. NOTIUM, Ville de l'Æolide. Herodote [n] en fait mention; & Tite-Live [o] dit qu'elle étoit éloignée de douze mille pas de l'ancienne Colophone.

[n] l. 1. c. 149.
[o] l. 37. c. 26.

4. NOTIUM, Ville dans l'Isle de Calydna, aux environs de l'Isle de Rhodes, selon Pline [p].

[p] l. 5. c. 31.

5. NOTIUM, Promontoire de la Chine: Ptolomée [q] le place auprès de l'embouchûre du fleuve Senus.

[q] l. 7. c. 3.

1. NOTO, Ville de Sicile [r], dans la partie Méridionale de l'Isle, vers la source d'une petite Riviére de même nom. C'est l'ancienne *Neetum*. Elle est située dans les terres sur une petite Montagne assez escarpée, à neuf milles de Modica du côté de l'Orient; à huit milles de la Mer de Sicile en tirant au Couchant, & à quinze milles du Cap de Passaro, du côté du Nord. Cette Ville est grande & belle. Elle donne le nom à l'une des trois Contrées qui partagent la Sicile & qu'on nomme VAL DI NOTO. Ce fut à Noto [s] que se retira le Bienheureux Conrad de Plaisance. Il passa de-là sur une Montagne déserte qui en étoit proche. Il y mourut l'an 1351. & son Corps contesté entre les habitans de Noto & ceux d'Avola, fut adjugé aux premiers après la décision des armes.

[r] De l'Isle Atlas.
[s] Baillet, Topogr. des Saints, p. 352.

2. NOTO NOVO, petite Ville de la Sicile [t], dans sa partie Méridionale, à trois milles de la Ville de Noto, en tirant vers le Midi.

[t] Ibid.

3. NO-

3. NOTO, petite Riviére de Sicile dans le *Val Noto* [a]. Elle a sa source à l'Orient de la Montagne sur laquelle est bâtie la Ville de Noto. Son cours est du Couchant au Levant. A quelques milles de sa source elle prend le nom de Nuciforo, & à son embouchure, qui est sur la Côte Orientale de l'Isle, elle se nomme *Fiume de Falconara*.

[a] Ibid.

4. NOTO, ou VAL DI NOTO; [b] l'une des trois Vallées ou Provinces qui partagent la Sicile, & à laquelle la Ville de Noto qui en est la Capitale donne son nom. Elle est bornée au Nord par le *Val Demone*, à l'Orient & au Midi par la Mer; & à l'Occident, partie par la Mer, partie par le Val di Mazzara, dont elle est séparée par les Riviéres Amurello & Salso.

[b] Ibid.

Ses principales Villes ou Forteresses sont,

Sur la Côte.
{
Catane,
Augusta,
Fargia, Forteresse,
Syracuse,
Terra nova, Duché,
Falconara Forteresse.
}

Dans les Terres.
{
Calascibetta, Principauté,
Castro Giovane,
St. Philippe d'Argiron,
Pietra Prezia, Principauté,
Piazza,
Butera, Principauté,
Calta Girone,
Mineo,
Lentini,
Carlentini,
Vifini,
Buccheri, Principauté,
La Vittoria,
Palazzolo, Principauté,
Ragusa,
Modica,
Noto,
Sichili,
Novo Noto.
}

Parmi les principales Riviéres on compte

Jaretta,           Atellari,
Gobella,           Mauli,
Fiume di St. Paolo, Camarana,
Alfeo,             Mazzuruni,
Casibli,           Manumusa,
Fiume di Terranova.

1. NOTRE-DAME, Bourg de France dans l'Agenois, Election d'Agen.

2. NOTRE-DAME, Abbaye de France dans l'Isle de Ré. C'est la même que les petits Chateliers. On la nomme en Latin *Beata Maria de Reaco Abbatia*. C'étoit une Abbaye d'hommes, de l'Ordre de St. Benoît, fille de Pontigny. Elle fut fondée au mois de Mai 1156. Depuis elle a été unie à la Maison des Prêtres de l'Oratoire, de la Ruë St. Honoré à Paris. Elle vaut environ sept mille livres.

3. NOTRE-DAME D'AMBROUEL, Abbaye de France, dans le Diocèse d'Angoulême, à cinq lieues de la Ville de ce nom. Elle doit sa fondation aux Seigneurs de Mont-Moreau.

4. NOTRE-DAME DES ALLEUDS, Abbaye de France, dans le Poitou: elle est de l'Ordre de St. Benoît.

5. NOTRE-DAME DES ANGES, Mission des Jésuites, dans l'Amérique Septentrionale au Canada, à trois quarts de lieue de Quebec.

6. NOTRE-DAME DES ARDILLIERS. Voyez SAUMUR.

7. NOTRE-DAME DE BEAUPREAU, Bourg de France, dans l'Anjou, Election d'Angers.

8. NOTRE-DAME DE BEON, Bourg de France, dans la Normandie, Election de Vire.

9. NOTRE-DAME AUX BOIS, autrement l'ABBAYE AUX BOIS, ou la FRANCHE ABBAYE DE NOTRE-DAME AUX BOIS, en Latin *Beata Maria in Boscis*, ou *in Bosco*; Abbaye de France dans le Diocèse de Noyon en Picardie. C'est une Abbaye de filles, Ordre de Cîteaux, Fille de Clairvaux. Elle a été transférée dans la Ville de Paris, Fauxbourg de St. Germain.

10. NOTRE-DAME DE BOIS VAYER, Prieuré de France, dans la Touraine, près de Tours. Il est de l'Ordre de Grammont, & fut fondé par Henri II. Roi d'Angleterre. Le revenu du Prieur est de trois mille livres.

11. NOTRE-DAME DU BOIS, Bourg de France dans la Normandie, Election de Lisieux.

12. NOTRE-DAME DE BONNE NOUVELLE. Voyez ORLEANS.

13. NOTRE-DAME DE BUSSIERES. Voyez BUSSIÈRE.

14. NOTRE-DAME DU BOURG, Abbaye de France, dans la Bretagne, près de la Ville de Nantes. Elle porte aussi le nom de Notre-Dame du Bourg près de Pornid; en Latin *Abbatia Beata Maria de Burgo prope Porundum*. C'est une Abbaye d'hommes de l'Ordre de St. Augustin.

15. NOTRE DAME DE CELLES, ou SELLES; Abbaye de France, dans le Poitou. C'est une Abbaye d'hommes de l'Ordre de St. Augustin & qui suit la réforme. Elle est située à cinq lieues de St. Maixant, sur la Riviére nommée la Belle. Elle existoit dès l'an 1100. puisqu'on trouve qu'en cette année Pierre, Evêque de Poitiers, lui accorda les Eglises de St. Hyppolite de Luché, de St. Martin d'Asnières, de St. Maixant de Paysai le Chapt, & la Chapelle de Poupon. Cependant cette Abbaye n'étoit alors qu'une Cellule ou Cellule, qui dépendoit encore de l'Abbaye de Stirp en 1121. que l'Evêque Guillaume de l'avis & consentement des Clercs de la Mére Eglise de Poitiers y donna encore les Eglises de St. Sulpice de Teillou, de St. Hilaire de Ligné, de St. Sauvan & de St. Martin de Périgné. Cette Cellule ou Celle n'eut le titre d'Abbaye, que vers l'an 1137. elle est du moins honorée de ce titre dans une Charte de Guillaume Evêque de Poitiers de l'an 1148. par laquelle il oblige les Chanoines de Stirp de céder tout ce qu'ils sembloient avoir de droit dans l'Eglise de Celles. Le Roi Louïs XI. répara magnifiquement cette Eglise, qui est regardée comme une des plus belles du Poitou. L'an 1651. ce Monastère fut uni à la Congrégation de St. Maur. Il a

en

en tout dix huit mille livres de rente : la portion de l'Abbé est de dix mille livres.

16. NOTRE DAME DE CEZANNE, Abbaye de France, Diocèse de Troyes. C'est un Monastère de Filles de l'Ordre de St. Benoît. Il y a vingt-huit Religieuses.

17. NOTRE DAME DES CHAMPS, Bourg de France, dans le Maine, Election du Mans.

18. NOTRE DAME DE LA CHAPELLE AUX PLANCHES. Voyez CHAPELLE AUX PLANCHES.

19. NOTRE DAME DE CHASSE', Bourg de France, dans le Maine, Election du Mans.

20. NOTRE DAME DU CHASTELIER, Bourg de France dans la Normandie, Election de Bernai.

21. NOTRE DAME DES CHASTELIERS. Voyez les CHATELIERS.

22. NOTRE DAME DE DURETAL, petite Ville ou Bourg de France, avec titre de Comté dans l'Anjou, Election de la Fléche. Il y a un Château.

23. NOTRE DAME DE L'EPINE, Bourg de France dans la Champagne, Election de Châlons : ce n'étoit en 1400. qu'un Hameau avec une Chapelle dépendante de la Paroisse de Mélay, & faisant partie du Village de Cortisou ; on l'appelloit le Territoire de Sainte Marie, & il n'étoit composé que d'une Ferme & d'une Maison Seigneuriale, qui appartenoit aux Religieux de St. Jean de Laon. Son Eglise qui est fort belle fut bâtie à l'occasion d'un miracle qui arriva près cette Chapelle, où l'on vit vers la Fête de l'Annonciation de la même année renouveller le miracle du Buisson ardent, ce qui dura un jour & une nuit ; l'on trouva ensuite dans le Buisson une petite Image de la Vierge tenant son cher Fils entre ses bras ; & le Buisson resta aussi verd qu'auparavant. Ce prodige y fit accourir une grande multitude de peuples, qui laissèrent de quoi bâtir l'Eglise ; les habitans de Mélay s'y établirent & ce lieu devint considérable. Louïs XI. y vint en pélerinage en 1472. & fit présent à l'Eglise de douze mille écus d'or. Les Seigneurs qui acheterent en 1550. ce lieu, le défendirent contre les Calvinistes dans le tems des guerres de la Religion. En mémoire de cette défense le Curé est obligé de faire présent de deux Epées benites au Seigneur du lieu, qui les distribue aux jeunes gens du Village, qui ont gagné le prix à la course. Cette Eglise est un des plus grands pélerinages de la France.

24. NOTRE DAME D'ERIVAL, Bourg de France dans le Maine, Election du Mans.

25. NOTRE DAME D'ESPAN, ou ESPERAN, Abbaye de France au Diocèse de Perpignan ; en Latin *Abbatia Beatæ Mariæ de Sperano*, ou *Esperano*. C'est un Monastère d'Hommes de l'Ordre de St. Augustin.

26. NOTRE DAME D'ESTRE'E, ou ESTREZ, Bourg de France, dans le Berri, avec titre de Baronnie. Il est dans l'Election de Bourges, sur la Rivière d'Indre, à trois lieues de Châtillon. Il y a un Monastère d'Hommes de l'Ordre de St. Benoît, & dont le revenu monte à six mille livres.

27. NOTRE DAME D'EU. Voyez EU.

28. NOTRE DAME DE FRESNAY, petite Ville de France dans le Maine. Il y a un Grenier à sel.

29. NOTRE DAME DE GONTAUD, Bourg de France, dans l'Agenois, Election d'Agen.

30. NOTRE DAME DE GRACE. Voyez CAMBRAI.

31. NOTRE DAME DES HERMITES, Prieuré de France dans le Diocèse de Châlons, à une lieue de Vassy dans la forêt qui est voisine. Il fut fondé en faveur de Drogon Hermite, par Blanche de Navarre Comtesse de Champagne. Il a été Conventuel & d'un revenu considérable ; mais ses biens ont été pris ou aliénez pendant les guerres de la Religion : il ne vaut plus que trois cens livres de rente.

32. NOTRE DAME D'ISSOUDUN. Voyez ISSOUDUN.

33. NOTRE DAME DE LANDRECY, Abbaye de France dans la Champagne, au Diocèse de Châlons. C'est un Monastère de Filles de l'Ordre de St. Benoît, fondé en 1131. par Simon de Broyes, Seigneur de Bay. Il y a trente-trois Religieuses.

34. NOTRE DAME DE LISIEUX. Voyez LISIEUX.

35. NOTRE DAME DE MONT BENOIT, Abbaye de France, dans la Franche-Comté. C'est une Maison de Chanoines Réguliers dans la Montagne. Elle a commencé par un Hermitage bâti par un nommé Benoît duquel le lieu a pris le nom. Les Chanoines Réguliers s'y établirent au commencement du douzième siècle, sous le gouvernement du nommé Hardouin en qualité de Prince ; & peu à peu cette Maison s'augmenta. Elle fut érigée en Abbaye par l'Archevêque de Besançon. Elle passa en Commande dès l'an 1501. Son revenu est de huit mille livres.

36. NOTRE DAME DU MONT, Bourg de France dans le Poitou, Election des Sables d'Olonne.

37. NOTRE DAME DE MONTE NEGRO [a], Pélerinage, en Italie, à quatre ou cinq milles à l'Est de Livourne, sur une Montagne très-haute. C'est un lieu d'une très-grande dévotion, & dont l'accès seroit presque impossible, sans les travaux que le Grand Duc & d'autres personnes dévotes, ont fait faire pour rendre le chemin praticable, même aux calèches. Il y a un Couvent qui est fort joli, en bon air & en belle vuë. C'est la plus grande dévotion de Livourne & de tous les environs. On y conserve une Image de la Sainte Vierge, qui est une source intarissable de prodiges : aussi y a-t-on recours de toutes parts, & les tableaux, ou autres marques d'Actions de graces tapissent toute l'Eglise & toutes les Chapelles.

[a] Labat, Voy. d'Italie, t. 7. p. 122.

38. NOTRE DAME DE MONTS ET AIGRE, Bourg de France, dans l'Angoumois, Election de Loudun.

39. NOTRE DAME DE TROIS MOUTIERS, Bourg de France dans la Touraine, Election de Loudun.

40. NOTRE DAME DE MONT MOREL, Abbaye de France, dans la Normandie, au Diocèse d'Avranches. C'est une Maison de Chanoines Réguliers de l'Ordre

de St. Augustin. Cette Abbaye fut fondée en 1180. par Jean d'Ascouette & par les Seigneurs de Subligny & Homme. Elle a dix mille deux cens livres de revenu, dont il y en a trois mille pour l'Abbé. Les Chanoines sont de la reforme.

41. NOTRE DAME DE NANTILLE. Voyez SAUMUR.

42. NOTRE DAME DU NID D'OISEAU, ou de NIDOISEAU, Bourg de France dans l'Anjou, Election d'Angers. Il y a une Abbaye de Filles de l'Ordre de St. Benoît, Congrégation de St. Maur. Voyez NIDOISEAU.

43. NOTRE DAME DE LA NOUE. Voyez la NOUE.

44. NOTRE DAME D'OLONNE. Voyez OLONNE.

45. NOTRE DAME D'ORBEC, Ville de France, dans la Normandie, Election de Lisieux, avec titre de Vicomté. Voyez ORBEC.

46. NOTRE DAME DE PAREDE. Voyez PIMMES.

47. NOTRE DAME DU PE, Bourg de France, dans l'Anjou, Election de la Fléche.

48. NOTRE DAME DES PIERRES, en Latin *Beata Maria de Petris*, Abbaye de France, au Diocèse de Bourges, dans la Paroisse de St. Paul Sidialbes, dans une vallée affreuse. C'est une Abbaye d'Hommes, de l'Ordre de Cîteaux, & Fille d'Aubepierre sous Clairvaux. Elle fut fondée l'an 1149. des bienfaits de Raoul & d'Ebon, Princes de Deols; elle a reçu aussi beaucoup de biens d'Adelard de Château-Meslin, (*in Castro Metiano*) & de Marie Agnès premiere Prieure du Monastère d'Ourfan. (*Ursanienses Parthenonis*) Ordre & Fille de Fontevrault & des Seigneurs de Culent.

49. NOTRE DAME DES TREIZE PIERRES, lieu de France, dans le Rouergue. C'est un Pélerinage très-fréquenté, proche de Villefranche. Ce sont des Prêtres séculiers, qui desservent cette Eglise.

50. NOTRE DAME DU PORT, petite Ville de France dans l'Agenois, Election d'Agen.

51. NOTRE DAME DU PRE, Abbaye de France, dans la Normandie, Diocèse de Lisieux, en Latin, *Beata Maria de Prato Abbatia*, C'est un Monastère de Filles de l'Ordre de St. Benoît dans le Fauxbourg de St. Disier à Lisieux.

52. NOTRE DAME DES PREZ, Abbaye de France, dans la Champagne, au Diocèse de Troyes. C'est un Monastere de filles de l'Ordre de Cîteaux. Il n'a le titre d'Abbaye que depuis l'an 1235. que des Religieuses s'étant établies dans cet endroit de la Champagne furent obligées d'embrasser la Règle de Cîteaux, quoiqu'il y eût alors vingt-cinq Religieuses. Cette Maison n'a que deux mille livres de rente.

53. NOTRE DAME DE PROVINS. Voyez PROVINS.

54. NOTRE DAME LA ROYALE, Abbaye de France, au Diocèse de Paris, Election de Beauvais, à un quart de lieue de Pontoise. C'est une fort belle Abbaye de Filles de l'Ordre & de la Filiation de Cîteaux.

Elle est de l'étroite observance. Elle fut premiérement fondée en 1241. par Blanche de Castille, Mere de St. Louis, dans un lieu appellé Aulnai; & après que cette Reine en 1243. eut acquis la Terre de Maubuisson, qui a donné le nom à l'Abbaye, les Religieuses furent incontinent transférées dans ce lieu. Elle vaut cinq mille livres de rente à l'Abbesse.

55. NOTRE DAME DE RIE, Bourg de France, dans le Poitou, Election des Sables d'Olonne.

56. NOTRE DAME DE ROQUE-MADOURE, Lieu de France dans le Quercy, Election de Figeac. C'est un célèbre Pélerinage. On le croit le plus ancien de la Chrétienté. On en attribue l'établissement au siècle des Apôtres & à St. Amadour que l'on croit pieusement avoir été le Zachée de l'Evangile. Le Domaine de Toulouse y payé tous les ans vingt livres pour une fondation des Comtes de Toulouse au douzième siècle.

57. NOTRE DAME ET SAINT COSME DU VERT, Bourg de France dans le Maine, Election du Mans.

58. NOTRE DAME DE SAINT DISIER, Abbaye de France, dans la Champagne, au Diocèse de Châlons. C'est un Monastère de filles de l'Ordre de Cîteaux, fondé par les Comtes de Champagne. Il y a quinze Religieuses, qui jouissent de quinze mille livres de rente.

59. NOTRE DAME DE SAINTES, Abbaye Royale de France, en Saintonge. Elle fut fondée en 1047. par le Comte Gaufrid & Agnès sa femme, dans un Fauxbourg de la Ville de Saintes, en l'honneur de St. Sauveur & de la Sainte Vierge. Elle est occupée par des filles de l'Ordre de St. Benoît. Cette Abbaye est très-riche.

60. NOTRE DAME DE SENILLY, Bourg de France, dans la Normandie, Election de Coutances. Ce lieu dépend de l'Abbaye d'Aulnai, Ordre de St. Bernard, Diocèse de Bayeux.

61. NOTRE DAME DU TIL, Bourg de France, dans la Picardie, Diocèse & Election de Beauvais.

62. NOTRE DAME DU VAL, Abbaye de France, entre Pontoise & l'Isle Adam, à huit lieues de Paris. C'est une Abbaye d'hommes, de l'Ordre de Cîteaux, fille de la Cour-Dieu. Elle fut fondée le dix-sept des Calendes de Décembre 1131. Son revenu est de six mille livres. Elle est entièrement unie à la Maison des Feüillans de la Ruë St. Honoré à Paris. Son nom Latin est *Vallis Beata Maria*.

63. NOTRE DAME DU VAL, en Latin, *Beata Maria de Valle*, Abbaye de France, dans la Normandie près de Condé-sur-Noireau, Diocèse de Bayeux. C'est un Monastère d'Hommes de l'Ordre de St. Augustin, il vaut par an douze cens livres à l'Abbé.

64. NOTRE DAME DU VAL DES ECOLIERS, Abbaye de France dans la Champagne, Diocèse de Langres. C'étoit autrefois un Prieuré simple: il fut érigé en Abbaye en 1639. & uni en même tems à la Congrégation de Ste. Geneviéve. L'Abbé est

est régulier, & l'Abbaye jouït de quatre mille livres de rente.

65. NOTRE DAME DU VAL DE PARADIS, Abbaye de France, dans la Picardie. Elle fut fondée près d'Abbeville en 1190. par Enguerrand des Fontaines, Sénéchal de Ponthieu. Elle a été transférée dans la Ville d'Abbeville où elle est à présent. C'est un Monastère de Religieuses de l'Ordre de Cîteaux.

66. NOTRE DAME DU VAL SAINTE CROIX, ou VAL SAINTE, Abbaye de France, dans la Provence, au Diocèse d'Apt, où elle fut fondée en 1188. Elle est occupée par des Religieux de l'Ordre de Cîteaux, & sous la Filiation de Sauve, ou Sylvecane.

67. NOTRE DAME DE VALENCE. Voyez VALENCE.

68. NOTRE DAME DE VERTU, *Beata Maria de Virtute*, ou *de Virtuto Abbatia*; Abbaye de France dans la Champagne, au Diocèse de Châlons, & dans la Ville à laquelle elle donne le nom. C'est une Abbaye d'Hommes de l'Ordre de St. Augustin. Elle vaut par an douze cens livres à l'Abbé.

69. NOTRE DAME DU VOEU, ou VALACE; Abbaye de France, dans la Normandie, au Diocèse de Rouen. C'est une Abbaye d'Hommes de l'Ordre de Cîteaux. Elle fut fondée en 1157. par Valeran Comte de Meulan. Mathilde Mère du Roi Henri II. lui a fait beaucoup de bien. Elle jouït de trente mille livres de rente.

70. NOTRE DAME, (les Montagnes) Montagnes de l'Amérique Septentrionale, dans la Gaspésie. Elles sont toujours couvertes de neige. Leur vüe causa, dit-on, tant de mépris aux Espagnols, qui les premiers découvrirent ces Côtes, qu'ils appellèrent cette Contrée, *Capo di nada*, Cap de rien. De là est venu le nom de *Canada*, qui depuis a été donné à la plus grande partie des Terres situées au Midi du Fleuve St. Laurent.

*a* Etat présent de la Gr. Br. t. 1. p. 98.

NOTTINGHAM *a*, Ville d'Angleterre dans le Nottinghamshire, dont elle est la Capitale. Cette Ville est située sur le Lean, à quatre-vingt seize milles de Londres. Elle est fort agréable & bien bâtie. Il y a trois Paroisses & un Château d'Angleterre où de la Couronne. La Place du Marché est très-belle.

*b* Ibid. p. 97.

NOTTINGHAMSHIRE *b*, Province d'Angleterre, au Diocèse d'Yorck, dans les terres. Elle a cent milles de tour, & contient environ cinq cens soixante mille arpens, & dix-sept mille cinq cens cinquante-quatre Maisons. L'air y est pur; mais le terroir n'est pas le même par-tout. Au Sud-Est elle est fertile, & à l'Ouest elle est pleine de Bois & de Mines de Charbon de terre. C'est dans cette Province que se trouve la fameuse Forêt de Shervood. Outre la Trente, Rivière qui sépare cette Province de Lincolnshire, il y a l'Iddle & quelques Ruisseaux.

Les Villes & Bourgs où l'on tient Marché sont:

* NOTTINGHAM, la Capitale.

| * Newark, | Bingham, |
| * Retford, | Tuxford, |
| Mansfield, | Worksop. |
| Southwell, | |

NOVA, ou AD NOVAS; Ville de la Mauritanie Tingitane: elle est, selon l'Itinéraire d'Antonin, sur la route de *Ptocolosida* à *Tingis*, entre *Oppidum novum* & *ad Mercuri*, à trente-deux milles de la première & à douze milles de la seconde.

NOVA, Ville de l'Afrique propre, selon Saint Augustin & St. Cyprien citez par Ortelius *c*.

*c* Thesaur.

NOVA SPARSA, ou NOBA SPARSA, Ville de l'Afrique propre. L'Itinéraire d'Antonin la met sur la route de *Lambese* à *Sitifis*, entre *Tadutisi* & *Gemella*, à trente-deux mille pas de la première & à vingt-sept milles de la seconde. Felix *Nobasparsensis* est nommé dans la Notice des Evêchez d'Afrique parmi les Evêques de la Province de Numidie *d*.

*d* no. 45.

NOVA PETRA, Ville Episcopale d'Afrique dans la Numidie; l'Itinéraire d'Antonin la place sur la route de *Theveste* à *Sitifis*, par *Lambese*, entre *Diana* & *Gemella*, à quatorze milles de la première & à vingt-deux milles de la seconde. *Datyus* est qualifié *Episcopus Noviapetrensis* dans la Conférence de Carthage *e*.

*e* no. 177.

NOVA GERMANIA, ou NOBA GERMANIA, Ville Episcopale d'Afrique dans la Numidie. Florentius *Noba Germaniensis*, est nommé dans la Notice d'Afrique parmi les Evêques de la Province du Numidie *f*. Cette *Nova Germania* étoit différente d'une autre *Germania*, dont il est parlé plus bas dans la même Notice *g*. *Seniores Nova Germania* sont nommez jusqu'à deux fois dans le Code des Canons de l'Eglise d'Afrique *h*.

*f* no. 28.
*g* no. 97.
*h* Can. 100.

NOVA CIVITAS ARRU CITANA. Voyez ARUCCI & MOURA.

NOVA CIVITAS, Ville d'Italie, à quatre mille pas de Modène, selon Sigonius. Ortelius *k* dit qu'on la nommoit aussi *Geminiane*.

*i* Reg. Italiæ.
*k* Thesaur.

NOVA URBS, en Grec Νεάπολις; Ville de Thrace. Hérodote *l* la met aux environs de Pallene.

*l* l. 7. c. 122.

1. NOVÆ, en Grec Νούαι, Ville de la Basse Mysie: Ptolomée *m* la place sur le Danube; entre *Diacum* & *Trimanium*. L'Itinéraire d'Antonin la met sur la route de *Viminacium* à *Nicomédie*, en prenant le long du rivage de la Mer, & place entre *Dimon* & *Scaidava*, à dix-sept milles de la première & à dix-huit milles de la seconde. C'étoit la demeure de la première Légion Italique. Marcellinus Comes l'appelle *n Novensis Civitas*, & Lazius; *Novomom*.

*m* l. 3. c. 10.
*n* Ortelii Thesaur.

2. NOVÆ, Ville de la seconde Moesie, selon la Notice des Dignitez de l'Empire *o*.

*o* Sect. 29.

3. NOVÆ, Ville de la Haute Moesie. L'Itinéraire d'Antonin la met sur la route de *Viminacium* à *Nicomédie*, entre *Cuppa* & *Talia*, à vingt-quatre milles de la première & à douze milles de la seconde.

4. NOVÆ, Ville de la seconde Pannonie, selon la Notice des Dignitez de l'Empire *p*. L'Itinéraire d'Antonin la place sur la route de *Taurunum* dans les Gaules, en prenant le long de la Côte, & il la met entre *Mursa* & *Antiana*, à vingt-quatre milles de la première & à vingt-trois milles de la seconde.

*p* Sect. 56.

5. NOVÆ, ou AD NOVAS, Ville de Macédoine, selon l'Itinéraire d'Antonin, qui la met sur la route d'*Hydrus* à *Aulon*, entre *Apollonia*

A a 2

&

& *Claudiana*, à vingt-cinq milles de celle-ci, & à vingt-quatre milles de la premiere.

6. NOVÆ ou AD NOVAS, Ville d'Espagne que l'Itinéraire d'Antonin place sur la route d'*Asturga* à *Tarragone*, entre *Ilerda* & le lieu nommé *ad septimum decimum*, à dix-huit milles de la premiere & à treize milles de la seconde.

NOVÆ AQUILONIÆ, ou AQUILIANÆ, Lieu de l'Afrique propre, selon l'Itinéraire d'Antonin, qui la met sur la route de *Ptocolosida* à *Tingis*, entre *Oppidum novum* & *ad Mercuri*, à trente deux milles de la premiere & à douze milles de la seconde.

NOVÆ AULÆ, ou THEODOSIUPOLIS : le Concile de Chalcédoine fait mention de cette Ville, sans marquer de quelle Province elle étoit. Ce pourroit être la même Ville que la Notice des Dignitez de l'Empire appelle *Theodosiopolis* & qu'elle place dans la Mésopotamie. *a Ortelii Thesaur.*

NOUAILLE (La), Bourg de France dans le Limousin, Election de Gueret. Ce Bourg est situé dans le Limousin; mais une bonne partie des Villages qui en dépendent sont dans la Haute-Marche. La Cure dépend du Chapitre de St. Etienne de Limoges. Le terroir de cette Paroisse est très-fertile.

NOUAILLE, Voyez NOAILLE.

NOUAILLE, ou SAINT SAUVEUR DE NOAILLE, Bourg de France, dans le Pays d'Aunis, Election de la Rochelle.

NOVALE, petite Ville ou gros Bourg d'Italie, entre Padoue & Trevise. Ce lieu passe pour être riche & est bien peuplé [b]. *b Leander, Descr. di tutta Italia, p. 480.*

NOVALESE, ou NOVALISO, Bourg du Piémont dans le Marquisat de Suze, au pied du mont Cenis, sur le torrent de ce nom. On y voit une Abbaye [d] de l'Ordre de St. Benoît, fondée par Frodonius, Prince du Sang de France, & augmentée considérablement par Charlemagne. Plusieurs Abbayes d'Italie, de France & d'Espagne en dépendoient autrefois. Il y a une Chartreuse près de ce Bourg. *c Ib. p. 456. d Corn. Dict.*

1. NOUAN, Bourg de France dans l'Orléanois, Election de Beaugency.

2. NOUAN, Bourg de France dans la Touraine, Election de Loches.

NOVANA, Ville d'Italie dans le *Picenum*, selon Pline [e]. Quelques MSS. portent *Nobana*. On croit que c'est aujourd'hui *Citta Nova*. *e l. 3. c. 13.*

NOVANTÆ, ou NOVANTES, Peuples de l'Isle d'Albion, selon Ptolomée [f] qui les place dans la partie Septentrionale, & leur donne deux Villes, savoir, *f l. 2. c. 3.*

*Leucopibia*, & *Retigonium*.

NOVANTRINUM FORUM, Ville d'Italie. Ortelius [g] soupçonne que ce pourroit être la Ville *Novana* de Pline. Dans le Thrésor de Goltzius on lit une ancienne Inscription, qui porte ces mots : FORUM NOVANT. *g Thesaur.*

NOVANTUM CHERSONESUS, Ptolomée [h] donne ce nom à une Contrée de la partie Septentrionale de l'Isle d'Albion. *h l. 2. c. 3.*

NOVANTUM PROMONTORIUM, Promontoire de l'Isle d'Albion, selon Ptolomée [i], qui le place dans la partie la plus Septentrionale, au Pays des *Novantæ*. *i Ibid.*

NOVANUS FLUVIUS, Fleuve d'Italie, dans l'Umbrie au Territoire de *Pitinum*, au-delà de l'Apennin. Pline [k] dit qu'il s'enfle dans tous les Solstices & qu'il se desseche tous les Hivers. Le Pere Hardouin croit qu'on doit lire *Vomanus* au lieu de *Novanus*; parce que Pline parle ailleurs [l] d'un Fleuve nommé *Vomanus* dans le *Picenum* au delà de l'Apennin. *k l. 2. c. 103. l 3. c. 13.*

NOVARE, ou NOVARA, [m] Ville d'Italie, dans le Duché de Milan, & la Capitale du Novarèse, petite Contrée à laquelle elle donne son nom. Les Anciens l'ont nommée NOVARIA; & il en est fait mention dans une ancienne Inscription, qui se conserve à Rome, *m Paulli Merula Cosmogr. part. 2. l. 2.*

C. Livius. C. F.
JUSTUS.
Novaria. Mil.
Cho. IIII. pr.
D. Licini. Milit.
Ann. XVIIII.
Vix. an. XXVII.
H. S. E. T. F. I.

Le Livre des Origines attribué à Caton, porte que cette Ville se nomma anciennement *Aria*, *Libya*, & *Leontina*. D'autres veulent qu'elle fut fondée par Eltius Troyen, Fils de Venus, & qu'il la nomma *Novaria* pour *Nova Ara*, parce qu'il y avoit élevé un Temple dédié à Venus. Pline dit cependant qu'elle fut bâtie des ruines de la Ville *Vertacomacori*, dans le Pays des *Vocontii*. Quoiqu'il en soit, cette Ville qui est le Siège d'un Evêque Suffragant de l'Archevêché de Milan, est bâtie sur une petite colline. Elle demeura long-tems sous la puissance des Ducs de Milan, après quoi elle fut possédée successivement par les de la Torre, par les Visconti, par les Sforce, par les François & par les Ducs de Parme. Ce fut dans le Château de cette Ville, que Louis Sforce Duc de Milan fut arrêté prisonnier en 1500. par les Suisses & livré aux François, qui l'emmenerent en France, où il mourut.

Entre les Grands hommes que cette Ville a produits on compte Albutius Silon, célebre Orateur du tems d'Auguste. Merula ajoute qu'elle a donné la naissance à Pierre Lombard, Evêque de Lyon, dit le Maître des Sentences. Mais Mr. Fleury marque seulement, qu'il étoit né près de Novare. Merula erre encore en disant que Pierre Lombard fut Evêque de Lyon, *Episcopum Lugdunensem* : il fut Evêque de Paris en 1159. ou 1160. & mourut en 1164. comme le porte son Epitaphe, qui se voit dans l'Eglise de St. Marcel près de Paris, où il fut enterré.

NOVARIA, Ville de l'Insubrie. Ptolomée [n] & Pline [o] parlent de cette Ville. C'est aujourd'hui la Ville de NOVARE. Voyez ce mot. *n l. 3. c. 1. o l. 3. c. 17.*

NOVARESE, petite Contrée d'Italie, dans le Duché de Milan. Elle est bornée au Nord, partie par les Vallées de Sessia & partie par celles d'Ossola, à l'Orient par le Milanez propre; au Midi par le Vigevanasc & à l'Occident par le Piémont. Les principaux lieux de cette Contrée sont,

No-

# NOU. NOV. NOV.

Novara,
Orta,
Borgomanero,
Romagnano,
Trecaste,
Silavengo,
Biandrate.

**NOVASENNENSIS**, Novasumensis, Novasinensis ou Nobasinensis, Ville Épiscopale d'Afrique, dans la Province de Numidie. *Restitutus est qualifié Episcopus plebis Novasinensis*, dans la Conférence de Carthage [a].

*a* nº. 111.

**NOUDAR** [b], Bourg de Portugal dans la Province d'Alentejo. Il est situé à l'Orient de Mouraon, sur la Rivière d'Ardita, & défendu par un Château.

*b* Délices de Portugal, t. 5. p. 798.

**NOUDAUGUSTA**, Ville d'Espagne chez les *Arevaca*, selon Ptolomée [c]. Pline [d] la nomme *Nova Augusta*.

*c* l. 2. c. 6.
*d* l. 3. c. 3.

**NOUÉ** (La), Abbaye de France dans la Normandie, au Diocèse d'Evreux, entre cette Ville, & celle de Conches, sur un Ruisseau qui va de Conches à Evreux. C'est une Abbaye d'Hommes, de l'Ordre de Cîteaux, sous la Filiation de Jouy. On rapporte sa fondation au premier de Janvier 1144. & on l'attribuë à l'Impératrice Mathilde. Cette Abbaye vaut huit mille livres par an à l'Abbé.

**NOVE**, ou Novi [e], petite Ville du Royaume de Prusse, dans le Palatinat de Culm, deux lieues au-dessous de Graudentz. Elle est située sur une Montagne dont la Vistule, qui commence à s'élargir dans cet endroit lave le pied.

*e* La Forêt de Bourgon, Géogr. Hist. t. 2. p. 30.

**1. NOVELLARE**, petite Ville d'Italie, dans le Comté de même nom, dont elle est le Chef-lieu. Elle est située entre Guastalla, vers le Nord, Carpi à l'Orient, Reggio au Midi, & Verceil au Couchant. Elle a un assez beau Château, où le Comte son Souverain fait son séjour ordinaire.

**2. NOVELLARE**, petite Contrée d'Italie, avec titre de Comté, au Midi du Duché de Guastalla & enclavée dans le Duché de Reggio. Ce Comté est possédé par une Branche Cadette de la Maison de Gonzague, issue de Louis III. de Gonzague, Marquis de Mantouë.

**NOVEMPAGI**, Ville ancienne de la Toscane. Pline [f] la met dans les terres, & Leander soutient que c'est aujourd'hui *Bagnarea* [g]. Il reprend Volaterranus de l'avoir nommée *Decempagi*, au lieu de *Novempagi*. L'un & l'autre disent que dans le moyen âge elle fut connuë sous le nom de *Balneoregium*, & que le Roi Didier la nomma *Roda*.

*f* l. 3. c. 5.
*g* Ortelii Thesaur.

**NOVEMPOPULANIE**, nom qui fut donné anciennement à une grande Contrée de la France. L'Aquitaine du tems de Jules César étoit renfermée entre la Garonne, les Pyrénées & l'Océan. Auguste l'étendit jusqu'à la Loire, & après cette augmentation, elle demeura long-tems en cet état ne formant qu'une seule Province. Sous Constantin le Grand, à ce que l'on croit communément, elle fut divisée en deux Provinces, qui furent nommées Aquitaine & Novempopulanie. Enfin quelque tems après, toutes les Terres qu'Auguste avoit renfermées dans l'Aquitaine furent divisées en trois Provinces, qui furent nommées l'Aquitaine premiére, l'Aquitaine seconde & la Novempopulanie. Ce fut Adrien [h] qui fit cette derniére division, lorsqu'il multiplia les Provinces des Gaules, où il jugea à propos de met-

*h* Cordemoy Hist. de France, T. 1. p. 63.

tre un grand nombre de Gouverneurs, afin de contenir plus aisément les Peuples. On appella alors Novempopulanie, l'Ancienne Aquitaine, ou l'Aquitaine proprement dite, qui comprenoit du tems de César les terres qui se trouvoient entre la Garonne, les Pyrénées & l'Océan. Rufus Festus [i] appelle cette Province *Novempopulana*: la Notice de l'Empire se sert tantôt du nom de *Provincia Novempopulana*, tantôt de celui de *Novempopuli*: les anciennes Notices des Provinces des Gaules disent *Provincia Novempopulana*: Grégoire de Tours [k] employe le nom de *Novempopulana*: une ancienne Inscription, conservée dans le Recueil de Goltzius porte *Gentem Populanam*, & dans le Concile d'Aquilée, aussi-bien que dans le Decret que l'Empereur Honorius adressa à Agricola Préfet des Gaules, cette Province est appellée *Novempopulania*. C'est le nom que les Ecrivains qui sont venus depuis lui ont donné plus communément, quoiqu'ils se soient aussi servis de celui de *Novempopuli*. Ces neuf Peuples étoient, à ce que croit Mr. de Valois [l],

*i* In Breviar. zer. gest. Populi Rom.
*k* Hist. l. 2. c. 25.
*l* Notit. Gal. p. 381.

- Elusates,
- Ausci,
- Aquenses ou Aquitani,
- Lactorates,
- Convena,
- Consorani,
- Tarbelli ou Boates,
- Vasates,
- Bigerrones, ou Bigerri.

Ce sont encore aujourd'hui les Peuples les plus considérables de cette Province; du moins si on en excepte les *Elusates*. Quant aux *Benarnenses*, *Aturenses* & *Elozonenses*, qui se trouvent aussi renfermez dans les mêmes bornes; ce sont des noms de Villes, plutôt que des noms de Peuples. Ortelius [m] place mal à propos dans la Novempopulanie, les *Vivisci*, Peuples considérables dans la seconde Aquitaine, & les *Medulli* & les *Boii*, petits Peuples, qui n'ont jamais fait grande figure & dont on ne connoît guére que les noms. En effet Bourdeaux étoit la Capitale des *Bituriges Vivisci*, de qui dépendoient les *Medulli* & les *Boii*. Quoiqu'ils fussent au-delà de la Garonne, & aux confins de la Novempopulanie, ils étoient cependant compris sous la seconde Aquitaine.

*m* Thesaur.

Isidore dans la Notice des Gaules, qu'il publia vers l'an 800. donne à la Novempopulanie le nom de troisième Aquitaine, *Provincia Aquitania tertia*; nom nouveau, mais qui paroissoit assez convenir. D'autres l'ont appellée *Provincia Auscensis* ou *Auscitana*, & quelquefois même simplement *Auscitania*, du nom de la Ville d'Ausch, qui étoit la Capitale & la Métropole de la Province. Enfin les Modernes par corruption ont écrit *Auxiana* & *Auxitania*.

Sous les régnes qui précédérent celui de Chilperic II. les Gascons, quittant leurs Montagnes, & ne se contentant plus de faire des courses sur les terres de France, s'étoient rendus maîtres du Pays & des Villes entre la Mer, la Garonne & les Pyrénées. La Novempopulanie commença alors à s'appeller Gascogne du nom de ses Vainqueurs; & ce n'est en effet que vers le tems de Chilperic II. que les Historiens commencerent à l'appeller ainsi. Les Gascons avoient alors à leur tête

tête un Duc nommé Eude, que les uns font François & les autres Espagnol. Quelqu'il fût c'étoit un très-habile homme, qui avoit profité des guerres civiles de la France, & du mauvais état du Gouvernement, pour se faire non-seulement Duc des Gascons, absolu & indépendant; mais même Duc d'Aquitaine. Il poussa ses Conquêtes si loin, qu'il laissa peu de chose aux François au-delà de la Loire.

NOVEM TURRES, c'est ainsi que Diodore de Sicile[a] nomme un lieu de la Sicile, où il dit que le Roi Gelon fut enterré. Ce lieu étoit à deux cens stades de Syracuse[b].

*a lib. 2.*
*b Ortelii Thesaur.*

NOVEM VIÆ. Voyez AMPHIPOLIS.

NOVENQUE, Abbaye de France dans le Diocèse de Vabres. C'est une Abbaye de Filles de l'Ordre de Cîteaux; elle fut fondée en 1161. sous la direction de l'Abbaye de Silvanez.

NOVENS, Bourg de France, avec Château dans le Maine. Élection du Mans.

NOVENSIS CIVITAS. Voyez NOVA.

NOVERUS, NABARUS, ou NOVARUS, ancien Bourg ou Village de France, dans la Saintonge, au-delà de la Charente par rapport à Bourdeaux. C'est dans ce lieu qu'étoit située la Maison d'Ausone[c]. On croit que c'est aujourd'hui le Village appellé les Nouliers[d].

*c Auson. Epist. 23.*
*d Vinetus in Auson. Epist.*

NOVESIUM, c'est le nom ancien de la Ville de Nuys, dans l'Electorat de Cologne. Voyez NUYS.

NOUGARET. Voyez NOGARET.

NOVI, petite Ville d'Italie[e], autrefois dans le Milanez, aujourd'hui dans la partie la plus Septentrionale de l'Etat de Gênes, au Midi de la Ville de Tortone. Les Génois s'emparèrent de Novi vers le milieu du seizième Siècle, à la faveur des troubles qui agitoient l'Italie.

*e Visser, Carte du Milanez.*

NOVIA, Ville d'Italie[f]. On trouve dans le Trésor de Goltzius, une ancienne Inscription qui fait mention de cette Ville; & l'on dit que cette Inscription se conserve à Urbin en Italie[g]. On la voit aussi dans le Recueil de Smece.

*f Ortelii Thesaur.*
*g l. 5. R. P. Lazius Roman.*

NOVI-BASAR, ou JENI-BASAR, Ville de la Turquie en Europe, dans la Servie, aux Frontières de l'Herzégovine. Elle est située sur la Rivière de Rasca, entre Urchupou Precop à l'Orient & Pleusglie à l'Occident.

1. NOVIDUNUM, Ville sur le Danube, aux environs du Pays des Grutungi, selon Ammien Marcellin[h].

*h l. 27. p. 365.*

2. NOVIDUNUM, nom Latin de la Ville de NOGENT LE ROTROU. Voyez ce mot.

1. NOVIENTUM. Voyez EBERSMUNSTER.

2. NOVIENTUM, Village de France, aux environs de Paris[i]. Surius en fait mention dans la Vie de St. Remy.

*i Ortelii Thesaur.*

NOVIGENTUM[k], petite Ville de France sur la Marne. Il en est parlé quelque part dans Grégoire de Tours & dans la Vie de St. Germain, Evêque de Paris. Quelques MSS. portent Nonigentum. Il se pourroit faire, que ce seroit le même lieu que NOVIENTUM. Voyez ce mot, n°. 2.

*k Ibid.*

1. NOVIGRAD[l], Ville de la Haute Hongrie, dans le Comté de même nom, dont elle est le Chef-lieu. Elle est bâtie sur une Colline environ à deux milles du Danube, à l'Orient de ce Fleuve.

*l De l'Isle Atlas.*

2. NOVIGRAD[m], Contrée de la Haute Hongrie, avec titre de Comté. Elle est bornée au Nord partie par le territoire des sept Villes des Montagnes, partie par quelques terres du Comté de Hont; à l'Orient par le Comté de Hont; au Midi par le Comté de Pest; & à l'Occident, partie par le Comté de Bars, partie par le Danube.

*m Ibid.*

3. NOVIGRAD, Lac de la Dalmatie[n], au fond du Golfe de la Morlacca; il tire son nom de la Ville de Novigrad, bâtie sur l'un de ses bords. Il reçoit à l'Orient les eaux de l'Obrazzo, & celles du Lac Carin; au Midi celles de la Rivière de Novigrad; & à l'Occident il se décharge par un long Canal, dans le Golfe de Morlacca. Il y a dans ce Lac divers écueils tous voisins de la terre, & sur lesquels se trouvent quelques Habitations.

*n Coronelli, Carte de la Dalmatie.*

4. NOVIGRAD, petite Rivière ou Torrent de la Dalmatie[o]. Elle se jette dans le Lac de même nom, à l'Occident de la Ville de Novigrad.

*o Ibid.*

5. NOVIGRAD[p], ou Stretto di Novigradi, Detroit dans la Dalmatie; c'est par-là que les eaux du Lac de Novigrad se déchargent dans le Golfe de Morlacca.

*p Ibid.*

6. NOVIGRAD[q], ou NOVEGRADI, Ville de la Dalmatie, sur la rive Méridionale du Lac de même nom. Elle est fortifiée & bâtie sur une éminence.

*q Ibid.*

7. NOVIGRAD, petite Ville ou plutôt Château de la Croatie[r], sur la Rivière de Dobra, à l'Occident de Carlstat.

*r De l'Isle Atlas.*

NOVILIACUM, ou NOBILIACUM, c'est le nom Latin du Bourg de Noaillé en Poitou. Voyez NOAILLE.

NOVIODUNUM OPPIDUM SUESSONUM. Tout le monde explique cette place[s] Noyon: & cela avec tant de confiance & tant d'assurance, que je ne sai si on me voudra permettre de dire qu'elle se peut, & qu'elle se doit mettre ailleurs. Il n'y a rien du tout, qui fasse en faveur de Noyon, que la conformité du nom nouveau Noyon, avec l'ancien Noviodunum. Et véritablement si j'avois à mettre en Latin le nom de Noyon, je ne le ferois pas autre que par NOVIODUNUM: mais il ne s'ensuit pas que toutes les Places, que les Anciens ont appellées Noviodunum, soient Noyon. Car outre qu'il y a plusieurs Noviodunum en diverses parties de l'Europe; il y en a jusqu'à quatre dans la Gaule seulement. Noviodunum in Eduis, Nevers; Noviodunum in Biturigibus, Neuvy sur Baranjon; Noviodunum Diablintum, Nogent le Rotrou au Perche; & notre Noviodunum Suessonum, que nous dirons bientôt être Soissons, sans avoir égard à Noviodunum in Helvetiis, Nyon, dont le nom n'est autre encore que Noviodunum, tourné en Latin un peu autrement, & plus approchant de la prononciation de ceux du Pays. Ainsi il y a dix ou douze Noviomagus en diverses parties de la Gaule seulement, ainsi plusieurs & divers Mediolanum, Lugdunum, &c. ces noms étant communs à plusieurs & à différentes Places. Comme nous voyons aujourd'hui plusieurs Places qui s'appellent, Neuchâtel, Neuville, Villeneuve, Villefranche, Granville, Montaut, Monfort, Montreal, &c. d'où il est aisé de

*s Samson Rem, sur la Carte de l'ancienne Gaule, p. XXXIX.*

de juger, que Noyon se peut appeller *Noviodunum*; mais aussi que *Noviodunum* se peut accommoder à diverses Places, autres que Noyon. Cela posé, nous trouverons que *Noviodunum Oppidum Suessonum*, dans César, ne doit pas être Noyon; & qu'avec toutes les apparences du monde, elle doit être Soissons. En voici les raisons. Le Diocèse de Noyon comprend aujourd'hui tout le Vermandois; ce qui montre que Noyon ayant pris la place d'*Augusta Veromanduorum*, de Vermand, qui a été ruïnée, Noyon, dis-je, doit être aussi en Vermandois; suivant les bonnes maximes & l'ordre qui se doit toûjours observer: savoir, que la Ville capitale d'un Peuple étant ruïnée, l'autorité de cette Ville se doit transporter & remettre dans une autre Ville du même Peuple, & non dans la Ville d'un autre Peuple. Par conséquent l'assiette de Noyon sera *in Veromanduis*, dans le Vermandois, puis qu'elle tient la place d'*Augusta Veromanduorum*, & non *in Suessionibus*, dans le Soissonnois, où doit être la Ville *Noviodunum Oppidum Suessonum*. D'ailleurs Soissons convient mieux au *Noviodunum* de César, que Noyon. César ayant battu les Gaulois, part des environs de Rheims ou de Fismes, & marchant vers le Beauvoisis, passe par le Soissonnois où il assiége *Noviodunum*; croyant le pouvoir emporter d'emblée, & en chemin faisant; *Postridie ejus diei Cæsar, priusquam se hostes, ex pavore, ac fuga reciperent, in fines Suessionum, qui proximi Rhemis erant, exercitum duxit; & magno itinere confecto, ad Oppidum Noviodunum contendit. Id ex itinere oppugnare conatus, quod vacuum ab defensoribus esse audiebat*, &c. Le lendemain auparavant que les Ennemis eussent le tems de se reconnoître, & de se rallier, César fit avancer ses troupes dans l'Etat des Soissonnois, qui étoient les plus proches de ceux de Rheims. Et ayant fait une grande traite, il marcha droit à *Noviodunum* (Soissons,) & essaya de l'emporter d'emblée, sur ce qu'on l'avoit assuré qu'il n'y avoit personne pour le défendre. Et peu après, il reçut ceux de Soissons à composition, & mena son Armée contre ceux de Beauvais: *in deditionem Suessones accepit, exercitumque in Bellovacos duxit*, &c. Noyon ne se rencontre point dans le chemin de César, mais Soissons: Et de plus *Noviodunum Oppidum Suessonum* avoit toute l'autorité dans l'Etat de Soissons; comme on le peut juger par le soin que les Soissonnois avoient de la défendre, *interim omnis ex fuga Suessonum multitudo in Oppidum proxima nocte convenit*. Cependant tous ceux de Soissons qui avoient quitté l'Armée (des Belges) se rassemblérent, & rentrérent dans la Ville la nuit d'après; par le soin que ceux de Rheims prennent pour la conserver; car César étant résolu d'assiéger la Place & de l'attaquer de vive force, il dit que *Galli magnitudine operum, & celeritate Romanorum permoti, Legatos ad Cæsarem de deditione mittunt; & petentibus Rhemis, ut conservarentur, impetrant*. Les Gaulois étonnez des grands travaux, & de la diligence des Romains, envoyérent à César pour se rendre à composition, & à la prière de ceux de Rheims, ils obtinrent d'être conservez: & par les ôtages qui se donnent à sa reddition: ces ôtages étant les plus Grands de la Cité, ou de l'Etat, & les enfans mêmes de Galba Roi des Soissonnois. *Cæsar obsidibus acceptis, primis Civitatis, atque ipsius Galbæ Regis filiis, armisque omnibus ex Oppido traditis, in deditionem Suessones accepit*. César après avoir reçu en ôtages les premiers de l'Etat, & même les enfans du Roi Galba, & fait rendre toutes les armes, qui étoient dans la Ville, reçut ceux de Soissons à composition. Toutes ces choses conviennent fort bien à Soissons, & non à Noyon, Soissons ayant toujours été, & étant encore la Capitale du Diocèse de Soissons, étant posée presque au milieu, & dans le lieu le plus avantageux de son Etat, où apparemment le Roi Galba faisoit sa résidence: Toutes ces choses, dis-je, montrent assez que ce *Noviodunum Oppidum Suessonum* avoit la principale autorité de tout le Soissonnois, & doit répondre à Soissons. Si ces raisons ne suffisent, le tems nous en pourra faire naître encore d'autres.

NOVIODUNUM ÆDUORUM, ou NIVERNUM, noms Latins de la Ville de Nevers. Voyez ce mot. C'est la même Ville que Ptolomée [a] nomme NEOMAGUS. *a* l. 2. c. 8.

NOVIODUNUM BITURIGUM, Ville des Gaules, chez les anciens *Bituriges*. César [b] en fait mention; & l'on croit que c'est aujourd'hui NEUVY SUR BARANJON. *b* De bell. Gal. lib. 7. Voyez ce mot.

NOVIODUNUM, ou NUIODUNUM, Ville de la Basse Moesie: Ptolomée [c] la place *c* l. 3. c. 10. dans l'endroit où le Danube se partage en diverses branches, qui forment ses différentes bouches. L'Itinéraire d'Antonin la met sur la route d'*Arrubium* à *Nicomedie*, entre *Dinigullia* & *Ægisson*, à vingt milles de la premiére & à vingt-quatre milles de la seconde.

NOVIODUNUM, Ville de la Pannonie: L'Itinéraire d'Antonin la place sur la route d'*Æmona* à *Sirmium* entre *Prætorium*, *Latovicorum* & *Quadratum*, à trente & un mille de la première & à vingt-huit milles de la seconde. On croit que c'est aujourd'hui *Krainburg*.

NOVIOMAGUS BATAVORUM. Voyez NIMÉGUE.

NOVIOMAGUS NEMETUM. Voyez NEMETES, & SPIRE.

NOVIOMAGUS TREVIRORUM. Voyez NUMAGEN.

NOVIOMAGUS VEROMANDUORUM, Ville des Gaules dans la seconde Belgique. Sanson a prouvé que le *Noviodunum Oppidum Suessonum* n'étoit pas le *Noiomus*; c'est-à-dire la Ville de Noyon, comme presque tout le monde l'avoit cru. Les principales raisons qu'il en donne sont que *Noiomus* devoit être chez les *Veromandui*, & non chez les *Suessiones*; que Noyon a succédé à l'*Augusta Veromanduorum*; que son Diocèse comprend tout le Vermandois; & que lorsque la Capitale d'un Peuple est ruïnée, l'usage est de transférer les Droits de Capitale à une autre Ville du même Peuple. Sanson auroit du ajouter [d] qu'aucun ancien Écrivain n'a *d* Adr. Valesii, Not. donné à Noyon le nom de *Noviodunum*, Gal. p. 387. mais seulement celui de *Noviomagus*. C'est ainsi que la nomme l'Itinéraire d'Antonin, en décrivant la route de *Mediolanum* [*Santonum*] à Vienne par les Alpes Cottiennes. La Notice de l'Empire lui donne le même nom

nom en ces termes : *Præfectus Lætorum Batavorum, Contraginensium Noviomago Belgica secunda.* Voyez NOYON, & NOVIODUNUM OPPIDUM SUESSIONUM.

NOVIOMUS, NOVIONUS & NOVIONUM. Voyez NOVIOMAGUS VEROMANDUORUM.

NOVION, ou NOUVION LE VINEUX,[a] Bourg de l'Isle de France. a, Election de Laon. Les Habitans de cette Paroisse doivent à leur Seigneur une espèce de Taille en vin, de cent muids par an. Il intervint Arrêt du Parlement de Paris en 1505. confirmatif d'une Sentence qui déboutoit les Habitans de Novion le Vineux de la demande, qu'ils faisoient, à ce que cette rente de cent muids par an fût fixée à une somme en argent. La fin de cet Arrêt, qui est en Latin, est remarquable : *Sauf toutefois à l'Intimé de faire aux Appellans telle grace, qu'il avisera bon être, à cause de la misère & calamité du tems.* Cette clause qui sembleroit à présent inutile jusqu'à l'impertinence étoit apparemment pour lors de quelque poids pour insinuer dans l'esprit d'une personne de qualité une considération d'équité, que le Parlement ne pouvoit pas prescrire avec justice.

NOVIOREGUM, Ville d'Aquitaine. L'Itinéraire d'Antonin la met sur la route de Bourdeaux à Autun, entre *Tamnum* & *Mediolanum Santonum*, à douze milles de la première, & à quinze milles de la seconde. Ortelius[b] croit que cette Ville est la même chose que NOVERUS. Voyez ce mot.

NOVIS, Tite-Live,[c] dit que c'est ainsi que s'appelloit de son tems le lieu, où Virginius tua sa fille Virginia. Ce lieu étoit vis-à-vis du Temple de Vénus Cloacine.

NOVISONA,[d] petite Rivière de France en Franche-Comté dans le Bois de Saint Claude. Il en est parlé dans la Vie de St. Claude.

NOVITO,[e] petite Rivière d'Italie, au Royaume de Naples. Elle a sa source dans l'Apennin, coule dans la Calabre Ultérieure, un peu au Nord de la Ville de Gierace, & va se jetter dans la Mer Ionienne. Cette Rivière s'appelloit anciennement *Butrotus*.

NOVIUM. Voyez NOELA.

NOVIUS, ou NUIUS, Fleuve de la Libye intérieure : Ptolomée[f] met son embouchure entre la Ville de Bagazi & le Promontoire, *Soloentia* ou *Soluentia*.

NOVIUS, Fleuve de l'Isle d'Albion, selon Ptolomée[g], qui place son embouchure entre celle du Fleuve *Deva*, & le Golfe *Ituna*. Ortelius[h] croit que c'est aujourd'hui le *Nyd*. Camden est de même sentiment ; mais, au lieu de *Novius* il voudroit lire *Nodius* dans Ptolomée. Voyez PONS ÆLII.

NOVOBARDUM. Voyez NEBOPRIQUM, & NOVOPYRGUM.

NOVOCOMUM. Voyez NOVUM-COMUM.

NOVO-COMUM. Voyez CÔME.

NOVOGOROD, ou NOWGOROD,[i] Ville de l'Empire de Russie, de la Grande Nowgorod, sur la Rivière de Volchoma. Lundorp dans la Continuation de Sleidan la met à 62. d. d'élévation & Paul-Jove, à 64. d. mais dans l'Observation qu'Olearius en fit le 15. de Mars 1636. il trouva qu'à Midi

le Soleil étoit élevé sur l'Horison de 33. d. 45'. & que la déclinaison du Soleil, à cause du Bissexte, à raison de 55. d. étoit de 2. d. 8'. lesquels étant déduits de l'élévation du Soleil, celle de la Ligne Equinoctiale ne pouvoit être que de 31. d. 27'. lesquels ôtez de 90. d. il n'en pouvoit demeurer que 58. d. 23'. Cette observation s'accorde à peu près avec le calcul qu'en avoit fait le Sr. Bureus, quelque tems auparavant Ambassadeur de Suède en Moscovie, & qui dans sa Carte Géographique de Suède & de Moscovie, met la Ville de Novogrod à 58. d. 13'. Cette Ville est située dans une grande Plaine sur le bord de la Rivière de *Volchoma* ou *Volchou*, qui sort de la partie Septentrionale du Lac d'Ilmen, à une demi-lieue au-dessus de la Ville, & qui est très-abondante en poisson, particulièrement en Brêmes, qui y sont excellentes, & à grand marché. Mais le plus grand avantage que Novogorod tire de cette Rivière, c'est celui du commerce. Comme elle est navigable depuis sa source, & que le Pays est très-riche en bled, lin, chanvre, cire & cuir de Russie, que l'on prépare mieux à Novogorods, qu'en aucune autre Ville de Moscovie, la facilité du transport de ces Marchandises attiroit autrefois, non-seulement les Livoniens & les Suédois, mais encore les Danois, des Allemands, & les Hollandois. Les Villes Anséatiques y avoient leur Bureau ou Comptoir, & des Privilèges dont elle jouissoit sous son Prince, qui ne reconnoissoit point le Grand Duc. L'avoient rendue si puissante, qu'il étoit passé en Proverbe : *Qui est ce qui peut s'opposer à Dieu & à la grande Ville de Novogorod ?*

On l'appelle communément *Weliki Novogorod*; c'est-à-dire le Grand Novogorod ; mais il y a beaucoup d'apparence qu'elle étoit autrefois bien plus grande qu'elle n'est présentement ; car on voit dans son voisinage, les restes des murailles, & de plusieurs clochers, qui faisoient sans doute partie de la Ville. Le nombre des clochers qu'elle a conservez promet quelque chose de plus beau que ce qu'elle est, en effet. Lorsqu'on en approche on ne voit que des murailles de bois & des maisons bâties de poutres & de solives de sapin entassées les unes sur les autres.

Vithold, Grand Duc de Lithuanie & Général de l'Armée de Pologne fut le premier qui contraignit cette Ville en 1427. à payer tribut. On prétend qu'il étoit de deux cens mille roubles. Le Tyran Jean Basili Grotsdin, après une guerre de sept ans, remporta au mois de Novembre 1467. une grande victoire sur une Armée que cette Ville avoit mis sur pied, & força les Habitans de se rendre, & de recevoir un Gouverneur de sa part. Ensuite ne s'y croyant pas assez absolu, il y alla en personne, se servant du prétexte de la Religion & de les vouloir empêcher de suivre la Catholique Romaine, l'Archevêque Theophile, qui y avoit le plus d'autorité, fut celui qui favorisa davantage ses desseins. Il en fut mal récompensé dans la suite, à peine le Tyran fut-il entré dans la Ville qu'il la pilla. En se retirant il emmena avec lui trois cens chariots chargez d'or, d'argent & de pierreries, sans les riches étoffes, & les meubles précieux qu'il fit mettre sur plusieurs autres chariots &

& porter à Moscou. Il y transporta aussi un grand nombre d'Habitans & envoya des Moscovites tenir leur place à Novogorod.

La cruauté de Jean Basilowitz, Grand Duc de Moscovie, fut encore plus funeste à cette Ville. Sur la seule défiance qu'il eut de la fidélité des Habitans, il entra à Novogorod en 1569. & y fit tuer ou jetter dans la Riviére deux mille sept cens soixante & dix personnes, sans distinction de qualité, de sexe, ni d'âge: encore ne comprend-on pas dans ce nombre une infinité de pauvres gens qui furent écrasez par la Cavalerie, qu'on lâcha sur eux. On jetta tant de corps dans le Wolchoma, que les eaux de cette Riviére ne pouvant continuer leur cours, se débordérent sur toute la Campagne voisine. La peste dont la Ville fut infectée à la suite de ce desordre, fut si furieuse, que personne ne voulant se hazarder d'y porter des vivres les Habitans furent réduits à manger les corps morts. Le Tyran prit prétexte de cette espéce d'inhumanité pour faire tailler en piéces la plus grande partie de ceux qui s'étoient sauvez de sa premiére cruauté & qui étoient échappez à la fureur de la peste & de la famine. L'Archevêque de la Ville, croyant adoucir le Tyran lui fit dans son Palais un grand festin, pendant lequel le Duc envoya piller le riche Temple de Sainte Sophie & tous les trésors des autres Eglises qu'on y avoit retirez comme dans un lieu de sureté. Il n'en demeura pas là ; après le dîner il fit aussi piller l'Archevêché ; il déclara à l'Archevêque, qu'il vouloit qu'il se mariât & que tous les autres Prélats & Abbez qui s'étoient réfugiez dans la Ville fussent des noces ; & il ordonna à chacun la somme dont il vouloit qu'ils fissent présent aux nouveaux mariez. Tous apportérent ce qu'ils avoient pu sauver, dans l'espérance que leur Archevêque en profiteroit ; mais le Tyran après avoir pris l'argent, fit amener une Cavale blanche & lier indignement l'Archevêque dessus, avec des flageolets pendus au col, une vielle & un tistre & l'obligea de jouer du flageolet. On le mena ainsi à Moscou. Tous les autres Prélats, Abbez & Moines furent taillez en piéces, ou chassez à coups de piques & de hallebardes dans la Riviére.

On dit qu'anciennement, avant que la Ville de Novogorod eût embrassé le Christianisme, il y avoit une Idole qu'on appelloit *Perun*, c'est-à-dire le Dieu du Feu. Cette Divinité étoit représentée la foudre à la main & l'on entretenoit auprès un feu perpétuel de bois de Chêne, & qui ne pouvoit s'éteindre qu'aux dépens de la vie de ceux qui étoient chargez de le garder. Aujourd'hui il ne reste plus de mémoire de ce Dieu Perun qu'au Couvent que l'on appelle *Perunski Monastir*. On dit qu'il a été bâti au lieu où étoit autrefois le Temple de l'Idole.

Hors de la Ville & de l'autre côté de la Riviére, on trouve un Château ceint de murailles de pierres. C'est la demeure du Vaivode & de l'Archevêque. Ce Château est joint à la Ville par un grand Pont ; & c'est de dessus ce Pont que le Duc Ivan Basilowitz fit précipiter dans la Riviére ce grand nombre d'Habitans dont il a été parlé. Vis-à-vis du Château du côté de la Ville, on voit un Couvent dédié à St. Antoine. Les Moscovites disent que ce Saint étoit venu de Rome en ces quartiers-là sur une pierre de moulin, avec laquelle il descendit par le Tibre, passa la Mer & remonta la Riviére de Wolchoma jusqu'à Novogorod. Ils ajoutent qu'en arrivant il rencontra des pêcheurs avec lesquels il fit marché de tout ce qu'ils prendroient du premier jet ; qu'ils amenérent un grand coffre plein d'ornemens Sacerdotaux, de livres & d'argent appartenant à ce Saint, & qu'ensuite il bâtit dans ce lieu-là une Chapelle, où ils prétendent qu'il est enterré & que son corps y est encore aussi entier que le jour de sa mort. On assure qu'il s'y fait beaucoup de miracles ; mais on ne permet pas aux Etrangers d'entrer dans la Chapelle. On montre seulement la pierre de moulin sur laquelle on prétend que le Saint a fait le voyage : elle est couchée contre la muraille. Les grandes dévotions qui s'y font ont fourni de quoi bâtir le Couvent de St. Antoine.

2. NOVOGOROD WELIKI, Duché dans les Etats de l'Empire Russien. La Ville de Novogorod Veliki qui en est la Capitale lui donne son nom. Il est borné au Nord [a] partie par le Lac d'Onega, partie par le Cargapol ; à l'Orient par le Duché de Belozero & par celui de Twere ; au Midi par la Province de Rzeva ; & au Couchant par l'Ingrie & par la Seigneurie de Pleskow.

[a] *De l'Isle Atlas.*

Ce Duché est partagé en divers Quartiers qui sont :

| | |
|---|---|
| *Ob-Oneskaia Petina,* ou | Quartier d'audeça de l'Onega ; |
| *Grusina Pogost,* ou | Tribu de Grusina ; |
| *Vichney Volock* } | Espéces de Républiques, |
| *Zaousolskié Volock* } | |
| *Besvolska Petina,* ou | Quartier aride. |

Parmi les Lacs qui se trouvent dans ce Duché on compte :

| | |
|---|---|
| L'Ilmen, | Le Lutinisch ; |
| Le Voldai, | Le Mstim. |

Le Pays est arrosé de plusieurs Riviéres ; savoir :

| | |
|---|---|
| Wolchoma, | Palamit, |
| Vitegra, | Sna, |
| Susta, | Loval, |
| Badagh-korsa, | Salona, |
| Pach, | Ussa, |
| Ochtoma, | Vidocha, |
| Niescha, | Strupin, |
| Msta, | Pchega, |
| Loega. | |

Les Villes ou principaux lieux sont :

| | |
|---|---|
| Novogorod, | Polissa, |
| Vitzgora, ou Vitegra, | Parcof, |
| | Nova-Russa, ou nouvelle Russa, |
| Ochtoma, | Staraia-Russa, ou vieille Russa, |
| Tiffina, | |
| Ludoga, ou Ladiskia, | Krocka, |
| Soltza, | Quelcor, |
| Gorodna, | Niubocki, |
| Chelm. | |

**NOVOGOROD, NISI-NOVOGOROD** ou NISNEI NOVOGOROD. Voyez NISI-NOVOGOROD.

**NOVOGOR-SERPSKOY**, ou NOVO-SERPSKOY, Ville de l'Empire Russien [a] dans le Duché de Severie, sur la Rivière d'Ubiecz, autrement de Dubica, au Midi de Stari Zaugra ou du vieux Zaugra.

[a] *De l'Isle Atlas.*

**NOVOGORD-SEVIERSKI**, ou NOVOGRODECK, Forêt de l'Empire Russien [b], dans la partie Méridionale du Duché de Severie, entre la Rivière de Nevin à l'Orient & celle d'Ubiecz ou Dubica, à l'Occident. La Rivière de Dezna la traverse du Nord au Sud. On lui donne vingt-quatre lieues d'Allemagne de longueur; & sa largeur n'est pas de beaucoup moindre.

[b] *Ibid.*

**NOVOMONTE.** Voyez MONTE-NOVO.

**NOVO-PYRGUM**, Chalcondyle [c] place cette Ville auprès du Morave. Ortelius [d] dit qu'il y avoit à la marge *Novobardum*, qui est la même chose que NOVUS MONS ou MONTE NOVO. Voyez ce mot.

[c] *lib. 8.*
[d] *Thesaur.*

**NOURAGUES**, Peuples de l'Amérique Méridionale [e], dans la Guiane ou Goyane. Ils demeurent vers la source de la Rivière Yapoco, environ à soixante lieues dans les terres. Ils cultivent beaucoup de coton [f], dont ils font des Amacs, ou lits pendans, qu'ils vendent aux autres Sauvages, qui ont moins d'industrie qu'eux. Ils jouissent d'un air beaucoup plus sain que ceux qui habitent près du rivage. On trouve dans leur Contrée de certaines pierres, qui approchent en couleur des Rubis appellez *Rubis-balays*.

[e] *De l'Isle Atlas.*
[f] *Corn. Dict. Laët. Descr. des Indes Oc. liv. 17. c. 7.*

**NOUS.** Voyez NUS.

**NOVUM CASTRUM**, nom commun à divers lieux. Voyez NEUCASTLE, NEUFCHÂTEL, CHATEAUNEUF & NEO-CASTRO.

**NOVUM COMUM.** Voyez CÔME.

**NOVUS MURUS.** Voyez NEONTICHOS.

**NOVUS PORTUS**, Port de l'Isle d'Albion. Ptolomée [g] le place sur la Côte Méridionale de l'Isle, entre l'embouchure du Fleuve *Trisanton* & le Promontoire *Cantium*. Il pourroit avoir conservé son ancien nom, car il y a dans ce quartier un Port qu'on appelle aujourd'hui *Newhaven*, ce qui veut dire la même chose.

[g] *l. 2. c. 3.*

**NOUY**, Village de France dans la Champagne, Election de Rhetel. Il y a dans ce Village un Prieuré considérable, de l'Ordre de St. Benoît & de la Congrégation de St. Vanne. Il jouit de quinze mille livres de rente. Il n'y a que le Prieur & huit Religieux.

**NOYA** [h], Rivière d'Espagne dans la Catalogne: elle tombe dans le Llobregat auprès de Martorel.

[h] *Délices d'Espagne. t. 4. p. 589.*

**NOYA** [i], Ville d'Espagne dans la Galice, sur la rive Méridionale d'un petit Golfe que la Tambre forme à son embouchure. Cette Ville est située au bout d'une plaine très-fertile. C'est l'un des chantiers de la Galice: on y fabrique un grand nombre de Vaisseaux.

[i] *Délices d'Espagne. t. 1. p. 127.*

**NOYELLES-SUR-MER** [k], Bourg ou Village de France dans la Picardie, sur la Côte, Election d'Abbeville. Il y a un Chapitre composé d'un Doyen, qui est élu par le Chapitre & confirmé par l'Evêque d'Amiens. Ce Doyen est à la tête de douze Chanoines.

[k] *Piganiol, Descr. de la France, t. 3. p. 137.*

**NOYEN**, Bourg de France dans l'Anjou, Election de la Flêche.

**NOYERS**, petite Ville de France dans la Bourgogne, entre Montbart & Auxerre, dans un vallon entouré de Montagnes de tous côtez [l]. Cette Ville a six cens pas de long & trois cens dans sa plus grande largeur. Elle est ceinte de murailles fort anciennes, avec vingt-deux Tours bâties de pierre de taille. Elle a deux portes, l'une au Midi & l'autre au Septentrion. La Rivière de Serin l'environne de tous côtez, hors celui du Nord. Le Collège a été fondé de l'union de quelques Chapelles & de cent Ecus de rente, que la Ville donne aux Pères de la Doctrine Chrétienne, qui y enseignent les basses classes. Il y a deux petits Hôpitaux, l'un dans la Ville & l'autre dans le Fauxbourg. La Justice appartient au Seigneur, qui la fait exercer par un Bailli, un Lieutenant, un Procureur Fiscal, &c. Ce Bailliage est *ad instar* des Royaux & en a les Privilèges. L'Appel des Sentences se relève au Présidial de Semur. Il y a aussi un Grenier à Sel. L'Eglise Paroissiale est dédiée à Nôtre-Dame. Le Fauxbourg en dépend, quoique séparé de la Ville. Le Village de Puis-de-bon en dépend aussi. Les Métairies de Champferin, de la Borde, de la Folle de Vaux, des Veilles & de Beauvais; les Granges Neuves d'Arsau, de Clavisy, de Burson & encore les Métairies de Seuhe-Bouteille, & du Pois de l'Echelle, sont aussi des dépendances de la Paroisse de Noyers. Il y a quantité de Vignes. L'Abbé de Molesme est Collateur de la Cure. Il y a deux Chapelles dans l'Eglise Paroissiale. Dans le Fauxbourg est le Prieuré de St. Jacques qui appartient aux Religieux Bénédictins. Il y a un Couvent de Religieuses Ursulines & une Maison de Pères de la Doctrine. On voit au-dessus de la Ville de Noyers les vestiges d'un ancien Château qui a été démoli. Noyers est le passage des troupes de Montbar à Auxerre.

[l] *Ib. p. 506.*

**NOYERS**, Bourg de France dans la Touraine, Election de Chinon.

**NOYERS**, Abbaye de France, dans la Touraine. Elle est située dans le Bourg de même nom. On la trouve nommée en Latin *Abbatia de Neucariis*, & *Sancta Maria de Neuceriis*. C'est une Abbaye d'Hommes de l'Ordre de St. Benoît & de la Réforme. Elle est située sur le bord & à la droite de la Rivière de Vienne, & non loin de celle de Creuse, au Diocèse de Tours, à deux lieues de Sainte Maure, & à une demi lieue du Port de Piles, dans le Bailliage de Chinon, & à quatre petites de Châtellerault. Elle a été fondée l'an 1030. Le revenu de l'Abbé est de douze cens livres, & celui des Religieux qui sont au nombre de neuf ou dix, au moyen des Offices Claustraux, est de deux mille cinq cens douze livres. L'on veut qu'il y ait de l'or mêlé dans le terrain de ce Monastère: On en a cherché la Mine inutilement, parce que l'eau de la Rivière remplit les fossez que l'on fait. Il y a aussi des Mines de Fer & de Cuivre. C'est dans ces dernières qu'on prétend qu'il y a de l'or.

**NOYON**, Ville de l'Isle de France, à vingt-deux lieues de Paris, sur la petite Riviére de Vorse qui se jette à un quart de lieue de-là dans l'Oise. Cette Ville est fort ancienne : elle a été nommée en Latin *Noviodunum*, *Noviomagum*, *Noiomum*, & *Noviomagus Veromanduorum*. Elle n'étoit pas fort considérable [a] sous l'Empire Romain parce que la Capitale des Peuples Vermandois étoit la Ville d'Auguste, aujourd'hui St. Quentin, située sur la Somme. Comme elle fut détruite par les Barbares, l'Evêque des Vermandois, se retira à *Noviomagus*, changé par corruption en *Noviomum*, Noyon. On voit par la Notice de l'Empire [b], que sur la fin du quatrième Siècle, ou au commencement du cinquième, Noyon étoit la demeure d'un Préfet, ou Officier militaire pour les Romains. Elle est aujourd'hui passablement grande, & dans une situation commode pour le commerce. On y compte quatre mille cinq cens Habitans.

[a] Longuerue Descr. de la France. part. 1. p. 22.

[b] Sect. 35.

Il y a huit Paroisses dans Noyon : on les nomme Sainte Magdelaine, St. Pierre, St. Hilaire, St. Martin, St. Jacques, St. Maurice, Ste Goberte & St. Germain. Les Paroisses de St. Eloy & de St. Etienne sont dans les Fauxbourgs. La plus ancienne est celle de Sainte Magdelaine, & celle de St. Martin est la plus grande. La Ville renferme encore dans son enceinte deux Abbayes qui étoient autrefois dans ses Fauxbourgs. La plus ancienne & la plus considérable est celle de St. Eloy, fondée ou du moins amplifiée par ce Saint & illustrée dans la suite de son tombeau & de son nom. Elle est occupée par vingt Religieux Bénédictins de la Congrégation de St. Maur. Son revenu est de douze mille livres. L'Eglise bâtie à la moderne, & achevée vers l'an 1680. est très-belle, aussi bien que la Maison Conventuelle. L'autre Abbaye est celle de St. Barthelemy, fondée l'an 1064. par Baudouin I. Evêque de Noyon. Elle est occupée par une douzaine de Chanoines Réguliers de l'Ordre de St. Augustin. L'Eglise quoique petite est assez jolie. Elle a été bâtie vers l'an 1710. Les Cordeliers qui d'abord ne furent que dans un des Fauxbourgs, vers l'an 1230. ont à présent dans la Ville un fort beau Couvent. Les Péres Capucins s'établirent aussi en 1610. dans un Fauxbourg, & ils y sont encore. Il y a de plus dans Noyon un Hôtel-Dieu ou Hôpital St. Jean, fondé au douzième Siècle. Il est desservi par une nombreuse Communauté de Religieuses de l'Ordre de St. Augustin. Les Ursulines forment à présent une Communauté de soixante Religieuses. Les Sœurs de la Ste. Famille ont été établies vers la fin du dernier Siècle pour la retraite des femmes & pour l'Instruction des jeunes filles : elles sont au nombre de huit ou dix Religieuses. Il y a encore deux ou trois filles établies depuis long-tems pour le même sujet, sous le nom de Beguinage. Le Collége est occupé par quatre Chanoines Réguliers de l'Ordre de St. Augustin. L'Hôpital général des Pauvres enfermez est desservi par un Curé & par un Chapelain. Le Séminaire a été bâti en 1700. Il est administré par quatre Prêtres de la Congrégation de la Mission.

La Ville de Noyon a quatre Portes principales avec quatre Fauxbourgs qui en prennent le nom. Ces Fauxbourgs sont Damejourne, St. Eloy, St. Jacques, & Dué. Il y a encore une autre petite Porte qui conduit au Fauxbourg de St. Blaise, dans lequel il y a une Chapelle du nom de ce Saint, avec titre de Prieuré simple, qui dépend de l'Abbaye de St. Eloy.

Depuis l'an 1108. les Habitans de Noyon jouïssent du Droit de Commune, établie par l'Evêque Balderic & confirmée par le Roi Louïs VI. dit le Gros & par Louïs VII. dit le Jeune. On dit par Sobriquet *les Friands de Noyon*, ce qui est venu des excellentes patisseries qui s'y faisoient.

Les trois Races des Rois de France, ont illustré cette Ville par quelques événemens particuliers. Chilperic II. de la premiere Race y fut enterré en 721. Charlemagne de la seconde y fut couronné en 768. & Hugues Capet de la troisième y fut élu à la Royauté, en 987. Elle n'est guère moins fameuse pour avoir donné la naissance à Jean Cauvin, homme connu par ses Ouvrages, par ses Disciples & par les Peuples chez qui sa Doctrine est devenuë la Religion dominante. Il changea son nom en celui de Calvin. Il nâquit à Noyon le 10. de Juillet de l'an 1509. A l'âge de douze ans il fut pourvu d'une Chapelle de Notre-Dame de la Gesine ; dans la Cathédrale de Noyon, & à l'âge de dix-huit ans il obtint la Cure de Matteville, qu'il permuta deux ans après pour celle de Pont l'Evêque. Il mourut à Genève le vingt-sept de Mai 1564. Antoine le Comte étoit aussi de Noyon : il fut Professeur de Droit à Bourges, ensuite à Orleans & puis à Bourges où il mourut l'an 1586. Cujas disoit que le Comte avoit plus de génie que lui pour le Droit.

La Ville de Noyon a essuyé en différens tems diverses calamitez. César s'en rendit le maître avec beaucoup de peine. Les Norrians la prirent & la saccagérent dans le neuvième Siècle : ils emmenérent même prisonnier Ismon, qui en étoit pour lors Evêque. Elle a été brûlée six fois dans les XI. XII. & XV. Siècles. François I. & Charles d'Autriche qui fut depuis Empereur y conclurent un Traité le seizième d'Août 1516. Du tems de la Ligue elle fut prise & reprise diverses fois. Elle fut enfin renduë à Henri le Grand le 18. d'Octobre 1594.

L'Eglise Cathédrale, qui existe aujourd'hui, a été bâtie par Pepin, le Bref & par Charlemagne son fils. Elle est longue de trois cens vingt pieds, & ornée sur son portail de deux grosses Tours, hautes de deux cens pieds, & d'un beau Cloître. Elle est dédiée à la Ste. Vierge & reconnoît aussi pour Patrons St. Medard & St. Eloy. Il y a dans cette Eglise six Dignitez, savoir le Doyen, l'Archidiacre, le Chancelier, le Trésorier, le Chantre & l'Ecolâtre. L'Archidiacre, le Chancelier & le Trésorier sont à la collation de l'Evêque : le Doyen, le Chantre & l'Ecolâtre sont à la nomination du Chapitre. L'Archidiacre & le Chancelier n'ont point de suffrages dans le Chapitre, à moins qu'ils ne soient outre cela Chanoines. Il y a outre ces Dignitez cinquante-six Prébendes ou Canonicats effectifs, tous à la Collation

de

de l'Evêque & égaux en revenu. Ils sont tous de mille livres. Dans le nombre de ces Prébendes on n'en compte pas cinq autres qui sont affectées au Doyen, au Trésorier, au Chantre, à l'Ecolâtre & au Principal du Collége. Il y a encore trente-neuf Chapelles toutes assez bien fondées. Dix de ces Chapelles, jointes à deux autres richement fondées pour les premières Messes, ont été renduës Vicariales & attribuées aux seuls Vicaires Musiciens par Clement VII. le 22. Novembre 1348. Outre cela il y a la Chapelle Royale de Notre-Dame de Bonnes-nouvelles, fondée par le Roi Louis XI. C'est le Roi qui y nomme. Quatre autres Bénéficiers, appellez Marguilliers ou Cornets d'Autel, sont obligez de coucher dans l'Eglise par quartier pour la garder, & de remplir quelques autres devoirs pendant le jour. Enfin il y a six Enfans de Chœur.

Dans la Chapelle de l'Evêque il y a deux Chapellenies, dont les Titulaires n'ont point entrée dans le Chœur de la Cathédrale, comme tous les autres qu'on vient de nommer, & qui jouïssent de ce Privilége, aussi-bien que les dix Curez de la Ville.

Noyon est bâtie sur une pente douce, qui regarde le Midi. Elle est bien percée & en bon air. Elle est ornée d'un Palais Episcopal, d'un Cloître de Maisons Canoniales fort logeables & d'un Hôtel de Ville fort régulier, bâti sur la grande Place, au milieu de laquelle il y a une fontaine dont les eaux conduites d'une Montagne voisine y coulent continuellement par trois canaux pour l'usage du Public: Le surplus est reçu dans un bassin de pierre dure, qui les conserve en cas d'incendie. Il y a encore plusieurs Marchez & diverses fontaines & deux Jardins publics: celui des Chevaliers de l'Arc & celui des Chevaliers de l'Arquebuse. Les Chevaliers de ces Jeux forment deux belles Compagnies composées des meilleurs Bourgeois de la Ville.

Le principal Commerce de cette Ville consiste en bled & avoine qu'on transporte à Paris; celui des toiles de chanvre & de lin & des cuirs tannez y est aussi fort considérable.

L'EVECHE DE NOYON est Suffragant de Rheims [a], & son Evêque est Comte & Pair de France. Il porte le Ceinturon ou le Baudrier au Sacre du Roi. Ce fut vers l'an 531. que l'Evêché des Vermandois fut transféré à Noyon, sous l'Episcopat de St. Medard. Cet Evêché vaut environ quinze mille livres de revenu. On compte dans le Diocèse dix-sept Abbayes & quatre cens cinquante Paroisses, qui sont partagées en douze Doyennez ruraux.

[a] Piganiol Descr. de la France, t. 4 p. 16.

Outre le Chapitre de la Cathédrale, il y en a un autre dans le Diocèse; c'est celui de la Ville de Nesle.

Dans l'année 532. [b] c'est-à-dire un an après que le Siège Episcopal des Vermandois eut été transféré à Noyon, St. Medard qui en étoit Evêque fut encore chargé de l'Evêché de Tournay, après la mort de St. Eleuthère; & depuis ce tems-là les deux Evêchez de Noyon & de Tournay demeurérent unis jusqu'en 1147. environ vers la fin de l'Episcopat de Simon de Vermandois. St. Acaire fut fait Evêque des deux Evêchez l'an 1621. après la mort d'Evroul & les gouverna pendant dix-huit ans. St. Eloy, nommé dès l'an 639. après la mort de Saint Acaire, fut sacré le 21. de Mai, qui étoit le Dimanche de devant les Rogations: il mourut l'an 659. St. Mommolein, Abbé de Sithiu, fut fait Evêque de Noyon & de Tournay, l'an 659. & mourut l'an 685. Pour ce qui est du lieu du Martyre & du culte de St. Quentin, voyez au Mot SAINT QUENTIN, en Vermandois, Saint Erbland qui fut depuis Abbé d'Aindre sur Loire en Bretagne, étoit natif de Noyon & de la première Noblesse du Pays. Il y fut élevé & y demeura jusqu'à ce qu'il renonçât au monde, après avoir eu les premières charges de la Cour. Sainte Godeberte, Vierge native du Diocèse d'Amiens, fut Supérieure d'une Communauté de Filles à Noyon. Ses Reliques sont dans la Cathédrale. Sainte Hunegonde étoit Religieuse à Hombliéres, où se garde son corps à une lieuë de St. Quentin en Vermandois dans le Diocèse de Noyon.

[b] Baillet, Topogr. des Saints, p. 352.

NOYON SUR AUDELLE, Bourg de France dans le Vexin. On le nomme à présent CARLEVAL.

NOYONNOIS, petit Pays de France [c] compris dans le Gouvernement de l'Isle de France, & dont la Ville de Noyon est la Capitale. Il est borné au Nord par le Vermandois, dont une partie est de l'Election de Noyon; à l'Orient par le Lanois; au Midi, par le Soissonnois & à l'Occident par le Bailliage de Roye. Ce Pays étoit compris autrefois dans la Picardie. On n'y compte que deux Villes qui sont

[c] De l'Isle, Atlas.

Noyon & Chauny.

NOZEROY ou NOZERET, petite Ville de France, dans la Franche-Comté, au Bailliage de Salins. Elle est située près d'une des sources de la Rivière de Dain, au haut d'une Montagne, avec un Château couvert de plomb, enfermé des mêmes murailles que la Ville. Il y a une Collégiale fondée en 1411. par Jean de Chalons, Sire d'Arlay, Prince d'Orange, Seigneur de Nozeret. Le Chapitre est composé d'un Doyen & de six Chanoines.

NOZIEUX [d], Château de France dans l'Orleanois, sur la Rivière de Loire, vis-à-vis le Château de Menars, Cette Seigneurie fait aujourd'hui partie du Marquisat de Menars.

[d] Piganiol Descr. de la France, t. 6, p. 138.

## N U.

NU ou LU [e], Rivière de la Chine, elle prend sa source dans le Royaume de Tufan, & coule auprès de la Ville d'Iungchang dans la Province d'Iunnan.

[e] Atlas Sinens.

NUAILLE, ou St. Martin de Nuaillé; Bourg de France dans le Pays d'Aunis, Election de la Rochelle. Il y a un ancien Châteatu, qui tombe en ruïne, & le Bourg a titre de Marquisat.

NUBA. Voyez NUTHAI.

NUBÆ. Voyez NUBÆI.

1. NUBÆI, Arabes aux environs du Mont-Liban, selon Pline [f].

[f] l. 6. c. 28.

2. NUBÆI, Peuples d'Ethiopie: Pline [g] les place au delà de *Meroë*, entre l'Arabie

[g] l. 6. 30.

## NUB.

Pétrée & la rive Orientale du Nil. Ptolo- *a l. 4. c. 8.* mée [a]. les nomme Νούβαι, *Nubæ*, & comme il les place au même endroit, il est visible que ni l'un ni l'autre de ces Géographes n'a prétendu parler des Peuples qui habitent le Pays appellé le Royaume de Nubie, qui est bien plus haut & de l'autre côté du Nil. Voyez NUBIE.

NUBIE, [b] Royaume d'Afrique, borné *b Joann. Leonis Descr. Africæ, l. 7. c. 17.* au Nord par l'Egypte, à l'Orient par le Nil, au Midi par le desert de Gorhan & à l'Occident par le Royaume de Gaoga. Il n'est pas possible de descendre de ce Royaume en Egypte le long du Nil; car ce Fleuve est si peu profond, dans ces quartiers qu'on pourroit aisément le passer à pied. La principale Ville du Pays s'appelle Dangala. Dans le reste du Royaume on ne trouve que quelques Bourgs & quelques Villages, situez sur le bord du Nil. Tous les Habitans du Pays s'adonnent à l'Agriculture, & la terre produit du bled en abondance, aussi bien que des cannes de sucre; mais dont on ne connoît pas l'usage. Le musc & le bois de Sandal sont communs sur-tout aux environs de Dangala. Il y a pareillement beaucoup d'yvoire, parce qu'on prend une grande quantité d'Eléphans. On a encore dans le Pays un poison si présent, que si on en distribue un grain entre dix hommes, ils feront tous morts avant un quart d'heure, & si on donne ce grain tout entier à un seul homme, il meurt au même instant. L'once se vend cent Ducats ; mais on ne le vend qu'aux Etrangers, à qui on fait promettre par serment, qu'ils ne s'en serviront point dans l'étendue du Royaume de Nubie. Celui qui achete de cette espèce de poison est obligé de donner au Roi la même somme qu'il paye au vendeur, & si quelqu'un en vendoit en cachette, il s'exposeroit à perdre la vie si on venoit à le découvrir. Le Roi est presque continuellement en guerre tantôt contre les Peuples du Royaume de Gorhan qui habitent dans des deserts, & qui ont une Langue particuliere ; tantôt contre les Peuples qui habitent d'autres deserts, au delà du Nil jusque sur les bords de la Mer Rouge. La Langue de ceux-ci est mêlée du Chaldéen, de l'Arabe, de l'Egyptien & approche beaucoup de celle des Ethiopiens qui obéissent au Prete-Jean ; mais ces Peuples sont pauvres & désarmez : ils vivent de lait, de chair de chameaux & de Bêtes sauvages, & ne laissent pas pourtant de tirer quelquefois des contributions de Suaquin & de Dangala. Ils avoient autrefois une grande Ville près la Mer Rouge, avec un Port qui répondoit à celui de Siden, qui est à quatorze lieues de la Mecque ; mais il y a long-tems que le Soudan d'Egypte irrité de ce qu'ils avoient pillé une Caravane de Pélerins qui alloit du Caire à la Mecque, envoya une Armée navale prendre leur Ville & leur Port. Ceux qui se sauvèrent se retirèrent à Dangala & à Suaquin ; mais le Souverain de ce dernier endroit ne pouvant souffrir leurs brigandages les tailla en pièces, en tua en un jour plus de quatre mille & en prit mille qu'il mena prisonniers à Suaquin, où ils furent déchirez en pièces par les femmes & les enfans. Voyez SENNAR.

NUBIS, nom Latin du Carrion, Riviére d'Espagne. Voyez CARRION, N°. 2.

## NUC.

NUCARIA, nom Latin de deux Riviéres d'Espagne. Voyez NOGUERA PALLARESA, & NOGUERA RIPAGORÇANA.

1. NUCERIA, Ville d'Italie dans la Pouille, presque aux Confins des *Hirpini* : c'étoit une Colonie Romaine. Pline [c], Stra- *c l. 3. c. 11.* bon [d] & Ciceron [e] la nomment *Luceria* ; mais *d l. 6. p. 284.* soit qu'il y ait faute dans Ptolomée [f] ce *e pro Plancio, c. 69.* Géographe écrit Νουκερία Ἀπουλῶν, *Nuceria* *f l. 3. c. 1.* *Apulorum*. La Table de Peutinger porte aussi *Nuceria Apulæ*. Tite-Live [g] appelle les *g l. 27. c. 10.* Peuples *Lucerini*. Aujourd'hui cette Ville s'appelle *Lucera* & *Nocera*.

2. NUCERIA, Ville d'Italie, dans l'Umbrie, en deçà de l'Apennin, auprès de la source du *Tinno*. C'est aujourd'hui la Ville de *Nocera*, surnommée *Camellaria*, comme dans la Table de Peutinger. Strabon [h] & Ptolomée *h l. 5. p. 227.* l'appellent Νουκερία, *Nuceria* : ce dernier ajoute *i l. 3. c. 1.* le titre de Colonie.

3. NUCERIA, Ville d'Italie dans la Campanie, aux confins du *Picenum*, auprès du Fleuve *Sarno*. On l'appelle à présent *Nocera*. Pour la distinguer des autres Villes de même nom, on lui donna le surnom d'*Alphaterna*, ou *Alfaterna*. Elle est ainsi nommée dans Diodore de Sicile [k] & dans Tite- *k l. 19 c. 65.* Live [l]. *l l. 9. c. 41.*

4. NUCERIA, Ville d'Italie, dans la Gaule Cispadane, sur le Pô, au dessous de *Brixellum*. Ptolomée [m], qui est peut-être le *m l. 3. c. 1.* seul des Ecrivains anciens qui en fasse mention, la nomme Νουκερία. Elle conserve encore son nom, du moins à une lettre près, car on l'appelle aujourd'hui *Lucera*, ou *Luzara*.

NUCHALO, nom d'un lieu dans les Gaules, aux environs de Toulouse, à ce que croit Ortelius [n], qui cite Ciceron dans l'Oraison *n Thesaur.* pour M. Fontejus. Mais dans l'Edition de Gronovius [o] on lit *Vulchalone* au lieu de *Nu-* *o Cic. Or. pro M. Fontejo.* *chalone*.

NUCHEYLA, [p] Ville d'Afrique au *p Marmol. Descr. d'A-* Royaume de Fez, dans la Province de Tre- *frique, l. 4.* mecen. Elle avoit été bâtie par ceux du Pays *c. 7.* au milieu de cette Province, & l'on en voit encore les ruïnes. Elle étoit peuplée de braves gens, sur-tout lorsque Quimen & ses descendans en étoient les Maîtres. Il s'y tenoit un grand Marché toutes les semaines, & l'on y accouroit de toutes parts avec diverses sortes de Marchandises. Cette Ville ne s'est point repeuplée depuis la désolation générale du Pays. La Tour de la grande Mosquée est encore debout & ceinte d'une épaisse forêt d'arbres fruitiers, qui sont devenus sauvages faute de culture. Les Caviens viennent souvent dans ces quartiers, à cause de l'eau & des pâturages ; outre que le labourage en est fort bon. Ils sont cause en partie, aussi-bien que les Arabes, que la Ville ne se repeuple point ; ce qui leur ôteroit la liberté d'errer aux environs avec leurs troupeaux. C'est ce qui fait pareillement que la plûpart des autres Villes de cette Province demeurent desertes, quoique ce soit le plus riche & le meilleur Pays de toute la Barbarie, & où l'on pourroit vivre plus à son aise.

NUCHUL, [p] Lac chez les Liby-Ægyp- *p Ortelii* tiens, selon Orosius, qui dit que les Barba- *Thesaur.* res le nomment *Dara*. Pomponius Mela [q] ne *q l. 3. c. 9.* donne à *Nuchul* que le nom de Fontaine, & dit

198 NUC. NUD. NUE.

dit qu'on la prenoit pour la source du Nil. Quelques-uns l'ont pris pour la source du Niger.

*a De l'Isle, Atlas.*

NUCITO, ou NUCITI, petite Rivière de Sicile; elle arrose le Val Démone. Les Anciens la nommoient *Elels* ou *Facellinus*. Elle a son embouchure sur la côte Méridionale de l'Isle un peu à l'Orient de la Ville de Milazzo.

NUCRIA. Voyez NACRIA.

NUCULÆ. Voyez PRÆNESTE.

NUDIODUNUM, lieu de la Gaule Lyonnoise, selon Ortelius b, qui cite la Table de Peutinger: mais dans cette Table au lieu de *Nudiodunum*, on lit *Nullodunum*, entre *Argentum* & *Dubidiannum*. M. Vallet croit que c'est le *Noviodunum* du Antonin, place entre *Breviodurum* & *Cabillon*.

*b Thesaur. c Segment. 1.*

*d l.3.c.1.*

NUDITANUM, Ville d'Espagne, chez les *Bastitani*, selon Pline d. Quelques MSS. portent *Urditanum* pour *Nuditanum*.

*e l.4.c.148.*

NUDIUM, Ville du Peloponese dans l'Elide. Herodote e dit qu'elle fut détruite de son tems.

*f Etat présent de la Gr. Br. t.3. p.29.*

NUER, Rivière d'Irlande; elle a sa source dans le Comté de la Reine f; elle baigne *Kilkenny* & *Thomas Town* & se joint à la Rivière de Barow un peu au-dessus de Ross.

*g De l'Isle, Atlas.*

NUESTRA SEÑORA DE CARVALLEDA, Bourgade de l'Amérique Méridionale g, dans le dixième degré de latitude Nord, dans la Province de Venezuela ou Septentrionale; la ville de Caracas sur le rivage de la Mer du Nord. Cette Bourgade n'a aucun Port, incommode & mal assurée. Comme la Mer brise fort & est extrêmement agitée près de la Côte, il est difficile d'aborder avec des Chaloupes pour y mettre pied à terre, si ce n'est auprès d'un Fort que les Espagnols ont bâti dans une petite Baye.

*h Corn. Dict. Laet, Descr. des Ind. Occ. l.18. c.11.*

NUESTRA SEÑORA DE L'OCCA. Voyez AUCA & OCCA.

*i Délices d'Espagne, t.2. p.358.*

NUESTRA SEÑORA DE ORETO i, petite Eglise du Royaume d'Espagne, dans la Castille-neuve, auprès de Calatrava, & dans le nom de laquelle on trouve des traces de l'ancienne *Oretum Germanorum*; ce qui prouve que si Calatrava n'est pas cette *Oretum*, du moins cette ancienne Ville a été bâtie non loin de là. L'Eglise de *Nuestra Señora de Oreto* est d'une Architecture Romaine, & dans le voisinage on trouve un Pont de même Architecture; on y voyoit autrefois cette Inscription, qui a été transportée à Almagro.

P. BÆBII VENUSTOS.
P. BÆBII VENETI.
P. BÆBII NEPOTI.
ORETANUM.
PETENTE. ORDINE. ET. POPULO.
IN. HON. DOMUS. DIVINÆ.
PONTEM. VETUSTATE.
EX. HS. EXC. CIVIENS. SOLVIT. D. D.

NUESTRA SEÑORA DE REMEDIOS, Ville de l'Amérique Méridionale. Comme elle est près de l'embouchure de la Rivière de la Hacha, on l'appelle communément RIO-DE-LA-HACHA. Voyez ce mot.

*k De l'Isle, Atlas.*

NUESTRA SEÑORA DE LA PAX k, Ville de l'Amérique Méridionale au Pérou, dans

NUE. NUI.

l'Audience de Los-Charcas, vers la source de la Rivière de Choqueapo, dont on lui donne quelquefois le nom, & à l'Orient du Lac de Titicaca. Cette Ville est bâtie au pied d'une Montagne l, qui la met à couvert des vents. La vallée dans laquelle elle est bâtie n'a gueres qu'une demi-lieue de circuit. Il y a plusieurs fontaines aux environs & de fort bons pâturages; on y voit aussi des vignes, des figuiers & autres arbres. Tous les fruits y commencent à mûrir en Janvier, & des raisins depuis le milieu d'Avril jusqu'à la fin de Mai.

*l Corn. Dict. Laet, l.2. c.5.*

NUESTRA SEÑORA DEL ROSARIO, de l'Aragon; on y voyoit donné ce nom à une Ville de l'Isle de Ternate, dans les Moluques.

NUESTRA SEÑORA DE LOS TORMES, autrefois Ville d'Espagne, dans la Vieille-Castille. On en a vu chercher les origines d'Osmo. On croit qu'elle avoit succedé à Thermantia, Ville des Arevaques.

*m Baudrand, Ed. 1705.*

NUESTRA SEÑORA DE LA VITTORIA, Ville de l'Amérique Septentrionale, au Méxique, sur la côte de la Baye de Camachea, dans la Province de Tabasco, vers les confins du Yucatan. On la nomme aussi Tabasco, ou simplement VITTORIA. On prétend qu'elle fut nommée autrefois *Pontonchan*, avant que Cortez, ayant assiégé cette Place, la prît & la saccagea. Les Espagnols qui s'y établirent depuis lui donnèrent le nom qu'elle porte, pour conserver le souvenir de la victoire qu'y avoient remportée leurs Habitans de ces Contrées.

*n De l'Isle, Atlas.*

*o Corn. Dict. De Laet.*

NUESTRA SEÑORA DE LOS ZACATECAS, Ville de la Nouvelle-Espagne en Amérique. Voyez ZACATECAS.

NUITES, (la Rivière des) a sa source dans la Rivière des Nouvelles, dans l'Amérique Septentrionale, & dans la Louisiane. Elle se jette dans la Rivière du Nord, à vingt lieues ou environ de l'embouchure de cette dernière Rivière dans la Mer.

NUEVA SEGOVIA, ou NOUVELLE SEGOVIA, Ville des Indes Orientales, dans la partie Septentrionale de l'Isle de Luçon l'une des Philippines. Elle est située sur le bord d'une Rivière de même nom, qui vient des Montagnes de Santor dans l'Isapagna, & qui traverse presque toute la Province, du Midi au Nord. M. de l'Isle a placé la nouvelle Segovie vers l'embouchure de cette Rivière qu'il appelle Rivière de Cagayan. L'Alcade Major de la Province fait sa résidence à la Nouvelle Segovia, avec une garnison d'Infanterie, composée d'Espagnols, & de gens d'autres Nations. On y a bâti un Fort de pierre & élevé d'autres Ouvrages pour se défendre contre les Irayas, qui sont des Indiens révoltés, & qui habitent dans les Montagnes qui partagent toute l'Isle. Nueva Segovia fut fondée par le Gouverneur Don Gonsalvo Ronquillo, il y a une Eglise Cathédrale dont D. Michel de Benavides fut le premier Evêque en 1598.

*p Atlas.*

NUITINI. Voyez GRAVISCÆ.

NUHIANGA, Ville de la Chine dans la Province de Honan, au département de Nanyang, septième Métropole de la Province. Elle est de 0 d. 27. plus Occidentale que Pekin, sous les 34. d. 2. de Latitude Septen-

*q Atlas Sinensis.*

## NUI.

tentrionale. Il y a auprès de cette Ville une fontaine dont l'eau est très-précieuse aux Chinois. Ils prétendent qu'elle a la vertu de prolonger la vie de l'homme.

NUIKIANG,[a] Ville de la Chine, dans la Province de Suchuen, au Département de Chingtu, première Métropole de la Province. Elle est de 11. d. 58'. plus Occidentale que Pekin, sous les 30. d. 6'. de Latitude Septentrionale. Auprès de cette Ville il y a une fontaine qui a flux & reflux.

[a] Atlas Sinensis.

NUIKIEU,[b] Ville de la Chine, dans la Province de Peking, au Département de Xunte, cinquième Métropole de la Province. Elle est de 3. d. 10'. plus Occidentale que Peking, sous les 38. d. 0'. de Latitude Septentrionale.

[b] Ibid.

1. NUILLE', Bourg de France dans le Maine, Election de Laval. C'est le Siège d'une Châtellenie, avec haute, moyenne & basse Justice.

2. NUILLE' SUR OUETTE, Bourg de France dans le Maine, Election du Mans.

3. NUILLE' ET VANDIN, Bourg de France dans le Maine, Election du Mans.

NUIOHANG,[c] Ville de la Chine, dans la Province de Peking, au Département de Taming, septième Métropole de la Province. Elle est de 2. d. 36'. plus Occidentale que Peking, sous les 36. d. 40'. de Latitude Septentrionale.

[c] Atlas Sinensis.

NUIQUA,[d] Montagne de la Chine, dans la Province de Huiquang, au voisinage de la Ville de Choxan. Elle a pris son nom de celui d'une femme nommée Nuiqua, à l'honneur de laquelle on a élevé un Temple magnifique sur cette Montagne.

[d] Ibid.

NUITLAND; Mr. d'Audifret[e] nomme ainsi, le Territoire Allemand du Canton de Berne. Il y renferme les Bailliages suivans:

[e] Géogr. Anc. & Mod. t. 2. p. 498.

| | |
|---|---|
| Chonolfingen, | Erlac, |
| Soeftingen, | Schenkeberg, |
| Sternemberg, | Saarun, |
| Zollighoffen, | Ober-Sibenthal, |
| Loupen, | Nider-Sibenthal, |
| La Vallée d'Hasel, | Blankemburg, |
| Alberg, | Wimmis, |
| Thun, | Wissemburg, |
| Spietz, | Underzée, |
| Stratlingen, | Oberhoffen, |
| Bipp, | Summiswald, |
| Burgdorff, | Biberstein, |
| Signou, | Emmethal, |
| Landshut, | Interlach, |
| Fruttingen, | Nidow, |
| Wangen, | Buren, |
| Arwangen, | Arburg, |
| Tracheswald, | Lentzbourg, |
| Brandis, | Kunigsfelden. |

NUITONS,[f] en Latin *Nuithones*; anciens Peuples de la Germanie, compris autrefois sous les Sueves Septentrionaux. Tacite[f] les joint avec six autres Peuples: il dit qu'ils avoient les mêmes Coûtumes & la même Religion, & que les Fleuves & les Forêts du Pays faisoient leur défense. Cluvier[g] après avoir marqué la place de six autres Peuples alliez des *Nuithones* met ces derniers entre les *Suardones*,

[f] Germ. c. 40.
[g] Philip. Cluver. Germ. ant. l. 3.

## NUI.

les *Deuringi*, les *Langobardi* & le *Snevus* ou l'Oder. Leur Pays auroit ainsi compris la partie de la Marche de Brandebourg où sont les Villes de Prentzlow, de Templin, de Ny & d'Angermund; une portion du Duché de Mecklenbourg du côté qu'est situé le Village de Fortensée, & encore une portion de la Poméranie du côté que se trouve le Village de Gartz. Spener[h] le met à peu près dans le même endroit; mais il leur marque des bornes plus générales. Il leur donne au Nord Oriental les *Suardones*; à l'Orient les *Snevus*; au Midi le Pays des *Langobardi*; à l'Occident les *Reudingi*, & à l'Occident Septentrional les *Caviones*.

[h] Carte de l'ancienne Germanie.

[i] Les grands ravages que firent ces Peuples avec les Bourguignons dans le Pays des Rauraques & dans celui des Helvétiens les fit connoître vers le milieu du cinquième Siècle. Ils y ruïnérent les Villes d'*Augusta*, de *Vindonissa* & d'*Aventicum*. Une partie de ces Nuitons s'établit dans ces Pays, & donnèrent le nom de Nuitland au Pays qui forme aujourd'hui le Territoire Allemand du Canton de Berne.

[i] D'Audifret, Géogr. anc. & mod. t. 3. p. 22.

NUITS, Ville de France, dans la Bourgogne, sur le ruisseau de Musin. Elle est située dans une plaine, au pied d'une Montagne, à quatre lieues de Dijon & à trois de Beaune sur la grande route de l'une de ces Villes à l'autre.[k] Son enceinte n'est que d'onze cens pas, dans lequel espace sont enfermées cent trente maisons fort serrées. Elle est fermée de murailles garnies de six tours, cinq rondes & une quarrée. Il y a encore quelque reste d'anciennes fortifications, & deux portes, l'une au Midi, & l'autre au Septentrion. On ne peut rien dire de certain sur l'ancienneté de cette Ville, qui tient cependant le troisième rang aux Etats de Bourgogne. La Seigneurie de Nuits appartient à Mr. le Prince de Conti comme Engagiste, & en cette qualité il a toujours nommé le Gouverneur, qui sur sa présentation obtient des provisions du Roi. La principale Eglise de cette Ville est la Collégiale de Saint Denis, qui fut cédée à ce Chapitre, lorsqu'il y fut transferé du Château de Vergi, après que le Roi Henri IV. l'eut fait démolir. L'Eglise paroissiale est sous le titre de Saint Symphorien. Les Chanoines de Saint Denis en sont Curez primitifs, & nomment un d'entre eux pour faire les fonctions Curiales. Il y a aussi un Couvent de Capucins, un d'Ursulines, un Hôpital, un Bailliage Royal, une Prevôté Royale, & un Grenier à Sel. Le voisinage de la Rivière de Saone lui favorise le Commerce des bleds, foins & charbon, qui se transportent à Lyon. Quant à ses vins ce sont les Marchands de Paris qui les enlèvent.

[k] Piganiol, Descr. de la France, t. 3. p. 470.

NUITZ, ou TERRE DE NUITZ;[l] Contrée des Terres Australes dans la nouvelle Hollande, à l'Orient de la Terre de Leeuwin ou de la Lionne. C'est l'extrêmité Orientale des Terres qui nous sont connues dans la nouvelle Hollande. Les Navigateurs n'ayant pas poussé plus avant, on ne sait point encore quel rapport peut avoir cette Terre avec celle de Diemen. Sur la Côte de la Terre de Nuitz, il y a plusieurs Isles assez près les unes des autres: on leur a donné le nom d'Ise-

[l] De l'Isle, Atlas.

LES DE ST. PIERRE. Pierre de Nuitz ou Nuytz Hollandois découvrit cette Terre en 1625. & lui donna son nom.

NULUCH. Voyez NUCHUL.

NUMAGANI, on lit ces mots dans Dictys de Créte [a] : *Dius & Epistrophus filii Numaganorum Regis*. Ces Numaganes seroient-ils les mêmes Peuples que les *Halizones* sur qui Homére [b] dit que ces deux Princes régnérent ?

[a] l. 2.
[b] Iliad. B. v. 363.

NUMAGEN, ou plutôt NEUMAGEN [c] ; en Latin *Neomagus* ; Village & Château d'Allemagne dans l'Electorat de Tréves, sur la Moselle, à trois milles au dessous de Tréves. On y remarque encore un Edifice d'Architecture Romaine. Les Anciens ont nommé ce lieu NOVIOMAGO, NUMAGO, NEONMAGEN & Ausone l'appelle NIVOMAGUM : au lieu de quoi Ortelius lit *Neumagum*. Aujourd'hui les Habitans du Pays la nomment *Nymagen* & *Numagen*. On peut lire là-dessus le Commentaire de Marquard Freher [d] sur la Moselle d'Ausone. Ce lieu de NUMAGEN a eu aussi titre de Comté & de Baronnie, qu'ont porté en divers tems des Seigneurs particuliers, qui en étoient propriétaires, & qui néanmoins étoient feudataires de l'Archevêque de Tréves.

[c] Zeiler, Topog. Mogunt. Trevir. & Colon. p. 38.
[d] p. 16. 19. & 20.

NUMANA, [e] Ville du Picenum. La Table de Peutinger la met à douze milles d'Ancone, & Pomponius Méla [f] la place auprès de *Potentia*. Elle fut bâtie par les Siciliens, selon Pline [g]. Silius Italicus lui donne l'Epithete de *Scopulosa* dans ce Vers [h] :

[e] Cellar. Geogr. ant.
[f] l. 2. c. 9.
[g] l. 2. c. 4.
[h] l. 1. c. 13.
[i] l. 8. v. 432.

*Heic & quos pascunt scopulosa vira Numana.*

C'étoit une Ville Municipale, selon une ancienne Inscription rapportée dans Gruter. On y lit [i] : MUNICIP. NUMANAT. C'est-à-dire *Numanates Municipes*. On l'appelle aujourd'hui *Humana*.

[i] p. 146. N°. 1.

NUMANCE, en Latin *Numantia* ; Ville de l'Espagne Tarragonoise, dans le Pays des *Arevaci*. Florus l'appelle *Hispaniæ decus* ; ce qui a rapport à la vigoureuse résistance qu'elle fit aux Romains pendant quatorze ans qu'ils la tinrent assiégée. Les Romains la détruisirent [k] ; mais on ne peut douter qu'elle n'ait été rétablie dans la suite ; car non seulement Ptolomée fait mention de cette Ville, l'Itinéraire d'Antonin en parle encore ; il la place sur la route d'*Asturica* à *Cæsaraugusta*, & détermine même sa situation la mettant entre *Voluci* & *Augustobriga*, à quinze milles de la premiere & à vingt-trois milles de la seconde. Le Durius l'arrosoit, comme le dit Strabon [l] ; mais ce Fleuve étoit peu considérable en cet endroit parce qu'il se trouvoit encore voisin de sa source.

[k] Cellar. Geogr. ant. l. 2. c. 1.
[l] l. 3. p. 162.

Florus en parlant de la guerre de Numance, décrit ainsi la situation de cette Ville & le courage de ses Habitans : cette Ville, dit-il, située sur une petite élévation auprès du Fleuve Durius, quoique sans murs, sans tours & munie seulement d'une garnison de quatre mille Celtibéves, soutint seule pendant quatorze ans les efforts d'une Armée de quarante mille hommes. Cet Historien est peut-être le seul qui dit que Numance n'avoit point de murailles. Strabon in leur en donne ; Paul Orose [n] dit que le circuit des murailles de Numance étoit de trois mille pas ; mais Mariana semble devoir décider la question. Voici ce qu'il rapporte [o] touchant les murailles, la situation & les ruines de cette Ville, qu'il avoit vues & examinées avec soin. On montre, dit-il, les ruines de Numance, à l'extrémité de la Celtibérie, du côté du Septentrion, à l'Orient du Fleuve Durius, à quatre milles & plus de Soria & du Pont de Garay. L'Art avoit moins contribué à sa défense que la Nature. Elle étoit bâtie sur une colline, dont la pente étoit assez douce ; mais de difficile accès parce que de trois côtez elle étoit entourée de Montagnes ; un seul côté aboutissoit à une plaine fertile, qui s'étendoit l'espace de douze milles le long de la Riviére Tera, jusqu'à l'endroit où elle se joint au Durius. Semblable à la Ville de Sparte Numance n'avoit point de murailles, ni de tours pour sa défense ; car comme elle avoit quantité de terres où elle faisoit paître ses troupeaux, il n'eût pas été possible de renfermer de murailles une si grande étendue de Pays. Elle étoit seulement munie d'une Forteresse, où les Habitans avoient mis ce qu'ils avoient de plus précieux, & ce fut dans cette Forteresse qu'ils soutinrent si long-tems contre les attaques des Romains.

[m] Ibid.
[n] l. 5. c. 7.
[o] l. 3. Hoeuff. Trad.

NUMATSJU, [p] Ville du Japon, dans l'Isle de Niphon, aux confins des Provinces Suruga & Idsu, à l'embouchure de la Riviére Sisingava. Cette Ville peut avoir environ deux mille maisons. Elle n'a point de murailles & ressemble plus à un grand Village qu'à une Ville. La principale rue qui est au milieu s'étend en longueur environ une demi-lieue. Il y a un Temple appelé Kamanomia & par quelques-uns Sannomia, où l'on garde une Piéce fort curieuse : C'est une grande Marmitte, qui appartenoit à Joritomo, ou selon quelques-uns, à son frére aîné Fostsine, Général des Troupes Impériales & premier Monarque séculier du Japon. On dit qu'elle a deux nattes de diamètre & qu'elle servoit à cuire des sangliers que l'on avoit tuez à la chasse autour de la Montagne Fusinojamma. On conte qu'il y avoit dans ce Temple un Kama ou Instrument de chasse d'une grandeur extraordinaire, dont on se servoit anciennement dans les Fusinomakagiri, ou anciennes chasses autour de la Montagne de Fusinojamma. Une nuit des voleurs entrérent dans le Temple & dérobérent le Kama. Comme ils l'emportoient il devint si pesant qu'ils furent forcez de le laisser tomber dans la Riviére. La chute d'un instrument si monstrueusement gros & si pesant fit un grand Futz ou trou au lit de la Riviére, qui delà s'appelle Kamagafutz. Le Kama lui-même devint un Esprit, qui a l'inspection & le gouvernement de la Riviére.

[p] Kæmpfer, Hist. du Japon, de la Trad. de M. Scheuchzer, t. 1. l. 5. p. 218.

NUMBOURG, [q] petite Ville d'Allemagne, du Domaine de l'Electeur de Mayence, dans la Basse-Hesse, sur une Montagne, près d'un Château qui appartient aussi à cet Electeur. Il y a dans le voisinage de cette Ville une petite Riviére, nommée Elbe. C'est le Chef-lieu d'un Bailliage.

[q] Zeyler, Topogr. Elect. Mogunta.

NUMEDIA. Voyez NUMIDIE.

NUMENIA, nom d'une Contrée, selon Jean Lydus. Ortelius [r] soupçonne que *Numenia* est employé par cet Ecrivain pour *Numidia*.

[r] Thesaur.

NUMEN-

# NUM.

**NUMENTANA VIA.** Voyez NOMENTANA VIA.

**NUMENTANUM.** Voyez NOMENTANUM.

**NUMENTANUS PONS,** [a] Pont sur le Fleuve Anio, aujourd'hui *Teverone*. Le Pont se nomme à présent PONTE LAMENTANO.

[a] Ortelii Thesaur.

**NUMERIA SISENNA:** [b] on trouve ce nom dans Nonius, où on lit : *Protinus agros populabundus ad Numeriam convertit.* Ce lieu est entiérement inconnu. A la vérité Nicephore dans sa Chronologie, parle d'une Ville nommée NUMERIA, où il dit que l'Empereur Carinus fut tué ; mais c'est une erreur : au lieu de *Numeria* il falloit dire *Murtia*.

[b] Ibid.

**NUMERITA,** [c] Curopalates & Cedrene nomment de la sorte un certain Peuple Arabe.

[c] Ibid.

**NUMESTRANI.** Voyez NUMISTRO.

**NUMICIA VIA,** Chemin Romain : Horace [d] fait entendre qu'il conduisoit à Brundusi.

[d] Epist. l. 1. Epist. 18.

**NUMICIUS,** ou NUMICUS ; il couloit auprès de *Lavinium*, & ce fut entre ce Fleuve & le Tibre qu'Enée prit terre, lorsqu'il arriva en Italie, selon ces vers de Virgile [e] :

[e] Æneid. l. 7. v. 150.

.... *Urbem & fines & litora gentis,*
*Diversi explorant: hac fontis stagna Numici*, &c.

[f] v. 242.

Et plus bas [f] :

.... *Fontis vada sacra Numici.*

[g] v. 797.

Le même Poëte ajoute [g] :

*Qui saltus, Tiberine, tuos, sacrumque Numici*
*Litus arant Rutulosque exercent vomere colles.*

En effet ce Fleuve couloit aux confins des Rutules. Quelques-uns le nomment à présent *Rivo*.

**NUMICUS.** Voyez NUMICIUS.

**NUMIDES.** Voyez NUMIDIE.

**NUMIDICUS SINUS.** Voyez LATURUS.

**NUMIDIE,** en Latin *Numidia* ; grande Contrée d'Afrique, qui eut anciennement le titre de Royaume, mais qui n'a pas toujours eu les mêmes bornes : elles étoient différentes avant la guerre de Carthage de ce qu'elles furent sous les premiers Empereurs Romains. D'abord la Numidie comprenoit deux grandes Nations : l'une connuë sous le nom de Numides Massæsyliens ; l'autre sous celui de Numides Massyliens. Les premiers habitoient à l'Occident, les autres à l'Orient. Les Massæsyliens, selon Tite-Live [h], Nation voisine des Maures avoient leur demeure à l'opposite de la Nouvelle Carthage en Espagne, & auparavant [i] il avoit donné à leur Pays le nom de Numidie. Strabon [k] fait la même distinction, de même que Polybe [l] & Denis le Périégete [m]. Pline qui a coutume de suivre Mela, l'abandonne en cette occasion, ne décrivant que la Numidie des Massyliens, que Ptolomée appelle la nouvelle Numidie : il donne à l'autre le nom de Mauritanie Cesariense, sous laquelle elle fut effectivement comprise dans la suite. Cependant Mela don-

[h] l. 28. c. 17.
[i] l. 24. c. 48.
[k] l. 17.
[l] l. 3. c. 33.
[m] vers. 187.

ne à la Massæsylie le nom de Numidie, à laquelle il joint quelque partie de la Numidie Massylienne, mettant le reste de cette derniere dans l'Afrique propre. Pline au contraire renferme sa Numidie entre les Fleuves Ampsaga & Fusca, étenduë que comprenoit la Numidie des Massyliens, & où régnerent Masinissa & ses Successeurs. Quant à l'autre elle commençoit, selon Mela, au Fleuve Mulucha, qui la séparoit de la Mauritanie, & finissoit aux environs du Fleuve Ampsaga ; car quoique Mela place dans sa Numidie Cirta, qui étoit au delà de l'Ampsaga dans la Numidie Massylienne, elle appartenoit à Masinissa. Si Siphax la lui enleva ; il fut contraint de la lui restituer, lorsqu'il eut été vaincu.

D'abord les deux Numidies étoient possédées par des Rois amis du Peuple Romain ; mais Rome déclara la guerre à Jugurtha à cause du meurtre d'Adherbal & d'Hiempsal fils de Micipsa. Le Consul Metellus défit Jugurtha : Marius le fit prisonnier & la Numidie tomba ainsi sous la puissance du Peuple Romain, qui n'en fit pas encore une Province, mais la donna à d'autres Rois. En effet Aurelius Victor qui écrivoit environ cinquante ans après Marius, dit, en parlant de Pompée, qu'il conquit la Numidie sur Hiarba, & qu'il la rendit à Masinissa. Ce ne fut que sous Jules César qu'elles furent réduites en Provinces Romaines. La Numidie Massylienne fut appellée simplement la Province de Numidie, & la Numidie Massæsylienne ne fut plus connuë que sous le nom de Mauritanie Cesariense.

La PROVINCE DE NUMIDIE, appellée par Ptolomée la nouvelle Numidie étoit bornée au Septentrion par la Mer, à l'Orient par la Province Consulaire, au Midi par la Libye intérieure & à l'Occident d'abord par la Mauritanie Cesariense & ensuite par la Mauritanie Sitifense, dont elle étoit séparée par une ligne tirée depuis l'embouchure du Fleuve Ampsaga jusqu'à la Ville nommée *Maximianum Oppidum*. Sa Métropole Civile étoit Cirta qui avoit le titre de Colonie & qui depuis eut celui de Colonie Constantine. La Numidie fut aussi une Province Ecclésiastique dans laquelle il se forma un grand nombre d'Evêchez. La Notice Episcopale d'Afrique en fournit jusqu'à cent vingt-deux, dans l'ordre suivant, & elle y joint les noms des Evêques, tels que nous les rapportons.

## NOTICE

Des Evêques de la Province de Numidie.

*Felix Berceritanus.*
*Augentius Gazafulensis.*
*Quod-vult-Deus Calamensis.*
*Honoratus Castellanus.*
*Leontius Burcensis.*
*Firmianus Centurionensis.*
*Rusianus Vadensis.*
*Paulus Nibensis.*
*Martialis Girensis.*
*Victor Cuiculitanus.*
*Crescenius Amporensis.*
*Adeodatus Fessitanus.*
*Vitalianus Bocconiensis.*
*Dumvirialis Damateoriensis.*

Cc *Dona-*

Donatus Ausuccurensis.
Palladius Idicrensis.
Gaudentius Putiensis.
Victor Suggitanus.
Benenatus Lambiritanus.
Timotheus Tagurensis.
Melior Fussalensis.
Frumentius Tuburficensis.
Felix Lamsortensis.
Abundius Tididitanus.
Valentianus Montensis.
Adeodatus Hobabarbarensis.
Adeodatus Idassensis.
Florentius Nobagermaniensis.
Villaricus Decafis Medianensis.
Eusebius Suzicasensis.
Victorinus de Nobacesaris.
Vitalianus Vazaritanus.
Junior Tigillabensis.
Vigilius Ressanensis.
Leporius Augurensis.
Pascentius Octabensis.
Petrus Madensis.
Felix Matharensis.
Florentius Centenariensis.
Felix Gilbensis.
Florentianus Midilensis.
Fluminius Tabudensis.
Optantius Casensis, Colanensis.
Peregrinus Punetianensis.
Felix Nobasparsensis.
Felicianus Metensis.
Dominicus Cesariensis.
Quod-vult-Deus Celaniensis.
Januarius Zattarensis.
Victorinus de Castello Tituliano.
Frunisasus de Gitu Marcelli.
Crescenius Thorasensis.
Maximus Sililitanus.
Vigilius Hixirzadensis.
Victor Municipensis.
Servus Arsicaritanus.
Felix Casennigrensis.
Donatianus Voselianus.
Prudentius Madaurensis.
Donatus Rustitianensis.
Donatus Killadeguensis.
Cressens Bassadensis.
Adeodatus Sissronianensis.
Rusticus Tipasensis.
Simplicius Tabilitanus.
Stephanus Sinuensis.
Pascentius Getthaghensensis.
Donatianus Teglatensis.
Crescentius Zobensis.
Antonianus Musitanus.
Reparatus Tabditensis.
Anastasius Aquenobensis.
Victorinus Babrensis.
Felix Tebestinis.
Dominus Adaxouxinus Metallo.
Secundus Tamogriensis.
Victorinus Legiensis.
Quod-vult-Deus Respectensis.
Januarius Velesiensis.
Benenatus Maxacensis.
Donatus Luguensis.
Victor Cirtensis.
Pardalius Macomadiensis.
Januarius Legensis.
Quod-vult-deus ad Turres concordi.

Maccimus Lamsuensis.
Marcellinus Vagrautensis.
Domnicosus Tigisitanus.
Donatus Gilbensis.
Fortunius Regianensis.
Donatus Silensis.
Victor Gaudabiensis.
Januarianus Marculitanus.
Januarius Centuriensis.
Felix Suabensis.
Crescentianus Germaniensis.
Amibonius Vadetianus.
Januarius Gauerianensis.
Fartunatianus Naracoatensis.
Maximus Lamigaiensis.
Felix Gurbensis.
Julius Vagarmelitanus.
Pontianus Formensis.
Victor de Turres Ammeniarum.
Servus Belesasensis.
Honoratus Fatensis.
Mensor Formensis.
Peregrinus Maliensis.
Gedalius Ospitensis.
Fulgentius Vagadensis.
Secundinus Lamasuensis.
Crescentius Taccaratensis.
Benenatus Milevitanus.
Quod-vult-Deus Villitanus.
Proficius Seleuciannensis.
Proficius Vadensis.
Januarius Tagastensis.
Donatus Maximianensis.
Adeodatus Zaradensis.
Felicianus de Giru Tarase.
Cardelus Lamiggigensis.
Flavianus Vicopacensis.

NUMINIENSES, Peuples d'Italie, Pline, a les place dans l'ancien Latium. *a* l. 3. c. 5.

NUMISTRO, ou NUMESTRO, Ville d'Italie chez les Brutii. Tite-Live *b* la met *b* l. 27. c. 2. dans la Lucanie, parce qu'il a coûtume d'attribuer aux Peuples de cette Province une partie du Pays des Brutii. Ptolomée *c* place aussi *c* l. 3. c. 1. Numistro chez les Brutiens & dans les terres. Pline d appelle Numistrani le Peuple de Nu- *d* l. 3. c. 11. mistro. Quelques-uns croient que c'est aujourd'hui Clocento.

NUN, ou NON, petite Contrée d'Afrique, dans la Province de Sus. Le Cap de Non se trouve dans cette Contrée. Voyez au mot CAP DE NON.

NUNDRECY, Bourg de France dans le Berry, Election de Bourges, & dans la Baronie de Graçay. Il y a dans ce Bourg un Chapitre fondé au commencement du XI. Siècle.

1. NUPAL, petit Etat des Indes au voisinage du Royaume de Boutan. A cinq ou six lieues au delà de Gorrochepour, dit Tavernier *e*, on entre sur les terres du Raja de Nu- Voy. des pal, qui vont jusqu'aux Frontières du Ro- Indes, liv. yaume de Boutan. Ce Prince est Vassal du *c*. 15. Grand-Mogol & lui envoye tous les ans un Elephant pour tribut. Il fait sa résidence dans la Ville de Nupal, de laquelle il prend le nom, & il y a fort peu de Négoce & d'argent dans son Pays, qui est tout couvert de Bois & de Montagnes.

2. NUPAL, Ville des Indes, dans un petit
Etat

Etat de même nom. Voyez l'Article précédent.

NUPHEOS, Ville d'Egypte, à ce que croit Ortelius [a]. St. Athanafe dans le Concile d'Alexandrie fait mention d'un Evêque, nommé Adelphius : il le qualifie *Epifcopus Nupheos, quæ eft Lichnorum*.

[a] *Thefaur.*

NUPSAS, [b] Lieu fortifié, près de Bostra dans l'Arabie. Baronius dit d'après les Dialogues de Palladius, que l'Evêque Eufifius fut relégué dans cet endroit.

[b] *Ortelii Thefaur.*

NUPSIA, Ville de l'Ethiopie fous l'Egypte, felon Pline [c]. Le même Ecrivain parle quelque part ailleurs d'une Ville qu'il nomme *Nupfis*. Peut-être eft-ce la même que *Nupfia*.

[c] *l. 6. c. 29.*

NUR, [d] Ville d'Afie dans le Zagatai, entre Samarcande & Bocare, prefque à égale diftance de ces deux Villes. Le nom de Nur qui fignifie lumiére, lui avoit été donné parce qu'elle renfermoit plufieurs lieux dont la prétendue fainteté attiroit de toutes parts un grand nombre de gens. Les Mogols fe préfentérent devant cette Ville en 1220. & les portes leur en furent d'abord fermées. Les habitans fe flattoient que le Sultan leur envoyeroit du fecours, comme il leur avoit fait efpérer ; mais le Gouverneur, foit par lâcheté, foit qu'il ne crût pas Mehemet en état de le fecourir, foit qu'il fût corrompu par les Mogols, engagea les habitans d'envoyer demander au grand Can à quelle condition il fouhaitoit que la Ville fe rendît. Il n'exigea que des bleds, & la fomme de quinze cens écus d'or que les habitans s'obligérent de lui payer tous les ans, ainfi qu'ils avoient coutume de la payer au Sultan.

[d] *Petis de la Croix, Hift. du grand Genghizcan l. 3. c. 5.*

1. NURA. Voyez Nora, N°. 1.

2. NURA, Riviére d'Italie, dans le Duché de Plaifance [e]. Elle a fa fource dans la partie Méridionale de ce Duché, aux confins du Marquifat de *San Steffano*. Elle prend fon cours du Midi au Nord, traverfe la Vallée de Nura, & va fe jetter dans le Po, un peu au deffus de l'embouchure de la Chiavenna.

[e] *Nic. Viffer, Carte du Duché de Plaifance.*

3. NURA, Vallée d'Italie, dans le Duché de Plaifance : elle s'étend le long de la Riviére de même nom, entre les Vallées de Trebbia & de Prino à l'Occident, & celle de Chiavenna à l'Orient.

NURCIA. Voyez Nursia.

NURCONENSIS, ou Murconnensis ; Siège Epifcopal d'Afrique, dans la Mauritanie Cefarienfe. *Auxilius* eft qualifié *Epifcopus Nurconenfis*, dans la Conférence de Carthage [f]. Dans la Notice Epifcopale d'Afrique, on lit *Maddanius Murconenfis* pour *Maddanius Nurconenfis*.

[f] *No. 125.*

1. NURENBERG, [g] Ville Impériale d'Allemagne, dans le Cercle de Franconie, fituée fur la Riviére de Pegnitz dans un terrain fablonneux & inégal. Il y a beaucoup d'opinions différentes fur l'Origine de fon nom. Quelques-uns veulent que ce foit le *Segodunum* de Ptolomée, qui dans la fuite a été appellé *Nahrunsberg*. D'autres veulent qu'elle ait été fondée par Drufus Neron frére de l'Empereur Tibére, & que delà elle ait été appellée Neroberg; d'autres difent que Tibére Neron lui-même a donné occafion à fa fondation, avant qu'il fût parvenu à l'Empire,

[g] *Zeiler, Top. Franconiæ.*

lorfqu'il mena les Légions Romaines contre un certain Roi de Thuringe. Ces conjectures paroiffent à plufieurs autres très-mal fondées, n'y ayant aucune apparence que les Nerons foient jamais venus en cette Contrée : ceux-ci prétendent que Nurenberg tire fon nom des Noriques, dont elle a été la Métropole. Ils difent que ceux qui habitoient anciennement une partie des Terres qu'on nomme Autriche, Stirie, Carinthie, Evêché de Saltzbourg &c. ayant vu leur Pays ravagé ou envahi par les Huns, fe retirérent en partie dans cette Contrée que la Pegnits & la Rednitz arrofent, & y bâtirent pour leur fureté fur la hauteur une efpéce de Château avec quelques autres habitations qui formérent avec le tems une Ville. Une chofe paroît confirmer cette opinion, c'eft que dans des Chartes fort anciennes il eft parlé d'un *Caftrum Noricum*, qui étoit dans la Franconie & qui devoit avoir fubfifté avant le tems de l'Empereur Charlemagne. On a aufli une Conftitution de l'Empereur Fréderic contre les Incendiaires & les perturbateurs de la Paix, où la date eft ainfi marquée, *In Caftro noftro Norimbercenfi anno* 1187. Quoiqu'il en foit, cette Ville qui appartenoit aux Ducs de Franconie avoit reçu la Religion Chrétienne fous le regne de Charlemagne. Après la mort d'Albert Duc de Franconie & Comte de Bamberg, elle fut foumife immédiatement à l'Empire par l'Empereur Louïs III. fils de l'Empereur Arnoul. Ce fut à Nurenberg fe tint fous Othon I. dit le Grand, la premiere Diète de l'Empire en l'année 938. fous le Regne de ce Prince & fous ceux d'Othon II. & d'Othon III. Cette Ville prit de tels accroiffemens que plufieurs Comtes de l'Empire & entre autres ceux de Naffau y établirent leurs demeures. L'Empereur Henri II. y fit auffi le plus fouvent fon féjour, & y expédioit les plus confidérables affaires de l'Empire. Henri III. ne parut pas l'honorer moins. Dans la Guerre que les Empereurs Henri IV. & Henri V. pere & fils fe firent l'un à l'autre, Nurenberg ayant tenu pour le premier fut affiégée par le fecond l'an 1106. & prife après avoir fouffert trente & un différens affauts. Comme ce Prince y exerça de grandes cruautez faifant tuer fans diftinction d'âge ni de fexe tout ce qui fe trouva expofé à la fureur du Soldat, cette Ville fut pendant trente-trois ou trente-quatre ans prefque entiérement dépeuplée & dans un état fi pitoyable qu'on lui donnoit le nom de Rudenberg. Elle commença à fe relever fous l'Empereur Lothaire, & principalement fous le regne de Conrad III. qui en 1150. après fon retour de la Terre Sainte, y fit fon féjour ordinaire.

L'an 1350. fous le Régne de l'Empereur Charles IV. elle reçut les accroiffemens, qui la rendirent à peu près telle qu'elle eft. Ce fut alors qu'elle fut environnée d'un double Mur, de fortes Tours, de Foffez profonds, & de divers autres ouvrages, qui ont été perfectionnez dans la fuite. On y compte 365. Tours tant groffes que petites. Il y en a au moins 183. qui font bâties de groffes pierres de taille, & fur lefquelles on peut placer de la groffe Artillerie. Il y a 6. grandes portes munies de leurs défenfes, & deux autres petites pour la commodité des Bourgeois. On y compte 528. Rues, onze Ponts de pierre & 7. de bois sur la Pegnitz qui la coupe en deux parties presque égales, & dix Marchez ou Places publiques. Cette Rivière y forme plusieurs Isles, qui donnent ou d'agréables promenades, ou des places de Jeu & des prairies propres à blanchir le linge au Soleil. L'étendue de la Ville est d'environ 8000. pas de circuit. Elle a deux Fauxbourgs dont le premier qu'on nomme Wehrd, ou Marckt Wehrd a sa Jurisdiction particulière qui est néanmoins subordonnée à celle de la Ville. Le second appellé Gostenhoff ou Marckt Gostenhoff étoit ci-devant un bon Village assez éloigné de l'ancienne Ville, & qui dans la nouvelle augmentation y a été compris, quoiqu'il soit encore hors des fossez. Ce lieu est aussi le Siège d'un Bailliage particulier; & n'est pas moins fortifié présentement que le reste de la Ville. Quoique Nurenberg soit par-tout assez peuplée elle n'a que les deux Paroisses de St. Sebald & de St. Laurent. Tout le peuple y est généralement industrieux & montre une grande adresse pour toute sorte d'ouvrages, d'où il tire aussi très-aisément sa subsistance; les Magistrats veillent même tellement pour entretenir cette heureuse activité, que les paresseux pourroient difficilement y rester. Pour cet effet ils défendent tous concours ou assemblées du Peuple, si ce n'est dans les Eglises & aux enterremens. On a certains divertissemens pour lesquels il y a des jours marquez. Il n'est pas permis d'y donner de grands repas où s'assembler pour des regals si ce n'est en cas de Nôces. Les Marchands de cette Ville qui commencérent dès l'an 1300. ou environ à négocier dans les Pays étrangers ont rendu leur Négoce fort étendu, & ont mis sur un bon pied tout ce qui y a rapport. Leurs Marchandises ne sont pas seulement portées par toute l'Europe, mais encore aux Indes Orientales & dans l'Amérique, & leur Banque est réglée à peu près sur le même pied que celle de Venise. Une Ville si industrieuse n'a pu manquer d'être gratifiée de plusieurs grands Privilèges. Aussi en a-t-elle de fort utiles & de très-honorables; entre ceux de cette dernière espèce on remarque celui qu'elle a de garder les Ornemens Impériaux qui doivent servir au Couronnement de l'Empéreur.

Le Domaine de Nurenberg est considérable; il renferme les petites Villes de Herspruck, de Lauff, d'Altorff, de Velden, de Hohenstein, de Hippolstein, de Hausseck, de Liechtenaw, de Gresenberg, plusieurs Seigneuries qui ont haute & basse Justice, & diverses dépendances. Aussi fournit-t-elle pour son mois Romain lorsque les troupes de l'Empire doivent marcher, 40. Cavaliers & 250. Fantassins, ou bien 1480. fl. en argent.

La Régence de Nurenberg est composée d'un Grand Conseil de 42. personnes dont huit sont prises du corps des Marchands & Artisans & composent ce qu'on appelle le petit Conseil, les 34. autres qui sont appellées le Conseil interne sont pris de 28. Anciennes & Nobles familles, qui seules ont droit aux places de ce Sénat. De ces 34. Nobles 13. sont Bourguemaîtres & 13. autres Echevins. Les autres sont appellez Anciens. Toutes les 4. semaines deux nouveaux Bourguemaîtres dont l'un est toujours un des Anciens Bourguemaîtres entrent en exercice. Les 8. Membres du petit Conseil n'assistent pas toujours aux délibérations, mais seulement pour certaines affaires, & à certains jours marquez. Outre les 42. Membres actuels du grand Conseil de Régence, il y en a encore 4. ou 500. qui sont aussi qualifiez Membres du même Conseil, mais qui n'y assistent jamais; que lorsqu'il s'agit d'affaires de la dernière importance qui interessent le bonheur & la tranquillité publique, ils y sont alors invitez par les Membres actuels de la Régence. Au reste ce grand Conseil ne connoît ordinairement que des affaires du Gouvernement. Il y a d'autres Tribunaux pour la décision des causes particulières, qui néanmoins, selon leur espèce, peuvent aussi être portées par appel & en dernier ressort au Grand Conseil dont je viens de parler. Le 1er. & principal de ces Tribunaux est celui qu'on nomme proprement le Tribunal ou la Justice de la Ville; il est composé de 4. Docteurs, de 12. Echevins, d'un Juge, de deux Greffiers & de 4. Substituts. Il y en a d'autres qui connoissent seulement des causes concernantes l'Agriculture, ou le Négoce ou les Eaux, & Forêts, &c. En général on peut dire que tout est réglé avec beaucoup d'ordre dans cette Ville & qu'elle a de très-bonnes Loix dont une partie, sur-tout celle qui regarde les Tutéles, a été copiée sur celles de la République de Venise. Les Magistrats les observent avec une scrupuleuse exactitude & jugent sans acception de personnes, conformément à l'esprit de ces Loix. La Chronique de Nurenberg en fournit quantité d'exemples mémorables.

Il y a en cette Ville quantité de choses dignes d'être vues; entre autres l'Eglise de St. Sebald, qui est la plus ancienne, ayant été bâtie, à ce qu'on prétend, en 740. & d'abord dédiée à St. Pierre. Elle est fort vaste & a sept Portes. Sa grosse Cloche qui pese 156. quintaux fut fondue l'an 1392. Le Tombeau de St. Sebald son nouveau Patron est fait avec beaucoup d'art. On y a employé 157. quintaux & 29. livres de Laiton. Cette Eglise & celle de St. Laurent qui n'a été bâtie que lorsque la Ville a commencé à s'étendre de l'autre côté de la Rivière, ont de très-beaux vitrages, de belles colonnes, & de belles voutes. Celle de N. D. qui fut construite l'an 1355. sur la grande Place du Marché dans l'endroit où étoit auparavant la Synagogue des Juifs, ne cède guere aux deux premieres en magnificence. Les Eglises de St. Gilles, du St. Esprit, & de l'Hôpital St. Jâques sont encore remarquables. Elles sont remplies de quantité de monumens de Princes & de Comtes de l'Empire, une grande partie des Epitaphes qu'on y lit furent imprimées en 1622. dans l'Eglise qui avant le changement de Religion étoit celle des Dominicains. On y conserve une magnifique Bibliothèque qui appartient au Grand Conseil de Régence; on y trouve quantité d'anciens Manuscrits & de très-beaux Globes; elle est estimée comme le plus précieux trésor de cette Ville. On y lit cette Inscription.

D. O. M. S.

## NUR.

D. O. M. S.

Illuftris curâ ftudioque favente Senatus,
Heic habitant Mufæ, Pallas, Hugeja, Themis,
Et Dea Lux veri & Reverentia Numinis : Hofpes
Pafce, volens licitis mentem oculofque modis.
Aft ungues cohibe, Rhamnufia non procul, & quæ
Supremum claudit Mortis imago locum.

A cette occafion on peut dire que cette Ville a toujours fait grand cas des Savans, & encouragé par toutes fortes de moyens les Sciences; auffi n'a-t-elle point manqué de gens, très-capables dans tous les genres. La maniere dont Erafme, Luther, & Melanchthon, fe font expliquez à ce fujet en divers Ouvrages & particulièrement dans leurs Lettres à des Savans de cette Ville fuffiroit feule pour le prouver. Ce dernier écrivant à Vitus Theodoricus appelle Nurenberg, *Lumen, Oculum, Decus, & Ornamentum præcipuum Germaniæ.* Le même Melanchthon écrivant à Camerarius en 1547. compare Nurenberg à Athènes. Enfin les foins que le Magiftrat de cette Ville s'eft donné, pour y établir diverfes Ecoles, comme celles de St. Laurent, du St. Efprit, de St. Jacques & fur-tout le Collège de St. Gilles, qu'il tranfporta depuis pour plus grande commodité à Altorff Ville de fon Domaine, marquent affez combien cette Ville a toujours été affectionnée aux Sciences. L'Empereur Rodolphe II. voulant concourir aux defirs des Magiftrats à cet égard, érigea ce Collège d'Altorff en une Académie qu'il décora de plufieurs Privilèges & particulièrement de celui de créer des Maîtres ès Arts & des Bacheliers. Ferdinand II. lui donna enfuite celui de faire des Docteurs. Après la Guerre qui défola l'Empire vers l'an 1632. la Ville de Nurenberg rappella cette Univerfité d'Altorff dans fon propre fein, & releva non feulement le Collège de St. Gilles, mais établit encore de nouvelles Chaires en 1642. tant pour la Théologie & la Philofophie que pour l'étude de la Langue Hébraïque.

Parmi les Bâtimens purement civils, un des plus confidérables eft le Château ou la Forterefse Impériale, où les Caftellans, Gouverneurs ou Vicaires des Empereurs faifoient autrefois leur Réfidence, & qui eft la demeure ordinaire d'un des Seigneurs Tréforiers depuis que ces mêmes Empereurs l'ont abandonnée & cédée à la Ville avec toutes fes appartenances, fous la condition de l'hommage & de la reconnoiffance que toute Ville Impériale doit à l'Empire. Ce Château fitué fur le roc eft bien fortifié. Les Seigneurs de la Régence le firent renouveller en quelque manière en 1538. & y firent ajouter plufieurs Ouvrages foit pour en augmenter l'agrément, foit pour en renforcer les défenfes. Il a 4. Tours dont deux regardent la Ville, les deux autres, font du côté de l'Orient & du Septentrion.

Lorfque l'Empereur vient à Nurenberg on le reçoit encore dans ce même Château, où il y a des appartemens qui ne fervent à aucun autre ufage. Cette portion du Château a une Chapelle où l'Empereur fait alors célébrer le Service divin de la manière qu'il lui plaît.

## NUR.

Outre ce Château, il y en avoit encore autrefois un autre appartenant aux Bourgraves dont la Dignité étoit héréditaire. Mais ceux-ci ayant vendu en 1417. ce Domicile avec toutes les appartenances, droits, privilèges, &c. qui y étoient attachez, on a conftruit en ce lieu les Greniers de la Ville, & un Boulevart qui avoit paru néceffaire pour la fûreté de la Place.

On voit dans le refte de la Ville quantité de maifons bien bâties, & à l'agrément defquelles la Nature & l'Art femblent avoir également contribué.

Il y a dans des Collines & même dans les plaines, voifines de Nurenberg des Carrières qui font d'un grand fecours pour la conftruction de ces maifons. Les pierres qu'elles fournissent ont cela de particulier qu'avant d'en être tirées elles font très-molles, & peuvent par conféquent être taillées avec une très-grande facilité de la manière qu'on le fouhaite; néanmoins elles deviennent auffi dures que le Marbre après qu'elles ont été quelque tems expofées au Soleil. La Maifon de Ville qui fe trouve vis-à-vis de l'Eglife de Sr. Sebald eft bâtie de grandes Pierres de tailles de cette forte. Cet édifice qui eft fort vafte & où l'on n'a rien épargné pour l'embellir eft rempli de plufieurs chofes curieufes. Il y a fur-tout des Tableaux de plufieurs grands Maîtres, & particulièrement d'Albert Dürern, qui étoit natif du lieu même & qui eft mort en 1528. L'Arfenal & les Greniers de la Ville font encore des pièces dignes de remarque. Ces derniers renferment toujours une grande quantité de Bled, qu'on a l'induftrie d'y garder pendant bien des années fans qu'il fe corrompe. On trouve même dans les Chroniques de cette Ville que l'on fit manger en 1541. à l'Empereur Charles V. un pain qui avoit été fait de Bled que l'on y gardoit depuis 150 ans. On ne peut guère trouver un morceau d'Architecture plus hardie que le Pont de Pierre qui eft fur la Pegnits devant la Boucherie. Il eft tout d'une feule Arcade qui d'une bafe à l'autre a 97. pieds & demi d'étendue, fans en avoir que 13. d'élévation, & il a 50. pieds de largeur. Il fut commencé l'an 1597. après qu'un autre bien différent eut été emporté par un débordement de la Rivière, & il ne fut achevé qu'en quatre années avec beaucoup de peines & de grandes dépenfes. Cet Ouvrage fut fait fur le deffein du fameux Pierre Carl natif de Nurenberg, & qui conduifit l'Ouvrage. C'eft le même qui a conftruit au Château d'Heidelberg une grande Sale qui a cent pieds d'étendue fans qu'il y ait aucune Colonne pour en foutenir la Voute.

2. NURENBERG[a], petite Ville d'Allemagne dans la nouvelle Marche de Brandebourg, près de Friedberg. Elle fouffrit un incendie dans le dernier fiècle, & il y demeura peu de maifons fur pied.

[a] Zeiler Topog. Pomeraniæ.

NURIA[b], Montagne du Royaume d'Efpagne. Elle fait partie des Pyrénées. Elle eft au Nord de Campredon, en tirant à l'Occident. On y trouve du Cryftal.

[b] Délices d'Efpagne. t. 4. p. 613.

NUROLI. Voyez NURUM.

NURSA, Ville d'Italie. Virgile[a] fait mention de cette Ville. Servius remarque fur cet endroit qu'elle étoit dans le Picenum, &

[a] Æneid. l. 7. v. 744.

Lean-

**NUR. NUS. NUT. NUY.**

Leander dit que c'est aujourd'hui Norza.

NURSIA, Ville d'Italie dans le Pays des Sabins, selon Ptolomée [c]. C'est aujourd'hui NORCIA. Voyez ce mot.

NURUM, Ville de l'Afrique propre: Ptolomée la place sous Carthage, entre le Fleuve *Bagrada* & celui de *Triton*. Les Interprètes de ce Géographe, au lieu de *Nurum* écrivent *Nuroli*.

1. NUS, Ruisseau de la Cilicie, auprès de la Ville *Cesum*. Pline [b] qui en parle ajoute d'après Varron, que les eaux de ce Ruisseau ont la propriété de rendre plus subtil l'esprit de ceux qui en boivent. Ortelius [c] dit que Suidas & Hesyche ont prétendu, que dans cet endroit de Pline il falloit lire *Anus* au lieu de *Nus*; mais qu'Hartungus soutenoit le contraire. Il dit encore que dans quelques-uns des Exemplaires qu'il avoit entre mains on lisoit *Jusum* & *Visum* pour *Cesum*, & de même *Sicilia* pour *Cilicia*.

2. NUS, Fleuve de l'Arcadie : Pausanias [d] le met au nombre des Fleuves qui se déchargent dans l'Alphée.

NUSARIPLA, Ville de l'Inde, en deçà du Gange. Ptolomée [e] la place dans le Golfe Barigazène, entre *Camanes* & *Pulipula*.

NUSCO [f], petite Ville d'Italie, au Royaume de Naples, dans la Principauté Ultérieure, environ à six lieues de Benevent vers l'Orient Méridional, entre St. Angelo & Monte Marana, au pied d'une Montagne. Il y a un Siège Episcopal, suffragant de Salerne.

NUSEA, Contrée d'Asie, limitrophe de la Médie du côté du Couchant, selon Polybe, cité par Ortelius [g], qui croit qu'il y a faute dans le Texte & qu'il faut lire *Nisaum*.

NUSIPI. Voyez USIPÈTES.

NUSTADT, ou NEUSTADT [h], petit Bourg d'Allemagne, dans le Duché de Juliers, vers les Frontières du Liégeois. Il y a aussi un Bourg ou Village de ce nom dans le Comté de la Marck.

NUTHA, Lac de la Libye intérieure, selon quelques Exemplaires de Ptolomée [i], qui dans un autre endroit le nomme *Nuba*. Ses Interprètes lisent par-tout *Nuba*.

NUTRIA, Ville de l'Illyride, selon Polybe [k].

NUYS, ou NEUS [l], Ville d'Allemagne dans l'Electorat de Cologne, à une demi-lieue du Rhin, sur la petite Rivière d'Erfft, & à quatre lieues ou environ de la Ville de Cologne. Elle fut prise en 1580. après quatre jours de tranchée ouverte par le Duc de Parme, qui fit pendre aussi-tôt le Gouverneur & un certain Ministre Calviniste aux fenêtres du Château, & abandonna les biens & la vie des habitans à la fureur du soldat. Ceux-ci non contens de piller les maisons & de tuer tout ce qu'ils rencontrerent de Bourgeois brûlèrent presque entièrement cette malheureuse Ville. Cette fureur des Espagnols provenoit d'un motif de vengeance. Ils savoient que les Calvinistes avoient brûlé quelques mois auparavant le Corps de St. *Quirin*, que l'on conservoit dans cet endroit avec une grande vénération, & qui y attiroit même des Pays éloignez quantité de Pélerins. *Egidius Gelenius*, dans son livre de *Magnitudine Coloniæ*, dit que Nuys & son Territoire furent

**NYB. NYC. NYE. NYG. NYL.**

donnez à l'Archevêque de *Cologne* par Luthard & Berthe sa femme qui étoient de la Maison de Cleves. Cette Ville a été rétablie depuis & bien fortifiée de sorte que dans plusieurs guerres qui se sont faites depuis ce tems-là dans l'Empire, elle a toujours été regardée des différens partis comme une Place, dont il importoit de s'assurer la conservation ou la conquête.

**N Y.**

NYBE, Rivière de France. Voyez NIBE.

NYBOURG, Ville de Dannemarc dans l'Isle de Fuhnen. Voyez NEWBOURG.

NYCHOPONTIUM. Voyez ACHERUSIA.

NYCPII, Peuples de l'Afrique propre: Ptolomée [m] les place entre les *Nigbeni* & les *Macai Sytiæ*, au-dessous des premiers & au dessus des derniers.

NYCTIMIS. Voyez ALPHÆUS.

NYE-CARLEBY [n], Ville de Suède dans la Finlande, sur la Côte Orientale du Golfe de Botnie, au Midi de Jacobstat. Elle est bâtie à l'Embouchure d'une petite Rivière. On a nommé cette Place Nye-Carleby pour la distinguer d'une autre Ville nommée Carleby, située un peu plus haut sur le même Golfe en tirant vers le Nord.

NYEVRE, Rivière de France. Voyez NIEVRE.

NYGBENITÆ, Peuples de l'Ethiopie sous l'Egypte: Ptolomée [o] les place après les *Orypæi*.

NYGDOSA, Ville de l'Inde en deçà du Gange. Elle est placée par Ptolomée [p] entre *Soara* & *Anara*. Ses Interprètes lisent *Nygdosora*.

NYKOPING, Ville de Suède. Voyez NIKOPING.

NYLAND, Province de Suède dans la Finlande. Elle est bornée au Nord par la Tavastie, à l'Orient par la Rivière de Kymen, qui la sépare de la Carélie Finoise; au Midi par le Golfe de Finlande & à l'Occident par la Finlande Méridionale. Les principales Places de cette Province sont:

Ekenes,             Helsingfors,
Raseborg,           Borgo.

NYMBÆUM, Etang dans la Laconique. Pausanias [q] dit qu'il étoit aux environs du Promontoire *Malæa*.

NYMBOURG, Ville forte de Bohême située sur l'Elbe près de Ronowi, & de Lissa sur la grande route qui va de Prague à Jaromir, Glats, & Breslaw. Elle est environnée d'un double mur & d'un double fossé rempli d'eau. Les nouveaux Historiens Allemans l'appellent souvent Lymbourg; mais c'est un abus d'autant que dans les Auteurs Bohémiens elle est toujours nommée Nymbourg. Boregk [r] Auteur de la Chronique de Bohême rapporte que ce lieu qui n'étoit d'abord qu'un très-petit Bourg fut revêtu de murailles & de Tours, & gratifié des droits de Cité par Wenceslas qui fut le pénultième des Rois de Bohême de la Race Libussique, & mourut en 1305. L'an 1421. elle prit le parti de ceux de Prague & se vit sur le point d'être forcée en 1426. par Boczko Podiebrack, qui étoit ennemi des Taborites : mais

ce

# NYM.

ce Général ayant été tué sous la porte même par les Bourgeois, elle échappa à ce danger. En 1634. les troupes de l'Electeur de Saxe l'assiégérent, la prirent d'assaut & passérent au fil de l'épée la plûpart des habitans.

**NYMPHÆ MARINÆ MINTURNENSIS TEMPLUM**, Temple en Italie sur la rive du Fleuve Liris. Ortelius [a] prétend qu'au lieu de *Marinæ*, il faut lire MA-RICÆ.

[a] Thesaur.

1. **NYMPHÆA**, Isle de la Mer Méditerranée au voisinage de l'Isle de Sardaigne, selon Ptolomée [b].

[b] l. 3. c. 3.

2. **NYMPHÆA**, Isle de la Mer Ionienne: Pline [c] la met aux environs de l'Isle de Samos.

[c] l. 5. c. 31.

3. **NYMPHÆA**, Isle de la Mer Adriatique, selon Etienne le Géographe, qui dit que c'étoit la demeure de la Nymphe Calypso.

1. **NYMPHÆUM**, Ville de la Cherfonèse Taurique, selon Ptolomée [d]. Marius Niger la nomme *Ciprica*.

[d] l. 3. c. 6.

2. **NYMPHÆUM**, lieu de la Bithynie, sur le Pont-Euxin. Arrien [e] compte quinze stades de *Tyndaride* à *Nymphæum*.

[e] Peripl. Pont. Eux. p. 14.

3. **NYMPHÆUM**, Forteresse du Pont, selon Suidas cité par Ortelius [f].

[f] Thesaur.

4. **NYMPHÆUM**, lieu sur la Mer Ionienne, auprès du Fleuve Aous, dans le Territoire d'Apollonie. Plutarque [g] en parle dans ces termes. Auprès de *Dyrrachium*, se voit Apollonie, & dans le voisinage il y a un lieu sacré nommé *Nymphæum*, où de toutes parts il sort perpétuellement comme des veines de feu du fond d'une vallée & d'une prairie verdoyantes. Dio Cassius [h] dit de plus que ce feu ne brûle point la terre d'où il sort, qu'il ne la rend pas même plus aride ; que les herbes & les arbres y croissent à la faveur des pluyes, & que c'est ce qui a fait donner à ce lieu le nom de *Nymphæum*. Il ajoute qu'il y avoit dans cet endroit un Oracle & un feu merveilleux, qui consumoit l'encens de ceux dont les vœux étoient agréables & rejettoit au contraire l'encens des personnes dont les vœux n'étoient point acceptez. Tite-Live [i] parle aussi de ce lieu, de même que Pline [k] qui le nomme Promontoire, & Cesar [l] qui l'appelle un Port & le met à trois milles au delà de Lissus.

[g] in Sulla p. 466.
[h] l. 41. p. 174.
[i] l. 42. c. 36.
[k] l. 3. c. 22.
[l] Bell. Civ. l. 3. c. 26.

5. **NYMPHÆUM PROMONTORIUM**, Ptolomée [m] donne ce nom au Promontoire du Mont Athos.

[m] l. 3. c. 13.

6. **NYMPHÆUM SPECUS**, Caverne de Syrie, au voisinage de l'Embouchure de l'Oronte : Strabon [n] lui donne le titre de *Sacrum Specus*.

[n] l. 16. p. 751.

7. **NYMPHÆUM**, Pline [o] appelle ainsi le lieu où le Tigre après avoir laissé le Lac Thospites & s'être perdu sous terre recommence à paroître.

[o] l. 6. c. 27.

**NYMPHÆUS**, Port de l'Isle de Sardaigne : Ptolomée [p] le place sur la Côte Occidentale, entre la Ville de Tilium & le Promontoire *Hermæus*.

[p] l. 3. c. 3.

**NYMPHAIS**, Isle de la Mer de Pamphylie, selon Pline [q].

[q] l. 5. c. 31.

**NYMPHARENA**, Ville de Perse : Pline [r] la nomme ainsi & fait mention d'une Contrée du même Royaume aussi appellée NYMPHURENA.

[r] l. 17. c. 10.

# NYM. NYN. NYO. 207

1. **NYMPHARUM ANTRUM.** Voyez PHORCYNUS.

2. **NYMPHARUM CUBILE.** Voyez SOLIS INSULA.

3. **NYMPHARUM FANUM.** Voyez I-NATAMANA.

4. **NYMPHARUM INSULÆ**, Isles de la Lydie au milieu d'un Etang : '*Nonne*, dit Martianus Capella [s], *ipsius vetustatis persuasione compertum, in Lydia Nympharum insulas dici quas etiam recentior afferentium Varro se vidisse testatur : quæ in medium stagnum a continenti procedentes cantu tibiarum, primo in circulum motæ, dehinc ad litora revertuntur.* Le passage de Varron, dont parle Martianus Capella, est au Livre troisième [t]; & Fulvius Ursinus y rapporte dans ses Notes un fragment de Sotion, qui dit la même chose des 17. Isles qui sont dans le Lac *Cælamina*. De-là on peut conclure, dit le Pere Hardouin, dans ses Remarques sur Pline [v] que quelque partie du Lac Calamina étoit nommée *Nymphæum*, & que dans ce *Nymphæum* il y avoit de petites Isles flottantes, que le pied des danseurs étoit capable de faire remuer. Pline met effectivement ces Isles dans un lieu nommé *Nymphæum* : il les appelle *Insulæ saltuares*.

[s] l. 9. c. 1. p. 214.
[t] De re Rustica, ei.
[17.]
[v] l. 2. c. 95.

**NYMPHATES**, Montagne de la grande Arménie, selon Ptolomée [w]. Quelques-uns de ses Interprétes lisent *Niphates*. Pline [x] écrit *Niphates*, & Strabon [y] dit que le Tigre prenoit sa source. Le Poëte Claudien [z] met le Mont Nymphates dans le Pays des Parthes.

[w] l. 5. c. 13.
[x] l. 5. c. 27.
[y] l. 11. p.
[z] Orteli Thesaur.

**NYMPHE CATABASSI** [a], lieu à treize milles de Rome, sur la Voye *Cornelienne*, entre Sutius dans la Vie de St. Valentin & de St. Asturius. Baronius dit que ce lieu s'appelle aujourd'hui *Santa Nympha*, & place cette Voye Cornelienne, entre la Voye Aurelienne & la Voye Triomphale.

[a] Ortelii Thesaur.

**NYMPHEUS** [b], il semble que Q. Calaber en fait un Fleuve dans la Bithynie, aux environs de la Caverne d'Acherufe.

[b] Ibid.

**NYMPHIUS**, ou NYMPHÆUS, Fleuve de Mésopotamie, selon Ammien Marcellin [c]. Suidas fait entendre qu'il se jette dans le Tigre. Il servoit de borne entre les Perses & les *Romani*, à ce que dit Procope [d]. Ortelius [e] croit que c'est la même chose que le *Nymphæum* de Pline.

[c] l. 18. p. 141.
[d] Persic. l.
[e] Thesaur.

**NYMPSCH.** Voyez NIMPSCH.

**NYMS**, ou NIMS, Rivière du Luxembourg [f] : Elle a sa source dans l'Archevêché de Tréves, à l'Orient de la Ville de Pruym. Son Cours est du Nord au Sud. Elle passe près de Bibrich, reçoit la Pruym à la droite & va se jetter dans la source à Minheim, au dessous d'Echternach.

[f] Jaillot, Atlas.

**NYN**, ou NEN, Rivière d'Angleterre [g], Elle a sa source dans le Northamptonshire, passe à Northampton où elle reçoit l'Auson, & prenant son cours du Midi au Nord Oriental elle mouille Wellingboro, g. Higham Feyres, d. Thrapston, d. Oundle, g. Peterboroug, g. Crowland, d. & va se décharger dans le Boston Deep.

[g] Blaeu, Atlas.

1. **NYON**, Ville de la Suisse dans le Canton de Berne, près du Lac de Genéve, & le Chef-lieu d'un Bailliage de même nom. Cette Ville est médiocrement grande & fort ancienne. On voit à Nyon & dans les lieux voisins des Inscriptions Romaines [h] qui marquent

[h] Longuerue, Descr. de la France, Part. 2. p. 266.

quent qu'il y a eu des Romains établis dans ce territoire; mais on n'y voit pas le nom de la Ville, que Pline nomme *Colonia Equestris*, ainsi appellée parce qu'elle avoit été peuplée de Cavaliers veterans. Il en est fait mention dans les Auteurs qui ont écrit sous les Empereurs Romains jusqu'au cinquième siècle, & ils la nomment simplement *Equestris* ou *Equestres* au pluriel, comme on peut voir dans l'Itinéraire d'Antonin, & dans la Carte de Peutinger. Le nom de Nyon, en Allemand *Nevis*, qui s'écrit en Latin *Niviodunum* ou *Novidunum*, ne se trouve pas dans les Auteurs ou dans les Livres qui ont été écrits avant la ruïne entière de l'Empire Romain Occidental.

*a* Etat & Délices de la Suisse, t. 2. p. 282.

La Ville de Nyon *a* est située pour la plus grande partie sur une Colline qui s'éleve au bord du Lac de Genéve, & en partie dans la plaine, qui s'étend le long du Lac au pied de la Colline. Le Quartier d'en bas qu'on appelle *la Rive* n'est qu'un Fauxbourg & est tout ouvert; au lieu que le Quartier d'en haut, qui est proprement la Ville est fermé de murailles. Nyon a été autrefois, c'est-à-dire sous les Empereurs Romains, beaucoup plus considérable qu'elle n'est aujourd'hui. On y voit encore quelques foibles vestiges de son ancienne splendeur. Une des portes de la Ville est faite de gros quartiers de pierre dure & jaunâtre, dont il y en a qui ont jusqu'à dix pieds de long, & quatre ou cinq de haut. Au bord du Lac on voit une vieille Tour, toute enfumée, construite aussi de beaux quartiers de la même pierre & qui sont ornez de feuillages. Mais comme ces pierres sont mises la plûpart à contre-sens, on peut juger que cette Tour a été bâtie des débris de quelque Edifice plus ancien & plus riche. Au haut de cette Tour, on apperçoit une Statue qui paroît être celle de quelque Empereur, habillé à la Romaine, en Guerrier couronné de Lauriers & qui semble regarder du côté de l'Italie; cette figure est attachée à la muraille en dehors. Dans un endroit tout près de la Ville, on a trouvé bien avant dans la terre un beau pavé à la Mosaïque. Dans la Ville même il y a un bon nombre d'Inscriptions Romaines; & dans un coin de maison on voit une tête de Meduse en relief fort bien représentée. Le Château où réside le Bâillif est à l'extrémité de la Ville, du côté qu'elle regarde sur le Lac. Il y a de ce côté-là derriére les murailles une jolie promenade où l'on jouït d'un très-bel aspect: on a la vue sur le bas de la Ville, sur le Lac, sur les Campagnes voisines, sur toute la Savoie & sur le Pays de Gex, jusqu'à Genéve, qui est à quatre lieues de-là. A l'autre extrémité de la Ville est le Temple qui n'a rien de bien remarquable. Mais en y allant on voit dans la muraille du Cimetiére qui l'environne, une Statue à demi corps, fort défigurée, & au bas de laquelle on lit dans un Marbre l'Inscription suivante, faite pour un homme qui étoit l'un des Chefs de la Colonie & Prêtre d'Auguste.

C. LUCCONI. Co.
TETRICI PRAEFEC.
ARCEND. LATROC.
PRAEFECT. PRO. IIVIR
IIVIR BIS FLAMINI. S.
AUGUST.

La Ville de Nyon est fort bien située pour le Commerce, étant dans le voisinage de Genéve & au bord d'un beau Lac; & aussi dans le voisinage de la Bourgogne d'où elle tire quantité de choses: les Bourguignons y viennent toujours aux Foires & très-souvent aux Marchez de semaine. Elle fut réduite en cendres en 1399, depuis ce tems-là il ne lui a pas été possible de se rétablir: elle commence pourtant à être sur un assez bon pied.

2. NYON, Bailliage de Suisse, dans le Canton de Berne entre le Pays de Gex, le Lac de Genéve & le mont Jura. C'est comme tout le voisinage, un Pays de vignes, de champs & de prairies, & abondant en excellents fruits, sur tout en châtaignes. Ce Bailliage est composé d'une Ville, d'un Bourg & de plus de trente Villages. Les endroits les plus remarquables sont:

Nyon,      Copet,
   Prangin.

Avant le changement de Religion introduit par les Bernois Nyon étoit du Diocése de Genéve avec tout son Territoire, qui contenoit douze Paroisses & quarante Villages.

NYPHÆUS, Montagne de la Phtiotide; Pline *b* dit qu'elle étoit remarquable par quelques figures que la Nature avoit pris plaisir d'y représenter.

*b* l. 4. c. 8.

NYRAX, Ville Celtique, selon Etienne le Géographe.

1. NYSA, ou NYSSA: on veut, dit Diodore de Sicile *c*, qu'Osiris ait été élevé à Nysa Ville de l'Arabie heureuse, aux confins de l'Egypte, & que ce soit de-là qu'il ait été appellé *Dionysius*, nom formé de celui de Jupiter son Pére & de celui de la Ville Nysa. Diodore de Sicile repete la même chose dans un autre endroit *d* où il dit que Jupiter porta le petit Bacchus son fils à Nysa Ville de l'Arabie, afin qu'il y fût nourri par les Nymphes. Cependant le même Auteur *e* dit plus bas que la Ville de Nysa étoit située entre la Phénicie & le Nil, position qui ne s'accorde guère avec celle qu'il a marquée plus haut. Mais cela ne suffit pas pour nier qu'il n'y ait eu anciennement dans l'Arabie une Ville nommée Nysa, quoique pourtant l'on n'en trouve aucune trace dans les autres Ecrivains.

*c* l. 1. c. 17.
*d* l. 3. c. 54.
*e* l. 4. c. 2.

2. NYSA, ou NYSSA, Voyez NYSSE.

3. NYSA, ou NYSSA, en François NYSSE, Ville de la Cappadoce. Par la position que lui donne l'Itinéraire d'Antonin elle devoit être dans la Garsaurie. Ptolomée *ff* néanmoins la marque dans la Muriane. Dans l'Itinéraire d'Antonin elle est placée sur la route d'Ancyre à Césarée entre Parnassus & Osiana, à vingt-quatre milles de la premiere de ces Places & à vingt-deux milles de la seconde. St. Grégoire, appellé communément St. Grégoire de Nysse, fut établi Evêque de cette Ville en 371. par son frére St. Basile Archevêque de Césarée; dont l'Evêché de Nysse étoit suffragant.

*ff* l. 5. c. 7.

4. NYSA, ou NYSSA, Ville de la Carie, selon Etienne le Géographe, qui dit qu'on

qu'on la nommoit auparavant Antiochia. Voyez ANTIOCHE, N°. 3. C'eſt la même Ville que les Notices Eccléſiaſtiques appellent NISA. Voyez NISA, N°. 3.

*a* l. 7. ineunte.
*b* l. 15.

5. NYSA, ou NYSSA, Ville de l'Inde, entre les Fleuves Cophenes & Indus, ſelon Arrien [a] & Strabon [b] qui ſont pour la dernière orthographe. Diodore de Sicile, Pline & Pomponius Mela écrivent NYSA ; & il ſemble que c'eſt ainſi qu'il faut écrire, du moins ſi on regarde l'origine que l'on donne communément à cette Ville ; car on prétend qu'elle fut bâtie par Bacchus qui lui donna ſon nom. Les Habitans ſont appellez NISAEI par Arrien, qui dit qu'ils envoyérent des Députez au devant d'Alexandre pour ſe ſoumettre à ce Conquérant. La Ville de Nyſa étoit commandée par une Montagne nommée MERUS, mot qui en Langue Grecque ſignifie une *cuiſſe*. On voit aſſez que le nom fait alluſion à la ſeconde naiſſance de Bacchus ſorti de la cuiſſe de Jupiter. En

*c* l. 2. c. 37.

effet Diodore de Sicile [c] rapporte que Bacchus & ſon Armée ſe retirérent ſur cette Montagne & qu'ils y furent préſervez de la peſte qui régnoit dans la Campagne.

6. NYSA, ou NYSSA, Ville de la Lydie, au voiſinage de Trallis, ſelon Strabon. C'eſt la même qu'Etienne le Géographe met dans la Carie. Voyez NYSA N°. 4. Ptolomée qui écrit *Nyſſa* la place auſſi dans la Carie, parce que quelques Géographes étendent les bornes de la Carie, au de-là du Méandre. Elle étoit néanmoins proprement dans l'ancienne Lydie que le Méandre bornoit principalement vers la Mer. J'ai vu, dit Whe-

*d* Voy. de l'Anatolie, liv. 3. p. 339.

ler [d] une Médaille de Nyſa frappée du tems de l'Empereur Maximin, dont elle porte la tête & le nom ; & ſur le revers il y a une Fortune qui tient en ſa main une Corne d'abondance, & un Gouvernail en l'autre, avec ces Lettres ΕΠΙ ΑΡ. ΠΡΙΜΟΥ ΡΟΥΦΙΝΟΥ ΝΙϹΕΩΝ ; c'eſt-à-dire que cette Médaille de la Ville de Nyſa a été frappée ſous le Gouverneur Aurelius Primus Ruphinus. Strabon dit que Nyſa étoit ſur le Mont Méſogis, de façon que la plus grande partie étoit bâtie ſur la pente de la Montagne. Elle étoit ſéparée en deux Villes, par le moyen d'une Vallée où paſſoit un Torrent. Elle avoit la Plaine du Méandre au Midi : elle ſe trouvoit ainſi, ſur le chemin d'Ephèſe à Antioche, entre Trallis & Antioche ; & elle étoit embellie d'un Amphithéatre & d'un Théatre. Je n'ai pu ſavoir, ajoute Wheler, quelle Ville ce peut être à préſent ; à moins que ce ne ſoit Noſlie, dont Mr. Smith parle comme d'un petit Village, environ à trois lieues de diſtance de Trallis. Voyez ANTIOCHE, N°. 3.

*e* l. 9.

7. NYSA, Ville de la Boeotie, ſelon Etienne le Géographe, qui la place ſur le Mont Hélicon ; mais Strabon [e] dit que ce n'étoit qu'un Village.

8. NYSA, Ville de la Thrace : Etienne le Géographe eſt, je penſe, le ſeul qui en parle.

9. NYSA, Ville d'Egypte, ſelon Etienne le Géographe. Il y a grande apparence que c'eſt la même que Diodore de Sicile place dans l'Arabie Heureuſe. Voyez NYSA, N°. 1.

10. NYSA, Ville de l'Iſle de Naxie, ſelon Etienne le Géographe.

11. NYSA, Ville de l'Eubée. Etienne le Géographe dit qu'aux environs de cette Ville, on voyoit le Raiſin fleurir & mûrir dans le même jour. Il ne l'aſſure pas néanmoins ; il dit : *perhibent*.

12. NYSA, Ville de la Libye : C'eſt encore Etienne le Géographe qui en fait mention.

NYSAE-ANTRUM, Lieu où Diodore de Sicile [f] dit que Bacchus fut élevé. Il le place entre le Nil & la Phénicie. Voyez NYSA, N°. 1.

*f* l. 4. c. 2.

NYSAEUM, Lieu de la Mer Erythrée, ſelon Suidas [g].

*g* in voce, Ἵππος Νύσῳ ᾠ.

NYSAIS, ou NISAEA-REGIO, Contrée de l'Aſie Mineure, entre la Carie & la Phrygie, au delà du Méandre, ſelon Strabon [h].

*h* l. 12. p.

NYSES, Fleuve d'Afrique. Ariſtote dit que ce Fleuve avoit ſa ſource dans les Montagnes de l'Ethiopie. Quelques Exemplaires Latins portent ONYSES pour NYSES ; mais Ortelius [k] a remarqué que cette faute étoit venue de ce qu'on avoit joint mal-à-propos l'article avec le nom.

*i* 579. l. 1. Meteor.
*k* Theſaur.

NYSIAE PORTAE. Voyez PHILA.

NYSLOT, ou le FORT DE NYSLOT ; Forterreſſe de l'Empire Ruſſien [l], dans la Livonie, ſur la Rive Occidentale de la Narva, près de l'endroit où elle ſort du Lac de Peipus ou Kzud-Kow. NYSLOT veut dire nouveau Château ou nouvelle Forterreſſe.

*l* De l'Iſle Atlas.

NYSSA, ou NYSA, ces deux mots ſe prennent aſſez indifféremment l'un pour l'autre par les anciens Géographes ; de ſorte que la même Ville ſe trouve ſouvent déſignée ſous ces deux orthographes. Voyez NYSA.

NYSAEA-VIA, Lieu de l'Inde, vers l'Embouchure du Gange, ſelon Denys le Periégéte [m]. Ce Lieu étoit conſacré à Bacchus qu'on ſuppoſoit avoit pénétré dans ce Pays-là. Mr. Hill dans ſon Commentaire ſur Denys le Periégéte prétend que ce Géographe par *Nyſſaea-Via* entendoit le Zodiaque. Voyez ſa Remarque ſur le 1152. vers de Denys le Periégéte.

*m* vers 1152.

NYSSEIUM, ou NYSSA ; Montagne de la Thrace, ſelon Ortelius [n] qui cite Euſtathe [o], & le Lexicon de Phavorinus. Peut-être la Ville NYSA d'Etienne le Géographe étoit-elle ſur cette Montagne. Voyez NYSA, N°. 8.

*n* Theſaur.
*o* in Homerum.

NYSTRUS. Voyez MYSTUS.

**FIN DE LA LETTRE N.**

# LE GRAND DICTIONNAIRE GEOGRAPHIQUE, ET CRITIQUE.

## O. OA.      OAC.

, ou St. Martin d'O, Bourg de France en Normandie, au Diocèse de Seez, Election d'Argentan avec titre de Marquisat. Ce lieu a 940. habitans & appartient à la Maison de Montaigu d'O. Un Seigneur d'O fut à la conquête de la Terre Sainte, l'an 1099. François d'O l'un de ses Successeurs, étoit premier Gentilhomme de la Chambre du Roi Henri II. & Gouverneur de Paris, & de l'Isle de France.

### O A.

1. OA, Ὄα, Village de Grece dans l'Attique, sous la Tribu Pandionide. Phavori-
*a* p. 369.    nus lit Oë, Ὄη. Mr. Spon [a] dans sa Liste de l'Attique, distingue ces deux noms & dit: Oa étoit au commencement de la Tribu Pandionide, comme plusieurs l'écrivent, & même
*b* p. 290.    il rapporte ailleurs [b] une Inscription qui le marque. Il poursuit : mais lorsqu'on ajouta la Tribu Adrianide aux anciennes, Oa fut rangée sous elle, comme on le peut remarquer dans l'Inscription rapportée au mot Ἐλεοῦσα, dans cette même Liste. A l'égard d'Oe, Ὄη, il dit : ΟἘ΄ de la Tribu Oeneïde d'où étoit Lysiclès dont une Inscription qu'il rapporte fait mention.

2. OA. Isle du Pont ou de la Thrace,

selon Ortelius qui trouve ce nom dans la Vie de St. Parthenius.

OACCO [c], Province d'Afrique dans l'E- [c] *Labat,* thiopie au Royaume de Dongo, ou d'Ango- *Relat. de* la : elle est bornée par les Provinces de Cabez- *Occid. t. 1.* zo & de Lubolo du côté du Nord & elle a *p.* 78. du côté de l'Est les bords de la Coanza : ce n'est point un Pays de Montagnes. On n'y voit que des Collines qui laissent entr'elles des Vallons & des Plaines arrosées de quantité de Ruisseaux & de Fontaines d'eaux très-legeres & très-excellentes ; de sorte qu'en comparaison des autres Provinces on la peut regarder comme un Pays très-agréable. Ceux pourtant qui ont vû l'Italie n'en peuvent penser si favorablement, & ne la regardent au contraire que comme un desert habité dont les Peuples n'ont pas l'industrie de cultiver les terres avec art ; aussi n'ont-ils point de terres en propriété. Ils ne cultivent que celles qui leur sont assignées à chaque saison par leurs Seigneurs ou Gouverneurs qui n'en donnent à chaque famille que ce qu'il lui en faut précisément, afin de recueillir les vivres dont elle peut avoir besoin pour sa subsistance. Ils n'en cultivent jamais davantage. Tout le reste est en friche. La terre produit tout ce qu'elle peut. Le Fleuve Cango qui se perd dans la Coanza passe par cette Province. Les pluyes le grossissent beaucoup, & dans cet état il est très-large & très-rapide & par conséquent très-dangereux à traverser.

A      Le

Le terrain produit des fruits, mais la plûpart insipides. Il y en a pourtant quelques-uns du suc desquels on compose une Boisson qui n'est pas desagréable. Quinzabábé qui étoit Seigneur de cette Province en 1657. reçut le Baptême & engagea un grand nombre des habitans à suivre son exemple.

Le Pere Labat qui nous a conservé les Mémoires d'un Missionnaire de ce tems-là en parle ainsi : Il a sous lui vingt-deux Soni ou Gouverneurs qui ont un soin particulier d'exercer leurs milices au maniement des armes, mêmes des armes à feu dont ils sont bien pourvûs ; de sorte que ces milices passent, avec raison, pour les meilleures de tout l'Etat.

Ces Peuples sont sujets à plusieurs maladies qui sont particulieres à ce Climat & sur-tout à une doûloureuse retraction de Nerfs. Elle commence par une violente douleur de tête, accompagnée de Vertiges, de Convulsions, de tremblement de Jambes & d'autres symptômes qui réduisent en peu de tems le malade à n'avoir que la peau & les os. On croit que cette maladie est une suite de leur incontinence. La Providence leur a donné un remede souverain contre ce mal dans une Plante de ce Pays-là. Les Etrangers y trouvent un excellent préservatif.

Ils sont encore sujets à une horrible enflure de bouche qui se répand sur le col, qui devient plus gros que la tête, avec de grandes douleurs & beaucoup de danger d'en être suffoquez. On l'appelle *Garamma*.

On trouve dans ce Pays un petit animal fort dangereux, nommé *Ban-Zo*, de couleur grise, gros comme ces mouches qui tourmentent les Chevaux. Son ventre est tout environné de pieds. Sa morsure ou sa piquure est mortelle si on ne se fait tirer du sang promtement. Elle cause des douleurs excessives & une fièvre qui bien qu'éphemere ôte la connoissance au malade & le fait tomber en frenesie. On dit que ceux qui ont été guéris, y retombent une seconde fois sans avoir été piquez de nouveau, seulement par le souvenir du mal qu'ils ont enduré ; ce qui en a jetté plusieurs dans une nouvelle Frenesie si horrible qu'ils se sont tuez eux-mêmes.

Les Ministres de leurs Idoles prétendent guérir cette maladie par des charmes & par des opérations que l'on regarde comme l'effet d'un pacte avec le Démon. Mais ce remede même, si c'en est un, ne produit souvent aucun effet pour sauver la vie du malade, & jamais il ne le guérit entièrement. Ce mal est si pressant que des Européens ne pouvant le supporter, ont été assez malheureux pour risquer ce cruel remede aux dépens de leur conscience, malgré les défenses de l'Eglise, les dangers & les suites fâcheuses dont on vient de parler.

OÆNEUM. Voyez ONEUM, & OENEUM.

OAKHAM [a], Ville d'Angleterre, dans le Rutland, au Diocèse de Peterborough, à soixante & quatorze milles de Londres. Elle est située dans la belle & riche vallée de Cathmos. Il y a un Château où se tiennent les Assises ; un Hôpital pour les Pauvres & une Ecole publique pour la Jeunesse. Il y a une coûtume singuliére. Il est établi que quand un Seigneur entre à cheval dans cette Ville il est obligé de faire hommage d'un des fers de son Cheval ou de le racheter en donnant de l'argent. Par rapport à cette coûtume on voit sur la porte de la Maison de Ville plusieurs fers à cheval qui y sont attachez & au dessus du Tribunal des Juges il y a un grand fer à cheval artistement travaillé, ayant cinq pieds & demi de long & de la largeur à proportion.

[a] Etat de la Gr. Bret. T. 1. p. 103.

OANSON, Ville de la Chine, dans la Province de Canton, sur la route de Macao à Canton, (ou Quangcheu Capitale de la Province,) selon Gemelli [b]. Voici la description qu'il en fait : Oanson, dit-il, ressemble bien plûtôt à un Village qu'à une Ville, puisqu'il est sans murailles & que ses maisons basses sont presque toutes bâties de bois & de terre. Cette Ville est située dans une plaine le long de la Rivière, parce que les Chinois ne veulent point bâtir sur des lieux élevez, de crainte des Ouragans. Elle a deux milles de long. Ses Places sont grandes & pleines de belles boutiques où l'on vend des Etoffes de Soye, des Toiles, des Drogues, des provisions de bouche & autres choses. Elle est gardée par un grand bâtiment de deux milles & demi de circuit, situé sur la pente & sur le sommet de la Montagne. Ils appellent ce bâtiment la Forteresse, quoiqu'il n'y ait que cinq petites pièces de Canon pour les jours de réjouissance, & qu'il n'y ait qu'une Garnison de fort peu de soldats : certainement elle ne sert aux habitans du Pays, que d'un lieu pour se retirer dans le cas d'une invasion, puisqu'il y a toujours des Sentinelles sur de hautes Tours pour donner avis de ceux qui approchent. La Ville est gouvernée par un Quaasou, ou Mandarin, comme disent les Portugais, qui garde le Canal avec neuf Barques bien armées. On trouve souvent en cet endroit des bateaux pour passer à Canton, parce que ceux qui viennent de Macao, soit par Mer, soit par Terre, sont absolument obligez de s'embarquer.

[b] Voyage T. 4. p. 22.

§. Ces dernieres paroles ne sont pas intelligibles. Macao étant dans une Isle, comment peut-on aller de cette Ville par terre à Canton qui est dans le Continent, sans passer au moins quelque Bras de Mer ? Je soupçonne l'*Oanson* de Gemelli d'être la même Forteresse que l'Atlas Chinois nomme *Hangxan* ou *Hanxan*, qui est dans une autre Isle, sur la route de Macao à Canton. On sait que l'X, prononcé par les Portugais, revient au *Ch* des François ; ainsi ils prononcent *Hanchan*. Quoiqu'il en soit, Hanxan de l'Atlas Chinois est d'1. degré 10'. plus Occidental que Macao & sa Latitude est de 23. d. 42'.

1. OANUS, Rivière de Sicile, selon Pindare. Fazell croit que le nom moderne est FRASCOLARI, Rivière qui coule sur la Côte Méridionale.

2. OANUS, Ville d'Asie dans la Lydie, selon Etienne le Géographe ; il cite les Bassariques de Denys. L. 3.

OARACTA. Voyez VOROCHTA.

OARII [c], Province de l'Ethiopie Occidentale au Royaume de Dongo ou d'Angola, sur le bord Septentrional de la Coanza qui y reçoit la Rivière de Lutato. Elle est arrosée de plusieurs Rivières, entre lesquelles le Luta-to

[c] Labat, Ethiop. Occid. T. 1. p. 97.

to eſt la plus conſidérable. Elles ſont toutes dangereuſes dans les tems de pluye qui les rendent très-larges, très-profondes, & très-rapides. Elle a à l'Orient la haute Ganghelle & le Bondo, au Nord-Oueſt le Moſeché ; au Sud-Oueſt le Cabezzo. Les Portugais ont une Forteresse à Mapungo, où ils entretiennent une Garniſon auſſi bien qu'à Quitonga qui eſt une Iſle importante de la Coanza. Tous les Peuples y ſont à leur aiſe, & bons Chrétiens. On ſe loue même de leur zèle pour étendre la Religion & pour favoriſer les Miſſionnaires.

C'eſt dans cette Province que réſide un Prince à qui les Portugais laiſſent le vain titre de Roi d'Angole Oarii, & qui eſt leur tributaire. Il a ſous ſa juriſdiction immédiate pluſieurs *Soni* ou Gouverneurs. La *Libate* où il fait ſa réſidence ſe nomme Maſpungo, à deux lieues de laquelle on voit encore les ſepultures des anciens Rois de Congo. On les appelle les Imbuilles de Cabazzo. J'expliquę au mot Libate, ce que c'eſt que cette ſorte de Bourgades & comment elles ſont conſtruites.

OARUS, Rivière de la Scythie en Europe. Elle ſe jette dans le Palus Méotide. Herodote [a] en fait mention.

[a] l. 4. c. 123.

OASIS, Ville & deſert de l'Egypte aux confins de la Libye. Il y avoit deux Villes nommées *Oaſis* & que l'on diſtinguoit par les ſurnoms de *grande* & de *petite*.

La grande Oasis étoit ſituée dans les Montagnes de la Thébaïde au Couchant & aux confins de la Libye, dans une vallée qui conſerve encore quelque choſe de l'ancien nom avec l'Article El, car on la nomme El-Ouah.

La petite Oasis étoit à quelque diſtance plus vers le Nord, au Midi du Lac de Kerron ou Kern ; on nomme encore le lieu où elle étoit la petite El-Ouah.

Auprès de la plus grande de ces deux Villes étoit l'affreux deſert d'Oaſis dont je parlerai ci-après. Chacune de ces Villes avoit un Nôme. Ptolomée [b] place après le Lac de Moeris les Nômes Oaſites & y met les deux Oaſis, la petite & la grande.

[b] l. 4. c. 5.

Pline [c] dit de même : Il y a deux Nômes Arſinoites, ceux-là avec le Memphire s'étendent juſqu'à la pointe du Delta, & ils ſont limitrophes aux deux Oaſires du côté de l'Afrique. Strabon nomme Oaſis avec un changement de lettres Auasis. Quelques manuſcrits & les Imprimez ordinaires ont *Anaſis* qui eſt une faute, d'autres Manuſcrits portent Αυαςις qui eſt bon. Etienne le Géographe a lu de même : *Anaſis*, dit-il, Ville d'Egypte, quelques-uns la nomment auſſi *Oaſis*. On voit donc que c'eſt la même Ville. Mais le paſſage de Strabon eſt remarquable. Après Abydus, dit-il [d], eſt la première Oaſis des trois qui ſont en Afrique ; elle en eſt à la diſtance de ſept journées de chemin. C'eſt, pourſuit-il, une habitation qui abonde en eau & en vin & qui ne manque point des autres choſes néceſſaires. La ſeconde eſt auprès du Lac Moeris, & la troiſième eſt voiſine de l'Oracle d'Ammon. Ce ſont auſſi d'excellentes habitations.

[c] l. 5. c. 9.

[d] l. 17. p. 813.

Il y a plus d'une remarque à faire ſur le paſſage. 1. Trois Villes nommées Oaſis. 2. Leur ſituation. La maniere dont il s'exprime ne laiſſe aucune obſcurité. La première Oaſis qui eſt vis-à-vis d'Abydus, eſt la grande Oaſis de Ptolomée. La ſeconde voiſine du Lac Moeris eſt la petite Oaſis du même Auteur. La troiſième eſt moins célèbre, cependant elle ne laiſſe pas d'être connue d'ailleurs. Olympiodore, dont Photius nous a conſervé un fragment, fait mention de cette troiſième. Il connoît trois Oaſis ; deux grandes, l'une extérieure, l'autre intérieure, c'eſt-à-dire, l'une plus près de la Frontiere, l'autre plus avant dans l'Egypte. Il dit qu'elles ſont à cent milles de diſtance l'une de l'autre. La troiſième, ajoute-t-il, eſt la petite Oaſis qu'un long intervale ſépare des autres. La troiſième que nous cherchons ici eſt une des deux grandes de cet Auteur, & elle doit avoir été voiſine du Temple de Jupiter Ammon. Elle a été obmiſe par Ptolomée & par les autres Géographes qui ne comptent que deux Oaſis ; & d'ailleurs cette troiſième ne devoit pas être dans l'Egypte même, mais dans la Marmarique, ou dans le Canton d'Ammon. Quant à la grande de Ptolomée, elle eſt nommée la Haute (*Oaſis ſuperior*) par St. Athanaſe qui a adreſſé aux Solitaires reléguez dans ces quartiers-là une Lettre, où il leur trace l'Hiſtoire des Ariens. Elle étoit en effet la plus haute par rapport à la Haute & à la Baſſe d'Egypte. L'autre étoit nommée la Basse ou l'Inferieure par la même raiſon.

Lorſque les Hiſtoriens parlent d'Oaſis ſans marquer laquelle des trois, il faut ordinairement l'entendre de la grande de Ptolomée, ou de la Haute, qui eſt la même. Par exemple, lors qu'Herodote [e] raconte que l'Armée de Cambyſe marchant contre les Ammoniens fut enſévelie ſous des monceaux de ſable auprès d'Oaſis qui eſt à ſept journées de chemin de la Ville de Thebes. Ou quand Zoſime [f] raconte que Timaſé Chef des gens de guerre ſous Arcadius fut relégué à Oaſis, & conduit en cet endroit par des Gardes qu'on lui donna, Zoſime ajoute : Ce lieu étoit extraordinairement ſterile, & perſonne de ceux qui y étoient confinez ne s'en pouvoit ſauver. Car pour y aller il faut traverſer un vaſte deſert de ſable, ſans habitation, ſans aucun arbre, ſans aucune trace de chemin, car le vent remplit les traces des pas de ceux qui y ont marché, en un mot on n'y trouve quoi que ce ſoit qui puiſſe ſervir d'indice pour retrouver ſon chemin. Sozomene [f] parlant d'Eutrope ce même favori contre lequel Claudien s'eſt tant déchaîné, dit qu'il violoit les droits des Aſyles, & tiroit de l'Egliſe ceux qui s'y réfugioient pour éviter les effets de ſon injuſtice & de ſa colére : il entreprit d'en tirer entre autres Pentadia femme de Timaſé, Général des troupes, qu'il avoit fait reléguer à Oaſis en Egypte, malgré tout ſon crédit, ſous pretexte qu'il aſpiroit à l'autorité Souveraine. J'ai ouï dire que ce Timaſé fut trouvé mort dans les ſables, ſoit qu'il eût été preſſé par la ſoif, juſques à mourir, ou qu'il fût errant & vagabond dans ces deſerts affreux pour éviter la cruauté de ſes Ennemis. Ce fait de Timaſé trouvé mort dans les ſables, ſelon Sozomene, ne s'accorde pas avec ce que rapporte Zoſime, que Timaſé fut ſauvé de-là par Syagrius ſon fils & qu'ils diſparurent l'un & l'autre ſans qu'on les ait jamais

[e] l. 3. c. 26.

[f] l. 5. c. 9.

[f] l. 8. c. 7.

## OAS.

vus. Mais la description des environs d'Oasis s'accorde. Ulpien dans le Digeste (*Leg. VII. de Interdictis & relegatis, Sect. 5.*) dit: *est quoddam genus quasi in Insulam relegationis in Provincia Ægypto, in Oasim relegare.* Il dit QUASI IN INSULAM; parce que le lieu d'Oasis étant entouré de ces affreux deserts de sable, il n'étoit pas plus aisé de sortir de-là que de s'enfuir d'une Isle entourée des eaux de la Mer. On voit par une Loi du Code [a] qu'on y réléguoit les uns pour six mois, d'autres pour un an; & Sozomene dit que Timase y fut rélégué pour toute sa vie. Il y avoit à cette grande Oasis une Forteresse nommée IBIS, ou HIBIS. La Notice de l'Empire met au département du Commandant de la Thébaïde. *Ala prima Abasgorum Hibe Oaseos Majoris.*

La petite Oasis ou la Basse avoit aussi sa Garnison, & la même Notice met *Ala secunda Armenianorum Oasi Minore.*

Il reste une difficulté à éclaircir. C'est la contradiction apparente qu'il y a entre les témoignages des Auteurs touchant Oasis. Zosime [b] dit que ce lieu est extraordinairement sterile & un séjour très-desagréable. Strabon au contraire [c] dit que c'est une habitation qui ne manque ni d'eau ni de vin & qui a tout le reste en abondance, à quoi on peut ajouter ce que dit Herodote [d], qu'elle a été appellée l'Isle des Bienheureux. Il est aisé de mettre d'accord ces Ecrivains. Strabon parle du centre de la Contrée & non pas du desert qui l'environne; Zosime n'a eu égard qu'au desert & ne parle point du milieu qui est beau & fertile. Strabon s'explique lui-même en disant que ce sont des habitations environnées d'un terroir aride & sterile. J'ai rapporté entier le passage de Zosime. Un lieu situé au milieu d'un desert tel que le décrivent ces deux Auteurs, peut bien n'être ni aride, ni sterile. On en a la preuve dans l'Article d'AMMON. Aussi Olympiodore & Strabon mettent-ils leur troisième Oasis près de l'Oracle d'Ammon. Τρίτη δὲ κατὰ τὸ Μαντεῖον τὸ ἐν Ἄμμωνι.

La situation de ces trois Oasis est du reste doctement observée par Mr. de l'Isle dans sa Carte de l'Egypte où il marque très-bien les trois EL-OUAH. Les Interprêtes de Ptolomée disent que la grande Oasis est présentement *Gademes*, Ziegler le dit aussi, & Ortelius le dit après lui: en quoi il se trompe. Ce Ziegler, pour le dire ici en passant, est un pauvre Géographe, qui saute d'entendre les Anciens qu'il copie fort négligemment brouille bien des choses. Selon lui [e] *Augela Auasis hac etiam ætate nomen tenet*. Cela est vrai d'Augela qui s'appelle encore aujourd'hui, *Ouguela*, mais qu'est-ce que ce lieu a de commun avec *Auasis*, qui est la même chose qu'Oasis, comme cela a été prouvé. Il dit dans la page suivante [f] *Ammoniaca regio & Auasis, Ammoniensis dicta Plinio.* Comme si *Auasis* & l'*Ammoniensis regio* de Pline étoient deux noms d'un même lieu. Il semble se corriger ensuite lorsqu'en parlant [g] de la Ville d'Ammon il ajoute *una est ex Auasibus insignibus in tractu hoc.* Il reconnoît assez bien qu'entre les trois *Auasis* il y en a deux qui sont les mêmes que les deux Oasis de Ptolomée qu'il nomme mal *Oeassis parva* & *Oeassis ma-*

[a] *Leg. ult. de Pœnis.*
[b] *l. c.*
[c] *l. 12.*
[d] *l. c.*
[e] *p. 64. fol. recto.*
[f] *fol. verso.*
[g] *p. 65. fol. recto.*

## OAS. OAX.

*gna*; & que la troisième est celle qui est dans la contrée d'Ammon; il ajoute: il faut croire que Ptolomée ne l'a point connue. Il suppose ensuite que c'est *Gademes* dont il fait une description empruntée de Jean Léon. Mais si on compare cette description de Jean Léon avec l'idée que les Anciens donnent d'Oasis, on jugera aisément que ces deux Pays n'ont rien de commun, si ce n'est d'être au Couchant du Nil & au Midi de la Méditerranée. Aussi Jean Léon ne dit-il pas le moindre mot d'Oasis lorsqu'il décrit *Gademes*.

Mr. Sanson n'a pas mieux rencontré lorsqu'il nomme la grande Oasis ALGUCHET, & la petite ELE'OCAT, les plaçant l'une & l'autre au bord de deux Lacs dont les eaux se communiquent par une petite Rivière qui va de l'un dans l'autre. Les Anciens disent en termes exprès que le desert d'Oasis est sans eau. Les deux Lacs & la Rivière sont de pure imagination.

OASITÆ, habitans de quelqu'une des trois Oasis.

OASITES NOMOS, le *Nôme Oasite*. On a vu dans l'Article *Oasis* que la grande & la petite étoient chacune le Chef-lieu d'un Nôme qui en prenoit son nom.

1. OAXACA, Vallée de l'Amérique, & Province de la nouvelle Espagne; c'est la même que GUAXACA. Voyez ce mot.

2. OAXACA, Ville d'Amérique dans la nouvelle Espagne. Mr. Baudrand dit que les Naturels du Pays la nomment ainsi; mais que les Etrangers la nomment *Guaxaca* & *Antiguera*. S'il prend *Guaxaca* pour la même Ville qu'*Antiquera*, il se trompe, *Guaxaca* est la Capitale. *Antiquera* en est à plus de soixante & cinq mille pas, c'est-à-dire plus de seize lieues Espagnoles au Sud-Est. Mr. de l'Isle ne s'y est pas trompé.

OAXES, Rivière de l'Isle de Crète, selon Vibius Sequester. Voyez ARMIRO 2.

OAXIA, ou,

1. OAXIS, ou OAXUS, Ville de l'Isle de Crète, dans la Côte Septentrionale, selon Herodote [h]. Elle est remarquable parce que c'étoit alors un Royaume qui avoit son Roi particulier dont la seconde femme donna lieu par sa méchanceté à de grands évenemens qu'on peut voir dans cet Auteur. Vibius Sequester dit à l'occasion de la Rivière *Oaxes*: Oaxes Rivière de Crete de laquelle a été nommée la Ville *Oaxie*. *Oaxes Creta à quo & Civitas Oaxia*. Il cite Varron pour son Garant. Etienne le Géographe dit: Oaxus Ville de Crète près d'Eleuthere. Elle a eu pour fondateur Oaxus fils d'Apollon. C'est Servius qui le dit en expliquant la premiere Eglogue de Virgile où est ce vers.

*Et rapidum Cretæ veniemus Oaxen.*

Il est vrai que ce Grammairien se trompe dans l'explication qu'il donne du mot *Cretæ*, mais cette erreur est utile par l'Erudition qu'il apporte pour la défendre. Voici son explication. *Rapidum Cretæ* signifie, selon lui, un Fleuve qui entraîne une terre blanche semblable à la craye. Car, poursuit-il, Oaxis est une Rivière de la Mésopotamie qui par sa rapidité entraînant de la terre blanche devient fort troublé: ou bien l'Oaxis est un Fleu-

[h] *l. 4. c. 154.*

## OAX. OB. OBA.

Fleuve de Scythie, il n'eſt point dans l'Iſle de Crète; mais c'eſt ſon eau qui eſt de couleur de craye. Eratoſthene dit qu'Oaxe étoit fils d'Apollon & d'Anchiale, & Varron dit que ce même Oaxe bâtit en Crête une Ville qu'il appella de ſon nom.

*Quos magno Anchiale partus adducta dolore,*
*Et geminis capiens tellurem Oaxida palmis,*
*Scindere dicta fuit.*

2. OAXIS TELLUS, eſt donc la Terre où coule la Rivière d'Oaxes, & où eſt ſituée la Ville d'*Oaxus*. Des témoignages d'Herodote, d'Etienne le Géographe, de Vibius Sequeſter & de Varron combinez enſemble, il reſulte que Virgile a parlé d'un lieu de l'Iſle de Crète.

3. OAXIS, ou OAXES, Rivière de Méſopotamie, ſelon Servius. Voyez l'Article précédent.

4. OAXIS, Rivière de Scythie, ſelon le même.

### Q. B.

OBACATIARAS, (LES) Peuple de l'Amérique Méridionale dans le Breſil. Ils habitent les Iſles qui ſont dans la Rivière de St. François. Ils ſe ſervent d'Arcs & de Dards, ſont robuſtes & ont un langage particulier. Quand leurs ennemis les viennent ſurprendre, ils courent promptement vers l'eau, & s'échapent en plongeant [a]. De Laet les donne pour Anthropophages.

[a] Ind. Occid. l. 15. c. 3.

OBACER, nom d'une Rivière d'Allemagne. Dans le moyen âge on a dit OVACRA, au rapport de Mr. Baudrand [b]. On dit préſentement l'OCKER. Voyez ce mot.

[b] Ed. 1682.

OBANA, Ville d'Aſſyrie, ſelon Ptolomée [c].

[c] l. 6. c. 1.

OBARENI, Ὀβαρηνοὶ, Peuple qui habitoit une partie conſidérable de l'Arménie, aux environs du Fleuve Cyrus. Etienne le Géographe cite ces mots de Quadratus dans l'Hiſtoire de Parthe de cet Auteur: *Prope Cyrum Fluvium Obarenita & Oteni habitant, qui ſunt Armenia magna part.* Suidas fait auſſi mention de ce Peuple.

OBARES, *Ὀβάρης*, ancien Peuple de l'Arie, au Midi des *Parnis*, autre Peuple du même Pays, ſelon Ptolomée [d].

[d] l. 6. c. 17.

OBASINE, Abbaye de France en Limoſin, au Dioceſe de Limoges, à trois lieues de Tulles, à deux de Brive, au bord de la Coureze dans la Vicomté de Comborn ou Combron. Elle a été fondée par Etienne, lequel iſſu de condition honnête dans le Limoſin, eut pour pere Etienne & pour mére Gauberte; il fut d'abord Clerc, puis fait Prêtre. Au lieu d'habits commodes, il ſe vêtit d'un Cilice, & ne vouloit d'autre nourriture que celle du pain, qu'il trempoit de ſes larmes. Il ſe baignoit ſouvent dans l'eau gelée, dont il rompoit la glace; il s'aſſocia un autre ſaint Perſonnage nommé Pierre, lequel étoit auſſi Prêtre, & ils cherchèrent enſemble un lieu écarté du commerce des hommes pour s'y retirer. Ils arriverent enfin au Bois d'Obaſine, & trouverent un endroit à leur gré, éloigné ſeulement de deux lieues de la Ville de Tulles, environné de toutes parts de Rochers

## OBA. OBB. OBD.

eſcarpez, & non loin de la Rivière nommée la Coureze. Ils s'y arrêterent & le choiſirent pour en faire leur retraite. Ils y eurent beaucoup à ſouffrir de la faim dans les commencemens. Euſtorge tenoit alors le Siège Epiſcopal de Limoges, & ce Prélat ayant ouï parler de ces deux ſaints Perſonnages, ſeconda leurs pieuſes inclinations, & les fit bien-tôt devenir les Peres d'une grande Communauté. Le Monaſtère qui s'y établit fut dans le commencement pour l'un & pour l'autre Sexe. L'auſtérité y étoit extrême, & le ſilence également rigoureux, auſſi-bien que le vêtement & la nourriture. On en peut voir le détail dans la Vie de S. Etienne, que M. Baluze a mis au jour, Tom. IV. *Miſcellanea*, & dans les *Acta Sanctorum* de Bollandus, die Martij. 8. Etienne étant demeuré long-tems incertain ſur le choix qu'il feroit, ou de l'Inſtitut des Chanoines Réguliers, ou de celui des Moines, enfin par le conſeil d'Aginéric Evêque en Auvergne, il ſe determina au dernier, dont il embraſſa la Règle avec tous ſes Diſciples, & reçut du Monaſtère de Dalon tous les Meubles, dont ils avoient beſoin pour s'établir, enſuite l'an 1142. le jour du Dimanche des Rameaux, il reçut l'habit de l'Ordre, & ſe fit Moine en préſence de Geraud Evêque de Limoges & dès le même moment fut auſſi élu & beni Abbé. Quelques années après le Pape Eugene III. étant venu en France la ſeconde année de ſon Pontificat & ayant fait quelque ſéjour à Cîteaux, Etienne vint y voir ſa Sainteté, la priant de le recevoir lui & les ſiens dans l'Ordre de Cîteaux. Le plus grand obſtacle à cette réunion étoit qu'il auroit à conduire les hommes auſſi-bien que les femmes, ce qui étoit contraire à l'Inſtitut de Cîteaux; mais il y eut eſpérance d'abolir peu à peu, tout ce qui ſe trouveroit contraire à l'Ordre. Après cela Etienne fonda encore deux autres Monaſtères, l'un au Dioceſe de Câhors qui eſt celui de la GARDE-DIEU *(Garda Dei)* l'autre au Dioceſe de Saintes, dit la FRENADE ou la FRENAYE *(Frenada)* auquel il donna pour Abbé Robert, qui fut enſuite le premier Abbé d'Obaſine. On compte quarante-trois Abbez de ce Monaſtère juſqu'en 1713.

OBBA, Ville d'Afrique dans la Mauritanie Cæſarlenſe. La Notice d'Afrique fournit dans cette Province *Euſebius Obbitanus,* Euſebe Evêque d'Obba. Entre les Evêques qui aſſiſterent au Concile de Carthage tenu ſous St. Cyprien on lit *Paulus Confeſſor ab Obba*: dans quelques Manuſcrits & dans St. Auguſtin on lit [e] *à Bobba*. Pline met dans la Mauritanie *Babba*. Quelques-uns liſent *Bobba*. Quoiqu'il en ſoit, cette Colonie paroît différente d'Obba. Au V. Concile Général aſſiſta Valerien Evêque d'Obba en Afrique. La Conférence de Carthage fournit Feliciſſime Evêque d'Obba, *Obbenſis.*

[e] l. 5. c. 1.

OBBE, Bourgade de l'Amérique dans la Californie, ſur la Côte de la Mer Vermeille [f]. Elle eſt dans la Miſſion de St. François Xavier, au Nord & à huit lieues de Biaundo; ſelon le Mémoire du P. François Marie Picolo Jéſuite.

[f] Lettres Edif. T. 5. p. 261. & 262.

OBDACH, Bourgade d'Allemagne, dans la Stirie ſur le Lavant. Voyez BADACUM.

A 3

OBDORA, ou l'OBDORIE, autrefois LUCOMORIE, Contrée de la Tartarie Moskovite, au Couchant du Jeniscea, & à l'Orient de l'Obi, qui la sépare de la Condora. Selon la Carte du Monde, l'Isle de ce Pays est habitée par des Samoyèdes, qui ont les Ostiaques au Midi. Ce Pays est coupé par le Cercle Polaire en deux parties, à peu près égales. La Partie Septentrionale est nommée la Côte d'Obi & est bordée de Montagnes de glaces, qui figurent assez bien avec celles de la nouvelle Zemble, dont le bras de Mer, qui les sépare, est bordé au Nord. Mr. de l'Isle y met trois espèces de Villes, savoir: 1. MANGASEIA ou TAASOFSTAT, sur une Riviére qui sort d'un Lac, nommé comme elle TAAS, & est appellée vers son Embouchure MANGASEIA, ou MALCAMSEI; 2. SERROFKA sur le bord Oriental de la même Riviére, au confluent de la STOUR. 3. TURUGANSKOI au bord Occidental du Jeniscea. Il y a quelques Bourgades le long de l'Oby. La nouvelle Carte de l'Empire Russien, change ces Notions. Elle met les Samoyèdes tout au Nord; les MANTZELA entre eux & le Cercle Polaire; & les OSTIAKES au Midi de ceux-ci dans l'Obdorie, quoique ce mot n'y soit point marqué. Elle met STARA MANGASEA, où la MANGASEIA de Mr. de l'Isle presque sous le Cercle Polaire, & Turukan sous le 60. d. de latitude. Il y a outre cela le Monastère de Kolskoi, sur le bord Oriental de l'Obi, vis-à-vis de l'embouchure de la Berefova. Ce Pays au reste fait partie de la Siberie. Pierre le Grand y avoit commencé quelques habitations. Olearius en fait quelques détails, mais comme dans son Voyage de Moscovie, il n'a point approché de ces Cantons-là, il n'en peut rapporter que des ouï-dire.

OBEA, Ville d'Afrique. Voyez OBBA.

OBELÆ, ancien Peuple de la Marmarique, selon Ptolomée. Ils étoient entre les Peuples SENTITES & ÆZARI.

☞ OBER, préposition qui en Allemand signifie *haut*, *élevé*. Elle se compose avec un nom propre & alors elle signifie *haut*, pour distinguer ce lieu de quelque autre de même nom. Le mot opposé est NIEDER, *bas*, ainsi les Allemands disent

Ober-Baden/ Nieder-Baden/ Le HAUT, le BAS Pays de BADE.

Ober-Bayern/ Nieder-Bayern/ La HAUTE & la BASSE BAVIÈRE.

Ober-Elsaß/ Nieder-Elsaß/ La HAUTE & la BASSE ALSACE.

Ober-Oesterreich/ Nieder-Oesterreich/ La HAUTE & la BASSE AUTRICHE.

Et ainsi des autres Lieux ou Pays distinguez en Haut & en Bas. Ainsi au lieu de repeter ici tous les Articles qui commencent par ces deux syllabes, il faut chercher aux noms mêmes. C'est-à-dire, par exemple, aux mots BADE, BAVIÈRE, ALSACE, AUTRICHE &c. Le Dictionnaire de la France fait trois Articles d'OBER-EHENHEIM, dans la Basse Alsace sous cette Orthographe, sous celle d'OBENHEIM & enfin sous celle d'OBERNHEIM. Cette Ville n'est point différente d'Ehenheim Ville d'Alsace. Un peu plus-bas sur la même Riviére il y a un Bourg de même nom, comme je l'explique au mot EHENHEIM.

OBERBRONN, lieu d'Alsace. Il est fertile en vignobles & en autres biens de la terre [a]. Il fait partie de la Seigneurie de Liechtenberg & Ochsenstein & est venu à titre d'Hérédité aux Comtes de Westerburg dont l'un y a fait bâtir un Château. Ce nom signifie *haute source*.

[a] Zeyler, Alsat. p. 40.

OBERKIRCH, ou HAUTE EGLISE, petite Ville & Château d'Alsace dans l'Ortnau, à trois milles de Strasbourg au delà du Rhin, vers la Forêt noire. Les Modernes la nomment en Latin ou plutôt en Grec Latinisé YPERGRÆCIA. En 1428. Elle appartenoit à ceux de Strasbourg. C'est pour cela que l'Evêque de Strasbourg qui étoit mal avec cette Ville fit faire quelques fortifications, croyant les affamer. Cependant ils se défendirent assez bien dans cette petite Ville durant six mois, jusqu'à ce qu'enfin l'an suivant ceux de Strasbourg abandonnèrent la partie. Dans la suite du tems ce lieu & son Bailliage revint encore à ceux de Strasbourg & appartint à l'Evêque jusqu'en l'année 1592. alors dans la guerre de Strasbourg, ce lieu & les environs, y compris NOPPENAU, furent cedez au Duc de Wurtemberg, par le Margrave Jean George de Brandebourg élu Evêque de Strasbourg; & quoique le Margrave eût été forcé, le Cardinal de Lorraine de concert avec son Chapitre ne fit point d'opposition à cette cession, mais les Sujets resterent la plupart attachez à la Religion Catholique. On ne changea rien dans l'Eglise. Il n'y eut que dans le Château, où le Bailli qui y demeuroit eut un Prêtre Lutherien. Après la Bataille de Nordlingen en 1634. le Duché de Wurtenberg étant presque perdu, Oberkirch & Oppenau ou Noppenau & autres lieux qui en dépendent revinrent à l'Evêque de Strasbourg. Je ne sais quel autre Evêque l'engagea de nouveau au Duc de Wurtenberg; mais Mr. Corneille dit que François de Furstenberg Evêque de Strasbourg la racheta en 1664. en payant la somme marquée dans l'Acte d'engagement; de sorte qu'elle est aujourd'hui réunie à cet Evêché. Sur la Tour de la Porte de la Ville on lit un monument en l'honneur de l'Evêque Jean IV. & des Habitans de Strasbourg. On y lit entr'autres choses: *Quod municipia eorum, una cum adhærente tractu, nexibus alienis plane libera fecerit, suoque nitori restituta excoluerit & adornarit, quodque Majorum immunitates novis additis Juribus confirmarit ac conservarit, insignibus ejusdem domesticis publicisque; Respublica Ypergratia cum socia Communitate Nopinaviorum, humillime D. D. anno salutiferi partus* 1586. Cette Ville fut ravagée par les François en 1641. & elle eut diverses révolutions durant la longue guerre d'Allemagne.

OBERMONDAT. Voyez MUNDAT.

OBERLAUBACH. Voyez LAUBACH.

OBERNDORF [b], petite Ville d'Allemagne au Cercle de Suabe dans la Forêt noire, assez près de Sultz & de Wolfach. Elle a appartenu à la Maison de Zimmeren & est à présent à celle d'Autriche, & fait partie du Comté de Hohenberg. Il y a un Mo-

[b] Zeyler, Sueviæ Topogr. p. 59.

### OBE. OBI. OBL. OBO.

Monastère de filles de l'Ordre de St. Augustin, fondé par les Ducs de Teck. C'est un Prieuré.

OBERNPERG ou OBERNBERG,[a] Bourg d'Allemagne dans le Cercle de Baviére. Il appartient à l'Evêque de Passau, & en est à quatre milles. L'an 1640. il fut réduit en cendres hors trois maisons. Depuis ce tems-là on l'a très-bien rebâti, & il a toutes les beautez d'une jolie Ville, il y a un Château & une muraille, avec une Douane. Il doit sa fondation à Wolfger Evêque de Passau qui le bâtit en 1198. ou 99. Voyez STANAEUM.

[a] Zeyler, Bavar. Topog. p. 78.

OBERSTEIN, Baronie dans la Basse Alsace[b], Elle étoit, dit Mr. de Longuerue[b], de même condition que celle de Fleckenstein, comme on voit à l'Article *Teneatur* du Traité de Westphalie. C'est-à-dire que ses Seigneurs avoient été mis comme immédiats & Vassaux de l'Empire & que ses Barons par le Traité de Westphalie sont comptez entre ceux qui doivent demeurer immédiatement soumis à l'Empire. Les François se saisirent du Château d'Oberstein l'an 1680. sous la conduite du Comte de Tessé. Anne Elizabeth de Falkenstein, tant en son nom qu'au nom de ses Sœurs, filles du Baron Guillaume Wirich (Ulrich) présenterent un Mémoire pour se plaindre à la Diéte de Ratisbonne. Ces différens ont été terminez par le Traité de Ryswyck qui a laissé les choses en l'état où elles étoient alors; & les réunions au-dedans de l'Alsace ont été confirmées par là.

[b] Desc. de la France, 2. Part. p. 237.

OBIDIACENI, Peuple de la Sarmatie Asiatique sur le Pont Euxin, selon Strabon[c].

[c] l. 11. p. 495.

OBIGENE, Contrée d'Asie dans la Lycaonie, selon Pline[d].

[d] l. 5. c. 32.

OBII, Athenée[e] parlant des Monts Rhipées dit ces 'Ριπαῖα ὄρη est l'ancien nom, qu'on les nomma ensuite OBII, Ὄβια, & que de son tems on les appelloit ALPES. Ortelius remarque qu'il y a encore dans ces Cantons un Fleuve qui conserve le nom d'*Obii*; savoir l'Oby. Voyez OBY.

[e] l. 6. c. 4.

OBILA, Ville d'Espagne dans la Lusitanie, chez les Vettons, selon Ptolomée[f]. Il la met entre Deobriga & Lama.

[f] l. 2. c. 5.

OBILUMNIUM, d'autres exemplaires portent BILUMNUM. Voyez ce mot.

OBLIMUM. Voyez BILUMNUM.

OBLINCUM, selon Mr. Corneille; OBLICNUM, selon Mr. Baudrand. L'un & l'autre prétendent, que c'est *le Blanc*, Ville de France dans le Berry.

OBLIVIONIS FLUVIUS. Voyez LETHE.

OBNOBII MONTES, pour ABNOBII. Voyez ABENOW.

OBOB, ou EBOB, Ville des Moabites, selon Hesyche.

OBOCA, Ὄβοκα, Riviére de l'Irlande. Ptolomée en met l'embouchure dans la partie Orientale de l'Isle. Si le MODONUS est, comme on le croit, la Liffe qui coule à Dublin, l'*Oboca* devroit être la *Boyne*. Cela conviendroit mieux par la situation que Ptolomée donne à ces deux Riviéres entr'elles, que de dire que c'est la Riviére d'Arklow, comme le disent ses Interpretes.

OBODOWKA, Forteresse de Pologne, dans la Basse Podolie au Palatinat de Braclaw sur la petite Riviére de Bercad, qui se perd dans le Bog, Riviére qui tombe dans le Borysthene. Elle est au Couchant & au-dessus d'une autre Forteresse de même nom.

### OBO.

1. OBOLCOLA, Ville de la Lusitanie, selon Appien[g] qui dit que Viriate y avoit mis une Garnison, & que Servilianus ne laissa pas de s'en rendre maître. Il écrit Ὀβόλκολα.

[g] Iberic. l. 1. p. 293.

2. OBOLCOLA ou OBULCOLA, Ville d'Espagne dans la Bétique, selon Ptolomée[b]; car c'est ainsi qu'Ortelius lit dans cet Auteur, Ὀβούλκολα, Ville des Turdetains, dans la Bétique. Les Turdetains, comme nous le disons ailleurs, étoient partie dans la Bétique & partie dans la Lusitanie; ainsi Obolcola pouvant être aux confins de ces deux Provinces auroit pu être attribuée à l'une & à l'autre par deux Auteurs; mais on verra leur différence dans la suite de cet Article. L'Edition de Bertius porte *Obocola* ou *Obucola*, Ὀβούκολα. Elle est nommée OBULCOLA par Pline[i]. Rodericus Carus dit que c'est *illi Castillo de la Monclona*, Château de l'Andalousie. Voyez BÆCULA 3. OBULCULA est le nom que lui donne l'Itinéraire d'Antonin. Il est dans deux routes différentes, l'une de Seville à Merida, *Hispali Emeritam*.

[b] l. 2. c. 4.
[i] l. 3. c. 1.

Hispali
Carmonem - M. P. XXII.
Obulculam - M. P. XX.
Astigi - M. P. XV.

L'autre est de Seville à Cordoue, *Hispali Cordubam*.

Hispali
Obulculam - M. P. XLIII.
Astigi - M. P. XV.

Les Manuscrits varient pour l'Orthographe de ce nom dans l'Itinéraire, les uns portent ABUCULA, d'autres ABICULÆ; mais la premiere, savoir ABUCULA, c'est la plus commune. Surquoi il est bon de remarquer que cette Ville de Ptolomée & d'Antonin ne sauroit être l'Obolcola d'Appien s'il est vrai que celle-ci étoit dans la Lusitanie, car celle d'Antonin étant entre Seville & Cordoue, étoit trop avant dans la Bétique pour pouvoir être attribuée à la Lusitanie.

OBOLCON, Ville d'Espagne dans la Bétique, selon Ptolomée[k]. Pline dit OBULCO, Ptolomée Ὀβούλκου Etienne OBOLCON Ὀβόλκου. Voyez OBULCON.

[k] l. 2. c. 4.

OBOLLAH, Ville de Perse dans l'Iraque Babylonienne, assez près de Bassora; de là vient qu'Ebn Alvardi & autres Géographes Orientaux appellent le Golphe Persique BAR AL-OBOLLAH, ou KHALIG' AL-OBOLLAH, c'est-à-dire LA MER D'OBOLLAH, ou le Golphe d'Obollah[l]. Cette Ville est petite, mais forte & bien peuplée sur un bras du Tigre qui a été tiré en forme de Canal de la longueur de quatre Parasanges, c'est-à-dire, selon Mr. d'Herbelot, de sept ou huit lieues, & c'est sur les deux rives de ce Fleuve, que l'on voit une longue suite de jardins & de portiques qui se répondent

[l] D'Herbelot, Biblioth. Orient.

les

les uns aux autres avec une symmetrie admirable. Les Géographes Orientaux placent ce lieu dans le troisième Climat à 84. d. de Longitude & à 30. d. 15'. de Latitude Septentrionale & le vantent comme un des quatre endroits les plus délicieux de toute l'Asie, qu'ils appellent les quatre Paradis.

OBOM, Ὀβώμ, Ville des Moabites, selon Hesyche.

OBORITANUS, Siège Episcopal d'Afrique. Il y en avoit deux de ce nom dans la Mauritanie Cesariense, & la Notice d'Afrique, les distingue de cette maniére. Après avoir nommé Pierre Evêque d'un de ces deux Sièges, *Petrus Oboritanus*, entre les Eglises qui avoient leurs Pasteurs, elle met encore une fois *Oboritanus*, entre les Sièges qui n'avoient point alors d'Evêques Cathedræ quæ Episcopos non habuerunt.

OBORKOW, petite Ville de Pologne [a], au Palatinat de Belcz, environ à quinze milles Italiques, ou cinq lieues de cette Ville en tirant vers Krasnoslaw.

[a] Sanson Atlas.

OBOTRITÆ, ou OBOTRITI, OBODRITI, OBODRITÆ, ABODRITÆ & ABODRITI; Peuple d'entre les Vandales. Une Chronique du moyen âge, dont l'Auteur est inconnu & que Lambecius a inserée dans son Recueil des Ecrivains *rerum Germanicarum Septentrionalium*; cette Chronique [b], dis-je, nous marque assez juste la position de ce Peuple en marquant ainsi ses voisins en commençant à l'Orient, par la Poméranie. *Post Pomeranos ad Occidentem sunt Vinuli Idololatræ, deinde venitur ad Circipanos. & Kicinos ubi Civitas est Demmyn. Ultra illos sunt Lingones & Varnavi. Hos sequuntur Obotriti Civitas illorum Mekelenburg, inde versus nos Polabi, Civitas illorum Racisburg. Inde transita Travena vel potius Trabena, venitur in nostram Vagirensem Provinciam, cujus quondam fuit Civitas Maritima Nobilis, valde Oldenburg.* On voit par ce Passage que les Obotrites avoient pour Ville Mecklenbourg, dont nous parlons en son lieu, & qu'ils étoient entre les Varnaves d'un côté, Peuple qui habitoit le long du Varnaw, & de l'autre qu'ils confinoient aux Polabes dont la Ville est Ratzbourg & à la Trave Riviére qui coule à Lubec. Comme l'Auteur de cette Chronique la finit à l'an 1265. il est par conséquent moins Ancien qu'Helmold qui a écrit pareillement une Chronique des Slaves & qui finit en 1170. On va voir que l'Anonyme a copié Helmold avec bien du dechet. Après avoir parlé de RETHRÉ Capitale, ou Peuple Redarii ou Tholenzi, Helmold continue ainsi: *Deinde venitur ad Circipanos & Kyzinos quos à Tholenzis & Rederis separat Flumen Panis* (LA PENE) *& Civitas Dimine* (Demmyn) *Kyzini & Circipani, cis Panim: Tholenzi & Redari trans Panim habitant.* Les Kyzins & Circipaniens étoient donc au-delà de la Pene, les Tholenzes & les Redaires étoient autour de Rethré au-delà de la même Riviére. *Hi quatuor Populi à fortitudine Wiltzi sive Lutici appellantur.* Ces quatre Peuples avoient un nom qui leur étoit commun. On les appelloit les Wiltzes. Voyez ce mot. *Ultra illos*, c'est-à-dire au Couchant de ces derniers, *sunt Lingones & Warnavi*, étoient les Lingons, autrement nommez Lini,

[b] Incerti Auctoris Chronica Sclavica, Capitul. 3.

& les Varnaves. *Hos sequuntur Obotriti, Civitas eorum* MIKLINBURG. *Inde versus nos Polabi, Civitas eorum Racisburg. Inde transitur Fluvius Travenna, in nostram Vagirensem Provinciam, Civitas hujus Provinciæ quondam fuit Aldenburg maritima.* C'est ce que dit Helmold [c]. Auteur qui parle de tous ces Peuples comme existans de son tems. On voit par-là que les Varnaves occupoient ce qu'on appelle aujourd'hui la Seigneurie de Rostock, l'Evêché ou la Principauté de Schwerin où est Butzow & une partie de la véritable Vandalie, où est Gustrow. Les Wagres, ou Habitans de la Wagrie, occupoient la partie du Holstein qui est au voisinage de Lubec & le long de la Mer Baltique; au Midi de la Wagrie étoient les Polabes, aujourd'hui la Principauté de Ratzebourg & entre ces Peuples étoient les Obotrites qui par conséquent occupoient le Duché de Mecklenbourg proprement dit avec le Comté de Schwerin, où sont Wismar, Schwerin &c.

[c] Chronic. Slavor. l. 1. c. 2. n. 8. 6. seq.

C'étoit bien là le Pays des Obotrites; mais la domination de leurs Princes s'étendoit bien plus loin. Ils étoient originairement Vandales, comme nous disons à l'Article des Vandales. Un Auteur de ce Pays-là nommé *Nicolaus Mareschalcus Thurius*, a écrit un Livre intitulé *Annales Vandalorum & Herulorum*, où il prétend donner sur les Archives de la Cour de Gustrow une Généalogie des Rois Vandales qu'il fait remonter à Anthyrius l'un des Capitaines d'Alexandre le Grand. Qu'il me soit permis de me copier moi-même & de repeter ce que j'ai dit dans l'Introduction à l'Histoire Générale & Politique des Principaux Etats de l'Univers, Ouvrage commencé par Samuel Puffendorff, & auquel j'ai fait des additions importantes [d]. Voici ce que j'y dis à l'occasion de la Maison des Ducs de Mecklenbourg.

[d] T. 3. p. 312. Edit. Amsterd. chez Chatelain 1732.

„ Si l'on pouvoit compter sur l'exactitude
„ des Historiens qui ont voulu éclaircir l'o-
„ rigine de la Maison de Meckelbourg, il
„ n'y a point de Famille souveraine qui en
„ approche pour l'ancienneté. Ils nous ra-
„ content qu'un certain Anthyrius, l'un des
„ Capitaines d'Alexandre le Grand, & ce-
„ pendant originaire du Pays des Herules,
„ qui habitoient vers les Palus Méotides,
„ mécontent de ce que les autres Capitai-
„ nes qui avoient servi sous ce Heros, en
„ avoient partagé entr'eux les conquêtes
„ & qu'il ne lui restoit presque rien pour
„ la récompense de ses services, s'embarqua
„ avec quelques Soldats qui le voulurent
„ bien suivre & fit voile avec un Prince
„ de ses amis dont le Pere étoit alors Roi
„ de l'Isle de Gothland; qu'ils y arriverent
„ après une longue & difficile navigation;
„ que ce Roi reçut son fils & Anthyrius
„ avec toutes les marques d'une tendresse
„ paternelle; qu'Anthyrius ayant appris qu'il
„ y avoit près de là des Herules dont ceux
„ des Palus Méotides n'étoient qu'une Co-
„ lonie, il y alla & se fit bien-tôt recevoir
„ pour leur Roi; qu'il épousa ensuite Sym-
„ bulla fille du Roi de Gothland son an-
„ cien hôte, & Sœur de Baruan son ami;
„ que comme ses Soldats avoient des ha-
„ bits de diverses couleurs, de là leur vint
„ le nom d'Obotrites qui a été ensuite don-
„ né

„ né à la Nation entiere; qu'au Pavillon du
„ Vaisseau sur lequel il étoit venu il avoit
„ fait peindre la tête de Bucephale; qu'il
„ avoit sur son Ecu, un Griphon en champ
„ d'azur & que c'est de là que ces deux
„ pieces se trouvent dans les armes des Ducs
„ de Meckelbourg, que sa postérité gouver-
„ na les Vandales fort long-tems; qu'une
„ partie demeura dans le Pays pendant que
„ l'autre alla renverser l'Empire Romain;
„ & qu'enfin Pribislas II. qui fut le dernier
„ Roi des Vandales dans le Meckelbourg
„ étoit le quarantième, depuis Anthyrius,
„ &c."

*a In Tabul. p. 287.*
*b Carmin. de Ducie Megapol.*
*c in Chron. Mechlenb.*
*d Chron. Holsat.*

Cette Généalogie est suivie par Henning [a], par Jean Bocer [b], par Gaspar Calovius [c], par Jean Peterssen [d]; & elle est conforme à celle de Bernard Latome, dans sa Chronique Manuscrite dont on garde un exemplaire dans l'Archive de Schwerin. Ceux qui ne remontent pas plus haut que Bilung l'un de ces Rois ont l'avantage d'avoir une suite sans interruption, au lieu que ceux qui vont jusqu'à Anthyrius ne peuvent trouver des preuves incontestables d'une Descendance hors de toute atteinte; ils fournissent un nombre de Rois, mais qu'ils ayent regné dans cet ordre, & qu'il n'y en ait pas eu davantage que ceux qu'ils fournissent, c'est ce qu'ils ne peuvent vérifier par aucune trace de l'ancienne Histoire; il faut les croire sur leur parole. Je vais pourtant donner une suite des Rois Obotrites, depuis Charlemagne où ils commencent à être connus dans l'Histoire, & je n'en dirai rien qui ne soit appuyé sur des Historiens célèbres. Lorsque Charlemagne mena son Armée en 789. contre les Wilses (ou Wiltzes) Peuple, dont nous avons expliqué la situation [e], Witzan regnoit alors sur les Obotrites. Il étoit allié de Charlemagne, & lui amena quelque renfort de ses troupes. Depuis ce tems-là les Obotrites se joignerent de tems en tems aux François soit par la persuasion de leurs Rois, soit par la crainte des forces de l'Empereur, soit que se sentant appuyez d'un tel Allié ils crussent être plus redoutables à leurs voisins; & sur-tout aux Wiltzes qui les incommodoient par des hostilitez continuelles. L'Empereur voulant se les attacher, prit les Saxons d'en deçà de l'Elbe du côté de Breme, & les transferant en 804. dans la France donna leurs terres aux Obotrites. Leur Roi Witzan que Sigebert de Gemblours appelle Withan, ne vivoit plus. Car dès l'année 795. les Obotrites ayant été appellez par Charlemagne contre les Saxons Septentrionaux, Witzan en passant l'Elbe, périt dans une embuscade qu'ils lui avoient préparée. Il est nommé Visislas, dans la Chronique manuscrite de Latome, qui lui donne pour fils & pour Successeur Thrasicon, ou le Thrascon des Annales. En 798. les Saxons d'en deçà de l'Elbe ayant tué les Officiers de Charlemagne, & attaqué les Obotrites ses Alliez, Thrasicon leur Prince soutenu par Eberwin [f], Eburisius [g] ou Helorwin [h], marcha contre les Saxons & leur tailla en pieces quatre mille hommes, auprès de la Rivière de Suentine. Dix ans après en 808. le même Prince gouvernoit encore les Obotrites, qui s'étoient soumis à Charlemagne, & dont

*e Eghinart. in Vita Carol. Mag. p. 6. Annal. Reg. Franc. Annales Fuldenses. Regino. Albert. Stad. Krantzius, Vandal. l. 2. c. 19. & 23. &c. Metropol. l. 1. c. 15. Saxon. l. 2. c. 19. & l. 5. c. 27.*

*f Annal. Franc.*
*g Aunal. Fuld.*
*h Regino.*

une partie penchoit vers le Christianisme; cette disposition avoit redoublé pour eux la haine des Wilses, qui animerent le Roi de Danemarck Godesrid, avec qui ils se joignirent pour les mieux opprimer. Le Danois entra dans les terres des Obotrites, chassa Thrasicon, fit pendre le Duc Gotlieb, & mit la plus grande partie du Pays sous contribution. L'Empereur envoya au secours des Obotrites ses Alliez [i] un fils nommé Charles, comme lui, & Godefrid, ayant perdu dans une bataille son neveu Rheinhold avec l'élite de son Armée, fut réduit à se retirer. L'année suivante 809. Thrasicon ayant fait la Paix avec le Danois, & donné son fils en ôtage s'assura d'un renfort que les Saxons lui donnèrent, fit la guerre contre les Wiltzes, & saccagea entierement leur Pays [k]. Mais peu après il fut assassiné à Rerich Place maritime par des meurtriers, que le Danemarck avoit apostez. L'an 815. l'Empereur Louïs le Débonnaire envoya du secours à Harald Roi de Dannemarck, contre les fils de Godefrid. Ce secours fut renforcé par un bon nombre de Saxons & d'Obotrites [l].

*i Annales & Pontan. l. 4. ad ann. 808.*
*k Annales Annal.*
*l Annales Reg. Franc.*

Thrasicon eut pour Successeur Slaomir, & comme il laissoit, un fils nommé Céadrog & que l'Empereur vouloit obliger Slaomir, à partager avec Céadrog le gouvernement de l'Etat, le premier de ces deux Princes engagea les Obotrites, en 817. à abandonner les intérêts de l'Empereur. Deux ans après on envoya une Armée de François & de Saxons pour le réduire. Il fut pris, mené à Aix-la-Chapelle, où les Principaux de sa Nation se rendirent, & comme il ne put se justifier des accusations portées contre lui, il fut exilé [m], & le Trône donné à Céadrog qui n'en fut pas plus attaché pour cela aux intérêts de Louïs. En 821. on le soupçonna de cabaler avec les fils de Godefrid; il fut détrôné à son tour, & on rappella Slaomir pour lui succeder. Celui-ci s'en retournant, fut à peine arrivé en Saxe, qu'il tomba malade après avoir reçu le batême. Il paroit que Céadrog chercha à faire sa Paix avec Louïs le Débonnaire, car l'année suivante ce Monarque étant à Francfort, où il tenoit une Diéte, il y vint des Députez des Obotrites, avec ceux des autres Peuples Slavons, & lui apportèrent des présens.

*m Ibid. & Annal. Fuld.*

En 823. au mois de Mai, dans une autre Diéte, Céadrog fut accusé auprès de l'Empereur de manquer d'attachement pour les François, & de ce qu'ayant été plusieurs fois cité de comparoître personnellement, il avoit opiniâtrément refusé de le faire. Il s'excusa sur ses Ministres de ne s'être pas présenté lui-même, & promit de venir l'Hyver suivant à Compiégne. Il tint parole & se justifia. Il fut accusé de nouveau, auprès de l'Empereur en 826. par les principaux des Obotrites. Il eut ordre de venir répondre à ces plaintes au mois d'Octobre suivant à Ingelheim; il s'y rendit en effet. Mais les Députez de toute sa Nation interrogez par l'Empereur, ayant témoigné qu'elle le recevroit avec plaisir, on le leur renvoya après avoir pris de lui des ôtages.

La décadence de l'Empire qui fut une suite du partage des Etats de Charlemagne, donna lieu aux Peuples Slaves de secouer peu
à

# OBO.

à peu le joug, & de se ressaisir, en toute occasion, de leur premiere indépendance. Les Obotrites conserverent plus long-tems que les autres leur attachement pour la famille Impériale, mais à la fin, ils se laisserent entraîner, comme les autres, par le torrent, jusqu'à ce qu'enfin Gozzomuil (Lambert d'Asschaffenbourg le nomme *Gestimulus*) fut Roi des Obotrites. Sous lui ce Peuple commença ouvertement à se détacher des François, en 844. Mais Louis Roi de Germanie, & frere de l'Empereur Lothaire, mit souvent les Obotrites, & les autres Slaves à la raison, & cette même année, il remporta sur eux des avantages, si grands qu'il fit mourir Gozzomuil, & força ses Sujets à rentrer sous l'obéissance accoutumée [a].

[a] Annal. Fuld. & Sigebert. Gemblac. ad ann. 845.

Cette réduction dura à peine treize ans. En 858. ils songeoient encore à remuer, puisque l'Empereur Louis II. fut obligé d'envoyer son fils de même nom, avec une Armée pour les combattre, eux, & les Linons leurs voisins [b].

[b] Annal. Fuld. & Lambert. Schafnaburg.

En 862. Tabamvizil commandoit aux Obotrites. Sous ce Prince ils oublierent de nouveau toutes leurs promesses, & chercherent à s'affranchir. L'Empereur envoya une Armée contre eux, domta Tabamvizil & l'obligea de donner son fils en ôtage. En 889. sous l'Empire d'Arnolphe, les Obotrites remuerent de nouveau, & l'Armée que l'on envoya contre eux, fut si vigoureusement repoussée, qu'elle revint sans avoir pû les réduire.

On ne sait pas, du moins par les Annales publiques, quel Roi ils avoient en 906. Elles rapportent simplement que s'étant joints avec les Sorabes, ils s'opposerent à Otton Duc de Saxe ; que ce Prince accablé de vieillesse se déchargea de cette guerre sur Henri son fils, qui fut ensuite Empereur. Les Vendes ou Slaves se trouvant alors trop foibles, appellerent à leur secours, les Hongrois qui coururent toute l'Allemagne, & la remplirent de leurs brigandages & d'incendies [c]. Cela prouve que les Obotrites s'étoient soustraits à l'obéissance de l'Empereur. Henri l'Oiseleur les réprima avec plus de succès qu'aucun de ceux qui l'avoient précédé. Auparavant ils étoient toujours les agresseurs ; il les réduisit à se tenir sur la défensive. En 925. la sixième année de son regne, il fit marcher un Corps de Troupes contre les Slaves, leur prit la Ville de Brandebourg (Brenneburg) & rendit tributaires les Obotrites, les Wilses, & les Havellans [d]. Un Peuple si accoutumé aux armes, ne put demeurer tranquille. Dès qu'il vit Henri occupé ailleurs, il commença de se révolter. Les Rhedariens furent les premiers, & à ce signal toute la Nation suivit, sous les ordres de Mislas ou Micislas Roi des Obotrites. Cette Révolte arriva en 931. ils saccagerent Hambourg, le démolirent, ravagerent tout le voisinage avec la derniére inhumanité. L'Empereur envoya contre eux Bernard Duc de Lunebourg, qui s'avançant vers la Mer Baltique, tua jusqu'à six-vingt mille de cette Nation, & pour la tenir dans le respect établir la Marche du Slesvig.

[c] Lambert. Schafnaburg.
[d] Witichind. Annal. l. 1. p. 12.

Les Obotrites réprimez si vivement promirent non-seulement de payer le tribut à l'avenir ; mais encore de se faire bâtiser [e]. Leur Roi en donna lui-même l'exemple ; on leur envoya des Prêtres qui y firent des progrès, d'autant plus brillans, que la Cour par des vues humaines les favorisoit. Mais comme cette conversion n'étoit qu'une feinte politique, elle dura peu. Ce Peuple amoureux de sa liberté, attaché d'ailleurs au culte de ses Idoles, n'eut pas sitôt appris qu'Henri avoit licentié son Armée victorieuse, & ne songeoit qu'à des Tournois, qu'il avoit ordonnez à Göttingen, qu'il égorgea les Prêtres & les Gouverneurs Impériaux en 934. L'Empereur fut consterné d'apprendre que les Obotrites non contens de s'être révoltez, avoient associé à leurs desseins des Hongrois. Il se hâta de rappeller son Armée, & donna le rendez-vous au Camp d'Angermunde sur l'Elbe. Pendant qu'elle se forme, arrivent les Principaux d'entre les Obotrites ; avec deux cens Chevaux, & quarante chariots & s'offrent de prouver à l'Empereur, que les Prêtres & les Gouverneurs se sont eux-mêmes attiré, par leur avarice & par leur mauvaise conduite, le traitement qu'ils ont reçus.

[e] Witichind.
Herman. contract.
Lambert. Schafnab.
Sigebert. Gemblac.
Regin. Continuat. ad Ann. 931.
& Georg. Fabrius. Chronic. Saxon. ad ann. 932.

Cette Nation recommença en 941. tailla en pièces la Garnison Saxone. Et Haica ou Hugues que l'Empereur avoit établi Gouverneur [g]. Mais d'un autre côté Geron Commandant de la frontiere, tomba sur eux, & réduisit tous les Slaves à payer le tribut. On ne sait pas bien qui étoit Roi des Obotrites en 955. Il est seulement certain qu'ils se révolterent de nouveau ; qu'eux, & tous les autres Slaves, le long de la Pomeranie, prirent les armes contre l'Empereur, & qu'ils furent battus & mis en déroute, comme le rapporte Hepidannus Moine de St. Gall [h]. Il est vrai qu'il defigure un peu ces noms. *Otto 955. Rex & filius ejus Liutolf* (Ludolphe) *in festivitate sancti Galli pugnaverunt cum Abatarenis* (les Obotrites) *& Vulcis* (les Wilses) *& Cyripanis*, (les Circipaniens) *& Tolosenis* (les Tollenses) *& victoriam in illis sumpsit, occiso Duce illorum Ztoignano* (Stonelgar) *& fecit illos Tributarios*. Cette Victoire est décrite par Ditmar, Evêque de Mersbourg, & par George Fabricius [k].

[g] Witichind. l. 2. p. 19.
Georg. Fabric. Origin. Saxon. l. 1.
[h] ad ann. 955.
[k] l. 2. p. 18. & ad ann.

L'an 964. les Obotrites avoient pour Roi Mistaw, & les Vagres obéissoient à Selibur. Ces deux Princes relevoient également de l'Empereur Otton le Grand, & d'Herman Billing. Ayant entre eux une querelle. Héréditaire à vuider, ils prirent pour Juge Herman qui prononça contre Selibur. Celui-ci ne se tenant pas à la Sentence, prit les armes, & fut attaqué dans la Ville d'Aldenbourg [m] sa Capitale, par Herman envoyé en exil. Vers la fin de l'Empire d'Otton II. c'est-à-dire en 982. Mistaw ou Mistui, selon Ditmar, ou Mislas, selon d'autres, regnoit sur les Obotrites. Durant tout le tems des trois Ottons, c'est-à-dire environ soixante ans, la Religion Chrétienne fit de grands progrès, dans les Provinces des Slaves. Il n'y eut qu'un contretems lorsqu'Otton second, étant occupé en Italie à combattre les Sarasins qui s'étoient introduits dans la Pouille & dans la Calabre. Quelques Nations d'entre les Slaves, s'assemblerent dans le dessein de se vanger, disoient-elles, des anciennes injures qu'elles avoient reçues. Ces mutins prirent Havelberg & Brandebourg, trancherent la tête

[l] Witichind. l. 3. p. 31.
[m] Ditmar. l. 2. p. 18.

# OBR.

tête aux Evêques de ces deux Siéges, & commirent des cruautez atroces. Sur ces entrefaites Miſtaw, Prince des Obotrites, ſe mit auſſi de la partie. Après la Conquête de la Wagrie, ſa Cour avoit été quelque tems à Aldenbourg, & il avoit quitté cette Ville pour établir ſa réſidence à Mecklenbourg. Il prit les armes, & abandonna en même tems, le Chriſtianiſme & ſes engagemens envers l'Empereur [a]. Giſelarius Evêque de Magdebourg, & quelques Princes de Saxe ſe liguerent contre un ſi cruel ennemi. Ils reprirent Brandebourg, livrerent bataille aux Obotrites, & en tuerent 30700. Ce même Miſtaw regnoit encore deux ans après, car il ſe trouva à la Diète que Henri Duc de Baviére tint à Quedlinbourg [b].

[a] Ditmar. ibid. Krantzius Sax. l. 4. c. 19. Geor. Fabric. anno 982.

[b] Ditmar. l. 4.

Vers l'an 986. Billung ſon fils lui ſucceda. C'eſt de celui-là que deſcend la famille des Ducs de Meckelbourg, & on a une Généalogie, aſſez nette de ſa poſtérité, depuis lui juſqu'à à notre tems. Il avoit ſous lui le Holſtein, le Sleſwig, le Ditmarſe, la Wagrie, les Obotrites, les Polabes, & la Pomeranie. On prétend même qu'il étendit ſa domination, depuis le Weſer juſqu'à la Wiſtule. Avec le tems, les Conquêtes des Saxons, les Partages de famille, & mille autres révolutions changerent la face de ce Gouvernement. La Poméranie eut ſes Princes à part. Le Holſtein eut les ſiens, les Villes de Hambourg & de Lubec, s'accrurent & étendirent leur Territoire. Les Obotrites harcelez tantôt par les Danois & tantôt par les Saxons s'affoiblirent extrêmement, leurs Princes retinrent inſenſiblement le nom général de la Nation Slave, dont ils faiſoient partie. Leurs vainqueurs établirent chez eux des Colonies de Saxons, & à la fin la poſtérité de Bilung a pris le nom de Ducs de Meckelbourg, Princes des Vandales. Leurs autres titres ſont venus long-tems après, par exemple ceux de Prince de Schwerin & de Ratzbourg, ont ſuccedé à ces deux Evêchez ſéculariſez en leur faveur. Celui de Comte de Schwerin leur eſt dévolu, depuis l'extinction d'une Famille, qui deſcendoit d'un Comte, établi dans leur Pays avec un petit état pour ſon entretien, c'étoit proprement un Protecteur que l'on avoit donné à l'Evêque & aux Eccléſiaſtiques du Pays.

OBRACA. Voyez OBRAPA.

OBRACH, Ville de la Turquie en Europe, dans la Servie, près du Drin [c]. Elle a été autrefois plus conſidérable qu'à préſent.

[c] Baudrand, Edit. 1705.

OBRAPA, Ville de l'Arabie heureuſe, quelques exemplaires portent OBRACA, Ὄβραπα ou Ὄβρακα. Ptolomée [d] la met dans les terres.

[d] l. 6. c. 7.

OBRICOLUM, Ville d'Italie, vers le milieu dans le Pays des Æquicoles, ſelon le même Géographe [e]; mais ce mot ne ſe trouve que dans les exemplaires Latins.

[e] l. 3. c. 1.

OBRIMAS, Riviére d'Aſie dans la Phrygie. Pline [f] parlant d'Apamée, ſurnommée Ciboton, dit que cette Ville eſt ſituée au pied du Mont Signia, entre les Riviéres MARSYAS, OBRIMAS; & ORGAS, qui toutes tombent dans le Méandre. Tite-Live met les ſources de cette Riviére [g], Obrima fontes, près d'un Village nommé APORIDOS COME.

[f] l. 5. c. 29.

[g] l. 38. c. 15.

# OBR.

OBRINCUS, ſelon Ortelius, qui écrit en Grec Ὀβρίγγος. C'eſt la même choſe qu'OBRINGA qui ſuit.

OBRINGA, Riviére ainſi nommée par Ptolomée [h], qui la met dans la Gaule Belgique; la partie du Pays qui eſt autour du Rhin, dit cet Auteur, depuis la Mer juſqu'à la Riviére d'Obringa, s'appelle Baſſe Germanie. Beatus Rhenanus s'eſt imaginé que cette Riviére étoit la Moſelle. Herold qui d'ailleurs a fait d'aſſez belles recherches, ſur quelques antiquitez de la Germanie, s'eſt figuré que ce nom n'étoit pas celui d'une Riviére; mais d'un Canton nommé Ober-Rhingaw. Il n'avoit pas lu apparemment ces mots de Ptolomée μέχρι τοῦ Ὀβρίγγα ποτάμου, juſqu'à la Riviére d'Obringa. Ortelius dit qu'un de ſes amis qu'il ne nomme point croyoit, que ce mot ne veut dire, que le Haut-Rhin Oberrhyn. Il cite un autre Anonyme qui l'a aſſuré, qu'il y a encore ſur la Moſelle un Canton qui conſerve le nom d'Obrincus. [i] Cellarius ne ſauroit, dit-il lui-même, deviner à quoi penſoit Ptolomée quand il a donné le nom d'Obringa à une Riviére célébre, ſurtout long-tems après que Tacite l'avoit nommée la MOSELLE; mais, pourſuit-il, c'eſt aſſez la coutume de cet Auteur d'employer des noms inuſitez, lorſqu'il parle de la Belgique, comme quand il nomme l'Eſcaut, Tabuda, & la Sambre, Phrudis. Quoique le ſavant Adrien Valois croie que l'Obringa de Ptolomée eſt la Moſelle, quand je ſonge que Ptolomée donne ſon Obringa pour borne entre la Haute & la Baſſe Germanie, & que la Moſelle n'eſt point cette borne, je ne puis m'empêcher de ſoupçonner, avec Cluvier qu'il faut chercher quelque autre Riviére moins grande qui ait tenu lieu de limite. Marcien d'Heraclée, dans ſon Periple, nomme cette même Riviére ABRICCA Ἄβρικκα. Il ſemble qu'il ait copié Ptolomée, car il dit comme lui, depuis la Mer juſqu'à la Riviére d'Abricca le Pays s'appelle Germanie inférieure; au-deſſus de l'Abricca c'eſt la Haute Germanie. Or, comme Cellarius lui-même le remarque, Ptolomée a tellement diſtingué les Villes de la Haute & de la Baſſe Germanie, qu'il a mis les Ubiens dans la Baſſe, & les Vangions dans la Haute. Il faut donc chercher entre ces deux Pays, une Riviére qui ſoit l'Obringa, ancienne borne de l'un & de l'autre. Il ne s'en trouve point de plus remarquable, que l'AAR. Voyez AAR 1.

[h] l. 2. c. 9.

[i] Notit. Orb. vet. l. 2. c. 3. p. 268.

OBRIS, ou ORBIS, ou OROBIS, nom Latin de l'ORBE, Riviére de France en Languedoc, auprès de Beziers. Voyez ORBE.

OBRITÆ, ancien Peuple de la Sicile, ſelon Ortelius, il cite Ptolomée qui dit ORBITÆ. Ὀρβῖται.

OBROATIS, ou OREBATIS, Ville de la Perſide, ſelon Ptolomée. Ammien Marcellin la nomme OROBATIS.

OBROAZZO, ſelon Mr. Baudrand, ou OBROWAZZA, ſelon Mr. Corneille, ou OBROWATZ, ſelon Mr. de l'Iſle, Place de la Morlaquie, aux confins de la Dalmatie, au Nord & à vingt-deux milles de Sebenico. Mr. de l'Iſle met vers le fond du Canal de la Morlaque, le Pere Coronelli [k] la met ſur une RIVIERE, nommée OBROAZZO, qui

[k] Iſolario, part. 1.

plus

plus haut s'appelle la ZERMAGNA, qu'il prétend être le TEDANIUM des Anciens. Ce Pere distingue donc,

1. OBROAZZO (l') Riviére dont on vient de parler.

2. OBROAZZO *piccolo*, c'est-à-dire le petit, ou le HAUT OBROAZZO, par rapport au cours de la Riviére, & il dit [a] qu'il est sans murailles.

[a] Ibid.

3. OBROAZZO *grande*, ou le grand, ou le BAS OBROAZZO qui est, selon lui [b], l'Argyruntum de Ptolomée. Il y a des murailles, & une Citadelle avec environ 500. Habitans. Il observe que les Marsiglianes, sorte de Barques, remontent la Riviére jusques-là.

[b] Ibid.

☞ OBSERVATOIRE, lieu destiné aux Observations Astronomiques. C'est presque toujours un vaste bâtiment, où l'on a pratiqué toutes les commoditez possibles, pour observer sans obstacle les mouvemens du Ciel & des Planetes; & on y trouve les instrumens nécessaires, pour donner une extrême précision aux opérations Astronomiques. Blaeu, qui avoit été Disciple de Tichobrahé, nous a laissé une belle description de l'Observatoire que ce grand homme avoit élevé dans son Isle d'Huene, qu'il nommoit Uranibourg; Elle se trouve dans le grand Atlas de Blaeu, & est d'autant plus précieuse, que tous ces beaux Ouvrages ne subsistent plus. On peut voir dans la Description de Paris, celle du magnifique Observatoire, que Louïs le Grand y a fait bâtir. Plusieurs Villes de France, d'Italie, d'Angleterre, d'Allemagne, & d'ailleurs ont aussi des Observatoires. C'est par-là que l'Astronomie a fait de si grands progrès depuis environ un siècle & demi. Il est important de sçavoir la différence vraïe, qu'il y a d'un Observatoire à l'autre, pour les Méridiens, parce que le calcul des Astronomes, étant toujours relatif au lieu de l'Observation, on ne pourroit pas sans cela tirer un fruit certain de leurs travaux. L'influence qu'ils ont sur la certitude de la Géographie est prouvée ailleurs.

OBTRINCENSI MOSÆ OPPIDO, c'est ainsi que Gelenius a lû le premier mot [c] d'un passage d'Ammien Marcellin [e]; & là-dessus les Conjectureurs ont été aux champs pour y trouver Mastreicht. L'Edition Romaine portoit OBTRINCESIMÆ OPPIDO. Celle d'Augsbourg & quatre Manuscrits consultez par Mrs. Valois, lisent de même. Castel avoit changé hardiment ce mot en *Tassardro*, nom de Ville qu'il avoit vû quelque part. Mrs. Valois ne doutent point qu'il ne faille lire ici *Tricensimæ Oppido*, conformément à Ammien Marcellin qui nomme de suite [d] *Castra Herculis, Quadriburgium, Tricensimæ, Novesium Bonna*. L'un d'eux ajoute qu'il a prouvé dans la Notice des Gaules p. 150. que TRICESIMA, COLONIA TRAJANA, & CASTRA ULPIA sont trois noms d'un même lieu. Il prenoit ce nom à cause du séjour qu'y avoit fait la Légion nommée LEGIO TRICESIMA ULPIA VICTRIX. Voyez l'Article COLONIA TRAJANA.

[c] l. 20. c. 8.
Edit. Valef.
[d] l. 18.

OBULCON, Ὀβούλκων, Ville d'Espagne dans la Bétique, selon Ptolomée [e]. Il la met au Pays des Turdules dans les terres. Pline l'écarte à XIV. mille pas dans l'intérieur des terres & XIX. *M. Passuum remotum in Mediterraneo, Obulco, quod Pontificense appellatur*. Etienne le Géographe dit *Obolcon*, Ὀβόλκον, Mariana [f] croit que c'est présentement PORCUNA, petite Place entre Cordoue & Jaën. On y a trouvé une ancienne Inscription, rapportée dans le Recueil de Gruter [g] où il est fait mention de MUNICIP. PONTIFICIS, & une autre dans laquelle on lit [h] ORDO PONTIFICIENSIS OBULCONENSIS. Il faut au reste que les XIV. milles de distance, dont parle Pline, ne se prennent pas du bord de la Mer. Car au lieu de cette distance, il y en a plus de CIX. en droite ligne de Porcuña à la Mer, en prenant des milles Romains, tels que Pline les connoissoit.

[e] l. a. c. 4.
[f] Hist. Hisp. l. 3. c. 21.
[g] p. 105.
[h] p. 458.

OBULCOLA. Voyez OBOLCOLA.

OBULENSII, Ὀβουλήνσιοι, ancien Peuple de la Basse Mysie, selon Ptolomée. Quelques exemplaires tronquent ce nom & portent BULENSII.

OBY, grande Riviére d'Asie [i]. Elle a sa source dans la grande Tartarie, au Lac de Kithai ou Karakisan, dans le Royaume d'Altin, qu'elle côtoye du Sud-Est au Nord-Ouest. De là serpentant toujours, elle traverse le Pays des Kirgisses, où elle reçoit les Riviéres de Katunia d. de Souloussma d. de Fagan g. arrose la Ville de NAXINSCOI ou GRUSTINA à l'embouchure de la Katunia; & celle de Tomo ou Tomskoi, à l'embouchure d'une autre Riviére qu'elle y reçoit d. Elle entre au Pays des OSTIAQUES où elle se charge des Riviéres de Salim d. de Ket d. qui forme une Isle où est la Ville de KETSKOI d. de Jugani, g. de la Mosa, au-dessous de la Ville de NARIM d; des Riviéres de Vaga, de Trasagam & de Bordakowa. d. Vis-à-vis de l'Embouchure de cette derniére est ZURGUT ou ZERGOLT, Ville. Elle se grossit des eaux de l'Irtis, grande Riviére, & la pointe qu'elles forment est occupée par la Ville de Sammarock. Elles coulent ensemble dans le Pays des Samoyedes, entre la Condorie, au Couchant, la Lucomirie, ou Obdorie au Levant. Mais le nom d'Oby continue jusqu'à la Mer. [k] Un peu au-dessous de l'Embouchure de la Riviére Nadim l'Obi s'élargit, vers le 66. d. de latitude & forme un grand Golphe, où sont quelques Isles, parmi lesquelles, il y en a cinq, qui sont assez grandes. Ce Golphe se resserre ensuite vers son embouchure qui est embarassée d'une vintaine d'Isles au Nord desquelles est le Détroit de Nassau, ou plûtôt une Mer qui sépare la nouvelle Zemble du Continent, & qui est bornée au Couchant par le Détroit de Nassau, & au Couchant par des glaces qui ne se fondent point en Eté à moins qu'il ne vienne quelque tempête qui les brise.

[i] De l'Isle Tartarie.
[k] Nouvelle Carte de l'Empire Russien.

O C.

OCA: Strabon [l] ayant parlé de quelques Villes de Perse, que les Rois avoient pris plaisir à orner, ajoute: Il y a encore une autre Ville Royale à Gabes dans le Haut Pays de la Perse, & près de la Côte de la Mer, près de celle qui étoit nommée OCA; surquoi Casaubon doute si ce ne seroit point

[l] l. 15. p. 728.

## OCA.

point la Taoca de Ptolomée. Voyez TAOCA.

OCAELLI. Voyez OCELLI.

OCAK, Ville de la Tartarie, sur la Rive Occidentale du Wolga [a]. Elle est ruinée aussi bien que Serai capitale d'un Royaume, dont cette Ville dépendoit. Les petits Tartares, ou Nogais qui occupoient autrefois ce Canton, sont présentement rapprochez à l'Occident & au Nord du Palus Méotide. C'est ce qui a trompé Mr. Corneille [b], qui a cru qu'une Ville située sur le Wolga pouvoit être dans la Tartarie Crimée.

[a] D'Herbelot, Bibliot. Orient.
[b] Dict.

OCALEA & OCALE'E, ancienne Ville Gréce dans la Béotie [c]. Homere dit au commencement du dénombrement des Troupes Grecques & de leurs Vaisseaux : Ceux qui tenoient Harme, Ilesium, & Erytres, Eléon, Hyle & Peteon, Ocalée, Medeon, &c. Pline [d] nous en apprend la situation sur la Côte. Au-dessous de Thebes, dit-il, Ocalée, Heléon, Scolos, Schoenos, Peteon, Hyrie, Mycalessus, Hilesion, Pteleon, &c. *Au-dessous de Thebes* est apparemment le nom particulier d'un lieu nommé par Homere Τροποδίβας ; & que Madame Dacier traduit la nouvelle Thèbes [e]. Dicæarque la nomme *Ocalea* dans son Etat de la Gréce.

[c] Iliad. B. in de Catalog. v. 8.
[d] l. 4. c. 7.
[e] P. 7. v. 99.

Εἶτ᾽ Ὠκαλέα πόλις ἐςί.

Strabon [f] est celui qui nous apprend le plus de détails de cette Ville. Ocalée, Ὠκαλέη, est, dit-il, à distance égale d'Haliarte & d'Alalcomene, à trente stades de l'une & de l'autre. Elle est baignée par une petite Riviére de même nom. Après ces Auteurs les témoignages d'Etienne le Géographe, & de Suidas deviennent assez inutiles.

[f] l. 9. p. 410.

1. OCANA, Ville d'Espagne dans la nouvelle Castille [g], à neuf lieues de Madrid, au Midi Oriental, & à trois & demie d'Aranjuez, dans une plaine où la vue est fort belle. Elle a assez bonnes murailles, une belle source, abonde en Pain, en Vin, en Olive, en Viandes de boucherie, en Gibier, en Volaille, en Fruits, outre ceux que lui fournit le lieu d'Yepes qui en dépend & la délicieuse Riviére d'Aranjuez. On y fait de la Vaisselle de terre d'une grande blancheur que l'on envoye de tous côtez, & qui tient la boisson fort fraîche en Eté. Il y a environ deux mille Habitans, parmi lesquels il y a beaucoup de Nobles ; la Ville a trois Paroisses, six Couvens d'hommes & quatre de Religieuses. Elle fut reprise sur les Mores par Alphonse VI. l'an 1106. & 1500. Chrétiens, furent alors tirez d'esclavage. Juan II. y tint les *Cortes* ou les Etats Généraux du Pays en 1422. & l'an 1499. On y reconnut pour Prince désigné Successeur de la Monarchie d'Espagne, D. Miguel fils de D. Manuel de Portugal, & de Doña Isabelle, fille de L. M. Catholiques. Mais il mourut l'année suivante avant que la succession fût ouverte.

[g] Mémoires Manuscrits.

2. OCANA, Bourgade de l'Amérique Méridionale dans la terre ferme, dans le Gouvernement de Ste Marthe, au bord Septentrional de la Riviére de César Pompatao, à l'Orient Méridional de la Montagne de Sainte Marthe. De Laët [h] dit que c'est une petite Ville habitée par les Espagnols, qui lui donnent le nom de SAINTE ANNE.

[h] Ind. Occid. 18. c. 20

## OCA. OCB. OCC.

OCANGO, petite Contrée de l'Ethiopie Occidentale, à l'Orient du Congo ; entre le Zaïre au Nord-Ouest, la Zambre au Nord & au Nord-Est, & le Coango. Mr. D'Ainville Géographe de Sa Majesté Très-Chrétienne, nomme ce Canton O Canga & marque qu'il a titre de Marquisat. Ce Pays est peu connu, les Missionnaires n'ayant guères été plus loin que le Duché de Sundi, ou, ce qui revient au même, n'en ayant point publié de Relation.

OCBARA, Ville d'Asie, dans l'Iraque Babylonienne [i]. Elle est située sur le Tigre, dix lieues au dessus de Bagdat. Elle est fort petite, & néanmoins plusieurs Kalifes d'entre les Abassides en ont fait le lieu de leur résidence.

[i] D'Herbelot, Bibliot. Orient.

OCBAS, Ὄκβας, Calliste cité par Ortelius [k] nomme ainsi un Château d'Asie, situé vis-à-vis de Martyropole de l'autre côté du Fleuve, sur une roche fort élevée.

[k] Thesaur.

1. OCCA ou OCA, Riviére d'Espagne, dans la vieille Castille. Elle a sa source dans les Montagnes de Burgos près de Rodillas, au Nord de Burgos, baigne les Villages, ou Bourgs de Castet de Poenes d. Pradanos & Bibiera, g. & Senoveda d. reçoit un Ruisseau, qui vient de Pan Corvo, d. & va se perdre dans l'Ebre, à Puente de Ra, au dessous de Frias, & au dessus de Miranda de Ebro, selon la grande Carte d'Espagne, chez Jaillot. Mr. de l'Isle met son embouchure immédiatement, au dessus, & à l'Occident de Frias. Voyez AUCA.

2. SIERRA D'OCCA, Chaîne de Montagnes d'Espagne, dans la Vieille Castille au Nord-Est, au Levant & au Sud-Est de Burgos. Elle a pris ce nom d'AUCA, ancienne Ville de ce Canton-là, de laquelle il est parlé en son lieu. Mariana nomme ces Montagnes AUCÆ MONTES. Il dit [l] *Aucæ cujus Urbis vestigia supra Burgos monstrantur, unde & Aucæ Montes dicti.* Cette Chaîne de Montagnes fait partie de celle qui court depuis l'Ebre le long de la Castille, des Asturies & de la Galice, jusqu'à l'Océan, & dont Ptolomée a connu une partie sous le nom de *Vindius Mons*. Elle est très-éloignée de l'IDUBEDA de cet Auteur ; quoique l'une & l'autre chaîne puisse être considerée, comme autant de branches sorties des Pyrénées.

[l] l. 6. c. 15.

3. OCCA (NUESTRA SIGNORA DE) Eglise d'Espagne, dans la Vieille Castille, auprès de Villafranca. Ce nom & cette situation à l'Orient de Burgos, & assez près de la Sierra d'Urbion, font voir que le nom de Sierra d'Occa s'étendoit autrefois plus loin qu'aujourd'hui.

4. OCCA, Riviére de l'Empire Russien [m]. Elle a sa source dans l'Ukraine, dans une Campagne, où l'on voit fort près l'une de l'autre, les sources de trois Riviéres qui prennent des cours bien différens. La plus Occidentale forme la SEM, qui tombe dans la DESNA, par laquelle elle arrive dans le Borysthene, qui la porte dans la Mer Noire. La plus Méridionale de ces trois sources, produit la Snezna, qui se débouche dans le Don ; la plus Septentrionale est celle de l'Occa, qui serpente vers le Nord, baigne les Riviéres de Cromy & d'Arool, g. reçoit un Ruis-

[m] De l'Isle Atlas.

Ruisseau; puis un autre qui vient de Bochol, g. entre dans la Principauté de Vorotin, en traverse les marais, y reçoit un Ruisseau, d. passe à Mexin, & à Belof, g. à Livny, d. à Peremist, à Vorotinskoi capitale de la Province g. Au dessous, & au Nord de cette Ville, elle reçoit l'UGRA, g. entre le Duché de Rezan, arrose COLOUGA g. reçoit l'UPPA, Rivière qui par un Canal communique au Lac Ivan, d'où sort le Don. d. baigne SOLOSKA, d. & CZERPACOF, & reçoit divers Ruisseaux, g. passe à COCHIRA, d. à Golomna & à Golutwina Sloboda, recevant la Moska entre ces deux Places; coulé ensuite vers l'Orient un peu Septentrional, entre le Duché de Moskow au Nord, & celui de Rezan au Midi, baignant diverses Places dont les plus considerables sont PERESLAWLE RESANSKI, REZAN ruinée, & Tinerskaya Sloboda, dès qu'elle a reçu la Gus-Reca, qui vient du Nord, & la Tzna Reca, qui vient du Midi, elle poursuit son cours, entre la Principauté de Cachine, où est Murom Ville, au Nord-Ouest & le Pays des Mordua ou Morduates, au Midi Oriental, & la Principauté de la Basse Novogorod, où elle se perd dans le Wolga.

OCCARIBA. Voyez OCTARIBA.

OCCATOTI, Bourgade de Ceylan dans sa Partie Orientale, dans la Province de Batecalo ou Matecalo, entre la Capitale de cette Province & Vindo. Au Couchant & assez près de la Rivière de Paligam. Mandeslo la met à deux lieues de Viado, & à une de More. More Occatoti & Vindo, sont des Aldeas ou Villages, où l'on passe en allant de Batecalo à Candi.

OCCIACUM, ancien nom d'un lieu de *Valef. No-* France, en Forez, au delà de la Loire, où *tit. Gall.* étoit le Monastère de St. André. C'est pré- *pag. 464.* sentement St. Rambert ou Raimbert, depuis *Baillet, Top.* qu'on y a eu transporté le Corps de St. Rag- *des Saints,* nebert, martyrisé à Bredot, lieu du Bugey, *p. 652.* qui en prit aussi le nom de St. Rambert en Bugey.

☞ OCCIDENT, en Latin *Occidens*; on sousentend le mot *Sol*, le Soleil Couchant. On appelle ainsi en Géographie la Partie de l'Horizon, où le Soleil se couche, ou ce qui revient au même, celle où il paroît se coucher. Ce mot a plusieurs degrez d'étenduë qui en changent la signification; & comme ce que je dirai de l'Occident, se peut appliquer à l'Orient, je n'en ferai point à deux fois, & je joindrai, dans cet Article, en parlant de l'un, ce qui convient également à tous les deux.

L'OCCIDENT VRAI, est le point de l'Horizon, où le Soleil semble se coucher, dans le tems des Equinoxes.

De même, l'ORIENT VRAI, est celui où il se couche dans la même saison. Ces deux Points sont ceux, où l'Horison est coupé par l'Equateur. Celui qui est du côté de l'Orient, est appellé *Point du vrai Orient*, ou *Orient Equinoxial*. Celui qui est du côté de l'Occident se nomme *Point du Vrai Occident*, ou *Occident Equinoxial*.

Auffi-tôt que le Soleil est dans l'Equateur, il avance vers le Nord ou vers le Midi, & s'en éloigne de jour en jour, jusqu'à la distance de 23. d. 30'. Deux Cercles que l'on conçoit passer par ces quatre Points, sont ce qu'on appelle les TROPIQUES. Voyez ce mot. Leur nom vient de ce que le Soleil étant arrivé à l'un des Tropiques, il s'y arrête, & s'en retourne vers l'Equateur, & de là vers le Tropique opposé.

Le tems de l'année, où le Soleil est dans l'Equateur s'appelle l'EQUINOXE, & alors les jours & les nuits sont d'une égale durée, c'est-à-dire d'une part & d'autre de douze heures, le lever & le coucher marquent alors l'ORIENT VRAI & l'OCCIDENT VRAI. Cela arrive deux fois l'an, à l'Equinoxe du Printems, & à l'Equinoxe de l'Automne.

Le tems de l'année, où le Soleil s'arrête à l'un de ces deux Tropiques, s'appelle SOLSTICE. Ces deux Tropiques sont distinguez par des noms convenables, aux Saisons que le Soleil produit lorsqu'il s'en approche. Le Tropique qui est vers le Pole Septentrional, s'appelle le *Tropique d'Eté*, parce que nous avons cette Saison, quand le Soleil y arrive. On appelle *Solstice d'Eté* le tems, auquel le Soleil s'y arrête; & alors nous avons les plus longs jours de l'année. Le Tropique qui est vers le Pole Méridional, s'appelle le *Tropique d'Hyver*, parce qu'alors le Soleil est aussi éloigné de nous qu'il peut l'être, ce qui nous donne l'Hyver. On appelle *Solstice d'Hyver*, le tems auquel le Soleil s'arrête à ce Tropique, & alors nous avons les plus courts jours de l'année.

Les Points Solstitiaux, c'est-à-dire les Points où le Soleil se leve & se couche dans le tems du Solstice, ou ce qui est la même chose exprimée en d'autres termes; les Points d'Intersection des Tropiques, & de l'Equateur donnent deux sortes d'Orient, & deux sortes d'Occident, également éloignez de l'Orient vrai, ou de l'Occident vrai.

Le point où se leve le Soleil, durant le Solstice d'Eté, s'appelle l'ORIENT D'ETÉ. Celui où il se couche le même jour, s'appelle COUCHANT D'ETÉ, ou l'OCCIDENT D'ETÉ. L'un & l'autre est à 23. d. 30'. au Nord du point du véritable Orient, ou du véritable Occident. Les Points où se leve le Soleil durant le Solstice d'Hyver, s'appelle l'Orient d'Hyver. Celui où il se couche le même jour s'appelle le *Couchant d'Hyver* ou l'*Occident d'Hyver*. L'un & l'autre sont à 23. d. 30'. au Midi du vrai Orient, ou du vrai Occident.

Il s'ensuit qu'il y a sur l'Horizon, un Arc de 47. d. de distance de l'Orient d'Hyver à celui d'Eté, & autant de l'Occident d'Eté, à celui d'Hyver.

Les Géographes trouvant cette expression commode s'en servent volontiers, lorsqu'ils voyent qu'un lieu n'est pas à l'Orient vrai, ou à l'Occident vrai d'un autre lieu. Ils disent alors à l'Orient d'Eté ou d'Hyver; ou bien au Couchant d'Hyver, ou d'Eté. Mais il ne faut jamais prendre cette expression à la rigueur. Car outre qu'il n'arrive presque jamais que pour servir ils examinent si entre ce prétendu Orient d'Eté, & l'Orient Equinoxial il se trouve un angle de 23. d. & demi, il y a une autre raison physique, prise de la rondeur de la Terre, qui rend ce calcul plus difficile, qu'on ne le croit communément. Il suffira de l'indiquer ici sans

l'ap-

## OCC.

l'approfondir; ce qui demande une Differtation particuliere.

L'inclinaifon du Globe vers les Poles de la Terre, caufe une affez grande variété dans l'expofition des différentes parties de la Terre à la lumiere du Soleil. De là vient cette diverfité pour la durée des plus longs jours entre les lieux fituez fous un même Méridien; c'eft ce qui regle l'étenduë & les bornes des Climats. Quiconque fera réflexion fur cette différence de la longueur des jours, comprendra aifément que l'Orient d'Eté & l'Orient d'Hyver ne fauroient avoir une mefure commune qui puiffe fervir à tous les Climats également.

Cette raifon demanderoit une difcuffion plus étenduë pour être mife à la portée de certains Lecteurs qui n'ont que peu de connoiffance du Syftême des Saifons, & de ce qui les produit, mais ce n'eft pas ici le lieu de m'étendre fur cette matiere. Cela fuffit à ceux qui ont étudié les principes de la Géographie Aftronomique. Il me paroît que l'on ne fait pas affez de réflexion fur la différence que la variété des Climats doit mettre néceffairement entre l'Orient d'Eté dans un Climat & l'Orient d'Eté dans un autre. Outre l'abus que j'ai dit qui eft commun aux Géographes de fe fervir de cette façon de parler fans aucune exactitude, c'en eft un autre de l'employer également fous le Cercle Polaire ou fous l'Equateur.

Il y a moins de rifque de fe tromper en déterminant le rapport par un des trente-deux Rhumbs de Vent; pourvu que fur le terrain on ait égard à la déclinaifon de la Bouffole, où que fur la Carte on tienne compte de la Projection des Méridiens, ou de la Courbure des Paralleles. Meff. Baudrand, Corneille & autres difent fouvent au Nord, au Midi, à l'Orient, ou à l'Orient d'Eté, d'Hyver, au Couchant, ou au Couchant d'Eté, d'Hyver, fans s'embarraffer d'une certaine jufteffe. Qu'une Place foit au Nord-quart au Nord-Eft, ou même au Nord-Eft d'une autre, ou bien qu'elle foit au Nord-quart au Nord-Oueft, ou même au Nord-Oueft, ils difent au Nord, c'eft mal parler; quand on fait combien elle differe du vrai Nord, il faut l'exprimer, finon fe fervir d'une expreffion moins décifive, & qui n'induife point en erreur; par exemple, on peut dire au Nord Oriental, ou au Nord Occidental. Si l'autre Ville eft par rapport à celle-ci plus près de l'Orient que du Nord, alors il faudra dire à l'Orient Septentrional; & ainfi des autres Points Cardinaux. C'eft une façon de parler plus vraie, & par conféquent préférable.

On entend quelquefois par Occident en général, tout ce qui eft au Couchant d'un Méridien d'un lieu depuis un Pole jufqu'à l'autre. Cet Occident eft plus Aftronomique que Géographique. Il en eft de même de l'Orient.

Il n'y a ni Orient ni Occident que relativement, & par raport à tel ou à tel autre Pays. Ce qui eft Orient, à un égard, eft Occident à quelque autre. La Perfe eft Orient pour la Turquie, & Occident pour l'Indouftan. Il en eft de même de quelque Pays, ou de quelque Mer que ce foit. Nous appellons Océan

## OCC.

Oriental la Mer qui baigne la Chine, & le Japon, & où font les Philippines, parce qu'il eft à l'extrémité Orientale de notre Hemifphere. Mais ce même Océan Oriental eft Océan Occidental pour les Peuples de l'Amérique le long de la Mer du Sud; dont il eft la partie Occidentale.

Les Italiens difent PONENTE pour défigner le Couchant, ou l'Occident. Les Allemands, les Hollandois & les Anglois écrivent WEST, mais avec des prononciations différentes. Les Hollandois & les Allemands prononcent le W comme notre V François dans le mot de Vefte partie de l'habillement; & les Anglois prononcent cette même lettre comme notre diphthongue ou, & c'eft d'eux que nous avons pris la coutume de dire OUEST, terme employé par les gens de Mer & dans le ftyle de Navigation pour défigner l'Occident Equinoxial.

OCCIDUUS, a, um, adjectif Latin, qui fignifie Occidental. On a dit Occiduum Mare, pour fignifier la Mer qui eft au Couchant de l'Europe & de l'Afrique. Occiduæ Plagæ, les Pays Occidentaux &c.

OCCIMIANO. Voyez OCIMIANO.

OCCITANIA, mot que quelques Auteurs modernes, ou tout au plus du moyen âge, ont donné à la Province de Languedoc. Dominici au Chapitre 20. de fon Traité du Franc Alleu étend ce nom à tous les Pays qui font au delà de la Loire. Occitania, dit-il, eas Regiones amplectebatur quæ Jus Romanum agnofcunt & quæ cis Ligerim funt, quæque Occitaniæ nomine veniunt. Il en donne la raifon : c'eft, dit-il, qu'ils difent oc au lieu d'oui. Hadrien Valois dit de même, quidam Occitaniam, alii Provinciam Linguæ Occitanæ vocitant. Hæc autem divifo Franciæ facta eft duas in Linguas, quod Vafcones, Gothi five Septimani, Provinciales, Delfinates aliique Linguæ tortæ Populi; præcipue Gothi pro ita utique oc dicere confueverant; id eft hoc. Ceteri Franciæ Incolæ, oui. Ces Peuples conferverent la Langue Latine plus long-tems que les Provinces au Nord de la Loire. Le mot oc eft Latin, c'eft la même chofe que hoc. Comme s'ils euffent dit c'eft cela. Mais par le paffage de Mr. de Valois il paroît qu'il ne s'agit pas feulement du Languedoc, mais encore de la Gafcogne, de la Provence & du Dauphiné. Dans l'Appendice de la Chronique de Guillaume de Nangis à l'année 1337. Lingua Orcitana pour Lingua Occitana. Quidam Nobilis Homo de Lingua Orcitana qui Renaldus de Normania vocabatur, Parifius in Platea Porcorum fecuri judicio Regis percutitur. L'Auteur du Livre intitulé de geftis quorumdam Epifcoporum Urbis Romæ, parlant d'une famine dit : eo tempore (du tems de Clement VI.) fuit in Regno Franciæ & præfertim in Lingua Occitania Cariftia validiffima. A l'occafion du Pontificat d'Innocent VI. il fait mention de Jean d'Armagnac, Lieutenant de Roi en Languedoc, Locumtenens Regius in Lingua Occitana. Ce nom commun à tous les Peuples qui difoient hoc ou oc pour oui a été enfuite refferré & borné au Languedoc dont le nom moderne vient de là. Dans un Diplôme de Philippe le Bel Roi de France il eft fait mention de Lingua Auxitana, mais ce mot vient de la Ville d'Auch, comme le remarque Ménage dans fon Dictionnaire

naire Etymologique, au mot LANGUE-DOC.

OCCOSACCI. Voyez OKASAKI.

OCCRE, (L') [a] petite Riviere de France en Berri. Elle vient d'auprès de Cernoi, passe par Aultry, St. Brisson, St. Martin sur Occre, entre dans la Loire auprès de Gien. Mr. de l'Isle distingue deux Ruisseaux, dont aucun ne convient à cette description. Le plus Occidental des deux & en même tems le plus grand a sa source dans le Puisaye à Sury ès bois, passe à Pierre-fitte aux bois, à Aultry le Châtel, à Aultry la Ville, à Poilli & se perd dans la Loire au dessous du Pont de Gien. Il nomme ce Ruisseau la Nortieuse. L'autre Ruisseau qui est plus à l'Orient ne vient aucunement de Cernoi, ne passe ni à Aultry, ni à St. Brisson, mais au Village de St. Martin, il tombe dans la Loire entre Gien & le Canal de Briare.

[a] Coulon, Riv. de France, p. 278.

OCEA, Colonie Romaine dans l'Afrique propre. On lit dans l'Itinéraire d'Antonin

| Sabratam, | |
|---|---|
| Vax Villam Repent, | M. P. XXVII. |
| Oceani Coloniam, | M. P. XXVIII. |
| Mégradi Villam Aniciorum, | M. P. XXXV. |
| Minnam Villam Marsi, | M. P. XXIX. |
| Leptim Magnam Coloniam. | M. P. XXIX. |

Ortelius croit qu'il faut lire OEA, & que c'est la même Ville qui est plus d'une fois nommée ÆEA par Apulée où il croit qu'il faut lire aussi OEA. En ce cas ce lieu étoit dans la Tripolitaine. Voyez OEA.

OCEAN. Ce mot dont j'ai rapporté l'Etymologie au mot MER, signifie cette immense étendue de Mer qui embrasse les grands Continens du Globe que nous habitons. On peut le considerer en quelque façon comme le tronc d'un très-grand Arbre dont les différentes Mers seroient les branches. Je ne répéterai point ici ce que j'en ai dit à l'Article déja cité.

OCEANI OSTIUM, les Romains ont nommé quelquefois ainsi le Détroit par lequel on sort de la Méditerranée pour passer dans l'Océan.

OCEANI UMBILICUS, Voyez UMBILICUS.

OCEANIDE, Ville de l'Arabie heureuse &.

OCEANITÆ, Peuple d'une Isle de l'Arabie heureuse. Voyez PANCHÆA.

OCELENSES, ancien Peuple de la Lusitanie, selon Pline [b] qui dit : *Ocelenses qui & Laniciences*. Ils étoient, selon l'ordre où il les nomme, entre *Plumbarii* & *Turduli*. Leur Ville est OCELLUM, dans Ptolomée [c] entre *Augustobriga* & *Cappara*.

[b] l. 4. c. 32.
[c] l. 2. c. 3.

OCELIS, ancienne Ville de l'Arabie heureuse, c'étoit une Ville Marchande, & un Port de Mer fameux par le Commerce des Indes. Il ne faut pas la confondre avec ACILA, comme nous en avons déja averti. Ocelis, dit Pline [d], étoit le meilleur endroit dont on pût partir pour aller aux Indes. Il décrit même la route qu'on prenoit pour ce Voyage. Du Port de Berenlæ où l'on s'embarquoit sur la Mer Rouge, au mois de Juillet, on venoit en trente jours à Ocelis Port d'Arabie, ou à Cané au Pays qui porte l'en-

[d] l. 6. c. 23.

cens. Il y a un troisième port nommé Muza où l'on ne passe point quand on va aux Indes; il n'est abordé que par ceux qui trafiquent d'encens & de parfums. Mais pour ceux qui vont aux Indes, le plus avantageux est de partir d'Ocelis &c. Mr. Huet a employé ce passage dans son Histoire du Commerce & de la Navigation & le tourne ainsi [e] : ils partoient delà vers le milieu de l'Eté & alloient toucher à Ocelis Port d'Arabie, à l'extrémité du même Golphe; ou à celui de Cana, un peu plus Oriental dans la même Contrée. Il parle aussi du Port de Muza situé au dessus d'Ocelis & sur la même Côte, mais dont le Commerce ne consistoit que dans le débit de l'encens & des autres Arômates de l'Arabie & n'alloit point aux Indes. Mais pour ceux qui y alloient, le mieux étoit de partir d'Ocelis & d'aller surgir au Port de Muziris dans les Indes; ou au Port de Barace qui n'en est pas fort éloigné. Ptolomée donne *Muza* & *Ocelis* qu'il qualifie l'une & l'autre d'*Emporium*, au Peuple *Elisari*. Il place *Cane* autre *Emporium* avec un Promontoire au Pays des Adramites. Il distingue ainsi ces trois Places :

[e] c. 55. p. 388.

| | Long. | Lat. |
|---|---|---|
| *Muza Emporium*, | 74d. 30′. | 14d. 0′. |
| *Ocelis Emporium*, | 75. 0. | 12. 0. |
| *Cane Emporium, & Promontorium*, | 84. 0. | 12. 30. |

Dans le Periple d'Arrien [f] Κέλις καὶ Μοῦζα; C'est une lettre oubliée, il dit ailleurs [g] Ὀκήλις. C'est, dit-il [h] un Village maritime des Arabes, qui n'est pas tant un lieu de Commerce qu'un Port & une aiguade & le premier entrepôt de ceux qui navigent de ce côté-là.

[f] p. 6. Edit. Oxon.
[g] p. 14.

OCELLI PROMONTORIUM, Ὀκέλλου Ἄκρα, Cap dans l'Isle d'Albion. Les Interpretes de Ptolomée [h] ont cru que c'étoit SPURNHEAD, & Ortelius l'avoit dit comme eux, mais il changea ensuite pour se ranger au sentiment de Cambden qui croit que c'est KELLENSEY.

[h] l. 2. c. 3.
[i] Thesaur.

1. OCELUM, ou OCELUS, ancienne Ville ou Bourg de la Gaule dans les Alpes, César dit [k] : *Ocelum*, *Oppidum Citerioris Provinciæ extremum*. Mr. de Valois [l] se moque de Marlien qui a cru que c'étoit NOVALEZE, & dit que c'est EXILLES en Dauphiné, dans la Vallée de la Doria, entre le Mont Génévre & la Ville de Suse; mais plus près de cette Ville. Je ne sais par quel hazard Mr. Sanson, dans ses Remarques sur sa Carte de l'Ancienne Gaule, s'exprime précisément dans les mêmes termes. ,, Ocelus, dit-il, *Oppidum* ,, *Citerioris Provinciæ extremum*, la derniere ,, Place de la Province Citérieure. Exilles est ,, aussi dans la Vallée de la Doere du côté de ,, l'Italie & entre le Mont de Génève & Su- ,, ze, plus près de Suze & néanmoins aujour- ,, d'hui du Dauphiné''. Vigenere est dans le même sentiment. Varrenius & quelques autres frappés par une ressemblance de lettres ont cru que c'étoit OULX.

[k] Bell. Gall.
[l] Notit. Gall. p. 389.

2. OCELUM, Ville ancienne d'Espagne dans la Tarraconoise [m], au Pays des *Callaici Lucensis*; ce pourroit bien être l'OCTLIS d'Appien [n]. Voyez ce mot. C'est du

[m] l. 2. c. 6. De Bell. Hispan. p. 281.

du moins l'OGELLUM DURI d'Antonin sur la Route d'Astorga à Sarragoce.

3. OCELUM, ou comme écrit Ptolomée [a], OCELLUM, Ville de la Lusitanie, chez les Vettons.

[a] l. 2. c. 4.

OCETIS, Isle de la Mer d'Ecosse, selon Ptolomée, elle étoit auprès du Promontoire nommé Orcas & voisin des Isles Orcades. Il la fait plus Orientale que ces Isles. Mais la maniere dont il tourne la Côte de cette partie de l'Ecosse fait connoître qu'il n'en avoit pas des idées fort justes; aussi ne sait-on aujourd'hui quel nom lui donner. Ortelius en rapporte trois différens, savoir SANDES, RANALSDA & HETHY, & peut-être l'*Ocetis*, de Ptolomée n'est-elle aucune de ces trois Isles.

OCHA. Voyez OCHE.
OCHAGAVIA. Voyez OCHOGAVIA.

OCHAM, Ville d'Angleterre au Comté de Rutland, selon Mr. Corneille, qui la distingue mal à propos d'OAKHAM. Voyez ce mot.

OCHANI, ancien Peuple d'Asie, selon Pline [b], qui le met avec d'autres Peuples au Nord-Est de la Margiane.

[b] l. 6. c. 16.

OCHARIUM FLUMEN, Riviere de la Scythie auprès du Palus Méotide. Pline [c] dit qu'il avoit sur ses bords les Peuples *Canteci* & *Sapei*.

[c] l. 6. c. 8.

OCHE, Ὄχη; Montagne de l'Isle d'Eubée, selon Strabon [d] qui met la Ville de Caryste au pied de cette Montagne. Eustathe [e] expliquant un des vers de l'Iliade dit que c'est le nom d'une Montagne & en même tems celui de toute l'Isle. Le R. P. Hardouin soupçonne que c'étoit à cause d'une Ville de même nom. En effet Pline [f] nomme OCHA entre les Villes qui rendoient autrefois l'Eubée célèbre.

[d] l. 10. p. 146.
[e] p. 279. Edit. Rom. 1542. fol.
[f] l. 4. c. 12.

OCHIO, grande Contrée du Japon dans l'Isle de Niphon. Elle s'étend le plus vers le Septentrion & vers l'Orient & comprend onze Provinces ou petits Royaumes, selon Mr. Baudrand qui cite François Cardin; savoir,

| | |
|---|---|
| Aizu, | Fitaqui ou Fitayts, |
| Aquita, | Mulaxi, |
| Ava, | Nambu, |
| Canzula, | Voxu, |
| Deva, ou Devano, | Ximola, |
| | ou Ximotcuque. |

La Capitale est Iedo. Il est étrange que ces noms soient si différens de ceux que nous avons donnez dans la Description du Japon; on y peut pourtant reconnoître, *Awa*, *Deva*, *Fitaz* & *Osju*.

OCHOGAVIA, ou OCHAGAVIA; [g] Bourgade d'Espagne en Navarre, aux confins de la France & plus particulièrement du Pays de Soule, dans les Pyrénées; dans une Vallée à laquelle elle donne son nom. Elle occupe l'angle que forment à leur jonction deux Ruisseaux qui produisent la Riviere dont la Vallée de Salazar est arrosée. Cette même Riviere se grossissant d'une autre à Lumbier, va se perdre dans l'Arragon Riviere au dessus de Sanguesa.

[g] *Jaillot, Atlas.*

1. OCHOVEGEN, lieu de l'Amérique Septentrionale dans le Canada, au Pays des Iroquois à peu de distance de Gannentaa. C'est un poste où les François ont commencé un établissement, il prend son nom de la Riviere.

2. OCHOVEGEN, Riviere de l'Amérique Septentrionale dans la nouvelle France au Pays des Iroquois, elle est considérable par le grand nombre de petites Rivieres qui y portent les eaux de plusieurs Lacs. Ces Rivieres & ces Lacs arrosent les Cantons de quelques Nations Iroquoises, entr'autres des Onnontaguez dont on donne souvent le nom à cette Riviere. Elle se décharge dans le Lac de Frontenac à la Bande du Sud.

OCHRÆ, lieu d'Asie en Cappadoce sur la Route de Tavia à Césarée, à XXIV. M. pas de cette derniere, selon l'Itinéraire d'Antonin.

OCHRIDA, ou OCRIDA, Ville de la Turquie en Europe près d'un Lac de même nom aux confins de la Macédoine & de l'Albanie. C'est la même Ville que GIUSTANDIL. Voyez ce mot & les Articles ACHRIDE & LYCHNIDUS.

OCHRIDA, (LE LAC D') ou d'OCRIDA; Lac de la Turquie en Europe, entre l'Albanie au Couchant & le Comenolitari au Levant. C'est de ce Lac que sort le Drin Noir au Nord, auprès de la Ville d'Ochrida, la seule Ville qui soit le long de ce Lac. Il a environ une demie lieue de large sur dix lieues de longueur. Les Anciens l'ont nommé LAC D'ACRIDE, & LYCHNIDIA ou LYCHNITUS. Mr. de l'Isle dit, LACUS LYCHNIDUS seu PRESPA.

OCHSENFORD: quelques Géographes Allemands nomment ainsi Oxford Ville d'Angleterre.

OCHSENFURT, Ville d'Allemagne en Franconie, dans l'Evêché de Wurtzbourg auquel elle appartient; elle est située sur le Meyn, trois lieues au dessus de Wurtzbourg, au Midi en allant vers Rothenbourg. Il y a un Pont sur la Riviere; la Ville a de grands Gréniers qui appartiennent au Chapitre de Wurtzbourg. Les Bourgeois ont un Privilège fort singulier, savoir qu'aucun Noble n'y peut acheter une Maison, ni même y séjourner plus de trois jours. C'est Mr. Corneille, qui me fournit ces détails, il cite la Germanie d'Altamer qui ne dit rien de pareil.

OCHSENHAUSEN, Abbaye d'Allemagne dans la Suabe, entre Memmingen & Biberach; son Abbé est entre les Princes de l'Empire & a Séance à la Diète entre les Prélats du Cercle de Suabe [h]. Elle est de l'Ordre de St. Benoît; située sur la Riviere de Rottam qui y reçoit un Ruisseau. Elle fut fondée par les Barons Hatton, Conrad & Adelberg de Volthart-Schwendin, & dépendoit dans son origine de l'Abbaye de St. Blaise dans la Forêt Noire. Mais l'an 1420. le Pape Martin VI. l'affranchit de la Jurisdiction de cette Abbaye, en reconnoissance des honneurs qu'il y reçut n'étant encore que Cardinal, lorsqu'il alloit au Concile de Constance.

[h] *Corn. Dict. d'Audifret, Géogr. t. 3.*

OCHSENSTEIN, Seigneurie & Canton d'Allemagne, dans la Basse Alsace, auprès du Comté de Lichtenberg, qui est au Comte de Hanau. Ochsenstein ne doit pas être loin de BUSWEILER, que Mr. de Longuerue apelle

apelle BOUSSEVILLER, & qui est du Duché de Deux-Ponts. Ochsenstein, dit-il [a], est une Annexe de Bousseviller pour laquelle les Comtes de Deux-Ponts ont reconnu les Evêques de Metz; car la race des Seigneurs d'Ochsenstein, Vassaux de l'Eglise de Metz, étant éteinte & cette Seigneurie étant retournée par-là au Domaine de l'Evêché, Henri de Lorraine en donna l'investiture à George Comte de Deux-Ponts, qui en fit hommage à Henri l'an 1499. Après cela tous les biens furent possedez par les Comtes de Hanau qui en ont fait hommage à tous les Evêques de Metz, jusqu'à Guillaume Egon de Furstenberg, depuis Cardinal & Evêque de Strasbourg, qui étoit en possession de l'Eglise de Metz l'an 1663. Ce fut alors qu'il consentit à l'engagement que le Comte de Hanau fit de la Seigneurie d'Ochsenstein à Antoine Egon Prince de Furstenberg, de sorte qu'elle est demeurée dans sa Famille qui jouit aussi de la Seigneurie de la Marck, de la Ville de Marmonstier, & de plusieurs Villages, & Fiefs pour lesquels ils ont reconnu la Seigneurie directe, de l'Evêque de Metz. Mr. d'Audifret parle ainsi de cette Seigneurie; elle est composée, dit-il [b], du Château d'Ochsenstein, d'onze Villages qu'il nomme, & des deux Forts de Querolzeck (Geroldseck.) Elizabeth fille de Louis Seigneur de Lichtenberg, & femme de Simon Wecker Comte de Deux-Ponts, l'acquit dans la portion qui lui échut en partage de l'héritage de son pere. Marguerite-Louise fille de Jacques Comte de Deux-Ponts, la fit passer avec l'autre portion des biens de la Maison de Lichtenberg, à Philippe IV. Comte de Hanau, qu'elle épousa. Ses descendans l'ont donnée depuis en engagement, à la reserve de quelques droits, au Prince de Furstenberg.

[a] Descr. de la France, 2. part. p. 236.
[b] d'Audifret Géogr. t. 2. p. 374.

OCHUMS, Rivière de la Mengrelie, le P. Archange Lamberti en parle ainsi [c]: l'Ochums passe par un lieu nommé *Tarscen*, & c'est peut-être delà que vient le nom de TARSURA sous lequel il est marqué dans les Cartes. Dans la Carte de Mengrelie, dressée par ce Pere il n'est fait aucune mention de *Tarscen*, à moins que ce ne soit *Tarks*, situé sur une Montagne à quelques lieues au Midi de cette Rivière. Dans cette même Carte la Rivière d'Ochums jadis *Tarsura*, a deux sources dans le Caucase, au pied d'une muraille de soixante milles de long bâtie autrefois pour arrêter les courses des Abassas. Ces deux sources s'écartant l'une de l'autre forment une Isle assez grande où il y a plusieurs Montagnes; sur l'une desquelles est BEDIAS Ville Episcopale. Sur une autre au Couchant Méridional de celle-là est le Bourg de SACCINO, & à la pointe de l'Isle à la jonction des deux Rivières est *Sanaar*. Au Midi de cette jonction est ARMENI Ville assez grande [g], & de l'autre côté au Couchant est POZEVOR Bourgade [d]. plus loin est SUBEIS, [d]. & au Midi, l'embouchure de la Rivière dans la Mer Noire, est Cudas lieu maritime.

[c] Thevenot, Recueil t. 1. p. 47.

1. OCHUS, Rivière d'Asie dans la Bactriane, selon Ptolomée [d] qui nous apprend à ne le point confondre avec l'Oxus. Entre autres Rivières qui se perdent dans l'Oxus il compte l'Ochus & le Dargomanes. Selon lui,

[d] l. 6. c. 11.

| | Long. | Lat. |
|---|---|---|
| Les sources de l'Ochus sont à | 110ᵈ. 0. | 39ᵈ. 0. |
| Celles du Dargomanes, | 116. 0. | 39. 0. |
| Ces deux Rivières se joignent ensemble, | 109. 0. | 40. 0. |
| Et ensuite vont se perdre dans l'Oxus, | 119. 0. | 44. 20. |

Ammien Marcellin, dont la Géographie est conforme à celle de Ptolomée, dit [e] que les Bactriens ont sous eux diverses Nations que les Tochares surpassent, & que ces Peuples sont arrosez de diverses Rivières comme en Italie, entre lesquelles l'Artemis & le Zariaspe après s'être joints, de même l'Ochus & l'Orgomanes après avoir mêlé leurs eaux dans un même lit, vont se perdre dans l'Oxus. Je me sers de l'Edition des frères Valois. Ils remarquent que ce nom Orgomanes est dans l'Edition d'Augsbourg *Dargomanes*, dans Ptolomée Δαργομάνης, dans l'Edition de Rome *Orchamones*, & dans un Manuscrit de la Bibliotheque Colbertine *Orchomanes*. Pline [f] parlant des Bactriens, dit qu'ils habitent à l'autre côté du Mont Paropamise, à l'opposite des sources de l'Indus, & qu'ils sont enfermez par le Fleuve Ochus; le P. Hardouin l'explique par ces mots *Bactrianam claudit ab occasu*. Selon lui, l'Ochus terminoit la Bactriane au Couchant.

[e] l. 23. c. 6.
[f] l. 6. c. 16.

Strabon parle aussi du Fleuve Ochus [g], mais il s'exprime de manière qu'on ne peut guères savoir ce que c'est. L'Hyrcanie est, dit-il, divisée par l'Ochus & par l'Oxus, jusqu'à leurs embouchures dans la Mer. Il avoit dit plus haut que la Contrée NESÆA fait partie de l'Hyrcanie, il dit ici que cette même Nesée est coupée par l'Ochus. Il poursuit; quelques-uns assurent que l'Ochus entre dans l'Oxus: Aristobule écrit qu'à la reserve des Fleuves des Indes on n'en a point vû, de plus grand que celui-ci dans toute l'Asie; ce que cet Auteur & Eratosthene ont pris de Patrocle; & que par son lit on descend quantité de Marchandises des Indes dans la Mer d'Hyrcanie, d'où on les transporte dans l'Albanie par le Cyrus & ensuite par terre jusqu'au Pont Euxin. Les Anciens parlent peu de cette Rivière Ochus. Cependant Apollodore, le même qui a écrit les Parthiques, le nomme de tems en tems & dit qu'il coule auprès des Parthes. Après une digression sur les fables des Historiens d'Alexandre Strabon continue ainsi: des mêmes Montagnes des Indes, d'où coulent l'Ochus, l'Oxus, & plusieurs autres Rivières, coule aussi le Jaxarte, qui, comme tous les autres dont il est le plus Septentrional, a son embouchure dans la Mer Caspienne. Il dit ailleurs [h]: en fouillant auprès de l'Ochus on trouve, dit-on, une source d'huile: il est vraisemblable que comme il y a certaines humeurs nitreuses & astringentes, & d'autres bitumineuses & sulfureuses qui percent la terre, il y en a de même de grasses, mais comme il est rare de les trouver, delà vient qu'on le croit moins aisément. Les uns disent que l'Ochus coule par la Bactriane, d'autres disant qu'il coule auprès de ce Pays. Les uns lui donnent des embouchures différentes de l'Oxus, avec lequel ils prétendent qu'il ne se mêle point du tout, qu'il en est même à une assez grande distance au Midi; quoiqu'ils se

[g] l. 11. p.
[h] l. 11. p. 518.

## OCH. OCI. OCK.

se déchargent l'un & l'autre dans la Mer en Hyrcanie. D'autres avouent que ces deux Riviéres sont d'abord différentes l'une de l'autre & qu'elles se joignent ensuite. Avec des connoissances aussi incertaines que celles-là, il est difficile de dire ce qu'est l'Ochus aujourd'hui. Cependant Mr. de l'Isle, dans son Théatre Historique de l'an 400. fait tomber le Zariaspe, le Margus & le Zotale dans un même lit avant que d'entrer ensemble dans l'Oxus. Selon lui le Zotale est l'Ochus de Strabon, & le Margus est l'Ochus d'Arrien. Je ne connois point d'autre Ochus dans ce dernier qu'une Montagne de ce nom.

2. OCHUS, Montagne de la Perse proprement dite, selon Arrien [a] qui en parle ainsi. La Flotte étant partie de la Côte de Caramanie, fit voile le long de la Perside & arriva à un lieu nommé Ila qui est derriere une petite Isle deserte nommée Caicandrus & fait un port. La Navigation est de quatre cens stades. Vers le point du jour elle se trouva à une autre Isle, qui est habitée près laquelle Néarque dit que l'on pêche des perles de même que dans la Mer des Indes. Ayant dépassé le Cap de cette Isle & fait quarante stades, elle mit à l'ancre. Delà elle relâcha auprès d'une Montagne nommée Ochus & y trouva un port à l'abri des vents & des pêcheurs qui y avoient leur demeure. Après avoir fait ensuite CCCCL. stades ils abordèrent chez le Peuple *Apostani*.

[a] In Indicis c. 38.

OCHYRA, [b] c'est ainsi que le Poge nomme une Ville de Sicile, qu'il croit trouver dans le IV. Livre de Diodore. Mais un Critique [c] ne voit dans le mot Ὄχυρα qu'une Epithéte qui signifie *munie*, *fortifiée*.

[b] Ortelii Thesaur.
[c] Léopard. Emendat. 1.

OCHYROMA, Ὀχύρωμα, Forteresse de l'Isle de Rhode. Strabon [d] dit : ensuite elle *Atabyris*, la plus haute Montagne de ces lieux-là, delà Camyrus, puis le Village Jalisus; & au dessus une Forteresse ou Citadelle, qui en prend le nom d'Ochyroma.

[d] l. 14. p. 655.

OCILA. Voyez Acila & Ocelis.

OCILIS. Voyez Ocelum.

OCIMIANO, Bourg d'Italie dans le Montferrat, sur la petite Riviére de Grana, à deux lieues de Casal du côté du Levant Méridional, selon Mr. Baudrand. Quelques Cartes & Dictionnaires écrivent ce mot par deux c, OCCIMIANO. Cela revient au même.

OCINA, nom d'un lieu sur la Côte de la Palestine, selon le Grec du Livre de Judith. [o] Au lieu de ces mots dans la Vulgate *e, & cecidit timor illius super omnes inhabitantes terram*, qui n'expriment qu'une terreur générale répandue sur tous les habitans du Pays, le Grec entre dans un plus grand détail & dit que l'épouvante se saisit de tous les habitans de la Côte de la Mer, & nomme expressément les Sidoniens, les Tyriens & tous les habitans de Sur, (ou les Syriens) Ocina & Jemnaan & les Villes d'Azoth & d'Ascalon.

[o] Judith. c. 2. v. 16.

OCINARUS, Riviére de la Chonie, selon Lycophron, c'est-à-dire Riviére d'Italie dans la Calabre. Elle doit être voisine de la Ville de Terina, selon ce Poëte [f].

[f] v. 719. & v. 1008.

OCKER, (l') Riviére d'Allemagne, en Basse-Saxe dans les Etats de la Maison de Brunswig; elle a sa source dans les mêmes Montagnes d'où naissent le Rodan à l'Orient & la Losse au Couchant. La derniere passe à Goslar, & toutes les trois s'unissent à l'Orient de cette Ville aux confins du Pays de Grubenhagen d'où elles viennent, & de l'Evêché de Hildesheim, dont elles arrosent une Lisiere; l'Ocker ainsi grossie s'accroît encore des eaux de l'Ecker Riviére qui vient du Midi, & qui s'y perd auprès du Bourg de Widela; elle sert quelque tems de bornes entre l'Evêché de Hildesheim, & l'Evêché de Halberstat, reçoit plusieurs Ruisseaux à droite & à gauche, traverse les Villes de Wolfenbutel, & de Brunswig, baigne les Bourgs de Meinersen & Dyghorst au Pays de Lunebourg, & enfin se perd dans l'Aller au dessous de Giffhorn au Couchant & à deux petites lieues & demie de cette Ville. Son cours est presque toujours du Sud au Nord, sur-tout depuis Widela.

OCLOMON, Ortelius dit que c'est la même chose que Machmetath. Voyez ce mot. Il fait cette Remarque : ce lieu est vis-à-vis de Sichem, il en est parlé au livre de Josué c. 16. L'Edition de Sixte-Quint porte Iscasmon, & avertit que les anciens Manuscrits ont les uns Oclomon, d'autres Moschot, & quelques autres Machthot.

OCOLUM, Ὄκωλον, Place des Eretriens, selon Théopompe au XXIV. Livre de ses Philippiques au rapport d'Etienne le Géographe. Ortelius soupçonne que ce lieu étoit en Thessalie.

1. OCRA, Montagne qui fait partie des Alpes. Strabon [g] en parle en deux endroits. 1. Il dit que c'est la plus basse partie des Alpes, qui s'étendent depuis les Rhetes jusqu'aux Japodes entre Aquilée & Naupontum. 2. Il dit ailleurs [h] : Ocra est la plus basse partie des Alpes par laquelle on va chez les Carni. Et c'est par cette Montagne que l'on porte d'Aquilée sur des Chariots les Marchandises à un lieu nommé Pamportum. Elle servoit de borne entre les Peuples *Carni* & le *Norique*. Ce sont aujourd'hui les Alpes entre Gorice, Laubach & Trieste. Cellarius se trompe quand il met Ocra dans la Pannonie. Ptolomée [i] met cette Montagne en Italie du côté du Norique.

[g] l. 7. p. 314.
[h] l. 4. p. 207.
[i] l. 3. c. 1.

2. OCRA, Ville d'Italie, chez le Peuple Carni, apparemment dans la Montagne de même nom. Pline [k] dit qu'elle ne subsistoit plus de son tems non plus que Segeste, autre Ville du même Peuple.

[k] l. 3. c. 19.

OCRICULUM, (au genitif, Ocriculi, ou Ocriculi, au pluriel, genitif orum) Strabon [l] dit : la Riviére du Nar tombe dans le Tibre un peu au dessus d'Ocriculi. Les anciens Latins ont dit Ocruculum, comme Tite-Live [m], Tacite [n], & Pline le Jeune [o]. Ptolomée [p] dit Ocriculum, Ὀκρίκωλον & le met au Pays des *Vilumbri*. Le nom vulgaire est aujourd'hui Otricoli, ce qui avoit donné lieu de changer *Ocriculum* en *Otriculum*, dans quelques Editions de Tacite, mais Ryckius a corrigé cette faute sur l'autorité des Manuscrits. Cette Ville est sur la Voye Flaminienne, & dans l'Appennin. Les Habitans étoient nommez Ocriculani. Antonin la met à XII. M. P. de Narni sur la Route de Rome à Ancone.

[l] l. 5. p. 227.
[m] l. 20. c. 11.
[n] l. 3. c. 78.
[o] Epist. 25.
[p] l. 3. c. 1.
l. 6.

OCRIDA. Voyez Ochrida.

OCRINUM PROMONTORIUM, Promontoire de l'Isle d'Albion. Ptolomée [q] avertit

[q] l. 2. c. 2.

avertit que *Damnonium* & *Ocrinum Promontorium*, sont un seul & même Cap. Quelques-uns soutiennent que c'est aujourd'hui LANDSEND, d'autres que c'est la Pointe du Lezard.

OCRISIVA: ce nom se trouve dans une ancienne Inscription, au Trésor de Goltzius, & Ortelius le donne pour un nom de lieu.

OCTABUM. Voyez OCTAVUM.

OCTACORDA. Voyez OTTOROCORDA.

OCTAPITARUM, Ὀκταπίταρον, Promontoire de l'Isle d'Albion sur sa Côte Occidentale, selon Ptolomée [a]. Cambden croit que c'est S. DAVIDS SEAD. [a l. 2. c. 2.]

OCTAPOLIS, ancienne Ville d'Asie dans la Lycie, selon Ptolomée [b]. Il la met dans les terres, au voisinage du Mont Cragus. [b l. 5. c. 3.]

OCTARIBA, Place avec Garnison Romaine en Asie. Elle étoit au Département de la Syrie & de l'Euphratense, selon la Notice [c] de l'Empire. [c Sect. 24.]

OCTAVANORUM COLONIA: Pline [d] parlant de Fréjus dit: *Forum Julium Octavanorum Colonia quae Pacensis appellatur & Classica.* Cela veut dire que Fréjus, nommé en Latin *Forum Julium*, devint une Colonie d'Octaviens, c'est-à-dire des Soldats d'Auguste dont le vrai nom étoit Octave; qu'on la surnomma aussi *Pacensis*, à cause de la Paix, & *Classica* parce que la Flotte d'Auguste y fut quelque tems. Cette Ville étoit alors maritime. Voyez OCTAVIANUS. [d l. 3. c. 4.]

OCTAVIANUS, Caverne d'Italie à deux mille pas de Rome auprès de Labicum, selon Frontin [e]. [e De Aquaeduct.]

OCTAVIOLCA, ancienne Ville de l'Espagne Tarragonnoise, chez les Cantabres, selon Ptolomée [f]. Elle étoit dans les Terres. [f l. 2. c. 6.]

OCTAVIUS VICUS, Rue de la Ville de Veletri en Italie. Suetone [g] allegue ce nom en preuve de l'illustre naissance d'Auguste qui étoit de la Maison des Octavius. [g In Augusto. c. 1.]

OCTAVUM, Ville d'Afrique dans la Numidie, c'étoit un Siège Episcopal, dont l'Evêque nommé Victor assista au Concile de Carthage tenu sous St. Cyprien. La Notice Episcopale d'Afrique met entre les Prélats de Numidie [h], *Pascentius Octabensis*. Il ne faut pas confondre ce lieu avec un autre Siège Episcopal de même nom, situé dans la Byzacène; & dont l'Evêque est nommé dans la Notice citée [i] *Albinus Octavensis*, ni avec un autre de cette derniere Province dont l'Evêque est nommé [k] *Sabinianus Octabiensis*. Ce sont trois lieux différens, savoir, [h No. 36.] [i No. 38.] [k No. 24.]

*Octavum*, Siège de Numidie,
*Octavum*, Siège de la Byzacène,
Et OCTAVIUM, aussi de la Byzacène.

Dans la décadence de la Langue Latine l'*V*, Consonne & le *B*, ont été facilement changez l'un en l'autre.

OCTAVUS VICUS, ancien Village de la Gaule. St. Grégoire de Tours en parle [l], & Ortelius a cru que c'étoit Fréjus. Mais il a lu trop légérement le passage entier: le voici. *Nam tunc ferebatur Massiliam, à luë inguinaria valde vastari, & hunc Morbum usque ad Lugdunensem Vicum,* Octavum *nomine, fuisse celeriter propalatum.* La maladie avoit com- [l Hist. Franc. l. 9. c. 21.] mencé à Marseille en Provence; Fréjus est aussi dans cette Province. Voilà ce qui a trompé Ortelius. Il n'a point fait attention à *Lugdunensem Vicum*. Le Village dont il est ici question étoit dans la Lyonnoise, selon Grégoire de Tours; or Fréjus étoit de la Narbonnoise. Voyez OCTOVIANUS AGER.

OCTEVILLE, Bourg de France en Normandie, au Diocèse de Rouen & dans le Pays de Caux, dans l'Election de Montivilliers.

OCTOBES, lieu d'Asie dans la petite Arménie, à soixante-six stades, c'est-à-dire à un peu plus de huit milles Romains de Satela, selon Procope [m] dans son Histoire des Perses. [m l. 1.]

OCTODURUS, ou OCTODURUM, Village dont parle Jules César [n] qui le donne au Peuple *Veragri*. Sanson dans ses Remarques sur la Carte de l'Ancienne Gaule en parle ainsi: OCTODURUS, MARTIGNI, sur les côtez de la Drance qui tombe incontinent dans le Rhône. Les Allemands disent MARTINACH. Elle a été la Capitale du bas Vallais, comme Sion du haut Vallais. Et l'une & l'autre ont (*en*) leurs Evêques & leurs Diocèses distincts comme elles avoient eu chacune leur Peuple. *Octodurus Veragrorum, Sedunum Sedunorum.* Ou selon quelques autres, ces deux Peuples ayant été réduits en un seul Diocèse les Evêques ont fait leur résidence dans l'une & dans l'autre Place alternativement, jusqu'à ce que la Drance ayant beaucoup ruïné Martigni, les Evêques ont arrêté leur demeure à Sion. [n De Bell. Gall. l. 3. c. 1. & 6.]

Comme je ne trouve aucune trace de l'Evêché d'*Octodorus* ou *Octodurus*, dans les anciennes Notices, je ne sai d'où Sanson a pris ce qu'il en dit. Elles ne donnent que deux Suffragans à Tarantaise; savoir Sion, *Sedunensis*, & Aost, *Augustensis*. Cependant l'Abbé de Commanville dit dans sa Table Alphabétique des Evêchez: *Octodurum*, Ville des Alpes Cottiennes & de l'Exarchat des Gaules, qui est un Bourg dans le bas Vallais nommé Martinach: il y eut Evêché vers l'an 550. transferé à Sion vers l'an 581. Le P. Charles de St. Paul dans sa Géographie sacrée dit que Théodore Evêque d'*Octodurus*, est nommé au Concile d'Aquilée sous le Pontificat de Damase l'an 381. ainsi ce Siège est plus ancien que ne le dit l'Abbé de Commanville. Constantius autre Evêque du même Siège *Octodurus*, souscrivit l'an 517. au Concile d'Epaone; ce qui fournit encore une autre preuve. Le tems de la translation de ce Siège doit être entre Rufus Evêque d'*Octodurus*, qui souscrivit au Concile d'Orléans tenu en 549. & Héliodore Evêque de Sion, qui signa le second Concile de Mâcon, en 585.

OCTODURUM, Ville de l'Espagne Tarragonnoise, dans les Terres, au Pays des Vaccéens, selon Ptolomée [o]. Ses Interprétes veulent que ce soit TORO. [o l. 2. c. 6.]

OCTODURUS. Voyez OCTODORUS.

OCTOGESA, ancienne Ville de l'Espagne Tarragonoise, au Pays des Ilergétes. César dit [p]: ayant pris cette résolution, ils font rassembler le long de l'Ebre toutes les barques & ordonnent qu'on les mene à Octogesa, c'étoit une Ville située sur l'Ebre à XX. milles pas du Camp, (qui étoit à Lérida.) Mr. de Marca [q] conclut de cette position sur l'Ebre [p De Bello Civ. l. 1. c. 61.] [q Marca Hispan. l. 2. c. 27. p. 153.]

à

## OCT. OCY. OCZ.    OCZ. ODA.

à vingt milles de Lérida qu'Octogesa devoit être au lieu où est aujourd'hui Mequinenza, au confluent de la Segre & de l'Ebre, comme l'a très-bien jugé Ambroise Moralès. Cette même Ville fut ensuite nommée *Ictosa* par corruption & fut un Siège Episcopal ainsi nommé dans une ancienne Notice qui se trouve dans le Chartulaire de l'Eglise d'Oviedo. Ictosa est aussi nommée comme Evêché dans la Notice des Evêchez d'Espagne sous le Roi Vamba. Par la Description des Limites des deux Diocèses de Lérida & Dertosa, il est visible qu'Ictosa étoit entre l'un & l'autre. De là l'Historien [a] des Comtes de Barcelone a sagement inféré qu'Octogesa & Mequinenza sont deux noms d'un même lieu. La Conjecture d'Ortelius, que c'étoit la même chose qu'*Etovisa*, ou *Etobesa* ne sauroit subsister, puisque cette derniere Ville n'étoit point sur l'Ebre, comme il l'a cru, trompé par une fausse ponctuation.

[a] Didacus, Hist. Comit. Barcin. l. 2.

OCTOLOPHUM, ou OCTOLOPHUS, lieu aux confins de la Macédoine & de la Thessalie, peu éloigné de *Dium*. Tite-Live en parle dans ces deux endroits [b].

[b] l. 31. c. 36. & l. 44. c. 3.

OCTOPAS, Ὀκτῶπας, Riviére dont parle Hésyche, il ne marque point en quel Pays.

OCTOTATA, Peuple de l'Amérique Septentrionale dans la Louïsiane, sur les bords de la Riviére des Panis, près de sa chute dans le Missouri. Cette Nation habitoit autrefois dans de belles plaines entre le Mingona & le Missouri à l'Orient de cette derniere Riviére.

OCTOVIANUS AGER, c'est ainsi qu'Ortelius lit dans une Lettre de Sidonius Apollinaris [c]. Il croit que c'est Fréjus; mais dans cette Lettre il n'est question ni de Ville ni de Colonie, mais simplement d'une terre voisine d'une Ville, d'une Riviére, & de la Mer. Consentius à qui il écrit, & à qui elle appartenoit y avoit une belle maison ornée de portiques, bien meublée, avec une riche Bibliothèque, & y partageoit son tems entre l'Etude & l'Agriculture & cultivoit également son esprit & sa Campagne. Il composoit des vers que l'on chantoit à Narbonne, à Beziers & dans lesquels on ne savoit qu'admirer le plus la facilité ou la beauté. Cette terre pourroit bien avoir été dans le voisinage de ces deux Villes, plutôt qu'en Provence. Ce qui a déterminé Ortelius, c'est la ressemblance de ce nom avec OCTAVANORUM COLONIA de Pline. Voyez ce mot. Ce nom au reste est OCTAVIANUS AGER, dans l'Edition de Sidonius Apollinaris par le P. Sirmond.

[c] l. 8. Epist. 4.

OCTULANI [d] ancien Peuple d'Italie dans le Latium; l'un de ceux qui avoient part à la distribution des viandes sur le Mont Albano, selon Pline [d].

[d] l. 3. c. 5.

OCYNARUS. Voyez OCINARUS.

OCYPODES, Strabon [e] nomme ainsi certain Peuple des Indes, à qui on avoit donné ce nom à cause de sa légéreté à la course qui étoit telle qu'il couroit plus vîte que les chevaux, Ὠκύποδες.

[e] l. 15. p. 711.

OCYREGAVE, Bourgade de France en Gascogne au Diocèse de Dacs.

OCZAKOW, Ville de la petite Tartarie, dans un Pays auquel elle donne son nom.

Le PAYS d'OCZAKOW, où elle est située a l'Ukraine au Nord-Ouest; cette même Province à l'Orient, a le Borysthéne qui la sépare de la Tartarie Crimée; au Sud-Est la Mer Noire; au Sud-Ouest le Budziac, & la Moldavie au Couchant.

[f] La Ville d'Oczakow, nommée par les Turcs à qui elle appartient Dsian-Crimenda, est à l'embouchure du Borysthéne qui s'y jette dans la Mer Noire. Il y est large d'une bonne lieue Françoise. Il y a même en cet endroit un des cinq passages où les Tartares traversent ce Fleuve. Voici comment : ils ont des bâteaux assez plats, & mettent des perches de travers où ils attachent leurs chevaux de rang; l'un près de l'autre, & de chaque côté également afin de faire la balance égale. Les bagages sont dans le bâteau. Ils font ensuite aller le bâteau, les chevaux attachez nagent ainsi & traversent doucement la Riviére. Il est vrai qu'ils sont hors d'haleine quand ils arrivent à l'autre bord. Mais comme ils sont attachez de court à la perche & que le bâteau ne va pas vîte, ils passent aisément; ce qui doit s'entendre d'un tems calme.

[f] Beauplan, Descr. de l'Ukraine, p. 26. & seq.

Cette Ville est la retraite des Galéres Turques qui gardent l'embouchure du Fleuve afin d'empêcher les Cosaques de courir & d'infester la Mer Noire. Il n'y a point de port, ce n'est seulement qu'un bon ancrage. Sous le Château il y a deux Villes qui sont situées sur une pente d'un côté, & de l'autre côté ce sont des précipices. Les murailles du Château ont environ vingt-cinq pieds de haut; celles de la Ville sont beaucoup plus basses; & il peut y avoir environ 2000. habitans. Au Midi de ces Villes il y a un autre Château, mais petit, en façon de plate-forme où sont quelques pièces d'Artillerie pour razer à fleur d'eau la Riviére, d'un bord à l'autre; & il y a une Tour où les Turcs font la garde pour découvrir de loin les Cosaques en Mer, & en pouvoir avertir par un Signal les Galéres.

## O D.

ODAAGNA, ou ODAGANA, selon les divers exemplaires de Ptolomée [g], ancienne Ville de l'Arabie déserte au voisinage de la Mésopotamie.

[g] l. 5. c. 19.

ODALONGO, Village d'Italie en Lombardie, dans le Montferrat, sur la Sture à trois lieues de Casal. Quelques Inscriptions trouvées en cet endroit & dans lesquelles *Bodincomagus* ou *Bodincomagium* est nommée, ont donné lieu de douter si ce n'étoit pas l'ancien nom de ce Village. Voyez BODINCOMAGUM.

ODANEI, on cite une Médaille de l'Empereur Caracalla sur laquelle on lit ce mot comme si c'étoit le nom d'un Peuple [h].

[h] Ortelii Thesaur.

ODENSE'E, ou OTTENSE'E; en Latin *Ottonia*, Ville de Dannemarck dans l'Isle de Funen, dont elle est à peu près le centre. Mr. Baudrand dit qu'elle fut bâtie par le Roi Harald, & ainsi nommée en mémoire de l'Empereur Otton I. Un Voyage de Dannemarck dit qu'elle reçut ce nom de l'Empereur Otton I. l'an 948. aussi-bien que le passage du petit Belt, *Ottensundt*, ou Détroit d'Otton. Elle me parut une grande Ville, dit ce Voyageur [i]. On me dit qu'il y avoit quatre Eglises

[i] p. 68.

glises. La Biere d'Odensée est excellente, très-semblable de goût & de bonté à celle de Derby ou de Nottingham, de même couleur ou plus pâle, & passe pour la meilleure de tout le Dannemarck. Odensée est Ville Episcopale & reconnoît Lunden pour sa Métropole.

ODENWALD, ou OTTENWALDT, c'est-à-dire la *Forêt d'Otton*, en Latin *Ottonia Silva*. ᵃ Petite Contrée d'Allemagne au Palatinat du Rhin, au Levant du Bergstrat, entre le Necker & le Comté d'Erpach, aux Frontiéres de la Moravie, & à la source de la Riviére de l'Oder, à quatre milles d'Allemagne d'Olmutz au Levant.

ᵃ Baudrand, *Silva*, Edit. 1705.

1. ODER, (L') Riviére d'Allemagne. Elle a sa source dans la Moravie au Village de Giebe, passe à Oder Bourgade, où elle arrive en serpentant vers le Nord. Elle circule de-là vers l'Orient, reçoit le Ruisseau de TISCHEIN d. Auprès de Wagstadt entre dans la Silesie & reçoit l'OPPA qui vient de Troppa g. L'OSLER & L'ELSA & entre ces deux jonctions baigne ODENBERG, d. passe à Ratibor; se tourne vers le Nord Occidental, se charge des eaux du CLADINITZ, d. & du BRUDNIG, g. passe à Oppelen; se grossit du MALPENEW, de la BLONITZA, du Brinnitz d. de la STEINA jointe à la NEISS, g. de la Stobra d. coule à Brigk, g. traverse Breslaw, & reçoit au-dessous de cette Ville les Riviéres d'OLA, de Law, g. de Weida, d. de Polsnitz g. de Lignitz g. & de Bartsch, g. court vers l'Occident vers Glogau, reçoit le Weisfurt auprès de Bentten, & après avoir coulé quelque tems vers le Nord, elle se replie vers le Couchant, passe à Krossen, où elle reçoit le Bober, semble même, retourner vers le Midi pour aller au devant de la *Neis*, entre dans le Brandebourg qu'elle sépare de la Lusace: elle coule à Francfort qui en prend le nom de Francfort sur l'Oder, pour le distinguer de Francfort sur le Meyn. On y a ménagé un Canal de communication avec la Sprée. Elle passe ensuite à Lebus; & lorsqu'elle est arrivée à l'Orient de Custrin elle reçoit la Warte grande Riviére de Pologne. Elle environne Custrin & forme plusieurs petites Isles jusqu'à Zelin, mais au-dessous de Freyenwalde, elle se sépare en deux branches qui se communiquent l'une à l'autre par quantité de coupures & forment une multitude d'Isles. C'est ainsi qu'elle arrive à Gartz & à Stetin & tandis qu'une partie de ses eaux va par un lit assez régulier baigner Aderborg & Jasenitz & se terminer dans un grand Lac nommé GROSSE HAFF, l'autre partie commence auprès de Dam une inondation, qui va de même se joindre à ce Lac. Toutes ces eaux se rendent ensuite à la Mer par trois embouchures. La plus Orientale s'appelle DUVENOW & passe à Vollin & à Cammin; la seconde qui est celle du milieu s'appelle la SWINE, l'Isle qu'elles forment porte le nom de Vollin. La troisième, ou la plus Occidentale des trois passe à Wolgast, & comme elle reçoit les eaux de la Pene, elle en prend le nom jusqu'à la Mer. L'Isle que ces deux embouchures embrassent prend le nom de la Ville d'Usedom qui est dans sa partie Méridionale. Cette Isle est presque partagée en deux par une inondation, & ses deux parties ne sont jointes que par un Isthme fort étroit au bord de la Mer.

2. ODER, (L') Riviére de France dans la Bretagne, dans le Diocèse de Quimper. Elle a sa source au Nord-Est du Village de Corai qu'elle baigne, passe à Pont Bourchis, à Quimpercorentin où elle se grossit de quelques Ruisseaux, elle devient alors plus large & va se perdre dans la Mer trois lieues au-dessous cette Ville.

3. ODER. Voyez ODRA.

ODERBERG, Bourg de Silesie sur le bord Oriental de l'Oder, entre les embouchures de l'Osler & de l'Elsa dans l'Oder.

ODERBURG, Forteresse d'Allemagne, dans l'Electorat de Brandebourg, dans l'Ukermarck sur l'Oder.

ODERNHEIM, petite Ville d'Allemagne, dans le Bas Palatinat, entre Altzey & Oppenhsim ᵇ. Elle a appartenu à l'Evêché ᵇ de Metz, & l'an 1258. le Chapitre de cette Eglise vendit tout ce qu'il y possedoit au Chapitre de Mayence pour 1040. livres pesant de Monnoie de Metz, comme le rapporte Trithéme dans sa Chronique de Sponheim. Il dit que St. Ruf Evêque de Metz fut enterré encore à Odernheim ᶜ. Cette Ville peut bien avoir appartenu à l'Empire, car l'an 1402. elle fut engagée par l'Empire au Comte Palatin pour la somme de cent mille florins avec Oppenheim, Kayserslautern & Ingelheim, après que l'Empereur Charles IV. eut réuni à l'Empire en 1355. cette Place & celle d'Oppenheim qui avoient été engagées au Chapitre de Mayence pour soixante mille guldes, comme le rapporte Albert de Strasbourg. Il ne faut pas confondre cette Ville avec Drecks-Odernheim dont je parle en son lieu.

ᵇ Zeiler, Palat. To. pogr. p. 39.

ᶜ Munster, l. 5. c. 150.

ODERZO, petite Ville d'Italie dans l'Etat de Venise, dans la Marche Trevisane sur le Ruisseau de Mottegan; elle étoit Episcopale, son Siège a été transferé à Ceneda qui est près de la source du même Ruisseau; elle en est à douze milles, & à pareille distance de Trevigo. C'est l'OPITERGIUM des Anciens. Voyez ce mot.

ODESSUS, Ὀδησσος, Ville & Montagne dans le Pont, selon Etienne le Géographe, c'est-à-dire, dans la Thrace au bord du Pont Euxin, sans quoi ce qu'il ajoute n'y conviendroit pas, savoir qu'elle étoit voisine de Salmydessus. Ainsi c'est la même qu'Odessus Ville bâtie par les Milesiens au rapport de Pline ᵈ. *Odessus Milesiorum*. L'Auteur du Périple du Pont Euxin ᵉ le dit aussi. Elle étoit entre Calatis & Apollonie & par conséquent assez loin de Salmydessus & bien plus au Nord. C'est l'*Odyssus* de Ptolomée ᶠ, qui la place bien, & la nomme mal. Entre autres Médailles il y en a une d'Antonin Severe dans le Recueil de Patin ᵍ sur laquelle on lit ces mots ΟΔΗCCEITΩN.

ᵈ l. 4. c. 2.
ᵉ p. 12. v. Strabon, l. 7. p. 319.
ᶠ l. 3. c. 11.
ᵍ p. 304.

ODIA, Isle de la Mer Egée, selon Pline ʰ. C'est l'une des Sporades. ʰ l. 4. c. 12.

ODIA. Voyez JUTHIA.

ODIABUM, lieu de la Valerie Ripense, selon la Notice de l'Empire ⁱ. ⁱ Sect. 57.

ODIATES, Peuple ancien de la Ligurie ᵏ. Ce Peuple est nommé dans une Inscription trouvée à Gênes. ᵏ Ortelii Thesaur.

ODIEL, ou ODIER, Riviére d'Espagne dans l'Andalousie ˡ. Elle a sa source aux Fron- ˡ Faillot, Atlas.

## ODI. ODM. ODO. ODR.

Frontieres de l'Estramadure & du Portugal entre Cumbre, St. Bartholomeo & la Nava où elle passe. Elle arrose de même Cortegana, Almonaster, El Cerro d. Elviar, g. Calañas d. Buitron, g. Ortalguillo, d. Veas, & Gibraleon, d. après quoi elle s'élargit & forme un petit Golphe où se rend une autre Riviére & a enfin son embouchure dans le Golphe de Cadiz entre celles de la Guadiana & du Guadalquivir.

ODIHAM, ou ODIAM [a], Bourg d'Angleterre en Hampshire. On y tient Marché public. On y voit [b] une Maison Royale fameuse par la prison de David II. Roi d'Ecosse.

[a] Etat préf. de la Gr. Bret. T. 1.
[b] Davity, Ecosse.

ODISCI. Voyez MENGRELIE.

ODIUPOLIS, Ὀδιούπολις, Château près d'Héraclée auprès du Pont, selon Callistrate [c] cité par Etienne le Géographe. Ortelius [c] soupçonne que ce peut être l'Odyssopolis de Cedrene.

[c] Thesaur.

ODMANA, Ville de la Syrie dans la Palmyrene, selon Ptolomée [d].

[d] l. 5. c. 15.

ODOCA, Riviére de la Taprobane, selon Ptolomée. Quelques exemplaires portent HODOCA par une aspiration. C'est ce qu'on lit dans Ortelius. Mais dans Ptolomée même je trouve que ce n'étoit pas une Riviére, mais une Ville *Odoca Civitas*; Ὄδωκα πόλις. Elle étoit sur la Côte Méridionale.

ODOGA, ou

ODOGRA, Ville d'Asie en Cappadoce dans la Préfecture de Chamanes.

ODOLENCUM: Mr. Baudrand & quelques autres nomment ainsi en Latin ODALENGO, Bourg d'Italie dans la Lombardie.

ODOLLAM, ODULLAM, ou ADULLAM, Ville de la Tribu de Juda [e]. Eusebe [f] dit qu'elle étoit à douze milles d'Eleuthéropolis, vers l'Orient; ainsi elle étoit dans la partie Méridionale de la Tribu de Juda vers la Mer morte. Josué [g] tua le Roi d'Odollam, & David pendant sa fuite se retira dans la Caverne d'Odollam [h].

[e] Josué, c. 12. v. 15. Parcl. l. 2. c. 11. v. 7. Maccab. l. 2. c. 12. v. 38.
[f] in voce Ἐχλὰν.
[g] Josué, c. 12. v. 15.
[h] Reg. l. 1. c. 22. & 23.

ODOMANTICA, Contrée de la Thrace. Elle étoit presque toute à l'Orient du Strymon, au Nord de la Bisaltie & de l'Edonide. Tite-Live fait mention de ce Pays [i] & y met *Sirœ*. Il dit [i] que Paul-Emile Consul avoit son Camp *apud Siras terrâ Odomanticâ*. Les habitans en sont nommés Odomanti, Ὀδόμαντοι, par Thucydide [k]. Herodote [l] distingue très-bien ce Pays de l'Edonide. Ptolomée [m] les confond, & les met dans la Macédoine. Il ne faut point se lasser d'avertir les Jeunes gens qu'une grande partie de la Thrace conquise par Philippe & par Alexandre a été souvent attribuée à la Macédoine.

[i] l. 45. c. 4.
[k] l. 2.
[l] l. 7. c. 112.
[m] l. 3. c. 13.

ODOMANTIS, Contrée de la grande Arménie, selon Strabon [n].

[n] l. 11. p. 528.

ODOMBOERÆ, Peuple de l'Inde. Pline [o] dit qu'ils avoient assez d'Infanterie & de Cavalerie pour se passer d'Eléphans.

[o] l. 6. c. 20.

ODONES, Peuple de l'Ancienne Thrace, ils étoient voisins du Peuple *Mædi*, selon Etienne le Géographe. Ortelius [p] soupçonne que ce sont les EDONES.

[p] Thesaur.

ODONTOMANTES, Suidas nomme ainsi un Peuple de Thrace qui avoit une espéce de circoncision. Ortelius [q] croit que ce sont les ODOMANTI.

[q] Ibid.

ODRA, petite Riviére d'Espagne dans la Vieille-Castille. C'est une de celles qui tombent dans la Pisverga. Mr. Baudrand en donne de faux indices, & la confond avec la Pisverga elle-même. Il la nomme en Latin *Oder* ou *Oderus*.

ODRANGIDI, Ὀδραγγίδοι, Peuple de la Libye intérieure, selon Ptolomée.

ODRISTA, Siège Episcopal, sous le Patriarchat de Constantinople, selon Balsamon. C'est peut-être le même Siège qu'OBRYSUS. Voyez ce mot.

[Ortelii Thesaur.]

ODRUSÆ, &

ODRYSÆ, ancien Peuple de Thrace. Il étoit très-puissant, & les Poëtes en ont pris occasion d'appeler la Thrace ODRYSIA TELLUS. Silius Italicus dit [s]:

[s] l. 4. v. 432.

*Mavors in prælia currus,*
*Odrysia tellure vocat.*

Tacite [t] nomme les habitans ODRUSÆ. Simeon le Metaphraste mentionne chez eux la Ville d'Adrianople dans la Vie de St. Luc & de St. Artemius. Une Notice [u] qui marque les Villes qui ont changé de nom sur ODRYSUS, nommée aussi ORESTIADE, *à présent* ADRIANOPLE.

[t] Annal. l. 3. c. 38.
[u] Schelstrate, antiq. Eccles. T. 2. p. 782.

ODUCIA, ce doit être le nom d'une Ville de la Bétique, si on s'arrête à une Inscription que rapporte Moralès. Elle étoit auprès de Lora. Voyez ODYSSIA 2.

ODWALD [w], petite Ville de Norwege, au Gouvernement de Bahus, sur un petit Golphe du Categat, aux confins de la Dalie, à huit ou neuf lieues de Bahus.

[w] Baudrand, Edit. 1705.

ODYCK, Seigneurie des Pays-Bas dans la Province d'Utrecht sur le Rhin, à deux grandes lieues au-dessus d'Utrecht.

ODYSSEA. Voyez ODYSSIA.

ODYSSES, Ὀδύσσης, Riviére de l'Asie Mineure dans la Mygdonie. Strabon [x] dit qu'elle arrosoit quantité de Villages de l'Alazie, dont il nomme les habitans Alazons.

[x] l. 12. p. 551.

1. ODYSSIA, Promontoire de Sicile vers l'extrémité Orientale de la Côte Méridionale, selon Ptolomée [y]. Ses Interpretes disent que [y] c'est aujourd'hui CAPO MARZO. Cluvier rapporte en cet endroit l'EDISSÆ PORTUS dont Ciceron parle dans sa derniere Verrine [z]. Comme ce nom n'est point connu d'ailleurs, Cluvier a cru que l'*Edissa* étoit corrompu d'ODYSSEÆ. Cependant il y a des Savans qui croient que le port d'*Edissa* est aujourd'hui *Porto de Pali*, qui est assez éloigné de Porto de Marzo, & assez près du Cap de Passero.

[y] l. 3. c. 4.
[z] c. 32.

2. ODYSSIA, Ville d'Espagne dans les Montagnes au-dessus d'Abdere, selon Strabon. Voyez ULISSEA. Ortelius croit que ce doit être le même lieu qu'ODUCIA. Voyez aussi ULISSIS PORTUS.

ODYSSIS. Voye OLYSIPPO.

ODYSSUS, Ville de la Basse Mœsie sur le Pont Euxin, avec un Port à deux cens stades de Dionysiopolis. Cette Ville n'est point différente d'Odessus de Thrace dont nous parlons en son lieu. Mais il ne faut pas la confondre avec une autre Ville maritime que quelques-uns nomment par abus *Odessus* pour ORDESUS ou même ORDESSUS. Voyez ODESSUS & ORDESSUS.

O E.

## OE.

OE, Isle de l'Asie, sur la Côte de la Troade, selon Dictys de Crete [a].

*[a] l. 2.*

OE. Voyez OA & OEENSIS.

OEA, Ville ou Bourg de l'Isle de Thera, selon Ptolomée [b].

*[b] l. 3. c. 15.*

OEAGRUS, c'est le nom d'un Roi de Thrace, ou plutôt selon Servius, c'est le nom d'un Ruisseau qui donne la naissance à l'Hebre fameuse Rivière de Thrace. De-là vient que Virgile nomme l'Hebre [c],

*[c] Georg. l. 4. v. 524.*

*Oeagrius Hebrus.*

OEANDENSES, Peuple de l'Asie Mineure, selon Pline [d]. Le R. P. Hardouin juge qu'il faut lire OENDANDENSES; & que ce mot vient d'OENOANDA. Voyez ce mot.

*[d] l. 5. c. 32.*

OEANTHE, Ville de Grece dans la Locride, selon Pline [e]. Etienne dit de même Oéanthe Ville des Locres. Comme les Locres & les Etoliens étoient voisins, Polybe [f] donne cette Ville à l'Etolie. Cela s'explique par un passage de Scylax dans son Périple [g]. Auprès des Etoliens, dit-il, sont les Locres surnommez Ozoles, dont les Villes sont *Evanthis, Amphissa*, &c. Ce qu'il nomme Evanthis est le même qu'Oéanthe. Ptolomée dit de même EVANTHIA [h] pour désigner cette même Ville. Le nom moderne est PENTAGIA. Mr. de l'Isle écrit l'ancien nom OEVANTHE.

*[e] l. 4. c. 2.*
*[f] l. 4.*
*[g] p. 4.*
*[h] l. 3. c. 15.*

OEANTHIA. Voyez l'article précédent.

OEASITÆ, pour OASITÆ, les habitans d'OASIS. Voyez ce mot.

OEASO, Bourg & Promontoire d'Espagne, au Pays des Vascons, au pied des Pyrénées. C'est aujourd'hui le Village d'OIARÇO à deux lieues de Fontarabie. Ptolomée [i] écrit OEASO; Pline dit OLARSO, & Martianus Capella IARSO.

*[i] l. 3. c. 6.*

OEAXUS. Voyez OAXUS.

OEBALIA, surnom donné au Pays de Lacédémone à cause d'un Roi nommé Oebalus. Ce surnom n'a pas été borné au Pays des Lacédémoniens dans le Peloponnèse. De même que Tarente Colonie Lacédémonienne a été nommée par Ovide [k] *Lacedæmonium Tarentum*; cette même Ville a été appellée par Virgile [*] Oebalie:

*[k] Metamor. l. 15. v. 50.*
*[*] Georg. l. 4. v. 125.*

*Namque sub Oebaliæ memini me turribus altis,*
*Qua niger humectat flaventia culta Galesus,*
*Corycium vidisse senem, &c.*

Mr. Baudrand dit assez plaisamment que la Ville de Tarente en Italie se nommoit Oebalie à cause d'une Tour bâtie par Oebale. Voilà une admirable preuve de l'érudition de cet Auteur.

OECALICÆ POPULI, Peuple de l'Ethiopie, chez lesquels est la source du Niger, à ce que rapporte Pline [l]. Ptolomée les nomme Acalicces, Ἀκαλικκεῖς.

*[l] l. 5. c. 8.*

1. OECHALIA, ancienne Ville de Grece dans la Thessalie, selon Strabon [m] qui remarque qu'il y avoit plusieurs Villes de ce nom; mais pour bien entendre le passage de cet Auteur il faut que le Lecteur se rappelle qu'Euryte Roi d'Oechalie ayant promis sa fille Iole en mariage à Hercule & la lui ayant ensuite refusée, ce Héros détruisit la Ville où Euryte régnoit. Une Ville détruite par Hercule n'est pas aisée à retrouver. Il est arrivé de-là qu'on a cherché cette Ville par-tout où un nom semblable donnoit matiere à la conjecture. Apollodore avoit hazardé la sienne, Strabon le critique. Ce n'est pas, dit-il, la seule chose qu'il y ait à reprendre dans ce que dit Apollodore. Mais il faut remarquer que quoiqu'il y ait plusieurs Oechalies, il n'en fait qu'une, savoir celle qui étoit soumise à Euryte l'Oechalien. Il est donc évident que c'est celle de Thessalie de laquelle parle Homere [n].

*[m] l. 8. p. 339.*
*[n] Iliad. B. v. 730.*

Οἵ τ᾽ ἔχον Οἰχαλίην πόλιν Εὐρύτου Οἰχαλιῆος.

Mais quelle est celle d'où étoit parti Thamire le Thrace [o], à qui les Muses ôterent la voix? Car il ajoute (c'est toujours Strabon qui parle,

*[o] Iliad. B. v. 596.*

Οἰχαλίηθεν ἰόντα παρ᾽ Εὐρύτου Οἰχαλιῆος.

Car si cette Oechalie étoit celle de Thessalie, Scepsius a eu tort de présenter celle d'Arcadie qui est aujourd'hui Andanie; ou si Scepsius a eu raison, cette Oechalie d'Arcadie a été aussi nommée la Ville d'Euryte; de sorte qu'il n'y aura pas eu pour une Ville nommée Oechalie, comme Apollodore l'a cru.

2. OECHALIA, dans l'Euboée. Strabon dit [p] de celle-là que ce n'étoit plus qu'un Village du territoire d'Eretrie; & que c'étoient les restes de la Ville qu'Hercule avoit détruite.

*[p] l. 10. p. 448.*

3. OECHALIA, Ville du Peloponnèse dans la Messenie, selon Etienne le Géographe. Pline [q] la nomme entre Ithome & Arene.

*[q] l. 4. c. 5.*

4. OECHALIA, Ville d'Arcadie, selon Strabon qui remarque qu'on la nomma ensuite ANDANIA. Voyez ce mot, & OECHALIA 1.

5. OECHALIA, Ville de l'Etolie, selon Strabon [r]. Elle étoit chez les Eurytanes, Peuple qui selon Etienne le Géographe étoit dans l'Etolie.

*[r] l. 10. p. 448.*

6. La Ville de ce nom que Strabon appelle *apud Triccam* est la même que celle de Thessalie. Ortelius confond Oechalie de Messenie & celle de l'Arcadie. Je les crois différentes.

OECHARDÆ, Peuple de la Sérique, selon Ptolomée. Ils habitoient auprès du Fleuve de même nom.

OECHARDUS [s], ou selon d'autres exemplaires, OECHORDAS par une transposition de lettres, Rivière de la Sérique, selon le même Géographe.

*[s] l. 6. c. 16.*

OECUBARIA, Château d'Italie aux environs de Bologne, selon Zosime [t].

*[t] l. 5.*

OECUS, Οἶκος, Ville de la Carie, selon Etienne le Géographe.

OEDANAS, Fleuve de l'Inde, c'est un de ceux qui se jettent dans le Gange, selon Strabon [u].

*[u] l. 15. p. 719.*

OEDANTIUM, Ville de l'Illyrie, selon Etienne le Géographe, qui cite Theopompe.

OEDENBOURG, Ville de Hongrie. Les

Les Allemands la nomment ainsi ; mais son vrai nom est SOPRON. Voyez ce mot.

OEDIMUS, Golphe de l'Asie Mineure quelque part vers la Doride entre Gnide & Loryma, selon Constantin Porphyrogénete cité par Ortelius.

OEDIPODIA, Fontaine de Thèbes. Elle est nommée la Fontaine d'Oedipe par Plutarque [a] dans la Vie de Sylla qui y fit dresser un Théatre pour donner des Jeux de Musique & célébrer une Victoire qu'il venoit de remporter. Pline la nomme *Oedipodia* [b] & Pausanias [c] dit qu'elle eut ce nom parce qu'Oedipe s'y lava pour se purifier du meurtre qu'il avoit fait en tuant Laïus.

[a] Vies des Homm. Ill. T. 4. p. 333.
[b] l. 4. c. 6.
[c] l. 9. p. 569.

OEENSIS URBS, Ville d'Afrique dans la Province Tripolitaine, comme le prouve la Notice Episcopale d'Afrique que je citerai ensuite. Antonin marque la situation de cette Place ; mais il la nomme OEA. Voyez ce mot. Pline [d] la nomme OEENSIS *Civitas*. Ammien Marcellin met [e] dans la Province Tripolitaine OEENSIS AGER. C'est le territoire de cette Ville. Ptolomée l'appelle HEOA par un renversement de lettres. St. Augustin [f] dit qu'on avoit érigé une Statue à Apulée *apud* OEENSES. Onze Manuscrits portent *Oeenses* & cinq *Oeenses*. Ce dernier est le vrai mot, cela paroît par ce qu'ajoute St. Augustin, qu'Apulée avoit épousé une femme de cette Ville. Car, selon le témoignage même d'Apulée dans son Apologie, sa femme Pudentilla étoit d'OEA, OEENSIS. Ce lieu étoit le Siège d'un Evêché. Noël d'Oea, *Natalis ab. Oea*, donna son suffrage au Concile de Carthage tenu sous St. Cyprien, tant en son nom que pour Pompée de Sabrata & Dioga de la grande Leptis. La Notice Episcopale d'Afrique fournit entre les Evêques de la Province Tripolitaine Cresconius *Oeensis*. Une Médaille d'Antonin Pie en petit bronze porte ces lettres C. A. O. A. F. que le R. P. Hardouin explique ainsi *Colonia Antoniniana Oeensis Augusta Felix*. Cette Ville est une des trois dont l'ancienne TRIPOLI étoit formée (Tripoli Vecchio), les deux autres étoient *Sabrata* & la grande *Leptis*. Chacune avoit son Evêque comme on vient de voir.

[d] l. 5. c. 4.
[e] l. 29. c. 6.
[f] Epist. 138.

OEETIS, *Oetis*, Ville du Peloponnèse dans la Laconie. Pausanias la nomme ainsi dans ce passage [g] : dans l'un des deux chemins, dit-il, qui conduisent à Orchomege est le Mont Anchisia, & au pied de cette Montagne est la sépulture d'Anchise ; car lors qu'Enée passoit en Sicile, il relâcha en Laconie & après y avoir fondé deux Villes, savoir Aphrodisiade & Oeetis, il enterra en cet endroit son Pere qui s'y étoit rendu pour quelque raison & y étoit mort. Pausanias parle encore ailleurs [h] de ce même lieu & dit : en parlant de la Ville de Boea : son fondateur fut Boeus l'un des Héraclides, & une Colonie y fut menée de trois Villes, *Etide*, *Aphrodisiade* & *Sida*. Les deux premieres de ces trois Villes furent, dit-on, bâties par Enée, lorsque s'enfuiant en Italie il fut poussé dans ce Golphe par une tempête ; & la seconde fut ainsi nommée d'Etiade fille d'Enée. Il la nomme donc OEETIS & ETIS.

[g] l. 8. c. 12.
[h] l. 3. c. 22.

OEIE, *Oeie*. Voyez OA.
OEIS. Voyez OA.
OELAND, (L'ISLE DE) Isle de la Mer Baltique, sur la Côte de Suède, le long de la Province de Smaland ou Gothie Méridionale ; dont elle est séparée par le *Calmar-sond* ou Détroit de Calmar. Son nom signifie *l'Isle du foin* & se prononce comme nous prononcerions *Oeuland*. Elle est coupée en deux parties presque égales par le 35. degré de Longitude, & Borekholm qui en est la Capitale est presque à la rencontre de ce Méridien & du 57. degré de Latitude. Elle est sur la Côte Occidentale de l'Isle. L'Isle même a un peu plus de quinze lieues Suédoises, qui sont dix-neuf milles & demi d'Allemagne. Mais elle est fort étroite. La Côte Occidentale n'a que la Capitale & deux Villages, savoir Alebek & Smedeby. L'Orientale au contraire est fort peuplée. On y trouve en commençant par le Nord Boda, Koningsgard, Hogaby, Kelda, Stapeling, Gensiosa, Runasten, Mokleby, Stenasa, & deux Bourgs, savoir Hulsterstad & Ottenby.

OELEN, Seigneurie des Pays-bas avec titre de Comté dans le Brabant Espagnol à demi-lieue d'Herenthals.

OELS, Mr. Baudrand dit, petite Ville du Royaume de Boheme dans la Silesie. On l'appelle plus souvent ELS. Voyez OLSS qui est le vrai nom.

OEMPHYLE, Montagne à *Dyrrachium*, selon Vibius Sequester. Plusieurs Manuscrits portent QENIPHILE, ou QENIPHYLE.

1. OENA, c'est, dit Etienne le Géographe, une Ville de la Tyrrhénie très-bien fortifiée ; il y a au milieu une Colline de trente stades de haut, au sommet de laquelle est une source & une forêt de toute sortes d'arbres. Il cite Aristote [i]. On trouve bien ces détails dans le Livre cité ; mais cette Ville y est nommée OENARIA. Pierre Victorius croit qu'il faut lire VOLATERRA.

[i] De admir. auscultation.

2. OENA, Riviére d'Assyrie. Ammien Marcellin [k] dit que l'Adiabene est enfermée entre cette Riviére & le Tigre ; & que l'une & l'autre porte des barques. *Inter Oenam & Tigridem, sita navigeros fluvios*.

[k] l. 23. c. 3.

OENAEUM, Bourg situé quelque part vers la Pamphylie, selon Nicetas & Glycas citez par Ortelius.

OENANDA, Voyez OENOANDA.

1. OENAENTHIA, Ville de la Sarmatie Asiatique, sur le Pont Euxin, selon Ptolomée [l]. Il la met entre l'Embouchure du Burea & du Thessyris.

[l] l. 5. c. 9.

2. OENANTHIA, Ville maritime de Grece dans l'Etolie, aux confins de l'Acarnanie, selon Ortelius. Polybe dit qu'elle est vis-à-vis d'Ægyre. En ce cas, elle ne sauroit avoir été aux confins de l'Acarnanie, mais bien sur la Frontiere de l'Etolie & de la Locride. Ainsi ce sera le même qu'OENANTHE.

OENARIA. Voyez OENA 1.

OENE, Ville du Peloponnèse dans l'Argie, selon Etienne le Géographe.

OENEANDA. Voyez OENOANDA.

OENEI, Ancien Peuple de la Dalmatie, selon Pline [m], où Hermolaus Barbarus a mis ce mot pris de l'ONEI de Ptolomée. Mais tous les Manuscrits portent OZUÆI, au rapport du R. P. Hardouin.

[m] l. 3. c. 12.

OENEON. Voyez OENIUM.

OENEUS, Riviére de l'Illyrie, selon Pto-

# OEN.

[a l.2.c.17.] Ptolomée [a]. Il en met l'Embouchure entre *Tarsatica* & *Velsera*.

OENIADA. Voyez OENOANDA.

OENIADÆ, Ancienne Ville de Grece dans l'Acarnanie, à l'Embouchure de l'Acheloüs, aux confins de l'Etolie. Scylax de Caryande dit dans son Periple, *la Ville d'Astacus, le Port, le Fleuve Acheloüs, & la Ville d'Oeniades*. Les Etoliens s'étant approprié cette Ville qu'ils prétendoient être dans leur territoire, les Romains par un Decret la rendirent aux Acarnaniens [b], à qui elle avoit anciennement appartenu [c]. Etienne le Géographe dit: OENIADÆ Ville d'Acarnanie sur l'Acheloüs: on la nomme aussi ERYSICHE.

[b Tite-Live l.38.c.11.]
[c Thucydid. l.1.p.73.]

OENIANDOS. Voy. EPIPHANIE. No. 1.

OENIANES. Voyez ÆNIANES.

OENI PONS, Pont sur une Riviére qui couloit entre la Rhetie & le Norique. Cette Riviére est celle de l'Inn, qui coule en Baviére, & vient du Tirol, qu'elle traverse, & des Grisons où elle a sa source. Il s'agit d'un Pont sur l'Inn. La Notice de l'Empire & Antonin en font mention, comme je dirai ci-après. *Insprück* veut dire précisément *Pont sur l'Inn* & de-là on a conclu qu'Insprück est l'*Oeni Pons* des Anciens; comme si une Riviére de cette longueur n'avoit jamais eu qu'un Pont & qu'il eût toujours été au même endroit. Cluvier croit que ce Pont étoit un passage sur la route qui va de Munick à Saltzbourg & il le prend au Bourg d'*Alt-Hohenau*. Il se fonde sur cette route d'Antonin.

| | |
|---|---|
| *Juvavum*, | Saltzbourg. |
| *Bidaium*, | M. P. XXXIII. |
| *Pontem Aeni*, | M. P. XVIII. Alt-Hohenau. |
| *Isinisçam*, | M. P. XX. Munick. |
| *Ambram*, | M. P. XXXII. |
| *Augustam Vindelicum*, | M. P. XXXVII. Augsbourg. |

Velser dispose les choses bien autrement; il met le Pont de l'Inn à Oetingen en Baviére & donne le nom d'Isinisca à la Riviére qui vient du Couchant se jetter dans l'Inn au-dessous d'Oetingen. Cellarius appelle ce Pont *Oeni-pons inferior*, afin qu'on ne le confonde point avec Insprück qui est bien plus haut & bien plus moderne. Il ajoute qu'on ne sait pas si auprès de ce Pont il y avoit une Ville ou un Village, ni, au cas qu'il y eût l'un ou l'autre, s'il étoit sur la rive droite ou sur la gauche. Il est vrai que ni l'Itinéraire d'Antonin, ni la Table de Peutinger ne le disent pas. Mais c'étoit un passage, & ce Pont étoit gardé par une Garnison Romaine. Il y avoit au moins de quoi la loger. La Notice de l'Empire met [d] au Département du Commandant de la premiere & de la seconde Rhetie: *Equites Stablesiani juniores Ponte Oeni; nunc Fabianis*. On les en retira ensuite pour les mettre à *Fabiana*. Rien n'est plus ordinaire que ces changemens. Simler, Velser, & Lazius mettent l'*Oeni pons* des Anciens à Oetingen. Il est sûr qu'il ne faut point le chercher à Insprück qui est moderne.

[d Sect. 29.]

OENION, Port de Grece chez les Locres Ozoles, selon Etienne le Géographe. Il cite le troisième livre de Thucydide où ce mot est écrit οἰνεὼν par un ε, au lieu qu'Etienne écrit par un ι, οἰνιῶν.

OENIS, Tribu de l'Attique, selon Pollux.

# OEN.

OENIUM NEMUS, Bois ainsi nommé dans l'Asie mineure, dans la Lycie auprès de Candyba, selon Pline [e].

[e l.5.c.27.]

OENIPHILE. Voyez OEMPHILE.

OENOANDA, ou OENEANDA, ou même ENEANDA, (au Pluriel, génit. *orum*) ancienne Ville de la Lycie. Tite-Live dit [f] ayant envoyé de Perga son frere L. Manlius avec un Corps de quatre mille hommes à Oeneanda pour recevoir le reste de l'argent qu'on y avoit promis de payer, il remena lui-même l'Armée à Apamée. On lisoit anciennement *Oroanda*; mais Sigonius a averti qu'il falloit lire *Oenoanda*, & Gronovius a reçu cette correction dans le Texte. Pline [g] dit que la Lycie a dans les terres la Cabalie où sont trois Villes, savoir *Oenoanda*, *Balbura*, & *Bubon*. Ptolomée donne de même à la Cabalie *Bubon*, *Oenoanda* & *Balbura*. Strabon [h] nomme aussi cette Ville, mais d'une maniere vicieuse, car on y lit οἰνοίανδρον pour οἰνοιάνδων. Etienne écrit aussi OENOANDA. Cette Ville a été Episcopale; au premier Concile de Constantinople on trouve *Patritius Oenanidensis*. Elle est nommée *Henoanda*, Ἠνόανδα, dans la Notice de Hiéroclès.

[f l.38.c.37.]
[g l.5.c.27.]
[h l.13. extrem.]

OENOCHALACORUM OPPIDUM, nom d'une Ville qui doit être quelque part dans la Perside, selon Ortelius [i] qui cite Procope au 2. livre de la Guerre des Perses.

[i Thesaur.]

OENOCHOUS, partie du Mont OETA, selon Athenée [k].

[k l.9.sub fin.]

1. OENOE, ou OENOA, Bourg de l'Attique dans les terres. Mr. Spon [l] en marque deux de ce nom, l'une dans la Tribu Asiantide, vers les limites de l'Attique & de la Béotie proche des Eleutheriens.

[l Liste de l'Attique p. 370.]

2. OENOE, (l'autre) étoit de la Tribu Hippothoontide, près de Marathon [m]. C'étoit l'une des quatre premieres & plus anciennes Villes de l'Attique. C'est de celle-là que parle Ptolomée [n] qui la met dans les terres.

[m Ibid.]
[n l.3.c.15.]

3. OENOE, Ville de l'Elide au Peloponnese, selon Strabon [o]. Il semble douter si une quatrième EPHYRE dont il parle étoit la même qu'OENOE, nommée aussi BOENOA; ou si elle en étoit seulement voisine.

[o l.8.p.338.]

4. OENOE, l'une des deux Villes qui étoient dans l'Isle d'Icaria, selon Etienne le Géographe. L'autre Ville étoit DRACANUM. Strabon parle aussi de cette OENOE.

5. OENOE, Ville de la Laconie au Peloponnese, à l'Occident d'Epidaure, selon Ptolomée [p].

[p l.3.c.16]

6. OENOE, lieu maritime d'Asie dans la Cappadoce. Le Periple du Pont Euxin par Arrien [q] met ce lieu entre le Thoaris & le Phigamus Riviéres à XXX. stades de la premiere & à quarante de la seconde.

[q p.16. E-dit. Oxon.]

7. OENOE, lieu des Corinthiens sur le Promontoire d'Olenia. Strabon [r] & Thucydide [s] en font mention.

[r l.8. & 9.]
[s l.2.]

8. OENOE, Fontaine d'Arcadie au Peloponnese, selon Pausanias, cité par Ortelius.

9. OENOE, Ville de la même Contrée, selon Suidas & Etienne le Géographe.

10. OENOE, Village de l'Argie au Peloponnese, selon Pausanias [t].

[t l.2.c.25.]

11. OENOE, Isle de l'Archipel l'une des Sporades. Pline [u] en fait mention. On la nomma ensuite SICINUS.

[u l.4.c.12.]

1. OE-

1. OENONE, deux Bourgs de l'Attique. Voyez Onoé. 1. & 2.

2. OENONE, ancien nom de l'Isle d'Ægine.

OENOPARAS, Ruisseau qui coule en Asie dans le Territoire d'Antioche de Syrie, selon Strabon [a].

OENOPHYTA, lieu de Grèce dans la Béotie. Il est remarquable par la Victoire que les Athéniens conduits par Myronide y remporterent sur les Béotiens, selon Thucydide [b]. Son Scholiaste dit : τὰ ὀνόφυτα χωρίον τῆς Βοιωτίας Oenophyta lieu de Béotie.

OENOPLIA, Bodin dans sa Méthode & Vignier dans sa Bibliothéque Historiale disent que c'étoit le terme de la Domination Romaine au Midi. Ortelius [c] qui les cite dit qu'ils alleguent Appien & Ruffin, & ne garantit point la fidélité de leur citation.

1. OENOTRI, Ancien Peuple de la Mésopotamie, selon Etienne le Géographe.

2. OENOTRI, Ancien Peuple d'Italie. Denys d'Halicarnasse en marque ainsi l'origine & les divers établissemens [d]. Ils étoient une Colonie d'Arcadiens. Les Arcadiens, dit-il, furent les premiers Grecs qui traverserent la Mer Ionienne sous la conduite d'Oenotrus fils de Lycaon & qui vinrent s'établir en Italie. Cet Oenotrus étoit le cinquième depuis Esée & Phoronée qui regnerent les premiers dans le Peloponnèse. Niobe étoit fille de Phoronée; de Niobe & de Jupiter, dit-on, naquit Pelasge. Lycaon fut fils d'Esée : il eut pour fille Déjanire. De Déjanire & de Pelasge sortit un autre Lycaon dont Oenotrus fut le fils, dix-sept générations avant la Guerre de Troye. Ce fut en ce tems que la Colonie Grecque passa en Italie : Oenotrus s'en fit le Chef, peu content du Patrimoine qui lui devoit tomber en partage, parce que Lycaon son Pere avoit vingt-deux enfans entre lesquels il falloit diviser l'Arcadie. Oenotrus quitta donc le Peloponnèse, construisit une Flotte & traversa la Mer Ionienne accompagné de Peucetius l'un de ses frères & d'un grand nombre de ses compatriotes qui déchargerent ce Pays auparavant très-peuplé. Il fut suivi de plusieurs autres Grecs qui n'avoient pas de quoi vivre assez honorablement chez eux & qui s'embarquerent avec lui pour chercher ailleurs une meilleure destinée. A peine eurent-ils abordé l'Italie du côté que s'élève le Promontoire Japyge que Peucetius débarqua ses troupes & se plaça sur le sommet de la Montagne, donna son nom aux habitans du Pays & les fit appeller Peucetiens. Oenotrus poussa plus loin avec la plus grande partie de la Colonie & vint mouiller dans un autre Golphe qui baigne l'Italie du côté de l'Occident. Ce Golphe se nommoit alors Ausonien du nom des Peuples de cette Côte ; mais après que les Thyrreniens se furent rendus maîtres de cette Mer, ils changerent le nom en celui de Thyrrenien qu'il porte aujourd'hui. Oenotrus trouva ce Pays abondant en pâturages & très-propre à être cultivé, mais il étoit fort inculte & presque abandonné. Il chassa les Barbares de l'endroit qu'il choisit pour son établissement & bâtit sur les Montagnes plusieurs petites Villes à la maniere & selon l'usage de ce tems-là. Toute cette vaste Région qu'il occupa fut appellée OENOTRIE & les Peuples qui lui furent soumis changerent de nom pour la troisième fois. Ils se nommoient ESIENS sous le Regne d'Esée, LYCAONIENS sous celui de Lycaon qui lui succéda, & après qu'Oenotrus les eut fait passer en Italie, ils prirent le nom d'Oenotriens. Denys d'Halicarnasse dont j'emprunte ceci se sert des témoignages de Sophocle, & d'Antiochus de Syracuse très-ancien Auteur qui dit : cette Région qu'on appelle maintenant Italie fut autrefois possédée par les Oenotriens. Il dit qu'ITALUS regna quelque tems dans ce Pays & qu'il donna son nom aux habitans ; que Morgète lui succéda & fit appeller ces mêmes Peuples de son nom : que SICULUS fut reçu parmi eux favorablement ; mais qu'il désunit la Nation contre les Loix de l'Hospitalité & qu'il s'y fit un Peuple particulier : il conclut enfin ainsi : ceux qui ont porté successivement les noms de SICULES, de MORGETES & d'ITALIENS sont les mêmes que les Oenotriens.

Mais voyons, continue Denys d'Halicarnasse, ce qu'on doit penser des Oenotriens sur le témoignage d'un des plus anciens Auteurs : c'est Pherecyde qui de tous les Athéniens a le mieux écrit les Généalogies. Voici ce qu'il dit des Rois d'Arcadie : Lycaon fut fils de Pelasge & de Déjanire : il épousa Cyllene, Nymphe Nayade, d'où le mont Cyllene a tiré son nom. De-là cet Historien passe à leurs enfans qu'il nomme tous. Il indique les lieux où ils s'établirent & il parle de Peucetius & d'Oenotrus en ces termes : Oenotrus qui donna le nom, & Peucetius qui donna le sien aux Peucetiens passerent l'un & l'autre la Mer d'Ionie. Tel est le sentiment des anciens Poëtes & des premiers Auteurs de la Fable au sujet des Oenotriens, & des Pays qu'ils ont habité. Pour moi, c'est toujours Denys qui parle, je crois sur leur autorité que les Aborigines descendoient des Oenotriens, s'il est vrai que ces Aborigines soient originaires de Gréce comme Caton, Sempronius & plusieurs autres l'ont dit. Je trouve en effet que les Pelasgiens, les Crétois & les autres qui ont demeuré dans l'Italie, y sont venus long-tems après les Aborigines, & je ne sache pas qu'aucune Flotte avant la leur soit passée de Gréce dans les parties Occidentales de l'Europe. J'ai raison même d'être persuadé que les Oenotriens non seulement s'emparerent de plusieurs endroits de l'Italie qui étoient incultes & abandonnez, mais qu'ils enleverent encore une grande partie de l'Ombrie & qu'on les appella *Aborigines* de la demeure qu'ils avoient sur les Montagnes (du mot Grec ὄρος qui veut dire *Montagne*) où les Arcadiens s'établissent plus volontiers que tout autre part ; de même que chez les Athéniens on nommoit HYPERACRIENS, ceux qui habitoient les hauteurs, & PARHALIENS ceux qui demeuroient proche de la Mer.

OENOTRIE, nom donné à la partie de l'Italie habitée par les Arcadiens qu'Oenotrus y avoit amenez comme on voit dans l'Article précédent. Servius expliquant ce vers de Virgile [e],

*Hinc Italæ Gentes omnisque Oenotria Tellus,*
*In dubiis responsa petunt.*

[a] l. 16.

[b] l. 1. p. 70. & l. 4. p. 316.

[c] Thesaur.

[d] Denys d'Halicarnasse Antiq. Rom. l. 1. c. 3. & suiv.

[e] Æneid. l. 7. v. 85.

fait cette remarque ; l'Oenotrie est proprement la terre des Sabins, à cause du Roi Oenotrius. Denys d'Halicarnasse plus savant que ce Grammairien donne bien plus d'étendue à l'Oenotrie, comme on peut voir dans l'Article *Oenotri*.

OENOTRIDES, il y avoit deux Isles de ce nom qu'il n'est pas aisé de retrouver. Pline dit [a] : *contra Pæstanum Sinum Leucasia est à Sirene ibi sepulta appellata. Contra Veliam Pontia & Iscia, utræque uno nomine Oenotrides ; Argumentum possessa ab Oenotriis Italia.* C'est-à-dire, devant le Golphe de Pesti (c'est aujourd'hui celui de Salerne) est Leucasie ainsi nommée à cause d'une Sirène qui y est enterrée, (ce lieu est présentement la LICOSA). Vis-à-vis de Velia (qui selon le R. P. Hardouin est Castel a Mare della Brucca) sont PONTIA & ISCIA, toutes deux nommées Oenotrides d'un nom qui leur est commun, & qui est un monument de la possession que les Oenotriens ont eue de l'Italie. Ces Isles qui devroient être au Midi du Golphe de Salerne n'y trouvent point. Elles devroient se trouver dans la partie Septentrionale de la Principauté citérieure ; mais en remontant beaucoup plus haut & sur la Côte de la Terre de Labour on trouve sept ou huit Isles, dont les plus considérables sont PONZA & ISCHIA. Il y a bien de l'apparence que ce sont les deux dont Pline fournit les noms. Mais y en a-t-il beaucoup qu'il les ait si vilainement dérangées, lui qui connoissoit si bien l'Italie ? C'est en cela que consiste la difficulté. Strabon parle aussi des Isles Oenotrides, & ne les place pas autrement que Pline [b]. Il ajoute même que ces Isles & quelques autres étoient des parties du Continent, donc elles en devoient être fort proche & ainsi ces Oenotrides ne peuvent être les Isles de Ponza & d'Ischia que nous connoissons.

OENSIS, Siège Episcopal d'Afrique dans la Tripolitaine. Voyez OENSIS qui est le vrai nom. Voyez aussi NICENSIS.

OENUNIA. Voyez SINUNIA.

OENUNS, Rivière du Peloponnèse auprès de Sparte & de Salasie. Polybe & Tite-Live en font mention. Voyez BABYCE.

OENUS, quelques-uns écrivent ÆNUS ; nom Latin de l'INN, Rivière d'Allemagne. Voyez INN. L'ancien Pont sur l'Inn, OENI-VALLIS, s'appelle en Allemand INTHAL, & la Ville qui est située à son Embouchure dans le Danube se nomme INSTADT, en Latin OENOPOLIS, ou en Latin Barbare OENISTADIUM. Voyez OENI PONS, Inspruck, INTHAL, INSTADT, &c.

§. Le nom d'*Oenus* est diversement écrit par les Anciens ; car outre l'ÆNUS d'Antonin & l'ENUS de la Table de Peutinger on trouve HENUS dans Arrien, HINUS dans Paul le Diacre, & Aventin croit que l'ATESINUS de Strabon est cette Rivière. Cette remarque est d'Ortelius.

ONUSA, &

ONUSÆ. Voyez OENUSSA & Onusæ.

1. OENUSSA, Isle sur la Côte de l'Asie Mineure, selon Etienne le Géographe. Herodote [c] & Pline [d] en font aussi mention. Elle étoit voisine de l'Isle de Chio. Son nom marque la bonté de son Vignoble.

2. OENUSSA, l'un des anciens noms de Carthage. Voyez CARTHAGE.

OENUSSÆ, Pline d nomme ainsi trois Isles qu'il place vis-à-vis de Messène. Pausanias e parle aussi d'OENUSSÆ mais il n'en fait qu'une Isle voisine du Promontoire Acritas. Pomponius Mela f dit de même, mais au singulier, *Cythera contra Maleam, Oenusa & Theganusa contra Acritam*. Il n'y avoit proprement qu'une Isle qui méritât ce nom & c'est aujourd'hui CAPRERA. C'est la plus grande. Les autres ne sont que des Ecueils.

OEOS, petite Bourgade dans la dépendance de Tegée. Eschyle en parle dans un de ses Poëmes qui n'existe plus. Ortelius demande avec raison de quelle Tegée ? Car il n'y en avoit pas pour une seule.

OEPOLIUM. Voyez ÆPOLIUM.

OEROA, petite Isle de Grèce, elle est formée, dit Herodote g, par la Rivière d'Asopus & par la Fontaine de Gargaphie.

OEROANDA. Voyez OENOANDA, & OROANDA.

OESCA. Voyez OSCA.

OESCUS, ancienne Ville de la Basse Mysie. La Notice de l'Empire h dit sous le Département du Commandant de la Dacie Ripense, *Auxilium Mariensium Oesco*. Ptolomée met dans la Basse Mysie auprès du Danube OESCUS TRIBALLORUM. L'Itinéraire d'Antonin la nomme *Escon Legi. Mag*. Simler dit qu'il faut lire *Legio I. Macedonica*. Procope parle i d'une place éloignée du Danube, nommée ISCOS ; & fortifiée par Justinien, ce ne sauroit être l'Oescus des Anciens qui étoit près du Danube ; mais outre la Ville d'Oescus il y avoit une Rivière du même nom qui a pu donner le nom au Fort de Justinien. Le nom ancien de cette Rivière est bien reconnoissable dans celui d'Ischa ou Isca qu'elle conserve encore à présent. Elle est nommée Escus, dans la Carte de Peutinger. Pline k qui la nomme *Oescus* dit qu'elle a sa source dans le mont Rhodope. Ortelius soupçonne que c'est peut-être le CIUS d'Hérodote.

OESEL, prononcez *Oeusel*, Isle de la Mer Baltique sur la Côte de la Livonie & particulierement de l'Esthonie dont elle relève. On la nomme en Latin *Osilia*, elle est devant le Golphe de Riga & n'est séparée de l'Isle de Daghoé que par un Détroit d'un mille de largeur. Les Danois l'ont possédée jusqu'à l'an 1645, qu'ils la cédèrent à la Suède par le Traité de Bromsebroe. Elle a suivi le sort de la Livonie dans les conquêtes de Pierre le Grand, Empereur de Russie.

OESFELD, ou OSSFELD l, petite Ville de Saxe dans la Basse Saxe, aux confins du Duché de Brunswig & du Duché de Magdebourg ; partie dans l'un & partie dans l'autre. Elle est située sur l'Aller.

OESPORIS, ou ISPORIS, selon les différens exemplaires de Ptolomée, ancienne Ville de l'Afrique propre. Marmol croit que le nom moderne est Sibaca.

OESTERREICH, les Allemands appellent ainsi l'AUTRICHE en leur Langue.

OESTROS, c'est ainsi qu'Ortelius a lu dans Pomponius Mela le nom d'une Rivière de Pamphylie, mais on lit présentement dans cet Auteur CESTROS m. On peut voir

voir l'obfervation d'Ifaac Voffius [a] fur ce nom.
OESTRYMNICUS SINUS.
OESTRYMNIDES INSULÆ.
OESTRYMNIS PROMONTO-
RIUM.

§. Comme ces lieux ne font connus que de Feftus Avienus, le feul des Anciens qui en ait parlé que je fache, il faut rapporter ici ce qu'il en dit, dans le Poëme où il décrit la Côte de la Mer. Après avoir parlé du Détroit, des Colonnes d'Hercule, de la Ville de Gaddir nommée autrefois Tarteffus, il a-joute [b].

*Et prominentis hic jugi furgit caput,*
*(Oeftrymnin iftud dixit ævum antiquius,)*
*Molefque celfa faxei faftigii,*
*Tota in tepentem maxime vergit notum.*

Voilà pour le Promontoire, c'eft une Montagne dont le fommet eft de roche, & dont la pente eft tournée du côté du Midi. Voici pour le Golphe.

*Sub hujus autem prominentis vertice,*
*Sinus dehifcit incolis Oeftrimnicus.*

Voilà pour le Golphe qui commence à ce Promontoire. Voici pour les Ifles qui font dans ce Golphe, & pour les Peuples qui les habitent.

*In quo infulæ fefe exerunt Oeftrimnides,*
*Laxè jacentes, & metallo divites,*
*Stanni atque Plumbi. Multa vis hic gentis eft,*
*Superbus animus, efficax folertia,*
*Negotiandi cura jugis omnibus:*
*Novifque Cymbis turbidum late fretum,*
*Et belluofi gurgitem Oceani fecant.*
*Non hi carinas quippe pinu texere,*
*Aureve norunt, non abiete ut ufus eft,*
*Curvant fafelos: fed rei ad miraculum,*
*Navigia junctis femper aptant pellibus,*
*Corioque vaftum, fæpe percurrunt falum.*
*Aft hinc duobus in Sacram (fic Infulam,*
*Dixere prifci) Solibus curfus rati eft.*
*Hæc inter undas Cefpitem multum jacit,*
*Eumque late gens Hibernorum colit,*
*Propinqua rurfus Infula Albionum patet.*
*Tarteffiifque in terminos Oeftrymnidum,*
*Negotiandi mos erat, Carthaginis*
*Etiam Coloni, & vulgus, inter Herculis*
*Agitans Columnas hæc adibant æquora; &c.*

Ces Ifles étoient riches en Métaux, principalement en Plomb & en Etain. Cela reffemble bien à l'idée que les Anciens ont eue des Ifles Caffiterides. L'Irlande & l'Angleterre qui viennent enfuite confirment de plus en plus la conjecture d'Ortelius qui croit que ce Golphe eft le Golphe de France. A l'égard du naturel des Peuples on n'en peut faire aucune comparaifon avec l'état préfent. Le mélange des divers Peuples qui fe font établis dans ces Ifles a dû faire un grand changement dans les mœurs. Il eft naturel que des Infulaires foient de bons hommes de mer. Quant à leurs bateaux de cuir, on remarque par l'exemple des Eskimaux & des autres Peuples fauvages de l'Amérique que l'ufage des canots de cuir eft une invention affez commune.

OESYMA, Ville maritime de la Macédoine dans les conquêtes faites fur la Thrace entre le Strymon & le Neftus. Pline, Ptolomée, & Scylax en font mention. C'eft la même que l'ÆSYME d'Etienne le Géographe.

OETA, longue chaîne de Montagnes dans la Gréce qu'elle traverfe depuis le Pas des Thermopyles jufqu'au Golphe d'Ambracie, felon le R. Pere Hardouin, qui fuit en cela Strabon & joint l'Oeta avec le Pinde. L'Oeta commence aux Thermopyles au bord du Golphe Maliaque, court d'Orient en Occident, au Nord des Locres Epicnemidiens, de la Doride, la fepare au Couchant d'avec le Peuple *Agræi*; traverfe enfuite l'Etolie le long de l'Evenus & va fe terminer avec elle dans la Mér auprès des Ifles Echtinades. Sophien dit que le nom moderne eft BUNINA. La Fable à dit qu'Hercule s'étoit brûlé fur l'OETA; auffi le Peuple qui habitoit au pied de cette Montagne avoit-il un culte particulier pour ce Héros. Voyez THERMOPYLES.

OETUS VICUS, Village du Peloponnèfe dans la Laconie. Diogene Laerce en parle à l'occafion de Myfon le Philofophe qui en étoit originaire par fon Pere. Voyez OEETIS.

OETENSII, Peuple de la Baffe Myfie, felon Ptolomée.

1. OETES, Etienne le Géographe nomme ainfi le mont OETA. On lit à préfent Oeté, Οἴτη, dans cet Auteur.

2. OETES, Ville de Gréce auprès de la Montagne de même nom, felon Antonius Liberalis qui dit qu'elle eut pour fondateur Am-phiffus fils de la Nymphe Driope. Ortelius dit que Diodore nomme auffi cette Ville.

1. OETING, ou
OTTINGEN, Ville d'Allemagne dans la haute Baviere, fous la Jurifdiction de Burckhaufen. Elle a elle-même une Jurifdiction qui comprend le Bourg de Tiffling, un Monaftère, deux Châteaux, fept Maifons de nobleffe, huit lieux où l'on tient Marché & quelques Villages. Elle eft fituée fur l'Inn au-deffous de Saltzbourg. Quelques-uns croient que c'eft le Pont de l'Inn connu des Anciens fous le nom d'*Oeni-Pons*. Cette Ville eft avantageufement fituée pour la Chaffe & pour la Pêche, & a été long-tems la réfidence des Rois & Ducs de Baviere, & même les Princes de l'Empire s'y font fouvent affemblez à caufe des irruptions des Huns & des Hongrois. Le nom d'Otting vient, dit-on, d'UTO ou OTO Duc de Baviere fils de Theodon II. qui y établit fon Siège & à caufe duquel elle fut nommée HUODINGEN ou OTTINGEN. Welfer n'eft pas de ce fentiment. Au milieu eft l'Eglife de St. Philippe & de St. Jacques, où étoit la fépulture des Princes. St. Rupert y baptifa Diethen fils d'Otton le Grand, Duc de Baviere. L'Eglife que ce Prince bâtit auprès de fon Palais, confacrée à Jefus-Chrift & à fa Ste. Mere, eft appellée la vieille Chapelle. Quelques-uns en attribuent la fondation à Charlemagne. Les Jéfuites commencerent en 1591. un établiffement auprès de cette Chapelle & en 1606. le Duc Maximilien les y affermit, & les logea. Les Hongrois ont autrefois brûlé l'ancienne Oettingen, jufqu'à cette ancienne Chapelle, où il fe fait beaucoup de

## OET. OEU. OEZ. OF. OFA.

de Pélerinages. Le Fauxbourg devint une Ville qui est la NOUVELLE OETTINGEN sur l'Inn à demie heure de chemin de l'ANCIENNE OETTINGEN qui est à un quart de mille de cette Riviére. Ce changement arriva en 907. Carloman Roi de Baviere & d'Italie bâtit à Oetingen en 876. un Monastère de Bénédictins, auquel il donna de beaux biens tant en Italie qu'en Allemagne; il y fit apporter quantité de Reliques; entre autres de St. Maximilien, de Ste. Félicité & un bras de St. Philippe. L'an 1228. le Duc Louïs de Baviere fonda un Chapitre de douze Chanoines avec un Doyen & un Prevôt. L'ancienne Oetingen n'est plus qu'un Bourg, il y a la Collégiale de St. Philippe & de St. Jacques. Ces lieux sont du Diocèse de Saltzbourg. L'Empereur Arnolphe remporta en cet endroit une Victoire sur les Hongrois.

2. L'ancienne a aux environs une belle plaine de terres à grain. C'est un lieu ouvert, qui n'est ni Ville, ni Bourg, ni Village. L'Eglise de St. Philippe, les Maisons du Doyen, du Prevôt & des Chanoines, & celle de l'Archevêque de Saltzbourg, en font un assez beau lieu. La Chapelle & l'Image miraculeuse que l'on y garde, y attirent quantité de Pélerins; & sont ornées de tant d'offrandes qu'on appelle cette Eglise la LORETTE D'ALLEMAGNE, à cause du tresor & du concours de ceux qui y viennent.

La nouvelle est bien bâtie, fermée de murailles. Il n'y a point de Monastère, mais il y a d'assez belles Paroisses.

3. OETINGEN, Ville, Château, Comté, & Principauté d'Allemagne dans la Suabe. Le Château a été depuis long-tems la résidence des Comtes d'Oetingen [a]. Les biens de cette Maison sont partagez entre deux Branches, dont l'une est des Princes d'Oetingen & l'autre ne prend que la qualité de Comtes d'Oetingen. Les Princes d'Oetingen sont Lutheriens, les Comtes sont Catholiques. La Ville d'Oetingen est assez jolie & n'est qu'à deux milles de Nordlingen. WALLERSTEIN qui appartient aussi à cette Maison est peu de chose. [b] L'érection de ce Comté en Principauté est de l'an 1674.

OETMARSEN [c], prononcez OUTMARSEN; Ville des Provinces-Unies du Pays-Bas dans l'Oveyssel, dans le Pays de Twente, proche du Comté de Benthem.

OETYLUS, Voyez TYLUS.

OEUIL, (L') Riviére de France dans le Bourbonnois [d]. Elle a sept ou huit sources entre Mont Luçon, Mont Meraut, & le Montet aux Moines, aux Villages de Chamblet, Commentry, Colombier, Hids, St. Preject, Sazeret, Chavenon, & au Bourg le Montet; tous ces Ruisseaux se réunissent peu à peu au-dessous de Cosne une seule Riviére qui passe à Herisson, & à Meaulne; & elle se perd dans le Cher à Valigni aux confins du Berry.

OEUM. Voyez OIUM.

OEZENIS, ancien nom de Trebizonde, selon Etienne le Géographe. Voyez TRAPEZUS.

## O F.

OFANTE, (L') ou l'OFFANTE; en Latin AUFIDUS; Riviére du Royaume de Naples. Il sort de l'Apennin qu'il traverse

[a Hubner, Geogr. p. 417.
b Baudrand, Edit. 1705.
c Dict. Géogr. des Pays-Bas.
d Jaillot, Atlas.]

## OFA. OFF.

d'Occident en Orient [e]. Il a sa principale source dans la Principauté Ultérieure auprès de Nusco, & de Sant Angelo dans les mêmes Montagnes qui produisent la Sabata, de-là il passe à Conza, remonte vers le Nord, coule à Monte Verde, & un peu au-dessus il se courbe vers l'Orient, coule au Midi de la Capitanate qu'elle sépare de la Basilicate, & de la Terre de Bari; arrose dans cette derniere Canosa & va se perdre dans la Mer Adriatique au Golphe de Manfredonia entre Salpé & Barlette. Il y a à son Embouchure une Tour nommée Torre di Ofanto.

OFEN, ou OFFEN. Voyez BUDE.

OFFELD. Voyez OESFELD.

OFFEMBACH, petite Ville, ou Bourg d'Allemagne dans la Franconie sur le bord Méridional du Meyn à une lieuë & demie au dessus de Francfort, selon Mr. Baudrand [f] qui ajoute de la Comte d'Isenbourg à qui il appartient y fait ordinairement sa demeure.

OFFENBURG, Ville Impériale d'Allemagne au Cercle de Suabe dans l'Ortnaw; ou pour parler comme Zeyler [g], dans le Mordnaw. On prétend qu'elle prend son nom d'un nommé Offo qui bâtit une cellule auprès de la Riviére de Schutter. Ce lieu qui devint un Monastère fut nommé OFFONIS CELLA, & la Ferme du Monastère fut nommée OFFONIS VILLA; & communément OFFONIS VILLARE, en Allemand OFFEN WEILER. Ce même Offon bâtit aussi la Ville D'OFFENBOURG sur le Kintzig à un mille d'Offenzell; & ce lieu fut nommé OFFONIS PYRGUM d'où est venu OFFENBURG, qui en est le nom moderne. On a voulu dire que cet Offon qui vint en ce Pays vers l'an 605. étoit un Prince du sang Royal d'Angleterre; & que le Roi d'Austrasie le mit en cette contrée. On a encore d'anciennes monnoyes qui portent le nom d'Offenburger, ou de Deniers Anglois (Englische Pfenning) on en trouva un bon nombre l'an 1526. lorsqu'on démolit à Strasbourg le Cloitre de Ste. Claire. Cette Ville est petite, mais assez joliment bâtie, à deux milles de Strasbourg. On y professe la Religion Catholique. L'Eglise, la Chapelle qui est auprès de l'Hôpital, & l'Hôtel de Ville sont des choses qui méritent d'être vûës au rapport de Zeyler. Cette Ville fut engagée par l'Empire partie à l'Eglise de Strasbourg, partie au Markgrave de Baden, & ensuite racheté des mains de l'Evêque à qui on dit qu'elle appartenoit encore, aussi bien que Gegenbach en 1428. Mr. Baudrand dit que cette Ville avoit un ancien Château & qu'elle étoit assez forte; mais qu'elle fut prise & presque ruïnée par les François en 1689.

OFFENWEILER, &

OFFENZELL. Voyez l'Article précédent.

OFFER. Voyez OFFRA.

OFFIDA, Bourg & Château d'Italie, dans l'Etat de l'Eglise, dans la Marche d'Ancone, vers les Frontières du Royaume de Naples, & de l'Abbruzze Ultérieure, & proche de la Riviére du Tronto, entre Ascoli & Ripa-Transone, à cinq lieuës de Fermo au Midi, selon Mr. Baudrand [h].

1. OFFIDIUM, Montagne d'Italie, dont le nom moderne est Bazzano. C'est où vécut Sain-

[e Jaillot, Atlas.
f Ed. 1705.
g Suev. Topogr. p. 60.
h Ed. 1705.]

## OFF. OFI. OGE. OGI. OGL.

Sainte Juſtine, ſelon Scipion Mazella, dans ſa deſcription du Royaume de Naples.

OFFRA, Place d'Afrique dans la Guinée, au Midi de la Rivière de Popo, ſur la Côte, au Royaume d'Ardres; environ à cinq lieues du bord de la Mer, & à ſept d'Aſſem, ou Arda capitale de ce Royaume. Bien des gens confondent JAQUIN, avec Offra & ils n'ont pas tout-à-fait tort, (dit le Chevalier des Marchais, dans ſon Voyage publié par le P. Labat [a].) Car ces deux lieux ſont très-voiſins, & la Ville d'Offra, s'étant extrèmement augmentée, depuis cinquante à ſoixante ans, elles ſe ſont trouvées unies, & ne faire qu'une Ville, que les Européens nomment indifféremment OFFRA ou JAQUIN, & plus communément JAQUIN qu'OFFRA. C'eſt dans cette Ville que demeure ordinairement le Viceroi du Royaume & où les Européens qui trafiquent ordinairement dans le Pays, ont leurs Comptoirs & leurs Magazins. Mais les Rois d'Ardres n'ont pas voulu permettre à aucune des Nations Européennes de bâtir des Forts de crainte qu'ils ne ſe rendiſſent Maîtres du Pays.

[a] Voyage de Guinée &c. t. 2. p. 284.

OFFRAMOILLE, Bourg de France, dans la Haute Normandie au Pays de Caux; Election d'Arques.

OFICA, petite Iſle de l'Océan Oriental, entre les Iſles de Firando & de Goto au Japon.

## O G.

OGALIBA, ou ſelon d'autres exemplaires de Ptolomée [b], GALIBA EXTREMA; Promontoire de l'Iſle de Taprobane, ſelon cet Auteur. Les Cartes dreſſées d'après ces Tables, en font une Ville. Ortelius préfére *Galiba* à *Ogaliba*, à cauſe du Peuple & des Montagnes de la même Iſle, nommez par Polomée GALIBI. Ce dernier y met la ſource de deux Rivières appellées le Phaſe & le Gange qui coulent dans la Taprobane.

[b] l. 7. c. 4.

OGDÆMI, Ὀγδαιμοι, Peuple ancien dans la Partie Méridionale du Nôme de la Libye, ſelon Ptolomée [c]. Il étoit voiſin des Buzes & des Adyrmachites.

[c] l. 4. c. 5.

OGDAMUS. Voyez OGLAMUS.

OGE, les Portugais nomment ainſi le Royaume de Wed, Pays de l'Abiſſinie envahi par les Galles.

OGERSHEIM, petite Ville d'Allemagne dans le Bas Palatinat du Rhin, entre Manheim & Franckendal. Elle s'appelloit AGREDESHEIM du tems de Charlemagne au rapport de Freher dans ſes Origines Palatines [d]. L'an 1644. les Eſpagnols qui occupoient alors Franckendal, manquant de bois démolirent cette Ville, n'y laiſſèrent que quelques maiſons, & emporterent le bois dans leur Garniſon, au rapport de Zeyler, qui déplore la ruïne de cette petite Ville.

[d] 2. par. c. 13. fol. 84.

OGIA, petite Iſle de France, quelque part ſur la Côte de Guienne [e]. Il en eſt parlé dans la Vie de St. Amand, où l'on dit qu'elle eſt à quarante milles du Rivage. Il en eſt auſſi parlé dans la Vie de St. Landof. On croit que c'eſt l'Iſle d'OYE [f] au Pays d'AUNIS.

[e] Ortelius Theſaur.
[f] Corn. Dict. ald.

OGLAMUS, ou OGDAMUS, ſelon les divers exemplaires de Ptolomée [g]; Montagne

[g] l. 4. c. 5.

## OGL. OGN.

de la Libye, ſelon Ptolomée. Ce qui me fait croire que la ſeconde manière de lire eſt la meilleure, c'eſt que le Peuple OGDÆMI habitoit cette Montagne.

OGLASA, Iſle de la Méditerranée, ſelon Pline [h]. Il paroit par la ſituation, qu'il lui donne que c'eſt MONTE CHRISTO, où vivoient autrefois les Moines à qui St. Grégoire écrivoit [i].

[h] l. 3. c. 6.
[i] l. 1. Ep. 9.

OGLIO (L') Rivière d'Italie, dans la Lombardie. Il a ſa ſource au Breſſan dans ſa partie la plus Septentrionale, aux confins des Griſons & du Trentin, d'où ſerpentant par le Breſſan vers le Midi Occidental, il reçoit divers Ruiſſeaux des deux côtez, paſſe à Ponte di Legno, à Edolo, reçoit le Rino, & la Sanazara, baigne Capo di Ponte, & Breno, reçoit la Palobia au deſſus de ce lieu & la Laneca au deſſous, vis-à-vis du Bourg de la Civeda; plus bas elle ſe charge de la Grigna, du Ri, & du Derzo, entre dans la Partie Septentrionale du Lac d'Iſſes; en ſort au Midi Occidental, auprès de Calepio, baigné Palazzuolo, ſe groſſit d'une Rivière qui lui apporte les eaux du Lac Spino; coule ſous Ponte d'Oglio; arrive à Calzo où il commence à ſe partager en pluſieurs branches, qui ſe rejoignent, ſe diviſent & ſe réuniſſent de nouveau dans le Cremoneſe. L'autre branche qui eſt proprement l'Oglio, coule entre cette Province & le Breſſan; reçoit du Nord quantité de Riviéres, dont les principales ſont la Mela, la Chieſa, & le Navilio, quitte enfin le Breſſan pour couler quelque tems entre le Cremoneſe & le Mantouan qu'il traverſe enſuite, après y avoir baigné Canette. Il s'y perd dans le Pô, au Couchant de Borgoforte. Les autres Places qui ſont ſur l'Oglio ſont Orago, Rudiano, Orci Vecchi, Orci Nuovi, & Ponte Vico dans le Breſſan, Oſtiano dans la Principauté de Bozzolo, Soncino & Caſtel Viſconte dans le Cremoneſe. Le nom Latin de cette Rivière eſt OLLIUS.

OGNATE, les Eſpagnols écrivent ONATE; petite Ville d'Eſpagne dans la Biſcaye. L'Abbé de Vairac en parle ainſi [k]: Oñate eſt une Ville aſſez conſidérable, dans la Province de Guipuſcoa, laquelle eſt poſſedée depuis pluſieurs ſiècles par l'illuſtre & ancienne Maiſon de Guevarra, comme l'on peut voir dans l'Hiſtoire Généalogique d'Eſpagne. D. P. Velez de Guevarra en fut créé Comte par Henri IV. Roi de Caſtille, ſelon le ſentiment de D. Louïs de Salazar de Caſtro. D'autres Auteurs diſent que D. Inic ſon frere & Succeſſeur a été le premier qui fut revêtu de cette Dignité en 1469. Quoiqu'il en ſoit, ce Comté s'eſt conſervé dans la poſtérité de D. Inic juſqu'à préſent avec les Prérogatives de la Grandeſſe; car bien qu'il ſoit tombé deux fois en quenouille, ſavoir en 1593. après la mort de D. Pedro Velez Ladron de Guevarra, quatrième Comte d'Ognate & en 1658. par celle de D. Inic Velez huitième Comte, l'un & l'autre n'ayant laiſſé que des filles, il ne ſortit pourtant pas de la Famille de Guevarra, parce que les Héritieres de cet Etat, furent mariées avec leurs plus proches parens qui d'ailleurs étoient à portée de leur diſputer la Succeſſion au *Ma-*

[k] Etat préſ. de l'Eſpagne. t. 3. p. 137. l. 5.

*yorazzo* de leur Maison. Le Comté de Villa Mediana eſt auſſi entré dans cette Maiſon avec la charge de Général des Poſtes d'Eſpagne; car D. Inic Velez de Guevarra huitième Comte d'Ognate, troiſième fils de D. Inic Velez, & de Doña Catherine de Guevarra, & de Doña Marie-Anne de Taſſis, y ſucceda à D. Jean de Taſſis, neveu de Doña Marie-Anne, lequel mourut ſans enfans le 21. Août 1622. de mort violente, s'il en faut croire la Comteſſe d'Aunoi. Elle aſſure dans la V. Lettre de ſa Relation du Voyage d'Eſpagne que le Roi Philippe IV. le fit tuer d'un coup de Piſtolet, un ſoir qu'il étoit dans ſon Caroſſe avec D. Louïs de Haro, ſur quelque ſoupçon qu'il eût que ce Comte étoit amoureux de la Reine Eliſabeth de France. Mr. Baudrand dit qu'il y a un Collége fondé en 1543. par Rodrigue de Mercado, Evêque d'Avila, natif d'Oñate. Mr. Corneille en fait une Académie.

OGNI, Village des Pays-Bas ſur la Sambre, au Comté de Namur. C'eſt la même choſe qu'OIGNIES. Voyez l'Article ſuivant.

1. OGNIES ou OIGNIES, Village des Pays-Bas ſur la Sambre à quatre ou cinq lieues de Namur au Couchant. Il eſt remarquable par une Abbaye de l'Ordre de St. Auguſtin [a]. Elle étoit de l'Evêché de Liége, mais elle eſt préſentement de l'Evêché de Namur. Mrs. Sanſon & de l'Iſle écrivent ce nom OGNI. Ce lieu au reſte doit être différent des deux autres qui ſuivent.

[a] Baudrand, Edit. 1705.

2. OGNIES, ou OIGNIES, Village & Monaſtère des Pays-Bas, au Diocèſe de Namur, vers les Limites du Brabant-Wallon, & le Hainaut à une lieue, environ de Nivelle, ſelon Mrs. Baillet [b]. Il dit que c'eſt le lieu de la retraite, de la mort & du culte de la B. Marie d'Oignies.

[b] Topogr. des Saints. p. 638.

§. Ce qui me fait dire que ce lieu eſt différent du précédent, c'eſt que l'Auteur cité ne le met qu'à une lieue de Nivelle; au lieu qu'Ognies ſur la Sambre en eſt à cinq ou ſix lieues. Sans cela je dirois que ce doit être le même endroit, car d'ailleurs je ne connois aucun Village, encore moins aucune Abbaye, ou aucun Monaſtère de ce nom, aux environs de Nivelle.

3. OGNIES [c], Seigneurie de France en Artois, dans le voiſinage d'Eſpinoy, à trois grandes lieues de Lens ſur les confins de la Flandre.

[c] Dict. Géogr. des Pays-Bas.

OGRYLLIS. Voyez OLBIA 1.

OGUELA, beau Bourg & Château de Portugal [d], dans la Province d'Alentejo, aux confins de l'Eſtremadure, entre Campo Mayor & Alegrette à l'Orient de ces deux Places, ſur une haute Montagne, au pied de laquelle coule la Chevora. On y voit une fontaine merveilleuſe, qui tue tous les animaux, qu'on y jette à la reſerve des Grenouilles, & dont l'eau quoi qu'échauffée par le feu, ne peut cuire, ni la chair, ni les légumes.

[d] Délices de l'Eſpagne & du Portugal. p. 791.

1. OGYGIA, grande Ville de Thrace, ſur le Mont Hemus. Nicetas & Cedrène en font mention, ſelon Ortelius [e].

[e] Theſaur.

2. OGYGIA, c'eſt ainſi qu'Homère dans l'Odyſſée, nomme l'Iſle de Calypſo. Heſyche dit de même Ogygie, nom de l'Iſle [f] de Calypſo. Pline [f] parlant du Promontoire

[f] l. 3. c. 10.

Lacynium, (Capo delle Colonne) dit : devant la Côte à dix milles du Continent eſt l'Iſle des Gemeaux Caſtor & Pollux, & une autre, ſavoir, l'Iſle de Calypſo qu'Homere a nommée Ogygie, à ce qu'on croit; outre cela Tiris, Eranuſa & Meloeſſa. Ces Iſles que Pline nomme ici, ſont ou couvertes d'eau où tellement diminuées, qu'on n'en fait plus mention. Voyez au mot CALYPSO.

3. OGYGIA, autre Iſle de la Méditerranée, entre la Mer de Phœnicie, & celle de Syrie, ſelon un moderne qui cite le troiſième livre de Varron *de Re Ruſtica*, & qui eſt lui-même cité par Ortelius.

4. OGYGIA, ancien nom de l'ATTIQUE, ſelon Etienne le Géographe.

5. OGYGIA : on a auſſi anciennement donné ce nom à l'EGYPTE, ſelon le même.

6. OGYGIA : cet Auteur l'attribue auſſi à la BEOTIE.

7. OGYGIA : Plutarque ſemble déſirer ſous ce nom l'Irlande, dans ſon Opuſcule d'un viſage ſur le diſque de la Lune.

8. OGYGIA, ancien nom de la LYCIE, ſelon Etienne le Géographe.

9. OGYGIA, ſurnom de l'Iſle THASSUS dans l'Archipel, ſur la Côte de Thrace.

10. OGYGIA, ſurnom de Thèbes, ſelon l'Auteur du Poëme ſur l'Etna, attribué à Virgile.

*Nunc juvat Ogygiis circumdata mœnia Thebis,*
*Cerneréque hic fratres, &c.* [g]

[g] v. 570.

Rien n'eſt plus fameux dans l'antiquité que le Déluge d'Ogyges. C'eſt le nom d'un Roi de Thèbes antérieur à l'arrivée des Phœniciens dans ce Pays-là. Pauſanias [h] dit. On cit que les premiers Habitans du Territoire de Thèbes étoient les Ectènes, & qu'ils avoient pour Roi un homme, né dans le Pays nommée Ogyge, & que c'eſt de lui que beaucoup de Poëtes ont donné à Thèbes le ſurnom d'Ogygienne.

[h] In Bœotic.

OGYGIANUM, Colonie Toſcane, ſelon les fragmens attribuez à Caton [i].

[i] Ortelii Theſaur.

OGYGIUS, ou OGYUS MONS, Montagne fabuleuſe dont parle Strabon [k].

[k] l. 7.

OGYLOS. Voyez ÆGIALIE. Etienne le Géographe ſemble lui donner ce nom.

OGYRIS, Iſle de la Mer des Indes, Pline [l] dit qu'elle eſt en pleine Mer, & qu'elle eſt fameuſe par le Roi Erythras, qui y a ſon tombeau, & qu'elle eſt à cent vingt-cinq milles du Continent. Denys le Periegéte & ſes deux Paraphraſtes parlent conformément. Feſtus Avienus [m] dit

[l] l. 5. c. 28.
[m] v. 805.

*Ogyris inde ſalo promit caput, aſpera rupes,*
*Carmanidas quæ ſe pelagi procul involvit undas,*
*Regis Erythræi tellus hæc nota ſepulchro,*
*Perſicus hinc æſtus fauces hiat.*

Priſcien dit dans ſa Periegéſe [n].

[n] v. 604.

*Ulterius pergas ſi poſt Carmanida ſummam,*
*Ogyris accurrat: quæ dicitur eſſe ſepulchrum,*
*Regis Erythræi; dederat qui nomina ponto.*
*Perſicus inde, Sinus penetratur.*

Denys le Periegéte avoit dit [o] plus ſimplement; plus loin au delà du Promontoire de

[o] v. 606.

## OGY. OHI. OIA. OIB. OID. OIG. OIR.

de la Carmanie vous avez l'Isle d'Ogyris, où est le tombeau du Roi Erythre, de là vous passerez à l'entrée de la Mer de Perse. Cette situation avoit fait croire à quelques-uns que cette Isle doit être celle d'Ormus. Mais Ormus ne convient pas aux marques données par ces Auteurs. Ogyris est en pleine Mer, selon Pline, de là on passe au Détroit du Golphe Persique, selon Denys; on ne peut pas dire cela d'Ormus, qui est dans le Détroit même. Le R. P. Hardouin qui a bien vû qu'Ormus ne pouvoit être Ogyris, a été chercher l'Isle de MAZIRA sur la Côte d'Arabie. En quoi il se trompe. Car en venant du Cap de Caramanie faudroit-il passer devant l'embouchure du Golphe, courir une centaine de lieues pour trouver cette Isle sur la côte d'Arabie, & revenir d'autant sur ses pas pour se rapprocher du Golphe? A la vérité il est plus aisé de dire, quelle Isle ce n'est pas, que de la trouver.

OGYS, Josephe [a] dit: Abraham demeuroit alors aux environs du Chêne d'Ogys; c'est le nom d'un Champ peu éloigné de la Ville d'Hebron. Voyez les Articles LUZA & MAMBRÉ.

[a] Antiq. l. 1. c. 11.

OGYUS. Voyez OGYGIUS.

## O H.

OHIO (l') grande Riviére de l'Amérique Septentrionale, dans la nouvelle France. Elle est ainsi nommée par les Iroquois, & par les autres Peuples, qu'elle arrose, & ce nom marque sa beauté. Elle a ses sources chez les Iroquois, à l'Orient du Lac Erié, traverse le Pays, où étoit la Nation du Chat, & prenant son cours vers l'Occident Méridional, elle baigne les Tongoria, reçoit une grande Riviére, dont la source est voisine du Lac Erié, & qui coule chez les Miamis. Elle prend alors le nom de Riviére d'Ouabache ou de St. Jérôme, & coupe un desert de six-vingts lieues, où les Ilinois font la chasse du Bœuf; se grossit encore de la RIVIÉRE DES CHAOUANONS, ainsi nommée par un Peuple qui en habitoit autrefois les bords; & enfin accrue par la Riviére des Casquinambaux, elle se perd dans le Mississipi, au Pays nommé par les François la Louisiane.

## O I.

OIA, Ville d'Afrique dans le Zanguebar [b], avec un Port sur la Côte, presque au milieu entre Melinde, au Midi & Lamo au Septentrion. Elle fut prise, pillée & ruïnée par les Portugais en 1506.

[b] Baudrand, Edit. 1705.

OIARCO; Village d'Espagne. Voyez OLARSO.

OIATINONS (LES) Peuple de l'Amérique Septentrionale, dans la nouvelle France. Ils habitent sur les bords du Lac des Ilinois. Ils sont bons guerriers & parlent la Langue Algonkine.

OIBO, Isle d'Afrique sur la côte de Zanguebar, l'une des Isles de Quirimba [c]. Elle n'est pas si grande que celle qui donne le nom à toutes les autres [d], mais l'air y est plus temperé, & beaucoup plus sain. On y trouve des plus belles & des meilleures fontaines du monde, dont son terroir est arrosé. Les autres Isles voisines n'ont ni port ni rade, parce que le plus profond de tous les canaux qui les séparent, n'a pas trois pieds de profondeur lorsque l'eau est basse.

[c] Corn.Dict.
[d] De la Croix Relat. de l'Afrique. T. 4.

OIDERIEGA ou ONDEGUE [e], Ville d'Afrique, à l'extrémité Occidentale du Royaume de Dambea dans l'Abissinie. C'est où Facilidas se retira avec ses Troupes, à cause de la peste. Des Jésuites & des Capucins y ont souffert la mort pour la Foi Chrétienne.

[e] Descr. de l'Empire du Prête-Jean.

OIGNI & OIGNIES. Voyez OGNI & OGNIES.

OIGNY, Village de France en Bourgogne, au Diocèse d'Autun. Il y a une Abbaye de Chanoines Réguliers, de l'Ordre de St. Augustin, dédiée à Notre-Dame. Ce lieu est à cinq lieues de Châtillon sur Seine. L'Abbaye a été fondée en 1106. par des Gentilshommes.

OIRAT, Ville d'Asie dans la Perse au Couhestan. Il en est parlé dans l'Histoire de Timurbec [f].

[f] l. 5. c. 7.

OIRSCHOT, petite Ville Franche des Pays-Bas, au Brabant-Hollandois dans le Kempenland, ce qui n'est proprement qu'un Bourg, & Mr. Janiçon, en parle ainsi dans son Etat des Provinces-Unies [g]. Après Lindhoven, dit-il, le principal Bourg du Quartier de Kempenland est Oirschot, dont la Jurisdiction a onze lieues de circuit. C'est une Seigneurie qui a haute, moyenne & basse Justice, & qui appartient moitié à l'Etat, & moitié à la Famille de Swerts. C'est aussi un Fief qui releve du Conseil de Brabant. La Régence est composée de sept Echevins, sept Jurez, sept Radsmannen, ou Conseillers, deux Kerkmeesters, & trois Administrateurs des deniers des pauvres. Les Charges d'Echevins, de Jurez & de Conseillers, sont à vie & s'exercent alternativement tous les ans, c'est-à-dire que ces Magistrats sont Echevins pendant un an, ensuite Jurez, & enfin Conseillers. Ces Charges sont aussi conferées alternativement par les Etats Généraux & par le Seigneur d'Oirschot; mais le Seigneur a seul la disposition de la Charge de Drossard. Ce Bourg est partagé en huit Quartiers qui sont les environs de l'Eglise, les Hameaux de VERRENBEST, SPOORDONCK, STRATHUM, NAASTENBEST, AARLE, NOTEL & HEDEL. Tous ces Quartiers forment quatre Compagnies de Bourgeois ou Paysans, fortes d'environ quatre-vingts hommes chacune, qui ont obtenu quelques Privilèges des Souverains de Brabant, & qui certains jours de l'année se divertissent, & s'exercent à tirer à l'oiseau. Ce sont autant de Confrairies, qui ont leurs Patrons. Il se tient à Oirschot un Marché tous les Samedis, & quatre autres Marchez francs tous les ans, le Mardi après la St. Antoine, le Mardi de la Semaine Sainte, le lendemain de la fête de St. Servais, & le lendemain de la St. Hubert. Oirschot est le Bourg capital, où se tiennent les Assemblées du Quartier, & où le Bailli fait sa résidence. L'Eglise est fort grande. Il y avoit autrefois un Chapitre d'onze Chanoines. Ce Chapitre est aboli; mais les Prébendes subsistent & sont conferées alternativement par les Etats Généraux, & par le Seigneur du lieu. Cette Eglise sert présentement aux Protestans. Le clo-

[g] T. 2. p. 130.

clocher avoit autrefois une assez haute flèche, mais elle fut brûlée par le feu du Ciel, le dernier siècle. Il y a encore à Oirschot une petite Eglise fort ancienne, dans laquelle on ne fait présentement aucun service. Il y a quelques Maisons de Charité qui ont été fondées & dotées par des Seigneurs de Mérode & par d'autres Particuliers.

OIRVAUX, ou AIRVAUX, en Latin *Aurea Vallis*, Bourgade de France, dans le Poitou. C'est le Siège d'un Bailliage. Il y a une Abbaye d'hommes, Ordre de St. Augustin, fondée l'an 973. par Hildegarde d'Aurevalle, Vicomtesse de Thouars. Ce lieu est au bord du Thoué, à trois lieues de Thouars & à dix de Poitiers.

OIS. Voyez OA.

OISCA. Voyez OSCA.

1. OISE, en Latin ISARA, OESIA ou ESIA [a], Riviére de France. Elle a sa source dans les Ardennes, aux Confins du Hainaut & du Thierache, d'où serpentant l'espace de huit lieues vers le Couchant Méridional jusqu'à Guise, elle se courbe vers le Midi, passe à la Fere, à Chauny, à Noyon, reçoit l'Aisne à Compiègne, passe à Verberie, à Pont St. Maixant, à Verneuil, à Creil, à Beaumont, à l'Isle-Adam, à Pontoise, & va tomber dans la Seine, entre Conflans, Ste. Honorine & Andresy. Comme elle est navigable à Chauny, elle facilite le transport des bleds & des foins de Picardie, que l'on transporte à Paris. Le poisson n'y est pas abondant, mais il est excellent. Le Brochet, la Tanche, la Carpe & l'Anguille que l'on y pêche ont un goût exquis.

[a] Jaillot Atlas.

2. OISE, Bourg de France dans le Maine [b], il est remarquable pour être la Patrie de Marin Mersenne célèbre Mathématicien, & Philosophe qui y nâquit le 8. Septembre 1588. Il se fit Minime en 1641. & mourut le 1. Septembre 1648. On peut voir son Eloge entre les Hommes illustres de Perrault.

[b] Corn.Dict.

OISELMONT, Bois de France, en Champagne, dans la Maîtrise des Eaux & Forêts de Troyes. Il est de trois cens quatre-vingt-quatre Arpens.

OISEMONT, Bourg de France en Picardie, dans le Vimeu, au Diocèse d'Amiens, entre Pont de Remy sur Somme & Blangi sur Bresle. Le Curé est croisé de Malthe: le Commandeur d'Oisemont est Collateur de cette Cure. Ce Bourg est une Commanderie de l'Ordre de Malthe & vaut au moins dix mille livres de revenu. Il y a un petit Hôpital. Il se fait à Oisemont un grand Commerce de bled & d'autres grains, on y tient marché deux fois la semaine.

OISERY, Bourg de France, au Diocèse de Meaux.

OISON, Bourg de France dans le Berry, il fait partie du Duché d'Aubigni. Il y a une Verrerie de verres communs.

OISTA ou OSTIA, anciennement PHÆSTUS, selon Mr. Baudrand; c'est, dit-il, un ancien Bourg de Gréce dans la Thessalie, sur les confins de l'Albanie, au Septentrion Occidental, de la Ville de Janna, dont il est éloigné, environ de douze lieues.

OIUM, ou OEUM. Il y avoit dans l'Attique deux lieux appellez ainsi, & on les distinguoit par un surnom.

OIUM, ou OEUM DECELEÏCUM, c'est-à-dire proche de Decelea, reconnoissoit la Tribu Hippothoontide.

OIUM, ou OEUM CERAMICUM, étoit un quartier d'Athènes, proche du Ceramique, de la Tribu Séontide. Spon [c] remarque que ce Quartier portoit le nom d'Oeum, comme qui diroit un desert, parce qu'on n'y voioit pas l'affluence de peuple, qui étoit au Céramique, bien qu'ils se touchassent. Voyez la Guilletière *Athènes Ancienne & Moderne* p. 295.

[c] remar-e l'Isle de l'Attique. p. 370.

OIUM, Château ou Citadelle au-dessus de la Ville d'Opus, selon Strabon [d].

[d] l. 1.

OIXANT, en Latin *Uxantus*. Isle de France, sur la Côte de Bretagne. On dit communément OUESSANT. Voyez ce mot.

OIZAY-CERNAI, Bourg, Château & Châtellenie de France en Touraine; Election de Loches.

## O K.

OKASAKI, Ville du Japon, dans la Province de Micava, sur la Côte Méridionale de l'Isle de Niphon. Okasaki, dit Mr. Kæmpfer dans son Histoire du Japon [e] est une grande Ville, on y compte environ 1500. maisons, la plûpart bien bâties. Elle est ceinte d'une haye fort jolie ou palissade de Bambous, & en quelques endroits d'une muraille. Le Château est situé à l'extrémité Méridionale de la Ville sur une colline, & est entouré de fossez, & d'une muraille blanche élevée sur un rempart bas. Cette muraille est défendue avec de bons Corps de Garde, bâtis de pierre, en différens éloignemens. Du côté de la colline, où il seroit plus aisé de l'attaquer, il est défendu par une triple muraille forte. La haute Tour qui est au milieu du Château & qui est la marque ordinaire de la résidence d'un Prince fait un effet merveilleux à l'œil du côté du Midi. Les Fauxbourgs contiennent environ 200. maisons; une grande Riviére qui tire son nom de la Ville la traverse.

[e] T.2.l.5. p. 209.

2. OKASAKI (la Riviére d') Riviére du Japon, dans la Province de Micava [f]. Elle a sa source dans les Montagnes, qui sont au Nord-Ouest de la Ville d'Okasaki qu'elle traverse. Elle est assez large, & ne manque pas d'eau, mais à cause de son peu de profondeur, elle n'est pas navigable. Elle coule avec beaucoup de rapidité jusqu'à la Mer. Il y a un Pont de bois solide & magnifique, qui a 350. pas de long.

[f] Ibid.

OKINGHAM, Bourg d'Angleterre, au Comté de Bereks; selon Mr. Corneille, c'est une Ville renommée pour sa grandeur, & pour ses beaux Ouvrages de Laine. C'est le même lieu qu'Ockingham.

OKU-JESO, c'est-à-dire le HAUT JESO; grand Continent d'Asie à son extrémité Orientale. Mr. Kæmpfer [g] ayant parlé de Jeso-Gasima, ou l'Isle de Jeso ou Jeço dit, derrière cette Isle (par rapport au Japon, dont il écrit) vers le Nord est le Continent d'Oku-Jeso, comme l'appellent les Japonois, c'est-à-dire du Haut Jeso. Les Géographes conviennent tous, qu'il y a un grand Pays; mais ils n'ont pas encore déterminé, s'il confine avec la Tartarie, ou avec l'Amé-

[g] Hist. du Japon. l.1.c. 4. T.1.p.37.

# OKI. OLA. OLB.

l'Amérique. L'Editeur Anglois de son Ouvrage, parlant du Pays de Kamtschatka dit dans son Discours préliminaire, [a] ce Pays semble être le même que les Japonnois appellent Oku-Jeso, ou Jeso supérieur dont ils ne savent presque rien, excepté que c'est un Pays, comme je l'ai rapporté à l'Article KAMTZCHATKA. Oku Jeso seroit en ce cas l'extrémité Méridionale de cette Presqu'Isle ; & ce qui est appellé Terre d'Ieço par Mr. de l'Isle, qui n'a pas connu cette Presqu'-Isle & ce Golphe, lorsqu'il a fait sa Carte des Indes & de la Chine, puisqu'il ne les y a pas marquées exactement, quoi qu'il paroisse en avoir eu une idée au moins commencée. Le Pays d'Oku Jeso, dit Mr. Kaempfer,[b] est divisé en plusieurs Provinces dont voici les noms, tels qu'ils sont exprimez par les Caractères, dont ils se servent communément en écrivant : KABERSARI, ORANKAI, SITSII, FEROSAN, & AMARISI. Entre ces deux dernières Provinces, on marque une Rivière assez grande, qui se perd dans la Mer, derrière l'Isle de Jeso au Sud-Ouest.

*a* p.XVII.

*b* l.1.c.4.p. 51.

## OL.

OLABI, ancien Peuple de l'Ethiopie, sous l'Egypte, selon Pline [c]. Quelques Exemplaires portent ALABI. Il dit que ce sont des Peuples Nomades, ou errans, qui se nourrissent de lait.

*c* l.6.c.30.

OLACHAS, Rivière d'Asie dans la Bithynie ; elle passe à Bryazum, selon Pline [d], qui ajoute que c'est le nom d'un Temple & d'un Dieu. On dit que les Parjures ne sauroient en souffrir l'eau qui est pour eux un feu brûlant.

*d* l.31.c.2.

OLAN. Voyez OLON.

1. OLANE, l'une des Embouchures du Pô. Voyez VOLANE.

2. OLANE, Ville de la grande Arménie, selon Strabon [e], ou plutôt, selon Ortelius [f]; car Strabon dit, que BABYRSA & OLANE étoient des Châteaux voisins d'Artaxate, & situez dans les Montagnes, où l'on gardoit les richesses de Tigranes & d'Artabasde.

*e* l.11.p.529. *f* Thesaur.

OLAPIA, Ville de l'Arabie heureuse, selon Ptolomée. Quelques Exemplaires portent OLAPHIA.

OLARGUES, Bourg, ou selon d'autres, petite Ville de France en Languedoc, au Diocèse de St. Pons. Mr. Piganiol de la Force [g] le nomme Bourg d'ORLAQUES ; Mr. Sanson [h] en fait une Ville sur le Ruisseau de Taure, qui vient de St. Pons, & tombe dans l'Orbe à l'Orient d'Olargues.

*g* Descr. de la France. T.4.p.368. *h* Carte du Languedoc.

OLARIO ou,
OLARINUM. Voyez ULIARUS, & OLERON.

OLARSO, ancien Ville d'Espagne, selon Pline [i]. Ptolomée [k] la met dans l'Espagne Tarragonoise & dans les Villes maritimes des Vascons. C'est aujourd'hui OIARÇO, Village à deux lieues de Fontarabie.

*i* l.4.c.20. *k* l.2.c.6.

OLAW, Ville d'Allemagne dans la Silesie au Duché de Brieg. Elle est fort jolie & peu éloignée de Brieg, sur la petite Rivière d'OLA ou OLAW ; qui a sa source auprès de Monsterberg, & qui se perd dans l'Oder, auprès de Breslau [m].

*l* Hubner, Géogr. p. 622. *m* Helwig.Si. les.

OLBA. Voyez OLIBA.

# OLB.

OLBASA, il y avoit trois Villes de ce nom dans l'Asie Mineure, selon Ptolomée, au rapport d'Ortelius.

1. OLBASA, Ville de Pisidie. L'Edition de Bertius, porte OBASA, "OβaσaⁿⁿOrtelius la met dans la Pamphilie, parce que le Chapitre où il en est parlé, porte effectivement ce titre.

*n* Ptolomét. l.5.c.5.

2. OLBASA[o] Ville de la Cappadoce, dans l'Antiochiane.

*o* Id.l.5.c.6.

3. OLBASA, Ville de la Cilicie dans la Cetide [p]. Strabon la nomme [q]. OLBUS ; & dit qu'il y avoit un Temple de Jupiter, consacré par Ajax, frere de Teucer. Le Grand Prêtre de ce Temple étoit Seigneur de la Trachiotide.

*p* Id.l.5.c.8. *q* l.14.p.672.

OLBELUS, ancienne Ville de la Macédoine, selon Etienne le Géographe. Voyez ORBELUS.

OLBI, Ville d'Egypte, du côté de la Libye, selon le même.

1. OLBIA, Ville maritime de l'Isle de Sardaigne, sur la Côte Orientale, selon Ptolomée [r]. Cet Auteur distingue la Ville du Port & met 15. minutes de différence en latitude, entre *Olbia Civitas* & *Olbianus Portus*. Pausanias dit, qu'elle avoit été bâtie par des Grecs. Elle fut ravagée par Scipion, comme il paroît par ce passage de Florus. *Sardiniam adnexamque Corsicam transit. Olbiæ hic, ibi Aleria Urbis excidio incolas terruit*. Zonare a dit de même, il attaqua la Ville d'OLBIA, en parlant de Scipion. Claudien [s] a dit

*r* l.3.c.3. *s* De Bello Gild. v. 519.

*Partem littoreo complectitur Olbia muro.*

Les Habitans sont nommez OLBIENSES. Orose [t] les appelle ULBIENSES. On a dit aussi ULBIA pour *Olbia*. Antonin se sert de cette dernière Orthographe.

*t* l.1.c.2.

*Elephantaria*,
*Longones*, - - - M. P. XII.
*Olbiam*, - - - M. P. XXXVIII.
*Coclearia*, - - - M. P. XV.
*Portum Luguidonis*, M. P. XII.

On en voit encore les ruïnes, près du Cap de Comin un peu à l'Orient du Village d'Orose.

2. OLBIA, autre Ville de Sardaigne, dans sa partie Méridionale. C'est celle dont parle Tite-Live [v]. Elle fut bâtie par Iolaus, d'où lui vint le surnom d'*Iolea*. Elle est maintenant détruite. Il en reste pourtant des ruïnes, auprès du Village de Suilli, à six lieues Espagnoles des ruïnes de Sulci, selon l'Historien [x] de Sardaigne, cité par Mr. Baudrand [y].

*v* l.17.c.17. *x* Francis. de Vico. *y* Edit. 1705.

§. Il y a une difficulté sur cet Article, c'est que Tite-Live parle d'Olbia, immédiatement après la prise d'Aleria, & à l'occasion de Scipion.

3. OLBIA, ancienne Ville de la Gaule Narbonnoise, dont Pomponius Mela [z] qui allant d'Orient en Occident, nomme de suite *Forum Julii*, (Frejus) *Athenopolis*, *Olbia*, *Taurois*, *Citharistes*, *Lacydon*, le Port de Marseille, & la Ville même de Marseille. Quelques-uns doutent, si c'est HYERES lieu de Provence qui donne son nom aux Isles voisines.

*z* l.2.c.5.

4. OL-

4. OLBIA, Ville de la Sarmatie en Europe à l'embouchure du Borysthéne. Elle portoit aussi le nom de ce Fleuve, selon Ptolomée [a] qui dit OLBIA *quæ & BORYSTHENES dicitur*. Voyez les Articles BORYSTHENIS & BORYSTHENITÆ. C'est l'OLBIOPOLIS de Pline.

[a] l. 3. c. 5.

5. OLBIA, Ville de l'Asie Mineure en Bithynie, sur la Propontide, selon Ptolomée [b]; quelques Exemplaires portent OLIBA, Sophien dit que le nom moderne est VERTIA.

[b] l. 5. c. 1.

6. OLBIA, Ville de l'Asie Mineure dans la Pamphylie, aux confins de la Lycie, selon Ptolomée [c]. Strabon la donne à la Lycie, à ce que dit Ortelius. Je trouve le contraire dans Strabon, car il dit qu'après Phasélide Ville de Lycie, située sur la frontiére de la Pamphylie est Olbia, où la Pamphylie commence. *Post Phaselidem Olbia est Pamphyliæ initium, magna Munitio.*

[c] l. 5. c. 5.

7. OLBIA, Ville d'Ibérie, selon Etienne. C'est l'OLIBA de Ptolomée. Voyez ce mot.

8. OLBIA, Ville de la Cilicie, selon le même. C'est la même que Seleucie; dont Olbia est l'ancien nom.

9. OLBIA, Ville de l'Illyrie, selon le même Etienne.

10. OLBIA, Ville Episcopale d'Egypte, selon Ortelius qui cite le Concile de Chalcédoine. Il ajoute qu'elle est nommée ULBIA, au troisième Concile d'Ephèse.

OLBIOPOLIS, Ville de la Sarmatie en Europe, au bord du Borysthéne à quinze mille pas de la Mer. Pline [d] dit : *Et Oppidum à Mari recedens, quindecim millibus passuum Olbiopolis & Miletopolis antiquis nominibus.* Surquoi le R. P. Hardouin observe qu'*Olbiopolis & Miletopolis* étoient d'anciens noms de la même Ville. Voyez OLBIA 4.

[d] l. 4. c. 12.

OLBIOPOLITÆ. Voyez BORYSTHENITÆ.

OLBISII & OLBYSSII.

OLBISINII &

OLBISSI, Etienne le Géographe nomme ainsi un Peuple, voisin des colomnes d'Hercule. Mais sans nous apprendre s'il étoit en Afrique ou en Espagne.

OLBIUS, Riviére du Peloponnèse, dans l'Arcadie. Pausanias [e] dit que quelques-uns le nommoient AROANIUM; & Ortelius [f] observe qu'Athenée [g] l'appelle Aornos.

[e] l. 8. c. 14.
[f] Thesaur.
[g] l. 8.

OLBUS. Voyez OLBASA.

OLBUTANUS, Siège Episcopal d'Afrique, dans la Mauritanie Césarienne, selon Ortelius qui cite Victor d'Utique. Je n'en trouve aucune trace dans les différentes Notices, & je soupçonne que ce doit être OBBITANUS, le même qu'OBBENSIS.

OLBYSSII. Voyez OLBISII.

OLCACHITES, Ὀλκαχίτης, Golphe de la nouvelle Numidie, selon Ptolomée [b]. Quelques Exemplaires aspirent la première syllabe Ὁλκαχίτης, *Holcachites*.

[b] l. 4. c. 3.

OLCADES, ancien Peuple d'Espagne. Polybe, Tite-Live & Etienne le Géographe en font mention, & malgré tout cela il n'est pas aisé de dire où ils étoient. Tite-Live dit [i] d'Annibal : Il mena d'abord son Armée dans le Pays des Olcades (Nation qui étoit au delà de l'Ebre, plutôt enclavée dans le Pays des Carthaginois que rangée sous leur domination) afin qu'il ne parût pas avoir attaqué directement les Sagontins, mais avoir été engagé à cette guerre, par l'enchaînement des conjonctures, après avoir soumis leurs voisins, & être venu jusqu'à eux de proche en proche. Les Olcades vaincus par Annibal se joignirent aux Carpetaniens contre leurs ennemis communs. Polybe racontant la même Histoire [k] dit qu'Annibal attaqua d'abord les Olcades, ensuite les Vaccéens & tous les Peuples au delà de l'Ebre, & les soumit aux Carthaginois, de sorte que tous ayant été subjuguez, il ne restoit plus que les Sagontins, qui ne pouvoient manquer de l'être à leur tour, après la défaite de leurs voisins. Tout cela ne nous apprend point quel Canton les Olcades occupoient. Etienne le Géographe cite Polybe, & dit d'après lui que c'est une Nation [l] en deçà de l'Ebre. Mais il nomme ALTHÆA [m] leur Ville, que Tite-Live nomme CARTEIA. Cellarius veut que l'on corrige ce nom dans Tite-Live. Etienne dit donc qu'Althæa étoit voisine de la nouvelle Carthage. Ainsi les Olcades étoient voisins des Oretains & au Midi; Antoine de Lebrixa, Mariana & Louïs Nuñez, tous gens habiles dans les antiquitez d'Espagne, mettent Althæa au Royaume de Toléde auprès d'Ocanna, à l'Orient, & environ à dix milles de Toléde; ce qui convient assez au récit de Tite-Live, qui ne met pas ce Peuple sur la Côte mais dans les terres. *Althæa* est le seul lieu de ce Peuple, que les Anciens aient nommé.

[i] l. 21. c. 5.
[k] l. 3. c. 13. suiv.
[l] In voce Ὀλκάδες.
[m] In voce Ἀλθαία.

OLCHINIUM, ancienne Ville de la Dalmatie. Ptolomée [n] l'appelle ULCINIUM; Tite-Live [o] en fait aussi mention, & la nomme OLCINIUM. Pline dit [p] OLCHINIUM, anciennement COLCHINIUM, parce, dit-il, qu'elle fut bâtie par les Colques. Ce nom s'est conservé en celui de DULCIGNO, qui est le nom moderne.

[n] l. 2. c. 17.
[o] l. 45. c. 26.
[p] l. 3. c. 22.

OLCIMUS, nom d'une Montagne & d'une Riviére de Macédoine. Dioscoride [q] dit de la Montagne, qu'on y trouve l'espèce de Rue qu'il appelle *Rutha Silvestris*. Mathiole ne trouvant point ce nom entre les Montagnes de la Macédoine, lui substitue celui d'Halyacmon. Mais Apulée [r] parlant de la Rue de Jardin dit : *Memorant ad Olcimum Herb. Fluvium appellari viperalem.* Il sous entend le mot *Rutham*. Ainsi Olcimus est le nom d'une Montagne & d'une Riviére, & ce mot doit être conservé dans Dioscoride.

[q] l. 3.
[r] De virtut. Herb.

OLCINIUM. Voyez OLCHINIUM.

OLCIUM, Ville de la Tyrrhenie, selon Etienne le Géographe. Il cite le 6. Livre de Polybe, dont nous n'avons que des fragmens, où ce nom ne se trouve point.

OLD, ce mot est le même que ALT, en Allemand & veut dire en Hollandois & en Anglois *vieux, ancien*. C'est dans ce sens, qu'il entre dans la composition de plusieurs noms Géographiques.

OLD-AMPT, c'est-à-dire le VIEUX BAILLIAGE [s], Contrée des Pays-Bas dans les Provinces-Unies. On nomme ainsi un Quartier de la Seigneurie de Groningue, renfermé entre les marais & le bras de Mer, nommé le Dollaert. Il a le Quartier de Fivelingo au Nord, & confine avec l'Oostfrise. Winschoten en est le principal lieu.

[s] Dict. Géogr. des Pays-Bas.

## OLD.

OLD-CARLILE, ou *l'ancienne Carlile*. Voyez CARLILE.

OLD-PENRETH, Village d'Angleterre, au Comté de Cumberland près de Penreth. Voyez VOREDA.

OLD-RADNOR, Village d'Angleterre dans la Principauté de Galles, près de la Ville de Radnor. C'eſt le lieu nommé *Magnis* dans l'Itinéraire d'Antonin, & par l'Anonyme de Ravenne.

OLD-TOWN, Village d'Angleterre, au Comté de Hereford, près de la Ville de Hereford. Voyez BLESTIUM.

OLDA, Rivière de France dans la Guienne, où elle ſe jette dans la Garonne. Le nom moderne eſt *Loda*, par un renverſement de lettres, ſelon Joſeph Scaliger [a]. C'eſt le LOT.

[a] *In Lect. Auſon.*

OLDENBOURG, Ville du Holſtein dans la Vagrie. Voyez ALTENBOURG 2.

OLDENBOURG, Château d'Allemagne en Weſtphalie [b], ſur la Montagne de Furſtenberg, aux confins des Comtez d'Arensberg & de la Marck. La Rivière de Roer arroſe le pied de cette Montagne. Il y a plus de trois ſiècles que ce Château eſt détruit. Il en reſte encore une Chapelle. Ce Château étoit l'ancienne demeure des Barons de Furſtenberg.

[b] *Monum. Paderborn. p. 272.*

OLDENBOURG, Ville d'Allemagne en Weſtphalie, dans un Comté de même nom, dont elle eſt le chef-lieu. Le Duc Waldbert deſcendu de Witikind Roi de Saxe, qui vivoit en 850. épouſa Altburg ou Oltburg, fille unique du Comte de Leſmona aujourd'hui Leſshem, Village de l'Evêché de Brême ſur le Wimmer, & en ſon honneur il bâtit dans l'Ammerland le Château d'Altenbourg ou Oldenbourg, au-deſſous de la Ville de Wildeshauſen, & ce Château donna enſuite ce nom à la Ville & au Comté. Crantzius [c], Chytræus [d], Helmold & Albert de Stade, parlent ſouvent & honorablement des Comtes d'Oldenbourg. Oldenbourg eſt muni de remparts & de foſſez, & eſt arroſé par le Hunte, Rivière qui porte des Barques. Il y a trois Egliſes, ſavoir St. Lambert, le St. Eſprit, & St. Nicolas. Le Château étoit la réſidence ordinaire des Comtes. Il y a un pont ſur le Hunte. Le Laboureur qui y paſſa avec la Reine de Pologne en 1646. en parle ainſi [e], la Ville d'Oldenbourg eſt de médiocre grandeur, fortifiée d'une bonne muraille, avec des Baſtions terraſſez, & un large foſſé plein d'eau, qui repaſſe dans la Ville pour la défenſe du Château, qui ſert de Citadelle. La cour eſt quarrée, & aſſez grande pour mettre ſix cens hommes en bataille: tout autour eſt bâti le Palais, en divers corps de Logis fort magnifiques. La Maiſon des Comtes d'Oldenbourg poſſéde aujourd'hui la Couronne de Danemarck & de Norwege, depuis Chriſtian I. couronné l'an 1448. juſqu'à préſent.

[c] *Metropol. l. 3. c. 25.*
[d] *Saxon. in Proœm.*
[e] *Relat. du Voyage de la Reine de Pologne. p. 93.*

LE COMTE' D'OLDENBOURG, eſt entre la Mer d'Allemagne au Nord; le Weſer qui le ſépare du Pays de Brême, & le Comté de Delmenhorſt à l'Orient; Wildeshuſen & l'Evêché de Munſter au Midi, & le Comté d'Ooſtfriſe au Couchant. Il peut avoir quinze lieues du Nord au Sud, & neuf du Couchant au Levant. C'eſt un Pays très-fertile en grains, & en pâturages & qui abonde en Chevaux; de grands marais ſe ſéparent du Pays de Munſter. La Hunte l'arroſe & le Weſer le termine, comme j'ai dit. Il a ſur l'Océan quelques aſſez bons Ports, qui lui attireroient un Commerce avantageux, s'il n'étoit pas détourné par les Villes de Hambourg, de Bremen & d'Embden. Le Comté de Delmenhorſt lui eſt uni depuis long-tems; & étoit poſſedé par les mêmes Comtes. La Maiſon Royale de Danemarck n'étoit qu'une Branche de la Maiſon d'Oldenbourg. Celle qui étoit reſtée en poſſeſſion de ce Comté s'éteignit en 1667. dans la perſonne d'Antoine Gonthier. Il y eut de grands debats pour la Succeſſion entre la Branche de Holſtein, & celle de Danemarck, qui en reſta en poſſeſſion.

OLDENDORP, petite Ville d'Allemagne en Weſtphalie [f], au Comté de Schawenbourg ſur le Weſer, entre Hameln & Rintelen. Il y a une Douane. Les Suédois y gagnerent une Bataille le 28. Juin 1633.

[f] *Zeyler, Weſtphal. Topogr.*

OLDENPOA [g], Canton de la Livonie, dans l'Eſtonie; entre le Lac de Wortz au Couchant & le Lac Peipus au Levant. La Ville de Derpt en eſt l'unique Ville. Il y a au Nord le Bourg de LAIS, au Midi Oldenpa Bourgade, à l'Orient le Château de Verbeck, au Couchant celui de Ringen & quelques Villages, Pernau, que Mr. Baudrand y met auſſi, n'a rien de commun avec l'Oldenpoa.

[g] *De l'Iſle Atlas.*

OLDENZEEL, ou OLDENSEEL, *Salia vetus*, petite Ville des Pays-Bas, dans les Provinces-Unies au Pays de Twente [h] dans l'Overiſſel, à trois lieues d'Oetmarſen, & à dix de Deventer.

[h] *Dict. Géogr. des Pays-Bas.*

OLDESLO, petite Ville d'Allemagne, au Cercle de la Baſſe Saxe [i] dans la partie du Holſtein appellée proprement la Vagrie, ſur la Trave, à trois milles de Lubeck.

[i] *Baudrand, Edit. 1705.*

OLEA, en Grec Ἐλαια, mot qui veut dire *l'Olivier*, & *l'Olive*; Plutarque parle de deux fontaines, dont l'une s'appelloit ainſi & l'autre la *Palme*, ou le *Palmier*, PALMA, Φοῖνιξ, elles étoient dans la Bœotie, auprès de la Montagne de Delos. On diſoit qu'Apollon étoit né en cet endroit. Voici le paſſage de Plutarque pris de la Vie de Pelopidas [k]. Un peu au-deſſous de ce marais eſt le Temple d'Apollon Tégyréen & ſon Oracle. On prétend que c'eſt là que ce Dieu nâquit. En effet la Montagne voiſine eſt appellée DELOS, & c'eſt au pied de cette Montagne que finiſſent les inondations du Melas. Derrière ce Temple ſaillent deux ſources, très-abondantes d'une eau merveilleuſe pour ſa douceur & ſa fraîcheur: nous les appellons encore aujourd'hui l'une la Palme & l'autre l'Olive; comme Latone ayant accouché, non entre deux arbres, mais entre ces deux ſources. On voit même près delà le Mont PTOUM, d'où l'on dit que ſortit ce furieux Sanglier, qui fit une ſi grande frayeur à cette Déeſſe.

[k] *La Traduct. de Mr. Dacier. T. 3. p. 199.*

OLEARUS. Voyez OLIARUS.

OLEASTRO, Ville d'Eſpagne, au Département de Gades, ſelon Pline [l]. Elle eſt nommée *Oleaſtron*, Ὀλέαςρον, par Ptolomée [m] qui la met dans la Bétique. Pomponius Mela fait mention d'un bois nommé *Oleaſtrum* dans le Golphe de Cadix. *In proximo Sinu Por-*

[l] *l. 3. c. 1.*
[m] *l. 2. c. 4.*

## OLE.

*Portus est quem Gaditanum & Lucus quem Oleastrum appellant.*

1. OLEASTRUM, Ville d'Espagne sur la route de Tarragone à Tortose, selon Antonin [a] à XXI. M. P. de la premiere.

[a] Itiner.

2. OLEASTRUM, Promontoire d'Afrique, dans la Mauritanie Tingitane, selon Ptolomée [b].

[b] l. 4. c. 1.

OLEATRON, ou selon la terminaison Latine OLEATRUM, ancienne Ville d'Espagne. Strabon [c] dit après avoir parlé de Sagonte Ville détruite par Annibal, les Villes voisines sont Cherronese, Oleatron, Cartalias, & Dertossa qui est au passage même de l'Ebre. Zurita croit que c'est l'OLEASTRUM d'Antonin.

[c] l. 3. p. 159. nc.

OLENA, Ville de la Toscane. Il en est parlé dans les Fragmens de Caton.

OLENACUM, ou OLENAGUM, lieu de la Grande-Bretagne. Il en est fait mention dans la Notice de l'Empire. Ortelius dit que c'est Elenborrow & cite Cambden.

OLENIA PETRA. Voyez SCOLLIS.

OLENON, Bourg dans l'Aulide, dit Ortelius, & il cite Hygin; ajoutant qu'il fut bâti par Olenus fils de Vulcain.

OLENUM, selon Pline [d], ou,

[d] l. 4. c. 5.

1. OLENUS, Ville du Peloponnèse, dans l'Achaïe entre Patras & Dyme. Etienne [e] dit; Olenus Ville d'Achaïe. Strabon [e] la met sur une grande Riviere nommée le MELAS, c'est la même Rivière qu'Hérodote nomme le PIRUS. Ptolomée la nomme entre *Patra* & *Dyme*.

[e] l. 8. p. 386.

2. OLENUS, Desert entre Patras & Dyme, selon Eustathe sur le second livre de l'Iliade.

3. OLENUS, Ville d'Asie dans la Galatie, selon Ptolomée [f] qui la met au Couchant d'Ancyre.

[f] l. 5. c. 4.

4. OLENUS, Ville de Grèce dans l'Etolie, selon Strabon [g]. Il n'en restoit déjà plus de son tems que les ruïnes. Mr. Baudrand [h] nomme OLENO un Village de la Livadie sur le Fidari, au dessus de Neo-Castro, & croit que c'est cette Olenus d'Etolie.

[g] l. 8. p. 386.
[h] Edit. 1705.

1. OLERON, Isle de France sur la Côte d'Aunis & de Saintonge. Le Pertuis d'Antioche la sépare de l'Isle de Ré, & celui de Maubuisson au Midi la sépare du Continent de la Saintonge. Les Anciens n'ont connue sous le nom d'Uliarus, comme on le peut voir dans Pline [i]. Sidonius Apollinaris l'appelle OLARIO. Elle a environ cinq lieues de longueur sur deux de largeur, & elle n'est qu'à deux lieues du Continent. Ses habitans passent pour bons hommes de Mer depuis six à sept cens ans, dit, Mr. l'Abbé de Longuerue [k], desorte que c'étoient eux qui donnoient les Loix de la Marine qu'on appelle aujourd'hui les LOIX D'OLERON. Ces Insulaires ont toujours eu de grands Privilèges, tant sous les Ducs d'Aquitaine que sous les Rois de France & d'Angleterre. Ils avoient un Gouverneur particulier qui avoit de fort beaux droits. Les Rochelois au XVI. Siècle s'emparérent de cette Isle & de celle de Ré, & comme les habitans leur étoient affectionnez à cause de la Religion Protestante, qu'ils avoient embrassée pour la plûpart, les Rochelois furent toujours les Maîtres de cette Isle jusqu'à l'an 1625. que Louïs XIII. la subjugua avec

[i] l. 4. c. 19.
[k] Desc. de la France, 1. part. p. 163.

## OLE.

celle de Ré & fit bâtir une Forteresse au lieu où étoit l'ancien Château. Le Gouvernement de cette Isle qui ne dépend plus de celui de Saintonge est subordonné à celui d'Aunis, quoique les Insulaires d'Oleron reconnoissent toujours la Jurisdiction du Sénéchal de Saintonge & en cas d'appel le Parlement de Bourdeaux.

Lorsque les Comtes d'Anjou possédoient la Saintonge, ils avoient aussi le domaine utile de l'Isle d'Oleron, comme on le peut voir par la Charte de Géofroi Martel, Comte d'Anjou, & de sa femme Agnès, pour la fondation du Monastère des Religieuses de Notre-Dame de Saintes, datée de l'an 1047. Dans la même Charte le Comte loue beaucoup la fertilité du terroir de cette Isle en ces termes; *Insula cui Blarium nomen est, quamquam formosissima soli fertilitas & amænitatis commoditas nobilitat.* Après la réunion de la Saintonge au Duché d'Aquitaine, quoiqu'il y eût en cette Isle un Gouverneur, il y avoit un Seigneur propriétaire qui étoit de la Maison de Montmor. Lorsque le Roi Charles V. l'acquit & l'unit à la Couronne par ses Lettres du 17. Février 1371. le Roi donna le Gouvernement de l'Isle au Seigneur de Montmor, avec les droits qui y étoient attachez. On avoit promis une récompense à ces Seigneurs pour laquelle il y eut de grands différens avec les Officiers Royaux. Cependant les droits de ceux de la Maison de Montmor, passérent aux Sires de Pons, qui plaidérent long-tems contre le Domaine à cause de plusieurs Terres qu'on leur contestoit en Saintonge, jusqu'à ce que par Arrêt rendu au Parlement de Paris le 16. Septembre 1514. on adjugea plusieurs Terres à la Maison de Pons; mais pour l'Isle d'Oleron, la Cour l'ajugea au Roi avec toutes ses dépendances; le Château & tous les Forts de l'Isle comme faisant partie du Domaine Royal.

L'Isle d'Oleron a douze lieues de circuit & dix ou douze mille habitans. Son terroir est très-fertile & produit du bled, du vin, du Sel, &c. Elle est défendue par un Château situé dans la partie Orientale, qui est bien fortifié & a une Garnison de cinq à six cens hommes. Il y a dans cette Isle six Paroisses, un Couvent de Recollets & plusieurs Bénéfices simples. On a commencé l'enceinte du Bourg du Château dont on fera par succession une jolie Ville. Il y a deux Hôpitaux, l'un pour les Soldats de la Garnison & l'autre pour les Ouvriers & les Matelots. Ce sont des Sœurs grifes qui gouvernent ce dernier & qui instruisent les jeunes filles de la Ville & des Villages des environs. La Tour de Chassiron est un Fanal situé à l'une des Pointes la plus avancée de cette Isle pour faire connoître aux Vaisseaux l'entrée du Pertuis d'Antioche.

[l] Piganiol la Force, Descr. de la France, t. 5. p. 68.

2. OLERON, Ville de France en Béarn, sur le Gave qui à cause d'elle est appellé Gave d'Oléron; ses noms Latins sont *Ilurro*, *Illurona*, *Elloronensium Civitas*. C'est une assez grande Ville à quatre lieues de Pau, à trois de Navarreins, à sept des Frontières de la Navarre & de l'Arragon. Elle est fort peuplée, & la plûpart de ses Citoyens sont Négocians & font presque tout le Commerce d'Arragon. Il y en avoit beaucoup de riches avant le premier jour de Juin de l'an 1694. que

[m] Ibid. t. 5. p. 446.

que leurs correspondans qui demeuroient à Sarragoce furent pillez par le Peuple de cette Ville qui se souleva contre eux & les chassa après avoir enlevé tous leurs effets. Depuis ce tems-là Oléron ne s'est point rétablie & le Commerce y a été languissant. La Riviére sépare cette Ville d'une autre nommée STE. MARIE, & ces deux Villes se communiquent par un Pont de pierre. C'est dans cette derniere qu'est la Cathédrale & la résidence de l'Evêque d'Oléron. Oléron, dit Mr. de Longuerue [a], située dans les Pyrénées est dans le Territoire des anciens Peuples Tarbelliens, & n'a point été connue avant le V. Siècle, où on la trouve marquée dans l'Itinéraire d'Antonin sous le nom d'ILURO, corrompu peu après en ELORO & OLORO. On ne voit point aussi qu'il y ait eu d'Evêques en cette Ville avant le commencement du VI. Siècle & avant l'Evêque Gratus qui assista l'an 506. au Concile d'Agde & qui est appellé dans les signatures *Episcopus Oloronensis*. Mais dans le IV. Concile de Paris & dans le second de Mâcon qui ont été tenus après celui d'Agde, l'Evêque Licerius d'Oléron est appellé *Episcopus Elororensis*. Oléron fut ruiné avec la Ville de Béarn par les Ravages des Normands & des Sarrazins, & son Evêché fut long-tems tenu par les Evêques de Gascogne, c'est-à-dire, par des Prélats qui possédoient seuls tous les Evêchez de Gascogne; mais après la déposition de l'Evêque Raimond, on donna à ce Siège un Evêque particulier nommé Etienne qui étoit déja en possession dès l'an 1058. Ce fut en son tems que l'Eglise Cathédrale d'Oléron fut rebâtie, & la Ville ensuite par Centule Vicomte de Béarn qui donna le Vicomté d'Oléron en partage à son fils naturel nommé Aner-Loup. Il jouït long-tems de cette Vicomté & son fils Loup-Aner, après la mort desquels les Vicomtes de Béarn unirent à leur Vicomté celle d'Oléron; ensorte que depuis elle n'en a plus été séparée.

[a] *Descr. de la France,* 1. part. p. 210.

[b] L'Evêché d'Oléron a 209. Paroisses & s'étend encore dans tout le Pays de Soulle qui en a soixante-quatre. Il est sous la Métropole d'Auch. Le Chapitre de la Cathédrale est l'unique qu'il y ait dans ce Diocèse & est composé d'un Archidiacre & de douze Chanoines. Il n'y a aussi dans ce Diocèse qu'une seule Abbaye, savoir celle de St. Vincent de Luc. Elle est de l'Ordre de St. Benoît; celui qui en est pourvû a entrée aux Etats de Béarn, & elle lui rapporte cinq à six mille livres de revenu. La Manse Monachale est aujourd'hui possedée par les Barnabites.

[b] *Piganiol de la Force, Descr. de la France,* t. 4. p. 426. 427.

OLERUS, Ville de l'Isle de Créte au-dessus d'*Hiera Pytna*, selon Etienne le Géographe.

OLESKO, [c] petite Ville de la Pologne, au Palatinat de Volhinie, aux confins des Palatinats de Belz & de Russie, à l'Orient de Busk, qui est du premier de ces deux Palatinats voisins & au Nord de Soloczow, assez près des sources de la Riviére de Boug qui tombe dans la Vistule & de celle de la Riviére de Ster, qui se perd dans le Borysthene; au Levant d'Eté & à dix milles Géographiques de Léopol.

[c] *De l'Isle Atlas.*

OLETTE, Bourg de France dans le Roussillon, au Diocèse de Perpignan, dans la Viguerie de Conflant.

OLEUM, Riviére de l'Espagne Tarragonoise, selon Festus Avienus cité par Ortelius.

OLEZO, ou OLEGIO, [d] Bourg d'Italie dans la Lombardie, au Duché de Milan dans le Novarez sur le Tezin à six milles au dessous de l'endroit où cette Riviére sort du Lac Majeur, à sept de Sesto & à dix de Novara.

[d] *Baudrand, Edit.* 1705.

OLGANUS, nom de lieu, selon Ortelius [e]. Etienne le Géographe [f] le nomme sans autre éclaircissement. Il semble néanmoins insinuer que c'étoit une Riviére. Peut-être cette Riviére n'est-elle pas différente de l'*Olcimus* de la Macédoine dont parle Dioscoride.

[e] *Thesaur.*
[f] *In voce*, ΜΊΕΖΑ.

OLGASSUS. Voyez OLYSSAS.

OLIA, Ville de la Mésopotamie, selon Ptolomée [g]. Quelques Exemplaires portent ELIA.

[g] l. 5. c. 18.

OLIANA, Riviére d'Espagne. Elle a sa source dans la nouvelle Castille, aux confins du Royaume de Valence d'où coulant vers le Midi, elle passe à Caudete, à Utiel, à Requena, entre dans le Royaume de Murcie, se joint au Cabriel, & se perd avec lui dans le Xucar.

OLIAROS, Isle de l'Archipel, l'une des Cyclades, entre l'Isle de Siphnus au Couchant, & celle de Paros au Levant. Voyez ANTIPAROS.

OLIBA, ancienne Ville de l'Espagne Tarragonoise au Pays des Berons. On croit que c'est présentement OLIT. Voyez ce mot.

OLIBANUS, Montagne des Locres Epizephyriens, dans la Grande Gréce. C'est ainsi que Celsus Contadinus vouloit qu'on lût ce mot au lieu de CLIBANUS qui se lit dans Pline.

OLIBERA. Voyez ORIXA.

OLIBRIONES. Voyez LABRONES.

OLICANA, Ville de l'Isle d'Albion au Pays des Brigantes, selon Ptolomée [h]. C'est aujourd'hui ILKLEY sur la petite Riviére de Wherf, selon Mr. Baxter. [i] Cambden dit que c'est OTELEY, & Lhuyd que c'est HALEGREX.

[h] l. 2. c. 2.
[i] *Glossar. Antiq. Britann.*

OLIENA, [k] petite Ville de Sardaigne, sur la Côte Orientale de l'Isle, environ à 18. lieues de Cagliari vers le Levant.

[k] *Baudrand, Edit.* 1705.

OLIERGUES, petite Ville de la Basse Auvergne, au Diocèse de Clermont. Il y a une Manufacture de Camelots de Laine [l]. Elle est située sur la Dore, vers les confins du Forez à sept lieues de Montbrison & à cinq au dessus de Thiers. Elle a titre de Baronie.

[l] *Ibid.*

OLIETE, en Latin *Olita*, Village d'Espagne dans l'Arragon, sur la Riviére Martin, entre Montalvan & Ixar. Quelques-uns y ont cherché LEONICA. Voyez ce mot.

OLIGASCUS, pour BOLEGASCUS. Voyez ce mot.

OLIGYRTIS, ou OLOGYRTIS, Ville du Péloponnèse, selon Polybe [m]. Plutarque la nomme OLOGUNTUS, dans la Vie de Cléomene. C'étoit une petite Ville de l'Arcadie, selon la Remarque de Mr. Dacier [n].

[m] l. 4.
[n] *Hommes Illust. de Plut.* t. 7. p. 81.

OLIKA, Ville de Pologne, avec titre de Duché, dans la Volhinie, entre la Riviére de Ster

Ster & le Duché de Clevan; elle est forte, a une bonne Citadelle, une Académie, & appartient à la Maison de Radziwil. Les Cosaques rebelles l'assiégerent inutilement en 1651.

OLIMACUM, Ville ancienne de la haute Pannonie, selon Ptolomée [a]. On croit que c'est aujourd'hui LYMBACH, en Hongrie aux confins de la Styrie.

a l. 2. c. 15.

OLIMPE. Voyez OLYMPE.
OLIMPIA. Voyez OLYMPIA.
OLIMPUS. Voyez OLYMPUS.

1. OLINA, nom d'une Riviére de la Gaule Celtique, selon Ptolomée [b]. C'est présentement L'ORNE. Voyez ce mot.

b l. 2. c. 8.

2. OLINA, ancienne Ville de l'Espagne Tarragonoise, chez le Peuple *Callaici Lucinsi* dans les terres, selon Ptolomée. On croit communément que c'est aujourd'hui MOLINA.

3. OLINA. Voyez OLLINA.

OLINDE, Ville de l'Amérique Méridionale au Bresil, dans la Capitanie de Fernambouc; il y a plusieurs Collines dans son circuit, & une si grande inégalité de terrain qu'on ne la pourroit fortifier que très-difficilement. Le Collége des Jésuites s'y fait distinguer parmi les Edifices publics. Il a été fondé par Sebastien Roi de Portugal, & il est bâti sur le penchant d'une Colline en un lieu fort agréable. Ils y sont vingt ou vingt-cinq & y enseignent la Langue Latine. Il y a dans le Territoire de la Ville, un Village de Brasiliens qui dépend de ce Collége; on y compte plus de neuf cens habitans qui sont tous baptisez. Le Couvent des Capucins est auprès de la Maison des Jésuites & celui des Dominicains est presque au bord de la Mer. Le Monastère de St. Benoît est dans la Ville haute. Il y a encore un Couvent de Religieux appellé la Conception de Notre-Dame. La principale Eglise Paroissiale d'Olinde a le nom de St. Sauveur. Il y en a une autre dédiée à St. Pierre, sans compter l'Eglise jointe à l'Hôpital, & qui est appellée de la Miséricorde. Elle est vers le milieu de la Ville sur un haut côteau auprès duquel est l'Eglise de *Nossa Signora del Emparo*. On y voit encore les Eglises de St. Jean & de Notre-Dame de la Guadaloupe. La Chapelle de St. Amaro est tout proche de la Ville, hors laquelle est aussi Notre-Dame du Mont. On tient que les Bourgeois sont au nombre de deux mille tant hommes que femmes & enfans, sans les Ecclesiastiques & les Esclaves. Il n'y a aucune Ville dans tout le Bresil qui manque plus des choses nécessaires à la vie, desorte qu'il y faut souvent porter des vivres des autres Gouvernemens, & même des Canaries & du Portugal.

Le Port qui n'est pas fort grand est fermé de bancs & de rochers comme d'une barre qui borde la Côte l'espace de plusieurs lieues; ce qui fait que les gros Navires n'y entrent que par une ouverture étroite. Ils y sont dans une petite Baye où se décharge une petite Riviére, qui descend du Continent à une lieue ou un peu plus de la Ville. Sur le Port il y a une maniére de Fauxbourg, où sont quelques Maisons; on y porte le Sucre & les autres Marchandises. Il est défendu par un Château bâti sur un long Col de terre vis-à-vis de l'entrée du Port qu'il peut aisément fermer aux Navires. Jacques Lancastre Anglois ne laissa pas d'y entrer en 1595. avec huit ou dix Vaisseaux; les Portugais ayant pris la fuite à son arrivée, il se rendit maître du Château & du Fauxbourg, dans lequel il y avoit alors cent maisons. Il fit un riche butin, & après y avoir demeuré un mois, il en emmena ses Vaisseaux chargez de diverses Marchandises du Bresil & de tout ce que l'Orient produit de plus riche. Lorsqu'il fut parti, les Portugais bâtirent un autre petit Château vis-à-vis du premier sur un Rocher dans la Mer même, ce qui a rendu l'entrée de ce Port qui étoit déja fort difficile, presque inaccessible à l'ennemi. Les Hollandois étant arrivez dans le Bresil avec une forte Armée Navale prirent cette Ville en 1630. & quand ils l'eurent abandonnée, les Portugais y rentrérent & en sont demeurez maîtres.

Telle étoit la Ville d'Olinde, quand de Laet en faisoit la Déscription. [c] Durret dit y a été en 1710. ou 11. dit : à une lieue & demie de Fernambouc du côté du Nord on trouve la Ville d'Olinde, qui étoit autrefois fort grande & fort belle avant que les Hollandois l'eussent ruïnée. Elle est située sur quatre petites Montagnes, dont les côteaux sont d'un très-agréable aspect, on y voit encore des maisons & des masures qui sont des vestiges de l'éclat qu'elle a eu sur la fin du penultième siécle & au commencement du dernier. La Maison des Jésuites qui est encore entière sur un de ces côteaux a coûté plus de douze cens mille livres à bâtir. C'est la plus belle Maison, tant pour sa situation que pour la régularité, & la magnificence de son bâtiment, où rien n'a été épargné. Il y a aussi des Bénédictins, des Carmes, des Cordeliers & des Capucins. La Riviére qui tombe dans le Port est nommée BIBIRIBE.

c Voyage de Marseille à Lima, part. 2. p. 136.

OLINTHE. Voyez OLYNTHE.

OLIOULLES, Bourg de France en Provence, au Diocèse de Toulon, à une lieue de cette Ville. Il envoye ses Députez aux Assemblées du Pays. Il semble avoir pris son nom de la grande quantité d'Oliviers qui sont plantez dans son Territoire, & qui sont les plus beaux qu'il y ait dans toute la Province.

OLISON. Voyez OLYZUM.

OLIT, ou

OLITE, Ville de France dans la Navarre, sur la route de Pampelune à Sarragoce [a]. C'est une fort jolie Ville, honorée du Titre de Cité par Philippe IV. Elle est située sur le Cidaço & Capitale d'une Mérindade qui contient une Cité, dix-neuf Bourgs & vingt-six Villages. Elle a été autrefois le Siége des Rois de Navarre, qui y tenoient leur Cour dans un beau Palais dont il reste encore quelque chose. Son terroir est très-fertile, arrosé par de belles Fontaines, & abondant en bled, en vin, en fruits, en lin, en chanvre, en troupeaux & en gibier. Selon Mr. Baudrand, les Basques nomment cette Ville ERRIBERI, mot qui signifie Ville neuve. Elle est près de Tafala, à six lieues de Pampelune en allant vers Tudèle & vers l'Ebre, dont elle est à pareille distance. Ce fut en cette Ville que

a Délices de l'Espagne p. 679.

que mourut Charles V. Roi de Navarre, dernier de la Maison d'Evreux le 7. Septembre l'an 1425.

*Baudrand, Edit. 1705.* OLIVA, *ou* OLIVE, Monaſtère de Pologne, dans la Pruſſe Polonoiſe, ſur la Côte à un mille de Dantzig. On y voit les tombeaux de pluſieurs Ducs de Poméranie. Les Dantzicois ayant ruïné ce Monaſtère dans la guerre qu'ils eurent contre Etienne Batori Roi de Pologne l'an 1557. furent obligez de donner cinquante mille florins pour le rebâtir. Ce lieu eſt remarquable par le Traité de Paix qui y fut conclu en 1660. entre l'Empereur & les Rois de Suède & de Pologne.

*b Vayrac, préf. Etat, de l'Eſpagne, l. 5. p. 135.* OLIVARES, [b] Bourg d'Eſpagne, dans la vieille Caſtille près de Valladolid. Il fut érigé en Comté par l'Empereur Charles V. en faveur de D. Pedro de Guzman, quatrième fils de D. Jean Alfonſe de Guzman, troiſième Duc de Medina Sidonia, en conſidération des ſervices qu'il en avoit reçus dans la guerre. D. Gaſpar de Guzman, petit-fils de D. Pedro & troiſième Comte d'Olivarès ayant été élevé à la dignité de Duc par le Roi Philippe IV. dont il étoit premier Miniſtre & favori, ſe fit appeller Comte-Duc d'Olivarès, & ſe rendit fameux dans toute l'Europe, tant par le grand aſcendant qu'il eut ſur ſon Souverain pendant long-tems, que par la cruelle diſgrace où il tomba enfin l'année 1642. à cauſe du mauvais ſuccès, qu'il avoit eu dans toutes ſes entrepriſes qui réduiſirent cette Monarchie à une extrême foibleſſe. Il ne laiſſa aucun enfant légitime. La ſucceſſion paſſa à ſon neveu D. Louïs Mendès de Haro, fils de ſa Sœur, cinquième Marquis del Carpio.

1. OLIVE, (l') Abbaye de filles, dans les Pays-Bas au Hainaut, Dioceſe de Cambrai, à trois lieues de Nivelle, entre cette Ville & celle de Binche. Elle eſt de l'Ordre de Cîteaux, fille de Clervaux, & fut fondée en 1220. ou 1240. On la nomme auſſi l'HERMITAGE.

2. OLIVE. Voyez OLIVA.

3. OLIVE, Oliva, petite Ville d'Eſpagne avec titre de Comté, au Royaume de Valence ſur la Côte, entre Denia & Gandie. Elle appartient au Duc de Gandie.

OLIVE'E, Abbaye de France, dans le Berry, elle eſt de l'Ordre de Cîteaux, à une lieue de Moneſon ſur Cher, & fut fondée en 1144.

*c Délices du Portugal, p. 795.* OLIVENCA, [c] Ville de Portugal, dans l'Alentejo au Midi d'Elvas, à l'Orient de la Guadiana, dans une vaſte Campagne. Elle eſt paſſablement grande; & fort importante à cauſe du voiſinage de l'Andalouſie, dans un Pays tout uni & tout ouvert. Auſſi les Portugais ont-ils eu bien ſoin de la fortifier. On l'a munie de neuf grands baſtions, d'un baſtion détaché au devant de la Courtine & d'un large foſſé d'une profondeur extraordinaire. Outre ces ouvrages qui ſont revêtus de pierre de taille, on y voit encore un grand ouvrage à corne conſtruit ſur une hauteur. Cette Ville fut priſe par les Eſpagnols l'an 1658. & l'antipathie entre les deux Nations étoit alors ſi grande que de tous les Bourgeois il n'y en eut pas un qui y voulût demeurer; bien que les vainqueurs le leur permiſſent. Ils aimerent mieux perdre leurs biens & s'exiler volontairement que de reconnoître leurs ennemis pour leurs Maîtres. L'Eſpagne l'a enſuite rendue au Portugal, par le Traité de Lisbonne en 1668.

OLIVERA, Bourg d'Eſpagne, dans l'Andalouſie, aux confins du Royaume de Grenade, à ſept ou huit lieues de Cordoue, vers le Midi. Mr. Baudrand dit qu'on conjecture que c'eſt peut-être la petite Ville des Turdules, nommée ATTUBI, ATUBI, ACUBIS, CLARITAS JULIA. Voyez ce dernier nom.

OLIVERO, Rivière de la Sicile, dans la Côte Septentrionale de la Vallée de Demona. Elle paſſe à Monte-Albano, à Olivero, & ſe jette dans la Mer de Sicile près de Tindaro, entre Patti & Milazzo.

1. OLIVES, (LES) Abbaye de filles en France au Languedoc, dans la Ville même de Narbonne où elle a été transférée.

2. OLIVES, (LE MONT DES) Voyez OLIVIERS.

1. OLIVET, (LE MONT) en Latin *Mons Oliveti.* Voyez OLIVIERS.

2. OLIVET, Abbaye de France, dans le Berri. Ce ſont des Moines de l'Ordre de Cîteaux de la filiation de la Cour-Dieu ſous Cîteaux. Elle eſt ſituée au Dioceſe de Bourges, dans la Paroiſſe de St. Julien ſur le Cher, à deux lieues de Remorentin. Elle a été fondée le 13. des Kalendes de Février de l'an 1144. En 1712. on y comptoit XXVII. Abbez.

OLIVIERS, [d] (la Montagne des) Montagne de la Paleſtine, aux Portes de Jéruſalem, à l'Orient de cette Ville dont elle eſt ſéparée ſeulement par le torrent de Cédron & par la Vallée de Joſaphat qui s'étend du Septentrion au Midi. C'eſt ſur cette Montagne que Salomon bâtit des Temples aux Dieux des Ammonites & des Moabites, pour complaire à ſes femmes qui étoient de ces Nations [e]. De-là vient que le Mont des Oliviers eſt nommé [f] la MONTAGNE DE CORRUPTION. Joſephe dit [g] que cette Montagne eſt éloignée de Jéruſalem de la longueur de cinq ſtades qui font ſix cens vingt-cinq pas Géometriques ou de la longueur du chemin d'un jour de Sabbat, dit Saint Luc [h]. Le Mont des Oliviers avoit trois ſommets, on étoit compoſé de trois eſpèces de Montagnes, rangées l'une auprès de l'autre du Septentrion au Midi. Le ſommet du milieu eſt celui d'où notre Seigneur monta au Ciel. C'eſt ſur celui du Midi que Salomon bâtit des Temples aux Idoles. Le ſommet qui eſt le plus Septentrional, eſt éloigné de celui du milieu de deux ſtades. C'eſt le plus élevé des trois, & on le nomme ordinairement Galilée [i]. Du tems du Roi Oſias, le Mont des Oliviers fut tellement ébranlé par un tremblement de terre, que la moitié de la terre qui étoit du côté de l'Occident, s'éboula & roula juſqu'à quatre ſtades ou cinq cens pas delà, vers la Montagne qui lui étoit oppoſée vers l'Orient, enſorte que la terre ferma les chemins, & couvrit les Jardins du Roi. On peut voir les Voyageurs modernes, & en particulier Jean Cotovic, p. 261. pour ſavoir l'état moderne de la Montagne des Oliviers. Cette Montagne eſt devenue l'objet de la vénération des Chrétiens, depuis que notre Seigneur y eſt monté au Ciel. Euſebe aſſure qu'en l'endroit de l'Aſcenſion, qui eſt

*d Dom Calmet, Dict.*
*e 3. Reg. XI.*
*f 4. Reg. הר Vulg. Mons Offenſionis. Alii: Mons Corruptionis.*
*g Joſephi Antiq. l. 20. c. 6. Voyez h. de Bello. c. 3.*
*h Act. I. 12.*
*i Reland. Paleſt. t. 2. p. 338. Joſephi Antiq. l. IX. c. 11.*
*k 3. c. 43. p. 503. 504. 505.*
*l De Vita Conſtant. l.*

le

## OLI. OLK.

le plus haut du Mont des Oliviers, il y avoit une caverne, où l'on tenoit par une tradition certaine, que le Sauveur étoit entré, pour donner à ses Disciples la communication de ses Mystères les plus sacrez; soit que par ces paroles on entende la Sainte Eucharistie, qu'il leur distribua avant que de monter au Ciel, ou le repas qu'il prit avec eux, & dont parlent les Actes, Chap. 1. vers. 4. soit enfin qu'il entende quelques instructions particulieres & secretes qu'il leur communiqua en cet endroit. Les Péres [a] nous apprennent que le Sauveur montant au Ciel, avoit laissé les vestiges de ses pieds imprimez sur la terre, qu'on les y voyoit de leur tems, qu'ils y subsistoient toujours, quoique les fidéles emportassent tous les jours de la terre de cet endroit, pour la conserver par dévotion. Ainsi s'est accompli à la lettre ce que dit Zacharie *, que ses pieds demeureroient un jour sur la Montagne des Oliviers. On ajoûte que l'Impératrice Héléne, ayant fait bâtir la magnifique Eglise de l'Ascension au milieu de laquelle étoit cet endroit, lorsqu'on voulut le paver comme le reste, & le couvrir de marbres, on ne le put jamais; tout ce qu'on y mettoit pour le borner, quittant aussi-tôt la desorte qu'il fallut le laisser en l'état où il étoit auparavant. On voit encore aujourd'hui l'impression du pied gauche du Sauveur enfoncée de plus de trois doigts dans le rocher, & on dit que la pierre qui étoit l'impression du pied droit, en fut enlevée du tems des Croisades, & mise dans le Temple, qui sert aujourd'hui de principale Mosquée aux Turcs, où l'on presume qu'elle est encore à présent; les Chrétiens n'ayant pas la liberté d'y entrer. Saint Jérôme [c] en plus d'un endroit, parle d'une grande croix qui étoit plantée sur le Mont des Oliviers, & que l'on voyoit de fort loin. Le même Pére [d] assure que, quand on voulut fermer la voûte qui répondoit à la place où notre Sauveur étoit monté au Ciel, on ne put jamais en venir à bout; ce qui fut cause que l'on laissa cet endroit libre & découvert. Il faut que les vestiges des pieds du Sauveur ayent été marquez bien profondément dans la Montagne, & que les Chrétiens en ayent bien distinctement marqué la place, puisque la dixiéme Légion Romaine ayant été campée sur cette Montagne, dans le tems du Siège de la Ville par Tite [e], ces sacrez vestiges n'en purent être effacez, ni oubliez de la Mémoire des Fidéles.

[a] Vide Hieronym. seu alium in loca Act. Apost. t. 3. p. 197. Sulpic. Sever. l. 2. Hist. c. 48. Paulin. Epist. 11. Optat. l. 6. p. 95. August. in Joan. homil. 47. p. 141. Beda loc. Sanct. c. 7. t. 3.
* Zach. XIV. 4.
[b] Euseb. de Vita Constant. l. 3. c. 43. Paulin. Epist. 11. Sulpic. Sever. l. 2. c. 48. Hist. Eccl.

[c] In Epitaph. Paulæ & alibi.
[d] Idem. loc. in Actis. Beda de Locis Sanctis, c. 7.

[e] Joseph. l. 6. c. 3. De Bello. p. 908. e. f.

OLIVULA, lieu de la Gaule Narbonnoise à cinq mille pas de Nice, selon Antonin. Quelques-uns disent [f] que c'est St. Ospice, d'autres que c'est Ville Franche; d'autres enfin la partie de Nice nommée IL CASTELLO.

[f] Corn. Dict.
[g] Ortelii Thesaur.

OLIXUM, Ὄλιξον, Ortelius écrit OLYZUM, Ville de Gréce dans la Thessalie; Scylax [h] écrit Olizon. Homére [i] de même

καὶ Ὀλίζονα τρηχεῖαν.

Et asperam Olizonem. Son nom marque sa petitesse, selon Etienne le Géographe. Plutarque en fait mention dans la Vie de Themistocle, Pline [k] en parle aussi.

[h] Peripl.
[i] Catalog. v. 214.
[k] l. 4. c. 9.

OLIZONES, ancien Peuple de Thrace, selon Suidas.

OLKUS, Ville de Pologne entre Czesto-

## OLK. OLL. OLM.

chow & Cracovie à cinq grandes lieues de la premiere & à six de la seconde. C'est un Pays de Montagnes & depuis Czestochow, jusqu'en Hongrie on monte toujours. Olkus, dit Mr. le Laboureur [l], est renommé pour les Mines d'argent & de plomb, qui sont en grande quantité autour de cette Ville, qui elle-même est une Miniere avec tout son Territoire, dans l'étendue de plus d'une lieue. On y travaille perpétuellement, & plus de cent personnes se dévouent librement à cette peine, laquelle de toute antiquité passoit pour un supplice plus cruel que la deportation & les galeres, & cela pour une Risdale par Semaine. Ils ont pour tout habit un miserable pantalon d'un simple Canevas, si bien peint de cette terre métallique, qu'il sembleroit qu'ils sortent d'une teinture jaune. Ils vont nu-pieds à travers de ces pierrettes, dans les Saisons les plus rudes. Auprès des Mines sont les fourneaux pour séparer & pour afiner les métaux; on y fond continuellement. C'est ce qui a fait bâtir, & accroître insensiblement cette Ville dans un Pays ingrat, & au pied de tant de Montagnes steriles.

[l] Retour de la Marech. de Guébriant. p. 26.

Les Mines ne sont point du Droit Royal en Pologne; elles appartiennent au Seigneur sur la Terre duquel elles se rencontrent; lequel en fait quelque reconnoissance; & celles qui sont sur les Terres de la Couronne, comme celles d'Olkus, se partagent entre le Roi, le Palatin, & l'Evêque.

OLLÆUM. Voyez THERMA LUTRA.

OLLARIA. Voyez CATTROPOLIA.

OLLICULANI, ancien Peuple d'Italie, selon Pline [m]. Il ne subsistoit déja plus de puis long-tems.

[m] l. 3. c. 5.

OLLINA, ou OLINA, Ville voisine de la Mer Caspienne, selon Etienne le Géographe.

OLLIUS, nom Latin de l'OGLIO, Riviére de la Lombardie. Sigonius semble croire que c'est la même Riviére que le CLUSIUS de Polybe. Ortelius assure que ces Riviéres sont différentes & il a raison.

OLLONE. Voyez OLONE.

1. OLME. Voyez OLMI.

2. OLME, Bourg de France en Auvergne, au Diocèse & dans l'Election de Clermont.

OLMEDO, [n] petite Ville d'Espagne, dans la vieille Castille, sur la Frontiere de Léon & au bord Oriental de l'Adaja, Riviére qui sépare ces deux Royaumes. Elle est située dans une Plaine fort agréable & très-fertile; elle a été autrefois plus considerable qu'elle n'est présentement & a passé pour une des Clefs de la Castille de ce côté-là. Elle est entre Valladolid au Nord, Avila au Midi, Medina del Campo au Nord-Ouest & Segovie au Sud-Est.

[n] Delices de l'Espagne. p. 212.

OLMEUS. Voyez OLMONES.

1. OLMI, Ὄλμοι, Ville de la Cilicie, dans les Montagnes, selon Etienne le Géographe qui dit que de son tems, elle s'appelloit Seleucide, Σελευκεις. Pline [o] la nomme OLME dans quelques Editions. Celle du R. P. Hardouin porte HOLMOE. Voyez l'Article HOLMI.

[o] l. 5. c. 27.

2. OLMI. Voyez OLMIUM.

OLMIÆ, Ὀλμιαί, Promontoire de Gréce, dans la Mégaride sur le Golphe de Corinthe

rinthe. Il y avoit le Bourg de PAGÆ, qui appartenoit aux Mégariens, & OENOA qui étoit aux Corinthiens, selon Strabon [a].

*a l. 8. p. 380.*

1. OLMIUM, Ville de l'Asie Mineure, dans la dépendance d'Ephèse. Hesyche dit simplement Ville d'Ephèse. Elle est nommée *Holmus*, Ὅλμους par Strabon.

2. OLMIUM, Ville de Gréce, dans la Bœotie, selon Etienne le Géographe, qui cite les Homériques d'Epaphrodite. On verra ci-après qu'il y avoit une Riviére de Bœotie nommée OLMIUS, rien n'empêche qu'il n'y ait eu sur cette Riviére un Bourg, un Village ou une Ville de même nom, & même elle pourroit bien n'être point différente du Village OLMONES. Voyez ce mot.

OLMIUS, Ὄλμιος, Riviére de Gréce, dans la Bœotie, où elle avoit sa source dans le Mont Hélicon. Hésiode dans sa Théogonie dit [b] des Muses qu'elles se baignent dans le Permesse, ou dans l'Hippocrene, ou dans le sacré *Olmius*; & qu'ensuite elles dansent sur le sommet de l'Hélicon. Son Scholiaste dit que l'Olmius est une Riviére sur l'Hélicon, ainsi nommée d'Olmius fils de Sisyphe. Strabon [c] écrit que le Permesse & l'Olmeius Fleuves qui descendent de l'Hélicon, se joignent auprès d'Haliarte & se perdent dans le Lac Copaïde. Strabon écrit ailleurs *Olmus*.

*b v. 5. & 6.*
*c l. 9.*

OLMONES, ou HOLMONES, Village de Gréce, dans la Bœotie, selon Etienne le Géographe & Pausanias. Le premier dit que ce Village fut ainsi nommé à cause d'Olmius fils de Sisyphe, & cite le neuvième livre de Pausanias, dont voici le passage [d]. Si de Copæ on prend sur la gauche, on trouve à douze stades Olmones, & à sept stades de Holmones on arrive à Hyettus. Ce sont à présent deux Villages, comme ils ont toujours été, & selon mon sentiment ils sont du Territoire des Orchomeniens avec la Campagne d'Athamante. Je rapporterai dans l'Histoire des Orchomeniens, ce que j'ai appris touchant Hyette qui étoit d'Argos & Olmus fils de Sisyphe. Cela a donné sujet à Bertius de penser que l'OLMIUM, l'OLMONES & l'ALMONA d'Etienne, n'étoient que des noms d'un même lieu, savoir d'un Village situé sur la Riviére d'Olmius.

*d l. 9. c. 24.*

OLMUS. Voyez OLMIUM 1.

OLMUTZ, Ville de Bohême, dans la Moravie, sur la Morave. Elle n'est pas grande, mais elle est bien bâtie, & sa situation est favorable au Commerce qu'elle entretient avec l'Autriche, la Bohême, la Hongrie, & la Pologne. Elle passe depuis long-tems pour la Capitale de Moravie; bien que quelques-uns prétendent qu'elle a perdu cet avantage que possède présentement la Ville de Brinn. Ils disent que cela vient de la résistance que les Suédois trouverent à Brinn, au lieu qu'Olmutz se rendit sans beaucoup marchander avec l'Ennemi & témoigna peu de zèle pour l'Empereur. Elle est à sept milles de Brinn, à vingt de Vienne, à trente de Cracovie & située dans un Pays plat. La Morave que l'on y passe sur un grand Pont sert à la fortifier du côté qu'elle remplit ses fossez, & de l'autre elle fait tourner plusieurs moulins propres à divers métiers. Lupacius dans son Calendrier Historique [e] nomme cette Ville *Mons Julius*. Goldast de même, & ajoute qu'elle a été aussi appellée *Speculum Julii* & *Sorigu-*

*e Au 25. Juin.*

*tura.* Ortelius [f], Bertius [g], & les Interprétes de Ptolomée croient que c'est l'EBURUM de ce Géographe. Voyez ce mot. La Morave y reçoit deux Riviéres, savoir une qui vient de Sterneberg, & un peu plus bas la FEISTRITZ. L'Evêque est Seigneur Spirituel & Temporel de la Ville. Son Palais qui est très-beau est dans l'une des deux grandes Places. La façade en est magnifique; & la Cour bordée de galleries & de quatre grands Corps de Logis. La Cathédrale qui est fort belle fut bâtie par Uladislas, Marquis de Moravie, frere d'Ottocare Roi de Bohême, qui y fut enterré; elle est sur les ruïnes de celle que St. Cyrille avoit consacrée, & qui étoit très-simple & très-vieille quand on bâtit celle que l'on voit aujourd'hui. Le Siège d'Olmutz fut fondé par St. Cyrille, qui vivoit en 889. selon le Calcul de Dubravius. C'étoit un Slavon savant à qui on attribue une Traduction de la Bible en sa Langue maternelle, & l'invention des Lettres & des Caractères Esclavons [h]; d'autres en font honneur à St. Methodius qui mourut à Rome l'an 907. au lieu que St. Cyrille mourut à Olmutz, & y eut sa sépulture. Après le départ de St. Méthodius, la destruction du Royaume de Moravie, & le démembrement de cette Couronne, Olmutz cessa d'avoir ses Evêques particuliers, mais il fut soumis tantôt à Passaw, tantôt à Ratisbonne, ou à Saltzbourg ou à Prague pour le Spirituel, jusqu'à l'année 1063. Vratislas Roi de Bohême sépara les Evêchés de Bohême & de Moravie, qui avoient été unis avec celui de Prague durant quelque tems & mit Jean son Chapelain pour le Siège d'Olmutz après l'avoir envoyé à Mayence pour y être sacré par l'Archevêque Sifroy. Mais peu d'années après, Gebhard Evêque de Prague, frere du Roi Vratislas, s'appropria l'Evêché de Moravie, & Jean étant mort, Gebhard réunit le Siège d'Olmutz à celui de Prague en 1086. Quatre ans après le Roi qui n'aimoit point l'Evêque son frere, détacha de nouveau l'Evêché d'Olmutz & le partagea entre deux Evêques. Bruno 19. Evêque d'Olmutz depuis St. Cyrille, étoit de la Maison des Comtes de Holstein & Schauenbourg vers l'an 1250. il mit sa résidence à Cremsir qu'il entoura de murailles. L'Empereur Guillaume, l'ayant invité à la guerre qu'il faisoit en Prusse aux Livoniens encore Idolâtres, ce Prélat s'y rendit avec Ottocare Roi de Bohême, & y bâtit la Ville de Brunsberg qui porte encore son nom, l'an 1346. Jean VIII. étant vingt-sixième Evêque d'Olmutz, sous l'Empire de Charles IV. l'Evêché d'Olmutz fut retiré de la Jurisdiction de Mayence & soumis au nouvel Archevêché de Prague, de maniere néanmoins qu'il conservoit son Evêque. Il fut compté depuis entre les Prélatures d'Allemagne, son Chapitre conservant la liberté d'Election, & jouissant des droits accordez par les Concordats Germaniques. On dit [i] pourtant que cet Evêché ne dépend plus immédiatement que du St. Siège, droit que les Evêques ont obtenu après que l'Archevêché de Prague eut été ravagé par les Hussites.

*f Thesaur. Rer. Germ. p. 107.*
*g Rer. Germ. p. 107.*
*h Aventin. Hist. Boïor. l. 4.*
*i Goldast. de Regno Bohem. c. 5. p. 583.*

[k] La Maison de Ville est isolée, & détachée de tout autre bâtiment. Deux des plus grandes rues d'Olmutz aboutissent à cette Place.

*k Jouvin de Rochefort, Voyage d'Allemagne.*

Place. Toutes les autres sont larges, droites & bordées de belles Maisons, dont tout le dehors est peint, principalement celle de l'autre Place dont une partie est soutenue par de grands portiques qui la rendent un lieu de Promenade pour les Bourgeois. Le College des Jésuites, leur Eglise, & leur Maison avec la Place qui leur fait face, méritent d'être vûs. Il y a un Couvent de Capucins; les Chartreux ont leur Monastère hors la Ville où est aussi l'Abbaye de Raditz, poste si avantageux pour défendre l'approche de la Ville de ce côté-là, qu'on l'a fortifié & muni d'une bonne garnison. Il y a plusieurs Eglises fort belles & de nouvelle Fabrique. Olmutz est une des plus agréables Villes & des mieux bâties de l'Allemagne.

*a Baudrand, Edit. 1705.* OLO, ou OLOLO, [a] Village de l'Isle de Candie, sur la Côte Orientale; c'est l'Olus des Anciens.

OLOBAGRA, ou OLOBOGRA, Ville de la Macédoine, selon Etienne le Géographe.

*b l. 7. c. 1. c Ortelii Thesaur.* OLOCHÆRA, Ville de l'Inde en deçà du Gange, selon Ptolomée [b].

OLOGITUM, [c] Isidore nomme ainsi OLIBA Ville d'Espagne. Voyez ce mot.

OLOGUNTUM, en François OLOGONTE Ville du Péloponnèse, selon Plutarque. C'est la même Ville qu'OLIGYRTIS.

*d c. 15. v. 51. e c. 21. v. 15. & 1. Paral. c. 6. v. 69.* 1. OLON, Ville de la Palestine dans les Montagnes de la Tribu de Juda. Il en est parlé dans le livre de Josué [d]. C'étoit une Ville Sacerdotale [e] & de refuge. OLON, HOLON, CHOLON, HESON, HOLAN, ou CHOLAN; c'est le même nom, selon Dom Calmet.

*f Etat & Délices de Suisse, t. 2. p. 238.* 2. OLON, [f] en Latin AULON ou AULONA, Village de Suisse au Pays Romand. Il est grand & Paroissial & Chef-lieu d'un Mandement. Il est situé à une lieue d'Aigle au pied de la montagne. De ce Mandement dépendent l'Abbaye de SALE dont l'Abbé de St. Mauris tire les revenus, St. TRYPHON, situé sur une hauteur au milieu d'une plaine avec un vieux Château ruiné dont on voit encore une Tour de marbre qui paroît de fort loin, & PANEX qui est dans la Montagne, où sont des sources d'eau salée. Il y a dans ces quartiers-là des Montagnes entières de très-beau plâtre & quelques carrières de marbre noir.

*g Jaillot, Atlas.* OLON, [g] petite Rivière de Lombardie au Duché de Milan. Elle a sa source aux confins des Grisons près d'Arcisa, d'où coulant au Midi assez près de Varese, vers Septimo qu'elle arrose, elle serpente tantôt vers l'Orient & tantôt vers le Midi, baigne les Bourgs de Castellanza, Legano, Parabiaco, Nerviano, Rho, & va tomber en partie dans les fossez de Milan; une autre branche traverse le grand Naviglio, entre dans le Pavese & va se perdre dans le Pô presqu'aux confins du Milanez & du Plaisantin, au dessous d'Arena.

OLONDÆ, Peuple de la Sarmatie Asiatique, selon Ptolomée. Il les met auprès de la Mer Caspienne.

*h Ortelii Thesaur. i l. 33.* 1. OLONE, [h] Château d'Espagne, Tite-Live [i] dit qu'il fut pris par M. Fulvius. Ce mot s'écrit aussi par une H. HOLONE. C'est la même chose que Holo.

2. OLONE, ou OLONNE, Bourg de France dans le bas Poitou, à neuf lieues de la Ville de Luçon, avec un Port sur la Côte de l'Océan. Mr. Corneille dit d'Olonne, que c'est un Bourg, Mr. Baudrand dit que c'est une petite Ville. Il faut distinguer l'Isle, le Bourg, le Château, la Ville, & le Port.

L'ISLE D'OLONNE, consiste en quelques marais répandus autour de cette Ville, & où la Mer se répand dans les hautes Marées, ce qui fait une Isle.

LE PORT, d'OLONNE est dans un petit Golphe, au commencement de la Côte Méridionale du Poitou, à l'entrée d'une petite Rivière. Un Château en défend l'entrée. Ce Port peut recevoir les plus gros vaisseaux de l'Océan & même une Armée Navale entière. D'un côté les rochers le bordent presque entièrement & de l'autre il y a un grand Quai où s'étend la plus grande partie des Maisons. On voit quelquefois à ce Port plus de cinquante Navires qui viennent de l'Amérique où se fait la pêche de la morue. Auprès de ce Port est la Ville.

LA VILLE, s'appelle LES SABLES D'OLONNE, nom que porte aussi toute l'Election dont elle est la Capitale. Voyez au mot SABLES l'Article SABLES D'OLONNE.

LE BOURG, est plus avant dans les terres, au Nord Oriental & à trois quarts de lieue du Port. C'est proprement ce Bourg qui est l'ancienne Ville d'Olonne, presque tous les principaux habitans sont passez dans la Ville des Sables, attirez par les avantages que le Port donnoit à leur Commerce. Ce lieu avoit son Seigneur particulier, nommé Hervé au XII. Siècle. Il est nommé dans une Lettre de Geofroi de Vendôme. Cette Seigneurie vint ensuite à la Maison de Mauléon en Poitou, dont les biens vinrent à celle de Thouars. François de la Trimouille, Vicomte de Thouars, ayant eu de sa femme Anne de Laval plusieurs enfans, laissa à son fils George de la Trimouille les Baronies de Royan & d'Olonne. George eut pour Successeur son fils Gilbert de la Trimouille en faveur duquel Royan fut érigé en Marquisat & Olonne en Comté. Le Duc de Châtillon de la Maison de Montmorenci-Luxembourg, épousa l'Héritière de cette Branche cadette de la Trimouille.

Le CHATEAU D'OLONNE est au Levant d'Eté du Bourg, & au Nord-Est de la Ville.

*k Mémoires de l'Empire Russien, p. 264. l p. 288.* OLONITZ, ou ALONITZ, Ville de l'Empire Russien, entre le Lac d'Onega à l'Orient & celui de Ladoga au Couchant, au Midi d'une Montagne où il y a des Mines de Fer [k]. On l'employe à fondre des Canons, des mortiers, des perdreaux & autres armes à feu; on en fait aussi des Epées assez propres [l]. Une source minérale ayant été découverte auprès de ces Mines, Pierre le Grand y envoya un Médecin, pour en examiner les qualités & pour en faire boire à quelques malades. Comme ces eaux leur firent du bien & que le Czar lui-même s'en servit avec succès, elles acquirent assez de réputation pour attirer une foule de malades qui s'y faisoient transporter & on en parla dans la suite comme d'une Médecine universelle. Cette source est à huit milles ou qua-

quarante Verstes de la Mine d'Olonitz vers le Nord. Comme en prenant ces eaux il faut faire de l'exercice & que la hauteur des Neiges & la froidure du Climat ne permettent guères la Promenade, la Cour y avoit fait dresser un Billard, où elle se divertissoit à jouer. On croit que la réputation de ces eaux eurent en 1718. étoit un effet de la Politique. Le Czar avoit remarqué que quantité de personnes de distinction vont se divertir à Pyrmont, à Carlsbad, & à Spa ; ce qui rend ces lieux célèbres & florissans. Olonitz n'est rempli que d'Artisans qui n'ont pour vivre que les petits gages qu'ils reçoivent de la Cour. Ils font des Fusils & des Epées & tous les ans on en forge beaucoup plus qu'ils n'ont occasion d'en vendre. Il est à croire que le Czar connoissant l'aversion naturelle qu'ont les Russiens pour les remedes d'Apoticaire, avoit pris cette occasion de recommander ces eaux en donnant lui-même un exemple qui les mettoit à la mode ; & de faciliter par-là le débit des armes qu'on y vendoit & en même tems de procurer quelque douceur aux habitans.

Quoiqu'il en soit du motif de Pierre le Grand, lorsque ces eaux commençoient à se mettre en réputation, le Docteur Breynius souhaita d'en connoître la nature & les qualitez. Il s'adressa pour cet effet au Sr. Remus Docteur en Médecine à Petersbourg, qui lui fit en substance cette réponse,

*a* Bibliothéque Germanique, t. 5. p. 117.

*a* Ces eaux, de même que le District où elles se trouvent, ont tiré leur nom de la Ville d'Olonitz, dont elles sont éloignées d'environ trente milles. Elles ont leur source dans une terre extrêmement chargée de Fer & de Vitriol de Mars. Elles sont fort claires, sans couleur & sans odeur, le goût en est astringent & participe du Fer & du Vitriol, de même que celui des eaux de Spa & de Pyrmont. Quelque limpide que soit cette eau, elle ne laisse pas, si elle repose dans un lieu qui ne soit ni froid ni chaud, de se troubler & de s'obscurcir. Il s'y éleve alors de petits Corpuscules rougeâtres qui se précipitent ensuite dans le fond du Vaisseau en forme d'Ocre rouge. Cette résidence renferme proprement ce que ces eaux ont de plus salutaire à la réserve d'un esprit acide dont on peut la dépouiller par la distillation & l'évaporation de ces eaux ; car alors elles ne donnent simplement qu'une Lymphe qui a d'abord un petit goût d'acide, mais qu'elle ne conserve pas long-tems ; & le reste donne une terre semblable à celle qui se dépose d'elle-même.

Cette Ocre, ou plutôt la lie avec laquelle elle est mêlée, fait plus de la dixième partie de l'eau. Mr. Remus, en ayant mis cent livres dans un Vaisseau de terre & l'ayant fait bouillir à petit feu pendant trois jours, elle laissa, en s'évaporant, un sédiment bourbeux de dix à douze livres imprégné d'une terre rougeâtre. Cette lie, quand on la passe, donne une eau très-claire, d'un goût vitriolique & il reste une Ocre entièrement privée de son Sel. Si on veut pousser l'examen plus loin, on tirera de ces eaux, par le moyen de l'évaporation, un Sel de couleur brune qui se changera en crystaux verdâtres, si on a soin d'y verser de la nouvelle eau. Quant à cette Ocre qui se précipite, elle se change par la fusion en véritable fer, quoiqu'en petite quantité. Cent livres de cette eau n'en ont fourni que deux Dragmes. La quantité de Sel qu'on tire de cette quantité d'eau, n'est pas toujours la même, elle varie à raison du dégré de dépuration auquel elles ont été portées. Ce Sel, selon toutes les apparences, est un Sel neutre, c'est-à-dire, qui ne fermente ni avec les Acides ni avec les Alkalis. Lorsqu'on en met sur la langue, il est d'un goût acre, brûlant & vitriolique. L'eau commune, lorsqu'on y met de ce Sel, avec de la noix de galle en poudre, prend une couleur qui tire sur le noir. Pour mieux s'assurer de la qualité de ces eaux on les a essayées avec différens corps dont la nature & les qualitez nous sont connues. On a trouvé que la poudre de galle les changeoit dans un instant en une encre très-noire ; que l'esprit de Vitriol versé sur cette teinture leur donnoit une couleur blanchâtre & que l'esprit de Sel ammoniac leur faisoit perdre cette derniere couleur, pour leur en faire prendre une grise. On a voulu savoir ce qui résulteroit de leur mélange avec différentes liqueurs acides & alkalines ; mais on ne s'est apperçu d'aucune fermentation qui fût sensible, on a seulement trouvé que l'esprit de tartre leur communiquoit une couleur jaunâtre, & qu'ensuite de ce mélange, on voyoit plusieurs particules qui après avoir nâgé sur cette liqueur se rassembloient sur sa surface & y formoient une masse d'une substance huileuse.

Les vertus de ces eaux par rapport à la Médecine, au moins celles que l'expérience a fait connoître, sont assez considérables. Elles tiennent le ventre libre, quoique dans quelques personnes elles le resserrent, de manière pourtant qu'elles donnent aux déjections grossieres une forte teinture de noix. Elles operent beaucoup par les urines & n'excitent aucun vomissement à moins qu'on n'en prenne en trop grande quantité, ou qu'on n'y mette du Sel Polychreste. Plusieurs personnes auxquelles la moindre nourriture causoit des nausées & des vomissemens ou qui étoient incommodées de diarrhées ou de mal de rate, ont trouvé dans l'usage de ces eaux un remede à leurs indispositions. Elles sont aussi propres à dissiper les obstructions. On a même remarqué avec étonnement qu'elles avoient dissous de gros Sarcoceles & qu'elles avoient beaucoup contribué au soulagement d'une personne incommodée de grandes palpitations de cœur, causées par un Polype qu'on trouva considérablement diminué, lorsqu'on fit l'ouverture du Cadavre. Pour les maladies du Poumon, ces eaux ne leur sont point favorables ; ce qui leur est commun avec toutes les eaux minérales.

Outre ces qualitez, ces eaux en ont peut-être d'autres qui sont inconnues & que l'expérience n'a pas encore manifestées. Quant à la manière de les prendre, on en porte la dose jusqu'à dix ou douze livres. On n'en sera pas surpris si l'on considere qu'elles n'incommodent ni par leur quantité (à moins qu'elle ne soit excessive) ni par le séjour qu'elles font dans l'Estomac. Il faut seulement remarquer qu'on va par degrez jusqu'à cette dose & qu'on la diminue dans la même proportion qu'on l'avoit augmentée. On en com-

F 3 mence

mence & on en finit l'usage par la purgation, & on se sert pour cet effet, des pillules de Spa.

OLONNE. Voyez OLONE & SABLES d'OLONNE.

OLONNOIS, (LES) Habitans des Sables d'Olonne au bas Poitou.

OLOOSSON, Ville ancienne de la Thessalie; Strabon dit dans la Perrhebie. Etienne dit OLOOSSON Ville de Magnesie. Cellarius a fait voir par l'autorité de Scylax que les Perrhebiens occupoient dans les terres le Pays contigu à la Magnesie. Homere [a] nomme *Oloosson la blanche*. Le Traducteur Latin de Strabon rend ces mots par ceux-ci *Albisque Oloossona muris*, comme si le surnom de *blanche* venoit de la couleur des murailles de cette Ville. Ce n'est point cela. Strabon [b] explique l'Epithéte de Blanche en disant que le Poëte nomme ainsi Oloosson à cause de la blancheur de l'Argille dont son Terroir étoit composé.

[a] Iliad. B. v. 738.

[b] l. 9. p. 440.

OLOPHYXOS, Ville de Thrace auprès du Mont Athos, selon Etienne le Géographe. Hérodote [c] la met entre les Villes que le Roi de Perse, voulut détacher du Continent où elles étoient, en coupant l'Isthme du Mont Athos. Thucydide [d] en parle aussi & dit que cette Ville & celles du voisinage étoient habitées par un ramas de Peuples barbares qui parloient deux Langues; (apparemment [e] la Grecque & celle d'Asie. Pline [e] la nomme de même. Une Ponctuation vicieuse a fait croire à Ortelius que Pline donnoit ce nom à un Golphe. Voici le passage : *Potidæa, nunc Cassandria Colonia : Anthemus Olophyxus Sinus, Mecyberna*. C'est ainsi qu'on lit encore dans l'Edition des Elzevirs postérieure à Ortelius. Le R. P. Hardouin a rectifié cette Ponctuation & lit *Potidæa, nunc Cassandria Colonia : Anthemus, Olophyxos : Sinus Mecybernæus*. Alors tout se retrouve dans l'ordre, & chaque chose se retrouve ce qu'elle doit être.

[c] l. 7. n. 22.

[d] l. 4. c. 325.

[e] l. 4. c. 10.

OLORENSIS, ou
OLORONENSIS. Voyez OLERON.

OLOROS, Ville de Grèce, dans la Piérie, selon Pline [f] cité par Ortelius. Mais l'Edition du R. P. Hardouin rétablit ALOROS. C'est ainsi qu'il faut lire. Voyez A-LOROS 2. qui est la même.

[f] l. 4. c. 10.

OLOSTRÆ, Peuple de l'Inde, joignant l'Isle de Patale, selon Pline [g].

[g] l. 6. c. 19.

OLOT, Ville maritime d'Espagne, dans la Tarragonoise, selon Mr. Corneille qui dit que les tremblemens de terre l'ayant ruïnée en 1528. les habitans en changerent la situation & la rebâtirent au lieu où elle est présentement. Il ajoute que c'est l'ancienne Ville que Ptolomée appellé BASI. L'Espagne Tarragonnoise étoit fort grande & s'étendoit depuis le Cap de Finisterre jusqu'aux Pyrénées. Mais la BASI de Ptolomée ramene, dans la Catalogne, aux environs de Gironne. Mes Cartes ne font point de mention d'Olot.

OLOTOEDARIZA, ancien lieu de la petite Arménie, Antonin le met sur la Route d'Arabisso à Satala, en abrégeant le chemin, & le place entre Nicopolis, & le lieu nommé *ad Dracones*; à XXIV. M. Pas de la premiere & à XXVI. M. P. du second. Les Exemplaires varient beaucoup. Simler lit OLITTO EULARIZA, l'Exemplaire du Vatican OLUTO ELARIZA; les Editions des Juntes & des Aldes ont comme Simler OLITTO EULARIZA. Zurita préfere CLOTOEDARIZA. Il avoue pourtant que le Manuscrit du Roi porte QLOTOEDARIZA, on peut voir dans sa note toutes les variantes de ce mot qu'Antonin employe dans trois routes différentes.
1. *ab Arabisso per compendium Satalam*; 2. *a Cæsarea Satalam* 3. *a Nicopoli Satalam*.

OLPÆ, Ville de Grèce, dans l'Acarnanie, selon Etienne le Géographe. Thucydide dit également OLPA [h] au singulier, & OLPÆ [i], au pluriel. Il en donne cette description; ceux d'Ambracie entrerent dans le Pays d'Argos (l'Amphilochique) & s'emparerent d'Olpes Forteresse située sur une Colline au bord de la Mer. Les Acarnaniens l'avoient fortifiée pour y tenir leurs Assemblées, & y terminer leurs différends. Ce lieu est éloigné de la Ville maritime de ceux d'Argos de près de vingt-cinq stades. Je ne puis m'empêcher de relever ici une lourde bevue que fait d'Ablancourt faute de connoître les anciennes distances, qu'il évalue selon son caprice. Il traduit les vingt-cinq stades par deux lieues ou environ. D'Ablancourt fait ses lieues de quatre milles Italiques, car il n'en connoît point d'autres. Ces quatre milles Italiques valent cinq milles Romains; comme je l'explique au mot MESURES ITINERAIRES, Or. huit stades font un mille Romain, donc vingt-quatre stades font trois mille Romains, dont cinq font la lieue de d'Ablancourt. Comment se peut-il qu'un peu moins de vingt-cinq stades fasse environ deux lieues, puisqu'il s'en faut un peu moins de deux cinquièmes qu'ils ne fassent une lieue entière ? Il devoit donc réduire les vingt-cinq stades par environ trois quarts de lieue.

[h] l. 4. c. 247.
[i] l. 3. c. 243.

OLPIA, *Ολπια*, Phavorin nomme ainsi les Alpes.

OLPITA, [k] petite Rivière d'Italie au Duché de Castro. Elle tire sa source du Lac de Mezzano & après avoir baigné le pied du Château Farnese & les ruïnes de Castro, elle va se décharger dans le Fiore qui porte ses eaux dans la Mer.

[k] Magl. Italie.

OLRUNA, Mr. Baudrand dit que c'est un des noms Latins de la Rivière de TOLDER. Voyez ce mot.

OLSNA. Voyez OLSA.

OLSNITZ, Zeiler [l] écrit OELSSNITZ. Ville d'Allemagne, dans la Haute-Saxe, en Misnie, dans la Voigtland sur l'Elster entre Adorff & Plawen, à un mille de l'une & de l'autre. Elle a toûjours dépendu d'un Château voisin nommé VOIGTSBURG ou VOIGTSBERG; que quelques-uns prétendent avoir été fondé par Drusus. Zeiler dit beaucoup mieux qu'il doit son origine à un Bailli Impérial qui y faisoit sa résidence.

[l] Saxon. Super. Topogr. p. 147.

OLSS, Ville [m] du Royaume de Bohême, dans la Basse-Silesie, à quatre petits milles de Breslau, au Nord-Est de cette Ville; avec titre de Principauté. Mr. Baudrand dit que l'on prononce & que l'on écrit ELS, ce qui n'est pas vrai. La Prononciation de l'O est comme notre OEU, c'est une diphtongue pour le son. L'Orthographe d'ELS, est inusitée. Hubner écrit OELS; Zeiler écrit OLSS

[m] Zeiler Silesiæ Topogr. p. 168.

**OLSS & OLSE.** Ce n'étoit qu'un Bourg, lorsque l'Empereur Henri I. l'érigea en Ville l'an 936. qui fut l'année de sa mort. Il lui accorda de beaux privilèges. Elle est passablement grande, & jouït d'un assez bon air. Il y a une belle Eglise joignant le Palais. Il y a aussi une Prévôté un Collège. La résidence du Prince a de fort beaux appartemens. Au milieu de la Ville est l'Hôtel de Ville, qui est un assez bel Edifice. La Place où se tient le Marché est un grand quarré & les ruës sont belles. Les murs & les fossez en font une Place de résistance, & les Fauxbourgs en sont fort beaux.

La Principauté d'Olss a eu depuis long-tems des Ducs particuliers. Le dernier de cette famille, sçavoir Conrad VIII. étant mort en 1492. sans postérité, sa succession fut devolue à Vladislas Roi de Bohême qui s'en accommoda avec Henri Duc de Munsterberg fils de George Roi de Bohême, Prédécesseur de Vladislas. [a] Cette Principauté est venue ensuite avec l'Héritière de Munsterberg Elizabeth-Marie fille de Charles Frederic dernier Duc & Prince d'Oels, à une branche de la Maison de Wurtemberg par Silvius-Nimrod de Wurtemberg qui épousa cette Princesse. Il hérita de la succession en 1648. par la mort de son Beau-Pere. Il mourut en 1664. son fils aîné mourut à 18. ans en 1668. Silvius-Frederic second fils de Silvius-Nimrod fut Prince d'Olss, n'eut point d'enfans, & mourut en 1697. Le troisième fils, Christian-Ulric, qui avoit sa résidence à Bernstad dont il portoit le nom, prit alors la qualité de Prince d'Olss. Le quatrième fils étoit Jules-Sigismond, qui donna le nom de JULIUSBERG, à la résidence qu'on lui avoit assignée. Il mourut l'an 1684. Son fils unique quitta cette résidence pour celle de Bernstadt quand la ligne de Bernstadt eut succédé à celle d'Olsse. Il n'y a dans cette Principauté que ces trois lieux qui soient remarquables, sçavoir,

Olss, Bernstadt, Juliusberg.

C'étoient autrefois trois résidences. Maintenant il n'y a plus que les deux premières qui ayent cet avantage. Cette Branche de Wurtemberg, est celle qu'on nomme la Branche de Silesie.

[a] *Divers Mém.*

**OLT, ALT, ou ALAUT.** Cette Riviére nommée ALUTA par les Anciens est la même que l'ALAUT dont je donne la description en son lieu. Elle coule dans la Transsilvanie & traverse la Valaquie.

**OLTEN** [b], petite Ville de Suisse au Canton de Soleurre, où elle est Capitale d'un Bailliage, elle est jolie & située sur une Colline, à la rive droite de l'Aare sept lieues au-dessous de Soleurre. On y remarque un fort beau Pont de bois sur la Riviére, il est long de 372. pieds, & toutes les pièces en sont liées par des Crampons de fer. Il y a là un passage fort commode & assez important. La Dinnere petite Riviére s'y jette dans l'Aare, & produit des écrevices naturellement rouges. On les sert quelquefois sur la table avec des écrevices cuites, pour faire une malice aux Etrangers pour qui ce Phénomène est nouveau. Il y a dans le Bailliage d'Olten près de Dul-liken une Fontaine d'eau minérale nommée Tunkerbrun qui est bonne principalement contre la dyssenterie.

[b] *Etat & Dél. de la Suisse T. 3. p. 82.*

**OLTENDORP.** Voyez OLDENDORFF.

**OLUC-COUL** [c], les Tartares nomment ainsi le grand courant du Fleuve Irtisch, qui coule dans le Mogolistan.

[c] *Timur. Bec. l. 3. c. 6.*

**OLVERS-AA**, Riviére de l'Islande. Elle traverse dans la partie Méridionale de cette Isle la contrée d'Olves qui lui donne ce nom & se va perdre dans l'Océan près du Port d'Eyrarbaka, selon Torlac cité par Mr. Baudrand.

**OLUG-YURT** [d], les Tartares nomment ainsi la grande Horde, Siège des Rois de Calmac, ou plutôt des Rois Kans ou Empereurs Mogols, près de Caracorom Capitale de Calmac.

[d] *Timur. Bec. l. 4. c. 6.*

1. **OLULIS**, ancienne Ville de l'Isle de Créte, dans sa partie Orientale, selon Ptolomée [e].

[e] l. 3. c. 17.

2. **OLULIS**, ancienne Ville de Sicile, dans sa partie Occidentale, selon Ptolomée [f]. Ses Interprêtes disent que c'est présentement SORUNTO.

[f] l. 3. c. 4.

**OLURO**, Village quelque part vers l'Idumée. Josephe en fait mention dans la guerre des Juifs [g].

[g] l. 5. c. 7.

1. **OLUROS**, Ville ancienne du Peloponnèse dans l'Achaïe propre. Pline [h] dit après avoir nommé Lechée Port des Corinthiens; *mox Oluros Pellenorum Castellum.* C'étoit un Château élevé pour la sûreté de la Ville de Pellene d'Achaïe. Le nom d'*Oluros* fait connoître que ce Château étoit-là pour la défense d'un port, car Ὅλουρος en Grec signifie la même chose que *Panthormos* qui veut dire un port propre à recevoir toutes sortes de Vaisseaux. Pomponius Mela, Xenophon, & Etienne le Géographe parlent aussi de ce lieu.

[h] l. 4. c. 5.

2. **OLUROS**, ou OLURIS, lieu du Peloponnèse dans la Vallée de Messenie. Quelques-uns le nommoient *Dorium* au rapport de Strabon [i].

[i] l. 8. p. 350.

**OLUS**, Ville de Créte, selon Etienne le Géographe. Pausanias en parle aussi [k]. C'est peut-être l'OLULIS de Ptolomée.

[k] l. 9. c. 40.

**OLYBAMA**, Ville des Scythes-Arméniens, selon Berose cité par Ortelius.

**OLYBRIA.** Voyez SELYBRIA.

**OLYCA**, Ville de Macédoine, selon Étienne le Géographe qui cite Théopompe.

**OLYCRÆ**, Ville voisine de Naupacte, selon le même.

**OLYMPE'**, Ville de l'Illyrie, selon le même.

**OLYMPENA CIVITAS**, Ville d'Asie en Mysie au voisinage du mont Olympe, selon Pline [l].

[l] l. 5. c. 32.

**OLYMPENI**, habitans du mont Olympe dans la Mysie.

1. **OLYMPIA**, Ville du Peloponnèse dans l'Elide, auprès de l'Alphée; Strabon [m] parlant du Temple de Jupiter Olympien qui y étoit, dit qu'au devant étoit un Bois d'Oliviers, dans lequel étoit le Stade, ou lieu destiné à la course. Ce Temple est, dit-il, à trois cens pas d'Elide. Olympie, poursuit-il, fut d'abord célèbre par les Oracles qu'y rendoit Jupiter Olympien. Après qu'ils eurent cessé, le Temple ne laissa pas de

[m] l. 8. p. 353.

de conserver sa gloire, & au contraire il devint plus fameux encore que jamais par le concours des Peuples qui s'assembloient pour voir les Jeux, & couronner ceux qui avoient remporté le prix. Il y avoit une Statue d'Yvoire qui représentoit Jupiter ; c'étoit l'ouvrage de Phidias. Jupiter paroissoit assis & si grand que sa tête touchoit presque au haut du Temple, & il sembloit qu'en se levant il devoit emporter le comble de cet Edifice. C'est ce que Pomponius Mela [a] a exprimé en ce peu de mots. *In Elide Fanum Delubrumque Olympii Jovis, certamine gymnico & singulari sanctitate, ipso quidem simulacro quod Phidiæ opus est, maxime nobile.* Pline [b] dit : *à XII. mille pas de Pylos, plus dans les terres, est le Temple de Jupiter Olympien, qui par la célébrité de ses Jeux renfermoit les Fastes de la Grèce.* Comme ces Jeux se célébroient tous les ans, l'on s'accoutuma à prendre pour quatre ans pour l'espace d'une Olympiade à l'autre, & à marquer de-là les dates des Evénemens remarquables. C'est pourquoi on trouve dans les Historiens, telle année de telle Olympiade. Etienne le Géographe dit qu'Olympia s'appelloit anciennement PISA ; de là, viennent les noms de PISÆI & de PISATÆ pour les habitans de cette contrée, & de PISÆUS AGER, de REGIO, ou TERRA PISATIS pour la Contrée même, dont Strabon & Polybe [c] se sont servis. Strabon dit [*] : quelques-uns dérivent le nom de Pisatide de PISE, Ville qui porte ce nom, aussi bien qu'une Fontaine ; d'autres disent qu'il n'y a jamais eu de Ville de Pise, mais seulement une Fontaine. Mais la Ville de Pise est suffisamment prouvée par Pausanias [d] qui dit que *les Eléens détruisirent Pise durant la guerre*, & ensuite qu'il ne restoit aucune trace des murs ni des Edifices ; mais qu'on avoit planté des vignes au lieu où Pise avoit été. Pindare dit : O Bois de Pise bien garni d'arbres au bord de l'Alphée ! Etienne le Géographe dit, Pise Ville & Fontaine d'Olympie. Ptolomée [f] joint les deux noms ensemble & dit OLYMPIE PISE. Ὀλυμπία Πίσσαι. Ce qu'il y a de certain, c'est que tous les Historiens parlent d'Olympie & ne parlent non plus de Pise que si elle n'eût jamais existé. Il paroît qu'Olympie succéda à la Ville de Pise, qu'elles n'étoient pas sur le même terrain, mais en des lieux très-voisins & à côté d'un même Bois ; que l'une se forma des ruïnes de l'autre & que quand dans les tems historiques il y eut occasion de parler d'Olympie il n'étoit plus question de Pise dont le sol étoit alors couvert de vignes.

2. OLYMPIA, Philostrate [g] met un lieu de ce nom dans l'Arcadie.

OLYMPIAS, Fontaine du Peloponnese dans l'Arcadie, selon Pausanias [h], qui dit qu'elle jette alternativement de l'eau d'une année à l'autre ; c'est-à-dire, qu'elle coule durant une année & qu'elle ne coule plus l'année d'après. Auprès de cette Fontaine la terre jette des flammes. Les Arcadiens regardoient cela comme une suite du combat des Titans contre les Dieux.

OLYMPICUM TEMPLUM, Temple de Jupiter Olympien en Sicile à quinze cens pas de Syracuse, selon Tite-Live [i]. Les nouvelles Editions portent OLYMPIUM. Diodore [k] l'appelle de même Ὀλύμπιον. Thucydide [l] en fait aussi mention, & l'appelle OLYMPIEUM.

1. OLYMPIEUM. Voyez l'Article précédent.

2. OLYMPIEUM, lieu particulier de l'Isle de Delos où il y avoit des Athéniens établis. C'est de cette Colonie qu'il faut entendre ces paroles d'Etienne le Géographe : *Olympieum* lieu de Delos qui ayant été bâti aux dépens d'Adrien fut nommé par les Athéniens LA NOUVELLE ATHENES D'ADRIEN. Cet établissement des Athéniens à Delos est prouvé non seulement par ce passage, mais encore par quelques Inscriptions de Gruter [m]. On lit dans une ΑΘΗΝΑΙΩΝ ΤΩΝ ΕΝ ΔΗΛΩ, & dans une autre, ΑΘΗΝΑΙΟΙΣ ΤΟΙΣ ΕΝ ΔΗΛΩ. A quoi on peut en ajouter une autre trouvée à Delos & portée de-là à Constantinople chez l'Ambassadeur de France, sur laquelle on lit ΔΗΜΟΣ ΑΘΗΝΑΙΩΝ, ce qui doit s'entendre des Athéniens établis dans l'Isle de Delos [n].

OLYMPIENI, les mêmes qu'OLYMPENI.

OLYMPIS [o], Place forte du Péloponnèse près des Montagnes aux confins des Pays de Lacédémone & d'Argos.

1. OLYMPIUM, Voyez OLYMPICUM.

2. OLYMPIUM, lieu du Peloponnèse près de Corinthe, selon Pausanias [p]. Théophraste [q] dit que Corinthe-Cranium & Olympium sont des lieux voisins.

OLYMPIUS MONS. Voyez Olympus.

OLYMPUS, ce nom étoit commun à trois Villes, à un Promontoire & à douze Montagnes. Entrons dans le détail. On dit OLYMPE en François, quelques-uns écrivent OLIMPE.

*Villes nommées* OLYMPE, *en Latin* Olympus.

1. OLYMPUS, Ville d'Asie dans la Pamphylie, selon Etienne le Géographe.

2. OLYMPUS, Ville d'Asie dans la Lycie, selon Ptolomée [r]. Elle étoit auprès de la Mer entre Phaselis & le Promontoire HYERON ou Sacré, selon cet Auteur. Ortelius [s] dit que Socrate le Scholastique en fait mention. Pline [t] qui en parle dit qu'elle ne subsistoit plus de son tems. *Olympus Oppidum ibi fuit.* Solin [u] qui le copie d'ordinaire dit de plus, qu'Olympe avoit été une Ville fameuse, mais qu'elle étoit détruite & qu'il n'y avoit plus qu'un Fort (*Castellum*). Strabon [v] la compte entre les six principales Villes de la Lycie, & dit qu'elle étoit [w] grande & voisine d'une Montagne de même nom. Mais dans le même Livre [x] il nomme une Forteresse, Olympe, avec une Montagne nommée de même & dit que Zenicete Brigand s'y retiroit. Si Ptolomée la nomme, ce n'est pas que prouve qu'elle subsistât de son tems. [y] Saumaise observe, que cet Auteur nomme comme existantes des Villes détruites. Solin avoit lu dans Strabon ou ailleurs qu'il y avoit une Forteresse, & dans Pline que la Ville ne subsistoit plus, il en a conclu que la Ville avoit fait place à la Forteresse. Voilà les raisons, dont se sert Saumaise. Mais il falloit bien que cette Ville se fût relevée, puisqu'il y eut un Evêque. La No-

Notice de Leon le Sage y met bien expressément un Evêché. Leunclavius met entre les Evêques de Lycie celui d'Olympe, ὁ Ὀλύμπου. Le R. P. Hardouin [a] rapporte à cette Ville d'Olympe l'Aristocritus *Olympuensis* dont il est parlé au Concile de Chalcedoine. Mais il étoit de la Province de Pamphylie, selon le P. Hardouin lui-même. Et par conséquent il appartenoit à l'Olympe d'Etienne le Géographe. Ortelius soupçonne que cette Olympe est la même de laquelle Athenée dit que le Roi Cyrus avoit fait présent à Pytharque, mais il la nomme OLYMPIUM.

[a] *in Plinii l. c.*

§. OLYMPUS, Ville d'Asie dans la Cilicie. Cette derniere n'est pas fort connue, je suis même persuadé qu'elle n'est point différente de celle de Lycie. En voici la preuve. Ortelius qui fournit cette troisième Ville d'Olympe s'appuye de l'Autorité de Florus & de celle d'Asconius Pedianus. Or le premier à l'endroit cité par Ortelius [b] ne dit autre chose si non que dans la guerre contre les Pyrates Publius Servilius alla ruïner leurs plus fortes Villes, Phaseles & Olympe, qu'ils avoient enrichies depuis long-tems de toutes leurs prises, & Isaure même le boulevard de toute la Cilicie, &c. Asconius Pedianus sur la troisième Verrine de Ciceron appelle Villes de Cilicie, *Corycum*, *Olympe* & *Phaselis*. Pline donne Phaselis à l'extrémité de la Cilicie & Olympe à la Lycie. Ptolomée les place dans la Lycie l'une & l'autre. Strabon parle de cette même guerre à l'occasion de son Olympe de Lycie. Concluons donc que c'est la même.

[b] *l. 3. c. 6.*

Après cela il est aisé d'apprecier l'Article de Mr. Baudrand qui fait trois Villes Episcopales. OLYMPE, dit-il, étoit anciennement une grande Ville Episcopale de Cilicie sur la Côte de la Mer au pied du mont Phœnix entre Phasele & Corice. Il ajoute : il y avoit une autre grande Ville Episcopale de même nom en Lycie au milieu des terres. Elle étoit suffragante de l'Archevêché de Myre. *Dans les terres* est une faute. Ptolomée la fait maritime. On voit que ces deux Villes Episcopales n'en sont qu'une. Il y en avoit aussi, continue Mr. Baudrand, une troisième dans la Pamphylie ; mais elles sont toutes trois ruïnées depuis long-tems.

*Promontoire.*

OLYMPUS, Promontoire dans l'Isle de Cypre, selon Strabon, cité par Ortelius.

*Montagnes nommées* OLYMPE, *en Latin* OLYMPUS.

1. OLYMPUS, Montagne de la Macédoine, selon Ptolomée. Il le fait de 40'. plus Oriental que le Mont Ossa. C'est moins une Montagne qu'une chaîne de Montagnes entre la Pierie & la Pelasgiotide. Son nom moderne est LACHA. Sophien lui conserve l'ancien nom. Le Traducteur François d'Edouard Brown dit de même le Mont Olympe. Les Grecs, dit-il [c] qui ont toujours fort aimé leur Pays, disent beaucoup de choses du Mont Olympe. Homere écrit que c'est la demeure de Jupiter & des Dieux, & qu'il n'y a point de nues au-dessus. Pour moi, continue ce Voyageur Anglois, je trouve quelques parties des Alpes plus élevées & je peux assurer que j'ai vu des nuages au-dessus & qu'il n'y avoit point de neige en Septembre, au lieu qu'il y en a toujours sur le sommet des Alpes aussi-bien que sur le haut des Pyrénées, des Monts Krapacks & de plusieurs Montagnes de l'Europe. Mais le Mont Olympe en fut bien-tôt tout couvert si-tôt qu'il commença à pleuvoir dans ce Pays. J'avoue qu'on voit cette Montagne de bien loin, car j'ai commencé à la voir d'Eccisso Verbeni, Place qui en est éloignée d'environ vingt-quatre lieues. Elle ne fait pas seulement une pointe comme on la décrit quelquefois, mais elle est aussi assez longue, & ainsi elle rend très-propre & très-juste l'Epithète que lui donne Homere lorsqu'il dit *Longum tremefecit Olympum*, il fit trembler l'Olympe dans toute sa longueur. L'étendue qu'elle a principalement en Occident fait que les habitans qui sont au pied de cette Montagne du côté du Nord & du Midi ont une température d'Air aussi différente que s'ils vivoient dans des Pays fort éloignez. Lucain dit dans sa Pharsale d,

[c] *Voyages, p. 77.*

[d] *l. 6. v. 342*

*Nec metuens imi Borean habitator Olympi,*
*Lucentem totis ignorat noctibus Arcton.*

Paul-Emile Consul Romain, après avoir été quelque tems aux environs de cette Montagne, défit le Roi Persée & se rendit le Maître de la Macédoine. Lorsque le Roi Antiochus assiégea la Ville de Larisse, Appius Claudius lui fit lever le Siège par le moyen de plusieurs grands feux qu'il fit faire sur une partie du Mont Olympe. Le Roi crut que toutes les forces des Romains venoient fondre sur lui & ainsi il se retira. Ce que fit le Consul Martius sur cette Montagne est bien plus à remarquer, ayant été envoyé contre le Roi Philippe dernier de ce nom, il mena ses Soldats sur le Mont Olympe & les fit passer par des chemins si difficiles que la plûpart de ses gens furent obligez de se laisser glisser en bas le plus doucement qu'ils purent. Il fit descendre ses Eléphans, un à un par une machine qu'il inventa ; c'est ce qu'Edouard Brown remarque sur cette Montagne dans son Voyage de Larisse & de Thessalie.

2. OLYMPUS, le MONT OLYMPE. Ortelius trouve une Montagne de ce nom en Thessalie & cite le Scholiaste d'Apollonius. Je doute que cette Montagne soit différente de la précédente. Car Strabon parlant d'un Mont Olympe du Peloponnèse & d'un Mont Ossa, ajoute par occasion qu'il y avoit aussi deux Montagnes de mêmes noms de la Thessalie & de la Macédoine partie dans l'une & partie dans l'autre. Ainsi il n'est pas étonnant que Ptolomée l'ait mis dans cette première Province ; & Strabon dans la seconde. Voyez l'Article suivant.

3. OLYMPUS, le MONT OLYMPE, Montagne du Peloponnèse dans l'Elide. Strabon dit à l'occasion de la Ville de Pise dont quelques-uns nioient l'existence, que d'autres prétendoient en montrer la place entre le Mont Olympe & le Mont Ossa, & ajoute : il y a de ce nom deux autres Montagnes en Thessalie. Ortelius cite le Scholiaste d'Apollonius comme ayant parlé de cette Montagne en Elide.

4. OLYM-

4. OLYMPUS, le Mont Olympe, Montagne, ou plutôt Colline du Peloponnèse aux confins de l'Arcadie & de la Laconie. Polybe en décrit ainsi la situation [a]. Cléomène, s'attendant bien que les ennemis viendroient l'attaquer, fit munir tous les passages, de troupes, de fossez, & d'abatis; pour lui il s'en alla avec le gros de l'Armée consistant en vingt mille hommes prendre son poste à Selasie, prévoyant que l'ennemi choisiroit ce passage pour entrer dans le Pays, & la chose arriva ainsi. Ce défilé est entre deux collines dont l'une s'appelle Eve, l'autre Olympe, l'Oenus coule entre deux, & le long de cette Rivière est le chemin qui mène à Lacédémone. Cléomène avoit fait devant ces deux collines un retranchement consistant en un fossé, & un boulevard. Il mit ses troupes auxiliaires sur l'Eve, & se posta sur l'Olympe, &c.

[a] l. 2. c. 65.

5. OLYMPUS, le Mont Olympe, Montagne de l'Isle de Lesbos, selon Pline [b].

[b] l. 5. c. 32.

6. OLYMPUS, le Mont Olympe, Montagne d'Asie dans la Lycie. Pline [c] parlant du safran sauvage dit qu'on donnoit le premier degré de bonté à celui de Cilicie sur le Mont Corycus, & ensuite à celui de Lycie sur le Mont Olympe. *Prima nobilitas Cilicio, & ibi in Coryca monte: Dein Lycio Monte Olympo.*

[c] l. 21. c. 6.

7. OLYMPUS, le Mont Olympe, Montagne d'Asie, dans la Lydie, selon Athénée [d].

[d] l. 2.

8. OLYMPUS, le Mont Olympe, Montagne d'Asie, près d'Antandre, & joignant le Mont Ida, selon Strabon [e].

[e] l. 10. p. 470.

9. OLYMPUS, le Mont Olympe, Montagne d'Asie, dans la Mysie. Strabon [f] qui le nomme, le distingue du Mont précédent. Herodote [g] le nomme aussi l'Olympe Mysien. Pomponius Mela [h] & Pline [i] disent aussi *Olympus Mysius.* Mela y met la source du Rhyndacus. Cet Olympe de Mysie n'est point différent de l'Olympe de Bithynie. Mr. Tournefort [k] dit : nous laissames tout ce jour-là le Mont Olympe à notre gauche. C'est une horrible chaîne de Montagnes sur le sommet desquelles il ne paroissoit encore que de la vieille neige, & en fort grande quantité. [l] En approchant du Mont Olympe on ne voit que des Chênes, des Pins, du Thym de Créte, du Ciste à Ladanum, d'une autre belle espèce de Ciste que J. Bauhin a nommé Ciste de Créte à larges feuilles, L'Aune, l'Iéble, le Cornouiller mâle & femelle, la Digitale à dent ferruginée, le Pissenlit, la Chicorée, le petit Houx, la Ronce sont communes aux environs du Mont Olympe... [m] La montée de cette Montagne est assez douce, mais après trois heures de marche à cheval nous ne trouvâmes que des Sapins & de la neige; de sorte que nous fumes obligez de nous arrêter près d'un petit Lac dans un lieu fort élevé. Pour descendre de-là au sommet de la Montagne qui est une des plus grandes de l'Asie & semblable aux Alpes & aux Pyrénées, il faudroit que les neiges fussent fondues & marcher encore pendant toute une journée. Les Hêtres, les Charmes, les Trembles, les Noisetiers n'y sont pas rares. Les Sapins ne diffèrent point des nôtres. C'est près de ce Mont Olympe que nos pauvres Gaulois furent dé-

[f] Ibid.
[g] l. 1. p. 36.
[h] l. 1. c. 19.
[i] l. 5. c. 32.
[k] Voyage du Levant T. 2. p. 186.
[l] p. 187.
[m] p. 188.

faits par Manlius qui, sous prétexte qu'ils avoient suivi le parti d'Antiochus, voulut se vanger sur eux des maux que leurs peres avoient faits en Italie.... Le Mont Olympe s'appelle en Turc Anatolai-Dag, c'est-à-dire *Montagne de Natolie.* Les Grecs l'ont autrefois nommé la Montagne des Caloyers, à cause que plusieurs Solitaires s'y étoient retirez. Cela est conforme à ce que dit Mr. Baillet dans sa Topographie des Saints : cette Montagne étoit célèbre au VIII. siècle par divers Monastères où la Discipline Monastique se trouvoit dans un état florissant; entre autres celui de Medice, fondé vers la fin du régne de Constantin Copronyme par l'Abbé St. Nicephore sous l'invocation de St. Serge & la Règle des Acemetes dont St. Nicetas fut fait Abbé après S. Nicephore. Celui des Symboles dont St. Platon fut fait Abbé après le bienheureux Théoctiste l'an 770. & d'où il fut transferé à Saccude près de Constantinople.

10. OLYMPUS TRIPHYLIUS, le Mont Olympe surnommé Triphylien, haute Montagne de l'Isle Panchæa, dans l'Océan près de l'Arabie heureuse. On la nommoit aussi *le Siège du Ciel*, Οὐρανοῦ δίφρος, selon Diodore de Sicile [n]. Une haute Montagne semble en effet monter jusqu'au Ciel & le soutenir. C'est dans ce Systême que la Fable a supposé qu'Atlas haute Montagne personifiée portoit le Ciel sur ses épaules.

[n] l. 5.

11. OLYMPUS, le Mont Olympe, Montagne d'Asie dans l'Isle de Cypre, au milieu de l'Isle, selon Ptolomée [o].

[o] l. 5. c. 14.

12. OLYMPUS, le Mont Olympe, Montagne sur la Côte Méridionale de l'Isle de Cypre, selon Strabon qui dit [p] : après Citium, suit Amathonte Ville, & au milieu, c'est-à-dire entre ces deux Villes, une Place nommée Palæa, c'est-à-dire la Vieille; & une Montagne qui a la figure d'une Mammelle, & que l'on appelle Olympe. Il distingue cette Montagne du Promontoire de même nom, car il met la Montagne entre Citium & Amathonte sur la Côte Méridionale, au lieu qu'il place [q] le Promontoire à l'Orient auprès des Isles Cleïdes.

[p] l. 14. p. 683.
[q] p. 682.

Au mot Alb ou Alp on peut voir que les mots Alpes, Albion, Alben, Elephas & Olympe ont une origine commune. Les Poëtes ne se sont pas contentez d'établir une communication entre les Monts nommez Olympe & le Ciel ; ils ont appellé ainsi le Ciel même.

OLYNTHIACUS FLUVIUS, Athénée appelle ainsi la Rivière qui passoit à Olynthe.

OLYNTHE, ancienne Ville de Thrace dans la Paraxie au fond du Golphe Thoronéen. Lorsqu'elle subsistoit ce Pays faisoit partie de la Thrace, dans la suite il fut conquis par Philippe & les Limites furent reculées jusqu'au Strymon & même plus loin, & alors Olynthe auroit du être appellée Ville de Macédoine. Mr. Toureil [r] dit qu'elle étoit dans la Peninsule de Pallene, entre les Golphes de Thessalonique & de Torone. Si cela est vrai, Mr. de l'Isle l'aura mal placée dans sa Carte de l'ancienne Gréce, car il la met au fond du Golphe de Torone, non pas dans la Presqu'Isle de Pallene, mais dans la Paraxie au commencement de la Presqu'Isle qui

[r] Oeuvres T. 2. p. 186.

qui sépare le Golphe de Torone & le Golphe Singitique. Selon Mr. Tourcil, elle étoit possédée par des Grecs originaires de Chalcide Ville d'Eubée & étoit une Colonie d'Athènes [a]. Elle parvint successivement à un tel point de grandeur qu'elle eut de fréquentes & d'insignes querelles à démêler, tantôt avec Athènes, tantôt avec Lacédémone. Elle ne se ménagea pas trop non plus avec Philippe Roi de Macédoine lorsqu'étant parvenu à la Couronne il voulut se l'assurer par toutes sortes de voyes ; Olynthe qui avoit eu de grands démêlez avec Amyntas Pere & Prédécesseur de Philippe, osa recueillir deux fréres fugitifs qu'Amyntas avoit eus d'un autre lit & qu'en usurpateur ou en rival ombrageux Philippe se hâta de proscrire. Philippe encore mal affermi sur son Throne dissimula son dépit, rechercha l'amitié des Olynthiens, leur céda Anthemonte Place que les Rois de Macédoine leur disputoient depuis long-tems ; & conquit pour eux Potidée sur les Athéniens. Les Olynthiens ne laissérent pas de s'allarmer des progrès de ce Roi, & des rapides accroissemens de sa puissance. Ils intriguerent contre lui & firent une Ligue avec les Athéniens pour mettre un obstacle à ses conquêtes. Philippe informé de la Paix particuliére qu'ils avoient conclue investit Olynthe & l'assiége. Elle eut recours à ses nouveaux alliez [b]. Démosthène parla pour elle, & ses trois *Olynthiennes* roulent sur la nécessité de secourir cette Ville. Le secours ne la sauva point. Deux traîtres Euricrate & Lasthène tous deux d'Olynthe lui livrerent leur patrie. Il est vrai qu'il les fit périr plus misérablement que les autres Citoyens ; mais il y exerça de grandes cruautez & la ruïna de fond en comble. Herodote lui donne le surnom de *Sithonia*, qui désigne le Pays où elle étoit.

OLYROS, lieu particulier de Gréce dans la Bœotie entre Pteleon & Tanagra, selon Pline [c].

OLYSSA, Ὄλυσσα, Ville de Créte, selon Strabon [d]. C'est peut-être l'OLUS d'Etienne le Géographe.

OLYSSAS, Montagne d'Asie dans la Galatie, selon Ptolomée [e], cité par Ortelius. L'Edition des Aldes porte OLYSAS *Mons*, alias GIGAS, *alii* OLIGAS, OLGASIS, Celle de Bâle en 1520. porte OLICA *Mons*, Bertius préfére GIGAS *Mons*. Ces divers noms signifient une même Montagne. Celui d'OLGASSUS est de Strabon.

OLYSIPPO, c'est ainsi que quantité d'Auteurs écrivent le nom d'une Ville très-ancienne située à l'Embouchure du Tage, & qui est aujourd'hui Lisbonne. Elle est si ancienne que Solin a cru qu'elle avoit été fondée par Ulysse [f]. La ressemblance de nom a entraîné ceux dont il suit le sentiment. Strabon ne juge pas impossible qu'Ulysse ait été en Espagne ; du moins il en parle [g] de sens-là. Il nomme *Mænaca, Malaca, Exitanorum Urbs, & Abdere*, toutes Villes d'Espagne sur la Méditerranée & ajoute : au-dessus de tous ces lieux, dans les Montagnes on fait voir ULYSSE & le Temple de Minerve, comme le rapportent Posidonius, Artemidore, & Asclepiade de Myrlée qui enseigna les Belles-Lettres chez les Turdetains, & a laissé une Description des Peuples qui habitent ce Pays-là. Il

[a] Liban. Argum. in Olynthia.

[b] Ibid. p. 249. & T. 4. p. 50. 195. & 173.

[c] l. 4. c. 7.

[d] l. 10. p. 479.

[e] l. 5. c. 4.

[f] c. 23, Edit. Salmas.

[g] l. 3. p. 156.

dit que les monumens des égaremens d'Ulysse sont suspendus dans le Temple de Minerve & qu'on y voit des Éperons & des Proues de Vaisseaux. Strabon avoit déja parlé auparavant [h] des monumens qui prouvoient le Voyage d'Ulysse en Espagne & dans les autres Pays qu'Homere lui fait parcourir. Dans le passage de Solin on lit : *ibi Oppidum Olisipone Ulyxi conditum*. Quelques Editeurs avoient mis ULISSIPO sur quoi Saumaise [i] s'étonne que les Auteurs de cette Orthographe n'aient pas écrit ULISSIPOLIS, ou ODYSSEOPOLIS ; du moins, dit-il, ils eussent été plus conformes au Grec. Solin met ici un ablatif pour un nominatif, selon l'usage de son tems ; les noms de Ville se mettoient à l'Ablatif, & étoient regardez comme indéclinables pour parler comme les Grammairiens. Ainsi Vopiscus dans la Vie d'Aurelien dit *Copto & Ptolemaide urbes cepit*. Dans Antonin les noms sont de même à l'ablatif, & les Grecs au génitif. Quelques Editeurs ont eu tort de changer cela. Ptolomée nomme cette Ville OLIOS HIPPON Ὄλιος Ἱππῶν, Saumaise juge très-bien qu'il faut lire Ὀλισιππῶν au lieu de ce nom défiguré. Revenons à l'Ulysse. Seneque dans une de ses Lettres [k] se fait faire cette question : où Ulysse a erré si long-tems ? Si c'est entre l'Italie & la Sicile ou hors du Monde qui nous est connu ? Il apporte la raison que l'on alleguoit pour montrer qu'il étoit sorti du Détroit : il ne sembloit pas possible qu'il eût pu errer si long-tems dans un si petit espace. Il déclare qu'il n'a pas le tems de s'amuser à de pareilles questions ; & il a raison. Pourquoi faire de ces fables les recherches qui ne conviennent qu'à l'Histoire ? Aulugelle raille de même de certains Grammairiens qui recherchoient soigneusement si les erreurs d'Ulysse avoient été renfermées dans la Mer intérieure ou la Méditerranée comme l'a prétendu Atistarque, ou s'il étoit entré dans la Mer extérieure ou l'Océan, ce qui est le sentiment de Cratès. Questions frivoles, qui ne plaisent qu'à des esprits : le vrai nom de cette Ville c'est OLISIPO. C'est ainsi qu'il se trouve dans les Manuscrits de Pline [l]. C'est Auteur dit : *Oppida memorabilia à Tago in Ora, Olisipo equarum è Favonio vento conceptu nobile*. Ce qui confirme cette Orthographe, ce sont les Inscriptions trouvées à Lisbonne. L'une à tout au long FELICITAS JULIA OLISIPO ; une autre en abrégé [m] FEL. JUL. OLIS. une autre FEL. JUL. OLISIPO [n]. Elle eut titre de Municipe, & fut peuplée de Citoyens Romains *Municipium Civium Romanorum, Olisipo, Felicitas Julia cognominatum dit* Pline à l'endroit cité [o]. Voyez LISBONNE c'est la même Ville.

[h] Ibid. p. 149.

[i] in Solin. p. 276.

[k] Epist. 88.

[l] l. 4. c. 22.

[m] Gruter. p. 252. n. 5.

[n] p. 261. n. 2.

[o] p. 173. d.

OLYSIPPONENSE PROMONTORIUM, c'est le même qu'ARTABRUM PROMONTORIUM. Voyez l'Article ARTABRI. Le nom moderne est ROCCA SINTRA.

OLYZON. Voyez OLIZON, ou OLIZUM.

## O M.

OM, Riviére de l'Arabie heureuse. Elle se jette dans le Golphe Persique, selon Mr. Baudrand [p] qui cite Castald.

[p] Ed. 1705.

OMAGUACAS, Peuple de l'Amérique Mé-

OMA.  OMA.

Méridionale. Mr. Corneille [a] en parle ainsi après de Laet [b] : la contrée qu'ils habitent est située dans un desert où l'on entre en sortant de la Ville de SUSUNI ; ils sont riches & civilisez , & s'habillent de draps de laine , parce qu'il s'y trouve un nombre infini de brebis du Pérou dont ils ont apris de toute ancienneté à carder la laine & à la filer fort proprement. Leur Pays est plus temperé que chaud , s'il n'est un peu froid. Ils se nourrissent ordinairement de mahis & de racines de Papas. Je doute qu'ils soient différents des OMAGUAS.

OMAGUAS, ou HOMAGUES; Peuple de l'Amérique Méridionale, aux deux bords de la Riviére des Amazones, au-dessous de sa jonction avec la Moyobamba. Ce Peuple est le même que les AGUAS. Voyez ce nom. Voyez aussi HOMAGUES.

OMAGUA-SIETE [c], ou les vrais Omaguas , Peuple de l'Amérique Méridionale, presque sous l'Equateur quoi qu'un peu en deçà , auprès de la Riviére de Caket , avant la division qui envoye une partie de ses eaux à l'Orenoque & l'autre au grand Fleuve des Amazones. Ce Peuple ni cette division ne se retrouvent plus dans la nouvelle Carte de l'Amérique publiée en 1722.

OMAGUM. Voyez UMAGO.

OMALIS, Riviére de l'Inde, c'est une de celles qui grossissent le Fleuve Indus, selon Arrien [d].

1. OMAN, Ortelius nomme ainsi une Ville de la Palestine & cite le 15. Chapitre de Josué. C'est apparemment AMAM. Voyez ce mot.

2. OMAN, Ville de l'Arabie heureuse. Abulfeda dans sa description de l'Arabie [e] dit : Oman est sur la Mer, c'est une belle Ville & il y a un Havre pour les Vaisseaux. Dans ses Tables, il dit : Sohar la Ville ou la Forteresse d'Oman, dans le Pays de Bahrain & en donne la position, selon quatre Auteurs différens.

|  | Longit. | Latit. |
|---|---|---|
| Atwal, | 74  0 | 19 20. |
| Kiyas, | 74  0 | 19 45. |
| Ibn Said, | 81 15 | 19 16. |
| Resem. | 84 30 | 19 45. |

Selon

A proprement parler SOHAR est le nom de la Ville, Oman est celui d'un Pays de l'Arabie & même d'une Mer comme on verra dans l'Article qui suit.

3. OMAN, Pays de l'Arabie. D'Herbelot en parle ainsi dans sa Bibliothéque Orientale : c'est ainsi, dit-il, que les Arabes appellent la partie la plus Méridionale de l'Iemen ou Arabie heureuse qui s'étend depuis Mascate jusqu'à Aden , c'est-à-dire depuis le Golphe Persique jusqu'à l'Arabique. Le Géographe Persien écrit dans le troisième Climat que Loth neveu d'Abraham qu'il appelle Prophete, bâtit dans ce Pays la Ville d'Aman ou Oman qui a donné le nom au Pays ; mais il se trompe, car cette Ville de Loth est celle d'Ammon Capitale des Ammonites qui a tiré son nom d'Ammon fils de Loth. C'est celle qui a porté le nom d'Ammon Rabatah , & ensuite de Philadelphie.

La partie de l'Océan qui est entre l'Ethiopie & les Indes, s'appelle aussi par les Arabes Bahr-Oman V. Erkend à cause qu'elle borde cette partie de l'Yemen. Mirkhond rapporte qu'un Roi d'Oman nommé Dhoul Zogar fut défait par Caicaous Roi de la seconde Dynastie de Perse qui ne lui accorda la Paix, qu'à condition qu'il lui donneroit en mariage sa fille Saudabah Princesse douée d'une rare beauté.

Les Géographes Arabes comptent entre les Isles de la Mer d'Oman Zocotorah , Carmouah , Cothorbah , avec une autre petite qui jette du feu. Ils disent aussi que les Isles appellées RANEG qui sont les Maldives sont dans la Mer d'Oman , avec une autre qu'ils nomment GEZIRAT AL-COROUD, l'Isle des Singes, & que c'est dans cette Mer que l'on trouve la plus grande quantité d'Ambre gris, & plusieurs pierres précieuses.

§. OMANA, Ville de l'Arabie heureuse, selon Etienne le Géographe. Elle étoit sur le Golphe Persique, & l'Auteur du Periple de la Mer Erythrée dit qu'elle étoit de la Perse propre, ou Perside ; s'il est vrai que ces deux Auteurs ayent parlé de la même Ville, comme le R. P. Hardouin l'a cru faute d'avoir assez examiné les choses. Il faut donc distinguer ces Places, qui étoient séparées par le Golphe de Perse.

1. OMANA, Ville de l'Arabie heureuse, selon Etienne le Géographe qui cite les Antiquitez Arabiques de Glaucus Auteur que nous n'avons plus. Elle étoit dans les terres, c'est la même que Ptolomée [f] appelle OMANUM EMPORIUM ; & dont le Peuple est appellé, par le même Auteur OMANITÆ [g]. Mr. de l'Isle met cette Ville précisément sous le Tropique d'Eté.

2. OMANA. L'Auteur du Periple de la Mer Erythrée écrit par une double Mm OMMANA Ville de la Perside. Ce Port ne se voit pas être éloigné de la Carmanie car Pline [h] dit OMANÆ quod priores celebrem portum Carmaniæ fecere. Ce lieu étoit d'un grand Trafic, selon Arrien dans le Periple cité. Pline dit que le Peuple OMANI avoient autrefois habité depuis Petra jusqu'à Charax & qu'il y avoit alors les Villes d'Abesamis & Soractie Villes fameuses bâties par Semiramis. A présent, dit-il, ce ne sont que des deserts. Quoiqu'il en soit, ce Port de Caramanie ne sauroit être l'Omana d'Arabie qui n'étoit pas un Port, mais une Ville dans les terres.

§. Ce nom d'Oman s'est conservé chez les Arabes comme on a pu voir dans l'Article d'OMAN.

OMANÆ.
OMANI.    } Voy. OMANA, 1. & 2.
OMANITÆ.

OMARA, Ville de Perse vers le Khorassan. Molet en parle & croit que c'est l'ancienne OBROATIS ou OREBATIS de Ptolomée, nommée Orobatis par Ammien Marcellin.

OMBI, ancienne Ville d'Egypte Capitale du Nôme auquel elle donnoit le nom d'OMBITES NOMOS. Ce Peuple est mal nommé Ombri, Ὄμβροι, dans Ptolomée, où il faut lire Ombi, Ὄμβοι. Etienne le Géographe dit Ombi, Ὄμβοι, Ville d'Egypte du côté de la Libye. Les Editions vicieuses portoient Olbi, Ὄλβοι.

## OMB.

*a* l.5.c.9. Ὄμβοι. Pline *a* fait mention du Nôme de ce
*b* l.8.c.24. Peuple OMBITES NOMOS. Il dit ailleurs *b*
& 25. *Tentyris & Ombi* font deux Villes d'Egypte
voifines l'une de l'autre. Les habitans de la
derniere (OMBITÆ) adorent le Crocodile:
les Tentyrites le pourfuivent, & par le moyen
d'un frein qu'ils lui paffent, ils le domptent en
*c* Hift. A- nageant. Ælien parle *c* auffi de cette vénération
nim. l. 10. du Peuple *Ombita*, Ὀμβῖται pour le Crocodile.
c. 21. Les Ombites, dit-il, Peuple d'Egypte, adorent
le Crocodile & lui portent le même refpect
que nous avons pour les Divinitez de l'Olympe.
S'il arrive que leurs enfans foient enlevez
par les Crocodiles, ils s'en réjouïffent & les
meres en témoignant publiquement une extrême
joye en ont une plus haute idée d'elles-
mêmes d'avoir eu l'honneur de mettre au
monde une nourriture agréable aux Dieux.
Les Apollonopolites qui font partie des Tentyrites
les prennent dans des filets, les fufpendent
à des Arbres, & fans s'embaraffer des
gémiffemens & des cris de ce cruel animal le
battent & le tourmentent, enfuite le coupent
par morceaux & le mangent. Il dit auffi
que les Ombites font exprès des Lacs où ils
nourriffent des Crocodiles qui s'y apprivoifent
& qui entendent quand on les appelle. Ils
leur donnent, dit-il, les têtes des victimes
dont ils ne mangent point eux-mêmes afin
de les leur referver. La premiere lettre du
nom *Ombi* eft corrompuë dans la Notice de
*d* Sect. 20. l'Empire *d* où on lit *Ambo* pour *Ombo*. E-
quites promoti indigenæ Legionis tertiæ Diocletianæ
Ambo fous le Département du Commandant
de la Thébaïde. C'eft une faute, il s'agit
ici de la Ville d'*Ombi*. Ptolomée place cette
Ville entre *Toum & Syène*, Antonin la met
entre *Contra-Apollonos & Syene* à XXX. M. P.
de cette derniere. Il y avoit vis-à-vis de ces
deux Places de l'autre côté du Nil des Lieux
qui en prenoient le nom & que l'Itineraire appelle
CONTRA-OMBOS, & CONTRA-SUE-
*e* Sat. 15. v. NEM. Juvenal *e* a parlé de cette Guerre des
31. & feq. Ombites & des Tentyrites au fujet de la diverfité
de leur goût pour des Divinitez différentes;
& il en parle comme d'une chofe arrivée
de fon tems.

*Accipe, noftro,*
*Dira quod exemplum feritas produxerit ævo.*
*Inter finitimos vetus, atque antiqua fimultas,*
*Immortale odium, nunquam fanabile vulnus,*
*Ardet adhuc Ombos & Tentyra: fummus utrinque,*
*Inde furor vulgo, quod Numina Vicinorum,*
*Odit uterque locus, quum folos credat habendos*
*Effe Deos quos ipfe colit.*

C'eft-à-dire: Ecoutez le recit d'une Hiftoire
fanglante & barbare dont notre fiècle a été
le témoin. Les Citoyens de la Ville d'Ombe
& ceux de Tentyre, ont été de tout tems
ennemis irréconciliables. Jamais ils n'ont pu
fe fouffrir. Leur haine eft invétérée & immortelle
& cette playe eft incurable. Ces deux
Peuples font animez d'une extrême rage l'un
contre l'autre, parce que l'un adore un Dieu
que l'autre détefte, chacun croyant que la
Divinité qu'il refpecte mérite feule d'être adorée.
Juvenal raconte enfuite une longue
Hiftoire, où l'on voit la folie de ces deux
Peuples. Il faut remarquer que quelques
Editions anciennes portoient *Combos* au lieu
d'*Ombos*. Ortelius a relevé cette faute &

## OMB.

averti que ce *C* qui défigure ce mot eft pris
du mot précédent qui eft *adhuc*. Ces fortes
de fautes font fouvent arrivées aux Copiftes
qui écrivoient lorfqu'une perfonne dictoit
plufieurs mots de fuite fans les diftinguer.

OMBLA, Riviere de la Dalmatie à l'Orient
de l'Ifle de Meleda, au Nord de l'ancienne
Ragufe. Elle a fort peu de cours,
mais elle eft très-large & forme une efpèce
de Golphe à l'Embouchure duquel eft un
écueil nommé DAXA. Au Nord & prefque
à fon Embouchure eft une Ance nommée POR-
TO MALFA, ou MALPHIS, où il y a quantité
de fources. Au Midi mais plus au Levant
eft le port de SANTA CROCE où il peut
tenir cent Galeres. Vers fa fource font les
ruïnes d'une Ville détruite nommée CUMU-
LAZ. Le P. Coronelli nomme cette Riviére
*Ombla Fiumera Arion*. Sont-ce trois noms?
Mr. Corneille dit que les Anciens l'ont connuë
fous le nom d'ARJONA. Voyez ARJO-
NA 2. c'eft la même RIVIÉRE.

OMBRE, obfcurité caufée par un Corps
opaque opofé à la lumiére. La Géographie
confidere principalement l'ombre caufée dans
la lumiére du Soleil & en tire plufieurs ufages
que je vais expliquer fommairement.

Les hommes ont confideré de bonne heure
que lorfque le Soleil éclaire l'Hemifphère où
ils font, tous les corps élevez comme les arbres,
les hommes eux-mêmes, jettent une
ombre. Mais elle ne va pas toujours du même
côté. Elle eft infailliblement en droite ligne
avec le corps opaque & le Soleil. Et comme
cet Aftre parcourt fucceffivement divers points
de l'Horifon, l'ombre le fuit fidellement dans
fon cours, & eft tantôt d'un côté, tantôt de l'autre.
Par exemple, fi on plante perpendiculairement
une perche bien droite dans un champ;
après en avoir obfervé l'ombre à Midi, on verra
que l'ombre de fix heures du matin & de fix
heures du foir font enfemble une ligne droite qui
coupe à angles droits l'ombre du Midi au
pied de la perche. A quelque heure du jour
que ce foit l'ombre que jette un corps élevé
perpendiculairement eft toujours en droite ligne
avec le corps lumineux.

Le Soleil femble fortir de l'Horizon; il s'éleve
jufqu'à Midi, après quoi il defcend &
fe perd dans l'Horizon qui nous le dérobe
peu à peu, & enfin il difparoît entièrement.
Ces différens degrez de hauteur mettent
une extrême varieté dans les différentes
longueurs des ombres. Plus il eft bas, plus
elles font longues; plus il eft haut, plus elles
font courtes. Il s'enfuit que le point
de Midi dans la plus grande hauteur où il
puiffe être ce jour-là, l'ombre la plus courte
eft celle que donne alors le corps elevé.

Le Soleil n'eft pas toujours dans la même
hauteur à fon Midi par rapport à nous. Durant
les Equinoxes, il eft dans l'Equateur.
Il s'en écarte enfuite de jour en jour pour s'avancer de jour
en jour vers l'un ou vers l'autre Tropique.
Quand il eft au Tropique du Capricorne, ce
qui arrive au Solftice d'Hyver, il eft dans
fon plus grand éloignement par rapport à nous.
Il s'éleve beaucoup moins haut que quand il
eft dans l'Equateur & par conféquent l'ombre
du Midi, quoique la plus courte de celles de
tout ce jour-là, eft plus longue à proportion

G 3                                    que

que celles du Midi des jours où il est dans l'Equateur.

Après être arrivé au Tropique d'Hyver il se rapproche de jour en jour de l'Equateur ; & la longueur de l'ombre à Midi décroît à proportion jusqu'à l'Equinoxe du Printems, alors il avance vers le Tropique du Cancer, & comme par-là il se rapproche encore plus de nous, l'ombre de Midi continue à s'accourcir à proportion, parce qu'alors il s'élève d'autant plus par rapport à notre Pays.

Il est donc aisé de comprendre que les saisons mettent une grande différence entre la longueur des ombres à Midi. Celles du Solstice d'Eté sont les plus courtes, celles du Solstice d'Hyver sont les plus longues, celles des Equinoxes sont moyennes entre ces deux longueurs. Plus les Climats que nous habitons sont éloignez de l'Equateur terrestre (car la Terre a aussi le sien) plus l'ombre Méridienne d'un corps élevé doit être longue, à proportion de l'éloignement. Cela s'ensuit naturellement des principes qui viennent d'être déduits. Prenons un même jour, par exemple, le premier de Juin, à Midi l'ombre d'une perche de douze pieds sera plus longue en Suède qu'à Paris & à Paris qu'à Alger. Cela est facile à concevoir.

Ceci posé, l'ombre peut servir à connoître combien les lieux sont plus proches ou plus éloignez de l'Equateur. Elle peut aussi servir à déterminer la durée des Saisons. Aussi voyons-nous que dans la plus haute antiquité les Nations savantes ont élevé des Colomnes, ou des Obelisques, dont l'ombre étant observée par d'habiles gens servoit à déterminer le cours du Soleil, & les Saisons qui en dépendent.

[a] Appion dans ses Egyptiaques dit : Moïse, comme je l'ai entendu rapporter à des plus anciens d'entre les Egyptiens, étoit d'Heliopolis & il fut cause que pour se conformer à la Religion dans laquelle il avoit été élevé on commença à faire dans la Ville en des lieux fermez les prieres que l'on faisoit auparavant à découvert hors de la Ville & que l'on observa de se tourner toujours du côté du Soleil Levant ; comme aussi de ce qu'au lieu de Pyramides, on fit des Colomnes au-dessus de certaines formes de bassins, dans lesquels l'ombre tombant, elle tournoit comme le Soleil. C'est ainsi que traduit Mr. Arnaud d'Andilli. Un Académicien de Paris rend ainsi ce même passage : Moïse, comme je l'ai apris de anciens Egyptiens, étoit de la Ville d'Heliopolis qui est consacrée au Soleil ; il étoit accoutumé aux mœurs de sa patrie : il introduisit l'usage de faire les prieres en plein air & sur les remparts des Villes. Il tourna tous les Oratoires au Soleil Levant, car c'est ainsi qu'on le pratiquoit à la Ville du Soleil. Au lieu d'Obelisques, ἀντὶ δὲ ὀβελῶν, il éleva des Colomnes dont le pied étoit dans une espèce d'esquif & de bassin, σκάφη, & il y avoit au sommet une figure ou tête d'Homme, dont l'ombre, σκιὰ δ᾽ ἀνδρὸς, fournissoit le même cours que le Soleil. Ce passage d'Appion semble être une explication anticipée du passage de Pline qui sera rapporté dans la suite.

Ces Colomnes, ces Obelisques des Anciens surmontez d'une boule n'étoient pas un simple ornement mais un instrument de Mathématique, qui servoit à décrire sur le terrain par le moyen de l'ombre le chemin que le Soleil fait ou semble faire dans le Ciel. Appion prétend que Moïse érigea des Colomnes de cette nature. Il est vrai que Josephe le lui conteste, mais sans nier que cet usage fût chez les Egyptiens & les Chaldéens les plus anciens Peuples qui se soient adonnez à l'Astronomie. Il nie seulement que les Juifs, ni Moïse, ayent rien fait de pareil.

Une preuve plus décisive de l'ancienneté de ces Obelisques, c'est qu'on en voit sur des Médailles Grecques antiques & antérieures à Pythéas de Marseille. Telle est entre autres celle de Philippe Roi de Macédoine rapportée par Goltzius [b].

L'usage de ces Obelisques étoit très-ancien, mais l'avantage que l'on retire de la boule qui se met au haut n'est pas si ancien à beaucoup près. Pline [c] semble nous en marquer l'invention dans ce passage, où après avoir parlé de deux fameux Obelisques transportez d'Egypte à Rome & placez l'un dans le grand Cirque, l'autre au Champ de Mars, il poursuit ainsi : *Ei qui est in Campo Divus Augustus addidit mirabilem usum ad deprehendendas Solis Umbras, dierumque ac noctium ita magnitudines, strato lapide ad magnitudinem Obelisci, cui par fieret Umbra, bruma confecta die sexta hora, paulatimque per regulas (quæ sunt ex ære inclusæ) singulis diebus decresceret ac rursus augesceret : digna cognitu res & ingenio fœcundo Mathematici. Apici auratam pilam addidit, cujus umbra vertice colligeretur in se ipsa, alias enormiter jaculante apice, ratione, ut ferunt, a capite hominis intellecta.*

On voit par ce passage que cet Obelisque avoit été d'abord un simple objet de curiosité & qu'Auguste y fit des additions qui en firent tirer un usage que Pline appelle admirable. Cet usage consistoit à pouvoir mesurer avec plus de justesse la longueur des ombres, selon les Saisons. Ce qu'Auguste fit pour cela consistoit en un pavé aussi long que pouvoit l'être la plus grande ombre de l'Obelisque prise le jour le plus court de l'Hyver à Midi. Ce pavé avoit des lignes de cuivre qui marquoient les divers accroissemens, ou décroissemens de l'ombre. C'est ce que Pline appelle une chose digne d'être connue & qui marque la fécondité de l'esprit du Mathématicien qui guida Auguste dans ce projet. Le R. P. Hardouin dit que les Manuscrits ne nomment point ce Mathématicien. Avant sa correction les Editions ordinaires au lieu de *Mathematici* au genitif mettent le point final après le mot *fœcundo* : & commencent l'autre Phrase par ces mots. *Manlius Mathematicus apici*, &c. Que ce soit Manlius ou un autre, il n'importe ; mais Pline ajoûte une chose qui est très-digne de remarque c'est qu'au haut de l'Obelisque on posa une boule dorée afin que l'ombre étant rassemblée en elle-même en devînt plus sensible. Pline a bien vû que l'ombre d'une Pyramide, ou d'un Obelisque n'est presque plus sensible vers la pointe, à cause que les rayons de la lumière venant à se raprocher les uns des autres affoiblissent trop l'ombre en cet endroit. Ce peut être une des raisons qui ont engagé les Astronomes à terminer ces Obelisques par une boule. Mais il

[a] Josephe Réponse à Appion. l. 2. c. 1.

[b] T. 3. Tab. 30. n. 5.

[c] l. 36. c. 10.

y en a une autre que Pline peut bien n'avoir point connue & que ces anciens Astronomes savoient sans doute.

L'Ombre d'un Obelisque à sa pointe répond au bord supérieur du Soleil; pour avoir le point central du Soleil, il faut quelque chose qui rectifie cela. En mettant une boule, le centre de l'ombre qu'elle forme donne ce point sans autre opération, ce qui est une facilité. La différence qui résulte du calcul de l'ombre d'un Obelisque avec ou sans cette boule, est considérable, puisqu'elle est de tout le demi Diamétre du Soleil; & cette différence doit être observée pour la justesse du Calcul Astronomique.

Ces Obelisques ont été appellez GNOMON, Γνώμων, mot qui en Grec signifie, ce qui montre, ce qui marque, ce qui fait connoître; & que l'on a adopté en notre Langue. La Science de l'Ombre a recommencé à être cultivée avec succès en ces derniers siècles, & a produit cette variété prodigieuse de Cadrans solaires pour toutes les expositions possibles. La Science qui enseigne la mesure & la position du style que l'on appelle Gnomon; & à trouver les lignes où l'ombre du style doit tomber aux différentes heures du jour, s'appelle la GNOMONIQUE. On peut voir les différens Traitez que le P. Deschales, Mrs. Ozanam, de la Hire, & autres en ont écrit.

Ce que j'ai dit jusqu'à présent des Ombres ne convient généralement qu'aux Peuples situez entre l'Equateur & le Pole Septentrional; vers lequel leur ombre est toujours tournée à Midi. Au-delà de l'Equateur c'est tout le contraire. L'ombre d'un objet élevé se tourne toujours vers le Sud lorsqu'il est Midi. Cela se conclud sans peine du Principe général que l'ombre est toujours oposée en droite ligne au corps lumineux. Puisque les habitans de ce Pays-là sont entre la ligne du Soleil & le Pole Méridional, il faut qu'à Midi leur ombre soit tournée nécessairement vers le Pole.

Pour distinguer les Ombres on les nomme du nom de la partie du Monde, vers laquelle elles se jettent; l'ombre d'une Pyramide à six heures du matin est Occidentale, à Midi Septentrionale pour nous, Méridionale pour les Peuples au-delà de l'Equateur, & à six heures du soir elle est Orientale. Ceci n'a pas besoin d'être prouvé.

Les Grecs appellent l'Ombre, Σκιά, Scia, de-là viennent tous ces mots terminez en Scii, & formez de diverses prépositions, comme a; ἄμφις, amphis, de deux côtez; περί, peri, tout à l'entour; où du mot Ἕτερος, Eteros, l'un ou l'autre, & ces noms que les Géographes Latins ont emprunté des Grecs, ont servi à distinguer les habitans du Globe terrestre par la différence des Ombres.

Ainsi on appelle ASCIENS, Ascii, du mot Ἄσκιος sans ombre, les Peuples qui à Midi n'ont point d'ombre; ce qui ne convient qu'aux Peuples situez entre les deux Tropiques. Car en certains tems de l'année ils ont Midi le Soleil à leur Zenith, ou pour dire la même chose en termes vulgaires, le Soleil passe à plomb sur leurs têtes, de façon que leur ombre est alors sous eux. Cela n'arrive pas en même tems à tous les Peuples situez entre les deux Tropiques, mais successivement & à mesure que le Soleil s'approche du Tropique vers lequel ils sont. Par exemple, tous les Peuples qui sont sous l'Equateur n'ont point d'ombre à Midi dans le tems des Equinoxes. Ils ne commencent à en avoir que quand il s'éloigne vers l'un ou vers l'autre des Tropiques. Alors ceux qui sont entre l'Equateur & le Tropique dont le Soleil s'approche de jour en jour deviennent Asciens, ou sans ombre à Midi à mesure que le Soleil passe par leur Parallele.

Les AMPHISCIENS, Amphiscii, sont ceux qui ont deux ombres différentes, c'est-à-dire dont l'ombre est alternativement Septentrionale ou Méridionale; cela est commun aux Peuples qui habitent la Zone torride. Supposons une Pyramide ou un Obelisque sur la Côte d'Or en Guinée au bord de la Mer auprès de St. George de la Mine, ou Elmina, comme l'appellent les Hollandois, ou en tel autre lieu de cette Côte; lorsque le Soleil est par les 3d. environ 30. minutes, cette Pyramide ou cet Obelisque sera sans ombre, mais lorsqu'il s'avance vers le Tropique du Cancer, ou qu'il en revient jusqu'à ce qu'il soit parvenu à ce Parallele que nous avons dit de 3d. environ 30'. l'ombre de la Pyramide ou de cet Obelisque sera Méridionale, & tombera dans la Mer. Au contraire lorsque le Soleil aura repassé ce Parallele pour gagner l'Equateur, & ensuite le Tropique du Capricorne, jusqu'à ce qu'il soit revenu à ce même Parallele, l'ombre de la Pyramide ou de l'Obelisque sera Septentrionale & tombera dans les terres.

Il faut bien se souvenir que nous ne parlons ici que de l'ombre de l'instant du Midi vrai. Le Lecteur se rappellera aussi ce que nous avons dit de l'ombre de six heures du matin & de celle de six heures du soir, qui quoique jetées l'une à l'Occident, l'autre à l'Orient, font ensemble une ligne droite continuée aux deux côtez de la perche dont le pied les unit. Il en est de même de l'ombre Méridionale, ou Septentrionale qu'aura successivement la Pyramide dont nous parlons. Ces deux ombres feront ensemble une ligne droite.

Les PERISCIENS, Periscii, sont ceux dont les Ombres tournent autour d'eux. On a vu ailleurs que les Peuples qui demeureroient sous un des Poles, auroient dans toute l'année qu'un jour de six mois & une nuit d'égale durée. Or il est aisé de comprendre ne perdant point de vue le Soleil qui ne quitte point leur Horizon durant six mois, leur ombre devroit tourner autour d'eux autant de fois qu'il y a de jours de vingt-quatre heures dans ces six mois de jour perpétuel dont ils joüiroient. Il est ici question de l'ombre perpétuelle & de toutes les heures, & non pas de l'ombre Méridienne qui est toujours tournée du même côté, selon le Pole.

Mais si on conçoit que le Méridien ne se termine pas au Pole, & qu'il se continue au de-là en faisant un Cercle entier, alors le Soleil coupe deux fois le Méridien, une fois à Midi & l'autre fois à Minuit. Pour nous il disparoît & lorsqu'il parcourt la partie inférieure de notre Méridien, il ne peut nous donner d'ombre puisque sa lumière nous est cachée. Mais les Peuples que nous supposons

sous

sous le Pole, ne cessent point de le voir pendant six mois, puisqu'il ne quitte point leur Horizon. Alors l'Ombre de Midi, & l'Ombre de Minuit tracées sur une même ligne qui est le Méridien, se jettent en deux parties opposées, & font ensemble une ligne droite; & ces deux Ombres sont à douze heures l'une de l'autre. Si le corps élevé qui forme l'Ombre, est précisément sous le Pole, les deux Ombres seront également tournées vers le Midi. S'il en est à quelque distance, l'Ombre à Midi sera Septentrionale, & à Minuit Méridionale.

Les HETEROSCIENS, HETEROSCII, sont les Peuples dont l'Ombre Méridienne est toujours tournée du même côté. Cela convient à ceux qui habitent entre le Tropique & le Cercle polaire. Ceux qui sont au Nord du Tropique du Cancer, ont toujours l'Ombre Méridienne Septentrionale. Ceux qui vivent au Sud du Tropique du Capricorne, ont toujours l'Ombre Méridienne au Midi.

Les Peuples situez sous l'un, ou sous l'autre des deux Tropiques, n'ont point d'Ombre quand le Soleil est arrivé à leur Tropique. Le reste de l'année ils ont une Ombre qui est toujours la même à Midi. C'est ce que les Géographes expriment par ces paroles qu'ils sont *Ascien & Heteroscien*.

Les Peuples de la Zone torride, situez entre les deux Tropiques, n'ont point d'ombre quand le Soleil passe par leur parallele. Mais dès qu'il s'en écarte, ils ont une Ombre qui est ou Septentrionale ou Méridionale, selon qu'il avance vers l'un ou vers l'autre Tropique. C'est ce que veulent dire ces mots *Asciens & Amphisciens*.

Les Peuples des Zones tempérées n'ont qu'une Ombre qui est toujours ou Septentrionale, ou Méridionale, comme nous l'avons expliqué ci-dessus. Ainsi ils sont *Heterosciens*, & ne sauroient être *Asciens* parce que le Soleil n'arrive jamais à leur parallele.

Les Peuples des Zones froides, ont toujours durant six mois, le Soleil qui tourne autour d'eux, & fait tourner leur Ombre de même. Il coupe deux fois en vingt-quatre heures le Méridien, ainsi ils sont *Perisciens*, comme nous l'avons expliqué ci-dessus. Ils ne sauroient être *Asciens*; nous en avons dit la raison. Après ce que nous venons de dire, il n'y a aucune difficulté à concevoir le sens de ces deux vers de Lucain:

*Ignotum vobis Arabes venistis in Orbem,
Ombras mirati nemorum, non ire sinistras.*

Il parle des Nations, les plus éloignées qui furent forcées à prendre parti dans les Guerres Civiles des Romains, & nomme entr'autres les Arabes. Ils étoient accoutumez de voir qu'en Eté lorsqu'ils étoient dans leur patrie, le Soleil étant Septentrional à leur égard, l'Ombre se jettoit alors vers le Midi. On étoit alors dans la saison, où cela devoit être ainsi dans leur Pays. Ils voyoient pourtant leur Ombre dans les bois jettée vers le Nord, parce qu'ils étoient bien en deçà du Tropique du Cancer & dans des Climats, où l'Ombre à Midi est Septentrionale toute l'année. Cela les surprenoit & ils croioient être venus dans un autre Monde. Cet étonnement montre que ces Arabes étoient de l'Arabie heureuse; les seuls Arabes qui soient entre le Tropique & l'Equateur. L'Arabie deserte & la Pétrée étant en deçà, leurs Habitans n'ont jamais à Midi que l'Ombre Septentrionale, & par conséquent ce qui étonnoit les Arabes de Lucain, n'eût eu rien d'étrange pour eux. On pourroit demander pourquoi Lucain appelle le Midi la gauche; ou, ce qui revient au même, pourquoi on explique par le Midi, ce que ce Poëte appelle la gauche. Car comme cela dépend de la manière de se tourner, qui est une chose arbitraire, la gauche d'une personne peut être indifféremment de tous les côtez imaginables. Voici la raison. L'Auteur parle en Poëte. Il faut sçavoir que les Géographes, les Astronomes, les Prêtres, & les Poëtes ont choisi, chacun un des points Cardinaux du Ciel, vers lequel ils affectent de se tourner.

Les Géographes se tournent vers le Nord, & disposent leurs Cartes de maniere, que le Nord est en haut, quand elles sont bien orientées. Les Astronomes se tournent au contraire, vers l'Equateur pour examiner le cours du Ciel & des Planettes. Les Prêtres se tournent vers l'Orient. Les Eglises où l'on n'a point été gêné par le terrain sont disposées de maniere que l'Autel est à l'Orient, & le grand Portail à l'Occident. Les Poëtes enfin se tournent vers le Couchant. Ainsi ils ont le Nord à leur droite & le Midi à leur gauche. Ces dispositions différentes sont exprimées dans ces deux vers,

*Ad Boreum Terræ stat, Cœli metitor ad Austrum,*

*Præco Dei videt exorium, occasumque Poëta.*

Lucain dans un Poëme ne devoit point parler autrement. Ainsi chez lui *sinistra*, ou la gauche est le Midi. Celle d'un Prêtre seroit le Nord, d'un Géographe l'Occident, & d'un Astronome l'Orient.

Je n'entre point dans les détails de l'usage du Gnomon, cela me meneroit trop loin.

OMBREA, Ville de la Mésopotamie, selon Ptolomée[a]. Quelques Exemplaires portent OMBRÆA par une diphthongue. [a l. 5. c. 19]

OMBRI. Voyez OMBI.

1. OMBRICI, ancien Peuple de l'Illyrie[b]. Herodote & Stobée en font mention. Le premier au IV. Livre de son Histoire, l'autre à l'endroit où il parle du courage, de l'avarice & de l'injustice. Peucer croit que c'est à présent la Croatie. [b Ortelii Thesaur.]

2. OMBRICI, ancien Peuple d'Italie[c], vers la Japygie & près de la Mer Hadriatique; Athenée & Etienne le Géographe en font mention. [c Ibid.]

OMBRIE, Province de l'Etat Ecclésiastique. L'ancien nom étoit UMBRIA, le nom moderne est pris de SPOLETTE sa Capitale. Comme les limites en sont différentes, voyez ces deux Articles.

OMBRIO, nom d'une des Isles Fortunées, selon Pline[d]; il n'y avoit de son tems, aucune trace d'édifices. On conjecture que c'est présentement l'Isle DE FER. [d l. 6. c. 15]

OMBRITÆ, pour OMBITÆ. Voyez OMBI.

## OMB. OME. OMI. OMM.

1. **OMBRONE** (l') nom moderne de l'UMBRO, Riviére d'Italie dans l'Etat de Toſcane [a]. Elle a ſa ſource dans le Sienois, près des confins du Florentin à dix milles de Siéne, d'où coulant au Midi, elle reçoit l'Arbia au-deſſous de Bonconvento; & enſuite la MERSA & l'ORCIA, puis paſſant près de Groſſetto, elle ſe jette dans la Mer de Toſcane, cinq milles plus bas, à ſept milles de Telamone.

[a] Baudrand Ediz. 1705.

2. **OMBRONE**, Bourg d'Italie dans l'Etat de Toſcane [b], dans les Maremmes de Siéne, à quatre milles au-deſſous de Groſſetto, à l'Embouchure de la Riviére d'Ombrone.

[b] Ibid.

**OMBRONES**, ancien Peuple de la Sarmatie Européenne, ſelon Ptolomée [c].

[c] l. 3. c. 5.

**OMBRUS**, lieu toujours couvert de neige, au pied du Mont Tarbellus, ſelon Quintus Calaber [d]. Il ſemble, dit Ortelius [e], qu'il étoit auprès de Caunus dans la Doride.

[d] l. 8.
[e] Theſaur.

**OMEGNA**, Bourg d'Italie en Lombardie, au Duché de Milan, dans le Novarez avec un ancien Château, près du Comté d'Anghiera, ſur le bord du Lac d'Orta, entre le Lac Majeur au Levant, Carallo au Couchant, à ſept milles d'Orta en paſſant vers Domo d'Oſcella, ſelon Mr. Baudrand [f]. Il y a un ancien Château.

[f] Edit. 1705.

**OMENOGARA**, Ville de l'Inde en deçà du Gange [g].

[g] l. 7. c. 1.

**OMETEPEC**, Riviére de l'Amérique dans la Nouvelle Eſpagne, au Gouvernement de Guaxaca [h]. Elle tire ſa ſource de pluſieurs marais, qui ſont au bas des Montagnes de Xicayan, dans leſquels divers torrens coulent des Montagnes de Cacatepec. Cette Riviére en reçoit deux autres, cinq lieues au-deſſus de ſon Embouchure, ſavoir celle de Tlacolula d'un côté & Tlacomama de l'autre. Groſſie de leurs eaux, elle va ſe décharger dans la Mer du Sud, au Port de Tecuanapa.

[h] De Laet Ind. Occident. l. 5. c. 32.

**OMI**, Ville de la Chine dans la Province d'Iunnan, au Département de Lingan, troiſième Métropole de cette Province. Elle eſt près de la Montagne d'Uchung [i]. Elle eſt de 13. d. 57′. plus Occidentale que Pekin, à 24. d. 2′. de Latitude.

[i] Atlas Sinenſis.

**OMILUS**, lieu qui doit être quelque part dans la Gréce. Hippocrate en fait mention [k]. Ortelius conjecture que c'eſt peut-être OMOLUS.

[k] Morb. popular. l. 5.

**OMINGIS**, ancien lieu d'Eſpagne. Voyez ONINGIS.

**OMIRAS**, Pline [l] dit qu'on nommoit ainſi l'Euphrate avant qu'il fût arrivé au Mont Taurus; & qu'il ne prend le nom d'Euphrate qu'au ſortir de cette Montagne.

[l] l. 5. c. 23.

**OMISE**, ou plutôt OMISCH: les Eſclavons donnent ce dernier nom à la Ville d'Almiſſa en Dalmatie. Mr. Baudrand fournit le premier.

**OMIZA**, Ville de la Gedroſie, ſelon Ptolomée [m].

[m] l. 6. c. 21.

**OMMA** (l') Riviére d'Italie dans l'Etat de l'Egliſe, où elle arroſe la Campagne de Rome. Elle a ſa ſource entre Paleſtrina & Palliano, coule entre Segni & Fiorentino, reçoit deux Ruiſſeaux & va ſe perdre dans le Gariglan. Je fonde cette Deſcription du cours ſur ce que Mrs. Baudrand, Mati & Corneille aſſurent qu'on la nomme auſſi TRE-RO, & que c'eſt le TRERUS des Anciens, auquel convient le cours que j'ai marqué. Mr. de l'Iſle nomme le Trerus des Anciens, dans ſa Carte Latine du Latium, & appelle cette même Riviére SACCO, dans ſon Italie moderne. Peut-être qu'Omma eſt le nom d'un des deux Ruiſſeaux qu'elle reçoit. Magin donne le cours de cette Riviére ſans la nommer.

**OMMEI**, Peuple aux environs de Sodome dans la Terre de Chanaan, ſelon St. Jerôme [n].

[n] In locis.

**OMMELANDES**, (les) Les Hollandois écrivent OMMELANDEN, & ſous-entendent GRONINGER: ils appellent ainſi le plat Pays, aux environs de Groningue, qui avec cette Ville compoſe, une des ſept Provinces-Unies, dont la République eſt compoſée. Mr. le Clerc dans ſon Hiſtoire des Provinces-Unies, dit l'OMLANDE au ſingulier en François. Il parle ainſi de cette Province. La Province de Groningue eſt compoſée de deux Membres, ſavoir celui de la Ville de Groningue, & celui du Pays circonvoiſin, qu'on appelle en Flamand *Ommelanden*, qui eſt entre les Riviéres d'Ems & de Lauwers. Ces deux Membres font une Province ſouveraine. Il parle enſuite de la Ville, dont il décrit le Gouvernement, & paſſe enſuite au Pays, dont il eſt ici queſtion. Le plat Pays ou l'*Omlande*, dit-il [o], eſt diviſé en trois Quartiers, & ſes Loix portent que tous ceux qui y poſſédent trente arpens de terre, de la valeur de mille francs monnoye d'Emden & qui payent huit Florins, à l'Etat à chaque ſubſide qu'on nomme *Verponding*, ont droit de comparoître à l'Aſſemblée de la Province. Ces trois Quartiers n'ont néanmoins qu'une voix & la Ville une autre: de ſorte que la Souveraineté eſt partagée également entre la Ville & l'*Omlande*. Chacun de ces trois Quartiers eſt ſubdiviſé en trois *Sous-Quartiers*, & l'on ne peut prendre aucune réſolution pour les affaires de la Province, que les deux tiers, c'eſt-à-dire ſix de ces Sous-Quartiers, ne ſoient d'accord. Il y a pluſieurs Juriſdictions tant civiles que criminelles; mais on appelle de leurs Sentences à une Chambre établie dans la Ville. La Chambre eſt compoſée d'un Lieutenant, qui eſt nommé alternativement par la Ville, ou par l'Omlande & de huit Aſſeſſeurs, dont quatre ſont des Bourgmeſtres de la Ville, alors en Régence; les quatre autres ſont perpétuels; dont un eſt nommé par la Ville & trois par l'Omlande. Voyez GRONINGUE.

[o] Gouvernem. des Provinces-Unies.

Les Ommelandes (ou l'Omlande) ſont partagées, comme on vient de dire en trois Quartiers, dont voici les noms HUNSINGO, FIVELINGO, & WESTER-QUARTIER; c'eſt-à-dire, le Quartier Occidental [p]. Ces trois Quartiers n'ont point de Villes, mais des Villages. Vers l'an 890. il n'y en avoit que cinq, mais fort étendus, ſavoir HUGO-MONHI, HUNISGA, FIVOLGO, EMISGA, & FEDERITGA, avec la petite Iſle de BANDT que l'on ſoupçonne avoir été entre le Dokkumerdiep & le Lauwers. A préſent le nombre des Villages ſe monte à cent vingt-huit ſans compter quelques-uns, qui dépendent de la Ville de Groningue.

[p] Halma Tooneel der Vereenigde Nederlanden.

**OMMEN**, petite Ville ou Bourg des Provinces-Unies des Pays-Bas dans le Sallant

## 58 OMM. OMN. OMO.

*a Ibid. Dict. des Pays-Bas.*
en Overiſſel [a], ſur le Wecht à cinq lieues de Swoll, & à ſix de Coevorden. Ce n'eſt proprement à préſent qu'un gros Village, mais qui a les mêmes Priviléges & Franchiſes qu'une Ville.

*b Halma. ibid.*
OMMERSCHANTZ [b], Fortereſſe du même Pays. Cette Fortereſſe & le Hameau d'Overyrst, ne ſont pas éloignez d'Ommen.

OMMIRABI, Riviére d'Afrique dans la Barbarie, au Royaume de Maroc. Elle a ſa ſource dans le Mont Atlas, à l'endroit où il ſépare la Province de Tedles, de celle de Segelmeſſe. Delà ſerpentant vers le Couchant Septentrional, elle ſe charge de pluſieurs Riviéres, dont la principale eſt la Derna qui vient de Tefza, elle baigne enſuite Tegageta, coulant toujours entre la Province de Tedles & celle de Temeſne, & ſe groſſiſſant enfin de la grande Riviére que Marmol appelle la Riviére des Négres, & que Sanſon appelle QUADEL-HABID, ou HUED-ALA-ABID, elles coulent enſemble entre la Province de Temeſne & celle de Ducala, arroſant dans cette derniére, c'eſt-à-dire à ſon Midi, BENADASI, BULAHUANA ou BULAGUEN, TERGUM, TEMERA-COSTA, SUBEITA & AZAMOR. Là elle s'élargit & forme un Golphe à ſon Embouchure, au Midi de laquelle Mazagan eſt ſituée. On la nomme quelquefois RIVIERE D'AZAMOR. Mr. de l'Iſle la nomme MARBEA, & écrit Riviére des Noirs, au lieu de Riviére des Négres. Il croit que c'eſt l'ASAMA, ou AZANA des Anciens, & met leur Port de RUTUBIS, ou RUSUBIS, en cela il renverſe l'ordre de Ptolomée, qui met Ruſubis au Nord de l'Aſama. Selon l'ordre de cet ancien Géographe, en le ſuppoſant juſte, l'Ommirabi devroit être la Cuſa, qui eſt au Nord de cette Place, & non l'Aſama qui eſt au Midi. Voyez l'Article ASAMA. Voyez auſſi UMA-RABEA.

OMNÆ, Ville du Peuple *Omani* dans
*c l. 6. c. 28.* l'Arabie heureuſe, ſelon Pline [c].

*d Ibid.*
*e Theſaur.*
OMOENUS, Iſle ſur la Côte de l'Arabie heureuſe, ſelon Pline [d], Ortelius [e] la prend dans le Sein Perſique.

OMOLE, Ὁμόλη, Montagne de Theſſalie, ſelon Strabon, & Etienne citez par Ortelius. Etienne dit OMOLE ou HOMOLE, (car cela dépend d'un accent tourné d'une maniére, ou d'une autre O ou Ο΄) Montagne de Theſſalie dont parle Pauſanias; on la nomme auſſi *Omolus* (ou *Homolus*, par la même raiſon): les Portes de Thèbes du côté de cette Montagne, en portent le nom de *Homo-laides Portæ*. On adore en Bœotie Jupiter
*f In Idyl. 6.* Homoloïen. Le Scholiaſte de Théocrite [f] fait mention de la Fête de Jupiter Homoloïen, & du culte de Cerès Homoloïenne.
*g l. 3.* Apollodore [g] décrivant les ſept Portes de Thèbes, parle de celle qui étoit nommée
*h l. 9.* OMOLOÏS. Pauſanias [h] dit *Omolé* & dit de cette Montagne, que c'étoit la plus fertile, & la mieux arroſée de la Theſſalie. Je trouve
*i l. 9. p. 442.* dans Strabon [i] HOMOLIUM & HOMOLIS, c'étoit le nom d'une Ville & d'une Montagne, ſelon la remarque de Caſaubon. Tite-Live nomme effectivement ainſi *Omolium*, dans ſon 42. livre, ſi la citation d'Ortelius eſt juſte.

OMONT, Village des Pays-Bas dans le

## OMP. OMU. ON.

Hainaut, ſur la Rive droite de la Sambre une lieuë au-deſſus de Maubeuge. Il y a une Abbaye de Bénédictins, elle eſt Réguliére.

OMPAI, Riviére de Tranſilvanie, ſelon Mr. Baudrand, qui n'en marque point le cours; il rapporte ſeulement un ancien fait qui convient à la SARGETIA des Anciens.

OMPHACE, ancienne Ville de Sicile, ſelon Etienne le Géographe, qui cite l'Hiſtoire Sicilienne de Philiſte.

1. OMPHALIUM, lieu de l'Iſle de Créte, entre *Thêna* & *Gnoſſus*, ſelon le même.

2. OMPHALIUM, Ville de Theſſalie, ſelon le même.

3. OMPHALIUM, Ville d'Epire, ſelon Ptolomée [k]. Elle étoit dans la Chaonie
*k l. 3. c. 14.* & dans les terres.

OMPHALOS, mot Grec qui ſignifie le *nombril*, en Latin *Umbilicus*. Comme la ſituation de cette partie dans un homme réguliérement bien fait eſt à diſtance égale du ſommet de la tête, & de la plante des pieds & préciſément au milieu, ce mot a été auſſi employé pour ſignifier un lieu ſitué au Centre d'une Iſle, d'une Contrée &c. Pauſa-
*l Ortelius Theſaur.* nias parle dans ſes Corinthiaques de l'Omphalos du Peloponnèſe, & Tatien dans ſon Thiné contre les Grecs dit que Denys fut enſéveli *in Omphalo*.

OMURA, Ville & Principauté particuliére du Japon, dans la Province de Fifen au fond d'une Baye, & au Nord de Nagazaki. Elle a ſon Prince particulier, dont elle eſt la réſidence, & qui en porte le nom.
*Hiſt. du Jap. pon. T. 2. p. 167.* Il y a fort peu d'eau dans la Baye d'Omura, & elle n'eſt point du tout propre pour de grands Vaiſſeaux. Elle s'étend à l'Oueſt Sud-Oueſt, a flux & reflux & communique à la Mer par un petit Détroit. On y trouve des Coquilles qui produiſent des Perles. Autrefois on y ramaſſoit de très-beau ſable d'or, le long des Côtes qui ſont préſentement inondées, la Mer ayant gagné du terrain de ce côté-là.

## ON.

1. ON, ancienne Ville d'Egypte. Le Texte Hébreu nomme ainſi la Ville, dont étoit Prêtre le beau-pere de Joſeph; mais les Septante la nomment Heliopolis. Dans l'Exode
*Geneſ. 41. v. 45. 50. & c. 46. v. 20.*
*c. 1. 10.* outre les deux Villes que les Hébreux devenus eſclaves réparerent, il y en a une troiſiéme appellée ON, la même qu'Héliopolis;
*p. c. 30. v. 17.* dans Ezechiel [p] on voit les jeunes gens d'Héliopolis & de Bubaſte. Joſephe dit que le beau-pere du Patriarche Joſeph étoit un des Prêtres d'Héliopolis τῶν ἐν Ἡλιουπόλει ἱερῶν. On ne peut pas dire que ce nom d'Heliopolis ait été donné par les Grecs & par les Macédoniens à la place d' אן. On, nom Hébraïque, car Jeremie [q] fait mention de שמש
*q c. 43.* בית Beth Semes la Maiſon du Soleil, & la met en Egypte בארץ מצרים Béaretz Miſraïm; les Septante l'ont traduit par Heliopolis Ἡλίου πόλις. Voyez *Heliopolis* 2.

2. ON, Ville de la Paleſtine, au Pays de
*r De locis* Samarie, ſelon St. Jérôme [r], qui dit qu'au lieu de ce mot on lit dans l'Hébreu AUN. Euſebe dit ANNA. Aquila & Symmaque rendent ce mot par cette Epithéte *inutile* & Théo-

## ON. ONA. ONC.

Theodotion par le mot d'*iniquité*. Quelquefois, comme la remarqué le Pere Bonfrerius, les Septante ont retenu ce mot dans leur Version, fans addition lorsqu'il y a dans l'Hébreu אוֹן, dont la signification est *iniquité, menfonge, idole*. C'est ainsi, qu'ils gardent ce nom dans Ofée [a] βωμοὶ Ὢν, *Altaria On*, les Autels d'On, au lieu de quoi la Verfion Latine porte, *excelfa Idoli*, les hauts lieux de l'Idole. De même dans Amos ἐκ πεδίον Ὢν, du champ d'On, la Verfion Latine dit *de Campo Idoli*. Il fe prend quelquefois pour BETHHAVEN, où étoit placé le Veau d'Or de Roboam, & au lieu du nom de Bethaven, que notre Vulgate retient, les Septante difent la *Maifon d'On* [b]. Le Pere Bonfrerius conclud que le mot *On* féparément n'eft point le nom d'une Ville particuliére de la Paleftine, mais qu'étant joint au mot *Maifon*, alors il devient un nom vrayement Géographique, foit dans le propre, foit dans le figuré.

[a] c. 10. v. 8.
[b] Ofée c. 4. v. 15 c. 5. v. 8. & c. 10. v. 5.

ONÆUM, Ville de l'Illyrie, dans la Liburnie, felon Ptolomée. Sophien croit que c'eft préfentement CABO-CUMANO.

ONAGRINUM CASTELLUM, Ville de la feconde Pannonie le long du Fleuve aux environs de la Save, felon la Notice de l'Empire [c].

[c] Sect. 56.

ONANO, Bourg d'Italie dans l'Etat de l'Eglife, & dans l'Orviétan, entre Aquapendente & Petigliano à deux lieues de l'une & de l'autre [d]. Il a titre de Duché.

[d] Baudrand, Edit. 1705.

ONAPIEU, Peuple de l'Amérique Septentrionale, aux environs de la route que fuivit Mr. de la Salle, pour aller de la Baye de St. Louïs, chez les Cenis.

ONATE. Voyez OGNATE.

1. ONCÆ, Ville d'Arcadie, felon Ifac Scholiafte de Lycophron. Voyez ONCIUM.

2. ONCÆ, Ville de Thèbes, la même. Il entend fans doute un Village de ce nom dans la Bœotie, dont parle Phavorinus. Etienne le Géographe parle d'une Porte de Thèbes, qui prenoit fon nom de ce lieu-là.

ONCÆUM. Voyez ONCIUM.

ONCHÆ. Voyez UNCHÆ.

ONCHESMUS, Port de l'Epire, felon Ptolomée [e]. Ὄγχεσμος, ONCHISMUS, felon Strabon; ancien Port de la Côte d'Epire. Les Anciens donnoient le nom d'*Onchefmites*, au vent qui étoit propre à paffer de ce Port en Italie. Ciceron dit dans une de fes Lettres à Atticus, [f] nous fommes venus de Brindes, le fixième jour avant les Calendes de Décembre (c'eft-à-dire le 25. Novembre) & nous avons eu dans ce trajet, le même bonheur que vous avez fur Mer; un doux *Onchefmite* n'a point ceffé de favorifer notre navigation. Les Anciens ont fuppofé que ce mot d'*Onchefmus* vient d'Anchife, & qu'*Anchifæ Portus*, ou le *Port d'Anchife*, eft l'ancien nom. C'eft ce que veut dire Denys d'Halicarnaffe lorfqu'il dit, ils côtoyerent depuis Buthrot, jufqu'au Port qui portoit alors le nom d'Anchife, & qui a maintenant un nom, où l'ancien eft un peu déguifé. Ce Port étoit dans la Chaonie, felon Ptolomée, qui le nomme entre Panorme & Caffiope. Ainfi ce ne fauroit être l'Echinus de Pline qui étoit dans l'Acarnanie bien loin de là.

[e] l. 3. c. 14.
[f] l. 7. Epift. 2.

ONCHESTI PALUS. Voyez l'Article fuivant, & COPAÏS.

## ONC. OND.

ONCHESTUS, Ville de Gréce dans la Bœotie. Elle étoit grande & fituée entre Haliarte & Acræphies, près d'une Montagne, nommée *Phœnicius Mons*. Ce n'étoit d'abord qu'un bois confacré à Neptune. Homere n'en parle que fur ce pied-là.

Ὀγχησὸν ἱερὸν Ποσιδήιον, ἀγλαὸν ἄλσος [g].

[g] Catalog. v. 13.

*Onchefte bois fameux confacré au Dieu Neptune*. Il y eut enfuite une Ville en cet endroit, & Paufanias [h] parle de fes ruïnes. Strabon [i] la compte entre les Villes qui bordoient le Lac Copaïs. Elle en étoit au Midi, comme je le dis au mot COPAÏS. On croit que DIMINIA, en occupe le terrain. Voyez ce mot.

[h] Bœotic. c. 26.
[i] l. 9. p. 410.

2. ONCHESTUS, Bois facré de la Bœotie. Voyez l'Article précédent.

3. ONCHESTUS, autre Bois confacré à Neptune dans l'Eubée, felon Ortelius [k] qui cite le troifième livre d'Apollonius.

[k] Thefaur.

4. ONCHESTUS, Ortelius trouve une Riviére de ce nom en Theffalie, & cite Etienne & Polybe. Ces Auteurs écrivent, felon la prononciation Grecque Ὀγχηςὸς & Polybe la nomme bien expreffément dans un fragment de fon 17. livre.

ONCHISMUS. Voyez ONCHESMUS.

ONCHOBRICE, Ifle fur la Côte Orientale de l'Arabie heureufe, felon Pline [l].

[l] l. 6. c. 28.

ONCHOE, Ville de Gréce dans la Phocide, felon Etienne le Géographe.

ONCIUM, ou ONCEIUM Ὄγκειον, Fortereffe de Gréce dans l'Arcadie. Elle prenoit fon nom d'Oncus qui y avoit commandé. C'eft peut-être l'ONCÆ d'Ifac. Scholiafte de L'ycophron.

1. ONDA, ancien nom de la Riviére d'ONHAR en Efpagne.

2. ONDA, Bourg & Château d'Efpagne, au Royaume de Valence, & au pied des Montagnes, près de la Riviére de Millas, à deux petites lieues de la Côte du Golphe de Valence, au Couchant & un peu plus de Morvedro au Nord, en allant vers Tortole.

ONDEVES (LES) ce nom fignifie *perdu*, & fe donne à une des quatre fortes de Noirs de la Province d'Anoffi [m], dans l'Ifle de Madagafcar. Ce font les moindres de tous. Ils font Efclaves d'origine du côté du Pere & de la Mere, achetez ou faits prifonniers, pendant la guerre. Ils ne peuvent quitter leur maitre, fous quelque prétexte que ce foit, fi ce n'eft que dans un tems de famine, ou d'une grande cherté de vivres, il leur eût refufé la fubfiftance qu'il leur doit. En ce cas il leur eft permis de choifir un autre maitre.

[m] Corn. Dict. de la Croix, Relat. de l'Afrique. T. 4.

ONDICAVÆ, Ὀνδικαουαι, c'eft ainfi qu'on lit ce nom bouleverfé dans les Editions de Ptolomée [n] au lieu de Ἀνδικάουοι ANDICAVI, Peuple de la Gaule Lyonnoife. Ce Peuple eft le même que les Angevins, & fa Ville *Juliomagus* eft *Angers*.

[n] l. 2. c. 8.

ONDZATZI (LES) on diftingue par ce mot dans l'Ifle de Madagafcar [o], une condition particuliére des Habitans. Ce font des gens qui ont la peau rouge, les cheveux longs & plats, fi ennemis du fang qu'ils ne peuvent pas couper la gorge à un poulet. Ils s'adonnent à la pêche. Ils n'ont ni Temple ni Re-

[o] Flacourt. Hift. de l'Ifle de Madagafcar. c. 2. p. 6.

Religion, & font par coutume quelques Sacrifices de bêtes, quand ils sont malades, quand ils veulent planter leurs ignames & leur ris, quand ils veulent les cueillir, quand ils circoncifent leurs enfans, quand ils entreprennent une guerre, quand ils prennent possession d'une maison nouvellement bâtie, quand ils ont eu quelque rêve, ou quand ils enterrent un parent.

ONE, Ville d'Afrique au Royaume de Tremécen. Les Africains la nomment DEYRAT UNEYN, elle étoit sur la Côte. Marmol [a l.5.c.90. T.2.p.324.] la décrit ainsi. C'est une Ville sur la Côte à la hauteur d'Almerie & au Levant de Tevzerit. Elle a été bâtie par les anciens Africains, & avoit de fortes murailles, & un petit Port, fermé de part & d'autre d'une bonne Tour. Les Mosquées y étoient bien bâties, & les Maisons habitées de Marchands & d'Artisans, parce que chaque année des Galéaces de Venise y venoient descendre en allant à Tremécen, alloient trafiquer avec ceux de Venise. Elle étoit donc fort peuplée alors, & l'on y faisoit de belles toiles & d'autres étoffes de cotton. Outre cela il y avoit diverses contrées d'Oliviers, de Vergers & de Terres labourables, tant autour de la Ville, que le long d'une Riviére, qui la borde. Du reste, quoi qu'elle eût commencé à se dépeupler, quand on prit Oran, le Roi de Tremécen y avoit encore Garnison pour la sureté du Commerce, & elle étoit en assez bon état, si la convoitise des Habitans n'eût été cause de sa perte. Car ne se contentans pas de leur trafic, ils donnerent retraite aux Corsaires, & couroient avec eux les Côtes d'Espagne. C'est ce qui porta Charles V. à y envoyer D. Alvar Bassan, Général de ses Galéres, qui la prit en 1533. & après l'avoir saccagée y mit Garnison. Mais l'Empereur la fit raser pour épargner la dépense; & le Général des Galéres y alla lui-même faire sauter les murs & les Tours, & brûler & démolir les Maisons, sans qu'on les ait rétablies depuis. Le Pays est cultivé par les Bérébères, d'une Montagne voisine nommée Tafara, où il y a force Mines de fer & d'acier.

Le Cap de cette Montagne, s'appelle maintenant le CAP D'ONE. Marmol croit que c'est le *Μεγα ακρωτηριον*, ou le grand Promontoire, que Ptolomée place à l'entrée de la Mauritanie Césariense, immédiatement après l'embouchure de la Riviére de Malva; auquel il donne 11. d. 30. de Longitude & 35. d. de Latitude. C'est la Latitude que donne effectivement Mr. de l'Isle à ce lieu qu'il nomme HONE; à l'égard de la Longitude, peu s'en faut qu'elle naille à 17. d. ainsi celle de Ptolomée n'y convient pas. Voyez TARARE.

1. ONEGA, Riviére de l'Empire Russien. Elle a sa source dans la Province de Cargapol, forme une espéce de petit Lac auprès & à l'Orient de la Ville de Cargapol & serpentant tantôt vers le Nord, & tantôt vers le Nord-Est, elle va se perdre dans la Mer blanche; son cours est d'environ quarante-cinq milles de 15. au degré.

A l'Orient de son embouchure, la Côte s'avance vers le Nord-Est, & forme une pointe que l'on appelle le CAP D'ONEGA.

On appelle Onega le Pays, où elle entre au sortir de la Province de Cargapol, qui le borne au Midi, celle de Vaga le termine au Sud-Est; Koureeska Volost, ou Contrée de Coureeska, au Nord-Est, la Mer blanche au Nord & Kargaposkaia Corela, ou Carelie Moscovite au Couchant. On n'y connoît point d'autre Riviére que l'Onega, point de Ville ni de Bourg, mais beaucoup de Forêts.

2. ONEGA (le Lac d') grand Lac de l'Empire Russien, entre la Carelie Moscovite au Nord & au Nord-Est, le Pays de Cargapol à l'Orient, & la Carelie Suédoise au Couchant Septentrional. Le Pays qui est à l'Ouest, & celui qui est au Sud prennent leur dénomination de leur situation à l'égard de ce Lac. Il s'étend du Nord au Sud, depuis les 60. d. 46. de Latitude jusqu'au 63. d. sa Côte Occidentale est en quelques endroits par les 53. d. de Longitude, & l'Orientale avancé jusqu'à 64. 40. de Longitude. Il reçoit diverses Riviéres, au Nord celle de POVENZA, auprès d'une Ville de même nom, au-dessous de laquelle les eaux s'élargissent, & se resserrent ensuite. Sur la Côte Orientale est l'embouchure de la ZELMOSA qui grossit ce Lac. Il continue de se retrecir jusqu'à l'Orient de la Ville de KUSBRANDA, après quoi le Lac s'élargit tout à coup. Il reçoit du Pays de Cargapol les Riviéres de Sasal, de Pudda, de Nikilsma, d'Andama, & deux autres dont les noms ne se trouvent point sur la Carte. Dans sa partie Méridionale sont les embouchures de la VITEGRA & de la SUSTA, qui viennent de l'OBONESKAIA PETINA, ou *Quartier d'au deçà de l'Onega*, ce mot *au deçà* est relatif à la Ville de Moscou; au Midi de la Côte Orientale est la Riviére de SVIR, qui porte les eaux de ce Lac, dans celui de Ladoga; au bord Septentrional de cette Riviére, près du Lac d'Onega, est le Monastère de Vosnesenie; plus haut est la Riviére par laquelle on peut se rendre à OLONITZ, ou OLONECZ, & delà à Notebourg par le Lac de Ladoga. Plus haut est la petite Riviére de Soyo, avec une Ville de ce nom à son embouchure, & enfin une grande Riviére qui vient de Lindujerwi & de Masjerwi, Villes de la Carelie; au Nord de cette Riviére, ce Lac forme plusieurs Ancés & a des Isles assez grandes dans sa partie Septentrionale.

ONEH. Voyez ONII MONTES.

ONEILLE, les Italiens disent ONEGLIA, Ville d'Italie sur la Côte de Gênes à l'Orient de l'Embouchure [b] [b *Theatr. Pedemont.* 2. Part. p. 159.], de la Riviére Impériale dans la Mer Méditerranée entre Port-Maurice, au Couchant & la Bourgade de Diano au Levant. Ce Port & cette Bourgade sont à la République de Gênes, dans les Terres de laquelle Oneille est enclavée de tous côtez. Elle est la Capitale d'une Principauté, qui appartient au Chef de la Maison de Savoye, aujourd'hui Roi de Sardaigne. Elle est assez bien bâtie, & avoit autrefois une grande & bonne Citadelle, qui durant les guerres entre les Ducs de Savoye, & la République de Gênes, a été détruite aussi-bien que celles de Marro, de Prela, de Bestagno & autres de ces quartiers-là. Le vieux Château

## ONE.

teau qui étoit au Nord d'Oneille, & plus avant dans les terres a eu le même fort; on prétend qu'il y avoit là une Ville dont les Habitans vinrent s'établir au bord de la Mer au lieu où est aujourd'hui Oneille. Un Gentilhomme François parloit ainsi d'Oneille en 1660. dans le Journal de son voyage de France & d'Italie [a] : Oneille Ville agréable & Principauté du Duc de Savoye, à dix milles du Port Maurice sur le bord de la Mer, & située dans une plaine que joint une vallée merveilleusement belle & riche en Oliviers qui fournit d'Huile tout le Pays. Elle est fermée de murailles nouvellement rebâties. Les rues en sont belles & *polies* au dernier point, & les Maisons s'appuyent & se soutiennent par le moyen des arcs-boutans qui les joignent. Comme il n'y a aucune Forteresse, durant les guerres elle a été prise & reprise; l'Auteur ajoute un conseil qui n'est pas à mépriser pour les Voyageurs. Si vous voulez, dit-il, voguer sur Mer, & vous tirer des fâcheuses Montagnes, où je suivis ma route, prenez un bateau ou une felouque; vous en trouverez qui partiront à toute heure.

[a p. 143.]

A l'Orient d'Oneille est une Montagne, qui avançant dans la Mer, forme un Promontoire. On le nomme tantôt le Cap d'Oneille, ou le Cap de Dian, à cause de l'une ou de l'autre de ces deux Places entre lesquelles il est situé, & tantôt Capo Verde. Michelot dans son Portulan de la Méditerranée [b] dit du Port d'Oneille & de ce Cap : La Ville est entourée de murailles, principalement du côté de la Mer, & est située sur le rivage dans une très-belle plaine, où il passe d'un côté & d'autre deux petites Riviéres. Celle qui est du côté du Port Maurice, est la plus grande (c'est l'Impériale dont nous avons parlé ci-dessus. L'autre est négligée sur les Cartes que j'ai consultées.) Du côté de la Mer, il y a trois petits Forts, un à chaque bout, & l'autre au milieu, & vers le Cap d'Oneille, il y a quelques maisons de Pêcheurs, & une Tour octogone sur une pointe, pour en défendre le mouillage. On mouille avec les Galéres, vis-à-vis la Ville, à demie portée de Canon sur cinq ou six brasses, fond d'Herbe & de Vase. Les Vaisseaux qui vont charger, de l'huile se tiennent un peu plus au large, pour être plus prêts à faire voile en cas de besoin, quoi que le fond y soit très-bon . . . Le Cap d'Oneille est une grosse pointe ronde, sur laquelle est une Tour de garde qui est ronde & un Hermitage au-dessous du côté du Nord-Est avec une autre Tour. L'huile d'Oneille qui fait le principal Commerce des Habitans se charge pour la France, les Pays-Bas, la Hollande, l'Angleterre &c.

[b p. 87.]

La Principauté d'Oneille s'étend depuis la Mer jusqu'à Pornasio qui est au pied de l'Appennin, & consiste en trois Vallées; savoir

Le Val d'Oneille,   Le Val de Marro.
Le Val de Prela.

Le Val d'Oneille, commence à Oneille & finit à St. Lazare. C'est un Jardin continuel, une suite d'arbres & de maisons. Mr. de l'Isle prend au contraire le Val d'Oneille, au-dessus de St. Lazare jusqu'à la source de l'Impériale.

Le Val de Marro, en Latin Vallis Mari ou Macri, prend au-dessus du Bourg de Marro, situé sur la gauche de l'Impériale, & s'étend par une branche, depuis St. Lazare jusqu'à St. Bernard. Il se joint auprès de cette colline à la Vallée de la Pieve & de Teico.

Le Val de la Prela, en Latin Vallis Petræ Latæ, est à l'Occident des deux autres, & va se joindre au Val de Port Maurice, & à Dolcedo Bourg de la Seigneurie de Gênes.

On compte dans la Principauté d'Oneille cinquante-trois Bourgs ou Villages, environ quatorze mille ames, & elle peut mettre sur pied 2000. hommes. Le Val d'Oneille appartenoit anciennement à l'Evêque d'Albengue, qui en jouit en qualité de Seigneur Temporel, jusqu'à l'an 1298. alors ne se trouvant point en état de résister aux Génois, aux Comtes de Vintimille & à quelques autres Voisins qui le harceloient souvent, il demanda au Pape la permission de se défaire du Domaine temporel de cette Vallée & l'ayant obtenue il s'en accommoda avec Nicolas & Frederic, deux freres, fils de Babilan de Doria Patrice de Gênes. Leurs Héritiers la vendirent à Emanuel-Philibert Duc de Savoye; qui acquit aussi par voye d'échange les Vallées de Marro & de Prela qui des Comtes de Vintimille avoient passé aux Lascaris Comtes de Tende & de Vintimille, & de ceux-ci à René Bâtard de Savoye, Grand-Maître d'Hôtel à la Cour de France, lequel avoit épousé Anne Lascaris fille unique du Comte de Tende. Comme de leur mariage il n'y eut que des filles, savoir Renée femme de Jacques, Marquis d'Urfé, & Henriette, mariée à Charles de Lorraine Duc du Maine, le même Duc de Savoye acquit en 1575. & 1579. les Droits de ces deux Dames, & moyennant en échange d'autres biens, Domaines & Seigneuries dans le Piémont.

Mr. Baudrand dit que l'union de ces trois Vallées se fit en 1620. pour ne faire ensemble qu'une Principauté.

ONELLABA, lieu d'Afrique dans la Numidie [c]. Antonin le met sur la route d'Hippone la Royale à Carthage, entre cette Hippone, & le lieu *Ad aquas*; à L. M. P. de cette Ville & à XXV. de ce lieu-là.

[c Itiner.]

ONENSES, ancien Peuple de l'Espagne Tarragonoise. Comme Pline [d] suit souvent l'Ordre Alphabétique pour l'arrangement des Peuples, & qu'il nomme celui-ci entre Aquicaldenses & Bæculonenses; il y a toute aparence que ce mot commence par un *A*. Cependant le R. P. Hardouin dit, que tous les Manuscrits s'accordent pour *Onenses* par un *O*.

[d l. 3. c. 3.]

ONERICI, quelques Manuscrits de l'Histoire des Lombards [e] de Paul le Diacre portent *Onerici fines*, & *Onericorum fines*, cette faute est répétée en deux lignes tout de suite. Il faut lire *Norici* & *Noricorum*, comme Ortelius & Vulcanius l'ont sagement rétabli. Un Copiste aura écrit *Nerici* pour *Norici*; un Réviseur aura mis en marge un *O* pour avertir que ce doit être *Norici*. Quelque autre Copiste ne l'entendant point & ne sa-

[e l. 1. c. 19.]

sachant où placer l'O, l'aura mis au commencement, où il acheve de défigurer ce nom. C'est ainsi que les noms propres ont été barbouillez par les Copistes.

ONESIÆ THERMÆ, Eaux Minérales dans la Gaule, vers les Pyrénées. Strabon ayant parlé du Pays & de la Ville de Comminge, ajoute & les *Thermes Onesiennes* : l'eau en est excellente à boire, celle d'Ausch est aussi très-bonne [a]. [a l.4. p. 190.]

ONEVATHA, lieu de la Phœnicie, il y avoit Garnison Romaine [b]. On lit dans la Notice de l'Empire: *Cohors quinta pacata Alamanorum Onevatha*. [b Sect. 23.]

ONGHETGECHATON, Nation de l'Amérique Septentrionale dans la Louïsiane vers le Nord, à peu de distance du Mississipi, vers la jonction de ce Fleuve, avec la Riviére, dont les bords sont habitez par les Mechemeton & les Ouidachenaton. Elle fait partie des Sioux Occidentaux. On la nomme NATION DE LA FIENTE, parce que n'ayant point de bois dans son Canton elle est obligée de brûler la fiente des animaux, après l'avoir fait sécher.

ONIA, Monastère de France, dans le Berri. On lit dans Grégoire de Tours [c] *igitur Ursus Abba Cadurcina Urbis Incola fuit; ab ineunte etate religiosus, & in Dei amore devotus de quo egressus loco Biturigum terminum est ingressus, fundatisque Monasteriis apud Taufiriacum, Oniam atque Pontiniacum. Turonicum Territorium est ingressus, & ad locum quem Senapariam vocitari prius instituit autor, accessit, ædificatoque Oratorio Monasterium stabilivit, commissaque Leobatio Præposito summa Regula, Monasterium aliud statuit, quod nunc LOCCIS vocant* &c. On voit dans ce passage que St. Urse Citoyen de la Ville de Cahors, fut pieux dès l'enfance, & qu'ayant quitté le Querci, il entra dans le Berri, où il fonda les Monastères de *Tauris*, d'*Onie* & de *Pontini*: que delà il passa en Touraine, alla au lieu auquel il donna le nom de *Senapaire*, où il construisit un Oratoire & établit l'Abbaye; & qu'y ayant laissé Léobacé pour Supérieur, il institua un autre Monastère nommé LOCCIS. Il s'agit de retrouver tous ces lieux. La chose n'est pas aisée, & pour commencer par *Tauris*, car c'est ainsi que l'Auteur de l'Abrégé de l'Histoire de l'Ordre de St. Benoît, écrit ce nom [d]; les Manuscrits de Grégoire de Tours portent *Taufriacum*, & *Saufriacum*. C'est peut-être *Tausiliacum*, en François TOISELAY, où est encore à présent un Prieuré, attenant les Murs du Bourg, sous le titre de St. Théobald, & qui dépend de l'Abbaye de Bourgdieux. ONIA paroît être ici la Forêt d'HEUGNE en Berri, avec un Village nommé comme elle: peut-être y a-t-il eu là un Monastère; mais ce n'est qu'une conjecture. On ne sait ce que c'est que *Pontini* ou *Pontigni*, mais il y a dans le Diocèse de Bourges, un lieu nommé *Montigni*, qui dépend du Chapitre de Sancierge. *Senaparia* ou *Sinaparia* est présentement SENEVIERE Village de la Touraine, cette Abbaye est présentement changée en Paroisse & reconnoît St. Leubasse, ou Libesse pour son Patron. Le nom Latin vient de *Sinapi*, moutarde, & le nom François vient de *Senevé*,
[c Vitæ Patrum, c. 18. p. 1241. Edit. Benedictin.]
[d l.1. c.4. §.8.]

qui veut dire la même chose. Ce lieu est entre les Riviéres d'Indre & d'Indrois, au Levant d'Eté de Loches & de l'Abbaye de Beaulieu. LOCCIS est cette Abbaye de Loches sur l'Indre.

ONIABATHES, Ville d'Egypte, selon Etienne le Géographe. Ὀνιαβάθης. Cet Auteur cite Hecatée dans sa Periegese de la Libye.

ONIÆ REGIO, Contrée d'Egypte entre l'Arabie & le Nil, selon Ortelius qui cite Hegesippe. Voyez ONIUM.

ONIENSES, ancien Peuple dont il est parlé sur une ancienne Médaille de Posthumus, sur le revers est la figure d'Hercule avec ces mots HERCULES DEUS ONIENSI. Ortelius croit qu'il s'agit là d'un Peuple de la Belgique, & nomme un de ses amis qui croioit aussi bien que lui qu'OGNY conserve encore des traces de cet ancien nom. Nous avons marqué deux lieux, qui portent ce nom l'un sur la Sambre, l'autre dans le voisinage de Douay. [e Vie des H. Illust. T. 7. p. 68. Gril. de Mr. Dercier.]

ONII MONTES, ou ONEII, *Ὄνια Ὄρη*, Montagnes de Grèce, près de l'Isthme de Corinthe. Plutarque dans la Vie de Cléomène [e] dit : Cléomène ne jugea pas à propos de défendre le passage de l'Isthme, & crut qu'il étoit plus expédient de fortifier par de bonnes tranchées, & de fortes murailles, les pas des Montagnes *Oniènes* & de faire des combats de Poste pour amuser plus longtems les Macédoniens &c. Ces Montagnes, dit Strabon [f], s'étendoient depuis les Rochers Scironides sur le chemin de l'Attique jusqu'à la Béotie & au Mont Cithéron. Leur nom signifie *les Montagnes des Anes*, Polybe [g] & Thucydide [h] parlent aussi de ces Montagnes. [f l. 8.] [g l. 2] [h l. 4.]

ONII, dans les exemplaires Latins de Ptolomée, comme dans l'édition de Magin à Venise en 1596. on lit [i] [i l. 4. c. 5.]

*Heliopolites Nomus & Metropolis*
*Onii, aliter Elii*    62-30.    30-10.

Ce qui donneroit à entendre qu'*Onii*, ou *Elii* auroit été le nom de la Métropole du Nôme Heliopolite en Egypte. Le second mot n'est que le vrai nom Grec Latinifé par rapport à la terminaison, car le nom du Soleil Ἥλιος, *Helios*, fait au génitif Ἡλίου; *Heliu* & y ajoutant le mot πόλις, Ville, il s'en formé *Heliupolis*, ou *Heliopolis*. Le premier vient du nom ON, que cette Ville a porté anciennement, & que l'on a confondu avec ONIUM dont je parle ci-après, en son lieu.

ONIK, Château d'Asie dans la Mésopotamie [k]. Il étoit entre les mains de Massar, fils de Cara Mohammed Prince Turcoman de la Dynastie du Mouton Noir Tamerlan s'en rendit le maître l'an 796. de l'Hegire, après qu'il eut pris la Ville d'Amid. [k D'Herbelot. Biblioth. Orient.]

ONINGIS, Ville d'Espagne, sur la Côte Méridionale. Pline [l] la compte entre les Villes tributaires, avec *Sucrana* & *Obulcula*. C'est la même que l'ORINGIS de Tite-Live [m], selon Ambroise Morales. [l l.3. c.1.] [m l.28. c.3.]

ONISA, ou plutôt ONISIA, Isle de la Mer de Crète, à l'Orient de cette Isle, vis-à-vis du Promontoire *Itanum* [n]; c'est aujourd'hui *Gosonisi*, près de *Capo Xacro*, selon le [o] R. P. Hardouin. [n Plin. l. 4.] [o In Plin.]

ONI-

# ONI.

1. ONIUM, ou plutôt ONEIUS ou Onius Mons, 'Ονεῖον Ὄρος. Thucydide [a] nomme ainsi au singulier la même Montagne, que Plutarque nomme au pluriel *Oni Montes*. Polyen [b] en fait aussi mention. Xenophon [c] dit de même au singulier l'*Oneion*, sans y joindre le mot Montagne. Nous disons de même l'Olympe, le Caucase, le Taurus, sans y joindre le mot Mont. Ortelius en a pris occasion de croire que c'étoit un lieu particulier, différent, mais fort proche des Montagnes Oniénes, & il a mis ce lieu au Peloponnêse. Ces Auteurs parlent de ces mêmes Montagnes au singulier.

[a] l. 4. p. 282.
[b] l. 2. & 4.
[c] *Hist. Græc.* l. 6. extrem.

2. ONIUM, ou ONION, c'est le nom que l'on donna au Temple qu'Onias IV. fit bâtir dans l'Egypte, 150. ans avant l'Ere vulgaire, selon D. Calmet. Onias IV. fils d'Onias III. Grand-Prêtre des Juifs, neveu de Jason & de Menelaüs, se voyant exclus de la Grande Sacrificature par Antiochus Eupator, & par Lysias, Régent du Royaume de Syrie, se réfugia en Egypte, auprès de Ptolomée Philometor. Il fut si bien s'insinuer dans l'esprit de ce Roi & de Cléopatre sa femme, qu'il gagna entiérement leur confiance, jusques là qu'ils lui donnerent le commandement de leurs Troupes. Onias profitant de sa faveur demanda au Roi la permission de bâtir un Temple en Egypte sur le modèle de celui de Jérusalem [d] & d'y établir des Prêtres & des Levites de sa Nation. Ce qui le détermina à entreprendre cet Ouvrage fut principalement un passage d'Isaïe qui plus de six cens ans auparavant, avoit prédit que le Seigneur auroit un jour, un Temple dans l'Egypte, & cela par le moyen d'un Juif, qui le lui bâtiroit. Josephe ne cite pas les paroles d'Isaïe, mais on ne doute pas que ce ne soient celles-ci [e] : *En ce tems-là il y aura cinq Villes dans la Terre d'Egypte qui parleront la Langue Chananéenne* (la même que l'Hebraïque) *& qui jureront par le nom du Seigneur des Armées. L'une de ces Villes s'appellera la Ville du Soleil*. (L'Hébreu dit aujourd'hui la Ville d'Anathême, *Civitas Anathematis*, עיר ההרס *Hir Hacherem*. Aquila, Symmaque & la Vulgate, ont lû עיר החרס *Hir Hacheres, Civitas Solis*, la ressemblance de ces deux lettres ם ס fait toute la différence; & c'est peut-être cette idée du Soleil, qui donna lieu à Onias de consacrer ce Temple dans le Nôme Héliopolite. Suivons le Passage d'Isaïe que cette remarque a interrompu. *En ce tems-là il y aura un Autel au milieu de la Terre d'Egypte, & il y aura un titre* (ou un Monument) *érigé en l'honneur du Seigneur sur les Frontiéres de ce Pays, pour servir de témoignage au Seigneur dans la Terre d'Egypte*.

[d] *Joseph. ant.* l. 13. c. 6.
[e] c. 19. v. 18. & 19.

Voici comme Onias s'expliquoit dans le Placet, qu'il présenta au Roi. Pendant que j'étois occupé à la guerre pour votre service, avec les Juifs que je commandois, & que je parcourois diverses Provinces, j'ai remarqué que les Juifs avoient des Temples particuliers dans la Céléfyrie, dans la Phoenicie & dans la Ville de Léontopolis, située dans le Nôme d'Héliopolis en Egypte ; ce qui n'étoit nullement à propos, puisque cette multitude de Temples pouvoit causer, entre eux, plusieurs divisions, de même que la diversité du culte, & la quantité des Temples en causent aussi parmi les Egyptiens. Ayant donc trouvé dans la Forteresse nommée Bubaste la deserte, un lieu très-propre, rempli de bons materiaux & d'animaux sacrez, je supplie Votre Majesté de m'accorder un ancien Temple ruïné, qui y est & qui n'est consacré à aucun Dieu ; de me permettre de nettoyer cette place, & d'y bâtir un Temple nouveau, au Dieu des Juifs sur le modèle, & suivant les proportions de celui de Jérusalem, afin que les Juifs qui sont en Egypte, y puissent tenir leurs Assemblées de Religion, & par ce moyen conserver entre eux une plus parfaite union, & demeurent par-là plus disposez à vous obéir, & à s'employer à votre service ; car le Prophéte Isaïe a prédit autrefois qu'il y auroit un Temple consacré, au Seigneur dans l'Egypte, & a annoncé plusieurs autres choses sur le même sujet. Comme D. Calmet le remarque, il y a bien de l'apparence, que les Animaux sacrez, dont parle Onias, étoient ceux que les Egyptiens n'osoient tuer, parce qu'ils étoient consacrez à des Divinitez Egyptiennes, ou érigez eux-mêmes en Divinitez, comme les Serpens, les Crocodiles, les Ibis. Ils occupoient le terrain de Bubaste, & par conséquent ce lieu étoit inculte & desert.

Le Roi & la Reine ayant vû la Requête d'Onias lui accorderent la permission qu'il demandoit ; mais en des termes qui marquoient assez qu'ils ne vouloient rien prendre sur eux de ce qui pouvoit être contraire à la Loi de Dieu dans cette action. Ils lui disent dans leur réponse, qu'ils ont peine à se persuader, que Dieu puisse avoir pour agréable un Temple consacré dans un lieu impur & rempli d'animaux ; mais que puisqu'il assure que le Prophéte Isaïe a prédit que cela arriveroit ; ils veulent bien le lui permettre, sans toutefois prétendre autoriser le violement de la Loi, de Dieu & le péché, qu'il pourroit y avoir dans cette action. Onias ayant reçu cette permission, bâtit à Bubaste un Temple sur le modèle de celui de Jérusalem, mais moins grand & moins magnifique. Il trouva même des Prêtres & des Lévites, aussi peu scrupuleux que lui, qui s'engagerent au service de ce Temple, & qui faisoient les mêmes Cérémonies qui se pratiquoient dans celui de Jérusalem.

Josephe [f] décrit ainsi ce Temple : le lieu où il étoit bâti, est à cent-quatre-vingt Stades de Memphis. Ce Canton s'appelle le Nôme d'Héliopolis, & le Temple qui s'y voit a une Tour pareille à celle de Jérusalem, de soixante coudées de haut & bâtie avec de très-grandes pierres. L'Autel est de même structure, que celui de Jérusalem. Onias orna ce Temple de dons & de monumens précieux, que la libéralité des Juifs d'Egypte lui fournit ; mais au lieu du Chandelier qui étoit dans le Temple de Jérusalem, il suspendit dans celui d'Onion une Lampe d'or qui l'éclairoit. Tout le contour du Temple étoit environné d'un mur de brique avec des Portes de pierre. Le Roi Ptolomée Philometor lui avoit assigné de grandes Terres & de magnifiques revenus, pour l'entretien des Prêtres & des Lévites, & pour subvenir aux besoins de ce Saint Lieu. Les Juifs & les Prêtres

[f] l. 7. *de bell.* c. 30.

tres de Jérusalem ne virent ce Temple qu'avec peine, & il y eut toujours quelque division pour ce sujet entre les Juifs d'Egypte, & ceux de la Palestine.

Après la ruïne du Temple de Jérusalem par les Romains, il y avoit lieu de craindre que les Juifs chassez de leur Pays, ne se retirassent en Egypte, & que s'assemblant dans le Temple d'Onion, ils ne prissent quelque nouvelle occasion de révolte; ce qui fut cause que Lupus Gouverneur d'Alexandrie & Préfet d'Egypte, ayant mandé à Vespasien, ce qui s'étoit passé, touchant les Assassins qui s'étoient retirez de la Judée dans l'Egypte [a], ce Prince lui ordonna de faire abbatre ce Temple; mais Lupus se contenta de le fermer vers l'an 73. de l'Ere commune, environ 226. ans après sa fondation. Paulin, qui lui succeda peu après, fit ôter tous les ornemens & les richesses qui y étoient, en fit fermer toutes les Portes, & ne souffrit point qu'on y fît aucun exercice de Religion. Telle fut la fin du Temple d'Onion.

[a] Ibid. c. 7.

§. ONION est la terminaison Greque ; *Onium* est la terminaison Latine.

ONNATE. Voyez OGNATE.

ONNANS, Abbaye de France en France [b], che Comté [b]. Elle est occupée par des Filles de l'Ordre de Clairvaux, on y a uni les revenus de l'Abbaye de Corcelle, & elle a été transférée en la Ville de Dole. Elle est gouvernée par des Abbesses Electives & triennales, depuis que le Roi d'Espagne, alors Comte de Bourgogne, & Souverain de ce Pays-là, ceda aux Religieuses de ce Monastère, le droit qu'il avoit de nommer les Abbesses perpétuelles, en vertu d'un Indult.

[b] Piganiol de la Force, Descr. de la France, T. 7. p. 527.

ONNE, *Onn*, Ville de l'Arabie heureuse, près du fond du Golphe Elanite, selon Ptolomée [c].

[c] l. 6. c. 7.

ONNEYOUTS, ou ONEYOUTS, ou ONNOYOUTS (les) Peuple de l'Amérique Septentrionale, & l'une des cinq Nations Iroquoises. Ils sont à l'Occident des Agniez, & ont un Village à dix lieues, au-dessus du Fort de Frontenac, entre le grand Lac de ce nom, & la nouvelle Yorck ; au Midi d'un petit Lac que traverse une Rivière qui tombant dans celle des Onontangues, va se perdre dans le Lac de Frontenac.

ONNONTAGUES. Voyez ONONTAGUES.

ONO [d], Ville de la Palestine, dans la Tribu de Benjamin. Elle fut bâtie, ou rebâtie par la Famille d'Elphaal, de la Tribu de Benjamin [e]. Elle n'étoit qu'à cinq milles de Lod, ou de Lydda, qui avoit été aussi bâtie par ceux de Benjamin.

[d] D. Calmet, Dict.
[e] Paralip. l. 1. c. 8. v. 12.

ONOBA, Ville d'Espagne dans la Bétique, chez les Turdules. Pline [f] met RIPEPORA, SACILIS MARTIALIUM, ONOBA, dans les terres, & quelques Savans modernes prennent *Ripepora*, ou *Ripa Epora* pour MONTORO, & pour l'Ebora de Ptolomée ; *Sacilis Martialium* que Ptolomée nomme simplement *Sacilis* pour Alcorrucen. Ptolomée [g] distingue Onoba de *Sacilis*, premièrement en mettant sept autres Places entre deux, secondement par la différence de leur position.

[f] l. 3. c. 1.
[g] l. 2. c. 2.

| | Longit. | Latit. |
|---|---|---|
| Onoba, | 6. d. 10'. | 36. d. 20'. |
| Sacilis, | 10. 26. | 37. 50. |

C'est à l'une de ces deux Places, qu'appartient le surnom de *Martialium*. Selon les Editions ordinaires de Pline, on le joint à *Onoba*, de sorte que c'est *Onoba Martialium*, surnom pris de la Légion de Mars, comme *Narbo Martius*, autre surnom qui a la même origine. Cependant le R. P. Hardouin aime mieux le donner à Sacilis.

ONOBA ÆSTUARIA, ancienne Ville d'Espagne dans la Bétique, au Pays des Turditains [h], au bord de la Mer, & au Couchant de l'Embouchure Orientale du Fleuve Bœtis, ou Guadalquivir ; dans le Golphe, d'où lui vient ce surnom *Æstuaria*, pour la distinguer de l'autre *Onoba*. Ptolomée [i] estropie furieusement ce nom. On lit dans son Livre ONOBALISTURIA. C'est présentement GIBRALEON.

[h] Plin. l. 3. c. 1.
[i] l. 2. c. 2.

ONOBRISATES, Peuple de la Gaule Aquitanique, selon Pline [k]. Outre qu'il [k] l. 4. c. 19. le seul qui le nomme, il n'en dit point assez pour en faire bien connoître la situation.

ONOCARSIS, Ὀνόκαρσις, lieu agréable dans la Thrace, selon Athenée [l].

[l] l. 12. c. 14.

ONOCHONUS, Rivière de la Thessalie, selon Pline [m] Hérodote le nomme aussi en [m] l. 4. c. 8. tre les cinq principales Rivières de ce Pays. [n] l. 7. n. 129.

ONOCHRINUM, ancienne Ville de la Pannonie, selon Lazius qui croit que c'est présentement KEW. C'est l'ONAGRINUM CASTELLUM de la Notice de l'Empire.

ONOGLIS, lieu voisin de Pitane. Athenée en vante le vin, au rapport d'Ortelius [o].

[o] Thesaur.

ONOGORIS, ou ONOGURIS, Ville d'Asie dans la Colchide. Agathias dit : [p] Merocz dressa un Pont avec des ais, & avec des clayes, qu'il avoit préparées pour cet effet & fit passer le Phase à son Armée sans aucune résistance. Ensuite il renforça les Garnisons, qu'il avoit mises dans le Fort d'Onogure, qu'il avoit bâti auparavant dans le Territoire d'Archeopole, & ayant donné tous les ordres nécessaires, il se retira à Cotese. Ortelius trouve dans Agathias, que cette Ville fut ainsi nommée par les Huns que l'on appelloit aussi ONOGORI, & qui y avoient été batus; mais qu'après qu'on y eut bâti une Eglise, en mémoire de St. Etienne premier Martyr, ce lieu en avoit pris le nom.

[p] Cousin, & Hist. de Constantinople. T. 1. p. 417. Hist. de Justinian par Agathias, l. 2. c. 10.

ONOGUNDURENSES & ONOGUNDURI, noms d'un Peuple d'entre les Bulgares. Ortelius cite l'Histoire mêlée 19.

ONONTAGUES, ou ONNONTAGUES, ou ONONTAHÉ ou ONONDAGUEZ. Peuple de l'Amérique Septentrionale dans les terres entre le Lac de Frontenac, & la Nouvelle Jersey sur une Rivière, qui reçoit celle des Onneyouts, & se perd dans ce même Lac. Voyez au mot IROQUOIS.

ONOPIPTES, selon Curopalate, ou ONOPNICTES, Ὀνόπνικτες, selon Cedrène, Rivière d'Asie, quelque part vers l'Arménie, selon Ortelius [q].

[q] Thesaur.

ONOR, Ville & Forteresse d'Asie dans la Presqu'Isle, en deçà du Gange sur la Côte de Malabar, [r] au Pays de Canara, à douze lieues de Barcelor, & à dix-huit de Goa. Son Port est grand & sûr, il est formé par deux Rivières, qui entrent dans la Mer par une même Embouchure, au-dessous de la Forteresse, qui est sur un rocher assez élevé. La Ville vaut beaucoup moins que la Forteresse.

[r] Tavernot, Voyage des Indes, l. 2. c. 2.

## ONO. ONS. ONT. ONU. ONY. ONZ. OOL. OON. OOS.

tereffe. Ce qu'il y a de gens confidérables y demeurent avec le Gouverneur, & il y a plufieurs Portugais habituez. Sa fituation eft au 14. d. de Latitude Septentrionale.

ONOROYSTE, Riviére de l'Amérique Septentrionale dans la partie Occidentale de la Louïfiane, au Couchant du Miffiffipi. On la nomme auffi la RIVIE'RE ROUGE; c'eft le nom que les François lui ont donné, à caufe qu'elle jette un fable rouge comme du fang, au rapport de Mr. de Tonti.

ONOSARTHA, Ville de Syrie. Il en eft fait mention dans les Actes du Concile de Calcedoine.

ONOVA pour ONOBA.

ONS-EN-BRAY[a], Bourg ou Village de France dans le Beauvaifis, fur une petite Montagne à quatre lieues de Gournay, à trois de St. Germer, & à deux grandes de Beauvais, fut érigé en Comté avec haute Juftice en 1702. Ce Comté comprend la Seigneurie de trois Paroiffes du Pays de Bray, Ons, Villers, & St. Aubin, toutes trois dans le Diocèfe de Beauvais. A l'entrée de la Paroiffe d'Ons du côté de St. Germer, il y a un Etang où s'affemblent les eaux vives qui tombent des Côtes voifines, & il en fort un ruiffeau qui fait tourner un moulin, & qui après une lieue de cours, va fe rendre dans la petite Riviére d'Avelon.

[a] Corn. Dict. fur des Mémoir. Manufcr.

ONTARIO, nom que les Américains du Canada, avoient donné à Mr. de Frontenac; il a été auffi donné à un grand Lac, & à un Fort de ce Pays-là. Voyez FRONTENAC.

ONTHYRIUM, ancienne Ville de la Theffalie, felon Etienne le Géographe.

ONTSOAS (les) Peuples de l'Ifle de Madagafcar dans la Province d'Anoffi[b]. C'eft l'une des quatre fortes de Noirs, qui habitent dans cette Province. Ils font au-deffous des Lohavohits, & leurs plus proches parens. Lorfqu'ils font près de mourir, ils ne quittent leurs enfans qu'avec une mortelle inquiétude, parce qu'ils font affurez que les Grands dont ils font Sujets, ne manqueront pas, felon leur coutume, de les dépouiller de leur bétail, & de tout ce qu'ils poffedent, fans leur laiffer autre chofe, qu'une Campagne toute fimple & nue pour s'y exercer à la culture du Ris, & à planter les autres chofes néceffaires à la vie. Ce fentiment leur eft commun, avec les Anacandrians & les Ondzatfis. Les Ontfoas font pourtant en liberté, lorfque leur Seigneur eft mort, & d'en choifir un autre tel qu'ils veulent, parmi les Grands, & ce Seigneur par reconnoiffance, leur fait un prefent qui lui donne droit d'hériter, après leur mort, de toutes les chofes qu'ils poffedent.

[b] Corn. Dict. De la Croix Relat. de l'Afrique. T. 4.

1. ONUGNATOS, mot Grec qui veut dire la machoire d'une Afne, Promontoire du Peloponnefe fur la Côte Méridionale, au coin de la Laconie, felon Ptolomée[c]. Ses Interprétes difent que c'eft préfentement le Cap XILI.

[c] l. 3. c. 16.

2. ONUGNATOS, Promontoire d'Afie dans la Doride, vis-à-vis de l'Ifle de Rhodes, felon Ptolomée[d].

[d] l. 5. c. 2.

ONUGURIS. Voyez ONOGORIS.

ONUOTA; Ὀνουώτα, c'eft-à-dire les Oreilles d'un Afne; ancien Village de Phrygie;

Tzetzès[e] emprunte ce nom d'Ariftote. Suidas en fait auffi mention[f], & Iface dans fon Commentaire fur Lycophron dit qu'on appelle ainfi deux Collines.

[e] Chiliad. 1. [f] In voce MIDAS. n. 2.

ONUPHIS, Ville d'Egypte, felon Ptolomée[g], Ὄνουφις. Elle étoit dans le Delta, vers le milieu, fur la Rive droite du Canal du Nil, nommé Athribiticus Fluvius. Cet Auteur la fait Capitale d'un Nôme particulier nommé Onuphites Nomos, duquel Herodote, & Dion de Prufe font auffi mention. Elle étoit Epifcopale, & la Notice de Léon le Sage la nomme ONUPHES. Celle de Hieroclès dit ONUPHIS.

[g] l. 4. c. 5.

ONUPHITES NOMOS. Voyez l'Article précédent.

ONUS, lieu Epifcopal d'Afie, fous la Métropole de Céfarée dans la Paleftine. Ce Siège fe trouve dans la Notice du Patriarchat de Jérufalem, dans celle de l'Evêque de Cathare, & dans celle de l'Abbé Milon.

ONYCHIUM, lieu de l'Ifle de Créte, felon Etienne le Géographe.

ONZAIN, Bourg de France dans le Blefois.

## O O.

OOLTEN, Ville de Suiffe. Voy. OLTEN.

OONÆ, Ifles des Sarmates, felon Pomponius Mela. Il femble les mettre au fond de la Mer Baltique, mais nous ne connoiffons point d'Ifles dans ces Cantons, auxquelles conviennent les particularitez, qu'il en dit, favoir que l'efpace, qui eft entre elles & la Terre, eft fucceffivement couvert d'eau & découvert, ce qui fait qu'elles paroiffent quelquefois des Ifles, & quelquefois le Continent même. Entre ces Ifles, dit-il[h], fituées à l'oppofite des Sarmates font les OONES, Voffius écrit OÆONES, qui fe nourriffent d'avoine & d'œufs d'Oifeaux fauvages, qui vivent dans les marais. Mercator dit que ce font les Ifles d'Alandt, mais la circonftance que nous avons dite, ne leur convient pas. Becan aime mieux les Ifles d'EGGIAFORD, & croit que ce mot vient d'EYERFORD. Pline[i] qui a copié Mela, dit: on dit qu'il y a les Oones, où l'on vit d'œufs d'oifeaux, & d'avoine.

[h] l. 3. c. 6. [i] l. 4. c. 13.

Jules Céfar parlant du Rhin[k] que lorfqu'il approche de l'Océan, il fe divife en plufieurs branches, & qu'il forme plufieurs grandes Ifles, dont la plûpart font habitées par des Nations Sauvages entre lefquelles il y en a que l'on croit qui ne vivent que de poiffons & d'œufs d'oifeaux. Ortelius a cru que ce paffage défignoit l'EYERLAND, ou l'Ifle des Oeufs, auprès du Texel. Mais il fe trompe: du tems de Céfar le Rhin ne paffoit point encore dans le Zuyderfée. Ce fut Drufus qui l'y conduifit par le moyen des foffes, qui portoient fon nom.

[k] l. 4. c. 10.

OOST, les Hollandois appellent ainfi l'Orient, & OOSTER chez eux veut dire ORIENTAL.

OOSTBOURG, petite Ville des Pays-Bas dans la Flandre Hollandoife[l], dans le Franc de l'Eclufe, à quelque diftance d'un Canal, qui fe jette dans le Swin, & à une lieue au Nord-Eft de l'Eclufe. Elle eft fituée dans une petite Ifle, & avoit autrefois

[l] Janiçon, Etat préf. des Prov. Unies. T. 2. p. 344.

un

un Havre qui s'eſt tellement comblé, qu'il n'y peut plus entrer de Bâtimens. C'étoit ci-devant une Place de Guerre, où il y avoit un Commandant, un Major de la Place, & un Commandant du Magazin; mais ſes Fortifications ſont démolies depuis quelque tems. Cette Ville renferme trois ou quatre rues, une centaine de Maiſons, & environ cent-cinquante Chefs de famille.

Il y a deux Egliſes Proteſtantes. L'une pour les Flamands, deſſervie par un Miniſtre de la Claſſe de Walcheren, & l'autre pour les François dont le Paſteur eſt du Synode Wallon. Cette derniére a été bâtie depuis peu parce que celle dont ils ſe ſervoient a été donnée aux Flamands de qui l'Egliſe avoit été brûlée. Il n'y a point de Chapelle pour les Catholiques. La Maiſon de Ville eſt ſur une grande Place & l'on y monte par un aſſez beau degré. Elle eſt ornée d'une Tour avec un carrillon, du reſte il n'y a rien qui ſoit digne de remarque. La Régence eſt compoſée d'un Bailli, d'un Bourguemaître & de quatre Echevins avec un Gréfier & un Tréſorier. Le Bailli eſt établi à vie par les Etats-Généraux; mais le Bourguemaître & les Echevins ſont changez ou continuez tous les ans par les Députez de L.H.P. Les Magiſtrats diſpoſent de la Charge de Greffier & de celle de Tréſorier. Ils ſuivent les Loix & la Coûtume de la Ville de Bruges, & on appelle de leurs Sentences Civiles au Conſeil de Flandre; mais pour le Criminel leurs Sentences ſont ſans appel. Leur Juriſdiction eſt d'une fort petite étendue.

On prétend que cette petite Ville eſt plus ancienne que celle de Bruges. Pour ſe venger des Gantois qui avoient ravagé & brûlé ce lieu en 1384. les Habitans percérent une digue, inondérent toute la Campagne & par-là firent périr ces Incendiaires. En 1604. le Prince Maurice ſe rendit maître de cette Place & de tous les Forts aux environs, que l'on a démolis en même tems que les fortifications de la Ville. Ses armes ſont d'argent au Château de ſable.

[a] *Janiçon, Etat preſent des Prov. Unies, T. 2. p. 344.*

[a] Le Bailliage d'Ooſtbourg eſt borné au Nord & à l'Occident par l'Iſle de Cadſandt, à l'Orient par le Bailliage d'Yſendyck & au Midi par le Swin qui paſſe entre Ooſtbourg & Ardembourg. Il eſt pour la plus grande partie de la Juriſdiction du Franc de l'Ecluſe, & il comprend les Villages de Groede & de Breskens, ſituez dans l'Iſle de Cadſandt avec les *Polders* ou Marais deſſechez du Prince Henri, la ſeconde partie du Polder du Prince Guillaume, celui de *Baerſande*, &c.

[b] *Viſcher, Atlas.*

OOSTEINDE, [b] c'eſt-à-dire *extrémité Orientale*, Bourgade, dans l'Iſle de Vlieland, ſur la Côte de Friſe. Son nom marque ſa ſituation dans cette Iſle.

OOSTENBEY, petite Ville de Suéde, dans l'Iſle d'Oeland.

§ Le nom de ce lieu n'eſt point OOSTENBEY, mais OTTENDYR, & eſt formé d'OTTEN, *Otton*, nom d'homme & non pas d'*Ooſten*; auſſi ſa ſituation n'eſt-elle guères Orientale; quoiqu'elle ſoit à l'extrémité Méridionale de la Côte Orientale de l'Iſle, elle eſt néanmoins preſque d'un degré entier plus Occidentale que la partie Septentrionale de l'Iſle. C'eſt moins une Ville qu'une Bourgade.

OOSTERGO, ou OSTROGOUWE[c], Le grand nombre de mots terminez en AWE, OUWE, GAWE, GOUWE, GA, GO, GEY, GOY, fait voir que les Anciens ont donné cette terminaiſon à des plaines où il y avoit de l'herbe abondamment pour les pâturages. A l'Orient de la Weſtfriſe, qui étoit autrefois entre le Kinnem & le Lit de l'Iſſel aujourd'hui changé & perdu, étoient trois Comtez rangez de ſuite le long du Rivage de la Mer. Le premier entre ce Lit de l'Iſſel & le Flevus, aujourd'hui le Vlie, étoit nommé Islegowe, nom pris de la Riviére, ou le Comté de Stavern, du nom de ſa Capitale. Le ſecond entre le Flevus & le Borne, ou Burdo, Boerdippe ou Burdippe, s'appelloit le Weſtrogouwe, parce qu'il étoit au Couchant de cette Riviére. Le troiſième nommé Oſtrogouwe ou Ooſtergo, par la même analogie, en étoit à l'Orient & s'étendoit depuis elle juſqu'au Lauwers. Chacun de ces trois Comtez depuis Charlemagne, avoit ſon Commandant particulier que l'on appelloit Podeſtar, à la maniére d'Italie. Le premier qui s'en empara ce fut Godefroi le Boſſu Duc de la Baſſe Lorraine, ou Brabant. Après lui cette province paſſa à titre de ſucceſſion à Thierri V. Comte de Hollande, qui en fut bien-tôt après dépouillé par Ecbert Margrave de la Baſſe-Saxe, qui par la faveur de l'Empereur Henri IV. ſon parent garda non ſeulement ce qui eſt en deçà du Lauwers, mais encore tout ce que Godefroi le Boſſu avoit envahi ſur les Friſons. Il en jouït auſſi long-tems qu'il fut fidèle à l'Empereur; mais il cabala contre lui, fut proſcrit & ſes biens furent partagez. L'Evêque d'Utrecht eut ce qui étoit en deçà du Lauwers; l'Evêque de Brême eut ce qui étoit au-delà. Lothaire II. le leur ôta pour en gratifier le Comte de Hollande fils de la Sœur; à qui Conrad III. l'ôta de nouveau en faveur de l'Evêque d'Utrecht. Enfin Frédéric I. le partagea entre le Comte & l'Evêque l'an 1165. & cela fut confirmé par un Traité entre les deux Parties l'an 1204. mais Guillaume I. Comte de Hollande comptant pour rien ce partage ſe ſaiſit de tout ce qui eſt en deçà du Lauwers & ſa poſterité en jouït quelque tems. L'Empereur Rodolphe l'an 1290. & Albert ſon fils en 1299. réglerent que les Hollandois ſeroient bornez en deçà du *Flevus* & ne leur accordérent que la Weſtfriſe; donnant l'Ooſtfriſe aux Gueldrois. C'eſt ainſi que ces Princes ſe jouoient de la Liberté des Peuples.

L'Ooſtergo a été nommé tantôt *Pagus*, quand c'étoit un ſimple Pays dont les Peuples avoient leur Liberté; *Comitatus*, lorſqu'il y avoit des Comtes particuliers, & *Decanatus*, Doyenné, par rapport au Gouvernement de l'Evêque d'Utrecht.

Dans ſon Etat préſent, il fait la partie Orientale de la Friſe, & contient XI. Grietenies, c'eſt-à-dire Bailliages, ou Préfectures, & deux Villes, ſavoir Leuwarde & Dockum. Comme la Province de Friſe eſt partagée en quatre Quartiers, ſavoir OOSTERGO, WESTERGO, SEVENWOLDE, & celui DES VILLES; l'Ooſtergo a le premier rang.

1. OOSTERLANT, Village des Pays-Bas, dans l'Iſle de Wolferdyck en Zelande.
2. OOSTERLANT, Village des Pays-Bas

[c] *Alting, Notit. Germ. Part. 2. p. 140.*

## OOS. OOT.

Bas dans l'Isle de Vieringen, qui est dans le Zuiderzée.

OOSTERVEL, petit Village des Pays-Bas au dessous d'Anvers. Il est remarquable par la défaite de Jacques de Marnix Baron de Ste. Aldegonde en 1567. par Philippe de Lannoy Seigneur de Beauvoir.

OOSTERWYK,[a] Bourg des Pays-Bas, dans le Brabant Hollandois. Il est situé au confluent de deux petites Riviéres à deux lieues de Bois-le-Duc, & jouït du même droit que les Villes, ce qui lui fut accordé en 1230. par Henri I. Duc de Brabant. Ce Bourg étoit autrefois très-considérable & il y avoit une rue pavée de cinq-cens pas de longueur, bordée de chaque côté de maisons joignantes les unes aux autres. On y comptoit jusqu'à cinq cens Métiers d'Ouvriers en laine ou en fil & trente-huit brasseries. Il y a une grande Place où se tient un Marché tous les Mercredis, & trois Marchez Francs tous les ans, savoir le 2. Mai, le 24. Août & le 29. Octobre. Il y avoit autrefois une grande & belle Eglise desservie par vingt-cinq Prêtres & l'on y comptoit jusqu'à cinq mille Communians. Elle fut brûlée en 1583. & rebâtie quelque tems après, mais la nouvelle Eglise n'approche point de l'ancienne, surtout; depuis que la Tour en est tombée. Les Protestans occupent ces deux Eglises, & sont en beaucoup plus petit nombre que les Catholiques, qui ont l'exercice de leur Religion dans des Chapelles privées. Le Bourg d'Oosterwyk a une Jurisdiction fort étendue, puisque les Villages d'Udenhout de Heukelum, Berkel, Enschot, Haren, & Belveren en dépendent. Son Tribunal est composé du *Schout* du Quartier, de sept Echevins, de sept Jurez, & d'un Sécrétaire; & il y a un Gerechts-bode ou Huissier exploitant. On peut appeller des Jugemens de ce Tribunal à celui des Echevins de Bois-le-Duc, & de celui-ci au Conseil de Brabant à la Haye, par voye de réformation de la Sentence. Il en est de même dans toute la Mairie de Bois-le-Duc.

Le Quartier d'Oosterwyk a au Nord la Hollande, à l'Orient les Quartiers de Maasland, de Peelland, & de Kempenland, au Midi la Mairie de Turnhout, & à l'Occident, la Baronnie de Breda. Il a environ neuf lieues de longueur du Nord au Midi & sept de largeur d'Orient en Occident. C'est l'un des quatre Quartiers de la Mairie de Bois-le-Duc.

OOSTFRISE, ce sont les Hollandois qui écrivent ainsi par deux O. Les Allemands dont ce Pays parle la Langue l'appellent OST-FRIESSLAND, nous disons en François OSTFRISE. Voyez ce mot.

OOST-INDIEN, les Hollandois nomment ainsi les INDES ORIENTALES. Voyez au mot INDES.

OOST-ZEE, (l') le même Peuple nomme ainsi la Mer Baltique, parce que s'y rendre de Hollande, on fait route vers l'Orient Septentrional.

OOTMERSUM,[b] petite Ville de la République des Provinces-Unies dans l'Overissel, vers les confins du Comté de Bentheim. Une ancienne Charte de l'Eglise d'Utrecht & Beka, écrivent aussi OMERSHEM & OTHMERSHEIM. Cette petite Ville est du Pays de Tuente & fort ancienne, &

[a] *Janiçon*, Etat des Provinces-Unies, t. 2. p. 119.

[b] *Alting*, Notit. Infer. Germ. 2. Part. p. 137.

## OOT. OPA.

est remarquable parce que Radbod Evêque d'Utrecht y mourut l'an 917. & par le rude combat qui s'y donna entre ceux d'Utrecht & Otton Castelan de Bentheim. Elle fut saccagée & brûlée par le Comte de Gueldre l'an 1196. On la rebâtit, non sur ses ruïnes, mais à cinq cens pas delà. Le lieu où elle étoit anciennement s'appelle OLT-OOMERSUM, ou *le vieux Ootmersum*. La nouvelle Ville s'appelle simplement OOTMERSUM.

## OP.

OPALE, sorte de pierre précieuse: Isidore dit qu'elle prend son nom du Pays d'où elle est tirée. Cassiodore[c] semble nommer l'Opale PANDIA, selon la Remarque d'Ortelius[d].

[c] Var. 5.
[d] Thesaur.

OPANE, Ὀπάνη, ou OPONE, Ὀπώνη; ancienne Ville de l'Ethiopie sous l'Egypte, selon Ptolomée[e], dans le Golphe Barbarique. La seconde Orthographe est la seule que Bertius ait employée.

[e] l. 4. c. 8.

OPANTE, pour OPUNTE. Voyez OPUS.

OPARIENSIS, Siège Episcopal, dont il est parlé dans la Vie de St. Jean Chrysostôme, écrite par le Patriarche Grégoire. Palladius en parle aussi dans ses Dialogues. Ortelius[f] soupçonne que ce Siège étoit au voisinage de Constantinople.

[f] Thesaur.

OPATOW,[g] petite Ville de Pologne, au Palatinat de Sendomir, à quatre milles de cette Ville du côté de l'Occident. Elle est située dans un Terroir fertile & agréable; il y a un Chapitre de Chanoines & quelques Couvens. Elle est assez peuplée.

[g] Andr. Cellar. Pocc. lon. Descr. p. 192.

OPATOWITZ, Abbaye de Bohême, près de Grätz la Royale, on en met la fondation en 1089. Elle est fameuse par un Trésor que l'on dit être très-riche, & dont on prétend que personne n'a connoissance, sinon l'Abbé & deux des plus anciens Religieux de l'Abbaye; encore, dit-on, qu'on ne leur en confie le secret qu'après qu'ils se sont obligez par le serment le plus terrible à ne le jamais reveler à qui que ce soit. On raconte à ce sujet que Charles IV. Empereur & Roi de Bohême, ayant eu la curiosité de le voir & fait de grandes instances auprès des Religieux pour avoir cette satisfaction, l'obtint en 1359. Ce ne fut pas sans de grandes précautions auxquelles il consentit. Voici de quelle manière il fut, dit-on, introduit dans le lieu où ce dépôt étoit gardé. L'Abbé & les Moines commencerent par lui faire faire plusieurs tours afin de le mieux dépaïser. Lorsqu'il fut dans le lieu même du Trésor, on lui ôta le bandeau. Il contenta sa curiosité, après quoi on le reconduisit avec les mêmes précautions & on lui fit faire quelques tours de plus. Dans la suite cet Empereur dit à quelques Seigneurs de sa Cour qu'il avoit vû d'immenses richesses, mais qu'il n'étoit point tenté d'y toucher, tant à cause du serment qu'il avoit fait aux Moines que par reconnoissance pour une bague de grand prix qu'ils lui avoient donnée. Que ce soit un fait ou un conte, la réputation de ce Trésor s'est accréditée & a souvent fait des affaires à cette Abbaye. Des Seigneurs peu scrupuleux, & amorcez par l'espérance de tant de richesses y sont venus avec des gens armez & ont exercé des cruau-

tez

**OPENI**, Ὀπηνοὶ, ancien Peuple de l'Isle de Corse, selon Ptolomée [b].

**OPHARITÆ**, ancien Peuple de la Sarmatie Asiatique. Il habitoit aux environs de la Rivière dont il prenoit son nom. Voyez l'Article qui suit.

**OPHARUS**, Rivière de la Sarmatie en Asie. Pline [c] dit qu'il tombe dans le *Lagons*; & nomme dans ce même Canton un Peuple OPHARITÆ, les *Opharites*.

**OPHAZ**, [d] ou UPHAZ [e] ou PHAZ [*]. Selon D. Calmet l'or d'*Ophias*, d'*Uphas* ou de *Phaz*, & d'*Ophir* est le même. C'est, dit-il, apparemment l'or que l'on trouvoit dans le Phasis, dans la Colchide, & qui se vendoit ou s'échangeoit anciennement dans quelque Ville du Pays d'Ophir. Mr. Huet ancien Evêque d'Avranche, dans son savant Traité des Navigations de Salomon convient [f] que Paz, Uphaz & Parvaïm sont la même chose qu'Ophir; que l'Arabe Auphar signifie Ophir; & il le prouve par des démonstrations grammaticales qu'il seroit trop long de rapporter ici & que l'on peut voir dans son Livre même dont j'ai publié en 1730. une Traduction Françoise dans le Recueil de Traitez Géographiques & Historiques par divers Auteurs célèbres. A l'égard de la situation du Pays d'Ophir le sentiment de D. Calmet sera réfuté à l'Article d'OPHIR. Voyez ce mot.

**OPHEL**, [g] on trouve dans l'Ecriture à Jérusalem un MUR & une TOUR D'OPHEL. Joathan, Roi de Juda, fit divers bâtimens sur le mur, ou dans le Mur d'Ophel [h]. Manassé Roi de Juda, fit bâtir un Mur à l'Occident de Jérusalem & de la Fontaine de Géhon, au delà de la Ville de David depuis la Porte aux poissons jusqu'à Ophel. Ce qui peut faire conjecturer que ce Mur & cette Tour étoient au voisinage du Temple, c'est que les Nathinéens au retour de la captivité demeuroient à Ophel [i]; or comme ils étoient obligez de rendre au Temple leurs services à toute heure, leur demeure n'en devoit pas être éloignée. Dans Michée [k] il est parlé de la Tour d'Ophel : *Et vous, Tour du Troupeau, fille de Sion, environnée de nuages*, l'Hébreu porte : *Et vous, Tour du Troupeau Ophel, fille de Sion*. Josephe [l] parle d'Ophlar qui est la même chose qu'*Opher*.

**OPHELIME**, Ὀφέλιμη. Voyez BALLADE.

**OPHELTA**, Ὀφέλτα, & ZARAX, Ζάραξ. Ces deux noms se trouvent dans Lycophron, & Isac son Commentateur croit que ce sont deux Montagnes de l'Eubée.

**OPHENSIS POPULUS**, Peuple d'Afrique [m] ce Peuple est nommé dans Tacite [m] sous l'Empire de Vespasien, & il en est parlé à l'occasion d'une brouillerie survenue entre ce Peuple & celui de Leptis, laquelle avoit dégénéré en une guerre. Le premier de ces Peuples avoit appellé les Garamantes. Les Romains s'en mêlerent & mirent ceux-ci en déroute. Cujas a bien vu qu'il y avoit faute dans les Manuscrits de Tacite & qu'il falloit lire OBENSIS. Juste Lipse dans ses remarques sur Tacite a très-bien profité de la correction & la confirme ainsi : Rodolphe, dit Juste Lipse, a voulu changer *Ophensium* en *Russensium*; mais sur une simple Conjecture. N'en déplaise à Juste Lipse, ce ne seroit pas une preuve, mais ce qu'il ajoute en est une. Pline dit : [n] le chemin pour arriver aux Garamantes a été jusqu'à présent impraticable. Dans la dernière guerre que les Romains ont faite à ceux d'*Oea*, au commencement de l'Empire de Vespasien, on a abregé ce chemin de quatre jours. Ce passage convient avec l'autre, il s'agit dans l'un & dans l'autre d'une guerre des Romains avec un Peuple appuié par les Garamantes & cela sous Vespasien. Cela détermine à lire OEENSIUM & OEENSIS *Populus*. Voyez OEA.

1. **OPHER**, Ville dont il est dit que Josué [o] fit mourir le Roi qui étoit Chananéen. Dom Calmet dit: cette Ville d'Opher est peut-être la même qu'OPHERA, dans la Tribu de Benjamin, de laquelle il est parlé au XVIII. Chapitre de Josué; ou la même qu'EPHRON dans la même Tribu, nommée au II. Livre des Paralipoménes C. XIII. v. 19. ou EPHRA patrie de Gédéon, ou OPHRA à cinq milles de Béthel, vers l'Orient, selon St. Jérôme.

2. **OPHER**, l'Ecriture [p] nomme ainsi le second fils de Madian & petit-fils d'Abraham & de Cethura. On conjecture qu'il a pu peupler l'Isle d'Urphe dans la Mer Rouge, ou la Ville d'Orpha dans le Diarbeck. St. Jérôme cite Alexandre Polyhistor, & Cleodeme surnommé Malc, qui assurent qu'OPHER, ou APHER se jetta dans la Libye, la conquit & lui donna le nom d'*Aphrica*, Afrique. Ce sont d'anciennes conjectures.

**OPHERA**, lieu de la Palestine. Il en est parlé au XVIII. Chapitre de Josué. C'étoit une Ville de la Tribu de Benjamin, peut-être la même qu'OPHER, mais différente d'EPHRA patrie de Gédéon.

**OPHRA**. Voyez OPHER 1.

1. **OPHIENSES**. Voyez OPHIONIA.

2. **OPHIENSES**, Ὀφιεῖς; Peuple de Grèce dans l'Etolie. Strabon [q] dit des Curetes que c'est une Nation d'Etolie comme les Peuples OPHIENSES, AGRÆI, EURITANES, &c. Les Manuscrits portent, selon Casaubon, ἐς Ὀφιεῖς, quelques Copistes doublant l's finale du mot ἐς, ont écrit ἐς Σωφιεῖς, ut *Sophienses*, faute que Casaubon a bien relevée.

**OPHIETIS PETRA**, Denys le Periegete [r] parlant du Berille sorte de pierre précieuse dit qu'il naît dans la Pierre Ophietide, dans la Babylonie. Avienus son Interprète Latin le traduit ainsi,

*Ophietidis arcis in arvis.*

C'est-à-dire dans la Campagne de la Forteresse Ophietide. Il n'est point rare que les Anciens aient appellé une roche fortifiée *Petra*. Les Allemands ont encore cet usage & quantité de noms de Châteaux sont terminez chez eux en *Stein*, pierre, ou en *Felz* Roche. Priscien, autre Paraphraste Latin de Denys, a rendu de même *Ophiane ad mœnia petræ*. Un Exemplaire vicieux consulté par Ortelius portoit *Afiana*. Eustathe, Commentateur Grec de Denys, dit que c'est un certain lieu qui fournit du marbre dans lequel est comme dans un lit la pierre nommée Berille. Ortelius trompé pé par de si grandes autoritez a pris *Ophietis petra* pour un nom de lieu. Cependant ce n'en est pas un. C'est le nom particulier d'une sorte de marbre dont les veines approchent de la figure des Serpens, ce qui la fait appeller ainsi. Voyez Saumaise sur Solin [a]. Il dit très-bien Προβολαὶ (mot dont s'est servi Denys le Periégete) ce sont des avances de rochers où l'on taille le marbre Ophites. Denys a dit Ὀφνῆτις pour Ὀφίτης, comme Πολίτης pour Πολίτης.

1. OPHIODES, Ὀφιώδης, Isle du Golphe Arabique, vis-à-vis de la Ville de Berenice. Mais comme nous avons remarqué qu'il y avoit plusieurs Villes de ce nom dans le Golphe, cela ne détermine pas assez. Strabon, Agatharchide & Diodore de Sicile [b] font mention de cette Isle. Strabon dit [c] qu'après Myos Hormos il y a un Golphe surnommé Immonde parce qu'il est herissé de roches que l'eau couvre & sujet à de fréquentes tempêtes, qu'au fond de ce Golphe est la Ville de Berenice; qu'après l'Isle d'Ophiodes, (ou l'Isle aux Serpens) parce qu'un Roi en extermina les Serpens qui tuoient la plûpart ceux qui y abordoient afin d'y chercher les Topases qu'elle produit. Il met après cette Isle des Icyophages, ou mangeurs de poisson & des Nomades, c'est-à-dire, des Peuples qui n'ont point de demeure fixe. Il semble avoir pris ce qu'il dit d'Agatharchide qui dit à peu près la même chose & presque dans les mêmes termes; tant du Port de la Souris, ou Myos Hormos, que du Golphe Immonde; mais Agatharchide ajoute que cette Isle a quatre-vingt stades de long. L'un & l'autre décrivent ensuite le Topaze, qui se forme dans cette Isle. Saumaise a imaginé que cette Isle étoit la même que celle que l'Ecriture appelle UPHAZ, ou OPHAZ, que comme elle produit le Topaze elle doit être l'Isle *Topazios* ou le vrai PAZ & qu'ainsi PAZ, OPHAZ, TOPAZION & OPHIODES, ne sont que le même lieu; que du nom *Ophaz* on a fait *Ophiodes*; & qu'enfin c'est delà qu'est venue la fable des Serpens dont cette Isle étoit infectée. Pour refuter cette imagination de Saumaise Mr. Huet [d] dit qu'il ne faut pas faire attention aux paroles de Diodore, pour voir le cas que l'on doit faire de cette opinion. Diodore dit que les Rois d'Alexandrie dans le dessein d'avoir de ces Topazes détruisirent tous les Serpens de cette Isle, & pour donner lieu de croire que ce qu'il avance n'est pas susceptible d'une accusation de faussetté, il ajoute que du tems qu'il écrivoit, la Race de ces Rois subsistoit encore. Agatharchide dit de même [e] qu'autrefois cette Isle étoit pleine de Serpens, mais que de son tems elle en étoit nettoyée. Strabon dit nettement que ce fut un Roi qui fit détruire ces Serpens.

2. OPHIODES, Ὀφιώδης, Riviére de la Libye intérieure, selon Ptolomée [f]. Il en met l'embouchure dans l'Océan entre le Promontoire *Chaunaria* ou *Gannaria* & la Ville de Bagaze.

OPHIOGENES, (LES) race particuliere d'Hommes dans l'Asie mineure, qui avoient la propriété d'être craints par les Serpens. Leur nom signifie *engendrez d'un Serpent*. Pline [g] en parle ainsi, Cratès de Pergame dit qu'auprès de Parium dans l'Hellespont, il y avoit une race d'hommes nommez Ophiogénes qui par leur attouchement soulageoient les piquures des Serpens & qui en appliquant leur main chassoient le venin d'un corps. Varron dit qu'il y en a là quelques-uns dont la salive est un remede contre la piquure des Serpens. Pline parle ensuite des Psylles qui étant invulnérables aux Serpens les tuoient ou les endormoient sans danger. Strabon [h] parle aussi de ces Ophiogenes à l'occasion de cette même Ville de Parium.

OPHIONIA, Ville de Grèce dans l'Etolie, Thucydide [i] en nomme les habitans Ophionenses Ὀφιονεῖς, en plus d'un endroit; Strabon [k] de même, mais dans un de ses passages on lit *Sophienses* pour *Ophienses*. C'est toujours le même Peuple. Cette Nation des Ophioniens étoit subdivisée en plusieurs autres, comme il paroît par les passages de ces deux Auteurs citez.

OPHIOPHAGES, (LES) Peuple ancien d'Ethiopie [l]. Ce nom veut dire *mangeurs de Serpens*. Leur véritable nom étoit CANDEI, l'autre n'est qu'un surnom. Au lieu de ce mot *Candei* Vossius à qui il ne plaisoit pas, a fourré mal-à-propos PANCHÆI qui n'y a aucun raport & qu'il dit avoir trouvé dans tous les anciens Manuscrits.

OPHIORIMA, ancien nom de Hierapolis de Phrygie, si nous en croyons Siméon le Métaphraste dans la Vie de St. Joseph surnommé l'humble.

OPHIR, Pays où la Flotte d'Hiram Roi de Tyr, & de Salomon Roi de la Palestine, alloit une fois tous les trois ans & d'où elle rapportoit de l'or. L'Asie, l'Afrique & l'Amérique ont joüi tour-à-tour de l'honneur de posseder ce Pays si fameux par ses richesses, graces aux imaginations des Interprètes de l'Ecriture qui ne sachant où placer ce Pays, l'ont cherché par-tout où la moindre lueur de ressemblance les a promenez. Avant que d'entamer cette matiére, je commencerai par rapporter les principaux passages de l'Ecriture où il est parlé d'Ophir; en second lieu je rapporterai aussi sommairement qu'il sera possible les différentes opinions des Savans sur ce Pays; j'y ajouterai les motifs qui m'empêchent d'entrer dans les vûës de ceux que je n'approuve point, & enfin je me déclarerai pour le sentiment qui me paroît le plus sage & le mieux fondé, & je marquerai ce qui me détermine en sa faveur.

*Passages où il est parlé d'Ophir.*

On lit au III. Livre des Rois c. 9. v. 26. 27. & 28. *Le Roi Salomon équipa aussi une Flotte à Asiongaber qui est près d'Elat sur le Rivage de la Mer Rouge au Pays d'Idumée; & Hiram envoya avec cette Flotte quelques-uns de ses gens, bons hommes de Mer, & qui entendoient fort bien la Navigation, qui se joignirent aux gens de Salomon. Et étant allez en Ophir, ils y prirent quatre cens vingt talens d'or qu'ils apporterent au Roi Salomon.*

Au même Livre c. 10. v. 11, on lit ces mots: *La Flotte d'Hiram qui apportoit l'or d'Ophir, apporta aussi en même tems quantité de bois très-rares;* (bois de thia, du mot θύω, *parfumer*; c'est-à-dire des bois de senteur); & pierres précieuses; & le Roi fit faire de ces bois *les balustres de la Maison du Seigneur & de la*

*Mai-*

*Maison du Roi, des Harpes & des Lyres pour les Musiciens. On n'apporta & on ne vit jamais de cette sorte de bois jusqu'à ce jour.*

Au second Livre des Paralipoménes C. VIII. v. 17. & 18. on lit: *Ensuite il (Salomon) alla à Asiongaber & à Ailath qui sont sur les bords de la Mer Rouge, qui est dans la Terre d'Edom. Hiram lui avoit envoyé par ses Sujets des Vaisseaux & des Matelots experimentez & bons hommes de Mer, qui s'en allérent avec les gens de Salomon à Ophir d'où ils rapportérent au Roi Salomon quatre cens cinquante talens d'or.*

Le même Ecrivain sacré repete ensuite au C. IX. v. 10. ce qu'avoit dit l'Auteur du III. Livre des Rois: *les Sujets de Hiram, dit-on ici, avec les Sujets de Salomon apportérent aussi de l'or d'Ophir & d'une espèce de bois très-rare (bois de thia) & des pierres précieuses,* &c.

### Courtes Remarques sur ces passages.

La Flotte combinée de Salomon & de Hiram alloit chercher de l'or à Ophir. Ces vaisseaux partoient ensemble d'Asiongaber, & revenoient d'Ophir chargez d'or, de bois de senteur & de pierres précieuses.

Ils sortoient de la Mer Rouge pour se rendre dans la Mer, ou des Indes ou d'Ethiopie, selon la route qu'ils prenoient, car il n'est pas encore tems de décider cette question.

L'Ecriture ne dit point par où les Vaisseaux d'Hiram entroient dans la Mer Méditerranée. Elle ne dit pas même qu'ils y entrassent. Peut-être que les Phœniciens, de tout tems grands Navigateurs avoient des Vaisseaux à part, dans les ports d'Egypte, où ils les avoient bâtis du consentement des Egyptiens avec qui ils faisoient le commerce de la Mer des Indes. Peut-être ces Vaisseaux remontoient-ils le Nil d'où par un Canal, ou par des Machines on les faisoit passer dans la Mer Rouge. Les Vaisseaux de Hiram alloient avec ceux de Salomon à Ophir, & partoient d'Aziongaber. L'Ecriture Sainte le dit. C'est un fait révelé & certain, quoique l'ignore la maniére dont ils étoient entrez dans cette Mer, & le lieu de leur construction.

Comme une partie des obscuritez que les Interprétes ont répandues sur l'Ophir de Salomon, vient de ce qu'ils ont joint ensemble le Voyage de ce Pays-là avec le Voyage de Tharsis, quoique l'Ecriture ne les mêle pas, mais en parle séparement, il faut de même les traiter à part, sans confusion & sans mélange, & se borner ici à ce qui regarde Ophir. Mais avant que d'aller plus loin nous rapporterons le passage où Josephe parle de cette Flotte d'Hiram & de Salomon. Il est au VIII. Livre c. 11. des Antiquitez n. 337. ,, Salomon, dit cet Historien Juif, fit aussi construire plusieurs Navires dans le Golphe d'Egypte près de la Mer Rouge, en un lieu ,, nommé Aziongaber, qu'on nomme aujourd'hui Bérénice, & cette Ville n'est pas éloi-,, gnée d'une autre nommée Elan qui étoit ,, alors du Royaume d'Israël. Le Roi Hiram ,, lui témoigna beaucoup d'affection en cette ,, rencontre, car il lui donna autant qu'il ,, voulut de Pilotes fort expérimentez en la ,, Navigation pour aller avec ses Officiers ,, querir de l'or dans une Province des Indes ,, nommée SOPHIR, qu'on nomme aujourd'hui la Terre d'or, d'où ils apportérent ,, quatre cens talens d'or". Ce que cet Auteur dit ensuite regarde le Voyage de Tharsis, & ne doit rien conclurre pour Ophir, puisqu'il distingue lui-même ces deux Voyages comme on le verra ci-après. Venons aux différentes opinions des Interprétes. Mon but n'est pas de les rapporter toutes; cela seroit ennuyeux & inutile. Je ne toucherai que les principaux. Je les distingue en trois Classes. 1. ceux qui ont cherché Ophir en Amérique. 2. ceux qui l'ont cherché en Asie. 3. ceux qui l'ont cherché en Afrique.

### AUTEURS qui ont cherché OPHIR en Amérique.

Génébrard, Vatable & quelques autres prétendent que l'*Isle Espagnole*, autrement l'*Isle de St. Domingue* est l'Ophir de l'Ecriture & assurent que Christophle Colomb qui le premier découvrit cette Isle en 1492. après avoir traversé les Mers Occidentales, disoit ordinairement qu'il avoit trouvé l'Ophir de Salomon, parce qu'il y avoit trouvé de l'or. Plaisante preuve. Voici comment ils font faire la course à cette Flotte. Elle partoit, disent-ils, d'Aziongaber, passoit de la Mer Rouge dans la Mer des Indes, côtoyoit la Presqu'Isle en deçà du Gange, alloit reconnoître Malaca, & Sumatra, ensuite s'abbandonnant aux vents d'Est, elle dépassoit Madagascar & le Cap de Bonne-Espérance, venoit reconnoître le Brésil & arrivoit à St. Domingue, en suivant les côtes. Je laisse à part la difficulté de revenir, il y en a une autre que je dirai dans un moment.

Goropius, Postel, & quelques autres mettent l'Ophir de Salomon au Pérou. Si on les en croit, Salomon faisoit à peu près ce que font à présent les Espagnols. Il faisoit transporter l'or du Pérou sur des Vaisseaux de la Mer du Sud jusqu'à l'Isthme de Panama. D'autres Vaisseaux le chargeoient de l'autre côté de l'Isthme, alloient prendre des rafraîchissemens aux Isles de Cuba & de St. Domingue, venoient chercher le Cap de Bonne Espérance, rasoient les Côtes Orientales d'Afrique, & rentroient dans la Mer Rouge.

Arias Montanus va bien plus loin. Il mene la Flotte droit en Orient, la fait passer par les Moluques, traverser toutes les Mers qui séparent ces Isles d'avec le Méxique, de là voguer vers le Pérou, y charger de l'or, côtoyer ensuite le Chili, passer le Détroit de Magellan, doubler le Cap de Bonne-Espérance & rentrer dans la Mer Rouge. Voilà sans doute bien du chemin. Ne diroit-on pas que les découvertes des Portugais & des Espagnols encore nouvelles quand ces Auteurs écrivoient, avoient été faites sur des Mémoires laissez par Salomon?

J'aurois demandé à ces Critiques, s'ils croyoient que de pareilles Navigations ayent pu se faire sans Boussole? Ils auroient répondu apparemment, que Salomon possédoit cet admirable Guide de la Navigation moderne. Cela ne suffit pas. Il faut encore nous dire par quel prodige un secret de cette nature étant

tant connu de deux grandes Nations, les Juifs & les Phœniciens, un secret si nécessaire, si aisé à pratiquer, a pu se perdre sans une interruption totale de la Navigation. Car il est certain au contraire que les Grecs, les Romains & les Carthaginois descendus des Phœniciens, l'ont entiérement ignoré; on sait que faute de le posséder, ils alloient terre à terre; & que dans les rivages qu'ils ne connoissoient guères, ils jettoient l'ancre tous les soirs; si par malheur ils avoient perdu la terre de vûë, & ne savoient de quel côté la retrouver, ils avoient des pigeons qu'ils lâchoient. Si la terre étoit encore visible pour ces pigeons, ils voloient de ce côté & on suivoit la route qu'ils avoient tracée; sinon, ils revenoient, & on les reprenoit pour les lâcher encore ensuite jusqu'à ce que l'on trouvât quelque terre. Or c'est se moquer que de prétendre que des Navigations pareilles à celles que ces Auteurs attribuent à la Flotte d'Hiram & de Salomon, aient pu se faire sans le secours de la Boussole. Venons aux Auteurs qui forment la seconde Classe.

### Auteurs qui ont cherché Ophir en Asie.

Josephe dans le passage qui a été rapporté ci-dessus, dit que Sophir (ou Ophir) étoit aux Indes & que de son tems on l'appelloit la *Terre d'or*. Il y a deux choses à remarquer sur ce sujet. 1. Nous avons fait voir au mot INDES qu'il s'est dit non seulement des Indes proprement dites, mais encore de Pays qui en sont très-éloignez, & particuliérement de l'Ethiopie. Ainsi ce mot Indes employé sans aucune détermination, ne fixe rien. 2. Le même Auteur dit qu'on l'appelloit la *Terre d'or*; mais sans expliquer si c'étoit simplement sa Nation qui l'appelloit ainsi, instruite comme elle étoit des richesses que Salomon en avoit tirées, ou si ce nom étoit adopté par les Romains pour qui il écrivoit, ou par les Grecs dont il employoit la Langue. Ce nom a bien quelque rapport avec la Chersonnese d'or des Géographes: mais il a un égal rapport avec tous les lieux où il y avoit ou des Mines d'or, ou des Riviéres dont le sable en étoit mêlé, cependant on a vu des Auteurs insister sur le mot *Indes* comme si il se fût agi de ce Pays qui s'appelle proprement ainsi, & sur le nom de *Terre d'or* comme n'étant qu'une même chose avec la Chersonnese d'or. Venons au détail.

François Ribera, Torniel, Adrichôme, Maphée, Varrerius, Grotius, Bochart, Reland, D. Calmet & quantité d'autres mettent Ophir en Asie, mais ils ne s'accordent pas sur le lieu. Quelques-uns veulent que ce soit ORMUS, ou quelqu'Isle peu éloignée de la Mer Rouge. Maphée veut que ce soit le PEGU, où il y a encore aujourd'hui, dit-il, beaucoup de Mines d'or & d'argent. Il apporte en preuves des Lettres d'un Cordelier François qui écrit que ceux du Pegu prétendent venir des Juifs exilez & condamnez par Salomon à travailler aux Mines d'or du Pays. Il est inutile de faire voir qu'Ormus n'est pas un lieu à fournir la quantité d'or que les Vaisseaux de Salomon rapportoient. Quant à la tradition des Péguans, elle n'est pas assez certaine pour faire preuve. Pererius dit que c'est MALACA dans la Presqu'Isle de même nom. Jean Tzetzès aime mieux mettre Ophir dans l'Isle de SUMATRA, où il y a encore des Mines d'or.

Lipenius dans un Traité composé exprès sur Ophir prétend, sur l'autorité de St. Jérôme, qu'un petit-fils d'Heber, fils de Noé, nommé Ophir, donna son nom à la partie de l'Inde qui est au delà du Gange. Ainsi il nomme Terre d'Ophir non seulement la Chersonnese d'or qu'il croit être la Terre d'or de Josephe; mais encore les Isles de *Java*, & de *Sumatra*, les Royaumes de *Siam*, de *Pegu* & de *Bengale*. Il se fonde sur ce que l'on trouve, dit-il, à présent dans ce Pays-là tout ce que les Navires de Salomon rapportoient à Jérusalem; on entrevoit par-là qu'il confond les Flottes de Tharsis & d'Ophir. Il ajoute que le Voyage pouvoit aisément durer trois ans; suite du préjugé qui suppose que le Voyage d'Ophir duroit trois ans, ce qui n'est point vrai. Aussi l'Ecriture ne dit-elle rien de pareil. Voici comment il règle le détail de cette route. Si on l'en croit, les Navires en sortant de la Mer rouge rangeoient les Côtes d'Arabie, de Perse, & de l'Indoustan. Ils faisoient le tour de la Presqu'Isle en deçà du Gange, côtoyoient Golconde où ils prenoient des Diamans, Bengale qui leur fournissoit des Etoffes, & le Pégu où ils trouvoient de l'or, & des Rubis & ils abordoient à Sumatra où ils trouvoient encore de l'or. Ensuite ils remontoient le long de la Presqu'Isle, ou Chersonnese d'or jusqu'à Siam où ils ne manquoient pas de dents d'Elephans. Ils n'y devoient pas non plus manquer d'or, puisqu'on a, dit-il, sujet de croire qu'il y a eu autrefois des Mines d'or dans ce Royaume; sans quoi on n'y verroit pas toutes les Statues d'or qui sont dans les Pagodes; & tout l'or en barre qu'on prétend être dans le Trésor du Roi; les Particuliers de Siam n'étant pas riches, & n'y ayant présentement aucune Marchandise assez précieuse pour y attirer d'ailleurs une si grande quantité d'or. Il y a dans tout ce raisonnement un défaut assez général. C'est qu'en premier lieu on juge par l'Etat présent de ces Pays qu'il étoit le même du tems de Salomon. Cette Navigation en supposant le Commerce actuel de ces Peuples conviendroit assez à une Flotte de Hollandois, mais convient-elle de même à une Flotte de Salomon? Le seul avantage qu'ait cette opinion sur celle qui met Ophir en Amérique, c'est de se pouvoir passer de la Boussole. L'Abbé de Choisi dans sa Vie de Salomon, trouve ce sentiment sur Ophir le plus raisonnable, & la possibilité de faire cette Navigation sans perdre la terre de vue est un des motifs qui le portent à le préférer. Un peu de tendresse pour Siam y a eu aussi quelque part.

Grotius raccourcit beaucoup cette Navigation. Il conjecture que la Flotte de Salomon n'alloit peut-être pas jusqu'aux Indes; mais seulement jusqu'au Port d'une Ville d'Arabie nommée par Arrien APHAR, par Pline SAPHAR, par Ptolomée SAPPHERA, & par Etienne SAPHIRINA. Cette Ville étoit située sur la Côte d'Arabie que l'Océan baigne. Il conjecture que les Indiens apportoient là leurs Marchandises & que la Flotte de Salomon les

y

y alloit charger. On voit que Grotius s'est laissé guider par une ressemblance de nom.

Bochart dans son Phaleg prend une autre route, & distingue *deux* Pays d'*Ophir*. Il place une Ophir dans l'Arabie au Pays des Sabéens ; & l'autre dans les Indes. Il suppose que l'Ophir d'Arabie est le Pays dont les habitans sont nommez CASSANITES par Ptolomée. Le rapport qu'il trouve entre ce nom de Cassanites & le mot Hébreu qui signifie un *Trésor* lui suffit pour prouver cette Ophir de l'Arabie. C'est d'elle, dit-il, qu'il faut entendre ces passages du Livre de Job : C. XXII. *Vous mettrez l'or sur la poussiere & l'or d'Ophir sur les rochers des Torrens*. Et plus bas : *il n'est point comparable à l'or d'Ophir*. Il n'y a pas, dit-il, la moindre apparence que dans ces passages il soit question de l'Ophir des Indes. Aussi n'en est-il pas plus question, que de celle d'Arabie. Il s'y agit d'une seule Ophir quelque part qu'elle soit, & la difficulté est de la trouver.

Bochart sentant bien que l'Ophir d'Arabie, où il met les Cassanites, ne suffit pas, en cherche une seconde dans les Indes. Plusieurs choses, dit-il, nous persuadent que cette Contrée où Salomon n'envoyoit sa Flotte qu'une seule fois en trois ans & *d'où, outre une grande quantité d'or*, on apportoit du bois d'Almuggim, de l'yvoire, des singes, des paons, & des pierres précieuses, n'étoit point l'Ophir d'Arabie, ou l'Ophir des Cassanites. Il en apporte ensuite trois raisons : 1. parce qu'on employoit, dit-il, trois ans à faire ces Voyages. 2. on n'auroit pu apporter de l'yvoire d'Arabie, parce qu'il n'y a point d'Elephans, à moins qu'on ne dise que l'yvoire y avoit été apporté du Pays des Adulites. 3. l'unanimité des Anciens à soutenir qu'Ophir étoit dans les Indes est pour lui une troisième preuve.

Il est remarquable que ce Savant brouille tout en confondant le Voyage d'Ophir avec celui de Tharsis. L'Ecriture ne parle ni de singes, ni d'yvoire, ni de paons apportez d'Ophir ; tout cela, selon le texte même, venoit de Tharsis, comme on le peut voir par ce passage du II. Livre des Rois C. X. v. 21. *La Flote du Roi faisoit voile de trois ans en trois ans & alloit avec celle de Hiram en Tharsis, & elles apportoient de là de l'or, de l'argent, de l'yvoire, des singes, & des paons*. Quel rapport tout cela a-t-il avec Ophir ? Ce qui est dit de Tharsis prouve-t-il rien pour Ophir ? Si dans quelques milliers d'années on lisoit dans un livre qu'en ce tems-ci les Vaisseaux Hollandois rapportent du Sucre du Caffé & des Perroquets de Surinam, & que leurs Vaisseaux vont charger aux Indes Orientales des Etoffes de Soye, des Toiles de coton, des Epiceries ; approuvera-t-on d'avance ceux qui alors confondant ces Voyages & ces différentes sortes de Marchandises, ne feront qu'un seul Voyage de deux Pays si différens & si éloignez. Il est étrange que Mr. Bochart n'ait pas vu que les trois raisons qu'il allegue sont également frivoles. Où a-t-il trouvé dans l'Ecriture Sainte que le Voyage d'Ophir duroit trois ans ? Nulle part. Aussi cela n'y est-il pas. Il y est dit seulement que les Vaisseaux qui faisoient le Voyage de Tharsis ne partoient que tous les trois ans, c'est-à-dire qu'en trois ans on ne faisoit qu'un Voyage en ce Pays-là. Est-ce dire qu'on y employoit trois ans ? Ce sont deux choses bien différentes. Il a senti lui-même le foible de la seconde raison en la détruisant d'avance, par l'aveu ingenu qu'il fait qu'on pouvoit y apporter d'ailleurs de l'yvoire. De plus, comme on vient de voir, il ne s'agit point de cela pour le Voyage d'Ophir. Sa troisième raison n'a pas plus de force. Les Anciens ayant placé en Asie & en Afrique des lieux qu'ils ont appellez les Indes, ce nom est équivoque, & qui plus est, c'est bien assez d'une seule Ophir sans en établir deux. Du reste il choisit cette seconde Ophir, ou l'Ophir des Indes dans la Taprobane qui est l'Isle de Ceylan. Mr. le Clerc dans son Commentaire sur l'Ecriture Sainte a adopté le sentiment de Bochart pour cette derniere Ophir, car il est persuadé qu'il n'en faut qu'une. Les preuves qui le convainquent se réduisent à ceci : qu'on trouve dans l'Isle de Ceylan, de l'or, de l'yvoire, des pierres précieuses, & que dans la Presqu'Isle voisine il y a des paons & des singes. Remarquez que ces Savans retombent tous dans la même faute de chercher à Ophir de l'yvoire, des paons, & des singes que l'on apportoit de Tharsis.

Mr. Reland, dans sa Dissertation sur Ophir a prétendu que tout ce qui en est dit dans l'Ecriture convenoit assez au Pays où est située la Ville d'OUPARA, ou SOUPARA. (Voyez SUPPARA & UPPARA, dans ce Dictionnaire) car, on lit l'un & l'autre nom dans les Anciens, de même qu'ils ont dit également OPHIR & SOPHIR. Il met ce Pays dans la Presqu'Isle de l'Inde en deçà du Gange entre le 112. & le 113. d. de Longitude & par le 15. d. de Latitude Méridionale. Ce mot de *Méridionale* est sans doute de trop, quoique Mr. le Clerc l'ait mis en expliquant le sentiment de Mr. Reland, car on sait que toute cette Presqu'Isle est en deçà de l'Equateur & par conséquent sa Latitude ne peut être que Septentrionale. En second lieu, la Longitude fixée ici est à la vérité celle que Ptolomée donne à Suppara. Mais elle est très-fausse, car il la met dans le Golphe de Barigaza, c'est-à-dire sur la Côte Orientale de ce que nous appellons aujourd'hui le Golphe de Cambaye ; or l'embouchure même du Gange est toute en deçà du 107. d. de Longitude. Et la Côte Orientale, du Golphe où doit être la Suppara de Ptolomée, est sous le 90. d. Ainsi l'erreur est de 22. ou 23. dégrez de trop sur la Longitude. En récompense la Latitude pêche par un autre excès ; car la Suppara de Ptolomée mise où elle doit être dans une Carte rectifiée, doit être entre le 20. & le 22. degré de Latitude Septentrionale. On voit bien que la ressemblance d'Oupara & d'Ophir a été le grand mobile de Mr. Reland. Cela saute aux yeux. D'ailleurs il n'est pas l'inventeur de ce sentiment. Le fameux Luc Holstenius l'a eu avant lui. Dans ses remarques sur le Trésor d'Ortelius, imprimées à Rome en 1666. c'est-à-dire cinq ans après sa mort on lit ces paroles : Ophir est la Suppara de Ptolomée. Après les Conjectures de tous les Auteurs, continue Holstenius, il faut tenir pour certain qu'Ophir n'est point un autre Pays que Σουππαρα, fameuse Ville Marchande

chande de l'Inde, nommée par Ptolomée, par Arrien & par le Moine Cosmas. Les Septante la nomment Σούφουρα ou Σώφουρ. Cette autorité de Holstenius, a aidé sans doute à déterminer Mr. Reland. Ce que dit Holstenius que Suppara étoit une fameuse Ville Marchande n'est pas fondé sur Ptolomée qui se contente de le nommer sans aucun mot d'accompagnement.

Eupolème dans un passage qu'Eusébe de Césarée a conservé dans sa Préparation Evangélique Livre IX. C. XXX. guidé aussi par la ressemblance, dit que David fit bâtir des Vaisseaux à Achana Ville d'Arabie & envoya à *Urphé* Isle de la Mer Rouge abondante en Mines d'or des gens habiles à en tirer les métaux, & qu'ils lui rapporterent de là beaucoup d'or. On voit par ce peu de paroles que cet Eupolème n'est rien moins qu'un Auteur propre à la question que nous agitons, il parle de David & il s'agit de Salomon. David avoit fait de grands amas de métaux, mais on ne dit point qu'il ait envoyé des Flottes à Ophir; quoiqu'il eût de l'or d'Ophir. *Paralipomenon* Livre I. C. XXIX. v. 4. D. Calmet prend une route bien différente. Il trouve qu'Eustathe d'Antioche dans son Ouvrage des six jours met Ophir dans l'Arménie. Avant que d'aller plus loin nous remarquerons avec Mr. Dupin que cet Ouvrage attribué à Eustathe d'Antioche, n'est pas de lui, & qu'il est au contraire tout-à-fait indigne d'un homme de bon sens. Comptons-le pour rien & tenons-nous en à D. Calmet. Je me servirai de ses paroles & me contente de donner ici par extraits sa Dissertation sur Ophir, mais sans rien omettre des raisons dont il fortifie son sentiment.

Il est incontestable, dit ce Pere, que le Pays d'Ophir n'est autre que celui qui a été peuplé par Ophir fils de Jectan ou par ses descendans. On sait que l'Ecriture ne désigne pas autrement les Pays que par le nom de ceux qui les ont habitez. Or Ophir est placé par Moïse, *Genese* X. v. 30. avec ses fréres depuis Mesa jusqu'à Sephar Montagne d'Orient. C'est donc dans ce Pays qu'il faut aller chercher & voir en même tems si c'est un Pays où la Flotte de Salomon ait pu aller chercher les Marchandises dont il est parlé dans son Histoire; s'il faut trois ans pour faire ce Voyage; & si l'on y peut aller d'Aziongaber par le Golphe d'Arabie? Arrêtons-nous ici un moment. Ce Pere parle dans la suite de sa Dissertation de singes, de paons, & autres choses qui venoient de Tarsis. On voit qu'il brouille les deux Voyages, comme on a vu que les autres Interprétes ont fait. Le faux préjugé des trois ans revient encore ici; de sorte que voilà déja deux de ses indices retranchez; quant au troisième la question est assez inutile, on sait que d'un Port de Mer on peut aller à tous les autres. Suivons pourtant: il a de meilleures raisons à dire que celles-là.

Il renvoye aux preuves qu'il a apportées sur le verset 29. du Chapitre X. de la Genese & poursuit ainsi en supposant y avoir fait voir que la postérité de Jectan habita dans une partie de la Mésopotamie, de l'Arménie & des Pays au delà du Tigre. Si les Monts Mesa & Sephar sont les mêmes que les Monts Masius & les monts Saspires ou des Tapyres,

il s'ensuit que le Pays d'Ophir n'étoit pas loin des sources de l'Euphrate & du Tigre & qu'on doit le chercher aux environs des Pays que nous avons marquez. Il ajoute ensuite ces preuves. L'Empereur Justinien partagea l'Arménie en quatre parties, & l'une de ces quatre se nommoit Zophara. Je ne sais, continue-t-il, si ce ne seroit pas le même Canton nommé *Sophene* par Strabon, *Sophane* par Trogus, & *Sophanéne* par Procope. Le changement de la lettre R en N est assez commun dans les noms étrangers & souvent l'R se perd à la fin des mots. Au lieu de *Gadir* on a dit *Gadis*; au lieu d'*Amilcar*, *Amilcas*; au lieu de *Bocchor*, *Bocchus*. De Πλήρης on a fait *Plenus*, de Δώρου *Donum*; & ainsi de *Sophar* ou *Sopher* ou *Sophir*, car c'est toujours le même mot, l'on a pu faire *Sophéné*. On sait que les LXX. & les Grecs au lieu d'*Ophir* ont lu *Sophir*, Σωφείρ, & la lettre Σ, S, au commencement d'un mot tient assez souvent la place d'une simple aspiration.

Strabon L. XI. marque sur le Phase les *Sarapenes* dont la Capitale est à l'endroit de ce Fleuve où il commence à n'être plus navigable. Le même Strabon parle, en plus d'un endroit du même livre, d'une fort grande partie de l'Arménie nommée anciennement Syspiretis, qui s'étendoit jusqu'à la Chalachene & à l'Adiabene, au delà des Montagnes de l'Arménie. Il parle des Mines d'or de ce Pays-là & de ses richesses. Il dit qu'Alexandre le Grand envoya Memnon avec des Troupes à ces Mines & que le Pays n'est pas moins propre à nourrir des Chevaux que les Campagnes Niséees dans la Médie. Nous remarquons encore des vestiges du nom d'Ophir plus avant dans l'Isthme vers le Nord. Nous y trouvons le Fleuve *Opharus* & les Peuples Opharites, que Pline L. VI. c. 7. met dans la Sarmatie Asiatique qui confinoit avec la Colchide & l'Ibérie. On connoît sur le Fleuve Cyrus les *Obareniens*, dont parle Quadratus L. II. *Parthic.* cité par Etienne le Géographe au mot Ὠτήνη, qui sont peut-être les mêmes que les *Iberes* de Strabon, & dont il loue tant les richesses. Il y a chez eux, dit-on, des torrens qui entraînent de l'or, les Barbares le recueillent avec des Planches percées & des peaux velues, d'où est venue la Fable de la Toison d'or & peut-être que ces *Iberes* sont nommez comme les *Iberes* Occidentaux, à cause de l'or qui se trouve chez les uns & chez les autres. Peut-être aussi, reprend D. Calmet, que ces *Obareni* de Quadratus sont les mêmes que les *Suarni* de Pline L. VI. c. 11. qui sont situez entre les Portes Caspiennes & les Monts Gordiées & le Pont-Euxin. Ce sont des Peuples indomtez qui n'ont point d'autre occupation ni d'autre trafic que de tirer l'or de leurs Mines. *Suarni indomitæ gentes auri tantum metalla fodiunt.* Les termes d'*Obareni*, de *Suarni*, d'*Iberes*, ont assez de rapport avec *Ophir*, sur-tout si l'on prononce le *b*, à la manière des Grecs, comme un V consonne, qui approche assez du φ, *phi*. Ainsi l'on pourra dire *Opharéni*, *Spharni*, *Ipheri*, qui sont les mêmes qu'*Ophir*, selon la diverse manière dont on peut prononcer les lettres dont ce nom est composé. C'est ainsi que l'on a dit *aurum Obrisum* pour *aurum Ophirisum*.

K Mais

Mais ce qui perfuade encore D. Calmet, que le Pays d'Ophir ne devoit pas être loin du *Phafé*, ni du Pays des *Sepharvaims* qu'il croit être les *Sarapares*, les Peuples de la *Sapavoriéne* ou des Monts *Safpires*, c'est que dans l'Ecriture *l'or d'Ophir* est le même que *l'or de Parvaim* : en voici la preuve. Au III. Livre des Rois C. IX. v. 26. 27. 28. femblable au II. Livre des Paralipoménes C. VIII. v. 18. où il est marqué que Salomon avoit amaffé une quantité prodigieufe d'or d'Ophir pour bâtir le Temple du Seigneur, & au I. Livre des Paralipoménes C. XXIX. v. 4. il est dit que David avoit aussi préparé pour le même deffein une très-grande quantité d'or d'Ophir. Et quand l'Ecriture marque l'emploi que Salomon fit de tout cet or, elle dit que ce Prince employa de l'or, de bon or, de l'or de *Phervaim* : l'or de Phervaim est donc le même que celui d'Ophir. Or *Phervaim* & *Sepharvaim* font mêmes, la lettre *S* n'étant que pour marquer l'afpiration, comme dans *Sophir*, mife au lieu d'*Ophir*. Il faut donc placer Ophir dans le même Pays que les *Sepharvaims* qui habitoient entre la Colchide & la Médie. L'Ecriture parle ailleurs de l'or de PHAZ; Jeremie C. X. v. 9. d'UPHAZ; Daniel C. X. v. 5. & d'OPHAZ; *Cantic.* C. V. v. 11. qui, felon l'avis de D. Calmet, est le même que l'or du *Phafis* qui est appellé le *Phifon* par Moïfe; les richeffes de la Colchide & l'or du Phafé, font, dit-il, célèbres dans toute l'Antiquité.

Vient enfuite le paffage de Job C. XXVIII. où comparant la Sageffe à tout ce qu'il y a de plus précieux dans le Monde, il dit *qu'il y a des lieux dont les pierres font des Saphirs & dont les fables font de la poudre d'or; mais que la Sageffe est d'un prix bien plus relevé; l'or d'Ophir ne lui eft pas comparable, ni la pierre précieufe de Sohem, ni le Saphir. On ne l'achete point au prix de l'or, ni du criftal & on ne l'échange point contre les Vafes d'or de Phaz. Le Pitdat (ou Topaze) du Pays de Cufch n'eft rien en comparaifon de la Sageffe &c.* Il est très-croyable, infére D. Calmet, que Job, par ces Pays dont les fables font d'or & dont les pierres font des Saphirs, entend les mêmes Pays qu'il nomme dans les verfets fuivans, les Pays d'*Ophir* de *Phaz* & de *Cufch*, Pays fameux par leur or & par leurs pierres précieufes. Or, pourfuit-il, nous n'en connoiffons point à qui cela convienne mieux qu'au Pays d'Ophir pris felon notre Hypothefe à la Colchide & aux Pays voifins. L'or y étoit anciennement très-commun, le *Sohem* s'y trouvoit auffi; (il prend cette pierre pour l'émeraude.) Le Saphir est une pierre commune dans la Médie & dans la petite Arménie. Pline dit que les meilleurs font ceux de Médie L. XXXVII. c. 9. le nom de Saphir a un rapport vifible avec *Saphar* Montagne dont parle Moïfe & qu'il défigne comme limite du côté de l'Orient du partage des fils de Jectan du nombre defquels étoit Ophir.

D. Calmet fe garde bien de marquer précifément l'endroit où étoit Ophir, ni le Canton particulier qu'il habitoit. Il croit avoir affez fait dans une fi haute antiquité de montrer à peu près le lieu où il pouvoit faire fa demeure.

Voilà certainement de grands préparatifs d'érudition pour mettre la poftérité de Jectan & nommément celle d'Ophir, aux environs de la Colchide, de l'Arménie & de la Médie. Ce n'est pas que cette reffemblance de noms, foit une preuve bien Géographique, au contraire elle ne vaut qu'autant qu'elle vient à la fuite d'une démonftration qui ne lui laiffe plus d'autre chofe à faire qu'à occuper agréablement un Lecteur déja convaincu de ce qu'elle femble lui confirmer. Car fi cette reffemblance feule fuffifoit, moyennant un changement arbitraire de lettres, qui empêchera un Critique de chercher Ophir à *Oppelen* en Silefie? Rien de plus commun que le changement de *l'r* en *l*; & à la faveur d'une difcuffion grammaticale autorifée d'exemples vrais, il fera une Differtation favante fur ce fujet. Laiffons pourtant à cette forte de preuve tout le prix que notre favant Bénédictin lui fuppofe; que prouve-t-elle? qu'il y a eu un fils de Jectan nommé Ophir dont la poftérité a laiffé des traces de fon nom dans ces Pays-là vers les fources du Tigre & de l'Euphrate. Voilà tout. Mais eft-ce là la queftion? Point du tout. On cherche un lieu, où alloient les Flottes de Salomon & d'Hiram; un lieu nommé *Ophir*. Voilà de dont il s'agit. Voilà l'Ophir tout trouvé, dira-t-on. Oui, l'Ophir du fils de Jectan. Ce n'eft point ce que l'on cherche. Il faut l'Ophir de Salomon, c'eft comme fi lorfque je cherche les Phœniciens établis en Afrique, on me préfentoit les paffages qui prouvent que les Phœniciens étoient aux environs de Tyr en Afie. Je le repete, il faut un Ophir acceffible à une Flotte équippée par un puiffant Roi.

D. Calmet fe fait enfuite des objections. Comment aller avec une Flotte dans l'Arménie, & dans l'Ifthme, qui fépare la Mer Cafpienne & la Mer Noire? Si on y vouloit aller de la Judée par mer, pourquoi ne s'y pas rendre par le Pont-Euxin, & delà par le Phafis? Y trouvoit-on des paons, des finges, &c? Toujours le Voyage de Tarfis mêlé avec celui d'Ophir, & leurs Marchandifes confondues. Il répond que la Navigation du Pont-Euxin n'étoit pas alors bien fréquentée. Il eft inutile de rapporter la réponfe à la difficulté prife des paons & des finges qui n'ont point de rapport avec le Voyage d'Ophir. Il convient que la Flotte de Salomon n'alloit pas jufqu'au Pays d'Ophir; mais feulement jufqu'au lieu où ces Peuples s'affembloient pour leur Commerce.

Il fuppofe que la Flotte de Salomon pouvoit remonter le Tigre jufqu'à Opis, ou jufqu'à Babylone & delà par l'Euphrate jufqu'à Tapfaque; où elle prenoit l'or d'Ophir qu'elle échangeoit contre d'autres chofes que les Etats de Salomon produifoient. Il fent bien que cette folution n'eft rien moins que fatisfaifante; auffi fe fait-il d'abord à lui-même cette objection. On ne manquera pas, dit-il, d'objecter contre notre Syftême que l'Ecriture marque expreffément que la Flotte de Salomon alloit à Ophir; ce qui ne fe peut pas dire dans la rigueur de notre penfée, puifqu'elle n'alloit tout au plus qu'au lieu du Commerce ordinaire des Peuples d'Ophir & des autres Peuples des environs, qu'on ne peut pas proprement appeller Ophir, fans faire violence aux termes dont fe fert l'Ecriture. Il
avoue

avoue que dans la rigueur la Flotte de Salomon n'alloit point au Pays d'Ophir, selon le sentiment qu'il a proposé, mais il suffit qu'on puisse entendre l'Ecriture dans un sens commun & moralement parlant du Pays d'Ophir; comme on dit qu'on fait le Voyage de Hollande, quand on va aux Frontières de ce Pays & qu'on y va acheter des Hollandois qui s'y trouvent, des Marchandises de leur Pays.

D. Calmet est trop judicieux pour ne pas voir en quoi péche cette comparaison. Il y a au moins trois cens milles Romains depuis Tapsaque aux lieux où il met son Ophir. Est-ce là aller sur la Frontiére d'un Pays? On dit d'un Vaisseau qu'il a fait le Voyage de la Hollande, quoiqu'il n'ait été qu'à une extrémité de ce Pays; & on parle juste, l'extrémité de la Hollande fait partie de la Hollande. Un Vaisseau qui n'auroit fait que toucher au Texel, auroit été en Hollande. Mais si un Vaisseau Génois ayant à charger des Marchandises de Hollande les alloit prendre à Nantes, ou à St. Malo, diroit-on qu'il a été en Hollande, ou qu'il en a fait le Voyage? Cette objection est encore plus forte à l'égard d'Opis & de Babylone qui étoient bien au dessous de Tapsaque, & par conséquent bien plus loin d'Ophir.

Je passe les soins que D. Calmet se donne pour faire employer trois ans à cette Flotte & lui procurer des singes & des paons, parce que cela ne sert de rien pour le Voyage d'Ophir, & ne regarde que celui de Tarsis.

Reprenons néanmoins le Système de D. Calmet, supposons gratuitement avec lui que l'or de son Ophir étoit porté par terre à Tapsaque, & que la Flotte de Salomon trouvoit assez d'eau dans l'Euphrate pour remonter jusques là, & qu'elle y trouvoit l'or tout rassemblé. Je dis que cette Navigation étoit inutile & à pure perte; & qu'il étoit plus naturel de faire porter cet or par terre jusqu'à Palmyre & delà à Damas, ensuite à Cesarée de Philippe & enfin à Jérusalem.

On dira peut-être que pour faire ce trajet par terre, il auroit fallu avoir la permission des Rois de Palmyre & de Damas, sur les terres de qui il falloit passer. A l'égard de Damas il n'y a aucune difficulté, puisqu'il étoit alors du Royaume de Salomon. Il avoit été assujetti par David qui en avoit vaincu le Roi nommé Adad; II. *Reg.* C. VIII. v. 5. & *Paralip.* L. I. C. XVIII. Ce ne fut que vers la fin du Regne de Salomon que Razin fils d'Eliada rétablit ce Royaume & l'affranchit des Rois de Juda.

La difficulté ne regarde donc plus que le Souverain de Palmyre. Mais s'il est vrai qu'elle ait été bâtie par Salomon, toute la difficulté cesse. Et quand même St. Jerôme se seroit trompé à cet égard; quand cette Ville auroit eu un Prince différent de Salomon, un Souverain indépendant, cette difficulté doit-elle entrer en comparaison avec celles que l'on peut faire à D. Calmet, sur les permissions dont la Flotte avoit besoin pour arriver jusqu'à Tapsaque, supposé qu'il fût possible de remonter jusques-là avec des Vaisseaux assez grands & assez forts pour faire le tour de l'Arabie?

Si l'on dit que ce chemin par terre de Tapsaque à Damas & à Cesarée de Philippe étoit trop long, trop dangereux & trop incommode, je réponds qu'il étoit plus court, plus sûr, plus commode que celui de la Navigation que suppose D. Calmet. A l'égard de la longueur, pour descendre depuis Tapsaque jusqu'à l'embouchure du Tigre, il y avoit au moins trois fois autant de chemin qu'il y en auroit eu de Tapsaque à Cesarée de Philippe. Ajoutez encore à cela tout le tour de la Presqu'Isle d'Arabie, & tout le chemin qu'il falloit nécessairement faire par terre d'Asiongaber à Jérusalem. Il y avoit des deserts à traverser entre Tapsaque & Cesarée de Philippe; il y en avoit de même entre Asiongaber & Jérusalem. Par terre on ne pouvoit être retardé dans sa route par aucun obstacle pareil à celui des vents. Il falloit un vent de Nord pour sortir de la Mer Rouge; un vent d'Ouest pour doubler l'Arabie; un vent de Sud pour aller delà jusqu'à Tapsaque; un vent de Nord pour en revenir jusqu'à l'Arabie; un vent d'Est pour gagner l'entrée de la Mer Rouge, & un vent de Sud pour revenir à Asiongaber. Ceux qui savent quelque chose de la pratique de la Navigation savent que les Voyages difficiles ne sont pas ceux où un même vent mene fort loin, mais ceux où l'on a souvent besoin de changer de vent, qui est la chose sur laquelle on peut le moins compter.

A l'égard de la commodité, on dira qu'il étoit plus facile à des Vaisseaux bien chargez de faire un circuit un peu long à la vérité, qu'à des voitures de terre de traverser de vastes Pays; & que l'on étoit dédommagé de la longueur du détour par la quantité de richesses qu'ils apportoient. Par exemple, quoique le chemin de Paris à Rouen soit beaucoup plus court par terre que par eau, on ne laisse pas de charger des batteaux sur la Seine & de préférer cette voiture malgré sa longueur. Cela seroit bon si les Vaisseaux qui venoient de l'Ophir de D. Calmet, ou des lieux où ils en prenoient les Marchandises, si, dis-je, après avoir descendu l'Euphrate & le Tigre ils sussent arrivez à Jérusalem ou dans un Port voisin comme Joppé. Mais la Flotte ne passoit pas Asiongaber & ce Port est encore plus éloigné de Jérusalem, que Cesarée de Philippe ne l'étoit du Port de Tapsaque, d'où cette Flotte venoit. Ainsi on ne gagnoit, à le bien prendre, que le chemin de Cesarée à Jérusalem. Cela valoit-il la peine de faire les frais d'une Flotte & d'exposer de si grandes richesses aux risques d'une Navigation aussi dangereuse que celle du Détroit de Bab-el-mandel?

AUTEURS *qui ont cherché* OPHIR *en Afrique.*

Le Paraphraste Jonathan met Ophir en Afrique, mais sans déterminer en quel endroit. Des Auteurs ont été prendre Ophir à Carthage. On leur répond que Carthage n'a été fondée que quelques centaines d'années après Salomon, ce qui n'est vrai que dans la supposition que cette Ville a été fondée par Didon. Mais quoique cette objection ne soit pas exactement juste, puisque Carthage étoit plus ancienne que Didon & que Salomon, le Système n'y gagne rien; car premiérement Carthage avant Didon étoit si peu de chose que les Flottes de Salomon n'y auroient pas trouvé les richesses qu'elles rapportoient d'Ophir,

hir. D'ailleurs comment passer du Port d'Asiongaber dans la Mer Méditerranée ? & par quel caprice des Vaisseaux chargez à Carthage dans la Méditerranée pour Jérusalem, auroient-ils été porter leur charge à Asiongaber, si éloigné de Jérusalem, plutôt qu'à Joppé qui en est si proche ? Il est vrai que Goropius & Bivarius trouvent une solution à cette demande. C'est d'ôter Asiongaber de la Mer Rouge & de le mettre sur la Mer Méditerranée. Ils disent qu'Asiongaber, selon l'Ecriture, étoit dans l'Idumée, que l'Idumée touchoit à la Méditerranée, que sur cette Mer on trouve *Gastion-Gabria* dans Strabon & *Beto-Gabria* dans Ptolomée. Ils supposent libéralement que ce devoit être le Port d'Asiongaber ; d'où partoit la Flotte de Salomon. Mais il eût fallu pour cela un long Canal pour arriver de la Mer à ce Port, car la *Beto-Gabria* de Ptolomée est dans les terres à huit ou neuf lieues (de 20. au degré) du rivage de la Mer. Cela seul rend assez inutile la chicane que font ces Auteurs, sur ce que l'Ecriture met Asiongaber sur la Mer Rouge, ou suivant l'Hébreu sur la *Mer de Suph*. Ils prétendent que ce nom peut être expliqué par la *Mer des Limites* ; expression qui convient à la Mer Méditerranée aussi bien qu'à toute autre Mer. Hornius dans son Traité de l'origine des Nations Américaines ne desaprouve pas ce sentiment, qui n'en vaut pas mieux pour cela. Car 1. la Mer de Suph ne se prend en aucun lieu que pour la Mer Rouge. 2. Asiongaber étoit sur le Golphe d'Aïlath ; & l'Ecriture elle-même dit dans un des passages mis à la tête de cet Article, *Asongaber qui est près d'Elath ou d'Ailath*. 3. L'Idumée a pu s'étendre du tems de Salomon jusqu'à ces deux Villes. L'Ecriture le dit, faut-il une autre autorité ? A la réserve de quelques cerveaux brûlez, que l'envie de se signaler par des conjectures neuves & hardies a jettez dans les singularitez extravagantes, tous les Savans conviennent qu'Asiongaber étoit dans le Golphe d'Aïlath ; & que la Flotte de Salomon sortoit du Détroit de la Mer Rouge. Elle ne perdoit point la terre de vûe, selon l'usage de ce tems-là, elle rasoit la Côte ou d'Arabie, ou d'Ethiopie. Il n'y en a point de troisième.

Les vents sont réglez sur cette Côte & ils soufflent entre le Nord & l'Est depuis le mois d'Octobre jusqu'en Avril, & entre l'Ouest & le Sud depuis Avril jusqu'en Octobre, c'est ce qu'on appelle la Mousson. Ces vents sont réglez. Si on sçavoit en quelle saison partoient les Vaisseaux de Salomon, on pourroit prononcer sur la route qu'ils prenoient au sortir du Détroit de la Mer Rouge. Et cette preuve seroit excellente. Mais on ne le sait pas. *Cornelius a Lapide* croit qu'Ophir étoit à Angola sur la Côte Occidentale de l'Ethiopie. Ainsi il lui fait doubler ce Cap formidable connu long-tems sous le nom de Cap des tempêtes, aujourd'hui Cap de Bonne Espérance.

Mr. Huet ne met pas Ophir si loin à beaucoup près. Il commence par établir qu'il faut appeller Ophir toute la partie Orientale d'Afrique depuis le Cap des Aromates, aujourd'hui le Cap de Gardafui, jusqu'à l'extrémité Méridionale qui est appellée par les Arabes *Zanguebar* où commence la Cafrérie. (J'ai fait voir ailleurs que la Côte que nous appellons *Zanguebar* est le Pays de *Zeng*, ZENGHI sont les habitans de ce Pays-là. *Bar* veut dire *Mer* ; ainsi *Zenghibar* est la Mer de *Zeng*. D'Herbelot entend par le Zanguebar la Côte de la Cafrérie. Voyez ce mot.) Si on s'arrêtoit à ces paroles de Mr. Huet, on auroit une idée fort confuse de son Ophir, mais il s'explique. Il veut que l'on donne principalement le nom d'Ophir à la Contrée de Sophala, qui est selon lui au 21. d. de Latitude Méridionale & où il se faisoit un Commerce beaucoup plus considérable que dans les autres Pays. Voici les raisons qui l'attachent à ce sentiment. C'est lui-même qui va parler, ou plutôt son Traducteur. Je retrancherai quelques digressions plus savantes que nécessaires au sujet.

1. Quelques Anciens ont dérivé le nom d'Afrique de celui d'Ophir : Et la Libye au rapport d'Etienne a été autrefois nommée OPHIRISA ; car c'est ainsi que les Commentateurs assurent qu'il faut lire & non *Ophiusa*, comme on lit communément. De plus entre le Promontoire de Mosylon & celui des Aromates on trouve une Montagne, un Promontoire & un Fleuve appellez *Elephas*, nom dérivé, selon les apparences, de celui d'*Ophir* auquel on a ajouté au commencement l'Article des Arabes. . . . . Le *Rhapt* Fleuve fort considérable de cette Contrée, a été appellé par les habitans du Pays OBII, nom dans lequel il est facile de trouver un rapport au mot *Ophir*, & la racine de celui de *Sophala*. Car les LXX. & Théodotion interpretent le mot Hébraïque *Ophir*, par ceux de *Sophir*, Σωφὶρ, Σωφὶρ, Σουφεὶρ & Σωφηρὰ, au lieu de quoi on lit dans le Manuscrit Alexandrin Σωφιρὰ qui est la même chose que *Sophala*. Josephe écrit aussi Σωφαρὰ, Eusebe Σουφεὶρ & Σωφηρὰ. St. Jerôme SOPHERA, Hesyche Σουφεὶρ que Suidas par erreur écrit Σουφεὶς ; car je ne puis convenir, comme quelques Auteurs le font, que ce soit par une erreur de Copiste, d'autant que plusieurs Auteurs Grecs & même des Nations entières affectent d'ajouter cette lettre S à certains mots comme dans *Indi*, *Sindi*, *Osthanes*, *Sosthanes*, *Merdis*, *Smerdis* ; *Ardiai*, *Sardiai* ; *Athene*, *Setines* ; *Theba*, *Stives*, *Tibareni*, *Stibareni*, Μυκρος, Σμικρος ; Μέρδω, Σμέρδω. Ce qui se voit encore dans Nehemie II : v. 27. où le même lieu que les LXX. ont nommé Ωφε, ils l'écrivent peu après Σωφαρα : ainsi dans Pline *Aphar* Ville d'Arabie est appellée SAPHAR & dans Ptolomée SAPPHARA ; de même encore les Alpes sont appellées par Lycophron Σαλπία Ὄρη, & dans Eupolème Hiram ainsi du Roi Salomon est appellé Σούφων.

2. En second lieu on trouve dans toute la partie Orientale de l'Afrique une grande quantité d'Or, ce qui a fait dire aux Cafres que c'est leur Pays qui a fourni l'or que l'on porta à Salomon. C'est de cette abondance d'or que l'on peut dire que lui a été donné le nom d'*Ophir* qui, comme le mot *Ephraïm*, tire son origine de l'Hébreu פרה qui signifie abondance, richesse, *Pharah*, פרה *croître*, *fructifier*. Mais s'il se trouve dans cette partie de l'Afrique de l'or en abondance, Sophala suivant les Relations des Historiens & des Voyageurs, est

est l'endroit qui en fournit le plus : en sorte que l'on peut assurer qu'il n'y a point d'endroit dans le Monde d'où les Anciens en ayent tiré une plus grande quantité ; car c'est-là que les Indiens, les Perses, les Arabes & les Portugais l'alloient chercher pour le transporter chacun dans leur Pays.

3. Troisiémement on trouve à Sophala (c'est-à-dire dans les terres assez avant vers les Mines) d'anciens Edifices bâtis de ces grandes pierres de taille, telles que celles dont Salomon s'est servi pour les Edifices qu'il a fait élever; il ne s'en voit point de cette espéce dans le voisinage de ce Pays; & il y a sur ces pierres d'anciens Caractères gravez, inconnus véritablement aux originaires du Pays, aux Arabes, aux Gens de Mer, & aux Voyageurs ; mais qui pourroient fort servir à quelque habile homme qui iroit sur les lieux pour en découvrir l'Auteur & l'ancienneté. La circonstance, qu'il se trouve dans le Pays des Abyssins des Edifices bâtis avec de semblables pierres où l'on dit qu'a demeuré la Reine de Saba, me paroît encore d'un très-grand poids ; car quoique ce soit une erreur de croire que c'étoit-là sa demeure, puisqu'il est certain qu'elle demeuroit en Arabie, ce nous est pourtant un très-fort indice qui prouve que les Vaisseaux ont été en ce Pays-là.

4. Quatriémement les gens du Pays assurent qu'ils ont en leurs Archives des Manuscrits très-anciens qui font foi que c'est dans cette Contrée que Salomon envoya chercher son or, après en avoir eu connoissance par la relation que lui en fit la Reine de Saba. Le P. Jean *dos Santos* (en Latin *Santius*, dont nous extrairons ensuite la relation) dit que la Montagne en laquelle ces monumens de l'Antiquité sont gardez s'appelle AFURA ; nom qui approche beaucoup de celui d'Ophir ; mais ces traditions ne sont pas fort sûres, car elles font cette navigation en Ophir postérieure à l'arrivée de la Reine de Saba en Judée, quoique l'Ecriture Sainte & les Interprétes la mettent auparavant.

5. Cinquiémement la Religion des Sophaliens qui n'adorent qu'un seul Dieu & qui ont en horreur l'Idolatrie & la Magie, à quoi leurs voisins sont fort attachez, ne me paroît pas moins une preuve du sentiment que j'ai établi, qu'un monument précieux de la vraye Religion.

6. Sixiémement, comme Ptolomée avoit marqué Agisimba pour bornes à l'Afrique du côté du Midi, elle a été prise avec quelque fondement par Marmol pour Sophala. C'est aussi ce qui a été cause que plusieurs ont cru qu'Ophir avoit été dans les navigations de la Flotte de Salomon vers le Midi : Et l'on n'a point connu dans ces quartiers-là d'endroit plus célèbre qu'Ophir, Agisimbe & Sophala, que l'abondance de leur or a rendu si recommandables.

7. Septiémement, le peu d'intelligence que l'on avoit de la Marine en ce tems-là obligeoit les Vaisseaux à côtoyer les terres : ainsi il faut nécessairement qu'Ophir soit placé dans un lieu où l'on ait pu aller aisément & avec peu de risque. Telle est aussi la situation de Sophala. On pouvoit commodément y arriver du Port d'Asiongaber sans perdre pres-

que les terres de vuë ; la distance des lieux n'étoit pas grande, & un tel Voyage n'étoit point sujet à la vicissitude des vents, & des différentes Mers, parce que les côtes y sont droites, peu élevées & ne se trouvent point entrecoupées de Golphes & de Détroits.

8. Huitiémement, les fréquens Voyages de la Flotte de Salomon en Ophir font encore voir clairement que ce lieu n'étoit pas fort éloigné du Golphe Arabique, car l'Auteur du texte Sacré dit que tous les ans on rapportoit à Salomon, d'Ophir, six-cens soixante six talens, au lieu qu'on ne faisoit qu'un seul Voyage à Tharsis en trois ans.

9. Neuviémement, je sais que quelqu'un m'objectera l'autorité de Jonathan Interpréte Chaldéen qu'on dira avoir rendu *Flotte d'Ophir*, par *Flotte d'Afrique*, & celle d'Origéne à qui on attribuera d'avoir dit dans son Explication du Livre de Job que quelques Interpretes ont aussi rendu le mot d'Ophir par celui d'Afrique. Mais si on examine la chose un peu exactement, on verra que c'est Tharsis & non Ophir que l'Auteur Chaldéen a rendu par le mot d'Afrique, & que le témoignage d'Origéne paroît tiré de quelque Chaîne des Peres. Or j'ai fait voir ailleurs combien on doit ajouter peu de foi à ces Chaînes. Mais de quelque part que vienne ce témoignage, il est certainement produit par un ancien Ecrivain & il suffira du moins à faire voir que l'opinion qui veut que l'Ophir soit la même chose que l'Afrique, n'est pas une invention de nos jours ; mais que les Anciens avoient eu la même pensée. J'ajoute encore le témoignage d'Eupoléme (rapporté ci-dessus) qui prenant à la vérité David pour Salomon, dit qu'il fit construire des Vaisseaux à Achana Ville de l'Arabie, ou plutôt à Ælana, qu'il envoya à Urphé, Isle de la Mer Rouge, abondante en or, des Ouvriers propres à tirer ce métal de la terre & que de-là on lui en avoit apporté une grande quantité en Judée : ce qui désigne parfaitement Ophir & le place sur la Mer Rouge dont les Anciens éloignent extrêmement les bornes.

Mr. Huet s'applique ensuite à résoudre les objections qu'on peut lui faire. Il refute ceux qui mettent Ophir dans les Indes proprement dites. Premièrement elle n'auroit pu être dans la Cherfonnèse d'or qui est trop loin du Golphe Arabique pour qu'une Flotte qui rasoit les côtes eût pu faire ce Voyage en un an ; secondement la navigation en étoit trop difficile, vû l'état où étoit alors la Science de naviger ; troisiémement Ortelius & Marsham que Mr. Huet reconnoît pour des Auteurs d'une grande érudition, disent que ce n'est pas pour être fertile en or, ni pour l'avoir été que l'on a donné à cette Presqu'Isle le nom de Cherfonnèse d'or, mais parce que l'usage étoit d'y porter de l'Occident de l'or & de l'argent, pour le convertir en Marchandises, bien loin d'en rapporter de ce précieux métal ; ce qui s'accorde parfaitement avec ce qu'en a dit Pline, L. VI. c. 22. & 23. A l'égard de toutes les imaginations que quelques anciens Ecrivains se sont faites de la *Terre d'or*, de l'Isle de *Chrysé*, de celle d'Argent, *Argyré*, des Montagnes d'or gardées par des Griphons, de cette Fontaine dont l'eau se changeoit en or aussi-tôt qu'elle étoit puisée; les Auteurs d'un jugement solide les ont toujours regardées comme des fables. Une raison assez forte & générale contre l'opinion qui met Ophir dans quelque endroit que ce soit des Indes Orientales, c'est l'idée effrayante que les Anciens avoient encore de cette navigation plusieurs siècles après celui de Salomon. Arrien nie formellement dans son huitième livre que personne eût jamais été par mer du Golphe Arabique au Golphe Persique, & Eratosthène dans Strabon L. XVI. & XVII. soutient que qui que ce fût n'avoit avancé plus de six-cens Stades au-de-là du Détroit de la Mer Rouge; en faisant route vers le Sud-est. Strabon dit qu'avant le siècle où il vivoit (sous Auguste & Tibere) à peine pouvoit-on dire qu'il fût arrivé à une vingtaine de Vaisseaux de franchir le Détroit du Golphe Arabique. Je passe d'autres autoritez semblables. Ces Auteurs mêmes en disent trop & leur négative est trop générale; mais elle sert néanmoins à faire voir combien les Anciens croyoient qu'il y avoit de difficulté à aller de la Mer Rouge aux Indes. Au contraire celle de Sophala étoit aisée & on y couroit si peu de risques qu'on pouvoit y aller avec les plus petites barques en évitant de s'exposer au large, & en côtoyant toujours le rivage. Nous laisserons la refutation des autres opinions qui mettent Ophir dans le Golphe Persique ou dans le Pérou, ou à St. Domingue; & celle de l'imagination qu'a eue Bochart de faire deux Ophirs.

On ne peut pas reprocher au Système qui met Ophir à Sophala l'inutilité des risques de la navigation comme à celui de D. Calmet. Cette route étoit impossible par terre, mais elle étoit fort aisée par eau. Au sortir du Détroit de Bab-el-mandel, & prenant la saison convenable, on a les vents de la Mousson qui durent six mois; & les six autres mois on a le tems de revenir avec ces vents qui sont dans un Rumb tout opposé. Cela est commode & ne se trouve point dans la navigation de Tapsaque. Mais voici de quoi confirmer le sentiment de Mr. Huet; c'est l'autorité d'un Ecrivain qu'il ne cite qu'en passant. Mr. le Grand me la fournit.

Le Pere Jean dos Santos Religieux Dominicain partit de Lisbonne avec treize Religieux de son Ordre au mois d'Avril de l'année 1587. il arriva à Moçambique le mois d'Août suivant; il fut auffi-tôt employé aux Missions de ce Pays-là. Ses Supérieurs l'envoyerent à Sophala qui étoit le principal lieu de sa résidence, mais d'où il alloit sans cesse d'un lieu à un autre. Il a passé onze années entieres dans ce pénibles fonctions, ne se donnant aucun repos. Pendant ce tems il a fait plusieurs Voyages de Sophala à Moçambique qui sont à cent-soixante lieues l'une de l'autre. Il a pénétré deux cens lieues dans les terres en remontant la Riviére de Cuama jusqu'à Tété, où les Peres Dominicains avoient une Résidence, qui, à ce qu'on dit, est occupée aujourd'hui par les Peres Jésuites, de même que celle de Sene. Il a fait imprimer à Evora en 1609. ce qu'il avoit pu apprendre dans ses Missions & il a donné à son Ouvrage le titre d'Ethiopie Orientale qu'il a divisée en cinq livres. Voici ce qu'il dit:

La Forteresse de Sophala est par les 32. d. 30'. de Latitude Méridionale (l'erreur est grande, car elle n'est gueres qu'à vingt degrez) sur la Côte de l'Ethiopie Orientale au bord de la Mer, & à l'Embouchure d'une Riviére de même nom. Cette Riviére a sa source dans les Pays de Macaranga, à cent lieues de-là. Elle passe par Zimbaoe, séjour ordinaire du Quiteve, ou Roi du Pays. Les habitans de Sophala remontent cette Riviére avec leurs Marchandises & vont jusqu'à Manica qui est à soixante lieues dans les terres. Ils y vendent leurs denrées, & rapportent de la poudre d'or.

A trente lieues de Sophala est le riche & fameux Fleuve de CUAMA que les Caffres appellent le Zambeze. On ne sait point où est sa source. La tradition du Pays est que vers le milieu de l'Ethiopie est un grand Lac d'où sortent plusieurs Fleuves & que le Cuama en est un; que dans le Pays on l'appelle Zambese d'un Village de même nom par où il passe en sortant de ce Lac. Ce Fleuve est très-rapide & à quelques endroits il a plus d'une lieue de large. Il se partage en deux Branches à trente lieues de son Embouchure, & chaque Branche paroît aussi grande que le Fleuve avant sa division. La principale Branche s'appelle LUABO. Elle se divise encore en deux autres Branches, dont l'une se nomme le *vieux Luabo* & l'autre le *vieux Cuama*. Une autre Branche moins forte s'appelle GUILIMANE, (Mr. de l'Isle écrit KILIMANE) ou la *Riviére des bons signaux ou des bonnes marques*, parce que Vasco de Gama trouva-là quelques marques par où il connut qu'il n'étoit pas loin de Moçambique, où il espéroit prendre des Pilotes pour achever sa navigation jusqu'aux Indes. Il éleva-là une Colomne de pierre avec une Croix & les Armes de Portugal & il donna à ce Pays le nom de St. Raphaël. De la Riviére de Guilimane en sort une autre qu'on appelle LINDE; de sorte que cette grande Riviére de Cuama ou de Zambese entre dans la Mer par cinq Embouchures. Mais les Navires ne peuvent entrer que dans le Luabo & le Guilimane. Ce dernier même n'est navigable que pendant l'Hyver, lorsque les eaux sont grandes.

On peut remonter par le Luabo jusqu'au Royaume de Sacumbe qui est beaucoup au-dessus du Fort de Tété, & où cette Riviére tombe d'un fort haut rocher. Au-de-là de cette chute on ne trouve que des Roches qui la rendent impraticable pendant près de vingt lieues & jusqu'au Royaume de Chicova où sont les Mines d'argent. On appelle cette Riviére AIRS, du nom de l'Isle qui est à son Embouchure & où l'on décharge toutes les Marchandises qui viennent de Moçambique pour les charger sur des Bateaux plus legers, qui remontent jusqu'à SENE qui en est à soixante lieues. Cette Riviére de Zambese se déborde pendant les mois de Mars & d'Avril, & engraisse les terres comme le Nil inonde l'Egypte & la rend plus fertile & plus abondante.

Les Marchands de Tété descendent à Sene avec

avec beaucoup d'or qu'ils vont prendre aux Foires de MASSAPA dans le Royaume de Monomotapa & on y en trouve toujours une assez grande quantité, parce que près de-là est la grande & haute Montagne de FURA ou AFURA. On voit sur le haut de cette Montagne des ruïnes de bâtimens qui étoient de pierres & de chaux, chose que l'on ne remarque nulle part ailleurs dans tout le Pays des Caffres ; où les Maisons mêmes des Rois ne sont que de bois & de terre, & couvertes de chaume.

On tient par une ancienne tradition dans ce Pays que ces ruïnes sont des restes des Magazins de la Reine de Saba ; que cette Princesse tiroit de cette Montagne tout son or ; que cet or descendoit par la Riviére de Cuama dans la Mer d'Ethiopie, d'où on le portoit par la Mer Rouge jusques sur les Côtes de l'Ethiopie qui est au-dessus de l'Egypte & où regnoit cette Reine. Le P. dos Santos soutient cette tradition par l'autorité de Josephe qui parlant de cette Princesse la nomme *Nicaunis Reine d'Egypte & d'Ethiopie*. Antiq. L. VIII. c. 2. n. 338. par l'autorité d'Origéne & de St. Jérôme, & par la croyance où sont encore les Abissins que la Reine de Saba étoit de leur Pays ; par le Village qui porte encore son nom aujourd'hui & qui n'est pas fort éloigné d'Auxuma.

D'autres tiennent que Salomon avoit fait bâtir ces Magazins & que c'étoit-là qu'on prenoit cet or d'Ophir dont ses Flottes étoient chargées ; qu'il n'y a pas une grande différence entre *Afura* & *Ophir* ; que ce n'est proprement qu'un dialecte différent que le tems & les différentes maniéres de prononcer de chaque Pays peuvent avoir introduit. Il est très-constant qu'il y a beaucoup d'or & très-fin autour de cette Montagne ; qu'on peut aisément le transporter par le moyen de cette Riviére comme font aujourd'hui les Portugais & comme faisoient avant eux les Mores de Moçambique & de Quiloa, & que de même qu'on le porte aujourd'hui aux Indes, on pouvoit le porter anciennement par la Mer Rouge à Asiongaber & de-là à Jérusalem.

Le P. dos Santos s'applique ensuite à faire voir la convenance des trois ans, dont il n'est point question pour le Voyage d'Ophir. Il est même embarrassé de ce qu'il n'a point vû de Paons & assure néanmoins qu'il y en a plus avant dans les terres. Recherche inutile, il n'en faut point pour la Flotte d'Ophir. A l'égard du bois que la Flotte d'Ophir rapportoit, l'Hébreu le nomme *Almuggim*, ou *Algummim* par une transposition de lettres ordinaire aux Hébreux. Les Grecs le nomment Bois de Θύα, *Thya*, & Mr. Huet fait voir avec beaucoup d'érudition que c'est le même Bois que les Romains appelloient *Citronnier*, espéce de Cédre qui n'est point rare en Afrique dans la Mauritanie & dans l'Ethiopie où est Sophala. D'autres ont cru que c'étoit le Bois de Brésil, d'autres que c'est l'Ebene ; en un mot toute diversité d'opinions sur la qualité spécifique de ce Bois, marque qu'on ne sait guéres ce que c'est. Ainsi tant qu'on ne le connoît pas davantage, il seroit inutile de chercher s'il y en a dans le Pays de Sophala.

Il y a une chose à observer, c'est que Josephe & la Tradition des Abyssins mettent la Reine de Saba en Ethiopie. Le Negus, ou Empereur des Abyssins prétend descendre d'un fils qu'elle eut de Salomon. A ne prendre cette descendance que pour ce qu'elle vaut, il est pourtant remarquable que l'Ecriture tant au III. Livre des Rois qu'au II. des Paralipomenes, parle du Voyage de cette Reine à la Cour de Salomon immédiatement après le premier Voyage de la Flotte de ce Monarque à Ophir. S'il étoit vrai que cette Reine eût regné en Ethiopie, comme Josephe le dit & comme les Ethiopiens le prétendent, & qu'elle eût fait le Commerce de l'or d'Ophir, il ne seroit pas surprenant que la navigation des Vaisseaux de Salomon à Ophir eût donné occasion au Voyage qu'elle fit presque aussi-tôt elle-même pour voir de près un Roi dont on lui avoit tant loué la magnificence & la sagesse. Mais si elle regnoit en Ethiopie, elle possedoit donc aussi une partie de l'Arabie, puisque l'Ecriture la nomme Reine de Saba & la fait arriver avec des chameaux qui portoient des Aromates & une grande quantité d'or & des pierres précieuses.

Pour ce qui est des pierres précieuses que la Flotte apportoit d'Ophir, on voit dans les Anciens que l'Ethiopie en avoit quantité. Pline fait mention des Escarboucles d'Ethiopie, de ses Hyacinthes, de ses Chrysolites, de ses Hématites, & de ses Sideropœciles, à quoi Juba ajoute encore les Topases. D'ailleurs quoi qu'Ophir, ou le Pays compris sous ce nom, fût le principal objet de la Flotte, il ne faut pas croire qu'elle ne touchât qu'à un seul endroit. Elle touchoit sur sa route par-tout où elle savoit qu'on trouvoit les Marchandises qui lui convenoient.

Que PAZ, UPHAZ, OPHAZ & PARVAJIM sont la même chose qu'OPHIR.

Mr. Huet le prouve en premier lieu par l'origine des noms. OPHIR en Arabe s'appelle AUPHAR, comme Bochart l'a remarqué, & tous les Grammairiens conviennent que l'*R*. & le *Z*. sont souvent changés l'un pour l'autre, sur-tout parmi les Arabes chez qui ces deux lettres ne se distinguent pas par un seul point. Il est constant aussi que les Grecs & les Latins changent souvent l'*R*. & l'*S*. Cet usage est encore pratiqué parmi nous autres François, & ces termes Ἀδελφὸς, ἵππος, sont chez les Eoliens Ἀδελφὸρ, ἵππορ, le mot Θεςωρ des Grecs est chez les Latins *Testis*, & c'est ce qui a causé ces différentes terminaisons, *Honor* & *Honos* ; *Arbor* & *Arbos*, de même d'*Auphar* on a fait *Ophas* & *Uphas*; d'où si vous retranchez les deux lettres serviles qui sont au devant de אופז, *Ophaz*, vous aurez פז *Paz*. Je les appelle serviles, parce qu'on ne retient ordinairement que la racine. Les lettres, sur-tout celles que l'on appelle Gutturales, sont souvent retranchées du commencement des mots ; c'est encore ainsi que du mot Syriaque אנא *Ano*, les Grecs ont fait νὼ, *no*, & les Latins *nos* ; de *Cham* est fait *Ammon*, &c. L'O aussi a été sujet à être retranché comme d'Ὀρεμνος pour faire *ramus*, rameau ; d'Ὄνομα pour faire *nomen*, nom ;

&

& d'Ορούω pour faire *Rus*, Campagne.

PARVAJIM semble encore dérivé du mot *Ophir*. Car en ôtant la premiere Syllabe du mot *Auphaz*, le reste du mot prend la forme du Nombre Duel, ce qui arrive dans les noms qui d'eux-mêmes ne signifient pas deux choses, comme dans שמים, *Schamaïm*, le Ciel; מים *Maïm*, l'eau; צהרים *Tsaharaïm*, le Midi. Et l'on en sera d'autant plus persuadé si on se rappelle que sous le nom d'*Ophir* on comprenoit toute la Côte Orientale de l'Afrique depuis Sophala inclusivement jusqu'au Cap de Gardafui. Ainsi il est facile de conjecturer que le nom d'*Ophir* ou *Auphaz*, peut avoir été donné à quelque autre lieu considérable, aussi bien qu'à Sophala; d'autant qu'il se trouve sur ce rivage quelque autre Port commode d'où les Vaisseaux de Salomon ont pu apporter l'or en question, & que ces deux lieux n'ont pu être appellez du seul nom de PARVAJIM qui leur étoit commun & les signifioit tous deux.

Cela s'accorde avec les autoritez des Anciens. Jonathan Interprête Chaldéen veut que l'*Ophas* de Jérémie, c. 10. v. 9. soit *Ophir*. Dans l'endroit où Isaïe déclare que les hommes seront plus rares que *Paz* & *Ophir*, St. Jérôme prétend que *Paz* est employé pour le nom generique de l'or, & aussi pour signifier l'or le plus pur; de maniere que l'or d'*Ophir* étant une espèce de celui de *Paz*, on peut dire que toute la différence de ces mots est de l'espèce au genre & que les noms différens de cet or ont été donnez aux lieux d'où on le tiroit. Le même St. Jérôme appelle encore or pur ce que Jeremie appelle *Ophaz*, d'où se tire cette conséquence qu'il a regardé *Paz*, *Ophaz*, & *Ophir* pour la même chose. Cela prouve que c'est sans fondement que Bochart a dit que *Paz*, *Uphaz* & *Ophaz* étoient nommez O-PHER & qu'*Ophir* & *Parvajim* étoient regardées comme les mêmes; ceci soit dit sans approuver son Systême qui cherche *Parvaïm* & *Ophir* dans la Taprobane des Anciens.

Dans une matiere si obscure, il n'est pas étonnant que les Savans se soient partagez. *Paz* & *Phaz* sont la même chose & s'écrivent avec les mêmes lettres. En Hébreu *P*. & *Ph*. sont également exprimez par la lettre פ: toute la différence consiste en un point que l'on met dans cette lettre. פ est un *P*, פ est un *ph*, ou le Φ. des Grecs. Or dans l'Hébreu sans ponctuation ce point disparoît, & devient sous-entendu s'il faut prononcer *p*. Ceci est en faveur des personnes qui ne connoissant point la valeur des lettres Hébraïques, pourroient s'étonner de ce que l'on dit presque indifféremment Paz & Phaz. D. Calmet trouvant le mot *Phaz* si semblable à celui de *Phasis* nom d'une Riviére de la Colchide, y met son Ophir. Ce Phasis est mis dans l'Ethiopie, nom que l'on a donné aussi à la Colchide, comme on le fait voir ailleurs. Mr. Huet en conclut que s'il est vrai que les Colques soient une Colonie venue d'Egypte, les Egyptiens arrivant dans ce Pays-là, & y trouvant un Fleuve qui rouloit de l'or avec son sable, ils lui donnerent le nom de *Phaz* ou *Phasis* qui est celui d'un autre Fleuve de l'Ethiopie vraye, lequel a la même qualité & dont le Commerce fréquent qu'ils avoient fait aux environs leur avoit donné une entiere connoissance. C'est encore par la même raison qu'il est arrivé qu'on a nommé *Phasis* une autre Riviére de Mauritanie qui a donné son nom à la célèbre Ville de *Fez* Capitale du Royaume de même nom. Léon l'Africain rapporte deux Etymologies de ce nom, l'une tirée de l'or que l'on trouva en jettant les fondemens de cette Ville, & l'autre du nom du Fleuve sur le bord duquel elle est bâtie.

Qui pourroit se persuader que l'Ecriture Sainte qui rapporte exactement & en détail les actions & les navigations de Salomon, eût voulu passer sous silence *Paz*, *Uphaz* & *Parvajim*? Car soit qu'on place ces Contrées dans l'Inde, dans la Perse, dans la Colchide, ou par-tout ailleurs, la chose méritoit assez qu'on en conservât la mémoire. La cause de ce silence ne peut venir que de ce que l'Ecriture ayant fait mention de la navigation d'*Ophir*, elle avoit par-là suffisamment indiqué celles de *Paz*, d'*Uphaz* & de *Parvajim*.

L'opinion de Saumaise est bien différente. Il reconnoît que *Paz* & *Ophaz* sont des noms de lieux; mais il veut aussi que *Paz* soit la même chose que Τοπάσιον, *Topasion*, pierre précieuse qui porte le même nom que *Topasos*, Isle de l'Arabie, où cette pierre se trouvoit, & que l'on nommoit aussi *Pasion*, Πάσιον. Il se sert pour appuyer cette opinion du témoignage d'Hésyche dont voici les paroles. Πάσιον δὲ καὶ τοπάσιον, λίθος πολύτιμος, c'est-à-dire *Pasion* ou *Topasion*, *pierre precieuse*: d'où Saumaise conclut que l'Isle qui produisoit cette pierre avoit été nommée *Pazon* & *Topazon*; ce qui prouve que *Paz* ne peut être *Topazos*, Isle d'Arabie, c'est que tous les Auteurs disent bien qu'elle produisoit la Topaze, mais aucun ne dit qu'on y ait trouvé de l'or. Il est vrai que Saumaise dans le même endroit *in Solin*. assure que *Paz* signifie de l'or; en quoi il est conforme à tous les Interprêtes à la reserve de quelques-uns qui ont rendu ce mot *Paz* par pierre precieuse. Mais l'erreur de Saumaise vient de ce qu'ayant mal entendu Hésyche, ce docte Grammairien, dans l'endroit où il dit que *Pazion* Πάζιον & Τοπάζιον signifient la même chose. Sa méprise consiste en ce qu'ayant vu dans quelque Auteur τὸ mis au devant du mot Πάζιον, τὸ Πάζιον, il a confondu ce mot composé de l'Article & du nom, qui dans ce cas est bien le même que Πάζιον, il l'a confondu, dis-je, avec Τοπάζιον qui est d'une signification toute différente. En quoi l'on peut dire qu'il a fait une injure très-grande à Hésyche. Τοπάσιον est cette pierre précieuse que les Hébreux appellent פטדה *Pitdah* d'où est formé le nom de *Topase* par un renversement des deux consonnes radicales, mais τὸ Πάζιον signifie *Paz*, c'est-à-dire de l'or. Voilà avec combien peu de fondement Saumaise avoit conclu que cette Isle d'où l'on tiroit les Topases avoit été appellée *Pasos* & *Topasos*. Saumaise, de même que Grotius, place l'Isle *Topasos* ou *Topazos* dans les Indes. Ils ont suivi en cela Etienne & St. Epiphane. Ce dernier *De XII. Gemmis; c. 2.* écrit que la Topaze pierre précieuse se trouve dans une Ville de l'Inde, mais il auroit du pour éviter tout sujet de chicane, ou de méprise, avertir que les Anciens ont étendu la Mer des Indes jusqu'à la Mer Rouge, en sorte que l'Isle de *Topasos*, quoique pla-

placée dans la Mer Rouge, a pu être appellée aussi Isle de la Mer des Indes. Pour être convaincu qu'il n'y a aux environs des Côtes de l'Inde aucune Isle nommée *Topazios* à qui on puisse attribuer la production des Topases, comme St. Epiphane a dit qu'elle en produisoit, il n'y a qu'à faire attention que cette pierre nommée Topaze, non celle que nous connoissons sous ce nom-là, mais la vraye Topaze des Anciens & qui est proprement la Chrysolite, étoit dite naître dans une Isle d'Arabie & non dans les Indes.

C'a été avec plus de subtilité que de vraisemblance que le même Saumaise a imaginé qu'OPHIODES Isle du Golphe Arabique, est l'*Ophai* ou l'*Uphaz* de l'Ecriture, que *Paz*, *Ophaz*, *Topazion*, & *Ophiodes* sont un même lieu & que du nom *Ophaz* on a fait *Ophiodes*. Cela est refuté à l'Article *Ophiodes*.

Il est étonnant que Bochart ait mis *Paz*, *Uphas* & *Parvajim* dans l'Isle de Taprobane. Il assure lui-même que l'Isle de Taprobane ne fut point connue des Israëlites & que du tems de Job les Indes n'avoient pas encore été découvertes; or comme dans le Livre de Job c. XXVIII. il est expressément parlé de *Paz*, Bochart en devoit nécessairement conclure que *Paz* n'est point l'Isle de Taprobane. Conferez son Phaleg. l. II. c. XXVII. avec son Chanaan l. I. c. XLVI.

Ceux qui ont prétendu que *Parvajim* étoit la *Parbatie*, ne se sont arrêtez qu'au son de la prononciation & n'ont fait aucune attention ni à sa situation, ni aux autres choses qui peuvent la faire connoître. Car Pline qui est un de ceux qui ont fait mention de la Parbatie, la place fort avant dans les terres & l'éloigne fort de la Mer. On pourroit remarquer que Pline ne l'appelle point *Parbatie*; mais *Barbatie*; dans le fond ce seroit une très-légère difficulté, si d'ailleurs le reste avoit quelque rapport.

La plûpart des noms des lieux qui produisent l'or sont derivez d'*Ophir* & de *Paz*, selon Mr. Huet. L'Espagne, dit-il, peut être apportée pour exemple. Ce ne sont que ses richesses, ses Mines abondantes en or, en argent, & autres metaux, que Strabon vante extrêmement, qui ont pu lui faire donner le nom d'*Iberie*, comme à son plus célèbre Fleuve, celui d'*Ibere*, noms qui tirent leur origine de celui d'*Ophir*. C'est encore de la même source qu'a été tiré le nom de l'*Ebre* Fleuve de Thrace qui roule des pailles d'or avec son sable. Il ne faut pas non plus oublier les noms d'*Ophis* & d'*Ophare* Fleuves aux environs de la Colchide Contrée fertile en or.

Du nom de *Paz* ont aussi été tirez les noms de plusieurs lieux ou Fleuves abondans en or, comme ceux de *Phase* Ville & Fleuve de la Colchide, ceux du Golphe & du Fleuve de la Taprobane nommez *Phasis*, ceux de *Fez* Fleuve & Ville de Barbarie, &c.

Quelques Interprètes disputent si on a pris quelquefois les noms d'*Ophir* & de *Paz*, pour des noms appellatifs. St. Jérôme *Epist.* 140. in *Isai.* c. XIII. in *Jerem.* c. X. & un grand nombre d'Auteurs qui suivent son sentiment, tiennent pour l'affirmative. Et il ne sera pas difficile d'en trouver des exemples. *Rha*, la Rhubarbe, qui se trouve dans la Province du Pont tire son nom du Fleuve *Rha* qui est le Wolga; *Pistacia*, Pistache, de *Pittasche*; *Tharsis*, pierre précieuse, de *Tharsis* Contrée; *Smaragdus*, Emeraude, de *Smaragad*; *Magnes*, l'aimant, de *Magnesia*. Il s'en présente une infinité d'autres de cette nature. Il semble néanmoins qu'il n'en est pas de même d'*Ophir* & de *Paz*. L'Ecriture Sainte ne fait en tout mention d'*Ophir* que huit fois, & dans ces huit fois il n'y en a qu'une qui est dans le Livre de Job c. XXII, où ce mot Ophir peut être regardé comme un nom appellatif. Encore faut-il supposer qu'on interprète ainsi ce passage : *Et vous mettrez l'or sur la poussière & (l'or d') Ophir sur les rochers des torrens* : ce qu'on ne pourroit plus dire, si on le changeoit de cette façon : *& sur les rochers des torrens d'Ophir*. Quant à ce qui regarde *Paz* & *Tharsis* il est vrai qu'assez souvent ils sont pris pour des noms appellatifs.

En voilà assez sur cette matière ; ce que j'en ai dit suffit pour mettre le Lecteur intelligent en état de choisir entre ces différents sentimens. Je ne dissimule point que celui qui place Ophir sur la Côte Orientale de l'Ethiopie, entre le Pays de Sophala inclusivement & le Détroit de la Mer Rouge, me paroît préférable à tous égards. Il a l'or en abondance & il falloit qu'Ophir en fût bien pourvû, pour en fournir tous les ans à Salomon six-cens soixante six talens. Il ne falloit pas que le Voyage fût trop long, ni trop difficile, puisqu'on le faisoit tous les ans. C'est l'Ecriture qui le dit : *Et la Flotte d'Hiram qui apportoit de l'or d'Ophir apporta aussi en grande abondance d'Ophir du Bois de Thya & des pierres précieuses... Et le poids de l'or que l'on apportoit à Salomon chaque année étoit de six cens soixante six talens d'or*. Voilà pour Ophir. Ensuite parlant de Tharsis elle dit : *Le Roi avoit en Mer sa Flotte avec la Flotte d'Hiram, & la Flotte alloit à Tharsis en trois ans une fois*. Voilà les Voyages bien distinguez. Celui d'Ophir tous les ans ; celui de Tharsis tous les trois ans. L'Ecriture dit de cette dernière Flotte *qu'elle apportoit de l'or, de l'argent, de l'yvoire, des singes & des paons*. Cela est fort net. Cependant nous avons vû que presque tous ceux qui se sont mêlez de chercher Ophir ont fourré, dans leurs recherches des choses qui n'y avoient point de rapport. Ils ont supposé qu'il falloit trois ans pour faire le Voyage d'Ophir ; & ont compassé le chemin de la Flotte pour lui faire employer utilement ce tems-là. Ils ont été embarassez à chercher dans le voisinage de leur Ophir des singes & des paons ou des perroquets, en un mot ils ont grossi la difficulté. Faute de lire attentivement les passages de l'Ecriture qui devoient leur servir de guides, & de séparer ce qu'elle sépare, ils se sont égarez de gayeté de cœur. D. Calmet est tombé dans cette faute dont Mr. Huet est presque le seul qui se soit garanti.

Du reste le sentiment de D. Calmet pourroit bien lui être venu en lisant ces paroles de Mr Huet dans le 5. Chapitre de ses Navigations de Salomon : *Je suis surpris que personne n'ait songé à mettre* OPHIR *dans la Colchide, vû la grande diversité des Opinions sur ce sujet;*

d'autant que l'expédition des Argonautes est antérieure au tems du Règne de Salomon; que l'on trouve aux environs de la Colchide des Fleuves nommez, OPHIS & OPHARUS dont le nom a la même origine qu'Ophir; & qu'il n'est pas vraisemblable que les Phéniciens ayent négligé un Pays abondant en or que les Grecs avoient connu & fréquenté. Voilà son thême tout fait; mais Asiongaber d'où partoit la Flotte l'a forcé de faire le tour de la Presqu'Isle d'Arabie, & l'a poussé dans le Tigre & dans l'Euphrate qui malheureusement n'ont pu le conduire au terme.

Je le repete, il faut qu'Ophir soit maritime, que la course soit aisée, de sorte qu'on la puisse faire tous les ans; que ce soit un Pays fertile en or; & où une Flotte puisse arriver sans avoir besoin de la Boussole. Tout cela convient à la Côte de Sophala dont après tant de siècles les richesses ne sont pas encore épuisées. Une mousson y menoit la Flotte, l'autre semestre lui donnoit le vent propre pour revenir à la Mer Rouge. Point de Golphe, ni de Cap dangereux qui interrompe la course d'une Flotte qui rase la Côte. Je crois pour moi qu'on peut se tenir à ce sentiment qui est celui de Thomas Lopes, dans sa Navigation des Indes; de Barros dans ses Decades, d'Ortelius, & de Mr. Huet. Si le Lecteur compte mon jugement pour quelque chose, j'avoue que c'est le seul qui me paroisse satisfaisant dans tous ses points.

1. OPHIS, Riviére d'Asie dans la Cappadoce, selon Ortelius. Arrien [a] met l'Embouchure de cette Riviére dans le Pont-Euxin à quatre-vingt stades du Port d'Hyssus & à trente de l'Embouchure du Psychrus. Il dit expressément que l'Ophis séparoit le Pays des Colques de la Thiannique. Stuckius n'y pensoit pas quand il a jugé que ce devoit être l'Opharus de Pline qui étoit de la Sarmatie, c'est-à-dire, qu'il y avoit du moins toute la Colchide entre deux.

[a] Perip. Pont. Eux. p. 6. Edit. Oxon.

2. OPHIS, Riviére du Peloponnèse dans l'Arcadie, auprès de Mantinée, selon Pausanias [b]. C'est une des Riviéres dont se forme le Fleuve Alphée.

[b] l. 8. c. 8.

OPHITEA. Voyez AMPHICLEE.

☞ OPHITES, Pomponius Lætus dit qu'on a anciennement nommé ainsi l'Oronte. Le mot *Ophis* en Grec veut dire un serpent & convient assez à une Riviére dont le cours va en serpentant.

1. OPHIUSA, Isle de la Propontide, selon Pline [c], elle n'est pas loin de Cyzique. Etienne le Géographe [d] la nomme Ὀφιοῦσσα.

[c] l. 4. in fine.
[d] in voce Βεβρυκος.

2. OPHIUSA, Isle de la Mer Méditerranée dans le voisinage d'Iviça. Les Latins l'ont nommée COLUBRARIA [e], & les Grecs OPHIUSA; c'est aujourd'hui MONCOLIBRE.

[e] Plin. l. 3. c. 5.

3. OPHIUSA, ancien nom de l'Isle de Rhodes, selon Pline [f].

[f] l. 5. c. 31

4. OPHIUSA, Ville de la Scythie en Europe. Scylax de Caryande dit [g]: après la Thrace sont les Scythes, & les Villes Grecques de Scythie sont: le Fleuve Tyras, Niconium Ville, *Ophiusa* Ville. Il ne faut pas croire que par le Fleuve Tyras, il ait entendu une Ville ainsi nommée, quoiqu'il y ait eu véritablement une Ville de même nom que le Fleuve, comme Pline le dit très-bien; mais

[g] p. 29. de l'Ed. d'Oxford.

il remarque que cette même Ville n'est point différente d'Ophiusa qui est son ancien nom. Voici le passage: *Clarus amnis Tyra, Oppido nomen imponens; ubi antea Ophiusa dicebatur*. Etienne le Géographe dit de même *Tyras* Ville & Riviére sur le Pont Euxin; on l'appelloit OPHIUSA. Voyez TYRAS.

5. OPHIUSA, c'est un des noms qu'a eu la Libye, selon Etienne le Géographe. Mr. Huet entr'autres Savans veut qu'on lise OPHIRISA; il dérive ce mot d'Ophir.

6. OPHIUSA ARVA, Ovide au X. liv. de ses Métamorphoses:

*Ipsa suas Urbes Ophiusaque arva parabat,*
*Deserere alma Venus.*

Par la Fable [h] où ce vers est placé, on voit qu'il nomme ainsi l'Isle de Cypre, ou du moins un Canton particulier de cette Isle.

[h] Fab. 6.

7. OPHIUSA, ancien nom de CYTHNUS. Voyez ce mot.

8. OPHIUSA, ancien nom de THENOS, l'une des Cyclades; aujourd'hui l'Isle de TINE. Pline écrit ce nom par une double S, OPHIUSSA, dans l'Edition du R. P. Hardouin.

1. OPHIUSSA. Voyez l'Article précédent.

2. OPHIUSSA, petite Isle voisine de l'Isle de Créte, au voisinage d'Hierapytna, selon Pline [i]. C'est un des Ecueils voisins de Gaidurognissa, à l'extrémité Orientale de la Côte Méridionale.

[i] l. 4. c. 11.

3. OPHIUSSA, Isle des Rhodiens, selon Hygin. Elle étoit aux environs de leur Isle apparemment. Peut-être aussi n'est-ce que l'Isle même de Rhodes qui, comme le dit Pline, a été aussi nommée *Ophiusa*. Voyez OPHIUSA N°. 3.

OPHLAS, lieu de la Palestine; c'étoit apparemment un lieu obscur. Josephe [k] parlant de la sedition excitée par Manahem dit que s'étant fait voir au Temple de Jerusalem vêtu à la Royale, on alla pour l'y attaquer. Son parti après une legere résistance prit la fuite, Eleazar se sauva à Massada où il se soutint quelque tems. Quant à Manahem ayant été trouvé dans un lieu nommé Ophlas, où il s'étoit caché, on l'en retira & on l'exécuta en public après lui avoir fait souffrir des tourmens infinis.

[k] De la guerre des Juifs l. 2. c. 32. de la traduct. d'Andilli. n. 206.

OPHLIMUS, Montagne de l'Armenie mineure, selon Strabon [l].

[l] l. 12. p.

OPHLONES, Peuple de la Sarmatie en Europe, selon Ptolomée [m]. Il les met au coude du Tanaïs.

[m] l. 3. c. 5.

OPHNI, ancienne Ville de la Palestine, dans la Tribu de Benjamin. Il en est parlé dans le Livre de Josué [n]. C'est apparemment, dit D. Calmet, la même que GOPHNI ou GOPHNA. C'est en effet le même mot. L'Haïn צ se prononce, selon quelques-uns, comme un esprit qui se fait à peine sentir, en ce cas, c'est *Ophni*; quelques-uns le prononcent comme un G, & ceux-là disent *Gophni*. Les Juifs de quelques Pays, le prononcent comme Gn dans les mots *regner*, *magnifique*, & ceux-là prononcent *Gnophni*. Les Grammairiens modernes comme Wasmuth, Schickard, Buxtorf & autres disent que c'est un esprit très-dur. Mais, comme dit Vasmuth, à présent on n'en connoît plus la valeur, & Buxtorf qui

[n] c. 18. v. 24.

qui prétend que le haut du gosier & le nez doivent concourir pour le bien prononcer, observe que les Grecs l'ont souvent obmis parce qu'ils ne le connoissoient pas & qu'en effet il est très-difficile à prononcer. Quelquefois aussi ils l'ont exprimé par leur γ, qui est le G ou plutôt Gh. Il traite de ridicule ceux qui le prononcent comme *gn*, & dit que ceux qui le prononcent comme un esprit très-doux & comme si c'étoit un Aleph א, confondent deux esprits très-différens. Gophna selon Eusébe [a] devoit être à XV. M. P. de Jérusalem tirant vers Naplouse ou Sichem. Ailleurs il dit [b] qu'elle étoit à V. milles de Geba ou de Gabaa. Ces deux citations sont de D. Calmet qui nomme Josephe pour Eusébe par inadvertance. St. Jérôme traduisant Eusébe dit au mot ADASA : Adasa dans la Tribu de Juda, Village auprès de *Guphna*. Il ajoute : mais je ne m'étonne qu'il ait mis la Contrée de Guphnæ dans la Tribu de Juda, puisqu'il est clair, selon le Livre de Josué, qu'elle tomba dans le partage d'Ephraïm. Le P. Bonfrerius à son tour s'étonne que St. Jérôme trouve clairement dans Josué qui n'en parle aucunement, ni dans la Version Latine ni dans les Septante, lorsqu'il est question de la Tribu d'Ephraïm. Ce Saint auroit parlé plus exactement s'il eût dit, que de son tems la Ville subsistoit encore & que le nom s'étoit conservé. Car ailleurs il parle d'une Ville de ce nom, & en parle comme d'un lieu très-connu. On voit même par Josephe que c'étoit de son tems une Ville illustre de la Judée [c], & entre les onze Toparchies, elle tenoit le premier rang après celle de Jérusalem. Mais il y a lieu de douter si elle étoit de la Tribu d'Ephraïm comme St. Jérôme le dit, j'aimerois mieux dire qu'elle étoit de la Tribu de Benjamin, quoiqu'aux confins de celle d'Ephraïm; car je ne crois pas que Gufna ou Gofna, ou Gophna soit différente de l'Ophni dont il est parlé au Livre de Josué, où elle est attribuée à la Tribu de Benjamin. Le même P. Bonfrerius qui parle ainsi dans sa Note dit dans son Article de *Gophna*, ou *Guphna* ou *Gufna*, que c'étoit une Ville & qu'avec le tems elle devint une fameuse Toparchie. Je soupçonne, dit-il, qu'elle étoit dans la Tribu de Benjamin aux confins de celle d'Ephraïm, car elle ne paroît point différente de l'*Ophni* de Josué Ch. XVIII. v. 24. ce mot s'écrivant au commencement par ע, & l'ע se rendant souvent par un *g*, on a pu rendre Ophni par *Gophni*, qui n'est guères différent de *Gophna*. Du reste, comme le remarque le P. Bonfrerius, ce que D. Calmet dit de Gophna & de la Toparchie Gophnitique revient assez à la position d'Eusébe. Par exemple il dit que Vespasien ayant subjugué la Gophnitique assujettit Bethel & Ephraïm, & que Tite s'avançant de la Samarie vers Jérusalem, vint à Gophna.

OPHRADUS, Rivière d'Asie au Pays des Dorisques, Peuple situé entre l'Arie & la Drangiane, selon Pline [d].

OPHRYNIUM, lieu d'Asie dans la Troade près de Dardanum. Herodote dit [e]: étant partis de Pergame de Priam, c'est-à-dire des ruïnes de Troye, ils côtoyerent ayant à leur gauche *Rhœteum*, *Ophrynium*, & *Dardanum*, voisine d'Abydos. Strabon [f] dit après avoir parlé de *Dardanus* ou *Dardanum*, assez près de-là est *Ophrynium* : il y a là le Bois d'Hector dans un lieu qui est fort en vûë, & ensuite le Lac de Ptelée.

OPHTHIS, Ville de la Libye au voisinage de l'Egypte, selon Etienne le Géographe, Ὄφθις.

OPIÆ, Ὀπίαι, ancien Peuple des Indes, sur les bords du Fleuve Indus, selon le même.

OPICA TERRA. Voyez OPICI.

OPICI, ancien Peuple d'Italie. Denys d'Halicarnasse [g] cite Aristote en ces termes : Aristote le Philosophe raconte que quelques Grecs venant de Troye. . . . . aborderent au Pays des Opiciens dans l'endroit où est le Latium proche de la Mer Thyrrénienne. Εἰς τὸν τόπον τοῦτον τῆς Ὀπικῆς ὃς καλεῖται Λάτιον ἐπὶ τῷ Τυῤῥηνικῷ πελάγει κείμενος. L'Historien cité avoit dit [h] auparavant en parlant de la navigation d'Enée, ensuite ils abordèrent à une Isle qu'ils nommerent Lucasie du nom d'une parente d'Enée qui mourut tout auprès ; de-là ils allerent mouiller dans un Port beau & profond au Pays des Opiciens ἐν Ὀπικοῖς & Misène homme de distinction y étant mort ils donneront son nom au Port. Il parle aussi [i] des Sicules qui étant chassez de leur Pays par les Opiciens se retirerent dans l'Isle qui a pris d'eux le nom de Sicile. Pausanias [k] met la Ville de Cumes dans le Pays des Opiciens. Et Aristote [l] prétend que ce même Peuple a été aussi nommé les AUSONIENS. Ce qu'il y a de certain c'est qu'il n'est nullement différent des Osques qui habitoient la Côte de la Campanie & quelque chose du *Latium*. Voyez l'Article OSCI.

OPIDANI LANCIENSES. Voyez LANCIA OPPIDANA.

OPIDONOBENSIS. Voyez OPPIDONOBENSIS.

OPIDUM. Voyez OPPIDUM.

OPINENSIS, ou OSPINENSIS, Siège Episcopal d'Afrique. Au Concile de Carthage tenu en 419. sous Aurelius fut présent Léon *Episcopus Ospinensis*, Député de la Mauritanie Tingitane. Voyez OPPINUM.

1. OPINUM, petite Ville de l'Isle de Corse dans les terres, selon Ptolomée [m].

2. OPINUM, lieu d'Italie sur la route de Milan à l'extrémité Méridionale de l'Italie & plus précisément entre Venuse & Potentia à XV. mille pas de la première, selon l'Itinéraire d'Antonin.

OPIS, ancienne Ville d'Asie sur le Tigre. Hérodote, en fait une Ville [n] πόλις, Strabon ne la traite que de Village, κώμη ; suite de la décadence où elle étoit tombée dans l'intervalle qui est entre les tems où ils ont vécu. Strabon ajoute [o] que les Perses avoient fait des travaux pour empêcher qu'on ne put remonter le Fleuve depuis la Mer jusques-là, mais qu'Alexandre les fit démolir. Il dit [p] qu'Opis étoit le rendez-vous des marchandises des environs. Arrien [q] fait aussi mention de ces Cataractes pratiquées par les Perses & ôtées par Alexandre. Xenophon [r] dans sa Retraite des Dix-mille parle d'Opis comme d'une grande Ville qui avoit un Pont sur le Tigre.

OPISINA, Ville de la Thrace dans les Ter-

## OPI.

<sup>a</sup> l. 3. c. 11. Terres, selon Ptolomée <sup>a</sup>. Voyez OPIZUM.

OPITERGINI MONTES, Pline nomme ainsi les Montagnes où la Livenza (*Liquentia*) a sa source. Ce sont celles qui sont entre Ceneda, Belluno & les Bourgs d'Aviano & Polcenigo. Elles sont assez loin d'Oderzo, & il y a au moins seize milles communs d'Italie d'Oderzo à ces Montagnes. Le R. P. Hardouin ne devoit donc pas dire que ces Montagnes sont *juxta Opitergium*, quand il met Oderzo sur la Livenza. Elle est sur le Mottegan à cinq milles & demi de Motta qui est au Confluent des deux Rivières.

OPITERGIUM, ancienne Ville d'Italie, au Pays du Peuple *Veneti* entre Ceneda & 
<sup>b</sup> l. 3. c. 19. la Mer Adriatique. Pline <sup>b</sup> la nomme immédiatement après Padoue. Ptolomée <sup>c</sup> la nomme 
<sup>c</sup> l. 3. c. 1. entre *Acelum*, & *Altinum* dans les Terres 
<sup>d</sup> Hist. 3. de la Venetie. Tacite dit <sup>d</sup> que Primus & Varus s'emparant de toutes les Places voisines d'Aquilée furent reçus à *Opitergium*; & à *Altinum* avec de grandes marques de joye. Paul 
<sup>e</sup> De Gest. le Diacre <sup>e</sup> dit que Grimoald Roi des Lombards irrité contre les Romains qui avoient
Langobard. trompé & fait périr Tassilon & Caccon ses 
l. 5. c. 18. Cousins, détruisit de fond en comble la Ville d'*Opitergium* où on les avoit fait mourir. Cette Ville avoit déja eu plusieurs fois le mê-
<sup>f</sup> l. 29. me malheur: Ammien Marcellin <sup>f</sup> dit que les Quades & les Marcomans avoient assiégé long-tems Aquilée & rasé *Opitergium*. Relevée de ce malheur elle avoit été encore ravagée par Rothaire Roi des Lombards, c'est Paul le 
<sup>g</sup> l. 4. c. Diacre <sup>g</sup> qui le dit *Opitergium quoque Civita-
<sup>45</sup>. tem inter Tarvisium & Forum Julii positam, pari modo expugnavit & diruit Rothari Rex.* Ce nom est estropié dans Strabon aussi bien 
<sup>h</sup> l. 5. p. 214. qu'un autre nom qui le suit: on lit <sup>h</sup> Ἐπίτερ-
<sup>i</sup> Ital. ant. l. πον καὶ Ὀρδία, *Epiterpon & Ordia*. Cluvier <sup>i</sup> a 
1. c. 18. très-bien vû qu'il faut lire Ὀπιτέργιον καὶ Κων-
κορδία *Opitergion & Concordia*. Il n'est pas moins corrompu dans la Table de Peutinger. OPTTERGIO, où le premier *t*, est mis pour l'*i*. Elle place cette Ville entre Vicenze & Concordia à XXXIII. M. P. de la premiere 
<sup>k</sup> l. 4. & à XL. de la seconde. Les Habitans sont 
<sup>l</sup> l. 4. c. 2. nommez OPITERGINI par Lucain <sup>k</sup>, Florus <sup>l</sup>, Pline <sup>m</sup>, &c. Le nom moderne est 
<sup>m</sup> l. 3. c. 18. ODERZO & UDERZO; quelques-uns ont écrit OVEDERZO. Elle est nommée dans la Notice de Léon le Sage. Voyez ODERZA. Ce fut apparemment après sa destruction par les Quades & les Marcomans, qu'Heraclius la rebâtit & qu'elle fut nommée *Héraclée.*

OPIUS, Ὄπιους, Ville du Pont Cappa-
<sup>n</sup> l. 5. c. 6. docien, selon Ptolomée <sup>n</sup>, quelques Exemplaires portent PITIUSA.

OPIZUM, Ville de Thrace. Antonin la met entre Philippopolis & Hadrianopolis. Voici les distances,

| | |
|---|---|
| Philippopoli, | |
| Cellis, | M. P. XXX. |
| Opizo, | M. P. XX. |
| Asso, | M. P. XVIII. |
| Subzupara, | M. P. XX. |
| Burdipta, | M. P. XXII. |
| Hadrianopoli. | M. P. XXIV. |

On ne doute presque point que ce ne soit l'OPISINA de Ptolomée.

## OPO. OPP.

OPOCIN, ou OPOCZNO; ou OPOTZNO, petite Ville de Pologne au Palatinat de Sendomir dans la petite Pologne aux confins de la grande.

OPOES. Voyez OPUS.

OPONE, quelques Exemplaires de Ptolomée nomment ainsi une Ville de l'Ethiopie, sous l'Egypte sur le Golphe qu'il appelle *Barbaricus Sinus.* D'autres Exemplaires portent OPANE. Voyez ce mot. Mais ce qui favorise *Opone* c'est qu'Arrien le dit aussi dans son Periple de la Mer Erythrée.

OPOTANA, où

OPOTON, Ville de la Palestine, selon 
Pline <sup>o</sup> dans quelques Editions très-vicieu- <sup>o</sup> l. 5. c. 18. ses où on lit : *Plurimi tamen Damascum & Opoton riguas amne Chrysorrhoa fertilem*, ce qui ne forme aucun sens bien raisonnable. Saumaise a bien vû qu'il falloit lire *riguis*, mais il lit *Eupoton riguis ex amne*, &c. Le R. P. Hardouin rétablit le tout ainsi *plurimi tamen Damascum ex epoto riguis amne Chrysorrhoa fertilem*, ce qui est très-juste & convient à la véritable situation de ce terroir. Celui de Damas est rendu fertile par le Chrysorrhoas, Rivière qui est tarie par les rigoles qu'on en tire pour arroser les jardins & fournit de l'eau aux Maisons de Damas. Ainsi la Ville d'*Opoton* devient une Place chimérique. Reste à savoir où l'on doit chercher OPOTANA Ville dont Ortelius dit qu'il est fait mention au Concile de Chalcedoine.

OPOTURA, Ville de l'Inde en deçà du 
Gange, selon Ptolomée <sup>p</sup>. <sup>p</sup> l. 7. c. 1.

OPOULS, Bourg de France dans le Roussillon; il y a une petite Jurisdiction & un gros Marché de Moutons toutes les Semaines.

OPPA, Rivière de la Haute Silésie. Elle a sa source dans les Montagnes de GESENK, qui séparent la Silésie & la Moravie d'où entrant dans le Duché de Troppaw, où elle fait un grand détour; elle passe à Jagerdorff & à Troppaw, où elle reçoit le Ruisseau de Mora & se perd dans l'Oder auprès du Village de Hiltschin. Mr. Baudrand dit que c'est au-dessous de ce lieu qu'est la jonction. La Carte de Martin Helwig la met au dessus.

OPPAU, Ville. Voyez TROPPAW.

OPPELEN, Ville de la Haute Silésie au Duché dont elle est la Capitale & auquel el-
le donne son nom <sup>q</sup>. Elle est située sur l'O- <sup>q</sup> Zeiler, der dans une belle plaine où l'air est sain & le Silesi. To-terroir assez bon quoique sablonneux en quel- pogr. p. 169. ques endroits. Elle est aux Frontières de Pologne & on y parle Polonois. L'Eglise Paroissiale est belle, il y a aussi une Collégiale, & auprès de la Porte de l'Oder un Hôpital, où on lit ces vers:

*Da tua, dum tua sunt, post mortem nulla potestas*

*Dandi ; si dederis, non peritura dabis.*

La Maison de Ville est assez belle. La Place est quarrée, entourée de Maisons dont quelques-unes sont de brique & d'autres de bois. On vit dans cette Ville à fort bon marché.

Le DUCHÉ D'OPPELEN ; ou OPPELN petit Pays de la Haute Silésie. Il est borné au Nord-Est & au Sud-Est par la Pologne,

au

au Midi par les Duchez de Ratibor & de Troppaw, au Couchant par celui de Grotkaw, & au Nord-Ouest par celui de Brigk. Les Riviéres qui l'arrosent outre l'Oder qui le partage, sont à l'Orient de cette Riviére, la BRINNITZ qui le borne, le MALPENEW; & la KLADINITZ; au Couchant de l'Oder, la Brudnig, la Steina, que reçoit la Neiss, laquelle se joint avec l'Oder au Pont qui sépare les Duchez d'Oppelen & de Brigk. Il contient outre la Capitale XXI. Bourgades que Zeyler appelle Villes. Voici leurs noms:

| | |
|---|---|
| Oppelen, Capitale, | Lublinitz, |
| Le haut ou petit Glogaw, | Schurgast, Krappitz, |
| Neustadt, | Peisskrotschamp, |
| Kosel, | Leisnitz, |
| Beudten, | Gorzoba, |
| Gleibitz, | Dobradin, |
| Tost, | Steinau, |
| Le Grand-Strehlitz, | Fridland, |
| Falkenberg, | Le petit-Strehlitz, |
| Zultz, | Grosmuck, |
| Rosenberg, | |

Cette Principauté a eu autrefois ses Seigneurs particuliers. Nicolas Duc d'Oppelen fut exécuté en public l'an 1497 pour avoir voulu poignarder dans l'Assemblée des Etats, le Grand Bailli de Silésie, le Duc Casimir de Teschen, & l'Evêque de Breslau. L'an 1532. son frere mourut sans enfans, & ce petit Etat fut dévolu au Roi de Bohême. C'est en cette qualité que l'Empereur en jouît immédiatement. Oppelen & Ratibor n'ont ensemble qu'une seule & même Régence.

OPPEMIENSIS, Ortelius trouve dans un Victor d'Utique Manuscrit, c'est-à-dire dans une Notice d'Afrique jointe à cet Auteur *Oppemiensis* Siège Episcopal d'Afrique. Il doute s'il ne faut pas lire OPPINENSIS d'*Oppinum*. La Notice d'Afrique imprimée à Rome marque entre les Evêques de la Byzacene *Honorius Oppenuensis*; d'autres lisent *Oppennensis*. Ce Siège étant dans la Byzacene, ce ne sauroit être *Oppinum* qui étoit dans la Mauritanie Tingitane.

OPPENHEIM[a], Ville & Bailliage d'Allemagne dans le Bas Palatinat du Rhin, sur une Montagne au bord du Rhin, trois milles au dessus de Mayence. Il y a proprement la Haute Ville qui est sur le penchant de la Montagne & la Basse Ville, qui est au bas. Freher, Cluvier, & Bertius tiennent que c'est la BONCONICA ou BAUCONIA des Anciens, & quelques Auteurs comparent sa situation avec celle de Jérusalem. Les uns en attribuent la fondation à Jules-César, ou à Drusus, d'autres aux Empereurs Probus, ou Valentinien, ou Gratien. On prétend qu'en l'an 1400. elle fut saccagée par Carroc qui ravageoit alors une bonne partie de l'Allemagne, & que Dagobert Roi de France la rebâtit. Charlemagne en fit présent à l'Abbaye de Lorsch, ce n'étoit alors qu'un Village nommé OBBENHEIM, au Comté du Comte Zeizolfe. L'Empereur Conrad II. le retira de cette Abbaye par échange en cédant Ausstasch, & l'unit au Domaine Impérial. Freher veut qu'il soit venu au Palatin sous l'Empire de Louis IV. D'autres disent que Charles IV.

[a] Zeiler, Palatin Rheni Topogr. p. 40.

qui vouloit élever Venceslas son fils à l'Empire & qui avoit promis beaucoup d'argent aux Electeurs, & engagé pour en avoir les biens les Domaines & les revenus attachez à la Dignité Impériale; il hypothéqua à Rupert l'aîné Comte Palatin du Rhin & Electeur, les Villes d'Oppenheim, d'Odernheim, d'Ingelheim, & de Keyserslautern; & Cuspinien dit dans sa Vie que ces Princes le forcerent à leur assurer par serment qu'il ne retireroit point ces Places qu'il leur avoit engagées. Il y en a d'autres qui disent que l'Empereur Rupert vers l'an 1402. assigna pour cent mille guldes à Louïs Comte Palatin son fils les Villes d'Oppenheim, Ingelheim & Keyserslautern. Il existe un Diplome de l'Empereur Rupert de l'an 1401. par lequel on voit qu'Oppenheim appartenoit encore au Domaine Impérial.

La Ville d'Oppenheim jouît d'un bon air, il y vient de fort bon vin, & de bon bled. Il y a des Caves très-profondes, & aux environs de la Ville beaucoup de Noblesse. Autrefois il y avoit le Tribunal de la Noblesse, & les Dignitez en étoient occupées par des Gentilshommes. La Paroisse dédiée sous le titre de Ste. Catherine est assez grande & est une des plus belles Eglises, qu'il y ait au bord du Rhein. Elle est assez bien bâtie, percée de quantité de fenêtres & a deux Chœurs, l'un au Levant, l'autre au Couchant. Elle fut fondée en 1258. par Gerard Archevêque de Mayence. On peut voir dans la Chronique de Sponheim par Trithéme f. 283. une Lettre à cette occasion. On y parle d'Oppenheim comme d'une Ville nouvellement bâtie, après avoir été on brûlée ou saccagée auparavant. Il y a deux Convens, l'un de Religieux déchaussez, l'autre de Filles sous le titre de Ste. Anne, une Maison appartenante aux Chevaliers de l'Ordre Teutonique, une Paroisse sous l'invocation de St. Sebastien, & dans le Fauxbourg l'Eglise de St. Antoine. Il y a sur la Montagne, dans l'enceinte de la Ville, un Château nommé Landscron, c'est-à-dire, la Couronne du Pays. Cette Ville a extrêmement souffert durant les longues guerres d'Allemagne avant la Paix de Westphalie; les François la saccagerent de nouveau en 1689.

Le BAILLIAGE D'OPPENHEIM est situé en deçà du Rhin & confine au Pays de Mayence, il n'y a que deux Places considérables.

Oppenheim, & Ingelheim.

OPPIDIUM, Ville de la Mauritanie Césarienfe, selon Ptolomée[b]. Elle étoit dans les terres.

[b] l. 4. c. 2.

OPPIDO, Ville d'Italie au Royaume de Naples dans la Calabre Ultérieure au pied de l'Apennin sur une Montagne, à la source de la Riviére de Metro, avec un Evêché suffragant de l'Archevêché de Regio; entre les Ruisseaux de Trecosio & de Madema qui l'environnent. Elle est fort petite & n'est qu'à douze milles de la Côte & de la Mer de Toscane au Levant & à vingt de Mileto au Midi.

[c] Baudrand Edit. 1705.

OPPIDONEON: ce mot est formé du Latin *Oppidum* & du mot Grec νέον, pour *novum*, ainsi ce doit être OPPIDUM NOVUM, Ville de la Mauritanie Césarienfe. El-

L 3

a l. 4. c. 2.
b l. 5. c. 2.

le étoit dans les terres, selon Ptolomée [a] qui en fait une Colonie. Cela est conforme à ce que dit Pline [b] que l'Empereur Claudius y avoit établi des Véterans. Antonin la nomme entre *Tigava* Municipe & *Tigava* Forteresse à XXXII. M. P. de l'une & à II. mille pas de l'autre. L'Anonyme de Ravenne en fait aussi mention. C'est le même Siège Episcopal qu'OPPIDONOBENSIS. Voyez ce mot.

OPPIDONEBENSIS, ou OPPIDONEBENSIS, Siège Episcopal de la Mauritanie Céfarienfe. Il en est fait mention dans la Notice d'Afrique, où son Evêque est nommé *Venantius Oppidonebensis*, d'autres Exemplaires portent *Oppidonebensis*. Marmol croit que le nom moderne de ce lieu est MEZUNA.

OPPIDUM, plusieurs écrivent OPIDUM, par un simple *p*. Ce mot en Latin veut dire une petite Ville, & les Latins le donnoient, souvent à ce que nous appellons *Bourg*. Il faut avouer en même tems, que les Anciens ne s'attachoient pas fort scrupuleusement à cette distinction; sur-tout les Poëtes qui emploîoient indifféremment ces mots URBES & OPPIDA; selon que l'un ou l'autre convenoit mieux à la mesure de leurs vers. Comme dans ces exemples:

*Cingere muris oppida*. Virgil.
*Fossa præcipites cingebant Oppida*. Ovid.
*Oppida moliri*. Horat.
*Eruta convulsis prosternes Oppida muris*. Silius Ital.
*Annosa vastant Oppida*. Stat.
*Oppida debellata*. Claudian.

& une infinité d'autres. Mais les Auteurs en prose & les Orateurs eux-mêmes ont mis les mots *Oppidum* & *Urbs*, en parlant du même lieu. En voici un exemple sans réplique. Il est de Ciceron, au premier livre de la Divination [c]. *Scribit* (Aristoteles) *Eudemum Cyprium . . . . . Pheras venisse; quæ erat* URBS *in Thessalia tum admodum nobilis, ab Alexandro autem Tyranno crudeli dominatu tenebatur: in eo igitur* OPPIDO *ita graviter ægrum Eudemum fuisse, ut omnes Medici differrent* &c. Voilà Ciceron qui dans une même période qualifie un même lieu *Urbs*, & même *Urbs admodum Nobilis*, & *Oppidum*. Il faut bien que par ces deux mots il n'ait pas cru exciter deux différentes idées, & qu'il les ait regardez comme synonymes. Ciceron dans son premier Livre de la Gloire, que nous n'avons plus, & dont il ne reste que quelques fragmens dispersez, dit que le mot *Oppidum* venoit du secours que les hommes s'étoient promis mutuellement, en demeurant les uns auprès des autres, *Oppida quod Opem darent*. Paulus le Grammairien dit dans le même sens *Oppidum dictum est quod Opem præbet*. Il en donne encore une autre Etymologie. Il prétend que le mot *Oppidum* est venu de ce que les hommes y portoient ce qu'ils avoient de plus précieux. *Oppidum quod ibi homines opes suas conferunt*. Il ne faut donc pas s'aheurter à expliquer toujours l'*Oppidum* des Ecrivains Latins par notre mot *Bourg*, puisqu'il est certain qu'ils s'en sont souvent servis dans le sens de *Ville*, & même de Ville considérable. Les Habitans étoient nommez OPPIDANI.

c c. 25.

1. OPPIDUM NOVUM; Ville de la Gaule, dans l'Aquitaine, selon l'Itinéraire d'Antonin. Il la met entre *Benehernum* & *Aquæ Convenarum* à XVIII. mille pas de la première & à VIII. de la seconde. *Aquæ Convenarum* est, selon lui, à XVI. Milles de *Lugdunum Convenarum*, aujourd'hui *St. Bertrand* & s'appelle *Aques*, *Benehernum* est *Lescar*. C'est donc entre Lescar & Aques, qu'il faut chercher cette *Oppidum Novum* dans la proportion des distances marquées par Antonin.

2. OPPIDUM NOVUM, Ville de la Mauritanie Céfarienfe, selon Antonin [d]. Elle étoit Episcopale, selon la Notice d'Afrique qui nomme ce Siège OPPIDONOBENSIS. Ptolomée la nomme OPPIDONEON. Voyez ces deux mots.

d Itiner.

3. OPPIDUM NOVUM, Ville de la Mauritanie Tingitane, selon Antonin [e], entre *Tremula* & *Ad Novas* à XII. M. P. de la première & à XXXII. de la seconde.

e Itiner.

OPPINUM, Ville de la Mauritanie Tingitane, selon Ptolomée. Quelques Exemplaires portent simplement *Opinum*. Quoique la Notice d'Afrique ne fournisse rien sur cette Ville, on ne laisse pas de croire qu'elle étoit Episcopale, & que c'étoit le Siège de *Leo Opinensis*, ou OSPINENSIS dont je parle au mot OPINENSIS. Simler croit que c'est l'OPPIDUM NOVUM d'Antonin, dans la Mauritanie Tingitane. Je suis persuadé, que la route de ces deux Géographes ne mène pas au même endroit.

OPPIUS MONS, Montagne de Rome, selon Varron & Festus, au mot SEPTIMONTIO. Mais le passage de Festus, où ce nom se trouve, est fort dérangé, selon Ant. Augustin, qui observe qu'au lieu de sept Montagnes de Rome, on en nomme ici huit endroits.

OPSCI. Voyez OSCI.

OPSICELLA, Ville d'Espagne dans la Cantabrie. Strabon dit [f] qu'elle avoit été bâtie par un des Compagnons d'Antenor, qu'elle en portoit le nom, & qu'il passa ensuite en Italie, avec Antenor & ses Enfans.

f l. 3. p. 157.

OPSICIANA REGIO, Zonare & Zondrène nomment ainsi un Pays, où l'Empereur Justinien fit reléguer un grand nombre de *Slavini*, ou Slaves. Porphyrogénète fait mention d'un Canton, qu'il nomme OPSICIUM, Ὀψίκιον Θέματος, qui est le quatrième *Thema*; car cet Auteur, selon l'usage de son tems, partage l'Empire d'Orient par Thèmes. Mais ce mot peut être Latin pour *Obsequium*. Cependant, comme le remarque Ortelius [g], l'Histoire Mêlée l. 20. & 22. fait mention d'*Obsicium*. Le Thème dont Porphyrogénète fait mention, répond à la Mysie, l'Hellespont & la Phrygie.

g Thesaur.

OPSLO, Ville de Norwege. C'est la même que CHRISTIANIA. On la nomme aussi ANSLO. Voyez sous ces deux noms.

OPTENSIANUS, Siège Episcopal d'Afrique, selon Ortelius [h] qui trouve Léon, Evêque de ce lieu, nommé dans les Canons d'un Concile de Carthage.

h Ibid.

OPTIMATUM THEMA. Voyez THEMA.

OPUNS,

OPUNS,
OPUNTII &
OPUNTIUS SINUS. } Voyez OPUS 1.

OPUROCARRA, nom d'une Montagne d'Asie, qui fait partie d'une longue chaîne de Montagnes décrite par Ammien Marcellin [a]. En supposant avec les freres Valois, que c'est l'Ottorocorras de Ptolomée [b], cette Montagne étoit dans la Sérique des Anciens. Elle est nommée OTTOROGORRAS, par Orose [c].

1. OPUS, au genitif OPUNTIS, ancienne Ville de Grece dans la Locride. Comme les François forment leurs noms de l'ablatif Latin, le mot *Opus* se doit rendre par *Oponte*, ou même en faveur de la prononciation *Oponte*. Les mots François terminez en *té*, & dérivez de mots Latins terminez en *tas*, se forment de même de l'Ablatif. *Libertas*, *Libertate*, Liberté; *Familiaritas*, *Familiaritate*, Familiarité. *Majestas*, *Majestate*, Majesté, & ainsi des autres. Mais il y a encore une raison particuliére pour les noms propres, j'ai fait voir ailleurs dans ce volume que l'usage de la basse Latinité a été de nommer les Villes à l'ablatif; qu'Antonin & l'Anonyme de Ravenne les marquent ainsi, & que même des Historiens de l'Histoire Auguste, ont employé des noms à l'ablatif, comme s'ils eussent été indéclinables à la place de l'accusatif. Il n'est pas étonnant que ces mots nous étant présentez ainsi, nous nous soyons accoutumez à cet ablatif, ainsi d'*Orons*, Riviére d'Asie dans la Syrie, à l'ablatif fait *Oronte*, nous disons l'*Oronte*; d'*Amathus* Ville de Cypre, à l'Ablatif *Amathunte*, nous avons fait *Amathonte*; de *Trapezus*, Ville sur le Pont-Euxin, à l'ablatif *Trapezunte*, nos ancêtres ont fait avec un peu plus de changement *Trebizonde*. Ainsi d'*Opus*, à l'ablatif *Opunte*, on doit dire *Oponte*. Les Grecs écrivoient Ὁποῦς Ὁποῦς, par contraction, au lieu d'*Opoeis*, Ὀπόεις, qui est le vrai nom. Homére dans son Catalogue des Vaisseaux [d] dit Ὀπόεντα à l'accusatif, & Pindare [e] Ὀπόεντος au genitif. Des Auteurs ont parlé de même, & Mela [f] dit Opoës. En récompense Strabon [g] dit: *Opus*, Ὁποῦς est la Métropole des Loeres à environ XV. Stades de la Mer; cela revient à une bonne demi-lieue. Tite-Live dit [h]: Quintius ayant pris ses Quartiers d'Hyver, dans la Phocide & dans la Locride, il s'éleva une sédition à Oponte. *Opunte orta seditio est*. Cette Ville étoit la Patrie de Patrocle. Outre qu'Homére le dit, Ovide l'assure [i].

*Cade puer facta Patroclus, Opunta reliquit.*

Oponte étoit la Capitale des Locres qui en prenoient le surnom de Locres Opuntiens: nous avons remarqué qu'il y avoit trois Locrides. L'une dans la grande Gréce, où étoient les Locres Epizephyriens; l'autre dans le Golphe de Corinthe, entre l'Etolie & la Phocide. C'étoient les Locres Ozoles, ou Occidentaux; la troisième entre la Thessalie, la Phocide, & la Béotie; ces Locres prenoient leur nom du Mont Cnemis, & étoient surnommez Epicnemidiens. Cette troisième Locride n'étoit point anciennement divisée, & Strabon [k] fait *Opus* Métropole des Lo-

cres Epicnemidiens, Pline la leur donne aussi. Dans la suite on partagea cette Locride; & les Locres Opuntiens furent distinguez des Epicnemidiens, comme on peut voir au mot LOCRIS. Thucydide parle des *Locres Opuntiens* [l].

La Ville d'Oponte étant à demie lieue de la Mer, comme on a vu, avoit un Port nommé CYNUS. Voyez ce mot. Ce Port [m] étoit sur un Golphe nommé par les Anciens *Opuntius Sinus*. Ce n'est proprement que le Détroit qui sépare l'Eubée de ce Pays, & qui s'élargit en cet endroit.

§. On vient de remarquer qu'OPOES, étoit le nom dans sa construction naturelle. Il y avoit encore une autre OPOES dans l'Achaïe propre, selon Homére & Orphée citez par Ortelius [n]; & une autre en Elide, selon Etienne le Géographe.

2. OPUS, Isle de la Dalmatie, entre le Golphe de Venise & deux Branches, que forme le Narenta à son Embouchure. Le Pere Coronelli dans sa Carte particuliére des Isles qu'enferme ce Fleuve nomme celle-ci *Isola di Posdriniza*, & reserve le nom d'*Opus*, au Fort qui en occupe l'angle Septentrional; mais dans le discours, où il explique cette Carte, il parle ainsi [o]: entre ces Branches divisées est en droite ligne dans un angle, à deux milles ou environ de la Tour Norin, l'*Isle* OPUS possédée à présent par les Vénitiens. Sa figure est presque triangulaire, elle est baignée des deux côtez par deux Bras de la Riviére; celui de la droite est large, comme l'Adige, celui de la gauche, comme la Brenta. La base de l'Isle est vers les Lagunes, par où elle a la Mer ouverte, & a environ sept milles de largeur. Le terroir de l'Isle est propre partie au labourage, partie pour le pâturage, le reste est marécageux, mais très-fertile. L'air est mal sain à cause du marais, & qu'on ne peut pas bien le nétoyer, depuis que les Embouchures du Fleuve ont été malicieusement remplies de terre par les Turcs, afin d'empêcher le passage des Galéres. Il ne laisse pas d'y passer des Galiotes & de petites Barques, quoique le rapide de l'eau rende le passage fort difficile. La Lagune fournit beaucoup de poisson. La situation de l'Isle d'Opus est importante. Car outre qu'elle conserve la possession de la Fiumâna, elle ouvre un chemin, pour la conquête de l'Hertzegovine. C'est par cette raison qu'en 1685. à la pointe Septentrionale de cette Isle, Pierre Valier alors Général de la Dalmatie, bâtit un Fort de même nom, que l'Isle. Dans l'Histoire abregée de Raguse, on voit qu'à cette même pointe d'Opus, il y a eu un autre Fort nommé COSE, que Bajazeth IV. détruisit pour se faire un passage dans l'Hertzegovine; & ce qui confirme cela, c'est qu'en travaillant au Fort d'aujourd'hui, on a trouvé dans la terre des Pierres, qui avoient servi de balles de fauconneau, & des ruïnes de maçonnerie démolie.

## O Q.

OQUI ou OXI, Isle du Japon. Voyez l'Article JAPON N°. 8. Elle fait la huitième Province, comprise dans le SANINDO, quatrième grande Contrée de l'Empire du Japon.

## OR.

☞ OR, les Hébreux employent ce mot pour signifier une Montagne en général, הר. Quelques-uns aspirent cet mot, & l'écrivent par une *h*. Voyez Hor.

☞ OR, Métal le plus pur, & le plus précieux de tous. Ce nom entre dans la composition de plusieurs noms Géographiques, parce que les lieux auxquels on les donne contiennent de l'Or. Telles sont certaines Rivières, qui roulent des paillettes d'Or dans leur sable, comme le Pactole, le Tage, le Rhin, le Rhône, l'*Ariege* dont le nom Latin est *aurigera*.

1. OR, Source de France dans l'Angoumois. Voyez Argent 1.

2. OR, Ruisseau de France dans le Forez. Voyez Argent 2.

Le Mont d'Or. Voyez au mot Mont.

La Chersonnese d'Or. Voyez au mot Quersonnese.

La Terre d'Or, Josephe dit qu'on appelloit, ainsi de son tems le Pays d'Ophir. Voyez Ophir.

☞ ORA, ce mot Latin veut dire le rivage, la côte de la Mer.

1. ORA, *Ωρα*, Ville de l'Inde, selon Arrien [a] qui parle du Siège, qu'en fit Alexandre. Remarquez que ce mot est pluriel, & fait *Ororum* au genitif.

[a] l. 4. c. 27.

2. ORA, *Ωρα*, Ville de la Carmanie dans les terres, selon Ptolomée [b].

[b] l. 6. c. 9.

ORABA, Ville de l'Osrhoene, selon le Livre des Notices [c].

[c] Sect. 25

ORACANA. Voyez Orocana.

[d] De l'Isle Atlas.

ORACH, petite Ville de la Turquie d en Europe, dans la Bosnie, aux Confins de l'Hertzegovine sur le Ruisseau de la Drucia, au-dessus & au Midi Occidental de la Ville de Cotzio ou Cozza. Ce Ruisseau se jette peu après dans le Drin, qui porte ses eaux à la Save.

ORADOUR, Bourg de France dans l'Auvergne, au Diocèse de St. Flour.

ORADOUR-SUR-VAIRS, Bourg de France en Poitou.

ORAEA. Voyez Althepia.

ORAGISON, la Notice du Patriarchat d'Antioche, nomme ainsi, le dernier des quatre Evêchés, qui reconnoissoient *Emissa* pour Métropole.

ORAISON, Bourg de France en Provence, Diocèse d'Aix, dans la Viguerie de Digne. Il fut érigé en Marquisat en 1588. d'autres disent en 1558.

ORAISON-DIEU (l') Abbaye de France en Guienne, dans le Rouergue, au Diocèse de Rhodez, près de St. Antonin, sur l'Aveyron, aux confins de ce Diocèse, & de ceux d'Albi & de Cahors. Cette Abbaye est de filles de l'Ordre de Citeaux.

ORANRAGANA, c'est, selon Mr. Corneille, le nom Latin d'Artomagan, Isle de l'Océan Oriental.

ORAN, Ville d'Afrique sur la Côte de Barbarie, au Royaume de Tremecen, que Maroc & Alger ont partagé entr'eux. Les Africains la nomment Guaharan. Quelques-uns, comme Mr. Laugier de Tassi, écrivent Horan. Marmol croit que c'est l'Unica Colonia des Romains, & avoue que quelques-uns lui donnent un autre nom. Elle est à une lieue de Marsalquivir, à vingt de Tremecen, & à cinquante d'Alger; sa situation est presque Nord & Sud avec Carthagène Ville d'Espagne au Royaume de Murcie. Elle est à un jet de pierre de la Mer, moitié dans une plaine, & moitié sur la pente d'une Montagne roide & escarpée. Il y a une Forteresse sur la Montagne, & à la cime il y en a une autre plus ancienne qui a un boulevard qui regarde une muraille, que les Chrétiens ont fortifiée avec des Tours & des Fossez à fond de cuve. Au delà d'une Rivière qui est à environ mille pas de la Ville, il y a un autre Château nommé Arazel Cassar, sur une Montagne qui commande encore la Place, & qui découvre toute une Vallée jusqu'à la source de la Rivière. Ce Château a deux Fossez à fond de cuve, & un rempart entre-deux, bien revêtu & si large, que les Charettes de l'Artillerie peuvent tourner tout à l'entour. Du côté de la mer, il y a une fausse porte & du côté de la terre, il y en a une, autre défendue par un fossé de dix verges de profondeur, & de plus de six de large. Ce Château fut bâti par D. Pedre de Navarre, depuis la conquête de cette Place par les Espagnols. Oran n'a que deux Portes, savoir celle de Tremecen, qui est du côté du Midi, & celle de Canastel, à l'Orient. Les murailles ne sont pas fossoyées par-tout. Cette Ville étoit une des plus riches du Pays. Il y avoit grand trafic, quantité de Mosquées, de Collèges, d'Hôpitaux, d'Hôtelleries, & autres Maisons considérables. Les Habitans étoient autrefois Laboureurs, Pasteurs, & Marchands, & il y avoit force Tisserans en toiles; & quoique le Pays ne fût pas bon pour le bled, il ne laissoit pas d'en venir beaucoup des lieux voisins Meliana, Saphina & Agobel, où il y en avoit abondance. Cette Ville a toujours été du Royaume de Tremecen, & s'est maintenue long-tems en liberté durant les guerres de Fez. Quoique le Roi de Tremecen y eût des Fermiers de la Douane pour recevoir ses Droits, les Habitans ne souffroient pas qu'il y mît un Gouverneur, & nommoient tous les ans, un des principaux pour Juge souverain, tant au Civil qu'au Criminel, & ils lui joignoient quelques Assesseurs, pour le Gouvernement de la Ville. Tel étoit l'état d'Oran, quand les Espagnols en entreprirent la Conquête. Dans cette prospérité quelques Habitans furent tentez d'armer des Fustes à cause de la commodité du Port voisin, & envoyerent ravager les Côtes d'Espagne. Cela donna lieu aux Espagnols d'entreprendre le Siège de Marsalquivir, situé au fond de ce Port & celui d'Oran, qu'ils firent trois ans après, l'an 1509. Le Cardinal Ximenès, alors premier Ministre d'Espagne, y alla en personne; & les Espagnols ont conservé cette Place, jusqu'à ces tems malheureux, où l'on vit l'Archiduc d'Autriche, mettre l'Espagne, en combustion avec l'aide des Puissances maritimes, qu'il avoit attirées dans ses intérêts, moins par ses prétendus Droits qu'il n'avoit pas, que par une crainte politique du trop grand

grand accroissement de la Maison de Bourbon. Sa Majesté Catholique se trouvant hors d'état de faire face à tous côtez à la fois les Algériens, en profiterent en 1708. & reprirent la Ville d'Oran[a]. Mr. Laugier de Tassi qui a séjourné à Alger dans le tems, que les Algériens joüissoient de cette Conquête en parle ainsi : l'Espagne a beaucoup perdu en perdant cette Ville. Elle en tiroit un grand nombre d'Esclaves, des grains, de l'huile, des cuirs, de la cire, & quantité d'autres denrées; sans compter que c'est une entrée favorable pour exécuter quelque dessein sur les Algériens, ayant aussi le Village & la Rade de Marsalquivir, qui en Langue Arabe signifie *grand Port*. En effet il est mis au nombre des plus grands Ports, qu'il y ait au Monde. Depuis que les Algériens ont conquis cette Place, qu'ils estiment de la derniére importance, dit l'Historien cité, ils donnent tous leurs soins à la conserver. Et le Bey du Ponant, qui se tenoit à Tremecen, avec sa Cour, fait à présent sa résidence à Oran. Outre la Garnison ordinaire, ce Bey entretient toujours avec lui, & à ses dépens deux mille Coulolis, nom dont on appelle les fils des Turcs ou des Renegats, mariez à des femmes Arabes ou Maures; & quinze cens Maures, qui le suivent toujours. On peut voir par ce détail, qu'il n'étoit pas aisé de se resaisir de cette Place.

Cependant la Flotte d'Espagne, au nombre de 12. Vaisseaux de ligne, deux Frégates, deux Galiotes à Bombes, sept Galéres, dix-huit Galiotes, & plus de cinq cens Vaisseaux de transport, après avoir été retenue sept jours par les vents contraires, arriva le 25. Juin 1732. sur la Côte de Barbarie, & entra dans le Port le 28. Dix à douze mille Maures s'opposerent en vain au débarquement, l'Artillerie de la Flotte les écarta; & la descente se fit le 29. Le 30. il y eut une action générale entre les Espagnols & les Barbares, qui furent chassez des Montagnes qu'ils occupoient, & abandonnerent la Ville & les Forts. Les Espagnols y trouverent une nombreuse Artillerie, & quantité de Munitions de guerre & de bouche. Le Comte de Montemar Général, qui commandoit cette expédition, y acquit une gloire à laquelle il a mis le comble par la Conquête du Royaume de Naples, qu'il vient de faire en faveur du Séréníssime Infant D. Carlos, Roi de Naples & de Sicile, Héritier de Toscane, Duc de Parme, de Plaisance &c. Les Algériens ont déja fait de grands efforts pour reprendre cette Ville, mais leurs efforts ont été inutiles, malgré la diversion que fait aux forces d'Espagne, le partage que cette Couronne a été forcée de faire pour reprendre l'Italie, occupée par les Armes de l'Empereur.

ORANGE, Ville de France, autrefois Capitale d'une Principauté de même nom, qui est aujourd'hui éteinte, de sorte que la Ville est présentement unie au Dauphiné. Cette Ville, nommée en Latin ARAUSIO CAVARUM, & SECUNDANORUM COLONIA[b], est ancienne, comme on verra ci-après[b]; elle est le Siège d'un Evêque, & a une Université. Elle est située dans une belle Plaine, arrosée de plusieurs petites Riviéres, dont celle d'Eigues porte presque aux Portes d'Orange, les denrées que ses Habitans font venir des Provinces voisines, cette Riviére n'en étant éloignée que d'un petit quart de lieue. Outre cela la petite Riviére de Maine, lave les murs de la Ville. Sur la Montagne il y avoit un Château que Maurice de Nassau, Prince d'Orange, fit fortifier en 1622. d'onze Bastions; mais Loüis XIV. fit démolir ces Fortifications en 1660. & raser le Château en 1673. On voit à Orange un Cirque, des Arenes, qui sont à quatre cens pas de la Ville, un Aqueduc, & des Bains publics qui étoient à deux cens pas de la même Ville. Quant au Cirque, l'égalité & les proportions qu'on remarque dans les Arcs, dans les Soubassemens, & dans les Pilastres, font voir que ce Monument est des Romains.

Je parlerai ci-après de l'Arc de Triomphe, que le tems a enfin renversé. Cette Ville a eu des destinées si diverses, qu'il faut un peu les parcourir. Je les emprunte de l'Abbé de Longuerue.

La Principauté d'Orange[c], qui depuis le dernier Traité de Paix (à Utrecht) a été cédée à la France, est jointe à présent au Dauphiné, & enclavée dans l'Etat d'Avignon, touchant seulement vers l'Occident au Rhône, qui la sépare du Languedoc. Sa Capitale Orange, dont le mot est corrompu d'*Araúsio*, est très-ancienne, étant l'une des quatre Villés des Peuples Cavares, comme Ptolomée le marque. Pline l'appelle COLONIA SECUNDANORUM, & Mela marque le même nom, *Secundanorum*, qu'on avoit donné à cette Villé, parce qu'on y avoit établi des Soldats Vétérans de la seconde Légion.

Orange a toûjours été de la premiére Viennoise, & a reconnu Arles pour sa Métropole Ecclesiastique ; car on ne voit point que les Archevêques de Vienne ayent jamais eu aucune Supériorité sur l'Eglise d'Orange; elle est l'une des plus anciennes des Gaules, puisque le Prêtre Faustin assista au nom de cette Eglise, l'an 314. au prémier Concile d'Arles.

Cette Ville a éprouvé les mêmes révolutions, que les autres qui en sont voisines, puis qu'après la chûte de l'Empire Romain en Occident, elle tomba sous la domination des Bourguignons & des Gots, d'où elle vint au pouvoir des François Mérovingiens & Carlovingiens; & enfin elle obéit, depuis le neuvième Siècle, aux Rois de Bourgogne & d'Arles, dont le dernier fut Rodolphe le Lâche, qui mourut l'an 1032. & après lui ce Royaume fut soumis aux Empereurs Allemands.

Les premiers Comtes d'Orange dans l'onzième siècle, qui est celui où regnerent Rodolphe, & Conrad le Salique, n'étoient proprement que des Gouverneurs qui avoient au-dessus d'eux les Comtes ou Marquis de Provence; il n'y a que des ténèbres épaisses, & il n'y a aucune suite dans l'Histoire de ces premiers Seigneurs d'Orange, qui ne paroissent pas avoir été Propriétaires & Héréditaires; les Auteurs les plus exacts ne donnant que des conjectures, dont on ne peut rien tirer de certain ; on sait seulement que l'an 1096. un Seigneur, nommé Rimbauld, étoit Comte d'Orange, & alla à la Terre Sainte avec Raymond de Saint Gilles. Tiburge fille de Rimbauld, épousa un certain Guil-

Guillaume, dont l'origine est obscure; il laissa deux fils, qui partagerent Orange également: Guillaume étoit l'aîné, & Rimbauld le cadet. Celui-ci donna sa part à Tiburge sa sœur, mariée à Bertrand des Baux, qui par elle fut Prince d'Orange, & prit possession de toute cette Principauté, après que Rimbauld, petit-fils de Guillaume, frere aîné de Tiburge, fut mort sans Enfans. Bertrand des Baux & Tiburge, eurent pour Héritier d'Orange leur fils Guillaume, qui prit le premier le titre de *Prince par la grace de Dieu*. Il obtint de l'Empereur Frederic Barberousse, & de son fils Henri, plusieurs beaux Priviléges. Frederic II. lui fit don du Royaume d'Arles, mais il n'en jouit pas non plus que ses fils & petits-fils, qui céderent leur Droit à Charles I. Comte d'Anjou & de Provence, l'an 1257, mais ils se reserverent dans les Terres de leur Patrimoine, les Privilèges qui leur avoient été accordez par les Empereurs.

L'Ordre de Saint Jean de Jérusalem avoit obtenu une portion de la Principauté d'Orange, d'un des Conseigneurs de cet Etat; ce qui avoit servi à fonder la Préceptorerie, ou Commanderie d'Orange. Les Chevaliers ayant échangé ce qu'ils avoient à Orange avec Charles II. Roi de Sicile, & Comte de Provence, il céda le tout libéralement à Bertrand des Baux Prince d'Orange.

Jeanne II. Reine de Sicile, & Comtesse de Provence, qui descendoit de Charles II. poursuivit Raymond des Baux, Prince d'Orange, comme Rebelle & le dépouilla de ses biens. Elle l'y rétablit quelque tems après, & lui laissa même le Droit de battre Monnoye, non seulement de cuivre, mais d'argent & d'or. Le Roi Charles II. Bisayeul de Jeanne, avoit reçu, à certaines conditions, l'hommage de la Principauté d'Orange, & il laissa ce Droit à ses Successeurs. Raymond des Baux qui étoit du tems de Jeanne, réunit toutes les portions de la Principauté, qu'il laissa entière à sa fille unique Marie des Baux.

La Princesse Marie des Baux épousa Jean de Challon, Baron d'Arlay dans la Franche-Comté; Marie, en mourant substitua sa Principauté d'Orange à ses Enfans, en établissant le Droit d'aînesse. Louïs étoit l'aîné & Jean le cadet, & ils avoient une sœur nommée Alix, qui épousa Guillaume de Vienne; Louïs fut Prince d'Orange, & acquit pour quinze mille francs, de René Roi de Sicile, la Souveraineté qui appartenoit à ce Roi sur la Principauté d'Orange, comme Comte de Provence. Louïs eut deux Enfans, Guillaume Prince d'Orange, & Jeanne de Challon, femme de Louïs Comte de la Chambre.

Guillaume fut pris prisonnier par Louïs XI. Roi de France, qui le contraignit à lui vendre la Souveraineté de sa Principauté pour quarante mille écus, le Roi consentit que Guillaume prît toûjours le Titre, *par la grace de Dieu*, qu'il fit battre monnoye, & pût donner grace aux Criminels de son Etat d'Orange, & quant au Droit que le Roi avoit acquis sur cette Principauté, il fut uni au Dauphiné.

Jean de Challon succéda à son pere Guillaume en la Principauté d'Orange, & obtint de Louïs XII. la cassation de ce Contract passé entre Louïs XI. & Guillaume, comme fait par force, & par un prisonnier. Ainsi le Prince Jean fut rétabli dans sa Souveraineté libre & indépendante l'an 1500. après que les Lettres de Louïs XII. eurent été enregistrées à Grenoble.

Quelques Ecrivains peu exacts ont osé assûrer, que les Princes d'Orange de la Maison des Baux, & même de la Maison de Challon, avoient avant le regne de Louïs XI. rendu hommage de leur Principauté d'Orange aux Dauphins, ce qui n'est pas véritable; car l'hommage rendu par Raymond des Baux, ne regardoit que la Terre du Poët dans le Gapençois, & les autres hommages rendus aux Dauphins par ceux de la Maison de Challon, ne peuvent concerner que les Terres d'*Orpierre* & de *Trescloux*, qui avoient été données en Fief par les Dauphins à cette Maison de Challon, ainsi qu'on l'a fait voir à la page 400. dans les excellens Mémoires du Dauphiné, donnez au Public il y a quelques années.

Pour revenir à Jean de Challon, il eut deux Enfans, un fils & une fille. Son fils unique Philibert de Challon lui succéda, en la Principauté d'Orange, & mourut sans enfans l'an 1531, ayant institué Héritier son neveu René de Nassau, fils de sa sœur Claude, & d'Henri Comte de Nassau, à la charge de porter le nom & les Armes de Challon. René mourut sans enfans l'an 1544. ayant institué par son Testament Guillaume de Nassau son Cousin germain, Héritier de la Principauté d'Orange, & de tous ses autres Biens, au préjudice de ses Héritiers maternels, contre la substitution de Marie des Baux, qui avoit apporté cette Principauté à la Maison de Challon, & contre une seconde Substitution de Louïs de Challon Prince d'Orange, faite l'an 1462. le même Louïs étoit bisayeul de Claude, femme de Henri de Nassau, & mere de René Prince d'Orange.

Comme les Princes Philibert de Challon, & René de Nassau tenoient le parti de Charles-Quint, & de la Maison d'Autriche, cela donna sujet à ses dépouiller, & une occasion à leurs parens de France de former diverses instances au Grand Conseil, & au Parlement de Grenoble pour la totalité, ou pour une partie de la Principauté d'Orange, qui fut ajugée au Prince Philibert de Challon, par les Traitez de Madrid & de Cambray: Son Successeur René de Nassau, fut tué devant Saint Dizier, servant l'Empereur Charles-Quint l'an 1544. & il étoit alors (à cause de la guerre) privé de sa Principauté d'Orange, & de ses Biens de France.

Les Héritiers naturels de René de Nassau étoient descendans de Jeanne de Challon, femme de Louïs de la Chambre; ils obtinrent des Arrêts au Parlement de Grenoble qui les mirent en possession de la Principauté d'Orange. Les Ducs de Longueville prétendoient exclure tous les autres qui descendoient de Jean de Challon, & de Marie des Baux, parce que ces Ducs representoient Alix de Challon, femme de Guillaume de Vienne, dont la fille Marguerite de Vienne avoit épousé Rodolphe, Marquis de Bade-Hochberg, dont la petite-fille Jeanne avoit été

ma-

mariée à Louïs d'Orleans Duc de Longueville, de laquelle Alix de Challon les descendans étoient appellez à la Succession, au défaut des Enfans mâles de Marie des Baux, par son Testament. Si cette Substitution de Marie des Baux avoit pû exclure tous ses descendans, qui n'étoient pas mâles, sortis de la Maison de Challon (quoiqu'ils vinssent des Enfans mâles de cette Princesse d'Orange en ligne directe) pour donner uniquement le Droit à ceux qui venoient d'Alix, la Comtesse de Nassau Claude de Challon, n'auroit pû recueillir la succession de son frere Philibert, ce que néanmoins elle avoit fait. Ainsi on ne peut douter, que Jean de la Chambre, qui plaida si long-tems contre Guillaume de Nassau, n'eût le bon Droit, puisqu'il venoit en ligne directe de Jeanne de Challon, fille de Louïs Prince d'Orange, bisayeul du Prince Philibert, oncle du dernier Prince René de Nassau. Comme il faut que l'interêt des Particuliers céde à celui du Public, quand il s'agit de faire la Paix entre deux Couronnes, on ne s'arrêta pas à soutenir le Droit des Héritiers de Jeanne de Challon, mariée dans la Maison de la Chambre. C'est pourquoi il fut accordé par le Traité de Cateau-Cambresis, que Guillaume de Nassau, seroit mis en possession de la Principauté d'Orange, dont il jouïroit en toute Souveraineté ; ce que Charles IX. confirma par son Edit de l'an 1570. & en conséquence Guillaume de Nassau, Prince d'Orange, qui à cause des Troubles avoit été dépouillé de sa Principauté, y fut rétabli. Le Droit de Souveraineté de la Maison de Nassau sur la Principauté d'Orange, fut confirmé au Traité de Vervins de l'an 1598. Il l'a été depuis par ceux de Nimégue en 1678. & de Ryswyck l'an 1697. Les Princes de la Maison de Nassau avoient fait faire à Orange une Citadelle, qui étoit une des meilleures Places de l'Europe. Mais le feu Roi Louis XIV. étant allé en Provence, obligea le Comte de Dohna, Gouverneur de la Principauté à lui remettre cette Citadelle, qu'il fit démolir, durant le bas âge de Guillaume Henri, qui fut déclaré Stathouder d'Hollande l'an 1672. & enfin couronné Roi de la Grande Bretagne en 1689.

Le Prince d'Orange avoit établi dans cette Ville dès le Mois de Février de l'an 1297. une Cour Souveraine, qu'on appelloit Parlement pour décider les affaires de la Principauté en dernier ressort. Cette Cour ayant été plusieurs fois abolie & rétablie, a été cassée pour la derniére fois, après son union au Roi Guillaume.

Il y a eu de grands différends, pour la Succession des Biens Patrimoniaux de ce Prince, entre plusieurs Cohéritiers & Prétendans. Celui qui s'est trouvé le plus puissant a été Frédéric Roi de Prusse, dont la Mere étoit Louïse-Henriette de Nassau, Sœur ainée de Guillaume Prince d'Orange, & Tante du Roi Guillaume, mort sans Enfans. Fréderic étant mort l'an 1713. a eu pour Successeur son fils, Frédéric Guillaume, qui la même année faisant la Paix avec le Roi Louïs XIV. lui a cédé & à ses Successeurs, la Principauté d'Orange ; le Roi de Prusse s'étant même chargé de dédommager le fils du Prince de Nassau, Stathouder de Frise, institué Héritier par le Roi Guillaume.

La Race des Comtes de la Chambre, qui ont autrefois disputé cette Principauté, a été éteinte, il y a cent cinquante ans. Leurs Héritiers naturels étoient les descendans de Jean de Challon, Seigneur de Vitaux, dont la petite-fille Charlotte de Challon, épousa Adrien de Sainte Maure Marquis de Nesle ; ils eurent un fils, Louïs de Sainte Maure, dont le fils Charles, mourut sans Enfans. Les Traitez de Paix & les Edits, qui avoient accordé à la Maison de Nassau, la jouïssance paisible de la Principauté d'Orange, imposa silence aux Marquis de Nesle, qui avoient succédé aux Droits des Seigneurs de la Chambre. Les Biens & les Droits de cette Maison de Sainte Maure, passerent par mariage, en celle de Laval, & de celle-ci en celle de Laval-Aux-Epaules, qui avoit pris par alliance le nom de Laval. De celle de Laval-Aux-Epaules, elle vint en celle de Monchi-Moncavrel, dont l'Héritiére Jeanne de Monchi épousa Louïs de Mailly. Après la mort de son mari, elle a voulu faire revivre les vieilles prétentions des Cadets de Challon & de leurs ayans causés, dont elle étoit Héritiére naturelle, en présentant pour elle & son petit-fils le Marquis de Nesle, à l'Assemblée des Plénipotentiaires à Utrecht pour la Paix Générale, des Mémoires auxquels on n'a pas eu plus d'égard qu'à ceux des anciens Prétendans, lorsqu'on fit le Traité de Cateau-Cambresis. La Principauté d'Orange, nonobstant les différentes prétentions de plusieurs Particuliers, ayant été unie à la France, comme nous l'avons dit, par la cession du Roi de Prusse, le feu Roi Louïs XIV. l'a jointe au Dauphiné, l'ayant mise sous l'Election de Montelimar.

Il y a deux Bourgades qui dépendent de la Principauté d'Orange, l'une nommée COURTESON, & l'autre GIGONDAS; elles ont eu autrefois leurs Seigneurs particuliers, qui étoient Cadets des Princes d'Orange de la Maison des Baux ; mais Marie des Baux jouïssoit de ces deux Seigneuries, qui avoient été réunies en un Corps, lorsqu'elle épousa Jean de Challon. Il y a encore une troisième Bourgade dans cette Principauté savoir JONQUIÈRES.

L'Evêché d'Orange est Suffragant d'Arles [a], & reconnoît Constantius pour le premier de ses Evêques. Le Chapitre de la Cathédrale est composé de neuf Chanoines, dont il y en a trois qui remplissent les Dignitez de Prevôt, d'Archidiacre & de Capiscol. [b] Il s'est tenu trois Conciles à Orange, le premier en 441. sous le Pape Léon I. Il étoit composé de XVII. Evêques, & ce fut Hilaire d'Arles qui y présida. Le second sous le Pape Felix IV. l'an 529. il étoit composé de XV. Evêques assemblez contre les Sémipélagiens, & ce fut Césaire Evêque d'Arles, qui y présida. On y fit 25. Canons, où la Doctrine de la Grace, du Libre-Arbitre, & de la Prédestination est expliquée par les paroles mêmes de St. Augustin. Le troisième sous le Pape Honorius III. l'an 1228. à l'occasion de l'Hérésie des Albigeois. Le Légat du Pape y assista. Quelques-uns en mettent un quatrième, qui selon les autres n'est qu'une continuation du troisième.

[a] *Piganiol, de la Force Descr. de la France.* T. 4. p. 28.
[b] pag. 64.

L'Arc

L'Arc de Triomphe dont j'ai déja touché quelque chose, étoit un des plus beaux morceaux, qui ait échappé aux injures du tems. Plusieurs Savans, comme Mr. de Peyresc, Pontanus, Gronovius &c. ont cru qu'il avoit été érigé, en faveur de Domitius Ænobarbus, & de Quintus Fabius Maximus Æmilianus, après qu'ils eurent vaincu les Allobroges; & il y a un passage dans le Chap. II. du III. Livre de Florus, qui seroit décisif, si l'on n'en avoit pas encore un qui est plus précis pour convaincre que cet Arc de Triomphe a été élevé pour Caius Marius & Luctius Catulus, dès qu'ils eurent vaincu les Teutons & les Cimbres. On lit sur quelques boucliers qui sont mêlez parmi les Trophées d'armes dans la face Méridionale de cet Arc *Mario & Dacudo*. Ce qui paroît démonstratif à l'Auteur [a] cité en marge pour le parti qu'il embrasse; & pour ne point quitter cette même face, on y voit la figure d'une femme qui est à une fenêtre, & qui pourroit fort bien représenter Marthe la Syrienne, que Marius consultoit toujours, avant que d'entreprendre quelque chose de conséquence. Le Docteur Mr. Jean Fréderic Guib, qui a étudié cet Arc de Triomphe avec soin, a fait une Dissertation savante où il prouve que les figures représentées sur cet ancien Monument, n'ont rien qui convienne à Marius & aux Peuples qu'il a vaincus; mais que tout quadre parfaitement, avec les Victoires, de Domitius Ænobarbus. Je renvoye pour les détails des preuves, à sa Dissertation, imprimée à Lyon chez P. Maseray troisième Edition. Je remarquerai seulement qu'une partie de la face Occidentale, tomba en 1707, & 1709. & que depuis ce tems-là, le reste est entiérement renversé.

[a] Piganiol, de la Forét, ibid. p. 64.

ORANGE; comme les Princes d'Orange, ont fait une très-grande figure dans l'Etablissement de la République des Pays-Bas, il n'est pas étonnant que les Hollandois ayent donné ce nom à des lieux, situez hors de l'Europe.

Le CAP D'ORANGE, Cap de l'Amérique Méridionale dans la Mer du Nord, à l'Orient de l'Embouchure de la Riviére d'Yapoco; à l'Orient & assez près de Cayenne; & environ à cinq lieues de Comaribo. Les Vaisseaux qui vont d'Europé à Cayenne, sont obligez d'aller reconnoître ce Cap pour redresser leur route, sans quoi ils courent risque de s'en écarter.

1. Le FORT D'ORANGE; Fort que les Hollandois ont élevé dans l'Amérique Septentrionale, au Pays auquel ils avoient donné dans le tems qu'ils le possedoient, le nom de Nouveaux Pays-Bas. Les Anglois qui possedent ce Pays-là ayant changé les noms, le Pays s'appelle aujourd'hui la Nouvelle Yorck, & le Fort se nomme ALBANIE. Il est fort avant dans les Terres sur le bord Occidentale de l'Isle longue.

2. Le FORT D'ORANGE, Fort de l'Amérique Méridionale au Bresil dans la Capitainie de Tamaraca. Les Portugais qui possedent ce Pays, ont, je pense, détruit ce Fort.

ORANGEBOURG, ou pour suivre l'orthographe Allemande [b], ORANIENBOURG; Château & petite Ville d'Allemagne dans l'Electorat de Brandebourg, sur la Riviére de Havel à quatre milles de Berlin. Ce n'étoit qu'un Village nommé Botzow, lorsque l'Electeur Fréderic Guillaume ayant épousé en 1646. Louïse Henriette, fille d'Henri Fréderic Prince d'Orange fit commencer en ce lieu un Château pour elle, auquel il donna le nom d'ORANGEBOURG. Fréderic troisième leur fils qui a été le premier Roi de Prusse, augmenta ce Château de la moitié, & y ajouta plusieurs ornemens en l'honneur de l'Electrice sa mere, comme on le voit dans l'Inscription Latine qui est sur la grande Porte.

[b] Mémoires communiquez.

Cette Maison de Plaisance est située dans un Pays qui ressemble fort à la Hollande. Au lieu du Village, il s'est bâti une petite Ville, qui a pris aussi le même nom, & tout à l'entour ce sont de belles Prairies à perte de vue, qui sont arrosées & entrecoupées par divers Canaux qu'on a tirez de la Riviére de Havel. Ces Prairies sont environnées de Bois, au travers desquels, on a pratiqué des vues si belles & si longues, que quelques-unes s'étendent jusqu'à d'autres Maisons de Campagne.

Orangebourg consiste en deux Cours; le corps du Logis est au milieu. Le Jardin est fort grand & orné de Statues, de Fontaines, d'Obélisques, de Grottes, il y a aussi une Voliére, une Orangerie, & quelques pas plus loin, une Maison appellée la Favorite, où le Roi peut loger commodément lorsque l'envie lui en prend. On y a ajouté encore une Ménagerie, un Hermitage, & tout ce qui en dépend. Le Jet d'eau qui est dans le grand Escalier, monte à la hauteur de quarante-six pieds. Celui du Jardin monte encore plus haut. Pour y conduire l'eau on a élevé de belles machines sur le bord de la Riviére dans une grande plaîne, où il n'y a pas la moindre éminence, qui ait pu contribuer à l'élévation de ces eaux. La Galérie & le Cabinet de Porcelaine, où l'on voit un nombre infini de Pierreries antiques, de Cachets & autres Curiositez de cette nature, est une merveille qu'on ne trouve guéres ailleurs. Cela fait un très-beau coup d'œil par la manière dont tout cela est rangé en Obelisques, en Colomnes, & en toutes sortes d'autres Figures, depuis les plus petites curiositez, jusqu'aux plus grands vases. Le Lambris de ces Chambres est tout de miroirs, ce qui produit un charmant spectacle. Les moulures & les quadres de ces miroirs sont d'une peinture, très-fine & la dorure en est très-belle.

ORANI, Peuple de la Sarmatie Asiatique, selon Pline. [c]

[c] l. 6. c. 7.

ORAS. Voyez HORAS.

ORATELLI, Peuple des Alpes. Il en est parlé dans le Monument érigé en l'honneur d'Auguste, & rapporté par Pline. [d]

[d] l. 3. c. 20.

ORATHA, Ville d'Asie sur le Tigre, au Pays de Messene, selon Etienne le Géographe, qui cite le XVI. Livre des Parthiques d'Arrien que nous n'avons plus.

ORATOIRE, petit Edifice, ou partie d'Edifice, consacré à la priére. Il differe de la Chapelle, en ce que la Chapelle a un Autel, où l'on célébre les Saints Mystéres; au lieu que l'Oratoire n'a point un pareil Autel; où, quoi qu'il y ait une table en forme d'Au-

## ORA. ORB.

d'Autel on n'y célèbre point. Les Hermites qui n'ont point les Ordres Sacrez, ni par conséquent le pouvoir de célébrer, ont un Oratoire, où ils recitent leurs prieres. Plusieurs personnes pieuses qui menent la vie commune, ont chez elles un Oratoire où elles se retirent pour prier. On voit en France beaucoup de Villages & de Bourgs du nom d'Oroir, Oroair, Orouer, Aurouer, Oradour, qui prennent leur nom, & leur origine de quelque Oratoire de Saints retirez dans les Hermitages & dans les Solitudes de la Campagne.

ORATORIUM, Oroir ou Oroair, Monaftère de France près de Beauvais [a]. C'étoient des filles qui l'occupoient. Il a été ruïné, puis transporté au lieu où est maintenant l'Abbaye de St. Paul. Ce premier Monastère avoit été établi & gouverné par Sainte Andragéme qui y mourut.

[a] Baillet, Topogr. des Saints. p. 639.

§. Quelques-uns ont crû que c'étoit Aurouer, Village & Paroisse, environ à deux ou trois lieues de la Ville, vers le Nord.

ORATURÆ, Peuple de l'Inde, selon Pline [b].

[b] l.6. c.20.

ORAXUS, ou, selon quelques Manuscrits de Pline, Araxus. Il dit [c] Oraxi fontes, ce qui peut s'entendre de deux manières, ou les sources de l'Oraxus, ou les Fontaines nommées Oraxi. Quoiqu'il en soit, ces Sources ou ces Fontaines, étoient dans la Campanie, entre Pouzol & Naples, sur la Colline Loucogée. Pline [d] dit que leur eau avoit la vertu d'éclaircir les yeux, de nettoyer les playes, & de raffermir les dents.

[c] l.18.c.11.
[d] Baudrand, Edit. 1705.

ORBA, petite Ville d'Italie. Elle fort de l'Apennin dans l'Etat de Gènes, d'où traversant une partie du Montferrat, elle passe dans le Milanez, & s'y jette dans la Bormia, un peu au-dessus d'Alexandrie.

ORBA. Voyez Sinna.

ORBACUM, nom Latin d'Orbais.

1. ORBADARI, Ὀρβαδάρου; Village de l'Ethiopie, sous l'Egypte, selon Ptolomée [e].

[e] l.4 c.7.

ORBADARI, Ὀρβαδάρου, Ville de l'Inde, en deçà du Gange, mais dans les Terres à l'Orient, & assez loin du Fleuve Indus, selon Ptolomée [f].

[f] l 7.c.1.

ORBAIS, Abbaye de France, au Diocèse de Soissons [g], dans la Brie, au bord du Sourmalon, à trois lieues de Montmirail, & six de Château-Thierri, en allant vers Vertus. Il y a une Abbaye de l'Ordre de St. Benoît, sous le titre de St. Pierre. Elle a été fondée par St. Rieul, Archevêque de Rheims, vers l'an 673. ou 680. Il y est enterré & ses Reliques y sont en vénération. Le Corps de St. Remy y fut déposé lorsque les Normands faisoient des courses dans la Champagne. Foulque, Archevêque de Rheims, & Abbé de St. Remy, le fit reporter à Rheims en 882.

[g] Divers Memoires.

ORBALISENA, Ὀρβαλισηνή; Contrée de la Petite Arménie, selon Ptolomée [h]. Il en fait la partie la plus Septentrionale.

[h] l.5.c.6.

ORBANASSA, Ὀρβανάσσα; Ville d'Asie dans la Pisidie, selon Ptolomée [i].

[i] l.5.c 5.

ORBAS, Rivière de l'Asie Mineure dans la Phrygie, auprès de Celenes, selon Dion cité par Ortelius. Ce dernier [k] croit que c'est la même, que l'Orga de Pline, & que l'Orgas de Strabon.

[k] Thesaur.

ORBASSAN, petite Ville d'Italie dans le Piémont entre Turin & Pignerol [l].

[l] Baudrand, Edit. 1705.

1. ORBE (l') Rivière de France, selon Jaillot [m], de Suisse selon Scheuchzer, de l'une & de l'autre, selon Mr. de l'Isle. Elle est dans le Mont Jura, entre la Franche-Comté, & le Pays de Vaud; & en sortant de sa source qui est en Suisse, elle entre dans le Lac de Rosset, en sort au Nord-Est, rentre ensuite conservant le nom d'Orbe & se charge d'un Ruisseau, dont elle porte les eaux dans le Lac de Joux, qui en reçoit encore quelques autres. Il ne paroit pas que ce Lac reçoive assez d'eau ni de l'Orbe ni de ce Ruisseau, pour être aussi grand qu'il est; mais ce qui étonne encore davantage, c'est qu'il aboutit à un Canal étroit que l'on passe sur un grand Pont de bois, & à demie lieue au-dessous de ce Pont, le Lac se perd dans la terre par un grand trou qu'on peut voir. On croit assez communément qu'il va par des conduits souterrains vers le Nord, & qu'il traverse ainsi invisiblement des Montagnes, au delà desquelles la Rivière d'Orbe se reproduit.

[m] Cartes de Suisse.

2. ORBE, (l') Rivière de Suisse, au Pays de Vaud [n]. Elle a sa source dans une espèce de Lac au Nord Oriental du Lac de Joux, dont ce petit Lac est séparé par des Montagnes, qui font partie du Mont Jura. Ses eaux sortent d'un Rocher, & font déja une Rivière toute entière. La Vallée où elle coule s'appelle Valorbes; c'est par cette Vallée, que la Rivière serpente d'abord vers le Sud-Est, ensuite vers le Midi. Elle passe à Valorbes, Village au dessus duquel elle reçoit un Ruisseau qui vient du Nord. Elle passe ensuite à Lesclées, puis à Orbe, où elle forme en circulant une Presqu'Isle où cette Ville est située; après cela ayant coulé quelque tems vers le Nord, elle se détourne au Nord-Est, prend avec elle la Tiele, & entre dans le Lac de Neufchâtel, où elle ne porte déja plus son nom. Voyez l'Article qui suit.

[n] Les mêmes Cartes.

3. ORBE, Ville de Suisse au Pays de Vaud, dans un Bailliage de même nom, dont elle est la Capitale. C'est, dit l'Auteur de l'Etat, & des Délices de la Suisse [o], une jolie Ville, médiocrement grande, dans une situation fort agréable & un peu élevée, à deux lieues du Mont Jura, sur une Colline, au pied de laquelle coule la Rivière de l'Orbe, sous un beau Pont de Pierre. Il y avoit deux Convens, l'un de Cordeliers, & l'autre de Religieuses de Sainte Claire ; ces deux Convens étoient contigus l'un à l'autre, & outre leurs Eglises particulières, ils avoient une Chapelle commune entre deux. On chassa les uns & les autres en 1554. lorsque la Ville d'Orbe embrassa la Confession Helvétique. Le premier de ces Convens devint la Maison de Ville, & de l'autre on fit un Collége. Il y avoit encore cinq autres Eglises tant grandes que petites, & en tout vingt-six Autels qui furent la plûpart renversez en 1531. La Ville d'Orbe est fort ancienne, & quelques Auteurs croïent (avec assez de probabilité) qu'elle étoit la Capitale du Canton, nommé *Pagus Urbigenus*, lorsque la Suisse étoit partagée, en quatre Cantons. Cependant plusieurs Ecrivains de la Suisse Allemande, prétendent que les *Urbigeni* de César soient

[o] T.1.p.310.

M 3

soient les Habitans de l'Argaü. Quoiqu'il en soit, Orbe a été florissante sous l'ancienne Monarchie des Francs. Les Rois de la première & de la seconde Race, y avoient un Palais Royal, où ils alloient quelquefois passer le tems. On doute si le Château à demi ruiné, que l'on y voit, en étoit une partie. Ce qu'il y a de sûr c'est qu'Orbe étoit très-propre pour en faire un Lieu de plaisance; car comme elle est un peu élevée, qu'elle a une vaste Campagne au-dessous d'elle, & que la vûë s'étend même bien avant sur le Lac d'Yverdun, que l'on y voit de profil, un lieu si agréablement situé devoit être un agréable séjour pour des Princes. Une Princesse nommée Theudelinde, de la première Race des Rois de France, y faisoit sa résidence ordinaire, avant & après l'année 620. [a] & ce fut à Orbe que la Reine Brunehaut fut arrêtée, comme le raconte Fredegaire, & on la ramena de-là au Roi Clothaire II. qui la fit mourir. [b] La Riviére d'Orbe sert pour le Commerce des Habitans. On a sû la rendre, depuis quelques années, navigable, depuis Orbe jusqu'à Yverdun qui est à deux lieues de-là; & comme elle est fort rapide, on fait ce chemin bien vîte en descendant; mais elle est fort dangereuse, lorsqu'elle vient à se déborder. Toute cette Ville est de la Confession Helvetique; le Bailliage n'est pas de même, comme nous dirons ci-après.

[a] *Longuerue* Descr. de la France, Part. 2. p. 269.
[b] Etat & Délices de la Suisse p. 312.

4. Le BAILLIAGE D'ORBE, petite Contrée de Suisse, au Pays de Vaud, près du Mont Jura. C'est un des treize Bailliages du Pays Romand. [c] La Souveraineté en est partagée entre les Cantons de Berne & de Fribourg. Il s'étend plus en long qu'en large & s'avance vers le Midi jusqu'à deux petites lieues au-dessus de Lausanne entre les Bailliages de Romain-Motier, de Morges de Lausanne & d'Yverdun. Celui de Granson lui est contigu, & le sépare de la Principauté [d] de Neufchâtel. Selon Mr. de Longuerue [d], le Bailliage d'Orbe & d'Eschalans, est tout enclavé dans le Pays de Vaud; les Suisses s'en emparerent, quand ils eurent vaincu le Duc de Bourgogne; les Cantons de Berne & de Fribourg conserverent cette Conquête, quoique tout le Pays des environs eût été remis, au Duc de Savoye par le Traité de Paix de l'an 1476. Selon l'Etat & les Délices de la Suisse [e], les deux Bailliages d'Orbe & de Granson, appartenoient autrefois aux Comtes de Montbeliard: après cela ils vinrent, je pense, (c'est cet Auteur qui parle toujours) par mariage dans la Maison de Châlons; & les deux Cantons de Berne & de Fribourg les conquirent sur cette Maison l'an 1475. du tems de la guerre de Bourgogne. Ces deux Bailliages font ensemble 17. à 18. Paroisses. Dans celui d'Orbe la Religion Catholique, & la Protestante sont également permises; & l'Eglise Paroissiale sert aux uns & aux autres à des heures différentes.

[c] Ib. p. 309.
[d] *Longuerue* Descr. de la France, Part. 2. p. 269.
[e] p. 309.

5. ORBE (L') Riviére de France dans le Languedoc [f]. Elle a sa source, au Diocése de Lodéve, au Nord de la Ville de ce nom, sur la Frontiére du Rouergue. De-là elle coule vers le Sud-Ouest, passe à Ceilles & serpente vers le Midi, & reçoit au-dessous de Bederieus un Ruisseau qui vient de St. Gervais, & plus-bas le Jaure, qui vient de St. Pons

[f] *Sanson* Atlas.

& d'Olargue, puis un autre qui vient de l'Abbaye de St. Cyran, passe à Cessenon d. à Beziers g. & traversant le Canal Royal, elle baigne Villeneuve d. & Serignan g. & se jette enfin dans le Golphe de Lyon, par le Grau de Serignan.

ORBEC, [b] petite Ville de France en Normandie dans le Diocése de Lisieux entre Bernay, Montreuil, Vimonstier & Livarot sur une petite Riviére, qui tombe dans la Touque à Lisieux, qui n'en est éloigné que de quatre lieues. Les Capucins ont un Convent à Orbec. Le Territoire de la Ville consiste principalement en prairies, & en gras pâturages, dans lesquels on nourrit beaucoup de Bétail. On en fait une vente considérable, au Marché qui se tient en cette Ville. A trois quarts de lieue de-là est un Prieuré Claustral de Chanoines Réguliers de St. Augustin, en un lieu nommé FRIALDEL; Mr. de l'Isle écrit Friardel. Il ne fait qu'un Bourg d'Orbec. Mr. Baudrand lui donne titre de Baronnie, & le met sur une Riviére de même nom. Le vrai nom de la Riviére est l'ORBIQUET. On ne l'appelle la Riviére d'Orbec; que de la même maniére, que les Hollandois pour ne point trop charger leur mémoire, nomment la Loire, la Riviére de Nantes, & la Seine la Riviére de Rouen.

[g] *Corneille* sur des Mémoires Manuscrits.

ORBEGA (L') d'autres disent l'Orbego, Riviére d'Espagne, au Royaume de Léon [h]. Elle a deux sources dans les Montagnes qui sont au Couchant Septentrional de Léon. Elles s'unissent à S. Miguel de Caminho. Elle a sur ses bords trois ou quatre Villages, où passe la route de Léon à Astorga; plus bas elle reçoit la Tuerta, Riviére qui vient d'Astorga, & plus bas encore un Ruisseau, nommé la Tera, & enfin au-dessous de Mija, elle reçoit l'Esla, avec laquelle elle va presque aussi-tôt tomber dans le Tage à Saint Jago, au-dessous de Zamora.

[h] *Jaillot* Atlas.

ORBELIA, Contrée au Nord de la Macédoine dans les Montagnes. Ptolomée [i] a écrit ORBELIA, Ὀρβελία, que quelques Copistes ont changé en Ὀρβηλία. Ce qui prouve que ce doit être un e dans la seconde syllabe, c'est que ce nom vient d'Orbelus, Montagne auprès de laquelle, ce Pays étoit situé. Ptolomée y met une Ville unique, savoir GARESCUS.

[i] l. 3. c. 13.

ORBELUS, Montagne ou plutôt Montagnes au Nord de la Macédoine, entre la Péonie au Midi, les Scordisques au Nord, les Danteletches à l'Orient, ou pour s'expliquer d'une maniére moins sujette aux révolutions, entre l'Axius au Couchant & le Strymon au Levant, à l'Orient d'Uscopia. Ces Montagnes sont aujourd'hui pour la plus grande partie dans la Servie. Les Riviéres de Morava, de Liperitza, & de Lietniza y prennent leurs sources. Le lieu d'où sort cette derniére s'appelle MONTE NEGRO. Lazius nomme l'Orbelus KAROPNITZE. Ptolomée [k], Herodote [l] & l'Abréviateur de Strabon [m], en font mention.

[k] l. 3. c. 9.
[l] l. 5. c. 17.

ORBESINE, Ὀρβησίνη, Contrée de la Petite Arménie, selon Ptolomée [m]. C'en étoit la partie la plus Méridionale.

[m] l. 5. c. 7.

ORBESTIER, Abbaye de France au bas Poitou, Ordre de St. Benoît, au Diocése de Luçon [n]. Elle fut fondée en 1007.

[n] *Piganiol de la Force*, Descr. de la France, T. 5. Guil. p. 82.

## ORB.

Guillaume IV. surnommé le Grand, Duc d'Aquitaine Comte de Poitou. On en a la Charte de fondation dans l'Histoire des Comtes de Poitou par Besly.

ORBETANE, Ville d'Asie, dans l'Arie, selon Ptolomée. Quelques Exemplaires portent ORBITANE, *Orbitana*.

ORBIEU, ou ORBIOU; en Latin OR-BID, ou URBIO petite Riviére de France au Haut Languedoc; elle a sa source à la Grasse & se rend dans l'Aude à deux lieues au-dessus de Narbonne.

ORBILIA. Voyez ORBELIA.

ORBIS : ce mot Latin a plusieurs significations qui toutes se rapportent à la principale, savoir la *Rondeur*. Pline dit : *Orbis Pilæ* pour dire la Rondeur d'une balle. Ovide *in orbem lanam glomerare* pour dévider de la laine & en faire des pelotons. Comme la ligne que les Planettes décrivent dans le Ciel à notre égard est circulaire; Ciceron appelle *Orbis Signifer* le Zodiaque; & *Orbis Astrorum*, le mouvement circulaire des Astres. Pline appelle par la même analogie *Orbis rotarum* la circonférence des Roues. Comme le Globe de la Terre & de l'eau, est une masse ronde ou approchante de la ronde, les Latins l'ont exprimé par le mot *Orbis*, ou par ceux-ci *Orbis Terrarum*, & de même que nous employons en François le mot *Monde* pour signifier une multitude d'hommes, Ovide s'est servi du mot *Orbis*, dans le même sens : *Ingens Orbis in Urbe fuit*, c'est-à-dire, il s'amassa beaucoup de monde dans la Ville. Nous disons dans le style Géographique & Astronomique l'ORBE de la Terre, l'ORBE du Soleil, l'ORBE de la Lune, pour exprimer le contour, la circonférence de ces Corps. L'Astronomie a encore un autre sens qui est en usage, c'est à dire l'ORBE pour signifier tout l'espace qui est enfermé dans le Cercle qu'une Planette décrit; mais ce n'est pas ici le lieu de s'étendre sur cette matière.

Les Géographes qui écrivent en Latin appellent *Orbis Vetus*, le Globe tel qu'il a été connu des Anciens, c'est-à-dire l'Hemisphere que nous habitons; & *Orbis Novus*, ou *Orbis rebus detectus*, l'Hemisphere où est l'Amerique. Voyez aux mots MONDE & TERRE.

ORBITÆ, Peuple des Indes, selon Etienne le Géographe qui cite Apollodore. Or-telius *a orbis* que c'est pour ARBITI. Voyez ARBITI. [a Thesaur.]

ORBITANIUM, Ville ancienne d'Italie, dans le Pays des Samnites. Elle fut prise par Fabius, selon Tite-Live b. [b l. 24.]

ORBITAON, ou avec la terminaison Latine ORBITAUM, Montagne de la Pannonie, selon Diodore de Sicile c. [c l. 20.]

ORBITELLE, ORBITELLO, ou ORBETELLO; Ville d'Italie en Toscane, au Siennois, dans un Etang près de la Riviére nommée *Albegna* par Mr. Baudrand, & *Albengia* par Léandre; au pied du Mont Argentaro. Elle étoit autrefois de la République de Sienne; mais lorsque le Roi d'Espagne céda le Siennois au Grand Duc, il se reserva Orbitelle avec les Places de Telamone, Porto-Hercole, Porto San Stefano, & le Mont Argentaro sur la Côte. La principale des Places reservées est Orbitelle. Les Espagnols l'ont

## ORB.

fortifiée. Ce petit Etat est fort voisin du Patrimoine de St. Pierre, & Orbitelle n'est qu'à 35. Milles de Civita Vecchia. Cette Ville dépend pour le Spirituel de l'Abbaye de Trois-Fontaines près de Rome, dont elle étoit autrefois sujette pour le Temporel par la liberalité de Charlemagne qui lui donna tout ce Territoire, car la Ville ne fut bâtie qu'en 1201. Léandre d dit toujours ORBETEL-LO soit en parlant du Lac, soit en parlant de la Ville qu'il qualifie *Castello*. [d p. 33. fol. recto.]

Orbitelle, dit le P. Labat e, est au milieu d'un Etang salé formé par la Riviére d'Albegna, qui se décharge ensuite dans la Mer par une ouverture assez large qui est au Couchant. (Voyez son Article particulier.) Cet Etang qui est très-poissonneux a dix ou onze milles de circonférence & est ovale. La Ville qui lui donne le nom est bâtie sur une motte de terre au milieu & ne tient à la Terre ferme que par une chaussée naturelle ou artificielle, de peu de largeur, qu'il est aisé de couper. Par ce moyen la Ville est très-facile à défendre & très-difficile à attaquer; aussi les Impériaux ne s'en rendirent-ils maîtres que par la trahison du Gouverneur Espagnol, qui la leur livra; de sorte que l'Empereur en a joui jusqu'à la présente guerre & comme elle lui a déjà coûté tout le Milanez, & le Royaume de Naples, il n'y a pas d'apparence qu'il conserve rien en Italie. [e Voyage d'Italie, t. 6. p. 46.]

La SEIGNEURIE D'ORBITELLE. Mr. Baudrand f appelle ainsi les Places que le Roi d'Espagne se réserva dans le Siennois lorsqu'il le vendit au Grand Duc; à cause qu'Orbitelle en est le principal lieu. Les autres sont Telamone, Porto-Hercole & Porto San Stefano. Ces lieux & leur Territoire étoient gardez par des Garnisons Espagnoles & formoient un petit Etat que les Italiens appelloient *lo Stato di gli Presidii*, c'est-à-dire l'Etat des Garnisons. Comme le Siennois dont cet Etat avoit été détaché fait partie du Grand Duché de Toscane, D. Carlos Infant d'Espagne Duc de Parme & de Plaisance, & reconnu depuis peu Roi de Naples & de Sicile, en qualité d'Héritier de la Toscane y rejoindra, apparemment un Etat qui n'en avoit été détaché par l'Espagne que pour se procurer une entrée dont ce Royaume n'aura plus besoin à l'avenir. [f Edit. 1705.]

L'ETANG D'ORBITELLE. Si on juge de cet Etang par la Description qu'en fait le P. Labat, on croira que cet Etang est formé par la Riviére d'Albengia. Cependant cette Riviére, dont le vrai nom est *Albegna*, en Latin *Albina*, a son embouchure à part, & ne communique ni peu ni point avec l'Etang. Cet Etang étoit autrefois fermé de tous cotez, & n'avoit aucune communication visible avec la Mer. Une langue de terre le séparoit & le sépare encore du Golphe Méridional où est Porto-Hercole; qui étoit nommé par les Anciens *Portus Herculis* ou *Portus Cosanus*, à cause de Cosa Ville située à l'extrémité Orientale de cette langue de terre. Une autre langue de terre le séparoit d'un Golphe situé à l'Occident où étoit *Portus Domitianus*. C'est cette derniére langue qui a été coupée & cette ouverture fait l'entrée de l'Etang. Cet Etang étoit presque partagé en deux par une langue de terre d'Orient en Occident, & c'est sur

sur cette derniére langue de terre qu'est bâtie la Ville & Forteresse d'Orbitelle. Cluvier qui croit que le *Domitianus Portus* est aujourd'hui le Port de St. Sebastien, coupe cette langue Occidentale qui est au Nord de Monte Argentaro, & y fait un passage tel qu'il est aujourd'hui. Voyez ce qu'il dit de ce Canton [a]. Cet Etang au reste & le Λιμνοθάλαττα de Strabon [b]; *Stagnum Marinum*, en François l'Etang salé.

[a] Ital. Ant. l. 2. c. 2.
[b] l. 5.

ORBITUM. Voyez OROPITUM.

ORBIUS. Voyez URBICUS.

ORBO, (l') petite Riviére de l'Isle de Corse. Elle a sa source près du Village de Sacra & se jette dans la Mer de Toscane, à la Côte Orientale de l'Isle, à douze milles des ruines d'Aleria au Midi. Voyez HIERUS I.

ORBUS. Voyez OROBIUS.

ORCADES, (LES) Isles au Nord de l'Isle d'Albion, pour parler comme les Anciens; nous disons dans la Géographie moderne au Nord de l'Ecosse. Pomponius Mela [c], & Pline [d] s'accordent à dire qu'elles ne sont séparées que par de petits Détroits; mais ils ne s'accordent pas pour le nombre. Mela en compte trente & s'accorde en cela avec Ptolomée [e]. Pline en met quarante & à sans doute mis au nombre les Ecueils tant grands que petits. On n'en compte présentement que vingt-huit au plus. On en retranche Stroma sur la Côte de Caithness, à laquelle Province elle appartient. Orose [f] compte vingt Isles desertes & treize habitées. Les Anglois les nomment les Isles d'ORKNEY. Leur situation est au 22. d. 11′. de Longitude & à 59. d. 2′. de Latitude. Le plus long jour y est de 18. heures & quelques minutes. Elles sont séparées de l'Ecosse par un Détroit nommé PENTLAND FIRTH, qui a XXIV. milles en longueur & XII. en largeur, & est plein de goufres fort dangereux. On les distingue en deux Classes par rapport à leur grandeur.

[c] l. 3. c. 6.
[d] l. 4. c. 16.
[e] l. 2. c. 3.
[f] l. 1. c. 2.

Les principales sont:

POMONA OU MAINLAND, STRONSA,
HOY, EDA,
SOUTH-RONALSA, SANDA,
SHAPINSHA, WESTRA,
ROUSA.

Les autres sont:

BURRA, COPINSHA,
FLOTTA, PAPA STRONSA,
FAIRA, NORD-RONALSA,
CAVA, PAPA WESTRA,
GRAWSEY, & quelques autres moindres.

Elles doivent être bien plus peuplées qu'on ne s'imagineroit, s'il est vrai ce que dit [g] Blaeu dans son Atlas, que dans une revue qui se fit proche de Kirkwal, dans l'Isle de Pomone, il s'y trouva dix mille hommes sous les armes, outre ceux qu'on avoit laissez pour cultiver la terre. Ces Insulaires sont généralement vigoureux, robustes, bien faits.

[g] Etat prés. de la Gr. Bret. c. 2. p. 303.

Le Négoce de ces Isles consiste principalement en poisson, en boeuf, en porc salé, en beurre, en suif, en cuirs, en peaux de loutre, en peaux de lapin, en sel blanc, en étoffes, en bas d'estame, en laine, en jambons, en orge, en plume, & en grains germez pour faire la biere.

On n'y voit point d'arbres, hormis dans quelques jardins de Kirkwal où ils ne croissent pas plus haut que les murailles & c'est rarement que leur fruit vient à maturité. Cependant elles produisent de bonnes herbes & des racines, & même de gros artichauts.

On y déterre quelquefois des Chênes; ce qui a donné lieu de croire que le bois de charpente y viendroit bien si on avoit soin de planter & de cultiver les arbres qui le fournissent. D'autres s'imaginent que ces Chênes souterrains y ont été enterrez par le Déluge, & que l'air de la Mer y empêche les arbres de croître.

On trouve aussi dans ces Isles des pierres figurées, des poissons & des oiseaux qui leur sont particuliers; nommément une sorte d'Oye qu'on appelle *Claik Goose*, ou Barnacle qui s'engendre, à ce qu'on dit, dans des troncs d'arbre ou dans des planches de vieux Navires. Pour preuve de cela on assure que ces Oyes de Mer font leurs oeufs comme les poissons & les abandonnent à la merci des vagues; que ces oeufs flotans s'attachent à tout ce qu'ils rencontrent, soit bois pourri, soit plantes maritimes, surquoi il paroît une matiere gluante & que la chaleur du Soleil fait éclorre.

Il y a eu autrefois des Rois des Orcades, mais leur regne finit quand les Rois d'Ecosse s'empárerent de ces Isles après avoir subjugué les Pictes. Ensuite elles passèrent entre les mains des Danois & des Norwegiens; mais elles furent reprises par les Ecossois. Le Roi Alexandre les donna en Fief à un Gentilhomme nommé *Speire* & une Héritiere de sa famille le fit passer par mariage dans celle des Sinclairs, un desquels prit le titre de Comte des Orcades & Seigneur de Schetland. Mais ayant refusé de comparoître devant le Parlement, ce Comté & cette Seigneurie furent réunis à la Couronne, jusqu'au regne de Marie qui les donna à Jacques Bothwel, qu'elle épousa ensuite. Elles ont été données après cela à d'autres personnes & enfin réunies encore une fois à la Couronne. Mais par l'union des deux Royaumes le Gouvernement en a été donné au Comte de Morton, avec tout le revenu, à condition qu'il payeroit tous les ans la somme de cinq-cens livres sterlin à l'Etat. Elles donnent le titre de Comte d'Orkney, au Sieur George Hamilton, Oncle du Duc d'Hamilton.

A l'égard du détail de ces Isles, voyez leurs Articles particuliers dans leur rang naturel, ou au mot ISLE.

ORCAMP, selon Mr. Baudrand; OURCAMP, selon Mr. Piganiol de la Force [h]; Abbaye de France au Diocèse de Noyon. Elle fut fondée en la Forêt d'Esgue le 10. Décembre 1129. sur la gauche de la Riviére d'Oise à une lieue au dessus de Noyon, à la place d'un ancien Oratoire de St. Eloy. Elle est de l'Ordre de Citeaux, de la filiation de Clairvaux. Elle rapporte trente mille livres de rente à son Abbé.

[h] Descr. de la France, t. 3. p. 28.

ORCAN, c'étoit, dit Mr. Baudrand [i], une Ville de l'Isle de Rugen. Il la nomme AREONA en Latin, & ajoute que Voldemar Roi de Dannemarck, la ruina l'an 1168. & que

[i] Edit. 1705.

## ORC.

que le lieu qui est sur la Côte Septentrionale de l'Isle en conserve encore le nom quoiqu'un peu corrompu. Voyez ARKON.

ORCANÆ, Ὀρκαναι. Pollux fait mention d'une espèce de Chiens nommez ainsi du Pays d'où on les prenoit. Ortelius doute si ce n'est pas des *Orcades*.

ORCAORYCI, Ὀρκαορυκοὶ; Peuple de l'Asie Mineure. Selon Strabon [a] ils étoient auprès de Pessinonte aux confins des Tectosasages & de la grande Phrygie; & [b] ne devoient pas être éloignez de Tatta Etang dont les eaux formoient naturellement du sel. Ils [c] étoient aussi au voisinage de la Lycaonie.

[a] l. 12. p. 567.
[b] p. 568.
[c] p. 576.

ORCAS, nom d'un Promontoire, à l'extrémité Septentrionale de la Côte Orientale de l'Isle d'Albion. On le nommoit aussi TARVIDUM. Voyez ce mot.

1. ORCELIS, ancienne Ville de Thrace, selon Ptolomée [d]. Elle étoit dans les Terres, quelque part aux environs de Develtus & de *Carpudæmum*, entre les Montagnes & le Pont-Euxin.

[d] l. 3. c. 11.

2. ORCELIS, ancienne Ville de l'Espagne Tarragonnoise, chez le Peuple *Bastitani* dans les Terres, selon Ptolomée [e]. On croit que c'est présentement ORIGUELA. Voyez ce mot.

[e] l. 2. c. 6.

1. ORCHENI, Ὀρχηνοὶ; ancien Peuple de l'Arabie deserte, selon Ptolomée [f]. Il les met auprès du Golphe Persique.

[f] l. 5. c. 19.

2. ORCHENI, ancien Peuple d'entre les Chaldéens, dans la Mésopotamie [g] vers *Hipparenum*, & plus au Midi. On peut juger de leur situation par ce que Pline [h] en dit: selon lui, l'Euphrate & le Tigre avoient chacun une embouchure propre à XXV. M. P. de distance l'une de l'autre (ce qui revient à cinq lieues Géographiques de 15. au degré) mais les Orchenes, & autres Peuples qui avoient besoin d'une partie des eaux de l'Euphrate pour arroser leurs terres coupérent si bien ce Fleuve qu'il n'arrive plus à la Mer que par le Pasitigris.

[g] Plin. l. 6. c. 26.
[h] c. 27.

ORCHESTHENE, (L') Province de la grande Arménie, selon Strabon [i]. Elle fournissoit beaucoup de chevaux. Ὀρχιστηνή. Ceux qui lisent le Grec, selon la prononciation du Grec moderne, écrivent ORCHISTENE.

[i] l. 11. p. 528.

ORCHESUM, [k] Forteresse de l'Arménie, dans le voisinage de la Métropole de la Mélitene, selon Siméon Metaphraste, dans la Vie de St. André le Capitaine.

[k] Ortelii Thesaur.

ORCHIANUM, [l] Ville de la Toscane. Ortelius cite pour garand un Edit du Roi Didier.

[l] Ibid.

ORCHIES, Ville de France, dans la Flandre Françoise & Chef-lieu d'une Châtellenie de même nom à quatre lieues de Lille entre Tournai & Douay [m]. On prétend qu'elle étoit autrefois plus grande que n'est aujourd'hui la Ville de Lille. Mais à présent elle n'est plus considérable que par le droit qu'elle a d'envoyer ses Députez à l'Assemblée des Etats de la Province. [n] Elle a un Bailliage & un Magistrat. Le Bailliage a la Justice Féodale, le Bailli en est le Chef & le *Semonceur*, & a entrée aux Assemblées du Magistrat. Ce dernier exerce le Justice ordinaire dans la Ville à la reserve des cas Royaux dont la connoissance appartient à la *Gouvernance* de Douay, à laquelle ressortissent les

[m] Piganiol de la Force, Descr. de la France, t. 7. p. 243.
[n] Ibid. p. 192.

## ORC.

appellations du Magistrat d'Orchies. Ce Magistrat est composé de sept Echevins qui en sortant de charge nomment trois Bourgeois pour Electeurs. Ces Electeurs nomment trois Echevins qui en nomment deux autres, & ces cinq Echevins ensemble nomment les deux autres, ce qui fait en tout le nombre de sept. Les revenus de la Ville sont si peu de chose [o] qu'à peine est-elle en état de payer les dix huit-mille livres qu'elle doit pour contingent du don gratuit que la Province fait au Roi.

[o] p. 243.

ORCHILLA, petite Isle sur la Côte Septentrionale de la Terre ferme & plus particuliérement au Nord de Venezuela, au Nord-Ouest de la Marguerite entre cette Isle & celle de Curaçou. Elle a la petite Isle de Roques au Couchant & celle de Blanca au Levant. Elle est divisée [p] en plusieurs parties dont la plus grande qui est basse presque par tout est en maniére de Croissant. Les autres sont séparées les unes des autres par des Canaux peu profonds. Au Cap d'Orient, & à celui d'Occident il y a quelques Montagnes, où principalement se gardent les Chévres. Au Sud-Ouest de l'Isle la Mer est extrémement profonde & le rivage y est aussi droit qu'un mur, ce qui fait que les Navires peuvent en approcher de fort près. Il n'y a presque ni arbres ni herbes du côté du Nord-Ouest. Il y en a seulement du côté de l'Est & du Nord. La terre est salée & peu propre aux plantes; & comme il n'y a point de sources d'eau douce, il s'y trouve peu d'oiseaux, & une seule espèce de Lezards pour tous animaux.

[p] De Laet, Ind. Occid. l. 18. c. 15.

ORCHIMONT, [q] Château, & Seigneurie des Pays-Bas au Duché de Luxembourg, sur une Montagne, au pied de laquelle coule un Ruisseau qui tôt-après se jette dans le Semoy. Mr. de Longuerue [r] écrit ORCIMONT, & l'appelle Prevôté; elle a eu, dit-la France, il y a quatre ou cinq-cens ans ses Seigneurs particuliers, & c'est à présent une dépendance du Comté de Chini. La Seigneurie d'Orchimont est fort étendue des deux côtez du Semoy, & vient fort près de Mesieres & de Charleville.

[q] Jaillot, Atlas.
[r] Descr. de la France, 2. part. p. 117.

ORCHINIA. Voyez ORCHOE.

ORCHOE, Ville de la Babylonie, selon Ptolomée [s]. On croit que c'est l'Ur de Chaldée patrie d'Abraham. Voyez UR.

[s] l. 5. c. 20.

ORCHOMENE, ORCHOMENUS; ancienne Ville de Gréce, dans la Béotie. Plutarque en parle dans la Vie de Pélopidas, & dit que la Garnison en étoit sortie pour faire une course dans la Locride. Thucydide [t] dit-il, donna Cheronée à Orchomene, surnommée autrefois Minyée, & à présent de Béotie. Et c'est ce que Pline [v] fait entendre quand il dit : *Orchomenus Minyeus antea dictus*. Mais il la met dans la Thessalie, dequoi il est repris par Cellarius. Le R. P. Hardouin qui ne dit rien de cette faute remarque seulement au lieu de ces mots qu'il y a dans les Editions ordinaires *In Thessalia autem Orchomenus Minyeus antea dictus*, l'Edition de Parme porte *In Thessalia amnis Orchomenus*, de sorte qu'il y auroit eu une Ville & une Rivière de même nom, ce qui s'accorderoit avec ce vers d'Homére raporté par le R. P. Hardouin.

[t] l. 4.
[v] l. 4. c. 8.

Ἐς

Ἔστι δέ τις ποταμὸς Μινύειος εἰς ἅλα βάλλων.

Et cette Riviére Minyeus seroit la même que la Riviére d'Orchomene, de l'Edition de Parme. Orchomene étoit effectivement située au Couchant du Lac Copaïde à l'Embouchure d'une Riviére dans laquelle tomboit l'Hippocrene si fameuse dans les ouvrages des Poëtes, & rien n'empêche que du tems d'Homére cette Riviére ne portât le nom de *Minyeus*; mais je ne vois pas que la Riviére dont parle Homére convienne au Melas Riviére qui couloit à Orchomene. Voyez MINYEUS.

*a Bœot. c. 36.* Paufanias dit [a] qu'Orchomene étoit fils de Minye, que fous fon régne la Ville fut nommée *Orchomene*, & le Peuple *les Orchoméniens*, que cependant le furnom de *Minye*, demeura afin de diftinguer cette Ville & cette Nation d'une autre Orchomene qui étoit dans l'Arcadie. C'eft à Orchoméne qu'étoit la Fontaine Acidalie. Servius expliquant ces *b Æneid. l. 1. v. 110.* mots de Virgile [b],

*Matris Acidaliæ.*

dit : Venus eft furnommée Acidalie à caufe d'une Fontaine Acidalie, qui eft à Orchomene Ville de Béotie, où fe baignent les Graces que l'on fait être confacrées à Venus. *c Iliad. B. v. 512.* Homére [c] diftingue très-bien les deux Villes d'Orchomene, il nomme celle-ci Ὀρχομενὸν Μινύειον. Strabon en parle comme d'une Ville qui ne fubfiftoit plus. Cependant Pline après lui en parle comme fi elle eût encore exifté. Voyez ORCOMENO.

2. ORCHOMENE, Lieu du Péloponnefe, *d Iliad. B. v. 606.* dans l'Arcadie. Homére [d] le nomme dans l'Iliade Orchomene riche en troupeaux, Ὀρχομενὸν Πολύμηλον, & le range entre les Arcadiens, *e l. 7. n. 282.* Hérodote pour le diftinguer de la Ville de Béotie [e] dit : Orchomene d'Arcadie Ὀρχομενὸς τῆς Ἀρκαδίας. Paufanias fait entendre que *Thifoa, Methydrium, & Themis,* étoient *f l. 8. c. 27.* compris avec les Orchoméniens d'Arcadie [f]. Cette Orchomene, nommée *Orchomenum* [g]. *g l. 4. c. 6.* Pline [g] étoit auprès de Phenée, le Lac de Phenée entre deux, à l'Orient du Fleuve Ladon.

ORCHOMENIUS LACUS, Pline [h] *h l. 16. c. 35.* appelle ainfi le Lac de Béotie, fur lequel Orchomene étoit fituée. C'eft le même que COPAÏS. Voyez ce mot.

1. ORCHOMENOS, Riviére de Grece, dans la Béotie, auprès du Temple de Trophonius, qui, comme on fait, étoit dans le voifinage de Lebadie. Voici le paffage de *i l. 31. c. 2.* Pline [i], où il eft parlé de cette Riviére. *In Bœotia ad Trophonium Deum juxta Flumen Orchomenum duo funt fontes, quorum alter memoriam, alter oblivionem affert, inde nominibus inventis.* Je parle ailleurs de ces deux fources dont l'une donnoit de la mémoire & l'autre faifoit oublier, & qui tiroient de-là leur nom.

*k l. 9. p. 416.* 2. ORCHOMENOS, Strabon dit [k] qu'il y avoit encore un lieu nommé Orchomene auprès de Caryfte qui étoit une Ville de l'Eubée.

3. ORCHOMENOS, la Chronique *l Thefaur.* d'Eufebe citée par Ortelius porte que Cécrops fonda dans l'Eubée une Ville nommée Diades, que les Eubéens nommérent Orchomene. Niger corrompant ce paffage & lifant la Béotie au lieu de l'Eubée, & les Béotiens, au lieu des Eubéens, a cru que Diades étoit l'ancien nom d'Orchomene de Béotie.

ORCI-NUOVI, [m] Fortereffe d'Italie, *m Baudrand, Edit. 1705.* dans l'Etat de Venife fur la Riviére d'Oglio, dans le Breffan, aux frontiéres de l'Etat de Milan & du Cremoneze. Elle a été bâtie par les Vénitiens, pour la défenfe de leur Etat en ces quartiers contre les entreprifes des Efpagnols qui poffedoient alors le Milanez. Elle eft prefque au milieu entre le Lac d'Ifeo au Nord & Crémone au Sud.

ORCI VECCHI, [n] Ville d'Italie au *n Magin, Italie.* Breffan, à l'Orient & affez près de l'Oglio, prefque fur la route de Crême à Brefcia, au Nord Oriental & à deux milles Italiques d'Orci Nuovi, & à pareille diftance du Pô.

ORCIA. Voyez ORGIA.

ORCINIA. Voyez HERCYNIA.

1. ORCO, petite Place de la Baffe-Albanie. Mr. Baudrand nomme ainfi l'ORICUM des Anciens. Voyez ORICUM.

2. ORCO, Riviére d'Italie en Piémont. Elle a fa fource dans les Montagnes au Midi du Duché d'Aoufte, aux environs de Céréfole, coule dans le Val de Locana jufqu'au Bourg de ce nom, puis dans le Val-di-Ponte jufqu'à Ponte, reçoit la Riviére de Soana, paffe à Carugne & à Rivarolo, quitte la Province d'Yvrée où elle a coulé jufques-là, & va tomber dans le Pô auprès de Chivas; au deffus de cette Place & non au deffous, comme le dit Mr. Baudrand.

ORCOMENO, Château de Gréce, dans la Livadie, felon Mr. Baudrand, au Pays de Stramulipa à cinq lieües de Livadie. Il a été fort défolé par les Turcs à qui il appartient préfentement. C'eft l'Orchomene de Béotie.

ORCOMOSION, [o] ou Horcomofion, *o Hommes* Lieu de l'Attique dans le Territoire d'Athe- *Illuft. Trad.* nes. Plutarque parlant de la guerre des Ama- *de Mr. Dacier, t. 1. p. 83.* zones contre Thefée, dit qu'elle fut terminée par un Traité de Paix, & cela, dit-il, eft fondé non feulement fur le nom du lieu où cette Paix fut jurée, qui s'appelle de-là *Horcomofion* (ou Orcombfion) qui eft vis-à-vis du Temple de Thefée; mais encore fur l'ancien Sacrifice qu'on fait tous les ans aux Amazones la veille des Fêtes de ce Héros. Le verbe Grec, felon la remarque de Meziriac, fignifie proprement jurer une Paix, une Alliance, ou Confédération, Ὁρκωμοσίν, d'où vient qu'Ὁρκωμοσία & Ὁρκωμόσιον fignifient le ferment prêté en pareilles occafions.

ORCUS, les Anciens ont ainfi nommé l'Enfer Poëtique.

ORCYNIA, pour HERCYNIA. Voyez ce mot.

ORCYNIA, Lieu ou Contrée de la Cappadoce, où Eumene fut vaincu par Antigonus. Plutarque dit dans la Vie d'Eumene [p] *p Ibid. t. 1. p. 256.* ayant perdu une grande Bataille contre Antigonus, dans le Pays des Orcyniens en Cappadoce par la trahifon d'un de fes Officiers, &c.

ORCYNIUM. Voyez ORDYMNUS.

ORDABÆ, Peuple Indien, voifin de l'Indus & à l'Orient de ce Fleuve, felon Pline [q]. *q l. 6. c. 20.*

ORDÆA, Ville de la Macédoine, felon Nicandre cité par Etienne le Géographe.

ORDESUS PORTUS, Port de la Sarmatie

matie en Europe sur l'Axiace Rivière qui coule entre le Tyras & le Borysthene. Pline [a l. 4. c. 12.] le nomme [a] ORDESSUS *Portus*; Ptolomée ORDESUS, & selon d'autres Exemplaires ORDESSUS. Arrien [b] dans son Periple du Pont-Euxin nomme ce lieu Odessus; il compte soixante stades depuis le Borysthene jusqu'à une Isle sans nom qui étoit alors deserte, & de cette Isle jusqu'au Port d'Odessus quatre-vingt autres stades. Cela fait en tout dix-sept milles & demi, qui reviennent à trois lieues & demie, lieues Géographiques de quatre milles d'Italie chacune. Il ne faut pas confondre ce Port avec ODESSUS autre Port situé au pied du Mont Hæmus.

[b l. 3. c. 5.]

ORDIA, on lit dans Strabon ce mot au lieu de CONCORDIA; les Copistes en ayant oublié une partie.

ORDINGEN, [c] ou ORDUNGEN, ou URDINGEN, Mr. Baudrand & ses Copistes écrivent ORDINGUE, selon la prononciation Françoise; petite Ville d'Allemagne, dans l'Electorat de Cologne sur le Rhin, aux confins du Comté de Meurs. Ce fut près de ce lieu que les troupes Hessoises furent battues en 1641. par les François que commandoit le Maréchal de Guébriant, qui la prit au commencement de l'année suivante. Elle venoit d'être ravagée par un incendie qui en avoit réduit la moitié en cendres. Gelenius la nomme CASTRA ORDEONII, & dit que près delà sur la rive gauche du Rhin est le Village de GELB, la GELDUBA des Anciens. J'ai suivi ce sentiment au mot GELDUBA I.

[c Zeiler, Trev. & Col. Topogr. p. 32.]

ORDISSUS, Rivière de la Sarmatie en Europe; Hérodote [d] dit ORDESSUS & la met dans la Scythie ce qui revient au même: Ὀρδησσος, peut être lu *Ordissos* & *Ordessos*, & ce Pays a été également aux deux Nations. C'est une des Rivières qui tombent dans le Danube. Peucer dit que les Hongrois la nomment CRASSO en leur Langue.

[d l. 4. n. 48.]

ORDOVICES, (Les) ancien Peuple de l'Isle d'Albion (la même que la grande Bretagne) sur la Côte Occidentale, selon Ptolomée [e]. Il les met entre les *Brigantes* au Nord & les *Cornavi* à l'Orient. Le P. Briet, dans ses Parallèles de l'ancienne Géographie & de la Nouvelle [f], explique leur Pays par les Comtez de FLINT, de DENBIGH, de CAERNAERVAN, de MERIONETH & de MONTGOMERI; toutes Contrées du Pays de Galles. Voici les anciens lieux qu'il y met:

[e l. 2. c. 3.]
[f l. part. l. 2. c. 4. §. 2.]

*Segontium*, elle n'existe plus.

*Dictum*, en Anglois *Ganoc*, en Breton *Diganwey*.

*Mediolanium*. Voyez ce mot.

*Varis*, aujourd'hui *Boduari*, c'est-à-dire la demeure de Varus.

*Maglona*, aujourd'hui *Macheneth*, ou *Macheneth*.

*Covonium*, ou *Conovium*, aujourd'hui *Aber Convey*.

*Seteia æstuarium*, l'Embouchure de la Dée, *Dee-Mouth*.

*Canganorum Promontorium* ou *Canganum*, aujourd'hui la pointe de l'Hein, en Breton *Canigton*.

*Hedros* Isle deserte, Ptolomée la donne à l'Irlande. C'est l'ANDROS de Ptolomée.

Ce Peuple au reste faisoit partie de la seconde Bretagne.

ORDRE, (La Tour d') on appelloit ainsi le Phare que les Romains avoient élevé à Bologne sur Mer, pour servir de guide aux Vaisseaux. Voyez BOULOGNE.

ORDUGNA, ou plutôt.

ORDUNA, [g] Ville d'Espagne, dans la Biscaye, au milieu de ce Pays dont elle est la seule qui ait le titre de Cité. Elle est dans une Vallée fort agréable ceinte de toutes parts de Montagnes fort hautes & fort roides. Il y a deux Eglises Paroissiales dont une est Collégiale; & deux Convens, l'un de Religieux de St. François, & l'autre de Filles du même Ordre. Alphonse le Sage, Roi de Castille, accorda en 1250. de grands Privilèges à ceux qui s'y viendroient établir.

[g Délices de l'Espagne, p. 101.]
[h Poblation Général de España. fol. 237.]

ORDYMNUS. Pline [i] appelle ainsi une des Montagnes de l'Isle de Lesbos, aujourd'hui l'Isle de Metelin, dans l'Archipel. Théophraste [k] nomme cette même Montagne ORDYNUS ou ORDUNOS, Ὀρδυνον.

[i l. 5. c. 31.]
[k Hist. Plant. l. 3. c. 18.]

OREATÆ, ancien nom de BRASIÆ ou PRASIA. Voyez PRASIA. C'étoit une Ville du Peloponnese dans la Laconie, selon Pausanias.

OREB. Voyez HOREB. C'est la même Montagne; mais comme quelques Voyageurs peu instruits de la véritable orthographe des anciens noms écrivent Oreb, nous ajouterons ici quelques Remarques sur son état moderne.

§ Quelques Arabes le nomment *Gibel Mousa*, c'est-à-dire le *Mont de Moïse* [l]. Il est voisin du Mont Sinaï, mais beaucoup moins élevé. Au pied de ce Mont est le Monastère de St. Sauveur bâti par Justinien & où réside un Evêque Grec avec des Religieux qui suivent la Règle de St. Basile. Lorsqu'il vient des Pélerins qui souhaitent visiter cette Montagne, il leur donne un Religieux pour les conduire jusqu'au sommet. Voici ce que voyent les Pélerins, premiérement une belle source qui tombe au Monastère. Delà on marche par des degrez taillez dans le Roc & l'on arrive à une Chapelle bâtie sous l'invocation de la Ste. Vierge au lieu où l'on dit qu'elle apparut aux Religieux qui habitoient le Monastère de St. Hélie, qui est quatre ou cinq cens pas au-dessus. Ces Solitaires en descendoient dans le dessein de l'abandonner à cause d'une quantité prodigieuse de gros moucherons dont ils étoient tourmentez depuis plusieurs jours. On ajoute qu'elle leur commanda d'y retourner, qu'ils obéirent & trouverent leur demeure entiérement délivrée de ces Insectes. Au dessus de cette Chapelle sont deux grandes portes un peu éloignées l'une de l'autre qui ferment le passage. On y tenoit autrefois deux Gardes pour ne pas laisser avancer ceux qui avoient négligé de se confesser. La montée est fort droite entre ces deux portes & presque toute pratiquée par degrez dans le Roc, ce qui dure jusqu'au Monastère de St. Hélie, qui est présentement inhabité. Il est dans une belle esplanade & il y a trois petites Eglises dont une renferme la Grotte où ce grand Prophete demeura durant la persécution de Jesabel, Reine de Syrie. Ce fut là qu'il fut visité de Dieu, comme il est rapporté au

[l Coppin, Voyage d'Egypte, l. 4. c. 10.]

III. Livre des Rois. Au dessus de ce Convent sont plusieurs autres Grottes où divers Solitaires ont fait pénitence. Parmi celles là on montre la Caverne où St. Etienne l'Hermite demeura renfermé toute sa vie. On rapporte qu'il y a eu anciennement jusqu'à quatorze mille Solitaires dans cette Montagne & qu'ensuite les Grecs ont tenu dans tous ces Hermitages des Religieux qui y célébroient l'Office Divin. Il n'y en a plus présentement à cause des fréquentes insultes des Arabes. En approchant du sommet de la Montagne, on voit à main droite une fente dans le Roc. Les Caloyers disent qu'elle a été faite par un Ange qui vint défendre à Hélie d'achever d'y monter, lui disant qu'il ne devoit point aspirer à l'avantage d'aller jusques-là, puisque Dieu n'avoit pas permis à Moïse d'arriver à la Terre Sainte. Malgré cette Tradition des Caloyers, que l'on ne prend pas pour ce qu'elle vaut, on ne laisse pas de monter jusqu'au sommet. Là est une petite Place en plate-forme, où l'on trouve une assez belle Eglise, longue d'environ trente-cinq pieds & large de seize ou de dix sept. On y voit des Peintures fort anciennes & deux Autels pour célébrer, l'un à l'usage des Latins, l'autre à l'usage des Grecs Schismatiques. C'est dans l'Espace qui est contenu entre ces murs que Moïse reçut les Tables du Décalogue. Les Mahométans révèrent extrêmement ce Lieu & ont une petite Mosquée à l'opposite de l'Eglise. Les Arabes qui conduisent les Pélerins y vont faire leur prière. Un peu plus bas on voit un pied de Chameau si bien empreint dans le Roc, qu'il ne l'est pas mieux dans le sable par où cet Animal passe. Les Maures & les Arabes prétendent que c'est la figure du pied du Chameau de Mahomet & ils le baisent avec beaucoup de dévotion. Il y a apparence que cette tradition Mahométane vient de quelque pieuse fraude des Grecs qui se sont avisez de cet artifice pour obliger les Arabes & les Turcs à respecter ces Saints Lieux. Au dessous de l'Eglise, du côté de l'Occident, il y a une petite Caverne dans le Rocher, où l'on dit que Moïse, se retira quand il ne lui fut accordé de voir Dieu que par derrière. Au dessous de la Mosquée est une autre Grotte où il passa les quarante jours qu'il employa à recevoir la Loi. La descente du haut de cette Montagne jusqu'au Monastère de St. Sauveur, qui est au bas, étoit autrefois de quatorze mille marches dont aujourd'hui une partie est rompue. Celles qui restent sont bien faites & faciles à monter & à descendre.

Thevenot [a] n'appelle point autrement la Montagne que nous venons de décrire que la Montagne de Moïse, mais il semble la distinguer d'Oreb. Il ne met pas seulement une Eglise avec deux Autels comme, Coppin, mais deux Eglises, dont l'une est aux Latins, l'autre aux Grecs, la premiere est dédiée à l'Ascension de Notre Seigneur. Il dit la plûpart des circonstances déja rapportées, & parle toujours de la Montagne de Moïse. Il parle en un autre lieu du Mont Oreb [b], & n'en dit presque rien.

[a] Voyage du Levant, c. 28.

[b] c. 30.

OREBATIS. Voyez OBROATIS.

OREBRO, [c] petite Ville de Suède, dans la Nericie, avec un ancien Château dans une plaine sur la Rivière de Trosa qui s'y jette dans le Lac d'Hielmer à quatre lieues Suédoises & au Midi Occidental d'Arboga.

[c] De l'Isle Atlas.

OREE. Voyez OREUM.

OREGRUND, Ville de Suède, dans l'Upplande sur la Côte du Golphe de Bothnie & dans le Détroit qui sépare les Isles d'Aland du Continent, à une bonne lieue Suédoise & au Levant d'Eté d'Osthamar; à sept d'Upsal & à onze de Stockholm.

OREJA, Village d'Espagne, dans l'Estremadure sur le Tage au Midi de Coria, selon Mr. Baudrand [d]. Quelques-uns y cherchent l'AURELIA de Lusitanie.

[d] Edit. 1705.

OREILLANE, ou ORELLANE, Rivière de l'Amérique Méridionale au Pérou. C'est, selon Mr. Baudrand, la même que l'Apurima.

ORELHANA LA VIEJA, c'est-à-dire la Vieille Orelhane, Bourg ou petite Ville d'Espagne, aux confins de la Castille au bord Septentrional de la Guadiana, dans un fond, avec un assez bon Château. Son terroir est abondant en pâturages & les Forêts des environs sont remplies de Lapins, elle appartient à des Seigneurs qui la possedent à titre de Marquisat, par la concession de Philippe III.

OREM, ou OUREM, Bourg de Portugal, en Estremadure, dans la Comarca de Tomar; il est situé au Couchant de cette Ville entre elle & Liria, à distance égale, dans un lieu élevé dont l'accès est difficile. Il a titre de Comté & appartient aux Ducs de Bragance.

ORENOQUE, (L') grande Rivière de l'Amérique dans la terre ferme. Quelques-uns écrivent ORINOQUE. Sa source a été long-tems inconnue, & De Laet dit qu'il y a bien de l'apparence qu'elle descend pour la plus grande partie de la Nouvelle Grenade. Mr. de l'Isle, dans sa Carte de la Terre ferme publiée en 1703. croioit encore en ce tems-là que l'Orenoque est nommée plus haut Baraquan & qu'elle doit ses commencemens à la Rivière de Caketa, dont il met la source au Popayan assez près de la Mer du Sud. Il suppose cette derniere Rivière se partage en deux Branches dont la Méridionale conserve son nom & va tomber dans l'Amazone. L'autre montant au Nord-Est, prend le nom de Barraquan, & se chargeant de quantité d'autres Rivières & de Ruisseaux devient l'Orenoque. Dans sa Carte de l'Amérique dressée en 1722. Il rectifie ces idées dont une étude de dix-neuf ans l'avoit desabusé. L'Orenoque se forme de deux Rivières principales qui n'ont aucune liaison avec la Caketa ni avec l'Amazone. La principale a sa source au Popayan, dans des Montagnes au Midi de Santafé de Bogota. Elle arrose au pied de ces mêmes Montagnes une Place nommée par les Espagnols St. Juan de Los Llanos. Elle court long-tems en serpentant vers l'Orient, se tourne ensuite vers le Nord-Est & reçoit l'autre Rivière dont j'ai parlé. Celle-ci a sa source entre Pamplona & Merida, dans la Castille d'Or. Et courant vers l'Orient elle se joint avec l'Orenoque, elles continuent ensuite leur cours dans un même lit jusqu'à St. Thomas, & jusqu'à la Mer. De Laet [e] traite ainsi la découverte de cette Rivière.

[e] Ind. Occid. l. 17. c. 18. & suiv.

Il semble que Christophle Colomb, en sa troisième expédition de l'an 1498. n'ait pas été loin de l'embouchure de cette Rivière. Ayant

Ayant doublé le Cap Oriental de l'Isle de la Trinité & étant entré dans le Détroit qui la sépare du Continent, il vit de loin le Pays de Paria par l'étroit passage nommé *Boca del Drago*, la Bouche du Dragon; & alla jusqu'à la Marguerite. Il n'y a point à douter qu'Améric Vespuce qui l'an 1499. visita ces Côtes jusqu'au Cap de la Vela n'ait fait la même chose & après lui Pinson vers l'an 1500. mais aucun Espagnol n'y est entré avant Diégo de Ordas qui l'an 1531. obtint des Lettres de Charles V. par lesquelles il n'étoit permis qu'à lui seul de visiter le Continent de l'Amérique Méridionale depuis le Cap de la Vela jusqu'à deux cens lieues vers le Levant, d'y mener des Colonies & d'établir un Gouvernement dans ces Provinces. Il arriva près du Marañon, où il prit dans un Canot quatre Sauvages qui avoient deux pierres comme des Emeraudes. L'une étoit grosse comme le poing : ils faisoient entendre qu'il s'en trouvoit quantité au delà de la Riviére & qu'environ à quarante lieues au dedans du Pays, il y avoit sur le bord de la Riviére une haute Montagne couverte d'arbres qui portent de l'encens. Ces assûrances lui faisoient souhaiter avec ardeur d'entrer dans cette Riviére, mais ne pouvant approcher plus près à cause des Bancs & ayant brisé un de ses Navires contre les Rochers, emporté ensuite par un fort courant vers l'Oüest au delà de son embouchure, il courut le long de la Côte de ce Continent jusqu'au Pays de Paria, dont après sa mort le Gouvernement fut accordé à Jérôme d'Ortal l'an 1533.

Celui-ci envoya son Lieutenant avec deux cens Soldats & cinq Barques découvrir la Riviére d'YVAPATI, où étant entré il arriva à CAROA lieu déja connu, & tira vers la Riviére de Carinaca. Il monta ensuite celle de CAXAVANA qui traverse des Deserts & fit prisonniers quelques Caribes qui lui dirent qu'il avoit déja laissé la Guiane derriére lui, mais qu'il avoit devant lui la spacieuse Région de META dont les Habitans étoient vêtus & possedoient de grandes richesses. (Yvapati n'est point différent de l'Orenoque & Sanson le nomme vers son embouchure YAYAPARI, & dans son cours la RIVIERE DE PARIA. Celles qui sont nommées ici tombent dans ce Fleuve. La Riviére de MATA en est aussi une.) Plusieurs croient, comme Herrera le rapporte, que cette Riviére, dont la Région de Méta est traversée, est la même que celle qui tire sa source du nouveau Royaume de Grenade & est appellée TURMEQUE par les Naturels de ce pays-là. La raison qu'ils en donnent; c'est que de plusieurs Riviéres qui viennent de ce pays, les unes courent vers l'Est, & les autres vers l'Oüest ; mais sans entrer dans le détail de leurs raisons qui ne concluent rien, elles sont détruites par les Relations de ceux qui ont parcouru ces pays-là. Ils conviennent que le Pays de Mata est arrosé par l'Orenoque, & que cette Riviére est si différente du Marañon qu'entre elle & lui il y a de grandes Provinces.

Les Espagnols partirent de Cabaruto dont les Habitans leur avoient montré le chemin de Méta, & arrivérent à une Cataracte jusqu'où Diégo de Ordas avoit été, & d'où l'eau se précipitoit avec un grand bruit sur les Rochers.

Ce saut ne les étonna point. Après avoir déchargé leurs Chaloupes qui furent portées au delà, ils entrerent dans une Contrée inhabitée, plate & pleine de Campagnes, & après plusieurs journées ils parvinrent à l'embouchure de la Riviére qui traverse le Pays de Méta. Ils y descendirent à terre, tirérent leurs Chaloupes & suivirent un chemin fort ennuyeux au travers des Marais jusqu'au Village des XAGUAS, Sauvages qu'on disoit être fort furieux & mangeurs d'hommes. Après y avoir pris beaucoup de vivres, parce qu'ils les firent fuir, ils passérent de l'autre côté de la Riviére & entrérent dans un autre Village, où entr'autres Animaux, ils trouvérent des Chiens muets que les Sauvages appellent *Maji* & *Auries*, & dont la chair égale celle des Chevreaux en délicatesse. Ils prétendoient y passer l'Hyver ; mais en ayant été attaquez avec perte peu de tems après, ils furent contraints de regagner leurs Barques & de s'en retourner à Paria. Ce fut tout ce que firent jusqu'à l'an 1636. les Espagnols dans cette Riviére.

Walter Raleigh Anglois, dans la Relation du Voyage qu'il a fait dans la Guiane, dit qu'Antoine Berreo, voulant y entrer, partit du nouveau Royaume de Grenade & descendit par la Riviére de CASSANAR, qui tombe dans la Grande appellée PATO & que cette derniére se décharge dans la META, qui se rend enfin dans la BARRAQUAN appellée plus bas ORENOQUE. Suivant l'idée que Berreo donnoit de son Voyage toutes ces Riviéres sont comme autant de Branches de la Grande dans laquelle elles se perdent avec leurs noms. Berreo étant descendu avec son monde par le Cassanar dans la Méta & delà dans la Barraquan partie en marchant le long des bords des Riviéres & partie porté par des Chaloupes, il en perdit plusieurs qui furent brisées contre des Rochers, ou renversées par le grand courant & enfin il arriva sur les limites de la Contrée d'Amapaia située le long des Rivages de l'Orenoque & riche sur-tout en or. Il y séjourna six mois & après plusieurs combats contre des Sauvages fort hardis, nommez ANABAS, il fit la Paix avec eux & en obtint huit Statues d'or fin. On trouve dans la Relation de Raleigh [a] une suite de l'expédition de Berreo & la conversation qu'ils eurent ensemble. L'Anglois même se fait honneur d'avoir tiré le secret de l'Espagnol ; mais par la Relation qu'il en fait lui-même, on voit que Berreo ne se fiant guéres à lui battit la Campagne & n'eut garde de lui dire les choses comme il les savoit. Quoiqu'il en soit, les Espagnols firent encore d'autres tentatives & envoyerent même dans ce Fleuve une Colonie qui y bâtit la Ville de St. Thomas.

[a] A la suite des Voyages de Coreal, t. 2. p. 178. & suiv.

L'Orenoque se rend à la Mer par seize embouchures au moins, dont neuf courent au Nord & sept au Sud ; ces Branches forment des Isles parmi lesquelles il y en a de considérables & plusieurs sont aussi grandes que l'Isle de Wight. Il y en a même de plus grandes. De la Branche la plus Septentrionale à la plus Méridionale il y a pour le moins cent lieues ; ainsi l'embouchure de ce Fleuve est de 300. milles Anglois & surpasse en grandeur, selon Raleigh, celle du Fleuve des Amazones. Ces Isles ont des Habitans nommez TINITIVAS, qui sont de deux sortes, savoir, les CIAWARIS,

& les WARAWARIS. De même ces Isles font partagées en deux Classes, dont celles qui sont à main droite en entrant s'appellent HOROTOMEKA; celles qui sont à gauche sont nommées PALAMOS. Les deux Peuples compris sous le nom de Tinitivas ont chacun leur Cacique; & se font continuellement la guerre. Ils sont bien-faits & vaillans. Ils logent sur terre en Eté, mais en Hyver ils vont demeurer sur les Arbres & ils y pratiquent des logemens avec une adresse admirable, afin d'être à l'abri des grandes inondations de l'Orenoque, qui depuis le Mois de Mai jusqu'en Septembre, monte vingt pieds au dessus de leurs Terres. Ils font leur pain avec la moëlle du Palmite & du reste vivent de la Pêche & de la Chasse. Le Gibier ne leur manque pas, non plus que divers fruits que leurs Arbres leur produisent. Les CUPARIS & les MACUREOS qui habitent sur les bords de l'Orenoque ont aussi beaucoup d'industrie. Ils s'occupent continuellement à la Chasse & à la Pêche. Ils sont extrêmement robustes & courageux; toujours en guerre avec leurs Voisins principalement avec les Cannibales.

ORENSE, [a] Cité, Ville Episcopale d'Espagne au Royaume de Galice sur la Rive droite du Minho, que l'on y passe sur un Pont. L'Evêque a dix mille Ducats de revenu. Il étoit Suffragant de l'Archevêché de Braga, du tems des Rois Goths. Mais après l'invasion des Maures il fut mis sous la dépendance du Métropolitain de Compostelle. [b] La plus commune opinion est que Théodomir Roi des Suéves fonda cette Eglise en 462. mais cette fondation n'est pas appuyée sur des fondemens bien certains. Elle fut ruïnée de fond en comble en 716. par les Maures & rebâtie par Alphonse le Catholique vers l'an 740. ou 742. Son Chapitre est composé de 11. Dignitaires, de 18. Chanoines de 12. Prébendiers, de huit Prêtres avec titre de Prêtres Cardinaux, lesquels sont obligez de dire les Messes Conventuelles qui se célébrent au Maître-Autel, & de 14. Chapelains. Cette Eglise est unie par filiation avec celle de Tours en France, de Tuy, d'Oviedo, & d'Astorga en Espagne. Ce Diocèse s'étend sur 954. Paroisses. [c] Orense est remarquable par une merveille de la Nature l'une des plus singuliéres qu'il y ait dans toute l'Espagne. Une partie de cette Ville située au pied d'une Montagne est extrêmement froide, & éprouve la rigueur des plus longs Hyvers, tandis qu'à un autre Quartier on jouït des douceurs du Printems & on cueille les fruits de l'Automne, à cause d'un grand nombre de sources d'Eaux chaudes qui échauffent l'air par leurs vapeurs. Quelques-unes de ces sources ont une chaleur modérée & on peut s'y baigner sans craindre aucune incommodité; au contraire il y en a d'autres dont l'eau est si bouillante qu'on y peut cuire des œufs & que la main ne peut en soutenir la chaleur. Mais elles sont toutes d'un grand usage pour la guérison de diverses maladies. C'est à cause de ces Eaux que les Romains ont connues qu'ils ont appellé ce Lieu *Aquæ Calidæ*. Le Pont dont nous avons parlé est d'une seule Arche si haute qu'une barque peut commodément passer par dessous. Tous les environs d'Orense sont très-agréables & très-fertiles. Il y croît d'excellent vin, & on y recueille en abondance des fruits délicieux de plusieurs espèces. Dans cet espace de terre qui est entre le Minho & le Vigo on trouve deux Vallées fort agréables & très-fertiles, on les appelle VAL DE ROZAL & VAL DE MIGNORE.

[a] Délices de l'Espagne, p. 131.
[b] Vayrac, Etat de l'Espagne, t. 2. p. 362.
[c] Délices de l'Espagne, Ibid.

OREO, Place de Gréce, dans l'Isle de Négrepont, sur la Côte Orientale de cette Isle. C'étoit, dit Mr. Baudrand [d], anciennement une Ville Episcopale suffragante d'Athènes. Voyez OREUM.

[d] Edit. 1705.

OREON. Voyez OREUM.

OREOPHANTE, Ville de l'Inde en deçà du Gange [e]. [e] l. 7. c. 1.

ORESA, Place de la Syrie ou de l'Euphratense. La IV. Légion Scythique y avoit ses Quartiers d'Hyver, selon la Notice de l'Empire [f]. [f] Sect. 14.

ORESAND, petite Isle de Zéland, au Nord-Nord-Ouest de Noort-Bevelandt, dont elle n'est séparée que par un étroit Canal; après en avoir fait autrefois partie. Le Pays que cette Isle renfermoit a été en partie submergé, & il y en a près de la moitié sous les eaux au Couchant & au Sud-Ouest. Mr. Corneille, dit très-bien de l'Oversand, cette Isle doit ce qui lui reste de terroir au soin des Habitans de la Ville de Ziriczée, qui l'ont comme repêchée & fortifiée de Diguss & de Levées contre la violence de la Mer.

ORESCA, ou ORESCHEK,

ORESKA, Ville de la Carelie, à présent dans l'Empire Russien, à l'extrémité Méridionale de la Côte Occidentale du Lac de Ladoga, dans une Isle que forme la Neva, Riviére qui sert à ce Lac de décharge. Elle est nommée NOTEBOURG, dans quelques Cartes, & c'est le nom que les Allemands lui ont donné. Le Czar Pierre le Grand, l'ayant prise, y a fait une Forteresse pour couvrir du côté du Lac sa Ville de St. Pétersbourg, qui est sur la même Riviére au Couchant, & a nommé cette Forteresse SLEUTELBOURG.

1. ORESTA, Contrée de l'Eubée, selon Hésyche.

2. ORESTA, de Thrace. Voyez ANDRINOPLE.

ORESTÆ, ancien Peuple de la Gréce, dans la Molosside, selon Ortelius. Il cite Thucydide, qui décrivant une Armée, y compte mille Orestes venus avec la permission de leur Roi Antiochus. Comme la Molosside faisoit partie de l'Epire du tems de Strabon [g], il compte ce Peuple entre les Epirotes, & ajoute que l'Orestide avoit reçu ce nom d'Oreste, qui après avoir tué sa Mere, s'étant sauvé & ayant habité ce Pays-là, y bâtit une Ville nommée Argos l'Orestique. Etienne le Géographe dit Ὀρέςαι, Μολοσσικὸν ἔθνος, les Orestes Peuple de la Molosside. Il ajoute: Théagene, L. V. de l'Histoire de Macédoine, dit qu'Oreste délivré de la fureur, & se sauvant de honte avec Hermione, vint dans ce Pays-là & eut d'elle un fils nommé Oreste sous le regne duquel les Orestes prirent ce nom. Pour lui piqué d'une Vipére il mourut en Arcadie dans un lieu nommé ORESTION. Cela revient à ce que dit Solin [h] en rapottant l'origine du nom de ce Peuple. Oreste s'étant sauvé de Mycénes après le meurtre de sa Mére, résolut de se retirer bien loin,

[g] l. 7. p. 326.
[h] c. 9. Edit. Salmaf.

loin, & prit des mesures pour cacher en ce lieu un fils encore enfant qui lui étoit né en Emathie, & dont la Mere Hermione avoit partagé avec lui les fatigues & les dangers de ses Voyages. L'enfant fut élevé avec des sentimens conformes à sa naissance Royale, porta le nom de son Pere & s'étant rendu maître de tout ce qui est entre le Golphe de Macédoine & la Mer Adriatique, il appella ORESTIDE le Pays où il avoit établi sa domination.

a l. 33. c. 34. Tite-Live [a] dit, que les Orestes sont un Peuple de Macédoine & qu'ayant été les premiers à quiter le parti de Philippe les Romains leur rendirent la liberté de se gouverner par leurs propres Loix. Leur Pays est nommé ORESTIDE, *Orestis*, par Solin, & ORESTIADE, *Orestias*, par Strabon. Pline les nomme *Oresta Liberi* par rapport à ce Privilége dont parle Tite-Live. Leur principale Ville s'appelloit Laodicée, selon Thucydide.

ORESTÆ, ancien Peuple de l'Inde, si on b l. 3. v. 249. lit ainsi dans ce vers de Lucain [b].

*Tunc furor extremos movit Romanus Orestas.*

Mais il faut lire *Oretas* & il s'agit là du Peuple ORETÆ.

ORESTEUM, ou ORESTIUM; Euripide dans sa Tragédie d'Oreste introduit A-
c vers 1645. pollon parlant ainsi à Oreste [c] : après que vous serez sorti de ce Pays, il faut que vous habitiez la Parrhasie un an entier, & ce lieu prendra son nom de vôtre, & à cause de votre exil & sera appellé Oresteum par les Arcadiens, &c. Ortelius croit que ce lieu étoit en Arcadie & certainement le même qu'ORESTHASIUM de Pausanias.

ORESTIDE, (L') ORESTIS, ou ORESTIAS, Pays habité par les ORESTES. Voyez l'Article ORESTÆ.

ORESTIS PORTUS, le Port d'Oreste, Port de la grande Gréce au Pays des Brutiens,
d l. 3. c. 5. selon Pline [d]. Il le met au Midi du Marro, sur la Côte Occidentale de la Calabre Ultérieure: c'est aujourd'hui PORTO RAVAGLIOSO.

ORESTIUM, ou ORESTEUM. Voyez ce mot.

ORESUND, c'est ainsi que les Danois appellent le Sund qui sépare l'Isle de Séeland, & la Province de Schonen qui est de la Suède.

ORETÆ, Contrée d'Asie. Denys le
e Periegef. Periegéte les nomme ORITÆ [e], & les place
vers 1096. quelque part au voisinage de l'Arachosie & de l'Arie. Je m'étonne qu'Ortelius lui attribue de les avoir mis près du Pont-Euxin dont cet Auteur n'a garde de parler en cet endroit. Ces Orites faisoient partie de l'Arie & étoient aux confins de la Carmanie & de la Gédrosie: ils prenoient leur nom de la Ville d'ORA, que Ptolomée place dans la Carmanie. Sulpicius dans une remarque sur Lucain dit, que les Oretes sont dans les Indes. Mais il falloit dire entre la Perse & les Indes, aux con-
f l. 3. vers fins de la Carmanie : aussi Lucain [f] a-t-il joint
249. 250. ces Pays ensemble,

*Tunc furor extremos movit Romanus Oretas Carmanosque Duces.*

ORETANI, les ORÉTAINS ; ancien
g l. 2. c. 6. Peuple de l'Espagne Tarragonoise. Ptolomée [g] dit, qu'ils étoient plus Méridionaux que la Celtibérie & la Carpétanie. Pline [h] dit, h l. 3. c. 5. ORETANI *qui & GERMANICI cognominantur*, les Orétains surnommez Germains. Mais il dit aussi dans la même ligne MENTESANI *qui & ORITANI*. Cette variété d'orthographe, *Oretani*, ou *Oritani*, ne signifie rien. Pline parlant de *Mentesa* qui étoit dans l'Orétanie, la désigne par le nom de ses Habitans, *Mentesani*, & ajoute le surnom d'*Oretani*, pour la distinguer d'une autre Mentesa qui étoit au Pays des Bastules. Parlant ensuite de la Ville d'ORETUM qui donnoit le nom au Peuple, il la désigne encore par le nom du Peuple même & ajoute le surnom particulier de la Ville qui est nommée par Ptolomée, *Oretum Germanorum*. Cette derniére Ville étoit sur la Guadiana & son nom est resté à une Chapelle voisine de Calatrava. Elle est dédiée sous le titre de la Sainte Vierge, & porte aujourd'hui le nom de NUESTRA SIGNORA DE ORETO. Cette Eglise est d'une Architecture Romaine & près de-là se trouve un Pont de pareille Architecture où l'on voioit autrefois cette Inscription qui a été transportée à Almagre, & qui est rapportée par Nonnius [i] : i *Descr. Hispan.* c. 62.

P. BÆBIUS. VENUSTUS. P. BÆBII
VENETI. F. P. BÆBII. CERIS. NEPOS
ORETANUS.
PETENTE ORDINE ET POPULO IN
HONOREM DOMUS DIVINÆ PONTEM
FECIT EX H-S. XXC. CIRCENSIBUS
EDITIS D. D.

Cette Ville d'*Oretum* étoit donc dans la Castille, dans la Campagne de Calatrava, sur la Guadiana. Elle a été Episcopale, & entre les Peres qui signérent au X. Concile de Toléde, on voit un Diacre nommé Daniel envoyé par l'Evêque Marcel, Evêque d'Oretum. *Daniel Diaconus Marcelli Episcopi Ecclesiæ Uritanæ.* Les Villes des Orétains, selon Ptolomée, étoient

| | |
|---|---|
| *Salaria*, | *Castulon*, |
| *Sisapona*, | *Lupparia* ou *Lusparia*, |
| *Oretum Germanorum*, | *Mentisa*, |
| *Æmiliana*, | *Cervaria*, |
| *Mirobriga*, | *Biatia*, |
| *Salica*, | *Lacuris*, |
| *Libisoca*, | *Tiva*. |

ORETANA JUGA, sont des Montagnes du même Pays. Pline appelle ainsi la Montagne nommée aujourd'hui par les Espagnols la Sierra di Alcaras.

1. ORETO. Voyez ORETANI.

2. ORETO, en Latin ORETHUS; Riviére de Sicile, dans la Vallée de Mazare, elle passe à Mont Réal & à Palerme où elle se rend dans la Mer. Mr. de l'Isle la nomme ADMIRANTE, Mr. Baudrand ADMIRATI, ou *Fiume* DELL AMIRAGLIO *Riviére de l'Amiral*. Ortelius dit que Léandre l'appelle *Fiume de la Muraglia*, ce qui voudroit dire *Riviére de la Muraille*, en quoi sa citation est juste. Mais Léandre paroît avoir été trompé par une consonance de Syllabes.

ORETUM. Voyez ORETANI.

OREUM, ou OREOS, ou OREUS, ancienne Ville de l'Eubée. Tite-Live la décrit

## ORE. ORF.

*a* l. 18. c. 5. décrit ainsi [a]. Ils firent voile vers l'Eubée, prenant leur route sur la Ville d'Oreum, qui lorsqu'on vient du Golphe Démétriaque, & que l'on va vers Chalcide & l'Euripe, est la première Ville de l'Eubée à gauche. Il dit *b* l. 31. c. 46. ailleurs, [b] on commença de délibérer si on attaqueroit *Oreum*. Cette Ville, étoit en très-bon état, soit par la force de ses murailles, soit parce qu'ayant déja été insultée, on y avoit mis une nombreuse Garnison; & peu de lignes après il ajoûte: *Oreum* fut attaqué, de plusieurs côtez en même tems. Les Romains avoient leur attaque auprès du Fort de la Mer; le Roi Attale & ses Troupes avoient la leur par la Vallée qui est entre deux Forts, & dont la Ville est séparée par une muraille de ce côté-là. Cette Ville est la même qu'*Istiæb* ou *Hestiær*, qui est son ancien nom. Stra-
*c* l. 10 Init. hon [c] dit: les Istiéens ont été ensuite nommez *Oritæ*; & leur Ville au lieu du nom *Is-*
*d* l. 4. c. 12. *tiæ* a pris celui d'*Oreos*. Pline [d] parle d'*Oreum* comme d'une Ville autrefois célèbre, mais réduite en Village. Cependant Pausanias,
*e* Achaic. c. écrivain postérieur à Pline dit [e]: Il y a en-
26. core de mon tems des gens qui appellent *Oreum* d'Eubée, de son ancien nom, *Istiæe*,
*f* l. 3. c. 15. Ptolomée [f] la nomme *Horæus*. Le passage de Pausanias fait voir, que quoique déchue de son ancien éclat, elle gardoit encore son rang de Ville dans le tems où il écrivoit. Son nom moderne est *Orco* sur la Côte Orientale de l'Isle.

ОREXARTES, pour *Jaxartes*.

OREXIS, Montagne d'Arcadie au Pelo-
*g* l. 8. c. 14. ponnèse, selon Pausanias [g].

ORFA, ou ORPHA; Mr. de l'Isle écrit *Ourfa*; Ville d'Asie à l'Orient de l'Euphrate, dans le Diarbeck, c'est l'ancienne Ville d'Edesse. Thévenot qui y a été, la décrit
*h* Suite du ainsi. Elle [h] a environ deux heures de cir-
Voyage de cuit; ses murailles sont belles & assez entières;
Levant, c. elle est presque quarrée, mais en dedans l'on
9. p. 78. ne voit guères que des ruines & néanmoins elle est fort peuplée. Du côté du Midi elle a un Château qui lui est joint; ce Château est sur une Montagne. Il a de très-beaux fossez qui sont larges & bien profonds, quoi-qu'ils soient taillez dans le Roc: il est assez grand, mais plein de ruines; il n'a que de méchans Canons, tout rompus. Au plus haut du Château, il y a une petite Chambre quarrée, d'où l'on voit fort loin; & les gens du Pays disent qu'Elie a demeuré dans cette Chambrette. (Ce qu'il n'est pas nécessaire d'entendre du Prophète Hélie.)

Du côté qui regarde la Ville il y a deux grandes Colomnes de pierre éloignées l'une de l'autre de six ou sept pas, toutes droites sur leurs pieds-d'estaux; elles sont d'ordre Corinthien & composées chacune de vingt-sept assises de pierre à dix-neuf pouces de hauteur & leur diametre est de deux pieds & demi. Les gens du Pays disent qu'il y en avoit autrefois deux autres semblables, & que sur ces quatre Colomnes étoit posé un des Trônes de Nemrod; que ce fut de cet endroit, auquel ils portent grand respect, qu'Abraham dans une fournaise qui étoit au bas; & que dans le moment même il en sortit une eau, qui en fort encore à présent & remplit un Canal qui est tout proche. Il est long de plusieurs toises & large de cinq ou six; &

## ORF.

son eau après avoir arrosé toute la Ville va se perdre en terre à quelques heures de chemin loin delà. Il y a dans ce Canal une si grande quantité de poissons qu'ils paroissent par gros monceaux. Je crois, dit l'Auteur cité, que ce sont des Carpes. Mais ils disent que si un homme en prenoit dans ce Canal & qu'il en mangeât, il ne manqueroit pas d'avoir la fièvre. C'est pourquoi ils ne permettent à personne d'en prendre, si ce n'est passé un petit Pont qui est au bout du Canal, car ils disent qu'étant prises au delà de ce Pont il n'y a plus de danger.

Entre ce Château & ce Canal il y a un autre Canal, plus petit qui est éloigné d'environ cinquante pas du premier, & son eau se mêle avec l'autre, aussi-tôt qu'elle est hors du Canal. Comme les Habitans d'Orfa croient que tout est miracle dans leur pays, ils disent que c'est une autre source, qui sortit du lieu où l'on jetta une Esclave, qui ayant vû qu'Abraham n'avoit point eu de mal de sa chûte & qu'il étoit miraculeusement sorti de l'eau, du lieu où on l'avoit précipité, dit à Nemrod que cet homme étoit un véritable Prophète, & non pas un Magicien, comme il disoit. A cause dequoi il le fit précipiter aussi. Sans cela, (c'est-à-dire, sans ces Canaux) Orfa n'auroit pas pu subsister si long-tems, & elle auroit péri par la soif; car il n'y a point d'autre eau dans cette Ville que celle de ces deux sources. Il y a du côté du Château qui regarde le Midi, plusieurs Montagnes assez proches, qui le commandent. Sur-tout une que les gens du pays appellent *Nemroud Tahhtasi*, c'est-à-dire le Trône de Nemrod; parce qu'ils croient que son principal Trône étoit sur le sommet de cette Montagne. On voit dans ces Montagnes plusieurs Grottes ou ils disent que logeoient cent mille Soldats de *Nemrod*. En sortant de la Ville par la Porte Méridionale on voit un Puits nommé *Evam Capise*, c'est-à-dire, le Puits du Mouchoir. J'ai rapporté au mot EDESSE ancien nom d'Orpha ce que les Anciens ont dit de la Députation & de la Lettre d'Abgare Roi d'Edesse, à Notre Seigneur J. C. & d'un Portrait du Sauveur auquel Evagre attribuoit la délivrance de cette Ville. La tradition moderne d'Orpha enchérit beaucoup sur les Anciens. Si on les en croit Abagarus, Roi d'Orfa, étant tout lépreux & ayant ouï dire beaucoup de merveilles de J. C. envoya des gens le prier de venir le guérir, avec charge de l'assurer de sa part qu'il le protegeroit contre tous ses ennemis, & il fit aller avec eux, un Peintre pour tirer son portrait. Ils disent que Notre Seigneur, répondit à ces Envoyez qu'il ne pouvoit pas y aller, parce que le tems de sa passion s'approchoit & que s'étant apperçu que le Peintre tiroit son Portrait, il mit un mouchoir sur son visage, après quoi son Effigie y resta empreinte & il le leur donna pour le porter à leur Prince. Ces gens s'en retournerent & comme ils étoient proche de la Ville ils furent rencontrez par des Voleurs qui les mirent en fuite. Celui qui avoit le Mouchoir le jetta vîte dans le Puits dont il est question & se sauva à la Ville où il raconta le tout au Roi. Ce Prince s'en vint le jour suivant en procession avec tout son Peuple, au Puits dont ils trouverent l'eau accrue jusqu'au bord

bord & le mouchoir nageant deſſus. Le Roi le prit, fut auſſi-tôt guéri de ſa lépre & ſe fit Chrétien avec tout ſon Peuple. Ils diſent qu'ils ont long-tems gardé ce mouchoir, mais qu'enfin les Francs l'ont enlevé & porté à Rome. Un Turc raconta à l'Auteur une autre tradition ſur ce Puits. Il dit que Job demeuroit au voiſinage & qu'étant devenu fort pauvre les vers le mangerent; en ſorte qu'il ne lui reſta que la langue qu'ils lui vouloient auſſi manger, mais qu'ayant recours à Dieu il s'écria : Quoi! Seigneur, ne me laiſſerez-vous point la langue pour chanter vos louanges? Qu'alors Dieu l'envoya laver à ce Puits, d'où il revint ſain & entier & peu après recouvra de grandes richeſſes : que les vers ſe retirerent dans une Grotte qui eſt tout proche & mangerent une partie de la muraille; & ils ne manquent pas d'en montrer la marque. C'eſt ainſi que les Mahométans traveſtiſſent les Hiſtoires anciennes. La Chronologie & la Géographie ne les embarraſſent guères ils n'y ſongent ſeulement pas.

Ce Puits eſt enfermé de murailles & il y a quantité de monde tant hommes que femmes qui s'y lavent. Ils ſe mettent derriére de petites murailles de pierres & là ſe deshabillent & reçoivent ſur le corps l'eau de ce Puits, qui coule d'une petite auge percée qui eſt ſur la petite muraille & qu'ils ont emplie auparavant. Il y a à Orfa, auſſi bien qu'à Damas pluſieurs Lépreux. Ils ſont noirs, hideux, mélancoliques; ils ont envie à parler & tout; le corps leur fait mal. Leur maladie approche fort de la maladie Vénérienne, mais c'eſt autre choſe & l'on dit qu'elle provient d'une cauſe différente.

ORFEA, Riviére de Gréce dans la Morée. C'eſt la même que l'ALPHE'E. Voyez ce mot.

*Etat préſ. ORFORD, petite Ville d'Angleterre [a], de la Gr Br. avec titre de Comté, dans la Province de T.1.p.111. Suffolk. Elle envoye ſes Députez au Parlement & tient Marché public toutes les ſemaines.

ORGA, ou ORGAS, Riviére de l'Aſie
b l. 5. c. 29. Mineure. Pline [b] dit qu'elle ſe jette dans le
c l. 12. p. Méandre auprès d'Apamée. Strabon [c] la nomme auſſi entre celles qui tombent dans ce Fleuve.

ORGABA, Ville de la Baſſe Ethiopie. Elle eſt ſituée ſur les bords de la Riviére d'Onchit qui ſe décharge dans le Nil proche des Monts Amara, où commence le Royaume de Mélinde, ſelon Mrs. Corneille & de la Croix; le premier a été trompé par le ſecond qui s'eſt fié à de mauvaiſes Cartes. Mrs. Sanſon mettent Orgaba ſur une Riviére qui coupe l'Equateur & tombe dans le Nil en un Climat où il n'eſt nullement queſtion du Nil.

ORGADE, (L') Contrée de Gréce dans
d l. 3. c. 4. l'Attique, ſelon Pauſanias [d]. Ὀργὰς γῆ. Elle étoit conſacrée aux mêmes Divinitez que l'on adoroit à Eleuſine.

ORGALEMA, Ὀργάλημα, Ville ſituée ſur l'Iſter, ſelon Etienne le Géographe qui cite Hécatée dans ſon Hiſtoire de l'Europe.

ORGALICUS SINUS. Voyez ARGARICUS.

ORGAMENA, Ville de l'Illyrie, ſelon Etienne le Géographe qui la diſtingue d'ORGOMENE.

ORGANA, Iſle ſur les Côtes de l'Arabie heureuſe, ſelon Ptolomée [e], on croit que [e] l. 6. c. 7. c'eſt l'OGYRIS de Pline, & l'OARACTA d'Arrien. Voyez ces mots.

ORGANAGÆ, ancien Peuple de l'Inde, ſelon Pline [f]. [f] l. 6. c. 20.

ORGAS. Voyez ORGA.

ORGASI, Ὄργασοι, ancien Peuple de la Scythie en deçà de l'Imaus, ſelon Ptolomée [g]. [g] l. 6. c. 14.

ORGAZ [h], Ville d'Eſpagne dans la Nou-[h] Délices de velle Caſtille, à trois ou quatre lieues vers le l'Eſpagne, Midi de Tolede. Elle a le titre de Comté p. 357. que Charles V. donna à Alvar Perez de Guſman pour récompenſe de ſes ſervices.

ORGE [i], Fontaine de Gaule dans la Province Narbonnoiſe. C'eſt préſentement SORGUE. Voyez ce mot. Pline [i] qui parle de [i] l. 18. c. 22. cette Fontaine dit qu'il y croiſſoit dans l'eau une herbe dont les Bœufs étoient ſi friands qu'ils y plongeoient la tête dans l'eau pour y atteindre. Comme il dit : eſt in Narbonenſi Provincia nobilis fons : Orge nomine eſt, &c. Ortelius ſoupçonne que Pline pourroit bien l'avoir nommée fons Sorge : de ſorte que l'S finale de fons auroit fait négliger l'S initiale de Sorge; de maniere que le nom moderne qui eſt Sorgue ſeroit le même que l'ancien.

ORGELET [k], petite Ville de France [k] Piganiol dans la Franche-Comté au Bailliage auquel el- de la Force, le donne ſon nom & dont elle eſt le Chef-lieu. Deſcr. de la Elle eſt ſituée à la ſource de la Valouze Ri-p.571. viére qui coulant vers le Midi ſe jette dans l'Ain, ou comme d'autres écrivent, le Dain. Il y a un Couvent de Religieux de Cîteaux & environ 532. habitans.

ORGELITANUS, titre que prend un Evêque d'Eſpagne nommé Juſte qui a écrit ſur le Cantique des Cantiques. Son Siège étoit URGEL. Voyez ce mot.

ORGELLA, ou ORGELLUM. Voyez URGEL.

ORGEMPI. Voyez ARGIPPÆI.

ORGENOMESCI, ancien Peuple d'Eſpagne. Ils faiſoient partie des Cantabres, ſelon Pline [l]. Ils avoient, dit le R. P. Har-[l] l. 4. c. 20. douin, la Côte d'Aſturie depuis Santillane juſqu'à l'Aſta qui coule à Oviedo.

ORGESSUM, Ville de Macédoine, ſelon Tite-Live [m]. Voyez ORGISUS. [m] l. 31.

ORGIA, Ville de l'Eſpagne Tarragonnoiſe au Pays des Ilergetes, ſelon Ptolomée [n]. [n] l. 2. c. 6. Quelques Exemplaires portent ORCIA.

ORGOCYNI, Ville de la Cherſonneſe Taurique, ſelon Pline [o]. [o] l. 4. c. 12.

ORGOMANES, pour DARGOMANES. Voyez ce mot.

ORGOMENÆ, Ville de l'Illyrie, ſelon Etienne le Géographe.

ORGON [p], quelques-uns écrivent OR-[p] Piganiol GUON; petite Ville de France en Provence à de la Force, quatre lieues d'Avignon & preſque ſur le bord T. 4. p. 198. de la Durance. Il y a un Couvent d'Auguſtins Déchauſſez.

ORGON, (LE GRAS D') c'eſt l'une des Embouchures du Rhône dans ſa Branche Occidentale. Il ſépare la grande Camargue de la petite, paſſe auprès de Bourg des Saintes Maries, ou Notre-Dame de la Mer.

ORGONESOS. Voyez URGO.

ORGOSOLO, petite Place de l'Iſle de Sardaigne vers la Côte Orientale de l'Iſle, à trois lieues de Lode, du côté du Couchant.

Mr. Baudrand croit que c'est la GRILLENE des Anciens.

ORGYSUS, Ville de Macédoine aux Pissantins, selon Polybe [a]. C'est peut-être l'ORGESSUM de Tite-Live.

ORI, Peuple maritime au voisinage de la Carmanie, dont peut-être ils faisoient partie. Pline [b] les place dans ce sens-là. Le R. P. Hardouin veut que l'on distingue ces ORI de Carmanie d'un autre Peuple de même nom. Ceux-ci tiroient leur nom d'Ora, Ὄρα, Ville de Carmanie dont parle Ptolomée [c]. En ce cas ils ne différent point des Oritæ. Voyez ORETÆ [d]. Ὄρα dont parle Arrien est très-différente. Il y avoit d'autres ORI près des sources de l'Indus; & ce sont ceux-là qui prenoient leur nom de l'Ora d'Arrien.

1. ORIA, Strabon [e] nomme ainsi une Ville d'Espagne au Pays des Oretains. On croit que c'est la même Ville qu'*Oretum* qu'il nomme ainsi.

2. ORIA, le même Auteur [f] nomme de même OREUM Ville d'Eubée.

3. ORIA, Ville d'Italie au Royaume de Naples dans la Pouille & dans la Province d'Otrante sur une Montagne de l'Apennin. Elle est le Siège d'un Evêché suffragant de l'Archevêché de Tarente. Son Evêché avoit été autrefois uni à celui de Brindes, dont il fut séparé par le Pape Grégoire XIV. La Ville est encore assez peuplée avec un vieux Château sur un Rocher, vers la source de la Riviére de Galæse (selon Mr. Baudrand [g], car Magin ne met-là ni Riviére ni Ruisseau, presque au milieu entre Brindes & Tarente, au Couchant d'Hyver & à vingt-trois milles de Leccie. C'est l'Uria des Anciens. Son Territoire pourroit bien être la même chose qu'ORIANUS AGER dont il est fait mention dans le Livre des Limites.

ORICIA, Contrée aux environs d'ORICUM. Voyez ce mot.

ORICINUS. Voyez ORICUM I.

1. ORICUM, ou ORICUS, ancienne Ville de l'Epire. Ptolomée dit au neutre ORICUM, Ὄρικον, Pline & Mela de même, mais Etienne & Scymnus de Chio disent Oricos, Ὄρικος, ce dernier dans sa Description du Monde [h] dit : Oricos Ville Grecque & Maritime fut bâtie par les Eubéens qui revenoient du Siège de Troye & qui furent jettez en cet endroit par les gros vents. Elle avoit un Port fameux dont il est parlé dans les Commentaires de César [i]. Il y est dit que Lucretius Vespillo & Minucius Rufus y étoient avec dix-huit Vaisseaux d'Asie. Lucius Torquatus qui y commandoit pour Pompée fut forcé par les Habitans & par la Garnison même de la remettre à Jules-Céfar. Les environs sont nommez par Denys le Periégéte [k] *Oricia Terra*. Tite-Live [l] en appelle les Habitans *Oricini*. Je ne puis m'empêcher de relever ici une faute d'Acron ancien Commentateur d'Horace qui dit qu'Oricum est de la Cilicie : *Civitas Cilicia ut aut Oricia Terebintho*. Le Poëte [m] parle à Asterie dont un jeune Amant nommé Gygès étoit allé faire un voyage de Bithynie. Un vent de Midi l'avoit poussé à Oricum sur la Côte d'Epire. Mr. Dacier qui a bien remarqué la faute d'Acron, en fait lui même une nouvelle. Horace, dit-il a fort bien observé la situation & le côté du vent ; car dès que l'on est dans la Mer d'Ionie le vent du Midi pousse droit en Epire. Le vent du Midi pousse également vers l'Italie. Mais ce qu'Horace veut dire c'est que ce jeune homme partant pour la Bithynie & par conséquent obligé de raser les Côtes d'Epire, d'Italie & de doubler le Peloponnese, ne pouvoit faire sa route à cause des vents contraires. C'est ce que les Marins appellent avoir le vent debout. Ainsi il avoit relâché en Epire sur la route pour attendre un meilleur vent. Oricum au reste n'est point différent d'OREUM.

2. ORICUM, Montagne d'Assyrie, selon Polybe [n].

ORIENSIS, ou HORRENSIS, Siège Episcopal d'Afrique dans la Mauritanie Sitifense. C'est peut-être le même lieu que la Table de Peutinger nomme HORREA entre Sitifi & *Tubusuptum*, selon Mr. Dupin dans sa 338. Note sur la Conférence de Carthage, à l'occasion de Victor, qui y est qualifié *Episcopus Oriensis*. La Notice d'Afrique fournit Victor *Horrensis*. Il y a lieu de croire que ces deux Evêques de même nom, ont occupé le même Siège en des tems différens. Car la Conférence de Carthage est de l'an 410. & la persécution d'Huneric à l'occasion de laquelle a été dressée la Notice Episcopale d'Afrique, est de l'an 484. Ainsi ce sont deux Evêques nommez Victor, l'un & l'autre.

1. ORIENT, mot emprunté des Latins, il signifie *qui se leve*; & s'employe en Géographie pour signifier les divers Points où se leve le Soleil, à l'égard des différens Climats & selon les diverses Saisons de l'année. J'ai déja traité cette matiere en parlant de l'*Occident*. Voyez OCCIDENT, & LEVANT.

2. ORIENT, (l'Empire d') Voyez l'Article CONSTANTINOPLE.

3. ORIENT, Pays situez à l'Orient; quoique dans l'exactitude il n'y ait point de Pays qui ne soit à l'Orient d'un autre & à l'Occident d'un autre, cependant on s'est accoutumé à dire l'Orient en parlant des Indes par rapport à l'Europe. Voyez au mot LEVANT la distinction que l'on doit faire entre ces deux termes le *Levant* & l'*Orient*. Les Grecs ont nommé l'Orient Ἀνατολή, dont s'est formé *Anatolia*, l'*Anatolie* & par corruption la *Natolie*, nom que l'on donne aujourd'hui à l'Asie Mineure.

4. ORIENT, (L') Port de France en Bretagne au fond de la Baye du Port Louïs à l'Embouchure de la Riviére de SCORF; qui vient de PONT SCORF. Quelques-uns comme Mr. Piganiol de la Force lisent CROF, PONT CROF.

ORIGARIUM, nom d'un Marais ou Etang qui est nommé *Palus Commiaclensis* dans la Vie de St. Romuald. Il est en Italie & Ortelius conjecture très-bien que c'est le Lac de COMMACHIO.

ORIGENI, ancien Peuple d'Espagne, selon quelques Editions de Pline [o]. Quelques Manuscrits portent *Origenonensi è Cantabris*, d'autres *Origenomisci*, de quoi quelques Editeurs comme Dalechamp ont fait *Origeni mistis Cantabris*. Le R. P. Hardouin trouvant dans un Manuscrit ORGENOMESCI E CANTABRIS, a préféré cette Leçon. On lit dans Ptolomée ARGENOMESCUM qui étoit aussi dans

dans les Cantabres. Pline ou Ptolomée ont mal écrit la premiere lettre; du refte ils font d'accord pour la fituation. L'un nomme la Ville, l'autre le Peuple.

ORIGEVIONES, Peuple ancien d'Espagne, voifin des Autrigons, & au bord de la Riviére de Nefua, felon Pomponius Mela [a]. *l. 3. c. 1.* Cette Riviére traverfoit la Cantabrie. Ce pourroit bien être le même Peuple que celui dont il s'agit dans l'Article précédent.

ORIGIACUM [b], *l. 2. c. 9.* ancienne Ville de la Gaule Belgique & la feule que Ptolomée donne au Peuple ATREBATES. Quelques Exemplaires de ce Géographe portent METACUM. Cette Ville avec le tems a quitté ce nom pour prendre celui du Peuple qu'elle porte déja dans les anciens Itinéraires. Le mot METACUM eft eftropié de NEMETACUM. Voyez ARRAS.

1. ORIGNI, Ifle de France fur la Côte de Normandie. Voyez AURIGNI.

2. ORIGNI, Bourg ds France en Picardie fur la Riviére d'Oife, au Diocèfe de Laon, dans une grande Prairie qu'arrofe la Riviére d'Oife divifée en plufieurs Branches, au-deffous de la Ville de Ribemont, & à trois lieues de la Ville de St. Quentin au Levant d'Hyver. Ce lieu eft célèbre par le Martyre de Ste. Benoîte Dame Romaine que Matrocle Lieutenant des Empereurs y fit mourir pour avoir confeffé & conftamment prêché la Foi de Jéfus-Chrift. Il y a une ancienne & célèbre Abbaye de Filles de l'Ordre de St. Benoît où l'on conferve le Corps de cette Sainte, & un Chapitre de douze Chanoines, à la nomination de l'Abbeffe & de la Communauté, pour le Service de l'Autel; ce qui marque que c'étoit anciennement un Monaftère double.

1. ORIGUELA, Ville de Portugal dans l'Alentejo. Elle eft fituée aux Frontiéres de l'Eftremadure, à une lieue & au Nord-Eft de Campo Major & à quatre lieues (de 25. au degré) au Nord d'Elvas, fur une Montagne affez roide; & eft défendue par une bonne muraille & par un Château. Il y a une Fontaine qui ne reçoit dans fes eaux aucun poiffon ni infecte vivant que des grenouilles, & dont les eaux ne fauroient fervir à cuire la viande.

§. Mr. Corneille s'eft bien égaré dans cet Article. Il met cette Ville aux Frontiéres de la Caftille; quoiqu'il y ait toute l'Eftremadure entre-deux. Enfuite confondant cette Ville avec une autre de même nom en Efpagne, il dit que Jouvin de Rochefort la place au Royaume de Murcie. Comment une Ville peut-elle être dans deux Royaumes auffi éloignez l'un de l'autre que Murcie l'eft du Portugal? La vérité eft qu'aucune des deux n'eft au Royaume de Murcie. Celle dont il s'agit ici eft du Portugal; l'autre eft du Royaume de Valence aux confins de Murcie.

2. ORIGUELA, ou

ORIHUELA, (cette prononciation revient prefque au même, le G & l'H ayant l'une & l'autre une forte afpiration difficile aux Etrangers.) Ville d'Efpagne au Royaume de Valence & la première que l'on trouve en venant de Murcie dont elle eft à quatre lieues. Elle eft à une lieue de la Frontiére des deux Royaumes. Elle eft fort ancienne, & on tient que c'eft l'ORCELIS de Ptolomée. Elle eft entre des Montagnes au bord de la Segura dans un lieu fortifié par la Nature, au milieu d'une Plaine fi fertile en tout & particuliérement en bled, qu'elle a donné lieu à ce Proverbe des Efpagnols: *Llueva ò no Llueva, Trigo en Orihuela*, c'eft-à-dire *qu'il pleuve ou ne pleuve pas, il y a toujours du bled à Origuela*. Elle eft entourée de jardins très-agréables. Il y a une Univerfité fondée l'an 1555. c'eft auffi le Siège d'un Evêché. L'Auteur des Délices d'Efpagne [c] prétend que cet Evêché a été long-tems joint à celui de Carthagène, [c p. 546.] qu'il en fut féparé par le Pape Jules III. au milieu du XVI. fiècle; & que l'on en fit une nouvelle Prélature avec dix-mille Ducats de rente. Ce qu'il ajoute femble infinuer que ce Siège exiftoit dès le IV. fiècle. L'un des premiers Evêques de cette Ville, dit-il, envoya des Députez au fecond Concile d'Arles (tenu l'an 353. fous le Pape Libère.) Il s'en faut bien que l'Abbé de *Vayrac* [d] lui donne [d Etat préf.] cette antiquité. Selon lui l'Eglife d'Orihuele [de l'Efpagne] la fut fondée en Collégiale l'an 1413. Elle [l. 4. T. 1. p.] ne fut érigée en Cathédrale que par Alphonfe [372.] V. Roi d'Arragon, (qui regna depuis l'an 1416. jufqu'à l'an 1458.) un nommé Gallus en fut le premier Evêque. En 1521. elle fut unie à celle de Carthagène fous le Regne de Charles V. par le Pape Léon X. Mais en 1564. elle fut rétablie dans fes droits par Pie IV. à la priére de Philippe II. Ce qui me perfuade que cette Eglife eft nouvelle, c'eft qu'il n'en eft fait aucune mention dans les trois anciennes Notices Ecclefiaftiques d'Efpagne, à moins que ce ne foit le Siège de BAGASTA que Mariana [e] met entre les Evêchez du tems [e De Rebus] du Roi Wamba. Il ajoute qu'on ne fait au-[Hifpan. l. 6.] jourd'hui où étoit cette Ville; qu'il paroît [c. 15.] pourtant qu'elle étoit aux environs d'Orihuela, tant par l'arrangement des lieux que parce que l'une des Portes de cette derniere Ville porte le nom de *Magaftri*. Ce qu'il dit là eft d'autant plus vraifemblable que les Notices nomment cette *Bagafta* BAGASTRI dans l'Edition de Rome; ce Siège au refte compte LX. Paroiffes dans fon Diocèfe. Le Chapitre de la Cathédrale eft compofé de fix Dignitaires, de fix Chanoines, & de douze Prébendiers [f]. [f *Vairac*,] On ne fe contente pas de trouver à Origuela [Ibid.] une antiquité auffi confidérable que celle d'*Orcelis*. Quelques-uns ont attribué fa fondation à Hercule le Thébain. Mais un fait moins fujet à être contefté, c'eft que cette Ville étant tombée dans une efpèce de décrépitude Alphonfe le Sage la releva & y fit de grandes réparations dans l'XI. fiècle. Elle eft Capitale d'un Gouvernement indépendant de Valence & dont la Jurifdiction s'étend douze lieues en longueur fur fix de large. La Campagne où elle eft fituée n'eft pas feulement fertile en Bled; elle produit encore en abondance du Vin, du Lin, du Chanvre, du Miel, de la Soye, des Herbes, des Légumes, des Fruits, & même du Sel.

ORII, Ὄριοι, Polybe [g] nomme ainfi un [l. 4.] Peuple de Créte.

ORILHAC. Voyez AURILLAC.

ORINÆI. Voyez ERINÆI.

ORINDICUS AGER, Campagne d'A-[h De Lege] fie. Cicéron en parle dans fa dix-huitième [Agrar. Con-] Oraifon. *Jubet venire, quæ Attalenfium, quæ* [tra Rullum.] [c. 19.] Pha-

*Phaselitum, quæ Olympenorum fuerint, Agrumque Agerenſem & Orindicum & Gedusanum.* Les trois premieres Places, Attalie, Phaſelis & Olympe, étoient ſur la Côte Méridionale de la Natolie, & voiſines l'une de l'autre dans la Pamphylie ; & comme *Oroanda* étoit plus dans les terres dans la Piſidie, Ortelius ſoupçonne qu'il faut lire dans Cicéron *Oroandicum.*

1. ORINE, Iſle de la Mer Rouge, vis-à-vis de Ptolomaïde ſurnommée *Ferarum* au fond d'un Golphe, où elle s'avance vers la Mer deux cens Stades, (qui reviennent à cinq milles Géographiques de 15. au degré[a].) Elle eſt de deux côtez entourée du Continent ; ce ſont les termes d'Arrien dans ſon Periple de la Mer Erythrée. Ramuſio croit que c'eſt l'Iſle de MACZUA, à quoi convient aſſez la deſcription d'Arrien.

[a] p. 2. & 3.

2. ORINE, Pline[b] nomme ainſi la Contrée de la Paleſtine où étoit Jéruſalem. C'eſt ce que St. Luc appelle *Montana Judea*, lorsqu'il parle de la Ste. Vierge[c] qui alla viſiter Elizabeth. Il y avoit pluſieurs Villes dans ces Montagnes ; Jéruſalem, Rama, Bethlehem, &c. Le Grec de St. Luc porte εἰς τὴν Ὀρεινὴν, d'où a pu aiſément s'écrire en lettres Latines *Oriné.*

[b] l. 5. c. 14.
[c] c. 1. v. 39.

ORINGIS, ancienne Ville d'Eſpagne, ſelon Mrs. Baudrand & Corneille. Voyez ORINX dont ORINGIS n'eſt que le genitif.

☞ ORINI, pour Ὀρεινοὶ, en Latin *Montani*, nous diſons en François les Montagnards. Ce nom convient généralement à tous ceux qui demeurent dans les Montagnes d'un Pays. C'eſt un mot Grec traveſti à la Latine.

1. ORINUS, Riviére de l'Illyrie, ſelon Ortelius qui cite Califte[d] & qui dit que le Drin lui porte ſes eaux.

[d] l. 17. c. 28.

2. ORINUS, ou ORINOS Riviére de Sicile ; ſur la Côte Orientale au Midi de Syracuſe. C'eſt plutôt un Ruiſſeau qu'une Riviére, ſon nom moderne eſt Miranda. Ptolomée[e] le nomme ORINUS, Thucydide[f] le nomme Erineus.

[e] l. 3. c. 4.
[f] l. 7.

ORINX, ancienne Ville d'Eſpagne dans la Bétique. Elle étoit très-riche & ſituée aux confins des Meleſſes, ſelon Tite-Live[g] qui raconte de quelle maniere elle fut priſe par L. Scipion frere du Grand Scipion. Il ajoûte que ſon Territoire étoit très-fertile & qu'il y avoit des Mines d'argent.

[g] l. 28. c. 3.

1. ORIO, Riviére d'Eſpagne dans la Principauté de Biſcaye. Elle a ſa ſource à St. Adrien aux Montagnes qui ſeparent l'Alava, du Guipuſcoa où elle coule[h]. De-là elle ſerpente au Nord-Eſt, paſſe à Segama, g. à Segura, d. à Villa Franca, g. à Toloſa ſe tourne vers le Nord-Oueſt & va ſe perdre dans la Mer au Couchant de St. Sébaſtien.

[h] Jaillot, Atlas.

2. ORIO[i], petite Ville d'Eſpagne au Guipuſcoa ; à l'Orient de l'Embouchure de la Riviére de même nom. Quelques-uns croient[k] que c'eſt la MENOSCA des Anciens.

[i] Ibid.
[k] Baudrand Edit. 1705.

§. Il faut remarquer que l'Orio eſt pluſieurs fois nommé l'ORIA dans les Délices de l'Eſpagne. Cet Auteur dit que[l] c'eſt moins une Riviére qu'un Torrent large & impétueux qui court parmi ces Rochers avec un grand fracas & fait tourner un très-grand nombre de Moulins à forges. On y prend, dit-il, de fort bon poiſſon & entre autres d'excellentes truites : de tems en tems on la paſſe ſur des Ponts de pierre & elle eſt bordée de jardins, de vergers & de figuiers. L'Orio ſe charge de pluſieurs Ruiſſeaux dont l'un eſt appellé Araxe.

[l] p. 86.

1. ORIOLO, petit Bourg d'Italie dans l'Etat de l'Egliſe, dans la Romagne entre la Ville de Fayence & Citta del Sole, ſelon Mr. Baudrand[m]. Léandre dans ſa Deſcription[n] de l'Italie dit qu'il eſt quatre milles au-deſſus de Fayence.

[m] Ed. 1705.
[n] Fol. 317. recto.

2. ORIOLO, Bourg & Château d'Italie au Patrimoine de St. Pierre dans le Duché de Bracciano. On croit que c'eſt en ce lieu qu'étoit FORUM CLAUDII. Ce lieu eſt à quatre milles du Lac de Bracciano, à cinq de Bracciano & à vingt-cinq de Rome.

ORIOW,[o] ORIHOW ou ORHE, Bourgade de Moldavie aux confins de la Pologne ſur le Ruiſſeau de Rès qui ſe jette peu après dans le Nieſter ou Turla, au Nord-Oueſt & à ſix milles & demi de Tekin.

[o] De l'Iſle Atlas.

ORIPPO, ancien Lieu d'Eſpagne dans la Bétique, ſur la route de Cadix à Cordoue, ſelon Antonin[p] entre Ugia & Seville à XXIV. M. Pas de la premiere & à IX. M. Pas de la ſeconde.

[p] Itiner.

ORISON, Siége Epiſcopal en Aſie. Une ancienne Notice du Patriarchat d'Antioche met pour treizième Siége *Emiſſa*, & lui ſoûmet quatre Evêchez qui ſont ARQUI ORISON, HERIGENI & ORAGISON. Ortelius écrit Oriſon par deux S. ORISSON.

ORISSAVA[q], Ville de l'Amérique au Méxique, ſur le chemin de la Vera Cruz à México entre Cordoua & Puebla de Los Angeles. Elle eſt auprès d'une haute Montagne que l'on apperçoit de vingt-cinq lieues en Mer & dont le ſommet eſt toujours couvert de neiges, quoiqu'elle ſoit ſous la Zone Torride. Cette Montagne qui porte auſſi le nom d'Oriſſava eſt beaucoup plus haute que le Pic de Teneriffe. La Plaine d'Oriſſava a du moins deux bonnes lieues & ſe termine à une Montagne ou plutôt à une Forêt de Chênes touffus.

[q] Lettres E. diſantes T. II. p. 112.

ORISTAGNI, Ville de l'Iſle de Sardaigne ſur ſa Côte Occidentale, où elle donne à un Golphe le nom qu'elle reçoit elle-même d'un Etang, comme je vais l'expliquer. Le P. Briet ayant très-bien dit après Cluvier que cette Ville eſt l'USELLIS de Ptolomée, il eſt étonnant que Baudrand Diſciple de ce Pere Jéſuite n'ait point parlé[r] comme lui. En effet ce Pere[s], dont Mr. Baudrand avoit lu attentivement le Livre, dit très-bien USELLIS COLONIA : *Incolæ Uſellitani quos Ptolemæus corruptè Celſitanos vocat. Eidem Ptolemæo dicitur* Colonia, Κολωνία, *quomodo ergo Plinius unam dixit eſſe Coloniam Turrem Libiſſonis : Hodie* USELLIS *eſt* ORISTAGNI? C'eſt-à-dire Uſellis Colonie : ſes Habitans ont été appellez *Uſellitani* & Ptolomée les appelle par corruption Colonie : comment donc Pline a-t-il dit qu'il n'y avoit (en Sardaigne) qu'une Colonie ſavoir *Turris Libiſſonis ? Uſellis* eſt aujourd'hui *Oriſtagni.* Le P. Briet ne fait que copier Cluvier. Ce dernier avoit remarqué avant lui que Ptolomée avoit placé Uſellis Colonie au lieu où eſt préſente-

[r] Ed. 1705.
[s] Parallel. Part. l. 5. c. 12. p. 688.

tement Oristagni que le Peuple étoit nommé *Usellitani*; que quelques Copistes négligens ayant trouvé dans ce Géographe , ὑΦ' οὓς Οὐτελλιτανοὶ , ont facilement changé ces mots en ὑΦ' οὓς Κελτιτανοὶ , ces deux lettres οὓς réperées une fois comme pronom & l'autre fois comme premiére fyllabe d'un nom propre les ont dérangez & la faute a été copiée. Ce n'eſt point à Ptolomée que je voudrois attribuer la corruption de ce mot, mais à ſes Copiſtes. L'objection du P. Briet tirée de Pline n'eſt pas fort embarraſſante, il vivoit ſous Veſpaſien , Ptolomée floriſſoit ſous Adrien. Pline ne connoit pas *Uſellis*, il eſt aiſé d'en conclure de deux choſes l'une ; ou qu'il a ignoré qu'il y eût une pareille Ville en Sardaigne & à plus forte raiſon que ce fût une Colonie ; ou que cette Ville n'eſt devenue Colonie que dans les cinquante-cinq ou ſoixante ans qui ſe ſont écoulez entre lui & Ptolomée. Ce dernier ſentiment qui me paroît préférable eſt celui de Cellarius [a]. Le même Père Briet dans l'endroit où il décrit la Sardaigne, ſelon ſon état préſent, dit ARBOREA: *Oriſtagni : Caput Marchionatus* , &c. Mr. Baudrand a cru qu'*Arborea* étoit le nom ancien & Latin d'Oriſtagni ; quoique le nom d'*Arborea* ait été inconnu aux Anciens. Le P. Ferrari avoit dit avant Mr. Baudrand qu'*Arborea* eſt *Oriſtagni*; en quoi il s'eſt trompé: en voici la preuve. La Notice de l'Abbé Milon écrite vers l'an 1225. ſous le Pontificat de Celeſtin III. met en Sardaigne trois Archevêchez, *Calaritanus*, *Turritanus*, & *Arborenſis*. Elle nomme leurs Suffragans. Or le premier Suffragant qu'elle donne à l'Archevêque d'Arborea eſt nommé *Uſellinus*, pour *Uſellitanus*. Si le Siège d'*Uſellis* étoit Suffragant d'*Arborea* , ces deux noms ne ſauroient ſignifier la même Ville. *Uſellis* étoit *Oriſtagni*, il faut donc chercher ailleurs *Arborea*. Ce n'eſt pas ſeulement cette Notice qui fournit cette diſtinction. Celle de l'Evêque de Cathare met de même trois Métropoles en Sardaigne; la troiſième qu'elle nomme *Alborenſis* a pour premier Suffragant *Uſſelenſis*, pour *Uſſelenſis*. Il eſt ſurprenant que ces deux Sièges ayent été également inconnus au P. Charles de St. Paul qui dans ſa Géographie ſacrée n'en dit pas le moindre mot.

Quant au nom d'ORISTAGNO , ou ORISTAGNI ou ORISTANO ; il y a dans le Territoire de cette Ville une eſpèce d'Etang, formé par la Riviére Sacro, le ὅερος des Grecs, le *Sacer* des Latins, qui s'élargit à ſon Embouchure; & plus haut un Lieu nommé ORES ſur la rive droite de cette Riviére, lequel peut avoir donné le nom à cet Etang, *Oris ſtagnum*. Quoiqu'il en ſoit, cet Etang que le Sacro forme en s'élargiſſant eſt nommé *Stagno d'Oriſtamo* , & donne ce nom à la Ville d'USELLIS. Arborea ayant été détruite par les guerres qui ont long-tems deſolé la Sardaigne, la Métropole a été transférée à *Uſellis* dont l'Evêché devenu inutile s'eſt trouvé perdu dans l'Archevêché. J'ai même bien de la diſpoſition à croire qu'Arborea n'a jamais été le nom d'une Ville, mais d'une Contrée; & il n'eſt point rare de trouver des Sièges Epiſcopaux qui ont pris le nom du Pays préférablement à celui de la Réſidence Epiſcopale. Il y a en Pologne les Evêques de Varmie, & de Cujavie ſans qu'il y ait des Villes de ce nom. Ce ſont des Diocèſes, & des Contrées.

L'Abbé de Vairac parlant de la Sardaigne dans ſon Etat préſent de l'Eſpagne, dit que l'Archevêque d'Oriſtan , jadis Archevêque d'Arborea, avoit pour Suffragans les Evêques d'Uſſelen, de Santa Juſta, de Torre Alba , & de Gatelli. Cela eſt conforme à la Notice de l'Abbé Milon qui porte *Archi-Epiſcopatus Arborenſis hos habet Suffraganeos*, *Uſſellenum*, *Sancta Juſta* , *Terræ Albæ*, *Civitatenſem qui eſt Domini Papa* , *Gatellinenſem qui eſt Domini Papa*. Ces mots, *qui eſt Domini Papa*, ſignifient un Siège qui releve immédiatement du St. Siège & c'eſt ce que l'Evêque de Cathare exprime par le mot *Exemptus*. *Archiepiſcopus Alborenſis*, dit-il, *hos habet Suffraganeos* , *Uſſellenſem*, *Sancta Juſta* , *Terræ Albæ*, *Civitatenſem exemptum*, *Cacellinenſem exemptum*.

Il faut remarquer 1. que ces deux Notices appellent *Terra Alba* ce que l'Abbé de Vairac & le Père Coronelli nomment *Torre Alba*, Tour blanche. 2. Cet Abbé ne parle point-là d'un Siège nommé *Civitatenſis* dans ces Notices. Ce qu'il ajoute mérite d'être examiné. A préſent, dit-il, Oriſtan n'en a aucun, (Suffragant) d'autant qu'*Uſſelen* fut uni à Caſtel Aragoneſe, & Santa Juſta & Torre Alba à l'Archevêché d'Oriſtan. Il ne dit point ce qu'eſt devenu *Gatelli* ; mais ce n'eſt pas en quoi conſiſte la difficulté. Si ce qu'il nomme *Uſſelen*, *Uſſellenſis*, ou *Uſſellenus* eſt l'*Uſellis* de Ptolomée dont Oriſtagno occupe aujourd'hui le terrain, comment cet Evêché a-t-il pu être uni avec Caſtel Aragoneſe qui eſt ſous une autre Métropole tout à l'autre bout de l'Iſle & devenir en même tems le même Siège que la Métropole d'Oriſtagno ? S'il eût cité ſes Garans on pourroit y avoir recours, & voir le degré de confiance qu'ils méritent; mais il ne cite perſonne.

Il reſte toujours la difficulté de ſavoir où réſidoit l'Archevêque d'Arborea. Si on le met à Oriſtagno, comme preſque tous les Ecrivains modernes, on retombe dans le même inconvénient à l'égard d'*Uſſellenſis Epiſcopatus*, l'Evêché d'Uſellis, dont il faut trouver la place. Je me contente d'avoir marqué ſes difficultez ; je laiſſe le ſoin de les lever à ceux qui ſont à portée de conſulter ſur cette matiére les Livres que je n'ai pas.

LE MARQUISAT D'ORISTAGNO, Contrée de la Côte Occidentale de l'Iſle de Sardaigne. Cette Iſle a été autrefois partagée en quatre Juriſdictions ou eſpèces de Souverainetez, ſavoir Torres, Arborea, Cagliari, & Gallura. Ceux qui poſſedoient ces petits Etats prenoient la qualité de Juges & ce fut par leur moyen que l'Iſle ſecoua peu à peu le joug des Romains dans la décadence de l'Empire. Ces quatre Juges occupèrent long-tems la Sardaigne. On ne ſait au juſte ni l'Epoque de leur établiſſement , ni les Limites d'un chacun. Ces limites changerent ſouvent. Leurs querelles dans leſquelles les Génois & les Piſans s'intereſſerent cauſerent des diviſions ruïneuſes. Les guerres qui en furent la ſuite furent cauſe que le Pape, à qui ces Juges avoient long-tems rendu hommage, voyant que cette Iſle qu'il avoit autrefois regardée entre ſes Domaines périſſoit de plus en plus, ne trouva point d'autre moyen de calmer ces troubles qu'en y appellant le Roi d'Arragon qui la conquit, & la Jurisdiction d'Arborea fut changée alors en Marquisat d'Oristagno. Ces Marquis conservérent quelque tems le Domaine de leur Marquisat [a]; mais l'un d'eux s'étant révolté contre le Roi d'Arragon, ce Prince l'en dépouilla, & se saisit du Marquisat. Les Rois d'Arragon ses Successeurs & ensuite les Rois d'Espagne en ont joui de la même maniere.

[a] Léandre Sardigna fol. 21. verso.

Oristagno est dans une plaine à peu de distance de la Mer, dans un Canton & au fond d'un Golphe auxquels elle donne son nom. Son port est exposé à l'Ouest. L'air y est très-mauvais à cause des marécages dont elle est environnée; & c'est pour cette raison que toute Métropole qu'elle est, elle n'est pas aussi peuplée qu'elle devroit l'être. On y montre un Crucifix fort antique que l'on dit avoir été fait par Nicodéme & pour lequel le Peuple a une grande vénération. Léandre ajoute: le Territoire d'alentour nommé autrefois *Arborea*, est présentement appellé le Marquisat d'Oristagni.

LE GOLPHE D'ORISTAGNO, Golphe de la Côte Occidentale de l'Isle de Sardaigne. On peut le considerer de deux manieres; ou toute sa grandeur, en le prenant dès son entrée depuis Capo della Frasca au Midi jusqu'à Costa de Dona petite Isle au Nord, qui tient en quelque maniere au Continent de la grande Isle par une Basse, sur laquelle il n'y a qu'onze pieds d'eau,' ou en le prenant dans une moindre étendue depuis le Cap de San Marco où se termine cette Basse dont on vient de parler & le Cap S. Marca au Midi. Il y tombe plusieurs Riviéres dont les trois plus considérables sont la Riviére de Caures ; le Thyrso qui coule à Solarosa & à Neapoli; & le Sacro qui coule à Ores & forme l'Etang d'Oristagno. Ce Golphe en rangeant la Côte du Nord a 11. à 12. brasses de fond. Vis-à-vis de la Tour qui sert de Fanal au milieu de cette Côte il n'y a que quatre brasses, par le travers de l'Embouchure de Caures il y en a six. En côtoyant la Côte Méridionale de ce même Golphe on n'en trouve que cinq, ensuite quatre, puis trois devant le Fanal de l'Embouchure du Sacro & neuf devant Oristagno, au milieu du Golphe devant Neapoli il y en a quatorze ou quinze. Ce Golphe au reste est quelquefois nommé BAYE DE NEAPOLI.

1. ORISTAN, les François disent ce mot pour *Oristagni* ou *Oristagno*. Voyez l'Article précédent.

2. ORISTAN, Ville que les Espagnols avoient bâtie dans l'Isle de la Jamaïque lorsqu'ils en étoient les maîtres. Elle étoit au fond d'un petit Golphe sur la Côte Méridionale de l'Isle au Couchant du Cap du Faucon. Les Anglois qui jouissent de cette Isle depuis long-tems ont changé les Habitations & les noms. Le Golphe où étoit Oristan est le même où est l'Embouchure de la Riviére de Blaewfields. Elle étoit à quelque distance de la Mer, au Quartier de Ste. Elizabeth. C'est le sentiment de l'Auteur de l'Amérique Angloise dans l'Edition en Hollandois. De Laet [b] dit qu'elle étoit à quatorze lieues de la Ville de Seville[c]. Ni l'une ni l'autre ne subsistent plus.

[b] 2 Deel p. 268.
[c] In Occident. l. 1. c.

ORISTIDES, Ptolomée [d] nomme ainsi deux Isles du Golphe Arabique, selon Ortelius; il ajoute: quelques Exemplaires Latins portent TRISITIDES. Il devoit dire THRISSITIDES. Cette différence vient de ce que l'O a été pris par quelques-uns pour un Θ, qui est le *Th* des Grecs. Le Ptolomée de Bertius porte *Orissiides*, Ὀρισσιτιδης, dont il a été facile de faire Thrissitides, en changeant O en Θ, comme j'ai dit. Ces Isles étoient sur la Côte de l'Ethiopie sous l'Egypte.

[d] l. 4. c. 8.

1. ORITÆ, Peuple situé à l'extrémité Occidentale de l'Inde aux confins de la Gédrosie à laquelle Etienne le Géographe les donne. Pline [e] dit que le Fleuve Arbis les sépare des Indiens.

[e] l. 7. c. 3.

2. ORITÆ. Voyez ORESTÆ, & ORETÆ.

3. ORITÆ, Peuple d'Espagne, selon Polybe; c'est le même qu'ORITANI 2. Voyez ce mot.

4. ORITÆ. Voyez ORITANI 1.

1. ORITANI, ancien Peuple de Gréce dans la Locride aux environs d'OPUS. C'est Tite-Live qui les nomme ainsi [f]. Polybe dit ORITÆ, Ὀριται.

[f] l. 28. c. 8.
[g] l. 11. p. 5.

2. ORITANI, ancien Peuple d'Espagne. Il y avoit chez eux un Siège Episcopal à Mentesa. Pline [h] parlant des Habitans de Mentesa dit MENTESANI *qui & ORITANI*. Voyez MENTESA.

[h] l. 3. c. 3.

ORITANUM [i], Lieu de l'Eubée, selon Pline. Le R. P. Hardouin avoue qu'il ne connoît point ce Lieu.

[i] l. 4. c. 12.

ORIXA, Royaume de l'Indoustan sur le Golphe de Bengale à l'extrémité Septentrionale de la Côte de Coromandel entre le Bengale & le Royaume de Golconde. Il est borné au Nord par la Riviére de Ganga qu'il ne faut pas confondre avec le Gange & elle sépare des Terres du Raja Rotas depuis les 98. d. 20'. de Longitude jusqu'à 102. d. 20'. Au de-là les Limites courent au Nord-Est & ensuite à l'Est jusque fort près de Balasor. Après quoi ces mêmes Limites courent vers le Sud-Ouest ou vers l'Ouest, coupent la Ganga au-dessous de Budarak qu'elles laissent dans ce Royaume & continuent de serpenter jusqu'au 102. d. 15'. Ensuite elles se replient vers le Midi Oriental, traversent la Riviére de Marsapour, & vont joindre la Mer entre Brampour & Calecote. La Côte borne ensuite ce Royaume jusques à un petit Ruisseau dont l'Embouchure est au Nord Oriental de Cicocol. Ce même Ruisseau sert de borne depuis la Mer jusqu'à sa source & une ligne tirée de cette source vers le Couchant jusqu'à la Riviére de Narsepille vers les 18. d. 50'. de Latitude, qui termine ce Royaume au Couchant & le sépare de celui de Golconde, jusqu'à sa source, depuis laquelle on imagine une ligne continuée jusqu'à la Ganga au lieu où nous avons commencé. Il a dans l'enceinte que nous avons décrite à l'Orient le Pays de Jagrenat qui a un Raja particulier & qu'il enferme presque de tous côtez excepté du côté de la Mer, & à la réserve d'un petit coin du côté du Bengale. Il enferme de même dans sa partie Méridionale le Royau-

ORI. ORK. ORL.  ORL.

yaume de Cicocol, à qui il fert de bornes au Nord & au Nord-Eft & qui auffi-bien que lui eft féparé du Royaume de Golconde par la Riviére de Narfepille.

L'Orixa peut avoir environ vingt-neuf lieues de Côtes (des lieues de 15. au degré.) qui courent du Sud-Oueft au Nord-Eft. Ces Côtes font arrofées de plufieurs Riviéres peu confidérables fi on en excepte celle de Ganjam. Il y a auffi beaucoup de Montagnes. En allant du Nord-Eft au Sud-Oueft on y trouve de fuite *Maningapatan* Village, BARAMPOUR, Ville, GANJAM autre Ville où les Anglois ont un Comptoir, *Carepare* Bourgade, *Galcondi* Fort. *Manfercata* autre Fort, *Marac*, *Pondi*, & *Caletaire*, Bourgades. Une chaîne de Montagnes nommée les Montagnes d'Orixa, & qui a fes racines au Royaume de Golconde s'étend dans l'Orixa au Midi de la Ganga & envoye quelques Branches vers le Midi. Elle s'étend d'Occident en Orient entre le 20. & le 21. d. de Latitude. C'eft à fon extrémité Orientale que prend fa fource la Riviére de Marfapour. Au Midi de cette Montagne & affez près des Frontiéres de Golconde eft un Lac au Couchant duquel eft la Ville d'ANGELIE & à fon Orient eft celle d'ULNE. Au Levant d'Eté de cette derniere eft PAMUSIA & au Midi des Montagnes près de la fource de la Riviére de Ganjam eft la Ville d'IMADELMOLUCH. En avançant vers le Nord-Eft on trouve Budarak autre Ville au bord Méridional de la Ganga & à l'extrémité du Pays à fix lieues de Balasfor (lieues de 15. au degré) eft RAMANA Réfidence du Roi d'Orixa.

Mrs. Sanfon & Baudrand & autres mettent dans ce Royaume une Capitale de même nom dont les Relations modernes ne donnent aucune idée. La Carte de l'Afie de Sanfon bouleverfe tout ce Pays-là. Mr. de l'Ifle lui-même dans fa Carte des Indes & de la Chine l'avoit fort mal débrouillé, mais dans celle des Côtes de Malabar & de Coromandel, il a rectifié fes idées fur de bonnes Relations & c'eft à cette derniere que j'ai conformé cet Article. La Ville d'Orixa qui étoit dans l'une ne fe trouve point dans celle-ci & eft fupprimée comme chimérique.

ORIZA, Ville de Syrie dans la Palmyréne, felon Ptolomée[a]. Elle étoit au Nord-Eft de Palmyre en tirant vers l'Euphrate.

[a] l. 5. c. 15.

ORKNEY, (les Ifles d') Voyez ORCADES.

ORLA[b], (l') petite Riviére d'Allemagne dans la Haute Saxe dans la partie la plus Occidentale de la Misnie, affez près de Weida, aux confins du petit Etat de la Maifon de Saxe Altenbourg, où coulant vers le Couchant, elle paffe à Neuftadt qui en prend le furnom de *Neuftadt am der Orla*, elle fe charge de quelques Ruiffeaux & ferpentant vers le Nord Occidental elle va fe perdre dans la Sala auprès d'Orlamunde qui en prend le nom.

[b] Valek Saxon. Super. Tabula.

ORLAMUNDE[c], Ville & Comté d'Allemagne dans la haute Saxe fur la rive gauche de la Sala, vis-à-vis de l'Embouchure du Ruiffeau d'Orla. Son nom fe fignifie que l'Embouchure de l'Orla. Cette Ville étoit le Chef-lieu d'un ancien Comté de même nom qui comprenoit encore les Villes d'Iene, Neustadt, Kala, & autres lieux de la Turinge, & Humelshayn près d'Orlamunde. Ces Comtes faifoient leur réfidence dans un beau Château qui eft détruit & qui étoit auprès de leur Capitale. Après l'extinction de ces Seigneurs le Comté vint aux Landgraves de Thuringe Margraves de Misnie. La Ville a été enfuite dans le partage de la Branche d'Altenbourg. Il y avoit ci-devant un Couvent de Guillaumets, ou Religieux de St. Guillaume, mais il fut brûlé en 1520. & n'a point été relevé.

[c] Zeiler, Saxon. Topog. p. 148.

ORLANDE, ou
ORLANDO. Voyez au mot CAP.

1. ORLE'ANOIS, (L') Province de France fur la Loire. Ce nom a deux fignifications très-différentes par rapport à l'étendue des Pays que l'on nomme ainfi.

2. ORLE'ANOIS, (L') peut fignifier le *Gouvernement Général de l'Orléanois*; & en ce fens il contient plufieurs moindres Provinces dont l'ORLE'ANOIS *proprement dit* n'eft qu'une partie. Les autres font,

La Sologne,
La Beauce particuliere ou le Pays Chartrain,
Le Dunois,
Le Vendômois,
Le Blaifois,
La plus grande partie du Gaftinois,
Et le Perche-Gouet.

Comme nous traitons chacune de ces Provinces dans fon Article particulier, nous n'en dirons rien ici que ce qui leur eft commun.

Ce Gouvernement a trois Evêchez.

ORLE'ANS,   CHARTRES,
            & BLOIS.

Tout l'Orléanois eft du Reffort de Paris. Il y a quatre grands Bailliages avec Sièges Prefidiaux, favoir,

Orléans,       Blois,
Chartres,      Montargis.

Et trois petits Bailliages,

Gien,          Dourdan,
        Vendôme.

Tous ces Baillis font d'Epée & leurs Charges périffent par mort comme les autres Charges des Bailliés d'Epée du Royaume ; il faut pourtant en excepter le Baili de Vendôme qui eft de Robbe & dont la Charge eft héréditaire.

Les quatre grands Bailliages ont chacun leur Coûtume particuliére.

Il y a des Maîtrifes des Eaux & Forêts dans ce Gouvernement où font plufieurs Forêts confidérables, comme celles de

Blois,         Boulogne,
Ruffi,         Chambort.

Ces quatre font dans le Blaifois & appartiennent au Roi.

Le Duc d'Orléans a auffi les fiennes, favoir,

Or-

Orléans, Dourdan,
Montargis, Beaugenci,
Romorantin.

Le Gouvernement d'Orléanois a sous lui trois Lieutenans Généraux, trois Lieutenans de Roi & plusieurs Gouvernemens particuliers; savoir *Chartres, Montargis, Gien, Jargeau, Pluviers,* & *Beaugenci.*

Les Maréchaux de France ont des Lieutenans à Orléans, à Chartres, à Blois, à Montargis, & à Yenville, qui connoissent des différens de la Noblesse.

L'Orléanois proprement dit est borné au Nord par la Haute Beauce, à l'Orient par le Gastinois, au Midi par la Sologne; au Couchant par le Dunois & le Vendomois, & en partie par l'Election de Beaugenci dont il enferme une partie, l'autre est de la Basse Beauce. Il s'étend des deux côtez de la Loire qui le divise en Haut & en Bas Orléanois. Le Haut est au Nord, le Bas est au Midi de cette Rivière. Je remarquerai ici que Duval enferme l'Orléanois dans la Beauce. Robbe donne à l'Orléanois les Villes suivantes.

a *Descr. de la France* p. 129.

Orléans, Sully,
Beaugenci, Gergeau ou Jargeau,
Lorris, Pluviers ou Pithiviers.

Voyez ci-après le BAILLIAGE D'ORLÉANS.

ORLE'ANS, Ville de France dans l'Orléanois dont elle est la Capitale, dans une plaine agréable au bord Septentrional de la Loire que l'on y passe sur un beau Pont de pierres de taille de seize Arches pour aller à un Fauxbourg qui est au Midi de la Rivière. Elle est ancienne & a été connue des Romains sous le nom de GENABUM. Voyez ce mot. Quelques Livres la nomment *Cenabum.* Du tems de Jules-César elle appartenoit aux Carnutes, que nous nommons présentement les Chartrains, mais qui avoient une étendue de Pays entre la Seine & la Loire dont le Chartrain d'aujourd'hui n'est qu'une partie. La beauté & la commodité de sa situation engagèrent l'Empereur Aurélien à augmenter cette Ville & à lui donner son nom. Il l'érigea même en Cité, de sorte qu'on l'appella *Aureliana Civitas* ou *Aurelianum* en sousentendant *Oppidum;* elle devint alors indépendante des Peuples Chartrains & fut l'une des plus considérables des Gaules. Comme elle étoit du tems de Valentinien III. lorsqu'elle fut attaquée en vain par Attila, dans le milieu du V. siècle, on ne voit pas que Childeric se soit rendu maître d'Orléans, quoique quelques Modernes l'ayent écrit. Ainsi elle ne vint au pouvoir des François qu'après que Clovis eut vaincu Siagrius, & eut détruit le reste de l'Empire Romain dans les Gaules.

b *De Longueruë Desc. de la France. Part. 1. p. 108.*

Après la mort de ce Roi, ses enfans ayant partagé en quatre sa Monarchie, Orléans échut à Clodomir qui y établit sa résidence. Clotaire son frère réunit toute la Monarchie Françoise, mais après sa mort elle fut de nouveau partagée entre ses quatre fils, & Orléans échut à Gontran Roi de Bourgogne, qui demeuroit souvent dans la même Ville; laquelle fut ainsi quelque tems la Capitale du Royaume de Bourgogne, quoiqu'elle n'appartînt en rien à ce Royaume-là du tems des Princes Bourguignons. Gontran mourut sans enfans & laissa par Testament tous ses Etats à son neveu Childebert Roi d'Austrasie dont les descendans jouïrent d'Orléans jusqu'au tems où Clotaire II. ayant fait mourir le jeune Sigebert réunit toute la Monarchie; & quoi qu'après lui elle fût de nouveau partagée, Orléans demeura toujours aux Rois de Neustrie tant de la Race des Mérovingiens que de celle des Carlovingiens: & sur la fin de cette seconde Race, les Ducs & les Comtes s'étant rendus absolus & propriétaires, la Ville d'Orléans vint au pouvoir d'Hugues le Grand & de son fils Hugues Capet, qui étant parvenu à la Couronne, y réunit Orléans avec tout ce qu'il possédoit. Ainsi les Rois demeurerent propriétaires de cette Ville jusqu'au tems de Philippe de Valois qui donna Orléans érigé en Duché à son fils Philippe. Ce Prince étant mort sans enfans Charles VI. donna le Duché d'Orléans à son frére Louïs l'an 1391. Ses Successeurs jouïrent de ce Duché jusqu'à la mort de Charles VIII. Ce fut alors que Louïs XII. étant monté sur le Trône, son Appanage fut réuni au Domaine. Louïs XIII. donna le Duché d'Orléans à son frére Gaston qui étant mort sans enfans, mâles, l'an 1660. ce Duché fut donné par Louïs XIV. à son frére Philippe qui étant mort en 1701. le laissa à son fils Philippe dont le fils en jouït présentement.

Ce qui a été dit ci-dessus d'Aurelien n'est pas si unanimement suivi que d'autres Auteurs ne soient d'un sentiment différent. Ils veulent que ce soit l'Empereur Marc Aurèle qui ait fait rebâtir Orléans qu'ils nomment *Aurelia Civitas* & non pas *Aureliana;* ils s'apuyent sur ce qu'en 1643. on trouva dans les fondemens des murailles de l'ancienne enceinte plusieurs Médailles de Marc-Aurèle. Mais cette preuve n'est pas solide; car il est constant que Marc-Aurèle n'est point venu dans les Gaules, & aucun Auteur ne lui attribue le rétablissement d'Orléans. Ainsi il faut en revenir à Aurélien.

c *Piganiol de la Force Desc. de la France T. 6. p. 81.*

Cette Ville est à trente-deux lieues de Paris, à dix-huit au-dessus de Blois & à trente-quatre au-dessus de Tours. Elle est une des grandes, des plus connues & des plus agréables Villes du Royaume. On y entre par six Portes, sans parler de quatre autres Portes ou Poternes qui ne servent que pour aller à la Rivière, ni des Portes de l'*Evangile* & de *St. Euverte* qui ont été bouchées. Sa forme est une espèce d'Ovale allongée le long de la Loire. Les Ruës sont petites, mais il y en a d'assez droites. La grande Ruë, qui va de la porte de le *Magdeleine* jusqu'à la Porte de *Bourgogne*, a mille dix-huit toises de longueur & est assez large. Les Maisons sont mal construites & sont un assez vilain effet par elles-mêmes. Il y a quatre Places publiques en y comptant le *Marché*, & celle que l'on appelle les *Quatre Coins* qui est parfaitement quarrée. Dans la grande Place est la Croix qu'ils appellent le *Martroy*. L'Eglise de Ste. Croix qui est la Cathédrale est une des belles qu'il y ait dans le Royaume. Gilles de Patay Evêque d'Orléans mit la premiere Pierre de cette Eglise l'11. de Septembre 1287. Il y a au jambage de la Tour des

ORL.

des cloches ; à main droite en entrant, une Inscription ancienne d'environ six cens ans, gravée sur la pierre. C'est l'Acte de Manumission ou d'affranchissement d'un Esclave nommé Letbert, par Albert son Maître. Il est conçu en ces termes : *Ex beneficio Sanctæ Crucis par Johannem Episcopum & per Albertum Sanctæ Crucis Casatum factus est Liber Letbertus, teste hac Sancta Ecclesia.* La plûpart des Ecrivains qui ont rapporté cette Inscription se font copiez & ont mis *Lembertus* pour *Letbertus* comme la remarque Mr. de Moléon dans son Voyage Liturgique. Le Séminaire est un assez beau bâtiment qui a été fondé & bâti par le feu Cardinal de Coislin. On y instruit les jeunes Ecclésiastiques & on y enseigne la Théologie ; ce qui étoit d'autant plus nécessaire à ce Diocèse que l'Université d'Orléans est bornée à la Faculté de Droit. Les Bénédictins de la Congrégation de St. Maur ont à Orléans le Monastère de *Notre Dame de Bonne-nouvelle*, où est une Bibliothéque publique donnée par Guillaume Prousteau Professeur en Droit à Orléans, dont on a quelques Ouvrages. L'enceinte de la Ville est de 3950. pas communs & consiste en une muraille du côté de la terre, avec deux gros bastions du côté de la Rivière. Le Mail est dans le fossé de la Ville & a 450. toises de long. Il est beau & droit, & le fossé est revêtu d'une bonne muraille. La longueur du Pont sur la Loire duquel on a déja parlé est de 170. toises. Il traverse la Riviére sur une Isle. Entre la Ville & cette Isle, il y a trois Statues de bronze que Charles VII. y fit mettre l'an 1458. l'une représente la Ste. Vierge assise au pied de la Croix tenant entre ses bras le Corps de son divin Fils ; d'un côté est le Roi Charles VII. armé & à genoux, & de l'autre est Jeanne d'Arc surnommée la Pucelle d'Orléans, aussi armée & à genoux. Il y a dans la petite Isle dont on vient de parler quelques Bâtimens & une petite Eglise. Une partie de cette Isle est appellée *Mote St. Antoine*, & l'autre *Mote des Poissonniers*. Le Pont est fermé du côté du Fauxbourg par un petit Château appellé les Tourelles ; couvert par une double tenaille ou bonnet de Prêtre avec un fossé tiré de la Loire.

[a] *Voyez L'Abbé Concilior. Gener. Hist. Synopsis.*

[a] Il s'est tenu à Orléans plusieurs Conciles ; le premier fut tenu sous le Régne de Clovis & sous le Pape Symmaque en 511. le second sous le Pontificat de Jean II. en 533. le troisième sous Silvere en 538. le quatrième sous Vigile en 541. le cinquième en 549. sous le même Pape. Le sixième sous Théodore en 645. le septième sous Paul I. en 766. le huitième sous Benoît VIII. en 1022. le neuvième sous Jean XIX. en 1029. le dixième sous Honorius II. en 1127. & enfin l'onzième sous Jean XXIII. l'an 1411. On a outre cela les Actes de quatre Synodes d'Orléans, savoir de Bertaud de St. Denys l'an 1300. de Jean de Conflans en 1333. de Jean d'Orléans en 1525. & de Germain Valens de Guel, en 1587.

[b] *Piganiol de la Force, T. 6. p. 75.*

[b] L'UNIVERSITÉ D'ORLÉANS ne mérite pas ce nom, quoi qu'on le lui donne ordinairement puisque ce n'est qu'une Faculté de Droit Civil & Canonique. Cette Ecole est fort ancienne, & le Pape Clément V. lui accorda plusieurs Priviléges le 27. Janvier

ORL.

de l'an 1305. Les Régens & les Ecoliers n'ayant pas pensé à les faire approuver par le Roi Philippe le Bel & ayant voulu en 1309. dans une Assemblée convoquée exprès en faire lecture & publication pour les faire observer, les Habitans s'assemblerent & allerent tumultueusement au Couvent des Dominicains où se tenoit l'Assemblée & menacerent les Régens & les Ecoliers qu'ils n'auroient jamais ni repos ni paix avec eux, s'ils ne renonçoient aux priviléges qu'ils avoient obtenus du Pape. Les Professeurs eurent recours au Roi Philippe le Bel en 1312. & il confirma les priviléges & établit l'Université de Droit Civil & de Droit Canon en la Ville d'Orléans. Les brouilleries des Régens & des Ecoliers continuant toujours avec les Habitans d'Orléans les Régens & les Professeurs se retirerent à Nevers & firent un Traité avec les Habitans, le 27. Mai de 1316. mais le Roi Philippe le Long & le Pape Jean XXII. envoyerent à ces Mutins des personnes propres à leur faire entendre raison, & l'Université fut rétablie à Orléans. D'autres disent que les Ecoliers ne furent pas moins mutins à Nevers qu'ils l'avoient été à Orléans, & qu'ils eurent de si fréquens démélez avec les Habitans que quelques-uns de ces derniers prirent la Chaire des Professeurs & la jetterent dans la Loire,en disant que [c] *de par le Diable elle retournât à Orléans d'où elle étoit venue*. Ces Particuliers séditieux furent condamnez à de grosses Amendes envers le Roi, à cause que les Universitez sont sous sa Sauvegarde, qui en cette occasion avoit été violée. L'Arrêt du Parlement qui les condamne est du premier de Juin de l'an 1320. Cette Université, ou plutôt cette Faculté, est aujourd'hui composée d'un Chancelier qui est une des Dignitez de l'Eglise Cathédrale, de six Professeurs qui font tous les jours des Leçons, & de douze Docteurs agrégez dont la fonction est d'assister aux Examens & Actes de ceux qui veulent prendre les Grades. Le Recteur est Chef de la Faculté & toujours l'un des six Professeurs.

Il y a aussi à Orléans un Collége où les Jésuites enseignent les Humanitez & la Philosophie.

[c] *Coquille, Hist. du Nivern. p. 373.*

[d] L'EVECHÉ D'ORLÉANS est un des plus anciens & des plus illustres de France. On a cru autrefois que St. Altin en a été le premier Evêque. Mais Mr. de Moléon remarque que son nom ne se trouve nulle part dans un Breviaire d'Orléans manuscrit de trois cens ans. Il n'en est parlé que sur l'an 1542. qu'il est nommé Prêtre dans les Leçons des Saints Savinien & Potentien, comme ayant été envoyé prêcher à Orléans & à Chartres avec Eodald, & il y est dit qu'ils s'en retournerent ensuite par Paris auprès de St. Savinien premier Archevêque de Sens. Comme l'installation d'un Evêque d'Orléans est accompagnée de Cérémonies singulieres nous les insérerons ici.

[d] *Ibid. p. 12.*

Après que l'Evêque nommé par le Roi a reçu ses Bulles & a été sacré & environ quarante jours avant le jour auquel il a résolu de faire son Entrée solemnelle il fait présenter Requête au Lieutenant Général du Bailliage & au Lieutenant Général de Police de

la

la même Ville pour obtenir la permission de faire publier par affiches & à son de trompe; *Qu'il fera sa nouvelle & glorieuse Entrée dans la Ville & dans son Eglise d'Orléans le. . . Prochain venant, selon & ainsi qu'ont ci-devant fait ses Prédécesseurs Evêques dudit Orléans ; ce qu'il desire être connu & notifié à tous ceux qui y ont interêt & y doivent assistance, à ce qu'ils n'en prétendent cause d'ignorance.* Le Prélat envoye en même tems son Procureur Fiscal assisté d'un Notaire avertir les quatre Barons qui par leur féodalité sont obligez de le porter le jour de son Entrée dans un Fauteuil couvert de Velours depuis le Cloître de St. Aignan jusqu'à la principale Porte de l'Eglise de Ste. Croix & les fait sommer de s'y rendre en personne ou par Procureurs fondez de procurations spéciales pour cette Cérémonie. Ces quatre Barons sont le Baron d'Yevre le Chastel qui n'est que Seigneur engagiste de cette Térre de laquelle le Roi est Seigneur Propriétaire. Le Baron de Sulli dont la Baronnie a été érigée en Duché-Pairie l'an 1606. Le Baron de Cheray qui est à présent le Marquis de Montpipeau de la Maison de la Roche Chouard ; & enfin le Baron d'Acheres & de Rougemont. Trois ou quatre jours avant ladite Entrée le Procureur Fiscal de la Justice temporelle de l'Evêché fait requisition verbale au Lieutenant Général du Bailliage & Siége Présidial d'Orléans, de vouloir permettre audit Evêque d'envoyer ses Officiers de Justice aux Prisons Royales pour y faire exhiber & communiquer par le Geolier les registres des Ecroues. Le Lieutenant Général le permet avec assignation donnée au lendemain. Ce jour-là l'Official & le Promoteur de l'Evêque, avec le Bailli, Procureur Fiscal & Greffier de sa Justice se transportent aux prisons & s'y font communiquer les écroues de tous les Criminels qui demandent leur grace à l'Evêque & en font faire l'extrait.

La surveille du jour de l'Entrée le nouvel Evêque se rend à l'Abbaye de Nôtre-Dame de la Court-Dieu située à six lieues d'Orléans dans la forêt. Il a droit d'y être logé & nourri avec tous ses Officiers tant Ecclésiastiques que ceux de la Justice temporelle de son Evêché & de faire la Visite du Monastère. Il soupe & couche dans la Maison Abbatiale & après y avoir dîné le lendemain, il part de cette Abbaye pour se rendre en celle des Religieuses Bernardines de St. Loup qui n'est qu'à un quart de lieuë d'Orléans. Il s'arrête peu dans ce Monastère, & arrivé à Orléans il va descendre avec toute sa suite en l'Abbaye de St. Euverte où il a les mêmes droits de Gîte & de Visite qu'en celle de la Court-Dieu. Il soupe & couche dans la Maison Abbatiale. Le lendemain il sort de cette Maison sur les six heures du matin revêtu d'un Rochet & du Camail & ayant sa Croix Pectorale devant lui. Il est accompagné des Abbez de St. Euverte & de St. Memmin revêtus de Soutanes, Rochets, & Mantelets d'étoffe de soye noire & de ses Officiers. Il entre avec tout ce Cortège dans le Cloître des Religieux de cette Abbaye qui tous en surplis & en chappe le conduisent processionnellement au Grand-Autel de leur Eglise. L'Evêque se met à genoux sur un Prie-Dieu qui lui est préparé & sa priere finie il monte à l'Autel, le baise, puis descend & s'assied dans un Fauteuil placé du côté de l'Evangile. Aussi-tôt ses Domestiques le déchaussent entiérement & lui mettent des sandales aux pieds, & ses Aumoniers lui ayant ôté son Bonnet & son Camail le revêtent d'un amit, d'une aube, de sa Croix pectorale par dessus, d'une étole blanche, d'une mitre simple de toile d'argent & lui mettent sa Crosse en main, laquelle est couverte d'un linge blanc attaché avec un ruban de soye. L'Evêque monte à l'Autel, où ayant fait une profonde révérence, il se tourne vers le Peuple & donne solemnellement sa Bénédiction. Il part de-là étant précédé des Religieux ayant ses Vicaires Généraux en chappe à ses côtez & étant suivi des Abbez de St. Euverte & de St. Memmin; & de ses Officiers & Domestiques. Etant arrivé sous le Jubé de cette même Eglise il reçoit les respects du Recteur, des Professeurs, & des Agregez de la Faculté de Droit, & le Recteur au nom de ladite Faculté lui fait une Harangue Latine à laquelle le Prélat répond dans la même Langue. Il continue sa marche & lorsqu'il est sorti de l'Eglise il salue les Religieux de St. Euverte qu'il trouve rangez en haye, eux le remercient & rentrent dans leur Eglise. Dans le Parvis de la même Eglise se présentent le Maire, les Echevins, Capitaines, & autres Officiers de la Maison de Ville d'Orléans avec leurs cinquante Archers. Un Avocat Officier de la Ville fait à l'Evêque une Harangue Latine & le Capitaine de la Compagnie Colonelle une en François. Là il trouve tout le Clergé de la Ville tant séculier que régulier qui s'y est rendu en procession & qui recommence la marche suivi de l'Evêque qui donne sa Bénédiction au Peuple. Cette Procession passe d'abord dans la Ruë de l'Etelon, puis dans la grande Ruë de la Porte Bourgogne & ensuite dans la Ruë de l'Oriflame qui aboutit à l'une des Portes du Cloître de S. Aignan. Là l'Evêque est reçu par tout le Corps des Chanoines de St. Aignan, & après avoir été harangué par le Doyen, il est conduit devant le Grand-Autel de cette Eglise où il trouve un Prie-Dieu qui lui est préparé. Il y fait sa priere, on chante le *Te Deum* & puis on le mene à la Sacristie où il trouve les Marguilliers-Clercs qui se présentent pour lui ôter ses sandales, & pour lui laver les pieds avec de l'eau odoriferante, & pour cela il leur appartient quarante sols parisis qui leur sont payez par le Secrétaire de l'Evêque. Ces Marguilliers-Clercs conjointement avec les Aumoniers de l'Evêque lui mettent par dessus ses bas des botines de Damas rouge, puis le revêtent par dessus son Aube d'une Tunique & Dalmatique de Tafetas rouge, & sur le tout d'une chappe de Brocard d'or, &c. Et au lieu de la mitre de toile d'argent qu'il avoit sur la tête, ils lui en mettent une autre garnie de pierreries. Sa Crosse qui a été jusque-là couverte d'un linge blanc est pour lors entiérement découverte. L'Evêque ainsi revêtu est conduit par les deux premieres Dignitez du Chapitre de St. Aignan au Grand-Autel où s'étant assis dans une Chaise qui lui est préparée on lui présente d'un côté le Livre des Evangiles & de l'autre la formule d'un Serment pour l'observation des Privilèges & exemptions de l'Eglise de St. Ai-

Aignan qu'on lui remontre avoir été fait *ab antiquo* par les Evêques ses Prédécesseurs le jour de leur entrée solemnelle, l'Evêque y satisfait avec cette restriction, *sauf mon droit & celui de mon Eglise.* Le Syndic du Chapitre de Ste. Croix qui est présent proteste & demande acte que le serment que l'Evêque vient de faire ne puisse préjudicier, ni à ses Successeurs, ni à leur Eglise Cathédrale, ce qui lui est octroyé. Dans le Procès Verbal de l'entrée de Gui de Prunelai Evêque d'Orléans fait en 1398. il est rapporté que l'un des Chanoines députez du Chapitre de St. Aignan dit à l'Evêque. *Quicumque est Episcopus Aurelianensis est Canonicus Sancti Aniani & debet jurare se servaturum exemptionem.* Ce serment ne doit plus être fait, depuis que par un Arrêt contradictoire du Parlement de Paris rendu le 4. Juin 1674. l'Evêque d'Orléans a été maintenu & gardé au Droit de toute Jurisdiction Episcopale sur le Doyen, Chanoines, Chapitre, Chapelains & Choristes de ladite Eglise de St. Aignan.

L'Evêque est ensuite conduit & installé comme Chanoine Honoraire de l'Eglise de St. Aignan dans la premiere Chaise du Chœur qui est vis-à-vis l'Autel, du côté droit, & le premier Dignitaire lui dit en Latin en l'installant: Nous vous assignons cette place comme à un Chanoine notre Confrere afin que vous vous y asseyez toutes les fois que vous desirerez assister à l'Office Divin. Cela fait, l'Evêque se leve, sort du Chœur & entre dans la Nef, où les quatre premieres Dignitez ou bien les quatre anciens Chanoines du Chapitre de St. Aignan se présentent pour porter l'Evêque dans un Fauteuil couvert d'un tapis. La Procession reprend sa marche & l'Evêque est ainsi porté jusqu'à la grande Porte du Cloître de St. Aignan laquelle aboutit à la Ruë de St. Côme. Lorsqu'il est arrivé hors de cette Porte, la Procession s'arrête & l'Evêque fait tourner le Fauteuil dans lequel il est assis, du côté des Chanoines de St. Aignan qui sont sous la Porte de leur Cloître. Il leur donne à tout le Peuple présent sa Bénédiction solemnelle: Les Chanoines le saluent, le remercient & retournent à leur Eglise. L'Evêque se leve, quitte ce Fauteuil & va s'asseoir dans un autre, couvert de Velours violet, qui est préparé & tourné du côté de la Ruë de St. Côme. Il ordonne à son Bailli de faire appeller les quatre Seigneurs Barons qui sont obligez de le porter & qui ont été avertis & sommez de s'y trouver en personnes ou par Procureurs Nobles en leur nom, fondez de Procuration spéciale pour cet effet. Lesdits Barons ou leurs Procureurs ayant comparu, élevent par le ministère de leurs gens le Fauteuil dans lequel l'Evêque est assis, en sorte qu'ils ont chacun une main posée sur les bâtons attachez audit Fauteuil, pendant que leurs gens portent le Prélat sur leurs épaules. Lorsqu'il est arrivé à l'endroit où étoit anciennement la Porte de Bourgogne, le Fauteuil est mis en bas & la Procession s'arrête. Là se présentent devant l'Evêque son Official, son Promoteur, & tous les Juges Royaux de la Ville qui lui font leurs Harangues, l'un après l'autre. Le Geolier des Prisons du Roi & celui de la Justice de l'Evêque se présentent aussi; & après l'avoir salué profondément les Officiers lui disent qu'ils ont fait conduire audit lieu de l'ancienne Porte de Bourgogne, tous les Prisonniers criminels qui étoient détenus dans chacune des Prisons de la Ville, & qu'ils viennent les lui présenter, afin que suivant les Priviléges accordez auxdits Evêques d'Orléans par les Rois de France, ils donnent auxdits Criminels grace, rémission, & abolition de leurs crimes, délits & forfaits, ainsi que de tout tems & de coûtume immémoriale, les Juges leurs Prédécesseurs, les ont présentez aux Evêques d'Orléans au jour de leur Entrée. L'Evêque prend le serment de tous ces Juges, qui l'un après l'autre jurent sur les Saints Evangiles qu'ils n'ont détenu, ni détourné aucun Criminel de leur Ressort & Jurisdiction, & qu'ils n'ont avancé ni Procès, ni Jugement ni exécution d'aucuns pour les empêcher d'obtenir leur grace : enfin qu'ils n'ont commis aucun dol ni fraude au préjudice du Privilège dudit Seigneur Evêque. Les Geoliers font ensuite leur serment d'avoir amené tous & chacun des Prisonniers criminels qu'ils avoient en leur garde, sans en avoir ni celé ni détourné aucun. Pour lors on fait sortir tous les Criminels de la grande Cour d'une Maison voisine où ils étoient. Ils se jettent à genoux devant l'Evêque, lui demandent grace en criant trois fois *misericorde.* Aussi-tôt le Prélat les met entre les mains du Bailli & du Procureur Fiscal de sa Justice, & ces Officiers par son ordre les font avancer & marcher deux à deux, tête nue, sans épée & sans armes, devant la Procession qui reprend sa marche le long de la grand' Ruë, & passe devant les Eglises de St. Liphard, de Nôtre-Dame de Bonne-Nouvelle & de St. Sauveur. Ensuite elle tourne au coin de St. Pierre en Ponct (*Sancti Petri in Puncto*, c'est-à-dire *in medio Urbis*, comme on l'expliquera ci-après.) & entre dans la Ruë de la Véronique, autrement appellée du Batoy-Verd; puis en celle de St. Martin de la Mine d'où elle entre dans le Cloître de Ste. Croix. A mesure que le Clergé qui compose la Procession arrive dans le Parvis, il entre dans l'Eglise, à la reserve du Doyen, des Chanoines & du Chapitre de Ste. Croix, qui demeurent à la Porte & y attendent l'Evêque. Ce Prélat étant arrivé devant la grande Porte de l'Eglise laquelle est pour lors fermée, se leve de son Fauteuil, & le Doyen lui ayant présenté la Croix à baiser & le Livre des Sts. Evangiles & lui ayant fait une Harangue Latine sur son heureux avénement, il lui ouvre un ancien Livre qui contient les sermens qui ont accoutumé d'être faits par les Evêques d'Orléans le jour de leur Entrée & le requiert humblement d'y satisfaire. En même tems l'Evêque ayant mis la main sur le Livre des Evangiles, fait en Latin le serment accoutumé. On ouvre ensuite la grande Porte & le Chapitre & l'Evêque entrent dans l'Eglise, où après plusieurs autres Cérémonies, l'Evêque célebre la Messe solemnelle du St. Esprit. La Messe finie, l'Evêque après son action de graces, se retire en son Palais. Lorsqu'il est dans le Vestibule le Syndic du Chapitre lui dit en Latin: Révérend Pere, je vous avertis que vous devez aujourd'hui suivant la coûtume donner à dîner à votre Table, à tous les Sieurs Chanoines de votre Eglise d'Orléans. L'Evêque répond dans la même Langue: je les y ai déja invitez, & je les y invite encore. Puis il donne à dîner dans son Palais, & à sa Table au Doyen, aux Dignitez & aux Chanoines de Ste. Croix: au Doyen, aux Dignitez, & aux Chanoines de St. Aignan: au Doyen, au Chantre & au Chefecier de Saint Pierre en Pont; & au Doyen, au Chantre & au Chefecier de St. Pierre le Puellier. Il traite en même tems à dîner dans plusieurs Maisons des Chanoines de Sainte Croix, les Officiers du Présidial, le Maire & les Echevins de la Ville, les Officiers de la Prevôté, ceux des Eaux & Forêts, le Corps de l'Université, les Capitaines & notables Bourgeois de la Ville.

A l'issue du dîner tous ces Corps se rendent, au Palais Episcopal. Le Théologal de l'Eglise d'Orléans en Robbe de Cérémonie, monte sur l'une des fenêtres du Vestibule, regardant dans la Cour, où sont tous les Criminels, & leur fait une Exhortation, qu'il finit en les avertissant de demander humblement à l'Evêque grace & pardon. Les Criminels ayant crié par trois fois *misericorde*, l'Evêque assis dans un Fauteuil, devant une des fenêtres qui regardent sur le Théatre où ils sont, leur fait une pieuse Remontrance sur la grandeur de leurs crimes, & ajoute qu'il leur en donne Pardon, Rémission & Abolition de la manière que ses Prédécesseurs, Evêques ont fait par le passé, & à la charge, que chacun des Criminels s'adressera au Pénitencier ou autres Confesseurs préposez pour cet effet en la Ville d'Orléans, & rapportera Certificat de sa Confession, & satisfera aux Parties civiles. Outre cela l'Evêque déclare, qu'il n'entend comprendre, au présent Pardon, ceux dont les crimes ne sont point rémissibles, ni ceux qui ne font point Profession de la Religion Catholique, Apostolique & Romaine. L'Evêque leur enjoint, enfin de prier Dieu pour le Roi, pour la Famille Royale, & pour lui-même & leur prononce à haute voix leur Rémission en ces termes.

„ Nous . . . . par la Grace de Dieu, &
„ du St. Siège Apostolique, Evêque d'Or-
„ léans, suivant le Privilège à nous octroyé,
„ & dont nos Prédécesseurs ont joui de tems
„ immémorial, vous donnons & octroyons
„ Grace, Rémission & Abolition des crimes,
„ forfaits & délits par vous commis : vous
„ remettons les peines afflictives, que vous
„ avez méritées, & auxquelles vous pourriez
„ être condamnez pour raison d'iceux; &
„ vous restituons en votre bonne fame & re-
„ nommée, en la possession & jouïssance de
„ vos biens, sans préjudice toutefois de l'in-
„ terêt civil des Parties ". Après cela un des Aumôniers les avertit à haute voix de se mettre à genoux pour recevoir la Bénédiction, que le Prélat leur donne solemnellement. On leur distribue ensuite pour leur dîner les viandes qui ont été desservies de la Table de l'Evêque. Ainsi finit cette Cérémonie, où se trouve toujours un si grand nombre de Criminels qu'en 1707. on en compta jusqu'à neuf cens.

L'Eglise Cathédrale, dont on vient de parler, fut entiérement détruite par les Calvinistes[a], aux premiers troubles de Religion, & depuis elle a été rebâtie, & la première pierre en fut posée par Henri IV. l'an 1601. Quoi qu'Orléans ait été avec son Territoire détaché des Peuples Carnutes, ses Evêques ont été néanmoins célèbres dans les Gaules: Ils furent attribuez sous l'Empereur Honorius à la quatrième Lyonnoise, & à la Métropole de Sens dont Orléans, n'a été détaché que l'an 1623. lorsque Paris fut érigé en Archevêché, auquel on donna pour Suffragans les Evêques d'Orléans, de Chartres, & de Meaux.

[a] *De Lauruni*, p. 109.

Le Chapitre de la Cathédrale[b], qui est dédiée à Jesus-Christ crucifié est composé de douze Dignitez & de quarante-six Chanoines Capitulans, dont un est Théologal, & six sont appellez de Résidence, parce qu'ils sont un serment particulier de Résidence, & d'assister au Chœur, où ils ont une place fixe quoiqu'ils gardent leur rang de réception, au Chapitre & aux Processions. Il y a aussi deux Chanoines *Mamertins*, ainsi nommez parce qu'ils prennent possession à l'Autel de Saint Mammert, second Patron de la Cathédrale; ils ne sont pas proprement Chanoines, mais seulement *Subsidiarii* ou *Hebdomadarii*, Semainiers; parce qu'ils font les Semaines, chacun à leur tour pour les Chanoines de Semaines, qui ne peuvent s'acquitter de ce devoir. Il y a encore outre cela cinq Chanoines Semiprébendez, & un grand nombre de Chapelains.

[b] *Piganiol, la Force*, p. 25.

Les Dignitez sont le Doyen, qui de tems immémorial est aussi Grand-Archidiacre; & pour marque de cette Dignité, qui lui est réunie il y a toujours une Stale vuide après la sienne & dans laquelle il ne se met qu'après sa prise de possession. Il prend double, ou ce qui est la même chose, il a deux portions de Chanoine. Le Sous-Doyen & le Chantre prennent aussi le double. Les autres Dignitez sont l'Archidiacre de Pithiviers, celui de Beauce, celui de Sologne, celui de Beaugenci, celui de Sulli; le Scolastique qui est aussi Chancelier de l'Université, & qui prend double, le Sous-Chantre qui prend double, le Pénitencier, l'Archi-Prêtre qui est nommé alternativement par l'Evêque & par le Doyen. Ces deux dernières Dignitez ne sont proprement que des Offices & des Personats. L'Evêque nomme les quarante-six Chanoines Capitulans, & les Dignitez hors le Doyen, qu'il confirme seulement, & qui est élu par le Chapitre. Il faut pour son Election, plus de la moitié des voix, & qu'il soit pris d'entre les Chanoines Capitulans. Il est remarquable que Jesus-Christ est regardé, comme premier Chanoine de ce Chapitre, étant mis à la tête de toutes les distributions pour une double portion, qui est donnée par forme d'aumône à l'Hôtel-Dieu, qui le Chapitre a la Jurisdiction Spirituelle & Temporelle. Le Chapitre de St. Aignan a prétendu long-tems dépendre immédiatement du St. Siège, & il exigeoit des Evêques, comme on a vu, qu'il conservât leur exemption. Mais l'Arrêt de 1674. l'a remis au Droit commun. Il est composé de huit Dignitez, & de trente & un Chanoines. Le Roi ou le Duc d'Orléans, comme Apanagiste, & ayant les Droits du Roi, est qualifié Abbé & Chanoine de cette Eglise.

fe. Il nomme au Doyenné. Le Doyen aux autres Dignitez, & le Chapitre aux autres Canonicats. Il arrive quelquefois que le Doyen n'est pas Chanoine, & alors il a les honneurs du Chœur; mais il n'entre point au Chapitre.

L'Eglise Collégiale de St. Pierre en Ponct (*in Puncto*, c'est-à-dire *in medio Urbis*, parce qu'en effet elle est au milieu de la Ville d'Orléans) est composée d'un Doyen, d'un Chantre, qui chacun prennent double, & d'un Chefecier, qui est en même tems Curé de la Paroisse, qui est dans la même Eglise. Ce dernier est nommé par le Doyen, & c'est l'Evêque qui nomme le Doyen, & tous les Chanoines. C'est au Doyen que l'on présente tous les ans la Veille de l'Ascension, pendant *Magnificat*, un Belier vêtu de sa laine, ayant les cornes dorées, auxquelles sont attachées deux Ecussons aux Armes de St. Pierre, & une Bourse pendue au col, dans laquelle il y a cinq sols Parisis. Mr. Phelippeaux de la Vrilliére, Marquis de Châteauneuf est chargé de cette Redevance féodale, à cause de la Terre de Bapaume, dont il est Seigneur.

Le Chapitre de St. Pierre le Puellier, est de même que le précédent pour les Dignitez & pour la nomination; mais il n'est que de dix Chanoines.

L'Abbaye de St. Euverte est de l'Ordre de St. Augustin. Elle étoit autrefois occupée par des Chanoines Séculiers, qui vers l'an 1163. prirent l'Habit, & la Règle des Chanoines Réguliers de St. Victor de Paris. St. Euverte passe pour le sixième Evêque d'Orléans, il avoit succédé à St. Designan, mort en 361. Il mourut en 391. Il s'étoit démis l'année précédente de son Episcopat, dont St. Aignan commença dès lors de faire toutes les fonctions, & mourut l'an 453. Il eut pour Successeur St. Prosper qui mourut en 463. St. Eucher fut fait Evêque d'Orléans l'an 721. & mourut en exil l'an 743. St. Thierri, Evêque d'Orléans, II. du nom, mourut en 1022. Ce Diocèse renferme 272. Paroisses, dix Chapitres, cinq Abbayes d'hommes, & trois de filles.

On peut mettre entre les hommes illustres, qui ont fait honneur à Orléans leur Patrie le P. Denys Petau Jésuite, né en cette Ville 1583. mort à Paris le 11. Décembre 1652. Jacques Bongars, le Chevalier de Cailli, ou d'Aceïlli, fameux par ses petites Poësies, & Nicolas Toinard, né à Orléans, au mois de Juin 1627. mort à Paris le 5. Janvier 1706.

Les Orléanois ont de l'esprit, & l'ont tourné à la raillerie, ce qui leur a fait donner le Sobriquet de *Guespins*; par allusion à la piquure des Guespes.

La GÉNÉRALITÉ D'ORLÉANS est composée de douze Elections qui sont [a],

[a] Piganiol de la Force p. 68.

| | |
|---|---|
| ORLÉANS, | CHARTRES, |
| GIEN, | CHATEAUDUN, |
| CLAMECI dans le Nivernois, | VENDÔME, |
| MONTARGIS, | BLOIS, |
| PITHIVIERS, | ROMORANTIN, |
| DOURDAN, | BEAUGENCY. |

Les appellations de leurs Jugemens sont portées, à la Cour des Aides de Paris. L'an 1685. le Roi Louïs XIV. avoit uni aux Elections les Charges des Officiers des Greniers à Sel, pour n'en faire qu'un même Corps; mais en 1694. il jugea à propos de les desunir, & ces Jurisdictions ont aujourd'hui leurs Officiers particuliers. Suivant l'Edit de 1694. chaque Compagnie d'Officiers de Grenier à Sel, doit être composée d'un Président, d'un Grenetier, d'un Receveur, d'un Controlleur & d'un Greffier. Il y a dans cette Généralité vingt-deux Greniers, ou Chambres à Sel de Vente volontaire qui sont à

| | |
|---|---|
| Orléans, | Bonneval, |
| Sully, | Châteaudun, |
| Bois commun, | Chartres, |
| Gien, | Brou, |
| Bonny, | Vendôme, |
| Cosne, | Montoire, |
| Clamecy, | Blois, |
| St. Fargeau, | Chiverny, |
| Montargis, | Romorantin, |
| Pluviers ou Pithiviers, | Mer, |
| Yenville, | Beaugency. |

Année commune il se distribue dans ces vingt-deux Greniers, jusqu'à 900. muids de Sel. La Généralité d'Orléans paya, depuis l'an 1695. jusqu'en 1698. tant pour la Taille, l'Ustensile, le supplément de Fourage, l'Habillement, l'Etat Major du Régiment de Milice, que pour la Capitation plus de trois millions cent mille Livres par an. Toute cette Généralité est sujette aux Gabelles & aux Aides, dont les Droits ont produit au Roi, année commune, plus de deux millions, cinq cens mille Livres par an. Le Roi jouït encore dans cette Généralité de même que dans les autres, des Droits établis sur le Tabac, du Controlle des Exploits, & des Actes des Notaires, & de ceux du Sceau, qui sont régis séparément, & du produit de la Capitation, & du Dixième Denier. Il y a aussi à Orléans un Bureau des Finances. Dès la création de ces Bureaux, Orléans fut compris dans la Généralité de Bourges. Sept ans après c'est-à-dire en 1558. Henri II. créa la Généralité d'Orléans avec son Bureau & Recepte Générale. Elle fut supprimée par Charles IX. & rétablie par le même Roi en 1573. mais néanmoins elle n'eut lieu qu'en 1575. Les Tresoriers Généraux de ce Bureau sont en possession, comme tous les autres de vérifier & arrêter les Etats au vrai des Receveurs particuliers des Tailles, & de tout ce qui dépend de la Voirie, dans laquelle ne sont pas néanmoins comprises les réparations des Chemins Royaux, la construction & l'entretien des Ponts & Chaussées; car ces Ouvrages sont sous la direction de l'Intendant qui les adjuge cependant en présence d'un Tresorier de France. Ils n'ont aussi aucune connoissance des Domaines, quoi qu'elle soit attribuée à tous les Bureaux des Finances, par l'Edit de l'an 1627. parce que dans toute cette Généralité, si on en excepte le Comté de Blois, le Domaine du Roi est engagé, ou fait partie de l'Apanage du Duc d'Orléans, qui en donne la direction & la juridiction contentieuse, aux Lieutenans Généraux,

raux, aux Avocats & Procureurs du Roi de ses Bailliages, & aux Receveurs & Controlleurs Généraux, qualifiez Officiers de ses Domaines. Les mêmes Officiers reçoivent les foi & hommage, les aveux & dénombremens, & règlent toutes les contestations qui surviennent à cette occasion ; néanmoins la réception des foi & hommage n'appartient aux Lieutenans Généraux des Bailliages, qu'en conséquence d'une Commission particulière du Chancelier du Duc d'Orléans, lequel a droit de les recevoir, ou qui donne à qui bon lui semble la commission de les recevoir à sa place. Lorsque l'Intendant va faire le département des Tailles dans chaque Election, il n'y appelle point d'Officiers du Bureau, comme il se pratique dans la plûpart des autres Généralitez.

L'ELECTION D'ORLÉANS a un Négoce fort avantageux. Le Commerce qui se fait par la Loire, est sans contredit le plus étendu du Royaume, puisqu'il comprend nonseulement, ce qui se tire des Provinces Méridionales & Occidentales de France; mais encore celui des Nations étrangères. Ce Commerce consiste en Bleds, en Avoines, en Vins, en Eaux de Vie, en Vins de liqueur, en Sucres, en Soyes, en Laines, en Chanvres, en Huiles, en Fer, en Acier, en Poisson frais & salé, en Fruits, en Fromages, en Bois de charpente, en Planches de Chênes & de Sapins, en Echalats, en Bois de chaufage, en Charbons de bois & de terre, en Poteries, en Fayences, en Ardoises, en Pierres, en Cuirs, & en d'autres espèces de Marchandises, dont la plus grande partie est destinée pour Paris. Presque toutes ces Marchandises sont déchargées à Orléans, & c'est delà, qu'elles sont distribuées, selon l'exigence. Celles dont le Commerce est le plus considérable, sont les Vins, les Eaux de Vie, les Bleds & les Epiceries. Le Vignoble d'Orléans est un des plus considérables du Royaume, & on compte, qu'il produit année commune, plus de cent mille tonneaux de Vin; mais par rapport au Commerce, il y faut comprendre tous les Vins, qu'on tire du Languedoc, ou de la Guienne. Le Vin d'Orléans passoit autrefois, pour le plus excellent qu'il y eût en France, & les Rois n'en buvoient point d'autre. On lit dans Duchesne, que Louis le jeune pendant son voyage d'Outre-Mer, manda aux Régens du Royaume, d'envoyer à Arnold, Evêque de Lizieux, son très-cher ami, soixante muids de son meilleur Vin d'Orléans. Les Bleds viennent de Bretagne, du Poitou, d'Auvergne & de la Haute Beauce: ils sont amenez en Magazin par les Marchands qui les débitent à leur plus grand avantage. Les Epiceries viennent de Provence par Lyon, ou des Isles de l'Amérique par Nantes. Ce Négoce s'est trouvé assez fort pour donner lieu à l'établissement de trois Sucreries dans la Ville d'Orléans, qui consument par an environ quinze cens milliers de Mocade. Le Sucre qui s'y fabrique est blanc, bien travaillé, & très-estimé par les Marchands de Paris. Il s'est fait de tout tems à Orléans un grand Commerce de Bas au tricot & à l'aiguille. La plus grande partie de ces Bas vient de Beauce; mais il s'est formé à Orléans deux Manufactures des mêmes Ouvrages, l'une de Bas tricotez, & l'autre de Bas au métier. Quoique ces derniers ne soient pas d'un aussi bon usage que les autres, comme ils se font plus vîte on s'apperçoit que la Manufacture de Bas au métier, détruit l'autre insensiblement. Il se fait encore à Orléans un grand Négoce de Peaux de mouton, passées en chamois & il s'en débite par an, environ douze mille douzaines. Paris & tout le Royaume les enlèvent avec empressement, soit qu'elles soient en huile, en blanc, ou en chamois. Le débit des Arbres fruitiers par les Jardiniers d'Orléans, & des environs est encore très-considérable, non seulement pour le dedans du Royaume, mais aussi pour les Pays étrangers. Le Roi d'Angleterre Guillaume III. en fit enlever une grande quantité après la Paix de Ryswyck. Je parle ailleurs du Commerce des autres Places de l'Orléanois.

Le BAILLIAGE D'ORLÉANS s'étend aussi loin que le Duché, & est composé de neuf Châtellenies Royales, qui forment ensemble le Corps du Bailliage divisé en neuf Sièges particuliers, dans chacun desquels un Lieutenant du Bailli connoît en première instance des Causes des Nobles, des Privilèges de son District, & des Appellations des Justices subalternes.

Ces neuf Châtellenies sont

| | |
|---|---|
| Orléans, | Neuville, |
| Beaugenci, | Vitri, |
| Yenville, | Bois-Commun, |
| Yevre-le-Châtel, | Lorris. |
| Le Château-Regnard. | |

Les Lieutenans que le Bailli d'Orléans a dans chaque Châtellenie Royale ou Siège, sont indépendans les uns des autres; mais celui d'Orléans a droit de tenir les Assises, dans tous les Sièges de ces Châtellenies, & comme Officier principal de tout le Bailliage est qualifié Lieutenant-Général; & les autres se qualifient Lieutenans Particuliers. Les Appellations des neuf Châtellenies, sont également portées au Parlement hors les cas présidiaux dans lesquels celles des Châtellenies d'Orléans, de Beaugenci, d'Yenville, de Neuville, d'Yevre-le-Châtel, de Vitry & de Bois-Commun, sont portées au Présidial d'Orléans, & celles de Lorris & de Château-Regnard à celui de Montargis. La Châtellenie Royale de Châteauneuf, faisoit autrefois la dixième; mais Mr. de Châteauneuf, Secrétaire d'Etat, ayant obtenu du Roi avec le consentement du Duc d'Orléans, l'union de la Justice Royale de Châteauneuf au Domaine de cette Châtellenie, qui lui appartenoit, cette Justice est devenue Seigneuriale; & ressortit au Bailliage d'Orléans. Le Bailliage d'Orléans qu'on appelle *Châtelet*, du nom du Lieu où il tient ses Séances, a, comme celui de Paris, le Privilège du Sceau qui est attributif de Jurisdiction.

Le CANAL D'ORLÉANS. Voyez CANAL.

La FORET D'ORLÉANS, grande Forêt de France, dans l'Orléanois, au Nord de la Ville d'Orléans & de la Loire; sa plus grande partie est dans l'Election d'Orléans, & ses deux

deux extrémitez entrent dans l'Election de Montargis, à l'Orient & dans celle de Beaugenci au Couchant. Cette Forêt est une des plus grandes du Royaume, & contient quatre-vingt quatorze mille arpens en bois plein. Mais elle renferme des Plaines fort étendues & des Villages, de sorte que toute sa longueur est de vingt lieues. Sa largeur est différente, en quelques endroits elle est de sept à huit lieues, & de deux ou trois en d'autres. Son bois qui est de haute futaye est mêlé de Chêne, de Charme & de Tremble, de l'âge de quarante ans au plus. Le prix des ventes de cette Forêt, peut monter chaque année à cent mille livres. Elle est de l'Apanage du Duc d'Orléans.

ORLÉANS (l'Isle d'.) Voyez au mot Isle.

ORLÉANS (La Nouvelle) Ville de l'Amérique Septentrionale [a], dans la Louïsiane, dont on a eu dessein d'en faire la Capitale, durant la Minorité de Louïs XV. Roi de France, durant la Régence de Philippe Duc d'Orléans. Elle est par les 29. d. 55'. de Latitude, & 285. d. 15'. de Latitude; entre le bord Oriental du Mississipi, la Rivière aux Poissons & les Lacs de Pontchartrain & de Maurepas; à huit ou dix lieues au-dessus de l'Habitation des Oumas. Cette Ville à laquelle, on travailla d'abord avec chaleur, devoit être la Résidence du Gouverneur, & du Conseil & l'Entrepôt général des Marchandises du Pays; mais lorsque l'on dressoit les Mémoires sur lesquels ce que nous en disons est fondé, ce n'étoient encore que quelques Magazins accompagnez de quelques Maisons, & ces Colonies n'ont pas été assez soutenues pour faire de grands progrès. La mort du Régent, & les changemens de Ministère, ont été cause que les plans ont été négligemment suivis.

[Mém. du tems.]

ORMANUS ou HORMANUS, Rivière de l'Arabie heureuse, selon Ptolomée [b]. Il en met l'Embouchure, au Pays des Sachalites entre Néogala & les Monts Didymes.

[b l. 6. c. 7.]

ORMENIUS, ou plutôt ORMENIUM, ou même ORMINIUM. Ortelius dit [c]: Ormenius Ville de Thessalie, & cite Strabon. Ce dernier dit à l'occasion d'un vers d'Homére [d] où il est parlé d'Ormenium, Ormenium [e] s'appelle aujourd'hui Orminium, c'est un Village au pied du Mont Pélion, derrière le Golphe Pagaséen; c'est-à-dire du Golphe où étoit la Ville de Pagasa; & que l'on nommoit autrement, le Golphe Pélasgique, au Nord & au Levant, duquel étoit la Magnésie dont le Mont Pelius occupoit une partie. Ormenium étoit au fond de ce Golphe, au pied du Mont Pelius. Cela s'accorde avec ce que dit Pline, qui nomme cette Ville *Hormenium* avec une aspiration. La Magnésie, dit-il [f], est annexée à la Thessalie. Il y a la Fontaine Libethra, les Villes Iolcos, Hormenium, Pyrrha &c.

[c Thesaur.]
[d Iliad. B. v. 734.]
[e l. 9. p. 438.]
[f l. 4. c. 13.]

ORMINIUS MONS, Montagne d'Asie dans la Bithynie. Ptolomée [g] y met le Peuple Caucones, voisins des Maryandini.

[g l. 5. c. 1.]

ORMION, Ortelius nomme ainsi Siège Episcopal de Syrie, sous la Métropole Hierapolis. La Notice Patriarchale d'Antioche, nomme ce Siège ORYMON.

ORMOAS, Bourg ou petite Ville de Gréce dans la Morée, dans la Brazzo di Maina, au fond du Golphe de Colochine. De Witt dans sa Carte de la Morée écrit ORMOAS, olim *Acria*. Voyez ACRIA.

ORMOND, il y a en Irlande dans la Province de Munster, au Comté de Tipperary, deux Baronnies nommées ORMOND; savoir LOWER ORMOND & ORMOND ARRA. Voyez TIPPERARY.

ORMUS, petite Isle d'Asie au fond d'un Golphe, auquel elle donne son nom, & à l'entrée du Golphe Persique par les 27. d. de Latitude, selon l'estime de quelques Navigateurs, selon d'autres à 26. d. 51'. Cette Isle n'est qu'un amas de Rochers couverts de Sel, & les Maisons y sont bâties de pierres salées, il n'y a ni arbres fruitiers, ni herbages; en Eté la chaleur y est si grande, que les hommes pour pouvoir reposer, sont obligez de s'enfoncer dans les bois (du voisinage) où il y a des eaux assez profondes, & de s'y mettre jusqu'au cou. Les toits des Maisons sont plats, & percez à jour en plusieurs endroits, ainsi qu'au Caire, afin que la fraîcheur y puisse entrer. L'eau de l'Isle est mauvaise, & il en faut apporter du Continent. Cette Isle est nommée HARMUZ par Pedro Texeira qui nous a donné une Histoire de ses Rois. Elle a été autrefois un Royaume, assez important quoiqu'elle n'ait guères que trois lieues de tour [h]. Mais ce Royaume s'étendoit en terre ferme au Pays de Lær & dans le Kirman du côté du Nord, & dans l'Arabie, Seyfadin son XXVI. Roi gouvernoit l'Etat lorsque les Portugais s'en emparerent, sous la conduite d'Alphonse d'Albuquerque l'an 1507. [i] Ils y laisserent la Maison Royale, avec une espéce d'autorité. Ils se contenterent d'assurer leur Conquête par une Forteresse qu'ils bâtirent, & par une Ville qu'ils peuplerent de Portugais. Les choses étoient encore en cet état lorsqu'on en faisoit la description suivante insérée dans le Voyage de Hagenaar au 5. Tome des Voyages de la Compagnie Hollandoise des Isles Orientales [k]. Le naturel des Habitans d'Ormus tient un peu des Persans, & un peu de celui des Arabes. Les Pays voisins lui fournissent abondamment toutes les choses dont elle a besoin. Les Marchands de Perse, d'Arabie, de Turquie, & des Indes y fréquentent; mais la plus grande partie vient d'Arménie, de Perse, & de Venise; ces derniers étant très-curieux des Pierreries, qui y sont portées des Indes, & que l'on porte d'Ormus à Venise par terre. On y trouve aussi quantité de beaux Tapis de Perse, de Coraçon, de Dias, & d'ailleurs qu'on nomme Alcatiffes; beaucoup de Camelots de Turquie, de Simples d'Arabie, de Drogues médicinales de *Sandragon*, de Manne, de Myrrhe, d'Encens, de beaux Chevaux de Bahrain, de Perles de Mascatte, quantité de raisins secs, & diverses sortes de dattes. Ce qui attire toutes ces Marchandises à Ormus, est qu'il y a tous les ans, deux Troupes de Marchands, qu'on nomme Cafiles ou Caravanes, qui s'assemblent pour aller dans cette Isle, partant d'Alep Ville de Syrie, & passant par Tripoli qui est à trois journées de chemin d'Ormus. Ils y portent des Marchandises du Pays d'où ils viennent & en em-

[h Schouten. Voyag. T. 1. p. 394.]
[i Relation de los Reiez de Harmuz p. 44.]
[k p. 264.]

emportent, de celles qui y font apportées de divers autres endroits du Monde. L'Auteur parle enfuite des grands profits, que faifoient alors les Gouverneurs d'Ormus; après quoi il pourfuit ainfi: la force de ce Royaume confiste dans la Place que les Portugais y ont fortifiée, ils ont fait dans la Forterefse des Cîternes ainfi qu'à Mofambique, à caufe que l'Ifle manque d'eau. Elle eft pourvue d'Artillerie & d'une bonne Garnifon pour tenir les Mahométans en bride. Les autres Forts qu'on voit dans l'Ifle font peu de chofe, les Portugais s'y gouvernent à la mode de leur Pays. Le Roi d'Ormus ne demeure pas dans leur Ville. Ce Roi & tous fes Sujets font Mahométans. Les Portugais & ceux qui en font iſſus profeſſent la Religion Catholique. Tel étoit le Royaume d'Ormus, lorsque les Portugais en étoient les maîtres. Cela ne dura pas un Siècle entier. Maîtres de l'entrée du Golphe & par-là du Commerce de ce Royaume & des Indes, ils firent un peu trop fentir leur pouvoir à Schach Abas Roi de Perſe qui s'étant aſſocié avec les Anglois qui s'accommodoient aufſi peu que lui de la grande puiſſance des Portugais, les attaqua à frais communs. Les Habitans Portugais fe fauverent avec leurs Familles, & leurs plus précieux effets. Les Mahométans & les Idolâtres qui demeuroient avec eux dans l'Ifle firent peu de réſiſtance. Mais la Forterefſe dont étoit Gouverneur François de Souſa, foutint de fanglants affauts. Le Siège dura deux mois & demi, & auroit duré plus longtems fans la mort du Gouverneur. Elle capitula & fe rendit moyennant la vie fauve. Ainfi Ormus tomba au pouvoir des Perſans le 1. Mai 1622. Le Roi d'Ormus, fon Vifir & toute fa Cour furent menez en Perſe, & les Portugais, felon l'Accord furent remis, aux Anglois qui en renvoyerent beaucoup à Goa. Hagenaar qui paſſa dans ce Pays-là dix [a l. c. p. 174.] onze ans après dit *: la rareté des pierres dures, & du bois de charpente fait qu'on démolit peu à peu, les belles Maiſons qui étoient à Ormus pour en tranſporter les matériaux à Gamron, où ils ſervent principalement à bâtir les fondemens de celles que l'on y fait: Il ajoute la Forterefſe de l'Ifle d'Ormus qui eſt très-confidérable ... eſt gardée par trois cens hommes, dont aucun n'a la liberté de fortir. Les Montagnes de Sel qui font dans l'Ifle, la rendent toute blanche. On y trouve auffi une matière qui eſt comme du Métal, mais elle eſt de peu de valeur. Elle gît à trois lieues, & demie de Gamron à l'Eſt Sud-Eſt. La profondeur de l'eau entre ces deux Places eſt de 14. à 18. braſſes. Ainfi finit le Royaume d'Ormus. La Perſe s'empara de l'Ifle & de tout ce qui étoit en terre ferme de fon côté au Pays de Laer, & aux environs de Gamron, où elle tranſporta le grand Commerce qu'avoit eu Ormus. Les Arabes s'emparerent de leur côté de ce que les Rois d'Ormus, avoient poſſedé en Arabie. Le Brun [b] remarque qu'il y [b Voyage de Moſc. de Perſe &c. c. 60.] avoit autrefois près de cette Iſle, un fable fur lequel, on trouvoit des Perles; qu'on y a empoiſonnées, à ce qu'on dit, c'eſt-à-dire que par quelque poiſon on avoit fait mourir les Coquillages où ces Perles fe nourriſſoient.

Gémelli [c] parlant d'Ormus, ne lui donne que [c Voyage du tour du Monde. T. 2. p. 310.] trois milles de circuit, c'eſt-à-dire le tiers de ce que lui donne la Relation citée ci-deſſus. Il ajoute: il n'y croît ni arbre, ni herbe, étant toute couverte de Sel très-blanc, ce qui cauſe fa ſtérilité. L'eau qui tombe du Ciel eſt la ſeule eau douce qu'on y boive. On la ramaſſe dans des Cîternes pour la Garniſon du Fort. On en eſtime le fable à cauſe de fa noirceur, & de fon luiſant, auſſi bien que fa terre rouge dont les Banianes fe peignent le front.

§. Comme *Ormus* n'eſt plus une Ifle de l'importance, dont elle a été autrefois, j'ai été plus court fur cet Article que je ne le ſerois, fi elle étoit encore Capitale d'un Royaume. Ceux qui voudront en voir une ample deſcription, felon fon Etat ancien, la trouveront dans l'Ambaſſade de D. Garcias Figueroa.

ORNAIN. Voyez ORNEY.

ORNANO, petite Rivière d'Italie dans l'Ifle de Corſe, fur fa Côte Occidentale, où elle arroſe un Quartier que l'on appelle PIEVE D'ORNANO; & qui confiſte en une trentaine de Hameaux. Il y avoit auffi le Château d'Ornano; mais il y a déja environ deux Siècles & demi, qu'il eſt détruit. Cette Rivière a fa ſource près de Caſa di San Piétro, & fe décharge dans la partie Septentrionale du Golphe de Talabo. On croit que c'eſt le Tirianus des Anciens.

ORNANS, Ville de France dans la Franche-Comté, fur la Rivière de la Louve avec un Bailliage, dont elle eſt le Chef-lieu, & qui en porte le nom. Elle eſt petite, & fituée au pied des Montagnes, à trois lieues de Beſançon. Il y a une Paroiſſe unique, avec une *Familiarité*, c'eſt-à-dire une Communauté de Prêtres, un Convent de Minimes & un d'Urſulines. Près de cette Ville eſt un puits très-profond, qui dans les grandes pluyes dégorge de telle manière, qu'il inonde les Campagnes voiſines, & jette quantité de poiſſons, appellez Umbres dont la Rivière fe rempoiſſonne.

ORNAY. Voyez AURIGNI.

1. ORNE (l') Rivière de France en Normandie. Elle a fa ſource au Village d'Aunon, & reçoit un Ruiſſeau, avant que d'entrer à Seez, qui elle arroſe. Elle reçoit enfuite les Rivières de Senevière & de Touane, paſſe au Midi d'Almenêche, & au Couchant de cette Abbaye, reçoit une autre Rivière, qui en vient, puis une autre au-deſſus d'Argentan où elle paſſe. Au-deſſus d'Ecoué, elle reçoit la Caence, & le Chandon au-deſſous; près de St. Philibert, elle fe charge de deux petites Rivières, dont l'une vient de Neuvi, l'autre de Briouſe. Plus loin, elle fe groſſit du Noireau, qui lui porte les eaux de la Druance. A Fontenai, elle reçoit la Laife, & dans les foſſez de Caen, elle eſt accrue par l'Odon. C'eſt là qu'elle commence a être navigable, juſqu'à la Mer, d'où les Barques aſſez grandes peuvent remonter. Enfin trois lieues au-deſſous de Caen, elle fe perd dans la Mer, formant par fon Embouchure, un Port à Eſtreham, dont nous parlons en fon lieu. L'Orne fait beaucoup de détours; c'eſt pour cela que Segrais, qui étoit de Caen, & devoit bien connoître cette Rivière, aux bords de laquelle il étoit né, l'ap-

l'appelle le *Celtique Méandre* dans son Eglogue intitulée *Amire*. Voici les vers où il en parle :

> Tels étoient les pensers de l'amoureux Cléandre,
> Retournant vers les bords du Celtique Méandre ;
> Car quiconque a vu l'Orne aux tortueux détours,
> Au Méandre fameux a comparé son cours.

On lit cette remarque dans les *Segresiana* : La Riviére qui passe par notre Ville de Caen, & que nous nommons l'Orne, s'appelle en Latin OLENA, & nous appellons l'ODON, l'autre Riviére qui y passe aussi, & qui est beaucoup plus petite. Elles sont mal appellées d'ORNE & DODON, dans la Carte particuliére de Normandie, dont la plûpart des positions ne sont pas justes. Il faut que Segrais parle ici de quelque ancienne Carte ; cette faute ne se trouve point dans les Cartes de Normandie, dans l'Atlas de Blaeu, ni dans celle de Fer, ni dans celle de Mr. de l'Isle. Malherbe dans ses Stances, aux Ombres de Damon, composées en Provence, porte la parole à quelqu'un, avec qui il s'étoit entretenu en Normandie. Le commencement de cette Piéce est perdu. Les prémiers vers de ceux qui restent sont ceux-ci :

> L'Orne, comme autrefois, nous reverroit encore,
> Ravis de ces pensers que le vulgaire ignore,
> Egarer à l'écart nos pas & nos discours.

Cette Riviére a été nommée OLENA par les Anciens.

2. ORNE, (L') Riviére de France, dans le Maine. Elle a ses sources aux Frontiéres du Perche, l'une à St. Hilaire de Soisai, d'où elle descend à la Periére, l'autre à Mont-Gaudry d'où elle descend à Suré. Ces deux sources se joignent & passent à Origni le Roux, à Peré où elle reçoit DIVE, au Nord de St. Aignan, de-là elle vient à Balon & tombe dans la Sarte à Montbisot.

3. ORNE, (L') Riviére de Champagne. Voyez ORNEY.

ORNEÆ, au génitif ORNEARUM, lieu du Peloponnese dans le Pays d'Argos. Il est remarquable par la Bataille qui s'y donna entre le Peuple d'Argos, & les Lacédémoniens. Diodore de Sicile [a], Thucydide & Pausanias [b] en font mention. Ce dernier [b] dit que Lyrcée étoit à soixante stades d'Argos, tout au plus & à pareille distance d'Ornées. Il ajoute que Lyrcée étoit deserte du tems d'Homére, qui par cette raison ne la nomme point, mais qu'Ornées subsistant alors il la nomme la premiére aux Frontiéres du Pays d'Argos, avant Phlius & Sicyone. Il poursuit ainsi : Elle prenoit son nom d'Orneus, fils d'Erechthée qui fut Pere de Pétéus. Celui-ci eut un fils nommé Mnesthée, le même qui avec les Athéniens aida à Agamemnon, à détruire le Royaume de Priam. Les Ornéates étant ensuite chassez de leurs demeures par les Habitans d'Argos, furent incorporez dans la Nation victorieuse. Il y a à Ornées un Temple consacré à Diane, dont la Statue est de bois. Il y a aussi un autre petit Temple dédié à tous les Dieux en commun. Thucydide [c] marque bien positivement la destruction d'Ornées. Il dit que les Lacédémoniens avec tous leurs Alliez, excepté les Corinthiens, se jetterent sur le Pays d'Argos, en fourageterent une partie, en enleverent des grains, rétablirent à Ornées, ceux qui en avoient été bannis, leur laisserent quelques Soldats pour les maintenir dans cette restitution ; & qu'ayant fait un Traité pour quelque tems, ils réglerent que les Ornéates, & ceux d'Argos s'abstiendroient à l'avenir du ravage des terres, les uns des autres & qu'ils s'en retournerent enfin chez eux : Que peu après, les Athéniens étant arrivez avec une Flotte de trente voiles, & six cens hommes armez pesamment, les Habitans d'Argos joignant leurs forces à celles-là, marcherent contre la Ville d'Ornées ; mais comme, durant la nuit, ils se retiroient dans leur Camp qui étoit loin de la Ville, les Ornéates s'enfuirent. Ceux d'Argos trouvant le lendemain, que la Place étoit abandonnée la raserent jusqu'aux fondemens ; & les Athéniens s'en retournerent avec leur Flotte.

1. ORNEON, Ὀρνεῶν, c'est-à-dire *des Oiseaux*, au genitif pluriel, Ptolomée [d] place une Isle des Oiseaux dans le Golphe Arabique, sur la côte d'Ethiopie, vis-à-vis du Promontoire Colobon.

2. ORNEON, le même Auteur met une autre Isle des Oiseaux [e], au Couchant de l'Isle de Taprobane.

3. ORNEON, Ὀρνεῶν ἄκρα, c'est-à-dire le *Promontoire des Oiseaux*, Cap sur la Côte Méridionale de l'Isle de Taprobane, selon le même [f].

ORNEY (L') ou l'ORNE, Riviére de France en Champagne [g]. Elle a sa source auprès de Grands dans le Vallage, d'où courant vers le Nord, elle passe à Gondrecourt & traverse une lisiére du Barrois, en sort pour y rentrer presque aussi-tôt, passe à Ligny, à Bar-le-Duc, & après avoir serpenté vers le Nord & l'Occident, elle revient vers le Midi Occidental, reçoit la Riviére de Saux, celle de VIBRE & quelques autres, dont elle porte les eaux dans la Marne, à l'Orient de Vitri le brûlé où elle passe, & au Nord de Vitri le François.

ORNIACI, ancien Peuple de l'Espagne Tarragonoise, selon Ptolomée [h] qui lui assigne pour Ville unique INTERCATIA.

ORNIS, Lieu du Peloponnese, devant la Ville de Corinthe. Plutarque [i] en fait mention.

ORNITHON, c'est-à-dire la Ville des Oiseaux, Ville de Phénicie ; entre Tyr & Sidon, à cent stades de l'une & de l'autre ; selon Pline [k] & Strabon [l].

OROANDA (genitif *Orum*) Ville d'Asie dans la Pisidie. Il ne paroît pas qu'elle subsistât du tems de Ptolomée, qui se contente d'en nommer le Peuple ORONDICI. Tite-Live [m] parle de cette Ville, mais ce [n] nom a été défiguré en quelques Editions. Celle de Scheffer de l'an 1518. porte ORONDA, celles de Gryphe & de Gruter OROANDA ; Charles Sigonius se livrant trop à une conjecture, change le mot en *Oenoanda* ; & rend ainsi raison de cette correction prétendue. *Oenoanda*, dit-il, est une Ville de Pamphyphylie, selon Etienne. Strabon a une faute dans son XIII. Livre vers la fin. On y lit Ὀινανδρῶν τε, au lieu qu'il faut Οἰνανδέων τε. Appien L. IV. nomme Οἰνανδεῖς; mais comme en ce même endroit, il y a d'autres Villes nommées de la Pamphylie & de la Lycie, il faut certainement lire *Oenoanda* & non pas *Oroanda* qui, comme on a dit ci-devant, étoit de la Galatie. Charles Sigonius étoit un très-savant homme, cependant en ce peu de mots, il y a plus d'une méprise importante. Premiérement il suppose qu'Etienne met *Oenoanda* dans la Pamphylie, ce qui n'est pas vrai. Cet Auteur dit qu'elle est une Ville de Lycie. En second lieu il place *Oroanda* dans la Galatie, où il n'y en a pas la moindre trace. La troisième méprise est de vouloir faire dans Tite-Live, un changement de nom, dont Polybe fait voir l'inutilité. Voici le Passage de Tite-Live. *A Perga, L. Manlio cum quatuor millibus Militum Oroanda, ad reliquam pecuniam, ex eo quod pepigerant, exigendum misso, ipse Apameam exercitum reduxit.* C'est-à-dire: *Le Consul ayant envoyé de Perge, L. Manlius avec quatre mille hommes à Oroanda pour s'y faire payer ce qui restoit de la somme, dont ils étoient convenus, il remena l'Armée à Apamée.* Il est certain que Tite-Live ne fait souvent, que suivre Polybe pas-à-pas. Voici de quelle manière, Polybe dit la même chose [a]. *Onens ayant apris leur arrivée, envoya son frere avec une Armée vers les Oroandiens, pour en recevoir le reste de la somme stipulée.* On voit bien que c'est le même fait dans l'un & dans l'autre Historien, & que Tite-Live trouvant les *Oroandiens* dans Polybe qui le guidoit, il a dû écrire OROANDA & non pas *Oenoanda*. A l'égard de la Capitulation, où cette somme avoit été réglée [b], elle se trouve dans le même Livre de Tite-Live, où il est dit que les Députez des *Oroandiens (Legati Oroandensium)* vinrent trouver le Consul Manlius. Il est étonnant qu'un aussi grand homme qu'étoit J. Fred. Gronovius ait laissé en ce Passage *Oroandensium*, & qu'aux Chapitres 37, & 39. où il est question du même Peuple, il ait fourré dans le Texte de son Edition *Oenoanda*, qui n'y convient aucunement; & cela par une déférence excessive pour le sentiment de Sigonius. Il est certain que dans Tite-Live, il faut lire *Oroanda*, & quand même, ce qui n'est pas, tous les anciens Manuscrits porteroient en cet endroit *Oenoanda*, ce seroit une faute palpable, qu'il faudroit corriger, au mépris de tous les Manuscrits du monde; Sigonius a beau dire que l'*Oroanda* du 18. Chapitre étoit de la Galatie, cela n'en est pas plus vrai pour cela. Dans tous ces passages il ne s'agit que d'un même Lieu, d'un même fait, ou des suites d'un même fait. En laissant *Oroandensium* dans le Chapitre 18. il ne falloit point changer ce mot en celui d'*Oenoandensium* dans le Chapitre 19. où Sigonius n'avoit marqué aucune correction à faire, comme on a fait dans l'Edition de Gronovius. Pline [c] parlant de la Pisidie, lui donne Césarée Colonie, nommée aussi Antioche, *Oroanda* & *Sagalessos*. Il parle ailleurs [d] d'*Oroandicus tractus*, qu'il met bien distinctement dans la Pisidie. Ptolomée place ses OROŇDICI entre la Pisidie & l'Isaurie.

[a] Excerpt. 35.

[b] l.38.c.18.

[c] l.5.c.27.

[d] l.5.c.32.

OROANDENSES, Habitans d'OROANDA. Voyez l'Article précédent.

OROANDES, Montagne ou partie de cette longue chaîne de Montagnes, dont le Taurus & l'Imaüs, étoient des branches considérables. L'*Oroandes* de Pline [e] paroit le même qu'Orontes. Que Ptolomée [f] place dans la Médie, & qui étoit auprès d'Ecbatane, comme on peut le voir en conférant avec ces Auteurs, ce qu'en dit Diodore de Sicile [g].

[e] l.5.c.27.
[f] l.6.c.2.
[g] l.2.

OROASCA, Ὀρόασκα, ou THROASCA, Θρόασκα, selon les divers exemplaires de Ptolomée [h], Ville de la Carmanie.

[h] l.6.c.8.

OROATES, ou OROATIS, Riviére de Perse dans la Susiane. Pline [i] dit qu'il sé- paroit la Perside, ou Perse propre de l'Elimaïde. Il dit plus loin, au-dessous de l'Eulée est l'Elimaïde qui sur la Côte est jointe à la Perside. Depuis l'Oroatis jusqu'à Charax, il y a deux cens quarante mille pas. Saumaise [k] croit, que c'est la même Riviére, que le PASITIGRIS. Ce qui favorise son opinion, c'est que ceux qui ont fait mention d'*Oroatis*, n'en font aucune du Pasitigris de Perse. Pline & Ptolomée [l] sont de ce nombre. Ceux au contraire qui nomment le Pasitigris, comme Quinte Curse & Arrien ne connoissent point l'Oroatis. Il n'y a que Strabon [m] qui parle de l'un & de l'autre, & qui met près de deux mille stades, entre le Pasitigris & l'Oroatis. Mais ce même Passage fait voir, que Strabon ne parle point du Pasitigris, dont il est ici question, & qui couloit dans la Perse. On voit par un autre qui suit, que la Côte maritime des Arabes est jointe à l'Embouchure de l'Euphrate & du Pasitigris; d'où il faut conclurre, que le Pasitigris de Strabon est celui de Chaldée, & non pas celui de Perse. La distance même le fait voir. Pline met entre l'Oroatis & Charax 240. mille pas qui reviennent à 1920. stades. Les quatre-vingt stades qui restent pour faire les deux mille stades de Strabon, sont la distance qu'il y avoit depuis Charax jusqu'à l'Embouchure du Tigre. Strabon qui dans cet endroit parle par le témoignage de Néarque non du Pasitigris des Uxiens, mais du Tigre même des Chaldéens, parle peu après du véritable Pasitigris & dit: après le Choaspe est le Copratas & ensuite le Pasitigris. C'est ce dernier que nous disons être le même que l'OROATIS.

[i] l.6.c.25.
[k] In solin. p.494.
[l] l.6.c.3.
[m] l.15.

1. OROBA, Ville de l'Assyrie [n] près du Tigre, Ptolomée la nomme dans cet ordre, *Ninus, Sacada, Oroba, Thelde, Cresiphonte*.

[n] l.6.c.1.

2. OROBA, autre Ville de l'Assyrie, mais dans les Terres, selon le même Géographe entre Corcura & Degia. Il les distingue, ainsi par rapport à leur position

[o] Ibid.

1. Oroba près du Tigre. 79d. 20′. 30d. 20′.
2. Oroba dans les terres. 79. 20. 38. 10.

OROBATIS, Ville de l'Inde, vers le Haut Indus, selon Arrien dans les guerres d'Alexandre [p]. Voyez OBROATIS.

[p] l.5.

OROBIÆ, Lieu de l'Eubée, selon Thucydide [q].

[q] l.3.

OROBII, Peuple de la Gaule Cisalpine en Italie, selon Pline [r] qui en parle ainsi: Ca-

[r] l.3.c.17.

ORO.    ORO.    123

Caton assure que les Habitans de Come, de Bergame, de *Forum Licinii* & autres Peuples des environs sont descendus des Orobiens ; mais il avoue qu'il ignore l'origine de ceux-ci, que Cornelius Alexander croit être venus de Gréce, une fait voir la signification de leur nom, qui veut dire des gens qui vivent dans des Montagnes. Les Orobiens avoient une Ville située de même, nommée Barra, dont Caton dit aussi que les Bergamasques étoient venus. Caton en parloit, comme d'une Ville qui tomboit en ruïnes ; Pline dit qu'elle ne subsistoit plus, *interiit*. Zanchius savant Italien, prétend que CENOMANI étoit le véritable nom de ce Peuple, & qu'*Orobii* étoit une épithéte, qui marquoit la nature du Pays qu'il habitoit.

OROBIS, nom Latin de l'ORBE, Riviére de France. Voyez ce mot.

OROCANA, ou ORACANA, Ville de *a* l.6.c.2. la Médie, selon Ptolomée [a].

OROCASIA, Lieu de Syrie, sur l'Oronte, autour d'Antioche, dit Ortelius, qui cite Procope. Cet Auteur dans son Histoire *b* l.2.c.6. de la Guerre, contre les Perses dit [b] *Orocasias*, qui doit se rendre en François OROCASIADE. Il dit en parlant de la Ville même d'Antioche, il se trouva néanmoins que la muraille pouvoit être attaquée par l'endroit le plus élevé, appellé par les Habitans *Orocasiade* ; ce qui procédoit de ce qu'elle étoit trop proche d'une Roche fort haute. Il commanda donc de creuser une fossé dans la Roche, ou de bâtir une Tour dessus, & de la joindre à la muraille. Ce Passage fait connoître qu'*Orocasiade* est le nom que les Habitans d'Antioche donnoient à la plus haute partie des murailles de leur Ville, qui, comme le dit le même Auteur, étoit située partie dans un fond, & partie sur ses hauteurs.

OROLAUNUM, Village de la Belgique, sur la Route de Rheims à Trèves, selon Antonin [c] qui le met entre *Epoissus* & *c* Itiner. *Andethanale*, que l'on croit être Echternach. Quelques Modernes croient que c'est ARLON, au Duché du Luxembourg. Ortelius trouvant ces lettres dans Antonin, *Leg. XX.* a cru qu'elles marquoient la vingtième Légion. Ce sont des lieues Gauloises de quinze cens pas Romains ; les vingt lieues équivalentes à trente milles Romains, qui valent vingt-quatre milles d'Italie, ou six milles Géographiques de 15. au degré. Cette distance est celle d'*Epoissus* à *Orolaunum*. La distance d'*Orolaunum* à *Andethanale*, & de ce dernier lieu à Trèves est, égale, c'est-à-dire de quinze de ces mêmes lieues. Cela gâte un peu la conjecture, car la distance d'Arlon à Echternach est à peu près double de celle d'Echternach à Trèves. En récompense les soixante & quatre lieues Gauloises, qu'Antonin compte entre Rheims & *Orolaunum*, conviennent assez à la distance de Rheims à Arlon. Car elles font 96. milles Romains, qui reviennent à 77. milles Italiques, ou à dix-neuf grandes lieues, en supposant un chemin droit, tels qu'étoient ceux des Romains. Voyez ARLON.

OROMAGA. Voyez ARTOMAGAN.

*d* l.5.c.7. OROMANDROS, Ville de la Petite Arménie, selon Ptolomée [d]. Elle étoit dans le Pays vers les Montagnes.

OROMANSACI, ancien Peuple de la Gaule Belgique, au voisinage des Morins. Pline le nomme immédiatement, après eux & dit que les Oromansaques étoient joints au Canton nommé *Gessoriacus Pagus*, qui est aujourd'hui *le Boulenois*.

OROMENUS, Montagne de l'Inde. Pline [e] qui en fait mention dit : que c'étoit une *e* l.21.c.7. Montagne de Sel formé naturellement & qui se reproduisoit à mesure qu'on le tailloit comme dans les carrières de pierre. Il ajoute que les Rois en tiroient un plus riche revenu, que de l'Or & des Perles.

ORONÆ, Josephe [f] dans un dénom- *f* Antiq.l. brement des Villes que les Juifs possédoient 13.c.13. dit : les Juifs possédoient alors . . . . dans le Pays des Moabites, Essebon, Medaba, Lemba, Oron, Thalithon &c. C'est ainsi que Mr. d'Andilli écrit ce nom en François.

ORONDICI. Voyez OROANDA.

ORONTE (L'). Grande Riviére de Syrie. Pline [g] le fait naître entre le Liban & *g* l.5.c.22. l'Antiliban, auprès d'Héliopolis qui est aujourd'hui Balbec. Mais cet Auteur se trompe en cela, comme on verra ci-après. Strabon [h] *h* l.16.p. en parle assez au long. Après avoir décrit la 750. Ville d'Antioche il dit : auprès de la Ville coule l'Oronte, qui ayant sa source dans la Cœlesyrie, se perd ensuite dans la terre, puis en sort, traverse le Territoire d'Apamée, & s'avançant vers Antioche, se jette dans la Mer, au voisinage de Séleucie. Il ajoute : on l'appelloit auparavant TYPHON. Ce nom fut changé, par celui qui y fit un Pont, & on l'appella Oronte. On a pris ce Lieu pour la Scene, où se passa l'avanture de Typhon, foudroyé & des Arimes dont je parle ailleurs. Ils disent que c'étoit un *Dragon*, & que frapé de la foudre dans le tems, qu'il cherchoit un lieu pour se cacher, il fit des trous dans la terre, & fut cause qu'il en sortit une source, qui en prit le nom. Auprès de Séleucie, au Couchant d'Antioche, est la Mer où se perd l'Oronte. Séleucie est à quarante Stades de son Embouchure, & Antioche en est à deux cens vingt. On va en un jour depuis la Mer jusqu'à Antioche, en remontant la Mer, voilà ce que dit Strabon. Oppien [i] parle de l'Isle Méliboée, que l'Oron- *i* Cyneget.l. te formoit, un peu avant que d'entrer dans 2.v.120. la Mer. Il en parle poétiquement sous la figure d'une Nymphe, dont Oronte étoit l'Amant. La Ville d'Epiphanie, & celle d'Apamée étoient aussi sur cette Riviére. Comme elle serpente beaucoup, Pomponius Lætus dit qu'elle a été anciennement appellée Ophites. Mr. de la Roque dans son Voyage de Syrie & du Mont Liban [k], détruit ainsi ce que *k* T. 1. p. Pline dit du voisinage d'Héliopolis, & des 166. sources de l'Oronte : Il est certain qu'auprès de Balbec il n'y a aucune Riviére, & que les eaux qui passent dans cette Ville, ou qui en sont proches, ne conviennent nullement à l'Oronte. On va voir cependant, poursuit-il, que l'autorité de Pline n'est ici d'aucune conséquence, & que n'ayant pas été sur les lieux, il a été sans doute trompé par des Mémoires qui n'étoient pas exacts. Nous avons parcouru l'Oronte, le Secrétaire du Patriarche des Maronites, homme fort curieux & fort intelligent, & moi, & nous avons remonté jusqu'à sa source que nous avons trouvée

Q 2    très-

très-mal placée dans Pline ; car cette source est non seulement tout-à-fait hors des Montagnes, mais elle se trouve presque dans la Plaine à quatre ou cinq lieues de distance du Mont Liban, entre l'Orient & le Midi, & à un éloignement considérable de toutes les Montagnes qu'on peut appeller Antiliban, selon même que Pline le décrit ailleurs. Au reste cette autorité a trompé la plûpart des Géographes qui ont décrit l'Oronte. Ils placent la source près d'Héliopolis dont ils déterminent la position, selon cette idée. Ils mettent Emese tout-à-fait sur les bords de ce Fleuve ; & ils tombent dans d'autres erreurs qui seront aisées à comprendre & à corriger par le moyen de la Carte du véritable cours de cette Rivière depuis sa source jusqu'à la Mer, que nous avons dressée avec beaucoup d'attention, le savant Maronite dont j'ai parlé, & moi. Voici les lumieres que l'on peut tirer de cette Carte. A l'Orient d'une longue chaîne de Montagnes, qui font partie du Liban, est BALBEK l'Héliopolis des Anciens ; au Nord & à huit lieues & un quart de cette Ville est HERMEL ; à trois lieues & demie de laquelle on trouve au Nord un peu Oriental GIRANIJE, au Nord & à trois lieues & demie de cette derniére font les sources de l'Oronte qui court en serpentant vers le Nord. Il passe au Couchant & à près de deux lieues d'Emese ; traverse la Ville d'Apamée ; & à neuf lieues & demie delà, il se courbe vers l'Ouest & ensuite vers le Sud-Ouest, enfermant par le détour qu'il fait une Langue de terre de six lieues & demie de largeur sur huit de longueur ; après quoi il détermine sa course vers l'Occident, passe entre Antioche qui est au Midi & le Monastère de St. Maron qui est au Nord ; & se jette dans la Mer, sans que cette Carte mette aucune trace d'Isle à son Embouchure.

ORONTES, Montagne de la Médie près d'Ecbatane. Voyez OROANDES.

OROPE. Voyez OROPUS.

1. OROPESA, Ville d'Espagne dans la Nouvelle Castille près des Frontiéres de l'Estremadure entre Talavera de la Reina & Plazentia, à neuf lieues de la derniére, au Nord du Tage. *a Vairac, Etat présent de l'Espagne n. 3. p. 138.* D. Garcie Alvarez de Tolede, frére aîné de D. Ferdinand Alvarez de Tolede Seigneur de Valdecorneja ; dont font issus les Ducs d'Albe & le Marquis de Villefranche, en fut le premier Seigneur. D. Ferdinand arriére-petit-fils de D. Garcie & quatrième Seigneur d'Oropesa, en fut créé Comte par Ferdinand & Isabelle en 1475. D. Jean Alvarez de Tolede cinquième Comte d'Oropesa n'eut que des filles qui moururent avant lui, mais Doña Béatrix l'aînée ayant épousé D. Edouard de Bragance Marquis de Flechille, laissa un fils appellé D. Ferdinand Alvarez de Tolede, qui succéda à son grand-pere, & c'est par cette voye qu'Oropesa passa de la Maison de Tolede, dans la Famille Royale de Portugal où elle est encore.

2. OROPESA, Ville de l'Amérique Méridionale au Pérou, dans l'Audience de Los Charcas, dans la Vallée de Cochabamba sur un Ruisseau, qui est l'une des sources de la Rivière de Cachimayo ou de Guapay. De Laet dit qu'elle a été bâtie par D. Francesco de Tolede à vingt lieues de la Plata. On a vu dans l'Article précédent que le Comté d'Oropesa en Espagne appartenoit à la Maison de Tolede ; cela fait voir pourquoi cette Colonie fut nommée ainsi à cause de son fondateur. De Laet ajoute que les Habitans de cette Ville font un grand profit à l'Agriculture & à la nourriture des Brebis, & qu'ils vont vendre principalement leurs grains & leur Bétail à Potosi, qui est à vingt-deux lieues d'Oropesa.

§ Cet Auteur ajoute : Garcilasso écrit que dans la Vallée de Chocapampa (ou Cochabamba) les Espagnols avoient bâti à cause de sa merveilleuse fertilité l'an 1565. la Ville de S. Pedro de Cardenna. Il doute si ce ne seroit point la même qu'Oropesa.

OROPESO, (Le Cap d') Voyez au mot CAP.

§ OROPI. Ortelius trouve un Siège Episcopal de ce nom sous Anazarbe Métropole, & cite Guillaume de Tyr, c'est-à-dire une Notice attachée à son Exemplaire de Guillaume de Tyr, & qui, selon ma conjecture, ne sauroit être que la Notice du Patriarchat d'Antioche, qui se trouve jointe de même dans un Manuscrit du Vatican n°. 2002. à l'Histoire de cet Auteur. Ortelius a pû avoir une Copie manuscrite de cette Notice où ce Siège étoit déplacé. Il n'y a aucun sous Anazarbe dont le nom soit approchant d'Oropi, mais sous Hiérapolis Métropole, dans le même Patriarchat d'Antioche on trouve EUROPI. Cela est conforme aux Notices de Léon le Sage & d'Hierocles, qui n'ont aucun nom pareil dans la seconde Cilicie, sous Anazarbe. Tous deux mettent *Europus* dans l'Euphratense sous Hiérapolis. Ce Siège d'*Oropi* est donc ou l'*Europus* des trois Notices, ou plutôt *Oropi* que la Notice du Patriarchat d'Antioche, la même qu'Ortelius a consultée dans une Copie défectueuse, met sous Séleucie autre Métropole du même Patriarchat ; mais dans l'Isaurie. La Notice de Léon le Sage & celle d'Hierocles n'ont aucune trace de ce nom. Dans celle de l'Evêque de Cathare on trouve sous Séleucie OROPI changé en DIROPI. Voyez OROPUS.

OROPITUM, selon Antonin cité par Ortelius, OROPITE, selon Caton. Ortelius ajoute : elle a été nommée *Urbiventum* par Procope, si on en croit Léandre ; pour moi, je trouve au second Livre de Procope de l'Histoire de la Guerre des Goths URREVETANUM. L'ancienne Edition Latine de Procope imprimée à Rome l'an 1506. porte *Urbevetana*, à l'accusatif *Urbevetanam*. Il s'agit là de la Ville que l'Armée de Belisaire assiégea après la prise d'Urbin. On y trouve pour Commandant, selon cette Edition *Arbilas* Capitaine Goth, qui encourageoit les Assiégez. Or Procope parlant ailleurs des dispositions que Vitigez avoit faites dit dans cette même Edition ; qu'il avoit mis à *Clusium* mille hommes sous la conduite de Gelimer & autant (à une autre Ville que l'on y appelle URBIBENTO,) auxquels il avoit donné pour Commandant un Goth nommé *Albilas*. On voit qu'*Urbibento* & *Urbevetana*, n'est qu'une même Place. Grotius nomme le Commandant ALBILAS, dans les deux passages b & la Ville URBS VETUS, dans tous les lieux où il en est parlé. La variation de l'Edition de Rome sur le nom du Commandant & sur celui de la Ville *b Goth. Hist. l. 2. p. 246. & 273.*

ORO.   ORO.   125

Ville ne me surprend point, mais je m'étonne que le Président Cousin n'ait pas vu que c'étoit la même Ville & le même Gouverneur, ou que le voyant il ait traduit en un endroit le nom de la Ville par ORVIETE, & en un autre par CIVITA VECCHIA; d'autant plus que le Grec sur lequel il dit avoir traduit porte constamment Οὐρβιβεντός, Οὐρβιβεντῶ, & Οὐρβιβεντᾶ sans variation. Après avoir rendu le premier passage [a] par Orviete, qui est le vrai nom de la Ville en question, il ne devoit pas changer dans la suite. Ce qu'il a trompé, c'est l'*Urbs Vetus* de Grotius qui est un des noms Latins que les Modernes [b] employent pour dire Orviete; comme, *Urbs Vetus* en Latin & *Civita Vecchia* en Italien signifient également une vieille Ville; il a cru que ce rapport suffisoit. Un peu plus de Géographie, & l'inspection de la moindre Carte, lui auroit montré que la Description que Procope fait de cette Ville ne convient point à Civita Vecchia. La voici telle que la fournit la Traduction du Président Cousin [c]. Au milieu d'une rase Campagne s'élève une Colline dont le sommet est large & plat; le bas plein de Rochers & de précipices. La Colline est ceinte de Roches qui sont éloignées, les unes des autres de l'espace d'un jet de pierre. Les Anciens bâtirent une Ville sur cette Colline, sans l'entourer de murailles & sans la fortifier, parce qu'ils crurent qu'elle étoit imprenable par son assiète. Il n'y a qu'un chemin par où l'on y puisse entrer, où lorsque les Habitans ont mis bonne garde, ils n'appréhendent plus d'assaut de tous les côtez. Toutile, reste de l'espace qui est entre la Colline & les Roches sert de lit à une Rivière fort large & fort profonde. Les anciens Romains y bâtirent quelques ouvrages, &c. Rien de tout cela ne convient à Civita Vecchia, qui est un Port de Mer & non pas au milieu d'une Plaine, & dans le voisinage de laquelle il n'y a aucune Rivière. D'ailleurs le nom d'*Urbs Vetus*, d'où s'est formé l'*Urbivetum* de Procope [d], n'est pas si moderne qu'il ne se trouve dans Paul le Diacre [e] qui met cette Ville avec celles de la Toscane, que les Lombards ravagèrent. A l'égard d'*Otopitum*, je ne l'ai pû trouver dans Antonin, & quand même il y seroit, ce ne seroit point Orviete qui n'est point sur une ancienne voye Romaine. Quoiqu'il en soit, elle est nommée ORBITUM dans un Edit de Didier Roi des Lombards, & c'est delà qu'est formé le nom moderne d'ORVIETE. Voyez ce mot. Du tems de Pline on la nommoit HERBANUM, & il ne l'appelle pas autrement. Mr. de l'Isle le plus savant Moderne dans la Géographie Ancienne a fort bien mis dans son ancienne Italie les deux noms HERBANUM & URBS VETUS, dans la position d'Orviete.

1. OROPUS, Ville de Syrie, selon Etienne le Géographe, qui dit qu'elle avoit été bâtie par Nicator. Seroit-ce celle que la Notice du Patriarchat d'Antioche met sous Séleucie Métropole.

2. OROPUS, Ville de Macédoine, selon le même, qui dit que Seleucus Nicator étoit de cette Ville; surquoi Bertius son Commentateur remarque, que quand des Rois ou des Empereurs avoient bâti une Ville, elle étoit appellée leur patrie. Il cite Saumaise. Il

dit qu'elle étoit auprès d'Amphipolis & qu'on la nommoit autrefois Telmissus.

3. OROPUS, Ville de Grèce dans la Béotie, aux confins de l'Attique, auprès de la Mer; Strabon [e] passant de l'Attique à la Béotie, dit qu'elle commence à Oropus. Etienne la donne aussi à la Béotie & dit qu'elle l'avoit reçu son nom d'Oropus, fils de Macedo, & petit-fils de Lycaon; comme le voisine de l'Attique, son Territoire fut mis en litige par les Athéniens, à qui Philippe l'adjugea, comme le rapporte Pausanias [f], qui dit qu'elle étoit sur la Mer & n'avoit rien de remarquable. Ce ne fut pas seulement le Territoire, mais la Ville même que les Athéniens prétendirent, & ils vinrent à bout de se l'approprier. Delà vient qu'elle est nommée *Oropus* de l'Attique, par Tite-Live [g] & Ptolomée; il a mit dans l'Attique, & la derniére du côté de la Béotie. Le nom moderne est ROPO, & non pas ZUCAMINI ou SUSAMINO, ou ZUTAMNI, comme le disent les Interprètes de Ptolomée & d'autres Auteurs alleguez par Ortelius que Mr. Corneille a copié. Spon qui y a passé en parle ainsi [h]: nous côtoyames & passames sous Ropo, grand Village de Grèce de plus de deux cens feux, qui étoit l'ancienne Ville d'Oropos ou Oropus, pour laquelle les Athéniens & les Béotiens étoient souvent en contestations, parce qu'elle étoit sur les Frontières. Elle est à deux milles de la Mer & à six du Village de Marcopoulo. Trois milles au delà nous traversames une petite Riviére qui vient des Montagnes entre Thebes & Athenes, & que je crois être l'Asoptus, n'y en ayant point d'autre de considérable jusqu'à Négrepont. Au delà de cette Rivière paroît sur les bords un grand Village qui n'est guères moindre que le précédent & que nous aurions pris pour Oropus même, à cause de quelques Inscriptions que nous y trouvames, entre lesquelles étoit l'Epitaphe d'un certain Aphrodisius, fils de Zopyrus, natif d'Oropus; mais les noms qui sont demeurez & à Oropo & à celui-ci qu'ils appellent encore SYCMINO, ou SCAMINO, quand ils parlent vite, nous firent connoître que c'étoit cette petite Ville de la Béotie qu'on nommoit anciennement Sycaminon.

4. OROPUS, ou OROPA, Ὄρωπος, ou Ὄρωπα, Ville de l'Eubée. Il y avoit un Temple consacré à Apollon, selon Etienne le Géographe.

5. OROPUS, Ville de Grèce, dans la Thesprotie; il paroit par l'expression de ce même Auteur qu'elle étoit dans la Ville même de Nicopolis, dont elle faisoit peut-être partie.

6. OROPUS, Ville du Péloponnèse, dans l'Argie, selon le même.

OROSA. Voyez ALINZA 1.

OROSANA, Ville de la Sérique, selon Ptolomée [i], c'est-à-dire dans la partie Septentrionale de la Chine.

OROSBES; Peuple de la Scythie en deçà de l'Imaüs, selon Ptolomée [k]; il les met entre les MACHAGENI, les NOROSSI & les CACHASSI.

OROSCOPA, Ville d'Afrique. Les contestations qu'Appien [l] dit que les Carthaginois & Masanisse eurent au sujet de cette Ville font voir qu'elle étoit aux Fron-

Frontières de leurs Etats. La Version Latine de cet Auteur y ajoute une aspiration, HOROS-COPA.

OROSINES, Rivière de Thrace, selon Pline [a l. 4. c. 11.].

OROSOLOGIA. Voyez RHOSOLO-GIA.

OROSPEDA, ancien nom d'une Montagne de l'Espagne Tarraconnoise, selon Strabon [b l. 3.]. On lit dans Ptolomée [c l. 2. c. 6.] ORTOSPE-DA; il paroît par la Description de Ptolomée qu'il a compris sous ce nom cette chaîne de Montagnes qui commencent aux confins du Royaume de Valence, & s'étendent dans la Castille & le Royaume de Grenade jusqu'aux environs d'Almerie. Strabon [d l. 3. p. 161.] leur donne bien plus de terrain, il y comprend la Sierra, la Sierra Moreña, la Sierra d'Alcaraz, la Sierra Nevada, en un mot les diverses Branches qui courent depuis l'Arragon par les deux Castilles jusques dans l'Andalousie, y compris l'ORTOSPEDA, de Ptolomée. Il met dans cette Montagne [e p. 162.] les sources du Fleuve Bætis ou Guadalquivir. Il y loge les Oretains & autres Peuples jusqu'à Malaga, & le long des Celtibériens, les Sidetains, les Basitains, &c. J'ai fait voir au mot MONTAGNE que celles-ci ne sont qu'une extension des Pyrénées.

ORPHA. Voyez OREA.

ORPHEA, Lieu, haut & couvert de bois, en Italie au Territoire de *Laurentum*, selon Varron [f De Re Rust. l. 3.].

ORPHES, ancien Peuple de la Libye, selon Ptolomée [g l. 4. c. 6.]. Ils étoient voisins de la Montagne nommée par les Anciens DEORUM CURRUS, le Char des Dieux, que quelques Modernes expliquent de *Sierra Liona*.

☞ ORREA, ou ORRHEA, les Grecs ont écrit, Ὄῤῥεα, & le mot qu'ils ont emprunté des Latins; HORREA, les GRANGES, les Magasins de grain. Il y en avoit en divers lieux de l'Empire Romain, comme nous l'avons marqué au mot ☞ GRANGE. Tel étoit L'HORREUM MARGI d'Antonin [h Itiner.], que Ptolomée appelle Ὄῤῥεα, & qu'il place dans la Haute Mysie [i l. 3. c. 9.]. Il ne fait en cela qu'écrire le nom Latin en lettres Grecques. Il met de même, [k l. 2. c. 3.] chez le Peuple Venicontes dans l'Isle d'Albion un Lieu qu'il nomme Ὄῤῥεα, & qui n'étoit sans doute qu'un Magasin pour les Troupes. Ces Magasins n'étoient pas sans être accompagnez de quelque Bourg ou Ville. Il paroît que celui du Margus dans la Mysie, étoit une Ville, puisqu'il y avoit des Manufactures, & la Notice de l'Empire en fait mention [l Sect. 9.] *Horreo Margensis Fabrica*. Voyez MARGUS 2. De même entre les Evêchés d'Afrique, on trouve dans la Byzacène *Horrea Celia*; Ortelius trouve au VII. Concile de Carthage ORREOCELENSIS. Dans le Concile tenu sous St. Cyprien étoit *Tenax ab Horreis Celia*; au Concile tenu sous Aurelius en 419. *Hilarinus Episcopus Horreo-Calensis*, étoit Député de la Byzacène; & Janvier *Episcopus Horrea Caliensis*, comparut dans la Conférence de Carthage. Ces bonnes gens avoient oublié qu'*Horrea* étoit un pluriel neutre, ils en étoient venus jusqu'à le regarder comme un singulier féminin. C'est de même qu'en France *Turonum* genitif pluriel de *Turones* nom d'un Peuple, est devenu un nominatif

neutre, nom propre d'une Ville. HORREA CÆLIA se trouve dans Antonin, entre Putput & Adrumete, à dix mille pas de la dernière. Il y avoit un autre Magasin à dix huit milles de Sitifi en allant vers *Salde* [m Antonini Itiner.]. Ce lieu étoit aussi le Siège d'un Evêché nommé *Horrea Aninioensi*, ou simplement HORRENSIS.

ORRHOENI. Voyez OSRHOENE.

ORRHONTHES, c'étoit une Rivière d'Italie, si l'on s'en rapporte à Isace Commentateur de Lycophron. Il doit avoir eu sa source au Mont Méliboée, & il étoit dans la Campanie, à ce que conjecture Ortelius. Il faut reporter ce Fleuve & cette prétendue Montagne en Syrie; où étoit l'Oronte, & l'Isle Méliboée qu'il formoit à son Embouchure. Voyez ORONTE.

1. ORSA, Montagne & Ville dans la Mer Rouge sur la Côte de l'Arabie Heureuse. Pline [n l. 6. c. 28.] en fait mention.

2. ORSA, Ville de l'Inde en deçà du Gange, selon Ptolomée [o l. 7. c. 1.].

3. ORSA. Voyez ORSARA.

ORSARA, ou ORSA, Ville de la petite Arménie, vers les Montagnes, selon Ptolomée [p l. 5. c. 7.].

ORSAS, ou ORSAN, Prieuré de France en Berri, Ordre de Fontevraut. Il est remarquable en ce que le B. Robert d'Arbrissel Fondateur de cet Ordre mourut en ce Monastère, qu'il avoit fondé dans la Paroisse de Maisonnet aux confins de celle d'Argent-Le-ger. Son cœur y est demeuré [q Baillet Topogr. des Saints, p.].

ORSEI, le R. P. Hardouin écrit ORSÆI, Peuple Indien. Pline [r l. 8. c. 11.] en parle à l'occasion de la Chasse de certains Singes blancs par tout le corps.

ORSENA, Contrée d'Asie, dans la partie Méridionale de la Petite Arménie, auprès de l'Orbesine, selon Ptolomée [s l. 5. c. 7.].

ORSERA, petite Ville d'Italie, dans l'Etat de Venise, sur la Côte de l'Istrie, au Nord de l'Embouchure du Lemo, à l'Orient de l'Isle de Conversera, entre Parenzo au Nord & Rovigno au Midi [t Juillet Atlas].

ORSII, ancien Peuple de l'Inde, selon quelques Editions de Pline [v l. 6. c. 14.]. Dans celle du R. P. Hardouin les *Orsii* disparoissent & cédent la place aux *Osii* que l'on ne connoît pas davantage.

ORSIMA, Ville de l'Ethiopie sous l'Egypte, selon Pline [x l. 6. c. 29.].

ORSIMARSO, y Bourg d'Italie, au Royaume de Naples dans la Calabre Citérieure, sur une Montagne auprès d'une Rivière de même nom, qui tombe dans la Rivière du Laino, à deux heures & demie de chemin de Scalea & à pareille distance de Laino, aux confins de la Basilicate [y Juillet Atlas].

ORSIPPI, ancien Peuple de la Bactriane [z l. 6. c. 11.].

ORSOLOGIACUM, ou ROSOLOGIACUM, [a Itiner. Antos.] Lieu d'Asie sur la Route d'Ancyre à Césarée par Nyssa, entre *Gorbænm* & *Arpona*, à XVIII. M. P. de la première & à XX. de la seconde. C'est le RHOSOLOGIA, de Ptolomée [b l. 5. c. 8.] au Pays des Tectosages, dans la Galatie.

ORSON. Appien nomme, ainsi au rapport d'Ortelius, un Promontoire d'Espagne, nommé par Ptolomée OEASO & par Pline OLARSO, auprès d'Ojarço.

ORSOY, petite Ville d'Allemagne au Pays de

## ORS. ORT.

de Clèves, fur le Rhin, au deſſus de Rhinberg, à diſtance preſque égale de Weſel, au deſſous, & de Duisbourg au deſſus, au Nord du Comté de Meurs. Elle a été long-tems poſſedée par les Provinces-Unies qui la fortifiérent. Ce fut le Prince d'Orange qui la prit l'an 1634. Mr. Corneille qui en parle, ſelon l'état où les Hollandois l'avoient miſe dit [a] : cette Place quoique petite eſt fort importante ne pouvant être minée à cauſe qu'on a bâti ſes remparts de troncs d'arbres & de terre ſi bien mêlez qu'on n'y peut faire d'ouverture. [b] Philippe de France frére unique de Louïs XIV. la prit néanmoins en 1672. Les Fortifications en furent détruites l'année ſuivante & on la rendit à l'Electeur de Brandebourg à qui elle appartient.

[a] Dict.

[b] Mémoires du tems.

ORSSA, Ville de Pologne, au Grand Duché de Lithuanie, au Palatinat de Witepsk, ſur un Ruiſſeau nommé Orſſa & qui tombe dans le Boryſthène, au coude que fait ce Fleuve quand après avoir ſerpenté depuis Smolensko vers le Couchant il ſe plie vers le Midi; un peu au deſſous de Dubrowna aux confins du Palatinat de Mſciſlaw ; ſelon Mr. de l'Iſle, qui écrit ORSA. Il ne nomme point la Riviére. André Cellarius nomme la Ville ORSZA, & le Ruiſſeau ORSZANK. Il met la Ville dans le Palatinat de Smolensko. Mais la Ville même de Smolensko & tout le Duché & Palatinat de ce nom ſont à l'Empire Ruſſien & Orſſa eſt de la Lithuanie, auſſi bien que Dubrowna ſituée entre elle & Smolensko, Mrs. Baudrand, Mati & Corneille mettent ORSSA dans le Palatinat de Mſciſlaw. Les deux derniers ont été trompez par le premier; & celui-ci n'a fait que ſuivre la Carte de Sanſon, où ce Palatinat eſt plus agrandi qu'il ne faut au Couchant & au Nord ; au lieu qu'au Nord le Boryſthène le ſépare du Palatinat de Witepsk.

1. ORTA. Voyez HORTANUM, & ORTI.

2. ORTA, Bourg d'Italie, dans le Novareſe au Duché de Milan avec un petit Lac de même nom à cinq milles d'Arone & du Lac Majeur au Couchant, en allant vers les Frontiéres du Piémont, dont il n'eſt qu'à ſept milles & à douze de Navarre vers la Tramontane.

LE LAC D'ORTA, qui eſt tout proche, n'a que neuf milles de long au plus, du Septentrion au Midi ſur deux de large. Il y a une petite Iſle nommée St. Julien. Voyez HORTA 2.

ORTACEAS, Riviére de la Suſiane, ſelon Pline [c].

[c] l. 6. c. 27.

ORTAGUREA. Voyez MARONEA 1.

ORTEGAL. (Le Cap d') Voyez au mot CAP à l'Article CAP D'ORTEGUERRE.

ORTENBOURG, ou ORTNBURG, [d] Ville d'Allemagne, dans la Haute Carinthie, au bord Méridional de la Drave, vis-à-vis de l'Embouchure du Liſer, entre Dabourg au Couchant & Villach au Levant. C'eſt le Chef-lieu d'un ancien Comté de même nom.

[d] Zeiler, Carte de la Carinthie.

ORTEZ, ou ORTHEZ ou OURTES; Ville de France, dans le Béarn dont elle eſt une des principales Places quoique petite. Elle eſt ſituée ſur le Gave de Pau, ſur le penchant d'une Colline à ſept lieues & au deſſous

## ORT.

de Pau. Au deſſus de la Colline on voit les ruines d'une Fortereſſe que les Princes de Béarn y avoient bâtie pour ſervir de défenſe à leur Province contre les Vicomtes & les Anglois qui vinrent enſuite. ORTEZ avoit été autrefois aux Vicomtes d'Acqs. Gaſton III. Vicomte de Béarn, la conquit en 1106. Les Vicomtes d'Acqs ſoutinrent toujours leurs prétentions juſqu'à l'an 1264. [e] que par une Tranſaction paſſée entre Gaſton Vicomte de Béarn & Robert Vicomte d'Acqs , tout le Territoire d'Ortez, fut cédé à ce Gaſton qui fit bâtir le CHATEAU NOBLE, qui eſt la Fortereſſe dont on a parlé. C'eſt dans ce Château que ce Vicomte & ſes Succeſſeurs firent leur demeure juſqu'à l'an 1460. Ce fut alors que Gaſton de Foix-Grailli, Prince de Béarn , transfera ſa Cour à Pau. Jeanne d'Albret, Reine de Navarre, femme d'Antoine de Bourbon, & mére d'Henri IV. Roi de France & de Navarre, aimoit Ortez où elle établit une Univerſité en faveur des Proteſtans, & cette Univerſité a ſubſiſté juſqu'au Regne de Louïs XIV. Cette Princeſſe l'avoit rentée des revenus & des biens des Evêques & autres Eccléſiaſtiques qu'elle avoit chaſſez de ſes Etats & on voit à Ortez ſur la Riviére un Pont où l'on montre une fenêtre par laquelle on précipitoit dans la Riviére par l'ordre de Jeanne, les Prêtres & les Religieux qui refuſoient d'embraſſer ſes ſentimens.

[e] Longuerue, Deſc. de la France, part. 1. p. 210.

ORTHAGA. Voyez ORTHEAGA.

ORTHAGORIA. Voyez STAGIRE.

ORTHE', Ville de la Theſſalie, dans la Magneſie. Homére [f] & Pline [g] en font mention. Strabon la donne à la Perrhébie & dit : [h] quelques-uns prennent Orthe pour une Fortereſſe des Phalanéens ; Pline diſtingue Orthe & Phalana & nomme Theſpies entre deux.

[f] Iliad. B. in Catalog. v. 246.
[g] l. 4. c. 9.
[h] l. 9. p. 440.

ORTHEAGA, Ville de la Méſopotamie, ſelon Ptolomée [i] quelques Exemplaires portent ORTHAGA.

[i] l. 5. c. 18.

ORTHIA, Canton de l'Arcadie, ſelon Heſyche. Pline [k] vante le poireau de ce terroir.

[k] l. 19. c. 6.

ORTHIANA , Ville de l'Arie , ſelon Ptolomée.

ORTHIOMAGUS, Lieu maritime de la Cilicie. Polyen en parle & dit [l] : des Vaiſſeaux des Phéniciens ayant mouillé à Roſion Port de la Cilicie , & étant chargez d'une grande ſomme d'argent qui appartenoit à Eumène, choiſirent Soſigene pour Amiral. Soſigéne paſſoit le tems à Orthiomagus à obſerver les marées.

[l] l. 4. c. 6. § 9.

ORTHOCORY BANTII. Hérodote [m] nomme ainſi des gens, qu'Ortelius ſoupçonne d'être un Peuple de Perſe.

[m] l. 3. c. 92.

ORTHOPHANTÆ, ou OROTHOPHANITÆ ; ancien Peuple d'Aſie, voiſin des Chaldéens, ſelon Pline [n].

[n] l. 6. c. 16.

1. ORTHOSIADE, ancienne Ville maritime de Phénicie. On lit au premier Livre des Machabées [o] que Tryphon Uſurpateur du Royaume de Syrie, étant aſſiégé à Dora par terre, s'enfuit dans une Barque à Orthoſiade, & delà à Apamée ſa patrie. Cette derniére circonſtance eſt de Joſephe [p], & comme il dit que Tryphon s'enfuit de Dora à Apamée ſans nommer Orthoſiade entre-deux, cela a trompé Vignier qui dans ſa Bibliothéque

[o] c. 15. v. 25. & 37.
[p] Antiq. l. 13. c. 11.

que Orientale, dit que Josephe appelle *Apamée*, *Orthosiade*. C'est une erreur. Apamée étoit dans les terres, Orthosiade étoit au bord de la Mer, vis-à-vis de l'Isle d'Arade, pas loin de Tripoli, à ce que croit D. Calmet. Pline [a] la nomme ORTHOSIE. Denys le Périégete dit ORTHOSIS.

2. ORTHOSIADE, Ville d'Asie dans la Carie, selon Strabon [b]. Pline [c] la nomme ORTHOSIE; Ptolomée [d] dit comme Strabon ORTHOSIAS, adit. Elle étoit Episcopale, & les Notices de Léon le Sage & de Hiéroclès mettent Orthosiade dans la Carie. Ortelius dit néanmoins que le Concile de Chalcédoine fournit une Orthosiade en Pisidie.

ORTHOSIUS MONS, Montagne du Peloponnese, selon Tzetzès Commentateur de Lycophron. C'est delà que Minerve surnommée Orthosienne étoit adorée des Arcadiens.

ORTHURA, ancienne Ville des Indes en deçà du Gange, c'étoit la Résidence d'un Roi, que Ptolomée [e] appelle Sornage.

ORTI, [f] Ville d'Italie, dans l'Etat de l'Eglise, dans la Province du Patrimoine près du Tibre qui reçoit la Nera vis-à-vis, & aux confins de l'Ombrie, avec un Evêché qui ne relève que du St. Siège, & qui est uni à celui de Citta Castellana depuis l'an 1437. Elle est près d'Otricoli, à 34. milles de Rome; à 9. de Citta Castellana & à 14. de Viterbe. C'est l'HORTANUM de Pline.

ORTISIA, Ville d'Italie, selon la conjecture d'Ortelius qui cite Phlégon.

ORTIUM. Voyez ORTON.

ORTNAU, Pays d'Allemagne, dans la Suabe, le long du Rhin qui le sépare de l'Alsace, & lui sert de borne au Couchant; il a le Brisgau au Midi, le Margraviat de Bade au Nord, & le Duché de Würtemberg au Levant. L'Empereur en a la Préfecture Provinciale & est propriétaire de la plus grande partie. Ce petit Pays contient trois Villes Impériales, savoir OFFENBOURG, GEGENBACH & ZELL. Le reste du Pays appartient partie à l'Evêque de Spire, & partie au Comte de Hanau. Voyez MORDNAU.

ORTOBRIGA, grande Ville & fort peuplée & qui est comptée entre les principales du Pays, dit Suidas, qui ne marque point en quel Pays. Ortelius soupçonne que ce pourroit être d'Espagne, & il se fonde sur ce qu'il y avoit en Espagne une vingtaine de Villes dont le nom se termine ainsi; mais il y en avoit aussi dans les Gaules & ailleurs.

ORTON, *Ortōn*, Ville d'Italie chez le Peuple *Peligni*, selon Ptolomée [g] qui se trompe. C'étoit le Port de Mer du Peuple *Frentani*, selon Strabon [h]. Pline [i] la donne aussi à ce Peuple. C'est aujourd'hui ORTONA A MARE, c'est-à-dire *Ortone sur Mer*. Elle est au Royaume de Naples, dans l'Abruzze Citérieure, au bord du Golphe de Venise, à huit milles de Lanciano & à douze de Chieti, entre les petites Rivières de Foro & de Moro. Elle a un Evêché érigé en 1570. par Pie V. & auquel l'Evêché de Campli est uni, & qui est suffragant de Chieti. Elle avoit autrefois un Port qui a été gâté par les Venitiens.

1. ORTONA, Ville d'Italie, selon Pline [k] chez le Peuple Frentani. C'est la même qu'ORTON.

2. ORTONA A MARE. Voyez ORTON.

3. ORTONA DE MARSI, Château d'Italie, dans la même Province, selon Mr. Baudrand.

ORTOPHANTÆ. Voyez ORTHOPHANTÆ.

ORTOPOLA, Village de la Morlaquie, près de la Ville de Segna, vis-à-vis de l'Isle de Vegia, c'étoit autrefois ORTOPULA ou ORTOPLA, Ville maritime de la Liburnie, selon Ptolomée [l].

ORTOSPANA, Strabon [m] nomme ainsi une Ville située sur la route de l'Arachosie aux Indes. Ptolomée [n] place chez les Paropatnisades Peuple situé au Nord de l'Arachosie CABURA ou CABURA nommée aussi ORTOSPANA. Pline la nomme ORTOSPANUM.

ORTOSPANA, Ville de la Carmanie, selon Ammien Marcellin. Voyez PORTOSPANA.

ORTOSPEDA. Voyez OROSPEDA.

ORTYGIE, petite Isle sur la Côte Orientale de Sicile devant Syracuse, à l'Embouchure de l'Alphée. Virgile [o] en parle ainsi:

*Sicanio prætenta sinu jacet Insula contra*
*Plemmyrium undosum: nomen dixere priores,*
*Ortygiem: Alpheum fama est huc, Elidis amnem,*
*Occultas egisse vias subter mare, qui nunc*
*Ore, Arethusa, tuo Siculis confunditur undis.*

C'est aujourd'hui l'Isle de SAN MARCIANO, devant le Port de SIRAGUSA.

2. ORTYGIE. Voyez DELOS.

3. ORTYGIE. Voyez AFRIQUE.

ORVAL, Abbaye de France aux Pays-Bas à l'extrémité Septentrionale du Luxembourg François, dans la Prevôté d'Yvoix, sur la route de Montmédi à Chiny, entre quelques sources de Ruisseaux, qui se joignant au Midi de l'Abbaye, vont grossir le Ruisseau de Limes, & se perdent avec lui dans les Chiers Rivière, qui passant à Montmédi, à la Ferté & à Ivoix se jette dans la Meuse un peu au dessus de Sedan. Ce Monastère est du Diocèse sous lequel Mr. Piganiol de la Force a oublié de le ranger. Il fut fondé en 1070. pour des Religieux de l'Ordre de St. Benoît, au Diocèse de Verdun, selon D. Pierre le Nain Souprieur de l'Abbaye de la Trappe, au Tome III. de l'Histoire de Citeaux p. Il passa, dit-il, depuis entre les mains de quelques Chanoines qui dans la suite des tems se laissèrent aller au relâchement & à la licence. Alberon Evêque de Verdun, voyant qu'il ne pouvoit les obliger à vivre plus saintement, fit passer ce Monastère du consentement de ces Chanoines dans l'Ordre de Citeaux & le mit entre les mains de St. Bernard, qui étant alors occupé aux affaires de l'Eglise, donna à Gui Abbé des Trois-Fontaines la commission de recevoir en son nom ce Monastère & de l'incorporer à l'Ordre. Gui, pour obéir à St. Bernard, envoya à Orval sept de ses frères auxquels il donna pour Abbé Constantin un des Religieux, que le Saint avoit envoyés aux Trois-Fontaines quand il fonda ce Monaſtère, ce changement arriva l'an 1131. L'Abbaye eſt au milieu des bois à deux lieues & demie de Montmedi & à ſix de Sedan, l'Egliſe & les bâtimens des Religieux ſont magnifiques. On a rétabli en cette [a] Abbaye dans le dernier ſiècle l'étroite Obſervance de Cîteaux à l'exemple de la Trappe. Près de l'Abbaye ſont des Forges de fer qui en dépendent.

LA NOUVELLE ORVAL. On donne ce nom en Hollande à un nouvel établiſſement qu'ont fait dans la Province d'Utrecht, quelques Moines d'Orval, qui ont quitté l'Abbaye d'Orval, pour ne pas ſouſcrire à la Bulle *Unigenitus*, & qui ſe ſont retirez dans cette Maiſon dont ils ont fait un Monaſtère.

1. ORUBA, petite Iſle de l'Amérique l'une des Iſles ſous le vent entre celle de Curaçao & celle de Venezuela. Elle eſt aux Hollandois.

2. ORUBA. Voyez ORYBA.

ORUBIUM. Voyez ORVIUM.

ORUDIZA, Lieu de Thrace, ſelon Antonin [b] ou ORUDISZA *ad Burgum*, ſur la Route de Cabyle à Hadrianopolis. Ces mots *ad Burgum* marquent que ce lieu étoit ſur la Rivière de Burgus, nommée auſſi Tonzus, aujourd'hui la Toneia, qui tombe dans l'Hèbre à Andrinople. Ce lieu étoit à peu près où eſt le Village d'Ere-Kioi.

ORVIETE, en Latin HERBANUM URBS VETUS, ou URBIVENTUM, Ville d'Italie, dans l'Etat de l'Egliſe, dans la Province du Patrimoine & dans un petit Canton qui en prend le nom d'Orviétan. Elle eſt ſur un Rocher eſcarpé de tous côtez près du confluent des Riviéres de la Paglia & de la Chiana, qui ſe jettent enſuite dans le Tibre. Elle eſt à ſix milles de Bolſena, à vingt de Viterbe & à ſoixante de Rome. [c] Les murailles & le Château d'Orviete ſont anciens, (Voyez l'Article OROPITUM) & la Place a ſes beautez ainſi que la Maiſon de Ville. Le Dôme qui a quatre Clochers eſt une Egliſe fort conſidérable. L'Architecture en eſt Gothique, elle fut commencée par Nicolas Piſan, & par quelques Allemands l'an 1260. Le Portail eſt embelli de Statues, entre autres d'une Vierge & des quatre Evangeliſtes, avec un bas-relief du Jugement Univerſel du même Nicolas Piſan. Le haut eſt peint en Moſaïque. Dans l'Egliſe eſt un bas-relief de l'Adoration des Rois, de Raphaël de Monte Lupo qui ayant été long-tems Architecte du Dôme l'embellit de pluſieurs Ouvrages de Sculpture. On y voit auſſi une Chapelle commencée à peindre par Frere Jean Angelique de Fieſoli & continuée par Luc Signorelli qui y a repréſenté pluſieurs ſujets terribles de l'Apocalypſe & du Jugement, dernier dont Michel Ange ſût bien depuis faire ſon profit. Il y a auſſi une reſurrection du Lazare de Nicolas Pomaranci. Simon & François Moſca, pere & fils, y ont taillé en marbre pluſieurs Anges & autres figures, un bas-relief de la viſitation & beaucoup de Statues en concurrence de Raphaël de Monte Lupo. Ce que le Voyageur appelle le Dôme eſt la même Egliſe que la Cathédrale. Une Deſcription de l'Italie [d] dit, que cette Egliſe eſt incruſtée de Porphyre & que le Veſtibule l'eſt de Marbre & orné d'Ouvrages des plus habiles Peintres & Sculpteurs; elle ajoute

qu'il y a à Orviete un magnifique Palais bâti par le Pape Urbain VIII. en 1367. Comme Orviéte eſt ſi élevée qu'il ne ſauroit y avoir de l'eau de Fontaine, Clement VII. y a fait creuſer un Puits de deux cens cinquante coudées de profondeur, on y deſcend par un Eſcalier de cinq cens cinquante marches, éclairé par ſoixante & dix fenêtres. Les Mulets y deſcendent par un Eſcalier & remontent par un autre, afin de ne ſe point embarraſſer en ſe rencontrant. Ce fut Antoine de St. Gal, qui fut l'Architecte de cet Ouvrage. Le tout eſt taillé dans le Roc & à l'entrée on lit cette Inſcription, *quod Natura Munimento inviderat, induſtria adjecit*. La Ville n'a point d'autres murailles qu'une ceinture de Rochers hauts & eſcarpez d'où l'on ne peut regarder en bas ſans frayeur. L'air y eſt très-bon, excepté durant l'Automne, lorſqu'on employe l'eau de la Paglia à faire rouïr le chanvre, cela cauſe alors une puanteur fort mal-ſaine & fort incommode aux Habitans.

ORVIETAN, [e] (L') petit Pays d'Italie, dans le Patrimoine de St. Pierre dont il eſt la plus Septentrionale partie. Il eſt borné, au Nord & à l'Orient, par l'Ombrie, au Couchant par le Sienois, & au Midi par le Patrimoine & par l'Etat de Caſtro. Il n'y a que trois Villes remarquables. Orviéte, Aquapendente, & Bagnarea.

ORVINIE, en Latin ORVINIUM, Ville d'Italie, dans le Territoire de Rieti. Denys d'Halicarnaſſe dit [f]: il reſtoit de mon tems peu de Villes où les Aborigenes euſſent eu des Etabliſſemens. La plus grande partie avoit été ruïnée & déſolée par les guerres, ou par d'autres calamitez; quelques-unes ſubſiſtoient encore dans le Territoire de Riete proche du Mont Apennin, comme écrit Terentius Varro dans ſes Antiquitez, & n'étoient éloignées de Rome que d'une journée. Il nomme enſuite Palatium, Trébule, Veſbule, Sune, Mephyle, Orvinie, le Mont Coréte. Les deux premiers & le dernier lieu ont une ſituation connue. Voici ce qu'il dit plus particuliérement d'Orvinie. Environ quarante ſtades au delà de Mephyle eſt Orvinie, la plus grande & la plus renommée de tout le Pays. On découvre encore les fondemens de ſes Murs, anciens reſtes de ſa magnificence, & l'enceinte de pluſieurs ſepulchres qui s'étendent fort loin ſur des hauteurs. On y voit un Temple Antique de Minerve bâti dans l'endroit le plus élevé de la Ville. Sylburge s'eſt douté que ce devoit être *Corphinium* ou *Corſinium*, Ortelius qui n'oſe dire que ce devoit être URBIN; ce ne peut être ce dernier; Orvinie devoit être entre Norcia, Rieti, & les Frontiéres de l'Abruzze Ultérieure.

ORVIUM, ou ORUBIUM, Promontoire de l'Eſpagne Tarracconoiſe, ſelon Ptolomée [g], au Pays des *Callaici Lucenſes*; il doit être entre le Cap de Finiſterre & l'Embouchure du Minho.

ORUROS, Lieu d'Aſie, où étoit du tems de Pompée la borne de l'Empire Romain de ce côté-là, à CCL. M. P. de Zeugma, ſelon Pline [h].

ORUZA, Siège Epiſcopal de la Paleſtine, ſelon Ortelius qui cite le Concile de Chalcédoine. Je n'en trouve aucune trace dans les Notices, ſi ce n'eſt ONUS, ou HONUS, qui étoit ſous Céſarée Métropole de la Paleſtine.

ORXU-

**ORXULÆ**, Peuple de l'Inde au delà du Gange, selon Pline [a].

[a] l. 6. c. 19.

**ORYBA**, Ville des Arabes, dans la Palestine. [b] C'est l'une des douze qu'Alexandre avoit pris sur les Arabes & qu'Hircan son fils promit de lui rendre s'il le rétablissoit dans son Royaume de Judée, occupé par son frère Aristobule.

[b] Joseph. Antiq. l. 14. c. 2.

**ORYMAGDUS**. Voyez ARYMAGDUS.

**ORYX**, Lieu du Peloponnese, en Arcadie, sur le Ladon, selon Pausanias [c].

[c] l. 8. c. 25.

## O S.

**OSA**, [d] (L') petit Ruisseau d'Italie, dans la Campagne de Rome, il coule au Midi du Lac & du Bourg de Ste. Praxede, & se perd dans le Teverone au dessus de Lunghezza.

[d] Magin, Ital.

**OSA**, (L') petite Riviére d'Italie en Toscane. Elle a sa source dans les Maremmes de Sienne entre Monte Fano & Perretta; & coulant vers le Midi après un cours de quatre ou cinq lieues elle se jette dans la Mer entre Telamone & Telamone Vecchio. Il n'y a aucun lieu remarquable sur ses bords.

**OSACCA**, [e] Ville du Japon, dans la grande Isle de Niphon, & l'une des cinq grandes Villes Impériales: sa situation est également agréable & commode, dans la Province de Setzu. Elle est dans une Plaine fertile, sur les bords d'une Riviére navigable, au 35. d. 50. de Latitude Septentrionale: défendue au bout Oriental par un Château fortifié, & au bout Occidental par deux bons Corps de garde qui la séparent des Fauxbourgs. Sa longueur de l'Ouest à l'Est, c'est-à-dire depuis les Fauxbourgs jusqu'au Château, est entre trois & quatre mille pas communs; sa largeur est un peu moindre. La Riviére de JEDOGAWA passe au Nord de la Ville, coule de l'Est à l'Ouest, & ensuite se jette dans la Mer voisine. Cette Riviére apporte des richesses immenses à cette Ville; c'est pourquoi elle mérite bien que l'on en fasse une courte Description. La source en est à une journée & demie au Nord-Est. Là elle sort d'un Lac qui est au cœur du Pays, dans la Province d'Oomi, & qui se forma, selon les Japonnois dans l'espace d'une nuit; le morceau de terre qu'il occupe s'étant abîmé par un grand tremblement de terre. La Riviére sort de ce Lac près du Village de *Tsinatosas* où elle a un double Pont magnifique; il est double à cause d'une petite Isle qui le sépare, & sur laquelle l'un des Ponts finit & l'autre commence. Elle coule ensuite près des petites Villes d'ODSI & de JEDO, la derniére desquelles lui a donné son nom: delà elle continue son cours jusqu'à Osacca, & une lieue avant qu'elle entre dans la Ville, il s'en sépare un bras qui va droit à la Mer. Cette diminution est réparée par deux autres Riviéres nommées JAMATTAGAWA, & FIRANOGAWA, qui se jettent dans celle d'Osacca précisément devant la Ville au Nord du Château; on les traverse sur des Ponts magnifiques. Toutes ces eaux jointes ensemble ayant arrosé un tiers de la Ville, une partie en est conduite par un large Canal pour fournir la partie du Sud qui est la plus grande, & habitée par les gens les plus riches. Pour cet effet, on a coupé divers petits Canaux, que l'on remplit des eaux du grand, & que l'on fait passer dans les principales Rues. D'autres Canaux reportent l'eau au grand Bras de la Riviére; ces derniers sont assez profonds pour de petits bâteaux qui peuvent entrer dans la Ville, & apporter les Marchandises devant la porte des Marchands. Tous ces différens Canaux coulent le long des Rues, sont tous fort réguliers, & d'une largeur proportionnée: on a bâti dessus plus de cent ponts, plusieurs desquels sont d'une grande beauté. Quelques-uns des Canaux à la vérité sont pleins de vase, & ne sont pas nettoyez quelquefois, faute d'une quantité d'eau suffisante. Un peu au dessous à la sortie du Canal dont nous avons parlé, qui fournit la Ville d'eau, un autre Bras se sépare du grand courant du côté du Nord: les eaux de celui-ci sont basses, & il n'est pas navigable; mais il coule à l'Ouest avec beaucoup de rapidité, & se perd enfin dans la Mer d'Osacca. Le grand courant qui est au milieu continue son cours dans la Ville, au bas bout de laquelle il se tourne à l'Ouest; & après avoir fourni les Fauxbourgs & les Villages qui sont au dessus de la Ville, il se sépare en plusieurs Branches, & se jette enfin dans la Mer par différentes embouchures. Cette Riviére est étroite, mais profonde & bien navigable. Depuis son embouchure en remontant jusqu'à Osacca, & plus haut, il y a rarement moins de mille Bâteaux qui montent & descendent les uns avec des Marchands, les autres avec des Princes ou Seigneurs de l'Empire qui demeurent à l'Ouest d'Osacca; lorsqu'ils vont ou qu'ils reviennent de la Cour. Les bords de la Riviére sont relevez des deux côtez avec des marches de pierre de taille rustiques, taillées de sorte qu'ils paroissent comme des escaliers continuez & que l'on peut prendre terre par-tout où l'on veut. On a bâti des Ponts sur la Riviére, qui sont magnifiques, à trois ou quatre cens pas de distance l'un de l'autre, plus ou moins: tous sont bâtis du meilleur Cédre du Pays & le mieux choisi. Ils sont bordez des deux côtez d'une balustrade ornée sur le haut avec des boules de cuivre jaune. J'ai compté dix de ces Ponts, trois desquels sont remarquables par leur longueur, à cause qu'ils sont sur le grand Bras de la Riviére, là où il est le plus large. Le premier & le plus reculé à l'Est a soixante brasses de longueur, il est porté sur trente arches, chacune soutenue par cinq fortes poutres ou davantage; le second est exactement la même chose, dans ses proportions. Le troisième est sur les deux Bras de la Riviére là où elle se partage. Celui-ci a cent cinquante pas de longueur: delà à l'extrémité de la Ville il y a sept autres Ponts qui sont moins longs à mesure que la Riviére s'étrecit; leur longueur est depuis vingt jusqu'à soixante brasses, & ils sont appuyez à proportion, sur dix ou trente arches. Les Rues pour la plûpart sont étroites, mais réguliéres, & se coupant l'une l'autre à angles droits, allant les unes vers le Sud, & les autres vers l'Ouest. Je dois excepter pourtant cette partie de la Ville qui est du côté de la Mer, à cause que les Rues vont Ouest-Sud-Ouest, le long des diverses Branches de la Riviére. Les Rues sont propres, quoiqu'elles ne

[e] Kampfer, Hist. du Jap. l. 5. p. 185.

ne soient pas pavées ; cependant, pour la commodité des Passans, il y a un petit pavé de pierre de taille le long des maisons, de chaque côté de la Rue. Au bout de chaque Rue, il y a de bonnes Portes que l'on ferme la nuit, pendant lequel tems il n'est permis à personne d'aller d'une Rue à l'autre, sans une permission expresse & un passeport de l'Ottona ou Officier, qui commande dans la Rue. Il y a aussi dans chaque Rue un endroit entouré de balustrades, où l'on tient tous les Instrumens nécessaires en cas de feu. Tout auprès est un Puits couvert, pour les mêmes besoins. Les Maisons, selon les Loix fondamentales, & la coûtume du Pays, n'ont pas plus de deux étages, chacune d'une brasse & demie ou de deux brasses de haut ; elles sont bâties de bois, de chaux & d'argile : la façade présente la porte, & une Boutique où les Marchands vendent leurs Marchandises, ou bien un lieu ouvert où les Artisans & les Ouvriers travaillent à découvert. & à la vue d'un chacun, à leur métier, ou à leur profession. Du haut de la Boutique ou Chambre pend une Pièce de Drap noir, en partie pour ornement, & en partie aussi pour le défendre du vent & des injures de l'air : on suspend au même endroit des échantillons ou des modèles de ce qui se vend dans les Boutiques. Le toit est plat, & dans les bonnes maisons il est couvert avec des tuiles noires, qu'on fait tenir avec de la chaux : le toit des maisons ordinaires n'est couvert ordinairement que de Bardeaux ou de Coupeaux de bois. Toutes les maisons en dedans sont tenues admirablement propres ; elles n'ont ni Tables, ni Chaises, ni aucun autre Meuble, comme nos Appartemens en Europe en sont fournis : l'Escalier, les Balustrades, & les Lambris sont tous vernissez, le plancher est couvert de nattes fort propres & de tapis ; les Chambres ne sont séparées l'une de l'autre que par des Paravents, de sorte qu'en les ôtant, de plusieurs Chambres on n'en fait qu'une, & au contraire d'une on en fait plusieurs, s'il est nécessaire. Les murailles sont tapissées de papier brillant, peint curieusement de fleurs d'or & d'argent : le haut de la muraille, quelques pouces au dessous du plat-fond, est ordinairement nud & enduit seulement d'une argile couleur d'orange, que l'on tire de la terre auprès de la Ville, & qui à cause de sa beauté est portée dans plusieurs Provinces éloignées. Les nattes, les portes, & les paravents sont tous de la même grandeur, savoir d'une brasse de long, & de la moitié en largeur : les Maisons mêmes & leurs différentes Chambres sont bâties à proportion d'un certain nombre de nattes plus ou moins. Il y a ordinairement un joli Jardin derrière la Maison, avec une Colline artificielle & toutes sortes de fleurs. Derrière le Jardin est le Bain ou l'Etuve pour se baigner, & quelquefois une voute, ou plutôt un petit endroit avec des murailles épaisses d'argile & de mortier, pour y resserrer en cas de feu les meubles les plus précieux.

Osacca est gouverné par des Maires, & par la Cour des Ottona Chefs de Communauté, ou Officiers Commandans de chaque Rue. Les Maires & les Ottona sont subordonnez à l'autorité de deux Gouverneurs Impériaux, qui ont aussi le commandement sur tout le Pays voisin, sur les Villages & Hameaux. Ils résident à Osacca alternativement chacun une année ; & tandis que l'un d'eux est au lieu de son Gouvernement, l'autre est avec sa Famille à Jedo Capitale de l'Empire & demeure ordinaire de l'Empereur. Le Gouvernement des quatre autres Villes Impériales est sur le même pied, avec cette différence seulement qu'à Nagasaki il y a trois Gouverneurs, dont deux y résident & commandent tour à tour, tandis que le troisième demeure à la Cour pendant un an. Les deux Gouverneurs de Miaco sont obligez d'aller à la Cour seulement une fois en trois ans. Je ne m'étendrai point sur les Réglemens de la Police tels qu'on les observe à Osacca, & l'ordre qui est observé dans les Rues : c'est la même chose qu'à Nagasaki. Je remarquai seulement une particularité par rapport au Guet de nuit, & à la manière dont on y annonce les heures de la nuit ; car au lieu qu'à Nagasaki les gens du Guet se font en frappant deux rouleaux de bois l'un contre l'autre, on se sert à Osacca d'un différent Instrument Musical pour marquer chaque différente heure. Ainsi l'on fait connoître la premiere heure après le Soleil couché en battant un Tambour ; la seconde en battant un *Gum-gum* (c'est un Instrument en forme d'un grand Bassin plat, qui étant frappé fait un bruit fort & perçant ;) la troisième, ou minuit, en sonnant une cloche ou plutôt en la battant avec un bâton de bois. La premiere heure après minuit, ils battent encore le Tambour. La seconde le *Gum-gum*; la troisième la Cloche. Cette troisième heure après minuit ou sixième heure de la nuit, est aussi la dernière, & finit par le lever du Soleil. Je remarquerai ici une fois pour toutes, que le jour comme la nuit sont divisez par les Japonnois en six portions égales ou heures, & cela tout le long de l'année : delà vient que dans l'Eté les heures du jour sont plus longues que celles de la nuit, & qu'en Hyver c'est tout le contraire.

Osacca est extrêmement peuplé, & si nous en voulons croire ce que les Japonnois nous en disent, on y aut lever une Armée de 80000. hommes de ses Habitans seulement. C'est la Ville la plus Marchande du Japon, à cause qu'elle est dans une situation très-avantageuse pour faire le Commerce tant par terre que par eau. C'est la raison qui fait qu'elle est si remplie de riches Marchands, d'Artisans & d'Ouvriers. Les vivres y sont à bon marché, quoique la Ville soit si peuplée : l'on peut même y avoir à aussi bon marché qu'ailleurs ce qui ne sert qu'au luxe, & à la sensualité ; aussi les Japonnois appellent-ils Osacca le Théatre universel des plaisirs & des divertissemens : on peut y voir représenter tous les jours des Pièces de Théatre, tant en Public que dans les Maisons des Particuliers : les Saltinbanques, les Joueurs de Gobelets qui savent faire des prestiges & des tours extraordinaires, tous les Montreurs de raretez qui ont à faire voir quelque Animal monstrueux, rare ou dressé à faire des tours, s'y rendent de tous les endroits de l'Empire, assurez qu'ils sont d'y gagner plus qu'en quelque autre lieu que ce soit. Il suffit d'en donner un exemple. Il y a quelques années que notre Compagnie des Indes Orientales envoya de Batavia un *Cafuar* (c'est un grand Oiseau des Indes, qui avale des pierres, & des charbons ardens) pour en faire un présent à l'Empereur. Cet Oiseau ayant eu le malheur de ne pas plaire à nos rigides Censeurs, les Gouverneurs de Nagasaki, à qui il appartient de marquer quels sont les présens les plus agréables à l'Empereur, nous eûmes ordre de le renvoyer à Batavia; sur quoi un riche Japonnois, grand Amateur de ces sortes de Curiositez, nous assura que s'il avoit eu la permission de l'acheter, il en auroit donné volontiers mille *Thails*; étant certain, que dans une année de tems, il auroit gagné le double du prix en le montrant à Osacca. Il ne faut donc pas s'étonner qu'un grand nombre d'Etrangers & de Voyageurs se rendent tous les jours dans cette Ville, où ils peuvent dépenser leur argent, & passer leur tems avec plus de plaisir peut-être, qu'en pas un autre endroit de l'Empire. Tous les Princes & les Seigneurs, qui demeurent à l'Ouest d'Osacca, ont leurs Maisons dans cette Ville, & des Domestiques pour les servir pendant leur passage. Cependant, il ne leur est pas permis de s'y arrêter plus d'une nuit: outre cela, lors de leur départ, ils sont obligez de prendre le chemin qui est hors de la vue du Château. L'eau qu'on boit à Osacca est un peu Somaëtie; mais en récompense ils ont le meilleur *Sacki* de tout l'Empire, que l'on brasse abondamment dans le prochain Village, de Tenusii, & qui est transporté dans plusieurs autres Provinces, même hors du Pays par les Hollandois & les Chinois.

A l'Est de la Ville, ou plutôt à son extrémité au Nord-Est, est le fameux Château bâti dans une grande Plaine: nous passâmes tout auprès en allant à Miaco: il fut bâti par l'Empereur Taico: il est quarré, & l'on n'en peut faire le tour qu'en une heure de promenade; il est bien fortifié avec des Bastions ronds, selon l'Architecture Militaire du Pays. Il n'y en a point dans tout l'Empire, après le Château de Fingo, qui le surpasse en étendue, en magnificence, & en force; il est défendu du côté du Nord par la Riviére de *Jodogawa* qui baigne ses murs après qu'elle a reçu deux autres Riviéres; & quoique toutes ces eaux jointes ensemble fussent d'une largeur considérable, on a pourtant jugé à propos, pour plus grande sûreté, d'élargir le lit de la Riviére. Du côté de l'Est les murailles du Château sont baignées par la Riviére de Kasiiwarigawa, avant qu'elle se jette dans le grand Bras de la Riviére de Jodogawa. Au delà de la Riviére de Kasiiwarigawa vis-à-vis du Château, est un grand Jardin qui en dépend. L'extrémité du Sud & de l'Ouest est bornée par la Ville, les appuis de la muraille en dehors sont extraordinaires, je crois que leur épaisseur est de sept brasses pour le moins. Ces éperons soutiennent une muraille haute & épaisse, bordée de pierre de taille, qui a au dessus un rang de Sapins ou de Cédres. Je pris garde qu'il y avoit une petite Porte étroite avec un petit Pont pour entrer dans le Château. C'est tout ce que nous pumes remarquer de la situation & de l'état présent de ce fameux Edifice. A l'égard des autres particularitez, voici ce que j'en ai appris des gens du Pays. Quand on a passé la premiere muraille, on voit un second Château de la même Architecture que le premier, mais plus petit. Après être entré dans ce dernier, on arrive au troisième, qui est au cœur de tout l'Edifice, & qui, selon la coûtume du Pays a les angles ornez de belles Tours à plusieurs étages. Il y a dans ce troisième Château, qui est aussi le plus élevé des trois, une Tour magnifique, haute de plusieurs étages, dont le toit le plus haut est couvert & orné avec deux grands Poissons monstrueux, qui au lieu d'écailles sont couvers d'*Ubangs* d'or parfaitement polis. Lorsque le Soleil brille, ils en réfléchissent les rayons si fortement qu'on peut les voir de Fiongo. Cette Tour fut entièrement brûlée vers l'an 1661. On voit à la Porte qui mene au second Château, une pierre noire & polie, qui fait une partie du mur. Sa grosseur extraordinaire & sa pesanteur, & cette circonstance qu'elle a été portée par eau à Osacca, font que les gens du Pays la regardent comme une merveille: elle a cinq brasses de long, quatre de largeur, & à peu près la même épaisseur; ainsi elle est presque de figure cubique. Ce fut un Gouverneur de Fiongo, qui ayant eu ordre de l'Empereur Taico, lorsqu'il faisoit bâtir ce Château, de faire venir de grandes pierres, fit joindre six grandes Barques pour transporter celle-ci à Osacca: on l'avoit tirée de l'Isle d'Initzuma, située à cinq lieues de *Tomu* du côté d'Osacca. L'Empereur fit bâtir ce Château, pour la sûreté de sa personne; & pour exécuter ce dessein, il se saisit d'une occasion favorable. Ayant déclaré la guerre aux Habitans de la Corée, il trouva le moyen par-là d'écarter plusieurs des plus puissans Princes & Seigneurs de l'Empire, qu'il avoit le plus sujet de craindre; il les tira de leur Cour & de leurs Etats, & les envoya à cette expédition. On tient toujours une grosse Garnison dans ce Château, tant pour garder les Thrésors de l'Empereur, & les revenus des Provinces Occidentales que l'on y accumule, que pour tenir les mêmes Provinces en respect & dans la soumission, & empêcher les Princes du côté de l'Occident du Japon d'attenter quoi que ce soit contre la sûreté de l'Empereur, & de l'Empire. Deux des principaux Favoris de l'Empereur ont le Commandement du Château, & de la Garnison, tour à tour, chacun pendant trois ans. Lorsqu'un des Gouverneurs retourne de la Cour au lieu de son Gouvernement, son prédécesseur doit d'abord sortir du Château & aller à la Cour lui-même, pour y rendre compte de sa conduite; & ce qu'il y a de plus remarquable, c'est qu'il ne lui est pas permis de voir ni de parler à son Successeur, mais il doit lui laisser ses instructions par écrit dans l'Appartement qu'il a dans le Château. Les Gouverneurs dont nous parlons, n'ont rien du tout à voir aux affaires qui regardent la Ville d'Osacca, & ils n'ont rien à démêler avec les Gouverneurs de la Ville: cependant, ils leur sont Supérieurs quant au rang; ce qu'on doit inférer de ce que le dernier Président du Tribunal de Justice à Miaco, qui est un des principaux Officiers de la Couronne, & comme le bras droit de l'Empereur, fut élevé à ce poste éminent, immédiatement après celui de Gouverneur de ce Château.

OSÆA,

## OSA. OSC.   OSC.

**OSÆA CIVITAS**, ancienne Ville de la Côte Occidentale de l'Isle de Sardaigne, selon Ptolomée [a]. Simler conjecture que ce pouroit être l'OTHOCA d'Antonin. On nomme aujourd'hui OSEO un lieu situé entre Neapoli & Bosa. Cluvier [b] approuve la pensée de Simler. Voyez OSEO.

**OSARI**, (L') Ruisseau d'Italie dans l'Etat de la République de Luques. Il passe fort près & au Midi de la Ville de Luques & se perd dans la Serechio, qui traversant le Territoire de Pise porte ses eaux à la Mer.

1. **OSCA**, ancienne Ville de l'Espagne Tarragonoise au Pays des Ilergetes dans les terres, selon Ptolomée [c]. Pline [d] la place dans un Canton particulier nommé la Vescitanie. Mais les Vescitains & les Surdaons faisoient partie des Ilergetes, comme le remarque le R. Hardouin [e]. Plutarque [e] dans la Vie de Sertorius dit : parmi toutes les Nations qui lui étoient soumises, il fit choisir les enfans des plus grandes & des plus Nobles Maisons, & les mit tous ensemble dans Osca belle & grande Ville & leur donna des Maîtres pour leur enseigner les Lettres Grecques & Romaines. C'est sans doute cette institution de Sertorius qui jetta en Espagne les semences de cet amour des Belles-Lettres, qui y produisit ensuite tant d'Hommes Illustres, entr'autres Columelle, Pomponius Mela, les Séneques, Lucain, Martial, Quintilien, Florus & tant d'autres Espagnols célèbres qui se sont fait un grand nom entre les Ecrivains de l'ancienne Rome. Cette Ville est aujourd'hui HUESCA. Voyez ce mot.

2. **OSCA**, ancienne Ville d'Espagne dans la Bétique, chez les Turditains, selon Ptolomée [f] qui les distingue ainsi par rapport à leur position [g] :

|        | Longit.   | Latit.    |
|--------|-----------|-----------|
| Osca, Ilergetum, | 16. d. 0. | 42. d. 30′. |
| Osca, Turditanorum, | 5. 0. | 37. 15. |

Il est donc ridicule que les Editeurs de Ptolomée ayent mis *Huesca* pour nom moderne à toutes les deux. *Osca* des Ilergetes est *Huesca* en Arragon ; *Osca* des Turditains doit être quelque part dans l'Andalousie.

3. **OSCA**, ancien nom de CAPOUE, selon Ortelius qui cite Sempronius.

**OSCANA**, Ville d'Asie. Elle étoit dans la Gédrosie, selon Ptolomée [h].

**OSCARUS**, nom Latin de l'OUSCHE, où l'OUCHE Riviére de France en Bourgogne.

**OSCELLA**, Ville ancienne des Lépontiens, dans les Alpes Cotiennes en Italie, selon Ptolomée [i], ce nom se conserve encore. Voyez DOMO D'OSCELLA au mot DOMO.

**OSCERLEBEN**, (prononcez *Ocherleben*, *ch* à la Françoise, comme dans *cher*, *cherté*) [k] Petite Ville d'Allemagne dans le Cercle de la Basse Saxe, ou dans la Principauté de Halberstadt, aux confins du Duché de Magdebourg. C'est le Chef-lieu d'un Bailliage dans lequel se trouve HORNHAUSEN, Village où il y a d'excellentes eaux & qui étoit autrefois de 500. feux ; mais depuis les guerres il n'est plus que de cent quarante.

**OSCI**, en François les OSQUES ; ancien Peuple d'Italie. On les appelloit également OPSGI, OBSCI & OPICI. En voici des preuves : Ennius dit dans un vers conservé par Festus [l].

*De muris res gerit Opscus.*

Sur quoi Verrius avoit remarqué que les *Osques* ont été nommez auparavant *Opsques*, *Oscos quos dicimus, ait Verrius Opscos antea dictos*. Le mot d'Obscène, *Obscænus*, vient de ce Peuple dont la corruption étoit extrême & le langage conforme aux mœurs. De-là vient ce mot passé en proverbe & pris d'une Comédie de Titinius.

*Qui Obscè & Volscè fabulantur, nam Latinè nesciunt.*

*Oscè loqui* signifioit également employer de vieux mots & parler d'une manière dissolue. Etienne le Géographe dit : OPICI Peuple d'Italie, dont parle Eudoxe au sixième Livre du tour de la Terre. Il y a ensuite une lacune dans cet Auteur qui voulant marquer l'origine de ce nom disoit : sans doute, que les uns les nommoient ainsi, parce qu'ils se servoient d'un langage mêlé de mots étrangers ; d'autres croyoient qu'ils devoient être nommez *Ophici* du mot Ὄφις qui signifie un serpent. Servius donne dans ce dernier sens, car expliquant le vers de Virgile [m] :

*Oscorumque Manus.*

Il dit : *Capuenses dicti : qui antea Ophici appellati sunt, quod illic plurimi abundavere serpentes. Nam Græcè* Ὄφις *dicitur serpens.* Il est certain que les Osques ont été quelquefois appellez *Opici*, mot dont les Grecs se sont servis avec préférence ; & leurs Grammairiens ne connoissant pas ce mot, lui ont donné une Etymologie Gréque au hazard. C'est une Baliverne Grecque que la dérivation du mot Ὄφις.

Les anciens Grecs ont mis le Peuple *Opici* non seulement au de-là du Garillan, mais encore en deçà dans le *Latium*. Denys d'Halicarnasse [n] dit : Aristote le Philosophe raconte que quelques Grecs revenant de Troye furent accueillis d'une furieuse tempête près le Promontoire de Malée & qu'après avoir été long-tems battus des vents & jettez en diverses Mers, ils abordèrent au Pays des Opicens dans l'endroit où est le *Latium* proche la Mer Tyrrhénienne. Il y a bien de l'apparence qu'Aristote s'est trompé & qu'il a confondu les Opiciens avec les Sicules anciens Habitans du *Latium*, comme le remarque Cluvier. Quoique les Sicules & les Opiciens fussent différens, Platon, Maître d'Aristote, les a confondus dans une de ses Lettres [o] : autant qu'on a peut, dit-il, le prévoir par les malheureux présages, toute la Sicile obliera la Langue Grecque, étant au pouvoir des Phœniciens & des Opiciens. Il met de son tems dans la Sicile trois Peuples, les Grecs, les Phœniciens & les Opiciens. Comme il ne fait aucune mention des Sicules, qui occupoient néanmoins une grande partie de l'Isle à laquelle même ils donnerent leur propre nom, il faut dire que Platon a appelé Opiciens les Sicules. Mais ce n'est pas en ce seul endroit qu'Aristote a parlé des Opiciens; on a dans ses Politiques un passage que voici. Dans cette Contrée qui est arrosée par la Mer Tyrrhénienne habitoient les *Opici* que l'on nommoit aussi les *Ausones*, & on les appelle encore de même. Ce passage a besoin d'être éclairci par un autre qui est de Strabon [a]. Après avoir parcouru sommairement la Côte de la Campanie il poursuit ainsi : Sur ce Rivage est située toute la Campanie, la plus heureuse de toutes les Plaines, autour d'elle sont des hauteurs d'un Terroir fertile & les Montagnes des Samnites & des *Osques*. Antiochus dit que ce Pays a été habité par les *Opiciens*, que l'on appelloit aussi Ausones; mais Polybe donne à entendre qu'il les prend pour deux différentes Nations; car il dit que les Opiciens & les Ausones habitoient le Pays qui est autour du *Crater*; il entend par ce mot de *Crater* le Golphe de Pouzzol). D'autres disent (c'est toujours Strabon qui parle) que les Opiciens & les Ausones ayant possédé ce Pays, les Osques s'en emparerent & furent chassez par les Cumains que les Etrusques chasserent ensuite à leur tour. Ce qu'il appelle ici Montagnes des *Osques*, ce sont sans doute les Montagnes où sont les Villes de Sessa & de Tiano. Ce qu'il dit des Opiciens différens des Ausones est sujet à contestation. Antiochus & Aristote, Auteurs plus anciens que Strabon & que Polybe, disent que ce sont deux noms d'un même Peuple. Ils parlent de leur tems, les autres ne parlent que sur des Mémoires plus ou moins suspects; mais qui ne sauroient manquer de l'être dès qu'on y fait deux Peuples des Opiciens & des Osques; car il est certain que c'est le même nom défiguré. En voici les preuves.

[a] l. 5. p. 242.

Thucydide [b] dit : Zancle fut premiérement bâtie par des Brigands venus de Cumes, Ville de la Chalcidique, au Pays des Opiciens. Denys [c] dit que la soixante-quatrième Olympiade les Tyrrhéniens, les Ombres, les Dauniens & quelques autres Barbares tâcherent de détruire la Ville de Cumes, bâtie au Pays des Opiciens par ceux d'Erythres & de Chalcide. L'Auteur Anonyme des Olympiades dit : la premiére année de la soixante-quatrième Olympiade les Cumains défirent plusieurs milliers de Tyrrhéniens & d'Opiciens. Marcien d'Héraclée ou plutôt Scymnus de Chio dans sa Periegese en vers Grecs dit [d] : après les Latins est Cumes au Pays des Opiciens, dans le voisinage du Lac d'Averne. De même à l'égard des autres lieux du voisinage, les Grecs ont employé le nom des Opiciens. Denys d'Halicarnasse [e] racontant la Navigation d'Enée en Italie dit : de-là ils entrerent dans un Port beau & profond du Pays des Opiciens ἐν Ὀπικοῖς, qu'ils appellerent Misene du nom d'un des Principaux de leur Flotte qui mourut. Strabon parlant des Rhodiens dit : ils pousserent leur Navigation jusqu'en Espagne où ils fonderent la Ville de Rhodes (Roses) & ils fonderent au Pays des Opiciens Parthenope; *in Opicis vero Parthenopen*, qui est Naples. Etienne le Géographe dit dans le même sens, Parthenope Ville d'Italie au Pays des Opiciens, bâtie par les Rhodiens, & ailleurs : Phalere Ville chez les Opiciens; & en un autre endroit : Atella Ville des Opiciens en Italie entre Capoue & Naples. Le

[b] l. 6. p. 413.

[c] l. 7. c. 3.

[d] vers. 235. & seq.

[e] l. 1. c. 45.

même Auteur dit Fregelles Ville d'Italie, elle fut anciennement aux Opiciens & ensuite aux Volsques. Festus donne aux Ausones le Pays où sont Bénevent & Cales. Cela convient à ce que dit Tite-Live [f] *Insequens annus L. Papirio Crasso, Casone Duillio, Consulibus Ausonum magis novo quam magno bello fuit insignis ea Gens Cales Urbem incolebat*. Nole située entre Naples & Bénevent en étoit aussi. Suidas & Etienne le Géographe disent : Nola Ville des Ausones, selon Hécatée, &c. Mais les Villes que les Grecs donnent aux Opiciens, les Latins les donnent aux Osques. On a déja vû que, selon les Grecs, les Villes de Cumes, Atella, &c. étoient au Pays des Opiciens, les Latins disent des Osques. Velleius Paterculus [g] après avoir dit *nec multo post Chalcidenses..... Cumas in Italia condiderunt*; ajoute ensuite : *Cumanos Osca mutavit vicinia*. Diomède le Grammairien parlant des Comédies Latines dit [h] : *tertia species est fabularum Latinarum quæ a Civitate Oscorum Atella, in qua primum cœpta* Atellanæ *dictæ sunt; argumentis dictisque jocularibus, similes satiricis fabulis Græcis*. Ce que dit Etienne, que Fregelles avoit été aux Opiciens & ensuite aux Volsques, fait voir qu'elle étoit à l'extrémité des deux Nations. Celle des Volsques finissoit à Terracine & c'est entre cette Ville & celle de Cumes que Strabon & Pline mettent les Osques. Silius Italicus en parle ainsi :

[f] l. 8. c. 16.

[g] l. 1. c. 4.

[h] Institut. l. 3.

*Jam vero quos dives opum, quos dives avorum,*
*Ex toto dabat bellum Campania tractu.*
*Ductorum adventum vicinis sedibus, Osci*
*Servabant : Sinuessa tepens, fluctuque sonorum*
*Vulturnum; quasque evertere silentia, Amyclæ,*
*Fundique & regnata Lamo Caïeta, domusque,*
*Antiphatæ, compressa freto; stagnique palustre,*
*Liternum & quondam fatorum conscia Cuma.*

Toutes les Places qu'il nomme-là sont le long de la Côte de la Campanie entre Terracine & Cumes.

Les Osques avoient une Langue particuliére de laquelle Strabon parle ainsi [i] : C'est, dit-il, quelque chose de singulier que ce qui est arrivé aux Osques. La Nation est détruite & sa Langue se conserve encore chez les Romains, de manière que certains vers & certaines forces se redonnent sur le Théatre dans des Jeux réglez par l'usage des Anciens.

[i] l. 5. p. 131.

Après ce qu'on vient de lire, on verra facilement ce qu'on doit penser de l'imagination qu'a eue Mr. Dacier en expliquant le vers 225. de l'Art Poëtique d'Horace.

*Verum ita risores, ita commendare dicaces,*
&c.

Il parle à cette occasion des Atellanes qui sont les farces dont parle ici Strabon & rapporte le passage du Grammairien Diomède que j'ai déja employé; & qu'il traduit très-mal. Voici le passage : *tertia species est fabularum Latinarum quæ a Civitate Oscorum Atella in qua primum captæ, Atellanæ dictæ sunt : Argumentis dictisque jocularibus similes satyricis Fabulis*

## OSC.

*lis Græcis*. Voici la traduction de Monsieur Dacier: il y a une troisième espèce de Comédies Romaines qui ont été appellées Atellanes du nom d'Atella, *Ville de la Toscane*, où elles ont commencé, & qui par leur sujet & par leurs plaisanteries sont entièrement semblables aux Pièces satyriques des Grecs. Où Mr. Dacier a-t-il pris une Ville d'Atella en Toscane. Dioméde dit bien expressément, *Ville des Osques*, Peuple qui n'avoit rien de commun avec la Toscane. Au mot ATELLA, j'ai marqué le sentiment de Monsieur Dacier; je me suis contenté de rapporter aussi le sentiment de l'Abbé Danet. Je n'ai point décidé; je soupçonnois alors que Mr. Dacier pourroit bien avoir trouvé dans Dioméde que je n'avois pas pour le consulter, quelque passage qui fixeroit une Atella dans la Toscane. J'ai vu depuis que c'est une erreur particuliere à Mr. Dacier qui s'étoit mis en tête que les Osques & les Toscans étoient une même chose. Vossius [a] le Pere Poët citant un autre passage de Dioméde au lieu de ces mots *in Atellana personæ Obscænæ*, corrige ce dernier mot & veut qu'on lise *personæ Oscæ*; Mr. Dacier dit: le savant Vossius prétend que dans le passage de Dioméde au lieu de *personæ Obscœnæ*, Personnages obscénes, il faut lire *personæ Oscæ*, personnages Osques, c'est-à-dire, Toscans. Cette explication est de trop, parce qu'elle est fausse. Vossius n'a eu garde de dire des personnages Toscans pour des *personnages Osques*. Cette faute m'étonne dans un homme de l'érudition de Mr. Dacier. La correction de Vossius est belle, mais elle n'a pas été fort nécessaire & nous avons déja remarqué que *Oscæ*, *Obscæ* étoient l'origine d'*Obscænæ*; parce qu'en effet ces Peuples étoient également corrompus dans leurs mœurs & dans leur langage. Des Personnages Osques mis sur la Scéne conservoient le Patois de cette Nation & ce Patois avoit quelque chose de réjouïssant. Il falloit leur conserver les mœurs de leur Pays & leur faire dire ingénuement des choses auxquelles la Langue Romaine n'eût pas été si propre; quoiqu'elle ne fût pas extrêmement chaste, comme il paroît par les ordures qui sont dites très-crument dans les Poëtes Latins, la Langue des Osques étoit encore plus libre; & ce qu'il y a de plus étrange, c'est que ces Pièces obscénes faisoient partie de la Religion des Romains, Tite-Live nous raconte comment les Magistrats de Rome ne sachant plus à quelle Cérémonie avoir recours pour faire cesser une Peste, s'aviserent de faire venir de Toscane des Baladins qui à la manière des Toscans, sans reciter aucuns vers, sans aucun geste qui exprimât l'action d'un homme qui récite, dansoient au son & à la cadence de la Flute. Les Jeunes gens commencerent ensuite à les contrefaire, en se disant des plaisanteries en vers d'assez mauvais goût, en faisant des gestes qui accompagnoient la voix. Cela plut, on y revint plusieurs fois, & les Romains firent des vers en leur Langue pour ces sortes de divertissemens; & parce qu'en Langue Toscane un Baladin se nommoit *Hister*, les Romains appellerent Histrions ces sortes de gens. Ils ne se disoient plus alternativement comme auparavant des vers grossiers, faits sur le champ & au hazard; ils recitoient des Satires travaillées à loisir, & la Musique se donnoit notée aux Musiciens; tout cela étoit accompagné de gestes convenables au sujet. Ces Satires durerent quelque tems jusqu'à ce que Livius osa, dit-on, le premier faire entrer une Fable dans ces divertissemens. Il étoit Auteur & Acteur en même tems, selon l'usage de ce tems-là où les Poëtes représentoient eux-mêmes un des Personnages de leurs Pièces. Comme à force d'être redemandé il s'étoit éteint la voix, il mit devant le Joueur de Flute un jeune garçon pour chanter, après en avoir demandé la permission; & comme il n'étoit plus géné par la nécessité de ménager sa voix, il lui étoit libre de donner un mouvement plus vif à la cadence. Cela produisit un bon effet, on s'apperçut que l'Histrion déchargé du soin de chanter &. de danser en même tems, en faisoit beaucoup mieux son personnage sur-tout après qu'on eut introduit les recits dans ces Spectacles, & on sépara ces deux fonctions. Les uns danserent, les autres reciterent & on ne laissa aux danseurs que quelques courtes paroles, on comprenoit sous ce nom de danser les gestes qui accompagnoient le recit. Lucien [b] dit: autrefois le même homme chantoit & dansoit, mais comme on vit que le mouvement du corps faisoit tort à la voix en troublant la respiration, on trouva plus à propos que les uns représentassent par des gestes pendant que les autres chanteroient. Aulugelle dit dans le même sens *Saltabundi autem canebant quæ nunc stantes canunt*. Ce que ces Auteurs appellent danser, Valere Maxime [c] l'appelle gesticuler. Racontant le même fait que Tite Live il dit de Livius ancien Poëte: *isque sui operis actor cum sæpius a populo revocatus, vocem obtudisset, adhibito pueri & Tibicinis concentu, Gesticulationem tacitus peregit*. Voilà de quelle manière ce qui n'avoit été d'abord qu'une simple danse, devint un mélange de danse, d'action, & de récit. Cette action qui ne consistoit qu'en gestes fut l'origine des Mimes & des Pantomimes.

L'introduction d'une Fable ou sujet dans ces Spectacles les retira peu à peu de ces badineries qui faisoient rire le Peuple. Cela les rendit plus serieux, les jeunes gens qui aimoient à rire laisserent aux Histrions la représentation du sujet, & prirent sur eux le soin d'y mêler des Bouffonneries à l'ancienne maniere & à le brocarder en vers. C'est ce que l'on appella des Sorties, *Exodia*; & on les entremêla principalement dans les Comédies Atellanes. C'étoit une sorte de Jeux qu'on avoit reçu des Osques, la Jeunesse se l'appropria sans vouloir permettre que les Histrions s'en mêlassent. Cet usage, dit Tite-Live, s'est maintenu, & les Acteurs qui jouent les Pièces Atellanes conservent des privilèges dont les Histrions ne jouïssent pas, ils ne sont ni exclus du rang qu'ils ont dans la Tribu, ni privez des avantages militaires.

On voit donc que les Atellanes étoient une sorte de Spectacle venu des Osques; ces Pièces étoient encore en usage quelque tems avant Ciceron; & il paroît qu'on les avoit quittées depuis quelque tems; car écrivant [d] à M. Marius il lui dit qu'il ne le soupçonne pas de regreter les Jeux des Grecs ou des Osques, sur-
tout

[a] Institut. Poët. l. 2. c. 35. §. 5. & 6.
[b] de Saltat.
[c] l. 2. c. 4.
[d] Famil. l. 7. Epist. 1.

tout pouvant voir les Jeux des Osques en plein Sénat, c'est-à-dire qu'il s'y passoit des Scènes aussi comiques que pouvoient l'être celles des Pièces Atellanes. Quoi qu'en dise Mr. Dacier, les Atellanes n'étoient rien moins que des Pièces très-honnêtes du tems d'Horace contemporain d'Auguste, car on les remit sur pied après Ciceron. Nous lisons que sous le Régne de Tibere [a] la corruption en étoit si contagieuse qu'il sollicita le Sénat de les abolir : *Oscum quondam ludicrum levissima apud vulgum oblectationis, eo flagitiorum & virium venisse, ut autoritate Patrum coercendum sit.*

[a] Tacit. Annal. l. 4. c. 14.

Ces Atellanes étoient en Langage Osque, qui étoit alors pour les Romains ce qu'est aujourd'hui le style Marotique, ou même un style plus ancien, tel que Voiture l'a imité dans quelques Lettres en vieux Gaulois. Combien cette Langue Osque a duré chez les Romains. On voit par le passage de Tacite que les jeunes gens de Rome s'en servoient encore, mais, comme le remarque Cluvier [b], on ne sauroit dire s'ils parloient la Langue dans toute son étenduë, ou si leur savoir se réduisoit seulement à quelques Pièces du vieux tems qui s'étoient conservées avec l'habitude de les jouer.

[b] Ital. ant. l. 3. c. 9.

OSCIUS FLUVIUS, Rivière qui a sa source dans les mêmes Montagnes de Thrace que l'Hebre & le Nestus, selon Thucydide [c]. Je m'étonne que les Critiques n'aient pas vû qu'il y a dans ce nom un renversement de lettres & qu'au lieu d'Όσκιος, il faut lire Όσκιος, OBSCUS; c'est en effet cette Rivière qui a sa source dans les mêmes Montagnes. Voyez OBSCUS.

[c] l. 2. p. 166.

OSCOBAGUS, &
OSCOBARAS, Montagnes d'Asie, partie du Mont TAURUS.

OSCORI, Ville des Volsques; elle est nommée dans le livre des Origines attribué à Caton.

OSCORON, Rivière de Scythie, selon Isidore au 14. de ses Origines. Peut-être, dit Ortelius [d], y avoit-il Όσκορος, le *Cyrus*.

[d] Thesaur.

OSCUM, Lieu d'Italie dans le Territoire de Veies. La jouissance en étoit affectée au Collège des Augures. On lit aussi *Obscum*: on a vû ci-dessus qu'*Osci*, *Obsci*, *Opsci* & *Opici* étoient diverses Orthographes du même nom.

OSDARA, ou ASDARA, Ville de la petite Arménie, Antonin [e] la met sur la route de Césarée à Melitene, entre Arabissus & Melitene à XXVIII. M. P. d'Arabissus.

[e] Itiner.

OSDROENA. Voyez OSRHOENA.

OSE, ou OSEN, Lieu d'Espagne dont parle Grégoire de Tours à l'occasion de quelque Fontaine miraculeuse. Voici ce qu'il en dit [f]: *Est & illud illustre Miraculum de fontibus Hispania quos Lusitania Provincia profert. Piscina namque est apud Osen Campum antiquitus sculpta & ex marmore vario in modum Crucis miro composita opere*, &c. D. Thierri Ruinard dit que ce lieu ne peut être qu'Osser ou Ohet près de Seville dont le même Grégoire parle ailleurs [g].

[f] De glor. Martyr. l. 1. c. 24.
[g] Histor. l. 6. c. 43.

OSEO [h], il y a deux Villages de ce nom sur la Côte Occidentale de l'Isle de Sardaigne; l'un près de Castel Doria; l'autre à deux lieues de Bosa vers le Couchant Méridional. On

[h] Baudrand Edit. 1705.

est partagé sur le choix de ces deux Villages pour y mettre la Ville d'OSÆA.

OSERA, ou OSSERA, Ville d'Espagne dans l'Arragon sur l'Ebre, à cinq lieuës au-dessous de Sarragoce. Voyez OSICERDA.

OSERIATES, ancien Peuple de la Pannonie, selon Pline [i]. Ptolomée [k] dit OSSERIATES, par deux S. & les met dans la Haute.

[i] l. 3. c. 25.
[k] l. 2. c. 15.

OSERIETA: Mithridate cité par Pline [l] dit que sur la Côte de Germanie il y avoit une Isle nommée Oserieta chargée d'une Forêt dont les arbres étoient une espèce de Cédre & qu'il en couloit de l'ambre sur les rochers. Quelques-uns la prennent pour l'Isle d'Oesel.

[l] l. 37. c. 2.

OSERO, ce mot dans la Langue Russienne, qui est une Branche de l'Esclavonne, signifie un Lac.

OSERO, Isle du Golphe de Venise. Voyez OSORO.

OSI, ancien Peuple d'Allemagne. Tacite [m] qui en fait mention le trouve si semblable pour le Langage, pour les Mœurs & pour les Loix, aux Araviscies Peuple de la Pannonie, qu'il juge incertain si ce sont les *Osi* qui ont passé en Germanie, ou les Araviscies qui se sont allez établir dans la Pannonie; car il conclut de leur ressemblance que ce doit avoir été au commencement un seul & même Peuple. *Utrum Aravisci in Pannoniam ab Osis Germanorum Natione, an Osi ab Araviscis in Germaniam commigraverint, cum eodem adhuc sermone, institutis, moribus utantur, incertum est.* Ce qu'il ajoute insinue que ces Peuples n'étoient séparez que par le Danube dont les deux bords avoient des Peuples également pauvres, également libres & à qui les biens & la misere étoient communs, *quia pari olim inopia ac libertate eadem utriusque ripa bona malaque erant.* La question qu'il trouvoit si incertaine il ne laisse pas de la décider ensuite: [n] il nomme quatre Peuples, *Marsigni, Gothini, Osi, Burii.* Le premier & le dernier avoient la Langue & les Coûtumes des Suéves. Le second parloit la Langue Gauloise, & les *Osi* parloient la Langue Pannonienne d'où il conclut que ni les Gothini ni les *Osi* n'étoient point des Germains naturels, mais des Etrangers venus des Pays dont ils avoient conservé la Langue. Sur ces deux passages de Tite-Live il s'est trouvé en Allemagne des Conjectureurs qui ont mis ce Peuple en Silésie aux environs d'Oppel & de Naissa; d'autres à OSENBOURG en Westphalie, d'autres enfin à l'Isle d'Oesel sur la Mer Baltique. Mr. D'Audifret a donné aussi ses conjectures.

[m] German. c. 28.
[n] Ibid. c. 43.

OSIANA [o], Ville de Cappadoce sur la route d'Ancyre à Césarée à XXXII. M. P. de Nysse, & à XXVIII. M. P. de Saecazena qui étoit à XXV. M. P. de Césarée.

[o] Anton. Itiner.

OSICA, Ville d'Asie dans l'Albanie, selon Ptolomée [p].

[p] l. 5. c. 11.

OSICERDA, ancienne Ville de l'Espagne Tarraconnoise chez les Hedetains, selon Ptolomée [q]. Pline qui la nomme par le nom national de ses Habitans dit OSSIGERDENSES. On croit que c'est OSSERA.

[q] l. 3. c. 6.

1. OSII, ancien Peuple de la Sarmatie en Europe, selon Ptolomée [r]. L'Interprète Latin met HOSII.

[r] l. 3. c. 9.

2. OSII, Peuple de l'Inde au de-là de l'Indus, selon Pline [s].

[s] l. 6. c. 18.

## OSI.

OSILIA, nom Latin de l'Isle d'OESEL.

OSIMO, en Latin *Auximum*, Ville Episcopale d'Italie dans la Marche d'Ancone sur une Montagne près du Musone, entre Jesi & Lorette, dont elle est à sept milles. C'est une des cinq Villes de la Pentapole mentionnée dans les Donations de Pepin & de Charlemagne. Les revenus de ce Siège sont considérables, & c'est ordinairement un Cardinal qui en est Evêque. Le Palais Episcopal est magnifique & fut bâti par Jean Baptiste Sinibaldi Evêque d'Ofimo, qui avoit succedé à Antoine Sinibaldi son oncle qui avoit orné la Cathédrale. On y voit entre autres Peintures estimées un Tableau du Guide & un de l'Albane. Il y en a un autre du Guide dans l'Eglise de la Trinité, deux à celle de Sainte Palaria & un à St. Silvestre du Pomaranice qui le fit en concurrence du Guide avec lequel il avoit peint la coupole du Dome de Lorette. Cette Eglise de St. Silvestre est desservie par les Moines de la Congrégation Silvestrine, ainsi appellée de St. Silvestre Guzzolino Gentilhomme de la Ville d'Ofimo. A l'Eglise de St. Marc il y a un Tableau du Guerchin, & aux Capucins un autre du Romanelli, & autres peintures exquises, mais le Tresor le plus précieux de cette Ville consiste dans les Reliques qui sont conservées chez les Prêtres de l'Oratoire. L'Eglise Cathédrale a aussi les siennes. Procope parle beaucoup de cette Ville à l'occasion des Goths qui s'y retrancherent contre Belisaire. Voyez l'Article AUXUMUM.

OSINCUM, Ville de l'Isle de Corse, dans les terres, selon Ptolomée.

OSINTIAS REGIO, Contrée d'Espagne dans la Béturie aux environs de Sisapone, selon Pline.

OSIRIACA, Athenagoras dans son Apologie pour les Chrétiens nomme ainsi un lieu d'Egypte consacré à Osiris & qui servoit d'Asyle. C'est ce que Strabon appelle OSIRIDIS ASYLUM.

OSISMII, ancien Peuple de la Gaule. César en parle dans ses Commentaires & les nomme pêle-mêle avec des Peuples de la Normandie & de la Bretagne, *Osismios, Lexovios, Nannetes*. On a employé bien des conjectures pour trouver ces Osismiens. Sanson dans ses Remarques sur l'ancienne Gaule, en dit son sentiment en ces termes que je rapporterai ici sans y rien changer. ,, Leur Ville
,, Capitale dans Ptolomée est *Vorganium*, &
,, sans doute *Vorgium* dans l'Itinéraire Romain, puis OSISMII dans la Notice de
,, l'Empire. Aujourd'hui la Place s'appelle
,, encore dans Bertrand d'Argentré Coz-
,, QUEOUDET, c'est-à-dire Cité ancienne : qui
,, ayant été ruïnée dès y a longtems, de son an-
,, cien Diocèse il s'en est fait trois, *St. Paul de*
,, *Leon, Tregnier, & St. Brieu*; de sorte que
,, tout ce qui est compris aujourd'hui sous
,, ces trois Diocèses fait la continence de l'an-
,, cien Peuple *Osismii*. Toute notre Bretagne
,, étant considerée en deux parties, la plus Sep-
,, tentrionale a été occupée par les Peuples
,, *Rhedones* & *Osismii* ; la plus Méridionale
,, par les Peuples *Nannetes, Veneti* & *Cu-*
,, *riosolitet*. Les Rhedones & Osismii n'ont fait,
,, comme je crois, qu'un Diocèse chacun du
,, commencement & qui ont été dès y a long-
,, tems divisez chacun en trois autres ; *Rhedo-*
,, *nes* en ceux de *Rhennes* qui est l'ancien,
,, puis de St. Malo ; & de Dol. Celui d'O-
,, *sismii*, comme nous avons dit, en ceux de
,, *St. Brieu, de Treguier & de St. Paul de Léon*.
,, Mais les peuples *Nannetes, Veneti*, & *Cu-*
,, *riosolites*, n'ont fait que leur Diocèse cha-
,, cun & n'ont reçu aucun changement : ce
,, qui fait voir que la Côte vers le Septen-
,, trion a été plus sujette aux courses & à la
,, descente des Etrangers que celle du côté du
,, Midi".

D'autres mettent ce Peuple en Basse Normandie. Voyez l'Article HIEMES.

OSIUDISO. Voyez OSTUDISUM.

OSMA, Ville d'Espagne dans la Vieille Castille dans une plaine qui est au pied d'une Colline au bord Septentrional du Duero, entre les Ruisseaux Avion & Usero qui arrosent & lui fournissent du Poisson. Elle a titre de Cité. Rodrigue Mendez Silva dit qu'il n'y a pas plus de cinquante ou soixante feux. Mais au côté Méridional du Duero que l'on passe sur un Pont, & à une portée de Mousquet de la Rivière dans la Vallée est une autre Osma, que l'on appelle Burgo d'Osma, entourée d'une muraille avec quatre portes, & peuplée d'environ deux cens familles. Il y a trois Places, onze Rues, un Couvent de Carmes. C'est dans cette partie qu'est la Cathédrale & la Résidence de l'Evêque ; & l'Université fondée en 1550. par l'Evêque D. Pierre d'Acosta, Portugais, natif d'Alpedrisia, Cousin du Cardinal George d'Acosta. C'est proprement la Cité qui est l'ancienne Ville si fameuse du tems des Romains qui la nommoient UXAMA. Voyez ce mot. Elle est nommée OXOMA dans les trois Notices Ecclésiastiques d'Espagne. Les Maures s'en étant rendus maîtres, le Roi Alonse d'Aragon la conquit l'an 755. Gonçale Tellez fut chargé par son frere le Comte Fernand-Gonçales, de la repeupler en 950. Les Infidèles la reprirent & le Comte D. Sanche de Castille la rétablit l'an 1012. Enfin le Roi Alonze VI. la repeupla de nouveau & y rétablit le Siège Episcopal. C'est ce que fournit Rodrigue Mendez Silva. L'Abbé de Vairac en parle plus avantageusement dans son Etat présent de l'Espagne. De Soria, dit-il, on va à Osma, autrefois Uxama, Ville considérable dans l'Antiquité & incomparablement plus grande qu'elle ne l'est aujourd'hui, d'autant qu'on ne voit presque plus que les tristes vestiges de ce qu'elle étoit du tems des Romains. Elle est située sur le bord Septentrional du Duero, dans une plaine fertile en tout ce qui est nécessaire à la vie. On n'y compte qu'environ trois cens feux ; (cela est bien différent des cinquante ou soixante de l'Auteur Espagnol.) Encore les Maisons y sont-elles si ruïnées & si dispersées qu'elle a bien moins l'air d'une Ville, qu'un gros Bourg qui est tout proche qu'on appelle *El Borgo de Osma*. Cependant elle est honorée d'un Siège Episcopal dont l'Evêque se tient dans le Bourg.

L'origine de cet Evêché & le tems de sa fondation sont des choses sujettes à contestation. Le même Abbé débrouille ainsi cette matiere. Les sentimens, dit-il, sont partagez touchant l'Epoque de l'érection de cette Eglise. Les uns prétendent qu'elle fut fondée du tems des Apôtres par St. Saturnin Disciple de St. Paul; & les autres par St. Firmin, c'est-à-dire long-tems après. Flavius Dexter semble approcher de l'opinion des premiers, lorsqu'il dit que St. Trophime, St. Oyance & St. Astory y prêcherent la Foi l'an 91. & qu'Astory en fut le premier Evêque : mais il se contredit lui-même, en lui donnant pour Successeur Experance qu'il ne place sur la Chaire Episcopale qu'en 385. de sorte que les uns & les autres n'étant fondez que sur une tradition peu exacte, on ne peut guères s'arrêter à ce qu'ils disent. Ce qu'il y a de bien sûr, c'est que cette Eglise est très-ancienne, puis qu'un de ses Evêques assista au Concile de Nicée. Dans le dénombrement qui fut fait vers ce tems-là, Osma fut mis au rang des Evêchez Suffragans de Tolede: & dans le Concile de Lugo, les Limites de son Diocèse furent réglées. Supposé donc qu'Exuperance fût Evêque d'Osma en 385. comme Flavius Dexter l'assure, il faut que les noms de ceux qui lui succederent pendant l'espace de 212. ans ayent été enfevelis sous les ruines de cette Eglise, puisque depuis ce tems-là les Conciles ni l'Histoire Ecclésiastique ne font mention d'aucun Evêque de cette Eglise jusqu'en 597. que Jean Evêque d'Osma assista au III. Concile de Toléde.

Quoiqu'il en soit, les Maures n'épargnerent pas plus cette Eglise que les autres & le Culte Divin en fut banni jusqu'à ce qu'Alphonse VI. l'y rétablit après avoir reconquis la Ville d'Osma sur ces Infidèles, en ordonnant à Alvaro Bermudez de faire réédifier la Cathédrale, aprèsquoi le célèbre Bernard Archevêque de Toléde y établit pour Evêque Pierre d'Osma originaire de France (Rodrigue Mendez Silva cité ci-dessus dit qu'il étoit François & Archidiacre d'Osma).

Le Chapitre a été Régulier depuis sa fondation jusqu'à l'an 1533. qu'il fut sécularisé par Paul III. Il est composé de XI. Dignitaires, de dix Chanoines, en y comprenant le Canonicat qui est affecté à l'Inquisition de Logroño, de XII. Prébendiers, d'un Curé, d'un Archiprêtre, de divers Chapelains, de X. Enfans de Chœur, dont les deux premiers s'appellent *Infantes Mayores*, à cause qu'ils ne sont obligez qu'à réciter le Martyrologe & à marquer les Offices dans les Livres du Chœur; de IV. Seminaristes; de VI. Collégiaux de St. Pierre; de VI. Clercs qu'on appelle *Missarios*, dont la fonction consiste à servir les Messes, d'un Maître de Chapelle & d'un Organiste. Les Dignitaires sont le Prieur, lequel nomme un Sous-prieur qui doit prendre le Corps du Chapitre; l'Archidiacre d'Osma, l'Archidiacre de Soria, qui nomme à quatre Prébendes; l'Archidiacre d'Aza; le Chantre qui nomme le Sous-chantre, & huit Enfans de Chœur; le Tresorier qui nomme deux Sous-Sacristains; l'Ecolâtre qui nomme un Curé & un Vicaire; l'Abbé de St. Barthelemi, & l'Abbé de Ste. Croix. Le Pape, l'Evêque nomment alternativement aux Dignitez, & l'Evêque & le Chapitre nomment aussi alternativement aux Canonicats dans les mois de Mars, de Juin, de Septembre, & Décembre; l'Evêque, le Chapitre, & l'Archidiacre de Soria nomment aux douze Pré-

bendes dont ils sont fondateurs conjointement. Les Chanoines sont obligez de faire preuve de *pureté de sang*; c'est-à-dire qu'il faut qu'ils justifient qu'ils ne descendent ni de Juifs, ni de Maures, ni d'Hérétiques, ni de personnes qui ayent été condamnées par le Tribunal de l'Inquisition.

Le Diocèse d'Osma est divisé en deux parties, qui sont celles de *Soria* & d'*Aranda*, qui comprennent sept Archiprêtrez, quatre Eglises Collégiales & quatre cens cinquante Paroisses. Les Archiprêtrez sont,

Osma,  El Campo,
Roa,  Ravanera,
Gomara,  Sant Estevan de Gormas,
Andaluz.

L'Eglise d'Osma est associée avec celles de Toléde, de Palencia, de Ségovie & de Cuença.

OSNABRUG, ou OSNABRUCK ou OSENBRUCKE ; Ville d'Allemagne au Cercle de Westphalie, dans un Evêché auquel elle donne son nom, & dont l'Evêque tient un rang considérable entre les Evêques & Etats de l'Empire. Elle est située sur la Rivière de HAZE, à huit milles de Munster & à cinq d'Hervorden. On croit que la dernière partie de son nom vient de celui des Brucleres, & que la première vient des Etables à Bœufs, Ochsen Häuten, dont ce lieu étoit anciennement environné. Il y a bien plus d'apparence à dire avec quelques autres que son nom vient de sa situation; & que la Rivière de Hasa s'appelloit anciennement Osen, ce qui joint au mot Bruck qui signifie un *Pont*, marque un *Pont sur l'Osen*. Il ne faut pas davantage qu'un Pont pour donner l'origine à une Ville; comme *Samarobriva*, *Insbruck*, & tant d'autres Places en sont des preuves. Charlemagne y établit un Evêché & une Ecôle pour y enseigner la Langue Grecque & la Latine. Voici l'Acte même tel que Crantzius [a] nous l'a conservé.

[a] *Métrop. l. 1. c. 1.*

*In nomine sanctæ & individuæ Trinitatis, Carolus Imperator Augustus Romanum gubernans imperium, Dominus & Rex Francorum & Longobardorum, necnon Dominator Saxonum. Notum sit omnibus, Sanctæ Ecclesiæ fidelibus, nostrisque, præsentibus & futuris, quod nos, ob nostræ mercedis augmentum, Wihoni Episcopo Osnaburgensi, suæ Ecclesiæ (quam nos primam in omni Saxonia, in honorem Sancti Petri Principis Apostolorum & Sanctorum Martyrum Crispini & Crispiniani construximus) quondam Nemus vel Forestum intra hac Loca situm. Farnewinkel, Rustenstein, Angara, Osningsenethe, Dershouet, Egesterfeld, innumera collaudatione illius Regionis potentum, cum omni integritate, in porcis sylvestribus, cervis, avibus, & piscibus, omnique venatione quæ sub Banno usuali ad Forestum deputatur, ad similitudinem Forestii nostri Aquisgrani, pertinentes in Sylva Osuingi, in perpetuum proprietatis usum donavimus, ea videlicet ratione quod si quisquam hoc nemus nostro Banno munitum sine prædicta Sedis Episcopi licentia, studio venandi, vel Sylvam extirpandi, vel aliud agendi unquam introierit, sciat se tam divinæ quam regiæ ultionis vindictam incursurum, nec non pro delicto LX. solidos nostri ponderis (quos nobis pro*

**OSN.**

*batmo violato deberi statuimus) redditurum. Insuper vero eidem Episcopo ejusque Successoribus, perpetuam concedimus Libertatem & ab omni Regali imperio Absolutionem. Nisi forte contingat ut Imperator Romanorum & Rex Græcorum conjugalia fœdera inter filios eorum contrahere disponant. Tunc Ecclesiæ illius Episcopus cum sumtu a Rege vel ab Imperatore adhibito, laborem simul & honorem illius Legationis assumet. Et ea de causa statuimus quod in eodem loco Græcas & Latinas Scholas in perpetuum manere ordinavimus nec unquam Clericos utriusque Linguæ gnaros deesse confidimus. Et ut hac authoritas firmior habeatur & diuturnis temporibus melius conservetur, manu propria subter ea roborare decrevimus & annulo nostro sigillare jussimus. Datum XIII. Cal. Januar. Anno IIII. (Christo propitio) Imperii nostri XXXVII. Regni nostri in Francia, atque XXXI. in Italia. Actum Aquisgrani in Palatio, in Dei nomine feliciter. Amen.* Cette date répond à l'an 804. Il y avoit déja près de vingt-quatre ans qu'Osnabrug avoit été enlevé aux Saxons & érigé en Evêché. Crantzius raconte ainsi cette fondation. L'an 780. Charles, ayant fait une grande irruption dans la Saxe, livra Bataille à Witikind qui avoit rassemblé contre lui toutes les forces de son Royaume. Après un combat très-opiniâtre, Witikind prit la fuite. Charles donna la vie aux Saxons qui étoient réchapez du combat, à condition qu'ils recevroient & embrasseroient la Religion Chrétienne. Witikind avoit auprès d'Osnabrug un Château, Charles y mit garnison; & comme Osnabrug étoit fort peuplé il y éleva une Eglise qui fut le premier Siège Episcopal de la Province. Il y établit pour premier Evêque un Saint homme nommé Vihon, natif de Frise. Il lui assigna sur les revenus de la Province dequoi vivre avec son Clergé, afin de fortifier ce Peuple dans la foi Chrétienne... Dans le tems qu'il y étoit occupé de cet Etablissement il se trouva dans le cas d'avoir besoin de gens habiles dans la Langue Grecque, à l'occasion des Négociations qu'il y avoit alors sur le tapis entre lui & l'Impératrice Iréne qui regnoit à Constantinople, & qui, tant pour se faire un appui que pour n'avoir rien à craindre d'un Monarque si puissant, avoit fait successivement diverses propositions; d'abord de marier Constantin son fils avec la Princesse Rotrude fille de Charlemagne, & après la mort de Constantin elle parla de se marier elle-même avec Charles. C'est ce besoin qu'eut Charlemagne de gens à qui la Langue Grecque fut familière & la peine qu'il eut d'en trouver dans cette occurence, qui lui mit dans la pensée d'établir cet endroit une Ecôle dans les deux Langues; & pour interesser davantage l'Evêque au succès de cette Etude, non seulement il lui donne plusieurs Franchises en faveur de cet Etablissement, mais il le désigne son Ambassadeur pour la Cour de Constantinople: afin qu'ayant lui-même besoin de gens qui sachent le Grec pour bien remplir son Emploi, il ait plus de soin qu'il s'en forme.

a *Corn. Dict. Joli, Voyage d'Osnabrug.*

La Ville d'Osnabrug est plus longue qu'elle n'est large; sa longueur se prend depuis la Riviére d'un côté, où commence la grande Rue qui passe devant le Cimetiére de la grande Eglise jusqu'à la Porte de St. Jean. Il y a une

**OSN.** 139

autre Rue qui aboutit d'un côté à l'Eglise de Ste. Marie ou de Nôtre-Dame où est une Place médiocre & l'Hôtel de Ville qui est petit & encore une troisième, qui commence à la Porte des Dominicains & qui aboutit à la grande Rue. Dans ces trois Rues sont les principaux Marchands & les meilleures Maisons de la Ville. Les autres ne sont remplies que de pauvres gens & de méchans bâtimens & même quelques-unes de ces Rues ne sont point pavées. A l'extrémité de la Ville est une Forteresse. C'est un Bâtiment quarré, au milieu duquel est une Cour, & à chaque coin une Tourelle. Cela est entouré d'une Fortification hexagone qu'on entre dans la Ville par un Pont, au milieu duquel est un ouvrage qui couvre la Porte de la Citadelle. C'est la Résidence de l'Evêque. Elle se nomme PETERBOURG, ou PETERSBOURG.

L'Eglise Cathédrale qui porte le nom de St. Pierre est petite, d'une structure assez commune, & la plus ancienne de toutes celles que Charlemagne a fait bâtir dans la Saxe. On nommoit alors ainsi la Westphalie. On voit encore à présent dans le Tresor de cette Eglise quelques ornemens que Charlemagne a donnez, qui sont fort consumez de vieillesse; savoir une Chasuble & deux Tuniques; dont celle de Soûdiacre est semblable à la Chasuble, & celle de Diacre un peu différente. L'étoffe est comme d'un Damas fort fin, entremêlé de filets d'or, où il y a des fleurs de lis en plusieurs endroits. La Chasuble est ouverte des deux côtez à la façon de celles dont les Prêtres se servent présentement, mais elle étoit fermée anciennement à la manière des Chasubles de ce tems-là, & comme l'est encore une autre fort ancienne qui est dans le même Tresor. On y fait voir aussi la Couronne de cet Empereur. Elle n'est que d'argent doré avec cinq petites fleurs de lis & trois un peu plus grandes avec quelques Escarboucles qu'on ne croit pas fines. On y garde aussi son peigne & son bâton, qui a six pieds de hauteur, l'un & l'autre est fait d'yvoire; & vingt-cinq ou vingt-six échets que l'on dit être de lui. Ils sont de crystal & ont diverses figures, les uns sont ronds, les autres quarrez & d'autres pointus & ne ressemblent point à nos échets d'à présent. Je passe d'autres curiositez que l'on y montre. Un grand Cimetiére est au devant de l'Eglise & à côté il y a une Place encore plus grande. Les Catholiques ont conservé la Cathédrale. Le Chapitre est composé de vingt-cinq Chanoines, dont trois sont de la Confession d'Augsbourg; & les Jésuites joüissent du revenu de quatre Canonicats pour l'entretien de leur Collége. Les Dignitez sont celles du Prevôt qui porte un Bonnet quarré de velours rouge, d'un Doyen, d'un Ancien qui est aussi Archidiacre & Sacristain de Diesen, d'un Sacristain de Schledenhausen, d'un Sacristain de Melle qui est aussi Prevôt de St. Jean & Archidiacre; d'un Prevôt de Quackenbrugge qui est Archidiacre, d'un Custode qui est aussi Prevôt de Widenbruch & Archidiacre & de l'Ecolâtre qui est de même Archidiacre.

L'Eglise de Nôtre-Dame étoit autrefois une Paroisse. Elle est aujourd'hui possedée

S 2 par

par les Protestans qui y ont laissé les Images de l'Autel sur lequel ils célébrent leur Liturgie. Plus loin sont les Dominicains dont l'Eglise est médiocre. Tous les Saints de leur Ordre sont peints au dessus des Sièges du Chœur. Au bout de l'ancienne Ville où sont toutes ces Eglises est une Porte où commence une nouvelle Ville; c'est-là que l'on voit l'Eglise des Jésuites. Ils en furent chassez en 1630. par les Suédois qui prirent la Ville; & leur Eglise fut laissée aux Protestans qui s'en servirent sans y rien détruire, pas même un Tableau qui est sur le Grand-Autel & qui représente St. Ignace célébrant la Messe. Cette Eglise est belle & fort bien entretenue. Celle de St. Jean est un peu plus loin; c'est une ancienne Collégiale & une Paroisse tout ensemble. Outre cela il y a une Paroisse du titre de Ste. Catherine, les Couvents de St. François, de Ste. Claire, & un Hôpital & quelques moindres Eglises, comme St. Paul, St. Jacques, St. Veit, &c.

Hors de la Ville sur une petite Montagne, au de-là de la Rivière est une belle Abbaye de Religieuses de l'Ordre de St. Benoît, appellée Ste. Gérude dans Zeyler & Ste. Gertrude dans Mr. Corneille. Elle fut entièrement brûlée & ruinée en 1636. par les Suédois qui craignoient que les Impériaux ne s'en servissent pour reprendre Osnabrug. On l'a rebâtie depuis & les Religieuses qui s'étoient retirées dans la Ville à l'Eglise de St. Paul y retournerent. Peu loin d'Osnabrug est le Monastère de Rulle sur une Montagne où l'on voit encore les ruïnes de *Witikindsbourg*, ce Château qui appartenoit à Witikind & que Charlemagne fit fortifier lorsqu'il établit l'Evêché. Osnabrug est remarquable aussi par le Traité qui y fut conclu en 1648. entre l'Empereur & les Suédois. La Biére d'Osnabrug appellée *Buse* est fort vantée; & quoi qu'en presque toute la Westphalie on fasse du pain noir, on en fait de blanc & de fort bon en cette Ville.

L'EVECHÉ D'OSNABRUG, Siège Episcopal & Principauté de l'Empire d'Allemagne dans le Cercle de Westphalie. Cet Etat est borné au Nord par le Bas Munster, au Levant par la Principauté de Minden, au Sud-Est par le Comté de Ravensberg, au Midi par le Haut Munster, & au Couchant partie par le même & partie par le Comté de Lingen. Ce Pays peut avoir quarante milles Allemands de longueur sur environ la moitié de large. Durant les longues Guerres Civiles d'Allemagne les Ducs de Brunswig s'emparerent de cet Evêché. D'un autre côté les Suédois en gratifierent en 1634. Gustave Comte de Vassebourg fils naturel de Gustave Adolphe. Quand il fut question de restituer cet Evêché à l'Evêque François Guillaume de Wartenberg, ce Comte ne céda ses prétentions que moyennant quatre-vingt mille Risch-dales que l'Evêque, le Chapitre & les Sujets de l'Etat d'Osnabrug lui payerent en quatre ans; & comme la Maison de Brunswig y avoit aussi ses prétentions & qu'elle sacrifioit au bien de la Paix, les Coadjutoreries de Magdebourg & d'Halberstadt, en faveur du Brandebourg, celle de Brême en faveur du Roi de Suède & l'Evêché de Ratzbourg en faveur des Ducs de Meckelbourg, elle exigea pour dédommagement qu'elle auroit la jouïssance alternative de l'Evêché d'Osnabrug : c'est-à-dire qu'après la mort de l'Evêque rétabli, un Prince de Brunswig jouïroit dudit Evêché durant sa vie, après quoi le Chapitre éliroit un Evêque Catholique & ainsi alternativement; ce qui s'est toujours pratiqué depuis. François Guillaume de Wartenberg mourut en 1662. & eut pour Successeur Ernest-Auguste de Brunswig premier Electeur de Brunswig & Pere de George I. Roi d'Angleterre qui naquit & mourut à Osnabrug. Après sa mort arrivée en 1698. l'Evêché eut pour Evêque Catholique Charles Joseph de Lorraine qui fut aussi Electeur de Tréves. Ce dernier mourut en 1715. & l'Evêché passa à Ernest-Auguste II. Fils d'Ernest-Auguste I. & frere de George I. Roi d'Angleterre. Ernest-Auguste II. mourut en 1728. & fut remplacé par Clément Auguste de Baviére aujourd'hui Electeur de Cologne, Evêque de Munster, d'Osnabrug, & de Paderborn.

* Comme l'exercice des deux Religions est également libre dans le Diocèse de Paderborn, *Divers Mémoires*. lorsqu'il y a un Evêque Catholique, les Protestans n'en sont point inquiétez & il y a un Consistoire Luthérien auquel ils s'adressent pour les affaires de Religion. De même, lorsqu'il y a un Prince de la Maison de Brunswig & par conséquent Protestant, il y a des Supérieurs Catholiques pour avoir soin de ce qui regarde la Religion: quelquefois même il y a un Evêque avec titre de Vicaire Apostolique, qui fait les Ordinations, les Visites & autres fonctions Episcopales; c'est quelquefois un Chanoine même du Chapitre. Alors il ne prend point le titre d'Evêque d'Osnabrug, mais de Suffragant. On entend par-là un véritable Coadjuteur, mais qui n'est point successeur nécessaire comme les autres Coadjuteurs. Nous avons remarqué ailleurs la différence de l'Evêque élu & de l'Evêque postulé. On se sert improprement du mot *postulé* en parlant des Princes de Brunswig qui jouïssent de l'Evêché d'Osnabrug. Celui d'Administrateur convient mieux. Le Pays autour d'Osnabrug est une Vallée remplie de Jardins & de Prairies au milieu desquelles serpente la Rivière de Hasa. Ailleurs il y a des terres labourables bien cultivées, & plus loin presque tout à l'entour, sont de petites Montagnes dont il y en a quelques-unes couvertes de Bois. La principale richesse du Pays consiste dans ses pâturages & dans la nourriture des Porcs & des autres Bestiaux. La partie Septentrionale du Pays est marécageuse & aux extrémitez de la partie Méridionale s'élevent de hautes Montagnes qui s'étendent vers l'Occident jusques au Comté de Lingen.

Il n'y a proprement que deux Villes,

OSNABRUG, & IBURG.

Les autres lieux, comme *Forstenove*, *Quackenbrugge*, *Worde*, & *Huntebourg*, ne sont que de simples Bourgades. Iburg même n'en est distingué que parce que ç'a été la Résidence de quelques Evêques.

OSNEGGE, Montagne de l'ancienne Saxe, c'est-à-dire de la Westphalie. Eghinard

## OSN. OSO. OSO.

[marginal: *In Vita Caroli Magni.* Voyez Mouum. Paserbornens. p. 42. 43. 44. & 48.]

nard [a] parlant des Victoires de Charlemagne sur les Saxons dit : Quoique cette Guerre ait long-tems duré, il ne livra néanmoins que deux Batailles, l'une auprès de la Montagne nommée Osnegge, au lieu appellé Thietmelle, & l'autre auprès de la Rivière d'Asa, & cela en un même mois, & à peu de jours de distance. La Bataille de l'Asa, ou de l'Hasa est la même que celle d'Osnabrug. Le savant Evêque de Paderborn, Ferdinand de Furstenberg a fait voir que Thietmelle est aujourd'hui Dethmold. Osnegge doit donc être la Montagne voisine, le TEUTOBURGICUS SALTUS des Anciens. Les Annales & les Chroniques, la nomment ASNEGGI, OSNIG, OSNING, OSNINE & OSING. Ce docte Prélat trouvant qu'il se trouve des traces de cet ancien nom, jusques au voisinage d'Osnabrug, soupçonne qu'elle pourroit bien avoir été anciennement appellée OSNINE BRUCTERIÆ. Sans mêler une Etymologie incertaine, avec des véritez Géographiques, on ne peut pas douter que la Montagne d'Osnegge, ne fût voisine de Dethmold ; puis [marginal: b Chronic. Tremon. apud Stangevol. l. 2. Annal.] qu'une Chronique [b] extraite par l'Evêque de Paderborn porte : *Carolus Rex in Monte ab antiquo Asneggi, dicto milliare à Lemgaw Civitate distante, Saxones usquequo Rebelles iterato aggressus* &c. Cette distance d'un mille tombe à Dethmold.

OSNIG,  
OSNING,  } Voyez l'Article précédent.

OSONES, Lieu ancien de la Pannonie, sur la route de Sabarie à Acineum, entre *Casariana* & *Floriana*, à XXVIII. M. P. de la première & à XXVI. de la seconde.

OSOPIUM, ou OSOPUM. Voyez OSOPO, & BILIGA.

[marginal: c Corn. Dict. Botero. della Repub. Venet. l. 1.]

OSOPO, Forteresse dans l'Etat de Venise au Frioul, proche de la Rivière du Taiamento [c], sur un Roc escarpé qui lui tient lieu de Courtine. On l'a rendu en quelque façon imprenable par les Ouvrages, qu'on y a ajoutez. Il y a une Citerne qui contient trois mille tonneaux d'eau. Cette Forteresse & le Bourg qu'il accompagne sont entre St. Daniel & Gencona, à quatorze milles d'Udine.

[marginal: d Baudrand, Edit. 1705.]

1. OSORNO, Bourg & Château d'Espagne dans la Vieille Castille [d], vers les Montagnes, & aux Frontières d'Asturie de Santillane, à cinq lieues de Villa-Diego avec titre de Comté. Quelques-uns y cherchent Segisama Julia (voyez ces mots) que d'autres mettent à Veyzama, Village de la même Contrée.

§. Ce lieu ne se trouve, ni sur la Carte de Mr. de l'Isle, ni dans la grande de Jaillot, ni dans la *Poblacion General de Espagna* par Rodr. Mendez-Silva.

2. OSORNO, Ville de l'Amérique Méridionale, au Chili, sur la Rive Septentrionale, de Rio Bueno, au Midi Occidental, & à quinze lieues marines d'Espagne de Baldivia; & à distance à peu près pareille du bord de la Mer, en suivant le Rio Bueno. Le Pays où elle est située n'est pas fertile, & ne produit presque rien des choses nécessaires à la vie ; mais il est fort riche en Mines d'or, & c'est ce qui fait que cette Ville est bien peuplée. Mr. Corneille nomme Chabrero, la Rivière sur laquelle cette Ville est située ; &

quoiqu'une partie de ce qu'il dit de cette Ville, soit pris de De Laet qu'il ne cite point, cela ne s'y trouve pas. Le Voyage d'Olivier de Nooft, autour du Monde [e], porte qu'O- [marginal: e Voyage de la Compagnie Holland. T. 1. p. 49.] sorno est une Ville assez avant dans les terres, par les 42. d. de Latitude Méridionale, qu'elle est plus grande que Baldivia, que les Espagnols y tiennent un Gouverneur, & qu'on y fabrique des étoffes de laine & des toiles. De Laet [f] ajoute que dans le Territoire & entre les limites de cette Ville habitent, comme on dit, plus de deux cens mille [marginal: f Ind. Occid. l. 12. c. 12. p. 424.] Sauvages qui payent tribut aux Espagnols, & leur rendent service gratuitement. Mr. Corneille nomme ce Peuple les Chauracabis, & dit que la Ville fut bâtie en 1558. par D. Garcie Hurtado de Mendoça.

3. OSORNO, (le Détroit d') on nomme ainsi le Détroit [g], qui sépare la partie Sep- [marginal: g De l'Isle Atlas.] tentrionale, de l'Isle de Chiloé d'avec la terre-ferme du Chili, & par où l'on passe de Carelmapo dans le Lac d'Anaud, qui est entre cette Isle & le Continent.

4. OSORNO (le Volcan d') Montagne de l'Amérique Méridionale au Chili, à l'Orient de la Ville de même nom dans les Andes, dont cette Montagne fait partie.

OSORO, ou OSERO, petite Isle du Golphe de Venise, dans le Golphe de Quarnero, au Midi de la partie Orientale de l'Isle de Cherzo, dont elle est présentement séparée par un petit Détroit nommé la CAVANELLA, qui n'a guères que cinq pas de large ; de sorte que les deux Isles sont jointes l'une à l'autre par un Pont-levis. Ces deux Isles n'en faisoient autrefois qu'une que les Anciens ont connue sous le nom d'Absyrtus. Mais après qu'on eut pratiqué entre-deux un Canal, pour le passage d'une Barque, on les nomma Absyrtides au pluriel. On les distingua même chacune par un nom propre, & celle-ci fut nommée *Absorus*, par Mela, *Apsorus* par Ptolomée, *Auxerum* par les Latins, *Ossor* par les Esclavons, *Osero*, ou *Osfero* par le Vulgaire. Cette érudition, que je n'ai garde de vouloir garantir, est du Père Coronelli. Ce qu'il y a de certain, c'est que Ptolomée ne met qu'une Isle en cet endroit. Voyez l'Article APSYRTIDES. Le Pere qui, pour le dire en passant, étoit le plus grand étourdi de tous les Ecrivains de son tems, nous vend bien cher les connoissances qu'il donne, par la peine qu'il faut prendre pour se garantir des illusions qu'il y mêle, soit en affectant une érudition au-dessus de sa portée, soit faute de mémoire & de jugement. ¶ Il nous a donné une Carte des Isles de la Dalmatie où l'on voit l'Isle de Cherzo & celle d'Osero séparées par la Cavanella, & au Nord de ce Canal une Ville nommée Osoro, de sorte que cette Ville est dans l'Isle de Cherzo, & non pas dans l'Isle d'Osero. Il met simplement au Midi de ce Canal dans l'Isle d'Osero le nom Osero ; mais point de Ville. Deux pages après dans une autre Carte, on voit une partie de l'Isle de Cherzo, bien expressément nommée & dans la même Isle un dessein de la Ville d'Osero, le Canal & le Pont, & l'Isle d'Osero & la Montagne de même nom sans aucune trace de Ville.

Je trouve cependant dans plusieurs Auteurs, qu'Oqu'Osero est dans l'Isle de même nom. L'Auteur des Mémoires Historiques de la Dalmatie, imprimez en Italie à Bologne en 1687. dit [a]: *Ossero chiamata* ABSORUS ò ABSYRTUS *da' Latini di circa 20. miglia di longhezza, ma in larghezza assai piu ristretta, e tien una citta dello stesso nome, d'*OSSERO, *detta ancora* Auserensis Civitas. , *Episcopale sotto l'Arcivescovo di Zara, sottoposto alla Republica di Venezia. Attiene con un Stretto angusto a l'Isola del* CHERSO. C'est-à-dire Osero appellée *Absorus* ou *Absyrtus* par les Latins, d'environ vingt milles de longueur, mais plus resserrée dans sa largeur. Il y a une Ville de même nom, appellée aussi *Auserensis Civitas*, Ville Episcopale sous l'Archevêque de Zara, & soumise à la République de Venise ; elle est jointe par un Canal, étroit à l'Isle de Cherso. L'Abbé de Commanville dans la Table des Archevêchez & Evêchez, selon l'Ordre des noms Latins [b] dit au mot *Ausara* ou *Absorus*; Osero Ville peu considérable, dans une petite Isle de même nom, sur la Côte de Dalmatie, & de la dépendance des Vénitiens. On trouve un Dominique qui en étoit Evêque, vers l'an 880. Il est Suffragant de Zara. Sanson dans sa grande Carte du Golphe de Venise, dressée, à ce que porte le titre, sur les plus nouveaux Mémoires du P. Coronelli & autres; met très-bien Osero au Midi du Canal, dans l'Isle de même nom, & non pas au Nord dans celle de Cherzo. Mais ce qui doit surprendre le Lecteur, c'est qu'au dessous même de la Carte [c], où le Père Coronelli range la Ville, le Canal & la Montagne, comme j'ai dit, ce même Pere décrivant l'Isle d'Osero dit en termes exprès, qu'elle a l'avantage de posseder une Cité, qui fut honorée de la Dignité Episcopale par le Pape Jean VIII. l'an 879. quoique d'autres lui donnent pour premier Evêque St. Gaudence, qui vivoit l'an 1060. (On a vu ci-devant qu'elle avoit en 880. un Evêque nommé Dominique.) La Ville est en forme triangulaire & dans une Plaine sur le Canal dont on vient de parler. Elle a environ sept cens cinquante pas de circuit, est ceinte d'une bonne muraille & a un Château médiocrement grand du côté du Canal. L'An 840. les Sarazins ayant défait près de Tarente une Armée que le Doge Pierre *Tradonico* (Gradenigo) avoit envoyée contre eux, entrèrent dans la Mer Adriatique & ravagerent les Plaines de Dalmatie. La seconde Fête de Pâque, ils brûlerent, & saccagerent Osero, & cette Ville eut plusieurs fois le même malheur. Cela joint au mauvais air qui y regne en fit une espèce de Desert. On attribue ce mauvais air au Mont Osero, qui par sa hauteur arrête le cours du vent, ou à certaines herbes puantes qui regnent aux environs; de sorte que cette Ville n'a guères au-delà d'une centaine d'Habitans. La Cathédrale où l'on conserve le Corps de Saint Gaudence son Evêque & son Patron, est ornée d'un Chapitre, qui a trois Dignitez, savoir l'Archidiacre, l'Archiprêtre & le Primicier. Le second fait les fonctions Curiales; car il n'y a point dans la Ville d'autre Paroisse que la Cathédrale. Il y a bien une autre Eglise sous l'invocation de St. Pierre Apôtre. Elle étoit anciennement unie à un Monastère de Bénédictins; c'est à présent une Abbaye en commande.

[a] Mémoire Hist. Géograph. della Dalmazie, p. 347.
[b] p. 32.
[c] Isolario Part. 1. p. 142.

L'Evêché d'Osero, comprend les deux Isles dans lesquelles conjointement on compte six mille ames, qui toutes font profession de la Religion Catholique, & pour en régler le spirituel, il y a cinq autres Paroisses considérables, savoir celles de

Lubanizze,     Losino grande.
Caisole,     Losino Picciolo.
& Cherzo.

Cette dernière est la plus considérable de toutes, Il y a ensuite les Cûres desservies, par des Chapelains, & répandues çà & là, dans les Villages, savoir celles

De St. Jacques de *Neresine*,
De Sainte Marie Madeleine de *Neresine*, où est aussi un Couvent de Freres Mineurs de l'étroite Observance.
De *Chiunski*,
D'*Ustrine*,
De St. Jean,
*Belley*,
*Ponte di Croce*,
St. Martin en Vallée,
*Vatana*,
*Orlez*,
*Buchieva*,
*Dragozetichi*,
De *Vier*, où est un Couvent du Tiers Ordre de St. François.

Et enfin trois autres sur des Ecueils *S. Pierxde Nembo*, *Sansego* & *Onie*.

Autant que la Ville est dépeuplée, autant les Lieux de LOSINO, tant le grand que le petit sont-ils habitez. Les Anciens ne les nomment point, mais les Ecrits du moyen âge les appellent LASSINIUM ou LASSINUM. Les Villages de St. Jacques de Neresine & de Chiunski, éloignez d'environ deux milles de la Cité, sont peuplez médiocrement. Les trois Ecueils de *S. Pier de Nembo*, *Sansego* & *Onie* sont sous la Jurisdiction de la Cité. Le premier se divisant en deux Islots, forme un Port assez grand, & assez commode, fort frequenté par toutes sortes de Navires. Outre le Couvent des Pères Conventuels, établi dans le Village, il y a une petite Forteresse pour la sûreté du Port. SANSEGO, quoique couvert de sable, ne laisse pas d'être fertile. ONIE a un Port qui est grand & sûr. Cette Isle abonde en bois, on en tire beaucoup pour le chauffage, & on l'envoye à Venise, où il s'en consume beaucoup. Elle produit quantité de miel, a des Bestiaux en abondance, ayant pour cela une situation commode. On y pêche beaucoup de poisson particulièrement, la Sardine & le Maquereau, qu'on y sale pour les envoyer ailleurs. Il n'y a ni Rivière, ni Torrent, ni Fontaine, ni Vallée considérable, si ce n'est quelques enfoncements que forment de petits Golphes, qui sont en grand nombre. Les deux Vallées de Copsagna & de Valdagorsta font ensemble, au-dessous du Petit Losin, un excellent Port d'environ cinq milles de tour, où l'on entre par deux passes, & où l'on peut ranger toute une Flote.

## OSP. OSQ. OSR.

**OSPHAGUS**, petite Riviére de la Macédoine : elle n'étoit pas fort éloignée de l'Erigon autre Riviére, vers la source de cette derniére, selon le recit de Tite-Live [a].

**OSPITENSIS** ou **HOSPITENSIS**, Siège Episcopal d'Afrique en Numidie. La Notice d'Afrique met dans cette Province, *Gedalius Ospitensis*; & *Benenatus Episcopus Plebis Hospitensis*, se trouve dans la Conférence de Carthage [b].

**OSQUIDATES**, ancien Peuple de la Gaule dans l'Aquitaine. Quelques Exemplaires de Pline [c] portent OSCIDATES. Pline les distingue en deux Branches par leur situation ; *Osquidates Montani*, dans les Montagnes, & *Osquidates Campestres* dans la Plaine. Peut-être, dit le R. P. Hardouin, sont-ce les Δάτιοι, que Ptolomée [d] place entre les *Auscitani* & les *Gabali*.

**OSRHOENE**, selon les Grecs, **OSDROENE**, selon les Latins, Contrée de la Mésopotamie, le long de l'Euphrate, depuis le Mont Taurus au Nord, jusqu'au Chaborras, au Midi & à l'Orient, selon Cellarius, qui en prend les bornes pour la partie Septentrionale, de l'Anthemusia de Ptolomée, qu'il croit être la même que l'Osrhoëne. Il est certain que ce dernier nom est inconnu à Ptolomée, & à tous les Géographes qui l'ont précédé. On y trouve entre ANTHEMUSIA, Contrée de la Mésopotamie, & il la fait confiner avec l'Arménie. D'un autre côté Ammien Marcellin nomme [e] *Bathne*, Ville & Municipe de l'Anthemusie, il dit qu'elle étoit à peu de distance de l'Euphrate, & qu'elle avoit été bâtie par les anciens Macédoniens. Mais il dit ailleurs [f] *Bathna*, Municipe de l'Osdroëne. Il est vrai qu'il y avoit deux Bathnæ, dont l'une étoit dans la Syrie, au Couchant & en deçà de l'Euphrate ; & l'autre au-delà. Ce ne peut être, que cette derniére dont il est question dans les deux Passages, citez d'Ammien Marcellin. Car l'Anthemusie dont il est parlé dans le premier, & l'Osdroëne qui est nommée dans le second, étoient au-delà du Fleuve. Nous le verrons ensuite de l'Osdroëne.

L'Anthemusie, tiroit certainement son nom d'Anthemuse, que Tacite nomme Anthemusiade, dont il parle au sixiéme livre de ses Annales [g], où il dit d'elle & de Nicéphorium, qu'elles avoient été bâties par les Macédoniens. *At Tiridates volentibus Parthis Nicephorium & Anthemusiada, ceterasque Urbes, quæ Macedonibus sitæ Græca vocabula usurpant . . . recepit.* Il est bien clair qu'*Anthemusiade* devoit son nom à la Ville d'*Anthemus*, Anthemonte, en Macédoine. Strabon [h] nomme Anthemusie, un Lieu de la Mésopotamie. Pline [i] en fait une Ville, ou un Bourg, *Oppidum. In Campestribus Oppida Diospage, Politeia Stratonice Anthemus. in vicinia Euphratis Nicephorion.* Ptolomée ne nomme, ni Bourg, ni Ville, ni Village de ce nom, mais une Contrée ; le Territoire & la Jurisdiction de cette Ville, portoit le même nom, & la Contrée Anthemusie en étoit. Ptolomée ne dit point quelles Places en étoient. Anthemus en étoit sans doute, *Bathnæ* en étoit aussi, comme on a vu. Mais on ne peut pas dire au juste, quel rap-

port avoient ses bornes avec celles de l'Osrhoëne.

Quant à l'Osrhoene dont il est ici question, Procope nous apprend l'origine de ce nom. Voici ses paroles traduites par Mr. Cousin [k]. Edesse & le Pays d'alentour a été nommée Osrhoene du nom d'Osroès, qui y commandoit au tems que cette Ville étoit dans l'Alliance des Perses. Ce Souverain nommé Osrhoës, dont le nom étant aspiré devient Chosroès, est peu connu dans l'Histoire, & Procope est peut-être le seul qui en ait parlé ; il ne doit pas avoir vécu avant le tems des Antonins, ou, s'il est plus ancien, il faut que ce nom n'ait pas été fort répandu ; puis qu'il a été ignoré de Ptolomée. Dion Cassius [l] racontant le malheur de Crassus parle d'un certain Abgarus Orrhoénien, qui par ses conseils perfides hâta la perte de ce Général. Il parle des Orrhoéniens dans la suite de son recit [m]. Mais quoique l'on conviene, qu'il s'agit en ces deux Passages de l'Osrhoëne, & que les Traducteurs Latins les rendent ainsi, on ne peut pas conclurre que le Pays s'appellât ainsi du tems de Crassus. Si cela étoit, ce nom auroit-il pu être ignoré de Plutarque, qui a écrit la Vie de Crassus ? & de tant de Géographes, comme Mela, Pline, Ptolomée, & autres qui ont vécu & écrit avant le régne des Antonins ? Dion Cassius ne s'en est servi qu'après coup. Quant à la différence d'*Orrhoeni* pour *Osrhoeni*, elle n'est point rare. Procope qui dit *Osrhoeni*, au premier Livre de la Guerre contre les Perses, dit *Orrhoeni*, Ὀῤῥοηνοί, au troisiéme Livre des Edifices. Etienne le Géographe, au mot Βάτναι dit Ὀῤῥοηνή, *Orrhoëné*. Le nom d'Abgare que Dion Cassius donne à l'Osrhoénien qui trahit Crassus, étoit celui d'une famille considérable dans cet Etat. [n] L'Osrhoene & l'Adiabene avoient été soumises à l'Empire par Lucius Verus. Elles se révolterent sous l'Empire de Severe. Vologese Roi des Parthes s'empara de la Mésoporamie, & par conséquent de l'Osrhoëne, & poussa ses conquêtes jusqu'à Nisibe. Sévère marcha en personne contre lui ; à son arrivée, Abgare Roi de l'Osrhoëne le reconnut pour son Prince, & son Protecteur, lui donna ses enfans pour ôtages de sa foi, & lui amena un grand nombre d'Archers, pour le servir dans ses Guerres. Spartien pour qui le nom d'Osrhoéne étoit nouveau, dit que Sévère subjugua Abgare Roi de Perse. C'étoit apparemment le même Abgare qui dix ans après, sous le même Sévère, vint à Rome avec une suite si magnifique qu'on la compare à celle de Tiridate sous Néron. Dion le qualifie Roi d'Edesse qui, comme nous le verrons dans la suite, étoit Capitale de l'Osrhoëne. On peut voir aux mots EDESSE & ORPHA, que durant les derniéres années de N. S. J. C. il y avoit à Edesse un Roi nommé Abgare, & il y a bien de l'apparence que cette Famille Royale subsista long-tems sur le Thrône ; & que le Chosroès ou Osrhoës, qui donna le nom à ce Pays fut un Conquerant dont le Regne ne fut qu'une interruption de cette suite d'Abgares.

Quoiqu'il en soit, Sévére se trouva si bien des Archers, qu'Abgare lui avoit donnez, qu'il qu'il voulut en avoir toujours dans son Armée. Aussi voit-on [a] que Caracalla son Successeur avoit des Archers Osrhoéniens dans l'Armée, qu'il opposa aux Allemands. Mais ayant tourné ses Armes, vers l'Orient, il usa d'une extrême perfidie, envers Abgare Roi d'Osrhoéne. Il lui persuada sous prétexte d'amitié, de se rendre auprès de lui. Ce Prince s'y étant rendu, fut arrêté & chargé de fers, & son Etat fut envahi sans beaucoup de peine. [b] On le mena apparemment à Rome avec deux enfans, qu'il avoit, Abgare & Antonin, & tout le reste de sa famille; car on a à Rome l'Epitaphe d'un Abgare, mort à vingt-six ans, au grand regret de ses Parens & de ses Amis. L'Epitaphe est faite par Antonin son frere, & elle porte qu'ils étoient tous deux fils d'Abgare autrefois Roi de l'Osrhoéne. Caracalla mit une Colonie à Edesse, Capitale du Pays.

[a] Dion. l. 77. p. 876.
[b] Tillemont. Caracalla Art. XI.

Il semble donc, remarque le savant Auteur cité en marge, que ce Royaume ait été entiérement éteint en ce tems-ci, l'an de l'Ere Chrétienne 216. le sixiéme de Caracalla; & cependant on trouve encore un Roi Abgare dans les Médailles de Gordien. Occo le prend pour un Roi des Parthes, ce qui ne se peut soutenir, & Spanheim ne trouve point de difficulté à croire, que c'est encore un Roi d'Edesse. En effet George le Syncelle cite de Jule Africain, que du tems de l'Empereur Alexandre, (ou plutôt d'Heliogabale, ) Abgare homme sacré regnoit à Edesse. Selon que Scaliger rapporte cet endroit, on ne voit pas si cet Abgare étoit Roi d'Edesse, ou plutôt on n'y voit aucun sens. Bede l'a lû comme le Syncelle. Sans ce passage, on pourroit croire que l'Abgare marqué sur les Médailles de Gordien, étoit Roi non d'Edesse & de l'Osrhoéne, mais de quelque Pays voisin, le mot d'Abgare, étant aussi bien un nom de Dignité, qu'un nom propre. Le P. Noris croit qu'Abgare même dépouillé par Caracalla, ou ses enfans, furent rétablis dans leur Royaume, mais non dans la possession de la Ville d'Edesse, parce qu'on en avoir fait une Colonie; il n'a pas fait attention au passage d'Africain. Quoiqu'il en soit, il est certain que dans le IV. siécle l'Osrhoéne étoit une Province soumise absolument aux Romains.

Comme l'Osrhoéne a été une grande Province Ecclésiastique, les Notices nous ont conservé, en détail le nom des Lieux qui reconnoissoient Edesse pour Métropole. Mais elles ne s'accordent; ni sur le nombre, ni sur le rang des Siéges, qu'elles y mettent. C'est ce qui m'oblige à donner ici trois Osrhoénes différentes.

### Edessa Métropolis.

| | |
|---|---|
| Carra, | Monthisilla, |
| Constantia, | Therimachon, |
| Theodosiopolis, | Moninnya, |
| Bathe, | Macarta, |
| Callinicus sive Leontopolis, | Marcopolis, |
| Nova Valentia, | Anastasia, |
| Birborum, | Hemerius. |
| | Circisa. |

Telle étoit l'Osrhoéne sous Léon le Sage, vers la fin du IX. siécle. Voici celle que Hiéroclès nous représente. Le titre même de la Province est corrompu dans le Manuscrit du Vatican. On y lit *Provincia Rosroicen*, Ροςροικην, pour Osrhoénes, Οςροηνης; il n'y compte que neuf Villes en y comprenant la Métropole; encore n'en nomme-t-il que huit.

### Edessa.

| | |
|---|---|
| Constantia, | Bathne, |
| Theodosiopolis, | Nova Valentia, |
| Carrha, | Leontopolis que & |
| | Callinica. |
| & Birthra ou Birtha. | |

Cette derniére est la même que *Birborum* ou plutôt *Birthorum* de la Notice précédente; mais en voila déja sept de retranchées. Le dérangement est encore plus grand dans la Notice du Patriarchat d'Antioche. Des Siéges de la prémiére Notice, on ne reconnoit dans celle-ci, que six noms; encore ceux de *Carra* ou *Carrha* & d'*Hemerius* y sont-ils si déguisés, qu'il faut deviner pour les reconnoître sous ceux-ci *Garron*, & *Imeria*. Quoiqu'il en soit, voila l'Osrhoéne de cette troisiéme Notice.

### Edessa.

| | |
|---|---|
| Verchi, | Gedaron ou Gedmaron, |
| Constantia, | Imeria, |
| Garron ou Carron, | Querquensia, |
| Marcopolis, | Tapsaron, |
| Varnon ou Vatnon, | Callistycor. |

Mr. Baudrand observe, que l'on y remarquoit la Ville de *Nicephorium*. Elle étoit la même que *Constantine*. Voyez CONSTANTINE 3. *Constantia*, nommée ici dans la Notice, est la même qu'AMED, & DIARBECK. Voyez ces deux Articles & CONSTANTIA 3.

OSRUSHNA, Ville d'Asie dans la Tartarie au Mawaralnahr, au-delà de Samarcande, & l'une des Métropoles de cette Province. Abulfeda [c] dans sa Description de la Chorasmie & du Mawaralnahr en met ainsi la position, selon trois Auteurs différens.

[c] Colect. Oxon. T. 5.

| | Longit. | Latit. |
|---|---|---|
| | d. | d. |
| Alfaras, | 90. 0' | 40. 0' |
| Selon Ptolomée, | 91. 10. | 36. 40. |
| Albiruni. | 89. 30. | 39. 30. |

Abulfeda met ensuite dans le Département d'Osrushnah SABAT autre Ville. Dans le même Ouvrage il dit qu'Osrushnah est aussi un nom de Pays de même qu'Al Sogd, il ajoute: la plus grande partie est de Montagnes. L'Osrushnah est terminée à l'Orient par une partie du Fergan, au Couchant par les limites de Samarcande; au Nord par les Terres d'Alshash, & par une autre partie du Fergan, au Midi par les confins de Cash & d'Allaganiyan. On nomme beaucoup de Villes dans l'Osrushnah, dont nous ne mettons point, dit-il, les noms parce qu'ils sont Barbares, & que nous ne les savons pas exactement. Quant à la Ville de ce nom, elle est grande & magnifique à cinq journées de chemin de Samarcande. On dit qu'il y a quatre cens Châteaux ou Forteresses. La Vill-

## OSS.

Ville d'ALSHABILA, en est aussi. Nassir Eddin & Ulug Beig, marquent aussi la Longitude & la Latitude de cette Ville. Ils s'accordent à lui donner 100. d. 0′. de Longit. & 40. d. 0′. de Latit. Ces cent degrez s'accordent avec Alfaras par la déduction, dont nous avons déja plus d'une fois averti ; mais je ne sais sous quel Climat Abulfeda suppose, que Ptolomée a désigné cette Ville ; du moins la position qu'Abulfeda met sur le compte de ce Géographe, ne convient aucunement à un Lieu situé au-delà de l'Oxus dans le calcul de ce Géographe, & tombe dans la Médie.

OSS, ou Os, Bourg du Brabant Hollandois, dans la Mairie de Bois-le-Duc au Quartier de Maesland [a]. Il en est le Chef-lieu, & c'est où se tiennent les Assemblées du Quartier. Jeanne Duchesse de Brabant, donna en 1399. aux Habitans de ce Lieu, la permission de l'entourer de murailles, & de fossez, pour les garantir des courses des Gueldrois, qui peu de tems après renversèrent ces murailles. Cependant il en reste encore quelques Monumens, entr'autres les Tours des deux Portes, l'une sur le chemin de Bois-le-Duc, & l'autre sur celui de Grave. La même Princesse lui accorda aussi le Privilége d'avoir un Marché toutes les Semaines, & deux Foires par an, l'une la veille de la Fête-Dieu, & l'autre la veille de la St. Michel : ces deux Foires sont fameuses par le grand nombre de Chevaux, qu'on y amene. Elle y érigea en même tems un Tribunal de sept Echevins, & autant de Jurez avec le Droit de *Sommation*, dans tout le Quartier de Maesland ; & autres Priviléges pour les Habitans, particuliérement pour les Manufacturiers en laine. Il y a une assez belle Eglise occupée par les Réformez, & dont le Ministre, sert aussi celle de Heesch. Les Bourgeois ou Habitans d'Oss, forment quatre Confrairies ou Compagnies.

1. OSSA, Montagne de Thessalie dans la Magnésie, au Midi Oriental du Pénée, & au Sud-Est de la Vallée de Tempe. Pline [b] & Ptolomée [c] font mention de cette montagne, qui est fameuse dans les Fables des Poëtes. Virgile dit des Titans : [d]

*Ter sunt conati imponere Pelio Ossam,*
*Scilicet atque Ossæ frondosum involvere Olympum.*

2. OSSA, Ville de Macédoine à l'Orient du Strymon, dans la Bisaltie, selon Ptolomée [e].

3. OSSA, Strabon [f] trouve au Peloponnèse deux Montagnes voisines, nommées *Ossa* & *Olympe*, de même que deux autres appellées de même dans la Thessalie. J'en ai parlé dans l'Article d'OLYMPE en Elide.

4. OSSA, Riviére d'Italie dans la Toscane. Ortelius [g] croit, que c'est la *Marta*, nommée *Lartes* par Antonin, mais il n'y a pas d'apparence. Ptolomée met l'embouchure de l'Ossa entre Telamon & Cosa ; en ce cas c'est la même que l'ALBINIA, aujourd'hui l'ALBENGA.

OSSADIENS (Les). Ancien Peuple de l'Inde [h]. Ils étoient libres, & Ortelius [i] conjecture qu'ils habitoient au voisinage du Fleuve Indus.

## OSS.

OSSARENA, ou TOSARENA, selon les divers Exemplaires de Ptolomée [k] ; Contrée de la Grande Arménie, le long du Fleuve Cyrrhus.

OSSERA, ou OSERA, Bourg d'Espagne sur l'Ebre dans l'Arragon, à cinq lieues de Saragoce. Voyez OSICERDA.

OSSERIATES, ancien Peuple de la Haute Pannonie, selon Ptolomée [l]. Ce sont les *Oseriates* de Pline.

OSSERY, ou plutôt OSSORY, petite Contrée d'Irlande, dans la Province de Leinster, entre les Villes de Quenstowne & Kilkenny. La Riviére de Nure le divise en Haut & en Bas. *Upper Ossory*, est une des sept Baronnies du Comté de la Reine.

OSSET. Voyez JULIA CONSTANTIA 2. & OSEN. On dispute si ce Lieu, qui étoit dans la Bétique, est présentement le Bourg de TRIANA, ou St. JUAN D'ALFARACHE.

OSSIACH, Village d'Allemagne dans la Carinthie, au Cercle d'Autriche entre Veldkirch & Villach [m], au bord Oriental d'un Lac, auquel il donne le nom d'OSSIACHER SÉE.

OSSIGERDA, pour OSICERDA.

OSSIGI, ancienne Ville d'Espagne, au Département de Cordoue, selon Pline [n] ; elle étoit Episcopale ; & dans un des Conciles d'Espagne [o], on trouve Clémentien d'Ossisigi. C'est une remarque du R. P. Hardouin ; je ne trouve point dans les trois anciennes Notices d'Espagne, qu'il y ait eu un Evêché de ce nom. Cela me fait soupçonner qu'au lieu d'*Ab Ossigi*, il faut lire *ab Astigi*. Dans les trois Notices Astigis & Cordoue sont nommées de suite, comme Siéges Suffragans d'Hispal qui est Seville. Il n'est pourtant pas impossible, qu'il y ait eu a *Ossigi* un Evêché, comme il est arrivé à plusieurs Villes d'Espagne, qui ont eu un Siége Episcopal pendant quelque tems, & en ont été privées par les invasions, & autres malheurs publics. Strabon dit quelque part [p], que les mœurs & les coutumes des Lacédémoniens étoient en usage en Espagne. C'est peut-être delà qu'est venu le surnom de *Laconum* ou *Laconicum*, que Pline donne à *Ossigi*. On croit que c'est présentement MEGIBAR, au Royaume de Jaen entre Anduxar & Linarez.

OSSIGITANIA, Contrée d'Espagne dans la Bétique. Pline [q] dit que c'est par cette Contrée, que le Fleuve Bætis entroit dans la Bétique. Elle prenoit son nom d'OSSIGI.

OSSMIANA, Ville de Pologne en Lithuanie, au Palatinat de Vilna, sur un Ruisseau qui tombe dans la Vilia, Riviére qui passe ensuite à Vilna. Elle est au Nord-Ouest de cette Ville, en tirant vers Minski.

OSSONA. Voyez OSSUNA.

OSSONOBA, ancienne Ville d'Espagne dans la Lusitanie, selon Pomponius Mela [r] & Pline [s]. Rodericus Carus croit, que c'est présentement ESTOMBAR. Ptolomée la nomme OSSONABA, & la met dans la Lusitanie, au Pays des Turditains. Ortelius & les Interprétes de Ptolomée, la confondent mal à propos avec *Onoba Lusituria*. Mais Ptolomée les

T

les distingue très-bien, soit par leur position différente que voici

|  | Long. | Lat. |
|---|---|---|
| Onobalisturia, | 4.d. 46′. | 37.d. 20′. |
| Ossonaba, | 3. 0′. | 37. 45. |

soit en mettant la première dans la Bétique, & l'autre dans la Lusitanie. Colmenar, dans les Délices de l'Espagne & du Portugal, parlant [a] de la Ville de Faro dans le Portugal dit: Cette Place s'est accrue des ruines d'une Ville ancienne nommée *Ossonoba*, qui étoit dans son voisinage à l'Orient & qui n'est plus aujourd'hui qu'un petit Village nommé Estoi. On voit l'ancien nom dans l'Inscription d'une Pierre antique qu'on a transportée à Faro:

[a] p. 810.

IMP. CÆS. P. LUCINIO.
VALESSIANO. P. F. AUG.
PONT. MAX. P. P. TR. POT.
III. COS. RESP. OSSON.
EX DECRETO. ORD. DEVOT,
..... NUMINI MAJESTAT,
... 15. EJUS D. D.

Cette Ville d'Ossonoba, étoit aussi honorée d'un Evêché, qui après sa ruine a été transféré à Faro.

OSSUNA, ou OSSONA, Ville d'Espagne dans l'Andalousie, à six ou sept lieues, au Nord de Hardales, & à cinq ou six au Midi d'Ecija; elle est assez grande & passablement peuplée. Elle est ancienne & étoit autrefois connue sous le nom d'URSAO, URSON, & ORSONA, suivant l'Auteur des Délices de l'Espagne [b], & elle passoit pour une Ville forte, par sa situation, n'y ayant seulement une Fontaine qui fournissoit d'eau tous les Habitans, tandis que toute la Campagne d'alentour étoit sans eau à huit milles à la ronde; de manière que quand Jules César l'assiégea, il fallut faire tout venir au Camp de fort loin. La même chose se voit encore aujourd'hui, la même Fontaine subsiste toujours & fournit de l'eau en assez grande abondance pour suffire aux besoins de tous les Habitans; mais toute la Campagne voisine est entièrement seche, n'ayant ni Ruisseau, ni Fontaine. Aussi n'y croit-il aucun arbre, à la reserve de quelques Oliviers, qui ont été plantez par les Mores. Ossune appartient à des Seigneurs de la Maison des Girons, qui n'ont pris que le titre de Comtes d'Urenia, jusqu'à l'an 1562. que Philippe II. leur permit de prendre celui de Ducs d'Ossone. Un Seigneur de cette Maison, nommé Pierre Giron, Grand Maître de l'Ordre de St. Jacques, conquit ARCHIDONA sur les Maures, l'an 1472. & obtint d'Henri IV. Roi de Castille, la permission de l'unir à son Domaine avec diverses autres petites Places. Après lui Jean Tellez de Giron, le second du nom, & de la Famille, bâtit à Ossoné l'an 1534. une Eglise magnifique à l'honneur de la Sainte Vierge, construite de beau marbre blanc, & l'enrichit d'une grande quantité de Vaisselle d'or & d'Ornemens très-somptueux de soye en broderie d'or. Il y fonda aussi divers

[b] p. 480.

Monastères aux Religieux de St. Dominique, à ceux de St. François, à ceux de St. Augustin, & aux Minimes. Il fonda aussi hors de la Ville deux autres Couvens, l'un pour les Recollets au Mont Calvaire, & l'autre aux Observantins. La Comtesse Marie, sa femme, fonda le Couvent des Religieuses de Ste. Claire. Ils bâtirent encore d'autres Couvens en divers endroits de leurs Terres. Ils établirent à Ossune un Hôpital pour les Pauvres, & pour les Enfans-trouvez, & l'an 1549. une Université assez bien rentée. Un Duc d'Ossune Vice-Roi de Naples, est fameux par ses bons mots & par ceux que lui a prêtez Leti qui a écrit sa Vie. Entre Ossone & Ecija, sont les *Lagunas*, ce sont des marais & des creux fort profonds en terre.

OSSOTOUÉ, Peuple de l'Amérique Septentrionale. C'est un des quatre qui forment la Nation des Akansas.

OSTABARES, ou OSTABARETZ, Contrée de France dans la Basse Navarre; [c] Pays dont elle fait un des quatre Quartiers, il n'y a aucune Ville. Elle est bornée au Nord par le Pays de Mixe où est St. Palais; à l'Orient, par le Pays de Soule; au Midi par celui de Cise, qui la borne aussi au Couchant en partie, avec le Pays d'Hissari. Elle est arrosée par le Bidouse, Ruisseau, qui y a sa source: Ce n'est presque qu'une Vallée au Midi du Bourg d'OSTABAT qui lui donne le nom, & est la route de St. Palais à St. Jean pied de Port, à deux lieues de la première.

[c] De l'Is. Atlas.

OSTALRIC, petite Ville d'Espagne dans la Catalogne, sur la Rivière de Tordera, à cinq lieues de Gironne, à huit de Barcelonne, & à quatre de la Mer [d]. Elle étoit défendue par un Château escarpé, qui n'étoit accessible que du côté de la Ville, où il y avoit huit retranchemens, l'un sur l'autre, mais le Château fut pris d'assaut le 19. de Juillet 1695. par le Maréchal de Noailles, qui en fit depuis ruiner les fortifications.

[d] Baudra. Edit. 1705.

OSTAMA, Ville de l'Arabie Heureuse, selon Ptolomée [e]. Elle étoit dans les Terres.

[e] l. 6. c. 7.

OSTAPHOS, Ville de Thrace, selon Ptolomée [f]. Elle étoit dans les terres, aux confins de la Basse Mœsie, au Couchant Septentrional de Nicopolis.

[f] l. 3. c. 11.

OSTENDE, OOSTENDE, Ville maritime des Pays-Bas dans la Flandre Autrichienne, dans le Quartier de Bruges; à quatre lieues de Bruges; à trois de Nieuport; à deux d'Oudenbourg; & à six de Dunkerque. Elle a l'Océan au Nord-Ouest; son Port au Nord & au Nord-Est; des Inondations à l'Est & au Midi. Elle est entourée de plusieurs Forts qui sont les Forts d'Albert, d'Isabelle, de Ste. Claire, de St. Michel, de Bredené, de Ste. Marguerite, d'Oudenbourg & de Blankenberg. Il y a quatre Portes; savoir celles de Nieuwport, de la Mer, du Nord, & des Ravelins. Marchant [g] parle d'un Village, nommé *Westende*, situé au Couchant du côté de Nieuwport, & dit que ce fut par rapport à ce Lieu qu'Ostende fut nommé Ostende, comme étant plus Oriental. Mr. de Longuerue met Vestende à une lieue d'Ostende. Ce n'étoit encore qu'un Village en 814.

[g] Flandr. Desc. l. 1. p.

Lors-

Lorsque Gobert de Steenlande, prenant l'habit de Religieux dans l'Abbaye de St. Bertin à St. Omer, porta en dot à ce Monastère, trente-huit ou trente-neuf Villages, dont les principaux étoient *Kroonenberg*, Steenland, Lempernefs, Squerde, & Sempie. Oftende comprife alors dans cette Donation, n'étoit qu'un petit Village. Elle devint Bourg en 1072. lorfque Robert de Frife, y fit bâtir une Eglife, fous l'Invocation de St. Pierre; en 1372. les Pêcheurs & les autres Habitans l'entourerent d'une fimple paliffade; en 1445. Philippe le Bon la fit environner de murailles, y fit conftruire les portes & embellir le Port. Elle ne fut régulièrement fortifiée qu'en 1583. par le Prince d'Orange, lorfqu'il étoit maître de Gand & de Bruges. Le Duc de Parme Général du Roi d'Efpagne, l'attaqua la même année, & leva le Siège fans le prendre. Les Efpagnols incommodez par les ravages, que faifoit la Garnifon de cette Ville, l'affiégerent de nouveau en 1601. Cette année eft marquée par ce Chronographe, OSTENDE NOBIS PACEM. Ambroife Spinola la prit en 1604. le 14. Septembre. Cette année eft auffi exprimée par cet autre Chronographe, OSTENDAM INITIA PACIS. Ce Siège, dit Mr. de Longuerue *, dura près de trois ans, il devoit dire plus de trois ans, car il commença le 5. Juillet 1601. ces deux dates font voir la fauffe exactitude, de ceux qui ont dit que ce Siège avoit duré trois ans, trois mois, trois femaines, trois jours & trois heures; je m'étonne que pendant qu'ils étoient en train de calculer par trois, ils n'ayent pas ajouté trois minutes & trois fecondes; cela auroit eu un plus grand air de précifion. Tout le monde fait les beaux vers que Hugue Grotius compofa fur Oftende peu de tems avant la Capitulation.

*Defcr. de la France, Part. 2. p. 62.

*Area parva Ducum, totus quam refpicit Orbis,*
*Celfior una malis, & quam damnare ruina,*
*Nunc quoque fata timent; alieno in littore refto.*
*Tertius annus abit: toties mutavimus hoftem,*
*Sævit hyems Pelago, morbifque furentibus*
*æftas:*
*Et minimum eft quod fecit Iber. Crudelior*
*armis,*
*In nos orta lues: nullum eft fine funere funus:*
*Nec perimit mors una femel. Fortuna, quid*
*hæres?*
*Qua mercede tenes miftos in fanguine manes?*
*Quis tumulos moriens hos occupet, hofte peremto,*
*Quæritur, & fterili tantum de pulvere pugna*
*eft.*

Ces vers furent traduits en François par du Vair, par Nicolas Rapin, & par Malherbe. La traduction de ce dernier eft au quatrième livre de fes Poëfies. Quant au Siège la Garnifon fut renouvelée plufieurs fois, & on compte que les Affiégez perdirent au-delà de cinquante mille hommes, & les Affiégeans plus de quatre-vingt mille. En 1658. le Cardinal Mazarin crut fe rendre maître d'Oftende par ftratagême. Le Maréchal d'Aumont, qui devoit exécuter ce projet avec quelques Vaiffeaux de guerre, fut pris lui-même. Sous les Efpagnols cette Ville s'étoit affez bien rétablie. La Maifon de Ville étoit affez belle, & fon Carillon paffoit pour un des meilleurs de Flandre, mais elle fut ruïnée en 1706. lors qu'Oftende fut affiégée par les Alliez qui difputoient la Succeffion d'Efpagne à Philippe V. Cette Maifon de Ville fut rebâtie, plus magnifique qu'auparavant en 1711. Les Etats Généraux des Provinces-Unies, après la prife de la Ville en 1706. y mirent Garnifon & la garderent jufqu'à la Conclufion du Traité de Barrière, conclu entre Eux & l'Empereur, vers la fin de 1715. en vertu duquel ils la lui rendirent. L'Empereur ne tarda guères <sup>a</sup> à faire dreffer un Plan de Commerce, pour lequel fe forma la fameufe Compagnie d'Oftende. Le but étoit d'acquerir aux Pays-Bas Impériaux le Commerce des Indes Orientales. Des Anglois, & quelques Hollandois, mauvais Citoyens favoriloient fous main, ce projet aux dépens de leur Patrie. Cette affaire révolta les Provinces maritimes qui après bien des Négociations vinrent à bout de parer le coup mortel, que la Compagnie d'Oftende vouloit porter à leur Négoce. Le Magiftrat d'Oftende fe renouvelle ordinairement vers le mois de Septembre <sup>b</sup>. Il eft compofé d'un Bailly, d'un Bourgmeftre, de fept Echevins & d'un Treforier. La premiére Charge eft à vie. Il y a des Peres de l'Oratoire qui deffervent la Cure de la grande Eglife de St. Pierre. Cette Eglife étoit très-belle avant l'incendie, qui la confuma en 1712. par la négligence d'un Plombier, qui travaillant au toit laiffa tomber imprudemment quelques charbons. Il y a auffi à Oftende des Capucins, des Sœurs Noires, des Religieufes de la Conception, & un Hôpital, fondé par les Bourgeois en 1403. L'eau douce manque dans cette Ville, & on eft obligé d'y en faire venir de Bruges. Les Braffeurs l'y envoyent querir dans des Barques, d'où on la met en un refervoir qui eft tout proche du Port. Ce défaut & les autres incommoditez du Lieu font qu'Oftende n'a pas attiré chez elle <sup>c</sup> les Négocians & autres Membres de la Compagnie, à laquelle cette Ville donnoit fon nom. Le principal Siège de la Compagnie étoit à Anvers; & Oftende n'en avoit guères plus d'Habitans, fi ce n'eft à l'arrivée des Vaiffeaux.

a Mém. du tems.

b Délices des Pays-bas. T. 2. p. 137.

c Mém. du tems.

Un des principaux Forts, au voifinage d'Oftende, c'eft PLASCENDAL.

OSTEODES, ancien nom de l'une des fept Ifles que les Grecs & les Romains ont connues fous le nom d'Ifles d'Eole. Pomponius Mela le dit & la nomme la premiére des fept. Pline <sup>d</sup> mieux les noms de ces Ifles dont, felon lui, Lipara eft la premiére. En effet c'eft elle qui leur donne aujourd'hui le nom d'Ifles de Lipari, dans la Mer Méditerranée, au Nord de la Sicile, dont elles font regardées comme des annexes. Quant à l'Ofteodes de Pomponius Mela, elle n'eft point du nombre des fept, comme Diodore de Sicile & Pline l'en excluent fort fagement. C'eft une Ifle à part qui en eft éloignée à l'Occident; à dire vrai on ne s'accorde pas fur la fituation. Mr. de l'Ifle croit que c'eft la même qu'USTICA, cependant Pline & Ptolomée diftinguent Ofteodes & Uftica. Pline <sup>e</sup> dit de la premiére, qu'elle étoit à LXXX. milles de Solonte, Ville dont le Fort de Solanto conferve encore le nom, auprès de Palerme. Mais il met Uftica vis-à-vis du

d l. 2. c. 7.

e l. 3. c. 8.

Peu-

Peuple *Paropini*, ou ce qui revient au même vis-à-vis de la Ville de *Paropus*; or cette Ville étoit dans les Terres, au Midi à peu près de Solonte. Il n'est pas aisé de concevoir comment *Ustica*, étoit vis-à-vis de *Paropus*, sans être vis-à-vis de Solonte. Ptolomée [a] distingue ainsi les deux Isles:

[a] l.3.c.4.

| | Longit. | Lat. |
|---|---|---|
| *Ustica Insula & Civitas*, | 36.d. 30′. | 38.d.45′. |
| *Osteodes Insula*. | 36. 15. | 37. 0. |

Il met dans la première une Ville de même nom, & la situation qu'il lui donne ressemble assez à celle que Mr. de l'Isle donne à l'Isle, qu'il appelle Ustica ou Osteodes. Quant à l'Osteodes de Ptolomée, elle devoit être assez voisine de *Drepanum*, & c'est ce qui a donné lieu à dire, que c'est présentement PORCELLI; ce qui ne s'accorde point avec l'indication de Pline que nous avons rapportée ci-dessus.

OSTERBURG, petite Ville d'Allemagne dans l'Electorat de Brandebourg [b], dans la Vieille Marche.

[b] Hubner, Géogr. p. 629.

OSTERGOE, (L') OSTROGOUWE, ou OOSTERGÔ. Voyez OSTERGO.

OSTERLAND (L') Canton d'Allemagne dans l'Electorat de Saxe: son nom veut dire le *Pays Oriental*; Il est borné au Nord par le Duché de Naumbourg & par la Misnie, qui le termine aussi à l'Orient, il a au Midi Oriental le Voigtland, & la Franconie, au Nord-Ouest le Duché de Weymar, coupé par le Comté de Schwartzbourg. [c] L'Osterland a appartenu en propre à une Branche de la Maison de Saxe, dont la Résidence étoit à ALTENBOURG. Delà vient que le Pays a été quelquefois nommé la PRINCIPAUTÉ D'ALTENBOURG. Cette Branche finit en 1672. & sa succession tomba à celle de Saxe Gotha, dont Ernest, qui en étoit alors le Chef, céda à la ligne de Weymar, la quatriéme partie de cette Succession, savoir DORNBOURG, ROSLAU, BURGEL & HEUSDORFF. La Capitale de l'Osterland qui a demeuré à la Maison de Gotha est ALTENBOURG. Les autres lieux remarquables sont ORLAMUNDE Ville, EISENBERG Château & un assez bon nombre de petites Villes ou Bourgs.

[c] Hubner, Géogr. p. 580.

OSTERLINGS (les) Voyez OSTFALES.

1. OSTERODE, petite Ville d'Allemagne dans l'Electorat d'Hanover, dans la Principauté de Grubenhagen.

OSTERVAND. Voyez OSTREVANT.

2. OSTERODE, Ville & Château du Royaume de Prusse dans le Hockerland.

OSTERWICK, Village d'Allemagne dans la Basse-Saxe, dans la Principauté de Halberstadt, sur le Ruisseau d'Olse ou Ilse. Ce n'est plus qu'une Bourgade, mais c'étoit autrefois une Ville considérable nommée Selingstadt. Voyez ce mot.

OSTERWYK. Voyez OOSTERWYK.

OSTFALES (Les) ou les Ostfaliens, partie considérable des anciens Saxons, établie entre l'Elbe & le Weser. Personne n'a mieux connoître cette Nation que Charlemagne. Dans ses Capitulaires de l'an 797. à Aix la Chapelle il dit qu'il s'y étoit rendu des Saxons de divers Cantons, tant des Westphales que des Angariens, & des Ostfales: *Congregati Saxones ex diversis Pagis, tam de Westfalahis & Angariis, quam de Oestfalahis*. Cela est très-bien expliqué par le Poëte qui a mis en vers les Annales de Charlemagne [d].

[d] Ad annum 772.

*Sed generalis habet Populos divisio ternos,*
*Insignia quibus Saxonia floruit olim,*
*Nomina nunc remanent, virtus antiqua recessit.*
*Denique Westphalos vocitant in parte manentes*
*Occidua, quorum non longe terminus amne*
*A Rheno distat. Regionem Solis ad ortum*
*Inhabitant OSTERLINGI; quos nomine quidam*
*Ostvalos alio vocitant, confinia quorum*
*Infestant conjuncta suis gens perfida, Slavi.*
*Inter prædictos media Regione morantur*
*Angarii Populus Saxonum tertius. Horum*
*Patria Francorum terris sociatur ab Austro,*
*Oceano eadem conjungitur ex Aquilon.*

On ne pouvoit pas mieux distinguer ces Peuples. La Mer au Nord, les Francs au Midi; les Ostfales nommez aussi Osterlings, confinoient aux Slaves, Peuple situé au-delà de l'Elbe; les Westfales s'étendoient presque jusqu'au Rhin. Entr'eux & les Ostfales, étoient les Angariens dont Engern, qui subsiste encore, étoit la Capitale, & nous marque la situation. Voilà qui est clair. On voit encore que la situation des Westfales & des Ostfales est exprimée par leurs noms, qui signifient *Fales* ou *Vales* Occidentaux, *Westfali*, & *Fales* ou *Vales* Orientaux, *Ostfali*. Il y a plus de difficulté au mot *Fales* ou *Vales*, car les Allemands prononcent cet *V* consonne plus durement que l'*F*; & ils écrivent indifféremment l'une ou l'autre de ces deux lettres dans les noms peu connus. Quoiqu'il en soit, Trithéme [e] & après lui Hertius [f] ont cru que ce mot *Fali* ou *Vali*, étoit pour *Galli*. Le premier dit que Charlemagne [g] à la place des Saxons qu'il avoit transportez au-delà du Rhin, fit passer en Saxe trente mille Gaulois, qui au lieu de *Westgalli*, furent appellez vulgairement par corruption *Westwallen*. Mais sans entrer dans une longue réfutation de cette conjecture, Charlemagne qui avoit transporté ces Gaulois, n'auroit-il pas sû leur vrai nom en 797.? D'ailleurs cette transplantation étoit-elle déja, quand il nommoit ainsi ces Peuples, qu'il dit formellement être des Saxons? Ces Ostfales sont nommez ailleurs OSTERLINGS, AUSTRELINGS, AUSTRELEUDES, & AUSTRASIENS. Il y a bien plus d'apparence de dériver le mot d'OSTFALES d'OSTFELDERS du mot FELD, Campagne. Dans le sixième siècle ces Ostfales s'étendirent aux parties Septentrionales de la Thuringe [g], comme le remarque le docte Spener. Avec le tems ils se reculerent, & ce qui avoit été la Saxe fut abandonné aux Fales Occidentaux, qui donnerent à ce Pays le nom de Westphalie qu'il porte encore. Le Pays des Angariens, y est aujourd'hui compris dans les deux Cercles de Saxe.

[e] Defcript. Eccles. t.5.
[f] Noth. Germ. Infer.
[g] Noth. Germ. ant. dii xvi, c. 4. p. 409.

OSTFRISE, ou OOSTFRISE, ce mot est équivoque & a signifié, en divers tems, des Pays fort différens. Quelquefois il s'est dit par opposition au mot de WESTFRISE, &

& alors il ne fignifioit que le Pays fitué entre le Flevus & le Lauwers. C'eſt de ce Canton qu'étoit Souverain Guillaume Comte d'Oſtfriſe, dont parle Beka Hiſtorien de l'Egliſe d'Utrecht[a]. Dans l'uſage préſent ce Canton eſt compris dans la Friſe proprement dite, qui eſt une des ſept Provinces-Unies, & on appelle Oſtfriſe un Pays d'Allemagne aux confins de la République des Provinces-Unies. Il eſt borné au Nord par la Mer d'Allemagne, à l'Orient par le Comté d'Oldenbourg, au Midi par l'Evêché de Munſter, au Couchant par la Province de Groningue, & par l'Embouchure de l'Embs. On le nomme auſſi quelquefois le Comté d'Embden, du nom de ſa Capitale. Ce Pays a ſon Souverain particulier, dont le titre étoit le Comte d'Oſtfriſe, & qui eſt un des Princes de l'Empire, depuis l'an 1654. Ce Pays a beaucoup de Marécages[b], & ſe diviſe en X. Quartiers, dont voici les noms & les principaux endroits:

[a] In Balduino II.

[b] Carte de l'Oſtfriſe.

Sur la Côte de la Mer.
- EMLAND. { Embden, Capitale du Pays, Greetzil, Oldarſum.
- BROECKMERLAND, { Marienhaven.
- NORDENLAND, { Norden.
- HALINGERLAND, { Witmund.

Dans les Terres.
- FREDEBOURG, { Fredebourg.
- AURICKERLAND, { Aurick.
- LENGERLAND, { Remds.
- MOERMERLAND, { Leer.
- AVERDINGERLAND, { Vollen.

Sur le Dollaert. { REIDERLAND, { Wener.

La Capitale du Pays eſt Embden. Les Habitans jaloux de leurs Priviléges, ont depuis long-tems donné lieu à des troubles & des diviſions qui cauſent le malheur de ce Pays; & dont je vais rapporter l'origine.

L'Empereur Frederic III. ou IV. érigea ce Pays en Comté[c], & le donna en Fief mouvant de l'Empire à Ulric qui fut proclamé Comte d'Embden dans cette Ville même le 21. Décembre 1464. par un Héraut qui l'en mit en poſſeſſion en lui donnant l'Epée & l'Enſeigne. Ulric mourut en 1466. & laiſſa de Tade ſa Femme, Dame de Lewe & d'Olderſhen, Ennon, Edſard, & une fille nommée Almethe; tous en bas âge, ſous la tutelle de leur mere. Ennon n'avoit que ſix ans lorſque ſon pere mourut. Dans la ſuite il fit le voyage de la Terre Sainte, & à ſon retour ayant appris qu'un Seigneur de Vredenbourg, avoit enlevé ſa Sœur Almethe, il l'aſſiégea dans ſon Château, & ſe noya malheureuſement dans le foſſé en 1491. en le voulant paſſer ſur la glace. Edſard ſon frere lui ſuccéda, & fit auſſi le voyage de la Terre Sainte, laiſſant le Gouvernement de ſes Etats à

[c] Janiçon, Etat préſ. des Provinces-Unies. T. 2.

ſa mere, qui mourut en 1499. A ſon retour il épouſa Elizabeth, ſœur du Comte de Rietberg & mourut en 1528. Il avoit eu deux fils, ſavoir Ulric Chambellan de l'Empereur Charles V, mort en 1517. par conſéquent avant ſon pere, & Ennon II. qui lui ſuccéda. Celui-ci introduiſit la Religion Proteſtante dans ſes Etats, & ſe trouva engagé en diverſes guerres à cette occaſion. Il mourut en 1540. & laiſſa d'Anne d'Oldenbourg ſa femme deux fils, ſavoir Edſard II. qui lui ſuccéda, & Jean qui épouſa Dorothée, fille naturelle de Maximilien I. Edſard II. augmenta & embellit la Ville d'Embden. Les différends de Religion cauſerent de grands troubles, dans ſes Etats & les Habitans d'Embden ſe ſouleverent; mais ces brouilleries entre le Comte & la Ville furent aſſoupies par un Accord conclu à Delfzyl en 1598. Cette Paix ne dura guères. Le Comte étant entré en Négociation avec le Roi d'Eſpagne, au ſujet du Commerce, les Habitans d'Embden s'oppoſerent à l'exécution de ce Traité, ſuppoſant que leurs Priviléges les rendoient maîtres du Commerce de leur Ville à l'excluſion du Souverain. Ils réſolurent de lever des troupes & empruntèrent vingt-mille Riſdales des Etats Généraux des Provinces-Unies. Mais quelques Compagnies qu'ils avoient formées pour cette ſomme, ne ſuffiſant pas pour appaiſer la diſſenſion entre les Partiſans du Magiſtrat, & les Partiſans du Comte, les Magiſtrats demanderent aux Provinces-Unies, un renfort ſous le commandement de Jean de Carpie. Cet Officier arrivé aux environs d'Embden trouva les Députez avec une bande de gens armez que le Comte avoit envoyés pour traiter avec la Ville, il leur dit qu'il n'étoit pas raiſonnable: que la Ville traitât avec le Comte ſans l'intervention des Etats Généraux qui l'envoyoient, & comme ces paroles furent accompagnées de quelques menaces, les Députez & les Gens du Comte trouverent à propos de rebrouſſer chemin. Dans ces entrefaites, Edſard mourut le premier Mars 1599. âgé de 67. ans. Il laiſſa de ſon mariage avec Catherine, fille de Guſtave I. Roi de Suède, Ennon III. qui lui ſuccéda. En 1602. Ennon III. voulut rétablir l'autorité de ſes Ancêtres dans la Ville d'Embden & la bloqua; mais les Etats Généraux y envoyerent quatre Compagnies avec quelques Vaiſſeaux de guerre. Cependant le Comte s'étant fortifié le long de l'Ems, les Etats Généraux envoyérent un nouveau ſecours de douze Compagnies à la Ville d'Embden, ſous les Ordres du Colonel du Bois qui attaqua & défit les Troupes du Comte. Ennon qui s'étoit fait Catholique, prit la fuite & ſe retira à Vienne, où il propoſa à l'Empereur de le créer Amiral de l'Empire & d'équiper des Vaiſſeaux de guerre ſur l'Ems, le Weſer & l'Elbe. Mais les Etats Généraux lui écrivirent, & l'engagerent à ſe rendre à la Haye, où en 1606. il renouvella l'Accord de Delfzyl, par la médiation du Roi d'Angleterre. Pour plus grande ſûreté il conſentit que les Etats Généraux entretinſent une Garniſon dans le Fort de Lieroord.

En vertu de ce Traité la Ville d'Embden eſt demeurée ſous la protection de la Répupublique de Hollande, qui depuis l'année 1603. a toujours eu du consentement des Magistrats une Garnison suffisante à Embden & dans le Fort de Lieroord, & on augmente cette Garnison suivant les circonstances du tems. Ennon mourut en 1625. & laissa de sa seconde femme, Anne fille d'Adolphe Duc de Holstein Gottorp, Rudolphe-Christian, & Ulric. Le premier qui lui succéda fut tué, dans un tumulte le 17. Avril 1628. à l'âge de 26. ans, sans laisser de postérité, & fut remplacé par son frere Ulric, qui hérita en même tems de ses démêlez avec la Ville & avec les Hollandois qui continuoient à la proteger. Il mourut en 1648. & eut de son mariage avec Julienne de Hesse-Darmstadt, Ennon-Louïs qui lui succéda, George-Christian, & Edzard-Ferdinand qui mourût le 1. Janvier 1668. & laissa deux fils. Ennon-Louïs fut fait Prince de l'Empire en 1654. par l'Empereur Ferdinand III. & mourut le 4. Avril 1660. sans laisser de postérité. George-Christian son frere & son successeur fut aussi fait Prince de l'Empire par l'Empereur Léopold en 1662. & mourut en 1665. laissant son épouse enceinte d'un fils, dont elle accoucha un mois après ; & qui fut nommé Christian-Everard. Cet Enfant demeura sous la tutelle de sa mere Christine-Charlotte, fille d'Everard III. Duc de Wurtenberg. Il mourut le 30. Juin 1708. & laissa deux fils & quelques filles. George-Albert son fils aîné né le 12. Juin 1690. lui succéda & épousa en 1709. Christine-Louïse de Nassau Idstein. De plusieurs fils qu'ils a eus il n'est resté que Charles Edzard né le 19. Janvier 1716. Il a un frere né le 13. Février 1697. nommé Ennon-Auguste.

C'est principalement sous George-Albert, que les dissensions ont été poussées jusqu'à la derniére extrémité, mais il y a près de deux siècles qu'elles ont commencé. Ce n'est pas seulement avec la Ville d'Embden, que le Prince est en dispute, c'est aussi avec les Etats du Pays. Depuis que George-Albert a succédé à son pere il a porté des plaintes aux Etats d'Ostfrise sur divers Griefs, & cela a duré jusqu'en 1720. Alors n'en pouvant obtenir le redressement, il présenta diverses Requêtes à la Cour Impériale, la même année & l'année suivante. Ces plaintes consistoient principalement en ce que les Etats avoient introduit des Troupes étrangères dans le Pays, sans le consentement du Prince ; sur leur conduite dans la perception & dans l'administration des deniers publics ; sur le refus qu'ils faisoient d'accorder au Prince un Don gratuit annuel ; en ce que la Ville d'Embden, sans le consulter, s'étoit arrogé le Droit d'établir une Compagnie de Commerce ; sur le défaut de payement de plusieurs milliers de Risdales qu'il prétendoit lui être dus par les Etats ; sur l'obligation qu'on vouloit lui imposer de fournir sa quote part dans les Contributions du Cercle de Westphalie &c.

L'Empereur répondit à ces Requêtes par un Decret du 18. Avril 1721. conforme aux prétentions du Prince. Les Etats d'Ostfrise n'y eurent aucun égard, & le Prince eut recours de nouveau à l'Empereur, qui le 28. d'Août 1722. donna un nouveau Decret, en confirmation du premier. Les Etats d'Ostfrise se défendirent par un Manifeste en 1723. Ils y soutenoient qu'ils avoient le Droit de lever les Contributions & les Taxes, & d'en employer le produit, selon leur bon plaisir, à l'exclusion du Prince, qui, selon eux, n'avoit d'autre prérogative, que celle d'envoyer un Commissaire pour assister à la reddition des Comptes des Administrateurs, sans qu'il pût aucunement s'opposer à la disposition des deniers qui n'appartenoit qu'aux Etats. Voilà proprement en quoi consiste aujourd'hui le fond de cette querelle. Le Prince répondit à ce Manifeste, qu'une Résolution des Etats n'a de force qu'autant qu'elle est accompagnée du consentement du Prince ; qu'à l'égard de la levée & de la disposition des deniers publics, l'administration n'en peut être commise qu'à des Personnes confirmées & autorisées par le Prince dans l'exercice de leurs charges, & qui même sont obligées de lui prêter serment pour la fidélité de leur administration ; que par conséquent il doit avoir inspection sur le maniment des Finances du Pays, & que c'est un attentat manifeste à son Autorité de vouloir l'en exclure ; que le *Jus collectandi*, le Droit de recueillir les Taxes lui appartient de même que celui d'en dresser le rolle ; qu'il ne convient pas que le Prince contribue à acquitter les Dettes publiques contractées par les Etats ; que ses Domaines ont toûjours été exempts d'impôts &c.

Les Etats d'Ostfrise & la Ville d'Embden ne se soumirent au Decret Impérial, qu'avec des reserves qui ne furent point admises au Tribunal Impérial, & comme ils craignoient une Commission Impériale, ils eurent recours à la République de Hollande, dont ils avoient éprouvé la protection, & dont ils avoient actuellement chez eux une Garnison, depuis l'an 1602. quelque opposition qu'eussent faite le Prince & l'Empereur même. Les Etats Généraux avoient acquis depuis ce tems le droit d'avoir cette Garnison ; outre cela ils étoient garands des Traitez faits entre le Prince & la Ville d'Embden qui s'étoient conclus par son entremise ; & enfin ils avoient interêt d'étouffer une vieille querelle qui pouvoit causer dans leur voisinage, un embrasement dangereux, sans parler des sommes que leurs Sujets avoient avancées en divers tems sous leur garantie aux Etats d'Ostfrise. Voilà les raisons qui engagerent la République à intervenir dans cette affaire, qui n'est pas prête à être finie décisivement, & dont on peut voir tous les détails dans les Mémoires du tems.

OSTHA, Ville de l'Inde, en deçà du Gange, selon Ptolomée[a]. *a. l. 7. c. 1.*

OSTHAMAR, ou OSTHAMMAR, petite Ville de Suéde dans l'Uplande sur le Golphe de Bothnie, environ à deux lieues Suédoises d'Oregrund vers le Couchant.

OSTIA, ce mot dans les Cartes Géographiques dressées en Latin est le pluriel d'*Ostium*, qui veut dire l'embouchure d'une Rivière. *Ostia* veut dire les embouchures d'un Fleuve qui entre dans la Mer par plusieurs ouvertures.

OSTIANO, ou USTIANO, petite Place d'Italie dans le Mantouan, sur l'Oglio, aux confins du Cremonez & du Bressan, à vingt-deux

deux milles de Crémone, sur le chemin de Peschiera & à vingt-sept de Mantoue.

OSTIAQUES, (LES) Peuple d'Asie, dans la Sibérie aux environs de l'Obi, d'où il s'étend jusqu'au Jéniséa qui le borne à l'Orient; il s'étend au Nord assez près du Cercle Polaire & est borné au Midi par les Calmuques. Il fait partie de la Tartarie Russienne. On peut voir les coutumes grossières & l'ignorance stupide de cette Nation dans le Voyage d'Isbrand Ides, inféré dans les Voyages de Corneille le Brun par la Moscovie, & dans le Dictionnaire de Mr. Corneille qui a copié ce que cet Auteur en dit; & mieux encore dans la Description particulière qu'a faite de ce Peuple Jean Bernard Mullern Capitaine de Dragons au service de Suède, lequel écrivoit en 1716. à Toboskoï Capitale de la Sibérie, où il étoit prisonnier de guerre. Sa Relation qui est en Allemand, est insérée dans un Recueil intitulé *das veränderte Russland*, &c. C'est-à-dire *la Russie changée*. imprimé à Francfort in 4°. 1721. Les OSTIAKES, dit l'Auteur des Notes sur l'Histoire des Tatars [a], habitent au Sud des Samoyedes, vers les 60. d. de Latitude, depuis les Montagnes qui séparent la Russie, de la Sibérie jusques à la Rivière de Jéniséa. Les gens de cette Nation sont à peu près faits comme les Russiens, mais ils sont communément d'une taille au dessus de la moyenne. On prétend qu'ils sont issus d'une partie des Habitans de la Province de Velika Permia, qui poussez par leur attachement à l'Idolâtrie quittèrent leur Pays & vinrent s'établir en ces Quartiers du tems qu'on introduisit le Christianisme en cette Province. On assure que la Langue des Ostiakes a encore présentement beaucoup de conformité avec le jargon des Habitans de la Province de Permia; & au contraire nulle conformité avec les Langues des autres Peuples Payens de la Sibérie leurs voisins avec qui ils sont souvent obligez de parler par Interprètes. Après avoir croupi bien des siècles dans l'Idolâtrie la plus aveugle, ils ont été enfin amenez à la connoissance de l'Evangile sous Pierre le Grand, & font partie de l'Eglise Greque du Rit Russien. Voici comment se fit ce grand changement, selon le Capitaine Mullern [b]. Il y avoit à Toboskoy Capitale de Sibérie un Archevêque nommé Philothée, qui entreprit de convertir les Peuples voisins qu'il voyoit enfoncez dans les ténèbres du Paganisme. Son zèle le porta à procurer leur instruction, & pour cet effet il envoya deux Ecclésiastiques chez les Mongales pour en apprendre la Langue. Ils y firent peu de fruit. Le Cutuchta Pontife des Payens Mongales fut curieux de les voir & leur demanda entr'autres questions s'ils pouvoient lui dire le nombre des morts. Ils se tirèrent d'embaras en lui demandant à lui-même s'il savoit combien il y a de vivans. Il leur répondit qu'il ne le pouvoit pas, car, dit-il, avant que ce dénombrement fût fini il naîtroit quelque enfant qui empêcheroit le compte d'être exact. Ils le payèrent lui-même de sa réponse.

Cependant l'Archevêque n'avançoit pas dans son but, il étoit déja vieux, & songea à se retirer dans un Monastère de Kiovie où il avoit passé sa jeunesse & d'où on l'avoit tiré pour la Prélature. Le Gouverneur de Sibérie Matsei Petrovitz Gagarin fit si bien qu'il obtint de lui qu'avant son départ il feroit encore quelque séjour dans le Pays. Il l'accorda à condition qu'il lui seroit permis de travailler uniquement à la conversion des Payens que le Czar avoit fort à cœur. Pour y réussir il se rendit avec quelques Ecclésiastiques animez du même zèle que lui, aux lieux où étoient les plus célèbres Idoles des Ostiaques, & où ils s'assembloient en plus grand nombre. Il prit delà occasion de leur faire connoître leur folie & de leur parler du vrai Dieu qui seul mérite d'être adoré. Il étoit difficile d'ôter à des Peuples, qui ne pensent presque point, un Culte qu'ils avoient reçu de leurs Ancêtres & de substituer à un Culte grossier des idées aussi sublimes que celles de la Religion Chrétienne. Cependant à force de persévérance il parvint à les faire douter de la bonté de leurs anciennes superstitions. Ils firent plus, ils écoutèrent les raisons du Métropolitain & surmontèrent les difficultez qui les attachoient à leurs Idoles. Le commencement de la conversion des Ostiaques arriva l'an 1712. à Samaroff sur l'Irtisch un peu au dessus de sa jonction avec l'Obi. C'étoit là qu'étoient alors leurs *Staricks Olskoys*, Idoles qu'ils croyoient Arbitres absolus de la pêche. Ces pauvres gens, persuadez qu'ils ne pourroient plus pêcher si la protection de ces Idoles leur manquoit, n'osoient les abandonner. Mais peu à peu l'Archevêque les guérit de ce préjugé & parvint à brûler toutes ces Idoles. Quelqu'un d'entr'eux s'avisa de dire que pendant qu'on brûloit ces Dieux leur Ame s'étoit envolée visiblement sous la figure d'un Cygne; il fallut encore détruire ce préjugé qui s'étoit répandu, & enfin on les détrompa.

Ceux là une fois gagnez, on avança dans le Pays & ceux qui étoient les plus éloignez n'étoient pas fort disposez à suivre l'exemple des autres. L'Archevêque ne laissa pas de les aller trouver & de leur inspirer des sentimens bien différens de ceux dont ils avoient été animez, quand ils avoient apris qu'il venoit les trouver. Ils abandonnèrent leurs Idoles & les brûlèrent. Une chose contribua à faciliter la conversion de ceux qui demeuroient auprès d'un Monastère sur l'Oby au-dessus de sa jonction avec la Keta, & nommé Kotskoi, où vivent quelques Moines Russiens. Leurs Voisins adoroient le *Scheitam*, qui est le faux Dieu de la Nation. Parmi eux étoit un Kneez ou Seigneur nommé Alatscho, sorti d'une ancienne Famille qui avoit gouverné la Nation. Le Métropolitain s'adressa à lui & lui proposa l'exemple des Russiens, qui après avoir adoré les Idoles les avoient abandonnées. La conversion d'Alatscho fut sincére. Après son Baptême il voulut faire le Voyage de Kiow, pour y visiter les Reliques qui y sont en grande vénération, & sa conversion fit un grand effet sur ses Compatriotes qui reçurent aussi le Baptême. Dans les années 1713. & 1714. on baptisa plus de cinq mille Ostiakes. Et la Providence permit que l'on trouvât rassemblez ces Peuples que l'on n'auroit pu trouver en dix ans s'il eût fallu les chercher dans les Forêts.

OSTIE, ancienne Ville d'Italie sur la Rive gauche du Tibre & à son Embouchure, com-

## OST.

comme son nom le signifie. Denys d'Halicarnasse dit [a] : Ancus Martius entreprit hors de la Ville un Ouvrage qui fit entrer dans Rome l'abondance de toutes les choses nécessaires à la vie, & qui lui ouvrit le chemin à de plus glorieuses Conquêtes. Le Tibre qui descend des Monts Apennins, & qui coule le long des Murs de Rome va se décharger assez près delà dans un endroit de la Mer Tyrrhénienne, où les Vaisseaux venant de la haute Mer, n'abordoient point alors, parce que les rivages n'étoient pas disposez pour les y mettre à couvert; d'où vient qu'il n'y arrivoit alors que de simples Bateaux semblables à ceux qui vont sur les Rivières. Cependant le Tibre depuis son Embouchure jusqu'à Rome, pouvant porter des Navires de haut bord & par-là faciliter le Commerce avec les Marchands étrangers, Ancus trouva le moyen d'y ménager un Port commode capable de retirer les plus gros Vaisseaux. Il en vint d'autant plus heureusement à bout que ce Fleuve dans l'endroit même où il se décharge étant contigu à la Mer il s'étend fort loin au delà de son Embouchure, & forme des Golphes spacieux semblables à ceux qui servent de Ports les plus renommez. Ce qui est encore de plus surprenant, c'est que le Tibre n'est jamais engorgé des sables de la Mer comme il arrive à plusieurs grandes Rivières; qu'il ne se partage point de côté ni d'autre en divers marais qui affoibliroient ses eaux dans sa course, mais que coulant toujours dans un même Canal, il porte par-tout des Vaisseaux jusqu'à son Embouchure, où il confond enfin ses flots avec ceux de la Mer, dont il égale la hauteur malgré la violence du Vent d'Occident qui souffle toujours sur cette Côte. De sorte que de longs Navires chargez de trois cens tonneaux entrent aisément par son Embouchure & sont conduits jusqu'à Rome à l'aide des rames & des cordages. Quand la charge est plus forte, on mouille l'ancre : alors des Bateaux viennent au secours & reçoivent les Marchandises que les Vaisseaux ont amenées. Ancus mit encore à profit une Langue de terre qui se trouvoit entre le Tibre & la Mer, & qui formoit une espèce de Coude. Il y bâtit une Ville qu'il fortifia & qu'il nomma Ostie, par rapport à sa situation. Ainsi graces aux soins de ce Prince, Rome, quoique placée au milieu des terres, devint en quelque manière maritime & en état de participer aux richesses qui sont au delà des Mers. C'est ainsi que cet Historien décrit la fondation d'Ostie. Tite-Live dit [b] en moins de mots : sous le Regne d'Ancus Marcius, *in ore Tiberis Ostia Urbs condita, Salina circa facta*. Ces Salines donnoient du Sel qui transporté à Rome & delà dans la Sabine, donna lieu au nom d'un grand chemin appellé *Via Salaria*; mais d'Ostie à Rome ce chemin s'appelloit *Via Ostiensis*. Le même Tite-Live [c] parle d'une Flote de cinquante Voiles qui partit d'Ostie pour Tarente. *Quinquaginta Naves ab Ostia Tarentum profecta*. Son Abréviateur [d] nous apprend qu'Ostie fut prise & cruellement saccagée par Marius. Une Ville si avantageusement placée pour le Commerce fut bien-tôt rétablie.

Le Port d'Ostie, tel qu'Ancus Marcius l'avoit fait & qu'il étoit demeuré sous la Ré-

## OST.

publique Romaine, étoit ouvert du côté de la Mer. [e] Jules César voulut en faire un Port fermé & fut rebuté par les difficultez. Claudius en vint à bout. Il fit avancer deux Bras (ou deux Digues) à droite & à gauche, & oposa un Mole à la Mer ; pour rompre les flots & afin de donner plus de solidité aux fondemens, il fit couler à fond le grand Navire qui avoit raporté d'Egypte le grand Obelisque, & y ayant élevé dessus des Piles, il fit bâtir une très-haute Tour sur le modèle de celle d'Alexandrie, pour servir de Phare aux Vaisseaux.

Le P. Labat qui a donné dans son Voyage d'Italie une Histoire de la Ville d'Ostie, en parle ainsi [f]. Dans la suite du tems deux choses contribuerent à ruïner la grandeur de cette Ville & à rendre son Port inutile. Dès le tems de Vespasien, le Tibre qui n'avoit qu'une seule Embouchure proche des Murs d'Ostie, par laquelle il se déchargeoit dans la Mer, charioit depuis bien des années du limon, des pierres, des arbres, & des terres, qui après avoir occupé une place considérable dans la Mer devinrent une Isle par une ouverture que le Fleuve se fit dans ces terres raportées, au travers desquelles il se creusa un Canal, qui devint bien-tôt plus profond que son ancien Bras, parce que tombant plus à plomb, & sans faire un Coude, son cours étoit plus rapide & emportoit en pleine Mer les immondices & le limon dont ses eaux se trouvoient chargées. Ainsi l'ancien Canal se combla peu à peu, & il ne fut plus capable de porter de gros Bâtimens & le Port d'Ostie devint tellement inutile, que l'Empereur Trajan fut obligé de bâtir un autre Port dont nous parlerons ci-après ; c'est ce qu'on appelle le Port de Trajan ou simplement le Port, parce que les Bâtimens qui n'entroient pas dans le Bassin demeuroient sous ses murailles jusqu'à ce qu'ils montassent à Rome, ou que le tems leur permît de faire voile pour les autres Ports de la Méditerranée. A l'égard de ce nouveau Port de Trajan, voyez PORTO.

Le Tibre & l'Isle sacrée qui le partage à son Embouchure séparoient Ostie située sur la gauche du Fleuve au Midi Oriental du Port de Trajan, qui étoit comme Porto est encore à la droite & au Nord Occidental. Malgré la célébrité qu'acquit ce nouveau Port, Ostie ne laissa pas de se soutenir ; & Vopiscus dans la Vie d'Aurelien observe, que cet Empereur entreprit de fonder un Marché de son nom au bord de la Mer à Ostie, où l'on a fait un Prétoire public. Ostie ne laissa pas de tomber dans le dépérissement & à la chûte de l'Empire Romain. Procope dit [g] : Ville autrefois très-renommée, & qui est présentement presque sans murailles. [h] Les Barbares acheverent de la ruïner, lorsque l'Italie déchirée par les guerres Civiles du VIII. siècle & du IX. se vit en proye à tous ses ennemis de sa grandeur & de ses richesses. Les Sarrazins prirent Ostie plusieurs fois & la détruisirent enfin de manière qu'il n'y laissèrent pierre sur pierre. Ils n'en firent qu'un monceau de ruïnes. Les Habitans furent emmenez en esclavage : ceux qui échaperent le fer ou la servitude se retirerent bien loin de ce lieu fatal qui devint désert, abandonné & inculte.

Le

## OST.

Le Pape Grégoire IV. voulut rétablir cette Ville si ancienne & si respectable; mais au lieu d'une Ville, il se vit contraint de n'en faire qu'une espèce de Forteresse qu'il enferma de murailles avec des Tours, & faute de Romains qui voulussent s'y établir, il la peupla de Corses, gens aguerris, accoutumez au mauvais air & à la fatigue & qui se trouveroient encore mieux en cet endroit, tout mauvais qu'il étoit, qu'en leur Pays. Ceci arriva vers l'an 830. mais le mauvais air de ce Pays inculte vint à bout de ces nouveaux Habitans. La plûpart y périrent par les maladies; le reste se sauva autre part, & le nom même de cette malheureuse Ville seroit perdu, si elle n'avoit été le titre du premier Suffragant de Rome. On voit que St. Augustin écrivoit à l'Evêque d'Ostie au défaut de celui de Rome. Le droit de consacrer le Pape est attaché à cet Evêque qui est toujours le Doyen des Cardinaux. C'est à lui de sacrer l'Empereur en l'absence du Pape. Il a l'usage du Pallium, comme les Archevêques & les Patriarches & il a conservé son rang & ses droits, quoique la ruïne de son Siège ait obligé les Souverains Pontifes de le transférer & de l'unir à celui de Veletri. Ce fut Eugène III. qui fit cette translation en 1150. L'Eglise Cathédrale d'Ostie étoit sous l'invocation de Ste. Anne. L'Eglise qui subsiste aujourd'hui a encore le même Titre avec un Prêtre qui n'y réside presque jamais & qui n'y vient que les Dimanches & les Fêtes, afin d'y dire la Messe & pour administrer les Sacremens aux Pastres, Gardiens de Buffles, Pêcheurs, Sauniers & autres gens en petit nombre, qui s'y assemblent & qui ressemblent plûtôt à des Spectres sortans des sépulchres, qu'à des hommes vivans, tant ils sont jaunes, livides & décharnez. On distingue encore à présent les ruïnes de l'ancienne Ostie bâtie & ornée par les Romains, de celles de la nouvelle Ostie, bâtie par Grégoire IV. & habitée par les Corses. Ni l'une ni l'autre ne subsistent plus. L'Ostie d'aujourd'hui ne consiste qu'en l'Eglise autour de laquelle il y a quelques misérables Maisons à demi-détruites. Elle est dans le milieu d'un Isthme borné au Couchant par l'ancienne Branche du Tibre & à l'Orient par un Lac ou Marais nommé par les Latins *Lacus Ostiensis*, & par les Habitans *Stagno*. Ce Lac ou Etang est entouré de Bois & de Bruieres.

Le Corps de Ste. Lée Dame Romaine morte à Rome vers l'an 383. fut transporté à Ostie où étoit apparemment le Tombeau de sa Famille; mais on ne voit pas que sa Mémoire y ait été honorée d'un Culte plus particulier qu'ailleurs. Ste. Monique mère de St. Augustin, mourut à Ostie & y fut enterrée. On prétend que dans la suite des tems son Corps en fut enlevé & transporté à Arouaise au Pays d'Artois.

2. OSTIE, en Latin OSTIA, Ville d'Italie, selon Vibius Sequester. Antonin appelle OSTIA ATERNI, une Ville située à l'Embouchure de la Riviére ATERNUS, dont le nom moderne est PESCARA nom commun à la Ville & à la Riviére. Voyez PESCARA.

OSTIENSIS PORTA, Porte de la Ville de Rome, du côté d'Ostie; on la nommoit aussi *Porta Trigemina*. C'est aujourd'hui la Porte de St. Paul.

## OST.

OSTIENSIS VIA, Route qui mène de Rome à Ostie. Dans le tems que ce Port étoit florissant toute cette route étoit bordée de Maisons de Plaisance & d'Hôtelleries. Sa longueur est de douze mille pas.

OSTIGLIA, [a] Bourg & Château de Lombardie, dans le Mantouan sur le Pô, aux confins du Ferrarois, vis-à-vis de Revere, à vingt milles de Mantoue & à douze de la Mirandole. Ce Lieu est fort par sa situation, à cause des Marais & de plusieurs Ruisseaux ou Riviéres qui coupent le terrain des environs. [a *Corn. Dict.*]

OSTIONES, Peuple sur l'Océan Occidental, selon Etienne le Géographe qui dit, qu'on le nommoit aussi COSSINI; Pithéas cité par Strabon les appelle OSTIÆI, & Cambden a tâché d'en faire un Peuple de la Grande-Bretagne.

OSTIOUG. Voyez OUSTIOUG Ville & Province de l'Empire Russien.

OSTIPPO, ancienne Ville d'Espagne, dans la Bætique. Pline [b] la met au Département d'Hispal, ou Seville & Antonin [c] la place sur la Route de Gades à Cordoue entre Ilipa & Barba à XIV. M. P. de la premiere & à XX. de la seconde. Elle est nommée Astapa par Tite-Live [d] & par Appien [e]. C'est présentement Estepa en Andalousie à près de trois lieues d'Ecija. [b *l.* 3. *c.* 1. [c *Itiner.* [d *l.* 28. *c.* 12. [e *in liber. p.* 273.]

OSTIUM, ce mot veut dire l'Entrée, la Porte, d'un Pays, d'un Lieu, & à l'égard des Détroits & des Riviéres, il signifie leur Embouchure. Les Anciens ont nommé le Bosphore de Thrace *Ostium Cyaneum*. Voyez l'Article CYANE'ES. C'étoient des Isles voisines de l'entrée de ce Détroit.

OSTOBALASSARA. Voyez SOBALASSARA.

OSTOBARA, Ville de la Bactriane, selon Ptolomée [f]. Quelques Exemplaires portent *Estobara*. [f *l.* 6. *c.* 11.]

OSTODIZUM. Voyez OSTUDIZUM.

OSTOROG, Mrs. Baudrand & Corneille mettent une Ville de ce nom dans la grande Pologne à cinq milles de Posnan (ou Posnanie) & ajoutent qu'elle est défendue par un bon Château.

OSTRA, Ville d'Italie, dans les Terres au Pays des Semnons, selon Ptolomée [g]. Elle doit avoir été entre Urbin & Senigaglia. [g *l.* 3. *c.* 1.]

OSTRACHE, Ortelius [h] croit que c'est [h *Thesaur.*] un Canton de la Frise où St. Boniface fut martyrisé. Mr. Corneille [i] dit beaucoup [i *Dict.*] mieux, OSTRACHIA, nom que les Auteurs Latins donnent à Ostergoe petite Contrée des Pays-Bas Unis; ils l'appellent aussi *Frisia Orientalis*. Il devoit dire que ce Canton OSTRACHE ou *Ostrachia*, est la même chose que l'Ostergo ou Ostrogowe, qui est aujourd'hui la partie Orientale de la Frise, l'une des Provinces-Unies. L'Ostergo est arrosé par la *Bourde*, *Burdo* ou *Borne*. On sait d'ailleurs que ce Saint Evêque étoit campé au bord de cette Riviére où il travailloit à la conversion des Payens de cette Province, quand une bande de Payens furieux fondirent sur lui & sur ceux qui l'accompagnoient, les tuerent & pillérent le camp.

1. OSTRACINE, ancienne Ville d'Egypte. Selon Ptolomée [k], elle étoit dans la Cassiotide. Elle fut Episcopale & son nom [k *l.* 4. *c.* 5.]

se trouve dans la Notice de Hiéroclès, mais renversé, OSTRANICE Ὀςρανίκη pour Ὀςρανίκη. Au reſte cet Auteur la met dans la premiere Auguſtamnique.

2. OSTRACINE, Quartier de la Ville d'Antioche de Syrie. Ortelius [a] dit, que c'étoit un Lieu de Conſtantinople & cite l'Hiſtoire Eccléſiaſtique d'Evagre, L. 2. c. 12. & L. 6. c. 8. en quoi il s'abuſe, car Evagre dans ces Chapitres parle de deux tremblemens de terre arrivez à Antioche, & des ravages qu'ils y cauſerent.

[a] Theſaur.

3. OSTRACINE, Montagne du Peloponneſe, dans l'Arcadie, ſelon Pauſanias [b] qui dit qu'il y avoit un Antre où ſe logea Alcimedon, un Héros dont Hercule avoit deshonoré la fille. Il y avoit auprès une Fontaine nommée Ciſſa.

[b] l. 8. c. 12.

OSTRANI, Peuple d'Italie, ſelon Pline. Il le met entre les *Vilumbri*, ce ſont ſans doute les Habitans d'OSTRA. Voyez ce mot. Le Territoire de cette même Ville eſt nommé OSTRENSIS *Ager* dans le Livre des Colonies.

OSTRENUS, Siège Épiſcopal d'Aſie, dans la Phrygie Salutaire. Hiéroclès fait mention dans ſa Notice d'OSTRUS, Ὀςρὸς, Siège de cette Province dont l'adjectif doit avoir été Oſtrenus. Ὀςρηνος. Je ne voudrois pourtant pas aſſurer que ce Siège fût celui de Zotique Evêque, *Zoticus Oſtrenus*, dont parle Caliſte, parce que je ne ſais qu'il en fait mention que par le rapport d'Ortelius. Cet Auteur moderne ajoute que Baronius prend ce mot *Oſtrenus* pour un nom de Lieu dans l'Arménie, apparemment parce qu'Euſebe nomme Zotique Evêque de Comana Village.

OSTREODES, Lieu voiſin de Conſtantinople attenant le Promontoire Metopium, ſelon Denys de Byzance cité par Pierre Gilles.

OSTREVANT, [c] (L') en Latin *Auſtrebatenſis Pagus*, AUSTERBANTENSIS PAGUS, & *Auſterbantum*; Contrée des Pays-Bas entre l'Artois & le Hainaut, auxquels elle a appartenu ſucceſſivement. Elle eſt nommée *Auſterban*, dans l'Acte de Louïs le Debonnaire pour le partage de ſon Royaume entre ſes enfans. Le Moine Hugbald Auteur de la Vie de Ste. Richtrude, nomme ce Canton en parlant du Mariage de cette Sainte avec le Bienheureux Adalbaud, qui poſſédoit de grands biens dans l'Oſtrevant, *in Auſtrebantenſi Pago*. Elle eut de ce Mariage St. Mauront Abbé de BRUEL, Ste. Clotſende Abbeſſe de MARCHIENNES; Ste. Euſebie, ou Ste. Yſoie Abbeſſe de HAMAIGE. Ces Monaſtères ſont ſituez dans l'Oſtrevant, comme le remarque Mr. Baillet [d]. L'Oſtrevant a eu titre de Comté & faiſoit partie de l'Artois. Des Lettres de l'Empereur Charles le Chauve mettent le Monaſtère de Haſnon au Comté d'Artois dans l'Oſtrevant ſur la Scarpe & Waveren ſur l'Eſcaut en eſt auſſi. BOUCHAIN eſt la Capitale de ce Pays. Wendelin Auteur Flamand, trouvant dans ſa Langue Maternelle qu'*Ooſterband* ſignifie *Limite à l'Orient*, a cru que ce nom avoit été donné parce que, dit-il, c'eſt la partie Orientale du Dioceſe de Cambrai. Il ſe trompe, dit Hadrien de Valois; l'Oſtrevant étoit aux Frontiéres de l'Auſtraſie, & de la Neuſtrie; & il étoit la borne Orientale de la Neuſtrie à laquelle il appartenoit. De là

[c] Hadr. Valeſ. Not Gall. p. 67.

[d] Topogr. des Saints p. 640.

vient ſon nom; il la terminoit du côté de l'Auſtraſie. Selon Mr. Baudrand l'Eſcaut le borne au Midi & au Levant & le ſépare du reſte du Hainaut. La Scarpe le borne au Nord & le ſépare de la Flandres, & le Ruiſſeau de Senſet qui ſe jette dans l'Eſcaut à Bouchain, borne l'Oſtrevant au Couchant & le ſépare de l'Artois. Ce Pays ainſi iſolé, a été quelquefois nommé L'ISLE DE ST. AMAND, à cauſe d'une fameuſe Abbaye de ce nom.

OSTRIANUM *Cœmiterium*; Cimetiere ainſi nommé à trois milles de Rome ſur la Voye Salarienne. St. Pierre y baptiſoit, au rapport du Roſſi dans ſon Hiſtoire de Ravenne.

OSTROBUM STAGNUM, Etang dont parle Glycas. Voyez BODENA.

OSTROG, [e] Ville de Pologne, dans la Volhinie; elle eſt fortifiée & a une Citadelle ſur un Ruiſſeau qui tombe dans le Bourg. Ce Ruiſſeau eſt le HORIN. Mr. Baudrand [f] dit qu'Oſtrog a titre de Duché & qu'elle eſt à trois milles de Zaſlaw vers le Couchant. Mr. d'Audifret [g] remarque de plus que ce Duché eſt entré dans la Maiſon de Wiſnowiczki par le mariage de l'Héritière d'Oſtrog avec Démétrius Wiſnowicski Grand Général du Royaume; il ajoute que l'Ordre de Malthe & le Prince Lubomirski ont de grandes prétentions ſur ce Duché.

[e] Andr. Col. lar. Deſcr. Polon. p. 401.
[f] Edit. 1705.
[g] Géogr. anc. & mod. t. I.

OSTROG-UDINSKOI. Voyez UDINSKOI.

OSTROGOTHIE, ou OSTROGOTHLAND, ces deux terminaiſons reviennent à la même ſignification. Les Allemands ſe ſervent de la dernière qui eſt priſe de leur Langue & les François dont la Langue s'accommode aſſez des terminaiſons en *ie*, comme Italie, Livonie, Eſtonie, Poméranie, &c. s'en ſervent ſouvent au lieu du mot *Land*; & de *Gothia*, & de ſes derivez ils font *Gothie*, *Oſtrogothie*, & *Weſtrogothie*. Nous avons déja marqué au mot GOTHIE la diviſion de ce Pays. Voici pour l'Oſtrogothie en particulier.

1. OSTROGOTHIE, (L') *hors de la Suède*, eſt le Pays que les Oſtrogoths ont habité dans la décadence de l'Empire. On peut voir leur deſtinée à l'Article GOTHS.

2. OSTROGOTHIE, [h] (L') *dans la Suède*, eſt la partie Orientale du Gothland, ou de la Gothie; grande Contrée de Suède qui eſt bornée par le Schager Rack au Couchant & par la Mer Baltique à l'Orient, comme nous le remarquons au mot GOTHIE où nous en donnons les bornes. Ce Pays eſt coupé en deux par le Lac de Veter. Ce qui eſt au Levant de ce Lac s'appelle OSTROGOTHIE ou OSTROGOTHLAND, c'eſt-à-dire GOTHIE ORIENTALE. Cette Province eſt fort arroſée, mais ſa principale Riviére eſt celle par où les eaux du Lac de Veter vont tomber dans le Golphe de BRAWIKEN; & portent avec elles celles de pluſieurs petites Riviéres que ce Canal reçoit à droite & à gauche. La longueur de cette Province d'Occident en Orient eſt de 15. lieuës Suédoiſes; ſa largeur du Nord au Sud eſt différente de ſoi-même; car à la prendre auprès du Lac elle eſt d'un peu plus de treize & ſur la Côte de la Mer, elle n'eſt que de huit, en ne tenant point compte des ſinuoſitez de la Côte. Les principaux Lieux de cette Province ſont le long de la décharge

[h] De l'Iſle Atlas.

du

## OST. OSU. OSW.

du Veter en allant d'Occident en Orient *Lindkoping*, *Nordkoping*, Villes; *Braborg*, Château & *Skenas* Bourgade. Au Midi de cette derniére eſt *Stegeborg*, Château qui tombe en ruine, & au Couchant de ce Château eſt *Suderkoping* Ville. Sur le Lac de Veter il y a *Waſtena* & *Grenna*; à l'Orient de Waſtena eſt *Skenninge*; à l'Orient de Grenna, ſur la Frontiére du Smaland, eſt le Château de *Saby*. Il y a dans l'Oſtrogothie les Mines d'Atued.

3. OSTROGOTHIE, (L') ou OSTROGOTHLAND, s'entend encore plus loin dans une autre diviſion de Mr. Baudrand [a], il y fait entrer le *Smaland*, qui eſt la Gothie Méridionale & la borne au Midi par la Schonen & la Blekingie, & y ajoute les Iſles de Gothland & d'Oeland. Voyez GOTHLAND, OELAND, & SMALAND.

*a* Edit. 1705.

OSTROWICE, ou OSTROWITZ, Place de la Morlaquie ſur la petite Riviére de la Licha [b] qui ſe joignant à celle de Corbania forme un Lac, au Nord Oriental de cette Place qui eſt ſituée dans l'Angle que font ces deux Riviéres en ſe joignant. [c] Les Vénitiens poſſédent ce Pays-là; après avoir autrefois perdu Oſtrowitz ils le reprirent & le réparerent en 1685. & y mirent Garniſon. Quelques-uns cherchent en ce lieu l'ancienne ARAUSA. Mr. de l'Iſle qui avoit mis cette Place ſur la Licha l'en ôte dans une autre Carte de la Hongrie & la rapproche de l'Unna Riviére ſur laquelle Mr. Baudrand l'avoit miſe.

*b* De l'Iſle Atlas.
*c* Baudrand Edit. 1705.

OSTVALES, (LES) Voyez OSTFALES.

OSTUDIZUM, ancienne Ville de Thrace Antonin [d] la met entre Hadrianople & *Burtudizum*, à XVIII. M. P. de l'une & de l'autre; il la met ailleurs entre *Tarpodizon* & *Burtudizum*, à la même diſtance. Ce nom a été fort diverſement écrit dans les Manuſcrits qui portent OSTRUDO, OSTIDIZO, *Oſiudizo*, OSINDIZO & OSTODIZO.

*d* Itiner.

OSTUND. Voyez ATTUND.

OSTUNI, [e] Ville d'Italie au Royaume de Naples, dans la Province d'Otrante ſur une Montagne près de la Côte du Golphe de Veniſe, avec un Evêché ſuffragant de l'Archevêché de Brindiſi. Cette Ville eſt aux confins de la Province de Barri, environ à XVI. Milles de Brindes & à XXII. de Tarente.

*e* Baudrand. Edit. 1705.

OSURTU, Plaine de l'Ibérie ainſi nommée par les Habitans, ſelon Cédrené cité par Ortelius. Gabius lit *Urtron* dans Curopalate.

*f* Dict.

OSWESTRY, Mr. Corneille [f] trompé par Davity dit: Ville d'Angleterre dans le Comté de Galles: il devoit dire, Bourg d'Angleterre en Shropſhire; ce Lieu étant bien aſſez près de la frontiére du Pays de Galles, mais ſans en être. Auſſi l'Etat préſent de la Grande-Bretagne [g] le met-il ſous Shropſhire entre les Bourgs où l'on tient Marché public. Mr. Corneille ajoute [h]: elle eſt petite, ceinte de murailles & de foſſez. On y fait un grand trafic, principalement des Draps du Pays de Galles: ceux de ce pays l'appellent CROIX OSWALDE.

*g* T.1.p.104.
*h* Dict.

OSWIECZIN, en Latin OSWECIMIA, [i] ou OSWIECINIA. Ville de Pologne avec titre de Duché, Capitale de la Siléſie Polonoiſe; aſſez près du Ruiſſeau de Sala qui tombe peu

*i* Andr. Cellar. Deſc. Polon. p. 166. & ſeq.

## OSW. OTA. OTE. OTF. 155

après dans la Viſtule, ſept milles au deſſus de Cracovie. Elle eſt entourée de Marais & les Maiſons ſont faites de bois & d'argile; un Château de bois ſert de Logement au Gouverneur. On y paſſe pour aller de Cracovie à Vienne, & on y fait un grand Commerce de Sel. On y voit dans les Places publiques des Maſſes de ſel ſemblables à des pierres de taille pour bâtir. Ce ſel eſt dur & d'un cendré blanchâtre; on l'a à fort bon marché; il y en a des Pièces de vingt à trente Quintaux, que l'on a pour 10. ou 12. florins; on le tire des Mines aux environs de Cracovie.

Le DUCHE' D'OSWIECZIN, [k] Canton aux environs de la Ville de ce nom aux frontiéres de la Siléſie dont il faiſoit partie. Les Allemands nomment la Ville & le Duché AUSCHWITZ. Jean Duc d'Oſwieczin vendit ſon droit au Roi de Pologne en 1454.

*k* Ibid.

OSZURGHETI, petite Ville d'Aſie en Georgie, au Royaume de Guriel dont elle eſt la Capitale & la Réſidence du Prince; elle eſt défendue par un Château, ſelon François Maggio cité par Mr. Baudrand [l].

*l* Edit. 1705.

## OT.

OTADENI, Ὠταδηνοὶ, ancien Peuple de l'Iſle d'Albion, ſelon Ptolomée; quelques Exemplaires portent OTALINI. Le P. Briet qui écrit OTTADINI croit que ce Peuple occupoit le Northumberland. Il y met les lieux ſuivans,

*Axelodunum*, ſelon lui Hexham,
*Curia Ottadinorum* : Cordbridge,
*Vindomora* ou *Vindobala* : Vallend,
*Tunocellum* : Tinmouth,
*Morſtopitum* ou *Corſtopitum* : Morſpit,
*Brumerium* ou *Bremerium* : Brampton,
*Tavus*; Riviére : la Twede,
*Borcovicus* : Barwik,
*Pons Ælii*; Ponteland.

OTALINI. Voyez l'Article précédent.

OTENE, Contrée de l'Arménie, ſelon Pline [m] qui en parle à l'occaſion de l'*Amomum*. Euſebe au VI. Livre de ſa préparation Evangelique. Etienne place le Peuple OTENI, vers le Fleuve Cyrus, avec les Obaréniens.

*m* l.12.c.13.

OTER, [n] double Montagne dans le voiſinage d'*Opulentia*, ſelon Hygenus. On fait d'ailleurs qu'*Opulentia* étoit dans l'Inſubrie.

*n* Ortelii Theſaur.

OTERO-DEL-REY, [o] Mr. Corneille écrit mal *Otelo* : Place d'Eſpagne au Royaume de Galice, au Nord & à deux lieues de Lugo, à l'Orient du Minho, & au Couchant de la ſource de la Chança. Une reſſemblance de quelques lettres dans ce nom & dans celui d'*Ocelum* a fait croire que c'étoit l'*Ocelum* de Ptolomée; qui à dire vrai marque très-mal le cours du Minho.

*o* Jaillot, Carte d'Eſpagne.

OTESINI, Peuple ancien de l'Italie, dans la Huitième Région, ſelon Pline [p]. Il eſt parlé de ce Peuple dans une Inſcription raportée par Zanchus dans ſon Livre *de Orobiis*. On y lit ces mots REIP. OTESINORUM.

*p* l.3.c.15.

OTFORD, [q] Maiſon Royale d'Angleterre, dans le Comté de Kent. Elle avoit été bâtie par Varcham Archevêque de Cantorberi & appartenoit à ſes Succeſſeurs. Crammer l'échan-

*q* Corn. Dict.

V 2

156   OTH.

l'échangea avec Henri VIII. selon Davity.

a Baudrand, Edit. 1705.
OTHANA, ou OTANA, [a] Ville autrefois Épiscopale dans l'Isle de Sardaigne, & aujourd'hui détruite. Son Siège a été transporté à Algieri. Entre ses ruines il en reste encore l'Eglise qui conserve toujours le nom, dans la partie Septentrionale de l'Isle.

b Itiner.
OTHENE, quelques Exemplaires d'Antonin [b] portent ainsi au lieu de CENE Lieu d'Egypte, en allant de Memphis à Oxyrynque, entre Isiu & Tacona à XX. M. P. de l'une & de l'autre.

c In 3. Æneid.
OTHII CAMPI, Campagne de l'Isle de Créte ainsi nommée d'un Géant appellé Othus, selon Servius [c] qui cite Saluste, à l'occasion de ce vers du troisième Livre de l'Enéide.

*Fama est, Enceladi semustum fulmine corpus*, &c.

d Itiner.
OTHOCA, lieu de l'Isle de Sardaigne, Antonin [d] le met entre *Forum Trajani* & *Aquæ Neapolitanæ*.

OTHOM. Voyez OTHAM.

e Sect. 52.
OTHONA, ancienne Ville de l'Isle de la Grande-Bretagne sur le rivage Saxon, selon la Notice de l'Empire [e]. Le savant Guillaume Baxter fait cette remarque dans son Glossaire des Antiquitez Britanniques que Radulphe le Noir cité par Camden raporte sur l'autorité du vénérable Bede, que la Ville d'Ithancester étoit auprès de Maeldon & qu'elle fut absorbée par le Fleuve *Pantius*, *Mantius*, ou *Idumantius*. Là-dessus il s'étonne qu'après cela Camden qui d'ailleurs avoit beaucoup de sagacité ait pris pour *Camulodunum*, Colonie, le Lieu de Maeldon qui n'étoit que les moulins, *Molendina*, de la Ville d'Othona, d'où elle n'étoit qu'à un jet de pierre. Mr. Baxter croit que *Maeldon* est *Othona Nova*, & que l'ancienne a été engloutie par la Mer.

OTHONIA. Voyez VOLATERRÆ.

OTHONIANIA FOSSA, c'est-à-dire le Canal d'Othon; quelques Modernes nomment ainsi en Latin un Canal creusé par l'Empereur Othon II. en 980. pour faciliter le Commerce entre la Flandre & le Beveland, & qui est devenu un bras de Mer nommé le HONT. Voyez ce mot.

OTHRIONEI, ancien Peuple de la Macédoine, selon Pline qui le met entre les Peuples *Lyncestæ* & *Amantini*. Ces derniers étoient dans l'Orestide. Le Peuple *Othrionei*, selon ces indices, doit avoir été vers *Antigonie* & *Oeneum*.

OTHRONUS, ancienne Isle que l'on ne sait où placer. Quelques-uns au raport d'Etienne la mettoient au Midi de la Sicile. D'autres comme Lycophron la mettoient auprès de Mélite. Son Commentateur l'entend d'une Isle à l'entrée du Golphe Adriatique. Lui & Phavorin disent que cette Isle est entre l'Epire au voisinage de *Melita*, aujourd'hui *Meleda*. Sur ce pied-là se pourroit être l'Isle de St. André, voisine de *Meleda*. Sophien dit que le nom moderne est MERLERE FANU, au raport d'Ortelius.

OTHRYN, Montagne de Créte, selon Hésyche.

1. OTHRYS, Montagne de Thrace, selon Vibius Sequester.

OTH. OTI. OTO. OTR.

f l. 8. p. 356.
g l. 9. p. 433.
2. OTHRYS, Montagne de Thessalie, Strabon dit [f] que c'est là que prend sa source l'Enipée que grossit l'Apidan Riviére qui vient de Pharsale. Il ajoute [g] qu'Alos de Phthiotide est à l'extrémité du Mont Othrys, qui vers le Nord est au-dessus de la Phthiotide, & qu'il touche au Mont Tymphreste & aux Dolopes & s'étend delà jusqu'au voisinage du Golphe Maliaque. Stace [h] fait mention du Mont Othrys:

h Achilleid. l. 1.

*Jam tristis Pholoe jam nubilus ingemit Othrys.*

Et Virgile qui y met des Centaures dit:

i Æneid. l. 7. v. 675.

*Descendunt Centauri, Omolen, Othrynque nivalem,
Linquentes cursu rapido.*

Euripide dans son Alceste fait mention de la Forêt qui étoit sur cette Montagne. Voyez au mot THERMOPYLES.

OTIES, (LES) Ὄτιεις, Peuple qui faisoit partie des Habitans de Cypre, selon Etienne.

OTMARS, ou OTMARSHEIM, Village de France, dans la Haute Alsace, proche du Rhin, à deux ou trois lieues de Neuwenbourg au Diocèse de Basle. Il y a une Abbaye de filles qui anciennement étoient, dit-on, sous la Règle de St. Benoît. Ce sont à présent des Chanoinesses qui s'obligent par des voeux. Le Roi en a la nomination, & les Postulantes font preuve de Noblesse du côté Paternel & du Maternel. L'Abbaye qui a été autrefois puissante & considérable est fort déchue. Quelques-uns conjecturent que ce Lieu est le STABULA ou AD STABULA des Anciens au Pays du Peuple *Triboci*.

OTOCETUM. Voyez ETOCETUM.

k Ind. Occid. l. 5. c. 5.
OTOMIS, (LES) Peuple de l'Amérique Septentrionale, dans la Nouvelle Espagne, dans la Province de Xilotepeque. De Laet [k] en parle ainsi. Cette Nation est d'un esprit pesant & pervers, peu courageuse & difficile à instruire sur quoi que ce soit à cause de son Langage bref & rude.

OTOPISIUM. Voyez TOPIRUS.

OTRANTE, Ville d'Italie au Royaume de Naples, à l'Embouchure du Golphe de Venise, sur la Côte Orientale d'une Presqu'Isle à laquelle cette Ville donne son nom, & que l'on appelle TERRE D'OTRANTE. Les Latins l'ont connue sous le nom d'HYDRUS, au genitif HYDRUNTIS; & de l'Ablatif s'est formé dans le moyen âge HYDRUNTUM; qui dès le tems que l'Itinéraire de Bourdeaux à Jérusalem a été dressé s'étoit transformé en ODRONTO. On dit aujourd'hui OTRANTO & OTRANTE, selon la terminaison Italienne ou Françoise.

La Ville est située au Nord & à quatre milles du Cap de Leuca; avec un Port qui étoit beaucoup meilleur avant que les Vénitiens l'eussent gâté. On a été surpris que les Espagnols qui ont long-tems possédé le Royaume de Naples, n'ayent point réparé ce Port qui étant bien entretenu rend un Roi de Naples Maître de l'entrée du Golphe, en cas de mesintelligence entre lui & les Vénitiens. Otrante est le Siège d'un Archevêché, & c'est ce qui continue de la rendre recommandable. Achomat Bacha de la race des Paleologues, Ami-

l Corn. Dict.

OTR.

Amiral d'une Armée Navale de Mahomet II. composée de cent voiles, se rendit maître de cette Ville. Cette Armée prit terre sur les frontiéres de la Pouille & de la Calabre, ravagea tout le Territoire d'Otrante, assiégea cette Ville & la prit d'assaut. Achomat fit tailler en pièces tous les Chrétiens qui étoient dans la grande Eglise. L'Archevêque revêtu de ses habits Pontificaux fut pris à la tête de son Troupeau, & le Barbare le fit scier en deux & mourir dans ce tourment & on égorgea au pied des Autels tout ce qui s'y trouva d'Ecclésiastiques. Ferdinand Roi de Naples & son fils Alphonse Duc de Calabre s'étoient avancez pour secourir cette Place, mais ils vinrent trop tard & furent forcez de se retirer. Achomat ayant laissé huit mille Soldats d'élite & des vivres pour un an & demi s'en retourna à Constantinople. La mort de Mahomet étant survenue un an après, Ferdinand en profita. Son Armée fut renforcée de deux mille Chevaux que le Roi de Hongrie lui envoya; il vint mettre le Siège devant Otrante & la pressa de telle sorte qu'ils s'en rendit maître avant qu'Achomat pût venir au secours des Assiégez. [a] Depuis ce tems-là Otrante ne s'est jamais bien rétablie dans son ancienne splendeur. Otrante est à XVIII. M. P. de Lecce, à XXXV. de Brindisi & XX. du Cap de Ste. Marie.

[a] Baudrand, Edit. 1705.

Le CAP D'OTRANTE, auprès de la Ville est remarquable en ce que, si de l'extrémité de ce Cap on tire une ligne vers l'Orient jusqu'à la Côte de l'Albanie, cette ligne qui de Cap en Cap est de cinquante & un milles d'Italie fait la division de la Mer Ionienne & du Golphe Adriatique.

LA TERRE D'OTRANTE, est une Province d'Italie au Royaume de Naples. Elle est bornée au Nord par la Terre de Barri, & en partie par le Golphe de Venise; à l'Orient par la Mer Adriatique & par la Mer Ionienne; au Midi & au Couchant par un grand Golphe qui est entre elle & la Basilicate qui acheve de la terminer à l'Occident. Au fond, au Nord de ce Golphe, est celui de Tarente, qui en fait partie & dans lequel tombe le Brandano, qui dans la plus grande partie de son cours sépare la Terre d'Otrante d'avec la Basilicate. Cette Province comprend l'ancienne Calabre & la Messapie, où étoient les Peuples TARENTINI, CALABRI, SALENTINI, & JAPYGES. Elle a près de CXX. Milles de Côte. C'est un Pays plein de Montagnes & assez sec, qui produit quantité d'Olives, de Figues & de Vin. Il y a des Tarentules, surtout dans le Territoire de Tarente dont elles prennent leur nom. Voyez TARENTE; & le pays est souvent brouté des *Cavalettes* sorte de Sauterelles, mais la Providence y a mis ordre en suscitant un Oiseau qui les détruit. Les Corsaires Turcs sont bien plus à craindre. Ils y font des descentes, pillent la Campagne & emmenent en esclavage tous les Habitans qu'ils peuvent surprendre. Pour les découvrir & s'opposer à leurs brigandages, il y a tout le long des Côtes un nombre incroyable de Tours, où l'on tient du Canon & du monde qui y fait la garde jour & nuit. Toutes ces incommoditez n'empêchent pas la Terre d'Otrante d'avoir un assez grand nombre de Villes entre lesquelles il y a quatre Archevêchés & dix Evêchés, savoir,

OTR.  157

Otrante,        Brindisi,
Tarente,        Matera.

Les X. Evêchez sont,

Leccie,              Alessano,
Castro,              Ugento,
Gallipoli,           Nardo,
Matola,              Ostuni,
Santa Maria de Leuca, Castellaneta.

C'est de cette Province & principalement du Cap d'Otrante, que Pyrrhus conçut autrefois le dessein extravagant de joindre par un Pont l'Italie avec la Grece. Ce Pont auroit eu treize lieues de quatre mille pas chacune. La Capitale de la Province est Otrante. Quelques-uns transportent cet honneur à Leccie, où le Gouverneur de la Province fait sa résidence; ce qui y attire beaucoup de Noblesse. Cette Province est la septième en rang entre celles du Royaume de Naples.

OTRAR, Ville d'Asie dans le Turkestan, selon d'Herbelot. On l'a nommée aussi quelquefois FARAB & FARIAB; mot qui veut dire un terrain arrosé par des Canaux tirez des Riviéres. En effet cette Ville est arosée par la Riviére de Schasch, & n'est pas loin de celle de Balassagoun. L'Auteur des Notes sur l'Histoire de Timur-Bec [b] dit qu'Otrar est dans la Zagataï sur les frontiéres de Geté, au delà du Sihon. D'Herbelot dit; Mohamed Kotbeddin Kouaresm-Schah prit cette Ville vers l'an 610. de l'Hegire, dans le tems qu'elle passoit pour la Capitale de tout le Turkestan, & ce fut la prite de cette Place qui lui attira la cruelle guerre que Gengiskan & ses Mogols lui firent. Alfaras & Albiruni suivis par Abulfeda & d'Herbelot, lui donnent 88. d. 30'. de Longitude & 44. d. de Latitude. D'Herbelot ou plutôt Mr. Corneille qui le suit fait cette Latitude de 49. d. ce qui est une faute. L'Auteur des Notes déja cité dit fort bien. 98. d. & demi pour la Longitude; ce qui est juste en comptant d'un autre Méridien, comme nous le marquons au mot MERIDIEN; & il met la Latitude de 44. d. ce qui est très-vrai. Mais il ne s'accorde pas avec lui-même, car au T. 2. p. 129. il change le tout & met 99. d. 30'. pour Longitude & 43. d. 30'. de Latitude. Il pouvoit se dispenser de donner ce dernier Calcul, ou ne le donner que comme le sentiment particulier d'un Auteur qu'il devoit nommer. Car en donnant les deux Calculs, sans y joindre un motif de préférence, il laisse l'embaras du choix à son Lecteur qui n'a pas toujours les secours nécessaires pour se déterminer.

[b] T. 1. p. 438.

OTRENUS, Siège Episcopal, ainsi nommé par Eusébe de Césarée; le même qu'OSTRENUS. Voyez ce mot.

OTRICOLI, autrefois Ville célèbre de l'Ombrie, à présent Village d'Italie, dans l'Etat de l'Eglise au Duché de Spolette & aux confins de la Sabine. Strabon [c] qui la nomme Ὀκρίκλοι, nous en marque ainsi la situation. La Riviére du Nar, dit-il, (aujourd'hui la Nera) se perd dans le Tibre un peu au dessus d'Ocricoli. Les Latins ont dit OCRICULUM. Tite-Live [d] dit : ayant vu l'Armée auprès

[c] l. 5. p. 227.
[d] l. 20. c. 12.

V 3

auprès du Tibre dans le voisinage d'*Obriculum*; Tacite [a] dit : l'Armée de Vespasien étant partie de Narni, passa tranquillement les Fêtes de Saturne à *Ocriculum*. Et Pline le jeune [b] dit : vous me mandez que Robuste a été de compagnie avec Attilius Scaurus jusqu'à *Ocriculum*. Son Oncle que j'appelle simplement Pline , en nomme les Habitans OCRICULANI. Antonin [c] dit OCRICOLI au pluriel, & met ce Lieu à XLVII. M. P. de Rome & à XII. de Narni.

[a] Hist. l. 3. c. 78.
[b] lib. 6. Epist. 25.
[c] Itiner.

Le P. Labat [d] nous en donne une triste image. Il ne reste aujourd'hui d'Otricoli, dit-il, que des ruïnes dans la Plaine, assez près de la hauteur sur laquelle est bâti l'Otricoli d'à présent. On compte huit milles de Narni à Otricoli; (à ce compte il n'y auroit eu que dix milles Romains de l'un à l'autre; mais il ne faut rien déranger à ce compte, puis qu'Otricoli d'à présent n'est point sur les ruïnes de l'ancien.) La moitié de ce chemin est dans les Montagnes & sur des Rochers, où il a falu employer le ciseau pour ouvrir le passage & pour élargir le chemin en côtoyant les Rochers; de manière que d'un côté le rocher est coupé à plomb comme un mur de plus de trente pieds de hauteur, & de l'autre, on a un précipice d'une hauteur prodigieuse. Ce Chemin est large de douze à quinze pieds & bien entretenu, mais il ne laisse pas d'être dangereux sur-tout quand il pleut abondamment, à cause des ravines d'eau qui tombent du haut de la Montagne & qui entraînent souvent avec elles des masses de terre ou des quartiers de Rochers dont la rencontre est très-dangereuse. Les grandes ruïnes qui couvrent un espace considérable de la Plaine prouvent en partie ce que disent les Anciens de la grandeur & de la magnificence de cette Ville. Je crois, poursuit le P. Labat, qu'un bon Antiquaire bien découvert & qui auroit de l'argent de reste trouveroit des choses rares, s'il faisoit fouiller dans ces ruïnes. Il faudroit pourtant avant toutes choses qu'il se munît de bonnes permissions de la Cour & qu'il eût avec lui quelques Sbirres assez honnêtes gens pour l'empêcher d'être assassiné, ou pour ne pas s'assassiner eux-mêmes, s'il avoit le bonheur de découvrir quelque chose de rare & de précieux. Mr. Adisson [e] dit que ces ruïnes sont proche la Rive du Tibre : il y a encore par-ci par-là des Colomnes & des Piédestaux, de gros morceaux de marbre ensévelis dans la terre, &c. L'OTRICOLI d'à présent, dit le P. Labat, est sur une hauteur. L'Abbé Baudrand lui fait honneur en le traitant de petite Ville. Je croirois lui en faire trop si je le traitois seulement de Bourg. Rien n'est plus petit, plus pauvre, & plus délabré.

[d] Voyage d'Espagne & d'Italie. t. 7. p. 102.

[e] Remarques sur divers. endroits d'Italie p. 103.

§ Le nom moderne OTRICOLI, a donné lieu à quelques Modernes de voir dans les Anciens au lieu d'*Ocriculum* qui y étoit, OTRICULUM qui n'y étoit pas, & qui est de la façon de ces prétendus Réformateurs des Ouvrages de l'Antiquité.

OTRICULUM. Voyez § précédent.

OTRIS, lieu de la Babylonie auprès des Marais de l'Euphrate, selon Pline [f].

[f] l. 5. c. 26.

OTROEA, petite Ville d'Asie aux confins de la Bithynie, un peu au dessus du Lac nommé *Ascanius Lacus*, selon Strabon [g].

[g] l. 12. p. 566.

OTRYES, Lieu de la Phrygie, où arriva un prodige dont parle Plutarque [h] dans la Vie de Lucullus. Ce Général tâchoit alors de s'approcher de la Ville de Chalcédoine, & Otryes doit avoir été vers les confins de Bithynie. Ortelius soupçonne que ce Lieu pourroit bien avoir quelque rapport avec les *Othryoniens*, Peuple que Pline [i] donne à la Méonie. Mais tous les Manuscrits de Pline, au raport du R. P. Hardouin, portent ORTHRONIENSES.

[h] Hommes illustr. c. 4. p. 559. de la Traduction de Mr. Dacier, Edition de 1714. à Amsterd.
[i] l. 5. c. 29.

OTTENDORFF, [k] Château d'Allemagne, dans le petit Pays de Hadelland enclavé au Duché de Brême. Il a appartenu aux Ducs de Saxe-Lawenbourg & a passé avec le reste de leur succession à titre de Sequestre au pouvoir du Duc de Zell de la Maison de Brunswic, & ensuite à George I. Electeur de Hanovre son gendre.

[k] Hubner, Geogr. p. 552.

OTTENSTEIN, [l] Château d'Allemagne auprès de Witlich Ville de l'Electorat de Trèves.

[l] Ibid. p. 467.

OTTENWALD, [m] c'est-à-dire la FORET D'OTTON, en Latin *Ottonia Silva*, petit Pays d'Allemagne au Palatinat du Rhin, entre le Mein & le Neckre, aux confins de la Franconie & de l'Electorat de Mayence, vers le Geraw & le Comté d'Erpach. Il appartient à l'Electeur Palatin depuis l'an 1465. Il n'y a aucune Place remarquable; quelques-uns écrivent ODENWALD.

[m] Baudrand, Edit. 1705.

OTTERSBERG, [n] Forteresse d'Allemagne en Westphalie au Duché de Brême. C'est une Place importante à cause que c'est un passage. Sa situation dans un Marais la rend forte.

[n] Geogr. p. 525.

OTTESUND, en Latin OTTONIS FRETUM, [o] Détroit ou Bras de Mer du Jutland Septentrional, entre l'Isle de Thyholm au Nord & le Pays de Lemwick au Midi. Ce Détroit communique à l'Orient avec le Golphe de Lym dans le Diocèse d'Alborg, & il aboutit au Couchant avec un autre Golphe qui n'est séparé de la Mer du Nord que par l'Isle de Harboor sur le Banc de Jutland. Ce Détroit sépare le Diocèse d'Alborg au Nord de ceux de Rypen & de Vibourg. On lui a donné le nom d'Otton, parce qu'un Empereur de ce nom alla dans le Jutland jusques-là [p].

[o] De l'Isle Atlas.
[p] Corn. Dict.

OTTHORA, ancienne Ville ou Place de Phœnicie, selon le Livre de la Notice de l'Empire [q].

[q] Sect. 23.

OTTINGA, nom Latin d'OETTINGEN Ville de Bavière.

OTTOMIENS ; Mr. Corneille donne un nouvel Article sous ce nom, sans se ressouvenir que ce sont les Otomis de De Laet, qui ne différent point des Ottomiens de Davity.

1. OTTONIA. Voyez ODENSE'E.

2. OTTONIA, Isle dont parle Crantzius, au rapport d'Ortelius [r] & qui doit être dans la Mer Baltique sur la Côte Orientale de la Chersonnèse Cimbrique. Il ajoute que George Brunus lui donne pour nom moderne TIRHOLM.

[r] Thesaur.

3. OTTONIA SILVA. Voyez OTTENWALD.

OTTOPAN, Ville de l'Amérique Septentrionale dans le Méxique propre, selon Mr. Corneille [s] qui ne cite aucun Auteur à cette occa-

[s] Dict.

## OTT. OU. OUA.

occasion. Il ajoute qu'elle eſt habitée par une Colonie Eſpagnole. Il l'a pris de Mr. Baudrand [a]. [a Ed. 1682.]

OTTOROCORRHA, Ville de la Serique, ſelon Ptolomée [b]. [b l. 7. c. 16.]

OTTOROCORRHAE, Peuple du même Pays, ſelon le même Géographe [c]. [c Ibid.]

OTTOROCORRHAS *Mons*, Montagne de la Sérique près des Monts Emodes, ſelon le même [d]. Ce ſont les ATTACORÆ de Pline. Voyez ce mot. [d Ibid.]

§. Oroſe met auſſi une Riviére de ce nom dans le même Pays.

## OU.

☞ La Syllabe OU eſt diverſement exprimée par les Orthographes des différentes Nations. Les François joignent toujours l'*o* & l'*u* pour produire le ſon qui finit ces mots *trou*, *filou*, *hibou*. Les Eſpagnols, les Italiens, les Allemands, &c. prononcent ce ſon lorſqu'ils trouvent un *u* ſimple. Mais les Anglois le prononcent encore quand ils trouvent un W devant une voyelle. Ainſi ils prononcent ces mots *Weſtminſter*, *Witehal*, *Wincheſter*, &c. comme ſi ce W étoit écrit par un *ou*. *Oueſtminſter*, *Ouitehal*, *Ouincheſter*, &c. C'eſt de-là que nous diſons l'*Oueſt*, au lieu qu'il faudrait dire le *Weſt*. Mais c'eſt le ſeul mot que je connoiſſe pour qui nous ayons ſacrifié l'Orthographe à la prononciation, dans tous les autres il faut laiſſer les lettres que l'uſage y a attachées. Il ſuffit d'avertir que les noms de Lieu Anglois doivent ſe prononcer ainſi, & il ne faut pas les défigurer comme a fait Mr. Baudrand en rangeant ſous la lettre O, *Ouicht*, *Ouilt*, *Ouincheſter*, *Ouindſor*, &c. qui ne s'écrivent pas ainſi. Ils appartiennent au W, *Wight*, *Wilt*, *Wincheſter*, *Windſor*, &c. Il y a de la témérité à rendre ainſi des noms propres méconnoiſſables ſous prétexte de les accommoder à une prononciation Nationale.

OUABACHE, (L') grande Riviére de l'Amérique Septentrionale dans la Louïſiane. Les Iroquois la nomment OHIO. Quelques-uns la nomment auſſi Riviére de St. Jérôme. Voyez OHIO.

OUABACHI [e], (Les) Peuple de l'Amérique Septentrionale dans la Louïſiane à l'Embouchure de la Riviére d'Ouabache, auprès du Miſſiſſipi. [e Relat. de Tonti.]

OUABMACHE [f], Riviére de l'Amérique Septentrionale au Canada. Elle tombe dans le Fleuve de St. Laurent, trois lieues au-deſſus du Lieu nommé *les trois Riviéres*. [f Autres Relations.]

OUACPETONS, (Les) Nation de l'Amérique Septentrionale, au Nord de la Louïſiane, au haut du Miſſiſſipi ; elle fait partie de Sioux de l'Eſt. Ce Peuple ne vit que de chaſſe & de folle avoine qui ne lui coûte d'autre ſoin que celui de la recueillir dans les terres marécageuſes.

OUADEBATON [g], Nation de l'Amérique Septentrionale, dans les terres, au Couchant du Canada, aſſez près des ſources du Miſſiſſipi, entre le Lac des Aſſenipoils & celui de Buade. Les Canadiens la nomment *Nation de la Riviére*, parce qu'elle habite auprès de la principale d'entre les Riviéres qui [g Hennepin Cartes.] portent l'eau de ces prairies dans le Lac de Buade. Cette Nation fait partie des Sioux de l'Eſt.

OUAKOVINGOUECHIOVEK, (Les) Nation de l'Amérique Septentrionale au Nord de la Louïſiane, près d'une Riviére de même nom, laquelle communique du Lac TIMAGAMING au Lac OUAPICHIONON.

OUANAHINAN, petit Peuple de l'Amérique Septentrionale dans la Louïſiane, il habite le long de la Riviére des OUARCHITES près des NABITI.

OUARVILLE [h], Bourg de France dans la Beauce au Pays Chartrain, entre Chartres & Angerville. [h De l'Iſle Atlas.]

OUASIKOUTETON, Nation de l'Amérique Septentrionale au Nord de la Louïſiane. On l'appelle auſſi la Nation du PIN PERCE'. Elle fait partie des Sioux Occidentaux. Elle eſt ſituée le long d'une Riviére qui communique à trois petits Lacs & traverſe de belles prairies. Il paroît que c'eſt la Nation où le P. Hennepin fut retenu ſept ou huit mois & où Mr. du Luth fut le rechercher.

OUASISACADEBA [i], Riviére de l'Amérique Septentrionale au Pays des Sioux. On la nomme auſſi Riviére de Ste. Croix. Voyez ce mot. [i De l'Iſle Louïſiane.]

OUATBEAMENISOUTE' [k], grande Riviére de l'Amérique Septentrionale dans le Nord de la Louïſiane. Elle ſort du Lac des Tintons & court quelque tems vers le Sud-Eſt, après quoi groſſie de la Riviére Verte & la Riviére de St. Remy déja unies dans un même lit, elle remonte vers le Nord-Eſt & après un cours d'environ cent lieues, elle entre dans le Miſſiſſipi au-deſſous du Saut de St. Antoine. Elle eſt nommée Riviére de St. Pierre, dans la Carte de Mr. de l'Iſle. Il y a dans ſon voiſinage du Vert de Montagne, du Cuivre & des Mines de Charbon. [k Le même]

OUATCHITAS [l], Peuple de l'Amérique Septentrionale dans la Louïſiane, au bord de la Riviére des Akanſas vingt lieues au-deſſus des Mentons, au Midi Occidental de la Riviére. Mr. de Bienville en trouva une Colonie au bas d'une autre Riviére qui porte leur nom & au Nord-Eſt des Natchitoches. [l Le même.]

OUATCHITAS [m], (Riviére des) grande Riviére de l'Amérique Septentrionale dans la Louïſiane. Elle a ſa ſource dans des Montagnes qui ſont au Pays des Oſages ; & ſerpentant vers le Sud-Eſt dans de belles Plaines après un cours d'environ cent cinquante lieues elle tombe dans la Riviére rouge que les François appellent la Marne ; & leurs eaux coulant dans un même lit vont groſſir à dix lieues de-là le grand Fleuve de Miſſiſſipi déja voiſin de ſes Embouchures. Les autres Nations connues qui bordent la Riviére des Ouatchitas ont au Nord-Eſt les Chiakanteſou, les Nabiti, & les Ouanahinan Nations voiſines, les Cahinoa ; au Midi Occidental les Tonicas, vis-à-vis des Lacs de Sel, & enfin les Ouatchitas qui donnent leur nom à cette Riviére. [m Le même.]

OUATEBAMENIBOUSSE', petite Riviére de l'Amérique Septentrionale, au Nord de la Louïſiane, au Pays des Sioux Orientaux. C'eſt une de celles qui groſſiſſent la Riviére de Ste. Croix.

1. OUAY-

## OUA. OUB. OUC. OUD.

1. **OUAYNE**[a], (L') Rivière de France dans le Puisaye. Elle a sa source à un Bourg de même nom, d'où coulant vers le Nord-Ouest, elle passe à Toussy, reçoit la Riviére de Mezilles & quelques autres Ruisseaux, passe au Midi de Château-Renard & va enfin tomber dans le Loin au Nord-Est de Montargis.

2. **OUAYNE**[b], Bourg de France au Puisaye à l'extrémité Orientale de l'Election de Gien.

**OUBEL**[c], Nation d'Asie, elle fait partie des Ouganis entre Cabul & Candahar.

**OUBRETS**, (Le Bois des) Bois de France en Languedoc dans la Maîtrise des Eaux & Forêts de Montpelier. Il a 1620. arpens d'étendue.

**OUCHE**[d], (L') en Latin *Uticensis Pagus*, Pays de France dans la Haute Normandie, au Diocèse d'Evreux. Il comprend les Territoires de Conches, de Breteuil & de l'Aigle situez entre les Riviéres d'Iton & de Carentone & s'étend jusqu'à St. Evroul aussi compris dans la Forêt d'Ouche. Le territoire produit des grains, des bois à bruler & l'on y trouve des Mines de fer. On y distingue les Bourgs de RUGLES, de LYRE, de GLOS, de la FERTÉ-FRENAY, &c. C'est ce qu'en dit Mr. Corneille guidé par des Mémoires dressez sur les lieux. Les Auteurs du Dictionnaire de la France y mettent trois Villes, savoir,

Bernay, L'Aigle, Et Beaumont-le-Roger.

Et ils se trompent en cela. L'Aigle & Beaumont-le-Roger sont de la Campagne du Neubourg, & au de-là de la Rille qui sépare l'Ouche de cette Campagne, & Bernay est de la Lieuvin. Ils ajoutent que le Pays d'Ouche faisoit autrefois partie du Comté d'Hiesme; qu'il s'étendoit aussi dans le Diocèse de Lisieux du moins jusqu'au lieu où est l'Abbaye de St. Evroux qui a été longtems appellé OUCHE, *Uticum*; parce que la Forêt où elle avoit été bâtie portoit le même nom, *Silva Uticensis*, la FORÊT D'OUCHE; mais cela n'est pas clair: ils devoient dire que le Comté d'Hiesme comprenoit autrefois une partie du Pays d'Ouche, du moins jusqu'à St. Evroux. Car le Pays d'Ouche s'étend bien au delà vers l'Orient & le Nord-Est, en des lieux qui n'ont jamais été du Comté d'Hiesme.

**OUCHE**, (L') en Latin *OSCARUS*, Riviére de France dans la Bourgogne. Elle traverse le Dijonnois, passe à Dijon & se jette dans la Saone. Elle a autrefois donné le nom de PAGUS OSCARENSIS au Pays où elle coule.

**OUCHESTIGOUEKS**, (Les) Peuple de l'Amérique Septentrionale, vers le milieu de la Terre des Eskimaux, vers les sources d'une Riviére qui vient se rendre dans le Lac de Manikouagan. C'est un Peuple sédentaire.

**OUDAROU**, Ville du Japon, elle est fortifiée d'un Château revêtu de pierres de taille avec des Tours que leur hauteur fait apercevoir de loin. Un tremblement de terre bouleversa presque tout le Pays d'alen-

## OUD.

tour. Il renversa dans la Ville des Maisons, des Tours & des Temples. La Forteresse ayant été entiérement abîmée, il fallut jetter des Montagnes de boue dans le goufre pour rebâtir le Château au même endroit. C'est ainsi qu'en parle Mr. Corneille sur les Mémoires de l'Ambassade des Hollandois au Japon. Cette Ville me paroît être la même que Mr. Kaempfer nomme ODOWARA[f]. Cet Auteur parle d'abord d'une Colline nommée ODOWARA ISII, ou ODOWARA IISCH, à cause d'une Carriére fameuse d'où l'on tire une espèce particuliére de pierre que l'on porte à Jedo & dont on fait des Pots qui sont à l'épreuve du feu. Le Fauxbourg de la Ville d'*Odowara* est dans une fort agréable situation assez près de la Mer & commence sur les bords même de la Riviére qui sort du Lac de FAKONE & se décharge dans la Mer près de la Ville d'Odowara, terminant son cours entre des Montagnes délicieuses; & des Collines couvertes de verdure qui s'étendent jusqu'à la Ville & dont le pied mouillé d'un côté par la Mer se termine de l'autre en une grande Plaine d'une lieue d'Allemagne de longueur; & c'est sur cette Plaine que la Ville est située. Elle est bien fortifiée, & a de bonnes portes & des Corps de garde ornez de beaux Edifices de chaque côté. Les Rues en sont larges, propres & régulieres: sur-tout la Rue du milieu est remarquable par sa largeur. La Ville est plus longue que large & il faut une grande heure pour la traverser depuis le bout d'un Fauxbourg jusqu'au bout du Fauxbourg opposé. On y compte environ mille Maisons, petites, proprement bâties, blanchies pour la plûpart, avec des avant-cours quarrées au devant & de jolis Jardins derriére. Au côté Septentrional de la Ville est le Château & la demeure du Prince. Il se fait remarquer à l'ordinaire par une belle & haute Tour. Les Temples sont bâtis du même côté, sur le penchant de la Montagne. Les Boutiques mal fournies montrent assez qu'il n'y a pas dans cette Ville beaucoup de Commerce ni de Manufactures; quoi qu'elle soit voisine de la Mer. On y prépare cependant le Catchou parfumé, ou *Terra Japonica*, dont on fait des Pillules, de petites Idoles, des fleurs, & plusieurs figures que l'on met dans de jolies petites Boétes pour les vendre. Les femmes l'aiment beaucoup & en font un grand usage, parce qu'elle affermit les dents & leur rend l'haleine douce. Ce jus épaissi est porté au Japon par les Hollandois & par les Chinois, & après qu'on l'a préparé à Miaco & à Odawara, mêlé avec de l'Ambre, du Camphre de Borneo & d'autres choses, ils le rachetent pour le transporter ailleurs. La beauté des ajustemens & l'extérieur poli des Habitans de cette Ville, sur-tout des femmes, font une preuve qu'il n'y a que des gens aisez qui y demeurent. Ils n'ont pas besoin de gagner leur vie par le Commerce ou par les Arts; ils peuvent vivre de leurs revenus & préférent le séjour d'Odowara à tout autre, à cause du bon air & de la beauté de la situation.

**OUDEBATHON**, Peuple de l'Amérique Septentrionale, du nombre des Nadouessi. Ils habitent le long des Riviéres qui viennent du Lac de Buade, ou des terres tremblantes des environs dans le Fleuve Miſſiſſipi. Je ne les crois pas differens des OUADEBATON.

OUDEMBORG, fauſſe Orthographe pour OUDENBOURG.

OUDENARDE, prononcez AUDENARDE. C'eſt en faveur de la prononciation que quelques-uns écrivent ce nom par un A à la premiére Syllabe. Ville du Pays-Bas dans la Flandre Auſtrichienne ſur l'Eſcaut, à cinq lieues au-deſſus de Gand & à ſix au-deſſous de Tournai. Les Auteurs Flamands veulent que la Ville d'Oudenarde ſoit fort ancienne & qu'elle ait été une Place conſidérable dès le tems que les Huns ravagerent la Gaule Belgique au V. Siécle. Mais, comme le remarque le docte Abbé de Longuerue [a], ils ne ſe fondent que ſur de vaines conjectures, & on ne voit pas qu'Oudenarde doive ſon origine à d'autres qu'aux Comtes de Flandres. Ces Seigneurs la fortifierent pour brider les Gantois qui la prirent & la pillerent pluſieurs fois dans les guerres qu'ils eurent contre leurs Comtes & principalement contre Louïs de Maſle dans les années 1379. & 1384. Elle eſt célèbre par ſa Manufacture de Tapiſſeries de haute lice. Louïs le Grand l'ayant priſe l'an 1667. la fit fortifier à la moderne. Elle lui avoit été cédée par le Traité d'Aix la Chapelle en 1668. Mais dix ans après par le Traité de Nimegue il la rendit au Roi d'Eſpagne Charles II. [b] Le 24. & le 25. Mars 1684. elle fut à moitié détruite par un bombardement fait ſous les ordres du Maréchal d'Humieres & du Baron de Quinci. Elle a été rétablie & eſt plus belle qu'elle n'étoit auparavant. La Ville eſt ſituée dans une Vallée où paſſe l'Eſcaut, & à cent pas de ſes Foſſez eſt du côté du Midi la Montagne nommée KERSELAERBERG d'où l'on découvre la Ville. Il y a deux Egliſes Paroiſſiales, l'une ſous le titre de Ste. Walburge, & l'autre du nom du Quartier où elle eſt ſituée s'appelle *Pamele*. Il y a auſſi un Collége de Jéſuites, un Couvent de Capucins, un de Recollects, les Monaſteres de Sion, de la Madelaine, des Sœurs noires, & des Sœurs griſes; un beau Couvent d'Hoſpitaliéres qui ſont de noble extraction & l'Abbaye de Magdendaele, Religieuſes de l'Ordre de Cîteaux. Cette Abbaye étoit au Village de Vloersberghe, mais Arnoul Baron de Pamele la transféra dans la Ville en 1233. La Ville a cinq Portes & pluſieurs Edifices aſſez beaux, parmi leſquels on diſtingue la Maiſon de Ville devant laquelle il y a une belle Fontaine avec un grand Baſſin que les François ont fait conſtruire l'an 1670. lorsqu'ils en étoient les Maîtres.

Il y a dans la Ville deux Juriſdictions différentes, ſavoir celle du Magiſtrat qui eſt compoſé d'un Grand Bailli, d'un Bourgmeſtre & de neuf Echevins, & celle du Baron de Pamele. Les Barons de Pamele ont été autrefois Seigneurs de toute la Ville & ils y ont un Château qui eſt très-ancien, mais à préſent ces deux Juriſdictions ſont diviſées & ſéparées par l'Eſcaut. Marguerite Ducheſſe de Parme & Gouvernante des Pays-Bas nâquit à Oudenarde en 1521. Elle étoit fille naturelle de l'Empereur Charles V. & de Marguerite van Genſte Demoiſelle Flamande, quatre ans avant que ce Prince ſe mariât. Alexandre Farneſe fils de Marguerite d'Autriche épargna en conſidération de la naiſſance de ſa Mere la Ville d'Oudenarde lorſqu'il la remit ſous la domination Eſpagnole.

La CHATELLENIE D'OUDENARDE comprend XXIX. Villages, outre pluſieurs Seigneuries particuliéres. Elle envoye ſes Députez à la Cérémonie de l'inauguration du Comte de Flandres. On y remarque deux Abbayes, ſavoir EENHAEME ſous l'Archevêché de Malines & PETEGEM ſous l'Evêché de Gand. Il y a auſſi le Village de VICHTE, dont le Seigneur eſt Maréchal Héréditaire du Comté de Flandres, & le Village de HEYNE où il y a un petit Chapitre de Chanoines. La Bataille d'Oudenarde ſe donna près de cette Ville le 11. Juillet 1708. entre les Troupes de France commandées par le Duc de Bourgogne petit-fils de Louïs le Grand & Pere de Louïs XV. & par le Duc de Vendôme, & les Troupes des Alliez commandées par le Lord Duc de Marlboroug & par le Prince Eugène de Savoye. Elle fut très-ſanglante, les François qui la perdirent ne laiſſerent pas de prendre Bruges & Gand en fort peu de tems.

Il faut remarquer que ces deux Syllabes OUDEN ſignifient VIEUX. Ainſi OUDEN, OLD, OLDEN, ALT, ALTEN, ont la même ſignification.

OUDENBOSCH; c'eſt-à-dire, *Vieux Bois*; en Latin *Vetus Silva*, anciennement DEN OUDEN BARLENBOSCH, Bourg conſidérable des Pays-Bas, au Brabant Hollandois dans le Marquiſat de Bergen op Zoom trois lieues de Breda. Il y a un grand & beau Havre qui aboutit à la Riviére de Breda, vis-à-vis, de *Standaert-Buiten*. Il y a cinq belles Rues, entr'autres une où ſe tient un Marché tous les Jeudis. Il s'y fait un grand Commerce de grains & d'autres denrées & il ſe paſſe peu de jours qu'on n'y charge de grands Batteaux de faſcines que l'on envoye dans la Zelande & dans la Flandre Hollandoiſe où elles ſont employées à l'entretien des Digues. Le Droſſart du Quartier Oriental du Marquiſat de Bergen op Zoom, fait ſa réſidence à Oudenboſch & y préſide au Banc de la Juſtice & de la Police, qui eſt compoſé d'un Bourgmeſtre, de ſix Echevins, de quatre Jurez, & d'un Secretaire qui l'eſt en même tems des Villages de Standaert-Buiten, de Rukwenne & de Zeggen. Il y a pour les Proteſtans une Egliſe, & pour les Catholiques une Chapelle deſſervie par les Moines de l'Abbaye de St. Bernard qui poſſédent les dixmes à la charge de fournir la ſubſiſtance au Miniſtre.

OUDENBORG [d], (Mr. de Longuerue écrit *Audenbourg* conformément à la prononciation) c'eſt-à-dire le *Vieux Bourg*. Petite Ville des Pays-Bas dans la Flandre Teutone, à une grande lieue d'Oſtende & à deux de Bruges. C'eſt le Chef-lieu d'un Doyenné de même nom dans lequel eſt Oſtende & qui fait partie de l'Evêché de Gand.

OUDEWATER, Ville des Pays-Bas dans la Province de Hollande entre Gouda & Montfort ſur l'Yſſel, aux confins de la Seigneurie d'Utrecht. Elle eſt petite & peu agréa-

agréable par sa situation. Elle est remarquable par la naissance d'Arminius Théologien Hollandois, Chef d'un Parti nombreux entre les Protestans connus sous le nom de Réformez. Ceux qui ont embrassé son sentiment sur la Grace sont connus sous le nom d'*Arminiens*, ou de *Remonstrans*. Après de vives contestations ils ont enfin obtenu d'être tolerez. On recueille aux environs d'Oudewater une grande quantité de Chanvre.

*a* Hist. de Timur-Bec. l. 5. c. 34.

OUDGIAN [a], Ville d'Asie dans la Perse, dans l'Azerbijane près de Tauris.

OUDIN, Bourg de France en Artois, à deux lieues de Béthune. Il y a un Monastère de Bénédictins & un Couvent de Dominicains.

*b* Corn. Dict.

OUDON [b], petite Rivière de France dans la Basse Normandie, où elle coule dans le Diocèse de Bayeux. Elle a ses sources dans le Boscage, un peu au-dessus du Village d'Ondes-Fontaine, & après avoir passé dans le voisinage de l'Abbaye d'Aunay & arrosé quantité de Villages pendant son cours qui est de huit ou neuf lieues, elle entre dans la Ville de Caën où elle se jette dans l'Orne.

§. C'est la même Rivière que L'ODON.

OVE, (L') Rivière d'Espagne dans l'Asturie. Voyez OVIEDO.

OVEIRO. Voyez OWERRE.

OUEL, (LA RIVIERE D') Rivière de l'Amérique Septentrionale dans le Canada; elle tombe dans le Fleuve de St. Laurent quinze lieues au-dessous de Quebec. Il y a une Colonie avec une Eglise Paroissiale.

OUENEBEGONS, (Les) Peuple de l'Amérique Septentrionale dans le Canada au Nord de la Baye des Puants. Cette Nation étoit autrefois fort puissante & la Maîtresse des bords de cette Baye. Elle étoit fort décriée par sa cruauté qu'elle poussoit jusqu'à devorer les Etrangers. La Sodomie étoit commune chez ces Malheureux. Les Outaouacs leur ayant envoyé des Députez, ceux-ci furent assez barbares pour les manger. Les Outaouacs & leurs Alliez se jetterent sur ces Anthropophages qui pour comble de mauvaise fortune se desunirent par des guerres civiles, à quoi se joignirent des maladies contagieuses, & ce Peuple se trouva réduit à un seul Village. Les Ilinois leur envoyerent un secours avec cinq cens hommes. Ces ingrats les massacrerent & les mangerent. Les Ilinois pour tirer vengeance d'une si horrible cruauté fondirent sur ce Village, massacrerent beaucoup de monde & firent les autres prisonniers. Un seul conserva sa liberté & se sauva chez les Malhominis les seuls Alliez qu'eût sa Nation. Les François espererent que les restes de cette malheureuse Nation pourroient renoncer à la vie brutale qu'elle avoit menée. Les Ilinois relâcherent leurs prisonniers & il se trouve qu'il y avoit encore environ cent cinquante *Ouenebegons*; qui vivent sous la protection des François, ils sont bons Soldats, mais toujours feroces. Leurs femmes sont très-laborieuses.

☞ OVER, ce mot Flamand veut dire le *trans* des Latins, & le *de-là, au de-là* des François.

*c* Mémoires.

OVERFLACKE'E [c], Isle des Pays-Bas dans la partie Méridionale de la Hollande au-dessus de l'Isle de Goerée. Elle a au Nord les Isles de Voorn & de Beyerland dont elle est séparée par le Haring-Vliet. Elle a au Midi le Volke-Raack autre Canal, & le Duyveland, au Couchant l'Isle de Schouwen, & au Nord-Ouest l'Isle de Goerée. La Côte du Sud-Ouest & celles du Sud n'ont point d'habitation, si ce n'est Oude-Tonge située fort avant dans l'Isle où les Barques arrivent par un Canal. A la pointe Orientale est Soltins-Plaet, de-là en suivant la Côte vers le Nord-Ouest on trouve Bommel, Stadt, Niddelhame, Sommerdyck, & Melissant ; Drixland & Nieuwetonge sont dans l'intérieur de l'Isle.

OVER-ISSEL [d], (L') Pays des Pays-Bas, au de-là de l'Issel, comme son nom le signifie. En Latin TRANSISALANA PROVINCIA; l'une des sept Provinces de la République des Provinces-Unies. Elle est bornée du côté du Nord par la Frise, & par le Territoire de Groningue; au Couchant d'Eté elle a le Zuiderzée; à l'Occident l'Issel qui la sépare du Velau, Quartier de la Gueldre; au Midi elle a le Comté de Zutphen; & à l'Orient l'Evêché de Munster. Ce Pays faisoit autrefois partie du Diocèse de l'Evêque d'Utrecht à qui il appartenoit depuis l'an 1046. jusqu'au tems de Henri de Baviere qui s'en accommoda avec Charles V. On divise présentement cette Province en trois parties principales qui sont les Pays de DRENTE, de TWENTE & le SALLANT. Voyez leurs Articles particuliers. Il y a cela de remarquable dans la Province d'Overissel, que, selon la remarque du Chevalier Temple [e], tous les Gentilshommes qui y possèdent des Terres Seigneuriales de la qualité requise, font partie des Etats de cette Province. Lorsque la République paye cent mille livres, la quote part de l'Overissel est 3571. livres 8. sols 4. deniers tandis que la seule Province de Hollande paye pour la sienne 58309. livres 1. sols 12. deniers.

*d* Longueruë, Descr. de la France. 1. Part. p. 35.

*e* Remarques sur les Prov. Unies. ch. I.

OVERMAES, ce mot est Flamand & signifie OUTRE MEUSE. Voyez OUTRE-MEUSE.

OVERSCHIE, gros Village des Pays-Bas dans la Hollande, au Schieland, sur la Schie, à une grande lieue de Delft & à une petite de Rotterdam. Dans ces noms prononcez *Skie, Skiland* & *Overskie*.

OUESSANT, en Latin UXANTUS, Isle de France, de l'Océan, sur la Côte de Bretagne à l'opposite du Conquest [f]. Elle a huit milles de tour & renferme quelques Hameaux avec un Château pour la défendre contre les Corsaires; elle est entourée de quelques autres Isles moins grandes qui à cause d'elle sont nommées les Isles d'Ouessant.

*f* Piganiol de la Force, Descr. de la France. T. 5. p. 145.

☞ OUEST, mot employé par les gens de Mer, pour signifier l'OCCIDENT.

OUFENS. Voyez UFENS.

OUGLANIS [g], (LES) Nation d'Asie aux confins de la Perse & de l'Indoustan. Elle habite la Montagne de Solimancouh à l'Occident de l'Indus entre Cabul & Candahar.

*g* Hist. de Timur-Bec. l. 4. c. 1.

OUGLIN, Place du Royaume de Hongrie en Croatie aux Frontières de la Carniole sur la Rivière de Dobra près de la Morlaquie entre Metling au Nord, & Zeng au Midi. Quelques Géographes y cherchent A-VENDO, génit. *donis*, ou VENDUM Ville an-

OUG. OUI.  OUI.

*a* Ed. 1705. ancienne de la Liburnie, selon Mr. Baudrand *a*.

OUGLY, les Hollandois écrivent OEGLI qui revient à la même prononciation, Ville d'Asie, dans l'Indouſtan au Royaume de Bengale, dans la partie Septentrionale d'une Iſle que forme une Branche Occidentale du Gange. Nicolas de Graaf qui y a été pluſieurs fois ne nous en apprend aucun détail. C'eſt néanmoins une grande Ville fort Marchande, & où il y a beaucoup d'Européens établis.

OUGNON. Voyez LOUGNON.

OUIDAGEOUNATON, Nation de l'Amérique Septentrionale, au Nord de la Louïſiane, entre les Sioux Occidentaux. C'eſt la plus Occidentale & la plus éloignée du Miſſiſſipi. Elle eſt au bord d'un petit Lac au milieu duquel il y a une Iſle qui a donné lieu aux François d'appeler ce Peuple la NATION DE L'ISLE PLEINE.

OVIDE, fameux Poëte Latin. Il avoit des Jardins auprès de Rome à l'endroit où la Voye Claudienne & la Flaminienne ſe joi-*b* gnent. Il dit dans une de ſes Elegies *b* qu'il

*b* De Ponto, l. 1. Eleg. 8. v. 41. 

ne regrette ni ſa Maiſon de Campagne ſituée au Pays du Peuple *Peligni*, ni ſes Jardins placez où nous avons dit.

*Non meus amiſſos animus deſiderat agros,*
*Ruraque Peligno conſpicienda ſolo:*
*Nec quos piniferis poſitos in Collibus hortos,*
*Spectat Flaminiæ Clodia juncta Via.*
*Quos ego neſcio cui colui, quibus ipſe ſolebam,*
*Ad ſata fontanas, nec pudet, addere aquas, &c.*

*c* Corn. Dict.
Deſcr. Sum-
maria del
Reyno de
Portugal.

OVIDOS *c*, Ville de Portugal dans l'Eſtremadure, ſur une hauteur à neuf lieues de Santaren. Elle eſt environnée de murailles & défendue par un fort Château aſſis au ſommet d'un Rocher. Il y a quatre Paroiſſes, un Couvent de Religieux & environ treize cens Habitans.

OVIEDO, Ville d'Eſpagne dans l'Aſturie, à une partie de laquelle le nom de cette Ville ſert de ſurnom; comme on l'a remarqué au mot ASTURIE. Elle eſt la Capitale de l'*Aſturie d'Oviedo*. Ell l'étoit autrefois de toutes les Aſturies ſous le nom de BRIGE-

*d* Etat de
l'Eſpagne.
T. 1. p. 294.

TUM, ſelon l'Abbé de Vairac *d*. Mais il y a plus d'une difficulté ſur ce fait ainſi décidé. 1. *Brigacium*, car c'eſt ainſi que ſon nom eſt écrit dans l'Itinéraire, donnoit le nom au Peuple BRIGÆCINI; & comme on le peut voir à l'Article *Brigacium*, elle étoit dans le Pays auquel une Légion Romaine a donné enſuite ſon nom; c'eſt-à-dire celui de Léon. Ptolomée diſtingue très-bien la Colonie où étoit cette Légion Romaine, du Lieu qu'il nomme *Brigacium*; mais il les met chez un même Peuple & dans un même Canton qu'il diſtingue de l'Aſturie. 2. Tous les Modernes ne conviennent pas que *Brigacium* ſoit OVIEDO. Ortelius croit que *Brigacium* eſt la Ville même de LEON, & Molet croit que c'eſt BIRVIESCA. Il eſt vrai que Tarapha croit que c'eſt *Oviedo*; & cela a été répété par les Interprètes de Ptolomée. C'eſt un ancien Siège Epiſcopal, qui étoit anciennement compté entre les Evêchez de la Galice, & qui avoit Bragues, *Bracchara*, pour Métropole; elle s'appelloit alors BRITONIA, & c'eſt ſous ce nom qu'elle ſe trouve dans une ancienne Notice de l'an 962. conſervée à Seville dans le Chartulaire de St. Laurent, & dans une autre Notice de l'Egliſe d'Oviedo. Mais ce qui achève la preuve, c'eſt ce qu'on lit dans la diviſion des Provinces d'Eſpagne ſous le Roi Wamba, lorſqu'il fut queſtion de marquer à chaque Métropole les Dioceſes qui en relevoient. On trouve ces mots: *Bracaræ ſubſint Dumium, Feſtabole, vel Portugale, Tude, Auria, Luco, Aſtorica, Iria vel Uria; OVETUM VEL BRITONIA, EXEMPTA A GALLÆCIÆ BRACARA*, c'eſt-à-dire, qu'*Oviedo* ou *Britonia* fut alors déclarée exempte de la Juriſdiction de l'Archevêque de Brague, qui étoit alors de la Galice Province étendue alors juſqu'au Duero. Son nom moderne OVETUM, d'où s'eſt formé le nom vulgaire *Oviedo*, eſt pris d'une des deux Riviéres qui l'arroſent, ſavoir l'OVE, & la DEVA. Ce ſont deux Ruiſſeaux qui ſe joignent dans les foſſez de la Ville & prennent enſemble le nom de Rivière d'ASTA. Oviedo eſt la ſeule Ville de la Province qui ſoit honorée du nom de Cité. Tout le monde ſait que l'Eſpagne fut envahie par les Maures attirez par le Comte Julien dont Roderic Roi Goth avoit violé la fille. La ſituation des Aſturies engagea pluſieurs Chrétiens à s'y réfugier. Pélage, qu'ils élurent pour leur Roi, avoit reçu des Maures un affront aſſez ſemblable à celui du Comte Julien. Piqué de cet outrage & encouragé par la Souveraineté qu'on lui déféroit, il chaſſa les Maures de l'Aſturie & fonda un nouveau Royaume à Oviedo. Lui & ſes Succeſſeurs ne prirent que le titre de Rois d'Oviedo juſqu'à Ordogno ſecond qui prit le titre de Roi de Léon, & mourut l'an 923. Ce Royaume devint bien-tôt l'Aſyle de tous les Chrétiens à qui le joug des Maures étoit inſupportable; ſur-tout il s'y retira beaucoup d'Evêques, dont les Sièges étoient occupez par les Mahométans, & les Troupeaux diſperſez; & cette Ville fut appellée à cette occaſion la Cité des Evêques. Je ne ſai où l'Auteur des Délices d'Eſpagne *e* a pris que l'on tranſporta à Oviedo le Siège de la Province qui étoit dans une Ville voiſine nommée EMERITA. L'Abbé de Vayrac *f* le co- 

*e* T. 1. p. 116.
*f* T. 1. p. 294.

pie, & le fait ne m'en paroît pas plus vrai pour cela. Ces mots de la diviſion de Wamba *Ovetum vel Britonia* ont quelque choſe de plus authentique à mon gré que l'autorité de ces deux Auteurs. Ce qu'il y a de plus beau, diſent-ils, eſt l'Egliſe de *San Salvador*, ou de St. Sauveur, bâtie par un Prince nommé Silo, dont on voit le Tombeau à l'entrée, du côté de la grande Porte, avec l'Inſcription ſuivante qu'on peut lire deux cens ſoixante & dix fois, bien que l'S, première lettre du mot SILO, ne s'y trouve qu'une ſeule fois, préciſément dans le centre.

```
TICEFSPECNCEPSFECIT
ICEFSPECNINCEPSFECI
CEFSPECNIRINCEPSFEC
EFSPECNIRPRINCEPSFE
FSPECNIRPOPRINCEPSF
SPECNIRPOLOPRINCEPS
PECNIRPOLILOPRINCEP
ECNIRPOLISILOPRINCE
PECNIRPOLILOPRINCEP
SPECNIRPOLOPRINCEPS
FSPECNIRPOPRINCEPSF
EFSPECNIRPRINCEPSFE
CEFSPECNIRINCEPSFEC
ICEFSPECNINCEPSFECI
TICEFSPECNCEPSFECIT.
```

Tous

Toutes ces lettres ne font que ces mots *Silo Princeps fecit* qui se retrouvent en 270. biais différens. Sur le Tombeau on voit ces Lettres.

### H. S. E. S. S. S. T. L.

Ce ne sont que les Initiales de ces mots *Hic situs est Silo, sit sibi terra levis*. Ce Prince Silo fut Roi d'Oviedo, il étoit gendre d'Alphonse le Catholique dont il avoit épousé la fille d'Adosinde. Après la mort de Fruela & d'Aurelio freres de sa femme, il succéda en 774. & mourut en 783. Il étoit Sarrazin d'origine, mais Chrétien. Ce fut lui qui fit transporter de Merida à Oviedo le Corps de Ste. Eulalie.

Cette Ville étant devenue la ressource de l'Eglise du tems des Maures, les Chrétiens y apportoient de tous côtez les Reliques des autres Villes, afin de les garantir de la profanation des Barbares. De-là vient qu'il y en a tant à Oviedo, qu'un Auteur Espagnol ne craint point de dire, qu'il n'y a que Dieu seul qui en puisse savoir le compte [a]. La Cathédrale a été fondée par Froila quatrième Roi après Pélage. C'est sous ce Roi que l'on interdit aux Prêtres le mariage qui avoit été auparavant toleré en Espagne, ce fut vers le milieu du VIII. Siècle. Oviedo est célèbre par un Concile qui y fut tenu l'an 901. après avoir été commencé cent ans auparavant. Il fut composé de XVIII. Evêques qui firent quelques Decrets pour la Réformation de l'Eglise d'Espagne & du Royaume, où le malheur des tems avoit introduit des abus. Ce fut dans ce Concile que l'Eglise d'Oviedo fut érigée en Métropole. Nous avons vu que dès le tems de Wamba elle étoit exempte de la Jurisdiction de Bragues. Alors elle fut elle-même Métropole par la permission du Pape Jean VIII. à la priere d'Alphonse le Grand, & Ermenegilde en fut le premier Métropolitain. Mais la Dignité Archiépiscopale ayant été ensuite attachée à St. Jacques de Compostelle, l'Evêque d'Oviedo fut réduit à la qualité de simple Evêque Suffragant de Compostelle. La Ville est passablement belle. L'Eglise de San Salvador est environnée de belles Maisons soutenues par des Portiques. Ce qu'il y a de plus remarquable c'est la Place du Marché. Quand on y est au milieu, on voit toutes les Rues de la Ville qui y aboutissent. L'Université & les Collèges qui la composent sont un des plus grands ornemens d'Oviedo.

J'ai dit sur l'autorité de l'Auteur des Délices de l'Espagne qu'Oviedo fut Suffragant de Compostelle. [b] Si cela est, ç'a été sans être soumis à la Jurisdiction de cet Archevêché; car Oviedo ne relève immédiatement que du St. Siège. Son Chapitre est composé de XIII. Dignitaires, de XX. Chanoines, de XII. Prébendiers, & de X. Chapelains. Le Diocèse s'étend sur XIV. Archiprêtrez divisez en VIII. Archidiaconez qui comprennent 1048. Paroisses. On y compte IV. Collégiales qui sont *Cubadenga*, *Arvas*, *Tuñon*, & *Tiberga* LXXXII. *Prestimonies*; CCCLXXXVI. Bénéfices simples, CCXXII. Chapelainies dotées, XXVIII. Couvens XLII. Hermitages & XLIV. Hôpitaux.

OVILABIS, Lieu du Norique; il est nommé OVILIA dans la Table de Peutinger, & OVILABIS dans Antonin [d]; entre *Lauriacum*, & *Joviacum*; à XXVI. M. P. de l'une & à XXXII. M. P. de la seconde. On a trouvé en Autriche cette Inscription rapportée par Gruter [f]:

PONTIF. COLONIAE AURELIAE,
ANTONIANAE        OVIL.

& on en a conclu que ce Lieu doit être aujourd'hui WELS. Voyez ce mot.

OUILLERS, Forêt de France en Provence, on y trouve beaucoup de Simples qui sont propres pour la Médecine.

OVILLO, Village d'Italie en Lombardie dans le Milanez, près d'Alexandrie de la Paille. Il est remarquable pour les Géographes par la naissance de Philippe Ferrari, fameux Géographe. Il mourut à Milan sur la fin d'Août 1626. son corps fut porté à Pavie dans l'Eglise des Peres Servites. Il avoit enseigné quarante-huit ans les Mathématiques dans l'Université de Pavie. Il étoit de l'Ordre des Servites, dont il fut deux fois Général & deux fois Vicaire Général.

OUJON [g], Ville d'Asie dans la Perse, selon Tavernier, qui lui donne 61. d. 35'. de Longitude & 32. d. 24'. de Latitude. Il ajoute qu'il y a un fort beau Château dans cette Ville & que les fruits y sont très-bons.

OVISCA, ancien Lieu d'Afrique dans la Byzacène. L'Edition de Zurita porte OVISE'E, d'autres Exemplaires *Oviste*, & d'autres *Anise*. Ce Lieu étoit sur la route de *Thena* à *Thevestae*, entre *Thena* & *Amudarsa* à XXV. mille pas de l'une & de l'autre.

OUISCAENSIN [h], Riviére de l'Amérique dans la Louïsiane. Elle a plusieurs sources à l'Occident du Lac des Ilinois & forme plusieurs Lacs, d'où par un portage de demie lieue, on passe à la Riviére des Renards, qui tombe dans la Baye des Puans. Pour elle, elle a son cours d'Orient en Occident & va tomber dans le Mississipi.

OUKEK [i], Ville d'Asie, en Tartarie dans le Capschac. C'est la derniere Place des dépendances de Sarai. Elle est à 84. d. de Longitude & à 57. de Latitude, sur le Volga, à 15. lieues de Bulgar & à pareille distance de Gebrai.

OUKER KEPTADGI, Ville d'Asie dans le Turkestan. L'Auteur des Notes sur l'Histoire de Timur-Bec [k] donne à cette Ville le 100. d. de Longitude & 48. de Latitude.

OUKHAM. Voyez OOAKHAM.

OULAKIANAOUR, l'Auteur de l'Histoire de Timur-Bec [l] nomme ainsi le passage du Fleuve ANCORA au Mogolistan.

OULANYARLIC [m], Plaine & Bourg d'Asie dans la Tartarie au Pays de Geté.

OULESSERE, Province d'Asie dans l'Indoustan. C'est, selon Thevenot, la même que la Province de BENGALE. Voyez BENGALE.

OULNEY, Bourg d'Angleterre en Buckinghamshire sur l'Ouse. On y tient Marché public.

OULONGTAC [n], Montagne d'Asie dans la Tartarie au Capschac, entre la Riviére d'ARTCH & celle d'ILANJOUC.

OULX, Bourg de France dans le Dauphi-

## OUM. OUN. OVO.

phiné, sur la Doire aux confins du Piémont, entre Briançon & Suse, à quatre lieuës de l'une & de l'autre & à trois du Mont Genevre. Quelques-uns se fondans sur une ressemblance de nom ont cru que c'étoit l'OCELUM ou l'OCELUS des Latins. Mais ce nom convient mieux à Exiles; & Oulx sera le même Lieu que les Anciens ont nommé AD MARTIS à cause d'un Temple consacré au Dieu Mars. Oulx est du Briançonnois.

OUMIGNON, (l') petite Riviére de France dans la Picardie au Vermandois. Elle a sa source à une lieuë & demie au-dessus de Vermand, où elle passe & se jette dans la Somme, à cinq quarts de lieuë au-dessus de Peronne. Mr. de l'Isle l'appelle l'AMIGNON.

OUNDLE [a], Bourg d'Angleterre en Northamptonshire. On y tient Marché public; il y a une Ecôle publique, mais ce qui est le plus remarquable ce sont ses Puits nommez en Anglois *Drumming Wells* qui ont cela de singulier, que de tems en tems on y entend comme un bruit de Tambours que le Peuple croit être un mauvais augure.

*État prés. de la Gr. Br. T. 1. p. 28. & 93.*

OUNEWARI, Ville du Japon dans l'Isle de Bungo. Mr. Corneille [b] trouvant dans la Carte qui accompagne l'Ambassade des Hollandois au Japon, ces mots OUNEWARI *met het Casteel*, c'est-à-dire OUNEWARI avec le Château, a cru que le mot *met* appartenoit au nom de la Ville & l'appelle OUNEWARI-MET. * Du reste cette Ville est petite mais fort agréable, située sur la croupe d'une Montagne toute plantée de très-beaux arbres, principalement du côté de la Riviére de Dona qui lave une partie de ses Remparts. Ils sont d'une hauteur médiocre & il y a des Arbres dessus à certaines distances. Après un circuit assez long cette Riviére passe sous un Pont de pierres, bâti sur huit Arcades avec des garde-fous de chaque côté & coule de-là insensiblement dans la Mer de Corée. Tout proche est la Maison où les Passagers payent la Douane, qu'on exige d'une maniére si rigoureuse, que ceux qui ne déclarent pas leurs Marchandises de bonne foi sont punis de mort sans nulle ressource. Un des bouts du Pont porte sur un Cap qui avance dans la Riviére & la Porte par laquelle on entre, ressemble à une Barriére enclavée dans une petite muraille, bâtie entre deux Maisons qui font toutes deux le coin de la Rue par où l'on entre dans la Ville. Vers le milieu de la Rue est un fort beau Temple qu'habitent quantité de Prêtres idolâtres. Les autres Rues ne sont pas si belles excepté celle qui regne le long d'un Rocher escarpé. On monte au Château par plusieurs Marches taillées dans le Roc & on en voit la pointe de fort loin. La plus haute Tour de ce Château qui est bâtie sur cette pointe du Roc a cinq étages qui finissent insensiblement. Il y a dans l'autre qui est plus grosse deux belles Sales, l'une sur l'autre & d'une grandeur égale. Ces Tours ont vuë d'un côté sur de vastes Campagnes, pleines de Ris en tout tems, & de l'autre sur force Collines qu'une infinité d'Arbres, tous plantez par étages rendent agréables en toute saison.

*b Diction. Ambassade des Hollandois Japon.*

OVO, (l'Isle de l') petite Isle du Golphe de Colochine au Midi de la Morée sur la Côte Méridionale de Cerigo. Son nom qui

## OUP. OUR.

veut dire un Oeuf, lui a été donné à cause de sa figure Ovale. On la prend pour l'ÉPLA des Anciens.

OUPORUM, *Oupuripos*, ancienne Ville de la Liburnie dans les terres, selon Ptolomée [d]. Quelques Modernes conjecturent que c'est présentement OBROAZO en Dalmatie.

*d l. 2. c. 17.*

OURAC, petite Ville d'Allemagne au Duché de Wurtemberg, & non pas de Wittenberg, comme dit Mr. Corneille. L'Auteur des Mémoires & Plans Géographiques la décrit ainsi [e]. Il est vrai qu'il fait la même faute, mais Mr. Corneille n'auroit pas dû la copier. Elle a double Fossé & double ceinture de Murailles, le tout sans Flancs, & si commandée, que des Montagnes voisines au pied desquelles elle est située & dont elle est entourée, on voit au milieu de la Place.

*e p. 268.*

A demi mille de la Place, à main gauche du grand chemin qui mène à Tubingue, est un Château sur le sommet d'une Roche très-haute & fort escarpée, grand, logeable & bien flanqué. Un Fossé assez grand regne d'un côté. La principale Porte est défenduë d'un petit Ouvrage en forme de Ravelin. Cet Ouvrage voit une petite Plaine qui sert de Place d'Armes au Château.

§. Cette Ville & ce Château ne différent point d'AURAC. Quelques-uns écrivent URAC.

OURAMANI, Riviére de l'Amérique Septentrionale, dans la Nouvelle France, au Pays des Ilinois; les François l'appellent la Riviére aux Pommes. Elle se jette dans la grande Riviére des Ilinois quelques lieuës au-dessous du Lac Pimitouï. Il y a auprès de cette Riviére une Mine de Cuivre.

OURATURE, Isle annexée à l'Isle de Ceilan, à la pointe de Jasnapatan. Les Hollandois l'appellent L'ISLE DE LEYDEN [f]. Elle a environ six lieuës de longueur. Sa largeur n'est pas égale. Il y a trois Bourgs ou 25 Villages & un Fort qui contiennent en tout environ 2600. Habitans.

*f Ribero Hist. de Ceilan l. 1. c.*

OURCHA, Ville d'Asie dans l'Indoustan sur le Fleuve Jamad au-dessus de Multan. L'Auteur des Notes sur l'Histoire de Timur-Bec [g] dit qu'elle est grande & lui donne 117. 8 d. de Longitude & 30. de Latitude.

*g l. 4. c. 10.*

OURDEBAN [h], Montagne d'Asie au Mawaralnahr dans le Pays de Gété.

*h Ibid. l. 3. c. 6.*

OUREM, Ville de Portugal dans l'Estremadure, entre Leiria & Tomar, à trois lieuës de cette derniére. Elle est située en un endroit élevé, & a un fort Château. On y compte quatre cens Habitans & une Eglise Collégiale.

OURFA. Voyez ORFA.

OURICHERO [i], Ville de Perse située sur les Frontiéres de la Susiane & de la Médie, au 30. d. de Latitude. Elle est bâtie en Amphithéatre sur le déclin d'une Colline en maniére de fer à cheval. La Riviére de Gamasai coule au pied de ses murailles. Son Gouverneur qui a la qualité de Sultan entretient mille Cavaliers pour la garde de toute la Contrée. Aucun Chrétien n'y habite; mais il y a beaucoup de Juifs.

*i Corn. Dict.*

OURIQUE [k], Ville du Royaume de Portugal dans l'Alentejo, près de la Riviére de Zadaon, aux Frontiéres de l'Algarve & dans les Montagnes de Calderaon presque au milieu

*k Baudrand, Edit. 1705.*

en-

X 3

entre Bejá au Nord & Silves au Midi à onze lieues de cette derniére. Elle est remarquable par la grande Victoire qu'Alphonse I. Roi de Portugal y remporta en 1139. sur cinq Rois Maures. Et ce fut sur le champ de Bataille qu'il prit le titre de Roi. Les têtes des cinq Rois Maures sont aujourd'hui l'Ecusson des Armes de Portugal.

*a* Hist. de Timur-Bec-l.3.c.6. OURITCHOU [a], Bourg d'Asie au Mogolistan.

*b* Ibid. c.5. OURNAC, ORNAG, ou OURNAC LORNAC [b], Montagne d'Asie. Les Mogols en font la Résidence d'Oguz dont ils prétendent tirer leur origine, & qui, selon quelques conjectures, étoit fils de Japhet & petit-fils de Noé. Les Géographes Orientaux donnent à cette Montagne 110. d. de Longitude & 55. de Latitude.

*c* Ibid. c.5. OURANC [c], ou OURONKYAR, Ville d'Asie au Mawaralnahr, dans le Pays de Gété.

OUROUDGER, Ville de Perse dans le Khouestan à 18. lieues de Hamadan. Elle est à 85. d. de Longitude & à 34. d. 25′. de Latitude. Elle est voisine de Neavend. Malgré la différence de Latitude, je soupçonne que c'est l'OURICHERO de Mr. Corneille.

OUROUX, ou OROUX, Bourg de France dans le Nivernois, Généralité de Moulins, Election de Château-Chinon, entre des Montagnes ; le Pays est froid & stérile, & les terres ne rapportent que du segle, du bled-noir & de l'avoine. La nourriture des Bestiaux fait tout le revenu des Habitans.

*d* Corn.Dict. OURQ [d], (L') petite Riviére de France dans le Valois. Elle vient du côté de Château-Thierry entre la Croix & Vallay près du Château d'Armentieres, passe par Crouy, Lisdit sur Ourq & va tomber dans la Marne à deux lieues de Meaux.

*e* Corn.Dict. OURSE [e], (L') petite Riviére de France. Elle a sa source dans la Champagne. Elle commence à Beneuvre, passe à Lugnyau, reçoit la Creuse & grossie de ses eaux, elle va se décharger dans la Seine, près de Bar sur Seine. Mr. de l'Isle l'appelle l'OURCE.

*f* Dict. Géogr. des Pays-Bas. OURTE [f], en Latin URTA ; quelques-uns écrivent l'OURT ; Riviére des Pays-Bas. Elle a sa source au Pays de Liége, au-dessus du Village dont elle porte le nom ; passe à Ste. Marie, d. à Neuville, d. à Nebermont, d. à Remaigne, d. à Bonrieu, g. à Ambarly, d. à Vicheri, d. à Romont, d. à Ourteville, d. à Wieupont, g. à Waupont, d. à Hartevaux, g. à Engran, d. à Marbuis, d. à Roche en Famine, d. à Marcour, d. à Hanton, d. à Hottea, d. à Durbuy, g. à Bohan, d. à Houde, d. à Bohemal, d. à Hauweil, d. à Comble, d. à Montfort, d. à Bonchesne, g. au Château de POLISEUR, g. à Esseneux, d. à Honni, g. à Thiff, d. à Callonister, g. à l'Abbaye de BEAUFOIS, d. à Chenay, g. & se perd dans la Meuse au Pays de Liége.

*g* Hist. de Timur-Bec l. 3.c. 14. OURTOUPA [g], Plaine d'Asie dans le Capschac sur le Wolga. La postérité de Touschi fils de Genghizcan, a regné dans le Capschac, & ces Rois ont fait leur résidence ordinaire dans cette Plaine.

*h* Corn.Dict. Mém. dressez sur les Lieux. OURVILLE [h], Bourg de France en Normandie au Pays de Caux à deux lieues de Foville & à un peu moins de Valmont, & de la Riviére de PALUELLE, au milieu d'une belle Campagne fertile en bleds. Ce Bourg a Haute Justice.

OUSCHE, (L') en Latin OSCARUS. Voyez OUCHE 2 ; Elle passe à Dijon & va ensuite se décharger dans la Saone entre Aussone & Seurre un peu au-dessus de St. Jean de Laune.

1. OUSE, (L') Riviére d'Angleterre, elle a sa source dans l'Oxfordshire, aux Confins & au Midi de Northamptonshire ; d'où après avoir couru vers l'Orient, elle entre dans la Province de Buckingham, passe au Midi & à l'Orient de la Capitale, par un coude qu'elle fait vers le Nord ; traverse les Provinces de Bedford & d'Huntington, en arrose les Capitales, entre dans la Province de Cambridge, où elle se partage en plusieurs Branches, & forme six ou sept Isles dans la plus grande desquelles est la Ville d'Ely. Ses Branches se réunissent en deux Canaux, dont l'un se jette dans la Mer auprès de Lyn & l'autre environ dix milles plus au Couchant. Ses deux Embouchures sont dans la partie du Golphe de Boston.

§. Messrs. Baudrand, Maty & Corneille ne parlent point de cette Riviére, mais de la suivante.

2. OUSE, (L') Riviére d'Angleterre dans l'Yorkshire ; les Cartes de l'Atlas de Blaeu ne la distinguent point de l'Youre, nommée *Urus* en Latin. Cambden [i] dit dans le même sens : *Urus, quem Saxones jam Ouse dixerunt*. Or l'*Urus*, est la même Riviére que l'URB. Ce mot s'écrit YOURE pour exprimer le génie de la prononciation Angloise qui change l'*U* en *You*, au commencement d'un mot. De même les Anglois disent YOUTRECHT pour *Utrecht*, les YOUSBECKS pour les *Usbecks* & ainsi de quantité d'autres, comme *Union*, *University*, *Usurper*, &c. Si donc on en juge par le témoignage de Cambden & par la raison qui vient d'être expliquée, l'Youre & l'Ouse sont deux noms de la même Riviére, peut-être aussi qu'elle porte un nom dans un lieu & l'autre nom dans un autre, comme l'Ister & le Danube, le Rhin & le Vahal, &c. Mr. Baudrand favorise ce sentiment, quand il dit que l'Youre prend le nom d'Ouse au-dessus d'Yorck où elle passe. L'Youre passe effectivement à Yorck, & cependant l'Etat de la Grande Bretagne dans la Description d'Yorck fait mention de l'Ouse & ne parle point de l'Youre. C'est donc la même Riviére sous deux noms différens. C'est de quoi le même Auteur auroit dû avertir, quand en parlant des Riviéres d'Yorckshire, Il nomme entre autres la Nyd, l'Ouse, le Swal, la Youre, le Wars, &c.

OUSSIERE, Bois de France en Poitou. Il a cinq cens soixante & deux arpens d'étendue & dépend de la Maîtrise des Eaux & Forêts de Poitiers.

*k* Juillet Atlas. OUST [k], (L') Riviére de France dans la Bretagne, elle a sa source au Village de St. Gilles, Evêché de Quimper, d'où coulant vers l'Orient elle arrive aux confins de l'Evêché de St. Brieu auquel elle sert de borne Occidentale ; & dans son cours qui est vers l'Orient

rient Méridional, elle arrose Uzel & Loudeac; ensuite Rohan qui est de l'Evêché de Vannes, qu'elle sépare de celui de St. Malo. Elle baigne Josselin dans ce dernier, & entrant ensuite entièrement dans l'Evêché de Vannes au-dessus de Malestroit où elle passe, elle y reçoit la Claye, l'Ars & autres Ruisseaux dont elle porte les eaux dans la Villaine au-dessous de Rhedon, & au-dessus de Rieux.

1. OUSTIOUG, en Latin USTIUGA, Ville de l'Empire Russien, dans une Province à laquelle elle donne son nom. Elle est située sur la Rive Occidentale de la Suchana, qui à fort près delà est grossie par la Riviére d'Youg, & l'une & l'autre Riviére perdant leur nom, leur lit commun s'appelle la Dwina qui commence à leur Jonction & finit dans la Mer Blanche, au-delà d'Archangel. La Ville d'Oustioug est le Siège d'un Archevêque Grec du Rite Russien. Elle est sur la Route d'Archangel à Wologda à cinq cens Werstes de la premiere. Elle a dix à douze Eglises de pierres toutes blanches à la reserve des Domes, dont il y en a deux couverts de fer blanc, aussi bien que les petits Clochers. Les autres Eglises & les Maisons sont de bois. Le Palais où l'Archevêque fait sa résidence est un grand Bâtiment & la plus grande partie de la Ville est sur la gauche de la Riviére : le reste qui est de l'autre côté est moins considérable. Celle qui est à gauche s'étend une demie Lune le long de la Riviére, & a bien une lieue de long, & un quart de lieue de large en quelques endroits. L'Auteur *a* qui me fournit ce détail, lui donne 61. d. 15. de Latitude Septentrionale. Il écrit ce nom à la Hollandoise *Oestjoega*, ce qui revient à la même prononciation.

*a* Corn. le Brun, Voyage de Moscov. c. 89.

2. OUSTIOUG (LA PROVINCE d') Province de l'Empire Russien *b*. Elle est bornée au Nord par la Province de Dwina, à l'Orient par la grande Forêt des Zirani; au Midi par la Province de Wologda, & au Couchant par le Cargapol & par la Province de Waga. Elle est arrosée de trois Riviéres considérables, savoir la SUCHANA, qui vient de Wologda, & partage cette Province en deux parties presque égales; l'IOUG, qui, comme nous avons dit, forme avec elle la *Dwina*, dont le nom signifie jonction; & la WITSOGDA qui apporte avec elle les eaux de beaucoup d'autres Riviéres. Les autres moindres Riviéres qui tombent dans la Suchana du côté de l'Orient sont la PEETSENGA RECA, qui sépare cette Province de celle de Wolgda. La BROUSNAIA & la STRILINSKA. Celles qui y entrent au Couchant sont la PELSMA, l'OUSTIOUGA, la SOUSENGA, la VERCHNA IORGA, & un Ruisseau à l'Embouchure, duquel est situé le Monastère de TEELEGO. Les principaux lieux de la Province sont

*b* De l'Isle Atlas.

Oustioug, Capitale,
Widsogdskaia Sol,
Totma,
Staraia Totma, ou l'ancienne Totma,
Wotlasemeets Gorodeck,
Brousenskoy Gorodeck.

La Riviére de VAGA, qui grossit aussi la Dwina, arrose aussi une lisiere de cette Province au Couchant.

La Riviére d'OUSTIOUG a sa source dans la Province de même nom *c*, à l'Orient & à quatre ou cinq lieues du cours de la Vaga. Elle a le sien d'Occident en Orient, & va tomber dans la Suchana, auprès de Slobotka; à cent trente Werstes de sa source, en n'ayant point d'égard dans ce calcul, aux détours qu'elle fait en serpentant.

*c* Ibid.

OUTABITIBIS (Les) Peuple de l'Amérique Septentrionale au Canada *d*. Il habite le long d'une Riviére qui porte le même nom, & qui a sa source au Nord du Fort des Abitibis vers le 49. d. de Longitude. Elle se jette vers le 51. dans la Riviére de Monsony, ou de St. Louïs, qui tombe dans la Baye de Hudson vis-à-vis de l'Isle de Charleston.

*d* Ibid.

OUTAKOUAMI (le Lac de) grand Lac de la Terre de Labrador, aux confins du Canada & des Kilistinons *e*, à l'Orient Septentrional du Lac de Mistasin. On le nomme aussi Lac de TIMAGAMING. Les Peuples qui l'environnent s'appellent OUTAKOUAMIOIS, du moins les François les nomment ainsi.

*e* Ibid.

OUTAOUACS (Les) grande Nation de l'Amérique Septentrionale dans la Nouvelle France *f*. Elle a les Christinaux au Nord, le Lac Huron au Midi, & le Lac Supérieur au Couchant. Quant à l'Orient, elle habitoit autrefois auprès de la Riviére qui en conserve encore le nom; mais ils se sont retirez plus à l'Occident, & sont partagez en plusieurs Nations. Il s'en trouve une au Nord du Lac Supérieur, & au Midi du Lac Alempigon; une autre entre le Lac Supérieur, au Midi & le Lac des Ilinois; & une troisième entre le Lac Supérieur au Nord, la Baye des Puants à l'Est, & le Mississipi à l'Ouest.

*f* Ibid.

LACS DES OUTAOUACS, ce sont quatre ou cinq petits Lacs *g*, auprès desquels demeure la troisième Nation de ce nom, dont on vient de parler dans l'Article précédent. Ce sont les sources de plusieurs Riviéres, comme la Riviére de Ste. Croix, la Fourche & la Riviére de Baqueville, qui toutes vont se rendre dans le Fleuve de Mississipi.

*g* Ibid.

LA RIVIÈRE DES OUTAOUACS, Riviére de l'Amérique Septentrionale au Canada *h*. Elle sort du Lac de Timiskaming, au Nord des Nipissiriniens. D'où coulant vers le Sud-Est, elle reçoit plusieurs autres Riviéres dont une lui apporte les eaux du grand Lac de Kaouinagamick. On la nomme ensuite Riviére de la Chaudiére, elle se perd dans le grand Fleuve de St. Laurent, vis-à-vis de l'Isle de Montreal. Ses bords sont à présent habitez par les Algonkins & par un Peuple connu sous le nom de la petite Nation.

*h* Ibid.

OUTCHAH, Ville d'Asie, dans l'Indoustan, à l'Orient de l'Indus, au Nord de Multan *i*.

*i* Hist. de Timur-Bec.

OUTCH-KILISSA, Ville d'Asie. C'est la même qu'ECZMIAZIN. Voyez ce mot. Ce nom *Outch-Kilissa* est le même, à la prononciation près, que celui de VICH KLISSIE, qui, au rapport de Chardin, est celui que les Turcs lui donnent, & qu'il explique par Trois Eglises.

*l* 4. c. 1.

OUTE-

**OUTEBACHICAN**, petite Riviére de l'Amérique Septentrionale, & l'une de celles qui tombent dans la Riviére de Ste. Croix au Pays des Sioux.

**OUTEIRO**[a], Château de Portugal dans la Province de Tra los Montes, sur la Route de Miranda à Bragance, à moitié chemin de l'une à l'autre ; sur le sommet d'une Montagne, au pied de laquelle coule la petite Riviére de SOR ou SABOR. Il est fort ancien, & on croit qu'il a été construit par les Maures. On y entretient ordinairement une Garnison de vingt-cinq hommes.

[a] *Délices de l'Espagne & du Portugal. p. 715.*

**OUTEMEDA**, fameux Pagode d'Asie dans la Presqu'isle en deçà du Gange, au Royaume de Carnate[b], sur la Route de Gandicôt à Madras, entre Goulupalé & Goudicour.

[b] *Tavernier, Voy. des Indes. T. 2. l. 1. c. 18.*

**OUTREMER**, nous appellons Pays d'OUTREMER, les Pays où l'on ne va que par la Navigation. C'est ainsi qu'on a appellé Louis d'Outremer un Roi de France, parce que durant la vie de son Pere, il avoit vécu quelque tems en Angleterre.

**OUTREMEUSE**, ce mot convient à tous les Pays, qui sont situez sur la Meuse, parce qu'il n'y en a point qui ne soit *Outre-Meuse* par rapport au bord opposé qui est à son égard de l'autre côté de la Meuse. Cependant il se dit plus particuliérement de certains Lieux.

1. **OUTREMEUSE**, à Liége veut dire la partie de la Ville qui est située à la droite de cette Riviére, parce que la principale où est la Cathédrale, le Palais de l'Evêque Prince de Liége, en un mot ce qu'il y a à Liége de plus important, est à la droite de cette Riviére.

2. **LE PAYS D'OUTREMEUSE**, Canton des Pays-Bas, dans la République des Provinces-Unies qui le possede, comme une annexe du Brabant Hollandois[c]. Il faisoit partie du Duché de Limbourg, l'une des dix-sept Provinces. Ce Duché fut uni à celui de Brabant, après la mort de Henri dernier Duc de Limbourg, lorsqu'Adolphe dernier Comte de Bergen & de Meurs, qui en avoit hérité, le transporta en 1280. à Jean I. Duc de Brabant. Ce transport causa une cruelle guerre entre ce Duc & René I. Comte de Gueldre, qui prétendoit à ce Duché en vertu de son mariage avec Hermengarde, sœur de Henri. Cette Guerre ne fut terminée que par la Victoire que le Duc de Brabant remporta à Woeringen sur son Competiteur. On appelloit cette même Province, le Pays d'Outremeuse à cause de sa situation, au-delà de cette Riviére à l'égard du Brabant ; & elle n'a eu ce nom que lors que les Ducs de Brabant l'ont possédée.

[c] *Janiçon, Etat prés. des Provinces-Unies. T. 2. p. 273.*

Elle comprend outre la Ville de Limbourg, huit différens Territoires qui sont, les cinq Bancs ou Tribunaux de BAELEN, HERVE, MONTZEN, WALHORN & SPREMONT, les trois autres sont la *Seigneurie* de VALKENBERG, ou FAUQUEMONT, le *Comté de* DAELEM, & le *Pays de* 'SHERTOGENRADE, ou ROLDUC. Ces trois derniers Territoires formerent un Quartier séparé qui fut cédé aux Etats Généraux par la Paix de Munster. Mais après la conclusion de cette Paix, il y eut de grands différens sur ces trois Territoires entre Philippe IV. Roi d'Espagne & les Etats Généraux, & ces différens furent enfin terminez par le Traité de la Haye le 26. Décembre 1661. C'est ce Quartier séparé que l'on appelle proprement le Pays d'Outre-Meuse par rapport au Brabant, auquel il a été annexé. Il comprend les trois Territoires qui sont le Pays de FAUQUEMONT, de DAELEM & de ROLDUC.

**OUTTAOUATS**. Voyez OUTAOUACS.

**OUVAH**, OUVA, OVE, ou UVA, Canton d'Asie dans l'Intérieur de l'Isle de Ceilan. Il est borné au Midi & à l'Orient par une longue chaîne de Montagnes, nommée MAIMDAKINDE, & que nos Géographes François appellent les Montagnes d'Ove, ou d'Ouvah. C'est une des Provinces du Royaume de Candi. Cependant Ribero[d] dit: Le Royaume d'Uva commence au Pic d'Adam & s'étend jusqu'à Batecalou & au Royaume de Candi. Il l'appelle Royaume, parce qu'il avoit alors un Seigneur particulier, savoir Cumana Singa Hastana, frere de Singa Raia. Mais il ne prenoit que la qualité de Prince d'Uva, & non le titre de Roi. Le Pays d'Ouvah, dit Robert Knock[e], est bien arrosé quoiqu'il soit raboteux ; il n'a point de Montagnes fort élevées (il faut sans doute excepter de celles-là la chaîne dont on a parlé) le bois y est rare, & on n'en trouve que très-peu si ce n'est autour des Maisons ; mais il y a grande quantité de Bestiaux, parce que le terroir est bon pour les pâturages. Il faut que ces pâturages ayent quelque chose de particulier, car le Bétail que ils nourrissent étant transporté ailleurs, ne sauroit vivre long-tems. On n'en sait point la raison. C'est dans la même Province, que l'on trouve le meilleur Tabac de l'Isle, & le Ris y est en plus grande quantité qu'aucune autre chose.

[d] *Hist. de Ceilan. l. 1.*
[e] *Relat. de Ceilan, premier. Par.*

§. Le Pays d'Ouvah est très-différemment borné dans la Carte qui accompagne le Livre de Knock, & dans celle de Mr. Reland, qui, pour le dire en passant, a été copiée par Mr. de l'Isle.

**OWAR**, Ville de la Basse Hongrie sur un bras du Danube, qui y reçoit la Riviére de Leith ; vis-à-vis de l'Isle de Schut[f]. Elle est à quatre milles d'Allemagne des Frontiéres de la Basse Autriche, à cinq au-dessous de Presbourg au Midi, à cinq milles de Javarin, & à onze de Vienne. Quelques-uns croient, que c'est le FLEXUM des Anciens. Les Allemands la nomment ALTENBOURG, comme j'en ai averti à l'Article ALTENBOURG 4.

[f] *Baudrand, Edit. 1705.*

**OWAR**, Ville de la Haute Hongrie, c'est la même que Neuhausel. Voyez ce mot.

**OUVE** (L') Riviére de France dans la Basse Normandie[g]. C'est une des principales qui arrosent le Diocèse de Coûtances dans sa Partie Septentrionale. Elle a sa source dans la Forêt de Brix, passe par St. Aquer, Hardinvât, St. Martin le Greard & Sottevât, & reçoit à gauche les Ruisseaux de RADE, de CLAIRE & de GLOIRE. La Chapelle de *Notre-Dame de Gloire* est proche de ce dernier à l'extrémité de la Forêt de Brix. L'Ouve en continuant son cours, reçoit au-dessus du Pont de Romare, la SIE & le POMERET, passe entre Nehou & Ste. Colombe ; delà

[g] *Corn. Dict. Vaudine Mém. mss. nusc.*

OWE.  OWE. OUV.

delà ayant reçu la Saudre, elle coule à St. Sauveur le Vicomte ; prend le Houlebec, & ensuite la SENSUIERE, coule au Pont l'Abbé & à l'Isle Marie, & enflée des eaux des petites Riviéres de SEVE, du PLESSIS, de GORGE & de TAUTE, elle se décharge dans le grand VAY.

OWERFLAKE'E. Voyez OVERFLAKE'E.

OWERRE, OUWERRE ou OVEIRO ; Riviére, Village, & Royaume particulier d'Afrique sur la Côte Méridionale de Guinée, & particuliérement sur la Côte de Benin. Bosman dont nous avons une Relation de la Guinée, nomme ce Village AWERRI ; & le place sur un des Bras de la Riviére de Benin [a]. Voici comme il en parle : Quand, dit-il, on est avancé environ une lieue, & demie dans la Riviére (de Benin,) on y trouve deux Bras éloignez l'un de l'autre, d'une demie lieue sur l'un desquels les Portugais, ont une Loge & une Eglise auprès du Village d'*Awerri*, qui a aussi son Roi particulier, que celui de Benin, regarde comme son Voisin & son Allié, quoiqu'il n'estime guéres personne &c. Dapper nous en donne une idée plus détaillée. On voit par sa Description, que la Riviére qui passe à Owerre est la même que les Portugais appellent RIO FORCADO, ou Riviére Fourchue. Voici au reste ce qu'il dit de ce Pays-là. La Ville ou Bourgade d'Owerre [b], où le Roi tient sa Cour, est à quarante lieues de la Mer sur les bords de *Rio Forcado*, qui la baigne d'un côté & de l'autre. Elle est ombragée de Forêts. Les Maisons y sont à peu près comme à Benin : celles des Nobles sont assez jolies, & couvertes de feuilles de Palmier : mais au lieu qu'à Benin les murailles des Maisons sont de terre rouge, elles sont ici de terre grise. Le Palais du Roi d'Ouwerre est bâti sur un modèle fort semblable au Palais de Benin ; mais il est beaucoup plus petit, & la Ville n'a pas plus de 1500. pas de circuit. L'air est plein de vapeurs chaudes, épaisses & malignes, & par conséquent fort mal-sain. Les Marchands étrangers, qui accablez de sueurs & de fatignes, s'endorment par mégarde au serain, & à la clarté de la Lune, gagnent une maladie qui les emporte en peu de tems. Le terroir est maigre & sec, & ne porte que des Plantes qui aiment la chaleur & la sécheresse, comme les Noix de Coco, des Oranges douces & des aigres, du Poivre, mais peu, à cause de la négligence des Habitans qui ne le cultivent pas ; du Bananas en abondance, & d'une graine nommée *Mandihoca*, qu'on réduit en farine, & dont on fait du pain. Le manque de pâturages fait qu'on n'y sauroit entretenir du Bétail. Tous les Animaux privez, qu'on y trouve sont des Poulets. La pêche y est bonne, & on y prend quelquefois du Bœuf-marin, qui est de bon goût. Les Habitans du Pays sont bien faits pour des Négres, & ont même plus d'esprit en beaucoup de choses que ceux de Benin. Ils peuvent sans demander permission au Roy, comme on fait à Benin, porter des habits de coton & de soie, qu'ils ceignent au dessus du nombril, comme on fait des Langes d'enfant. Tous ces Négres tant hommes que femmes sont

[a] Lettre 21. p. 455.

[b] Dapper, Afrique, p. 314.

marquez de trois incisions, une sur le front & les deux autres sur les deux temples. Ils portent les cheveux longs, ou courts, comme il leur plaît ; il n'y a point d'autre Règle, là-dessus que la fantaisie, non plus que sur le nombre des femmes. Les Veuves appartiennent, au Roy qui les donne à qui il lui plaît. Les Hollandois amenent à Ouwerre, sur la Riviére de Forcado les mêmes Marchandises qu'à Benin, qu'ils échangent contre des Esclaves ; on en tire delà toutes les années environ 400. tous gens bien-faits. Il y a aussi des Jaspes & de l'Acori ; mais en petite quantité. Ce sont d'ennuyeux Négotians que ces Négres. Ils marchandent des mois entiers : mais aussi quand le prix est une fois fait, on ne le change jamais. Les Portugais leur faisoient crédit, mais les Hollandois les en ont desaccoutumez & prétendent de recevoir les Esclaves en même tems qu'ils livrent les Marchandises. Hommes & femmes sans distinction, viennent dans leurs Magasins pour négocier avec eux. Le Roi d'Ouwerre est Allié & Vassal, en quelque manière, du Roi de Benin, d'ailleurs fort absolu dans ses Etats. Il y a trois Conseillers qui ont chacun leur Département & jugent de tout en dernier ressort. Le Roi qui regnoit l'an 1644. étoit Mulâtre ou de race Portugaise, & s'appelloit Don Antonio de Mingo. Son pere avoit été en Portugal, & en avoit amené une femme de laquelle il eut ce fils. Aussi le Prince se ressentoit-il beaucoup de sa naissance, allant habillé à la Portugaise, & portant l'épée au côté, comme font les autres Mulâtres. Sur les matiére de Religion, ces Négres pratiquent à peu près les mêmes Cérémonies qu'à Benin ; si ce n'est qu'ils sont plus raisonnables ; qu'ils ont les Démons en horreur ; qu'ils ne souffrent point de Magiciens, & qu'on n'entend point parler d'empoisonnemens chez eux. De sorte qu'il seroit assez aisé de les convertir à la Foi Chrétienne. Le Roi même & la plûpart des Habitans, ont quelque penchant à la Religion Catholique. Il y a une Eglise dans Ouwerre où on voit un Autel sur lequel est un Crucifix, deux Chandeliers, & les Images de la Sainte Vierge & des Apôtres. Il y vient des Négres, portans des Chapelets & prians Dieu à la Portugaise. Il y en a qui savent lire & écrire, & qui recherchent avec empressement les Livres Portugais.

OUVESE, petite Riviére de France en Provence dans le Comtat Venaissin. Mr. Sanson [c] écrit ainsi ; mais Mr. de l'Isle [d] écrit LOUVESE, de sorte que, selon sa Carte, l'L n'est pas un Article, mais la premiére lettre du nom. Quoiqu'il en soit, elle a sa source dans le Comtat à son extrémité, aux Frontiéres mêmes du Dauphiné, près du Bourg nommé le BUIS. De-là courant d'Orient en Occident, elle se rend à Vaison, qu'elle arrose du côté du Nord ; de-là se courbant vers le Sud-Ouest, elle entre dans la Principauté d'Orange, & se divise en plusieurs Bras, dont le plus Occidental, passe à Jonquiéres & à Courteson ; le plus Oriental, va droit rentrer dans le Comtat, où il se charge de plusieurs Riviéres qui sont le Salleto & le Bergon, déjà unies à Sarrian ; l'Aufon & le Nesque jointes à un Bras de la Sorgue ;

[c] Carte de la Provence.
[d] Carte de Provence.

gue ; plus bas cette Riviére réunie & enflée d'un autre Bras de la Sorgue, se va perdre dans le Rhône, au Port de Sorgues au-dessus d'Avignon.

OUVILLE, Bourg de France en Normandie [a], au Pays de Caux avec une Abbaye de Feuillans. Il est situé à sept lieues de Rouen, & à cinq ou six de Dieppe entre Estouteville, Basqueville, & Englesqueville, près d'Hierville dans une Campagne très-fertile en bled. Il y a dans ce Lieu un Marché par Semaine & deux Foires par an. Cette Abbaye étoit un Prieuré de Chanoines Réguliers de St. Augustin, mais en 1603. ils firent place aux Feuillans.

[a] Corn. Dict. Mém. dres-sez sur les Lieux.

OWRUCZE, Petite Ville de Pologne, au Palatinat de Kiovie, aux Frontiéres de la Lithuanie, sur la petite Riviére de Noren, qui sort d'un Marais, & qui au-dessous de cette Ville, va grossir la Riviére d'Usza, qui se perd enfin dans le Borysthène [b] : tout ce Pays de-là jusqu'à Czernicow, étoit autrefois presque noyé. Il est présentement bien peuplé & bien cultivé ; plein de Bourgades & de Villages.

[b] And. Cellar. Polon. Descr. p. 402.

OUX. Voyez Oulx.

O X.

OXCAORYCUS ; c'est ainsi qu'Ortelius [c] a lu dans Strabon [c] & il a cru que ce Géographe, avoit ainsi nommé une Ville d'Asie dans la Galatie. L'Edition de Casaubon, porte 'Ορκαορίκους à l'accusatif pluriel, & il s'agit là, si je ne me trompe d'un Peuple dont le nom étoit les Orcaoriques. Strabon dit : la Contrée des Tectosages, s'étend jusqu'à la Grande Phrygie, auprès de Pessinunte & des Orcaoriques. Ceux-ci (les Tectosages) avoient une Forteresse, nommée Ancyre &c. Si quelqu'un prétendoit que les Orcaoriques n'étoient point un Peuple, mais des Montagnes, je ne lui ferois pas une grande résistance, ce nom est si inconnu d'ailleurs, qu'il peut donner beau jeu aux conjectures.

[c] l. 12. p. 567.

OXEA. Voyez Oxia.

OXEI, Peuple de l'Illyrie, selon Appien cité par Ortelius, qui ne dit point en quel Livre [d]. Il ajoute qu'Antonin en parle dans son Itinéraire Maritime. Il y trouve en effet que de Naupacte à Oxées dans la Province de l'ancienne Epire, il y avoit cccc. Stades & que d'Oxées à Nicopolis de la même Province, il y en avoit DCC. Il y a bien de l'apparence que les chifres ont été corrompus. Ce lieu OXEÆ, marqué dans Antonin ne sauroit être autre part que sur la Route de Naupacte dans le Golphe de Lepante à Nicopolis, Ville située à l'entrée du Golphe d'Embracia. Or sur cette Route il se trouve deux petites Isles nommées OXEIÆ, entre l'Isle de Dulichium & l'Acarnanie, mais beaucoup plus près de Nicopolis, que de Dyrachium ; ce qui fait voir la fausseté du chifre DCC. puis qu'il n'y en avoit pas plus de CCCL. en prenant même assez de tour pour ranger commodément la pointe de Leucade.

[d] Thesaur.

OXFORD, Ville d'Angleterre dans la Province à laquelle, elle donne son nom, & dont elle est la Capitale. Elle est au confluent du Cherwelle & de l'Issis [e] ; la Ville est belle & a une fameuse Université. Elle est située sur un terrain, beaucoup plus sain & plus agréable que Cambrige. Elle est d'ailleurs un Siège Episcopal, depuis le Regne d'Henri VIII. qui fit six nouveaux Evêchez en Angleterre, après qu'il en eut supprimé tous les Convents. La Ville d'Oxford est un de ces Evêchez. Elle est gouvernée, comme Cambrige, par un Maire & des Echevins, sujets néanmoins aux Ordres de l'Université, qui a XVIII. Colléges qui ont de grands revenus ; & VII. autres qu'on appelle Halls, mais qui n'ont pas de revenus comme les premiers. Les XVIII. Colléges entretiennent, chacun un certain nombre de Fellows ou Aggrégez, & de Scholars, ou Etudians ; le premier & le plus ancien, qu'on appelle University College, entretient XII. Aggrégez, & XVII. Etudians. Dans ceux qu'on appelle Halls, on vit en société, & chacun paye sa dépense, hors un petit nombre de personnes. Enfin on compte à Oxford jusqu'à mille Etudians entretenus par les Colléges, outre leurs Officiers & Serviteurs, & deux milles qui ne le sont pas. Il y a jusqu'à XVI. Professeurs, & un Orateur public, au lieu qu'à Cambrige on ne compte que X. Professeur ; on y prend ses Degrez à peu près comme à Cambrige. Chaque Collége, ou Hall a sa Bibliothéque ; mais la plus grande, & la plus magnifique, est celle de Bodley, The Bodleyan Library, qui contient plusieurs milliers de Livres, imprimez en diverses Langues, outre un grand nombre de Manuscrits Orientaux.

[e] Etat présent de la Grande Bretagne. p. 99.

Oxford se distingue aussi par son Théatre, par son Muséum, & son Jardin de Simples. Le Théatre est une très-belle Pièce d'Architecture, que Gilbert Sheldon, Archevêque de Cantorbery, fit bâtir à ses propres fraix, sous le Regne de Charles II. pour y faire les Exercices Scholastiques. Il y a aussi une belle Imprimerie. Le Muséum à côté du Théatre, est une belle Sale, remplie de Raretez de la Nature, & de plusieurs Antiquitez Romaines. On y voit aussi un très-beau Laboratoire, avec toutes sortes de Fourneaux, & autres Machines pour la Chymie, une Chambre pour les préparations Chymiques, & un Cabinet de Livres de Chymie. Ce Muséum s'appelle Ashmoleanum du nom de Elie Ashmole, qui fit présent à l'Université d'un très-beau Recueil de Curiositez, dont ce Muséum fut orné dès qu'il fut achevé de bâtir, au mois de Mars 1683. On l'a depuis enrichi de plusieurs Antiquitez, apportées d'Egypte, & d'un grand Cabinet de Raretez naturelles. Ce dernier est un Don de Martin Lister Docteur en Médecine. Le jardin des Simples mérite d'être vu. Il contient environ 5. arpens de terre, & dans cette étendue, il y a une infinité de Plantes. Comme chaque Collége a un Chef qui le gouverne, aussi l'Université est gouvernée en Chef par un Chancelier qu'elle choisit, & qui est ordinairement une personne de la première qualité. Mais il a sous lui un Vicehancelier, qui remplit les devoirs de sa Charge ; qui gouverne l'Université, suivant ses Statuts & ses Réglemens, sans parler des autres Magistrats qu'elle a, & de leurs Officiers subalternes, avec ses jours de So-

# OXI. OXO. OXT.   OXU. OXY.

Solemnité qui relèvent beaucoup l'éclat de cette Université.

OXFORDSHIRE, ou la Province d'Oxford. Province méditerranée d'Angleterre, dans le Diocèse d'Oxford. Elle a 130. milles de tour, & contient environ 534000. Arpens & 19007. Maisons. L'air y est très-bon, & le terroir est fertile en Blé, en Fruits & en Pâturages. Outre la Thamise, composée de la Tame & de l'Isis, qui arrosent cette Province, il y a le Cherwel, le Windrush, l'Evenlode, &c. Ses Villes & ses Bourgs où l'on tient Marché outre * Oxford, la Capitale, sont

| | |
|---|---|
| * Woodstock, | Chipping-Norton, |
| * Banbury, | Deddington, |
| Burford, | Bicester, |
| Henley, | Bampton, |
| Waslington, | Tame. |
| Witney, | |

OXI, Montagne de Grece au dessus de Cenchrées dans l'Isthme du Peloponnese, félon Chalcondile, cité par Ortelius.

1. OXIA, ou OXEA Ὀξεῖα, Promontoire de l'Isle de Taprobane, selon Ptolomée [a]. La situation qu'il lui donne répond à la Pointe, qu'on laisse au Midi, quand on entre dans la Baye de Trinquilimale sur la Côte Orientale de l'Isle de Ceilan.

OXIA, Isle de la Propontide. Il en est parlé dans les Constitutions Impériales, d'Emanuel Comnène; Nicetas, Cédréne & Curopalate en parlent aussi; & comme le remarque Ortelius [b], Gabius a rendu ce nom par le mot *acuta*, dans sa Version Latine, c'en est en effet la vraye signification.

OXIA CAMPE, Ὀξεία κάμπη; Lieu de Grece dans la Béotie à l'Embouchure du Cephise [c]. Théophraste dit qu'il y croissoit les meilleurs roseaux.

OXIANA, Ville d'Asie dans la Sogdiane, auprès de l'Oxus, selon Ptolomée [d].

OXIANA PALUS, Marais ou Lac d'Asie dans la Sogdiane, selon le même. [e] Pline [f] le nomme Oxus, de même que la Riviére qui y prend sa source; *Oxus Amnis ortus in Lacu Oxo.*

OXIANI, Peuple d'Asie dans la Sogdiane. Il prenoit son nom de l'Oxus, dont il habitoit les bords, selon Ptolomée [g].

OXIBII. Voyez OXYBII.

OXIDRAQUES. Voyez OXYDRAQUES.

OXII, Peuple de Perse, Voyez UXII.

OXIMVM, Surius dans la Vie de Ste. Opportune, nomme ainsi un Lieu de la France, c'est aujourd'hui le Bourg d'Hiesmes en Normandie.

OXINAS, Riviére d'Asie dans la Bithynie. Arrien [h] la met à XXX. stades de Nymphæum, & à XC. de Sandarac, Port où l'on n'entre que des Barques.

OXIONÆ, Anciens Peuple de la Sarmatie en Europe, selon Tacite [i].

OXIOPIUM. Voyez OXYOPUM.

OXIRA, ou OLIBERA, Ville de la Mésopotamie, selon Ptolomée [k].

OXONIUM, nom Latin d'Oxford.

OXTRACA, ancienne Ville, & la plus grande des Lusitaniens. Elle fut détruite par M. Attilius, au rapport d'Appien [l].

OXUS, grande Riviére d'Asie [m]. Comme elle arrose beaucoup de Pays, soit en les traversant, soit en les terminant par quelque endroit, delà vient que les Anciens ne parlent pas le même langage à son égard. Par exemple l'Oxus terminoit l'Hyrcanie au Nord; & ce Pays s'étendoit jusqu'à l'Embouchure de ce Fleuve dans la Mer d'Hyrcanie. Depuis cette Embouchure en remontant l'Oxus jusques à sa source, on trouvoit au Midi de son cours les Pays suivans, savoir la Margiane, la Bactriane, & la Sogdiane. Les Anciens ne me paroissent pas bien d'accord sur les détails de ce Fleuve, & il y a eu un tems, où ils le connoissoient si peu, qu'ils l'ont confondu avec l'Araxe, comme je l'ai remarqué au mot ARAXE. Pline [n] en met sa source dans un Lac de même nom, Ptolomée porte ailleurs ce Lac; quoiqu'il place assez bien d'ailleurs la source de cette grande Riviére, auprès de celles de l'Indus au Nord des mêmes Montagnes, qui terminent aujourd'hui au Septentrion le Royaume de Cachemire, & qui sont une extension du Caucase & de l'Imaus. Suivons en le cours, selon Ptolomée. Ce Fleuve court vers le Nord, baigne Pharaerva, Suragana, Choana, où elle reçoit la Dargide, passe à Maruca, & à Oxiana, où elle se grossit d'une seconde Riviére qui vient de Drepsa, Métropole des Drepsiens dans la Sogdiane. Elle se replie ensuite vers le Couchant, passe à Zarispa, reçoit du Nord une autre Riviére à Alexandrie surnommée Oxiana; & deux autres du Midi, savoir le Zariaspe & l'Artames unis dans un même lit; elle baigne le Peuple Candari, & reçoit du Nord une Riviérée qui vient de *Tribactra*, & qui traverse l'*Oxiana Palus* de Ptolomée. Plus loin elle reçoit du Midi l'*Ochms*, grande Riviére déja unie au Dargomène; ensuite le Margus, arrose le Pays des Derbices, & se jette dans la Mer d'Hyrcanie. Tel est le cours que Ptolomée donne à l'Oxus; mais malheureusement le tableau, qu'il nous en fait, ne s'accorde pas bien avec l'état présent de cette Riviére. Il suppose que ses principales Riviéres viennent du Midi & n'en met que trois qui viennent du Nord, cependant il y en a plus d'une douzaine. On ne voit pas comment il a pu appeller *Axiana Palus*, le Lac qu'il met sur une Riviére différente de l'Oxus. En un mot il ne paroît pas que ni lui, ni les autres Anciens, ayent eu une idée fort nette de cette Riviére. Son nom moderne est le GIHON, quelques-uns l'appellent AMOU. Voyez ces deux Articles. Le Pays situé au-delà de l'Oxus a été nommé la TRANSOXANE ou TRANSOXIANE. Les Arabes l'appellent MAUWARALNAHR. Voyez ce mot.

OXYBII, ancien Peuple de la Gaule, aux confins de la Ligurie. Il occupoit le Diocèse de Frejus, & cette Ville étoit la Capitale de la Nation, comme Pline le dit très-bien [o].

OXYDRAQUES (Les) en Latin OXYDRACÆ, ancien Peuple des Indes [p]. Ils étoient voisins des Malliens, & étoient entrez avec eux & les Cathæens autre Peuple des Indes, en une Confédération contre Alexandre. Ce Prince combatit les Cathæens & les Malliens, après quoi les Oxydraques [q] se soumi-

## OXY.

r'ent comme les autres. Quinte-Curfe [a] donne aux Oxydraques la Ville, où Alexandre courut, rifque de la vie en la prenant. Mais Plutarque [b] qui rapporte la même Hiftoire, dit que c'étoit une Ville des Malliens, & ne nomme pas même les Oxydraques.

OXYLITHUM, Fortereffe des Sarrazins, felon Cédréne & Curopalate citez par Ortelius [c]. Leunclave dit que le nom moderne eft SIURI CHISAR. Mr. Baudrand [d] dit AURICHISAR Bourg de Bulgarie.

OXYMAGIS, Rivière de l'Inde où elle tombe dans le Gange, felon Arrien [e].

OXYNIA [f], Ville de Grece fur l'Ion, Rivière qui fe perd dans le Pénée, felon Strabon. Elle étoit par conféquent dans l'Eftidotide, Province de la Theffalie. Cet Auteur compte de cette Ville à Azore, Ville de la Tripolitide CXX. Stades.

OXYRYNQUE, Ville d'Egypte fur la Rive Occidentale, du Nil dans un Nome, dont elle étoit la Capitale, & qui prenoit d'elle le nom d'OXYRYNCHITES NOMOS. Elle prenoit elle même le fien d'un Poiffon, qu'on y adoroit, & que l'on appelloit Oxyrynque, Ὀξύρυγχος, à caufe qu'il avoit le mufeau pointu. Ce Poiffon y avoit un Temple & Strabon [g] obferve un très-grand Culte, que les autres Peuples de l'Egypte l'adoroient aufli. Ælien [h] dans fon Hiftoire des Animaux n'a eu garde d'oublier un Poiffon à qui on avoit rendu de fi grands honneurs. L'Oxyrynque, dit-il, tire fon nom de fon mufeau pointu. Le Nil en nourrit, & il y a un Nome, qui en prend le nom. Ce Poiffon y eft honoré d'un Culte Religieux. Etienne le Géographe dit la même chofe en moins de mots. Cette Ville a été autrefois Epifcopale. Apollonius fon Evêque foufcrivit, au Concile de Séleucie, & Pierre, autre Evêque d'Oxyrinque, au Concile d'Ephefe. Mr. Baillet parle ainfi de cette Ville dans fa Topographie des Saints [i]. Oxyrynque Ville de la Haute Egypte, ou de la Baffe Thebaïde n'étoit au IV. Siècle qu'une Communauté de Saints, où tout le monde vivoit de telle forte, qu'on ne confideroit toute fon enceinte, que comme un grand Temple, & où l'on comptoit jufqu'à dix mille Religieux, & vingt mille Vierges. Cette Ville au IV. Siècle étoit de la Baffe Thebaïde, mais depuis elle fut de la Province d'Arcadie, ou moyenne Egypte. Ce n'étoit prefque qu'un affemblage des Monaftères. Toute l'enceinte de fes murailles étoit remplie de Solitaires, & elle en étoit environnée au dehors. S'il y avoit eu autrefois des Edifices publics & des Temples dédiez à de fauffes Divinitez, ils étoient alors changez en des Habitations de Religieux. Comme elle étoit grande & fort peuplée, il y avoit douze Eglifes dans lefquelles, s'affembloit le Peuple qui demeuroit en des maifons particuliéres, & dont le nombre étoit beaucoup moindre, que celui des Monaftères qui avoient tous leur Chapelle ou Eglife. Les Remparts, les Grottes, les Tours, les moindres recoins, tout y regorgeoit de Solitaires, qui chantant jour & nuit de tous côtez les louanges du Seigneur, fembloient ne faire qu'un Temple. Il y avoit long-tems qu'on n'y voyoit plus de Payens. Il n'y avoit plus un feul Hérétique, depuis qu'elle avoit été purgée de Me-

## OXY. OYA.

létiens & d'Ariens. Comme tout y étoit Catholique, l'Evêque pouvoir indifféremment prêcher dans les Places publiques de même que dans les Eglifes. Les Magiftrats & les Habitans avoient foin de mettre des gens à toutes les Portes pour prendre garde, quand il venoit quelque Etranger, ou quelque Pauvre, & dès qu'il en paroiffoit, c'étoient entre les uns & les autres des conteftations de Charité, à qui les menoroit chez foi pour leur donner, ce qui leur étoit néceffaire. Le nombre des perfonnes particuliérement confacrées à Dieu dans le Célibat, n'étoit pas moindre alors que de 30000.

OXYRRUM & PERIRRUM, Denys de Byzance, nomme ainfi deux Promontoires du Bofphore [k] de Thrace du côté de l'Europe.

## O Y.

OYAMA, Ville du Japon dans l'Ifle de Niphon, au Royaume de Jetfefen dans la Partie Septentrionale du Pays de Jetfefen [l], felon Cardin cité par Mr. Baudrand.

OYANO, Ifle du Japon au Royaume de Fingo [m]. Elle aboutit à celle d'Amacufa; & à deux Seigneurs, dont l'un eft nommé Oyandono, & l'autre Summorodono, felon Daviti copié par Mr. Corneille.

1. OYE, (l'Ifle d') petite Ifle de France fur la Côte du Pays d'Aunis [n], proche de celle de Ré vers la Rochelle. Quelques-uns écrivent Oyem. Le nom Latin eft OGIA & AUCA. Il y avoit là un Monaftère où St. Amand, qui fut depuis Evêque de Maftricht, fe retira vers l'an 609. Le Lieu étoit defert & fort retiré, fervant à cacher divers Solitaires d'une grande fainteté. Ce Monaftère ne fubfifte plus, on y a depuis établi une Paroiffe, qui s'appelle LOYE de même que l'Ifle, par une corruption venue de ce qu'on a joint l'article avec le nom. Cette Ifle eft maintenant dans la dépendance de St. Michel en l'Herm, in Eremo, de l'Ordre de St. Benoît en Poitou, au Diocèfe de Luçon qui a été unie en 1671. par une Bulle du Pape Clément X. au Collége Mazarin, dit des quatre Nations à Paris. L'Ifle eft à environ trois lieues de cette Abbaye vers le Midi.

2. §. D'autres ont imaginé une ISLE D'OYE fur la Côte Septentrionale de Bretagne, où ils prétendent que St. Amand s'étoit retiré; mais ils n'ont pas plus de fondement que ceux qui rapportent cette retraite à la Baffe Picardie entre Calais & Gravelines, où eft le Comté d'Oye. Voyez l'Article qui fuit.

3. OYE, petite Ville de France dans la Baffe Picardie, à une lieue de Gravelines, & à deux de Calais [o]. Elle donne fon nom au COMTÉ D'OYE, qui a environ quatre lieues de long & trois de large: *Comitatus Ovienfis*. Ce terroir eft fertile en Herbages & marécageux, ayant la Mer d'un côté, & Calais qui en eft la Capitale à l'un des bouts vers la Mer; à l'autre bout eft Gravelines Terre de Flandres. Vers la terre & le long de la Riviere du Marais, font la Ville de Guines, & le Château de Hames; & Ardres eft au bout qui tire vers l'Artois. Les Anglois qui ont poffedé ce Territoire, avoient creufé pour fa fûreté du côté de la terre-ferme de très-grands

## OYE. OYS. OZA.

grands Foſſez ordinairement pleins d'eau, garnis de Remparts; & pour les flanquer il y avoit des Forts & des Baſtions pourvus d'une Garniſon qui défendoit l'entrée du Pays. Le Roi Henri II. qui étoit devant Boulogne, ayant deſſein d'aller en perſonne aſſiéger Guines, & de s'y fortifier pour tenir Calais, & la terre d'Oye en ſujettion, & par ce moyen affamer Boulogne, ſon entrepriſe manqua; ce qui l'obligea d'ordonner au Maréchal de Biez d'attaquer, & de rüiner la Terre d'Oye; parce que Calais Guines, & Hames que les Anglois poſſédoient en terre-ferme, n'avoient de rafraîchiſſement que de ce Comté. L'ardeur des Troupes les emporta à traverſer les Canaux contre le principal Fort des Anglois. Il fut forcé, & on paſſa au fil de l'épée tout ce qui fut trouvé dedans. Enfin tout le Comté d'Oye, & tous les Forts que les Anglois y avoient retournerent ſous l'obéïſſance du Roi de France, après qu'il eut pris Calais.

4. OYE (la Riviére d') Riviére de Branche en Picardie; c'eſt une Branche de l'*Aa*, laquelle traverſe le Comté d'Oye.

L'ISLE AUX OYES, Iſle de l'Amérique Septentrionale, au Canada dans le Fleuve de St. Laurent, vis-à-vis le Cap Tourmente. C'eſt où l'on fait le meilleur beurre du Pays. Il y vient auſſi une grande quantité d'Oyes & d'Outardes dans les Mois d'Avril & de Septembre.

OYSANS (L') petit Pays de France dans le Haut Dauphiné au Graiſivaudan [a], de la petite Riviére de Romanche, entre des Montagnes. Le principal Lieu eſt le Bourg d'Oiſans.

[a] *Baudrand,* Edit. 1705.

OYSE. Voyez OISE.

OYSEMONT, Bourg de France en Picardie ſur le chemin de Beauvais à Abbeville, à quatre lieuës de cette derniére.

## O Z.

OZACCA. Voyez OSACCA.

OZÆ DIVISIO, Lieu où Oza fut frappé divinement pour avoir oſé toucher l'Arche [b]. L'Ecriture Sainte dit que ce Lieu fut nommé *Ozæ diviſio*; & qu'il gardoit encore ce nom, quand l'Auteur ſacré écrivoit.

[b] Paralip.l. 1.c.13.v.11.

OZAMA, Riviére de l'Amérique dans l'Iſle Eſpagnole. Elle a un grand nombre de ſources dans les Montagnes qui occupent le centre de l'Iſle, ou ce qui revient au même, elle ſe forme de diverſes Riviéres qui viennent delà. Une de ces Riviéres baigne Baya & Monte Plata. Chacune de ces Riviéres au nombre de quatre, arroſe une Vallée entre les Montagnes. Quand cette Riviére les a toutes recueillies, elle arrive à St. Laurent, où elle eſt groſſie par la Riviére d'Iſabelle; delà coulant vers le Midi elle ſe rend à la Ville de St. Domingue, dont elle forme le Port. Elle eſt mal nommée LAUZAMA dans la nouvelle Carte de l'Iſle de St. Domingue. Le P. de Charlevoix dans ſon Hiſtoire de St. Domingue obſerve [c] que les débordemens de l'Ozama ne ſont ni fréquens, ni dangereux, parce que ſes bords ſont fort élevez; mais il ajoute que les tremblemens de terre ſont aſſez fréquens, aux environs de ce Fleuve, où ils n'ont

[c] l.3.2.vol. p. 291.

## OZA. OZE. OZI. OZO. 173

pourtant preſque jamais aucune ſuite fâcheuſe [d]. A l'entrée du Fleuve, il y une Barre laquelle n'a ordinairement qu'onze pieds d'eau, treize à quatorze quand la Marée eſt haute & quinze au plus dans les grandes Marées.

[d] 189.

OZAGES, Peuple de l'Amérique Septentrionale dans la Louïſiane, au Couchant du grand Fleuve Miſſiſſipi, c'eſt un Peuple fort étendu. Il a autrefois habité les bords du Miſſouri, maintenant il occupe un pays ſitué autour de pluſieurs Riviéres, dont la principale prend le nom de Riviére des Ozages, & qui toutes vont ſe perdre dans le Miſſouri. Il s'étend delà au Couchant juſqu'au delà de la Riviére des Akanſéas. Ce ſont les courſes des Iroquois qui ont obligé cette Nation de ſe reculer ainſi à l'Occident, afin de s'éloigner d'un ennemi ſi cruel. Le Pays des Ozages a pluſieurs Mines. Quelques-uns diſent OSAGES.

OZARA, ou AZORA, Ville de la Grande Arménie, ſelon Ptolomée [e].

[e] l.5.c. 13.

OZARBA, Foreteresse de Thrace. Procope [f] la met entre celles que Juſtinien fit fortifier. Mr. Couſin lit Ozorme.

[f] Ædific.l. 4.c.11.

OZECARUS, nom Latin de Zezaro ou Zezero, Riviére de Portugal.

OZEM, Cap d'Afrique en Barbarie, au Royaume de Maroc dans la Province de Hea [g]. Il eſt peu éloigné de Mogador.

[g] Corn.Dict.

OZEMAN, petite Ville d'Aſie, en Turquie dans la Natolie [h], ſur la Route de Conſtantinople à Iſpahan, en paſſant par Amaſie; entre cette Ville & Tocia. Elle eſt aſſiſe au pied d'un Côteau ſur lequel il y a un fort Château, & au bas deux Caravanſerais très-commodes. La Riviére de Guſelarmæ, large & profonde, paſſe le long de la Ville du côté du Midi, & on la traverſe ſur un des plus beaux Ponts, que l'on puiſſe voir. Il a quinze grandes Arches toutes de pierres de taille, & c'eſt un Ouvrage qui marque la hardieſſe de l'Entrepreneur. A quelque diſtance du Pont, il y a ſix Moulins à bled joins enſemble, comme s'ils ne faiſoient qu'un ſeul Moulin. On y va par un petit Pont de bois.

[h] Tavernier, Voyages de Perſe l. 1.c. 2.

OZENE, Ville de l'Inde en deçà du Gange, ſelon Ptolomée [i]. C'étoit la Réſidence Royale de Tiaſtène.

[i] l.7.c. 1.

OZENZARA, ou OZENSARA [k], Ville de la Paleſtine dans la Tribu d'Ephraïm [l]. Elle portoit le nom de Sara fille de Beria & petite-fille d'Ephraïm.

[k] D.Calmet. Dict.
[l] Paral. l. 1. c.7. v.21.23.24.

OZERO. Voyez OSERO.

OZIZALENSIS, Ortelius [m] trouvant que St. Grégoire de Nazianze, donne ce ſurnom à quelqu'un dans une de ſes Lettres, conjecture qu'il marque ou la Patrie de cet homme là, ou l'Egliſe à laquelle, il étoit attaché. Sur quoi il doute ſi ce Lieu n'étoit pas quelque part en Egypte aux environs.

[m] Theſaur.

OZOA, Lieu de la Perſide, ou de la Perſe proprement dite, ſelon Ptolomée [n]. On ne ſait au reſte, ſi c'étoit Ville ou Village; car ce Géographe la met dans une Liſte, où il nomme pêle-mêle des Villes & des Villages, qui étoient dans les terres.

[n] l.6.c. 4.

OZOAMIS, Ville de l'Inde, en deçà du Gange, ſelon Ptolomée [o].

[o] l.7. c. 1.

OZOA-

# OZO. OZU. OZW. OZZ.

OZOANA, autre Ville de l'Inde, en deçà du Gange [a], selon le même. [a] Ibid.

OZOGARDANA (genit. *orum*) petite Ville d'Asie, au delà de l'Euphrate. Ammien Marcellin [b] dit *trajecto Fonte scatenti bitumine, Ozogardana occupavimus Oppidum*. Ayant passé une Fontaine pleine de Bitume, nous nous emparâmes d'Ozogardana petite Ville. Il ajoute : les Habitans éffrayez, l'avoient abandonnée à l'approche de l'Armée. On y montroit le Tribunal du Prince Trajan. Zosime dit [c] : de l'autre côté du Fleuve où l'Armée marchoit étoit une Fontaine pleine de Bitume. Delà s'avançant à Sitha & ensuite à Megia, on s'approcha de ZARAGARDIA, où étoit un Tribunal élevé, construit de pierres, & que les Habitans avoient coutume d'appeller du nom de Trajan. Les Soldats pillerent ce Lieu sans peine, & y mirent le feu. Ammien Marcellin dit de même, que les Romains brûlerent cette Ville, & s'y reposerent deux jours. On voit par cet accord, que l'un appelle *Ozogardana*, ce que l'autre nomme *Zaragardia*.

[b] l. 24. c. 2.

[c] l. 3. c. 15.

OZOLA, ou AXOLA, Ville de l'Arachosie, selon Ptolomée [d]. [d] l. 6. c. 20.

OZOLÆ, nom distinctif, d'une partie des Locres. Voyez au mot LOCRES.

OZUS, pour OXUS.

OZUTI, Nation de l'Afrique proprement dite, auprès de la Bazacitide, & dans le voisinage du Peuple CEROPHÆI, selon Ptolomée [e]. Le Grec porte Ὀζοῦτοι. [e] l. 4. c. 3.

OZWIECZIN. Voyez OSWIECSIN.

OZZALA, Lieu d'Asie dans la Galatie, entre Ancyre & Tyane, & plus particuliérement entre *Parnassus* & *Nitazi*, à XVII. H. M. P. de la première & à XVIII. M. P. de la seconde, selon Antonin [f]. [f] Itiner.

OZZAPOLIS, C'est ainsi que Gabius, Traducteur de Curapalate, rend le nom d'une Ville que Cédréne nomme [g] Ἐυτζαπέλος, EUTZAPELUS. Elle étoit voisine de Sardique, & par conséquent dans l'ancienne Thrace ou aux environs. [g] Ortelius Thesaur.

FIN DE LA LETTRE O.

# LE GRAND
# DICTIONNAIRE
# GEOGRAPHIQUE
## ET
# CRITIQUE,

Par M. BRUZEN LA MARTINIERE,

Géographe de Sa Majesté Catholique Philippe
V. Roi des Espagnes et des Indes.

*TOME SIXIÈME.*

SECONDE PARTIE.

P.

*A la Haye*, Chez Pierre Gosse, & Pierre de Hondt.
*A Amsterdam*, Chez Herm. Uitwerf, & Franç. Changuion.
*A Rotterdam*, Chez Jean Daniel Beman.

MDCCXXXVI.

# LE GRAND DICTIONNAIRE GÉOGRAPHIQUE, ET CRITIQUE.

## PA.

1. PA, Fleuve de la Chine [a], dans la Province de Suchuen. Il a sa source au Nord Oriental de la Ville de Pa à laquelle il donne son nom, & il se jette dans le Si ou Sung. On lui a donné le nom de PA, parce que par les divers plis & tours & retours qu'il fait il trace la figure du Caractère Chinois nommé Pa.

[a] Atlas Sinens.

2. PA, Ville & Forteresse de la Chine [b], dans la Province de Peking, au département de Xuntien première Métropole de la Province. Elle est de 0. d. 14′. plus Orientale que Peking, sous les 39. d. 20′. de Latitude Septentrionale.

[b] Atlas Sinens.

3. PA, Ville & Forteresse de la Chine [c], dans la Province de Suchuen, au département de Paoning seconde Métropole de la Province. Elle est de 10. d. 25′. plus Occidentale que Peking, sous les 32. d. 0′. de Latitude Septentrionale.

[c] Atlas Sinens.

PABII, Peuples de la Paropanisade, selon Ptolomée [d] qui les met au dessous des Aristophyles. Au lieu de *Pabii*, le MS. de la Bibliothéque Palatine porte *Parsii*.

[d] Lib. 6. c. 15.

PABULA, Nom Latin d'une petite Contrée de la Châtellenie de Lille, appellée Peule, ou Puelle. Voyez PEULE.

## PAC.

PACAMORES, GUALSONGO, ou LOS SALINAS [e], Gouvernement de l'Amérique Méridionale au Pérou, dans l'Audience de Quito. Il est borné au Nord par le Pays de los Quixos, à l'Orient par la Riviére de Moyobamba, au Midi par l'Audience de Lima & à l'Occident par la Cordelliere de los Andes. Davity dit sur la foi d'Herrera, que les Villes & Peuplades Espagnoles de ce Gouvernement ont été fondées par le Capitaine Jean de Salinas. L'air de ce Quartier est fort tempéré & son terroir est très-fertile en froment & en autres grains. Il nourrit aussi beaucoup de Bétail gros & menu; & il est abondant en mines d'or. Ses principaux lieux sont:

[e] De l'Isle Atlas.

| | |
|---|---|
| St. François de Borgia, | Loyola ou Cumbibania, |
| Salinas, | Sant Jago de las Montanas. |
| Valladolid, | |

PACASIACUS SINUS, Golphe de la Mer Egée. Saint Jérôme [f] dit que c'étoit dans ce Golphe que se trouvoit l'Isle de Samothrace. Ortelius croit que *Pacasiacus* est un mot corrompu.

[f] In Locis Hebr.

PACATI. Voyez MAURUSII.
PACCOLINUS. Voyez METAURUS.
PACE', Lieu de France, dans l'Anjou, près

A

# PAC.

<sup>a</sup> *Piganiol, Descr. de la France, t. 7. p. 145.*

près de Saumur<sup>a</sup>. C'est une Châtellenie, dans l'Aveu de laquelle on trouve que le Seigneur a des droits bien singuliers. Tous les Chaudronniers qui y passent sont obligez d'aller au Château, offrir d'y raccommoder la batterie de cuisine, & pour payement le Seigneur leur doit donner une miche & une chopine de vin. Que si les Chaudronniers ne s'acquittent pas de ce devoir, toutes leurs Marchandises sont confisquées au profit du Seigneur. Les Marchands de Verres sont aussi tenus de se présenter au Château, & doivent laisser le plus beau verre au Seigneur, qui est obligé de leur donner dans un autre verre un coup de vin à boire. Le Seigneur de Pacé a aussi droit de mener ou faire mener par ses Gens & Officiers, le jour de la Trinité, à la Dame toutes les femmes jolies; c'est-à-dire, *prudes & sages*, qu'ils trouveront à Saumur & dans les fauxbourgs durant tout ce jour-là. Chacune de ces femmes jolies est tenue de donner à ces Officiers quatre deniers & un chapeau de roses; & au cas qu'elles ne veuillent pas aller danser avec les Officiers du Seigneur, ils peuvent piquer trois fois aux fesses, d'un bâton marqué aux armes du Seigneur, & ferré au bout en manière d'aiguillon, la femme qui refusera d'aller danser. Le même Seigneur a droit, ce jour-là de contraindre, par lui-même ou par ses Officiers, toutes les femmes qui ne seront pas jolies, (de *Bourdeau, qui seront notoirement diffamées de ribaudie*) de venir à ladite Dame de Pacé avec les dites femmes jolies, ou de payer cinq sols au Seigneur.

PACEM, ou PACEN, Bourgade de l'Isle de Sumatra<sup>b</sup>, dans la partie Orientale du Royaume d'Achem, près de la Pointe du Diamant. Elle est située à 115. d. quelques Minutes de Longitude, & à 5. d. 5'. de Latitude. Pacem étoit autrefois<sup>c</sup> la Capitale d'un des dix Royaumes qui composoient l'Isle de Sumatra; mais aujourd'hui cette Ville & ce Royaume dépendent du Royaume d'Achem.

<sup>b</sup> *De l'Isle Atlas.*

<sup>c</sup> *Mandeslo Voy. des Indes, Liv. 2. p. 328.*

1. PACHACAMAC, Vallée de l'Amérique Méridionale au Pérou, à trois ou quatre lieues au Midi de Lima. Cette Vallée qui n'a point de pareille en fertilité & en beauté, étoit fameuse, avant la conquête du Pérou, à cause d'un Temple célèbre qui lui avoit donné son nom<sup>d</sup>. Les Yncas Rois du Pérou avoient reconnu qu'il y avoit un souverain Créateur de toutes choses qu'ils appelloient Pachacamac, c'est-à-dire, celui qui a fait l'Univers & qui le conserve. Ils croyoient que ce Pachacamac étoit invisible & ils ne lui bâtissoient point de Temples, & ne lui faisoient point de Sacrifices comme au Soleil; mais ils se contentoient de l'adorer dans leur ame avec beaucoup de vénération. Les Yuncas qui habitoient cette Vallée, ayant embrassé cette Doctrine avant que les Yncas en eussent fait la conquête, bâtirent un Temple au Dieu Pachacamac, & donnérent ce nom à la Vallée où ils se fondérent. Ils mirent dans ce Temple leurs Idoles qu'ils adoroient

<sup>d</sup> *Garcillasso de la Vega, Hist. des Yncas, t. 2. p. 113. & suiv.*

sous la figure de divers Poissons, & même sous celle du Renard. Ce Temple de Pachacamac, remarquable par la structure de son Bâtiment & par la solemnité du Service qui s'y faisoit, étoit le seul dans tout le Pérou, où les Yuncas sacrifioient des animaux & même dans leurs plus grandes Fêtes des hommes, des femmes, & des enfans.

Dans la suite les Yncas, ayant poussé leurs conquêtes jusqu'à la Vallée de Pachacamac, ils convinrent avec les Yuncas, qu'on bâtiroit en l'honneur du Soleil un Temple particulier tel que celui qui étoit dédié à Pachacamac; qu'on pourroit continuer de faire des offrandes & des sacrifices à ce dernier pourvu qu'on ne répandît point de sang humain, & qu'on abattît les Idoles; parce qu'il n'étoit pas raisonnable que dans le Temple de Pachacamac, ou du Créateur de l'Univers, il y eût des Dieux & des Divinitez d'un rang au dessous de lui. On ajouta qu'à l'avenir on ne dresseroit aucune Statue à Pachacamac & qu'on se contenteroit de l'adorer dans le cœur, puisque n'étant pas visible comme le Soleil, on ne pouvoit savoir sous quelle figure on pouvoit le représenter. Enfin il fut arrêté qu'on fonderoit dans la Vallée de Pachacamac une Maison de Vierges choisies; ce qui étoit le plus grand honneur qu'on pût faire à un Pays.

On dit<sup>e</sup> que Ferdinand Pizarre tira de ce Temple la valeur de plus de neuf cens mille ducats, en or, sans compter un grand trésor que les Soldats y avoient déjà pillé & que les Prêtres Indiens avoient fait cacher ailleurs avant l'arrivée des Espagnols. La commune opinion est que les Indiens en avoient ôté un grand poids d'argent; c'est-à-dire, autant que quatre cens hommes des plus forts auroient pu soutenir sur leurs épaules. Les ruïnes de ce Temple se voyent encore aujourd'hui.

<sup>e</sup> *De La, Descr. des Indes Oc. liv. 10. c. 23, Corn. Dict.*

2. PACHACAMAC, ou PACHACAMA, Rivière de l'Amérique Méridionale<sup>f</sup>, au Pérou, dans l'Audience de Lima, au Midi de la Ville de ce nom. Elle coule dans la Vallée de Pachacamac, & à son embouchure dans la Mer du Sud, forme le Port de Callao au Nord & le Havre de Chilca au Midi.

<sup>f</sup> *De l'Isle Atlas.*

3. PACHACAMAC, Rochers de l'Amérique Méridionale, au Pérou<sup>g</sup>, sur la côte de l'Audience de Lima, à trois lieues au Sud du Capsolar, près de l'embouchure de la Rivière Pachacamac. Ces Rochers courent vers le Continent. Ils sont tous blancs. Il y en a deux gros & deux petits. Le Capitaine Woodes Rogers, qui nous a donné la description de ces Rochers, les nomme *Pochacome*, quoiqu'il écrive Pachacama dans la Carte de son Voyage.

<sup>g</sup> *Rogers, Voy. autour du Monde, Supplément, p. 50.*

PACHARI. Voyez TACHARI.

PACHEQUE, ou PACHECA, Isle de l'Amérique, dans la Mer du Sud<sup>h</sup>, dans la Baye de Panama, & la plus septentrionale de celles auxquelles on donne le nom d'Isles des Perles. Cette Isle est petite & on la met à onze ou douze lieues de Panama. Voyez au mot ISLES, l'Article les ROYALES.

<sup>h</sup> *Dampier, Voy. autour du Monde, t. 1. p. 188.*

PACHEU,

# PAC.

**PACHEU**, Forteresse de la Chine[a], dans la Province de Queicheu, au département de Liping, septième Métropole de la Province. Elle est de 8. d. 41'. plus Occidentale que Peking, sous les 26. d. 55'. de Latitude Septentrionale.

[a] Atlas Sinenf.

**PACHIA**, Promontoire de l'Isle de Sardaigne: Ptolomée[b] le place sur la Côte Occidentale de l'Isle, au Midi de Neapolis.

[b] Lib. 3. c. 3.

**PACHISUS**, Fleuve de Sicile, selon Vibius Sequester[c], qui dit que le jeune Sextus Pompeïus y fut tué. Mais il y a certainement une faute dans ce passage de Vibius; car Strabon[d] & Appien d'Alexandrie[e] veulent que ce jeune Romain ait été tué à Miletus, Ville de l'Asie Mineure. Velleïus Paterculus[f], Florus[g], Aurelius Victor[h] & Eutrope[i], disent qu'il se sauva en Asie & qu'il y fut tué; ce qui s'accorde assez avec ce que disent Strabon & Appien. A la vérité Dion Cassius[k] veut que Sextus Pompeïus ait été tué dans la Ville de Midaium en Phrygie; mais l'autorité de ce dernier ne peut être mise en balance avec celle de tant d'autres Historiens. Le témoignage seul de Strabon, qui vécut à peu près dans le tems dont il s'agit, devroit même l'emporter. Une autre raison qui doit nous faire dire que ce passage de Vibius est corrompu; c'est qu'aucun Auteur ancien n'a connu de Fleuve nommé Pachisus.

[c] De Fluminib.
[d] Lib. 3. p. 141.
[e] De Bel. Civil. lib. 5.
[f] Lib. 2. c. p. 753.
[g] Lib. 4. c. 8.
[h] De Viris Illust. c. 84.
[i] Lib. 7. c. 3.
[k] Lib. 49. p. 403. Ed. Hanov. 1606.

**PACHIUS**, Village de l'Asie Mineure, selon Appien. Voyez SANGIA.

**PACHLARN**. Voyez PECHLARN.

**PACHNAMUNIS**, Ville d'Egypte dans le Nome Sebennytes. Ptolomée[l] lui donne le titre de Métropole.

[l] Lib. 4. c. 5.

**PACHOMIUS**; Canton de la Thrace.

**PACHSU**; voyez PAXU.

**PACHYNNE**; Dans quelques Editions d'Ovide on trouve ce mot employé au Livre second de l'Art d'aimer[m],

[m] V. 81.

*Dextra Lebynthos erat, sylvisque umbrosa Pachynne.*

Mais les Scholiastes de ce Poëte prétendent qu'au lieu de *Pachynne* il faut lire *Calymne*, ou *Calymna*, comme lit Ovide lui-même dans ce Vers[n] du huitième livre des Métamorphoses.

[n] V. 222.

*Dextra Lebynthos erat, fœcundaque melle Calymna.*

**PACHYNI-PORTUS**; Port de la Sicile, sur la Côte Orientale de cette Isle, près du Promontoire Pachyne, du côté du Nord. Ciceron[o] fait mention de ce Port.

[o] In Verrem. lib. 5.

**PACHYNUM PROMONTORIUM**, ou PACHYNUS; Promontoire de la Sicile, dans la partie Orientale de cette Isle, du côté du Midi. C'est l'un des trois Promontoires qui ont fait pancher à la Sicile le nom de Trinacrie. Mr. Corneille dit sur la foi du Pere Lubin[p], que c'est le Cap le plus Oriental & le plus Méridional de l'Isle. Ils se trompent tous deux; & ce sont les anciennes Cartes Géographiques qui ont causé leur erreur. On voit par celles de Mr. de l'Isle[q], fondées sur les Observations, que le Promontoire Pelorus est beaucoup

[p] Table Géographiq.
[q] Atlas.

plus à l'Orient que celui de Pachyne; & les Pointes de Pali & de Marza sont plus Méridionales. Plutarque parle de ce Promontoire, on le nomme présentement le Cap de Passaro.

**PACIDARE**; Village de l'Inde, en deçà du Gange: Ptolomée[r] le place entre l'embouchure du Fleuve Mophis & celle du Fleuve Namadus.

[r] Lib. 7. c. 1.

**PACINATES**, Peuples d'Italie, selon Festus[s], qui dit qu'ils étoient originaires d'Illyrie. Il ajoute que ces Peuples tiroient leur nom de Pacinus un des descendans du Roi Volsinus surnommé Lucullus, qui s'étoit emparé d'une partie de l'Italie. Mais comme au lieu de *Pacinus* quelques-uns lisent *Pecinus*, de même aulieu de *Pacinates* ils lisent *Pecinates*: enfin il y a des Auteurs qui pour *Pecinus* écrivent *Picinus*, & qui nomment *Picentes* les Peuples auxquels il donna son nom.

[s] In verbo Peligni.

**PACIO**, Montagne de la Chine[t] dans la Province d'Huquang, au Midi de la Ville d'Yocheu. Elle est fameuse à cause d'un Temple magnifique & d'un Monastère de Bonzes qu'on y a bâtis. Le Monastère est situé entre deux Lacs.

[t] Atlas Sinensis.

**PACONIA**, Isle sur la Côte Septentrionale de la Sicile; Ptolomée[u] la place vers l'Isle Osteodes & l'embouchure du Fleuve Bathys, ou environ à moitié chemin de *Panormus* à *Drepanum*. Comme il ne se trouve qu'une Isle dans toute cette longueur de Côte; savoir celle qui est située à l'Orient de l'ancienne Hyccara, & qui est éloignée d'environ 800. pas du rivage; Cluvier[x] juge que cette Isle doit être la Paconia de Ptolomée. Elle s'appelle présentement *Isola di Fimi*, ou *Isola delle Femine*.

[u] Lib. 3. c. 1.
[x] Siciliæ Antiq. lib. 2. c. 14.

**PACORIA**, Ville de la Mésopotamie, sur l'Euphrate, entre *Addaca* & *Teridata*, selon Ptolomée[y].

[y] Lib. 5. c. 18.

**PACRAE**, Lieu de Syrie; Antonin[z] la place entre Alexandrie & Antioche, à 16. milles de la première & à 25. de la seconde. Pline[a] & Strabon[b] nomment cette Ville *Pagrae*.

[z] Itiner.
[a] Lib. 5. c. 23.
[b] Lib. 16. p. 751.

**PACTENE**, Voyez PACTYNE.

**PACTI**, Peuples d'Asie quelque part aux environs des Palus Méotides, selon Ortelius qui cite Orphée[c].

[c] In Argonaut.

**PACTIANAE MATIDIAE**, Ville d'Afrique dans la Mauritanie Cesariense. Antonin[d] la met sur la route de *Lemnae* à Carthage, entre *Igilgili Colonia* & *Chulli Municipium*, à trente-cinq milles du premier de ces lieux & à vingt-quatre milles du second.

[d] Itiner.

**PACTICUS**, Nom d'une Forêt des Gaules, selon Ortelius qui cite la Vie de St. Lômer[e].

[e] Thesaur.

**PACTIUS**, Fleuve d'Italie, dans le Pays des *Pediculi*, selon Pline[f].

[f] Lib. 3. c. 11.

**PACTOLE**, en Latin PACTOLUS, Fleuve d'Asie, dans la Lydie. Il prenoit sa source dans le Mont Tmolus, mouilloit la Ville de Sardes & se perdoit dans l'Hermus, selon Ptolomée[g] & Strabon[h]. On l'appelloit anciennement *Chrysoroas*, parce qu'il rouloit de l'or parmi son sable. Les Poëtes ont feint que Midas, Roi de Phrygie, s'étant

[g] Lib. 5. c. 2.
[h] Lib. 11. p. 526.

A 2          tant

tant lavé dans ce Fleuve y laissa le don qu'il avoit reçu de Bacchus, de changer en or tout ce qu'il toucheroit.

PACTOLI PHRURIUM, C'est-à-dire la FORTERESSE DE PACTOLE, Lieu fortifié aux environs du Fleuve Pactole selon Plutarque cité par Ortelius [a].

PACTOLUM; un ancien Commentateur de Juvenal, consulté par Ortelius [b], met un fleuve de ce nom dans l'Espagne; mais ce fleuve pourroit bien être imaginaire, comme tant d'autres noms Géographiques qu'a inventez cet ancien Commentateur.

PACTOLUS, lieu de la Béotie, selon Diodore de Sicile [c]. Ortelius [d] dit qu'Amiot dans sa Traduction de Diodore a fait de ce lieu un fleuve. Il ajoute qu'au lieu de *Pactolus* il faut lire *Spartolus* dans Diodore de Sicile [e]: il se fonde sur un passage de Thucydide, qui met un lieu de ce nom dans la Béotie.

PACTORUM PORTUS. Voyez SYMBOLON.

PACTYA, Ville de Thrace: Ptolomée [f] la met dans la Propontide; & Sophian l'appelle Panido. Voyez PAROS. Ce fut depuis la Ville de Cardie jusqu'à celle de Pactye, que Miltiade voulant mettre à couvert des invasions ordinaires, le Chersonèse où il s'étoit établi avec titre de Souverain, fit bâtir une muraille, qui fut en divers tems tantôt abattuë, tantôt relevée, & enfin rétablie par Dercyllide Général Lacédemonien, que ceux du Pays avoient fait venir d'Asie.

PACTYES, ou PACTYAS; Montagne d'Asie, dans l'Ionie au Territoire d'Ephèse, selon Strabon [g].

PACTYICA, contrée de la Perside, selon Herodote [h]. C'est dans cette Province, qu'étoit la Ville Caspatyrus.

PACTYNE, ou PACTENE; nom d'une Ville quelque part dans le monde selon Ortelius [i] qui cite Phavorin [k]. Suidas qui fait mention de cette Ville dit seulement qu'elle se nomme *Pactyene* & *Pactyne*.

PACURA, Ville de l'Inde, dans le Golphe du Gange, selon Ptolomée [l]. Au lieu de *Pacura*, ses Interpretes lisent *Palura*.

PACUS, lieu de Syrie, d'où l'on tire le Galbanum, à ce que dit Plutarque [m], Ce lieu pouvoit être au voisinage du Mont Amanus, d'où Pline [n] dit qu'on tiroit le Galbanum.

PACY, Ville de Normandie [o], située sur la Riviere d'Eure, à deux ou trois lieuës de Vernon. Des autres côtez ce sont des bois & des plaines. L'Eglise Paroissiale est dédiée à Saint Aubin. On y voit encore deux autres Eglises. L'une est celle de l'Hôpital, dans l'enceinte duquel on voit la Maison de Ville, à côté de l'appartement du Prêtre qui a le soin de cet Hôpital; il y est entretenu & porte le nom de Prieur. L'autre est une Abbaye de Bénédictines, fondée il y a près de cent ans par une Dame d'Albret, qui étoit auparavant Religieuse de l'Abbaye de Saint Sauveur d'Evreux. Il y a un Lieutenant Général à Pacy, un Vicomte, un Procureur du Roi, & tous les autres Officiers de la Ville. On y tient tous les Jeudis un Marché considérable. C'est un grand passage de Basse Normandie à Paris, tant pour les Carosses & le trains que pour les bœufs. Hors la Porte de Pacy nommée la Porte de France, on trouve un Fauxbourg que l'on appelle Passel, dont l'Eglise Paroissiale est sous l'invocation de Saint Martin. Ce fauxbourg en matiere de procédure ne répond pas à Pacy, parce que Pacy est du ressort du Parlement de Rouen, & Passel est du ressort du Parlement de Paris. Cette Ville qui passe pour très-ancienne, étoit autrefois environnée de très-bonnes murailles, avec un fort bon fossé, & accompagnée d'un Château bien bastionné, entouré aussi de fossez & assis hors de la Ville. La Tradition du Pays porte que dans les dernieres Guerres des Anglois en Normandie, ils surprirent Pacy pendant la nuit, s'étant servis pour cela de grandes Echelles de corde ; qu'ils massacrerent tout ce qu'ils purent rencontrer, & qu'ils firent un pillage universel dépouillant & profanant les Eglises.

PACYRIS, fleuve de Scythie, près du Golphe *Carcinites*, selon Pline [p]. Voyez HYPACARIS qui est apparemment le même Fleuve.

PADA. Voyez PADER.

PADÆI, Peuples de l'Inde, selon Herodote [q], qui dit qu'ils se nourrissent de chair cruë. Tibulle fait aussi mention de ces Peuples dans ce vers [r]:

*Ultima vicinâs Phœbo tenet arva Padæus.*

PADAN. Voyez PHADANA.

PADANEAE SILVAE; Forêt d'Italie prés du Pô. Solin [s] en fait mention & fait voir l'erreur des Anciens qui avoient cru que les arbres de cette Forêt pleuroient de l'ambre.

PADARGUS, petite Riviére de la Perside selon Arrien [t]. Un MS. porte *Padagrus*.

PADASIA [u], Ville de la Galatie ou de l'Arménie selon Cedrene. Curopalate la nomme *Phadasia*.

PADDAR, Riviére des Indes dans les Etats du Grand Mogol [x]. Elle a sa source dans la Province de Bando ou Asmer, au Nord de la Ville Asmer. Elle court du Nord Oriental au Sud Occidental, & va se jetter dans la Mer, aux confins des Provinces de Soret & de Guzurat qui forment un Golphe en cet endroit.

PADDESTOW, ou PADSTOW [y], Ville d'Angleterre, dans la Province de Cornouaille, à l'embouchure de la Riviére d'Alain. On y tient marché.

PADE, nos ancêtres ont ainsi nommé la Ville de Padoue en Italie, dans l'Etat de Venise. Jean Marot dans son Rondeau dont le refrain est *pour foi garder*, dit:

Pade & Veronne ont bien voulu entendre
Se rendre à lui, & pour Seigneur le prendre,
Mais à leur Prince en a fait la remise.
Pour foi garder.

Le Peuple dit encore tous les jours St. Antoine

Antoine de Pade, pour dire Saint Antoine de Padoue.

PADER, en Latin PADERA; dans les anciens Monumens PATRA, PATHER, PATER, PADRA, PADA, PADUS &c. Ruisseau d'Allemagne en Westphalie dans l'Evêché de Paderborn[a]. Il a sa source dans la Ville même qui en prend son nom & se joint à une lieue de-là avec deux autres Ruisseaux dont se forme la Lippe Rivière qui garde son nom jusqu'à son arrivée dans le Rhin. Voyez l'article qui suit.

[a] *Monum. Paderbornensis. p. 169. & seq.*

PADERBORN, Ville d'Allemagne en Westphalie où elle est la capitale d'un petit Etat que possède son Evêque qui est Prince de l'Empire. Le fameux Evêque de Paderborne a rassemblé en peu de mots ce qu'il y a de plus remarquable dans l'origine de cette Ville. Voici l'Inscription.

*Hic ubi fons Paderæ media surgentis in urbe,*
*Duco vetus magni nomen ab amne Padi.*
*Marte diu ancipiti Carolus certare coactus,*
*Delegit Castris Conciliisque locum.*
*Jussit & bis undis lustratam subdere gentem*
*Saxonicam vero colla superba Deo*
*Hic Leo Romana deductus ab urbe, sacellum*
*Sacravit primum Religionis opus.*
*Hic sedes longo fuit ordine deinde secutis*
*Terrarum Dominis inclita Cæsaribus.*
*Virginis hic conjux virgo Cunigunda mariti*
*Accepit meritis Regia serta comis.*
*Vastum altus subeat septena per ostia pontum*
*Nobilius nullus me caput amnis habet.*

Quelques notes prises de l'Auteur même éclairciront ce que ces Vers peuvent avoir d'obscurité. Le nom de cette Ville a été diversement défiguré selon les différentes Dialectes des Ecrivains. Adon de Vienne dit PATERBRURNA & PADRABRUNNE; l'Annaliste de Canisius PADERBRUNNEN, PADENBRUN & PADESBRUNEN; Jean du Till dans ses petites Annales PATRESBRUNNA & PATRESBRUNNAS; dans les grandes PATRESBRUNNON & PATRESBRUNNO; dans les fragmens des Annales d'Alex. Petavius PADRESBRUNNEN & PADRESBRUNNON; dans les Annales de Loiseau PATERBRUNNEN & PADRABRUNNO; l'Auteur inconnu de la Vie de Charlemagne PADERBURNEN & PADERBURNUM; le Moine d'Angoulême PADERBRUNNEN & PADRABRUNO; le Poëte Saxon PATHALBRUNNON & PADERBRUNNUM; Eghinard PADABRUNA; l'Historien de Louis le Débonnaire PATRISBRUNA; l'Histoire de l'Etablissement de la nouvelle Corbie ou Corwey PATHERBRUNA; les Annales de Fulde PADRABRUNNO & PADRABRUNNO; l'Histoire de la Translation de St. Vit PATHERBRONNA. &c.

L'origine de ce nom de *Pader*, *Padera*, *Pada*, ou *Padus* est traitée assez au long par Gobelinus Persona, Auteur d'une Histoire universelle insérée dans le Recueil de Meibom sous le titre de *Cosmodromium*. Il croit que ce nom vient de quelque rapport avec le Pô, en Latin *Padus*; que Charlemagne ou peut-être les Saxons qui l'avoient suivi en Italie où ils avoient vu le Pô qui sort de trois sources, donnèrent ce nom à ce ruisseau qui a aussi trois sources au pied de la montagne. Ces trois sources recueillent les eaux de quantité de Fontaines & les réunissant dans un même lit forment cette Rivière dans la Ville même. Chacune de ces sources s'appelle Pader avec une épithete qui détermine celle dont on parle. L'Occidentale a 98 pieds de profondeur. Elles forment ensemble un ruisseau qui s'élargit aussi-tôt & fait tourner dans la Ville vingt roues de Moulins, sans que l'eau qui a servi à un serve à une autre roue. Sur ce qu'on pourroit opposer à cet Auteur que cette Rivière avoit un nom avant celui qu'il prétend que Charlemagne lui a donné, il prévient l'objection en disant qu'il croit qu'elle s'appelloit la Lippe. Il allegue en preuve qu'elle se mêle à 25 Stades avec deux autres ruisseaux plus petits qu'elle, avec lesquels elle prend le nom de Lippe; que l'un de ces ruisseaux est nommé la Lippe étroite, que ce nom distinctif montre qu'il y avoit un autre Lippe autrement déterminée. Rien n'étoit plus ordinaire aux François, dit Meibom[b], que de donner des noms de leur pays aux lieux étrangers qu'ils habitoient: ainsi ils appellerent *Rema* au confluent de la Warne & du Weser, à cause de la Ville de Reims, *Remi*: de Corbie en France, ils nommerent Corbie aujourd'hui Corwey en Westphalie: d'*Heristallum* alors en France, aujourd'hui Herstal au pays de Liege, ils nommérent une autre Heristal en Saxe: du Pô d'Italie, *Padus*, ils ont bien pu nommer *Padus*, ce Ruisseau dont il est ici question. Reineccius dans ses Notes sur le Poëte Anonyme dit: *in Annalibus Francicis perpetuò legitur Paderborna, est enim nomen à Padi fontibus. . . . atque ut Italicus inter fluvios Italiæ maximus est, sic Germanicus tantum a capite aquarum vehit, quantum totius Europæ nullus.* Bollandus croit au contraire que ce sont les Romains qui étant campez en cet endroit donnèrent à ce Ruisseau le nom d'une Rivière d'Italie. Il ajoute, que n'en ayant aucune preuve dans l'antiquité, il ne voudroit pas l'affirmer, mais que ce sentiment est conforme à la raison & à une ancienne tradition des Habitans. La description que Gobelinus Persona fait des sources du Pô ne s'accorde pas avec l'idée qu'en donnent Strabon, Pline, Ptolomée & Léandre Alberti. Mais Pline[c] nous fournit la véritable origine du nom. Il cite Metrodore Auteur Grec au rapport de qui ce Fleuve prend son nom de ce qu'autour de sa source il y a quantité d'Arbres d'où coule la poix & que l'on appelle *Padi* en Langue Gauloise. Il peut y avoir eu de pareils arbres nommez PADES ou PADI en Langue Celtique sur les bords de cette petite Riviere de Westphalie.

[b] *Notæ in Inninsulam Saxon.*
[c] *Lib. 3. c. 16.*

La guerre de Saxe dura trente ans. Charlemagne voulant la finir absolument choisit un lieu du voisinage pour y établir sa Cour, afin d'être plus à portée de tenir en respect ces Peuples par sa présence; & à la source de cette Rivière le lieu lui parut si beau qu'il y forma un Camp & s'y fit un agréable séjour où il indiqua plusieurs Diètes, entre autres celles de 777, & 785. Il y reçut les Ambassadeurs des Saxons en 783. Louïs son fils l'y vint trouver en

786 &c. Dans l'Assemblée de 777 les Principaux Saxons s'y rendirent, excepté Vittikind qui resta rebelle. Trois Rois Sarazins d'Espagne y assistérent aussi & une multitude de Saxons y reçut le saint Baptême. Le Pape Léon ayant été mutilé par les Romains & arraché des mains de ses Ennemis par l'Abbé Virunde & par Winigise Duc de Spolete, fut mené à Paderborn où étoit alors Charlemagne qui le reçut avec de grandes marques d'estime & de respect. Il dédia une Chapelle sous l'invocation de St. Etienne dont il y mit des Reliques, & confirma le Siège Episcopal que Charlemagne y avoit érigé.

Paderborn devint considérable par la résidence Impériale : aussi est-elle nommée *Sedes regalis* par Erinher qui a écrit en vers la Vie de St. Hemerad Prêtre.

*Est locus egregius Patherbrunnon vocatus.*
*Is quoque regalis Sedes & Pontificalis.*

Ce ne fut pas seulement Charlemagne qui en aima le séjour. En 815 Louis son fils y tint une Diète générale, les Députés & les Principaux d'entre les Slavés Orientaux s'y rendirent. Trente ans après il y tint une pareille Diète, & y reçut les Ambassadeurs de ses freres, des Normands, des Slaves, & des Bulgares. En 958 Otton fit une donation à un Monastère de Religieuses & le Diplome en est daté de Paderborn. Henri II y solemnisa les fêtes de Paques en 1013. Il y étoit encore à Noel l'année suivante. Il y avoit épousé en 1002 Ste. Cunegonde & il est souvent parlé de Paderborn dans la Vie de ce St. Empereur. L'Empereur Conrad II ayant passé les Fêtes de Noel à Minden, vint passer le jour des Rois à Paderborn. Il y passa les Fêtes de Noel en 1030 & en 1031. On a de lui un Diplome du même lieu & de l'an 1032. Il y solemnisa les Fêtes de Noel en 1033. Celles de Pâques en 1035 & celle de l'Ascension en 1036. Henri III. y étoit aussi à la Pentecôte de l'an 1043, & de 1051. A son retour d'Italie il y célébra les Fêtes de Pâques de l'an 1056 & mourut la même année. L'an 1152 Frederic I. donna un Diplome daté de Paderborn. En 1212 Othon IV qui fut forcé la même année d'abdiquer l'Empire, fit le partage de la Saxe entre lui & son frere Henri Duc de Saxe &c. Les Empereurs suivans n'eurent presque point occasion de venir en ce pays-là; & Paderborn est enfin demeurée simplement la Cour d'un Evêque qui y réside rarement, lors que ce Siège est joint à quelque autre, comme à présent qu'il est possédé par l'Electeur de Cologne. Ce Diocèse a eu le Siécle passé un Evêque savant & d'un grand mérite qui l'a beaucoup illustré par ses *Monumenta Paderbornensia*.

Ce Diocèse a eu autrefois dans la Jurisdiction de son Evêque vingt-quatre Villes tant grandes que petites ou Bourgs, vingt Châteaux & Bailliages, seize Monastères, & cinquante-quatre Paroisses. L'Evêché de Paderborn est terminé au Nord par le Comté de la Lippe[a], à l'Orient par l'Abbaye de Corwey & par le pays de Brunswig ; au Midi par les Etats de Hesse & de Waldeck & au Couchant par un petit Canton du Comté de la Lippe où est Lipstadt & le Comté de Ritberg. Mr. d'Audifret parle ainsi de Paderborn. Charlemagne donna l'Advocatie de cet Evêché à Witikind Comte de Swalemberg & de Waldeck dont les descendans en jouirent jusqu'à Witikind IV qui voulant accompagner l'Empereur Frederic en la Terre Sainte, la céda à l'Evêque l'an 1187 pour trois cens Marcs d'argent. L'Empereur Henri II donna à l'Eglise de Paderborn en 1021 le Comté de Warbourg, & peu de tems auparavant le Comte Dodecon lui avoit aussi donné les Terres de Wartberg, de Ruinlesessun, d'Erungen, de Radi, de Rohthem, de Gararnetti, de Rodwardeshussun, d'Irlandehusun & de Silihem ; & cette donation fut confirmée l'an 1021 par l'Empereur Henri II qui y ajouta deux ans après le Domaine de Hohunsel situé dans le Bourg de Westalon. Cette Eglise acquit la moitié du Comté de Stoppelberg l'an 1312 & après la mort de Philippe dernier Comte de Spielberg tué à la bataille de St. Quentin l'an 1557 Ramberg Evêque de Paderborn fit tout son possible pour s'approprier le Comté de Pyrmont qu'il prétendoit relever de son Eglise ; Philippe qui étoit aussi Archevêque de Cologne l'ayant donné en fief l'an 1184 aux Comtes de Swalenberg, dont ceux de Spielberg avoient hérité, mais ce fut inutilement que Rembert tâcha de réunir le Comté de Pyrmont à ses Domaines, la succession des Comtes de Spielberg passa aux Comtes de Lippe desquels elle tomba dans la Maison de Gleichen, dont la race ayant fini ( le Siécle passé ) les Comtes de Waldeck en héritérent ; & c'est avec eux que l'Evêque Ferdinand de Furstenberg convint par une Transaction faite en 1668. que Pyrmont demeureroit au pouvoir des Comtes de Waldeck & qu'au défaut des Mâles il seroit incorporé à l'Evêché de Paderborn. L'étendue de cet Evêché n'est pas grande, mais le Pays est très-fertile ; des Montagnes fort hautes, & où il y a des mines de fer, le coupent en deux parties. L'Occidentale consiste en belles plaines qui sont arrosées par les Riviéres de Lippe, d'Alme, & de Hastenbeck. L'Orientale n'est pas si unie ; elle abonde en bled & en pâturages. Les Riviéres de Dumel & de Neete la traversent & vont de-là se jetter dans le Weser.

Paderborn la Capitale est grande & bien peuplée. Son Chapitre est composé de vingt-quatre Chanoines qui sont tous Capitulaires. Le Pape & le Chapitre conférent les Canonicats dans les mois qui leur sont reservez par le Concordat Germanique. Il faut pour y être reçu avoir étudié dans une Université de France ou d'Italie. Ses Dignitez sont celles de Prevôt, de Doyen, de Chantre, de Ecolâtre & de Camerier. La Ville passoit autrefois pour Libre & Impériale ; mais elle est soumise présentement à ses Evêques, dont la résidence ordinaire est à Neuhaus Château voisin.

PADI-

[a] Jaillot Atlas.

# PAD.

**PADICHORA.** Voyez Badeichora, qui est le même mot.

**PADINATES**, Peuples d'Italie selon Pline [a]. Le Pére Hardouin croit qu'ils demeuroient, vers l'embouchure du Panaro dans le Pô, dans l'endroit où est aujourd'hui le Bourg de Bondeno. Il a suivi la conjecture de Cluvier [b] dans son ancienne Italie.

[a] Lib. 3. c. Pline 15.
[b] Lib. 1. p. vi 282.

**PADOUAN** (le), Contrée d'Italie, dans l'Etat de Venise. Elle est bornée au Nord par la Marche Trevisane, à l'Orient par le Dogat de Venise, au Midi par la Polesine dont elle est séparée par l'Adige, & à l'Occident par le Vicentin. On lui donne trente-cinq milles du Septentrion au Midi, & vingt-huit d'Orient en Occident. Il passe pour être le meilleur Pays d'Italie: il est du moins le mieux cultivé. Ses principaux lieux sont:

| | |
|---|---|
| Padoue, | Est ou Este, |
| Anguilara, | Campo S. Pietro, |
| Monselice, | Arqua, |
| Citadella. | |

Quant au fort qu'a eu cet Etat, voyez Padoue.

**PADOUCAS**, grande & puissante Nation de l'Amérique Septentrionale dans la Louïsiane. Cette Nation est mêlée avec les Apaches. Les uns & les autres sont la plûpart errans, selon que la chasse les conduit. Il y a néanmoins une bonne partie de ces Peuples qui cabanent vers les sources de plusieurs grandes Rivières qui se jettent les unes dans le Missouri, & les autres dans le Mississipi, à la bande de l'Ouest depuis le trente-sixième degré de Latitude jusqu'au quarante-cinquième, à cent ou cent vingt lieues à l'Occident du Mississipi. Il y a quelques Cabanes ou Villages de Padoucas dans le nouveau Méxique. Les Rivières dont ils habitent les bords sont la Rivière rouge, celle de Marne, celles des Akansas, celles des Cansez & une autre qui se jette dans le Missouri, à la bande du Sud-Ouest. Ils bordent les montagnes qui séparent la Louïsiane du nouveau Méxique. Les uns habitent dans les Vallées de ces Montagnes & les autres dans de grandes plaines & prairies fréquentées d'une grande quantité de Bœufs sauvages.

**PADOUE**, Ville d'Italie dans l'Etat de Venise, & la Capitale du Padouan, en Latin *Patavium*, & en Italien *Padoua*. Elle est située dans un terroir très-fertile; ce qui a fait dire *Bologna la grassa, Venetia la guasta, ma Padoua la passa* [c]. Les Romains lui accordérent le droit de Bourgeoisie, & lui donnérent le pouvoir de choisir son Sénat. En récompense Padoue les assista quelquefois de troupes. Elle fut ruïnée par Attila. Narsès l'ayant rétablie, les Lombards la détruisirent. Cependant elle jouïssoit de sa liberté du tems de Charlemagne & de ses Successeurs. Elle eut des Consuls & des Gouverneurs; mais elle eut le malheur de tomber sous la tyrannie d'Ezzelin. Après sa mort les Papafava en furent les maîtres; le dernier de ce nom fut François dépossédé de son Etat par le Vicomte de Milan. La République de Venise ayant pris parti dans cette affaire rétablit le fils dans l'Etat de son pére, & même y ajouta Vérone; mais dans la suite ce fils ayant fait la guerre à la République fut fait prisonnier en 1406, & depuis ce tems-là Padoue & son Etat sont demeurez aux Venitiens. En 1519. [d] on abattit tous les fauxbourgs dans lesquels étoient compris dix Monastères, six Eglises, sept Hôpitaux & environ trois mille maisons.

[c] Journal d'un Voy. de France & d'Italie, p. 863.

[d] Misson. Voy. d'Italie, t. 1. p. 176.

Cette Ville est arrosée par les Rivières Bacchiglione & de la Brente, qui remplissent ses fossez d'eau & sont fort utiles aux Habitans. Padoue est cependant une Ville pauvre & dépeuplée. Le circuit en est grand; mais il y a de grands espaces vuides & beaucoup de maisons à louer. L'ancienne Padoue a encore ses premieres murailles. Depuis qu'elle appartient à la République, on a fait une nouvelle enceinte plus grande, dont la Fortification n'a jamais rien valu, & qui a été si fort négligée qu'elle tombe présentement en ruine. Il y a des portiques par toute la Ville; ce qui est assez commode pour marcher à couvert; mais d'ailleurs cela rend les rues étroites & obscures & facilite ce fameux brigandage qu'on appelle à Padoue le *Qui-va-li?* C'est une chose tout-à-fait étrange que les Ecoliers de Padoue soient en droit d'assommer & de casser bras & jambe, sans qu'on en puisse espérer de justice. Ils s'arment & sortent par bandes, aussi-tôt que la nuit est venuë, ils se cachent derriere les Piliers des Portiques; & un pauvre passant est tout étonné d'entendre la question du *Qui-va-li?* sans appercevoir celui qui la fait. Un autre demande en même tems *Qui-va-là?* & sans qu'il y ait moyen d'avancer ni de reculer, il faut pêfir entre le *Qui-va-li?* & le *Qui-va-là?* dont ces petits Messieurs ne font qu'un jeu. Voilà ce qui s'appelle le *Qui-va-li?* de Padoue. Il arrive trop souvent que ces Ecoliers tuent des inconnus, ou se tuent eux-mêmes, comme pour entretenir seulement le Privilége qu'ils se sont acquis. A la vérité ces indignitez ne se commettent pas tous les jours, on assure même que de plus en plus elles deviennent plus rares que jamais.

Il y en a qui prétendent que Padoue a été autrefois un Port de mer, tant parce que les Anciens en parlent comme d'une Ville très-riche, que parce qu'en creusant des puits & des fondemens de maisons on a trouvé en divers lieux des ancres & des mâts. Mais comme l'Histoire ne nous fournit rien de tout cela, il vaut mieux avoir recours à un moyen plus facile pour expliquer l'abord des Vaisseaux à Padoue; il est aisé de supposer qu'il y avoit un grand canal qui communiquoit à la Mer.

On veut encore que Padoue ait été bâtie par Antenor. On y montre un grand Sarcophage, dans lequel on a mis les prétendus os de ce vieux Troyen, & on l'appelle communément le Tombeau d'Antenor. Mais on n'en trouve aucune preuve déci-

décisive. A la vérité on ne peut nier sans s'opposer directement au témoignage de plusieurs anciens & fameux Auteurs qu'Antenor ne soit venu dans ce Pays; & il faut croire, s'ils ne se sont pas trompez eux-mêmes, qu'il y bâtit une Ville, qui fut appellée *Patavium*. Ces deux articles peuvent être accordez. Mais cela supposé, il resteroit toujours à savoir si Padouë d'aujourd'hui est le *Patavium* d'Antenor. Messala Corvinus dit que les Armes de Troye furent posées par Antenor au Temple de Padouë & que c'étoit une Truye en champ d'or. Vision chimérique.

*a* P. 178. Pour le tombeau, dit Misson *a*, c'est une pure bagatelle. Il y a quatre cens & quelques années, que comme on travailloit aux fondemens d'un Hôpital, on déterra un cercueil de plomb, auprès duquel on trouva aussi une épée. Le cercueil n'avoit aucune Inscription, & sur l'épée il y avoit quelques vers Leonins d'un Latin barbare. Dans le fond l'Inscription ne convenoit guère mieux à Antenor qu'au Cheval de Troye; cependant l'amour desordonné de certaines gens pour tout ce qui s'appelle antiquaille fit dire à quelques-uns qu'on avoit trouvé le tombeau d'Antenor. Un certain Lupatus qui étoit alors Magistrat & homme de quelque Littérature, eut aussi ses raisons ou ses préjugez en faveur de ces os; & ce fut lui qui, quelques années après, les fit mettre dans ce tombeau renommé qu'on appelle aujourd'hui le tombeau d'Antenor, qu'on voit à l'entrée de la rue St. Laurens, & sur lequel il fit graver quatre Vers Latins.

On compte dans Padouë vingt-six Paroisses, quatre Hôpitaux, vingt-trois Monastères d'Hommes & dix-huit de Filles. Elle a sept Portes, sept Ponts de pierre, neuf grandes Places publiques & un grand nombre de beaux Palais. On la divise en vieille & nouvelle; sa forme semble représenter un Jambon, dont le manche fait le vieux Château a environ deux cens cinquante pas de largeur. L'Hôtel de Ville, qui fut autrefois consumé par le feu, mais qu'on releva en 1420. est un magnifique Bâtiment. Il a deux cens cinquante-six pieds de long & quatre-vingt-six de large. On y voit dans une Sale qui est fort grande, & fort obscure, plusieurs Monumens qui ont été érigés pour honorer la mémoire de diverses personnes illustres. Padouë avoit fait une heureuse rencontre pour tirer son Fondateur de l'obscurité dans laquelle il gissoit depuis près de trois mille ans. Il étoit bien juste que le premier tombeau inconnu qu'on rencontreroit servît à honorer la mémoire de Tite-Live, cet Historien célébre à qui elle avoit donné le jour. C'est ce qui arriva en 1413. avec une joie & une acclamation universelles. On trouva dans un des jardins de Ste. Justine une chasse de plomb qui étoit assez semblable à celle d'Antenor. On ne douta pas un seul moment que ce ne fût le cercueil de Tite-Live, par la raison que Tite-Live étoit Prêtre de la Concorde & que le Monastère des Bénédictins de Ste. Justine est bâti sur les ruïnes d'un Temple,

qui étoit consacré à cette Divinité. Au bruit de cette découverte, toute la Ville accourut avec des transports d'une joie inexprimable. Plusieurs Particuliers offrirent de faire la dépense du Mausolée pourvu qu'on leur permît de l'ériger dans leur maison; & chacun se félicitoit sur l'avantage qu'il avoit d'être né dans l'heureux Siècle où ce précieux trésor avoit été découvert. Enfin Tite-Live tout démantibulé par la Populace, qui s'empressoit à en avoir quelque portion, fut mis dans un coffre de bois, afin de le pouvoir plus facilement transporter. On le chargea de branches de laurier & les plus considérables de la Ville le portèrent en triomphe au Temple de Ste. Justine. Il y demeura en dépôt jusqu'en 1447. qu'il fut porté au Palais de Justice ou Hôtel de Ville; où après bien des délibérations & bien des cérémonies, on lui dressa le Monument, qu'on voit aujourd'hui. On y a joint depuis l'Inscription suivante, qui a été trouvée dans le voisinage du lieu, où étoit autrefois le Temple de la Concorde.

V. F.
TITUS LIVIUS
LIVIAE T. F.
QUARTAE L.
HALYS
CONCORDIALIS
PATAVI
SIBI ET SUIS
OMNIBUS.

Au dessus de cette Inscription on a mis une tête de marbre qui passe pour être la tête de Tite-Live, quoique les Connoisseurs sachent bien le contraire. Il est vrai que l'Inscription est antique de même que la tête. Mais l'Orsato a fait une Dissertation, par laquelle il paroit prouvé, que le Tite-Live dont parle cette Inscription n'étoit qu'un Affranchi d'une des filles de Tite-Live Historien; de sorte que les os, la tête & l'Inscription pourroient être autant de pièces empruntées. Auprès de l'Inscription on a mis d'un côté une Statue de bronze qui représente l'Eternité, & de l'autre côté, la Statue de Minerve de même métal. Lazare Bonami, Professeur à Padouë, a jouté à ces ornemens les six vers suivans:

*Ossa tuumque Caput, Civis, tibi, maxime Livi,*
*Prompto animo hic omnes composuere tui.*
*Tu famam aeternam Romae Patriaeque dedisti.*
*Huic oriens, illi fortia facta canens.*
*At tibi dat Patria haec, & si majora liceret,*
*Hoc totus flares aureus ipse loco.*

T. Livius, quartæ Imperii Cæsaris anno, vita excessit: ætatis vero suæ, 76.

Dans la même Sale on voit un autre Monument que la Ville de Padouë fit élever en 1661. pour éterniser la vertu de la Marquise d'Obizzi, poignardée par un Gentilhomme qui trouva moyen d'entrer dans sa chambre, dans le tems qu'elle étoit encore au lit & que son Mari étoit absent; comme il ne put rien obtenir d'elle par la persuasion, son amour dégénéra en une fureur qui le porta à la tuer. Quand la Mar-

Marquife fut furprife elle avoit avec elle fon fils unique âgé de 5. ans. Le Meurtrier le porta dans une chambre voifine, avant d'exécuter fon noir deffein, de forte que l'enfant ne put voir ce qui fe paffa. Cependant l'affaire ayant éclatté, on arrêta le Gentilhomme fur les foupçons que l'on eut contre lui. On favoit qu'il avoit eu de l'attachement pour la Marquife: l'enfant dit quelque chofe; des voifins rapportérent qu'on avoit vu le Gentilhomme dans le quartier, & on trouva fur le lit un bouton tout femblable à un autre bouton qu'il avoit encore. Tout cela donnoit de grands indices. On l'appliqua diverfes fois à la queftion; mais il nia toujours. Au bout de quinze ans de prifon il eut fa liberté dont il ne jouït pas long-tems. Le jeune Marquis lui donna un coup de piftolet dans la tête & vengea ainfi la mort de fa mere.

Le Palais du Gouverneur a de beaux appartemens enrichis de peinture. Celui où fe rend la Juftice eft remarquable par fa gallerie, par fes pilliers de marbre, qui le foutiennent & par fes peintures. L'Amphithéatre ne repréfente plus que de miférables ruïnes.

L'Eglife Cathédrale dédiée à Ste. Sophie eft bien bâtie. Dans une Chapelle qui eft fous le Chœur repofe le corps de St. Daniel Martyr, dans un tombeau de marbre enrichi de bas-reliefs fur bronze & qui repréfente le Martyre de ce Saint. On conferve auffi dans cette Eglife un pied de St. Laurent, & dans une Chapelle une Vierge célèbre par le miracle qu'elle fit dans la Maifon d'un Padouan, d'où elle fut depuis tranfportée en ce lieu-là, où on la voit foutenuë de quelques Anges. L'Autel en eft paré de beau marbre & de plufieurs Statuës de bronze, de même que celui de l'Eglife, qui a été bâtie par St. Prodocime, premier Evêque de la Ville & enrichie par l'Empereur Henri IV. Son tombeau s'y voit avec celui de fa femme Berthe.

L'Eglife de St. Antoine eft fort grande & remplie de belles chofes tant pour la Sculpture que pour la Peinture. Il y a plufieurs tombeaux magnifiques entre lefquels on fait remarquer celui d'Alexandre Contarini Amiral de la République & Procurateur de St. Marc auffi bien que celui du Comte Horatio Sicco, qui fut tué à Vienne pendant le dernier fiége. On ne peut pas voir de plus belles peintures à fresque que celles de la Chapelle de St. Felix. Elle eft du fameux Giotto. Mais ce qu'il y a de plus confidérable, c'eft la Chapelle de St. Antoine, furnommé de Padouë, parce qu'il y mourut & qu'il y eft enterré; car il étoit de Lisbonne. Il eft le Protecteur de la Ville & on l'appelle par excellence *il Santo*. Son corps eft fous l'Autel & cet Autel eft enrichi de mille chofes précieufes. Toute la Chapelle longue de 40. pieds & large de 25. eft revêtuë d'un bas-relief de marbre blanc, où font repréfentez les principaux miracles de St. Antoine, & trente-fix groffes lampes d'argent brûlent nuit & jour autour de l'Autel.

L'Eglife de Ste. Juftine eft d'une grandeur & d'une beauté extraordinaire. Elle eft foutenue de quatre rangs de gros pilliers & toute pavée de marbre de carreaux d'échantillon, rouge, blanc & noir. La voute de la grande Nef a fept Dômes; ce qui l'exhauffe, la rend claire & l'embellit extrêmement: il y en a auffi deux fur chacun des bras de la Croix. Outre le Grand Autel qui eft un ouvrage fuperbe, il y en a vingt-quatre autres de marbres fins & tous différens. Il y a une Infcription par laquelle il eft dit que l'Eglife a été bâtie aux feuls frais de l'Abbaye. Les bas-reliefs des bancs du Chœur font admirables & le deffein en eft beau en toute manière. Ce font les Prophéties de l'ancien Teftament touchant Jesus-Christ avec leur accompliffement dans le nouveau. La Sacriftie eft confidérable par la riche argenterie qui s'y trouve, par fes fuperbes ornemens & par fes reliques: on y montre entre autres les Chefs de St. Prodocime & de Ste. Juftine, & la plume de St. Marc. La magnificence du Monaftère, qui eft une Abbaye de l'Ordre de St. Benoît, & où la réforme a eu fon commencement, répond bien à la beauté de l'Eglife, les bâtimens font vaftes. Il y a fix Cloîtres, plufieurs cours & plufieurs jardins. Cette Abbaye a été bâtie dans le lieu où étoit le Temple dédié à la Concorde.

La grande Place qui eft près de cette Abbaye s'appelloit autrefois le Champ de Mars: on l'a dépouillée de cet ancien nom pour l'appeller *Prato della Valle*. Il y a dans cette Place un petit efpace qu'on appelle *Campo Santo*, parce que c'eft, dit-on, l'endroit où plufieurs Martyrs ont autrefois fouffert la mort.

Quant à l'Univerfité de cette Ville, elle doit fa fondation à Charlemagne. Le Pape Urbain IV. & l'Empereur Fridéric II. l'augmentérent confidérablement. Elle étoit autrefois très-floriffante; mais aujourd'hui elle eft affez deferte. De dix Colléges il y en a neuf employez à d'autres ufages. Celui qui refte eft un affez beau bâtiment. On le nomme le Collége du Bœuf, parce qu'il y avoit autrefois en cet endroit une Hôtellerie qui avoit un Bœuf pour enfeigne. On l'appelle auffi les Ecoles publiques. Il y a onze différens Auditoires & un beau Théatre pour l'Anatomie. Le jardin des Simples eft de forme ronde, & environné de terraffes. Il fut planté en 1546. Depuis ce tems-là il a été rempli des Plantes les plus rares.

Quoique Padoue ait l'air pauvre, trifte & fale; qu'elle foit mal peuplée en général, mal bâtie, mal pavée & périleufe par fon *Qui-va-li*? beaucoup d'Etrangers qui y ont demeuré ne l'ont quittée qu'avec regret, à caufe des gens de Lettres qui font ordinairement beaucoup d'accueil aux Etrangers.

1. PADRON, Ville d'Efpagne dans la Galice [a], à l'embouchure de la Riviére d'Ulla, fur un petit Golphe qu'elle forme en fe jettant dans l'Océan, à quatre lieues de St. Jacques de Compoftelle. L'Archevêque de Compoftelle en eft Seigneur fpirituel & tem-

[a] *Délices d'Efpagne* p. 127.

10 PAD. PAE.　　PAE.

temporel. Cette Ville est peu considérable. Il y a une grande rue peu habitée, si ce n'est de quelques Ouvriers qui demeurent principalement du côté du grand Marché.ᵃ On passe encore une autre rue qui n'est guere plus agréable que la première & d'où l'on va au bord de la Riviére. Cette Ville est ancienne. Quelques Géographes la prennent pour l'ancienne *Iria-Flavia*. On dit que c'est en cet endroit qu'aborda St. Jacques, lorsqu'il passa de Jérusalem en Espagne pour y prêcher l'Evangile. On montre le lieu où il prit terre & la barque sur laquelle il étoit venu. Cette Barque est d'une seule pierre, longue de six pieds & large à proportion. Elle est cachée par les sables que la mer y a apportez. On passe la Riviére sur un grand pont de pierre.

*a Jouvin de Rochefort, Voy. d'Espagne. Corn. Dict.*

2. PADRON. Voyez PATRON.

3. PADRON. Voyez au mot CAP l'Article CAP DE PADRON.

PADURA, Ville ancienne de l'Espagne Tarragonoise. Voyez ARRYA GORRIAGA.

1. PADUS, nom Latin du Pô, Fleuve d'Italie, Voyez Pô. Les Anciens le nommérent premiérement *Eridanus*. Voyez ERIDAN No. 1. Plineᵇ dit que ce sont les Grecs qui l'appellérent *Eridanus*. Lucainᶜ lui donne le nom de Padus dans ce Vers:

*b Lib. 3. c. 16.*
*c Lib. 4. v. 234.*

*Sic Venetus, stagnante Pado, fusoque Britannus
Navigat Oceano.*

Pomponius Melaᵈ se sert aussi du même nom.

*d Lib. 2. c. 4.*

2. PADUS. Voyez PADERBORN.

PADUSA: on donne ce nom à cette partie du Pô, qui dans certains endroits forme un marais, où l'on voit une grande quantité de Cignes. C'est l'explication que donne Servius sur ce passage de Virgileᵉ.

*e Æneid. Lib. 11. v. 457.*

*Piscosove amne Padusa.*

Le Pere Hardouin pour éclaircir cette explication de Servius, dit après Plineᶠ & après Vibius, qu'on nomme *Padusa* le Canal qui communique du Pô à Ravenne. Pline ajoute au même endroit qu'on appelloit anciennement ce Canal *Messeniacus*.

*f Lib. 3. c. 16.*

PADYANDUS. Voyez POLYANDUS.

PÆANENSES, & PÆONIDÆ. Voyez PÆONIDEM.

PÆANIÆA.ᵍ Il y avoit dans l'Attique, selon Suidas, deux Municipes de ce nom: on appelloit l'un *Pæaniæa superior* & l'autre *Pæaniæa inferior*. Ils étoient tous deux dans la Tribu Pandionide.

*g Ortelii Thesaur.*

PÆANIUM, Ville de l'Acarnanie: Polybeʰ dit que Philippe détruisit cette Ville.

*h Lib. 4. c. 65.*

PÆDALII, Peuples de l'Inde. Stobéeⁱ qui parle de ces Peuples dit qu'ils n'ont point de Prêtres en titre; mais qu'ils y suppléent par les plus prudens d'entre eux.

*i De Justitia.*

PÆEESSA, Ville de l'Isle de Ceos, selon Pline.ᵏ Quelques Exemplaires portent POEEESSA, & c'est ainsi que lisent Strabonˡ, Etienne le Géographe & Sui-

*k Lib. 4. c. 12.*
*l Lib. 12. p. 486.*

das. Cette Ville ayant été ruïnée, ses Habitans furent dans la Ville de Carthea dans la même Isle.

PÆMANI, Peuples que Cesarᵐ place dans la Gaule Belgique. Samson dans ses Remarques sur la Carte de l'ancienne Gaule dit que c'est le Pays de *Famene* ou de *Famine*, où est *Marche-en-Famine* dans le Duché de Luxembourg. Il ajoute: Cette partie est du Diocése de Liége; j'entens du Diocése Ecclesiastique, & non du Temporel ou du Domaine des Evêques de Liége; car Bouillon, St. Hubert & Rochefort en Ardenne avec quelques autres Places dans le Luxembourg dépendent de ce Diocése. Divæusⁿ prétend que ses habitoient le Paysⁿ qu'on nomme aujourd'hui *Péelanderie* dans le Brabant, & d'autres les mettent dans la Forêt d'Ardenne précisément dans le lieu où est présentement le Village de *Pemont*.

*m De Bel. Gal. Lib. 2. c. 4.*
*n Ortelii Thesaur. Huberti Leodius.*

PÆNA, Isle de l'Océan Atlantique: Ptoloméeᵖ la place à l'Occident de la Province Tingitane.

*p Lib. 4. c. 1.*

PÆONES, Peuples de la Macédoine. Il est souvent arrivé que l'on a confondu ces Peuples avec les *Pannones*; c'est à dire les Habitans de la Pæonie avec ceux de la Pannonie. Mais Dion Cassiusᵠ distingue les uns des autres. Il dit que les Pannoniens habitent le long du Danube depuis le Norique jusqu'à la Mysie Européenne & qu'ils sont voisins de la Dalmatie; à l'égard des Pæoniens il les met sur le Mont Rhodope & sur la côte de la Macédoine. Herodoteʳ place les Pæoniens sur le bord du Fleuve Strymon, & Ptolomée les met dans la Macédoine vers les sources du Fleuve Haliacmon.

*q Lib. 49. p. 413.*
*r Lib. 5. c. 13.*

PÆONIA, Contrée de la Macédoine. Elle tira, selon Pausaniasˢ, son nom de Pæon fils d'Endymion, qui vaincu à la Course par son frere, en fut si affligé, qu'il abandonna sa patrie & se retira vers le Fleuve Axius. Philippe après avoir fait la paix avec la République d'Athenes, dans la seconde année de son regne, tourna ses armes contre les Pæoniens qui l'année d'auparavant avoient ravagé la Macédoine, & profitant de la consternation où les avoit mis la mort de leur Roi Agis, il les attaqua, les battit & les subjugua. Hérodoteᵗ nous apprend que Darius fils d'Hystaspe étant un jour à Sardes, Ville de Lydie, vit une femme qui en même tems filoit, menoit un cheval & portoit une cruche d'eau sur sa tête. Ayant appris qu'elle étoit Pæonienne, il prit du goût pour une Nation où le Séxe le plus foible embrassoit tout à la fois tant de travaux différens. C'étoit une ruse que l'on emploioit pour engager Darius à entreprendre la conquête de la Pæonie. L'artifice réussit, Megabise qui commandoit pour Darius dans la Thrace eut ordre d'envoyer en Asie des Peuplades de Pæoniens; ce qu'il fit sitôt qu'il les eût assujettis.

*s Lib. 5. c. 1.*
*t Lib. 5. & seq.*

PÆONIDEM PALUDEM; Aelienᵘ dans son Histoire des Animaux parle d'un Marais de ce nom, sans dire en quelle partie du Monde on le trouve. Ortelius croit qu'il pourroit être dans la Pæonie Con-

*u Lib. 10.*

contrée de la Thrace, & que c'est le même Marais qu'Hérodote appelle *Prasia Palus*.

PÆOPLÆ, Peuples de Thrace, selon Herodote [a].

13. PÆPIA, Ville de la Mauritanie Cæsarienfe. Ptolomée [b] la place entre *Germiana* & *Vescebra*.

PÆSA, Lac dont l'eau selon Aristote [c], est bonne à boire & ôte les taches des habits. Je ne sais, dit Ortelius [d], où peut être situé ce Lac.

PÆSARCÆ, Peuples qui habitoient au pied du Mont Caucase selon Etienne le Géographe.

PÆSICI, Pomponius Mela [e] met un Peuple de ce nom sur le Golphe de Scythie, dans la Mer Caspienne.

PÆSTANUS SINUS, Golphe d'Italie sur la Côte du Pays des Brutiens, selon Pline [f]. Il prenoit son nom de la Ville de Pæstum bâtie sur la Côte. C'est aujourd'hui le Golphe de Salerne.

PÆSTOS, Voyez PARIUM.

PÆSTUM, Ville d'Italie, dans le Pays des Brutiens, selon Pline [g]: Ptolomée [h] la place dans le Pays des *Lucani*; & Strabon [i] la nomme *Posidonia*, qui étoit le nom Grec; & c'est celui qu'elle retint quand elle fut Episcopale. Depuis elle a changé de nom. Voyez POSSIDONIA.

PÆSULA, Ville de l'Espagne Betique: Ptolomée [k] la donne aux *Turdetani*, & la met entre *Calduba* & *Saguntia*.

PÆSURES [l], petite Ville ou Municipe de la Lusitanie, selon une ancienne Inscription. Les Habitans de cette Ville furent du nombre des Peuples qui aidèrent à achever le Pont d'Alcantara, comme le prouve l'Inscription de ce Pont.

PÆSUM. Voyez PÆSUS.

1. PÆSUS, Ville de la Troade entre *Lampsacus* & *Parium*. Strabon [m] dit que cette Ville ayant été détruite les Habitans passèrent dans celle de *Lampsacus*. Homère l'appelle *Pæsum* [n] & *Apæsum* [o].

2. PÆSUS, Fleuve de la Troade, selon Strabon [p].

PÆTA, Ville de l'Inde. Elle étoit très-grande & très-peuplée, à ce que dit Polyænus [q], & elle ouvrit ses portes à Alexandre.

PÆTALIA, Contrée de la Thrace, selon Etienne le Géographe.

PÆTAONIUM, Ville d'Espagne dans la Galice, selon la Notice des Dignitez de l'Empire. Mais Ortelius [r] croit que *Pætaonium* pourroit être corrompu de *Petavonium*.

PÆTI, Peuples de la Thrace, selon Herodote [s].

PÆTICA, Contrée de la Thrace, entre les Fleuves Hebrus & Melana, selon Arrien [t].

PÆUS, Ville de l'Arcadie selon Herodote [u].

PAFENSIS, Lieu de la Mésopotamie. Il en est fait mention dans la Notice [x] des Dignitez de l'Empire.

PAFFENHOFFEN, petite Ville de France, dans la Basse Alsace [y], à deux lieues au dessus d'Haguenau, en montant la Rivière de Motter qui passe près de ses murailles. Cette Ville est située sur la pente d'une hauteur qui la commande extrêmement. Son enceinte est un mur flanqué de quelques Tours; le tout percé de Creneaux. Il y a au pied de ce revêtement un fossé sec de cinq à six toises de large & de douze à quinze pieds de profondeur. C'est un grand passage pour les Troupes. Mr. de Longuerue [z] dit que Paffenhoffen est une des deux Annexes de la Ville de Lichtemberg.

PAFURIANA. Voyez PALFURIANA.

PAGA (genitif *Pagæ*) mot dont quelques Auteurs de la basse Latinité se sont servis pour signifier une Contrée. Afferus dans l'Histoire d'Alfred Roi des Anglo-Saxons dit, que ce Prince nâquit *in Villa Regia quæ dicitur* Wanading, *in illa* Paga *quæ nominatur* Barroscire, *quæ* Paga *taliter vocatur a* Barroc Silva, *ubi buxus abundantissimè nascitur*; C'est à dire, dans une maison de Campagne qui appartenoit au Roi & nommée Vanading dans la Contrée que l'on appelle *Barroscire* (Barkshire) Contrée que l'on nomme ainsi à cause de la forêt de BARROC où il croît du buis en abondance. Cet Auteur se sert fréquemment de ce mot Paga, pour signifier une Shire d'Angleterre selon la remarque de M. Du Cange dans son Glossaire Latin.

PAGÆ, Ville de Lycie, selon Eusebe [a]. C'étoit la Patrie de St. Apphian Martyr. Il semble que Suidas mette une Ville de même nom dans la Thessalie. Voyez PEGÆ.

PAGÆATICUS SINUS. Voyez PELASGICUS.

PAGALA, Lieu de la Caramanie, à ce qu'il semble à Ortelius. Il se fonde [b] sur un passage d'Arrien [c], qui met ce lieu à l'extrémité de l'Inde au delà du Fleuve Arbis, chez les Orites. C'étoit un lieu maritime que quelques-uns prennent même pour une Isle.

PAGANA, Bourg de la Gréce, peu éloigné du Golphe Colochina selon la Guilletiere [d]. On l'appelle aussi *Pago*, & *Gadepagon* & ceux qui prononcent plus juste disent Cap de Pago. C'est le Promontoire de Diane Didymne des Anciens. Le Bourg s'est formé des débris de l'ancienne Ville de Las, dont la situation est aisée à reconnoître par les trois montagnes Hama, Ilion & Cnacadion. Ces montagnes étoient autrefois célèbres par les trophées qu'on y éleva pour la défaite des Macédoniens, & par les Temples que Castor & Pollux y bâtirent à leur retour de la conquête de la Toison d'or. A demi-lieue au Sud-Est de Pagana on voit la petite Isle de Spatara, & à trois lieues de Spatara on trouve à l'Est-Nord-Est dans la Terre-ferme la Ville de Colochina.

1. PAGANIA, mot que quelques Auteurs du moyen âge ont employé pour exprimer les superstitions payennes. On le lit dans les Capitulaires de Charlemagne. Othlon dans la Vie de St. Boniface Archevêque de Mayence dit [e] *ut populus Dei Paganias non faciat sed omnes gentilitatis spur-*

12 PAG. PAG

*a* Lib.2.c.2. *purcitias abjiciat*ᵃ, *& non si istas Paganias ibi Paternitas vestra prohibuerit*. Le Pénitentiel d'Ecbert Archevêque de Cantorberi dit *de iis qui Paganias faciunt*. On a dit aussi dans le sens François du mot, PAGANISME, *Paganismus*, mais ces deux mots ont aussi eu une signification Géographique. Brompton ᵇ dit: *proficiscens igitur Paganismum prospere pertransivit*. Nos Auteurs François ont dit de même PAYENNIE, mot formé de *Pagania* pour signifier le Pays des Infidèles. Un Etat de la Terre Sainte en Manuscrit dit: *Baudas est chiés de payennie, aussi come Rome est chiés de toute Chretienté.* Il parle du temps des Califes de Bagdat Souverains Pontifes des Mahometans. Joinville dans la Vie de St. Louis dit de même: *le Souldan estoit le plus puissant Roi de toute payennie.* On confondoit alors les Mahometans & les Payens.

*b* Ad ann. 1161.

2. PAGANIA, nom moderne du Port *Pelodes* dans l'Epire, selon Mr. Baudrand ᶜ, qui cite Moletius: Voyez PELODES.

*c* Dict.

PAGANORUM INSULA, Marcellinus Comes donne ce nom à une Isle dans laquelle l'Empereur Zénon fit étrangler Plagius. Ortelius ᵈ croit que c'est une Isle de la Mer de l'Illyrie, & que c'est celle qu'on nomme aujourd'hui PAGO. Voyez ce mot.

*d* Thesaur.

PAGASA, ou PAGASÆ; Ville de la Magnesie selon Apollonius. Strabon ᵉ dit que c'étoit autrefois le Port de la Ville de *Pherœ*, qui en étoit éloignée de quatre-vingt-dix Stades. Pline ᶠ confond *Pagasa* avec *Demetrias*; mais Strabon les distingue. Il nous apprend que les Habitans de Pagasa furent transferez à Demetriade, avec tout le Commerce qui se faisoit auparavant dans la première de ces Villes. Communément les Grecs écrivent *Pagasæ* & les Latins *Pagasa*. On prétend que ce fut à Pagasa que les Argonautes s'embarquérent, pour aller à la conquête de la Toison d'or. Properce en parle formellement dans sa vingtième Elegie du Livre premier ᵍ.

*e* Lib. 9. p. 436.

*f* Lib. 4. c. 8.

*g* Vers. 17.

*Namque ferunt olim Pagasa Navalibus Argo*
*Egressam longè Phasidos isse viam.*

PAGASICUS & PAGASITICUS. Voyez PELASGICUS.

PAGASSÆ, Ville sur le Promontoire de la Magnesie. Ortelius ʰ croit que c'est la même que *Pagasa*.

*h* Thesaur.

PAGEUS, Bourg de France, dans le Limousin, Election de Limoges.

PAGLIA, Riviére d'Italie ⁱ. Elle a sa source près d'un Bourg de même nom, dans la partie Orientale du Territoire de Siene. Elle coule du Nord Occidental au Midi Oriental, jusqu'auprès d'Aquapendente, où faisant un coude elle prend son cours du côté du Nord Oriental, & après avoir joint ses eaux à celle de la Chiane, un peu au-dessus d'Orviette, elle va se perdre dans le Tibre à quelques milles au-dessous.

ⁱ Magin Carte du Territoire de Siene.

PAGLION, Riviére de Savoie ᵏ, dans le Comté de Nice. Elle a sa source dans les Alpes, au Nord d'un Bourg nommé *Lucerame*. Elle coule en serpentant du Nord au Midi, & va se jetter dans la Mer Méditerranée, à l'Orient de la Ville de Nice.

ᵏ De l'Isle Atlas.

PAGMAGMARISI, ou SPAGMAGMARISI, Riviére de l'Epire. * Elle a sa source aux Montagnes de la Chimére, & se décharge dans le fond du Golphe de l'Arta, près de la Ville d'Arta. Quelques Géographes la prennent pour l'ancienne *Arachtus*.

* Baudrand Ed. 1705.

PAGNY, Château de France, aux confins de la Bourgogne & de la Franche-Comté sur la rive gauche de la Saone, entre saint Jean de Losne & Seure ou Bellegarde. Ce Château fut bâti en 1546. du tems de François I. par le Cardinal de Givry, Claude de Longueuil Evêque de Langres. On nomme aussi ce lieu PAGNY LE CHATEAU. Tout auprès ˡ il y a deux autres lieux qui ont le nom de Pagny; savoir PAGNY LA VILLE & PAGNY LE FAUXBOURG.

ˡ Joillot Atlas.

PAGO, Isle de la Mer d'Istrie, près de la Côte de la Croatie à l'Orient des Isles d'Arbe & de Veggia. Le Pere Coronelli ᵐ dit: Pline a connu cette Isle sous le nom de *Gissa*: D'autres Ecrivains anciens l'ont appellée *Kessa*, *Quussa*, & *Cissa*: quelques Auteurs modernes l'ont nommée *Paganorum Insula*, & les Esclavons l'appellent *Pagh*. Il y en a qui prétendent, qu'ainsi que divers autres Etats, elle fut sous la protection des Rois de Hongrie: d'autres assurent qu'elle se mit sous la Jurisdiction de la Ville de Zara, qui y envoyoit un Juge pour décider les affaires, & un Comte pour gouverner l'Isle, & qu'en 1395. les Habitans rentrérent dans leur liberté. Mais cette derniere opinion est insoutenable; parce qu'en 1395. Zara étant sous la domination de la République de Venise n'avoit pas l'autorité d'envoyer des Gouverneurs ailleurs. On ne s'accorde pas non plus sur le tems que cette Isle fut conquise par les Venitiens: les uns en marquent l'époque à l'année 1346. & les autres seulement à l'année 1420.

ᵐ Isolar. t. I. p. 145.

L'Isle de Pago est plus près du Continent qu'aucune autre du voisinage. Le Canal qui la sépare de la Croatie n'a que trois milles de largeur: celui qui la sépare de Nona a quatre milles. Son circuit peut être de soixante & dix-milles. Au milieu de l'Isle on voit un Château que la République a fait bâtir & auquel elle a donné le nom de l'Isle. Il y a dans cette Isle plusieurs Salines appartenantes à des particuliers; mais de tout le sel qu'ils font ils sont obligez d'en donner les trois quarts à la République; ce qui fait que les propriétaires sont assez pauvres; outre que le bled qui se recueille n'est pas capable de nourrir les Habitans trois mois de l'année,& que le vin qui se recueille ne leur suffit guère que pour six mois, tant la terre est sterile.

Pago est soumise pour le spirituel à l'Archevêché d'Arbe. Elle a ses Coûtumes particulieres qui furent rédigées en 1433. Ses Habitans ne passent pas le nombre de quatre-mille; ce qui est occasionné par la stérilité du terrein: ce nombre diminue même tous les jours, parce qu'outre que la terre est ingrate, l'air y est si froid qu'on a de la peine à y résister. La République de Venise tient à Pago deux Nobles Vénitiens; l'un pour gouverner, & l'autre pour faire la recette des revenus de la Chambre.

PAGO-

## PAG.

PAGODE, ce mot en notre Langue signifie également une Idole, ou figure qui représente une fausse Divinité à laquelle les Payens rendent un culte sacrilège; Et le Temple où cette Idole est adorée. Quelques Ecrivains François ont voulu distinguer ces deux significations en faisant de genre Feminin & disant *une Pagode* lorsqu'il s'agit simplement de l'Idole, de la Statue à laquelle les Idolâtres adressent leurs vœux; & ils font *Pagode* du genre Masculin, lorsque par ce mot ils entendent le Temple même où la Pagode est placée. Je ne vois pas que cet usage soit encore bien généralement établi. Il seroit cependant utile parce qu'il serviroit à éviter l'équivoque. Le goût des Européens pour la Porcelaine a rendu les Pagodes de la Chine fort communes en France & ailleurs. Mais dans l'Orient il y a des Pagodes d'une grandeur monstrueuse. Il semble même que les Payens de l'Asie ayent affecté de les rendre affreuses, par les représentations bizarres des attributs qu'ils attachent à ces fausses Divinitez. On en peut voir des descriptions dans les Voyages de ceux qui ont été aux Indes, à la Chine & au Japon. Mais le mot de PAGODE appartient à la Géographie dans le sens de Temple; parce qu'il y en a un grand nombre qui font l'unique cause de la célébrité du Canton où ils sont placez. Il y a des Pélerinages établis qui s'y font avec un concours incroyable de divers Peuples. Cela a donné lieu à des routes remarquables qui ont servi à fixer la position de certains lieux de l'Indoustan, & des autres Pays où il y a des Pagodes bien accréditez.

Tout l'Indoustan en est plein & sur-tout la Presqu'isle en deça du Gange. Voici les principaux de ceux que l'on trouve dans les Royaumes de Carnate & de Maduré, de Tanjaour, & au Marawa.

Dans le CARNATE
- Tripiti ou *Tripante*
- Les *sept Pagodes* auprès de Sadraspatan.
- *Outemeda.*
- *Courva.*

Dans le MADURE
- *Maduré.*
- *Tricherapali.* Il a été détruit & le terrain est occupé par une Eglise que les PP. Jésuites ont élevée.

Dans le TANJAOUR
- *Trivalour* ou *Tiruwalour.*
- *Cagliamera* auprès du Cap de même nom.

Au MARAWA
- RAMANANCOR, dans une Isle qui fait partie du Pont d'Adam.

J'ai parlé en leur lieu de *Jagrenat* au Pays de même nom & de quantité d'autres Pagodes célèbres. Mais il ne faut pas oublier les *trois Pagodes Blanches* au Royaume de Golconde au bord de la Mer entre Narsapour & les confins du Royaume de Ciacola; ni deux autres Pagodes aussi au bord de la Mer auprès du fameux Pagode de Jagrenat: l'un est nommé par Mr. de l'Isle *Pagode Noir*, & l'autre *petit Pagode*. Il y auroit trop à dire si je voulois faire une ample liste de tous les Pagodes qui sont célèbres en Asie. La Chine en est pleine & chaque Ville a ses Temples consacrez aux Hommes Illustres, ce sont de véritables Pagodes. Il y en a une multitude innombrable dans le Japon, je me contenterai de quelques remarques sur les Pagodes de l'Indoustan. Les Bramines qui en sont les Prêtres sont ingénieux à leur donner de la célébrité, & il y a toujours quelque prodige fabuleux qui y attache les Idolâtres. Les Pagodes consacrés à Vistnou & à Efwara sont plus hauts & plus grands que ceux des Puissances inférieures. Ces édifices sont plats & écrasez, mais les Tours en sont fort hautes.

Ces Pagodes ont trois parties. La première est une voute qui porte sur des piliers de pierre. Les côtez en sont ouverts & il est permis à chacun d'y entrer. Quelques images y sont autant pour l'ornement que pour représenter par des figures symboliques quelque trait des *Poranes*, c'est chez eux un Livre où sont recueillies les fables de leurs Divinitez. Ce sont des Eléphans, des Bœufs, des Chevaux &c. Ces figures sont de bois. Il y en a que l'on porte en cérémonie dans les rues à certains jours.

La seconde partie qui se ferme pendant la nuit est ouverte pendant le jour, mais les Bramines qui desservent la Pagode en interdisent l'entrée à d'autres qu'à eux. Elle est remplie de figures bizarres, & monstrueuses d'hommes à plusieurs têtes & à plusieurs bras. La troisième partie qui est une espèce de Sanctuaire est fermée d'une porte très-forte. C'est là que se trouve la Statue du Dieu en forme humaine avec quatre bras ou sous quelque autre représentation mystérieuse. Quantité de lampes brûlent nuit & jour devant ces Idoles.

L'édifice est au milieu d'un Préau qui est entouré d'une muraille dans l'enceinte de laquelle il y a les Pagodes qui ont accoutumé d'accompagner ceux de Vistnou & d'Efwara. Dans le Préau il y a un Cuvier de massonnerie dans lequel on cultive la plante Toleje. Quand les Bramines vont dans le Préau, ils ont soin par respect que leur main droite soit du côté du Pagode dans lequel ils n'entrent point sans laisser à leur porte leurs souliers & sans retrousser sur leurs épaules une robe de dessus qui leur tient lieu de manteau.

Pour l'entretien des Pagodes, il y a un Impôt établi sur les marchandises qui entrent & qui se vendent dans le Pays & une espèce de Capitation qui se lève sur les familles. Ce qui doit s'entendre des familles de la Religion Payenne, car il ne faut pas croire que les Mahometans (qui est la Religion du Souverain depuis les conquêtes d'Orangzeb dont tous ces petits Rois sont Tributaires) contribuent en rien à l'entretien de ces Pagodes qu'ils detestent & qu'ils tolerent. Il faut dire la même chose des Chrétiens, c'est-à-dire des Indiens à qui les PP. Missionnaires ont porté la foi. Le Casuel des Pagodes consiste dans les offrandes des Pelerins qui vien-

viennent en foule aux Fêtes solemnelles du Pagode. Celui de Tripeti, par exemple, à trois Fêtes tous les ans: l'une en Septembre où se rendent les Soudras & le menu Peuple; la seconde en Décembre à laquelle les Bramines se rassemblent de tous côtez. La troisième dont la saison n'est pas marquée dans les Mémoires, n'est pas moins lucrative que les autres. Le Casuel de ce Pagode s'est monté à soixante & même à quatre-vingt mille Pagodes de revenu. La monnoye nommée Pagode vaut environ quatre florins & quatre sols monnoye de Hollande, encore disoit-on alors que ce revenu étoit bien diminué.

§ D'Herbelot dans sa Bibliotheque Orientale remarque que le mot PAGODE vient du Persien *Poutghedah* qui signifie *Temple d'Idoles*, ou *Idole* qui est adorée comme Dieu.

[a] *De l'Isle Atlas.*
[b] *Corn. Dict.*

PAGON, Isle de la Mer du Sud [a], l'une des Isles des Larrons ou de Marie-Anne. Elle est située entre l'Isle d'Agrignan au Nord-Oriental & celle d'Amalagnan au Midi. On lui donne [b] quatorze lieues de circuit, les Espagnols la nomment l'Isle de SAINT IGNACE.

PAGONUS, Port du Peloponèse aux environs du Golphe Saronique, selon Pomponius Mela [c]. Voyez POGON.

[c] *Lib. 2. c. 3.*

PAGOS, Montagne de l'Aeolide, au voisinage du Fleuve Meletes. C'est Pausanias [d] qui en parle.

[d] *Lib. 7. c. 5.*

1. PAGRÆ, Ville de la Cyrestique de Syrie, dans le Territoire d'Antioche, près de la Ville *Gindarum*, selon Strabon [e] & Pline [f]. Ptolomée [g] la met dans la Pierie, Province voisine.

[e] *Lib. 16. p. 751.*
[f] *Lib. 5. c. 23.*
[g] *Lib. 5. c. 15.*

2. PAGRÆ, Port de la Sarmatie Asiatique, sur le Pont-Euxin. Arrien [h] met de l'ancienne Achaïe au Port de *Pagræ* trois-cens-cinquante Stades, & du Port de *Pagræ* au Port d'*Hierum*, cent-quatre-vingt Stades.

[h] *Peripl. 1. p. 19.*

3. PAGRÆ, Ville de la Cilicie, selon Cedréne & Glycas citez par Ortelius [i].

[i] *Thesaur.*

PAGRASA, Ville de l'Inde en deçà du Gange: Ptolomée [k] la met dans la Contrée des *Lesti* ou des Pirates, entre *Samarade* & l'embouchure du Fleuve *Sobanus*.

[k] *Lib. 7. c. 2.*

PAGRUM, IN PAGRO, ou IPAGRUM; Ville de l'Espagne Bétique aux environs de Cordoüe. L'Itinéraire d'Antonin la met sur la route de Cadix à Cordoüe, entre *Angellæ* & *Ulia*, à vingt milles de la première & à dix-milles de la seconde.

1. PAGUS. Ce mot a divers sens qu'il communique à son dérivé PAGANUS & aux autres mots qui en sont formez. Il vient lui-même de Παγὰ mot Dorique pour Πηγὴ Fontaine. Festus [l] dit que les *Pagi* (nous expliquerons ensuite ce mot) ont pris ce nom des Fontaines; parce que, ajoute-t-il, ils prennent à une même Fontaine l'eau dont ils ont besoin. Servius dit en expliquant ces Vers de Virgile [m],

[l] *In voce Pa-61.*
[m] *Georg. l. 2. v. 582.*

*Nec tamen ob culpam Baccho Caper: omnibus Aris Caditur, & Veteres ineunt Proscenia Ludi?*
*Præmiaque ingeniis Pagos & Compita circum Thesidæ posuere.*

„ *Pagos & compita circum*; c'est-à-dire „ par les Carrefours appellez *Compita*, „ parce que plusieurs Chemins aboutissent à un seul, & les maisons de Campagne (*Villas*) que l'on appelle *Pagi*, „ ἀπὸ τῶν πηγῶν, c'est-à-dire, à cause des „ Fontaines; parce que l'on a eu anciennement la coutume de bâtir des maisons de Campagne auprès des Fontaines. Dela est venu le mot *Pagani*, „ comme qui diroit ceux qui boivent de „ la même Fontaine.

1. Voila le mot de *Pagus* dans le sens de Village: en ce cas *Pagus* differe de *Vicus*, en ce que *Vicus* signifie une rue ou dans une Ville, ou dans un Bourg ou dans un Village, où le Village lui-même quand les maisons sont rangées de maniere qu'elles forment une rue. Les mots *Vicinus*, Voisin, *Vicinitas* & *Vicinia* Voisinage, viennent de ce mot & de cette proximité des maisons qui formoient l'espéce de Village nommé *Vicus*, & la rue désignée par le même mot. Le mot *Pagus* n'exige pas cette disposition en forme de rue, & il suffit que les maisons aient un rapport de voisinage entr'elles; & elles peuvent être rangées comme le sont certains Villages de France, où chacun bâtit sa maison en tel endroit de son champ qu'il trouve le plus commode, sans s'embarrasser de la situation par rapport à ses Voisins. Chaque maison avec la basse-cour & autres dépendances fait une masse isolée & qui ne tient point à celle de son Voisin. Voilà, je pense, l'idée originelle de ces deux mots qui signifient également Village. Plusieurs VILLÆ, maisons de Campagne, Fermes, ou Censes, si elles étoient rangées de suite soit à l'occasion d'un grand chemin soit le long d'un ruisseau dont chacune étoit bien aise de profiter, formoient un Village proprement *Vicus*. Si elles étoient dispersées & rangées confusément, elles formoient un Village appellé proprement *Pagus*. De là vient peut-être que le mot *Pagus* ne se trouve point dans les Itinéraires d'Antonin, de Peutinger, de Jérusalem &c. mais celui de *Villa* qui signifie une Metairie seule, & celui de *Vicus* dont j'ai donné l'explication; car la commodité que pouvoit donner le grand chemin engageoit chacun à s'en approcher & à bâtir tout du long des deux côtez. Le gain que l'on pouvoit faire en vendant des rafraichissemens au Voyageur, suppléoit à la difficulté d'avoir assez de terres pour tout le monde. Il faut néanmoins avoüer que cette distinction entre les mots *Vicus* & *Pagus* n'a pas été fort exactement observée par les anciens Romains.

Les Grecs se sont servis du mot PAGOS, Πάγος, dans un sens différent qui ne laisse pas d'avoir quelque analogie avec le mot *Pagus*. Chez eux il ne signifie ni *Pagus* ni *Vicus*, comme l'ont cru trop facilement ceux qui ont traduit Ἄρειος Πάγος par *Martius Vicus*, la Ruë de Mars. Ces mots qui veulent dire l'Aréopage signifient littéralement la *Colline de Mars*. Le *Pagos* des Grecs veut dire une Colline, & en effet l'Aréopage d'Athènes étoit sur une Colline consacrée au Dieu Mars, comme il y a de

PAG.         PAG.         15

[a] Dionyf. H.  a de l'avantage [a] à être situé sur une colline quand elle est bien exposée, les gens qui ont voulu bâtir des Maisons de Campagne, & qui avoient le choix du terrain, ont souvent préféré cette situation, surtout quand elle étoit arrosée de quelque fontaine. On évite par-là les Inondations d'une Riviére, l'humidité du marais, & les vents dont on est plus à couvert que si on étoit au sommet d'une Montagne. On peut voir dans le Livre d'Alde Manu- [b] la différence qui distingue selon lui les mots de *Castellum*, *Pagus*, *Vicus*, *Oppidum*, *Urbs* & *Villa*.

[b] Lib. 3. de Quæsit. Epist. 7.

C'est proprement à cette signification que se rapporte le mot PAGANUS. Dans sa signification primitive il signifie un homme champêtre, un homme qui demeure à la campagne où il s'occupe à l'Agriculture, en un mot un PAYSAN. Comme les gens de la campagne n'ont point cette politesse qui regne dans les Villes, il semble que la grossiéreté soit leur partage, c'est dans ce sens que Perse dans son Prologue se qualifie lui-même par modestie demi-Paysan.

*Ipse Semipaganus*
*Ad Sacra Vatum Carmen adfero nostrum.*

[c] De Lingua Lat. l. 5.  Varron [c] appelle *Paganicæ Feriæ*, certaines Fêtes communes aux gens de la Campagne, au lieu que *Paganalia* étoient des Fêtes particuliéres à chaque Village. Pline [d] nomme *Pagana Lex*, une Loi par laquelle il étoit défendu aux Femmes qui étoient en voyage de tourner un fuseau, ni de le porter à découvert, parce que l'on croioit que par cette action on pouvoit jetter un maléfice sur la Campagne & nuire aux biens de la terre. Dans les anciens tems de la République Romaine l'Agriculture & l'Art Militaire n'étoient pas incompatibles & on voioit les premiers hommes de l'Etat conduire eux-mêmes la charue de la même main dont ils venoient de gagner une Bataille. Mais avec le tems le luxe augmenta les possessions & la vanité peupla les Champs d'hommes serviles que l'on chargea du travail des terres; & il demeura avec eux dans les Villages que les pauvres gens qui n'avoient pas dequoi subsister dans les Villes. Comme ces gens-là n'étoient point enrolez dans les Armées Romaines; de là vint ce contraste que l'on trouve entre les mots *Miles*, un homme de guerre, & *Paganus*, un homme qui ne va point à la guerre. Cette opposition est fréquente dans les Jurisconsultes, mais elle est bien expressément [e] marquée dans ces vers de Juvenal [e].

[d] Lib. 28. c. 2.

[e] Sat. 16. v. 32.

*Citius falsum producere testem*
*Contra Paganum possis, quam vera loquentem*
*Contra fortunam armati.*

Le P. Tarteron traduit ainsi ce passage: Le Soldat trouvera bien plûtôt un faux témoin contre le Bourgeois, que le Bourgeois n'en trouvera un sincere & véritable contre le Soldat. Il explique le *Paganus*, par un Bourgeois, & en effet *Paganus* opposé à *Miles* comprend aussi le Bourgeois qui ne servoit point dans les Armées.

Du mot *Paganus* nous avons fait les mots de PAYEN & de PAGANISME; parce que comme les gens de la Campagne occupez d'un travail pénible & destituez des secours de l'éducation, qui prépare l'esprit aux matieres de raisonnement, sont toujours plus attachez que les autres aux sentimens qu'ils ont sucez avec le lait, il arriva lors que la Religion Chrétienne eût fait de très-grands progrès dans les Villes, les gens de la Campagne conservérent long tems l'Idolatrie après la conversion des Villes. Le mot de *Paganus* & d'*Idolâtre* devinrent alors synonymes & nous avons adopté ce mot en l'accommodant à notre Langue. Ainsi nous appellons *Payens* les Idolâtres & *Paganisme*, l'Idolatrie qui est la Religion des Payens.

☞ Nous avons aussi adopté le mot PAGUS, mais dans un sens que les Anciens lui donnoient aussi, & nous en avons fait le mot de PAYS. Les Romains l'ont employé dans le sens de *Canton*, ou Contrée. La Thrace & l'Arménie étoient divisées en *Strategies*, ou Préfectures militaires, la Judée en *Toparchies* ou Seigneuries, l'Egypte en *Nomes*,, de même la Gaule & la Germanie étoient partagées en (*Pagi*) Cantons. C'est sur ce pied-là que Jules César dit que les Sueves Peuple de Germanie étoient divisez en cent Cantons, *centum Pagos habere dicuntur*, dit Jules César [f]. Tacite [g] en donne autant aux Semnons, autre Peuple de la Germanie. Pline [h] parlant des Hillevions, qui habitoient une partie de la Scandinavie, dit qu'ils avoient cinq cens *Pagi* ou Cantons, *Scandinavia est incompertæ magnitudinis, portionem tantum ejus quod sit notum Hillevionum gente quingentis incolente Pagis.* Jule César divise [i] l'Helvetie, partie de la Suisse d'aujourd'hui, en IV *Pagi*, ou Cantons, comme nous disons aujourd'hui. Pour ne point charger cet Article d'une multitude de citations superflues, je dirai seulement que le mot *Pagus* est très-fréquemment employé par les Auteurs de la bonne Latinité pour signifier un Pays, ou quelquefois pour la Nation qui l'habitoit. J'ai rapporté au mot *Civitas* l'opinion de Nicolas Sanson sur la différence entre *Civitas* & *Pagus*. Il divise très-bien les Peuples en grands & en petits. Les grands Peuples étoient ce que les Anciens ont appellé *Civitas*, & chaque *Civitas*, ou grand Peuple, étoit divisée en *Pagi*. Tout cela est vrai; mais il ajoute que *Civitas* & *Pagi* différent comme le tout differe des parties, ce qui n'est pas toujours vrai. Car pour nous servir des premiers exemples qui se présentent, personne n'a jamais douté que *Gabalicus Pagus* dont parle Pline, & qui est le Gevaudan, ne soit la même chose que *Civitas Gabalorum*, *Ager Gabalorum*. De même *Pagus Gesoriacus* est la même chose que le Boulenois, c'est-à-dire la moitié du Pays des Morins, car ce Peuple avoit deux Capitales, *Terouenne* & *Gessoriacum*. Qui que ce soit ne contestera que *Pagus Suessionicus* dans Grégoire de Tours, & *Pagus Remensis* ne soient la même chose que *Suessionum Civitas*, *Remorum Civitas*, le Soifs-

[f] de Bell. Gall. L. 4.

[g] German. c. 39.

[h] L. 4. c. 13.

[i] de Bell. Gall. L. 1.

Soissonnois & le Rémois. *Pagus Petrocorecus*, *Pagus Tholosanus*, *Pagus Gatursinus*, *Pagus Agennensis*, *Pagus Santonicus*, dans Fredegaire, ne different point de *Civitas Petrocoriorum*, le Perigueux, *Civitas Tolosatium*, le Tholosain, *Civitas Cadurcorum*, le Quercy, *Civitas Nitiobrigum* ou *Aginnensium*, l'Agennois, *Civitas Santonum*, la Saintonge. Mais il y a quelque chose de plus à remarquer, c'est que les grands Cantons nommez *Pagi* étoient eux-mêmes divisez en des Cantons ou *Pagi* subalternes qui en faisoient partie, & cela non seulement dans l'antiquité, mais encore dans le moyen âge & dans l'Histoire moderne. En voici quelques exemples. *Pagus Pictavus*, le Poitou, comprenoit *Pagus Lausdunensis*, le Loudunois, *Toarcensis*, le Pays de Thouars, *Ratiatensis* ou *Ratensis*, le Duché de Retz, *Arbatilicus*, ou *Herbatilicus*, le Comté d'Herbauge. PAGUS BELLOVACUS, le Beauvoisis, renfermoit *Pagus Cameliacensis* ou *Camliacensis*, le Pays de Chambly, & *Braium*, le Pays de Bray, qui est aujourd'hui de la Normandie. PAGUS AMBIANUS, l'Amienois, renfermoit *Pagus Vitmau* ou *Vinemacus*, le Vimeu, & *Pagus Pontivus*, le Ponthieu. PAGUS REMENSIS comprenoit *Pagus Dolomensis* ou *Dulcomensis*, le Dormois, *Vongensis*, le Pays de Vouzi, *Castricensis* ou *Castrensis*, aujourd'hui confondu dans le Retelois, *Stadinensis*..... *Portianus*, le Porcien & *Mosomagensis*, le Pays de Mouson, & ainsi de quantité d'autres.

Les grands Cantons ou *Pagi* du premier ordre ne different donc point des Cantons appellez *Civitas*, c'est à dire des grands Peuples. Mais ce sont les petits qui en different; *Minores Pagi* compris dans les *Pagi Majores* sont proprement ceux sur qui tombe cette distinction. Les grands *Pagi Majores*, renferment les Nations entieres (*Civitates*), les moindres, *Minores*, n'en font que des divisions & n'en contiennent qu'une partie. Encore faut-il excepter des grands ceux qui ont plusieurs Capitales; comme *Carnutes* & *Senones*: car ce que les Ecrivains Romains ont entendu par PAGUS CARNUTINUS, comprenoit les Cantons (*Pagos*,) *Autricensis*, le Diocese de Chartres, *Aurelianensis* l'Orléanois, *Dunensis*, le Dunois, *Durocassinus* de Dreugesin autour de Dreux, *Matricensis*, Pays de Madrie sur l'Eure, l'Iton, & l'Aure, quelque part entre Evreux & Vernon, *Pinciacensis*, le Pincerais, aux environs de Poissi, *Vindocinensis* le Vendômois, *Blesensis*, le Blesois, *Belsa*, la Beauce, & *Secalaunia*, la Sologne. PAGUS SENONICUS, le Senonois, comprenoit les *Pagi* ou Cantons suivans *Agedicensis*, le Diocése de Sens, *Vastinensis*, le Gastinois, *Melodunensis*, le Melunois, *Pruvinensis*, les environs de Provins, *Stampensis*, le Pays d'Etampes, *Briegensis*, la Brie, c'est à dire seulement une partie, & *Autissiodorensis*, l'Auxerrois: à present le Senonois se borne aux environs de Sens & au territoire de cette Ville.

Plusieurs de nos Historiens de France ont changé le mot *Pagus* en celui de COMITATUS, *Comté*. Cela vient de ce que sous les anciens Rois de France il y avoit un Comte pour chaque *Pagus*. Il y avoit même tel *Pagus* qui avoit plusieurs Comtes. Par exemple la division du Royaume de Lothaire met quatre Comtez aux Pays de Hasbaine, autant dans le Brabant & deux au Pays de Vavre. Le Poëte Saxon dit conformement à cet usage [a]: [a Rer. Carol. magni L. I.]

*Sed variis divisa modis plebs omnis habebat*
*Quot Pagos, tot pene Duces.*

Les Annales de St. Bertin [b] nous ont conservé la division faite de la Gaule & de la Germanie par Louis le Débonnaire; tout y est *Comté*: ce que les autres appellent *Pagus* y est nommé *Comitatus*. [b ad ann. 839.]

Il est bon encore de remarquer que les *Pagi* se divisoient en *Vicariæ*, en quelques endroits; & c'est de ce mot que la Provence & les Provinces voisines ont fait leur mot de VIGUERIE. En quelques autres endroits au lieu de *Vicariæ* on disoit *Centenæ*. Les *Vicariæ* & *Centenæ* reviennent au même & se divisoient en *Villæ*.

Les *Pagi* prenoient quelquefois le nom d'un lieu assez obscur, comme *Vongensis*, *Pertensis*, *Virtudensis*, *Corbonensis*, *Castrensis*, &c. Quelquefois ils prenoient le nom de la Riviere qui les arrosoit, comme *Oscarensis Pagus*, le Dijonois, à cause de l'Ouche, *Pagus Mosanus*, à cause de la Meuse, *Sambrensis* ou *Sambrinus Pagus*, à cause de la Sambre; quelquefois aussi ils prenoient celui d'une Forêt, comme *Arduennensis Pagus*, les Ardennes, &c.

Du mot *Pagus* nous avons fait celui de PAYS, & de celui-là nous avons formé les mots PAYSAN, PAYSAGES. &c.

PAGYDA, Fleuve de l'Afrique propre, selon Tacite [c]. [c An. Lib. 3. p. 61.]

PAGYRITÆ, Peuples de la Sarmatie Européene. Ptolomée [d] les place avec les *Aorsi*, au dessous des *Agathyrsi* & au dessous des *Savari*. [d Lib. 3. c. 5.]

PAHU. Voyez PHOGOR.

PAIASSES. Voyez PAYAS;

PAIENDE, ou PEIENDE, Lac de Suéde, [e] dans la Finlande, à l'Orient de la Province de Tavastie & aux confins de celle de Sawolas. Il s'étend du Septentrion au Midi, communique par le moyen de divers torrens à plusieurs Lacs d'une moindre étenduë & donne naissance à la Riviére de Kymen, par le moyen de laquelle il a un débouchement dans le Golphe de Finlande. [e De l'Isle Atlas.]

PAILLE, Bourg de France dans la Saintonge, Election de Saint Jean d'Angely.

PAIMBEUF; Voyez PAINBEUF.

PAIMBOURG. Voyez BADACUM.

PAINBOEUF, Bourgade de France, dans la Bretagne, [f] sur la rive gauche de la Loire, à cinq ou six lieues au dessous de Nantes. Comme il ne peut monter jusqu'à Nantes que de petits bâtimens, les plus gros Vaisseaux demeurent à la rade de Painbœuf. [g] Cette Bourgade n'est proprement qu'un amas d'Hôtelleries & de cabarets pour les gens de Marine. [f Longuerue Descr. de la France, Part I. p. 88.] [g Piganiol Descr. de la France, t. 5. p. 227.]

PAINDOUÉ, PADYPOLA, ou POULA-

LADOU, Isle de la Mer des Indes, & l'une des Maldives. Elle a au Nord l'Isle de Maspillas dont elle est séparée par un Canal, & au Midi Oriental l'Isle de Malos-Madou, dont elle est séparée par le Courant de Malos-Madou. Sanson [a] met cette Isle à cinq degrez quelques minutes de Latitude Septentrionale.

[a] *Atlas.*

1. PAINPONT, Abbaye de France dans la Bretagne, au Diocèse de St. Malo, à neuf lieues de Rennes, en Latin *Pons Painis*. C'est une Abbaye d'hommes de l'Ordre de St. Augustin & de la Réforme. Elle fut fondée en 630. par Judicaël. On y fait des Pélerinages & il y a une Ste. Vierge pour laquelle on a beaucoup de dévotion.

2. PAINPONT, Village de France, dans la Bretagne, [b] au Diocèse de Saint Malo. Il est très-renommé par une forge de Fer qui y est. La qualité de ce Fer est estimée; car il approche fort de celui d'Espagne. On prend à Painpont tout ce qui est nécessaire à l'Arsenal de Brest.

[b] *Piganiol, Descr. de la France, t. 5. p. 205.*

PAJOU, Bourg de France dans la Haute Auvergne, au Diocèse de St. Flour, Election d'Aurillac, dont ce Bourg n'est éloigné que d'une demi-lieue.

PAIPERTA, Château de l'Arménie, selon Ortelius [c] qui cite Cedréne & Curopalate.

[c] *Thesaur.*

PAIRIER, Bourg de France dans le Poitou, Election des Sables d'Olonne.

PAIRIS, Abbaye de France dans la Haute Alsace, au pied du Mont de Vosge, sur la gauche de la Rivière de Wais, à quatre lieues de Colmar. C'est une Abbaye d'hommes de l'Ordre de Cîteaux, Fille de Lancelan ou Lutzelle. Elle fut fondée en 1138.

PAITA, Ville de l'Amérique Méridionale, [d] au Pérou, dans l'Audience de Quito, avec un Port renommé près de l'Embouchure de la Rivière de Chuquimayo. Elle est située à cinq degrez quinze minutes de Latitude Méridionale, sur un fond sablonneux & à l'abri d'une haute montagne. Il n'y a que soixante & quinze ou quatre-vingt maisons & deux Eglises.

[d] *De l'Isle Atlas.*

Les maisons sont basses [e] & mal bâties, comme le sont celles du Pérou, & de toute la Côte maritime. Les murailles sont de brique faite avec de la terre & de la paille paîtries ensemble. Elles ont environ trois pieds de long, deux de large, & un demi d'épais. On ne cuit point là les briques au four, comme l'on fait en Europe; mais on les laisse long-tems sécher au Soleil, avant qu'on les mette en œuvre. Il y a quelques endroits où le toit des maisons n'est que de perches mises en croix sur les quatre murailles, & couvertes de nattes, & alors les murailles sont fort échauffées. Ce qui fait qu'on bâtit si mal à Paita, & dans tous les environs, c'est outre le manque de matériaux, qu'il n'y a jamais de pluye; & par conséquent on ne songe qu'à se mettre à couvert du Soleil. Ce Pays aride commence du côté du Nord, depuis le Cap Blanc jusqu'à Coquimbo, & s'étend à environ trente degrez Sud. Il n'y a point de verdure sur les Montagnes, ni dans les Vallées. Les murailles des maisons des Riches & des Eglises sont blanchies de chaux en dehors & en dedans. Les portes & les poteaux sont fort larges, le tout enrichi d'ouvrage de Sculpture. Il y a aussi quantité de belles peintures, qui ne sont pas d'un médiocre ornement, tirées, à ce qu'on croit, des anciens Espagnols; mais il n'y a point de maisons à Paita qui soient si parées. Les Eglises sont grandes & embellies de Sculpture. A un mille de la Ville proche de la Mer est un petit Fort, mais sans Canon. Ce Fort où il n'y a que des Mousquets, commande si bien toute la Baye, qu'on ne sauroit y faire descente. Il y en a un autre sur le sommet de la Montagne, qui commande également la Place & l'autre Fort. On ne trouve là ni bois ni eau, ce qui oblige les habitans d'en tirer d'une Ville Indienne qu'on nomme Colan. La rade de Paita est une des meilleures de la Côte du Pérou. Elle est à couvert du Sud Ouest par une pointe de terre qui forme une grande Baye, & fait une eau tranquille où les vaisseaux sont en sûreté. Elle peut contenir une Flote considérable & l'on peut y entrer par-tout depuis six jusqu'à vingt brasses d'eau. Vis-à-vis de la Ville plus on s'en approche plus l'eau est basse. Toute la Baye n'est que sable.

[e] *Dampier. Voy. autour du monde t. 1. c. 6.*

PALA. Voyez PALLA.

PALACAS, ou PLATAMONA; Nom moderne d'une Rivière de la Macédoine; elle étoit connue anciennement sous les noms d'Haliacmon ou Aliagmon. Sa rapidité & ses débordemens font beaucoup de mal. Elle se jette dans le Golphe de Salonichi. Voyez ALIACMON.

PALACIA. Voyez PLACIA.

PALACIOS, Ville [f] d'Espagne, dans l'Andalousie, sur la route de Seville à Cadix, à cinq lieues de la première. On la nomme en Latin *Palatium*, ou *Palantia*, à cause d'un vieux Palais qu'on y voit. Les Habitans n'y sont pas fort riches: ils vivent de la culture de leurs champs & de la dépense qu'y font les Etrangers, qui passent fréquemment par cette Ville pour aller voir Lebrixa & Cadix. Aux environs de Palacios le chemin est extrêmement mauvais & fort dangereux. La Marée qui monte dans le Guadalquivir fait déborder les eaux de ce Fleuve jusqu'à cinq lieues à la ronde; de sorte que dans toute cette étendue le chemin est impraticable en Hyver, à cause des boues & des mares, & fort peu tenable en Eté à cause de la poussière, qui est commé le sable des deserts de l'Arabie. C'est aussi ce qui fait que tout ce quartier est entiérement inhabité. Ceux qui y passent sont obligez de se conduire par le moyen d'une boussole pour ne pas s'égarer, & d'avoir avec eux de bons flacons de cuir remplis de vin, pour ne pas mourir de soif parmi ces Sables; ce qui est arrivé à quelques pauvres Voyageurs, qui n'avoient pas pris ces sortes de

[f] *Délices d'Espagne, p. 449.*

de précautions. Ces flacons sont appellez par les Espagnols *Boratejos*. On les porte communément à l'arçon de la Selle, & quand on en a besoin on se rafraîchit, non pourtant à l'ombre, ni sur la verdure; car on n'y voit ni maisons, ni arbres, ni herbe. Cependant on peut éviter une partie de ces incommoditez en prenant un peu plus à l'Orient,

PALACIUM, Ville du Chersonése Cimbrique, selon Strabon. Voyez BADATIUM & PLACIA.

1. PALÆA, Ville de l'Isle de Cypre: Strabon [a] la place entre Citium & Amathus. Lusignan dit qu'elle se nomme aujourd'hui Pelandre. [a Lib. 14. p. 683.]

2. PALÆA, Village de la Mysie Asiatique. Il étoit, selon Strabon [b], à cent trente Stades de la Ville d'Andera. [b Lib. 13. p. 614.]

3. PALÆA, Village de l'Isaurie, selon Ortelius, [c] qui cite Strabon; mais Strabon [d] ne donne le nom de *Palæa* que comme une Epithéte qui distinguoit le Village d'Evercès d'un autre Village de même nom; de sorte qu'il y avoit dans l'Isaurie un Village simplement nomme *Evercès* & un autre appellé *Palæa Evercès*, ou Evercès le vieux. [c Thesaur. d Lib. 12. p. 568.]

4. PALÆA. Voyez DYME.

5. PALÆA, Village de la Laconie: Pausanias [e] le met sur la route de *Geronthræ* à *Acriæ*. [e Lib. 3. c. 22.]

PALÆA-LAZICA, Station dans la Sarmatie Asiatique sur le Pont-Euxin, selon Arrien. [f] [f Peripl. p. 19.]

PALÆA-MYNDUS. Voyez MYNDUS.

PALÆA-PETRA; Lieu aux environs de Constantinople selon Ortelius [g] qui cite Cedréne. [g Thesaur.]

PALÆAPOLIS, PALÆPOLIS ou PALÆOPOLIS, Ville d'Italie, dans la Campanie, à au même endroit où est aujourd'hui la Ville de Naples. Palæapolis étoit, à ce qu'on croit, une partie de l'ancienne Parthenope. On lui donna le nom de Palæapolis; c'est-a-dire Vieille Ville pour la distinguer de Naples, dont le nom vouloit dire nouvelle Ville, & qui étoit bâtie tout auprès. [h] C'étoit le même Peuple qui habitoit les deux Villes & c'étoit une Colonie de Cumes. L'Auteur des Délices d'Italie parle de Palæapolis comme d'une Ville détruite dont le terrein est aujourd'hui renfermé dans Naples. Il dit qu'il faloit que Palæapolis fût bien grande puisque depuis l'Archevêché, jusqu'à St. Pierre à Masella on voit encore présentement beaucoup de masures, que les Antiquaires prétendent être des restes de cette ancienne Palæapolis. Il ajoute qu'elle étoit de figure ovale & divisée en trois rues fort longues & fort droites. [h Tite-Live Lib. 8. c. 22.]

PALÆBISCA. Voyez PALÆVISCA.

PALÆBYBLOS, Ville de la Phénicie selon Pline. [i] [i Lib 5. c. 20.]

PALÆGAMBRIUM. Voyez GAMBREIUM.

PALÆMARIUS, en Grec Παλαιμαρία, Village d'Egypte dans le Nome Mareote: Ptolomée [k] le place après *Phamothis*. [k Lib. 4. c. 5.]

PALÆMYNDUS. Voyez MYNDUS.

PALÆON-BEUDOS, c'est-à-dire la VIEILLE BEUDOS; Ville de la Pamphylie selon Ptolomée [l] qui la met pourtant dans la Phrygie, entre Antioche & Baris. [l Lib. 5. c. 5.]

PALÆOGONI. Voyez TAPROBANA.

PALÆONTICHUS. Voyez GAGE.

PALÆOPHARSALUS. Voyez PALÆPHARSALUS & PHARSALUS.

PALÆOTRIUM, Ville de Macédoine, sur le Mont Athos, selon Pline [m] Quelques MSS. portent Παλαιώριον, PALÆORIUM, & le Pere Hardouin dit que c'est ainsi qu'il faut écrire ce mot. [m Lib. 4. c. 10.]

PALÆPAPHOS. Voyez PAPHOS.

PALÆPATMA, Ville marchande de l'Inde en deça du Gange, selon Arrien [n]. C'est la même Ville que Ptolomée nomme [p] BALIPAPTNA, Voyez ce mot. [n Periple 2. p. 30.]

PALÆPERCOTE. Voyez PERCOTE.

PALÆPHARSALUS, Ville de la Thessalie, dans la Phthiotide, selon Strabon. [o] Tite-Live [p] & Europe [q] font aussi mention de cette Ville que quelques-uns prennent pour Thebes. [o Lib. 17. p. 796. p Lib. 44. c. 1. q Lib. 6. c. 16.]

PALÆPHARUS, ou PALÆPHATUS; Ville de la Thessalie, selon Tite-Live [r]. Ortelius [s] soupçonne que ces mots pourroient être corrompus de PALÆPHARSALUS. [r Lib. 32. c. 13. s Thesaur.]

PALÆPOLIS. Voyez PALÆAPOLIS.

PALÆRUS, Ville de l'Acarnanie selon Strabon [t]. [t Lib. 12. p. 459.]

PALÆSCAMANDRUS. Voyez SCAMANDRUS.

PALÆSCEPSIS, Ville de la Troade, auprès d'Adramytton. Pline [u] & Ptolomée [x] parlent de cette Ville. Les Habitans de Palæscepsis ou de la vieille Scepsis furent transferez dans la nouvelle Scepsis, qui dans la Notice Episcopale de la Province de l'Hellespont est appellée Σκέψις. [u Lib. 5. c. 30. x Lib. 5. c. 2.]

PALÆSIMUNDUS. Voyez PALESIMUNDUS.

PALÆSTE, lieu de l'Epire, près d'Oricon, selon ce vers de Lucain [y], [y Lib. 5. v. 460.]

*Lapsa, Palæstinas uncis confixit arenas.*

C'est l'endroit où descendit César [z]. De Palæste on a fait *Palestinus*. Cependant quelques MSS. des Commentaires de César au lieu de *Palæste* portent *Pharsalia*, & d'autres *Pharsalus*. [z De Bel. Civil. 3. c. 6.]

PALÆSTENORUM AGER, Territoire de la Sicile, quelque part aux environs de Messine, selon Appien [a]. [a Bel. Civil. lib. 5.]

PALÆSTINA. Voyez PALESTINE.

PALÆSTINA-AQUA, on trouve ce nom dans ce Vers d'Ovide [b]: [b Fastor. lib. 2. v. 464.]

*Inque Palæstina margine sedit aqua.*

Comme ce Poëte avoit dit auparavant [c]: [c V. 463.]

*Venit ad Euphratem comitata Cupidine parvo.*

Quelques-uns ont cru qu'il appelloit *Palæstina-aqua* l'eau de l'Euphrate; mais ce fleuve arrose la Syrie & non la Palestine. Cette raison a fait croire à Ortelius [d] que d'Thesaur. c'est des eaux du Tygre & de l'endroit où il mouille la Sittacéne dont il s'agit: en effet cette contrée a été appellée *Palestine* par Pline [e]. De cette sorte on devroit [e Lib. 12. c. 13.] dire

dire que Dione fuyant le terrible Typhon, vint vers l'Euphrate accompagnée du petit Cupidon, & avança jusqu'au Tygre, où elle se reposa sur le bord de l'eau du côté de la Palestine.

PALÆSTINA-PETRA, lieu de l'Arabie Heureuse, selon Ortelius [a], qui cite Agatarchis. [a Thesaur.]

PALÆSTINA PRIMA. Voyez PALESTINE.

PALÆSTINA SECUNDA. Voyez PALESTINE.

PALÆSTINA TERTIA. Voyez PALESTINE.

PALÆSTINA-SALUTARIS. Voyez PALESTINE.

PALÆSTINUS. Voyez STRYMON.

PALÆTYRUS. Voyez TYRUS.

PALÆVISCA, Village d'Afrique, dans la Pentapole, selon Synesius [b]. Phavorinus au lieu de *Palevisca* écrit *Palæbisca*. [b Epist. 7.]

PALA-FREGEAU, petit Village d'Espagne, dans la Catalogne [c]. Entre la pointe du Cap Gros, près de Palamos & des Fornigues, il y a un petit enfoncement bordé d'une Plage de sable. C'est là qu'est le Village de Pala-Fregeau. Du côté de l'Est il y a une Tour de garde, située sur une pointe de Rochers, & quelques embrasures auprès. [c Michelot, Portulan de la Mer Mediterranée, p. 47.]

PALA-FUGELL, [d] Cap d'Espagne, sur la Côte de la Catalogne. La Baye de Palamos est couverte du côté de la Mer par une Langue de Terre qui forme un Cap appellé le Cap de Palafugell, du nom d'une Bourgade voisine. [d Délices d'Espagne, p. 616.]

1. PALAIS, Ville de France, dans la Bretagne & la principale Place de l'Isle de Belle-Isle. C'est une Place de Guerre, fortifiée sous le regne de Louis XIV. pour la défense de l'Isle ; ce qui étoit nécessaire pour la sûreté de la Province.

2. PALAIS, Lieu de France, dans le Limousin, Election de Limoges. Il y a une Abbaye de l'Ordre de Citeaux, dédiée à Nôtre Dame, & qui fut fondée en 1162.

3. PALAIS, Bourg ou Village de France, dans la Bretagne, à quatre lieues de la Ville de Nantes: Il est connu pour avoir donné la naissance au fameux Pierre Abélard.

PALAISEAU, ou PALOISEL, Bourg de France, dans l'Isle de France, à quatre lieues de Paris, sur le chemin de Chartres à l'Orient de la Plaine de Saclé, & au Nord Occidental de Longjumeau. Mr. Corneille [e] dit que ce Bourg est sur la petite Rivière d'Ivette. Cependant Mr. de l'Isle dans sa Carte de la Prevôté & Vicomté de Paris ne marque aucune Rivière dans cet endroit. Il y a un Prieuré & un Chapitre composé de quatre Chanoines, qui n'ont entr'eux tous que six-cens livres. [e Dict.]

PALAMBUAN. Voyez BALAMBUAN. N°. 1.

PALAMEDIUM, Ville de la Troade, selon Pline [f]. [f Lib. 5. c. 36.]

PALAMOS, Ville d'Espagne [g], dans la Catalogne, au fond d'une Baye, qui forme un bon Port où les Vaisseaux sont à l'abri de tous les vents à la reserve de ceux du Sud-Ouest. La Ville est petite, mais extrêmement forte. Elle est bâtie en partie dans la plaine, & en partie le long d'une Colline fort roide qui avance dans la Mer, & dont les bords sont fort élevez & fort droits. On l'a mise en bon état de défense. Au-dessus de la Colline, à l'endroit qui est le plus avancé vers la Mer, on a détruit un Couvent de Religieux Augustins, pour y construire une Citadelle. [g Délices d'Espagne, p. 616.]

La Pointe de Palamos [h] est environ neuf à dix-milles au Nord-Est de la Pointe de Saint Philiou; entre ces deux Pointes il y a une grande Ance, bordée d'une Plage de sable. Du côté de l'Est de cette Ance sur le bord de la Mer est la Ville de Palamos. Elle a un Mole avancé vers l'Ouest environ 80. toises, & le long duquel on peut mettre sept à huit Galéres, pourvu qu'elles retirent leurs rames en dedans, qu'elles observent de mettre la poupe vers le Mole, la proue à la plage, & qu'elles s'amarrent à quatre amarres. Il y a dans le Mole deux ou trois brasses d'eau fond d'herbe vaseux. Il faut avoir soin de se bien amarrer du côté du Nord-Ouest, quoique ce vent vienne de terre ; car comme il passe entre deux montagnes, il est très-violent, & les gens du Pays assurent que les bâtimens n'y font naufrage que par ce vent. Les vents du large depuis le Sud-Ouest, jusqu'à l'Est-Sud-Est donnent dans la Plage de Palamos. Sur la pointe du Nord-Est de Palamos, qui s'avance un peu en Mer, on voit les ruines d'une Forteresse, qui fut démolie après qu'elle eut été prise par l'Armée du Roi, & sur l'extrémité de la pointe il y a un moulin à vent qui sert de reconnoissance. Tout proche de cette pointe il y a deux Eeueils entre lesquels & la Terre on ne peut passer qu'avec des batteaux. Lorsqu'on vient du côté de l'Est & qu'on veut aller mouiller dans le Mole de Palamos, il ne faut pas s'approcher de la Côte depuis cette pointe jusqu'à la tête du Mole, à cause de plusieurs rochers qui y sont, tant hors de l'eau que sous l'eau. Il y a de plus au bout de la pointe vers le Sud-Ouest une roche sous l'eau, à demi longueur de sable ; mais il ne faut pas pour cela s'en écarter plus d'une portée de fusil, à cause d'un autre danger dont nous allons parler. On fait de l'eau hors de la Ville à une Fontaine qui est proche d'un Village dans une plaine à la portée du canon de la Ville. La Latitude est de 41. d. 48'. & la variation de 5. à 6. d. vers le Nord-Ouest. [h Michelot, Portulan de la Mer Mediterranée, p. 45.]

Environ à la portée du canon au Sud-Sud-Ouest du Moulin qui est sur la pointe du Nord-Est de Palamos, il y a sous l'eau une roche fort dangereuse & sur laquelle il n'y a que huit pieds d'eau. Elle a fort peu d'étendue, ayant tout à l'entour 12, 15. & 20. brasses d'eau. Lorsqu'on est sur le haut de cette roche le Moulin dont il vient d'être parlé reste au Nord-Nord-Est pour une marque; & pour l'autre il faut voir une maison, qui est sur une petite éminence, presque au milieu de la plage, entre deux rochers noirs, qui sont sur le bord

bord de la plage, & il faut que ces rochers restent au Nord-Ouest. On peut mouiller avec des Vaisseaux par tout le milieu de l'Ance de Palamos; mais le meilleur mouillage est du côté de l'Ouest, vis-à-vis de la Tour qui est sur la pointe. On pourroit mouiller auſſi avec des Galeres dans la plage de la Valda pour les vents d'Ouest & de Sud-Ouest; mais tous ces mouillages ne sont bons que lorsqu'on est obligé de relâcher, & dans ce cas il faut bien prendre garde de ne se point laiſſer ſurprendre aux vents qui sont traversiers de la Côte. Tout proche de la pointe du Moulin de Palamos du côté de l'Est il y a une groſſe pointe ronde qu'on appelle le CAPYROS, & du côté de l'Est se trouve une petite anſe & plage de ſable où l'on peut mouiller avec des Galéres pour les vents de Sud-Ouest, Ouest & Nord-Ouest. On y eſt par huit à neuf braſſes d'eau de sable vazeux: quelques Galéres peuvent porter une amarre du côté de cette Pointe. On peut mouiller par toute cette plage suivant les vents qu'il fait. Sur une Pointe baſſe qui eſt sur la droite de cette Plage il y a quelques maiſons.

Environ quatre milles à l'Eſt quart de Nord-Eſt de la pointe de Palamos, ſont quelques Ecueils hors de l'eau, qu'on appelle Fornigues, éloignez de la Côte d'environ une petite portée de canon. On peut paſſer à terre des Fornigues avec des Galéres ſans nulle crainte y ayant cinq à ſix braſſes d'eau dans ce paſſage; mais il faut ranger les écueils de plus près que la Côte à cauſe de quelques autres rochers qui ſont à fleur d'eau du côté de la Terre, où eſt auſſi une baſſe pointe qui s'avance ſous l'eau. Si on veut paſſer en dehors des Fornigues il faut s'en éloigner à diſcretion d'autant qu'il y a quelques rochers ſous l'eau à plus d'un ſable & demi au large.

1. PALANDA, Ville de l'Inde au delà du Gange, dans la Cherſoneſe d'or, ſelon Ptolomée [a].

2. PALANDA, Fleuve de l'Inde, au delà du Gange, dans la Cherſonéſe d'or. Ptolomée [b] place l'embouchure du Fleuve Palanda entre la Ville de Sabana & le Promontoire Malæucolon.

PALANGES, Forêt de France dans le Rouergue, Election de Ville-Franche. Elle appartient au Roi & contient près de trois lieues d'étendue en bois taillis.

PALANTA, Ville de l'Iſle de Corſe: Ptolomée [c] la met dans les terres, entre *Cerſunum* & *Lurinum*.

PALANTEUM. Voyez PALANTIUM.

PALANTIA, Ville de l'Eſpagne Tarragonnoiſe, Ptolomée [d] la donne aux *Vaccæi*, & Strabon [e] qui écrit PALLANTIA la met dans le Pays des *Arevaci*. Pomponius Mela [f] dit qu'elle avoit été une des plus conſidérables de l'Eſpagne Tarragonoiſe. Elle a conſervé juſqu'à préſent ſon ancien nom, avec un leger changement; car elle ſe nomme PALENCIA. Voyez ce mot.

PALANTIUM, ou PALLANTIUM, Ville de l'Arcadie [g], ſelon Etienne le Géographe & Trogue Pompée. Elle avoit été premiérement Ville: elle fut enſuite réduite en Village; mais l'Empereur Antonin lui rendit, ſelon Pauſanias [h], le titre de Ville avec la Liberté & la Franchiſe, la regardant comme la Mere de *Pallantium*, Ville d'Italie, qui devint une partie de la Ville de Rome. Voyez PALATINUS. Tite-Live écrit *Palanteum* au lieu de *Palantium*, & Virgile [i] dit *Pallanteum*:

*Pallantis proavi de nomine Pallanteum.*

PALANZA, Bourg d'Italie [k], au Duché de Milan, sur le bord Occidental du Lac Majeur vis-à-vis l'Iſle de St. Ange. On prétend que ce Bourg est fort ancien.

PALAPOLI, PALEPOLI ou PALOPOLI, Ville de l'Anatolie [l], dans la Caramanie, sur la Côte, au Nord de l'Iſle de Chypre, entre le Port de Prodola & la Ville de Sesquin ou Seſſin. Quelques-uns veulent que ce ſoit l'ancienne Celenderis & qu'elle ait eu un Siège Episcopal suffragant de Seleucie.

PALAQUECHAUNE, Nation de l'Amérique Septentrionale, dans la Louïſiane. Elle eſt voiſine & alliée des Cenis.

PALAQUESSON, Peuple de l'Amérique Septentrionale dans la Louïſiane, ſur la route que tint le Sr. de la Salle, pour aller de la Baye de St. Louïs aux Cenis. Ce Peuple a dix Villages, ſituez près de Taraha, au-deſſus de la Maligne & de la Riviére d'Hiens. Ce fut dans ce quartier que le Sieur de la Salle fut aſſaſſiné.

PALARII, Peuple de l'Illyrie, ſelon Appien [m].

PALAS. Voyez CAPELLATIUM.

PALASSÆ. Voyez CHONÆ, No. 2.

PALATIN, ou MONT-PALATIN. Voyez PALATINUS.

PALATINI, Peuple de l'Eſpagne Citérieure ſelon Frontin [n] & Aggenus [o]. Oroſius [p] connoît auſſi dans la même Contrée un Pays qu'il appelle PALATINI CAMPI. Cependant à la marge de Frontin & d'Aggenus on lit *Palantini*, variante que H. Holſtenius avoit miſe à la marge de ſon Exemplaire.

Le PALATINAT, Province d'Allemagne, diviſée en deux Souverainetez; l'une appellée le PALATINAT DE BAVIERE, ou HAUT-PALATINAT; l'autre nommée PALATINAT DU RHIN, ou le BAS-PALATINAT. Voyez le HAUT-PALATINAT & le BAS-PALATINAT.

Le HAUT-PALATINAT ou le PALATINAT DE BAVIERE, ſe diviſe en trois parties, qui ſont

I. La Régence d'Amberg,
II. L'Abbaye de Waldſachſen,
III. La Principauté de Sultzbach.

Louïs le Vieux Duc de Baviere laiſſa en mourant à Rodolphe, ſon fils aîné, le Haut-Palatinat. La Branche Rodolphine le poſſéda juſqu'à Frederic V. Comte Palatin qui en fut dépouillé auſſi-bien que de l'Electorat en 1623, comme je le dirai plus bas. Voyez le BAS-PALATINAT.

Le BAS-PALATINAT, ou le PALATINAT DU RHIN, eſt ſéparé en deux parties par le Fleuve du Rhin. La partie Occidentale compriſe dans les Gaules étoit habitée par les Nemetes & par les Vangions;

## PAL.

[a D'Audifret, Géogr. anc. & mod. t. 3. p. 206. & suiv.]

gions; & la partie Orientale étoit la demeure des Sedusiens. Ceux-ci chassez[a] par les Germains leur abandonnérent le Pays & se retirerent vers le Danube, où ils s'établirent avec les Marcomans dans le Pays des Boïens. Les terres occupées par les Nemetes & par les Vangions furent dans la suite comprises dans la Germanie supérieure, qui fut une des quatre Provinces de la Gaule Belgique. Ces Provinces passérent sous la Domination des Rois de France; & après le partage que Clovis fit de ses Etats entre ses quatre fils, elles furent incorporées au Royaume d'Austrasie. Celles qui étoient au delà du Rhin demeurérent au pouvoir des Allemands, qui après la décadence de l'Empire avoient donné le nom d'Allemagne au Pays qu'ils occupoient. Ce Pays fut érigé en Duché & fit partie du Royaume de Germanie, & presque dans le même tems les terres qui étoient en deça du Rhin furent possédées par des Seigneurs particuliers. Enfin la molesse, la négligence & les divisions des derniers Empereurs François ayant donné lieu à des soulévemens dans l'Empire, une partie du Duché d'Allemagne passa à de nouveaux maîtres, & l'autre qui étoit la plus grande forma le Duché de Suabe. Ce fut pendant ces révolutions que les Comtes du Palais ou Palatins étendirent leur Domaine, qui ne consista d'abord qu'en quelques Terres qu'ils avoient obtenues des Empereurs en fief de l'Empire. Ces Comtes étoient originairement des Officiers des Empereurs qui jugeoient les affaires entre les particuliers de la Cour: ils recevoient les plaintes des Peuples, leur faisoient droit, annuloient & réformoient tout ce qui étoit au préjudice de l'autorité Souveraine, ordonnoient de tout ce qui concernoit les Fiefs & les revenus Impériaux, & lorsqu'il survenoit des affaires importantes, ils en faisoient leur rapport à l'Empereur & en décidoient avec lui. Comme à mesure qu'ils se rendirent plus nécessaires ils devinrent plus puissans, les Empereurs leur attribuérent les Jugemens par appel des affaires des Provinces, & comme ils étoient deux ils partagerent entre eux la Jurisdiction de l'Empire: celui du Rhin eut les Provinces qui s'étendoient depuis le Rhin jusqu'aux Alpes: & celui de Saxe eut tout ce qui étoit au delà jusqu'à la Mer Baltique. Ces Palatins furent soumis tant que les Empereurs furent les maîtres; mais dès que les Princes commencérent à déchoir de la vertu de leurs pères; alors les Palatins, ainsi que les autres Officiers de l'Empire, profitant d'une occasion si favorable d'usurper le pouvoir dont ils n'étoient que dépositaires, & de s'ériger en Souverains, étendirent leur domaine peu à peu, & la Charge de Juges Impériaux ayant mis beaucoup de Seigneurs voisins sous leur jurisdiction, ils tinrent les plus foibles dans leur dépendance & se contentérent que les autres fussent leurs Vassaux. Comme parmi ces Justiciables il y avoit quantité d'Eglises & de Monastères, ils s'érigerent en protec-

## PAL.

teurs, afin d'en être en quelque maniere les maîtres sous prétexte d'Avocatie: c'est pour cette raison qu'il y a un si grand nombre de Fiefs qui relévent des Electeurs Palatins dans la Suabe, la Franconie, la Hesse, les Archevêchez de Mayence, de Treves & de Cologne & le Duché de Juliers.

Il seroit assez difficile de pouvoir remonter jusqu'aux premiers Comtes Palatins du Rhin; ce qu'on sait de plus certain est que dans le neuvième siècle le Palatinat étoit possédé par une Famille Austrasienne. Hofman dit que le premier Comte Palatin de cette Famille s'appelloit Sigunfrid: un ancien Ms. de la Bibliotheque d'Heidelberg le nomme Ehrenfrid & le fait petit-fils de Conrad de Suabe, Duc de Lorraine; & quelques Généalogistes prétendent qu'il descendoit par Godefroi son pere de Ricuin Comte d'Ardenne. Son fils nommé Henri fut investi du Duché de Baviere, en 1102 par l'Empereur Henri II. Il eut pour successeur un autre Henri; mais on ne sait pas bien s'il étoit son fils ou son neveu. On trouve dans de vieux titres qu'il prenoit la qualité de Duc de Baviere, de Comte Palatin du Rhin & de Seigneur de Lacu. Sigifrid regna après lui & Herman qui vivoit vers le milieu du douzième siècle fut le dernier de sa race; mais il faut observer que dans le même tems il y avoit un autre Comte Palatin du Rhin nommé Henri qui ajoutoit à ce titre celui de Seigneur de Staleck; comme on le voit dans un Acte qu'il fit en 1147. avec Henri, Albert & Godefroi Comtes de Spanheim. Il est encore fait mention de ce Prince dans les Lettres d'érection du Marquisat d'Autriche en Duché sur l'année 1156. Il eut pour successeur Conrad frère de l'Empereur Frederic I, & on trouve dans des Archives de la Maison Palatine qu'il possédoit le Palatinat du Rhin vers les années 1155. 1161. & 1163. & non pas qu'il ait été investi en 1170. comme plusieurs Auteurs l'ont avancé. Conrad II. son fils fit sa résidence ordinaire au Château de Staleck, au dessus de Baccarac; & mourut en 1198. Agnès sa fille unique épousa Henri de Saxe fils d'Henri le Lion, qui mourut à Schongau en 1213. après avoir remis à l'Archevêque de Treves l'Avocatie de la Ville de Treves, dont ses Predecesseurs avoient joui. Sa fille Agnès, que d'autres nomment Gertrude, fut mariée avec Otton de Witelspach Comte de Scheyren, & ne lui porta pas en dot le Palatinat du Rhin, selon l'opinion de la plûpart des Auteurs. Ce fut Louïs pere d'Otton qui en fut investi en 1215. par l'Empereur Frideric II. & qui reçut de l'Evêque de Worms en 1225. la Ville d'Heidelberg, en Fief de son Eglise. Louïs le Sevére, fils d'Otton, mourut en 1294 & laissa de Mathilde fille de l'Empereur Rodolphe I, Rodolphe & Louïs: Celui-ci eut en partage le Duché de Baviére, fut Empereur; & c'est de lui que les Ducs de Baviére sont descendus. Rodolphe eut le Palatinat du Rhin avec la Dignité Electorale, à condition que les Ducs de Baviere en joüiroient après lui,

& ainsi alternativement de l'une à l'autre Branche. Ce Rodolphe a été le Chef de la Maison Palatine qu'on a appellée de son nom la Branche Rodolphine ; mais comme il donna son suffrage à Frederic Duc d'Autriche plutôt qu'à Louïs son frére, pour l'Election d'un successeur à l'Empereur Henri VII. Louïs l'ayant emporté sur son Concurrent dépouilla Rodolphe de ses Etats en 1317. ce qui l'obligea de passer en Angleterre où il mourut de chagrin deux ans après. L'Empereur Louïs restitua le Palatinat à ses neveux Adolphe, Rodolphe II. & Robert I. dit le Roux, après qu'ils eurent consenti par une Transaction faite au Tesin l'an 1329. que conformément au Testament de Louïs le Sevére la Dignité Electorale seroit possédée alternativement par les deux Branches. Mais cette Transaction fut cassée en 1339. à la Diéte de Ratisbonne, comme ayant été extorquée sur des Mineurs. Jean Duc de Baviere étant mort sans enfans en 1340. l'Empereur Louïs voulut aussi exclure ses neveux de cette succession, sur ce qu'il étoit plus proche d'un degré : cependant par le Traité d'accommodement qu'il fit avec eux, il leur accorda la partie du Norique qu'on appella depuis le Haut Palatinat.

Robert le Roux, Electeur Palatin, acheta une partie de la Seigneurie d'Uzberg de l'Abbé de Fulde : l'Empereur Charles IV. qui avoit épousé Anne fille unique de Rodolphe II. déclara en faveur de Robert en 1354. que la Dignité Electorale devoit appartenir uniquement à la Branche Palatine ; ce qu'il confirma deux ans après par la Bulle d'Or. Robert II. eut pour successeur Robert III. son Neveu fils d'Adolphe. Robert III. surnommé le Débonnaire, fut élu Empereur en 1400. à la place de Wenceslas qui fut déposé : il donna en engagement à sa Maison l'an 1402. les Villes Impériales de Lautern & d'Oppenheim ; les Rauchgraves lui vendirent la Seigneurie de Simmeren ; & Jean Comte de Kirchberg étant mort sans enfans en 1408. il réunit son Domaine ce Comté avec le Burgraviat de Stromberg. Robert le petit, son fils, épousa Elisabeth fille unique de Simon Comte de Spanheim, laquelle en reconnoissance de l'amitié que l'Empereur son beau-pére avoit conservée pour elle après la mort de son mari lui fit donation en 1405. du consentement de son pere, de la cinquième partie du Comté antérieur de Spanheim. Etienne cinquième fils de cet Empereur acquit le Comté de Veldentz, la moitié du Comté ultérieur de Spanheim & deux quints de l'antérieur par son Mariage avec Anne fille unique de Frederic Comte de Veldentz : il fut Chef de la Branche de Simmeren qui parvint à l'Electorat en 1444. après la mort de l'Electeur Otton-Henri qui ne laissa point d'enfans. Frideric le Victorieux envahit la Seigneurie de Boxberg & s'appropria le Comté de Lutzelstein en 1452. après en avoir chassé les Comtes de ce nom. Otton-Henri eut de la succession de George le Riche, Duc de Baviere, la Principauté de Neubourg. Louïs IV. embrassa la Confession d'Ausbourg & unit à son domaine l'Abbaye de Franckendal & la Prévôté de Seltz. Friderie IV. changea de Religion & se fit Calviniste, & Friderie V. ayant accepté la Couronne de Bohême de la main des Rebelles fut dépouillé de ses Etats & de l'Electorat après avoir perdu la bataille de Weissenberg, il fut contraint de se sauver en Hollande. L'Empereur Ferdinand II. donna la Dignité Electorale avec le Haut Palatinat à Maximilien Duc de Baviere ; les Bailliages de Barckenstein & de Weiden au Duc de Neubourg ; une partie du Bas-Palatinat aux Espagnols : le Bailliage de Germersheim à l'Archiduc Léopold Guillaume Evêque de Strasbourg : l'Electeur de Mayence reprit le Bergstrat : le Grand-Maître de l'Ordre Teutonique & les Evêques de Worms & de Spire profitérent de cette occasion pour rentrer dans les biens usurpez par les Electeurs Palatins ; & le Landgrave de Hesse Darmstad qui étoit dans le parti de l'Empereur eut les Bailliages d'Uzberg & d'Umbstat.

Le Roi d'Angleterre indigné du mauvais traitement qu'on faisoit à son Gendre, se déclara contre la Maison d'Autriche & par le Traité de Segebert il engagea le Roi de Dannemarck, les Provinces-Unies, l'Electeur de Brandebourg, les Ducs de Brunswic, de Poméranie & de Holstein & les autres Etats de la Basse-Saxe à soutenir les intérêts de l'Electeur Palatin & à le faire rétablir dans ses Etats. Mais tous les efforts qu'on fit en sa faveur ne purent obtenir son rétablissement : ce Prince mourut à Mayence vers la fin de 1632. laissant entre autres enfans Charles Louïs Comte Palatin du Rhin, qui rentra dans le Bas-Palatinat ; en sorte qu'il fut arrêté par le Traité de Munster conclu en 1648. que l'on créeroit un huitiéme Electorat pour les Descendans Mâles de la Branche Rodolphine, & que la Maison de Baviere jouïroit de la Dignité Electorale, ensemble de tous les Droits Régaliens, Offices, presséances & ornemens quels qu'ils fussent, appartenans à cette Dignité ; à condition que si la Branche Masculine Guillelmine venoit à manquer, non seulement le Haut-Palatinat, mais aussi la Dignité Electorale, dont les Ducs de Baviere étoient en possession, retourneroient aux Comtes Palatins, qui jouïroient cependant de l'Investiture simultanée, & qu'alors le huitiéme Electorat seroit supprimé. Charles-Louïs laissa cet Electorat à Charles son Fils qui mourut en 1685. sans laisser d'enfans. Leopold-Louïs Comte Palatin de Veldentz prétendit lui succéder dans l'Electorat, sur ce que se trouvant dans le rang des Collateraux avec Philippe-Guillaume Duc de Neubourg, descendant ainsi que lui du Duc Etienne qui n'avoit pas été Electeur, la Bulle d'Or ne pouvoit servir de Loi à leur égard, & qu'étant plus proche d'un degré que le Duc de Neubourg, cette proximité de degré devoit l'emporter sur la proximité de la Branche. Cependant malgré le bon droit de

ce

ce Prince, le Duc de Neubourg eut l'Electorat par l'appui de l'Empereur qui avoit épousé sa fille & par la diligence avec laquelle il se fit reconnoître par les Officiers du Palatinat, fondé principalement sur les Pactes de Famille faits entre la Branche Electorale d'Heidelberg & celle de Neubourg, confirmez par les Traitez de Westphalie; ce qui obligea le Prince de Weldentz de protester solemnellement à la Diète contre la possession du Duc de Neubourg par Acte du 4. Juin 1685.

Les Terres du Bas Palatinat, sont bornées au Septentrion par l'Archevêché de Mayence, le Haut-Comté de Catzenellebogen & le Comte d'Erpac; à l'Orient par une partie de l'Archevêché de Mayence & du Comté d'Erpac & par les Terres du Comté de Lewenstein & du Duché de Wirtemberg; au Midi par l'Alsace & par le Comté de Bade; & à l'Occident par l'Archevêché de Treves. Cinq Contrées faisoient autrefois sa Division, savoir le Crichgow, l'Ottenwald, le Comté de Spanheim, le Hundsruck & le Westereick. On ne se sert plus aujourd'hui de cette division. On désigne les Etats du Bas-Palatinat par les Terres que l'Electeur Palatin y possede.

| | | | |
|---|---|---|---|
| Au bas Palatinat. | L'Electorat où sont | Le Crichgow ou Les trois Bailliages de { Heidelberg, Mosbach, Bretten } | { Heidelberg. Manheim. Friderichsburg. } { Mosbach. } { Bretten. Sintzheim. Eppingen. } |
| | | Les XII Bailliages de { Boxberg, Lutzberg, Neustadt, Germersheim, Lautern, Altzey, Oppenheim, Creutznach, Stromberg, Bacharach, Simmern, Kirchberg } | { Boxberg. } { Ultzberg. } { Neustadt. Frankenthal. } { Germersheim. } { Kaysers-Lautern. } { Altzey. } { Oppenheim. Ingelheim. } { Creutznach. Ebernburg. } { Stromberg. } { Bacharach. } { Simmern. } { Kirchberg. } |
| Les autres Etats sont | | Le Duché de Neubourg où sont | { Neubourg. Laugingen. Keyfersheim ou Keisheim. Hochstadt. } |
| | | Le Duché de Juliers où sont | { Juliers. Duren. Aix-la-Chapelle. } |
| | | Le Duché de Bergen où sont | { Duffeldorp. Solingen. } |
| | | La Seigneurie de Ravenstein | { Ravenstein. } |

Nous parlons ailleurs des Etats de Deux-Ponts, de Birckenfeld, de Weldentz & de Sultzbach possedez par des Branches de la Maison Palatine. Deux de ces Branches sont éteintes, savoir Weldentz & Deux-Ponts. La Succession de cette derniere est encore en litige.

Le terroir du Bas Palatinat est bon & le Pays est beau. Le cours du Rhin & celui du Necker en rendent la situation avantageuse; mais les malheurs de la guerre lui ont causé des pertes dont il a bien de la peine à se relever.

Peu de Princes d'Allemagne ont d'aussi beaux droits que l'Electeur Palatin. Tous les Pays qui se trouvent entre Andernach & Coblents, & entre les Comtez de Wirnembourg, de Mandescheid, de Wiedt & de Sain, avec la plus grande partie du Duché de Juliers relevent de lui. Lors que l'Empereur est accusé, ou que l'on intente procès contre lui, c'est devant cet Electeur qu'une Coûtume fort ancienne, confirmée par la Bulle d'Or, l'oblige à répondre. Il peut racheter les Seigneuries & les lieux dépendans de l'Empire, quand les Empereurs les ont engagez, & il a la protection des Ouvriers en cuivre dans quelques Contrées de la Franconie. Il jouït du Wildfang dans les Etats de ses voisins & sur les Terres de la Noblesse immédiate du Rhin. Le Wildfang est le Droit de propriété sur les Bâtards, Etrangers & Gens sans aveu qui viennent s'établir dans ces Pays & qu'il répete pour ses Sujets. Ces sortes de gens sont nommez Wildfang en Allemand, du mot *Wild*, qui signifie une chose de Domaine incertain, & de celui de *Fangen*, qui veut dire prendre. Ceux qui viennent habiter les lieux sujets au Wildfang ne sont réputez Sujets de l'Electeur Palatin, qu'après qu'ils y ont demeuré un an & un jour; c'est le terme donné à leurs Seigneurs naturels pour les reclamer. Après ce tems-là il acquiert sur eux toute sorte de propriété, & en exige les Droits ordinaires, qui sont de lui prêter serment de fidélité, de donner à l'Officier

ficier qui leur commande un florin pour leur réception, de payer le Cens annuel pour leur personne & plusieurs autres.

PALATINUS-MONS ; Montagne d'Italie, l'une des sept sur lesquelles la Ville de Rome étoit bâtie. C'est celle que Romulus environna de murailles pour faire la première enceinte de la Ville qu'il fit bâtir. Il choisit ce lieu parce qu'il y avoit été apporté avec son frére Remus, par le Berger Faustulus qui les avoit trouvez sur le bord du Tibre , & qu'il vit d'ailleurs douze Vautours qui voloient sur cette Montagne, au lieu que Remus n'en vit que six sur le Mont Aventin. Les uns veulent que ce Mont fut appellé Palatin, de *Palès* Déesse des Bergers, qu'on y adoroit: d'autres le dérivent de *Palatia*, femme de Latinus, & d'autres les *Pallantes* Originaires [a] de la Ville de Pallantium dans le Peloponèse, & qui vinrent s'habituer en cet endroit avec Evander. La Maison des Rois qu'on a appellée de là *Palatium* ; c'est-à-dire Palais , étoit sur cette montagne. Pausanias [b] dit que les Lettres L. & N. ayant été ôtées, du mot *Pallantium*, on forma le nom de cette Maison. L'Empereur Heliogabale fit faire une Galerie soutenue de piliers de marbre, qui joignoit le Mont Palatin avec le Mont Capitolin. On y a vu dix Temples fort magnifiques , seize autres petits & quantité de superbes bâtimens, dont on admiroit l'Architecture ; mais ce quartier de la Ville n'a plus rien aujourd'hui de considérable que quelques jardins qui sont assez beaux.

PALATIUM, Ville d'Italie, dans le Pays des Aborigénes. Denys d'Halicarnasse [c] & Varron [d] parlent de cette Ville. Elle étoit à 25. Stades de Reatæ près de la Voye Quintia.

PALATIUM ; Voyez au mot AD, l'Article AD-PALATIUM.

PALAZZO. Voyez au mot AD l'Article AD-PALATIUM.

PALAZZUOLO, ou PALAZZOLO, [e] petite Ville du Royaume de Sicile, dans le Val de Noto, sur le bord de la Riviére Bufaro, vers sa source, à environ vingt milles à l'Occident de Syracuse. Selon la position que lui donne Mr. de l'Isle dans sa Carte de l'ancienne Sicile, ce devroit être l'ancienne *Acræ*.

PALAZZUOLO, Bourg d'Italie, [f] dans le Bressan, & dans le Quartier appellé Franzacurta, sur l'Oglio, environ à cinq milles du Lac d'Iseo, à l'Occident, & à deux milles de Ponte Oglio, du côté de l'Orient. Le Bourg appartient à la République de Venise.

PALE, Bourgade d'Italie, [g] dans l'Ombrie, à quatre lieues de la Ville de Foligni, du côté de l'Orient, sur le chemin de Lorette. Elle appartient à la Famille des Marquis d'Elisei, qui en sont les Seigneurs & les Protecteurs perpetuels. Ils y ont un magnifique Palais, avec un Parc de Bêtes fauves, un beau jardin & un vivier. Ce qu'il y a de plus singulier au même Palais est une grotte souterraine, ouvrage de la nature, d'une structure admirable & qui attire la curiosité de tous les Etrangers qui passent par cet endroit.

PALEA. Voyez DYME.
PALEACATE. Voyez PALIACATE.
PALEAS, Lieu dont fait mention Ammien Marcellin : [h] il devoit être sur la Côte de la Pamphylie, ou sur celle de la Cilicie. Ce lieu étoit fortifié.

PALEIS, Ville de l'Isle de Cephalenie, selon Pausanias [i] & Thucydide [k]. Polybe [l] écrit *Palæa*, Sophien prétend que c'est *Palichi*. Les Habitans s'appelloient PALLENSES.

PALENCIA, Ville d'Espagne, [m] dans le Royaume de Léon, sur une petite Riviére nommée Carrion, & dans un terroir très-fertile. Elle est honorée d'un Evêché fort ancien, suffragant de l'Archevêché de Burgos. L'Evêque qui a vingt-quatre ou vingt-cinq-mille Ducats de rente, porte le titre de Comte. Ce qu'il y a de plus remarquable dans Palencia, c'est l'Eglise de St. Antolin que le Roi Sanche le Grand fit bâtir en l'honneur de ce Saint, en mémoire d'un miracle qu'il lui avoit vu faire étant à la chasse du Sanglier. Cette Ville connue anciennement sous le nom de *Palantia* & *Pallantia*, [n] avoit été ruinée de fond en comble. Elle demeura long tems dans ce triste état ne présentant à la vue que des murailles à demi abattuës, des masures & des restes d'édifices d'une Architecture ancienne, qui montroit sa première splendeur. Le Roi Sanche entreprit de la rétablir sur la fin de ses jours, & l'orna de divers beaux Edifices. Le Roi de Castille Alphonse IX. que d'autres appellent Alphonse VIII. suivant un calcul différent, fonda en cette Ville une Université, vers le commencement du XIII. siécle, à la priére de l'Evêque Roderic, & c'étoit la première qu'on eût vu dans l'Espagne Chrétienne depuis l'invasion des Maures. Ferdinand son petit-Fils la transporta peu de tems après à Salamanque environ l'an 1239.

PALENTIA MASSA. On trouve ce nom dans Cassiodore [o]. Ortelius soupçonne que ce pourroit être quelque lieu d'Italie.

PALENSERTHAL, ou PALENZERTHAL. Voyez VAL-BRENNA.

PALENUDO. Voyez PALINURO.

1. PALEOCASTRO, ou CHATEAUVIEUX, selon le Grec vulgaire ; Ville de l'Isle de Créte dans les terres, à quelques milles au Midi du Port de Chisamo. Elle est à présent entiérement ruinée. Les gens du Pays ignorent l'ancien nom de cette Ville : il est pourtant à croire que c'étoit la Ville d'Aptere, puisque Strabon [p] avance que Chisamo en étoit l'Arsenal & le Port. [q] En effet Chisamo est un Port de Mer, sur une grande rade formée par les cornes du Cap des Grabuses & du Cap de Spada : or les ruïnes de Paleocastro, à la vue de ce Port, sur une roche escarpée & fortifiée par la Nature : c'est au pied de cette roche entre la Ville & la Mer qu'est ce fameux Champ où les Sirénes vaincues par les Muses dans un célébre

bre défi de Musique perdirent leurs aîles. Voyez APTERA. Il n'y a pas beaucoup d'anciens Marbres dans les ruïnes d'Aptére quoiqu'elles soient de grande étendue. On y voit une assez belle Frise qui sert de Linteau à la porte d'une Chapelle pratiquée dans un rocher, & l'on doit remarquer en passant que c'est un des Quartiers de l'Isle où il y a le plus de grottes & de cavernes. Joignant la roche, à l'un des coins d'une des anciennes portes de la Ville, on lit sur une longue pierre en caractères parfaitement beaux IMP. CAESAR: comme on ne trouve point le reste de l'Inscription, on ne peut savoir de quel Prince elle parle. Sur un autre morceau de pierre, qui sert de Linteau à la porte d'une masure, on lit ces caractères IVII. COS. III. Tout cela marque que la Ville a été considérable dans son tems; & il n'y auroit aucun doute que Paleocastro ne fût le reste de l'ancienne Ville d'Aptére, n'étoit que Strabon ne la place qu'à dix milles de la Canée; mais peut-être que cet endroit de Strabon est corrompu.

*a Coronelli Carte de l'Isle de Candie.*

2. PALEOCASTRO, Forteresse de l'Isle de Candie, [a] sur la Côte Orientale de l'Isle, entre le Cap Sidero, & le Cap Paleo. Les Italiens qui la bâtirent, selon le Pére Coronelli, la nommérent ALBA. Il croit que c'est l'*Anteron* de Pline ou l'*Itanus* de Ptolomée. Ce dernier sentiment est le plus probable. Aujourd'hui, les Italiens appellent cette Forteresse, *Paleocastro di Sitia*.

*b Le P. Caronelli, Carte de l'Isle de Candie.*

3. PALEOCASTRO, ou POLICASTRO; [b] Château de l'Isle de Candie, sur la Côte Septentrionale, à quelques milles de Candie du côté de l'Ouest, au Midi de S. Maria de Fraschia.

PALEO-LAMBRICA. Voyez LAMPRÆ.

*c De l'Isle Atlas.*

PALEOPOLI, Bourgade de la Morée, [c] sur la Côte Occidentale du Golphe de Colochine, un peu au dessus de Passava. Cette position fait croire que c'est l'ancien Port *Gythium*.

PALEOPOLIS, Ville Episcopale de l'Asie propre, selon la Notice de Leon le Sage, qui le range sous l'Archevêché d'Ephése & lui donne le dernier rang parmi les Evêchés de la Province.

*d Michelot. Portulan de la Méditer. p. 130.*

PALERME, Ville de Sicile, [d] dans le Val de Mazzara, sur la Côte Septentrionale de l'Isle, au fond d'un Golphe du côté de l'Ouest. Elle est située dans une très-belle Plaine, sur le bord de la mer, & cette plaine qui est fort grande est bordée par une quantité de Montagnes ou Collines sur l'une desquelles, vers le Sud-Ouest de la Ville & environ à une lieue est la Ville de Mont-Real; sur les autres on voit de belles maisons de plaisance, qui font le séjour ordinaire de la Noblesse de la Ville, à cause qu'elles ont la mer en perspective.

Cette Ville, qui est l'ancienne *Panormus*, est Archiépiscopale & seroit la seule Capitale de l'Isle, si la Ville de Messine ne lui disputoit ce titre. Voyez à l'Article MESSINE les fondemens de cette dispute. On convient néanmoins assez généralement que Palerme l'emporte sur Messine, par la quantité de gens de condition qui y résident, par la beauté de ses Edifices publics & de ses maisons & par la distribution de ses rues qui sont tirées au cordeau & dont la longueur est remarquable. La plus grande est celle de Cassaro, qui passant d'un bout à l'autre de la Ville la divise en deux parties. Elle commence près du Palais du Viceroi, où elle est un peu plus élevée qu'à la porte de la mer où elle finit.

*e Corn. Dict. Jouvin de Rochefort, Voy. d'Italie & de Malthe.*

Le Palais du Viceroi [e] est grand & accompagné d'un fort beau jardin. Il est voisin des murailles de la Ville, où il sert comme de Château pour en défendre le Port; car du côté que la Ville le regarde elle est fortifiée de quelques grosses Tours qui environnent ce Palais. Deux grands Pavillons & un Corps de logis qui les joint ensemble, font le principal du Bâtiment & enferment une grande Cour, où tout à l'entour sont des Galeries qui donnent entrée dans tous les appartemens. La Place qui est au devant de ce Palais est ornée de la Statuë de Philippe IV. Roi d'Espagne, dont le piedestal où ses trophées sont en bas relief, au milieu de quatre figures qui représentent les quatre Vertus Cardinales, enfermées d'une double balustrade, le tout d'un marbre blanc le plus fin qu'on puisse voir. Le Grand Hopital du St. Esprit est sur la droite de cette grande Place, & sur la gauche est l'Eglise Archiépiscopale, au milieu de quatre Clochers qui témoignent son ancienneté: Le Grand Autel de cette Eglise est enrichi des figures de plusieurs Apôtres entre des Colomnes de jaspe & de porphyre. Il y a une Chapelle considérable par le dépôt de plusieurs saintes Reliques, richement enchassées en or & en argent: les principales sont celles de Ste. Christine & de Ste. Rosalie fille d'un Roi d'Espagne, & qui passa sa vie en austérité dans une grotte du Mont Pérégrin, aux environs de Palerme. Son corps y ayant été trouvé fut transporté dans cette Chapelle; & cette Sainte ayant par son intercession délivré la Ville de la peste, fut depuis reconnuë pour la Patrone de Palerme. Dans la même Eglise, (qui a pour Inscription, au dessus de la petite porte: *Prima Sedes, Corona Regis, Regni caput*, pour faire entendre que Palerme a été la Capitale de la Sicile,) sont deux tombeaux de porphyre, l'un d'Henri & l'autre de Frédéric son Fils, Rois d'Espagne. On voit dans une belle Place de la même rue de Cassaro, devant un fort grand Palais, la figure de bronze de l'Empereur Charles V. Sur un Piedestal de marbre, & plus avant le Collége des Jésuites, qui est magnifique dans son bâtiment. L'Eglise de St. Matthieu, autrement de l'Ame, n'est pas moins admirée pour la quantité de marbre & pour les peintures dont ses chapelles sont enrichies, que pour la beauté de son portail, où sont plusieurs rangs de colomnes les unes sur les autres qui soutiennent la figure de St. Matthieu en marbre très-rare. Cette Eglise est proche du Carrefour, qui fait la moitié de cette rue, où elle est croisée par la rue neuve la plus belle de la Ville après celle de Cassaro. La plûpart des autres aboutissent à l'une de ces deux qui vont d'un bout à l'autre de la Ville. Le carrefour de ces deux grandes rues mérite d'être compté parmi les belles Places, puisqu'aux quatre coins il y a autant de Palais, autant de fontaines avec leurs bassins, & autant de Statues des Rois d'Espagne, qui sont celles de Charles V. de Philippe II. de Philippe III. & de Philippe IV. Cependant tout cela est peu de chose en comparaison de la merveilleuse fontaine qu'on voit à quelques pas delà, dans la grande Place où est le Palais de la Justice, qu'on appelle *Palazzo del Preto*, ou *la Tavola*, & qui est admirable pour sa grandeur, pour ses ornemens & pour son Architecture. Cette Fontaine la plus majestueuse de toute l'Italie, a plusieurs bassins les uns sur les autres, distinguez par des galeries, où l'on monte comme sur autant de Théatres pour y admirer la diversité des animaux qui y jettent l'eau d'une maniére différente, mais fort agréable ainsi que quelques Statues qui contribuent à orner ce grand Ouvrage, qui occupe près de près de cent pas d'étenduë. Au dessus de ces bassins est une tête soutenuë de quatre figures qui reçoit les eaux de plusieurs jets fort élevez. De chaque côté il y a divers petits animaux qui s'en envoyent l'un à l'autre. Ainsi à regarder le marbre de cette fontaine, la quantité de ses figures & la magnificence de sa structure, elle peut passer pour une piéce des plus rares d'Italie. En général les fontaines sont en si grand nombre à Palerme, qu'il n'y a aucune Place publique, aucun Palais, ni même aucun Monastère où l'on ne voye des grottes & des jets d'eau. Les Napolitains ennemis des Habitans de Palerme, ne laissent pas de dire pour diminuer cet avantage: *A Palermo l'aqua non val niente.* On admire dans l'Eglise des Théatins, qui sont tous Nobles, la quantité de piliers de marbre qui la soutiennent: leur grosseur & leur hauteur ne sont pas moins admirables; car chacun de ces Piliers est d'une seule piéce. Proche de la grande porte sont deux tombeaux & il y a une Fontaine au dedans de l'Eglise. L'eau en est recherchée l'Eté pour sa fraîcheur; & on en porte, selon l'usage de la Sicile, à ceux qui entendent le Service, pour les rafraîchir. La grande Chapelle *del Santo Crocifisso* est sous l'Eglise. Il y a une Congrégation qui fait qu'on vient tous les soirs de tous les quartiers de la Ville, entendre une exhortation & quelques priéres qui se font dans cette Chapelle, où l'on ne voit pour tout ornement qu'un Christ mourant sur la Croix. Cette Confrairie est ordinaire dans toutes les Eglises des Théatins, qui sont en grand nombre en Sicile. Dans la grande rue de Cassaro sont encore le grand Palais de la Vicairerie & les prisons de la Ville; & plus avant on trouve la belle Place de la Marine, qui a pour ornement le grand Palais de la Drana. On ne voit par-tout qu'Edifices magnifiques jusqu'à la porte de la mer qu'on peut appeller un Arc de triomphe pour sa hauteur, pour son Architecture & pour plusieurs Statues qui représentent comme autant de trophées de différens Rois d'Espagne dont les figures y sont élevées en marbre. Ce qui est le plus agréable dans cette grande rue, c'est que dans toute sa longueur on voit à travers cet Arc de triomphe la pleine mer, qui fait une perspective d'autant plus charmante qu'elle représente un grand Canal qui donne beaucoup de plaisir à ceux qui s'y promenent, y ayant une grande Place bordée d'un Quai revêtu de grosses pierres de taille & embelli de plusieurs fontaines. Ce Quai regne tout le long de la largeur de la Ville, qui en est séparée par ses murailles & par ses autres fortifications, après quoi on entre dans une belle allée d'arbres, servant de cours aux Carosses, qui après avoir passé par la grande rue de Cassaro, entrent sur ce Quai, & tournent ensuite le long des murailles de la Ville, par cette allée qui finit au Couvent de St. Antoine de Padouë, dont les Cloîtres sont fort estimez pour l'excellence de leurs peintures, pour les Jardins & pour la beauté de leurs fruits. L'Eglise des Jésuites appellée le *Jesu*: c'est un Edifice superbe tant pour son Architecture pour ses peintures & sculptures; mais sur-tout pour ses piliers qui sont comme tapissez de marbre, de porphyre, & d'autres des plus exquis, travaillez en figures, comme de Lions, d'Oiseaux & de fleurs, de diverses pierres rares de rapport. Les Chapelles qui sont autour de la Nef sont ornées des plus exquises peintures & de sculptures en bas relief. Ce sont autant de chefs-d'œuvre; mais sur-tout celles qui accompagnent les deux côtez du Grand-Autel à cause de leurs belles Colonnes entremelées de plusieurs figures, comme de celles de St. Ignace, de St. François Xavier, qui sont en marbre le plus rare de Sicile, & de balustrades qui les ferment, sans parler de son pavé de pierres rapportées en façon de tapis de Turquie. [a] Devant la Ville de Palerme il y a un petit port pour des barques; & environ six cens toises vers le Nord-Ouest de la Ville, il y a un Mole, ou une longue jettée, où peuvent mouiller de moyens Bâtimens & des Galéres. Ce Mole s'avance vers le Sud environ deux cens toises, & quatre cens du côté de l'Ouest faisant un angle droit. Sur l'extrémité du Mole, il y a deux batteries de Canon & une Tour au milieu, où l'on allume le soir un Fanal en faveur des Bâtimens qui y viennent de nuit. Presque par le milieu du Mole il y a un petit Fort, & au bout du Mole, du côté de la terre, il y a une petite Forteresse à quatre bastions, & dans le fond on voit plusieurs grands Magasins & Arsenaux de Galéres & diverses autres maisons; mais le côté du Sud-Ouest est rempli

[a] *Michelot, Portulan de la Méditerranée p. 130.*

PAL.      PAL.     27

pli de roches à fleur d'eau & fous l'eau. Ainfi pour venir mouiller dans la rade de Palerme, on mouille prefque vis-à-vis de la Ville & à la tête du Mole, où il y a 18. 20. & 22. braffes d'eau fond d'herbe vafeux; & fi l'on veut entrer dans le Mole il faut ranger fa pointe où il y a 12. à 15. braffes d'eau; enfuite on conduit le long du Mole jufque dans le fond, fi on le veut, puis on mouille le premier fer de la gauche, & on met la poupe de la Galére proche du Mole, avec deux amarres, ayant la proue vers l'Oueft-Sud-Oueft, où l'on porte un autre fer. On peut refter affourché proche l'entrée du Mole: c'eft là où fe mettent les Vaiffeaux par 5. à 6. braffes d'eau fond d'herbe vafeux: les vents d'Oueft & de Sud-Oueft, quoiqu'ils viennent du côté de terre ne laiffent pas d'y être incommodes. Le Traverfier de la rade eft l'Eft-Nord-Eft qui caufe groffe mer. Si l'on veut aller mouiller avec de petits Bâtimens dans le petit port qui eft devant la Ville il faut ranger à difcrétion la pointe de la gauche, où eft le plus profond, parce que fur la droite il y a un Château ras la mer devant lequel on trouve plufieurs roches fous l'eau & qui s'avancent en mer. Dans le milieu de ce paffage il y a cinq à fix braffes d'eau & du même côté dans le fond du Port deux à trois braffes.

Après que l'on a paffé le fauxbourg où font les Magafins & l'étape des vins qui viennent de dehors la Ville, on trouve un grand Quai orné de plufieurs Fontaines qui font devant l'Arfenal de la Mer; & plus avant on voit les grands Greniers à bled de Sicile, où il en croît en telle abondance qu'elle en fournit plufieurs Etats de l'Europe. Ce Quai l'une des plus belles promenades de Palerme finit au Château de *Fortezza del Molo*. De la porte de St. George, où on peut aller à l'ombre d'une agréable allée d'arbres jufqu'au Couvent des Minimes & plus avant en côtoyant les rempars de la Ville, à celui des Capucins, qui eft dans une fituation toute charmante, à caufe des grands jardins d'alentour, qui font arrofés de plufieurs Fontaines & de belles fources qui fe trouvent dans ce lieu profond.

La Ville de Palerme a eu la gloire d'être la Patrie de Ste. Agathe, auffi confidérable par fa naiffance que par fa beauté. Quintianus Gouverneur de l'Ifle pour l'Empereur Décius, employa toute forte de moyens pour fe faire aimer de cette Sainte, & n'ayant pu l'engager à fatisfaire fa paffion, ni l'attirer à l'Idolatrie, il eut la cruauté de lui faire arracher les mammelles, après quoi on la roula toute nue fur des charbons ardens & fur des pointes de pots caffez. Ste. Agathe fouffrit ce fupplice, avec une fermeté fans pareille, & fut ramenée enfuite en prifon où elle mourut le 5. de Fevrier 251.

Le GOLPHE DE PALERME, en Latin *Panormitanus Sinus*. C'eft un trèsgrand enfoncement fur la côte Septentrionale de la Sicile. Il eft compris entre le Cap Sabran ou le Mont Gerbin & le Mont Pelegrino ou Peregrin, qui font éloignez de près de douze milles l'un de l'autre, Sud-Eft-quart d'Eft, & Nord-Oueft quart d'Oueft. Son enfoncement eft de cinq milles, & c'eft dans le fond de ce Golphe du côté de l'Oueft qu'eft la Ville de Palerme qui lui donne fon nom. On peut approcher toute cette Côte affez près. Il y a une grande profondeur d'eau, comme par tout le Golphe.

PALERME, ou PALORME, Ville de l'Anatolie, fur la côte de la Mer de Marmora, à l'embouchure de la Riviére de Lartachi, à l'Orient de Spiega. Malgré tout ce que peut dire Mr. Corneille [a], ce ne peut être l'ancienne Cyzique, qui étoit fituée fur l'Ifthme ou plutôt à la pointe Méridionale de l'Ifle à laquelle elle donnoit fon nom.

PALESCHEID, ou PALLESCHEID, Bourgade d'Allemagne dans l'Electorat de Treves, environ à une lieue au Midi de la petite Ville de Schoineck, à l'Occident de la Forêt de Kyll. Quelques-uns prennent cette Bourgade pour l'ancienne *Aufava* ou *Aufana*. Voyez AUSANA.

PALESIMUNDUS, Ville de l'Ifle de Taprobane, felon Pline, [b] qui donne le même nom à un Fleuve de cette Ifle. Ptolomée [c] & Marcianus Heracl. [d] difent que l'Ifle s'appella auffi anciennement du même nom.

PALESTINE. Ce mot fe peut prendre dans un fens étendu, ou dans un fens limité. La PALESTINE, dit Dom Calmet [e], prife dans un fens limité marque le Pays des Philiftins, ou des Paleftins, qui occupoient cette partie de la Terre promife qui s'étend le long de la Méditerranée, depuis Gaze au Midi, jufque vers Lydda au Septentrion. Il femble, dit Dom Calmet, que les Septante ont cru que le mot Hebreu *Philiftiim* fignifioit des Etrangers, puifqu'ordinairement ils le traduifent par *Allophyli* qui fignifie des Etrangers, des hommes d'une autre Tribu.

Quand le terme de PALESTINE fe prend dans un fens plus étendu, il fignifie tout le Pays de Chanaan, toute la Terre promife, tant en deçà qu'au delà du Jourdain, quoiqu'affez fouvent on le reftreigne au Pays de deçà le Fleuve: en forte que dans les derniers tems la Judée & la Paleftine paffoient pour une même chofe. On trouve auffi le nom de *Syria Palæftina* donné à la Terre promife, & on comprend même quelquefois cette Province dans la Célé-Syrie, ou dans la Syrie Creufe. Hérodote [f] eft le plus ancien Ecrivain que nous connoiffions qui parle de la SYRIE PALESTINE: [g] il la place entre la Phénicie & l'Egypte. Voyez ce que j'ai dit aux mots CHANAAN & JUDE'E.

PALESTRINE, autrefois PRÆNESTE; [h] Ville d'Italie, dans la Campagne de Rome, à l'Orient de cette Capitale dont elle eft éloignée de plus de vingt milles. Le Temple de la Fortune Primigénie, qui rendoit cette Ville fi célébre a été tellement culbuté, qu'il n'y refte plus que le feul premier mur inférieur [i] entiérement bâti de briques & dans lequel on voit une grande quan-

[a] Dict.

[b] Lib. 6. c. 22.
[c] Lib. 7. c. 4.
[d] in Peripl. p. 39.

[e] Dict.

[f] Lib. 7. c. 89.
[g] Lib. 2. c. 6.

[h] *Magin*, Carte de la Campagne de Rome.

[i] *Labat*, Voy. d'Italie t. 4. p. 43. & fuiv.

D 2

tité de niches posées les unes sur les autres en deux lignes; mais sans aucunes Statues ni inscriptions. Sans ce mur il y auroit long-tems qu'une partie de la Montagne seroit éboulée. Ce Temple occupoit toute la partie de la Montagne, dont les différentes terrasses étoient ornées de bâtimens à l'usage des Prêtres & des filles destinées au service de la Déesse. L'Autel étoit presque au haut de la Montagne, n'y ayant au-dessus qu'un Bois consacré & au-dessus du Bois un petit Temple dédié à Hercule.

On voit par la situation présente de la Ville de Palestrine, que la Montagne sur laquelle le Temple étoit bâti, avoit été partagée en cinq terrasses. On en trouve encore aujourd'hui des vestiges dans les quatre rues qui composent la Ville. La plus grande de ces rues est la plus basse: les maisons n'y ont aucune beauté; & on n'y voit guère que quelques mauvaises boutiques d'Artisans, de Merciers & de Vendeurs de chairs salées. L'Eglise Cathédrale est sur la seconde Terrasse; elle n'est pas grande, mais elle est propre, & paroît aujourd'hui toute neuve par les grandes réparations & les embellissemens, que le Cardinal Porto-Carrero qui en a été Evêque y a fait faire. Le Chapitre est peu considérable. L'Eglise & le Couvent des Carmes sont à la troisième terrasse: ce sont des Carmes chaussez & mitigez. Leur Cloître est ouvert de deux côtez & on y jouit d'une fort belle vue. En montant encore deux terrasses, qui ne sont pas aisées; car la Montagne de Preneste est haute & rude, on arrive à la cinquième terrasse où étoit le Temple de la Fortune, & où est aujourd'hui le Palais Barberin, précisément, à ce que l'on dit, dans l'endroit où étoit le Simulacre de la Fortune & la Cassette des Sorts. A l'exception de la vue, qui ne peut pas être plus belle, ce Palais n'a rien de fort extraordinaire. On y voit une Sale de moyenne grandeur, pleine de rateliers garnis d'armes comme vieux fusils à crocs, arquebuses à rouet & autres. On dit que l'Arsenal est sous le Palais & qu'on y garde nombre de beaux canons de fonte. Les meubles étoient neufs du tems d'Urbain VIII. & de ses Ancêtres: les fauteuils sont à bras de bois, peints en rouge, avec des sièges de cuir imprimé, où l'on remarque encore quelques restes de dorure. Les lits sont à colonnes de fer assez courtes & les miroirs à petites glaces & à larges bordures. Les appartemens sont pourtant assez bien distribuez. Ce qu'on y voit de meilleur est un petit Salon au bout du Vestibule: son plancher est une très-belle Mosaïque, représentant les différens états & conditions des hommes, qui travaillent toute leur vie à chercher une Fortune, à laquelle ils n'arrivent presque jamais. Rien n'est si beau que ce morceau de plancher, & il est très-bien conservé. Il peut avoir douze à quinze pieds de longueur sur dix de large. On assure qu'il a servi & qu'il est encore dans le même endroit où étoit la Statue de la Fortune. On montre dans ce Palais quelques petites Statues de la Déesse: c'étoient des vœux que les bonnes gens du tems passé lui avoient offerts; il y en a de marbre, d'autres de terre cuite, & d'autres, mais en petit nombre, de métal qui paroît avoir été doré, on voit aussi des couronnes de métal qu'on offroit à la Déesse.

La Chapelle de Ste. Rosalie est à la droite & un peu plus bas que le Palais. Elle est propre quoique peu ornée. Il y a deux Mausolées très-beaux: l'un du Prince Thadée, & l'autre du Cardinal Antoine Barberin. A côté est une espèce de Sacristie dans laquelle il y a deux Tombeaux fort simples qui renferment les corps de ces deux Seigneurs, avec ces mots sur l'un: *Depositum Thadæi Barbarini*; & sur l'autre: *Depositum Em. Card. Antonii Barbarini*. Ce Cardinal avoit été Grand Aumônier de France & Archevêque de Rheims. Le Prince Thadée avoit été Préfet de Rome, & tous deux comblez de biens par la France qui les avoit reçus & entretenus pendant leur exil, & les avoit ensuite fait rentrer dans la possession de leurs biens. Les jardins qui accompagnent le Palais sont très-peu de chose, & il ne reste plus rien du Bois consacré à la Déesse.

La Ville de Palestrine avoit été détruite par le Pape Boniface VIII. qui avoit transporté tous les Habitans au haut de la Montagne. Ils y étoient en belle vue & en bon air; mais très-serrez & très-incommodez. Ce lieu étoit plutôt une Forteresse qu'une Ville. Nicolas V. leur permit d'abandonner ce mauvais endroit: ils le laissèrent avec plaisir & le ruinèrent si bien, qu'il n'y reste plus qu'une Tour. La Ville fut rebâtie sur ces anciens fondemens. Il y a apparence que ce sont ces différens changemens qui ont ruiné tout ce qui restoit du Temple de la Fortune; les Habitans ayant pris des materiaux où ils en trouvoient le plus à portée. Cette Ville appartenoit en ce tems-là aux Colonnes qui l'ont depuis venduë aux Barberins. Il ne faut pas chercher plus loin pourquoi Boniface VIII. la fit détruire. Il est vrai qu'il paya un peu chérement ce mouvement de colére.

PALESTRINE (le Chemin de) C'est le nom que l'on donne aujourd'hui en Italie à la Voie Prenestine (*Via Prænestina*). [a] *Labat, Voy. d'Italie, t. 3. p. 220.*

PALET. Quelques-uns écrivent ainsi le nom du Village où naquit Pierre Abelard. Voyez PALAIS.

PALFURIANA, Ville de l'Espagne Citérieure: l'Itinéraire d'Antonin la met sur la route de Nîmes à Tarragone, entre *Antistiana* & *Tarragone*, à treize milles de la première & dix-sept milles de la seconde. Quelques MSS. portent *Pasfuriana* pour *Palfuriana*.

1. PALI, Champs de l'Arcadie au pié du Mont Phalantus selon Pausanias [b]. [b] *Lib. 8. c. 35.*

2. PALI, Peuples de Scythie, selon Diodore de Sicile [c]: il dit que les *Pali* & les *Napi* étoient les descendans de deux frères, l'un nommé Palus & l'autre Napus. [c] *Lib. 2. c. 43.*

PALIANA ou PALLIANA, Ville de la Seri-

## PAL.

*a* Lib. 6. c. Serique. Ptolomée *a* la place entre *Drofa-*
*b* Thefaur. 16. *che* & *Thogara*, & Caftald la nomme Pan-
conia, felon Ortelius *b*.

1. PALIACATE, Palicat, Palicate
*c De l'Ifle* & Paleacate, *c* Ville des Indes, fur la
Atlas. Côte de Coromandel, au Royaume de
Carnate, fur la route de Mafulipatan à
Gandicote, au Nord de Madras. Elle
eft fituée par 136. d. 30´. de Latitude Septentrionale dans une Plaine fablonneufe &
fterile. Ce n'eft qu'une Plage fans aucun port. Les vaiffeaux mouillent à une
petite demi-lieue de terre, fur huit ou
*d Schouten,* neuf braffes, fond de fable argilleux *d*; &
Voy. t. 1. p. il faut avoir une bonne connoiffance des
288. bancs & de l'inégalité des profondeurs
pour conduire les vaiffeaux dans les bons
mouillages. Palicate eft peuplée de Maures & de Gentives. Les maifons y font
affez ferrées & baffes. Au Nord de cette
Ville, il y a un Fort qui appartient aux
Hollandois & qu'on nomme le Fort de
Gueldres. Il eft en bon état & capable
de réfifter aux attaques des Maures. C'eft
un quarré régulier flanqué de quatre baftions, revêtus de pierres de taille, ainfi
que les Courtines, & bien garnis de canons.
Le foffé qui l'environne eft affez large,
mais à fec le plus fouvent. Comme le
fond eft de fable mouvant, il eft arrivé
quelquefois que les courans des eaux, qui
dans la mauvaife faifon font de vrais torrens ont ébranlé ce Fort. C'eft-là que les
*e Tavernier,* Hollandois *e* qui habitent le long de la
Voy. des In- Côte de Coromandel, tiennent leur Comp-
des, liv. 1. toir, & où demeure le Chef de tous ceux
c. 18. qui font dans les Terres du Roi de Golcon-
da. Il y a ordinairement deux cens Soldats ou environ en garnifon, outre plufieurs Marchands qui s'y tiennent pour le
Négoce, & autres gens qui après avoir
fervi la Compagnie tout le tems qu'ils y
étoient obligez fe font retirez en ce lieu.
Entre la Ville & le Fort on a laiffé une
place affez grande pour que le Fort ne
puiffe être incommodé du voifinage de la
Ville. Dans la Mouffon des pluyes il
arrive fouvent que les Terres baffes qui font
derriére fe trouvent couvertes d'eau; mais
cela ne dure guère : les eaux coulent affez
promptement dans la Mer, & il n'y a que
les petites Riviéres qui en demeurent en-
fiées, & où par le moyen des fables qui
s'y amaffent & qui les barrent il fe fait de
profonds canaux. C'eft dans ces canaux
que les Maures font paffer leurs bâtimens
plats, en les touant pour les mettre à
couvert de la violence de la Mer jufqu'à
ce que la bonne Mouffon foit venuë. La
maniére dont les Habitans de Palicat vont
prendre l'eau qu'ils boivent, a quelque
chofe de remarquable. Quand la mer eft
retirée, ils vont fur la grève la plus proche de la mer : ils y font des trous où ils
trouvent de l'eau douce qui eft excellente.

2. PALIACATE, ou Palicate, Montagne des Indes au Royaume de Carnate,
à fix ou fept lieues à l'Occident de la
Ville de Palicate. Cette montagne eft
fort haute & contribuë beaucoup à inonder le bas Pays qui l'environne, par les
eaux qui coulent dans la faifon des pluyes.

## PAL. 29

PALIANO. Voyez Palliano.
PALIBOTHRA, Ville de l'Inde en
deçà du Gange : Ptolomée *f* la donne aux *f* Lib. 7. c. 1.
Mandrales. Arrien *g*, qui parle auffi de *g* In Indicis,
cette Ville, l'appelle *Palimbothra* & la pla- c. 10.
ce au confluent de l'Erannoboa & du
Gange, aux confins des *Prafii*. Niger lui
donne le nom de *Vothara*; Thevet l'appelle *Jadafon*; Mercator la nomme *Ana*,
& Vincent le Blanc reffufcite le nom entiérement, en faifant une Ville de *Palimbrote*, que les Voyageurs ni les Cartes
ne connoiffent point.

PALICA, Ville de Sicile, felon Dio-
dore de Sicile *h*, & Etienne le Géogra- *h* Lib. 11. c.
phe. On en voit les ruïnes fur une hau- 87.
teur, au Nord Oriental du Lac appellé
*Palicinus Fons* & *Palicorum Lacus*. Voyez
Palici.

PALICATE. Voyez Paliacate.
PALICE (la) petite Ville de France,
dans le Bourbonnois *i*, Election de Mou- *i Pigariol,*
lins, fur la Riviére de Besbre. On ne Defcr. de la
compte dans cette Ville qu'environ trois- France, t. 6.
cens-fix feux & quatre-cens-cinquante Ha- p. 214.
bitans. Il n'y a qu'une Juftice de Seigneur,
& le Château eft antique & bien bâti.
Cette Ville ne laiffe pas d'être confidérable par fes Foires qui font au nombre de
douze, par fes Marchez qui fe tiennent
toutes les femaines & par le paffage de
ceux qui vont de Paris à Lyon : elle eft
auffi renommée par les bonnes bottes qui
s'y font,

PALICHI, Bourg de l'Ifle de Cephalo-
nie, fur le bord Occidental du Golphe
d'Argoftoli, vis-à-vis de la Ville de Ce-
phalonie. On croit que c'eft l'ancienne
Paleis. Voyez ce mot.

PALICI, Palici Dii, ou Palicorum
Fanum, Temple dans l'Ifle de Sicile, où
l'on rendoit un culte aux Dieux *Palici*. Ce
Temple étoit auprès de la Ville *Palica*,
qui en avoit pris fon nom *k*; & dans le *k Cluver.* Si-
voifinage il y avoit encore un Lac appellé cil. ant. lib.
*Lacus*, ou *Stagnum Palicorum*. Les An- 2. c. 9.
ciens crédules fur beaucoup de chofes,
éprouvoient la vérité des Sermens en jettant dans ce Lac des Tablettes fur lefquelles le ferment de celui qui juroit étoit
écrit, fi les Tablettes s'enfonçoient, on
le regardoit comme un parjure, & fi elles
furnageoient, on étoit perfuadé que fon
ferment étoit véritable.

PALICONIA, ou Palagonia, Bourg
de la Sicile *l*, dans le Val de Noto, vers la *l De l'Ifle*
fource de la Riviére de Palagonia, à quel- Atlas.
ques milles à l'Occident du Lac Beverio.
avec titre de Principauté. Ce Bourg n'eft
pas bien loin des ruïnes de l'ancienne *Palica*.

PALICOURS, Peuples de la France
Equinoxiale *m*. Ils habitent une partie de *m Corn. Dict.*
la Riviere d'Aricari & celles de Maricari, *Biet,* Voy.
d'Uninamari & de Caffipoure. Cette Na- de la Terre
tion eft affez nombreufe, & vit bien avec Equinox.
tous les Etrangers que la Traite du La- liv. 2. c. 11.
mentin attire chez eux, & dont ces Peu-
ples font la pêche dans leurs Riviéres, &
dans leurs Marais. Ils ont pour cela des
filets deux fois auffi forts que ceux de
France. La Riviére de Maricari fur-tout

D 3 eft

est très-abondante en toute sorte de poissons & il s'y trouve quelquefois jusqu'à cinq ou six Navires Anglois & Flamans pour le pêcher & le transporter dans les Isles, où ils l'échangent contre du Tabac & autres Marchandises. Après cette Riviére de Maricari, on trouve le Cap d'Orange, pointe en Langue de Terre qui avance fort dans la Mer du côté du Nord. Dans l'étendue de ce Cap sont deux Riviéres, savoir Epicouly & Agairi. C'est entre ces deux Riviéres qu'habitent les Palicours, gens bien faits & fort courageux, & qui peuvent mettre quatre-cens hommes de Guerre sous les armes. Ils sont ennemis mortels des Galibis, qu'ils alloient attaquer jusque dans les Riviéres qui forment l'Isle de Cayenne, avant que les François en fussent les maîtres.

1. PALIMBUAN, PALINBUAN, PALEMBAN, PALENBUAN ou PALEMBAON; Ville des Indes dans la partie Orientale de l'Isle de Sumatra, & la Capitale d'un Royaume de même nom. Elle est située au fond d'un Golphe, à l'embouchure de deux petites Riviéres.

2. PALIMBUAN, Royaume des Indes, dans la partie Méridionale de l'Isle de Sumatra. Il est borné au Nord par le Royaume de Jambi; à l'Orient & au Midi par la Mer ; & à l'Occident par une Chaîne de Montagnes, qui court au milieu de l'Isle. Il tire son nom de celui de sa Capitale. Les autres Places sont peu considérables,

Le DÉTROIT DE PALIMBUAN, est cet espace de Mer qui se trouve entre l'Isle de Banca à l'Orient & celle de Sumatra à l'Occident: il gît à peu près Nord-Ouest & Sud-Est.

PALIMBON, Ortelius dit: Siège Episcopal, sous la Métropole de Damas & cite Guillaume de Tyr. Les Notices Ecclésiastiques publiées par Schelstrate, écrivent différemment ce nom: celle de l'Abbé Milon, au lieu de *Palimbon* lit *Palimpon*, & met effectivement ce Siège dans la Syrie sous la Métropole de Damas, & la Notice de l'Evêque de Cathare porte *Panuporum* pour *Palimpon*.

PALIMBOTHRA. Voyez PALIBOTHRA.
PALIMBROTE. Voyez PALIBOTHRA.
PALINÆUM, Montagne de l'Isle de Cos. Voyez PELLENÆUM.

PALINII, Peuple d'Italie, selon Diodore de Sicile [a]: Ortelius [b] soupçonne que ce sont les *Pellenii* de Lycophron. Voyez PELLENII.

[a] Lib. 20.
[b] Thesaur.

PALINORMICUM, Lieu voisin de Constantinople, selon Pierre Gilles dans sa Description du Bosphore.

PALINURO, PALEMIRO, ou PALENUDO; Cap du Royaume de Naples, dans la Principauté citerieure, entre les Golphes de Policastro & de Salerne. Voyez PALINURUS.

PALINURUS, Promontoire d'Italie à l'extrémité du Golphe *Pæstanus*; aujourd'hui le Cap PALINURO, PALENUDO, ou PALEMIRO. On prétend que ce Cap a pris son nom de Palinure, Pilote d'Enée, qui étant accablé de sommeil se laissa tomber dans la Mer avec son gouvernail. Les flots, dit-on, ayant porté son corps jusqu'au Port de *Vilia*, les Habitans le dépouillérent & le rejettérent dans la Mer, ce qui leur attira une grande peste peu de tems après; sur quoi ayant été consulter l'Oracle d'Apollon, il leur fut dit pour réponse qu'il falloit qu'ils appaisassent les Manes de Palinure. Sur cette réponse ils lui dédierent un Bois sacré & lui dressérent un tombeau sur un Promontoire voisin, qui a retenu le nom de Palinure, comme le dit Virgile [c]:

[c] Æneid. Lib. 6. v. 380.

*Et statuent tumulum, & tumulo solemnia mittent,*
*Æternumque locus Palinuri nomen habebit.*

Pomponius Mela [d], Pline [e], Velleïus Paterculus [f] & autres parlent aussi de ce Promontoire; mais Denys d'Halicarnasse est, je pense, le seul qui y joigne un port de même nom.

[d] Lib. 2. c. 4.
[e] Lib. 3. c. 5.
[f] Lib. 2. c. 79.
[g] Lib. 1. n. 42.

PALINZA. Voyez OROSA.

PALIONENSES, Peuples d'Italie dans la Calabre, selon Ortelius [h] qui cite Pline, & ajoute qu'un MS. porte BALLIONENSES & un autre BALTONENSES. Les Editions de Dalechamp, des Elzevirs & du P. Hardouin ne connoissent point ces Peuples.

[h] Thesaur.

PALIRENSES, Peuples de l'Acarnanie, selon Thucydide [i]. Peut-être étoient-ils les Habitans de Palærus, Ville de la même Contrée. Voyez PALÆRUS.

[i] Lib. 118.

PALISCIUS AGER, Contrée de l'Arcadie, selon Pausanias [k].

[k] Lib. 8. c. 36.

PALISCUS. Voyez PALICI.

PALITINIOS, Siège Episcopal d'Asie, selon Guillaume de Tyr cité par Ortelius [l], qui le met sous Sergiopolis Métropole. La Notice du Patriarchat d'Antioche sous lequel étoit Sergiopolis ne lui donne que quatre Evêchés ; savoir,

[l] Thesaur.

Bozonovias,  Venoikala,
Marcopolis,  Hermenia.

Mais deux autres Notices, publiées par Schelstrate ; savoir celle de Nilus Doxapatrius & une autre qui est anonyme, donnent unanimement cinq Evêchés à cette même Sergiopolis : ainsi il est vrai-semblable que *Palitinios* l'un des cinq a été supprimé, ou obmis dans la premiere de ces Notices.

PALIURA, Ville de Macédoine: Suidas [m] dit que c'étoit la Patrie d'Antipater Fils d'Iolaus.

[m] In verbo Ἀντίπατρος.

PALIURUS, Lieu d'Afrique dans la Cyrénaïque, Ptolomée [n] le place au Nord d'un Marais, que quelques-uns ont cru avoir le même nom.

[n] Lib. 4. c. 6.

2. PALIURUS, Ville d'Afrique, dans la Marmarique, selon Ptolomée [o]. L'Itinéraire d'Antonin nomme cette Ville PANURUS: il la met aux confins de la Marmarique sur la route de Ptolemaïde à Alexandrie entre Papi & Michera, à trente-milles de la premiere & à vingt milles de la seconde.

[o] Lib. 4. c. 5.

PALLA, Ville de l'Isle de Corse: Ptolomée [p] la met la premiere sur la Côte Méridio-

[p] Lib. 3. c. 2.

# PAL.

ridionale : Ortelius dit que l'Itinéraire d'Antonin la nomme PALMA; mais il se trompe. Il a pris dans Antonin une route de Sicile pour une route de l'Isle de Corse. Niger croit que *Palla* est présentement *S. Bonifacio*.

PALLACANA CEPA, on trouve ce nom dans Apitius [a]; mais, dit Ortelius, il n'est pas sûr que *Pallacana* soit un nom de Lieu.

PALLACOPA & PALLACOTTA. Voyez PELLACONTA.

PALLADIS-PETRA, Nom d'un Lieu du côté de la Trœzéne, selon Ortelius [b] qui cite Euripide [c]. C'est le même lieu qui est appellé *Pallatides Scopuli* dans Callimaque, qui le place aux environs du Mont Creius.

PALLANTIA. Voyez PALANTIA.
PALLANTIAS. Voyez TRITON.
PALLANTIS MONUMENTUM, monument en Italie, environ à un mille de Rome, sur la voye Tiburtine, selon Pline [d] qui se rit si agréablement de ce Monument.

PALLANTIUM. Voyez PALATINUS.
PALLAS. Voyez TRITON.
PALLATIDES. Voyez PALLADIS-PETRA.

PALLE (le Cap de) Voyez au mot CAP, l'Article le CAP DE PALLE. Environ deux milles [e] au Nord-Est-quart-d'Est de la pointe de ce Cap est une petite Isle de moyenne hauteur qu'on appelle les FORNIGUES DU CAP DE PALLE. Du côté de l'Ouest de ces Fornigues, il y a un gros Ecueil & un plus petit entre les deux, & d'autres aux environs de l'Isle. Lorsqu'on veut passer entre le Cap de Palle & l'Isle Fornigue, il faut passer à mi-canal, rangeant tant soit peu plus la pointe du Cap que l'Isle, à cause d'une séche très-dangereuse, qui est près du dernier Ecueil de l'Isle & sur laquelle il n'y a que sept pieds d'eau ; mais en rangeant à discrétion la pointe du Cap de Palle on y peut passer librement,& avec toutes sortes de Bâtimens. Du côté Septentrional du Cap de Palle, il y a une grande Anse dans laquelle on peut mouiller, pour y être à couvert des vents depuis le Sud-Est jusqu'au Nord-Ouest. On y mouille lorsqu'on ne peut doubler le Cap de Palle.

1. PALLENE, Péninsule de la Macédoine : Elle avance dans la Mer Egée entre les Golphes Thermaïque & Toronique, Denys d'Halicarnasse [f] en parle : Etienne le Géographe dit qu'elle est de figure triangulaire, & Scylax [g] y met cinq Villes, qui sont :

| Potidæa, | Aphytis, |
| Mende, | Thrambus, |
| | Scione. |

La première de ces Places étoit bâtie sur l'Isthme & l'occupoit entiérement. Du reste, Pallene, comme Hérodote [h] l'a observé, s'appelloit anciennement *Phlegra*. Ptolomée [i] la nomme *Patalena*.

2. PALLENE, Ville de la Macédoine : Pline [k] & Etienne le Géographe la mettent dans la Péninsule de même nom.

3. PALLENE, Montagne de la Macédoine, selon Ortelius [l], qui la met dans la Péninsule de Pallene, & cite Eustathe.

4. PALLENE. Voyez HALCYONIÆ INSULÆ.

5. PALLENE, Municipe de la Tribu d'Antioche, dans l'Attique, selon Etienne le Géographe.

6. PALLENE, Contrée des Pays Septentrionaux, selon ces vers d'Ovide [m],

*Esse viros fama est in Hyperborea Pallene,*
*Queis soleant levibus violare corpora plumis,*
*Cum Tritoniacam novies subiere paludem.*

Mr. Corneille a rendu ces Vers de la sorte :

Dans le Nord, mais jamais rien ne fut moins croyable,
On parle d'un prodige à nul autre semblable.
Il vous étonnera : Vers Pallene, dit-on,
Se rencontre un Marais qu'on appelle Triton.
Là, tout homme qui veut, revêtu de plumage
Des oiseaux en volant partager l'avantage,
Trouve un moyen aisé d'en acquerir les droits,
Il n'a dans ce Marais qu'à se plonger neuf fois.

PALLENENSES, Peuples de la Tribu d'Attique. C'est Phavorin [n] qui en fait mention : Il se pourroit faire que ce seroient les Habitans du Municipe PALLENE. Voyez ce mot, N°. 5.

PALLENIDIS MINERVÆ FANUM, Temple dédié à Minerve Pallenide. Hérodote [o] fait entendre qu'il devoit être quelque part entre Athènes & Marathon. Euripide [p] connoît aussi un Bourg appellé Pallenide.

PALLENSES. Voyez NESIOTÆ.
PALLIANO ou PALIANO, petite Ville d'Italie [q], dans la Campagne de Rome, au Nord-Oriental de Segni & au Nord Occidental d'Apagni, à plus de vint milles à l'Orient de la Ville de Rome. [r] Cette Ville qui appartient au Connétable Colonne est située sur une hauteur qui commande tous les environs. Il n'y a rien de remarquable qu'un vieux Château ; encore est-ce assez peu de chose. Au bas de la Montagne sur laquelle la Ville est située, on voit un Couvent de Capucins, pauvre à la vérité, mais bien ménagé & fort propre aussi-bien que son Eglise.

PALLIENSES, Peuples ou Ville d'Italie, au voisinage de Rome, selon Vitruve [s].

PALLON, Ville de l'Arabie heureuse, selon Pline [t].

PALLURA, Ville de l'Inde en deçà du Gange : C'est Ptolomée [u] qui en fait mention.

1. PALMA, Ville dans la plus grande des Isles Baléares, selon Ptolomée [x], Pline [y] & Mela [z]. Ce dernier lui donne le titre de Colonie. Ambroise Moralis dit qu'elle retient son ancien nom & le Pére Hardouin prétend qu'on l'appelle présentement *Mallorca*.

2. PALMA. Voyez OLEA.
3. PALMA. Voyez PALLA.
4. PALMA, Bourgade d'Espagne dans l'Andalousie [a], sur la rive gauche du Guadalquivir, un peu au-dessous de l'endroit

où

# PAL.

où il reçoit les eaux du Xenil.

*a Magin, Carte de la Calabre ult.*

5. PALMA, Bourgade d'Italie [a], dans la Calabre Ultérieure sur la Côte Occidentale, à quelques milles au Midi de l'embouchure du Metauro ou Marro.

6. PALMA, Bourgade de l'Amérique Méridionale, au nouveau Royaume de Grenade [b], dans la Province que les Munios & les Colymas habitent, à quinze lieues de la Métropolitaine Santa-Fé, vers le Nord-Ouest. Elle a reçu des Espagnols le nom qu'elle porte. Ils la bâtirent en 1572. dans un terroir où l'air est plus chaud que tempéré.

*b Corn. Dict. De Laet. Descr. des Indes Oc. liv. 9. c. 6.*

PALMA, ou PALMA NOVA, Ville d'Italie, dans l'Etat de Venise, au Frioul, environ à dix milles au Sud-Est d'Udine, près de la Riviére de Lizonzo. C'est une Forteresse d'importance. Elle a neuf bastions qui portent les noms de plusieurs Seigneurs Vénitiens. Il y a deux Cavaliers sur chaque courtine. Le rempart est plus haut que la muraille, & les fossés ont trente pas de profondeur & douze de largeur. On n'y laisse point entrer l'eau afin que la Ville en soit plus saine; mais on pourroit bien-tôt les remplir si l'occasion le demandoit. Cette Ville n'a que trois portes, l'une qu'on nomme *Porta-maritima*, l'autre *Porta de Cividal* & la troisiéme *Porta di Udine*. Chaque porte est couverte d'une demi-lune. Au milieu de la Ville on apperçoit un Etendard sur un triple puits, qui est au milieu de la Place publique, & on peut voir delà les trois portes en même tems aussi-bien que six rues qui traversent entiérement la Ville. Le Portail de la grande Eglise donne sur la Place publique: il est orné de plusieurs belles Statues, & au devant on voit une Colonne en Pyramide, très-bien dorée & qui ne contribue pas peu à l'embellissement de la Place. A chaque porte il y a une bonne Palissade avant que l'on aborde le Pont, au milieu duquel est un Pont-levis, fait avec tant d'artifice, que si celui qui se trouve en faction, voyoit arriver des Troupes inopinément, il pourroit en touchant un certain fer avec le pied faire en un moment lever le Pont. Ensuite contre la porte, on rencontre encore un autre Pont-levis, avec ses portes & l'arriére-porte, faite de barres de fer fort épaisses, en sorte qu'il n'y a point de petard qui les puisse rompre, quoiqu'il soit aisé d'accabler delà les Ennemis à coups de fusil.

Les Vénitiens ont fait un Port à Palmanova; de sorte qu'il peut à présent entrer dans la Ville des Bâtimens assez grands pour apporter des provisions & fournir la Place de tout ce qui lui est nécessaire. On commença à la fortifier en 1593 ou 1594. tant pour mettre la Province à l'abri des insultes du Turc, que pour se mettre en sûreté contre les entreprises de l'Empereur, dangereux voisin, qui posséde une partie du Frioul. C'est par ce Pays que les Huns & les autres Nations Barbares entrérent en Italie, & c'est par-là que les Turcs sont entrez, lorsqu'ils ont fait des courses jusque vers Trevisq.

PALMA DI SOLA, ou PALMA DI SOLZ, Bourgade sur la Côte de Sardaigne [c], près des ruïnes de l'ancienne *Solci*, ou *Sulchi*, sur la Côte Méridionale de l'Isle au fond d'un Golphe auquel elle donne le nom, à l'embouchure d'une petite Riviére.

*c Carte Marine des Côtes de la Sardaigne.*

Le GOLPHE DE PALMA [d] est formé par l'Isle de Palma di Sola à l'Orient & par l'Isle de San Pedro à l'Occident. La Bourgade de Palma di Sol est au fond, dans un enfoncement que couvre la pointe del Ulga.

*d Ibid.*

PALMA DI SOL, Isle sur la Côte Méridionale de l'Isle de Sardaigne [e]. Elle forme du côté de l'Orient le Golphe de Palma. La pointe Septentrionale est fort près de la Sardaigne à laquelle elle communique par un Pont, à la hauteur de Paringiano. Elle est assez longue & sa position est presque Nord-Est, & Sud-Est.

*e Ibid.*

PALMACIA. Voyez PALMARIA.
PALMAIOLA. Voyez PALMARUOLA.
PALMAR. Voyez au mot CAP l'Article CAP DE PALMAR.

PALMARIA, Isle sur la Côte d'Italie: Pline [f] & Pomponius Mela [g] en ont parlé, & ce dernier dit qu'elle est aux environs de l'embouchure du Tibre. C'est la plus Occidentale des Isles qui sont sur la Côte du Royaume de Naples & elle se trouve au Midi Oriental de l'embouchure du Tibre. Le Pere Daniel dit qu'on la nomme aujourd'hui *Palmaruola*; mais il se trompe, son nom moderne est *Palmerola*, ou *Palmirola*. Voyez PALMEROLA.

*f Lib. 3. c. & g Lib. 2. c.*

PALMARIA (l'Isle) Isle de la Mer Méditerranée [h], sur la Côte de Génes vis-à-vis de Porto-Veneré. Cette Isle qui est grande & fort haute forme le Port de Porto-Veneré, & n'est éloignée de la Ville par la pointe de l'Ouest, que d'environ quarante toises. On peut passer entre la Ville & l'Isle avec une Galére ordinaire; mais il faut bien savoir le passage, car presque par le milieu de cette Isle il y a une longue pointe de sable & de vases qui s'avance sous & vis-à-vis d'un Couvent de St. François, qui est hors de la Ville sur une pointe. Il n'y a que deux brasses & demie dans cet endroit; mais entre les deux pointes de l'entrée, il ne manque pas de fond.

*h Michele, Portulan de la Mer Méditerranée, p. 95.*

PALMARIS-LUCI, Bois dont fait mention Ortelius [i] qui cite Ammien Marcellin [k]: celui-ci le place aux environs de Ctesiphon & par conséquent dans l'Assyrie. Zosime connoît aussi ce Bois, mais ses Interprètes rendent *Palmaris Lucus* par un *Bois planté de Palmiers*. Ortelius croit que ce pourroit être le *Phœnicum* de Procope. Voyez PHOENICUM.

*i Thesaur. k Lib. 14.*

PALMARUOLA ou PALMAROLA [l], Isle de la Mer de Toscane, au voisinage & à l'Orient de l'Isle d'Elbe. Ce n'est proprement qu'un Ecueil dans le Canal de Piombino. Elle appartient au Prince de Piombino. Elle s'appelloit anciennement *Artemita*.

*l De l'Isle Atlas.*

PALMÉ, PALMA, ou l'ISLE DE PALME: Isle d'Afrique, l'une des Canaries [m], à 27. d. 35'. de Latitude Septentrionale, environ

*m Sanson Atlas.*

PAL.

ron à douze lieues de l'Isle de Fer, du côté du Nord, & au Nord Occidental de l'Isle de Gomer ou Gomor. Les Habitans *a Le Maire,* de cette Isle ª furent encore quelque tems Voy. p. 34. Idolâtres après la conquête qu'en firent les Espagnols en 1460. Ils reçurent le Christianisme lorsqu'il eut été porté dans les Isles de Lancerote, de Fortaventure, de Gomer & de Fer. L'Isle de Palme est *b La Croix,* petite ᵇ; mais son terroir est extraordinai- Relat. des rement fertile. Elle abonde en pâturages, Isles de l'A- produit quantité de raisins, de sucre & frique, p. d'autres fruits; & le bétail y fournit du 700. lait & du fromage en quantité. Les Espagnols ont plusieurs Colonies dans cette Isle: la plus considérable est celle de S. Crux de la Palma. En 1677. cette Isle souf- *c Corn. Dict.* frit ᶜ un grand tremblement de Terre qui commença le 13. de Novembre & dura cinq jours. Pendant ce tems-là la Montagne des Chevres s'ouvrit en dix-huit endroits qui vomirent tous des flames. Le 20. de ce même mois cette Montagne s'ouvrit de nouveau en un autre endroit & poussa du feu, des pierres & sur-tout des cendres jusqu'à sept heues au loin; ce qui obligea les Habitans d'abandonner toute cette étendue de Pays.

*d Délices* PALMELA, petite Ville de Portugal ᵈ, de Portugal, dans l'Estremadoure, au Nord-Est de Se- p. 779. tubal, sur le penchant d'une Montagne. Elle est accompagnée d'un Château qui est bâti sur le roc. Cette Place est une Commanderie de l'Ordre de St. Jacques.

PALMEROLA, ou Palmirola, Isle *e De l'Isle* d'Italie ᵉ, la plus Occidentale de celles qui Atlas. font sur la Côte du Royaume de Naples, à quelques milles au Couchant de l'Isle de Ponza ou Pontia. ᶠ Il ne faut pas la con- *f Labat,* fondre avec l'Isle *Palmaria*, qui est à Voy. d'Ita- l'entrée du Golphe de la Spezza sur la lie, t. 5. p. Côte de Gènes, ni avec une autre Palma- 58. ruola ou Palmarola, voisine de l'Isle d'Elbe. L'Isle Palmerola est bien plus à l'Est que ces deux dernières: elle n'en vaut pas mieux; car elle est entièrement deserte. Elle appartient à l'Etat de l'Eglise.

*g Lexic.* PALMISUS, nom de Ville, selon Phavorin ᵍ, qui ne dit point en quel endroit elle est située.

PALMYRA, Ville de Syrie, bâtie par *h 2. Paralip.* Salomon ʰ, dans un desert de la Syrie, 8. 4. sur les confins de l'Arabie deserte, en tirant vers l'Euphrate, en Hébreu *Thadmor* *i Antiq. lib.* ou *Thamor*, selon Josephe ⁱ, qui la place 8. c. 2. à deux journées de la Haute Syrie, à un jour de l'Euphrate & à six de Babylone. *k Lib. 5. c.* Ptolomée ᵏ la met dans la Palmyrène, Pro- 15. vince de Syrie, & Procope ˡ la place dans *l Ædif. lib.* la Phénicie; ce qui revient au même; car 2. c. 11. il parle de la Phénicie proche du Liban, qui est plus à l'Orient que la Phénicie maritime. Il ajoute: que Palmyre qui avoit autrefois été bâtie dans un desert se trouvant dans une situation fort commode pour observer les Sarrasins, & pour découvrir les courses qu'ils faisoient sur les terres de l'Empire, Justinien la répara, y mit une puissante garnison, la pourvut d'eau, & réprima par ce moyen les irruptions de ces Peuples. Cette Ville eut le titre de

PAL. 33

Colonie Romaine, & Etienne le Géographe dit qu'on la nomma quelquefois *Hadrianopolis.*

La Ville de Palmyre est aujourd'hui entièrement détruite; mais l'espace que ses ruïnes occupent fait juger qu'elle a été d'une fort grande étendue. Il ne reste aucune trace de ses murailles, & il seroit par conséquent mal aisé de dire quel en a été le Plan. Comme ses Habitans sont pauvres & misérables ils sont renfermez au nombre de trente ou quarante familles dans quelques huttes de terre grasse, entre les murailles d'une grande Place, dans l'enceinte desquelles se trouve un beau Temple de Payens. Il n'y a peut-être pas de lieu au Monde où l'on voye tout ensemble & plus de restes d'une ancienne grandeur & plus de marques d'une désolation présente. On présume que l'endroit où sont ces huttes est celui où étoit le Temple de Baal que Jehu fit démolir & convertir en retraits, suivant ce qui est marqué dans le second Livre des Rois ᵐ. Si *m C. 10. &* toute cette Place a été le Temple de Ju- 27. piter Belus, comme il est assez vraisemblable, la comparaison qu'employe l'Ecriture-Sainte est fort juste. Tout l'enclos étoit un espace quarré, fermé de chaque côté d'une haute & belle muraille, bâtie de grandes pierres quarrées & ornée de pilastres par dedans & par dehors, autant qu'on peut l'inférer d'un morceau de cette muraille qui subsiste encore. Le côté d'Occident qui est celui par où l'on entre est le plus délabré. Vers le milieu du quarré on voit une autre muraille plus élevée au-dessus des ruïnes, & qui semble être un reste de quelque Château. Ce Château pouvoit être fort, mais il étoit bâti grossièrement. Les vieilles pierres & quantité de colonnes rompues ou sciées qu'on voit dans cette muraille y ont été mises confusément sans aucun ordre. Par dedans paroissent assez distinctement les fondemens d'une autre muraille qui pouvoit répondre à cette entrée; & il y a beaucoup d'apparence que les Mammelus, dont il semble que ceci soit un ouvrage, avoient bâti ce Château pour la sûreté de la Place. Au-devant de toute la longueur de ce nouveau front, à l'exception d'un petit espace, qui avoit été laissé pour l'entrée, il y a un fossé profond, dont la montée est revêtue par dedans de pierres maçonnées, même jusqu'au pied de la muraille ce qui rendoit ce Château fort difficile à prendre d'assaut. L'avenue de même que la Porte est fort étroite, & n'a de largeur que pour un Chameau chargé. Aussi-tôt qu'on est entré par la première Porte, on fait un petit tour à main droite, & l'on passe par un autre de même largeur, qui mène à la Cour; mais tout cela n'est qu'un nouveau Bâtiment que l'on a mis sur le vieux; & dans cette muraille de dehors étoit la principale entrée qui appartenoit au premier Ouvrage. On juge de sa beauté par les deux pierres qui soutenoient les deux côtez de la grande Porte. Chacune avoit trente-cinq pieds

E de

de longueur, & elles étoient ornées de branches, de vignes & de grapes de raisins faites avec beaucoup d'industrie. Elles font chacune dans leur place, & l'espace qui les sépare est de quinze pieds, ce qui fait connoître de quelle largeur étoit la Porte. Tout cela est présentement muré jusqu'à la Porte étroite, dont il a été parlé. Sur cette petite Porte il y a une Inscription Grecque, & en une autre Langue & en d'autres caractères. On n'est pas si-tôt entré dans la Cour qu'on voit les restes de deux rangs de belles colonnes de marbre, hautes de trente-sept pieds, avec leurs chapiteaux qui sont d'une très-belle sculpture. De toutes ces Colonnes il n'en est resté que trente-huit d'entières; mais il doit y en avoir eu un très-grand nombre, parce qu'il semble qu'il y en avoit tout autour de cette Cour, & qu'elles servoient à soutenir une espèce de Galerie ou Cloître. La Galerie de cette Place, du côté de l'Occident paroît avoir surpassé les autres en beauté & en largeur. Aux deux bouts il y a deux niches pour mettre des Statues aussi grandes que nature, avec leurs piédestaux & d'autres ornemens d'Architecture; le tout d'une Sculpture fort belle & fort curieuse. Tout l'espace de ce bel enclos, aujourd'hui rempli de méchantes hûttes qui servent de demeures à des misérables, n'a été anciennement qu'une Place découverte au milieu de laquelle étoit un Temple environné d'un autre rang de colonnes de différens Ordres & de plus de cinquante pieds de hauteur. Il n'en reste plus que seize. Elles servoient à enfermer une seconde Cour de dedans, ou à soutenir la couverture d'une Galerie. Le Temple avoit quatre-vingt-douze pieds de longueur & quarante de largeur. Il s'étendoit du Nord au Midi & avoit une très-belle entrée vers le Couchant, droit au milieu du bâtiment, qui par le peu qui en reste paroît avoir été des plus magnifiques. Ce reste consiste aux murailles de dehors, où il y a quelque chose de remarquable; c'est que les fenêtres n'en sont pas larges & qu'elles sont plus étroites par le haut que par le bas. Le tout est orné d'une excellente Sculpture. Au dedans des murailles, les Turcs ou plutôt les Mammelus ont bâti un toit, qui est soutenu par quelques piliers & par quelques arcades; mais il est de beaucoup trop bas, mal proportionné en ses parties & bien plus petit que n'a pu être l'ancienne couverture. On a changé ce lieu en une Mosquée, où on a mis, du côté du Midi des ornemens à la mode des Turcs; c'est-à-dire quelques Inscriptions Arabes & quelques Sentences tirées de l'Alcoran, entrelassées de quelques feuillages assez bien faits. Dans le côté du Nord, qui est séparé de la Mosquée, il y a des restes d'un art merveilleux & d'une grande beauté. Ils sont ornez de la plus curieuse Sculpture & de la plus fine Gravure qu'on puisse voir. Au milieu est une coupole de plus de six pieds de diamètre. Les uns croient qu'elle a été taillée dans un roc tout d'une pièce, & les autres veulent qu'elle ait été faite d'une espèce de ciment qui s'endurcissant avec le tems prend la forme d'une pierre. A la sortie de ce Temple, on trouve dans l'espace d'environ une demi-lieue une prodigieuse quantité de colonnes de marbre, les unes debout & les autres renversées, sans que l'on puisse savoir, tant elles sont en confusion, à quelle sorte de bâtiment elles ont servi. Après avoir passé proche les restes d'un Temple qui marque du bon goût dans sa structure, on apperçoit un grand nombre de ruines, parmi lesquelles paroît encore tant de magnificence & tant de grandeur, qu'on ne peut douter que Palmyre n'ait été une des plus belles Villes de toute l'Asie. En continuant à marcher du côté du Nord, on découvre un Obélisque très-considérable. C'est une colonne composée de sept grandes pierres, outre son chapiteau ou couronnement qui est au-dessus. La Sculpture en est extraordinairement fine & belle, ainsi que celle de tous les autres endroits. Sa hauteur est de plus de cinquante pieds; & apparemment il y avoit sur le haut une Statue que les Turcs ont mise en pièces. Sa grosseur, au dessus de son piédestal, est de douze pieds & demi. A l'Orient & à l'Occident de cet Obélisque, on voit deux autres colonnes qui en sont éloignées chacune d'environ un quart de mille. Elles semblent se répondre l'une à l'autre; & auprès de celle qui est du côté de l'Orient, il y en a une autre rompue d'où l'on juge qu'on en avoit mis un rang tout du long dans cet endroit-là. On a mesuré celle qui est à l'Orient, & l'on a trouvé qu'elle avoit plus de quarante-deux pieds de haut. Elle est grosse à proportion & on y lit une Inscription en Langue Grecque. Cette Inscription apprend que ceux qui avoient fait dresser cette colonne étoient une Nation libre, gouvernée par un Sénat & par le Peuple, & peut-être sous la protection de quelque puissant Empire, tel que fut premièrement celui des Parthes & ensuite celui des Romains, qui ont souvent disputé aux Parthes la domination de ce Pays-là. Cette forme de Gouvernement des Palmyriens a duré jusqu'au tems d'Aurélien qui prit cette Ville en 273. Zénobie Femme d'Odénat, si renommée dans l'Histoire, y étoit alors. Quoiqu'on lui donne ordinairement le nom de Reine, on ne trouve point que son mari ait jamais été appellé Roi. C'étoit l'un des principaux Citoyens de Palmyre & qui avoit beaucoup de crédit dans le Sénat. Pendant que les Romains avoient des affaires en Europe cet Odénat s'agrandit & chassa les Parthes par les armes. Ceux-ci s'étoient rendus maîtres de tout ce que les Romains possédoient au deçà de l'Euphrate & avoient fait une irruption dans la Syrie; mais ils furent repoussez au delà du Fleuve par Odénat qui mourut dans cette expédition. Après sa mort Zénobie, qui avoit un cœur héroïque, défendit son Pays non seulement contre les Ennemis du dehors; mais elle maintint aussi son autorité au dedans, en retenant le Gouvernement entre ses mains. Ensuite voulant s'affran-

# PAL.

s'affranchir du joug des Romains, elle fit égorger la Garnifon qu'Aurelien avoit laiffée à Palmyre; ce qui obligea cet Empereur d'y retourner avec fon Armée. Il prit la Ville encore une fois, & ayant fait paffer tout le Peuple au fil de l'épée, il emmena Zenobie prifonniére à Rome. Ce fut là le dernier fort de Palmyre, qui a toujours été appellée *Thadmor* par ceux du Pays, mot Hebreu qui fignifie une Palme. Ce nom lui avoit été donné à caufe de quelques Palmiers qui croiffent aux environs de la Ville, où l'on ne voit presque point d'autre verdure, tant le terroir eft fec & aride. Les Latins par cette même raifon l'ont appellée Palmyre & toute la Contrée SYRIA PALMYRENA, & quelquefois SOLITUDINES PALMYRENÆ. Ces particularitez font tirées d'une Lettre inférée dans le Voyage de Corneille le Brun, imprimé à Delft en 1700. Elle eft d'un Seigneur Anglois nommé Guillaume Halifax, qui vifita en 1691. toutes les ruïnes de Palmyre; mais qui ignoroit apparemment que l'Empereur Juftinien avoit réparé cette Ville, fans quoi il n'auroit pas dit que fon faccagement fous Aurelien fut fon dernier fort.

PALMYRENA SOLITUDO, Defert de Syrie, qui tiroit fon nom de la Ville de Palmyre qui y étoit bâtie. Pline [a] nous fait entendre que ce Defert étoit vafte: l'Euphrate, dit-il, coule jufqu'à un lieu nommé Ura, où tournant à l'Orient il laiffe le Defert de Palmyre qui s'étend jufqu'à la Ville de Petra & jufqu'à l'Arabie heureufe. Il ne faut pas croire [b], & Pline même ne le dit pas précifément, que ce Defert portât par tout le nom de Defert de Palmyre. On doit conclure feulement que le Defert de Palmyre joignoit celui de l'Arabie deferte & fe continuoit ainfi jufqu'à Petra & jufqu'à l'Arabie heureufe.

[a] Lib. 5. c. 24.
[b] *Cellar.* Geogr. Ant. lib. 3. c. 12.

PALMYRENE, Contrée de la Syrie. Elle étoit grande & peuplée d'un affez grand nombre de Villes, inconnues pourtant dans l'Hiftoire, à la referve de Palmyre, qui étoit la Capitale, & qui donnoit le nom à la Contrée. Ptolomée eft le feul des Anciens qui nous ait donné le nom des Villes de la Palmyrene. Ces Villes font:

Dans les terres.
- *Rhaefapha,*
- *Cholle,*
- *Oriza,*
- *Putea,*
- *Adada,*
- *Palmyra,*
- *Adacha,*
- *Danaba,*
- *Goaria,*
- *Averia,*
- *Catama,*
- *Odmana,*
- *Atera.*

Sur la rive de l'Euphrate.
- *Alalis,*
- *Sura,*
- *Alamatha.*

PALMYRIA. Voyez NAUPACTOS.

1. PALO, Bourg d'Italie [c], dans le Patrimoine de St. Pierre, proche de la Côte, à l'Orient de l'Embouchure de la Riviére Sanguinara. [d] Il appartenoit au Duc de Bracciano qui le vendit au Prince Don Louïs Odefcalchi Neveu du Pape Innocent XI. Il y a un Château qui eft fortifié & affez bien muni d'artillerie. On y voit une petite plage ou acul, propre à retirer des Barques & de petits Batimens fous les murailles de ce Fort. Ce fut pour cette raifon que le Pape Clement XI. y mit un Gouverneur & une petite Garnifon, pour empêcher les Corfaires de fe faifir de ce Pofte.

[c] *Magin.* Carte du Patrimoine de St. Pierre.
[d] *Labat,* Voy. d'Italie, t. 4. p. 129.

2. PALO. Mr. Corneille [e] dit: Bourgade de Sicile, près du Cap de Paffaro, fur le bord oriental d'un petit Golphe qu'on nomme le Port de Palo, ou de Caftellucio. Magin [f] nomme ce Port *Palo ro,* & Mr. de l'Ifle [g] donne le nom de Palì à la pointe qui avec la Cap de Paffaro forme ce Port qu'il appelle *Porto di Longobardo.* A l'égard de ce que Mr. Corneille ajoute, d'après Maty, que ce Port eft celui que les Anciens appelloient *Odyfcia, Odyffea* & *Portus Uliffis;* nous ne l'en croirons pas malgré fon garant. *Odyffea* ou *Ulyffaeum* étoit à quelques milles plus à l'Occident auprès de *Fanum Apollinis Libyftini;* & le Port de *Palo, Pali, Paloro,* ou du Lombard s'appelloit anciennement *Pachyni portus,* ou *Refugium Apollinis.*

[e] *Dict.*
[f] Carte de Sicile.
[g] Atlas.

PALODA, Ville de la Dace: Ptolomée [h] la place entre *Zufidana* & *Zuribara.* Lazius & Ortelius [i] conjecturent qu'elle étoit dans le Quartier qu'on nomme aujourd'hui les *Champs de Blechisfeld.*

[h] Lib. 3. c. 8.
[i] Thefaur.

PALODIS. Voyez PELODES.

PALOENTA, Ville dont fait mention Appien [k] Il paroît qu'elle pouvoit être entre *Corcyra* & *Brundufium.* Ortelius foupçonne que ce pourroit être la même Ville que Polybe appelle *Palus.* Voyez ce mot.

[k] Bel. Civil. lib. 5.

PALOIS, Ville de l'Ethiopie, fous l'Egypte, felon Pline [l].

[l] Lib. 6. c.

PALOMBARO [m], Bourg d'Italie, dans la Sabine, à deux lieues, ou environ au Nord de Tivoli.

[m] *Magin,* Carte de la Sabine.

PALOMERA, Ville d'Efpagne [n], dans l'Ifle de Majorque: Au Nord-eft de l'Ifle, la Terre fait une pointe avancée dans la Mer qu'on appelle le Cap de Fromentelli. Vers le Nord-Oueft eft Palomera, avec un bon Port couvert par une petite Ifle, que les Anciens appelloient *Columbaria.* Palomera a été autrefois appellée *Palumbaria.*

[n] Délices d'Efpagne, p. 379.

PALOMINO, Riviére de l'Amérique Méridionale [o] dans la Terre Ferme au Gouvernement de Ste. Marthe. Elle a fa fource aux Montagnes de neiges, d'où elle fe précipite pour aller gagner la mer. Cette Riviére eft appellée Palomino du nom d'un Capitaine Efpagnol, qui s'y noya en tâchant de la paffer à la nage. Il y a grande apparence que cette Riviére eft la même que celle que Mr. de l'Ifle [p] nomme RIO DE LA MADALENA, qui prend fa fource dans les Montagnes au Midi Occidental de Neyva & va fe jetter avec la Riviére de Cauca dans la Mer du Nord.

[o] *Corn. Dict.* De Laet, Defcr. des Indes Occid. liv. 8. c. 21.
[p] Atlas.

PALONNA, petit Peuple de l'Amérique

36    PAL.        PAL.

que Septentrionale dans la Louïſiane ſur la route que tint le Sr. de la Salle pour aller aux Cenis, après avoir paſſé la Maligne & la Rivière d'Hiens. Ce Peuple eſt voiſin des Taraha.

1. PALOS, Ville d'Eſpagne [a], dans l'Andalouſie à l'embouchure & ſur le bord Oriental du *Rio Tinto*, au deſſous de la petite Ville de Moguer. La marée y fait un Port médiocre; mais néanmoins fameux, parce que ce fut de là que Chriſtophle Colomb mit à la voile en 1492. pour aller à la découverte du nouveau Monde.

[a] Délices d'Eſpagne, p. 446.

2. PALOS, Cap d'Eſpagne [b] ſur la Côte du Royaume de Murcie. A cinq ou ſix lieues à l'Orient de Carthagène, la terre s'avance dans la Mer & forme une pointe; c'eſt ce qu'on appelle le Cap de Palos.

[b] Délices d'Eſpagne, p. 542.

3. PALOS, PALO ou PALI, Cap ſur la Côte d'Albanie [c], entre le Cap Rodom au Nord & la Ville de Durazzo au Midi, à peu près à égale diſtance de l'un & de l'autre.

[c] De l'Iſle Atlas.

PALOTTA, Bourgade de la Baſſe Hongrie [d], dans le Comté d'Albe Royale environ à deux milles au Nord Occidental de la Ville d'Albe-Royale.

[d] De Wit, Regnum Hungar.

PALOUIS, POLOUIS, POLLOUOIS, ou POLVOREIRA, Iſle de la Mer des Indes [e], à l'Orient méridional de celle d'Adu & de Caudu, à 95. d. 50´. de Longitude & à 5. d. 50´. de Latitude Septentrionale. On dit que cette Iſle n'eſt point habitée. Mr. Corneille [f] rapporte de jolis contes à cette occaſion.

[e] De l'Iſle Atlas.

[f] Dict.

PALOUS. Voyez PALUS.

PALSEY, ou PASLEY, Ville d'Ecoſſe dans la Province de Cleydsdale [g] ſur le Cart. Elle étoit autrefois célèbre par une belle Abbaye de l'Ordre de Clugny. Elle donne aujourd'hui le titre de Baron à la Famille d'Abercorn, qui eſt une Branche de celle d'Hamilton. Les environs de cette Ville ſont agréablement diverſifiez de Collines, de Vallées & de Forêts.

[g] Etat préſent de la Gr. Br. t. 2. p. 259.

PALSISIUM, ou PALSATIUM, Ville de l'Italie Tranſpadane ſelon Pline [h]: elle ne ſubſiſte plus.

[h] Lib. 3. c. 19.

PALTOS, où PALTUS. Voyez BOLDO.

PALUAU, petite Ville de France, dans le Berry [i], Election de Châteauroux, ſur l'Indre. La Paroiſſe ne contient que cent quatre-vingt Feux & environ huit cens Habitans. Cette Ville, que Mr. de Longueruë [k] qualifie ſimplement de Château, étoit fortifiée du tems du Roi Philippe Auguſte, qui la reprit avec Mont-Luçon ſur les Anglois en 1188. Paluau fut érigée en Comté en faveur d'Henri de Buade Viceroi de Canada.

[i] Piganiol, Deſcr. de la France, t. 7. p. 58.

[k] Deſcr. de la France, Part. 1. p. 130.

PALUD, Lieu de France dans la Provence, au Dioceſe de Riez: il eſt fameux par ſes cavernes.

PALUDE, Ville d'Aſie avec titre de Principauté dans les Etats du Turc, au Gouvernement d'Erzeron, au Midi de cette Ville, ſur une Montagne, près de l'Euphrate. Paul Lucas [l] dit que la Montagne ſur laquelle eſt ſituée Palude eſt preſque eſcarpée de tous les côtez. En entrant par la première rue, on trouve des chemins fort étroits, bordez de précipices afreux, & il n'y a qu'une petite voye le long des Maiſons qui ne ſont bâties que de terre. La Ville eſt aſſez peuplée. Le Prince à qui elle obéït y laiſſe vivre tous les Habitans dans une entière liberté de Religion, ſans favoriſer les Mahométans plus que les Chrétiens. Ils y boivent tous également du vin, & il y a plus d'Arméniens que de Turcs. Le Château de Palude eſt ſi fort par ſa ſituation que des Armées très-groſſes envoyées par le Grand-Seigneur l'ont attaqué pluſieurs fois inutilement. Le Prince ne reconnoit en rien le Grand-Seigneur, & ne lui a jamais voulu payer aucun Tribut, quoiqu'il ſoit au milieu de ſes Etats. Il conſerve ainſi ſa liberté à la faveur de ſon Château où il ſe tient toujours. Cette Forteresſe qui eſt d'une ſtructure fort ancienne eſt bâtie ſur le haut d'un rocher eſcarpé de tous les côtez. Il n'y a qu'un chemin très-étroit pour y aller, & la porte eſt taillée dans le roc. Il y a même ſur le haut de ce rocher de la terre qui pourroit produire de quoi nourrir une petite Garniſon. On dit que c'eſt dans la Ville de Palude qu'ont été inventées les premières lettres Arméniennes.

[l] Voy. du Levant, t. 1. c. 24.

PALUELLE, petite Rivière de France [m], au Pays de Caux en Normandie. Elle a ſa ſource un peu au-deſſous de l'Egliſe Paroiſſiale de St. Mellon, arroſe St. Riquier, paſſe par les Moulins & les Ponts de Grions & d'Ourmeſnil, Herville, Hanonart, Grainville-la-Teinturiere, le petit Motteville, Barville, Cani, Croſville, Viteſleur & Paluel; & après un cours de quelques lieues dans un Vallon aſſez reſſerré, elle entre dans la Manche ou Mer Britannique, une lieue au deſſous de l'Egliſe de Paluel. Cette petite Rivière eſt renommée par les excellentes truites qu'on y pêche.

[m] Corn. Dict. ſur des Mémoires deſſus ſur les lieux.

PALUMBINUM, Ville d'Italie: Tite-Live [n] la met chez les Samnites & dit qu'elle fut priſe par Carvilius.

[n] Lib. 10. c. 45.

PALUS, Ville aux environs du Peloponèſe, ſelon Polybe [o]. Curopalate en fait un lieu maritime avec Station, dans le Peloponèſe; mais Cedrène écrit *Helos* au lieu de *Palus*; Ortelius croit qu'*Helos* eſt la véritable Orthographe. Voyez PALOENTA.

[o] Lib. 5. c. 5.

Le PALUS-MEOTIDE, en Latin *Palus Mæotis*; grand Golphe, ou Mer, entre l'Europe & l'Aſie, au Nord de la Mer noire, avec laquelle le Palus Mëotide communique par le moyen d'une embouchure appellée anciennement le Boſphore Cimmérien. Les Anciens lui ont donné tantôt le nom de Lac, tantôt celui de Marais. Pline [p] & Pomponius Méla ſe ſervent indifféremment des mots *Lacus* & *Palus* pour déſigner cette Mer. En effet [q] on pourroit ne la conſiderer que comme un grand Marais, attendu le peu d'eau qu'on y trouve en pluſieurs endroits. Lucain dit [r],

[p] Lib. 2. c. 67. & lib. 5. c. 27.

[q] Lib. 1. c. 1. & 2.

[r] Lib. 2. v. 641.

*Pigra Palus Scythici patiens Mæotica plauſtri.*

Les Grecs comme Strabon [s], le Periple de

## PAL. PAL. PAM.

[a] Pag. 30.
[b] Lib. 5. c. 9.

de Scylax [a] & Ptolomée [b] désignent cette Mer par le mot de λιμνη qui répond aussi au mot Marais.

Depuis l'Isthme qui joint la Cherfonnese Taurique au Continent, jusqu'à l'embouchure du Tanaïs, aujourd'hui le Don, le Palus Méotide s'étend du Sud-Ouest au Nord-Est. Strabon lui donne neuf mille Stades de circonférence, & le Periple de Scylax juge que sa grandeur répond à la moitié de celle du Pont-Euxin; mais ni l'un ni l'autre n'ont touché le but, & il ne leur étoit guère aisé de marquer au juste l'étendue d'un endroit peu connu & habité par des Nations barbares; puis qu'aujourd'hui même tous les Géographes ne sont encore pas d'accord sur la véritable grandeur du Palus Méotide. Les Peuples qui habitoient sur ses bords étoient appellez anciennement MÆOTÆ, MÆOTICI & MÆOTIDÆ. Ptolomée qui a décrit la Côte du Palus Méotide y met les Lieux suivans.

Dans la Sarmatie Européenne, depuis l'Isthme jusqu'au Tanaïs.
- Nova Mœnia,
- L'Embouchure du *Pasiacus*,
- Lianum,
- L'Embouchure du *Bycus*,
- Acra,
- L'Embouchure du *Gerus*,
- Cnema,
- Le Promontoire d'*Agarum*,
- Lucus-Saltus-Dei,
- L'Embouchure du *Lycus*,
- Hygris,
- L'Embouchure du *Poritus*,
- Caroea,
- L'Embouchure Occidentale du *Tanaïs*,
- L'Embouchure Orientale du *Tanaïs*.

Dans la Sarmatie Asiatique, depuis le Tanaïs, jusqu'à l'entrée du Bosphore Cimmérien.
- Paniardis,
- L'Embouchure du *Marubius*,
- Patarve,
- L'Embouchure du Grand-*Rhombitus*,
- L'Embouchure du *Theophanius*,
- Azara,
- L'Embouchure du Petit-*Rhombitus*,
- Azabitesmistra,
- Tyrambe,
- L'Embouchure de l'*Atticitus*,
- Gerusa,
- L'Embouchure du *Psatis*,
- Mapeta,
- L'Embouchure du *Vardanus*,
- Le Promontoire *Cimmerium*,
- Apathurgus,
- Achilleum.

Dans la Chersonèse Taurique, depuis l'entrée du Bosphore jusqu'au Golphe de Byce.
- Le Promontoire *Myrmæcium*,
- Parthenium,
- Heraclium,
- Le Golphe de *Byce*.

Aujourd'hui le PALUS MÉOTIDE [c] qui se trouve avoir conservé son ancien nom qu'on appelle aussi la MER DE ZABACHE, est habité au Nord par les petits Tartares, à l'Orient & au Midi en partie par les Circassiens, & à l'Occident méridional par les Tartares Crimées. Les Places les plus remarquables sont:

[c] De l'Isle & Atlas.

Depuis l'Isthme jusqu'au Tanaïs.
- Or ou Precop,
- Mius,
- Taganirok,
- Azoph ou Azak.

Depuis le Tanaïs jusqu'au Bosphore.
- Kuban,
- Giana,
- Temruk,
- Taman.

PALUTZO, ou PALUTZE. Voyez PAUTALITORUM.

PAMARIENSIS, Siège Episcopal d'Afrique dans la Mauritanie Cesarienne, selon la Notice Episcopale d'Afrique, où Longinus est qualifié *Episcopus Pamariensis*.

PAMBESTITANA COLONIA, Ville d'Afrique, selon Ortelius [d] qui cite les Lettres de St. Cyprien.

[d] Thesaur.

PAMBOTADES [e], Municipe de l'Attique: Etienne le Géographe & Suidas le mettent dans la Tribu Erechthie.

[e] Ortelii Thesaur.

PAMESANGE, Bois de France, dans la Maîtrise des Eaux & Forêts de Moulins. Il est de cent-vingt-neuf arpens.

PAMIERS, ou PAMIEZ, Ville de France, dans le Pays de Foix, dont elle est la Capitale, sur la Rivière d'Auriège. Au lieu de PAMIEZ on écrivoit autrefois APAMIEZ. C'est pourquoi on appelle encore cette Ville en Latin *Apamiæ*, ou *Apamia*. Les Gens du Pays debitent quantité de Fables [f] absurdes, sur l'origine de Pamiez, dont il seroit superflu de parler ici: ce qui est certain, c'est que cette Ville appellée anciennement *Fredelas*, & en Latin *Fredelacum*, appartenoit avec le Pays voisin au Comte de Carcassonne, qui la donna dans le onzième siècle à l'Eglise de Saint Antonin, dans laquelle on établit dans la suite des Chanoines Réguliers, lesquels se maintinrent dans leurs droits contre les Comtes de Foix qui vouloient les assujettir.

[f] Longueruë, Descr. de la France, Part. 1. p. 216.

L'Abbé & le Couvent du Monastère de Saint Antonin voulant se faire un puissant Protecteur se mirent l'an 1226. sous la sauf-garde du Roi Louis VIII. mais les Rois Philippe le Hardi & Philippe le Bel donnerent aux Comtes de Foix le droit de Garde qu'ils avoient à Pamiez; ce qui ne plut pas aux Abbez de Saint Antonin, qui se plaignirent des usurpations du Comte. Pour satisfaire l'Evêque de Pamiez, le Comte Roger-Bernard fit hommage à ce Prélat, tant du Château de Pamiez, que de la Justice & de la Seigneurie de la Ville. L'Evêque & son Chapitre prétendirent que cette cession n'étoit pas une aliénation perpétuelle faite en faveur du Comte; & pour se tirer entiérement de ses mains, ils associerent l'an 1308. Philippe le Bel & les Rois de France ses Successeurs en tous les droits

tant

tant de la Justice que de la Seigneurie directe & utile, qui leur appartenoit dans la Ville de Pamiez & ses dépendances. L'Abbaye de Saint Antonin de Pamiez étoit si célèbre & si puissante, que Boniface VIII. crut devoir y établir un Siège Episcopal, dont il créa premier Evêque Bernard Saisseti, dernier Abbé de Saint Antonin, par sa Bulle donnée en la première année de son Pontificat, l'an 1296. Mais la personne de Bernard étant odieuse au Roi Philippe le Bel, il l'empêcha de prendre possession, & le nouvel Evêché fut administré par Saint Louis Evêque de Toulouse, fils de Charles II Roi de Sicile, jusqu'à l'an 1298. que le Roi reçut en grace Bernard Saisseti dernier Abbé de Saint Antonin, & lui permit de prendre possession de cet Evêché, distrait du Diocèse de Toulouse; & dont le revenu est de vingt-cinq mille livres. Les Chanoines Réguliers sont toujours demeurés en possession de leur Eglise, & ont composé le Chapitre de la Cathédrale jusqu'à présent, ce Chapitre n'ayant jamais été sécularisé.

Il y a douze Canonicats & douze Semiprébendes, dont le revenu est de quinze mille livres. Les Dignitez qui sont au nombre de six sont jointes à des Canonicats. L'Archidiaconé est la plus considérable Dignité; son revenu monte à deux mille cinq cens livres. On trouve dans la Ville de Pamiers, une Collégiale composée d'un Doyen, qui a trois cens livres de revenu, de huit Chanoines qui ont cent cinquante livres chacun & de sept Semi-prebendez qui n'ont que quarante livres de revenu. Cette Ville renferme outre cela plusieurs Communautez Religieuses; savoir, des Jacobins, des Carmes, des Cordeliers, des Augustins, des Ursulines, des Carmélites & des Claristes. Le Collège est occupé par les Jésuites.

L'ancienne Cathédrale de St. Antonin & la plûpart des autres Eglises ont été ruinées par les Calvinistes durant les troubles. Pamiers a été souvent saccagée, ce qui l'a réduite à un état si pitoyable, qu'elle n'a pas aujourd'hui la cinquième partie des Habitans qu'elle avoit autrefois. On [a] n'y compte guère aujourd'hui que quatre mille quatre cens personnes. La Cathédrale est présentement une jolie Eglise & le Palais de l'Evêque est assez propre. Malgré la petitesse du nombre des Habitans l'enceinte de cette Ville est grande & les rues sont bien percées.

[a] Piganiol, Descr. de la France, t. 4. p. 416.

Le Terroir des environs de Pamiers est très-fertile. Cette Ville fait partie du Gouvernement de Foix, quoiqu'elle ne soit pas censée du Comté, parce que l'Evêque en est Seigneur en partie. Elle paye les charges en particulier & elle est taxée au dixième de tout ce que paye le Pays de Foix. Elle est le Siège d'une Sénechaussée & d'un Présidial pour le Pays de Foix & il y a un Lieutenant de la Prevôté Générale de la Maréchaussée de Roussillon.

Aux environs de Pamiers, on voit une Fontaine d'eau minérale, qui participe du Fer & du Vitriol. Les Gouteux s'en servent: elle est aussi d'un grand usage pour les obstructions.

1. PAMISUS, Fleuve du Péloponèse, dans la Messénie, selon Pausanias.[b] Pline[c] & Strabon[d]. Ptolomée[e], qui le nomme *Panisus*, dit qu'il se joignoit avec l'Alphée. Il avoit son embouchure au fond du Golphe de Messénie. Cependant Strabon connoît trois Fleuves de ce nom dans la Messénie.

[b] Lib. 4. c. 31.
[c] 
[d] Lib. 8. p. 344.
[e] Lib. 3. c. 16.

2. PAMISUS, Fleuve de Thessalie; Hérodote[f] & Pline[g] font mention de ce Fleuve.

[f] Lib. 7. c. 120.
[g] Lib. 4. c. 

3. PAMISUS, Fleuve de la Basse Mœsie; Pline[h] le met aux environs d'Odessus; Ptolomée[i] l'appelle *Panysus*, & met l'Embouchure de ce Fleuve entre *Odessus* & *Mesembria*.

[h] Lib. 4. c. 11.
[i] Lib. 3. c. 10.

PAMMONIA[k], Lieu dans l'Europe où l'on trouve des Vipéres. C'est Nicander qui nous donne ce nom sans autre spécification. Son Interprète dit qu'il s'agit d'une Montagne de la Mégaride.

[k] Ortelii Thesaur.

PAMPANGA, Province de l'Isle de Luçon la principale des Philippines dans la partie Méridionale de l'Isle. Gemelli Careri[l] dit : la Province de Pampanga, où finit le Diocèse de la nouvelle Ségovie & où commence celle de l'Archevêque de Manille suit celle de Pangasinan. Cette Province est grande & importante, parce que les gens du Pays étant bien instruits par les Espagnols sont nécessaires pour la conservation de l'Isle; & effectivement on s'est servi d'eux, non seulement dans Manille, mais encore dans Ternate & dans d'autres Provinces. Outre cela le terrein est très-fertile, sur-tout en ris, à cause de la grande quantité d'eaux; & c'est où l'on en fait provision pour Manille. Elle fournit aussi le bois nécessaire pour les Vaisseaux, ses Forêts étant sur la Baye & peu éloignées du Port de Cavite. On y compte huit mille Indiens, qui payent le tribut en ris. Les Zambales, Peuple féroce & les Noirs aux cheveux crepus, comme ceux d'Angola, demeurent dans les Montgnes de cette Province. Ils sont continuellement aux mains entre eux, pour défendre les limites de leur Jurisdiction sauvage, & s'empêcher tour à tour l'entrée dans le bois, où ils ont leur pâturage & leur chasse.

[l] Voy. au tour du monde, t. 5. p. 83.

PAMPANIS, Village d'Egypte : Ptolomée[m] le place dans les terres au Nord de Memnon. L'Itinéraire d'Antonin qui le nomme *Papa*, le met sur la route de Cereu à Hierasycaminon, entre Contra-Copton & Hermunthin, à huit milles de la première & à trente milles de la seconde. Surita croit qu'on doit lire *Pappanis* pour *Papa*.

[m] Lib. 4. c. 5.

PAMPELONNE, Ville de France, dans le Languedoc, Recette d'Alby.

PAMPELUNE, Ville d'Espagne, Capitale de la Navarre[n], près des Pyrénées; mais dans une plaine qui n'est commandée d'aucun endroit. Cette Place fut bâtie par Pompée après la mort de Sertorius & la défaite de son parti; de là vient qu'on l'appelloit anciennement *Pompeiopolis* ou *Pompelo*. Elle est assez grande; son Evê-

[n] Délices d'Espagne, p. 676.

PAM.  PAM.  39

Evêché qui vaut vingt-huit mille Ducats de rente eſt ſuffragant de Burgos, & elle eſt fermée & défendue par deux Châteaux, dont l'un eſt dans la Ville & l'autre dehors. Il y a une Place fort ſpacieuſe, où l'on célèbre la Fête des Taureaux. Les fortifications de Pampelune ne ſont pas conſidérables. Ce qu'il y a de meilleur c'eſt le Château qu'on voit hors de la Ville. C'eſt une Citadelle bâtie par Philippe II. pour tenir en bride les Navarrois & pour arrêter les François. Elle eſt fort bien entendue, forte par ſa ſituation ſur le roc, & flanquée de cinq baſtions revêtus de pierre, avec de bons foſſez à fond de cuve. Au milieu de la Citadelle, il y a une Place d'armes, qui eſt un eſpace rond, où l'on ſe range en bataille & d'où par cinq grandes rues qui y aboutiſſent on peut aller tout droit aux cinq baſtions. Du côté de la Ville elle a une belle Place avec quelques allées d'arbres pour la promenade. Au côté oppoſé par où on pourroit l'attaquer, elle eſt environnée d'un Marais qui lui ſert de rempart. On y a une fort belle Tour, des Magaſins de poudre & d'autres munitions de guerre, & un Moulin à bras pour ſervir en cas de ſiège. Ce Moulin eſt une grande & merveilleuſe machine, compoſée de pluſieurs rouages, de quatre ou cinq meules & d'autant de tremies où l'on peut moudre à chacune vingt-quatre charges de bled par jour. On peut le tourner à bras, ou le faire tourner par des chevaux; & l'on entretient continuellement un homme qui connoît les reſſorts de la machine, & qui la remue & la racommode dans le beſoin. Cette Citadelle eſt gardée ordinairement par une Garniſon, & le Gouverneur y eſt mis immédiatement par le Roi. Les murailles de la Ville ſont baignées d'un côté par la petite Rivière d'Arga. ² Au dedans de Pampelune on remarque deux Places avec des maiſons très-bien bâties à l'entour & deux ou trois belles rues remplies de riches Marchands. La Maiſon de Ville eſt près du Marché, ainſi que la grande Egliſe qui a une haute Tour. Cette Egliſe a un fort beau Cloître haut & bas. Elle eſt deſſervie par des Chanoines Réguliers de l'Ordre de St Auguſtin, vêtus de noir. On n'y voit point d'autre tombeau que celui d'un Charles Roi de Navarre, de la Maiſon de France & d'Eléonor de Caſtille. Ce doit être celui de Charles III. de la Maiſon d'Evreux, Mari d'Eléonor de Caſtille & Roi de Navarre, à cauſe de Jeanne de France ſon Ayeule, fille de Louïs Hutin, laquelle ne pouvant hériter du Royaume de France, n'avoit hérité que de celui de Navarre. Le Viceroi de ce dernier Royaume fait ſa réſidence à Pampelune. Sa Charge lui vaut ſix mille écus d'appointemens.

Comme l'Hiſtoire nous apprend que Pompée, après avoir triomphé de tous ſes Ennemis, éleva dans les Pyrenées de magnifiques trophées, où il ſe vantoit d'avoir ſubjugué huit cens quarante-ſix Villes, depuis les Alpes juſqu'à l'extrémité de l'Eſpagne Ultérieure; c'eſt-à-dire du Portugal; un Ecrivain moderne a cru que ces Trophées n'étoient autre choſe que la Ville de Pampelune; mais cette opinion eſt ſans fondement. Un Géographe ancien témoigne que Pompée érigea ces trophées dans le territoire de Jonquières; & des Voyageurs habiles & curieux ont découvert des reſtes de ces trophées dans les Valléés d'Andorre & d'Altavaca. On y voit de grands cerceaux de fer de dix pieds de diamètre, attachez à des rochers avec du plomb fondu. Ils ſervoient à ſoutenir les Trophées; & l'on y a même remarqué des figures d'Arcs de triomphe.

On croit que la Ville de Pampelune a été une des premieres de l'Eſpagne, qui ait reçu la lumière de l'Evangile; & l'on dit que S. Saturnin y ayant été envoyé de Rome par St. Pierre le Prince des Apôtres, y convertit un nombre incroyable de perſonnes, entre leſquelles fut St. Firmin le premier Evêque de Pampelune.

PAMPHAGI, Peuples de l'Ethiopie, ſelon Pline ᵇ.  ᵇ Lib 6. c.

PAMPHIUM, Ville de l'Aetolie: Polybe ᶜ dit qu'elle fut brûlée par l'Armée de Philippe.  ᶜ Lib. 5. c. 13.

1. PAMPHYLIA, Contrée de l'Aſie Mineure, bornée au Nord, par la Piſidie & l'Iſaurie, à l'Orient par la Cilicie, au Midi par la Mer de Pamphylie, & à l'Occident par la Lycie ᵈ. On trouve le nom de cette Province écrit tantôt PAMPHYLIA, tantôt PAMPHILIA. Les meilleures Editions de Ciceron, ſavoir celles de Gruter & de Gronovius, portent preſque par-tout ᵉ Pamphilia & Pamphilius. Dans la ſeule Epitre ᶠ de Lentulus au Sénat, on a laiſſé le mot Pamphyliam, écrit par un Y. La premiere de ces Orthographes eſt appuyée par quelques Inſcriptions anciennes qu'on trouve dans Gruter, & ᵍ & par quelques autres monumens, mais en fort petit nombre. Au contraire tous les autres Auteurs Grecs & Latins écrivent Pamphylia, ainſi qu'un grand nombre d'Inſcriptions; de ſorte qu'il ne ſeroit pas aiſé de décider laquelle de ces deux Orthographes eſt la meilleure. Cependant la queſtion ſe trouve comme décidée, par Etienne le Géographe & par Euſtathe qui dérivent le nom de Pamphylia, l'un de Pamphylé fille de Rhacius & de Mantus; l'autre d'un certain Pamphyle, peut-être de celui dont parle Lycophron; ʰ comme ces deux noms ſont formez de Φυλὴ ou de Φῦλος, qui veut dire Tribu, il ſemble qu'on doive plutôt pancher pour Pamphylia, que pour Pamphilia. Il y a la même incertitude par rapport au nom des Habitans de la Contrée, que quelques-uns écrivent Pamphyli & Pamphilti, & l'on ne s'accorde guère mieux touchant les bornes de cette Province. Pomponius Mela ⁱ place Phaſelis dans la Pamphylie, en quoi il a été ſuivi par Pline ᵏ & par Etienne le Géographe; mais le Périple de Scylax, ˡ Strabon ᵐ & Ptolomée ⁿ mettent Phaſelis dans la Lycie. Le Périple de Scylax y place même Oblia & Perga que tous

ᵃ Corn. Dict.
ᵈ Cellar. Geogr. ant. Lib. III. c. 6.
ᵉ Pro. Leg. Manil. c. 12. de Divinat. l. 1. c. 1. Ad Attic. l. 5. c. 21.
ᶠ Lib. 12.
ᵍ Pag. 458. n. 6. & p. 491. n. 12.
ʰ Ep. 15.
ʰ Verſ. 442.
ⁱ Lib. 1 c. 14.
ᵏ Lib. 5. c. 27.
ˡ Pag. 39.
ᵐ Lib. 14. p. 666.
ⁿ Lib. 5. c. 5.

tous les autres Géographes donnent à la Pamphylie. Voici les lieux que Ptolomée place dans cette derniere Province.

Sur la Côte
- Olbia,
- Attalia,
- L'Embouchure du *Cataractus*,
- L'Embouchure du *Cestrus*,
- Magydis,
- L'Embouchure de l'*Eurymédon*,
- Side.

Dans les terres
- Perge,
- Silluum,
- Aspendus.

2. PAMPHYLIA, Ville de la Macédoine, selon Etienne le Géographe.

PAMPII COLONI, On trouve le nom de ce Peuple, dans le Tresor de Golzius, qui le rapporte d'après une ancienne Inscription, où les *Pampii* sont joints avec les *Sinuessani*.

PAMPLONE, Ville de l'Amérique Méridionale [a], au nouveau Royaume de Grenade, à soixante lieues de Santa-Fé, vers le Nord-Est. Les Dominicains y ont une maison. On trouve aux environs de cette Ville des Mines d'or; & l'on élève dans ce quartier une grande quantité de brebis.

[a] Corn. Dict. de Laet, Descr. des Indes Occ. liv. 9. c. 6.

PAMPOLA, Nom d'une Ville, selon Phavorinus [b], qui ne dit rien davantage.

[b] Lexic.

PAMPONNE, Lieu de l'Isle de France, Election de Paris. Il y a un Prieuré de mille livres de revenu & qui est présentement uni aux Jésuites d'Amiens.

PAMPORTUS. Voyez NAUPORTUS.

PAMPROU, En Latin *Pampro*, Bourg de France dans le Poitou, Election de Poitiers. Ce Bourg est connu dès l'an 945.

PAN, ou PAHAN, Ville des Indes, dans la Presqu'Isle de Malaca, sur la Côte Orientale, à 3. d. 6. de Latitude Septentrionale, quoique dans la plûpart des Cartes elle soit marquée par les 4. d. Cette Ville qui est la Capitale d'un Royaume auquel elle donne son nom [c], est à une lieue du rivage. Elle n'est habitée que par la Noblesse. Le commun Peuple est dans les Fauxbourgs. Son enceinte n'est pas grande: elle est formée par une palissade de pieux quarrez, qui se touchent & qui ont quatre brasses de hauteur, & par quatre bastions un à chaque coin de la Ville. Les rues qui sont larges, & bordées de cloisons faites de roseaux, sont pleines de Cocos & d'autres arbres; de sorte que Pahan ressemble plus à un Fauxbourg rempli de Jardins & de Cours qu'à une Ville. Les maisons sont faites de roseaux & de paille, à l'exception du Palais du Roi qui est bâti de bois [d].

[c] Voy. de C. *Matelief* aux Indes Or. p. 476.

[d] Ibid. p. 480.

Il y a en beaucoup d'endroits du Royaume de Pahan quantité d'Eléphans. Le Roi peut mettre deux ou trois mille hommes sur pied. Il a des mines d'or; mais elles sont de peu d'importance. Tout le Pays est bas: il rapporte par an environ 300. baret de poivre. Quoiqu'il y ait une Riviére fort large les Galéres n'y peuvent naviger que de haute eau. On ne la souhaite pas plus profonde parce que les Vaisseaux Européens qui pourroient y entrer se feroient trop craindre.

PANAC, Bourg de France dans le Berry, Election de Blanc.

PANACHÆI. Voyez PANELLENES.

PANACHAICUS, Montagne du Péloponése dans l'Achaïe; Polybe [e] dit qu'elle commandoit la Ville de *Patræ*.

[e] Lib. 5. c. 30.

PANACRA, Montagne de l'Isle de Crete au voisinage du Mont Ida; Callimaque en parle dans l'Hymne de Jupiter.

PANACRUM, Ville de l'Isle de Crete, selon Etienne le Géographe.

PANACTUM, Lieu fortifié dans l'Attique, selon Pausanias [f] & Thucydide [g]: Suidas le place entre l'Attique & la Bœotie [h]; Photin l'attribue à la Bœotie [h]; & Plutarque [i] en fait aussi mention.

[f] Lib. 1. c. 25.
[g] Lib. 4. p. 345.
[h] Ortelii Thesaur.
[i] Ortelii Lexic.

PANÆI, Peuples de Thrace [k], aux environs d'Amphipolis, selon Thucydide & Etienne le Géographe. Ces Peuples faisoient partie des Hedoni. Le nom Grec est Παναίοι: cependant Phavorinus [l] lit Παναΐυοι.

[k] In Alcibia de, Demetrio & Nicia.
[l] Lexic.

PANÆMA, Lieu dans l'Isle de Samos. C'est Plutarque [m] qui en parle.

[m] In Quæstion. Græc.

PANÆTOLIUM, Montagne de l'Aetolie, selon Pline [n]. Tite-Live fait mention de PANÆTOLIUM, en plusieurs endroits de son Histoire, à l'occasion de la Guerre de Macédoine, mais au lieu de le donner pour une Montagne, ou pour une Ville, ou pour quelque nom de lieu, il le donne pour le nom du Conseil, ou de l'Assemblée des Ætoliens.

[n] Lib. 4. c. cis.

PANAMA, Ville de l'Amérique Septentrionale, dans l'Isthme qui joint les deux Amériques la Septentrionale & la Capitale de l'Audience à laquelle elle donne son nom. Il y a le vieux & le nouveau Panama. Le vieux Panama est détruit [o]. C'étoit une des premiéres Colonies des Espagnols dans le Continent, à cause de la communication des deux Mers. Cet endroit se peupla bien tôt & seroit encore très-florissant, si le Pirate Morgan ne l'eût détruit en 1670. Panama étoit ouverte de toutes parts, n'ayant aucunes murailles, ni Forteresses que deux méchantes Redoutes, une sur le bord de la Mer, l'autre sur le chemin de *Crux*. Elle pouvoit contenir six à sept mille Maisons, toutes bâties de Bois de cédre. Il y en avoit quelques-unes de pierre; mais en petit nombre. Les rues étoient belles & larges & les Maisons également bâties. On y voyoit huit Monastéres tant d'hommes que de femmes, une Eglise Cathédrale, une Paroisse & un Hôpital administré par des Filles Religieuses. L'Evêque étoit, comme il l'est encore, suffragant de l'Archevêque de Lima & Primat de la Terre Ferme. Les Campagnes étoient assez bien cultivées; & de beaux Jardins & des Fermes ornoient les environs de la Ville. Tout cela fut réduit en cendres par Morgan.

[o] Voy. de Coréal aux Indes Oc. p. 101.

Les Habitans voyant leur Ville ruinée, s'allérent établir à quatre lieues plus loin, & bâtirent le nouveau Panama, qui donne son nom à une Baye considérable. Cette nouvelle Ville est revêtue d'une haute muraille de pierre. On y voit de belles Egli-

## PAN.

Eglifes & de riches Couvens. La Maifon du Préfident & en général tous les Bâtimens publics y font magnifiques. Il y a huit Eglifes Paroiffiales & trente Chapelles. Les Fortifications ne font pas bien importantes. On y a planté quelques pièces de canon auffi-bien que fur des Redoutes qu'on a élevées vers la mer.

Comme tout le commerce du Chili & du Pérou vient aboutir à Panama, les Magazins de cette Ville y font toujours pleins, & la Mer n'y eft jamais fans Vaiffeaux. Il n'y a ni bois ni marais près de Panama & l'on n'y eft pas expofé aux brouillards. Les humiditez commencent à la fin de Mai & durent jufqu'en Novembre. Les vents de Mer y régnent alors. Ils viennent du Sud-Oueft pendant fix mois; mais dans les fix autres mois ils fouflent de l'Eft & du Nord-Eft. Les pluyes ne font pas tout-à-fait fi violentes à Panama que dans les deux côtez de la Baye.

L'ISTHME DE PANAMA. Voyez au mot ISTHME l'Article L'ISTHME DE PANAMA.

L'AUDIENCE DE PANAMA, eft une Province fituée dans l'Ifthme de même nom [a]. Elle a de longueur entre l'Eft & l'Oueft environ quatre-vingt-dix lieues, & pour bornes vers le Levant les Gouvernemens de Carthagene & de Popayan, & au Couchaut le Château de la Veragua. Sa largeur, où le Pays eft le plus fpacieux entre les deux mers, eft à peu près de foixante lieues ; elle n'eft que de dix-huit dans l'endroit où le Pays eft le plus étroit, comme entre Panama & Porto-Belo. Le terroir eft pour la plus grande partie montueux & rude, & plein de marais aux lieux où il eft un peu bas. L'air y eft pefant & mal-fain ; & depuis le mois de Juillet jufqu'en Novembre, ce qui eft le tems de l'Hyver, il y pleut continuellement & il y tonne affez fouvent. La terre n'eft pas fertile : elle ne produit guère que du Mays & en petite quantité. Elle eft meilleure pour le bétail, fur-tout pour les Vaches, à caufe de la quantité de pâturages. Il y avoit autrefois de fort grands troupeaux de Cochons, que les Sauvages chaffoient dans leurs nets après avoir mis le feu aux herbes ; mais aujourd'hui il y en a peu. Les arbres y abondent en feuilles & font toujours verds; mais ils produifent peu de fruits. La Mer eft poiffonneufe, auffi-bien que les Riviéres, où l'on trouve un grand nombre de Crocodilles. Cette Province a été autrefois très-peuplée & très-riche : les Riviéres y couloient de l'or ; mais on a tant travaillé à ramaffer ce précieux métal que les Riviéres & le Pays même femblent s'épuifer. Quand on veut traverfer de Panama à Porto-Belo, la première journée eft affez agréable ; mais après cela on tombe dans quelques bois.

Les Officiers du Royaume de l'Audience de Panama font le Gouverneur, le Capitaine Général, le Préfident, quatre Confeillers, un Prevôt, un Procureur Général, un Auditeur des Comptes un Treforier Général & un Commiffaire Général.

[a] *Corn. Dict.*
*De Laet*, *Defcr. des Indes Oc.* liv. 8. c. 1. & fuiv.

## PAN. 41

Les revenus de l'Evêque, dont le Siège eft le prémier de *Terra Fierma*, ne font pas auffi confidérables qu'en plufieurs autres lieux des Indes.

La BAYE DE PANAMA eft confidérable. C'eft un grand enfoncement fur la côte de la Mer du Sud. Elle s'avance jufqu'à la Ville de Panama. On y voit plufieurs petites Ifles qu'on nomme les Ifles des Perles fans doute à caufe qu'on y en pêchoit autrefois. Il fe jette dans cette Baye plufieurs Riviéres qui étoient autrefois abondantes en or, & qui en ont encore.

*Avis aux Navigateurs.*

Pour aller de Panama au Pérou, la Saifon la plus favorable eft dans les trois premiers mois de l'année ; car alors la Mer eft ouverte & les vents de bife y fouflent. On peut auffi voyager à la fin d'Août & en Septembre, mais non pas fi agréablement qu'en Janvier, Fevrier & Mars. Les vents de Sud & de Sud-Oueft régnent le refte de l'année & rendent la Navigation de Panama au Pérou fort dangereufe. Les Navires qui partent de Panama touchent aux Ifles des Perles & s'y rafraîchiffent. De ces Ifles on prend fa hauteur à l'Oueft & l'on va reconnoître la pointe de Garrachine, qui eft Nord-Oueft & Sud-Eft à Caboga. De cette pointe qui eft une terre haute & montagneufe, la Côte s'étend à Rio de Pinas Sud-Oueft & Sud-Oueft-quart-au-Sud. On voit le long de la Mer quantité de pins, dont cette Côte porte le nom. La Côte s'étend enfuite Sud & Sud-quart-à-l'Oueft, jufqu'à Cabo de Corientes. Les Courans font fort rapides de ce côté-là ; & c'eft à quoi il faut prendre garde. Ces Courans ont leur cours à l'Eft. Les Navires qui fillent la nuit dans ces Parages doivent fouvent mouiller l'ancre, & il leur arrive plus d'une fois qu'au matin croyant avoir avancé ils fe trouvent arrêtez, & même fouvent les Courans les ont fait dériver: ainfi ils font quelquefois quinze ou vingt jours à croifer autour de ce Cap fans avancer. On va enfuite à Palmas & de là à Bonaventure. De Corientes à Palmas il y a vingt-deux lieues, & neuf de Palmas à la Riviére ou Baye de Bonaventure. Bord à bord du rivage qui eft fort élevé gît un écueil affez haut. C'eft l'entrée de la Baye, à trois degrez & demi. Tout ce côté eft bordé de Montagnes fort élevées & plufieurs Riviéres s'y vont jetter dans la Mer.

PANAGRA, Ville de la Libye intérieure : Ptolomée [b] la place fur la rive Septentrionale du Niger.

[b] Lib. 4. c. 6.

PANANE, Ville des Indes, fur la Côte de Malabar [c], au Royaume de Calecut. Elle a un bon Port & elle eft éloignée de Cochin d'environ cinquante milles du côté du Nord. Mr. de l'Ifle [d] nomme cette Ville *Pagani*. Il la place à l'embouchure d'une Riviére entre Calicut au Nord & Cranganor au Midi.

[c] *Corn. Dict.*
[d] *Atlas.*

PANARA, Ville de l'Arabie heureu-

PAN.

se dans l'Isle de *Panchea*, selon Diodore de Sicile [a]. Il dit que les Habitans de cette Ville étoient appellez Suppliants de Jupiter Triphylus, dont le Temple étoit à soixante Stades de la Ville. Voyez PANCHÆA.

[a] Lib. 5. c. 42.

PANARIA, Isle de la Mer de Toscane [b], au Nord de la Sicile & l'une des Isles de Lipari. Elle est située au Nord Oriental de l'Isle de Lipari environ à huit milles ; à l'Orient de l'Isle de Salini environ à six milles ; & au Midi Occidental de l'Isle de Stromboli, à peu près à même distance. On lui donne six milles de circuit. Elle est deserte, & c'est l'Isle Hicesia des Anciens.

[b] De l'Isle Atlas.

PANARO, ou PANARA, Riviére d'Italie [c]. Elle a sa source au Duché de Modéne, dans l'Appennin, & prend son cours du Midi au Nord. Après avoir traversé la Vallée de Frignano elle s'approche des confins des Etats du Pape qu'elle sépare de ceux du Duc de Modéne, & enfin elle va se jetter dans le Pô près de Buondeno. On la nomme aussi en quelques endroits Scultenna. Elle est assez considérable [d] & assez dangereuse quand elle est grossie par les pluyes & par la fonte des Neiges de l'Apennin.

[c] Magin Carte du Modenois & du Bolenois.

[d] Labat. Voy. d'Italie, t. 2. p. 241.

PANARUCAN, Ville des Indes, dans la grande Isle de Java, à dix lieues au Nord de la Ville de Balambuam. Plusieurs Portugais mêlez avec les Javans y font leur demeure [e]. C'est le Port où ils ont coutume d'aborder, lorsqu'ils viennent des Moluques, de Banda, d'Amboine, de Timor & d'autres Isles, ou quand ils y vont de Malaca. Il y a aussi des naturels du Pays qui sont Chrétiens. Cette Ville est murée & a un bon Port. Il s'y fait un commerce d'Esclaves, dont on transporte tous les ans une grande quantité à Malaca. On y débite aussi un peu de poivre long & on y fait quelques-uns de ces habits de femmes appellez *Gonjorins* dans la Langue du Pays. Le Roi de Panarucan est Payen, cependant il affectionne fort les Portugais.

[e] 1. Voy. des Hollandois aux Indes Or. p. 334.

Au-dessus de Panarucan, ou derriere est une grande Montagne ardente de soufre. Elle s'ouvrit pour la premiere fois en 1586. mais avec une si grande violence qu'il en périt plus de dix mille personnes. Elle jettoit des pierres jusques dans la Ville, & tous les environs furent pendant trois jours couverts d'une telle fumée qu'on eût dit qu'il étoit nuit.

PANARRHOEA, Village d'Arménie, selon Ortelius [f] qui cite Cedrene.

[f] Thesaur.

PANASA, Ville de l'Inde, en deça du Gange. Ptolomée [g] la place sur le bord de ce Fleuve. Ses Interpretes lisent *Panassa* pour *Panasa*. Quoiqu'il en soit, cette Ville est differente d'une autre que Ptolomée met aussi en deça du Gange & qu'il nomme Panassa. Voyez PANASSA.

[g] Lib. 7. c. 1.

PANASIUM, Ville au voisinage de la Phrygie, selon Nicétas cité par Ortelius [h].

[h] Thesaur.

PANASSA, Ville de l'Inde en deça du Gange. Ptolomée [i] qui la donne aux *Adisathri*, la place entre *Asphatis* & Sa-

[i] Lib. 7. c. 1.

geda. Voyez PANASA.

PANAY, Isle d'Asie, dans la Mer des Indes, & l'une des Philippines [k]. Elle est située à dix degrez quelques minutes de Latitude Septentrionale, à l'Orient de l'Isle de Paragoa & à l'Occident de celle des Négres; mais bien plus près de cette derniere que de la premiere. Cette Isle est la plus habitée & la plus fertile de toutes les Philippines. Sa figure est triangulaire & son circuit de cent lieues. Les noms de ses principaux Caps sont Potol, Naso & Boulacabi. La Côte depuis Boulacabi jusqu'à Potol court du Nord au Sud ; celle de Boulacabi jusqu'au Cap d'Iloilo, qui est plus petit que les autres ; va encore du Nord au Sud ; & celle d'Iloilo à Nasova de l'Est à l'Ouest. Le milieu de l'Isle est situé sous le 10. degré de Latitude. Du côté du Nord presque au milieu des deux Caps de Boulacabi & de Potol, la fameuse Riviére de Panay se rend à la Mer, vis-à-vis de la petite Isle Lautaya. Les Espagnols trouverent une sure rétraite dans son Port, avant la découverte & la conquête de Manille & de Cavite. La fertilité de Panay vient, de ce que cette Isle est arrosée de plusieurs Rivieres, ce qui fait que l'on ne peut pas faire une lieue sans trouver un ruisseau qui se rend à la Mer, & sur-tout proche de la grande Riviére qui donne son nom à tout le Pays & qui l'arrose pendant 40. lieues de chemin. Quand il tonne dans cette Isle, au lieu de foudre ce sont de petites croix de pierre d'une couleur de verd noirâtre qui tombent & qui ont, à ce qu'on dit, une grande vertu. L'Isle est divisée en deux Jurisdictions afin que la Justice soit mieux administrée. La premiere qui est celle de Panay, comprend tout ce qui est entre le Cap de Potol, & celui de Boulacabi ; le reste de l'Isle dépend de l'Alcalde d'Orton, qui fait sa résidence à Iloilo, qui est sur un Cap qui s'avance vers le Sud, entre les Rivieres de Tig, Bauan & Jaro, & vient à former avec l'Isle d'Imaraz un Détroit qui n'a pas plus de demi-lieue de large, ou pour mieux dire, un Port ouvert. C'est sur ce Cap que le Gouverneur, D. Gonsalvo Ronquillo, fit bâtir un Fort en 1681. Il y a dans l'Isle 16461. personnes qui payent tribut partie au Roi, partie aux Seigneurs particuliers, mais le tout en ris ; l'Isle en produisant 100060. boisseaux mesuré d'Espagne, mais peu d'autre grain. Les habitans sont de grosse corpulence, bons laboureurs & bons chasseurs ; l'Isle leur fournissant des Cerfs & des Sangliers. Les femmes s'occupent à faire des étoffes de diverses couleurs. Il y a dans l'Isle 14 Paroisses dépendantes des Augustins, trois Bénéfices desservis par des Prêtres séculiers & un Collège de la Compagnie de Jesus, dans lequel ils administrent les Sacremens à la Garnison d'Iloilo. Outre ceux qui payent tribut, il y a encore de des Noirs, qui ont été les premiers habitans de l'Isle, & que les Bisayas ont obligé de se retirer dans l'épaisseur des Bois. Ils n'ont pas les cheveux si crépus & sont de plus petite taille que ceux de Guinée. Ils

PAN. PAN. 43

ils vivent dans les lieux le plus escarpez des Montagnes avec leurs femmes & leurs enfans; ils vont nuds comme des Bêtes, & sont si legers à la course que souvent ils attrapent des Cerfs & des Sangliers. Ils demeurent autour de l'Animal jusqu'à ce qu'il soit mangé, puisqu'ils ne peuvent faire d'autre recolte que celle que leur donnent leurs arcs & leurs flêches. Ils fuyent les Espagnols, non pas qu'ils les haïssent, mais parce qu'ils les craignent.

1. PANCALE. Voyez AMORGOS.

*a* Corn. Dict. 2. PANCALE, ou PANCALIER*a*, petite Ville du Piémont, sur le Pô, environ à trois lieues au dessus de la Ville de Turin.
*b* Carte du Piémont. Magin*b* n'en fait qu'une Bourgade qu'il place à un mille à la gauche du Pô.

*c* Ortelii Thesaur. PANCALEA*c*, grande Campagne dans l'Asie Mineure: Cedréne qui en fait mention la met auprès du Fleuve Alys ou Halys.

PANCHÆA, Isle de l'Océan, proche *d* Lib. 5. c. 41. de l'Arabie. Diodore de Sicile*d* qui fait mention de cette Isle, dit qu'elle étoit habitée de Naturels du Pays appellez *Panchæi*, & d'Etrangers Océanites, Indiens, Crétois & Scythes. Il y avoit dans l'Isle de Panchæa une Ville célèbre, nommée Panara, & dont les Habitans étoient les plus heureux hommes du monde. On les qualifioit du titre de Supplians de Jupiter Triphylien; & ils étoient les seuls de toute l'Isle, qui vécussent suivant leurs Loix, sans reconnoître aucun Roi. Ils choisissoient tous les ans trois Princes entre les mains desquels étoit remis le Gouvernement de la Ville; mais qui n'avoient pas le pouvoir de punir de mort, & qui étoient même tenus de porter les affaires les plus importantes devant le Collége des Prêtres. Le Temple de Jupiter Triphylien étoit à soixante Stades de la Ville. Diodore de Sicile rapporte des merveilles de ce Temple. Par malheur, à ce que nous apprend *e* In Iside. Plutarque*e*, l'Isle & toutes ses beautez étoient imaginaires, comme l'étoient apparemment aussi trois autres Villes que Diodore de Sicile met dans cette Isle; savoir:

*Hiracia,*  *Dalis,*
 *Oceanis.*

PANCHAIA, ou PANCHÆA. Voyez PANCHÆA.

PANCHARIANA, Station en Afrique, au voisinage de Sitifis, selon Ammien *f* Lib. 29. p. Marcellin*f*.
428.

PANCHRYSOS. Voyez BERENICE. N°. 3.

*g* Thesaur. PANCOENUS, Lac fabuleux, dans les Enfers, selon Ortelius*g* qui cite Suidas.

PANCOR. Voyez FAFFELA.

PANCORVO, ou PANCORBO, Bourg *h* Délices d'Espagne*h*, dans la Vieille-Castille, sur d'Espagne, le chemin de Miranda à Burgos.
p. 172.

*i* Annal. lib. PANDA, Fleuve aux environs du Bosphore de Thrace. Tacite*i* le met chez 12. c. 16. les *Sorati*.

PANDÆ. Voyez PANDÆA.

PANDÆA, Contrée de l'Inde. Les femmes y avoient la Souveraineté depuis qu'Hercule avoit donné ce Pays à sa fille Pandée, qui y étoit née selon Arrien*k*. *k* In Indicis, Nisa étoit une Ville de cette Contrée, à p. 321. ce que dit Ortelius*l*. Il ajoute que PANDÆA *l* Thesaur. est la même chose que les PANDÆ d'Etienne le Géographe, & que Ptolomée appelle ce Pays Πανδαιῶν χώρα. Voyez PANDANORUM REGIO.

PANDÆSIA. Voyez PANDOSIA.

PANDALE, Contrée de l'Inde*m*, au *m* De l'Isle Royaume de Carnate, dans sa partie Occidentale, à l'Orient des Montagnes de Gate & au Midi de Raolconda, ou de la Mine de Diamans du Royaume de Carnate.

PANDANA. Voyez SATURNIA.

PANDANORUM REGIO ou PANDÆA, Contrée de l'Inde en deçà du Gange, selon Ortelius*n* qui cite Ptolomée. *n* Thesaur. Mais la plûpart des Manuscrits de Ptolomée, entre autres celui de la Bibliotheque Palatine, lisent Πανδόνων χώρα; *Pandonorum Regis*. Ptolomée*o* place quatre Villes *o* Lib. 7. c. 1. dans cette Contrée:

*Labaca,*  *Bucephala,*
 *Sagala,*  *Jomusa.*

PANDARANE, Ville des Indes dans le Royaume de Calicut, sur la Côte. Davity*p* dit qu'elle est éloignée d'une *p* Royaume journée & demie de Calicut & que de Calicut. c'est une Place peu considérable & peu peuplée.

PANDARI. Voyez PONAMUS.

PANDARUM. Voyez TANADARIS.

PANDASSO, ou PANDASSA, Ville de l'Inde au delà du Gange: Ptolomée*q* place *q* Lib. 7. c. 2. Pandasso entre *Posinara* & *Sipiberis*.

PANDATARIA, Isle d'Italie, dans la Mer Tyrrhene, selon Pline*r*. Strabon*s* & Suetone*t*. C'étoit autrefois un *r* Lib. 3. c. 6. lieu d'exil où Auguste fit renfermer sa fille *s* Lib. 5. p. 233. Julie. Agrippine y fut aussi reléguée par *t* In August. Tibére & y mourut. C'est présentement to. c. 65. & l'Isle de Palmirola. in Tiberio. c. 53.

PANDION, Colline dans la Carie, selon Pomponius Mela*u*. *u* Lib. 1. c. 16.

PANDIONIS REGIO, Contrée de l'Inde, en deçà du Gange: Ptolomée*x* la place dans le Golphe Agarique, & il y met *x* Lib. 7. c. les lieux suivans:

Le Promontoire *Cory*  *Argari*
 ou *Calligicum*;
   *Salur*.

PANDONIA. Voyez PANTHIA.

PANDORA. Voyez THESSALIA.

PANDORÆ, Peuple de l'Inde: Pline*y* dit qu'ils vivent jusqu'à deux cens *y* Lib. 7. c. 2. ans, & qu'ils ont les cheveux blancs dans leur jeunesse & noirs quand ils vieillissent.

1. PANDOSIA, Ville d'Italie, chez les Lucaniens, selon Justin*z*: Strabon*a* *z* Lib. 12. c. dit que c'étoit autrefois le Palais Royal de *a* Lib. 6. p. l'Oenotrie; & Plutarque*b* qui fait aussi 256. mention de cette Ville écrit *Pandesia* pour *b* De Fortuna Rom. *Pandosia*. Niger dit que Theopompe appelle cette Ville *Mardonia*. Quelques-uns croient

F 2

croient que c'est aujourd'hui *Castro Franco*; mais d'autres veulent que ce soit *Mendicino*.

2. PANDOSIA, Ville de l'Epire selon Strabon [a] & Justin [b]. Elle étoit dans les terres.

[a] Lib. 7. p. 324.
[b] Lib. 12. c. 2.

1. PANEAS, Pline [c] dit le Jourdain sort de la Fontaine Paneas, qui a donné son nom à la Ville de Césarée; & Etienne le Géographe est du même sentiment. Mais ces deux Ecrivains ont pris pour la source du Jourdain l'endroit où ce Fleuve commence à sortir de terre, car il a sa source dans le Lac nommé Phiala, à cent vingt Stades de Panéas.

[c] Lib. 5. c. 15.

2. PANEAS, ou PANEADE [d], Ville de Syrie appellée autrefois *Laesem*, puis *Dan* depuis la conquête qu'en firent quelques Israëlites de la Tribu de Dan [e]; ensuite Panéas à cause du mont Panius au pied duquel elle étoit située, puis Césarée de Philippe en l'honneur de l'Empereur Auguste à qui Philippe Fils du Grand Herode, la consacra [f]. Herode son pere y avoit fait bâtir assez long-tems auparavant un Temple magnifique à l'honneur d'Auguste [g]. Enfin le jeune Agrippa lui changea son nom de Césarée en celui de Néroniade, en l'honneur de Néron. Du tems de Guillaume de Tyr on l'appelloit Belinas. Quelques-uns doutent que Panéas soit la même que Dan. Eusebe [h] & St. Jerome [i] les distinguent manifestement, puisqu'ils disent que Dan est à quatre milles de Panéas sur le chemin de Tyr. Mais la plûpart les confondent, & St. Jerôme [k] lui-même dit que DAN ou LESEM s'appella dans la suite PANEAS. Elle étoit située à l'endroit où le Jourdain commence à sortir de terre après avoir coulé quelque espace par des canaux souterrains.

[d] D. Calmet, Dict.
[e] Judic. 18. 1, 2, 3, &c.
[f] Joseph. Ant. lib. 18. c. 3.
[g] Ibid. lib. 15. c. 13.
[h] In Dan.
[i] In Dan.
[k] In Ezech. 48.

Comme Pline ne connoît point de Ville nommée Panéas, mais seulement une Contrée ou Tétrarchie qui avoit pris son nom de la Fontaine Panéas, & qui l'avoit communiqué à la Ville de Césarée; le Pere Hardouin conclud que PANEAS est le nom de la Contrée dans laquelle étoit bâtie la Ville appellée Césarée de Philippe. Il convient pourtant que cette Ville fut nommée CESAREE-PANEAS du nom de la Fontaine Panéas, & il rapporte à cette occasion l'Inscription d'une Médaille de Marc Auréle, où on lit: ΚΑΙC. CEB. IEP. ΚΑΙ ΑCΥ. ΥΠ. ΠΑΝΕΙΩ. Ainsi, conclud le Pere Hardouin, la Contrée Panéas paroît avoir pris son nom de la Fontaine, comme le disent Pline & Etienne le Géographe, & de la Montagne d'où sort la Fontaine; car Eusebe [l] appelle cette Montagne Πάνειον ὄρος; c'est-à-dire la Montagne *Panius*, ou *Panium*.

[l] Hist. Ecclef. lib. 7. c. 17.

PANEBI, Peuples de Libye selon Stobée [m] cité par Ortelius [n]. La coutume de ces Peuples étoit d'enterrer les corps de leurs Rois; mais ils gardoient la tête qu'ils faisoient dorer, & ils la mettoient ensuite dans leur Temple.

[m] De Sepultura.
[n] Thesaur.

PANEGO, Peuple de l'Amérique Septentrionale, dans la Louisiane, aux environs de la route que le Sr. de la Salle tint pour aller de la Baye de St. Louis aux Cenis. Ce Peuple n'est pas fort considérable.

PANELLENES & PANACHÆI, Strabon [o] & Etienne le Géographe donnent ces noms à tous les Grecs pris en général.

[o] Lib. 8. p. 370.

PANELUS, Ville voisine du Pont, selon Etienne le Géographe.

PANEPHYSIS, Ville d'Egypte: Ptolomée [p] en fait la Capitale d'un Nome appellé Neut. Le troisième Concile d'Ephese lit *Panephysis* pour *Panephysis*.

[p] Lib. 4. c. 5.

PANEUM. Voyez PANTUM.

PANEURA, Ville de l'Inde: Etienne le Géographe la place près du Fleuve Indus.

PANEX, Village de la Suisse [q], dans le Canton de Berne, au Mandement d'Aigle dans la Montagne. Il y a dans ce lieu des Sources d'eau salée, & au voisinage des Montagnes entières de très-beau gips ou plâtre & quelque carrières de marbre noir.

[q] Etat & Délices de la Suisse, t. 5. p. 238.

PANGA, Ville d'Afrique au Royaume de Congo, & la Capitale de la Province de Bambo ou Bamba [r]. Elle est située à trente-six lieues de la Côte, à moitié chemin de Pambo & de Songo, & à 6. journées de Lovando S. Paulo. Cette Ville est fort grande; mais les maisons ne se touchent pas, & sont à peu près comme celles de Lovango & de Caçongo. Il y a quelques Temples enduits de terre grasse. Panga est baignée de deux ruisseaux & ses environs sont montueux. Son Prince qui a le titre de Duc est le plus puissant de tous les Vassaux du Roi de Congo & le Général de l'Armée Royale. Il commande à quantité de Villages & a des prétentions sur les Anbondanes qui demeurent au Midi de Danda; mais le Roi d'Angola en est en possession & soutient que tout le Pays qui est entre les Riviéres de Danda & de Quanza est de son Domaine.

[r] Dapper, Descr. de l'Ethiopie.

PANGÆUS, Montagne de la Thrace, selon Pline [s], qui dit que le Fleuve Nestus en mouilloit le pied. Dion Cassius [t] semble la placer dans la Macédoine, au voisinage de la Ville de Philippe; mais elle étoit dans la Thrace & aux confins seulement de la Macédoine [u]. On la nommoit auparavant *Caramanius*.

[s] Lib. 4. c. 11.
[t] Lib. 47. p. 347.
[u] Ortelii Thesaur.

PANGO, Province d'Afrique, au Royaume de Congo, où elle a le quatriéme rang parmi les Provinces, avec titre de Marquisat. Le Pere Labat [x] dans sa Relation de l'Ethiopie Occidentale dit que cette Province s'appelloit autrefois PANGA LOGOS, & qu'elle avoit le titre & les prérogatives de Royaume. Elle a perdu ces avantages depuis que les Rois de Congo l'ont conquise & réduite au rang des autres Provinces de leur Etat. Elle est bornée du côté du Nord par le Duché de Sundi, par le Fleuve Barbola à l'Orient, par les Montagnes du Soleil & par le Pays de Dembo au Midi & par le Duché de Batta à l'Occident. La même Relation ajoute: La Capitale du Marquisat de Pango s'appelle BANAZ-PANGO. Elle est située sur les bords du Fleuve Barbola, assez près de l'endroit où il se perd dans celui de Coan-

[x] T. 1. p. 39.

# PAN. PAN. 45

Coango. Les mœurs de ces Peuples sont si semblables à celles du reste des Peuples du Royaume, qu'il n'est pas nécessaire d'entrer dans aucun détail à cet égard. Il suffit de renvoyer le Lecteur à l'Article Congo. Voyez au Mot *Banza* ce que j'ai dit de la Province de Pango & de sa Capitale Banza-Pango, sur le témoignage d'Ecrivains qui avoient précédé la Relation du Pére Labat.

PANGTI, Ville & Forteresse de la Chine [a], dans la Province de Quangsi, au département de Kingyven, troisième Métropole de la Province. Elle est de 10. d. 14'. plus Occidentale que Peking, sous les 24. d. 17'. de Latitude Septentrionale.

[a] Atlas Sinenf.

PANGXUI, Forteresse de la Chine [b], dans la Province de Queicheu, au département de Tucho, huitième Métropole de la Province. Elle est de 10. d. 18'. plus Occidentale que Peking, sous les 26. d. 13'. de Latitude Septentrionale.

[b] Atlas Sinenf.

PANHELLIENUS, Montagne de l'Isle d'Ægine selon Ortelius [c] qui cite Gyraldus.[d]

[c] Thesaur.
[d] In Syntagmate Deorum.

PANHORMUS. Voyez Panormus.

PANIA, Port de la Cilicie, selon Etienne le Géographe.

PANIARDIS, Ville de la Sarmatie Asiatique; Ptolomée [e] la place entre les embouchures du Tanaïs & du Marubius.

[e] Lib. 5. c. 9.

PANIASSA, Peuple de l'Amérique Septentrionale dans la Louisiane, le long de la Riviére des Akansas à soixante ou soixante & dix lieues de l'embouchure de cette Riviére dans le Fleuve de Missisipi.

PANIGENA, Ville de l'Inde en deça du Gange selon Ptolomée [f] qui la place dans le Golphe même du Gange, entre *Palura* & *Conagara*. Les Interprétes de Ptolomée, au lieu de *Panigena* lisent *Nanigena*.

[f] Lib. 7. c. 1.

PANIGERIS. Voyez Nanigeris.

PANILLEUSE [g], Paroisse de France, au Diocése de Rouen, dans le Vexin Normand, avec titre de Marquisat. Elle est située dans une Campagne fertile en bons bleds, entre Andely & Vernon, à deux lieues de l'une & de l'autre de ces Villes, près du Prieuré de Saussense. Ce Marquisat comprend les Paroisses de Panilleuse, de Mesiéres, de Precigni-le-Val, de Nezay & autres.

[g] Corn. Dict. sur des Mémoires Manuscrits.

PANIMAHA, Nation de l'Amérique Septentrionale dans la Louisiane, au Midi des Aiaouez dans le Pays des Panis, au bord de deux petites Riviéres qui se jettent dans celle de Panis par 42. d. 30'. de Latitude & à environ 80. lieues à l'Occident du Missisipi. Cette Nation est considérable. Elle a autour de douze Villages. Son nom fait juger que c'est un assemblage de deux Peuples voisins, qui sont les Panis & les Maha. Apparemment que d'intelligence ils se sont réunis pour cabaner ensemble.

PANION. Voyez Panium.

PANINORUM URBS, Ville au voisinage de la Galatie, selon Metaphraste dans la Vie de St. Theodore l'Archimandrite.

PANIONIA, Nom que Pline [h] donne à une Contrée de l'Ionie. Voyez Panionium.

[h] Lib. 5. c. 29.

PANIONIUM, Ville & Bois sacré dans l'Ionie sur le bord de la Mer près d'Ephèse & de Samos selon Etienne le Géographe. Diodore de Sicile & Herodote [i] placent *Panionium*, aux environs de la Montagne *Micales*, qui n'étoit pas éloignée d'Ephèse. C'étoit dans ce lieu que s'assembloient les Habitans des Villes de l'Ionie, qui y célébroient une Fête en l'honneur de Neptune Heliconien. Pline [k] fait de ces lieux une Contrée qu'il nomme *Panionia*; & Pomponius Mela [l] appelle *Panionium* une Contrée sacrée.

[i] Lib. 1. No 148.
[k] Lib. 5. c. 29.
[l] Lib. 1. c. 17.

PANIPAT, Ville des Indes, entre l'Inde & le Gange, à douze milles de Toglocpour, selon Mr. Petis de la Croix [m].

[m] Hist de Timur-Bec, liv. 4. c. 17.

1. PANIS, Isle dans le Golphe Arabique selon Ptolomée [n]. Ortelius croit que c'est la même que le Périple d'Arrien appelle *Orine*. Voyez Orine.

[n] Lib. 4. c. 8.

2. PANIS, Ville de la Thrace, dans la Province d'Europe, selon Ortelius [o] qui cite la sixième Concile de Constantinople.

[o] Thesaur.

3. PANIS. Voyez Panos.

4. PANIS, Riviére de l'Amérique Septentrionale dans la Louisiane. Elle prend sa source dans de belles prairies qu'elle arrose, & qui sont situées entre le Missouri & la grande Riviére des Acansez, dans le Pays des Padoucas. Après un cours de soixante & dix à quatre-vingt lieues elle se jette dans le Missouri à la Bande de l'Ouest.

5. PANIS, grande Nation de l'Amérique Septentrionale dans la Louisiane. Une partie de cette Nation habite sur les deux bords du Missouri au dessus des Aiaouez, à plus de cent lieues à l'Occident du Missisipi, & l'autre partie habite le long d'une petite Riviére, à laquelle il communique son nom, & qui se jette dans le Missouri. Voyez l'Article précédent. Les Panis ont plus de cinquante Villages dans ces deux Cantons. Leur Pays est beau & entrecoupé de plusieurs Riviéres & ruisseaux, qui se jettent dans la Riviére de Panis, & arrosent plusieurs belles prairies très-fréquentées de bœufs sauvages.

PANISCOLA. Voyez Peniscola.

PANYSSA. Voyez Pantyasus.

1. PANIUM, Promontoire d'Europe, sur la Côte du Bosphore de Thrace. Pierre Gilles [p] dit après Denis de Byzance, que ce Promontoire est parallele aux Isles Cyanées. Ortelius [q] dit qu'on le nomme aujourd'hui vulgairement Phanorion. Il ajoute que Zonare, Nicetas & Cedréne ont parlé de ce Promontoire.

[p] De Bosphoro Thrac. lib. 2. c. 24.
[q] Thesaur.

2. PANIUM, ou Panion, Nom d'un lieu, dit Suidas, où il y a aussi un Château, sur le rivage appellé pareillement Panion, aux confins d'Héraclée. Suidas auroit bien du nous dire de quelle Héraclée il entend parler.

3. PANIUM [r], Caverne de Syrie dans la Montagne Paneus, près de la Source du Jourdain, où Herode le Grand fit bâtir

[r] D. Calmet, Dict.

F 3

PAN.

*Joseph.* tir ᵃ un Temple de marbre blanc en
Ant. lib. 15. l'honneur d'Auguste. Voyez PANEUS.
c. 13.
  4. PANIUM, Contrée de la Thrace,
au dessus du Mont Hæmus, selon Orte-
ᵇ Thesaur. lius ᵇ qui cite Chalcondyle.
  PANIURUS. Voyez PALIURUS.
ᵞ D. Calmet,  PANIUS, ou PANEUS ᶜ, Montagne de
Dict. Syrie. On la nommoit aussi Hermon : elle faisoit partie du Mont Liban & au pied
étoit située la Ville de Panéas, comme
ᵈ In Her- le dit St. Jerôme ᵈ. On dit qu'il y avoit
mon vel un ancien Temple sur cette montagne, &
Aermon. qu'elle étoit si haute que l'on y voyoit de
la neige pendant tout l'Eté.
  PANIZA. Voyez PANYASSUS.
ᵉ Let. Edif.  PANLOQ, Isle de la Mer des Indes ᵉ,
t. 11. p. 85. l'une des Isles PALOS ou NOUVELLES PHI-
& suiv. LIPPINES. Elle fut découverte en 1710.
par le Sergent Major Dom François Padilla Espagnol. Voyez au mot PALOS l'Histoire
de cette découverte. A une lieue au large
de l'Isle de Panloq, Don Padilla ayant
pris hauteur se trouva par sept degrez quatorze minutes de Latitude Nord. Peu de
tems après quatre batteaux chargez d'Insulaires s'approchérent de son bord, se tenant néanmoins au large de la longueur
d'un demi cable ; & peu après ces quatre
batteaux furent suivis de deux autres.
Enfin quelques-uns des Insulaires qui é-
toient dans les batteaux se jetterent à la
Mer & arrivérent à bord du Vaisseau Espagnol. Ils ne cherchoient qu'à voler ce
qui pouvoit leur tomber sous la main, &
se jettoient ensuite à la mer. Don Padilla
voyant jusqu'où ces Barbares portoient l'avidité fit mettre les soldats sous les armes &
fit signe aux Insulaires de ne point approcher. Enfin ceux-ci prirent leur route
vers la terre ; mais en se retirant ils déco-
cherent plusieurs fléches ; ce qui obligea à
faire feu sur eux. A ce bruit ils se jettèrent tous à la mer, & abandonnerent
leurs batteaux nageant droit à terre avec
une vîtesse extraordinaire. Puis voyant
qu'on ne tireroit plus, ils regagnerent leurs
batteaux, s'y embarquerent & s'enfuirent
à toutes rames. Ces Insulaires vont tous
nuds.
  Quelques-uns d'eux se peignent le corps
de diverses couleurs. Leur peau est communément de couleur olivâtre ; mais d'autres
l'ont plus noire. Ils ne porterent que quelques Cocos à bord du Vaisseau Espagnol.
  PANNONA, Ville de l'Isle de Créte :
ᶠ Lib. 3. c. Ptolomée ᶠ la place dans les terres entre
17. *Gortyna* & *Gnossus*.
  PANNONIA, ancienne Contrée de
l'Europe, & qui a toujours été regardée
comme une de ses principales Parties. Pli-
ᵍ Lib. 3. c. ne ᵍ dit qu'elle avoit le Danube au Nord
25. & la Dalmatie au Midi. Selon Dion Cas-
ʰ Lib. 49. p. sius ʰ les Pannoniens habitoient sur le bord
413. du Danube, & étoient bornez des autres
côtez par la Dalmatie, par le Norique,
& par la Mysie Européenne autrement ap-
ⁱ De reb. pellée Moesie. Jornandes ⁱ dit la même
Getic. c. 50. chose & même plus clairement. La Pannonie, dit-il, qui s'étend en une grande
plaine, a la Haute Moesie à l'Orient, la
Dalmatie au Midi, le Norique au Couchant & le Danube au Nord.

Philippe Roi de Macédoine fit de ce
Pays une de ses premiéres Conquêtes. ᵏ Les ᵏ Corn. Dict.
Pannoniens s'étant révoltez peu de tems Hist. &
après, Alexandre le Grand ne se vit pas Descr. du
plutôt sur le trône qu'il les assujettit de Royaume
nouveau avec l'Illyrie & l'Esclavonie. Les de Hongrie.
Gaulois conduits par Brennus & Belgius
conquirent depuis la Pannonie sur Ptolomée surnommé le Foudroyant, qui indigné de ce que Ptolomée son Pere, Roi
d'Egypte, lui avoit préféré Ptolomée Philadelphe son Cadet, s'étoit joint à Seleucus, Roi de Syrie, & après s'être emparé de la Macédoine, s'y étoit établi en é-
pousant sa propre sœur Arsinoé, veuve
du dernier Roi Lysimachus, & en faisant
mourir deux jeunes Princes qu'elle en a-
voit eus. Jules César enleva une partie
de la Pannonie aux Gaulois, & les Alpes
Pannoniques par lesquelles il s'en ouvrit
le chemin furent appellées *Julies* de son
nom. Auguste y poussa encore plus loin
ses Conquêtes qui lui firent mériter l'honneur du Triomphe ; & Tibere acheva de
la soumettre avec diverses autres Contrées
voisines. Les Pannoniens depuis ce tems-
là demeurèrent Tributaires des Romains,
jusqu'à la décadence de l'Empire, qu'ils
furent assujettis par les Goths & ensuite
par les Huns, Peuples de la Scythie Asiatique, qui ayant passé dans la Sarmatie
Européenne ravagerent la plus grande partie de l'Europe sous l'Empereur Valentinien. Ce fut de ces Huns que la Pannonie reçut le nom de Hongrie, lorsqu'ils
s'y furent retirez & établis après la Victoire qu'Aetius, Capitaine Romain, &
Mérouée, Pere de Childeric, remportérent
sur leur Roi Attila dans la plaine de Châlons sur Marne. D'autres disent que la
Pannonie changea de nom sous l'Empereur Arnoul vers l'an 900, lorsqu'une Nation sortie de la Scythie défit les Huns en
une Bataille, & que s'étant mêlée avec le
reste de ces Peuples, qui avoient reconquis cette Province sur les Lombards par
qui elle leur avoit été enlevée, elle occupa tout ce qu'on appelle aujourd'hui Hongrie. On compte quatre Empereurs venus de la Pannonie ; savoir, M. Aurelius
Probus, Cn. Messius Decius surnommé
Trajan, Flave Jovien, & Flave Valentinien, fils d'un Gratien qui vendoit des
cordes à Gibale.

Il paroît que la Pannonie fut divisée
par les Romains beaucoup plutôt que ne
le furent les Contrées voisines, comme le
Norique & la Rhétie ; mais ce fut la division en HAUTE & BASSE PANNONIE qui
précéda & non la division en PREMIERE &
SECONDE PANNONIE.

LA HAUTE-PANNONIE étoit bornée, selon Ptolomée ; au Couchant par le Mont
Cetius & en partie par le Mont Carvan-
cas ; au Midi par une partie de l'Istrie &
de l'Illyrie ; au Nord par le Norique &
par le Danube, jusqu'à l'Arabon ; & à l'O-
rient par la Basse Pannonie. Elle étoit
moins large, que la Basse d'Orient en Occident ; mais elle avoit plus d'étendue du
Nord au Midi. Ptolomée ˡ place dans cet- ˡ Lib. 2. c.
te Province les Villes suivantes : 15.
          Sur

PAN.

Sur le bord du Danube. { Juliobona, Carnus, Plexum, Chertobalus, Bregaetium.

Dans les Terres. { Sala, Paetovium, Savaria, Rhispia, Vinundria, Bononia, Andautonium, Noviodunum, Sacarbantia, Muroela, Lentudum, Carrodunum, Siscia, Olimacum, Valina, Bolentium, Soroga, Sisopa, Visontium, Prætorium, Magniana, Emona.

La BASSE PANNONIE comprenoit le reste des Terres au Midi du Danube depuis l'Arnbon jusqu'à la Mœsie, & s'étendoit du côté du Midi jusqu'aux Montagnes de la Dalmatie. Ptolomée [a] met aussi dans cette Province un grand nombre de Villes; sçavoir:

[a] Lib. 2. c. 16.

Sur le bord du Danube. { Curta, Salva, Carpis, Aquicum, Salinum, Lussonium, Lugionum, Teutoburgium, Cornacum, Acumincum, Rittium, Taururum.

Dans les Terres. { Berbis, Serbinum, Juollum, Certissa, Mursella, Bibalis, Marsonia, Vacontium, Mursia Colonia, Saltis, Bassiana, Tarsium, Sirmium.

Dans la suite la HAUTE PANNONIE fut appellée PREMIE'RE CONSULAIRE, & la BASSE fut nommée SECONDE CONSULAIRE. Depuis il y eut diverses subdivisions. Les Terres qui se trouvoient bornées par la Save & la Drave, furent appellées PANNONIA SAVIA, RIPARENSIS, ou RIPENSIS, & VALERIA ou INTERAMNIA. Celle qu'on nommoit SAVIA, étoit la partie Méridionale de la Pannonie Inférieure, qui s'é-

PAN. 47

tendant le long de la Riviére de Save en prenoit le nom. On l'appelloit aussi par cette raison RIPENSIS ou RIPARENSIS. Divers Auteurs modernes l'ont nommée autrement ou toute ou en partie, à cause de quelques-unes de ses Villes. Ortelius [b] par exemple avance qu'Aurelius Victor donne à une partie de la Pannonie le nom de *Pannonia Bubalia* & à une autre partie celui de *Pannonia Sabaria*. Mais il est certain qu'Aurelius Victor ne connoît point ces sortes de Pannonies. Il dit seulement dans un endroit [c] *Decius* &c. *Pannonia inferiore, Bubaliæ natus,* & dans un autre [d] : *Niger Pescennius apud Antiochiam, in Pannoniæ Sabaria Septimius Severus creatur Augusti;* de sorte qu'on peut uniquement conclurre de ces témoignages d'Aurelius Victor, que *Bubalia* ou *Bubalis* étoit dans la Pannonie inferieure, & que *Sabaria* étoit dans la Pannonie.

[b] Thesaur.
[c] In Decio.
[d] In Didio Juliano.

Selon Ammien Marcellin [e] la Pannonie VALERIA étoit une autre partie de la Basse Pannonie; & comme elle se trouvoit renfermée entre le Danube & la Drave on l'appella aussi INTERAMNIA.

[e] Lib. 28. c. 3.

PANO. Voyez PANOPOROS.

PANOPE, Ville de la Phocide : Pausanias [f] dit qu'elle étoit à 7. Stades de Daulis, & Strabon [g] la met au-dessus d'Orchomene. Il est souvent parlé de Panope dans Homére [h], qui entr'autres dans l'Odyssée lui donne le surnom d *agréable pour ses danses*. Herodote [i], Ovide [k] Etienne le Géographe & Hesyche font aussi mention de cette Ville.

[f] Lib. 10. c. 4.
[g] Lib. 9. p. 416.
[h] A. v. 580.
[i] Lib. 8. c. 34.
[k] Metamorph. lib.

PANOPOLIS, Ville d'Egypte dans la Thébaïde : Ptolomée [l] qui la nomme PANORUM CIVITAS, dit qu'elle étoit la Capitale du Nome PANOPOLITES. L'Itinéraire d'Antonin appelle cette Ville PANO, & Simler croit que c'est le *Peamum* de la Notice des Dignitez de l'Empire. Cette Ville est remarquable par la naissance du Poëte Grec Nonnus, qui florissoit dans le cinquième siècle. On a de lui une Paraphrase sur St. Jean [m], avec un Poëme intitulé *Dionysia*.

[l] Lib. 4. c. 5.
[m] Vossius, de Poët. Græc. p. 222.

PANOPROS, Village d'Ethiopie : Ptolomée [n] le met sur la Côte de la Barbarie Orientale, près du Promontoire & du Port des Aromates. Ses Interprétes traduisent *Pano*, au lieu de *Panopros*.

[n] Lib. 4. c. 7.

1. PANORMUS, Port de l'Attique, selon Ptolomée [o]. Le premier le place sur la Côte Orientale, près du Promontoire Sunium : le second le met à quinze Stades du Promontoire, & dit que ce Port avoit été nommé de la sorte à cause de sa commodité.

[o] Lib. 3. c. 15.

2. PANORMUS, Port ou Lieu de l'Isle de Samos. C'est Tite-Live [p] qui en fait mention. On croit que c'est aujourd'hui MACRI. Voyez ce mot.

[p] Lib. 37. c. 10.

3. PANORMUS, Ville de l'Isle de Crète sur la Côte Septentrionale : Ptolomée [q] la place entre *Heracium* & *Cytæum*. Bellon croit que c'est présentement *Volis meni*; & Niger veut que ce soit *Mirabello*.

[q] Lib. 3. c. 17.

4. PANORMUS, Port de l'Isle de Cephalenie, selon Ortelius [r] qui cite Porphyrius.

[r] Thesaur.

5. PA-

5. PANORMUS, Port de l'Epire: Ptolomée ᵃ le place au deſſus du Port *Onchesmus*.

*a* Lib. 3. c. 14.

6. PANORMUS, Ville de la Cherſonèſe de Thrace, ſelon Pline ᵇ qui le met entre Eléé & Cardia.

*b* Lib. 4. c. 11.

7. PANORMUS, Ville de Sicile ſur la Côte Septentrionale de l'Iſle. Thucydide ᶜ nous apprend que les Phéniciens paſſoient pour en être les fondateurs. Polybe ᵈ la diviſe en deux parties dont il nomme l'une la Vieille Ville & l'autre la Ville Neuve. Pomponius Mela ᵉ & divers autres en font auſſi mention. Strabon ᶠ lui donne le titre de Colonie Romaine. Preſque tous les Auteurs anciens diſent Panormus; mais Pline ᵍ écrit *Panhormus*, & cette dernière orthographe eſt ſuivie dans quelques Inſcriptions. Panormus de l'aveu de tout le monde eſt aujourd'hui la Ville de Palerme. Voyez PALERME.

*c* Lib. 6. p. 412.
*d* Lib. 1. c. 38.
*e* Lib. 2. c. 7.
*f* Lib. 6. p. 272.
*g* Lib. 3. c. 8.

8. PANORMUS, Ville de la Macédoine, dans la Chalcidie, ſelon Ptolomée ʰ.

*h* Lib. 3. c. 13.

9. PANORMUS, Port d'Afrique, dans la Marmarique: Ptolomée ⁱ le place ſur la Côte du Nome de Libye.

*i* Lib. 4. c. 5.

10. PANORMUS, Port & Ville de l'Achaïe propre, ſelon Pauſanias ᵏ, Thucydide ˡ & Pline ᵐ. Polybe ⁿ dit que ce Port étoit près de *Rhium*, vis-à-vis de *Naupactus*.

*k* Lib. 7. c. 22.
*l* Lib. 2. p. 157.
*m* Lib. 4. c. 11.
*n* Lib. 5. c. 102.

11. PANORMUS, Port de la Ville *Oricum*, ſur la Mer Ionienne, ſelon Strabon ᵒ. Ce pourroit être le Port PANORMUS que Ptolomée place dans l'Epire. Voyez PANORMUS. Nᵒ. 5.

*o* Lib. 7. p. 316.

PANORUM VICUS. Voyez PANOPROS.

1. PANOS, Promontoire de l'Iſle de Rhodes, ſelon Ptolomée ᵖ; ſes Interprêtes liſent PANIS.

*p* Lib. 5. c. 2.

2. PANOS, Ville d'Egypte, ſelon Etienne le Géographe; c'eſt la même Ville que Ptolomée appelle Panopolis. Voyez PANOPOLIS.

3. PANOS, Village ſur le bord de la Mer Rouge: C'eſt Etienne le Géographe qui en parle.

4. PANOS, Montagne de l'Attique, ſelon Pauſanias ᵠ.

*q* Lib. 1.

5. PANOS ʳ, Bois ſacré, près de l'Iſle de Méroé. Heliodore ˢ écrit que les Gymnoſophiſtes habitoient dans ce Bois.

*r* Orteliſi Theſaur.
*s* Lib. 1.

PANOTIA. Voyez PHANOTEUS.

PANOTII. Voyez SAIMALI.

PANPHAGI. Voyez PAMPHAGI.

PANTA, Ville de la Paleſtine ᵗ, entre *Balanée* & *Laodicée*. C'eſt Siméon le Metaphraſte qui en fait mention dans l'Hiſtoire des Voyages de St. Pierre & de St. Paul.

*t* Orteliſi Theſaur.

PANTACHUS, PANTAGIAS, PANTACIAS, ou PANTAGIES. Fleuve de Sicile: Ptolomée ᵘ place ſon embouchure ſur la Côte Orientale de l'Iſle, entre le Promontoire Taurus & la Ville de Catane; & Pline ˣ la met entre Megaris & Syracuſe. Ils ſe trompent tous deux ſelon Cluvier ʸ, qui prétend que Virgile a donné la véritable ſituation de l'embouchure de ce Fleuve; ſavoir entre les Cavernes des Cyclopes & le Golphe de Megare. L'extrême exactitude qu'a eu Virgile à marquer la véritable poſition des lieux de l'Italie & de la Sicile eſt cauſe que Cluvier préfére ſon ſentiment dans cette occaſion: d'ailleurs on ne peut douter que le Pantagia ne ſoit la Rivière qui a ſon embouchure à la gauche du Cap de S. Croce, & que les Habitans du Pays appellent Porcari. La preuve s'en trouve dans ce paſſage de Virgile.

*u* Lib. 3. c. 4.
*x* Lib. 3. c. 8.
*y* Sicil. Ant. lib. 1. c. 11.

*Pantagia.*   *Vivo præcervehor oſtia Saxi*

En effet les deux côtez du Porcari ſont hériſſez de rochers d'environ vingt coudées de hauteur; la mer remonte dans cette embouchure juſqu'à mille pas & forme un Port propre pour de petits Bâtimens. La qualité que Claudien donne à ce Fleuve qu'il appelle *Saxa rotantem*, convient auſſi au Porcari; car quoique ſon cours ſoit très-petit, cependant lors qu'en hyver il ſe trouve groſſi par les pluyes & par les torrens qui tombent des collines voiſines, il court avec une telle rapidité, qu'il entraîne avec lui une grande quantité de pierres.

PANTÆI URBIS: ᶻ On trouve ce nom dans le troiſième Concile d'Epheſe, qui nomme ſon Evêque Macarius.

*z* Orteliſi Theſaur.

PANTÆNSES, Peuples d'Aſie, ſelon Pline ᵃ. Quelques Manuſcrits portent *Pataenſes*.

*a* Lib. 5. c. 30.

PANTALIA, Ville de Thrace, ſelon Ortelius ᵇ qui cite Procope ᶜ. Ce dernier dit que Juſtinien répara tellement les murailles de Pantalie, qu'il en fit une Place impernable.

*b* Theſaur.
*c* Ædif. lib. 4. c. 1.

PANTALERIE, PANTALARE'E, PANTELLERIA & PANTANARIA, Iſle de la Mer Méditerranée ᵈ entre la Sicile & la terre ferme d'Afrique. Elle a environ ſept ou huit lieues de contour. La Ville qui porte ſon nom eſt vers le Nord de l'Iſle, & défenduë par un Château bâti ſur l'extrémité d'un rocher eſcarpé de tous côtez qui la rend entièrement inacceſſible. La plus grande partie de cette Iſle eſt fermée de Montagnes, qui forment dans leur milieu un goufre profond que les Habitans du Pays appellent *Foſſa*. Le terrein de l'Iſle eſt ſec & pierreux & produit très-peu de grains. Cette ſterilité oblige les Habitans d'avoir recours à la Sicile, qui leur fournit ce qui leur manque. Il croît dans cette Iſle un arbriſſeau, qu'on appelle Ver, il porte un fruit pointu & rond qui devient roux en mûriſſant. Les Habitans en tirent une huile qui leur ſert à divers uſages. Ces Inſulaires ont toujours eu beaucoup de commerce avec les Arabes dont ils ſont voiſins; ce qui n'a pourtant pas diminué le zèle qu'ils ont pour la Communion Romaine.

*d* Le Petit Feuille, Journal d'Obſervat. t. 1. p. 76.

PANTALICA: Mr. Corneille ᵉ dit que Pantalica eſt un Bourg de Sicile, dans la Vallée de Noto ſur la Rivière d'Anapo, cinq lieues au deſſus de la Ville de Syracuſe. Selon Mr. de l'Iſle ᶠ Pantalica eſt un lieu ruiné, ſur une éminence près de la Rivière Fiume Grande, l'*Anapus* des Anciens, qui un peu plus bas s'appelle

*e* Dict.
*f* Atlas.

# PAN.   PAN.

le Sortino, & Alfeo encore plus bas.

PATANI, Peuples de l'Arabie: Pline[a] ne les met quelque part dans la Syrie. Le Pere Hardouin soupçonne que ce pourroit être les Καταναι, que Ptolomée place dans l'Arabie deserte au voisinage de la Syrie.

[a] Lib. 6. c. 28.

PANTANUS LACUS, Lac d'Italie dans l'Apouille Daunienne, selon Pline[b]. On croit que c'est présentement *Lago di Lesina*.

[b] Lib. 3. c. 11.

PANTHAGIAS. Voyez PANTACHUS.

PANTHEIUM, Lieu de l'Attique, à soixante Stades d'Ilissus, selon Suidas & Aristote[c]. C'est dans ce lieu où croissoit l'Olivier appellé Callistephane, & dont on se servoit uniquement pour couronner les Vainqueurs dans les Jeux Olympiques.

[c] In Admirandis.

PANTHELÆI, Peuples de la Perside: Herodote[d] dit que leur profession étoit de labourer la terre; & Ortelius croit que ce sont ces Peuples qu'Etienne le Géographe[e] appelle *Penthiadæ*.

[d] Lib. 1. No. 125.
[e] In Ασγυναιοι.

PANTHECIUM. Voyez PANTICUM.

PANTHEMONT, Abbaye de France dans la Picardie[f] au Diocése de Beauvais. C'est une Abbaye de Filles de l'Ordre de St. Bernard. On rapporte sa fondation à l'année 1218. Elle fut réduite en Prieuré d'Hommes en 1483. puis renduë aux Filles & enfin transferée au Fauxbourg de St. Germain à Paris.

[f] Pigwiol. Descr. de la France, t. 2. p. 21. & 527.

PANTHEON, Temple de la Ville de Rome. C'est un des anciens Monumens qui se soient le mieux conservé. On le nomme *S. Maria Rotonda*, à cause de sa figure ronde.

PANTHIA & PANDONIA, Nom de deux Lieux dont il est fait mention dans les Oracles des Sibylles. Ortelius[g] juge que ces deux lieux devoient être dans l'Asie.

[g] Thesaur.

PANTHIUM. Voyez PANTHEIUM.

PANTI, Golphe de l'Isle de Taprobane: Ptolomée[h] le place sur le grand rivage entre la Ville *Nagadeba* & celle d'*Anubingara*. Quelques Manuscrits Grecs au lieu de *Panti*, lisent *Pasi*.

[h] Lib. 7. c. 4.

PANTICAPÆA, Ville de la Chersonèse Taurique, selon Strabon[i] & Ptolomée[k]: Etienne le Géographe écrit PANTICAPÆUM, & Niger veut qu'elle s'appelle aujourd'hui *Vospero*. Si cela est, elle retient en quelque maniere son ancien nom; car Pline[l] dit qu'on la nommoit aussi *Bosphorium*. Le Fleuve qui couloit au travers de cette Ville s'appelloit aussi PANTICAPÆUM, selon Etienne le Géographe.

[i] Lib. 7. p. 309.
[k] Lib. 3. c. 6.
[l] Lib. 17. c. 32.

PANTICAPÆUM. Voyez PANTICAPÆA.

PANTICAPES, Fleuve de la Scythie Europééne, selon Pomponius Mela[m] & Hérodote[n]. Peucer dit que c'est présentement le Przepetz dans la Lithuanie. Mercator cependant le nomme *Conscavoda*. Selon Pomponius Mela[o] & Pline[p]. Ce fleuve faisoit la séparation entre les Nomades & les Georgiens.

[m] Lib. 2. c. 1.
[n] Lib. 6. No. 18.
[o] Lib. 2. c. 1.
[p] Lib. 4. c. 12.

PANTICHIUM. Voyez PANTICUM.

PANTICUM, ou PANTICHIUM, Ville de Bithynie. Antonin[q] la place entre Chalcédoine & Libyssa, à quinze milles de la premiére, & à vingt-quatre milles de la seconde.

[q] Itiner.

PANTIMATHII, Peuple de la Persique, selon Hérodote[r].

[r] Lib. 3. No. 92.

PANTIPOLIS, Ville de l'Inde, en deçà du Gange, Ptolomée la place entre *Berderis* & *Adarima*.

PANTOMATRIUM, Promontoire de l'Isle de Créte: Ptolomée[s] le met sur la Côte Septentrionale, entre le Promontoire *Dion*, & la Ville de *Rithymna*. Niger & Pinet veulent que le nom moderne soit *Milopotamo*.

[s] Lib. 3. c. 17.

PANTOPOTÆ, Monastère quelque part aux environs de Constantinople, selon Ortelius[t] qui cite Pachymerus.

[t] Thesaur.

PANTUM, Lactance dit[u]: *Pantum deducit in montem qui vocatur* Cæli Stella. Le Manuscrit de Sublac lit *Paneum*. Ennius dit que Jupiter éleva en cette Montagne un Autel à l'honneur de son pere Saturne.

[u] Falses Relig. lib. 1. c. 11.
[x] Ortelii Thesaur.

1. PANUCO, Province de l'Amérique Septentrionale[y], dans la Nouvelle Espagne. Elle est située au Nord de la Ville de Mexique, & elle formoit anciennement un Gouvernement séparé. Aujourd'hui elle est jointe au Diocése Archiépiscopal. Sa longueur est de cinquante lieues, & sa largeur est à peu près pareille. Le terroir est fertile & riche en veines d'or du côté qu'elle touche l'Archevêché de Mexico; mais elle est sterile & triste du côté qu'elle regarde la Floride. Les Espagnols ont seulement trois Colonies dans cette Province. La principale est nommée *Villa de San Stivaln del Puerto*. Ceux du Pays lui donnent le nom de PANUCO. Elle est auprès de Chila, au dessus de l'Embouchure de la Riviére de PANUCO & fut bâtie sous les auspices d'Hernando Cortez, après qu'il eut détruit la plûpart des Habitans, & brûlé leurs Bourgades. Cette Ville est à soixante-cinq lieues de celle de Mexico vers le Nord-Est, à huit de la Mer, sur le bord de la Riviére qui ouvre l'entrée à son Port vis-à-vis de cette Ville sur la rive Septentrionale de la Riviére, qui n'est pas bien large en cet endroit. Les Espagnols y ont leurs Salines, ainsi qu'à une lieue au dessus de la Ville; ce qui fait le principal revenu des Habitans. La seconde Colonie est appellée par les Espagnols *San Jago de Los Valles*, & la troisième *S. Lodovico de Tamoico*. Dampier[z] appelle PANUK la Ville de PANUCO. Il dit qu'elle est située à près de vingt lieues de la mer; & que c'est la Capitale du Pays en qualité de Siége Episcopal. Il ajoute: Il y a deux Eglises, un Couvent, une Chapelle & environ cinq cens familles d'Espagnols, de Mulâtres & d'Indiens. Les maisons sont grandes & fortes, bâties de pierre & couvertes de feuilles de petit Palmier.

[y] Corn. Dict. De Laet, Descr. des Indes Occ. liv. 5. c. 14.
[z] Divers Voy. part. 2. ch. 5.

2. PANUCO ou PANUK, Ville de l'Amérique Septentrionale dans la Nouvelle Espagne. Voyez l'Article précédent.

3. PANUCO, ou PANUK, Riviére de l'Amérique Septentrionale, dans la nouvelle Espagne, & dans la Province de PANUCO. Dampier[a] a dit: de Tipso à la Riviére

[a] Ibid.

G

## PAN. PAO.

viére de Panuk il y a vingt lieues ou environ. La Côte eſt Nord & Sud au plus près. Panuk eſt une grande Riviére qui deſcend du cœur du Pays, & qui après avoir coulé vers l'Eſt ſe jette dans le Golphe de Mexique à 21. d. 8'. de Latitude. Il y a 10. ou 12. pieds d'eau ſur ſa barre, & les Barques la remontent ſouvent juſqu'à la Ville de Panuk. Une des branches de cette Riviére ſort du Lac de Tompeque & ſe mêle avec ſes eaux trois lieues avant que de ſe jetter dans la mer. C'eſt à cauſe de cela qu'on l'appelle quelquefois Riviére de TOMPEQUE.

PANUS, Voyez PANOS.

PANUSII, Voyez SATMALI.

PANXIANI ou PANXANI, Peuples de la Sarmatie Aſiatique. ſelon Strabon [a]. [a Lib. 11. p. 506.]

PANYASUS, Fleuve de la Macédoine: Ptolomée [b] place l'embouchure de ce Fleuve chez les *Tulantii*, entre *Dyrrhachium* & l'embouchure du Fleuve *Apſus*. Ortelius [c] croit que c'eſt le *Paniſſa* ou PANYSSA de Pline [d]. [b Lib. 3. c. 13.] [c Theſaur.] [d Lib. 4. c. 11.]

PANYSUS, Fleuve de la Baſſe Mœſie, ſelon Ptolomée [e]. Pline [f] nomme ce Fleuve PANYSUS, & Niger prétend que le nom moderne eſt *Laniza*. [e Lib. 3. c. 10.] [f Lib. 4. c. 11.]

1. PAO, Montagne de la Chine [g] dans la Province de Suchuen, au Midi de la Ville Luicheu. Il y a quelque choſe de particulier dans l'air qu'on reſpire ſur cette Montagne. Les Habitans n'y craignent point la fièvre pendant dix mois de l'année, & ſi elle leur vient elle paſſe auſſi-tôt. Mais elle eſt mortelle dans les mois de Mars & d'Avril. Ceux qui en ſont attaquez ſont ſans eſpérance de guériſon. [g Atlas Sinenſ.]

2. PAO, Ville de la Chine [h], dans la Province de Suchuen, au Département de Chingtu première Métropole de la Province. Elle eſt de 14. d. 8'. plus Occidentale que Peking, ſous les 31. d. 28'. de Latitude Septentrionale. [h Atlas Sinenſ.]

3. PAO, Montagne de la Chine [i] dans la Province de Quantung, près de la Ville d'Hoa. Cette Montagne eſt des plus riantes; ce qui lui a fait donner le nom de Pao, qui veut dire précieux. [i Atlas Sinenſ.]

PAOCHING, Ville de la Chine [k], dans la Province de Chenſi, au Département de Hanchung, troiſième Métropole de la Province. Elle eſt de 10. d. 0'. plus Occidentale que Peking, ſous les 34. d. 30'. de Latitude Septentrionale. [k Ibid.]

PAOCING, Cité Militaire de la Chine [l], dans la Province de Huquang au département de Xi première Cité Militaire de la Province. Elle eſt de 8. d. 8'. plus Occidentale que Peking, ſous les 29. d. 5'. de Latitude Septentrionale. [l Atlas Sinenſ.]

1. PAOFUNG, Montagne de la Chine [m], dans la Province de Kiangſi, auprès de la Ville d'Ieyang. Au ſommet de cette Montagne, il y a une maiſon de pierre, ſi haute qu'elle ſe perd dans les nues. Pour aller à cette Montagne on paſſe ſur un pont très-ancien & qui a cinquante perches de longueur. [m Atlas Sinenſ.]

2. PAOFUNG, Cité de la Chine [n], dans la Province d'Honang, au Département d'Iu grande Cité de la Province. Elle eſt de 4. d. 46'. plus Occidentale que Peking, ſous les 34. d. 36'. de Latitude Septentrionale. [n Atlas Sinenſ.]

1. PAOGAN, Ville de la Chine [o] dans la Province de Chenſi, au Département d'Iengan, huitième Métropole de la Province. Elle eſt de 8. d. 29'. plus Occidentale que Peking, ſous les 38. d. 2'. de Latitude Septentrionale. [o Atlas Sinenſ.]

2. PAOGAN, Cité Militaire [p] de la Chine, dans la Province de Peking, au Département d'Yenking, ſeconde Cité Militaire de la Province. Elle eſt d'un d. 6'. plus Occidentale que Peking, ſous les 40. d. 10'. de Latitude Septentrionale. [p Atlas Sinenſ.]

PAOKANG, Ville de la Chine [q], dans la Province de Huquang, au Département de Chingtien, quatorzième Métropole de la Province. Elle eſt de 6. d. 26'. plus Occidentale que Peking, ſous les 32. d. 36'. de Latitude Septentrionale. [q Atlas Sinenſ.]

PAOKI, Ville de la Chine [r], dans la Province de Chenſi, au Département de Funciang, ſeconde Métropole de la Province. Elle eſt de 9. d. 28' plus Occidentale que Peking, ſous les 36. d. 9'. de Latitude Septentrionale. [r Atlas Sinenſ.]

PAOKING, Ville de la Chine [s], dans la Province de Huquang, où elle a le rang de neuvième Métropole de la Province. Elle eſt de 6. d. 5'. plus Occidentale que Peking, ſous les 27. d. 43'. de Latitude Septentrionale. Le Territoire de cette Ville eſt couvert de Montagnes, ſur-tout du côté du Midi, où il confine aux Montagnes de la Province de Quangſi. Cependant il ne manque pas de terres labourables & il y a des vallées très-agréables. Il a eu autrefois un Roi de la Famille Taminga. La Ville de Paoking eſt voiſine du Fleuve Cu d'où elle tire de grands avantages. Elle étoit autrefois une des dépendances du Royaume de Cu. Les Rois d'U après avoir conquis le Pays nommèrent cette Ville Kaoling; la Famille Tanga l'appella Xaocheu, & celle de Sunga lui donna le nom de Paoking. On y compte trois Temples dédiez à des Héros. Dans le Territoire de Paoking il y a cinq Villes, qui ſont, [s Atlas Sinenſ.]

Paoking,   Chingpu,
Sinhoa,    Vuchang
Sining.

PAOLA. Voyez PAULE.

PAONING, Ville de la Chine [t] dans la Province de Suchuen, où elle a le rang de ſeconde Métropole. Elle eſt d'11. d. 0'. plus Occidentale que Pecking, ſous les 31. d. 53'. de Latitude Septentrionale. On l'a bâtie ſur la rive Orientale du Fleuve Kialing. Son Territoire eſt tout environné de Montagnes qui forment comme une Couronne. La Ville eſt aſſez belle: les édifices publics & les maiſons des particuliers ne le cédent pas à la plûpart des autres Villes de l'Empire. On remarque ſur-tout quatre Temples qui ſont magnifiques. L'Empéreur Ivus joignit le Territoire de cette Ville à la Province de Leang. Du tems des Rois, ceux de Pa en étoient les Maîtres. [t Atlas Sinenſ.]

# PAO.

tres. La Famille Hana lui donna le nom de Pafi: celle de Tanga l'appella Langcheu; celle de Sanga le nomma Gante, & celle d'Ivena lui donna le nom moderne, qui a été occasionné par les passages rares & étroits par lesquels on peut entrer dans ce Territoire, & qui sont défendus par de bonnes Forteresses. Cette Métropole a dans sa dépendance dix Villes; savoir:

| Paoning, | Chaohoa, |
| Canghi, | Tungkiang, |
| Nanpu, | Kien ⊙, |
| Quangyven, | Cutung, |
| Pa ⊙, | Nankiang. |

PAOTE, Ville & Forteresse de la Chine [a], dans la Province de Xansi, au Département de Taiyven, première Métropole de la Province. Elle est de 6. d. 36′. plus Occidentale que Peking, sous les 39. d. 32′. de Latitude Septentrionale.

[a] Atlas Sinenf.

PAOTI, Ville de la Chine [b], dans la Province de Peking, au Département de Xuntien première Métropole de la Province. Elle est de 0. d. 36′. plus Occidentale que Peking, sous les 39. d. 27′. de Latitude Septentrionale.

[b] Atlas Sinenf.

1. PAOTING, Ville de la Chine [c], dans la Province de Peking, où elle a le rang de seconde Métropole. Elle est d'un d. 46′. plus Occidentale que Peking, sous les 39. d. 20′. de Latitude Septentrionale. Cette Métropole a un Territoire d'une grande étendue; & qui abonde en toutes choses. On y compte vingt Villes qui sont:

[c] Atlas Sinenf.

| Paoting, | Ly, |
| Muonching, | Hiung, |
| Ganso, | Khi ⊙, |
| Tinghing, | Xince, |
| Sinching, | Tunglo, |
| Thang | Gan ⊙, |
| Poye, | Caoyang, |
| Kingtu, | Singan, |
| Jungching, | Ye ⊙, |
| Huon, | Laixui. |

Sous le regne d'Ivus, toute cette Province dépendoit de la Province de Kicheu; & elle étoit déja célèbre pour avoir donné la naissance au fameux Loijus le plus habile des Généraux du Roi de Yen. Du tems des Rois de la Chine, la Métropole de cette Province s'appelloit Chao: la Famille Hana lui donna le nom de Sintu: celle de Sanga l'appella Paocheu & la Famille qui régne aujourd'hui la nomma Paoting. Au Sud-Est de cette Ville on voit des ruïnes d'anciennes murailles, qui avoient été bâties par l'Empereur Chuenhius deux mille cinq cens ans avant la naissance de Jesus-Christ. Il y a à Paoting sept Temples dédiés à des Héros, & un consacré à Javus, l'un des plus anciens Empereurs. On fait grand cas de la Boisson ordinaire de Paoting; & elle tient lieu de vin. On estime aussi les Châtaignes de cette Contrée: elles sont extrêmement grosses & d'un goût délicieux.

# PAO. PAP.

2. PAOTING, Ville de la Chine [d], dans la Province de Peking, au Département de Xuntien première Métropole de la Province. Elle est sous le même degré de Longitude que Peking & sous les 39. d. 20′. de Latitude Septentrionale.

[d] Atlas Sinenf.

PAOXAN, Ville & Forteresse de la Chine [e], dans la Province d'Iunnan, au Département de Likiang, sixième Métropole de la Province. Elle est de 16. d. 45′. plus Occidentale que Peking, sous les 27. d. 9′. de Latitude Septentrionale.

[e] Atlas Sinenf.

PAOYNG, Ville de la Chine [f], dans la Province de Nanking, au Département d'Yangcheu septième Métropole de la Province. Elle est de 2. d. 14′. plus Orientale que Peking, sous les 38. d. 8′. de Latitude Septentrionale.

[f] Atlas Sinenf.

PAP-CASTLE. Voyez Epiacum.

1. PAPA. Voyez Pampanis.

2. PAPA, autrefois *Mogeciana*, petite Ville ou Bourgade de la Basse Hongrie, au Comté de Vesprin, sur la petite Rivière de Marchaltz [g] au Midi Occidental de la Forêt de Bakon, entre la Ville de Vesprin au Midi & celle de Javarin au Nord. Il arriva dans ce lieu une revolte assez remarquable, sous l'Empereur Rodolphe, peu de tems après que l'Archiduc Mathias eut repris cette Place sur Mahomet III. en 1597. La Garnison qui étoit de Lorrains & de Valons, indignée de ce qu'on différoit à la payer, se donna aux Turcs, & les mutins que l'Armée de l'Empereur assiégea se défendirent avec une opiniâtreté extrême. Mais après plusieurs assauts les secours que les Ottomans leur avoient promis ne venant point, à cause que le siège de Canise les occupoit ces Révoltez tâchèrent de se sauver, à la faveur d'une nuit obscure. Quelques-uns y réüssirent; mais la plûpart de ceux qu'on put attraper furent punis par les plus cruels supplices. En 1683. le Comte Tekeli, après une longue conférence qu'il eut à Essek avec le Grand Visir, qui l'assura que son Maître avoit résolu de le couronner Roi d'Hongrie, fit courir un Manifeste, portant que le Grand-Seigneur recevroit sous sa protection tous ceux qui se soumettroient à lui, & qu'il les maintiendroit dans leur liberté, leur Religion & leurs privilèges. Comme il y étoit marqué qu'on ne feroit aucun quartier aux autres, Papa lui ouvrit ses portes & reçut Garnison de ses Troupes. Un Détachement d'Impériaux reprit cette Place après la levée du Siège de Vienne, & la plûpart des Turcs que l'on y trouva furent massacrez.

[g] Corn. Dict. Hist. & Desc. du Royaume de Hongrie, liv. 3. 1688.

PAPA-STRONSA, petite Isle de l'Ocean [h], au Nord de l'Ecosse, & l'une des Orcades. Elle est située au Nord de l'Isle de Stronsa, & passe pour fertile & pour bien peuplée.

[h] Etat présent de la Gr. Br. t. 1. p. 303.

PAPA-WESTRA, Isle de l'Océan, au Nord de l'Ecosse, & l'une des Orcades. Elle est située au Nord de l'Isle de Westra, est assez bien peuplée & elle a l'avantage d'un bon Port.

PAPADOROS. Voyez Epicaria.

PAPALOAPAM, Nom que quelques-uns

uns donnent à la Rivière d'Alvarado, dans la Nouvelle Espagne. Voyez ALVARADO.

PAPARIUM. Voyez PAPYRONA.

PAPE, Forteresse de la Chine [a], dans la Province d'Iunnan. Elle est de 18. d. 30. plus Occidentale que Peking, sous les 22. d. o. de Latitude Septentrionale.

[a] Atlas Sinens.

PAPE-STRONSE. Voyez PAPA-STRONSA.

PAPHARA, Ville de Syrie: Ptolomée [b] la place dans la Cyrrestique.

[b] Lib. 5. c. 15.

1. PAPHLAGONIE, Province de l'Asie Mineure, en Latin *Paphlagonia*. Elle s'étendoit d'Occident en Orient depuis le Fleuve Parthenius qui la séparoit de la Bithynie, jusqu'au Fleuve Halys: Au Nord elle étoit bornée par le Pont Euxin, & au Midi par la Galatie. Homère fait mention des anciennes Villes de la Paphlagonie, dans ces vers [c]:

[c] Catalog. v. 851. & suiv.

*Paphlagonibus praeerat Pylæmenis virile cor,*
*Ex Enetis, ubi mularum genus agreste*
*Qui Cytorum tenebant & Sesamum circa habitabant,*
*Circaque Parthenium amnem claras domos possidebant*
*Cromnamque, Aegialumque, & excelsos Erythinos.*

Du tems de Ptolomée, le nom de la Paphlagonie [d] se trouvoit presque éteint par la division des Provinces; car il joint une partie de la Paphlagonie à la Bithynie, & il attribuë le reste à la Galatie, qu'il étend jusqu'au Pont-Euxin. Dans la suite pourtant son nom lui fut rendu comme nous le voyons par les Notices; & avant Ptolomée elle étoit parfaitement connuë puisque Strabon & Pline en font mention. A la vérité le premier en resserre extrémement les bornes, parce qu'il décrit le Royaume de Mithridate, qui avoit beaucoup empiété sur la Paphlagonie; de sorte que cette Province n'avoit plus ses anciennes bornes. A l'égard de Pline [e] il étend la Paphlagonie depuis le Fleuve *Billis* ou *Billæus*, jusqu'au Fleuve Halys. Mais Xenophon [f] fait commencer la Paphlagonie au Fleuve Parthenius, & s'étend sans doute jusqu'au Fleuve Halys, puisqu'il reconnoît que la Ville de Sinope étoit dans cette Province.

[d] Collar. Geog. ant. lib. 3. c. 8.

[e] Lib. 6. c. 2.

[f] Lib. 6. de Exped. Alex.

La Paphlagonie selon Strabon [g] étoit le Pays des Henetes ou Venetes, d'où l'on croit que sont venus les Venitiens; & les Chalybes selon Pomponius Mela [h] y habitoient les Villes de Sinope & d'Amyse. Sous les derniers Empereurs de la Gréce on appella cette Province le Theme des Paphlagons. Si on la considére dans la main des Turcs, il faut faire attention qu'étant échuë aux enfans d'Amur ou d'Omer, qui s'appelloient Sphenders ou Spenderes elle fut nommée PENDERACHIE, comme si l'on eût voulu dire Spenderachie.

[g] Lib. 4. p. 195.

[h] Lib. 9. c. 19.

2. PAPHLAGONIE, Contrée voisine de la Macédoine, du côté du Nord, selon Martianus Capella. J'avouë, dit Ortelius [i], que je ne connois point cette Contrée; mais peut-être faut-il lire *Pelagonia* pour *Paphlagonia*?

[i] Thesaur.

PAPHLAGONIUS, Fleuve au pied du Mont Ida selon Ortelius [k] qui cite Quintus Calaber. Les Poëtes ont imaginé que ce Fleuve s'étoit formé du sang de Memnon tué par Achille.

[k] Ibid.

PAPHOS, Ville de l'Isle de Cypre, à l'extrémité Occidentale. Strabon [l], Ptolomée [m] & Pline [n] connoissent deux Villes de ce nom, savoir la PALÆA PAPHOS, vieille Paphos, & NEA PAPHOS, la nouvelle Paphos. Strabon dit qu'elles étoient éloignées l'une de l'autre de soixante Stades; & Ptolomée place la nouvelle Paphos entre les Promontoires *Adamas* & *Drepanum*: il met la Vieille Paphos entre les Promontoires *Drepanum* & *Zephirium*. Cette dernière étoit dans les terres à dix Stades de la Mer: elle avoit cependant un Port & un ancien Temple dédié à Venus Paphienne. La nouvelle Paphos avoit été bâtie par Agapenor; & elle avoit pareillement un Port & un Temple. Ces deux Villes étoient dédiées à Venus; & quand les Poëtes font mention de Paphos, ils ne distinguent point si c'est de la vieille ou de la nouvelle qu'ils entendent parler. Par exemple Virgile [o] dit:

[l] Lib. 14. p. 683.
[m] Lib. 5. c. 14.
[n] Lib. 5. c. 31.
[o] Lib. 10. v. 86.

*Est Paphos, Idaliumque tibi, sunt alta Cythera.*

Et Horace [p]:

[p] Lib. 1. Od. 30.

*O Venus regina Cnidi Paphique,*
*Sperne dilectam Cypron.*

Et dans un autre endroit [q]:

[q] Lib. 3. Od. 28.

*. . . . . . . . Paphon*
*Junctis visit oloribus.*

La plupart du tems néanmoins quand on ne distingue point ces Villes par leur surnom on entend la nouvelle Paphos. C'est dans cette dernière que St. Paul [r] convertit à la Religion Chrétienne le Proconsul Sergius Paulus, & frappa d'aveuglement un Juif Magicien & faux Prophète nommé Bar-Jesu qui s'opposoit à cette conversion. La nouvelle Paphos ayant beaucoup souffert d'un tremblement de Terre, Auguste la répara & la nomma de son nom AUGUSTA [s]. Il n'est pas sûr qu'elle ait conservé long-tems ce nom; du moins aucun ancien monument n'en fait foi.

[r] Act. 13. 6.
[s] Dio Cas. lib. 54. p. 537.

PAPI, lieu de la Marmarique. L'Itineraire d'Antonin le met sur la route de *Limniades* à *Catabathmon*, entre *Hippone* & *Paniuti* à vingt-quatre milles de la première & à trente milles de la seconde.

PAPIA. Voyez TICINUM.

PAPIÆ INSULÆ: Isles vers le Détroit du Golphe Persique, selon Arrien [t].

[t] Peripl. 2.

PAPICA, Promontoire de l'Inde, sur le Golphe Barygazène. C'est Arrien [u] qui en fait mention. Il parle aussi d'un lieu nommé PAPICA, différent de ce Promontoire & plus à l'Orient [x].

[u] Ib. pag. 24.
[x] Ib. pag.

PAPIENI, Anciens Peuples d'Italie [y] aux environs de Sinuesse: ils ne sont guère connus que par une ancienne Inscription qui se voit dans cette Ville.

[y] Ortelii Thesaur.

PAPINANCHOIS, Peuples de l'Amérique Septentrionale dans la nouvelle France, sur la rive Septentrionale du Fleuve de St. Laurens: Ils sont peu éloignés des Esquimaux.

PA-

# P A P.    P A Q. P A R.

**PAPING**, Forteresse de la Chine [a], dans la Province de Queicheu, au Département de Sintien, seconde Ville Militaire de la Province. Elle est de 10. d. 46'. plus Occidentale que Peking, sous les 26. d. 23'. de Latitude Septentrionale.

[a] Atlas Sinens.

**PAPIRA**, ou PAPYRA, Ville de la Galatie, selon Antonin [b], qui la met sur la route de Pessinunte à Ancyre, entre Vindia & Ancyre, à vingt-deux milles de la premiére, & à vingt-sept milles de la seconde. Ne seroit-ce point, dit Ortelius [c], la Forteresse PAPIRIANA, dont parle Evagrius dans son Histoire Ecclésiastique [d].

[b] Itiner. [c] Thesaur. [d] Lib. 3. c. 27.

**PAPIRANUM**. Voyez POSSESSIO.

**PAPIRIANÆ FOSSÆ**. Voyez au mot FOSSÆ, l'Article FOSSÆ PAPIRIANÆ.

**PAPIRIUS AGER**, Territoire d'Italie aux environs de Tusculum. Festus [e] dit que ce Territoire pouvoit avoir donné le nom à la Tribu Papirienne.

[e] De Verbor. Signif. lib. 14.

**PAPITIUM**, Ville de la Paphlagonie, selon Etienne le Géographe.

**PAPOUS**. (la Terre des) Voyez au mot GUINEE, l'Article NOUVELLE GUINEE.

**PAPPA**, Ville de la Galatie: Ptolomée [f] la donne aux Orondiques.

[f] Lib. 5. c. 4.

**PAPPONATS**, Bois de France dans le Bourbonnois, dans la Maîtrise des Eaux & Forêts de Moulins. Ce Bois est de cent seize Arpens & demi.

**PAPPUA**, Montagne de la Numidie selon Cedrène & Procope citez par Ortelius [g]. Au pied de cette Montagne étoit la Ville de Medeos.

[g] Thesaur.

**PAPPENHEIM**, petite Ville d'Allemagne au Comté [h] de même nom dont elle est l'unique lieu considérable. Elle est l'Origine de la Maison des Comtes de Pappenheim qui tiennent un rang illustre dans l'Empire. Ils y ont un Château. Ce Comté est situé entre Oettingen & Neubourg aux Frontieres de la Franconie. Durant les longues Guerres d'Allemagne le Comte Godefroi Henri de Pappenheim voulut la faire fortifier & y mit une Garnison qui s'enfuit dans la Franconie à l'approche des Suédois.

[h] Zeyler, Suev. Topogr. p. 61. & Hubner Geogr. p. 428.

**PAPRANTIS**. Voyez PRANTES.
**PAPREMIS**. Voyez PAPRIMIS.

**PAPRIMIS**, Ville d'Egypte, selon Etienne le Géographe. Herodote [i] nomme PAPREMIS. Cette Ville étoit la Capitale du Nome PAPREMITE ou PAPRIMITE. Mars y avoit un Culte particulier & l'Hippopotame y étoit regardé comme un Animal sacré.

[i] Lib. 2. No. 60.

**PAPUNGÆ**, Peuples de l'Inde, selon Ortelius [k] qui cite Pline [l]. Quelques Exemplaires portent *Pagungæ*, & le Pére Hardouin lit *Ravungæ*.

[k] Thesaur. [l] Lib. 6. c. 20.

**PAPYRA**. Voyez PAPIRA.

**PAPYRIUM** [m], lieu fortifié dans l'Isaurie, selon Marcellinus Comes. Surita prétend que c'est le même lieu qu'Antonin [n] appelle Papira. Voyez ce mot.

[m] Ortelii Thesaur. [n] Itiner.

**PAPYRONA**, lieu dont Josephe [o] fait mention. Il étoit dans la Syrie ou dans l'Arabie. Egesippe [p] écrit *Pavarionem*.

[o] Ant. lib. 14. c. 4. & Bel. Jud. lib. 1. c. 5. [p] Lib. 1. c. 4.

**PAPYTIUS MONS**, Montagne de la Thrace, à ce que croit Ortelius [q] qui cite Zonare. Il ajoute que Nicetas le met entre *Mosynopolis* & *Drama*.

[q] Thesaur.

**PAQUITANET**, Rivière de l'Amérique Septentrionale, dans la Louïsiane. Elle se rend dans le Mississipi à la Bande de l'Est, dans le Pays des Nadouessi, un peu au dessous de la Rivière de Bon-secours, presque vis-à-vis l'ancien Fort le Sueur.

**PAR**, Rivière d'Allemagne [r], dans la Baviére. Elle a sa source près du Lac appellé Ammersée, du côté du Nord Occidental. Elle prend son cours du Midi au Nord jusqu'à Aichach, qu'elle baigne: de là tournant au Nord Oriental elle se rend à Schrobenhausen, à Schencknau, & à Hochenwart, & enfin elle va se perdre dans un bras du Danube, presque vis-à-vis d'Ingolstad qui est sur un autre bras du même Fleuve.

[r] Jaillot, Atlas.

1. **PARA**, Ortelius [s] dit: lieu maritime, dans l'Asie Mineure, aux environs de l'Hellespont ou du Pont-Euxin, à ce qu'il paroît par un Fragment de Salluste.

[s] Thesaur.

2. **PARA**, ou la CAPITAINERIE DE PARA [t], Gouvernement des Portugais dans l'Amérique Méridionale au Bresil. Il est borné au Septentrion par la Mer du Nord; à l'Orient par la Capitainerie de Maragnan; & à l'Occident partie par l'embouchure de la Rivière des Amazones, partie par la Rivière Para. Quant au côté du Midi, les bornes n'en sont pas fixes. Il s'étend assez avant dans les Terres jusqu'à des Nations qui ne sont pas encore bien connues.

[t] De l'Isle Atlas.

3. **PARA**, Rivière de l'Amérique Méridionale [u] au Bresil. Elle n'est connue que vers son Embouchure. Son cours est du Midi au Nord. Elle se jette dans le Golphe que forme la Rivière des Amazones à son embouchure.

[u] Ibid.

4. **PARA**, Fort de l'Amérique Méridionale [x] au Bresil, dans la Capitainerie de Para, sur la Côte Orientale de l'Embouchure de la Rivière des Amazones. Ce Fort est d'une forme quarrée & bâti sur un rocher élevé de quatre ou cinq brasses au dessus du reste de son terroir. Au bas est une Rivière large d'environ deux lieues, ayant quinze brasses de profondeur au milieu de son canal & dix sous le Fort, qui n'est environné de ce côté-là que de gabions, entre lesquels il y a beaucoup de pièces de canon. Les autres côtez sont revêtus d'une muraille de pierre, haute de deux brasses avec un fossé sec. Il n'y demeure guère que trois cens Portugais qui s'occupent à planter du Tabac, à cultiver des cannes de sucre & à cueillir du cotton.

[x] Corn. Dict. De Laet, Descr. des Indes Occ. liv. 16. c. 20.

**PARABALI**, Ville de l'Inde en deçà du Gange: Ptolomée [y] la place sur le bord du Gange entre Binagara & Sydrus.

[y] Lib. 7. c. 1.

**PARABITA**. Voyez BAVOTA.

**PARABOLUS**, Lieu voisin de Constantinople, selon Pierre Gilles dans la Description du Bosphore.

**PARACA**, Ville de l'Inde: Ortelius [z] qui cite Philostrate dit qu'elle étoit bâtie au pied d'une Montagne.

[z] Thesaur.

**PARACADI**, Peuples qu'Arrien [a] dit avoir été assiégez par Spitamenès & au secours

[a] Lib. 4.

PAR.

PAR.

ᵃ Thesaur.

secours desquels marcha Alexandre. Mais il y a faute en cet endroit, dit Ortelius ᵃ, & au lieu de *Paracadi* il faut lire *Maracadi*, comme écrit Arrien lui-même un peu plus bas. Il y a pareillement faute dans Strabon ᵇ, qui met une Ville de Paracanda dans la Sogdiane. Quelques Manuscrits de ce dernier portent Μαράκανθα; mais il faut lire Μαράκανδα, MARACANDA. Voyez ce mot.

ᵇ Lib. 11. p. 517.

PARACANANE, Ville de l'Arie, selon Ptolomée ᶜ qui la place entre *Nisibis* & *Sariga*: ses Interprétes lisent PARACANECE.

ᶜ Lib. 6. c. 17.

PARACANDA. Voyez MARACANDA & PARACADI.

PARACARESUS, Nom d'un Fleuve, dont fait mention Phavorinus ᵈ.

ᵈ Lexic.

PARACEL, Rocher d'Asie, sur les Côtes de la Cochinchine, le long desquelles il s'étend l'espace de plus de cent lieues ᵉ. Ce rocher est effroyable & décrié par les naufrages qu'on y a fait de tout tems. Faire naufrage sur ce terrible rocher & être perdu sans ressource, n'est presque qu'une même chose. On ne sait que sept ou huit Matelots Chinois qui en ayent apporté des nouvelles par une avanture des plus surprenantes. Leur vaisseau s'étant brisé, ils gagnérent à la nage quelques petits Islots ou Rochers qui s'élevoient au-dessus de la Mer; ce n'étoit que pour prolonger leur vie de quelques jours, & ils s'attendoient bien d'y mourir de faim tôt ou tard; mais la Providence veilla sur leurs besoins & ne les abandonna pas dans une si grande extrémité. Des bandes d'oiseaux venoient se reposer sur ces Rochers & se laissoient prendre à la main. Le poisson ne leur manquoit pas: ils n'avoient qu'à descendre au pied des Rochers, où ils trouvoient toujours des huitres ou des crabes. L'ingénieuse nécessité leur avoit même appris à se faire des habits avec les plumes de ces oiseaux qui leur servoient de nourriture. Ils buvoient l'eau qui tomboit du Ciel; quand il avoit plu ils l'alloient ramasser dans les creux des Rochers. Ils vécurent ainsi pendant huit ans dans ces Rochers. Un vaisseau qui se brisa sur le Paracel vers la fin du dernier siécle, leur fournit du bois pour faire une espéce de Gatimaron ou Radeau, sur lequel ils osérent bien enfin braver les dangers de la Mer. Ils furent assez heureux pour gagner la grande Isle d'HAINANA, au Midi de la Chine, vis-à-vis la partie Occidentale de la Province de Canton.

ᵉ Lettres Edif. t. 3. p. 70.

PARACHÆLOÏS. Voyez PARACHELOÏTÆ.

PARACHANA, Ville de la Médie: Ptolomée ᶠ la place dans les terres entre *Caherasa* & *Arsacia*.

ᶠ Lib. 6. c. 2.

1. PARACHELOÏTÆ, Peuples de la Thessalie, voisins de la Ville de *Malia*, sur le bord du Fleuve Acheloüs, selon Strabon ᵍ. Ce même Géographe dans le Livre suivant ʰ met le Pays nommé PARACHELOÏTIS chez les Ætoliens; mais il avertit que c'étoit le Fleuve Acheloüs qui causoit ce changement par ses débordemens,

ᵍ Lib. 9. p. 434.
ʰ Pag. 458.

qui confondoient souvent les bornes des Acarnaniens & des Ætoliens. Tite-Live ⁱ connoît une Ville nommée *Parache-loida*: Elle devoit appartenir aux Parache-loïtes car quoiqu'il la place dans l'Athamanie il ajoute qu'elle avoit été unie à la Thessalie.

ⁱ Lib. 39. c. 26.

2. PARACHELOÏTÆ, Peuples qu'Etienne le Géographe met dans la Phtiotide. Si cette position est certaine il falloit qu'ils fussent différens de ceux de Thessalie.

PARACHOATRA. Voyez TAURUS.

1. PARACLET, ou PARACLIT, Abbaye de France dans la Picardie ᵏ au Diocèse d'Amiens. C'est une Abbaye de Filles de l'Ordre de Cîteaux. Elle fut fondée en 1218. à deux lieues d'Amiens par Enguerand de Bove & Ade sa Femme. Marguerite de Bove leur fille en fut la premiére Abbesse. Il n'y a pas un siécle qu'elle fut transférée dans la Ville d'Amiens.

ᵏ Piganiol. Descr. de la France, t. 3. p. 142.

2. PARACLET, ou PARACLIT, Abbaye de France ˡ, dans la Champagne, sur le Ruisseau d'Ardusson, proche de Nogent-sur-Seine. Cette Abbaye qui est de l'Ordre de St. Benoît, doit son établissement à Pierre Abailard ou Abélard, qui voyant que sa doctrine étoit combattue par plusieurs Théologiens & entr'autres par Sr. Bernard, & depuis condamnée en certains points, se retira en un lieu solitaire, à dix lieues de Troyes & à deux de Nogent-sur-Seine, où Hatton cinquante-sixiéme Evêque de Troyes lui fit donner en 1130. une place sur laquelle il fit bâtir une petite Eglise en l'honneur de la Ste. Trinité. Il y demeura avec un de ses amis qui l'avoit suivi; & ils y chantoient en repos les louanges du Seigneur: *Ecce elongavi fugiens*, comme il le dit lui-même dans la Lettre de ses calamitez. Sa retraite fut sûe de plusieurs Ecoliers qui vinrent le trouver pour vivre austérement avec lui. Ils se logérent dans des cabanes qu'ils bâtirent & ne vivoient que d'herbes & de gros pain. Pendant ce tems-là Suger, Abbé de St. Denis, chassa du Monastére d'Argenteuil les Religieuses, persuadé ou prévenu que leur conduite étoit mauvaise. Héloïse qui en étoit la Supérieure se retira avec ses Religieuses au Paraclet auprès de son Epoux, qui pénétré de leurs disgraces, leur céda la solitude & se retira à Clugny. Héloïse & ses Religieuses restérent au Paraclet où plusieurs filles se joignirent à elles & commencérent à y vivre saintement suivant la Régle de St. Benoît. Héloïse étoit fort savante; car outre la Langue Latine qu'elle entendoit & parloit avec éloquence, elle savoit parfaitement la Langue Grecque & faisoit chanter la Messe en cette Langue tous les ans le jour de la Pentecôte, qui étoit la principale Fête de ce Monastére; ce qui s'observe encore aujourd'hui. Le Pape Innocent II. confirma cet établissement par sa Bulle du 28. Novembre 1131. Pierre Abailard obtint encore une Bulle du Pape Eugène en 1145. L'Abbaye du Paraclet est Chef d'Ordre

ˡ Baugier. Mém. de Champagne, t. 2. p. 115.

quoi-

quoique petite: elle a plusieurs Monastère, & Prieurez dans sa dépendance.

Héloïse fut fort aimée & respectée de la Comtesse Mahault, Veuve de Thibault II. surnommé le Grand, Comte de Champagne, & elle obtint de cette Princesse de grands biens pour son Abbaye: la Comtesse Mahault fonda même à sa prière l'Abbaye de Pomeraye dans le Diocèse de Sens, & voulut qu'elle fût sujette à l'Abbesse du Paraclet qui devoit y aller une fois l'année y faire sa visite pour y corriger ce qu'elle y trouveroit de répréhensible. Gertrude Religieuse du Paraclet fut la première Abbesse de ce nouveau Monastère.

Pierre Abailard resta auprès de Pierre le Vénérable Abbé de Clugny, où il continua de vivre dans sa pénitence. Il y tomba malade; ce saint Abbé l'envoya à l'Abbaye de St. Marcel de Châlons sur Saone pour y être plus aisément traité; mais il y mourut le 21. Avril 1142. en bon Catholique, étant soumis aux Décisions du St. Siège. Son Corps y fut enterré & on y voit encore aujourd'hui son Tombeau. Héloïse qui aimoit tendrement la mémoire de ce cher Epoux qu'elle savoit être mort dans la pénitence, obtint son Corps du St. Abbé de Clugny, qui le lui envoya avec une absolution par écrit scellée & signée de lui en ces termes: *Ego Petrus Cluniacensis Abbas, qui Petrum Alexandrum in Monachum Cluniacensem recepi, & corpus ejus furtim delatum Heloïsæ Abbatissæ & Monialibus Paracleti concessi, autoritate Omnipotentis & Sanctorum omnium, absolvo eum pro officio ab omnibus peccatis suis.* Héloïse fit mettre ce Corps dans un Caveau de l'Oratoire qui étoit la première Eglise du Paraclet & qui ne subsiste plus. A l'égard d'Héloïse elle mourut en 1163. après avoir gouverné cette Abbaye pendant trente-trois ans. Elle ordonna en mourant que son corps fût mis auprès de celui de son Epoux. On prétend que le Caveau où étoit le corps d'Abailard ayant été ouvert, on trouva son corps entier quoique mort plusieurs années auparavant; & que dans le moment qu'on descendit le corps d'Héloïse dans ce tombeau, Abailard le reçut entre ses bras qu'il étendit & l'embrassa fort étroitement. On a des garans du fait, il ne s'agit que de trouver un bon garant des garans. Du reste voici les propres termes de la Chronique & des Historiens: *Et sic defuncta ad tumulum apertum deportata, maritus ejus elevatis brachiis illam recepit, & ita eam amplexatus brachia sua strinxit.* En 1497. ces deux Corps qui étoient dans la même tombeau dans l'Eglise du petit Monastère furent transportez dans la grande Eglise, & le Corps d'Abailard mis proche de la Grille du Chœur du côté droit, & celui d'Héloïse du côté gauche, où on voit leurs tombeaux.

Quelques-uns prétendent que les Corps d'Abailard & d'Héloïse n'ont point été mis en dernier lieu dans l'endroit qui vient d'être dit; mais dans un même Caveau devant l'Autel de la Trinité derrière le chœur des Religieuses, sous les cloches, & qu'ils y sont encore aujourd'hui sans aucune Inscription; que cette erreur vient de ce que quelques personnes ayant vu cet Autel de la Trinité qui est d'une seule pierre, & remarqué qu'il étoit curieux, parce qu'on y voyoit les trois Personnes représentées sous la forme de trois hommes de même grandeur & de même parure, avec cette distinction que celui du milieu avoit une couronne d'or & cet écriteau en main: *Filius meus es tu*; celui de la droite une couronne d'épines sur la tête & en main une croix avec ces mots: *Pater meus es tu*, & celui de la gauche une couronne de fleurs, avec cette legende: *Utriusque Spiraculum ego sum*; ces personnes, dis-je, conseillerent à l'Abbesse de faire mettre cette pierre en un lieu où elle pût être aisément vue, ce qu'elle exécuta, la faisant mettre dans le chœur des Religieuses près de la grille avec une Inscription au bas, qui insinuë qu'on y a aussi transféré les Corps d'Abailard & d'Héloïse. Il n'y a que l'ouverture des tombeaux qui puisse dissiper ce doute. Cette Abbaye jouït de quinze milles livres de rente. La Communauté est nombreuse.

PARACY, Bourg de France dans le Berry sur le Bougerain à quatre lieues de la Ville de Bourges & à deux de celle d'Henrichemont, en Latin *de Paraciaco*. Il y a dans le Bourg une Jurisdiction avec titre de Bailliage & dont les causes se portent par appel à la Prévôté de Bourges. Deux Villages situez du côté du Midi dépendent de ce Bailliage: l'un se nomme Beauvais & l'autre la Rougere. Tout le reste ne consiste qu'en maisons éloignées les unes des autres. Il y a dans Paracy un Prieuré dit de Micharaut. Il étoit autrefois séculier; maintenant il est réuni à la Maison des Chanoines Réguliers de St. Ambroise de Bourges. Le Terroir de ce Bailliage produit beaucoup de vin. Il y a aussi des prez, des bois, & des bleds de bonne qualité; ce qui fait le plus grand commerce du Pays. Dans le milieu des bois on trouve une Chapelle dédiée à Ste. Marie Magdeleine, avec une fontaine dont l'eau est souveraine pour toutes sortes de fièvres.

PARADA, Ville de l'Afrique[a] propre sur le chemin qui conduisoit de Thapsus à Utique. Scipion ne se contenta pas de brûler cette Ville, il fit encore périr les Habitants dans les flames. C'est ce qui a fait croire que *Parada* & *Phara* étoient la même Ville. En effet Strabon[b] fait entendre que *Phara* fut traitée, avec la même rigueur que *Parada*. Mais cela ne suffit pas pour n'en faire qu'une seule Ville; car Strabon joint Phara avec Thena, Acholla & Zella qui sont sur le Golphe de Syrte, hors de la route qui conduit de Thapsus à Utique.

[a] Hirtius, Bel. Afric. c. 87.
[b] Lib. 17. p. 831.

PARADABATHRA, Ville de l'Inde en deçà du Gange: Ptolomée[c] la place sur le bord de ce Fleuve entre Azica & Pisca.

[c] Lib. 7. c. 1.

PARADAMIUM. Voyez VANARIONENSIS.

PARA-

PARADEISUS. Voyez PARADISUS.
PARADENI. Voyez PARDENE.

§ PARADIS. Ce nom a deux significations si précieuses pour le Genre Humain & sur-tout pour les vrais Chrétiens qu'il mérite bien que je m'arrête un peu sur cette matière. Il a trois significations différentes.

1. Il signifie le PARADIS TERRESTRE, ce lieu de Délices où Adam fut placé presque immédiatement après sa création & d'où il fut chassé dès qu'il eut péché.

2. Ce nom a été ensuite appliqué au séjour des Bienheureux, où les Hommes qui ont vécu saintement, & qui sont morts en état de Grace vont jouir éternellement de la vision béatifique de Dieu.

3. Il y a eu une Ville de Syrie nommée *Paradis*, & quelques autres endroits auxquels il tenoit lieu de nom propre. La premiere & la troisième signification sont du ressort de la Géographie, la seconde est un objet de la Foi, c'est pourquoi je renvoye à cet égard le Lecteur aux Ouvrages des Théologiens qui ont traité cette matière.

## DU PARADIS TERRESTRE.

\* PARADIS. Ce terme vient du Chaldéen פרדס *Pardès*, dont les Grecs ont fait Παράδεισος & les Latins PARADISUS. Ce mot dans son origine signifie un *Verger*, & non un *Jardin*, il ne veut pas dire un jardin de fleurs, ou de légumes & d'herbes, mais un enclos planté d'arbres fruitiers & autres. Ce nom se trouve en trois endroits du texte Hébreu, 1. au second livre d'Esdras. c. 2. v. 8. où Néhemie prie le Roi Artaxerxe de lui faire donner des Lettres adressées, à Asaph Gardien du Verger du Roi, afin qu'il lui fasse donner le bois nécessaire pour les Bâtimens qu'il alloit entreprendre. Dans cet endroit *Paradis* est mis pour un *lieu rempli d'arbres propres à bâtir*. 2. Salomon dans l'Ecclésiaste c. 2. v. 5. dit qu'il s'est fait des Jardins & des *Paradis*, c'est-à-dire des Vergers. 3. Dans le Cantique des Cantiques c. 4. v. 13. il dit que les plants de l'Epouse sont comme un Verger rempli de Grenadiers. Les Grecs, non seulement les Septante, mais même Xenophon & les autres Auteurs Payens, se servent souvent de ce même terme en ce sens-là; nous en donnerons une preuve au mot Paradis N°. 3.

Les Septante se sont servis du mot Παράδεισος en parlant du Jardin d'Eden, Παράδεισον ἐν Ἐδεν. L'Hébreu l'explique par le mot גן *Gan*. Jamais lieu n'a tant excité la curiosité des hommes que celui-là. Chacun a voulu deviner où il étoit. Je dis *deviner*, car le Déluge a causé de grands changemens sur la surface de la terre, sans parler du changement que Dieu même lui avoit planté ce lieu, jugea à propos d'y faire, quand Adam & Eve se furent rendus indignes d'un si délicieux séjour. Les marques que l'on trouve dans l'Ecriture Sainte se rencontrent difficilement aux lieux où l'on voudroit le placer, & je ne connois point de Système où il ne faille faire quelque violence au texte pour l'accommoder à l'endroit qui est préféré. La différence n'est que du plus au moins. Il y auroit dequoi exercer une longue Critique sur les opinions bizarres que les Ecrivains ont eûes touchant la situation du Paradis Terrestre.

Quelques-uns, comme les Seleuciens, Origène, Philon, &c. ont cru que le Paradis terrestre n'avoit jamais existé & qu'on doit expliquer allégoriquement ce qui en est dit dans l'Ecriture. St. Augustin *a* met en question si le Paradis est spirituel, ou matériel, ou tous les deux ensemble? Quelques Auteurs ne sachant où le trouver sur le Globe, l'ont placé dans le troisième Ciel, dans le quatrième; dans le Ciel de la Lune; dans la Lune même; sur une Montagne voisine du Ciel de la Lune; dans la moyenne region de l'air; hors de la Terre; sur la Terre; sous la Terre; dans un lieu caché & éloigné de la vue des hommes. On l'a mis sous le Pole Arctique, dans la Tartarie, à la place qu'occupe présentement la Mer Caspienne, d'autres l'ont reculé à l'extrémité du Midi dans la Terre du Feu; plusieurs l'ont placé dans l'Orient ou sur les bords du Gange, ou dans l'Isle de Ceïlan, faisant même venir le nom des *Indes* du mot d'*Eden* nom de la Province où le Paradis étoit situé. On l'a mis dans la Chine & même par delà l'Asie dans un lieu inaccessible; d'autres dans l'Amérique, d'autres en Afrique sous l'Equateur; d'autres à l'Orient Equinoxial; d'autres sur les Montagnes de la Lune d'où l'on a cru faussement que sortoit le Nil; la plûpart, dans l'Asie; les uns dans l'Arménie Majeure, les autres dans la Mésopotamie, ou dans l'Assyrie, ou dans la Perse, ou dans la Babylonie, ou dans l'Arabie, ou dans la Syrie, ou dans la Palestine. Il s'en est même trouvé qui en ont voulu faire honneur à notre Europe; & ce qui passe toutes les bornes de l'impertinence, il y en a eu qui l'ont établi à Hesdin Ville d'Artois, fondez sur la ressemblance de ce nom avec celui d'Eden. Je ne desespère pas, dit Mr. Huet de qui j'emprunte ce détail d'opinions, que quelque avanturier, pour s'approcher plus près de nous, n'entreprenne quelque jour de le mettre à Houdan.

Entre les sentimens des Ecrivains qui ont écrit avec le plus de solidité & de réputation sur cette matière il y en a trois qui méritent d'être distinguez.

I. Calvin, Scaliger, Mr. Huet Evêque d'Avranches, à quelque différence près dans la manière d'expliquer les détails, conviennent de placer le Paradis Terrestre sur le Fleuve que produit la jonction de l'Euphrate & du Tigre qu'on appelle aujourd'hui le Fleuve des Arabes; entre cette jonction & la division que fait ce même Fleuve avant que d'entrer dans la Mer Persique. Mr. Huet qui en a fait expressément un Traité met ce Paradis sur le bord Oriental de ce Fleuve, lequel étant, dit-il, considéré selon la disposition de son lit & non pas selon le cours de son eau,

*a De Genes. ad Litt. l. 8. c. 1. & de Civitat. Dei, l. 13. c. 21.*

se divisoit en quatre têtes, ou quatre ouvertures différentes. Ces quatre branches sont quatre fleuves: deux au dessus, savoir l'*Euphrate* & le *Tigre*, & deux au dessous, savoir le *Phison* & le *Gehon*. Le Phison est selon lui le Canal Occidental, & le Gehon le Canal Oriental du Tygre qui se décharge dans le Golphe Persique. On peut voir dans cet Auteur même toute l'étendue qu'il donne à son Système. Son Livre qui est commun est très-digne d'être lu, car quoique son Système ne soit pas satisfaisant, il insere tant de choses curieuses & savantes que tout homme qui a du goût trouvera toujours à profiter dans cette Lecture. On dit que Bochart étoit à peu près dans le même sentiment, quoi que l'on sache d'ailleurs qu'il en changea jusqu'à trois fois.

II. D'autres habiles gens, entre lesquels on peut compter D. Calmet, ont placé le Paradis terrestre dans l'Arménie, entre les sources du Tygre, de l'Euphrate, de l'Araxe & du Phasis, que ce savant Bénédictin croit être les quatre Fleuves désignez par Moïse. Il n'y a nul doute à l'égard de l'Euphrate, le Chidkel (ou Chiddekel) est le même que le Tygre, nommé aussi Diglito. Le Phasis est le Phison, la ressemblance des noms est sensible. Que l'Araxe soit le Gehon, on en trouve une espèce de preuve en ce que le mot Grec *Araxès* signifie impétueux de même que *Gehon* en Hebreu. D. Calmet ajoute qu'on ne connoît dans le Monde aucun Fleuve plus rapide que l'Araxe. Le Pays d'Eden, poursuit-il, étoit dans ce Pays-là, autant qu'on en peut juger par quelques vestiges qui en sont restez dans les Livres Saints. Le Pays de Chus est l'ancienne Scythie située sur l'Araxe. Hevila est apparemment la Colchide Pays très-célèbre par son Or. On peut voir là-dessus son Commentaire sur la Genèse. c. 2. v. 8. où il a essayé d'établir ce sentiment par toutes les preuves qu'il a pu ramasser. Il assure que les Voyageurs qui ont été dans ces Pays rendent témoignage à leur fertilité, & que c'est encore aujourd'hui la tradition de ces Peuples que le Paradis terrestre étoit dans leur Province.

§ Avant que de venir au troisième sentiment qui me paroît préférable, je crois devoir proposer au Lecteur deux choses qui lui feront d'un grand secours pour le mieux entendre. Premiérement le Texte même de l'Ecriture où il est parlé du Paradis Terrestre. En second lieu, de lire attentivement ce que j'ai dit à l'Article EDEN; qu'il seroit inutile de repeter ici. Voici le passage entier avec les différences de l'Hebreu, des Septante & de la Vulgate.

Genes. c. 2. selon l'Hébreu.

V. 8. Et le Seigneur Dieu *planta un Verger en Eden, du côté de l'Orient*, & il y mit l'homme qu'il avoit formé.

V. 8. La Vulgate dit: Et le Seigneur Dieu *avoit planté dès le commencement un Jardin de délices*,

V. 9. Et le Seigneur Dieu fit aussi germer de la terre toute sorte d'Arbres desirables à la vue & bons pour le manger, & l'Arbre de vie au milieu du Verger & l'Arbre de la science du bien & du mal.

10. Et un Fleuve sortoit d'Eden pour arroser le Verger, & delà il se divisoit en quatre têtes.

11. Le nom du premier est *Phison*, c'est lui qui tournoye dans toute la Terre de *Chavilah*, où il y a de l'or.

12. Et l'or de cette terre est bon: là est le Bdellium & la Pierre Shoham (ou Soham; c'est l'Onyx.)

13. Le nom du second Fleuve s'appelle Gihon (ou Gichon), *c'est celui qui coule autour de toute la* Terre de Chus.

14. Le nom du troisième est *Chiddekel qui va vers l'Orient de l'Assyrie.* Enfin le quatrième Fleuve est l'Euphrate.

& il y mit &c. Les Septante disent: *un Paradis en Edem, du côté de l'Orient.*

10. La Vulgate dit: *Et un Fleuve sortoit du lieu de délices pour arroser le Paradis, qui delà se divise en quatre têtes.* Les Septante: *un Fleuve partoit d'Edem pour arroser le Paradis & delà il se divise en quatre commencemens* (ou *sources*).

11. La Vulgate dit: la terre de *Hevilath*. Les Septante *Evilat*.

13. La Vulgate dit: *Le Gehon c'est celui qui tournoye autour de toute l'Ethiopie.* Les Septante disent aussi *l'Ethiopie.*

14. La Vulgate dit: *Le troisième s'appelle le Tigre qui coule vers les Assyriens.* Les Septante *vis-à-vis,* Κατέναντι Ἀσσυρίων.

Le R. P. Hardouin toujours fertile en sentimens que l'on peut souvent appeler des Paradoxes, est celui qui à mon gré à donné le plus grand jour au troisième sentiment que nous allons rapporter. Mais je ne sai si ce Paradoxe ne devient pas une espèce de vérité démontrée quand on rassemble ses preuves. Son Ouvrage se trouve dans son Edition de Pline *in folio*, chez Coutelier 1723. immédiatement après le sixième Livre. On en a une Traduction Françoise au 1. Volume des Traitez Géographiques & Historiques, pour faciliter l'intelligence de l'Ecriture-Sainte par divers Auteurs célèbres, à la Haye 1730. Comme par-là ce Traité est plus à la portée de tous les Lecteurs que s'il étoit resté en Latin, je me contenterai d'en extraire les

les preuves & je renvoye pour le reste les Lecteurs au Livre même qui n'est ni rare, ni cher.

III. Le troisième sentiment est de ceux qui mettent le Paradis Terrestre dans la Palestine. Si l'on explique comme les Hébreux *un Verger en Eden*, cela s'accorde; nous avons fait voir qu'Eden étoit en Syrie. Voyez EDEN. Il est vrai que *du côté de l'Orient*, ne s'y accorde pas si bien que lors qu'il s'agit des Pays situez au delà du Tigre, ou de l'Euphrate, aussi l'Auteur de la Vulgate (qui pour le dire ici en passant, est au jugement du R. P. Hardouin le plus fidèle & le plus éclairé de tous les Traducteurs de l'Ecriture sans exception) aussi, dis-je, cet Auteur a-t-il traduit *Mikkedem*, non point par ces mots *du côté de l'Orient*, comme il traduit en quelques endroits, mais par ceux-ci *dès le commencement*; ce qui marque non la situation, mais le tems de la création du Paradis, antérieur à celui de la création de l'Homme. Il est vrai que la Vulgate dit: *un Jardin de délices*, au lieu que l'Hébreu & le Grec disent *un Verger en Eden*, ou *un Paradis en Eden*; mais le R. P. Hardouin fait voir que ce n'est pas sans raison. Il remarque que la lettre servile ב qui répond à notre préposition *en* ou *dans*, ne signifie là qu'un Verger *dans les délices*, Phrase Hébraïque, pour dire *un Verger délicieux*, qu'en échange il y a d'autres endroits de la Genese même, comme le 15. v. du Chapitre second, le 23. & le 24. v. du Chapitre III. où cette même lettre servile est négligée & qu'on y lit non pas בגן עדן *Ghan beeden*; mais simplement גן עדן *Ghan Eden*, un Verger délicieux, un Paradis de volupté. Il fait voir qu'Isaïe, c. 51. v. 2. employe le mot *Eden* pour signifier *délices*.

Le dixième verset est celui qui donne les plus grandes difficultez. Si l'on rend *Ghan beeden* par un Verger en Eden, il semblera que le Fleuve sortoit d'Eden nom général du Pays où étoit ce Verger ou Paradis terrestre, dans lequel il entroit pour l'arroser; mais si Eden n'est pas un nom propre & que *beeden* signifie seulement *plein de délices*, alors cela change les idées. Cette Riviére a sa source dans ce même Paradis; *elle sort* signifie simplement *elle sort de terre*. Cette Riviére selon Mr. Huet est l'Euphrate & le Tigre joints ensemble dans un même lit. Le R. P. Hardouin prétend que c'est le *Jourdain* qui entre tous ceux de la Palestine est proprement le seul Fleuve par excellence; les autres n'étant que des Torrents, ou des ruisseaux, & ne méritant pas le nom de Fleuve. On peut rappeller ici le 5. verset du second Chapitre de la Genese dans lequel on lit selon l'Hébreu: *Et une Vapeur s'élevoit de terre & arrosoit toute la surface du Pays*. Ce mot de *Vapeur* déplait souverainement au R. P. Hardouin. Il faut convenir, dit-il, que ceux qui pour faire parade de leur savoir dans la Langue Hébraïque substituent au mot de *Fontaine* dont se sert la Vulgate, le mot de *Vapeur*, font une faute grossière. Car, ajoute-t-il, c'est avec raison que l'Interprète de la Vulgate a rendu le mot Hébreu אד *ed*, par celui de Fontaine, d'autant qu'il se trouve joint avec le verbe שקה *Schacah*, qui signifie *arroser*, mot qui dans aucun endroit de l'Ecriture-Sainte, ne se dit que d'une Fontaine, ou d'un ruisseau, ou d'une Riviére, qui coule dans des campagnes & y serpente; au lieu que le mot de Vapeur qui se trouve trois fois employé en d'autres endroits du même Livre, ne se trouve exprimé en pas une seule par le mot אד. Salien dans ses Annales *ad diem Mundi III*. N°. 57. apporte d'autres raisons solides pour prouver que le mot de *Vapeur* ne convient pas en cet endroit. Cette Fontaine qui serpentoit dans tout le Pays pour l'arroser, convient bien au Jourdain qui n'est qu'une Fontaine avant que d'entrer dans la Mer de Tiberiade. C'est proprement au sortir de cette Mer, qu'il mérite le nom de Fleuve. Aussi vers sa source Pline ne lui a-t-il donné que le simple nom de Fontaine. *Jordanis amnis oritur ex fonte Paneade*. A l'égard de toute la surface du Pays, cela ne veut dire autre chose sinon que le Jourdain par ses tours & ses detours arrose beaucoup plus de ce Pays qu'il n'en arroseroit, s'il couloit en droite ligne. Pline marque très bien ces detours; mais nous voici à l'endroit qui a le plus égaré les Commentateurs.

*Et de là il se divisoit en quatre têtes*. On convient assez généralement que ces *têtes* doivent être les *Sources* d'autant de Fleuves. Mr. Huet, que ces sources n'accommodoient pas, traduit: *& étoit en quatre têtes* & par ces têtes il entend, *ouverture, commencement, abord*; ce qui se présente le premier, l'entrée. Il avoit besoin de ce sens-là pour sauver son Système qui, afin de trouver quatre Fleuves, prend deux Fleuves en remontant & contre le fil de l'eau; & deux bras du même Fleuve formé du Tygre & de l'Euphrate, depuis leur union jusqu'à la division de ces deux bras qui vont à la Mer, il place le Paradis Terrestre; de sorte que deux Fleuves se prennent en remontant & deux en descendant. Il se donne une extrême peine pour prouver son sentiment. Le R. P. Hardouin me paroît moins embarrassé.

Les paroles de la Vulgate sont: *Et Fluvius egrediebatur de loco voluptatis, ad irrigandum Paradisum qui inde dividitur in quatuor Capita*. C'est-à-dire, Et le Fleuve sortoit du lieu de volupté pour arroser le Paradis qui de là se divise en quatre Chefs. La grande difficulté vient de ce que tous les Interprêtes entendent cette division, comme si c'étoit ce même Fleuve dont l'on vient de parler qui se partageât en quatre sources. Le moyen de trouver un Fleuve qui coulant sur la Terre, se partage en d'autres sources nouvelles? Pour s'accommoder à cette idée, on a supposé que le Fleuve se perdoit dans la Terre & alloit sortir ensuite ailleurs par quatre sources, qui produisoient autant de Fleuves. L'Euphrate & le Tygre sont bien nommez par Moïse. Le Phison & le Gehon ont fait plus de

PAR. PAR. 59

de difficulté, chacun les a expliquez à fa mode, & Jofephe a cru que le Géhon eft le Nil. Voyez Gehon N°. 1. où je raporte les divers fentimens des Savans fur ce Fleuve.

Le R. P. Hardouin propofe un dénouement fur cette difficulté : le voici. Qu'eft-il néceffaire que ce foit le Fleuve qui eft divifé ? L'Ecriture felon la Vulgate ne rapporte point le *qui* au Fleuve qui eft trop loin, mais au Paradis même. C'eft le Paradis dont toutes les beautez fe trouvoient réunies en ce feul endroit. Hors de là (*Inde*) on ne les trouve plus que partagées. Où font-elles partagées ? Autour des fources des quatre Fleuves que l'Ecriture nomme enfuite, favoir le *Phifon*, le *Géhon*, le *Tygre* & l'*Euphrate*. Il s'agit donc de favoir qui font les deux premiers, car l'Euphrate & le Tygre font connus. Il faut outre cela que chaque Canton, où eft la fource d'un de ces quatre Fleuves, ait une partie des beautez du Paradis. On fait par le récit des Voyageurs que le Pays où font les fources de l'Euphrate & du Tygre font d'une beauté & d'une fertilité agréable, quoi qu'ils foient aujourd'hui entre les mains de Peuples qui ne les cultivent qu'avec une extrême negligence. D. Calmet fe fert même de cette preuve pour y mettre tout le Paradis. Dès que le Flumen Salsum & l'Achana du même Auteur font les mêmes Rivieres que le Phifon & le Géhon de Moïfe, comme ils coulent dans l'Arabie heureufe, il n'y a plus de doute fur la beauté & la fécondité du Canton où ils ont leur fource; on fait d'avance ce qui a valu le nom d'heureufe à l'Arabie furnommée ainfi. J'ai touché quelque chofe des raifons du R. P. Hardouin dans l'Article de Gehon N°. 1. j'y renvoye le Lecteur.

Que le Paradis Terreftre ait été aux environs de la Mer de Tiberiade le long du Jourdain & vers Damas; on le peut prouver auffi par une tradition établie & fubfiftante encore dans ces Pays-là. On en trouve encore une autre efpèce de preuve dans le nom même de Genesar, que l'on voit donné à des eaux dans le 1. Livre des Machabées c. 11. v. 67. où il eft parlé de l'eau de Genesar, & dans le nom de Genesareth employé par St. Luc c. 5. v. 11. *Stagnum Genefareth*, l'Etang de Genesareth. Terra Genesar en St. Matthieu c. 14. v. 34. la Terre de Genesar car le mot Hébreu נ׳ אשר *Ghan Afcher* fignifiant *un Verger heureux*, un *Verger délicieux*, les noms de *Genefar*, & de *Genefareth* qui fignifient la même chofe, avertiffent de chercher là le *Verger délicieux*, par excellence, ou ce *Paradis de délices* dont ils portent encore des traces. On peut auffi dériver ce mot *Genefareth* de נ׳ שרה, de forte qu'il fignifiera un Jardin planté d'Arbres, car אשרה *Afchera* veut dire *Bois*, ou lieu couvert d'Arbres, tel qu'étoit le Paradis dans lequel le Seigneur avoit planté toute forte d'Arbres agréables à la vue & au goût.

*Genefar* n'eft pas dans cette contrée le feul nom qui conferve des traces de l'ancienne beauté du Pays. La Ville de *Ca-*

*pharnaum* appellée maritime, parce qu'elle eft fur le bord de la Mer ou du Lac de Tiberiade, & nommée par St. Matthieu la patrie du Sauveur, parce que dans le tems de fa Prédication, il y faifoit ordinairement fa demeure, *Matth.* c. 4. v. 13. cette Ville, dis-je, porte dans fon nom une preuve de fa beauté & de celle des environs. Les deux mots כפר *Caphar* & נחום *Nahum* dont fon nom eft formé, ne fignifient autre chofe que *Village agréable* ou *Maifon de Campagne agréable*. Il en eft de même de la Ville de *Naïm* dont le nom נעים *Nahim*, veut dire, *belle*, *charmante*; & de *Corozaim*, l'Hébreu כ חריז ען fignifiant *comme un bijou à la vue*, ou *à l'œil*, & enfin de *Magedan* Ville fituée fur la Côte Occidentale de la Mer de Galilée, & dont St. Matthieu fait mention c. 15. v. 39. ce nom formé de l'Hébreu מגד *Meghed*, fignifie, *fruits délicieux & agréables*, ou *délices & charmes*.

Il ne feroit pas jufte d'imputer au P. Hardouin d'avoir cru que le Paradis Terreftre n'ait eu précifément de beauté que celle que ces lieux ont aujourd'hui naturellement. Son fentiment paroît tout opofé à celui-ci. Mais il eft naturel de faire ce raifonnement: Si ces lieux malgré le Déluge & les autres accidens que Dieu a permis, fans parler du changement qui put s'y faire en punition du péché du premier homme en faveur de qui Dieu avoit planté ces lieux; fi, dis-je, après tant de fiècles ils conservoient encore une fi grande beauté & des monumens fi marquez de leur ancien état; que devoit-ce être dans les tems heureux de l'innocence d'Adam?

Quelques-uns ont foutenu que le Paradis Terreftre fubfifte encore à préfent, mais inacceffible aux hommes depuis la chute de leur premier Pere. Ils alleguent l'Auteur du Livre de l'Eccléfiaftique c. 44. v. 16., qui dit qu'Enoch ayant été agréable à Dieu, a été *tranfporté dans le Paradis afin qu'un jour il faffe entrer les Nations dans la pénitence*. Les Peres Latins qui ont lu dans le Texte de la Vulgate le mot de *Paradis*, ont cru que ce Patriarche avoit été tranfporté dans le Paradis, c'eft-à-dire dans le Ciel, felon les uns [a], ou dans le Paradis Terreftre, felon d'autres [b]. Mais les Peres Grecs qui n'ont point lu de leur tems le mot de *Paradifus* dans le Texte Grec de l'Eccléfiaftique, n'ont point déterminé le lieu où Enoch avoit été tranfporté. St. Jerôme a fouvent mis le nom de *Paradifus* dans la Vulgate, à l'imitation des Septante: Mais il ne fe trouve dans le Texte Hébreu de l'ancien Teftament, que dans les trois paffages qui font marquez au commencement de cet Article. Pour l'ordinaire ce Saint Interprète traduit l'Hébreu נן *Ghan* par *Paradifus*; quoique *Ghan* fignifie fimplement un *Verger*, un *Parc*, un *Jardin*.

Dans les Livres du Nouveau Teftament, le mot de Paradis, fe met pour un lieu de délices où les ames des Bienheureux jouiffent de la Béatitude éternelle: ainfi Jesus-Christ dit au bon Larron [c], *vous ferez*

[a] Hieronym. in Amos 8. Ambrof. l. de Paradifo, in Synopfi.
[b] Iren. l. 5. c. 5. Auth. Quaeft. ad Orthodox. Quaeft. 85. Auguft. contra Julian. l. 6. Operis imperf. No. 30.
[c] Luc. c. 23. v. 43.

rez aujourd'hui avec moi dans le Paradis, c'est-à-dire dans le séjour des Bienheureux. St. Paul parlant de soi en troisième personne dit qu'il [a] connoît un homme qui a été ravi jusques dans le Paradis, où il a entendu des paroles qu'il n'est pas permis de publier. Enfin Jesus-Christ dans l'Apocalypse, dit qu'il [b] donnera au Vainqueur à manger du fruit de l'Arbre de Vie qui est au milieu du Paradis de son Dieu ; faisant allusion à l'Arbre de Vie qui étoit dans le Paradis Terrestre. Les Juifs appellent d'ordinaire le Paradis, le JARDIN D'EDEN, & ils se figurent qu'après la venue du Messie ils jouïront d'une félicité naturelle au milieu de toutes sortes de délices, & en attendant la resurrection & la venue du Messie, ils croient que les Ames y demeurent dans un état de repos.

[a] 2. Corinth. c. 12. v. 4.
[b] C. II. v. 6-7.

§ Une partie de cet Article est tirée du Dictionnaire de D. Calmet au mot PARADIS. J'ai fondu son Article dans le mien. Je me suis d'autant plus librement étendu sur cette matière que j'ai vu dans le Livre de Mr. Huet le soin qu'il a eu de prouver qu'elle n'interesse nullement la foi.

Le R. P. Hardouin n'est pas le premier qui ait cherché le Paradis Terrestre vers la source du Jourdain. Le P. Nicolas Abram Jésuite a pensé de même dans son Phare de l'ancien Testament L. 2. où il a traité expressément des Fleuves & de la place du Paradis Terrestre. Quantité d'Auteurs habiles ont jugé de même ; mais tous n'ont pas employé les mêmes preuves. L'explication que le R. P. Hardouin donne à ces mots dividitur in quatuor Capita, appliquée non au Fleuve, mais au Paradis, dernier substantif, m'a paru nouvelle ; & le moins qu'on en puisse dire, c'est qu'elle est très-ingénieuse & qu'elle exemte les Géographes des peines inutiles que l'on s'est données pour rassembler dans un aussi petit espace que le Paradis Terrestre les sources de quatre grands Fleuves que l'on suppose se former d'un cinquième.

Dans le second Systême en prenant le Phase & l'Araxe, pour le Phison & le Gehon, on ne remédie à rien, car outre que des Peuples & des Pays nommés dans l'Ecriture Hevilat & Chus n'y conviennent point, il n'est pas possible d'imaginer un cinquième Fleuve dont ces deux Fleuves & les deux autres, savoir l'Araxe & le Tygre, tirent leurs eaux ; au lieu que cette difficulté disparoît, dès que la division ne regarde point le premier Fleuve, & qu'il s'agit uniquement de la beauté du Paradis, partagée entre les sources des quatre Fleuves en quelque endroit de l'Univers qu'elles soient placées.

[c] Lib. 5. c. 23.

3. PARADIS, Ville de Syrie, Pline [c] la nomme dans cet ordre : La Tetrarchie nommée MAMMISCA Paradis, Pagres, &c. en Latin, Tetrarchiam quæ MAMMISCA appellatur, PARADISUM, Pagras, Pinaretas, Seleucias præter jam dictam duas &c. Etienne le Géographe dit Παράδεισος πόλις Συρίας.

[d] Lib. 5. c. 15.

Ptolomée [d] met ce même lieu dans la Laodicene Canton de la Syrie. Il faut se souvenir que les Grecs ont donné le nom de Paradis à des lieux où ils voyoient beaucoup d'arbres qui faisoient un bel effet à la vue & il y a bien de l'apparence que c'est quelque chose de pareil qui a donné le nom à cette Ville. Strabon parlant d'un Canton de la Syrie dit [e] : jusqu'à la source de l'Oronte qui est près du Liban, & Paradis, & du Mur-Egyptien, au voisinage du Territoire d'Apamée. Strabon parlant ailleurs [f] de la plaine de Jericho, dit qu'il y avoit de son tems un Palais, & un Paradis du Baume, ibi & regia est & Balsami Paradisus, il entend par Paradis un Verger, un lieu planté d'arbres ; & les arbres dont il s'agit ici & dont il donne la description, produisoient ce fameux Baume de Jericho dont je parle ailleurs. Il faut remarquer que le mot de Paradisus employé dans ces deux passages de Strabon, se prend en premier lieu pour une Ville de ce nom & il est nom propre. Dans le second il est pris pour un lieu planté d'arbres & fermé apparemment afin d'empêcher que le Baume qu'il produisoit ne fût au pillage. J'avoue que sans le témoignage d'Etienne qui dit positivement que Paradis étoit une Ville de Syrie, ne trouvant point ce nom ainsi qualifié ailleurs, j'aurois été disposé à croire qu'il s'agissoit non pas d'une Ville, mais d'un Verger ou d'un Parc.

[e] Lib. 16. p. 756.
[f] Lib. 16. p. 763.

Quelques Auteurs ont voulu se servir de ce nom pour prouver que le Paradis étoit en ce pays-là, c'est-à-dire près de la source de l'Oronte. Quoi que cette preuve fasse en faveur du troisième Systême pour lequel je panche, j'avoue qu'elle est sans force, autrement elle seroit concluante pour la Sicile, pour la Cilicie, pour la Perside ; par-tout-là, comme on va voir dans les Articles qui suivent, il y a quelque Rivière ou Village, ou lieu, à qui le nom de Paradisus a été donné ; mais il faut se ressouvenir de ce que j'ai remarqué de l'usage que les autres Grecs ont fait de ce mot.

La Ville de Paradis de Syrie est la même que celle dont il est parlé dans l'Article PARADISUS No. 1.

4. PARADIS, Abbaye en Suisse [g], au bord du Rhin, au dessus de Schaffhouse, à une lieue de Diessehofen. C'est une Abbaye de Filles, de l'Ordre de Ste. Claire. Cette Maison est riche & a une grande étendue. On lui a donné le nom de Paradis, à cause de son agréable situation.

[g] Etat & Délices de Suisse, t. 3. p. 171.

5. PARADIS. Voyez VOGELBERG.

1. PARADISUS, Ville de Syrie : Ptolomée [h] la place entre Scabiosa, Laodicia & Ibruda. Diodore de Sicile nomme cette Ville TRIPARADISUS, [i] & la met dans la Haute Syrie.

[h] Lib. 5. c. 15.
[i] Lib. 18. c. 39.

2. PARADISUS, Fleuve de Syrie, selon Martianus Capella [k], Ce Fleuve couloit près de la Ville Germanicia. Pline [l] met dans la Cilicie un Fleuve nommé PARADISUS, & Ortelius [m] soupçonne que ce pourroit être le même que celui de Syrie.

[k] De Euphrate, lib. 6. cap. 9.
[l] Lib. 5. c. 27.
[m] Thesaur.

3. PARADISUS, Fleuve de Cilicie. Voyez PARADISUS, No. 2.

4. PA-

# PAR.    PAR. 61

4. PARADISUS, Village de l'Isle de Sicile, selon Etienne le Géographe.

5. PARADISUS, Lieu de la Perside, selon Ortelius [a] qui cite Simeon le Métaphraste dans la Vie de Sainte Acepsime. Xenophon [b] parle de ce lieu qu'il met aux environs du Tigre. Il semble aussi que Dion de Pruse [c] en fasse mention.

[a] *Thesaur.*
[b] *De Exped. lib.* 2.
[c] *Orat.* 77.

PARÆCII, Peuples dont fait mention un passage des Constitutions des Apôtres [d], qui leur donnent deux Evêques nommez Aquila & Nicetas.

[d] *Lib.* 7. *c.* 46.

PARÆLOS, Montagne de l'Attique, près de Marathon, selon le Lexicon de Phavorinus.

PARÆTACA, Ville de Médie, selon Etienne le Géographe, mais il y a apparence qu'elle étoit seulement dans la Parætacène, aux confins de la Médie. Voyez PARÆTACENE.

PARÆTACÆ. Voyez PARÆTACENE.

PARÆTACENE, Contrée d'Asie. On donnoit ce nom, selon Ptolomée [e], à toute la partie de la Perside qui touchoit la Médie. Strabon [f] dit que la Parætacène & la Cossée joignoient la Perside & s'étendoient jusqu'aux Portes Caspiennes; & Pline [g] étend la Parætacène au delà des Portes Caspiennes. Les Habitans de cette Contrée, nommez PARÆTACÆ & PARÆTACENI étoient des Montagnards adonnez au brigandage.

[e] *Lib.* 6. *c.* 4.
[f] *Lib.* 2. *p.* 80. & *lib.* 11.
[g] *Lib.* 6. *c.* 26.
*p.* 524.

PARÆTONIUM, Ville d'Egypte. Ptolomée [h] la place dans le Nome de Libye entre *Apis* & *Pithys extrema*. Strabon [i] dit que cette Ville avoit un Port, & que quelques-uns l'appelloient *Ammonia*. Etienne le Géographe dit la même chose. Justinien, à ce que Procope [k] nous apprend, fit fortifier ce lieu, pour arrêter les Incursions des Maures.

[h] *Lib.* 4. *c.* 5.
[i] *Lib.* 17. *p.* 798.
[k] *Ædif. lib.* 6. *c.* 2.

PARAGENITÆ, Peuples du Peloponèse: Pline [l] les met dans l'Achaïe.

[l] *Lib.* 4. *c.* 6.

PARAGONTICUS SINUS, Golphe, sur la Côte de la Caramanie, selon Ptolomée [m]. Ortelius croit que c'est le même Golphe qu'Arrien [n] appelle Terabdon. Ptolomée place les Lieux suivans dans le Golphe Paragontique.

[m] *Lib.* 6. *c.* 8.
[n] *Peripl. p.* 21.

| | |
|---|---|
| Canthatis | L'Embouchure du Fleuve |
| Agris, | Samidaches |
| Nommana | La source de ce Fleuve, |
| Rhogana, | Tisa, |
| Salari, | L'Embouchure du Fleuve |
| Masin, | Caudriaces, |
| Samydace; | Bagia extrema |
| | Le Port de *Cyiza* |
| | Alambatera extremum. |

PARAGOTES, Peuples de la France Equinoxiale. Ils habitent presque à l'Occident; mais un peu vers le Nord & au bord Occidental du Marony, & sur la Côte de la Mer.

PARAGOYA, ou PARAGOA, Isle de la Mer des Indes [o], entre les Philippines & l'Isle de Borneo. Elle est située presque Nord-Est & Sud-Est par les dix degrez de Latitude Septentrionale. On dit sa longueur est à peu près de cent lieues & sa largeur de vingt en différens endroits. Cette Isle peu fertile & mal peuplée ne laisse pas d'avoir un Roi particulier tributaire pourtant du Roi de Borneo. A l'extrémité de cette Isle du côté qu'elle regarde les Philippines, il y a un Fort qui appartient aux Espagnols, avec un certain Territoire aux environs. Les Habitans de cette Isle distillent du ris dont ils font du vin meilleur que celui de Palme.

[o] *De l'Isle Atlas.*

1. PARAGUAY, grand Pays [p] de l'Amérique Méridionale borné, au Nord par le Pérou, par le Pays des Amazones, par le Brésil; à l'Orient par la Mer du Nord; au Midi par le Chili & par la Terre Magellanique, & à l'Occident par le Tucuman. C'est un Gouvernement qui embrasse plusieurs Régions fort spacieuses dont les principales sont

[p] *Ibid.*

| | |
|---|---|
| Le Paraguay propre | Guayra, |
| Haco, | Parana, |
| Rio de la Plata, | Urvaig, |
| | Capitania del Rey. |

Le terroir [q] est généralement fort fertile en froment & autres grains de l'Europe: il porte quelques vignes & il abonde sur-tout en cannes de sucre. Le Pays est présentement rempli de Bétail de toutes sortes, comme vaches & brebis, que la bonté & l'abondance des pâturages y ont fait multiplier. Lopez Vaz assure que trente jumens & sept chevaux qu'on y laissa quand les Espagnols abandonnerent la Ville de Buenos Ayres y multiplièrent tellement pendant quarante ans, que toute la Contrée voisine vers le Sud en étoit toute peuplée, en sorte qu'il y a une infinité de chevaux sauvages qui courent par les forêts & par les campagnes. Il s'y trouve trois sortes de Cerfs; les uns presque aussi grands que des vaches, ayant le bois grand avec quantité de branches, & qui se tiennent principalement dans les lieux où il y a des roseaux & des eaux: d'autres un peu plus grands habitent fréquentent les campagnes; & d'autres qui ne sont guère plus grands que des chevreaux de six mois se plaisent dans les montagnes. On y voit aussi quantité de chevreaux & des sangliers, qui ont le nombril sur le dos. Leur chair est fort saine & d'un goût très-délicat, aussi-bien que celles des Pourceaux qui y sont grands & en quantité. Il s'y trouve un nombre infini de guenons, ayant une grande barbe & une longue queue. Ces singes sont presque aussi grands que des hommes, & jettent d'effroyables cris quand ils sont atteints de quelque flèche: ils l'arrachent aussitôt de la playe & la jettent contre les premiers qu'ils rencontrent. On trouve aussi beaucoup de renards & d'autres animaux de diverses sortes, entr'autres des Bêtes farouches, comme Tigres & Lions. Parmi les couleuvres que s'y rencontrent, il y en a qui sont longues de quatre brasses & si grosses qu'elles dévorent des cerfs tout entiers; mais elles ne sont pas dangereuses pour les hommes. On prend dans

[q] *Corn. Dict. De Laet, Descr. des Indes Occ. liv.* 4. *c.* 1.

H 3 les

les Riviéres & dans les Marais des crocodiles de huit & neuf pieds de long, mais qui ne font point de mal. Leur chair rôtie est grasse & d'un fort bon goût. On a découvert dans plusieurs endroits du Pays, non seulement des mines de cuivre & de fer; mais aussi d'or & d'argent & quelques-unes de fort belles amethystes.

Toutes les Contrées qui composent le Paraguay ont un Gouverneur qui dépend du Viceroi du Pérou, & un Evêque, sous le Diocèse duquel sont plusieurs Missions Sauvages, outre les Espagnols qui habitent les Villes.

2. PARAGUAY, ou PARAGUAY PROPRE, Province de l'Amérique [a] Méridionale au Gouvernement du Paraguay. Elle est bornée au Nord par le Bresil, à l'Orient par la Province de Guayra, au Midi partie par les Provinces de Rio de la Plata, & de Parana, & à l'Occident par la Province de Chaco. La Riviére de Paraguay partage cette Province en deux parties presque égales, l'une à l'Orient, l'autre à l'Occident. Sa Capitale est la Ville de l'Assomption.

[a] De l'Isle Atlas.

3. PARAGUAY, Riviére de l'Amérique Méridionale [b]. Elle a sa source dans la partie Méridionale du Pays des Amazones un peu au dessus des Habitations des Xarayes qui ont, dit-on, beaucoup d'or & d'argent vers les 322. d. 50. de Longitude, sous les 16. d. de Latitude Sud. Elle prend son cours du Nord au Midi, & à quelques lieues de sa source elle forme un grand Etang appellé Laguna de los Xarayes. Elle entre ensuite dans le Paraguay propre, d'où après avoir arrosé Porto de la Candelaria & la Ville de l'Assomption, elle passe dans la Province de Rio de la Plata, où elle change de nom pour prendre celui de Riviére de la Plata qu'elle communique à la Province. Voyez RIO DE LA PLATA. Les principales Riviéres qu'elle reçoit sont; Bottiei, g. Rio de los Payaguas, d. Botetei, g. Jacarii, g. Taraiti g. Guacurii, g. Pitai, g. Tobati, g. Peribibus, g. Salado, g. Araquaig, d. Canagba, g. Tibiquari, g. Parana, g. Vermejo, d. C'est après avoir jetté dans son lit les eaux de ces deux derniéres Riviéres que le Paraguay perd son nom, auprès de la Ville de Corrientes.

[b] Ibid.

1. PARAIBA, Province ou Capitainerie de l'Amérique Méridionale [c], au Bresil, dans sa partie Orientale. Elle est bornée au Nord par la Capitainerie de Rio Grande, à l'Orient par la Mer du Nord, au Midi par la Capitainerie de Tamaraca, & à l'Occident par les Peuples appellez Tiguares & Petiguares. Cette Province a pris son commencement des François que les Portugais en chassérent en 1584. Ces derniers y ont depuis bâti une Ville & quelques Bourgades & planté beaucoup de cannes à sucre [d]. Du Port Francèse, en suivant la route vers le Nord, on rencontre un Cap appellé Capo Blanco, sur la hauteur de 10. d. 45. au Sud de la Ligne. Il y a de cet endroit deux lieues jusqu'à la Riviére de Paraiba, qui donne le nom à cette Province. La Ville de Paraiba est située au côté Méridional de cette Riviére, au fond d'une anse, à trois lieues de la Mer ou environ. Voyez PARAIBA no. 3. Dès cette Ville la Riviére commence à faire un coude vers le Nord-Ouest. Sur la rive droite en montant on voit un Moulin à Sucre avec ses maisons, & un peu plus haut sur l'un & sur l'autre rivage des Magasins de Marchands & quelques maisons. En montant encore plus haut on trouve sur la rive droite un petit Village, où il y a trois moulins avec leurs marais à cannes, & plus haut encore un autre Village, dont les Habitans s'employent principalement à cultiver des racines, qui leur tiennent lieu de bled. L'autre Cap de cette Province; qui est vers le Nord-Est s'appelle Punta de Lucena. Au devant de ce Cap sont quelques rochers, derriére lesquels il y a une bonne rade pour de petits bâtimens. Tout le terroir de cette Province est assez fertile & il s'y trouve en plusieurs endroits beaucoup d'arbres de Bresil, dont le Bois est propre aux Teinturiers. Les Sauvages nommez Petiguares l'habitent & sont en guerre continuelle avec d'autres Sauvages voisins qu'on appelle Tiguares.

[c] Ibid.

[d] Corn. Dict. De Laet, Desc. des Indes Oc. liv. 16. c. 2.

2. PARAIBA, Ville de l'Amérique Méridionale [e], au Bresil, dans la Capitainerie de Paraiba, à l'embouchure de la Riviére de Paraiba, qui lui donne son nom. Elle est située sur la rive Méridionale d'une ance qui se trouve à l'embouchure de la Riviére; à trois lieues de la mer ou environ. Les Navires y peuvent monter [f] surement & y charger sans danger six ou sept cens caisses de sucre. Cette Ville étoit autrefois ouverte; mais présentement elle est environnée d'un leger rempart, élevé depuis que les Portugais ont commencé à craindre les Hollandois qui s'en rendirent maîtres en 1635. & sur qui les premiers les reprirent bien-tôt après. On la nomme quelquefois Nossa Señora das Nieves.

[e] De l'Isle Atlas.

[f] De Laet, Desc. des Indes Oc. l. 16. c. 2.

3. PARAIBA, Riviére de l'Amérique Méridionale [g], au Bresil, où elle donne son nom à une Capitainerie & à une Ville. Son Embouchure est assez large vers l'Est [h] déclinant un peu vers le Sud-Est; & au dedans de son entrée est une longue Isle, toute couverte d'arbrisseaux épais. [i] Ensuite elle monte vers l'Ouest, & on y trouve quantité de bancs de sable & de rochers qui font qu'on a besoin d'un bon Pilote pour y naviger.

[g] De l'Isle Atlas.

[h] De Laet, Desc. des Indes Oc. liv. 16.

[i] c. 2.

PARALAIS, Ville de la Cappadoce, dans la Lycaonie: Ptolomée [l] la place entre Iconium & Corna.

[l] Lib. 5. c. 6.

PARALATÆ. Voyez SCYTHÆ.

PARALIA, Contrée de l'Inde, en deça du Gange selon Arrien [k]. Ptolomée [l] qui parle aussi de cette Contrée y place les Lieux suivans.

[k] Peripl. p. 33.
[l] Lib. 7. c. 1.

| | |
|---|---|
| Chaberis, | L'Embouchure du Fleuve Chaberis, |
| Sabura, | |

PARALIA, Tribu de l'Attique, selon Etienne le Géographe. Les Membres de cette Tribu étoient appellez PARALII.

☞ PARALLELE, Substantif masculin, un Parallèle, mot Géographique emprunté de la Géometrie. Euclide appelle Lignes droites parallèles les Lignes qui étant prolongées sur un même plan autant loin que l'on voudra de part & d'autre ne se rencontrent jamais. Non seulement deux lignes parallèles ne se rencontrent jamais ; mais encore elles ne s'approchent ni ne s'écartent jamais davantage l'une de l'autre quand on les prolongeroit à l'infini. Si cela étoit autrement elles ne seroient pas véritablement parallèles. La preuve de leur parallelisme se fait par le moyen de deux perpendiculaires que l'on tire sur ces deux lignes parallèles. La partie de la perpendiculaire qui se trouve entre les deux parallèles doit nécessairement être égale à la partie de l'autre perpendiculaire qui est entre les deux parallèles à quelque distance que ce soit. Ceci accordé, on conviendra qu'entre l'Equateur & chacun des Poles, on peut tracer à volonté un nombre très-grand d'autres Cercles qui tous seront parallèles à l'Equateur ; c'est-à-dire que chaque point de leur circonférence sera également éloigné de l'Equateur, car c'est de l'Equateur que se comptent les degrez des parallèles. Comme il y a 90. degrez depuis l'Equateur jusqu'à l'un des Poles, on pourroit tracer 90. Cercles parallèles sur les Globes dans cet espace ; mais cela seroit incommode. On se contente de les marquer de dix en dix degrez.

J'ai marqué au mot CLIMAT la Théorie & l'usage des Climats. On y peut voir ce que c'est que les *parallèles de Climat*. Chaque Climat, chez les Anciens & chez les Arabes, est entre deux parallèles, dont l'un sépare de celui qui le précède & l'autre le sépare de celui qui le suit ; & pour plus de commodité il est divisé lui-même en deux parties par une autre ligne parallèle, comme on peut voir dans l'Article cité.

Tous les Méridiens se réunissent au Pole, par conséquent ils ont un Centre commun, qui sera le Centre du Globe Terrestre s'il est exactement rond. Il n'en est pas de même des parallèles, chacun a son Centre particulier pris dans quelque partie de l'Axe du Globe terrestre.

Tous les parallèles qui peuvent se tirer depuis l'Equateur jusqu'à l'un des Poles sont inégaux entr'eux. Cela est aisé à concevoir par une expérience familière : si on coupe une moitié de Citron, ou d'Orange par tranches ; & que ces tranches soient coupées avec tant de précaution, & de justesse que chacune d'elles ait par tout la même épaisseur, ces tranches iront toujours en diminuant jusqu'à la dernière. Il en est de même des parallèles, qui sont des Sections du Globe conçues de la même maniere.

Quoi que les parallèles soient inégaux ; ils sont parcourus par le Soleil, & par les autres Corps célestes lumineux dans le même espace de tems. Si on tourne un flambeau autour d'un Globe, toutes ses parties exposées à sa lumière la recevront en même tems ; & le flambeau ne mettra pas plus de tems à éclairer les parties voisines du milieu ou est le plus grand Cercle qu'il n'en mettra à éclairer les parties les plus voisines du pivot, où est le plus petit Cercle, Si l'on suppose le mouvement de la Terre dans l'hypothèse de Copernic ; il est aisé de comprendre qu'en tournant une boule, on y trace des lignes semblables aux parallèles, que nous imaginons sur le Globe ; & qu'ensuite on fasse rouler cette boule, les grands Cercles & les petits auront mis égal espace de tems à arriver au but, où la boule doit s'arrêter. Ils auront fait précisément les mêmes tours.

Mais tous les parallèles ne jouïssent pas de la lumière du Soleil, dans une égale mesure, & dans une égale durée, & c'est cette différence qui a donné lieu aux Climats, comme on peut voir au mot CLIMAT.

Tous les Lieux, situez sous un même parallèle, sont égaux pour la Latitude, & jouïssent du même climat, en prenant ce dernier mot dans le sens Géographique, & non pas comme le Peuple l'entend. Madrid en Espagne, Bourse en Turquie, Samarcand, en Tartarie, Pekin, à la Chine, & le Cap Nabo à l'extrémité Orientale de Niphon au Japon, sont sous le même parallèle, à très-peu de différence près, c'est-à-dire à peu près à la même, distance de l'Equateur.

PARALLUS [a], Ville Episcopale d'Egypte. Il en est fait mention dans le Concile d'Ephése. [a *Ortelii Thesaur.*]

PARALOS, ou PARALUS, Ville de Thessalie, selon Etienne le Géographie. Thucydide [b] en parle aussi. [b *Lib. 3. pag. 91.*]

PARAMBOLI, Siège Episcopal, sous la Métropole de Bostra, selon Ortelius [c], qui cite Guillaume de Tyr. C'est apparemment la même Ville qui est nommée PAREMBOLE, ou CASTRA par Schelstrate dans ses Antiquitez Ecclésiastiques [d] & qu'il place en Egypte. Voyez PAREMBOLIS. [c *Thesaur.*] [d *Tom. 2. dis. 5. c. 3. p. 364.*]

PARAMICA. Voyez SEGONTIA & SEPONTIA.

1. PARANA, Province de l'Amérique Méridionale [e], au Paraguay. Elle est entre la Province de Guayra au Nord, celle d'Urvaig à l'Orient ; celle de Rio de la Plata au Midi, & le Paraguay propre à l'Occident. Les Peuples qui habitent cette Province faisoient autrefois leur demeure dans les Bois, d'où les Jesuites les ont retirez peu à peu en les instruisant des devoirs de la Société Civile & de ceux de la Religion Chrétienne. Aujourd'hui ils sont pour la plûpart réunis dans des Bourgades, où on les a peu à peu accoutumez à la dépendance dont ils étoient si ennemis. On a établi parmi eux une forme de Gouvernement, & insensiblement on en a fait des hommes. La plûpart de ces Bourgades sont sur les bords de la Rivière de Parana. En 1702. on comptoit sur les [e *De l'Isle Atlas.*]

64 PAR.

les bords de cette Riviére quatorze Bourgades composées de dix mille deux cens cinquante-trois familles, qui faisoient quarante & un mille quatre cens quatre-vingt-trois personnes. Les principales de ces Bourgades sont :

Tocangusir, S. Ignatio,
Abangobuis, Acarai,
Corpus, Isapoa ou l'Incarnation,
Loreto, S. Ignatio.

2. PARANA, Riviére de l'Amérique Méridionale [a]. Elle a sa source au Bresil, dans des Pays qui ne sont pas encore connus. Son cours est du Nord-Est au Sud-Ouest en serpentant par les Provinces de Guayra & de Parana, aux confins de laquelle elle va se jetter dans la Riviére de Paraguay auprès de la Ville de Corrientes, dans la partie Septentrionale de la Province de Rio de la Plata. Dans sa course la Parana reçoit plusieurs Riviéres dont les principales sont, Aniembi, g. Paranapana, g. Miniai, d. Guibai, g. Iguaru, d. Piquiri, g. Acarai, d. Iguazu, g. Mondai, d.

[a] De l'Isle Atlas.

PARANÆ-PIACABA; Montagnes de l'Amérique [b] Méridionale, au Bresil, dans la Capitainerie de Saint Vincent. Ces Montagnes sont droites & spacieuses, & la montée qui est de deux ou trois heures en est assez difficile. Elle est taillée entre les arbres en maniére de degrez, & elle a cent ou cent cinq pas de largur. Du haut de ces Montagnes, le chemin qui mène à San Paulo, tire premierement vers le Sud & ensuite droit à l'Ouest par des Montagnes & par des Forêts pendant l'espace de six ou sept lieues.

[b] Corn. Dict. De Laet Desc. des Indes Oc. liv. 15. c. 17.

1. PARANAIBA, ou PARANAYBA, Riviére de l'Amérique Méridionale [c], dans la partie Occidentale du Bresil. Elle a sa source vers les douze degrez de Latitude Sud. C'est une des plus grandes Riviéres de l'Amérique Méridionale. Elle reçoit dans sa course du Sud au Nord trente Riviéres considérables, après quoi elle va se jetter dans la Riviére des Amazones, un peu au dessus du Fort du Corupa.

[c] De l'Isle Atlas.

2. PARANAIBA, Peuples de l'Amérique Méridionale [d] au Bresil. Ils prennent leur nom de la Riviére de Paranaiba, sur les bords de laquelle ils demeurent. Ces Peuples sont amis des Portugais.

[d] Ibid.

PARANIENSIS, Nom d'une Colonie de Syrie, selon Ortelius [e] qui cite Onuphre.

[e] Thesaur.

PARAPAMENI. Voyez PARIMÆ.
PARAPAMISADÆ. Voyez PAROPANISUS.
PARAPIANI, Peuples d'Asie : Pline [f] les met aux environs de l'Arachosie.

[f] Lib. 6. c. 23.

PARAPIOTÆ. Voyez PRAPIOTÆ.
PARAPITINGA. Voyez au mot RIVIERE l'Article RIVIERE DE ST. FRANÇOIS.

1. PARAPOTAMIA, Ville de la Phocide, selon Pausanias [g] & Etienne le Géographe. Strabon [h] n'en fait qu'une Bourgade voisine de Phaneotas, sur le bord du Fleuve Cephise. Il ajoute que ses Habitans sont nommez *Parapotamii*.

[g] Lib. 10. c. 3.
[h] Lib. 9. p. 424.

2. PARAPOTAMIA, Pays de l'Arabie, au voisinage d'Apamée, selon Strabon [i].

[i] Lib. 16.

PARASANGA. Voyez MESURES ITINERAIRES. I. p. 753.

PARASANGIÆ, Peuples de l'Inde, selon Pline [k]. Le Pére Hardouin lit PARASANGÆ.

[k] Lib. 6. c. 20.

PARASIA, Contrée de l'Asie : Polybe [l] la place au voisinage de la Perside & de la Médie ; & Strabon dit que les *Parasii* ou *Parrhasii* étoient des Peuples de Médie qui habitérent pendant quelque tems avec les *Anariaci*.

[l] Lib. 5. c. 44.

PARASII, Peuples de l'Arcadie, selon Vibius Sequester ; Strabon [m] qui écrit PARRHASII, les met au nombre des anciens Peuples de la Gréce. Voyez PARRHASII.

[m] Lib. 8. p. 388.

PARASINUM, Ville de la Chersonnèse Taurique : Pline [n] dit qu'on trouvoit dans cette Ville une terre qui guérissoit toutes sortes de blessures. Un seul MS. lit *Parasinum*, & écrit en marge *Characena* ; ce qui a porté quelques Savans à croire qu'il faut lire *in Civitate Characena*, pour *in Civitate Parasino*. Mais l'autorité d'un seul MS. ne suffit pas pour en contrebalancer tant d'autres. Ptolomée [o] place dans la Chersonnèse Taurique & dans les terres une Ville nommée *Parrosta*: ce pourroit être la même que *Parasinum*.

[n] Lib. 2. c. 96.
[o] Lib. 3. c. 6.

PARASIUM, Ville d'Italie : Ortelius [p] dit, sur le témoignage de Leander, que la Ville de Crême fut bâtie des ruines de *Parasium* en 951.

[p] Thesaur.

PARASTALABA ; Ville Royale des Bulgares, emportée par l'Empereur Jean Zimisces qui la nomma *Joannipoli*, selon Ortelius [q] qui cite Curopalate & Cedrene ; mais ce dernier écrit *Peristlabas* & la distingue en grande & petite. Vignier dans sa Bibliotheque Historique dit que les Moscovites nomment cette Ville *Peretalaw*. Il paroît par Curopalate, qu'elle ne devoit pas être éloignée de Rhodostolon.

[q] Thesaur.

PARATACÆ, Peuples d'Asie, selon Arrien [r]. Voyez PARÆTACENE.

[r] De Exped. Alex. lib. 4.

PARATANTICENE. Voyez ARCTICENE.

PARATIANÆ, Ville de la Mauritanie Césarienfe ; l'Itinéraire d'Antonin la met sur la route de *Lemna* à *Hippone* entre *Rusiccades* & *Culucitana*, à cinquante milles de la première & à vingt-cinq milles de la seconde.

PARATONIUM. Voyez PARÆTONIUM.

PARAUÆ & PARAUÆI. Voyez ÆNIANES.

PARAVAS, nom que des Relations de Voyageurs & les Cartes Géographiques ont donné aux Peuples qui habitent dans la Presqu'Isle en deçà du Gange, sur la Côte de la Pescherie : Davity même les étend jusque dans l'Isle de Manar & rapporte diverses particularitez qui ne s'ac-

PAR.     PAR.

s'accordent guère avec les Mémoires que l'on a aujourd'hui de ce Pays-là; de sorte que Mr. de l'Isle qui dans sa Carte des Indes publiée en 1705. avoit placé les Paravas entre le Cap Comorin & les Maravas, ne fait point mention de ces Peuples dans la Carte qu'il nous a donnée des Côtes de Malabar & de Coromandel en 1723.

PARAUNA, Mr. Corneille a dit : Riviére de l'Amérique Méridionale au Brésil. Elle coule assez avant dans les terres, & va mêler ses eaux avec celles de Rio-Gaibuio, qui se joint ensuite à la Riviére de St. François. Mr. de l'Isle ne marque point cette Riviére dans sa Carte de la Terre-Ferme.

PARAUTI. Voyez PARUTI.

PARAXIA, Contrée de la Macédoine, selon Ptolomée b : Voici la Description qu'il en donne.

| Ampelus extrema, | Patalenes Chersonesi |
| Derris extrema, | dorsum |
| Torone, | Canastræum Promont. |
| Toronaici Sinus intima, | Casandria, |
| | Chabrii Fluv. Ostia, |
| Egonis Promontorium. | |

PARAY LE MONIAL, Ville de France, dans la Bourgogne, Diocèse d'Autun, sur la petite Riviére de Brebinche, dans le Charolois, à deux lieues de la Loire & à onze d'Autun vers le Midi. Cette Ville qui est assez petite a un Prieuré de Bénédictins, sous l'Invocation de Notre Dame & de St. Jean-Baptiste, dépendant de Clugny; quelques Monastères de Religieuses & un Collège de Jésuites. Sa Vallée est fort fertile & se nomme la VALLÉE D'OR.

PARAYSO, Nom d'une Campagne c en Portugal dans la Province d'Algarve, aux environs de Silves. Cette Campagne est toute charmante : elle est plantée de beaux jardins & de petites forêts de bons arbres fruitiers; de sorte qu'on la regarde comme un petit Paradis Terrestre; c'est ce qui lui a fait donner le nom qu'elle porte, qui veut dire Paradis.

PARBARA, Ville de la Parthie : Ptolomée d la place entre Syndaga & Mysia.

PARBOSENA, Ville aux environs de la Cappadoce, selon Antonin e qui la met sur la route de Tavia à Sebaste entre Corniaspa & Sibora, à vingt-cinq milles de l'une & de l'autre.

☞ 1. PARC. Ce mot signifie une grande étenduë de terres entourée de murailles & couverte d'Arbres, le plus souvent de haute futaye, où les Princes & les Grands Seigneurs font conserver des Bêtes fauves pour le divertissement de la Chasse, comme sont le Parc de Vincennes, le Parc de St. Germain, le Parc de Fontainebleau, le Parc de Versailles & autres.

2. PARC, se dit aussi de diverses clôtures; 1°. d'un Patis entouré de fossez, où l'on met les bœufs pour les engraisser : 2°. de l'endroit où l'on place l'Artillerie, les munitions & les vivres, quand l'Armée est en Campagne : 3°. d'une Clôture faite de hayes, où l'on enferme les moutons en Eté, quand ils couchent dans les Champs : 4°. d'une Pescherie construite sur le bord de la Mer & de certains grands filets qu'on y tend, pour y retenir les poissons que la marée a apportez.

3. PARC (le) Prieuré de France dans la Normandie, au Diocèse d'Evreux, près d'Harcour. Il fut fondé en 1257. par la Maison d'Harcour, & il est de l'Ordre de St. Augustin.

4. PARC (le), Terrein ou Canton de la Basse terre à la Guadeloupe, vers le côté Méridional de l'Isle. Ce Terrein est renfermé entre des Falaises de difficile accès.

5. PARC, ou le PARC AUX DAMES, Abbaye de France dans la Picardie, au Valois, Election de Crespi, à une lieue de la Ville de ce nom. C'est une Abbaye de Filles de l'Ordre de Cîteaux, fondée en 1205. par la fameuse Alienor Comtesse de Valois.

6. PARC DE MOULINS, Bois de France dans le Bourbonnois & dans la Maîtrise des Eaux & Forêts de Moulins. Il n'est que de trois cens arpens.

PARCA, Ville des Jazyges Metanastes, selon Ptolomée f, qui la place entre Trissum & Candanum.

PARCE', Bourg de France dans l'Anjou g sur la Riviére de Sarte, à demi-lieue du Château de Peschefeul, à deux lieues de Sablé & de Malicorne, à quatre de la Fléche & à sept du Mans. Ce Bourg est considérable & prend même le nom de Ville. On n'y voit qu'une seule Eglise qui est sous l'invocation de St. Martin. Elle est belle & fort ornée au dedans & au dehors. Il y en avoit une plus ancienne, dédiée à St. Pierre : elle fut détruite par les Anglois. On n'a pas laissé de conserver deux Cures & deux Curez qui font leurs fonctions alternativement dans la même Eglise. Ils ont avec eux une vingtaine de Prêtres, outre les jeunes Ecclésiastiques qui assistent aux Offices divins dans les grandes Fêtes. Les ornemens y sont magnifiques, & les Lions du Lutrin méritent les regards des Curieux par la beauté de leur travail. La maison du Curé de St. Martin paroît un grand Château. Elle est au milieu d'une belle Cour & de trois Jardins, & il y a un grand Bois dans le même enclos. Les Maisons du Bourg sont bâties sur une espèce de roc & ont la vuë sur de grands Jardins, qui s'étendent jusqu'à la Riviére. Le Territoire de Parcé est fort sablonneux & produit d'assez bons vins.

PARCHIM h, Ville & Bailliage d'Allemagne, dans le Cercle de Basse Saxe au Duché de Mekelbourg sur l'Elde petite Riviére, entre Neustadt & Lubitz, à quatre milles de la source du Varnow. Elle est grande & assez belle pour le Pays. i Mais son principal avantage c'est d'être le Siège d'une Cour de Justice de la Cour & de la Province, où l'on juge quantité de causes importantes. Ce qui y attire tous ceux que leurs affaires appellent à ce

Tri-

Tribunal. Ce mot se prononce comme si on écrivoit Parkim.

PARCOUL, Bourg de France, dans la Saintonge, Election de Saintes.

PARDENE, Contrée de la Gedrosie. On donnoit le nom de *Pardene* à tout le milieu de la Gedrosie, selon Ptolomée [*]. [* Lib. 6. c. 21.]

PARDO, ou EL PARDO, Maison Royale, du Roi d'Espagne, dans la Castille nouvelle, à deux lieues de Madrid, sur le chemin de l'Escurial. C'est un grand bâtiment [a] quarré, flanqué de quatre tours, & composé de quatre grands pavillons, joints les uns aux autres par des galeries, soutenuës par des colonnes. La principale façade a au devant une Place fort belle & fort longue & l'on entre dans la Maison par une façon de Pont qui conduit à un beau Portail élevé jusqu'à la corniche du bâtiment, & où l'on voit deux Statues à la hauteur du fenêtrage. Les chambres sont embellies de beaux tableaux. On y voit entr'autres les Rois d'Espagne vêtus d'une façon singulière. Il y a un Jardin bien entretenu, & un Parc fort étendu. Du Pardo on découvre un Couvent de Capucins qui est au sommet d'une Montagne. On y va visiter par dévotion un Crucifix miraculeux, détaché de sa croix. De l'autre côté de la Montagne, on descend dans un Hermitage, où se tenoit il y a quelques années un Hermite, qui vivoit en grande réputation de sainteté, ne voyant personne & s'occupant uniquement de Dieu. [a Délices d'Espagne, p. 251.]

PARDUBITZ, ou PARDOWITZ, Bourgade du Royaume de Bohème [b] dans la partie Orientale du Cercle de Bechin, sur une petite Riviére nommée Lublow, aux confins du Marquisat de Moravie. [b Jaillot, Atlas.]

PAREATÆ, Peuples du Péloponèse, dans l'Achaïe, selon Pline [c]; mais le Pére Hardouin soutient qu'il faut lire PAROREATÆ. Voyez PARORÆA. [c Lib. 4. c. 6.]

PAREDONI. Voyez PRATIDÆ.

PAREIDE-LE-MONIAL, Abbaye de France, dans la Bourgogne, au Diocése de Châlons, en Latin *Paredum*. C'est une Abbaye d'Hommes de l'Ordre de Clugny. Lambert Comte de Châlons la fit bâtir sur son propre terrein, de concert avec St. Mayole Abbé de Clugny, qui y contribua aussi & voulut qu'elle ne fût soumise à aucune Eglise ni Monastère. Mais Hugues fils du Comte Lambert, & Evêque d'Auxerre, voyant que cette Abbaye ne pouvoit subsister par elle-même & sans appui, employa l'Autorité du Roi Robert & d'Henri Duc de Bourgogne pour l'unir à l'Abbaye de Clugny, vers l'an 999. du tems que St. Odillon en étoit Abbé. Le même Hugues y prit l'habit de Religieux des mains de St. Germain, qui lui succéda à l'Evêché d'Auxerre: il étoit le Grand-Oncle de St. Hugues Abbé de Clugny, & il mourut Religieux de l'Abbaye de Pareide, où il fut inhumé. On conservoit dans cette Abbaye le Corps de St. Gratus Evêque de Châlons sur Saone & Confesseur de Jesus-Christ; mais les Calvinistes le firent brûler durant les troubles du Royaume.

PAREMBOLA, ou CÆNA PAREMBOLA, Ville du Pont, ou de l'Arménie, selon la Notice [d] des Dignitez de l'Empire. Le Concile d'Ephèse fait aussi mention de cette Ville. [d Sect. 27.]

PAREMPHIS, Ville d'Egypte, selon Etienne le Géographe. Elle est aussi connue par une Medaille qui se trouve dans le Thresor de Goltzius.

PAREMPOLIS, Ville d'Egypte: l'Itinéraire d'Antonin la met sur la route de Cereu à Hierasycaminon, entre *Contra Suenem* & *Tzitzi*, à seize milles de la premiére & à deux milles de la seconde. Quelques Manuscrits lisent PAREMBOLIS.

PARENETA, Contrée d'Arménie, au Pays des Chalybes, ou dans celui des Mossynéces. C'est Strabon, [e] qui en parle. [e Lib. 11. p. 528.]

PARENNES, Bourg de France dans le Maine, Election du Mans.

PARENTIUM, Ville d'Italie dans l'Istrie. Ptolomée [f] la place entre l'embouchure du Fleuve Formion, & la Ville de *Pola*. Pline [g], Etienne le Géographe & l'Itinéraire d'Antonin connoissent aussi cette Ville. Elle a conservé son ancien nom; car on la nomme aujourd'hui PARENZO. Voyez ce mot. [f Lib. 3. c. 1.] [g Lib. 3. c. 19.]

PARENZO, Ville d'Italie, dans l'Istrie, sur la Côte de la Mer Adriatique [h] dans une Peninsule, vis-à-vis l'Isle San Nicolo, entre les embouchures des Riviéres de Quieto & de Lemo. On y voit quelques Edifices fort élevez & un assez beau Dôme; & au dehors on trouve des sépultures antiques [i]. Cette Ville n'est guère peuplée à cause du mauvais air. Elle a dans son voisinage quelques petites Isles qui forment son Port. Celle de San Nicolo qui est la principale, a un Couvent de Religieux & une Tour ronde fort ancienne qui servoit de Phare au Port, où l'on prend des Mariniers appellez *Pesii*, pour conduire les Navires à Venise. La Ville de Parenzo se soumit aux Vénitiens le 15. de Juillet 1267. Elle a dans son ressort les lieux appellez Maggio, Frata, Abrigo, Foscolin, & Ville-Neuve. [h Magin, Carte de l'Istrie.] [i Deuil, Istrie.]

PAREON [k] Ville de l'Europe, selon Jornandès qui la met sur la Côte du Pont-Euxin. [k Ortel. Thesaur.]

PAREPAPHITIS, Contrée de la Caramanie: Ptolomée [l] la place au dessous du Pays des Agdenités & au dessus de celui des *Aræ* & des *Charauræ*. Le Texte Grec ne connoît point cette Contrée. [l Lib. 6. c. 8.]

PARETACENI. Voyez PARÆTACA.

PARGE: Ortelius [m] qui cite Phlegon dit que c'étoit la Patrie d'une femme nommée *Albatia Sabina*. [m Thesaur.] [n De Longævis.]

PARGA, ou la PARGA [o] Ville dans les Etats des Vénitiens, sur la Côte de l'Albanie, environ à cinquante milles de la Prevesa, vis-à-vis de l'extrémité Orientale de l'Isle de Corfou. Son Port est commode, & la Ville est posée sur un roc. Elle est fortifiée de bastions du côté de la Terre-Ferme. Les Habitans sont partie Grecs, partie Albanois, & vivent chacun à la mode de leur Nation; mais les Soldats de la Garnison sont pour la plûpart Italiens. Comme cette Place est forte & bien [o De l'Isle, Atlas.]

PAR.  PAR.  67

bien munie, elle est en état de faire une bonne résistance.

1. PARIA, Isle de la Mer de Phénicie: Pline *a* la place vis-à-vis de Joppé. Elle donnoit le nom aux Peuples Παριανοὶ, *Pariani*, dont parle Josephe *b*.

2. PARIA, Lac de l'Amérique Méridionale, au Pérou *c* dans l'Audience de los Charcas, au Nord Occidental de la Ville de Potosi. Ce Lac est plus petit que celui de Thicaca, qui le forme par un Emissaire ou courant d'eau de près de cinquante lieues de long. On l'appelle autrement LAC DE LOS AULAGAS. On y trouve beaucoup d'Isles; mais il n'y a aucun Emissaire, de sorte qu'il y a apparence qu'il se décharge dans la Mer du Sud par quelque conduit souterrain. Ce qui confirme cette opinion c'est qu'une Rivière dont on ne sait point la source va se jetter dans la Mer de ce côté-là.

3. PARIA, Nom que Mrs. Samson *d* donnent à la partie Orientale de la Nouvelle Andalousie, vis-à-vis de l'Isle de la Trinité. Mr. Corneille *e* sur le témoignage de Davity y met aussi une Ville nommée PARIA, un Golphe & une Rivière de même nom. Il ajoute diverses particularitez qui ne s'accordent guère avec les nouvelles Relations ni avec les dernières Cartes qu'on a publiées, où le nom de Paria est entièrement inconnu.

PARIADES, Montagne d'Asie, selon Pline *f*. Les Manuscrits varient beaucoup sur l'Orthographe de ce nom. Les uns lisent PARIADRUS; d'autres PARIADRES; d'autres PARYADIS: la plûpart des Exemplaires imprimez portent PARPHARIADES, & le Pére Hardouin veut qu'on lise PARYADRES, comme l'Orthographe la plus approchante des anciens Manuscrits. Strabon *g* qui écrit PARYADRA, dit que cette Montagne fait partie du Mont Taurus, & la met comme Pline dans l'Arménie, position dont le Pére Hardouin ne convient pas entièrement.

PARICANE, Ville de la Perside, selon Etienne le Géographe, qui dit qu'elle donnoit son nom aux Peuples *Paricanii*. Hérodote *h* écrit *Parycanii*; & Pline *i* aussi bien que Pomponius Mela *k* placent ces Peuples aux environs de la Sogdiane; mais rien n'empêche que ce ne soient les mêmes Peuples dont parle Etienne le Géographe; car il y a eu des Rois de la Perside qui ont étendu leur domination jusqu'à la Sogdiane.

PARIDION, Ville de la Carie, selon Pline *l*. Pomponius Mela *m* écrit PANDION.

PARIENNA, Ville de la Germanie: Ptolomée *n* la place entre *Arsiena* & *Setuia*. Il y en a qui veulent que ce soit présentement Frideck en Silésie.

PARIENSIS *o*, Siège Episcopal, dans la Pisidie: c'est le Concile de Nicée qui en fait mention.

PARIETÆ, Peuples de la Paropanisade. Ptolomée *p* dit qu'ils en occupoient la partie Méridionale.

PARIETINA, Ville d'Afrique: Antonin *q* la met dans la Mauritanie Césariense, sur la route de Tingis aux Ports divins, par la Mer entre *Cobucla* & *ad Sex Insulas*, à vingt-quatre milles de la première & à douze milles de la seconde.

PARIETINÆ, Ville d'Espagne, selon Antonin *r*, qui la place sur la route de *Laminium* à *Sarragoce* entre *Libisosa* & *Saltici*, à vingt deux milles de la première & à quinze milles de la seconde.

PARIGIA. Voyez PATIGRA.

1. PARIGNE', Bourg de France, dans le Maine, Election de Mayenne.

2. PARIGNE' L'EVEQUE, Bourg de France dans le Maine, Election de Château du Loir.

PARILLA (la) ou SANTA, Ville de l'Amérique méridionale *s*, au Pérou dans l'Audience de Lima & dans la Vallée de SANTA qui lui communique son nom. Elle est bâtie au bord de la Mer, à vingt lieues de Truxillo & à soixante ou environ de Lima, sur le bord de la Rivière de Santa, la plus grande de celles qui traversent cette Plaine. Le Port est entre la Ville & cette Rivière, dans une Baye assez à couvert des vents; ce qui fait que ceux qui navigent le long de ces côtes, ont accoutumé d'y prendre de l'eau, du bois & les autres choses dont ils ont besoin. Il y a dans la Ville cent cinquante Familles d'Espagnols, avec plusieurs Indiens & Négres. On passe la Rivière de Santa sur certains fruits d'arbres, qui ressemblent à des courges, plats des deux côtez & ronds presque à la manière des boucliers. Les Indiens les enfilant avec une corde les accommodent ensemble comme des radeaux; & c'est là-dessus qu'ils mettent les Marchandises, les hommes & leurs hardes. Les Sauvages en nageant tirent après eux ces espèces de radeaux & les autres bêtes de charge nagent après.

PARIMÆ, & PARAPAMENI, Peuples d'Asie. Ils furent subjuguez par Alexandre selon Orose *t*. Arrien appelle ces Peuples PARAPAMISADES. Voyez ce mot.

1. PARINACOCHA, *u* grand Desert de l'Amérique Méridionale, au Pérou, dans l'Audience de Lima. Il est entre la Bourgade d'Ayavire & la Mer du Sud & occupe trente-deux lieues de Pays, selon Herrera. Garcilasso *x* en fait mention, & l'appelle Pariluana-Cocha; c'est-à-dire le Lac aux Moineaux, parce qu'en un endroit du Desert de cette Province il y a un fort grand Lac, & que dans la Langue du Pays *Cocha* veut dire la *Mer* ou un *Marécage*, & *Parihuna* les Moineaux ou autres oiseaux de ce genre; de sorte que des deux noms on n'en a fait qu'un, quand on veut désigner cette Province qui est grande, fertile & abondante en or. Les Espagnols la nomment Parin-Cocha par Syncope. D'autres *y* ont écrit que c'étoit une Région froide, parsemée de Montagnes couvertes de neiges & où l'on ne peut presque passer à cause des Vallées, des Marais & des boues; mais que cependant on a ouvert un chemin, qui conduit jusqu'à la Vallée de Nasca & même jusqu'à la Mer.

2. PA-

68 PAR.

2. PARINACOCHA, Bourgade de l'Amérique Méridionale [a], au Pérou, dans l'Audience de Lima, vers la source de la Riviére d'Abancay, à l'Orient Septentrional de los Lucanes.

[a] De l'Isle Atlas.

3. PARINACOCHA, Bourgade de l'Amérique Méridionale [b], au Pérou, dans l'Audience de Lima, à l'Orient Septentrional de la Ville de Lima.

[b] De l'Isle Atlas.

PARINATES. Voyez TARINATES.

PARIO. Voyez PARIUM.

PARIRÆ, Peuples de la Caramanie que Pline [c] met aux environs du Fleuve Nabrus. Le Pére Hardouin prétend qu'au lieu de *Parirœ* il faut lire *Pasirœ*.

[c] Lib. 6. c. 23.

PARIS, Ville de France, la Capitale du Royaume, la plus grande & la plus belle des Villes de l'Europe. Elle est située dans l'Isle de France sur la Riviére de Seine qui la traverse, à dix lieues au dessous de Melun, & à vingt-huit au dessus de Rouen. Elle a pris son nom des Peuples Parisiens, car l'ancien nom étoit *Lutetia* ou *Lucotia*. Le premier des Auteurs anciens qui paroisse avoir parlé de *Lutetia* est Jules César [d] qui dit qu'il transféra dans la Ville de *Lutetia Parisiorum* l'Assemblée générale de la Gaule. Dans un autre endroit [e] il écrit que Labienus, s'étant approché de Paris, les Habitans mirent le feu à la Ville, firent rompre les ponts & quittant le marais se campérent sur les bords de la Seine, vis-à-vis de *Lutetia*, & du Camp de Labienus, la Riviére entre-deux. Strabon [f] après avoir dit que les Parisiens habitoient sur le bord de la Seine ajoute qu'ils avoient une Isle dans laquelle étoit une Ville nommée *Lutécia*; & Ptolomée donne aux Parisiens une Ville qu'il appelle *Parisiorum Lurotecia*.

[d] Lib. 6. c. 3.
[e] Lib. 7. c. 58.
[f] Lib. 4. p. 194.

Comme l'Isle dans laquelle la Ville *Lutetia* étoit située, étoit fort bourbeuse avant qu'elle fût pavée, plusieurs Ecrivains se sont imaginé que son nom venoit de *Lutum* qui signifie en Latin *de la bouë*; mais cette conjecture est mal fondée. On voit par les Commentaires de César, qu'avant que les Romains fussent établis dans les Gaules la Capitale des Parisiens s'appelloit déja *Lutetia* [g]. Ainsi ce nom lui avoit été donné par les Gaulois ou Celtes, dont la Langue n'avoit aucun rapport avec le Latin; de sorte que *Lutetia* ne vient pas plus de *Lutum* que *Parisii* ou *Parrhisii*, de Paris fils de Priam. Dans la suite cette Ville prit le nom du Peuple dont elle étoit la Capitale; & elle commença à s'appeller *Parisii*. C'est nom que lui donnent Ammien Marcellin en plus d'un endroit, Sulpice Sévére, dans la Vie de St. Martin, les Empereurs Valentinien & Valens dans un Rescrit inséré dans le Code Theodosien, & la Notice des Dignitez de l'Empire dans la Section soixante-cinquième. Enfin de *Parisii* on a fait le nom de PARIS.

[g] Adr. Valesii, Not. Gal. p. 441.

Ammien Marcellin [h] ne donne à la Ville *Lutecia* que le nom de *Castellum Parisiorum*, sans doute parce que cette Ville située dans une Isle qui n'a pas une grande étendue, étoit petite, mais bien fortifiée & par la nature & par l'art. En effet il est

[h] Lib. 15. c. 11.

PAR.

aisé de voir par le circuit de l'Isle que la Place qui y étoit située ne devoit pas être bien grande. Elle ne laissoit pas pourtant d'être la Capitale du Pays; & l'Isle située aujourd'hui au milieu de la Ville retient le nom de Cité, nom qui désigne assez communément la Ville Episcopale d'un Peuple.

Les principaux Habitans de Paris n'étoient néanmoins que des Bateliers, comme on le voit par l'Inscription gravée du tems de l'Empereur Tibere, sur une pierre qui fut trouvée en 1711. enterrée sous l'Eglise Métropolitaine de Notre Dame, où l'on voit ces mots NAUTÆ PARISIACI; de sorte que la Ville de Paris fut assez long-tems obscure, jusqu'à ce que Julien l'Apostat étant venu chercher un asyle dans les Gaules, choisit Paris pour y faire sa demeure ordinaire. Ce fut probablement en ce tems-là que l'on bâtit le Palais des Thermes ou des Bains, dont on a vu long-tems des restes. Ce fut dans ce Palais que Clovis, après avoir tué Alaric Roi des Visigots, établit sa résidence en 508. [i] Ce Palais étoit sur la Montagne aux environs du lieu où l'on a depuis bâti le Collége de Sorbonne. Saint Louis dans ses Lettres témoigne que ce lieu étoit *ante Palatium Thermarum*, devant le Palais des Thermes, d'où l'on voit que les restes & le nom de ce Palais subsistoient encore dans le milieu du treizième siécle.

[i] Longuerüe, Descr. de la France, &c. 1. p. 11.

Les Rois de Neustrie Mérovingiens demeuroient aux environs de Paris, en plusieurs Maisons qu'ils avoient dans des Bourgades; mais on ne voit pas qu'ils demeurassent ordinairement dans l'enclos de la Ville. Ceux de la Race des Carlovingiens demeurérent rarement à Paris. Robert frére du Roi Eudes, étant Comte ou Gouverneur de Paris, s'en rendit le Maître absolu, & en laissa la possession à son fils Hugues le Grand. Ces Princes avoient un Palais en cette Ville au lieu où est situé celui où l'on rend aujourd'hui la Justice; & auprès de ce même Palais il y avoit une Eglise ou Chapelle dédiée à St. Barthelemi, où Hugues Capet avant que de parvenir à la Couronne, établit pour y faire le Service, les Moines de St. Magloire qui étoient errans & vagabonds, ayant été ruïnez & chassez de Brétagne par les Normans. Hugues Capet, qui fut Comte de Paris, ayant été élu Roi en 987. & n'ayant presque d'autre Domaine que celui dont il avoit hérité de son Pére, continua à résider à Paris, comme il avoit fait avant que de monter sur le Trône; ce qui a été suivi par ses Successeurs, qui ont tous été de sa Race jusqu'à présent. Ainsi il y a environ sept-cens-quarante ans que Paris est certainement & continuellement la Capitale du Royaume & la résidence des Rois; c'est ce qui l'a fait parvenir au point de grandeur où elle est aujourd'hui par le moyen des grands Fauxbourgs qui furent bâtis au Midi & au Septentrion de la Seine & qui demeurérent tout ouverts plus de deux-cens ans après la mort d'Hugues Capet. Ce fut Philippe Auguste qui le premier fit fermer de murailles ces Faux-

Fauxbourgs; ce qui forma deux nouvelles Villes; l'une du côté du Midi, qui fut nommée l'Université parce que les Maîtres qui enseignoient les Sciences s'y étoient établis avec leurs Ecoliers, quoiqu'il n'y eût point alors de Collége fondé, n'y en ayant aucun qui soit plus ancien que celui de Sorbonne. Cette enceinte fut considérablement augmentée sous le Régne de Charles V. dit le Sage, qui enferma les Eglises de St. Paul, de St. Germain l'Auxerrois, de St. Eustache, de St. Martin, de St. Nicolas des Champs & quelques autres dans la nouvelle enceinte qu'il fit faire. Du tems de Louïs XIII. on enferma les Tuileries & St. Roch dans la Ville & l'on fit bâtir les nouvelles Portes de la Conférence, de St. Honoré, de Richelieu & de Montmartre.

Selon le calcul de ceux qui ont fait depuis peu le Plan de Paris [a], il s'y trouve vingt-quatre mille Maisons, partagées en huit-cens-trente rues, à quoi l'on peut ajouter pour faire voir qu'elles sont occupées d'un Peuple infini, qu'il s'y consume par an plus de cent mille muids de bled, près de cent-quarante mille bœufs ou vaches, cinq-cens-cinquante mille moutons, cent-vingt-cinq mille veaux & quarante mille cochons. On y boit trois-cens mille muids de vin, sans compter les eaux de vie, les biéres & les cidres, & on fait monter le nombre de ses habitans à huit ou neuf-cens milles. Ce qui lui donne un grand relief c'est qu'on y voit venir tous les ans quantité d'Etrangers & de Princes pour y étudier à l'envi non seulement la Langue & la politesse; mais encore les maniéres nobles & distinguées qui conviennent aux personnes de condition, avec les exercices & les Beaux-Arts qu'on n'enseigne point ailleurs comme on fait à Paris.

Le Louvre doit être regardé comme le principal ornement de la Ville de Paris. Il fut commencé ou rétabli en 1214. sous Philippe Auguste, & hors de la Ville à l'extrémité de la Varenne du Louvre. Près du Château on bâtit sur la Riviére une grosse Tour nommée la Tour du Louvre. Elle défendoit l'entrée de la Riviére, conjointement avec celle de Nesle, qui étoit vis-à-vis. Ce fut dans la Tour du Louvre que Ferrand, Comte de Flandre, fut mis en prison après la bataille de Bovines, que Philippe Auguste gagna sur ce Comte son Feudataire qui s'étoit révolté contre lui. Cette grosse Tour servit depuis à garder les trésors de quelques Rois & fut renversée quand le Roi François I. fit jetter les fondemens des Ouvrages qu'on appelle le Vieux Louvre. Henri II. son fils employa les Architectes les plus renommez de son tems pour rendre ce Bâtiment aussi régulier que magnifique. Ce qu'on nomme particuliérement le vieux Louvre consiste en deux corps de Bâtimens qui forment un angle intérieur, dont les faces sont décorées d'une très belle Architecture. Tout l'Edifice est à trois étages. Le premier est orné de l'Ordre Corinthien; le second du Composite; &

[a] *Corn. Dict. Descr. Nouvelle de la Ville de Paris. Le Maire, Paris ancien & nouveau.*

le troisième est un Attique. Les Avantcours sont avec des colonnes cannelées & le reste est en pilastres du même ordre que les colonnes. On estime sur-tout la proportion des fenêtres. Ces belles fenêtres qui se trouvent dans le second étage, sont enfermées dans un chambranle, & couronnées d'un fronton triangulaire & rond alternativement. L'Attique a aussi ses ornemens particuliers qui sont des trophées d'armes en bas reliefs, adossez aux côtez des chambranles des fenêtres avec des Lampes antiques sur les entablemens. Le toit qui couvre cet Edifice est brisé, & l'on voit dans la Sale des cent Suisses, qui est élevée de trois marches plus que le rez-de-chaussée une espèce de Tribune soutenue par quatre Cariatides gigantesques. Cette Sale servoit autrefois à donner des festins, & la Reine Catherine de Médicis y faisoit aussi représenter la Comédie & danser des Balets, pour amuser la Cour de son tems. Voici l'Inscription qui fut gravée sur le marbre au dessus des portes par ordre du Roi Henri II.

*Henricus II. Christianiss. vetustate collapsum refici cæp. A. Pat. Francisco I. R. Christianiss. mortui sanctiss. Parent. memor, pientis, Filius absolvit An. sal Christi* MDXXXVIII.

On lit ces mots sur l'une des deux portes des côtez:

*Virtuti Regis invictissimi.*

Et sur l'autre:

*Donec totum impleat Orbem.*

Le Roi Louïs XIII. a fait élever le gros Pavillon du milieu couvert en dome quarré. Il est de la même ordonnance que le vieux Louvre, si ce n'est que comme il est plus élevé que le reste, on a mis sur l'Attique des Cariatides qui soutiennent un Fronton & copiées de celles de la Sale des cent Suisses. Sous ce pavillon est le grand Vestibule qui sert aujourd'hui d'entrée au Louvre du côté des Tuileries, sur lequel est une Chapelle entre les deux escaliers qui conduisent aux appartemens d'en haut. Ce grand Vestibule est soûtenu de deux rangs de colomnes couplées d'un Ordre Ionique composé. Ensuite de ce Pavillon du milieu, on fit continuer en même tems le corps de logis, où est à présent l'Académie Françoise, & commencer le Pavillon du côté de la rue de Saint Honoré. La cour qui se trouve au milieu de ce vaste bâtiment est de soixante & trois toises en quarré, dont le Roi Louïs le Grand a fait élever presque trois parties qui ne sont pas encore achevées, & où il ne laisse pas de paroître beaucoup de magnificence. Les quatre faces sont composées de huit pavillons & de huit corps de logis qui enferment cette grande cour. L'Architecture de la maniere qu'elle est commencée, est de trois ordres de colomnes, avec des piédestaux. Le premier est Corinthien. Le second & le troisième sont Composites; & ce qui donne une

grande

grande apparence à tout cet ouvrage, c'est qu'au lieu de toit, on a fait régner sur les combles une terrasse, dont les piédestaux seront chargez de trophées.

La grande façade du Louvre, qui est à l'Orient du côté de Saint Germain l'Auxerrois, est composée d'un premier étage simple, pareil à celui des autres façades de l'ancien bâtiment, & elle a au-dessus un grand ordre de Colomnes Corinthiennes couplées & de pilastres de même. Cette façade longue de quatre-vingt-sept toises & demie, se partage en trois avant-corps, un au milieu & deux aux extrémitez. L'avant-corps du milieu est orné de huit colomnes couplées, & terminé par un grand fronton, dont la cimaise est de deux seules pierres d'une grandeur prodigieuse, qui ont chacune cinquante-quatre pieds de longueur, huit de largeur, quatorze pouces d'épaisseur. Entre ces trois avant-corps sont, comme on l'a déja marqué, deux Peristyles de colomnes Corinthiennes couplées pour une plus grande solidité, qui se communiquent par un petit Corridor, pratiqué dans l'épaisseur du gros mur, au dessus de la porte quarrée du milieu. Ces colomnes qui sont canelées ont trois pieds, sept pouces de diametre, & forment deux grands Peristyles de douze pieds de largeur, sur vingt-sept toises de longueur chacun, dont les plafonds sont d'une très-grande beauté, non seulement par la hardiesse de Architraves de douze pieds d'étendue qui les soûtiennent ; mais encore par les Sculptures qu'on y a disposées, & par la propreté avec laquelle tout cet ouvrage a été exécuté.

Dans l'intérieur du Vieux Louvre, on voit l'appartement des Bains de la Reine Mere, qui est de plein pied, avec la Salle des Cent Suisses, & composé d'un grand nombre de chambres, dont les plafonds sont enrichis de très-belles Peintures. Dans celles qu'on a bâties les dernieres au dessous de la galerie d'Apollon, en retournant sur le petit Jardin du côté de la Riviere, Francesco Romanelli Italien a peint des plafonds & des lambris d'une excellente maniere ; mais rien n'égale en richesse d'ornemens le petit cabinet de ce même appartement qui donne sur la Riviére, où tout paroît d'une magnificence exquise jusqu'au parquet, qui est d'une Marqueterie très-bien travaillée. La Salle des Antiques qu'on trouve proche de ce cabinet, est incrustée de divers compartimens de marbre rare, avec des niches ornées de colomnes aussi de marbres les plus précieux, dans lesquelles on conservoit les Statues antiques, qui sont présentement à Versailles. La Salle particuliere des Bains attire l'admiration des Curieux, par la beauté des ornemens qui s'y trouvent, par les colomnes de marbre, avec leurs chapiteaux de bronze doré, par les balustrades de même, par le plafonds enrichi de sujets peints de lapis en camaïeu, sur des fonds d'or, & par tout ce qui peut rendre un lieu très-brillant. La galerie d'Apollon qui est dans l'appartement d'en haut, conserve encore de grandes beautez, quoi qu'elle ait été presque toute consumée par le feu en 1661. On l'a rétablie autant qu'on a pu dans sa premiere magnificence. Feu M. le Brun premier Peintre de Sa Majesté, a donné tous les desseins des ouvrages que l'on y voit. Il a peint dans le grand Cartouche qui se trouve au milieu du plafond, le Soleil tiré dans son char avec tous les attributs qui lui conviennent. Les autres Cartouches qui accompagnent celui-ci, représentent les quatre Saisons de l'année, dans des bordures très-riches. Le lieu où l'on conserve les Tableaux du Roi, est adossé à la galerie d'Apollon. Quoi que la plus grande partie des beaux ouvrages qu'il contenoit autrefois, ait été transportée à Versailles, il y reste encore quantité de choses dignes de l'attention des Connoisseurs.

Le Roi qui a fait l'honneur à l'Académie Françoise de s'en déclarer le Protecteur, lui a donné un appartement dans le Louvre pour tenir ses Assemblées, aussi-bien qu'à l'Académie des Médailles & Inscriptions, & à celle des Sciences. Ceux qui composent l'Académie d'Architecture & celle de Peinture, ont aussi dans le vieux Louvre un lieu établi pour leurs Conférences. Sur le bord de la Riviére, au coin de la rue des Poulies, est le garde-meuble du Roi dans une vieille maison nommée autrefois *l'Hôtel du petit Bourbon*. On y voit une quantité prodigieuse de riches tapisseries anciennes & nouvelles, dont les plus belles ont été faites sous le regne de François I. Les Batailles de Scipion sont de ce nombre, aussi-bien que les Triomphes du même Scipion faits sous Henri II. Ces deux tentures font ensemble cent vingt-deux aunes en vingt-deux pièces. Les tapisseries du dessein de Raphaël sont l'Histoire de Josué, de quarante-trois aunes en huit piéces ; Psyché en vingt-six pièces de cent six aunes ; les Actes des Apôtres en dix pièces de cinquante-trois aunes, & l'Histoire de S. Paul de quarante-deux aunes en sept pièces. Le Roi en a fait faire plusieurs aux Gobelins, enrichies d'or & d'argent, sur les desseins de le Brun. Il y en a une quantité si grande, qu'on en compte jusqu'à vingt-quatre milles aunes. On conserve quantité d'anciennes armes dans une chambre particuliére, & entr'autres celles que François I. avoit à la fameuse journée de Pavie, où l'on voit sur la cuirasse les coups qu'il reçut avant que de se rendre aux Espagnols.

Les premiers fondemens du Palais des Tuileries furent jettez l'an 1564. par l'ordre de la Reine Catherine de Médicis, en un lieu fort négligé, où pendant long-tems on avoit fait de la tuile. Il ne fut d'abord composé que du gros Pavillon quarré du milieu, de deux corps de logis qui ont une terrasse du côté du Jardin & de deux autres petits pavillons qui les suivent. Ces cinq pièces qui formoient ce Palais avoient de la régularité & de la proportion. Les faces des deux côtez qui regardent la cour ou la principale entrée par la Place du Carousel, sont décorées d'une Architecture de très-bon goût. Le gros pavillon du milieu couvert en dôme quarré, est orné de trois ordres de colomnes de marbre, savoir, de l'Ionique, du Corinthien & du Composite, avec un Attique encore au dessus. Les colomnes du premier ordre sont bandées & ornées sur les bandes de diverses Sculptures travaillées sur le marbre. Du côté du Jardin ces mêmes ordres ne sont que de pierre. Dans la restauration que le Roi fit faire de ce Palais en 1664. on ajoûta à ce pavillon le troisième ordre, avec un Attique, afin que l'exhauffement répondit à tout le reste. Ce Palais se trouve à présent disposé de cette sorte. Toute la face de l'édifice est composée de cinq pavillons & de quatre corps de logis, de cent soixante & huit toises trois pieds de longueur, dont l'Architecture est traitée diversement, ce qui n'empêche pas que le tout ensemble ne fasse une grande & magnifique apparence, qui embellit infiniment toutes les vues du Jardin des Tuileries, dont l'étendue a été distribuée d'une maniere si ingénieuse, que dans un espace de trois cens soixante toises de longueur sur cent soixante & huit toises de largeur, on trouve tout ce qu'on peut souhaiter dans les plus charmantes promenades. Le grand parterre est du côté du Palais, divisé en plusieurs compartimens & coupé par des allées qui conduisent aux principales entrées. Toutes les Fleurs des saisons y paroissent dans leurs tems avec des arbustes toûjours verds, dans des plates-bandes qui enferment de grandes pieces de buis en broderie. Il n'y a que trois jets d'eau dans tout le Jardin, deux dans les parterres, & un plus grand dans l'Esplanade, à l'entrée de l'allée du milieu. Les bassins en sont bordez de gazon, de même que celui d'une grande piece d'eau, de figure octogone, à l'autre extrémité de la même allée du milieu du côté des deux rampes en demi-cercle, qui conduisent aux terrasses. Toute l'étendue de ce beau Jardin est divisée en plusieurs allées, qui se rapportent à trois principales, bien plus longues & plus larges que les autres. Celle du milieu est de cent soixante & cinq toises de longueur, & large de seize, plantée de Maronniers d'Inde & d'Ifs entre deux, accompagnée de deux contre-allées, que l'on voit toûjours remplies du plus beau monde de Paris dans les heures de la promenade. Les deux autres, paralléles à celle-ci, ont un peu moins de largeur & sont formées seulement par des Tilleuls. Entre ces trois grandes allées & dans les espaces qui se trouvent jusques aux terrasses, on a disposé des Bosquets & des boulingrins de toutes sortes de figures, avec des pieces de gazon rondes & ovales, creusées en pentes douces, entourées de Maronniers & d'Ifs. Il y a une Salle des festins, & fort près de là un Théâtre découvert, dont les décorations sont formées par des Ifs & par des Maronniers d'Inde. Cet endroit peut contenir un très-grand nombre de spectateurs assis sur des degrez de pierre, garnis de buis sur le devant, avec un fort grand parterre au milieu. La terrasse du côté de la Rivière qui regne le long du chemin du Cours de la Reine, est un grand embellissement pour les Tuileries. Sa longueur est de deux cens quatre-vingt-six toises, & sa largeur de quatorze. La vue qu'offre cette terrasse est toute charmante. On voit d'un côté une partie des plus beaux bâtimens de la Ville, & de l'autre le riche Dôme des Invalides, un large canal que forme la Seine le long du Cours, & ensuite une campagne semée de Villages, qui n'est terminée que par les montagnes de Meudon & de Saint Clou dans une distance raisonnable. Cette terrasse est plantée de deux rangées d'Ormes & d'Ifs alternativement, qui font trois allées, & revetue d'une très-belle maçonnerie, ornée d'avant-corps & de bossages du côté du grand chemin, & d'espace en espace on trouve en dedans de grands perrons disposez pour descendre commodément dans des allées de traverse, qui coupent toute l'étendue du Jardin.

Au-delà des Tuileries sur le bord de la Rivière est le Cours, appellé communément *le Cours de la Reine*. Ce fut Marie de Médicis qui le fit planter comme on le voit à présent pour servir de promenade. Il est long de dix-huit cens pas, & composé de trois allées que forment quatre rangées d'Ormes, qui font ensemble vingt toises de longueur. Celle du milieu est plus large que les deux autres, & six carosses y peuvent rouler de front. Le milieu du Cours est marqué par une grande esplanade ronde, autour de laquelle les rangées d'arbres conservent leur symmetrie & leur distance, & les extrémitez sont terminées par deux grandes portes de fer appuyées sur des corps de maçonnerie rustique, au haut desquelles sont quelques figures couchées.

Le Palais des Tuileries communique au Vieux Louvre par le moyen de la grande galerie, qui est d'une longueur extraordinaire, & dont l'Architecture n'est pas égale par-tout. Depuis le gros pavillon qui fait le coin jusques au premier passage, qui en marque le milieu, elle est en pilastres composites, cannelez & couplez d'une grandeur gigantesque. On remarque particulièrement les huit derniers de ces pilastres, ou l'on trouve que les Chapiteaux sont d'un meilleur goût & d'une proportion plus élégante. La lettre H. à la place de la rose dans le chapiteau, fait connoître que cet édifice a été élevé sous le regne de Henri IV. Tout l'entablement de cette partie de la galerie est couronné de frontons angulaires & sphériques alternativement, dont les timpans sont enrichis de sculpture, qui représentent les Arts, les Sciences, & d'autres choses semblables. Dans la même suite, après le petit Dôme sous lequel se trouve le passage, est un gros ouvrage de maçonnerie de la même hauteur; mais d'une structure fort simple. Tout le reste jusqu'au Vieux Louvre, est d'un dessein assez finsingulier, orné de petits pilastres couplez, chargé de quantité de sculptures, dont la plus grande partie n'a pas été achevée non plus que le dedans de cette longue galerie qui est de deux cens vingt & une toises, depuis une porte jusqu'à l'autre, & de quatre toises cinq pieds de largeur. Proche du Guichet est la petite Eglise de S. Nicolas du Louvre desservie par des Chanoines, aussi-bien que celle de Saint Thomas du Louvre qu'on trouve au bas de la rue qui porte ce nom.

L'Eglise de S. Germain l'Auxerrois, Paroisse du Louvre, a été fondée par le Roi Childebert I. qui mourut l'an 558. Il la dédia à Saint Vincent, dont il avoit apporté les Reliques d'Espagne, & elle a pris depuis le nom de *Saint Germain* Evêque d'Auxerre. Le bâtiment de cette Eglise tel qu'on le voit à présent, n'a guère plus de deux cens ans d'ancienneté. Il est assez régulier dans sa maniere gotique & grossiere, & toutes les parties se répondent assez bien; mais la lumiere y manque presque par-tout, & cela vient en partie des vitres qui sont peintes en apprêt, & de ce que l'on a imprimé les voûtes d'un azur presque noir, que l'on a enrichi de Fleurs de lis d'or. Un rang de Chapelles regne tout autour de ce bâtiment, avec un double Corridor fort bien voûté. Le Grand-Autel est orné de quatre Anges de bronze de grandeur naturelle & de quelques vases. Les piedestaux & les appuis de la balustrade sont de marbre, & les balustres de bronze assez bien fondu. Le Soleil d'or est chargé de quantité de pierreries, de même que le petit Dais où l'on expose le Saint Sacrement. C'est un présent de la Reine Anne d'Autriche Mere du Roi Louis XIV. La Tribune qui sépare le Chœur de la Nef, est ornée d'une Architecture Corinthienne, composée de colomnes cannelées en trois arcades, avec des ornemens de sculpture qu'on estime fort. A côté de la Chapelle du S. Sacrement est le Tombeau du Chancelier Etienne d'Aligre, mort en 1677. Il y est représenté en marbre avec son pere, appellé aussi Etienne, qui avoit été Garde des Sceaux.

Le Quartier de S. Honoré a été appellé ainsi de la rue de ce nom, l'une des plus grandes de Paris, dont l'extrémité donne dans celle de S. Denis. On trouve d'abord une longue rangée de maisons, bâties d'une même symmetrie, qui appartiennent aux Chanoines de S. Germain l'Auxerrois. C'est l'endroit le plus large de toute la rue. Il a été pris sur le terrein du Cimetiére des Saints Innocens, qui est derriere. Cette partie étoit autrefois nommée *la rue de la Ferronnerie*, à cause de plusieurs Ouvriers en fer blanc qui s'y trouvoient. La premiere chose remarquable qu'on distingue ensuite, est la Croix du Tiroir. Elle est au coin de la rue de l'Arbre sec, appuyée sur l'angle d'un pavillon, dont la maçonnerie est assez belle. C'est-là que se fait la décharge des eaux d'Arcueil, qui passent sous le pavé du Pont-neuf. Ces eaux mêlées ensuite avec celles de la pompe de la Samaritaine, se distribuent au Louvre, aux Tuileries, au Palais Royal, & à d'autres endroits particuliers. En avançant dans la même rue, on trouve l'Eglise des Peres de l'Oratoire. L'Ordre Corinthien y est observé en grand & en petit, d'une maniere assez correcte & assez exacte. Le Grand-Autel se trouve à l'extrémité dans un espace voûté en maniere de Dôme. Le Tabernacle de cet Autel est une Coupole fort élevée, accompagnée de quatre Portiques soûtenus chacun de six colomnes composites, d'un très-beau Marbre de Sicile, dont les proportions sont fort réguliéres. Dans une Chapelle de cette Eglise, à main gauche du côté du Grand-Autel, on voit en Marbre blanc le Tombeau du Cardinal de Berule, Instituteur de cette Congrégation en France. Il y est représenté à genoux, & son Epitaphe gravée au devant de ce Tombeau, fait connoître qu'il mourut l'an 1629. en célébrant la Messe, âgé de 55. ans. La Bibliothéque de ces Peres est une des plus curieuses de Paris.

Un peu plus haut, de l'autre côté de la rue, on voit l'Eglise de Saint Honoré. Sur l'Autel, qui est orné d'un morceau d'Architecture Corinthienne, il y a un assez bon Tableau, peint par Champagne, qui fait voir la Présentation de Notre-Seigneur au Temple. Les Chanoines qui desservent cette Eglise ont des revenus considérables. Le Palais Royal, qu'on découvre ensuite, a été bâti de fond en comble pour servir de logement au fameux Cardinal de Richelieu, & fut nommé de son tems *Hôtel de Richelieu*, & ensuite *Palais-Cardinal*. Il consiste en un grand nombre d'appartemens, séparez par des cours, dont les deux plus considérables se trouvent au milieu. La premiere & la plus petite, est entourée de bâtimens, ornée de bossages, avec des Corps d'Architecture rustique aux principales entrées. La seconde, plus grande que l'autre, n'en a que de trois côtez. Elle est séparée du Jardin qui est dans le fond par une suite d'arcades, qui soûtiennent une galerie découverte, pour la communication des deux ailes. Comme ces arcades ne sont fermées qu'avec des grilles de fer, on a dans cette seconde cour la vue du Jardin. Le bâtiment de ce côté-là est un peu plus orné que celui de la premiere. L'Ordre Dorique en pilastres y est observé au second étage, soûtenu d'un premier à rez de chaussée, composé d'arcades, entre lesquelles on a mis des ornemens de sculpture, qui font connoître que le Cardinal de Richelieu étoit Amiral de France. Les appartemens de ce Palais sont fort spacieux, & toute la Cour y a logé pendant la régence de la Reine Anne d'Autriche. Les nouveaux que l'on a faits dans l'endroit où les Académies de Peinture & d'Architecture étoient logées autrefois, sont beaucoup plus commodes & plus beaux que les anciens. Ils consistent en un grand Corps de logis, qui termine à la rue de Richelieu. La face de ce bâtiment

ment est ornée de deux Ordres d'Architecture, à colomnes engagées d'un tiers de l'Ionique & du Corinthien, avec un petit Attique au-dessus. Le petit Jardin qui est devant, est d'une belle disposition, avec un jet d'eau au milieu, & quantité de grands Orangers, & d'arbustes tout à l'entour. Il est séparé du grand Jardin par une grille de fer, disposée en demi-cercle, au travers de laquelle on peut en avoir la vue. A peu de distance de-là, vis-à-vis la rue de Richelieu, est l'Hôpital des Quinzevingts, que Saint Loüis fit bâtir en 1254. pour trois cens Gentilshommes aveugles qu'il ramena de la Terre-Sainte, où ils avoient perdu la vue en combattant contre les Sarrazins. Les Antiquaires prétendent que la Statuë de ce Saint Roi, qu'on voit sur la Porte de cette Eglise, a beaucoup de l'air de son visage. Plus haut, de l'autre côté, est l'Eglise Paroissiale de Saint Roch, qui a été extrêmement aggrandie dans ces dernieres années.

L'Eglise des Jacobins qu'on rencontre ensuite, est remarquable par une Chapelle qui est à main gauche du Grand-Autel, où le Tombeau du Maréchal de Crequi, mort en 1687. est élevé en marbre blanc. Il y est représenté à génoux, avec des accompagnemens aussi de marbre, entre lesquels on remarque deux Vertus qui pleurent sa mort. L'Autel est orné d'une Architecture de marbre, composée de deux colomnes Ioniques, avec un entablement & un fronton de même. Le Couvent des Feuillans, qu'on trouve dans la même rue, est très-bien bâti, & a toutes les commoditez que l'on peut desirer pour une nombreuse Communauté. L'Eglise fut commencée en 1601. & le Roi Henri IV. y mit la première pierre. Le Roi Loüis XIII. en fit faire le Portail l'an 1624. Il est composé de deux Ordres d'Architectures, de l'Ionique & du Corinthien, dont les Colomnes sont couplées & cannelées, avec un Attique, qui forme un troisième Corps. Entre les Chapelles particulieres de la Nef de cette Eglise, qui sont assez bien ornées, on distingue celle de Rosteing. On y voit plusieurs Tombeaux de ceux de cette Maison, & les Curieux y admirent trois Colomnes Composites, d'une espèce de Marbre antique très-rare, qui est blanc & noir par plaques. A côté du Grand Autel, dans une Chapelle à main droite, est le Tombeau de la Princesse de Guémené. Il est d'un Marbre blanc, avec une urne au-dessus, dans le goût antique. Sur le pilier entre deux Chapelles, vis-à-vis la Chaire du Prédicateur, on a placé le Tombeau d'Henri de Lorraine, Comte d'Harcour, & d'Alfonse-Loüis de Lorraine dit le Chevalier d'Harcour son fils. Leurs Portraits sont sur des Médailles, portées par des Génies, autour de la figure de l'Immortalité, qui a le Tems derriére elle, couché au pied d'un grand Obelisque. Ce groupe de figures est posé sur une maniere de Tombeau de Marbre noir, élevé sur un grand piédestal, avec un bas-relief de bronze doré à feu sur le devant, de même que de ses festons, & un grand Aigle aussi de bronze doré sur une boule à l'extrémité de l'Obelisque. Ce Monument ne renferme point les Corps de ceux qui y sont représentez, & il n'a été érigé que pour conserver leur mémoire. Le Cloître de ce Couvent est orné de quantité de peintures, qui représentent la Vie de Saint Bernard, & de vitres en aprêt, où l'on voit l'Histoire de Jean de la Barriére, Réformateur de cet Ordre. La première Porte qui donne sur la rue Saint Honoré, fait face à la Place de Loüis le Grand. Cette Porte fut élevée en 1676. Quatre grandes Colomnes Corinthiennes en font l'ornement, avec un entablement & un fronton qui composent un morceau d'Architecture, où il y a de la beauté dans l'ordonnance. Le Couvent des Capucins n'est éloigné de celui des Feuillans que d'un fort petit espace. Tout y est très-simple. Leur Eglise bâtie par les ordres d'Henri III. & le Pere Ange de Joyeuse qui mourut en 1608. y fut enterré vis-à-vis le Grand-Autel. Son Epitaphe est gravée sur une Tombe de Marbre noir.

Le Monastère des Filles de l'Assomption est un peu plus avant du même côté. Ces Religieuses demeuroient autrefois dans la rue de la Mortellerie proche de la Grève, où elles étoient Hospitalieres. On les nommoit *Haudriettes*, à cause d'Etienne Haudri, Ecuyer du Roi Saint Loüis, qui les avoit fondées, pour loger & pour servir les pauvres malades. Cette Communauté s'étant accrue dans la suite, & se trouvant trop resserrée en ce lieu-là, vint s'établir en 1622. dans l'endroit où elle est présentement. C'étoit une Place vuide, qui s'étendoit jusques aux fossez de la Ville. Le Cardinal François de la Rochefoucault travailla avec grand soin à l'établissement de cette Maison, & il introduisit parmi ces Religieuses la Règle de Saint Augustin, qu'elles suivent aujourd'hui. Leur Eglise qui demeura long-tems imparfaite, fut entièrement achevée l'an 1676. Ce bâtiment est un Dôme de soixante & deux pieds de Diamètre dans œuvre sans aucuns accompagnemens. Le comble est d'une extraordinaire grandeur, par rapport à tout le reste. Il est terminé par une petite lanterne, appuyée sur des consoles sans nombre. Le Portique sous lequel on passe pour entrer dans l'intérieur, est soûtenu de Colomnes Corinthiennes, & élevé sur huit degrez. Le dedans de cette Eglise est de figure ronde, orné de quatre Arcades, entre lesquelles on a disposé des Pilastres Corinthiens couplez. Ces Pilastres soûtiennent la grande corniche qui règne tout à l'entour. La voûte du Dôme est embellie d'un grand ouvrage de Peinture, qui représente l'Assomption de la Vierge avec de grandes roses de couleur d'or, en maniere de cul de lampes, enfermées dans des octogones doubles. Le principal Autel de l'Eglise est décoré d'une fort jolie menuiserie, feinte de Marbre, avec des Anges assez bien dessinez.

K　　La

La Pepiniere, où l'on voit au Printems des fleurs très-curieuses de toutes sortes d'espèces, est presque à l'extrémité du fauxbourg. Elle appartient au Roi : & elle a été faite pour fournir aux Tuileries les fleurs & les arbustes dont on a besoin pour garnir les parterres & les bosquets. On y voit aussi un très-grand nombre d'Orangers qu'on y entretient avec soin. L'entrée du grand Cours est peu éloignée de la Porte Saint Honoré. Le Fauxbourg qui porte ce nom, a pour Paroisse l'Eglise de la Magdelaine, près de laquelle est un Monastère de Filles de l'Ordre de Saint Benoît. La moitié de la Ville est enfermée de ce côté-là par une promenade très-agréable, formée de quatre rangées d'Ormes, sans aucune interruption. Vis-à-vis du Monastère de l'Assomption, est celui des Filles de la Conception. Ce sont des Religieuses Cordeliéres qui l'occupent. L'Hôtel de Vendôme étoit autrefois au lieu que l'on appelle aujourd'hui *la Place de Louis le Grand*. Cette Place est de soixante & dix-huit toises de largeur, avec quatre-vingt-six de profondeur. La Statue Equestre du Roi est posée au milieu sur un piédestal de marbre fort élevé. Elle a vingt pieds de haut avec le cheval, & a été fondue d'un seul jet & d'une seule pièce. Le Roi Louis XIV. y est représenté en habit à la Romaine, sans selle & sans étriers, avec l'air de Majesté lui qui étoit si naturel. Cet ouvrage est du Sieur François Girardon. Avant qu'il fût terminé comme il est, on a éprouvé plusieurs fois que vingt hommes pouvoient tenir à table dans le Corps du cheval, & il est aisé par-là d'en comprendre la grandeur. Le Couvent des Capucines qui étoient dans la rue Saint Honoré proche l'Hôtel de Luxembourg, fut transféré derrière la Place de Louis le Grand l'an 1686. & le Roi pour dédommager ces Religieuses d'une très-incommode Maison qu'elles occupoient, leur en fit bâtir une des plus régulières & des plus magnifiques de Paris. Leurs cellules sont toutes boisées, & les Cloîtres vitrez par-tout. L'Eglise est petite, mais fort claire. La Porte est ornée d'un corps d'Architecture Composite, formé par deux colonnes, avec un entablement & un fronton sous un grand arc. On y lit cette Inscription, *C. H. Q. Salvatori sub invocatione Sancti Ludovici* Le Tombeau de Louïse de Lorraine, Reine de France, femme de Henri III. Fondatrice de ce Monastère, est dans le Chœur des Religieuses, & couvert d'un simple Marbre noir. Deux Chapelles, vis-à-vis l'une de l'autre, sont fort dignes d'occuper les regards des Curieux. Charles Duc de Crequi, Pair de France, mort le 13. de Février 1687. a été enterré dans la première qu'on trouve à main gauche. Elle est incrustée de marbre par-tout, & l'Autel a pour ornement un corps d'Architecture d'Ordre Corinthien de Marbre de Barbançon, où il y a un Tableau qui représente le Martyre de Saint Ovide, dont ces Religieuses ont le Corps. Vis-à-vis de cet Autel, le Duc de Crequi est repré-senté à demi-couché sur un Tombeau de Marbre noir, avec une Immortalité qui lui soûtient la tête, & un Génie pleurant à ses pieds. Des deux côtez du grand soubassement qui porte le Tombeau, on voit deux Vertus de Marbre blanc de même que les autres figures. Tout cela est placé sous une espèce d'arc ou de cintre, enrichi de rosaces de bronze doré, & d'autres ornemens de même matière, aussi-bien que les armes du Duc, des lampes antiques, des têtes de mort, avec des ailes de chauve-souris, des pentes & des festons de fleurs, & d'autres choses, qui ne contribuent pas peu à la beauté de ce Monument. L'autre Chapelle qui est directement vis-à-vis, est celle de François-Michel le Tellier, Marquis de Louvois, qui mourut subitement à Versailles le 16. de Juin 1691. Son corps, qui fut mis d'abord en dépôt dans l'Eglise des Invalides, fut ensuite rapporté dans cette Chapelle, où est son Tombeau. Il n'y en a aucune plus richement décorée. Les Marbres les plus rares y ont été employez partout. Un grand bas-relief de bronze doré à feu, est posé sur l'Autel, & représente Notre-Seigneur porté dans le Tombeau. Dans le fond de cette Chapelle, vis-à-vis de l'Autel, on voit le Marquis de Louvois en habit de Chevalier de l'Ordre du Saint Esprit, dont il étoit Chancelier, appuyé sur le bras droit, & couché sur un grand Tombeau de Marbre noir. Anne de Souvré-Courtenvaux sa veuve, quoique vivante encore aujourd'hui, y paroît aussi en Marbre noir, mais dans une attitude différente & fort bien imaginée. Les accompagnemens de ce Tombeau sont très-riches. On a placé deux Vertus de bronze de grandeur naturelle de chaque côté du grand Socle qui le soûtient ; savoir la Prudence, & la Fidélité, désignées par les attributs qui leur conviennent.

Le Quartier de la Butte Saint Roch, peut suivre celui de St. Honoré. Il a été appellé ainsi, à cause d'une haute butte de terre, voisine de l'Eglise de Saint Roch, qu'on a aplanie depuis quelques années, pour bâtir plusieurs Maisons grandes & spacieuses qu'on y trouve en diverses rues. L'Hôtel de Jars, l'Hôtel de Louvois, l'Hôtel de Menars, l'Hôtel de Gramont, & l'Hôtel de Lorge sont dans ce Quartier, aussi-bien que la Bibliothéque du Roi. La Maison où elle est n'a rien de singulier au dehors. Cette Bibliothéque, qui étoit autrefois à Fontainebleau, fut commencée par Charles V. & fort augmentée par François I. & par la Reine Catherine de Médicis, qui aimoit les beaux Arts & les Sciences. On l'a enrichie dans les dernieres années de tout ce qu'on a pû trouver de plus rare dans le Royaume & dans les Pays Etrangers. Elle est si ample aujourd'hui, qu'on y compte plus de cinquante mille volumes imprimez, environ douze ou quinze mille Manuscrits Hébreux, Grecs, Arabes, Syriaques, Latins, François, & presque de toutes les Langues. Les Estampes y ont aussi leur place, & on y en conserve plusieurs

fieurs grands volumes. La plus singuliére rareté qu'on voye dans ce même lieu, c'eſt le Tombeau de Childeric I. Roi de France, qui mourut l'an 481. Il étoit Pere de Clovis I. ſurnommé *le Grand*, premier Roi Chrétien. Ce Monument fut découvert à Tournai vers l'an 1655. lors qu'on creuſoit les fondemens d'un bâtiment qu'on vouloit faire dans le Cimetiére de l'Egliſe de Saint Brice. A ſept pieds de profondeur on rencontra une pierre, qui ſe caſſa aiſément, autant de pourriture, que du coup que les Ouvriers donnerent deſſus. On trouva d'abord plus de cent Médailles d'or du bas Empire, deux cens d'argent, avec trois-cens abeilles auſſi d'or, dont les aîles étoient garnies d'une eſpéce de verre ou d'émail. Une partie de ces abeilles avoit des yeux, & l'autre n'en avoit pas. Il y avoit encore une agraffe, une groſſe boucle, la tête d'un bœuf auſſi d'or, qui étoit apparemment le Simulacre de la Divinité que l'on adoroit en ce tems-là, & une épée, dont le fourreau étoit de même, garni d'or émaillé. Ce qui fit connoître avec certitude, que c'étoit le Tombeau du Roi Childeric, ce fut une bague d'or, ſur laquelle étoit une tête gravée en creux avec ces mots *Childerici Regis*. On y trouva auſſi des tablettes avec une aiguille d'or, le fer d'une hache d'armes, preſque tout conſumé par la rouille, une boule de criſtal, groſſe à peu près comme un œuf, le fer d'un cheval, dont il reſtoit quelques oſſemens. C'étoit la coûtume dans ces ſiécles reculez d'enterrer les Princes, non ſeulement avec leurs habits les plus magnifiques, mais encore avec leur cheval de bataille. Toutes ces choſes furent recueillies fort ſoigneuſement, & après avoir paſſé par diverſes mains, elles ſont tombées au pouvoir de Sa Majeſté.

La rue Neuve des Petits Champs, qui commence vers l'Egliſe des Capucins, aboutit à la Place des Victoires, où eſt élevée une Statue Pedeſtre du Roi. Cette Place, où cinq rues viennent ſe terminer, eſt de figure ronde de quarante toiſes de diametre, & entourée de bâtimens d'une même ſymmétrie, dont les faces ſont ornées d'une Architecture Ionique en pilaſtres. Cet Ordre eſt ſoutenu ſur des arcades, chargées de boſſages. La Statue de Sa Majeſté eſt au milieu de la Place ſur un piédeſtal de marbre blanc veiné de vingt-deux pieds de haut en y comprenant un ſoubaſſement de marbre bleuâtre, dont les angles ſont en corps avancez ſur ce grand piédeſtal. Le Roi eſt repréſenté dans les habits dont on ſe ſervit à Rheims dans la cérémonie de ſon Sacre. Il a un Cerbere à ſes pieds, & la Victoire derere lui montée ſur un Globe. Elle ſemble d'une main lui mettre une Couronne de Laurier ſur la tête, & tient de l'autre un faiſceau de Palmes & de branches d'Oliviers. Toutes ces choſes enſemble font un groupe de treize pieds de haut d'un ſeul jet. Ce Monument a été doré partout, & on lit ces mots ſous la figure du Roi, *Viro Immortali*. Pour ſervir d'accompagnement à cette riche Statue, on a mis ſur les quatre corps avancez du ſoubaſſement du piédeſtal, quatre Captifs ou Eſclaves diverſement habillez, & dans des attitudes différentes. Ils ſont auſſi de bronze, & ont onze pieds de proportion. On les voit attachez au piédeſtal avec de groſſes chaînes, & autour d'eux on a diſpoſé des armes & d'autres choſes ſymboliques, qui marquent les avantages que la France a remportez ſur pluſieurs Nations, ſous le regne de Louïs le Grand. Tous ces ouvrages ſont de bronze, de même que les quatre grands bas-reliefs de ſix pieds de long ſur quatre de haut, qui occupent les faces du piédeſtal. On a encore placé deux autres bas-reliefs ſur le grand ſoubaſſement dans des Cartouches entourez de feuillages & de feſtons Pour donner un plus grand air de magnificence à ce Monument, on a mis huit conſoles de bronze de quatre pieds de haut, qui ſemblent ſoutenir la corniche du piédeſtal. Les armes de France, entourées de Palmes & de branches de Laurier, avec la Deviſe du Roi, ſont poſées aux quatre faces ſur la même corniche aux pieds de la Statue. L'eſpace qui eſt autour du piédeſtal juſqu'à neuf pieds de diſtance, eſt environné d'une grille de fer, à hauteur d'appui, & pavé de marbre de différentes couleurs.

Le Palais Mazarin, qui eſt dans la rue Neuve des Petits Champs, eſt un bâtiment fort remarquable, dont la face du côté de la cour eſt de brique & de pierres de taille, avec deux Statues de Marbre blanc qui font un fort bel effet en entrant. L'eſcalier eſt à main droite & conduit aux appartemens, compoſez de pluſieurs chambres, dont les plafonds ſont ornez de dorures & de peintures des meilleurs Maîtres du tems. On peut dire en général qu'il n'y a point de lieu dans Paris, rempli de plus de curioſitez & de choſes rares. On trouve dans la rue Sainte Anne la Maiſon des Nouvelles Converties, bâtie des charitez de pluſieurs perſonnes pieuſes, à la fondation de laquelle le Maréchal de Turenne a beaucoup contribué. Celle des Filles de Saint Thomas, de l'Ordre de Saint Dominique, eſt dans la rue de Saint Auguſtin. Aſſez près de là eſt le Couvent des Auguſtins Déchauſſez, dits communément *les Petits Peres*. Louïs XIII. qui ſe déclara leur Fondateur, voulut mettre en 1629. la première pierre à leur Egliſe, qui fut dédiée à Notre-Dame de la Victoire, à cauſe de la Rochelle que ce Monarque venoit de ſoumettre. Leur Egliſe, telle qu'on la voit préſentement, n'eſt point encore achevée. Il y a une Chapelle de Marbre, où eſt une figure de Notre-Dame de Savonne. Cette Chapelle eſt enrichie d'une Architecture, dont les colomnes ſont de Marbre de Languedoc, le fond de l'Autel & le Socle, de petite brèche. De l'autre côté, un peu plus bas, eſt une autre Chapelle, qui renferme le Tombeau du fameux Jean Baptiſte Lully Florentin. Ce Tombeau eſt orné de quelques ſculptures, avec un buſte de bronze qui

qui n'est pas mal travaillé. L'Hôtel de Soissons qui est dans ce Quartier-là, n'est considérable que par sa grande étendue. L'Histoire de Charles VI., Roi de France, nous apprend, que Louis, Duc d'Orléans, à qui cette Maison appartenoit, l'avoit donnée pour y enfermer des Filles pénitentes, qui y demeurerent jusqu'à ce que la Reine Catherine de Médicis ayant trouvé ce terrein propre pour bâtir, fit transporter ces Religieuses dans la rue Saint Denis au même endroit, où étoit une Chapelle consacrée à Saint George, qu'elles occupent encore aujourd'hui. Dans un coin de la cour de cet Hôtel, on remarque une colomne de cent pieds de haut, dans l'épaisseur de laquelle on a pratiqué un Escalier. On dit que cette Princesse, qui cherchoit fort à connoître l'avenir, la fit bâtir tout exprès afin d'examiner les Astres, & qu'elle y montoit souvent avec un Savant de ce tems-là.

L'Eglise Paroissiale de Saint Eustache, la plus grande & la plus considérable de toute la Ville, n'est qu'à quelques pas de cet Hôtel. Ce n'étoit d'abord qu'une Chapelle, sous l'invocation de Sainte Agnès, qui dépendoit du Chapitre de Saint Germain l'Auxerrois. Le bâtiment, comme on le voit aujourd'hui, fut commencé en 1521. Il est très-grand. Un double Corridor, soutenu de quantité de piliers fort pressez, avec des Chapelles, se trouve tout à l'entour. Le Grand-Autel est orné d'un corps d'Architecture Corinthienne de quatre Colomnes de Marbre. Aux Fêtes du Saint Sacrement, on y voit un petit Daix, donné par la Reine Anne d'Autriche, garni de quantité de pierreries d'un prix fort considérable. La Chaire du Prédicateur est assez bien travaillée. Feu M. Colbert, Ministre d'Etat, a fait de grands biens à cette Eglise sa Paroisse. Il mourut le 6. de Septembre 1683. & on l'y voit représenté à genoux derrière le Chœur sur un Tombeau de Marbre noir. Un Ange lui tient un Livre, dans lequel il semble faire ses prières. Il y a outre cela deux Vertus, la Fidélité & la Pieté. Toutes ces pièces sont d'un très-bon goût, aussi-bien que les accompagnemens & les devises en bronze doré, qui sont attachées sur les jambages des côtez.

La rue Saint Denis, l'une des plus fréquentées de la Ville, commence au grand Châtelet, qui est à l'extrémité du Pont au Change. C'est en ce lieu que se rend la Justice civile & criminelle de la Prévôté de Paris. Son bâtiment est très-ancien, & plusieurs prétendent qu'il y reste encore une partie des ouvrages que fit construire César, pour tenir les Peuples des environs sous l'obéissance des Romains. Ce reste ne peut consister qu'en quelques tours, qui paroissent très-anciennes, du côté de la Boucherie. Cette Boucherie étoit autrefois la seule de toute la Ville. Elle appartenoit à une Communauté de Bouchers dont le crédit étoit si grand sous le règne de Charles VI. qu'il arrivoit souvent de fort grands desordres lorsqu'ils étoient mécontens. Ils avoient à leur tête un nommé Caboche, Ecorcheur de Bêtes, & les Principaux d'entr'eux, au rapport de Juvenal des Ursins étoient les Gois, les Tibers, les Luilliers & les Saintions. C'est apparemment de cette Communauté de Bouchers que l'Eglise Paroissiale de Saint Jacques de la Boucherie, qui est près de là, a reçu son nom. Plus avant dans la même rue de Saint Denis on trouve l'Hôpital de Sainte Catherine. Les Religieuses de cet Hôpital sont obligées de loger trois jours les pauvres Servantes qui sont hors de condition, & de faire enterrer les corps de ceux que l'on trouve morts en divers endroits de la Ville, & qu'on expose quelques jours au Châtelet, afin qu'on les reconnoisse. L'Eglise de Sainte Opportune est fort près de là. C'étoit autrefois un Prieuré de Filles qui dépendoit de l'Abbaye d'Almeneches en Normandie. C'est aujourd'hui une Eglise Collégiale, desservie par des Chanoines. Derrière cette Eglise est une petite Place appellée la Place Gatine, du nom d'un Bourgeois qui tenoit chez lui des Assemblées d'Hérétiques. Sa Maison fut rasée par Arrêt du Parlement du 30. de Juin 1569. & il fut lui-même brûlé à la Grève. A l'endroit où avoit été cette Maison, on fit élever une croix, où l'on représenta des Evêques & des Peres de l'Eglise en bas-relief, & qui fut depuis transportée dans le Cimetière des Saints Innocens, où elle est encore. Ce Cimetière est le lieu public de Paris, où l'on enterre les Morts depuis près de mille ans. Il est entouré d'un Corridor voûté où sont quelques vieilles Epitaphes. Le Tombeau le plus singulier que l'on y voye, est celui de Nicolas Flamel & de Pernelle sa femme. Ils y sont représentez l'un & l'autre à genoux, & Notre-Seigneur au milieu de Saint Pierre & de Saint Paul, avec des figures d'Anges, & des caprices Gotiques. Comme ce Flamel avoit amassé de grandes richesses, les Chimistes ont prétendu qu'il avoit trouvé la Pierre Philosophale, & ceux qui ont l'entêtement de s'attacher à la recherche du Grand-œuvre, prétendent que les figures chimériques de ce Tombeau renferment de grands Mystères. La Fontaine des Innocens qui est au coin de la rue aux Fers, attire l'admiration de tous ceux qui se connoissent en cette sorte d'Architecture. Il n'y a rien de plus beau ni de mieux exécuté que les bas-reliefs qui s'y voyent. Ils représentent des Nayades dans diverses situations & d'un goût exquis. On ne peut donner trop de louanges au Sculpteur sur le dessein merveilleux & varié de toutes les Nymphes qui sont autour de cette Fontaine, & dont les draperies & les airs de têtes sont dignes d'une particulière attention. La même Fontaine est embellie d'une Architecture Corinthienne en pilastres, & ce qui est fort glorieux pour le Sieur Jean Gougeon, l'un des plus excellens Sculpteurs de son tems, qui a donné à ce travail toute l'application que l'on pouvoit desirer, c'est que le Cavalier Bernin qui n'approuvoit que fort difficilement

ment les ouvrages les mieux travaillez, ne put examiner celui-ci, sans s'écrier qu'il n'avoit rien vû de si beau en France.

L'Eglise du Saint Sépulcre, bâtie pour les Pélerins du Saint Sépulcre de Jérusalem, qu'on logeoit autrefois quelques jours, est un peu plus loin de l'autre côté de la rue. C'est à présent une Collégiale, dont les Chanoinies sont à la Collation du Chapitre de Notre-Dame. Les Filles Pénitentes dont on a déja parlé sont entre cette Eglise & l'Eglise Paroissiale de Saint Leu, où il n'y a rien de considérable que le Tombeau de Charlotte de Besançon, Mere de Chrétien de Lamoignon, Premier Président au Parlement de Paris. Il est dans une petite Chapelle à côté du Chœur, & on en estime particulièrement les bas-reliefs, où le Sculpteur a représenté la maniere singuliere, dont cette Dame si recommandable par les grandes charitez qu'elle faisoit, fut enterrée par les pauvres. L'Hôpital de Saint Jacques, qui est de l'autre côté, vis-à-vis de la rue aux Oues, fut fondé en 1317. par quelques Bourgeois de Paris, qui ayant été à Saint Jacques en Galice acheterent des heritages dans la rue Saint Denis proche la porte aux Peintres, où ils firent construire cet Hôpital avec l'Eglise, après avoir payé quarante livres au Chapitre de Saint Germain l'Auxerrois, & cent-soixante & dix au Curé de Saint Eustache, pour l'amortissement de ces lieux, qui étoient situez dans l'étendue de ces deux Paroisses. Jeanne de France, fille unique du Roi Louïs X. dit Hutin, Reine de Navarre, & femme de Philippe, Comte d'Evreux, posa la première pierre de cette Eglise, en présence de Marguerite sa Mere, Duchesse de Bourgogne, de la Comtesse de Flandre, & de la femme du Dauphin de Vienne, qui y mirent aussi chacune une pierre. Cette Cérémonie fut faite l'an 1322. & le 18. de Mars de l'année suivante, Jean de Marigny, Evêque de Beauvais, benit la Chapelle & y chanta la première Messe. Quelque tems après on y établit une Confrairie, qui dans la suite devint très-considérable, en-sorte que l'on y compte aujourd'hui jusqu'à vingt-huit Ecclésiastiques sous le titre de Bénéficiers, dont les uns sont Treforiers, les autres Chanoines & les autres Chapelains, dont des Enfans de Chœur. Tous les ans le premier Lundi d'après la Fête de Saint Jacques le Majeur, tous les Confreres s'assemblent en cette Eglise, où l'on fait une Procession solemnelle à laquelle ils assistent, tenant chacun un bourdon d'une main, & un cierge blanc de l'autre. Le revenu de cet Hôpital, appliqué aujourd'hui aux Invalides, étoit autrefois employé à loger les Voyageurs qui passoient pour aller à St. Jacques en Galice. On trouve ensuite l'Hôpital de la Trinité, dont la première fondation est due à deux Allemands, qui ayant acheté dans la rue Saint Denis deux arpens de Terre situez pour lors hors de la Ville, y firent construire une Maison pour retirer les Pélerins, qui revenant de leurs voyages en trouvoient les portes fermées, parce qu'ils arrivoient trop tard. L'an 1210. ces mêmes Allemands obtinrent de l'Evêque de Paris permission de bâtir une Chapelle pour le soulagement des Pélerins, & ils y fonderent trois Religieux Prémontrez de l'Abbaye d'Hermieres, pour y faire le Service Divin. Après quelques années cet Hôpital tombant en décadence, fut donné à louage à différentes personnes. L'an 1544. sous le Regne de François I. l'on fit un Réglement général pour tous les Pauvres de Paris. On les divisa en plusieurs Maisons, afin de remédier par-là aux maladies contagieuses, qui pour l'ordinaire infectoient la Ville, & en conséquence de ce Réglement, il fut ordonné par un Arrêt de la Cour du Parlement, donné l'an 1545. que les enfans des pauvres gens qui n'avoient pas moyen de les nourrir seroient mis dans l'Hôpital de la Trinité. Ces enfans portent des robes bleues, & sont coëffez de petits bonnets de même couleur. Ils sont instruits & nourris dans cet Hôpital jusqu'à ce qu'ils soient en âge d'être mis en apprentissage. L'Eglise fut rebâtie l'an 1598. De l'autre côté & presque vis-à-vis de cet Hôpital, est l'Eglise de Saint Sauveur, qui doit sa fondation à Saint Louïs. Ce pieux Monarque avoit fait bâtir en cet endroit-là une petite Chapelle, où il faisoit ses prieres lorsqu'il alloit à Saint Denis à pied, ce qui lui arrivoit souvent. Ce même Prince fit aussi bâtir le Monastère des Filles-Dieu, qui est plus bas du même côté. Le Grand-Autel de leur Eglise est orné de quatre colomnes Corinthiennes de Marbre. Ces Religieuses sont de l'Ordre de Fontevrault. L'Hôtel de Saint Chaumont, dont une Communauté de Religieuses, qui étoit à Charonne, est en possession depuis un assez petit nombre d'années, se trouve presque vis-à-vis des Filles-Dieu. La nouvelle Porte de Saint Denis est très-magnifique. On l'a élevée près des fondemens de l'ancienne, qui étoit très-incommode. Elle a soixante & douze pieds de haut & autant de large. L'ouverture qui fait la porte en a vingt-quatre, & de chaque côté elle est accompagnée de Pyramides, chargées de Trophées d'armes, attachez dans l'épaisseur de l'ouvrage, sous le Piédestal desquels on a pratiqué une petite porte pour aider à la grande du milieu. Un grand bas-relief qui est sur le cintre, représente du côté de la Ville le passage du Rhin. La prise de Mastricht est représentée du côté du Fauxbourg. Le dessus de cette porte est découvert à la maniere des anciens Arcs de triomphe que l'on voit à Rome. La Maison des Peres de la Mission de Saint Lazare est dans le Fauxbourg. C'étoit autrefois un Hôpital destiné à loger ceux qui étoient affligez de ladrerie; mais cette maladie ayant cessé dans les derniers tems, la Maison de Saint Lazare tomba entre les mains du Pere Vincent de Paul, Instituteur de la Mission, qui en a fait le Chef d'Ordre de toute sa Congrégation. L'Institut est d'aller dans les villages instruire

truire les pauvres Paysans, & d'enseigner aux jeunes Clercs les Cérémonies de l'Eglise. Ainsi dans le tems des quatre Ordinations de l'année, tous ceux qui se présentent à l'Archevêché pour recevoir les Ordres, doivent passer onze jours à Saint Lazare, pour y être instruits, & ces Missionnaires sont obligez de les nourrir tous gratuitement pendant ce tems-là. Leur Maison est très-spacieuse, & ils possèdent plusieurs terres qui sont à l'entour. Les Sœurs Grises sont de l'autre côté de la rue. Leur Maison est remplie d'un grand nombre de jeunes filles, qu'on envoye dans les Charitez des Paroisses, & dans les endroits du Royaume où elles sont établies.

L'Eglise de Saint Jacques de la Boucherie fait le commencement de la ruë Saint Martin, l'une des plus longues & des plus droites de la Ville. Elle est remarquable par sa haute Tour, qu'on dit avoir été bâtie de l'argent que l'on confisqua sur les Juifs quand ils furent chassez de Paris. On estime fort le Crucifix qui est sur la Porte du Chœur de cette Eglise. Celle de S. Mederic, nommée communément S. Merry, est plus avant de l'autre côté. On l'appelloit autrefois Saint Pierre; mais Saint Mederic, natif d'Autun en Bourgogne, de l'Ordre de Saint Benoît, y étant mort en odeur de Sainteté, elle en prit le nom. C'est aujourd'hui une Eglise Collégiale, desservie par douze Chanoines, qui sont obligez d'aller aux grandes Processions de Notre-Dame, à cause que cette Eglise en dépend. Dans une Chapelle du côté droit en entrant assez proche de la Porte, on trouve une chose rare & fort singuliére; savoir un Tableau de Mosaïque, qui représente la Vierge & l'Enfant JESUS, avec quelques Anges. On lit ces mots au-dessous: *Opus Magistri Davidis Florentini. Anno M.CCCC. LXXXXVI.* Derriére Saint Merri est la Jurisdiction des Juges-Consuls, qui fut établie en 1565. par Edit de Charles IX. On voit sur la Porte une Statue du Roi en Marbre blanc. L'Eglise de Saint Julien des Menêtriers est de ce même côté, & plus bas celle de S. Nicolas des Champs, grande Paroisse. Elle fut fondée par le Roi Robert, qui avoit son Palais tout proche, & dans le lieu-même où le Prieuré de Saint Martin se trouve présentement. Dans une des Chapelles de Saint Nicolas des Champs, est le Tombeau de Pierre Gassendi, l'un des plus renommez Philosophes de ce tems. On y voit son Buste de Marbre. Le riche Prieuré de Saint Martin, qui donne le nom à la rue, est de l'Ordre de Saint Benoît de la Congrégation de Cluny. On attribue la fondation de ce Monastère au Roi Philippe I. & on croit qu'il y a tenu sa Cour, aussi-bien que le Roi Robert son pere. Cette vieille Maison est entourée de hautes murailles, soutenuës de tours d'espace en espace, & l'Eglise, comme tout le reste, rend témoignage d'une grande antiquité. Le Maître-Autel rebâti à la moderne depuis peu d'années, est orné de quatre colomnes Corinthiennes de Marbre. La Porte S. Martin est un ouvrage de cinquante pieds de hauteur & de largeur. L'Architecture est en bossages rustiques vermiculez, avec des Sculptures au-dessus des cintres, & un grand entablement Dorique, composé de Mutules, au lieu de Triglifes, sur lequel est un Attique, où du côté de la Ville on lit une Inscription.

Le Fauxbourg a l'Eglise de Saint Laurent pour Paroisse. Ce fut autrefois une Abbaye de l'Ordre de Saint Benoît. La Porte est assez belle, & le Maître-Autel orné de Statues, est d'un dessein singulier. Le lieu où se tient la Foire appellée *de Saint Laurent*, en est fort peu éloigné, & on l'ouvre présentement plus de quinze jours avant la Fête de ce Saint. Les loges que les Marchands y occupent appartiennent aux Peres de Saint Lazare. Vis-à-vis est le Couvent des Recolets. Leur Bibliothéque est assez belle. Derriére ce Monastère on trouve le grand Hôpital de Saint Loüis. Il fut fondé par Henri IV. pour ceux qui étoient attaquez de peste. Cet Hôpital est composé de quatre grands Pavillons aux quatre coins avec autant de portes pour y entrer. Ces Pavillons sont accompagnez d'Offices, & dans leur séparation, il y a quatre Salles & d'autres lieux pour la commodité des malades. Dans la seconde cour est une Fontaine avec un grand bassin de pierre, d'où l'eau coule dans la cour de derriere, & va se rendre dans deux lavoirs faits de pierres fort larges, pour y laver la lessive. Du côté de la Ville sont les Offices, les cuisines, les appartemens des Officiers de la Maison, & les logemens des Religieuses qu'on y envoye de l'Hôtel-Dieu pour avoir soin des malades. Du côté du Septentrion, hors de l'Hôpital, est un Cimetiére fermé de murailles, où l'on enterre les corps de ceux qui y meurent. La première pierre fut posée à l'Eglise le 13. de Juillet 1607. & l'édifice fut continué jusqu'en l'an 1610. Au dessus de la Porte on lit sur un marbre noir cette Inscription en lettres d'or.

*D. O. M. S.*

*Henricus IV. Franciæ & Navarræ Rex Christianissimus, domi forisque pace alta fruens, quam Dei virtute & sua invicta dextera sibi & regno peperit, curam suam in omnes Reipublicæ partes maximas, minimas pariter extendens, inter tot stupendarum substructionum moles, quibus majestatem Imperii Gallici in dies amplificat, instaurato Ptochotrophio Urbis cognito defuisse hactenus Nosocomium, quæ res ingenti civibus incommodo ac periculo vertebat opus novum in valetudinarii usum à fundamentis excitavit, inque ejus fabricam memoranda in omne ævum liberalitate tanto parem incepto pecuniarum vim una donatione contulit, Ædem insuper hanc in honorem D. Ludovici progenitoris sui, qui pro Christi Servatoris gloria, adversus Infideles bellis feliciter gessit, in Africa demum morbo pestilenti mortalitatem exuit, dedicatam de ejus nomine dici voluit; documentum Subditis quod jam nunc Ludovico filio exempla sua & suorum majorum proponat imitanda. Anno Domini* 1608. *Regni sui* 19. On envoye aujourd'hui les Convalescens de l'Hôtel-Dieu dans cet Hôpital pour y prendre l'air pendant quelque tems. En remontant dans la Ville par la même Porte, on vient à la rue Neuve de S. Mederic près de cette Eglise, & de-là on entre dans la rue Sainte Avoye, qui a pris son nom d'un Couvent de Religieuses que Saint Louïs fonda autrefois pour de vieilles femmes infirmes. C'est aujourd'hui une Maison de Religieuses Ursulines. Le Temple se trouve à l'extrémité de cette rue. Ce vieux bâtiment retient encore le nom des Chevaliers Templiers, à qui il appartenoit autrefois. Dans le tems que les Sarasins envahirent presque toute la Palestine, ces Chevaliers, dont l'Institut étoit de conduire & d'escorter les Voyageurs aux lieux Saints, prétendirent devoir être exempts de cette servitude, à cause des périls qu'il y avoit à essuyer. Les grandes richesses qu'ils amasserent alors, corrompirent tellement leurs mœurs, qu'ils se plongerent dans toutes sortes de dissolutions & de crimes, ce qui porta Philippe-le-Bel qui regnoit en France, à prendre la résolution de les exterminer dans tout le Royaume. Il en obtint le consentement du Pape Clement V. avec lequel il s'aboucha à Poitiers. On commença par le Grand-Maître Jacques de Moley, que le Pape sous un specieux prétexte fit venir de l'Isle de Chypre, avec soixante Chevaliers des plus considérables de l'Ordre. Ils ne furent pas plûtôt arrivez à Paris qu'on les arrêta. Après divers tourmens qu'on leur fit souffrir dans les prisons, on en condamna cinquante-sept à être brûlez à petit feu, ce qui fut exécuté à la pointe de l'Isle du Palais, où est à présent la Place Dauphine. Par cette exécution le Temple demeura aux Rois qui y tinrent leur Cour, & qui en firent ensuite un don aux Chevaliers Hospitaliers de Saint Jean de Jérusalem. Ces Chevaliers en ont fait leur Maison Provinciale du Grand Prieuré de France. Le lieu est fort spacieux, entouré de murailles antiques soûtenues de Tours. La grande Porte qui donne sur la rue, est au milieu d'une longue face de bâtimens, accompagnée d'un Ordre Dorique à colonnes isolées. Comme le Temple est un lieu de franchise, quantité d'Ouvriers qui ne sont pas Maîtres s'y y retirent, & sont exempts de la visite que les Jurez des Communautez de la Ville sont ordinairement chez ceux de leur Profession. L'Eglise des Religieuses de Sainte Elisabeth, qui ont leur Couvent vis-à-vis du Temple, fut commencée l'an 1628. & la Reine Anne d'Autriche y mit la premiére pierre. Elle est ornée d'un Portail, où il y a deux Ordres d'Architecture en pilastres, le Dorique & l'Ionique. Le dedans est embelli de ce premier Ordre. Les Peres de Nazareth ont leur Eglise du même côté, un peu plus avant, & doivent leur fondation à M. le Chancelier Seguier.

L'Hôpital des Enfans Rouges est dans ce même Quartier, rue Porte-foin. Il fut fondé l'an 1554. par Marguerite Reine de Navarre, sœur de François I. pour des Enfans orphelins originaires de Paris. Quelques Auteurs rapportent au contraire que selon leur Institut, ils ne doivent point être de Paris, mais des lieux circonvoisins. François I. voulut que ces Enfans portassent des robes rouges, pour marquer qu'ils ne subsistoient que par les aumônes des Fidèles, qui doivent avoir pour principe la charité, représentée dans l'Ecriture, sous la couleur rouge & de feu. Les Carmes ont un Couvent dans la rue nommée *des Billettes*. C'étoit la Maison d'un Juif, qui par une impieté exécrable, perça de plusieurs coups de coûteau une Hostie consacrée. Cette Sainte Hostie fut recueillie miraculeusement par une vieille femme, qui entra inopinément chez ce Juif, & qui la porta au Curé de l'Eglise de Saint Jean, dans laquelle elle est conservée avec beaucoup de vénération. Ce malheureux fut brûlé tout vif, & on donna sa maison aux Augustins, qui après y avoir demeuré long-tems, la cederent enfin aux Carmes, qui en sont aujourd'hui en possession. Le savant Papirius Masson est enterré dans leur Eglise. La rue des Billetes donne d'un bout dans celle de Sainte Croix de la Bretonnerie. Cette derniere a pris son nom d'un Couvent que l'on y trouve, & qui fut fondé par Saint Louïs en 1268. Il y mit des Religieux Mendians de l'Ordre de Saint Augustin. Plusieurs personnes de pieté leur ayant fait du bien depuis ce tems-là, ils ont renoncé à la quête, & vivent à présent de leur revenu. La menuiserie de leur Autel est assez belle, & on estime beaucoup un bas-relief de marbre, placé sur les chaises des Religieux. L'Hôtel de Guise, bâti par les Princes de cette illustre Maison, est peu éloignée de-là. Il occupe un grand terrain. La Porte est à l'antique, accompagnée de deux grosses Tours rondes. La Chapelle se trouve sur la grande Porte. Vis-à-vis de cet Hôtel, où l'on a fait de grands changemens partout, depuis la mort de Mademoiselle de Guise, est l'Eglise des Peres de la Mercy, dont le Portail est soûtenu de colomnes ovales. On y voit le Tombeau du Maréchal de Themines, & celui de l'ancienne Famille de Bracq, à laquelle ces Religieux doivent en partie leur fondation, leur Eglise ayant été bâtie sur une Chapelle fondée par des Anciens de cette Maison. Leur Institut est d'aller en Barbarie racheter les Captifs Chrétiens, comme font les Mathurins.

Le Couvent des Blancsmanteaux est une Maison de Religieux de l'Ordre de S. Benoît, dont l'Eglise a été rebâtie depuis peu d'années. Elle est ornée en dedans de pilastres Corinthiens, & d'une grande corniche qui regne tout à l'entour. Le fond de l'Eglise est terminé par une Tribune, soûtenue de quatre colomnes torses de menuiserie, qui étoient autrefois à l'Autel de l'ancienne Eglise, & qui sont disposées de sorte qu'elles forment un corps

corps d'Architecture d'un assez beau dessein. La rue où est ce Couvent aboutit à la Vieille rue du Temple, dans laquelle est l'Hôpital de Saint Anastase, dit *de Saint Gervais*, parce qu'il fut fondé l'an 1171. dans l'enclos de l'Eglise Paroissiale de ce nom par Guerin Masson, & son fils nommé Harcher, qui donnerent une maison qui étoit à eux pour loger les pauvres. Foulques, soixante & deuxième Evêque de Paris, mit dans cet Hôpital quatre Religieuses de l'Ordre de Saint Augustin, avec un Maître & un Procureur pour en avoir soin, & Pierre de Gondy Cardinal, & aussi Evêque de Paris, augmenta leur nombre. Leur première Chapelle fut dédiée en l'honneur de Saint Anastase; & comme les Religieuses n'avoient pas assez de logemens dans l'endroit qu'elles occupoient, cet Hôpital fut transferé dans la Vieille rue du Temple. De cette rue on passe dans celle de Saint Louïs, à l'extrémité de laquelle du côté du Cours est le Couvent des Religieuses du Calvaire, fondé en 1636. par le crédit du Pere Joseph le Clerc, Capucin, très-considéré du Cardinal de Richelieu. Leur Eglise est assez propre. A côté du Grand-Autel sont deux Chapelles, ornées de colomnes Corinthiennes de marbre. Cette rue de Saint Louïs est une des plus belles de Paris, par sa largeur. La plûpart des maisons en sont grandes & bien bâties & particuliérement l'Hôtel de Boucherat, dont les appartemens sont spacieux, avec un jardin d'une très-grande étendue. Les Filles du Saint Sacrement occupent une grande maison près de cet Hôtel. Il y en a plusieurs autres d'une fort agréable symmetrie jusqu'à la Place Royale. Toutes les maisons de ce grand Quartier nommé communément *le Marais*, excepté le Temple, & un fort petit nombre d'autres édifices, sont des ouvrages du dix-septième siécle. Le terrain qu'elles occupent, étoit autrefois rempli de grands marécages, causez par les débordemens de la Seine. Ces marécages, qui s'étendoient jusque dans cet endroit, furent convertis depuis en Jardins, qui fournissoient la ville de Paris d'herbes potagéres. Plusieurs rues de ce beau Quartier se terminent à la rue de Saint Antoine, l'une des plus longues & des plus belles de la Ville, destinée ordinairement aux Cortèges & aux Entrées des Ambassadeurs, qu'on va prendre avec les carosses du Roi, dans une Maison près de Picpus. Ce fut par cette rue que la feue Reine Marie-Therese d'Autriche fit sa première entrée le 26. d'Août 1660. Dans les siécles précédens les Rois y faisoient leurs Courses de Bagues, leurs Joutes & leurs Tournois, qui ont cessé en France depuis le malheureux accident arrivé à Henri II. l'an 1559. La Place de Grève, par où l'on peut dire que cette grande rue commence, est une des plus remarquables de Paris. C'étoit anciennement un grand terrain inutile, sur lequel la Riviére jettoit quantité de sable & de gravier, ce qui sans doute lui a fait donner le nom qu'elle porte; mais depuis que le pavé de Paris a été rehaussé, & que l'on a fait des Quais pour renfermer la Riviére dans son lit, ces sortes d'inondations ont été moins incommodes. La Place de Grève est la seule où l'on donne des Spectacles publics de réjouïssances. On y fait un Feu d'artifice tous les ans la veille de la Fête de Saint Jean-Baptiste. C'est aussi dans cette Place qu'on exécute la plûpart des Scélérats qui sont condamnez à mort. Sa face principale est occupée par l'Hôtel de Ville, grand bâtiment orné d'une Architecture, qui se sent beaucoup du Gotique, quoiqu'il soit revêtu de colomnes Corinthiennes, élevées sur des piédestaux, qui soûtiennent des corniches en avant-corps, & un balustre regnant sur le comble. Le 13. de Juillet 1533. François I. mit la première pierre à cet Edifice, qui fut continué par son Successeur Henri II. Sur la Porte on voit la Statue d'Henri IV. à cheval en couleur de bronze à demi-bosse, sur un fond de marbre noir. La Cour est petite, entourée de bâtimens soûtenus par des Arcades, dont l'ordonnance est fort massive. Sous celle du fond, il y a une Statue du Roi Louïs XIV., habillé à l'antique sur un piédestal de marbre blanc, avec une Inscription. L'arcade sous laquelle on a élevé cette figure de bronze, est ornée de marbre & de deux colomnes Ioniques de même, dont les chapiteaux sont de bronze doré. La frise qui regne autour de la cour est remplie d'Inscriptions gravées en Lettres d'or sur des Marbres, qui marquent les principaux évenemens de ce Regne. Les chambres d'en haut sont toutes garnies de Tableaux, qui représentent les Prévôts des Marchands & les Echevins qui ont été en charge depuis plusieurs années. Aux extrémitez de la grande Salle sur les deux cheminées qui la terminent, on voit des portraits de ce même Roi en habit Royal, avec son Sceptre & sa Main de Justice. Entre divers autres Tableaux, on distingue celui du magnifique festin, que l'Hôtel de Ville lui donna & à toute sa Cour le 30. de Janvier 1687. Pour rendre l'entrée de la Grève plus commode, l'on a percé un chemin depuis le Pont Notre-Dame jusqu'à cette Place, le long de la Riviére, & il a été revêtu d'un beau Quai de pierres de taille, où l'on a fait une banquette de six pieds de large, qui est presque toute portée sur une voussure, ouvrage d'une grande hardiesse, ce qui élargit le Quai sans retrécir le lit de la Riviére. Ce Quai est nommé *le Quai Pelletier*, à cause qu'il a été entrepris sous la Prévôté de Claude le Pelletier, ci-devant Controleur Géneral des Finances.

De la Grève, après avoir passé sous une arcade, on vient à l'Eglise de Saint Jean. C'étoit une Chapelle dépendante de Saint Gervais, bâtie comme on la voit sous le Regne de Charles le Bel en 1326. La voute qui soûtient les Orgues, est d'un trait tout-à-fait hardi, admiré de tous les Architectes, à cause de son étendue. L'Hôpital du Saint Esprit, qui a sa principale entrée dans la Grève, en a une autre

tre du côté de cette Eglise, & renferme des Enfans bleus. Il fut établi vers l'an 1362. par les charitez de plusieurs personnes pieuses, qui touchées de la misère d'un grand nombre d'enfans qui mouroient de faim, acheterent une Maison & une Grange en la Place de Grève, proche l'Hôtel du Dauphin, où est à présent l'Hôtel de Ville, pour y retirer & nourrir ces malheureux orphelins. Après qu'ils y eurent fait construire une Chapelle, ils obtinrent de Jean de Meulant Evêque de Paris la permission d'y établir une Confrairie du Saint Esprit, pour exciter les Fidèles à vouloir contribuer à l'entretien de cet Hôpital. L'an 1406. les Administrateurs, ou plûtôt les Maîtres de cette Confrairie firent bâtir l'Eglise que l'on voit présentement. Elle fut benite l'an 1415. le 4. jour d'Août par Gerard de Montagu, Évêque de Paris, & dédiée le 16. de Juillet 1503. Cet Hôpital où on ne reçoit que les enfans légitimes natifs de Paris, s'est beaucoup accru depuis ce tems-là. L'Eglise de Saint Gervais qu'on trouve un peu plus avant, est une des plus anciennes Paroisses de Paris. Son portail est magnifique, & considéré comme un des plus beaux morceaux d'Architecture que l'on puisse voir. Il est composé des trois Ordres Grecs l'un sur l'autre, le Dorique, l'Ionique & le Corinthien, dont les proportions sont si régulières, qu'il n'y a rien de plus achevé ni de plus parfait dans les Ouvrages modernes les plus somptueux. Les Colomnes Doriques sont engagées d'un tiers dans le vif du bâtiment, & unies jusqu'à la troisième partie de leur hauteur. Le reste est cannelé de cannelures à côtez. Celles des autres ordres sont détachées & hors d'œuvre, & ne sont chargées que des ornemens qui leur sont propres. Tous ces trois ordres ensemble font une fabrique de vingt-six toises de hauteur, qui offre à la vue un très-grand objet. Ce magnifique Portail fut achevé en 1617. & ce fut le Roi Louïs XIII. qui y mit la première pierre. Le corps de l'Eglise est assez bien bâti dans le goût Gotique; elle a ses voutes tout-à-fait élevées, avec des bas côtez & des Chapelles tout à l'entour; mais l'Intérieur en est triste & fort obscur. Derriére le Chœur dans une Chapelle à main droite, est le Tombeau de Michel le Tellier Chancelier de France, mort le 30. d'Octobre 1685. Il est représenté à demi-couché sur un grand Marbre noir en manière de sépulcre sous un Arc assez élevé, couronné d'un fronton, sur lequel on a placé deux Vertus. Cet ouvrage est tout de Marbre, orné de feuillages & d'autres choses semblables de bronze doré. Au sortir de cette Eglise, on passe devant le Cimetiére Saint Jean. L'Hôtel de Pierre de Craon, qui voulut faire assassiner le Connétable Olivier de Clisson sous le regne de Charles VI. étoit autrefois en ce lieu-là. Pour punition de cet attentat, sa maison fut entiérement détruite, & on donna la place qu'elle occupoit à la Paroisse de Saint Jean, pour en faire un Cimetiére, qui a été converti depuis en un Marché public, l'un des plus grands de toute la Ville. Ensuite après quelques pas on trouve à main droite la rue de Jouï, dans laquelle sont les Hôtels d'Aumont & de Fourcy. L'Architecture du premier est fort estimée. L'Hôtel de Fourcy est un bâtiment Gotique, qui a toutes les commoditez qu'on peut desirer. En reprenant le chemin de là rue Saint Antoine, on découvre l'Hôtel de Beauvais, dont la face est ornée de quantité de moulures & de bossages avec trois balcons. De l'autre côté est l'Eglise du Petit Saint Antoine, qui est très-obscure. Elle a servi autrefois à un Hôpital, & appartient aujourd'hui à une Communauté de Chanoines Réguliers, qui servoient les malades dans le tems qu'il y en avoit. Cet Hôpital étoit destiné pour une espèce de maladie Epidémique, appellée *le Mal de Saint Antoine*, qui a duré en France pendant quatre ou cinq siécles. L'Hôtel de Saint Paul est à l'extrémité d'une petite rue qui s'y termine. On croit que les Rois, avant François I. y ont demeuré. D'autres prétendent que le Palais des Tournelles fut ainsi nommé, avant qu'il eût été rebâti par le même Roi, qui y fit mettre quantité de petites Tours sur les murailles. Cet Hôtel n'a rien qui mérite une attention particulière. L'Eglise des Grands Jésuites, l'une des mieux décorées de tout Paris, est dédiée à S. Louïs. Elle est bâtie à la moderne, avec un grand dôme à pans, qui s'élève au dessus, & que l'on voit de fort loin. Toute l'Architecture qui paroît dans cet édifice est de l'ordre Corinthien. Le Portail qui est à un point de vue fort avantageux vis-à-vis de la Coûture Sainte Catherine, est composé de trois ordres l'un sur l'autre, de deux Corinthiens & d'un Composite, dont les colomnes sont engagées dans le massif du bâtiment environ de la quatrième partie. Cette fabrique fait à peu près vingt-deux toises de hauteur, sans comprendre plusieurs degrez, sur lesquels tout l'ouvrage est élevé. Au dedans est une galerie qui régne sur toutes les Chapelles de même qu'une balustrade de Fer sur la grande corniche, à la faveur de laquelle on peut aller tout autour de l'Eglise. Le Grand-Autel est orné de deux ordres de colomnes Corinthiennes de Marbre, dont les chapiteaux & les soubassemens sont de bronze doré, avec une Attique avec le corps du milieu, au haut duquel on a mis un grand Crucifix. La Vierge est d'un côté, Saint Jean de l'autre, & la Magdelaine aux pieds. Les autres figures qui servent d'ornement à cet Autel, sont Saint Charlemagne, Saint Louïs, Saint Ignace, & S. François Xavier. Le Tabernacle est d'argent, enrichi de feuillages & d'ornemens de vermeil doré. Cet Autel est encore embelli dans les grandes Fêtes d'un très-grand nombre de Reliquaires, de vases d'argent, de chandeliers & de girandoles. Toutes ces pièces sont d'argent ou de vermeil doré. Il y en a même quelques-unes d'or, &

ce qu'on y voit de plus confidérable, c'eft un grand Soleil d'or, enrichi de diamans & de groffes perles d'un très-grand prix. Toutes les Chapelles font ornées de corps d'Architecture, avec des Colomnes de Marbre. A côté du Grand-Autel à main gauche, fous une Arcades, eft le cœur de Louïs XIII. foûtenu par deux Anges d'argent de grandeur naturelle, fous une Couronne de vermeil doré. La draperie des Anges, le cœur & quelques autres ornemens font auffi de vermeil doré. Quatre bas-reliefs de Marbre on voit fur les jambages, dont l'Arcade eft foûtenue, repréfentent les quatre Vertus Cardinales dans des ovales. Sous la Coupole du même côté, eft le fomptueux Monument de Henri de Bourbon, Prince de Condé, fous lequel eft fon cœur, ainfi que celui de Louïs de Bourbon fon fils, mort en 1686. On voit quatre Vertus de bronze, grandes comme le naturel, affifes fur des piédeftaux, avec des bas-reliefs auffi de bronze, qui repréfentent des triomphes tirez de l'Hiftoire de l'Ancien Teftament. Ces bas-reliefs font pofés fur un appui de Marbre de Dinan en maniére de baluftrade, qui entoure la Chapelle. Aux deux côtez de l'ouverture, qui fert d'entrée, font deux Génies, dont l'un tient un bouclier, où font les armes de Bourbon, & l'autre une Table fur laquelle on a gravé une Infcription. Dans la même Chapelle, au lieu d'un Tableau dans le milieu de l'Autel, on a mis un Crucifix de bronze, avec Saint Ignace à genoux fur un fond de Marbre de Dinan. Ces figures font à demi-relief, & affez bien deffinées. Sur le fronton paroiffent deux grands Anges auffi de bronze, qui tiennent un Nom de JESUS enfermé dans un Soleil, dont les rayons font dorez.

Vis-à-vis des Jéfuites eft la rue de la Coûture, ou de la Culture Sainte Catherine, appellée ainfi d'une Eglife de ce nom que l'on y trouve. La Porte eft ornée d'Architecture en pilaftres entre lefquels il y a des Statues & des bas-reliefs au deffus, qui font un très-bel effet, avec un Portique foûtenu de deux colomnes de la même ordonnance. Elle fut bâtie du tems de Saint Louïs, aux dépens de quelques Officiers de fa Maifon, qui faifoient entr'eux une efpèce de Confrairie. On y voit plufieurs Tombeaux de Perfonnages très-renommez, comme celui de Pierre d'Orgemont Chancelier, qui vivoit fous le regne de Charles V. & celui de René de Birague Cardinal, auffi Chancelier de France. Il mourut l'an 1583. âgé de foixante & quatorze ans. Ses funerailles furent magnifiques. Outre le Parlement, & les autres Compagnies qui s'y trouverent, le Roi Henri III. qui avoit pour lui une eftime finguliére, voulut y affifter en habit de Pénitent, avec tous les Seigneurs de fa Cour vêtus de blanc, qui étoit l'habit de la même Confrairie. Son Tombeau eft en entrant dans une Chapelle à main droite. Les Chanoines Réguliers de l'Ordre de Saint Auguftin, de la Congrégation de Sainte Geneviéve du Mont, occupent cette Maifon depuis très-long-temps. La Place Royale doit fon commencement à plufieurs Particuliers, qui la firent conftruire en 1604. Les maifons qui la forment font toutes d'une même fymmetrie, & elles ne furent achevées qu'en 1630. Cette Place occupe le même lieu qui avoit fervi de Jardin au Palais des Tournelles, fitué du côté du rempart, où François I. & quelques Rois fes Prédéceffeurs avoient tenu leur Cour. Catherine de Médicis le vendit à plufieurs Particuliers, qui élevérent les maifons que l'on y voit à préfent, & la rue des Tournelles qui regne proche du rempart, en a retenu le nom. La Place Royale eft parfaitement quarrée, & compofée de trente-fix Pavillons, élevez d'une même ordonnance, dont la maçonnerie eft de brique, avec des chaînes de pierres de taille, qui regnent fur une fuite d'Arcades fort baffes, fous lefquelles on peut aller à couvert tout à l'entour. Dans l'efpace qui eft au milieu, on a laiffé un grand Préau, enfermé dans une paliffade de fer. C'eft-là qu'on a placé la Statue Equeftre de Louïs XIII. Elle eft fur un piédeftal de Marbre blanc, avec des Devifes fur les quatre faces, qui font connoître que le Cardinal de Richelieu a pris foin de ce magnifique Ouvrage, qui eft d'un côté vis-à-vis du Couvent des Minimes. Ces Peres furent établis en cet endroit-là l'an 1590. Leur Eglife eft affez claire. Le Grand-Autel eft d'une Architecture Corinthienne, dont les colomnes font de Marbre de Dinan cannelées, d'une maniére fort propre. La Chapelle du Duc de la Vieuville, diftinguée parmi celles de cette Eglife, eft ornée de quantité de Marbres & de Tombeaux, où l'on voit des figures couchées. A peu de diftance de ce Couvent eft un Hôpital appellé *la Charité des Femmes*, qui fut fondé l'an 1629. par la Reine Anne d'Autriche, fous le nom *de la Charité de Notre-Dame*. Les Religieufes qui fervent les femmes malades, font de l'Ordre de Saint Auguftin, & font un quatrième Vœu touchant l'Hofpitalité. Les premiéres Religieufes de cet Hôpital y firent Profeffion le jour de la Fête de Saint Jean-Baptifte de la même année. Cette Maifon eft compofée de plufieurs corps de logis, d'une Chapelle & d'une Salle, où font vingt-huit lits pour les malades.

Le Monaftère des Filles de la Vifitation de Sainte Marie eft au deffous des Jéfuites du même côté. Le Terrain qu'elles occupent eft fort refferré, & leur Eglife n'eft pas grande ; mais elle eft très-reguliére, & il y paroît un goût d'Architecture très-délicat. C'eft une Coupole raifonnablement élevée, foûtenue en dedans de quatre Arcs, entre lefquels il y a des pilaftres Corinthiens, avec une grande corniche à l'entour. L'Autel principal eft dans un efpace particulier vis-à-vis de la Porte, & il ne reçoit de lumiére que d'une ouverture pratiquée fort ingénieufement au milieu de la voute. Ce Couvent qui n'a été établi qu'en 1619. eft fort proche

che de la Bastille, qui fut autrefois une Porte de la Ville, bâtie en 1360. sous le regne de Charles VI. Cette Forteresse est composée de huit grosses Tours rondes fort élevées, jointes l'une à l'autre par des massifs de même hauteur & de même épaisseur, dont le dessus est en terrasse. Entre ces Tours on trouve une cour qui sert de promenade aux personnes les moins resserrées. La Bastille est la Prison ordinaire de ceux qui sont soupçonnez de quelque crime d'Etat.

La Porte Sainte Antoine qui est à côté de la Bastille, & qui conduit au Fauxbourg du même nom, fut bâtie sous Henri II. pour servir d'Arc de triomphe à ce Monarque. On l'a fort embellie depuis peu d'années, en abbattant une autre vieille Porte qui en étoit proche. On a accompagné celle-ci de deux nouvelles ouvertures, de la même largeur & de la même hauteur, qui rendent le chemin plus facile & l'entrée plus libre aux carosses & aux charois. La largeur de toute la face des trois ouvertures & des massifs entredeux est de neuf toises, sur sept à huit de hauteur. On regarde avec plaisir dans l'ancienne Porte deux Fleuves couchez sur une espèce de fronton arrasé. La plus belle face est du côté du Fauxbourg, embellie de bossages & d'un grand entablement Dorique qui regne sur tout l'ouvrage. Il est encore surmonté par un Attique, en maniére de piédestal continu, avec deux Obélisques aux extrémitez, & la Statuë du Roi au milieu. Celles d'Apollon & de Cerès sont couchées sur le fronton. Il y a outre cela deux autres Statues dans des Niches entre les trois ouvertures des Portes. Dans les Timpans des frontons, qui couronnent les Portes du côté de la Ville, on a mis en relief une copie de la Médaille que la Ville a fait frapper à la gloire du Roi Louïs XIV. où il est représenté d'un côté avec ces mots pour légende.

*Ludovicus Magnus*
*Francorum & Navarræ Rex*
*PP.* 1671.

Sur le revers de la même Médaille on a représenté une Vertu assise, & apuyée sur un bouclier dans lequel sont les Armes de la Ville avec cette autre légende.

*Felicitas Urbis*

Et au dessous

*Lutetia.*

Entre la porte & le bastion on a fait une rampe de quarante-huit pieds de large, pour rendre l'accès du rempart plus facile aux carosses qui vont au Cours. Le Cours qui enferme la moitié de la Ville comme on l'a déja marqué, vient se terminer en cet endroit. Il est composé de trois allées, formées par quatre rangées d'arbres, dont celle du milieu est large de soixante pieds, & les contre-allées de dix-huit à vingt chacune. A l'entrée du Fauxbourg est une large Esplanade ronde à l'extrémité de laquelle on a placé sur des piédestaux rustiques, deux grandes Statues d'Hercule & de Minerve, assises sur des trophées d'armes. Ce Fauxbourg consiste en plusieurs rues très-longues, dont la principale est au milieu. Les deux qui lui sont parallèles, sont celles de Charenton & de Charonne, qui conduisent aux Villages qui portent ces noms. L'Abbaye de S. Antoine est fort avant dans la grande rue. On commença de bâtir cette Maison l'an 1193. & elle fut achevée sous le regne de Saint Louïs, qui assista à la Dédicace de l'Eglise, avec la Reine Blanche de Castille sa mere. L'Ordre de Cîteaux y avoit déja été établi à la sollicitation d'Odon de Sulli, Evêque de Paris, & les Religieuses suivent encore cette même Règle. Leur Eglise n'a rien qui puisse attirer les Curieux. Aux côtez de l'Autel sont les Tombeaux des deux Princesses Jeanne & Bonne de France, filles du Roi Charles V. A l'entrée de la rue qui se trouve au dessus de cette Abbaye est la Manufacture des glaces de miroirs. On y en a fait de quatre-vingt-dix-huit pouces, ce qu'on n'avoit jamais vu avant cet utile établissement. On fond les glaces à Cherbourg & en quelques autres lieux; mais on les polit en cette Maison. On y met l'étain & le vif-argent, & plus de quatre cens hommes sont employez à ce travail. Lorsque la Reine Marie-Thérèse d'Autriche fit son Entrée en 1660. on lui avoit dressé un superbe Trône, près de l'endroit où l'on voit l'Arc de triomphe. Comme cet endroit est le plus haut de tout ce Quartier, on y a placé ce somptueux Edifice. Quoi qu'il ne soit encore élevé qu'à la hauteur des piédestaux des colomnes, on peut juger par la beauté du modèle, qui n'est que de plâtre, que ce sera un des plus riches morceaux d'Architecture de toute l'Europe. Ce modèle est un grand ouvrage à deux faces, ouvert de trois portes, entre chacune desquelles sont deux colomnes Corinthiennes, & deux aux extrémitez sur l'épaisseur, qui toutes ensemble font le nombre de huit à chaque face. On a mis sur les entablemens de grands trophées d'armes, avec des captifs enchaînez. Le dessus de tout l'ouvrage est une plate-forme, au milieu de laquelle est un amortissement surmonté d'un grand piédestal, où la Statue du Roi à cheval est placée. Un peu au de-là du modèle est le Convent des Picpus, qui fut commencé en 1594. Vincent Massart, ou Mussart Parisien en a été le Fondateur, & réforma le Tiers Ordre de Saint François, que l'on nomme ordinairement *les Pénitens*, qui n'étoit auparavant que pour les Séculiers. Il en fit une Règle particuliére, & s'établit dans le Village de Picpus, dont ces Religieux ont reçu le nom que le Peuple leur a donné, malgré tous leurs soins à garder celui de Pénitens. Leur Jardin est embelli de grottes de rocailles & de coquillages, d'un travail fort agréable.

ble. Près de ce Convent il y en a un autre de Religieuses appellées *Chanoinesses Régulières de Saint Augustin*. Du même côté, en prenant le chemin de la Ville, on passe devant Rambouillet, dont le Jardin est fort grand. Il est embelli de plusieurs allées de charmilles & d'un parterre, au milieu duquel s'élève un jet d'eau. Tout proche est un autre Maison nommée *Reuilli*. Le Savant Dom Mabillon rapporte dans sa Diplomatique, que les Rois de la première Race avoient un Palais en cet endroit-là, & que ce fut dans ce Palais que Dagobert répudia Gomatrude sa première femme, à cause de sa stérilité, & qu'il prit en sa place Nantilde, une des Suivantes de cette Reine. Il n'est resté aucuns vestiges de ce Palais. Le Convent des Filles Angloises est dans la rue de Charenton, aussi-bien que l'Hôpital des Enfans Trouvez. Cet Hôpital a été fondé par le Chancelier d'Aligre, mort en 1677. Elizabeth Luillier sa femme a continué ce pieux dessein, & après avoir fait de grands biens à cette Maison, elle a été enterrée dans un Caveau, qu'elle avoit fait construire dans une Chapelle de l'Eglise de cet Hôpital, appellée *la Chapelle de Notre-Dame de Miséricorde*. Les Enfans Trouvez sont élevez & instruits par les Sœurs de la Charité, instituée par M. Vincent de Paule, premier Général & Instituteur des Prêtres de la Mission. Les Convens de Notre-Dame de Bon Secours, de la Magdelaine & des Filles de la Croix sont dans la rue de Charonne; & un peu plus bas est l'Eglise de Sainte Marguerite, Succursale de la Paroisse de Saint Paul. On y baptise, on y donne la Communion Paschale; mais on n'y marie personne. En sortant de Sainte Marguerite on va droit aux Filles Hospitalières de la Raquette. Cet Hôpital n'est destiné que pour des Femmes malades, dont les Religieuses prennent un grand soin. Ces Religieuses suivent la même Règle que les Hospitalières de la Place Royale. La Salle où sont les femmes malades tient à leur Eglise, qui est dédiée à Saint Joseph. Elles ont une grande cour plantée d'une allée d'Ormes fort longue. Il y a aussi un Convent de Religieuses à Paincourt, qui n'est pas éloigné de la Raquette.

La première chose remarquable que l'on trouve quand on rentre dans la Ville, est l'Hôtel de Lesdiguieres dans la rue de la Cerisaye, qui conduit à une des portes de l'Arsenal. Il n'y a rien de plus propre que cet Hôtel. Tout y ressent la grandeur. La richesse des meubles répond à la belle disposition des appartemens. Quoique le Jardin soit petit, il est si bien ménagé, que l'on y trouve presque toutes les choses que l'on voit dans les plus grands. Quant à l'Arsenal, il fut bâti par Charles V. en même temps que la Bastille. C'est dans ce lieu qu'on fondoit autrefois l'Artillerie, pour la défense du Royaume, & l'on y garde encore les poudres & les canons. Au milieu de ce Château étoit une Tour qu'on appelloit *la Tour de Billi*. Le tonnerre étant tombé dessus le 19. de Juillet 1538. mit le feu à plus de deux cens caques de poudre qu'on y conservoit. Outre que cette Tour fut ruinée jusqu'aux fondemens, la violence du feu fut telle que les pierres furent emportées jusqu'à l'Eglise de Saint Antoine des Champs, & jusqu'à d'autres endroits de la Ville fort éloignez. Les fonderies furent bâties au mois de Juillet 1549. par ordre d'Henri II. La grande porte de l'Arsenal est ornée de quatre canons au lieu de colomnes, & ces canons font le même effet, parce qu'on leur a donné les mêmes proportions du renflement & de la diminution. Elle fut élevée sous le regne de Henri IV. & on y lit ces deux Vers Latins sur du marbre noir.

*Ætna hæc Henrico Vulcania tela ministrat*
*Tela Gigantaos debellatura furores.*

Tout l'espace contenu dans l'Arsenal est divisé en plusieurs parties, dont la plus grande est pour le Jardin, qui regne sur le fossé & sur la Rivière, d'où l'on a une vue très-étendue. Le reste consiste dans des cours qui vont l'une dans l'autre, bordées de bâtimens d'un seul côté, dont la structure est très-simple. Les dedans ont de la beauté, & sur-tout la grande Salle, dont le célèbre Mignard a peint le plafond. Ce plafond est long de vingt-quatre pieds, & composé de dix-huit figures, dont la grandeur est de six pieds. La France triomphante en est le sujet. Louis Auguste de Bourbon, légitimé de France, Duc du Maine, Grand Maître de l'Artillerie, qui occupe aujourd'hui les appartemens de l'Arsenal, a un cabinet de Médailles très-curieux & très-ample, qui s'augmente tous les jours. Les Celestins ont leur Convent tout proche de l'Arsenal. Quelques Auteurs disent que ce même lieu avoit été occupé auparavant par les Carmes de la Place Maubert, qui l'abandonnerent afin d'être plus près de l'Université, où ils alloient étudier pour obtenir les Degrez. Le nommé Jacques Marcel ayant acheté cette place en 1318. y établit les Celestins, nouvellement venus d'Italie dans une haute réputation de sainteté de vie & d'austérité. Le Roi Charles V. leur donna de très-grands biens. Il fit construire l'Eglise & y mit la première pierre. Cette Eglise est tout-à-fait Gotique, & n'a rien de simple & de grossier pour sa structure. La Chapelle dite d'Orléans est toute remplie de Tombeaux. A l'entrée de la porte à main gauche est une grande colomne torse de marbre blanc, ornée de feuillages & de moulures, prises dans le même bloc, ainsi que le chapiteau qui est d'ordre Composite. Sur ce chapiteau l'on voit une Urne de bronze qui enferme le cœur du Connétable Anne de Montmorenci, mort le 12. de Novembre 1567. des blessures qu'il reçut à la bataille de Saint Denis, contre les Réformez. Le Monument est fort singulier, & on tient que celui qui a fait la colomne y a travaillé plus de quinze ans. Au milieu de cette Chapelle est le Tombeau de Louïs, Duc d'Orléans, frere de Charles V. qui fut assassiné par l'ordre de Jean Duc de Bourgogne son cousin, en sortant du Palais de la Reine Isabeau de Baviére, qui étoit dans la rue Barbette, derriére l'Hôtel de Guise. Ce Tombeau n'a rien de magnifique. On y voit seulement la représentation en marbre de quatre personnes couchées, savoir de Louïs Duc d'Orléans, de Valentine de Milan sa femme, morte de douleur deux ans après lui, de Charles Duc d'Orléans, son fils aîné, pere de Louïs XII. & de Philippe Comte de Vertus, son frere. A l'extrémité de ce Tombeau, du côté de l'Autel, est le cœur de Henri II. dans une Urne de bronze doré, que les trois Graces soûtiennent sur leurs têtes. Elles sont de marbre. Le cœur de la Reine Catherine de Médicis est dans ce même Monument, avec trois Inscriptions au bas. Le piédestal est d'une excellente imagination en trépié soutenu sur trois pattes de lion, orné de feuillages, de masques, de guillochis & de cartouches. A l'autre extrémité du Tombeau du Duc d'Orléans, on a élevé une colomne de marbre blanc, de laquelle il sort des flâmes. Elle représente la colomne de feu qui conduisit les Israëlites dans le Desert. C'étoit la Devise de François II. avec ces mots pour ame,

*Lumen rectis.*

Cette colomne est accompagnée de trois Amours, qui tiennent des flambeaux renversez. Le piédestal sur lequel on l'a élevée est triangulaire & d'un beau dessein. Sur les trois faces on lit des Inscriptions, qui marquent que le Roi François II. dont le cœur repose dans ce Monument, avoit épousé Marie Stuart Reine d'Ecosse, qui eut la tête tranchée par l'ordre d'Elizabeth, sa cousine, Reine d'Angleterre. Charles IX. son frere qui lui succéda, fit élever ce Monument, & le cœur de ce Monarque y est aussi enfermé. Sous les fenêtres à main droite, du côté de l'Autel, est le Tombeau de Bonne de Milan, sœur puînée de Valentine, femme de Louïs Duc d'Orléans. Tout proche est celui de Philippe Chabot, Amiral de France, & sur la même ligne est celui de Henri Chabot, Duc de Rohan. On y voit l'Effigie de l'un & de l'autre parfaitement bien représentée. Prés de la porte qui conduit de cette Chapelle à la Nef, on découvre le Tombeau de Louïs de Cossé, Duc de Brissac. Il y a une colomne de marbre blanc, chargée de couronnes & de chiffres, avec une corniche sur laquelle est un vase doré. Les massifs des côtez de cette colomne sont ornez de tables de marbre de Namur, avec des Epitaphes sur le devant du piédestal. Ce qu'on distingue le plus dans cette même Chapelle, c'est la belle Pyramide du Duc de Longueville. Elle est chargée de Trophées, & accompagnée de quatre Vertus de marbre blanc. Sur le piédestal sont deux bas reliefs dorez à feu, qui représentent les principales actions de ce Prince, pour qui on a élevé la Pyramide. Il y a aussi plusieurs Tombeaux dans la Nef. Celui des Ancêtres du Duc de Gêvres est très-considérable. On y voit des Statues de marbre en habit du tems fort bien travaillées, sur tout celui du Duc de Trêmes son pere. La Règle des Celestins leur défend de manger de la viande, à moins qu'ils ne soient malades, ou éloignez de leur Maison au moins de deux lieues. Ils tiennent beaucoup de l'Ordre de Cîteaux dont ils sont sortis. Leur Maison est fort commode, & ils ont un petit Cloître construit d'une manière très-propre Il est orné de colomnes Corinthiennes & fort bien voûté.

La Paroisse de Saint Paul, qui est celle de tout ce Quartier, étoit la Paroisse Royale, du tems que les Rois occupoient l'Hôtel de Saint Paul ou le Palais des Tournelles. Le bâtiment de cette Eglise, qu'on trouve dans une rue qui aboutit au bord de la Seine, fut élevé sous le regne de Charles VI. Il est d'une maçonnerie massive & épaisse. Les voutes en sont basses & écrasées & les jours mal entendus, ce qui fait que le dedans paroît triste & sombre. Le Tombeau d'Anne Duc de Noailles, mort en 1678. est dans la Chapelle du Saint Sacrement. Ce Duc est représenté en marbre à demi-couché, soutenu par l'Espérance, qui lui montre une couronne de gloire, qu'elle semble lui offrir. Les Charniers de cette Eglise sont très-spacieux, & ont des vîtres où toute l'Histoire de Saint Paul est peinte. On y trouve trois Chapelles. Assez près de là est le Convent des Filles de l'*Ave Maria*, dans une rue qu'on nomme la rue des Barrées. Ces Religieuses sont de l'Ordre de Sainte Claire, & vivent dans une très-grande austérité, ne mangeant jamais de viande, & ne portant point de linge. Outre qu'elles vont nuds-pieds sans sandales & sans aucune chaussure, elles ont l'étroite observance d'un silence perpétuel. Saint Louïs avoit établi des Beguines dans cette Maison, c'est-à-dire, des Religieuses de Sainte Begue, Flamande d'origine, qui portoient une coeffure, dont leur visage étoit presque caché. Sous le regne de Louïs XI. la Reine Charlote de Savoye y introduisit le Tiers Ordre de Saint François, avec la Réforme; & le Roi Charles VIII. son fils fit bâtir pour les Religieux, la Maison voisine, qui n'est séparée de celle des Religieuses, que par le passage qui mene à l'Eglise. Ce sont des Cordeliers qui y célébrent l'Office Divin. On y voit le Tombeau de Dom Antoine, Roi de Portugal, qui s'étant retiré en France, mourut l'an 1595. & celui de Claude Catherine de Clermont, femme d'Albert de Gondi, Duc de Retz, morte dans le mois de Février 1603. âgée de 60. ans. Cette Dame illustre par son savoir possédoit si parfaitement les Langues, que la Reine Catherine de Médicis la chargea de répondre publiquement en Latin aux Ambassadeurs de Pologne, lorsqu'ils vinrent de-

demander le Duc d'Anjou pour leur Roi, ce qu'elle fit avec l'admiration de tous ceux qui l'entendirent. Sur la porte de ce Monaſtère, réparée depuis quelques années, on a mis la Statue de Saint Louïs & celle de Sainte Claire, toutes deux d'un fort habile Sculpteur. On va de là au bord de la Riviére traverſer le Pont-Marie, appellé ainſi de Chriſtophle Marie, qui en jetta les premiéres fondations en 1613. le Pont eſt de pierres de taille, & compoſé de cinq arches ſoutenues ſur quatre piles & ſur deux culées. Il eſt couvert de maiſons occupées par différens Ouvriers, & il ne fut achevé qu'en 1635. mais ſoit par la faute de l'Architecte qui avoit mal conſtruit la pile du côté de l'Iſle Notre-Dame, ſoit par l'ébranlement que lui donna un trop fort débordement de la Riviére, une partie de ce Pont fut emportée la nuit au mois de Mars 1657. & quantité de perſonnes y périrent. On a rétabli les deux arches détruites; mais on n'a pas élevé de maiſons deſſus. L'Iſle Notre-Dame où ce Pont conduit, a pris ſon nom de l'Egliſe Cathédrale dédiée à la Sainte Vierge, à laquelle cette Iſle appartient en propre. Toutes les maiſons qu'on y voit ont été bâties dans le dernier ſiécle, & achevées en fort peu du tems. Ce n'étoit auparavant qu'une prairie aſſez baſſe, qui ſervoit de promenade au menu peuple. Il y avoit une Verrerie à la pointe qui regarde le mail, & au milieu de la prairie une petite Chapelle dédiée à Saint Louïs, au même endroit où eſt à préſent la Paroiſſe qui porte ce nom. Le bâtiment de cette Egliſe fut élevé en 1664. & n'eſt pas encore fini, quoiqu'on y ait fait de grandes augmentations depuis peu d'années. La grande porte eſt ſous un portique, compoſé de quatre colomnes Doriques iſolées, avec un entablement & un fronton. Toute l'Iſle eſt revêtue dans ſon enceinte d'un Quai de pierres de taille très-ſolide, conſtruit avec une fort grande dépenſe, à cauſe qu'il eſt fondé par-tout dans l'eau de la Riviére. Entre les maiſons que l'on y peut diſtinguer, il y en a quelques-unes que l'on pourroit comparer à des Palais, tant elles ſont magnifiques, ſur-tout celles qui ſont ſituées à l'extrémité du côté de l'Orient, où la Seine ſe diviſe en deux bras pour former l'Iſle. La maiſon de M. Lambert de Torigni, Préſident en la Chambre des Comptes, eſt une des plus remarquables. Sa principale entrée eſt ſur la rue Saint Louïs, qui traverſe l'Iſle Notre-Dame d'une extrémité à l'autre. La cour eſt environnée de quatre corps de bâtiment dont l'extérieur eſt d'une très-grande régularité. L'eſcalier eſt dans le fond de cette cour vis-à-vis la grande porte, dont la face eſt décorée de deux ordres de colomnes de pierres de taille, toutes d'une pièce. Au deſſus de quelques degrez on trouve deux rampes, par le moyen deſquelles on monte aux appartemens. La face du bâtiment du côté du Jardin, ou de la grande terraſſe, eſt ornée d'une Architecture en pilaſtres Ioniques, qui prennent depuis le rez de chauſſée juſqu'à un Attique, chargé de vaſes qui font une fort belle décoration. Tout proche de l'autre côté de la rue Saint Louïs, eſt la Maiſon de M. le Ragois de Bretonvilliers, auſſi Préſident de la Chambre des Comptes. La ſituation en eſt fort heureuſe. Cette Maiſon a été bâtie directement à la pointe de l'Iſle de Notre-Dame, de ſorte qu'elle eſt entourée des deux bras de la Riviére. Elle occupe un terrain fort étendu, & M. de Bretonvilliers ſon pere en la faiſant élever de fond en comble n'y épargna aucune dépenſe. Il fit faire le Quai qui environne la pointe de l'Iſle, tout de pierres de taille ſur pilotis, dans un endroit où la Riviére eſt très-profonde & très-rapide, & il employa huit cens mille francs à cet ouvrage & aux ſeules fondations de cet édifice. La maçonnerie, quoique ſans aucun ordre d'Architecture, eſt d'une grande apparence. En ſortant de là on trouve le Quai Dauphin, nommé autrement *le Quai des Balcons*, parce que toutes les Maiſons qui le bordent ont des Balcons aux fenêtres. Toutes les rues qui partagent l'Iſle, ſont droites & aboutiſſent à la Riviére.

On ſort de cette Iſle par le Pont de la Tournelle, l'un des trois qu'on a bâtis pour y arriver. Il eſt de pierres de taille, avec une banquette de chaque côté pour les gens de pied. On lui a donné ce nom à cauſe d'une Tour quarrée qui ſe trouve ſur le bord de la Riviére de l'autre côté de l'Iſle Notre-Dame, & dans laquelle on enferme ceux qui ſont condamnez aux Galéres, en attendant que la chaîne parte pour Marſeille, où ils ſont diſtribuez pour le ſervice des Galéres de Sa Majeſté. La Porte de S. Bernard qui ſe trouve à peu de diſtance du Pont de la Tournelle, a pris ſon nom du Collége des Bernardins qui eſt dans le voiſinage. Cette Porte bâtie depuis peu d'années, a ſeulement huit toiſes de large, avec deux ouvertures & une pile au milieu. La hauteur de tout l'ouvrage en a un peu plus. Un grand Attique, en maniére de Piédeſtal, régne ſur un entablement très-bien travaillé, & les faces de cet Edifice ſont remplies de deux grands bas-reliefs fort eſtimez. Du côté de la Ville le Roi Louïs XIV. eſt repréſenté répandant l'abondance ſur ſes Sujets, & au-deſſus ſur l'Attique on lit en grands caractères creuſez dans la pierre

*Ludovico Magno*
*Abundantia parta*
*Præf. & Ædil. Poni*
*C C.*
*Ann. R. S. H. M. DC. LXXIV.*

Sur la face qui regarde le Fauxbourg, on voit ce Monarque habillé en Divinité antique, tenant le gouvernail d'un grand Navire, qui vogue à pleines voiles, & on lit ſur l'Attique ces autres paroles

*Ludo-*

*Ludovici Magni
Providentiæ
Præf. & Ædil. Poni
C C.
Ann. R. S. H. M. DC. LXXIV.*

Sur les piles au-deſſous de l'impoſte, on a placé des Vertus qui ont du rapport à l'Hiſtoire que contiennent les deux bas-reliefs. La rue de Seine, l'une de celles de ce Fauxbourg, conduit à celui de Saint Victor, où l'on trouve la fameuſe Abbaye qui porte ce nom. Cette Maiſon eſt fort ancienne. Louis le Gros, Roi de France, y fit élever de grands bâtimens, & lui donna des biens très-conſidérables. Il fit conſtruire une Egliſe en 1113. dans le même endroit où il reſte encore une Chapelle ancienne derriére le Chœur. Guillaume de Champeaux, Archidiacre de l'Egliſe de Paris, & depuis Evêque de Châlons, fut le premier qui inſtitua la Congrégation de Saint Victor, ſous la Règle de Saint Auguſtin. Les Jardins de cette Maiſon ſont fort ſpacieux, & ce qu'elle a ſur-tout de conſidérable, c'eſt une Bibliothéque, l'une des plus amples & des plus nombreuſes de Paris. Elle eſt compoſée de tous les Livres dont on peut avoir beſoin pour quelque ſorte d'étude que ce puiſſe être. On y compte plus de trois mille Manuſcrits qui ſont conſervez avec grand ſoin dans un Cabinet particulier, à l'extrémité de la même Bibliothéque, qui eſt ouverte tous les Lundis, Mercredis & Samedis, à toutes les perſonnes ſtudieuſes. Elle a été donnée à cette condition par Henri du Bouchet, Conſeiller au Parlement, qui mourut l'an 1654. Son Buſte en Marbre blanc eſt près de la porte. L'Egliſe fut rebâtie en 1517. ſous François I & elle n'eſt pas encore entièrement achevée. L'Hôpital de la Pitié, qui fait une partie du grand Hôpital Général, eſt ſitué au delà de Saint Victor, & vis-à-vis le Jardin Royal des Simples. Il conſiſte en pluſieurs grands corps de logis, cours, dortoirs & Salles, & fut fondé vers l'an 1612. L'Egliſe eſt aſſez belle, & dédiée ſous le titre de Notre-Dame de Pitié. On ne reçoit dans cet Hôpital que des filles de Paris au-deſſus de deux ans, & on les occupe à divers ouvrages, comme à la dentelle, à la tapiſſerie & aux bas, dont on tire une partie de leur ſubſiſtance. Derriére la Pitié eſt l'Hôpital de la Miſéricorde, fondé par Antoine Seguier, Préſident à Mortier au Parlement de Paris, qui mourut au mois de Novembre 1624. Il diſtribua par ſon Teſtament pluſieurs grandes ſommes en aumônes & en œuvres de piété, & entre autres legs il laiſſa le ſoin d'établir cet Hôpital à François de Montholon, Conſeiller d'Etat ſon parent. Cette fondation eſt pour cent pauvres filles orphelines, qui doivent être de Paris, âgées de ſix à ſept ans. Elles peuvent y demeurer juſqu'à vingt-cinq, & outre les ſalutaires inſtructions qu'elles reçoivent pendant ce tems touchant la Religion, on leur apprend à travailler au métier qui leur convient davantage, & pour lequel elles témoignent avoir de l'inclination. Après ces deux Hôpitaux on trouve le Jardin du Roi. On y fait des Exercices ou des Démonſtrations particuliéres, qui ſont la Botanique, la Chimie & l'Anatomie. La Démonſtration des Plantes ſe fait dans le Jardin pendant les mois de l'Eté, qu'elles ſont en leur perfection, & c'eſt un Docteur en Médecine qui la fait gratuitement. Ces Leçons que tout le monde peut aller entendre, ſe font de fort grand matin, dans les endroits du Jardin où les Simples ſont plantez. La Chimie eſt enſeignée dans un Laboratoire, à l'entrée de la cour à main gauche. Ces Leçons ne ſe donnent ordinairement que dans les mois de l'Eté, & les compoſitions qui s'y font ſe diſtribuent charitablement à tous les pauvres qui en ont beſoin. La diſſection Anatomique ſe fait dans un lieu particulier. C'eſt une grande Salle, dont l'intérieur eſt garni de bancs, diſpoſez en amphithéatre, d'où un fort grand nombre de perſonnes peuvent voir aiſément les opérations qu'on y fait. La moitié du Jardin Royal eſt occupée par une éminence aſſez élevée, autour de laquelle on a pratiqué une allée, bordée d'une paliſſade d'arbuſtes. Cette allée fournit une vue très-agréable, qui s'étend ſur le Fauxbourg Saint Antoine, ainſi que ſur une partie de la campagne voiſine. On deſcend de-là vers l'Hôpital Général, appellé *la Salpêtriére*. Cette grande Maiſon, qui renferme plus de ſix-mille perſonnes, paroît de loin comme une petite Ville, à cauſe de la quantité & de la diverſité de ſes bâtimens. L'Egliſe eſt dédiée à St. Denis. Son plan eſt compoſé d'un Dôme octogone, de dix toiſes de diamètre, percé par huit arcades, qui aboutiſſent à quatre Nefs de douze toiſes de long chacune. Ces Nefs forment une Croix, & dans les angles ſont quatre Chapelles à pans, le tout ayant jour ſur le Dôme. L'Autel ſe trouve au milieu, ce qui fait qu'il peut être vû de huit côtez. Le Portique ou Veſtibule par où entrent les perſonnes du dehors, eſt orné ſur le devant de quatre colomnes Ioniques, avec un Attique au deſſus. De chaque côté de ce Veſtibule il y a un gros Pavillon à pluſieurs étages, couvert d'ardoiſes, où logent les Eccléſiaſtiques qui deſſervent cette Egliſe, & qui adminiſtrent les Sacremens aux pauvres malades. En montant un peu plus haut, au ſortir de la Salpêtriére, on trouve une grande Place, où l'on tient le Marché aux chevaux tous les Mercredis & les Samedis de chaque ſemaine. On y a planté l'Eſtrapade depuis quelque tems. C'eſt le ſupplice qu'on fait ſouffrir aux Soldats aux Gardes, qui ont commis quelque faute. La Maiſon des Gobelins eſt preſque la derniére du Fauxbourg Saint Marceau, qui étoit autrefois un Quartier entièrement ſéparé de la Ville, dans le tems que Paris étoit bien moins étendu qu'il ne l'eſt préſentement. On y a vû plus de huit cens Ouvriers en Tapiſſeries, en Broderie, en Orfévrerie, en Peinture, en Sculpture, & généralement

ment en tout ce qui peut servir à la splendeur & à la magnificence. Quoique le nombre en soit fort diminué, on ne laisse pas d'y voir encore quantité de choses très-curieuses. Voyez GOBELINS.

L'Eglise de Saint Marcel, qu'on trouve dans ce Fauxbourg, a été fondée par Roland Cômte de Blaye, neveu de Charlemagne, qui fit beaucoup de bien aux Chanoines qu'il y mit. Cette Eglise étoit autrefois sous le titre de Saint Clément; mais le corps de Saint Marcel Evêque de Paris y ayant été trouvé, elle en prit le nom, qu'elle a toûjours conservé depuis. Le Couvent des Cordeliéres est dans ce Quartier. Thibaud VII. Comte de Champagne & de Brie, le fonda premiérement à Troyes, d'où il fut transferé à Paris peu de tems après. Marguerite de Provence, femme de Saint Louïs, fit commencer l'Eglise, & Blanche sa fille, veuve du Roi de Castille, qui s'y fit Religieuse, donna de grands biens pour l'augmenter. Elle fit bâtir le Cloître, où sont encore ses Armes en divers endroits. Ces Religieuses sont Hospitaliéres, & suivent l'Ordre de Saint François, à peu près comme les Cordeliers du grand Couvent de Paris. Saint Médard est la Paroisse de tout ce Quartier. On trouve ensuite l'Eglise de Saint Hippolyte, proche de laquelle est une vieille Maison, bâtie du tems de Saint Louïs, où ce Saint Roi alloit passer quelques heures solitairement pour faire ses prieres. Entre l'endroit où étoient la Porte St. Marceau & celle de Saint Victor, qui ont été abbatues depuis peu, on découvre la Maison des Religieuses Angloises & celle des Peres de la Doctrine Chrétienne. La belle vue qu'elles offrent, est tout ce qu'elles ont de considérable. L'une & l'autre étoient bâties sur un terrain extrêmement élevé, qui donnoit à la rue une pente roide & désagréable; mais on a applani cette rue en coupant beaucoup de terres, & le fossé de la Ville s'est rempli de Maisons, qui embellissent fort ce Quartier.

Celui de l'Université, l'un des plus anciens de Paris, occupe un très-grand espace, qui fait presque la quatrième partie de la Ville. Il en étoit même séparé autrefois comme un lieu particulier, avec lequel la communication n'étoit pas tout-à-fait libre, parce que les Ecoliers faisoient souvent des tumultes, qu'il n'étoit pas aisé d'appaiser. Philippe-Auguste, avant son départ pour la Palestine, où il alla avec Richard Cœur-de-Lion, Roi d'Angleterre, pour faire la guerre aux Sarasins, ordonna qu'on enfermât tout ce Quartier de murailles, ce qui fut exécuté avec soin en 1190. Il fut entouré de fossez profonds & de murs très-solides, soûtenus de Tours d'espace en espace, avec des Portes, qui étoient autant de petites Forteresses, à la faveur desquelles on pouvoit se defendre vigoureusement, avant qu'on eût inventé l'Artillerie. Il ne reste plus de ces murailles, que quelques pans à demi-ruïnés derrière le Collége de Navarre, sur les fossez de St. Victor. Elles ont été presque toutes abbatues, & on a comblé les fossez sur lesquels on a élevé quantité de Maisons, qui rendent ces endroits, autrefois deserts & dangereux, fort habitez & fort fréquentez. L'Université, dont on attribue la fondation à Charlemagne, a choisi cet Empereur pour son Patron, & le jour de sa Fête les Exercices cessent dans tous les Colléges, afin que les Professeurs se puissent trouver au Collége de Navarre, pour entendre son Panegyrique, que l'on prononce en Latin au milieu de la Messe. Elle étoit anciennement si nombreuse & si remplie d'Ecoliers, que les Auteurs de ce tems rapportent que toutes les Compagnies & Communautez étant allées en Procession à pied, chacune à son tour, à Saint Denis en France, Ville éloignée de Paris de deux lieues, pour demander à Dieu la guérison du Roi Charles VI. tombé en démence, l'Université voulut s'acquitter du même devoir. Juvenal des Ursins, Historien très-fidèle, a écrit que les Ecoliers, avec les Suppôts & les Membres qui en dépendent, s'y trouverent en si grand nombre, que dans le tems que les premiers de la Procession entroient dans l'Eglise de St. Denis, le Recteur qui étoit le dernier, n'étoit pas encore sorti des Mathurins, où avoit été marqué le rendez-vous. De cent Colléges qu'on pouvoit compter autrefois, à peine en reste-t-il aujourd'hui trente. Il n'y en a que neuf où l'on tienne les basses Classes. Ce sont ceux de Navarre, du Plessis, d'Harcourt, de Beauvais, du Cardinal-le-Moine, de la Marche, de Lizieux, de Montaigu & des Grassins. Les autres Colléges servent seulement à loger quelques Boursiers. Les quatre Facultez qui partagent l'Université, sont la Théologie, le Droit, la Médecine & les Arts. Elle avoit autrefois sa Jurisdiction particuliére, & cela se vérifie par une Epitaphe qui est dans le Cloître des Mathurins. Deux Ecoliers convaincus d'un crime digne de mort, furent exécutez par Sentence du Prévôt de Paris, & l'Université se trouvant blessée par cette Sentence, cessa de continuer ses Exercices, qu'elle ne voulut point reprendre jusqu'à ce que le Prévôt eût ramené aux Mathurins les corps des deux Ecoliers, qu'il fut obligé d'aller détacher du gibet de Montfaucon, où ils étoient demeurez pendus depuis plus de quatre mois, & de les baiser à la joue en les détachant. La Faculté des Arts, qui donne ses Leçons dans les neuf Colléges dont on a parlé, est divisée en quatre Nations, qui ont chacune pour Chef un Procureur, qu'elles élisent tous les ans, de même que les trois Facultez supérieures ont chacune un Doyen, & ces trois Doyens, avec les quatre Procureurs, composent le Tribunal du Recteur, qui en est le Président & le Chef, & que l'on élit tous les trois mois. Les quatre Nations sont celles de France, de Picardie, de Normandie & d'Allemagne. La derniére a été mise à la place de la Nation d'Angleterre, qui en fut ôtée, à cause des cruelles guerres que les François eurent contre

les

les Anglois. Le Collége des Bernardins qui a donné son nom à la rue, est d'une ancienne fondation, & appartient à l'Ordre de Cîteaux. Le Pape Benoît XII. qui étoit de cet Ordre, semble avoir voulu s'immortaliser en faisant bâtir ce Collége, avec toute la magnificence possible. Les murs qui devoient faire la principale clôture, & qui sont demeurez encore sur pied, paroissent d'une épaisseur & d'une solidité surprenante. Le Chapitre est très-bien voûté de même que la Sacristie. L'édifice de l'Eglise est regardé comme une des plus belles gothiques qu'il y ait en France. Les voûtes en sont très-élevées & parfaitement bien entendues. Les Chapelles qui régnent de chaque côté sont claires, & ont de la proportion avec le reste de l'Eglise. La mort de ce Souverain Pontife, arrivée trop tôt, fut cause qu'on laissa ce grand ouvrage imparfait. À côté de la Sacristie est un petit Escalier à vis fort industrieusement imaginé. Deux personnes y peuvent monter & descendre en même tems sans se voir. Ce sont deux rampes en limaçon sur un noyau, ménagées l'une sur l'autre dans une même cage de figure ronde.

En sortant des Bernardins, on trouve à main gauche l'Eglise de Saint Nicolas du Chardonnet, appellée ainsi, à cause que le premier bâtiment fut posé dans un lieu inculte & sauvage, & tout rempli de chardons. Les Chanoines de Saint Victor à qui ce terrain appartenoit, le donnérent vers l'année 1243. pour y bâtir une Paroisse. Le nouveau bâtiment n'est pas achevé. L'intérieur est orné d'une Architecture composite en pilastres, dont les chapiteaux sont d'un dessein particulier. Le Seminaire qui est à côté de cette Eglise est le plus ancien de tout Paris. Il est composé d'Ecclésiastiques très-zélez, qui ne vivent que de ce qu'on appelle la Bourse Cléricale. La Porte de cette Maison a quelque chose de beau dans sa singularité. Le Collége du Cardinal le Moine qui est plus avant, fut fondé l'an 1303. par Jean le Moine, originaire de Cressi en Picardie, qui par son mérite singulier parvint à la dignité de Cardinal & à celle de Légat d'Avignon. Il a été enterré dans la Chapelle de ce Collége où les exercices se font avec une grande exactitude. Tout proche est le Seminaire des Bons Enfans, dirigé par les Peres de la Mission de Saint Lazare. Ils y ont en pension un nombre considérable de jeunes Ecclésiastiques, qui apprennent d'eux les Cérémonies de l'Eglise. La Place Maubert qu'on trouve au bas de la rue Saint Victor, a tiré son nom, suivant le rapport des Historiens, d'Albert le Grand, qui fut en son tems l'ornement & la gloire de l'Université de Paris. On dit que cet habile Docteur ayant enseigné quelque tems à Cologne avec une grande réputation, vint à Paris continuer ces mêmes exercices, & que la Classe n'étant pas assez grande pour contenir tous les Ecoliers qui le venoient écouter, il fut obligé de faire ses leçons au milieu de cette Place, qui en a été appellée *Place Maubert*, comme qui diroit Place de Maître Aubert. C'est aujourd'hui un des plus grands Marchez de la Ville. Ce Marché se tient tous les Mercredis & les Samedis. Au milieu de cette Place est une Fontaine qu'on a élevée des materiaux d'une autre, qui étoit autrefois sur le Quai des Augustins. L'Ange de bronze que l'on voit dessus, étoit posé sur une autre Fontaine qui a été abatue dans la Grève. Les Carmes qui ont leur Convent dans ce lieu-là, ont été originairement fondez par Saint Loüis, qui les avoit amenez de la Palestine. La Reine Jeanne, femme de Philippe le Long, leur laissa de très-grands biens par son Testament de l'année 1349. & entre autres choses sa Couronne, garnie de pierreries d'un fort grand prix, la fleur de lis d'or qu'elle avoit reçue le jour de son couronnement, sa ceinture parsemée de grosses perles & toute sa vaisselle d'argent, avec quinze-cens florins d'or, qui en ce tems-là montoient à une somme fort haute. Tout cela fut employé pour le bâtiment de leur Eglise & de leur Convent, où il n'y a rien de remarquable. Ils ont fait rebâtir depuis peu de tems leur Grand-Autel d'un dessein fort singulier. On y voit quantité de colomnes de pierre, peintes en Marbre & quelques figures. La Chapelle de la Vierge, où est la dévotion du Scapulaire, est d'assez belle menuiserie, ornée de colomnes Corinthiennes. En montant plus haut, on va au Collége de Navarre, le plus spacieux & le plus beau de toute l'Université. Il fut fondé l'an 1304. par la Reine Jeanne de Navarre, femme de Philippe le Bel, comme le font connoître deux Inscriptions gravées, l'une sous la Statue de ce Roi, & l'autre sous celle de la Reine, placées à chaque côté de la porte. L'an 1684. la Ville fonda à perpétuité un Panegyrique pour le Roi, qui est prononcé tous les ans dans une des Salles de ce Collége. Celui de Boncourt en est tout proche. La fondation de l'Eglise de St. Etienne du Mont, située au dessus de ces deux Colléges, est si ancienne, qu'on n'en connoît pas le tems. Le bâtiment tel qu'on le voit aujourd'hui fut entrepris sous le regne de François I. & ne fut achevé que long-tems après. La Reine Marguerite de Valois mit la première pierre au grand Portail le 21. d'Août 1610. Quatre colomnes composites, dont il est accompagné, en font la principale décoration. Elles sont bandées & engagées dans le vif du bâtiment. Le dedans de l'Eglise est assez éclairé & assez propre. Il y a des arcades qui portent des galeries de communication, & qui tournent autour de chaque pilier avec beaucoup d'artifice. La Tribune sur la porte du Chœur est un ouvrage hardi, aussi-bien que les petits escaliers pratiquez pour y monter. Le Crucifix & les figures qui l'accompagnent sur la même porte, attirent par leur beauté l'attention de tous ceux qui s'y connoissent. Le petit Autel du St. Sacrement mérite aussi d'être remarqué. Il y a un bas-relief en Marbre, repré-

M

représentant Notre-Seigneur en prière dans le Jardin des Olives. Proche de-là est un Christ dans le Tombeau, autour duquel sont les figures des trois Maries. Toutes ces choses sont fort admirées des Curieux. La Chaire du Prédicateur est d'une excellente menuiserie, & ornée de sculptures & de bas-reliefs. Une grande Statue de Samson semble soûtenir tout le corps de cet ouvrage, autour duquel on a placé des Vertus assises, avec des bas-reliefs entre deux, & un petit ordre d'Architecture, qui fait un très-bel effet. Sur le dais de cette Chaire on voit un Ange qui tient deux trompettes, avec lesquelles il semble avertir les Fidèles.

De l'Eglise Saint Etienne du Mont, il y a un passage de communication dans celle de Sainte Geneviève. Clovis que l'on croit être le premier Fondateur de l'Abbaye de ce nom, la dédia à Saint Pierre & à Saint Paul, dont elle a long-tems porté le titre. Il y mit des Chanoines Séculiers, qui y demeurerent jusqu'à l'onzième siècle. Comme leur conduite étoit très-irrégulière, Louis le Jeune les obligea de vivre en Communauté, & de prendre la Règle de Saint Augustin. On fit venir douze Chanoines Réguliers de Saint Victor pour établir cette réforme, dont l'Abbé Suger eut le soin, & la Règle de Saint Augustin s'y est toujours conservée depuis dans toute sa pureté: en sorte que cette Maison est devenue la première de cette Congrégation en France. L'Abbaye de Sainte Geneviève a été souvent ruinée par les Normands & par les Danois, dans le tems qu'elle étoit hors de la Ville; mais les Parisiens, dont le zèle a toujours été fort grand pour leur Patrone, réparoient presque aussi-tôt les dommages que ces Barbares y avoient causez. L'an 1483. le Vendredi sept de Juin, à neuf heures du soir, le tonnerre tomba sur le Clocher bâti il y avoit plus de neuf cens ans. Les cloches furent fondues, & ce Clocher qui étoit couvert de plomb demeura consumé entiérement. Le corps de Sainte Geneviève est derrière le Grand-Autel dans une Châsse, soutenue par quatre colomnes Ioniques, d'un Marbre extraordinaire. Les deux de devant sont de grosse brèche, qui est un Marbre fort estimé. Le Tombeau de Clovis, premier Roi Chrétien, est dans le milieu du Chœur. La figure couchée que l'on voit dessus, est la même qui fut faite pour lui peu de tems après sa mort. L'Autel est isolé, & l'on peut tourner tout à l'entour. Le petit Tabernacle est de Marbre blanc en forme de Dôme octogone, avec quatre portiques soûtenus de petites colomnes composites de brocatelle Grecque antique, dont les chapiteaux sont de bronze doré à feu, très-bien cizelez, avec des figures d'Anges sur les piédestaux. Le corps de ce Tabernacle est fait de diverses pierreries de rapport, comme de lapis, d'agate & autres semblables. Tout l'ouvrage est soutenu sur un pied en cul de lampe, d'un Marbre bleu extrêmement rare. De chaque côté sont les Statues de Saint Pierre & de St. Paul,

de Saint Denis & de Saint Augustin, d'une matière fort différente du Marbre, à cause de sa légéreté, & qui cependant en imite parfaitement bien la blancheur. Il y a dans la Nef quelques Chapelles assez belles, ornées de colomnes de Marbre, ainsi que le Jubé posé sur la porte du Chœur avec un Attique. La menuiserie des Orgues est parfaitement bien travaillée. Le Tombeau de Sainte Clotilde, femme de Clovis, est auprès des marches du Grand-Autel. Dans une Chapelle à côté de la Sacristie, est le Mausolée de François, Cardinal de la Roche-Foucault, dont la figure en Marbre blanc est à genoux sur un Tombeau de Marbre noir; & sur le devant on voit les Armes de l'Abbaye de Sainte Geneviève dont ce Cardinal étoit Abbé. Proche la porte par laquelle les Religieux passent pour aller au Chœur, il y a deux Arcades ou Niches, dans lesquelles sont deux figures de terre cuite, qui représentent JESUS-CHRIST dans le Tombeau & ressuscité. Ces figures sont admirablement bien dessinées. Dans la Cave de cette Eglise est le Tombeau de Sainte Geneviève, fait de simple Marbre & sans aucun ornement. Il n'y reste rien du Corps de cette Sainte qui a été mis tout entier dans la Châsse, avec les planches de la bière. La Sacristie est remplie de quantité d'argenterie pour le Service Divin, & d'un grand nombre d'ornemens très-riches & de diverses couleurs. Depuis trente ou quarante ans, on a fait de grandes réparations dans l'intérieur de la Maison. Comme la grande Porte étoit très-incommode, on en a bâti une autre en manière d'un double Portique, soûtenu sur des colomnes Doriques, avec deux Pavillons quarrez aux extrémitez. Vis-à-vis de cette Porte est une Fontaine, au pied d'une figure de Sainte Geneviève, dans une espèce de niche ou d'arcade, ornée de deux colomnes Ioniques. Ensuite on entre dans le Cloître, soûtenu des deux côtez de colomnes Doriques, comme celle de la première entrée. Au bout de ce Portique, long environ de trente pas, on trouve le grand Escalier qui conduit aux Dortoirs. Ces Dortoirs n'ont rien de considérable qu'une grande propreté qui règne également dans les Salles basses. Le Jardin est fort agréable, & plus grand qu'aucun de ceux qui se trouvent dans l'enceinte des anciens murs de Paris. La Bibliothéque qui occupe le dessus d'un des quatre grands corps qui forment tout le bâtiment de cette Abbaye, est très-curieuse & remplie d'une infinité de Livres, rangez dans des armoires d'une très-belle menuiserie. Sur le devant sont des Bustes des Hommes Illustres de l'Antiquité & de quelques Personnes distinguées du dernier siècle, moulez sur de bons originaux. On y conserve une grande quantité de belles Estampes. A l'extrémité de cette Bibliothéque, on entre dans un Cabinet particulier, où les Curieux ont dequoi se satisfaire sur toutes sortes de rares curiositez. Le Collége de Montaigu ou des Capets est dans ce même Quartier. Le Chapitre de Notretre-Dame & les Peres Chartreux en font les Administrateurs. Le fameux Erasme de Roterdam a fait une partie de ses études dans ce Collége, où l'on entretenoit autrefois de pauvres Ecoliers, qui étoient obligez de vivre sous une discipline fort rigoureuse.

On va de-là dans la rue St. Jacques, qui commence au petit Châtelet à l'extrémité du petit Pont. Le petit Châtelet est une maniére de Forteresse antique, composée d'une grosse masse de Bâtiment ouverte dans le milieu, qui servoit autrefois de porte à la Ville, aussi-bien que le grand Châtelet, dans le tems qu'elle n'avoit point d'autre étenduë que l'Isle du Palais. Ce Bâtiment fut réparé par le Roi Robert. On y distingue encore des culs de lampes, sur lesquels on avoit élevé autrefois des Tours, qui ont été abbatuës pour faire une terrasse, qui sert à présent de promenade aux Prisonniers. La premiére chose remarquable qu'on rencontre en montant vers la Porte où finit la ruë St. Jacques, est l'Eglise de St. Severin. On ne peut douter qu'elle ne soit fort ancienne, puisque le Patron dont elle porte le titre, en a été le Fondateur. Il vivoit du tems du grand Clovis, qui sur le bruit de la sainteté de sa vie, le fit venir de Savoye où il étoit Abbé, pour le guérir d'une fiévre dangereuse, dont il fut délivré par ses priéres. Pendant le séjour que ce Saint Abbé fit à Paris, il demeura dans l'endroit où l'Eglise de Saint Severin a été bâtie. Ce n'étoit alors qu'une Solitude, au milieu de laquelle il y avoit une petite Chapelle dédiée à Saint Clément. Il n'y a pas long-tems que le Grand-Autel de cette Paroisse est achevé. Il est orné de huit colomnes Composites de Marbre, qui sont disposées sur un demi-cercle, & qui soûtiennent une Coupole coupée, avec quelques ornemens de bronze doré. De autre côté, à l'extrémité de la rue Galande, est une ancienne Eglise nommée *Saint Julien le Pauvre*, qui fut autrefois un Hôpital. L'Eglise de Saint Yves est un peu plus haut. Elle fut bâtie l'an 1347. par les soins d'une célèbre Confrairie de Bretons qui étoit alors à Paris, & qui y faisoit faire le Service Divin tous les jours par des Ecclésiastiques gagez. En avançant dans la même Ruë on trouve le Convent des Mathurins ou Trinitaires. Il fut fondé par Saint Louïs, & Robert Guaguin, Ministre & Général de l'Ordre, fit bâtir l'Eglise dans le même lieu, où du tems de la premiére fondation de ces Peres, il se trouvoit une vieille Chapelle, dans laquelle on conservoit le corps de Saint Mathurin, ce qui les a fait nommer *Mathurins*. Depuis quelque tems on a embelli cette Eglise considérablement. Le Grand-Autel est orné de quatre colomnes d'un Marbre très-rare & très-précieux, d'une brocatelle jaune marquetée de couleur de feu, plus grandes que toutes celles que l'on a pû voir de cette espéce. Les Carriéres en sont perduës, ou du moins inconnuës présentement. Ces quatre belles colomnes furent données par les Trinitaires d'Espagne, à un Général de l'Ordre, lors qu'il faisoit sa visite dans ce Royaume. Le petit Tabernacle de cet Autel est enrichi de colomnes d'un Marbre singulier, aussi d'une espéce de brocatelle très-rare. Les Chapelles qui sont de chaque côté ont aussi pour ornement des colomnes de Marbre d'une assez belle ordonnance. Les chaises des Religieux sont d'une menuiserie, dont les panneaux se trouvent couverts de Tableaux, qui représentent l'Histoire de Jean de Matha leur Instituteur. Le Chœur de cette Eglise est séparé de la Nef par une espéce d'Architecture à jour, où plûtôt par six colomnes Ioniques, qui soûtiennent une corniche double, sur laquelle il y a des figures d'Anges, qui tiennent en leurs mains des instrumens de la Passion. Le reste de cette Eglise est revêtu d'une menuiserie chargée de Sculpture. Ces Religieux, avant qu'on les appellât *Mathurins* ou *Trinitaires*, portoient le nom de *Freres Asnes*, parce que lors qu'ils étoient obligez de voyager, il leur étoit défendu d'aller autrement que sur des Asnes, suivant leur Institution faite l'an 1198. sous le Pontificat d'Innocent III. Cela fut changé en 1267. qu'il leur fut permis de se servir de chevaux. Ils sont de l'Ordre de la Sainte Trinité, de la Redemption des Captifs, & leur principal Institut est d'aller racheter des Esclaves Chrétiens des mains des Infidéles, ce qui leur fait faire de tems en tems des voyages en Barbarie. On passe ensuite devant l'Eglise de Saint Benoît, dont on tient que Saint Denis Evêque de Paris a été le Fondateur, & qu'il la mit sous l'invocation de la Sainte Trinité. Elle est occupée par des Chanoines, qui dépendent de Notre-Dame, où ils sont obligez de se trouver les jours des grandes Processions. Le Bâtiment est fort simple & fort grossier. Le Chœur a été entiérement refait depuis quelque tems, & décoré en dedans d'un ordre d'Architecture en pilastres Corinthiens.

De l'autre côté de la Ruë, vis-à-vis le derriére du Chœur de cette Eglise, est une petite Place, à l'entrée de laquelle il y a une Fontaine. Cette Place est appellée *la Terre de Cambrai*, à cause qu'on y trouve un Collége de ce nom. Le Collége Royal s'y trouve aussi. Il doit sa fondation à François I. le Pere & le Restaurateur des Lettres en France. Ce fut lui qui institua la plûpart des Lecteurs, nommez depuis Professeurs en Droit & en Médecine, qui sont dans ce Collége. Il fit venir les plus habiles gens qu'il put trouver pour y enseigner les Mathématiques, la Philosophie, la Langue Grecque, la Latine, la Syriaque & l'Hébraïque. Il avoit dessein d'y faire élever un grand Bâtiment; mais les guerres qu'il fut obligé de soûtenir sur toutes les Frontiéres du Royaume, ne lui permirent pas de l'exécuter. Ce Bâtiment ne fut commencé que sous la Régence de Marie de Médicis. Le Roi Louïs XIII. son fils qui n'avoit encore que neuf ans, y mit la premiére pierre; mais ce travail fut interrompu, & il n'y n'y eut qu'un côté de fait, tel qu'on le voit, au même endroit où fut autrefois le Collége de Treguier. Les Professeurs, au nombre de dix-neuf, sont gagez du Roi, & font une espèce de corps séparé de l'Université, à laquelle, ils ne laissent pas d'être soûmis. Il n'est pas permis au Recteur de les déposer, ni de leur défendre la Chaire, ce qu'il peut faire à tous les autres. Vis-à-vis du Collége Royal, l'on trouve la Commanderie de Saint Jean de Latran, qui dépend de l'Ordre de Malthe. C'est un grand espace rempli de Maisons très-mal bâties, où logent toutes fortes d'Artisans, qui ne sont pas Maîtres, & qui peuvent travailler sans être inquietez par les Jurez de la Ville, parce que cette Commanderie est un lieu de Franchise. Dans l'Eglise appellée *Saint Jean de Latran*, est le Tombeau de Jacques de Souvré, Grand-Prieur de France. Il est tout de Marbre, d'un dessein particulier. On y voit deux Termes sortant de leurs guênes, qui sont cannelées. Ces Termes soûtiennent un entablement, sous lequel on voit la figure de ce Grand-Prieur, couchée sur un Tombeau de Marbre noir. Les deux corps qui portent l'entablement & le fronton, dans lesquels les deux Termes se trouvent nichez, sont d'une espèce de Marbre fort rare, nommé *Brêche antique*. Près de-là est la Place du Puits Certain, au haut de la rue Saint Jean de Beauvais. Elle est renommée par le Puits que l'on y voit. Ce Puits fut bâti vers l'an 1556. par Robert Certain, pour lors Curé de l'Eglise de Saint Hilaire, & nommé premier Principal du Collége de Sainte Barbe. Cette Eglise a été bâtie dans la Censive du Chapitre de Saint Marcel; & comme ce Chapitre avoit autrefois droit de Justice, haute, moyenne & basse dans tout ce Quartier-là, c'étoit au Puits Certain que se faisoient ordinairement les punitions corporelles, en exécution des Sentences de la même Jurisdiction, & principalement lorsque quelque Scélérat avoit été condamné à mort. En rentrant dans la Rue S. Jacques, & montant un peu plus haut, on arrive au Collége du Plessis, nommé autrefois *le Collége de Saint Martin*, à cause que son premier Fondateur, appellé *Geofroi du Plessis*, Secrétaire du Pape Jean XXII. avoit beaucoup de vénération pour ce Saint. Le Cardinal de Richelieu pour éterniser sa mémoire, lui fit restituer son ancien nom, & on l'appella *le Collége du Plessis de Richelieu*. Il laissa une somme considérable pour le faire rebâtir magnifiquement, & embellir de logemens spacieux, qui le rendent un des plus beaux de l'Université. Les Docteurs de Sorbonne ont la direction de ce Collége, & ils y mettent le Principal & les Régens. Le Collége des Jésuites, qu'on a nommé fort long-tems *le Collége de Clermont*, & qu'on appelle aujourd'hui *le Collége de Louis le Grand* est à cinquante ou soixante pas de celui du Plessis. Guillaume Duprat, Evêque de Clermont, s'étant trouvé au Concile de Trente de la part de la France, fit u- ne liaison particuliére avec quelques Jésuites qui se trouverent à l'Assemblée du même Concile. La haute estime qu'il conçut pour leur pieté & pour leur savoir, lui fit former le dessein de les amener en France pour instruire la Jeunesse dans les Lettres humaines, & sur-tout dans la pureté de la Religion Romaine, qui étoit troublée en ce tems-là par l'Héréfie de Luther & par celle de Calvin. Il les logea pendant son vivant dans sa Maison, & leur laissa par son Testament une somme considérable, qui leur servit à acheter une maison qu'on nommoit *la Cour de Langres*, & qu'ils appellerent *le Collége de Clermont*, à cause que leur Bienfaicteur étoit Evêque de la Ville de ce nom. Le Roi Henri III. y mit la première pierre. Ce Bâtiment contient une très-grande quantité de logemens & de chambres, le tout rempli jusques aux moindres espaces, & ménagé avec beaucoup d'industrie. Les Pensionnaires qui occupent ces logemens sont en fort grand nombre, & la plûpart d'une condition distinguée. La Chapelle de ce Collége est petite & obscure. On y voit dans les Fêtes solemnelles un devant d'Autel tout d'argent, & un autre d'une riche broderie d'or fort relevée sur un fond d'argent, avec plusieurs piéces d'orfévrerie, & d'autres choses d'un très-grand prix. Il y a un grand corps de bâtiment au fond du jardin, assez près du petit Collége de Marmoutier, qu'on a joint à celui-ci pour l'augmenter, de même que le Collége du Mans, que le Roi a donné à ces Peres. C'est dans cet appartement que leur Bibliothéque est placée. Elle est une des plus belles & des plus nombreuses de Paris, par la quantité & par la qualité des Livres qui s'y trouvent. L'Eglise de Saint Etienne des Grecs est un peu plus haut que ce Collége, du même côté. Elle passe pour la première & la plus ancienne de Paris. Vis-à-vis est le grand Convent des Jacobins, nommez originairement *les Freres Prêcheurs*, de l'Ordre de Saint Dominique. On rapporte sa fondation au tems même de ce Saint, qui vivoit en l'année 1217. sous le Pontificat d'Honoré III. & qui travailla avec un zèle infatigable à extirper l'Héréfie des Albigeois dans le Languedoc. Dans le même tems il envoya à Paris deux de ces Religieux, qui se logérent dans une Place nommée *le Parloir aux Bourgeois*. C'est le même lieu où est aujourd'hui ce Couvent. Ces Peres furent ensuite nommez *Jacobins*, à cause de la rue Saint Jacques, où il a été bâti. Le grand Autel de l'Eglise est orné de colomnes Corinthiennes de Marbre de Dinan. Au dessus de la porte du Chœur on voit un grand Tableau du Valentin, qui représente la Naissance de la Vierge. Les Connoisseurs le regardent comme un des plus beaux qu'il y ait en France. La Chapelle du Rosaire, qui est à côté du Grand-Autel, est d'une assez belle menuiserie. Il y a dans cette Eglise un grand nombre de Tombeaux, dont plusieurs sont de Princes du Sang Royal

de

de France. Celui de Humbert, dernier Prince Souverain de Dauphiné, mérite qu'on le diftingue. Ce Prince ayant perdu un fils unique encore enfant, qu'il laiffa tomber malheureufement par une fenêtre, en conçut un tel chagrin, qu'il réfolut de quitter le monde, & prit à Lyon l'habit de l'Ordre de Saint Dominique, après avoir donné fa Principauté à Philippe de Valois, à la charge que tous les fils aînés des Rois de France porteroient à l'avenir *le nom de Dauphin*. Il gouverna le Monaftére de Paris, & fut fait Patriarche d'Alexandrie. Le Tombeau de ce Prince eft au milieu du Chœur. Saint Thomas d'Aquin, l'Ange de l'Ecole, a enfeigné la Théologie dans ce Couvent. La grande Claffe où il donnoit des Leçons, fut rebâtie au commencement du dernier fiècle.

Au fortir des Jacobins on entre dans le Fauxbourg Saint Jacques, où après avoir paffé devant le Couvent des Filles de la Vifitation de Sainte Marie, qui n'ont pour Eglife qu'une grande Salle fort ferrée & fort obfcure, on vient à Saint Jacques du Haut-Pas, Paroiffe de tout ce Quartier. La Porte de cette Eglife eft embellie d'un Ordre Dorique, de quatre groffes colomnes ifolées qui foûtiennent un entablement & un fronton, avec un Attique au deffus. Les voûtes des bas-côtez font très-hardies, principalement les deux premiéres en entrant. Le Seminaire de Saint Magloire eft prefque contigu à Saint Jacques du Haut-Pas. C'étoit autrefois une Abbaye de l'Ordre de Saint Benoît, qui fut fondée originairement, au lieu où eft à préfent l'Eglife de Saint Barthelemy. Les Religieux qui fe trouvoient en un endroit plein de tumulte, à caufe de la proximité du Palais, le quittérent en 1138. & vinrent occuper la place où eft à préfent ce Seminaire. Il y avoit alors une petite Chapelle dédiée à Saint George. L'an 1549. ces Religieux furent transferez en divers Monaftéres de leur Ordre, & on mit en leur place des Filles Pénitentes, qui n'y demeurérent pas long-tems. Les Peres de l'Oratoire y furent introduits l'an 1620. & gouvernent aujourd'hui cette Maifon. Leur Inftitut eft d'inftruire les jeunes Eccléfiaftiques dans les fonctions de l'Eglife & dans les exercices de la pieté. Ce Seminaire eft un des plus fréquentez de Paris. On trouve enfuite le Couvent des Urfulines, & celui des Feuillantines. Le premier fut fondé en 1607. par Mademoifelle de Sainte-Beuve. L'Inftitut de ces Religieufes eft d'inftruire gratuitement les jeunes filles, & de leur apprendre, non feulement à lire & à écrire, mais encore à faire des ouvrages qui leur conviennent pour les faire fubfifter. L'Eglife eft petite, & la Reine Anne d'Autriche y mit la premiére pierre le 22. de Juin 1620. L'Autel eft d'un affez beau deffein, orné de colomnes de Marbre de Dinan. Les Feuillantines, établies en 1621. font de l'Ordre de S. Bernard, de la Réforme du Bienheureux Jean de la Barriére. Il n'y a pas fort long-temps que leur Eglife a été rebâtie de neuf. L'Autel de cette Eglife eft orné de colomnes rudentées Compofites, de pierres de taille proprement travaillées, & le Tableau qu'on voit au milieu eft une copie de la Sainte Famille de Raphaël. Tout proche font les Bénédictins Anglois, dont l'Eglife, quoique petite, a des embelliffemens qui ont de quoi contenter la vue. Elle eft ornée de pilaftres en dedans, & l'Autel eft accompagné de colomnes & de figures qui font un affez agréable effet. La menuiferie des chaifes des Religieux eft fort bien imaginée. Ce font des Anglois d'origine, que la Religion obliga vers le milieu du dernier fiècle, de venir chercher un refuge en France. Vis-à-vis font les Carmelites, dont l'Eglife eft très-ancienne. Le corps du bâtiment, tel qu'on le voit, fut élevé fous le regne de Robert le Religieux. Cette Maifon étoit autrefois un Prieuré de l'Ordre de S. Benoît, fous le titre de Notre-Dame des Champs, fondé par Saint Denis, felon quelques Antiquaires. L'an 1604 on y mit des Religieufes Carmelites de la Réforme de Sainte Therèfe, que le Cardinal de Berulle alla chercher lui-même en Efpagne, dans le tems que cette Réforme faifoit un fort grand bruit, à caufe de l'aufterité de fes Statuts. C'eft la premiére Maifon de cet Ordre qu'on ait vue en France. L'Eglife, quoique d'une groffiére ftructure, eft très-richement décorée pour ce qui regarde les dedans; en forte que les embelliffemens modernes qu'on y a faits, réparent avantageufement ce défaut. Tout y eft peint en marbre noir veiné de blanc, & les baluftrades ou clôtures des Chapelles font d'une menuiferie très-bien dorée. L'Autel principal de cette Eglife eft fort exhauffé. C'eft un Corps d'Architecture de quatre colomnes Corinthiennes de marbre, dont les chapiteaux, les foubaffemens & les médaillons, font de bronze doré à feu. Dans l'Attique eft un grand bas-relief, auffi en bronze doré, qui repréfente une Annonciation, fur un fond de marbre de Dinan. Le Tabernacle de cet Autel eft tout d'argent. L'Arche d'Alliance y eft figurée, & l'on voit fur le devant un bas-relief d'un admirable travail. Ces Religieufes ont un grand Soleil d'or enrichi de quantité de pierreries, d'un fort grand prix, dans lequel on expofe le Saint Sacrement aux Fêtes les plus folemnelles. Toutes les Chapelles font magnifiques, & fur-tout celle de la Magdelaine. La Statue en marbre du Cardinal de Berulle fait un des ornemens de cette Chapelle. Il eft repréfenté à genoux fur un piédeftal, aux faces duquel font de très-beaux bas-reliefs. La partie de l'Eglife du côté de la porte eft terminée par une grande Tribune dont les ouvertures font grillées. Les Religieufes y peuvent entendre le Sermon, quand on prêche dans la Nef. Le devant de cette Tribune eft orné de colomnes peintes de marbre, & des Statues de Saint Pierre & de Saint Paul, & fur le haut

haut on voit un Saint Michel précipitant le Démon. Toute la voûte de cette Eglise est de Champagne. On y admire particuliérement un Crucifix, accompagné de la Vierge & de Saint Jean, dessinez avec tant d'art, qu'il semble que ces figures soient sur un plan perpendiculaire, quoi qu'elles soient sur un plan horisontal, ce qui trompe agréablement la vûe de ceux qui les regardent d'en bas. La Balustrade qui sépare la Nef du Chœur de cette Eglise, est formée par quatre grandes colomnes d'un très-beau marbre, chargées de flâmes de bronze doré. Le Crucifix placé sur la porte est aussi de bronze & regardé comme une pièce rare & des plus belles.

Le Val-de-Grace, l'un des plus superbes Edifices qu'on ait élevez dans le dernier siécle, est situé de l'autre côté des Carmélites, & occupé par des Religieuses de l'Ordre de Saint Benoît, qui avoient été fondées autrefois près du Village de Biévre, à trois lieues de Paris, en un lieu appellé le *Val-profond*, & fort incommode, à des cause marécages. Louïs XIII. leur ayant accordé la permission de s'établir à Paris, la Reine Anne d'Autriche fit venir d'un Monastère de Lyon, Marguerite d'Arbouze pour y mettre la reforme, & les fit loger en 1621. au Fauxbourg Saint Jacques dans une vieille maison que l'on nommoit *l'Hôtel de Valois*, qui fut abbatue pour faire place aux ouvrages que l'on a exécutez depuis ce tems-là. Cette Princesse croyant ne pouvoir rendre assez d'actions de graces à Dieu pour l'heureuse naissance du Roi Louïs XIV., dont elle accoucha le 5. de Septembre 1638. après vingt-deux ans de stérilité, fit jetter les fondemens du magnifique Edifice, qui porte le nom *de Val-de-Grace*. On entre d'abord dans une grande Cour, séparée de la rue par une palissade de fer aux extrémitez de laquelle sont deux Pavillons quarrez. A droite & à gauche cette cour est bornée d'un ouvrage de maçonnerie, orné de colomnes rustiques. Le grand Portail est au fond de cette cour, élevé sur seize degrez. Il est en Portique, soutenu de quatre grosses colomnes Corinthiennes isolées. Il y a des Niches de chaque côté, & l'on y a placé les Statues de Saint Benoît & de Sainte Scolastique en marbre blanc, avec les Armes de France & d'Autriche dans le Timpan, soûtenu par deux Anges. Sur la frise de ce Portique cette Inscription est en grosses lettres d'or de relief.

*Jesu nascenti Virginique Matri.*

La face de tout ce Portail est de deux ordres de colomnes Corinthiennes & Composites, avec tous les ornemens qui peuvent leur convenir. Le second est engagé dans le vif du bâtiment. Toute l'Eglise est ornée d'un ordre Corinthien en pilastres rudentez. Le pavé est divisé en grands compartimens de marbre de différentes couleurs, assortis à la beauté des panneaux qui sont à jour. Cette voute est d'une pierre blanche comme le marbre & enrichie d'ornemens partout. De chaque côté de la Nef on voit trois Chapelles, séparées l'une de l'autre par deux grands pilastres. Ils soûtiennent la corniche, qui regne autour de l'Eglise, sur laquelle posent les arcs de la voûte. Le Grand-Autel est directement sous la Coupole, à l'extrémité de la Nef, de laquelle il n'est séparé que par une grille de fer doré. Quatre grandes arcades supportent cette Coupole, & le Grand-Autel est placé sous celle du fond. Il est décoré de six grosses colomnes torses composites, de marbre de Barbançon, noir, veiné de blanc. Ces riches colomnes sont élevées sur des piédestaux aussi de marbre & chargées par-tout de palmes & de feuillages de bronze doré. Elles sont sur un grand Zocle rond, élevé environ de trois pieds, & un Baldaquin formé par six consolles est posé dessus. Ces consolles s'assemblent au milieu pour soûtenir un petit plafond, qui fait un amortissement fort agréable terminé par une Croix. Chacune porte sur l'entablement d'une colomne, avec des soubassemens de marbre, sur lesquels sont des Anges qui tiennent des encensoirs, & sur les mêmes entablemens s'appuient des festons de palmes, après lesquels sont suspendus de petits Anges, qui tiennent des rouleaux où sont écrits des Versets du *Gloria in excelsis Deo*. Les grands Anges, les petits & le Baldaquin sont d'or bruni, & les chiffres qui sont dans le dé des piédestaux, les bazes, les chapiteaux, les modillons & les roses de bronze, qui sont dans les compartimens du plafond de la corniche, sont dorez d'or mat. Sur l'Autel, qui est entre des colomnes, l'Enfant JESUS est représenté en Marbre blanc dans la Créche, accompagné de la Sainte Vierge & de Saint Joseph. La peinture de la Coupole est bien digne d'arrêter long-tems les Curieux. Ce grand ouvrage représente la gloire des Bienheureux dans le Ciel qui sont disposez par groupes, les Prophétes, les Martyrs, les Vierges & les Confesseurs s'y sont reconnoître par une marque particuliére, ainsi que les Rois, les Patriarches, les Chefs d'Ordre, les Peres de l'Eglise, Saint Benoît & Sainte Scolastique, dans les parties les plus basses. Au plus haut, la vue se perd dans les espaces infinis, qui ne sont paroître que des objets confus & mal formez, à cause de l'éloignement & d'une grande lumière qui en sort. Toute cette belle peinture est à fraisque. A droite & à gauche du Grand-Autel sont deux grilles d'une grandeur extraordinaire qui occupent les vuides des arcades, l'une & l'autre travaillées avec une extrême délicatesse. Celle qui est à droite sépare de l'Eglise le Chœur des Religieuses. Il est grand & revêtu d'une très-belle menuiserie. De l'autre côté est une Chapelle tendue de deuil au milieu de laquelle est un lit de velours noir, élevé sur quatre ou cinq degrez, où l'on avoit mis le cœur de la Reine Mere Anne d'Autriche, de la feue Reine Marie Thérèse d'Autriche, de Madame la Dauphine Marie Anne Christine Victoire de Baviére, & de feue Madame, Henriette Anne

Anne Stuart ; mais depuis quelque tems on a pratiqué sous cette Chapelle une espèce de Caveau qu'on a incrusté de Marbre, & dans lequel tous les cœurs de ces Princesses ont été placez. Parmi les richesses que la Sacristie renferme il y a un Soleil d'or émaillé de couleur de feu, garni de diamans sur les arrêtes des rayons, sur le cercle & sur la croix, soûtenu par un Ange, qui a les bords de sa robe enrichis aussi de diamans. Les dehors de l'Eglise méritent qu'on les considére, à cause de l'architecture & des ornemens, qui sont autour de la coupole. La hauteur en paroît fort grande. Elle est couverte de plomb avec de grandes bandes dorées, & sur le plus haut il y a une balustrade de fer autour de la petite lanterne, & ouverte de tous côtez, sur laquelle est une grosse boule & la croix au dessus. Tout cela brille de loin par la dorure, & par quelque endroit qu'on puisse entrer dans Paris, cette Coupole est si grosse & si élevée, qu'il est aisé de la distinguer.

Le Convent des Capucins qui est près du Val-de-Grace, fut bâti l'an 1613. & sert de Noviciat. Ces Péres ont un troisième Convent dans le Quartier du Marais. Dans la rue qui est vis-à-vis des Capucins, & qui perce dans la Rue d'Enfer, on trouve le Monastère des Religieuses Bénédictines Réformées de Port-Royal. La Reine Anne d'Autriche les fit venir l'an 1625. de la fameuse Abbaye de Port-Royal des Champs, près de Montfort-Lamauri, où elles étoient en très-grand nombre, pour les établir au lieu qu'elles occupent présentement, & que l'on appelloit alors *l'Hôtel de Clagny*. Leur Eglise est fort petite ; mais bâtie très-proprement & avec art. Une Epine de la Couronne de Notre-Seigneur que l'on y conserve, y attire un grand concours de dévotion. A l'extrémité du Fauxbourg Saint Jacques à l'entrée de la campagne, est un magnifique bâtiment appellé *l'Observatoire*, qui a été élevé pour loger les Mathématiciens qu'entretient Sa Majesté. *Voyez* OBSERVATOIRE.

En rentrant dans la Ville par la Rue d'Enfer, on trouve d'abord la Maison des Péres de l'Oratoire, appellée *l'Institution*. Elle leur sert de Noviciat, & fut fondée l'an 1650. par M. Pinette, Secrétaire de Gaston de France, Duc d'Orléans, oncle du Roi. L'Eglise en est assez bien bâtie. Dans la Chapelle de la Vierge paroît un Tombeau de Marbre noir où le Cardinal de Berulle est représenté à genoux. Le même Pinette le fit faire pour y enfermer un bras de ce Cardinal. A peu de distance de-là en descendant, est le Convent des Chartreux. Il est de la fondation de Saint Loüis, qui leur donna le vieux Château de Vauvert, qui selon ce qu'en ont écrit les Historiens de ce tems-là étoit habité par les Diables, à quoi ils ajoutent qu'ils faisoient de si grands desordres, que la porte qui conduisoit pour y aller, fut bouchée par Arrêt du Parlement. C'est par cette raison que la rue qui est devant est encore nommée *la Rue d'Enfer*. Ces Peres occupent un terrain qui est plus grand qu'aucun autre qu'il y ait dans les Fauxbourgs & dans toute l'étendue de Paris. Outre les Cellules, qui ont chacune un jardin particulier, il y a un fort grand clos de plusieurs arpens de terre qui environne toute la Maison. Les chaises des Religieux se distinguent dans l'Eglise par la beauté du travail. La menuiserie en est ornée de pilastres Corinthiens & de sculptures. Entre les fenêtres sont plusieurs grands Tableaux d'excellens Peintres, qui représentent l'Histoire du Nouveau Testament. Le petit Cloître qui est à côté de l'Eglise est orné d'une Architecture Dorique en pilastres, avec des Tableaux dans les arcades, où est peinte l'Histoire de Saint Bruno. Il y a des cartouches entre deux dans lesquels la Vie de ce même Saint est décrite en Vers Latins. Les vîtres de ce petit Cloître sont dans une bordure de fleurs, peinte en apprêt, au coin de laquelle est un Camayeu qui représente un Pere du Desert. Leur Réfectoire est fort clair, & ces Peres n'y mangent que les Fêtes, les Dimanches & les Jeudis. Les autres jours ils prennent leur repas en particulier dans leurs Cellules disposées en quarré autour du Cimetiére, & composées de quatre ou cinq petites chambres de pleinpied boisées par-tout & fort simplement meublées. Tout proche de ce Monastère est un petit Convent de Feuillans sous le titre de l'Ange Gardien. Après qu'on a passé l'endroit où étoit la Porte de Saint Michel qui a été abbatue pour donner plus d'ouverture à ce Quartier qui étoit trop resserré, on entre dans la Rue de la Harpe, où la Sorbonne est la première chose remarquable qui se présente à la vue. Avant que le Cardinal de Richelieu eût pris soin d'embellir cette Maison, ce n'étoit qu'un vieux Collége, d'une structure fort simple, quoique le lieu fût en réputation depuis long-temps. Robert de Sorbonne, natif d'un Village proche de Sens, appellé *Sorbonne*, Aumônier du Roi Saint Loüis, en a été le premier Fondateur. Le Cardinal de Richelieu qui cherchoit à immortaliser son nom, fit rebâtir ce Collége de fond en comble & n'épargna aucune dépense pour le rendre magnifique. La Place quarrée qui est devant la porte de l'Eglise, est bornée à droite & à gauche par d'assez belles maisons. D'un côté elle a un grand corps de logis de maçonnerie en bossage rustique, à deux étages, où est la Classe de Théologie pour les Ecoliers externes. Cette Classe est grande & élevée, & l'on s'en sert quelquefois lorsqu'il y a quelques Thèses de conséquence à soûtenir. A main droite de cette Place est la Chapelle du Collége de Cluni, qui en occupe presque une face entiére. La Coupole de l'Eglise de Sorbonne est accompagnée de quatre campaniles & de Statues, avec des bandes de plomb doré, & une balustrade de fer sur le plus haut, autour de la petite lanterne qui fait le comble de tout l'Edifice. Le Portail dont les proportions sont très-

très-justes & les points de vûe admirablement bien ménagez, est orné de colomnes Corinthiennes. Le second étage est seulement en pilastres Composites. En haut & en bas dans les entrecolomnemens il y a quatre niches où l'on a placé des Statues fort bien travaillées. Celles qui se trouvent sur les dehors de l'Eglise & dans l'intérieur entre les pilastres Corinthiens qui soûtiennent la voute, ont aussi de la beauté & représentent des Apôtres & des Anges grands comme le naturel. Ces figures sont de pierres de Tonnerre, qui ne sont guère moins belles que le Marbre. Le dedans de cette Eglise est d'une médiocre grandeur. Le pavé est de Marbre, & la Coupole a quelques peintures assez belles. On estime sur-tout les quatre Evangelistes, qui sont entre les arcades qui la soûtiennent. On ne peut rien voir de plus magnifique que le Grand-Autel. Il est composé de six colomnes Corinthiennes de Marbre de Gauchinet, dont les bases & les chapiteaux sont dorez à feu, aussi-bien que les modillons & les roses qui sont dans la corniche. Les colomnes du milieu forment un avant-corps, couronné d'un fronton, & sur lequel il y a deux Anges. Entre les autres colomnes qui sont en retour des deux côtez, on a placé deux excellentes figures de Marbre, dont l'une représente la Vierge & l'autre Saint Jean l'Evangeliste. Un grand Attique, où l'on a encore placé des Anges, regne sur tout ce bel ouvrage. A la place du Tableau on a mis un grand Crucifix de Marbre blanc sur un fond noir. Le Pere Eternel dans une Gloire accompagné des Anges en adoration, est peint au haut de ce même Autel dans le fond qui se trouve sous l'arc de la voute. Le Tabernacle est de Marbre blanc, enrichi de vases, de bas-reliefs & de quantité d'ornemens de bronze doré. Le Tombeau du Cardinal est élevé au milieu du Chœur. Il est représenté à demi-couché, soûtenu par la Religion, & il a à ses pieds la Science qui répand des larmes. Deux Génies qui sont derriere tiennent les Armes de Richelieu, ornées du Chapeau de Cardinal & du Cordon du Saint Esprit. Au milieu de la Maison, où les Docteurs sont logez, est une Cour quarrée, longue, toute environnée de bâtimens, une partie de laquelle est plus élevée que l'autre, ce qui donne un air de grandeur & de majesté au superbe portique de l'Eglise qui termine cette cour. Il est élevé sur quinze degrez, & formé par dix grosses colomnes Corinthiennes, isolées & détachées du corps du bâtiment de plus de six pieds. Ces colomnes soûtiennent un entablement couronné d'un fronton, dans le timpan duquel sont les Armes du Cardinal, avec deux Statues de chaque côté sur des Acroteres. Toutes les moulures de l'Architecture sont arrasées, afin qu'elles ne fassent qu'une seule Table avec la frise, pour faire place à cette Inscription.

*Armandus Joannes Card.*
*Dux de Richelieu*
*Sorbonæ Provisor*
*Ædificavit Domum*
*Et exaltavit Templum Sanctum Domini,*
*M. DC. XLII.*

La Bibliothéque de cette Maison est peut-être la plus belle de Paris. Elle est dans un lieu grand, élevé & fort clair, & occupe le dessus de deux grandes Salles dans lesquelles on soûtient des Théses. Entre les Manuscrits qui y sont en fort grand nombre, on fait voir un Tite-Live en deux grands volumes in folio, d'une vieille Traduction Françoise, environ du tems de Charles V. enrichis de miniatures à la tête de chaque chapitre & de vignettes sur les marges qui sont très-bien peintes, où l'on voit ce bel or-couleur, dont on a perdu le secret depuis deux siécles. Il est d'un admirable brillant, sans s'écailler, ce qui vient de la détrempe qu'on mettoit dessous, & dont on ignore la composition.

Après que l'on est rentré dans la Ruë de la Harpe en traversant la Place qui est devant la Sorbonne, on trouve le Collége d'Harcour, dont la porte est en voussure, ornée de bossages, avec un grand entablement & un Attique au dessus. La Baye ou l'ouverture est entourée d'un chambranle, avec une corniche qui porte dessus. Plus bas est l'Eglise Paroissiale de S. Côme, où sont plusieurs vieux Tombeaux accompagnez d'Epitaphes. La Maison de Saint Côme où les Chirurgiens s'assemblent pour faire des Opérations Anatomiques, est tout proche de cette Eglise. Le lieu où elles se font est très-propre & très-commode. Il est disposé en Amphithéatre, avec plusieurs bancs mis en dégrez les uns sur les autres, d'où un très-grand nombre de personnes peuvent voir facilement tout ce qui se fait. Comme ce lieu est percé tout à l'entour, la lumiere dont on a besoin se communique par-tout. La porte de cette Salle est ornée d'un ordre Ionique & de quelques sculptures, avec cette Inscription gravée sur du Marbre noir.

*Ad cades hominum Prisca Amphitheatra patebant*
*Ut longum discant vivere, nostra patent.*

Dans la même Ruë de la Harpe sont les ruïnes du Palais de l'Empereur Julien, qu'on nommoit *le Palais* ou *la Maison des Thermes.* Le Pere Mabillon dans son excellent Livre *de Re Diplomatica*, dit qu'il y a de l'apparence que Childebert, & quelques Rois de la premiere Race ont demeuré en cet endroit, qu'ils y tenoient leur Cour, ce qu'il conjecture, à cause de quelques Chartres qu'il trouve datées dans le Palais des Thermes. Ces ruïnes se voyant dans une maison qui a la Croix de Fer pour enseigne. On y remarque plusieurs vieilles arcades, qui sont le témoignage d'une haute antiquité, & dans le fond une espéce de Salle, dont la voûte sans cordons est fort exhaussée & fort har-

hardie. La voute de ce qui reste de cet ancien édifice, est si bien liée & si solide, qu'on a apporté dessus assez de terre pour en faire un petit jardin, où croissent des fleurs & des arbres; en sorte que ceux qui demeurent dans l'Hôtel de Cluny, vont s'y promener, comme sur une terrasse solide que l'on auroit faite exprès. L'Hôtel de Cluny, qui est derrière cette Maison, appartient à l'Abbaye de ce nom, & fut bâtie par le Cardinal George d'Amboise, fort aimé de Louïs XII. son Prince, entre les bras de qui il mourut à Lyon le 25. de Mai 1510. Cet Hôtel est un ouvrage Gothique des plus grands & des plus entiers qu'on voye aujourd'hui sur pied. A l'extrémité de la Rue de la Harpe en tournant à gauche, on entre dans celle de Saint André des Arcs, où est l'Eglise Paroissiale de ce nom. Ce n'étoit autrefois qu'une petite Chapelle au milieu d'un champ, planté de vignes & d'arbres fruitiers. Quelques Antiquaires croyent que cette Eglise a été appellée *Saint André des Arcs* à cause d'un grand Jardin qui étoit proche de-là, où les Ecoliers alloient souvent s'exercer à tirer de l'arc. A côté du Grand-Autel est une belle figure de Marbre blanc, qui représente une Espérance affligée. C'est un Monument dressé à la gloire d'Anne-Marie Martinozzi, Princesse de Conty, dont la Charité étoit si ardente pour les pauvres, qu'elle vendit ses pierreries, pour nourrir ceux de Berry, de Champagne & de Picardie, pendant la famine de 1662. Elle mourut le 4. de Février 1672. après six ans de veuvage, âgée seulement de trente-cinq ans. Le Collège de Prémontré est dans la Rue Haute-feuille. Les Religieux de cet Ordre peuvent y venir étudier pour obtenir des degrez dans l'Université. L'Eglise qu'on a réparée depuis peu d'années, est revêtue d'une fort jolie menuiserie, de même que l'Autel, dont le Tabernacle & le Rétable sont d'un dessein assez bien imaginé. Tout proche est le grand Convent des Cordeliers, qui fut bâti vers l'an 1217. lorsque S. François vivoit encore à Assise en Italie. Quelques Religieux du nouvel Ordre, dont ce Saint étoit l'Instituteur, étant venus en France en ce temps-là, furent logez chez des Bourgeois, & en 1230. Eudes, Abbé de Saint Germain des Prez, leur donna le lieu où ils sont présentement. Leur Eglise, que Saint Louïs avoit fait bâtir, fut consumée avec une partie de leur Convent l'an 1580. par un incendie qui ruïna plusieurs Tombeaux de Princes & de Princesses du Sang Royal, qui étoient dans le Chœur. La Communauté des Cordeliers est une des plus nombreuses de Paris. Il y a toûjours quantité d'Etudians, qui viennent de divers endroits du Royaume se faire passer Docteurs en Théologie dans cette Maison. Le nouveau Cloître que ces Peres ont fait bâtir, est quarré oblong, & contient près de cent chambres, toutes très-propres & très-claires. Au milieu est un petit Jardin, orné d'un Parterre & d'une Fontaine. Les quatre Corridors qui composent ce Cloître sont voûtez. Deux célèbres Confrairies ont été établies dans leur Eglise, l'une pour les Pélerins de Jérusalem, & l'autre du Tiers-Ordte. Elles ont leurs Chapelles séparées.

Les quatre Portes par lesquelles on entroit de la Ville dans le Fauxbourg S. Germain, savoir la Porte à laquelle on donnoit le nom du Fauxbourg, la Porte Dauphine, & celles de Buffi & de Nêle, ayant été abbatues, tout ce grand Quartier est devenu un des plus grands Quartiers de Paris, & peut être comparé aux plus belles Villes de France, tant pour la quantité des magnifiques maisons qui le composent, que pour la multitude du Peuple qui s'y rencontre. L'air y est très-pur & très-sain, & la quantité de jardins qui accompagnent ces maisons, ne contribue pas peu à le faire rechercher comme une demeure très-agréable. Aussi a-t-on remarqué que les Etrangers qu'on y voit toûjours en fort grand nombre, le préférent à tous les autres. Ce Quartier a pris son nom de l'Abbaye Royale de Saint Germain des Prez, fondé par le Roi Childebert, fils du grand Clovis. L'Eglise a eu d'abord le titre de Sainte Croix, à cause d'une portion de la vraye Croix que ce Prince y mit, avec d'autres Reliques, qu'il avoit apportées d'Espagne. Elle porte présentement celui *de Saint Germain* qui en a été Abbé & Evêque de Paris, & qui y est enterré. L'on y expose la Châsse de ce Saint le 28 Mai jour de sa Fête. Cette Châsse est d'argent doré, ornée de quantité de pierreries & d'émaux, d'un ouvrage Gothique fort bien travaillé. Ce qui reste du Bâtiment que Childebert a fait élever est la Porte principale au bout de l'Eglise, & le gros Clocher qui est dessus. Les Statues des Rois & des Reines qui sont aux côtez de cette même Porte, sont d'une exécution très-grossière. Le Clocher paroît avoir été bâti à deux reprises fort différentes de structure & de dessein. Le bas jusqu'à l'endroit où sont les Cloches, est d'une haute antiquité. Le reste est beaucoup moins ancien. Les deux Cloches que renferme ce Clocher, & qu'on ne sonne qu'aux grandes Fêtes, ont un son mélodieux, & se font entendre de fort loin. Le Tombeau de Childebert est dans le milieu du Chœur, élevé environ de quatre pieds, avec des Inscriptions qui y furent ajoûtées, lors qu'on le transporta à cet endroit, d'une Chapelle où il étoit autrefois derriére le Chœur. Cette Translation se fit en 1644. dans le temps que l'Eglise fut réparée & embellie comme elle est. On y fit une voute au lieu d'un platfond de bois qu'on y voyoit, & l'on orna de chapiteaux Corinthiens les piliers qui la soûtiennent. Le Grand-Autel est au milieu de la croisée & isolé, en sorte que l'on peut tourner tout à l'entour. Sur le devant est la Table d'argent de vermeil doré que l'on ne découvre qu'aux jours solemnels. Elle est ornée de figures d'Apôtres, avec un Crucifix au milieu, d'un fort beau travail Gothique. Le Chœur chantent les Religieux est derriére, & les chaises y sont d'une menuiserie très-délicate. De chaque côté du Grand-Autel sont trois Tombeaux de quelques Rois de la premiére Race, & entr'autres celui de Chilperic, avec cette Inscription sur les bords en lettres antiques.

*Rex Chilpericus hoc tegitur lapide.*

Tout proche est le Tombeau de la Reine Frédegonde. C'est une espèce de Mosaïque de pièces rapportées, avec des veines de cuivre coulées dans la pierre. Cette Reine qui mourut à Paris en 601. est représentée tenant dans sa main un Sceptre, dont le bout est terminé en double fleur de lis. Clotaire second fils de Chilperic & de cette Reine, & sa femme Bertrude sont dans le même Tombeau, ainsi que Chilperic II. & sa femme. Depuis peu d'années on a bâti dans les deux aîles de cette Eglise deux Chapelles d'une même symmétrie, ornées de colomnes composites de Marbre veiné, avec des piédestaux garnis de panneaux du même Marbre, aussi-bien que la frise. Celle qui est à droite est dédiée à Sainte Marguerite, dont ces Peres ont la ceinture. L'autre est consacrée à Saint Casimir, Roi de Pologne, Patron du Roi Casimir, Abbé de cette Abbaye mort en France le 16 de Décembre 1672. Ce Roi est à genoux sur un Tombeau de Marbre noir, offrant à Dieu sa Couronne. Son Tombeau est soûtenu d'une base, sur le devant de laquelle est un bas-relief de bronze, qui représente la Victoire qu'il remporta sur les Turcs pendant son regne. Dans une des Chapelles qui sont derriére le Chœur, on voit deux autres Tombeaux de Marbre de plusieurs Personnes de la Maison de Douglas, l'une des plus illustres d'Ecosse. Le Réfectoire des Religieux est grand & l'un des plus beaux du Royaume. Il est percé des deux côtez de grands vitraux antiques. A l'extrémité on a fait un Escalier d'une structure assez hardie qui conduit au grand Dortoir. La Bibliothéque occupe le dessus de l'aîle du Cloître qui regne le long de l'Eglise. C'est une des plus belles de Paris, particuliérement en Manuscrits, placez dans une chambre séparée qui en est toute remplie depuis le haut jusqu'en bas. On y montre le Psautier de Saint Germain, appellé ainsi, parce qu'on croit qu'il a servi à ce Saint, qui vivoit vers l'an 560. Il est en lettres d'or & d'argent sur un velin de couleur de pourpre, & contient tous les Pseaumes de David. Il y a encore dans le même endroit un Missel, qui selon les apparences a près de mille ans, & des Tablettes à l'usage des Anciens, faites de petites planches de bois de cédre, avec une espèce de cire ou de vernis très-fin coulé dessus, sur lesquelles par le moyen du stile on écrivoit fort facilement. L'Histoire fait mention de plusieurs siéges soûtenus par l'Abbaye de S. Germain, qui étoit autrefois hors de la ville & exposée aux incursions des Barbares. Les Normands ou les Danois l'ont pillée & brûlée trois ou quatre fois. Elle étoit entourée de fossez profonds & d'épaisses murailles, qui d'espace en espace étoient fortifiées de Tours rondes qu'on a abbatuës pour y bâtir quantité de maisons qu'on voit à présent tout à l'entour.

Le Palais d'Orléans, autrement nommé *le Palais de Luxembourg*, parce qu'il est dans un lieu où étoit un ancien Hôtel de ce nom, fait le plus grand & le plus considérable ornement de tout le Quartier de Saint Germain. La Reine Marie de Médicis veuve du Roi Henri IV. a fait bâtir ce magnifique Palais de fond en comble. Il est composé d'une grande Cour quarrée, au fond de laquelle est le plus grand corps de logis, accompagné aux extrémitez de quatre pavillons, & d'un avant-corps au milieu, qui en fait comme un cinquième, orné de colomnes, sous lequel la principale entrée se trouve. Avant que d'y arriver, on monte à une terrasse pavée de Marbre, qui occupe toute la largeur de la Cour, terminée par une balustrade de marbre blanc, soûtenue de piédestaux, sur lesquels il y avoit autrefois de très-belles Statues, qui furent vendües à l'Inventaire de Marie de Médicis, avec les autres meubles de cette Reine. Cette grande Cour est bornée par deux galéries un peu plus basses que le reste du Bâtiment, soûtenues chacune sur neuf arcades, à la faveur desquelles on peut aller à couvert sous de grands corridors très-bien voutez. La face extérieure de tout ce Palais est en galerie découverte, ou en terrasse, avec une maniére de Dôme ou de Coupole au milieu, dont le dedans est orné de colomnes Corinthiennes de marbre blanc. La grande porte se trouve sous ce Dôme qui fait face à la Rue de Tournon. A chaque extrémité des galéries des côtez & des deux terrasses qui sont sur le devant, il y a encore deux grands pavillons quarrez qui les terminent & qui font une même ligne avec toute la face du Bâtiment. L'Architecture de tout ce Palais est en pilastres couplez, excepté autour de la grande Porte & du côté du Jardin sur le devant du petit Dôme du milieu qui sert de Chapelle, où sont des colomnes. Les ordres qu'on y a observez sont le Toscan & le Dorique, avec un Attique au dessus; & sur les quatre gros pavillons, qui sont aux angles du principal corps de logis, on a ajoûté l'Ionique au Dorique & au Toscan pour troisième ordre, ce qui les rend plus élevez que tout le reste. Tous les combles sont chargez d'une balustrade, soûtenue de piédestaux. Cette balustrade regne par-tout d'une même symmétrie avec des frontons aux faces principales, sur lesquels il y a des Statues couchées qui soûtiennent des couronnes. La grande galerie qui est à main droite en entrant embellit extrêmement ce Palais. Elle a été peinte par le fameux Rubens Peintre d'Anvers, qui fut occupé deux ans

ans entiers à ce travail. L'Histoire Allégorique de Marie de Médicis y est représentée en vingt-quatre grands Tableaux larges de neuf pieds & hauts de dix, placez sur les trumeaux entre les fenêtres. On en voit deux autres plus grands à l'extrémité de la même galerie. Le Jardin étoit autrefois rempli de petits bois & d'allées couvertes ; mais les grands Hivers l'ayant ruïné, il a été long temps assez mal entretenu. Il y a quelques années que l'on commença à le rétablir en y plantant de nouveaux arbres, & en y dressant des allées nouvelles. L'Hôtel de Condé qui est dans la Rue Neuve Saint Lambert, & qui fut autrefois occupé par les Ducs de Rets, du nom de Gondi, appartient présentement à Henri Jule de Bourbon Prince de Condé & premier Prince du Sang. Les appartemens en sont fort bien disposez & ornez de meubles très-somptueux. Le Jardin, dans une étendue assez médiocre, a tout ce que l'art & la nature peuvent produire ensemble de singulier & de beau. On y voit des cabinets de treillage, faits à la manière de Hollande avec beaucoup d'industrie. A l'entrée de chaque allée paroît un petit Arc de triomphe du même ouvrage. Ce Jardin pendant l'Eté est rempli d'orangers & de jasmins, qui en rendent la promenade fort agréable.

Le petit Hôtel de Bourbon est dans la Rue Vaugirard, qui passe devant le Palais de Luxembourg. C'étoit autrefois l'Hôtel d'Aiguillon que le Cardinal de Richelieu fit embellir avec beaucoup de dépense pour la Duchesse d'Aiguillon sa Niéce. Tout proche & du même côté est le Convent des Religieuses du Calvaire de l'Ordre de Saint Benoît, fondé en 1620. par la Reine Marie de Médicis. Leur Eglise & leur Maison n'ont rien de considérable, non plus que celles des Religieuses du Précieux Sang, établies en 1658. dans la même Rue, où l'on trouve aussi le Convent des Carmes Déchaussez vis-à-vis des murs du Jardin de Luxembourg. Il fut fondé en 1611. par les liberalitez de quelques Bourgeois, qui donnerent une petite maison située en ce lieu-là à des Religieux Carmes venus d'Italie, pour apporter en France la Réforme que Sainte Thérése avoit faite en Espagne de l'Ordre du Mont-Carmel Les premiers fondemens de cette Maison furent jettez en 1613. & la Reine Marie de Médicis mit la premiére pierre à leur Eglise. Le Grand-Autel est orné de colomnes Corinthiennes de Marbre de Dinan & de quelques figures, qui représentent les Saints principaux de l'Ordre de ces Peres. Tout l'ouvrage de l'Eglise est d'un ordre rustique ou Toscan. Au milieu est un Dôme peint dans le fond, qui fait voir l'enlévement du Prophete Elie dans un chariot de feu, laissant tomber son manteau à Elisée son Disciple, qui tend les bras pour le recevoir. Cette Église a deux Chapelles qui méritent d'être examinées. La premiére à main gauche sous le Dôme est consacrée à la Sainte Vierge, dont on voit une excellente figure en Marbre blanc. Elle est assise tenant son Divin Enfant. Cette figure passe pour un des plus beaux morceaux de sculpture qu'il y ait en France. Les draperies en sont d'une légéreté merveilleuse. La Niche où elle est placée au dessus de l'Autel a pour ornement quatre colomnes Corinthiennes de Marbre veiné, qui forment un corps d'une disposition singuliére, comme si c'étoit le portique d'un petit Temple. L'autre qui est vis-à-vis & où l'on voit Sainte Thérése représentée dans le Tableau de l'Autel, est décorée de Marbre de Dinan d'un ordre Composite tout-à-fait particulier, chargé de festons sur la frise attachez aux modillons. Les balustrades de ces deux Chapelles, aussi-bien que la balustrade du Chœur, sont d'un marbre choisi avec soin. Le Monastére des Filles du Saint Sacrement, qui est dans la Rue Cassette, a été fondé par Marguerite de Lorraine, seconde femme de Gaston de France Duc d'Orleans. Le Grand-Autel est d'une jolie menuiserie, peinte en Marbre, avec divers ornemens dorez qui font un fort bel effet. La Rue Pot de fer aboutit dans celle de Vaugirard, aussi-bien que la Rue Cassette, & c'est dans cette premiére que se trouve le Noviciat des Jésuites. L'Eglise est petite, mais parfaitement bien entendue pour l'Architecture. Le Portail est embelli d'un ordre Dorique en pilastres, avec un Ionique au dessus. Le dedans a un ordre Dorique fort régulier dont les Metopes sont remplis de Ciboires, de Calices, de Lampes, d'Encensoirs, de Cloches, de Chandeliers & de plusieurs autres choses qui servent aux Cérémonies de la Religion. Le Grand-Autel n'est que d'une menuiserie fort simple, ornée seulement de deux colomnes Corinthiennes; mais ce qui le releve infiniment est le grand Tableau que l'on y voit, l'un des plus beaux Ouvrages du fameux Poussin. La grande Chapelle à côté de l'Eglise où ces Peres tiennent la Congrégation, est enrichie d'une menuiserie dorée, avec des Tableaux d'espace en espace & un plafond qui représente l'Assomption de la Sainte Vierge.

L'Eglise de Saint Sulpice, Paroisse de tout ce vaste Quartier, étoit autrefois un Bâtiment si serré, qu'il pouvoit à peine contenir la douziéme partie des Paroissiens. Cela fut cause que l'on entreprit vers le milieu du dernier siécle le grand & superbe Edifice qu'on voit à présent, & dont on fait une des plus magnifiques Eglises du Royaume. La Maison du Séminaire de Saint Sulpice est tout proche de l'Eglise. C'est un Bâtiment très-spacieux, & solidement construit. La Chapelle en est fort belle. Le plafond peint par le Brun, représente l'Assomption de la Vierge, avec quantité de figures. L'endroit où se tient la Foire de Saint Germain, est dans le voisinage de S. Sulpice, à l'extrémité de la Rue de Tournon. Ce lieu consiste en plusieurs allées couvertes, disposées dans un quarré, & ces rues se coupent les unes les autrès assez régulièrement. Les Boutiques des Marchands y sont placées. On y vend toutes sortes de riches curiositez. Cette Foire, qui commence le lendemain de la Chandeleur, & devroit finir le premier jour de Carême, est toûjours continuée jusqu'à la Semaine Sainte. Le Convent des Prémontrez est à l'entrée de la grande Rue de Sene, dans un carrefour, où six autres rues viennent aboutir. L'Eglise est petite, & fort simplement bâtie. La Reine Mere Anne d'Autriche y mit la première pierre en 1661. Plus avant est l'Abbaye-au-Bois de l'Ordre de Cîteaux, transférée de Picardie à Paris. La menuiserie de l'Autel est bien travaillée & d'un dessein assez régulier. Proche de-là on trouve l'Hôpital des Petites Maisons, appellé ainsi, à cause que ceux qui sont dénuez d'esprit, y sont enfermez, chacun dans une petite chambre grillée avec des barreaux de fer. On y nourrit aussi plusieurs vieilles gens. Cet Hôpital étoit autrefois une Maladerie, dépendante de l'Abbaye de Saint Germain des Prez. Il fut rebâti vers l'an 1557. per ordre de Messieurs de Ville, & ce sont les Commissaires des Pauvres qui en ont l'administration. L'Eglise est belle, & l'on y fait l'Office avec beaucoup d'exactitude. L'Hôpital des Incurables est situé dans la même rue. On y traite avec grand soin plusieurs malades de l'un & de l'autre sexe. Les Salles où les lits se trouvent placez, sont voûtées solidement, & les appartemens disposez de telle sorte, que ceux des hommes & ceux des femmes sont dans une égale distance de l'Eglise qui est au milieu. Cette Eglise, dédiée à Notre Dame, est administrée par un Prêtre qui a titre de Curé, & qui y fait l'Office avec plusieurs autres Prêtres. Cet Hôpital contient dix arpens de terre, & fut fondé l'an 1634. par le Cardinal de la Rochefoucaut, dont le Buste est au milieu de la Salle des hommes. Proche le marche-pied du Grand-Autel de l'Eglise, est une Tombe de marbre sur laquelle sont gravez ces mots: *Hìc conditum est pericardium, cum parte viscerum Eminentissimi Cardinalis Francisci de la Rochefoucaut, hujus Nosocomii fundatoris, qui obiit anno R. S. H.* 1645. 16. *Kalend. Martii. ætatis suæ* 87. Le Convent de Cordeliéres est dans la Rue de Grenelle. Ces Religieuses, qui étoient autrefois établies dans la Rue des Francs-Bourgeois, ont acheté le grand Hôtel de Beauvais qu'elles ont accommodé à leur manière. Leur Eglise est assez propre. On lit ces mots sur la Porte de la rue,

*Monastère de la Nativité de* Jesus, *de l'Ordre de Sainte Claire, établi en* 1683. *& transféré en ce lieu en* 1687.

L'Hôtel Royal des Invalides est dans la campagne à peu de distance de-là. *Voyez* INVALIDES. Au haut de la Rue du Bac est le Séminaire des Missions Etrangéres. C'est de-là que l'on envoyoit dans les Indes des Ecclésiastiques zélez pour prêcher l'Evangile aux Infidèles. Le fruit qu'ils y faisoient étoit grand, & l'on en voyoit souvent des Relations qui en donnoient des preuves. La suite fera voir si Mrs. de St. Sulpice qui leur ont succédé les remplaceront à l'avantage de la Religion. Du même côté de la Mission est un Monastère de Filles de la Visitation, qui sont venues s'établir en ce lieu-là depuis peu d'années, en quittant la Rue Montorgueil où elles avoient une Chapelle. L'Hôpital des Convalescens est de ce même côté. Il fut fondé l'an 1652. par Angelique Fauré, épouse de Claude de Bullion, Surintendant des Finances, pour huit pauvres convalescens sortis de la Charité, qui peuvent y demeurer huit ou dix jours, afin d'y rétablir leur santé & de reprendre leurs forces. Pendant ce tems-là les Religieux de la Charité leur font des Instructions & des Catechismes. La Chapelle est dédiée sous le titre de l'Assomption de la Sainte Vierge. Les Récollettes qui sont de l'autre côté dans la même Rue du Bac, ont fait élever depuis peu d'années une nouvelle Eglise, où il n'y a rien que de très-simple, de même que le petit Convent des Peres Récollets, qui en est fort proche & nouvellement bâti. On trouve ensuite le Noviciat des Dominicains Réformez. Quoique le Cardinal de Richelieu ait beaucoup contribué à la fondation de ce Convent, il est demeuré long-tems imparfait & fort serré. Depuis l'année 1682. ces Peres ont fait élever de fond en comble une nouvelle Maison, qui consiste en plusieurs Dortoirs, avec tous les appartemens nécessaires à une Communauté nombreuse. Ils ont aussi fait bâtir une nouvelle Eglise, ornée en dedans d'un grand ordre Corinthien en pilastres, avec des Chapelles de chaque côté, qui ont dix-huit pieds en quarré, & qui sont voûtées en coupole. La Nef peut avoir onze toises de hauteur, depuis le pavé jusqu'à la voute, & la moitié de largeur. L'Autel principal est une espèce de Baldaquin, composé de deux groupes de quatre colomnes Composites, élevées sur des piédestaux de marbre, avec un grand cintre de menuiserie dorée, sur lequel est une figure de Notre-Seigneur qui ressuscite. Le Tombeau de Philippe de Montaut II. du nom, Duc de Navailles, Maréchal de France, est derrière cet Autel, dans un espace qu'on a ménagé exprès. Ce Tombeau est embelli de figures de bronze doré, & de plusieurs ornemens sur des Incrustations de Marbre. L'Hôtel de Luines, nommé auparavant l'*Hôtel de Chevreuse*, est dans la Rue S. Dominique, vis-à-vis de l'Eglise des Dominicains, qui lui donne un fort beau point de vue. Cet Hôtel fut bâti pour Marie de Rohan, Duchesse de Chevreuse, qui eut tant de part aux affaires de son temps. Les dehors en sont très-beaux, & le Jardin a tout ce qu'on peut souhaiter d'agréable pour le logement d'un grand Seigneur.

A l'extrémité de cette Rue on voit l'Hôpital

pital de la Charité, qui a une de fes entrées par la grande Rue de Taranne. Les Religieux qui le gouvernent furent établis à Paris l'an 1602. Marie de Médicis fut leur Fondatrice, & leur donna de quoi acheter une Maifon vers la Rue appellée depuis *la Rue des petits Auguftins.* La Reine Marguerite, Duchefse de Valois, ayant pris cette maifon l'an 1606. en acheta une autre avec quelques jardins, fituée dans la Rue Saint Pere, & la donna en échange aux Religieux de la Charité. C'eft à l'endroit de cette Maifon qu'on a conftruit l'Hôpital. Peu de tems après on commença à bâtir l'Eglife & les Infirmeries pour les malades. Cette Eglife, dédiée fous le titre de S. Jean-Baptifte, eft très-bien entretenue, tant pour ce qui regarde les vaiffeaux facrez & les ornemens d'Autel, que pour les autres décorations. L'Ordre des Religieux qui la deffervent fut inftitué par le Bienheureux Jean de Dieu, & approuvé comme une Société l'an 1520. par le Pape Léon X. qui leur donna la Regle de S. Auguftin. Outre les trois Vœux ordinaires de Religion, ils en font un quatrième, de donner leurs foins au foulagement des pauvres malades. Les Prêtres font rares parmi eux, & ne peuvent parvenir à aucune Supériorité dans leur Ordre. Cette Eglife poffede un précieux Reliquaire, où eft enfermé un offement confidérable du Bienheureux Jean de Dieu, que la Reine Anne d'Autriche obtint de Philippe IV. fon frere, dans leur entrevue au mariage du Roi. Dans la Chapelle de la Vierge, vis-à-vis de l'Autel, eft un Tombeau élevé, fur lequel eft la Statue d'un homme à genoux en habit long, & fur le devant font gravez ces mots:

*Ici gît Meffire Claude Bernard, dit le pauvre Prêtre, qui deceda le 25. Mars 1641.*

L'Hôpital où font les malades, eft compofé de trois grandes Infirmeries, de cinquante lits chacune. Depuis le Printems jufqu'à l'Automne on en fait une quatrième, pour les pauvres qui font attaquez de la pierre. Cet Hôpital n'a été établi que pour des hommes, qui ont chacun un lit féparé. C'eft dans cette Maifon que l'on reçoit les Novices des Religieux de la Charité, pour tous les Convens de la Province de France, où l'on en compte vingt-cinq. Celui-ci eft le plus nombreux, & il y a ordinairement cinquante-trois Religieux, tant Novices que Profès. La Rue de l'Univerfité eft fort longue, & n'eft appellée ainfi qu'à fon extrémité du côté du Pré-aux-Clercs. Le long des hautes murailles de l'Abbaye de S. Germain, on la nomme *la Rue du Colombier*, à caufe qu'il y avoit un grand Colombier dans la ferme des Religieux de cette Abbaye, qui s'eft trouvée autrefois en cet endroit. Plus avant & au milieu elle eft appellée *la Rue Jacob.* Cette longue rue eft remplie de belles & grandes maifons. La rue où les petits Auguftins ont leur Convent termine d'un bout à celle du Colombier, & de l'autre à la Riviere. Leur Maifon n'a rien de confidérable. Le Grand-Autel de l'Eglife eft d'une menuiferie feinte de Marbre, ornée d'Architecture & de plufieurs Statues de terre cuite. La Reine Marguerite de Valois, première femme de Henri IV. a été une des principales Bienfaictrices de ce Monaftère. Ce fut elle qui fit bâtir la Chapelle qui eft en Coupole à main droite à côté du Grand-Autel. On y lit cette Infcription gravée fur un Marbre:

*Le 21. Mars 1608. la Reine Marguerite, Duchefse de Valois, petite-fille du grand Roi François I. fœur de trois Rois, & feule reftée de la Race des Valois, ayant été vifitée & fecourue de Dieu, comme Job & Jacob; & lors lui ayant voué le Vœu de Jacob, & Dieu l'ayant exaucée, elle a bâti & fondé ce Monaftere, pour tenir lieu de l'Autel de Jacob, où elle veut que perpétuellement foient rendues actions de graces, en reconnoiffance de celles qu'elle a reçues de fa divine bonté. Elle a nommé ce Monaftere de la Sainte Trinité, & cette Chapelle des louanges, où elle a logé les Peres Auguftins Déchauffez.*

On croit que ces derniers mots de l'Infcription doivent s'entendre des Petits Peres qui font Déchauffez, & qui après avoir demeuré quatre ans en cette Maifon, la cédérent aux Auguftins de la Réforme de Bourges. L'Hôtel de la Rochefoucault, autrefois l'Hôtel de Liancourt, eft dans la Rue de Seine derrière le Collége Mazarin. Cette Maifon a un jardin d'une grande étendue & une cour très-fpacieufe. Les bâtimens qui regnent fur l'un & fur l'autre font décorez d'une Architecture Dorique en pilaftres, avec des vafes fur la corniche; mais ils font très-bas & n'ont qu'un étage peu élevé. La Rue Mazarin eft parallele à celle de Seine. On la nommoit auparavant *la Rue des Foffés de Nefle*, à caufe d'une Porte de ce nom, qui fe trouvoit à l'extrémité du côté de la Riviere, proche de laquelle il y avoit une haute Tour, qu'on a renverfée lorfqu'on a jetté les fondemens du Collége Mazarin. Au fortir de la Rue des Foffés Saint Germain, où eft le Théâtre de la Comédie Françoife, on entre dans la Rue Dauphine pour fe rendre fur le Quai des Auguftins, qui commence au Pont Saint Michel & qui finit au Pont-Neuf. Cette Rue qui n'étoit auparavant qu'un grand efpace rempli de jardins & de vieilles mafures, au travers defquelles on la perça, eft appellée *Rue Dauphine*, à caufe qu'on la bâtiffoit dans le tems de la naiffance de Louïs XIII. A l'extrémité il y avoit une Porte de la Ville, qui fut abbatue en 1673. Les Grands Auguftins eurent leur Convent fur le Quai. Ils vinrent à Paris vers l'année 1270. fous le nom d'*Hermites de S. Auguftin*, & furent logez d'abord près de la Rue Montmartre dans une Rue qui en a été appellée *la Rue des Vieux Auguftins.* Ils célébroient l'Office Divin dans l'Eglife de Sainte Marie

rie l'Egyptienne, lorsqu'ils demeuroient dans ce Quartier. Ces Religieux s'établirent ensuite dans la Rue des Bernardins, au lieu où est à présent l'Eglise Paroissiale de S. Nicolas du Chardonnet, & enfin ils s'associerent avec des Pénitens qu'on nommoit *Sachets*, à cause qu'ils étoient vétus d'une maniére de sac. Saint Louis les avoit placez en ce lieu-là sur le bord de la Riviére. Les Augustins à qui ces Pénitens cédérent la place, pour se disperser en diverses Maisons Religieuses, commencerent à y faire bâtir leur Eglise, & elle ne fut mise en l'état où elle est présentement que sous le regne de Charles V. dit le Sage. Le Grand-Autel est des plus modernes, & n'a été achevé que depuis fort peu d'années. Il est orné de huit colomnes Corinthiennes de Marbre de Saravêche, disposées en cul de four ou en demi-cercle. Elles soûtiennent une Coupole coupée, dans le fond de laquelle le Pere Eternel, accompagné de plusieurs Anges, est représenté en sculpture. La menuiserie du Chœur est très-belle, & la Tribune qui sépare la Nef du Chœur est embellie de colomnes Corinthiennes de Marbre de Dinan. Deux Chapelles, dont l'une est dédiée à la Sainte Vierge, & l'autre à Saint Nicolas de Tolentin, sont placées sur le devant de cette Tribune. La Chapelle des Chevaliers du Saint Esprit est dans cette Eglise. C'est où l'on fait les Cérémonies des grandes Promotions, & Henri III. la choisit lorsqu'il institua l'Ordre du Saint Esprit au mois de Décembre 1578. On lit dans le Journal de ce Prince, que cette Chapelle servoit à la fameuse Confrairie des Pénitens, surnommez *les Blancs-battus*. Elle étoit composée des plus grands Seigneurs de la Cour, & particuliérement des Favoris. Leur habit étoit blanc, d'un dessein très-singulier, & ce qui étoit fort remarquable, c'est qu'ils faisoient des Processions à pied, depuis le Convent des Chartreux, où se faisoit l'Assemblée, jusqu'à l'Eglise de Notre-Dame de Chartres, à dix-huit lieues de Paris, à quoi ils n'employoient que deux jours. Henri III. qui avoit établi cette Confrairie, y assistoit habillé comme les autres, animant chacun par son exemple; elle dura peu de tems. Les Assemblées extraordinaires du Clergé se tiennent ordinairement dans les Salles de ce Monastère. Entre plusieurs grandes Maisons qu'on trouve le long de la Riviére, en avançant vers le Pont-Royal, on doit distinguer l'Hôtel de Conti, qui appartenoit autrefois aux Ducs de Nevers, de la Maison de Gonzague. Henri de Guenegaud Secrétaire d'Etat l'ayant acheté, après que cette illustre Maison eut manqué en France par le mariage de Marie-Louise de Gonzague, qui fut mariée successivement à Uladislas IV. & à Casimir V. Rois de Pologne, & par celui d'Anne de Gonzague sa sœur, qui épousa le Prince Edouard de Baviére, de la Maison Palatine, il y fit faire des augmentations très-considérables. Feuë Madame la Princesse de Conti, Mere de Monsieur le Prince de Conti, échangea cet Hôtel avec lui, contre la belle Maison du Bouchet. L'entrée a toutes les apparences d'un somptueux Edifice. La Baye de la Porte est ornée d'un chambranle couronné d'un entablement Dorique, & de quelques ouvrages de Sculpture d'un fort bon goût. Ces choses se trouvent dans l'enfoncement d'une voussure enrichie de bossages, & le tout ensemble fait regarder cette Porte comme un ouvrage parfait en ce genre. Les dedans de cet Hôtel ont des beautez qui répondent aux grandes apparences des dehors. On estime particuliérement la Chapelle, ornée de pilastres Corinthiens de Marbre Cipalin. Le jardin est planté d'une alée d'arbres, avec un grand parterre, garni de quantité d'orangers, au milieu duquel est un jet d'eau.

Le Collége Mazarin est dans l'endroit où étoit autrefois la Porte de Nesle. La face avant est terminée par deux gros Pavillons quarrez & ornez de pilastres Corinthiens, avec des vases sur les combles. Ils forment dans un demi-cercle qui se trouve entre-deux, une petite Place, au fond de laquelle est la Porte de la Chapelle dont l'Architecture est estimée. C'est une espéce de Portique, composé de quatre colomnes Corinthiennes & de deux pilastres aux angles, qui soutiennent un fronton, sur lequel on a placé des groupes de Statues sur le devant. Ces Statues représentent les quatre Evangelistes, & sur les corps moins avancez sont les Peres de l'Eglise Grecque & ceux de l'Eglise Latine. Ce Portique communique aux deux Pavillons par des corps de bâtimens plus bas que le reste, ornez d'un ordre Ionique, avec une balustrade qui cache le toit. Le Dôme de l'Eglise qui se trouve au milieu est enrichi au dehors de bandes de plomb doré, qui répondent aux pilastres dont il est décoré, de festons & de feuillages de même sur l'ardoise taillée en écailles de poisson, & d'autres sortes d'ornemens. Le dedans de l'Eglise est embelli de grands pilastres Corinthiens sous le Dôme, & de petits du même ordre dans les Chapelles & dans le Vestibule. On voit aussi des colomnes de Marbre du même ordre à côté de chaque Autel. Le Tombeau du Cardinal Mazarin élevé de quelques pieds, est dans un espace à côté du Grand-Autel. Il y est représenté à genoux en Marbre, & aux faces de ce Tombeau sont trois Vertus de bronze, assises dans des attitudes tout-à-fait bien imaginées. Le dedans du Collége est très-spacieux & composé de deux Cours, dont la premiere & la plus petite est ornée de chaque côté de deux portiques. L'un conduit à l'Eglise, & l'autre sert d'Escalier pour monter aux appartemens du devant. La seconde Cour est très-grande, & le bâtiment n'y régne que d'un côté. Les Classes sont dans les Salles qui sont de plein pied avec la Cour. La Bibliothéque, composée de trente-cinq mille volumes, occupe un des Pavillons qui avance sur le Quai. Elle est très-bien disposée, & les armoires sont d'une menuiserie ornée de colomnes & de

*sculptu-*

sculptures. Cette Bibliothéque est publique trois fois la semaine. L'intention du Cardinal Mazarin qui a fondé ce Collége, a été qu'on y entretînt soixante Gentilshommes de quatre Nations différentes, dont le Pays avoit été long-tems le Théatre de la Guerre; savoir quinze des environs de Pignerol, autant d'Alsace, vingt des Pays-Bas Catholiques, & dix du Roussillon. Les Docteurs de Sorbonne, Directeurs de ce Collége, nomment le Principal & les Professeurs, qu'ils choisissent du Corps de l'Université, tant pour les hautes que pour les petites Classes. L'Hôtel de Créqui & l'Hôtel de Bouillon sont entre le Collége Mazarin ou des Quatre Nations & le Convent des Théatins. Ces Religieux qui n'ont que cette seule Maison en France, y vinrent l'an 1644. & le Cardinal Mazarin s'étant déclaré leur Fondateur, leur laissa en mourant cent mille écus, dont ils se servirent pour commencer leur Eglise, qui est demeurée imparfaite, parce que l'entreprise alloit plus haut que le legs qu'on leur avoit fait. Leur principal Institut est de vivre des charitez qu'on leur fait, sans qu'il leur soit permis d'envoyer des Quêteurs en Ville. Ils ont été nommez *Théatins*, à cause de Jean Caraffe, Evêque de Théate, qui institua leur Ordre en 1524. sous le titre *de Clercs Réguliers*. Le Pont Royal qui est fort peu éloigné de l'Eglise des Théatins, a été bâti en la place du Pont Rouge qui n'étoit fait que de bois. Comme les débordemens de la Seine l'avoient souvent emporté, le Roi Louïs XIV. ordonna que l'on en fît un de pierres, & les fondemens en furent jettez en 1685. Ce Pont est soûtenu de quatre piles & de deux culées, qui forment cinq arches entre elles. Les deux extrémitez du même Pont sont en trompe, pour en faciliter l'entrée aux carosses & aux grosses voitures. Il y a des banquettes des deux côtez pour la commodité des gens de pied. Sa longueur est à peu près de soixante & douze toises. Sa largeur est de huit toises quatre pieds, desquelles on a pris neuf pieds pour chaque banquette, sans compter deux autres pieds pour l'épaisseur des parapets. Dans le massif de la première Pile du côté du Louvre on a enfermé plusieurs Médailles, qui furent posées avec cérémonie le 25. d'Octobre 1685. La plus grande est d'or, & pese un marc sept gros & vingt-quatre grains. D'un côté est la tête du Roi Louïs XIV. avec ces mots:

*Ludovicus Magnus*
*Rex Christianissimus.*

Ceux-ci sont de l'autre:

*Urbis*
*Ornamento*
*Et*
*Commodo*
*Pons ad Luparam*
*Constr.*
*Ann. M. DC. LXXXV.*

Cette grande Médaille a été mise dans une boëte de bois de cédre, longue de quatorze pouces & large de dix, avec douze autres d'argent, dont chacune marque quelque action particuliére du Roi, & qui pesent toutes ensemble six marcs, une once & six gros. Au fond de la boëte est une Table de cuivre doré d'or moulu, large de cinq pouces & longue de neuf, sur laquelle est l'Inscription suivante en lettres de relief.

*Ludovicus Magnus*
*Rex Christianissimus,*
*Devictis hostibus*
*Pace Europæ indicta,*
*Regiæ Civitatis commodo intentus,*
*Pontem Lapideum*
*Ligneo & caduco*
*Ad Luparam substituit*
*Anno M. DC. LXXXV.*

Pour conserver cette boëte, on l'a mise dans une autre de plomb, soudée le mieux qu'il a été possible; & ces deux boëtes, qui n'en font qu'une, ont été incastrées dans une grande pierre de quatre à cinq pieds de long, sur trois de large, posée à la neuviéme assise de la troisiéme pile.

Le Pont-Neuf, par le milieu duquel on trouve une entrée dans l'Isle du Palais, offre à ceux qui le traversent une vue toute charmante. Elle s'étend d'un côté sur le Louvre, qui fait une longue suite de superbes Bâtimens au bord de la Seine, & de l'autre sur un grand nombre de somptueux Edifices avec le Cours de la Reine qui borne cette vue, & le Mont-Valérien qui s'éleve au-dessus. Tout cela forme ensemble une agréable perspective dans l'éloignement. Ce grand ouvrage fut entrepris sous le régne d'Henri III. qui en fit jetter les premiers fondemens l'an 1578. D'abord on commença à travailler avec un fort grand empressement aux quatre piles du côté de la Rue Dauphine. Elles furent élevées à fleur-d'eau dès la premiére année; & les troubles qui survinrent ayant fait discontinuer ce travail, le Pont demeura imparfait jusqu'en 1604. que le Roi Henri IV. le fit achever. Sa largeur est de douze toises en y compreéant les parapets. La route du milieu est de cinq, & le reste est occupé par les Banquettes. Sur chaque avant-bec il y a une avance en demi-cercle, de l'épaisseur de la pile, & tout à l'entour, dans les longueurs du Pont, régne une Corniche portée sur de grandes consoles, soûtenues par de très-beaux masques. La Statue Equestre de Henri IV. qui est au milieu de ce Pont, en face de la Place Dauphine, y fut mise en 1635. par le Roi Louïs XIII. en mémoire du Roi son Pere. On voit ce Monarque en bronze à cheval, sur un piédestal de Marbre blanc, où ses principales actions sont représentées en bas-reliefs de même métal, disposez deux à deux de chaque côté. Aux quatre coins du piédestal sont attachez quatre Esclaves aussi de bronze, qui foulent aux pieds des armes antiques. Il y a une grille de fer qui enferme ce superbe Monument. La Samaritaine est un
des

des ornemens du Pont-neuf. Ce Bâtiment avoit été construit sous le regne d'Henri III. à la seconde Arche du côté du Louvre. Il fut détruit en 1712. parce qu'il périssoit, & il fut presque aussi-tôt rétabli au même endroit. Ce Bâtiment renferme une pompe qui éleve l'eau & la distribue ensuite par plusieurs canaux, au Louvre & à quelques autres Quartiers de la Ville. Ce petit Edifice est rétabli avec plus d'art & de goût qu'il n'étoit auparavant. Il est composé de trois Etages dont le second est au niveau du Pont. Les façades des côtez sont percées de cinq fenêtres à chaque étage & de deux sur le devant. Ces deux dernieres sont séparées par un Avant-corps en bossage rustique, vermiculé & ceintré au-dessus du Cadran que l'on a placé dans un renfoncement dont le bas est rempli par un groupe qui représente Jesus-Christ avec la Samaritaine, auprès du puits de Jacob. Dans le milieu au-dessus du ceintre on a élevé un Campanile de charpente revêtu de plomb doré, où sont les timbres de l'Horloge, & ceux qui composent le Carillon qui joue à toutes les heures.

La Place Dauphine qui est à la pointe de l'Isle du Palais vis-à-vis le Cheval de bronze, est de figure pyramidale. Les Maisons qui la forment, furent élevées en 1606. peu d'années après la naissance de Louis XIII. & on l'appella *Place Dauphine*, à cause du titre de Dauphin que ce Prince avoit alors. Ces Maisons sont bâties de briques, avec des cordons de pierres de taille, toutes d'une même symmétrie. On a ouvert de ce côté-là une entrée pour le Palais. Cette Place & les Quais qu'elle a de chaque côté, savoir le Quai des Orfévres & celui des Morfondus, ont été pris dans un grand terrain, qui faisoit autrefois une partie des jardinages du Palais, lorsque les Rois y tenoient leur Cour. Ces jardins ne manquoient pas d'agrément. Ils étoient enfermez de la Riviere de tous côtez, & avoient la vue de la campagne, qui n'étoit bornée d'aucune Maison dans ce tems-là, & qui s'étendoit fort loin jusqu'aux Montagnes de St. Cloud & de Meudon, & même jusques à Montmartre.

L'Eglise de Notre-Dame, Cathédrale de Paris, est très-ancienne. Elle porta d'abord le nom de Saint Denis, qu'elle reconnut pour son Fondateur; mais ayant été rebâtie vers l'an 522. sous le regne de Childebert, fils de Clovis, elle fut dédiée à la Sainte Vierge, dont elle a toujours conservé le nom depuis. Le Roi Robert ne trouvant pas que ce Bâtiment eût assez de magnificence, en entreprit un nouveau, & il ne fut achevé que sous le regne de Philippe-Auguste. L'Architecture en est Gotique, aussi belle que bien entendue. Cette Eglise est très-considérable par sa grandeur & par sa solidité. Les voutes ont dix-sept toises de hauteur. La largeur de la Nef est de vingt-quatre, & la longueur entiere de soixante & cinq; à la prendre depuis la Porte jusqu'aux parties les plus éloignées derriere le Chœur.

On estime fort les deux grands vitraux en roses des deux extremitez de la croisée, enrichis de vitres peintes en apprêt, dont les couleurs sont très-vives & d'une varieté merveilleuse. Les bas côtez ou corridors sont doubles dans tout le tour, & séparez par un rang de grosses colomnes. Les Chapelles en grand nombre sont toutes dans une juste proportion, sur-tout dans la Nef, où elles reçoivent plus de clarté que celles qu'on voit derriere le Chœur, à cause que les voutes en sont plus exhaussées. Une grande galerie regne sur ces mêmes bas côtez tout autour de l'Eglise, & quoi qu'elle soit fort élevée, on ne laisse pas de découvrir aisément de-là tout ce qui s'y passe. Les deux grosses Tours quarrées qui sont sur le devant de la même Eglise, & qui font une maniere de frontispice sur les trois ouvertures des grandes Portes, ont trente-quatre toises de hauteur. Le dessus est en terrasse. Ces Tours renferment de fort belles Cloches, dont la plus grosse du poids de 44. milliers, fut fondue deux fois en 1688. Les dehors de ce grand & somptueux Edifice ont aussi leur beauté particuliere, principalement derriere le Chœur, où l'on voit plusieurs pyramides délicatement travaillées, enrichies de feuillages, de têtes, & de figures entieres. Elles sont placées à l'extremité des arcs-boutans qui poussent la voûte du Chœur. Les Portes sont chargées de quantité de Sculptures, qui représentent des Saints, des Anges & des Patriarches de l'ancien Testament. On distingue entr'autres choses vingt-huit figures de Rois, plus grandes que le naturel, sur une même ligne, qui occupe toute la largeur du frontispice. Tout le corps de l'Eglise & des galeries est couvert de plomb. Les dedans en sont obscurs; mais le Chœur l'est moins que tout le reste, à cause que l'on a mis du verre blanc à la place de l'ancien, qui étoit coloré & fort épais. Il est orné de grands Tableaux, ainsi que tous les piliers de la Nef. Ces Tableaux sont des Ouvrages de divers Peintres des plus renommez, les Orfévres étant obligez d'en donner un tous les ans, qu'on expose aux Curieux pendant tout le mois de Mai, contre le pilier qui est vis-à-vis la Chapelle de la Vierge. Cette Chapelle est ornée de plusieurs lampes d'argent, & de quantité d'autres riches offrandes qu'on y a faites. Vis-à-vis est la Statue à cheval de Philippe IV. dit le Bel, armé & caparassonné selon la maniere de son tems. Ce Prince est représenté tel qu'il étoit lorsqu'il entra dans cette Eglise pour y rendre graces à la Sainte Vierge du succès de la célébre Bataille de Mons en Puelle, qu'il gagna le 18. d'Août 1304. contre les Flamands. Le grand Tableau qui est tout proche, & qui fait voir Louis XIII. à genoux, en manteau Royal, aux pieds d'un Christ détaché de la Croix, est un Vœu que ce Roi fit dans une dangereuse maladie. Le Chapitre est composé d'un Doyen, d'un Chantre, des Archidiacres de Paris, de Josias & de Brie, d'un Soû-Chantre, d'un

Chan-

Chancelier, d'un Pénitencier, & de cinquante & un Chanoines. Il n'y a point d'Eglise Cathédrale en Europe où le Service Divin se fasse avec plus de révérence & plus de pompe. On conserve dans la Sacristie de cette Métropolitaine plusieurs Reliquaires fort riches, & entre autres le Chef de Saint Philippe qui est d'or, enrichi de pierreries très-considérables, & soûtenu par des Anges de vermeil doré. C'est un présent de Philippe-Auguste. Tous les ans le jour de la Pentecôte, on expose un ornement de satin cramoisi, dont toute la broderie est de perles, parmi lesquelles il y en a d'assez grosses. La Reine Isabeau de Baviére donna cet ornement, pour obtenir de Dieu la guérison du Roi Charles VI. son mari, qui étoit tombé en demence. Derriére l'Eglise de Notre-Dame, il y en a une fort ancienne que l'on nomme *Saint Denis du Pas*, à cause du premier Martyre qu'on y fit souffrir à ce Saint, qui fut mis en cet endroit dans un four chaud. On tient qu'il en sortit miraculeusement sans en avoir reçu aucune incommodité. L'Eglise de Saint Jean-le-Rond contigue à celle de Notre-Dame, dont le Cloître est enfermé dans une enceinte d'anciennes murailles, est la Paroisse de tous ceux qui demeurent dans ce Cloître. Les Chanoines ont leur logement particulier. Ils vivoient autrefois en Communauté comme des Religieux, & alors il n'étoit pas permis aux femmes d'y demeurer; mais depuis qu'ils ont été logez séparément, ceux qui avoient des appartemens de reste ont été autorisez à les louer, ce qui a introduit indifféremment toutes sortes de personnes dans ce Cloître. L'Hôtel-Dieu qui est auprès de Notre-Dame, est le premier & le plus grand Hôpital de tout Paris. Il y a quantité de Salles, & comme on y reçoit sans exception tous les pauvres malades, on y en a vû jusqu'à quatre mille. Ils sont traitez avec un grand soin, & servis par des Religieuses de l'Ordre de Saint Augustin. Elles s'acquittent de ce pénible emploi avec une charité qu'on ne peut assez louer, & il faut bien qu'elles y soient véritablement appellées de Dieu, puis qu'on les éprouve pendant sept ans de Noviciat, avant que de leur permettre de faire Profession. Le Bâtiment est si resserré, à cause que l'espace où il se trouve est borné de Rues de tous côtez, qu'on a été obligé de l'étendre sur la Riviére, & de bâtir une grande Salle sur une voute fort longue, sous laquelle coule l'eau. Il y a des Salles séparées, où l'on met ceux qui sont attaquez de la même maladie, afin d'empécher que le mal ne se communique. La Salle qui est du côté du Petit-Pont, dont le dehors est orné de figures, fut fondée vers l'an 1535. par le Cardinal Antoine du Prat, Chancelier de France. On croit que la premiere fondation de ce grand Hôpital a été faite par St. Landry, vingt-huitième Evêque de Paris, qui vivoit sous le regne de Clovis II. en 660. Vis-à-vis la principale Porte, à l'entrée du Parvis de Notre-Dame, est une grande Statue de pierre fort haute, qui représente un homme tenant une boëte à sa main, & un serpent à côté de lui. Cette boëte & ce serpent donnent lieu de croire que c'est la Statue d'Esculape, que l'on présume avoir eu quelque Temple en cet endroit. De l'autre côté de l'Hôtel-Dieu est un Hôpital des Enfans Trouvez, qui fut bâti il y a trente ou quarante ans. C'est-là qu'est le Bureau des Administrateurs. Autrefois quand on trouvoit des Enfans exposez dans les rues, on les portoit en une maison près du Palais Archiépiscopal, & tous les Haut-Justiciers de la Ville étoient obligez de payer de certaines taxes pour subvenir à leur entretien. Le Pere du Breuil, dans son Livre des Antiquitez de Paris, dit que l'Abbaye de S. Germain des Prez, dont il étoit Religieux, étoit taxée pour sa part à cent cinquante livres. Tout ce Quartier qu'on appelle *la Cité*, est rempli de petites rues & d'un grand nombre d'Eglises fort anciennes. Saint Christophle est à l'opposite de Saint Jean-le-Rond; & l'Eglise de Sainte Geneviéve des Ardens est dans la Rue de Notre-Dame. Cette Eglise, qui n'étoit d'abord qu'une Chapelle, fut bâtie à cause d'un miracle qui se fit dans une Procession où l'on portoit la Châsse de Sainte Geneviéve à Notre-Dame. Ce miracle est expliqué dans l'article de NANTERRE. Sainte Marine est la Paroisse de l'Archevêché; c'est au Curé de cette Paroisse qu'on renvoye les Mariages ordonnez par Sentence de l'Officialité.

Saint Pierre aux Bœufs, Saint Landri, Sainte Croix de la Cité, Saint Pierre des Arcis, S. Martial, Sainte Magdelaine, Saint Germain le Vieux & Saint Barthelemi sont d'autres Paroisses de ce Quartier. Le Grand-Autel de Saint Germain le Vieux est d'une belle menuiserie & ornée de colomnes Corinthiennes de Marbre noir. Cette Eglise dédiée autrefois à Saint Jean Baptiste, prit le nom de Saint Germain, après qu'on y eut mis en dépôt les Reliques de ce Saint. On les y apporta de l'Abbaye de Saint Germain des Prez qui étoit en ce tems-là hors de la Ville, par la crainte qu'on eut qu'elles ne fussent enlevées par les Barbares; & quand on les reporta dans cette Abbaye, le Roi Pepin qui regnoit alors aida lui-même à soutenir sur ses épaules la Châsse où elles étoient enfermées. Saint Barthelemi qui est la Paroisse du Palais fut d'abord un Prieuré de l'Ordre de Saint Benoît, dédié à Saint Magloire. Les Religieux l'ayant abandonné en 1138. l'Eglise fut érigée en Paroisse, dont le territoire s'étendoit autrefois jusque dans la rue Saint Denis, & Saint Leu Saint Gilles en étoit une Annexe. On a vû un Curé Titulaire de ces deux Bénéfices, que la grande distance a fait séparer. L'Eglise est obscure, & le Grand-Autel est d'une menuiserie d'un assez joli dessein. Dans une Chapelle qui est à main droite, on lit sur un Marbre blanc d'une beauté extraordinaire l'Epitaphe de Claude Clercelier, fort estimé pour son érudition. Il y a une figure plus

O

gran-

grande que nature, qui repréfenté la Religion, aux pieds de laquelle eſt un petit Génie, entouré de Lunettes d'approche, d'Inſtrumens de Mathématiques, & une Sphere derriere lui. Il tient une tête de mort qu'il regarde attentivement, par où l'on a voulu faire connoître que M. Clercelier n'a pas feulement été un grand Philofophe, mais encore un très-bon Chrétien ; que fachant tout, il n'a pas ignoré qu'il falloit mourir, & qu'il a eu fans ceſſe la mort devant les yeux. Il y a un Cartel au bas où font ces paroles:

*Optima Philofophia, Mortis meditatio.*

On trouve un peu au deſſus de Saint Barthelemi l'Eglife des Barnabites, qui font des Religieux de la Congrégation de Saint Paul. La Maifon où ils fe font établis, étoit un Prieuré de l'Ordre de Saint Benoît, fous le titre de Saint Eloi. Ils portent le nom de Barnabites, à caufe que leur Général a toujours demeuré dans le Collége de Saint Barnabé à Milan, depuis qu'ils s'y établirent en 1591. fous François I. Roi de France.

Le Palais qui a été autrefois la demeure de nos Rois, fut abandonné aux Officiers de Juſtice par Philippe le Bel, qui voulut rendre le Parlement fédentaire. Ce Parlement avoit été juſque-là ambulatoire; & ce fut Pepin pere de Charlemagne, qui inſtitua cet auguſte Corps. Philippe le Bel, pour donner plus d'eſpace à ce fomptueux Edifice, fit bâtir la plûpart des Chambres, & tout l'ouvrage fut achevé en 1313. Cependant il eſt certain qu'il y avoit de grands Bâtimens avant ce tems-là. Clovis y avoit tenu fa Cour, & Saint Louïs qui y fit un plus long féjour que les autres Rois, y avoit fait faire plufieurs grands ouvrages. La grande Salle a été bâtie fur le plan d'une autre très-ancienne, dans laquelle les Statues des Rois de grandeur naturelle étoient placées tout à l'entour. C'étoit le lieu où les Rois recevoient les Ambaſſadeurs. Ils y donnoient des Feſtins publics à certains jours de l'année, & même on y faifoit les Nôces des Enfans de France. Un Hiſtorien de ce tems-là raporte qu'au mariage d'Ifabelle de France, avec Richard II. Roi d'Angleterre, il y eut un fi grand concours de Peuple, que pluſieurs perſonnes furent étouffées, & que le Roi Charles VI. pere de cette Princeſſe, y courut riſque de la vie. Cette Salle qui fut réduite en cendres au commencement du dernier fiécle, eſt préfentement voutée de pierres de taille, avec une fuite d'arcades au milieu, foutenues de gros piliers, autour defquels il y a des boutiques occupées par divers Marchands. L'ordre Dorique regne tout à l'entour en pilaſtres. A un des bouts eſt une Chapelle, dont les environs font embellis de dorure. La Grand' Chambre eſt à côté de la grande Salle, & fut bâtie fous S. Louïs qui y donnoit les Audiences publiques, & travailloit lui-même à pacifier les defordres qui naiſſoient entre fes Sujets. Louïs XII. la fit réparer comme elle eſt. Le plafond eſt compofé de culs de lampe. Les autres Chambres font beaucoup plus belles; & même dans quelques-unes il y a des plafonds dorez & peints avec beaucoup de dépenſe. La feconde & la troifième des Enquêtes & les Chambres des Requêtes font les mieux ornées. La Cour des Aides eſt une Jurifdiction féparée du Parlement, qui tient fes féances dans trois Chambres particuliéres, ornées de très-beaux plafonds. La face du Bâtiment qui donne du côté du Perron du Mai, eſt d'une maçonnerie enrichie de Sculptures d'un bon deſſein. La Chancellerie eſt dans la Galerie des Priſonniers. Le lieu où eſt à préfent la Sainte Chapelle, étoit anciennement une petite Eglife fondée par Hugues Capet fous le titre de l'Adoration des trois Rois, dans laquelle Robert fon fils inſtitua un Ordre de Chevaliers, nommez *les Chevaliers de l'Etoile.* Cet Ordre honorable en ce tems-là, & dont les plus grands Seigneurs portoient le Collier, s'eſt tellement avili, qu'il eſt devenu le partage des gens du Guet, qui vont la nuit par la Ville, d'où vient que le Capitaine qui les commande eſt appellé *le Chevalier du Guet.* Cette petite Eglife demeura, en cet état, juſque fous le regne de Saint Louïs, qui fit élever le bel Edifice que l'on voit, il eſt d'une délicateſſe furprenante. Les voutes en font très-élevées, & les vitraux paſſent pour les plus beaux que l'on puiſſe voir, à caufe de leur grandeur & de la variété prefque infinie des couleurs qu'on y remarque. On y a repréfenté en particulier quelques Hiſtoriens de l'Ancien & du Nouveau Teſtament. Le verre en eſt d'une telle force, qu'il a réfiſté juſqu'à préfent à toutes les injures du tems. Ce bel ouvrage fut achevé en 1247. Peu de tems après on y apporta les Reliques qui y font, que S. Louïs tira des mains des Vénitiens, à qui Baudouin Empereur de Conſtantinople les avoit engagées pour une fomme d'argent très-confidérable, qu'il leur avoit empruntée pour faire la guerre aux Bulgares. Ce fut du confentement de Baudouin que Saint Louïs les dégagea. Ces précieufes Reliques font enfermées dans une grande Châſſe de cuivre doré, qu'on voit élevée fur quatre piliers, qui foutiennent une voute Gotique derriere le Grand-Autel. Outre quantité de Reliquaires d'or & d'argent qu'on voit dans la Sacriſtie, il y a une grande Croix toute d'or, dans laquelle eſt un morceau du bois de la vraie Croix que l'on expofe tous les Vendredis de Carême. Le Chapitre de cette Eglife, qui en a une foûterraine que l'on appelle *la Baſſe Sainte Chapelle*, n'eſt pas fort nombreux. Les Chanoines ont pour Chefs un Trefofier qui officie avec la croſſe & la mitre & qui donne la bénédiction comme les Evêques. La Chambre des Comptes eſt dans la Cour du Palais vis-à-vis de la Sainte Chapelle. C'eſt une Jurifdiction Supérieure où fe rendent les comptes de toutes les Finances. On conferve dans ce même lieu les Archives & les anciennes *Chartres* de la Cou-

Couronne. Ce Bâtiment a paſſé dans ſon tems pour un Edifice de conſéquence. Il fut élevé par les ſoins du Roi Louïs XII. dont la deviſe qui eſt un Porc-épic, avec ces paroles:

*Cominus & Eminus,*

ſe voit en pluſieurs endroits. Dans une des Chambres il y a quelques Tableaux antiques très-curieux qui repréſentent au naturel des Princes & des Princeſſes du Sang Royal de la Cour de Charles V. & de quelques autres Rois, dont on ne voit point ailleurs les portraits. La Cour des Monnoies qui étoit au deſſus de la Chambre des Comptes, a été placée depuis peu au bout de la nouvelle Cour du Palais qui regarde la Place Dauphine. L'Hôtel du Premier Préſident eſt derriere la Chambre des Comptes. Avant que d'y entrer on paſſe ſous une arcade qui ſert de communication à cette Chambre. Cette arcade eſt fort eſtimée, à cauſe des Maſques qui s'y trouvent. Ils ſont copiez d'après les Antiques de Rome que l'on eſtime le plus.

Saint Denis de la Chartre eſt un Prieuré de l'Ordre de Saint Benoît. Quelques-uns tiennent que ce Saint Apôtre de la France y fut mis chargé de chaînes dans un cachot obſcur, lorſqu'il vint apporter la Foi & la lumière de l'Evangile en France. La Reine Anne d'Autriche a fait mettre les figures qui ſont ſur l'Autel de cette Egliſe.  On la trouve au bout du Pont de Notre-Dame du côté de la Magdelaine. Ce Pont eſt le plus ancien & le premier qu'on ait bâti de pierres. Il fut achevé tel qu'on le voit à preſent en 1507. ſur les deſſeins d'un Cordelier nommé *Joannes Jucundus* originaire de Verone, qui entreprit l'ouvrage aux frais de l'Hôtel de Ville. Il eſt chargé de chaque côté de maiſons ornées ſur le devant de grands Termes d'hommes & de femmes, qui portent des corbeilles pleines de fruits ſur leurs têtes. Entre deux il y a des Médailles où ſont repréſentez tous les Rois de France, chacun avec un Vers Latin qui leur convient. La coûtume a été long-tems de faire paſſer ſur ce Pont les Reines de France dans leurs premieres entrées à Paris, & on l'ornoit alors magnifiquement. Quelques Hiſtoriens rapportent que quand Iſabeau de Baviére fit la ſienne, le Pont de Nôtre-Dame fut couvert d'un bout à l'autre d'une eſpèce de pavillon de taffetas bleu, ſemé de fleurs de lis d'or. Ils ajoûtent que par le moyen d'une machine fort extraordinaire, un Ange prit ſon vol des Tours de Notre-Dame, & lui vint mettre une couronne d'or ſur la tête. Au milieu de ce Pont on a dreſſé deux machines, qui élevent de l'eau de la Riviére pour la commodité des Quartiers de la Ville qui en ſont éloignez. La porte que l'on a bâtie pour y aller eſt d'ordre Ionique, embellie de quelques ornemens qui font un fort bel effet. Ces vers de feu M. de Santeuil, Chanoine Régulier de Saint Victor, y ſont gravez en lettres d'or ſur un marbre noir.

*Sequana cum primum Reginæ allabitur Urbi,*
*Tardat præcipites ambitioſus aquas.*
*Captus amore loci, curſum bivuſcitur, anceps,*
*Quò fluat, & dulces nectit in Urbe moras.*
*Hinc varios implens fluctu ſubeunte canales,*
*Fons fieri gaudet, qui modo flumen erat.*
*Anno M. DC. LXXVI.*

Le petit Pont a été pluſieurs fois détruit & refait. En 1206. il tomba dans la Riviére. Ayant été rétabli il ſubſiſta juſqu'en 1394. qu'on le bâtit de pierre des amendes de quelques Juifs. Les Maiſons qu'on voyoit ſur ce Pont avoient été bâties en 1603. mais le 27. d'Avril 1718. elles furent détruites par un incendie. On a depuis rétabli ce Pont. A côté du Pont Notre-Dame & ſur le même canal, on trouve le Pont au Change, appellé ainſi, à cauſe qu'il y avoit autrefois un grand nombre de Changes ou de Changeurs dans les Maiſons qui étoient deſſus. Ces Changeurs faiſoient une maniere de Bourſe en cet endroit. On l'a auſſi appellé autrefois *le Pont aux Oiſeaux*, apparemment à cauſe de quelques Oiſeliers qui étoient logez deſſus. Ce Pont qui étoit de bois ayant été conſumé en 1639. par un furieux embraſement, on le rebâtit de pierres de taille, & on éleva deſſus deux rangs de Maiſons doubles à quatre étages, avec tant de ſolidité, que ces Maiſons dont les faces ſont auſſi de pierres de taille, ſont occupées par des Marchands, qui ont leurs Magaſins du côté de l'eau, & leurs Boutiques ſur le devant. A l'un des bouts ſur une Maiſon qui fait face à toute la route du Pont, on voit la Statue du Roi Louïs XIV. à l'âge d'environ dix ans, couronné de Laurier par les mains d'une Victoire. Cette figure eſt élevée ſur un piédeſtal, à l'un des côtez duquel Louïs XIII. eſt repréſenté, & à l'autre Anne d'Autriche, tous deux de bronze de grandeur naturelle. Ces Statues ſont fort reſſemblantes & poſées dans une arcade, ſous laquelle ſont des Captifs à demi relief. Le Quai de Gèvres conduit à couvert depuis ce Pont juſqu'à celui de Notre-Dame. Ce Quai eſt ſoûtenu ſur des voutes, priſes dans le lit de la Riviére, & le trait en eſt d'une hardieſſe extraordinaire. A l'autre bout du Pont au Change, au coin du Quai des Morfondus, eſt l'Horloge du Palais, dont le Cadran eſt orné de quelques figures de terre cuite. C'eſt ſur cette Horloge qu'on règle les ſéances du Parlement; & quand il y a quelque réjoüiſſance publique, on ſonne la groſſe Cloche pendant pluſieurs heures. Ce fut au ſignal de la même Cloche que commença le cruel maſſacre des Calviniſtes le 24. d'Août 1572. ſous le règne de Charles IX. Cette horrible boucherie dura tant que cette Cloche ſe fit entendre. Celles de l'Hôtel de Ville & de la Samaritaine ſonnèrent auſſi. Le Pont Saint Michel eſt auſſi proche du Palais à l'oppoſite du Pont au Change. Il y a grande apparence qu'il a pris ſon nom de la petite Egliſe de St. Michel, qui eſt dans l'enclos de la Cour du Palais vis-à-vis la Rue Calandre. Il eſt chargé de Maiſons fons bâties de briques & de pierres de taille. Il n'étoit auparavant que de bois; mais ayant été emporté par un grand débordement de la Rivière, fous le régne de Louïs XIII. il fut rétabli peu de tems après tel qu'on le voit aujourd'hui. On en a encore conftruit deux de pierres dans l'enceinte de l'Hôtel-Dieu. L'un eft tout-à-fait dans l'intérieur de cet Hôpital, & on a refervé une partie de l'autre pour la commodité du paffage des gens de pied qui vont à l'Eglife de Notre-Dame.

Tout le monde convient que St. Denis a été le premier Evêque de Paris; mais le fentiment de ceux qui vouloient que ce fut St. Denis l'Aréopagite Evêque d'Athènes n'eft pas foutenable. Il s'agit d'un Saint Denis qui vivoit dans le troifième fiècle, tems auquel prefque tous les Auteurs Modernes ont fixé l'établiffement de l'Eglife de Paris. Depuis ce Saint Denis jufqu'à Mr. de Ventimille du Luc Archevêque de cette Ville on compte cent-quinze Prélats; dont il y en a fix que l'Eglife révère comme Saints, dix qui ont été honorez du Chapeau de Cardinal & quelques-uns qui ont été Chanceliers de France.

Philippe-Augufte en 1222. chargea la Prevôté de Paris d'une rente de vingt livres *Parifis* payable tous les ans à l'Evêque & au Chapitre de cette Ville, à caufe des Halles, du petit Châtelet & même de la plus grande partie du Louvre, Edifices bâtis dans leur Seigneurie. Autrefois fitôt que l'Evêque de Paris étoit mort le Roi s'emparoit de tous les meubles de bois & de fer qui fe trouvoient dans fes Maifons; & cet Evêque a été fujet à cette redevance jufqu'en 1143. que l'Evêque Thibaut voyant que Louïs VII. avoit befoin d'argent pour faire fon voyage d'Outre-Mer, fe prévalut de l'occafion & acheta cette fervitude à force d'argent & de prières. Avant Mr. de Peréfixe les Archevêques de Paris n'avoient aucune Jurifdiction fur le Fauxbourg de St. Germain, qui étoit entièrement foumis à l'Abbé de St. Germain des Prez. En 1668. Mr. de Peréfixe prétendit que ce Fauxbourg devoit être fujet à la Jurifdiction ordinaire comme le refte de la Ville: ce fut le fujet d'un procès entre ces deux Prélats. Il fut enfin terminé par une Tranfaction du 20. de Septembre 1668. Par ce Traité la Jurifdiction fpirituelle de tout le Fauxbourg de St. Germain fut laiffée à l'Archevêque & à fes Succeffeurs, & celle de l'Abbé fut reftrainte *inter Clauftra*, à la charge que le Prieur de l'Abbaye de St. Germain feroit Vicaire Général né de l'Archevêque. Outre la Jurifdiction fpirituelle l'Archevêque de Paris a une Juftice qui s'appelle la *Temporalité*. Elle eft exercée par un Juge qui connoît des Appellations des Sentences rendues en matière Civile par les Officiers des Juftices des Terres de l'Archevêché.

Lorfque la Religion Chrétienne s'introduifit dans les Gaules, & même long-tems après, Paris n'étoit pas une Ville affez confidérable pour en faire une Métropole, & l'on foumit fon Evêque au Métropolitain de Sens. L'Evêque de Paris étoit Confeiller né du Parlement, & dans les Affemblées du Clergé, il ne cédoit le pas qu'aux Archevêques. Enfin cet Evêché fut érigé en Archevêché par le Pape Grégoire XIV. fur la réquifition de Louïs XIII. par une Bulle du 13. Novembre 1622. On lui donna pour fuffragans Chartres, Meaux & Orléans. Depuis ce tems-là on y a ajouté Blois qui fut érigé en Evêché en 1698. par le Pape Innocent XII. Le Roi Louïs XIV. illuftra en 1674. au mois d'Avril le Siège Archiépifcopal de Paris d'une nouvelle Dignité, l'érigeant en Duché-Pairie, fous le titre de St. Cloud.

L'Archevêché de Paris eft divifé en trois Archidiaconez qui font le Grand-Archidiaconé de Paris, celui de Jofas & celui de Brie. Ils font fubdivifez en fept Doyennez, fans y comprendre la Ville, les Fauxbourgs & la Banlieue de Paris. Ces Doyennez font Montmorenci, Chelles, Corbeil, Lagny, Champeaux, Montlheri & Châteaufort.

Il y a dans ce Diocèfe vingt-trois Chapitres, dont treize font dans Paris; trente & une Abbayes, dont quatre d'hommes & fix de filles font dans Paris; foixante-fix Prieurez, dont il y en a onze dans la Ville, Fauxbourgs & Banlieue de Paris; cent-quatre-vingt-quatre Monaftères ou Communautez féculiéres, dont cent-vingt-quatre font dans la Ville, Fauxbourgs & Banlieue de Paris; quatre-cens-foixante-quatorze Cures, dont cinquante-neuf dans la Ville, Fauxbourgs ou Banlieue; deux-cens-cinquante-fix Chapelles, dont quatre-vingt-dix font dans la Ville, Fauxbourgs & Banlieue, fans y comprendre celle de Notre-Dame; trente-quatre Maladeries, dont cinq font dans la Ville, Fauxbourgs & Banlieue.

On voit dans Paris un grand nombre de Juftices ou Jurifdictions. Le reffort de quelques unes s'étend fort loin dans le Royaume: il y en a même qui font uniques & qui n'ont d'autres limites que celles de la France. Ces Jurifdictions font le Parlement qui eft le premier & celui du Royaume dont le reffort eft le plus étendu; le Grand Confeil; la Chambre des Comptes; la Cour des Aides; la Cour des Monnoies; le Bureau des Finances & la Chambre du Domaine; la Jurifdiction des Eaux & Forêts; la Maîtrife particulière des Eaux & Forêts; la Connétablie & Maréchauffée de France; l'Amirauté; le Bailliage du Palais; le Châtelet; l'Election, le Grenier à fel; la Juftice de la Varenne du Louvre; celle de l'Hôtel de Ville; la Jurifdiction des Juges-Confuls.

Les Finances ont dans le Gouvernement de Paris le même objet & les mêmes fources que dans les autres; c'eft-à-dire le Domaine, les Aides, les Tailles & les Gabelles, fans compter les fubfides extraordinaires, tels que font la Capitation, le Dixième & autres.

Le Commerce que la Ville de Paris fait avec les autres Villes de France eft fi grand

grand & si étendu qu'il échape à l'exactitude de ceux qui voudroient savoir précisément à quoi il pourroit monter. Le seul commerce que cette Ville fait avec les Etrangers en modes; c'est-à-dire en étoffes d'or, d'argent & de soie; en rubans, en galons d'or & d'argent, &c. égale le commerce en gros qui se fait à Lyon. Il y a outre cela des Manufactures d'étoffes de toutes sortes, de glaces & de presque toutes les choses que l'on emprunte du secours de l'art pour la commodité & l'utilité de la vie.

On n'a pas négligé les Etablissemens qui pouvoient favoriser les Sciences & les Arts. L'Université tient le premier rang parmi ces établissemens. Elle est formée de quatre Facultez. Celle des Arts est la baïe des autres. Elle est composée de quatre Nations: 1°. la Nation de France, qui a pour Epithéte, *Honoranda Gallorum Natio*, & qui est divisée en cinq Tribus ou Provinces, qui sont Paris, Sens, Rheims, Tours, Bourges: 2°. la Nation de Picardie, *Fidelissima Picardorum Natio*, aussi divisée en cinq Tribus, Beauvais, Amiens, Noyon, Laon, & Terouanne: 3°. la Nation de Normandie: *Veneranda Normanorum Natio*: comme elle est bornée dans sa Province, elle n'est point divisée en Tribus: 4°. La Nation d'Allemagne, *Constantissima Germanorum Natio*, divisée en deux Tribus, dont la premiére est celle des *Continents*, & la seconde celle des Insulaires. La Tribu des *Continents* est composée de deux Provinces, dont la premiére comprend la Boheme, Constance, la Pologne, la Hongrie, la Baviére, Mayence, Treves, Strasbourg, Lausanne, le Dannemarc, la Suisse, Bâle, &c. La seconde Province renferme l'Electorat de Cologne, la Hollande, la Prusse, la Saxe, la Lorraine, une partie des Pays d'Utrecht & de Liége, dont l'autre partie est de la Nation de Picardie, suivant l'accord qui fut fait avec les Nations en 1358. par lequel elles convinrent que la Meuse & la Moselle sépareroient les Picards des Allemans, & les Allemans des François. La Tribu des *Insulaires* comprend l'Ecosse, l'Angleterre & l'Hibernie. Ces quatre Nations ont commencé à être distinguées vers l'an 1250. & la Nation d'Allemagne a été substituée à celle d'Angleterre qui en fut retranchée pendant les guerres des François & des Anglois.

La Faculté de Théologie est composée de Docteurs qui sont de quelque Société particuliére & de Docteurs *Ubiquistes*, qui ne sont d'aucune Société. La Faculté de Droit & celles de Médecine sont aussi anciennes que l'Université même.

Outre l'Université & les Colléges qui en dépendent, l'établissement des diverses Académies a encore favorisé les Sciences & les Arts. La plus ancienne est l'Académie Françoise qui doit son Etablissement au Cardinal de Richelieu. L'Académie Royale des Inscriptions & Belles-Lettres fut établie en 1663. sous le titre d'Académie des Inscriptions & Médailles; mais un Réglement qui fut fait en 1716. porte qu'elle doit etre appellée l'Académie des Inscriptions & Belles-Lettres. L'Académie Royale des Sciences fut projettée peu de tems après la paix des Pyrénées. Elle eut d'abord un objet plus étendu que celui qu'elle a présentement; car elle embrassoit l'Histoire, les Belles-Lettres, les Mathématiques & la Physique. Peu de tems après on la réduisit aux Mathématiques & puis on y ajouta la Physique, à cause de la connexion qu'elles ont entre elles. L'Académie de Peinture & de Sculpture doit son Etablissement & ses progrès à plusieurs Ministres que leur application aux plus importantes affaires de l'Etat n'a pas empeché de jetter des regards favorables sur les beaux Arts. L'Académie Royale d'Architecture fut établie en 1671. par les soins de Mr. Colbert.

Le Gouvernement de Paris & celui de l'Isle de France étoient anciennement unis & n'en formoient qu'un. Ils furent desunis pour la premiére fois en 1528. En 1533. ils furent encore réunis. Ils ont été séparez depuis & le sont actuellement. Il fut régié en 1641. que le Gouverneur de Paris marcheroit aux *Te-Deum* après le premier Président du Parlement. Dans le Gouvernement de Paris il n'y a qu'un Lieutenant-Général dont la Charge fut créée par Edit du Mois de Février 1692. Les Châteaux de cette Ville sont le Louvre, les Tuileries, la Bastille & l'Hôtel Royal des Invalides. Le Capitaine du Château du Louvre & celui des Tuileries ne reçoivent l'ordre que du Roi. Le Château de la Bastille a un Capitaine-Gouverneur, un Lieutenant de Roi qui est indépendant du Gouverneur, & soixante hommes de guerre ou morte-payes a pied François. L'Hôtel Royal des Invalides a aussi un Gouverneur, un Lieutenant de Roi, & un Major.

L'Air de Paris & des environs [a] est un peu grossier & cependant fort sain. La bonté des eaux de la Seine & des Fontaines de Rongis & d'Arcueil ne contribue pas peu à la santé des Habitans. Celle de la Seine sur-tout est bonne dans les fiévres ardentes & dans les maladies d'obstruction. C'est aux Eaux de Gonesse qu'on attribue l'excellence du pain qu'on fait dans ce Bourg & qui est d'un si grand usage à Paris.

[a] *Piganiol, Descr. de la France*, t. 2. p. 2.

Le terroir des environs de cette Capitale [b] est plain & uni, entrecoupé pourtant de quelques Montagnes & Collines. Les principales sont Montmartre, le Mont-Valérien, celles de St. Cloud, de Meudon & de St. Germain en Laye. Du côté de la France, les terres sont grasses & produisent quantité de bon froment; mais de l'autre côté elles sont sablonneuses, marécageuses & humides. Cependant tout le pays est cultivé avec beaucoup de soin & d'industrie. On recueille, année commune, dans l'Election de Paris quatorze mille muids de vin, dont la plus grande partie se consume sur les lieux.

[b] Ibid.

PARISIEN (Riviére au); Riviére de l'Al'Amérique Septentrionale dans la Louïsiane. C'est une petite Riviere qui vient de l'Est & qui se rend dans le Mississipi, à la Bande de l'Est, à vingt lieues au Nord de la Riviere A LA ROCHE & à quatre lieues & demie de la Riviere A LA MINE DE PLOMB.

PARISIENE, Contrée de la Gedrosie: Ptolomée [a] à la place au Midi de la Paradene. Ses Interprétes lisent PARISENE, au lieu de PARISINE.

[a] Lib. 6. c. 21.

PARISII, Peuples de la Gaule, dont César [b] fait mention. Il dit qu'ils confinoient aux *Senones*. Samson [c] a cru qu'ils avoient autrefois été compris sous ces derniers; mais qu'en ayant été tirez & formant un Peuple en Chef, ils étoient presque toujours en bonne intelligence avec les *Senones*, dont ils avoient fait partie. Pure imagination. César ne dit rien de tout cela. Il fait entendre seulement que les *Parisii* étoient en alliance avec les *Senones*; & bien loin de donner à penser qu'ils eussent été soumis aux *Senones*, il en fait un Peuple en chef, ce que Strabon [d], Ptolomée [e] & Pline [f] ont aussi fait après lui. Du côté gauche de la Seine, il étoient bornez par les *Carnutes*, les *Senones* & les *Meldi*; & à la droite de la même Riviere, ils s'étendoient jusqu'aux Pays des *Meldi*, des *Silvanecti*, des *Bellovaci*, & des *Velocasses*, ou *Rotomagenses*: une partie de ces Peuples étoit comprise sous la Gaule Celtique ou Lyonnoise, & l'autre partie sous la Gaule Belgique; ainsi ceux d'entre les *Parisii* qui se trouvoient à la gauche de la Seine étoient Celtes, & ceux qui habitoient à la droite de ce Fleuve étoient Belges; de sorte que les Peuples *Parisii* peuvent être appellez moitié Celtes & moitié Belges.

[b] Bel. Gal. lib. 6. c. 3.
[c] Remarq. sur la Carte de l'ancienne Gaule.

[d] Lib. 4. p. 194.
[e] Lib. 2. c. 8.
[f] Lib. 4. c. 18.

Dans les Historiens du moyen âge leur Pays fut appellé *Pagus Parisiacus*, *Ager Parisiorum* & *Parisiacus terminus*. Aujourd'hui on le nomme LE PARISIS; mais il s'en faut de beaucoup qu'il ait la même étendue qu'autrefois: on ne donne communément au PARISIS que la cinquiéme partie du terrain qu'occupoit anciennement le Pays des Peuples *Parisii*, quoique dans le fond il n'y ait rien de fixe dans les bornes du Parisis.

Les anciennes Cartes, les Chartes de l'Eglise de Paris & les plus anciens Ecrivains de France marquent dans le Pays des *Parisii* un certain nombre de Châteaux dont voici les principaux.

B.

*Braia*, ou par corruption *Bria-Comitis-Roberti*; Brie, Braye, ou Bray-Comte-Robert.
*Brueriæ*, ou *Bruericum Castrum*; Bruiéres le Châtel, ou Briéres le Château.

C.

*Caprosia*, ou *Castrum & Castellania Caprosia*, Chevreuse.
1. *Castra*, ou *Castra sub monte Letherici*, Chastres ou Chastres sous Mont-Lheri.
2. *Castra*, ou *Castra in Bria*, Chastres, ou Chastres en Brie.

*Castrum forte*, ou *Castellum forte*, Chasteau-fort.
*Cauda*, *Cauda in Bria*, ou *Castrum Caudæ*, la Queue.
*Confluentes Isaræ & Sequanæ*, *Confluentes ad Sanctam Honorinam*, ou *Confluens Sanctæ Honorinæ*, Conflans ou Conflans Sainte Honorine.
*Corbotlum*, *Corbogilum*, *Corbolium*, ou *Castrum Corboilum*, Corbeil ou Corbeuil.

F.

*Fossatum Bacaudarum*, *Castrum Bacaudarum*, *Locus Fossatensis*, ou *Monasterium Sancti Mauri de Fossatis*, Saint Maur des Fossez.

G.

*Gomedum Castellum*, *Gomed Castrum*, ou *Castrum Gumed*, Gomets le Châtel.
*Gornacum*, *Gorneium*, ou *Castrum Gornaii*, Gournay.

L.

*Liuriacum*, *Liviriacum*, *Liveriacum*, *Liberiacum*, ou *Liuriacum in Alneto*, Livry en l'Aunay.
*Lusarchiæ*, ou *Lusarca Villa*, Lusarche.

M.

*Malliacus*, ou *Marliacus Burgus*, Marly le Bourg.
*Marliacum*, ou *Malliacum Castrum*, Marly le Chastel.
*Malus-repastus*, ou *Castrum de Malo repastu*, Maurepas.
*Mons-Gaius*, ou *Castrum de Monjai*, Montjay, Mongay, ou Mongé.
*Mons-Letherici*, *Mons-Libericus*, *Mons-Leberii*, ou *Mons-Leheri*, Mont-Leheri.
*Mons-Maurentiacus*, *Mons Moranciacus*, ou simplement *Moranciacum*, Montmorency, ou Morancy.

T.

*Torciacum*, ou *Turciacum*, Torcy.
*Turnomium*, *Tornomium*, *Torneni*, *Turnonni*, ou *Turnomii Castrum*, Tournan, ou Tournam en Brie.

V.

*Villa Petrosa*, *Villa Puerorum*, *Villa Peru*, *Villa Pirorum*, ou *Villa Pirosa*, Villepreux, ou Villepereux.

Quant aux Villages que les anciennes Chartes mettent dans le Pays des *Parisii*; voici ceux dont Mr. de Valois a trouvé les noms dans les Archives de l'Eglise de Paris & dans celles des plus anciens Monastères.

A.

*Alberti-Villare*, *Albervillare*, ou *Aubervillare*, Aubervilliers.
*Alnetum*, Aunay.
*Alpecum*, *Alpicum*, *Alpiccum*, ou *Aupicum*, Aupec, le Port-Aupec, ou le Pec.
*Altogilum*, *Altoilum*, ou *Altolium*, Auteuil.
*Andeliacum*, ou *Andeleium*, Andely ou Andilly.
*Antoniacum*, Antogni ou Antoiny.
*Aqua-bona*, Eau-bonne.
*Arcolium*, ou *Arcoleum*, Arcueuil.
*Argentogilum*, *Argentoilum*, *Argentolium*, ou *Argantogilum*, Argenteuil.
*Asinaria*, ou *Asneria*, Aniéres.
*Atteia*, Aties.

## PAR.

*Atteiolæ*, ou *Atteolæ*, Aitioles, Etiolles, ou Etioulle.
*Attiliacum*, ou *Atilliacum*, Attilly.
*Aveliacum*, ou *Orliacum*, Orly.
*Aurenvilla*, Eaurainville.
*Axona*, *Exona*, ou *Axsona*, Essone.

### B.

*Balbiniacum*, Baubigni, ou Bobigni.
*Ballolium*, ou *Baliolium*, Bailleuil, Baillel, ou Baillet.
*Balneola*, ou *Balneolæ*, Baigneux.
*Balneolum*, ou *Bagnolia*, Baignolet.
*Bedolitum*, ou *Baalai*, Beloy en France.
*Bevera*, *Beveris*, *Bibara*, ou *Bevra*, Biévre.
*Bigargium*, ou *Gargiæ*, Garges, ou Garches.
*Bogivallis*, Bougival, ou Buzenval.
*Bonogilus*, *Bonogilum*, ou *Bonolium-ad-Matronam*, Boneuil, ou Bonœil.
*Bonogilus*, *Bonogilum*, ou *Bonolium ad Crodoldum*, Bonvel.
*Bonnæ*, ou *Bonna*, Bonnes.
*Borda*, ou *Bordæ*, la Borde.
*Braiacum*, ou *Briacum*, Bry.
*Bretefcia*, la Bretêche, & souvent Saint-Non de la Bretêche.
*Britiniacum*, *Bretiniacum*, ou *Britanniacum*, Bretigny.
*Brocia*, ou *Brucia*, la Brosse.
*Brueriæ*, les Bruiéres.
*Bungeiæ*, *Bonzeiæ*, *Bonziæ*, ou *Bondiæ*, autrefois Bonzies, aujourd'hui Bondis.
*Burgus-Reginæ*, Bourg-la-Reine, autrefois Briguet.
*Busciacum*, ou *Bosciacum Sancti Georgii*, Boissy Saint George.
*Busciacum Sancti Martini*, Boissi Saint Martin.
*Buxeus vicus*, *Buxiacus*; ou *Boxiacum*, Boussi, ou Bossi.

### C.

*Cala*, *Kala*, *Villa Calensis*, *Chela*, ou *Chelæ*, Chelles, ou Chelle.
*Calliacum*, Chailli.
*Calloellum*, *Chailloellum* & *Challoel*, Chailleau ou par corruption Chaliot.
*Campi*, Champs, ou Champs-Moteux.
*Campiniacum*, ou *Campaniacum*, Champigni.
*Campiplantarium*, ou *Campiplantum*, Champlant.
*Campus lupi*, Chantelou, ou Champ de lou.
*Cannaberiæ*, Chenevières.
*Cantriacum*, *Cintrium*, ou *Sintrium*, Sentri ou Centri.
*Cantus-Lupi*, Chantelou.
*Capella Sancti Audoëni*, Saint Ouen, ou Saint Ouyn.
*Capella Milonis*, la Chapelle Milon.
*Capella Sancti Dionysii*, la Chapelle Saint Denis.
*Capriacum*, Chevry.
*Caput villæ*, Chaville.
*Carenton*, *Carento*, ou *Carentonium*, Charenton.
*Carolivenna*, ou *Carolivena*, par corruption pour *Karolivenna*, Chalevane ou Chalevaine.
*Carrona*, *Charrona*, ou *Charronna*, Charonne.

## PAR.

*Castanetum*, ou *Casteneium*, Chasteney.
*Castellio*, Chastillon.
*Caticantum*, Cachant.
*Catolacum*, *Catullicus*, ou *Catolacensis vicus*, la Ville de St. Denis en France.
*Catonacum*, Chatou.
*Caveniacum*, Chavenay.
*Cebrantum*, *Ceverentum*, *Seurenum*, ou *Ceuren*, Seuran.
*Cella-ultra-Sarnaium*, ou simplement *Cella*, la Celle.
*Centeniacum*, Centeny.
*Centum nuces*, autrefois Centnois, ensuite Cennois, aujourd'hui par corruption Sanois.
*Chesnetum*, la Chesnaye, ou le Chesnay.
*Ciconiolæ*, *Ceognolæ*, *Cuegnolæ*, *Ciaconellæ*, Sognolles, ou Sougnolles.
*Civiliacum*, Chevilly.
*Clippiacum*, Clichi.
*Clippiacum*, ou *Clippiacum in Alneto*, Clichi en l'Aunay, ou Clichi l'Aunay.
*Cobreum*, Couberon.
*Collis-Longus*, Coulon.
*Columbæ*, Coulombes.
*Combelli*, Combeaux, ou Combaux.
*Combis-Villa*, ou *Cons*, Con-la-Ville, ou Combs la Ville.
*Conchæ*, ou *Conchiæ*, Conches.
*Confluentes Isaræ & Sequanæ*, Conflant, Conflans, ou Conflans Ste. Honorine.
*Confluentes Matronæ & Sequanæ*, Conflans, ou Conflant.
*Corcorona*, Courcouronne.
*Cormiliæ*, *Cormeliæ*, ou *Cormeliæ Parifienses*, Cormeilles, ou Cormeilles en Parisis.
*Corquetenæ*, Croquetaines.
*Coryletum*, *Codreium*, *Coudreium*, ou *Coldreium*, Condray.
*Cristoilum*, *Cristolium*, ou *Cristoill*, Creteil, ou Creteuil.
*Crociacum*, ou *Croci*, Croici, ou Croissi.
*Crona*, ou *Crosna*, Crône.
*Curia*, ou *Curtis-Bardi*, autrefois Corbaart, aujourd'hui Coubert.
*Curtis-nova*, la Cour-neuve.
*Curvenæ*, Couvres, ou Couve.
*Curva-via*, Courbe-Voye, ou Courvoye.

### D.

*Darentiacum*, Darenci.
*Diogilum*, *Dulium*, ou *Duolium*, Dueil, Deuil, ou Dieuil.
*Domuntum*, *Dosmuntum*, *Dosmontum*, ou *Dolmons*, Dômont.
*Domus*, *Ecclesia de Domibus*, *Villa Domorum*, *Domus supra Secanam*, ou *Mansiones*, Maisons.
*Donna-Petra*, *Damni Petra*, *Damna*, ou *Donna Petra*, Dampierre.
*Donnus Medardus*, ou *Ecclesia de Donno Medardo*, Dommart ou Dammart.
*Dravernum*, Dravel, ou *Dravellum*, Drever, Drevel, ou Drovet.
*Drionnum*, ou *Drionnus Vicus*, Triennon, ou Trianon.

### E.

*Edera*, Jerre.
*Erbelium*, ou *Herbelium*, Herbelay, Erblay, ou Arbely.
*Ereniacum*, ou *Erigni*, Eragni.
*Ermon*, Ermon.

*Escuina*

*Escuinæ*, *Iscuina*, *Escuem*, ou *Escuen*, Escouen.
*Euriacum*, *Aureum*, *Jureum*, *Everiacus*, ou *Euriacus-vicus-supra-Secanam*, Euri, ou Every.

### F.

*Fabariæ*, ou *Faveriæ*, Faviéres, où Saint Sulpice de Faviéres.
*Fabaria in Briegio*, ou *Faveriæ* & *Faveriæ in Bria*, Faviéres.
*Ferrariæ*, ou *Ferreriæ*, Ferriéres.
S. *Ferreolus*, ou *ad S. Ferreolum*, Saint-Forgel.
*Ferrolæ*, *Ferreolæ*, *Ferriolæ*, ou *Ecclesia de Ferreolis*, Ferolles.
*Floriacum*, Fleury.
*Fontanetum*, Fontenay.
*Fontanetum-Floridum*, ou *ad rosas*, Fontenay le Fleury, ou Fontenay aux roses.
*Fontanetum juxta Brias*, Fontenay près de Bris.
*Fontanetum supra nemus*, Fontenay sur le Bois (de Vincennes).
*Fontanetum Vice-comitis*, ou *Comitis*, Fontenay le Vicomte, ou le Comte.
*Fontenetum*, *Fontanetum juxta Luparas*, *Fontanetum juxta Marolium*, ou *Fontanetum in Francia*, Fontenay-Mareuil, ou Fontenay en France.
*Fœtellum*, *Fœtellum*, ou *Mala-Noda*, Malnoe, ou Malnoux.
*Forgiæ*, ou *Ecclesia de Forgiis*, Forges.
*Fossæ*, Fosses.
*Francorum-Villa*, ou *Franconvilla*, Franconville.
*Fraxinus*, ou *Fraxini*, Fresne.

### G.

*Gaunissa*, *Gonessa*, *Gonissa*, *Gonescha*, *Gonnessia*, ou *Gonnessa*, Gonnesse.
*Gentiliacum*, ou *Gentiliacus*, Gentilly, ou Jantilly.
*Gerciacum*, Gersy.
*Gevisiacum*, *Givisiacum*, ou *Juvisiacum*, Juvisi, ou Juvisy.
*Gif*, ou *Giffum*, Gif.
*Gomedus Villa*, ou *Gometi-Villa*, Gomets la Ville.
*Gometi Castrum*, Gomets le Chastel.
*Gragiacum*, *Gragi*, ou *Gregiacum*, Crégi.
*Granchia*, *Granchia Regis*, la Grange le Roi.
*Graulidum*, *Groolaium*, ou *Groela*, Grôlay.
*De Gressibus* (*Villa ou Ecclesia*), Grès.
*Guidonis-Curia*, ou *Curtis*, Guiencourt, ou Guiancourt.
*Gunsanæ-Villa*, ou *Gonsenvilla*, Gontainville.

### H.

*Herivallis*, Herivaux.
*Hermeriæ*, Hermiéres.
*Holles*, ou *Hollæ*, Houilles.
*Hosseia*, la Houssoie.

### I.

*Jabeniacum*, *Jahenni*, *Villa-Gehenni*, ou *Gehanni*, Jagny en France.
*Joiacum*, ou *Joviacum*, Jouy en Josas.
*Joi*, ou *Joiacum*, Jouy.
S. *Jonii Vicus*, ou *Sanctus Jonius*; Saint-Yon.
*Joviacensis Pagus*, ou *Joiacensis Pagus*, Josas.
*Issiacum*, Issy.
*Juriacum*, Ivry.

### L.

*Laiacum*, Lay.
*Lardiacum*, Lardy.
*Latiniacum*, Laigni.
*Leugnæ*, ou *Logniæ in Bria*, Lognes.
*Liciæ*, Lices.
*Limariacum*, Lemarais, par corruption le Marais.
1. *Limogiæ*, ou *Lemovecæ*, Limoges.
2. *Limogiæ*, *Limos*, ou *Limoves*, Limous, ou Limours.
*Limolium*, *Limogilum*, *Limoilum*, ou *Limuel*, Limeil, ou Limeuil.
*Linais*, *Linois*, *Ecclesia S. Mederici de Linariis*, Linas, ou Linois.
*Lisigni*, *Lisigniacum*, *Liciniacum*, ou *Lisiniacum*, Lesigny.
*Liviæ*, *Livies*, *Leviæ*, ou *Villa Leugæ*, Levis, ou Leves.
*Loandum*, ou *Loand*, Louans, ou Louens.
*Locus-Sanctus*, Loursaing, Lieursains, ou Lieusaint.
*Longus-Pons*, Longpont.
*Ludovilla*, ou *Lodovilla*, Ledeville, ou Lodeville.
*Luperæ*, ou *Loures*, Louvres en Parisis.
S. *Lupi Vicus*, Saint Leu-lez-Taverni.
*Lupicinæ*, *Lupicenæ*, *Lupicianæ*, ou *Lovecenæ*, Louvenciennes, ou Louciennes.

### M.

*Maciacum*, ou *Matiacum*, Massy.
*Magneium*, ou *Magneium de Exarto ou de Exartis*, Magny les Essarts, ou Magny l'Essart.
*Maisnile Auberti*, ou *Mansionile Alberici*, le Mesnil-Aubry.
*Malliacum Villa*, Marly, ou Marly la Ville.
*Malus-campus*, Manchan, corrompu de Mauchamp.
*Mala-Mansio*, Mal-Maison.
*Malus-respectus*, Mauregard.
*Manassiacum*, Menecy, ou Manecy.
*Mandræ*, Mendres.
*Mansiones*, Maisons.
*Marcociæ*, ou *Marcociacum*, Marcoussis, ou Marcoussy.
*Marleium*, ou *Malliacum*, Marly.
*Marliacum-Burgus*, ou *Malliacum*, Marly le Bourg, ou Marly le Chastel.
*Marolium*, Mareuil.
*Marolium*, *Marogilum*, ou *Maroilum*, Mareuil.
*Medea Curia*, Maincourt.
*Merrolæ*, Marolles.
*Mesneium S. Dionysii*, *Mesnile S. Dionysii*, ou *Maisnilium*, Mesnil-Saint-Denis.
*Mintriacus*, ou *Mitriacum*, Mitry.
*Modunum*, *Modun*, *Medo*, *Moldun*, *Metiosedum*, ou *Meliosedum*, Meudon.
*Moissiacum*, ou *Moissiacum Episcopi*, Moissy l'Evêque.
*Moleriæ*, les Molieres.
*Molignum*, Moulignon.
*Monasteriolum ad Leones*, Monstreuil aux Lions.
*Monasteriolum in Valle Galliæ*, Monstreuil en Vau de Gallie.
*Moncelli*, ou *Monticelli*, Monceaux.
*Monceot*, Monsout.
*Monci*, *Monticacum*, ou *Monticum novum*, Moncy le neuf, ou Moncy en Parisis.

*Mons-*

*Mons-Abrem*, *Mons-Abreni*, *Mons-Veranus*, ou *Mons-Verani*, Mont-Eurain, ou Mont-Eurin.
*Mons-Æstivus*, Montivier.
*Mons-Falconis*, Saint Jean de Mont-Faucon.
*Mons-Fermolius*, ou *Mons-Firmolius*, Montfermeuil, ou Montfermeil.
*Mons-Gemellus*, Longjumeau, par corruption pour Montjumeau.
*Mons-Gironis*, Mongeron.
*Mons-Mercurii*, *Martis*, ou *Martyrum*, Mont-Martre.
*Mons-Melianus*, Monmeliant, Montmelian, ou Monmelian.
*Mons-Rubeus*, ou *Mons-ruber*, Montrouge.
*Mons-Taxonis*, ou *Mons-Taxonum*, Mont-Tesson.
*Mons-Valeriani*, le Mont-Valérien.
*Montiniacum*, ou *Montanacium*, Montigny.
*Morcencum*, *Morcenc*, ou *Murcent*, Morfan, ou Morsang.
*Muscella*, ou *Moisseles*, Moisselles.

N.

*Nemptodorum*, *Nemtodorus*, *Nanturra*, *Nanetodorum*, *Nemetodorum*, *Nammetodorum*, *Nantodorum*, *Namtuerre*, ou par corruption *Metodorum*, Nanterre.
*Nemus Arsicii*, ou *Boscus Arcisi*, Bois d'Arcis.
*Nonnæ-Villa*, ou *Nonnevilla*, Nonneville, Nainville, ou Nonnainville.
*Nooreium*, Nouray.
*Norvilla*, Norville.
*Nova-villa*, Neuville, ou la Neuville.
1. *Novigentum*, ou *Novientum*, Saint-Cloud.
2. *Novigentum*, ou *Nogentum*, Nogent sur Marne.
1. *Noviliacus*, *Noviliacum*, *Nobiliacum*, *Nuilli*, *Nulliacum super Matronam*, *Nuilliacum*, *Nulliacum ad Placitum*, Neuilly, ou Nully.
2. *Noviliacus*, Nully, ou le Port de Neuilly.
*Novum Monasterium*, Neufmonstier.
1. *Nucetum*, ou *Nucetum majus*, Noisi le Grand.
2. *Nucetum*, *Nucetum minus*, ou *Nucetulum*, Noisi le Petit.
3. *Nucetum*, *Noisiacum*, *Nuciacum*, ou *Nucetum siccum*, Noisi le Sec.

O.

*Ocinæ*, *Ocines*, ou *Ursini*, Oursines, ou Ursines.
*Oratorium*, ou *Oratorium Ferrariæ*; Osoi, ou Osoir la Ferriére.
*Orceium*, Orsay.
*Ormeia*, *Ulmeum*, ou *Ulmetum*, Ormay.

P.

*Paciacum*, Paci, ou Paffi.
*Palatiolum*, ou *Paleisol*, Paleseau, ou Palaiseau, par corruption, pour Palesieul, ou Palaisieu.
*Paretum*, ou *Perez*, Paray.
*Parisium*, Ville Parisis, ou Ville Parisi.
*Pentinum*, Pentin, ou Pantin.
*Petra-Frixa*, *Ficta*, ou *Fixa*, Pierre-Fite, par corruption Pierre-Frite.
*Petra-Lata*, Pierre-Laye, ou Pierre-Lée.

*Pinus*, ou *Ad-Pinum*, le Pin, ou Au-Pin.
*Piscosi*, Piscot.
*Plesseium Comitis*, le Plessis.
*Pomponia*, ou par corruption *Pomponia*, Pompone.
*Pons-quadratus*, Pont-quarré.
*Popini-Curtis*, Popincourt.
*Pratella*, *Praeria*, ou *Presliæ*, Presles, ou Prelles.
*Puteoli*, Pizeux, Puiseux, ou Puisieux en France.

Q.

*Quadrariæ*, *Quadraria*, ou *Lapicidina S. Dionysii*, Carriéres, ou Carriére St. Denis.
*Quadrariæ ad Carentonem*, les Carriéres près Charenton.
*Quadrariæ ad Pinciacum*, Carriéres lez Poissy.
*Quadrariæ sub Silva*, Carriéres sous le Bois.
*Quintiacum*, Quincy.
*Quintiacum Magnum*, ou *Majus*; Quincy le Grand.

R.

*Reschia*, Rasche, ou Villeras.
*Ries*, ou *Riæ*, Ris.
*Rocconis-Curtis*, ou *Roquencort*, Rocquencourt, ou Roquancourt.
*Romana-Villa*, Romainville.
*Romiliacum*, Reuilly lez Paris, autrefois la Grange de Reuilly.
*Rooneium*, ou *Roosneium*, Rôny.
1. *Rossiacum*, *Rusciacum*, ou *Russiacum*, Roissi en France.
2. *Rossiacum*, ou *Roissiacum*, Roissi en Brie.
*Rotoialum*, *Rogoialum*, *Riogilum*, *Rioilum*, *Ruoilum*, *Ruolium*, Ruel, pour Rueuil, ou Rueil.
*Rotulus*, ou *Rotula*, le Rolle, autrement le Haut & Bas Roulle.
*Rungiacum*, Rongy, ou Rungy.

S.

*Sabiniacum*, ou *Saviniacum*, Savigni sur Orge.
*Salices*, la Saufaye.
*Salix*, Saux.
*Sarcella*, Cerselle, ou Sercelle.
*Sarcloi*, Saclay.
*Sarnaium*, *Cernaium*, *Sarneia* & *Sarneium*, Sernay la Ville.
*Sarries*, Serris, ou Serry.
*Sartoris Villa*, ou *Sartorum Villa*, Sartouville, ou Sertrouville.
*Savegium*, ou *Suciacum*, Sucy.
*Savara*, *Saura*, *Sevra*, *Separa*, ou *Sepera*, Siévre, ou Sévre.
*Senliciæ*, Senlisses.
*Servon*, Servon.
*Soisi*, ou *Sosiacum*, Soisy sur Seine, par corruption Choisy.
*Solurra*, Soulare.
1. *Spinetum*, Espinay.
2. *Spinetum*, *Spinolium supra Ordeum*, ou *Spinolium ad Urbiam*, Espinay sur Orge.
*Spinolium*, *Espinoletum*, ou *Spinoletum S. Genovefæ*, *Spinolium in Briegio*, & *Spinogilum*, Espinay en Brie, ou Espinay sur Senar.
*Spinogelum*, ou *Spinogilus*, Espineuil sur Seine,

Seine, ou Espineuil lez St. Denis.
*Stagnum*, l'Estang.
*Suciacum*, *Succiacum*, *Sulciacum* & *Sulciacum*, Suci en Brie, par corruption Suffy, & Sufy.
*Surisnæ*, *Sorisnæ*, *Soresnæ*, ou *Sureunæ*, Surènes.

T.

*Taberniacum*, Taverni.
*Tauriniacum*, *Toriniacum*, *Torigniacum*, ou *Toregni*, Torigny.
*Telliacum*, *Tolleium*, ou *Tilleium*, Tilly, ou Tillay.
*Theodaxium*, *Teodaxium*, *Theodosium*, ou *Teodosium*, Tiais, par corruption Tiert, Tiers & Quiet.
*Tors*, Stors, Toures, ou Store.
*Torta-fagus*, Torfou, ou Tourfou.
*Trappæ*, Trappes.
*Trimilidum*, *Tremulidum*, *Tremulitum*, ou *Trembleium*, Tremblay.
*Tunon*, *Turnos*, ou *Vicus Sancti Præjecti*, Saint Prix.

V.

*Valenton*, *Valento*, ou *Valentonium*, Valenton, ou Valanton.
*Valles*, Vaux.
*Vallis-Crisonis*, *Vallis-Cresson*, ou *Val-Cresson*, Vaucresson.
*Vallis-Joth*, *Vallis-Jocosa*, *Vallis-Gaudii*, ou *Val-Jouc*, Vaujour.
*Vallis-profunda*, Val-profonde.
*Vallis Sanctæ Mariæ*, ou simplement *Vallis*, le Val, ou l'Abbaye du Val.
*Varennæ*, Varennes, ou la Varenne St. Maur.
*Vemar*, ou *Vemartium*, Vemars.
*Venvæ*, *Vanuæ*, & *Venva*, Venves.
*Ver magnum*, Ver le grand.
*Ver parvum*, Ver le petit.
*Veres*, Vere.
*Verneles*, Vernaux, ou Verneau.
*Vernulellum*, ou *Vernolellum*, Vernoullet.
*Versaliæ*, ou *Versallæ*, Versailles.
*Vicenæ*, *Vicennæ*, Vicénes, Vincennes.
*Viciniæ*, Voisins.
*Vilero*, ou *Vileron*, Villeron.
*Villa ad Silvam*, la Ville du Bois.
*Villa-Abbatis*, Villabbé.
*Villa-Cereris*, Viceour, Viceors, par corruption Huisous, ou Huit-sous.
*Villa-Crana*, Ville-Crène.
*Villa-Dei*, la Ville-Dieu.
*Villa-Episcopi*, la Ville-l'Evêque.
*Villa-Julitæ*, *Villa-Judæa*, Ville-Juive, par corruption pour Ville-Juite.
*Villa-Justa*, Ville-Just.
*Villa S. Laurentii prope Parisius*, aujourd'hui le Fauxbourg de St. Laurent dans Paris.
*Villa-Magnonis*, ou *Villa-Magnulsi*, Ville-Menon.
*Villa-Messum*, Ville-Moisson.
*Villa-Munbla*, ou *Villa-Mobils*, Ville-Monble.
*Villa-nova*, Ville-neuve.
*Villa-nova ad Asinos*, Ville aux Asnes, ou Ville-neuve aux Asnes.
*Villa-nova Comitis*, Ville-neuve-le-Comte.
*Villa-nova Regis*, Ville-neuve-le-Roi.

*Villa nova Sancti Georgii*, Ville-neuve Saint George.
*Villa Persica*, Ville Pesque, ou Ville Pesche.
*Villa-picta*, Ville-pinte.
*Villa-Regis*, Ville-Roi.
*Villa-Tigniosa*, Ville-Taneuse.
*Villarium*, *Villaria*, ou *Villare*, Villiers.
*Villaris*, Villers, ou Villiers.
*Villare-Adæ*, Villers-Adam, ou Villiers-l'Adam.
*Villare Bellum*, Villiers le Bel.
*Villare Siccum*, Villiers le Sec.
*Villula S. Lazari*, *Villa S. Lazari*, ou *la Villette S. Ladre*, la Villette St. Lazare.
*Vinolia*, *Vinolium*, ou *Vigneuf*, Vigneuil, ou Vigneuls.
*Viriacum*, ou *Veriacum*, Viri, par corruption Vitry.
*Vitrariæ*, *Vitreriæ*, *Verreriæ*, ou *Vedrariæ*, Verrières.
*Vitriacum*, Vitri.
*Ulmechon*, Ormeçon, ou Ormeson.
*Ulmetum*, Ormoy.

PARISOT, Bourg de France, dans le Rouergue, Election de Ville-franche. Il y a dans ce Bourg un Prieuré de mille livres de revenu.

PARISUS, Fleuve de l'Illyrie selon Strabon,[a] qui dit qu'il se rendoit dans le Danube. [a Lib. 7. p. 313.]

PARITACÆ & PARITACENI. Voyez PARÆTACA.

PARIUM, Ville de l'Asie Mineure. Strabon[b], Ptolomée[c] & Pline[d] en font mention. Le dernier lui donne le titre de Colonie Romaine & dit que c'est la même Ville qu'Homere[e] nomme Adrastea. Cependant Strabon & Etienne le Géographe font deux Villes d'*Adrastea* & de *Parium*. Le titre de Colonie Romaine est plus certain. Il lui est donné dans le Digeste[f], aussi-bien que dans deux Inscriptions recueillies par Mr. Spon[g]; & dans une de ces Inscriptions on voit que l'Empereur Marc-Aurèle fut le Fondateur de cette Colonie. La Ville de Parium étoit bâtie sur la Côte de l'Hellespont & avoit un bon Port. [b Lib. 13. p. 588. c Lib. 5. c. 2. d Lib. 5. c. 32. e B. v. 335. f Lib. 50. Tit. 5. de Censibus. g P. 170.]

PARK, Abbaye dans les Pays-Bas, proche de Louvain. Elle est de l'Ordre de Prémontré & fut fondée en 1129. par Godefroi le Barbu Duc de Brabant.

PARMA. Voyez PARME.

PARMASIA. Voyez PARRHASIA.

1. PARME (LA), Riviére d'Italie. Elle a sa source dans les Montagnes de l'Apennin qui séparent le Parmesan, d'une portion de Toscane où est Pontremoli, delà elle serpente vers le Nord-est, & peu loin de sa source elle reçoit le Ruisseau de PARMOSA, d. passe au Couchant & assez près de Mossale, vis-à-vis de Torchiara Rocca, ou même un peu plus bas elle tourne vers le Nord-Nord-Ouest, passe à la Capitale du Pays à laquelle elle donne son nom, & y reçoit la Baganza autre Riviére aussi considérable qu'elle. Elles coulent ensuite vers le Nord dans un même lit, passent à COLORNO dont je parle en son lieu & vont se jetter ensemble

ble dans le Pô entre Cafal Maggiore qui eft du Cremonefe, & Viadana qui eft du Mantouan.

2. PARME, Ville d'Italie, dans le Duché de même nom dont elle eft la Capitale. Elle eft très-ancienne & a eu l'avantage, de conferver toujours le même nom fans aucun changement. Les Romains avant & après Augufte, & les Italiens d'aujourd'hui la nomment PARMA. Gemelli Carreri dit qu'elle eft fituée au 44. d. 30′. de Latitude. Mrs. de la Hire & Des Places difent 44. d. 50′. Elle eft de 8. d. 27′. 30′. plus Orientale que l'Obfervatoire de Paris. Elle eft fituée dans une plaine fur l'ancien Chemin Romain nommé *Via Flaminia*. Elle fut faite Colonie Romaine en même tems que Modene. Tite-Live [a] dit, après avoir parlé d'Aquilée : la même année Modene & Parme devinrent des Colonies Romaines : on diftribua à deux mille hommes dans le Champ qui avoit été anciennement aux Tofcans & en dernier lieu aux Boïens, huit Arpens pour chacun à Parme, & cinq à Modene. Cluvier [b] remarque que l'année où cette Colonie fut établie eft la cinq-cens-foixante & neuvième de Rome, & la cent quatre-vingt-quatrième avant l'Ere Chrétienne, fous le Confulat de M. Claudius Marcellus & de Quintus Fabius Labeo. Cette Ville fouffrit beaucoup durant le Triumvirat. Ciceron fait un trifte Portrait des infames cruautez qu'y exercerent les gens du Parti d'Antoine : il en parle avec une extrême horreur dans fa quatorziéme Philippique [c]. Augufte en dédommagea cette Ville par des bienfaits éclatants, il y envoya de nouveaux Colons & par reconnoiffance elle en prit le furnom de *Julia Augufta Colonia*, comme on peut voir par cette Infcription inférée au Recueil de Gruter [d].

PATR. COL. JUL. AUG. PARM.
PATR. MUNICIPIORUM FORODRUENT.
ET FORO NOVANORUM.

Ciceron [e] parlant des Parmefans, dit que c'étoient les meilleurs caractères, les plus honnêtes gens du monde & les plus attachez à l'autorité du Sénat, & à la dignité du Peuple Romain. Strabon [f] met Parme entre les Villes Illuftres fituées auprès du Pô ou en deçà, & la nomme avec Plaifance, Cremone, Rimini, Parme, Modene, & Bologne. Pline [g] fe contente auffi de la nommer entre les Villes de la VIII. Région d'Italie. Ptolomée (qui, pour le dire en paffant, fe trompe d'un degré vingt minutes fur la Latitude de cette Ville qu'il ne fait que de 33. d. 30′. au lieu de 34. d. 50′.) Ptolomée [h], dis-je, la nomme très-bien dans fon rang entre les Villes de la Gaule furnommée *Togata*. L'Itinéraire d'Antonin nomme cette Ville dans trois routes différentes ; mais il n'eft pas d'accord avec foi-même pour les diftances. La première route eft de Milan au trajet de l'Italie en Sicile en paffant par le *Picenum* & par la Campanie.

A Mediolano.
| | | |
|---|---|---|
| Laudem Civitatem | M. P. | XVI. |
| Placentiam | M. P. | XXIV. |
| Fidentiolam Vicum | M. P. | XXIV. |
| Parmam | M. P. | XV. |
| Regium | M. P. | XVIII. |
| Mutinam | M. P. | XVII. |

Selon cette Route Parme étoit à 18. milles de Regio, à 35. de Modene, & à 39. de Plaifance. La feconde Route eft de Rimini à Cefene. Elle eft au rebours de la première qui va de Plaifance à Parme, & à Modene, celle-ci au contraire va de Modene, à Regio, à Parme, à Fidentiola, à Plaifance. La voici.

| | | |
|---|---|---|
| Mutina Civit. | | |
| Regium Civit. | M. P. | XVIII. |
| Parmam | M. P. | XVIII. |
| Fidentiolam Vicum | M. P. | XX. |
| Placentiam | M. P. | XXIV. |

Dans cette Route Parme étoit à 18. Milles de Regio, à 36. de Modene & à 44. de Plaifance. Pas une de ces trois fommes ne s'accorde avec les fommes de l'autre Route.

La troifième Route eft de Rimini à Dertona.

| | | |
|---|---|---|
| Mutina | | |
| Regium | M. P. | XVIII. |
| Tannetum | M. P. | X. |
| Parma | M. P. | IX. |
| Fidentia | M. P. | XV. |
| Florentia | M. P. | X. |
| Placentia | M. P. | XV. |

Il faut bien fe garder de confondre cette Manfion de Florence avec la Ville de ce nom qui eft en Tofcane affez loin de Plaifance. Le lieu dont il s'agit ici n'en doit être qu'à trois lieues de quatre mille pas chacune. Dans cette troifième route Parme eft à XIX. milles de Regio, à 37. de Modene & à 40. de Plaifance. Les dix-neuf milles qui font de Regio à Parme dans cette troifième route pourroient facilement fe concilier avec les dix-huit milles de la première, & de la feconde en difant, celles-ci font en droite ligne. La troifième paffant par *Tannetum*, eft allongée d'un mille ; mais cela n'eft pas néceffaire. Il vaut mieux dire que c'eft une faute du Copifte qui au lieu de IIX. a mis IX. la preuve en viendra bien tôt. *Fidentia*, ou *Fidentiola*, dans la première & dans la troifième Route eft à quinze milles de Parme, dans la feconde il en eft à vingt milles, & ce qui eft furprenant, les Editions des Juntes à Florence 1519. d'Alde 1518. de Simler à Bâle 1575. de Surita à Cologne 1600. de Bertius, dans fon Théatre de la Géographie, & l'Exemplaire du Vatican, font uniformes pour la diftance de vingt milles. Ce qui marque que cette faute eft ancienne, & qu'il ne faut abfolument que XV. milles pour cette diftance, c'eft que l'Itinéraire de Bourdeaux marque, entre Parme & Fidentia, une Manfion, favoir *Ad Turum*, qu'il place à fept milles de Parme & à huit de Fidentia; ce qui revient aux XV. milles des Routes d'Antonin. Au lieu de *Tannetum*, ce même Itinéraire met de même *Canneto* entre Parme & Regio, à huit milles de la première & à dix de la seconde: ce qui ne fait que dix-huit milles; en quoi il s'accorde avec la première Route d'Antonin & avec la seconde & contredit la troisiéme dont il confirme la faute. Les chifres de ces distances dans la Table de Peutinger étoient apparemment si gâtez sur l'Original, que les Copistes ne les ont pû copier comme il falloit; car je ne saurois croire que l'Auteur de cette Table n'eût mis que deux milles de Parme à *Tannetum*, il y avoit sans doute VII. qui avec XI. que cette Table met entre *Tannetum & Regio*, faisoient le compte de 18. milles, qui se trouvent dans l'Itinéraire de Jérusalem & dans les deux d'Antonin, pour la distance de Parme à Regio. Le V. de VII. étant un peu effacé il ne sera resté que deux unitez dont le Copiste se sera contenté.

Revenons aux divers Etats de cette Ville qui sont d'autant plus importans aujourd'hui, que plusieurs Puissances s'en disputent le haut Domaine; & que des Souverains, tant de l'Italie que de l'Empire, ont employé & employent encore à présent toutes sortes de moyens pour faire décider cette question en leur faveur. Je ne puis me passer de l'Histoire pour éclaircir cette difficulté, qui n'en seroit pas une, si les Princes consultoient autant l'équité que leur propre ambition, ou celle des Flateurs qui les environnent. Cette matiére ne sera pas aussi éloignée de la Géographie qu'elle paroît l'être, mon Plan est de marquer les divers Maîtres qu'a eus un Pays. Je ne m'en écarte donc point en marquant les diverses Révolutions de Parme & de Plaisance, car ces deux Villes ont eu à peu près le même sort.

Elles eurent l'une & l'autre une destinée commune avec les autres Villes de l'Emilie après la destruction de l'Empire d'Occident. Celui d'Orient qui avoit conservé une ombre de Souveraineté en Italie, la voyoit enfin réduite à une portion de ce que nous appellons aujourd'hui, le Royaume de Naples & à l'Exarchat de Ravenne. Les Lombards, Peuple venu du fond de la Germanie, s'étoient fait dans l'Italie un Royaume qui ne subsiste plus aujourd'hui, bien que le Pays qu'ils occupoient en porte encore le nom. Ils ne cherchoient qu'à s'agrandir. Rome, Bologne, Parme, Plaisance, Ferrare, & quantité d'autres Villes qui ne se sentoient pas assez puissantes pour se garantir seules & séparément de l'invasion des Barbares, s'érigerent en Républiques indépendantes & formerent entre elles une Ligue dont le Pape étoit le Chef & le Protecteur. Voilà la première Origine de l'autorité temporelle du St. Siège sur ces Villes, pour ne point citer ici la Donation de Constantin tant de fois alleguée & rejettée.

Les Lombards ayant voulu absorber ces Villes, comme ils avoient fait l'Exarchat, Pepin Roi de France força Astolphe leur Roi à rendre ces Villes au St. Siège. Parme & Plaisance furent comprises dans la restitution. Charlemagne ayant vaincu les Lombards & renversé le Trône de leur Monarchie fit une nouvelle Donation au St. Siège & se régla sur celle de Pepin, qu'il amplifia & qu'il confirma; Parme, Plaisance & toute l'Emilie en étoient. Les Schismes & les autres maux que l'Italie avoit soufferts donnerent lieu à quantité de petits Tyrans, de se former une domination qu'ils tâcherent d'agrandir & d'affermir. Plusieurs de ces nouvelles Dominations furent de courte durée & passerent à peine à la troisième génération; mais l'invasion des Visconti à Milan fut celle qui eut les plus dangereuses suites pour la Liberté de l'Italie.

Luchin & Jean, fils de Mathieu surnommé le Grand, & freres de Galeas I. obtinrent de Benoît XII. l'Investiture de Plaisance pour eux & pour leurs Successeurs à l'infini. Les Plaisantins avoient eux-mêmes éprouvé qu'ils ne pouvoient se maintenir sous l'obéissance du St. Siège, parce que les Papes qui résidoient alors à Avignon ne pouvoient les défendre de l'usurpation des Visconti, pour qui rien n'étoit sacré & qui bravoient tous les droits qu'ils pouvoient violer impunément. Dans une Assemblée générale de la Ville tenue le 7. Octobre 1339. ils résolurent de députer quelqu'un de leurs Citoyens avec le caractére d'Orateur, au Pape Benoît XII. pour lui faire connoître en leur nom qu'ils avoient perdu l'espérance de vivre en paix & en sureté dans leur Ville, si on ne cédoit le Gouvernement de Plaisance & si on ne mettoit la Ville & son Territoire sous la Protection des Visconti. Dans le même tems Jean & Luchin envoyerent aussi à Avignon au même Pape des Ambassadeurs avec ordre de s'unir aux Plaisantins. Le Pape fut touché du malheureux état où se trouvoit la Lombardie dominée par les Visconti qui étoient très-puissans & de celui où étoit l'Etat Ecclesiastique opprimé par les usurpations de plusieurs Familles qui s'étoient soulevées contre le Saint Siège, depuis le tems de l'Empereur Frederic II. & dont les forces & la témérité étoient augmentées depuis que les Papes avoient transporté leur Cour au delà des Alpes.

Benoît se rendit aux instances des Plaisantins & des Visconti, & nomma ceux-ci ses Vicaires perpétuels, à condition qu'eux & leurs Successeurs payeroient tous les ans au St. Siège dix mille florins, ou comme disent quelques-uns, parce qu'il y comprenoit quelques autres Villes, cinq mille florins d'or. Il voulut que dans l'investiture on insérât la Clause qui lui conservoit le Souverain Domaine, à quelque titre qu'il lui appartînt, *sive ex Donatione*, *sive ex Præscriptione, vel alio titulo quocumque*. Ce mot de prescription marque que dès ce tems-là il y avoit déjà une longue possession en faveur du St. Siège. Galeas II. & Bernabo, neveux de Jean & de Luchin possederent à même titre qu'eux les Villes de Parme & de Plaisance: c'est-à-dire, à-dire comme Vicaires perpetuels du St. Siège.

Le Concile de Constance tenu en 1414. ordonna d'un consentement unanime qu'on exécuteroit exactement la Constitution qu'avoit donnée Charles IV. Empereur, pere de Sigismond qui étoit présent au Concile. Cette Constitution étoit contre ceux qui avoient usurpé les biens de quelque Eglise que ce fût, & elle en ordonnoit la restitution. Le Concile ordonna donc que les Royaumes, les Provinces, les Villes, que quelque personne que ce pût être, même Empereurs, Rois ou Papes, auroient ou par témérité ou par violence, ou par fraude, aliéné ou envahi sous le Pontificat de Grégoire XI. & après sa mort jusqu'au tems de ce Decret, seroient restituez au St. Siège, ou à toute autre Eglise qui en auroit été dépouillée : Cassant & annulant toutes sortes de Concessions, démembremens, inféodations faites par les Papes, par les Empereurs ; quand même le consentement & l'autorité de ceux que la Loi ou la Coûtume autorise à confirmer de pareils Actes seroient intervenus pour valider ces prétendues aliénations.

Il est vrai que le Concile excepta les Concessions & les aliénations antérieures au Pontificat de Grégoire XI. Cela semble favorable au droit des Visconti à qui l'Investiture avoit été donnée sous Benoît XII. Ils ne purent pourtant jouïr de l'exception, parce que le Concile n'avoit ratifié ces Concessions antérieures qu'à condition que ceux qui possedoient ces Fiefs n'en fussent pas déchus avant le Pontificat de Grégoire XI. & qu'ils eussent payé & payassent encore le Cens ou les redevances dues en vertu de leurs Investitures. Or Galéas & Bernabo étoient dans le cas de l'exclusion & avoient cessé de payer les Cens & les redevances depuis l'an 1376. dans lequel le Pape Grégoire trop facile les remit en possession de Parme & de Plaisance, jusqu'au tems où le Concile donna sa Constitution.

Bernabo fut empoisonné par son neveu Jean Galeas qui ne put posseder ses Etats qu'au même titre que ces Predecesseurs. Jean Galeas obtint de l'Empereur Venceslas une Investiture pour l'Etat de Milan ; il n'y est question ni de Parme ni de Plaisance, qui n'en étoient pas, & même quand par surprise elle en auroit fait mention, elle ne lui donnoit aucun droit sur ces deux Villes, puisqu'elle est annulée par le Corps Germanique & par la Constitution du Concile. Jean Marie son fils aîné vécut en véritable Tyran ; ses Domestiques effrayez des massacres que sa cruauté lui faisoit commettre, l'assassinerent & en délivrerent le pays l'an 1402 Philippe-Marie son frere ne tint ces deux Villes que fort peu de tems, parce que Vignate s'empara de Plaisance l'an 1404. Il en fut chassé bien-tôt après par Philippe Arcelli Plaisantin, qu'il deposseda à son tour l'année suivante. Visconti s'en empara ensuite ; mais Vignate ayant corrompu Antoine Nostenduno son Capitaine, la reprit une autre fois & la conserva quelque tems par la force. L'Empereur Sigismond la lui enleva & la lui rendit bien-tôt après en vertu d'un Accord qu'ils avoient fait a Cremone.

Aussi-tôt que Sigismond eut repassé les Alpes, Vignate fut assez simple pour se laisser aller aux sollicitations de Visconti, qui le pressoit de se rendre à Milan, sous prétexte d'établir entre eux une parfaite union & de convenir d'un accommodement avantageux à l'un & à l'autre. Il y fut reçu avec toutes les marques d'une amitié sincere ; mais au milieu d'un repas il fut saisi, conduit à Pavie & enfermé dans une Cage, où il périt misérablement. Philippe-Marie fut le dernier Visconti ; & le Milanez passa à François Sforce, qui n'avoit d'autre titre pour lui succéder que celui d'avoir epousé une fille naturelle de ce Prince.

Pendant cette vicissitude de Maîtres à Plaisance, Parme avoit eu aussi ses Révolutions Après la mort du Tyran Jean-Marie, Parme secoua le joug des Visconti en se soumettant volontairement à Otton Terzo & à Pierre Rossi qui appellez par le Peuple & reconnus pour Souverains en 1404. en reçurent les Clefs de la Ville & le Bâton de commandement, après s'être juré l'un à l'autre une union fraternelle. Ils firent ce serment avec une cérémonie facrilége & le violerent presque aussi-tôt. Deux mois après Terzo chassa Rossi & tous ceux qui le favorisoient. Nicolas Marquis d'Este dont Terzo tramoit secrettement la perte, le fit assassiner l'an 1409. Son fils enfant d'environ trois ans fut reconnu par les Parmesans pour son Successeur par les soins de Charles Fogliani son ayeul maternel. Mais les Parmesans changerent de vue & abbatirent les Armoiries qu'avoient élevées les Visconti & les Terzi. Le Marquis d'Este gouverna Parme l'espace de 27. ans & l'an 1412. il y fonda les Facultez de Droit, de Philosophie, & de Medecine, avec la permission & l'autorité du Pape. L'an 1420. Philippe-Marie s'empara de cette Ville ; mais ce ne fut pas pour long-tems ; car il se trouve que le Marquis d'Este la posseda depuis pendant plusieurs années. Cependant ce Marquis après vingt-sept ans de jouïssance la remit à ce Duc qui en jouït jusqu'à sa mort.

Dans ces divers changemens, on ne voit pas que l'Empire, ni le St. Siège y aient pris part ni qu'ils se soient donnés de grands mouvemens pour s'assurer de leurs droits. Ce fut à l'occasion des guerres de Louïs XII. qui vouloit se saisir du Milanez dont il étoit l'unique successeur légitime, ce fut, dis-je, à cette occasion que le St. Siège rentra en possession de Parme & de Plaisance.

Après la mort de Philippe-Marie dernier de la Maison de Visconti, les Plaisantins firent réflexion sur la foiblesse où avoit été l'Eglise Romaine sous Eugene IV. qui venoit aussi de mourir & dont le Pontificat avoit été fort traversé tant par les Visconti que par les autres Tyrans qui déchiroient impitoyablement l'Italie. Ils voyoient

voyoient auſſi le Projet des Milanois qui alloit à former un Gouvernement Républicain dont apparemment ils n'auroient pas moins à ſouffrir que des Viſconti & autres Uſurpateurs. Voyant les affaires en cette ſituation, ils ſecouérent la domination des Milanois, & comme ils ne ſe ſentoient pas aſſez forts pour tenir tête à leur ancienne Rivale, ils prirent le parti de ſe donner à la République de Veniſe qui mit dans Plaiſance une bonne garniſon. Mais François Sforce qui n'étoit pas encore Duc de Milan, attaqua la Place & chaſſa les Vénitiens.

Les Parmeſans de leur côté avoient les mêmes vues. Mais François Picinnini Général des Milanois ayant intercepté quelques Lettres du Roſſi, arrêta par-là l'effet de leurs délibérations. Parme demeura ſous la dépendance de la nouvelle République de Milan & paſſa bien-tôt après avec elle au pouvoir de François Sforce qui opprima cette République naiſſante & toutes les Villes qu'elle avoit alors ſous ſa domination.

Ce Prince & Galeaz-Marie ſon fils trouvant Parme & Plaiſance ſous le joug des Viſconti en jouïrent comme eux, ſans trop s'informer à quel titre l'acquiſition en avoit été faite. Sous ces deux Princes, ni le Pape, ni l'Empereur, ne ſongerent guéres à reclamer l'un les deux Villes, qui lui appartenoient, l'autre, le ſouverain Domaine de l'Empire, ſur le Milanez. On n'étoit alors occupé que de la rapidité de Conquêtes, de Mahomet II. & le Pape & l'Empereur travailloient à réprimer les vaſtes progrès d'un Ennemi, qui les menaçoit également. Il ne fut donc point queſtion d'Inveſtitures de part ni d'autre, François Sforce laiſſa ces Etats, indépendans du Pape, & de l'Empire à Galéaz-Marie l'an 1466.

Ce fils ſuivit le même plan de Politique que ſon pere, gouverna deſpotiquement & fut aſſaſſiné au-bout de dix ans: laiſſant un fils Jean Galeaz qui n'avoit que huit ans, & qui demeura ſous la tutéle de Louïs le More ſon oncle, Frere de Galeaz-Marie, & Fils de François. Louïs s'empara de toute l'autorité, empoiſonna ſon Neveu, & ſe pourvut d'une Inveſtiture de l'Empereur Maximilien, qui en accorda enſuite une pareille à Louïs XII. Roi de France qui avoit le vrai droit au Milanez, & qui s'en étoit déja emparé en ſe ſaiſiſſant de Louïs le More, qui mourut priſonnier en France.

Louïs XII. s'emparant du Milanez, & trouvant Plaiſance, & Parme entre les mains de ce ſcélérat, ne douta point que ces Villes ne fuſſent Membres du Duché, & s'en ſaiſit en 1499. L'Inveſtiture accordée à ce Roi, par Maximilien, eſt de l'an 1505, & fut ſuivie quatre ans après d'une ſeconde peu différente.

Malgré ces Actes, Maximilien & le Pape Jules II. ne voyoient qu'avec chagrin les François en Italie. Ils ſe liguerent entre eux, & la Confédération fut ſignée ſolemnellement, à Rome, dans l'Egliſe de Ste. Marie del Popolo le 5. Octobre 1511. Un des Articles de ce Traité portoit, que Jules devoit recouvrer tous les Fiefs, envahis au préjudice du St. Siège: Parme, & Plaiſance s'y trouverent compriſes. De ſon côté Jules s'obligea d'entretenir à ſa ſolde 400. chevaux, & 2000. hommes de pied, & de fournir tous les mois 1000. écus d'or. Il tint parole, & dès l'année ſuivante, il ſe trouva avoir à ſes frais 800. gendarmes, & 8000. hommes de pied, la Bataille de Ravenne fut donnée; Maximilien, fils de Louïs le More, fut mis par ordre de Jules II. en poſſeſſion du Milanez, & les Villes de Plaiſance & de Parme furent ſoumiſes au St. Siège.

Jules II. mourut en 1513. & eut pour Succeſſeur Léon X, & deux ans après, Louïs XII. Roi de France, eut pour Succeſſeur François I. qui deſcendoit comme lui de Valentine de Viſconti, & avoit les mêmes droits ſur le Milanez. Dès la premiére année de ſon regne il ſe reſſaiſit de ce Duché, & obligea Léon X. à lui céder Parme & Plaiſance. Le Pape qui n'étoit pas en état de lui réſiſter, ſe contenta d'une eſpéce de dédommagement, ſavoir que tout le ſel pour le Milanez ſeroit tiré de Cervia, au profit du Pape. Outre cela il tâcha de mettre ſes droits à couvert par une Bulle de la même année. La défaite de François premier devant Pavie entraîna la perte du Milanez, & fut cauſe que Parme & Plaiſance revinrent au St. Siège l'an 1521. c'étoit une des conditions de la Ligue faite contre François I. Charles V. accorda à Maximilien Sforce l'Inveſtiture du Milanez, en 1523. ſans y comprendre, ni Parme, ni Plaiſance, ni même faire mention d'aucune prétention que l'on eût, qu'elles dépendiſſent de ce Duché.

Les Hiſtoriens, qui font mention de cette Ligue de Léon X. & de Charles V. s'accordent à dire, qu'une des conditions fut, que Parme & Plaiſance reſteroient au St. Siège, & qu'il les poſſederoit avec les mêmes droits qu'il les avoit poſſedées auparavant. Cette derniére expreſſion ne décidoit rien. Le St. Siège qui prétend avoir la propriété de ces Villes, de plein droit, l'entendit favorablement à ſes prétentions; & dans la ſuite les Flateurs de Charles V. lui trouverent un autre ſens. Léon X. Hadrien VI. & Clément VII. jouïrent à pur & à plein de cette reſtitution, & les guerres que ce dernier eut avec Charles V. ne nuiſirent point aux droits du St. Siège, qui poſſedoit encore ces deux Villes, en 1545. & tous les Etats qui en dépendent. Paul III. occupoit alors le St. Siège, c'eſt à ce Pontife que commence la Maiſon des Ducs de Parme & de Plaiſance.

Etant jeune, & dans une dignité, qui ne décidoit pas aſſez ſon état, & le laiſſoit encore dans l'incertitude s'il ſe marieroit, où s'il prendroit les Ordres ſacrez, il eut une de ces occaſions, qui déterminent aiſément un jeune homme. Une fille de qualité de la Maiſon de Ruffini le fit

fit réfoudre au Mariage, mais comme la Légation, dont il étoit alors revêtu, étoit un obſtacle à ce Mariage, & qu'il faloit opter, & renoncer à l'un ou à l'autre, il prit le parti de conſerver cette Dignité, & de tenir le Mariage ſecret; il en eut deux fils, *Pierre Louis*, & *Alexandre Farneſe*, & une fille nommée Conſtance. Leur mere mourut avant que le mariage fût publié, leur pere ſe donna entierement à l'Egliſe, parvint au Cardinalat, & enfin fut élu Pape. Il n'oublia point ſes enfans dans ces différens états.

Ses ancêtres avoient prêté diverſes ſommes aux Papes, & la Chambre Apoſtolique ne s'étoit pas preſſée, de les aquiter. Sa famille poſſedoit *Nepi*, & *Fraſcati*. Ce dernier lieu étoit d'autant plus à la bienſéance des Papes qu'étant aux Portes de Rome, & indépendant de leur autorité temporelle, il ſervoit de retraite à tous les mal-intentionnez. Paul III. le céda au St. Siège à perpétuité, & éteignit les dettes & les prétentions, que ſa famille pouvoit former, ſur le St. Siège, mais il lui procura un dédommagement avantageux: il fit entendre que la ſureté & le bien du St. Siège demandoient qu'on donnât pour toujours l'Inveſtiture de Parme & de Plaiſance à un Prince, qui y réſidât, actuellement, & qui ſe reconnût Vaſſal du St. Siège; qu'ainſi on effaceroit les préjugez que pouvoient occaſionner la longue uſurpation des Viſcontis & des Sforces. L'affaire fut examinée dans un Conſiſtoire, à la reſerve de deux ou de trois Cardinaux, elle paſſa d'un conſentement unanime. En conformité de ce Decret on donna le 12. d'Août de la même année 1545. l'Inveſtiture des Etats de Parme & de Plaiſance à Pierre Louis Farneſe, & à ſes deſcendans mâles à perpétuité. Ce Prince, premier Duc de Parme, avoit deux fils; Octave qui avoit alors vingt ans, & Alexandre, qui étoit encore au berceau; ils furent compris avec lui dans l'Inveſtiture & acqueroient par-là un droit actuel en vertu de cet Acte. Charles V. ne fit pas alors la moindre démarche pour traverſer un établiſſement qui auroit du dépendre de lui, ſi Parme & Plaiſance euſſent été alors regardez comme des Fiefs de l'Empire ou du Milanez. Pierre Louis arriva à Plaiſance & en prit poſſeſſion aux acclamations du Peuple.

En effet le Peuple étoit charmé d'être délivré de l'oppreſſion de la Nobleſſe; qui enhardie par l'éloignement du Souverain dont elle éludoit facilement l'autorité, s'étoit acquis une puiſſance tyrannique ſur la Bourgeoiſie. Les Légats avoient, eux-mêmes, entretenu cet abus. Perſuadez qu'un pouvoir de peu d'années ne ſuffiſoit pas pour remédier à ce déſordre, ils aimoient mieux vivre en paix avec la Nobleſſe, & la laiſſer exercer la puiſſance qu'elle avoit uſurpée, pourvû qu'elle ne les troublât point eux-mêmes, & qu'elle les laiſſât à leur tour tirer de leur Légation tout le pouvoir qu'ils pouvoient. Pierre-Louis, qui n'a-voit pas les mêmes raiſons que ces Prélats, tint une conduite toute différente. Il érigea un Tribunal, où toutes les Semaines il rendoit juſtice, & donnoit audience, écoutant les plaintes de tous ſes Sujets ſans diſtinction. Il fortifia la Ville de Plaiſance, l'entoura d'une muraille au lieu, du foſſé de terre qu'il y avoit auparavant. Il fit commencer une Citadelle, qu'on y voit encore; & pouſſa l'ouvrage avec tant de ſoin qu'en trois mois la muraille fut élevée juſqu'au Cordon, avec de grands & vaſtes foſſez. Il ne fut pas difficile à ceux à qui ces précautions déplaiſoient, de trouver des aſſaſſins: la Nobleſſe étoit aſſez diſpoſée à haïr un Maître qui n'approuvoit pas ſes uſurpations; quatre Rebelles maſſacrerent le Duc, le 10. Septembre 1547. Ces meurtriers n'étoient pas ſans protection, & Charles V. qui ne vouloit pas qu'on le ſoupçonnât de cette mort, ſe deshonora lui-même, en récompenſant les quatre Gentilshommes qui avoient, commis ce crime. Il n'y eut point d'infamies, ni de noirceurs qu'on n'inventât à Milan, & dans les autres Pays ſoumis à Charles V. pour rendre exécrable la Mémoire du premier Duc de Parme, & diminuer l'horreur de l'aſſaſſinat; Mr. de Thou en a malheureuſement infecté ſa belle Hiſtoire.

Le Marquis de Gonzague, Gouverneur du Milanez pour Charles V. & Ennemi juré des Farnèſes, étoit complice de l'aſſaſſinat, au tems de l'exécution, les Milices Impériales étoient preſque aux Portes de Plaiſance, & elles y furent introduites par les Conjurez. La Ville reſta au pouvoir de Charles V. tant qu'il continua de gouverner l'Empire, les Plaiſantins dépêcherent au Pape, pour proteſter de leur ſoumiſſion; mais Gonzague les força de faire le ſerment à l'Empereur. Dans la ſuite on prétendit que la proteſtation au Pape, n'étoit qu'un ſimple compliment, & que le ſerment de fidélité avoit été libre & volontaire. Le Pape eut beau faire; l'Empereur ne ſe déſaiſit point de Plaiſance; mais dans ſon Teſtament il chargea Philippe II. ſon Succeſſeur d'examiner la juſtice, & de faire droit.

Octave ne ſuccéda donc d'abord qu'au Duché de Parme, & en fit hommage au St. Siège. Son Mariage avec Marguerite fille naturelle de Charles V. lui fit rendre Plaiſance, & les lieux qui en dépendent. Philippe II. les lui rendit à des conditions criantes, ſavoir qu'il reſteroit dans le Château de Plaiſance une Garniſon Eſpagnole, qu'Octave entretiendroit, & qu'il envoyeroit à Milan ſon fils unique nommé Alexandre: on a même ſoûtenu depuis ces tems-là que Philippe II. comme Souverain du Milanez, lui donna une Inveſtiture ſecrette pour les Duchez de Parme & de Plaiſance: mais c'eſt une Chimere avancée ſans preuve, & ſans vraiſemblance. Quelle couleur auroit-on donnée à l'Inveſtiture du Duché de Parme, qu'Octave avoit
tou-

toujours possedé, sans que Philippe II. y eût formé la moindre prétention, ni que Charles V. lui en eût demandé aucun hommage, s'étant contenté d'usurper Plaisance, qui l'accommodoit? Pourquoi cette Investiture auroit-elle été tenue secrete? Si Philippe croyoit son droit à peu près bon sur ces deux Villes, quel ménagement avoit-il alors à garder? La vérité est que cette Investiture n'existe point, & quand même elle existeroit, elle n'est point d'une force égale aux Actes publics d'hommage, & de soumission que fit Octave aux Papes Paul IV, Pie IV, Pie V, & Grégoire XII. qu'il reconnut comme ses souverains Seigneurs. Cependant ni l'Empire, ni les Rois d'Espagne Possesseurs du Milanez, ne s'y opposerent point en vertu de leur prétention pour le souverain domaine de ces deux Villes.

Le Prince Alexandre qu'Octave avoit été obligé d'envoyer à Milan, s'attacha à l'Espagne & au service de Philippe II. Il devint un des plus grands Capitaines de son siècle & Philippe le regardoit avec justice comme un des plus fermes appuis de sa Couronne. Octave profitant d'une occasion si favorable fit faire de vives instances pour obtenir la restitution du Château de Plaisance. Le Roi y étoit assez porté, mais le Conseil s'y opposa, on n'allegua ni anciens droits, ni Investitures, mais simplement un droit de conquête faite conformément aux Loix de la guerre, il se peut faire que Philippe ignorât de quelle maniere & avec quelles circonstances les Troupes de Charles V. avoient été introduites dans cette Ville. A la fin pourtant, malgré les oppositions de son Conseil, il remit l'examen de cette affaire au Cardinal de Granvelle, au premier Commandeur de Castille & à Jean d'Idiaquer son Sécretaire d'Etat. Persuadé de bonne foi qu'il avoit un droit réel sur cette Ville, il vouloit que la restitution fut faite au Prince, comme une faveur personnelle & comme une récompense des grands services qu'il avoit rendus à la Couronne. On n'en voulut point à ce prix-là. Le Prince aimoit mieux laisser le Château entre les mains du Roi que de souffrir qu'il ne fût pas restitué à son véritable Maître. Après une longue contestation le Roi goûtant enfin les sages réflexions d'Alexandre & voulant restituer le Château à qui il appartenoit, comme il s'y sentoit obligé par les éclaircissemens qu'on lui en avoit donnez sur le fait & sur le droit; il résolut de faire la restitution au Duc Octave selon les desirs du Prince Alexandre son fils unique. Le Duc mourut peu après en 1586. Alexandre son Successeur jouït paisiblement des deux Duchez jusqu'à sa mort qui arriva l'an 1592.

Rainuce son fils aîné lui succéda, & l'année suivante au mois de Septembre rendit l'hommage public & prêta le serment de fidélité par son Ambassadeur à Rome. Le bruit des Investitures secrétes étoit déja répandu: Il en fut averti & ne put souffrir qu'on le soupçonnât du crime de felonie envers le St. Siège, il écrivit deux Lettres le 14. d'Octobre 1594. sur ce sujet; elles sont très-vives. L'une qui est toute de sa main est adressée au Pape Clément VIII. & l'autre qui est beaucoup plus longue est adressée au Commissaire de la Chambre Apostolique. Dans ces Lettres il déteste ce faux bruit comme injurieux à la mémoire de son pere, à celle de son ayeul, & à sa propre réputation & comme préjudiciable au souverain domaine du St. Siège qu'il reconnoît lui-même sans aucune ambiguité & sans aucune restriction. Ces Lettres furent publiques, ni l'Espagne, ni l'Empire, ne firent aucune démarche pour défendre leurs prétendus droits. C'étoit le tems de montrer ces Investitures si elles eussent été réelles. Rainuce paya exactement le Cens d'année en année au St. Siège & mourut dans les mêmes sentimens qu'il avoit fait éclater durant sa vie. Odoard son fils lui succéda en 1622. & fit prêter au Pape le serment de fidélité dès la même année.

Il n'eut pas pour l'Espagne le même attachement qu'Alexandre son ayeul avoit eu, il fit une Ligue avec Louïs XIII. Roi de France contre Philippe IV. Roi d'Espagne, il reçut des Troupes Françoises dans les Villes de Parme & de Plaisance. Odoard fit armer ses Sujets; en un mot, la rupture éclata. Philippe s'unit avec l'Empereur Ferdinand III. Seigneur Souverain du Milanez & par conséquent interessé à défendre le Fief & le Feudataire. Si l'Empire & l'Espagne avoient regardé Parme & Plaisance comme deux Fiefs du Milanez, ils devoient parler sur ce ton-là; mais non; ils s'adresserent au Pape Urbain VIII. qui se conformant à leurs desirs envoya deux Brefs coup sur coup à Odoard, & voyant que le Duc, sans égard pour la premiere remontrance & pour la seconde, ne vouloit pas renoncer à ses engagemens, il joignit l'autorité aux exhortations & passant plus avant, comme son Souverain Seigneur, il le traita en Feudataire contumace & publia contre lui un Monitoire rigoureux & y fit inférer de mot à mot les deux Brefs, pour faire connoître à tout le monde la maniere gracieuse dont il avoit averti le Duc en qualité de Pere commun, & que ce n'étoit que par nécessité qu'il lui parloit en Souverain. Le Pontife irrité n'en demeura pas dans ces termes; aigri par les Ambassadeurs d'Espagne & de Vienne il voulut en venir au dernier reméde; mais le Gouverneur de Milan fit plus qu'Urbain ne vouloit: il fit piller le Pays du Duc de Parme par une Armée. Le Duc n'ayant pas tiré des François les secours qu'il en attendoit s'accomoda avec les Espagnols par le moyen des Florentins; mais le Pape se vangea d'Odoard par l'affaire de Castro. Voyez CASTRO. Odoard étant mort en 1646, Rainuce II. lui avoit succédé; ce fut proprement sous lui que se fit l'invasion de Castro, rapportée dans l'Article cité. Il mourut l'an 1693. Odoard son fils aîné étoit mort avant

avant lui & avoit laissé une Douairière, la Princesse Dorothée, de la Maison Palatine. François Frere d'Edouard & Successeur de Rainuce l'épousa, & leur mariage ayant été stérile il s'attacha à l'éducation d'une Princesse nommée Elizabeth qui étoit née du premier mariage. C'est la même que le Roi d'Espagne épousa ensuite.

François Farnèse Duc de Parme n'ayant point d'enfans, & voyant son frere Antoine peu disposé au mariage, souhaita qu'après l'extinction de sa famille, l'Infant d'Espagne D. Carlos fils de la Princesse Elizabeth pût recueillir sa Succession; & comme on voyoit le Duché de Toscane prêt à manquer de Successeurs dans la Maison de Médicis par l'état infirme du Grand Duc dont le mariage étoit stérile, & qu'enfin le plus proche héritier étoit le Duc de Parme & de Plaisance, la France fut la première à proposer de former en faveur de D. Carlos un Etat de ces trois Duchez. Une résolution prise à Rome de réunir à la Chambre Apostolique tous les Fiefs qui lui seroient dévolus à l'avenir sembloit un obstacle à ce projet dans lequel la Cour de Londres étoit entrée. L'Empereur profita de cette difficulté, ranima ses prétentions, consentit de donner à l'Infant une Investiture éventuelle que la France & l'Angleterre accepterent. Par-là elles lui accordoient une Supériorité Territoriale que l'Empire n'avoit pas auparavant sur les deux Duchez de Parme & de Plaisance. Ce pas fait, l'Empereur agit en Souverain envers l'Infant. François étant mort au mois de Février 1727. Antoine son frere lui succéda & épousa une Princesse de la Maison de Modene. La Cour de Vienne compta bien que ce mariage rendroit inutiles les Investitures éventuelles promises, & qu'elle ne laisseroit pas d'avoir gagné en les accordant une reconnoissance publique de ses droits sur ces Etats, mais l'évenement ne répondit pas à ses espérances. Le Duc Antoine dernier Duc de Parme de la Maison Farnèse mourut au mois de Janvier 1732. La Duchesse Henriette feignit d'être enceinte & sous ce prétexte la succession de D. Carlos fut retardée. Enfin l'illusion se dissipa, & ce Prince jouit présentement des deux Duchez; en attendant la mort du Grand Duc qui le mettra en possession du Grand Duché de Toscane. Il est actuellement occupé à la conquête des Royaumes de Naples & de Sicile. Il n'est pas nécessaire de marquer ici ce qui a porté toute la Maison de Bourbon & celle de Savoye à s'unir contre l'Empereur, pour avoir satisfaction des outrages faits à Stanislas Roi de Pologne Beaupere du Roi très-Chrétien par l'Empereur & ses Alliez, & des traverses suscitées à l'Infant D. Carlos pour empêcher ou retarder la prise de possession de ses Etats en Italie, & pour d'autres griefs amplement déduits dans les Manifestes de ces Puissances.

Ce que j'en ai dit, suffit pour mettre tout homme équitable au fait du droit des Papes & des prétentions de l'Empire sur le Souverain Domaine de ces deux Duchez. Je n'ai point cité dans tout le cours de ce recit, parce que ce n'est qu'un extrait fidèle d'une savante Dissertation imprimée sous ce titre *Dissertation Historique sur les Duchez de Parme & de Plaisance*, in 4°. à Cologne en 1722. C'est dans ce Livre que le Lecteur trouvera abondamment les Citations & même les passages fidellement copiez des Originaux. Et qu'on ne dise pas que je me sers d'un Auteur Anonyme & inconnu, car c'est moi-même qui publiai alors cet Ouvrage, par ordre du Duc François Farnèse mon Sérénissime Maître, il me l'envoya en Italien & en François. L'original est un des plus illustres Auteurs qu'ait eu l'Italie; & la seule lecture du Livre prouve en même temps son érudition & sa candeur. Après cette espèce de digression, venons à la description de la Ville de Parme.

Cette ville est grande & a quatre milles de circuit. Elle est partagée en deux parties par la Rivière appellée *la Parma* qui se jette dans le Pô à trois lieues au dessous de la Ville. Cette Rivière n'est pas navigable. L'abord de Parme est fort agréable & la Ville est belle. Les rues en sont droites & larges; comme elle est en plaine il n'y a ni à monter, ni à descendre. L'air y est si pur & si excellent que plusieurs de ses habitans ont vécu 120. & 130. ans. Je ne sai où l'Auteur des Voyages Historiques de l'Europe a trouvé que Parme est partagée en trois parties par la Rivière sur laquelle on a construit des ponts pour leur communication. Ces trois parties se réduisent à deux. La ville même, ou sa principale partie est au Midi de la Rivière. Parmi un assez grand nombre d'Eglises, de Couvens, & d'Edifices remarquables, il y a la Cathédrale dont l'Evêque est suffragant de Bologne, depuis quelque tems; mais auparavant il étoit sous Ravenne qu'il reconnoissoit pour Métropole. L'Abbé de Commanville ne pouvoit pas suivre de plus mauvais Mémoires que ceux dont il a tiré son Article dans sa Table Alphabétique des Archevêchez & Evêchez. ,, Par-,, me, dit-il, bonne Ville de Ligurie, & ,, du Vicariat Italique, dans la Lombar-,, die, sur la Parma, Capitale d'un Du-,, ché que le Pape Paul V. fit tomber à ,, sa famille. On la voit sous l'Evêché de ,, Milan dès le V. Siècle ''. En premier lieu Parme n'a jamais été de la Ligurie, mais de l'Emilie. Elle est aussi peu de la vraye Lombardie, les Lombards n'y ayant fait que de courtes usurpations; à moins qu'on ne veuille dire que l'Electorat de Saxe fait partie de la Suède, parce qu'il y a eu un tems où Charles XII. Roi de Suède y étoit plus maître que l'Electeur & disposoit de tous les revenus publics. Ce ne fut point Paul V. qui fit tomber à sa famille le Duché de Parme, mais Paul III. Chef de la Maison Farnèse. Paul V. étoit Borghèse Maison très-différente.

rente. Ce même Auteur dans la premiére Partie de son Livre met beaucoup mieux Parme sous Ravenne, dans l'Emilie qui, selon lui, est la basse Lombardie. Il y met le commencement de cet Evêché au V. Siècle; c'est une erreur. Baronius fait mention des Evêques de Parme, dès les premiers siècles de l'Eglise. Il est vrai que le premier Evêque dont on sache le nom, c'est Gratiosus qui souscrivit à l'Epître du Concile Romain tenu sous le Pape Agathon, l'an 680; mais Parme avoit des Evêques depuis long-tems. Valentinien ayant pris en affection la Ville de Ravenne [a] vers l'an 426, lui accorda ou procura d'extrêmes faveurs. Résolu de reconnoître les bienfaits de Dieu qui venoit de favoriser ses armes, il en marqua sa reconnoissance à l'Eglise de Ravenne & à l'Archevêque Jean qui occupoit alors ce Siège. Si l'on en croit le Rossi, on garde encore à Ravenne le Diplome par lequel cet Empereur soumettoit à ce Siège les Evêques de l'Emilie & nommément ceux-ci; *Sarsenæ*, *Cæsenæ*, *Forum Populi*, *Forum Livii*, *Faventiæ*, *Forum Cornelii*, *Bononiæ*, *Mutinæ*, *Regii*, *Parmæ*, *Placentiæ*, *Brixelli*, *Vicohabentiæ*, *Hadriæ*; & tous les Monastères &c. Ce même Historien prétend que l'Empereur accorda aussi à l'Archevêque de Ravenne l'usage d'un Manteau, non pas, dit-il, le *Pallium* que le Pape donne après l'avoir ôté de dessus le tombeau de St. Pierre, mais une certaine sorte d'habillement qu'il n'étoit permis qu'aux seuls Césars de porter lorsqu'ils alloient par la Ville, & il donna ce droit non seulement à l'Archevêque par une Concession personnelle, mais encore à ses Successeurs. Quelcun s'étant apparemment expliqué différemment & ayant confondu ce Manteau avec le *Pallium*, Baronius s'applique à le refuter & à dire que le Pape seul peut accorder le *Pallium* & que les Successeurs ne sont pas dispensez de le demander. Bologne étoit elle-même comptée entre les Evêchez suffragans de Ravenne, lorsque Grégoire XIII. dont elle étoit la Patrie, l'érigea en Archevêché au XVI. siècle, Parme fut un des Sièges que l'on attacha à cette nouvelle Métropole.

[a] *Rubeis, Hist. Ravenn. l. 2. p. 97.*

Le Dôme de la Cathédrale est peint par Correge. Cette Eglise est à trois Nefs sur des piliers fort hauts. Le Baptistère est un Edifice isolé & octogone. L'Eglise de St. Jean est aussi très-digne d'être vûë, celle de la *Steccata* est remarquable par son Architecture, & par la beauté de ses Peintures. Aux Capucins est le tombeau d'Alexandre Farnese, Duc de Parme & Gouverneur des Pays-Bas. Il est enterré à l'entrée de la porte, comme il l'avoit ordonné dans son Testament par humilité.

Le Palais est fort grand & peut loger commodément plusieurs Princes. On y voit une Sale de cent pas de long & de cinquante de largeur. Les Appartemens sont ornez de Peintures exquises. Il s'y trouve des Pièces originales des fameux Maîtres de l'Italie. Les Ecuries sont belles. Le grand Théatre est une chose rare, dit un Voyageur [b], ni Paris, ni Venise n'en ont point de semblable, il est d'une grandeur extraordinaire & cependant quelque bas qu'on y parle on y est entendu de par tout. Un autre Voyageur [c] dit: le Théatre (de Parme) est le plus spacieux que j'aye jamais vû & en même tems si admirablement disposé, que d'un bout on peut entendre distinctement le son le plus bas de l'autre bout, comme dans une chambre de secret; & si haut qu'on éleve la voix, il n'y a rien de semblable à un écho pour y causer la moindre confusion. Au lieu de loges ce sont des bancs qui s'elevent en Amphithéatre autour du parterre, & ce parterre plus grand de beaucoup que les parterres ordinaires, se peut remplir d'eau à la hauteur de plus de trois pieds. On met sur ce petit Lac quelques Gondoles dorées & cela produit un effet très-agréable avec le secours d'une belle illumination.

[b] *Misson 3. p. 4.*
[c] *Adisson p. 275.*

Le Palais dont on vient de parler est au Midi de la Rivière, qui le sépare de la Citadelle; où est un assez bel Edifice. C'est un quarré-long que la Forteresse & il y a quatre bastions; deux le long de la Rivière, un troisième du côté de la campagne & le quatrième vers la Ville & le Jardin de la Cour qui est borné au Nord & à l'Orient par le rempart qui fait l'enceinte; au Midi par la Citadelle dont un fossé le sépare; au Couchant par une rue qui se termine à la *Porte de Ste. Croix* qui est au Nord. Cette même partie de la Ville a encore une autre Porte, mais à l'Occident; elle porte le nom de *St. François*. La partie Méridionale de la Ville a trois Portes; celle de *St. Barnabé* à l'Orient, celle de *St. Michel* au Midi & la *Porte neuve* au Couchant. Le Palais & la Citadelle communiquent par un Pont qui a quatre Arches. Les deux autres Ponts par lesquels les deux parties de la Ville se communiquent ont cinq Arches.

Outre les Ecoles ordinaires de l'Université il y a un grand & beau Collége qu'on appelle le Collége des Nobles. Les Ecoliers de toutes Nations y peuvent être admis pourvu qu'ils ayent la Noblesse requise pour être Chevaliers de Malthe. On leur enseigne toutes sortes d'exercices & ils y font toutes sortes d'études, mais en payant plus ou moins; les pensions sont différentes à proportion du nombre de Maîtres qu'ils occupent. Ils mangent ensemble dans une espèce de Réfectoire; il y a des Chambres pour deux cens soixante Eleves, pour leurs Professeurs, Officiers, & Domestiques.

Le Duché de Parme est borné au Nord par le Pô qui le sépare du Crémoneze qui est du Milanez. Il confine par l'angle du Nord-est au Mantouan. Il a à l'Orient & au Sud-est le Duché de Modene, & pour voisins au Midi, le Pays d'auprès de Pontremoli qui est du Duché de Toscane, & l'Etat de Génes; & au Couchant il a le Duché de Plaisance. Voilà pour le Duché de Parme, ou le Parmesan proprement dit;

dit, qui est un Pays délicieux & très-fertile.

Les Etats du Duc de Parme sont plus étendus & comprennent

Les Duchez de { Parme. Plaisance.
Les Etats de { Busseto. Val di Taro.

Il reclame le Duché de Castro & le Comté de Ronciglione ; & j'ai marqué au mot Castro, surquoi son droit est fondé. Voyez les autres Articles.

Je ne parle point ici de l'Isle de Ponza sur la Côte de Naples, ni des autres Fiefs que le Duc de Parme possède ou doit posséder dans ce Royaume. Au train que prennent les choses, l'Infant Duc ne tardera guères à se voir Maître de l'Etat entier de Naples & de Sicile, & en ce cas la confiscation que l'Empereur a faite de ces Fiefs aura lieu ; puisqu'ils seront réunis à la Couronne, quoi que dans un sens un peu différent du Decret Impérial.

Entre les Duchez de Parme & de Plaisance sont les Etats de Pallavicini & de Landi, que les Cartes ont coutume de distinguer de ces Duchez, parce qu'autrefois, ils faisoient deux petits Etats séparez. Le premier contient le Marquisat de Busseto, & Borgo San-Donino, Ville Episcopale. L'Etat de Pallavicini appartient au Duc de Parme entiérement. Celui de Landi est partagé entre le Duc qui y possède Borgo di Val de Taro, & le Prince de Doria qui y jouït de Bardi.

*Table Géographique de l'Etat de* Parme *& de* Plaisance.

Les Villes & Bourgs du Duché de Parme sont

Parme, Capitale & Evêché.
Colorno.
Baganzola.
Mezzans di Rondini.
Coltaro.
Torricella.
Roccabianca.
Sissa.
San Secondo.
Soragna.
Fontanellato.
C. Guelfo.
Noceto.
Costa-Mezzana.
Tabiano.
Gallinella.

Varano de Marchesi.
Medesano.
Madregole.
Varano de Melagri.
Rocca Lanzone.
Fornuovo.
Fellino.
Torchiara Rocca.
Sala.
Guardasone.
Rossena, Comté.
Cornegliano.
Calestano.
Vigulone.
Belvedere.
Belforte.
Mossale.

L'Etat de Palavicin comprenoit

Busseto, Marquisat.
Borgo San Donino, Evêché.
Monticello.
Gibello.
Corte Maggiore.
Fiorenzuola.

Le Duché de Plaisance. Voyez Plaisance.

La Principauté de Landi ne contient que trois lieux remarquables,

Borgo di-Val di Taro } Au Duc de Parme.
Compiano.

Bardi, } Au Prince Doria.

Robbe donne au Duc de Parme Massa, Duché, Carrara, Principauté, Fosdinuovo, Marquisat. Ces trois petites Seigneuries sont un Etat possédé par le Duc de Massa qui est de la Maison de Cibo.

PARMECAMPI, Peuples de la Germanie: Ptolomée les place sur le Danube. [a] Lib. 2. c. 11.

PARMESAN. Voyez Parme.

PARMISSUS. Voyez Permessus.

PARMONGA, Vallée de l'Amérique Méridionale, au Pérou [b], dans l'Audience de Lima, au Nord de cette Ville, entre le Lac de Bonbon à l'Orient & la Côte de la Mer du Sud à l'Occident. Les bois sont si épais [c] dans cette Vallée & le Pays est si désert qu'il semble qu'on ne l'ait jamais habité. Tout ce qu'on y trouve aujourd'hui de remarquable, ce sont les ruïnes d'un Palais ou d'un Château, qui paroît avoir été bien fortifié & qui étoit peint en dedans. Garcillasso de la Vega [d] rapporte que cette Vallée qu'il appelle Parmunca, & celles qui sont au voisinage furent jointes au Royaume de Cusco par l'Inca Pachacutec, après que le Curaca Chimu eut été subjugué. Les Incas faisoient grande estime de cette Vallée, où ils avoient fait bâtir le Château, dont je viens de parler.

[b] De l'Iste Atlas.
[c] De Laet, Descr. des Indes Occ. liv. 10. c. 21.
[d] Lib. 6. c. 32.

PARNAC, Bourg de France dans le Berry sur la petite Riviére d'Abloux, Election de Blanc. Il y a dans ce Bourg une Commanderie peu considérable & une Foire le lendemain de la St. Martin.

PARNASIA-NAPE. Voyez Pythe.

PARNASII DITOCHTHONES, Peuples qui comme les Troglodytes habitent sous terre, selon Ortelius [e] qui cite Eustathe [f]; mais ce dernier ne dit point en quel Pays du monde habitoient ces Peuples.

[e] Thesaur.
[f] In Dionysium.

PARNASUS. Voyez Petenisos, Parnassus, & Paropamisus.

1. PARNASUS ou Parnasus selon Ptolomée [g], Montagne de la Phocide, consacrée aux Muses, à Apollon & à Bacchus. On la nommoit anciennement Larnassus, selon Etienne le Géographe. Presque tous les Poëtes donnent deux sommets à cette Montagne. Lucain [h] dit :

[g] Lib. 3. c. 15.
[h] Lib. 5. v. 73.

... *Parnassus gemino petit æthera colle,*
*Mons Phœbo Bromioque sacer.*

Et Ovide [i] :

*Mons ibi verticibus petit arduus astra duobus*
*Nomine Parnassus, superatque cacumine nubes.*

[i] Metamorph. lib. 1. v. 316.

Ce fut sur cette Montagne qui tiroit son nom du Héros Parnassus fils de Neptune & de la Nymphe Cléodore, que Deucalion & Pyrrha se retirérent du tems du Déluge, selon ce que racontent les Poëtes ;

**PAR.**

& c'est vers le lieu où étoit la Ville de Delphes, aujourd'hui *Castri*, que l'on peut justifier le nom de *Biceps*, ou les deux sommets qu'on a donnez à cette Montagne. En général le nom de *Biceps* ne lui convient pas, puisque que c'est une grande Montagne qui a plusieurs croupes en divers endroits. Mais il est vrai qu'au dessus de Delphes, elle en a deux considérables, qui cachent la vue des autres, & de l'entre-deux desquelles sort la Fontaine Castalienne, dont l'eau faisoit devenir Poëtes & inspiroit de l'enthousiasme à ceux qui en buvoient. Mr. Spon [a] rapporte dans son Voyage de Gréce que cette Fontaine coule environ cent pas dans la pente du rocher, où elle fait de belles cascades. Au fond de cet entre-deux du rocher, ajoute-t-il, nous apperçumes 30. pieds au dessus de notre tête une ouverture dans le roc, par où nous jettames des pierres. C'étoit une grotte où il y avoit de l'eau, & ce devoit être l'Antre des Nymphes que les Poëtes appelloient *Antrum Corycium* ; du moins n'en trouve-t-on point d'autre qui puisse avoir été ce lieu-là. L'eau de la Fontaine est excellente, le Soleil pouvant à peine y donner un quart d'heure en tout le jour, à cause de la hauteur de la roche qui est derrière & aux deux côtez. Trente pas au dessous de la source de cette Fontaine il y a un bain quarré, à trois ou quatre degrez taillez dans le roc, où apparemment l'on faisoit entrer l'eau de la Fontaine. Mr. Spon fut curieux de visiter la cime de deux croupes du Parnasse où il ne trouva que des rochers aussi anciens que le Monde sans aucun bâtiment. Il y a seulement, dit-il, proche de-là une dixaine de Huttes de Bergers & ils donnent à ce lieu le nom d'*Alona*. Ensuite poursuivant son chemin sur le Parnasse en tirant vers le Nord, il avança cinq ou six milles dans les fonds de Vallons & de Bocages de pins très-agréables & propres à la solitude que demande la Poësie. Du reste c'est un Pays sec & stérile ; ce qui apprend que les Anciens ne logeoient pas les Muses dans des Pays gras & fertiles, dont le séjour trop délicieux auroit corrompu l'austérité. Après ces Vallons notre Voyageur entra dans une plaine de sept ou huit milles de tour, où il y avoit quelques terres labourées ; en sorte qu'il avoit peine à croire qu'il fût sur une haute Montagne. Il s'arrêta quelque tems auprès d'une belle source, qui pousse deux ou trois bouillons de la grosseur de la tête, & fait en sortant un ruisseau de sept à huit pieds de large, qui roule deux ou trois cens pas parmi les cailloux & se va jetter dans un étang au milieu de la plaine. Les Grecs appellent cette Fontaine *Drosevigo*. L'eau en est fraîche & fort bonne à boire. Elle coule toute l'année, mais elle a moins d'eau au Printems, qu'en toute autre Saison. L'étang se déborde de tems en tems par les pluyes & par l'abondance de cette Fontaine. Il se décharge par un autre ruisseau qui en sort & se va engouffrer par une ouverture étroite sous le rocher. On tient que c'est la même eau, qui sort au

[a] T. 2. p. 37.

dessous de *Castri* & qui fait la petite Riviére *Sizalisca*. Cette Plaine s'étend jusqu'au pied du *Liacoura*, qui est ordinairement couvert de neige toute l'année ; ce qui lui a fait donner par le Poëte Panyasis dans Strabon le nom de Νιφόεντα. Il y a de cet endroit encore pour deux bonnes heures à monter jusqu'au sommet ; de sorte que le Parnasse est une des plus hautes montagnes non seulement de la Gréce, mais encore du Monde. On le découvre aisément de la Forteresse de Corinthe qui en est éloignée de plus de quatre-vingt milles. S'il étoit détaché des Montagnes voisines comme le Mont Athos, il paroîtroit encore de plus loin. Il a de tour une grande journée de chemin & n'est habité que vers le bas, parce que c'est une Montagne fort séche & fort froide. Le Parnasse a au Midi la Montagne de *Cyrphis* que les Grecs d'à présent appellent *Stiva*, à cause d'un Village de ce nom qui est au dessus. Au Levant il a la Montagne d'*Hélicon* & le Village de *Daulia* ; au Nord la plaine qui est autour du Village de *Turcochori*, où étoit autrefois Elatéa & la Riviére *Cephissus* ; & au Couchant la plaine de *Salona*.

2. PARNASSUS, Ville de la Galatie. L'Itinéraire d'Antonin la met sur la route d'Ancyre à Césarée on passant par *Nyssa*, entre *Aspona* & *Nyssa*, à vingt-deux milles de la première, & à vingt-quatre milles de la seconde.

1. PARNAU, ou PERNAU, Ville de l'Empire Russien dans la Livonie, sur la petite Riviére de Parnau ou Parnou [b], qui lui donne son nom. Cette Ville est partagée en Vieille & en Neuve a eu rang parmi les Villes Anséatiques, quoiqu'elle n'eût presque point d'autre commerce que celui du Bled. Elle a un Château bâti de bois, aussi-bien que ses maisons & ses Eglises. Elle a été souvent prise & reprise par les Suédois, les Polonois & les Moscovites.

[b] Olearius, Voy. de Moscovie, liv. 1. p. 49.

2. PARNAU, ou PARNOU, Riviére de l'Empire Russien [c], dans la Livonie. Elle a sa source dans une grande Forêt auprès de la petite Riviére de BECA, & du Château de Weissenstein. Elle se charge dans sa course des eaux des Riviéres de FELA & de PERNKEIA, après quoi elle va se jetter dans la Ville de Pernau.

[c] Ibid.

PARNAY, Bourg de France dans le Maine, Election de Laval.

PARNES, Montagne de l'Attique au dessus d'*Eleusis* & d'*Acharnæ*. Stace [d] dit :

[d] Theb. lib. 12. v. 620.

*Dives & Ægaleos nemorum Parnesque benignus*
*Vitibus, & pingui melior Lycabessus olivæ.*

Le sommet de cette Montagne étoit couvert de bois & rempli de bêtes fauves ; & le bas étoit planté d'arbres fruitiers & de vignes. Athenée [f] écrit Παρνηθός pour *Parnes*.

[e] Cellar. Geogr. Ant. lib. 2. c. 13.
[f] Lib. 5.

PARNESSUS, Montagne de la Médie, au Midi de la Bactriane, selon Denys le Périégete [g]. Voyez PAROPAMISUS.

[g] V. 737.

PARNETHA. Voyez PARNES.

## PAR.

**PARNI**, Peuples de la Margiane: Ptolomée [a] les place, au dessous des Massagetes; & Strabon [b] dit que les Nomades que l'on trouvoit à la gauche en entrant dans la Mer Caspienne, étoit appellée *Dææ* par les Romains & surnommez PARNI.

**PARNO**, PARNON, ou PARNOS, Montagne du Peloponése, selon Pausanias [c]. Sylburge croit que c'est le Mont *Parthenius*, qui separoit les *Argivi* des *Tegeates*.

**PAROCZLO**, Bourgade de la Haute-Hongrie, sur la Riviére d'Agria appellée Egerwize par Mr. de l'Isle [d]. Il place cette Bourgade au Midi Oriental de la Ville d'Agria. On croit que c'est l'ancienne PARTISÆUM.

**PARODANA**, Ville ou Bourgade de la Perside: Ptolomée [e] place ce lieu dans les terres entre *Cinna*, & *Tæpa*.

**PAROECOPOLIS**, Ville de la Macédoine: Ptolomée [f] la place dans la Contrée appellée Sintique, entre Tristolus & Héraclée de Sintique.

**PAROETÆA**, Contrée sur le bord de la Mer rouge, selon Etienne le Géographe.

**PARON**, Ville dont fait mention Ortelius [g], qui cite Hyginus [h].

**PARONATÆ**, Peuples de la Triphylie. Strabon [i] qui en fait mention, fait entendre qu'ils ne subsistoient plus de son tems, qu'ils avoient habité les Montagnes aux environs de *Lepreum* & de *Macistus* & qu'ils s'étendoient jusque sur le bord de la Mer. Casaubon prétend qu'au lieu de PARONATÆ, il faut lire PAROREATÆ. Voyez ce mot.

**PARONANIA**, Siége Episcopal premiérement sous la Métropole de Rhodes. La Notice de *Nilus Doxapatrius* dit qu'il fut ôté de la dépendance de cette Métropole; & la Notice de l'Empereur Andronic Paléologue le vieux lui donne le quatre-vingt-quatorziéme rang parmi les Métropoles soumises au Patriarchat de Constantinople.

**PAROPAMISADÆ**. Voyez PAROPAMISUS.

1. **PAROPAMISUS**, Montagne d'Asie, & qui selon Arrien [k] faisoit partie du Mont Taurus. Elle donnoit son nom à une Contrée appellée PAROPAMISADARUM REGIO. On lit dans les anciens Ecrivains [l] PAROPAMISUS & PARAPAMISUS. Strabon & Pline sont pour la derniére orthographe, & Arrien & Quinte-Curse pour la premiére, que suivent presque tous les Modernes. Le nom des Peuples se trouve aussi écrit PAROPAMISADÆ & PARAPAMISADÆ; mais Ptolomée change une lettre de plus au lieu de PAROPAMISADÆ, il dit PAROPANISADÆ, & dans Denys le Périégéte, on lit PARPANISI. Arrien [m] & Strabon [n] nous apprennent que les Macédoniens pour faire plaisir à Alexandre donnérent à cette Montagne le nom de Caucase. Cependant non seulement Quinte-Curse & Arrien; mais encore Strabon & Ptolomée distinguent le Caucase du Paropamisus; car dans la description de cette Contrée ils font mention de l'une & de l'autre de ces Montagnes. Mais ils différent entre eux par rapport à la situation. Saumaise [o] expose ainsi cette difference: selon Ptolomée ces Monts Caucases ont à l'Orient l'Imaüs & à l'Occident le Paropamisus; de sorte que les Peuples PAROPAMISADÆ avoient ce Caucase à l'Orient; au contraire selon Ammien Marcellin P, les PAROPAMISIDÆ avoient le Caucase à l'Occident. Il est clair que l'extrémité du Mont Taurus, du côté qu'il regarde l'Inde étoit nommée Paropamisus, & que la partie de cette derniére Montagne par où passa Alexandre fut appellée Caucase: la question est de savoir si ce Conquérant passa à droite ou à gauche. Mais comme Alexandre entroit dans la Bactriane pour poursuivre Bessus, il semble qu'il passa à la gauche, & qu'il y a par conséquent faute dans la Carte de Ptolomée. Strabon q [*Lib. 15.*] confirme cette opinion. Proche de l'Inde, dit-il, sont les Paropanisades, au dessus desquels est le Mont Paropamisus. Et un peu plus bas il ajoute: Les Bactriens sont à la gauche de l'Arie & des Paropanisades, par le Pays desquels Alexandre traversa le Caucase pour passer dans la Bactriane. Ptolomée [r] dans sa description du Pays des Paropanisades donne à ces Peuples [18]. les lieux suivans:

| | |
|---|---|
| *Parsiana*, | *Naulibis*, |
| *Barzaura*, | *Parsia*, |
| *Artoarta*, | *Locharna*, |
| *Baborana*, | *Daroacana*, |
| *Catisa*, | *Cavura* ou *Ortospana*, |
| *Niphanda*, | *Tarbaçana*, |
| *Drastoca*, | *Bagarda*, |
| *Gauzaca*, | *Arguda*, |

2. **PAROPAMISUS**, ou PAROPANISUS, Fleuve de la Scythie, selon Pline [s]. Le Pere Hardouin croit que c'est aujourd'hui l'Oby.

**PAROPANISUS**. Voyez PAROPAMISUS, N°. 1. & 2.

**PAROPINI**. Voyez PAROPUS.

**PAROPUS**, Ville de Sicile, selon Polybe [t], qui la place sur la Côte Septentrionale, près d'*Himera*, vis-à-vis l'Isle Ustica. Ce sont les PAROPINI de Pline [u], & Fazel juge que cette Ville est présentement *Colisano*.

**PAROREA** PAROREIA ou PAROREIA, Ville de l'Arcadie selon Pausanias [x] & Etienne le Géographe. Le méme Etienne [27] le Géographe & Hérodote [y] nomment Habitans de cette Ville *Paroreatæ*. Le [148]. dernier écrit pourtant dans un autre endroit *Paroreeatæ*. Quelques MSS. de Pline [z] portent *Pareatæ*, Orthographe qu'Ortelius a suivie; mais le Pere Hardouin prétend que c'est une faute & veut qu'on lise PAROREATÆ.

**PAROREATÆ**. Voyez PAROREA.

**PAROREI**, Peuples de la Macédoine selon Pline [a]. Strabon [b] les met dans l'Epire & Etienne le Géographe place dans la Macédoine une Ville qu'il nomme *Paroreia* & *Parovaia*, PAROREIA, ou PAROREAIA. Voyez PAROREI.

1. **PAROS**, Isle de l'Archipel & l'une des

des Cyclades. Elle est située entre l'Isle de Naxie à l'Orient & celle d'Antiparos à l'Occident. Pline [a] a bien marqué la grandeur de l'Isle de Paros, en assurant qu'elle n'est que la moitié de celle de Naxos ou Naxie, à laquelle il donne 75. milles de tour; sur ce pied-là Paros n'en doit avoir que 36. ou 37. mesure ordinaire du Pays. On y compte [b] environ 1500. Familles taxées ordinairement à 4500. Ecus de capitation; mais en 1700. on leur en fit payer 6. & 7. mille pour la taille réelle. Il est vrai que cette Isle est bien cultivée: on y nourrit beaucoup de troupeaux; le commerce y consiste en froment, orge, vin, légumes, sesame & toiles de coton. Avant la guerre de Candie on y recueilloit beaucoup d'huile; mais l'Armée Vénitienne brûla tous les Oliviers de Paros en 9. ou 10. ans qu'elle y séjourna. Cette Isle est pleine de perdrix & de pigeons sauvages. La viande de boucherie est bonne & les cochons n'y manquent pas, on y mange de même que dans les autres Isles d'excellens petits moutons nourris dans les maisons avec du pain & des fruits. Les melons y sont tout-à-fait délicieux. Il pleut peu dans cette Isle; & le coton, la vigne & les figuiers périroient sans les rosées qui sont très-abondantes.

[a] Lib. 4. c. 12.

[b] Tournefort, Voy. du Levant, Let. 5.

Le Habitans de Paros ont toujours passé pour gens de bon sens, & les Grecs des Isles voisines les prennent souvent pour arbitres de leurs différens. Cela rappelle le souvenir du choix que les Milésiens firent autrefois de quelques sages Pariens pour mettre une forme de Gouvernement dans leur Ville ruinée par les séditions. Ces Pariens visitèrent la campagne de Milet & nommèrent Administrateurs de la Ville les Habitans dont les terres leur parurent les mieux cultivées; persuadez avec raison que ceux qui prenoient grand soin de leurs biens, ne négligeroient pas les affaires publiques.

Sainte Marie est le meilleur Port de l'Isle; la plus grande Flotte y peut mouiller en sûreté & plus commodément que dans celui d'Agousa qui en est tout près. Le Port de Parechia n'est que pour de petits Bâtimens. On estime fort le Port de Drio ou Tréon, où mouille ordinairement la Flotte des Turcs. La Rade de Drio, qui est à la partie Occidentale de l'Isle, laisse Naxie à son Levant & Nio à son Midi. Le plus Oriental des Ecueils qui sont au milieu de cette Rade n'a qu'environ 500. pas de long; l'autre en a près de 800. & le Sud-Ouest en est le Traversier. Vis-à-vis de ce dernier Ecueil dans la plaine au pied d'une Colline, coule une belle Fontaine à quatre sources éloignées seulement de huit ou dix pas les unes des autres. Ces sources forment d'abord un petit ruisseau partagé en trois rigoles où les Turcs ont pratiqué depuis quelques années des réservoirs pour s'y baigner & pour y faire leurs ablutions. Ces rigoles vont se rendre dans la Mer; & quand on fait aiguade l'eau passe dans les barils par le moyen des gouttières de cuir bouilli qu'on appelle des *Maniques*.

La Ville de Paros ou Parechia est un des principaux endroits de cette Isle. Voyez l'Article suivant. Les autres endroits les plus considérables sont NAUSA ou AGOUSA, qui est un Fort ruiné bâti dans la Mer & sur les masures duquel se voyent les Armes de Venise; COSTOU, LEPHCHIS, MARMARA, CHEPIDO & DRAGOULA sont des Villages. Les trois derniers sont à Kephalo, Quartier de l'Isle fort connu par le Fort SAINT ANTOINE, dont Barberousse ne vint à bout, que parce que les Soldats y mouroient de soif. Venier Seigneur de l'Isle, qui l'avoit défendue si vigoureusement, se sauva à Venise, où il avoit fait passer sa femme & ses enfans. Le Fort est démoli, & il n'y reste plus que le Monastère de St. Antoine. On se sert aujourd'hui du Marbre des Carrières de ce Quartier-là, & sur-tout de celles de Marmara, d'où on l'apporte par batteaux à Parechia; au lieu que celui des anciennes Carrières n'y peut venir que par charroi, voiture fort rare dans les Isles de l'Archipel.

2. PAROS, PARIS, ou PARECHIA, Ville de l'Archipel, la principale de l'Isle de Paros, sur la Côte Occidentale, vis-à-vis de l'Isle d'Antiparos. Elle est bâtie [c] sur les ruines de cette ancienne & fameuse PAROS, la plus grande, selon Etienne le Géographe & la plus puissante des Cyclades. Lorsque les Perses sous les ordres de Darius, passèrent en Europe pour faire la guerre aux Athéniens, Paros embrassa le parti des Asiatiques [d] qu'elle secourut de troupes pour la Bataille de Marathon. Miltiade couvert de gloire après cette grande journée, obtint des Athéniens une puissante Flotte & les assura, sans vouloir déclarer à quoi il la destinoit, qu'il meneroit cette Armée dans un Pays, d'où elle rapporteroit de grandes richesses, sans beaucoup de peine. Paros fut assiégée par mer & par terre [e]: les Habitans voyant leurs murailles ruinées demandèrent à capituler; mais ayant aperçu un grand feu du côté de Mycone [f], ils s'imaginèrent que c'étoit le signal de quelque secours que leur faisoit donner Datis un des Généraux des Perses. Ils ne voulurent plus alors entendre parler de Capitulation; & c'est ce qui donna lieu au Proverbe: *Tenir sa parole à la manière des Pariens*. Cependant Miltiade qui appréhendoit la Flotte des Ennemis, brûla toutes ses Machines & se retira promptement à Athènes. Hérodote qui a décrit ce siège avec soin, bien loin d'avancer que les Assiégez furent disposez à capituler rapporte que Miltiade désespérant d'emporter la Place consulta Timon, Prêtresse du Pays, laquelle lui conseilla de faire quelque cérémonie secrete dans le Temple de Cerès proche de la Ville. Le Général suivit son avis; mais ayant voulu franchir l'enceinte du Temple, il se cassa une jambe: la cérémonie apparemment ne réussit pas, il fut contraint de lever le siège; le Sénat le condamna d'en payer les frais; on le mit dans les prisons d'Athènes

[c] Tournefort, Voy. du Levant, Let.

[d] Herod. lib. 6.

[e] Corn. Nepos, in Miltiad.

[f] Stephanus.

thènes pour l'obliger de satisfaire à cette dette publique, & il y mourut de ses blessures. Ce siège ne laissa pas d'être fort glorieux aux Pariens, quoiqu'on les traitât de gens sans parole; car Miltiade qui n'avoit pu les soumettre étoit le plus grand Capitaine de son tems. Après la Bataille de Salamine Themistocle [a] quoiqu'occupé au Siège d'Andros exigea des contributions de Paros & la rendit Tributaire d'Athènes; parce que cette Ville étoit une de celles qui avoient le plus favorisé les Asiatiques. Voilà ce qu'il y a de plus certain dans l'Histoire Grecque touchant l'Isle de Paros. Si l'on veut remonter au delà de la puissance des Athéniens, on trouvera encore quelque chose de considérable qui regarde cette Isle.

Peut-être que Sesostris [b] ce grand Roi d'Egypte, qui se faisoit appeller le Roi des Rois, & le Seigneur des Seigneurs, reçut la soumission de Paros de même que de la plûpart des Cyclades; c'est-à-dire, de quelques autres Villes de l'Archipel rangées presque en maniére de cercle autour de la fameuse Delos. Les Phéniciens possédérent ces Isles puisqu'ils furent les premiers Maîtres de la Mer de Gréce [c]; mais il est mal-aisé de concilier Thucydide & Diodore de Sicile, sur le tems où les Cariens s'établirent dans ces Isles [d]. Thucydide prétend que Minos en chassa ces Peuples & Diodore au contraire avance qu'ils n'y étoient venus qu'après la guerre de Troye, & qu'ils avoient obligé les Crétois de s'en retirer. Etienne le Géographe assure que les Arcadiens se mélerent avec les Crétois & qu'ils donnérent le nom d'un de leurs Généraux appellé Paros à l'Isle dont nous parlons; car auparavant elle portoit celui de Minos, suivant la remarque de Pline [e]. Selon Apollodore [f] ce fut dans cette Isle que Minos apprit la mort de son fils Androgée tué dans l'Attique où il s'étoit distingué dans les Jeux publics. Ce malheureux pere sacrifiant aux Graces à Paros fut si pénétré de douleur qu'il jetta sa Couronne par terre & ne voulut pas jouer de la flute. Eurymédon, Chryses, Nephalion, & Philolaüs, autres enfans de Minos, s'étoient retirez à Paros lors qu'Hercule y passa pour aller chercher par ordre d'Eurysthée, la ceinture d'Hippolyte Reine des Amazones.

Il est certain aussi que Paros ne refusa par les propositions de Xerxès fils de Darius, lorsque ce Prince fit demander aux Isles de Gréce la terre & l'eau; puisque de tous les Insulaires il n'y eut que les Habitans de Melos [g], de Siphnos & de Seriphos qui ne voulurent pas lui accorder sa demande. Les Habitans des autres Isles abandonnérent les Athéniens & ne reconnurent leur Domination qu'après que l'orage fut dissipé. Diodore de Sicile [h] remarque qu'elles furent ravagées malgré la Flotte des Athéniens destinée pour les mettre à couvert des insultes d'Alexandre Tyran de Pherée qui surprit & battit cette Armée. Il paroît par ce fameux monument d'Adule décrit si exactement par Cosme d'Egypte [i] & si bien illustré par Dom Bernard de Montfaucon que les Cyclades & Paros par conséquent ont été sous la domination des Ptolemées Rois d'Egypte: car ce Monument dressé sous Ptolemée Evergéte III. fait mention de ces Isles. De la Domination des Egyptiens elles tombérent sous celle d'Athènes. Mithridate fut le Maître des Cyclades pendant peu de tems; obligé de céder au bonheur de Sylla, comme dit Florus, à la valeur de Lucullus, à la grandeur de Pompée, il prit le parti de se retirer vers le Nord. Les Romains restérent paisibles possesseurs d'Athènes, & de l'Archipel dont les Isles furent érigées en Province, avec la Lydie, la Phrygie & la Carie. Cette Province fut ensuite sous un Proconsul jointe à l'Hellespont & à l'Asie Mineure.

Les Empereurs Grecs ont possédé l'Archipel à leur tour jusqu'au tems que Marc Sanudo Noble Vénitien fut fait Duc de Naxie par Henri Empereur de Constantinople. Ce nouveau Duc unit à Naxie Paros & plusieurs autres Isles voisines. Paros en fut démembrée par Florence Sanudo, Duchesse de l'Archipel, qui la donna pour dot à Marie sa fille unique, épouse de Gaspar de Sommerive, qui prétendoit avec raison à tout le Duché de Naxie; mais il fut obligé de se contenter de Paros dans l'impuissance où il se trouva de résister à François Crispo, qui après avoir fait assassiner Nicolas Carcerio s'étoit emparé du reste du Duché. Quelques années après, Paros passa dans l'Illustre Maison de Venier, par le Mariage de François Venier, Noble Vénitien, avec Florence de Sommerive Sœur aînée de Coursin de Sommerive, dont elle hérita de tous les biens. François Venier fut le Grand-pere de ce fameux Venier, qui ne céda l'Isle de Paros à Barberousse Capitan Bacha sous Solyman II. que parce qu'il se trouva sans eau à Kephalo dans le Fort de St. Antoine. Leunclave [k] fait mention d'un Grec appellé Jacques-Heraclide & Basilique, qui se faisoit descendre des Princes de Valachie & qui portoit le nom de Marquis de Paros. Les Valaques le firent mourir en 1563. mais il n'y a pas d'apparence qu'il ait possédé cette Isle, puisque les Turcs la prirent sur les Vénitiens.

Quant au Château de PAROS ou PARICHIA, ses murailles ne sont bâties que de vieux Marbres. La plupart des colomnes y sont posées de travers & ne montrent que leur Diamétre: celles qui sont relevées supportent souvent des corniches d'une grandeur surprenante. De quelque côté qu'on se tourne on ne jette les yeux que sur des Architraves ou des piédestaux entremêlez de grandes pièces de Marbre, employées autrefois à de plus beaux ouvrages. Pour faire la porte d'une écurie qui est ordinairement celle de toute la Maison, on dresse deux bouts de corniches dont les moulures sont admirables: on pose de travers sur ces pièces une colonne pour servir de linteau, sans trop s'ems'embarrasser si elle est d'équerre & de niveau. Les gens du Pays qui trouvent ces Marbres taillez, les assemblent comme ils l'entendent & même les blanchissent souvent avec de la chaux. A l'égard des Inscriptions, elles ne sont pas rares autour de la Ville; mais elles sont si maltraitées qu'on n'y connoît plus rien. Les François, les Vénitiens, & les Anglois ont emporté les plus considérables, & l'on casse tous les jours pour la clôture des champs les plus belles pièces qu'on découvre; frises, autels, bas-reliefs, rien n'échappe à l'ignorance brutale des Grecs. On ne voit dans cette Isle que de misérables faiseurs de salières & de mortiers, au lieu de ces grands Sculpteurs & de ces habiles Architectes qui ont autrefois rendu le Marbre de cette Isle plus célèbre que celui des Isles [a] voisines; car cette belle pierre n'est pas moins commune à Naxie & à Tine; mais on y manqua dans un certain tems d'habiles gens pour la mettre en œuvre & en réputation.

[a] Plin. lib. 4. c. 12.

A trois milles du Château de Paros on voit d'anciennes carrières, où il ne reste que des tranchées couvertes de rejets & recoupes aussi fraîches que si on y avoit travaillé depuis peu. La Mandragore & le faux Dictame y naissent par-tout. Les plus anciennes carrières du Pays sont à un mille au delà, au dessus du Moulin du Monastère de St. Minas. Dans l'une de ces carrières est un bas-relief antique sur le Marbre même, qui naturellement dans cet endroit-là est presque [b] taillé à plomb, au fond d'une grande caverne qui sert de bergerie, & d'où l'on tiroit apparemment ce beau Marbre [c] à la faveur des lampes. Il est très-vraisemblable que la Montagne où est cette Caverne est le Mont Marpèse dont Servius & Etienne le Géographe ont fait mention. Ce bas-relief a quatre pieds de long & sa plus grande hauteur est de deux pieds cinq pouces. Le bas est équarri: le haut est assez irrégulier, parce qu'il falut s'accommoder à la figure du rocher. Quoique cet ouvrage ait été fort maltraité par le tems, il paroît néanmoins que c'est une espèce de Bacchanale, ou si l'on veut, de Noce de Village, à 29. figures d'un assez bon goût, mais d'une mauvaise composition. De vingt de ces figures, les six plus grandes ont dix-sept pouces de haut; ce sont des Nymphes qui dansent un branle: il y en a une autre assise sur la gauche & qui semble se faire presser pour danser. Parmi ces figures paroît la tête d'un Satire à longue barbe qui rit de toute sa force. A droite sont placées douze figures plus petites qui semblent n'être accourues que pour voir la fête. Bacchus est assis tout au haut du bas-relief avec des oreilles d'Ane & une bedaine d'Yvrogne, entouré de figures de différentes attitudes, & d'un air tout-à-fait réjouï; sur-tout certain Satire placé de front avec des oreilles & des cornes de bœuf. Les têtes de ce Bas-relief n'ont jamais été finies; c'est le caprice de quelque Sculpteur qui se divertissoit en faisant charger son Marbre, & qui écrivoit au bas de son Bas-relief ΑΔΑΜΑΣ ΟΔ-

[b] Ath. Deipn. lib. 5.
[c] Steph.

ΡΥΣΗΣ ΝΥΜΦΑΙΣ. C'est-à-dire *Adamás Odryses a dressé ce monument aux Nymphes du Pays.* Anciennement les Dames s'appelloient des Nymphes, comme nous l'apprend Diodore de Sicile [d], & Barthius [e] démontre assez bien que ce nom étoit consacré pour celles qui n'étoient pas mariées.

[d] Lib. 3.
[e] Animad. ad Stat. part 2.

Enfin [f] le Marbre de Paros devint si fameux que les plus habiles Sculpteurs n'en employoient pas d'autres. Strabon [g] a raison de dire que c'est une excellente pierre pour faire des Statues; & Pline admiroit qu'on en fût venu chercher d'Egypte, pour en décorer le Frontispice de ce célèbre Labirinthe qui passoit pour une des merveilles du Monde. A l'égard des Statues, les plus habiles gens conviennent que le Marbre d'Italie est préférable à celui de Grèce. Pline soutient avec raison que celui de Luna est bien plus blanc. Le Marbre Grec est à gros Crystallins qui font de faux jours & qui sautent par petits éclats si on ne le ménage avec soin: au lieu que celui d'Italie obéit au Ciseau, parce qu'il a le grain beaucoup plus fin & plus uni. Peut-être le Marbre Grec seroit-il plus doux si on creusoit jusqu'à une certaine profondeur. On trouve aussi dans ces quartiers-là une pierre fort dure semblable au Porphyre; mais dont les taches sont pâles. Il est vrai qu'il faudroit ouvrir ces carrières pour en connoître les beautez. Qui auroit jamais cru qu'on trouvât une représentation de Silène, dans celles de Paros, si l'on n'avoit fouillé bien avant pour découvrir cette merveille.

[f] Plin. lib. 36. c. 5.
[g] Lib. 10.

Le Cadi, les Consuls de France, d'Angleterre & de Hollande font leur résidence à Parechia, où l'on élit tous les ans deux Consuls.

La Panagia, ou Madona qui est hors de la Ville de Parechia est la plus grande & la plus belle Eglise de l'Archipel; ce n'est pourtant pas beaucoup dire. Elle est bien percée & les ceintres des voutes sont assez beaux; mais comme les colomnes ont été tirées des ruines de la Ville & qu'elles sont de différens ordres & de différens modules, le tout ensemble est mal assemblé. Le grand Dôme en dehors a la forme de la chappe d'un alembic: la Sculpture du frontispice est tout-à-fait pitoyable & les Peintures du Chœur sont fort grossières. Les Grecs appellent cette Eglise *Catapoliani*. Il n'y a aucune apparence qu'elle ait été bâtie sur les ruines de cette magnifique Eglise dédiée à la Vierge, & dont Baronius [h] a fait la description. Celle-ci étoit au milieu d'une grande Forêt, où s'étoit retirée Ste. Theoctiste Patrone de l'Isle; & *Catapoliani* est à la porte de *Parechia*; c'est-à-dire de l'ancienne Ville de Paros sur le bord de la Mer. Le Couvent des Capucins François qui est à droite en allant à cette Eglise est fort bien bâti. L'Eglise en est jolie & le jardin agréable. Il n'y a que deux Peres qui vivent des aumônes, & qui enseignent le Grec & l'Italien. C'est le Rendez-vous & la consolation des Latins qui sont en petit nombre dans cette Isle.

[h] Ad Ann. 902.

Parmi

Parmi les Chapelles de la Ville on estime celle de Sainte Heléne : à la vérité c'est grand dommage que le Marbre de Paros, dont toute la Gréce a été embellie soit si mal employé. Rien n'est si ridicule que de voir au lieu de Sculpture de méchans plats de Fayence enchassez dans cette belle pierre, pour orner les frontispices des Chapelles ; c'est comme si l'on enchassoit un caillou dans de l'or. On compte jusqu'à 16. Monastères dans Paros, savoir

Saint Minas,
Saint Michel Archange,
Le Convent des Apôtres,
Nôtre-Dame du Lac,
Saint Jean de la Pluye,
Saint George aux Groseilles,
Saint Andre,
Saint Antoine,
La Sainte Solitude,
Notre-Dame de toute Prévoyance,
Saint Jean Adrien,
Saint Cyriaque ou Saint Dominique,
Saint Jean des Sept Fontaines,
Notre-Dame du lieu mal-sain,
Saint Noirmantin,
Le Monastère de Christ.

Archilochus ce fameux Auteur de vers Iambes se distingua parmi les grands hommes de Paros. Horace a raison de dire que la rage inspira ce Poëte. Ses vers furent si piquans que Lycambas qui l'avoit attaqué fut assez sot pour se pendre de desespoir. Archilochus vivoit du tems de Gygès, Roi de Lydie & fut contemporain de Romulus.

Nous ignorons le nom d'un excellent homme de Paros, qui dressa le plus beau monument de Chronologie qui soit au monde & que l'on voit présentement à Oxford autour du Théatre Scheldonien. C'est sur ce Marbre que Mr. de Peiresc avoit fait acheter en Levant, avec plusieurs autres, qui tombérent entre les mains du Comte d'Arondel, que l'on voit gravées les plus célébres Epoques Grecques, depuis le Régne de Cecrops fondateur du Royaume d'Athènes jusqu'au Magistrat Diognete ; c'est-à-dire la suite de 1318. années. Usserius croit que cette Chronologie fut écrite 263. ans avant Jesus-Christ. Ces Epoques qui n'ont pas été altérées comme les Manuscrits, nous apprenent la fondation des plus fameuses Villes de Gréce, & l'âge des plus grands hommes qui en ont été l'ornement. par exemple, nous savons par ces Marbres qu'Hésiode a vécu 27. ans avant Homére, & que Sapho n'a écrit qu'environ 200. ans après ce Poëte. Ces Marbres fixent les Magistrats d'Athénes, & nous font d'un grand secours pour les guerres de ce tems-là. Ce n'est pas ici le lieu d'entrer dans un plus grand détail.

3. PAROS. Voyez Pharos.

PAROSPUS, Fleuve de l'Inde : Pline [a] dit que c'est un des Fleuves navigables qui se jettent dans le Cophes.

PAROSTA, Ville de la Chersonèse Taurique, selon Ptolomée [b] qui la place dans les terres, entre *Pospigia* & *Cimmerium*. Niger dit quelques-uns la nomment Parasinum. Voyez ce mot.

PARPARON, Contrée d'Asie dans l'Aeolide, selon Etienne le Géographe qui dit qu'on la nommoit aussi Perine, & que c'est où mourut Thucydide. Ortelius [c] après Hermolaüs a jugé que c'est la même Contrée que Strabon & Pline appellent Perperene. Voyez ce mot.

PARPARUS, Montagne de la Laconie : selon Pline [d], qui est le seul qui en parle.

PARPECAI, Bourg de France dans le Blésois, Election de Romorentin.

PARPODISUM, Ville de Thrace : Antonin [e] la met sur la route de *Viminacium* à *Nicomédie*, entre *Sadame* & *Ostudizum* à dix-huit milles de la première & à trente-deux-deux milles de la seconde. Au lieu de *Parpodizum*, Simler lit *Tarpodizum*.

PARRACOTES, ou Paragotes, Peuples de l'Amérique dans la France Equinoxiale, sur la Côte Septentrionale de la Guiane. Mr. de l'Isle [f] les place entre la Riviére de Suriname & celle de Marony ; & met au dessous d'eux les Supayez, du côté du Midi.

1. PARRHASIA, ou Parrhasie, Ville de l'Arcadie : Homére [g], Pausanias [h] & Etienne le Géographe en font mention, & le dernier ajoute qu'on la nommoit aussi Parmasia. Quelques MSS. de Pline [i] portent *Parrhasie* & d'autres *Parrhasie*. Strabon [k] appelle le Peuple Parrhasii : Vibius écrit *Parasii* ; & ce nom est encore plus corrompu dans Orosius, où on lit *Paraphasii*, *Papphasii* & *Parphasii*. Il y avoit une Montagne de même nom, selon Hesyche, & c'est des neiges de cette Montagne dont entend parler Ovide dans ce vers [l]:

*Altaque Cyllene, Parrhasiaeque nives.*

Et Stace [m] nous apprend qu'il y avoit aussi une Forêt, à laquelle cette Montagne donnoit son nom.

2. PARRHASIA, nom qu'Euripide donne à la Contrée où se trouvoit la Ville de Parrhasia. Voyez ce mot No. 1.

PARRHASII, Peuples de l'Inde au delà du Gange, selon Quinte-Curse. Voyez Parasia.

PARRHASINI, Peuples d'Asie : Pline [n] les place aux environs de la Sogdiane. Ce sont apparemment les mêmes que les Parrhasii. Voyez ce mot.

PARRODUNUM, Ville de la Rhétie, selon la Notice des Dignitez de l'Empire [o]. Lazius & Velser croient que c'est la même Ville qui est appellée Parthanum dans l'Itinéraire d'Antonin.

PARSANGUES. Voyez Mesures Itineraires.

PARSARGADÆ, Lieu où les Rois de Perse avoient coutume de donner leurs Festins, selon Appien [p]. Voyez Pasargada, car c'est ainsi sans doute qu'il faut écrire.

PARSENTI MONTES, Montagnes d'Asie : elles faisoient partie du mont Taurus. Strabon [q] qui écrit Parsueti, les met

met au voisinage du Fleuve Indus. Il est à croire que ce sont les mêmes que Ptolomée appelle PARSUETI MONTES; ses Interprètes écrivent *Parueti*.

*a* Lib. 6. c. 18.
PARSIA, Ville d'Asie. Ptolomée [a] la donne aux Paropanisades, & la place entre *Naulibis* & *Locharna*.

*b* Ibid.
PARSIANA, Ville d'Asie, chez les Paropanisades, selon Ptolomée [b].

PARSII. Voyez PABII.
PARSIRÆ. Voyez GARSIDÆ.
PARSIS. Voyez EASIS.

*c* Lib. 42. c. 51.
*d* Thesaur.
PARSTRYMONIA, Lieu dans la dépendance de la Thrace selon Tite-Live [c]. Ortelius [d] soupçonne que ce lieu pouvoit être au voisinage du Fleuve Strymon.

PARSUETI. Voyez PARSENTI.

*e* Etat & Délices de la Suisse, t. 3. p. 50.
PART-DIEU (la) Maison de Chartreux, en Suisse [e], au Canton de Fribourg dans le Bailliage de Gruyère, près de la petite Ville de la Tour de Trême.

*f* Lib. 6. c. 4.
PARTA, Ville de la Perside : Ptolomée [f] la place dans les terres entre *Toace*, & *Mammida*.

PARTALIS. Voyez PARTHALIS.

*g* Piganiol. Descr. de la France, t. 5. p. 121.
PARTENAY, *Partiniacum* ou *Pertinaculum* [g], Ville de France dans le Poitou où elle est la Capitale d'un petit Pays appellé la *Gatine*. Elle est située sur la Toue, au penchant d'un Côteau, entre Touars au Septentrion, & Saint Maixant au Midi, à six lieues de chacune de ces Places. C'étoit autrefois une Baronnie qui dans ces derniers tems faisoit partie du Duché de la Meilleraie; mais depuis quelques années elle a été réunie au Domaine de la Couronne, & à présent c'est une Jurisdiction Royale relevant directement du Roi. Cette Ville a un Maire perpétuel, un petit Chapitre dont l'Eglise porte le nom de Sainte Croix, un Couvent de Cordeliers, un de Capucins & une Maison de Filles de l'Union Chrétienne. On voit encore les restes de l'ancien Château au bas de la Ville. Ci-devant on fabriquoit à Partenay des étoffes de laine; mais ce Commerce est entièrement tombé. Il n'y reste plus que celui des Bestiaux & des Bleds: l'un & l'autre est fort considérable; mais particulièrement le premier.

PARTENIENSIS, Siège Episcopal d'Afrique, dans la Mauritanie Sitifense, où Rogatus est dit *Parteniensis Episcopus*.

*h* Lib. 6. c. 18.
PARTHALIS REGIA, Ville de l'Inde, en deçà du Gange vers l'Embouchure de ce Fleuve selon Pline [h]. Presque tous les MSS. portent REGIA PARTHALIS, & c'est une erreur, dit le Pere Hardouin, d'avoir mis *Regia* pour *Regia* dans les Exemplaires imprimez. Le MS. de la Bibliothéque de Colbert lit *Protalis* pour *Parthalis*.

*i* In Solin. p. 992. & 993.
Mais Saumaise [i] fait bien une plus grande faute, lorsqu'il s'avise de lire, sans être appuyé d'aucun Ms. *Regia Proclais*. Voyez la Remarque cinquième-septième du Pere Hardouin, parmi ses Notes & Corrections sur le VI. Livre de Pline.

PARTHANUM, Ville de la Vindelicie. L'Itinéraire d'Antonin la met sur la route de *Lauriacum* à *Veldidena*, entre *Ad-pontes Terfeninos* & *Veldidena*, à vingt milles du premier de ces Lieux & à vingt-trois milles du second. Simler dit que c'est présentement *Partenkirch*. Voyez PARRODUNUM.

PARTHAUS. Voyez TAURUS.
PARTHAX. Voyez CYLISTANOS.
PARTHENAI. Voyez PARTENAY.

*k* Lib. 3. c. 22.
*l* Lib. 2. c. 11.
*m* Lib. 41. p. 176.
PARTHENI, Peuples de l'Illyrie, selon Pline [k]. Polybe [l], Pomponius Mela [m] & Dion Cassius [n] écrivent PARTHINI. Ne seroit-ce point, dit Ortelius, le même Peuple qu'Appien appelle *Pertbenetæ*, Voyez PARTHOS.

*o* De Bel. Civ. lib. 3. c. 41.
PARTHENIA, Ville de l'Illyrie, selon Polybe [o]. Jules César [p] la nomme OPPIDUM PARTHINORUM. On croit que c'est aujourd'hui *Presa*.

PARTHENIA, Bourgade au voisinage du Pont, selon Etienne le Géographe.

*q* Lib. 8. p. il 357.
*r* In Eliac.
PARTHENIAS, Fleuve du Peloponése : Strabon [q] dit qu'il traversoit Epina, Ville de l'Elide ; & selon Pausanias [r] il couloit dans le Pays des Harpinnates.

*s* Cyriacon. lib. 7.
*t* Thesaur.
PARTHENICON, Lieu de l'Asie Mineure selon Xenophon [s]. Ortelius [t] soupçonne que ce pourroit être le PARTHENIUM de Pline.

PARTHENICUM, Ville de la Sicile. L'Itinéraire d'Antonin la met sur la route de *Lilybæum* à *Tyndaride* le long de la Mer, entre *Aquæ Segestanæ* & *Hiccara*, à douze milles du premier de ces Lieux & à huit milles du second.

*u* Lib. 4. c. 6.
PARTHENIE, Ville de l'Asie Mineure, selon Pline [u]. C'étoit, dit le Pere Hardouin, une Montagne ou un Rocher environné de la Mer. Nicander [x] donne la description de ce Rocher, d'une manière pourtant un peu obscure.

*x* In Theriac. p. 44.

1. PARTHENIUM, Promontoire dans la partie Occidentale de la Cherfonèse Taurique. Ptolomée [y] place ce Promontoire entre *Symbolorum Portus* & *Cherfonesus*. Niger dit que ce Promontoire est appelé *Rosaphar* par les Habitans du Pays. Sur ce Promontoire, il y avoit, selon Pomponius Mela [z], une Ville nommée CHERRONESUS.

*y* Lib. 3. c. 6.
*z* Lib. 2. c. 1.

2. PARTHENIUM, Promontoire de Lydie, selon le Scholiaste Nicander [a] cité par Ortelius [b].

*a* In Theriac.
*b* Thesaur.

*c* Lib. 4. c. 6.
3. PARTHENIUM, Ville de l'Arcadie. C'est Pline [c] qui en fait mention. Il le tiroit apparemment son nom de la Montagne *Parthenius*. Voyez PARTHENIUS. Ortelius [d] croit que c'est de cette Ville *Parthenium* qu'Etienne le Géographe entend parler au mot Φωριαμοί.

*d* Thesaur.

4. PARTHENIUM, Ville de Thrace, selon Etienne le Géographe.

*e* Lib. 5. c. 30.
5. PARTHENIUM, Ville de la Mysie, aux environs de la Troade : Pline [e] la met au voisinage de *Lycide* & de *Thymbre*.

6. PARTHENIUM, Ville de l'Euboée, selon Etienne le Géographe.

*f* Lib. 7. Saturnal.
PARTHENIUM MARE, Macrobe [f] donne ce nom à la Mer Méditerranée qui baigne l'Asie & l'Afrique dans l'endroit où ces deux parties du Monde se joignent.

1. PARTHENIUS, Fleuve de l'Isle de

de Samos. On le nomma auſſi Imbraſus, ſelon Ortelius [a], & il cite Stukius, qui s'appuye ſur le témoignage du Scholliaſte d'Apollonius.

2. PARTHENIUS, Fleuve de l'Aſie Mineure, ſelon Ptolomée [b]. Etienne le Géographe parle de ce Fleuve, auſſi bien qu'Arrien [c] qui le donne pour borne entre la Bithynie & la Paphlagonie. Les Grecs, ſelon Mr. Tournefort [d], ont conſervé le nom de cette Riviére, car ils la nomment PARTHENI; mais les Turcs l'appellent DOLAP. Cette Riviére n'eſt pas bien grande quoique ce fût une de celles que les Dix-mille appréhendoient de paſſer. Si Strabon revenoit au monde il trouveroit cette Riviére auſſi belle qu'il l'a décrite. Ses Eaux coulent encore parmi ces prairies qui lui avoient attiré le nom de Vierge. Denys de Byzance auroit mieux fait de faire paſſer les Eaux de cette Riviére au travers de la campagne d'Amaſtris que par le milieu de la Ville: auſſi croit-il que le nom de Vierge lui fut donné à l'occaſion de Diane que l'on adoroit ſur ſes bords. Les Citoyens d'Amaſtris l'avoient repréſentée ſur une Médaille de M. Aurèle. Le Fleuve a le viſage d'un jeune homme couché, tenant un roſeau de la main droite, avec le coude appuyé ſur des Roches d'où ſortent ſes Eaux. Pline n'a pas bien connu la diſpoſition de ces Côtes, car il a placé la Riviére Parthenius plus loin au delà d'Amaſtris, & même plus loin que Stéphane.

3. PARTHENIUS, Fleuve de Cilicie, près de la Ville d'Anchiala, ſelon Suidas.

4. PARTHENIUS, Montagne du Peloponéſe. Strabon [e] la met au nombre des Montagnes les plus conſidérables du Pays & dit qu'elle s'étendoit depuis la Tégéatide, juſqu'à l'Argie. Pomponius Mela [f] & Tite-Live [g] font auſſi mention de cette montagne; & Virgile dans ſa dixième Eglogue parle des bois qui étoient ſur cette Montagne:

. . . . . *Non me ulla vetabunt*
*Frigora Parthenios canibus circumdare ſaltus.*

5. PARTHENIUS, Promontoire au voiſinage d'Héraclée ſelon Etienne le Géographe.

6. PARTHENIUS, Port d'Italie, appellé le Port des Phocéens, ſelon Pline [b]. Solin [i] dit que ces Peuples l'avoient bâti. Voyez PARÆTONIUM.

PARTHENORUSA. Voyez SAMOS.

1. PARTHENOPE, Iſle de la Mer de Tyrrhéne, ſelon Ptolomée [k]. C'eſt aujourd'hui *Palmoſa* ſelon Léandre; Bétente, Bentilies ou Ventotiene, ſelon d'autres. Cette différence vient de ce que la deſcription que Ptolomée donne des Iſles du Golphe de Naples ne répond pas juſte à la ſituation préſente des lieux.

2. PARTHENOPE. Voyez NAPLES.

1. PARTHENOPOLIS, Ville de Macédoine, ſelon Etienne le Géographe. Il en eſt fait mention dans le Concile de Chalcédoine, qui la met dans la première Macédoine.

2. PARTHENOPOLIS, Ville de la Bithynie ſelon Pline [l] qui fait entendre qu'elle ne ſubſiſtoit plus de ſon tems.

3. PARTHENOPOLIS, Ville de la Mœſie Inférieure: Pline [m] la met parmi les Villes du Pays qu'avoient occupé les Scythes Arotéres; & Eutrope [n] la compte parmi celles que Lucullus ſubjugua ſur le Pont.

4. PARTHENOPOLIS, Ville de la Carie. Il en eſt parlé dans le Concile de Chalcédoine.

PARTHES. Voyez PARTHIA.

PARTHIA, Contrée d'Aſie, bornée au Nord par la grande Medie & par l'Hyrcanie; à l'Orient par l'Arie; au Midi par la Caramanie déſerte, & à l'Occident par la Parætacéne, ou ſelon Ptolomée [o] par la Médie. Cette Contrée, dit Etienne le Géographe, eſt appellée par les Grecs *Parthyæa* & *Parthyene*; & par les Latins *Parthiene* & le plus ſouvent *Parthia*. Les Peuples ſont nommez *Parthyæi* par les Grecs & *Parthi* par les Latins. Les premiers ſe ſervent pourtant auſſi quelquefois du nom *Parthi*. Dion Caſſius [p] & Plutarque [q] en ont uſé. Sous les Rois de la Perſide, & ſous ceux de Syrie de la race de Macédoine, la Parthie ne fit pas grande figure dans le Monde: elle étoit ordinairement Tributaire de quelque Souverain du voiſinage; & on la comprenoit ſous l'Hyrcanie, ſelon Strabon [r] qui fait entendre qu'elle étoit pauvre, couverte de Bois & de Montagnes. Quinte-Curſe [s] dit que du tems d'Alexandre cette Contrée étoit peu conſidérable; mais que du tems qu'il écrivoit elle commandoit à tous les Peuples qui habitoient au delà de l'Euphrate & du Tygre juſqu'à la Mer Rouge. Les Macédoniens mépriſoient ce Pays à cauſe de ſa ſtérilité qui ne lui fourniſſoit pas de quoi faire ſubſiſter leur Armée. Arſacès fut le Fondateur de l'Empire des Parthes. Cet Empire ſe rendit ſi puiſſant qu'il eut l'avantage de tenir tête long-tems aux Romains. Il fut établi environ deux cens cinquante ans avant Jeſus-Chriſt, & dura plus de quatre cens ans ſous ſes Succeſſeurs qui prirent le nom d'*Arſacides*, nom qui fut auſſi donné aux Peuples qui leur étoient ſoumis. L'Empire des Parthes finit vers l'an 227. ſous le régne d'Artaban, qui fut tué par Artaxerxès Roi de Perſe.

Ptolomée partage la Parthie en différentes portions. Celle qui joignoit l'Hyrcanie s'appelloit COMISENE; celle qui étoit au Midi de la Comiſéne s'appelloit PARTHIENE, ou PARTHIE propre. Une autre portion ſe nommoit CHOROANE; une autre la *Parautaticene*, & une autre la TABIENE. Ces noms ne ſont guéres connus, non plus que ceux des Villes & des Bourgades que Ptolomée place dans ces Provinces, & qu'il fait monter au nombre de vingt-cinq; ſavoir,

*Ambrodax, Oenunia, Suphtha, Araciana, Dordomana, Hecatompylon, Syndaga, Parbara, Myfia, Charax, Apamia, Ipha,*

*Caripraca, Rhoara, Semina, Marriche, Taſtache, Armiana, Choana, Paſacarta, Rhuda, Simpſimida, Artacana, Appha,*

*Rhogæa.*

PARTHIÆI, Peuples de la Macédoine : Ptolomée [a] leur donne une Ville nommée ERIBOEA.

[a] Lib. 3. c. 13.

PARTHINI. Voyez PARTHENI.

PARTHINORUM URBS. Voyez PARTHENIA.

PARTHISCUS. Voyez PATHISSUS.

1. PARTHOS, Ville d'Illyrie, selon Etienne le Géographe qui cite Apollodore. Elle donnoit le nom aux Peuples PARTHENI ; & PARTHOS pourroit bien être la même ville que PARTHENIA.

2. PARTHOS, Ville de l'Afrique propre : Appien [b] dit qu'elle fut prise par Scipion. Il paroît qu'elle ne devoit pas être éloignée de la Ville de CILLA.

[b] De Bel. Pun. p. 21.

PARTHUSI, Peuple de la Suſiane, selon Pline [c].

[c] Lib. 6. c. 27.

PARTHYENE, Contrée qui faiſoit partie de l'Empire des Parthes. C'est Ptolomée [d] qui fait mention de cette Contrée. Voyez PARTHIA.

[d] Lib. 6. c. 5.

PARTISCUM ; Ptolomée [e] nomme ainſi la derniére des Villes qu'il donne aux Jazyges-Métanaſtes. Niger prétend que c'est aujourd'hui *Cechometh* en Hongrie ; mais Lazius prétend que ce ſoit PAROCZLO. Voyez ce mot.

[e] Lib. 3. c. 7.

PARUETUS. Voyez PARSENTI.

PARUS. Voyez PAROS.

PARUTÆ, Peuples de l'Arie : Ptolomée [f] les dit voiſins des Paropaniſades. Ses Interprètes au lieu de *Parutæ* liſent *Parauti*.

[f] Lib. 6. c. 17.

☞ PARVUS, Parva, Parvum, Adjectif Latin qui ſignifie *Petit* & *petite*.

Les Anciens ont appellé PARVUM LITTUS, ou le PETIT RIVAGE, un lieu maritime, ſur la Côte d'Ethiopie, & que Ptolomée [g] place dans le Golphe des Barbares.

[g] Lib. 4. c. 7.

Ils ont auſſi appellé PARVUM LITTUS [h] un lieu de l'Arabie heureuſe dans le Pays des Adramites, entre la Ville *Eritha* & le Port de *Cane*.

[h] Ibid. lib. 6. c. 7.

PARYADRES. Voyez PARIADRES.

PARYÆI. Voyez STYMPHÆAS.

PARYCANII. Voyez PARICANE.

PARYMÆ, Peuples d'Aſie [i]. Juſtin en fait mention. Ils devoient être quelque part vers le Mont Caucaſe.

[i] Lib. 12. c. 5.

PARYMNA, Lieu de plaiſance dans l'Iſle de Cypre : c'est Simeon le Métaphraſte qui en parle dans la Vie de St. Spiridion.

PARYSTIUM, Athenée [k] loue une ſorte de vin appellée *Paryſtium* du nom du lieu où il croiſſoit. Ortelius croit que

[k] Lib. 1.

ce lieu étoit dans la Troade, au voiſinage de la Ville Pitane.

☞ 1. PAS, ſorte de meſure qui ſe prend de l'eſpace qui eſt entre les deux pieds d'un Animal quand il marche. Voyez MESURES ITINÉRAIRES.

☞ 2. PAS ; Ce mot ſe dit par extenſion d'un paſſage étroit & fortifié, comme le Pas de Suze, le Pas des Thermopyles & autres ; & ſur la Mer il ſignifie un Détroit entre des terres, comme celui qui eſt entre Calais & Douvre & qu'on appelle le PAS DE CALAIS. Voyez DETROIT.

3. PAS, Bailliage de France dans l'Artois [l]. Il relevoit autrefois de la Prévôté Royale de Beauqueſne Membre du Bailliage d'Amiens. Mais aujourd'hui il dépend du Comté de St. Paul, avec lequel il fut cédé à la France par le Traité des Pyrénées.

[l] *Longueruë*, Deſcr. de la France, part. 2. p. 93.

PAS-DES-ASNES. Voyez dans cette Liſte, l'Article PAS-DE-GRAVE.

PAS DE LA BARRE, Lieu de France [m], dans le Gouvernement de Foix, à une lieue au deſſous de la Ville de Foix. Selon le témoignage de Guillaume de Puy-Laurent en ſon Hiſtoire des Albigeois, le Comte de Foix reconnut tenir du Comte de Toulouſe toute *la Terre du Pas de la Barre en bas dans l'Evêché de Touloufe.*

[m] *Longueruë*, Deſcr. de la France, part. 1. p. 215.

Le PAS DE LA BICHE, Lieu de France dans le Poitou [n], auprès de CIVEAUX, Paroiſſe de l'Election de Poitiers ſur la Vienne. On croit bonnement que Clovis paſſa cette Riviére à gué à la ſuite d'une Biche qui ſortit des Bois exprès pour venir ſervir de guide à ce Prince. Au voiſinage on voit dans un grand Champ un nombre prodigieux de tombeaux de pierres. La tradition du Pays veut qu'ils ayent ſervi à inhumer les corps des François qui furent tuez à la Bataille de Vouillé où Clovis défit entièrement les Viſigoths. Ce qu'il y a de conſtant c'eſt que dans quelques-uns de ces tombeaux qu'on a ouverts, on y a trouvé de vieilles armes conſumées par la rouille.

[n] *Pignid*, Deſcr. de la France, t. 5. p. 103.

PAS-COMMUN. Voyez MESURES ITINÉRAIRES.

PAS DE CALAIS, Détroit entre les Côtes de France & celles d'Angleterre. Voyez CALAIS.

PAS-DIEU. Voyez au mot SAINTE, l'Article STE. CROIX.

PAS GEOMETRIQUE. Voyez MESURES-ITINÉRAIRES.

PAS DE-GRAVE, Petit Bras de Mer, ſur la Côte Occidentale de la France, en Guienne. C'eſt proprement la Bouche Méridionale de la Gironde, entre la Tour de Cordouan & la Côte de Medoc. La Bouche Septentrionale de cette même Riviére eſt nommée le PAS-DES-ASNES, elle eſt entre la Tour de Cordouan & la Côte de la Saintonge.

Le PAS DE ST. LUCIUS [o], Lieu dans le Pays des Griſons, dans la Seigneurie de Meyenfeld. C'eſt un Défilé important, dans les Montagnes, à l'entrée du Pays.

[o] Etat & Délices de la Suiſſe, t. 4. p. 81.

PAS-DE-SUZE. Voyez SUZE.

PASA.

PASACARTA, Ville de la Parthie: Ptolomée [a] la place entre *Choana* & *Rhuda*.

[a] Lib. 6. c. 5.

PASAGE, Ville de l'Inde en deçà du Gange, felon Ptolomée [b].

[b] Lib. 7. c. 1.

PASAR, Ville des Chorasmiens, felon Ortelius [c] qui cite Cedréne & Zonare.

[c] Thefaur.

PASARGADA, Ville de la Perside, felon Pline [d], Etienne le Géographe qui écrit PASSAGADÆ, rend ce mot par *Perfarum Caftra*, le Camp des Perfes. Plutarque [e] dit que le Roi Artaxerxe s'y fit facrer felon la coutume par les Prêtres. Il ajoute : dans cette Ville il y a un Temple de la Déeffe qui préfide à la guerre: on peut conjecturer que c'étoit la même que Minerve. Il faloit que celui qui devoit être facré entrât dans ce Temple, que là il quittât fa robe & qu'il prît celle que l'ancien Cyrus portoit avant que de devenir Roi, & qu'on y gardoit avec beaucoup de vénération. Après avoir mangé une figue féche il machoit des feuilles de Terebinthe, & il avaloit un breuvage compofé de vinaigre & de lait. Mr. Dacier remarque fur cet endroit de Plutarque, que Cyrus le Grand bâtit la Ville de Pafargades, & qu'il lui accorda de grands Privilèges; parce qu'il avoit défait dans ce lieu-là Aftyage & acquis le Royaume par fa victoire. Ptolomée nomme cette Ville *Pafacarta*. On trouve encore quelques veftiges de ce nom dans celui qu'elle a aujourd'hui; car felon le Pere Lubin on la nomme *Darabegerd*, ou comme les Arabes, *Valafegerd*.

[d] Lib. 6. c. 23.
[e] In Artaxer.

PASARNA, Ville de la petite Arménie: Ptolomée [f] la place dans la Préfecture Laviniane à quelque diftance de l'Euphrate.

[f] Lib. 5. c. 7.

PASCÆ, Peuples de la Sogdiane, felon Ptolomée [g] qui les met auprès des Monts *Oxii*. Ses Interpretes au lieu de *Pafcæ* lifent *Paficæ*.

[g] Lib. 5. c. 11.

PASCAMAYO, Vallée de l'Amérique Méridionale [h], au Perou, dans l'Audience de Lima, entre la Vallée de Zana, au Nord & celle de Chimo au Midi. Cette Vallée eft la plus fertile & la plus peuplée de tout le Pays Ses Habitans avant qu'ils euffent été fubjuguez par les Incas étoient fort puiffans, & redoutez de leurs voifins. Ils avoient bâti plufieurs Temples dans lefquels ils facrifioient à leurs Idoles. Aujourd'hui ces Idoles font entierement détruites & les Temples font poffédez par des Religieux & des Prêtres qui enfeignent aux Indiens les véritez du Chriftianifme. Le chemin Royal paffe par cette Vallée où coule une belle Riviére de laquelle on a dérivé plufieurs canaux pour arrofer les Campagnes. On fait dans cette Vallée beaucoup de draps de Coton. Les Vaches, les Chévres & les Pourceaux y profitent fort.

[h] Corn. Dict. De Laet, Defcr. des Indes Occ. liv. 10. c. 9.

PASCUARO, PASQUARO, ou MECHOACAN, Ville de l'Amérique Septentrionale [i], au nouveau Mexique, dans l'Audience de Mexico, fur le bord Occidental du Lac de Mechoacan, vis-à-vis de Valladolid, où l'on a tranfféré l'Evêché qui avoit d'abord été établi à Pafcuaro, que l'on regardoit alors comme la principale Ville du Pays. Pafcuaro eft maintenant ruinée.

[i] De l'Ifle, Atlas.

PASI. Voyez PANTI.

PASIANI, Peuples d'Afie. Strabon [kk] dit qu'ils furent du nombre de ceux qui enlevérent la Bactriane aux Grecs.

[kk] Lib. 11. p. 511.

PASIACUS. Voyez AXIACES.

PASICÆ. Voyez PASCÆ.

PASICANA, Ville de l'Inde, en deçà du Gange: Ptolomée [l] la donne aux CASPIRÆI.

[l] Lib. 7. c. 1.

PASINI-CASTRUM. Voyez CHARAX, no. 10.

PASIPEDA, Ville de l'Inde en deçà du Gange: Ptolomée [m] la place fur le bord du Fleuve, entre *Pifca*, & *Suficana*.

[m] Lib. 7. c. 1.

PASIRA, Bourgade de la Carmanie: Arrien [n] dit qu'elle étoit à foixante Stades de la Mer.

[n] In Indic. p. 341.

PASIRIS, Ville de la Sarmatie Européenne, felon Ptolomée [o], qui la place fur le bord du Fleuve Carcinite, entre *Torocca* & *Hercabum*.

[o] Lib. 3. c. 5.

PASITIGRIS. Voyez TIGRIS.

PASLEY, Ville d'Ecoffe, dans la Province de Cunningham. Elle eft plus grande que RENFREW: le Cart l'arrofe & elle étoit autrefois fameufe par une belle Abbaye de l'Ordre de Clugny. Cette Ville donne le titre de Baron à la Famille d'Abercorn, qui eft une Branche de celle d'Hamilton.

PASMASIUS, Campagne de la France, felon Ortelius [p] qui cite Surius.

[p] Thefaur.

PASNES. Voyez MASNES.

PASPANENSIS [q], Siège Epifcopal de la Lycaonie. Il en eft parlé dans le Concile de Conftantinople tenu fous le Pape Damafe I.

[q] Ortelii Thefaur.

PASSA, Ville de Thrace, felon Etienne le Géographe. Voyez PASTOS.

PASSADÆ, Peuples de l'Inde, au delà du Gange: Ptolomée [r] les place fur le bord de ce Fleuve. Ses Interprétes lifent *Paffalæ*; & c'eft ainfi qu'écrit Pline [s]. Orofe [t] *Paffidæ*, & dit que ces Peuples furent fubjuguez par Alexandre. Voyez PAZALÆ.

[r] Lib. 7. c. 1.
[s] Lib. 6. c. 19.
[t] Lib. 3. c. 19.

PASSAGARDÆ. Voyez PASAGARDA.

1. PASSAGE. Voyez TRAJECTUS.
2. PASSAGE. Voyez PASSAJE.
3. PASSAGE, Mr. Corneille [u] dit, fans citer de garant, que c'eft un Bourg ou Village de l'Anatolie, avec un Port, fur la Côte de l'Archipel. Ce lieu a été ainfi nommé, à caufe que c'eft-là qu'on s'embarque ordinairement pour faire le trajet jufqu'à l'Ifle de Scio, qui eft vis-à-vis à quatre lieues delà au Couchant.

[u] Dict.

PASSAGE-DE-BELLE-ISLE. Voyez au mot DE'TROIT, l'Article DE'TROIT DE CHARLES.

PASSAGE DE BROUWER. Voyez au mot DE'TROIT, l'Article DE'TROIT DE BROUWER.

PASSAGE-DU-CANCEAU, Détroit de l'Amérique Septentrionale dans la Nouvelle-France. Il eft entre la Côte de l'Acadie à l'Occident & l'Ifle du Cap Breton à l'Orient.

**PASSAJE** ou **Passage**, Ville d'Espagne [a], dans le Guipuscoa, vis-à-vis d'un Bourg nommé Lesso, à un quart de lieue de St. Sebastien, tirant vers Fontarabie. Cette petite Ville est le Lieu où le Roi d'Espagne tient l'Escadre qu'il entretient sur l'Océan.

[a] Délices d'Espagne, p. 80. & 81.

**PASSALA**, Port des Mylasséens selon Etienne le Géographe. Pline [b] place *Passala* dans le Golphe Céramique.

[b] Lib. 5. c. 31.

**PASSALÆ.** Voyez Passadæ & Pazalæ.

**PASSALON**, Ville d'Egypte selon Ptolomée [c]. Villanovanus dit que c'est la Ville Pesla de l'Itinéraire d'Antonin; mais Ortelius [d] n'en demeure pas d'accord. Il semble qu'il aimeroit mieux dire avec Simler que Passalon seroit la même Ville que celle qui est nommée *Pesla* dans la Notice des Dignitez de l'Empire.

[c] Lib. 4. c. 5.
[d] Thesaur.

**PASSANDA**, Lieu fortifié dans la Mysie Asiatique, selon Etienne le Géographe, qui place ce Lieu dans le voisinage de la Ville Adramyttium & de celle de Cisthene.

**PASSAO**, Cap de l'Amérique Méridionale [e], au Pérou, dans l'Audience de Quito. Il est situé presque sous la Ligne, entre l'Acul de Quaque au Nord & la Baye des Caraques au Midi. Au dessous du Cap Passao [f] est un petit Port que les Espagnols appellent communément el *Porteto*. On y peut prendre commodément dans le besoin de l'eau & du bois. Derriére ce Cap qui est médiocrement élevé, on voit les Montagnes de Quaque, qui s'étendent jusqu'à la Province de Popayan. Quand François Pizarre fit son premier voyage au Pérou, il avança dans ces Quartiers, où il trouva beaucoup d'or & d'Emeraudes qu'il enleva aux Sauvages.

[e] De l'Isle, Atlas.
[f] Corn. Dict. De Lact, Descr. des Indes Oc. liv. 10. c. 18.

**PASSAPRUM**, Ortelius [g] dit : Athénée [h] appelle ainsi une sorte de vin, du nom du lieu qui le produisoit. Ortelius ne cite pourtant que Natalis l'Interprête d'Athénée; parce que dans le Texte Grec il y a une petite lacune. Le mot *Passaprum* y est tronqué, on y lit seulement ces trois lettres παπ.

[g] Thesaur.
[h] Lib. 1.

**PASSAR.** Voyez Passerg.

**PASSARO** ou **Passero.** Voyez au mot Cap l'Article Cap de Passaro.

**PASSARON**, Lieu de l'Epire, dans la Molossie. De toute ancienneté, dit Plutarque [i], les Rois d'Epire avoient accoutumé de tenir une Assemblée dans ce lieu; & après avoir fait un Sacrifice à Jupiter Martial, ils prêtoient serment à leurs Sujets & recevoient le serment d'eux.

[i] In Pyrrho.

**PASSARVAN** ou **Passaroewan**, Ville des Indes, dans l'Isle de Java, sur la Côte Septentrionale, à six lieues de la Ville de Panarucan [k], sur le bord d'une Riviére agréable. C'étoit une Ville Royale du tems que les Hollandois y firent leur premier Voyage. La principale Marchandise qu'on y trouve c'est le fin & petit Garnitte, fruit à peu près semblable aux fraises. Les Marchands Quillins l'estiment beaucoup, parce qu'ils en font des grains de Chapelets ou de Bracelets. On y fait aussi des toiles de coton qu'on porte à Bantam, où on les échange pour des Marchandises de la Chine. Quant à la Province de Passarvan ou Passaroewan, Voyez l'Article Java.

[k] Voy. des Hollandois aux Indes Orient. p. 334. & suiv.

**PASSAU**, Ville d'Allemagne dans la basse Baviére sur le Danube au Confluent de l'Inn & de l'Illz. Les Latins modernes la nomment Patavia, Passavia, Patavium, Passavium & Batava Castra. Ce dernier nom est le seul qui soit légitime, les autres sont corrompus de celui-ci, ou imitez du nom Allemand. Quelques-uns ont dérivé le mot Passau de deux mots Allemands, savoir Pass, Passage & Aw, qui selon eux signifie une *Isle*; & Megiser dans sa Chronique de Carinthie [l] prétend que le nom fut donné à ce lieu du tems de l'Empereur Philippe l'Arabe. D'autres prétendent avec plus de fondement, ce me semble, que ce nom tire son origine d'une Cohorte des Bataves qui eut là ses Quartiers d'Hyver assignez sous l'Empire d'Antonin. Aussi voyons-nous dans la Notice de l'Empire *sub dispositione viri spectabilis Ducis Provinciæ Rhetiæ primæ & secundæ*, qu'il y avoit un Tribun de la premiére Cohorte des Bataves, en un lieu nommé Batava. *Tribunus Cohortis novæ Batavorum Batavis.* Le Scholiaste d'Eugippe [m] cité par Zeyler [n], tire aussi le nom de Passau des Bataves qui s'y établirent. Bertius [o] est du même sentiment. Sous Antonin, dit-il, une Cohorte des Bataves eut son camp dans la Vindelicie sur la Rive gauche de l'Inn. Depuis ce tems-là ce lieu fut nommé Batavorum Castra, le *Camp des Bataves*, ou simplement Batava : les Habitans ont dit d'abord *Battaw* par une terminaison appropriée à leur Langue, & en ont fait ensuite Passau, par le penchant qu'a la Langue Allemande de changer les deux *t* en deux *f*; comme de *Chatti* elle fait *Hassi*, les Hessos, & ainsi de quantité d'autres mots. Cette Ville de Passau n'a rien de commun avec la *Petovio* de Tacite, car cette derniére est dans la Carniole sur la Drave & s'appelle aujourd'hui Pettaw; au lieu que Passau est de la Vindelicie. Quelques-uns ont cru que ce pouvoit être le Boiodurum de Ptolomée, qu'Ammien Marcellin nomme mal Boloderum & la Table de Peutinger *Castellum Bolodurum*; ce lieu doit être auprès de la Jonction de la Riviére *Juvavus* avec le Danube; cela est fort bien jusques-là : le *Juvavus* est la Riviére de Saltz qui passe à Saltzbourg, que l'on croit être la *Juvavia* des Anciens; mais aujourd'hui cette Riviére ne conserve point son nom jusqu'au Danube, elle le perd dans l'Inn, au dessous de Burckhausen; mais il y a de l'apparence qu'elle portoit autrefois son nom jusqu'au Danube. Quoi qu'il en soit, la commodité du lieu & le concours de trois Riviéres a donné lieu à trois Villes dont deux sont au Midi du Danube, & séparées l'une de l'autre par l'Inn. Passau est en deçà & au Couchant de l'Inn; ce qui est au delà & à l'Orient de cette Riviére s'appelle Instadt. La troisiéme Ville est au Nord du Danube & s'appelle Ilstadt. Passau est dans la Vindelicie, Instadt dans le Norique & Ilstadt dans la Germanie.

[l] Lib. 3.
[m] Ad Cap. 19. n Bavar. Topogr. p. 46.
[o] Comment. Rer. German. l. 3. p. 637.

nie. Inftadt eft le Boiodurum des Anciens, cela fe prouve par le témoignage de l'ancien Auteur de la Vie de St. Severin qui met Bojodurum fur la droite de l'Inn; on peut auffi le remarquer aux Edifices qui ont un plus grand air d'ancienneté que ceux de Paffau. Il y a à Paffau un Evêché, Bertius en raconte ainfi les commencemens. Il étoit d'abord à Laureacum, qui, felon lui, doit être au Confluent de l'Ens & du Danube, c'eft-à-dire aux confins de la haute & de la baffe Autriche. Voici les neuf premiers Evêques qu'il fournit. 1. Laurent envoyé par l'Apôtre St. Pierre. 2. Florien. 3. Gerard. 4. Eucharius. 5. Quirin. 6. Maximilien martyrifé fous l'Empire de Numérien l'an 289. 7. Conftantius. 8. Théodore grand défenfeur de l'Orthodoxie contre les Ariens. 9. Erchenfrid qui fut Evêque de Paffau, il ne laiffa pas d'avoir un fucceffeur pour le Siège de Laureacum, favoir Ottecare, à qui fuccéda Viphilon, & enfuite Bruno vers l'an 634. ce fut fous ce dernier que le Siège de Laureac fut uni à l'Evêché de Paffau. Bertius met enfuite Erchenfrid, apparemment le même dont il a parlé & qu'il croit être le premier Evêque de Paffau. Il dit que le Duc de Bavière Thierri III. lui donna Paffau; & qu'il eut pour fucceffeur Viphilon. Mr. Baillet dans fa Topographie des Saints dit que St. Rupert après avoir quitté fon Evêché de Worms pour fe faire Miffionnaire Evangelique en Bavière, fut établi Evêque du Pays qui étoit *retombé* presque entièrement dans l'Idolâtrie. Il mit fon Siège dans l'ancienne Ville de Juvava presque ruïnée alors & rebâtie depuis fous le nom de Saltzbourg, qui devint enfuite la Métropole de la Bavière, de l'Autriche &c. Il y fut enterré en 718. il eut pour fucceffeur St. Vital, après la mort duquel l'Evêché de Paffau, fut uni à celui de Saltzbourg. L'an 738. St. Boniface de Mayence envoyé par le Pape Grégoire III. détacha de Saltzbourg l'Evêché de Paffau & le rétablit. Il rétablit de même ceux de Freifingen & de Ratisbonne. C'eft ce que remarque Mr. Baillet [a]. Mr. Fleuri dit que St. Boniface du confentement du Duc Odillon divifa la Bavière en quatre Diocèfes & y établit quatre Evêques. Le premier fut Jean dans la Ville de Saltzbourg; le fecond Erembert de St. Corbinien à Freifingen, le troifième Goibalde à *Reginum* nommé depuis Ratisbonne: le quatrième Evêque de Bavière fut Vivilon (Viphilon) déjà ordonné par le Pape, dont le Siège fut fixé à Patave qui eft Paffau. A ne confidérer que ces paroles, Mr. Fleuri [b] femble dire que c'eft ici la fondation de l'Evêché de Paffau; ce qui ne feroit pas exactement vrai; mais cet Hiftorien avoit dit peu auparavant que St. Boniface parti de Rome l'an 739. arriva à Pavie & de-là paffa en Bavière & y demeura long-tems prêchant la Parole de Dieu; qu'il y rétablit la pureté de la Foi & chaffa des Séducteurs dont les uns fe difoient fauffement Evêques & les autres Prêtres, & qui par divers artifices avoient perverti une grande multitude & fcandalifoient tout le Peuple par leur vie impure. Dans cette confufion il étoit important qu'un homme tel que St. Boniface examinât ces Evêques; Viphilon Evêque de Paffau fe trouva véritablement & canoniquement facré & fut maintenu. Mais comme fon Siège depuis la ruïne de *Laureacum* avoit été tantôt uni à Saltzbourg, tantôt à Paffau, St. Boniface le fixa dans cette dernière Ville & facra un Evêque particulier pour Saltzbourg; c'eft à quoi fe réduit l'établiffement fait par St. Boniface. Je remarquerai en paffant que fi ce Saint n'eft parti de Rome que l'an 739. il n'a pu faire ces Réglemens en Bavière l'an 738. comme le veut Mr. Baillet.

La Ville de Paffau eft fituée en long à caufe d'une Montagne qui la gêne. Zeiler nomme cette Montagne 𝔚𝔞𝔩𝔡𝔢𝔯𝔠𝔥𝔱𝔦𝔤𝔢𝔫 𝔅𝔢𝔯𝔤𝔢, la Ville s'étend d'Orient en Occident l'efpace d'environ onze cens pas; & eft environnée de Rivières, ou de Montagnes, qui lui font une enceinte naturelle. Elle eft immédiatement foumife à fon Evêque. La Cathédrale qui eft fous l'invocation de St. Etienne, premier Martyr, a été bâtie des libéralitez de Plectrude (*Plutraud*), fille de Grimoald (*Greinholds*), Duc de Bavière & Femme de Pepin d'Herftal, Maire du Palais des Rois de France, laquelle fe joignit à fon Pere pour cette dépenfe. Près de cette Eglife il y a le Palais Epifcopal & la Cour du Chapitre. Les autres Eglifes de Paffau font celles de St. Paul, de St. Michel, de Ste. Croix, ou le Monaftère de Niederburg bâti pour des filles de qualité, par Utel, Duc de Bavière vers l'an 739. Gifele, Sœur d'Henri II. Empereur, & Femme d'Etienne, Roi de Hongrie, y eft enterrée. L'Empereur Frédéric I. donna cette Abbaye à l'Evêque de Paffau & à St. Etienne, à la charge d'une redevance annuelle & fe referva pour foi & fes fucceffeurs certains droits. Les Jéfuites ont un Collége en cette Ville; hors la Ville & au Couchant eft l'Eglife de St. Nicolas avec une Maifon de Chanoines Réguliers de l'Ordre de St. Auguftin; vers le Midi dans la Ville nommée Inftadt eft l'Eglife de Ste George. Sur la Montagne de St. George eft une Forterefe nommée 𝔒𝔟𝔢𝔯 𝔥𝔞𝔲ß dont on jetta les fondemens en 1219. Au pied de la Montagne eft une autre Forterefe fort ancienne nommée 𝔘𝔫𝔡𝔢𝔯 𝔥𝔞𝔲ß, l'une & l'autre appartiennent à l'Evêque. Cette Montagne eft dans l'angle que forment l'Iltz & le Danube en fe rencontrant. L'Iltz la fépare de l'Itzftadt.

L'Evêché de Paffau eft entre la Bohême, la Baffe Bavière & la Haute Autriche. Le Danube le coupe en deux parties inégales, mais fertiles & fort peuplées. Il fut fondé par Théodon III, Duc de Bavière, après qu'Attila eût ruïné la Ville de Lorck (*Lauriacum*), dont le Siège Archiépifcopal, c'eft-à-dire, la Dignité de Métropole, fut transféré à Saltzbourg. C'eft ainfi qu'en parle Mr. D'Audifret que la mort enleva en 1733. en Lorraine où il réfidoit depuis très-long-tems de la part du Roi très-Chrétien. Il pourfuit ainfi: Erchenchenfriden fut le premier Evêque & Théodon lui fit donation du Domaine de la Ville: ses Successeurs prirent durant un long espace de tems la qualité d'Archevêques de Lorck, prétendant qu'en possédant son Diocèse, ils devoient aussi en avoir le titre; Hundius fait mention dans son Histoire de Saltzbourg, d'un grand différend qu'eurent sur ce sujet Hérold, Archevêque de Saltzbourg, & Gerard, Archevêque de Lorck, ou de Passau. Comme les suites en pouvoient être funestes à l'Eglise, le Pape Agapit II. interposa sa Médiation & termina leur querelle, de sorte qu'ayant divisé le Norique en deux parties, il laissa l'Occidentale à Hérold & donna l'Orientale à Gerard. Christian un des successeurs de Gerard au X. siécle s'abstint le premier de prendre le titre d'Archevêque. L'Empereur Otton III. confirma tous les Priviléges de son Eglise à laquelle il unit l'Abbaye de KREMSMUNSTER, le Monastere de Mathase & la Chapelle d'Oetingen, & pour rendre cette confirmation plus solemnelle, il l'exempta lui & ses Successeurs de tout service des Ducs de Baviere & autres puissans Seigneurs, lui accordant tous les droits Régaliens & ceux que les Empereurs possédoient dans la Ville & hors la Ville de Passau; ses Successeurs augmentérent leur Domaine, & particulierement Ulrick, frere de Conrad, Comte de Hall & de Wasserbourg qui vivoit au commencement du XIII siécle.

Le Chapitre de Passau est composé de vingt-quatre Chanoines Capitulaires, parmi lesquels il y a trois Dignitez qui sont celles de Prévôt, de Doyen & de Custode. Passau est remarquable par le Traité qui s'y fit en 1552. pour pacifier les agitations qui troubloient alors l'Empire d'Allemagne; & comme chacun y garda ce qu'il avoit aquis, ce Traité a passé en Proverbe. Quand dans une querelle un Parti a été fort maltraité & que l'on fait cesser les hostilitez sans autre réparation, on dit *c'est la Transaction de Passau, chacun garde ce qu'il a reçu.*

Les autres Villes de cet Evêché sont OBERNBERG sur l'Inn dans la Haute Baviere, proche de Reichersberg, où l'Evêque fait sa Résidence ordinaire, & EBERSPERG sur le Ruisseau de Traun à deux milles de Lintz dans la Haute Autriche.

*a Coronelli, Descr. de la Morée, pag. 89.*
PASSAVA, Forteresse de la Morée, dans la Province de Maina [a], près de la Plage du Golphe de Colochine, sur le Cap de Matapan, à l'opposite de Chielefa & du Port de Vitulo. Le Généralissime Morosini s'en rendit maître en 1685. & la fit démolir. Elle étoit d'une figure irréguliére en toutes sortes de façons, & elle ne valoit pas la peine qu'on y laissât une Garnison. D'ailleurs elle étoit inutile; car il y avoit dans le voisinage un passage étroit, où l'on pouvoit avec peu de monde arrêter & combattre une nombreuse milice.

*b Piganiol, Descr. de la France, t. 7. p. 135.*
1. PASSAVANT [b], petite Ville, ou gros Bourg de France, dans l'Anjou, sur la Riviére de Layon, à trois lieues de Montreuil-Bellay. Elle porte le titre de Comté, & appartenoit dans ces derniers tems au Duc de Rouanez, de la Maison de Gouffier. Sa Justice s'étend sur quinze Paroisses. La Terre vaut environ trois mille livres de rente; & il y a cent Fiefs qui en relevent. La Paroisse est des plus petites & ne contient que soixante-quatre feux.

2. PASSAVANT, Ville de France dans la Champagne, au Diocèse de Châlons. Il y a une Prévôté Royale ressortissante au Bailliage de Langres. Son terroir est assez abondant en grains & en vins.

3. PASSAVANT, Forêt de France, aux confins de la Lorraine, de la Champagne & du Comté de Bourgogne. Le Roi en céda la moitié au Duc de Lorraine par le Traité de Paris, en 1718.

4. PASSAVANT, Ville de France dans la Franche-Comté, au Bailliage de Baume, à six lieues de Besançon du côté de l'Orient Septentrional, & au Midi de Baume-les-Nonnes. *et Jaillot, Atlas.*

PASSER. Voyez FLUCTUS-PASSERIS.

1. PASSERG, en Latin PASSARIA, Riviére de Prusse. Elle a sa source aux confins du Cercle d'Hockerland & de l'Ermeland, près d'Hoenstein. Son cours est du Nord au Midi en serpentant. Elle sépare le Cercle d'Hockerland de la partie Orientale du Palatinat de Marienbourg: ensuite elle traverse le milieu de ce Palatinat, & après avoir mouillé Braunsberg, elle va se jetter dans le Frisch-Haff, auprès de Passerg, Bourgade à laquelle elle donne son nom.

2. PASSERG, Bourgade de Prusse, dans la partie Occidentale du Cercle de Natangen, sur la rive Orientale de la Riviére de Passerg, près de son embouchure dans le Frisch-Haff.

PASSEWALCK ou PASSWALCK, anciennement POZDEWALCK, [d] petite Ville d'Allemagne au Cercle de la Haute-Saxe, aux confins de la Poméranie & de l'Ukermarck, dans les Etats de l'Electeur de Brandebourg. Elle est située sur le bord Occidental de la Riviére d'Ucker & les Géographes du Pays lui donnent 53. d. 29. de Latitude sur 38. d. 30. de Longitude; on la trouve entre Prentzlow & Torgelow. La Riviére d'Ucker qui la baigne donne aux Habitans la commodité de faire passer leurs denrées, jusques dans le Haff & delà dans la Mer Baltique. Cette Ville a deux Paroisses, savoir Ste. Marie ou Notre-Dame & St. Nicolas, deux autres Eglises, qui sont celle du St. Esprit & celle de St. George, & un Convent. On y brasse une Biére fort vantée nommée *Passenelle*, que l'on transporte en beaucoup de lieux Seccerwitz en parle ainsi: *d Zeiler, Pomerania Topograph. p. 78.*

*Fertile Pasvoaleum, succos cui tradidit igni
Ipsa Ceres coquere & pingues distendere cellas
Nectare, quo nullum Pomerano rure Coloni
Suavius Hyblæi sorbent de more liquores.*

Il y a une Prévôté qui a sous elle dix Paroisses. Ce lieu a donné lieu à bien des querelles lorsque la Poméranie & la Marche avoient des Souverains différents. Comme il est aux confins, il se trouvoit à la bienséance de l'un & de l'autre & chacun prétendoit que cette Ville lui apparpartenoit. Mais la Maison de Brandebourg possedant l'un & l'autre présentement a retranché cette ancienne Pomme de discorde; on peut voir l'Histoire de ces contestations dans l'Auteur cité.

PASSIDÆ. Voyez PASSADÆ.

PASSIGNIANO, petite Ville de l'Etat de l'Eglise [a], dans le Perugin, sur le bord Septentrional du Lac de Perugia, auquel on donne aussi quelquefois le nom de cette Ville. St. Jean Gualbert est honoré à Passignano, où il mourut en 1073. dans un Monastère qu'il y avoit fait bâtir. C'est le Fondateur de la Congrégation de Val-Ombreuse, dont l'Institut fut approuvé par le Pape Victor II. au Concile de Florence & par Urbain II. en 1090.

[a] Magin, Carte du Perugin.

PASSIRAL, Bourg de France dans la Saintonge, Election de Saintes.

1. PASSY. Voyez PACY.

2. PASSY ou PACY, en Latin PACIACUM, gros Village de France, au dessous & près de Paris sur la rive droite de la Seine [b], entre cette Riviére & le Bois de Boulogne. On remarque ce Village par plusieurs Maisons jolies & propres. Celle de Mr. le Duc d'Aumont est remarquable par l'art avec lequel on a tiré parti du terrein sur lequel elle est située, & par le goût exquis du Seigneur à qui elle appartient. Celle qui est située sur le chemin de Versailles, & sur le bord de la Riviére est grande & belle: elle a appartenu à Berthelot, puis à Carel Receveur Général des Finances de la Généralité de Paris; elle fut acquise ensuite par le Duc de Lauzun. On y entre par une porte grillée, qui est sur la chaussée ou grand chemin de Versailles. De là on se rend dans le Salon qui occupe le milieu du Château. La vue de cette façade est des plus riches; la gauche regarde Paris & la droite regarde Issy, Meudon & St. Cloud, sans parler du superbe Edifice des Invalides qui est presque vis-à-vis. Les pièces qui sont de plain-pied au Salon ont aussi leur beauté, & les appartemens de l'étage d'au dessus sont fort propres & fort galans. Le Jardin a aussi ses beautez. La terrasse offre une belle vue sur la Plaine de Grenelle. A l'extrémité du Jardin du côté d'Auteuil, il y a un Pavillon dans lequel on a pratiqué un Cabinet fort agréable & destiné aux jeux & aux plaisirs. La Cure est desservie par les Barnabites qui ont une Maison dans ce Village.

[b] Piganiol, Descr. de la France, t. 2. p. 2. & 695.

Les eaux de la Fontaine Minérale de Passy sont très-salutaires pour les embarras du bas-ventre. Mr. du Clos en fit autrefois l'Analyse & trouva qu'elles contenoient peu de sel vitriolique, peu de particules de fer & beaucoup de matières plâtreuses. Aujourd'hui selon Lemery le fils, elles ne sont plus plâtreuses & paroissent composées d'un esprit vitriolique & d'une matière terrestre qui renferme un sel acide, & qui est jointe à une poudre très-fine de rouillure de fer.

PASTERIS, Ville d'Egypte, selon Etienne le Géographe.

PASTO ou SAN JUAN DE PASTO [c], Ville de l'Amérique Méridionale dans le Po-

[c] De l'Isle, Atlas.

payan, au Midi Occidental de la Ville de Popayan. La Ville de Pasto est située dans une belle & agréable Vallée qu'arrose une Riviére fort claire & où l'on voit une infinité de Ruisseaux & de Torrens qui s'entrecoupent [d]. Cette Vallée s'appelloit anciennement ATRIS, & étoit assez peuplée de Sauvages que le voisinage des Espagnols a obligez de se retirer dans les Montagnes. Elle est ceinte de toutes parts d'un haut terroir qui s'élève partie en collines, & qui s'enfonce en partie dans une Plaine. Les Espagnols y ont plusieurs Censes, où ils nourrissent du Bétail. Ils sèment du Mays & du Froment le long des bords de la Riviére. Les Villages de Malama, Asgual, Tucurres, Capuyes, Iles, Gualmatal, Funes, Chapal, Malos, Piales, Pupiales, Turca & Cumba, avec leurs Cassiques, avoient anciennement le nom commun de *Pastos*, ou *los Pastos*, & c'est de-là que la Ville de Pasto a pris le sien. Toute cette Region est un peu froide, ou du moins fort tempérée, & même plus froide en Eté qu'en Hyver, selon qu'ils distinguent les Saisons; ce qui a lieu aussi dans la Ville de Pasto. A neuf lieues de cette Ville passe une Riviére que les Espagnols nomment RIO CALIENTE, & qui s'enfle si fort en Hyver qu'on ne la peut traverser que fort difficilement. Il y en a une autre appellée ANGARMAYO, qui traverse la Contrée de *los Pastos*. Elle bornoit vers le Nord le Royaume du Pérou du tems de l'Empire des Incas, comme le Fleuve Mole, qui est dans le Chili, le terminoit du côté du Sud.

[d] Corn. Dict. De Laet, Descr. des Indes Occ. liv. 9. c. 16.

PASTONA, Ville sur le bord de l'Euphrate, selon Pline [e], qui la met au voisinage de Melitene de Cappadoce. Quelques Manuscrits lisent SARTONA.

[e] Lib. 5. c. 24.

1. PASTOS, Ville de Thrace, selon Pline [f]. Le Pére Hardouin prétend qu'il faut lire DATOS. Voyez DATHUS.

[f] Lib. 4. c. 11.

2. PASTOS ou LOS PASTOS. Voyez PASTO.

PASTOUR ou PASTORI, Village de la Palestine, dans la Tribu de Juda, à une demi-lieue de Bethléem du côté de l'Orient [g]. On prétend que c'est de ce Village qu'étoient les Pasteurs qui furent avertis de la naissance du Sauveur, & qui allérent l'adorer à Bethléem. On trouve à l'entrée une espèce de Puits ou de Citerne, d'où les eaux monterent, dit-on, miraculeusement jusqu'à la bouche de la Ste. Vierge, afin qu'elle en bût selon sa soif & sans aucune peine. On veut que ce miracle arriva un jour après qu'une femme de ce Village, que la Ste. Vierge avoit trouvée puisant de l'eau, lui eût refusé de lui en donner. On appelle ce Puits [h], *le Puits de la Vierge*. Les Habitans de ce Village sont en petit nombre & fort pauvres. De ce Village on descend dans le Champ où l'Ange apparut aux Pasteurs. Ce Champ est entre l'Orient & le Septentrion de Bethléem. C'est une agréable & vaste plaine, bien cultivée, entourée de Montagnes médiocrement hautes, qui forment une belle vue. Cette Plaine est sans doute abondante en pâturages durant l'Hyver,

[g] Relat. d'un Voy. de la Terre-Sainte, 1688.

[h] Le P. Nau, Voy. de la Terre-Sainte, p. 431.

ver, & la commodité de ces pâturages y arrêtoit les Pasteurs avec leurs troupeaux. Le Calviniste Mathieu Berault a cru avoir fait une découverte admirable à propos de la veille que faisoient en cet endroit ces bons Pasteurs. Il le tient pour une forte preuve que le Fils de Dieu n'est point né le 25. de Décembre, comme l'Église l'a toujours cru; parce que, dit-il, les nuits sont alors trop froides pour veiller dehors & pour y tenir les troupeaux. Il conclud de-là que Jésus-Christ doit être né dans un autre tems, comme par exemple au Mois de Septembre, & que dans celui de Décembre il faut mettre son Incarnation & sa Conception; mais il ne savoit pas qu'au Mois de Septembre il n'y a point encore dans le Pays de pâturages pour les troupeaux; que la terre est toute brûlée des ardeurs du Soleil; & qu'elle ne pousse point d'herbes qu'elle n'ait été abreuvée des pluyes qui ne commencent qu'au mois d'Octobre; & assez souvent au mois de Novembre ou même en Décembre; que c'est pour la fin de Décembre que les pâturages sont bons, & qu'il fait en ce tems-là des journées & des nuits si tempérées qu'on peut les passer à l'air. Si ces Pasteurs étoient comme les Arabes & les Turcomans d'aujourd'hui; ce qui est très-probable; après avoir passé de même qu'eux l'Eté sur le haut des Montagnes les plus élevées, ils étoient venus en ce lieu pour y passer quelques jours de l'Hyver, & ils avoient loué ce Champ pour y faire paître leurs Troupeaux, & leurs maisons étoient des tentes ouvertes de tous côtez. Scaliger a donné dans le même panneau que Mathieu Berault.

Le Lieu où étoient ces heureux Pasteurs s'appelloit ADER & dans la Genése il est nommé la TOUR DU TROUPEAU. Voyez ADER. On y voit à présent les restes d'une grande Chapelle, que Sainte Héléne y avoit fait bâtir. Sa longueur est de 46. Palmes & sa largeur de 27. Ce n'est qu'une Nef sans aîles, enfoncée en terre, peu haute, & dont la moitié de la voute subsiste encore. Tout cela ressemble plus à une Cave qu'à une Église. Aussi pourroit-il se faire que ce ne seroit là que le dehors de celle qui y étoit autrefois. On voit à main gauche des ruïnes de bâtimens assez remarquables. Cette Chapelle étoit dédiée aux SS. Pasteurs qui allèrent adorer le Sauveur dans sa Créche. Saint Bernard [a] dit qu'ils étoient trois; mais la Tradition porte qu'ils furent cinq, & qu'après avoir vécu quelque tems dans cette Foi vive, que l'Écriture loue en eux, ils moururent & furent enterrez dans ce lieu-là même.

[a] Serm. 6. de Nat.

PASTRANA, Ville d'Espagne [b], dans la Nouvelle Castille, près de Fuente Duegna. C'est le Chef-lieu d'un Duché de même nom. Pastrana est, à ce qu'on croit, l'ancienne *Paterniana*.

[b] Délices d'Espagne. p. 340.

PASUMENA TERRA [c]: Volaterranus & Leander disent que Strabon donne ce nom à ce Canton de la Toscane, appellé communément *il Casentino*. Voyez CASENTIN. Cependant Xilander dans sa Traduction Latine de Strabon rend ces mots,

[c] Ortelii Thesaur.

γῆ πασυμένα, qui répondent à *Pasumena Terra*, par *Trasymenus*, & Buonaccioli dans sa Traduction Italienne fait la même chose. Voyez TRASYMENUS.

PATÆTA, Village d'Éthiopie: Ptolomée [d] le place à l'Orient du Nil, entre *Gerbo* & *Ponteris*.

[d] Lib. 4. c. 7.

1. PATAGA, Ville de l'Éthiopie sous l'Égypte, selon Pline [e].

[e] Lib. 6. c. 19.

2. PATAGA. Voyez AMORGUS.

PATAGONS, Peuples de l'Amérique Méridionale [f], dans la Terre Magellanique. Leurs bornes du côté du Nord ne sont guère connues: on les étend ordinairement jusque vers la Riviére de los Camarones & d'autres poussent jusqu'à la Riviére de la Plata: du côté de l'Orient ils sont bornez par la Mer du Nord; au Midi par le Détroit de Magellan & à l'Occident par la Cordelliére de los Andes. Ce Pays s'appelloit CHIQUA, avant que Fernand Magellan l'eût nommé le Pays des Patagons, quand il vit des Géans au Port de St. Jullien [g]. En 1582. le Roi d'Espagne ordonna qu'on bâtît sur la pointe du Détroit & à son entrée quelques Forts pour empêcher le passage aux Vaisseaux des autres Nations, qui auroient voulu entrer par-là dans la Mer du Sud pour aller au Pérou. Diego de Valdez [h] exécuta ce commandement. Il y mena une Peuplade d'Espagnols & nomma la Ville & la Forteresse Saint Philippe; mais on ne les put garder à cause du froid excessif qu'on ressent dans ces Quartiers. Près du Détroit du côté de la Mer du Sud, il y a deux Isles, Talke & Casteneuve, dont les Habitans s'assemblent par lignage, chacun faisant sa demeure à part. Dans la Terre-ferme ceux de la Race d'Envo habitent un Pays appellé Cossi; les Kemenétes un lieu nommé Karay; les Kennecas la Contrée de Caramay, les Karaikes celle de Morene; & au dedans du Pays dans un Lieu qu'on nomme Coin est une autre Race appellée Tiremenen. Les Habitans du Pays sont d'une taille Gigantesque. Les Espagnols qui étoient avec Magellan ne leur venoient que jusqu'à la ceinture; & l'un d'eux qu'il mit dans son Navire, mangeoit en un seul repas toute une corbeille de biscuit & avaloit d'un seul trait autant de vin qu'en pouvoit tenir un sceau. Il y en a d'autres moins grands, mais fort gros, & ayant la tête de la longueur d'une demi-brasse. Les Envo, Kemenétes, Kennecas & Karaiques, ne passent pas la hauteur d'un homme. Les Tiremenens de Coin sont hauts de dix à onze pieds. Ils sont vaillans & sur-tout très-jaloux. A l'arrivée de Magellan ils firent monter leurs femmes sur des animaux semblables à des Asnes & les tirerent à l'écart. Ils s'occupent à la Chasse & ménent avec une lesse de petites bêtes qu'ils attachent à quelque bois. Les grandes bêtes venant pour jouer avec les petites, ces gens qui sont à l'écart les tuent à coups de fléches. Ils vivent de chair cruë, de racines de Capar dont ils font leur pain & de Pinguins. Ils se peignent le visage de jaune, les cheveux de blanc, & sont couverts de peaux d'animaux proprement cou-

[f] De Tisti Atlas.

[g] Denisi Amérique Mérid. p. 143. & suiv.

[h] Corn. Dict.

# PAT.

coufues. Ils coupent leurs cheveux à la maniére des Moines; mais ils les laiffent un peu plus longs, les lient avec une corde faite de coton & fichent leurs fléches dans le nœud. Les Habitans des Ifles de Talke & de Caftnuve habitent en des Cavernes qui font fous terre, & les autres n'ont point de demeure fixe; mais avec leurs peaux ils font des Cabanes qu'ils tranfportent d'un lieu en un autre. Ils couvrent leurs Morts d'un peu de fable, & fichent tout à l'entour des dards & des fléches. Les Corps font enveloppez dans des peaux & on met au coû de quelques-uns une efpéce de Patenôtres faites de coquilles luifantes comme des perles. Quand l'un d'eux eft mort, ils difent que dix ou douze Diables fautent & danfent autour de fon corps; qu'il y en a un nommé *Setebos* plus grand que les autres & un autre appellé *Chileule* qui rit & fait une grande fête. Ils affurent qu'ils les voyent avec deux cornes à la tête, des cheveux longs jufqu'aux pieds & jettant le feu par la gorge. Ils redoutent fort ce *Setebos* & n'en honorent ni n'en craignent aucun autre. L'air de ce grand Pays eft différent felon fon éloignement du Pole Antarctique ou de la Ligne; mais en général il eft plutôt froid que chaud. Plufieurs grandes Riviéres l'arrofent. L'eau en eft claire & va fe décharger dans le Détroit. Il y a de vaftes Forêts où l'on trouve des arbres fort hauts, dont le bois eft d'une agréable odeur; de grandes prairies, des fruits femblables aux cerifes & grand nombre d'Autruches, de Lapins, de Renards, de Chévres, d'Oyes, & de Bêtes fauvages. La Mer voifine fournit aux Habitans.

1. PATALA, Ville des Indes, dans l'Ifle de même nom que forment les embouchures du Fleuve Indus, felon Ptoloméea. Arrien & Strabon écrivent, PATTALA; & c'eft peut-être la même Ville que Plineb nomme PATALIS, & à laquelle il donne un Port fameux. Voyez l'Article fuivant.

2. PATALA, Ifles des Indes, à l'Embouchure du Fleuve Indus, felon Plinec, qui la nomme auffi PATALE. Elle eft appellée PATALENA par Ptoloméed, PATTALENA par Strabone, & Arrienf nous apprend qu'on la nomma auffi Delta, à caufe de fa figure triangulaire. On trouve dans Q. Curce un Pays nommé *Pathalia*.

PATALENA. Voyez PATALA. no. 2.

PATALIS. Voyez PATALA & PATAVITANUS.

PATALUS, Ifle voifine de la Carie, felon Etienne le Géographe.

1. PATAN, Ville des Indes g, au Royaume de Cambaye, fur la Côte Occidentale, entre Chevar & Corimar. C'eft une grande Villeh, où il y avoit autrefois un bon Commerce. On y fait beaucoup d'étoffes de foye. Elle a une Fortereffe & un beau Temple où il y a beaucoup de Colonnes de Marbre. On y adoroit les Idoles; mais il fert préfentement de Mosquée.

2. PATAN, Ville des Indesi, dans les Etats du Mogol, au Royaume de Nec-

bal, au Nord de la Ville de Necba, vers la fource de la Riviére de Gader.

1. PATANE ou PATANY, Royaume des Indesk, dans la Presqu'Ifle de Malaca, fur la Côte Orientale, entre le Royaume de Siam au Nord & celui de Paha au Midi. 1 Victor Sprinkel qui en 1616. fut premier Commis de la Compagnie générale des Indes Orientales dans la Ville de Patane a écrit qu'ayant été appellé à l'Affemblée des Etats, il vit une Lifte générale de toutes les Villes, Bourgs & Villages par où il paroiffoit qu'on pouvoit mettre fur pied cent-quatre-vingt mille hommes en état de porter les armes; mais que ces gens-là ne font pas naturellement guerriers ni adonnez aux éxercices de l'Art militaire. De ce nombre d'hommes il en demeure dans la Ville de Patane, Fauxbourgs & Banlieue plus de dix mille, dont un tiers eft de Malais ou de Mores: l'autre tiers eft de Chinois ou de Meftifs, & l'autre tiers de Siamois dont la plûpart habitent le plat Pays & le cultivent.

Le Royaume de Patane a plus de Vaiffeaux fur Mer que n'en a Bantam, Juhor & Pahan, ni aucun autre de fes voifins. Les Habitans, entr'autres les Siamois & les Chinois, font bons mariniers, felon la marine de ce Pays-là: les belles Riviéres qui y font leur donnent moyen de s'exercer dans cet Art. Ce n'eft pas qu'ils ne foient tous naturellement pareffeux & fainéans, particuliérement les Malais qui ne vivent que de la culture de la terre & de la pêche & qui font fort mauvaife chére, la plûpart ne bûvant que de l'eau & ayant une extrême averfion pour les boiffons fortes. D'un autre côté ils font adonnez aux plaifirs de la chair: ils époufent ordinairement deux ou trois femmes ou davantage, & ont outre cela autant de Concubines qu'ils en peuvent nourrir. Leurs biens confiftent pour la plûpart en Domaines & en Efclaves, à qui pour leur entretien ils donnent par Mois une certaine portion très-médiocre de poiffon & de ris. Tous les Arts & Métiers font exercez par les Chinois, & le Commerce eft auffi entre leurs mains & entre celles des Meltilos ou Facteurs qui trafiquent beaucoup fur Mer, & qui font toujours en route, foit fur les Côtes voifines foit dans les terres. Ils y portent toutes fortes de Marchandifes de la Chine qu'ils achétent à Patane, entr'autres des Porcelaines, des Poeles, des Chaudrons, toute forte de Ferrure, des Viandes feches & fumées, du Poiffon fec & falé, diverfes fortes de Toiles & autres Marchandifes. Pour retour ils apportent plufieurs fortes de bois qui fervent à la conftruction de leurs maifons, des rottangs ou cordages de brou de noix de cocos, avec quoi ils lient enfemble & affermiffent les toits de leurs bâtimens; du ris, de petits pois verds, de l'huile de noix de cocos, diverfes fortes de fruits & de peaux, comme bufles, bœufs, vaches, boucs, cerfs, lapins, liévres & autres, que les Payfans ont fait de raffembler dans la faifon. Quelquefois ils vendent à la charge de livrer en certain tems, le poivre qui croît au

S 2  Royau-

Royaume de Patane, & dans quelques autres lieux voisins. Ce poivre est fort bon, mais il est un peu plus cher qu'à Bantam.

Ils vendent aussi des Saroy-Boura; c'est-à-dire des nids d'Hirondelles que les Païsans vont chercher dans les creux des Rochers le long des Côtes de la Mer. C'est un fort bon mets, qui est estimé des Princes & des grands Seigneurs. On les porte jusqu'à la Chine, où l'on ne croit jamais en avoir assez quelque quantité qu'il y en ait dans les Marchez.

Le Terroir du Royaume de Patane est très-fertile, & abonde en toutes sortes de vivres & de denrées entr'autres en ris, en bœufs, chévres, oyes, poules & paons, dont on met les plumes de la queue pour ornement autour des viandes qu'on sert aux grands Seigneurs. L'air du Pays est très-sain, quoiqu'on ne soit pas éloigné de la Ligne Équinoxiale, & qu'il y fasse extrêmement chaud. L'Eté y commence en Février & dure neuf Mois: pendant tout ce tems c'est toujours le même vent qui régne. L'Hyver est dans les Mois de Novembre, Décembre & Janvier: alors il pleut sans cesse & le vent de Nord-Est souffle avec véhémence. On laboure la terre avec des Busles ou avec des Bœufs, & l'on y sême le ris qui produit en abondance. Il y meurit des fruits tous les Mois de l'année; mais il y en a de bien meilleurs les uns que les autres. Les Oyes & les Cannes y sont si fécondes qu'elles pondent des œufs deux fois le jour. Il y a une multitude incroyable de Bêtes sauvages & de chasse, entr'autres des Taureaux, des Cerfs, des Liévres, des Poules sauvages, des Hérons, des Tourterelles, dont quelques-unes ont de si belles plumes qu'on a de la peine à les distinguer des Perroquets. Les plus dangereux animaux sont les Tigres & les Guenons. Ces derniers gâtent extrêmement les fruits. On voit des troupes d'Eléphans sauvages dans les Bois; mais ils ne font de mal à personne. Pour les prendre on mene dans les Bois un grand Eléphant privé. Dès qu'un Eléphant sauvage l'apperçoit, il se met en posture pour se battre contre lui. Quand ils se sont approchez ils s'embarassent leurs trompes l'une dans l'autre, pour se jetter à terre. Pendant qu'ils se tiennent ainsi, les gens qui sont destinez pour cette sorte de chasse s'approchent & lient ensemble les deux jambes de derriére de l'Eléphant sauvage, qui se sentant lié n'ose remuer de peur de tomber, & dans cet état on le dompte par la faim. Il y a encore quantité de Pourceaux sauvages & qui gâtent beaucoup le ris; de sorte que les Païsans sont obligez de veiller la nuit pour le garder. Quand ils ont tué quelqu'un de ces animaux ils sont une fosse & l'y enterrent afin que personne n'en mange; car les Maures ou Mahométans, tels que sont les Patanois & les Malais ne mangent point de chair de Pourceau ni de Sanglier; & ils ne peuvent même souffrir que les autres en mangent. Ainsi les Etrangers n'oseroient en tuer si ce n'est en cachette; car si les Habitans le savoient, ils ne voudroient plus entrer dans leurs loges ni dans leurs Comptoirs.

Le Royaume de Patane [a] releve de l'Empereur ou Roi de Siam, à qui il paye tous les ans pour Tribut une fleur d'or qui peut valoir cinquante écus ou deux cens Francs. Quand on manque à payer ce Tribut, le Roi de Siam se met en état de se faire rendre justice & de réduire ses Vassaux à leur devoir; car comme le Royaume de Patane n'a pas plus de cinquante ou soixante lieues de Païs les Habitans ne sauroient lui résister. Ce Royaume est fameux par ses révolutions & par l'état présent de son Gouvernement. On dit que ses Peuples lassez d'obeïr à des Rois qui les maltraitoient secouérent le joug & qu'ayant fait descendre du Trône celui qui regnoit alors, ils y firent monter à sa place une Princesse à qui ils donnerent le titre de Reine, sans lui en donner l'Autorité. Ils firent choix des plus habiles d'entr'eux pour gouverner en son nom & sans sa participation; car elle n'entre point dans le secret des affaires, & elle doit se contenter des respects & des hommages que chacun lui rend extérieurement comme à sa Souveraine: ils ne lui laissent pas même le choix de ses premiers Officiers; mais ils ne lui refusent jamais rien de tout ce qui peut contribuer à ses plaisirs. Rien ne l'empêche de s'y abandonner toute entiére & sans reserve; car s'il ne lui est pas permis de se marier, il ne lui est pas aussi défendu d'avoir des Galans: elle en a autant qu'il lui plaît & elle a même de quoi leur faire des présens considérables. Il y a un fonds qui est destiné pour fournir à la dépense de ses habits & à l'entretien de sa Maison. Elle demeure ordinairement dans Patany qui est la Ville Capitale de son Royaume. La fleur d'or qu'on paye tous les ans au Roi de Siam se présente toujours au nom de la Reine & non point de la part des Ministres qui ont le Gouvernement du Royaume.

[a] Histoire Naturelle & Politique du Royaume de Siam, p. 315.

2. PATANE, ou PATANY, Ville des Indes, dans la Presqu'Isle de Malaca, sur la Côte Orientale du Royaume de Patane, dont elle est la Capitale. Cette Ville est située dans une Isle nommée Pulo-Tikon ou Tikos. Elle a un Fauxbourg & un bon Port [b] d'où les Habitans vont trafiquer en divers endroits des Indes Orientales, & quand ils se trouvent les plus forts en Mer ils enlevent & pillent tous les Vaisseaux qu'ils rencontrent, aussi-bien les Chinois que les autres; mais tout ce qui entre dans leur Port est en sûreté. Le Fauxbourg de Patane est fort long; mais il est étroit. La Ville est de même étroite & longue. Du côté de la terre elle est environnée d'un Marais & bien close à la maniére du païs; c'est-à-dire d'une palissade de grandes poutres quarrées, seulement un peu dégrossies par les côtez, bien enfoncées en terre avec le Belin, comme on fait aux pilotis, & se touchant. Ces poutres paroissent aussi hautes au dessus de la terre que le paroît le grand mât d'un Vaisseau depuis le haut pont jusqu'à la hune. Du côté de l'Eau, il y a une petite Riviére qui coule le long de

[b] Voy. O-sivier de Noort au tour du Monde, p. 104.

tout

tout le derriére de la Ville. Entre les Villes des Indes Orientales on peut compter Patane pour une des plus belles, des plus fortes & des mieux pourvues de canon. Dans un des Pagodes que les Siamois ont en cette Ville, on voit une Statue dorée aussi haute qu'un Cheval, & de la figure d'un homme assis tenant une main baissée & l'autre élevée. A chacun de ses côtez est un grand Dragon doré, & auprès de chaque Dragon une Statue de pierre, dont l'une représente un homme & l'autre une femme, les mains jointes comme s'ils étoient en priéres. Dans le second Pagode on voit une semblable Idole; mais dorée seulement à moitié & l'autre moitié peinte en rouge. Dans le troisiéme & dernier Pagode il y a une pareille Idole, mais qui n'a qu'une raye dorée sur la poitrine. Derriére l'Autel de celle-ci est une autre Idole de pierre; mais plus petite. Elle a la figure d'un homme avec une grosse tresse de cheveux sur la tête; ce qui a assez l'air d'une corne. La Mosquée des Habitans du pays qui sont Mahométans est bâtie de briques & dorée. Il y a au milieu contre la muraille une grande Chaire bien travaillée & fort magnifique avec quatre marches. Personne n'ose y monter que les Prêtres, qui sont dans une grande vénération à Patane. Les Maisons de la Ville sont faites de bois & de roseau, bien percées & bien bâties. Le Palais Royal & les appartemens du Grand-Maître sont environnez d'une forte palissade, qui les sépare du reste de la Ville. Les Habitans ont le teint cendré. Ils sont bien proportionnez dans leur taille, orgueilleux & fiers; ce que leur démarche & leur train font assez connoître; sur-tout parmi les gens riches, qui ne sortent jamais qu'ils ne soient suivis d'une troupe de Domestiques. Ils sont néanmoins familiers & civils dans leurs discours aussi-bien avec les Etrangers qu'avec leurs Compatriotes. Leurs vêtemens ne sont pas magnifiques. Les maris sont extrêmement jaloux de leurs femmes, ils ne permettent pas à leurs meilleurs amis de les voir non plus que leurs filles. Il y a tant de Chinois à Patane, qu'ils surpassent en nombre les Naturels du pays. La Reine les estime beaucoup. On parle quatre Langues dans cette Ville; le Patanois, le Siamois, le Malais & le Chinois, de même qu'en la plûpart des autres Villes des Indes. Les Malais lisent à la maniére des Juifs de la main droite à la gauche. Les Siamois écrivent comme on fait en Europe & leurs Caractéres sont à peu près comme la lettre Romaine. L'adultére est puni de mort à Patane & dans les autres Pays voisins, principalement parmi les Nobles & les Officiers de la Couronne. Le pere du Criminel, ou si le pere est mort, le plus proche de ses parens est obligé de faire l'exécution; mais le Coupable choisit le genre du supplice dont il veut mourir. Quoique ce vice soit si sévérement puni, il n'y en a pourtant point qui soit plus commun. Pour le commerce entre deux personnes non mariées, il n'est pas regardé comme un crime.

PATANS, Peuples des Indes, dans les Etats du Grand-Mogol. Bernier [a] dit dans sa Relation de l'Indoustan, que ces Peuples forts autrefois de leur Pays situé du côté du Gange, vers Bengale, se rendirent extrêmement puissans à Dehli & firent plusieurs Rajas ou Princes des environs leurs Tributaires; mais les Mogols Peuples de la Grande Tartarie s'étant emparez des Indes vers l'an 1401. ces Patans furent obligez de chercher des retraites vers les Montagnes, loin de Dehli & d'Agra. Ils se sont habituez dans ces Montagnes, où quelques-uns d'entr'eux sont demeurez petits Souverains, comme Rajas, mais avec peu de forces. Ces Patans sont fiers & guerriers & jusqu'aux moindres d'entr'eux, fussent-ils Valets & Porteurs d'eau, ils ont encore le cœur extrêmement haut, disant souvent comme par jurement: *Que je ne puisse jamais être Roi de Dehli, si cela n'est ainsi!* D'ailleurs ils méprisent les Indiens, les Gentils & les Mogols; & haïssent sur-tout mortellement ces derniers; car ils se souviennent toujours de ce qu'ils ont été autrefois avant que les Mogols les eussent chassez de leurs grandes Principautez.

[a] Lettre d'Etat, p. 278.

PATARE, PATARA, Ville d'Asie dans la Lycie, dont elle étoit la Capitale selon Tite-Live [b]. Elle avoit un Temple célèbre dédié à Apollon Pataréen. Ce Temple, dit Pomponius Mela [c], étoit aussi riche que celui de Delphes, & l'Oracle des deux Temples passoit pour mériter la même créance. Horace [d] dit:

[b] Lib. 37. c. 15.
[c] Lib. 1. c. 15.
[d] Lib. 3. Od. 4.

. . . . *Qui Lyciæ tenet*
*Dumeta, natalemque Silvam,*
*Delius & Patareus Apollo.*

On ne consultoit l'Oracle de Patare que dans les six mois de l'Hiver: durant les six mois d'Eté l'Oracle étoit à Delphes. C'est ce que Virgile explique dans l'Enéïde [e]:

[e] Lib. 4. v. 143.

. . . : *Ubi hibernam Lyciam, Xantique Fluenta*
*Deserit, ac Delum maternam invisit Apollo.*

La Ville de Patare étoit située dans la Péninsule qu'Etienne le Géographe appelle la Chersonnése des Lyciens. C'étoit, selon Tite-Live [f], une Ville maritime qui avoit un Port. Ptolomée Philadelphe, après avoir accru cette Ville la nomma *Arsinoë de Lydie*, du nom de sa femme [g]; mais cette Ville ne laissa pas encore de conserver toujours son ancien nom sous lequel elle fut plus connue que sous celui d'ARSINOE. Ce fut autrefois un Evêché suffragant de Myre [h]. St. Léon & St. Paregoire y reçurent la Couronne du Martyre, vers le troisième ou le quatrième siècle. Cette Ville fut le lieu du premier éxil de St. Silvere Pape & fut aussi le lieu de la naissance de St. Nicolas Evêque de Myre.

[f] Lib. 37. c. 17. & lib. 38. c. 39.
[g] Strabo, lib. 14. p. 666.
[h] Baillet, Topogr. des Saints, p. 370.

PATARES ANGUSTIÆ, Nom qu'Ammien Marcellin [i] donne au Bosphore Cimmérien. Au lieu de *Patares* quelques Manuscrits portent *Pateres*. La signification de l'un n'est pas plus connue que celle de l'autre. Voyez au mot BOSPHORE, l'Article

[i] Lib. 22. c. 8.

## PAT.

ticle Bosphore Cimme´rien.

PATARUE, Ville de la Sarmatie A-[a] fiatique: Ptolomée [a] la place entre l'embouchure du Fleuve *Marubius* & celle du Grand *Rhombitus*.

[a] Lib. 5. c. 9.

PATAVIA, Nom Latin de la Ville de Paſſau. Velſer croit que c'eſt la même Ville qui eſt appellée *Batavis* dans la Notice des Dignitez de l'Empire. Voyez Passau.

PATAVISSENSIUM VICUS, On trouve dans le Digeſte [b] que l'Empereur Sévére donna à ce Village le droit de Colonie. Un Manuſcrit, dit Ortelius [c], porte *Potaviſſenſium* pour *Pataviſſenſium*.

[b] Lib. 50. Tit. de Cenſibus.
[c] Theſaur.

PATAVITANUS-PORTUS, Port de l'Inde ſelon Martianus Capella [d], Ortelius ſoupçonne que *Patavitanus* eſt là pour *Patalitanus*, & qu'il eſt queſtion du Port que Pline [f] appelle Patalis·

[d] In Geometr.
[e] Theſaur.
[f] Lib. 2. c. 73.

1. PATAVIUM, Nom Latin de Padoue. Voyez Padoue.

PATAVIUM, Ville de Bithynie: Ptolomée [g] la place dans les terres, entre *Gallica* & *Pruſa*. Quelqu'un, dit Ortelius [h], a écrit que cette Ville s'appelle préſentement Polme.

[g] Lib. 5. c. 1.
[h] Theſaur.

PATAWOMEKE, ou Patowmek, Riviére de l'Amérique Septentrionale, dans la Virginie. Elle a ſon embouchure [i] large de ſix ou ſept milles & porte des bateaux cent cinquante milles loin. Dans cet eſpace elle reçoit pluſieurs Riviéres ou Ruiſſeaux qui s'y rendent des Collines & des Montagnes voiſines. Ces Collines ne ſont pas moins abondantes en arbres fruitiers & autres que la Riviére l'eſt en poiſſons. Le long de l'une & de l'autre Rive, il y a quantité de Villages.

[i] De Laet, Deſcr. des Indes Oc. liv. 3. c. 14. Corn. Dict.

PATAY, en Latin *Pataium* & *Patavium*; [k] Ville de France, à l'extrémité du Dunois du côté d'Orléans. C'eſt auprès de cette Ville que le fameux Comte de Dunois & Jeanne d'Arc défirent les Anglois, firent Talbot priſonnier & commencerent à rétablir les affaires de la France en 1429.

[k] Piganiol. Deſcr. de la France, t. 6. p. 112.

1. PATE´, Royaume d'Afrique [l], dans le Zanguebar, ſur la Côte de Melinde. Il eſt borné au Nord par le Royaume de Jube, à l'Orient par la Mer des Indes, au Midi par le Royaume de Sion & à l'Occident par le Pays des Maracates. La Capitale eſt bâtie dans une Iſle de même nom, qui ferme la Baye de Formoſa du côté du Midi. Cette Ville eſt à un degré de Latitude Méridionale.

[l] De l'Iſle Atlas.

2. PATE´, Iſle d'Afrique. Voyez Pate´, N°. 1.

PATEIDES, Mot corrompu de celui de Pimpleides. Voyez Pimpleus Fons.

PATENISIR, Ville des Indes, à une demi-journée de Diu dans le Royaume de Guzurate. Elle a un beau Port de Mer, ce qui la rend riche & de grand trafic. Il s'y fait force tapis de ſoye figurez & des plus exquis des Indes que l'on tranſporte à Bengale, Malaca, Pegu & autres lieux. On y fait auſſi des draps de coton de différentes couleurs, dont pluſieurs Pays ſe viennent fournir. C'eſt leur principal habillement. Cet Article eſt tiré de Mr. Corneille; mais il me paroît ſuſpect parce que les Relations ni les Cartes modernes ne connoiſſent point cette Ville.

PATENS: Mr. Corneille [m] dit: Ville de Perſe dans l'Hierac. Contarini l'appelle *Nethas* en ſon Voyage. Elle eſt aſſez belle, arroſée de pluſieurs eaux vives, & abondante en toutes ſortes de fruits. Lorſqu'on arrive à cette Ville, on laiſſe à main droite deux hautes Montagnes qui ſont fort pointues. L'une a ſur ſa cime une groſſe Tour que Cha-Abas Roi de Perſe fit bâtir en mémoire de l'avantage qu'un de ſes Faucons remporta dans ce lieu, ſur un Aigle qu'il attaqua & qu'il abattit après un combat opiniâtre. Cette Tour qui eſt par en bas de forme octogone & bâtie de briques à huit pas ou environ de diametre; mais en montant elle perd inſenſiblement cette forme & ſa groſſeur. Dans le haut elle eſt percée de tant de fenêtres que le jour y entre de tous côtez. Ceux qui la voyent ont peine à comprendre comment on a pu porter tant de matériaux en un lieu ſi élevé.

[m] Dict.

PATEPATANE, Bourg des Indes au Royaume de Guzurate [n], à neuf lieues de Goga. On y fait quantité de coton & de toiles.

[n] Mandeslo, Voy. des Indes, liv. 1. p. 193.

PATERIA, Nom d'une Iſle deſerte, dont Pline [o] fait mention. Il paroît qu'elle devoit être au voiſinage de la Cherſoneſe de Thrace.

[o] Lib. 4. c. 12.

PATERNIANA, Ville de l'Eſpagne Tarragonnoiſe; Ptolomée [p] la donne aux Carpetans. On la nomme préſentement *Paſtrana*. Voyez Pastrana.

[p] Lib. 2. c. 6.

1. PATERNO, Bourg de Sicile [q], dans le Val Demone, avec titre de Principauté. Il eſt ſitué au pied du Mont Etna, du côté du Midi Occidental, près de la Riviére Jaretta.

[q] De l'Iſle Atlas.

2. PATERNO, Château d'Italie [r], dans la Campagne de Rome, vers la Côte de la Mer Méditerranée, entre la Ville de l'Oſtie à l'Occident & l'embouchure du Numico à l'Orient.

[r] Magin. Carte de la Campagne de Rome.

PATER-NOSTER, Iſles de la Mer des Indes [s], au Midi de l'Iſle des Célébes. On leur a donné le nom de *Pater-noſter*, à cauſe d'un grand nombre de Rochers qui les environnent, & qui s'entreſuivent comme des Patenôtres enfilées. Ces Iſles s'étendent d'Orient en Occident. Elles produiſent quantité de grains & de fruits, & elles ont un grand nombre d'Habitans.

[s] De l'Iſle Atlas.

1. PATERNUM [t], Ville de la premiére Cappadoce. Il en eſt parlé dans le Concile de Chalcedoine.

[t] Ortelii Theſaur.

2. PATERNUM, Ville d'Italie, dans la Grande Gréce ſur la Côte Occidentale, vers le Cap appellé aujourd'hui *Capo dell' Alice*, dans l'endroit où commence le Golphe de Tarente. On veut qu'elle ait été appellée anciennement *Crimiſa* & *Choné* [u], & qu'elle ait été bâtie par les Æno-triens, quoique Strabon attribue ſa fondation à Philoctéte. L'Itinéraire d'Antonin en fait auſſi mention, de même qu'Etienne le Géographe, qui dit qu'elle tiroit ſon nom de la Nymphe Crimiſa. Quoiqu'il en ſoit, lorſque les Sarraſins firent irruption en

[u] Italia Sacra, t. 10. p. 158.

## PAT.

en Italie, la Ville de Paternum fut détruite de fond en comble; & dans la suite on bâtit dans le même lieu une nouvelle Ville connue aujourd'hui sous le nom de *Ziro*. On ne peut douter que *Paternum* n'ait été un des plus anciens Evêchez d'Italie; puis que son Evêque Abundantius fût un des trois Légats que le Pape Agathon envoya [a] au Concile de Constantinople. La commune opinion est qu'après la destruction de cette Ville par les Sarasins, le Siège Episcopal fut transféré à *Umbriatico*. Aujourd'hui même la Ville de Ziro est la résidence de l'Evêque d'*Umbriatico*.

[a] *Baronius ad an. 680.*

PATERON. Voyez PHATERUNESOS.

PATHALIA. Voyez PATALA.

PATHISUS, Fleuve de la Dacie, selon Pline [b]. C'est le *Tibiscus* de Ptolomée [c], & le *Parteiscus* d'Ammien Marcellin [d]; aujourd'hui on le nomme *Teissa* & le *Tibisc*. Voyez TIBISC.

[b] Lib. 4. c. 12
[c] Lib. 3. c. 7.
[d] Lib. 17. p. 108.

PATHMETICUM, On appelloit ainsi selon Ptolomée [e] & Pomponius Mela [f] la quatrième embouchure du Nil. Pline [g] & Ammien Marcellin écrivent *Phatniticum*, & Strabon [h] *Phatnicum*. Le Pere Hardouin dit qu'on nomme présentement cette embouchure le BRAS DE MIGNY.

[e] Lib. 4. c. 5.
[f] Lib. 1. c. 9.
[g] Lib. 5. c. 10.
[h] Lib. 17. p. 802.

PATHMOS. Voyez PATMOS.

PATHOS. Voyez PALTOS.

PATHURES, Ville de Mésopotamie, d'où étoit Balaam. Voyez PETHOR.

1. PATI, ou PATTI, Golphe de Sicile [i]; sur la Côte Septentrionale. Environ vingt milles à l'Ouest quart Sud-Ouest de la pointe de Melazzo est celle du Cap Carvao ou Calvas: entre les deux il y a un grand enfoncement qu'on appelle le GOLPHE DE PATI, dans lequel du côté de Melazzo il y a une grande Plage de sable. On pourroit mouiller dans cette Plage proche le Château de Melazzo du côté du Nord-Ouest, pour les vents de Nord-Est, Est & Sud-Est; mais on y est à découvert de tous les autres, & la Mer y doit être extrêmement grosse. Dans le fond de ce Golphe, il y a plusieurs Villes & Villages le long des Côtes. Le plus voisin de Melazzo s'appelle Santa Lucia, ensuite Olivero, Lontindaro, Pati & Guisa, qui est au dessus du Cap Calvao.

[i] *Michelot, Portulan de la Méditer. p. 126.*

2. PATI, Ville de Sicile [k], sur la Côte Septentrionale de l'Isle, au Golphe de Pati. Elle est à cinq ou six milles du Cap de Calvao, sur une grosse pointe [l]. Cette Ville fut bâtie auprès des ruines de Tindaro, par le Comte Roger lors qu'il eut vaincu les Sarrasins. C'est la borne du ressort de Messine. Boniface IX. qui fut élevé au Pontificat en 1389. y fonda un Evêché sous la Métropole de Messine. Le Fauxbourg de cette Ville s'étend le long de la plage qui lui sert de Port. Après qu'on a passé ce Fauxbourg on entre dans Pati qui est au milieu d'une petite prairie; ce qui rend sa situation fort agréable, car elle est environnée de Collines & de Jardins. Les rues de la Ville sont fort propres. On y voit de beaux Edifices. L'Eglise Cathédrale est bien ornée, & considérable par son Maî-

[k] *Ibid.*
[l] *Corn. Dict.*

## PAT. 143

tre-Autel & par le nombre de ses Chapelles où l'on voit briller les Peintures & le Marbre. La plûpart des rues aboutissent à la Place qui est remarquable pour sa grandeur. Le Château est hors de la Ville; & il y a une petite Forteresse qui regarde le bord de la Mer, d'où la Ville est éloignée d'une bonne mousquetade.

3. PATI, Ville des Indes [m] dans l'Isle de Java, à cinq lieues de Japara vers l'Ouest, & à trois lieues de la Ville de Dauma.

[m] *Voy. des Hollandois aux Indes Or. p. 337.*

1. PATIENTIA. Voyez au mot FORT, l'Article le FORT PATIENTIA.

2. PATIENTIA, Voyez au mot CAP, l'Article CAP DE PATIENCE.

PATIGRA, Ville de Médie, selon Ammien Marcellin [n]: Un grand nombre de Manuscrits lisent *Patigran*.

[n] Lib. 23. c. 6.

PATILA, Lieu de Perse au voisinage de la Ville de Schiras [o]. C'est le lieu où se donna la Bataille entre Timur-Bec & Chahmansour.

[o] *Petis de la Croix. Hist. de Timur-Bec, liv. 3. c. 25.*

PATINA. Voyez TASTINA.

PATINARIA-VIA. Voyez au mot VIA l'Article VIA PATINARIA.

PATIORUS, Ville de Sicile: Ptolomée [p] la place dans les terres, entre Menæ & Asserus. On croit que c'est présentement Palazzuolo, dans le Val de Noto.

[p] Lib. 3. c. 4.

PATIS, Ville de l'Ethiopie sous l'Egypte, selon Pline [q].

[q] Lib. 6. c. 29.

PATISCHORES, Peuples de la Perside; c'est Strabon [r] qui en fait mention.

[r] Lib. 15. p. 727.

PATISTAMA, Ville de l'Inde en deçà du Gange: Ptolomée [s] la place sur le bord de ce Fleuve, entre *Syrnisica* & *Tisapatinga*.

[s] Lib. 7. c. 1.

PATMOS, ou PATHMOS, Isle de l'Archipel [t], située entre les Isles de Nicaria, & de Samos; la première au Nord Occidental, & la seconde au Nord Oriental; & entre les Isles de Naxie & de Narcio, la première au Midi Occidental, la seconde à l'Orient.

[t] *De l'Isle, Atlas.*

Patmos est considérable [v] par ses Ports; mais ses Habitans n'en sont pas plus heureux. Les Corsaires les ont contraints d'abandonner la Ville qui étoit au Port de la Scala, & de se retirer à deux milles & demi, sur la Montagne autour du Couvent de Saint Jean.

[v] *Tournefort Voy. du Levant Let. 10. p. 168.*

Ce Couvent, qui est comme une Citadelle, a plusieurs Tours irrégulières: il est très-solidement bâti sur la crête d'une Roche fort élevée: on dit que l'Empereur Alexis Comnene étoit le Fondateur de ce Monastère: la Chapelle est petite & peinte à la Gréque, c'est-à-dire d'un mauvais goût: on y garde le Corps de St. Christodule, c'est-à-dire Serviteur de Christ. On croit que ce fut à la persuasion de ce Saint que l'Empereur fit bâtir la Maison. Le Couvent a 6. mille écus de revenu: la vaisselle de l'Eglise est assez belle, mais il n'y a rien de plus rare que deux grosses Cloches qui sont au dessus de la Porte de la Maison, car c'est une chose bien particuliere dans le Levant que de grosses Cloches. Comme les Turcs ont de la vénération pour Saint Jean, ils laissent jouïr les Caloyers de Patmos de cet avantage, il y a plus de 100. Caloyers dans ce Monastère, mais

mais il n'y en reſte que 60. Les autres vont faire valoir les fermes qu'ils ont dans les Iſles voiſines.

L'Iſle de Patmos eſt un des plus méchans écueils de l'Archipel, elle eſt découverte, ſans bois, & fort ſéche, quoiqu'elle ne manque pas de Roches ni de Montagnes, dont la plus élevée s'appelle Saint Helie. Jean Cameniate qui étoit du nombre des Eſclaves que les Sarraſins firent à la priſe de Theſſalonique ſa Patrie, & qu'ils conduiſirent en Candie, aſſure que tous ces malheureux reſterent ſix jours à Patmos, & qu'ils n'y trouverent pas d'eau à boire : ils auroient fait bonne chere ſi on leur avoit permis de chaſſer; car l'Iſle eſt pleine de Perdrix, de Lapins, de Cailles, de Tourterelles, de Pigeons, de Becfigues : elle ne produit que peu de froment & d'orge; le vin y vient de Santorin; car on n'en recueille pas plus de 1000. barils dans Patmos. On y pratique la caprification ſur les figuiers, mais il y en a peu : ainſi tout le Négoce de l'Iſle conſiſte dans l'induſtrie des Habitans, qui avec une douzaine de Caïques ou pluſieurs autres petits bateaux, s'en vont chercher du blé en terre ferme, & même juſques ſur les Côtes de la Mer Noire pour en venir charger des Bâtimens François.

L'Iſle de Patmos n'a que 18. milles de tour : on en pourroit bien compter le double, ſi l'on parcouroit tous les recoins de Cap en Cap; c'eſt pourquoi on doit excuſer Pline qui lui donne 30 milles de circonférence. Patmos eſt éloignée de 60. milles des Iſles de Cos, de Stampalie & de Mycone; elle n'eſt qu'à 18. milles de Lero, & à 45. milles de Nicaria. Il n'y a guères plus de 300. hommes dans Patmos, & l'on y peut bien compter 20. femmes pour un homme : elles ſont naturellement aſſez jolies, mais le fard les défigure d'une maniere à faire horreur; néanmoins ce n'eſt pas-là leur intention, car depuis qu'un Marchand de Marſeille en a épouſé une pour ſa beauté, elles s'imaginent qu'il n'y a point d'Etranger qui deſcende dans l'Iſle, qui n'y vienne faire la même emplette. Il eſt ſurprenant que dans un ſi pauvre Pays, les maiſons ſoient mieux bâties & plus ſolides que dans les Iſles où il y a plus de commerce; les Chapelles ſur-tout ſont toutes voutées & couvertes fort proprement, & l'on ne voit dans l'Iſle que de ces ſortes de bâtimens : on en compte plus de 250. Quoi que l'Evêque de Samos ſe diſe Evêque de Patmos, on ne laiſſe pas d'y faire venir tel Evêque que l'on juge à propos, quand on y veut faire ſacrer des Papas.

Pour les Affaires Civiles elles y ſont réglées par un ou deux Adminiſtrateurs, que l'on élit tous les ans; ils ſont chargez de faire payer la Capitation, qui eſt de 800. écus, & la taille réelle qui monte à 200. ſans compter les préſens qu'il faut faire au Capitan Pacha & à ſes Officiers, qui viennent exiger les droits du Grand Seigneur. Il n'y a ni Turcs ni Latins dans cette Iſle : un Grec y fait la fonction de Conſul de France, quoi qu'il n'ait ni pouvoir ni Patentes. Il nous aſſura, dit Mr. Tournefort, que c'étoit pour rendre ſervice à la Nation que depuis trois générations de pere en fils ils avoient pris cette qualité, ſur un ancien parchemin qui leur fut expédié du tems d'un Roi de France dont il ne ſavoit pas le nom, & que nous jugeames par quelle avanture ce Parchemin ſe trouva égaré quand nous le priâmes de nous le faire voir. On ne trouve dans cette Iſle aucuns reſtes de magnificence; on ne voit que trois ou quatre bouts de Colonnes de Marbre ſur le Port de la Scala : elles paroiſſent d'un bon goût, & ſont aſſurément des plus anciennes de l'Archipel, où l'on ne ſe mêle plus longtems de ces ſortes d'ouvrages : peut-être que ce ſont les reſtes de quelque Temple de la principale Ville qui portoit le nom de l'Iſle, ſuivant la remarque de Galien. Dans le Veſtibule de l'Egliſe de Saint Jean, l'on voit une Inſcription que ſon ancienneté ne rend plus recommandable, parce qu'elle n'eſt pas liſible, non plus qu'une autre qui eſt dans la Nef.

La Maiſon qu'on appelle *l'Apocalypſe*, eſt un pauvre Hermitage, qui dépend du grand Couvent de Saint Jean. On croit que ce fut dans ce lieu que Saint Jean écrivit l'Apocalypſe, cela peut être vrai; car ce Saint Evangeliſte aſſure qu'il a été dans l'Iſle Patmos; il y fut exilé pendant la perſécution de Domitien qui commença l'an 95. après la mort de Jeſus-Chriſt. La même année, Saint Jean fut plongé dans l'huile bouillante à Rome, puis relegué à Patmos. L'année ſuivante Domitien fut tué le 18. Septembre, un an après le banniſſement de St. Jean : mais le Sénat ayant caſſé tout ce qu'il avoit fait, Nerva rappella tous les bannis; ainſi cet Evangeliſte retourna à Epheſe en Février ou en Mars de l'an 97. & ſon éxil ne fut que de 18. mois. L'Auteur de la Chronique Paſchale aſſure que Saint Jean reſta 15. ans. dans Patmos, & Saint Irenée fixe ce terme à 5. ans. Saint Victorin Evêque de Pettau, & Primatius Evêque en Afrique, aſſurent que Saint Jean fut envoyé à Patmos pour y travailler aux mines que l'on ne connoît plus préſentement.

L'Hermitage de l'Apocalypſe eſt à mi-côte d'une Montagne ſituée entre le Couvent & le Port de la Scala. On y entre par une allée fort étroite, taillée à moitié dans le roc & qui conduit dans la Chapelle : cette Chapelle n'a que huit ou neuf pas de long, ſur cinq pas de large, la voûte en eſt belle, quoique d'un cintre un peu Gotique : à droite eſt la Grotte de Saint Jean, dont l'entrée haute d'environ 7. pieds, eſt partagée en deux par un pillier quarré. On fait remarquer aux Etrangers tout au haut de cette entrée une fente dans la roche vive, & ces bonnes gens croyent ce fut par-là que la voix du Saint Eſprit ſe fit entendre à Saint Jean : la Grotte eſt baſſe & n'a rien de particulier. La Citerne de la Maiſon eſt

PAT. PAT. 145

est à gauche de la Chapelle, au bas de la fenêtre.

Lero reste entre le Sud-est & l'Est-Sud-Est: Lipso à l'Est: Calimno au Sud-Est: Nicaria au Nord-Ouest: Arco entre le Nord-Est & l'Est-Nord-Est.

1. PATNA, Ville des Indes sur le bord du Gange [a], du côté du Couchant. C'est une des grandes Villes des Indes & l'une des plus fameuses par son commerce. Elle n'a guère moins de deux Cosses de longueur. Les maisons n'y sont pas plus belles que celles de la plus grande partie des autres Villes des Indes : elles sont presque toutes couvertes de chaume & de bambouc. Elle a un grand Château avec des Boulevards & des Tours. [b] Il y a des Jardins, des Pagodes & d'autres Bâtimens assez magnifiques. On a bâti cette Ville sur une hauteur à cause des grandes inondations du Gange; de sorte que quand l'eau est médiocrement haute, il faut monter en divers endroits 20. 30. & quelquefois quarante degrez de pierre. Du côté de la terre il y a un bon nombre de Redoutes & de Tours qui servent plus à l'ornement qu'à la défense. D'un bout de la Ville à l'autre & dans toute sa longueur régne une grande Rue pleine de Boutiques, où il se fait un grand Négoce de toutes sortes de Marchandises, & où l'on trouve de fort habiles Ouvriers. Cette Rue est coupée à droit & à gauche par plusieurs autres, les unes finissent du côté de la Campagne & les autres vers le Gange. Il y a à l'extrémité de la Ville & dans l'endroit le plus élevé une grande Place pour le Marché, un très-beau Palais où le Nadab demeure, & un grand Kettera, où quantité de peuples de diverses Nations se trouvent; ainsi que toutes sortes de Marchandises. On fait dans cette Ville une espèce de poterie d'une odeur agréable & presque aussi mince que du papier. On s'en sert dans le Serrail du Mogol & dans les Palais des Princes. La Compagnie Hollandoise [c] a une Loge à Patna, à cause du Négoce du Salpêtre qu'elle fait rafiner dans un gros Village appellé Choupar, à dix lieues de cette Ville & aussi sur la Rive droite du Gange. Cette Ville est la Capitale d'un Royaume auquel elle donne son nom.

2. PATNA, Royaume des Indes dans les Etats du Grand Mogol, selon Tavernier [d] qui dit que ce Royaume est petit & que la Ville de Patna est sa Capitale. Cependant le Pere Catrou dans son Histoire générale du Mogol [e] donne la Ville de Patna pour Capitale du Royaume de Bear.

PATRÆ, Ville du Peloponèse, sur la Côte Occidentale de l'Achaïe, près de l'embouchure du Fleuve Glaucus, selon Pausanias [f]. Pline dit qu'elle étoit bâtie sur un très-long Promontoire à l'opposite de l'Etolie & du Fleuve Evenus. Son premier nom fut *Aroë* ou *Aroa*. Lorsque Patreus l'eut aggrandie elle prit le nom de son Bienfaicteur, en conservant néanmoins son ancien nom ; car ils se trouvent joints ensemble sur les Médailles,

avec le titre de Colonie Romaine. Nous avons une Médaille d'Auguste sur laquelle on lit Col. A. A. Patrens. ce qui signifie *Colonia Augusta Aroë Patrensis*. Les Ecrivains de l'Histoire Byzantine nomment cette Ville Patræ Veteres, pour la distinguer d'une autre Ville que Grégoras & Nicétas appellent Patræ Novæ. Ortelius [g] semble douter si *Patræ Veteres* & *Patræ Novæ* étoient deux Villes différentes. Mais outre que Chalcondyle place une Ville de *Patræ* dans une plaine, au pied des Monts Locrensses près des Thermopyles dans la Thessalie, la Notice des Métropoles & Evêchez [h] fournit au Patriarchat de Constantinople met *Patræ Novæ* dans la Thessalie; de sorte que ce sont absolument deux Villes différentes. Voyez Patras.

PATRÆ-NOVÆ. Voyez Patræ.
PATRÆ-VETERES. Voyez Patræ.
PATRÆUS, Village d'Asie: Strabon [i] le met sur le bord du Bosphore Cimmérien, à cent trente Stades du Village de Corocondame, où finissoit le Bosphore.

PATRAS, Ville du Peloponese, en Latin *Patræ*. [k] Elle n'est qu'à un quart de lieuë de la Mer sur une éminence qui touche une Montagne assez haute au Nord. Au lieu le plus élevé de la Ville il y a une Forteresse qu'on assure être dans le même lieu où étoit celle des Romains. Il y avoit dans cette Forteresse une Diane surnommée *Laphria*, & le Monument du Héros Eurypilus fils d'Evemon qui s'étoit trouvé au Siège de Troye. Dans le partage qu'on fit du butin, après qu'elle eut été prise, il avoit eu une Caisse qui renfermoit une Statue de Bacchus fabriquée par Vulcain & donnée par Jupiter aux Troyens. Eurypilus n'eût pas plûtôt regardé dedans qu'il perdit l'esprit. Ce malheur l'obligea, dans les momens où il se trouva en état de raisonner, de venir à Delphes consulter l'Oracle pour savoir comment il pourroit être délivré de cette imbécillité d'esprit. L'Oracle lui répondit, que lorsqu'il trouveroit un Pays, où les hommes sacrifioient avec des Cérémonies étrangeres, il y dédiât sa Statue, & s'y arrêtât. Ainsi étant venu peu de tems après au Port d'Aroë, que l'on appella Patras depuis, il s'y rencontra dans le moment qu'on étoit prêt de sacrifier un jeune garçon & une fille à l'Autel de la Déesse Triclaria, ce qui fit connoître à Eurypilus que c'étoit là que l'Oracle lui avoit prédit qu'il seroit guéri de sa folie. En même tems les Habitans se souvinrent qu'ils avoient su de l'Oracle qu'ils se verroient affranchis de la nécessité d'un si cruel sacrifice, lorsqu'un Roi qu'ils n'auroient jamais vû, viendroit chez eux, & qu'il apporteroit une Caisse où seroit la Statue d'un Dieu. Par cette rencontre fortuite Eurypilus fut guéri de sa maladie, & les Habitans devinrent exempts d'une si sanglante Cérémonie, qui leur avoit été imposée par le même Oracle, afin d'expier le crime de Menalippus & de Cométho qui avoient profané le Temple de Diane pour satisfaire leurs impudi-

T ques

ques amours. Il y avoit aussi dans la même Citadelle le Temple de Minerve Panachaïde, c'est-à-dire Protectrice de l'Achaïe, dont Patras étoit la Ville la plus considérable. Sa Statue étoit d'or & d'yvoire. On croit que la Ville de Patras s'étendoit anciennement jusqu'à la Mer, parce que dans les Champs voisins il se trouve encore assez de démolitions pour connoître que tout ce quartier a été bâti. C'est là que devoit être le Temple de Cybèle, & d'Atys, que Pausanias dit avoir été dans le plus bas de la Ville; & on croit qu'il étoit assez proche d'une Eglise sous terre que les Grecs appellent l'Ecole de Saint André, où l'on voit une pièce d'une belle frise de Marbre antique. A cent pas de là il y a une maniére de Cirque ou *Stadium* des Grecs. C'étoit le lieu où ils faisoient les Jeux, & les Courses. Les côtez étoient un rang d'arcades qui paroissoient de loin quand on y arrivoit par mer. Il y avoit autrefois un Théâtre, & quantité de Temples, dont parle Pausanias dans sa Description de la Gréce, mais on n'en peut aujourd'hui trouver les ruïnes. Des Mosquées qui n'ont aucune marque d'antiquité, & qu'on voit au Bazar, ou Marché des Turcs, tiennent la place d'un Temple de Jupiter Olympien & d'Apollon, que l'on trouvoit anciennement en cet endroit-là. Il y avoit aussi proche d'un Port un Temple dédié à Neptune, & un autre à Cérès. Ce dernier étoit remarquable par une Fontaine qui n'en étoit séparée que par une muraille. On y alloit consulter l'événement des maladies, ce que l'on faisoit en suspendant un miroir avec une ficelle. Le derrière du miroir touchoit l'eau, & la glace nageoit dessus. On regardoit alors dedans, & l'on y voyoit différentes images, selon que le malade devoit guérir de son mal ou en mourir. L'Oracle du Marché étoit quelque chose de plus singulier. C'étoit une Statue de Mercure & une autre de Vesta, il falloit les encenser, & allumer les Lampes qui pendoient tout à l'entour. Ensuite on dédioit à la droite de l'Autel une Médaille de Cuivre du Pays, & l'on interrogeoit la Statue de Mercure sur ce que l'on vouloit savoir; il falloit après cela s'en approcher de fort près, comme pour écouter ce qu'elle prononceroit, & s'en aller de-là hors du Marché, les oreilles bouchées avec les mains. La premiére voix que l'on entendoit en les ôtant de dessus étoit la réponse de l'Oracle. La Ville avoit plusieurs autres Temples, savoir de Venus, de Minerve, de Diane Limnatide & de Bacchus surnommé Calydonien, à cause que sa Statue avoit été apportée de Calydon qui étoit une petite Ville vis-à-vis d'Aroa. C'étoit ainsi que la Ville de Patras s'appelloit dans le premier tems de son origine. Elle avoit eu ce nom d'un mot Grec qui signifie la culture de la terre, que ses Habitans avoient enseignée les premiers aux Grecs. Triptolemus vint l'apprendre d'Eumelus Roi du Pays, & la porta en Attique. Cette Ville fut ensuite appellée Patræ, du nom de son Restaurateur Patreus, fils de Preugene & petit-fils d'Agenor. Au commencement de l'Empire Romain, Auguste la jugeant propre au Négoce, & à l'abord des Vaisseaux, l'augmenta des habitans des Villes voisines, & la fit nommer *Colonia Augusta Aroë Patrensis*. Dans l'Eglise dédiée à Saint Jean, Saint George & Saint Nicolas, on voit quatre Colomnes Ioniques de Marbre, & une pierre qui, étant frotée contre une autre, répand une fort mauvaise odeur, trois ou quatre pas à l'entour. Les Grecs qui attribuent cela à un miracle, disent que le Juge qui condamna Saint André étoit assis sur cette pierre lorsqu'il prononça la Sentence de mort contre cet Apôtre. Ils ajoutent que Saint André avoit demeuré long-tems à Patras, où il convertit un Roi ou Gouverneur de la Morée, avant que de souffrir le Martyre. On lui avoit dédié deux ou trois Eglises. Ils en ont beaucoup dans cette Ville qui est Métropolitaine; mais la plûpart tombent en ruïne. Le Négoce des Habitans est de soyes qui se font dans la Morée, & dont on charge plus de trois cens bâles tous les ans. On cultive aussi de-là des Cuirs, & des Cordouans à bon marché, du Miel, de la Cire, de la Laine, & du Fromage. Les arbres des Montagnes voisines portent de la Manne; mais les habitans n'ont pas l'esprit de la recueillir. Les Juifs qui font environ le tiers de la Ville établissent des Vieillards entr'eux pour juger leurs différends, & ont quatre Synagogues. Les Turcs y ont six Mosquées, & il y en a une où est pendue vers le toit une Chaîne de fer doré; ils disent que cette Chaîne fut cause qu'on pilla la Ville lorsqu'ils la prirent sur les Vénitiens, parce qu'ils croyoient qu'elle étoit d'or, & par conséquent que les Habitans étoient fort riches. A demi-lieue de la Ville sont les Jardins de Patras. Ce lieu est appellé Glycada, d'un mot Grec qui veut dire doux, parce qu'il y vient des Citrons, des Oranges & des Grenades, d'une douceur très-agréable. Quatre ou cinq Citrons n'y vallent qu'un sou, quoiqu'ils soient de la grosseur des deux poings. La chair en est douce, & se mange comme une pomme, mais le peu de suc qui est au milieu est aigre. Les Oranges sont aussi grosses que celles du Portugal. La chair en est amére, & le suc fort doux. Les Cèdres dont on fait l'aigre de Cédre, s'y trouvent aussi. Le lieu où croissent ces divers arbres est assez bas, & à couvert des vents, & quelques Ruisseaux l'arrosent sans grand artifice. On y admire sur-tout un fameux Cyprès dont le tronc a dix-huit pieds de circonférence, il étend ses branches à vingt pieds de diamètre. Une douzaine d'autres Cyprès sont tout à l'entour, ne lui servent que de lustre, quoiqu'ils soient fort grands. Sur le chemin de Patras à Glycanas est le Monastère d'*Hierocomium*, où il y a environ douze Caloyers, & une Eglise dédiée à *Panagia*; c'est-à-dire à la sainte Vierge. Elle est bâtie à la Grecque

que avec quelques petites Colomnes d'ordre Ionique, tirées des débris de la Forteresse d'Achaïa, à dix milles de Patras, comme il paroît par une Pancarte de leur Convent. Entre ce Monaſtère, & la Ville, on découvre un ancien Aqueduc dont il reſte encore pluſieurs arcades debout, ſous leſquelles paſſe un petit Ruiſſeau. Il eſt incertain ſi c'eſt la Riviére Milichus dont Pauſanias fait mention. Il y en a deux ou trois autres ſemblables de ce même côté, que l'on paſſe ſans Pont & ſans planche.

PATRASIS, Ville d'Aſie ſur le Pont-Euxin, ſelon Etienne le Géographe qui cite Hécatée.

1. PATRIA, Lac d'Italie, au Royaume de Naples, dans la Terre de Labour. Il s'étend du Nord au Midi le long de la Côte de la Mer l'eſpace de dix milles ou environ; mais il a fort peu de largeur. Mr. Corneille [a] dit que la petite Riviére d'Agno le traverſe. Magin [b] appelle cette Riviére *Clanio* ou *Patria*; & elle ne peut pas être appellée petite, puiſqu'elle a ſa ſource aux confins de la Principauté Ultérieure. Le Lac de Patria ſe décharge dans la Mer près du Château de PATRIA.

[a] Dict.
[b] Carte de la Terre de Labour.

2. PATRIA, Riviére d'Italie. Voyez PATRIA, n°. 1. & CLANIO.

3. PATRIA, Bourgade d'Italie avec Château. Voyez PATRIA, n°. 1.

4. PATRIA (La Tour de) Tour d'Italie [c], au Royaume de Naples dans un enfoncement, entre le Cap de la Meſa & l'entrée du Golphe de Naples. Cette Tour eſt ſur une haute pointe, qui eſt au milieu de cet enfoncement, & proche de cette pointe, du côté du Sud il paſſe une Riviére. Il y en a une autre entre le Cap de la Roque & la Tour de Patria & pluſieurs marécages. On la reconnoît par quantité de grands arbres, dont elle eſt bordée.

[c] Michelot, Portulan de la Méditer. p. 113

PATRIARCHAT, Titre de Dignité dans l'Egliſe & que l'on a donné aux Evêques des premiers Sièges Epiſcopaux. Ce mot PATRIARCHAT vient du Grec Πατριάρχης, en Latin *Patrum Princeps* ; c'eſt-à-dire le Prince des Peres [d] : Il ne commença à la vérité à être en uſage que long-tems après le Concile de Nicée ; mais la choſe même ſubſiſtoit auparavant, puiſque ce Concile approuve la Diſcipline de l'ancien Gouvernement Eccléſiaſtique en ordonnant que l'Evêque d'Aléxandrie étendroit ſa Juriſdiction ſur l'Egypte, la Libye & la Pentapole ; parce que, dit ce Concile, l'Evêque de Rome en uſoit de la même manière. On voit par-là que dès les premiers commencemens de l'Egliſe il y avoit des Patriarches diſtinguez des Métropolitains. Ces derniers avoient la Juriſdiction ſur une Province ; mais le Patriarche exerçoit la ſienne ſur tout un DIOCESE en donnant à ce mot le ſens le plus étendu qu'il peut avoir ; c'eſt-à-dire en y renfermant pluſieurs Métropoles ; en ſorte qu'il étoit le Métropolitain des Métropolitains. On ſait que les Apôtres choiſirent dans preſque toutes les Provinces les Villes Métropoles pour le Siège des Métropolitains, & comme on ne peut douter

[d] Schelſtrate, Antiq. Eccles. t. 2. Diſſert. 6. c. 2.

qu'ils n'euſſent établi un grand nombre de Métropolitains dans les Provinces d'Egypte, de Libye & de Pentapole, il s'enſuit que le Concile de Nicée confirma la Juriſdiction du Siège d'Aléxandrie tant ſur les Métropolitains que ſur les Evêques de ces Provinces. Il en eſt de même du Siège d'Antioche dont le Concile de Nicée confirma la Juriſdiction ſur tout le Diocèſe d'Orient, comme le témoigne le premier Concile de Conſtantinople [e], qui adjuge à l'Egliſe d'Antioche l'honneur de la Primatie ſur tous les Evêques & Métropolitains d'Orient, conformément à la diſpoſition du Concile de Nicée. A l'égard de la Juriſdiction du Patriarchat de Rome, il ſeroit ridicule de vouloir la reſtraindre à la Province de Rome, comme quelques-uns l'ont prétendu : ce ſeroit contredire le Concile de Nicée qui n'adjuge à l'Evêque d'Aléxandrie la Juriſdiction ſur pluſieurs Provinces, que parce que l'Evêque de Rome en uſoit de la même façon ſur les diverſes Provinces de l'Occident.

[e] Can. 2.

Les Hiſtoriens anciens & les Géographes avoient diviſé le Monde en trois parties, ſavoir l'Aſie, ou l'Orient ; l'Europe ou l'Occident & la Libye. Les Apôtres ſe conformant à cette diviſion réſolurent d'établir une Egliſe principale dans la première Ville de chacune de ces parties du Monde. Dans cette vue Saint Pierre qui avoit déja inſtitué une Egliſe à Antioche, Capitale de la Coeleſyrie & la Ville la plus conſidérable de l'Orient, y établit Evode, Evêque en ſa place, & ſe rendit à Rome la Capitale du Monde, où il fixa ſon Siège. Ayant ainſi fondé ces deux Egliſes dans les deux principales Villes de l'Aſie & de l'Europe, il ſongea à en fonder une autre dans la Ville la plus conſidérable de la Libye. Pour cet effet il y envoya Saint Marc qui annonça la Foi à cette troiſième partie du Monde & établit la principale Egliſe à Aléxandrie. Pendant ce tems-là les autres Apôtres créoient des Evêques dans la plûpart des Villes où ils prêchoient l'Evangile ; mais les trois Sièges dont il vient d'être parlé eurent conſtamment le premier rang, ſavoir celui d'Antioche dans l'Aſie ou l'Orient ; celui de Rome dans l'Europe ou l'Occident & celui d'Aléxandrie dans la Libye.

Quoique ces trois Patriarches décidaſſent chacun dans leur Diſtrict ou Diocèſe les affaires de plus grande importance, on ne doit pas les regarder comme abſolument indépendans les uns des autres, ni même comme entièrement égaux entre eux. L'Egliſe de Rome, où les Apôtres Saint Pierre & St. Paul avoient prêché l'Evangile qu'ils avoient ſcellé de leur ſang, fut toujours le premier rang, elle fut la principale Egliſe & le centre de l'Unité ſacerdotale. Son Evêque eſt appelé par le Concile d'Ephéſe le Gardien de la Foi, & le Concile de Chalcedoine appelle l'Egliſe de Rome la première de toutes les Egliſes.

Dans la ſuite [f] la Ville de Conſtantinople étant devenue, comme dit Sextus Rufus

[f] Carol. à S. Paulo, Geogr. Sacra, lib. 9. fus p. 209.

fus, le second Boulevard du Monde, elle devint aussi le second Siége de l'Eglise & son Evêque obtint la Dignité de Patriarche. On ne s'accorde pas sur le tems que cet honneur lui fut conféré ; & la question ne peut pas même être décidée. Quelques-uns croient que Constantin lui obtint cet avantage. Cette opinion paroît assez probable, pourvu qu'il ne soit question que de l'honneur du Patriarchat, tel que l'eut l'Evêque de Jérusalem dans les quatre premiers Siècles de l'Eglise ; car il n'obtint le rang immédiatement après l'Evêque de Rome que dans le premier Concile de Constantinople [a] ; & ce fut le Concile de Chalcédoine qui lui accorda la Jurisdiction sur la Thrace, sur l'Asie & sur le Pont, Provinces qui furent détachées du Patriarchat d'Antioche. Il avoit déja usurpé quelque tems auparavant cette Jurisdiction, ne se contentant pas d'un simple titre d'honneur, & il avoit même voulu enlever l'Illyrie au Siège de Rome, comme on le voit dans les Actes du Concile Romain tenu sous Boniface II. Outre les trois Provinces, le Pont, l'Asie & la Thrace, la Chalcédoine accorda encore au Patriarche de Constantinople la Jurisdiction sur les Evêques des Provinces Barbares qui étoient au delà des Limites de l'Empire Romain.

[a] Canone 3.

La Ville de Jérusalem qui sous la Loi de Moyse, avoit été appellée la Cité de Dieu, parce que la Majesté de Dieu s'y étoit manifestée d'une manière particulière, fut sous la Loi de Grace appellée la Mere de toutes les Eglises par les Peres du premier Concile Général de Constantinople [b]. St. Jérôme en donne la raison : c'est que la premiére Eglise ayant été fondée dans cette Ville, elle devint la semence de toutes les autres Eglises du Monde. Cet avantage lui assuroit la Dignité Patriarchale ; d'autant que le Titre de Patriarchat a été principalement affecté aux Eglises qui ont donné l'origine à un grand nombre d'autres. Cette Dignité par rapport à la Ville de Jérusalem se bornoit néanmoins originairement au nom & au titre. Car quoique cette Ville, avant d'être détruite par Titus, fût la Métropole de toute la Judée, après sa destruction ce fut la Ville de Césarée qui devint Métropole, & l'Eglise de Jérusalem lui fut soumise pendant longtems. De là vient qu'on trouve quelquefois l'Evêque de Jérusalem nommé avant celui de Césarée, quelquefois après : on le nommoit avant, en qualité de Patriarche, & on le nommoit après, en qualité de Suffragant de Césarée. Enfin néanmoins l'Evêque de Jérusalem obtint la Jurisdiction Patriarchale dans le Concile de Chalcedoine [c]. Pour terminer les différends survenus entre Maxime Patriarche d'Antioche & Juvenal Evêque de Jérusalem, le Concile ordonna du consentement des Parties, que l'Eglise d'Antioche auroit la Jurisdiction sur les deux Phénicies & sur l'Arabie, & que l'Eglise de Jérusalem auroit Jurisdiction sur les trois Palestines.

[b] Théodoret, Hist. Eccles. lib. 5. c. 9.

[c] Act. 7.

Ces cinq Patriarchats sont les seuls, qui ayent été connus dans la division du Gouvernement politique de l'Eglise. Car quoique la qualité de Patriarche ait été donnée à quelques Métropolitains, comme à celui d'Aquilée, ou de Grade transféré depuis à Venise ; à celui de Bourges qui se dit Patriarche des Aquitaines & à d'autres Archevêques, on ne la leur a donnée que par honneur sans leur attribuer la Jurisdiction Patriarchale : en effet il n'y a pas un de ces derniers qui ayent des Metropolitains sous eux.

Les bornes précises de ces Patriarchats [d] seroient d'autant plus difficiles à marquer que la division des Diocèses & des Provinces Ecclésiastiques a été la plûpart du tems réglée sur la division faite dans l'Etat Civil par les divers Princes qui l'ont souvent changée selon leur bon plaisir : le Concile de Chalcédoine [e] ordonna même que la disposition Ecclésiastique à cet égard se conformeroit à la disposition Civile. A parler néanmoins généralement, le PATRIARCHAT DE ROME étoit composé de toutes les Eglises d'Occident & étendoit sa Jurisdiction sur toutes les Métropoles suivantes ;

[d] Card. à S. Paulo, Geogr. Sacra, t. 1. p. 22.

[e] Canone 17.

| | |
|---|---|
| Dans l'Italie. | Rome. Milan. Ravenne. Aquilée. Syracuse. Calaris. |
| Dans l'Illyrie Occidentale. | Syrmium. Laureacum. Salona. |
| Dans la Gaule | Arles. Vienne. Narbonne. Aix. Ambrun. Trèves. Rheims. Lyon. Rouen. Tours. Sens. Besançon. Bourges. Bourdeaux. Eause. |
| Dans l'Espagne. | Seville. Carthage. Tolede. Tarragone. Emerita Augusta. Bracara Augusta. Lucus Augusta. |
| Dans l'Illyrie Orientale. | Thessalonique. Corinthe. Athènes. Patræ. Nicopolis. Dyrrachium. Larisse. Scupi. Achrida. Sardique. |
| Dans l'ancienne Dacie. | Marcianopolis. Tomi. Zarmizegetusa. |

Car-

## PAT.

Dans l'Afrique.
- Carthage.
- Le Siège du plus ancien Evêque de la NUMIDIE.
- Le Siège du plus ancien Evêque de la MAURITANIE-CESARIENSE & de la MAURITANIE-TINGITANE.
- Le Siège du plus ancien Evêque de la MAURITANIE-SITIFENSE.
- Le Siège du plus ancien Evêque de la BYZACENE.
- Le Siège du plus ancien Evêque de la Province de TRIPOLI.

Dans la Grande Bretagne.
- Londinum.
- Dorovernum, autrement Cantuaria.
- Carleona.
- Eboracum.

Suivant les anciennes Notices le PATRIARCHAT DE CONSTANTINOPLE après avoir été augmenté en différens tems, se trouva composé d'un grand nombre de Provinces Ecclésiastiques détachées des autres Patriarchats; savoir,

Dans la Thrace, Province d'Europe.
- Héraclée.
- Panium.
- Cœlos.
- Callipolis.
- Cyla.
- Aphrodisia.
- Theodosiopolis.
- Chersonnesus.
- Drusipara.
- Lysimachia.
- Byzia.
- Selymbria.
- Arcadiopolis.

Dans la Province de Thrace.
- Philippopolis.
- Diocletianopolis.
- Diospolis.
- Nicopolis.

Dans la Province d'Hæmimonte.
- Hadrianopolis.
- Mesembria.
- Sozopolis.
- Plotinopolis.
- Develtus.
- Anchialus.

Dans la Province de Rhodope.
- Trajanopolis.
- Maximianopolis.
- Abdera.
- Maronia.
- Ænus.
- Cypsela.
- Topirus.

Dans la Scythie, au delà du Danube.
- Scythia.
- Cherfonus.
- Bosphorus.
- Zicchia.

Dans la
- Ephése.
- Hypæpa.
- Trallis.
- Magnesia.
- Elæa.
- Adramytium.
- Assum.
- Gargara.
- Mastaura.
- Brullena.

## PAT. 149

Province d'Asie.
- Pitane.
- Myrrhina.
- Euaza.
- Areopolis.
- Temnus.
- Algiza.
- Aureliopolis.
- Nyssa.
- Metropolis.
- Valentiniapolis.
- Aninetum.
- Pergamus.
- Anæa.
- Priene.
- Arcadiopolis.
- Nova-Aula.
- Ægea.
- Andera.
- Sion.
- Fanum Jovis.
- Colophon.
- Lebedus.
- Teos.
- Erythræ.
- Antandrus.
- Pepere.
- Cuma.
- Aulium.
- Naulochus.
- Palæopolis.
- Phocæa.
- Bargaza.
- Thymbria.
- Clazomene.
- Magnesia.
- Smyrna.
- Cyzicus.
- Germa.
- Poemanium.
- Occa.
- Bares.
- Adrianothere.
- Lampsacus.
- Abydus.

Dans l'Hellespont.
- Dardanum.
- Ilium.
- Troas.
- Melitopolis.
- Adriana.
- Scepsis.
- Pionia.
- Præconnesus.
- Ceramus.
- Parium.
- Thermæ.

Dans la premiére Phrygie Pacatiane.
- Laodicea.
- Tiberiopolis.
- Asana.
- Itoana.
- Ancyra.
- Cidissi.
- Egara.
- Pelte.
- Apira.
- Cadi.
- Tranopolis.
- Sebasta.
- Eumenia.
- Tremenithyri.
- Dioclia.
- Aliona.
- Trapezopolis.
- Silbium.

T 3

## PAT.

|  |  |  |  |
|---|---|---|---|
| | Silbium. | | Antiochia. |
| | Iluzi. | | Harpasa. |
| | Nea. | | Neapolis. |
| | Chæretapa. | | Orthosias. |
| | Colossa. | Dans la | Alabanda. |
| | Sinnai. | Province | Stratonice. |
| | Philippopolis. | de Carie. | Alinda. |
| | Themisonium. | | Amyzon. |
| | Sanis. | | Jassus. |
| | Acmonia. | | Bargyla. |
| | Theodosiopolis. | | Halicarnassus. |
| | Bleandrus. | | Loryma. |
| | Athanassus. | | Gnidus. |
| Dans la | Hierapolis. | | Myndus. |
| seconde | Dionysiopolis. | | Ceramus. |
| Phrygie | Anastasiopolis. | | Anastasiopolis. |
| Pacatiane. | Mosynus. | | Erisi. |
| | Attudi. | | Miletus. |
| | Synnada. | | Rhodus. |
| | Dorylæum. | | Samos. |
| | Polybotus. | | Chios. |
| | Nacolia. | Dans la | Cos, ou Coos. |
| | Midaium. | Province | Naxus. |
| | Hipsus. | des Isles | Paros. |
| | Prymnesia. | Cyclades. | Thera. |
| | Myrum. | | Delos. |
| Dans la | Eucarpia. | | Tenus. |
| Phrygie | Lysias. | | Melos. |
| Salutaire. | Augustopolis. | | Carpathus. |
| | Brysum. | | Mitylene. |
| | Otrum. | Dans l'Isle | Methymna. |
| | Stectorium. | de Lesbos. | Tenedos. |
| | Cinaborium. | | Proselene. |
| | Amadassa. | | Myra. |
| | Cotyaium. | | Mastaura. |
| | Præpenissus. | | Telmissus. |
| | Docimæum. | | Limyra. |
| | Amorium. | | Araxa. |
| | Sardis. | | Podalæa. |
| | Philadelphie. | | Sidyma. |
| | Tripolis. | | Olympus. |
| | Thyatyra. | | Zenopolis. |
| | Septe. | | Tlos. |
| | Gordus. | | Corydalla. |
| | Hircanis. | | Cauntis. |
| | Trallis. | Dans la | Acrassus. |
| | Silandus. | Province | Xanthus. |
| | Mæonia. | de Lycie. | Marciana. |
| | Apollinis-Fanum. | | Choma. |
| | Mostena. | | Phellus. |
| Dans la | Apollonia. | | Antiphellus. |
| Province | Attalia. | | Phaselis. |
| de Lydie. | Bana. | | Aucanda. |
| | Blæandrus. | | Eudocias. |
| | Hierocæsarea. | | Patara. |
| | Acrassus. | | Nesus. |
| | Daldus. | | Balbura. |
| | Stratonicia. | | Oeneanda. |
| | Satala. | | Bubon. |
| | Mastaura. | | Calinda. |
| | Cerasa. | | Rhodia. |
| | Gabala. | | Sida. |
| | Heraclea. | | Aspendus. |
| | Areopolis. | | Etene. |
| | Hellene. | | Erymne. |
| | Aphrodisias. | | Cassus. |
| | Stauropolis. | Dans la | Semneum. |
| | Cybira. | Pamphy- | Carallus. |
| | Heraclea-Salbaci. | lie. | Cotana. |
| | Apollonias. | | Coracesium. |
| | Heraclea-Latini. | | Syedra. |
| | Tabæ. | | Lyrbæ. |

Coli-

## PAT.             PAT.    151

| | | | |
|---|---|---|---|
| | Colibraſſus. | | Cæſarea. |
| | Selga. | Dans la | Thermæ. |
| | Pergæ. | premiére | Nyſſa. |
| | Termeſſus. | Cappado- | Camuliana. |
| | Eudoxias. | ce. | Ciſciſſa. |
| | Maximianopolis. | | Theodoſiopolis. |
| | Palæopolis. | | Thyana. |
| | Penteneſus. | | Doara. |
| | Dicjozanabrus. | Dans la | Cybiſtra. |
| | Ariaſſus. | ſeconde | Fauſtinopolis. |
| | Seleucia. | Cappado- | Saſimi. |
| | Colobraſſus. | ce. | Juſtinopolis. |
| | Coraceſium. | | Aſuna. |
| | Senna. | | Mociſſus. |
| Dans la | Trimopolis. | Dans la | Nazianzum. |
| ſeconde | Pugla. | troiſième | Colonia. |
| Pamphy- | Adriana. | Cappado- | Parnaſſus. |
| lie. | Attalia. | ce. | Doara. |
| | Magidis. | | Sebaſta. |
| | Olbia. | Dans la | Sebaſtopolis. |
| | Corbaſa. | premiére | Nicopolis. |
| | Lyſinia. | Arménie. | Satala. |
| | Cordylus. | | Beriſſe. |
| | Lagania, | | Melitene. |
| | Panemoticus. | | Arca. |
| | Geone. | | Comana. |
| | Commacum. | Dans la | Arabyſſus. |
| | Silvium. | ſeconde | Cocuſum. |
| | Piſinda. | Arménie. | Ariarathia. |
| | Talbonda. | | Amaſa. |
| | Unzela. | | Zelona. |
| | Antiochia. | | Sophene. |
| | Sagalaſſus. | | Dioſponthum. |
| | Sozopolis. | | Ancyra. |
| | Tymandus. | | Tabia. |
| | Eudoxiopolis. | Dans la | Juliopolis. |
| | Neapolis. | premiére | Aſpona. |
| | Apamea. | Galatie. | Berinopolis. |
| | Tytiaſſus. | | Cinna. |
| | Baris. | | Anaſtaſiopolis. |
| | Adrianopolis. | | Peſſinus. |
| Dans la | Limenopolis. | Dans la | Orciſtus. |
| Piſidie. | Laodicea. | ſeconde | Peteniſus. |
| | Seleucia. | Galatie. | Trocmi. |
| | Adada. | | Neocæſarea. |
| | Mallus. | Dans le | Trapezus. |
| | Siniandus. | Pont-Pole- | Ceraſus. |
| | Metropolis. | moniaque. | Polemonium. |
| | Paralaus. | | Comana-Pontica. |
| | Bindeum. | | Ptyuſa. |
| | Philomelium. | | Amaſia. |
| | Proſtama. | Dans | Amiſus. |
| | Gortenus. | l'Heleno- | Sinope. |
| | Iconium. | pont. | Iborea. |
| | Lyſtra. | | Andrapa. |
| | Onaſade. | | Zela. |
| | Amblada. | | Gangra. |
| | Honomada. | Dans la | Juniopolis. |
| | Laranda. | Paphlago- | Sora. |
| | Barattha. | nie. | Pompeiopolis. |
| | Derbe. | | Amaſtris. |
| | Hyda. | | Dadibra. |
| Dans la | Sabathra. | | Claudiopolis. |
| Lycaonie. | Canna. | Dans l'Ho- | Heraclea-Ponti. |
| | Berinopolis. | noriade. | Tium. |
| | Iliſtrum. | | Cratia. |
| | Perthe. | | Pruſa. |
| | Arana. | | Nicomédia. |
| | Iſaura. | | Chalcedon. |
| | Hydmautus. | | Pruſa. |
| | Miſthium. | | Prænetum. |
| | Corna. | | Hellenopolis. |
| | Pappa. | | |

Baſili-

| | |
|---|---|
| Dans la Bithynie. | Basilinopolis.<br>Apollonias.<br>Hadriana.<br>Cæsarea.<br>Arista.<br>Patavium.<br>Dablis.<br>Neocæsarea.<br>Cius. |
| Dans la seconde Bithynie. | Nicæa.<br>Apamea.<br>Linoe.<br>Gordus. |

Le PATRIARCHAT D'ALEXANDRIE comprenoit les Provinces & les Métropoles qui suivent:

| | |
|---|---|
| Dans l'Egypte premiére. | Alexandria.<br>Hermopolis.<br>Metelis.<br>Coprithis.<br>Sais.<br>Letus.<br>Naucratis.<br>Andropolis.<br>Nicium.<br>Onuphis.<br>Tava.<br>Cleopatris.<br>Mareotis.<br>Menelai Civitas.<br>Schedia.<br>Phthenoti.<br>Nitria. |
| Dans la premiére Augustamnique. | Pelusium.<br>Sethraetes.<br>Tanis.<br>Thmuis.<br>Rhinocorura.<br>Ostracina.<br>Phacusa.<br>Cassium.<br>Aphnæum.<br>Hephæstus.<br>Panæphysus.<br>Gerrum.<br>Thennesus.<br>Sela. |
| Dans la seconde Augustamnique. | Leontopolis.<br>Atribis.<br>Onii.<br>Babylon.<br>Bubastus.<br>Pharbæthus.<br>Heliopolis.<br>Scenæ.<br>Thou.<br>Antithou. |
| Dans la seconde Egypte. | Cabasa.<br>Phragonea.<br>Pachnemunis.<br>Elearchia.<br>Diospolis.<br>Sebennythus.<br>Cynus.<br>Busyris.<br>Paralus.<br>Xoes.<br>Butus.<br>Oxyryneus.<br>Heraclea. |
| Dans la Province d'Arcadie | Arsinoë.<br>Theodosiopolis.<br>Aphroditopolis.<br>Memphis.<br>Clisma.<br>Nilopolis.<br>Parallus.<br>Thamiate.<br>Cynopolis. |
| Dans la premiére Thébaïde. | Antinoë.<br>Hermopolis.<br>Cusa.<br>Lycopolis.<br>Oasis.<br>Hipsele.<br>Apollinis Civitas parva.<br>Antæum.<br>Panopolis. |
| Dans la seconde Thébaïde. | Ptolemais.<br>This.<br>Coptus.<br>Tentyra.<br>Maximianopolis.<br>Latopolis.<br>Hermonthes.<br>Thebais.<br>Therenunthis.<br>Phylæ.<br>Thoi.<br>Ombi.<br>Tathyris.<br>Diospolis. |
| Dans la Libye de la Pentapole. | Ptolemais.<br>Sozusa.<br>Lemandus.<br>Boreum ou Boræum.<br>Cyrene.<br>Teuchyra.<br>Berenice.<br>Ticelia.<br>Aptuchi-Fanum.<br>Erythra.<br>Barce.<br>Hydrax.<br>Disthis.<br>Palebisca.<br>Olbia. |
| Dans la seconde Libye. | Darnis.<br>Parætonium.<br>Antipyrgus.<br>Antiphra.<br>Marmarica.<br>Zagylis.<br>Zygris. |

Dans le PATRIARCHAT D'ANTIOCHE étoient renfermées les Métropoles & les Archevêchez & Evêchez qui suivent; savoir,

| | |
|---|---|
| Dans la premiére Syrie. | Antioche.<br>Seleucie.<br>Berrœa.<br>Chalcis.<br>Onosarta.<br>Gabbus.<br>Paltus. |
| Dans la seconde Syrie. | Apamea.<br>Arethusa.<br>Epiphania.<br>Larissa.<br>Mariama. |

Bapha-

PAT.      PAT.     153

| | | | |
|---|---|---|---|
| Dans la Théodoriade. | Baphanea.<br>Seleucia.<br>Balanea.<br>Laodicea.<br>Gabala.<br>Paltos.<br>Balanæa. | Dans la Méfopotamie. | Amida.<br>Nifibis.<br>Rhefina.<br>Martyropolis.<br>Cafchara.<br>Cepha.<br>Minizus. |
| Dans la premiére Cilicie. | Tarfus.<br>Pompeiopolis.<br>Sebafte.<br>Augufta.<br>Coricus.<br>Adana.<br>Mallus.<br>Zephyrium. | Dans la premiére Phœnicie. | Tyrus.<br>Sidon.<br>Ptolemais.<br>Beritus.<br>Byblus.<br>Tripolis.<br>Arca.<br>Orthofia.<br>Botrys.<br>Aradus.<br>Antaradus. |
| Dans la feconde Cilicie. | Anazarbus.<br>Mopfueftia.<br>Ægæ.<br>Epiphania.<br>Irenopolis.<br>Flaviopolis.<br>Caftabala.<br>Alexandria.<br>Roffus. | | Porphyrium.<br>Paneas.<br>Sycaminon.<br>Damafcus.<br>Laodicea.<br>Heliopolis.<br>Abyla.<br>Jabruda. |
| Dans l'Ifaurie. | Seleucia.<br>Celenderis.<br>Anemurium.<br>Lamus.<br>Antiochia.<br>Selenus.<br>Jotape.<br>Diocæfarea.<br>Philadelphia.<br>Domitiopolis.<br>Titiopolis.<br>Hierapolis.<br>Charadra.<br>Lauzadæ.<br>Nephelis.<br>Dalifcandus.<br>Claudiopolis.<br>Germanicopolis.<br>Sbide.<br>Ceftrus.<br>Olbus.<br>Libyas.<br>Hermopolis.<br>Irenopolis.<br>Sebafte. | Dans la Phœnicie du Liban. | Palmyra.<br>Arlana.<br>Emefa.<br>Danaba.<br>Alalis.<br>Euarius.<br>Comoara.<br>Abyda.<br>Corada.<br>Sarracene. |
| | | Dans l'Arabie Pétrée. | Boftra.<br>Adra.<br>Medava.<br>Gerafa.<br>Nibe.<br>Philadelphia.<br>Esbus.<br>Neapolis.<br>Pilippopolis.<br>Conftantine.<br>Dionyfias.<br>Maximianopolis.<br>Avara.<br>Elana.<br>Caeotha.<br>Phaeno.<br>Zerabena.<br>Erra.<br>Anitha.<br>Parembola. |
| Dans l'Euphratenfe. | Hierapolis.<br>Cyrrhus.<br>Samnofata.<br>Doliche.<br>Germanicia.<br>Zeugma.<br>Perre.<br>Europus.<br>Urima.<br>Cæfarea.<br>Sergiopolis.<br>Sura.<br>Marianopolis. | Dans l'Isle de Cyprus. | Conftantina.<br>Citium.<br>Amathus.<br>Curium.<br>Paphos.<br>Arfinoë.<br>Lapithus.<br>Thamaffus.<br>Chytrus.<br>Tremithus.<br>Soli.<br>Ledra.<br>Tiberiopolis.<br>Carteriopolis.<br>Carpafia. |
| Dans l'Osrhoëne. | Edeffa.<br>Carræ, *ou* Carra.<br>Circefia.<br>Nicephorium.<br>Bathnæ.<br>Callinicus.<br>Marcopolis.<br>Himerius.<br>Daufara. | | |

V        Les

154 PAT.    PAT.

Les Métropoles & Provinces qui composoient le Patriarchat de Jérusalem ; sont,

Dans la première Palestine.
- Hierusalem.
- Dora.
- Antipatris.
- Diospolis.
- Jamnia.
- Nicopolis.
- Sozusa.
- Majuma.
- Joppe.
- Ascalon.
- Gaza.
- Raphia.
- Sycamazon.
- Lidda.
- Gerara.
- Anthedon.
- Eleutheropolis.
- Neapolis.
- Elia.
- Sebaste.
- Petra.
- Hiericho.
- Libias.
- Azotus.
- Zabulon.
- Araclia.
- Baschat.
- Archelais.

Dans la seconde Palestine.
- Scythopolis.
- Pella.
- Caparcotia.
- Gadara.
- Capitolias.
- Maximinianopolis.
- Tiberias.
- Mennith.
- Hippus.
- Amathus, *ou* Amata.
- Petra.
- Augustopolis.
- Arindela.
- Arad.
- Ariopolis.
- Eluza.
- Zoara.
- Sodoma.
- Phenon.
- Pharan.
- Aila.
- Metrocomia.

PATRIAS, Village de la Perside, selon Ortelius [a], qui cite Simon le Métaphraste, dans la Vie de Sainte Acepsime.

[a] *Thesaur.*

PATRICA, petite Ville d'Italie [b], dans la Campagne de Rome, environ à trois lieues d'Ostie du côté de l'Orient, & à peu près à deux lieues d'Ardea, du côté du Couchant. Elle est située à deux milles de la Côte.

[b] *Magin, Carte de la Campagne de Rome.*

PATRICIA. Voyez CORDOUE. N°. 1.

PATRICII PURGATORIUM, Cambden dit [c] : la Rivière de Liffer forme vers sa source une espèce de Lac, au milieu duquel est une Isle, où l'on voit près d'un petit Monastère une Caverne étroite, mais fameuse par les Spectres qu'on prétendoit qui y apparoissoient. Quelques Ecrivains avoient même imaginé ridiculement, que

[c] *Hibernia. Comitat. Donegal.*

c'étoit Ulysse qui avoit creusé cette Caverne lorsqu'il alla aux Enfers. On la nomme dans la Langue du Pays *Ellanu Frugadory* ; c'est-à-dire l'*Isle du Purgatoire*. On lui avoit donné le nom de PURGATOIRE DE ST. PATRICE, parce que, selon une Fable répandue dans le Pays, St. Patrice, ou quelque Abbé de même nom, avoit obtenu du Ciel que les peines qui sont réservées aux Impies dans l'autre Monde seroient représentées dans cette Caverne.

PATRIDAVA, Ville de la Dacie: Ptolomée [d] la place entre Triphulum & Carsidana. Quelques MSS. portent *Patridana* pour *Patridava* ; & Lazius veut que ce soit aujourd'hui PETTERSDORFF.

[d] *Lib. 3. c. 8.*

PATRIMOINE DE SAINT PIERRE ; Province d'Italie, dans les Etats du Pape. On l'appelle Patrimoine de St. Pierre [e] parce que l'Empereur Constantin la donna au St. Siège pour l'entretien de l'Eglise, qu'il fit bâtir en l'honneur de St. Pierre & pour celui des Papes. Sa plus grande étendue du Nord au Sud est d'environ trente-cinq milles, & de quarante-deux milles de l'Est à l'Ouest. Elle a pour bornes au Septentrion [f] partie de l'Orviétan & partie de l'Umbrie ; la Sabine & la Campagne de Rome à l'Orient ; la Mer au Midi & le Duché de Castro à l'Occident. On la divise en trois parties qui sont le *Patrimoine* PARTICULIER DE SAINT PIERRE, le Duché de BRACCIANO, & l'Etat de RONCIGLIONE, que les Ducs de Parme revendiquent. Voyez ROCIGLIONE. Cette Province est fertile en bled & en vin & elle fournit beaucoup d'alun.

[e] *La Forêt de Bourgn, Géogr. Hist. t. 2. p. 391.*

[f] *Magin, Carte du Patrimoine de St. Pierre.*

Le PATRIMOINE PARTICULIER DE ST. PIERRE [g] environne les deux autres parties de la Province si l'on en excepte la partie Méridionale du Duché de Bracciano qui touche la Mer. Ses principaux lieux sont:

[g] *Ibid.*

| | |
|---|---|
| Viterbe. | Fiano. |
| Montefiascone. | Nepi. |
| Volseno. | Sutri. |
| Vitorchiano. | Capranica. |
| Orta, Orti, ou Ortie. | Corneto. |
| Citta Castelane. | Civita-Vecchia. |
| Porto. | |

PATRINGTON, Ville ou Bourg d'Angleterre dans l'Yorkshire, à l'embouchure de l'Humber, du côté du Nord, à quatre lieues de la Ville d'Hul. Camden veut que ce soit la Ville Prætorium d'Antonin. Les Habitans vantent l'agréable situation de leur Ville & la commodité de leur Port. Il se tient un Marché dans ce lieu.

PATROCLI, Isle de Grèce, sur la Côte de l'Attique: Pausanias [h], qui la met près de *Laurium*, dit qu'elle étoit petite & déserte. Il ajoute qu'on la nommoit *Patrocli* parce que Patrocle, Général des Galéres d'Egypte, la surprit & la fortifia, lorsqu'il fut envoyé au secours des Athéniens, par Ptolemée fils de Lagus. Etienne le Géographe connoît aussi cette Isle.

[h] *Lib. I. c. I.*

PATRON, PATRONE & PADRON; Ville de la Sourie [i], sur le bord de la Mer, entre Gebail & Tripoli, près du Promontoire

[i] *La Roque, Voy. de Syrie, t. 1. p. 207.*

PAT.    PAV.

toire nommé par les anciens Géographes la Face de Dieu, par les Pilotes modernes Capo Pagro & par les Matelots de Provence le Cap Pouge. Les Voyageurs & les Géographes modernes n'ont presque point parlé de cette Ville, qui doit sa fondation à Itobale Roi de Tyr, allié d'Achab Roi de Jérusalem. Son nom ancien est *Botrys*, *Botrus*, ou *Botryum*, d'où est venu le mot corrompu de Patron. Les révolutions que cette Ville plus ancienne que Rome & que Carthage, a soufertes, seroient la matiére d'une Histoire. Sous les Empereurs Chrétiens, elle étoit Episcopale. On trouve dans les Actes d'un Concile de Constantinople tenu sous le Patriarche Mennas en 536. d'autres Actes d'un Synode tenu à Tyr, où l'on voit des Anathémes prononcez contre Elie Evêque de Botrys, de la Secte des Acephales ou dans les sentimens des Eutychiens, élevé à cette Dignité par Sévére faux Patriarche d'Antioche: & dans un autre Concile tenu à Chalcédoine, le Métropolitain de Tyr se plaint de ce que l'Evêque de Beryte s'attribuoit à son préjudice une Jurisdiction sur les Eglises de Biblis, de Botrys & de Tripoly. Aujourd'hui [a] on ne voit plus à Padron que quelques restes d'une vieille Eglise & d'un Monastére entiérement ruïné aussi bien que la Ville. Il n'y reste plus rien qui puisse faire connoître que ç'ait été un Lieu considérable.

PATRONIDE, Ville de la Phocide, entre Titora & Elatée, selon Plutarque [b] qui est le seul Ancien qui en fasse mention. Ce fut auprès de cette Ville qu'Hortensius joignit Sylla, qui étoit allé au devant de lui avec son Armée.

PATROUISSA, Ville de la Dacie: Ptolomée [c] la place entre *Napuca* & *Salinæ*. Quelques Manuscrits lisent *Patruissa* pour *Patrouissa*. Lazius croit que c'est aujourd'hui *Brassoua*, autrement *Cronstat*.

PATTALA & PATTALENA. Voyez PATALA.

PATTI. Voyez PATI.

PATUMOS, Ville de l'Arabie, selon Hérodote [d] qui la place un peu au-dessus de Bubastus. Etienne le Géographe en fait aussi mention.

PATUNG, Ville de la Chine [e], dans la Province de Huquang, au Département de Kingcheu, sixiéme Métropole de la Province. Elle est de 7. d. 30'. plus Occidentale que Peking, sous les 30. d. 59'. de Latitude Septentrionale.

PATYCOS, Ville d'Italie: Etienne le Géographe la donne aux Brutiens, & la place dans les terres. C'est aujourd'hui la Ville de Paule selon Gab. Barri.

PATZENICA, Ville du Peloponnese, dans la Mantinée selon Ortelius [f] qui cite Chalcondyle.

PATZINACÆ, Ortelius [g] dit: Peuple de la Scythie du nombre de ceux qu'on appelle *Basilii*. Ils habitoient au delà du Danube dans des plaines qui s'étendent depuis le Borysthéne jusqu'à la Pannonie. Suidas appelle ce Peuple *Patzinacitæ*. Othon de Frisingue écrit mal-à-propos *Pecenati* pour *Patzinacæ*. Selon Cedréne ce Peuple étoit divisé en 13. Tribus qui composoient une Nation si nombreuse, qu'aucun autre Peuple Scythe ne pouvoit lui résister: il ajoute qu'une de ces Tribus se nommoit *Belemarnin* & une autre *Pagumanin*.

PAU, Ville de France, dans le Béarn, dont elle est regardée comme la Capitale, quoi qu'elle ne soit pas bien ancienne, & qu'elle n'ait commencé à devenir célébre que sous les derniers Seigneurs de Béarn qui étoient des deux Maisons de Foix & d'Albret. Elle est bâtie sur une hauteur au pied de laquelle passe le Gave Béarnois. Cette Ville est petite mais très-jolie en ce qu'elle contient [h]. Il y a au bout de la Ville un Château où le Roi Henri IV. nâquit le 13. de Décembre 1557. C'étoit la demeure des Princes de Béarn, ses Jardins & son Parc sont encore dignes de la curiosité des Voyageurs. Ce fut Henri d'Albret qui commença le Bâtiment de ce Château, dans lequel il établit sa résidence [i]. Cette Prérogative n'a pas empêché les Villes de Béarn qui sont plus anciennes que Pau de conserver le droit de préféance sur elle dans l'Assemblée des Etats du Pays. Les Capucins furent établis à Pau par Henri IV. qui leur donna sa Bibliothéque. Quant à l'Etablissement du Parlement de Pau, voyez l'Article BEARN.

PAUCA, Ville de l'Isle de Corse: Ptolomée [k] la place sur la Côte Occidentale, entre l'embouchure du Fleuve Locra & celle du Ticarius. Pinet nomme cette Ville *Pavonia*.

PAUCURA, Province de l'Amérique Méridionale [l], dans la Terre ferme au Popayan. Elle est très-fertile & l'on y entre au sortir de celle d'Arma. Le Terroir rapporte du Mays & des fruits en abondance. On n'y trouve pas autant de Mines d'or que dans la Province d'Arma. Les Sauvages y parlent un Langage tout différent. Il y a plusieurs Torrens & une petite Riviére qui la traverse.

PAUDI, Bourg de France, dans le Berry, Election d'Issoudun, avec un Château. Il est à deux lieues d'Issoudun, & à égale distance de Vatan.

PAVESAN ou PAVESE, Contrée d'Italie dans le Milanez, entre le Milanez propre au Nord, le Territoire de Bobbio au Sud, le Lodesan à l'Est, & Laumeline à l'Ouest. Ce Territoire est si fertile qu'on l'appelle communement le *Jardin du Milanez*. Les Armes des Alliez en ont fait la Conquête sur l'Empereur à la fin de l'année 1733. & il y a apparence qu'elle suivra le sort du Milanez. Les principaux lieux de cette Contrée sont,

Pavie.    Certosa.
Voghera.

PAVESIN, Bourg de France dans le Forez.

1. PAVIE, Ville d'Italie, au Duché de Milan, dans le Pavese ou Pavesan, sur le Tesin [m]. Elle fut fondée par les Gaulois quelque tems après qu'ils eurent bâti Milan.

lan. Ils en furent chaſſez par les Romains; & ceux-ci furent chaſſez par les Goths, vers le milieu du cinquième Siècle. Odoacre l'ayant ruïnée de fond en comble en 476. ou 477. il accorda aux Habitans une immunité de cinq ans, avec permiſſion de rebâtir leur Ville qui avoit porté juſqu'alors le nom de *Ticinum*. Ils la rebâtirent au même endroit & la nommérent *Papia*, comme qui diroit *Piorum Patria*, afin d'exprimer l'amour pour la Patrie qu'eurent ceux qui ſe tranſportérent juſqu'à Ravenne pour implorer pour elle la miſéricorde du Vainqueur. Elle devint dans quelques années ſi belle & ſi magnifique qu'Alboin Roi des Lombards, s'en étant rendu maître en 568. la choiſit pour le lieu de ſa réſidence, & pour la Capitale de ſon Royaume. Elle perdit ce titre avec le dernier de ſes Rois, nommé Didier que Charlemagne fit priſonnier en 774. La Ville de Pavie reçut depuis pluſieurs autres diſgraces. Otton I. la maltraita fort en 951. Elle fut preſque toute réduite en cendres par un embraſement en 1004. Les Guerres de ſes Habitans contre ceux du Milanez penſérent la détruire en 1059. Elle devint enſuite la proye de pluſieurs Tyrans avant de tomber ſous la puiſſance des Ducs de Milan; mais les François commandez par le Vicomte de Lautrec, voulant venger en 1525. l'affront qu'ils avoient reçu deux ans auparavant par la perte de la fameuſe Bataille de Pavie, où le Roi François I. fut fait priſonnier, ſaccagérent tellement cette miſérable Ville, qu'elle n'a pu ſe remettre dans ſon premier luſtre. On ne diroit pas [a] aujourd'hui à la voir qu'elle auroit été le ſéjour de plus de vingt Rois & la Capitale de leur Royaume. Pour voir Pavie il n'y a qu'à la traverſer par la grande Rue; ce qui eſt à droite & à gauche eſt triſtement habité.

[a] *Addiſon, Voy. d'Italie, p. 31.*

Vis-à-vis de la Cathédrale, qui eſt une vieille Egliſe, baſſe, obſcure & bâtie tout de travers, il y a une Statue Equeſtre de bronze que l'on ſoupçonne repréſenter Antonin Pie. On appelle communément cette Statue, *Regiſole*; mais perſonne ne peut dire à quelle occaſion ce nom lui a été donné. On ſait ſeulement que l'appelloit ainſi dès le tems de Platine [b], qui croit qu'elle fut apportée de Ravenne lors que cette Ville fut priſe & ſaccagée par le Roi Luitprand. Paul Jove [c] aſſure poſitivement qu'elle eſt d'Antonin; mais je ne ſai s'il en étoit bien informé, de même que de ce qu'il ajoute que Lautrec en fit préſent à un de ſes Soldats nommé Hôtefſé, parce que ce Soldat avoit été le premier monté à la bréche. Une pareille Statue n'eſt guère un préſent à faire à un Soldat. Du reſte la bride, le poitrail, les éperons & les étriers ſont des piéces nouvellement ajoutées. Dans la même Egliſe on montre une eſpéce de mât de Navire que le Peuple croit être la lance de Roland le Furieux. Ce fut, dit-on, le même Roi Luitprand, qui apporta de Sardaigne à Pavie le Corps de St. Auguſtin dans un cercueil d'argent, & qui l'enterra dans l'Egliſe de St. Pierre *au Ciel doré*, aujourd'hui occu-

[b] *Vie du Pape Grégoire II.*

[c] *Hiſt. lib. 25.*

pée par des Auguſtins. Ce Prince qui eſt enterré dans cette Egliſe, cacha ce Corps de peur qu'il ne fût maltraité par les Nations barbares qui ravageoient alors l'Italie. On a été long-tems à découvrir l'endroit où il avoit été mis, & le magnifique Tombeau de marbre que l'on fait voir dans une Chapelle qui eſt à côté de l'Egliſe n'étoit qu'un tombeau honoraire, que les Religieux avoient fait ériger. Enfin depuis quelques années la découverte en a été faite & on a des preuves convaincantes que c'eſt véritablement le Corps de ce Saint. Au coin d'un des Cloîtres de la Maiſon des Auguſtins eſt le Tombeau d'un Duc de Suffolk; & d'un Duc de Lorraine, qui furent tuez tous deux dans la fameuſe Bataille de Pavie. Ce Monument leur a été dreſſé par un Charles Parker Eccléſiaſtique, comme l'apprend l'Inſcription qu'on y lit. Il y a pluſieurs autres Egliſes; ſavoir Sainte Marie, conſtruite par la Reine Rodelinga; Sainte Agathe fondée par le Roi Pertharite; le Monaſtére de Ste. Claire, bâti par le même Roi & par Théodelinde ſa femme; celui de Saint Anaſtaſe, dont Luitprand a été le Fondateur; celui de Ste. Sabine fondé par l'Evêque Pierre; l'Egliſe de St. Jean Baptiſte que fonda la Reine Condiberte, & celle des Dominicains.

Outre la Place qui eſt devant l'Egliſe Cathédrale, il y en a une autre bien plus grande. On la paſſe pour aller au Château qui fut bâti par Jean Galéas Viſconti premier Duc de Milan, & qui envelopoit autrefois dans ſes murailles un grand Quartier de la Ville. Ces murailles ne ſervent plus à préſent à ſa défenſe. Il y a un large foſſé à fond de cuve, & un grand Corps de logis, entre deux hauts Pavillons bâtis en façon de Tours. C'eſt là le principal logement. on voit derriére une grande Tour défendue par un Baſtion des murailles de la Ville; qui auroient elles-mêmes beſoin d'une autre défenſe tant elles ſont en mauvais état.

En ſortant de Pavie on paſſe le Teſin ſur un Pont, long de trois cens quarante pas communs, & qui a été fait par Jean Galéas. De côté & d'autre on a ménagé une Galerie où l'on marche à couvert du Soleil & de la pluye. On paſſe ce Pont pour aller au Grand Fauxbourg où l'on voit la belle Egliſe du Saint Eſprit & le grand Collége du Pape. Charlemagne y fonda une fameuſe Univerſité en 791. & la dota d'un revenu fort conſidérable. Enſuite pluſieurs grands Perſonnages y établirent des Colléges entre leſquels ceux du Pape, du Cardinal Borromée, des Griſons, des Marians & des Jéſuites ſont les plus célébres. C'eſt dans cette Univerſité que les Juriſconſultes Baldus, Jaſon & André Alciat ont fleuri. Le Tombeau de Baldus eſt dans l'Egliſe des Cordeliers. Celles des Jéſuites, des Carmes, de St. François & de St. Martin, ſont très-eſtimées; la première pour l'Architecture, la ſeconde pour les Chapelles, la troiſième pour les Tombeaux, & la quatrième pour les Cloîtres.

Pa-

Pavie a l'avantage d'avoir donné la naissance au Pape Jean XVIII. qui fut mis en 1603. fur le St. Siège par la faction des Comtes de Tufcanelle. Ce Pontife qui fut furnommé Sico, ne garda que cinq mois cette haute Dignité. Le célèbre Boëce étoit auffi de Pavie. Son Corps eft enterré dans l'Eglife de St. Pierre, & on y lit une très-belle Epitaphe qui en fait tout l'ornement. Théodoric l'ayant retenu prifonnier dans une des Tours de la Ville appellée la *Tour de Boëce*, lui fit couper la tête, fur un fimple foupçon qu'il eut, que ce grand homme qui étoit Conful & puiffant dans le Sénat, avoit entretenu correfpondance avec l'Empereur Juftin. Pavie avoit auffi donné la naiffance à Jérôme Cardan qu'un grand nombre d'Ouvrages ramaffez en dix Volumes *in folio*, ont rendu fameux.

La CHARTREUSE DE PAVIE eft un Monaftère magnifique [a], fitué entre Pavie & Milan, à cinq milles de la première. L'Eglife en eft fomptueufe: la voute eft foutenue au dehors & au dedans par quantité de Colonnes; & le toit qui eft couvert de plomb eft accompagné d'une Galerie ou Corridor qui régne tout à l'entour. Quant au Portail il eft entier, de Marbre blanc, & tellement orné & enrichi de Statues, qu'il femble comme impoffible d'y ajouter aucun embelliffement. Le Corps de l'Eglife eft d'une Architecture prefque Gothique; mais les Chapelles & les Autels ne cédent point à ce qu'il y a de plus riche & de mieux travaillé dans les plus belles Eglifes. Jean Galéas fondateur de cette Eglife y a fon Tombeau. Il eft de Marbre de même que la Statue qu'on voit au-deffus. Le Chœur eft d'une beauté dont rien n'approche: le pavé même fe fait admirer. Les murailles font de Marbre & ornées de Colonnes auffi de différentes couleurs. Le Grand-Autel eft fuperbe & rien n'eft comparable aux figures qui font une partie de fes embelliffemens. Il eft enrichi d'un Tabernacle dont on fait monter le prix à une très-groffe fomme; auffi eft-il de pierres précieufes, d'Onix, d'Agathe & d'autres. Entre les Chapelles celle de l'Affomption de la Vierge ne peut être vue fans être admirée, tant pour la quantité des Tableaux & des Ornemens de Marbre qui y font, que pour la Sculpture. La Maifon qui eft très-grande a toutes fortes de commoditez. La Cour eft entourée d'une Galerie d'un mille de circuit, foutenue d'un nombre infini de Colonnes & couverte de plomb, ainfi que les Cellules des Religieux. Outre le Tombeau de Jean Galéas qui eft dans la Nef de l'Eglife, on y voit les Statues de Ludovico Mirolin, l'un des anciens Ducs de Milan & de fa femme qui ont été enterrez en ce même lieu. Les Armoires de la Sacriftie font d'une Sculpture auffi agréable qu'extraordinaire. On y voit quantité de belles Reliques & beaucoup d'Argenterie avec un devant d'Autel d'ivoire, fur lequel font cifelées diverfes Hiftoires. Ce fut dans ce Monaftère que François I. fut mené d'abord, lorfqu'il eut été fait prifonnier, après avoir perdu la Bataille en 1525. contre l'Armée de l'Empereur Charles V. Dans le tems qu'il entra dans l'Eglife les Religieux chantoient ce verfet d'un Pfeaume: *Coagulatum eft ficut lac cor eorum; ego vero legem tuam meditatus fum*; Et ce Prince chanta avec eux à haute voix le Verfet fuivant: *Bonum mihi quia humiliafti me ut difcam juftificationes tuas*.

2. PAVIE, Ville de France, dans le Bas-Armagnac, au Diocèfe d'Aufch.

PAUJAS, Bourg de France dans l'Armagnac, au Diocèfe d'Aufch.

PAVILLI, Bourg de France dans la Normandie, au Pays de Caux, en Latin *Paviliacus* [b]. Il eft fitué une demi-lieue au deffus de Barentin, à quatre lieues de Rouen, à trois d'Yvetot & à une de Bourville & de Limaifi dans un Vallon fur la petite Riviére d'Enne, nommée auffi SAINTE AUSTREBERTE. Pavilli a le titre de Baronnie avec haute Juftice & Château; fon Eglife Paroiffiale eft fous l'invocation de Notre-Dame. Il y a auffi un petit Prieuré Clauftral fous le titre de Sainte Auftreberte, deffervi par de grands Bénédictins qui dépendent de l'Abbaye de Cormeilles. Ils poffédent à Pavilli le Tombeau & quelques Reliques de Ste. Auftreberte, qui vivoit du tems St. Philibert. On tient dans ce Bourg un gros Marché le Jeudi, & l'on y débite beaucoup de lins, de toiles, & quantité de poules de Caux, des grains & d'autres denrées que produit le Territoire. La Baronnie de Pavilli a vingt-neuf Fiefs Nobles dans fa dépendance & le Patronage de fix Paroiffes qui font, Pavilli, Ste. Auftreberte, Goupiliére Ancrekerville, Emanville & Aufouville.

1. PAULA, PAOLA, ou PAULE, Ville d'Italie, au Royaume de Naples dans la Calabre Citérieure, à trois cens pas ou environ de la Mer. Mr. Baudrand s'eft trompé dans la pofition de cette Ville, car il la met à deux milles de la Côte. Cette Ville appartient au Marquis Spinelli, Prince de Francavilla, un des plus confidérables Barons du Royaume. Elle n'eft célèbre que par la naiffance de St. François fondateur de l'Ordre des Minimes, connus à Paris fous le nom de *Bons-Hommes*. [c] Il faut un peu monter pour arriver du bord de la Mer au terrain fur lequel la Ville eft fituée. Son enceinte eft médiocrement grande; mais les maifons font bâties proprement. Il y a des Rues larges, bien percées, bien pavées, ornées de Fontaines, avec des Eglifes très-propres. On y voit des Jéfuites, des Auguftins, des Cordeliers, des Capucins & des Dominiquains. Les Minimes font à un mille hors de la Ville au Nord-Eft, & c'eft le lieu de la dévotion du Pays; c'eft-à-dire l'Eglife de St. François de Paule. Pour y aller après avoir traverfé une bonne partie de la Ville, on tourne fur la gauche dans un chemin beau, large & bien entretenu, partie entre des Collines bien cultivées & partie pratiqué dans la pente de la Montagne. On trou-

[a] Corn. Dict.
[b] Corn. Dict. Sur des Mémoires dreffez fur les lieux.
[c] Labat, Voy. d'Italie, t. 5. p. 194. & fuiv.

ve à demi mille de la Ville, c'est-à-dire, à moitié chemin, une petite Place quarrée, coupée dans la Montagne, au coin de laquelle on a posé une Statue de St. François, en Marbre blanc & fort bien faite: elle est sur un très-beau piédestal. Le chemin tourne alors un peu sur la droite & on découvre le Convent. On trouve d'abord un Vestibule magnifique décoré de trois grandes Arcades, séparées par des Pilastres, couplées & accompagnées de tous les autres ornemens de l'Architecture. Il y a au dessus des Logemens destinez pour les Personnes de considération qui vont faire leurs dévotions dans ce Sanctuaire, qui est extrêmement fréquenté par toutes sortes de personnes, & sur-tout par les nouvelles mariées. On trouve la Porte de l'Eglise au bout du Vestibule, qu'il semble qu'on n'ait fait si beau, que pour faire paroître l'Eglise plus laide. Mais ce qui la rend respectable, c'est qu'elle est l'Ouvrage de ce grand Serviteur de Dieu, qui n'étoit pas assez riche pour entreprendre un plus grand Edifice, & qui étoit trop humble pour ne pas le contenir dans les bornes de la plus grande modestie. Cette Eglise quoique petite a une Nef & deux Collatéraux; le tout voûté & le tout dans le goût Gothique le plus pesant & le plus mauvais. Le Chœur où les Religieux psalmodient est derriére l'Autel, qui est à la Romaine, fort simple & fort propre. La Chapelle de la Vierge est au bout du Collatéral gauche: elle est bien ornée & bien propre; mais plus obscure que le reste de l'Eglise, qui s'est déja beaucoup parce qu'il a falu couper la plus grande partie de l'emplacement dans le vif de la Montagne. Cela rend l'Eglise humide pour peu que le tems le soit. La Chapelle de St. François est au bout du Collatéral droit. Elle est très-belle & toute tapissée des vœux qu'on y porte tous les jours. On garde dans cette Chapelle diverses Reliques du Saint. On y voit un Buste d'argent doré très-riche & très-bien fait qui représente le Saint & dans lequel il n'y a qu'une dent qu'il donna à sa Sœur quand il alla en France, à la sollicitation de Louïs XI. On sait que ce St. y mourut & qu'il fut enterré au Plessis-lez-Tours, où son Corps fut une source continuelle de Miracles, jusqu'aux troubles de Religion durant lesquels les Huguenots le brûlérent. Des personnes pieuses retirérent du bucher quelques-uns de ses ossemens & les rendirent aux Minimes de France qui les ont partagez avec leurs Confréres de Paule. Les autres Reliques consistent en une Sandale, un Manteau, une Tunique, un Capuce; mais le Pere Labat avoue n'avoir point du tout trouvé dans ces trois derniéres piéces l'air d'antiquité, qu'elles devroient avoir pour se rendre respectables. La derniére piéce du tresor est la Marmite du Saint. Elle est de médiocre grandeur, c'est-à-dire, de 12. à 15. pintes: elle a une anse; mais point de couvercle ni de cueillier; il s'en servoit pour amasser les restes de ses Religieux, & pour les porter aux Pauvres à la Porte du Convent.

Le Bâtiment des Religieux est double: Celui que le Saint a fait bâtir est encore sur pié. Il est petit, bas, très-simple. Il sert à présent pour les Novices, à qui il est une Leçon de l'humilité, de la pauvreté & de la simplicité dont leur Pere faisoit une profession très-étroite. On en a bâti un autre depuis quelques années: il a communication avec le premier: il est plus grand; mais il est fort simple, peu propre & point du tout orné. Ce Convent est situé à mi-côte dans une Montagne, où il y a plusieurs ravins, qui incommodent quelquefois cette sainte Maison. Le terrain de l'Eglise & des deux Convens a été coupé en partie dans les cuisses de la Montagne. Cela est cause qu'il n'y a que de petits morceaux de jardins séparez les uns des autres. On voit dans quelques-uns des Figuiers, des Orangers & des Citronniers en pleine terre; dans quelques fonds il croît des légumes & des vignes en beaucoup d'endroits. La terre quoique maigre & telle qu'on se la doit imaginer dans des ravins que les eaux de pluye & les torrens dégraissent sans cesse, ne laisse pas d'être bonne & de rendre avec usure tout ce qu'on y plante. On attribue sa prodigieuse fécondité à la chaleur continuelle du Climat, aux pluyes qui y sont assez ordinaires à cause du voisinage de la Mer & aux rosées abondantes qui suppléent aux pluyes lorsque celles-ci manquent. Ce Convent est sans contredit le Chef d'Ordre des Minimes, n'en déplaise à ceux de Rome & de Paris qui sont bien plus beaux. Cependant celui de Paule est riche & possede quantité de terres aux environs. Il reconnoît pour son Fondateur le Prince de Francavilla.

Le Château de Paule est au-dessus de la Ville dans un enfoncement entre deux Collines, & il écraseroit une bonne partie de la Ville si par malheur il s'avisoit de tomber. C'est une Forteresse antique flanquée de Tours, avec un Fossé & un Pont-levis. La Cour est quarrée: un des cotez qui regarde la Mer est ouvert & fermé seulement d'un mur à hauteur d'appui, & fondé sur le Rocher escarpé. Les appartemens sont vastes & peu éclairez à cause de la chaleur.

Le Pays des environs de Paule est fort haché & cependant très-fertile & très-bien cultivé. Les herbes ordinaires qui croissent dans les chemins & dans les hayes sont la Lavande, le Thim, le Serpolet, le Baume commun & autres Plantes odoriférantes & propres à la Médecine, qu'on cultive ailleurs avec peine, & qui viennent là en dépit des Propriétaires. Aussi les Chévres & les Moutons du Pays ont un goût & un fumet merveilleux.

PAULA, Bourg d'Italie dans la Campagne de Rome, dans les Marais Pontins près de la Côte de la Mer. Il est situé sur un petit Lac ou Golphe qu'on appelle *Porto de Paula* [a]; & il y a une Tour aussi nommée *Torre de Paula*.

PAULHAC, Bourg de France dans l'Auvergne, Election de St. Flour.

[a] *Magin, Carte de la Campagne de Rome.*

PAULIACUS, Lieu de la France: Ausone en parle dans sa sixième Epître [a]. Vinet dit que ce lieu se nomme encore aujourd'hui Pauliac: il le place dans le Médoc sur le bord de la Garonne.

PAULIAGUET, Ville de France dans l'Auvergne, Diocèse de St. Flour.

PAULIANISTES, Peuples de la Romanie [b], sur les confins de la Bulgarie. Ils habitent entre des Montagnes, au Nord du Mont Rhodope, & ils s'y maintiennent dans l'exercice de la Religion Catholique.

PAULIN, Bourg de France dans le Haut Languedoc, au Diocèse d'Alby.

PAULINI PRÆDIA, Lieu d'Italie dans le Frioul : c'est Pline le Jeune [c] qui en fait mention.

PAULITALIENSIS, Siège Episcopal, au voisinage de l'Illyrie, selon Ortelius [d] qui cite Marcellinus Comes.

PAULMY, Château de France, dans la Touraine [e], sur une éminence, entre Loches & Preuilly avec titre de Vicomté. Il y a un Parc fermé de murailles, dont l'enceinte est de deux lieues. Il fut commencé en 1449. par Pierre le Voyer Vicomte de Paulmy & l'on peut dire qu'il est merveilleux par ses Etangs, ses prez, ses bois & ses allées. La terre y est applanie en plate campagne en quelques endroits, & en d'autres elle est relevée en petites collines chargées de Taillis & de Bois de haute futaye. Plus près du Château est un grand Paysage, abondant en toutes sortes de plantes & en bons arbres. Le premier Corps de logis qui s'offre en venant de ce grand Domaine a de largeur quarante pas, & est composé de cinq à six étages, fort bien proportionnez & embellis au dessus d'une Galerie plombée & couverte d'ardoise de même que tout le reste du bâtiment, qui est enrichi par le dessus de pointes pyramidales. Ses défenses sont deux grandes Tours rondes, dont l'une est entière, couverte d'ardoises, plombée & relevée en neuf étages sur les Caves & sur les Prisons. Ce Château l'un des plus remarquables de la Touraine fut entrepris en la même année que le Parc. Le reste du Château est presque tout vieux, & il y a encore une Sale qui porte le nom de Vieille & un autre Corps de logis appelé Château-Gaillard, où sont peintes les Armoiries & les Alliances de la Maison de Paulmy, dont le nom, selon quelques-uns, vient des palmes qui avoient honoré les grandes actions des premiers Seigneurs de Voyer. La Chapelle qui est le petit Mausolée de ces Seigneurs fut rebâtie en 1479. par de même Pierre le Voyer en l'honneur de St. Nicolas. Il y a un petit Chapitre composé d'un Doyen & de quatre Chapelains, à la Collation des Seigneurs du Lieu.

PAULON, Fleuve de la Ligurie, selon Pomponius Mela [f]. Au lieu de *Paulon* Pline [g] écrit *Pado* au nominatif : aussi n'est-ce pas du Pô dont il est question ; mais d'une Rivière nommée présentement PAILLON. C'est celle à l'embouchure de laquelle est bâtie la Ville de Nice.

PAUNA, Ville d'Italie chez les Samnites, selon Strabon [h]: Il dit qu'elle étoit si peu considérable qu'elle ne méritoit presque pas le nom de Ville.

PAUNTON, Mr. Corneille [i] dit: Ville d'Angleterre dans le Comté de Lincoln sur le Witham ; mais l'Etat présent de la Grande Bretagne ne mettant PAUNTON ni parmi les Villes ni parmi les Bourgs où l'on tient Marché ; il est à croire que ce doit être un très-petit Lieu. Mr. Corneille ajoute que c'est une Ville ancienne qu'on prend pour le AD-PONTEM d'Antonin. Tout le monde n'en convient pas. Voyez au mot *Ad*, ce qui a été dit sur l'Article AD-PONTEM.

PAVOASAN, Ville d'Afrique [k], dans l'Isle de St. Thomé au Sud-Est, sur le bord de la Mer avec une Forteresse composée de quatre Bastions sans fossez, & un chemin couvert large & palissadé. Cette Forteresse est sur une petite éminence, qui domine toute la Ville & qui commande le Port, qui pour être naturel ne laisse pas d'être assez bon. Toutes les maisons, excepté celle du Gouverneur & de quatre ou cinq Particuliers, & quatre Eglises qui sont de pierre, sont de bois, à deux étages & couvertes de planches. On compte dans cette Ville six à sept cens feux, peuplez d'environ deux mille Blancs, hommes, femmes & enfans, Portugais, Espagnols, François & Italiens ; car tout le monde y est bien venu, pourvû qu'on fasse serment de fidélité au Souverain qui est le Roi de Portugal, & que l'on vive selon les Loix du Pays. Il y a un Evêque & un Chapitre dans lequel on voit des Chanoines, Blancs, Mulatres & Noirs. Cela fait un mélange auquel il faut être accoûtumé, pour n'y pas trouver une difformité choquante.

PAVOLOSCZ, ou PAWOLOCZ, PAWOLOCZIA, Ville de Pologne dans le Palatinat de Kiow sur la Rive gauche de la Riviére *Rostawica* ; c'est une Place fortifiée.

PAVONARE, Nom que l'on donne aujourd'hui à deux petites Isles situées dans le Canal de Constantinople, à l'entrée de la Mer Noire. On les nommoit anciennement *Insulæ Cyaneæ*. Voyez CYANÉES.

PAUREUS : C'est un des noms qu'on donnoit anciennement au *Caicus*, Riviére de l'Asie Mineure dans la Mysie. Voyez CAICUS.

PAUS, Village de l'Arcadie. Il ne subsistoit plus du tems de Pausanias [l]. On voyoit seulement ses ruïnes au voisinage de la Forêt Sorona.

PAUSICÆ, Peuples de la Perside, selon Hérodote [m].

PAUSILYPE, Promontoire d'Italie, sur la Côte du Royaume de Naples, environ à une demi lieue de l'Isle de Nizita [n]. Entre les deux la Côte est de moyenne hauteur, remplie de grandes maisons, mais la plûpart abandonnées : le long de cette Côte il y en a plusieurs abîmées sous l'eau. On en voit encore les muräilles à fleur d'eau d'eau & sous l'eau, & il y a plusieurs Roches fort au large; c'est pourquoi les Navires doivent s'en éloigner du moins d'un mille. Au bout de la Pointe de Pausilype, où on commence à découvrir la Ville de Naples, en allant le long de la Côte, on trouve pareillement plusieurs Piliers, Tours ou Maisons abîmées & quelques Roches à fleur d'eau & sous l'eau, qui s'avancent environ 400. toises au large, à quoi il faut avoir égard quand on va à Naples. On reconnoît cette Pointe par une grande Maison bâtie sur le haut & qui est fort blanche. On peut cependant ranger les dangers apparens de cette Pointe, à deux longueurs de cable. On y trouvera trois à quatre brasses d'eau, & un peu après douze & quinze brasses. Le PAU-SILYPUM-VILLA de Pline [a] étoit sur ce Promontoire qui a ainsi conservé son ancien nom. Le nom de PAUSILYPE vient, à ce que veut l'opinion commune, des mots Grecs *Pauos*, repos, & *Leipein*, laisser, abandonner; parce qu'avant qu'on eût taillé la Grotte qu'on y traverse aujourd'hui, le chemin de Naples à Pouzzole étoit très-fâcheux, & qu'il faloit fatiguer extrêmement & abandonner le repos pour franchir cette Montagne.

[a] Lib. 9. c. 53.

LA GROTTE DE PAUSILYPE, dit le Pere Labat [b], est ainsi nommée parce qu'on prétend que le chemin qu'on auroit été obligé de faire en montant & en descendant la Montagne qu'elle perce, étant long & désagréable, auroit été une source de chagrin pour le Voyageur, & qu'elle diminuë l'ennui que produit ordinairement un chemin fâcheux & incommode. Je conviens qu'au lieu de deux ou trois milles qu'on auroit eu à faire en montant & en descendant la Montagne, on n'en fait qu'un en la traversant dans son centre; cela est appréciable. D'ailleurs le chemin est uni, & quand il pleut on est à couvert. Voilà les avantages de cette Voute souterraine; mais on y est étouffé par la poussiére; on y est privé de lumière; il faut se coler contre le mur pour n'être pas heurté par ceux qu'on rencontre dans la même route; & s'il arrive quelque accident aux Voitures & aux Chevaux, il est difficile d'y remédier faute de lumière. On dit que ce chemin est pavé: il faut croire ceux qui le disent; car comme il y a pour le moins un bon pied de poussière dessus, il est difficile de l'examiner. On trouve environ à moitié une Image de la Sainte Vierge devant laquelle un Hermite entretient une lampe allumée; & quand on approche de l'extrémité, on apperçoit une petite pointe de lumière, comme une foible bougie, qui augmente insensiblement à mesure qu'on avance. Mr. Corneille, qui veut que cette Grotte soit longue environ de quinze cens pas, ajoute qu'elle est haute de quatre à cinq cens pieds dans ses deux entrées opposées & qu'elle n'a au milieu que vingt pieds de haut. Cette description ne s'accorde guère avec celle du Père Labat, qui dit que l'entrée & la sortie de cette allée souterraine, ont environ soixante pieds de hauteur

[b] Voy. d'Italie, t. 6. p. 3.

& que ceux qui leur donnent davantage se trompent: à l'égard de la largeur elle peut être de trois toises; cela suffit pour le passage de deux Carosses. Cependant on se tient toujours le plus proche du mur qu'il est possible & on fait sagement. On prend la droite, c'est-à-dire la Montagne, quand on sort de Naples, & la gauche, c'est-à-dire le côté de la Mer quand on y va. C'est une Loi observée par les Voituriers & par ceux qui se mettent sous leur conduite, sans cette précaution on s'embarrasseroit dans ce chemin ténébreux, où il arriveroit bien du desordre, parce qu'on ne voudroit pas se céder. Dès qu'on entend quelqu'un, on prend le côté destiné à la route que l'on fait; les Voituriers crient *alle Montagne*, ou *alla Marina* pour faire connoître de quel côté ils sont, & ainsi on passe paisiblement sans se voir & sans noise.

Croira qui voudra la Fable qu'on debite que ce fut un Romain nommé Cocceius qui fit faire ce grand ouvrage en quinze jours & qu'il y employa cent mille hommes. Pure imagination: Quand on supposeroit que ces Travailleurs se relayoient de six en six heures, ils ne feroient que quatre Escouades de vingt-cinq mille hommes chacune, qui travaillant aux deux extrémités opposées se trouveroient ainsi de douze cens cinquante hommes à chaque bout. Or comment faire travailler tant de monde dans un aussi petit espace? La chose n'est pas possible. Il vaut mieux dire que ce Romain, dont on devine le nom & dont on ne sait ni la qualité ni le tems qu'il a vécu & qu'il a entrepris ce grand ouvrage, étoit fort riche, qu'il avoit grand nombre d'Esclaves, & que dans le dessein de s'immortaliser il a fait faire cette voute. Quoiqu'il en soit, on y passe depuis bien des siècles: les tremblemens de terre si furieux & si fréquens dans le Pays, l'ont respectée & elle n'a rien ressenti de ce qui a bouleversé les environs.

Sur le haut de l'entrée de la voute de cette Grotte, à main gauche on montre le Tombeau de Virgile, qui mourut à Brindes d'où il voulut qu'on apportât son corps en ce lieu, auquel le Roc sert de voute & de muraille, qui diminuent à peu presque jusqu'à la fin à la hauteur de trois toises. Il s'éleve ensuite en manière d'entonnoir, ce qui fait que la lumière éclaire davantage les deux extrémitez. Après que l'on a marché quatre-vingt pas, on apperçoit un soupirail qu'on a pratiqué dans la Montagne au haut de la voute, mais il donne si peu de jour qu'il est presque imperceptible. C'est cinquante pas ou environ avant que d'arriver à l'endroit où l'Hermite entretient une lampe devant l'Image de la Ste. Vierge, il y a un autre soupirail qui donne encore moins de jour que le premier. Alphonse I. Roi de Naples & d'Aragon fit faire ces deux soupiraux, élargit le chemin & facilita l'entrée de cette Caverne, qui étoit affreuse à cause des ronces & des épines qui y étoient. Pierre de Tolede Viceroi de Naples, sous Charles V. répara & aggrandit considérablement

## PAU. PAW.

blement ce grand ouvrage. Après qu'on est arrivé au bout de la Grotte, on marche plus de cent pas entre de hautes murailles pratiquées dans le rocher, qui finit au Village de *Foregrote*.

PAUSINUS, Fleuve de l'Illyrie selon Pline [a], ou du moins selon quelques Exemplaires imprimez de cet Auteur. Mais le Pere Hardouin dit que tous les MSS. au lieu de *Pausinus Flumen* portent *Civitas Pasini*, & que *Flumen* se rapporte au mot suivant.

[a] Lib. 3. c. 21.

PAUSTERII, Montagnes de l'Achaïe, selon Phavorin [b].

[b] Lexic.

PAUSULÆ, Ville d'Italie dans le Picenum, selon la Carte de Peutinger. Pline [c] appelle le Peuple *Pausulani*, & Cellarius [d] qui cite Holstenius, dit que la Ville MONTE DELL'OLMO a été bâtie sur les ruïnes de celle de Paufulæ.

[c] Lib. 3. c. 13.
[d] Geogr. Ant. lib. 2. c. 9.

PAUTALITORUM, Peuples dont parle Ortelius [e]. Il dit qu'ils sont connus par une Médaille de l'Empereur Antonin Pie rapportée par Adolphe Occo. Ils habitoient la Ville de PAUTALIA, que Ptolomée [f] place dans la Thrace. On lit aussi sur l'Inscription d'une Médaille de l'Empereur Sévère ce mot ΠΑΤΤΑΛΙΑ. Cependant les Interpretes de Ptolomée au lieu de PAUTALIA lisent PANTALIA. Voyez PANTALIA.

[e] Thesaur.
[f] Lib. 3. c. 11.

PAUTZKE, PUTZKO, ou PARDUBITZ, petite Ville de la Prusse Polonoise dans la Pomerellie, à neuf ou dix lieues à l'Occident Septentrional de Dantzig sur le Pautzkerwick. Elle fut prise en 1626. par les Suédois, qui en furent chassez l'année suivante par les Polonois, à qui elle appartient encore. Le Territoire de cette Ville est borné au Nord & à l'Orient par la Mer Baltique, au Midi partie par ceux des Villes de Dantzig & de Mirchaw & à l'Occident par la Poméranie.

PAUTZKER-WICK: On donne ce nom à cette partie de la Mer Baltique, qui forme un Golphe, sur la Côte de la Prusse Polonoise, depuis le Bourg d'Hella ou Heyle, jusqu'à l'embouchure de la Vistule.

PAUUS, Nom d'une Forêt de la France, selon l'Auteur de la Vie de St. Léonard.

PAUZERENSIS, Siège Episcopal d'Afrique. On ignore de quelle Province il étoit. On trouve seulement que dans la Conférence de Carthage Flavianus est dit *Episcopus Pauzerensis* [g].

[g] No. 187. & 201.

PAWHATAN, ou POWHATAN, Riviére de l'Amérique Septentrionale dans la Virginie. Elle a été ainsi appellée du nom d'un Cassique [h] qui a commandé dans le Pays par où elle passe. Cette Riviére qui arrose une Ville de son nom est presque vis-à-vis de l'embouchure qui donne entrée à la Mer dans le Golphe de Chesapeack & descend du côté de l'Occident. Sa source est dans les Montagnes de Monacans. Après avoir couru plus de cent milles portant des Navires dans tout cet espace, elle va se décharger dans ce Golphe par une embouchure de trois milles. Son canal est pourtant étroit, à cause des

[h] Ceru. Dict.
De Laet.
Descr. des Indes Occ. liv. 3. c. 14.

## PAW. PAX.

Basses qui sont d'un côté & d'autre le long de ses rivages. La quantité de Cataractes & de Rochers empêche qu'on ne la monte plus haut. Dans sa course elle se grossit de plusieurs Ruisseaux & de la rencontre de quelques Riviéres. Il y en a trois qui viennent du côté du Sud, savoir Apamatuch, Quiyougheohanoch & Nandsamund. Le Courant de l'Etang de Chesepeach d'où le Golphe a pris son nom, s'y décharge aussi du même côté. Deux autres Riviéres s'y rendent du côté du Nord, & dont l'une qui s'appelle Chicahamania est au dessus de Jacobipolis Colonie des Anglois. Cette même Riviére de Pawhatan reçoit l'eau de la Baye de Kecoughtan, qui étant entrecoupée de divers Canaux & Peninsules par plusieurs détours fournit des Havres aux Barques. Ses rivages aussi bien que ceux des Riviéres qu'elle entraîne, sont habitez des Kecougtans, des Paspaheges, des Chicaimanes, des Weanocks, des Arouvatoks, des Pauhatans, des Nansamunds, des Chicahimanians & de divers autres. Les Eturgeons abondent dans cette Riviére, & toutes celles qui s'y déchargent sont fort poissonneuses.

PAWTUNXUT, petite Riviére de l'Amérique Septentrionale [i], dans la Virginie. Elle est profonde de seize à dix-huit brasses & très-poissonneuse. Les Acquitanases, les Pautuxunts & les Mattapiniens, ont leurs Habitations le long des bords de cette Riviére. A trente milles de là il en sort une autre dans le Golphe que les Anglois appellent Bolus de la couleur de son terroir. Elle est navigable; mais ses rivages sont inhabitez & deserts.

[i] Ibid. liv. 3. c. 14.

PAX, PAXI, ou PAXO, Bourgade de Hongrie sur la rive droite du Danube, entre Bude & Tolna ou Tulna, vis-à-vis la pointe d'une Isle qui se trouve dans le Fleuve, selon Mr. le Comte de Marsilly dans sa Carte du Cours du Danube.

PAX-AUGUSTA. Voyez BADAJOS.

PAX-JULIA, Ville de la Lusitanie: Ptolomée [k] la place dans les terres, & l'Itinéraire d'Antonin la met à trente milles d'Arucci & à trente-six milles de Myrtilis. On ne peut douter que ce ne soit présentement la Ville de BEJA, où l'on a déterré une très-grande quantité de Monumens antiques. On y voit encore trois portes de la Ville qui sont d'Architecture Romaine. Dans les degrez de l'Eglise Cathédrale on lit cette Inscription mutilée:

[k] Lib. 1. c. 5.

. . . . PAX. JULI. . . .
. . . . Q. PETRON. . . .

L'Inscription suivante se lit toute entiére dans la Place du Marché:

L. AELIO. AURELIO. COMMODO
IMP. CÆS. ÆLI.
HADRIANI ANTONINI. AUG.
PII P. P. FILIO.
COL. PAX. JULIA. D. D.
Q. PETRONIO MATERNO
C. JULIO. JULIANO. II. VIR.

PAXÆ,

PAXÆ, ou PAXI, Nom de deux Isles que Polybe [a] & Pline [m] mettent entre les Isles de Leucade & de Corcyre. Elles sont à cinq milles de la derniere de ces Isles, & on les nomme aujourd'hui PAXU & ANTIPAXU. L'Isle de Paxu [n] peut favoir douze milles de tour avec un Port des plus fûrs, mais abandonné par la crainte qu'on a des Corsaires. Antipaxu est moindre & n'a point de Port. Le terroir de ces Isles quoiqu'inhabitées est fort abondant en Pâturages, la premiére a du côté du Levant une plaine très-fertile des vignes & toutes fortes d'arbres fruitiers.

[a] Lib. 2. c. 10.
[b] Lib. 4. c. 12.
[e] Corn. Dict.
Corovic. Itiner.

PAXU. Voyez PAXÆ.

PAYAMOGO, Place d'Espagne [d], dans l'Andalousie, environ à quatre lieues au Midi de Moura, à deux lieues d'Algueria, vers la source de la Chanca. Cette Place qui est importante étant aux frontiéres du Portugal est forte par sa situation & défendue, par quatre bons bastions.

[d] Délices d'Espagne, p. 448.

PAYASSES, ou PAÏASSE, Ville des Etats du Turc [b], dans la Caramanie, sur le Golphe d'Aléxandrette, au Nord de la Ville de ce nom, qui en est éloignée de quatre heures de chemin.

[e] Paul Lucas, Voy. de l'Asie Mineure, t. 2. p. 284.

A demi-lieue de cette Ville il y a dans la Mer [e] une grosse roche & entre la roche & la terre une grande hauteur d'eau. Les gens du Païs sont persuadez que la Baleine rejetta Jonas en cet endroit malgré la commune opinion qui veut qu'elle l'ait jetté au Port de Justa dans la Palestine. Le long de cette Côte depuis Aléxandrette, jusqu'aux Payasses & au delà, le chemin est si étroit & si pressé par la Montagne, qu'il faut que les chameaux & les chevaux mettent le pied dans la Mer en plus d'un endroit. Il n'y a point cependant d'autre passage en venant des Côtes de Syrie pour aller à Constantinople. On a bâti des Magasins sur le bord de la rade qui fait le Port des Payasses, où abordent les Galéres & les Saïques Turques. On y fabrique méme de ces fortes de Vaisseaux, à cause de la commodité du Lieu qui est défendu d'un Château fermé de doubles murailles. Ce Château est à un demi-mille de la Ville dans laquelle il y a une belle Mosquée, un grand Kan & un beau Bazar couvert, outre plusieurs autres grands Edifices, & quantité de beaux jardinages qui en rendent le séjour agréable.

[f] Corn. Dict.

PAYERNE, PATERNIACUS en Latin, Ville de Suisse, dans le Canton de Berne [d], sur le bord de la Broye au milieu d'une belle Campagne, & le Chef-lieu d'un Gouvernement auquel elle donne son nom. Cette Ville est petite, mais jolie. La Broye coule devant l'une de ses deux Portes & on la passe sur un Pont de pierre, à un coin duquel on voit cette Inscription:

[g] Etat & Délices de la Suisse, t. 2. p. 339.

JOVI O. M.
GENIO LOCI
FORTUNÆ
REDUCI AP
PIUS AUGUS
TUS DEDICA.

Marius ou Maire, Evêque de Lausanne, bâtit ou rétablit Payerne en 595. & y fonda une Eglise. Dans la suite Berthe, Reine de Bourgogne, environ l'an 960. y fonda une riche Abbaye de Bénédictins, à laquelle elle attacha de grands revenus, leur donnant la Seigneurie de la Ville & les exemptant de toute Jurisdiction, quelle qu'elle fût, de Rois, de Princes, d'Evêques & de celle des Papes mêmes. Le Gouvernement [e] de ce Monastère fut donné à St. Odilon Abbé de Clugny qui l'unit à son Abbaye de Clugny, dont Payerne fut toujours Membre; de sorte que depuis ce tems-là il y eut en ce même lieu un Prieuré Conventuel qui étoit à la Collation libre de l'Abbé de Clugny, & où il devoit y avoir trente Moines, selon un Réglement fait en 1326. Guilliman dit qu'il y a des Actes anciens de l'Eglise de Lausanne qui attestent que Marius Evêque d'Avanche avoit bâti une Eglise à Payerne dans la quatorzième année du Roi Gontran Mérovingien en 575.

[b] Longuerue, Descr. de la France, Part. 2. p. 267.

Les Bernois ayant pris Payerne sur les Savoyards en 1536. chassèrent les Religieux [n] & s'emparèrent de l'Abbaye où ils ont établi un Administrateur nommé en Allemand *Schaffner*, qui en retire les rentes. Il n'a aucune Jurisdiction sur la Ville, mais seulement pour quelques Villages voisins. Les Bourgeois ont leur propre Chef de Justice, qu'ils nomment Avoyer, & qui est établi par les Bernois, mais choisi dans Payerne. Le fondement de ces Priviléges vient de ce qu'avant l'introduction de la Religion Protestante & dans le tems même que la Ville de Payerne étoit sous la domination des Ducs de Savoye, elle étoit alliée avec la Ville de Berne, par un ancien Traité de Bourgeoisie, ou d'Alliance défensive, peut-être aussi ancien que la Ville de Berne: du moins dans un Acte que l'on conserve dans les Archives de Payerne, qui contient un renouvellement de cette Alliance & qui est datté du Mois de Février 1343. il est dit expressément que cette Alliance étoit ancienne.

[i] Etat & Délices de la Suisse, t. 2. p. 340.

Il y a à Payerne deux grands Temples, tout proche l'un de l'autre, savoir l'ancienne Eglise Paroissiale & l'Eglise de l'Abbaye. Ce dernier a été abandonné à cause de son obscurité, & on en a fait un grenier. On peut encore voir la hauteur de la voute & la grandeur des Colonnes qui la soutiennent. On dit que le Roi de Bourgogne Rodolf II. y est ensévéli avec Berthe son Epouse fondatrice de l'Abbaye; mais quelque recherche qu'on fasse, on ne voit aucune trace de Tombeau ni la moindre Inscription. Il est vrai qu'on y a tout renversé quand on y a bâti le grenier. Le Clocher a été conservé & on se sert encore de sa sonnerie. Il paroît par divers monumens de l'Histoire que les derniers Rois de Bourgogne ont aimé le séjour de cette Ville. On dit que Rodolf le premier de ces Rois en fit sa Résidence en 888. Les Habitans de Payerne sont renommez pour leur adresse à dresser des chiens de chasse.

Le GOUVERNEMENT DE PAYERNE, n'a pas le titre de Bailliage, quoiqu'il en en vaille bien un, non pourtant par son étendue, mais par sa bonté. C'est un Pays uni, formé de grandes Campagnes, de Champs & de Prez: son terroir est très-fertile & il est renommé particuliérement pour ses bons pois blancs.

☞ 1. PAYS, Partie plus ou moins grande du Globe Terrestre habitée par un Peuple ou même par plusieurs Nations différentes, mais considérées sous une même notion. On dit de l'Afrique que c'est un Pays brûlé par les ardeurs du Soleil; que la France est un Pays où les Sciences & les Beaux-Arts ont fait de très-grands progrès depuis le Regne de François Premier; que la Hollande est un Pays coupé de Canaux &c.

On appelle Pays des petits Cantons dont plusieurs font ensemble une Province. Comme le *Pays de Caux* & quelques autres, composent la Normandie. Quelquefois on sous-entend le mot Pays, comme quand on dit simplement le *Vimeu*, le *Ponthieu* &c.

PAYS se prend quelquefois pour la Patrie, on dit, par exemple, *Pays Natal*, aimer son Pays, quitter le Pays, avoir l'accent de son Pays.

On appelle le PLAT-PAYS, la Campagne où il n'y a ni Villes, ni Forteresses. Exemple: *de dépit de n'avoir pu forcer cette Ville, il s'en vangea en ravageant le Plat-Pays.*

Un PAYS PLAT est autre chose. C'est un Pays qui n'est qu'une vaste Plaine sans Montagnes ni hauteur bien remarquable. Le Bas Poitou & l'Aunis sont des Pays Plats dans ce sens-là.

En France on appelle PAYS D'ETATS les Provinces où les Impositions se font par l'Assemblée des Etats de la Province; PAYS D'ELECTION celles où il y a des Généralitez & des Elections établies; & PAYS D'OBEDIENCE les Provinces où le Pape nomme à certains petits Bénéfices. On dit aussi PAYS COUTUMIER, de celui où l'on suit une Coûtume Provinciale & Locale, & PAYS DE DROIT ECRIT, de celui où l'on suit le Droit Romain. On appelle proverbialement PAYS DE COCAGNE un Pays où l'on fait bonne chére & où l'on ne travaille guéres. On a dit le PAYS LATIN dans le sens propre pour signifier la partie de l'Italie appellée le *Latium*, & on le dit figurément pour signifier à Paris le Quartier de l'Université. Les gens de Mer appellent PAYS SOMME, le fond où il y a peu d'eau. Ils disent aussi BAS-FOND pour signifier la même chose.

Le mot PAYS n'est qu'une traduction du mot PAGUS; comme les mots PAYEN & PAYSAN viennent de PAGANUS. Voyez PAGUS.

2. PAYS, Isles de la Mer des Indes, au Sud des Isles Marianes [a]. Elles ne furent découvertes qu'en 1697. comme nous l'apprenons par une Lettre du Pere le Clain Jésuite. Ces Isles sont au nombre de trente-deux. Il y en a trois qui ne sont habitées que par des Oiseaux; mais les autres sont peuplées. On les nomme:

| Pays ou Païs, | Falait, |
|---|---|
| Lamululutup, | Caruvaruvong, |
| Saraon, | Ylatu, |
| Yaropie, | Lamuliur, |
| Valayyay, | Tavas, |
| Satavan, | Saypen, |
| Cutac, | Tacaulap, |
| Yfaluc, | Rapiyang, |
| Piraulop, | Tavon, |
| Ytai, | Mutacusan, |
| Pic, | Piylu, |
| Piga, | Olatan, |
| Lamurrec | Palu |
| Puc | Cucumyat, |
| Piyalucunung. | |

Les trois qui ne sont habitées que par des Oiseaux sont:

Piculat         Hulatan,
    Tagian.

Lamurrec est la plus considérable de toutes ces Isles. C'est où le Roi de tout ce Pays tient sa Cour. Les Chefs de toutes ces Habitations lui sont soumis. La première connoissance que l'on a eue de ces Isles a été un coup du hazard, ou plutôt un effet de la Providence. Le Pere Paul le Clain Jésuite étant arrivé à la Bourgade de Guivam dans l'Isle de Samal la dérniére & la plus méridionale des *Pintados* Orientaux, où il faisoit la visite des Maisons des Séminaires, avec le Provincial de la Province, il y trouva vingt-neuf des Habitans de ces Isles Pays, que les vents d'Est qui régnent sur ces Mers depuis le mois de Décembre jusqu'au mois de Mai, y avoient jettez à trois cens lieues de leurs Isles. Ils s'étoient embarquez sur deux petits Vaisseaux au nombre de trente-cinq personnes pour passer à une Isle voisine qui leur fut impossible de gagner, ni aucune autre de leur connoissance, à cause d'un vent violent qui les emporta en haute Mer, où ils voguérent soixante & dix jours sans pouvoir prendre terre; jusqu'à ce qu'enfin ils se trouvérent à la vue de la Bourgade de Guivam où un Guivamois, qui étoit au bord de la Mer, leur servit de guide & les fit entrer au Port le 28. de Décembre 1696. Il en étoit mort six pendant leur course. Les Habitans accourus sur le Rivage, leur apportérent du vin & des rafraîchissemens. Ils mangérent volontiers des Cocos. On leur présenta du ris cuit à l'eau, dont on se sert dans toute l'Asie, & après l'avoir regardé avec admiration, ils en prirent quelques grains qu'ils jettérent aussi-tôt à terre croyant que c'étoient des vermisseaux. Ils marquérent beaucoup de joie quand on leur donna de ces grosses racines qu'on appelle *Palavan*. Ils en mangérent avec grande avidité. On fit venir deux femmes que la tempête avoit autrefois jettées sur la même Côte de Guivam, & qui sachant un peu la Langue de ce Pays leur servirent d'Interprétes. Ce fut par ce moyen qu'on apprit qu'il consistoit en trente-deux Isles. La structure de leurs petits Vaisseaux & la forme de leurs

leurs voiles qui font les mêmes que celles des Marianes firent juger que les Isles Pays n'étoient pas fort éloignées de ces dernières. Le Pere le Clain dit que c'est une des Isles Pays qu'on découvrit de loin en 1686. Un Vaisseau des Philippines ayant quitté la route ordinaire, qui est de l'Est à l'Ouest sous le troisième Parallèle, & s'étant un peu écarté vers le Sud-Ouest, l'apperçut pour la première fois. Les uns l'avoient appellée la *Caroline*, du nom de Charles II. Roi d'Espagne, & les autres l'Isle de St. Barnabé, parce qu'on la découvrit le jour de la Fête de cet Apôtre. Elle fut encore vue en 1696. par un Vaisseau que la tempête obligea de changer de route, en allant de Manille aux Marianes. Le Gouverneur des Philippines avoit souvent donné ordre au Vaisseau qui va presque tous les ans aux Marianes de chercher cette Isle; mais ces ordres avoient toujours été inutiles. Selon ce que rapportèrent ces Etrangers ces Isles jusqu'alors inconnues, sont extrêmement peuplées. Quand on leur demanda quel étoit le nombre des Habitans, ils prirent un monceau de sable & de poussière, pour faire entendre la grande multitude d'hommes qu'on y trouve. Quoiqu'ils fussent à demi-nuds ils avoient des manières, & un certain air de grandeur qui faisoient connoître qu'ils avoient des sentimens. Il se trouvoit parmi eux un Chef d'Habitation avec sa femme, qui étoit fille du Roi. Le mari avoit le corps peint de certaines lignes dont l'arrangement formoit diverses figures. Les autres hommes de la troupe avoient aussi quelques lignes semblables, les uns plus, les autres moins. Mais les femmes & les enfans n'en avoient point. Le tour & la couleur de leur visage approchent assez du tour & de la couleur du visage des Habitans des Philippines. Les hommes n'ont point d'autre habit qu'une espèce de ceinture qui leur couvre les reins & les cuisses & qui fait plusieurs tours. Ils ont sur leurs épaules plus d'une aune & demie de grosse toile, dont ils se font une espèce de Capuchon qu'ils lient par devant & qu'ils laissent pendre négligemment par derrière. Les hommes & les femmes sont habillez de la même manière, excepté que les femmes ont un linge un peu plus long, qui descend depuis la ceinture jusqu'aux genoux. Leur Langue est différente de celle des Philippines & même de celle des Isles Marianes. Leur manière de prononcer approche de la prononciation des Arabes. La femme qui paroissoit la plus considérable avoit plusieurs anneaux & plusieurs colliers d'écaille de tortue, ou d'autre matière qui étoit inconnue, & qui ressembloit assez à de l'ambre gris. Pendant les soixante & dix jours qu'ils avoient été sur l'eau à la merci des vents, ils avoient vécu du poisson qu'ils prenoient & ne buvoient point d'autre eau que celle que la pluye leur fournissoit. Comme ils n'ont point de Vaches dans leurs Isles, ils voulurent s'enfuir quand ils en virent, aussi-bien que quand ils entendirent aboyer un petit Chien. Ils n'ont point non plus de Chats, ni de Cerfs, ni de Chevaux, ni généralement aucune Bête à quatre pieds. Ils n'ont même guère d'autres Oiseaux que ceux qui vivent sur la mer. Ils ont cependant des Poules dont ils se nourrissent; mais ils n'en mangent pas les œufs. Malgré cette disette de tant de choses, ils sont gais & contens de leur sort. Ils ont des Chants & des Danses assez régulières. Ils chantent tous ensemble & font les mêmes gestes; ce qui a quelque agrément. Il n'a point paru qu'ils eussent aucune connoissance de la Divinité, ni qu'ils adorassent les Idoles. On n'a remarqué en eux qu'une vie toute barbare. Tout leur soin est de chercher à boire & à manger. Ils ont une grande déférence pour leur Roi & pour les Chefs de leurs Bourgades ou Habitations; & ils leur obéissent avec beaucoup d'exactitude. Ils n'ont point d'heures réglées pour leurs repas: ils boivent & mangent en quelque tems & en quelque endroit que ce soit, lorsqu'ils ont faim ou soif, & qu'ils trouvent dequoi se contenter. Mais ils mangent peu à chaque fois & ils ne font point de repas assez fort pour suffire à toute la journée. Leur civilité & la marque de leur respect consiste à prendre la main ou le pied de celui à qui ils veulent faire honneur & à s'en frotter doucement tout le visage. Ils avoient parmi leurs petits meubles quelques Scies faites, non de fer, mais d'une grande écaille qu'on appelle dans le Pays *Taclobo*, & qu'il aiguisent en la frottant contre certaines pierres. Ils avoient aussi une Scie de fer de la longueur d'un doigt, & ils parurent fort étonnez à l'occasion d'un Vaisseau Marchand qu'on bâtissoit à Guivam, de voir la multitude des Instrumens de Charpenterie, dont on se servoit. Ils n'ont point de Métaux dans leur Pays. Leurs armes sont des Lances ou des traits faits d'ossemens humains. Il sont naturellement fort pacifiques. Lors qu'il arrive entre eux quelque querelle, elle se termine par quelques coups de poing, qu'ils se donnent sur la tête; ce qui arrive rarement. Ils ne sont point cependant stupides ni pesans: au contraire ils ont du feu & de la vivacité. Ils n'ont pas tant d'embonpoint que les Habitans des Isles Marianes; mais ils sont bien proportionnés & d'une taille à peu près semblable à celle des Philippinois. Les hommes & les femmes laissent croître leurs cheveux, qui leur tombent sur leurs épaules.

PAYS-BAS, Contrée de l'Europe composée de dix-sept Provinces, situées entre l'Allemagne, la France & la Mer du Nord. Le nom de Pays-bas, appellez en Allemand *Nidderland* & en Flamand *Nederland*, a été donné à ces Pays [a] à cause de leur situation à l'égard de l'Allemagne, & parce qu'ils sont dans un terrain fort bas, & en plusieurs endroits plus bas même que l'Océan. Ces Provinces des Pays-bas, possédées long-tems par plusieurs Seigneurs, furent enfin réunies par l'Empereur Charles V. de la Maison d'Autriche,

che, qui joignit à ce que ses Peres lui avoient laissé, le Duché de Gueldres, le Comté de Zutphen & les Seigneuries d'Utrecht, d'Over-Issel & de Groningue. Ces dix-sept Provinces ainsi unies dans un seul Corps étoient les Duchez de Brabant, de Limbourg, de Luxembourg & de Gueldres ; le Marquisat d'Anvers appellé le Marquisat du Saint Empire; les Comtez de Flandres, d'Artois, de Hainaut, de Hollande, de Zeelande, de Namur & de Zutphen ; & les Seigneuries de Frise, de Malines d'Utrecht d'Over-Issel, & de Groningue.

L'Empereur, Duc de Brabant, prenoit les titres de toutes ces Provinces, tant des grandes que des petites, & c'est à cause des dix-sept titres qu'il portoit qu'on a compté dix-sept Provinces des Pays-bas. Cette division néanmoins n'étoit pas juste par rapport au Gouvernement ; car le Marquisat du Saint Empire étoit tellement uni & confondu avec le Brabant, qu'Anvers, en quoi consiste le Marquisat, étoit Chef de l'un des quatre Quartiers du Duché de Brabant, & le Comté de Zutphen joint à la Gueldres ne faisoit qu'un des Quartiers de ce Duché. D'un autre côté la Châtellenie de Lille faisoit, avec le Bailliage de Douay & d'Orchies, une Province séparée de la Flandres. Charles V. outre cela ayant ôté à la France Tournay & le Tournesis voulut que cette Ville & ses dépendances fissent une Province. Enfin Valenciennes quoique enclavée dans le Hainaut en étoit cependant séparée.

Sous Philippe II. Roi d'Espagne les Habitans des Provinces des Pays-Bas s'étant soulevez contre les Officiers de ce Prince, à qui l'Empereur son Pere avoit laissé les dix-sept Provinces des Pays-Bas, les Espagnols après de longues Guerres se maintinrent en possession des neuf qui sont les plus meridionales & voisines de la France. Mais pour les huit autres qui sont vers le Nord; sçavoir Gueldres & Zutphen, Hollande, Zeelande, Frise, Utrecht, Over-Issel & Groningue, elles secouérent le joug de la domination Espagnole & formérent une République qui est aujourd'hui la plus puissante de l'Europe. On les nomme les PROVINCES-UNIES ; & les autres furent appellées les Pays-Bas Catholiques, parce que les Espagnols y maintinrent la Religion Catholique, au lieu que dans les Provinces-Unies le Calvinisme devint la Religion dominante. Voyez au mot PROVINCE, l'Article PROVINCES-UNIES. Voyez aussi PAYS-BAS CATHOLIQUES.

Les PAYS-BAS CATHOLIQUES, sont [a] situez du côté du Midi & sont nommez Catholiques parce que la Religion Catholique, y est seule reçue dans la plus grande partie des Provinces. Les Hollandois ayant fait des Conquêtes en Brabant & en Flandres, & les François s'étant rendus maîtres de l'Artois & de plusieurs Places voisines de la France en d'autres Provinces, le reste qui étoit demeuré au Roi d'Espagne fut nommé le Pays-Bas-Espagnol, & ce Pays-Bas Espagnol ayant été cédé à la Maison d'Autriche par les Traitez d'Utrecht, de Radstat & de Bade, on nomme ces Provinces les Pays-Bas-Autrichiens, ou le Cercle de Bourgogne, parce que les Pays obéïssans à la Maison d'Autriche composent aujourd'hui ce Cercle; le reste qui est soumis à la France & aux Etats-Généraux étant entiérement séparé de ce Cercle. En traitant de chaque Province, nous marquons ce qui est sujet aux différentes Puissances.

Voici la division des dix-sept Provinces des Pays-Bas, selon Mrs. Sanson. Je la donne sans aucun changement pour les raisons que j'ai dites ailleurs.

### TABLES DES DIVISIONS DES DIX-SEPT PROVINCES DES PAYS-BAS.

LES DIX-SEPT PROVINCES DES PAYS-BAS, *sont*,
- LES DUCHE'S DE
  - Brabant.
  - Limbourg.
  - Luxembourg.
  - Gueldres.
- LES COMTE'S DE
  - Flandres.
  - Artois.
  - Hainaut.
  - Namur.
  - Hollande.
  - Zeelande.
  - Zutphen.
- LE MARQUISAT DU ST. EMPIRE.
  - Anvers.
- LES SEIGNEURIES DE
  - Malines.
  - Utrecht.
  - Overyssel.
  - Groningue.
  - West-Frise.

Dans les PAYS-BAS *sont enclavés.*
- L'ARCHEVECHE' DE
  - Cambray.
- L'EVECHE' DE
  - Liege.

LE DUCHE' DE BRABANT *se divise en*
- BRABANT ESPAGNOL.
  - Bruxelles.
  - Louvain.
  - Aerschot.
  - Sichem.
  - Tilemont.
  - Diest.
  - Halem.
  - Leuwe.
  - Landen.
  - Hannuy.
  - Judoigne.
  - Gemblours.
  - Nivelle.
  - Vilvorden.
  - Liere.
  - Herentals.
  - Santvliet.
  - Hochstrate.
  - Turnhout.
  - Arendonck.
  - Scherpenheuvel.
  - Moll.
  - Walheim.
  - Wavre.
  - Genape.
  - Vueren.
  - Assche.
  - Cantecroy.
  - Perwys.
  - Sombreff.
  - Tilly

## PAY.

LA DUCHÉ DE BRABANT, se divise en
- BRABANT HOLLANDOIS:
  - Tilly.
  - Reuez.
  - Heuerle.
  - Gaesbeck.
  - Lew.
  - Gesta Virompont.
  - Lummen.
  - Maftricht.
  - Boisledue.
  - Breda.
  - Berg op Zoom.
  - Grave.
  - Lillo.
  - Meghem.
  - Helmont.
  - Eyndhoven.
  - Ravenstein.
  - Steenbergen.
  - Cuyck.
  - Oirschot.
  - Oosterwyck.
  - Eersel.
  - Oudenbos.
  - Rosendal.

LE DUCHÉ DE LIMBOURG, se divise en
- LIMBOURG ESPAGNOL:
  - Limbourg.
  - Kerpen.
  - Lomersum.
  - Oepen.
  - Balen.
  - Walhorn.
  - Montzen.
  - Herue.
  - Spremont.
  - Argenteau.
  - Nouagne.
- LIMBOURG HOLLANDOIS:
  - Wych.
  - Dalem.
  - Fauquemont
  - Rolduc.
  - Schurlack.
  - Honsbrouck.

LE DUCHÉ DE LUXEMBOURG ESPAGNOL:
  - Bastogne.
  - Arlon.
  - Chiny.
  - Marche.
  - Roche.
  - Rochefort.
  - Durbuy.
  - Salme.
  - S. Wyt.
  - Homfalise.
  - Hoesingen.
  - Clervaux.
  - Diekry.
  - Viane.
  - Bidburg.
  - Dudelstorf.
  - Keyel.
  - Echter.
  - Wasserbillick.
  - Greven Macheren.
  - Remich.
  - Virton.
  - Neuchastel.
  - Herbemont.
  - Orchimont.
  - Villance.
  - Bohemale.
  - Hotton.

## PAY.

LUXEMBOURG, se divise en
- LUXEMBOURG FRANÇOIS:
  - Esch.
  - Brandenbourg.
  - Mersche.
  - La Rochette.
  - Linstre.
  - Soleutre.
  - Bettingen.
  - Breitbach.
  - Luxembourg.
  - Thionville.
  - Montmedy.
  - Tuoix.
  - Damvilliers.
  - Merville.
  - La Ferté.
  - Konings Macheren.
  - Rodembach.
  - Esche.

LE DUCHÉ DE GUELDRE, se divise en
- BETUWE:
  - Nimegue.
  - Bommel.
  - Tiel.
  - Buren.
  - Culenbourg.
  - Linden.
  - Batenburg.
  - Fort de Schenk.
  - Arnhem.
- VELUWE:
  - Harderwick.
  - Elburg.
  - Hattem.
  - Wageningen.
  - Iseloort.
  - Rosendael.
- GUELDRE:
  - Ruremonde.
  - Gueldre.
  - Venloo.
  - Wachtendonck.
  - Stralem.
  - Erkelent.
  - Stephanwert.
  - Montfort.
  - Kessel.
  - Brey.
- ZUTPHEN:
  - Zutphen.

LE COMTÉ DE FLANDRES, se divise en
- FLANDRE ESPAGNOLE:
  - Gand.
  - Bruges.
  - Courtray.
  - Oudenarde.
  - Alost.
  - Ostende.
  - Damme.
  - Dixmude.
  - Deynse.
  - Ninove.
  - Gramont.
  - Rupelmonde.
- FLANDRE HOLLANDOISE:
  - L'Esclufe.
  - Hulft.
  - Axel.
  - Ardenburg.
  - Biervliet.
  - Ifendick.
  - Sas de Gand.
  - Oosterburgh.
  - Cassandria.
  - Philippine.
  - Terneufe.
- FLANDRE FRANÇOISE:
  - Middelburg.
  - Bou

# PAY.

|  |  |  |  |  |
|---|---|---|---|---|
| LA FLANDRE FRANÇOISE, où sont | Dans les Terres. | Bouchoute. Doel. Lille. Tournay. Douay. Caſſel. Yptes. Bailleul. Roulers. Armentiéres. La Baſſée. L'Eſcluſe. Orchies. S. Amand. Lannoy. Warneſton. Commines. Warwick. Menin. Eſtayre. Poperingue. |
|  | Vers la Mer. | Dunquerque. Gravelines. Berg St. Winock. Furnes. Bourbourg. Mardick. |
| LE COMTE' D'ARTOIS, où ſont | | Arras. St. Omer. Ayre. Bethune. Hesdin. Lens. Bapaumes. St. Venant. St. Pol. Lillers. Pernes. Lisbourg. Renty. Blangis. Freſlin. Douriers. La Broye. Auxy le Château. Aveſnes le Conte. Bucquoy. Pas. Oyſy. Arleux. Riquebourg. La Gorgue. Epinoy. |
| LA COMTE' DE HAY- | HAYNAULT ESPAGNOL. | Ath. Binche. Fontaine l'Evêque. Ligne. Beaumont. Le Rœulx. Soignies. Braine le Comte. Enghien. Halle. Leſſines. Chievres. S. Ghiſlain. |

# PAY. 167

| NAUT ſe diviſe en | HAYNAULT FRANÇOIS. | Mons. Valenciennes. Bavay. Maubeuge. Condé. Bouchain. Péequencour. Landrechies. Le Quesnoy. Aveſnes. Marienbourg. Philippeville. |
| --- | --- | --- |
| | LE COMTE DE NAMUR. | Namur. Charleroi. Bouvignes. Charlemont. Valcour. |
| LE COMTE' DE HOLLANDE ſe diviſe en | SUD-HOLLANDE. | Dordrecht. Harlem. Delft. Leyden. Amſterdam. Gouda. Rotterdam. Gorcum. Schiedam. Schoonhoven. S-Graveſande. S. Gertruydenberg. Heuſden. Worcum. Vianen. |
| | NORT-HOLLANDE.] | Woerden. Oudewater. Yſelſtein. |
| Dans SUD-HOLLANDE ſont encore | | Aſperen. Hockelem. Leerdam. Weeſp. Muyden. Klundert. Willemſtadt. La Haye. Katwyck op Zée. Nortwyck. |
| LES ISLES DE LA SUD-HOLLANDE, ſont | VOORN. GOERE'E. OVER FLACKEE. PUTTEN. BEYERLAND. KORNDYCK. ISELMONDE. | Briel. Goerée. Somerdick. Geervliet. Beyerland. Korndyck. Iſelmonde. |
| NORT-HOLLANEE, OU WEST-FRIESLANDE. | | Alckmaer. Horn. Enckhuyſen. Edam. Munickedam. Medemblick. Purmerendt. Beverwyck. Wormer. Schermer. Beemſter. Egmont. Petten. Schagen. Ninckel. |
| LE COMTE' DE HOLLAN- | LES ISLES DE LA | TEXEL. EYERLANDT. VLIELANDT. | Texel. |

SCHEL-

# PAY.

| | | |
|---|---|---|
| NAUT se divise en | NORT-HOLLANDE, sont | SCHELLING. |
| | | GRIND. |
| | | WIERINGEN. } Osterland. |
| | | URCK. |
| | | ENO. |
| LE COMTE' DE ZEELANDE. | L'ISLE DE VALCHEREN. | Middelburg. Flessingue. Veere. Armuyden. Ramekens. |
| | L'ISLE DE ZUYD-BEVELAND. | Goes. S. Martin. Gruyningen. |
| | L'ISLE DE SCHOUWEN. | Ziriczée. Brouwershaven. Vyanen. |
| | L'ISLE DE TOLEN. | Tolen. St. Martensdyck. |
| | L'ISLE DE NORT-BEVELAND. | Beveland. |
| | L'ISLE DE WOLFERSDYCK. | Sabbinge. |
| LE COMTE' DE ZUTPHEN. | | Zutphen. Doesburg. Grol. Borckelo. Lochem. Dotekum. Brevoord. Lichtenforde. S. Heerenberg. Anholt. Werdt. Burch. Baer. Eybergen. |
| LE MARQUISAT DU ST. EMP ANVERS. | | Anvers. |
| LA SEIGNEURIE DE MALINES. | | Malines. |
| LA SEIGNEURIE D'UTRECHT. | | Utrecht. Amersfort. Montfort. Wyck te Duersted. Rhenen. Breukelen. Kronenburg. Abcoude. Kamrick. Coekenge. Vree Swick. Ameronge. |
| LA SEIGNEURIE D'OVERISSEL se divise en | SALLANT. | Deventer. Campen. Zwol. Hasselt. Steenwyck. Bloczyll. Kuynder. Vollenhove. Swartzsluys. Gramsbergue. Hardenberg. Ommen. |
| | TWENTE. | Oldenzael. Enschede. Goer. Diepenheim. Ottmarsum. Denecham. |

# PAY.

| | | |
|---|---|---|
| | DRENTE. | Covorden. Meppel. Ruynen. Arsen. Valteschans. Holeschans. |
| | LA SEIGNEURIE DE GRONINGUE. | Groningue. Delfzyll. Dam. Winschooten. Bourtang. Bellingwold. Boon. Lange Aker. Milwolde. Winschooter. Soltcamp. Bourtang. |
| LA SEIGNEURIE DE WESTFRISE. | OSTERGOE. | Leewarden. Dockum. Ostmershorn. Franeker. Harlingen. Sneck. |
| | WESTERGOE. | Bolswaert. Slooten. Staveren. Hindelopen. Worcum. Ilst. Mackum. |
| | SEVENVOLDEN. | Slyckenborg. Heerenveen. Sonega. Hollum. |
| | L'ISLE D'AMELAND. L'ISLE DE SCHIERMONKOOGH. | |
| DANS LES PAYS-BAS sont enclavés. | L'ARCHEVECHE' DE CAMBRAY. | Cambray. Cateau-Cambresis. Crevecœur. Premont. |
| | L'EVECHE' DE LIEGE en Souveraineté à son Evêque. | Liege. Dinant. Tongres. Huy. Bouillon. St. Hubert. Chiney. Spa. Franchimont. Borchworm. S. Tron. Borchloen. Viset. Byssen. Hasselt. Stockem. Mafeyck. Horn. Hamont. Wert. Peer. Bray. Herck. Chastellet. Thuyn. Fossé. Couvin. Fumay. Revin. |

PAYS-

PAYS DE CUYCK, Contrée des Pays-Bas, dans l'étendue des Provinces-Unies [a], sur la Meuse, au-dessus de Raveftein. C'étoit autrefois un Comté libre & indépendant, tant des Ducs de Brabant que des Comtes ou Ducs de Gueldres. Herman Comte de Cuyck ayant tué Florent Comte de Hollande fut condamné comme criminel par l'Empereur Lothaire l'an 1128. & cet Empereur le priva du titre de Comte & de tous fes honneurs. Gérard Comte de Gueldres qui avoit réduit Herman par la force des armes, lui laiffa & à fes fucceffeurs la Seigneurie utile de ce Pays, s'en refervant le haut Domaine. Les Seigneurs de ce Pays tâcherent fouvent de l'affranchir du joug des Comtes & des Ducs de Gueldres; & Othon Seigneur de Cuyck fe reconnut feudataire de Jean II. Duc de Brabant; ce qui n'empécha pas ceux de Gueldres de réunir ce Pays à leur Domaine où il demeura jufqu'à ce que Charles Duc de Bourgogne s'étant emparé du Duché de Gueldres, il en détacha le Pays de Cuyck & l'unit au Brabant.

L'Empereur Charles V. donna le Pays de Cuyck en engagement à Maximilien d'Egmont, Comte de Buren, dont Guillaume Prince d'Orange épouſa la fille & unique héritiére. Par-là les Princes d'Orange de la Maifon de Naffau ont eu la Seigneurie de Cuyck, jufqu'à Guillaume Roi de la Grande-Bretagne; & cette Seigneurie de Cuyck fait aujourd'hui partie de la fucceffion d'Orange.

PAYS-ENTRE-DEUX-MERS. Voyez l'Article ENTRE-DEUX-MERS.

PAYS-ENTRE-SAMBRE ET MEUSE, Contrée des Pays-Bas, & dont le nom défigne la fituation [b]. Ce Pays obéit pour la plus grande partie à l'Evêque de Liége; mais il reconnoît auffi d'autres Princes. Il eft environné des Provinces de Champagne, de Hainaut, de Namur & de Luxembourg. On l'appelloit autrefois le Pays de Lomme, en Latin *Pagus Lommenfis*, *Laumenfis*, *Lummenfis* & *Lomacenfis*. Il dépendoit du Royaume de Lorraine ou d'Auftrafie, & il étoit entre le Hainaut & la Hasbanie, dont la Nouvelle Hasbaye n'eft qu'une partie. Les Evêques de Liége y devinrent de puiffans Seigneurs temporels, lorsque fur la fin du neuvième fiécle, l'Empereur Arnould, Roi de Lorraine & de Germanie, donna à Franco, Evêque de Liége, & à fon Eglife l'Abbaye de Lobbe, à laquelle appartenoient alors cent cinquante-trois Villages & entr'autres Tuin, où l'Evêque Notker fit faire une Fortereffe pour la défenſe de l'Abbaye & de la Marche Epiſcopale, c'eſt-à-dire du Pays qui étoit fous la Seigneurie temporelle de l'Evêque de Liége. Elle fut depuis augmentée par le don & la vente que fit à l'Eglife de Liége Baudouin dit *Hieruſalem*, Comte de Hainaut, & de Flandres, de la Ville de Couvin & de tout ce qui en dépendoit, depuis la Meuſe juſqu'aux confins des Terres de Chimay, de Beaumont & de Rumigny. Les principaux Lieux de ce Pays font,

Tuin,
Le Foſſé,
Fleurinnes,
Couvin,
Fumay,
Revin,
Mariembourg,
Philippeville.

PAYS DE NUITS. Voyez NUITZ.

PAYS D'OUTREMER, *Transmarinæ partes* & *Ultramarina regio:* On donnoit ce nom autrefois à ces Régions de l'Afie qui font près de la Mer Noire & de la Mer Méditerranée. On y comprenoit l'Arménie, l'Anatolie, la Syrie, l'Arabie & l'Egypte, Pays fituez au delà de la Mer par rapport à l'Europe. Ce nom a été furtout en uſage du tems des Croifades pour la Conquête de la Terre Sainte.

PAYS RECONQUIS. Voyez BOULENOIS.

PAYS REUNIS, Nom que l'on donne [c] à un grand nombre de Fiefs, divifez en Fiefs relevans des Evechés de Metz, Toul & Verdun, en Fiefs compris dans la Baffe Alface & en Fiefs mouvans des Comtez de Chini. Ceux qui ont été réunis dans l'étendue des trois Evéchez font le Duché de Deux-ponts, les Comtez de Veldentz, de Sarbruck, de Sar-Albe, de Sarbourg, de Saverden, de Bitch & de Morhange; les Baronnies de Crehange & d'Oberftein; & les Seigneuries d'Otweiler, de Bouffeviller & d'Ochfenftein, avec pluſieurs autres Terres fituées en Lorraine. Ceux qui poffédoient ces Etats devoient en faire les Repriſes des Evêques fous peine de Commiſes; mais pendant un eſpace de plus de cent ans ces Evêques ayant négligé les droits dépendans de leur Egliſe, leurs Vaſſaux profitérent de cette négligence & ceſſérent de faire les Repriſes. Cela avoit diminué confidérablement le Domaine de ces Evêchez. Mais comme c'étoit des Principautez Eccleſiaſtiques de l'Empire indiviſibles & impreſcriptibles de leur nature, cédées à la France par le Traité de Munſter, les Evêques eurent recours au Roi comme à leur Seigneur Souverain, pour avoir raiſon de ces aliénations, & pour obliger leurs Vaſſaux de reconnoître leur Egliſe & de leur rendre la foi & hommage; quoique par la plénitude de leurs droits ils puſſent rentrer dans ces Fiefs, comme étant tombez en Commiſe. Le Roi approuva cette Requête & par Arrêt du Conſeil d'Etat du 23. Octobre 1679. il établit une Chambre compoſée d'un certain nombre d'Officiers du Parlement de Metz, pour prendre connoiſſance des uſurpations & aliénations faites des biens & droits des Evêchez de Metz, Toul & Verdun. Voyez à l'Article METZ la ſuite de cette grande affaire.

PAYS DES TENEBRES, Contrée de la Grande Tartarie, dans la partie la plus Septentrionale de cette grande Région [d]. On lui a donné le nom de ténébres à cauſe que pendant la plus grande partie de l'Hyver, les grands brouillards qu'il y fait empéchent que le Soleil n'y paroiffe. On n'y a point de nuit en Eté. Il s'y trouve beaucoup d'Hermines & de Renards qui ont la peau extrémement fine. Les Habitans font beaux & de grande taille, mais

mais ils sont pâles, ont l'esprit grossier & vivent presque comme des Bêtes. Ils portent en Été leurs pelleteries dans les Pays voisins, & ces fourrures vont même jusqu'en Russie, où l'on en fait commerce. Ces Peuples ne reconnoissent ni Roi ni Prince.

1. PAZ, Ville de l'Amérique Méridionale, au Pérou, dans l'Audience de los Charcas, vers la source de la Rivière de Choqueapo, qui lui donne son nom; car on appelle cette Ville tantôt du nom LA PAZ, & tantôt de celui de CHOQUEAPO. Elle est située à l'Occident du Lac de Titicaca & elle a un Evêché suffragant de la Métropole de Lima.

2. PAZ ou LA PAZ, Port de l'Amérique Septentrionale, dans l'Isle de St. Domingue. Voyez PORT-DE-PAIX, nom sous lequel ce Port est connu présentement.

PAZALÆ, Peuples de l'Inde quelque part au voisinage du Gange selon Arrien [a]. Ortelius [b] croit que c'est le même Peuple que Pline appelle PASSALÆ. Voyez ce mot.

[a] in Indic.
[b] Thesaur.

PAZOUPERHIN, Bourgade de la Perse [c] dans le Khorassan, proche de la Ville de Thous, où est le Sépulcre de l'Iman Riza, que les Persans appellent ordinairement Maschad-Mocaddes, c'est à dire le Saint Sépulcre. C'est le lieu qui a donné le nom à la même Ville que nos Geographes appellent communément MExAT par corruption du mot *Maschad*.

[c] D'Herbelot, Bibliot. Or.

PAZUS, Ville de l'Asie Mineure, vers la source du Fleuve Sangarius. Il s'est tenu un Concile dans cette Ville, selon Ortelius [d] qui cite Calliste & Socrate. Au lieu de *Pazus*, Baronius [e] écrit *Pepuzus*, & Sozomène lit *Gazus*; mais peut-être est-ce une faute.

[d] Thesaur.
[e] 4º. Annal.

PAZZI, Ville de la Presqu'Isle de la Romanie, sur la Mer de Marmora, proche de l'Isthme, à deux ou trois lieues de Gallipoli [f]. Elle se nommoit anciennement *Pætya* Elle fut premièrement Episcopale sous la Métropole de Trajanopolis, & dans la suite elle fut élevée elle-même à la dignité de Métropole.

[f] Baudrand. Dict. Ed. 1677.

## P E.

PE, Ville & Forteresse de la Chine [g], dans la Province de Peking, au Département de Paoting, seconde Métropole de la Province. Elle est d'un d. 30'. plus Occidentale que Peking, sous les 39. d. 36'. de Latitude Septentrionale.

[g] Atlas Sinensf.

PEAMU. Voyez PANOPOLIS.

PEAPOLIS. Voyez ARTAUNUM, C'est la même Ville, selon Ortelius [h].

[h] Thesaur.

PEBLIS. Voyez PEEBLES.

PEBRAC, *Piperacum*, Abbaye de France dans l'Auvergne, au Diocèse de St. Flour, sur les bords de la Rivière de Degie près de Langeac. Ce n'étoit d'abord qu'une Prevôté que le Pape Urbain II. érigea en Abbaye vers l'an 1097. Elle est de l'Ordre de St. Augustin & de la Réforme. Sa fondation est mise à l'année 1062. & St. Pierre de Cavanon Archiprêtre de Langeac en est dit le fondateur. Elle étoit autrefois du Diocèse de Clermont. Elle vaut à l'Abbé six milles Livres.

PECAIS, ou PECCAIS, Bourg de France, dans le Bas Languedoc [i], sur la Bouche Occidentale du Rhône, à une lieue d'Aigues-mortes, & à pareille distance de la Mer Méditerranée. Ce Bourg qui a un bon Fort pour sa défense & pour celle de ses Salines, est considérable par la grande quantité de sel qu'on y fait. Le Fort est situé sur le bord du Canal de Boucdigue du côté de l'Occident [k]. La Seigneurie de Pecais fut acquise par Philippe le Bel en 1290. de Bermond Seigneur d'Uzès & d'Aimargues, qui céda au Roi sa part des Salines. Louis Hutin fils & successeur de Philippe le Bel, acquit ce qu'un Lucquois nommé Zagni avoit à ces Salines; de sorte que le tout fut alors réuni au Domaine Royal.

[i] De l'Isle Atlas.
[k] Longuerue, Descr. de la France, part. 1. p. 257.

PECENATI. Voyez PATZINACÆ.

PECH, ou PECHIA, Ville des Etats du Turc [l], dans la partie Occidentale de la Servie, sur le Drin blanc, à l'Orient Occidental de Prisrend. C'est le lieu de la résidence du Patriarche Grec.

[l] De l'Isle Atlas.

1. PECHANG, Montagne de la Chine [m], dans la Province Queicheu, au voisinage de la Ville de Tunggin.

[m] Atlas Sinensf.

2. PECHANG, Montagne de la Chine [n], dans la Province de Kiangsi, au voisinage de la Ville de Fungsin. Il y a dans cette Montagne une chûte d'eau qui tombe de cent perches de haut. C'est ce qui lui a fait donner le nom de Pechang qui signifie *cent Perches*.

[n] Atlas Sinensf.

3. PECHANG, Montagne de la Chine [o], dans la Province de Fokien, au voisinage de la Ville de Cianglo. Cette Montagne s'étend non seulement jusqu'aux confins de la Province de Kiangsi, elle entre même assez avant dans cette Province.

[o] Atlas Sinensf.

☞ PECHECAL, Nom que les Indiens donnent aux grandes pluyes & aux inondations qui arrivent chez eux dans un certain tems de l'année. Ce sont des débordemens causez par les grandes pluyes & par la fonte des neiges qui sont sur les Montagnes. Le plat-pays en est inondé & les Rivières en sont enflées comme le Nil lors qu'il se déborde en Egypte. Cette inondation arrive tous les ans aux Indes pendant les mois de Juillet, Août, Septembre & Octobre.

PECHINI, Peuples d'Ethiopie, sous l'Egypte: Ptolomée [p] les place entre le Fleuve Astapodes & le mont Garbatus.

[p] Lib. 4. c. 8.

PECHLARN, Ville d'Allemagne dans la Basse Autriche sur le Danube à deux milles au-dessous d'Ips & à un mille & demi de Melck à l'embouchure de l'Erlaph dans le Danube. La ressemblance du mot *Erlaph* avec celui d'*Arelape* ou *Arlape* fait croire que Pechlarn est l'*Arelape* des Anciens. Ce mot vient par corruption d'*Ara Lapidea*. Comme le Danube y est fort large les Romains tenoient une Flotte en cet endroit. Pecklarn fut la Résidence des anciens Margraves d'Autriche, & c'étoit avec Melck les deux principales Forteresses du Pays. On prétend que le nom moderne est corrompu de PRÆCLARA, épithète que l'on donnoit

[q] Zeyler Austr. Topogr. p. 31.

noit à cette Ville; je ne donne cette Etymologie que pour ce qu'elle vaut. Après les courses des Avares St. Wolfang Eveque de Ratisbonne mit en ce lieu & aux environs des Bavarois pour le cultiver. D'autres disent que l'Empereur Otton II. donna ce lieu à perpétuité à l'Evéché de Ratisbonne, à qui il appartient encore. Il est au Midi du Danube. Vis-à-vis de l'autre côté du Fleuve est un Village nommé le PETIT PECKLARN. Voyez ARA LAPIDEA & ARLAPE.

PECHO, Forteresse de la Chine [a], dans la Province de Chensi, au Departement d'Iunchang premiére Forteresse de la Province. Elle est de 9. d. 28'. plus Occidentale que Peking, sous les 38. d. 16. de Latitude Septentrionale.

[a] Atlas Sinenf.

PECKENCOUR, ou PEQUINCOURT [b], Bourgade des Pays-Bas dans le Hainaut à deux lieues de Douay. C'étoit autrefois une Ville close.

[b] Dict. Géogr. des Pays Bas.

PECKFELD, Bourgade d'Allemagne, dans la Carinthie, environ à trois lieues de Villach, du côté de l'Orient Méridional. On croit que c'est l'ancienne *Pœditum*. Voyez ce mot.

PECQ (LE) Bourg de l'Isle de France sur la Seine, près du Château Royal de St. Germain en Laye. Il y a dans ce Lieu un Pont de bois pour traverser la Riviére.

PECTONES, & PECTONIUM. Voyez PICTONES & PICTONIUM.

PECTORA. Voyez STETHE.

PECUI, Montagne de la Chine [c], dans la Province de Suchuen, près de la Ville de Pingchaii. On a observé que quand la neige qui tombe l'Hyver sur le sommet de cette Montagne se fond, l'année est abondante: c'est tout le contraire lorsque la neige se conserve jusqu'à la saison de l'Eté.

[c] Atlas Sinenf.

PEDA, ou PEDE, Ville d'Italie dans l'Ausonie selon Etienne le Géographe. Tite-Live [d] qui écrit PEDUM la met dans le *Latium*, & il dit que Coriolan s'en empara. Plutarque [e] en parle sous le nom de Ville des Pédaniens; & Pline [f] met les Pédaniens, *Pedani*, au nombre des Peuples dont les Villes étoient tellement péries, qu'on n'en voyoit pas même les ruïnes. On croit communément que *Peda* étoit entre Tivoli & Palestrine.

[d] Lib. 2. c. 39.
[e] In Coriol.
[f] Lib. 3. c. 5.

PEDACHTON, Ville Archiépiscopale dont il est fait mention dans la Notice de Léon le Sage, qui la met sous le Patriarchat de Constantinople.

PEDÆUS, Fleuve de l'Isle de Cypre, Ptolomée [g] place son embouchure sur la Côte Orientale de l'Isle entre le Promontoire Padalium & Salamis. Au lieu de *Pedæus*, les Interprétes de Ptolomée lisent *Pediæus*.

[g] Lib. 5. c. 14.

PEDALIENS [h], Peuples anciens des Indes. Cœlius [i] qui en parle dit qu'ils étoient si persuadez que la justice faisoit la félicité de l'homme, qu'ils ne demandoient rien avec plus d'ardeur à Dieu dans leurs Sacrifices & dans leurs priéres, que l'avantage de ne s'éloigner jamais de l'équité.

[h] Corn. Dict.
[i] Lib. 23. c. 29.

1. PEDALIUM, C'étoit un Promontoire de l'Isle de Cypre, selon les Exemplaires Latins de Ptolomée [k]: quelques-uns néanmoins portent *Pedasium*. Mercator appelle ce Promontoire Cabo de Griego, & Etienne de Lusignan le nomme Grée. On ne trouve point le mot PEDALIUM dans les MSS. Grecs de Ptolomée, *Ammocostus* est en sa place.

[k] Lib. 5. c. 14.

2. PEDALIUM, Ville de l'Asie Mineure, sur le Pont-Euxin, près de Sinope, selon Ortelius [l] qui cite Appien.

[l] Thesaur.

PEDANI. Voyez PEDA.

PEDASA, Ville de la Carie, selon Strabon [m], Etienne le Géographe & Nicander: le premier appelle *Pedasis* le territoire où cette Ville étoit située; Pline [n] au lieu de *Padasa* écrit *Pedasum*; & Athenée dit que Cyrus donna cette Ville à son Ami Pythareus.

[m] Lib. 13. p. 611.
[n] Lib. 5. c. 29.

PEDASIS. Voyez PEDASA.
PEDASUM. Voyez PEDASA.
PEDASUS. Voyez ADRAMYTTE.

PEDATRITÆ, Peuples de l'Inde, selon Pline [o]. Quelques MSS. portent *Palatitæ*.

[o] Lib. 6. c. 20.

PEDEMONTE P, Bourg d'Italie, au Royaume de Naples dans la Terre de Labour, vers les confins du Comté de Molisse. Magin [q] écrit PIEDIMONTE, & place ce lieu au Nord Oriental d'Alifi. Le nom de Pedemonte lui a été donné à cause de sa situation au pied d'une Montagne.

[p] Corn. Dict.
[q] Carte de la Terre de Labour.

PEDENA; Ville d'Italie dans l'Istrie [r], à quinze milles des Alpes & des frontiéres d'Allemagne, assez près de la source de la Riviére d'Arsa, du côté du Midi Occidental. On croit que c'est la premiére Ville de ces Quartiers qui ait été honorée d'un Siége Episcopal. Elle est ancienne, mais mal peuplée. L'Empereur à qui elle appartient l'a annexée à la Carniole. Son Evêché est sous la Métropole d'Aquilée.

[r] Magin; Carte de l'Istrie. Corn. Dict.

PEDENUCI, Paroisse des Grisons [s] au Comté de Bormio dans la Vallée Intérieure. Cette Paroisse entr'autres Lieux comprend celui de Fréel ou Fera Valle, où il y a des Mines de fer. On y voit aussi un Champ où il ne se trouve jamais aucune fleur. On dit dans le Pays qu'il y eut autrefois en cet endroit du tems de *St. Ambroise*, un grand combat contre les Ariens, que l'on en a trouvé quelques vestiges & qu'on y a déterré des armes de diverses sortes & des ossemens humains d'une taille gigantesque.

[s] Etat & Délic. de la Suisse, t. 4. p. 139.

PEDERNACH, Montagne d'Allemagne, dans l'Electorat de Tréves [t]. Elle est dans le Hundsruck proche du Rhin & au voisinage de la Ville de Boppart.

[t] Baudrand; Dict. Ed. 1705.

PEDERODIANENSIS, Siége Episcopal d'Afrique. Il est fait mention de ce Siége dans la Notice Episcopale d'Afrique, qui le place dans la Byzacène & nomme son Evêque Adeodat.

PEDIADIS, Contrée d'Asie. Elle faisoit partie de la Bactriane & le Fleuve Oxus la traversoit selon Polybe [u].

[u] Hist. lib.

PEDIAS, Municipe de l'Attique selon Etienne le Géographe. Les Habitans étoient

toient nommez Pediaci : Ariſtote *  & Plutarque *a* en font mention.

PEDICULI, Peuples d'Italie ſelon Pline *b* : Strabon *c* écrit *Poidicli*, & Appien *Polici* par corruption. Ces Peuples habitoient la plus grande partie de la Terre de Bari. Pline leur donne trois Villes, ſavoir :

*Rudiæ*, *Egnatia*, *Barium*.

PEDIEAS, Ville au voiſinage de la Phocide, ſelon Hérodote *d*.

PEDIES, Ville de la Carie : Etienne le Géographe eſt, je crois, le ſeul qui la connoiſſe.

PEDIEUS. Voyez PEDÆUS.

PEDIR, Royaume des Indes dans l'Iſle de Sumatra. Il prend ſon nom de ſa Ville principale appellée auſſi PEDIR *e*. C'étoit autrefois le Royaume le plus conſidérable de l'Iſle ; mais préſentement c'eſt le Royaume d'Achem qui eſt le plus conſidérable ; car le Roi d'Achem a ſoumis non ſeulement ceux de Pedir & de Pacen, mais encore tout le Pays Septentrional.

PEDNA, Iſle aux environs de celle de Lesbos, ſelon Pline *f*.

PEDNELISSUS, Ville de la Pamphylie dans la Piſidie, ſelon Polybe *g* & Ptolomée *h* ; mais les Interprètes de ce dernier liſent *Pleteniſſus*. Strabon écrit *Petneliſſus* ; Etienne le Géographe, *Petniliſſus* ; & Simeon Boſius a remarqué que c'étoit cette Ville que Cicéron appelle *Pindeniſſus*.

PEDNOPUM, Village dans le Nome de Libye : Ptolomée *i* le place entre *Thanuthis* & *Climax*.

PEDO, PEDONENSIS CIVITAS : Cette Ville ſe trouve nommée dans Caſſiodore *k*. Il ſe pourroit faire que ce ſeroit la même que celle qu'Etienne le Géographe nomme PEDA. Voyez ce mot.

1. PEDONIA, Village du Nome de Libye : Ptolomée *l* le place entre *Catabathmus parvus* & *Pnigæus*.

2. PEDONIA, Iſle de la Mer d'Egypte ſelon Ptolomée *m* : c'eſt celle que Strabon nomme SIDONIA.

PEDRAÇA DE LA SIERRA, Bourg d'Eſpagne *n*, dans la Vieille Caſtille *n*, au bord de la Riviére de Duraton, au voiſinage de Sepulveda. Ce Bourg eſt célèbre par deux endroits ; premiérement pour avoir été la Patrie de l'Empereur Trajan ; en ſecond lieu pour être défendu par un Château, dans lequel François Dauphin de France & Henri ſon frere, enfans du Roi François I. furent détenus priſonniers l'eſpace de quatre ans. Ce Château eſt extrêmement fort, & l'accès en eſt très-difficile.

PEDROS, ou VILLAR PEDROSO, Bourgade d'Eſpagne dans l'Andalouſie *o*, au Nord de Seville. Il y en a qui le prennent pour l'ancienne AUGUSTOBRIGA. Voyez ce mot.

PEDUM. Voyez PEDA.

PEDYLI, Peuple de la Gaule Narbonoiſe, ſelon Strabon *p* ; mais Caſaubon prétend qu'il faut lire MEDULLI.

PEEBLES, Ville d'Ecoſſe & la Capitale de la Province de Twedale. Elle eſt ſituée agréablement entre la Twede & le PEEBLES ; & elle ſe diſtingue par ſes trois Ponts, ſes trois Egliſes & ſes trois Portes.

PEEL *q*, On nomme ainſi de grands Marais du Brabant Hollandois. Voyez PEELAND.

PEELAND *r*, Petit Pays dans le Brabant Hollandois. Il a pris ſon nom du grand Marais de Peel, dont il eſt voiſin, & qui le ſépare du Pays de Keſſel, qui eſt la Haute Gueldres. La principale Place du Peeland eſt Helmont.

PEENE *s*, Marquiſat dans la Flandre Teutonne dans la Châtellenie de Caſſel.

PEER, petite Ville & Comté de l'Evêché de Liége *t*, dans le Comté de Lootz.

PEGADÆ, Contrée des Indes, chez les Orites, à ce que croit Ortelius *v* qui cite Philoſtrate.

1. PEGÆ, Ville de l'Achaïe dans la Mégaride ſelon Ptolomée *x*. Pline *y* & Suidas écrivent *Pagæ*.

2. PEGÆ, Ville de l'Helleſpont, ſelon Ortelius *z* qui cite Nicétas.

3. PEGÆ, Ville de l'Iſle de Cypre : Etienne le Géographe qui en fait mention la place dans la Cyrénie.

PEGASA. Voyez PEDASA.

PEGASEUM STAGNUM, Etang d'Aſie, au voiſinage d'Epheſe ſelon Pline *a*. Selon Ortelius *b*, Feſtus a dit qu'on avoit imaginé que cet Etang étoit ſorti de deſſous les pieds du Cheval Pégaſe, & que c'étoit de-là que les Muſes avoient été appellées Pégaſides. Mais Ortelius fait dire à Feſtus une choſe à laquelle il n'a apparemment jamais penſé. On lit à la vérité dans cet Ancien que les Muſes furent appellées Pégaſides de la Fontaine qu'on feignoit être ſortie de deſſous les pieds de Pégaſe, & ce qu'il ajoute fait entendre qu'il veut parler de la Fontaine d'Hippocrène. C'eſt tout ce que dit Feſtus. On n'y voit pas un mot de l'Etang Pégaſée. Ortelius auroit-il cru que cet Etang qui devoit être quelque part dans l'Ionie étoit la même choſe que la Fontaine Hippocrène qui étoit dans la Béotie ? On ne peut pas l'en ſoupçonner : il vaut mieux dire qu'un défaut d'attention lui a fait faire cette bévue.

PEGE, Ville de l'Afrique Intérieure. Pline *c* la met au rang de celles que ſubjugua Corn. Balbus.

PEGELASUS. Voyez PIGELASUS.

PEGIA, Nom d'une Ville dont il eſt fait mention dans l'Hiſtoire Miſcellanée. Ortelius *d* ſoupçonne qu'elle pouvoit être aux environs de la Propontide.

PEGIAN, petit Pays de la Turquie d'Aſie *e*, dans la partie Orientale de la Natolie, vers l'Euphrate, ſur les Confins de l'Aladulie, où étoit autrefois une partie de l'Arménie Mineure. Il n'y a aucune Place de conſéquence dans ce Pays.

PEGNA CERRADA *t*, Montagne d'Eſpagne, dans la Biſcaye, & plus particuliérement dans la petite Province d'Ald'Alva. Elle est située près de Trevigno, au milieu de plusieurs Montagnes fort hautes, avec un Château extrêmement fort.

**PEGNA DE LOS ENAMORADOS**, Lieu d'Espagne [a], au Royaume de Grenade. De la Ville de Loxa, en traversant une Branche du Mont Orospeda pour aller à Seville, on voit à côté du chemin près des frontiéres de l'Andalousie dans le voisinage d'Archidona un Rocher que deux Amans malheureux ont rendu célébre. Les Espagnols l'appellent *la Pegna de los Enamorados*, c'est-à-dire, le Rocher des Amoureux. Voici ce qu'on raconte à ce sujet. Dans le tems que les Maures étoient encore maîtres de Grenade, ils firent prisonnier dans une bataille un Chevalier Chrétien fort bien-fait auquel le Roi donna la liberté à cause de sa beauté, de son bon air & de sa politesse, le retenant en même tems dans son Palais à son service. Avec le tems la fille du Roi trouva le Cavalier tellement à son gré & plut aussi si fort au Cavalier, qu'ils se promirent une foi mutuelle & cherchérent les moyens de se dérober au Roi, pour aller s'unir en liberté sur les Terres des Chrétiens. Malheureusement le complot fut découvert, & on les poursuivit comme ils fuyoient. Ces pauvres Amans réduits à l'extrémité se sauvérent sur ce Rocher qui est fort haut & fort escarpé ; mais bientôt se voiant envelopez de tous côtez par un peloton de Cavaliers Maures, & ayant à craindre la fureur du Roi & les supplices qu'il leur préparoit, ils s'embrassérent tendrement & se précipitérent du haut du Rocher, voulant être unis dans la mort comme ils l'avoient été dans la vie. En mémoire de ce triste événement, on a planté une Croix sur le Rocher.

**PEGNA-GOLOSA**, Montagne d'Espagne [b], au Royaume de Valence. Elle est abondante en toutes sortes de plantes rares & d'herbes médicinales, que les Médecins vont tous les ans recueillir avec soin. La Ville d'Adzeneta ou Adzenera est bâtie sur cette Montagne.

**PEGNA-MACOR**, Ville de Portugal [c], dans la Province de Beira, au Midi de Sabugal & à l'Orient de Cobilhana. Cette Ville est défendue par un Château, mais elle n'a qu'une simple muraille pour fortification. Le Château en récompense est extrêmement fort. Il est situé sur une hauteur très-escarpée, d'où il commande la Ville. De trois côtez il est bordé de précipices & n'est accessible que du côté de feu Ville, où la pente est un peu moins rude. On a commencé à couvrir la Ville de quelques Ouvrages.

**PEGNA DE SAN ROMAN**, Montagne d'Espagne [d], au Royaume de Léon. La Ville de Saldagna est bâtie au pied de cette Montagne.

**PEGNAFIEL**, Ville d'Espagne [e], dans la Vieille Castille sur le bord du Douere au dessous de Roa. Cette Place est la Capitale d'un Marquisat dont les aînez des Ducs d'Offune portent le titre. Ces Seigneurs y ont un beau Palais au bas de la Montagne ; & au dessus il y a un Château fortifié par l'Art & par la Nature. Le Terroir est fort fertile. On y fait d'excellens fromages, estimez les meilleurs que l'on fasse en Espagne.

**PEGNAFLOR**, Ville d'Espagne [f], au Royaume de Seville, sur la Rive droite du Xenil. On croit qu'elle est l'ancienne *Ilipula magna* des Turdetains.

**PEGNARANDA**, Ville d'Espagne [g], dans la Vieille Castille, au Midi d'Olmedo. Elle est la Capitale d'un Duché auquel elle donne son nom, & elle est située entre des Montagnes fertiles en bled, en vin & en divers fruits particuliérement en chataignes.

**PEGNAS DE PANCORVO**, Montagnes d'Espagne [h], dans la Vieille Castille, sur le chemin de Miranda à Burgos. Ces Montagnes sont très-hautes & fort droites. Elles prennent leur nom d'un vieux Château, nommé Pancorvo & qu'on trouve à côté du chemin.

**PEGNITZ**, Riviére d'Allemagne, dans la Franconie [i]. Elle tire sa source d'un Bourg qui porte son nom, qui est au Midi de Bareith. Après avoir baigné Hartenstein, Herspruck, Lauf & la Ville de Nurenberg dont elle traverse le Territoire, elle va se perdre dans la Riviére de Rednitz.

**PEGU**, (LE) Royaume d'Asie sur la Côte Occidentale du Royaume de Bengale, à l'embouchure des Riviéres d'Ava & de Pegu. Il faut distinguer le Royaume de PEGU *proprement dit*, le Royaume de PEGU avec *ses aquisitions* & le Royaume de PEGU *perdu dans celui d'Ava*.

Le Royaume de Pegu proprement dit est borné au Nord par les Royaumes d'Aracan & d'Ava, à l'Orient par le Haut & le Bas Siam, qui le termine aussi au Midi jusqu'à la Mer, & la Mer après l'avoir baigné à l'Occident, se retire elle-même vers le Couchant & lui forme une Côte Méridionale, ensuite dequoi elle achève de le borner à l'Occident. Ses principales Villes sont Pegu, Siriam, Martaban, Marmolan, Pangelin, Mero & l'Isle de Negrailles ou Naigrais. Ce Royaume est ancien & la Famille de Bressagu Kan jouïssoit du Trône depuis plusieurs siécles. Ses Prédécesseurs avoient accru leur Domaine & lui-même commandoit à neuf Royaumes vers l'an 1518. Il les faisoit gouverner par des Lieutenants. Celui du Tangut se révolta. Le Roi marcha contre lui & périt en combattant. Le Rebelle s'empara du Trône, marcha contre Martavan qui avoit son Roi particulier, gendre du feu Roi, prit la Ville & fit mourir ce Prince. Le Royaume d'Ava étoit alors partagé entre plusieurs Rois Vassaux du Pegu. La Ville de Prom étoit la Résidence d'un de ces Rois, il la prit, & fit périr le Roi & la Reine. Il se rendit maître de même de la Ville de MELINTEY au Royaume d'Ava, & conquit ainsi de suite les Royaumes de Pegu, Martavan, de Prom, de Melintey, d'Ava, de Calam, & de Bacam, occupez par des Princes qui y avoient une Souveraineté subordonnée à celle de Pegu. Bra-

[a] *Délices d'Espagne*, p. 513.
[b] *Ibid. p.* 569.
[c] *Délices de Portugal*, p. 734.
[d] *Ibid. p.* 153.
[e] *Ibid. p.* 192.
[f] *Ibid. p.* 417.
[g] *Ibid. p.* 213.
[h] *Ibid. p.* 172.
[i] *Faillot, Atlas.*

ma de Tangut, c'est ainsi que s'appelloit ce Conquérant, fut tué par un Perguan nommé Xemin de Zatan qui se plaça sur le Trône & en fut renversé par Xemindoo qui y monta. Ce dernier fut à son tour la proye de Chaumigren parent de Brama. Celui-ci le fit mourir même & se rendit maître de plusieurs Villes qui passoient pour les Capitales d'autant de Royaumes. Ces Villes étoient Ava, Cavelan, Cablan, Bakan ou Bacam, Tangran, Prom, Jangoma, Lanran, Trucon & Siam. Il gouvernoit ces Villes par ses Parens & par ses Officiers. Ce fut sous ce regne que survint la fameuse Guerre pour l'Eléphant blanc du Roi de Siam, qui fut vaincu en cette occasion, & son Royaume devint une Annexe du Pegu pour quelque tems. Siam ne sortit de cette subordination qu'après la mort de Chaumigren. Enfin après bien des révolutions par lesquelles le Royaume de Pegu a ou perdu ou regagné des Royaumes, il est tombé sous la puissance du Roi d'Aracan qui possede les Royaumes de Tangut, d'Aracan, d'Ava & de Pegu ; & parce que le Souverain de tous ces Etats réside à Ava, il en porte le nom.

Ce vaste Empire est peu connu des Européens ; il ne laisse pas d'être très-peuplé & le Commerce y est très-abondant. Cependant soit que quelque interet prive les Marchands d'Europe de la liberté d'y trafiquer, soit que ceux qui y vont ne communiquent pas au Public ce qu'ils y apprennent de son Histoire & de son Etat, il n'y a guéres de Pays dans l'Orient dont nous soyons aussi mal instruits que de celui là.

[a] Les Cartes des Géographes ordinaires défigurent tellement le Pays d'Ava, de Pegu &c. que le P. Duchats Missionnaire Jésuite, dit qu'il ne le reconnoît point dans leurs Cartes. Messrs. Sanson sont malheureusement de ce nombre à cet égard. Ils tirent du Lac de Chiamay quantité de grosses Riviéres. Ils en envoyent une à Siam & la font passer par Ava. Ils tirent de ce Lac une autre Riviére qu'ils appellent Caipumo, qu'ils font descendre à Pegu, Capitale du Royaume de même nom. La Riviére d'Ava & la Riviére de Pegu, n'ont rien de commun entr'elles pour leur source, mais bien pour leur embouchure ; parce qu'elles se jettent dans la Mer par une même ouverture. La Riviére d'Ava passe à Syriam, après un cours de trois cens lieues entre ces deux Villes. C'est à Syriam qu'elle reçoit la Riviére de Pegu, située un peu plus haut dans les terres. Il ne sera pas inutile de mettre ici le rapport que firent quatre Chinois. Ils étoient d'un Corps de trente mille Chinois qui fuiant le Tartare traverserent l'Ava & le Pegu. Voici en substance ce qui se peut tirer de leur course.

[b] Nous partîmes de la Ville de Iunnan, & après dix-huit jours de marche nous entrâmes dans le Territoire de Juncham. De Juncham à Tienniotheou nous mêmes quatre jours. De Tiennotheou au dernier Village qui est sur les confins de la Chine, où il y a une Douane & une Garnison, nous fîmes cinq journées d'un chemin très-fâcheux, au travers des Bois qui sont pleins de Tigres, mais où on ne trouve point d'Eléphans.

Là nous nous embarquâmes sur une Riviére *plus large & plus rapide*, que celle de Siam. En vingt jours, suivant le cours de la Riviére nous arrivâmes à la Ville d'Ava. Les quatre ou cinq premiéres journées se font dans un Pays desert, après cela nous trouvâmes tous les jours une ou deux Peuplades sur le bord de la Riviére. Les Maisons étoient de bambouxs, les Habitans se jettoient dans les Bois aussi-tôt qu'ils nous appercevoient. On peut faire le Voyage par terre, mais il est très-incommode. Le Commerce est libre entre Ava & la Chine, on ne voulut pas nous recevoir dans la Ville d'Ava, & on nous obligea de camper à une lieue à la vue de la Ville. Delà chacun prit son parti comme il le jugea à propos. Pour nous, nous prîmes la résolution de venir à Siam. Nous fumes par eau dans un Mois à la Ville de Pegu ; de Pegu nous vinmes par terre en quinze petites journées au Royaume de Siam.

Comme il n'y a point de Relation que je sache, où un homme digne de foi ait marqué en témoin oculaire le cours de la Riviére de Pegu, je m'abstiens de le décrire. Je dirai simplement qu'elle est différente de celle de Siam & de celle d'Ava & qu'elle n'a rien de commun avec le Lac de Chiamai, que certains Géographes semblent n'avoir placé que pour en faire la source imaginaire des Riviéres qui les embarassoient.

La Ville de Pegu, située au Royaume & sur une Riviére de même nom, a été long-tems la Capitale d'un grand Empire, lorsqu'elle étoit la Résidence des Rois de Pegu, qui avoient sous leur domination tant d'Etats voisins. La Riviére la partage en deux Villes, que l'on distingue par les surnoms de Vieille & de Nouvelle. Dans la Vieille Ville sont les Marchands, les Artisans &c. La Nouvelle étoit la demeure des Rois & de leur Cour, lorsque cette Ville les possedoit. C'est présentement leur Lieutenant, ou Viceroi qui en occupe le Palais ; qui est en même tems une Citadelle. Les Fossez sont pleins d'eau & pour empêcher que quelqu'un ne s'avise de les traverser & de surprendre la Place, on a eu soin d'y enfermer des Crocodiles que l'on y nourrit. Les Maisons de la Vieille Ville ne sont la plûpart que de bambouxs à la maniére du Pays, mais les Magasins sont voutez pour conserver les Marchandises contre le feu.

PEGUNTIUM, Ville de la Dalmatie : Ptolomée[c] la place sur la Côte entre *Epetium* & *Oneum*. Pline[d] écrit Piguntiæ. On croit que c'est présentement Almiza.

PEGUSA. Voyez Gnide.

PEHIANG, Ville de la Chine[e], dans la Province de Peking au Département de Chinting, quatrième Métropole de la Province. Elle est de 2. d. 20. plus Occidentale que Peking, sous le 38. d. 5. de Latitude Septentrionale.

PEHO,

PEH. PEI.     PEI. PEK. 175

<small>a Atlas Sinenf.</small> PEHO, Ville de la Chine [a] dans la Province de Chenfi, au Département de Hanchung troifiéme Métropole de la Province. Elle eft de 7. d. 44'. plus Occidentale que Peking, fous les 33. d. 50'. de Latitude Septentrionale.

<small>b Atlas Sinenf.</small> 1. PEHOA, Ifle de la Chine [b] dans la Province d'Honan, au Midi de la Ville de Teng. Elle eft formée par les eaux du Tan, qui fe partagent en deux bras & fe rejoignent enfuite. Le nom de Pehoa fignifie l'Ifle de toutes fortes de Fleurs. Il y a dans cette Ifle un Palais ou une Maifon de Plaifance.

<small>c Atlas Sinenf.</small> 2. PEHOA, Montagne de la Chine [c], dans la Province de Quantung, au voifinage de la Ville de Hoeilai. Elle tire fon nom des Fleurs qu'elle produit. On y en voit perpétuellement de diverfes fortes fuivant les différentes Saifons de l'année.

<small>d Atlas Sinenf.</small> 3. PEHOA, Ifle de la Chine [d], dans la Province de Peking, & dans le Fleuve In au voifinage de la Ville de Paoting.

PEICENTES. Voyez PICENTIA.

<small>e De l'Ifle Atlas.</small> PEJENDE, Lac de Finlande [e], dans la Tavaftie. Son étendue du Nord au Midi eft d'environ quinze milles. Il communique avec divers Lacs voifins, entr'autres avec le Lac de Rotzlain par le moyen duquel fes eaux fe déchargent dans la Riviére de Kymen qui les porte dans le Golphe de Finlande.

PEINA, en Latin POYNUM CASTRUM, petite Ville d'Allemagne au Cercle de la Baffe Saxe dans une Plaine avec un Château fur la Montagne, dans l'Evéché de Hildesheim, fur le Ruiffeau de Fufe qui fe perd dans l'Aller à Zell. Elle eft à trois milles de la Ville de Brunfwig. Cette Ville avec le Comté qui en dépend fut acquife <small>f Brafchius de Epifc. German. c. 11. p. 107.</small> à l'Evêché par Jean trente-uniéme Evêque de Hildesheim [f] qui mourut l'an 1261. C'eft auprès de Peine à *Siverfhufen* & à *Grofs-Steinwedel* que l'an 1553 fe donna la fameufe Bataille entre l'Electeur Maurice de Saxe & le Margrave Albert de Brandebourg. L'Electeur y fut tué, de même que le Duc Charles Victor de Brunswig. On fit à ce dernier cette Epitaphe.

*Carolus hic Victor, devicto conditur hofte.*
*Nafcens Victor erat; Victor erat moriens.*

PEINE, petite Riviére de France, dans le Languedoc. Elle coule dans le Diocèfe d'Agde, mouille Pezenas & fe jette un peu au deffous dans l'Eraut.

<small>g De l'Ifle Atlas.</small> PEIPUS, ou CZUD-KOW, Grand Lac, aux confins de l'Efthonie, de la Livonie & de l'Ingrie [g]: Il reçoit les eaux de diverfes Riviéres, auffi bien que celles du Lac de Pskow, & fe décharge dans la Riviére de Narva qui porte fes eaux dans le Golphe de Finlande.

PEIRUS. Voyez PIERUS.

<small>h Lib. 3. c. 24.</small> PEISO, Lac de la Pannonie. Pline [h] dit qu'il joignoit la Norique. Aurelius Victor de l'Edition de Schottus appelle <small>i Rer. Ger. c. 52.</small> ce Lac *Pelfo* ; & Jornandès [i] le nomme *Lacus Pelfodis*. C'eft aujourd'hui le Lac de Neufidler-Zée, aux confins de la Hongrie & de l'Autriche.

PEIUM, Lieu fortifié dans la Galatie: Strabon [k] donne cette Place aux To- <small>k Lib. 12. p. 567.</small> liftoboges de même que celle de Blucium: il ajoute que l'une étoit la Réfidence du Roi Dejotarus & que l'autre étoit deftinée à garder fes trefors.

PEKELI, Province de la Chine & celle qui tient le premier rang entre les quinze qui compofent ce fameux Empire. Elle tire fon nom de la Ville Impériale de Peking, qui fignifie le Palais Royal du Septentrion, pour le diftinguer de celui du Midi qui s'appelle Nanking. Il y a déja bien des fiécles que les Empereurs de la Chine tiennent leur Cour dans cette Province: les Familles Leaoua, Kina, Juena, & les Tartares qui ont donné l'origine à la Famille Taicinga y ont fait leur demeure; de forte que depuis le tems de la naiffance de Jefus-Chrift le Pekeli a été conftamment honoré de la préfence de fes Souverains. Ses bornes du côté du Nord font la grande Muraille & cette partie de l'ancienne Tartarie qui eft entre la Muraille & le defert de Xamo ; & du côté du Nord-Eft le Pays de Leaotung; à l'Orient il a un Bras de Mer nommé Eanghai, qui fait la Péninfule de Corea & qui bat la Côte de la Chine qui lui eft oppofée; Au Midi & au Sud-Eft, il joint la Province de Xantung, qui en eft féparée par le Fleuve Guey ; la Riviére Safranée le borne au Sud-Oueft, & du côté du Couchant il n'eft féparé de la Province de Xanfi que par des Montagnes qu'on nomme Heng.

Cette Province qui a la figure de triangle rectangle a eu divers noms. On l'a appellée entre autres Jeu & Ki. Elle a huit grandes Villes dont chacune en a d'autres dans fa dépendance, comme on le verra dans la Table qui finit cet Article. Les Regiftres qui contiennent le dénombrement de l'Empire portent qu'il y a dans le Pekeli quatre cens dix-huit mille neuf Familles, compofées de plus de trois millions quatre cens cinquante mille perfonnes; qu'il paye tous les ans pour Tribut à l'Empereur fix cens un mille cent cinquante-trois facs de ris, de bled & de mil, deux cens vingt-quatre livres de Soye crue à vingt onces à la livre ; quarante-cinq mille cent trente piéces d'étoffe ; treize mille fept cens quarante-huit livres de coton; huit millions fept cens trente-fept mille deux cens quatre-vingt quatre bottes de foin ou de paille pour l'Ecurie de l'Empereur ; & cent quatre-vingt mille huit cens foixante & dix Quintaux de fel, à cent vingt-quatre livres le Quintal, fans parler de divers autres droits. Cependant le Pekeli eft une des Provinces les moins fertiles de la Chine. Son terroir à la vérité eft fort uni, mais ftérile & plein de fable. Tout ne laiffe pas d'y abonder, parce qu'on y transporte continuellement des vivres & des denrées de toutes les autres Provinces par un ordre exprès de l'Empereur.

La température de l'air eft très-faine & très-agréable : le froid toutefois s'y fait fentir plus vivement que l'élévation du Pole ne femble le devoir permettre, puifqu'elle eft à peine à la hauteur du quaran-
te-

176   PEK.

te-deuxième degré. Les Fleuves y font pris de glace d'une si grande épaisseur pendant quatre mois, que les Chariots & les Chevaux chargez de fardeaux très-lourds marchent dessus. Durant ces froids les Batteaux sont tellement arrêtez dans la glace, qu'ils ne sauroient passer outre. En quelque part que la glace les surprenne; ce qui arrive toujours à la mi-Novembre, il faut qu'ils demeurent durant quatre mois; car le dégel ne vient point avant le commencement du mois de Mars. Cette gelée se fait presque en un jour; au contraire il en faut plusieurs pour dégeler seulement la superficie de la glace. Ce qui est encore plus étonnant, on ne sent point ces grands froids qui font la glace dans les autres Pays. C'est pourquoi il faut absolument avoir recours aux exhalaisons de la terre & à la constitution nitreuse du Pays pour en rendre la cause. De-là vient aussi que quoiqu'il pleuve rarement dans cette Province, la terre y paroît humide tous les matins: cette humidité se desseche aussi-tôt que le Soleil se leve & elle se change en une poussière fort menuë, qui étant enlevée par le vent pénètre & salit tout.

On voyage fort commodément par terre dans le Pekeli. On se sert d'un Chariot qui n'a qu'une roue & qui est fait de façon qu'il n'y a place au milieu que pour un homme qui s'y tient comme à cheval: deux autres personnes peuvent se placer de chaque côté. Le Charretier pousse par derrière & fait avancer le Chariot avec des leviers de bois. La sûreté & la vîtesse se trouvent dans cette voiture. Le Peuple de cette Province est moins policé que ceux des autres Quartiers de l'Empire. Il est aussi plus ignorant & moins propre aux Arts & aux Sciences; mais il est plus enclin au métier de la Guerre, comme le sont tous les Chinois Septentrionaux. On trouve dans le Pekeli des Chats tout blancs, qui ont le poil & les oreilles pendantes. Les Dames les aiment extrêmement. Mais ils ne prennent ni rats ni souris, sans doute parce qu'on leur fait trop de caresses & qu'on les nourrit trop délicatement.

### TABLE GEOGRAPHIQUE

#### Du PEKELI

*Première Province de la Chine.*

| Noms. | Longit. | Latit. |
|---|---|---|

**1. Métropole.**

| Noms. | Longit. | Latit. |
|---|---|---|
| Xuntien. | 0. : 0. | 40. 0. |
| Xuny. | 0. : 9. | 40. 12. 0. |
| Changping. | 0. : 9. | 40. 10. p. |
| Leanghiang. | 0. : 19. | 39. 40. p. |
| Mieyun. | 0. : 28. | 40. 5. 0. |
| Hoaijo. | 0. : 5. | 40. 15. p. |
| Kugan. | 0. : 15. | 39. 30. 0. |
| Jungcing. | 0. : 9. | 39. 22. 0. |
| Tunggan. | 0. : 4. | 39. 33. 0. |
| Hiangho. | 0. : 22. | 39. 35. 0. |
| Tung. ☉ | 0. : 8. | 39. 54. 0. |
| Sanho. | 0. : 19. | 39. 46. 0. |
| Vucing. | 0. : 25. | 39. 25. 0. |
| Paoti. | 0. : 36. | 39. 27. p. |
| Cho. ☉ | 0. : 38. | 39. 30. p. |
| Fangxan. | 0. : 33. | 39. 46. p. |
| Pa. ☉ | 0. : 14. | 39. 20. 0. |
| Vengan. | 0. : 6. | 39. 5. 0. |
| Jaching. | 0. : 6. | 39. 0. 0. |
| Paoting. | 0. : 0. | 39. 20. |
| Ki. ☉ | 0. : 36. | 40. 3. 0. |
| Jotien. | 0. : 43. | 39. 47. 0. |
| Fungjung. | 0. : 57. | 39. 32. 0. |
| Cunhoa. | 0. : 52. | 39. 56. 0. |
| Pingko. | 0. : 26. | 39. 55. 0. |
| Que. | 0. : 15. | 39. 40. 0. |

**2. Métropole.**

| Noms. | Longit. | Latit. |
|---|---|---|
| Petoting. | 1. : 46. | 39. 20. p. |
| Muonching. | 1. : 51. | 39. 28. p. |
| Ganso. | 1. : 26. | 38. 20. p. |
| Tinghing. | 1. : 52. | 39. 42. p. |
| Sinching. | 0. : 46. | 39. 20. p. |
| Tang. | 2. : 25. | 39. 10. p. |
| Poye. | 1. : 42. | 39. 0. p. |
| Kingtu. | 2. : 7. | 39. 10. p. |
| Jungching. | 0. : 58. | 39. 36. p. |
| Huon. | 2. : 10. | 39. 35. p. |
| Ly. | 1. : 26. | 39. 5. p. |
| Hiung. | 0. : 56. | 39. 10. p. |
| Khi. ☉ | 2. : 0. | 38. 57. p. |
| Xince. | 1. : 54. | 38. 44. p. |
| Tunglo. | 2. : 10. | 38. 50. p. |
| Gan. ☉ | 1. : 10. | 39. 12. p. |
| Gaoyang. | 1. : 15. | 39. 3. p. |
| Singan. | 1. : 8. | 39. 26. p. |
| Pe. ☉ | 1. : 30. | 39. 36. p. |
| Laixui. | 1. : 16. | 39. 40. p. |

**3. Métropole.**

| Noms. | Longit. | Latit. |
|---|---|---|
| Hokien. | 0. : 30. | 38. 50. p. |
| Hien. | 0. : 44. | 38. 46. p. |
| Henching. | 0. : 49. | 38. 24. p. |
| Soning. | 0. : 52. | 39. 0. p. |
| Ginkieu. | 0. : 32. | 39. 6. p. |
| Kiaoho. | 0. : 0. | 38. 50. |
| Cing. | 0. : 0. | 38. 42. |
| Hingci. | 0. : 5. | 38. 32. 0. |
| Cinghai. | 0. : 12. | 38. 55. 0. |
| Ningcin. | 0. : 3. | 38. 0. 0. |
| King. ☉ | 0. : 25. | 38. 20. 0. |
| Ukiao. | 0. : 18. | 38. 0. p. |
| Tungquang. | 0. : 0. | 38. 10. |
| Kuching. | 0. : 51. | 37. 56. p. |
| Cang. ☉ | 0. : 16. | 38. 0. 0. |
| Nanpi. | 0. : 20. | 38. 20. 0. |
| Jenxan. | 0. : 40. | 38. 25. 0. |
| Kingyun. | 0. : 15. | 38. 8. 0. |

**4. Métropole.**

| Noms. | Longit. | Latit. |
|---|---|---|
| Chinting. | 2. : 36. | 38. 40. p. |
| Cingking. | 3. : 10. | 30. 28. p. |
| Hoëlo. | 3. : 0. | 38. 42. p. |
| Lingxeu. | 3. : 6. | 38. 50. p. |
| Khoching. | 2. : 48. | 38. 15. p. |
| Loching. | 2. : 16. | 38. 36. p. |
| Vukie. | 2. : 13. | 38. 45. p. |

Ping-

P E K.    P E K.    177

| Noms. | Longit. | Latit. |
|---|---|---|
| Pingxan. | 3. : 24. | 38. 33. p. |
| Heuping. | 3. : 40. | 39. 6. p. |
| Ting. ☉ | 2. : 26. | 39. 0. p. |
| Sinlo. | 2. : 23. | 38. 50. p. |
| Ki. ☉ | 1. : 26. | 38. 5. p. |
| Nancung. | 1. : 39. | 37. 56. p. |
| Sinho. | 1. : 56. | 38. 6. p. |
| Caokiang. | 1. : 15. | 38. 0. p. |
| Vuye. | 1. : 18. | 38. 20. p. |
| Cyn. ☉ | 2. : 0. | 38. 30. p. |
| Canping. | 1. : 32. | 38. 20. p. |
| Jaoyang. | 1. : 13. | 38. 45. p. |
| Vukiang. | 1. : 6. | 38. 36. p. |
| Chau. ☉ | 2. : 30. | 38. 20. p. |
| Pehiang. | 2. : 20, | 38. 5. p. |
| Langping. | 2. : 6. | 38. 15. p. |
| Caoye. | 2. : 33. | 38. 11. p. |
| Linching. | 2. : 28. | 38. 28. p. |
| Canhoang. | 3. : 0. | 38. 20. p. |
| Ningcin. | 2. : 14. | 38. 23. p. |
| Xin. ☉ | 1. : 28. | 38. 30. p. |
| Hengxui. | 1. : 38. | 38. 14. p. |
| Yuenxi. | 2. : 40. | 38. 26. p. |

5. Métropole.

| Xunte. | 3. : 7. | 37. 50. p. |
| Xaho. | 3. : 10. | 37. 35. p. |
| Nanho. | 2. : 53. | 37. 48. p. |
| Pinghiang. | 2. : 44. | 37. 37. p. |
| Quanggung. | 2. : 30. | 37. 50. p. |
| Kiulo. | 2. : 11. | 37. 45. p. |
| Thanxan. | 2. : 54. | 38. 5. p. |
| Nuikieu. | 3. : 10. | 38. 0. p. |
| Gin. | 2. : 42. | 37. 56. p. |

6. Métropole.

| Quangping. | 2. : 34. | 37. 25. p. |
| Kiucheu. | 1. : 56. | 37. 24. p. |
| Fihiang. | 2. : 20. | 37. 15. p. |
| Kiçe. | 2. : 20. | 37. 33. p. |
| Hantan. | 3. : 10. | 37. 23. p. |
| Quangping. | 2. : 30. | 37. 0. p. |
| Cninggan. | 3. : 0. | 37. 8. p. |
| Guei. | 1. : 42. | 37. 40. p. |
| Cingho. | 1. : 20. | 37. 36. p. |

7. Métropole.

| Taming. | 1. : 56. | 36. 56. p. |
| Taming. | 1. : 56. | 36. 44. p. |
| Naulo. | 2. : 0. | 36. 31. p. |
| Guei. | 2. : 18. | 36. 46. p. |
| Cingfung. | 2. : 15. | 36. 26. p. |
| Nuihoang. | 2. : 36. | 36. 40. p. |
| Siun. | 3. : 0. | 36. 30. p. |
| Hoa. | 2. : 43. | 36. 20. p. |
| Kai. ☉ | 1. : 56. | 36. 20. p. |
| Changyuen. | 2. : 26. | 36. 6. p. |
| Tungming. | 2. : 2. | 36. 7. p. |

8. Métropole.

| Jungping. | 1. : 34. | 40. 0. 0. |
| Ciengan. | 1. : 20. | 40. 3. 0. |
| Vuning. | 1. : 50. | 39. 57. 0. |
| Changly. | 1. : 47. | 39. 38. 0. |
| Lo. ☉ | 1. : 18. | 39. 40. 0. |
| Loting. | 1. : 30. | 39. 35. 0. |

| Noms. | Longit. | Latit. |
|---|---|---|

Ville Militaire.

| Siven. | 1. : 30. | 40. 30. p. |

Citez Militaires.

| Yenking. | 0. : 23. | 40. 20. p. |
| Jungning. | 0. : 6. | 40. 24. p. |
| Paogan. | 1. : 0. | 40. 10. p. |

Grande Forteresse.

| Xetughai. | 2. : 18. | 39. 30. 0. |
| Tiencin. | 0. : 50. | 38. 52. 0. |

Petite Forteresse.

| Vuning. | 3. : 6. | 40. 50. p. |
| Juncheu. | 0. : 26. | 40. 56. p. |
| Cheching. | 1. : 13. | 41. 0. p. |
| Changgan. | 1. : 0. | 40. 26. p. |
| Lungmuen. | 1. : 29. | 40. 50. p. |
| Caïping. | 0. : 47. | 41. 5. p. |
| Vanciven Dexterum. | 2. : 36. | 40. 25. p. |
| Vanciven Siniftrum. | 1. : 56. | 40. 29. 0. |
| Yu. | 2. : 0. | 39. 33. 0. |
| Jungping. | 1. : 35. | 39. 48. 0. |

PEKIN ou XUNTIEN, Ville de la Chine, la Capitale de l'Empire & le Siège ordinaire des Empereurs [a]. On la trouve nommée dans quelques Relations de Voyageurs, CAMBULA ou CAMBALET; c'est-à-dire la Cité du Seigneur; Voyez CAMBALU. Le nom de XUNTIEN; veut dire Obéissante au Ciel & celui de PEKIN signifie la Cour du Septentrion, afin de la distinguer de NANKIN, autre Ville très-considérable, dont le nom veut dire la Cour du Midi, & que l'on avoit appellée ainsi parce que l'Empereur y résidoit, comme dans la Ville la plus belle de l'Empire, la plus commode & la mieux située, mais les irruptions continuelles des Tartares, Peuples inquiets & belliqueux obligèrent les Empereurs à transporter leur Cour dans les Provinces du Nord, afin d'être toujours en état de résister à l'ennemi, avec le grand nombre de Troupes qu'ils tiennent ordinairement auprès de leur personne. On choisit pour cela Pekin, située à quarante degrez d'élévation dans une Plaine abondante & peu éloignée de la grande Muraille, & qui par le moyen de la Mer Orientale & du grand Canal du Midi communique avec plusieurs belles Provinces d'où elle tire en partie sa subsistance.

Cette Ville dont la figure étoit parfaitement quarrée avoit autrefois quatre grandes lieues de tour; mais les Tartares en s'y plaçant obligèrent les Chinois de se loger hors des murailles où ils bâtirent en peu de tems une nouvelle Cité qui étant plus longue que large fait avec la Ville une figure irrégulière. De cette façon Pekin est composée de deux Villes; l'une nommée la VILLE DES TARTARES parce qu'il n'y a qu'eux qui s'y puissent établir; l'autre appellée la VILLE DES CHINOIS, aussi grande & beaucoup plus peuplée que

[a] Le Pere le Comte, Mém. sur l'Etat présent de la Chine, t. 1, Lett. 2.

Z

la première. Toutes deux ensemble font six grandes lieues de tour, de trois mille six cens pas chacune. Ces mesures sont fort justes & ont été prises au cordeau par ordre exprès de l'Empereur. Les Portes de la Ville [a] ont quelque chose de plus grand & de plus magnifique que celles des Villes de l'Europe: elles sont extrêmement élevées & enferment une grande Cour quarrée environnée de murailles, sur lesquelles on a bâti de beaux Salons, tant du côté de la Campagne que du côté de la Ville. Les murailles de Pekin sont de briques, hautes d'environ quarante pieds, flanquées de vingt en vingt toises de petites Tours quarrées en égale distance & très-bien entretenues. Il y a de grandes rampes en quelques endroits, afin que la Cavalerie y puisse monter.

[a] Lettres Edif. t. 7. p. 145.

À l'égard des maisons, on peut dire que les Chinois aiment à être extrêmement pressez dans leurs habitations: vingt personnes & plus encore se placent où les Européens se contenteroient d'en mettre dix. Il faut bien que cela soit ainsi, puisque la multitude des gens qui paroissent continuellement dans les Rues est si grande qu'on en est effrayé; de sorte qu'il est nécessaire en plusieurs endroits, que les personnes de qualité soient précédées d'un Cavalier qui écarte la foule, sans quoi ils seroient très-souvent obligez de s'arrêter. Presque par-tout & même dans les grandes Rues il y a de l'embarras. A voir les chevaux, les mulets, les chameaux, les chariots, les chaises, les pelotons de 100 & de 200. personnes qui s'assemblent d'espace en espace pour écouter les diseurs d'espace de bonne avanture, on croiroit que toute la Province est venue fondre à Pekin pour quelque spectacle extraordinaire. Les Villes d'Europe ne font en comparaison que des solitudes sur-tout si on considére que le nombre des femmes surpasse de beaucoup celui des hommes; & que cependant dans cette prodigieuse multitude qui paroît au dehors, on n'y en rencontre presque jamais aucune. Mais ce qui cause principalement cette grande foule; c'est que de tous les Lieux voisins il se rend tous les jours à Pekin un très-grand nombre de Paysans qui apportent une infinité de choses pour les usages ordinaires de la vie. Comme il n'y a point de Riviére dans la Ville, le transport des denrées multiplie les Voituriers, les chariots, les chameaux & les autres bêtes de charge. Ainsi tous les matins lors qu'on ouvre les Portes de la Ville, & les soirs quelque tems avant qu'on les ferme, il y a une si grande foule d'Etrangers qui entrent ou qui se retirent qu'on est presque toujours obligé d'attendre long-tems sans pouvoir passer. D'ailleurs la plûpart des Ouvriers travaillent dans les maisons des Particuliers. Ils courent continuellement pour chercher de la pratique; & même jusqu'aux Forgerons portent avec eux leurs instrumens, leur enclume & leur fourneau pour les Ouvrages communs, à quoi l'on peut ajouter que toutes les personnes, mêmes celles qui sont d'une condition assez médiocre, sortent ordinairement à cheval ou en chaise, suivies de plusieurs Domestiques, & que quand un Mandarin marche, tout son Tribunal le suit en cérémonie; de sorte que c'est une espèce de procession. Les Princes du sang & les Seigneurs de la Cour paroissent aussi accompagnez d'un gros de Cavalerie; & parce qu'ils sont obligez de se rendre presque tous les jours au Palais, leur train est capable de causer de grands embarras.

Les Rues de cette grande Ville sont presque toutes tirées au cordeau. Les plus grandes sont larges d'environ six vingt pieds & longues d'une bonne lieue, bordées presque toutes par des maisons marchandes, dont les Boutiques ornées de Soie, de Porcelaines & de Vernis sont une agréable perspective. Les Chinois ont une coutume qui contribue encore à l'embellissement de leurs Boutiques: chaque Marchand place devant sa porte sur un petit piédestal, une planche haute de sept à huit coudées, peinte, vernie & souvent dorée, sur laquelle il écrit les choses dont il trafique. Ces espèces de pilastres rangez des deux côtez des maisons & presque dans une égale distance font une colonnade qui a quelque chose de singulier. Cela est commun à presque toutes les Villes de la Chine. Deux choses diminuent pourtant la beauté de ces Rues: la première est le peu de proportion qu'elles ont avec les Maisons qui ne sont ni bien bâties ni assez élevées; la deuxième vient de la boue ou de la poussiére qu'on y trouve. La Chine si policée en toute autre maniere ne se reconnoît pas en celle-ci. L'Hiver & l'Eté sont également incommodes pour ceux qui sortent, & c'est en partie parce qu'on est obligé d'aller à cheval ou en chaise. La boue gâte les bottes de soie dont on se sert & la poussiére s'attache aux étoffes sur-tout aux Satins qu'on prépare à l'huile pour leur donner plus de lustre. Cette poussiére envelope continuellement la Ville d'un gros nuage qui pénétre dans les maisons & qui s'insinue dans les Cabinets les mieux fermez; & malgré toute la précaution qu'on peut prendre pour s'en défendre les tables & les meubles en sont toujours couverts. On tâche de diminuer cette incommodité par l'eau qu'on jette continuellement dans les Rues; mais on ne laisse pas d'en souffrir beaucoup pour la propreté & pour la santé. Les petites Rues courent toutes de l'Est à l'Ouest & divisent en des Isles égales & proportionnées tout l'espace qui est entre les grandes Rues. Les unes & les autres ont leurs noms particuliers comme *la rue des parens du Roi*, *la rue de la Tour blanche*, *des Lions de fer*, *du poisson sec*, *de l'Eau de vie* & autres. La plus belle est appellée *Cham-gan-Kiai*; c'est-à-dire *la rue du repos perpétuel*. Elle va de l'Est à l'Ouest: elle est bordée du côté du Nord par les murs du Palais de l'Empereur, & du côté du Sud par divers Tribunaux & Palais de Grands Seigneurs. Cette Rue qui a plus de trente toises de lar-

largeur eſt ſi fameuſe que les Savans l'employent dans leurs Ecrits pour déſigner toute la Ville.

De tous les Bâtimens qui compoſent cette Capitale le ſeul qui mérite proprement d'être conſidéré eſt le Palais Impérial. Il eſt ſitué au milieu de la Ville des Tartares & regarde le Midi, ſuivant la coutume de cet Empire, où l'on voit rarement une Ville, un Palais, ou la Maiſon d'une perſonne conſidérable, qui ne ſoit tournée du même côté. Il eſt entouré d'une double enceinte de murailles [a], l'une dans l'autre en forme de quarré long. L'enceinte extérieure eſt une muraille d'une hauteur & d'une épaiſſeur extraordinaires, enduite dedans & dehors d'un ciment ou chaux rouge & couverte d'un comble ou petit toit de briques verniſſées d'une couleur jaune dorée. Sa longueur depuis la Porte du Sud juſqu'à celle du Nord, eſt de deux milles d'Italie, ſa largeur d'un & ſon circuit de ſix. Cette enceinte a quatre Portes; ſavoir une au milieu de chaque côté, & chacune eſt compoſée de trois portes, dont celle du milieu ne s'ouvre que pour l'Empereur ſeul: les autres ſervent à ceux qui entrent au Palais ou qui en ſortent, & ſont ouvertes depuis la pointe du jour, juſqu'à ce qu'on ſonne la retraite; il faut pourtant en excepter les Portes méridionales qui ne ſont qu'entre-ouvertes, à moins que l'Empereur ne ſorte ou ne rentre. Du tems des Rois Chinois, la Garde de chaque Portail étoit de trente Soldats avec leur Capitaine & dix Eunuques; mais à préſent il n'y a que vingt Tartares avec leur Officier. La Garde eſt en tout de trois mille hommes qui ſont diſtribuez par Compagnies & Eſcouades; car outre les Portes qui viennent d'être marquées, il y en a pluſieurs autres, auſſi-bien que diverſes Tours qui environnent la muraille intérieure. Les Eléphans ne ſont point aux Portes, comme l'ont dit les Peres Alvare Semedo & Martini: ils ſont dans leurs écuries ou plutôt dans leur Palais. On les loge dans une Cour ſpacieuſe, au milieu de laquelle il y a une belle & grande Sale, où ils font leur demeure pendant l'Eté. L'Hiver on les met dans des Sales ſéparées, mais plus petites & dont le pavé eſt échauffé avec des fourneaux, ſans quoi ils ne pourroient ſupporter la rigueur du froid de ce Climat. On ne tire de leur logement que quand l'Empereur ſort pour quelque fonction publique, comme pour un Sacrifice ou autre choſe ſemblable. L'entrée de ces Portes n'eſt pas libre à tout le monde: elle eſt défendue aux Bonzes des Pagodes, aux Aveugles, aux Boiteux, aux Eſtropiez, aux Gueux, à ceux qui ont des balafres, des goîtres, ou qui ont le nez ou les oreilles coupées & enfin à tous ceux qui ont quelque difformité conſidérable. La muraille intérieure qui entoure immédiatement le Palais eſt extrèmement haute & épaiſſe, bâtie de grandes briques toutes égales & embellies de creneaux bien ordonnez. Elle a du Nord au Sud un mille & demi d'Italie, près d'un demi en l'autre ſens, & cinq milles moins un quart de circonférence. Elle a quatre Portes avec de grandes voutes & arcades. Celles du Sud & du Nord ſont triples, comme les Portes de la première enceinte & celles des côtez ſont ſimples. Sur ces portes, & ſur les quatre angles de la muraille s'élèvent huit Tours, ou plutôt huit Sales d'une grandeur extraordinaire & d'une très-belle Architecture; elles ſont verniſſées au dedans d'un beau rouge, ſemé de fleurs d'or; & la couverture eſt de tuiles verniſſées de jaune. Sous les Rois Chinois vingt Eunuques faiſoient la garde à chacune de ces Portes; à préſent les Tartares y ont mis vingt Soldats & deux Officiers. L'entrée eſt permiſe à tous les Mandarins des Tribunaux qui ſont au dedans du Palais & à tous les Officiers de la maiſon du Roi; mais elle eſt défendue rigoureuſement à tous les autres s'ils ne montrent une petite table de bois ou d'yvoire, dans laquelle leur nom & le lieu où ils doivent ſervir ſoient marquez, avec le cachet du Mandarin de qui ils dépendent. Cette ſeconde muraille eſt environnée d'un profond & large foſſé, revêtu de pierres de taille & plein d'excellens poiſſons. Chaque Porte a un Pont-levis pour traverſer le foſſé, à la reſerve de celle du Sud qui l'a plus au dedans. Dans le grand eſpace par lequel les deux murailles ſont ſéparées, il y a pluſieurs Palais, les uns ronds, les autres quarrez. Ils ont tous des noms conformes aux uſages & aux divertiſſemens auxquels ils ſont deſtinez. Dans le même eſpace du côté de l'Orient & joignant la première muraille, coule une Rivière qu'on traverſe par pluſieurs Ponts, tous fort beaux & faits entièrement de marbre, à la reſerve de l'Arcade du milieu qui eſt un Pont-levis de bois. Tous les autres Ponts qui ſe trouvent en nombre dans ce Palais, ſont bâtis de la même ſorte. Du côté de l'Occident où l'eſpace eſt beaucoup plus large, il y a un Lac fort poiſſonneux, long d'un mille & un quart d'Italie & fait en forme de viole. On le traverſe à l'endroit le plus étroit qui répond aux Portes des deux murailles. Il y a un beau Pont dont les extrémitez ſont ornées d'Arcs de triomphe à trois arcades chacun, élevez, majeſtueux & d'une belle Architecture. Marc Paulo [b] fait mention de ce Lac qui eſt environné de Palais & de Maiſons de Plaiſance, bâties partie dans l'eau & partie en terre-ferme. Le milieu eſt garni de Barques très-propres dont l'Empereur ſe ſert quand il veut prendre le plaiſir de la promenade ou de la pêche. Le reſte des deux eſpaces de l'Eſt & de l'Oueſt, que le Lac ni les Palais détachez n'occupent point, eſt diviſé en rues larges & bien proportionnées, qu'habitent les Officiers & les Artiſans qui ſervent dans le Palais. Du tems des Empereurs précédens il y avoit dix mille Eunuques: la Maiſon qui régne préſentement a mis à la place de ces Eunuques des Tartares & des Chinois de la Province de Leaohem, qui par une grace particulière font confidérez comme Tartares.

Le Palais de l'Empereur a vingt Appartemens qui vont en ligne droite du Midi au Septentrion, furquoi il faut obferver qu'entre l'enceinte extérieure de ce Palais & la muraille Méridionale où eft la Porte de la principale Ville, il y a un très-grand efpace dépendant du Palais & difpofé de la manière fuivante. Quand on entre par la Porte de la Ville, on fe trouve dans une fort grande Rue, qui s'étend le long de la muraille de la Ville, & après qu'on l'a traverfée on entre dans un terrein quarré environné d'une baluftrade de Marbre. Au delà de cet endroit il y a une feconde Rue ornée de part & d'autre de deux Arcs de triomphe. On ne peut aller dans cette Rue ni en Chaife ni à cheval, il faut defcendre au premier Arc de triomphe & marcher à pied jufqu'au delà du fecond; à caufe qu'on manqueroit au refpect du au premier Appartement du Palais qui eft de l'autre côté de la Rue dans une diftance égale de ces deux Arcs. Ce premier Appartement appellé *Tai cimmüen*, c'eft-à-dire Portail de grande pureté, confifte en trois grandes Portes avec trois voutes fort longues & fort larges, au deffus defquelles il y a une très-belle Sale. Ces Portes ne s'ouvrent jamais que quand l'Empereur veut fortir. Au delà de ce premier Appartement on trouve une vafte Cour ornée des deux côtez de portiques & de galeries foutenues par deux cens colomnes qui étant vues de la Porte font une agréable perfpective. Cette Cour large de la portée de deux traits d'arc & longue de plus de deux portées de moufquet, eft terminée du côté du Nord par la fameufe Rue du *Perpétuel Repos*, qui continue au travers de deux portes qu'on y voit de chaque côté. Tout cela eft encore hors des deux enceintes du Palais & ne lui fert que de veftibule & d'avenue. En continuant d'aller en droite ligne du Nord au Sud, on voit au milieu de la Muraille extérieure, qui borde la Rue du *Perpétuel Repos* du côté du Nord, le fecond Appartement & le fecond Portail qui devroit plutôt être appellé le premier, puis que toutes les perfonnes du Palais font obligées d'y paffer. Il eft compofé de cinq Portes; trois grandes qui ne s'ouvrent que pour le Roi & deux petites à côté peu élevées au deffus du rez de chauffée, par lefquelles paffent tous ceux qui entrent ou qui fortent, même les plus grands Seigneurs. Au deffus de ces Portes & de toutes les autres s'élève une grande Sale, ornée de quantité de Colomnes, avec leurs bazes & leurs chapiteaux dorez, & peintes par dehors d'un vernis vermeil, & par dedans d'un vernis or & azur. Cet Appartement eft fuivi d'une Cour beaucoup plus grande que la précédente & qui eft bordée à l'Orient & à l'Occident de Sales & de Chambres avec leurs Portiques & leurs Galeries, comme toutes les autres Cours dont on a parlé. Après celle-ci on trouve le troifième Appartement appellé *le Portail du commencement*. Il eft fuivi comme les autres d'une Cour; & cette Cour aboutit au quatrième Appartement nommé *la Tour*, ou *le Portail du Midi*. C'eft le premier de la Muraille intérieure. Il eft compofé de trois vaftes voutes & d'une Sale au deffus; mais plus grande & plus élevée que celle du troifième appartement. Elle a des deux côtez deux Murailles en forme de Corridors ou de Galeries qui s'étendent vers le Midi l'efpace d'une portée de moufquet, & qui, à leurs extrémitez au Nord & au Sud, font terminées par quatre Pavillons ou Sales femblables à celle du milieu, mais plus petites. Leurs toits font hexagones ou à fix pantes & couronnez de chiens de bronze doré. Cet Apartement eft fuivi d'une Cour pareille aux autres & du cinquième Appartement qu'on appelle le fuprême Portail. Il eft fermé de cinq grandes Portes auxquelles on monte par cinq Efcaliers de trente degrez chacun. Avant que d'y arriver on traverfe fur cinq Ponts un profond foffé plein d'eau. Tous ces Ponts ont leurs parapets, baluftres, colomnes, pilaftres & perrons, avec des Lions & d'autres ornemens, le tout d'un Marbre très-blanc & très-fin. Après cela on trouve une Cour très-vafte, affortie des deux côtez de Portiques & de Galeries avec des Sales & des Chambres très-belles & très-riches. Cette Cour aboutit au fixième Appartement nommé la *Suprême Sale Impériale*. On y monte par cinq Efcaliers chacun de quarante-cinq marches d'un Marbre très-fin. Celui du milieu par lequel le Roi feul a droit de paffer, eft d'une largeur extraordinaire. Les deux plus voifins, par où paffent les grands Seigneurs & les Mandarins, font moins larges; & les deux autres qui font encore plus étroits, fervent aux Eunuques & aux Officiers du Palais. On dit que cette Sale étoit fous les Rois Chinois, une des Merveilles du Monde & que les Voleurs qui fe foulevérent durant les dernières révolutions la brûlèrent avec une grande partie du Palais, quand ils abandonnèrent Pekin par la crainte des Tartares. C'eft par les mêmes Tartares que fut bâtie celle qu'on voit à préfent. Ils fe contentèrent de la faire reffembler en quelque façon à l'ancienne. C'eft dans cette Sale que l'Empereur, affis au milieu, reçoit dans fon Trône les foumiffions de tous les Grands Seigneurs & des Mandarins de Lettres & d'Armes. Après cette Sale Impériale & la Cour qu'on trouve enfuite, il y en a une autre appellée *la Sale très-élevée*. Elle fait le feptième Appartement. Le huitième eft après une autre Cour; c'eft une Sale qu'on appelle *la Suprême Sale du milieu*. La Sale fuivante, précédée d'une même Cour s'appelle la Sale de *la Souveraine Concorde*, & fait le neuvième Appartement. C'eft dans cette Sale & dans les deux autres bâties de chaque côté, que le Roi vient deux fois le jour traiter des affaires de tout l'Empire, avec fes *Colas* ou Confeillers d'État, avec les Mandarins des fix Tribunaux fuprêmes. Quand on a paffé une autre

*Cour*

Cour on trouve le dixième Appartement avec un beau Portail fort élevé & qu'on appelle le Portail du Ciel clair & net. Il a au milieu trois grandes Portes auxquelles on monte par trois Escaliers, de plus de quarante degrez chacun & qui ont à leurs côtés deux petites portes. On entre ensuite dans une Cour spacieuse que termine le onzième Appartement nommé *la demeure du Ciel clair & net*. C'est le plus riche, le plus magnifique & le plus élevé de tous. On y monte par cinq Escaliers d'un Marbre très-fin, chacun de quarante-cinq degrez & ornez de parapets, de Colonnes, de balustrades & de plusieurs petits Lions; & sur le haut de chaque côté de dix grands Lions de bronze doré. Au milieu de la Cour à une distance proportionnée de ces Escaliers, on voit une Tour aussi de bronze doré, ronde, finissant en pointe & haute de douze ou quinze pieds, avec des Portes, des Fenêtres & quantité de petites figures travaillées fort délicatement; & des deux côtez deux grands brasiers de bronze doré où l'on brûle des odeurs la nuit & le jour. C'est dans ces Appartemens que demeure l'Empereur avec les trois Reines. La première nommée *Hoam-heu*; c'est-à-dire l'Impératrice, demeure avec lui dans le Quartier du milieu; la seconde habite dans le Quartier Oriental, & la troisième dans le Quartier Occidental. Les deux Quartiers joignent celui du milieu. Les fils de ces trois Reines sont tous légitimes, avec cette différence que ceux de la première sont préférez aux autres dans la Succession de l'Empire. Il y a encore dans cet Appartement & dans les suivans jusqu'à deux ou trois mille Concubines, selon la volonté de l'Empereur. Elles s'appellent *Cum-niu*, ou Dames du Palais. Celles que le Roi aime le plus sont nommées *Fi*, ou presque Reines. Il leur donne quand il lui plaît des joyaux qu'elles mettent à leur tête ou sur leur poitrine, & une portière de Satin ou de Damas jaune; ce qui les fait respecter par toutes les autres. Tout ce qui regarde le service du Roi, des Reines & des Concubines, & le Gouvernement du Palais & de la Maison Royale, étoit fait autrefois par dix mille Eunuques; mais les Tartares étant devenus maîtres de l'Empire n'en reservérent que mille pour le service intérieur du Palais. Après l'onzième Appartement on trouve une Cour terminée par le douzième, qui est appellé *belle & agréable Maison du milieu*; c'est le second Logement du Roi. Il est suivi d'une Cour & du treizième Appartement ou troisième Logement du Roi appellé *Maison qui reçoit le Ciel*. On voit au delà un vaste Jardin qui fait le quatorzième Appartement & se nomme Jardin Impérial. De là après avoir traversé plusieurs Cours, & d'autres grands espaces, on arrive au dernier Portail de l'enceinte intérieure qui fait le quinzième Appartement, & on l'appelle *Portail de la mystérieuse valeur*. Il est composé de trois Portes & de trois grandes voutes qui soutiennent une Sale fort élevée toute peinte, dorée & couronnée de petites Tours & de divers ornemens au sommet du toit. En sortant de-là on traverse le fossé sur un beau & large Pont, bâti de grandes pierres de Marbre, au delà duquel on trouve une Rue qui va de l'Est à l'Ouest, & qui est bordée du côté du Midi par le fossé & du côté du Nord par divers Palais & Tribunaux. Au milieu & vis-à-vis du Pont il y a un Portail de trois Portes, un peu moindre que les précédens & c'est le seizième Appartement. On l'appelle *Portail fort élevé du Sud*. Il est suivi d'une Cour ou d'un terrain large de trente toises du Sud au Nord, & long de l'Est à l'Ouest d'une quart de mille Italique. Le Roi y exerce ses Chevaux : ainsi il n'y a point de pavé comme dans les autres Cours, dans les Rues & dans les espaces dont il a été parlé. Au milieu de la Muraille Septentrionale de ce terrein il y a un grand Portail de cinq portes tout semblable aux autres. On l'appelle *le Portail de dix mille ans*, & il fait le dix-septième Appartement. Plus avant on trouve un vaste terrein ou Parc, entouré de hautes murailles où le Roi tient des Sangliers, des Ours, des Tigres & autres semblables Bêtes, chacune dans une loge large & agréable. Au milieu de ce terrein s'élevent cinq collines d'une hauteur médiocre. Celle du milieu est plus élevée: les quatre autres qui sont plus petites, deux à l'Est & deux à l'Ouest, s'abaissent avec une égale proportion. Elles ont été faites à la main de la terre qu'on a tirée du fossé & du Lac & elles sont jusqu'au sommet couvertes d'Arbres rangez avec symétrie, chacun avec son Piédestal rond ou quarré, dans lesquels on a pratiqué des trous qui servent de retraites aux Liévres & aux Lapins, dont les Montagnes sont pleines. Il y a aussi sur ces Montagnes & dans cet enclos quantité de Cerfs, de Daims & de Chevreuils, & sur les Arbres diverses espéces d'Oiseaux domestiques. Le Roi va de tems en tems se divertir dans ce lieu à entendre chanter ces Oiseaux & à voir sauter & courir toutes ces Bêtes. Au Nord & à deux grandes portées de mousquet de ces Montagnes, il y a un Bois au bout duquel, joignant la Muraille de ce Parc, on voit trois Maisons de plaisance, d'une grande symétrie, avec de beaux Escaliers & des Terrasses qui servent de communication. Cet Ouvrage véritablement Royal, compose le dix-huitième Appartement & s'appelle *les Palais Royaux de la longue vie*. Un peu plus loin, on trouve un Portail semblable aux autres, qu'on nomme *le Portail fort élevé du Nord*; il fait le dix-neuvième Appartement. On entre ensuite dans une longue & large Rue ornée de chaque côté de Palais & de Tribunaux. Au-delà de cette Rue s'eleve un Portail à trois portes, construit dans l'enceinte extérieure & appellé *Portail du repos du Nord*. C'est le vingtième & dernier des Appartemens qui ferment le Palais du Roi par une ligne droite au Midi.

Outre ce Palais destiné pour la personne de l'Empereur, il y en a à côté vingt autres particuliers, dont la beauté, la grandeur & la richesse sont remarquables. Pour en en bien comprendre la situation, il faut observer que l'espace qui enferme la Muraille intérieure, est divisé en trois parties séparées par deux grosses & hautes murailles qui courent du Sud au Nord. Le Palais du Roi occupe la partie du milieu de cet espace, & les deux autres sont pour les Palais collatéraux. Ces Palais sont dans l'enceinte intérieure du Palais Royal, dont ils sont séparez par deux murailles, & ils sont divisez entr'eux par d'autres murailles de même fabrique. Entre les deux enceintes, il y a encore divers Palais & quantité de Temples d'Idoles, dont quatre sont plus fameux que les autres. On les nomme aussi Palais à cause de leur grandeur, de la multitude de leurs appartemens & de la beauté de l'Architecture. Le premier dédié aux Etoiles que nous appellons *Cartes du Nord*, & que les Chinois nomment *le Feu*, s'appelle *le Palais de Grande Lumière*. Ils disent que cette Constellation est un Dieu qui a le pouvoir de donner une longue vie. Il n'y a aucune Image dans son Temple, mais seulement une toile entourée d'un riche cadre & sur laquelle est écrit: *A l'Esprit & au Dieu Peteu*. Ce Temple est au dedans de la Muraille intérieure: les trois autres sont situez entre les deux enceintes. L'un s'appelle *le Palais du Très-haut & Souverain Empereur*. C'est le Temple du fameux & fidèle Capitaine déifié, que l'on appelloit *Quan-ti*. Les Chinois lui demandent la santé, une longue vie, des enfans, des richesses, des honneurs & d'autres biens passagers. Les deux autres Temples ou Palais s'appellent l'un *le Temple de la tête de Bœuf*, parce que l'Idole est une tête de Bœuf avec ses cornes: l'autre se nomme *le Temple des Lama*. Ce dernier est situé à l'Orient du Lac sur une Montagne en pain de sucre, faite à la main, avec des Roches qu'on y a fait conduire à grands frais du bord de la Mer, quoiqu'il y ait plusieurs journées de distance. Ces Roches sont la plûpart creusées & percées par le choc des vagues; les Chinois se plaisent à voir ces ouvrages rustiques de la Nature. Elles sont disposées de telle sorte qu'elles représentent de hautes pointes de rocher, des fonds escarpez & des précipices; ce qui fait que d'une distance médiocre, il semble que ce soit une Montagne sauvage faite par la Nature. On voit au plus haut une Tour ronde à douze étages, bien proportionnée & d'une hauteur extraordinaire. Au tour du plus haut étage il y a cinquante Cloches que le vent fait sonner & mouvoir le jour & la nuit. Le Temple qui est grand & magnifique est situé au milieu de la pente du côté du Midi, & les Cloîtres & les Cellules des Lama s'étendent à l'Orient & à l'Occident. L'Idole est sur l'Autel dans le Temple, en forme d'un homme tout nud, qui n'est adoré que par les Lama & par les Tartares Occidentaux, les Orientaux & les Chinois ayant en horreur cette nudité. L'Empereur outre ces Temples qui sont dans son Palais en a sept autres, où il va sacrifier une fois tous les ans. Le premier de ces cinq Temples, appellé le *Temple du Ciel*, est situé à un demi mille de la Porte principale de la Ville, un peu à l'Orient & il est entouré d'une muraille ronde de près d'un mille de circuit. Une partie de cet espace est occupée par de très-beaux Edifices, & le reste par des Bois frais & épais, dont les arbres sont d'une grande hauteur. Il a cinq Portes du côté du Midi, trois au milieu qu'on n'ouvre que quand le Roi vient sacrifier; & deux à côté qui sont toujours ouvertes. Du Sud au Nord il a sept Appartemens séparez, dont six sont des Sales & des Portails, aussi grands & magnifiques que ceux du Palais du Roi. Le septième est une vaste & haute Sale ronde qui représente le Ciel. Elle est soutenue sur quatre-vingt-deux Colonnes, toute peinte par dedans d'azur & d'or, & couverte de tuiles vernissées d'azur. Le Roi accompagné de tous les Grands Seigneurs & Mandarins de sa Cour sacrifice au Ciel dans ce Temple au jour & au moment qu'arrive le Solstice d'Hyver, & il offre en sacrifice des Bœufs, des Porcs, des Chévres & des Moutons. Il fait cette cérémonie avec un grand appareil & beaucoup d'humilité, ne portant ni or, ni pierreries, ni même la couleur jaune. Le second appellé *le Temple de la Terre* est situé vers l'Ouest, dans une distance qui répond à celle du premier Temple. Quand on couronne le Roi, il va dans le Temple de la Terre, où il sacrifie au Dieu de la Terre. Il prend ensuite un habit de Laboureur & avec deux Bœufs à cornes dorées, & une Charrue vernissée de vermeil à filets d'or, il laboure quelque peu d'un champ enfermé dans l'enclos du Temple. Pendant qu'il est occupé à ce travail la Reine avec ses principales Dames lui préparent un dîner fort simple qu'elle lui apporte, & ils mangent ensemble. Les anciens Chinois établirent cette Cérémonie, afin que leurs Rois se souvinssent que leurs revenus venoient des sueurs du Peuple, & qu'ainsi ils ne devoient point faire de dépenses superflues. Au Septentrion de ces deux Temples il y en a trois autres qui leur sont semblables. Celui qui est du côté du Nord s'appelle le *Temple Septentrional du Ciel*. Le Roi y sacrifie au tems du Solstice d'Eté. A l'Equinoxe du Printems il sacrifie dans celui qui est du côté de l'Est, appellé *le Temple du Soleil*, ce qu'il fait à l'Equinoxe d'Automne dans le Temple Occidental qu'on appelle *le Temple de la Lune*. Le sixième Temple situé dans l'ancienne Ville, s'appelle *le Temple de tous les Rois passez*. C'est un grand & magnifique Palais, avec grand nombre d'Appartemens, de Portails, de Cours & de Sales. On y voit dans de riches Trônes les Statues de tous les Empereurs de la Chine, bons & mauvais, durant plus de quatre mille cinq cens ans. Ce Temple est situé au milieu d'une des plus belles Rues de la Ville, qui des deux côtez des portes du Temple est traversée par deux Arcs de triomphe à trois portes. Tous ceux qui passent par cette Rue de quelque qualité qu'ils soient, met-

# PEL.

mettent pied à terre par respect, quand ils arrivent à ces Arcs qui sont élevez & majestueux & marchent à pied jusqu'à ce qu'ils ayent passé le Frontispice du Temple. Enfin le septième Temple est appellé *le Temple de l'Esprit qui garde les murailles*. Il est près des murailles en dedans du côté de l'Ouest. Ce n'est pas le Roi qui y sacrifie; & toutefois cette fonction est comptée parmi les Sacrifices royaux, tant parce que le Prince en fait la dépense, qu'à cause qu'il nomme ceux qui doivent sacrifier en sa place. Toutes les Villes de l'Empire ont un pareil Temple dédié à l'Esprit qui les garde.

La Ville de Pekin a dans sa dépendance vingt-six Villes qui sont:

| | |
|---|---|
| Pekin, *ou* Xuntien. | Paoti. |
| Xuny. | Cho ⊙. |
| Changp'ing. | Fangxun. |
| Leanghiang. | Pa ⊙. |
| Mieyung. | Vengan. |
| Hoaijo. | Taching. |
| Kugan. | Paoting. |
| Jungcin'g. | Ki ⊙. |
| Tungan. | Jotïen. |
| Hiangho. | Fungjuhg. |
| Tung ⊙. | Cun'hoa. |
| Sanho. | P'ingko. |
| Vuci'ng. | Que. |

PELA. Voyez PELE.

PELAGE, Isle de la Propontide. Il en est parlé dans les Constitutions de l'Empereur Emanuel Comnène.

PELAGIA, Isle consacrée à Saturne: [Ora Marit. v. 104.] Avienus [a] fait entendre qu'elle étoit voisine des Colonnes d'Hercule. Ne seroit-ce point, dit Ortelius, l'Isle *Scombraria*?

PELAGIÆ, Isles de la Mer Méditerranée, entre la Sicile & l'Afrique: Ptolomée [b] les met au nombre de trois, savoir, [Lib.4.c.3.]

| | |
|---|---|
| *Cossira*. | *Glauconis Insula.* |
| | *Melite.* |

[Thesaur.] Ortelius [c] prétend qu'il y avoit cinq Isles qui portoient le nom général de *Pelagiæ Insulæ*; mais comme il cite Ptolomée, on voit aisément qu'il se trompe. Son erreur vient de ce qu'il a fait plus d'attention à la Carte de Ptolomée, qu'à la Description écrite. Dans la Carte on voit cinq Isles entre l'Afrique & la Sicile; mais dans la Description par écrit Ptolomée place deux de ces Isles sur la Côte d'Afrique.

[Dict.] PELAGNISI; Mr. Corneille [d] dit, sans citer ses Garans, que c'est une Isle de la Grèce dans l'Archipel. Elle est, ajoute-t-il, vers la Côte de la Macédoine & le Golphe de Salonique, & nommée par les anciens *Gallonesus*. Cette Isle a deux Ports & peu d'Habitans; & il y a plusieurs autres Isles qui l'environnent. Mr. de l'Isle dans sa Carte de la Grèce ne connoît point d'Isle nommée PELAGNISI.

PELAGONES. Voyez PELAGONIA. N°. I.

1. PÉLAGONIA, Contrée de la Macédoine. Strabon [e] dit qu'on la nomma *Tripolitis* à cause de ses trois Villes. Ptolomée [f] ne lui donne pourtant que deux [Lib. 7. p. 327. Lib. 3. c. 13.]

# PEL.

Villes; savoir *Adaristus* & *Stobi*; mais il faut y ajouter la Ville PELAGONIA, Capitale du Pays, selon Tite-Live [g]. Il y a apparence que cette dernière Ville fut ruinée du tems de la Guerre de Macédoine; car depuis Tite-Live aucun Ecrivain n'en fait mention. Les Habitans de la Pélagonie étoient appellez PELAGONES, & ils se trouvent quelquefois nommez *Pæones*, parce que leur Pays étoit quelquefois compris dans la Pæonie. Cellarius dans sa Carte de l'ancienne Grèce, place la Pélagonie, au Midi du Mont Hæmus entre la Mygdonie & la Pæonie. [Lib. 45. c. 29.]

2. PELAGONIA, Ville de la Macédoine dans la Pélagonie. Voyez l'Article précédent.

3. PELAGONIA, Contrée de la Sicile, selon Etienne le Géographe; mais Casaubon juge qu'il y a faute en cet endroit.

PELAGOSA, Isle du Golphe de Venise [h]: elle est située vers le milieu du Golphe, vers le Midi Occidental de l'Isle Augusta. [De l'Isle Atlas.]

☞ 1. PELAGUS, Nom dont les Grecs usoient pour désigner la Mer & que les Latins reçurent dans leur Langue; quoiqu'il semble dans sa propre signification vouloir dire la HAUTE-MER. Ptolomée néanmoins donne ce nom à toutes les Mers particulières. Voyez l'Article MER.

2. PELAGUS, Forêt de l'Arcadie: Pausanias [i] dit qu'elle étoit plantée de Chênes: il la place sur le chemin de Mantinée à Tégée & ajoute qu'elle faisoit la Borne entre les Mantinéens & les Tégéens. [Lib. 8. c. 11.]

PELAMYDIUM, Nom d'un des Fauxbourgs de Constantinople, selon Ortelius [k] qui cite Cedréne. [Thesaur.]

PELANA. Voyez PELLANA.

PELARGI. Voyez PELASGI & TYRRHENIA.

PELASGI, ancien Peuple de la Grèce, qui habita d'abord dans l'Argie [l], & qui tiroit son nom du Roi Pelasgus, fils de Jupiter & de Niobé. Après la sixième génération ils laissèrent le Peloponnese & se transportèrent dans l'Hémonie appellée depuis la Thessalie. Les Chefs de cette Colonie furent Achæus, Phthius & Pelasgus, fils de Neptune & de Larisse. Après avoir chassé les Habitans du Pays, ils s'y établirent & le partagèrent entr'eux, donnant à chaque portion le nom d'un de leurs Commandans. C'est delà que sont venus les noms de PHTHIOTIDE, d'ACHAÏE & de PELASGIOTIDE. Après la cinquième génération dans cette seconde demeure, les Curetes, les Leleges & divers autres Habitans les chassèrent: une partie se sauva dans l'Isle de Crète, & une autre partie dans quelques-unes des Isles Cyclades; quelques-uns se retirèrent sur le Mont Olympe & dans le Pays voisin; d'autres dans la Bœotie, dans la Phocide & dans l'Eubée; il y en eut qui passèrent en Asie, & qui s'emparèrent d'une partie de la Côte de l'Hellespont & des Isles voisines, entre autres de celles de Lesbos. Mais la plus grande partie alla dans le Pays des Dodonéens leurs Alliez & y demeurèrent jusqu'à ce que devenant à charge au Pays par leur [Dionys. Halicarn. lib. 1. p. 14. & seq.]

leur grand nombre, ils furent conseillez par l'Oracle de passer en Italie, appellée alors SATURNIE. Pour cet effet ils equipérent une Flotte, sur laquelle ils traverférent la Mer Ionienne; & étant venus débarquer à l'embouchure du Pô, ils y laissèrent ceux d'entr'eux, qui n'étoient pas en état de supporter la fatigue de l'expédition qu'ils méditoient. Ceux-ci avec le tems bâtirent une Ville qu'ils nommérent *Spinæ* du nom de l'embouchure du Pô, sur le bord de laquelle ils avoient pris terre. Ils s'y firent respecter de leurs Voisins, & eurent pendant long-tems l'Empire de la Mer; mais dans la suite ces mêmes Voisins les ayant chassez de leur Ville qui fut enfin subjuguée par les Romains, cette partie des Pelasges qui s'étoient établis à l'embouchure du Pô, cessa d'être connue dans l'Italie. A l'égard de ceux qui avoient pénétré dans les terres, ils passèrent les Montagnes, arrivèrent dans l'Umbrie voisine du Pays des Aborigénes, & s'y rendirent maîtres de quelques Bourgades. Ils n'y demeurèrent néanmoins pas long-tems. L'impuissance où ils se virent de résister aux Habitans du Pays, les obligea de passer chez les Aborigénes, avec qui ils firent alliance. Ces derniers les reçurent d'autant plus volontiers parmi eux, qu'ils avoient besoin de ce secours pour résister aux Sicules qui les inquiétoient souvent. Cette alliance causa un grand changement en Italie. Les Pelasges & les Aborigénes se trouvérent assez forts pour s'emparer d'une partie de l'Umbrie & de la Ville de Crotone, dont ils firent une Place d'armes; mais même pour chasser les Sicules, qu'ils obligérent de passer dans l'Isle voisine appellée Sicanie, & à laquelle ils donnérent leur nom. Ces prémiers progrès des Pelasges furent suivis d'autres encore plus grands. Ils conquirent plusieurs Villes; ils en bâtirent de nouvelles & devinrent fort puissans dans le Pays. Mais cette fortune ne fut pas de longue durée: affligez de diverses calamitez & fatiguez par les guerres continuelles qu'ils avoient sur les bras; un grand nombre d'entre eux repassa en Gréce & se dispersa en divers endroits: il n'en resta que très-peu en Italie où ils se maintinrent avec l'aide des Aborigénes. Une grande partie des Villes que ces Peuples avoient possédées furent envahies par les Tyrrhéniens qui commencérent à s'établir alors dans l'Italie.

PELASGIA, Nom qui fut donné pendant long-tems au Peloponnese. La Toscane & diverses autres Contrées que les PELASGI habitérent furent aussi appellées Pelasgia. Voyez PELASGI & PELASGIOTIS.

PELASGICUM ARGOS, C'est un des noms qui fut donné à la Thessalie. Elle en a souvent changé, comme Pline *a* nous l'apprend. Celui-là lui fut donné, lorsqu'elle fut habitée par les *Pelasgi* Peuples de l'Argie. Voyez PELASGI.

PELASGICUS SINUS, Golphe de la Thessalie sur la Côte de la Phtiotide, selon Ptolomée *b*. Pline *c* nomme ce Golphe PAGASICUS du nom de la Ville *Pagasæ*. D'autres l'ont appellé JOLCIACUS & DEMETRIACUS, du nom de deux autres Villes qui y étoient situées.

PELASGIOTIS, ou PELASGIS, Contrée de la Thessalie, dont elle faisoit la quatrième partie, selon Strabon *d*. Son nom venoit des anciens Peuples PELASGI, qui l'avoient habitée. Elle s'étendoit anciennement jusqu'à la Mer; mais dans la suite la partie maritime de cette Contrée fut comprise sous la Magnésie. Les Peuples s'appelloient PELASGIOTÆ, & Ptolomée *e* leur donne les Villes suivantes:

| Villes maritimes. | { Magnesia, Sepias, Æantium, Jolcos. |
| Villes dans les terres. | { Dolicha, Azorium, Pythæum, Gonnus, Atrax, Ilegium, Scotysa, Larissa, Pheræ. |

PELASGIS. Voyez PELASGIA, PELASGIOTIS, PELASGI.

PELAUQUE, CORBEN & BEIDAT, Bois de France, dans la Maîtrise de l'Isle-Jourdain. Il est de cent soixante & quatorze arpens quarante-cinq perches.

PELE, ou PELA. Etienne le Géographe donne ce nom à deux Villes de la Theyssalie, dont l'une obéissoit à Eurypyle & l'autre à Achille.

2. PELE, Isle sur la Côte d'Ionie, proche de la Ville de Clazomène, selon Pline *f*.

PELECANIA, Lieu de la Bœotie, entre les Fleuves Cephise & Melana: Théophraste *g* dit qu'il y croissoit de beaux roseaux.

PELECAS, ou PELECANTES, Montagne de l'Asie Mineure, au voisinage de l'Æolie, selon Polybe *h*.

PELECES, Etienne le Géographe donne ce nom à une partie de la Tribu Léontide. Au lieu de Peleces Phavorin écrit PELEX.

PELECUS, Ville de la Libye, selon Etienne le Géographe.

PELEGRINO, Montagne de la Sicile *k*, dans le Val de Mazzara, sur la Côte Septentrionale, près de la Ville de Palerme. Son ancien nom n'étoit pas *Ereta*, comme le dit Mr. Corneille, qui cite Maty; mais *Erèta, Eirèta*, ou *Erèlæ*, comme écrivent Polybe & Diodore de Sicile. Cette Montagne est considérable pour sa hauteur *l*, & pour avoir servi de retraite à Sainte Rosalie, fille d'un Roi d'Espagne. Elle vécut plusieurs années dans une Caverne sous un Rocher semblable à la Grotte de la Ste. Baume en Provence. Après qu'on a monté trois grands milles, on arrive à cette Caverne, & à l'entrée on trouve la Maison des Péres de l'Oratoire,

toire, qui deffervent la Chapelle que l'on a faite de cette Sainte Caverne. Dans le plus profond eſt la figure de la Sainte, repréſentée dans l'action la plus auſtére de la pénitence. Ce lieu eſt fermé de grilles de fer. On voit à côté une ſource, dont on dit que l'eau opére de fréquens miracles. Il y a pluſieurs tombeaux dans cette Grotte, & tous les Dimanches on voit un grand concours des Habitans de la Ville de Palerme, qui y vont pour gagner les Indulgences. Au deſſus de ce Rocher eſt une Tour ronde, qui reſſemble au Pilon de la Ste. Baume de Provence, quoiqu'elle n'ait pas été bâtie pour le même ſujet; mais ſeulement pour y mettre garniſon de quelques Soldats qui gardent les Côtes de la Mer. Tous les ſoirs, lors qu'ils n'ont apperçu durant le jour aucun Vaiſſeau Corſaire, ils allument le feu d'aſſurance. Si au contraire ils en ont découvert quelques-uns, ils allument des feux qu'on peut nommer feux de défiance, afin qu'on ſe tienne ſur ſes gardes. Il y a pluſieurs Hermitages aux environs de la Sainte Caverne, & une belle Galerie au lieu le plus proche de la Mer, où la Montagne ſe trouve eſcarpée en façon d'une muraille fort haute; & l'on voit delà avec plaiſir tout ce qui ſe paſſe ſur la Mer. On a élevé proche de cette Galerie couverte, la figure de Ste. Roſalie: elle eſt d'une hauteur ſi prodigieuſe, que ceux qui paſſent le long des Côtes de la Mer, la peuvent voir aiſément & reclamer ſon interceſſion. Le Corps de cette Sainte ayant été trouvé dans cette Grotte, ſous le Rocher par révélation divine, fut tranſporté delà dans l'Egliſe Métropolitaine de Palerme, qui l'a reconnue pour ſa Patrone & qui célébre ſa Fête avec grande pompe le 4. de Septembre. Il y a une affluence de monde incroyable de toutes les parties du Royaume.

PELENARIA, Ville de l'Ethiopie ſous [a] Lib. 6. c. l'Egypte, ſelon Pline [a]. Un Manuſcrit 29. conſulté par Ortelius [b] portoit Planaria [b] Theſaur. pour Pelenaria.

PELENDONES, Peuples de l'Eſpa- [c] Lib. 3. c. 3. gne; Pline [c] les comprend ſous les Celti- [d] Lib. 4. c. béres, & ajoute [d] que le Fleuve DURIUS 20. avoit ſa ſource chez eux. Ptolomée [e] leur [e] Lib. 2. c. 6. donne trois Villes, ſavoir:

*Viſontium        Auguſtobriga.
Sauia.*

Une ancienne Inſcription rapportée par [f] Pag. 111. Gruter [f] fait mention de ces Peuples, & n. 5. écrit PELLENDONES, au lieu que Pline & Ptolomée diſent PELENDONES:

GENIO LOCI
PELLENDONES
AREACON.

PELERIN (LE) Bourg de France dans la Bretagne, au berd de la Loire, à quatre lieues au deſſous de Nantes, & à cinq au deſſus de Paimbœuf. Ce Bourg eſt conſidérable, Les Bâtimens remontent la Riviére juſque-là & on les y décharge pour porter les Marchandiſes à Nantes. C'eſt auſſi le lieu où ſe fait le radoub des Vaiſſeaux & où on les met en état de deſcendre juſqu'à Paimbœuf, où on les charge des Marchandiſes qui viennent de Nantes ſur des gabarres.

PELERINE (LA) Bourg de France dans le Maine. Election de Mayenne.

☞ PELERINAGE, Nom que l'on donne à certains Voyages qu'on fait par dévotion. Il vient du Latin *Peregrinatio*, & on l'a appliqué à ces Voyages de dévotion parce que le Voyageur eſt Etranger dans les Pays par où il paſſe. Les Pélerinages ont été autrefois en grand uſage chez toutes les Nations: on prenoit même avec certaines cérémonies l'habit de Pélerin, qui conſiſtoit particuliérement dans un Bourdon & dans une Eſcarcelle. L'Egliſe avoit fort approuvé la dévotion des Fidéles pour certains Pélerinages fort longs, comme de Rome, de Jéruſalem, de St. Jacques en Gallice & autres; mais aujourd'hui elle les condamne plus qu'elle ne les approuve; parce que l'eſprit de libertinage eſt le plus ſouvent l'unique cauſe de ces Voyages.

PELESII, Peuples qui ne ſont connus que par une ancienne inſcription d'une Médaille recueillie dans le Tréſor de Goltzius & où on lit ce mot ΠΕΛΗΣΙΩΝ.

PELESTINI, Peuples d'Italie ſelon Pline [g] qui les place dans l'Umbrie. On [g] Lib. 3. c. croit qu'ils habitoient [h] dans le Quartier 14. appellé aujourd'hui PLESTEIA & où eſt [h] Ortelii la Bourgade PIOBIGO. Theſaur.

PELESTOTHRE. Voyez SALAMIS.

1. PELETHRONIUM, Montagne de la Theſſalie, au voiſinage du Mont Pélion, ſelon Etienne le Géographe. Lucain [i] parle des Cavernes de cette Mon- [i] Pharſal. tagne par ces vers: lib. 6. v. 386.

*Illic Semiferos Ixionidas Centauros
Fœta Pelethroniis nubes effudit in antris.*

2. PELETHRONIUM, Ville de la Theſſalie, ſur la Montagne *Pelethronium* ſelon Ortelius, qui cite Strabon [k]. Il [k] Lib. 7. n'eſt pas certain néanmoins que le Pele- p. 299. thronium de Strabon ſoit une Ville. Voici en entier le paſſage de cet ancien Géographe: *Alios item culpat, qui de Gereniis & Acaceſio, de Ithacæ Pago ſeu Curia, Pelethronio in Pelio, Glaucopio Athenis falſa ſcripſerint.*

PELEX. Voyez PELECES.

PELI, Iſle de la Chine [l], dans la Pro- [l] Atlas Sivince d'Huquang, près de la Ville de nenſ. Chikiang. Elle eſt par les eaux du Fleuve Kiang & on lui donne cent Stades: du moins c'eſt ce que ſignifie ſon nom. On prétend que c'étoit autrefois un amas de quatre-vingt dix-neuf petites Iſles, qui à meſure que les ſables ſe ſont accrus & que les eaux ſe ſont diminuées, ſont venues à ne plus former qu'une ſeule Iſle, mais d'une grande étendue.

PELIA, Riviére de la Toſcane, ſelon les Origines de Caton. Ortelius [m] dit [m] Theſaur. d'après Léander que cette Riviére s'appelle aujourd'hui PAGLIA.

PE-

PEL.

PELIACÆ RUPES. Voyez PELION.

PELIALA, Ville de la Méſopotamie: Ptolomée [a] la place entre *Rhœrena* & *Aluanis*.

[a] Lib. 5. c. 18.

PELIAS, Iſle ſur la Côte de Sicile aux environs du Promontoire Drepanum, ſelon Zonare cité par Ortelius [b]. Il y a apparence que c'eſt celle qu'on nomme préſentement Colombara [c], vis-à-vis de Trapani & près de la Côte.

[b] Theſaur.
[c] De l'Iſle Atlas.

PELIEU, Ville de la Chine [d] dans la Province Quangſi, au Département de Gucheu, cinquième Métropole de la Province. Elle eſt de 7. d. 40'. plus Occidentale que Peking, ſous les 24. d. 35'. de Latitude Septentrionale.

[d] Atlas Sinenſt.

PELIGNI, Peuples d'Italie: Strabon [e] dit que le *Sagrus* les ſéparoit des *Marrucini*. Il n'eſt pas ſûr, dit Cellarius, [f] qu'ils s'étendiſſent juſqu'à la Mer & l'on ſait ſeulement qu'ils avoient un Port à l'embouchure du Fleuve *Aternus*, qui leur étoit commun avec les *Marrucini* & les *Veſtini*. Mais Cellarius n'avoit pas [g] pris garde apparemment que Ptolomée [g] donne deux Places maritimes aux *Peligni*, ſavoir *Sari Fluvii Oſtia*, & *Orton*. Dans les terres ils avoient ſelon Ptolomée deux Villes qui étoient *Curſelinium* & *Sulmo*; à quoi on peut ajouter une troiſième Ville que Pline nomme *Super Equum*. Les Peligni eurent la gloire d'avoir Ovide pour Compatriote, comme il le dit lui-même [h]:

[e] Lib. 5.
[f] Geogr. ant. lib. 2. c. 9.
[g] Lib. 3. c. 1.
[h] Amor. lib. 3. Eleg. 15.

*Mantua Virgilio gaudet, Verona Catullo,*
*Peligna dicar gloria Gentis ego.*

PELINÆUS. Voyez PELLENÆUM.
PELINNA. Voyez PELLENE.

1. PELION, PELIUS ou PELIOS, Montagne de la Theſſalie, dans la partie Orientale de la Magnéſie. Elle s'étendoit le long de la Péninſule qui formoit le Golphe Pelaſgique. Les Poëtes ont feint que le Mont Pélion fut mis ſur le Mont Oſſa par les Géans, lorſqu'ils voulurent eſcalader le Ciel. C'eſt ce que décrit Virgile dans ces vers [i]:

[i] Géogr. lib. 1. v. 281.

*Ter ſunt conati imponere Pelio Oſſam,*
*Scilicet, atque Oſſa frondoſum involvere Olympum.*

Et Horace [k]:

[k] Lib. 3. Od. 4.

*Fratreſque tendentes opaco*
*Pelion impoſuiſſe Olympo.*

On diſoit que les Géans, auſſi bien que les Centaures avoient leur demeure dans cette Montagne. Son nom moderne eſt PETRAS, ſelon Tzetzès [l].

[l] Chiliad. 6. n°. 5.

2. PELION, ou PELIUM, Ville de la Theſſalie: C'eſt Homére [m] qui en fait mention.

[m] Catalog.

3. PELION, ou PELIUM, Ville de l'Illyrie, ſelon Etienne le Géographe. Voyez l'Article ſuivant.

4. PELION, PELIUM, ou PELLIUM, Ville des Daſſarétes: Tite-Live [n] dit qu'elle étoit avantageuſement ſituée pour faire des Courſes dans la Macédoine. Ortelius [o] a tort par conſéquent de la mettre dans la Macédoine. Il n'eſt pas le ſeul

[n] Lib. 31. c. 40.
[o] Theſaur.

PEL.

néanmoins qui donne les Daſſarétes pour un Peuple de la Macédoine. Il y a apparence que c'eſt la même Ville qu'Arrien [p] appelle PELLION & qu'il place ſur le Fleuve Erigon. Ce pourroit être auſſi la même Ville qu'Etienne le Géographe place dans l'Illyrie; car cet Auteur étend l'Illyrie juſque dans ces Quartiers.

[p] In Alexandro.

PELION, ou PELIUM NEMUS, C'eſt Quintilien [q] qui fait mention de cette Forêt.

[q] Lib. 5. c. 10.

PELISTHIM. Voyez PALÆSTINA.

1. PELLA, Ville de Macédoine, & qui devint Capitale de ce Royaume [r] à près que celle d'Edeſſe eut ceſſé de l'être. Pella étoit ſituée aſſez près de la Mer aux confins de l'Emathie. Hérodote [s] la met dans la Bottieide Contrée maritime. Les Villes *Ichnæ* & *Pella*, dit-il, occupent un petit terrein de la Bottieide ſur le bord de la Mer; mais comme il y avoit une certaine diſtance entre cette Ville & le bord de la Mer, il convient mieux de la placer comme Ptolomée [t] dans l'Emathie. Tite-Live [u] nous donne une deſcription de cette Ville. Le Conſul, dit-il, étant parti de Pydna arriva le lendemain devant Pella. Il remarqua que ce n'étoit pas ſans raiſon qu'on l'avoit choiſie pour en faire la Capitale du Royaume. Elle eſt ſituée ſur une élévation qui regarde le Couchant d'Hiver: des Marais auſſi peu acceſſibles en Eté qu'en Hyver à cauſe de leur profondeur, l'environnent & forment des Lacs avec l'eau dont ils regorgent. Dans le Marais même tout proche de la Ville, eſt ſituée la Forterſſe; elle repréſente une Iſle & eſt bâtie ſur une élévation qui n'a été faite qu'avec des peines infinies, & qui ſoutient la Mer & n'eſt point du tout gâtée par l'eau du Marais qui l'entoure. De loin elle paroît être jointe à la Ville: elle en eſt néanmoins ſéparée par une Rivière qui coule entre les murailles de l'une & de l'autre. Il y a ſeulement un Pont de communication; en ſorte que pour l'aſſiéger on ne trouvoit accès d'aucun côté; & les Priſonniers que le Roi y faiſoit renfermer, n'avoient point d'autre endroit pour ſe ſauver que le Pont. La Rivière, qui couloit entre la Ville & la Forterſſe ſe nommoit *Ludias* ou *Lydias*; en la remontant depuis ſon embouchure juſqu'à Pella, il y avoit, ſelon Strabon [x], cent vingt Stades; ainſi la Ville de Pella étoit à cent vingt Stades de la Mer. Au lieu de *Pella*, Pomponius Mela [y] écrit Pelle, quoique Thucydide, Strabon, Ptolomée, Hérodote & Etienne le Géographe ſoient de la première Orthographe. Le même Pomponius Méla donne à cette Ville les titres de *Maxima* & d'*Illuſtris*. Il ajoute qu'elle devoit ſa grandeur à ſes deux Nourriſſons, Philippe vainqueur de la Gréce & Alexandre vainqueur de l'Aſie. Il pouvoit donner à Philippe le nom de Nourriſſon de Pelle, puiſque ce Prince, ſelon Strabon, y avoit été élevé. En cette conſidération de petite qu'elle étoit auparavant, il l'accrut tellement qu'il en fit une grande & belle Ville. Tite-Live [z] l'appelle *Vetus Regia Macedonum*; parce qu'el-

[r] Cellerier, Geogr. Ant. lib. 2. c. 13.
[s] Lib. 7. c.
[t] Lib. 3. c.
[u] Lib. 44. cap. alt.
[x] Lib. 7. ſub finem.
[y] Lib. 2. c. 3.
[z] Lib. 51. c. 42.

qu'elle avoit toujours été la demeure des Rois de Macédoine depuis Philippe fils d'Amyntas jufqu'à Perfès. Pline [a] lui donne le titre de Colonie Romaine; & on a une Médaille d'Augufte [b] où ce même titre lui eft donné. On y lit cette Infcription COL. JUL. AUG. PELL. c'eft-à-dire *Colonia Julia Augufta Pella*. Dans la fuite elle déchut beaucoup de fa première fplendeur, puifque Lucien [c] dit que de fon tems fes habitans étoient en petit nombre & pauvres. Préfentement on nomme ce Lieu τὰ Παλατίσια; c'eft-à-dire *les Petits Paluis* [d]. Comme Aléxandre étoit né dans la Ville de Pella, Juvenal [e], pour défigner ce Prince fe fert des mots de *Pellæus Juvenis*:

*Unus Pellæo juveni non fufficit orbis.*

[a] Lib. 4. c. 10.
[b] Patin, p. 195.
[c] In Pfeudomante, p. 751. Ed. 1687.
[d] L. Holften, ad Ortel.
[e] Satyr. 10. v. 168.

2. PELLA, Ville de-là le Jourdain [f]. Pline [g] la met dans la Décapole, & la loue à caufe de fes belles eaux. Etienne la place dans la Célé-Syrie. Tout cela n'a rien d'incompatible, non plus que ce que d'autres difent, que Pella étoit dans la Pérée, dans la Batanée, dans le Pays de Bafan [h]. Peut-être auffi que quand Jofephe [i] parle de Pella, dans le Pays de Moab, il veut marquer la Ville dont nous parlons, laquelle étoit fituée dans la Pérée, dans la Batanée, dans le Pays de Bafan, que les Profanes appellent quelquefois Célé-Syrie, & dans le Pays qui appartenoit aux Ammonites, freres & alliez des Moabites; à moins qu'il ne confonde Pella avec Abila du Pays de Moab nommé dans Moyfe *Abel-Sathim* [k], & dans Jofephe [l] *Abila*. Quant à la fituation de Pella, elle étoit entre Jabès, & Géraſa, à fix milles de Jabès [m]. Elle étoit auffi du nombre des dix Villes connues dans les Géographes, & même dans l'Evangile [n], fous le nom de Décapole. Jofephe [o] raconte que les Juifs fous le regne d'Aléxandre Jannée, étoient maîtres de Pella, & qu'ils la ruïnerent, voyant que fes habitans ne vouloient pas embraffer leur Loi & leurs Cérémonies. Les premiers Chrétiens ayant appris de Notre Sauveur, que la Ville & le Temple de Jérufalem feroient détruits, fe retirerent à Pella [p], lorfqu'ils virent que le feu de la guerre contre les Romains commençoit à s'allumer. Saint Epiphane [q] dit, que les Difciples furent avertis en révélation par un Ange de s'y retirer. Cette Ville étoit du Royaume d'Agrippa, qui n'entra point dans cette Guerre, fi ce n'eft pour aider les Romains au fiège de Jérufalem. Je foupçonne que Pella tire fon nom d'Abila ou Abela. Il y a plus d'une Ville de nom d'Abila: mais celle dont je veux parler eft nommée dans les Géographes, *Abila de la Batanée*, & dans l'Ecriture, *Abel des vignes* [r]. Polybe [r] diftingue Abila de Pella, puifqu'il dit qu'Antiochus le Grand prit Pella, Kamos, Géphros, Abila, Gadara, &c. Etienne le Géographe dit que la Ville de Pella a eu pour Fondateur Aléxandre le Grand, apparemment en mémoire de la Ville de Pella

[f] D. Calmet, Dict. Hift. t. 2. p. 167.
[g] Lib. 5. c. 18.
[h] Epiphan. de Hæref. l. 1. p. 126.
[i] Antiq. l. 13. c. 23.
[k] Num. 33. 49.
[l] Ant. lib. 4. c. 7. & lib. 5. c. 1. De Bel. lib. 5. c. 3.
[m] Eufeb. ad Vocem Ἀνωβ.
[n] Matt. IV. 25. Marc. V. 20.
[o] Antiq. l. 13. c. 23.
[p] Eufeb. Hift. Eccl. l. 3. c. 5.
[q] De Ponderib. & Menſur. p. 171.
[r] Hift. l. 5.

en Theffalie, où il avoit pris naiffance. Abila & Pella furent dans la fuite Villes Epifcopales de la feconde Paleftine. Jofephe [s] dit que Pella étoit une des fept Toparchies de la Judée: mais ailleurs [t] il la nomme *Betlephtepha*; & Pline [u] lui donne le même nom. On ne fait où étoit Betlephtepha. Le nom de PELLA n'eft pas dans l'Ecriture.

[s] De Bello, l. 2. c. 3. p. 833.
[t] Bello, c. 4.
[u] Lib. 5. c. 14.

3. PELLA, Ville de la Theffalie, felon Etienne le Géographe, qui en met auffi une dans l'Achaïe. Il connoît encore une Ville & une montagne de même nom dans l'Ethiopie.

PELLACONTA, Fleuve de la Méfopotamie, felon Pline [x]. Le Pere Hardouin remarque que ce Fleuve fe jettoit dans l'Euphrate prefque cinq cens Stades au deffus de Séleucie. Il ajoute qu'il étoit auffi éloigné de Babylone du côté du Nord, que le Fleuve PALLACOPAS en étoit éloigne du côté du Midi. Cependant Arrien [y] dit que le Pallacopas étoit à près de huit cens Stades de Babylone. Ortelius confond ces deux Fleuves.

[x] Lib. 6. c. 26.
[y] De Exped. Alex. lib. 7. N°. 21.

PELLACOPAS, Fleuve de la Méfopotamie. C'eft plûtôt un des lits de l'Euphrate, ou un Canal creufé de mains d'hommes & qui n'a point de fource. Arrien [z] en donne une ample defcription.

[z] Ibid.

PELLAEUS PAGUS, Aléxandre, felon Pline [a], donna ce nom au Canton où étoit fituée la Ville d'Alexandrie qu'il bâtit à l'embouchure du Tigre, & qui fut depuis nommée Charax.

[a] Lib. 6. c. 27.

PELLANA, Ville de la Laconie. Paufanias [b] dit qu'il y a deux chofes remarquables dans cette Ville, favoir le Temple d'Efculape & la Fontaine Pellana. On rapporte auffi qu'une fille étant allée pour y puifer de l'eau & y étant tombée, on trouva fon voile dans une autre Fontaine appellée LANCEA. Polybe [c] nomme cette Ville *Pellene & Tripolis* felon Ortelius [d] qui fe trompe. Polybe ne dit pas PELLENE & TRIPOLIS, mais PELLENE EN TRIPOLI.

[b] Lib. 3. c. 21.
[c] Lib. 4. N°. 81.
[d] Thefaur.

PELLANA & PALLENE, Ville de l'Arcadie, felon Pline [e].

[e] Lib. 4. c. 6.

PELLAON, Ville d'Italie, au delà du Pô. Pline [f] qui en fait mention dit qu'elle ne fubfiftoit plus de fon tems.

[f] Lib. 3. c. 19.

1. PELLENA, Ville de l'Argie, felon Ortelius [g] qui cite Hefyche.

[g] Thefaur.

2. PELLENA. Voyez VIVARIENSE MONASTERIUM.

1. PELLENÆUM, ou PELLENÆUS MONS, Montagne de l'Isle de Chios, felon Pline [h] & Etienne le Géographe [i]. Denis le Periégète [k] fait auffi mention de cette Montagne, & Strabon au lieu de *Pellenæus*, dit *Pelinæus*.

[h] Lib. 5. 31.
[i] In verbo Χίος.
[k] V. 535.

2. PELLENÆUM, Montagne de la Carie. C'eft Etienne le Géographe [l] qui en parle.

[l] In verbo Χίος.

3. PELLENÆUM, Ville de la Pelasgiotide, felon Ortelius [m] qui cite Tite-Live [n], mais je trouve que Tite-Live écrit PELLINÆUM.

[m] Thefaur.
[n] Lib. 36. c. 10.

PELLENE, Ville de l'Achaïe propre: Ptolomée [o] la place dans les terres. Etienne le Géographe au lieu de PELLENE dit PELLINA.

[o] Lib. 3. c. 16.

**PELLENENSIS**, Siège Épiscopal dans l'Euphratense : c'est le Concile de Carthage [a] qui en fait mention.

[a Ortelii Thesaur.]

**PELLENII**, Peuples d'Italie selon Lycophron cité par Ortelius [b]. C'étoit une Colonie de Grecs sortis de la Ville *Pellene* en Achaïe.

[b Thesaur.]

**PELLIDI** Peuples de l'Isle de Sardaigne : Tite-Live [c] les appelle PELLIDISARDI.

[c Lib. 39. c. 40.]

**PELLINA**. Voyez PELLÆNE.

**PELLIPARIORUM VICUS**, Village de la Judée : Guillaume de Tyr [d] fait entendre qu'il étoit aux environs de Jérusalem.

[d Lib. 4.]

**PELISSE** (la) Lieu de France dans le Maine, près du Perche, à une lieue de la Ferté-Bernard. Il y a dans ce même lieu une Abbaye d'hommes de l'Ordre de St. Benoît & qui n'est point réformée. On la nommoit en Latin *Beatæ Mariæ de Pelitia*, ou *de Pelicea Abbatia*. Cette Abbaye dépendoit autrefois de l'Abbaye de Myron qui y a encore droit de visite. Elle fut fondée en 1205; par Bernard Seigneur de la Ferté. Il y a cinq Religieux & un Abbé dont le revenu est de six milles livres.

**PELLIUM**. Voyez PELIUM.

**PELLORIA**. Voyez AZOTUS.

**PELO**, Montagne de la Chine [e] dans la Province de Quangsi près de la Ville de Hiaxe. Cette Montagne est très-agréable & toute couverte d'arbres fort vieux.

[e Atlas Sinens.]

1. **PELODES**, Nom Grec qui signifie *Vaseux*. On l'a donne à quelques Golphes à cause que leur fond étoit de vase.

2. **PELODES**, Port de l'Epire, selon Strabon [f] : Ptolomée [g] le place entre le Golphe des *Buthrotori* & les Promontoires *Thyamis*.

[f Lib. 7. p. 324.]
[g Lib. 3. c. 14.]

3. **PELODES**, Nom d'un Golphe sur la Côte de la Susiane, selon Ptolomée [h].

[h Lib. 3. c. 3.]

**PELON**, Siège Épiscopal au voisinage de la Syrie Creuse. La Notice du Patriarchat de Jérusalem met ce Siège sous la Métropole de Scythopolis.

**PELONTIUM**, Ville de l'Espagne Tarragonoise : Ptolomée [i] la donne aux *Lungones*.

[i Lib. 2. c. 6.]

**PELOPE**, Village de la Lydie; Etienne le Géographe le met aux confins de la Phrygie.

**PELOPIA**. Voyez PELOPONNESE & THYATIRA.

**PELOPIS**, Pausanias [k] dit qu'on donnoit ce nom à petites Isles du Peloponnese, vis-à-vis de Methana & que ces Isles étoient au nombre de sept.

[k Lib. 2. c. 34.]

**PELOPONNESE**, *Peloponnesus*, aujourd'hui LA MORÉE. C'est une grande Presqu'Isle, qui faisoit la partie Méridionale de la Gréce & qui étoit jointe à la Septentrionale par l'Isthme de Corinthe. Quoique le Peloponnese ne fût qu'une Péninsule, Denis le Periégète [l] ne laisse pas de lui donner le nom d'Isle, parce qu'elle ne tient à la terre-ferme que par un Isthme large seulement de quelques Stades. Pline [m], Strabon [n] & Pomponius Mela [o] disent que le contour du Peloponnese a la figure d'une feuille de Plane. Ce Pays n'eut pas tou-

[l Vers. 403.]
[m Lib. 4. c. 4.]
[n Lib. 2. p. 83.]
[o Lib. 2. c. 3.]

jours le même nom : il fut appellé APPIA sous le Régne d'Appius ; PELASGIA, sous celui de Pelasgus ; ARGOS sous celui d'Argus & enfin Peloponnese sous Pelops. J'ai décrit ses révolutions à l'Article Gréce. Voyez GRECE.

Le Peloponnese a été divisé par les Anciens suivant le nombre de ses Peuples & de ses Villes ; ce qui a beaucoup varié, les Peuples ayant changé & les Villes n'ayant pas toujours été les mêmes. Ptolomée [p] y comprend même la Corinthie & la Siconie ; mais Pomponius Mela [q] partage cette Péninsule seulement en six Contrées principales, qui sont :

[p Lib. 3. c. 16.]
[q Lib. 2. c. 3.]

| L'Argolide, | L'Elide, |
| La Laconie, | L'Achaïe, |
| La Messenie, | & l'Arcadie. |

**PELORIAS**. Voyez PELORUS.

**PELORIS**, Isle dont fait mention Phavorinus dans son Lexicon.

**PELORUM**, Fleuve d'Asie dans l'Ibérie, selon Dion Cassius [r].

[r Lib. 36.]

**PELORUS**, PELORUM, PELORIS & PELORIAS. Mr. Corneille [s] dit : l'un des trois Caps de la Sicile, qui est au Septentrion de l'Italie. Est-ce la Sicile qui est au Septentrion de l'Italie ? Est-ce le Cap Pelorus ? Ni l'un ni l'autre ; car la Sicile est au Midi de l'Italie & le Promontoire Pelorus à l'Occident. Ce Promontoire forme la partie la plus Orientale de la Sicile du côté du Nord & il défend en quelque maniere le passage du Fare de Messine. Les Grecs & les Latins lui ont donné le même nom. Denis le Periégète [t] dit que le Promontoire Peloris regarde l'Ausonie, & Polybe [u], qui est Peloris, dit que c'est le Promontoire Septentrional. Ovide, Silius Italicus & divers autres Auteurs parlent de ce Promontoire. Le premier dit [x]:

[s Dict.]
[t V. 471.]
[u Lib. 1. c. 42.]
[x Metamorph. lib. 13. v. 726.]

*. . . . at Arcton*
*Æquoris expertem spectat Boreamque Peloros.*

Et Silius Italicus [y]:

[y Lib. 14. v. 79.]

*Celsus arenoso tollit se mole Pelorus.*

Servius fait une remarque sur ces vers de Virgile [z].

[z Æneid. lib. 3. v. 410, 411.]

*Ast ubi digressum Siculæ te admoverit oræ*
*Ventus; & angusti rarescent claustra Pelori.*

Il dit que selon Saluste, le Promontoire PELORUS fut ainsi nommé d'un Pilote qu'Annibal tua, croyant qu'il le trahissoit. J'ai pourtant lu, ajoute-t-il, que ce Promontoire avoit le nom de *Pelorus* avant cette époque. Quoiqu'il en soit, on dit qu'Annibal répara son erreur, en faisant élever au bord de la Mer une Statuë qu'il fit appeller Pelore du nom de ce malheureux Pilote. On l'appelle aujourd'hui *Cabo de la Torre di Faro*, à cause de la Tour du Fare de Messine située à l'extrémité de ce Promontoire sur une longue pointe assez basse.

**PELSO**. Voyez PEISO.

**PELTÆ**, Ville de la grande Phrygie ; Strabon [a], Ptolomée [b], Etienne le Géographe par-

[a Lib. 12. p. 577.]
[b Lib. 5. c.]

parlent de cette Ville de même que Xenophon [a]. On l'appelle préfentement
FELTI, à ce que dit Leunclavius.
 [a] De Exped. Cyri. lib. 1.

PELTENI, Peuples de la Lycaonie, ou
de quelque Contrée voifine, felon Pline [b]. Ils font placez au Midi des *Cydiffes*
par Ptolomée [c], mais fes Interpretes écrivent *Spelteni* pour *Pelteni*.
 [b] Lib. 5. c. ne. 27. [c] Lib. 5. c. 2.

PELTINUS CAMPUS, Campagne de
l'Afie Mineure, aux environs de la Lydie.
Strabon [d] dit que de fon tems on l'appelloit PHRYGIÆ CAMPUS. Peut-être l'ancien
nom venoit-il de celui des Peuples *Pelteni*, qui habitoient dans ces quartiers.
Voyez PELTENI.
 [d] Lib. 13. fub fineni.

PELTUINATES, Peuples d'Italie, felon Pline [e]: fur une ancienne Infcription
rapportée par Gruter [f] ils font nommez
PELTUINI.
 [e] Lib. 3. c. 11. [f] Pag. 443.

PELU, Ifle de la Chine [g], dans la Province de Nanking, dans le Fleuve de
Kiang, au Midi de la Ville de Kiangnin.
Cette Ifle eft célèbre, parce que ce fut
dans fon voifinage que les Armées des
Provinces Méridionales furent taillées en
pièces fous la Famille Sunga.
 [g] Atlas Sinenf.

PELUA, Ville de l'Illyrie: l'Itinéraire d'Antonin la met fur la route de *Sirmium* à *Salonæ*, entre Saluia & Aequum,
à dix-huit milles de la première & à dix-
fept milles de la feconde. Il y a des Exemplaires qui lifent PELUIM pour PELUA.

PELUIM. Voyez PELUA.

1. PELUS, Ifle voifine de celle de
Chio, felon Étienne le Géographe.

2. PELUS, Montagne de la Tofcane.
Il en eft parlé dans les Origines de Caton.
Mr. Baudrand [h] croit que c'eft aujourd'hui
la Montagne Paglia entre le Tibre, le
*Garigliano* & le Lac de *Perugia*.
 [h] Dict.

3. PELUS, Torrent de la Sicile, felon
Ortelius [i] qui cite Stobée.
 [i] Thefaur.

PELUSIACUM OSTIUM. Voyez
PELUSIUM.

1. PELUSIUM, Ville d'Egypte [k], à
l'embouchure du Bras le plus Oriental du
Nil & le plus voifin de la Paleftine. Elle
étoit comme la Clef de l'Egypte du côté
de la Phénicie & de la Judée. Ezechiel [l]
en parle fous le nom de SIN, & il l'appelle la *Force de l'Egypte*, ou *le Rempart de
l'Egypte*. L'Hebreu *Sin*, qui fignifie de la
boue, revient fort bien au Grec *Pelufium*
qui dérive de *Pelos* & qui a la même fignification. Les Septante ont lu SAïs,
au lieu de SIN dans l'endroit cité d'Ezechiel. Strabon [m] dit que la Ville de Pelufium étoit environnée de Lacs qu'on appelloit *Barathra*, & de quelques Marais.
Il la place à plus de vingt Stades de la
Mer, & il donne à fes murailles un égal
nombre de Stades de circuit. Elle eft mife dans l'Auguftamnique par Ammien
Marcellin [n] qui veut qu'elle ait été bâtie
par Pélée; mais tout le monde n'en convient pas. Elle fut fouvent affiégée & prife, quoique difficilement. On s'attaquoit
d'autant plus à cette Place, qu'elle donnoit à ceux qui en étoient les maîtres l'entrée libre dans l'Egypte. L'embouchure
la plus Orientale du Nil prenoit fon nom
de cette Ville. Lucain dit:
 [k] Dom Calmet, Dict. [l] C. 30. v. 15. & 16. [m] Lib. 17. p. 802. [n] Lib. 22. c. 16.

. . . *dividui pars maxima Nili
In vada decurrit Pelufia, feptimus amnis.*

Claude Ptolomée Mathématicien célèbre
étoit de Pelufium; mais il fixa fon féjour
à Alexandrie. Il vivoit dans le fecond fiècle. Les Ouvrages qu'il a laiffez lui ont
acquis une grande réputation. La Géographie fur-tout lui doit beaucoup.

2. PELUSIUM, Port de la Theffalie,
felon Étienne le Géographe.

PELUSIUS MONS, Montagne de l'E-
gypte: Siméon le Métaphrafte en parle
dans la Vie de St. Epimaque.

PELYSS, PELYSSA, ou PISSEN, petite
Ville de la Baffe Hongrie proche du Danube, entre Strigonie ou Gran au Nord,
Bude ou Offen à l'Orient, & Albe Royale
au Midi, à peu près à égale diftance de
chacune de ces Places. Elle eft le Chef-
lieu d'un Comté auquel elle donne fon nom.

PE-MANG, Montagne de la Chine [o],
dans la Province d'Honan, au Nord de
la Ville de ce nom. Cette Montagne eft
très-grande, elle s'étend jufque dans les
Pays de Jenfu, de Cung, & de Mengein.
 [o] Atlas Sinenf.

PEMBA, Ifle de la Mer des Indes [p],
proche de la Côte Orientale d'Afrique,
vis-à-vis de la Baye de St. Raphael, fur
la Côte de Melinde. Elle eft fituée à quatre degrez cinquante minutes de Latitude
Méridionale, fous les cinquante-fix degrez
trente minutes de Longitude, vers l'O-
rient Méridional de la Ville de Momba-
za. L'Ifle de Pemba a le titre de Royaume.
 [p] De l'Ifle Atlas.

2. PEMBA, ou PEMBO, Province d'A-
frique, au Royaume de Congo, où elle
a le fixième rang [q]. On la nomme auffi
le MARQUISAT DE PEMBA. Elle eft au centre de l'Etat & de petite étendue à la vérité; mais confidérable par l'avantage qu'elle a d'avoir toujours été le Berceau, le Trône & le fépulcre de tous les Rois de Congo, foit Chrétiens, foit Idolâtres. Le
nom de PEMBA fe donne auffi à la Ville
de BANZA Capitale, où réfide le Viceroi,
ou pour parler plus jufte, le Gouverneur
Général du Marquifat.
 [q] Labat, Ethiopie Occ. t. 1. p. 37.

1. PEMBROKE, Ville d'Angleterre [r]
au Pays de Galles, Capitale de Pembrokeshire, à 195. milles de Londres, eft fituée fur une longue & étroite pointe du
Havre de Milford, la Mer à chaque marée mouillant les murailles de la Ville. Elle a deux Paroiffes & eft fortifiée d'un Château, dans lequel Henri VII. nâquit. Cette Ville étoit autrefois un *Comté Palatin*, & porta toujours ce nom-là jufqu'au règne d'Henri VIII. mais depuis ce tems-là les Comtes de Pembroke n'ont eft que titulaires.
 [r] Etat préfent de la Grande-Bretagne, t. 1. p. 144.

2. PEMBROKE. Voyez au mot CAP,
l'Article CAP DE PEMBROKE.

PEMBROKESHIRE, Province à l'Occident de celle de Carmarden [s], dans le
Diocèfe de S. David. Elle a 93. milles
de tour, & contient environ 420000. Arpens, & 4329. Maifons. La Mer l'environne prefque de tous côtez. Elle eft
fertile par-tout; mais à l'Eft le Pays eft le
plus agréable. Une partie fut peuplée par
les
 [s] Ibid. 145.

les Flamands, sous le régne d'Henri I. Cette Province contient 45 Paroisses, 9 Villes de Marché, & est fameuse entr'autres choses pour son grand Havre, appellé *Milfordhaven*, dont j'ai parlé à son Article. A l'égard de ses productions, elle est encore remarquable pour son Chauffage appellé Culm, qui n'est autre chose que la poussiére du Charbon de terre. Elle a ceci de particulier, qu'elle ne sauroit bien brûler qu'elle ne soit mêlée avec du limon, ou de la boue. Mais un tiers de celle-ci mêlé avec deux de Culm, & paîtri ensemble en forme de grosses balles, fait un feu excellent, agréable & de durée, qui est presque sans fumée, quoiqu'humide. C'est le Chauffage qui est principalement en usage chez les Gentilshommes, sur-tout vers Milfordhaven. C'est le meilleur de tous les Chauffages, soit pour brûler de la Chaux, ou pour sécher l'orge pour faire la Biére. A ces deux égards il est d'une grande utilité.

PEME, Ville d'Egypte. L'Itinéraire d'Antonin la met entre Memphis & Isiu, à vingt milles de la premiére & à égale distance de la seconde. Un Manuscrit porte PENE au lieu de PEME; & Jérôme Surita voudroit lire PEMPTE avec Etienne le Géographe. Ne seroit-ce point, dit Ortelius [a], la même Ville qui est appellée PEAMUM dans la Notice des Dignitez de l'Empire?

[a] Thesaur.

PEMMA, Ville de l'Ethiopie sous l'Egypte, selon Pline [b].

[b] Lib. 6. c. 29.

PEMOLISSA & PEMOLITIS. Voyez PIMOLISENA.

PEMSEY, Bourgade d'Angleterre, dans la Province de Sussex, aux confins de Pevensey-Mershe & de Hastings-Rape, vers l'embouchure d'une Riviére qui se jette dans la Mer, & qui forme un Havre en cet endroit. Ce Havre qui porte le même nom que la Bourgade est celui où Guillaume le Conquérant fit sa descente pour la Conquête de l'Angleterre. L'Histoire dit qu'il avoit une Flotte d'environ neuf cens voiles. L'Etat présent de la Grande-Bretagne [c] appelle ce Havre PEVENSEY.

[c] T. 1. p. 118.

PEMTE, Ville de l'Egypte, selon Etienne le Géographe.

PEMTEGOUET. Voyez PENTAGOUET.

PENAFIEL. Voyez PEGNAFIEL.

PENALVA, Ville de Portugal dans la Province de Beira [d]. Elle est située sur une Colline, à trois lieues de Coimbre & défendue par un Château. Ses Habitans qui ont droit de députer aux Etats sont au nombre de six cens.

[d] Corn. Dict. Descr. Sumaria del Reyno de Portugal.

PENAMACOR. Voyez PEGNAMACOR.

PENARENSIS URBS, Ville de Syrie. Surius en parle dans la Vie de St. Jean le Syrien: Peut-être ce mot *Penarensis* est-il corrompu de celui de *Pinarensis*, formé de celui de la Ville *Pinara*.

PENAUTIER, Ville de France, dans le Languedoc, Recette de Carcassonne.

PENCALA. Voyez PEUCELLA.

PENDARACHI ou PENDERACHI. Voyez HE'RACLE'E. N°. 25.

[e] Webler, Voy. d'Athènes, liv. 3. p. 265.

PENDELI ou PENTELI, Montagne de l'Attique, dans le voisinage d'Athènes [e], qu'on voit de là au Nord-Est. Au pied de cette Montagne est un Monastère du même nom, l'un des plus célébres de toute la Grece. Il est composé de plus de cent Caloyers, & d'un plus grand nombre d'autres personnes qui ont là des revenus fort considérables. Ils payent tous les ans de Carach ou de Tribut six mille livres pesant de miel pour la Mosquée neuve que la Sultane Mere de l'Empereur Mahomet IV. a fait bâtir à Constantinople; ils sont obligez d'en fournir encore autant à raison de cinq piastres le Quintal. Ils ont rarement moins de cinq mille essains d'abeilles, outre beaucoup de terres labourables & des troupeaux de brebis & d'autre bétail, avec de grands vignobles & quantité d'Oliviers. La situation de ce Monastère est fort agréable pendant l'Eté, à cause qu'il est entre les croupes de la Montagne, d'où sortent plusieurs ruisseaux qui se rendent dans des reservoirs, pour conserver du poisson, & pour faire tourner les moulins. Ces Caloyers sont ombragez de divers sortes d'arbres pour modérer la chaleur de l'Eté, & pour se fournir de bois pendant l'Hyver, qui est assez vif en ce lieu-là, parce que le haut de la Montagne est couvert de neige. Ils ont une assez belle Bibliothéque, dont la plûpart des Livres sont manuscrits, & ils consistent en un grand nombre de volumes des Peres Grecs. Mr. Wheler qui parle de ce Monastère dans son Voyage de Grèce, voulut aller voir les carriéres de Marbre blanc, & d'autres Grottes de congelations curieuses, creusées dans les côtez de la Montagne. Il monta environ demi-lieue au Nord du Couvent, & ayant traversé un petit ruisseau qui n'en est pas éloigné, il trouva beaucoup de cavernes ou petites cellules incrustées de congelations dignes d'être vues.

Quelques-unes brillent ainsi que des Diamans, & quand on les rompt elles se levent en feuilles comme le talc. D'autres paroissent comme des verdures & bois éloignez. Il descendit dans l'une de ces cavernes, d'environ vingt brasses par un chemin étroit & obscur, où il y a une Fontaine qu'on dit être si fraîche l'Eté, qu'il est impossible d'y tenir la main quelques momens. On croit que les anciens Chrétiens avoient accoutumé de se cacher là pendant le tems de la persécution. Cette Montagne est un Rocher entier de Marbre blanc, & on y voit les carriéres d'où on le tiroit ordinairement pour les Bâtimens d'Athènes, & ainsi on ne doute point que ce ne soit la Montagne PENTELICUS, dont Pausanias vante si souvent le Marbre. A une lieue & demie de Pendely il y a un Village appelé *Gevisia* ou *Cisia*. Hérode Atticus y avoit une Maison de Plaisance. Ce Village est situé sur un Ruisseau qui vient du Mont Pendely, & qui tombe dans le Cephisus. On y découvre quelques anciennes murailles de Marbre proche d'une Mosquée.

Mr. Spon [f] qui a pareillement été sur les lieux nous a donné une petite Dissertation

[f] Voy. de Grèce, t. 1. p. 70.

tion pour démêler une difficulté qui devoit naître à ceux qui ont lu le livre d'*Athènes ancienne & moderne*. L'Auteur, dit-il, a pris la Montagne de St. George [Agios Georgios] pour le Mont *Pentelicus* où est le Monastère de Medelly ou Pendeli, & le Mont Pentelicus pour l'Anchesmus. Mais il se trompe; car premièrement pour ce qui est d'*Agios Georgios* ce n'est point le Pentelicus, puisqu'il ne s'y trouve aucun endroit d'où l'on ait tiré du Marbre; & il seroit d'autant plus aisé de le découvrir puisque c'est une Montagne très-petite & sans arbres, & que l'on peut voir toute d'un coup d'œil lorsqu'on est au dessus. Aussi Pausanias dit que l'Anchesmus est une Montagne qui n'est pas à la verité bien grande; & il semble qu'il veuille dire par-là qu'il doute si on la doit appeller une Montagne plutôt qu'une Eminence ou un Rocher. Strabon tout exact Géographe qu'il est, en faisant mention des Montagnes de l'Attique, ne parle point d'Anchesmus, qui ne méritoit pas le nom de Montagne par sa petitesse. Mais ce n'est pas de-là, poursuit Mr. Spon, que je tire mon plus fort argument : il faut donc quelque chose de plus solide. Je dis donc que la Montagne qui est sur le chemin de Raphly à Athènes, un peu sur la droite, ou si l'on veut celle où est le Monastère de la Guilletière appelle le Mont Anchesmus, à deux lieues d'Athènes, est sans contredit le Pentelicus par deux raisons que l'on ne peut contester. L'une est le nom même de Penteli qui lui reste à présent; car ce ne sont que les Francs, ou quelques-uns du Vulgaire parmi les Grecs qui prononcent *Mendely* ou *Medelly*, qui n'est pourtant que le même mot corrompu. En second lieu, les Carrières d'où l'on a autrefois tiré le Marbre pour les Temples d'Athènes sont une autre preuve. On les trouve une demi-lieue plus haut que le Couvent: ainsi ce que j'avance n'est pas une simple conjecture, mais une chose de fait.

PENDENYS, Château d'Angleterre [a], dans la Province de Cornouaille. Il est situé sur la Côte Occidentale du Golphe de Falmouth, dont il défend l'entrée, avec le Château de Mozeca, qui est sur la Côte opposée.

[a] Blaeu, Atlas.

1. PENE. Voyez PEINE.

2. PENE ou PENNE, Ville de France dans le Languedoc, Recette d'Alby. Elle est située près de l'Aveyrou, avec un bon Château. Elle n'a qu'une Rue qui va haut & bas ainsi que son Fauxbourg.

3. PENE, Rivière d'Allemagne [b], a sa source dans le Duché de Mecklebourg un peu au dessus de Grubenhague. Son cours est de l'Occident à l'Orient en serpentant. Après avoir traversé deux Lacs, elle entre dans la Poméranie où elle baigne Demmin, Loïtz, Gutskow & Anclam : ensuite elle va se joindre à la Branche Occidentale de l'Oder, qui prend le nom de *Pene*, & baignant Lassan & Wolgasts, entre lesquelles elle forme un grand Lac, elle va se décharger dans la Mer Baltique, vis-à-vis de l'Isle de Ruden.

[b] Jaillot, Atlas.

PENE DI BILLI, Bourgade d'Italie [c], dans le Duché d'Urbin, vers les confins des terres du Grand-Duc, dans le Pays de Monte Feltro, au Midi de S. Leo, dont elle est éloignée d'environ cinq milles. Le Pape Pie V. y établit [d] en 1571. la Résidence de l'Evêque de Monte-Feltro.

[c] Magin, Carte du Duché d'Urbin.
[d] Baudrand, Dict. Ed. 1705.

PENEDA, Village de Portugal, dans la Province d'Entre-Minho-é-Douro, sur le bord de la Rivière de Cavado, près de sa source, un peu au dessous de Montalegre. On la place environ à douze lieues de Braga du côté du Nord Oriental. Il y en a qui prennent ce Village pour l'ancienne Ville PINETUS.

PENESE, BALESTRA, ou BALISTA [e], c'est une partie du Mont Apennin entre l'Etat de Gènes & le Val de Taro. Voyez BALISTA.

[e] Baudrand, Dict. Ed. 1705.

PENESTÆ, Peuples de la Thessalie, selon Ortelius [f] qui cite Etienne le Géographe & Athénée [g].

[f] Thesaur.
[g] Lib. 6.

PENESTÆ-ILLYRII, Peuples de l'Illyrie. C'est Tite-Live [h] qui en fait mention.

[h] Lib. 44. c. 11.

1. PENEUS, Fleuve de la Thessalie au travers de laquelle il couloit, selon Strabon [i]. Pomponius Mela [k] dit qu'il séparoit la Thessalie de la Phthiotide & Ptolomée [l] veut qu'il séparât la Thessalie de la Pelasgiotide; mais ces deux Géographes entendent seulement parler de la Thessalie propre que Strabon appelle Thessaliotide. Ce Fleuve avoit sa source dans le Mont Findus: il couloit d'Orient en Occident en serpentant, & après s'être accru des eaux de diverses Riviéres, il se rendoit dans la Vallée de Tempé pour aller ensuite se jetter dans le Golphe Thermaïque, entre le Mont Olympe & le Mont Ossa. Le Pénée est célèbre chez les Poëtes qui ont feint que Daphné fille de Pénée fut métamorphosée en Laurier. Cela vient du grand nombre de Lauriers qui étoient sur ses bords. On y en voit encore aujourd'hui une grande quantité. Il a perdu son ancien nom. On l'appelle présentement SELAMPRIA. Voyez ce mot.

[i] Lib. 9.
[k] Lib. 2. c. 3.
[l] Lib. 3. c. 13.

2. PENEUS, Riviére du Peloponnese, dans l'Elide. Elle avoit son embouchure sur la Côte Occidentale entre la Ville Cyllene & le Promontoire Chelonata selon Strabon [m]. Thevet & Niger disent que le nom moderne de cette Riviére est IGLIACO.

[m] Lib. 8. p. 338.

3. PENEUS, Fleuve de la Sicile, selon Ortelius qui cite le Scholiaste de Théocrite.

4. PENEUS, Strabon [n] dit que ce nom fut donné à l'Araxe Fleuve de l'Arménie à cause de la ressemblance qu'il avoit avec le Pénée de Thessalie.

[n] Lib. 11. p. 531.

P'ENG, Ville de la Chine [o], dans la Province de Suchuen, au Département de Chingtu, première Métropole de la Province. Elle est de 12. d. 49'. plus Occidentale que Peking, sous les 31. d. 45'. de Latitude Septentrionale.

[o] Atlas Sinens.

PENGCE, Ville de la Chine [p], dans la Province de Kiangsi, au Département de Kieukiang, cinquième Métropole de la Province. Elle est de 0. d. 54'. plus Occiden-

[p] Atlas Sinens.

## PEN.

cidentale que Peking, sous les 30. d. 43. de Latitude Septentrionale.

PENGXAN, Cité de la Chine [a], dans la Province de Suchuen, au Département de Muicheu, seconde grande Cité de la Province. Elle est de 12. d. 56'. plus Occidentale que Peking, sous les 30. d. 20'. de Latitude Septentrionale.

[a] Atlas Sinens.

PENGXUI, Ville de la Chine [b], dans la Province de Suchuen, au Département de Chunking, cinquième Métropole de la Province. Elle est de 9. d. 30'. plus Occidentale que Peking, sous les 29. d. 57'. de Latitude Septentrionale.

[b] Atlas Sinens.

PENICH, ou PENICK, Bourgade d'Allemagne dans la Haute Saxe, au Marquisat de Misnie, sur le bord de la Riviére de Nid, entre Rosburg au Nord & Hoenstein au Midi, environ à trois milles d'Allemagne de la Ville d'Altenbourg, en tirant vers le Levant.

PENICHE, Ville de Portugal [c], dans l'Estremadoure, au Nord du Tage sur le bord de la Mer, à l'Occident d'Atouguia, & à douze ou quatorze lieues de Lisbonne. Elle est située dans une Presqu'Isle environnée de rochers de tous côtez & qui fait un Cap auquel elle donne le nom. Cette Presqu'Isle est séparée du Continent par un Canal de cinq cens pas de large, qui est guéable lorsque la marée est basse, mais qui se remplit entiérement dans le tems de la pleine Mer; tellement que Peniche devient alors une Isle où l'on ne peut aborder qu'avec des batteaux. La Mer forme en cet endroit un Port fort bon & très-important. Il est fortifié de six pans de murailles, auxquelles on a attaché trois Bastions & deux demi Bastions. La Ville est fermée de bonnes murailles couvertes de quatre Tenailles. Outre tous ces Ouvrages, Peniche & son port sont encore défendus par une bonne Citadelle & par un Fort quarré, que Philippe II. fit bâtir après la Conquête du Portugal. Cette Place a un Gouverneur, avec une Garnison de trois cens hommes.

[c] Délices de Portugal, p. 745.

PENIEL. Voyez PHANUEL.

PENINE. Voyez POENINE.

1. PENINSULE. Voyez PRESQU'ISLE.

2. PENINSULE, Pline [d] donne ce nom à la partie de la Gaule Lyonnoise qui s'étend vers l'Occident, & avance dans l'Océan. Il lui donne six-cens vingt-cinq milles de circuit, en commençant à compter aux confins des *Osismii*, dont le Pays se terminoit à peu près dans l'endroit où est aujourd'hui la Ville de St. Malo. Pline ajoute que l'Isthme de cette Peninsule avoit cent vingt-cinq milles de largeur.

[d] Lib. 4. c. 18.

PENISCOLA ou PENOSCOLA, Ville d'Espagne au Royaume de Valence [e], sur le bord de la Mer, au Nord d'Oropesa. Cette Ville est située le plus avantageusement du monde sur une pointe de terre, extrêmement élevée, qui avance dans la Mer & qu'on nomme le Cap Forbat. Comme Peniscola est outre cela environnée de la Mer de trois côtez, tous ces avantages la rendent merveilleusement forte. Elle est inaccessible par mer & d'une approche bien difficile par terre; car de ce côté-

[e] Délices d'Espagne, p. 570.

## PEN.

là [f] ce n'est qu'une Langue de terre basse, & une Plage de sable.

[f] Micheloi, Portulan de la Méditer. p. 36.

La Pointe de Peniscola est à vingt-deux ou vingt-trois milles au Nord-Est quart de Nord de celle d'Oropesa. On peut mouiller du côté du Nord de Peniscola pour les vents de Nord-Ouest, Ouest & Sud-Ouest; on y est par 6. 8. & 10. brasses d'eau fond de sable vaseux. Il semble qu'on pourroit également mouiller du côté du Sud de Peniscola; mais le fond n'en vaut rien. De plus vers le Sud de cette Pointe, environ à un quart de lieue, il y a sous l'eau une roche dangereuse qu'il faut éviter lorsqu'on vient du côté du Sud, & qu'on veut aller mouiller devant Peniscola.

PENIUS, Fleuve qu'Ovide [g] met au nombre de ceux qui se déchargent dans le Pont-Euxin. Voyez l'Article PITYUS.

[g] De Ponto, lib. 4. Eleg. IO. v. 47.

PENKRIDGE, Bourg d'Angleterre [h] dans la Staffordshire, environ à une lieue de Stafford du côté du Midi. Il s'y tient un Marché. On croit que ce Bourg est l'ancien PENNOCRUCIUM. Voyez ce mot.

[h] Etat pnt. sent de la Gr. Bt. t. l. p. 110.

PENNA ou PENNA DE FRANCIA. Voyez LANCIA. No. 2.

PENNA ESCRITTA, Bourg d'Espagne, dans la Vieille-Castille. Voyez ERGAVICA.

1. PENNAFLOR. Voyez PEGNAFLOR.

2. PENNAFLOR, Bourg d'Espagne, dans les Asturies [i], sur la Riviére d'Ove, vers sa source, environ à quatre lieues au dessus d'Oviedo. Voyez LABERRIS.

[i] Salle, Atlas

PENNAS ou LAS PENAS. Voyez au mot CAP l'Article CAP DE LAS PENAS.

PENNE, PENNELOCOS ou PENNELOCUS: l'Itinéraire d'Antonin met une Ville de ce nom sur la route de Milan à Mayence, en passant par les Alpes Pennines: il la place entre *Tarnadæ* & *Ubiscus* à treize milles de la premiére & à neuf milles de la seconde; selon Simler c'est présentement Neuwenstadt, en François Villeneuve.

PENNENSES. Voyez PINNA & VALUENSES.

PENNINUS MONS, on a donné ce nom à une partie des Alpes. Voyez au mot ALPES l'Article ALPES PENNINES.

PENNOCRUCIUM, Ville d'Angleterre: l'Itinéraire d'Antonin la met entre *Uxacona* & *Etocetum*, à douze milles de l'une & de l'autre de ces Places. Camden donne pour certain que c'est présentement le Bourg de PENKRIDGE dans la Staffordshire.

PENNON, PENON, PEGNON, ou PIGNON D'ALGER [k], Forteresse d'Afrique, au Royaume d'Alger: le Roi Ferdinand irrité des courses que faisoient les Corsaires sur les Côtes d'Espagne & dans les Isles voisines fit faire un Fort dans une petite Isle qui est devant le Port d'Alger & le nomma PEGNON, à cause qu'il étoit sur un Roc. On battoit aisément de cet endroit les Maisons de la Ville; de sorte que Celim-Beni-Tumi, Prince d'Alger, fut contraint de faire trêve pour dix ans avec le Roi d'Espagne, & de lui payer tribut. Barberousse ayant tué Celim & s'étant rendu maître d'Alger & d'autres endroits de

[k] Marmol, Descr. d'Afrique, liv. 5. c. 41.

PEN. PEN.

de cette Province fit une tentative sur ce Fort & ne le put prendre, & son frere tenta inutilement la même entreprise quelque tems après. Cependant les vivres venant à manquer, Martin de Vargas, qui en étoit Gouverneur, & qui avoit défendu ce Fort, donna avis au Roi de l'état où il se trouvoit. Le secours se préparoit en Espagne lorsqu'un Traître se sauva à la nage & alla donner avis à Barberousse que l'on manquoit de vivres dans le Fort. Barberousse envoya aussi-tôt prier Martin de Vargas de lui rendre la Place lui promettant une composition honorable. La réponse du Gouverneur fut qu'il n'y avoit point d'apparence qu'un Roi d'Espagne rendît une Place à un Corsaire. Barberousse investit aussi-tôt l'Isle avec ses Galéres & attaqua le Fort très-vivement: les Espagnols se défendirent long-tems, & firent un grand carnage des Assiégeans Turcs & Maures. A la fin le secours ne venant point & la Garnison manquant de vivres & de munitions le Fort fut emporté d'assaut. Ce jour-là le Gouverneur avoit reçu plusieurs blessures & perdu l'usage du bras droit. Alors quatre hommes se jettérent sur lui & le saisirent, parce que Barberousse avoit défendu de le tuer. Ce Barbare lorsqu'on eut amené De Vargas en sa présence lui promit de lui faire du bien, s'il vouloit se rendre à ce qu'il souhaitoit de lui. De Vargas le promit pourvû qu'on punît auparavant le Soldat qui l'avoit trahi. Aussi-tôt Barberousse fit amener le Renégat & après l'avoir fait fouetter cruellement lui fit couper la tête. Il demanda ensuite que De Vargas se fit Mahométan & jura qu'il le feroit Capitaine de ses Gardes. Mais le Gouverneur répondit, qu'après avoir demandé le supplice d'un homme qui avoit violé sa foi, il ne lui convenoit pas de violer la sienne; & qu'il obéiroit en toute autre chose qui lui seroit commandée. Là-dessus Barberousse le fit mourir, après lui avoir fait souffrir de cruels tourmens.

PENNON DE VELEZ, Place importante d'Afrique [a], dans une Isle ou plutôt dans un Ecueil de la Mer Méditerranée, à sept cens pas de la Ville de Bedze, nommée par les Espagnols VELEZ DE LA GOMERA, dont elle est séparée par un Canal. Dom Pedre de Navarre, Amiral du Roi Catholique, voulant en 1508. arrêter les pirateries des Habitans de Velez de la Gomera résolut de bâtir cette Forteresse sur ce roc que la Mer environne de tous côtez. La situation étoit d'autant plus avantageuse que ce Roc se trouvoit fort élevé, escarpé par-tout & de si difficile accès qu'on n'y monte que par un sentier étroit, où un homme peut à peine grimper. Il établit sur le haut une forte Tour à chaux & à sable, & après l'avoir mise en état de défense, il planta dessus quelques canons. A mi-côte il fit creuser une Citerne pour recueillir les eaux de la pluye; & le Gouverneur qu'il y mit tiroit sur les Maisons de la Ville, si on ne lui envoyoit pas ce qu'il demandoit. Le Seigneur de Velez demanda du secours au Roi de Fez pour se délivrer de cette servitude: la Place fut assiégée & on la battoit des deux Montagnes voisines. Mais la défense que firent les Espagnols obligea les Barbares à lever le siège. Le Pennon demeura ainsi entre les mains des Espagnols l'espace de quatorze ans. Un Espagnol ayant tué le Gouverneur qu'il soupçonnoit d'avoir commerce avec sa femme, remit cette Place au pouvoir des Maures en 1522. & de tous les Chrétiens qui composoient la Garnison on n'épargna que le Traître. Les Espagnols tentérent deux fois inutilement de reprendre le Pennon. Ils le prirent pourtant de vive force en 1564. sous le règne de Philippe II. Depuis ce tems-là cette Place leur est toujours demeurée: ils y tiennent une si bonne Garnison, & ils ont soin de la fournir tellement de vivres & de munitions qu'ils courent risque de la conserver long-tems.

PENRETH ou PENRITH, Bourg d'Angleterre, dans le Cumberland. Il est situé assez près du Confluent des Riviéres Ulles & Loder. On y tient un Marché [b] & il y a beaucoup de Tanneurs: c'est dans ce Lieu [c] qu'est le retranchement rend que ceux du Pays appellent *la Table du Roi Artus*.

PENRYN, Ville d'Angleterre dans la Province de Cornouaille [d], proche du Havre de Falmouth, sur le bord d'une petite Riviére qui a son embouchure sur la Côte Occidentale du Golphe. On y [e] tient Marché & elle envoye deux Députez au Parlement.

PENSATEMIDOS ou PEUSARCEMIDOS, Ville d'Egypte: l'Itinéraire d'Antonin la place sur la route de Peluse à Memphis, entre Antinou & Muson, à huit milles de la première & à trente-quatre milles de la seconde. La Notice des Dignitez de l'Empire porte; *Poisartemis* & *Posarietendos*. Mais Surita n'approuve aucune de ces leçons. Il prétend qu'on doit lire ΠΕΟΣ ΑΡΤΕΜΙΔΟΣ; c'est-à-dire *la Caverne de Diane*.

PENSEN, Ville d'Allemagne: Mr. Corneille [f] qui cite les Mémoires & Plans Géographiques dit: Pensen dépend de l'Electeur de Mayence, & n'est proprement qu'un grand Bourg fermé, qu'on n'a pas voulu laisser ouvert, à cause qu'il est sur le passage. Il y a peu de rues & de maisons & l'on y voit quantité de jardinages.

PENSILVANIE, Province de l'Amérique Septentrionale [g], bornée au Nord par le Pays des Iroquois; à l'Orient par le Nouveau Jersey, au Midi par le Mariland & à l'Occident par le Pays des Oniasontke. Elle s'étend depuis le quarantième, jusqu'au quarante-deuxième degré de Latitude; & la largeur est à peu près égale se trouvant comprise entre le 294. d. 50′. & le 302. d. de Longitude.

La propriété & le Gouvernement de cette Province [h] furent donnez par Charles II. Roi d'Angleterre à Guillaume Pen, Chevalier & de la Secte des Trembleurs, en considération des services de Guillaume Pen son pere, comme il paroît par la Paten-

[a] Ibid. liv. 4. c. 67.
[b] Etat présent de la Gr. Bret. t. 1. p. 53.
[c] Blaeu, Atlas.
[d] Blaeu, Atlas.
[e] Etat présent de la Gr. Br. t. 1. p. 50.
[f] Dict.
[g] De l'Isle Atlas.
[h] Amérique Angloise, p. 115. & suiv. Etat présent de la Gr. Br. t. 3. p. 164.

Patente de ce Prince dattée du 2. Avril 1681. Quant au terroir de ce Pays, quoiqu'il foit inégal, il eſt bon en général. L'air en eſt doux & pur. La meilleure partie de l'Hyver il y fait moins froid qu'en Angleterre; mais depuis le mois de Décembre juſqu'au mois de Mars, il y a quelquefois de rudes gelées accompagnées d'ordinaire d'un tems ſerain. Il y croît des Noyers, des Cédres, des Cyprès, des Chataigners, des Peupliers, des Arbres qui portent de la gomme, des Frênes, de Hêtres & diverſes fortes de Chênes. Les fruits qui croiſſent dans les Bois ſont des meures noires & blanches, des chataignes, des noix, des prunes, des fraiſes, des framboiſes, du vaciet, & des raiſins de diverſes fortes. Les choſes qui y viennent par l'induſtrie des hommes, ſont le froment, l'orge, l'avoine, le ſègle, les pois & les fèves, & toutes ſortes d'herbes & de racines ſemblables à celles qu'on recueille en Angleterre. Le Gibier eſt auſſi le même. Il y a des Elans auſſi gros que de petits Bœufs, des Daims plus petits que ceux d'Angleterre, des Liévres, des Lapins & des Ecureuils. Les Oiſeaux domeſtiques ſont les Coqs d'Inde, les Faiſans, les Coqs de bruiére, les Pigeons & les Perdrix. La terre eſt arroſée de diverſes ſources & de quantité de Riviéres, qui abondent en poiſſons, comme Eturgeons, Aloſes, Anguilles & autres. On y trouve auſſi beaucoup d'Oiſeaux ſauvages, comme Cygnes, Oyes griſes & blanches, Canards & autres. Il y a encore beaucoup de Plantes Médicinales, & d'autres que l'on cultive pour l'ornement ou à cauſe de leur agréable odeur.

Les Naturels du Pays ſont généralement grands & bien proportionnez; mais ils ont le teint bazané. Ils ſont naturellement civils & hoſpitaliers. Ils croient un Dieu & l'Immortalité de l'Ame. Ils diſent que c'eſt un grand Roi qui les a faits; qu'il habite du côté du Midi dans un très-beau Pays; que les ames des bons iront auprès de lui après la mort & y vivront heureuſement. Leur Gouvernement eſt Monarchique & Héréditaire; mais on tire la Généalogie du côté de la mere: par exemple les enfans du Roi ne ſuccéderont pas, mais ſes frères du côté de la mere, ou les enfans de ſes ſœurs; car les filles ne ſuccédent point à la Couronne.

Quand les Anglois arrivérent dans le Pays ils acquirent celui dont ils prirent poſſeſſion & ſe le firent céder ſolemnellement par les Princes Indiens qui firent une Ligue avec eux. La partie de la Penſilvanie habitée par les Anglois eſt diviſée en ſix Contrées; ſavoir,

| | |
|---|---|
| Philadelphie. | Newcaſtle. |
| Buckingham. | Kent. |
| Cheſter. | Suſſex. |

L'intérieur du Pays eſt habité par dix Nations d'Indiens, qu'on dit être au nombre de ſix mille ames.

PENTACHIRA, Lieu d'Aſie. Ortelius qui cite Nicétas dit que ce Lieu étoit au voiſinage du Méandre.

PENTACOMIA, ou PENTACOMIAS, Siége Epiſcopal de la Province d'Arabie. La Notice de Léon le Sage le met ſous la Métropole de Boſtra.

PENTACONTORICON, Lieu voiſin de Conſtantinople, ſelon Pierre Gilles dans ſa Deſcription du Boſphore.

1. PENTADACTYLUS, Montagne d'Egypte, proche du Golphe Arabique, ſelon Pline [a]. Ptolomée [b] qui en fait auſſi mention la place près de Bérénice. On lui avoit donné le nom de *Pentadactylus*, à cauſe qu'elle s'élevoit en cinq pointes ou ſommets.

[a] Lib. 6. & [b] Lib. 4. c. 5.

2. PENTADACTYLUS, Montagne de l'Iſle de Cypre. C'eſt Simeon le Métaphraſte qui en parle dans la Vie de St. Spiridion.

PENTADEMITÆ, Peuples de l'Aſie propre, dans la Grande-Phrygie. Ptolomée [c] les place au Midi des *Trimenothuritæ*.

[c] Lib. 5. c. 2.

PENTAGI, ou PENTAGIOI, Ville ruinée dans la Livadie, à l'entrée du Golphe de Salone. Mr. Spon [d] croit que c'eſt l'ancienne Ville ŒANTHEA, que Pauſanias [e] place dans le Golphe Criſſæen entre Amphiſſa & Naupactus. Il remarque uniquement qu'il y avoit un Temple conſacré à Vénus, & un autre conſacré à Diane, dans une Forêt épaiſſe plantée de Cyprès & de Pins. Les fondemens de la Ville paroiſſent ſur une petite Preſqu'Iſle [f] qui eſt preſque environnée de deux petites Bayes. Vers le milieu il y a une petite Egliſe Grecque, où l'on voit un petit Autel, & le piédeſtal d'une Statue avec la Dédicace à Jupiter Reſtaurateur par Auruntius Novatus.

[d] Voy. de Gréce, t. 1. p. 26.
[e] Lib. 10. &
[f] Wheler, Voy. de Zante à Athenes, t. 1. liv. 1. p. 38.

I. O. M. RES-
TITUTORI
AURUNTIUS
NOVATUS. P.

Hors de l'enceinte il y a une autre petite Egliſe, appellée *Agios Joannis*, & tout proche on voit diverſes Caves ou Grottes creuſées dans les Rochers, dont l'une eſt reſervée pour ſervir de ſépulcre. Aux côtez on a pratiqué cinq enfoncemens pour mettre autant de corps. On appelle cette Grotte le Sépulcre de *Pentagioi*, ou des cinq Saints; ce qui a donné le nom à ce lieu, *Pentagioi* ne ſignifiant autre choſe que *cinq Saints*.

PENTAGRAMMA, Ville de l'Inde en deçà du Gange: Ptolomée [g] la place ſur le bord de ce Fleuve.

[g] Lib. 7. c. 1.

1. PENTAPOLE, en Grec Πεντάπολις. Ce nom, qui veut dire *cinq Villes*, a été donné à pluſieurs Contrées, où il y avoit un pareil nombre de Villes Principales.

2. PENTAPOLE, Contrée de l'Aſie Mineure. Hérodote [h] dit qu'elle étoit habitée par les Doriens & qu'elle avoit auparavant été appellée HEXAPOLE.

[h] Lib. 1. No. 144.

3. PENTAPOLE, Contrée de la Phrygie Pacatiane, ſelon Ortelius [i].

[i] Theſaur.

4. PENTAPOLE, Contrée d'Egypte. Une des cinq Villes qui s'y trouvoient s'appelloit TICELIA. Il en eſt fait mention

tion dans le Concile de Chalcédoine.

5. PENTAPOLE, Ville de l'Inde, au delà du Gange. Ptolomée [a] la place dans le Golphe du Gange, au delà de l'embouchure de ce Fleuve, appellée CIRRA DEORUM.

[a] Lib. 7. c. 2.

6. PENTAPOLE, Contrée d'Italie à laquelle il paroît qu'on donna ce nom dans le moyen Age. Elle fut donnée aux Papes par les Rois de France Pepin & Charlemagne. Loüis le Debonnaire, dans ses Lettres de l'an 817. explique en général ce qu'on entendoit par la Pentapole. C'étoit Rimini, Pesaro, Fano, Senogallia, Ancone, Humana, Gesi, Urbino, Eugubio, & d'autres Villes; de sorte que la Pentapole comprenoit tout ce qu'on appelle à présent la Marche d'Ancone. Magin dit que les cinq Villes qui composoient cette Pentapole étoient

| Pesaro. | Humana. |
| Fano. | Osimo. |
| | Ancona. |

La PENTAPOLE DU JOURDAIN; l'Ecriture Sainte [b] donne ce nom à cinq Villes de la Palestine; savoir,

[b] Sap. 10. 6.

| Sodome. | Adama. |
| Gomorrhe. | Seboïm. |
| | Segor. |

Ces cinq Villes étoient condamnées à périr entiérement; mais Loth obtint la conservation de Segor, autrement appellée Bala. Sodome, Gomorrhe, Adama & Seboïm furent consumées par le feu du Ciel; & en la place où elles étoient situées se forma le Lac Asphaltite, ou le Lac de Sodome.

La PENTAPOLE DE LIBYE, Contrée d'Afrique dans la Cyrénaïque. Elle fut nommée Pentapole, à cause de ses cinq Villes principales dont Pline [c] nous a conservé les noms. La Cyrénaïque, dit-il, ou la Pentapole est principalement célèbre par ses cinq Villes, qui sont *Bérénice*, *Arsinoé*, *Ptolemaïde*, *Apollonie* & *Cyrène*. Selon Ptolomée [d] la Cyrénaïque étoit plus grande que la Pentapole. Il met dans cette dernière Province les Lieux suivans:

[c] Lib. 5. c. 5.
[d] Lib. 4. c. 4.

*Bérénice*, ou *Hesperides*.
L'Embouchure du Fleuve *Lethon*.
*Arsinoé*, ou *Teuchira*.
*Ptolemaïs*.
*Ausigda*.
Le Temple d'*Aptuchus*.
Le Promontoire & la Forteresse de *Phycus*.
*Apollonia*.
Le Port de *Naustathmos*.
*Erythron*.
*Chersis*.
Le Promontoire *Zephyrium*.
*Darnis*.

Pour distinguer cette Pentapole, des autres Contrées qui avoient le même nom, Josephe [e] l'a appellée la PENTAPOLE DE LIBYE. Les Géographes Orientaux la

[e] De Bel. lib. 6. c. 38.

nomment VAG' & VAGIAT, & la comprennent dans l'Egypte. C'est cependant, dit Mr. d'Herbelot [f], une Contrée qui en est entiérement séparée, & qui s'etend entre l'Egypte & le Pays de Barca en Afrique. En un mot c'est la Pentapolis des Anciens qui reçut des Evéques du Patriarche d'Alexandrie l'an 223. de l'Hégire, selon Ebn Amid. Mr. d'Herbelot ajoute: le Livre intitulé *Soiar - alaba - Albathareka*, qui sont les Vies des Patriarches d'Alexandrie, fait mention de cinq Villes de Vag', qui ont donné lieu aux Grecs de l'appeller *Pentapolis*. Ces cinq Villes sont, Barcah, Faran, Caïrouan ou Cyrène, Tharabolos Garb, ou Tripoli de Barbarie, & Afrikiah, Ville qui donne le nom à la Province d'Afrique proprement dite, d'où l'Afrique entière a tiré le sien.

[f] Biblioth. Orient.

La PENTAPOLE DES PHILISTINS, Contrée de la Palestine & proprement le Pays des Philistins. Ces Peuples avoient plusieurs Villes, depuis Joppé jusqu'aux confins de l'Egypte, soit sur le bord de la Mer soit dans les terres [g]; mais il y en avoit cinq qui étoient les Villes principales du Pays, & qui furent nommées les cinq Principautez des Philistins; elles avoient entr'elles une alliance réciproque, & formoient comme une espèce de République. Les cinq Villes qui avoient fait donner à ce Pays le nom de Pentapole, sont fort connues; mais leur position souffre quelque difficulté. L'Ecriture Sainte [h] dit: *la Terre de Canaan qui est partagée entre les cinq Princes des Philistins; sçavoir celui de Gaza, celui d'Azot, celui d'Ascalon, celui de Geth & celui d'Accaron:* Elle donne aussi leurs bornes, *depuis le Fleuve d'Egypte jusqu'aux confins d'Accaron vers l'Aquilon.* Mais dans le Livre des Rois [i] ces cinq Places sont nommées dans l'ordre suivant; *Azot, Gaza, Ascalon, Gath, Accaron*; ce qui fait qu'on ne peut pas décider quelle étoit leur véritable position du Midi au Nord. Josephe [k] ni St. Jérôme ne nous donnent aucun éclaircissement; ils [l] augmentent même en quelque manière la difficulté, chacun d'eux plaçant ces Villes dans un ordre différent. Le premier commence par *Gitta*, ou *Gath* & continue ensuite par *Accaron, Ascalon, Gaza* & *Azot*. St. Jérôme dit *Gaza, Ascalon, Azot, Accaron, Geth*, Ce dernier ordre est celui qu'ont suivi la plûpart des Cartes Géographiques; mais elles ne font mention ni d'*Accaron*, ni de *Geth*; peut-être parce qu'elles ne subsistoient plus depuis long-tems. Ptolomée [m], dans la description de la Palestine de Judée avance ainsi du Nord au Midi

[g] Cellar. Geogr. Ant. lib. 3. c. 13.
[h] Josué, 13. 3.
[i] Lib. 1. c. 6
[k] Ant. lib. 6. c. 1.
[l] In Amos. 6. 2.
[m] Lib. 5. c. 15.

| Joppe, | Gazæorum Portus, |
| Jamnetorum Portus, | Ascalon, |
| Azotus, | Anthedon. |

PENTASCINUM, Lieu d'Egypte: l'Itinéraire d'Antonin le place entre *Cassium* & *Peluse* à vingt milles de la première & à pareille distance de la seconde. Au lieu de *Pentascinum* Surita lit PENTASCHOENON.

PENTAUFIDUS, Lieu d'Italie, selon l'Itinéraire d'Antonin, qui le place sur la route de Bénevent à Tarente, entre *Sub Romula* & *Venusia*, à vingt-deux milles de la première & à dix-huit milles de la seconde. Au lieu de *Pentaufidus*, Surita lit *Pontem Aufidi* ; & c'est la véritable maniere de lire ; Antonin lui-même nomme ce Lieu *Pons Aufidi* dans la Route de Bénevent à Hydrunte.

PENTE, Fleuve d'Angleterre, selon Ortelius [a] qui cite Bede. Sur le bord de ce Fleuve il y avoit une maison de Campagne nommée *Ithacester*.

[a] Thesaur.

PENTELE, Village de l'Attique, dans la Tribu Antiochide selon Lucien [b] & Etienne le Géographe.

[b] Jup. Trag œd.

PENTELEUM, Ville du Peloponnese. Plutarque [c] en fait une des trois Villes que prit Cléomène à cause qu'elles étoient dans le parti des Achéens. Peut-être cette Ville étoit-elle dans l'Arcadie où se trouvoit la Montagne PENTELIA.

[c] In Cleomen.

PENTELI. Voyez PENDELI.

PENTELIA, Montagne de l'Arcadie. Le Fleuve Ladon y avoit sa source, selon Hesyche. Ne seroit-ce point, dit Ortelius [d], la même Montagne qu'Athenée appelle *Pentelophus*?

[d] Thesaur.

PENTELICUM. Voyez PENTILE.

PENTELOPHUS. Voyez PENTELIA, & QUINQUE COLLES.

PENTENISSUS. Voyez PETENISOS.

PENTHIADÆ, Peuples dont fait mention Etienne le Géographe. Voyez PANTALÆI.

PENTHIEVRE, ancien Comté, dans la Bretagne [e], érigé en Duché-Pairie par Charles IX. l'an 1569. en faveur de Sebastien de Luxembourg, Comte de Penthiévre & de ses hoirs mâles ou femelles. Les Lettres patentes d'érection furent enregîtrées au Parlement de Paris le 15. de Septembre de la même année 1569. Cette Pairie appartient aujourd'hui à Mr. le Comte de Toulouse, qui l'a acquise de Marie-Anne de Bourbon légitimée de France, Princesse de Conty. Cette Duché-Pairie est composée des terres suivantes:

[e] Piganiol Descr. de la France, t. 5. p. 210.

| Guingamp,       | Lambale, |
| Moncontour,     | Lanizu,  |
| la Roche-Esnard,| Jugon.   |

PENTHILE, Ville de Lesbos, selon Etienne le Géographe : un MS. porte *Penthole*.

PENTINA. Voyez CORFINIUM.

PENTINUS, Nemesianus cité par Gesner [f], dit: *Hic prope Pentinum radices Apennini nidificat*.

[f] De Tetrace Ave.

PENTLAND, ou PICATLAND FYRTH, Détroit [g] entre la pointe la plus Septentrionale de l'Ecosse & les Isles Orcades. Ce Détroit n'est pas fort long & il est assez large ; mais il est dangereux parce qu'il est plein de petits écueils. On veut que son nom Latin soit *Picticum Fretum* & qu'il vienne de celui des Pictes anciens Habitans de l'Ecosse.

[g] Blaew Atlas.

PENTOLE. Voyez ALTA-RIPA.

PENTRI, Peuples d'Italie dans le Samnium: Tite-Live [h] qui en parle dit que leur Capitale se nommoit BOVIANUM.

[h] Lib. 9. c. 31.

PEOMISTA, Nom que Curopalate donne au Mont *Brochotus*. Voyez BROCHOTUS.

PEPARETHUS, Isle de la Mer Ægée sur la Côte de la Macédoine, selon Ptolomée [i], qui y place une Ville de même nom. Elle produisoit d'excellent Vin & de très-bonnes Olives. Pline [k] dit que le Médecin Apollodore, conseillant le Roi Ptolomée touchant le Vin qu'il devoit boire, préféra celui de Peparethus. Ovide [l] fait l'éloge des Olives de cette Isle :

[i] Lib. 3. c. 13.
[k] Lib. 14. c. 7.
[l] Metamorph. lib. 7. v. 470.

*Et Gjaros, nitidæque ferax Peparethos Oliva.*

Ortelius [m] dit que les Géographes modernes appellent cette Isle *Lemene*, *Saraquino* & *Opula*.

[m] Thesaur.

PEPERE. Voyez THERMERA.

PEPERINA, Isle sur la Côte de l'Inde: Ptolomée [n] la place dans le Golphe *Canticolpus*. Castald, à ce que dit Ortelius [o], nomme cete Isle QUALPENEA.

[n] Lib. 7. c. 1.
[o] Thesaur.

PEPHNON, ou PEPHNOS, Ville de la Laconie, selon Etienne le Géographe. Pausanias [p] qui en fait une Ville maritime, la met à vingt Stades de *Thalami*, & ajoute qu'il y avoit au devant une petite Isle fort semblable à un Rocher & qui s'appelloit de même nom.

[p] Lib. 3. c. 26.

PEPUZA, Ville de Phrygie. Elle donna son nom aux Hérétiques appellez Pepuziens. Ces Hérétiques, dit St. Epiphane [q], avoient une grande vénération pour un certain lieu de Phrygie, où fut bâtie autrefois la Ville de PEPUSA. Elle étoit entierement détruite du tems de St. Epiphane. La Notice d'Hiéroclès, attribue cette Ville à la Phrygie Capatiane, & lui donne le dix-huitième rang.

[q] Hæreb 48. Sect. 14.

PEPYLYCHNUS, Fleuve qui bornoit la Macédoine du côté du Midi, selon Ptolomée [r]. Une ancienne Edition consultée par Ortelius [s] portoit *Elidunum* pour *Pepylychnum*. Il paroît qu'un peu plus bas Ptolomée appelle ce même Fleuve CELYDNUS. Castald, dans sa Carte de la Gréce, nomme ce Fleuve SALNICH.

[r] Lib. 3. c. 13.
[s] Thesaur.

PEQUER, selon Mr. Corneille [t], PEEHER, selon l'Atlas de Wit, & PAKIR selon Mr. de l'Isle [v]; Ville de l'Arabie [u] Heureuse, au Royaume de Fartaque selon quelques-uns & au Royaume de Caresen selon d'autres. Cette Ville, selon Mr. Corneille, qui cite Davity, est située au bord de la Mer. Son Port est d'un grand abord pour les Marchandises qu'on y apporte de Cambaye, de Chiaul de Baticala & de Malabar. Ce sont des Draps de coton, dont ceux du Pays s'habillent, des Grenats enfilez & plusieurs autres Pierres de valeur, avec beaucoup de sucre, du ris & des épiceries de toutes sortes. Ces Marchands des Indes emmenent avec eux des Chevaux.

[t] Dict.
[u] Atlas.
[v] 

PEQUEY, Isle de la Chine [x], dans la Province d'Huquang, au voisinage de la Ville d'Hoangcheu. Elle est formée par les eaux du Fleuve Kiang. On rapporte

[x] Atlas Sinens.

au

au sujet de cette Isle une Histoire qui a du merveilleux. Un Soldat ayant été jetté dans le Fleuve par ses ennemis, une Tortue le porta de l'autre côté du Fleuve, en reconnoissance de ce qu'il l'avoit nourrie pendant long-tems & lui avoit ensuite donné la liberté. C'est-là la fable: voici la vérité. Il se trouve dans cet endroit des Tortues d'une grandeur prodigieuse. Il y en a aussi d'une petite espèce fort jolie & qui ne sont pas plus grosses que les plus petits Oiseaux. On se fait un plaisir d'élever ces dernières dans les maisons, où on les garde par curiosité.

PEQUIGNY, Ville de France, dans la Picardie, Election d'Amiens, sur la Somme, trois lieues au dessous d'Amiens. Elle est remarquable par la mort de Guillaume surnommé *Longue-Epée* [a], Duc de Normandie qui y fut tué; & que les cabales de Thibaut, Comte de Chartres, surnommé le Tricheur, firent périr. Cette Ville étoit assez considérable du tems des guerres des Anglois, dont l'Armée y fut défaite entièrement. Il y a à Pequigny une Eglise Collégiale dédiée à St. Martin. Les Canonicats sont à la Collation du Seigneur. Près de cette Ville, qui ajourd'hui n'est proprement qu'un Bourg, on tient Marché & Foire. Il s'y trouve de la terre propre pour brûler: on la partage en mottes que ceux du Pays appellent *Tourbes*.

Quelques-uns ont voulu qu'un Macédonien appellé *Picnon* ou *Pinciny* ait jetté les fondemens de cette Ville; mais cette opinion n'est appuyée que sur quelque ressemblance de noms.

PEQUIN. Voyez PEKIN & PEKELI.

1. PERA, Ville des Indes [b], sur la Côte de Malacca, proche de Cuda & de Gusselan. Elle fournit de l'étain & du plomb.

2. PERA. Voyez CONSTANTINOPLE.

1. PERÆA, Ce mot vient du Grec *Peran*, qui signifie *au delà*. On la donne à diverses Contrées & à divers Lieux qui étoient au delà de la Mer, au delà de quelque Fleuve, ou au delà d'une autre Contrée.

2. PERÆA, Contrée au delà du Jourdain, à l'Orient de ce Fleuve; ce qui a fait dire à Josephe [c] ἡ ὑπὲρ Ἰορδάνην Περαία; c'est-à-dire *la Pérée qui est au delà du Jourdain*. Quelquefois la Pérée se prend dans un sens étendu pour tout le Pays que les Israëlites possédérent anciennement au delà de ce Fleuve, & dont une partie tomba entre les mains des Gentils. C'est dans ce sens que Josephe [d] appelle Gadara Métropole de la Pérée; mais la PERÉE PROPRE étoit la partie Méridionale, qui comprenoit les Tribus de Ruben & de Gad. Selon Josephe [e] la longueur de cette Contrée étoit depuis Macheronte, jusqu'à Pella & sa largeur depuis Philadelphie jusqu'au Jourdain. Il donne ensuite des limites plus précises, & dit que la Pérée étoit bornée au Nord par Pella, à l'Occident par le Jourdain, au Midi par le Pays des Moabites, & à l'Orient partie par l'Arabie & la Silbonitide, partie par Philadelphie & Gerasa où se joignoient les limites de l'Orient & du Nord. Elle étoit comme renfermée [f] entre trois Fleuves, l'Arnon au Midi, le Jabok au Nord & le Jourdain au Couchant.

3. PERÆA, ou PERÆA RHODIORUM, Contrée d'Asie, qui faisoit partie de la Carie. C'étoit une Contrée maritime vis-à-vis de l'Isle de Rhodes, & à laquelle on donna le nom de *Pérée des Rhodiens*, parce que ces Peuples s'en rendirent maîtres anciennement. Le Periple de Scylax [g] paroît faire mention de cette Contrée dans sa description de la Carie & il la nomme *Rhodiorum Regio*, mais il n'y met pas la Ville de *Caunus*, que Strabon [h] y renferme. Ce dernier dit que les Cariens avoient secoué le joug des Rhodiens; mais que les Romains les forcèrent de retourner sous l'obéïssance de leurs anciens maîtres. Il appelle indifféremment ce Pays *Rhodiorum Peræa* & *Rhodia Continentis*. Quant aux bornes qu'il lui donne, elles étoient telles en avançant de l'Orient: *Dædala*, Lieu ou Village, faisoit le commencement; & le mont *Phœnix* la fin. Ce Mont appartenoit aux Rhodiens & étoit par conséquent compris dans la Pérée.

4. PERÆA, petit Pays d'Asie, sur le bord du Tigre, selon Etienne le Géographe.

5. PERÆA. On donnoit ce nom, selon Etienne le Géographe à un Canton du Territoire de Corinthe. Les Habitans s'appelloient PERÆI.

6. PERÆA, petite Ville de Syrie: C'est encore Etienne le Géographe qui en fait mention.

PERÆTHEI, Peuples de l'Arcadie: Pausanias [i] dit qu'ils tiroient leur nom de la Ville *Peræthus*, qui ne subsistoit plus de son tems [k], mais parmi les ruïnes de laquelle on voyoit pourtant encore le Temple du Dieu Pan.

PERALADA, ou PERELADA, Bourgade d'Espagne [l] dans la Catalogne, à quelques lieues à l'Orient de la Ville de Roses. Mr. Corneille lui donne le nom de Ville.

PERALANCIA. Voyez PALANTIA.

PERANTADES. Voyez SARMATIA.

PERANTIA, Ville de l'Ætolie, selon Ortelius [m] qui cite Pausanias.

PERASIA. Voyez CASTABALA no. 2. & PIRASIA.

PERASINUM. Voyez PARASINUM.

1. PERASTO, petite Ville ou Bourgade de la Turquie en Europe, dans la Romanie, sur le bord de la Mer de Marmora, environ à quinze lieues de Gallipoli vers le Nord Oriental. Mr. de l'Isle [n] appelle ce Lieu SAINT GEORGE, ou PERISTASIS.

2. PERASTO, Gros Bourg de la Dalmatie [o], dans le Territoire de Cattaro, au Nord Occidental de la Ville de Cattaro, sur le bord du Canal de ce nom. Il appartient à la République de Venise. Ses Habitans passent pour être braves & belliqueux.

PERATH, Nom que quelques-uns ont donné à l'Euphrate.

PERATICI, Hérétiques ainsi appellez du nom d'un Lieu: St. Clément d'Alexandrie [a] en parle.

*a Lib. 3. Stromatum.*

PERAULT, Village de France dans le Languedoc [b], à une lieue de la Ville de Montpellier. Près de ce Village il y a un Foſſé où l'eau qui ſe ramaſſe quand il pleut bouillonne continuellement, & conſerve ſa froideur ordinaire. On appelle ce Foſſé en Langage du Pays *Lou-Boulidou-de-Perault*. En Eté ce Foſſé ſe deſſeche, & quand on y met de l'eau de Fontaine elle bout dans l'inſtant. D'ailleurs quand il pleut, à trente pas à droite & à gauche de ce Foſſé, on voit bouillir dans les orniéres du chemin l'eau qui y croupit. On a obſervé que l'eau de ce Foſſé ſe chargeoit d'un acide volatil, qui lui eſt communiqué par une vapeur qui ſort de pluſieurs crevaſſes qui ſont dans le fond de ce Foſſé ; ce qui eſt prouvé par la couleur rouge que cette eau communique à la teinture de fleurs de mauves & par toutes les expériences qu'on peut faire ſur cette matiére. Les gens du Pays s'y baignent en Eté pour des douleurs de rhumatiſme & s'en trouvent fort bien. Quand le Foſſé eſt ſec & qu'on met l'oreille aux crevaſſes, on entend un bruit conſidérable des eaux jailliſſantes; & c'eſt le vent qui en ſort qui fait bouillir l'eau & qui lui porte l'acide volatil dont elle eſt chargée.

*b Pigeniol, Deſcr. de la France, t. 4. p. 219.*

PERCA. Voyez THRACIA.

PERCEIANA, Ville d'Eſpagne: l'Itinéraire d'Antonin la met ſur la route de l'Embouchure du Fleuve *Ana* à *Emerita*, entre *Contributa* & *Emerita*, à vingt milles de la premiére & à vingt-quatre milles de la ſeconde. Quelques Manuſcrits portent *Perteiana* & *Perteiane* pour *Perceiana*.

PERCENTINUM. Voyez PECENTINUM.

1. PERCHE, Province de France, & l'une des plus petites du Royaume, puiſqu'elle eſt contenue tout entiére dans l'étendue de quinze lieues de longueur ſur douze de largeur. Elle eſt bornée au Nord par la Normandie ; à l'Orient par le Timerais & le Pays Chartrain ; au Midi par le Dunois, le Vendômois & le Maine ; & à l'Occident par la Riviére de Sarte. Ce Pays [c] a pris ſon nom d'une grande Forêt appellée *Perticus Saltus*, dont il eſt fait mention en pluſieurs Auteurs juſqu'à l'an 1000. Le Terrein [d] eſt en général inégal : celui des hauteurs ne vaut preſque rien & eſt le plus ordinairement inculte, ſervant de pâturage aux Moutons & aux Vaches. Les Vallons au contraire & les terres plattes rapportent de toutes ſortes de grains, des chanvres & des foins en quantité. On y recueille une grande quantité de pommes, dont on fait du Cidre qui eſt la boiſſon commune. Il y a peu de Vignes : le Vin même qui en provient eſt ſi mauvais qu'on lui préfére le Cidre. On trouve de la Mine de fer en pluſieurs endroits. Au milieu de la Forêt de Belleſme, ſur le grand chemin de Belleſme à Mortagne, il y a une Fontaine Minérale nommée la HERSE, dont les eaux ſont ferrugineuſes & auſſi ſalutaires que celles de Pougues & de Forges. L'eau de la Fontaine de CHESNE-GALLON eſt de la même qualité ; mais un peu moins forte.

*c Longuerue, Deſcr. de la France, part. 1. p. 98.*
*d Pigeniol, Deſcr. de la France, t. 5. p. 461. & ſuiv.*

L'Hiſtoire des Comtes du Perche eſt un peu embrouillée. Selon quelques-uns, Agombert, ou Albert étoit Comte du Perche vers l'an 840. ſous le Regne de Louïs le Debonnaire, mais on ne rapporte aucune filiation juſqu'à Yves de Belleſme qui vivoit en 940. du tems de Louïs d'Outremer. D'autres Ecrivains font commencer un peu plus tard les Comtes du Perche ; mais ils en donnent une deſcendance ſuivie. Ils diſent qu'en 879. Hervé étoit Comte du Perche & qu'il fonda la Chapelle de St. Nicolas en l'Egliſe de Chartres ; qu'Etienne premier lui ſuccéda & qu'il fonda dans la même Egliſe un Anniverſaire dont il aſſigna la retribution ſur la Seigneurie de Nonvilliers. Rotrou premier du nom fut ſon ſucceſſeur. Il vivoit en 955. & il ſe joignit à Thibaud, Comte de Chartres pour faire la guerre à Richard Duc de Normandie. Thibaud fils de Rotrou épouſa Meliſende, de laquelle il eut Geofroi ou Godefroi premier du nom Comte du Perche & Vicomte de Châteaudun, qui vivoit du tems de Robert Roi de France & fils d'Hugues Capet. Ce Geofroi épouſa Mahaud fille de Thibaud troiſiéme du nom, Comte de Champagne & de Mahaud ſa femme. Geofroi eut de ſon mariage deux enfans, ſavoir Hugues qui mourut avant ſon pere & Rotrou II. Ce dernier ſuccéda à ſon pere tant au Comté de Perche qu'au Vicomté de Châteaud'un, & prit la qualité de Comte de Mortagne qui étoit la principale Ville de ſon Comté. Il eut ſix enfans, entre leſquels Geofroi lui ſuccéda au Comté de Perche. & Hugues eut le Vicomté de Châteaudun. Geofroi ou Godefroi II. épouſa Béatrix, fille du Comte de Rochefort, & en eut Rotrou qui fut après lui Comte du Perche Geofroi mourut au mois d'Octobre 1099. Rotrou troiſiéme du nom épouſa Mathilde fille d'Henri Roi d'Angleterre, de laquelle il eut un fils auſſi nommé Rotrou. C'eſt à ce Rotrou III. qu'Henri ſon beaupére donna Belleſme, qui par cette donation fut unie au Comté du Perche, dont cette Ville n'étoit pas auparavant. Rotrou IV. Comte du Perche épouſa en ſecondes nôces Agnès Comteſſe de Brienne, de laquelle il eut Geofroi troiſiéme du nom, qui ſuccéda à Rotrou ſon Pere en 1194. ſous le regne de Philippe-Auguſte & de Richard Roi d'Angleterre. Il épouſa Mahaud, niéce de ce Richard & en eut Thomas & Etienne qui l'un après l'autre lui ſuccédérent au Comté du Perche. Thomas ſuivit en Angleterre Louïs, fils aîné de Philippe-Auguſte, lorſque ce Prince y fut appellé par la Nobleſſe & élu Roi ; mais Louïs étant repaſſé en France, le le Roi Jean, fur le trône duquel il avoit été mis, étant mort, les Anglois reconnurent Henri fils aîné de Jean pour leur Roi. Louïs repaſſa la Mer & entra en Angleterre avec une Armée qui fut battue à Lincolne l'an 1217. & où Thomas Comte du Perche fut tué. Etienne ſuccéda à ſon pére. Il eut deux enfans, Robert qui mourut avant lui & Heliſende qui lui ſuccéda : celle-ci fut ſous la tutelle de Guillaume Evêque de Châlons ſon Oncle, qui prit la qualité de Comte du Perche conformément à l'uſage de ces tems-là, où les Tuteurs prenoient les titres de leurs Pupilles. Heliſende fut élevée à la Cour du Roi Philippe-Auguſte & à celle de Louïs VIII. après la mort duquel elle paſſa le reſte de ſes jours avec la Reine Blanche de Caſtille mére de St. Louïs à qui elle donna le Comté du Perche, s'en réſervant ſeulement l'uſufruit. Après la mort d'Heliſende, Jacques de Château-Gontier prétendit que le Comté du Perche lui appartenoit ; mais par un Traité fait entre St. Louïs & Jacques de Château-Gontier, ce dernier céda les droits qu'il avoit au Comté du Perche, qui par cette ceſſion fut entiérement uni à la Couronne de France. Voyez ALENÇON.

La Province du Perche [a], quoiqu'une des plus petites du Royaume, eſt néanmoins de trois différens Diocéſes. La plus grande partie eſt de celui de Séez ; car il y a quatre vingt-dix-neuf Paroiſſes qui en dépendent : trente-huit dépendent de celui de Chartres & onze ſeulement de celui du Mans. On compte deux Egliſes Collégiales : ſavoir celle de Touſſaints de Mortagne & celle de St. Jean de Nogent. Il n'y a que trois Abbayes, qui ſont la Trape, les Clairets & le Val d'Arciſſe.

Pour la Juſtice, le Perche releve entiérement du Parlement de Paris & a ſa Coûtume particuliére que le Duc d'Alençon fit rédiger par autorité du Roi en 1505. dans l'Aſſemblée des trois Ordres de la Province. Elle fut encore rédigée de l'autorité du Roi en 1558. par Mrs. le Préſident de Thou, Faye & Viole, Conſeillers, dans l'Aſſemblée des Etats de la Province tenuë dans le Chapitre de St. Denis de Nogent. Les Lettres patentes du Roi contiennent une clauſe expreſſe que l'Election du lieu de Nogent ne pourroit nuire, ni préjudicier aux prérogatives & prééminences des Villes & Sièges de Belleſme & de Mortagne. Il y a un Bailif du Perche qui a deux Lieutenans, l'un à Mortagne & l'autre à Belleſme. L'un & l'autre connoiſſent de tous les cas attribuez aux Bailifs & Senéchaux, & les appellations de leurs jugemens ſont portées dans les Cas préſidiaux au Préſidial de Chartres & dans tous les autres au Parlement de Paris. Outre ces Bailliages il y a encore dans cette Province une Vicomté, dont la Juſtice ſe rend dans trois Sièges, qui ſont Mortagne, Belleſme & la Perriére. Il n'y a eu pendant fort long tems dans le Perche qu'un ſeul Vicomte pour ces trois Sièges ; mais Alexandre Croſſet qui étoit pourvu de cette Charge obtint la permiſſion de la partager, & en conſéquence vendit l'Office de Vicomte pour les Sièges de Belleſme & de Perriére. Les appellations des Jugemens des Vicomtes reſſortiſſent en matière civile au Bailliage d'où ils dépendent, & en matière Criminelle au Bailliage ou au Parlement, au choix des parties pour ce qui eſt du petit Criminel ; car pour ce qui eſt des Crimes graves, les cauſes ſont toûjours portées au Parlement. Outre ces Juſtices Royales, il y en a pluſieurs conſidérables qui appartiennent à des Seigneurs Eccléſiaſtiques ou Laïques.

Quant aux Finances, le Perche eſt de la Généralité d'Alençon ; car l'Election de Mortagne comprend preſque toute cette Province. Cette Election fut établie par Charles IX. au mois d'Août 1572. Elle eſt compoſée de trois Sièges où les Officiers rendent la Juſtice ; Mortagne qui eſt le lieu du Bureau & où les Officiers doivent réſidence, Belleſme & Nogent le Rotrou. Il y a une Maîtriſe des Eaux & Forêts à Mortagne, une à Belleſme & trois Greniers à Sel, qui ſont Mortagne, Belleſme & Nogent le Rotrou.

Le Commerce qui ſe fait dans le Perche eſt conſidérable : celui de Bled & celui de Beſtiaux rapportent entr'autres beaucoup d'argent. Le Bled ſe transporte à Alençon ſur des Chevaux, lorſque la Bretagne en demande ; mais on le transporte à Chartres ou à Illiers lorſque la Beauſſe ou Paris en manquent ; ce qui arrive rarement. Les Beſtiaux ſe debitent dans les Foires du Pays. Le Beurre, les œufs & la volaille donnent lieu auſſi à un Commerce aſſez avantageux pour la Province. Le voiſinage de Paris, qui n'eſt éloigné que de trois journées, eſt tout-à-fait favorable au debit de ſes petites denrées. Les Manufactures les plus conſidérables du Perche, ſont celles des toiles qu'on fait à Mortagne & celle des étamines qui ſe fabriquent à Nogent le Rotrou. Les toiles de Mortagne ſont fortes & propres à faire des paillaſſes. On les transporte à Paris, à Rouen & à St. Quentin. Ce commerce a été porté, année commune, à la ſomme de deux cens cinquante mille livres. Les étamines de Nogent ſe debitent dans le Pays, ou ſont transportées à Paris, à Tours, à Rouen, à Caen, en Angleterre, en Hollande & ailleurs. Ce Commerce en tems de paix a produit plus de deux cens mille livres par an. Le Commerce du fer qu'on fabrique dans les Forges de la Frette, de Gaillon, de Randonnay & de Brezolette rapporte tous les ans plus de cinquante mille livres. On transporte ce fer à Paris, à Chartres, & dans d'autres Villes voiſines. La Manufacture des cuirs étoit autrefois de quelque conſidération, mais elle eſt abſolument tombée par la pauvreté des Cordonniers qui ne ſont point en état de payer les Tanneurs. A Montmirail, dans le Perche-Gouet, il y a une Verrerie conſidérable, qui ſeule fournit toute cette Province, ſans compter un grand nombre

de

[a] P. 475.

de Voitures chargées de Verres qu'elle envoye à Paris.

Le Gouvernement Militaire est compris sous le Gouvernement Général du Maine. Voyez MAINE.

On divise le Perche en quatre parties LE GRAND PERCHE; le PETIT PERCHE ou PERCHE-GOUET; TERRE FRANÇOISE. Voyez au mot TERRE, l'Article TERRE FRANÇOISE; le THIMERAIS ou les TERRES DEMEMBRÉES. Voyez THIMERAIS.

Le GRAND PERCHE est proprement ce qu'on appelle aujourd'hui le PERCHE. Ses Villes & Lieux principaux sont

Mortagne, Bellesme,
Nogent le Rotrou.

Le PETIT PERCHE a été surnommé le PERCHE GOUET, de Guillaume Gouet sixième du nom, Mari d'Elisabeth ou Eustache de Champagne Duchesse de la Pouille. Cette partie du Perche est du Gouvernement Général de l'Orléanois & renferme cinq Baronies, savoir,

Brou, La Basoche,
Auton, Montmirail,
Alluye.

2. PERCHE, Forêt de France dans la Normandie. Elle dépend de la Maîtrise de Bellesme, & contient trois mille huit cens quatre-vingt quinze arpens.

La PERCHE, ou LE COL DE LA PERCHE. C'est l'un des passages de France en Espagne par les Montagnes [a]. On entre du Roussillon dans la Cerdaigne par le Col de la Perche. Le feu Roüis Louïs XIV y fit bâtir une Forteresse qu'il appela de son nom le MONT-LOUÏS.

[a] Longueruë, Descr. de la France, Part. I. p. 225.

PERCIS ou PERCES, nom qu'Etienne le Géographe donne au *Bætis*, Fleuve d'Espagne, présentement le Guadalquivir. Voyez BÆTIS.

PERCOTE, Ville de la Troade; Homère[b] en parle, & Strabon[c] la place entre *Abydos* & *Lampsacus*. Percote fut, selon Plutarque[d], une des deux Villes qu'Artaxerxe donna à Themistocle, pour l'entretien de ses meubles & de ses habits. On ne sauroit décider si elle étoit bâtie sur le bord de la Mer, ou à quelque distance dans les terres. La plûpart des anciennes Places de ces Quartiers sont si peu connues que ceux qui en veulent dire quelque chose ne s'accordent point. C'est la plainte que faisoit Strabon.

[b] Iliad. B. sub.finem.
[c] Lib. 13. p. 590.
[d] In Themistocle.

PERCRIS, Lieu fortifié, près de Babylone, selon Cedrène cité par Ortelius[e].

[e] Thesaur.

PERCUS. Voyez PERGUS & PERTUSA.

PERCUSA, Ville d'Espagne: l'Itinéraire d'Antonin la place entre *Toloum* & *Osca*, à dix-huit milles de la première & à dix-neuf de la seconde. Surita lit *Pertusa* pour *Percusa*, sur la foi d'un MS. Ce lieu conserve son ancien nom. C'est aujourd'hui *Pertusas*, Bourg du Royaume d'Aragon sur le Canadre, ou l'Alcanadre, à l'Occident de Balbastro.

PERCY, Bourg de France, dans la Bourgogne, au Diocèse d'Autun. Il y a un Prieuré Conventuel de l'Ordre de St. Benoît. Le Bourg de Percy est le Siège d'un Grenier à Sel. Il député aux Etats du Charolois. Son Terroir est maigre. On trouve dans le voisinage plusieurs Forges de fer & un grand Etang.

PERDICES, Lieu de la Mauritanie Sitifense, sur la route de Carthage à Césarée, à vingt-huit milles de *Celle*. Il y a apparence que c'est de ce lieu dont étoit Evêque *Silvanus* que la Conférence de Carthage[f] appelle *Episcopus Plebis Perdisensis*. En effet la Notice Episcopale d'Afrique met dans la Mauritanie Sitifense un Siège Episcopal nommé *Perdicensis* : son Evêque étoit *Victorinus*.

[f] No. 121.

PERDICIA, Etienne le Géographe donne ce nom à un Canton & à un Port de la Lycie.

PERECCO, Ville de la Galilée selon Dom Calmet[g] qui cite Josephe[h]. Reland croit qu'il faut lire CAPHER-ECCO, la *Campagne d'Ecco* ou d'*Acco*. La Ville de Ptolémaïde se nommoit *Acco*. Ainsi *Capher-Acco* pouvoit n'être pas loin de là.

[g] Dict.
[h] De Bel. lib. 1. c. 15.

PERECOP, PERCOPS ou PRECOP, Ville de la petite Tartarie[i], dans l'Isthme de la Crimée. *Perecop*, qui veut dire Terre fossoyée, est le nom que les Polonois ont donné à cette Ville: les Tartares l'appellent OR ou ORKAPY, qui signifie la Porte d'Or. C'est du nom de Perecop que les Habitans de la Péninsule de Crimée sont appellez Tartares Percopites. Cette Ville n'est pas forte[k]; cependant le Prince Gallitzin l'assiégea avec deux cens mille Moscovites sans pouvoir la prendre. Galga Sultan Frere du Kan & Généralissime de ses Armées étant venu au secours de Perecop, prit au Prince de Gallitzin vingt-sept pièces de canon, qui sont encore à Gusso Ville maritime de Crimée.

[i] De l'Isle Atlas.
Cons. Dist.
[k] Tercell. Relat. de la Crimée.

1. PERECZAS, PEREGIAS ou BEREGSAZ, petite Ville de la Haute Hongrie, Capitale d'un Comté de même nom. Voyez l'Article qui suit.

2. PERECZAS, Comté de la Haute Hongrie, borné au Nord par le Comté d'Ungwar; à l'Orient par celui de Marmaros; au Midi par celui d'Ugocz; & à l'Occident par celui de Zemplin. Ses principaux lieux sont

Perecsas, Vary,
Munkacs, Bene.

PEREGRINO. Voyez PELEGRINO.

PEREIA, Contrée de la Thessalie, selon Etienne le Géographe.

PEREITIBI, petit Lac de l'Amérique Septentrionale, dans la Nouvelle-France, & dans la Terre de Labrador, à quinze lieues au Sud du Lac de Nikicon.

PERELADA. Voyez PERALADA.

PERELEUM, Lieu au-delà de la Mer Rouge, selon Ortelius[l] qui cite Jean Moschus[m].

[l] Thesaur.
[m] In Prato suo Spiritual.

PERELIUS. Voyez PRECIUS.

PERENDANESIORUM COLONIA, Colonie de la Dacie, selon Onuphre qui cite

# PER.     PER.

cite Ptolomée. A la vérité on trouve [a Lib. 3. c. 8.] bien dans Ptolomée [a] des Peuples de la Dacie nommez *Prendavesii* ou *Predavensii*; mais il n'y est aucunement parlé de Colonie. Voyez PRENDAVESII.

PEREÁSLAW, Ville de Pologne [b], [b De l'Isle Atlas.] dans le Palatinat de Kiovie, sur la Riviére de Trubice ou Tribiecz. C'est une Place fortifiée & bien peuplée. Elle appartient maintenant à l'Empire Russien, à qui elle a été cédée par la Pologne avec une partie du Palatinat de Kiovie.

PERESIA. Voyez PIRASIA.

1. PERESLAVLE, PERESCHLAW, ou PRESLAW-SOLESKOY, Ville de l'Empire Russien [c], dans le Duché de Rostove, sur [c De l'Isle Atlas.] la Route de Moscou à Archangel entre *Basma Nova* au Midi & *Imbilova* au Nord. Adam Brand [d] dit que cette Ville est d'u- [d Voy. de Moscou à la Chine.] ne beauté médiocre; mais néanmoins grande & remplie de magnifiques maisons. Cependant le Brun [e] en parle bien [e Voy. p. 21.] différemment. PERESLAW-SOLESKOY, dit-il, est une assez pauvre Ville située sur un Lac. Il ajoute qu'elle est la Capitale d'une Province de même nom. Assez près de cette Ville, selon Adam Brand, il y a une eau dormante d'où l'on tire de bon Sel qui se transporte en divers endroits.

2. PERESLAVLE, PERESLAU, ou PERESLAW-REZANSKI, Ville de l'Empire Russien [f], dans le Duché de Rezan, dont el- [f Le Brun, Voy. p. 78.] le est la Capitale. Elle est située au Midi de l'Occa; mais à quelque distance de cette Riviére, sur une éminence, à la hauteur de 45. d. 42′. de Latitude Septentrionale.

PERETA, Isle d'Italie, a douze milles de Ravenne, selon l'Auteur de la Vie de St. Romuald, cité par Ortelius [g], qui dit [g Thesaur.] que Sigonius la nomme PEREUM.

PEREUIL, Bourg de France dans l'Angoumois, Élection d'Angoulême.

1. PERGA, ou PERGE, Ville de la Pamphilie, selon Strabon [h], Ptolomée [i] & [h Lib. 14. p. 667.] [i Lib. 5. c. 5.] Pline [k]. Elle étoit dans les terres. Pom- [k Lib. 5. c. 27.] ponius Mela [l] la place entre les Fleuves [l Lib. 1. c. 14.] Cestron & Cataractes; & il nous apprend qu'il y avoit un Temple de Diane Pergée, ainsi appellé du nom de cette Ville. Ce Temple, selon Strabon, étoit situé sur une hauteur, voisine de la Ville. Ortelius [m] dit sur le témoignage de Sophien, [m Thesaur.] qu'on la nomme présentement *Pirgi*. Il est fait mention de PERGE dans les Actes des Apôtres [n]. Comme elle n'étoit pas [n C. 13. v. 14.] maritime, il faut ou que St. Paul ait remonté le Fleuve *Cestron*, ou *Castrus*, pour y arriver, ou qu'il y soit allé par terre. La Ville de Perge est renommée par la naissance d'Apollonius surnommé *le Grand Géometre*. Cardan lui donne le septiéme rang parmi les Esprits les plus subtils. Il vivoit sous la cent trente-quatriéme Olympiade, vers l'an 244. de Jesus-Christ, & au commencement du regne de Ptolomée Evergetes Roi d'Egypte.

2. PERGA, Bourgade de l'Albanie. Voyez PARGA.

PERGAMAR, ou BERGAMO, petite Ville des Etats du Turc, dans la Romanie [o]. Elle est située sur la petite Riviére [o De l'Isle Atlas.] de Bracz qui se décharge dans le Lac de Bouron. C'est une Ville Episcopale sous la Métropole. Voyez PERGAMUM, n°. 1.

PERGAMEA. Voyez PERGAMUM n°. 2.

PERGAMIA, Lieu de l'Isle de Créte, où l'on voyoit, selon Plutarque [p] le Sépul- [p Ortelii Thesaur.] cre de Lycurgue. Voyez PERGAMUM, n°. 2.

PERGAMIS. Voyez MALEDIS.

1. PERGAMUM, Ville de la Thrace dans les Terres. Ptolomée [q] la place en- [q Lib. 3. c.] tre Topiris & Trajanopolis. Elle porte [11.] aujourd'hui le meme nom, car elle s'appelle PERGAMAR.

2. PERGAMUM, ou PERGAMEA, Ville de l'Isle de Créte. Velleïus Paterculus dit qu'Agamemnon ayant été jetté dans cette Isle, par la tempête, il y fonda trois Villes, Mycénes, Tégée & Pergame, cette derniére en mémoire de sa Victoire. Virgile [r] [r Æneid. lib. 3. v. 132.] cependant attribue la fondation de cette Ville à Enée, à qui il fait dire:

*Ergo avidus muros optatæ molior Urbis,*
*Pergameamque voco.*

Plutarque [s] dit après Aristoxène que les [s In Lycurg.] Habitans de l'Isle de Créte montroient le Tombeau de Lycurgue dans le Territoire de Pergame, près du grand chemin. Cette Ville, selon Servius, étoit située près de *Cydonia*; mais étoit-elle à la droite où à la gauche? Scylax dans son Periple [t] semble [t Pag. 18.] lever la difficulté en plaçant au Septentrion du Territoire de Pergame le Temple de Diane appellé *Dictymnæum* que Strabon met proche de *Cydonia*.

3. PERGAMUM, Ville de Lydie, selon Xenophon [u]. Un de ses Editeurs re- [a Lib. 7. p. 425.] marque à la marge que cette Ville devoit plutôt être placée dans la Mysie. Voyez l'Article suivant.

1. PERGAMUS, ou PERGAMUM, Ville de l'Asie Mineure dans la Grande Mysie, selon Strabon [x] qui dit que le Fleuve [x Lib. 13.] Caïcus passoit au travers. Elle fut la Capitale des Rois Attales & celle du Roi Euménes. Tite-Live [y] rapporte que les Am- [y Lib. 29. c.] bassadeurs du Peuple Romain allerent à [11.] Pergame pour demander au Roi Attale la Statue de la grande Déesse. Et plus bas il dit que les Ambassadeurs Romains ayant eu ordre de se rendre auprès d'Eumenes se rendirent à Elæa & passerent delà à Pergame la Résidence du Roi Euménes. Il y avoit dans cette Ville un ancien Temple dedié à Esculape [z]. Mais le principal ornement [z Tacit. An.] de cette Ville fut la Bibliothéque Royale [lib. 3. c. 63.] qui pouvoit être comparée à celle d'Alexandrie. Les Rois d'Alexandrie & de [a] [a Lib. 35. c.] Pergame, dit Pline [a], se donnerent beau- [2.] coup de soin pour former des Bibliothé- [b Lib. 13.] ques: Strabon [b] en attribue la gloire à [c In Anto-] Euménes & Plutarque [c] fait monter le nio.] nombre des Livres à deux cens mille.

Le Royaume de Pergame [d] commença [d Corn. Dict.] vers l'an 470. de Rome, sous Philetére Intendant des Finances de Lysimachus Roi de Thrace. On assure que ni lui ni Euménes son neveu & son successeur ne prirent point le nom de Roi, & que ce fut Atta-

Attale I. qui se donna cette qualité. Son régne fut de quarante-quatre ans: Eumènes II. qui lui succéda, en régna quarante. Attale son frére fut son successeur & mourut après avoir gouverné vingt & un ans comme Tuteur d'Attale III. qui mourant sans enfans fit le Peuple Romain héritier de ses Etats, cent cinquante-deux ans après que Philetére eut jetté les premiers fondemens de cet Etat.

Pergame devint depuis ce tems-là le Siège d'un Evêché, & elle eut dans la suite le titre de Métropole. JESUS-CHRIST dit dans l'Apocalypse [a] à l'Ange ou à l'Evêque de Pergame. Je sai vous habitez où est le Trône de Satan, que vous avez conservé mon nom, & n'avez point renoncé à ma foi, lors même qu'Antipas, mon témoin fidéle, a souffert la mort parmi vous où Satan habite. Mais j'ai quelque chose à vous reprocher ; c'est que vous avez parmi vous des hommes qui tiennent la doctrine de Balaam, qui enseignoit à Balac à mettre comme des pierres d'achopement devant les Enfans d'Israël, pour leur faire manger de ce qui a été offert aux Idoles, & les faire tomber dans la fornication. Vous en avez aussi parmi vous qui tiennent la doctrine des Nicolaïtes. Faites pénitence. Que si vous y manquez, je viendrai bien-tôt à vous, & je combattrai contre eux avec l'épée de ma bouche. Quelques-uns [b] ont cru que l'Ange de Pergame dont il est parlé ici étoit Saint Carpe, qui fut martyrisé à Pergame, comme nous l'apprenons d'Eusèbe [c] ; mais il ne nous apprend pas qu'il ait été alors Evêque de cette Eglise. Le Martyrologe Romain le fait Evêque de Thyatire. D'ailleurs Saint Carpe est mort sous l'Empire de Decius: ainsi il n'est nullement croyable que ce soit lui qui ait été Evêque de Pergame sous Dioclétien.

[a] Cap. II. v. 12.
[b] Lyran. Aureol.
[c] Hist. Eccl. l. 4. c. 15.

La Ville de Pergame est encore connue aujourd'hui par les Turcs & par les Grecs sous le nom de PERGAMO. Elle est à 34. milles de Smyrne [d] & à 20. de Thyatira, assise au pied d'une Montagne qu'elle a au Nord, dans une belle Plaine fertile en grains, où passent le *Titanus* & le *Caicus*, qui se déchargent dans la Riviére d'Hermus. A côté de la Ville passe la petite Riviére, ou plutôt le Ruisseau rapide appellé anciennement *Selinus*, qui court au Sud-Sud-Est & se va rendre dans le *Caicus*. De l'autre côté du *Selinus*, il y a une belle Eglise qui portoit le nom de Sainte Sophie & qui est convertie présentement en Mosquée. Dans le Quartier Oriental de la Ville on voit les Ruines d'un Palais ; c'étoit peut-être la demeure des Rois du Pays. De toutes les Colonnes qui entichissoient cet Edifice, il n'en reste que cinq belles, de Marbre poli, hautes seulement de 21. pieds, & l'on en voit encore quelques-unes de l'autre côté de la Rue. Vers la pointe Méridionale de la Ville, il y a aux deux côtez du grand chemin deux petites Collines artificielles, sur lesquelles étoient deux petits Forts, pour garder l'entrée de la Ville, & au Le-

[d] Spon, Voy. du Levant, t. I. p. 203.

vant il y en avoit deux autres semblables. On voit près delà un grand vase de Marbre de vingt & un pieds de tour, gravé d'un bas relief d'hommes à cheval, fort bien travaillé. Le long de la Montagne, vers le Sud-Ouest se voyent les ruines d'un Aqueduc, qui a encore six arcades sur un Ruisseau, & au Midi de ces arcades, il y en a six autres avec de grandes voutes que les Turcs appellent *Kisserai*. Delà en tirant encore plus vers le Sud on trouve les ruines d'un Théatre sur le penchant de la Colline, d'où la vue est très-belle sur la Plaine. Parmi les débris de Marbre on trouve une belle Inscription ancienne consacrée par le Sénat & par le Peuple de Pergame à l'honneur de *Gaius Antius Aulus Julius Quadratus*, qui avoit été deux fois Consul & Proconsul d'Asie, outre plusieurs Charges & Emplois qu'il avoit eus dans diverses Provinces particuliéres & autres Places, comme en Candie & à Chypre, Eparque de Syrie, sous l'Empereur Trajan & grand Bienfaiteur de Pergame, comme le porte l'Inscription.

Les Chrétiens de Pergame sont aujourd'hui en pauvre état. Leur Eglise Cathédrale de Saint Jean est à l'Orient ; mais entiérement ruinée. Elle a 56. pas de longueur sur 32. de largeur. Les Turcs ont pris les piéces des Colonnes de la Nef pour mettre sur leurs tombeaux. Le Corps du Bâtiment n'étoit que de brique. La Ville est peuplée de deux ou trois mille Turcs ; & il n'y a que douze ou quinze misérables familles de Chrétiens Grecs qui cultivent la terre. Il leur reste une Eglise dédiée à St. Théodore Evêque de Smyrne sous le Diocèse duquel ils sont compris.

C'est à Pergame qu'on trouva l'usage du Parchemin. Pline [e], sur le témoignage de Varron, donne à cette Ville la gloire de l'invention d'une chose qui assure une sorte d'immortalité aux hommes. Claude Galien fameux Médecin & grand Philosophe étoit de Pergame. Cardan le met au nombre des douze plus subtils Esprits, dont on ait jamais parlé. Il vivoit dans le deuxième Siècle sous l'Empire de Marc Antonin le Philosophe. Il mourut dans sa patrie âgé de 70. ans. Quelques-uns veulent pourtant qu'il ait vécu 140. ans.

[e] Lib. 13. 11.

2. PERGAMUS ou PERGAMA, c'étoit le nom de la Forteresse de la Ville de Troye. Elle étoit située dans le lieu le plus élevé de la Ville. Virgile en parle dans divers endroits de l'Enéide.

PERGANTIUM, Ville de la Ligurie, selon Etienne le Géographe. C'est aujourd'hui BREGANÇON, sur la Côte de Provence, vis-à-vis des Isles d'Hiéres ; car la Ligurie s'est autrefois étendue jusque là. Voyez BREGANÇON.

PERGAZA, Canton de l'Attique: Etienne le Géographe dit que c'étoit une partie de la Tribu Erechthéide [f], & Ælien ajoute que c'étoit la Patrie de Nicias.

[f] Orteli Thesaur.

PERGÆ. Voyez PERGA.

PERGE, Ville d'Asie dans la Pamphylie. Voyez PERGA.

PERGELL ou PREGELL, Communauté

té chez les Grisons [a], dans la Ligue de la Caddée ou Maison de Dieu. Après avoir traversé le Mont Septimer on entre dans le Pays de Pergell ou Pregell, en Latin *Prægallia*, ainsi appellé par les Anciens parce qu'il étoit aux frontieres de la Gaule Cisalpine: Quelques-uns néanmoins veulent que le nom Latin soit *Præjulia*, & qu'il lui ait été donné parce que le Pays est situé au pied des Alpes Juliennes. C'est une grande Vallée qui s'étend en long de l'Orient à l'Occident. Elle a reçu de grands Priviléges des Empereurs, & de tems immémorial elle a été appellée Pays libre de l'Empire : aussi fait-elle seule une Communauté Générale qui a le septième rang parmi celles de la Ligue. Elle est partagée en deux Jurisdictions qui sont bornées par un endroit nommé la Porte. Les Paroisses d'au dessus de la Porte sont Casaccia Village au pié du Mont Septimer, & célèbre à cause du Corps de St. Gaudence qui y a été enterré. On avoit fondé en l'honneur de ce Saint un Monastère près de ce Village & l'on en voit encore les ruïnes, auprès du grand chemin. Les autres Paroisses d'au dessus de la Porte sont : Piazza, St. Cassiano, Stampa, Cultura, &c. Celles d'au dessous de la Porte sont Soglio en Allemand Solg ou Soy, Castasegna, Bondo, &c.

[a] Etat & Délic. de la Suisse. t. 4. p. 54.

Le Pays de Pregell est assez fertile & se ressent beaucoup de la douceur du Climat de l'Italie. Les Monts Septimer & Majols ou *Malojus* lui servent de rempart contre l'impétuosité du vent froid de Nord ; & la Riviére de Mera ou Maira, formée de deux Branches qui sortent de ces deux Montagnes, l'arrose dans toute sa longueur, après quoi elle entre dans le Comté de Chiavenne. Il y a une chose de remarquable dans ce Pays-là : c'est que les matins il y souffle ordinairement un vent d'Orient qui dure jusque vers le Midi ; & bien-tôt après il est suivi d'un vent d'Ouest qui souffle jusqu'au soir.

1. PERGOLA, petite Ville d'Italie [b], dans la partie Orientale du Duché d'Urbin, sur une petite Riviére qui se jette dans le Cesano, si ce n'est pas une des Branches du Fleuve.

[b] Magin, Carte du Duché d'Urbin.

2. PERGOLA, Mr. Corneille dit : petit Bourg ou Village de l'Isle de Naxie, dans l'Archipel. Il ajoute : ce Lieu près duquel on voit les ruïnes d'un ancien Temple de Bacchus, étoit autrefois une Ville que l'on appelloit *Strongyle*. Mr. de Tournefort [c], qui dans son Voyage du Levant donne une Liste des Villages de l'Isle de Naxie, ne connoît point celui de Pergola, à moins que ce ne soit celui qu'il nomme *Pyrgos*. A l'égard du Temple de Bacchus, il étoit sur un Ecueil, & une portée de fusil de l'Isle, tout près du Château. J'ai parlé de ce Temple dans l'Article de l'Isle de Naxie. Voyez NAXIE.

[c] T. 1. p. 84.

PERGUS ou PERGUSA, Lac de l'Isle de Sicile, à cinq milles de la Ville d'Enna du côté du Midi. Les Poëtes [d] disent que c'est près de ce Lac que Pluton ravit Proserpine. Comme les Anciens avoient beaucoup de vénération pour le Lac de Pergus, on croit que c'est de ce Lac dont Claudien entend parler dans ces vers :

[d] Ovid. Metam. lib. 5. v. 385. & suiv.

. . . . *admistis in altum*
*Cernentels oculos; & late pervius humor*
*Ducit inoffensos liquido sub gurgite visus;*
*Imaque perspicui prodit secreta profundi.*

Ce Lac a quatre milles de circuit, & au lieu qu'il se trouvoit autrefois au milieu d'une Forêt, aujourd'hui ses bords sont plantez de vignes. On n'y voit point de poissons, mais on y pourroit pêcher une quantité prodigieuse de couleuvres.

PERIA. Voyez PEREIA.

PERIADA, Ville de l'Eubée, selon Ortelius [e], qui cite Strabon.

[e] Thesaur.

PERJAN, Ville d'Asie, dans la Tartarie, dans la Province ou Royaume de Bedakchan, à deux journées d'Enderabe, du côté de Siapouches, selon Mr. Petis de la Croix [f].

[f] Hist. de Timurbec, liv. 3. c. 3.

PERIAPATAM, Bourgade des Indes [g], à l'extrémité Occidentale du Cap de Comorin, dans l'Etat de Travancor, entre Culechi au Nord Occidental, & Toppo à l'Orient.

[g] De l'Isle Atlas.

1. PERIBOLUS, mot Grec, qui signifie proprement une enceinte. Les Grecs l'ont donné à divers lieux.

2. PERIBOLUS, Ezechiel [h] se sert de ce terme pour signifier un mur du Parvis des Prêtres, qui avoit cinquante coudées de long ; ce qui étoit toute la longueur des Appartemens qui environnoient ce Parvis. Au lieu de *Peribolus* l'Hébreu porte GEDER, qui veut dire un mur de séparation.

[h] C. 42. 7. 10.

3. PERIBOLUS ou PERIBOLON, Denys de Byzance [i], dans sa Description du Bosphore de Thrace dit, qu'après le Bois d'Apollon on trouvoit le *Peribolus*, où les Rhodiens attachoient leurs Vaisseaux pour les garantir des tempêtes. Il ajoute que de son tems il en demeuroit encore trois pierres, & que le reste étoit tombé de vieillesse. Le mot Περίβολος, *Peribolus*, & la description dont Denys de Byzance l'accompagne, semblent dire qu'il c'étoit un Mole, une Muraille, ou un Quai revêtu. Pierre Gylles [k] juge que ce Lieu est le même que les Pêcheurs nomment aujourd'hui RHODACINION ; & il fonde ce jugement non seulement sur le rapport des noms, mais encore sur la situation des Lieux, Denys de Byzance plaçant le lieu où les Rhodiens attachoient leurs Vaisseaux, précisément dans l'endroit appellé aujourd'hui *Rhodacinion*. On n'y voit présentement qu'une grosse pierre qui sort au dessus de l'eau, & qui sert à d'autres pierres qu'on jetta autrefois dans l'eau pour y fonder un Mole qui formoit un Port.

[i] Pag. 10.

[k] De Bosphoro Thrac. lib. 2. c. 8.

PERICANT, Lieu de France, en Gascogne, dans la Lomagne. C'est une Terre, avec haute, moyenne & basse Justice & qui releve du Roi.

PERICONNESUS, Lieu aux environs de Byzance selon Chalcondyle [l].

[l] Thesaur.

PERICTIONES, Peuples de la Dolopie, selon Ortelius [m] qui cite Orphée [n].

[m] Thesaur.
[n] In Argonaut.

PERIDMETUM [o], Ville de Thrace: C'est Chalcondyle qui en fait mention.

[o] Ortelii Thesaur.

PERIE', Isle & Village de France, dans le Poitou, Election des Sables d'Olonne. L'Isle au milieu de laquelle est le Village se trouve environnée d'un grand Marais. Les Religionnaires commandez par le Prince de Soubise leur Général y furent défaits en 1622. par le Roi Louis XIII. qui commandoit son Armée en personne.

PERIERBIDI, Peuples de la Sarmatie Asiatique, selon Ptolomée [a].

*a Lib. 5. c. 9.*

PE'RIERES ou PE'RIERS, Bourg de France [b], dans la Basse Normandie, avec Bailliage & titre de Vicomté. Il est situé entre St. Lo, Coûtances, Pirou & Carentan, sur une petite Rivière qui va tomber dans la Carente, au dessous du Prieuré de Bohoms. On y tient un gros Marché le Samedi.

*b Corn. Dict. Sur des Mém. dressez sur les lieux en 1704.*

Le Bailli de Periéres est de Robe longue & prend la qualité de Bailli-Lieutenant Général Civil & Criminel. Les Sentences s'intitulent en son nom, & l'appel est porté au Parlement, lorsque les Causes ne sont point dans les cas Présidiaux; & lorsqu'elles sont Présidiales elles sont portées au Présidial de Coûtances. Le Bailliage de ST. SAUVEUR LANDELIN a été transféré à Periers pour la commodité des Plaideurs; ainsi ce n'est qu'un seul & même Bailliage sous deux noms différens.

*c Piganiol, Descr. de la France, t. 5. p. 324.*

2. PERIERES ou PE'RIES, Bourg de France, dans la Normandie [d], à quatre lieues de Rouen & à deux de Lyons, entre Charleval & l'Abbaye de l'Isle-Dieu. Il est situé sur la Riviére d'Andelle. C'est un Titre de Baronnie, qui appartient à l'Abbaye des Bénédictins de St. Ouen de Rouen. Ils ont par-là la Seigneurie & le Patronage des Paroisses de St. Etienne de Periez, de Transiéres, de Peruel, de Morville sur Andelle, & de celles de Fayelle, de Cantelou, de Lette-Guive, d'Ausouville & autres Assises dans la Campagne du côté de Rouen.

*d Ibid.*

PERIET, Abbaye de France [e], dans la partie de la Haute Alsace qui dépend du Diocèse de Bâle, dans le Val d'Orbe. Elle est de l'Ordre de Cîteaux, de la Filiation de Lutzel, de la même fondation & en Régle. Ses revenus sont de sept ou huit mille livres.

*e Ibid. t. 7. p. 394.*

PERIGAN, Bourg de France, dans la Saintonge, Election de Saintes.

PERIGNAC, Abbaye de France, dans la Gascogne, au Diocèse d'Agen, dans la Vallée de Montpesat, en Latin *Sancta Maria de Payriniaco*. C'est une Abbaye d'hommes de l'Ordre de Cîteaux, & qu'on nomme aussi quelquefois SAINT VINCENT DE PERIGNAC. Comme la Vallée de Montpesat est fort étroite & environnée au Midi de Montagnes d'où il découle souvent des Torrens, cette Abbaye se trouve souvent incommodée de ce voisinage. Ses Bâtimens réguliers étoient autrefois assez beaux; mais il n'en reste plus rien: tout a été détruit dans les guerres des Albigeois & des Calvinistes & par les inondations. On place sa fondation vers le milieu du douzième Siècle, & on l'attribue aux Moines & à l'Abbé de Bonnefons, dont elle est fille en ligne de Morimon. Flandrine Dame de Montpesat, sœur d'une autre Flandrine, Dame du Château de Montpesat, près St. Martoire dans le Comté de Comenges la dota de plusieurs biens fonds. Les autres Seigneurs de Montpesat très-puissans dans l'Agenois furent aussi, à ce qu'on croit, ses Bienfaicteurs. Les Calvinistes qui achevérent de la ruïner durant les guerres de Religion, en ont pillé les titres & tout ce qu'il y avoit de précieux.

1. PERIGNE, (La) Abbaye de France, au Diocèse du Mans [f]. C'est une Abbaye de filles de l'Ordre de Saint Augustin. D'abord ce ne fut qu'un Prieuré fondé par une personne de la famille des Usages. Guillaume des Usages augmenta en 1393. la fondation de quarante livres de rente, & obtint que ce Prieuré seroit érigé en Abbaye sous le nom de St. Louïs. Le revenu de cette Abbaye monte à trois mille livres.

*f Piganiol, Descr. de la France, t. 5. p. 415.*

2. PERIGNE, Bourg de France, dans le Poitou, Election de Saint Maixant.

PERIGNY, Bourg de France, dans le Pays d'Aunis, à demi-lieue de la Rochelle.

Le PERIGORD, Province de France, qui a au Nord l'Angoumois [g]; au Levant la Saintonge; à l'Orient d'Hyver il touche le Basadois & le Bourdelois; au Midi il a l'Agenois; à l'Orient le Quercy & le Limosin. Ce nom vient de celui des anciens Peuples *Petrocorii*, ou *Petricorii*, qu'on a corrompu dans le cinquième siècle en *Petricordii*. Ces Peuples, qui sont connus dans les Commentaires de César, étoient alors du nombre des Celtes, & Auguste les mit sous l'Aquitaine. Cette Province ayant été divisée en deux sous Valentinien I. les *Petricorii* furent attribuez à la seconde, & eurent pour Métropole Bourdeaux; leur Capitale s'appelloit VESUNA, comme nous l'apprenons de Ptolomée. Mais dans le quatrième siècle, la Ville quitta entiérement ce nom, pour prendre celui du Peuple *Petricorii*, d'où on fit *Petricordium* & *Petricorium*, aujourd'hui Périgueux.

*g Longuerue, Descr. de la France, pem. 1. p. 172.*

Le Perigord vint au pouvoir des Goths dans le commencement du cinquième siècle: dans le suivant il fut pris sur eux par les François. Les Rois de Neustrie Mérovingiens l'ont possédé jusqu'au tems du Duc Eudes, qui se rendit absolu dans l'Aquitaine, & ce fut Pepin, pere de Charlemagne, qui conquit le Perigord sur Gaifre, petit-fils d'Eudes. Les Carlovingiens, qui ont régné dans la France Occidentale, ont eu jusqu'au dixième siècle le même Pays, qu'ils gouvernoient par des Comtes qui n'étoient que de simples Officiers. Dans le même siècle Guillaume Taillefer, Comte d'Angoulême, étoit aussi Comte de Perigord, & il eut pour Successeur son fils Bernard, qui sous les Rois Louïs d'Outremer & Lothaire, & sous les deux premiers Guillaumes, Ducs d'Aquitaine, se rendit véritable propriétaire de ces deux Comtez, en reconnoissant néanmoins le Duc d'Aquitaine pour Souverain. Le Comte Bernard, qui mourut sans enfans, eut pour Successeur au Comté de Peri-

Perigord, Bozon, Comte de la Marche, son beau-frere, qui avoit épousé sa sœur Emma. Cette Comtesse qui étoit la véritable propriétaire de Perigord, étant mécontente de son mari, l'empoisonna; & pour venger ce Prince, Guillaume II. Duc d'Aquitaine assiégea la Ville de Perigueux & la prit; mais il conserva le Comté de Perigord à Helies, fils de Bozon. Depuis ce tems-la il y eut deux Comtes de cette Maison, l'un en Perigord, & l'autre dans la Marche, jusqu'à ce que ce dernier Comté vint à la Maison de Lusignan. A l'égard du Perigord, il demeura dans la race masculine de ses anciens Seigneurs, jusqu'au tems d'Archambaud, qui par Arrêt rendu l'an 1396. fut condamné a être banni du Royaume comme Rebelle, & ces biens furent confisquez. Son fils Archambaud le jeune ayant perséveré dans la Rebellion de son pere, fut aussi banni, & ses biens furent confisquez par un autre Arrêt rendu l'an 1399. Charles VI. donna le Comté de Perigord, ainsi confisqué à son frere Louis, Duc d'Orléans, qui le laissa à son fils Charles aussi Duc d'Orléans. Ce Duc Charles ayant été pris prisonnier par les Anglois, & ayant besoin d'argent, vendit l'an 1437. le Comté de Perigord à Jean de Blois dit de Bretagne, Comte de Penthiévre, qui le laissa à son fils Guillaume. Celui-ci n'eut qu'une fille nommée Françoise, qui épousa Alain, Sire d'Albret, Bisayeul de Jeanne d'Albret, Reine de Navarre. Jeanne apporta tous ses Etats en mariage à Antoine de Bourbon, pere d'Henri IV. qui ayant succédé au Royaume de France après la mort d'Henri III. unit à la Couronne le Perigord avec ses autres biens patrimoniaux. Nous voyons que les Evêques de Perigueux prétendoient, il y a plus de sept cens ans, que les Comtes de Perigord n'étoient pas Seigneurs de la Ville Episcopale dont les Ducs d'Aquitaine avoient le Haut Domaine, & les Evêques y avoient le droit de battre monnoye. Néanmoins la Seigneurie utile & la Justice appartenoient proprement à l'Eglise Collégiale de Saint Front, qui a été longtems desservie par des Chanoines Réguliers; il y a même un Arrêt rendu l'an 1299. par lequel les Chanoines & l'Eglise de Saint Front sont maintenus au Pariage de la Seigneurie & de la Justice de Perigueux avec le Roi Duc d'Aquitaine. Tous les biens de cette Eglise ayant été unis à la Manse Episcopale, ces droits appartiennent aujourd'hui à l'Evêque de Perigueux, Coseigneur avec le Roi, comme les prédécesseurs de ce Prélat l'avoient avec les Ducs d'Aquitaine. Philippe-Auguste prit Perigueux sur Jean Sans-terre, Roi d'Angleterre & Duc d'Aquitaine; mais Henri III. fils de Jean reprit possession, de cette Ville & de tout le Perigord, en exécution, du Traité conclu avec Saint Louis l'an 1259. Pilippe le Bel dans la guerre qu'il fit contre Edouard II. se rendit maître de la Ville de Perigueux. Philippe de Valois convint avec Edouard III. lorsqu'il lui fit hommage du Duché de Guyenne, qu'on rendroit au Roi d'Angleterre, Duc de Guyenne, le Perigord: mais la guerre ayant recommencée entre les François & les Anglois plus cruelle qu'auparavant, on fut contraint de céder entr'autres choses, aux Anglois la Ville & Cité de Perigueux en toute Souveraineté l'an 1360. Ce Traité fut rompu sous Charles V. qui reconquit la plûpart des Pays qu'on avoit perdus sous le régne de son pére, & particuliérement Perigueux, qui fut réuni à la Couronne.

Le Senéchal de Perigord [a] est Senéchal de trois Senéchaussées, qui sont Perigueux, Sarlat & Bergerac. Il en est aussi Gouverneur particulier, sous les ordres du Gouverneur de Guyenne, comme les Senéchaux & Gouverneurs d'Agenois & de Condomois. Sa Charge est d'épée & la Justice se rend en son nom dans les trois Senéchaussées. Il commande la Noblesse lors de la convocation du Ban, & il a cent cinquante livres de gages employez dans l'état des Charges du Domaine. Il y a aussi un Lieutenant du Prevôt Général de la Maréchaussée de Bourdeaux, un Assesseur, un Procureur du Roi & un Greffier.

[a] *Pigniol, Descr. de la France*, t. 4. p. 505.

Le Perigord a trente-trois lieues de long & vingt-quatre de large. On le divise en Haut & Bas Perigord, ou bien en Blanc & en Noir.

Dans le HAUT PERIGORD appellé le BLANC, sont

Perigueux.  Mucidan.
Aubeterre.  Bergerac.
            Limeil.

Dans LE BAS PERIGORD, ou NOIR PERIGORD, ainsi nommé parce qu'il est plus couvert de bois, sont

Sarlat.     Domme.
Castillon.  Terrasson.

Les Riviéres les plus considérables de cette Province sont la Dordogne, la Vezere, l'Isle & la Haute Vezére. Ces trois derniéres ne sont navigables que par le secours des Eclufes. Le Terroir produit du Seigle & de l'Orge. Il y a beaucoup de Montagnes couvertes de Noyers & de Chataigniers. Mais le Pays abonde sur tout en Mines d'excellent fer, dont on fait des canons, qui passent pour être aussi bons que ceux de bronze. On trouve aussi plusieurs sources d'eau médicinale. L'air est pur & sain. A l'égard des Peuples ils aiment les armes & prennent feu aisément. Leur Noblesse qui n'est pas riche communément, est fort estimée & fort ancienne.

PERIGUEUX, Ville de France, la Capitale du Perigord, sur la Riviére de l'Isle, en Latin, *Vesuna*, *Vesunna*, *Petrocori*, *Petrocorii*, *Civitas Petrocoriorum* [b]. La Tour *Vesune*, le reste d'un Amphithéatre & quelques autres Monumens sont des preuves de son ancienneté. L'ancienne Ville étoit d'une grande étendue & fut ruïnée en divers tems par les Barbares. Celle qu'on voit aujourd'hui est ronde & fermée d'épaisses & fortes murailles. L'Eglise

[b] *Pigniol, Descr. de la France*, t. 4. p. 563.

glife Cathédrale est remarquable par une haute Pyramide élevée sur une Tour quarrée en manière de Clocher. La Tour Vefune est de forme ronde, sa hauteur va au delà de cent pieds : l'épaisseur de sa muraille est d'une toise, & elle est assez entière. En dedans elle est enduite d'un ciment de chaux & de tuiles : elle n'a ni porte ni fenêtres. On y entre par deux souterrains qui y conduisent. On croit que c'étoit un Temple consacré à Venus. Les Dominicains, les Cordeliers, les Augustins, & les filles de Sainte Claire ont des Maisons dans cette Ville. Le Collége est dirigé par les Jésuites, & l'Hôtel-Dieu est sur le bord de la Rivière de l'Isle que l'on passe sur un beau Pont pour aller dans les Fauxbourgs.

Cette Ville, qui est dans un bon Pays & assez peuplé, est franche & ne paye point de Taille. Sa Banlieue qui a une assez grande étendue ne paye point d'imposition.

L'Evêché de Perigueux rapporte environ vingt-deux milles livres de rente. Il est d'une grande étendue & renferme plus de quatre cens cinquante Paroisses, dont le plus grand nombre est du Gouvernement de Guyenne & le reste de celui d'Angoumois. Cet Evêché est fort ancien & on dit que St. Fronton en a été le premier Evêque. L'Abbaye de ce nom est unie depuis fort long-tems à l'Evêché de Perigueux ; mais son Chapitre n'a été uni à celui de la Cathédrale que depuis environ soixante ans. L'Eglise Cathédrale qui étoit dans la Cité fut ruïnée par les Calvinistes ; comme on n'a pu la rebâtir qu'à moitié, on transporta lors de l'union des deux Chapitres le service dans l'Eglise Collégiale de St. Front ; de sorte que l'ancienne Eglise Cathédrale n'est plus que l'Eglise Paroissiale de la Cité. Le Chapitre de la Cathédrale consiste en quatre Archidiacres, un Chantre, un Soûchantre, un Ecolâtre, un Théologal & trente-quatre Chanoines. Outre ce Chapitre il y en a encore un autre dans le Diocèse ; c'est celui de l'Eglise Collégiale de St. Astier.

Aimar Ranconnet étoit de cette Ville. Il passa pour un des plus savans hommes de son siècle. Cujas lui dédia en 1557. ses Notes *in Julii Pauli recept Sent.* Il fut d'abord Conseiller au Parlement de Bourdeaux, puis Président en l'une des Chambres des Enquêtes du Parlement de Paris. Les Guises qui le haïssoient le firent mettre à la Bastille & l'accusèrent d'avoir eu un commerce criminel avec sa fille. Il fut si touché de sa détention qu'il se fit mourir, âgé de 60. ans. On n'a jamais vu une famille plus malheureuse que la sienne. Sa fille mourut sur un fumier ; son fils fut exécuté à mort & sa femme mourut d'un coup de foudre.

PERIMELE, Isle de la Mer Ionienne & l'une des cinq *Echinades.* Ovide en parle dans le huitième Livre de ses Métamorphoses [a] :

a V. 589.

*Ut tamen ipse vides, procul en procul una recessit*
*Insula grata mihi, Perimelen Navita dicit.*

PERIMUDA. Voyez PERIMULA.

PERIMULA, Ville de l'Inde au delà du Gange : Ptolomée [b] la place sur le Chersonnèse d'Or ; & Castald la nomme PATANE. Au lieu de PERIMULA Ælien écrit PERIMUDA ; & Tzetzès [c] suit cette orthographe ; mais il en fait un Isle qui produit des huitres. Ælien [d] dit qu'on y pêchoit des Perles. Pline [e] donne le nom de *Perimula* à un Promontoire de l'Inde, aux environs de l'embouchure du Fleuve Indus du côté de l'Orient, & il ajoute que qu'il s'y pêchoit des Perles. Il dit aussi que sur ce Promontoire il y avoit une Ville fort commerçante.

b Lib. 7. c. 2.
Chiliad. II. Hist. 375. v. 459.
d Hist. mim. lib. 15. c. 8.
e Lib. 6. c. 20. & lib. 9. c. 35.

PERIMULUS, ou PERIMULICUS SINUS, Golphe de l'Inde au delà du Gange selon Ptolomée [f].

f Lib. 7. c. 1.

PERINCARI, Ville de l'Inde, en deçà du Gange. Ptolomée [g] la donne aux Peuples *Pandini* ; & Ortelius [h] dit que Castald l'appelle PELAGONGA.

g Lib. 7. c. 1.
h Thesaur.

PERINE. Voyez PARPARON.

PERINGEN, Bourg, ou Village d'Allemagne dans le Duché de Bavière, près de l'Iser, au dessous de Dingelfing. On y a trouvé des Inscriptions qui font connoître que c'est l'ancienne Ville qu'on appelloit *Tiberina Castra.* Voyez TIBERINA CASTRA.

PERINTHUS, autrement HERACLE'E, Ville de Thrace, sur la Propontide, selon Ptolomée [i]. Tzetzès [k] dit qu'Hercule la nomma anciennement MYGDONIA. L'Itinéraire d'Antonin la place sur la route de Dyrrachium à Byzance, entre *Tirallum* & *Cœnophrurion*, à dix-huit milles de la première & à égale distance de la seconde. Voyez HERACLE'E, no. 16.

i Lib. 5. q
k Chiliad. 3. v. 103.

PERIOECI, c'est-à-dire qui habitent tout à l'entour ; ce mot est Grec Περίοικοι. Il signifie en Géographie des gens qui habitent sous le même parallèle, c'est-à-dire à même distance du Pole & de l'Equateur ; mais toujours vers le même Pole. Il n'est pas nécessaire qu'il y ait 180. d. de distance des uns aux autres. Le mot ne dit point cela ; il suffit d'être sous le même parallèle. Par exemple, les Habitans de Charlestown dans la Caroline, de Miquenez au Maroc, de Candahar en Asie, &c. sont Periœciens l'un à l'autre par rapport à ce qu'ils habitent sous un même parallèle, quoi qu'à différences distances du premier Méridien. Les Peuples qui sont sous un même parallèle, ont le même Eté & le même Hyver ; en un mot les mêmes Saisons : sauf pourtant la différence qu'y peuvent mettre les qualitez du terroir plus haut ou plus bas, ou plus sec ou plus humide, &c. Ils ont les jours également longs & les nuits de même ; c'est-à-dire que si le plus long jour est de vingt heures pour le Peuple d'un parallèle, tous les Peuples qui sont Periœciens à son égard, ont le jour aussi de vingt heures dans le même tour du Soleil. Il en est de même des nuits.

Si par Periœciens on entend ceux qui habitent sous un même parallèle & sous un même Méridien continué au delà du Pole,

Pole, de forte que les deux Peuples qui font Periœciens l'un à l'autre ayent précifément la même Latitude, mais une longitude différente de 180 degrez; alors on conçoit aisément que des Peuples qui ont entre eux ce rapport, doivent être opposez pour le jour & pour la nuit; quoi qu'ils comptent la même heure, l'un à Midi quand l'autre a Minuit. Il est trois heures également pour l'un & pour l'autre; mais l'un compte trois heures du matin, & l'autre trois heures du soir; & ainsi de tous les autres instans du jour & de la nuit. En ce sens ce qui est au Couchant d'un de ces Peuples est à l'Orient de l'autre. Aux jours des Equinoxes le Soleil se leve pour l'un de ces Peuples quand il se couche pour l'autre.

PERIPHOSIUS, Port de la Libye Intérieure: Ptolomée [a] le place dans le Golphe Hespérien, entre l'Embouchure du Fleuve *Stachiris* & le Promontoire *Catharum*. [a Lib. 4. c. 6.]

PERIPOLIUM, Ville d'Italie, chez les Locres Epizéphyriens: Thucydide [b] nous apprend qu'elle étoit sur le bord du Fleuve *Halex*, aujourd'hui *Alece*. Ortelius [c] dit que Gab. Barri la nomme *Amigdalia*, & qu'on l'appelle vulgairement MENDOLIA; Magin cependant écrit MENDOLAÏA. [b Lib. 3. p. 240. c Thesaur.]

PERIPPII TURRIS, Lieu du Peloponnese, selon Polybe [d]: il étoit quelque part au voisinage de l'Achaïe. [d Lib. 5.]

PERIRRHEUSA; Isle aux environs de l'Ionie. C'est Pline [e] qui en fait mention. [e Lib. 5. c. 31.]

PERIRRUM. Voyez ORYXUM.

PERISADYES, Peuples de l'Illyrie; Strabon [f] les place près des Mines de Damastium. Les MSS. varient pour l'orthographe de ce nom: il y en a qui portent *Perysadyes*, & d'autres *Perisadies*. [f Lib. 7. p. 326.]

☞ PERISCII, C'est-à-dire ceux dont l'ombre fait le tour; ce qui ne convient qu'aux Peuples situez sous l'Équateur. Ce mot est pris aussi de la Langue Grecque, Περίσκιοι. J'explique au mot OMBRE l'usage que les Géographes ont fait des ombres, pour distinguer les différentes parties de la Terre.

PERISIA. Voyez PERUSIA.

PERISTASI, Ville des Etats du Turc, en Europe. Elle est dans la Romanie, sur la Côte de la Mer de Marmora, au Midi d'Héraclissa. Mr. de l'Isle [g] nomme ce Lieu ST. GEORGE & PERISTASIS. [g Atlas.]

PERISTERE, Ville de la Phénicie selon Etienne le Géographe.

PERISTERIDES, Isle d'Asie, sur la Côte de l'Ionie, proche la Ville de Smyrne, selon Pline: elle fut nommée *Peristerides* à cause de la multitude de pigeons dont elle étoit peuplée.

PERITA, Ville de l'Inde: Alexandre, dit Plutarque [h], ayant perdu un Chien appellé Perites, fit bâtir en son honneur une Ville qu'il nomma de son nom. [h In Alexand.]

PERITHEORIUM, Siége Episcopal, sous le Patriarchat de Constantinople, selon Ortelius [i] qui cite Curopalate. [i Thesaur.]

PERITHOEDÆ, Municipe du Territoire d'Athènes dans la Tribu Onéïde. Etienne le Géographe & Hesyche en font mention & Plutarque [k] parle d'un certain Hyperbolus du Bourg ou Municipe Perithoïde, méchant homme qui fournit de son tems une riche matiére aux Poëtes Comiques, qui le prirent tous pour l'objet de leurs railleries & de leurs invectives. [k In Alcibiade.]

PERIZÆI. Voyez PHEREZÆI.

1. PERLE (LA) petite Isle de l'Amérique Septentrionale, à la Bande du Nord de l'Isle de la Martinique, Paroisse du Précheur.

2. PERLE (l'Anse à) Anse de l'Amérique Septentrionale, sur la Côte Occidentale du Quartier du Nord de l'Isle de St. Domingue, à une ou deux lieues du Cap aux Fous. Il y a dans cette Anse un bon mouillage pour les Vaisseaux.

PERLEBERG, Ville d'Allemagne, dans la Marche de Brandebourg, sur la petite Riviére de Strepenitz, au Nord de Wittemberg & à l'Orient de Schnakenburg.

1. PERLES (Banc de) On donne ce nom à un Banc, dans la Mer des Indes [l], entre la Côte de la Pêcherie & l'Isle de Ceylan; mais plus près de la Côte de la Pêcherie que de l'Isle. Ce Banc est à l'opposite de Tutucurin. [l De l'Isle Atlas.]

2. PERLES (Banc de), Banc de la Mer des Indes [m], proche de la Côte Occidentale de l'Isle de Ceylan, au Midi de l'Isle de Manar. [m Ibid.]

3. PERLES (Isles des). Voyez au mot ISLE, l'Article ISLES ROYALES.

4. PERLES (Isles des) dans l'Amérique Septentrionale [n], près de la Côte de Guatimala. Elles sont en grand nombre & s'étendent du Nord au Sud depuis l'embouchure de la Riviére de Yairepa, jusqu'à la hauteur de l'embouchure du Desaguadero. [n Ibid.]

5. PERLES (Isles des) Isles de l'Amérique Septentrionale [o], dans cet espace de Mer qui se trouve entre la Jamaïque au Nord, l'Isthme de Panama au Midi & la Côte de Guatimala à l'Occident, à peu prés à égale distance de ces trois endroits. Mr. de l'Isle lui donne aussi le nom de SERRANA. [o Ibid.]

6. PERLES (Riviére aux); Riviére de l'Amérique Septentrionale dans la Louïsiane, entre le Bras Oriental du Mississipi & la petite Baye de St. Louïs. Elle se jette dans la Mer auprès des nouvelles Cabanes de Colopissa.

PERMESSUS, Fleuve de la Bœotie: Strabon [p] dit que ce Fleuve & celui d'Olmejus, qui avoient tous deux leur source au Helicon, joignoient leurs eaux & se jettoient dans le Marais Copaïdes. Pausanias [q] écrit *Termessus* & Nicander [r] *Parmessus*. Virgile parle de ce Fleuve dans les Bucoliques [s]: [p Lib. 9. p. 407. q Lib. 9. c. 29. r In Theriasis. s Ecl. 6. v. 64.]

*Tum canit, errantem Permessi ad flumina Gallum.*

PERMETANIA, Contrée dont il est parlé dans la Vie de St. Théodore l'Archimandrite. Ortelius [t] croit qu'elle étoit [t Thesaur.]

étoit quelque part dans l'Asie Mineure.

*a* Ibid.

PERMI [a], Peuples de la Sarmatie Blanche, selon Chalcondyle, qui appelle Sarmatie Blanche la partie Septentrionale de la Sarmatie.

*b* Dict.

PERMIA-WELIKI, Mr. Corneille [b] dit, Ville Capitale du Duché de Permski en Moscovie, sur la Riviére de Wissera près de son embouchure dans celle de Kam. La nouvelle Carte de l'Empire Russien nomme cette Ville PERMEKKI & la place au Confluent des Riviéres Ussolkat & Kama, entre le Wolga & l'Oby presque à égale distance de ces deux Fleuves. Cependant Olearius [c] a écrit que la Riviére de Vischora n'entroit dans le Kam qu'à quinze lieues de cette Ville.

*c* Voy. de Moscovie, liv. 3. p. 112.

PERMSKI, PERMEKKI, ou PERMIE, Province de l'Empire Russien, dans la Moscovie. C'est, dit Olearius [d], une des grandes Provinces de Moscovie. Elle est éloignée de la Ville de Moscou de deux cens cinquante ou de trois cens lieues d'Allemagne, vers le Levant & le Nord. Sa Ville Capitale lui communique son nom. Les Habitans de cette Province ont un langage & des Caractéres tout particuliers: Ils mangent des légumes au-lieu de pain; & au lieu de Tribut ils envoyent au Grand Duc des chevaux & des fourrures.

Ibid.

PERNAMBUCO, Capitainerie, dans l'Amérique Méridionale, au Brésil. PERNAMBUCO est le nom que les Portugais donnent à cette Capitainerie appellée Fernambuco par les Hollandois. Elle est bornée au Nord [e] par la Capitainerie de Tamaraca, à l'Orient par la Mer, au Midi par la Riviére de St. François, & à l'Occident par les MARIQUITES Peuples errans. Quoique cette Capitainerie soit d'une assez grande étendue elle n'a que deux Villes, Olinde & Garasu. Sa longueur vers le Sud, depuis la Ville d'Olinde jusqu'à la Riviére de St. François est environ de cinquante lieues. Alagoa [f], Lac dans les terres, à sept ou huit lieues de la Mer, est au Nord de cette Riviére. Il y a dans cet endroit cinq ou six Moulins à sucre, & sept ou huit auprès de Porto Calvo, qui est du même côté. Proche delà vers le Nord est le Village d'Una, avec quatre ou cinq Moulins, & un peu plus loin est la grande Bourgade de Serrinhan, près de laquelle il y a douze Moulins qui rendent ordinairement six ou sept mille arobes de sucre, chaque arobe pesant vingt-sept ou vingt-huit livres. Ensuite on trouve la Bourgade de Poyuca sur une Riviére de même nom & qui se rend dans la Mer un peu au-dessus du Cap de St. Augustin. Le long de ce Cap est la Bourgade de St. Antonio de Cabo, dans la Banlieue de laquelle il y a vingt Moulins qui font une grande quantité de bon sucre. Au dessous du même Cap est bâtie la Chapelle de *Nuestra Senora de la Candelaria*, où il y a un chemin qui conduit aux Campagnes appellées *Cucurenas*. Delà jusqu'à la Ville d'Olinde on compte cinq lieues, dans lesquelles sont compris vingt-deux Moulins. À neuf ou dix lieues de cette Ville, vers le dedans du Pays est située *O Matta de Brasil*, Bourgade fort peuplée. On y coupe quantité de bois de Brésil, qu'on porte à la Bourgade de St. Laurent, où sont sept ou huit Moulins qui rendent beaucoup de sucre.

*e* De l'Isle Atlas.

*f* De Laet, Descr. des Indes Oc. liv. 15. c. 24.

PERNAU. Voyez PARNAU.

1. PERNE, Ville de la Thrace; Etienne le Géographe la place à l'opposite de celle de *Thasus*.

2. PERNE, Isle sur la Côte de l'Ionie: Pline [g] dit qu'un tremblement de terre joignit cette Isle au Territoire de la Ville de Milet.

[g] Lib. 2. c. 89.

PERNES, *Perne*, Ville de France dans l'Artois sur la Clarence. C'est la plus petite Ville de la Province. Elle n'a guére que cinq cens soixante & douze Habitans.

PERNICIACUM, Ville de la Gaule Belgique. L'Itinéraire d'Antonin la place sur la route de *Castellum* à Cologne, entre *Geminiacum* & *Aduaca Tongrorum*, à vingt-deux milles de la premiére de ces Villes & à quatorze de la seconde. On croit que c'est aujourd'hui PERWIES, Lieu dans le Brabant.

PERNICUM, Ville de la Thrace ou de la Bulgarie selon Ortelius [h] qui cite Cedréne & Zonare.

[h] Thesau. Desc. de la...

PERNI, ou PRENEI, en Latin *Perniacus*; Bourgade de Lorraine, & le Chef-lieu d'une Prevôté dans le Pays de Scarpone ou Charpaigne [i], entre la Meuse & la Moselle. Elle n'est point du Barrois; mais du Duché de Lorraine. Le Duc Matthieu I. ayant offensé l'Evêque Etienne de Bar, ce Prélat assisté de son frere Renaud Comte de Bar attaqua Perni; & comme il étoit prêt de le prendre il fit la paix avec le Duc Matthieu par l'entremise de son frere Renaud. Cet Evêque vivoit du tems de St. Bernard, qui le loue comme un zélé défenseur des droits de son Eglise. Louis XIII. s'étant emparé de la Lorraine fit raser les fortifications de Perni, qui est resté une simple Bourgade & distinguée seulement par sa Prevôté & par son Doyenné. L'Eglise Paroissiale est dédiée aux Apôtres St. Pierre & St. Paul.

[i] Longuer. Desc. de la France, part. 1. p. 147.

Le DOYENNÉ DE PERNI, est borné au Septentrion & à l'Orient par le Diocèse de Metz; à l'Occident par celui de Verdun; & au Midi par le Doyenné de Dieu-Louart. Il est situé entre la Dette petite Riviére qui l'arrose au Midi & le Maye qui le mouille au Septentrion. Dans ce Doyenné il y a vingt-huit Cures, deux Abbayes, une Commanderie de St. Antoine le Viennois, un Chapitre, huit Couvens & un Hôpital.

PERNITZA, ou PETERNITZA, Bourgade de la Morée, sur le Golphe de Lepante. Voyez BURA, N°. 1.

PERNIE, Prieuré de France, dans la Franche-Comté au Diocèse de Besançon. C'est un Prieuré Conventuel, en Commande, dépendant de St. Germain d'Auxerre, & auquel le Pape nomme.

PEROE, Fontaine de la *Bœotie*, selon

### PER.

[a] Lib. 9. c. 4.
[b] In Callio-pe.

lon Ortelius qui cite Pausanias [a]; mais ce dernier lui donne le nom de Fleuve & non celui de Fontaine. On trouvoit ce Fleuve sur le chemin de Platée à Thebes. Hérodote [b] qui le nomme *Peron* dit qu'il avoit sa source au mont Cithéron, qu'il en descendoit par deux endroits différens & qu'il formoit une Isle.

PEROIGNE, Bois de France, dans l'Angoumois, dans la Maîtrise des Eaux & Forêts de Mont-Marault. Il contient quatre cens douze arpens.

PERONNE, Ville de France, dans la Picardie, sur la Riviére de Somme. C'est une Place forte surnommée *la Pucelle*, parce qu'elle n'a jamais été prise. Elle est bâtie sur le bord Septentrional de la Riviére, à neuf lieues au-dessus d'Amiens, dans une situation très-avantageuse, entre des marais, qui avec ses fortifications en font la plus forte Place de la Province. La Ville de Peronne étoit célèbre dès le tems des prémiers Rois Mérovingiens, qui y avoient un Palais. Fortunat dans la Vie de Ste. Radegonde dit qu'avant qu'elle épousât le Roi Clothaire I. elle étoit dans le Palais de Peronne [c]. Clovis II. ayant donné cette Place à Erchinoald ou Archambaud Maire de son Palais, ce Seigneur y bâtit un Monastère pour des Moines Ecossois. Le premier Abbé fut St. Wltan, neveu de St. Furcy, premier Abbé de Lagny, dont le Corps fut porté dans l'Eglise de St. Pierre à Peronne, où il est devenu depuis ce tems-là le Patron de la Ville.

[c] Longueruë, Descr. de la France, part. 1. p. 60.

Peronne après la mort de ce Maire retourna au Domaine des Rois. Heribert Comte de Vermandois s'en empara, & en fit sa principale Place; c'est pourquoi quelques-uns l'appellent Comte de Peronne: c'est dans cette Forteresse qu'il enferma le Roi Charles le Simple, où ce malheureux Prince finit ses jours. Les successeurs d'Heribert joüirent de Peronne & de ses dépendances jusqu'au tems de Philippe Auguste, & nous parlerons de cette réunion en traitant du Comté de Vermandois. Voyez VERMANDOIS.

Peronne, Mondidier & Roye furent donnez en Pairies par le Traité d'Arras à Philippe Duc de Bourgogne, pour lui & ses Successeurs mâles; ensuite par le Traité de Conflans de l'an 1466. confirmé par plusieurs autres, Louïs XI. donna Peronne & ses annexes à Charles de Bourgogne, Comte de Charollois, aux Conditions du Traité d'Arras; mais après la mort de Charles, le Roi Louïs XI. se saisit de Peronne & de toutes les Villes de Picardie que les Bourguignons tenoient. Marie de Bourgogne & ses héritiers avoient des prétentions sur ces Places, auxquelles Charles-Quint renonça par le Traité de Madrid, confirmé par ceux de Cambray, de Crepy & de Cateau-Cambresis. Le Comte Henri de Nassau ayant assiégé Peronne avec une puissante Armée en 1536. la valeureuse résistance des Habitans l'obligea de lever le Siège.

On compte dans cette Ville plus de dix-sept mille habitans, une Collégiale, trois Paroisses & un Collége qui est occupé par des Religieux de la Trinité. [d] L'Eglise Collégiale a été bâtie & dotée par Erchinoald, Maire du Palais sous Clovis II. Elle est sous l'invocation de St. Furcy, dont le Corps repose dans une châsse sur le Maître-Autel. Erchinoald n'avoit établi que quelques Prêtres qui furent érigez en Chanoines par Louis XI. Cette Collégiale est de soixante Prébendes, mais il y en a cinq qui ont été amorties pour l'entretien des Enfans de Chœur, & trois pour la Fabrique. Les Prébendes valent environ sept cens livres de revenu & sont toutes à la nomination du Roi.

[d] Piganiol, Descr. de la France, t. 3. p. 149.

Le Bailliage de Peronne auquel la Prevôté est unie [e], est composé d'un Président, d'un Lieutenant Géneral, d'un Lieutenant Criminel, d'un Lieutenant particulier, d'un Asseseur Criminel, de quatre Conseillers, d'un Avocat, d'un Procureur du Roi, d'un Substitut & d'un Greffier. Les appellations ressortissent au Parlement de Paris, à l'exception des cas Présidiaux, dont l'appel est porté au Présidial de Laon. La Ville de Peronne a sa Coûtume particuliére qui est suivie à Mont-Didier & à Roye.

[e] P. 162.

On fait beaucoup de toiles aux environs de Peronne [f], & on en debite tous les ans dans cette Ville pour près de cent cinquante mille livres.

[f] P. 186.

PERONTICUM, Ville de Thrace: Ptolomée [g] la place entre Tonzi & le Promontoire *Thinia*. C'est la même Ville que Mercator appelle VERDISO.

[g] Lib. 3. c. 11.

PERORSI, Peuples de la Mauritanie Tingitane, selon Pline [h]. Etienne le Géographe écrit *Petorsi* & Agathamere [i] *Perorgi*: c'est une faute dans l'un & dans l'autre. Ptolomée [k] place les *Perorsi*, dans la Libye Intérieure, loin de la Mer & dit qu'ils étoient plus à l'Orient que la Montagne appellée le Chariot des Dieux. Selon le Pere Hardouin le Pays des *Perorsi* comprenoit les Royaumes de Zahanda & de Tesset, entre le Royaume de Maroc au Nord, celui de Gualata au Midi & l'Océan Atlantique au Couchant.

[h] Lib. 5. c. 1.
[i] Lib. 2. Geogr. c. 7.
[k] Lib. 4. c. 6.

PEROSSUS. Voyez PIROSSUS.

PEROU, Grande Région de l'Amérique Méridionale, dans sa partie Occidentale, & qui est bornée au Nord par le Popayan, à l'Orient par le Pays des Amazones, au Midi par le Chili & à l'Occident par la Mer du Sud. François Pizarre qui entreprit [l] la découverte de ce Pays & qui en fit ensuite la Conquête, partit de Panama sur un Vaisseau, avec cent quatorze hommes, & après avoir fait cinquante lieues il découvrit une petite & pauvre Province nommée PE'ROU; ce qui depuis a fait donner improprement le même nom à tout le Pays qui fut découvert & conquis depuis l'extrémité Septentrionale de l'Audience de Quito, environ par les deux dégrez de Latitude Nord, jusqu'au Chili, un peu au delà du Tropique du Capricorne. La longueur de ce Pays est d'environ six cens lieues du Nord au Sud & sa largeur de cinquante, excepté en quelques endroits, principalement vers le

[l] Hist. de la Conquête du Pérou, t. 1. p. 2.

D d

le Pays des Cachapoyas où le Pays eſt un peu plus large. C'eſt une Région très-riche & qui feroit aujourd'hui une puiſſante Monarchie, ſi elle n'étoit deſtinée, comme les autres Provinces de la Domination Eſpagnole, à enrichir ſucceſſivement les Vicerois, les Gouverneurs & une infinité d'autres Officiers; ſi les Habitans étoient moins adonnés au luxe & à la fainéantiſe; s'il n'y avoit point tant de Maiſons Religieuſes, & ſi les Indiens étoient traités avec plus de ménagement.

Avant la découverte du Perou, ce Pays ſe nommoit l'Empire des Yncas [a], & avoit des bornes plus étendues que celles qu'on lui donne aujourd'hui. Il s'étendoit du côté du Nord juſqu'à la Riviére Ancaſmayu, qui paſſe entre les confins de Quito & de Paſto, & qui eſt à quelque choſe près perpendiculairement ſous la Ligne Equinoxiale. Du côté du Midi il étoit borné par la Riviére appellée Mauli, qui court l'Eſt-Oueſt au delà du Royaume de Chili, avant que d'arriver au Pays des Araucos, qui eſt à plus de quarante degrez de la Ligne au Sud. Entre ces deux Riviéres on compte environ treize cens lieues par terre. Ce qu'on appelle Pérou en a ſept cens cinquante, depuis la Riviére Ancaſmayu, juſqu'à la Province des Chicas, qui eſt la derniere des Charcas. Cet Empire paroît fort étroit: ſi on le conſidére de l'Orient à l'Occident, ſa plus grande largeur, depuis la Province de Muyu-Pampa, par le Pays des Chachapuyas, juſqu'à la Ville de Truxillo, ſituée ſur la côte de la Mer, eſt de ſix-vingt lieues; & ſa partie la plus étroite, depuis le Port d'Arica juſqu'à la Province appellée Liliaricoſſa, n'eſt que de ſoixante & dix lieues. Telles étoient les limites de l'Empire qu'avoient formé les Yncas & à la plus grande partie duquel on a donné le nom de l'Erou.

La Tradition du Pays veut qu'originairement, les Indiens habitans de cette partie de l'Amérique menoient une vie peu différente de celle des Bêtes. Les uns choiſiſſoient des Dieux conformes à leur brutalité, rendant les honneurs divins aux choſes du monde les plus viles; les autres, qui n'adoroient rien, n'étoient occupez uniquement que du ſoin de ſatisfaire leur appetit ſenſitif, ſans diſcrétion. Les uns & les autres ne commencerent à vivre en hommes raiſonnables, qu'à meſure que les Yncas les ſoumirent & les forcérent à recevoir des Loix & la Doctrine qu'ils avoient établie. C'eſt alors que le Créateur du Ciel & de la Terre fut adoré dans le Pays ſous le nom de Pachacamac [b]. Ceux de la Vallée de ce nom lui avoient bâti un fort beau Temple. Cependant le Soleil étoit regardé chez eux comme le plus grand & le premier de tous les Etres, le Dieu Souverain, & l'Arbitre de l'Univers. On l'appelloit Técebiracocha, en langage de Cuſco, & c'eſt par ſa ſeule influence que, ſuivant eux, toutes choſes furent créées. Outre le Soleil & Pachacamac, ils avoient de la vénération pour pluſieurs Créatures inanimées, & ſoutenoient que le Soleil avoit enfermé un Eſprit dans chacune de ces Créatures; ainſi que le croient encore les Idolâtres du Pérou & tous les Peuples voiſins. C'eſt à ces Eſprits qu'ils attribuent le bon ou le mauvais ſuccès de leurs entrepriſes. Sans le ſecours d'aucun Livre, &, par la ſeule Tradition, ils ont conſervé juſqu'à maintenant, quoiqu'avec beaucoup de confuſion, l'Hiſtoire de leur Origine. Ils diſent qu'il vint chez eux des Parties Septentrionales du Monde, un homme extraordinaire, qu'ils nomment Choun; que ce Choun avoit un Corps ſans os & ſans muſcles, qu'il abaiſſoit les Montagnes, combloit les Vallées & ſe faiſoit un chemin par des lieux inacceſſibles. Ce Choun créa les premiers Habitans du Pérou, & leur aſſigna pour ſubſiſtance les herbes & les fruits ſauvages des Champs. Ils racontent encore que ce premier fondateur du Pérou ayant été offenſé par quelques Habitans du plat-Pays, convertit en ſables mouvans, partie de la terre qui auparavant étoit fort fertile, arrêta la pluye, deſſecha les Plantes; mais qu'enſuite ému de compaſſion, il ouvrit les Fontaines & fit couler les Riviéres. Ce Choun fut adoré comme Dieu, juſqu'à ce que Pachacamac vînt du Sud.

Choun diſparut à la venue de Pachacamac, qui étoit beaucoup plus puiſſant que lui & qui convertit en bêtes ſauvages les hommes que Choun avoit créés. Pachacamac créa les Ancêtres des Perouans d'aujourd'hui, leur aprit la maniere de planter les arbres & de cultiver la terre. C'eſt lui qu'ils ont depuis ce tems-là regardé comme leur Dieu, à qui ils ont bâti des Temples & rendu les autres honneurs Divins. Pachacamac a été adoré de cette maniere juſqu'à la venue des Eſpagnols.

Ils diſent qu'il leur aparoiſſoit autrefois en forme humaine, & que c'étoit ſous cette forme qu'il rendoit ſes Oracles aux Prêtres. Il paroît qu'ils ont ouï parler d'un ancien Déluge univerſel, auquel il n'échapa que fort peu de gens, qui ſe cacherent dans les creux des hautes Montagnes, où ils s'étoient pourvûs de vivres. Les Pérouans ajoutent, que pour voir ſi les eaux avoient diminué ſur la ſurface de la Terre, on lâcha deux Chévres à pluſieurs repriſes; mais que ces Chévres n'ayant pu trouver la moindre petite herbe à brouter, s'en retournerent fort mouillées dans la Caverne, d'où ils comprirent que les eaux n'étoient pas encore en état de s'écouler: & qu'ainſi ils ne jugerent pas à propos de ſortir encore de leur retraite. Ils les lâcherent deux autres fois après cela, & à la derniere ils comprirent, par la boue qu'ils virent aux pieds des Chévres, que les eaux achevoient de s'écouler. Alors ils deſcendirent dans la Plaine, où ils trouverent quantité de Serpens que le Limon de la Terre avoit engendré. Ils croyoient auſſi la deſtruction de l'Univers, & qu'elle ſeroit précédée d'une ſécherreſſe extraordinaire; après quoi l'air échauffé par cette ſé-

[a] Hiſt. des Yncas. liv. 1. c. 8.

[b] Voyages de Coreal T. 2. p. 89. & ſuiv.

sécheresse excessive s'embraseroit de lui-même, allumeroit successivement toutes ses parties & consumeroit les Astres. C'est pour cela que quand ils voyoient quelque Eclipse, ils chantoient des chansons fort tristes & faisoient des lamentations, croyant que la fin du Monde approchoit. Ils croyoient non seulement la fin de toute la Nature, mais aussi son renouvellement & l'Immortalité de l'ame. Ils attendoient la résurrection des corps: puisque quand les Espagnols nouvellement arrivés au Pérou allérent chercher des thresors dans les sépulchres des morts, les Pérouans les supplioient de ne point endommager les os de leurs Peres, de peur que cela n'empêchât leur résurrection. Quelque sauvages que soient la plûpart de ces Peuples de l'Amérique, on trouve pourtant chez eux une idée plus ou moins confuse de l'Immortalité de l'Ame.

Les Pérouans enséveliffoient leurs Princes & les personnes distinguées avec beaucoup de magnificence, si tant est qu'on puisse appeller enfévelir ce qu'ils pratiquoient en cette occasion: car ils les plaçoient sur des siéges élevés, & parés le plus richement qu'ils pouvoient. Ils ornoient ces Morts d'une manière superbe & enséveliffoient ensuite auprès d'eux, deux de leurs plus belles femmes; car tous les Peuples de l'Amérique ont toujours pratiqué la Polygamie, & regardé comme une chose dure & extraordinaire, que le Christianisme ordonne de vivre avec une seule femme jusqu'à la mort de l'un ou de l'autre. Ce qu'il y a de plaisant, est qu'aucun de ces Peuples ne permette aux femmes une pareille liberté: mais je trouve bien plus plaisant encore que les femmes des Grands du Pérou fussent assez folles pour disputer entr'elles à qui seroit enfévelie avec eux. Il y a apparence que leurs Prêtres & leurs Magiciens trouvoient des raisons pour les persuader à mourir; mais peut-être qu'elles y étoient forcées par une Loi tyrannique des Maris, & que l'honneur que l'on attribuoit à cette mort prétendue volontaire, servoit à en cacher l'horreur. On enterroit encore avec ces Grands deux ou trois Domestiques, qui s'offroient de meme volontairement à la mort, & quelquefois en si grand nombre qu'il falloit en envoyer vivre quelques-uns jusqu'à nouvel ordre. Ils ajoutoient, pour les besoins de l'autre Vie, beaucoup d'or & d'argent travaillé, la plus belle & la plus riche vaisselle, des fruits, du pain, du maïs, & autres pareilles choses. De tems en tems on alloit servir à boire & à manger au Défunt en lui soufflant la nourriture dans la bouche, par le moyen d'une Sarbacane, craignant qu'il ne mourût de faim après sa mort. Ils le pleuroient plusieurs jours, & mettoient sa figure en bois sur le sépulchre. L'Artisan y apportoit ses Ouvrages, & le Soldat y mettoit ses armes: tout cela pour honorer la mémoire du Défunt. Le deuil du Roi ou Ynca duroit pendant toute l'année: le premier mois sans relâche, & dans le cours de l'année on le renouvelloit tous les quinze jours. Je ne sai pas s'ils ont eu quelque communication avec le Diable, ni s'ils lui faisoient des demandes, & s'ils en recevoient des réponses: du moins si les Pérouans l'ont servi, ce n'étoit pas un effet de leur respect, mais de leur crainte: car ils ont toujours regardé le Soleil comme le Dieu Souverain. Quand les Prêtres ou même les personnes distinguées avoient à faire au Soleil quelque priere extraordinaire, ils montoient de grand matin au lever de cet Astre, sur un haut Echafaut de pierre destiné à cet usage. En quelques lieux du Pérou, les Portes des Temples étoient du côté de l'Est, principalement sous la Ligne. Ils y pendoient des toiles de coton peintes de diverses couleurs. On voyoit aussi dans les Temples du Pérou deux Figures de pierre taillée qui representoient deux Boucs noirs, & devant lesquels on tenoit toujours un feu allumé. On y jettoit du Bois de senteur. On voyoit encore dans ces Temples des figures de Serpens: mais cela étoit plus ordinaire vers la Ligne & aux environs de Cusco.

Pour les Guacas, dont j'ai parlé, les Pérouans les vénéroient sous la figure de quelques Pierres, & les regardoient comme les Directeurs de leurs actions. Ces saintes Pierres étoient selon eux les Vicaires ou les Commis de la Divinité, qu'ils croyoient trop élevée au dessus des hommes, pour s'occuper de tout ce qui les regarde. Il n'étoit permis à personne de s'approcher de ces Guacas, sinon aux Prêtres, qui en approchoient habillés de blanc & qui se prosternoient ensuite en terre, tenant en leurs mains des linges blancs. C'est en cette posture, qu'ils prioient les Guacas, mais dans une Langue non vulgaire & non entendue du Peuple. Ils recevoient les Offrandes que les Dévots leur présentoient, en enfouïssoient une partie dans le Temple, & gardoient l'autre partie pour eux. Ces Offrandes devoient être d'or ou d'argent. S'il y avoit quelque chose fort extraordinaire à demander aux Guacas, ils leur offroient des Animaux & même des hommes, qu'ils ouvroient pour juger par leurs entrailles, si les Guacas leur seroient propices & si leur colere étoit apaisée; s'ils accorderoient enfin, où s'ils leur refuseroient encore ce qu'ils avoient demandé. Ceux qui faisoient les Offrandes, qui rendoient leurs vœux, ou qui venoient supplier les Guacas, s'abstenoient du commerce des femmes, ne cessoient de crier & de hurler toute la nuit. Ils couroient, comme des extravagans, à l'honneur des Guacas, & jeûnoient avant que de commencer leurs prières. Quelques-uns se couvroient les yeux, s'estimant indignes de voir les Guacas, & même il y en avoit qui se les arrachoient par un excès de dévotion. Les Yncas & les Gens de façon n'entreprenoient rien sans avoir auparavant consulté ces Guacas par la bouche de leurs Prêtres, qui oignoient la bouche & la face de ces Idoles, & les Portes de leurs Temples du sang des hommes & des Bêtes qu'ils avoient sacrifiés.

Outre

Outre les Temples du Soleil & des Guacas, il y avoit encore en divers lieux du Pérou des Maisons de Vierges, qui étoient comme les Vestales Romaines. Elles étoient obligées de faire vœu de continence: leur chasteté devoit durer autant que leur vie. Elles vouoient leur Virginité au Soleil & s'occupoient dans ces Couvens à filer, à coudre, à travailler en toile, en laine & en coton. Ces Ouvrages servoient à l'usage des Temples & des Idoles. Quelques-uns même assurent que ces Ouvrages étoient destinés au feu, & qu'on les brûloit avec des os de Brebis blanches, pour en jetter ensuite les cendres en l'air, en se tournant vers le Soleil: ce qui signifioit qu'on les lui avoit consacrés. Pour revenir aux Vierges dévouées au Soleil, elles étoient gardées par des Prêtres uniquement destinés à cette fonction, & aucune d'elles ne pouvoit sortir du Couvent, sous peine de mort. Si par malheur elles devenoient enceintes, on leur faisoit subir la même peine, à moins qu'elles ne voulussent faire serment qu'elles devoient leur grossesse aux sacrées influences du Soleil: secret infaillible pour sauver la Mere, l'Enfant & le Prêtre par le moyen duquel le Soleil avoit daigné opérer sur le corps de la Vestale. Cette grossesse divine, qui s'attribuoit au prétendu commerce du Soleil avec la Vestale, causoit sans doute de grands abus, & je m'imagine que le Soleil devoit avoir beaucoup d'enfans. Pour moi je suis persuadé qu'il en revenoit un double profit; car d'un côté les Prêtres se divertissoient à jeu sûr, & de l'autre le Peuple n'étoit pas scandalisé des divertissemens de ses Prêtres. Tous les ans & en Automne, les Pérouans célébroient une grande Fête lorsqu'ils faisoient la récolte de leurs grains. La coûtume étoit pour lors d'élever au milieu de la Place deux grands mâts, tels que sont nos Mays en Europe. On mettoit au haut, autour d'un cercle orné de fleurs, certaines Statues de forme humaine. Il y avoit à certaine distance quantité de Pérouans tous rangés en bon ordre, qui battoient du tambour, & en faisant beaucoup de bruit tiroient, chacun à son tour, sur ces Figures, jusqu'à ce qu'elles fussent abatues. Ensuite les Prêtres apportoient une autre Figure, que l'on posoit au pied d'un de ces deux mâts. On y sacrifioit quelque Bête, ou même un homme & l'on frottoit cette Figure avec le sang de la victime. Si les Prêtres appercevoient quelque marque dans les entrailles de la victime, ils la déclaroient au Peuple, & selon que les signes paroissoient bons ou mauvais, la Fête s'achevoit dans le plaisir ou dans la tristesse. On y buvoit amplement, on y dansoit & l'on y jouoit à diverses sortes de jeux en usage dans le Pays.

Joseph de Acosta rapporte qu'ils ne connoissoient aucune sorte d'Ecriture; mais qu'ils ne laissoient pas de conserver la mémoire des choses passées & de rendre compte de tout ce qui s'étoit fait chez eux soit durant la paix, soit durant la guerre. Cela venoit de ce qu'ils avoient grand soin d'apprendre aux jeunes gens ce qu'ils avoient eux-mêmes appris de leurs Ancêtres. Ils suppléoient au défaut des Lettres partie par des Peintures grossiéres, mais principalement par des *Quipes*. Ces Quipes étoient certains Registres faits de cordelettes, dans lesquelles divers nœuds & différentes couleurs dénotoient diverses choses. Le jaune vouloit dire l'or, le blanc l'argent, & le rouge des Soldats. Pour ce qui regardoit la Guerre, le Régime politique, les Tributs, les Cérémonies, les Loix & les Comptes de Marchandises, ils employoient divers *Quipes*; & en chacun autant de nœuds gros & petits; & des cordelettes pendues les unes aux autres exprimoient intelligiblement toutes les choses dont il étoit important de garder le souvenir. Ils avoient des Officiers appellez Quippa-Camayo, qui étoient obligez de tenir compte de ces *Quipes*; & on leur ajoutoit autant de foi, que nous en ajoutons aux Notaires.

Les Meres & les Reines mêmes servoient de Nourrices à leurs enfans. Les femmes après être accouchées reprenoient leurs exercices ordinaires qu'elles interrompoient rarement. Elles filoient & tissoient du coton aux Provinces chaudes & de la laine aux plus froides; mais seulement ce qui étoit nécessaire pour leurs familles. Elles faisoient le plus souvent des toiles quarrées & selon la mode de leurs vêtemens, qu'elles attachoient avec des agraffes; ce qui étoit cause qu'elles n'étoient point accoutumées à coudre. Elles haïssoient tellement l'oisiveté, que quand elles sortoient en public, ou visitoient leurs Voisins, elles filoient ou faisoient quelque autre ouvrage. Elles s'exerçoient encore à l'Agriculture ainsi que les hommes, qui, de leur côté, faisoient les bottes & les souliers, n'y ayant point d'Ouvriers communs. Chacun étoit obligé de travailler pour son usage, afin de ne pas manquer des choses qui leur étoient nécessaires.

Cette maniére de vie réglée étoit due aux Loix des Yncas, qui gouvernérent le Pays avec succès & qui se disoient issus du Grand Lac de Titicaca. Le premier de ces Yncas s'appella Manco-Capac, & eut de sa femme un fils nommé Sicarocha, qui lui succéda. Il est à remarquer que la succession du Royaume venoit au fils aîné en droite ligne: que celui-ci venant à mourir, son frere lui succédoit: qu'après ce dernier le Gouvernement retournoit au fils aîné de son frere aîné: après lui au frere de ce fils: ensuite aux enfans de ce fils; & ainsi de suite. La succession sautoit, pour ainsi dire, de la Ligne droite à la Ligne Collatérale & de la Collatérale à la droite. Llogue-Yupanghi succéda à Sicarocha, & le fils de celui-ci s'appelloit Mayta-Capac aggrandit le Royaume du Pérou par la Conquête de la Province de Cusco. Il eut pour successeur son fils Capac-Yupanghu qui fut suivi de Mama-Cagua. Ce Mama-Cagua eut plusieurs fils entr'autres Yahuar-Huacac-Yupajaghe, qui étoit un Prince fort guerrier, & qui rédui-

réduisit plusieurs Etats sous sa domination. Viracochu son fils lui succéda: à celui-ci succéda Pachachutec: & à Pachachutec succéda Coyan. Ce dernier fit bâtir la Forteresse de Cusco que Tupac-Ynca-Yupanghi fit achever. Cet Ynca conquit aussi Xila & Quito & fit commencer le fameux Chemin royal où il établit des Postes de demi-lieue en demi-lieue, qui couroient aussi vîte à pied que nos postes à cheval, portant même les Voyageurs sur leurs épaules, comme on dit que cela se pratique encore au Congo; car avant l'arrivée des Espagnols au Pérou il n'y avoit dans le pays ni Chevaux, ni Anes, ni Mulets, ni autres Bêtes de charge. On assure que cet Ynca laissa cent cinquante fils après lui, entre lesquels Guainacapac son successeur ne dégénéra nullement de la générosité & du mérite de ses Ancêtres. Il administra la Justice avec beaucoup de droiture, soit dans la paix ou dans la guerre, maintint l'ordre & la police dans l'Etat & réduisit le Gouvernement sous une meilleure forme qu'il n'avoit auparavant. Il annula les Loix anciennes, changea les vieilles coûtumes & leur en substitua de nouvelles. Guainacapac eut, dit-on, encore plus d'enfans que son pere, & laissa pour successeur Guascar Ynca. Guainacapac fut toujours fort respecté de ses Sujets, qui pour lui mieux témoigner leur affection travaillerent volontairement à perfectionner les deux grands Chemins royaux qu'on peut regarder comme une merveille de l'Univers. Ce Prince étant parti de Cusco pour faire la guerre contre la Province de Quito, fut obligé de passer par de hautes Montagnes fort escarpées & d'un accès dangereux. Ses Sujets résolurent de lui faciliter le retour. Pour cet effet, ils entreprirent avec une peine incroyable de lui applanir les Montagnes & les Rochers, & de combler des Vallées de quinze & vingt brasses de profondeur. Ils firent enfin après un travail immense un grand Chemin de cinq cens lieues qui sera toujours une marque de l'amour des Pérouans pour leurs Princes & un Monument de la grandeur des Yncas; quoique les Espagnols l'ayent gâté en plusieurs endroits, pour rendre les passages impraticables à leurs ennemis, dans le tems des guerres qu'ils eurent entr'eux, & qu'ils soutinrent contre les Naturels du Pérou. Guainacapac ayant entrepris un nouveau Voyage à Quito, pour visiter les Provinces qu'il avoit conquises, prit sa route à travers le plat-païs, & ces mêmes Sujets travaillerent, avec le même zèle & avec une peine inexprimable à faire un nouveau Chemin, en comblant les Vallées & les Marais, qui se trouvant dans la route de ce Prince la rendoient mauvaise. Ce Chemin avoit quarante pieds de largeur, & des deux côtés de hautes murailles. Sa longueur étoit de cinq cens lieues. Les murs se voient encore & sont même assez entiers en plusieurs endroits. Guainacapac bâtit plusieurs Temples à l'honneur du Soleil, & fit grand nombre de Tambos, (c'est ainsi qu'ils nommoient leurs Magasins & leurs Arsenaux,) pour y amasser des munitions pour la guerre, tant dans les Montagnes que dans les Plaines & le long des Rivières. On en voit en plusieurs endroits des ruïnes assez entières. Ces Lieux étoient toujours remplis de vivres & d'armes pour vingt ou trente mille hommes, & il y en avoit de dix en dix lieues, ou tout au plus ils n'étoient qu'à une journée de distance l'un de l'autre. Au lieu de Couronne & de Sceptre, les Yncas portoient pour ornement autour de leur tête des houpes de laine rouge. Ces houpes leur couvroient presque les yeux, & ils y attachoient un cordeau quand ils avoient à faire faire ou à commander quelque chose. Lorsque l'Ynca avoit donné ce cordeau à quelque Seigneur de sa Cour, le Peuple étoit obligé de respecter ce Signe d'autorité, & d'obéir à tout ce que le Seigneur lui commandoit, quelque extraordinaire que pût-être le commandement. Par exemple, quand il se seroit agi de ruïner une Province, il auroit fallu obéïr à ce Gentilhomme, s'il avoit donné cet ordre injuste ayant le cordeau.

Les Yncas étoient portés dans une Voiture fort semblable à la Litiere, ouverte par les côtez & couverte de plaques d'or. Une centaine de Seigneurs & de Gentilshommes distinguez la portoient sur leurs épaules ou la suivoient: mais souvent l'Ynca étoit porté sur un Brancard. Il falloit bien prendre garde de ne pas heurter ni la Litiere, ni l'Ynca; car il y alloit de la vie. Il n'étoit pas non plus permis d'approcher de sa personne ou de lui parler, sans avoir les mains garnies de presens. Il falloit lui en faire toutes les fois qu'on vouloit avoir audience; & quand on l'auroit demandée dix fois en un jour, dix fois il auroit fallu se mettre en état de faire des presens à l'Ynca. Il étoit aussi défendu de le regarder en face.

Quand l'Ynca avoit fait la Conquête de quelque Province, il y faisoit de nouvelles Colonies & transportoit les anciens Habitans en des Provinces plus éloignées; observant pourtant de faire ces transmigrations en des Climats qui se ressemblassent. C'est ainsi que les Habitans d'un Pays chaud étoient envoyez en un Pays chaud, & ceux d'un Pays froid en un Pays froid; les Montagnars dans d'autres Montagnes &c. il imposoit à ses Sujets pour Tribut un certain revenu qu'il s'attribuoit sur le rapport de leur terroir, & personne n'étoit obligé de payer autrement qu'il ne pouvoit, ni au dessu de ses moyens.

L'Ynca Guainacapac ayant conquis la Province de Quito y établit son séjour pendant quelque tems. C'est en cette Ville que nâquit Atabaliba ou Atahualia, fils de Guainacapac, qui lui donna la Souveraineté de Quito; mais Guascar, autre fils de Guainacapac, ne voulut pas consentir à cette donation & fit la guerre à son frere, ce qui causa dans la suite la perte de la Monarchie des Yncas. Le mot de Guascar signifie Corde ou Cable, & l'Ynca Guascar fut ainsi nommé, parce que quand il nâquit, son pere fit faire un Cable d'or si gros si gros & si grand qu'à peine deux cens hommes le pouvoient porter. Ce meme Ynca avoit une plaque d'or de la valeur de vingt-cinq mille Ducats. Elle échut en partage à François Pizarre, premier Viceroi du Pérou. Toute sa Vaisselle & ses Vases étoient d'or. Les Yncas avoient établi à Cusco quantité de Boutiques d'Orfévrerie, pour y fabriquer toutes sortes de Vaisseaux d'or & d'argent, de Joyaux, de Statues d'hommes, de Bêtes, d'Oiseaux & autres figures; & quoique les Orfévres du Pérou n'eussent pas l'usage des Instrumens de fer comme nous, ils ne laissoient pas de faire ces Ouvrages & de les finir avec beaucoup d'industrie.

La guerre entre Guascar & Atahualipa fit périr quantité d'hommes de part & d'autre; mais enfin Atahualipa eut du pire & fut pris dans la Province de Tomebamba. Guascar le fit enfermer dans un Château, d'où Atahualipa trouva moyen de se sauver pendant que Guascar s'amusoit à se divertir avec ses Officiers après sa victoire. Atahualipa s'étant ainsi échappé se retira à Quito: il y fit accroire que son pere Guainacapac l'avoit changé en Serpent, & que par ce moyen il s'étoit sauvé en se glissant par un petit trou. Il invita les Peuples à recommencer la guerre; & il fit si bien qu'ils se mirent en campagne, & combattirent si vaillamment que Guascar fut vaincu à son tour & détenu prisonnier.

Ce fut dans ces circonstances que François Pizarre entra dans le Pérou. Il profita de la dissension qui étoit entre les deux freres & conquit ce Royaume si riche[a] & si florissant. On assure que l'Ynca Atahualipa offrit pour sa rançon autant d'or qu'il en pouvoit entrer dans une chambre de 22. pieds de long & de 17. de large, & si haute que tout ce que pouvoit faire un homme debout en haussant le bras, c'étoit d'atteindre du bout des doigts à la hauteur du monceau d'or. Il offrit le double en argent; mais le Conquérant trop bon connoisseur en métaux ne balança pas sur le choix. Il prit l'or. Chaque Cavalier eut pour sa part douze mille Castillans en or, sans compter l'argent: chaque Fantassin eut quatorze cens cinquante Castillans, sans compter l'argent. La somme qu'offroit Atahualipa pour sa rançon n'approchoit pas de ce que son frere Guascar lui promettoit de payer s'il eût eu la vie sauve; car ce Guascar possédoit tous les trésors de son pere & de ses Ancêtres; mais Atahualipa[b] dans le tems qu'il traitoit de sa rançon avec les Espagnols le fit tirer des prisons de Cusco & le fit mourir, de crainte que s'il tomboit entre les mains des Espagnols, il ne fût cause qu'ils demandassent une plus forte rançon. Mais toutes ces précautions d'Atahualipa ne le sauvérent pas lui même. Dom Diégue d'Almagro le fit mourir sous quelque prétexte assez léger. Ces deux freres étant morts, la Couronne fut donnée à Manco Ynca autre fils de Guainacapac. Ce Prince, qui n'avoit plus que l'apparence & l'ombre de la Royauté, se fit appeller Man-

*a* Ibid. t. 1. p. 281.

*b* Ibid. t. 2. p. 110.

co Capac Puchuti-Yupan, & fut soumis au Roi d'Espagne: il se reconnut Vassal de ce Monarque le 6. de Janvier 1557. Dans la suite ceux qui restoient de la Famille Royale des Yncas ne pouvant plus vivre sous la servitude s'alférent, dit-on, établir dans l'intérieur de l'Amérique Méridionale; ils s'y emparérent d'un Pays, où on assure qu'ils régnent encore avec beaucoup de magnificence, & qu'ils y conservent les Loix & la Religion de leurs Ancêtres. Telle fut la fin de l'Empire des Yncas.

Par le changement de domination, le Pérou se trouve maintenant peuplé d'Espagnols Créoles, & d'Indiens naturels du Pays, dont une partie a embrassé la Religion Chrétienne & reconnoît la domination Espagnole, & l'autre demeure dans l'aveuglement & se maintient dans l'indépendance.

Il y a beaucoup d'autres choses à remarquer dans cette partie du Nouveau Monde. On a observé, par exemple[c], que la terre y produit sans pluye, & qu'il ne pleut jamais le long de la Côte, quoiqu'il pleuve à quinze & vingt lieues de la Mer au dedans des terres. À la vérité on peut dire que cette disette de pluye rend effectivement presque tout le Pays inculte dans les hauteurs. Il n'y a que les seules Vallées où coulent quelques Ruisseaux venant des Montagnes où il pleut & neige, d'où l'on puisse retirer quelque récolte, & par conséquent qui puissent être habitées; mais dans ces endroits la terre est si fertile, & le pays d'ailleurs est si peu peuplé que ces Vallées suffisent & même fournissent assez abondamment à la nourriture des Habitans. Les anciens Indiens étoient extrêmement industrieux à conduire les eaux des Riviéres à leurs Habitations. On voit encore en plusieurs endroits des Aqueducs de terre & de pierre séche, menez & détournez fort ingénieusement le long des côteaux par une infinité de replis; ce qui fait voir que ces Peuples tout grossiers qu'ils étoient entendoient trèsbien l'art de niveler. Pour ce qui est des Montagnes de la Côte, on y trouve de l'herbe en quelques endroits peu exposez à l'ardeur du Soleil, parce que les nuages s'abaissent en Hyver à leur sommet, & l'humectent assez pour fournir le suc nécessaire aux Plantes. Quant au manque de pluye, Zarate dans sa Conquête du Pérou a tâché d'en rendre raison. Ceux, dit-il, qui ont soigneusement examiné la chose prétendent que la cause naturelle de cet effet est un vent de Sud-Ouest qui régne pendant toute l'année le long de la Côte & dans la Plaine, & qui souffle avec tant de violence qu'il emporte les vapeurs qui s'élevent de la Terre ou de la Mer sans qu'elles puissent monter assez haut en l'air, pour s'y assembler & former des gouttes d'eau qui retombent en pluye. En effet, ajoute-t-il, il arrive souvent qu'en regardant de dessus les hautes Montagnes, on voit ces vapeurs fort au dessous de soi, qui font paroître l'air épais & nébuleux sur la Plaine, bien qu'il soit fort clair & fort serain

*c* Frezier, Voy. de la Mer du Sud, t. 1. p. 370. & suiv.

rain fur la Montagne. Ce raisonnement, répond le Sieur Frezier, n'a rien de vraisemblable ; car il n'est pas vrai que les vents de Sud-Ouest empêchent les vapeurs de s'élever, puisqu'on voit des nuages agitez de ce vent à une très-grande hauteur : Et quand même on en conviendroit, ces vents n'empêcheroient pas pour cela que les vapeurs ne se formassent en pluye, puisque l'expérience nous prouve évidemment, dans les Alpes, que les nuées basses en donnent aussi-bien que les plus hautes. On voit très-souvent le Ciel serain sur le sommet pendant qu'il pleut à verse au pied de la même Montagne. Bien loin delà, elles devroient plus naturellement en donner, puisqu'étant plus basses elles sont plus pesantes, & par conséquent composées de gouttes d'eau d'un plus grand volume que les nuées les plus hautes. J'entrevois, ce me semble, une meilleure raison, fondée sur les différens degrez de chaleur de la Côte & de l'intérieur des terres. Nous savons par expérience que la chaleur que le Soleil communique à la terre, résout en pluye & attire d'autant plus les nuages qu'elle est plus vivement échauffée : or on sait que la partie intérieure du Pérou qui est presque toute dans la Zone torride, est très-échauffée dans les Vallées, qui reçoivent pendant tout le jour des rayons presque perpendiculaires, dont l'action est encore augmentée par la grande quantité des Rochers arides dont elles sont environnées, qui font réflechir ces rayons de tous côtez, & qu'enfin cette chaleur n'est point tempérée par les vents. On sait encore que les hautes Montagnes de la Cordeliére & des Andes, presque toujours couvertes de neige rendent le Pays extrêmement froid en certains endroits ; de sorte qu'à très-peu de distance on trouve les deux extrémitez contraires. Le Soleil par sa présence cause donc une violente dilatation, & une chaleur ardente dans les Vallées pendant le jour, c'est-à-dire la moitié du tems ; & pendant la nuit ou l'autre moitié, les neiges circonvoisines refroidissent subitement l'air qui se condense de nouveau. C'est à cette vicissitude de condensation & de raréfaction qu'on doit sans doute attribuer, comme au premier principe, l'inégalité du tems qu'on remarque à Cusco, à Puno, à la Paz & ailleurs. Il n'en est pas de même à la Côte du Perou, où soufflent régulièrement les vents de Sud-Ouest & de Sud-Sud-Ouest, qui venant des climats froids du Pôle Austral rafraichissent continuellement l'air & le tiennent toûjours à peu près au même degré de condensation. Bien plus, ils y doivent encore apporter des parties salines qu'ils ramassent des frimars de la Mer, dont l'air doit se remplir & s'épaissir ; de sorte qu'il a plus de force pour supporter les nuages & n'est pas assez chaud ni en assez grand mouvement pour en agiter les parties & par conséquent rassembler les petites gouttes d'eau & en former de plus grosses que le volume de l'air auquel elles répondent ; & quoique ces nuages approchent fort de la terre dans la saison où ils sont moins attirez par le Soleil, ils ne se résolvent pas pour cela en pluye : ainsi à Lima le tems est presque toûjours couvert & il n'y pleut jamais.

Les Montagnes du Perou sont fameuses, & on les distingue en trois sortes [a] : premièrement il y a la *Cordilliera de los Andes*, qui est une chaîne de Montagnes pleines de bois & de rochers. En second lieu il y a les Montagnes qui sont étendues le long des Andes : celles-ci sont très-froides & ont leur sommet toûjours couvert de neige ; ce qui les rend inhabitables & incultes. Enfin il y a les hautes Dunes qui s'étendent dans le plat-pays du Perou depuis Tumbez jusqu'à Tarapaca. Il y fait très-grand chaud & l'on n'y voit ni eau, ni arbre, ni verdure, ni quoi que ce soit qui ait vie, si ce n'est quelques Oiseaux de traverse ; mais outre cela il y a encore plusieurs lieux deserts dans le Perou. Entre les Montagnes dont je viens de parler, il y a de grandes Plaines & des Vallées qui ne sont exposées ni aux vents ni aux orages, d'ailleurs fertiles & pleines de bois, où l'on peut chasser aux Bêtes à quatre pieds & aux Oiseaux. Les Pérouans des environs des Montagnes sont beaucoup plus robustes & plus laborieux que ceux du Bas Perou & de la Côte. Quoiqu'ils ne soient pas encore tous civilisez selon nos manières, cependant ils sont intelligens, traitables & industrieux. Ils habitent en des maisons bâties de pierres, & dont les unes sont couvertes de terre & les autres de chaume. Dans les Vallées il coule plusieurs Riviéres & Ruisseaux qui arrosent le pays & le rendent fertile.

On voit errer dans ces Montagnes des troupeaux sans nombre de Vicuñas. Ce sont des Animaux qui égalent en vitesse les Chévres des Montagnes. Ils n'ont point de cornes & se nourrissent dans les hautes Montagnes & dans les lieux froids & deserts, étant si timides qu'à la vue des hommes & même des Bêtes sauvages ils fuyent avec précipitation dans le fort des bois. Leur laine est très-fine & semblable au poil de Castor ou à la soie, & elle est sur-tout employée à faire des chapeaux. Il y a aussi dans ces Montagnes quantité de Guanacos & de Pacos. Ce sont deux espèces de Brebis de celles qu'on nomme communément Brebis du Pérou. Elles sont un peu plus grandes que les Brebis ordinaires, & plus petites que les Genisses, ayant le cou long comme les Chameaux, les jambes longues & le corps proportionné. Il y en a de blanches, de noires, de minimes & d'autres bigarrées de diverses couleurs qu'on appelle *Moromor*. On les tue rarement, parce qu'on en tire plus d'utilité à leur faire porter des fardeaux. On s'en sert à transporter toutes sortes de Marchandises, comme du vin dans les Ouaires, de l'argent vif aux Mines de Potosi & autres, & de l'argent de Potosi à Arica qui en est à soixante & dix lieues. Elles vont par troupes, quelquefois de trois cens, quelquefois même de mille. Ce qu'il y a d'étonnant c'est que ces troupeaux

[a] *Cereal, Voy. aux Indes Occ. t. 2. c. 4.*

peaux d'Animaux chargez de deux ou trois mille Lames d'argent, qui valent quatre cens mille Ducats, guidez par le chemin de quelque peu d'Indiens qui les chargent & déchargent & accompagnez d'un fort petit nombre d'Espagnols, couchent dehors sans garde ni défense avec un si grand tréfor, sans qu'on y trouve jamais une Lame à dire, tant les chemins du Perou font fûrs. La charge de chacune est de cent ou de cent cinquante livres, & elles ne font que trois ou quatre lieues par jour lors que le chemin est long. S'il n'est que d'un jour elles portent jusqu'à deux cens livres pesant, & font huit ou dix lieues. Les Conducteurs les arrêtent & déchargent leurs fardeaux aux lieux où ils favent qu'il y a de l'eau & abondance de pâture. Elles multiplient beaucoup dans les Montagnes & meurent dans la Plaine par la trop grande chaleur. Celles qui n'ont qu'un poil fort leger & qu'on appelle Guanacos font d'un regard doux & hardi & s'arrêtent souvent en chemin pour contempler attentivement les Passans, en tenant le coû tout droit. Quelquefois elles s'épouvantent tout à coup & courent si vîte vers les précipices des Montagnes qu'on est obligé de les tuer à coups de fusil pour ne pas perdre la charge. Il y a aussi des Guanacos sauvages. Les mâles font la sentinelle sur les côteaux des Montagnes pendant que les femelles passent dans les Vallées; & quand ils apperçoivent des hommes de loin, ils hennissent presque comme des Chevaux pour avertir les femelles qu'ils chassent devant eux en fuyant. Les Sauvages les prennent avec des Lacs & des trebuchets. Leur chair est bonne quoique grossière, & on la trouve plus délicate que celle de l'Agneau. Les Brebis qui font couvertes de laine s'appellent Pacos. Cette laine est de deux sortes: l'une est plus rude & moins prisée, l'autre plus fine & meilleure. Le lustre de cette derniére imite celui de la soie, & on en fait des tapis & des tapisseries d'un très-bel ouvrage qui durent long-tems. Les Pacos portent aussi des fardeaux & se lassent à force de travail; alors ils se couchent à terre avec leur charge sans qu'on les puisse faire relever ni par menaces ni par coups. Il faut pour cela que celui qui les conduit s'arrête & s'asseye auprès de ceux qui se font couchez & les oblige à se relever en les flattant. Il y a force Singes & Guenons dans les Andes & des Perroquets sans nombre. Aux lieux où ces hautes Montagnes se séparent, elles ouvrent quantité de Vallées qui fournissent la plus saine & la plus ancienne Habitation du Pérou. Elles font très-fertiles en froment aussi bien qu'en maïs, & entr'autres celles de Xauxa, d'Andaguaila & d'Yuçaï. Ceux qui autrefois cultivoient les Plaines demeuroient à l'air le plus souvent ou sous de larges arbres.

Les Européens arrivez nouvellement dans le Pays s'épargneroient bien des maux s'ils vouloient d'abord prendre un certain régime de vie conforme à l'air du Climat & s'informer de la maniére dont ceux du Pays se gouvernent. Il arrive fort souvent que non seulement un bon régime fortifié le tempérament; mais que même il corrige les influences de l'air & empêche que le corps n'en soit attaqué. Les Etrangers qui arrivent, sur-tout à Lima, font sujets à avoir une fiévre que l'on appelle dans le Pays Chapetonada. Cette fiévre est maligne & dangereuse quand on la laisse invétérer. Le bon régime contribue beaucoup à la prévenir, ou du moins il en diminue la force. Ce n'est pas seulement à Lima que l'on est exposé à cette fiévre par le changement d'air; car on en est attaqué aussi dans toute l'Amérique Méridionale & même au Méxique. On est encore sujet dans ces Pays chauds à des coliques violentes, qui peuvent être attribuées à diverses causes. Le sucre en est une par la quantité de vers qu'il produit; mais le changement soudain du grand chaud de la journée au froid de la nuit est généralement la cause des coliques de Lima. C'est à ce froid si dangereux qu'il faut attribuer une autre Maladie mortelle qu'on nomme Pasmos. C'est une Maladie qui réside dans les nerfs; qui les resserre & les roidit, en sorte que peu à peu le mouvement de toutes les parties du corps humain se trouve entiérement suspendu. Elle commence ordinairement par des sueurs violentes, qui continuent jusqu'à ce que les humeurs du corps de celui qui est attaqué du Pasmos soient entiérement épuisées: alors tous les nerfs, les os, les muscles se roidissent entiérement, & le Malade périt dans cette cessation entière de mouvement qui cause aux parties vitales la même contraction qu'aux parties extérieures du corps. Ceux qui se précautionnent pour leur santé évitent le soir & le matin de s'exposer trop au grand air & de se rafraîchir trop promptement, lors qu'on se trouve trop échauffé. Il faut aussi observer de ne pas se lever du lit les pieds nuds. Pour guérir cette Maladie on prend de la graine de Quiqua; mais ordinairement elle est incurable.

Le Pérou depuis qu'il est sous la puissance des Espagnols, est gouverné par un Viceroi, qui porte le titre de GOUVERNEUR & CAPITAINE GENERAL *de tous les Royaumes & Provinces de l'Amérique Méridionale des Audiences de Lima, Chucisaqua, Quito, Panama &c. de Viceroi du Chili, de la Province des Amazones & de Terra firma.* Ses apointemens fixes vont à quarante mille ducats, & on fait monter infiniment au delà ses autres émolumens que quelques-uns nomment tour du bâton. Plus de cent *Corregidores* dépendent de lui. Il est le Chef de la Justice & il nomme à toutes les Charges Civiles & Militaires avec cette restriction, que les pourvus seront approuvez & confirmez par la Cour d'Espagne. On peut voir à l'Article LIMA quelques autres particularitez touchant le Gouvernement Ecclésiastique, Civil & Militaire du Pérou. J'ajouterai seulement ici que les Espagnols divisent ce grand Empire en trois parties qu'ils appellent

lent Audiences, Parlement ou Gouvernement, savoir,

L'Audience de Quito,
L'Audience de Lima, ou de los Reyes.
L'Audience de los Charcas ou de la Plata.

PEROUGES, Ville de France dans la Bresse, avec titre de Baronnie. Elle est le Siège d'un Grenier à Sel & elle députe aux Assemblées de la Bresse.

1. PEROUSE, en Latin *Perusia* & *Perussium*, & en Italien *Perugia*, Ville d'Italie [a] dans l'Etat de l'Eglise, dans le Perugin auquel elle donne son nom. Elle est située entre le Tibre à l'Orient & la Rivière Genna à l'Occident, à huit milles d'Assise, sur une Colline assez élevée & dont le Tibre arrose le pied vers l'Orient. Perouse est si ancienne qu'on a recours aux Fables pour trouver sa fondation. Elle fut autrefois une des douze principales Villes de l'Etrurie. Voyez l'Article Perusia. Durant les guerres civiles entre Auguste & Marc-Antoine, elle fut ruinée par les Soldats du premier. Depuis s'étant rétablie [b] elle soutint un Siège de sept ans, contre Totila, Roi des Goths, qui à la fin la prit, la ruïna, & passa au fil de l'épée un grand nombre de ses Habitans. Les Rois de France l'ayant conquise au huitième siècle la donnèrent au St. Siège. Elle fut mise dans la dernière désolation durant les guerres des Guelphes & des Gibelins, & les Balogni la tyrannisèrent quelque tems. Mais elle s'est si bien relevée de ses disgraces, qu'on n'en voit aucune marque. Elle est grande, bien peuplée, bien bâtie & très-propre. On y voit quantité d'Eglises, de Monastères & de Palais, avec une bonne Citadelle bâtie par le Pape Paul III. pour tenir en bride les Habitans qui affectoient un peu le Gouvernement Républicain. La Cathédrale est dédiée à St. Laurent & on prétend y conserver la bague nuptiale de la Ste. Vierge. A l'entrée de l'Eglise on voit la Statue de Paul III. jettée en bronze par Vellano de Padoue. Au milieu de la grande Place il y a une Fontaine qui jette de l'eau en abondance. Cette eau vient d'un Aqueduc fait au Nord de la Ville ou plûtôt réparé par Jean Pisan. La Fontaine est ornée de différentes Statues avec des Bassins de Marbre & de Bronze, à quoi on prétend que la Ville a employé cent soixante mille Ducats d'or. Sur la grande Place est la Statue en bronze du Pape Jules III. L'Eglise de St. Pierre, appartenante aux Bénédictins, est soutenue de Colonnes de Marbre & on y voit, comme dans la plûpart des autres Eglises de cette Ville, des Peintures excellentes. Les Rues sont pavées de carreaux de brique. L'Evêque ne connoît point d'autre Jurisdiction que celle du Pape. L'Université est assez célèbre, & ses trois Collèges, l'un nommé de Bertolins & les deux autres de la Sapience sont assez fréquentez. St. Constance, dit Mr. Baillet [c], fut Evêque de Perouse, vers la fin du troisième siècle,

[a] *Magin*, Carte du Perugin.

[b] *Leander*, Hetruria Mediterranea, p. 67.

[c] *Topogr. des Saints*, p. 375.

& fut martyrisé apparemment du tems de Dioclétien. St. Felin & St. Gratignan, dont les corps ont été transférez dans le Milanez, furent aussi martyrisez dans cette Ville, de même que St. Florent & ses Compagnons. Enfin St. Herculan Evêque de Perouse y fut tué par ordre de Totila Roi des Goths, après la prise de la Ville en 546.

Le Lac de Perouse n'est pas au bas de la Ville, comme le dit Mr. Corneille [d]: il en est à plus de sept milles du côté de l'Occident [e], aux confins du Perugin. On le nommoit anciennement *Lacus Trasumenus*. Les Italiens l'appellent *Lago di Perugia*. Il est presque rond & il a six à sept milles de diametre en tout sens. On y voit trois Isles, savoir deux dans la partie Septentrionale, nommées *Isola Majore* & *Isola Minore*. Celle qui est au Midi en tirant vers l'Orient, s'appelle *Isola Poluese*: cette dernière & l'*Isola Minore*, ont chacune un Bourg assez considérable. Le Lac Perouse est rempli de poissons de plusieurs sortes, dont on fait un grand trafic dans la Province & aux environs.

[d] *Dict.*
[e] *Magin*, Carte du Perugin.

2. PEROUSE (la) Bourg de Piémont dans le Val de Perouse [f], sur la rive gauche de la Rivière de Cluson, environ deux lieues au dessus de Pignerol. Ce Bourg qui appartenoit au Duc de Savoie fut cédé à la France en 1631. par le Traité de Paix de Quierasque; mais il fut rendu à son ancien Maître en 1698.

[f] *De l'Isle, Atlas.*

PERPERENA, Voyez Parparon.

PERPEZAT, Bourg de France dans l'Auvergne, Election de Clermont.

PERPIGNAN, Ville de France dans le Roussillon, dont elle est aujourd'hui la Capitale. Elle a été bâtie dans l'endroit où étoit autrefois une Ville Municipale, appellée *Flavium Ebusum* [g]. Il y a eu des Ecrivains assez crédules pour se persuader qu'elle avoit été fondée par Perpenna, aussi la nomment-ils toujours *Perpennacum* [h]. D'autres en plus grand nombre [b] croient que la Ville de Perpignan fut fondée en 1068. par Guinard Comte de Roussillon. Mais Mr. de Marca remarque qu'il étoit parlé de Perpignan long-tems avant le Comte Guinard, puisqu'il en est fait mention dans une Charte dattée de la trentième année du Règne de Charles le Simple, & dans une autre de la cinquième année du Règne de Lothaire petit-fils du Roi Charles le Simple, sans compter qu'en 1026. Berenger Evêque d'Elne avoit fait la consécration de l'Eglise de St. Jean de Perpignan. D'ailleurs Guinard n'étoit point Comte de Roussillon en 1068. puisqu'il ne le fut qu'après la mort de son père Gisalbert II. qui vivoit encore en 1102. tems auquel il fonda la Collégiale de St. Jean de Perpignan. Toutes ces raisons prouvent évidemment que Perpignan n'a pas été fondé par le Comte Guinard; mais comme il augmenta & embellit cette Ville on lui a fait l'honneur de l'en regarder comme le Fondateur. La Tradition du Pays veut que Perpignan ait pris son nom d'un nommé Pierre-Pigna, nom que l'on prononce en Catalan *Pere Pigna*, & qu'il ait fait bâtir la première maison de cette Ville,

[g] *Marca Hispanic. lib. 5. p. 26.*
[h] *Pigniol, Descr. de la France, t. 7. p. 602.*

le: effectivement on montre encore une maison où l'on a mis une Pomme de Pin, Armes parlantes de *Pigna*, & l'on veut que cette maison ait été bâtie dans l'endroit où étoit celle de ce Bourgeois. Mr. de Marca [a], bien loin d'approuver cette Etymologie dit que c'est perdre le tems que de chercher la véritable, & promet de la faire connoître à ceux qui trouveront celle du nom de Roussillon, c'est-à-dire qu'il regardoit la découverte de la véritable origine de ces deux noms comme impossible.

[a] Lib. 1. p. 22.

La Ville de Perpignan est située sur la Rive droite de la Tet, qui va se jetter dans la Mer à une lieue de-là. En venant de France on traverse cette Riviére sur un Pont dont la moitié est de brique & l'autre moitié de pierre. Il est fort long & il aboutit au Fauxbourg de Notre-Dame, le seul qu'il y ait à Perpignan, & dans lequel est une Eglise succursale, avec le Séminaire Episcopal desservi par les Jésuites. Le Couvent des Capucins est au côté droit de ce Fauxbourg en venant de France. Un petit ruisseau qu'on nomme *la Basse*, & qui étant tiré de la Tet, au dessus d'Isle, à quatre lieues de Perpignan, arrose une partie de la Plaine de Roussillon, aboutit enfin à une des Portes de Perpignan, appellée la Porte de Ceret, & là se partage en deux. Une partie traverse par un Canal, couvert en plusieurs endroits, une moitié de la Ville & emporte ses immondices : l'autre partie baigne le pied des anciennes Murailles du côté qui regarde la France ; en sorte qu'il y a dessus une Arcade de pierre sur laquelle il faut passer pour entrer du Fauxbourg dans la Ville par la Porte appellée de Notre-Dame, ou du Castillet ; parce qu'elle est défendue par un petit Château, qui sert de prison pour les Troupes, & forme un petit Gouvernement, dont le Gouverneur Général de la Province est revêtu.

Perpignan est bâti partie dans la Plaine, partie sur une Colline. Ses murs sont de brique avec des Chaînes de pierre de taille & un cordon de même. Ils sont très-hauts & très-épais & l'on y compte plusieurs Bastions. Il y a quatre Portes principales ; celle de Notre-Dame par laquelle on entre en venant de France ; celle de Canet qui est extrêmement fortifiée par des Ouvrages extérieurs & de très-larges Fossez que l'on passe sur trois Ponts de bois ; celle de Colioure qui est murée, & celle de St. Martin ou d'Espagne. Entre cette derniére & la Porte de Notre-Dame il y en a une cinquième qui est appellée la Porte du Sel. Elle conduit par un Pont de pierre qui traverse la Basse, à ce que l'on nomme la Ville Neuve. Elle fut commencée par l'ordre de Louis XIV. sur les desseins du Maréchal de Vauban. C'est un agrandissement du côté de la France où il y a un grand Bastion. Cette Ville Neuve n'est encore composée que de Jardins & d'une Rue commencée le long de la Basse, & qui aboutit au Pont de la Porte de Notre-Dame. Les remparts de Perpignan étoient autrefois affreux : à peine y avoit-il un chemin pour les Rondes ; mais par les soins du Sieur de la Milice, Major de la Ville, ils sont devenus les plus propres qu'il y ait dans aucune Place Frontiére & font la promenade de la Ville. On peut même en faire le tour en carosse. Le même Major en a fait faire autant aux remparts de la Ville Neuve, & d'un lieu où l'on jettoit les décombres entre la Citadelle & la Ville, il en a fait une Esplanade capable de tenir cinq ou six mille hommes en bataille & y a fait planter des allées d'arbres. La Ville n'est pas trop bien bâtie, sur-tout du côté de la Citadelle, où cependant il y a des Rues assez bien alignées. Ce Quartier n'est habité que par le menu peuple. Dans le cœur de la Ville il y a quelques Rues assez larges ; cependant en général ce n'est pas une belle Ville ; mais elle pourroit le devenir si on y prenoit du goût pour les bâtimens. La Rue qui conduit à la Porte de St. Martin est nommée la Rue des Orangers : parce qu'il y en avoit en pleine terre des deux côtez du Canal de la Basse ; mais la gelée les a fait mourir depuis quelques années. Il n'y a que deux Places un peu grandes ; l'une appellée la Loge devant l'Hôtel de Ville, l'autre nommée la Place de St. Jean. C'est dans cette derniére que sont la Cathédrale & l'Hôtel du Gouverneur que Mr. le Duc de Noailles avoit entrepris de faire bâtir magnifiquement ; mais ce dessein est demeuré sans exécution. L'Eglise Cathédrale porte le nom de St. Jean ; mais avant que d'en faire la description il est à propos de parler d'une autre Eglise qui touche la Cathédrale & que l'on appelle le Vieux St. Jean. Cette Eglise fut bâtie premiérement en 813. & ayant été ruïnée par les Maures fut réédifiée assez grande, car elle avoit une Nef & des bas côtez & fut consacrée en 1026. La grande Eglise sert aujourd'hui de Cathédrale à l'Evêque & au Chapitre d'Elne, fut commencée en 1324. & Sanche Roi de Majorque y mit la première pierre, & l'Evêque Berenger la seconde ; ainsi qu'il paroît par deux Inscriptions qu'on lit dans cette Eglise, & qui sont rapportées par Mr. de Marca en ces termes [b] :

[b] Mari. Hist. pan. lib. 12. p. 21.

PREMIERE INSCRIPTION.

*Lapis primus quem Illustrissimus Dominus noster Sanctius Rex Majoricarum posuit in fundamento istius Ecclesiæ V. Kal. Madii anno Domini M. CCC. XXIV.*

SECONDE INSCRIPTION.

*Lapis Secundus quem Reverendus Dominus Berengarius Bajuli gratia Dei Elnensis Episcopus posuit in fundamento istius Ecclesiæ V. Kal. Madii anno Domini M. CCC. XXIV.*

Cette Eglise ne fut achevée que dans le tems que Louis XI. & Charles VIII. étoient maîtres de Perpignan, c'est-à-dire depuis 1475. jusqu'en 1493. & c'est la raison pour laquelle on voit les Armes de Fran-

France à la clef de la Voute au dessus du Sanctuaire. On ne commença pourtant à y faire l'Office pour toujours qu'en 1504. Cette Eglise est vaste & belle. La Nef est fort large & sans Piliers. Le Chœur est au milieu, & son enceinte est de Marbre blanc & rouge, & ornée de pilastres. Cette enceinte a par dehors environ six pieds de haut; mais comme l'on descend trois marches pour entrer dans le Chœur, elle paroît en dedans de deux pieds & demi plus haute qu'en dehors. Le peu d'exhaussement de cette enceinte fait que dès l'entrée de l'Eglise on voit aisément le Maître-Autel qui est placé sur une espèce de Cul de lampe qui termine l'Eglise, & qui laisse voir un Retable de Marbre blanc, orné de bas reliefs, séparez les uns des autres par des Pilastres chargez de figures de Grottoge. Ce Rétable est très-estimé tant pour la matière que pour le travail. Au milieu de ce Rétable on voit une grande Niche, où est une Figure de St. Jean un peu plus haute que le naturel. Quand on expose le St. Sacrement, une machine fait retirer tout d'un coup cette Statue & à sa place paroît un Ostensoire ou Soleil de vermeil qui a plus de six pieds de haut. Il pese plus de quatre cens marcs; & lors qu'on le porte en procession, il faut huit Ecclésiastiques des plus forts pour le porter. Il ne manque qu'un Portail à cette Eglise pour son entière perfection. Il y a encore joignant la Cathédrale, mais du côté opposé au vieux Saint Jean, une Chapelle nommée du Crucifix: elle appartient au Chapitre, & les Chanoines y font prêcher en leur présence, tous les Vendredis du Carême après midi.

Outre la Paroisse de l'Eglise de St. Jean, qui a droit de porter les Sacremens par toute la Ville au choix des Malades & de marier les Habitans de quelque Paroisse qu'ils soient, comme aussi d'enterrer les Corps de ceux qui ont choisi leur sépulture dans les Caves de cette Eglise, ou dans son Cimetière qui est fort vaste avec de beaux Charniers couverts en manière de Cloître, il y a trois autres Paroisses qui sont Notre-Dame de la Réale, Saint Mathieu & Saint Jacques. La première est nommée de la Réale, parce que ce fut un Roi d'Aragon qui la fit bâtir. C'étoit une Abbaye de l'Ordre de St. Augustin, dont les Chanoines ont été sécularisez, & le Titre Abbatial, avec les revenus a été uni à l'Evêché. Tous les jours de Carême, on y prêche en Catalan; mais dans la Cathédrale, on ne prêche jamais qu'en François. Les Jacobins, les Carmes, les Cordeliers, les Augustins, les Peres de la Mercy, les Minimes, les Carmes déchaussez & les Augustins déchaussez ont des Maisons dans cette Ville. Les Jésuites y ont deux Colléges, sans compter le Séminaire. Il y a quatre Monastères de Filles; savoir Saint Sauveur, les Dominicaines, les Filles de Ste. Claire & les Filles de la Congrégation de Notre-Dame. Ces dernières parlent François; mais dans les trois autres Monastères, on ne parle que Catalan. Les Filles de St. Sauveur sont même vétues comme les Religieuses d'Espagne & font preuve de Noblesse. Il y a aussi plusieurs Hôpitaux; un pour les Pauvres malades, un autre pour les vieilles Personnes, pour les Orphelins & Orphelines, pour les Enfans-trouvez & pour les pauvres Mendians; une Maison où l'on renferme les filles débauchées, & enfin l'Hôpital du Roi pour les Soldats malades.

Le Corps de Ville de Perpignan est un des plus illustres qu'il y ait dans le Royaume. Cette Ville est gouvernée par cinq Consuls qu'on élit tous les ans la veille de la St. Jean. Le premier & le second sont pris alternativement du Corps des Gentilshommes ou de celui des Bourgeois nobles; en sorte néanmoins que pendant l'année où un Gentilhomme est premier Consul, les Bourgeois-nobles tiennent le premier rang dans les Assemblées de Ville & ont la droite sur les Gentilshommes; & au contraire lors que c'est un Bourgeois-noble qui est premier Consul, les Gentilshommes tiennent le premier rang & ont la droite dans les Assemblées. Le troisième est pris du Corps des Notaires & des *Mercaders*: par ce terme on croiroit que ce seroit le Corps des Marchands, ce n'est point cela; les Marchands ne sont point admis dans le Consulat, parce qu'ils ne veulent point entrer à la quatrième place; & même ils ont fait des tentatives dans ces derniers tems pour rouler avec le Corps des *Mercaders*; ce qui n'a pas encore été réglé au Conseil du Roi. Les *Mercaders* sont donc des gens qui vivent de leur bien, & il faut avoir dix mille livres de bien pour être admis dans ce Corps. La place de quatrième Consul est remplie par les *Hommes de place*. Dans ce Corps sont compris les Procureurs, les Orfévres, les Chirurgiens, les Peintres & autres exerçant les Arts libéraux. La cinquième place enfin est pour les Artisans. L'habit de Cérémonie des Consuls est une Robe de Damas cramoisi, une Fraise au cou, & une haute Toque de velours fort plissée. Ils ont quatre Valets de Ville qui marchent devant eux: ces Valets sont vêtus d'une Robe de Drap rouge, très-plissée & juste au corps, avec une Fraise au cou, & ils portent sur l'épaule une grosse Masse d'argent. Dans les Cérémonies lugubres les Consuls portent des Robes de Damas noir: ils les portent aussi pendant le Carême. En habit ordinaire ils portent l'épée de quelque état & condition qu'ils soient & ont un Chaperon de velours cramoisi sur l'épaule. Nul Consul Artisan ne peut exercer son métier pendant son année de Consulat; mais il fait aller sa Boutique sous le nom d'un autre. Les Consuls de Perpignan donnent leurs Audiences sous un dais. La tradition du Pays veut que ce soit en qualité de Ducs de *Vernet*, qui est un Hameau à un quart de lieue en deçà de Perpignan & que l'on dit avoir été érigé en Duché; mais qui croira jamais que *Vernet* ait été décoré d'un titre plus éminent que le Com-

Comté de Roussillon, dont il a toujours fait partie? Outre ces cinq Consuls il y a un Conseil de Ville qui se joint à eux en certaines occasions, & qui est composé de douze personnes tirées tous les quatre mois des cinq Etats d'où sont tirez les Consuls.

Le Consulat de Perpignan a un Privilége qui lui est particulier. Il peut créer tous les ans des Bourgeois-Nobles. Le 16. de Juin est le jour fixé pour cela & on n'en peut prendre d'autre. Pour cet effet les Consuls en année s'assemblent avec ceux des Bourgeois-Nobles qui ont été premiers ou seconds Consuls, & doivent au moins être quatorze. Ils choisissent alors à la pluralité des voix deux ou trois personnes qui ayent les qualitez requises, & ils les immatriculent dans la Liste des Bourgeois-Nobles. Ces Bourgeois-Nobles & leurs Descendans à perpétuité jouïssent, sans avoir besoin de Lettres du Prince, de toutes les libertés, franchises, immunités, faveurs & prérogatives des Nobles, comme s'ils avoient été armez Chevaliers par le Roi lui-même, ainsi qu'il est exprimé dans l'Acte de leur Privilége. Quand il se trouve un Quartier maternel de Bourgeoisie-Noble dans les preuves d'un Gentilhomme qui veut être reçu dans l'Ordre de Malthe, il est admis. Les Bourgeois-Nobles & leur Postérité la plus reculée demeurent toujours dans le Corps de Bourgeois-Nobles, à moins que le Roi ne les en tire par des Lettres particulières, pour les faire entrer dans l'Ordre des Gentilshommes. Il y a plusieurs exemples de semblables faveurs du Prince. On ne dit pas par qui ce beau Privilége a été accordé aux Consuls de Perpignan. On sait seulement qu'ils en jouïssoient avant le Régne de Jacques II. Roi d'Aragon, qui monta sur le Thrône en 1291. Il a été confirmé depuis par plusieurs Rois, entre autres par Ferdinand dit le Catholique en 1510. par Philippe II. en 1585. par Philippe III. en 1599. & par Louis le Grand en 1660.

Il ne manque à la Ville de Perpignan que de l'eau pour boire, car on y est réduit à l'eau de puits, qui devient très-fade dans les grandes chaleurs. Les Gens riches ont pour lors recours à une Fontaine qui est hors la Porte de St. Martin, & qui est trop basse pour la faire couler dans la Ville.

La Citadelle est sur la hauteur & commande la Ville. Elle passe pour être une des plus fortes du Royaume. Une grande demi-lune qui s'avance jusqu'au pied du Glacis couvre la Porte. La grande envelope est de six Bastions, défendus d'un bon fossé; & du côté de la Campagne il y a divers Ouvrages extérieurs. Elle fut commencée sous le Régne de Charles V. & fut achevée sous celui de Philippe II. en 1577. le Duc d'Albe étant pour lors Gouverneur du Roussillon. Les Armes de ce Duc sont au frontispice de la Porte au dessous de celles du Roi d'Espagne. Après cette envelope on en trouve une autre qui est l'Ouvrage du Chevalier de Ville.

Elle a aussi six Bastions qui dominent sur ceux de la première envelope, & ils sont défendus d'un fossé, mais seulement du côté de la Campagne. Sa Place d'armes est un quarré long, où quatre à cinq mille hommes peuvent tenir en bataille. Toute la longueur à main gauche est occupée par un beau Corps de Casernes que Louis le Grand fit bâtir. On en devoit construire un second le long du côté par où l'on entre. La façade du fond & celle qui est à main droite sont occupées par les anciennes Casernes. Après cela on monte un peu pour entrer dans le Donjon, qui a un fossé revêtu de pierres de taille un peu en talus. Ce Donjon est un Ouvrage quarré, composé de huit Tours aussi quarrées, dont quatre sont aux angles & les quatre autres sur les côtez. Au milieu de cet Ouvrage on trouve une Cour où il y a une belle & grande Cîterne. A droite est le Logement du Gouverneur. Là façade de gauche est occupée par une Sale d'armes très-longue. Dans un retour hors d'œuvre que l'on ne voit point est l'Appartement du Major. La façade par laquelle on entre est occupée par la Chapelle. Il y en a deux l'une sur l'autre: celle qui est au rez de chaussée sert de Magasin. La haute est grande, belle & voutée en forme d'Eglise. A côté est l'Appartement des Aumôniers: ce sont deux Augustins déchaussez qui desservent cette Chapelle. Les souterrains de la Citadelle sont très-bons. Outre l'eau de la Cîterne, dont j'ai parlé, il y a un Puits très-profond, d'où l'on tire l'eau avec une grosse roue pour l'usage de la Garnison. Le Pont de la Porte du secours est de bois & très-long, à cause du fossé de la Citadelle & de ceux des Ouvrages extérieurs. On fait remarquer à une des Tours du Donjon, un Dextrochére de pierre en saillie tenant une épée haute & les Armes de l'Empire à côté. On prétend que c'est là que l'Empereur Charles V. faisant la ronde de nuit trouva la Sentinelle endormie & la jetta dans le fossé. On ajoute que ce Prince demeura en faction jusqu'à ce qu'on revînt pour relever la Sentinelle. On croit que ce Donjon a été anciennement la demeure des Comtes de Roussillon.

Quoique l'Evêché d'Elne ait été transféré à Perpignan par le Pape Clément VIII. en 1604. cependant l'Evêque & son Chapitre prennent toujours le nom & le titre d'Evêque & Chanoines d'Elne. Le revenu de cet Evêché n'étoit au plus que de huit mille livres de revenu: pour le rendre plus considérable on y a uni la Manse Abbatiale de la Réale qui vaut environ trois mille livres de rente. L'Evêque de Perpignan prend le titre d'Inquisiteur & en porte la Croix; mais il n'en a d'autres fonctions que celles que l'Episcopat donne en France. On compte dans ce Diocèse environ cent quatre-vingt Paroisses; sans parler de celles qui sont de la dépendance des Abbayes d'Arles, de St. Michel de Cuzan & de St. Martin de Canigou, sur lesquelles les Abbez de ces Abbayes ont une Jurisdiction com-

comme *Episcopale*. Il y a très-peu de Patronages Laïques dans ce Diocèse & les Bénéfices sont à la nomination du Pape pendant huit mois de l'année, & à celle de l'Evêque ou de l'Abbé dans l'étendue de la Jurisdiction Abbatiale pendant les Mois de Janvier, d'Avril, de Juillet & d'Octobre. Lors qu'un Bénéfice vient à vaquer dans les Mois du Pape, même les Bénéfices Claustraux, il faut des Bulles. Le Pape met souvent sur les Cures des pensions Papales que l'on oblige le Pourvu de racheter en payant sept années de la pension. Cet abus est cause qu'il y a quelquefois des Cures qui vaquent plusieurs années, personne n'en voulant à cette condition. Lors qu'une Cure vient à vaquer, il se fait un Concours avant que d'envoyer à Rome. Ceux qui y prétendent se présentent devant l'Evêque ou devant l'Abbé, dans la Jurisdiction duquel se trouve la Cure vacante, & l'examen se fait par le Prélat assisté de quelques Docteurs. Ils certifient ensuite au Pape qu'un N... a été jugé le plus digne; & sur ce Certificat le Pape fait expédier des Bulles. Le Concours se fait de la même manière dans les Mois de l'Ordinaire; mais pour lors il ne faut point de Bulles.

Le Clergé de la Cathédrale de Perpignan est partagé en deux Corps, savoir le Chapitre d'Elne & la Communauté de St. Jean. Le Chapitre d'Elne est composé d'un Grand Archidiacre, de deux Archidiacres, du Sacristain Majeur qui sont les quatre Dignitez, & de vingt-un Chanoines, dont sept sont fondez pour dire les Grandes Messes, sept pour faire toujours les fonctions de Diacre & sept pour faire celles de Soûdiacre. Le revenu du Grand Archidiacre est d'environ mille cinq cens livres, & celui de chaque Chanoine d'environ sept cens livres. L'Habit de ces Chanoines est majestueux & consiste en une grande Robe noire, bordée d'un petit Liserage cramoisi, & fermée par devant par de grands Lacs d'amour de la même couleur, attachez sur l'étoffe avec de grandes houpes. Cette Robe, sous laquelle les Chanoines ont un Rochet, est ordinairement retroussée, faisant deux tours à leur ceinture & pendante par le côté. Ils ont sur cette Robe une fourrure semblable à celle des Bacheliers de Sorbonne, & dont les bords sont encore liserez de cramoisi. Cette fourrure qui se termine par derrière en espèce de Coqueluchon, qui pend plus bas que la ceinture est ordinairement rattachée sur l'épaule. Le jour de Pâques ils quittent cette fourrure pour prendre de petits Camails violets, ouverts par devant & doublez de taffetas cramoisi. Le Corps de la Communauté de St. Jean est de quatre Curez & de quatre-vingt-neuf Chapelains Bénéficiers. Le revenu de plusieurs de ces Bénéficiers est plus considérable que celui des Chanoines. Les Curez servent chacun une semaine. L'Habit de Chœur de ceux-ci est comme celui des Chanoines, excepté que la doublure & la fourrure sont violetes aussi-bien que le liserage. Les Chapelains Bénéficiers ne portent Hyver & Eté qu'un petit Camail ouvert par devant, de couleur noire & doublé d'étoffe de meme couleur, hormis ceux qui sont Docteurs en Théologie, qui le doublent de violet. Ces deux Corps ont chacun leur Boursier qui portent une grande bourse pendue à leur côté. Celle du Boursier du Chapitre est de Velours cramoisi, & l'autre au Velours violet. Ces Boursiers payent aux Chanoines & aux Chapelains le droit d'assistance à tous les Offices; & cette retribution est payée en une espèce de Monnoye de cuivre qu'ils sont frapper exprès & qu'ils nomment *Paioffe*. Cette Monnoye a une espèce de cours dans la Ville; car les Marchands la prennent en payement, & en la rapportant au Boursier, il la reprend & donne des espèces frappées au coin du Roi. Les Chanoines & la Communauté de St. Jean ont un droit de Boucherie particulière, où tous les Ecclésiastiques, même les simples Clercs tonsurez de la Ville & les Communautez Religieuses peuvent aller se pourvoir de Viande, à meilleur marché qu'à la Boucherie particulière de la Ville. Le simple Clerc tonsuré a le Privilège de faire entrer dans la Ville de Perpignan certaine quantité de Vin & d'autres denrées sans payer les droits; ce qui multiplie excessivement ces petits Clercs, n'y ayant point de petit Artisan qui n'ambitionne de faire tonsurer un de ses fils, afin que son ménage se ressente de ces Privilèges.

Le Chapitre de Notre-Dame de la Réale de Perpignan est composé d'un Doyen qui a cinq cens livres de revenu, d'un Sacristain en Dignité, qui a trois cens livres, & de huit Chanoines qui n'ont tout au plus que deux cens cinquante livres chacun. Il y a aussi quelques Chapelains qui ont depuis quatre-vingt jusqu'à cent vingt livres tout au plus.

Le Roi nomme à l'Evêché de Perpignan & aux Bénéfices Consistoriaux qui sont situez dans ce Diocèse. Cette nomination se fait en vertu d'un Indult, accordé par le Pape Clément IX. à Louis le Grand & à ses Successeurs, donné au mois d'Avril 1668.

Pierre Roi d'Aragon érigea une Université à Perpignan en 1349. Elle mérite véritablement le nom qu'elle porte, étant composée des quatre Facultez. Les Chaires de Philosophie & de Théologie sont ici partagées en deux sentimens. Il y a dans chacune deux Chaires fondées pour enseigner la Doctrine de St. Thomas, & deux autres pour enseigner celle de Suarez. Il est permis aux Etudians de suivre celle qui leur plaît; ce qui par la suite produit entre eux une émulation très-vive. Lorsque ces Chaires sont vacantes, on les donne au Concours; & voici comment cela se fait. On pique au hazard dans un Livre, & l'on donne une question différente à chaque Candidat, sur laquelle il doit faire le lendemain un Discours Latin d'une heure. Après cela chacun d'eux va s'enfermer dans une maison particulière & souvent dans un Couvent,

vent, où il est gardé à vuë, pour ainsi dire, par les Ecoliers ou les Partisans de son Compétiteur, de peur que quelqu'un ne lui aide à composer sa Pièce. Ils font même, à la porte de la chambre où il est enfermé, un bruit extraordinaire pour l'interrompre & le distraire autant qu'ils peuvent. Le lendemain à l'heure marquée ils prononcent l'un après l'autre leur Discours dans une Sale de la Maison de Ville, en présence des Consuls, des Maîtres ès Arts & Docteurs, qui tous ont droit de suffrage. Le Discours doit être prononcé sans la moindre interruption & pour peu que l'Orateur s'arrête il est exclus de sa prétention. On vient après cela aux suffrages qui ont été bien briguez auparavant. Les Avocats & les Médecins ont droit de voter pour la Philosophie. On compte les suffrages, & la Chaire est adjugée à celui qui en a le plus. Dès le lendemain on voit son nom écrit en grosses lettres avec le pinceau à plusieurs Maisons & Carrefours de la Ville avec cette Epithète VICTOR de tant de voix. La nouvelle Philosophie est autant inconnuë dans l'Ecole de Philosophie & dans la Faculté de Médecine, que la Positive l'est dans celle de Théologie. Le Recteur de l'Université est élu tous les ans aux Rois & se prend alternativement de chacune des quatre Facultez. Le Poste est brigué parce qu'il y a du gain à faire pendant l'année du Rectorat.

Quant au Gouvernement Civil & Militaire de Perpignan, voyez l'Article ROUSSILLON.

PERRANTHES, nom que l'on donnoit, selon Tite-Live [a], à une Colline escarpée, qui commandoit la Ville *Ambracia*, dans l'Epire.

[a] Lib. 38. c. 4.

PERRAY (Riviére du), Riviére de l'Amérique Septentrionale dans la Nouvelle France. Son cours est assez long est fort interrompu de Cataractes. Elle communique du Lac d'Alemipigon à la Riviére de Monsipi. Elle a pris son nom du Sr. du Perray Officier François qui le premier est descendu à la Baye d'Hudson.

PERRAY-NEUF (LE), Abbaye de France dans l'Anjou [b]. Elle est de l'Ordre de Prémontré & fut fondée en 1150. par Robert de Sablé troisième du nom, & par Pierre de Brion, dans un Lieu appelé le BOIS-RENOU, autrement LE GAUT. Pierre de Brion ne contribua que d'un tiers pour cette fondation, & Robert de Sablé donna tout le reste. Cette Abbaye fut transférée au Perray-neuf en 1209. par Guillaume des Roches, & Marguerite de Sablé sa femme, qui en augmentèrent considérablement le revenu. On lui donna le nom de Perray-neuf, par rapport au Perray aux Nonains, dont l'Abbaye est plus ancienne que celle-ci. C'est encore pour distinguer ces deux Abbayes que celle du Perray-neuf est appellée le PERRAY-BLANC, à la différence du Perray aux Nonains, où il y avoit anciennement des Bénédictins, ou Moines Noirs. Le revenu de l'Abbé du Perray-neuf est d'environ deux mille cinq cens livres.

[b] Piganiol, Descr. de la France, t. 7. p. 91.

PERRAY AUX NONAINS (LE), Abbaye de France dans l'Anjou [c], à une lieuë & demie d'Angers. C'est une Abbaye de Filles de l'Ordre de Cîteaux. On prétend qu'elle fut fondée pour des Bénédictins, à la place desquels on mit dans la suite des Religieuses de l'Ordre de Cîteaux. Cette Abbaye ne jouït guère que de deux mille livres de rente.

[c] Ibid. p. 89.

PERRE, Ville d'Asie, aux environs du Mont-Taurus. L'Itinéraire d'Antonin place la Ville de Perre sur la route de Melitene à Samosate, entre Lacotena & Samosate, à vingt-sept milles de la première & à vingt-quatre de la seconde. Selon la Notice de Léon le Sage, Perre fut une Ville Episcopale dans l'Euphratense sous la Métropole d'Hiérapolis.

PERRECCHO, Ville de la Galilée, selon Josephe [d].

[d] Lib. 4. c.

PERRECY, ou PERSY, en Latin *Patriciacum*. C'étoit, selon Mr. Baillet [e], une Terre de France dans le Pays que nous appellons Charolois, au Diocése d'Autun en Bourgogne. Elle fut donnée aux Religieux de St. Benoît par Eckhard que l'on appelle Comte de Bourgogne & mise entre les mains des Moines de Fleury qui y firent bâtir une Eglise, & ensuite un Monastère, réduit depuis en Prieuré dépendant de leur Abbaye. On y a toujours conservé le Monastère des Religieux; & de nos jours Mr. Berrier qui en étoit Prieur Commendataire y a mis une Réforme très-étroite.

[e] Topogr. des Saints, p. 375.

1. PERRHÆBI, Peuples de la Thessalie, le long du Fleuve Pénée, vers la Mer. Ce fut, selon Strabon [f], leur première demeure. Chassez ensuite, par divers Peuples, ils se reculèrent dans les terres toujours le long du Pénée, & enfin ils furent tellement dispersez qu'une partie se retira vers le Mont-Olympe, d'autres vers le Pinde & d'autres se mêlèrent avec les Lapithes & avec les Pelasgiotes. Plutarque dit que les Perrhebes furent un des Peuples que Flaminius déclara libres, après qu'il eut vaincu le Roi Philippe.

[f] Lib. 9. p. 480.

[g] In Flaminio.

2. PERRHÆBI, Peuples de l'Epire, selon Ortelius [h] qui cite Isacius sur Lycophron.

[h] Thesaur.

3. PERRHÆBI, Peuples de l'Etolie. C'est Pline [i] qui en fait mention.

[i] Lib. 4. c. 2.

PERRHÆBIA, Contrée de la Thessalie. Voyez PERRHÆBI N°. 1.

PERRHÆBICUS MONS, Montagne de la Thessalie, dans la Perrhebie. Strabon [k] dit qu'il y avoit aussi un Village que l'on appelloit PERRHÆBICUS VICUS.

[k] Lib. 9. p. 442.

PERRHÆSIUM, Etienne le Géographe met une Ville de ce nom au nombre des douze principales Villes de l'Etrurie. Je soupçonnerois qu'il y a faute dans cet endroit d'Etienne le Géographe & qu'au lieu de Perrhæsium il faut lire PERUSIUM. Voyez ce mot.

PERRHE, Siège Episcopal dans l'Euphratense, selon la Notice d'Hiéroclès qui le place sous la Métropole d'Hiérapolis: il y a apparence que c'est la même Ville que l'Itinéraire d'Antonin & la Notice de Léon le Sage nomment PERRE. Voyez ce mot.

PER-

### PER.

**PERRHIDÆ**, ce nom est donné par Etienne le Géographe à une partie de la Tribu Antiochide, que Phavorin [a] place dans l'Attique.

**PERRINE**, PERRINA, ou PETRINA, Prieuré de France dans la Normandie, au Diocèse de Coûtances, entre St. Lo & Carantan. Il est de l'Ordre des Mathurins, & fut fondé en 1250. par *Eustaria*, femme de Guillaume du Hommet Connétable de Normandie. Il vaut quatre mille livres de revenu.

**PERRIQUE** (LA), Abbaye de France, au Diocèse du Mans. C'est une Abbaye de Filles de l'Ordre de Saint Augustin. C'étoit autrefois un Prieuré fondé sous le nom de Notre-Dame par un Vidame du Mans. En 1393. la fondation fut augmentée de quatre mille livres de rente par Guillaume des Usages, Chevalier, & le Prieuré fut érigé en Abbaye sous le nom de St. Louis. Il y a douze Religieuses.

**PERSA**, Ville qu'Etienne le Géographe dit être située au voisinage de Samosate & près de l'Euphrate. Ortelius [b] soupçonne que ce pourroit être la même que Ptolomée appelle PORSICA. Voyez PORSICA.

**PERSACRA**, Ville de l'Inde en deçà du Gange: Ptolomée [c] la donne aux Peuples *Nanichæ*.

**PERSÆ**. Voyez PHARUSII.

**PERSAGADUM URBS**, Ville de Perse: Quinte-Curce [d] dit qu'elle avoit été bâtie par Cyrus, que Gobares qui en étoit Gouverneur la rendit à Alexandre.

**PERSARMENII**, Peuples d'Asie, selon les Ecrivains du moyen âge. Ortelius [e] qui cite Calliste, dit que ces Peuples étoient appellez auparavant Habitans de la Grande Arménie. La Grande Arménie, ou l'Arménie Majeure étoit une Province de Perse. Voyez ARMENIE.

**PERSE**, Royaume d'Asie, en Latin PERSIS & PERSIA. Voyez ces deux mots. Hérodote [f] dit que l'Ambassadeur que Xerxès, Roi de Perse envoya aux Grecs, leur voulut faire croire qu'il tiroit son origine de Persès, fils de Persée & d'Andromède; selon Ammien Marcellin les Perses étoient Scythes d'origine; & si nous en voulons croire Pline [g], les Scythes appellent les Perses *Chorsari*. Le nom de Perses, en Hébreu *Paraschim*, signifie des Chevaliers; mais le nom propre de la Nation Persane est *Ælam*. On leur donna apparemment le nom Paraschim [h], à cause de l'habitude où ils étoient & où ils sont encore aujourd'hui d'aller presque toujours à cheval. Ni Moyse, ni les Auteurs sacrez ne parlent point des Perses que vers le tems de Cyrus. Ezechiel [i] met les Perses parmi les Troupes du Roi de Tyr: il en met aussi dans l'Armée de Gog, Prince de Magog [k]. Judith dit [l] que les Perses admirèrent son courage, & Daniel parle souvent du Roi des Perses qui devoit ruïner la Monarchie des Chaldéens. Les Perses [m] se nomment eux-mêmes *Schai*, pour se distinguer des Turcs par rapport à la Religion, ces derniers se donnant pour la même raison le nom de *Sunni*; & comme les Turcs se plaisent à se faire appeller Musulmans, de même les Perses ne sont pas fâchez qu'on les appelle *Kisilbachs*; c'est-à-dire, *Têtes rouges*. Il y en a qui disent que les Perses & les Parthes sont le même Peuple; d'autres prétendent que ce sont deux Peuples différens: les uns & les autres ont raison. Sans parler de la première origine de ces Peuples qui est assez incertaine; on les appelloit Perses du tems des Prophètes, & Parthes du tems de JESUS-CHRIST. Quelquefois la Parthie, & la Perse ou Persée, ont été des Royaumes différens, & quelquefois le nom de Perse a été commun à ces deux Etats, parce que tous deux ont été de tems en tems sujets à un même Roi & habitez par un même Peuple. Cette même raison fait que nous comprenons aujourd'hui sous le nom de Perse non seulement le seul Royaume de Perse, mais aussi toutes les autres Provinces qui y ont été annexées par Conquête ou autrement, & qui sont aujourd'hui, ou qui étoient il n'y a pas long-tems sous la domination du Roi de Perse. Ainsi quand on parle de la Perse, on y comprend tout le Pays qui s'étend du Nord au Sud-Ouest, depuis l'Euphrate jusqu'à la Ville de Candahar, sur les frontières des Indes. En lui donnant pour borne la Mer Caspienne, on y comprend presque la moitié de cette Mer. Sur quoi, dit Olearius, il faut remarquer l'erreur de Botero [n], qui dit que la Perse a dix-huit degrez d'étendue du Nord au Sud, quoiqu'il y en ait à peine douze depuis la première Ville de Perse, du côté de la Mer Caspienne, jusqu'à ses dernières frontières du côté du Golphe Persique. J'avouerai, ajoute-t-il, que la Perse contient plus de vingt degrez en sa longueur, depuis l'Euphrate jusqu'aux Indes; mais il faut considérer aussi qu'un degré de Longitude sous le trente-troisième degré de Latitude sous lequel la Perse est située, n'est composé que de cinquante minutes au plus.

L'Empire des Perses étoit beaucoup plus étendu que ce que nous appellons aujourd'hui la Perse. Bien loin que cet Empire eût les bornes que nous venons de lui donner, il est certain que les Rois de Perse ont quelquefois soûmis presque toute l'Asie à leur domination: Xerxes subjugua même toute l'Egypte, vint dans la Gréce & prit Athènes; ce qui fait voir qu'ils portoient quelquefois leurs armes victorieuses jusque dans l'Afrique & dans l'Europe même. Persepolis, Suze & Ecbatane étoient les trois Villes où les Rois de Perse faisoient leur résidence ordinaire. Cyrus, qui est regardé comme le Fondateur de la Monarchie des Perses, fit de Persepolis la Capitale de tout l'Empire des Perses, comme le remarque Strabon [o]. Cette Monarchie dura deux cens six ans sous douze Rois, dont Cyrus fut le premier & Darius le dernier. Cyrus regna neuf ans depuis la prise de Babylone; c'est-à-dire depuis l'an du Monde 3466. jusqu'en 3475. avant J. C. 525. & avant l'Ere Vulgaire 529. Cambyses nommé mé Assuérus, regna sept ans & cinq mois. Il mourut l'an du Monde 3482. avant J. C. 518. avant l'Ere Vulgaire 522. Smerdis, autre fils de Cyrus, eut le Gouvernement de l'Arménie & de la Médie. Oropastès, le Mage, usurpa le Royaume de Perse ; ce fut le faux Smerdis ; mais 5. mois après il fut tué par sept Seigneurs qui avoient conspiré contre lui. Darius fils d'Hystaspe, est nommé Assuérus dans l'Hébreu du Livre d'Esther & Artaxerxès dans le Grec du même Livre. Il régna trente-six ans, depuis l'an du Monde 3482. jusqu'en 3519. avant J. C. 481. avant l'Ere Vulgaire 485. Xerxès succéda à son pere Darius & régna douze ans depuis l'an du Monde 3519. jusqu'en 3531. avant J. C. 469. avant l'Ere Vulgaire 475. Artaxerxès, *à Longue Main*, son fils régna 48. ans, depuis 3531. jusqu'en 3579. avant J. C. 421. avant l'Ere Vulgaire 425. Xerxès II. succéda à son Pere Artaxerxès & ne régna qu'un an. Il mourut en 3580. avant J. C. 420. avant l'Ere Vulgaire 424. Secundianus ou Sogdianus son frere & son meurtrier ne régna que sept mois. Ochus, ou Darius le Bâtard régna dix-neuf ans, depuis l'an du Monde 3581. jusqu'en 3600. avant J. C. 400. avant l'Ere Vulgaire 404. Artaxerxès II. dit Mnemon ou *à la belle mémoire*, régna quarante-trois ans. Il mourut en 3643. avant J. C. 357. avant l'Ere Vulgaire 361. Artaxerxès, dit Ochus, régna vingt-trois ans, depuis l'an du Monde 3643. jusqu'en 3666. avant J. C. 334. avant l'Ere Vulgaire 338. Arsès régna deux ans & quelques mois. Il fut tué en 3668. avant J. C. 332. avant l'Ere Vulgaire 336. Darius dit Codomannus fut vaincu par Alexandre le Grand en 3674. après six ans de régne ; & de la ruïne de la Monarchie des Perses on vit naître la troisième Monarchie du Monde, qui fut celle des Grecs en la personne d'Alexandre. La Perse obéit quelque tems aux Macédoniens, jusqu'à ce que les Parthes s'étant soulevés, contre Théodore, Gouverneur de la Bactriane, Arsace, se fit reconnoître Roi des Parthes & des Perses. Dans la suite le Sceptre des Parthes fut transféré aux Perses, par Artaxerxès qui tua Artabane IV. dernier Roi des Parthes. C'est ce même Artaxerxès que les Arabes nomment *Ardschir Babekan*. Il mourut en 242. de l'Ere Vulgaire. Le regne de Sapor son fils qui lui succéda fut de trente & un ans. Hormisdas son fils ne regna qu'un an & son frere Varanes en regna trois. Varanes II. fils du premier surnommé Narsès, regna dix ans & Varanes III. fils du second, surnommé Saganesme, ne regna que quatre mois. Narsès fils d'Hormisdas, qui en regna près de huit, mourut au commencement du quatrième Siècle. Son fils Misdate ou Hormisdas fut son successeur ; & Sapor II. fils de celui-ci remplit le Trône après lui. Ce fut un cruel persécuteur des Chrétiens : il fit long-tems éprouver la puissance de ses armes aux Empereurs Constance, Julien & Jovinien & mourut en 379. après un régne de soixante & dix ans. Artaxerxès II. son frere lui succéda : il regna quatre ans & laissa Sapor III. son fils qui en regna cinq. Le regne de Varanes IV. fils de Sapor III. fut d'onze ans. L'Empereur Arcadius fit Isdegerde, fils de Varanes, Tuteur de son fils Théodore. Il régna vingt & un ans, & de son tems la Foi Chrétienne fleurit dans la Perse. Varanes V. son fils fut son successeur & Isdegerde II. nommé par d'autres Varanes VI. qui mourut en 458. après avoir regné dix-sept ans. Perose grand Capitaine lui succéda & mourut en la guerre contre les Huns, laissant son frere Valens pour son successeur. A celui-ci succéda son Neveu Cabade, fils de Perose ; mais ses cruautez l'ayant rendu odieux, on mit à sa place son frere Zambar, & après lui selon quelques-uns, regnérent Saha & Adaana. Cabade ayant trouvé moyen de remonter sur le Trône regna jusqu'en 532. Cosroès I. succéda à son pere Cabade. Il fut vaincu par Justinien Général de l'Armée de l'Empereur Tibère, & ayant été chassé de la Perse, il mourut d'affliction en 580. Hormisdas II. son fils fut déposé pour sa tyrannie & mis en prison après avoir été aveuglé. Cosroès II. son fils qui le fit mourir l'an 588. fit la paix avec l'Empereur Maurice, après la mort duquel il fit une cruelle guerre aux Empereurs Phocas & Heraclius, usurpa la Syrie, la Palestine & plusieurs autres Terres de l'Empire des Romains & ayant pris la Ville de Jérusalem il emporta la Croix de Jesus-Christ en Perse. Il persécuta horriblement les Chrétiens, & il fut enfin massacré avec Medarse son plus jeune fils, qu'il avoit déclaré son successeur au Royaume, par Siroès qui étoit l'aîné. Siroès qu'il avoit eu de Marie, fille de l'Empereur Maurice, restitua aux Romains la Croix & les autres choses qu'on leur avoit prises & fut baptisé à l'instance d'Héraclius. Il laissa pour successeur son fils Adesir, que Sarbaras, qui usurpa le Royaume, tua dans la première année de son regne. Après lui regnérent Siahriar qui fut massacré presque aussi-tôt, & ensuite Cosroès fils de Kobad, qui en peu de tems eut la même destinée. Baraina fille de Cosroès leur succéda avec son fils Bornaïm. Elle eut pour successeur Hormisdas III. auquel succéda une autre fille de Cosroès nommée Azurmi, qui régna avec son frere Ferochzad. Ils périrent en la seconde année de leur regne. Enfin Jedasgird regna & ayant été vaincu par le Caliphe des Arabes ou des Sarrasins appellé Omar, il fut tué en 632. de sorte que le Royaume de Perse fut réduit sous la puissance des Sarrasins. Cette servitude dura jusqu'en 1258. qu'il recommença à fleurir sous ses propres Rois. Haalon ou Hainon recouvra par les armes le Royaume de Perse & détruisit Babylone. Il épousa une femme Chrétienne appellée Doucoscaro, issue, dit-on, du sang des Mages qui adorérent JESUS-CHRIST. Abaga son fils lui succéda en 1264. Il défit le Soudan d'Egypte qu'il chassa de l'Arménie ; & lorsqu'il se préparoit pour attaquer la Syrie il fut tué en 1285. Tangador

dor son fils regna après lui. On le nomma Nicolas en le baptisant, & il prit le nom de Mahamet après qu'il eut embrassé la Religion Mahométane. Argon son neveu l'ayant tué fut élevé à la Royauté en 1287. Regayre son frere & son successeur fut étranglé par les siens en 1295. & son parent Baydon fut mis en sa place. Ce dernier fut pris par Cassan fils d'Argon, qui étant devenu Roi soumit la Ville de Damas & chassa le Soudan d'Egypte de toute la Syrie. Il mourut en 1304. Après lui régnérent Cambaga, Corbandes frere de Cassan, fils d'une femme Chrétienne qui le baptisa & le nomma Nicolas; mais après la mort de sa mere il se fit Mahométan, & laissa pour successeur un fils que l'Histoire n'a point nommé, & après lequel regna le Parthe Cempsa. Tamerlan ou Timur-Bec fut élevé à la Royauté en 1369. & soumit une infinité de Provinces. Son fils Tzochi ou Trochi qui lui succéda regna vingt-deux ans. Tzochi II. qui tint dix-huit ans l'Empire après lui, eut pour successeur Travire dernier Roi de la Lignée des Tartares. Après sa mort, le Turc Usum-Cassan s'empara du Royaume de Perse. Ceux qui lui succédérent furent Lucuppe, surnommé Chiotzeihal, Julanete, Baysingir, Rustan, Agniat, Carabe, Acuante qui régnérent jusqu'en 1514. Ismael Sophi, fils de Xeque-Aidar, de la race d'Ali voulant venger la mort de son pere, poursuivit Farrock-Yaçar Roi de Xirvan son meurtrier, & l'ayant défait s'empara de son Royaume. L'année suivante il se rendit maître de Tauris & des autres Villes de la Perse & en 1510. il prit Babylone, autrement Bagdet, Suze & tout le Royaume de Kusistan. En 1511. il conquit le Royaume d'Usbek & celui de Korasan & eut pour fils Tahamas qui lui succéda en 1524. & laissa l'Empire en 1576. à Ismael II. son fils qui ne regna qu'un an & deux mois. Mahamet-Chodabende son frere regna sept ans quoiqu'aveugle & eut pour successeur en 1585. le grand Cha-Abas qui étendit considérablement les limites de son Empire & conquit entr'autres les Royaumes de Babylone & de Kandakar, qu'il laissa à son petit-fils Scha-Sephi. Il mourut en 1629. Le Regne de Scha-Sephi fut de douze années & rempli de cruautez. Il fut pere d'Abas qui lui succéda en 1642. âgé de treize ans. A celui-ci succéda un autre Scha ou Cha-Sephi, qui changea son nom en celui de Soliman & mourut en 1694. Son fils aîné Sultan Ussein régna après lui; c'est sous son régne qu'ont commencé les troubles intestins, qui ont affligé la Perse dans ce Siècle & dont les Moscovites & les Turcs ont su profiter.

La Perse est située dans la Zone tempérée [a]. Le Mont Taurus la coupe par le milieu, à peu près comme l'Apennin coupe l'Italie, & il jette ses branches çà & là dans diverses Provinces où elles ont toutes des noms particuliers. Les Provinces que cette Montagne couvre du Nord au Sud sont fort chaudes: les autres qui ont cette Montagne au Midi jouïssent d'un air plus tempéré. Les Rois de Perse se servoient autrefois de cette commodité pour changer de demeure selon les saisons. En Eté ils faisoient leur résidence à Ecbatane, aujourd'hui Tabris ou Tauris, que la Montagne couvre vers le Sud-Ouest contre les grandes chaleurs: l'Hyver ils demeuroient à Suse, dans le Susistan, où la Montagne non seulement met les Habitans à couvert de la bise, mais leur renvoye encore la chaleur par la réflexion des rayons du Soleil du Midi, & rend le lieu si agréable qu'on lui a donné le nom de Suse, c'est-à-dire de Lis. Au Printems & en Automne ils demeuroient à Perfépolis ou à Babylone. Cette diversité de chaud & de froid fait que toutes les Provinces de Perse ne sont pas également saines & qu'il y en a où les maladies sont plus ordinaires que dans d'autres.

Quant au terroir, il est généralement sablonneux & stérile dans la Plaine: presque par-tout on le trouve parsemé de petites pierres rouges, & il ne produit que des chardons & des ronces dont on se sert au lieu de bois dans les lieux qui en manquent. Il n'y a que la Province de Kilan qui ne participe point de cette stérilité: on peut aussi excepter les Pays où les Montagnes forment des Valons; la terre y est très-bonne: aussi est-ce dans ces endroits-là que sont situez la plûpart des Villages. Les Persans sont adroits à conduire dans leurs jardins, par des canaux de la largeur de quatre pieds, les eaux qui coulent des Montagnes. Ils en conduisent encore dans leurs terres labourables; & pour donner à la Terre l'humidité que le Ciel lui refuse, ils enferment d'une levée d'un pié de hauteur des pièces de champs de quinze ou vingt toises en quarré; ils y font dégorger leurs Canaux sur le soir; & le lendemain matin ils font écouler les eaux; de sorte que la terre qui a été ainsi humectée recevant les rayons du Soleil presque à plomb produit ensuite en abondance. Le bled qui croît dans les lieux où les Canaux ne vont point se conserve fort long tems; mais celui qui vient dans les terres arrosées, ne sauroit être gardé plus de huit mois sans qu'il s'y engendre quelques petits vers qui le rongent. Il y a peu de Riviéres dans toute la Perse, & même il n'y en a aucune de bien navigable dans toute son étendue. La plus grande qui porte quelques radeaux est l'Aras ou l'Araxes des Anciens qui passe par l'Arménie. Les autres ne portent pas loin leur cours & au lieu de grossir comme font celles des autres Pays à mesure qu'elles s'éloignent de leur source, elles diminuent & tarissent enfin par une infinité de canaux qui conduisent l'eau pour arroser les terres.

Comme il n'y a point de Forêts en Perse & que le bois y manque aussi bien que la pierre, toutes les Villes généralement, à la reserve de quelques Maisons, sont bâties d'une terre ou espéce d'argile si bien paîtrie qu'elle se coupe aisément en maniére de gazons. Les murailles se font par couches, à proportion de la hauteur

[a] Olearius, Voy. de Perse, liv. 5. p. 544. & suiv.

qu'on leur veut donner, & entre deux couches qui sont chacune de trois pieds de haut on met deux ou trois rangs de briques cuites au Soleil. Les Bâtimens qu'on fait de la sorte sont assez propres. Après qu'on a élevé la muraille de la Maison l'enduit avec du mortier fait de cette argile mêlée avec de la paille; de sorte que tous les défauts étant couverts elle paroît fort unie. Il ajoute par dessus le mortier une espèce de chaux où il mêle du verd de Moscovie qu'il broye avec de la gomme pour rendre la chaux plus gluante. On frotte ensuite le mur avec une grosse brosse & il devient damasquiné & argenté paroissant comme du Marbre. Les pauvres n'ont qu'une muraille toute nue, ou du moins ils se contentent d'une grosse peinture qui leur coûte peu. Toutes les Maisons sont bâties à peu près de cette maniére. Il y a au milieu un grand Portique de vingt ou trente pieds en quarré & au milieu du Portique un Etang plein d'eau. Il est tout ouvert d'un côté & depuis la muraille jusqu'à l'Etang, le pavé est couvert de Tapis. A chaque coin du Portique est une petite chambre pour s'asseoir & prendre le frais, & au derriére il y a une chambre dont le bas est couvert de tapis avec des matelats & des coussins faits d'une étoffe plus ou moins riche selon la condition du Maître de la Maison. Aux deux côtez du même Portique sont deux autres Chambres & plusieurs portes pour passer de l'une à l'autre. Les Maisons des grands Seigneurs sont plus spacieuses. Elles ont quatre grands Portiques ou quatre Sales qui répondent aux quatre plages du Monde & chacune de ces Sales a deux Chambres à côté; de sorte qu'il y en a huit qui entourent une grande Sale qui est au milieu. Toutes ces Chambres & ces Sales sont voutées, & il est très-rare de voir un troisième étage dans ces Maisons qui en général sont peu élevées. Le dessus est plat & terrassé, enduit de terre détrempée avec de la paille hachée fort menu & bien battue, au dessus de quoi on met une couche de chaux, qui après avoir été battue sept ou huit jours est dure comme le Marbre. Quand on n'y met point de chaux, on couvre la terrasse de grands carreaux cuits au fourneau; ce qui fait que la pluye ne s'y arrêtant point n'y sauroit causer aucun dommage. Ces Maisons n'ont rien de beau au dehors; mais elles sont assez enjolivées au dedans, les murailles en sont ornées de peintures, de fleurs & d'oiseaux en quoi les Persans ne réüssissent pas mal. Ils se font un plaisir d'avoir quantité de petites Chambres fort ouvertes par plusieurs portes & quantité de fenêtres fermées avec des treillis bien travaillez, de bois ou de plâtre, dont les vuides sont remplis de pièces de verre de toutes couleurs. C'est ce qui tient lieu de vitres, principalement aux fenêtres des appartemens des femmes & autres lieux de la Maison où elles peuvent aller. Les portes des Maisons sont d'un bois appellé Tchinar. Ce bois est très-beau, & la menuïserie en est assez belle. Comme les Persans aiment le faste, c'est dans le corps de devant ou extérieur qu'ils étalent leurs plus beaux meubles qui consistent en tapis, coussins, matelas & couvertures. Dans le logement intérieur nommé le Haram ou Quartier des femmes, il n'y a le plus souvent que des meubles médiocres, parce qu'il n'y entre jamais d'autre homme que le mari. Il y a dans quelques Chambres de petites cheminées fort étroites à cause qu'en Perse on brûle le bois tout droit pour éviter la fumée & que d'ailleurs le bois y est fort cher & fort rare. Les Persans, ainsi que tous les autres Orientaux, ignorent l'usage des Lits élevez de terre. Quand ils veulent s'aller coucher ils étendent sur le plancher, qui est couvert de tapis, un Matelas ou une couverture piquée dans laquelle ils s'envelopent. L'Eté ils passent la nuit à l'air sur leurs terrasses; & comme les femmes y couchent aussi, on a obtenu que les Moullahs qui vont chanter sur les Mosquées ne montent point le matin sur les tours aux Minarets.

Les fleurs que produit la Perse n'ont rien qui soit comparable aux nôtres ni pour l'éclat ni pour la variété. Dès qu'on a passé le Tigre en tirant vers ce Royaume, on ne trouve que des roses & des lis & quelques autres petites fleurs du Pays. Il y a beaucoup de roses, & les Persans en distillent une grande quantité de même que de la fleur de Nable & ces eaux se transportent dans toute l'Asie du côté de l'Orient. Il y a des pommes, des poires, des oranges, des grenades, des prunes, des cerises, des abricots, des coins, des chataignes, des nefles, des melons, des pistaches, des amandes, des figues, quelques noisettes & quelques noix. Les seules Provinces de Guilan & de Mazandran fournissent de l'huile & des olives. Mais il n'y a point de Province qui ne produise du coton. L'arbre vient en buisson de la hauteur de deux ou trois pieds. Il a des feuilles semblables à celles des vignes, quoique beaucoup plus petites, & porte au bout de ses branches un bouton de la grosseur d'une noix qui dans sa pleine maturité s'ouvre en plusieurs endroits & pousse le coton par les fentes de son brou. Outre qu'on en employe une bonne partie en étoffes, on en fait encore un grand Commerce. Le Climat est sur-tout admirable pour la Vigne. Il y a entr'autres trois sortes de Vins qui sont excellens. Celui de Schiras comme le meilleur est gardé pour le Roi & pour les Grands de la Cour: celui d'Yesd est fort délicat & on le transporte à Lar & à Ormus. Le Vin d'Ispahan ne se fait que d'un seul raisin fort doux à la bouche & qui prenant enfin à la gorge l'échauffe beaucoup si l'on en mange trop. On met le vin dans de grands pots de terre cuits au four, les uns vernis par dedans & les autres enduits de graisse de queue de mouton sans quoi la terre boiroit le vin. Quelques-uns de ces pots tiennent jusqu'à un muid; les autres n'en tiennent que la moitié. Presque tous les jardins des Persans fans font remplis de Meuriers blancs & noirs: on les plante si ſerrez qu'à peine un homme peut-il paſſer entre les arbres; mais on les taille en forme de buiſſon & on ne les laiſſe pas croître au delà de cinq pieds & demi, afin que l'on puiſſe atteindre à toutes les branches. Dès qu'au Printems ces Arbres commencent à pouſſer leurs feuilles, les Perſans commencent à faire éclorre les Vers à ſoie. Pour cet effet ils portent la graine dans un petit ſac ſous l'aiſſelle, où la chaleur de ſept ou huit jours les fait éclorre. On les met après cela dans une écuelle de bois, ſur des feuilles de Meurier, que l'on rafraîchit pour le moins une fois le jour, prenant bien garde qu'elles ne ſoient point humides. Au bout de cinq jours ces Vers commencent à dormir, ce qui dure trois jours: on les met alors dans des Chambres ou dans des Granges bien nettes & préparées exprès. On couche ſur les poutres de ces Bâtimens des Lates ou des Perches fendues comme celles dont on fait les Cerceaux, & on y couche des branches de Meurier avec les feuilles. On y met enſuite les Vers, changeant tous les jours ces branches, & deux ou trois fois le jour quand les Vers ſont bien gros. Sept ſemaines après que les Vers ſont éclos ils commencent à filer. On les laiſſe travailles douze jours à leur coque; & au bout de ce tems on trouve autant de coques qu'il y avoit de Vers. Les plus groſſes ſont gardées pour la graine. On jette les autres dans un Chaudron d'eau bouillante, où de tems en tems l'on trempe un balay fait exprès: la ſoie s'y attache. On la dévide de même tems & on jette le reſte. La Soie fait le premier Commerce de toute la Perſe & preſque de tout l'Orient. On prétend que la Perſe produit tous les ans vingt mille balles de ſoie, chaque balle peſant deux-cens ſeize livres. On n'en employe pas plus de mille balles dans le Pays. Le reſte ſe vend en Turquie, dans les Indes, en Italie & aux Anglois & Hollandois qui trafiquent à Ormus. La Perſe produit aſſez de racines; mais il y croît peu de légumes, & on n'a pu encore y faire venir des pois. On prend des Turquoiſes à trois ou quatre journées de Meſched dans une Montagne nommée *Pirouskou*. La Vieille Roche eſt gardée pour la ſeule Maiſon du Roi. Il eſt libre à tout le monde d'acheter des Turquoiſes de la Nouvelle Roche. Les Perles ſe pêchent près de l'Iſle de Bahren dans le Golphe Perſique, & le Roi ſe reſerve celles qui ſont d'une certaine groſſeur. Ce n'eſt que depuis quelques années qu'on a découvert des Mines dans les Montagnes. Ces Mines ſont preſque toutes de Cuivre & les Perſans en font avec aſſez d'induſtrie des Uſtenciles de ménage, n'ayant point d'Etaim, & celui qu'on apporte du dehors ſervant à étamer leur Vaiſſelle de cuivre. Le Plomb vient de la Province de Kerman; le Fer & l'Acier de Casbin & de Koraſan, qui en fourniſſent une grande quantité.

Les Bêtes que l'on emploie en Perſe pour le ſervice, font les Chevaux, les Mulets, les Anes & les Chameaux. Les Chevaux ſont de taille médiocre, plus petits que les nôtres, fort étroits, mais très-vifs & très-légers. Il y a de deux ſortes d'Anes; ceux du Pays ne ſervent qu'à porter des charges; on monte les autres qui ſont de race d'Arabie. Il ſe trouve auſſi en quelques endroits de la Perſe des Lions, des Ours, des Léopards & des Porc-épics. Il y a quantité de Carpes & de Brochets dans la Rivière d'Aras & encore de plus belles Truites; mais dans les autres Rivières il n'y a guère qu'une ſorte de poiſſon qui eſt une eſpèce de Barbeau. On voit en Perſe les mêmes eſpèces d'Oiſeaux qui ſont en France à l'exception des Cailles: on y trouve auſſi toutes ſortes d'Oiſeaux de marais & de proye. Les Perſans ont une Bête appellée Once, qui a la peau tâchetée comme un Tigre, mais qui eſt fort douce & privée. Un Cavalier la porte en trouſſe à Cheval; & quand il découvre une Gazelle, il fait deſcendre l'Once, qui eſt ſi légère, qu'en trois ſauts elle ſe jette au cou de la Gazelle qu'elle étrangle avec ſes dents.

Les Perſans ſont d'une taille médiocre. Xenophon dit qu'ils étoient la plûpart gros & gras; & Ammien Marcellin au contraire dit que de ſon tems ils étoient maigres & ſecs. Ils le ſont encore aujourd'hui, mais ils ſont forts & robuſtes. Ils ont le viſage olivâtre, le poil noir & le nez aquilin. Les hommes ſe font raſer la tête tous les huit jours, contre la coutume des anciens Perſes qui laiſſoient croître leurs cheveux, comme font encore aujourd'hui les *Seid*, c'eſt-à-dire, les Parens de Mahomet, qui, à ce qu'on dit, en uſoit ainſi. Ils ſe font auſſi raſer le menton; mais ils laiſſent croître les mouſtaches. Il n'y a que certains Religieux appellez Pyhr qui ſe laiſſent croître la barbe au menton & aux joues. Ces gens ſont en grande vénération, à cauſe de leur ſaintété apparente, qui conſiſte principalement en l'abſtinence. Ils aiment les cheveux noirs & ſouffrent les blonds, mais ils ont une grande averſion pour les roux. Ils les peignent quand ils péchent en couleur. Ils ſe peignent auſſi les mains & ſur-tout les ongles d'une couleur rouge, tirant ſur le jaune & ſur l'orangé. Leurs Habits n'ont point de proportion avec leur corps. Ils portent des Caſaques & des Veſtes larges & lâches & ſemblables aux habits des femmes. Leur coeffure que les Turcs nomment Tulban, ou Turban eſt faite de toile de coton, ou de quelque étoffe de ſoie fine & rayée de différentes couleurs & qui fait pluſieurs tours: elle a juſqu'à huit ou neuf aunes de long & ſes plis ſont couſus légèrement ou fauſilez d'un fil d'or. Celle de leurs Prêtres eſt blanche & tout leur habillement eſt de la même couleur. Quelques Perſans, & même les plus Grands du Royaume, portent des Bonnets fourrez; comme il y en a beaucoup qui en portent de rouges, c'eſt ce qui fait que les Turcs appellent les Perſans *Kiſilbaſch*; c'eſt-à-dire, Têtes rouges. Les Habits dont on ſe ſert ordinairement ſont, une Tunique

que de coton ou de foie de plufieurs couleurs & qui defcend jufqu'au gras de jambe. Les extrémitez fe paffent fous le bras gauche, & on fe ceint d'une Echarpe longue de deux aunes, qui fait plufieurs fois le tour du corps. Les plus riches mettent fur cette Echarpe une belle Ceinture. Sur la Tunique le Roi & les Perfonnes de qualité portent une Mandille fans manches, qui ne va que jufqu'aux hanches, avec quelques paremens de Martre Zibeline. Quand ils fortent, ils mettent fur ces Habits une Vefte de foie de plufieurs couleurs & qui eft ouvragée de fleurs d'or. Leurs Chauffes font de coton, faites comme des Caleçons, & vont jufqu'à la cheville du pied, auffi les ont-ils fous leur chemife. Cette Chemife eft de toile de coton le plus fouvent rayée de rouge. Les Bas font de drap & taillez fans proportion à la jambe. Ils les portent extrémement larges & la plûpart les ont de drap verd, ce qui fait horreur aux Turcs, qui fouffrent en voyant que les Perfans mettent à leurs pieds la couleur que Mahomet portoit à la tête. Les Souliers font extrémement pointus au bout & ont le quartier fort bas; auffi ils les prennent & les ôtent avec facilité; ce qui leur eft d'autant plus commode qu'ils fe déchauffent dans l'Antichambre foit chez eux, foit chez leurs amis. L'Habillement des femmes Perfannes eft fort éclatant & fort riche. C'eft en quoi il différe principalement de celui des hommes [a]. Elles n'ont point de Turban. Leur front eft couvert d'un Bandeau de trois doigts de large, d'or émaillé, chargé de Rubis, de Diamans, ou de Perles; & la Bordure qui leur pend fur le front eft d'Ecus d'or de Venife, qui font une efpèce de frange affez agréable. Leurs cheveux qui font treffez pendent par derriére. Leur tête eft couverte d'un Bonnet brodé d'or, environné d'une écharpe très-fine, richement brodée & dont une partie voltige par derriére & defcend jufqu'à la ceinture. Elles portent au cou des Coliers de Perles. Elles fe ceignent de Ceintures couvertes de Lames d'or, larges de quatre doigts. Ces Lames font cizelées & le plus fouvent garnies de Pierreries. Leur Vefte de deffous eft de Brocard à fond d'or ou à fond d'argent. Elles vêtent par deffus des efpèces de Jufte-au-corps fort riches & fourrez de peaux de Martre. Elles ont des manches l'Hyver & n'en ont point l'Eté. Elles ne mettent point de Bas, parce que leurs Caleçons defcendent jufqu'au deffous de la cheville du pied. L'Hyver elles mettent des Brodequins richement brodez. Elles fe fervent comme les hommes de Pantoufles de chagrin. Elles ufent d'une cèrtaine poudre pour peindre en rouge le dedans de leurs mains, la plante de leurs pieds & les extrémitez de leurs ongles. Elles fe noirciffent les yeux avec de la Tutye. Les yeux bleus, gris, ou cendrez ne font pas les plus beaux felon elles, ce font les noirs.

Les Perfans font extrémement propres [b] tant en leurs Meubles qu'en leurs Habits, où ils ne fouffriroient pas la moindre tâche. Ils ont l'efprit vif & le jugement bon. Ils s'appliquent à l'Etude & réuffiffent principalement dans la Poëfie. Leurs inventions font riches, & leurs penfées belles, fubtiles & pleines. Ils ont la réputation de ne pas dire toujours la vérité, en quoi ils ont bien changé de ce qu'ils étoient du tems d'Hérodote, qui dit que les Perfes avoient un foin particulier de faire apprendre à leur Jeuneffe à monter à cheval, à bien tirer de l'arc & à dire la vérité. Ils font fidèles dans leurs amitiez, & ils font des fraternitez qui durent toute leur vie & qu'ils préférent aux liaifons du fang & de la naiffance. A confiderer quelques-unes de leurs démarches on les jugeroit chaftes & amis de la Pudeur; mais tout cela n'eft qu'à l'extérieur: non contens d'époufer plufieurs femmes & d'avoir plufieurs Concubines, ils courent encore après les Proftituées: auffi n'y a-t-il point de Ville dans la Perfe, à la referve d'Ardebil, où l'on ne voye des Lieux de débauche fous la protection du Magiftrat. Le Roi même a un grand nombre de ces femmes à fes gages.

La dépenfe du Ménage chez les Perfans eft fort médiocre pour la Cave & la Cuifine, fi ce n'eft dans les Familles où le nombre des femmes l'augmente. La toile de coton dont on s'habille eft à fort bon marché. Ils ont fort peu de Meubles & ils croient en avoir affez, quand le pavé de la Chambre eft couvert du Tapis. La provifion que l'on fait pour toute l'année eft du Ris. La Viande n'eft point chére, fi ce n'eft aux Lieux où le grand nombre des Habitans fait enchérir toutes les denrées. Le Jardin fournit le deffert & le premier torrent tient lieu de cave. Quoique le Ris ferve de pain, on ne laiffe pas d'ufer de farine de froment, dont on fait des pains de plufieurs façons. Ceux qui ne fe contentent pas d'Eau pure y mêlent du Dufchab & du Vinaigre. D'autres boivent du Vin fans fcrupule; quoique la Loi le défende. Ils fe perfuadent que ce péché leur fera pardonné, pourvu qu'ils ne faffent pas eux-mêmes le Vin. L'ufage de l'Opium eft fort commun. On en fait des Pilules de la groffeur d'un pois & on en avale deux ou trois, tous les deux ou trois jours. On cherche par-là à s'affoupir & à s'enyvrer. Il n'y a prefque point de Perfan de quelque condition que ce foit, qui ne prenne du Tabac en poudre & en fumée. En le prenant de cette derniére façon, ils boivent une certaine Eau noire qu'ils appellent *Cahwa*, faite d'un fruit qu'on leur apporte d'Egypte. Elle a une faculté rafraîchiffante. On croit qu'elle éteint la chaleur naturelle; & on en ufe parce qu'on n'aime point à fe voir chargé d'enfans.

Quand un jeune homme veut fe marier, il s'informe des qualitez du corps & de l'efprit de la fille qu'il a deffein d'époufer, parce qu'il ne lui eft pas permis de la voir. S'il eft content du rapport, il fait faire la demande par quelqu'un de fes Amis. Si la recherche ne déplaît pas, on traite de la dot que donnent les Parens du Marié. Elle

---

[a] Etat préfent du Royaume de Perfe.

[b] Olearius, Voy. de Perfe, liv. 5. p. 568. & fuiv.

le se constitue en argent que le Fiancé envoye à la Fiancée peu de jours avant le Mariage, comme une récompense au Pere & à la Mere du soin qu'ils ont eu d'élever leur fille, ou bien il lui promet une certaine somme d'argent, ou une quantité de soie ou d'étoffes, payable en cas de divorce. La Loi permet au Mari de tuer l'Adultére avec la femme quand il les trouve en flagrant délit; & le Juge récompense d'une Veste neuve celui qui fait une exécution de cette nature.

L'éducation que l'on donne à présent aux Enfans est bien différente de celle qu'on leur donnoit autrefois. On ne les fait plus nourrir parmi les femmes, & les peres ne les éloignent plus d'eux jusqu'à un certain âge, comme l'on faisoit anciennement; car Strabon dit qu'ils ne les admettoient en leur présence, qu'à quatre ans: Hérodote fixe ce tems à cinq, & Valére-Maxime à six. On ne les exerce point non plus à tirer de l'Arc & à monter à cheval; mais on les envoye à l'Ecôle pour apprendre à lire & à écrire; n'y ayant presque point de Persan, de quelque condition qu'il soit, qui ne sache l'un & l'autre. Les Medzid ou Mosquées qui servent pour la priére servent aussi pour les Ecôles. Il n'y a point de Ville qui n'ait autant de Metzid qu'elle a de Rues, chaque Rue étant obligée d'entretenir un Metzid avec son Molla qui est comme le Principal du Collége, & le Calisa qui est comme le Régent. Tout le monde écrit sur le genou, parce qu'on n'a point en Perse l'usage des Tables ni celui des Siéges. Le Papier se fait de vieux haillons qui sont le plus souvent de coton ou de soye, & afin qu'il n'y reste ni poil ni élevation, on l'unit avec un polissoir, ou bien avec une écaille d'huitre ou de moule. L'ancre se fait d'écorces de Grenades ou bien de Noix de galle & de Vitriol, & afin de la rendre épaisse & plus propre à leur écriture qui a beaucoup de corps; ils font brûler du Ris ou de l'Orge, le réduisent en poudre & en font une pâte dure qu'ils détrempent avec une eau gommée.

Les Persans ont leur Langue particuliére, qui tient beaucoup de l'Arabe, & point du tout du Turc. On y trouve plusieurs mots étrangers, comme Allemans & Latins. Elle est assez facile à apprendre, parce qu'elle a fort peu de Verbes irréguliers. S'il est vrai que ce soit la même Langue que l'on parloit anciennement, les exemples de Thémistocle & d'Alcibiade font connoître qu'on la peut apprendre en peu de tems. Tout ce qu'il y a de difficile, c'est la prononciation du gosier. La plûpart des Persans apprennent avec leur Langue celle des Turcs, qui est devenue si familiére à la Cour, qu'à peine y entend-on quelqu'un parler Persan. On ne connoît ni l'Hébreu, ni le Grec, ni le Latin; au lieu de ces Langues Savantes, ils ont l'Arabe qui est chez eux la même chose que la Langue Latine en Europe. L'Alcoran & tous ses Interprétes s'en servent, aussi bien que ceux qui écrivent des Livres de Philosophie & de Médecine. Outre ces deux Sciences, les Persans étudient encore l'Arithmétique, la Géométrie, l'Eloquence la Poësie, la Physique, la Morale, l'Astronomie, l'Astrologie & la Jurisprudence. Ils apprennent toutes ces choses dans leurs Colléges ou Universitez qu'ils appellent Medressa.

Quant au Gouvernement Politique, le Royaume étant Monarchique & Despotique, la volonté du Monarque sert de Loi. Quelques Ecrivains donnent aux Rois de Perse de la derniére Race le Titre de *Sophi*; & les Rois-mêmes, particuliérement ceux qui ont du zéle pour leur Religion, prennent plaisir à ajouter cette qualité à leurs Titres, en mémoire de *Schich Sofi*, ou *Sephi*, premier Instituteur de leur Secte. Les Persans croient que Mortus Ali cousin & gendre de Mahomet fut établi l'héritier de la grandeur de son Oncle & de son prétendu Esprit prophétique, au préjudice d'Omar, à qui les Ottomans attribuent ces prérogatives; & c'est sur ce différend que ces deux Nations se portent une haine irréconciliable. En qualité de Fils de Prophéte, le Roi se dit le Chef de la Religion, & les Persans tiennent qu'il ne peut pas être damné, ni même jugé, quelque mal qu'il fasse: aussi ne se scandalisent-ils point s'il n'observe pas le Ramazan & s'il boit du Vin. Ils le regardent comme impeccable & exempt de toutes les observations Légales, en vertu de sa qualité de fils de Saint, issu de Prophéte.

Le Royaume est héréditaire. Les Enfans légitimes succédent; & à leur défaut on appelle au Trône les Bâtards & les fils des Concubines, qui sont préferez aux plus proches parens Collatéraux. Si le Roi ne laisse point d'enfant mâle, on a recours au plus proche des parens du côté Paternel. Ce sont comme les Princes du Sang; mais la figure qu'ils font en Perse est bien triste. Ils sont ordinairement si pauvres qu'ils ont de la peine à vivre. Les fils du Roi sont encore plus malheureux. Ils ne voyent jamais le jour que dans le fond du Serrail, d'où ils ne sortent pas du vivant du Roi. Il n'y a que celui qui lui succéde qui voye le jour; car aussi-tôt qu'on l'a mis sur le Trône, il fait ôter l'usage de la vue à ses freres, en leur faisant passer un fer rouge devant les yeux. Ce moyen barbare dont il se sert, pour les empêcher d'aspirer à la Couronne, paroît si raisonnable & d'un si bel usage aux Perses, qu'ils se moquent du Grand-Mogol & du Grand-Seigneur qui ne s'en servent pas.

Ce sont les Ministres de la Religion Mahométane qui tiennent le premier rang à la Cour de Perse. Ils prénent le pas sur les Officiers de la Couronne & ils ont la préféance dans le Conseil, dans les Festins publics & dans les Audiences que le Roi donne aux Ministres des Princes Etrangers. Le premier Pontife de Perse s'appelle *Sadre-Cassa*, c'est à dire le Pontife principal. Il est le Chef de l'Empire pour le Spirituel; mais il ne s'occupe qu'à gouverner la Conscience du Roi & à régler la Cour & la Ville d'Ispahan, selon les Régles de l'Alcoran. Il commet le second Pon-

Pontife pour avoir soin du reste du Royaume. Il est tellement révéré que les Rois prennent ordinairement les filles des Sadres pour femmes. On lui donne la qualité de Navab, qui veut dire Vicaire du Roi & de Mahomet ; & il n'y a que lui, le Sadre Elman-Alek, & l'Etmadoulet qui ayent ce titre. Le *Sadre-Cassa* a des Vicaires dans toutes les Villes Capitales des Provinces ; ce sont comme des Evêques, qui ont soin du Spirituel & de la Justice que nous appellerions *Ecclésiastique*. Les Gouverneurs ne peuvent rendre de Jugement sans leur décision qui s'appelle *Teisa*. La seconde personne dans le Spirituel s'appelle *Sadre-Elman-Alek*. Il est proprement comme le Coadjuteur du *Sadre-Cassa* : il fait dans tout le Royaume ce que le premier Pontife ne fait que dans la Maison du Roi & dans le District d'Ispahan. Il est outre cela l'Assesseur du Divan-Begui, qui ne peut rendre aucun Jugement sans sa participation, & il a, comme le premier Sadre, des Vicaires dans tous les Tribunaux du Royaume. Le troisième Pontife de Perse se nomme *Akond*, ou bien *Chiek-Alislam* ; c'est-à-dire le Savant par excellence, le Vieillard, ou le Vénérable de la Loi de Mahomet. Ce Juge est proprement le premier Lieutenant Civil, qui connoît des causes des Pupilles, des Veuves, des Contracts & des autres Matières Civiles. Il est de plus le Chef de l'Ecôle du Droit, il en donne des Leçons le Mercredi & le Samedi, & il a des Substituts dans tous les Tribunaux du Royaume, qui avec ceux du second Sadre font tous les Contracts. Le quatrième Pontife est le *Kazi*, qui peut passer pour le second Lieutenant Civil. Il connoît des mêmes causes, fait les mêmes fonctions & a dans chaque Tribunal deux Substituts qui terminent les petits différens dans les Cabarets de Caffé, & que les Gouverneurs appellent toujours pour les consulter dans les causes d'importance. Outre ces quatre Pontifes le Roi a une espèce de Grand-Aumônier, appellé *Piche-Nahmaz*. Il fait dans la Maison du Roi la Priere, les Circoncisions, les Mariages, les Enterremens & toutes les autres fonctions de Religion. Il est de plus comme le Théologal de l'Empire ; car c'est lui qui fait les Conférences de Religion, à la différence des deux Lieutenans Civils, dont les Conférences ne sont que sur les Matières de Droit.

Il y a six Ministres d'Etat dans la Perse. On les appelle *Rohna-Dolvet*, c'est-à-dire, les Colonnes qui soutiennent l'Empire. Le premier est le Grand Visir appellé *Etmadoulet*, c'est-à-dire l'appui de la Puissance. Il est le Chancelier du Royaume, le Chef du Conseil, le Surintendant des Finances : il prend soin des Affaires étrangéres & du Commerce, & toutes les Gratifications & les Pensions ne se payent que par son ordre. Il a sous lui six Visirs ou Substituts qui lui aident à manier les Finances, qui sont du Conseil du Roi & qui ont séance aux Festins & aux Audiences publiques. Outre cela, il a sous lui deux Secrétaires qui expédient tous les Mandemens de la Cour. Le second Ministre d'Etat, ou la seconde Colonne de l'Empire, s'appelle *Kortchi-Bachi*. Il n'est plus maintenant que la seconde personne du Royaume, au lieu qu'il étoit autrefois la première, & le Général des Armées ; mais le Roi donne présentement le Commandement de ses Troupes à qui il lui plaît. Il est encore le Chef des Cavaliers nommez Kortchis, qui sont destinez pour couvrir les Frontières ; & il ne quitte jamais la Cour que lors qu'on lui donne le Commandement des Armées ; ce que le Roi ne fait pas volontiers ; car il est obligé de lui faire sa Maison & de lui donner sa Vaisselle d'or & une partie de ses Gardes, quand il le met à la tête de ses Troupes. La troisième Colonne de l'Empire est le *Kouler-Agasi* ou Chef des Troupes d'Esclaves. C'est un Corps composé de gens de qualité, qui se disent Esclaves du Roi. Ceux qui veulent parvenir aux grandes Charges doivent passer par cette Milice. La quatrième Colonne est le *Tefanktchi-Agasi*, ou le Général de l'Infanterie, qui n'est composée que de deux mille Carabiniers à pied. C'est proprement un Régiment des Gardes. La cinquième Colonne est le *Topchi-Bachi*, ou Grand-Maître de l'Artillerie. Il a sous lui quatre mille hommes, commandez par quatre Colonels qui se tiennent debout aux côtez du Roi les jours de cérémonie. La sixième Colonne est le *Divan-Begui*, ou Surintendant de la Justice. Il a tous les Huissiers du Palais à son service. Ses Ordonnances sont respectées dans tout le Royaume, & on appelle à son Tribunal des Jugemens rendus par les Gouverneurs. Entre les autres grands Officiers on compte l'*Echik-Agasi-Bachi*, qui est le Grand-Maître des Cérémonies ; le *Nazir* ou premier Maître d'Hôtel de la Maison du Roi, le *Vaki-Anevis*, qui est le seul Secrétaire d'Etat, le *Monagden-Bachi*, qui est le premier Mage, ou le Grand Astrologue ; le *Hakim-Bachi* ou premier Médecin, qui est responsable de la mort du Roi & dont la vie paye toujours pour celle du Prince ; le *Meheurdar*, ou Garde des Sceaux ; le *Mirakor-Bachi*, ou Grand Ecuyer ; le *Mir-Chekar-Bachi*, ou Grand Veneur, le *Rekib-Kana-Agasi*, ou Maître de la Garde-Robe ; le *Vakmiat-Visiri*, ou Payeur des Legs pieux ; le *Koulam-Visiri*, ou le Payeur des Troupes Esclaves ; le *Moucheruf* qui donne la paye aux Officiers & aux Commensaux ; le *Mehmondar-Bachi*, ou Introducteur des Ambassadeurs ; le *Kodafa* ou Chef de l'Ordre des Sophis, dont le Roi est le Grand-Maître ; ce qui fait que beaucoup d'Etrangers appellent mal à propos ce Prince le Grand-Sophi. On compte encore parmi les Grands du Royaume, six sortes de Kans ou de Gouverneurs ; savoir les *Valis*, les *Beguler-Beguis*, les *Col-Beguis*, les *Visirs*, les *Sultans*, & les *Derogats*. Tous ces Seigneurs sont *Megdeles-Rou* ; c'est-à-dire qu'ils ont tous leurs places aux Festins du Roi : il en faut pourtant excepter le Grand-Maître de la Maison du Roi & le Maître des Cérémonies, qui ne s'asseient jamais

au

au Festin Royal, l'un ne devant pas détourner les yeux de dessus la personne du Roi & l'autre ayant soin de faire servir.

L'usage des Festins publics est bien ancien en Perse, puisque le Livre d'Esther fait mention de la somptuosité du Banquet d'Assuerus; mais ceux qu'on y fait maintenant sont plûtôt des Festins d'Audience que des Banquets de réjouïssance. C'est dans ces Festins que le Roi traite des affaires d'Etat & qu'il donne audience aux Ministres des Princes étrangers. Il y en a d'ordinaires qu'on fait les jours de grande Fête, & d'extraordinaires qui sont comme une convocation des Etats pour quelques affaires pressantes; mais dans quelque tems qu'on les fasse, ils sont toujours somptueux & superbes; car on y étale tout ce qu'il y a de plus précieux dans la Maison du Roi.

On peut dire que toute la Perse est du Domaine du Roi; car si les Seigneurs possèdent des terres ce n'est que par gratification du Prince, qui les leur ôte pour les réunir à son Domaine quand ces Seigneurs tombent dans sa disgrace. Les enfans mêmes de ceux qui sont demeurez fidèles n'héritent de ces terres que sous le bon plaisir du Roi. Il n'y a de Finances extraordinaires que les Tailles & les Aides. Les Tailles sont réelles. Le Roi retire environ quinze sols monnoie de France de chaque Arpent. Cet Impôt produiroit bien des millions si la Perse étoit comme la France. Le Tribut des Chrétiens n'est pas comme celui des terres. Ils payent par tête: ceux qui n'ont point l'âge de quinze ans payent sept livres six sols, & ceux qui ont atteint l'âge de vingt ans payent quinze livres. Les principales Douanes de la Perse sont celles du Golphe Persique & celles de Guilan. La première est affermée soixante-cinq mille Tomans qui font deux millions neuf cens vingt-cinq mille livres; & la Douane de Guilan produit quatre-vingt mille Tomans qui font trois millions six cens mille livres. La Douane du Tabac va à deux millions cinq cens mille livres; celle de l'huile de Naphte à un million. On ne sait pas à quoi peut monter la pêche des Perles à Baharin, la pêche du poisson au Guilan, la Momie qu'on tire des puits en certains endroits de la Perse, non plus que le droit qu'on tire du poids des Marchandises & le droit du pied fourchu. On tire encore un gros tribut des lieux de débauche. Il y a dans chaque Ville un Visir ou Intendant des Finances qui recueille tous ces droits. Les Troupes de la Maison du Roi qui est composée de quatorze mille hommes, sont entretenues sur les terres du Domaine. On donne une Contrée à un Colonel; & quelques Villages à un Capitaine, à condition qu'ils en tireront la paye de leurs Cavaliers, qui retirent chacun cent écus par an. Les Généraux sont pourvus de Gouvernemens pour leur entretien, & les Princes qui se retirent en Perse, les Ambassadeurs & les Hôtes qui sont tous entretenus à la Cour, sont défrayez sur les terres du Domaine

qui fournissent aussi à la dépense de la Maison du Roi. On compte que ce Prince, tous frais faits, touche tous les ans huit cens mille Tomans, qui font huit millions de livres.

Le Royaume de Perse étant vaste, & tous ses voisins étant d'une Secte Mahométane différente de celle des Persans, le Roi pour couvrir ses frontières est obligé d'entretenir des Troupes nombreuses. En y joignant celles de la Maison du Roi, le nombre de ces Troupes peut monter à cent cinquante mille Cavaliers, sans y comprendre les Garnisons des Villes qui sont dans le cœur du Royaume. Tout cela est entretenu sur le Domaine & sur les Biens que le Roi y réunit. Je ne parle point d'Infanterie. Le Roi de Perse n'en a pas, parce qu'elle ne pourroit soutenir les fatigues des Deserts & des Montagnes dont la Perse est remplie. On ne se sert point d'Artillerie pour la même raison. On n'en a pas besoin pour défendre les Villes qui n'ont ni murailles ni fortifications, & quelques Châteaux qui sont sur les frontières n'auroient pas de résistance. Le Roi de Perse n'a pas non plus de forces sur Mer. Il ne tiendroit qu'à lui d'être le maître du Golphe d'Ormus, de la Mer d'Arabie & de la Mer Caspienne; mais les Persans n'aiment point la Navigation; ils en ont même tant d'horreur qu'ils appellent *Nacoda*, c'est-à-dire Athées, ceux qui exposent leur vie sur un Elément si peu assuré.

La Religion des Persans d'aujourd'hui est la Religion Mahométane: l'Alcoran est la Règle de leur croyance; mais il y a en Perse différentes Sectes de Mahométans, & le Mahométisme y est tellement partagé qu'il y a presque autant de différentes croyances qu'il y a de différentes conditions. La croyance de l'Artisan n'est pas celle de l'Homme de Lettres, & le Courtisan a encore la sienne qui lui est propre. Le simple Peuple suit l'Alcoran à la lettre & prétend que les Mystères qu'il renferme sont trop au dessus de l'homme pour entreprendre de les pénétrer. Cette prévention est un obstacle à leur conversion. Les Gens de Lettres expliquent l'Alcoran: ils en étudient l'interprétation & ils aiment à disputer sur leur Religion. Mais quand un Missionnaire les a convaincus, ordinairement le fruit de cette victoire se réduit à quelques éloges & quelques marques d'estime: Tu as beaucoup d'esprit, lui disent-ils; je voudrois que tu fusses de ma Religion; elle auroit en toi un habile défenseur. Les Gens de Cour qui ont du savoir ne paroissent pas avoir beaucoup d'attachement pour Mahomet, ni pour les Fables de l'Alcoran: ils ne laissent pas de professer le Mahométisme. Les Missionnaires s'insinuent plus aisément dans leur esprit que dans celui du simple Peuple. Ils sont les premiers à vouloir traiter les matières de Religion; & ils ont souvent assez de bonne foi pour se déclarer convaincus. Si les Persans diffèrent entre eux en matière de Religion,

ils

ils diffèrent encore plus avec les Mahométans des autres Etats. La contestation fondamentale regarde le Successeur de Mahomet. Les Persans soutiennent que c'est Mortus-Ali, cousin germain & gendre de Mahomet. Les Ottomans au contraire prétendent que c'est Omar dont ils parlent modestement en comparaison des Persans qui font une espèce de Divinité de leur Ali. L'interprétation de l'Alcoran est aussi différente de part & d'autre; & parce que cette Interprétation leur tient lieu de Code où sont renfermées les Loix, & de Cérémonial où sont écrits les usages qui concernent la Religion, il s'ensuit que leurs Cérémonies & leurs manières de juger sont différentes. Les Ottomans se lavent avant la prière, en faisant couler de l'eau du haut en bas jusqu'à la main. Les Persans au contraire la font couler de la main au haut du bras: chacun défend sa manière de se purifier & improuve celle de son Adversaire. Les postures, & les prostrations qu'ils font en priant Dieu sont toutes contraires, & leur opposition va même jusqu'à leurs habillemens. De plus les Persans qui ont retenu des Juifs l'impureté légale se croient immondes quand ils ont touché aux choses qui faisoient contracter l'impureté dans la Loi de Moïse. Le simple Peuple & les Gens de la Loi se donneroient bien de garde de toucher ou de manger dans le même plat, que les Chrétiens, les Juifs, les Indiens & même les Sectateurs d'Omar, tout Mahométans qu'ils sont. Les Ottomans n'ont point ces sortes de superstitions: ils mangent indifféremment avec tout le monde; & hormis la chair de Porc, ils mangent de tout sans distinction de viandes. Les Gens de Cour en usent de la même manière en Perse. Les Persans croient que la dissimulation en fait de Religion est non seulement permise, mais même nécessaire pour éviter d'être mal-traité par les Ottomans; & quand ils vont en pélerinage à la Méque, ils changent leurs habits & leurs Turbans & se disent Sectateurs d'Omar. Les Ottomans ont cette dissimulation en horreur. Ces derniers ont un attachement superstitieux pour la couleur verte, qui est consacrée à leur faux Prophète, & ils condamnent à la mort un Chrétien qui aura été convaincu de s'en être servi. Les Persans se moquent de cette superstition; & on dit qu'Amurat ayant envoyé un Ambassadeur à Cha-Abbas pour se plaindre de ce qu'il abandonnoit cette couleur à la profanation des Chrétiens, Cha-Abbas répondit: J'empêcherai cette couleur d'être profanée par les Chrétiens, quand Amurat aura empêché que la verdure des prairies soit profanée par les animaux qui y paissent.

Il y a encore aujourd'hui en Perse, beaucoup de ces anciens Persans, qui n'ont pas voulu changer la Religion de leurs péres en celle de Mahomet, mais ce Peuple n'a plus rien de la politesse, du savoir & de la valeur de ses Ancêtres. Il gémit dans une dure servitude: on lui interdit les Arts libéraux; on ne lui permet d'exercer que les plus méchaniques, comme de Laboureurs, de Jardiniers & de Porte-faix: on l'employe aux travaux publics les plus vils & les plus pénibles. L'Esclavage rend ces Peuples timides, simples, ignorans & grossiers. Ils ont retenu l'ancien Idiome Persan; ils l'écrivent avec les mêmes Caractères dont on usoit anciennement. Cette Langue est toute différente de celle des Persans modernes; mais peu de personnes parmi eux la savent lire & écrire: ils n'ont pas occasion de l'apprendre, n'étant destinez ni aux Affaires ni au Commerce. Leur croyance est contenue dans des Membranes que leurs Mages ou Prêtres leur lisent dans de certains tems. Ces Membranes ne contiennent que des Fables & des Traditions superstitieuses: toute leur habileté consiste à cacher ces Membranes, & il semble qu'ils se font un point de Religion de ne les montrer à personne. On ne sait de leurs Mystères & de leur croyance que ce qu'on en peut apprendre de leurs Mages, qui ne sont guère plus éclairez que ceux qu'ils enseignent. Les Persans modernes les appellent *Gavres*; c'est-à-dire Idolâtres. Ils les accusent d'adorer le Soleil & le Feu. Ces Gavres n'ont cependant point d'Idoles & ils ont en horreur ceux qui les adorent. Lors qu'on leur demande pourquoi ils se prosternent devant le Soleil quand il se lève, ils répondent qu'ils lui rendent leurs hommages, comme à la Créature après l'Homme la plus parfaite. Ils disent que Dieu y a établi son Trône & que ce Trône majestueux mérite leurs respects. Ce salut qu'ils donnent au Soleil levant n'est pas une Cérémonie qui leur soit particuliére: les Persans modernes le saluent aussi par une révérence profonde & les Arméniens mêmes le saluent en faisant plusieurs signes de croix. A l'égard du Feu, les Gavres disent qu'ils le croient digne de leur respect comme étant le plus pur des Elémens: le soin qu'ils prennent de l'entretenir va jusqu'à des scrupules & des superstitions ridicules; ils n'osent en exciter la flamme avec leur haleine, de peur de la souiller, & ils se croiroient eux-mêmes souillez s'ils faisoient tomber quelque ordure sur le bois qui l'entretient. Ils n'observent pas la Circoncision: leurs Mages présentent leurs enfans au Soleil & devant le Feu; ils les croient sanctifiez par cette Cérémonie. Ils croient un Paradis qu'ils disent être dans la Sphère du Soleil. Le bonheur des Saints selon eux consiste à voir clairement la lumière du Soleil dans laquelle ils voient Dieu par réflexion comme dans un Miroir. Mais personne, disent-ils, n'est admis à ce bonheur que trois jours après sa mort. C'est pour cela qu'ils ont soin de porter au tombeau des Morts des provisions de bouche pour trois jours. Les pauvres gens de la Secte de Mahomet, & à leur défaut les Chiens ou les Oiseaux, profitent de cette superstition. Ils croient un Enfer, une Prison souterraine, humide, puante, remplie d'Animaux carnassiers, de Serpens & de toutes sortes

tes d'Infectes, sur-tout d'un très-grand nombre de Grenouilles & de Corbeaux, & c'est de ces deux espèces d'Animaux qu'ils ont le plus d'aversion. Ils appellent les Corbeaux les Messagers & les Hérauts du Démon; & les Grenouilles sont les Musiciennes des Damnez. Leur manière d'examiner quel sera leur sort dans l'autre vie est plaisante. Ils emportent les Cadavres hors de la Ville: ils les dressent contre une muraille la face tournée vers l'Orient. Les Mages & les parens du Mort se tiennent à l'écart pour examiner la curée que les Corbeaux en font: si ces Oiseaux qui se jettent d'ordinaire sur les yeux leur mangent d'abord l'œil droit; c'est une marque de Prédestination: on joue, on danse, on se divertit à leurs funérailles: si c'est l'œil gauche c'est une marque qu'ils ne sont ni assez purs pour être admis dans la Sphére du Soleil, ni assez impurs pour être condamnez à la prison obscure de l'Enfer; ils doivent demeurer quelque tems dans la moyenne Région de l'Air, pour y souffrir le froid & de là dans la Sphére du feu pour y être purifiez. On pleure aux funéraille de ceux-là. Si les Corbeaux mangent les de deux yeux, les Mages jugent que le Mort est Damné, parce que n'ayant plus d'yeux il ne peut plus voir le Soleil; les funérailles de ce dernier sont plus lugubres.

La Perse contient treize Provinces; savoir:

| | | |
|---|---|---|
| VI. A l'Orient. | Send. | Sarusan. Candayl. Debil. |
| | Makeran. | Guadel, Titz, Makran. Fihr, Chalack. |
| | Sitzistan. | Fardan, Kets, Chaluck. Sitzistan, Masurgian. Masnih, Araba. |
| | Sablustan. | Bechsabath, Bust, Sarentz. Sarvan, Asbe, Memend. Rabel Emir, Kandahar. Cuseechanna, Grées, Curvan. Duke, Alunkan. |
| | Chorassan. | Balbachi, Herat, Thun. Chorasan, Mesched. Nisabur, & Nichabour. |
| | Estarabad. | Estarabad, Damkan. Amul. |
| IV. Au Nord. | Masanderan, ou Tabristan. | Firuz-Kuh, Sukar Abad. Mionikielle, Giru. Talarapeskt, Saru, Ciarman. Ferh-Abad, Eskiref. |
| | Schirwan. | Derbent, Baku. Schamacie. |
| | Adirbeitzan. | Ardebil, Tauris. Soltania. |
| | Frak-Atzem. | Casbin & Caswin, Sawa, Kom. Kaschan, Hemedan. Ispahan, Capitale de la Perse, Zulfa, Yezd. |
| III. Au Midi. | Chusistan. | Sus. Ardgan, Ramhornous. Ahawas, Skabar, Bander Rik. Bander Bakel. |
| | Farsistan, & Fars. | Kasiron, Astakar, Schiras. Benarou, Firus, Abat. Daragierd, Lar, Bander. Bander-Kongo, Ormus, Isle. |
| | Kirman. | Bermasir, Kirman. Jasques, Kuhestek. |

PERSE', Prieuré de France, au Diocèse de Rhodez: son revenu est de deux mille livres.

PERSEA, Fontaine du Péloponnese: Pausanias [a] dit qu'on la voyoit au milieu des ruïnes de Mycènes.

PERSEI SPECULA, Lieu élevé dans l'Egypte, selon Hérodote [b] & Strabon [c]. Ce Lieu étoit entre les Embouchures Heracléotique & Bolbitique. Euripide [d] en parle aussi.

PERSEIDA, ou PERSEIS; Ville de la Macédoine: Tite-Live [e] dit que Philippe la fit bâtir en l'honneur de son fils Persée.

[a] Lib. 2. c. 16.
[b] Lib. 2. n. 15.
[c] Lib. 17. p. 801.
[d] In Helena.
[e] Lib. 39. c. 54.

1. PERSEIGNE, Forêt de France, dans la Maîtrise des Eaux & Forêts de Château du Loir. Elle contient dix mille quatre cens onze arpens & quatre-vingt sept perches.

2. PERSEIGNE, Abbaye de France, au Diocèse du Mans [f]. Cette Abbaye est de l'Ordre de Cîteaux. Elle fut fondée le 19. de Juillet 1145. par Guillaume Talvas Comte de Bellesme, de Ponthieu & d'Alençon. Son revenu est d'environ cinq mille livres.

PERSENBERG, ou PÖRSENBERG, Bourgade d'Allemagne [g], dans la partie Oc-

[f] Piganiol, Descr. de la France, t. 5. p. 473.
[g] Jaillot Atlas.

Occidentale de la Basse Autriche, près de la Riviére d'Usper, & à demi-lieue au Nord du Danube.

PERSEPOLIS, Ville de la Perside, selon Ptolomée [a], qui la place dans les terres. Quinte-Curse lui donne le titre de Capitale de l'Orient & dit qu'elle étoit à vingt Stades de l'Araxe. Il est dit dans le second Livre des Maccabées [b] qu'Antiochus Epiphanès étant allé à Persépolis, dans le dessein de piller un Temple très-riche qui y étoit, tout le Peuple courut aux armes & le chassa avec ses gens. Dans le premier Livre des Maccabées [c], où la même Histoire est racontée, il est dit que ce fut à Elymaïde qu'Antiochus Epiphanès trouva de la résistance, en voulant piller le Temple de Nanée [d]. Voyez NANÉE. Quant aux Villes d'Elymaïs & de Persépolis, il est certain qu'elles étoient très-différentes & fort éloignées l'une de l'autre. Elymaïs est sur l'Eulée & Persépolis proche de l'Araxe. D'ailleurs Persépolis étoit ruinée du tems d'Antiochus Epiphanès, Alexandre le Grand y ayant mis le feu & l'ayant entiérement détruite. Il faut donc reconnoître, ou qu'il y a faute dans le Texte du second Livre des Maccabées, ou que l'Auteur a mis Persépolis, pour marquer la Capitale de Perse, quoique son vrai nom fût Elymaïs.

[a] Lib. 6. c. 4.
[b] C. 9. v. 2. &c.
[c] C. 6. v. 1. & seq.
[d] 2. Macc. 1. 13. 15.

Les anciennes Annales de Perse portent que la Ville de Persépolis fut anciennement appellée *Zije-raes* & ensuite *Fars*, du nom de la Province où elle étoit située: Elles ajoutent que cette Ville fut fondée par un certain Roi nommé *Sjemchid*, qui régnoit, sous le titre d'Empereur il y a environ cinq mille ans. Les Ecrivains modernes tant Persans qu'Arabes prétendent qu'un de leurs Rois ou de leurs Héros nommé Gjemchid ou Zjemschid fut le Fondateur de cette Capitale de la Perse, & qu'il la nomma *Estechar*, c'est-à-dire taillée dans le roc. Ils disent encore qu'elle avoit une si grande étendue qu'elle contenoit même la Ville de Chiras dans son enceinte; que la Reine *Homai*, fille de Bahaman, fonda le Palais de cette Ville nommé *Gibil*, ou *Chilminar*, & que les Tombeaux qu'on voit dans la Montagne doivent leur origine au Prince *Kitschtaib*, fils du cinquième Roi de la Race des *Cajanides*, nommé Lohorasp. Voyez D'Herbelot dans sa Bibliothéque Orientale, au mot ESTECHAR. Cependant comme ces Relations sont mêlées de plusieurs Fables, qui n'ont guère de vraisemblance, & que d'ailleurs elles ne s'accordent ni avec les anciennes Histoires Grecques, ni avec les Historiens sacrez, on ne sauroit y faire aucun fonds. Nous examinerons ces divers témoignages lorsque nous aurons décrit l'état présent des superbes Masures connues sous le nom de *Ruines de Persépolis*, dont plusieurs Ecrivains ont parlé sans les bien connoître. Les uns se sont attachez à développer les Antiquitez les plus reculées, sans s'arrêter à l'état présent des lieux, & ont débité des choses incertaines & problématiques; les autres n'ont songé qu'à plaire par des Relations pompeuses, auxquelles ils ont ajouté des Fables & des erreurs populaires. La plûpart n'avoient point été sur les lieux & ceux qui y avoient été n'y avoient apporté ni le tems ni l'application nécessaires. Comme on ne peut pas faire ces reproches à Corneille le Brun, nous emprunterons sa Relation, comme la plus exacte & la mieux circonstanciée.

La situation des ruïnes de Persépolis, dit le Brun [e], est charmante. Elles sont dans une belle Plaine qui a deux bonnes lieues de large du Sud-Ouest, au Nord-Est, à compter du Pont de POL-CHANJE, sur la Riviére de Bendemir, au delà de laquelle elle a bien encore trois lieues d'étendue, jusqu'aux Montagnes, & près de quarante de long du Nord-Ouest au Sud-Est. L'ancien Palais des Rois de Perse, communément nommé la *Maison de Darius* & appellé dans la Langue du Pays CHELMENAR ou CHIL-MINAR; c'est-à-dire les quarante Colonnes, est situé à l'Ouest de cette Plaine, au pied de la Montagne de *Kuhirag-met*, où de compassion, anciennement la Montagne Royale, qui est toute de roche vive. Ce superbe Bâtiment a encore toutes ses murailles de trois côtez & la Montagne à l'Est. La façade a 600. pas de large du Nord au Sud, & 390. pas de l'Ouest à l'Est, jusqu'à la Montagne sans aucun Escalier de ce côté-là, où l'on monte entre quelques rochers détachez à l'endroit où la muraille n'a que 18. pieds 7. pouces de haut & moins en quelques endroits. Du côté du Nord la Courtine a 410. pas de long, & 21. pieds de haut en quelques endroits: il y a 30. pas de plus jusqu'à la Montagne, où on voit encore un coin de muraille; & au milieu on trouve une entrée par où l'on monte jusqu'au haut entre des pièces détachées du rocher. On trouve aussi devant l'extrémité Occidentale plusieurs rochers qui s'élévent au Nord jusqu'au haut de la muraille & s'étendent quatre-vingt pas à l'Est, comme une platte-forme jusqu'à l'endroit où l'on monte. Il semble qu'il y ait eu autrefois un Escalier en ce lieu-là, aussi bien que quelques Bâtimens au delà de cette Courtine. On trouve sur le haut de cet Edifice une platte-forme de quatre cens pas qui s'étend du milieu du mur de la façade jusqu'à la Montagne; & le long de ce mur des trois côtez un pavé de deux pierres jointes ensemble & qui remplissent un espace de huit pieds de large: une partie de ces pierres ont 8. 9. & 10. pieds de long sur 6. pieds de large; mais les autres sont plus petites. Le principal Escalier n'est pas placé au milieu de la façade, mais vers l'extrémité Septentrionale dont il n'est éloigné que de 165. pas, au lieu qu'il est à 600. pas de l'extrémité Méridionale. Cet Escalier est double ou à deux Rampes, éloignées l'une de l'autre de 42. pieds par en-bas. Sa profondeur est de 25. pieds & 7. pouces: les marches sont aussi longues, à cinq pouces près qui entrent dans la muraille à droite & à gauche; mais elles n'ont que 4. pouces de hauteur, sur 14. de profondeur.

[e] Voy. chap. 52.

deur. Il y a cinquante cinq marches du côté qui eſt au Nord & cinquante trois du côté qui eſt au Sud, où elles ne ſont pas ſi entiéres que les autres : peut-être y en a-t-il davantage, & que la terre qui les couvre empêche qu'on ne les voye. Lors qu'on eſt parvenu au haut de cette partie de l'Eſcalier, on trouve de chaque côté un Paillier ou Perron qui a 51. pied 4. pouces de large & dont les pierres ſont très-grandes. Les deux Rampes qui ſe trouvent ſéparées par le mur de la façade & qui juſque-là s'étoient éloignées l'une de l'autre, tournent tout court, pour ſe rapprocher à meſure qu'elles montent ; ce qui fait un effet charmant, & qui répond à la magnificence du reſte de l'Edifice. Cette partie ſupérieure de l'Eſcalier a 48. marches de côté & d'autre ; mais il y en a quelques-unes d'endommagées quoiqu'elles ſoient taillées dans le Roc. On trouve au haut un autre Perron entre les deux Rampes : il a 75. pieds de large & eſt pavé de grandes pierres, dont quelques-unes ont 13. à 14. pieds de longueur, ſur 7. à 8. de largeur. Elles ſont encore entiéres & bien jointes, juſqu'à 32. pieds de la façade. Le reſte du Perron eſt d'une terre cimentée, & le mur qui eſt entre les Rampes de l'Eſcalier a 36. pieds de hauteur.

Juſque-là ce n'eſt que le plan extérieur de l'Edifice. Dans l'intérieur on découvre premiérement en droite ligne, à 42. pieds de diſtance de la façade ou du mur de l'Eſcalier, deux grands Portiques & deux Colonnes. Le fond du premier Portique eſt couvert de deux Tables de pierre, qui en rempliſſent les deux tiers, le tems ayant ruïné la couverture de l'autre tiers. Le ſecond Portique eſt plus enfoncé en terre que l'autre de 5. pieds. Chacun a 22. pieds 4. pouces de profondeur, & 13. pieds 4. pouces de largeur. En dedans ſur chaque Pilaſtre on voit une grande Figure en bas-relief, à peu près de la longueur du Pilaſtre ; & qui a vingt-deux pieds de long depuis les pieds de devant juſqu'à ceux de derriére, & quatorze pieds & demi de haut. Les têtes de ces Animaux ſont entiérement détruites : leurs poitrines & leurs pieds de devant ſont en ſaillie & ſortent du Pilaſtre. Les corps ſont auſſi fort endommagez. Les Figures du premier Portique ſont tournées vers l'Eſcalier, & celles du ſecond, qui ont chacune une aîle, regardent le côté de la Montagne. On apperçoit au haut de ces Pilaſtres, en dedans, des caractéres qu'on ne ſauroit diſtinguer, tant ils ſont petits & élevez ; car le premier Portique a 39. pieds de haut & le ſecond 28. La Bâſe des Pilaſtres a cinq pieds deux pouces de hauteur ; & celles ſur leſquelles les Figures ſont poſées ont deux pieds & un pouce. La muraille a 5. pieds 2. pouces d'épaiſſeur & la hauteur du premier Portique eſt formée de huit pierres, & celle du ſecond de ſept. Quant aux Animaux dont il vient d'être parlé, il ſeroit aſſez difficile de dire ce qu'ils repréſentent. Ils ſemblent pourtant avoir quelque rapport au Sphinx. Ils ont le corps du Cheval & les pattes du Lion. Les têtes à la vérité ſont briſées ; mais il paroît quelque choſe ſur le derriére du cou d'un de ces Monſtres, qui fait croire qu'il avoit une tête humaine : c'eſt un certain rond ou Bonnet couronné, qui reſſemble aſſez aux Tours dont les Anciens ſe ſervoient ſur les Eléphans pour tirer à couvert. Ces Figures paroiſſent couvertes d'armes & ornées d'un grand nombre de boutons ronds. Les deux Colonnes qu'on voit entre les deux Portiques ſont les moins endommagées de toutes, ſur-tout quant aux Chapiteaux & aux autres ornemens d'en-haut ; mais les Bâſes en ſont preſque toutes couvertes de terre. Elles ſont à 26. pieds du premier Portique & à 56. du ſecond : elles ont 14. pieds de circonférence & 54. de hauteur. Il y en avoit autrefois deux autres entre celles-ci & le dernier Portique : on en voit encore la foſſe & quelques piéces renverſées & à demi enterrées. A la diſtance de 52. pieds du même Portique au Sud, il y a un Abreuvoir taillé d'une ſeule pierre qui a 20. pieds de long ſur 17. pieds & 5. pouces de large : il eſt élevé de trois pieds au deſſus de la terre. De-là juſqu'à la muraille qui eſt au Nord il y a un eſpace de 150. pas, où l'on ne trouve que de groſſes pierres rompues & un reſte de Colonne, auquel il ne paroît aucune cannelure comme aux autres.

En avançant vers le Sud des Portiques dont il vient d'être parlé, on trouve à la droite vis-à-vis du dernier, à la diſtance de 172. pieds, un autre Eſcalier à deux Rampes, comme le précédent, l'une conduit à l'Eſt & l'autre à l'Oueſt. La façade ou le mur a encore 6. pieds & 7. pouces de hauteur ; mais le mur du milieu eſt preſque entiérement ruïné. Il ne laiſſe pas de s'étendre 83. pieds à l'Eſt : il paroît encore aux pierres de deſſous qu'il a été orné de Figures en bas-relief ; & l'on apperçoit ſur le haut de la Rampe quelques feüillages avec un Lion qui déchire un Taureau ; le tout plus grand que nature & en bas-relief. Il y a auſſi de petites Figures ſur les deux côtez de la muraille du milieu & cette muraille avance juſqu'au bout de l'Eſcalier qui eſt à demi enterré. La Rampe Occidentale a 28. marches ; & l'autre où le terrein eſt plus élevé n'en a que 18. qui ont 17. pieds de long, 3. pouces de hauteur & 14. pouces & demi de largeur. Pluſieurs de ces marches ſont endommagées vers le haut : deux ou trois même, quoique taillées dans le Roc ſont entiérement détruites. Au bout du Perron de cet Eſcalier on voit une autre façade ſur laquelle il y a trois rangs de petites figures. Celles du rang le plus élevé ſont briſées, depuis la tête juſqu'à la ceinture : le rang du milieu qui s'eſt le mieux conſervé ne laiſſe pas d'être endommagé, & dans le rang du deſſous on ne voit que les têtes, le reſte étant ſous terre. Ces Figures ont 2. pieds 9. pouces de haut, & le mur, qui a encore 5. pieds 3. pouces d'élévation, a 98. pieds d'étendue depuis la premiére marche juſqu'au coin à gauche, où est un autre Escalier dont il reste encore 13. marches de la largeur & de la profondeur de celles dont il vient d'être parlé. Sur le reste du mur intérieur, qui règne à côté de l'Escalier, il y a un autre rang de demi-figures, & au bout de cet Escalier est un autre mur, qui s'étend 90. pieds au delà du Perron. Le coin tourne un peu au Sud & ne passe pas outre ; parce que le terrein qui est élevé se trouve de la même hauteur. Ce bout-là donne en droite ligne un peu au delà des dernières Colonnes, qui s'étendent vers les Montagnes. En retournant à la Rampe de l'Escalier qui est à l'Ouest, ou rencontre un mur qui a 45. pieds de long, & prend au bas de l'Escalier ; puis il y a un espace de 67. pieds jusqu'à la façade Occidentale. Ce côté-là est semblable au précédent : il a de même trois rangées de Figures, avec un Lion qui déchire un Taureau ou un Ane qui a une corne au front. Entre ces deux Animaux & les figures on a ménagé un quarré rempli de caractères, dont les plus élevez sont effacez. De l'autre côté, où il y a un pareil quarré, dont les caractères sont entièrement effacez. Les figures sont aussi moins endommagées de ce côté-ci, où le terrein est moins élevé. Il y a 25. marches en cet endroit. Le mur qui régne le long du Perron à l'Ouest s'étend jusqu'à la façade & n'a pas de figures au delà de l'Escalier.

Lorsqu'on est parvenu au haut de cet Escalier, entre les deux Rampes, on entre dans un Lieu ouvert, pavé de grandes Tables de pierre, aussi larges que la distance qu'il y a de l'Escalier aux premières Colonnes, qui en sont éloignées de 22. pieds & 2. pouces. Ces Colonnes sont placées en deux rangs chacun de six ; mais il n'en reste qu'une qui soit entière, avec huit Bâses ou Piédestaux & quelques débris des autres. Elles régnent le long du mur de l'Escalier, à autant de distance l'une de l'autre, que la première est éloignée des degrez. On en trouve 6. rangs d'autres à 70. pieds 8. pouces de ces dernières. Chaque rang est composé de six. Ces 36. Colonnes sont aussi éloignées de 22. pieds 2. pouces. Il n'en reste que 7. entières ; mais toutes les Bâses des autres sont encore dans leur place, la plûpart fort endommagées. De celles qui subsistent, une est au premier rang, une au second, deux au troisième, & une à chacun des autres. Entre ces Colonnes & les premières on trouve quelques grosses pierres d'un Edifice souterrain. Il y avoit outre cela à 70. autres pieds 8. pouces de ces rangs de Colonnes, du côté de l'Ouest vers la façade de l'Escalier, 12. autres Colonnes en deux rangs, & dont il n'en reste que cinq, trois au premier, & deux au second. Elles étoient éloignées les unes des autres comme les précédentes ; mais les Bâses des 7. qui manquent ne sont plus visibles ; & même celles qui subsistent sont en partie rompues. La terre y est couverte de plusieurs pièces de Colonnes & des ornemens dont elles étoient couronnées. Parmi ces Ornemens il y a des pièces de Chameaux à genoux. On voit même encore sur le haut d'une de ces Colonnes, un des Animaux en cette posture & assez entier. Au Sud de ces Colonnes est l'Edifice le plus élevé de ces ruïnes ; mais avant que d'en donner la description, il est bon de remarquer qu'il y avoit aussi à l'Est du côté gauche, en avançant vers les Montagnes, deux autres rangs de Colonnes ; chaque rang de six, & dont il reste encore quatre ou cinq Bâses, qui paroissent un peu au dessus de la superfice de la terre, avec plusieurs pièces de Colonnes & des monceaux de pierres. Il y a de l'apparence que ces Colonnes étoient opposées à celles qui regnoient le long de la façade. En avançant encore à l'Est vers les Montagnes, on trouve plusieurs ruïnes de Bâtimens. Elles consistent en passages, en fenêtres & en Portiques qui son ornez de figures en dedans. Ces ruïnes s'étendent 95. pas de l'Est à l'Ouest, 125. du Nord au Sud ; & sont à 60. pas des Colonnes & des Montagnes. Au milieu de ces ruïnes la terre est couverte de pièces de Colonnes & d'autres pierres. Ces Colonnes étoient au nombre de 76. Il n'en reste que 19. dans leur assiette. Le Fut est fait de trois ou quatre pièces jointes ensemble, sans parler de la Bâse ni du Chapiteau.

Le Bâtiment le plus élevé est sur une Colline à 118. pieds des Colonnes & du côté du Sud. Le mur de la façade qui a 5. pieds & 7. pouces de haut de ce côté là, n'est composé que d'une seule assise de pierres, entre lesquelles il y en a qui ont 8. pieds de large. Ce mur a 113. pieds d'étendue de l'Est à l'Ouest. On voit au devant du milieu de cet Edifice quelques fondemens de pierre qui en faisoient une partie, sans qu'on puisse comprendre à quoi ils ont servi, puis qu'on n'y trouve pas la moindre marque d'Escalier. On apperçoit en dedans & en dehors des pierres qui ont servi à l'Edifice & un Canal ou Conduit qui servoit à faire écouler les eaux. A 53. pieds de cette façade qui n'a ni figures ni ornemens, & dont on ne peut pas bien distinguer l'entrée, parce que les ruïnes en sont en partie couvertes de terre, on trouve à la droite un Escalier, qui a encore six marches entières, & dont celles du haut sont entièrement détruites. Ces marches ont six pieds & un pouce de long, quatre pouces de haut & un pied & demi de large. Sur les petites aîles de cet Escalier, on voit à droite & à gauche des figures, aussi bien que sur les pierres qui en sont proche ; & sur le Perron qui est au haut, il y a une pierre de 5. pieds de long & de 7. de large. Il y avoit une Rampe semblable à l'autre côté, & on trouve encore deux marches élevées, opposées l'une à l'autre. La première de ces Rampes est au Nord & la seconde au Sud ; & l'on voit sur le Perron, qui est entre-deux, deux Pilastres de Portiques qu'un tremblement de terre aura apparemment jettez. Tout le reste du Bâtiment qui consistoit en grands & petits Portiques est absolument détruit.

Ils

Ils étoient compofez de groſſes pierres parmi lesquelles il s'en trouve qui font percées comme des fenêtres, & ils étoient remplis de figures en bas-relief. Le terrein de ces ruïnes contient 147. pieds de long & eſt à peu près quarré. Il y avoit auſſi un Eſcalier à deux Rampes au Sud, de la grandeur & de la forme du premier, dont on voit encore de part & d'autre les quatre derniéres marches. Entre les deux Rampes, dont l'une eſt à l'Eſt & l'autre à l'Oueſt, il y a une façade de 55. pieds de long, ſans compter les côtés de l'Eſcalier, où le mur eſt plus bas, & n'a que 2. pieds 7. pouces de haut au deſſus du rez-de-chauſſée. Le terrein qui eſt à l'Eſt, eſt plus élevé que les murs de côté & eſt à peu près quarré en dedans, ayant 54. pieds & demi d'un côté & 53. & demi de l'autre, avec une grande Colline de ſable au milieu. Les plus grands de ces Portiques on 5. pieds 2. pouces de profondeur. La muraille a 3. pieds d'épaiſſeur & 22. à 23. de hauteur juſqu'à la Corniche. On ne ſauroit concevoir, à quoi ce Bâtiment a ſervi, ni comment on y montoit; car il n'y a pas la moindre trace d'Eſcalier.

On trouve au Nord deux Portiques & trois Niches ou Fenêtres murées ; & au Sud un Portique & quatre Fenêtres ouvertes, larges chacune de 5. pieds 9. pouces & hautes de 11. pieds y compriſe la Corniche. Il y a à l'Oueſt deux autres Portiques qui ne ſont point couverts, & qui ont deux ouvertures, & à l'Eſt il y en a un troiſiéme avec trois Niches ou Fenêtres murées. Six de ces Ouvertures ſont ſans Corniche ; & il n'en reſte qu'une demie à l'Eſt. On voit de part & d'autre ſous les deux Portiques qui ſont au Nord la Figure d'un homme & celles de deux femmes : les unes & les autres paroiſſent ſeulement juſqu'aux genoux, les jambes étant couvertes de terre. Sous un des Portiques qui ſont à l'Oueſt on voit un homme combattant contre un Taureau qui a une corne au front. L'homme tient la corne de la main gauche, tandis qu'il enfonce de la droite un poignard dans le ventre du Taureau ; de l'autre côté l'homme tient la corne de la droite & enfonce le poignard de la gauche. Il y a dans le ſecond Portique un homme debout qui tient de la main gauche la corne d'un Daim & qui lui enfonce de la main droite un poignard dans le ventre. Le Daim reſſemble preſque à un Lion qui auroit une corne au front, & des aîles ſur le dos. Les mêmes repréſentations ſe trouvent ſous le Portique qui eſt au Nord, à la reſerve qu'au lieu du Daim, il y a un véritable Lion que l'homme tient par la criniére. Ces deux Figures ſont en terre juſqu'à mi-jambe. Des deux cotez du Portique qui eſt au Sud, on voit un homme avec un ornement de tête en façon de Couronne : il eſt accompagné de deux femmes, dont l'une lui tient un Paraſol ſur la tête & l'autre un certain ornement à la main. Au deſſus de ce Portique en dedans il y a trois Niches différentes remplies de caractères. Sur les Pilaſtres du premier Portique, qui ſont ſortis de leur place, & qu'on trouve à côté du dernier Eſcalier dont nous avons parlé, on voit deux hommes tenant chacun une Lance, l'un des deux mains & l'autre de la gauche, mais il n'y en a qu'un d'entier. Derriére cet Edifice ſe trouve un autre Bâtiment à peu près ſemblable ; mais plus long de 38. pieds, avec une Niche ou Fenêtre bouchée & une autre ouverte, & deux Portes élevées à droite & à gauche, dont celle qui eſt à l'Eſt eſt rompue & l'autre qui eſt à l'Oueſt a encore 28. pieds de haut, & paroît toute d'une piéce, ayant 3. pieds 7. pouces de large & 5. pieds 4. pouces d'épaiſſeur. Il y a ſur le haut de cette pierre trois Niches ou tables ſéparées, remplies de caractères, & une quatriéme au deſſous, qui ſemble avoir été taillée après les autres. On en trouve de ſemblables dans d'autres Niches ou Fenêtres, auſſi-bien que ſous quelques-uns des Portiques, dont les Pilaſtres ſont d'une ſeule pierre comme les Corniches. Les Niches ou Fenêtres des murailles ſont auſſi taillées d'une ſeule pierre ; & il y a au Sud de ces Fenêtres deux Rampes d'Eſcalier, l'une à l'Eſt & l'autre à l'Oueſt, dont il reſte les cinq marches les plus élevées ; & les aîles auſſi-bien que le mur qui les ſépare ſont chargez de petites figures & de feuillages en partie ſous terre. A 100. pieds de-là, au Sud on trouve les derniéres ruïnes de ces fameux Edifices. Elles conſiſtent auſſi la plûpart en Portiques & en enclos. Entre ces ruïnes & les précédentes, il y a un Eſcalier ruïné. Il étoit à deux Rampes, l'une au Nord & l'autre au Sud. Il en reſte encore les ſept marches les plus élevées, & on voit qu'il étoit orné de figures & de feuillages. A l'Eſt de cet Eſcalier ſont des paſſages ſouterrains, où perſonne n'oſe entrer, parce qu'on dit, que pour peu qu'on avance, la lumiére s'éteint d'elle-même. Cela n'empêcha pas le Sr. le Brun d'en faire l'épreuve dans la compagnie d'un Perſan réſolu. On y deſcend, dit-il, entre des Rochers & l'on y trouve deux chemins, celui qui conduit à l'Eſt eſt élevé de 6. pieds & large de 2. pieds 4. pouces à l'entrée, & un peu plus avant d'un pied, 7. à 8. pouces. Après avoir avancé 26. pas, la voute ſe trouve ſi baſſe, qu'il faut ſe coucher ſur le ventre pour pénétrer encore l'eſpace de 10. pas ; enſuite elle a la hauteur de ſix pieds ; mais après avoir fait quelque pas, on ne trouve plus qu'un conduit étroit, qu'il eſt impoſſible de paſſer & qui doit avoir ſervi autrefois pour l'écoulement des eaux. Le paſſage qui eſt à l'Oueſt eſt de même praticable au commencement : on y trouve un chemin qui conduit du côté du Nord ; mais il devient enfin ſi bas qu'un homme couché ſur le ventre ne peut y paſſer. Le Sr. le Brun fit ces deux tentives ſans que la lumiére qu'il avoit portée s'éteignît, & ſans avoir trouvé le Thréſor qu'on prétend être caché dans ce Souterrain.

L'Edifice au Sud dont nous avons commencé à parler & qui fait partie des derniéres ruïnes, avoit 160. pieds d'étendue du Nord

Nord au Sud & 191. de l'Eſt à l'Oueſt. Il en paroît encore dix Portiques ruïnez, ſept Fenêtres & quarante enclos, où il y a eu des Bâtimens, dont on voit encore les fondemens & des Bâſes rondes au milieu, ſur leſquelles il y a eu des Colonnes au nombre de 36. en ſix rangs: ces pierres ont 3. pieds 5. pouces de diametre. Tout ce terrein, eſt couvert de grandes pierres ſous leſquelles il y avoit autrefois des Aqueducs. On voit à l'entrée de ce Bâtiment deux pierres élevées, comme au précédent, & ſur leſquelles il y a des caractères viſibles. Il y avoit un autre Edifice à l'Oueſt de la façade de celui-ci: mais il eſt entiérement détruit. Il ne reſte plus qu'une Place quarrée, vis-à-vis des Portiques dont il vient d'être parlé, & dont la muraille a encore près de deux pieds de hauteur au deſſus du rez-de-chauſſée. On voit auſſi le long de cette muraille le haut des Figures dont elle étoit ornée; elles avoient chacune une Lance & n'étoient guère moins grandes que nature. Le terrein qu'elle enferme ne contient plus que quelques pierres rondes qui ont ſervi de Bâſes à des Colonnes de la groſſeur des précédentes, & à 11. pieds de diſtance les unes des autres: il paroît qu'il y en a eu 36. Devant ce dernier Edifice il y a une grande Colline de ſable qui régne le long des Portiques, avec pluſieurs monceaux de pierre; & à côté des ces ruïnes à l'Eſt, on trouve les débris d'un Eſcalier ſemblable à celui du mur de la façade & à la partie inférieure duquel, on voit encore 12. marches, & 15. au deſſus du Perron ou du Paillier, chacune ayant 6. pieds 2. pouces de large. Les aîles de cet Eſcalier ſont ornées de petites Figures, & le mur qui en ſépare les deux Rampes & qui a encore huit pieds de haut, a des Figures preſque auſſi grandes que nature; mais les pierres en ſont fort endommagées. On voit ſur le devant un Lion combattant contre un Taureau & quelques pierres rompues, ſur leſquelles il y avoit des caractères. Il y a des Lions ſemblables ſur les aîles de l'Eſcalier; mais plus petits: on y voit des caractères & des Figures preſque grandes comme nature. On en voit de même de l'autre côté des murs avec des Figures de femmes preſque toutes effacées. Le principal Eſcalier de ce Bâtiment étoit à l'Oueſt, non de la façade, mais de l'endroit le plus élevé près du grand Edifice. Il différoit des autres en ce qu'il étoit poſé directement devant le mur & qu'il étoit large par le bas, & ſe rétreciſſoit par degrez en montant. Il a deux Rampes comme les autres, l'une à l'Oueſt, l'autre à l'Eſt. Cette derniére a vingt-ſept pieds de haut, & celle qui eſt à l'Oueſt a 23. marches, dont le tems en a détruit 8. quoiqu'elles ayent toutes été taillées dans le Roc. Lors qu'on eſt parvenu au Perron de la première Rampe, on trouve la ſeconde diviſion de l'Eſcalier à côté du mur: de l'Oueſt à l'Eſt, elle a trente marches preſque toutes entières, ayant 4. pieds 3. pouces de large & 1. pied 3. pouces de profondeur. La Rampe qui étoit à l'Eſt & qui étoit ſemblable à l'autre eſt preſque entièrement détruite: il n'en reſte plus rien qu'une partie du mur avec deux ou trois marches. On trouve entre ces deux Rampes une étendue ou Place de 117. pieds; à compter du mur du Perron le long duquel les Bâtimens s'étendoient à 8. pieds de diſtance. Il y avoit des Colonnes entre cet Edifice élevé & les Portiques dont on a parlé; mais il n'en reſte des veſtiges que de quatre, avec deux pièces des Bâſes qui paroiſſent encore au deſſus de la terre. On trouve quatre Portiques parmi ces dernières ruïnes, & ſur chaque Pilaſtre de ces Portiques, il y a en dedans une Figure d'homme & deux de femmes, qui lui tiennent un Paraſol au deſſus de la tête. Il y avoit de pareilles figures pour ceux qui ſont à l'Oueſt, auſſi bien que ſur ceux qui ſont à l'Eſt. Sous les deux autres Portiques on voyoit deux hommes armez de Lances; & dans les Niches qui ſe trouvent de part & d'autre on voit diverſes Figures d'hommes, la plûpart fort endommagées. Entre ces ruïnes & les derniers Edifices qui ſont vers la Montagne, on trouve quelques Pilaſtres ornez de Figures à peu près ſemblables, ſi non qu'une des femmes, au lieu de Paraſol, tient un Inſtrument courbe au deſſus de la tête de l'homme. On voit des pièces ſemblables à la main de diverſes autres Figures, qui ſemblent être derriére quelque grand Perſonnage. Le Brun ſoupçonne que ce pourroit être des queues de Chevaux-marins, dont les perſonnes de condition de ce pays-là ſe ſervent encore aujourd'hui pour chaſſer les mouches. Ces ſortes de queues coûtent juſqu'à cent Riſdalles; & on y met une poignée d'or qui eſt ſouvent garnie de pierreries. Quoi qu'il en ſoit, on trouve auprès de ces Edifices deux pierres fort élevées; mais tout le reſte eſt preſque ſous terre. On ne laiſſe pas de voir à une petite diſtance au Nord deux Portiques avec leurs Pilaſtres ſur l'un deſquels il y a la Figure d'un homme & celle de deux femmes, dont l'une lui tient le Paraſol au deſſus de la tête; & au deſſus de ces femmes il y a une Figure avec des aîles, qui s'étendent juſqu'au côté du Portique. Le deſſous du Buſte de cette petite figure ſemble ſe terminer en feuillages des deux côtez, avec une eſpèce de friſure. Il y a ſur le ſecond Pilaſtre un homme aſſis dans une Chaiſe, tenant un bâton à la main, & un autre debout derriére lui, tenant la main droite ſur ſa Chaiſe & de l'autre quelque choſe qu'on ne ſauroit diſtinguer. La petite Figure qui eſt au deſſus tient une eſpèce de cercle de la main gauche & montre quelque choſe de la droite. On voit ſous ce Portique trois rangs de petites Figures toutes les mains élevées, & ſur un troiſième Pilaſtre qui reſte encore, ſont deux femmes tenant un Paraſol ſur la tête d'un homme. La terre eſt auſſi couverte de pluſieurs pièces de Colonnes & d'autres Antiquitez entre leſquelles il y a trois Bâſes viſibles. Ces Portiques ont neuf pieds de profondeur

deur & autant de largeur & font enfoncées de quelques pieds en terre. On passe de cet endroit aux derniéres ruïnes des Edifices qui sont du côté de la Montagne. On y trouve deux Portiques sous chacun desquels il y a un homme assis dans une Chaise tenant un bâton de la main droite & de la gauche une espéce de vase, & derriére lui une autre Figure qui lui tient au dessus de la tête un Instrument semblable à une queue de Cheval-marin & qui a un linge dans l'autre main. On apperçoit trois rangs de Figures au dessous de celle-ci, tenant les mains élevées; savoir 4. dans le premier rang & 5. dans chacun des deux autres. Elles n'ont que trois pieds & quatre pouces de hauteur; mais la Figure qui est assise est plus grande que nature. Au dessus de cette Figure on voit plusieurs rangs d'ornemens de feuillages, dont le plus bas est chargé de petits Lions & le plus élevé de Bœufs, & au dessus de ces ornemens paroît une petite figure aîlée qui tient de la main gauche quelque chose qui ressemble à un petit verre, & elle fait un signe de la droite. Ces Portiques ont 12. pieds 5. pouces de largeur, sur 10. pieds 4. pouces de profondeur. Les Pilastres en sont composez de 7. pierres & ont l'épaisseur de 5. à 6. pieds. Les plus élevez sont de 28. à 30. pieds. On voit sur les deux qui sont au Nord un homme assis avec une personne derriére lui; & derriére celui-ci deux autres hommes tenant à la main quelque chose qui est rompu. Au devant de celui qui est assis il y a deux autres hommes, dont l'un a la main à la bouche comme pour saluer & l'autre tient un petit sceau. Au dessus de ces Figures il y a une pierre remplie d'ornemens; & au dessous du Personnage assis, on voit cinq rangs de figures, qui ont trois pieds de haut: ce sont des Soldats différemment armez. On trouve dans un de ces Portiques à l'Est un homme combattant contre un Lion, & dans un autre un homme combattant contre un Taureau. Sous les deux qui sont à l'Ouest on voit des Lions dont il y en a un avec des aîles. Ceux qui sont à l'Est & à l'Ouest sont beaucoup plus bas que ceux du Nord & du Sud, & les Figures sont en terre jusqu'aux genoux. Les autres Portiques sont enfoncez de même. Ils avoient neuf Niches ou Fenêtres de chaque côté. Elles sont presque toutes détruites: on voit pourtant qu'elles n'étoient point percées d'outre en outre, à l'exception de celles qui sont au Nord, dont les trois du milieu sont encore entiéres, & percées de sorte qu'on peut passer au travers. Les Pilastres en sont presque d'une seule pierre, aussi bien que l'Architrave; mais les Corniches en sont rompues. Ces Portiques ont 3. pieds 5. pouces de profondeur & 4. pieds 10. pouces de largeur. On trouve entre ces Edifices plusieurs piéces de Colonnes, de Bâses & d'ornemens, qui pourroient se monter au nombre de 30. ou 40. Les derniéres dont nous avons parlé se montent à 119. lesquelles ajoutées aux 76. premiéres font le nombre de 195.

Les premiéres grosses pierres de Rocher qu'on trouve à côté de ces Edifices au Nord, sont des Pilastres de deux grands Portiques, dont l'un étoit égal aux deux qui sont à l'Escalier du mur de la façade: l'autre est orné de deux Figures d'hommes armées de Lances, d'une grandeur extraordinaire, & tenant aussi un Instrument semblable à une queue de Cheval-marin. Il y avoit deux autres Pilastres, un peu plus loin à l'Ouest vis-à-vis des premiers, comme il paroît par le peu qui en reste. On trouve deux autres Portiques au Nord, pareils à ceux qui étoient à l'Escalier de la façade. Quoiqu'ils soient tombez en ruïne, on ne laisse pas de distinguer encore les Animaux qui étoient taillez dessus. Il y a aussi une grosse piéce de pierre enfoncée dans la terre & qui ressemble à la tête d'un Cheval, d'où l'on peut conclurre que les autres Pilastres ont aussi été ornez de têtes semblables & de plusieurs figures de Bêtes. On trouve de plus à côté de ces ruïnes beaucoup de débris de Colonnes & d'autres piéces d'Architecture; mais on ne sauroit rien distinguer parmi celles qui sont au Nord.

Il nous reste à parler des deux anciens Tombeaux des Rois de Perse & qui se trouvent dans la Montagne, l'un au Septentrion & l'autre au Midi. La façade du premier qui est taillée dans le Roc est un beau morceau d'Architecture rempli de figures & d'autres ornemens. Ils sont tous deux de la même forme & ont environ 70. pieds par en-bas. La partie de ce Tombeau sur laquelle sont les figures a 40. pieds de large; la hauteur en est à peu près semblable à la largeur par en-bas; & le Rocher s'étend des deux côtez à la distance de 60. pas. Le Sr. le Brun eut la curiosité de pénétrer dans le Tombeau qui est au Midi. Comme l'entrée n'a que 2. pieds de hauteur, il falut qu'il se traînât sur le ventre. Il trouva une voute de 46. pieds de large & de 20. pieds de profondeur. Cette Cave est repartie en trois Caveaux qui commencent à la moitié de sa profondeur, & qui ont sept pieds de haut jusqu'à la voute. On apperçoit plusieurs pierres dans ces Caveaux, sur-tout dans celui qui est à gauche. On dit qu'ils contenoient deux Tombes couvertes de pierre en demi rond. Il y a apparence qu'elles auront été rompues à dessein, chacun ayant eu la liberté d'y entrer en différens tems.

A l'égard de la Ville de Persépolis, il n'en reste aucunes traces, si ce n'est que les Rochers, qu'on trouve de côté & d'autre, donnent lieu de croire qu'il y a eu des Bâtimens au delà de l'enceinte des murailles de l'Edifice Royal dont on a vu la description. Les Persans disent, & il paroît par leurs Ecrits, que cette Ville avoit une grande étendue; qu'elle étoit située dans la Plaine; & que les ruïnes qu'on y voit encore aujourd'hui sont celles du Palais des anciens Rois de Perse. On croit qu'elle s'étendoit le long de la Montagne & qu'elle avançoit considérablement dans la Plaine;

ne ; mais après tout ce ne sont que des conjectures, puisqu'il n'en reste aucune trace que la Colonne qui est au Sud de l'enceinte du Palais & un Portique qui est au Nord.

Nous ajouterons qu'à deux lieues de ces ruïnes, dans un Lieu de la Montagne nommé *Naxi-Rustan*, on voit quatre Tombeaux de Personnes considérables entre les anciens Perses. Ils sont presque semblables à ceux de Persépolis ; si ce n'est qu'ils sont taillez beaucoup plus haut dans le roc. Vis-à-vis du premier de ces Tombeaux, est bâti un petit Edifice quarré, dont chaque face a vingt-sept pieds de largeur & beaucoup plus de hauteur. L'ouverture est au Nord vis-à-vis du Tombeau ; il y a quatre Fenêtres de chaque côté, & plusieurs ouvertures en long. Dans la partie Occidentale de cette Montagne, & à deux cens trente pas de ces quatre Tombeaux, il y a deux Tables avec des figures taillées dans le roc ; & à 215. pas plus loin, on trouve deux petits Temples, voisins l'un de l'autre, & qui n'ont que 6. pieds de hauteur sur cinq de largeur. On trouve encore divers Tombeaux dans la Montagne, aux environs de Naxi-Rustan.

☞ Quoique sur la Description que nous venons de donner il soit assez difficile de décider si ce sont les ruïnes de Persépolis, puisqu'il n'y reste pas assez de monumens entiers pour éclaircir les doutes qui pourroient survenir : cependant on ne sauroit disconvenir que ces ruïnes ne soient celles d'un Palais superbe, tout y répond à la grandeur & à la magnificence de la demeure d'un Grand Roi. On ne sauroit douter qu'il n'y ait eu de magnifiques Portiques & de grandes Galeries pour joindre toutes ces pièces détachées ; & la plûpart des Colonnes dont on voit de si beaux restes ont apparemment servi à soutenir ces Galeries, comme les autres servoient simplement d'ornement. De plus il est constant, que les ruïnes de *Chilminar*, sa situation, les vestiges de l'Edifice, les Figures, leurs vêtemens, les ornemens & tout ce qui s'y trouve répond aux manières des anciens Perses ; & a beaucoup de rapport à la Description que Diodore de Sicile donne de l'ancien Palais de Persépolis. Cet Auteur après avoir dit qu'Alexandre exposa cette Capitale du Royaume de Perse au pillage de ses Macédoniens, à la reserve du Palais Royal, décrit ce Palais comme une pièce particulière, en cette sorte[a] :

[a] Lib. 17. c. 71.

Ce superbe Edifice, dit-il, ou ce Palais Royal, est ceint d'un triple mur, dont le premier qui étoit d'une grande magnificence avoit 16. coudées d'élévation & étoit flanqué de Tours. Le second semblable au premier quant à la structure étoit deux fois plus élevé. Le troisième est quarré, taillé dans le roc & à soixante coudées de hauteur. Le tout étoit bâti d'une pierre très-dure & qui promettoit une stabilité éternelle. A chacun des côtez il y a des Portes d'Airain & des palissades de même Métal, hautes de vingt coudées. Les dernières pour donner de la terreur, & les autres pour la sûreté du Lieu. A l'Orient du Palais, est une Montagne appellée la Montagne Royale, qui en est éloignée de quatre cens pieds, & où sont les Tombeaux des Rois.

Si cette Description ne répond pas absolument à l'état présent des lieux, on ne doit pas s'en étonner. Diodore de Sicile décrivoit le Palais de Persépolis tel qu'il étoit avant qu'Alexandre l'eût ruïné, au lieu que ce que nous y voyons aujourd'hui peut n'être que les restes du Palais, qui fut sans doute rétabli dans la suite, ainsi que la Ville de Persépolis. En effet il paroît par le Livre des Maccabées & par Josephe que Persépolis subsistoit du tems d'Antiochus l'Illustre ; ce qui force de conclurre qu'elle avoit été rebâtie. A la vérité ni Strabon, ni Ptolomée, ni Etienne le Géographe, ni les autres Ecrivains anciens ne parlent point de ce rétablissement ; & par ce qu'ils disent de Persépolis, on ne sait s'ils veulent faire entendre qu'elle existoit de leur tems, ou s'ils veulent seulement faire mention de sa ruïne ; mais ce silence n'est point du tout décisif. Ce que Diodore de Sicile ajoute des Tombeaux des Rois & des Sépulcres taillez dans le roc & à une telle hauteur, qu'on étoit obligé d'y élever les corps avec une corde, tout cela a un si grand rapport avec la situation des Tombeaux qui sont dans la Montagne, qu'on ne peut guère douter que la Montagne voisine de *Chilminar* ne soit le Rocher dont il entend parler.

Cependant quand il seroit certain, comme on n'en peut guère douter, que *Chilminar* seroit une partie de l'ancienne Persépolis, il resteroit encore une difficulté à lever. Il s'agiroit de savoir, si *Chilminar* seroit le Palais des Rois de Perse, ainsi que plusieurs le prétendent, ou si ce n'auroit point été un Temple voisin de Persépolis, ou à l'extrémité même de cette Ville. Thevenot[b] qui a vu les lieux est pour ce dernier sentiment. Le Lieu, dit-il, étoit trop petit pour contenir un Palais qui répondît à la magnificence des Rois de Perse ; les Tombeaux qui sont dans la Montagne marquent le contraire : de plus comme il paroît que ces Lieux n'ont jamais été couverts, j'aime mieux croire que *Chilminar* ait été un Temple. Rien de plus vraisemblable si l'on considere que sur les Colonnes il y avoit des Idoles ; & que tous les Temples des anciens Perses étoient découverts.

[b] Suite du Voy. de Levant, c. 7.

PERSEUS, Ville de l'Attique, avec un Port de même nom selon Etienne le Géographe.

PERSIA, ou PERSIS, grande Région d'Asie, qui donna anciennement le nom à l'Empire des Perses ; mais qui est bien déchue aujourd'hui sous le régne des Sophis. Voyez PERSE. Ce Pays est connu dans l'Ecriture Sainte sous le nom de *Paras*, qui signifie également la Contrée & le Peuple ; & d'où ont été formez par les Grecs & par les Latins les noms PERSIS, PERSIA & PERSÆ. On l'appella encore anciennement *Elam*, à cause d'*Elymus*, ou *Elam*, fils de Sem, qui fut, selon Josephe[c], pere des Elyméens, de qui sont sortis

[c] Antiq. l. 1. c. 7.

## PER.

*a In Jerem. c. 25. v. 25.* fortis les Perses. St. Jérôme *a* dit qu'Elam est une Contrée de la Perse au delà de Babylone. Quelques Auteurs profanes donnent encore un autre nom à la Perse. Ils l'appellent *Achæménie*, du nom d'un de ses anciens Rois, qui selon Hérodote *b Lib. 7. c. 11.* fut pere de Cambyse. Ptolomée *b* qui se sert du nom PERSIS, dit que ce Pays étoit borné au Nord par la Médie; à l'Orient par la Caramanie; au Midi par une partie du Golphe Persique, depuis l'embouchure de l'Oroate, jusqu'à celle du Fleuve Bagrada; & au Couchant par la Susiane. Il lui donne les Places suivantes:

Sur le Golphe Persique.
- *Taoce extrema.*
- *Rhogomanis Fluv. Ostia.*
- *Fontes Fluvii.*
- *Chersonesus extrema.*
- *Jonacapolis.*
- *Brisoanæ Fluv. Ostia.*
- *Fontes Fluvii.*
- *Ausinza.*
- *Bagradæ Fluv. Ostia.*
- *Fontes Fluvii.*

Dans les Terres.
- Ozoa.
- Tanagra.
- Marrasium.
- Aspadana.
- Axima.
- Poryospana.
- Persepolis.
- Niserge.
- Sycta.
- Arbua.
- Cotamba.
- Poticara.
- Ardea.
- Cauphiaca.
- Batthina.
- Cinna.
- Parodana.
- Tæpa.
- Tragonice.
- Mætona.
- Chorodna.
- Corra.
- Gabra.
- Orebatis Civitas.
- Toace.
- Parta.
- Mammida.
- Uzia.
- Pasarracha.
- Gabæ.

Isle sur la Côte de la Perse.
- Tabiana.
- Sophtha.
- Aracia, ou Alexandri Insula.

*c Lib. 3. Floridorum.* PERSIANÆ AQUÆ. Apulée *c* dit que ces Eaux faisoient du bien aux Malades, *d Thesaur.* & Ortelius *d* croit qu'elles étoient quelque part aux environs de Carthage.

PERSICETA, Ville d'Italie. Ortelius *e*, qui cite Paul Diacre la met dans *e Ibid.* l'Emilie.

PERSICUM, Lieu fortifié dans l'Asie Mineure aux environs de la Lycie ou peut-être dans la Lycie même. Diodore de Sicile *f* dit que Ptolomée, Roi d'Egypte, *f Lib. 20. c. 27.* prit ce Lieu par composition.

PERSICUM MARE. La Mer Persique

## PER. 241

& la Mer Rouge sont deux noms synonymes dans Hérodote *g* & dans Strabon *h*. *g Lib. 4. N°.* La Mer Rouge se prend néanmoins dans *39. b Lib. 16.* un sens bien plus étendu que la Mer Persique. On a appellé autrefois MER ROUGE, ou MER ERYTHRE'E, cette partie de l'Océan Indien, qui mouille l'Arabie Heureuse au Midi & qui forme deux grands Golphes, l'un à l'Orient de l'Arabie nommé le Golphe Persique, & l'autre à l'Occident appellé le Golphe Arabique, qui retient encore à présent le nom de MER ROUGE. Voyez PERSICUS SINUS.

PERSICUS SINUS, grand Golphe d'Asie entre la Perse & l'Arabie, & qui communique à l'Océan Indien. Strabon *i* dit *i Lib. 16. p.* que le Golphe PERSIQUE est aussi appellé *765.* la MER PERSIQUE, & qu'on lui donnoit encore le nom de Mer Rouge, parce qu'on entendoit par Mer Rouge non seulement la partie de l'Océan Indien, qui mouille l'Arabie au Midi; mais encore le Golphe Persique & le Golphe Arabique. Les Perses, selon Pline *k*, habité-*k Lib. 6. c.* rent toujours le bord de la Mer Rouge, ce *26.* qui fit qu'on donna le nom de Golphe Persique, à cette partie de la Mer Rouge qui séparoit la Perse de l'Arabie. Plutarque *l* donne encore un autre nom à ce *l In Lucullo.* Golphe qu'il appelle MER BABYLONIENNE.

PERSIDÆ PYLÆ. Voyez SUSIDÆ.
PERSIS. Voyez PERSIA & PERSE.
PERS l'ALABAS. Voyez PARASTABA.
PERTA, Ville de la Galatie, selon Ptolomée *m*. *m Lib. 5. c. 4.*

PERTH, Ville d'Ecosse, dans le Pertshire, dont elle est la Capitale. Cette Ville bâtie sur le Tay, s'appelle communément ST. JOHNSTON. C'est une Ville des plus importantes de l'Ecosse; le Parlement s'y est même assemblé plusieurs fois. Les Vaisseaux montent jusqu'à la Ville en pleine marée. Elle fut bâtie par un Roi d'Ecosse après l'inondation de l'ancienne Ville de Perth, dont la situation n'étoit pas éloignée de celle d'aujourd'hui. La Ville de Perth donne le titre de Comte au Chef de l'ancienne Famille de Drummond.

PERTHENETÆ. Voyez PARTHENI.
PERTHES, Bourg de France dans la Champagne, Election de Vitry. Ce Bourg est très-ancien. Il a donné le nom au Pays de Perthois, dont il étoit autrefois la Ville Capitale; mais depuis qu'Attila l'a détruite elle n'a pu se rétablir. Il y a dans le Bourg de Perthes une Mairie Royale ressortissante au Bailliage de Vitry-le-François.

PERTSHIRE, Province d'Ecosse, au Sud & à l'Est d'Athol. Elle se divise en deux parties, l'une appellée proprement le nom de PERTH, & l'autre celui de GOWRY. Perth est au Midi, & Gowry est au Nord de Perth. Cette Province est fertile en bled & en pâturages; mais la partie qu'on appelle Gowry est la plus fertile.

PERTIA, ou PERUSIA. Ptolomée *n* donne ces deux noms à une Ville d'Italie *n Lib. 3. c. 5.* dans l'Umbrie, & qu'il place entre *Jusicum* & *Centinum.*

PERTICIANENSES-AQUÆ, Lieu de
Hh Sicile.

Sicile. L'Itinéraire d'Antonin le place sur la Route d'*Hiccaræ* à *Drepanum*, en prenant le long de la Côte. Il étoit à seize milles de *Parthenicum* & à dix-huit de *Drepanum*.

PERTICUS, nom d'une Forêt de la Gaule Lyonnoise, selon Ortelius [a] qui cite Aimoin.

[a] *Thesaur.*

PERTOIS, Pays de France, dans la Champagne, en Latin *Pagus Pertisus*. Il s'étend le long de la Marne, aux environs de Vitry, entre la Champagne proprement dite & le Barrois. [b] Il est fait mention de ce Pays dans les Capitulaires de Charlemagne. Son nom lui vient de Perte, ou Perthes, Bourg qui subsiste encore aujourd'hui, & sa Capitale est Vitry-le-François. On veut que ce Pays ait eu autrefois ses Comtes, dont le plus ancien qui soit connu est appellé Signaze & dit pere de Ste. Manehoult. Le Pertois est arrosé de plusieurs Riviéres, dont la principale est la Marne, qui commence à y porter Batteau.

[b] *Longuerue, Descr. de la France, part.1. p.40.*

☞ 1. PERTUIS, ce nom signifie en François petit trou. Il n'est guère usité aujourd'hui dans le langage ordinaire. On s'en sert pourtant encore pour désigner un Détroit de Mer, sur-tout sur les Côtes de Poitou.

2. PERTUIS, Ville de France dans la Provence, Viguerie & Recette d'Aix. [c] Cette Ville & son Territoire étoient autrefois dans le Comté de Forcalquier, comme situez au Nord de la Durance. Néanmoins la Seigneurie directe & utile de Pertuis a long-tems appartenu aux Abbez du Mont-Major près d'Arles, parce que les anciens Comtes de Provence, Boson & Guillaume, avoient donné cette Place ou ce Château de Pertuis (*Castrum de Pertusio*) à ce Monastère. Il y eut en divers tems des Jugemens rendus contre les Comtes de Forcalquier, qui vouloient s'approprier Pertuis, dont ils s'emparérent plusieurs fois. Ces différens, qui avoient été renouvellez par Guillaume de Sabran, qui se disoit Comte de Forcalquier, furent terminez l'an 1212. par l'arbitrage de Jean Bossan, Archevêque d'Arles, qui ajugea la Seigneurie & la Justice à l'Abbé par indivis avec le Comte, qui devoit faire hommage à l'Abbé, en s'avouant Vassal par une Reconnoissance publique, & outre cela s'obligeat à lui payer une Redevance. Robert, Roi de Naples & Comte de Provence, condamna Bertrand des Baux, Comte d'Avellin, comme ayant cause du Comte Forcalquier, à reconnoître la supériorité de l'Abbé. Mais le même Roi ayant acquis les droits du Comte d'Avellin, fit déclarer par son Conseil l'an 1333. qu'il n'étoit pas obligé de faire hommage à l'Abbé, ni à se reconnoître son Vassal. Depuis ce tems-là les Comtes de Provence auxquels les Rois de France ont succédé, ont eu la Souveraineté de Pertuis, & la moitié de la Justice ordinaire avec l'Abbé de Mont-Major. La Ville de Pertuis est une des meilleures de la Province. Elle a droit d'entrée aux Etats & aux Assemblées des Communautez. L'Eglise Paroissiale est desservie par quatre Moines de Mont-Major & par dix Prêtres sous un Vicaire perpétuel. Il y a aussi dans cette Ville des Prêtres de l'Oratoire, des Carmes, des Capucins, des Clarisses & des Ursulines. Il se tient à Pertuis un gros Marché de bled. L'Air qu'on y respire est très-sain & son Territoire est des plus abondans de la Province.

[c] *Longuerue, Descr. de la France, part. 1. p.373.*

PERTUIS-D'ANTIOCHE, [d] Détroit de l'Océan, dans la Mer de France, entre l'Isle de Ré au Nord & l'Isle d'Oleron au Midi.

[d] *De l'Isle Atlas.*

PERTUIS-BRETON, Détroit de l'Océan, dans la Mer de France, entre la Côte du Poitou & de l'Aunis au Nord, & l'Isle de Ré au Midi.

PERTUIS DE MAUMUSSON, Détroit de l'Océan, dans la Mer de France, entre l'Isle d'Oleron au Nord, & la Côte de Saintonge au Midi & à l'Occident.

PERTUIS-ROSTAIN, ou PERTUIS-ROSTANG, Passage dans une Montagne du Dauphiné, & qui sépare le Briançonnois de l'Embrunois. C'est une Roche percée, au dessus de laquelle on voit à l'entrée une Dédicace faite à Auguste, en ces termes: DIVO CÆSARI AUGUSTO DEDICATA SALUTATE EAM.

PERTUS, Village qui donne son nom à un Passage de France en Espagne, dans les Pyrénées, & qu'on nomme le Col de Pertus. Voyez au mot COL l'Article COL DE PERTUS.

PERTUSA, Siège Episcopal d'Afrique dans la Province Proconsulaire. Son Evêque *Martialis*, *Episcopus Pertusensis*, fut condamné dans le Concile de Baga. L'Itinéraire d'Antonin met *Pertusa* sur la Route d'Hippone à Carthage, entre Unuca & Carthage, à sept milles de la premiére & à quatorze de la seconde.

PERVENCHERES, Bourg de France, dans le Perche, Election de Mortagne.

PERVEIS, Bourgade du Brabant [e], entre Jemblours & Judoigne, dans le Quartier de Louvain: c'est une Baronnie fort ancienne.

[e] *Dict. Géogr. des Pays-Bas.*

PERVERS, Village de Hainaut, à deux lieues de Condé & à quatre de Valenciennes.

PERUGIN ou PEROUSIN, Territoire d'Italie, dans l'Etat de l'Eglise [f] & auquel la Ville de Pérouse qui en est la Capitale donne son nom. Il est borné au Nord par le Duché d'Urbin, à l'Orient par l'Umbrie, au Midi par l'Orviétan, & à l'Occident par la Toscane. La plus grande étendue de ce Pays du Septentrion au Midi ne passe pas vingt-huit milles; & on ne lui en donne pas plus de trente du Levant au Couchant. Le Tibre qui le coupe du Nord-Nord-Ouest au Sud, est la seule Riviére d'importance qu'on y trouve: les autres sont la Caina, la Genna, la Cava, le Nestore, le Neso, le Marte. On compte trois Villes dans le Perugin, savoir

[f] *La Forse de Bourges, Géogr. Hist. t. 1. p. 409.*

Pérouse.     Castiglione-del-Lago.
Passignano.

PERVICIACUM. Voyez PERNICIACUM.
PERUS.

**PERUS.** Voyez Pierus.

**PERUSIA**, Ville d'Italie, dans la Toscane. Ptolomée[a] la place dans les terres, entre *Fesulæ* & *Aretium*. Tite-Live[b] la met au rang des trois plus fortes Villes de l'Etrurie; & elle étoit peuplée, puisque le même Historien ajoute que Fabius tua dans l'Etrurie, qui s'étoit révoltée, quatre mille cinq cens Péruſiens, outre dix-sept cens quarante qu'il fit prisonniers. Eutrope la nomme *Perusium*, & il paroît que c'est cette même Ville qu'Etienne le Géographe appelle *Perræsion*. Son nom moderne est *Perugia*. Voyez ce mot.

**PESARO**, Ville d'Italie, dans le Duché d'Urbin & le Chef-lieu d'une Seigneurie à laquelle elle donne le nom. Cette Ville nommée anciennement *Pisaurum* est dans une agréable situation[c], sur une hauteur au dessous de quelques petits Côteaux, à l'Embouchure de la Foglia dans la Mer Adriatique. Cette Ville que l'on croit Colonie Romaine fut détruite par Totila & rétablie quelque tems après par Belisaire plus belle qu'elle n'étoit auparavant. Elle est encore aujourd'hui des mieux bâties, des plus riantes & la plus grande du Duché d'Urbin. L'air en est assez pur. Cependant en Eté il est mauvais & même très-dangereux, pendant les Mois de Juillet & d'Avril[d]. Rien n'est si agréable que les petits Côteaux qui environnent Pesaro: c'est un mélange réjouïssant de Pâturages, de Vignobles & de Vergers. Les Olives en sont admirables; mais les Figues surpassent les autres fruits en bonté & en réputation; on ne parle par toute l'Italie que des Figues de Pesaro. La meilleure Viande n'y coûte que trois *Bayoques* la livre, qui est de dix-huit onces. Le Pain & le Vin sont encore à meilleur marché à proportion & ainsi du reste. La Mer & les Riviéres y fournissent aussi toute sorte d'excellent Poisson: ainsi à tous égards cette Ville jouït abondamment des commoditez de la vie. Elle est passablement bien fortifiée, quoique un peu à l'antique, & les Maisons sont communément assez jolies. On n'y trouve aucun ancien Monument. Il y a une fort belle Fontaine dans la grande Place, & une Statue du Pape Urbain VIII. sous le Pontificat duquel cette Ville & tout le Duché d'Urbin furent réunis à l'Etat Ecclésiastique. Pesaro avoit donné la naissance au Pape Clément XI. qui y a fait bâtir une Eglise Cathédrale très-magnifique. L'Evêché est suffragant de l'Archevêché d'Urbin.

La Seigneurie de PESARO s'étend aux environs du Golphe de Venise, entre le Territoire de Fano & la Romagne. Elle a passé avec sa Capitale des Maisons de Malatesta & de Sforce dans celle de Rovere, & de celle-ci au St Siège en 1631.

1. **PESCARA**, Ville d'Italie, dans l'Abruzze Citérieure[e], à l'Embouchure d'une Riviére de même nom, qui se jette dans le Golphe de Venise. Elle est environ à six milles de Civita di Chieti, à huit milles de Civita di Pena à l'Orient, & à douze milles d'Atri, en tirant au Midi Oriental. C'est l'*Aternum* des Anciens. Elle a eu un Evéché qui a été transféré à Atri. Pescara est une Ville fortifiée & défendue par un Château.

2. **PESCARA**, Riviére d'Italie, dans l'Abruzze Citérieure[f]. Elle a sa source dans le Mont Apennin, près de celles du Tronto & du Vomono. Elle coule d'abord en serpentant du Nord Occidental au Midi Oriental, jusqu'aux confins de l'Abruzze Citérieure & Ultérieure du côté de l'Occident: alors prenant son cours vers le Nord Oriental, & séparant l'Abruzze Citérieure de l'Abruzze Ultérieure, elle va se rendre dans le Golphe de Venise, près de la Ville de Pescara, entre Porto de Salino & l'Embouchure de la Riviére Lenta. Les principales Villes qu'elle baigne dans sa course sont Aquila g. Popolo, d. Civita di Chieti, d. & Pescara à son embouchure. La Riviére de Pescara est l'*Aternus* des Anciens.

**PESCHA.** Voyez Argyrutum.

**PESCHERIE**, ou la Côte de la Pescherie. On donne ce nom à la partie Méridionale de la Péninsule de l'Inde; & c'est précisément au Cap de Comorin[g] que commence la Côte de la Pescherie, si fameuse par la Pesche des Perles. La Côte forme une espèce de Baye qui a plus de quarante lieues, depuis le Cap de Comorin jusqu'à la Pointe de Ramanancor, où l'Isle de Ceylan est presque unie à la terre-ferme par une chaîne de Rochers que quelques Européens appellent le Pont d'Adam. Les Gentils rapportent que ce Pont est l'Ouvrage des Singes du tems passé. Ils se persuadent que ces Animaux plus braves & plus industrieux que ceux d'aujourd'hui se firent un passage de la terre-ferme en l'Isle de Ceylan; qu'ils se rendirent maîtres de cette Isle & qu'ils délivrérent la femme d'un de leurs Dieux qui y avoit été enlevée. Ce qui est certain c'est que la Mer dans sa plus grande hauteur n'a pas plus de quatre à cinq pieds d'eau dans cet endroit; de sorte qu'il n'y a que les Chaloupes qui puissent passer entre les intervales de ces Rochers. Toute la Côte de la Pescherie est inabordable aux Vaisseaux d'Europe, parce que la Mer y brise terriblement; & il n'y a que Tutucurin où les Navires puissent passer l'Hyver, cette Rade étant couverte par deux Isles qui en font la sûreté. Comme la Côte de la Pescherie est renommée par tout le monde, on s'imagineroit y devoir trouver plusieurs grosses & riches Bourgades: il y en avoit autrefois un grand nombre; mais depuis que la puissance des Portugais s'est affoiblie dans les Indes & qu'ils n'ont plus été en état de protéger cette Côte, tout ce qui s'y trouvoit de considérable a été abandonné & détruit. Il ne reste aujourd'hui que de misérables Villages dont les principaux sont Tala, Manapar, Alandaley, Pundicael & quelques autres. Il faut pourtant excepter Tutucurin qui est une Ville de plus de cinquante mille Habitans, partie Chrétiens, partie Gentils. Quand les Portugais parurent

rent dans les Indes, les PARAVAS qui font les Peuples de la Côte de la Pescherie gémissoient sous la domination des Maures, qui s'étoient en partie rendus maîtres du Royaume de Maduré. Dans cette extrémité leur Chef résolut d'implorer le secours des Portugais & de se mettre avec toute sa Caste sous leur protection. Les Portugais qui ont toujours eu beaucoup de zèle pour l'établissement de la Religion Chrétienne la leur accordérent, mais à condition qu'ils embrasseroient le Christianisme à quoi les Paravas s'obligérent. Dès que ce Traité eut été conclu, les Portugais chassérent les Maures de tout le Pays & y firent divers Etablissemens. Ce fut alors que la Côte de la Pescherie devint une florissante Chrétienté par les travaux si connus de Saint François Xavier, qui bâtit par-tout des Eglises, que les Jésuites ont cultivées depuis ce tems-là avec soin. La liberté qu'avoient les Paravas sous les Portugais de trafiquer avec leurs Voisins les rendoit riches & puissans; mais depuis que cette protection leur a manqué, ils se sont vûs bien-tôt opprimez & réduits à une extrême pauvreté. Leur plus grand Commerce aujourd'hui vient de la Pesche du poisson qu'ils transportent dans les terres & qu'ils échangent avec le Ris & les autres provisions nécessaires à la vie, cette Côte est presque entièrement dépourvûe, n'étant couverte que de Bois épineux & d'un sable aride & brûlant.

* Pag. 98.

Toute la Côte de la Pescherie * appartient en partie au Roi de Maduré & en partie au Prince de Marava, qui a secoué depuis peu le joug de Maduré, dont il étoit tributaire auparavant. Les Hollandois voulurent il y a quelques années s'accommoder avec le Prince de Marava de ses droits sur la Côte de la Pescherie & sur le Pays qui en dépend. Pour cet effet ils lui envoyérent une célèbre Ambassade de magnifiques presens. Le Prince reçut les presens & donna des espérances, dont on n'a vû jusqu'à présent aucun effet. Les Hollandois, sans être maîtres de la Côte, n'ont pas laissé d'agir souvent à peu près comme s'ils l'étoient. Il y a quelques années qu'ils enlevérent les Eglises des Paravas, pour en faire des Magasins, & les Maisons des Missionnaires pour y loger leurs Facteurs. Les Jésuites furent obligez de se retirer dans les Bois, où ils se firent des Huttes pour ne pas abandonner leur Troupeau dans un si pressant besoin.

Le Commerce des Hollandois est considérable sur cette Côte: outre les toiles qu'on leur apporte de Maduré & qu'ils échangent avec le cuir du Japon & les épiceries des Moluques, ils tirent un profit considérable de deux sortes de Pesches qui se font sur la Côte; savoir celle des Perles & celle des Xanxus. Les Xanxus sont de gros Coquillages, semblables à ceux avec lesquels on a coutume de peindre les Tritons. Il est incroyable combien les Hollandois sont jaloux de ce Commerce. Il iroit de la vie pour un Indien qui oseroit en vendre à d'autres qu'à la Compagnie de Hollande. Elle les achette presque pour rien & les envoye dans le Royaume de Bengale, où ils se vendent fort cher. On scie ces Coquillages selon leur largeur: comme ils sont ronds & creux quand ils sont sciez, on en fait des Brasselets qui ont autant de lustre que le plus brillant yvoire. Ceux qu'on pesche sur cette Côte dans une quantité extraordinaire, ont tous leur velouté de droite à gauche. S'il s'en trouvoit quelqu'un qui eût ses veloutes de gauche à droite, ce seroit un trésor que les Gentils estimeroient des millions; parce qu'ils s'imaginent que ce fut dans un Xanxus de cette espèce qu'un de leurs Dieux fut obligé de se cacher pour éviter la fureur de ses Ennemis, qui le poursuivoient par Mer.

La Pesche des Perles enrichit la Compagnie de Hollande d'une autre manière. Elle ne fait pas pescher pour son compte; mais elle permet à chaque Habitant du Pays, Chrétien, Gentil ou Mahométan d'avoir pour la Pesche autant de Batteaux que bon lui semble, & chaque Batteau lui paye soixante Ecus & quelquefois davantage. Ce droit fait une somme considérable; car il se présentera quelquefois jusqu'à six ou sept cens Batteaux pour la Pesche. On ne permet pas à chacun d'aller travailler indifféremment où il lui plaît, mais on marque l'endroit destiné pour cela. Autrefois dès le mois de Janvier les Hollandois déterminoient le lieu & le tems où la Pesche se devoit faire cette année-là, sans en faire l'épreuve auparavant; mais comme il arrivoit souvent que la saison ou le lieu marqué n'étoit pas favorable & que les Huîtres manquoient, ce qui causoit un notable préjudice, après les grandes avances qu'il avoit fallu faire, on a changé de Méthode & voici la Règle qu'on observe aujourd'hui.

Vers le commencement de l'année, la Compagnie envoye dix ou douze Batteaux, au lieu où l'on a dessein de pescher. Ces Batteaux se séparent en diverses Rades & les Plongueurs peschent chacun quelques milliers d'Huîtres qu'ils apportent sur le Rivage. On ouvre chaque millier à part & on met aussi à part les Perles qu'on en tire. Si le prix de ce qui se trouve dans un millier monte à un Ecu, ou au delà, c'est une marque que la Pesche sera en ce lieu-là très-riche & très-abondante; mais si ce qu'on peut tirer d'un millier n'alloit qu'à trente sols, comme le profit ne passeroit pas les frais qu'on seroit obligé de faire, il n'y auroit point de Pesche cette année-là. Lorsque l'épreuve réüssit & qu'on a publié qu'il y aura Pesche, il se rend de toutes parts sur la Côte au tems marqué une affluence extraordinaire de Peuple & de Batteaux, qui apportent toutes sortes de Marchandises. Les Commissaires Hollandois viennent de Colombo, Capitale de l'Isle de Ceylan, pour présider à la Pesche. Le jour qu'elle doit commencer l'ouverture s'en fait de grand matin par un coup de Canon. Dans ce moment tous les Batteaux partent & s'avancent dans la Mer précédez de deux gros-

grosses Chaloupes Hollandoises, qui mouillent l'une à droite & l'autre à gauche, pour marquer les limites du lieu de la Pesche, & aussi-tôt les Plongeurs de chaque Batteau se jettent à la hauteur de trois, quatre ou cinq brasses. Un Batteau a plusieurs Plongeurs qui vont à l'eau tour-à-tour. Aussi-tôt que l'un revient l'autre s'enfonce. Ils sont attachez à une corde dont le bout tient à la Vergue du petit Bâtiment & qui est tellement disposée que les Matelots des Batteaux, par le moyen d'une poulie, la peuvent aisément lâcher ou tirer, selon le besoin qu'on en a. Celui qui plonge a une grosse pierre attachée au pied afin d'enfoncer plus vîte & une espèce de sac à sa ceinture pour mettre les Huitres qu'il pesche. Dès qu'il est au fond de la mer, il ramasse promptement ce qu'il trouve sous sa main & le met dans son sac. Quand il trouve plus d'Huitres qu'il n'en peut emporter, il en fait un monceau & revenant sur l'eau pour reprendre haleine, il retourne ensuite ou envoye un de ses compagnons le ramasser. Pour revenir à l'air, il n'a qu'à tirer fortement une petite corde différente de celle qui lui tient le corps ; un Matelot qui est dans le Batteau & qui tient l'autre bout de la même corde pour en observer le mouvement, donne aussi-tôt le signal aux autres & dans ce moment on tire en haut le Plongeur, qui pour revenir plus promptement détache s'il peut la pierre qu'il avoit au pied. Les Batteaux ne sont pas si éloignez les uns des autres que les Plongeurs ne se battent assez souvent sous les eaux, pour s'enlever les monceaux d'Huitres qu'ils ont ramassez. Ce n'est pas là ce qu'il y a de plus à craindre dans cette Pesche, il court dans ces Mers des Requiems si forts & si terribles, qu'ils emportent quelquefois & le Plongeur & ses Huitres, sans qu'on en entende jamais parler. Quant à ce qu'on dit de l'huile que les Plongeurs mettent dans leur bouche, ou d'une espèce de Cloche de verre dans laquelle ils se renferment pour plonger, ce sont des contes de personnes qui veulent rire ou qui sont mal instruites. Comme les gens de cette Côte s'accoutument dès l'enfance à plonger & à retenir leur haleine, ils s'y rendent habiles, & c'est suivant leur habileté qu'ils font payez. Avec tout cela le métier est si fatiguant, qu'ils ne peuvent plonger que sept ou huit fois par jour. Il s'en trouve qui se laissent tellement transporter à l'ardeur de ramasser un plus grand nombre d'Huitres, qu'ils en perdent la respiration & la présence d'esprit ; de sorte que ne pensant pas à faire le signal, ils seroient bien-tôt étouffez, si ceux qui sont dans le Batteau n'avoient soin de les retirer, lorsqu'ils demeurent trop long-tems sous l'eau. Ce travail dure jusqu'à Midi & alors tous les Batteaux regagnent le Rivage.

Quand on est arrivé, le Maître du Batteau fait transporter dans une espèce de Parc les Huitres qui lui appartiennent, & les y laisse deux ou trois jours afin qu'elles s'ouvrent & qu'on en puisse tirer les Perles. Lorsqu'on les a tirées & bien lavées, on a cinq ou six petits Bassins de cuivre percez comme des Cribles, qui s'enchassent les uns dans les autres, en sorte qu'il reste quelque espace entre ceux de dessus & ceux de dessous. Les trous de chaque Bassin sont différens pour la grandeur : le second Bassin les a plus petits que le premier, le troisième que le second & ainsi des autres. On jette dans le premier Bassin les Perles grosses & menues, après qu'on les a bien lavées. S'il y en a quelqu'une qui ne passe point, elle est censée du premier ordre : celles qui restent dans le second Bassin sont du second ordre & de même jusqu'au dernier Bassin, qui n'étant point percé reçoit les semences de Perles. Ces différens ordres font la différence des Perles & leur donnent ordinairement le prix, à moins que la rondeur plus ou moins parfaite, ou l'eau plus ou moins belle, n'en augmente ou diminue la valeur. Les Hollandois se reservent toujours le droit d'acheter les plus grosses : si celui à qui elles appartiennent ne veut pas les donner pour le prix qu'ils en offrent, on ne lui fait aucune violence & il lui est permis de les vendre à qui il lui plaît. Toutes les Perles qu'on pesche le premier jour appartiennent au Roi de Maduré, ou au Prince de Marava, suivant la Rade où se fait la Pesche. Les Hollandois n'ont point la Pesche du second jour, comme on l'a quelquefois publié : ils ont assez d'autres moyens de s'enrichir par le Commerce des Perles. Le plus court & le plus sûr est d'avoir de l'argent comptant ; car pourvu qu'on paye sur le champ, on a tout ici à fort bon marché.

Il régne pour l'ordinaire de grandes maladies sur cette Côte au tems de la Pesche, soit à cause de la multitude extraordinaire de Peuple qui s'y rend de toutes parts & qui n'habite pas fort à son aise, soit à cause que plusieurs se nourrissent de la chair des Huitres qui est indigeste & malfaisante ; soit enfin à cause de l'infection de l'air ; car la chair des Huitres étant exposée à l'ardeur du Soleil, se corrompt en peu de jours & exhale une puanteur, qui peut toute seule causer des maladies contagieuses.

PESCHESEUL, Château de France, dans le Maine [a], sur la Paroisse d'Avoise, Bourg qui en est éloigné d'un bon quart de lieue. Ce Château l'un des plus beaux de cette Province, est à quatre lieues de la Fléche, à deux de Sablé, & sept du Mans, & a été appellé ainsi à cause que celui qui en est Seigneur a seul droit de pêche dans une fort grande étendue de la Rivière de Sarte, qui forme une Presqu'Isle en ce lieu-là, ce qui en rend la situation admirable. On diroit que la Nature s'y est jouée, & a pris plaisir à former & à embellir cette Presqu'Isle. La Sarte y fait un tour en manière de fer à cheval, de sorte qu'avec une muraille de trois quarts de lieue de long on y fait un enclos de cinq à six lieues de circuit. Toute cette Presqu'Isle est entre-coupée de grands Bois de Taillis & de Pâturages ; on y voit de belles & vastes Prairies des deux cô-

[a] Corn. Dict. sur des Mém. dressez sur les lieux en 1706.

tez de la Riviére. C'est un des plus beaux Pays de Chasse qu'on se puisse imaginer. Toute sorte de Gibier y abonde, & quoiqu'on fasse pour exterminer les Cerfs, il y en revient toûjours. Le Roi Charles IX. y alloit chasser tous les ans. Le Château qui est un Fief avec titre de Sirerie, est bâti au milieu de quatre beaux Jardins, & presque entouré d'un grand Bois, percé de tous côtez en Allées, au bout desquelles on trouve par tout la Riviére, qui n'est séparée de ce Château que par un Jardin.

PESCHIERA, PESCIERA ou PESQUAIRE, Ville d'Italie [a], dans le Véronois, à l'extrémité Occidentale du Lac de la Garde en tirant vers le Midi. Cette petite Ville placée à l'endroit où le Menzo sort du Lac de la Garde est très-bien fortifiée. Le Menzo qui passe au milieu de la Ville remplit ses fossez. L'enceinte peut avoir un mille de tour [b]. On y voit cinq Bastions; une demi-Lune du côté du Lac, & du côté du Mantouan un Château ceint des murailles de la Forteresse avec un Cavalier. Peschiera dépendoit du Mantouan avant l'an 1441. qu'elle fut prise par les Vénitiens, & unie au Territoire de Vérone. On y entretient une bonne Garnison.

[a] *Magin*; Carte du Véronois.
[b] *Corn. Dict. Lassels. Voy. d'Italie.*

1. PESCIA, petite Ville d'Italie [c], dans la Toscane au Florentin, sur une petite Riviére qui porte son nom, entre Lucques au Midi Occidental & Pistoia au Nord Oriental. Outre l'Eglise de la *Pieve* ou Paroisse, dont le Curé a Jurisdiction presque Episcopale sur un petit ressort de seize Villages par concession du Pape Léon X. de l'an 1519. il y a diverses autres Eglises dont la plûpart ont été peintes par Benoît Pagni originaire de Pescia & Elève de Jules Romain.

[c] *Magin*, Carte du Florentin.

2. PESCIA, Riviére d'Italie [d], dans la partie Occidentale du Florentin. Elle a sa source au dessus d'un Village nommé Crespoli. Delà jusqu'à la Ville de Pescia elle coule du Nord au Sud; & de Pescia jusqu'au Lac de Futecchio où elle va se jetter, elle court du Nord Occidental au Midi Oriental. En sortant du Lac de Futecchio où elle s'est accrue des eaux de divers Torrens, elle prend sa course du Nord Oriental au Midi Occidental, & va se jetter dans l'Arno, à la droite un peu au dessus de l'Embouchure de l'Era.

[d] *Ibid.*

PESCLA, Ville d'Egypte, selon la Notice des Dignitez de l'Empire: seroit-ce, dit Ortelius [e], la même Ville que l'Itinéraire d'Antonin nomme Pesclis? Voyez PESCLIS & PASSALON.

[e] *Thesaur.*

PESCLIS, Ville d'Egypte, que l'Itinéraire d'Antonin place entre *Tutzis* & *Corte*, à douze milles de la première & à quatre de la seconde. Voyez PESCLA & PASSALON.

PESEGNEIRO, selon Mr. Corneille [f], PESQUEIRA selon Jaillot [g] & PERIGUEIRA selon De l'Isle [h]; Isle sur la Côte Occidentale du Portugal, dans la Baye de Sinis ou Sines, entre cette Ville au Nord & le Bourg de Villa Nova de Milfontes au Midi. Il y a quelques petites Isles aux environs que l'on comprend toutes sous le nom d'Isles de PESQUEIRO.

[f] *Dict.*
[g] *Atlas.*
[h] *Atlas.*

PESENAS, ou PEZENA, Ville de France dans le Languedoc [i], au Diocèse d'Agde, à quatre lieues de Besiers sur la petite Riviére de PEIN ou PEYNE, qui se jette un peu au dessous dans l'ERAU, ou l'ARAU nommée autrefois ARAUR. Pesenas est une Ville fort ancienne puisque Pline [k] en fait mention. Il la nomme *Piscenæ*; & il loue la Laine des environs, la teinture qu'on lui donnoit & les étoffes qu'on en faisoit qui duroient plus que les autres. Pierre des Vaux de Cernay, dans son Histoire des Albigeois, appelle cette Ville *Pesenacum*. Elle est une des plus célèbres du Languedoc par sa belle situation. Saint Louïs l'acquit en 1261. de deux Seigneurs qui en étoient propriétaires & il l'unit au Domaine Royal. C'étoit une Châtelenie [l] que le Roi Jean érigea en Comté l'an 1361. en faveur de Charles d'Artois. Ce Comté entra ensuite dans la Maison de Montmorenci; & le Connétable de ce nom y fit bâtir la *Grange des Prez*, la plus belle Maison du Languedoc. Le même Comté passa à Mr. le Prince de Condé à la mort du dernier Duc de Montmorenci son beau-frére; & il est depuis échu en partage aux Princes de Conty, Cadets de la Maison de Bourbon-Condé.

[i] *Longuerue, Descr. de la France, part. 1. p. 248.*
[k] *Lib. 48. c. 8.*
[l] *Piganiol, Descr. de la France, t. 6. p. 373.*

Il y a dans cette Ville où l'on a quelquefois tenu les Etats de la Province, une Eglise Collégiale, un Collége de Prêtres de l'Oratoire & quelques Couvens. On y voit quelques Maisons assez belles. Celle de la Valette Intendant de Mr. le Prince de Conty est la plus commode & la plus logeable. Elle est composée de trois beaux Appartemens, dont le plus considérable donne sur un Parterre où l'on descend par une Terrasse. Les Orangers, les Citronniers & le Jet d'Eau en rendent l'aspect très-agréable. Le Poulain est une grande Machine qu'on fait sortir dans toutes les réjouissances publiques; il est habillé de bleu avec des fleurs de Lys d'or; il danse; les sauts qu'on lui fait faire sont assez réjouïssans; & il fait semblant de mordre tous ceux qu'il rencontre.

C'est à Pesenas que mourut & fut enterré Jean François Sarrasin Secrétaire des Commandemens du Prince de Conty, & un des plus beaux Esprits du dix-septiéme siècle. Montreuil, dans une de ses Lettres dit qu'il n'y a nulle différence entre la pierre qui est sur son Tombeau, & celle qui est sur celui d'un Cordonnier qui le touche.

PESENDARÆ, Peuples de l'Ethiopie, sous l'Egypte: Ptolomée [m] les place au Midi des Ethiopiens Eléphantophages.

[m] *Lib. 4. c. 8.*

PESICI, Peuples de l'Espagne Tarragonoise. Pline [n] les place dans une Péninsule, & le Pere Hardouin dit que cette Péninsule se nommoit *Corufia* & qu'elle étoit sur la Côte Septentrionale de la Galice. Au lieu de *Pesici*, Ptolomée [o] écrit *Pæsici*. Il leur donne deux Places; sçavoir:

[n] *Lib. 4. c.*
[o] *Lib. 2. c.*

Fla-

# PES.

*Flavionavia* & *Næli fluv. Oftia*.

PESINE, ou PESINES. Voyez ARABYSA.
PESINGARA. Voyez PISENGARA.
PESLÆ. Voyez PASSALON.

PESOL, en Italien LAGO PESOLE; Lac d'Italie [a], au Royaume de Naples, dans la Bafilicate. Il est au pied du Mont Apennin, & la Riviére Brandano y a sa source. Les Anciens le nommoient *Aquæ penfiles*.

[a] Magin, Carte de la Bafilicate.

PESSAN, ou PESSANS, Bourg de France dans le Bas Armagnac, Election d'Aftarac. Il y a une Abbaye d'hommes de l'Ordre de St. Benoît & dont l'Abbé jouït de deux mille livres de revenu.

PESSELIERE, Baronnie de France, dans le Berry, Election de Bourges. Sa Paroiffe eft un Ecart de Jalogne. Il y a un ancien Château fitué à fix lieues de Bourges & à trois de Sancerre. L'étendue de cette Baronnie comprend la Paroiffe de Jalogne & une partie de celle de Groiffe. Il y a à Peffeliére une petite Chapelle fous l'Invocation de St. Clair. Elle eft à la nomination de l'Abbé de St. Satur & ne rapporte que cent livres de rente. Il se tient quatre Foires à Peffeliére; favoir le premier de Juin, le jour de St. Barthélemi, le jour de St. Luc & le Lundi devant la Semaine Sainte.

PESSIDA, Ville de la Libye Intérieure. Ptolomée [b] la place fur la rive Septentrionale du Niger. Ses Interprétes lifent *Pefide* pour *Peffia*.

[b] Lib. 4. c. 6.

PESSINUS, & en François PESSINUNTE; Ville des Galates Toliftoboies ou Toliftobogues, dont elle étoit la Métropole felon Pline [c]. Cependant Ptolomée [d] leur donne *Germa*, ou *Therma Colonia* pour Capitale; mais peut-être que depuis le tems de Pline on transporta une Colonie Romaine à *Germa*, ce qui put lui faire avoir la préféance fur Peffinunte. Strabon [e] dit que c'étoit un Entrepôt; & Paufanias [f] nous en donne la fituation. Il la place au pied du Mont *Agdiftus*, où on vouloit qu'Atys eût été enterré. Strabon à la vérité appelle *Dindymnus* la Montagne au pied de laquelle étoit bâtie Peffinunte & dit que ce fut ce qui occafiona le nom *Dindymene* qu'on dona à Cybèle. Mais peut-être que la même Montagne étoit connue fous deux noms différens : du moins ce devoit être deux Montagnes ou jointes ensemble, ou très-voifines, puisque la Ville de Peffinunte étoit bâtie au pied de l'une & de l'autre. Comme Strabon [g] dit que les Habitans du Pays donnoient à Cybèle le nom d'*Angidifte*, il fe peut faire que celui d'*Agdifte* eft employé par contraction dans Paufanias. Strabon ajoute que le Fleuve Sangarius couloit auprès de Peffinunte. Cette Ville étoit célèbre par fon Temple dédié à Cybèle, & par la Statue de cette fauffe Divinité, qui fut tranfporté à Rome par Scipion Nafica, comme nous l'apprend Ammien Marcellin [h]. Dans la fuite Peffinunte devint une Métropole Eccléfiaftique titre que lui donne la Notice de l'Empereur Andronic Paleologue le vieux.

[c] Lib. 5. c. 32.
[d] Lib. 5. c. 4.
[e] Lib. 12. p. 567.
[f] Attic. c. 4.
[g] Lib. 12. p. 567.
[h] Lib. 22. c. 9. Ed. Vales.

# PES. PET. 247

PESSIUM, Ville des Jazyges Métanaftes: Ptolomée [i] la place entre *Candanum* & *Partifcum*.

[i] Lib. 3. c. 7.

1. PEST, Comté de la Haute Hongrie le long de la Rive Orientale du Danube. Il eft borné au Nord par le Comté de Novigrad, à l'Orient par ceux de Hevez & de Zolnok, au Midi par celui de Bath & à l'Occident par le Danube. Les Impériaux s'en rendirent maîtres en 1686. & depuis ce tems-là il a toujours fait partie du Royaume d'Hongrie. Il n'a aucun Lieu confidérable que la Ville de Peft qui en eft la Capitale.

2. PEST, Ville de la Haute Hongrie & la Capitale du Comté de même nom. Elle eft bâtie fur la Rive Orientale du Danube, un peu au deffus de la Ville de Bude qui eft de l'autre côté du Fleuve. Peft eft une Ville d'une médiocre grandeur & d'une figure à peu près quarrée. Elle a beaucoup fouffert pendant les guerres [k] cependant elle s'eft rétablie & le nombre de fes Habitans eft plus grand que jamais. On s'y eft retiré plus volontiers qu'à Bude, avec qui elle communique par un Pont de Batteaux; parce que fa fituation, moins élevée que celle de Bude, eft plus commode pour décharger les Marchandifes que l'on y apporte fur le Fleuve. On y voit une affluence de ces gens que l'on appelle communément Egyptiens & Bohémiens. Ils difent qu'ils profeffent la Religion Grecque, lorfqu'ils font dans des pays Chrétiens; ailleurs ils font Payens ou plûtôt ils ne font d'aucune Religion, car ils n'ont point d'Idoles. Ils adorent cependant un Dieu, mais ils lui rendent un Culte tout à fait ridicule. Leur demeure ordinaire font des Tentes, où ils achettent & partagent ce qu'on leur va vendre en cachette. Leur profeffion eft de prendre à la dérobée ce qu'ils peuvent attraper.

[k] Tollii Epift. Itiner. p. 200.

PESTI, ou PESTO, Bourgade d'Italie [l] au Royaume de Naples, non dans la Principauté Ultérieure, comme le dit Mr. Corneille, mais dans la Principauté Citérieure, fur la Côte environ à huit milles au Midi de l'Embouchure de la Riviére Selo. C'eft le PÆSTUM de Pomponius Mela & la Ville Pofidonia de Pline. Voyez PÆSTUM & POSIDONIA.

[l] Magin, Carte de la Principauté Citér.

PESURI, Peuples de la Lufitanie felon Pline [m]. Quelques MSS. portent PÆSURI & une ancienne Infcription rapportée par Gruter [n] les nomme *Pæfures*.

[m] Lib. 4. c. 21.
[n] Pag. 162.

PETAGUEI, Pays de l'Amérique Méridionale au Brefil. Il a le Pays de DELE au Nord, la Mer à l'Orient, la Capitainerie de *Rio Grande* au Midi & la Nation des Tapuyes au Couchant. Mr. de l'Ifle marque fur fa Carte du Brefil que ce Pays eft riche en argent, & que quoiqu'enclavé auffi-bien que le Pays de DELE dans la Capitainerie de SIARA, ni l'un ni l'autre n'appartiennent aux Portugais.

1. PETALIA, Ville de l'Euboée felon Strabon [o].

[o] Lib. 10. p. 444.

2. PETALIA, Ville du Peloponnefe, felon Xenophon [p]. A la marge du Livre on lit *Eptalium*; & Ortelius [q] croit que c'eft ainfi qu'il faut lire.

[p] Lib. 3.
[q] Thefaur.

PE-

[a] Lib. 4. c. 12.  **PETALIÆ**, Pline [a] donne ce nom à quatre Isles qui sont à l'entrée du Détroit de l'Euripe. Ces quatre Isles ou Ecueils tiroient apparemment leur nom de la Ville Petalia. Voyez ce mot, N°. 1.

**PETANE.** Voyez Pitane.

**PETAO**, Petit Peuple de l'Amérique Septentrionale, dans la Louïsiane, sur la Route que tint le Sr. de la Salle pour aller de la Baye de St. Louïs aux Cenis.

[b] Thomas Gage, Relat. des Indes Occ. part. 3. c. 4.  **PETAPA**, Bourg de l'Amérique Septentrionale [b], dans la Nouvelle Espagne, près de la Côte de la Mer du Sud, dans l'Audience de Guatimala. Il est regardé comme un des plus agréables Lieux qui dépendent de cette Audience, à cause d'un Lac d'eau douce, qui en est proche & qui lui a occasionné son nom. Petapa est un composé de deux mots Indiens, dont l'un qui est *Pet* signifie une natte & l'autre qui est *Taph* veut dire de l'eau; & parce qu'une natte est la principale partie du Lit des Indiens, *Petapa* veut dire proprement un lit d'eau, parce que l'eau de ce Lac est unie, douce & calme. On trouve dans ce Lac quantité de Poissons, particuliérement beaucoup d'Ecrevisses & de *Mojarras*, qui est un Poisson semblable au Mulet & de même goût, mais qui n'est pas si gros. Le Bourg a pour Habitans environ cinq cens Indiens avec lesquels les Espagnols demeurent librement. Il y a dans ce Lieu une Famille considérable parmi les Indiens, qu'on dit être descendue des anciens Rois du Pays & que les Espagnols ont honorée du nom de Guzman. C'est toujours quelqu'un de cette Famille qu'on fait Gouverneur de Petapa. Quoiqu'il ne puisse porter l'épée, il jouït de plusieurs beaux Privilèges. Il peut nommer d'entre les Habitans ceux qu'il lui plaît, pour le servir dans ses repas, pour avoir soin de ses Chevaux, & pour faire généralement tout ce qu'il ordonne, sans que d'ailleurs il puisse rien faire lui-même, soit pour la Police du Bourg, soit pour l'administration de la Justice, que du consentement d'un Religieux, qui demeure en ce même lieu & qui a aussi un si grand nombre de personnes obligées de le servir, qu'il y peut vivre avec autant de magnificence qu'un Evêque. Le Trésor de l'Eglise est considérable. Il y a plusieurs Confrairies de Notre-Dame & des autres Saints, dont les Statues sont ornées de Couronnes, de Chaînes & de Bracelets de prix, outre les Lampes, les Encensoirs & les Chandelliers d'argent. Les Indiens y exercent la plûpart des Métiers nécessaires dans une République bien établie, & l'on y trouve les mêmes herbages & les mêmes fruits que dans la Ville de Guatimala; pour laquelle les Habitans de ce Bourg sont obligez de faire la pesche; en sorte qu'il y a un certain nombre d'Indiens de Petapa, qui ont charge d'envoyer tous les Mercredis, Vendredis & Samedis la quantité d'Ecrevisses & de Mojarras, que le Corregidor & les autres Magistrats leur ordonnent pour chaque Semaine. St. Michel est le Patron de ce Lieu. Le jour de sa Fête il se tient une Foire où se trouvent plusieurs Marchands de Guatimala. L'après dînée & le lendemain la Course des Taureaux sert de divertissemens tant aux Espagnols qu'aux Indiens, qui sont à cheval, avec d'autres Indiens qui sont à pied. Il s'y tient aussi tous les jours sur les cinq heures du soir un *Tianguet* ou Marché où il n'y a que les Indiens du Bourg qui trafiquent ensemble. Proche de Petapa passe une Rivière qui est peu profonde en quelques endroits. Elle sert à arroser les Jardins & les Champs & elle fait aller un Moulin qui fournit de farine la plûpart des Habitans du voisinage, qui y vont faire moudre leur froment. C'est par Petapa qu'on passe en venant de Comayaga, de San Salvador, de Nicaraga & de Costarica. Ce fréquent passage des Voyageurs a fort enrichi ce Bourg.

**PETAPLAN**, Montagne de l'Amérique Septentrionale au Méxique, sur la Côte de la Mer du Sud. Elle est à l'Ouest d'une grande Baye sablonneuse qui a plus de vingt lieues de long & à 17. d. 30'. de Latitude Septentrionale. C'est une Pointe ronde qui avance dans la Mer & qui de loin paroît une Isle. Un peu à l'Ouest de cette Montagne sont divers Rochers ronds qu'on laisse à côté, en passant entre eux & la Pointe ronde, où l'on a 11. brasses d'eau.

**PETAVONIUM**, Ville de l'Espagne Tarragonnoise: Ptolomée [c] la donne aux *Superatii*. L'Itinéraire d'Antonin la met sur la Route de *Bracara* à *Asturica*, entre *Veniatia* & *Argentiolum* à vingt-huit milles de la première & à quinze de la seconde. Moralés croit que c'est présentement *Vanenza*. Voyez Pætaonium.  [c] Lib. 2. c. 6.

**PETELIA**, ou Petilia, Ville d'Italie dans les terres, chez les Brutiens selon Pliné [d] & Ptolomée [e]. Virgile [f] attribue sa fondation à Philoctéte le Troyen:  [d] Lib. 3. c. 10.  [e] Lib. 3. c. 1.  [f] Æneid. lib. 3. v. 402.

*Parva Philoctetæ subnixa Petilia muro.*

Elle ne demeura pas toujours dans cet état de médiocrité; car elle devint dans la suite Métropole, ou du moins l'une des principales Villes des Brutiens. Strabon dit au commencement du sixième Livre [g] que la Ville *Petilia* étoit regardée comme la Capitale des Lucaniens, & que de son tems elle étoit assez peuplée. Il ajoute qu'elle étoit forte & par sa situation & par ses murailles. Elle étoit voisine de Crotone, puisqu'elle avoit été bâtie dans le lieu où est aujourd'hui Strongoli, où l'on a trouvé d'anciennes Inscriptions: dans l'une on lit ce mot Petilia, & dans une autre celui-ci: REIP. PETILINORUM. Elle est fameuse dans l'Histoire, & on la compare à la Ville de Sagunte tant pour sa fidélité envers les Romains que pour ses desastres, ce qui a fait dire à Silius Italicus [h].  [g] Pag. 254.  [h] Lib. 12. v. 431.

*Fumabat versis incensa Petilia tectis,*
*Infelix fidei, miseraque secunda Sagunto.*

**PETELINUS LUCUS**, c'est le Bois Pétilien, où Plutarque [i] dit que Camillus transporta le Tribunal, lors qu'il se fut apper-  [i] In Camillo.

apperçu de l'effet que la vue du Capitole produifoit fur les Juges de Marcus Manlius Capitolinus. Ce Bois devoit être près de Rome, à la gauche du Tibre puifque Tite-Live [a] le place hors de la Porte nommée *Flumentana Porta*.

PETILINI, ou PETELLENI. Voyez PETELIA.

PETENISUS, Ville de la Galatie, felon Ptolomée [b]. Ses Interprétes lifent *Pentenissus*, & Simler croit que c'eft la même Ville que l'Itinéraire d'Antonin appelle PARNASUM.

PETEON, Village de la Bœotie. Strabon [c] la place dans le Territoire de Thebes, près du chemin qui conduit à Anthedon. Etienne le Géographe fait une Ville de Peteon.

PETERBOROUGH, Ville d'Angleterre [d], dans le Northamptonshire, fur le Nen. C'eft un des fix Evêchez qui furent établis par Henri VIII. après qu'il eut fupprimé tous les Couvens.

PETERKOW, PETRICOW, PETRICOVIE, PIETROKOW [e], petite Ville de Pologne dans la partie Orientale du Palatinat de Siradie fur une petite Riviére qui fe jette dans la Pilcza.

PETEROA [f], Montagne de l'Amérique Méridionale, au Chili, dans la Cordilliére. C'eft un Volcan, au Nord de celui de Chillan, & au Midi des Villes de Sant Jago & de Mendoza.

PETERON. Voyez POTERON.

1. PETERSBOURG. Voyez ST. PETERSBOURG.

2. PETERSBOURG, Château d'Allemagne dans la Weftphalie [g], au delà de la Riviére de Haza, près de la Ville d'Osnabrug, à main droite de Sainte Gertrude. Ce fut le Cardinal de Wartemberg, qui fit bâtir ce Château pour fervir de défenfe à la Ville d'Osnabrug, & les Evêques y font ordinairement leur réfidence. C'eft une affez petite Forterefle mais elle eft réguliére. Il y a trois Baftions & deux demilunes. Les foffés font larges & remplis d'eau. On y trouve deux Portes, l'une pour entrer du côté de la Ville d'Osnabrug derriére St. Jean, l'autre pour en fortir avec divers Pont-levis. A chaque Porte il y a un Baftion entouré d'eau & féparé de la Citadelle. Au dedans font des Bâtimens pour la Garnifon & pour les munitions néceffaires. Ces Bâtimens font dans une grande Cour baffe, au milieu des Remparts qui étant fort élevez les couvrent entiérement. De ce lieu-là on découvre toute la Ville d'Osnabrug & fes environs qui font extrémement agréables.

1. PETERSHAGEN, Ville d'Allemagne dans la Principauté de Minden, fur le Wefer à deux lieues au-deffus de la Ville de Minden. Elle eft défendue par un Château où les Evêques de Minden faifoient leur réfidence ordinaire. C'eft dans cette Ville que la Chancellerie du Pays eft établie.

2. PETERSHAGEN, Bourgade d'Allemagne en Weftphalie [h] dans la Principauté de Minden elle n'eft remarquable que parce que c'étoit le Réfidence de l'Evêque de Minden avant la Sécularifation de ce Siége; c'eft d'ailleurs fort peu de chofe.

PETERSHAUSEN, Abbaye d'Allemagne, tout joignant la Ville de Conftance. Son Abbé a rang entre les Princes de l'Empire & eft un des Prélats du Banc de Suabe. [i] Elle fut fondée pour les Bénédictins l'an 980. Elle eft féparée de la Ville de Conftance par un Pont fur le Rhin & avec d'autres Maifons y forme un Fauxbourg qui a fes Fortifications.

PETERSHOFF, Maifon de Plaifance de Pierre le Grand, Empereur de Ruffie, en Ingrie, auprès de St. Petersbourg fur la Niewa.

PETER-VARADIN. Voyez PETRIVARADIN.

PETHERTON, PEDDERTHON ou SOUTH-PETHERTON [k], Bourg d'Angleterre dans le Somertshire, fur le Pedred. On y tient Marché.

PETHOR, Ville de Méfopotamie & d'où étoit natif le mauvais Prophete Balaam. L'Hébreu [l] appelle cette Ville PETHURA ou PATHURA, Ptolomée la nomme PACHORA & Eufébe, PHATHURA. Il la place dans la Haute Méfopotamie. Nous croyons dit Dom Calmet [m], quelle étoit vers Thapfaque au delà de l'Euphrate. St. Jérôme dans fa Traduction du Livre des Nombres [n] a obmis ce nom. Il dit fimplement: *Vers Balaam, qui demeuroit fur le Fleuve des Ammonites*. Il lifoit autrement que nous dans l'Hébreu. Les Septante portent: *A Balaam fils de Beor Pathura, qui demeure fur le Fleuve du Pays de fon Peuple*.

PETIGLIANO, ou PITIGLIANO [o], Ville d'Italie dans le Siénois, aux Confins du Duché de Caftro, près de la petite Riviére Lente, à l'Orient de Savona & au Midi de Sorana. Cette Place qui a quelques Fortifications avoit autrefois fes propres Comtes de la Maifon de Sforce, qui la vendirent au grand Duc de Tofcane vers le milieu du dernier Siécle.

PETIGUARES [p], Peuples de l'Amérique Méridionale au Brefil, dans les terres, à l'Occident de la Capitainerie de Parayba & au Midi des Habitations des Figuares. Le meilleur Bois de Brefil eft dans le Quartier des Petiguares [q]. Ces Peuples ont été long-tems amis des François & s'étoient même alliez avec eux par mariages; mais en 1584. Diego Florez ayant pris Parayba au nom du Roi d'Efpagne chaffa les François & mit Garnifon dans la Forterefle. Les Sauvages nommez VIATAN, demeuroient proche des Petiguares; mais cette Nation quoique nombreufe a été entiérement détruite.

PETILIA. Voyez PETELIA.

PETILIANÆ, Lieu de la Sicile: l'Itinéraire d'Antonin eft mis fur la Route de Meffine à Lilybea, entre Sela ou Sophianæ & Agrigentum, à vingt-fept milles de la première de ces Places & à vingt milles de la feconde.

PETINA, BEREUM, Jornandès nomme ainfi deux Lieux aux environs de la Thrace, & quelques MSS. portent en un feul mot *Retinabera*. Ce mot, dit Ortelius [r], ne feroit-il point corrompu de deux autres, favoir de Reriaria & de Béroé.

PE-

PETINESCA, Prænestica, Petinesta & Pirenestica. Les différens Manuscrits d'Antonin [a] nomment ainsi une Ville qui se trouvoit sur la Route de Milan à Mayence, en prenant par les Alpes Pennines. Elle étoit entre *Aventicum Helvetiorum* & *Salodurum* à treize milles de la première & à dix de la seconde. Simler veut que ce soit présentement la Ville de Buren.

[a] Itiner.

PETIRGALA, Ville de l'Inde en deçà du Gange, selon Ptolomée [b].

[b] Lib. 7. c. 1.

PETIT-BOURG, Château de France dans le Gouvernement de l'Isle de France. C'est une Maison très-agréable & meublée magnifiquement [c]. Elle appartenoit autrefois à Madame de Montespan: aujourd'hui elle appartient au Duc d'Antin son fils, qui l'a considérablement fait embellir. Le Roi Louis XIV. sur les derniéres années de sa vie y couchoit en allant de Versailles à Fontainebleau & en revenant. Louis XV. y séjourne aussi quelquefois.

[c] Piganiol, Descr. de la France, t. 2. p. 648.

PETIT-MARIN, Riviére de France dans la Brie. Elle passe à Montmirail & se jette dans la Marne à la Ferté sous Jouare. On pourroit rendre cette Riviére navigable par des Ecluses.

PETIT-PARADIS, Lieu de l'Isle de St. Domingue, à la Côte Occidentale du Quartier du Nord entre l'Ance à Perle & le Port à Pimont.

PETIT-PERIGNY, Bourg de France, dans la Tourraine, Election de Loches. Il a un Château avec titre de Châtellenie.

PETIT-ROI, Riviére & Habitation de l'Isle de la Martinique, à une demi-lieue au Sud-Ouest du Bourg du Prescheur. Le nom de Petit-Roi vient de celui d'un des premiers Maîtres de l'Habitation.

PETITARUS, Riviére quelque part aux environs de l'Etolie. C'est Tite-Live [d] qui en fait mention.

[d] Lib. 43.

PETIVARES, Sauvages de l'Amérique Méridionale dans la partie Septentrionale du Brésil, où ils possédent une spacieuse Contrée [e]. Ils ne sont pas si cruels, ni si farouches que les autres Sauvages leurs voisins, & ils souffrent volontiers que les Etrangers les fréquentent. C'est une Nation guerriére. Ils sont de moyenne taille & se marquent tout les corps d'une façon qui leur est particuliére. Ils se percent les lévres avec une corne de Chévre & mettent de petites pierres vertes dans les trous qu'ils s'y sont faits; ce qui leur paroît un grand ornement. Ces Peuples n'ont aucune Religion & prennent autant de femmes qu'ils en peuvent nourrir; mais il n'est permis qu'au premier d'épouser plusieurs Maris, si ce n'est que le premier leur permette publiquement d'en prendre un second qu'elles choisissent à leur gré. Ils n'ont nul usage des habits & vivent de Racines, d'Oiseaux & de Venaison. Lorsque le Mari est de retour de la Chasse il fait present de ce qu'il apporte à celle de ces femmes qu'il aime le plus. Les autres sont obligées de le servir ce jour-là. Pendant la grossesse de quelques-unes d'elle, le Mari ne tue aucune Bête femelle, de peur de faire mourir par-là l'enfant que sa femme porte.

[e] Corn. Dict. De Laet, Descr. des Indes Occ. Liv. 16. c. 4.

Lorsque cette femme est accouchée le Mari se met au lit, & est visité de tous ses Voisins, tandis que ses autres femmes ont soin de lui. Si ces Sauvages vont à la guerre les femmes portent les vivres sur leur dos dans des Corbeilles, & s'il arrive qu'ils fassent des prisonniers, ils les tuent & les mangent. Leurs Villages sont fort peuplez. Ils ont chacun leurs Champs séparez, qu'ils ont soin de cultiver.

☞ Comme Mr. de l'Isle dans sa Carte du Brésil, ne connoît point les PETIVARES, je soupçonne ou que ce sont les mêmes que les PETIGUARES, ou que ce sont les Habitans du Pays de PETAGUEI qui demeurent effectivement vers le Nord du Brésil. Il y a d'autant plus d'apparence à cela que De Laet qui parle des PETIVARES ne fait aucune mention du Pays de PETAGUEI.

PETNELISSUS. Voyez PEDNELISSUS.
PETOR. Voyez PETHOR.

PETORSI, Peuples de la Libye. Etienne le Géographe dit qu'ils habitoient un grand Pays & qu'ils étoient nombreux. Ce sont les mêmes Peuples que Pline appelle PERORSI. Voyez ce mot.

PETOVIO, POETOVIO, PETEVIO PETAVIO, PETOBIO, genitif onis & Prætovium, Ville de la Haute Pannonie. Tacite [f] dit que la treiziéme Légion avoit son Quartier d'Hyver à PETOVIO; & Ammien Marcellin [g] qui écrit *Petobio*, dit que cette Ville étoit dans la Norique; mais Ptolomée [h] la place dans la Haute Pannonie. La position que lui donnent l'Itinéraire d'Antonin & la Table de Peutinger fait juger que c'est aujourd'hui la Ville de PETAU ou PETTAU sur la Drave. Selon les anciennes Inscriptions la véritable orthographe du nom de cette Ville est PETOEVIO ou POETOVIO. Voyez le Recueil de Gruter pag. 266. No. 5. pag. 529. No. 5. pag. 553. No. 8. pag. 766. No. 2.

[f] Histor. lib. 3. c. 1.
[g] Lib. 14. c. 37.
[h] Lib. 2. c. 15.

☞ 1. PETRA, Ce mot en Grec & en Latin veut dire une Roche un Rocher, ou une Pierre. On l'a appliqué à différens Lieux, à cause de leur situation sur un Rocher, ou parce qu'ils étoient environnez de Rochers, ou parce qu'ils avoient quelque autre rapport à un ou plusieurs Rochers.

2. PETRA, Ville de la Palestine. Voyez l'Article suivant.

3. PETRA, Ville Capitale de l'Arabie Pétrée [i]. Elle est attribuée à la Palestine dans les anciennes Notices Ecclésiastiques, & elle étoit Capitale de ce qu'on appelloit la troisième Palestine: Eusèbe & Saint Jérôme étendent aussi quelquefois la Palestine jusqu'à la Mer Rouge & jusqu'à Elath, Ville située sur cette Mer, de sorte qu'elle comprenoit & l'Idumée & l'Arabie Pétrée. Mais il n'en étoit pas de même dans les siècles précédens. L'ancien nom de Pétra étoit, dit-on, Rekem, ou comme Joseph [k] & Eusèbe [l] sent Arké, ou Arkémé, ou Arkem. Joseph Antiq. l. 4. c. 7. p. 117. dit que la Ville de Rekem tire son nom d'un Roi de Madian nommé Rekem. C'est celui dont parle Moïse *Num*. XXXI. 8. Mais

[i] J. Cellar. Dict. Hist. t. 2. p. 1716.
[k] Antiq. l. 4. c. 4. & l. Eusèb. &
[l] Hieronym. ad Arkem.

on ne trouve nulle part dans l'Ecriture Rekem comme un nom de Ville. Dans le quatrième Livre des Rois [a], il est dit qu'Amasias Roi de Juda *ayant pris d'assaut Sela*, (le Rocher, la Pierre,) *il lui donna le nom de Jectehel qu'elle porte*, dit l'Auteur, *encore aujourd'hui*. On voit communément qu'il veut parler de la Ville de Petra, Capitale de l'Arabie Pétrée; mais cela n'est nullement certain. Amasias put prendre d'assaut un Rocher, Sela, où les Iduméens s'étoient retirés, & donner ensuite à ce Rocher le nom de Jectehel ou Jectahel, c'est-à-dire, *l'obéïssance du Seigneur*. Le nom de Petra en Grec signifie une Roche, & il fut apparemment donné à cette Ville, à cause de sa situation sur un Rocher, ou parce qu'elle est environnée de Rochers, ou parce que la plûpart de ses Maisons sont, dit-on, creusées dans le Roc. Elle est aussi nommée dans les Anciens *Agra*, ou *Hagor*, d'où est venu le nom des Agréens, ou Agaréniens. Mais je ne trouve pas non plus ces noms dans l'Ecriture; de sorte qu'à moins qu'elle ne soit marquée au quatrième Livre des Rois, Chap XIV. v. 7. & en Isaïe, XVI. 1. & XLII. 11. sous le nom de Sela, ou de Rocher, je ne vois pas qu'il en soit parlé dans l'Ecriture. Strabon [b] dit que Petra étoit la Capitale des Nabathéens, que les Minéens & les Gerréens y apportoient leurs parfums, pour les debiter, que la Ville étoit située dans une Plaine remplie de Jardins, & arrosée de Fontaines, mais toute environnée de Rochers. Pline [c] en parle à peu près de même. Les Nabathéens, dit-il, habitent la Ville de Petra, située dans une Plaine d'environ deux mille pas de largeur, arrosée d'une Riviére, & environnée de tous côtez par des Montagnes inaccessibles. Cette description est assez différente de celle qu'en donne le Géographe de Nubien [d], qui dit que la plûpart des Maisons de Petra étoient creusées dans le roc. Hérodien [e] nous décrit la Capitale des Agaréniens assise sur la Pointe d'une Montagne très-haute. Cet Auteur l'appelle Atra. Dion [f] ne la nomme point: mais de la manière dont il en parle, elle doit être sur une Hauteur, escarpée & dans un Pays fort sec & fort stérile. Trajan l'ayant assiégée, & y ayant même fait bréche, fut obligé d'en lever le siège. Il paroît que la Ville dont il parle étoit dans la Mésopotamie. Ainsi [g] elle étoit fort différente de Petra dont nous parlons ici. Quelques Géographes [h] croyent qu'il y avoit plus d'une Ville du nom de Petra. Saint Athanase [i] en distingue deux, l'une de Palestine & l'autre d'Arabie. Il nomme Arius ou Macarius Evêque de Petra de Palestine, & Astérius Evêque de Petra en Arabie. Les Paraphrastes Jonathan & Onkélos distinguent aussi Rekem & Petra, comme deux Villes différentes [k]. Josephe [l] parle de Petra située dans le Pays des Amalécites, qui est la même que Rekem ou Petra auprès de laquelle Aron mourut, il la confond avec Petra située dans le Pays des Madianites, qui tiroit son nom du Roi Rekem [m]. Enfin, je pense qu'il faut distinguer Petra ou Sela dans le Pays de Moab, ou dans l'Idumée Orientale dont il est parlé dans Isaïe, XVI. 1. XLII. 11. & 4. Reg. XIV. 7. laquelle fut depuis appellée Jectahel, de l'autre Petra nommée Rekem, située dans l'Idumée Méridionale ou dans l'Arabie Pétrée, ou dans le Pays des Amalécites. Quant à la situation de cette derniere Ville il est assez malaisé de la fixer. Strabon [n] la met à trois ou quatre journées de Jéricho, & à cinq journées du Bois de Palmiers, qui est sur la Mer Rouge. Pline [o] la place à six cens milles de Gaze, & à cent vingt-cinq milles du Golfe Persique. Mais Cellarius & Reland, croyent que les nombres sont changez, & qu'il faut lire à cent vingt-cinq milles de Gaze, & six cens milles du Golfe Persique. Eusébe met Theman à cinq milles de Petra, Carcaria à une journée de la même Ville, Bééroth-Bene-Jacan à dix milles, & la Ville d'Elat à dix milles, vers l'Orient.

4. PETRA, Ville de l'Arabie Heureuse, selon Ortelius [p] qui cite Pline & Strabon; mais la citation est fausse; ni l'un ni l'autre de ces Auteurs ne met une Ville du nom de PETRA dans l'Arabie Heureuse. La faute est d'autant plus visible dans Ortelius qu'il donne cette Ville aux Nabathéens, qui étoient des Peuples de l'Arabie Pétrée.

5. PETRA, Lieu de l'Elide: Pausanias [q] le place au voisinage de la Ville Elis. Il dit que le Sépulcre de Pyrrhon fils de Pistocrate étoit dans ce Lieu.

6. PETRA, Lieu de la Cappadoce. C'est Théophraste [r] qui en fait mention.

7. PETRA, Rocher habité dans la Sogdiane. Quinte-Curse [s] dit qu'Arimazes le défendoit avec trente mille hommes armez. Il lui donne trente Stades de hauteur & cent cinquante de circuit, & il ajoute que ce Rocher étoit escarpé de tous côtez, n'y ayant qu'un chemin pour y monter. On le trouve aussi nommé OXI-PETRA, peut-être parce qu'il étoit voisin du Fleuve *Oxus*. Selon Strabon [t], *Oxi-Petra* étoit dans la Sogdiane: il ajoute que quelques-uns nommoient ce Rocher ARIMAZIS ou ARIAMAZIS, apparemment du nom de celui qui l'avoit défendu du tems d'Alexandre.

8. PETRA, Ville de la Colchide au Pays des Laziens. PETRÆE, dit Procope [u], n'étoit autrefois qu'un Village sans nom, sur le Rivage du Pont-Euxin: mais il devint une Ville considérable sous l'Empereur Justinien qui le fortifia & l'embellit. Le même Historien nous apprend ce qui engagea Justinien à bâtir cette Ville. Ce Prince ayant donné la Charge de Capitaine des Laziens à un homme de fortune appellé Jean & surnommé Tzibés; cet homme qui n'avoit guère d'autre mérite qu'une adresse extraordinaire à inventer de nouvelles sortes d'Impositions; lui persuada de bâtir dans la Lazique la Ville de PETRA, où il pût demeurer comme dans une Citadelle, pour enlever tous les biens de ces misérables Peuples. Justinien n'eut pas fait ce qu'il souhaitoit, qu'il ne permit

plus

plus aux Marchands d'acheter ailleurs du Sel, & d'autres provisions nécessaires, pour les porter dans la Colchide. Il y établit outre cela un Monopole, & se rendit seul Arbitre du Commerce, achetant tout & le revendant au prix qu'il lui plaisoit. Les Peuples à la fin lassez de ces violences, se donnerent à Cosroès qui vint avec une Armée pour prendre cette Ville. Il y avoit à Pétrée une Garnison Romaine. Cosroès y envoya Aniavéde avec des Troupes pour la prendre d'assaut. Averti de l'approche des Ennemis le Gouverneur défendit à ses Soldats de sortir de la Place & même de se montrer au haut des murailles, & leur commanda de se tenir proche des Portes avec leurs armes, sans faire de bruit. Cette ruse trompa les Perses, qui ne voyant, ni n'entendant point de gens de guerre, s'imaginerent que la Ville étoit abandonnée & y dresserent aussi-tôt les Echelles; mais les Romains firent alors une furieuse sortie sur les Perses qu'ils mirent en fuite. Cosroès ne se rebuta point par cet échec. Il assiégea la Place dans les formes, & le Gouverneur ayant été tué, il prit la Ville de cette maniére. Pétrée étoit entiérement inaccessible, tant du côté de la Mer que de celui des Rochers. Il n'y avoit qu'une avenue très-étroite entre deux Montagnes. Ceux qui l'avoient bâtie desirant de la fortifier de ce côté-là y avoient fait un grand mur, depuis une Montagne jusqu'à l'autre, & avoient élevé aux deux bouts deux Tours d'une pierre dure & capable de résister au Belier. Les Perses minerent une de ces Tours & après avoir détaché plusieurs pierres des fondemens, les étayerent & mirent le feu aux étais. La Tour tomba alors & la Garnison qui ne pouvoit plus se défendre capitula.

9. PETRA, Ville de la Macédoine, sur la Côte, proche de Dyrrhachium, selon Ortelius [a] qui cite César & Lucain; mais aucun de ces anciens Ecrivains n'a dit que ce fût une Ville. Suivant César [b] PETRA étoit un Lieu élevé, qui formoit une Baye médiocre, où les Vaisseaux étoient à l'abri de certains vents: *Edito loco qui appellatur Petra, aditumque habet Navibus mediocrem, atque eas à quibusdam protegit ventis*; & suivant Lucain [c] Petra étoit une Colline:

*Quemque vocat Collem Taulantius incola Petram Insedit Castris.*

[a] Thesaur.
[b] De Bel. Civ. lib. 3. c. 42.
[c] Pharf. lib. 6. v. 16.

10. PETRA, Forteresse de la Macédoine: Tite-Live [d] & Plutarque [e] font entendre qu'elle étoit au voisinage de la Ville de Pythium.

[d] Lib. 44. c. 32.
[e] In Æmilio.

11. PETRA, Ville de Sicile: Ptoloméе [f] la place dans les terres entre *Enna* & *Megara*. Dans l'Itinéraire d'Antonin elle est nommée PETRINÆ, & placée sur la Route d'*Agrigentum* à *Lilybæum* entre *Comicianæ* & *Pyrama*, à quatre milles de la premiere & à vingt-quatre de la seconde. Silius Italicus l'appelle *Petræa*; mais il sous-entend le mot *Urbs*. Le nom des Habitans étoit PETRINI, selon Pline [g] &

[f] Lib. 3. c. 4.
[g] Lib. 3. c. 8.

Ciceron [h]. Niger dit qu'on nomme présentement cette Ville *Petra-Patria*; mais Léander en fait deux Lieux différens, l'un appellé *Petralia in Monte* & l'autre *Petralia-Sottana*.

[h] Fam. O. rat. c. 39.

12. PETRA, Ville de la Piérie selon Tite-Live [i]. Voyez PETRA n°. 10. car c'est la même Place.

[i] Lib. 39. c. 26.

13. PETRA, Ville de la Médie: Tite-Live [k] dit qu'elle fut assiégée par Philippe Roi de Macédoine.

[k] Lib. 40. c. 22.

14. PETRA, Lieu d'Italie: Thucydide [l] le place dans le Territoire de *Rhegium*.

[l] Lib. 7. p. 514.

15. PETRA, Lieu de l'Afrique propre, selon Procope [m].

[m] Lib. 2.

16. PETRA, Mr. Corneille [n] dit Ville considérable & assez forte dans l'Isle de Metelin l'une de celles de l'Archipel, & cite pour garant l'Auteur de l'Histoire de l'Archipel [o]; mais ce qui étoit vrai autrefois ne l'est plus maintenant; car Mr. de Tournefort [p] nous apprend que PETRA n'est plus aujourd'hui qu'un méchant Village, avec un Port. Il y avoit à Petra de grandes richesses, quand elle fut pillée par le Capitaine Hugues Créveliéres, l'un des bons hommes de Mer qui depuis long-tems eussent paru dans l'Archipel. Il avoit trouvé moyen d'armer un gros Navire, & douze ou quinze Bâtimens de toutes grandeurs, avec lesquels ils s'étoit rendu si redoutable, que dans toute la Turquie on ne parloit que de ses Exploits. En 1676. le 12. de Mars, il entreprit son expédition la plus hardie & celle qui fit le plus de dépit aux Turcs. 800. de ses Avanturiers débarquez à Metelin sur le soir traverserent sans bruit trois lieues de Pays, & vers le minuit escaladérent le Rempart de Petra par deux endroits avec de grands cris. Les Turcs effrayez n'eurent que le tems de sauter du lit & de se sauver tout nuds où ils purent. Les Maisons demeurérent pendant trois heures à la discrétion de ces Pirates, qui après la pillage retournerent avant le jour à leurs Vaisseaux, avec cinq cens Esclaves, si chargez d'Argenterie, de riches Vestes, de Tapis de soie & d'Etofes précieuses de toutes sortes, sans les Pierreries & l'Or monnoyé dont les Soldats s'étoient accommodé, que Créveltére lui-même, qui gardoit la Rade avec son Vaisseau, fut surpris de voir tant de richesses.

[n] Dict.
[o] Liv. 3. p. 315.
[p] Voy. du Levant, Lettre 9.

17. PETRA ACHABRON, Ville de la Galilée Supérieure, selon Josephe [q]. Reland [r] croit que ce pourroit être la même Ville que Josephe nomme ailleurs CHARABE. Voyez ce mot.

[q] De Bel. Lib. 1. c. 25.

18. PETRA DESERT ou SELA, Ville des Moabites ou de l'Idumée Orientale. Voyez PETRA, N°. 3.

19. PETRA DIVISA: Le premier Livre des Rois [r] donne ce nom, au Rocher ou à la Montagne du Desert de Mahon. On appella ROCHER DE SEPARATION ou *Petra Divisa*, le Rocher que Saül côtoyoit d'un côté, tandis que David le côtoyoit de l'autre, pour s'empêcher d'être pris.

[r] C. 23. v. 28.

20. PETRA INCISA, Lieu de Phénicie, au voisinage de l'ancienne Tyr. Il étoit entre

… tre Capharnaüm & Dora deux Villes maritimes. Guillaume de Tyr [a] dit que de son tems on le nommoit DISTRICTUM.

[a] Lib. 10. c. 26.

PETRA SANGUINIS, Procope dit [b] les Montagnes de la Lucanie, qui s'étendent jusqu'au Champ Brutien, s'approchent si fort l'une de l'autre qu'elles ne laissent que deux Pas dont l'un se nomme en Latin PETRA SANGUINIS, la Pierre du Sang, & l'autre est appellé par ceux du Pays LABULA.

[b] Goth. lib. 2. c. 28.

PETRACHUS, on donnoit ce nom, suivant Paufanias [c], au sommet d'une Montagne qui commandoit la Ville de Chéronée en Bœotie : il ajoute que ce sommet étoit très-escarpé.

[c] Lib. 9. c. 41.

PETRÆ MAGNÆ PORTUS, Port de l'Afrique dans la Marmarique : Ptolomée [d] le place dans le Nome Marmarique, après le Promontoire *Ardanis*. Si on s'en rapporte au Périple de Scylax [e]; c'est une faute de dire PETRÆ MAGNÆ PORTUS : il faut lire PETRAS MAGNUS PORTUS. *Petras* est-là au nominatif singulier, & fait PETRANTIS au genitif.

[d] Lib. 4. c. 5.

[e] Pag. 45.

PETRÆ PARVÆ PORTUS, Port d'Afrique dans la Marmarique, selon Ptolomée [f] qui le place entre le Port *Barathus* & la Ville Antipyrgus. Il y a selon le Périple de Scylax [g] la même faute dans ce mot que dans le précédent ; & au lieu de *Petræ Parvæ Portus*, c'est PETRAS PARVUS PORTUS qu'il faut lire. Voyez PETRÆ MAGNÆ PORTUS.

[f] Lib. 4. c. 5.

[g] Pag. 45.

PETRÆ-TRACHINIÆ, Montagnes qui environnent le Territoire de la Ville de Melis dans la Trachinie Contrée de la Pthiotide selon Hérodote. Voyez TRACHINIA.

PETRÆON, Ville des Laziens nommée aussi JUSTINIANÆ du nom de l'Empereur Justinien. Il en est parlé dans les Authentiques ; mais je crois que c'est la même que PETRA. Voyez ce mot. No. 2.

1. PETRALIA, Bourg de Sicile [h], dans le Val Demone, dans les terres, au Midi du Mont Madonia, sur une petite Riviére de même nom, au Midi Oriental de Polizzi. Ce Lieu est composé de deux Bourgs séparez, dont l'un est le Haut Petralia & l'autre le Bas. Ce Bourg est l'ancienne PETRA. Voyez PETRA No. 1.

[h] De l'Isle Atlas.

2. PETRALIA, Riviére de Sicile [i], aux confins du Val de Mazara, qu'elle sépare du Val Demone & du Val de Noto. Elle a sa source dans la Montagne Madonia, à l'Orient de la Ville de Polizzi. Son cours est du Nord au Sud en serpentant, mais elle ne conserve pas son nom jusqu'à la Mer ; car après avoir reçu les Riviéres Pillizaro, [g.] & Refuttana, [d.] elle se perd dans la Riviére nommée Fiume Salso, qui a son embouchure sur la Côte Méridionale de l'Isle près d'Alicata.

[i] Ibid.

PETRAMALA, Bourg du Royaume de Naples [k], dans la Calabre Citérieure. Il n'est pas fort éloigné de la Mer inférieure. On le trouve entre Amantea, au Nord Occidental, & Martorano, au Midi Oriental. On croit que c'est l'ancienne Cleta. Voyez CLETA.

[k] *Magin*, Carte de la Calabre Ult.

PETRAS. Voyez PELION.

PETRAYA, Maison de Plaisance du Grand-Duc de Toscane près de Florence. En sortant de cette Ville par la Porte de Prato [l], on trouve deux Maisons de Plaisance du Grand-Duc, assez voisines l'une de l'autre. La première qui se nomme Petraya est sur une élévation médiocre, qui fait partie de la Montagne Morello. C'est un agréable séjour pendant le Printems. Sa principale entrée est du côté du Nord, par une Prairie environnée de Ciprès épais qui la défendent des vents. Les murailles de la Cour sont ornées de Peintures qui représentent des Batailles : les extrémitez du Bâtiment sont occupées par deux Galeries qui donnent entrée dans les Appartemens ornez des Peintures de Balthazar Francefchini de Volterre, appellé communément le Volteran. Elles représentent quelques actions de Côme I. & de Ferdinand II. Grands Ducs de Toscane. Il y a encore trois autres Portes du côté du Levant, du Midi & du Couchant & qui conduisent sur les Terrasses d'un spatieux Jardin d'où l'on jouit comme de dessus un Théatre de la vue charmante de la Campagne des environs. La Terrasse inférieure est accompagnée d'une belle Piéce d'eau en manière de Vivier & la troisième se termine à un Bois : le côté du Nord s'étend jusqu'à la Cassine du Chevalier Carlini & le côté du Sud jusqu'à celle de Castello. Cet endroit est renfermé de murailles de deux milles de circonférence, & contient un plan de diverses espèces de Vignes des meilleures qui soient en Italie & même dans les Pays étrangers les plus éloignez. Tout au haut de cette Vigne il y a une petite Cassine où l'on jouit d'une vue charmante. La partie Occidentale de cette Colline est occupée par un Couvent de Carmes Réformez de la Congrégation de Mantoue, & dont l'Eglise est dédiée à Ste. Lucie appellée DELLA CASTELLINA. C'est le Noviciat de ces Religieux.

[l] *Labat*, Voy. d'Italie, t. 7. p. 237.

1. PETREÉ. Voyez ARABIE.

2. PETREE (LA), Abbaye de France dans le Betry. Elle est de l'Ordre de Citeaux ; André de Chauvigni en fut le Fondateur en 1445. Elle a deux mille livres de revenu.

PETREI & PETRENSES. Voyez PETRA No. 11.

PETRENSIS FUNDUS, Lieu de l'Afrique propre : Ammien Marcellin [m] qui en rapporte la ruïne, dit qu'il avoit été bâti en forme de Ville par le Seigneur de Salmace frere de Firmus.

[m] Lib. 29. c. 5.

PETRESSA. Voyez PYTHO.

PETRIANA, Ville de la Grande-Bretagne, selon la Notice des Dignitez de l'Empire. C'est présentement PETRIL selon Camden.

PETRIDAVA. Voyez PETRODAVA.

1. PETRINA & PETRINI. Voyez PETRA No. 11.

2. PETRINA, Lac de la Morée, dans la Sacanie, au Midi d'Argo [n], & à une assez petite distance du Golphe de Napoli. On le prend pour le Lac LERNÆ des Anciens. Voyez LERNÆ.

[n] *De Wit*, Atlas.

3. PETRINA, Bourgade de la Morée

rée [a], dans la Sacanie, sur le bord Méridional du Lac de même nom.

PETRINIA [b], petite Ville de la Croatie. Elle a pris son nom de la petite Rivière Petrinia qui se rend dans la Kulpe, sur laquelle elle est située. Elle fut bâtie par Assan Bacha en 1592. L'année suivante [c] elle fut assiégée en vain par Robert d'Eggenberg, prise & rasée le 31. Juillet 1594. par l'Archiduc Maximilien. En 1595. comme les Turcs la rebâtissoient, le même Eggenberg la prit & y mit une Garnison. Les Turcs vinrent l'y assiéger en Septembre 1596. & furent repoussez avec perte par Jean Sigismond d'Eberstein: malgré cela, ils firent au mois de Novembre une nouvelle tentative sur cette Place dont ils furent encore obligez de laisser la jouïssance aux Chrétiens. Les Turcs qui la reprirent quelque tems après la fortifierent en 1702. mais l'Empereur la leur a enlevée & la possede aujourd'hui.

Chrastowitz autre Forteresse dans le voisinage au Confluent de l'Oder & de la Kulpe a toujours eu sa part du bonheur ou du malheur de Petrinia. Leurs Révolutions sont les mêmes.

PETRINUM SINUESSANUM, Lieu [d] d'Italie, dans la Campanie. Horace [d] en fait mention dans ses Epitres. Quelques-uns veulent que ce soit une Montagne qui commandoit la Ville de Sinuesse, où il y a maintenant une Ville avec Citadelle, appellée communément *Rocca di Monte Dracone*, & qui se trouve en effet auprès des ruïnes de Sinuesse. D'autres disent que c'étoit un Village du Territoire de Sinuesse, Village qui étoit célèbre non par la bonté de ses Vins, mais par la quantité qu'il en produisoit.

PETRI-VARADIN ou PETER-VARADIN, Ville de la Basse-Hongrie [e], dans le Duché de Sirmium, sur la Rive gauche du Danube, entre Belgrade & Illok. On l'appelle encore PETROWAR, & PETER-WARDEIN, tous noms qui lui ont été donnez par rapport à sa construction, & qui signifient qu'elle est comme un Château de pierre. Les Turcs en ont été maîtres fort long-tems. En 1688. ils construisirent, près de cette Place, un Pont de batteaux sur le Danube pour le passage de leurs Troupes; & le Grand-Visir y demeura fort long-tems campé, après qu'il eut été défait proche de Mohacs. Depuis ce tems-là l'Empereur a repris Petri-Varadin sur les Turcs & le possede actuellement.

PETROA, Lieu de la Bithynie, selon Ortelius [f] qui cite Cédréne. Ce Lieu étoit au voisinage de Nicée.

PETROCHOUS, Lieu de la Bœotie. Plutarque [g] le met aux environs de Thurium.

PETROCHUS. Voyez PETRACHUS.

PETROCORII, Peuple de la [a] Gaule, dont Jules César fait mention parmi les Celtes, & qu'Auguste comprit depuis dans l'Aquitaine. Ils habitoient les Pays que renferment les Diocèses de Perigueux & de Sarlat; car Sarlat a été tiré de l'ancien Diocèse de Perigueux. Dans Pline [h] qui dit *Antobroges*, *Tarneque Amne discreti à Tolosanis Petrogori*, au lieu d'*Antobroges* il faut lire [i] *Nitiobriges*, & mettre une Virgule après *Tolosanis*; car ce sont les Antobroges ou plutôt les Nitiobroges, aujourd'hui l'Agenois que la Riviére de Tarn, séparoit des Thoulousains & non pas les *Petrogori*, ou *Petrocorii*, qui ne touchent ni au Tarn, ni aux Thoulousains, l'Agenois se trouvant entre deux. Le nom moderne de ces Peuples est corrompu de l'ancien. On les appelle présentement PERIGOURDINS; Le Pays se nomme Perigord & leur Capitale Perigueux.

PETRODAVA, Ville de la Dacie, selon Ptolomée [k], qui la place entre *Carsidana* & *Ulpianum:* ses Interpretes lisent PETRODANA.

PETROMANTALUM, Ville de la Gaule Lyonnoise. L'Itinéraire d'Antonin la met sur la Route de *Cæsaromagus* à *Lutetia*, entre *Cæsaromagus* & *Brivanisara*, à dix-sept milles de la première & à quatorze de la seconde. Sa position, dit Ortelius [l], tombe aux environs de la Ville de Pontoise.

PETRONEL, Mr. Corneille [m] dit: Ville de Hongrie, située en l'endroit où la Riviére de Marck se jette dans le Danube. Mais Mr. de l'Isle [n], qui fait une Bourgade de Petronel, la met dans l'Autriche; & au lieu de la placer dans l'endroit où la Riviére de Marck se jette dans le Danube, il la marque sur la Rive droite de ce Fleuve, environ à une lieue & demie d'Allemagne de l'Embouchure de la Riviére de Marck. C'est HAIMBURG qui est bâti vis-à-vis de l'Embouchure de la Marck dans le Danube. Edouard Brown, Médecin Anglois, dans son Voyage de Vienne à Larisse [o] dit: On croit que c'est à Petronel qu'on appelloit autrefois CARNUNTUM. Voyez ce mot. Il ajoute qu'il y a trouvé une très-grande quantité de Médailles, d'Inscriptions, & de vieux restes d'un ancien Aqueduc, ou plutôt d'un très-beau Bâtiment, qu'il avoit pris pour un Temple de Janus; mais qu'on lui avoit dit être un Arc de Triomphe, érigé en mémoire d'une grande Victoire, que Tibére avoit remportée sur les Pannoniens & les Dalmatiens la neuvième année de Notre-Seigneur. L'Empereur Antonin le Philosophe demeura trois ans à CARNUNTUM; pour y donner les ordres nécessaires, par rapport à la guerre qu'il avoit entreprise contre les Marcomans; ce fut aussi le Lieu ou les Légions qui étoient en Allemagne élurent Sévère pour Empereur. Attila Roi d'Hongrie ruïna entiérement cette belle & ancienne Ville: On y voit encore des marques de son ancienne grandeur; car quoique l'herbe croisse à présent dans l'endroit où étoit CARNUNTUM; cependant en observant un peu les choses de près, on remarque les fondemens des Maisons aussi-bien que les Rues: de tout tems on y a trouvé une grande quantité de monnoies Romaines; & on en trouve encore aujourd'hui en si grand nombre, qu'il n'y a point de misérable Paysan qui n'en ait.

PETRONIA, Riviére d'Italie: Festus dit

dit qu'elle se jettoit dans le Tibre, & qu'elle servoit à prendre les Augures.

PETROPOLIS, Ville dont il est parlé, dans le Code Théodosien [a].

1. PETROSACA, Lieu de l'Arcadie, selon Pausanias [b], qui le place à quarante Stades de la Fontaine Cissa. Il ajoute qu'il étoit aux confins des Mégalopolites & des Mantiniens.

2. PETROSACA, Contrée de l'Arabie ; c'est Etienne le Géographe qui en fait mention.

PETROSSA, Isle sur la Côte de la Cilicie, selon Etienne le Géographe & Suidas.

PETTAN, ou PATAN. Voyez PATAN.

PETTAW, ou PETAU, ou PETTAU, Ville d'Allemagne, au Cercle d'Autriche dans le Duché de Stirie. Elle est nommée Duji par les Wendes ou Sclavons qui sont en grand nombre dans le voisinage. Cette Ville est ancienne & subsistoit du tems des Romains qui l'ont connue sous le nom de Petovio diversement orthographié. Voyez Petovio. On en peut voir les antiquitez dans l'Ouvrage de Lazius, de le République Romaine [c]. Elle est à la frontiere de la Basse Stirie, à quatre bons milles au dessous de Rackersburg sur la Drave qui étoit anciennement la borne des Romains. Ptolomée la donne au Norique, cependant on la met communément dans la Basse Pannonie. Il y a près de 1300. ans (à présent près de 1400. ans) qu'elle avoit un Evêque. Elle est petite, mais assez joliment bâtie. Il y a deux Convents l'un de Dominicains & l'autre de Freres Mineurs ; une Eglise Paroissiale qui est un joli Edifice, un Hôpital avec son Eglise. La Maison du Bailliage dans la Ville appartient à la Cour. Mais la Ville est gouvernée par un Magistrat composé de Juges & de Conseillers ; les Juges ont haute & basse Justice. Après que le Siège Episcopal y eût été éteint, avec le tems cette Place fut disputée par le Roi de Hongrie qui vouloit l'attacher au Duché de Zagrab ; par l'Archevêque de Saltzbourg & par les Princes de Stirie. Ottocare Roi de Bohême & Duc de Stirie en chassa le comte Etienne de Zagrab qui l'avoit prise & l'occupoit au nom du Roi de Hongrie. Bela Roi de Hongrie vint au secours & l'assiégea, mais une excommunication lancée par le Pape l'obligea de laisser cette Ville à l'Archevêque de Saltzbourg qui s'en accommoda avec les Princes de Stirie, se réservant la plus grande partie de la Jurisdiction tant sur la Ville que sur le Territoire. Il vint un troisième Conseigneur, sçavoir le Seigneur de Petau de la Maison de Stuberg, qui eut le Château avec une partie de la Jurisdiction.

PETTELER, Fort des Pays-Bas [d], dans le Brabant Hollandois, proche de Bois-le-Duc.

PETTEN, Village de la Nort-Hollande [e], proche du Zyp, sur la Mer du Nord.

PETTERBOROUG. Voyez PETERBOROUG.

PETTERSHAUSEN. Voyez PETERSHAUSEN.

[a] Tit. 15. de Operib. publicis.
[b] Lib. 8. c. 12.
[c] Reip. R. Fol. 161. 482. seq. 489. 541. 559. 593. 595.
[d] Dict. Géogr. des Pays-Bas.
[e] Ibid.

PETUARIA, Ville de la Grande-Bretagne : Ptolomée [f] la donne aux Peuples Parisi. Quelques-uns disent que c'est présentement Peterborn, & d'autres disent Beverley.

PETULANTES, Peuples qu'Ammien Marcellin [g] nomme avec les Celtes comme s'ils étoient de la même Nation.

PETUNS, ou PETUNEUX, Peuples de l'Amérique Septentrionale, entre les trois Lacs, Huron, Erié, & Frontenac. Cette Nation sauvage étoit autrefois puissante ; mais elle a été détruite. Elle avoit vingt-huit tant Bourgades que Villages. Le Pere Joseph de la Roche d'Aillon fut leur premier Apôtre. Le dernier de leurs Villages étoit à une journée des Iroquois & se nommoit Ovaroronon.

PETUSIA, Lieu dont parle Martial [h] dans ces vers :

*Turgentisque locus Petusiaque,*
*Et parvæ vada pura Vetonissæ.*

PETZARES, Petit Peuple de l'Amérique Septentrionale dans la Louisiane aux environs de la route que le Sr. de la Salle tint pour aller de la Baye de St. Louïs aux Cenis.

PETZORA, Province au Nord de la Moscovie. Elle s'étend le long de la Mer Glaciale vers le Levant & le Septentrion [i]. La Rivière de Petzora qui lui donne le nom, entre dans la Mer auprès du Détroit de Weigats, au dessous de la Ville de PUSTEOZIERO, par six Embouchures. Les Montagnes que les Moscovites appellent Zimnopoias ; c'est-à-dire la Ceinture de la Terre, & que l'on croit être les Monts Riphées & Hyperborées des Anciens, couvrent ses deux Rives & nourissent les plus belles Zeblines & les meilleurs Oiseaux de proie de tout le Monde. La Ville est fort petite & le froid est si grand dans cette Province, que les Rivières qui n'y dégélent qu'au mois de Mai, commencent à geler de nouveau au mois d'Août. Les Samojedes sont dans le voisinage de cette Province.

PEUCÆ, Nation Scythe, vers le Danube, selon Zosime cité par Ortelius [k].

PEUCALEI. Voyez PEUCELAITIS.

1. PEUCE, Isle à l'Embouchure du Danube, selon Ptolomée [l] & Pomponius Mela [m]. Ce dernier dit que c'est la plus connue & plus grande des six Isles qui sont à l'Embouchure de ce Fleuve.

2. PEUCE, ou TEUCA, Montagne de la Sarmatie Européenne : Ptolomée [n] dit que c'étoit une de celles qui renfermoient la Sarmatie.

PEUCEESSA, Isle de la Mer Atlantique, selon Ortelius [o] qui cite Orphée [p]. Cambden croit que c'est des Isles d'Albion dont il est question ; mais au lieu de PUCEESSA il voudroit lire LEUCEESSA.

PEUCELA. Voyez PEUCELAITIS & MASSACA.

PEUCELAITIS, ou PEUCELAOTIS, Contrée de l'Inde qu'Arrien [q] place entre les Fleuves Cophenès & Indus. Elle tiroit

[f] Lib. 2. c. 3.
[g] Lib. 20. c. 4. & suiv.
[h] Lib. 4. Epigr. 55.
[i] Olearius, Voy. de Moscovie, Liv. 3. p. 115.
[k] Thesaur.
[l] Lib. 3. c. 10.
[m] Lib. 2. c. 7.
[n] Lib. 3. c. 5.
[o] Thesaur.
[p] in Argonaut.
[q] Lib. 4. c.
22.

roit son nom de celui de sa Capitale, que le même Historien dit être située près de l'Indus. Strabon [a] & Pline [b] connoissent cette Ville; mais ils ne se servent pas de la même orthographe : le premier écrit *Peucolætis* & le second *Peucolais*. Il y a apparence que c'est la même Ville qu'Arrien [c] dans un autre endroit appelle PEUCELA. Les Habitans sont nommez PEUCOLAITÆ par Pline [d].

[a] Lib. 15.
[b] Lib. 6. c. 17.
[c] In Indic. c. 1.
[d] Lib. 6. c. 20.

PEUCELLA, Fleuve de Phrygie : Pausanias [e] dit que les Peuples qui habitoient sur ses bords descendoient des Azanes Peuples de l'Arcadie ; & qu'il y avoit chez eux une Caverne où étoit un Temple consacré à la Deesse Cybèle.

[e] Lib. 10. c. 32.

PEUCEN'TINI. Voyez PEUCETII.

PEUCES, Pline [f] donne ce nom à une des Bouches du Danube, qu'il appelle *Primum Ostium*. Cette même Embouchure est appellée par les autres Géographes HIERON, c'est-à-dire Sacrée.

[f] Lib. 4. c. 12.

PEUCESTÆ, Peuples, qui, selon Suidas, firent irruption dans les Terres du Royaume du Pont, avec les Herules & les Goths. Ils habitoient près de l'Isle PEUCE. Ptolomée [g] les nomme PEUCINI.

[g] Lib. 3. c. 5.

PEUCETII, Peuples d'Italie, appellez aussi PEDICULI par les Latins & AUDANII par les Grecs, selon Strabon [h] ; Mais Casaubon prétend qu'au lieu d'*Audanii* il faut lire *Daunii*. Ils habitoient au Nord du Golphe de Tarente ; c'est-à-dire une partie de la Terre d'Otrante & la Terre de Barri. Leur Pays est nommé PEUCETIA par Denis d'Halicarnasse [i] & par Pline [k]. Etienne le Géographe, au lieu de *Peucetii* dit *Peucetiantes*.

[h] Lib. 6. p. 277.
[i] Lib. 1. p. 9.
[k] Lib. 3. c. 11.

PEUCETIÆ, Peuple de la Liburnie, selon Callimaque cité par Pline [l], qui dit que leur Pays & celui de quelques-autres Peuples étoit de son tems compris sous l'Illyrie.

[l] Lib. 3. c. 21.

PEUCH, Lieu au dessus de la Ville de Chalcédoine, selon Nicétas cité par Ortelius [m].

[m] Thesaur.

PEUCINI, Peuple de la Sarmatie Européenne, selon Tacite [n] & Ptolomée [o]. Ce dernier les place à l'embouchure du Danube. Voyez PEUCESTÆ.

[n] De Morib. German. c. 46.
[o] Lib. 3. c. 5.

PEUCOLAIS. Voyez PEUCELAÏTIS.

LA PEULE, ou la PUELE, Pays de France dans la Flandre, en Latin *Pabula*. Il s'étend aux environs d'Orchies & dans la Châtellenie de Lille.

PEUTHECIA. Voyez PEDIOLANUM.

PEXA, Lac de la Chine [p], dans la Province d'Huguang, au voisinage de la Ville de Ninghiang, sur la Montagne de Xepi. Ce Lac est de quarante Stades. Il en sort quatre ruisseaux, dont l'un forme la Riviére LIEU : les autres vont se perdre dans le Fleuve Juping.

[p] Atlas Sinens.

1. PEXE, Montagne de la Chine [q], dans la Province de Quangsi, au Midi de la Ville de Clencheu : une de ses Pointes nommée TOCIEU est si élevée qu'elle se perd dans les nues.

[q] Atlas Sinens.

2. PEXE, Montagne de la Chine [r], dans la Province de Xensi, près de la Ville de Leangtang. Cette Montagne est grande & très-célèbre. Une Tradition veut, que Leang Hoejus, Général d'un grand nom parmi les Chinois, s'y trouvant assiégé par les Tartares, & n'ayant point d'eau pour donner à son Armée, fit un Sacrifice à cette Montagne, qui aussitôt produisit une source suffisante pour desaltérer ses gens.

[r] Atlas Sinens.

PEXING, Cité & Forteresse de la Chine [s], dans la Province d'Iunnan, où elle a le rang de première grande Cité Militaire. Elle est de 16. d. 8′. plus Occidentale que Peking, sous les 26. d. 44′. de Latitude Septentrionale. La Cité de Pexing est indépendante des autres Villes de la Province, & comme dans les Villes Militaires, les Soldats habitent mêlez avec les Bourgeois.

[s] Atlas Sinens.

PEXUI, Ville de la Chine [t], dans la Province de Chensi, au Département de Sigau, première Métropole de la Province. Elle est de 7. d. 56′. plus Occidentale que Peking, sous les 36. d. 36′. de Latitude Septentrionale.

[t] Atlas Sinens.

PEYNE, Bourg d'Allemagne, dans l'Evêché de Hildesheim, sur la petite Riviére de Fusse. Ce Bourg étoit autrefois Chef d'un Comté.

PEYRABOUT, Paroisse de France dans la Marche. Elle est située dans un Pays de Montagnes & de Rochers. Les terres sont peu propres au Seigle ; mais on y sême beaucoup de Bled noir & d'Avoine. Il y a un Hameau appellé Desaux, où le terrein est beaucoup meilleur.

PEYRAC DE MINERVOIX, Ville de France dans le Bas-Languedoc, au Diocèse de Narbonne.

1. PEYRAT, Paroisse de France dans la Marche, Election de Gueret. Elle est située partie en Plaine, partie en Monticules. Les terres sont bonnes pour le Seigle, le Bled, l'Orge & l'Avoine. Les Pacages & les Foins sont bons & suffisans pour la nourriture des Bestiaux qu'on éleve & dont on fait un bon Commerce aux Foires de Chénerailes & autres du voisinage. Il y a dans la Paroisse de Peyrat un Bois de haute fataye qui est considérable : on le nomme le Bois de la Vaureille. Les Religieux Bernardins de Bon-Lieu sont en partie Seigneurs de cette Paroisse de laquelle dépendent

Le Fresse,  La Vaureille,
Cherchaud,  Vauzille,
le Pont de Beaulieu.

2. PEYRAT, Ville de France dans la Marche Election de Bourganeuf.

3. PEYRAT, Bourg de France dans le Limousin, Election de Limoges.

PEYRÉ, Baronnie de France dans le Bas-Languedoc, Recette de Mende. Il y a dans ce Lieu deux Paroisses ; l'une sous le Vocable de St. Leger & l'autre sous celui de St. Sauveur.

PEYREHOURADE, *Petra-Ferata*, Ville de France, dans le Pays des Landes, Election de Lannes, au Confluent de l'Adour & du Gave, vis-à-vis l'Abbaye d'Artonne. Cette petite Ville est le Chef-lieu du Vicomté d'Aort.

PEY-

## PEY.    PEZ. PFA.

**PEYRESC**, Lieu de France, dans la Provence, Recette de Guillaume. Ce Lieu a donné le nom au savant Mr. De Peyresc, qui en étoit Seigneur, & qui a excellé dans la Physique. Il y a dans l'étendue de la Paroisse de Peyresc une Caverne d'où sort tous les soirs un petit vent qui augmente jusqu'à minuit, & qui diminue depuis minuit jusqu'au lever du Soleil, qu'il tombe entiérement. On dit qu'il y a aussi dans la même Caverne des pierres molles comme de la boue, qui dès qu'elles sont élevées de terre, deviennent de très-durs cailloux.

**PEYRET**, ou EAUX DE PEYRET, Fontaine minérale en France dans le Languedoc, à un quart de lieue de la Ville d'Uzès [a]. Elle est insipide, & la Noix de Galle ne lui donne aucune teinture. On n'en tire par l'évaporation que quelque peu de Marne ou de terre blanchâtre approchante de la Céruse & qui demeure presque toute sur le filtre. Comme cette matière lui donne quelque qualité dessicative, elle est bonne extérieurement pour la Galle & intérieurement pour la Gonorrhée; & comme elle n'est pas chargée de Sels acres, elle rafraîchit & passe assez bien, lors qu'il n'y a point de grands embarras dans les entrailles.

[a] *Pignoil, Descr. de la France*, t. 4. p. 216.

**PEYRILLAT**, Bourg de France, dans le Limousin, Election de Limoges.

**PEYROULLES**, En Latin *Castrum de Petrolio*: Lieu de France dans la Provence, Recette de Castellane.

**PEYROUSE** (La) Abbaye de France dans la Gascogne, au Diocèse de Tarbes, en Latin *Petrosa*. C'est une Abbaye d'hommes de l'Ordre de Cîteaux, Fille de Clairveaux. Elle est située dans une Vallée, entre quatre Montagnes, au Confluent de deux petites Rivières, dont l'une est appellée PALIN & l'autre LA QUEUE D'ASNE. Elles se jettent toutes deux dans la Rivière de la COLE, à cinq lieues de Périgueux & à une lieue de St. Jean de Cole. Cette Abbaye fondée en 1153. fut renversée & pillée par les Calvinistes durant les troubles. Elle commence à se rétablir.

**PEYROUX** (Les); Paroisse de France, dans la Marche. Elle est située en Plaine. Les terres produisent du Seigle, du Bled noir, de l'Avoine, de l'Orge & du Millet. Les Pacages & les Foins y sont bons & suffisans pour la nourriture des Bestiaux, dont on fait quelque Commerce. Les Habitans qui sont assez à leur aise cultivent avec soin leurs terres.

**PEYRUIS**, Lieu de France, dans la Provence, au Diocèse de Sisteron, avec Justice Royale. On prétend que son ancien nom est *Vicus Petronii*; ce qui a donné lieu de croire que c'étoit la Patrie du fameux Pétrone. Ce sentiment est autorisé par une Inscription qu'on trouva dans le Territoire de Peyruis en 1560.

**PEYRUSSE**, Ville de France, dans le Rouergue, & le Siège d'un Bailliage qui s'étendoit autrefois jusqu'aux Portes de Rhodez. Cette Ville est située sur la croupe d'une Montagne, au pied de laquelle passe la Diège petite Rivière qui va se jetter dans le Lot, près de Cadenac. Peyrusse passe pour une des plus anciennes Villes du Rouergue. L'ancienne Eglise est hors de la Ville. Le Cimetière est tout joignant. Il est rempli de Mausolées anciens avec des Armes. Il y en a un entre autres où l'on voit une Mitre, une Crosse & les Armes de Médicis. Il y a dans cette Ville un Maire & trois Consuls. D'anciens Actes témoignent qu'il y avoit autrefois cinq Consuls, tous Gentilshommes & que le premier portoit le nom de Médicis; ce qui a fait dire que les Grands Ducs de Toscane étoient originaires de Peyrusse. Le Château appartient au Roi. On a bâti auprès la grande Eglise paroissiale, où il y a une Communauté de Prêtres qui desservent les Obits, & les Chapelles fondées, qui sont en grand nombre. Auprès de l'ancienne Eglise on voit un Rocher d'une hauteur prodigieuse, dans lequel il y a un ancien Temple, où les Payens faisoient leurs Sacrifices. On l'appelle aujourd'hui la SINAGOGUE. A la cime de ce Temple on voit deux grosses Tours. On ne sauroit comprendre comment on y a pu monter les materiaux, puisqu'on ne sauroit y grimper sans péril de la vie. Le Fauxbourg qui est au pied de la Montagne a un Hôpital & une Chapelle dédiée à Notre-Dame de Pitié. C'est un fameux Pèlerinage, où il s'est opéré, dit-on, divers Miracles. Dans la même Paroisse, il y a une autre Eglise dédiée à St. Quentin, qu'on appelle Gaillac. On y voit aussi des Tombeaux fort anciens. Elle est desservie par un Vicaire & l'on y fait les fonctions Canoniales. Ci-devant il y avoit dans la Ville un Prieuré de Bénédictins; mais il a été uni à l'Abbaye de Figeac. Près de Peyrusse on trouve quantité de Mines que la tradition veut être d'argent. Quand on y jette des pierres on est très-long-tems avant d'entendre qu'elles parviennent au fond. On a remarqué que quelques-unes de ces Mines se sont bouchées d'elles-mêmes & que d'autres se sont ouvertes aussi d'elles-mêmes.

**PEZ-AUGUSTA**. Voyez PAX-JULIA.
**PEZENAS**. Voyez PESENAS.
**PEZINATI**. Voyez SCYTHÆ.

## P F.

1. **PFAFFENHOFEN** [b], Ville d'Allemagne dans la Haute Bavière, sur l'Ilm, au passage de Munich à Ingolstadt, entre Hohen-Camer & Reichershofen, au Département de Munich. Elle a elle-même une Jurisdiction sous laquelle sont compris les Bourgs de HOHENWART, & de Geisenfeld, quatre Monastères ou Couvens, neuf Châteaux, trois Maisons de Gentilshommes, dix-neuf *Hoffmarchen* & quelques Villages & autres Lieux.

[b] *Zeyler, Suev. Topogr.* p. 43.

2. **PFAFFENHOVEN**, Village d'Allemagne dans le Duché de Wurtenberg sur la Rivière de Zaber, qui se jette dans le Neckre. Mr. Corneille en fait une Ville.

1. **PFÆFFIKEN**, Bourg de Suisse [c] dans

[c] *Etat & Délices de la Suisse*, t. 2. p. 46.

dans le Canton de Zurich, au Midi de Kybourg, sur le bord d'un petit Lac. Il ne faut pas le confondre avec un autre PFÆFFIKEN, qui est un Village avec un Château appartenant à l'Abbaye d'Einsidlen, & qui est situé vers l'extrémité Méridionale du Lac de Zurich, vis-à-vis de Rapperschwyl.

2. PFÆFFIKEN, Village de Suisse dans le Canton de Zurich; Voyez l'Article précédent.

☞ 1. PFALTZ, Les Allemands nomment ainsi le PALATINAT. Voyez ce mot.

2. PFALTZ, Quelques-uns écrivent PHALTZ, Château d'Allemagne dans le Bas Palatinat, sur une Isle au milieu du Rhin entre Bacharach & Caub. On le nommoit autrefois PFALTZ. GREVESTEIN, mais, comme remarque Zeyler [a], on dit simplement Pfaltz. Ce Lieu a été destiné pour percevoir des droits de passage. Ce Château, dit-il [b], est petit mais joli & bâti solidement sur la Roche. Son nom ne veut dire que le Château du Comte Palatin, c'est le sens du nom entier *Pfaltz-Grevestein*; ainsi ceux-là se trompent qui croient, au rapport de Mrs. Maty & Misson, que ce Château a donné son nom au Palatinat. Le nom de PFALTZ est de plusieurs Siècles plus ancien que le Château.

[a] Suev. Topogr. p. 11.
[b] P. 15.

1. PFEFERS, En Latin *Thermæ Fabarienses*, ou *Fabariæ*, Bains en Suisse, au Comté de Sargans. A demi-lieue de l'Abbaye de Pfefers il y a deux Montagnes, entre lesquelles la Taminne a creusé son lit d'une profondeur prodigieuse, & où elle se précipite à travers des Rochers affreux avec un bruit épouvantable. C'est là que sont, dans l'endroit le plus profond du Vallon, les Bains tant vantez de Pfefers. Ils furent découverts dans le treizième Siècle du tems de l'Empereur Fridéric II. par un Chasseur du pays qui cherchoit des nids de Corbeaux de bois à travers les Rochers. Au commencement on n'y pouvoit descendre qu'avec des cordes comme dans un Puits. Dans la suite on y a construit un Chemin composé de Ponts de bois attachez les uns au bout des autres & suspendus entre les Rochers. On y avoit aussi bâti des Bains & des Hôtelleries, quoique avec une peine infinie: encore le tout n'étoit-il guère commode. Comme les Rochers couvroient les maisons, il y régnoit une telle obscurité, qu'en plein midi on avoit besoin de Chandelles dans les Chambres. Tous ces Edifices ayant été consumez par le feu au mois de Décembre 1629. l'année suivante l'Abbé de Pfefers fit bâtir d'autres Bains & d'autres Hôtelleries, dans un endroit plus agréable & plus éclairé, au dessous de la source. Il fit tailler des Chemins dans le roc, fit mettre des Ponts de bois dans les endroits où le terrein manquoit, & fit faire un Aqueduc pour conduire l'eau de la source dans les Bains. On y a depuis ce tems-là tous les agrémens qu'on peut souhaiter: un grand jour qui dure en Eté depuis quatre heures du matin jusqu'à neuf heures du soir; un Logement commode; un Bain salutaire, & toujours bonne compagnie.

L'Eau de ces Bains est extrêmement claire, sans goût ni odeur. Elle sort toujours au commencement du mois de Mai & tarit entiérement vers le milieu de Septembre. On a remarqué qu'après un Hyver pluvieux, l'eau sort de meilleure heure, en petite quantité néanmoins, & à peine est-elle tiéde; mais quand elle sort tard, elle tarit tard aussi. On sait à peu près quand elle doit paroître: c'en est un signe ou pronostic, quand on voit venir dans le grand Bassin du Bain de petites ampoules d'eau, des feuilles de Hêtre, des fruits sauvages & une petite écume. L'Eau coule ensuite tout d'un coup avec un grand bruit, & en telle quantité qu'elle pourroit faire tourner un Moulin. Cette Eau charrie des esprits les plus subtils de Souffre, de Nitre, de Vitriol & de divers Métaux, entre autres de l'Or. Elle est chaude au second degré & propre pour diverses maladies soit en Bain soit en Boisson. Elle est bonne contre les obstructions du cerveau & des nerfs, contre les maux de tête, l'épilepsie, l'apopléxie; la surdité, la foiblesse de la vue, la paralysie, le tremblement des nerfs, les obstructions des viscères, les fiévres invétérées, les fistules, les ulcéres, & autres maladies.

2. PFEFERS, Abbaye de Suisse [c], au Comté de Sargans sur une haute Montagne. Cette riche Abbaye qui est de l'Ordre de St. Benoît fut fondée vers l'an 720. Ses Abbez portent le titre de Princes de l'Empire, depuis que l'Abbé Rodolf, né Comte de Montfort, reçut cet honneur de l'Empereur Henri VI. en 1198. L'Abbé est Seigneur de tout le Pays d'alentour; mais les Cantons Seigneurs Souverains du Pays ont droit d'inspection & de protection sur cette Abbaye & sur ses Terres. Quoique située sur une haute Montagne, cette Abbaye est dans un terrein uni, au milieu d'une belle Plaine, partie couverte de Bois, partie entrecoupée de Prairies. La structure de cette Maison est fort belle. L'ancien Bâtiment fut consumé par le feu le 29. d'Octobre 1665. mais il a été rebâti avec plus de magnificence qu'auparavant. Il est incrusté de Marbre noir, rayé de blanc, depuis le rez-de-chaussée jusqu'au toit. On commença cet Ouvrage en 1673. & il fut achevé en 1677.

[c] Ibid. suiv.

PFETER, Quelques-uns écrivent PFÆTTER, petite Riviére d'Allemagne en Baviére [d]. Elle a sa source assez près d'Abach qui est sur le Danube, & après avoir arrosé quelques Villages, elle va se perdre dans ce Fleuve au dessous de Ratisbonne & au dessus de Straubingen. A l'Orient de son Embouchure est un Village de même nom, que quelques-uns croient avoir été une Place nommée par les Romains VETERA CASTRA. Il y a bien plus d'apparence que la Riviére ait donné son nom au Bourg. La ressemblance de quelques lettres n'est que trop souvent le fondement d'une conjecture plus spécieuse que solide.

[d] Zeyler, Carte de la Baviére.

PFEFFINGEN, Château de Suisse [e] dans les Terres de l'Evêque, Titulaire de Bâle, Prince de Porentru. Ce Château, situé

[e] Etat & Délices de la Suisse, t. 3. p. 207.

tué à trois lieues de Bâle, est bien bâti & bien fortifié.

PFIN, En Latin *Fines*, ou *Ad Fines* [a], petite Ville ou Bourg de Suisse, dans la Souveraineté de Thourgaw; mais qui avec son Teritoire fait un Bailliage dépendant du Canton de Zurich. Pfin n'est pas grand; en récompense il est bien bâti & fort agréable. On le trouve au bord de la Thour, dans le voisinage de Stein & dans une Campagne fertile en Bled, en Vin & en Fruits. La Ville de Zurich y envoye un Baillif pour le gouverner, & il y a un Château où réside ce Baillif. On prétend que l'origine du nom de Pfin vient de ce que Cecinna Lieutenant de Vitellius, ayant battu les Suisses ou Helvétiens, près de Bade, avec le secours des Grisons, ou Rhétiens l'an 69. de Jesus-Christ; ces derniers prirent delà occasion de s'étendre dans la Suisse, & s'avancérent jusqu'à Pfin, où ils établirent leurs bornes ou leurs frontiéres. Les Romains en firent une Place forte pour servir de Barriére contre les attaques des Germains & des Helvétiens. On voit encore les murailles de l'ancienne Ville & quelques autres Monumens des Romains; particuliérement des Anneaux ou Bagues & des Médailles qu'on déterre dans les Vignes du voisinage. Dans le XVI. Siècle cette Place appartenoit aux Comtes d'Eberstein, dont le dernier, nommé Othon, se noya à Anvers l'an 1576.. Un Gentilhomme nommé Wambold du Duché de Deux-Ponts acheta Pfin des Héritiers de la Maison d'Eberstein; mais les Héritiers des Wambolds vendirent cette Place à Mrs. de Zurich. Vis-à-vis de Pfin, de l'autre côté du Thour, on voit Welleberg, qui est un ancien & fort Château.

PFIRTH. Voyez FERRETTE.

PFORTZHEIM, Ville d'Allemagne dans la Suabe au Marquisât de Bâde-Dourlach sur la Riviére d'Entz qui y reçoit celle de Nagolt, aux frontieres du Craichsgow [b]. Ses environs sont d'un côté des Prairies & des Montagnes par où l'on va à la Forêt Noire, & de l'autre côté des terres labourées & des Jardins. Irenicus s'est imaginé que Phorcys venu de Troye en a été le Fondateur. J'ai remarqué ailleurs que çà été autrefois une folie assez générale de vouloir donner aux Villes une origine Troyenne. Beatus Rhenanus dit plus vraisemblablement que l'ancien nom étoit ORCYNHEIM, nom tiré de la Forêt Hercinie nommée *Orcynie* par quelques Anciens; & que le fondement de ce nom est PORTA HARCINIÆ ou HERCINIÆ, parce que cette Ville est à l'entrée de la Forêt Noire. La Ville est bien bâtie, & a anciennement appartenu aux Ducs de Suabe; mais après la mort de Conradin dernier Duc de cette Maison, elle vint à celle de Bâde, & est aujourd'hui à la Branche de Dourlach. Elle a été quelque tems du Bas Palatinat sous la Régence de Heydelberg, comme le remarque Zeyler. On y voit dans le vieux Château un ancien Autel de pierre, & dans l'Eglise sont les Tombeaux de quelques Margraves de Bâde. Le célèbre Jean Capnion étoit né en cette Ville. Mr. Baudrand [c] dit qu'elle a été autrefois au Duc de Wurtenberg; qu'elle est à deux milles d'Allemagne & à l'Orient de Dourlach; à huit milles de Haguenaw, à sept de Heidelberg & à six de Spire [d]. Elle a beaucoup souffert des derniéres guerres.

PFREIMBD; Ville d'Allemagne, au Cercle de Baviére [e] dans le Nord-gow, sur un *Ruisseau* de même nom, qui a sa source dans la Bohême au Village de Prostiborz; & qui traversant d'Orient en Occident le Palatinat de Baviére & le Landgraviat de Leuchtenberg, tombe dans le Nab à Pfreimbd. La Ville est petite & mal-bâtie, mais elle a un beau Château de même nom hors de l'enceinte. La Ville, le Château & le Bailliage appartiennent au Landgrave de Leuchtenberg; elle est la Capitale de ce petit Pays; & est au Duc de Baviére, à qui ce Landgraviat a été restitué en 1714. par la paix de Rastadt.

§. Mr. Corneille ayant fait un Article de cette Ville, copié de Maty, en fait un nouveau, comme s'il y avoit deux Villes de ce nom, l'une au Landgraviat de *Leuchemberg*, l'autre au *Landgraviat* de *Leichtenberg*. C'est une méprise.

PFULENDORFF [f], Ville Impériale d'Allemagne dans le Hegow, Canton de la Haute Suabe, sur la Riviére d'Andelspach qui tombe dans celle d'Ablac & va se perdre avec elle dans le Danube; la Place est petite avec un petit Fauxbourg. Son Contingent du Mois Romain étoit autrefois de cent & quatre Guldes; mais on l'a modéré aux deux tiers, & il ne monte plus qu'à 69. Guld. douze Creutz. La Religion dominante y est la Catholique. Quelques-uns croyent que c'est la BRAGADURUM de Ptolomée, Elle a eu ses Comtes particuliers. Le dernier étoit Rudolph qui mourut en 1180. Sa fille Itha épousa Adelbert III. Comte de Habsbourg.

PFUNGEN, Village de Suisse, au Canton de Zurich [g], dans le Bailliage de Kybourg ou Kybourg sur la Riviére de *Tœss*. La Seigneurie de ce Village appartient à la Ville de Winterthour. Il y a à Pfungen un vieux Château célèbre pour avoir été la Résidence de Gottfried ou Godefroy Duc de Souabe vers l'an 700. & celle de St. Pirminius Evêque de Meaux en France.

# P H.

PHABENTIA. Voyez FAVENTIA.
PHABIA. Voyez FABIA.
PHABIRANUM, Ville de la Germanie dans sa partie la plus Septentrionale, selon Ptolomée [h] qui la place entre *Tecelia* & *Treva*. On croit que c'est présentement la Ville de Brême.
PHABRIS. Voyez FABRIS.
PHACIUM, Ville de Thessalie: Tite-Live [i] dit qu'elle fut prise & pillée par Philippe Roi de Macédoine, & ensuite par Bæbius [k].
PHACUSSA, Village d'Egypte & le Chef-Lieu du Nome d'Arabie, selon Ptolomée,

[a] Etat & Délices de la Suisse, t. 2. p. 37. & t. 3. p. 163.
[b] Zeyler, Suev.Topogr. p. 61.
[c] Edit. 1705.
[d] Hubner, Geogr. p. 447.
[e] Zeyler, Bavar. Topogr. p. 43.
[f] Zeyler, Suev.Topogr. 62.
[g] Etat & Délices de la Suisse, t. 2. p. 46.
[h] Lib. 2. c. 11.
[i] Lib. 33.
[k] Lib. 36. c. 13.

260 PHA.

*a* Lib. 4. c 5. mée [a], qui lui donne le titre de Métropole. Les Interprètes de Ptolomée lisent *Phacusa* & Strabon [b] écrit *Phaccusa*. Ne *b* Lib. 17. p. 805. seroit-ce point, dit Ortelius, le même Lieu que Guillaume de Tyr [c] nomme *c* Lib. 14. c. 14. PHACUS.

*d* Thesaur. PHADANA. Ortelius [d] dit que Sozomène & Calliste nomment ainsi le Lieu où Jacob rencontra Rachel & ouvrit le Puits pour abbreuver son Troupeau. Ce Lieu est nommé Haran ou Charan dans l'Ecriture Sainte [e]. *e* Genes. 29. 4.

PHADASIA. Voyez PADASIA.

PHADISA, ou PHADISANA [f], petite *f* Baudrand Dict. Ed. 1705. Ville de la Turquie en Asie, dans la Natolie au Pays d'Amasie, sur la Côte de la Mer Noire & du Golphe d'Amasie près de l'Embouchure du Caalmach. Elle étoit anciennement de la Paphlagonie, & connue sous le nom de CHADISIA, ou CHADISTA.

PHADIZANA, Lieu fortifié dans la *g* 1. Perip. p. 16. Cappadoce, selon Arrien [g], qui le met à cent cinquante Stades du Fleuve Phigamuntes & à dix de la Ville *Polemonium*. Ortelius [h] soupçonne que ce pourroit être *h* Thesaur. le même Lieu qui est nommé CHADESIA par Apollonius.

PHÆACES, Peuples de l'Illyrie, dont fait mention Pomponius Mela [i]. *i* Lib. 2. c. 3

PHÆACIA. Voyez CORCYRA.

PHÆACIS. Voyez OASIS.

PHÆCASIA, Pline [k] donne ce nom à *k* Lib. 4. c. 12. l'une des Isles *Sporades*; mais le Pere Hardouin prétend qu'au lieu de *Phæcasia* il faut lire *Nicasia*, comme lisent Etienne le Géographe & Suidas. Il ajoute qu'elle se nomme présentement *Rachia*.

PHÆDÆ, Lieu de la Sicile, entre Messine & Leontium.

1. PHÆDRIA, Village de l'Arcadie, *l* Lib. 8. c. 35. selon Pausanias [l].

2. PHÆDRIA. Ortelius [m], qui cite Suidas, dit qu'on nommoit ainsi un Rocher *m* Thesaur. au voisinage de Delphes. C'est ce même Rocher que Diodore de Sicile nomme PHÆDRIADES-PETRÆ.

PHÆDRIADES - PETRÆ. Voyez PHÆDRIA No. 2.

PHÆDRUS, Riviére d'Egypte: Plutarque [n] dit qu'elle fut dessechée par Isis. *n* In Iside Osiride.

PHÆNAGORA. Voyez PHANAGORIA.

PHÆNIANA. Voyez FEBIANA.

PHÆNICHA, ou PHOENICA. Voyez BIZABDA.

PHÆNON. Voyez PHUNON & PHENNESOS.

PHÆSANA, Ville d'Arcadie, sur le *o* Thesaur. Fleuve Alphée, selon Ortelius [o] qui cite *p* In Olympicis. Pindare [p].

1. PHÆSTUM, ou PHÆSTUS, Ville de l'Isle de Crète. Voyez FESTO. Diodore de Sicile [q] dit qu'elle fut bâtie par Mi- *q* Lib. 5. c. 79. nos sur le bord de la Mer. Cependant Strabon [r] & Pline [s] la mettent dans les *r* Lib. 10. p. 479 terres; le premier dit même qu'elle en étoit éloignée de vingt Stades, & quelle é- *s* Lib. 4. c. 12. toit à soixante Stades, de *Gortyna*. Denis le Périégète [t] confirme ce sentiment. *t* Vers. 88.

*Juxta sacram Gortynem & Mediterraneam Phæstum.*

PHA.

2. PHÆSTUM, ou PHÆSTUS, Village des Locres Ozoles, selon Pline [u]. *u* Lib. 4. c. 3

3. PHÆSTUM, Ville de la Macédoine: Ptolomée [x] la donne aux Estiotes. *x* Lib. 3. c. 13 C'est apparemment la même que Tite-Live [y] dit qui fut prise par Bæbius. *y* Lib. 36. c.

PHÆSULÆ, ou FESULÆ. Voyez FIESOLI.

PHÆTELINUS, Fleuve de Sicile, selon Vibius Sequester dont voici le passage: *Siciliæ Fluvius, juxta Peloridem, confinis Templo Dianæ*. Au lieu de *Phætelinus* quelques MSS. portent *Fæcelinus*. J'aimerois mieux, dit *Ortelius* [z], lire FACELI- *z* Thesaur. NUS, parce que la Diane qui étoit adorée dans ces Quartiers s'appelloit *Diana Facelina*. Mr. de l'Isle dans sa Carte de l'ancienne Sicile nomme ce Fleuve *Melas* ou *Facelinus*, met son embouchure à l'Orient du Temple de Diane Faceline, & pour nom moderne lui donne celui de NUCITI.

PHÆTIALUCI, Lac de l'Attique. Wehler dans son Voyage d'Athènes [a] dit *a* Lib. 3 p. 223. qu'en rodant autour de la Baye qui s'étend au Nord, depuis Porto-Lione & le Détroit de Salamine, il arriva à un petit Lac, d'eau salée & bitumineuse, qui se décharge dans la Mer par un petit Courant que Pausanias [b] appelle *Scirus*. Il ajoute qu'on ap- *b* Lib. 16 pelloit autrefois ce Lac *Phætialuci*, dont Pausanias fait les Limites des Athéniens & des Eleusiniens, & non pas de l'Attique & d'Eleusis, comme l'Interprète ou l'Imprimeur de Pausanias se l'est imaginé. Il y a aussi là une Montagne au Nord & un Village dessus, qui s'appellent l'une & l'autre *Scirus*.

☞ Wehler auroit bien fait de nous dire en quel endroit de Pausanias il a trouvé le mot PÆTIALUCI; il m'auroit épargné la peine de l'y chercher inutilement.

PHÆUNTA, Ville du Péloponèse, selon Diodore de Sicile [c]: elle devoit être *c* Lib. 14 quelque part vers l'Argie.

PHAGIUS, ou PHEGIUS. Voyez FAGIUS.

PHAGRES, Ville de la Thrace: elle étoit selon Thucydide, au pied du Mont Pangæus, au delà du Fleuve Strymon. Strabon [d] & Etienne le Géographe en par- *d* Lib. 7. p. 331. lent aussi. Voyez NIPHAGRES.

PHAGRORIUM, nom d'une Ville dont parle Etienne le Géographe. Elle étoit peut-être en Egypte, où Strabon [e] met *e* Lib. 17. p. 805. une Ville nommée PHAGRORIOPOLIS & un Nome PHAGRORIOPOLITES.

PHAGUS, Fleuve du Péloponèse dans l'Elide, selon Pausanias [f]. Quelques MSS. *f* Lib. 5. c. 7 portent *Buphagus* & *Puphagus*. Il y a apparence que la véritable orthographe est BUPHAGUS puisque c'étoit selon Pausanias [g] le Héros Buphagus, qui avoit don- *g* Lib. 8 & 27. ne son nom à ce Fleuve.

PHAGUS, en Grec Φηγός. Ce mot en Grec & en Latin signifie un Hêtre. Homère [h] l'employe pour désigner le Lieu au de- *h* Lib. 9. v. 354. hors de la Ville de Troye, jusqu'où s'avança Hestor avec sa Troupe.

PHAGYTRA, Ville de l'Inde en deçà du Gange: Ptolomée [i] la donne aux Ma- *i* Lib. 7. c. l. soli & la place dans les terres. Ses Interprètes lisent *Pharythra*, au lieu de *Phagytra*.

PHA-

# PHA.    PHA.

PHAHATH-MOAB, nom d'un Lieu dans la Terre des Moabites, selon le premier Livre d'Esdras [a].   [a] C. 2. 6. 8.

PHALACHTHIA, Ville de Thessalie, selon Ptolomée [b].   [b] Lib. 3. c. 13.

PHALACICHEORUM, Φαλακιχέων. On trouve ce nom sur une Médaille de l'Empereur Trajan rapportée dans le Recueil d'Adolphe Occon. Ortelius [c] doute de l'exactitude de l'orthographe. Il soupçonne qu'au lieu de Φαλακιχέων, il pourroit y avoir Φαλακραίων; & alors la Medaille auroit été frappée à l'occasion de la Ville *Phalacra*, ou par ses Habitans.   [c] Thesaur.

1. PHALACRA, Ville d'Afrique dans la Cyrénaïque. Ptolomée [d] la place entre *Cænopolis* & *Marabina*.   [d] Lib. 4. c. 4.

2. PHALACRA. Voyez IDA, N°. 1.

PHALACRÆ. Voyez IDA.

PHALACRINA, Village d'Italie, dans le Pays des Sabins, au delà de *Reatæ*. Suétone [e] dit que c'est un petit Village & le Lieu où naquit l'Empereur Vespasien. Ortelius [f], sur le témoignage de Marius Victorinus, dit qu'on croit que c'est présentement *S. Silvestri in Phalacrino*. — Au lieu de *Phalacrina*, l'Itinéraire lit PALACRINUM.   [e] Lib. 8. c. 3.   [f] Thesaur.

PHALACRIUM. Voyez FALACRIUM.

☞ 1. PHALACRUS, Mot Grec qui veut dire chauve. On l'a donné à divers Lieux sur-tout à des sommets de Montagnes qui étoient dépouillez d'arbres.

2. PHALACRUS, Lieu des Indes: Aelien [g] dit que ce Lieu fut ainsi nommé, parce que le poil & les cornes tomboient aux Animaux, lors qu'ils goûtoient de l'herbe qui y croissoit.   [g] Animal. lib. 8. c. 15.

3. PHALACRUS, ou FALACRUS, Ville d'Egypte. L'Itinéraire d'Antonin la met sur la Route de Coptus à Bérénice, entre Aristo & Apollonus, à vingt-cinq milles de la première & à vingt-trois de la seconde.

4. PHALACRUS, Montagne aux environs de la Cappadoce, selon Ortelius [h] qui cite Constantin Porphyrogénète: Cedréne & Curopalate disent que c'est un Lieu fortifié.   [h] Thesaur.

PHALÆCI, ou FALÆCI. Voyez FALISQUES.

PHALÆSIÆ, Ville de l'Arcadie: Pausanias [i] dit qu'elle étoit à vingt Stades du Temple de Mercure, bâtie près de *Belemina*.   [i] Lib. 8. c. 35.

PHALAGNI, Ville de l'Arabie Heureuse: Ptolomée la place dans les terres, entre *Alvare* & *Salma*.

PHALAGRA, Ville dans la Péninsule de Pallenes, selon Ortelius [k] qui cite Isacius sur Lycophron; & il ajoute que *Phalagra* pourroit être corrompu de *Phlegra*. Voyez PALLENA.   [k] Thesaur.

PHALANA. Voyez PHALANNA.

1. PHALANNA, Ville de la Perrhebie, selon Etienne le Géographe. Lycophron écrit PHALANUM.

2. PHALANNA, Ville de l'Isle de Crete: Etienne le Géographe dit que Phagiadès le Péripatéticien étoit natif de cette Ville.

PHALANNÆA, Ville de l'Isle de Crete. Elle étoit différente de la précédente, selon Etienne le Géographe.

PHALANTIADE. Voyez TARENTUM.

PHALANTHUS, Montagne de l'Arcadie. Pausanias [l] dit qu'on y voyoit de son tems les ruïnes d'une Ville qui apparemment avoit eu le même nom.   [l] Lib. 8. c. 35.

PHALANUM. Voyez PHALANNA N°. 1.

PHALARA, Ville de Thessalie sur le Golphe Maliacus, selon Tite-Live [m], qui dans un autre endroit [n] la nomme PHALARUS. Pline [o] & Etienne le Géographe écrivent aussi PHALARA.   [m] Lib. 36. c. 29.   [n] Lib. 35. c. 43.   [o] Lib. 4. c. 7.

1. PHALARIENSES. Voyez FALARIENSES.

2. PHALARIENSES, Peuples de la Tribu Aeantide, selon Ortelius [p], qui cite Hesyche.   [p] Thesaur.

PHALARIS, Ville de la Toscane, chez les anciens Falisques, selon Caton, dans le Livre des Origines. Denis d'Halicarnasse, Strabon & Ptolomée écrivent *Phalerium*. Voyez FALERE qui est la même Ville.

PHALARIUM. Voyez ECNOMUS.

PHALARNA, ou plûtôt PHALASARNA, comme lit Casaubon dans Srabon [q]. Ortelius [r] dit que c'est l'extrémité de l'Isle de Crete du côté du Couchant; mais tous les Anciens s'accordent à en faire une Ville. Pline [s] & Polybe [t] écrivent PHALASARNE ou PHALASARNA au nominatif singulier. Strabon [u] le Périple de Scylax [x] & Dicéarque [y] disent PHALASARNAS au nominatif pluriel. Le dernier parle de cette Ville en ces termes. On dit qu'il y a [y] dans l'Isle de Crete une Ville nommée Phalasarna, située à l'Occident de cette Isle, qu'elle a un Port qu'on peut fermer, & un Temple de Diane Dictynne. On croit que c'est présentement le Bourg de CONTARINI.   [q] Lib. 10.   [r] Thesaur.   [s] Lib. 4. c. 12.   [t] Excerpt. Legat.   [u] Lib. 10. p. 479.   [x] Pag. 17.   [y] In Creta.

PHALARUS, Fleuve de la Bœotie. Pausanias [z] dit que ce Fleuve se jettoit dans le Lac de Céphisside.   [z] Lib. 9. c. 34.

PHALASARNA. Voyez PHALARNA.

PHALASIA, Promontoire de l'Eubée. Ptolomée [a] le place entre la Ville *Soreus*, ou *Oreus* & le Promontoire *Dion*.   [a] Lib. 3. c. 15.

PHALBINI. Voyez PHALAGNI.

PHALCIDON, Ville de Thessalie, selon Ortelius [b] qui cite Polyen [c].   [b] Thesaur.   [c] Lib. 4.

PHALECUM. Voyez PHALYCUM.

PHALEGANDROS, Voyez PHILOCANDROS.

PHALEMPIN, Abbaye de Chanoines Réguliers [d], dans la Flandre Wallonne, entre Lille & Douay, à trois grandes lieues de l'une & de l'autre de ces deux Villes.   [d] Dict. Géogr. des Pays-Bas.

PHALERIA. Voyez PHALORE.

PHALERICUM. Voyez PIRÆEUS.

PHALERIUM. Voyez PHALARIS.

PHALERNA & OPHELTINA, nom de deux Tribus que Diodore de Sicile [e] dit avoir été ajoutées à l'Apouille. Ortelius [f] croit que ces deux mots sont corrompus, qu'au lieu d'OPHELTINA il faut lire UFENTINA & qu'au lieu de PHALERNA il faut lire PHALERINA.   [e] Lib. 19.   [f] Thesaur.

1. PHALERUM, ancien Port de l'Attique, nommé auparavant PHANOS, selon Sui-

262 PHA. PHA.

Suidas. C'étoit, dit la Guilletiére [a], le Port de la Ville d'Athènes, avant que Themistocle eût entrepris de fortifier celui de Pirée. Il n'y a plus à Phalére que deux ou trois méchantes Cabanes desertes & ruïnées par les Armateurs Chrétiens. L'ancrage y est bon, & on y mouille à 10. & 12. brasses. Sur le Rivage il y a des Puits excellens, où les Vaisseaux vont faire de l'eau. De-là à Athènes il n'y a que cinq quarts de lieue & c'est là que la Ville est le plus près de la Marine. Selon Wehler [b] le Port appellé anciennement Phalére, se nomme aujourd'hui simplement Porto. On y voit encore un petit Port avec une partie des murailles qui le fermoient; mais il est présentement si rempli de sable & de bancs qu'il n'y peut entrer que de petites Barques. Le Port est tout à découvert aux vents de Sud en Eté & aux vents d'aval en Hyver; & les Vaisseaux qui y mouillent sont forcez de se tenir au large, parce qu'il n'y a pas de fonds; en sorte que les Athéniens eurent raison d'abandonner ce Port, pour retirer leurs Vaisseaux dans le Pirée. On voit tout proche les ruïnes d'une Ville & d'une Forteresse qui commandoit le Port de Phalére.

2. PHALERUM, Ville de la Thessalie, selon Suidas & Etienne le Géographe. Les Habitaus de cette Ville sont appellez PHALERENSES par Strabon; & Ortelius [c] croit que cette Ville PHALERUM est la même que PHALERIA & PHALORE.

PHALESINA, Ville de Thrace: Pline [d] qui en parle semble la mettre sur la Mer de Thrace.

PHALGA, Village qu'Etienne le Géographe place à moitié chemin entre la Ville de Séleucie dans la Piérie & celle de la Mésopotamie.

PHALIGATHEUS, nom de Lieu donné à deux hommes, l'un nommé Théophanès & l'autre Chrysanthus, selon d'anciennes Médailles rapportées par Goltzius [e].

PHALIGES, Peuples d'Ethiopie sous l'Egypte. C'est Pline [f] qui en fait mention.

PHALIS, Ville d'Egypte, où Osiris étoit adoré, selon Tzetzes sur Lycophron. Ortelius [g] remarque pourtant que le Grec porte PHELAIS, & non PHALIS.

PHALISCA. Voyez FALERE.

PHALISCI. Voyez PHALISQUES.

PHALIUM, Lieu que Plutarque [h] semble placer dans la Bithynie.

PHALO, Contrée sur la Côte de la Mer Méditerranée vers l'Orient, selon Ortelius [i] qui cite Dictys de Créte, dont il rapporte le passage de cette sorte: *delata dein ad Regionem ejus Phalonem nomine, &c.* mais au lieu de PHALONEM, on lit PALLIOCHIN dans l'Edition de Dictys de Créte [k] par Robert Etienne.

PHALORCHIA. Ortelius [l], qui cite Sérapion, dit que c'est le nom d'une Contrée, où l'on fait un usage fréquent du Nasitort, ou Cresson Alenois au lieu de poivre.

PHALORE, Ville de la Thessalie, selon Lycophron & Etienne le Géographe: Tite-Live [m] écrit PHALORIA & PHALERIA; & Ortelius [n] soupçonne que ce pourroit être la même que PHALERUM. Voyez ce mot.

PHALTI, dans le second Livre des Rois [o], il est parlé de PHALTI comme d'une Ville. On y fait mention d'Hellès de Phalti l'un des forts de David; & dans le premier Livre des Paralipomènes [p]; ce même homme est nommé Hellès Phalonitès; mais, dit Dom Calmet [q], nous ne connoissons ni la Ville de PHALTI, ni celle de PHALON.

PHALTZ, Ville d'Allemagne sur la Moselle. Voyez PFALTZ.

PHALTZBOURG [r], petite Ville de France, entre l'Alsace & la Lorraine, au pied des Montagnes de Vosges, à deux lieues de Saverne près de la Riviére de Zinzel, avec titre de Principauté. Elle est défendue par un ancien Château, & les Fortifications de cette Ville la font regarder comme un Poste important & nécessaire pour la communication des trois Evêchez de Metz, Toul & Verdun avec l'Alsace. Le Bois de la Principauté de Phaltzbourg comprend vingt buissons de soixante à soixante & dix moyens arpens, dépendans de la Maîtrise de Metz.

La PRINCIPAUTE' DE PHALTZBOURG est presque toute composée de Châteaux qui dépendent de l'ancienne Seigneurie de Lutzelbourg, aliénée ou démembrée du Domaine de l'Evêché de Metz. Ce Château de Lutzelbourg fut engagé l'an 1344. par Ademar de Monteil, Evêque de Metz, à Bourkar Seigneur de Fenestrange, l'Evêque s'étant reservé le droit de rachapt perpétuel & la Seigneurie directe. Quelque tems après le Seigneur de Fenestrange n'eut plus que moitié à Lutzelbourg dont l'Evêque Théodoric de Boppart promit de le faire joüir l'an 1381. Dix ans apres Raoul de Couci, Evêque de Metz, paya 1200. florins à Frederic de Blenkenheim, Evêque de Strasbourg, pour dégager Lutzelbourg engagé par Théodoric de Boppart: cependant la moitié de cette Seigneurie étoit possédée par des Propriétaires qui en faisoient hommage aux Evêques de Metz, & ils donnerent leur aveu l'an 1405. à Raoul de Couci. Les Evêques de Strasbourg retenoient toujours une partie de Lutzelbourg, que l'Evêque Guillaume de Diest s'obligea de rendre à l'Evêque de Metz par deux actes de l'an 1421. & 1434.

Dans le même Siècle les Evêques de Metz ont été reconnus par ceux qui tenoient les Fiefs de Lutzelbourg, & qui rendirent aux Prélats les mêmes devoirs jusqu'à l'an 1551. du tems que le Cardinal de Lenoncourt étoit Evêque de Metz; mais la Seigneurie de Sarebourg ayant été démembrée pour toujours de l'Evêché, les Ducs de Lorraine eurent aussi le Haut Domaine sur Lutzelbourg & sur ses Villages. Ils firent bâtir un Château à Phalsbourg qui n'étoit pas fort, que le Duc Charles céda à la France l'an 1661. par le Traité de Vincennes, comme faisant partie

PHA. PHA. 263

tie du chemin Royal d'Alsace. La cession de Phalsbourg fut sans aucunes dépendances, car le Roi ne devoit avoir qu'une demie lieue de large en Souveraineté. L'an 1680. après la Paix de Nimégue, le Duc Charles qui étoit en Allemagne n'ayant pas voulu accepter le Traité, le Roi Louïs XIV. demeura en possession de toute la Lorraine, & fit Construire cette année à Phalsbourg une très-belle Forteresse, pour être Maître du passage des Montagnes de Vauge, qui séparent l'Alsace de la Lorraine. Cette Place lui est demeurée selon le Traité de Vincennes de l'an 1661. & par celui de Ryswic; mais comme elle n'avoit aucunes dépendances, on a obtenu par le Traité de Paris de l'an 1718. que le Duc de Lorraine cédât à la France Lutzelbourg, & toute la Terre de Phalsbourg, à qui les Ducs de Lorraine ont donné le nom de Principauté, & on a dédommagé le Duc par un équivalent.

PHALYCUM, Lieu du Territoire de Mégare, selon Ortelius [a] qui cite Théophraste, & remarque que cet Ancien dans un autre endroit appelle ce même Lieu PHALECUM.

PHAMIZON & PHAMIZONIUM. Voyez PHAZEMONITIS.

PHAMOTIS. Voyez PHOMOTIS.

1. PHANA, Ville d'Italie, selon Etienne le Géographe. Ortelius croit que c'est la même que *Fanum Fortunæ*. Voyez FANO. No. 1.

2. PHANA, Ville de l'Etolie, selon Pausanias [b].

PHANACA, Ville de la Médie: Ptolomée [c] la place dans les terres entre *Alicadra* & *Nazada*.

1. PHANÆ, Isle proche de la Côte de l'Ionie, selon Pline [d].

2. PHANÆ. Voyez PHANÆA.

PHANÆA, Promontoire de l'Isle de Chios, selon Ptolomée [e]. Strabon, Thucydide & Etienne le Géographe l'appellent PHANÆA; & Servius aussi-bien que Vibius Sequester le nomment *Phaneus*. Quelques-uns disent que le nom moderne est *Cabo Masticho*: d'autres disent *Panale*.

PHANAGORIA, Ville de la Sarmatie Asiatique: Strabon [f] & Ptolomée [g] la placent sur le Bosphore Cimmérien. Thevet dit qu'on la nomme aujourd'hui MATRIGA.

2. PHANAGORIA, Isle sur la Côte de la Chersonnése Taurique, selon Etienne le Géographe. Voyez THEMISCYRA.

PHANARI KIOSC, Grelot [h] dans la Relation de son Voyage de Constantinople dit: Au sortir du Golphe de Nicomédie, aujourd'hui le Golphe de Smith, on entre dans la Mer de Calcédoine, que les Anciens appelloient l'Océan Calcédonien. Au milieu de cette petite Mer qui n'a pas plus de dix lieues d'étendue, on trouve un grand Fanal, au bout d'un Promontoire, qui est proche des ruïnes de Calcédoine. Sur ce Promontoire ou avance de terre il y a une belle Maison de Plaisance du Grand-Seigneur, appellée PHANARI KIOSC, ou abri du Fanal. Ce mot KIOSC en Langue Turque signifie une Galerie couverte: aussi tout ce Kiosc du Fanal, de même que presque tous les autres ne sont faits que de plusieurs Colonnes disposées en quarré avec des Galeries tout au tour, qui sont couvertes d'un très-grand toit assez bas en forme de Pavillon. La situation de ce Kiosc est fort agréable. Il est dans le plus haut d'un fort beau Jardin, qui est le plus régulier de tous ceux qui se voient en Turquie: aussi a-t-il plusieurs Allées tirées au cordeau & quelques Parterres assez bien entendus; au lieu que la plûpart des autres Jardins du Grand-Seigneur ne sont qu'une confusion d'arbres plantez çà & là sans aucun ordre. Toutes ces Allées aboutissent au Kiosc ou Pavillon d'où l'on a fort belle vue. On découvre de cet endroit la meilleure partie de la Ville de Constantinople, du Grand Serrail & de Galata. Constantinople est au Couchant de ce Jardin, & n'est guère éloignée que d'une lieue. Le Port & les ruïnes de la Ville de Calcédoine sont à sa droite au Nord-Ouest. Les Isles des Princes & la Mer de Marmara sont au devant au Sud-Ouest: une partie de l'entrée du Golphe de Smith est à la gauche au Midi: & les belles Terres de la Natolie, sur l'extrémité desquelles il est situé, sont derrière à son Orient. La charmante disposition de ce Lieu engagea le Sultan Soliman II. d'y faire bâtir ce Kiosc ou Lieu de Plaisance, pour y aller quelquefois se divertir avec une partie des Sultanes de son Serrail. Il fit mettre au milieu de ce grand Salon, dans un lieu un peu élevé, un fort beau Sopha, ou Estrade, garni de ses Matelats, Coussins & Tapis précieux, & entouré d'une Balustrade de Marbre, toute ciselée de Moresques. Ce Sopha est quarré & placé presque au milieu d'un grand Bassin de même figure, qu'une quantité de petits Jets d'eau emplissent peu à peu jusqu'à hauteur de Bain. Ce Prince qui n'étoit pas moins enclin à l'amour des Dames qu'à celui des armes, fit orner ce lieu de tous les enjolivemens que l'Architecture Mahométane a pu inventer. Il y venoit souvent avec les Sultanes qu'il aimoit le plus, pour y satisfaire avec plus de secret & moins de trouble à tous les emportemens qu'une passion aussi déréglée que la sienne pouvoit exciter dans un Lieu, qui n'étoit orné qu'à ce dessein & qui n'étoit fait que pour le plaisir.

Le Fanal qui est proche de ce Kiosc sert aux Vaisseaux qui arrivent de nuit à Constantinople, ou aux Barques qui veulent donner fond proche de cette Côte.

PHANARION, Cap de la Romanie, nommé par les Anciens *Panium Promontorium*. Les Grecs modernes, accoutumez à terminer presque tous leurs noms en άριον, de Φανος, qui signifie un Phare, ou Fanal, ont formé le mot PHANARION. Il y a en effet sur la Pointe la plus élevée de ce Cap une Tour octogone, au haut de laquelle on allume toutes les nuits du feu pour guider les Bâtimens. Le Cap PHANARION est à l'entrée du Bosphore de Thrace du côté de la Mer Noire.

1. PHANAROEA, Lieu fortifié dans la Cappadoce, selon Strabon [i] & Pline [k].

Ce

Ce dernier dit que *Phanaroea* se trouvoit à la source du Thermodon.

2. PHANAROEA, Ville de la Phocide, selon Tite-Live [a], qui dit qu'elle fut prise par les Romains. Mais les meilleures Editions, au lieu de *Phanaroea* portent PHANOTEA: ainsi il se pourroit bien faire que cette Ville seroit la même que PHANOTEUS. Voyez ce mot.

[a] Lib. 32. c. 18.

PHANASPA, Ville de Médie: Ptolomée [b] la place dans les terres entre *Phasaba* & *Curna*.

[b] Lib. 6. c. 2.

PHANDANA, Ville de la Grande Arménie, entre *Phausia* & *Zaruana*, selon Ptolomée [c]. Au lieu de *Phandana* quelques-uns de ses Interprètes lisent PHANDALIA.

[c] Lib. 5. c. 13.

PHANDRIUM, Ville au voisinage du Pays des Locres & du Pinde: c'est Ortelius qui en fait mention sur le témoignage de Chalcondile.

PHANEAS, Ville de Syrie, selon l'Inscription d'une Médaille rapportée par Goltzius. Ortelius [d] soupçonne que c'est la même Ville que PANEAS. Voyez ce mot.

[d] Thesaur.

PHANENA, Province de la Grande Arménie, selon Strabon [e]; mais au lieu de *Phanena*. Casaubon croit qu'on pourroit lire SOPHENA.

[e] Lib. 11. p. 528.

PHANESII. Voyez SATMALI.
PHANEUS. Voyez PHANÆA.
PHANOS. Voyez PHALERUM.

PHANOTES, Lieu fortifié dans l'Epire; Tite-Live [f] qui en fait une Ville dit que les Habitans sans attendre qu'on les attaquât allèrent au devant d'Anicius pour se soumettre aux Romains.

[f] Lib. 45. c. 26.

PHANOTEUS, Ville de la Phocide, selon Etienne le Géographe & Polybe [g]. Strabon [h] semble la nommer aussi PANOPEUS. Thucydide [i] écrit PHANOTIS: d'autres écrivent PANOTIA, à ce que dit Etienne le Géographe. Cette Ville est encore nommée PANOPE par Hésyche; & il y a grande apparence que c'est la même qui est appellée PHANOREA, ou PHANOTA par Tite-Live. Voyez PHANOREA Nº. 2.

[g] Lib. 5. n. 95.
[h] Lib. 9. p. 416.
[i] Lib. 5.

PHANTIA, Ville de la Troade: Etienne le Géographe dit qu'elle avoit été bâtie par les Cuméens.

PHANTURITES NOMUS. Voyez PHATHURES.

PHANUEL, Ville au delà du Jourdain près le Torrent de Jabok [k]. Voici l'occasion du nom de Phanuel, ou Panuel, ou Peniel. Jacob revenant de la Mésopotamie [l], s'arrêta sur le Torrent de Jabok, & le lendemain de très-grand matin, après avoir fait passer tout son monde, il demeura seul; & voilà un Ange qui luttoit contre lui jusqu'à ce que l'Aurore parut. Alors l'Ange dit à Jacob: laissez-moi aller, car l'Aurore commence à s'élever. Jacob répondit: Je ne vous laisserai point aller, que vous ne m'ayez donné votre bénédiction. L'Ange le bénit au même Lieu, & Jacob nomma cet endroit Phanuel, disant: J'ai vu Dieu face à face & je n'ai point perdu la vie. Dans la suite les Israelites bâtirent une Ville dans ce Lieu-là, & elle fut donnée à la Tribu de Gad. Gédéon revenant de la poursuite des Madianites, renversa la Tour de Pha-

[k] D. Calmet, Dict. Hist. t. 2. p. 173.
[l] Genes. 32. 24.

nuel [m], & fit mourir tous les Habitans de cette Ville qui lui avoient refusé quelque nourriture, pour lui & pour ses gens, & qui lui avoient même répondu d'une manière insultante. Jéroboam, fils de Nabat [n], rétablit la Ville de Phanuel. Joseph [o] dit que ce Prince y bâtit un Palais.

[m] Judic. 8.
[n] 3. Reg. 12.
[o] Antiq. l. 8. c. 3.

PHANUM. Voyez FANUM.

PHANUM APOLLINIS, Siège Episcopal de la Lydie, selon le Concile de Chalcédoine. Voyez au mot APOLLON, l'Article APOLLINIS-FANUM.

PHANUS. Voyez PHALERUM.

PHARA, Ville d'Afrique, brûlée par les Soldats de Scipion, selon Strabon [p]. Le Commentaire d'Hirtius Pansa [q] dit la même chose, mais il nomme cette Ville PARADA.

[p] Lib. 17. p. 832.
[q] De Bel. Afr. 2. 87.

1. PHARÆ, Ville de l'Achaïe propre, selon Polybe [r], & Etienne le Géographe, qui connoît dans la même Contrée une Ville nommée PHERÆ. Il se pourroit fort bien faire que cette dernière seroit la même que PHARÆ, que Ptolomée [s] appelle aussi PHERÆ. Il la met dans les terres; mais suivant l'ordre dans lequel Strabon [t] qui écrit PHARA, place cette Ville, elle ne devoit pas être bien éloignée de la Mer.

[r] Lib. 2. 2.
[s] Lib. 3. c. 16.
[t] Lib. 8. p. 386.

2. PHARÆ, Ville du Péloponnese près du Golphe Messéniaque: Ptolomée [u] qui écrit PHERÆ la place au delà du Fleuve Pamisus; & Pausanias [x] dit qu'elle étoit presque à six Stades de la Mer. Polybe [y] est, je crois, le seul qui écrive PHARA, au nombre singulier.

[u] Lib. 3. c. 16.
[x] Lib. Mess. cap. 31.
[y] Legat. 2. 53.

3. PHARÆ, Ville de l'Isle de Créte, selon Etienne le Géographe, qui dit que c'étoit une Colonie des Messéniens. Pline [z] fait aussi mention de cette Ville.

[z] Lib. 4. c. 6.

4. PHARÆ, Ville de Béotie: c'est Etienne le Géographe qui en parle.

PHAREA. Voyez PHARIS.

PHARAMBARA, Ville de Médie & dans les terres: Ptolomée [a] la place entre *Tigrana* & *Tachasara*.

[a] Lib. 6. c. 2.

PHARAMIA, Ville d'Egypte, sur le bord de la Mer, près de l'Embouchure du Nil appellée CARABEIX, selon Guillaume de Tyr [b]. Dans un autre endroit, [c] cet Auteur dit que la première Embouchure du Nil, du côté de la Syrie & qu'il appelle CARABES, se trouve entre deux anciennes Villes maritimes de l'Egypte; savoir *Pharamia* & *Taphium*.

[b] Lib. 11. c. 31.
[c] Lib. 19. c. 23.

1. PHARAN, Desert de l'Arabie Pétrée [d], au Midi de la Terre promise, au Nord & à l'Orient du Golfe Elanitique. Codorlahomor & ses Alliez étant venus faire la guerre aux Rois de la Pentapole, ravagèrent le Païs jusqu'aux Campagnes de Pharan [e]. Agar étant chassée de la Maison d'Abraham se retira dans le Desert de Pharan, où elle demeura avec son fils Ismael [f]. Les Israelites étant décampez de Sinaï, vinrent dans le Desert de Pharah [g]. C'est de ce Desert que Moïse envoya des hommes pour considérer la Terre promise [h]; par conséquent Cadès est dans la Solitude de Pharan, puisque c'est de Cadès que ces hommes furent envoyez [i]. Moïse semble mettre la Montagne de Sinaï [k] dans le Païs de Pharan, lorsqu'il dit [k] que

[d] D. Calmet, Dict. Hist. t. 2. p. 173.
[e] Gen. 14. 6.
[f] Gen. 21.
[g] Num. 10.
[h] Num. 13.
[i] Num. 13.
[k] Deut. 33.

le

# PHA.   PHA.   265

le Seigneur parut aux Ifraélites fur le Mont de Pharan. Abacuc femble dire la meme chofe [a]: *Deus ab Auſtro veniet, & Sanctus de Monte Pharan*. David perfécuté par Saül fe retira au Defert de Pharan, près de Maon & du Carmel [b]. Adad, fils du Roi d'Idumée, fut porté étant encore tout enfant dans l'Egypte [c]. Ceux qui le portoient vinrent de l'Idumée Orientale dans le Pays de Madian; delà dans le Pays de Pharan, & enfin en Egypte. La plus part des demeures de ce pays étoient creufées dans le Roc [d]. C'eſt là où Simon de Gérafa ramaſſoit tout ce qu'il prenoit fur fes Ennemis.

2. PHARAN, Ville de l'Arabie Pétrée, fituée à trois journées de la Ville d'Ela, ou Ailat, vers l'Orient [e]. C'eſt cette Ville qui donnoit le nom au Defert de Pharan.

PHARANGIUM, Forterefſe de la Perfe-Arménie: Procope [f] dans fon Hiſtoire de la Guerre contre les Perfes, dit qu'il y avoit des Mines d'Or aux environs & que Cavade à qui le Roi de Perfe en avoit donné la direction, livra le Fort de Pharangion aux Romains, à la charge qu'il ne leur donneroit rien de l'Or qu'il tiroit des Mines. Procope dit plus bas [g], que le Fleuve Boas prend fa fource dans le Pays des Arméniens, qui habitent Pharangion, proche des Frontiéres des Tzaniens.

PHARASTIA, Ville de Médie, dans les terres, felon Ptolomée [h], qui la place entre *Phafaba* & *Curna*: fes Interprètes lifent *Pharafpa* pour *Pharaſtia*.

PHARATHA, Ville de l'Arabie Heureufe: Ptolomée [i] la place dans les terres.

PHARATHON, ou PHARATHUS, Ville de la Paleſtine dans la Tribu d'Ephraïm, dans la Montagne d'Amalec. Abdon Juge d'Ifrael étoit de Pharathon, & il y fut enterré [k]. Bacchides, felon Jofephe [l] fit fortifier cette Ville, dont il eſt aufſi parlé dans le premier Livre des Maccabées [m]. Mais elle eſt nommée PHARA dans le Latin. Etienne le Géographe met PHARATHUS dans la Galilée; & Goltzius rapporte une Médaille de l'Empereur Claude fur laquelle on lit ce mot: ΦΑΡΑΘΟΝΕΙΤΩΝ.

PHARADON. Voyez PHARATHON, qui eſt le même Lieu.

PHARATHUA. Voyez PHRATI.

PHARAX. Voyez CHARAX.

PHARAZANA, Ville de la Drangiane, felon Ptolomée [n].

PHARBÆITHES. Ptolomée [o] donne ce fon à un Nome de l'Egypte. Sa Capitale étoit PARBÆTHUS. Voyez ce mot.

PHARBÆTHUS, Ville d'Egypte, & la Capitale d'un Nome auquel elle donnoit le nom, felon Ptolomée [p]. Etienne le Géographe parle aufſi de cette Ville.

PHARBELUS, Ville qu'Etienne le Géographe donne aux Erétriens. Ortelius [q] croit qu'elle pouvoit être quelque part dans la Theſſalie.

PHARCIDON, Ville de la Theſſalie, felon Etienne le Géographe qui cite Théopompe. Un MS. confulté par Ortelius, porte PHARCEDON pour PHARCIDON.

☞ PHARE, nom que l'on donne communément aux Tours bâties fur les hauteurs des Côtes ou des Ports de Mer, & où l'on allume du feu pour guider la nuit les Vaiſſeaux. Les Etymologiſtes, dit Dom Bernard de Montfaucon dans fa Difſertation fur le Phare d'Aléxandrie [r], ont à leur ordinaire tâché de découvrir l'origine de ce mot. Iſidore prétend qu'il vient du Grec Φῶς, qui veut dire *lumiére*, & de ὁρᾷν, qui fignifie *voir*. Le Liceti en donne une autre Etymologie, qui ne vaut pas mieux. Que des gens qui ne liſoient pas les Auteurs Grecs fe foient ainfi exercez inutilement à tirer des Etymologies, cela eſt encore moins furprenant que de voir Ifaac Voſſius [s] qui liſoit Homère, chercher dans la Langue Grecque l'origine du nom de l'Iſle de PHAROS. De Φαίνειν, *luire*, dit-il, vient Φανερός; de Φανερός, Φάρος; & cela après avoir cité lui-meme un Vers d'Homère, qui dit:

Ἀιγύπτου προπάροιθε, Φάρον δέ ἓ κικλήσκουσι.

L'Iſle s'appelloit donc Φάρος, PHAROS, fept ou huit cens ans avant qu'il y eût ni Tour ni Fanal, puisque ce fut Ptolémée Philadelphe, qui fit bâtir le Phare de cette Iſle. Voyez PHAROS. Cela fait voir que les Etymologiſtes de profeſſion tirent quelquefois des Etymologies fans confulter la raifon. Il eſt donc certain à n'en pas douter, que le Phare d'Aléxandrie a pris le nom de l'Iſle de Pharos. Ce nom Egyptien devint depuis Appellatif. On appella la Tour le Phare d'Aléxandrie, pour la diſtinguer des autres Tours faites fur le même modèle, & pour le même ufage, qui furent aufſi appellées Phares. Ces Tours, dit Hérodien, qu'on bâtit fur les Ports pour éclairer les Navires qui abordent la nuit, font ordinairement appellées Phares; c'eſt-à-dire qu'elles prirent le nom de la première qui avoit été bâtie, & qui fervit de modèle aux autres: tout de même que le fuperbe Tombeau fait par Artemife pour le Roi Maufole, donna le nom de Maufolée à tous les Tombeaux que leur magnificence rendit célèbres.

Le nom de Phare s'étendit bien davantage que celui de Maufolée. Grégoire de Tours, le prend en un autre fens. *On vit*, dit-il, *un Phare de feu qui fortit de l'Egliſe de St. Hilaire & qui vint fondre fur le Roi Clovis*. Il fe fert aufſi de ce nom pour marquer un incendie. *Ils mirent*, dit-il, *le feu à l'Egliſe de St. Hilaire, & firent un grand Phare; & pendant que l'Egliſe brûloit ils pillérent le Monaſtère*. Ce nom fe trouve fouvent dans cet Auteur au même fens; de forte qu'en ce tems-là un Incendiaire & un Brûleur d'Egliſes étoit un faifeur de Phares. On appella Phares dans des tems poſtérieurs, certaines Machines, où l'on mettoit pluſieurs Lampes ou pluſieurs Cierges, qui approchoient de nos Luſtres. Anaſtafe le Bibliothécaire dit que le Pape Sylveſtre fit faire un Phare d'or pur & que le Pape Hadrien I. en fit faire un, en forme de Croix, fufpendu dans le Presbytére, où l'on mettoit 1370. Chandelles ou Cierges. Il fe fert en cent endroits du mot de Phare pour marquer ces grands Luminaires: ce nom se trouve aussi au même sens dans plusieurs Auteurs, ou Contemporains d'Anastase, ou de plus bas tems. Léon d'Ostie, dans la Chronique du Mont-Cassin, dit de l'Abbé Didier : Il fit faire un Phare, ou une grande Couronne d'argent, du poids de cent livres, d'où s'élevoient douze petites Tourelles & d'où pendoient trente six Lampes. Ce mot Phare a été encore pris dans un sens plus métaphorique. On appelle quelquefois Phare tout ce qui éclaire en instruisant, & même les gens d'esprit qui peuvent éclairer les autres. C'est dans ce sens que Ronsard disoit à Charles IX.

*Soyez mon Phare, & gardez d'abysmer*
*Ma Nef qui nage en si profonde Mer.*

Revenons aux Phares pris dans la signification la plus ordinaire. La Navigation, dit Dom Bernard de Montfaucon [a], s'étant perfectionnée, les Ports furent munis de Tours, tant pour les défendre que pour servir la nuit à guider ceux qui alloient sur Mer, par le moyen des feux qu'on y allumoit. Ces Tours étoient en usage dès les plus anciens tems. Leschès, Auteur de la petite Iliade, Poëte fort ancien & qui vivoit en la XXX. Olympiade, en mettoit une au Promontoire de Sigée, auprès duquel il y avoit une Rade où les Vaisseaux abordoient. La Table Iliaque faite du tems des premiers Empereurs représente cette Tour; & l'Inscription qui est à côté fait voir que c'est sur l'autorité de Leschès qu'elle a été dessinée. Il y avoit des Tours semblables dans le Pirée d'Athènes & dans beaucoup d'autres Ports de la Grece.[b] Ces Tours étoient d'abord d'une structure fort simple ; mais Ptolomée Philadelphe en fit faire une dans l'Isle de Pharos si grande & si magnifique, que quelques-uns l'ont mise parmi les Merveilles du Monde. Elle communiqua son nom à toutes, & leur servit de modéle, comme nous l'avons déja dit. Hérodien nous apprend que toutes étoient de la même forme. Voici la Description qu'il en fait, parlant de ces Catafalques qu'on dressoit aux funérailles des Empereurs : au dessus du premier quarré, dit-il, il y a un autre étage plus petit, orné de même & qui a des Portes ouvertes ; sur celui-ci encore un autre ; c'est-à-dire, jusqu'à trois ou quatre, dont les plus hauts sont toujours de moindre enceinte que les plus bas ; de sorte que le plus haut est le plus petit de tous. Tout le Catafalque est semblable à ces Tours qu'on voit sur les Ports & qu'on appelle Phares, où l'on met des feux pour éclairer les Vaisseaux, & leur donner moyen de se retirer en Lieu sûr.

On voit par-là que ces Phares étoient à plusieurs étages, que ces Etages se rétrecissoient toujours à mesure qu'ils étoient plus élevez, & qu'ils laissoient une Galerie en dehors prise sur la fabrique de dessous, toujours plus large que celle de dessus. Cela se voit dans les Catafalques des Empereurs, représentez sur les Médailles, qui laissent à chaque étage un espace vuide

[a] Dissertation sur le Phare d'Aléxandrie, dans les Mém. de Littérat. de l'Acad.

[b] Thucydid. Lib. 8.

de extérieur, assez considérable, où il paroît que l'on pouvoit se promener. Hérodien nous donne à entendre que tous les Phares étoient faits à peu près sur ce modéle & sans doute à l'imitation de celui d'Aléxandrie. Suétone le dit expressément de celui d'Ostie, bâti par l'Empereur Claude. Voici ses termes : Il fit faire au Port d'Ostie une très-haute Tour sur le modéle du Phare d'Aléxandrie, afin que les feux qu'on y faisoit pussent guider la nuit les Navires qui alloient en Mer : *Altissimam Turrim in exemplum Alexandrini Phari, ut ad nocturnos ignes cursum Navigia dirigerent.*

On fit encore d'autres Phares en Italie. Pline parle de ceux de Ravenne & de Poüzzol. Suétone fait aussi mention du Phare de l'Isle de Caprée, qu'un tremblement de terre fit tomber peu de jours avant la mort de Tibère. Il ne faut pas douter qu'on n'en ait fait encore bien d'autres. Capitolin met entre les Ouvrages faits par Antonin le Pieux, *Phari restitutio Caietæ Portus* : Casaubon croit qu'on doit ôter la virgule après *restitutio* & l'entendre ainsi : le rétablissement du Phare du Port de Gaiete. Mais si l'on considere bien le Texte de Capitolin, cette construction paroîtra forcée. D'ailleurs comme on ne sait pas s'il y avoit anciennement un Phare à Gaïéte, ne diroit-on pas plus vraisemblablement que cet Empereur, qui rétablit le Port de Pouzzol, comme une Inscription nous l'apprend, aura aussi rétabli son Phare ?

Denys de Byzance Géographe, cité par Pierre Gilles [c], fait la Description d'un Phare célèbre situé à l'embouchure du Fleuve Chrysorrhoas, qui se dégorgeoit dans le Bosphore de Thrace. Au sommet de la Colline, dit-il, au bas de laquelle coule, le Chrysorrhoas, on voit la Tour Timée, d'une hauteur extraordinaire, d'où l'on découvre une grande Plage de Mer, & que l'on a bâtie pour la sûreté de ceux qui navigeoient, en allumant des feux à son sommet pour les guider : ce qui étoit d'autant plus nécessaire que l'un & l'autre bord de cette Mer est sans Ports, & que les Ancres ne sauroient prendre à son fond ; mais les Barbares de la Côte allumoient d'autres feux, aux endroits les plus élevez des bords de la Mer, pour tromper les Mariniers & profiter de leur naufrage, lorsque se guidant par ces faux signaux, ils alloient se briser sur la Côte. A présent, poursuit cet Auteur, la Tour est à demi-ruïnée & l'on n'y met plus de Fanal.

Quoique Hérodien dise ci-dessus que les Catafalques qu'on faisoit aux funérailles des Empereurs étoient semblables aux Phares, cette ressemblance ne se doit entendre que pour les différens Etages, plus étroits les uns que les autres, à mesure que l'Edifice s'élevoit. De ce que ces Catafalques étoient toujours quarrés, il ne s'ensuit pas que tous les Phares le fussent aussi. Un beau Médaillon de Commode, du Cabinet de Mr. le Maréchal d'Etrées, nous représente un Port qui a un Phare tout rond, à quatre Etages, dont le premier est grand

[c] De Bosphor. Thrac. lib. 2. c. 11.

grand & large, le second moindre, le troisième & le quatrième vont aussi en diminuant. Le Phare de Boulogne sur Mer étoit octogone. Il est donc certain qu'Hérodien se doit entendre en la manière que nous venons de dire, & que s'il y avoit quelques Phares quarrez, tous n'avoient pas la même figure.

Le PHARE D'ALEXANDRIE. Voyez PHAROS.

Le PHARE DE BOULOGNE-SUR-MER étoit un des plus beaux Monumens de la Magnificence <sup>a</sup> Romaine. Il est détruit il y a environ un Siècle ; mais il s'en est trouvé par bonheur un dessein fait lorsque le Phare subsistoit encore ; c'est sur ce dessein & sur quelques autres Mémoires que nous en ferons l'Histoire. Il semble qu'il n'y ait pas lieu de douter que ce ne soit ce Phare dont parle Suétone dans la Vie de l'Empereur Caïus Caligula. Ce Prince qui, entr'autres mauvaises qualitez, avoit une vanité qui alloit jusqu'à la folie, fit ranger son Armée en bataille sur les bords de l'Océan, & fit dresser ses Balistes & ses Machines, comme pour attaquer une Armée. Personne ne pouvoit s'imaginer quelle expédition il vouloit faire sur ce Rivage, où il ne paroissoit pas un Ennemi. Il commanda tout d'un coup que tous se missent à ramasser des Coquilles, que chacun en remplit son Casque & son sein, disant que c'étoient des dépouilles dignes & du Capitole & du Mont Palatin ; & voulant laisser une marque de sa Victoire, il fit bâtir une très-haute Tour pour servir de Phare & guider par les feux qu'on y mettoit les Vaisseaux qui alloient sur la Mer voisine : *Et indicium Victoriæ altissimam Turrim excitavit, ex qua, ut ex Pharo, noctibus ad regendos Navium cursus ignes emicarent*. Caligula avec son Armée étoit au Lieu où se faisoit le passage des Gaules dans la Grande-Bretagne : il étoit venu là comme pour faire la guerre dans cette Isle : ὥσπερ ἐν τῃ Βρεταννιᾳ ϛρατεύσων, dit Xiphilin. Il n'y avoit pas sous les Empereurs d'autre Lieu de trajet que *Gessoriacum* ou Boulogne ; c'est donc ce Phare, dont nous parlons que Caligula fit bâtir : ce qui paroît d'autant plus indubitable, que l'Histoire ne fait mention que d'un Phare, bâti sur cette Côte, & qu'on n'y a jamais remarqué de trace d'aucun autre Phare.

Cette Tour fut bâtie sur le Promontoire, ou sur la Falaise, qui commandoit au Port de la Ville. Elle étoit octogone. Chacun des côtez avoit, selon Bucherius 24. ou 25. pieds. Son circuit étoit donc d'environ 200. pieds & son diamètre de 66. Elle avoit douze Entablemens, ou espèces de Galeries, qu'on voyoit au dehors en y comprenant celui d'en-bas. Chaque Entablement, ménagé sur l'épaisseur du mur de dessous, faisoit comme une petite Galerie d'un pied & demi : ainsi ce Phare alloit toujours en diminuant, comme nous avons dit des autres Phares. Au plus haut de la Tour on mettoit des Fanaux, qui servoient de guide à ceux qui alloient sur Mer. La Tour alloit donc toujours en diminuant, & cette diminution se prenoit uniquement sur l'épaisseur du mur. Les Anciens s'étudioient sur-tout à bâtir solidement. On a des preuves des soins surprenans qu'ils avoient de bien fonder leurs Edifices.

La structure de ce Phare de Boulogne étoit à peu près la même que celle du Palais des Thermes, Rue de la Harpe à Paris. Voici ce qu'en disent ceux du Pays qui l'ont observé de plus près. Les rangs de pierre & de brique y étoient diversifiez en cet ordre avec un certain mélange de couleurs, ménagé de manière, qu'il rendoit l'aspect plus agréable. On voyoit d'abord trois rangs d'une pierre de la Côte, de couleur de gris de fer ; en suite deux lits d'une pierre jaune plus molle ; & au dessus de ceux-là deux lits de brique très-rouge, épaisse de deux doigts, longue d'un peu plus d'un pied, & large de plus d'un demi-pied ; la fabrique continuoit toujours de même.

Ce Phare étoit appellé depuis plusieurs Siècles *Turris Ordans*, ou *Turris Ordensis*. L'Auteur de la Vie de St. Folquin, Ecrivain ancien de l'Abbaye de St. Bertin, l'appelle *Pharus Ordrans* ; mais *Ordrans* paroît-là une légère corruption d'*Ordans* : les Boulonnois l'appelloient *la Tour d'Ordre*. Plusieurs croient avec assez d'apparence que *Turris Ordans*, ou *Ordensis*, s'étoit fait de TURRIS ARDENS, la *Tour Ardente*, ce qui convenoit parfaitement à une Tour, où le feu paroissoit toutes les nuits.

Eginard nous apprend que l'Empereur Charlemagne, ayant en l'an 810. fait préparer une Flote sur l'Océan dans le Port de Boulogne, s'y rendit lui-même l'année d'après pour la visiter ; qu'il restaura le Phare, qu'on y avoit bâti anciennement, pour éclairer ceux qui alloient sur Mer ; & qu'il ordonna qu'on y feroit des feux la nuit. *Pharumque ibi, ad Navigantium cursus dirigendos antiquitùs constitutum, restauravit, & in summitate ejus nocturnum lumen accendit*. L'Histoire ne dit rien, que je sache, sur l'usage que l'on fit dans les tems suivans de ce Phare. Ce qu'on sait certainement, c'est que les Anglois, après avoir pris Boulogne, firent bâtir autour du Phare en 1545. un petit Fort avec des Tours ; en sorte que le Phare faisoit comme le Donjon de la Forteresse.

Comme il n'y a point d'Ouvrage fait par la main des hommes qui ne périsse enfin, soit par l'injure des tems, soit par quelque autre accident, la Tour & la Forteresse tombèrent. Voici comment. Cette partie de la Falaise, ou de la Roche, qui avançoit du côté de la Mer, étoit comme un Rempart qui mettoit la Tour & la Forteresse à couvert contre la violence des Marées & des Flots. Mais les Habitans y ayant ouvert des Carrières, pour vendre de la pierre aux Hollandois & à quelques Villes voisines, tout ce devant se trouva à la fin dégarni, & alors la Mer ne trouvant plus cette Barrière venoit se briser au dessous de la Tour, & en détachoit toujours quelque pièce : d'un autre côté, les eaux qui découloient de la Falaise mi-

<sup>a</sup> *Dom Bernard de Montfaucon, Dissert. sur les Phares dans les Mém. de Littér. de l'Acad. Roy. t. 9. p. 293.*

noient infenfiblement la Roche, & creufoient fous les fondemens du Phare & de la Forterefle. De forte qu'en 1644. le 29. de Juillet la Tour & la Forterefle tombérent en plein midi. C'eft encore un bonheur qu'un Boulonnois plus curieux que fes Compatriotes, nous ait confervé la figure de ce Phare; il feroit à fouhaiter qu'il fe fût avifé de nous inftruire de même fur fes dimenfions.

Le PHARE DE DOUVRE, en Angleterre. Comme le PHARE DE BOULOGNE SUR Mer, dit Dom Bernard de Montfaucon [a], éclairoit les Vaiffeaux qui paffoient de la Grande-Bretagne dans les Gaules, il ne faut point douter, qu'il n'y en eût un pareillement à la Côte oppofée, puis qu'il y étoit auffi néceffaire pour guider ceux qui paffoient dans l'Ifle. Quelques-uns ont cru que le Phare bâti par les Romains étoit cette vieille Tour, qui fubfifte encore aujourd'hui au milieu du Château de Douvre, fur une éminence. Sa hauteur eft de 72. pieds, fa longueur de 36. pieds du Nord au Sud, & fa largeur de 33. de l'Eft à l'Oueft. Le Trous ronds faits à deffein fur les trois côtés, & les Fenêtres en arcades qu'on voit fur les quatre, donnent à penfer, qu'elle avoit été faite pour découvrir de loin. On voit delà toutes les Côtes de France & une vafte étendue de Mer tout autour. Selon toutes les apparences, cette Tour fervoit de Fanal pour éclairer la nuit ceux qui paffoient des Gaules dans la Grande-Bretagne. Dans la fuite des tems les Chrétiens en firent une Eglife & avec quelques Bâtimens qu'ils y ajoutérent, ils lui donnérent la forme d'une Croix. La Tour étoit bâtie de briques longues de 16. pouces, larges de 12. épaiffes d'un pouce & demi, & quelques-unes d'un pouce trois quarts. Les coins de la Tour femblent avoir été bâtis au commencement de ces fortes de briques, quoi qu'à préfent ils foient bâtis pour la plûpart de pierres de taille, furtout aux endroits où les briques étoient tombées. On voit auffi de ces briques parfemées dans les murailles de l'Eglife & plufieurs Arcades en font entiérement bâties. Il eft à remarquer que les Fenêtres rondes n'étoient que fur trois côtés de la Tour, parce que le côté de l'Oueft, qui regarde l'Ifle, n'avoit rien à découvrir. Ce qui faifoit douter fi cette Tour eft véritablement un Phare; c'eft qu'elle n'a qu'un Etage, au lieu que les autres en avoient plufieurs, & que celui de Boulogne en avoit jufqu'à douze. On pouvoit dire à la vérité que les Etages de deffus avoient été ruinez, ou que l'éminence fur laquelle eft bâtie la Tour de Douvre, étant beaucoup plus élevée que la Falaife de Boulogne, il n'avoit pas été néceffaire de la faire fi haute, ni a plufieurs étages. Enfin après quelques recherches on a reconnu que l'ancien Phare de Douvre n'étoit pas celui dont nous venons de parler, mais un autre qu'on a découvert en fouillant dans un grand monceau de mafures, tout-à-fait femblable à celui de Boulogne, fans aucune différence; ce qui fait juger,

[a] Differt. fur con les Phares, dans les Mém. de Littérature de l'Acad. Roy. t. 9. p. 299.

que celui qui eft encore aujourd'hui fur pied ne fut fait que quand l'ancien eut été ruiné. Les gens du Pays appellent ce monceau de ruines *la Goute du Diable*, fans qu'on en puiffe favoir la raifon.

PHARE-MOUSTIER. Voyez au mot Fare, l'Article FARE-MOUSTIER.

PHARGA, Ville de l'Arabie Deferte: Ptolomée [b] la place au voifinage de l'Euphrate. [b] Lib. 5. c. 19.

PHARGALUS. Voyez PHARSALUS.

PHARIA, & PHARITÆ. Voyez PHAROS.

PHARIDI Φαριδὶ. Nom que Théophrafte donne à l'Ifle des Lotophages, felon ce Paffage rapporté par Ortelius [c]: *In Infula Lotophagia, Pharidi vocata, larga copia Celtis*. [c] Thefaur.

PHARION, Fleuve de l'Arménie: Pline [d] dit que c'eft un des plus confidérables de ceux qui fe jettent dans le Tigre. Mais le Pere Hardouin foutient qu'il y a faute dans toutes les Editions de Pline & qu'au lieu de PHARIONE il faut lire NICEPHORIONE. [d] Lib. 6. c. 27.

PHARIS, Ville de la Laconie, felon Etienne le Géographe: c'eft la même que Polybe [e] nomme. [e] Lib. 4. n. 77.

PHARITÆ. Voyez PHAROS.

1. PHARIUM, Φαρίων, Ville de l'Illyrie felon Etienne le Géographe, qui met auffi une Ville de ce nom dans la Perrhébie.

2. PHARIUM, Fleuve de Cilicie: Suidas & Xénophon en font mention. Comme quelques Exemplaires de dernier portent à la marge ψαρος *Pfaros*, Ortelius [f] foupçonne que c'eft du Fleuve *Sarus* dont il eft queftion. [f] Thefaur.

PHARIUS. Voyez MURMECIUM.

PHARMACES. Voyez PHARNACES.

PHARMACIÆ SINUS, Golphe d'Europe fur le Bofphore de Thrace, felon Nicéphore Callifte, cité par Pierre Gilles [g], qui dit que ce Golphe fe nomme aujourd'hui THERAPIA. [g] De Bofphor.Thrac. l. 2. c. 15.

PHARMACOTROPHI, ou PHAURMACOTROPHI, Peuples d'Afie, felon Pomponius Méla [h] qui en fait une Nation Scythe. On n'eft pas d'accord fur le nom de cette Nation. Ifaac Voffius, à qui ces noms PHARMACOTROPHI ou PHAURMACOTROPHI étoient fufpects, veut qu'on life HARMATOTROPHI; mais ce changement eft lui-même d'autant plus fufpect, que les anciennes Editions de Pomponius Méla, au lieu d'un Peuple en font deux, & au lieu de *Pharmacotrophi* lifent *Fariani, Cotrophi*, ou *Faxiani, Cotrophi*. Dans un pareil embarras le plus fûr eft de laiffer les chofes comme elles font: c'eft s'expofer à fe tromper que de vouloir décider au milieu de l'obfcurité. [h] Lib. 1. c. 2.

1. PHARMACUSA, Ifle de la Mer Egée felon Pline [i] Suétone [k] & Plutarque [l]. Etienne le Géographe écrit PHARMACUSSA, la place au deffus de Milet & dit que c'eft dans cette Ifle que fut tué Attalus. On prétend que c'eft aujourd'hui l'Ifle PARMOSA. C'eft auprès de l'Ifle Parmacufa que Jules Céfar fut pris par des Pirates. [i] Lib. 4. c. 12. [k] Lib. 1. c. 4. [l] In Cæfare.

2. PHAR-

2. PHARMACUSA. Etienne le Géographe met deux Isles de ce nom proche de celle de Salamina; & Strabon [a] dit que ce sont deux petites Isles, dans la plus grande desquelles on voyoit le Tombeau de Circé.

[a] Lib. 9. p. 395.

PHARMALUS, Siège Episcopal, dont il est fait mention dans le Concile d'Ephèse, où on lit ces mots: *Perrebius Episcopus Pharmali*. Sylburge croit que *Pharmali* est là pour *Pharsali*.

PHARMATENUS, Fleuve de la Cappadoce: Arrien dans son Périple de la Mer Rouge [b] met cent cinquante Stades du Fleuve Melanthius au Fleuve *Pharmatenus*, & cent vingt Stades de ce dernier à la Ville *Pharnacea*.

[b] Pag. 17.

PHARMICAS, Fleuve de Bithynie, selon Pline [c]. Au lieu de PHARMICAS le Pere Hardouin lit PHARMACIAS.

[c] Lib. 5. c. 32.

PHARMUTIACUS. Voyez THERMUTIACUS.

PHARMUTIS. Voyez PHARNUTIS.

PHARNACEA. Voyez CERASUS.

PHARNACES, Peuples d'Ethiopie, selon Pline [d], qui dit après Damon, que la sueur de ce Peuple cause la Phthisie à ceux qu'elle touche. Quelques MSS. portent PHARMACES pour PHARNACES.

[d] Lib. 7. c. 2.

PHARNACIUM, Ville de Phrygie: c'est Etienne le Géographe qui en parle.

PHARNACOTIS, Fleuve que Pline [e] place quelque part dans l'Inde aux environs de l'Indus.

[e] Lib. 6. c. 23.

PHARNASCA. Voyez APAMÉE, n°. 1.

PHARNUTIS, Fleuve de Bithynie. Suidas dit qu'il arrosoit la Ville de Nicée; mais dans un autre endroit au lieu de PHARNUTIS, il écrit PHARMUTIS.

PHARODENI, Peuples de Germanie: Ptolomée [f] dit qu'ils habitoient après les Saxons, depuis le Fleuve *Chalusus*, jusqu'au Fleuve *Suevus*. Peucer veut que les *Pharodeni* de Ptolomée, soient les *Suardones* de Tacite. Voyez SUARDONES.

[f] Lib. 2. c. 11.

PHAROS, Isle d'Egypte, vis-à-vis d'Aléxandrie. Pline [g] lui donne le titre de Colonie de Jules César. *Colonia Cæsaris Dictatoris*. Ortelius [h] dit qu'on la nomme aujourd'hui FARION & qu'elle est appellée *Magrah* par les Habitans du Pays & par les Arabes *Magar Aleesandria*; c'est-à-dire le Phare d'Aléxandrie; parce que sur le Promontoire de cette Isle, il y avoit un Phare de même nom. Ce Phare bâti par Ptolomée Philadelphe étoit si grand & si magnifique que quelques-uns l'ont mis parmi les Merveilles du Monde. Ammien Marcellin & Tzetzès, dit Dom Bernard de Montfaucon dans sa Dissertation sur le Phare d'Alexandrie [i], attribuent ce grand Ouvrage à Cléopatre Reine d'Egypte, & d'autres en donnent la gloire à Alexandre le Grand. Mais tous ces Auteurs sont invinciblement réfutez par les témoignages de Strabon, de Pline, de Lucien, d'Eusèbe, de Suidas & de plusieurs autres qui disent que Ptolomée Philadelphe en fut l'Auteur; & on peut encore ajouter l'autorité de Jules César, qui dans son Livre de la Guerre d'Aléxandrie, dit qu'il avoit été bâti

[g] Lib. 5. c. 31.
[h] Thesaur.
[i] Mém. de Littérat. de l'Acad. Roy. des Inscr. t. 9. p. 272.

par les Rois d'Egypte. Cette différence d'opinions sur l'origine d'une Tour, qui avoit autrefois porté le nom de son Fondateur est apparemment venue de la fourberie de Sostrate, qui en fut l'Architecte. Il vouloit immortaliser son nom; ce qui n'auroit pas été blâmable, s'il n'eût en même tems voulu supprimer celui de Ptolémée qui en faisoit la dépense. Pour cet effet il s'avisa d'un stratagême qui lui réussit: il grava profondément sur la Tour cette Inscription: Σώστρατος Κνίδιος Δεξιφάνους, Θεοῖς σωτῆρσιν ὑπὲρ τῶν πλωϊζομένων; *Sostrate Cnidien, fils de Dexiphane, aux Dieux Sauveurs, en faveur de Ceux qui vont sur Mer:* Et sachant bien que le Roi Ptolémée ne seroit pas content d'une telle Inscription, il la couvrit d'un enduit fort léger, qu'il savoit bien ne pouvoir pas résister longtems aux injures de l'air & y mit le nom de Ptolémée. L'enduit & le nom du Roi tombérent dans quelques années, & l'on n'y vit plus que l'Inscription qui en donnoit toute la gloire à Sostrate: le nom de Ptolémée Philadelphe étant une fois tombé, cela produisit dans la suite des tems quelque différence de sentimens sur le Fondateur de la Tour du Phare.

Pline a prétendu que Ptolomée, par modestie ou par grandeur d'ame *magnanimitate*, voulut que Sostrate mît son nom sur la Tour, sans qu'il fût fait aucune mention de lui; mais ce fait n'est nullement croyable; cela auroit passé dans ce tems-là & passeroit même encore aujourd'hui pour une grandeur d'ame mal-entendue. On n'a jamais vu de Prince qui ait refusé de mettre son nom sur des Ouvrages magnifiques, faits pour l'utilité publique, & qui en ait voulu donner toute la gloire aux Architectes. Il y a plus d'apparence que Pline, sachant qu'il n'y avoit sur la Tour que le nom de l'Architecte & en ignorant la véritable cause, n'aura dit cela que par conjecture; mais cette conjecture n'a nulle vraisemblance.

Cette Tour fut donc bâtie dans l'Isle de Pharos, qui n'est éloignée de la Terre-ferme que de sept Stades, ou d'un bon quart de lieue. Il s'éleve là-dessus une question à l'occasion d'Homére, qui fait dire à Ménélas dans son Odyssée, qu'elle est éloignée de l'Egypte d'une journée entiére d'un Vaisseau, allant le vent en poupe. Quelques Anciens ont pris cela pour une énorme bévue. Ils disent qu'Homére, qui ne connoissoit pas assez l'Egypte se trompe en cet endroit: d'autres prennent le parti d'Homére & voici comment Hérodote dit qu'une bonne partie de la Basse Egypte est un présent que le Nil a fait peu à peu aux Egyptiens. Ce Fleuve, dit-il, dans ses débordemens traîne un limon, qui repoussé par les Flots, s'arrête toujours sur les Côtes & aggrandit insensiblement la Terre aux dépens de la Mer. Sur cela Pline, qui paroît avoir puisé ceci dans Hérodote, quoiqu'il ne le cite pas, tâche de justifier Homére en disant, que depuis ce tems-là le Nil, en traînant toujours son limon, a enfin approché la Terre de l'Isle de Pharos. Mais ce sentiment

ment a de grandes difficultez ; car si depuis le tems de Ménnélas, jusqu'à Ptolémée Philadelphe, la Terre a gagné sur la Mer l'étendue d'une grande journée, quoiqu'il n'y ait guère plus de mille ans de l'un à l'autre ; d'où vient que dans deux mille ans écoulez depuis Ptolémée jusqu'à nos jours, la Terre n'a presque rien gagné sur la Mer, quoique le Nil traîne toujours du limon à son ordinaire.

D'habiles gens du Siècle passé ont défendu ce grand Poëte en une autre manière. Ils prétendent que quand il est dit que l'Isle de Pharos est éloignée d'une journée de l'Egypte, il entend cela du Nil, qu'il appelle toujours ÆGYPTUS:

Πρὶν γ' ὅταν Ἀιγύπτοιο διιπετέος ποταμοῖο
Αὖτις ὕδωρ ἔλθῃς.

Le sens est donc, selon eux, que l'Isle de Pharos est à une journée loin de la principale Embouchure du Fleuve ÆGYPTUS, qui est le Nil ; ce qui est vrai, selon Hérodote, qui dit que c'est celle qui coupe le Delta en deux parties.

L'Isle de Pharos étoit donc éloignée du Continent de 7. Stades, ou selon César de 900. pas ; ce qui revient presque au même. Elle étoit plus longue que large. Sa plus grande longueur étoit opposée d'un côté à la Terre & de l'autre à la pleine Mer. Elle devint Péninsule dans la suite du tems ; les Rois d'Egypte la joignirent à la Terre par une Chaussée & par un Pont qui alloit de la Chaussée à l'Isle ; en sorte que du tems de Strabon elle étoit, selon cet Auteur presque Terre-ferme. Elle avoit un Promontoire, ou une Roche, contre laquelle les Flots de la Mer se brisoient. Ce fut sur cette Roche que Ptolémée Philadelphe fit bâtir de pierre blanche la Tour du Phare, Ouvrage d'une magnificence surprenante, à plusieurs étages voûtez, à peu près comme la Tour de Babylone, qui étoit à huit étages, ou comme Hérodote s'exprime à huit Tours l'une sur l'autre. C'est ainsi qu'il faut expliquer le πολυόροφος de Strabon, & non par *multis fastigiis*, à plusieurs faîtes ou à plusieurs sommets, comme a traduit l'Interprète : de même que quand nous lisons dans Hérodote que les maisons de Babylone étoient τριώροφοι ου τετρώροφοι, nous entendons qu'elles étoient à 3. ou 4. étages.

Le Géographe de Nubie, Auteur qui écrivoit il y a environ 600. ans parle de la Tour du Phare, comme d'un Edifice qui subsistoit encore de son tems. Il l'appelle un Candélabre, à cause du feu & de la flâme, qui y paroissoient toutes les nuits. Il n'y en a point, dit-il, de semblable dans tout l'Univers, quant à la solidité de la structure : elle est bâtie de pierres très-dures jointes ensemble avec des ligatures de plomb. La hauteur de la Tour, poursuit-il, est de 300. coudées, ou de 100. statures ; c'est ainsi qu'il s'exprime pour marquer que la Tour avoit la taille de 100. hommes. Il n'est pas le seul qui donne à l'homme cette mesure. St. Jean Chrysostome dans son Exposition sur le Pseaume XLVIII. appelle l'homme βραχὺν καὶ μικρὸν, un Animal de courte taille, & de 3. coudées de haut. Selon la Description du Géographe de Nubie, il faloit qu'elle fût fort large en bas, puisqu'il dit qu'on y avoit bâti des maisons. En effet un Scholiaste de Lucien, MS. cité par Isaac Vossius [a], assure que pour la grandeur, elle pouvoit être comparée aux Pyramides d'Egypte, qu'elle étoit quarrée, que ses côtez avoient près d'une Stade de long, & que de son sommet on découvroit jusqu'à cent milles loin. Le même Géographe ajoute que cette partie d'en-bas qui étoit si large, occupoit le moitié de la hauteur de cette Tour ; que l'étage qui étoit au-dessus de la première voûte étoit beaucoup plus étroit que le précédent ; en sorte qu'il laissoit une Galerie où l'on pouvoit se promener. Il parle plus obscurément des Etages supérieurs, & il dit seulement qu'à mesure que l'on monte, les Escaliers sont plus courts, & qu'il y a des fenêtres de tous côtez pour éclairer les montées.

[a] Ad Pomponium Melam, p. 205.

Les Arabes & quelques Voyageurs ont rapporté de la Tour du Phare bien des choses fort sujettes à caution. Ils disent que Sostrate fonda cette prodigieuse Masse sur quatre grands Cancres de verre ; ce qui paroît si fabuleux qu'on ne voudroit pas même se donner la peine de le réfuter. Cependant Isaac Vossius [b] assure, qu'il a entre ses mains un ancien Auteur MS. des Merveilles du Monde, qui raconte la même chose. Mais cet Auteur semble ne rapporter cela que sur un bruit public ; & Vossius se donne inutilement la torture pour rendre croyable un fait qui a si peu de vraisemblance. S'il y avoit eu quelque chose d'approchant de cela, on a peine à croire que de tant d'anciens Auteurs, qui ont parlé de la Tour de Pharos, pas un n'en eût rien dit.

[b] Ibid. p. 205.

On doit encore ajouter moins de foi à ce que rapporte, sur le témoignage des Arabes, Martin Crusius dans sa Turco-Grèce, qu'Alexandre le Grand fit mettre au haut de la Tour un Miroir fait avec tant d'art, qu'on y découvroit de 500. Parasanges, c'est-à-dire de plus de cent lieues, les Flotes des Ennemis qui venoient contre Alexandrie, ou contre l'Egypte ; & qu'après la mort d'Alexandre ce Miroir fut cassé par un Grec, nommé Sodore, qui prit un tems où les Soldats de la Forteresse étoient endormis. Cela supposeroit que le Phare étoit déja bâti du tems d'Alexandre le Grand : ce qui est entièrement faux. C'est assez le génie des Orientaux, d'inventer des choses si déraisonnablement merveilleuses.

L'extraordinaire hauteur de cette Tour faisoit que le feu qu'on allumoit au dessus paroissoit comme une Lune : c'est ce qui a fait dire à Stace :

*Lumina noctivagæ tollit Pharos æmula Lunæ.*

Mais quand on le voyoit de loin il sembloit plus petit & avoit la forme d'une Etoile

Etoile assez élevée sur l'Horison; ce qui trompoit quelquefois les Mariniers, qui croyant voir un de ces Astres qui les guidoient pour la Navigation, tournoient leurs proues d'un autre côté & alloient se jetter dans les Sables de la Marmarique.

2. PHAROS, ou ISSA-PHAROS, Isle de la Mer Adriatique sur la Côte de l'Illyrie, selon Pline [a], qui dit qu'on la nommoit auparavant PAROS. Le Pere Hardouin retranche cette Isle dans le Pline qu'il nous a donné. On lisoit autrefois: *Insulæ ejus Sinus cum Oppidis, præter supra significatas, Absirtium, Arba, Tragurium, Issa Pharos, Paros ante*; il supprime entiérement ces derniers mots: *Tragurium, Issa Pharos, Paros ante*. Cependant Diodore de Sicile [b], Strabon [c] & Polybe [d] font mention de cette Ville. Ptolomée [e] l'appelle PHARIA: on la nomme présentement *Lesina*, *Lexina*, ou *Lisna*; la plûpart de ces Auteurs y mettent une Ville nommée PHAROS ; & Etienne le Géographe dit qu'il y avoit un Fleuve de même nom.

[a] Lib. 3. c. 21.
[b] Lib. 15.
[c] Lib. 7. p. 315.
[d] Lib. 5. n. 108.
[e] Lib. 2. c. 17.

3. PHAROS, ou PHARUS; nom d'un Fleuve, que Xenophon [f] place aux environs de la Cilicie & de l'Euphrate. Au lieu de Pharos quelques MSS. portent *Psarus*; & Ortelius croit que la véritable Orthographe est *Sarus*.

[f] De Cyri Exped. Lib. 1.

4. PHAROS, Isle sur la Côte d'Italie, vis-à-vis de Brundufe. Pomponius Méla [g] en fait mention. On l'appella PHAROS, à cause du Phare qui y fut élevé pour guider les Vaisseaux.

[g] Lib. 2. c. 7.

5. PHAROS, Famille chez les Israélites. Les Enfans de Pharos [h] revinrent de Babylone, au nombre de deux mille cent soixante & douze. Les Hébraïsans lisent Pharhos.

[h] 1. Esdr. 2. 3. 8. 3. 10. 25. & 2. Esdr. 11. &c.

PHARPHAR ; Dom Calmet [i] dit : Pharphar est un des deux Fleuves de Damas, ou plûtôt c'est un Bras du Barrady ou du Chrysorrhoas, qui arrose la Ville & les environs de Damas: *Numquid non meliores sunt Abana & Pharphar Fluvii Damasci, omnibus aquis Israel*. Le Fleuve de Damas a sa source dans les Montagnes du Liban: étant arrivé près de la Ville, il se partage en trois Bras, dont l'un traverse Damas. Les deux autres arrosent les Jardins qui sont tout autour ; puis se réunissant, ils vont se perdre à quatre ou cinq lieues de la Ville, du côté du Nord. Voyez ce qui a été dit de ce Fleuve à l'Arcle FARFAR.

[i] Dict.

PHARPHARIADES. Voyez TAURUS.
PHARRHASII. Voyez PRASIANI.

1. PHARSALUS, Ville de Thessalie, que certaines Cartes attribuent mal-à-propos à l'Estieotide, puisque Strabon [k] la range parmi les Villes de la Phtiotide, & que Polybe [l] la joint avec *Pheræ* & *Larissa*. Ce voisinage est prouvé par la fuite de Pompée, qui après la Bataille de Pharsale, se retira vers Larissa, comme la Ville la plus voisine, où il n'entra pas néanmoins. Selon Etienne le Géographe le nom de cette Ville s'écrit de deux façons différentes, de sorte qu'on a dit PHARSALUS & PHARRALUS. Tacite [m] dit *Phar-*

[k] Lib. 9.
[l] Lib. 5. No. 99.
[m] Hist. Lib. 6. 50.

*salia*; mais c'est sans fondement que Tzetzès & Lycophron écrivent *Phargalus*. Le Fleuve *Enipus* arrosoit la Ville de Pharsale; & ce Fleuve, qui se jettoit dans l'*Apidanus*, étoit différent de l'*Enipus* de Macédoine. La fameuse Bataille de Pharsale se donna auprès de cette Ville. Appien [n] dit que l'Armée de Pompée étoit campée entre la Ville de Pharsale & le Fleuve Enipée; ce qui semble contredire ce que Strabon [o] avance, que l'Enipée arrosoit la Ville de Pharsale; mais comme il y avoit deux Villes de Pharsale la Nouvelle & la Vieille, il y a apparence qu'elle étoit bâtie sur le bord du Fleuve & que l'Auteur en étoit un peu éloigné. La Bataille s'étant donnée, auprès de la Vieille Pharsale, appellée *Palæopharsalus*, par Eutrope [p] & *Palæpharsalus* par Tite-Live [q], c'étoit celle-là sans doute qui se trouvoit à quelque distance du Fleuve.

[n] Lib. 2. Civil. p. 778.
[o] Lib. 9.
[p] Lib. 6. c. 16.
[q] Lib. 44. c. 1.

2. PHARSALUS, Ville de la Phamphylie. Voyez PHASELIS.

3. PHARSALUS, Lieu de l'Epire, selon César [r], qui dit, qu'il y arriva avec sa Flote & qu'il y débarqua ses Soldats. Quelques MSS. au lieu de PHARSALUS portent PHARSALIA & d'autre PALÆSTINA ; & c'est de cette derniere façon qu'écrit Lucain [s] en parlant de la Flote de César.

[r] Lib. Civil. vil. c. 6.
[s] Lib. 5. v. 460.

*Lapsa Palæstinas uncis confixit arenas.*

Un Auteur moderne [t] dit que le MS. de Chalcis, au lieu de ces mots *qui appellatur Pharsalus*, qu'on lit communément dans les Commentaires de César, porte *qui appellatur Palæste*; ce qui joint avec le témoignage de Lucain fait une espèce d'autorité.

[t] Paulus Marsus.

PHARURIM, Lieu proche du Temple de Jérusalem. Josias ôta les Chevaux que les Rois de Juda avoient donnez au Soleil, à l'entrée du Temple du Seigneur, près du Logement de Nathan Melechtunuque; lequel Logement étoit à PHARURIM.

1. PHARUS. Voyez PHARE.

2. PHARUS, Ortelius [u] qui cite Curopalate, dit que les Mariniers nommoient ainsi un Lieu à l'Embouchure du Pont-Euxin. Il devoit être vers le Bosphore Cimmérien selon l'Histoire Miscellanée ; & peut-être y avoit-il un Phare dans ce Lieu.

[u] Thesaur.

3. PHARUS, ou TURRIS PHARIS, Suétone appelle ainsi le Phare qui étoit dans l'Isle de Caprée [x]. Il ajoute que cette Tour tomba un peu avant la mort de Tibére.

[x] Lib. 3. c. 74.

4. PHARUS, Fleuve de Cilicie, selon Suidas.

PHARUSII, Peuples de la Libye, selon Strabon [y] & Etienne le Géographe. Pomponius Méla [z] les met au dessus des Nigrites & les étend jusqu'à l'Ethiopie. Pline dit que ces Peuples étoient Perses d'origine, & qu'ils accompagnoient Hercule, lorsqu'il entreprit de passer dans le Jardin des Hespérides. Denys le Périégete [b] les nomme PHAURUSII, mais Ptolomée [c] distingue les *Pharusii* des *Phaurusii*. Il place ceux-là au Nord du Mont Sagapola & ceux-ci au Septentrion de Mont Rysfadius,

[y] Lib. 17.
[z] Lib. 3. c. 10.
[a] Lib. 5. c. 8.
[b] V. 215.
[c] Lib. 4. c. 6.

ſadius, entre les Fleuves Durarus & Stachire.

PHARYBUS. Voyez HELICON, N°. 1.

PHARYCADUM, Ville de la Macédoine, dans l'Eſtiotide au Confluent des Fleuves Pénée & Curalius, ſelon Strabon [a]. Quelques MSS. au lieu de PHARYCADUM portent PHORCADUM.

[a] Lib. 9. p. 438.

PHARYGÆ, Bourg de la Phocide. Plutarque [b] qui en parle, dit qu'il étoit au pied du Mont Acrorion, qu'on appelloit de ſon tems GALATE.

[b] In Phocione.

PHARYGIUM, Promontoire de la Phocide [c], que Strabon [c] place entre Marathon & le Port de Mychus. Il y avoit au pied de ce Promontoire un endroit où les Vaiſſeaux pouvoient mouiller en ſûreté.

[c] Lib. 9. p. 423.

PHARYTRA. Voyez PAGYTRA.

PHAZ, ou PAZ. Voyez OPHIR.

PHASÆLE, Tour quarrée qu'Hérode avoit fait bâtir en l'honneur de ſon Frere à Jéruſalem [d]. Elle avoit quarante coudées en quarré & en hauteur [e]. Au deſſus de cette hauteur il y avoit des Portiques, ſoutenus d'Arcboutans; & du milieu de ces Portiques s'élevoit une ſeconde Tour, ornée de beaux Appartemens & de Bains magnifiques, ayant au deſſus des Parapets & des Redoutes. Toute ſa hauteur pouvoit être de quatre-vingt dix coudées [f].

[d] Joſephe, Ant. l. 16. c. 9.
[e] Dom Calmet, Dict.

[f] Joſephe, De Bel. L. 6. c. 6.

PHASÆLIS, Ville de la Paleſtine [g] à trois lieues du Jourdain, dans une Campagne ſur le Torrent de Carith. Joſephe [h] dit qu'Hérode la bâtit en l'honneur de ſon Frere, au Nord de Jéricho. Il ne dit rien qui montre quelle ait été bâtie au delà du Jourdain, comme on le fait croire aux Voyageurs. La Campagne où cette Ville étoit ſituée eſt appellée *Phaſelidis Convallis*, par Pline [i] & il la donne pour une des plus fertiles du Pays.

[g] Dom Calmet, Dict. Samuts de Secretis Fidelium Crucis.
[h] Antiq. lib. 1. c. 16. & lib. 17. c. 9.

[i] Lib. 13. c. 4.

PHASCA, Ville de la Grande Arménie, ſelon Ptolomée [k]: ſes Interprétes liſent *Taſca*.

[k] Lib. 5. c. 13.

PHASCENIUM. Voyez FESCENNIA.

PHASCUSIS, Lieu d'Egypte, ſelon Ortelius [l], qui cite le ſecond Tome des Oeuvres de St. Athanaſe. Il ajoute: peut-être PHASCUSIS eſt-il là pour PHACUSA. Voyez PHACUSA.

[l] Theſaur.

PHASE. Voyez PHASIS.

PHASELICUM. Voyez PAMPHYLIA.

PHASELIS, Ville de la Lycie. Plutarque en parle dans la Vie d'Alexandre. Strabon [m] la met aux confins de la Pamphylie près d'une Montagne appellée Climax, & dit qu'elle étoit très-conſidérable, ayant trois Ports & un Lac. Ptolomée [n] la place auſſi dans la Lycie, mais Pline & Etienne le Géographe la mettent dans la Pamphylie. Ce dernier dit qu'on la nomma premiérement *Pityuſſa* & enſuite *Pharſalus*. Elle n'entroit point en communauté avec les Lyciens: elle ſubſiſtoit d'elle-même.

[m] Lib. 14. p. 666.

[n] Lib. 5. c. 3.

2. PHASELIS, Marais de la Pamphylie, ſelon Ortelius [o], qui cite Euſtathe.

[o] Theſaur.

3. PHASELIS, Nom d'une Iſle dont Suidas fait mention, ſans dire en quel endroit du Monde elle eſt ſituée.

4. PHASELIS, Platine [p] qui cite Apulée, dit que c'eſt le nom d'une Iſle, voiſine du Mont Olympe, & que c'eſt de cette Iſle que le Faſeole ſorte de légume tiroit ſon nom.

[p] De tuenda Valetud. l. 7.

PHASELUSSÆ, Nom qu'Etienne le Géographe donne à deux Iſles d'Afrique voiſines du Fleuve Sirius.

PHASGA, Montagne au delà du Jourdain, dans le Pays de Moab. Les Monts Nebo, Paſga & Abarim ne ſont qu'une même chaîne de Montagnes, près du Mont Phegor, vis-à-vis de Jéricho, ſur le Chemin de Liviade à Esbus ou Eſebon [q].

[q] Voy. Euſeb. & Hieronym. in Nebo & Abarim.

PHASIANUM-MARE. Voyez PONTUS-EUXINUS.

PHASIS, Fleuve de la Colchide, qu'Hérodote [r] & Platon [s] ont donné pour la Borne entre l'Aſie & l'Europe. D'autres l'ont pris pour le Phiſon un des quatre grands Fleuves du Paradis terreſtre. Les Turcs l'appellent FACHS, & les gens du Pays le nomment RIONE. Le Phaſe eſt un des grands Fleuves d'Aſie qui traverſent la Mengrelie pour ſe rendre dans la Mer Noire. Procope a cru qu'il entroit dans la Mer avec une ſi grande impétuoſité, que vis-à-vis de ſon Embouchure l'eau n'étoit point ſalée & qu'ainſi on y pouvoit faire proviſion d'eau douce ſans entrer dans l'Embouchure même du Fleuve, & Agricola aſſure que le cours du Phaſe n'a aucune impétuoſité. Mais le Pere Archange Lamberti [t] & le Chevalier Chardin [u] qui tous deux ont parcouru les bords de ce Fleuve depuis ſon Embouchure juſqu'à ſa ſource, diſent qu'il court d'abord fort rapidement dans un lit étroit & que ſouvent il y eſt ſi bas qu'on le paſſe à gué. A la vérité lors qu'il eſt arrivé à la Plaine, ſon cours eſt ſi imperceptible qu'on a de la peine à remarquer de quel côté il court. Il eſt vrai auſſi que ſes eaux ne ſe mêlent point avec celles de la Mer, parce qu'étant plus légeres que celles-ci elles nagent au deſſus. L'eau du Phaſe eſt trouble, épaiſſe & de couleur de plomb: cependant elle eſt fort bonne à boire, ſur-tout ſi on la laiſſe repoſer quelque tems. C'eſt pour cela que les Anciens vuidoient leurs Vaiſſeaux & les rempliſſoient de cette eau, qu'ils regardoient comme ſacrée & comme importante pour le ſuccès de leur navigation. Le Phaſe qui a ſon cours d'Orient en Occident ſe décharge dans la Mer par deux Embouchures ſéparées par une Iſle qu'il forme. Elles ſont éloignées de ſa ſource ou de Cotatis d'environ quatrevingt-dix milles. Dans cet endroit la largeur du Phaſe eſt d'un mille & demi de largeur & ſon lit a plus de ſoixante braſſes de fond. Chardin dit pourtant qu'il a à ſon Embouchure pluſieurs petites Iſles, qui paroiſſent fort délicieuſes étant toutes couvertes de Bois. Il ajoute qu'on trouve divers Iſlets en remontant le Fleuve, ce qui en rend le navigation comme impoſſible aux grands Vaiſſeaux, qui ſont obligez de s'arrêter à trois ou quatre milles de l'Embouchure. Sur la plus grande de ces Iſles, au deſſus de laquelle le Phaſe a un demi mille de largeur, on voit du côté de l'Occident

[r] Lib. 4. c. 45.
[s] In Phædone.

[t] Relat. de la Mengrelie, p. 46.
[u] Voy. de Paris à Iſpahan.

cident les ruïnes d'une Forteresse que les Turcs ont bâtie. Ce fut le Sultan Murat qui la fit conſtruire en 1578. ou pour mieux dire ce fut le Generalissime de ses Armées, nommé Muſtafa, du tems des grandes guerres entre les Turcs & les Perſans. Cet Empereur Turc avoit entrepris de conquérir les Côtes Septentrionales & Orientales de la Mer Noire. Son entreprise n'alla pas au gré de ces deſſeins. Il fit remonter le Phaſe à ses Galeres. Le Roi d'Imirette avoit dreſſé de groſſes embuscades au lieu où le Fleuve eſt le plus étroit. La Forteresse du Phaſe fut prise en 1640. par l'Armée d'Imirette, groſſie de celle des Princes de Mingrelie & de Guriel. On l'a raſée, après en avoir enlevé vingt pièces de Canon, que le Roi fit mener à son Château de Cotatis, où elles ſont aujourd'hui, étant repaſſées depuis entre les mains des Turcs par la prise de ce Château. J'ai fait dit Chardin tout le tour de l'ISLE DU PHASE pour tâcher de découvrir les ruïnes du Temple de *Rea* qu'Arrien dit qu'on y voyoit de son tems. On n'en voit aucun veſtige. Cependant les Hiſtoriens aſſurent que ce Temple étoit encore en son entier dans le bas Empire, & qu'il avoit été conſacré au culte de Jeſus-Chriſt du tems de l'Empereur Zénon. On cherche auſſi inutilement les ruïnes de l'ancienne SEBASTE que les Géographes ont placée à l'Embouchure du Phaſe; mais les traces de cette Ville ſont entièrement perdues comme celles de Colchos. Tout ce qu'on y remarque de conforme à ce que les Anciens ont écrit de cet endroit de la Mer Noire, c'eſt qu'il y a beaucoup de Faiſans, & qu'ils ſont plus gros, plus beaux & d'un goût plus exquis qu'en aucun autre endroit. Il y a des Auteurs, & entr'autres Martial, qui diſent que les Argonautes apportèrent de ces Oiſeaux en Grece, où on n'en avoit jamais vu auparavant, & qu'on leur donna le nom de Faiſans, parce qu'on les avoit pris ſur le bord du Phaſe. Ce Fleuve sépare la Mingrelie de la Principauté de Guriel & du petit Royaume d'Imirette. La Côte eſt par-tout un terrein bas, ſablonneux, & chargé de Bois ſi épais, que la vue découvre à peine ſix pas en dedans. Les Iſles que l'on trouve dans le Phaſe ſont habitées, & chaque Maiſon a une petite Barque faite d'un tronc d'arbre creuſé que les Femmes peuvent conduire, le Fleuve étant aiſé à traverſer. Il reçoit pluſieurs petites Riviéres entre lesquelles on en remarque trois aſſez conſidérables à la droite, ſavoir l'HIPPUS appellé par les gens du Pays SCHENI-SCHARI, le GLAUCUS, appellé ABASCIA, & le SIGAMEN, appellé maintenant TACHUR.

2. PHASIS, Ville de Médie, ſelon Nicolas Nicolaï, qui dit que c'eſt le nom que l'on a donné autrefois à la Ville de Tauris; mais dit Ortelius [a], je ne connois aucun Auteur qui aît placé une Ville nommée Phaſis dans la Médie.

[a] Theſaur.

3. PHASIS, Fleuve de l'Isle de Taprobane. Ptolomée [b] met l'Embouchure de ce Fleuve ſur la Côte appellée le Grand Rivage. Etienne le Geographe parle auſſi de ce Fleuve.

[b] Lib. 7. c. 4.

PHASTÆA, Ville qu'Etienne le Geographe donne aux Peuples *Saci* ou *Saxi*.

PHATAREI, Peuples de la Sarmatie Aſiatique, ſelon Pline [c]. [c] Lib. 6. c. 7.

PHATERUNESOS. Nom d'une Iſle deſerte, dont Pline [d] fait mention. Elle devoit être au voiſinage du Cherſonneſe de Thrace. Quelques MSS. au lieu de *Phaterunesos* portent *Pateronnesos*, ſans doute pour PATERON-NESOS, & c'eſt l'orthographe que ſuit le Pere Hardouin. [d] Lib. 4. c. 12.

PHATMICUM & PHATNICUM. Voyez PATHMETICUM.

PHATNITES, Nome d'Egypte, ſelon Pline [e]. Le Pere Hardouin ſupprime ce Nome dans ſon Edition de Pline. [e] Lib. 5. c. 9.

PHATNITICUM. Voyez PATHMETICUM.

PHATURA. Voyez PETHOR.

PHATURES, Ville & Canton d'Egypte, dont parlent les Prophétes Jérémie & Ezechiel [g]. On n'en ſait pas bien la ſituation, quoique Pline [h] & Ptolomée [i] en parlent ſous le nom de Phturis : il paroît ſeulement que Phatures étoit dans la Haute Egypte, Iſaïe [k] la nomme PETROS ou PATROS; & c'eſt le Pays de *Phetruſim* deſcendant de Mizraïm dont parle Moïſe [l]. Ezechiel les menace d'une ruïne entière. Les Juifs s'y étoient retirez malgré Jérémie, & le Seigneur dit par Iſaïe qu'il les en ramenera. Voyez PATHURES.
[f] C. 44. 1. 15.
[g] C. 29. 14.
[h] Lib. 6. c. 30. 14.
[i] Lib. 5. c. 9.
[k] C. 11. 11.
[l] Geneſ. 10.
14.

PHATUSÆ, Lieu Fortifié dans la Méſopotamie. Zozime [m] le place à trois Stations de Dara; & Ortelius [n] croit que c'eſt ce même Lieu qu'Ammien Marcellin [o] appelle *Anathan Munimentum*.
[m] Lib. 3.
[n] Theſaur.
[o] Lib. 24. c. 1.

PHATYR. Voyez PETHOR.

PHAU, Ville de l'Idumée. Il en eſt parlé dans le trentième Chapitre de la Geneſe [p]. C'eſt en cette Ville que faiſoit ſa demeure le Roi Adar. [p] V. 34.

PHAUDA, Ville de la Cappadoce Pontique. Strabon [q] la met dans la Contrée appellée SIDENE. Ortelius [r] croit que c'eſt la même que CHADISIA. Voyez ce mot.
[q] Lib. 12. p. 548.
[r] Theſaur.

PHAUNENA, Province de l'Arménie, ſelon Strabon [s]. [s] Lib. 11. p. 528.

PHAUNITE, Contrée de la Grande Arménie. Strabon [t] dit que ce fut une de celles qu'Artaxias & Thariadas enlevérent aux Médes. [t] Ibid.

PHAVONÆ, Peuples de la Scandinavie. Ptolomée [u] les place avec les *Phiræſi*, ſur la Côte Orientale. [u] Lib. 2. c. 11.

PHAURA, Iſle de l'Attique : elle étoit, ſelon Strabon [x], au devant du Promontoire Zoſter. [x] Lib. 9. p. 398.

PHAURUSII. Voyez PHARUSII.

1. PHAUSIA, Lieu du Cherſonneſe des Rhodiens; c'eſt-à-dire dans la partie de la Carie oppoſée à l'Iſle de Rhodes, ſelon Pline [y]. [y] Lib. 31. c.

2. PHAUSIA, Ville de Médie. C'eſt Pline [z] qui en fait mention. [z] Lib. 6. c. 2.

3. PHAUSIA, ou PHAUSVA, Ville de la Grande Arménie. Ptolomée [a] la place entre *Sogocara* & *Phandalia*. [a] Lib. 5. c. 13.

1. PHAZACA, ou PHASACA, Ville de Médie, que Ptolomée [b] place dans les terres, entre *Gauzania* & *Pharaſpa*. Au lieu de PHAZACA le Manuſcrit de la Bibliothé- [b] Lib. 6. c. 2.

que

que Palatine porte Phasaba.

2. PHAZACA, ou Phasaca, Lieu de l'Ethiopie sous l'Egypte, selon le MS. de la Bibliothéque Palatine: au lieu de Phazaca le Texte Grec porte Azania.

PHAZANIA, Contrée d'Afrique, au dessus de la Petite Syrte, selon Pline [a], qui dit que les Habitans s'appelloient Phazanii. Selon le Pere Hardouin la Contrée Phazania comprenoit une partie du Desert du Biledulgerid, & la partie la plus Méridionale du Royaume de Tunis.

[a] Lib. 5. c. 5.

PHAZANII. Voyez Phazania.

PHAZEMON. Voyez Phazemonitis.

PHAZEMONITIS, Contrée du Pont. Elle s'étendoit, selon Strabon [b], depuis le Fleuve *Amysus* jusqu'à celui d'Halys. Pompée changea le nom de cette Contrée en celui de Megalopolis; & du Bourg *Phazemon* il fit une Ville qu'il appella Neapolis. Etienne le Géographe écrit *Phamizon* pour *Phazemon* & place cette Ville près de l'Amysus vers le Midi.

[b] Lib. 12. p. 560.

1. PHEA, Ville de l'Elide, selon Homére & Etienne le Géographe. Strabon [c] connoît non seulement une Ville, mais il y joint encore un Promontoire de même nom. Cependant au lieu de *Phea* il écrit *Pheia*, ainsi que Thucydide [d].

[c] Lib. 8. p. 342.
[d] Lib. 7. c. 31.

2. PHEA, Fleuve du Péloponèse. Strabon dit qu'il étoit peu considérable.

3. PHEA, Ville de Thessalie, selon Ortelius [e] qui cite Hesyche.

[e] Thesaur.

PHEACIE. Voyez Corcyra.

PHEBOL, Isle de la Mer des Indes, près du Golphe Arabique. Aristote en parle & Apulée en fait mention après lui. Ortelius [f] qui dit que Stobée écrit Phobba pour Phebol, soupçonne que cette Isle pourroit être la même que Pline appelle Dioscoridu. Voyez ce mot.

[f] Thesaur.

PHECADUM, Ville de la Macédoine, selon Tite-Live [g]. Il y a apparence que c'est la même qu'il nomme plus bas [h] Pheca, & qu'il place entre Gomphi & le Pas Etroit (*Fauces Angustæ*) qui séparoit la Thessalie de l'Athamanie.

[g] Lib. 31. c. 41.
[h] Lib. 32. c. 14.

PHECENÆ. Voyez Ficana. C'est le nom de la même Ville sous une orthographe différente.

PHECOZELETARUM REGIO. Siméon le Métaphraste [i] parle d'une Contrée de ce nom. Ortelius [k] soupçonne qu'elle pouvoit être au voisinage de l'Egypte.

[i] In Vita S. Menæ.
[k] Thesaur.

1. PHEGÆA. Selon Etienne le Géographe, on donnoit ce nom à une partie de Tribu Aegéïde.

2. PHEGÆA. Etienne le Géographe appelle encore ainsi une partie de la Tribue Pandionide.

3. PHEGÆA, Ville de l'Arcadie. Etienne le Géographe qui cite Charax [l], dit qu'elle fut fondée par le Roi Phégée frere de Phoronée & qu'il lui donna son nom. Elle s'appelloit auparavant *Erymanthus* & depuis on la nomma Psophis. Voyez ce mot.

[l] Hellenicor. 3. lib. 4.

PHEGIUM, ou Phegius. Voyez Fagus.

PHEGOR. Nom d'une Montagne, selon Ortelius [m] qui cite Isidore. Delà, ajoute-t-il vient le nom de Baal-Phegor [n]: c'est-à-dire Baal sur la Montagne de Phe-

[m] Thesaur.
[n] Num. 25. 3. & 5. Deut. 4. 3. Josué 22. 17.

gor. Beel-Phegor signifie, selon Suidas, le Lieu où Saturne étoit adoré. Beel Phegor, dit Dom Calmet, est le Dieu *Phegor* ou *Phogor*. On peut voir les conjectures qu'il a rapportées sur cette fausse Divinité, dans une Dissertation, que ce savant Bénédictin a faite exprès à la téte du Livre des Nombres [o]. Il tâche d'y montrer que c'est le même Dieu qu'Adonis ou qu'Orus adoré par les Egyptiens & par la plûpart des Peuples d'Orient. L'Ecriture dit que les Israélites, étant campez au Desert de *Sin*, se laisserent aller à l'adoration de Beel-Phegor, qu'ils participérent à ses Sacrifices, & qu'ils tombérent dans l'impudicité avec les filles de Moab. Et le Psalmiste racontant le même événement, dit que les Hébreux furent initiez aux Mystères de Beel-Phegor, & qu'ils participérent aux Sacrifices des Morts. Phegor ou Peon, ajoute Dom Calmet, est le même qu'Or ou Orus, en retranchant de ce mot l'Article Pe qui ne signifie rien. A l'égard d'Orus, dit-il, c'est le même qu'Adonis, ou Osiris. On célébroit les Fêtes d'Adonis, comme des Funérailles, & l'on commettoit dans ces Fêtes mille dissolutions, lorsqu'on disoit qu'Adonis, qu'on avoit pleuré mort, étoit vivant. Ainsi Dom Calmet est bien éloigné de dire que Phegor soit une Montagne.

[o] Pag. 20.

1. PHEGUS. Voyez Phagus.

2. PHEGUS. Etienne le Géographe dit qu'on appelloit ainsi une partie de la Tribu Erecthéïde.

PHEIA. Voyez Phea.

PHELAIS. Voyez Phælis.

PHELESSÆI, Peuples d'Italie, selon Etienne le Géographe, qui les place aux environs de la Japygie & dans le voisinage des Umbres.

PHELICIA. Voyez Philecia.

PHELICUS. Voyez Philicus.

PHELIDIS, ou Phelidii Insula, Isle d'Italie. P. Victor [p] la met dans la neuvième Région de Rome.

[p] Descr. Romæ.

PHELLEUS, Montagne de l'Attique, selon Etienne le Géographe & Suidas; & Platon [q] fait mention de certains Champs appelés Phellei.

[q] In Critia.

PHELLIA, Fleuve de la Laconie. C'est Pausanias [r] qui en fait mention.

[r] Lib. 3. c.

PHELLINA, Ville d'Afrique, selon Diodore de Sicile [s], qui dit que les Habitant du voisinage étoient appellez Asphodelodes.

[s] Lib. 20. c. 58.

PHELLONE. Voyez Phalti.

PHELLOE, Ville de l'Achaïe. Pausanias [t] qui la met au voisinage d'Ægira, dit que s'il y a un Lieu dans la Grece qui puisse être dit arrosé d'eaux courantes c'est Phelloé. Il ajoute qu'on y voyoit deux Temples l'un consacré à Bacchus & l'autre à Diane. La Statue de Diane étoit d'airain & dans l'attitude d'une personne qui tire une flèche de son Carquois: celle de Bacchus étoit de bois peint en vermillon.

[t] Lib. 7. c. 26.

1. PHELLUS, Ville de Lycie, opposée à Antiphellus, ou plûtôt, comme dit Pline [u], dans l'enfoncement, ayant Antiphellus à l'opposite; car Phellus étoit quel-

[u] Lib. 5. c. 27.

PHE.      PHE.      275

à quelque distance dans les terres, au lieu qu'ANTIPHELLUS étoit sur le Rivage. Le Périple de Scylax [a] donne un Port à Phellus; mais ou ce Port étoit celui d'Antiphellus, ou il n'étoit pas contigu à la Ville. A la vérité Strabon [b] semble mettre l'une & l'autre de ces Villes dans les terres; mais on ne peut le dire que de Phellus; & s'il y place Antiphellus, ce n'est qu'à cause du voisinage de ces deux Places. Elles étoient toutes deux Episcopales, suivant la Notice d'Hiéroclès.

2. PHELLUS ou PHELLO, Ville du Péloponèse, dans l'Elide. Strabon [c] la met au voisinage d'Olympia.

3. PHELLUS, Montagne d'Italie: le Grand Etymologique, qui en parle, dit qu'on y voyoit beaucoup de Pesses, sorte d'Arbre d'ou découle la poix.

PHELLUSA, Isle que Pline [d] place quelque part aux environs de celle de Lesbos. Elle tiroit son nom de l'Arbre du Liège, qui y croissoit en abondance: Φελλός, Phellus, signifie l'Arbre du Liège.

PHEMIÆ, Ville de l'Arnée, Contrée de la Boetie, selon Etienne le Géographe, qui cite Hellanicus.

PHENEBETHIS. Voyez PHOENEBYTHIS.

1. PHENEUS, Lac ou Etang de l'Arcadie. C'étoit dans ce Lac que le Fleuve Ladon prenoit sa source, selon Pausanias [e]. Ovide attribue aux Eaux du Pheneus une vertu merveilleuse. Si on en buvoit la nuit elles donnoient la mort; mais on pouvoit en boire le jour sans aucun péril.

*Est Lacus Arcadiæ Pheneum dixere priores.*
*Ambiguis suspectus aquis : quas nocte timeto;*
*Nocte nocent potæ, sine noxa luce bibentur.*

2. PHENEUS ou PHENEUM, Ville du Péloponèse, dans l'Arcadie, proche de Nonacris selon Strabon [f]. C'est entre ces deux Villes que se trouve le Rocher d'où coule l'eau du Stix. Virgile [g] fait entendre que Pheneus fut la demeure d'Evander & celle de ses Ancêtres. Plutarque [h], Pausanias [i] & Etienne le Géographe font aussi mention de cette Ville; & le premier parle encore d'une ancienne Phéneon, qui avoit été détruite par une inondation.

PHÉNICIE, Province de Syrie [k], dont les Limites n'ont pas toujours été les mêmes. Quelquefois on lui donne l'étendue du Nord au Midi, depuis Orthosie, jusqu'à Pélufe [l]. D'autrefois on la borne du côté du Midi, au Mont Carmel & à Ptolémaïde [m]. Il est certain qu'anciennement, je veux dire, depuis la Conquête de la Palestine par les Hébreux, elle étoit assez bornée, & ne possédoit rien dans le Pays des Philistins, qui occupoient presque tout le Pays, depuis le Mont Carmel, le long de la Méditerrannée, jusqu'aux Frontiéres de l'Egypte. Elle avoit aussi très-peu d'étendue du côté de la terre; parce que les Israélites qui occupoient la Galilée, la resserroient sur la Méditerranée. Ainsi lorsqu'on parle de la Phénicie, il faut bien distinguer le tems. Avant que Josué eût fait la Conquête de la Palestine, tout ce Pays étoit occupé par les Chananéens, fils de Cham, partagez en onze Familles, dont la plus puissante étoit celle de Chanaan fondateur de Sidon, & Chef des Chananéens proprement dits, auxquels les Grecs donnérent le nom de Phéniciens. Ce furent les seuls qui se maintinrent dans l'indépendance, non seulement sous Josué, mais aussi sous David, sous Salomon, & sous les Rois leurs Successeurs. Mais ils furent assujettis par les Rois d'Assyrie, & par ceux de Chaldée. Ils obéïrent ensuite successivement aux Perses aux Grecs & aux Romains; & aujourd'hui la Phénicie est soumise aux Othomans, n'ayant point eu de Rois de leur Nation, ni de forme d'Etat indépendant, depuis plus de deux mille ans; car les Rois que les Assyriens, les Chaldéens, les Perses & les Grecs y ont quelquefois laissez, étoient tributaires à ces Conquérans, & n'exerçoient qu'un pouvoir emprunté. Les principales Villes de la Phénicie étoient Sidon, Tyr, Ptolémaïde, Ecdippé, Sarepta, Bérythe, Biblis, Tripoli, Orthosie, Simire, Arade. Les Phéniciens possédoient aussi anciennement quelques Villes dans le Liban. Quelquefois les Auteurs Grecs comprennent toute la Judée sous le nom de Phénicie [n]. Dans les anciennes Notices Ecclésiastiques, on distingue la Phénicie de dessus la Mer, & la Phénicie du Liban. La première contient les Villes de Tyr, de Bérythe, d'Arcé, Gégarta, Panéas, Triérii, Sidon, Biblos, Ortosia, Arade, Gonaïticus, Saltus, Ptolémaïde, Tripoli, Botrys, Antarade, Politiane; & la Phénicie du Liban contient Edesse, Abiia, Justinianopolis, Gonaïticus Saltus, Laodicée, Damas, Palmyre, Salaminias, Eliopolis, le Canton des Jambrudes, le Canton des Maglades, le Canton Oriental. On voit par-là combien grande étoit alors l'étendue de la Phénicie. Voici les principaux Lieux que Ptolomée [o] place dans cette Contrée.

Sur le bord de la Mer.
- l'Embouchure du Fleuve *Elutherus.*
- *Simyria.*
- *Orthosia.*
- *Tripolis.*
- *Theuprosopon*, ou la face de Dieu.
- *Botrys.*
- *Byblus.*
- l'Embouchure du Fleuve *Adonius.*
- *Berythus.*
- l'Embouchure du Fleuve *Leontes.*
- *Sidon.*
- *Tyrus.*
- *Ecdippa.*
- *Ptolemaïs.*
- *Sycaminon.*
- le Mont *Carmel.*
- *Dora.*
- l'Embouchure du Fleuve *Chorsæus.*

Dans les Terres.
- *Arca.*
- *Palæobiblus*, ou la Vieille *Biblus*.
- *Gabala.*
- *Cæsarea Paniæ.*

PHÉNICIENS, Hérodote [a] dit, que les Phéniciens habitérent d'abord sur la Mer Rouge, & que delà ils vinrent s'établir sur la Méditerranée, entre la Syrie & l'Egypte. Cela, dit Dom Calmet [b], peut aisément se concilier avec Moïse, qui les fait venir de Cham, qui peupla l'Egypte & les Pays voisins. Le nom de Phénicie ne se trouve point dans l'Ecriture dans les Livres écrits en Hébreu; mais seulement dans ceux dont l'Original est Grec, comme les Maccabées & les Livres du Nouveau Testament. L'Hébreu lit toujours Chanaan. On peut voir ce que nous avons dit sur l'Article Chanaan. Toutefois Saint Matthieu [c], qui écrivoit en Hébreu ou en Syriaque, appelle Chananéenne, une femme que Saint Marc [d], qui écrivoit en Grec, a appellée Syrophénicienne, ou Phénicienne de Syrie; parce que la Phénicie faisoit alors partie de la Syrie, & pour la distinguer des Phéniciens d'Afrique ou des Carthaginois. On dérive le nom de Phénicien de Palmiers, appellez en Grec Phoinix, qui sont communs dans la Phénicie, ou d'un Tyrien, nommé Phœnix, dont parle la Fable, ou de la Mer Rouge, des bords de laquelle on prétend qu'ils étoient venus. Phœnix signifie quelquefois Rouge, d'où vient *Puniceus*, & *Phœniceus color*. D'autres le font venir de l'Hébreu Pinchas, ou Phinées, d'autres de Bené-anak [e], fils d'Anak, ou descendans des Enacim. On sait que les Géans fils d'Enak étoient très-fameux dans la Palestine. On attribue aux Phéniciens plusieurs belles inventions. Par exemple l'art d'écrire [f]:

[a] Lib. 4. c. 104.
[b] Dict.
[c] Matth. 15. 22.
[d] Marc. 7. 26.
[e] Vide Bochart. Chanaan. L. I. c. I.
[f] Lucan. l. 3. v. 22.

*Phænices primi, famæ si creditur, ausi
Mansuram rudibus vocem signare figuris.*

On dit de plus qu'ils ont les premiers inventé la Navigation, la Marchandise, l'Astronomie, les Voyages de long cours [g]. Bochart a montré par un travail incroyable, qu'ils avoient envoyé des Colonies, & qu'ils avoient laissé des vestiges de leur Langue dans presque toutes les Isles & toutes les Côtes de la Méditerranée. Mais la plus fameuse de leurs Colonies est celle de Carthage. On croit qu'à la venue de Josué, plusieurs se retirérent en Afrique [h] & en d'autres Lieux. Procope dit que l'on trouva à Tingis en Afrique deux Colomnes de Marbre blanc, dressées près de la grande Fontaine, où l'on lisoit en Caractères Phéniciens: *Nous sommes des Peuples qui avons pris la fuite devant le Voleur Jesus fils de Navé.* On peut voir, ajoute Dom Calmet, notre Dissertation sur le Pays où se sauvérent les Chananéens, &c. imprimée à la tête de notre Commentaire sur Josué.

[g] Dionys. v. 904.
[h] Procop. Vandalicis, l. 2. c. 10.

PHENNESUS. Ortelius [i] dit qu'il paroît par l'Histoire Tripartite & par un Passage de Nicéphore Calliste, que c'est le nom d'un Lieu, où il y avoit des Mines métalliques, & où l'on envoyoit quelquefois les Chrétiens, *ad Phennesia & Proconesia metalla.* Voyez PHENO, qui doit être le même Lieu.

[i] Thesaur.

PHENUSTUS, FENUSTUS & PHENUTUS, Siège Episcopal d'Arabie, sous la Métropole de Bostra. Il y a apparence que PHENUTUS est la véritable orthographe: c'est du moins celle que suit la Notice de Léon le Sage.

1. PHERÆ, Ville de l'Achaïe propre, selon Ptolomée [k], qui la place dans les terres; mais elle n'étoit pas éloignée de la Côte, à en juger du moins par la narration de Strabon & par le rang qu'il donne à cette Ville. Ce dernier Géographe aussi-bien que Polybe & Pline au lieu de PHERÆ, lisent PHARÆ. Voyez PHARÆ.

[k] Lib. 3. c. 16.

2. PHERÆ, Ville du Péloponèse, sur le Golphe de Messénie, au delà du Fleuve Pamifus, selon Strabon [l] & Ptolomée [m]. Pausanias [n] dit que cette Ville étoit à près de six Stades de la Mer; & il écrit PHARÆ pour *Pheræ*, selon le Dialecte Dorique, qui change ordinairement l'*e* en *a*. Polybe [o] écrit *Phara* au nombre singulier, & Strabon ajoute que le Fleuve Nedo a son Embouchure dans la Mer auprès de PHERÆ.

[l] Lib. 8. p. 360.
[m] Lib. 3. c. 16.
[n] Messen. c. 31.
[o] Legat. n. 53.

3. PHERÆ, Ville de la Macédoine, Ptolomée [p] & Tite-Live [q] la placent dans la Pélasgie; mais Pausanias [r] & Cicéron [s] la mettent dans la Thessalie. Strabon dit qu'elle étoit à l'extrémité de la Pélasgiotide du côté de la Magnésie.

[p] Lib. 3. c. 13.
[q] Lib. 33. c. 8.
[r] Lib. 1. c. 13.
[s] Divinat. c. 25.

4. PHERÆ, FERA ou FERE, Ville d'Asie, dans la Sérique, selon quelques MSS. d'Ammien Marcellin [t], mais Mr. de Valois croit qu'il faut lire SERÆ; parce que SERÆ étoit la Capitale de la Sérique.

[t] Lib. 23. c. 6.

5. PHERÆ, Ville de la Boeotie, selon Homére [u]. Strabon [x] dit que c'étoit un des quatre Villages qui se trouvoient dans le Territoire de la Ville appellée Tanagra. Pline [y] fait aussi mention de cette Ville, mais il ne dit rien qui puisse donner la moindre idée de sa situation.

[u] Catalog.
[x] Lib. 9. p. 405.
[y] Lib. 4. c. 7.

6. PHERÆ, Etienne le Géographe met une Ville de ce nom dans la Japygie, une autre dans l'Etolie, & une troisième chez les Parthyéens.

7. PHERÆ, Ville de la Laconie, selon Pausanias & Pline: c'est la même que nous avons placée sur le Golphe de Messénie. Voyez PHERÆ Nº. 2.

PHERÆA, Ville de l'Arcadie, selon Strabon [z], qui la place au dessus de Dyme.

[z] Lib. 8. p. 357.

PHERENDIS, Ville de la Grande Arménie. Ptolomée [a] la met à l'Orient du Tigre entre *Siæ* & *Tigranocerta*.

[a] Lib. 5. c. 13.

PHEREPUM, Ville au voisinage de l'Euphrate, selon Nicétas cité par Ortelius [b].

[b] Thesaur.

PHERETIANI, Peuples de la Ligurie, dont il est parlé dans les Origines de Caton citées par Ortelius [c]. Il en rapporte ce Passage. *Pheretiani ob adjectos Colonos Genuæ opido reliquere Amni proximo & Regioni nomen Pheretianæ.* Ne seroit-ce point du Fleuve *Feritor*, dont il seroit question dans ce passage? Voyez FERITOR.

[c] Ibid.

PHEREZÉENS, anciens Peuples qui habi-

habitoient la Paleſtine, & qui étoient mêlez avec les Chananéens. Il y a même aſſez d'apparence, dit Dom Calmet [a], qu'ils étoient-eux mêmes Chananéens; mais que n'ayant point de demeure fixe, & vivant à la manière des Scythes & des Nomades, diſperſez tantôt en un lieu du Pays & tantôt dans un autre, ils furent pour cela qualifiez Phéréséens, c'eſt-a-dire *épars, diſperſez*. Phérazot ſignifie des Hameaux, des Villages. Les Phéréſéens n'habitoient pas un endroit fixe de la Terre de Chanaan. Il y en avoit au deçà & au delà du Jourdain, dans les Montagnes & dans les Plaines. En pluſieurs endroits on met *Chananæum* & *Phereſæum*, comme les deux principaux Peuples du Pays. Il eſt dit, par exemple, que du tems d'Abraham & de Loth [b], le Chananéen & le Phéréſéen étoient dans le Pays. Les Iſraélites de la Tribu d'Ephraïm ſe plaignant à Joſué [c] qu'ils étoient trop reſſerrez dans leur partage, il leur dit d'aller, s'ils vouloient, dans les Montagnes des Phéréſéens & des Rephaïms, & d'y défricher du terrein pour le cultiver. Salomon [d] aſſujettit & rendit tributaires les reſtes des Chananéens & des Phéréſéens que les Enfans d'Iſraël n'avoient pu exterminer. Il eſt encore parlé des Phéréſéens au tems d'Eſdras, après le retour de le Captivé de Babylone [e]; & plusieurs Iſraélites avoient épousé des femmes de cette Nation.

[a] Diſt.

[b] Geneſ. 13. 7.

[c] C. 17. 15.

[d] 3. Reg. 9. 20. 21. & 2. Par. 8. 7.

[e] 1. Eſdr. 9. 1.

PHERINUM, Ville de la Theſſalie, ſelon Tite-Live [f].

[f] Lib. 32. c. 14.

PHERITO. Voyez Feritor.

PHERME, ou Ferme, Montagne d'Egypte, dans le Deſert de Sété. C'eſt dans cette Montagne que demeuroit St. Paul Hermite, à ce que nous apprend Sozomène [g] dans ſon Hiſtoire de l'Egliſe. Calliſte & Palladius parlent auſſi de cette Montagne [h]; & Ortelius [h] dit que Philon le Juif [i] ſemble en donner la deſcription quoiqu'il ne la nomme pas.

[g] Lib. 6. c. 29.

[h] Theſaur.

[i] In Vita contemplat.

PHERMUTIACUS. Voyez Thermuthiacus.

PHERONIA, Ville de l'Iſle de Sardaigne: Ptolomée [k] la place ſur la Côte Orientale, entre l'Embouchure du Fleuve *Cædrus* & la Ville d'*Olbia*.

[k] Lib. 3. c. 3.

PHERRACIA, Ville de la Colchide, ſelon Strabon [l]; mais Caſaubon & Ortelius croient que ce Paſſage de Strabon eſt corrompu & qu'au lieu de Pherracia, il faut lire Pharnacia.

[l] Lib. 11. p. 499.

PHESCENNIUM, Ville d'Italie, dans l'Etrurie, ſelon Ortelius [m], qui cite les Origines de Caton. Fescennia eſt la même Ville que Pheſcennium. Voyez Fescennia.

[m] Theſaur.

PHES-DOMIM ou Aphes-Dommim [n]; Lieu de la Paleſtine, dans la Tribu de Juda entre Soco & Azeca. Voyez Aphes-Domim. Le Texte de la Vulgate lit: *In finibus Dommim*, au lieu d'Aphes-Domim [o]. C'eſt là où l'Armée des Philiſtins, dans laquelle étoit Goliath, s'aſſembla. Une autrefois les Philiſtins s'aſſemblèrent encore à *Phès-Domim*, depuis que David fut reconnu Roi. Ce fut dans cette occaſion qu'Eléazar & Semma deux Héros de l'Armée de ce Prince, arrêtèrent ſeuls toute l'Armée ennemie, s'étant poſtez au milieu d'un Champ ſemé d'orge [p]. Il y en a qui croient que le vrai nom de cet endroit eſt Dommim ou Dammim, qui ſignifie *le Sang*.

[n] Dom Calmet, Diſt.

[o] 1. Reg. 17. 1.

[p] 1. Par. 11. 13. 14.

PHESTI, Lieu d'Italie, dans le *Latium*, à cinq ou ſix milles de Rome. C'étoit autrefois l'extrémité du Territoire de cette Ville; ce qui fait que du tems de Strabon, les Prêtres y faiſoient les Sacrifices nommez *Ambarvalia* [q], comme dans les autres Lieux qui étoient aux Frontières des Romains.

[q] Strabon, lib. 5. p. 230.

PHESTUM, Ville de Theſſalie, dans l'Eſtiotide, ſelon quelque Edition de Tite-Live; mais les meilleures portent Phæstum. qui eſt la véritable orthographe. Voyez Phæstum.

PHETA, Lieu dont l'eau a la qualité de rendre les femmes peu fécondes, ſelon Athénée cité par Ortelius [r].

[r] Theſaur.

PHETHROS, la même que Pathros & Phath. Voyez l'Article Phathures.

PHETRUSIM, cinquième fils de Mizraïm, peupla le Canton nommé Phathurès ou *Phetros*, dans la Haute Egypte. Voyez Phathures.

PHEUGARUM, Ville de la Germanie, entre *Tuliſurgium* & *Canduum*, ſelon Ptolomée [s]. On croit que la Ville de Halberſtadt, dans la Saxe, a été bâtie de ſes ruïnes.

[s] Lib. 2. c. 11.

PHIA, Ville du Péloponèſe. Elle fut une ſujet de querelle entre les Laconiens & les Meſſéniens, ſelon Etienne le Géographe, qui cite Homére [t]. C'eſt une Ville maritime de l'Elide ſelon Thucydide [u], & il y avoit un Promontoire de même nom. Cette Ville eſt nommée Pheia par Strabon [x]. Voyez Phea.

[t] Iliad, H. v. 135.

[u] Lib. 2. & 7.

[x] Lib. 8. p. 343.

1. PHIAGIA, Ville ou Bourgade de l'Attique. Elle eſt attribuée par quelques-uns à la Tribu Egéïde & par d'autres à l'Aiantide; mais une Inſcription dont parle Mr. Spon la met ſous l'Hadrianide.

2. PHIAGIA, Bourgade de l'Attique, dans la Tribu Pandionide, ſelon Etienne le Géographe.

PHIGOUS, Peuple de l'Attique, dans la Tribu Erecthéïde; & c'eſt le même Peuple qu'Harpocration appelle Phigousion.

PHIAIROTH. Voyez Phiachirot.

☞ 1. PHIALE en Grec Φιάλη. Ce mot, qui ſignifie une Coupe plate remplie juſqu'au bord, a été donné à pluſieurs Lacs ou Réſervoirs d'eau, à cauſe de leur figure ronde & de leur reſſemblance à un Baſſin plein d'eau.

2. PHIALE ou Phiala, Fontaine [y] ou Lac très-célèbre, au pied du Mont Hermon, & d'où le Jourdain prend ſa ſource. Joſephe [z] raconte qu'à cent vingt Stades de Céſarée de Philippes, ſur le Chemin qui va à la Trachonite, on voit le Lac de Phiale, Lac parfaitement rond comme une roue & dont l'eau eſt toujours à pleins bords, ſans diminuer jamais ni augmenter. On ignoroit que ce fût la ſource du Jourdain, juſqu'à ce que Philippe Tétrarque de Galilée, le découvrit d'une manière

[y] Dom Calmet, Diſt.

[z] De Bel. l. 3. c. 18.

re à n'en pouvoir douter, en jettant dans ce Lac de la menue paille, qui se rendit par des canaux souterrains à *Panium*, d'où jusqu'alors on avoit cru que le Jourdain tiroit sa source.

3. PHIALE, ou PHILA, Lieu d'Egypte, dans le Nil & dans la Ville de Memphis. Tous les ans, dit Pline [a], on y jettoit une Coupe d'or & une Coupe d'argent le jour de la naissance du Dieu Apis.

*a* Lib. 8. c. 47.

4. PHIALE, Lieu d'Egypte dans la Ville d'Aléxandrie. On donnoit ce nom [b] au Lieu, où l'on serroit le Bled, qu'on amenoit d'Egypte sur des Batteaux, par le Canal que l'on avoit creusé depuis Chérée jusqu'à Aléxandrie. Mais comme le Peuple étoit accoutumé à exciter dans ce Lieu de fréquentes séditions, Justinien pour arrêter le cours de ce désordre fit enfermer ce Lieu d'une forte muraille.

*b* Procop. Æ-dif. lib. 6. c. 1.

5. PHIALE, ou PHIALA, Pline [e] appelle ainsi la source du Nil.

*e* Lib. 5. c. 9.

1. PHIALIA, Ville du Péloponèse dans l'Arcadie, selon Ptolomée [d], qui la place entre *Heræa* & *Tegea*. Etienne le Géographe & Pausanias [e] disent qu'on la nomme aussi PHIGALEA. Elle est appellée PHUGALAIA par Polybe [f] & Phigalia par Athénée [g]. Niger prétend qu'on l'appelle présentement DAVIA.

*d* Lib. 3. c. 16.
*e* Lib. 5.
*f* Lib. 2.
*g* Lib. 5. c. 6.

2. PHIALIA, Ville de Bithynie: c'est Etienne le Géographe qui en fait mention.

PHARA, Ville de la Cappadoce. Ptolomée [h] la place dans la Sargaurasène.

*h* Lib. 17. c. 8.

PHICARI, ou PHYCARI, Peuples de l'Inde. Ils habitoient sur le Mont Caucase, selon Pline [i], qui dit qu'on trouvoit chez eux une Pierre précieuse d'un verd qu'on nommoit CALLAÏS.

*i* Lib. 3.

PHICEUM, Montagne de la Boeotie, selon Etienne le Géographe & Apollodore [k]. Hésiode & Plutarque écrivent *Phicion*, pour *Phiceum*. C'est la Montagne où demeuroit le Sphinx. Voyez MOABEN.

*k* Lib. 1. c. 19.

PHICOLA. Voyez FICHOLA.

PHICORES, Peuples d'Asie. Pomponius Méla [l] les met au nombre des Méotiques, qui habitoient entre le Bosphore & le Tanaïs.

*l* De Bosphor. Thrac. lib. 2. c. 13.

PHIDALIÆ, Golphe de l'Europe, sur le Bosphore de Thrace, aux environs de Byzance. C'est Suidas qui en parle. Pierre Gylles [m] dit qu'on nomme présentement ce Golphe SARANTACOPA, & que c'est le même que l'on a appellé anciennement *Portus Mulierum*.

*m* Pag. 16.

PHIELA, Lieu voisin de Constantinople, suivant Pierre Gylles dans sa Description du Bosphore.

PHIGALEA. Voyez PHIALIA.

PHIGAMUS, Fleuve de la Cappadoce: Arrien [n] en parle dans son Périple du Pont-Euxin; il met quarante Stades entre Oenoe & le Fleuve *Phigamus*.

*n* Lib. 6. n. 83.

PHIGASEUS, ou PHIGASENSIS, Peuple d'Arcadie, selon Hérodote [o], qui donne le surnom de *Phigaseus* à un certain Cléandre du nom de sa Patrie.

*o* Lib. 6. c. 7.

PHIGIA, Ville de l'Arabie Heureuse. Ptolomée [p] la place dans les terres entre *Saphtha* & *Badais*.

*p* Lib. 6. c. 7.

PHI-HAHIROTH, ou PIHACHIROTH. Les Hébreux, dit Dom Calmet [q], étant partis de Socoth vinrent à Etham [r]. Alors le Seigneur dit à Moyse: *Dites aux Enfans d'Israël qu'ils retournent & qu'ils aillent camper vis-à-vis de Phi-Hahiroth, entre Magdalum & la Mer, vis-à-vis de Beel-Sephon*. Le terme Pi-Hahiroth, se peut expliquer par le Défilé de Hiroth, ou la Bouche de Hiroth. Moyse dans les Nombres [s] le nomme simplement Hiroth; Eusébe, aussi-bien que St. Jérôme dans le Livre des Lieux Hébreux, l'appellent de même. D'autres traduisent: *vis-à-vis les creux ou les fossez* [t] Les Septante dans l'Exode traduisent: *vis-à-vis le Village*, d'autres vis-à-vis le Défilé de la Liberté, ou *le Défilé de la Sécheresse*. Nous croyons, ajoute Dom Calmet, que Hiroth est la même que la Ville d'Heroum, ou d'Heropolis, située, à l'extrémité ou à la Pointe de la Mer Rouge, ou bien la Ville de Phagrioriopolis, placée par Strabon [u] vers la meme Ville & Capitale du Canton Pagrioriopolite. Il y a beaucoup d'apparence que Pihahiroth marque le Défilé qui étoit près d'Heroum. C'est au delà de ce Défilé que les Hébreux allérent camper sur la Mer Rouge.

*q* Dict.
*r* Exod. 13. 20. 14. 2.
*s* C. 33. 8.
*t* Syr.
*u* Lib. 17.

1. PHILA, Isle de la Libye. Elle étoit formée par les eaux du Fleuve Triton, & on y voyoit la Ville Nysa, dans laquelle on ne pouvoit, entrer que par un seul endroit appellé *Portæ Nysiæ*, les Portes de Nysa. Diodore de Sicile [x] & Aristide [y] nous ont donné une belle Description de cette Isle, & Etienne le Géographe la décrit d'après Hérodote, dont les Exemplaires portent néanmoins PHILA pour PHILA, mais il y a apparence que c'est une faute de Copiste; car tous les autres Auteurs écrivent PHILA.

*x* Lib. 3. c.
*y* 68. Oratione Ægyptiaca.

2. PHILA. Voyez PHILÆ.

3. PHILA, Ville de Macédoine à moitié chemin entre *Dium* & *Tempe*, sur un Rocher, au bord d'un Fleuve semble être l'Enipée, suivant la narration de Tite-Live [z]. Cependant Etienne le Géographe, dit que la Ville de PHILA avoit été bâtie sur lebord du Fleuve Pénée par Démétrius surnommé Gonatas, fils d'Antigonus; & qu'il la nomma PHILA du nom de sa mére.

*z* Lib. 44. c. 8.

PHILA. Voyez STOECHADES.

1. PHILADELPHIE (en Latin *Philadelphia*, ou *Philadelphea*) Ville de l'Asie Mineure [a], à 27. milles de Sardes vers le Sud-Est, au pied du Tmolus, d'où la vue est très-belle sur la Plaine. Strabon vers la fin de son treiziéme Livre semble mettre cette Ville dans la Mysie: *Post Lydos*, dit-il, *sunt Mysi & Urbs Philadelphea, terræ motibus obnoxia*; mais ce même Géographe ajoute que les bornes de la Phrygie, de la Lydie, de la Carie & de la Mysie sont tellement mêlées du côté du Midi, qu'il seroit bien difficile de les distinguer. Ptolomée, Etienne le Géographe & toutes les Notices Episcopales mettent cette Ville dans la Lydie. Elle tiroit son nom, à ce que dit Etienne le Géographe, d'Attalus Philadelphe, frere d'Eumenes, son

*a* Spon, Voy. du Levant, t. I. p. 207.

son fondateur. Les Habitans s'appelloient *Philadelphei* & *Philadelpheni*. La Ville de Philadelphie fut célèbre entre autres par ses Jeux publics; & George Wheler [a] rapporte une Inscription ou entr'autres choses on lit:

KOINA ΑΣΙΑΣ ΕΝ
ΦΙΛΑΔΕΛΦΕΙΑ.

c'est-à-dire, *les Fêtes communes de l'Asie à Philadelphie, ou l'Assemblée solemnelle pour les Jeux de l'Asie à Philadelphie*.

Cette Ville est dès le premier Siècle de l'Eglise un Siége Episcopal. Du tems que St. Jean l'Evangeliste écrivit son Apocalypse, l'Ange ou l'Evêque de Mysie étoit un très-saint Homme, à qui le Fils de Dieu adressa ces paroles [b]: Voici ce que dit le Saint, le Véritable, celui qui a la Clef de David; qui ouvre & personne ne ferme, qui ferme & personne n'ouvre. Je sais quelles sont vos œuvres; je vous ai ouvert une Porte que personne ne peut fermer; parce que vous avez peu de force, que vous avez gardé ma parole, & n'avez point renoncé mon nom. Je vous amenerai bien-tôt quelques-uns de ceux qui sont de la Synagogue de Satan; qui se disent Juifs, & ne le sont pas, mais qui sont des menteurs. Je les ferai bien-tôt venir se prosterner à vos pieds, & ils connoîtront que je vous aime. Parce que vous avez gardé la patience ordonnée par ma Parole, je vous garderai aussi de l'heure de la tentation, qui doit venir sur tout l'Univers, pour éprouver tous les habitans de la Terre. Je dois venir bien-tôt; conservez ce que vous avez, de peur qu'un autre ne prenne votre Couronne. Quiconque sera victorieux, je ferai de lui une Colomne dans le Temple de mon Dieu; il n'en sortira plus, & j'écrirai sur lui le nom de mon Dieu, & le nom de la Ville de mon Dieu, de la nouvelle Jérusalem qui descend du Ciel, & mon nom nouveau. On ignore qui étoit cet Evêque de Philadelphie [c]. Auréolus & de Lyra croyent que c'étoit Saint Quadrat, Disciple des Apôtres, Apologiste de la Religion Chrétienne, qui présenta une Apologie à l'Empereur Adrien. Les Grecs dans leur Office lui donnent le nom d'Apôtre; & Eusébe [d] faisant son Eloge, le nommé Evangeliste, parce qu'il s'étoit consacré à aller de Province en Province annoncer l'Evangile; mais aucun Ancien ne dit qu'il ait été Evêque de Philadelphie. On connoît aussi un Saint Quadrat Evêque d'Athènes & Martyr vers l'an de J.C. 126. mais il est different de l'Apologiste, & ce ne peut être celui dont parle Saint Jean dans l'Apocalypse.

Les Grecs conservent l'ancien nom de Philadelphie; mais les Turcs qui se plaisent à tout brouiller, l'appellent *Allahscheyr*, comme qui diroit la Ville de Dieu. Lorsqu'ils vinrent pour s'emparer du Pays, les Habitans se battirent & se défendirent vigoureusement. Les Turcs pour leur donner de la terreur s'aviserent de faire un Retranchement par une muraille toute

[a] Itiner. p. 525.

[b] Apoc. 3. 7. 8. 9. &c.

[c] Vide Halox. in Vit. Quadenti.

[d] Euseb. l. 3. c. 37. Hist. Eccl.

d'os de morts, liez ensemble avec de la chaux. Les Habitans furent forcez de se rendre, mais ils firent leur Capitulation plus douce que celle de leurs Voisins. On leur laissa quatre Eglises qu'ils ont encore, savoir Panagia, St. George, St. Théodore, & St. Taxiarque, qui est le même que St. Michel. Il y a dans Philadelphie sept ou huit mille habitans, entre lesquels on peut compter deux mille Chrétiens.

2. PHILADELPHIE, autrement RABBAT ou RABBAT-AMMON; (*Rabbat filiorum Ammon*) AMMANA, ou RABAT-AMANA. C'étoit la Capitale des Ammonites, située dans les Montagnes de Galaad, vers les sources du Fleuve Arnon. Elle est quelquefois attribuée à l'Arabie, parce qu'elle étoit aux confins de la Pérée & de l'Arabie. Ptolomée [e] la place dans la Cœlésyrie, de même qu'une Médaille rapportée par Spanheim [f]. Etienne le Géographe dit que Philadelphie est la troisième Ville considérable de la Syrie, qu'elle se nomma premièrement *Ammana*, ensuite *Astarte*, & enfin *Philadelphie*, du nom de Ptolomée Philadelphe. Polybe [g] a aussi conservé le premier nom de cette Ville, car il l'appelle Rabat-Amana, & la met dans l'Arabie. Eusébe la place à dix milles de Jazer vers l'Orient. Il est assez vraisemblable que cette Ville fut occupée par le Roi Og, puisque du tems de Moyse [h], on y montroit encore son lit de fer, long de neuf coudées & large de quatre. Elle fut du nombre des Villes de la Décapole [i], de delà le Jourdain. Josephe étend la Pérée, ou la Région de delà le Jourdain, depuis ce Fleuve jusqu'à Philadelphie [k]. Voyez RABBAT-AMMON. St. Ignace le Martyr avoit apparemment prêché l'Evangile à Philadelphie; c'est à l'Eglise de Lieu qu'il écrivit sa Lettre intitulée: *Aux Philadelphiens*.

3. PHILADELPHIE, Ville de la Cilicie: Ptolomée [l] la place dans les terres, entre *Domitiopolis* & *Seleucia aspera*. Quoique cette Ville fût bien moins considérable que les deux précédentes, elle ne laissa pas d'être Episcopale. La Notice du Patriarchat de Jérusalem la met sous la Métropole de Séleucie, & l'appelle *Philadelphia Parva*, Philadelphie la petite.

4. PHILADELPHIE, Ville d'Egypte, selon Etienne le Géographe.

PHILÆ, Ville d'Egypte, proche de la Cataracte du Nil, selon Ptolomée [m]. Il y avoit aussi une Isle de même nom & c'est dans cette Isle que la Ville étoit bâtie. Selon Sénéque [n], le Nil après s'être répandu dans de vastes Deserts & y avoir formé divers Marais, se rassemble au-dessus de PHILÆ, Isle escarpée de tous côtez. Deux Bras du Fleuve font cette Isle, & se réunissant au-dessous ne forment plus qu'un seul lit, qui est le Nil & qui en porte le nom.

PHILÆNORUM ARÆ. Voyez au mot ARÆ, l'Article ARÆ PHILENORUM.

PHILÆNORUM, ou PHILENORUM VICUS. Voyez au mot ARÆ, l'Article ARÆ PHILENORUM.

[e] Lib. 5. c.
[f] Pag. 896.
[g] Lib. 5. c. 71.
[h] Deut. 3. 11.
[i] Plin. l. 5. c. 18.
[k] De bel. lib. 3. c. 2.
[l] Lib. 5. c. 8
[m] Lib. 4. c. 5.
[n] Lib. 4. Quæst. Nat. c. 2.

PHILÆUM, Ville de l'ancienne Germanie. Ptolomée [a] la place dans le Climat le plus Septentrional. Quelques-uns veulent que ce soit la Ville de Groningen; mais ce ne font que les Interprètes qui écrivent *Philæum*, ou *Phileum*; le Texte Gréc porte *Phleum*.

PHILAIDÆ, Peuple de la Tribu Ægéïde, felon Etienne le Géographe.

PHILANORIUM, Lieu de l'Argie, felon Paufanias [b].

PHILARCHI, Peuples d'Afie, que Strabon [c] joint avec les *Scenites*. Il dit qu'ils habitoient le long de l'Euphrate & dans la Syrie.

PHILÉ & PHILEAS, petite Contrée du Territoire de Byzance; car c'eſt ainſi fans doute qu'il faut rendre ces trois mots d'Etienne le Géographe: *Phyleas*, *Regiuncula Byzantii*. Nicétas fait auſſi mention de cette Contrée; & Ortelius [d] dit avoir lu dans Godefroi Willehardouin que cette Contrée étoit fur le bord du Pont-Euxin. Etienne le Géographe ajoute que quelques-uns écrivent PHILEAS & d'autres PHINEAS.

PHILEATINA, Marais près de la Côte du Pont-Euxin, à l'Ocident Solſtitial de Byzance, felon Zozime dans fon Hiſtoire nouvelle [e].

PHILECIA, Ville de la Germanie. Ptolomée [f] dit qu'elle étoit près du Danube, entre *Medoſtanium* & *Rhobodunum*. Au lieu de PHILECIA ſes Interprètes écrivent PHILICIA.

PHILEMPORUS, Lieu aux environs de Byzance. Siméon le Métaphraſte en parle dans la Vie de Saint Daniel Stylite.

PHILENE. Voyez PHYLA.

PHILENORUM, Ville de la Bœotie, dans l'Arnée, felon Etienne le Géographe, qui dit qu'elle tire fon nom de Philenor l'Etolien.

PHILEROS, Ville de Macédoine: Pline [g] la met dans les terres. Le Pere Hardouin dit que quelques MSS. au lieu de PHYLEROS lifent PYLOROS; & il croit cette derniére orthographe la meilleure.

PHILETA, Ville aux environs de la Carie, felon Ortelius [h], qui cite Conſtantin Porphyrogénéte.

PHILETO. Voyez MEGALOPOLIS.

1. PHILIA, Iſle de l'Egypte aux confins de l'Ethiopie, proche de la Ville de Tacompſon, felon Etienne le Géographe.

2. PHILIA, Promontoire de Thrace, fur le Pont-Euxin. Ptolomée [i] le place près de Philopolis. Cette Philopolis eſt différente de celle que Pomponius Méla [k] appelle PHILEAS, & qui étoit au voiſinage.

PHILIADÆ, Bourgade de l'Attique. Elle prenoit fon nom de Philæus fils d'Ajax & étoit la Patrie de Piſiſtrate. Etienne le Géographe la met dans la Tribu Ægéïde; mais felon le Marbre des 13. Tribus rapporté par Mr. Spon [l], il la faut ranger fous l'Oenéïde. A Athénes, ajoute-t-il, chez le Frére de Capitanki, on lit l'Inſcription ſuivante:

ΑΙΓΗΙΣ ΑΝΔΡΩΝ ΕΝΙΚΑ
ΕΥΑΓΙΔΗΣ ΚΤΗΣΙΟΥ ΦΙΛΙΔΗΣ ΕΧΟΡΗ-
ΓΕΙ
ΑΥΣΙΜΑΧΙΔΗΣ ΕΠΙΔΑΜΝΙΟΕ ΗΥΛΕΙ
ΧΑΡΙΛΑΟΣ ΛΟΚΡΟΕ ΕΔΙΔΑΣΚΕ ΕΥΘΥ-
ΚΡΙΤΟΣ ΗΡΧΕΝ

c'eſt-à-dire: La Tribu Ægéïde des hommes a eu la Victoire: Evagidès, fils de Cteſias de PHILIADÆ, a préſidé aux jeux: Lyſimachidès Epidamnien a eu foin de la Muſique: Charilaus Locrien a recité; Euthycritus a été Archon.

Fulvius Urſinus a cité cette Inſcription, fans marquer le Lieu où elle étoit, dans ſes Images des Hommes Illuſtres.

PHILICUS, Iſle que Ptolomée [m] range au nombre des treize cens foixante & dix-huit qu'il dit être au devant de l'Iſle de Taprobane. Ses Interprètes lifent PHELICUS.

1. PHILIPPES, En Latin PHILIPPI, Ville de la Macédoine, felon quelques-uns, & de la Thrace felon le plus grand nombre. Cette Ville eſt célébre par plus d'un endroit: premiérement par fon Fondateur, Philippe de Macédoine, qui trouvant ce Lieu avantageux pour faire la guerre aux Peuples de la Thrace le fortifia; fecondement par la Bataille qui fe donna fur fon Territoire, où Caſſius & Brutus perdirent la vie; & en troiſième lieu par l'Epitre que St. Paul adreſſa à fes Habitans. Avant que Philippe la fortifiât, elle ſe nommoit *Datus*, & auparavant encore on la nommoit CRENIDES, felon Appien [n], qui nous apprend qu'elle étoit ſituée fur une Colline eſcarpée, dont elle occupoit tout le fommet. Les Romains y établirent une Colonie. Ce Titre lui eſt donné dans les Actes des Apôtres [o] & dans Pline [p], de même que fur pluſieurs Médailles. St. Paul y prêcha l'an 52. de l'Ere commune & y convertit quelques perſonnes, entre autres une Marchande de Pourpre nommée Lydie. Il y délivra du Démon une Servante, qui avoit un Eſprit familier, qui la faifoit deviner pluſieurs choſes & qui produiſoit un grand profit à fes Maîtres. Ceux-ci émurent toute la Ville contre St. Paul & les Magiſtrats le firent arrêter, fouetter & mettre en priſon; mais le lendemain on le renvoya avec excuſes, ayant appris qu'il étoit Citoyen Romain. Le Sieur Lucas [q] qui a vu les ruïnes de cette Ville, dit qu'étant parti de Drame, il marcha cinq heures, au bout deſquelles il arriva au commencement de ces ruïnes, que les Grecs d'aujourd'hui appellent *Philippigi*, c'eſt-à-dire la Terre de Philippes. La première choſe qu'on apperçoit c'eſt le Château; on le voit à la main gauche. On l'a bâti fur une Montagne: il eſt très-vaſte & fes murailles font encore preſque toutes entiéres. Sur différentes éminences, qui entourent la Montagne & le Château, s'élèvent pluſieurs autres Forterefſes qui y ont des correſpondances. Diverſes grandes murailles en dépendent & elles s'étendent juſque dans la Plaine. Lorſqu'on eſt arrivé dans la Place de Philippes on trouve des Monceaux de Pierres de taille & de Marbre,

bre, sans qu'il paroisse aucun vestige de Bâtiment. Ensuite on rencontre un grand nombre d'Edifices seulement à moitié abattus. Il est aisé de s'appercevoir qu'il y a eu parmi, de beaux Temples bâtis de Marbre blanc, de superbes Palais, dont les restes donnent encore une haute idée de l'Architecture ancienne, & plusieurs Monumens magnifiques. Après avoir marché une heure & demie dans ces ruïnes, nous trouvames, ajoute le Sieur Lucas, une grosse Pierre d'environ vingt pieds de haut & de quatre pieds sur chaque face. Elle paroît avoir servi de Piédestal. Sur un des côtez il y avoit une Inscription en lettres majuscules ; mais elles sont absolument rongées & on ne peut découvrir que ces deux lignes qui étoient les deux premiéres :

C. VIBIVS CF COR QVARTVS
MILLE. C. V. MACEDONIO.

2. PHILIPPES (CESARE'E DE). Voyez CESARE'E DE PHILIPPES.

PHILIPPEUS FONS, Fontaine de l'Arcadie : elle étoit, selon Pausanias [a], près du Village NESTANES.

[a] Lib. 8. c. 7.

1. PHILIPPI. Nom Latin de la Ville de Philippes en Macédoine. Voyez PHILIPPES & PHILIPPICI CAMPI.

2. PHILIPPI, ou THESSALIÆ PHILIPPI. Etienne le Géographe dit qu'on donna ce nom à la Ville de Thébes en Thessalie.

PHILIPPI-INSULA, Isle du Golphe Arabique, selon Strabon [b].

[b] Lib. 16. p. 773.

PHILIPPICI CAMPI. C'est ici un des Articles de la Géographie, où les Savans se font le plus exercez. La difficulté venoit de ce qui est dit dans ces Vers de Virgile [c] :

[c] Georg. Lib. 1. v. 484. & seq.

*Ergo inter sese paribus concurrere telis*
*Romanas acies, iterum videre Philippi :*
*Nec fuit indignum Superis, bis sanguine nostro*
*Emathiam & latos Hæmi pinguescere campos.*

On demandoit en quel sens Virgile avoit pu dire que la Ville de Philippes a vu deux fois les Armées Romaines se livrer entre elles de sanglantes Batailles. Le Pere Catrou a pris soin de répondre à cette demande dans une Dissertation qu'il a faite sur cet endroit du 1. Livre des Georgiques, & qui est inférée parmi ses Notes Critiques [d]. On ne disconvient pas, dit-il, que PHILIPPES a vu l'action décisive, où Octavien & Antoine vainquirent Brutus & Cassius, & vengerent l'assassinat de Jules César ; mais quelle autrefois encore la Ville de Philippes a-t-elle été témoin d'une autre Bataille ? Il est constant que la Ville de Philippes placée par tous les Géographes anciens dans la Thrace, n'a pu voir l'action de Pharsale, où Jules César fut Vainqueur de Pompée. La Ville & les Plaines de Pharsale sont dans l'endroit de la Macédoine le plus voisin de la Thessalie, & Virgile assure que deux fois la Macédoine ou la Thessalie fut engraissée du sang Romain :

[d] T. 2. p. 124.

*Bis sanguine nostro*
*Emathiam, & latos Hæmi pinguescere campos.*

Il y avoit environ quatre-vingt lieues de distance entre Philippes & Pharsale : c'est-à-dire toute l'étendue de la Macédoine, jusqu'en Thessalie. Comment donc Philippes a-t-elle pu voir la Bataille de Pharsale se donner sous ses yeux ? Un savant Critique de notre tems tranche le nœud, & prétend que les deux Batailles, dont Philippes fut témoin, furent les deux combats consécutifs, que Brutus & Cassius livrèrent contre Octavien & contre Antoine, à la vue de Philippes. Dela, dit-il, les expressions de Virgile :

*Paribus concurrere telis*
*Romanas acies iterum videre Philippi.*

En effet, la Bataille qu'on appelle de Philippes, consista en deux actions. Dans la première Cassius, qui se crut vaincu, quoique son parti eût eu de l'avantage, plein d'une terreur précipitée, se fit tuer par Pindare son Affranchi. Dans la seconde qui se donna quelques semaines après, Brutus défait & vaincu, eut aussi recours au bras d'un de ses Domestiques, pour éviter de tomber entre les mains de ses Vainqueurs. Voilà, dit ce Critique, les deux Batailles que vit Philippes *iterum videre Philippi*.

Un autre Interprête plus ingénieux encore, évite habilement la difficulté. Il prétend que *l'iterum*, qui met seul de l'obscurité dans le passage, ne tombe pas sur *videre Philippi*, mais sur *concurrere telis* ; & voilà, selon lui, le sens du Poëte : *La Ville de Philippes a vu les Romains se battre pour la seconde fois, avec des armes pareilles*. Rien de plus clair, dit-il, Philippes n'a pas vu deux fois les Romais se battre ; mais elle a vu les Romains se battre la seconde fois qu'ils se battirent. Sans doute toute la difficulté seroit anéantie par ces Systêmes, s'ils étoient soutenables. Par malheur il paroît évident que le *bis* & que *l'iterum* du passage que nous examinons, tombent sur la Bataille de Pharsale & sur celle de Philippes, & que Virgile fait donner l'une & l'autre en Macédoine ou en Thessalie, précisément au même Lieu & à la vue de Philippes. Voici, ajoute le Pere Catrou, la preuve de ma prétention.

Lucain & Manilius, qui ont écrit depuis Virgile, servent de Commentaire au Texte que nous examinons. Ces deux Ecrivains parlent plus nettement encore que Virgile des deux Batailles de Pharsale & de Philippes, qui, selon eux, furent livrées précisément au même Lieu, à entendre la chose à la rigueur des termes. Lucain s'exprime de la sorte : il apostrophe la Thessalie & lui prophétise qu'elle sera le Théatre de deux combats décisifs, l'un de Jules contre Pompée, l'autre d'Octavien & d'Antoine contre Brutus & Cassius :

*Quo non Romanos violabis vomere Manes ?*
*Ante novæ venient acies, scierisque secundo*
*Præstabis nondum siccos hoc sanguine campos.*

Manilius est encore plus formel que Lucain,

cain, & ses Vers marquent expressément les Batailles de Pharsale & de Philippes, données à la lettre au même Lieu. Voici ses paroles:

*Nec plura alios incendia Mundus.*
*Sustinuit, quam cùm Ducibus jurata cruentis*
*Arma, Philippæos implerunt agmine campos.*

Voilà pour la Bataille de Philippes. Puis il ajoute ce qui suit par rapport à la Bataille de Pharsale:

*Vix etiam sicca miles Romanus arena*
*Ossa virûm, lacerosque prius super adstitit artus,*
*Imperiumque suis confixit viribus ipsum;*
*Perque patris, pater Augustus, vestigia vicit.*

On voit ici les ossemens des Romains péris à la Bataille de Pharsale, foulez aux pieds de ceux qui combattirent à la Bataille de Philippes. On y voit Auguste vainqueur sur les traces de Jules son pere, *Perque patris, pater Augustus vestigia vicit.*

Qu'on ne dise point, au reste que ce sont ici des exagérations ordinaires à des Poëtes qui se donnent la liberté de feindre. 1°. Il n'y a point ici de lieu ni de matiére à la fiction. Il s'agit d'un Fait historique, sur lequel quatre Poëtes, à peu près contemporains, conviennent ensemble. Ces Poëtes sont Virgile Lucain, Manilius & Ovide. En effet celui-ci parle le même langage que les autres, en ces termes:

*Pharsalia sentiet illum,*
*Emathiique iterum madesient cæde Philippi.*

2°. Tous quatre établissent Philippes & Philippes en Thessalie, où en Macédoine, *Emathii*, pour l'endroit précis des deux Batailles de Jules & d'Octavien. 3°. Il n'est pas croyable, que tous quatre soient convenus à assurer, par une éxagération égale, que la Ville de Philippes en Thrace, distante de quatre-vingt lieues de Pharsale, ait été témoin des deux Batailles. Quelle puérilité eût-ce été pour eux, de se copier servilement dans un point, où la figure qui transporte Philippes de Thrace à Pharsale eût paru extraordinairement outrée ? Il faut donc qu'en effet les deux Batailles se soient données réellement, à la vue d'une Ville de Philippes, & que cette Ville de Philippes ait été dans les Campagnes de Pharsale.

Voici quelque chose encore de plus convaincant. L'Histoire vient au secours des Poëtes & les autorise. Florus au Chapitre sixième du Livre quatrième, parlant de la Bataille de Pharsale, lui donne un nom bien extraordinaire. Il appelle la Bataille de Philippes, *Philippicis Campis*, dit-il, *Urbis, Imperii, Generis Humani fata commissa sunt*. Il fait trouver une Philippes en Thessalie, *prælio sumpta Thessalia est*. C'étoit pour la Bataille qu'il appelle de Philippes. Nous verrons bientôt qu'il a eu raison.

Il y a plus. Au Chapitre suivant, en décrivant la Bataille de Philippes ; c'est-à-dire celle que gagnerent Octavien & Antoine, il la place précisément au même Lieu que la Bataille de Pharsale: *Eandem illam, quæ fatalis Cnæo Pompeio fuit, arenam insederant*. C'est donc sur le même terrein, dans les mêmes Plaines, qui furent fatales à Pompée, que les Chefs de la Bataille de Philippes se livrérent le combat. Il n'est donc plus possible de dire ici, comme le grand nombre d'Interprétes, que par le mot, *Emathia*, il faut entendre la Thrace, la Macédoine & la Thessalie, enfin qu'en ce sens étendu, les Champs de Philippes sont les mêmes que ceux de Pharsale. Dans ce Systéme, que voudroient dire ces ossemens des Soldats tuez à la première Bataille, qui sont foulés aux pieds des Combattans, à la seconde? Si l'on met un si vaste terrein entre les deux endroits où l'on combattit, pourquoi aura-t-on dit que la Bataille se donna dans la même Plaine, *Eandem arenam insederant* ? Quelle confusion dans l'arrangement des Lieux, si Pharsale en Thessalie, & Philippes en Thrace, sont désignées par un nom commun & indistinct! Vit-on dans l'Antiquité encore un exemple d'une extravagance pareille? Cependant, dira-t-on, toute la difficulté reste, si l'on ne trouve pas une Ville du nom de Philippes, dans la Plaine de Pharsale. J'en conviens. Voici donc le point qui décide. Etienne le Géographe se joint ici heureusement aux Auteurs que j'ai citez. Je veux bien ne pas, disconvenir que son autorité, sans la leur, pourroit n'être pas de grand poids; mais avouons du moins que par leur union ils se soutiennent mutuellement, Cet Ecrivain donc reconnoît en Thessalie une Ville de Philippes, toute différente de celle qui étoit en Thrace. Celle-ci porta d'abord le nom de *Crenides*, & celle-là fut d'abord nommée *Thebæ*. Toutes deux dans la suite prirent le nom de Philipes, ἐκλήθησαν Φίλιπποι καὶ αἱ Θῆβαι, dit Etienne le Géographe. Dès là nous sommes au large. Du moment que nous trouvons une Ville de Philippes dans la Plaine de Pharsale, nous comprenons comment la Bataille de Pharsale a pu s'appeller par Florus, la Bataille de Philippes, & comment quatre Poëtes ont pu dire, que Philippes avoit vu deux fois les Romains se battre au même Lieu. Or selon le même Etienne le Géographe, cette Ville de Philippes est en Thessalie, aussi-bien que Pharsale Φίλιπποι καὶ αἱ Θῆβαι Θεσσαλίας. En effet dans les Cartes anciennes de la Grece, on trouve une Ville du nom de *Thebæ*, c'est-à-dire cette Thèbes qui eut aussi le nom de Philippes, selon Etienne le Géographe, placée dans la Plaine même de Pharsale. Que faut-il de plus pour nous convaincre que Pharsale, & que Philippes ont pu voir les deux Batailles & de Pharsale & de Philippes se donner précisément au même lieu?

Aussi Servius sur cet endroit de Virgile, place la Scène des deux Batailles, que livrérent Jules & Octavien Césars, proche d'une Ville de Philippes en Thessalie. Voici ses paroles: *Civitas est Thessaliæ (Philip-*

*lippi*) *in qua primo Cæsar & Pompeius, postea Augustus & Brutus cum Cassio dimicaverunt.* Il n'est point ici question de la Ville de Philippes en Thrace. Paul Diacre se joint aux autres Auteurs Latins & prétend qu'à la Bataille où Brutus & Cassius furent vaincus, Octavien César campoit dans la Plaine de Pharsale. A la vérité on pourroit nous objecter, que selon Virgile même, le Mont Hæmus fut engraissé du sang répandu devant Philippes, *& latos Hæmi pinguescere campos*. On sait d'ailleurs que l'Hæmus est de Thrace. Mais peut-on prouver dira-t-on qu'il s'étende jusqu'en Thessalie? Certainement Servius l'assure, *Hæmus Mons Thessaliæ*. Quelques-uns méprisent son autorité; mais il suit celle de l'Auteur qu'il commente. Virgile au second Livre des Georgiques, soupire sans doute après la Thessalie, & non pas après la Thrace, lorsqu'il s'écrie: *O qui me gelidis in Vallibus Hæmi sistat!* Horace de son côté joint l'Hæmus avec le Pinde en Thessalie, *aut super Pindo, gelidove in Hæmo*. Soit vérité, soit tradition Poëtique, l'Hæmus est souvent attribué à la Thessalie, & c'est assez pour nous.

A la vérité Appien est tout-à-fait contraire au Système que je soutiens. Sans délibérer, il fait donner la Bataille d'Auguste contre Brutus dans les Champs de Philippes en Thrace. Il assure que celle des Villes, nommée Philippes, qui fut témoin de cette importante action, fut l'ancienne *Crénides*. Après tout le témoignage d'un Historien d'Egypte, qui écrivoit sous Hadrien, doit-il prévaloir à celui de tant de Romains, qui vécurent au tems même dont ils parlent? L'autorité d'Appien & peut-être de quelques autres Historiens Grecs peut bien diminuer un peu la certitude du sentiment que nous avons établi; mais elle n'en détruit pas la probabilité. Dans l'impossibilité donc d'avoir une évidence, je m'en tiens à l'opinion appuyée sur le plus grand nombre des Garans. On peut dire encore que quoiqu'il en soit de la vérité du fait, considéré en lui-même, du moins il paroît constant que Virgile, aussi-bien que les trois Poëtes qui l'ont suivi, a mis les deux Batailles de Pharsale & de Philippes au même Lieu.

Tout ce raisonnement est beau & très-bien imaginé; mais il n'en est pas plus solide. Quoi qu'il paroisse constant que Virgile & les trois Poëtes qui l'ont suivi, ayent mis les deux Batailles de Pharsale & de Philippes au même Lieu, il ne s'ensuit pas, que ce sentiment ait le plus grand nombre de Garans, encore moins peut-on dire qu'il soit appuyé sur les meilleurs témoignages. Des Poëtes, qui ordinairement ne parlent que superficiellement des choses & qu'une imagination échauffée séduit le plus souvent, des Poëtes, dis-je, ne font pas une autorité qui puisse contrebalancer le témoignage des Historiens judicieux auxquels on ne reproche aucun défaut d'exactitude. C'est en vain que le Pere Catrou, pour faire triompher son Système, méprise un Ecrivain d'Egypte (Appien), comme s'il étoit le seul qui lui fût opposé. Méprisera-t-il pareillement Plutarque? On lit dans cet Historien [a], que Brutus avoit déja réduit sous son obéissance la plûpart des Peuples des environs de *Philippes* (de *Thrace*); que s'il restoit quelque Ville ou quelque Prince à subjuguer, Cassius & lui achevèrent de les réduire & assujettirent tout le Pays jusqu'à la Mer vis-à-vis de l'Isle de *Thasos*; que Brutus surprit Norbanus campé dans les Détroits près d'un Lieu appellé *Symbolon*; qu'il campa avec Cassius dans ce lieu-là, vis-à-vis du Camp de César & d'Antoine; & que tout l'espace qui étoit entre les deux Armées fut appellé par les Romains la *Plaine de Philippes*. Or il n'y avoit comme on sait ni Villes ni Princes à réduire aux environs de Pharsale: l'Isle de *Thasos* n'est point sur la Côte de la Thessalie, mais sur celle de la Thrace; & *Symbolum* est au voisinage de Philippes de Thrace; il ne reste donc aucun doute sur la Ville à la vue de laquelle se donna la Bataille en question.

[a] In Bruto.

Mais comme le Pere Catrou a cru se rendre plûtôt au grand nombre des Garans, qu'au poids de leur témoignage, il n'est pas difficile de montrer qu'il s'est mépris également en ce point. Dion Cassius, pour me servir des termes de ce Pere se joint à Appien & à Plutarque: Voici ce que dit cet Historien [b], pour désigner la Ville près de laquelle se donna la Bataille: *Philippi Oppidum est Pangaeo & Symbolo adjacens. Symbolum autem vocatur iste Locus à Græcis, quia is Mons alii in mediam terram se extendendi committitur; estque is Locus intra Neapolim & Philippos, quorum Oppidorum illud quidem ad Mare, è regione Thasi, situm est: hoc vero in Campo inter Montes.* Comment fera le Pere Catrou pour transporter tous ces Lieux de la Thrace dans la Thessalie? La chose est impossible; & il ne s'est flatté d'être au large, en Thessalie, que parce qu'il avoit pris soin d'écarter ce qui pouvoit l'y mettre à l'étroit.

[b] Lib. 47. p. 347. & 348.

*Que faut-il de plus*, dit le Pere Catrou, *pour nous convaincre que Pharsale & que Philippes ont pu voir les deux Batailles & de Pharsale & de Philippes se donner précisément au même Lieu?* Je réponds à cela qu'il faudroit que les Historiens nous l'eussent dit. Par malheur pour le Pere Catrou, ils écrivent le contraire. On vient de voir combien les Historiens Grecs lui sont opposez. Les Latins ne lui sont pas plus favorables. Ecoutons Suétone, & voyons où il place les Autels qu'éleverent les Légions victorieuses après la Bataille de Philippes: *& ingresso*, dit Suétone en parlant de Tibère, *primam expeditionem, ac per Macedoniam ducente exercitum in Syriam, accidit, ut apud Philippos sacratæ olim victricium Legionum Aræ, sponte subitis collucerent ignibus, &c.* Si ces Autels elevez près de Philippes se trouvent sur la Route de Tibère, qui mene par terre son Armée de la Macédoine dans la Syrie, où sera cette Ville de Philippes, si non dans la Thrace? Et quelle apparence y auroit-il à la placer dans

dans la Thessalie, qui étoit diamétralement opposée à la Route que tenoit Tibére ? Je le dirai: l'admiration qu'avoit le Pere Catrou pour Virgile, & l'envie qu'il avoit que ce Poëte parût aussi exact qu'un Historien, l'ont séduit, & lui ont fait avancer un Systême faux, comme s'il eût été véritable.

PHILIPPEVILLE, Ville de France dans le Hainaut. Ce n'étoit autrefois qu'un Bourg appellé Corbigni sur le fond du Pays de Liège, lors qu'en 1555. Marie Reine d'Hongrie sœur de Charles V, & Gouvernante des Pays-Bas le fit fortifier, & lui donna le nom de Philippe II. son neveu, avec promesse de donner en récompense à l'Etat de Liège Herstal & plusieurs autres Lieux du Brabant [a]. Néanmoins les Liégeois ne purent obtenir l'éxécution du Traité. Ils en firent de grandes plaintes, qui furent appuyées par la France, dans le tems que les Plénipotentiaires étoient assemblez à Munster pour la paix de l'Empire; mais ils se plaignirent en vain, & depuis ce tems-là le Roi Louïs XIV. reçut au Traité des Pyrénées le transport des Places de Marienbourg & de Philippeville, qui lui fut fait par Philippe IV. Roi d'Espagne ; & enfin il eut du Roi Charles II. Charlemont & la Terre d'Agimont, les Liégeois n'ayant plus fait d'instances ni de poursuites pour leurs anciennes prétentions.

Quoique Philippeville soit une petite Place elle est des plus fortes qu'il y ait. Le Roi Louïs XIV. y fit faire quantité de travaux [b]. Elle est située sur une hauteur dont la pente est assez douce, & on y entre par deux Portes différentes. C'est un Pentagone irrégulier, composé de cinq grands Bastions, dans deux desquels sont des Tours bastionnées de la façon du Maréchal de Vauban. Il y en a une autre retranchée en forme de réduit. Le devant des Courtines est couvert de Tenaillons à flancs, les uns plus grands que les autres, à cause de l'irrégularité des côtez. Cette Place est enfermée d'un grand fossé dans lequel est une Cunette qui régne le long des Bastions. Dans ce fossé sont cinq demi-lunes, une vis-à-vis de chaque front. Quelques-unes de ces demi-lunes sont irrégulieres, toutes retranchées d'un réduit au milieu, & flanquées à chaque angle rentrant de la Contrescarpe, de Lunettes qui sont des espèces de petites demi-lunes de chaque côté de la grande qu'elles accompagnent. Tous ces Ouvrages sont envelopez de fossés, d'un chemin-couvert & de son glacis; au delà duquel sont placées dix petites Redoutes pentagonales qui donnent sur la campagne & empêchent les approches. Chacune de ces Redoutes est entourée d'un petit fossé & d'un chemin-couvert. Les dedans de la Ville sont distribuez en plusieurs Rues tirées au cordeau, assez larges, bien percées & qui aboutissent toutes à une grande Place pentagonale, un peu irréguliere. On compte dans Philippeville deux cens dix-huit feux, & environ huit cens habitans. Il y a un Curé qui est nommé par le Roi, & qui

[a] Longuerue, Descr. de la France, part. 2. p. 134.
[b] Piganiol, Descr. de la France, t. 7. p. 267.

jouït de sept cens cinquante livres de revenu; mais dont cent cinquante livres se retirent pour l'Organiste de l'Eglise Paroissiale. Les deux Vicaires sont à deux cens livres de gages chacun. Il y a aussi un Couvent de Religieuses Recollectines. Les Officiers de Justice sont un Prevôt, un Procureur du Roi & un Greffier. La Jurisdiction de Philippeville s'étend sur treize cens Journels de terres labourables, qui ne produisent qu'à force de fumier & de chaux; & sur mille vingt-trois Journels de Prairies. Il y a quantité de Mines de fer & autres à une demi-lieue sur les Terres de Liège; & aux environs de la Ville on trouve quantité de Carrières de pierres brunes, qui servent comme la pierre de taille & qu'on employe aussi brutes, pour la maçonnerie commune. Les Carrières de Marbre sont sur les Terres étrangéres. Il ne passe point de Rivière par cette Ville. Il y a seulement deux Ruisseaux: celui de Jaimagne, sur lequel on pourroit établir une Manufacture de Cuirs de toute espèce, & celui de Bridou, sur lequel on pourroit établir une Manufacture de Carsées ou Serges ; ce qui seroit très-nécessaire & empêcheroit la sortie des espèces du Royaume, parce qu'on est obligé de tirer ces denrées de l'Etranger.

PHILIPPIENS (LES) ce sont les Habitans de la Ville de Philippes en Thrace. Ils furent toujours fort reconnoissans de la Grace de la Foi qu'ils avoient reçue de Dieu par le moyen de St. Paul. Ils assistérent en plusieurs occasions & lui envoyérent de l'argent pendant qu'il étoit dans l'Achaïe [c]. Lorsqu'ils surent qu'il étoit prisonnier à Rome [d], ils lui députérent Epaphrodite leur Evêque ; pour lui rendre toutes sortes de services. Epaphrodite tomba malade, & St. Paul pour tirer d'inquiétude les Philippiens, qui avoient sû sa maladie, le leur envoya dès qu'il fut guéri, & leur écrivit la Lettre que nous avons encore aujourd'hui adressée aux Philippiens. St. Paul y louë leur libéralité, & marque beaucoup de reconnoissance de l'attention qu'ils avoient euë pour le secourir dans les besoins où il s'étoit trouvé.

Ces Philippiens sont bien différens de ceux de Philippopolis. Ce sont les Habitans de la Ville de Philippes aux Confins de la Macédoine & de la Thrace, Ville bâtie par Philippe pere d'Alexandre le Grand, au lieu que Philippopolis étoit bien plus vers le Nord de la Thrace.

PHILIPPINE, Forteresse des Pays-Bas, dans la Flandre Hollandoise, sur le Bras Occidental de l'Escaut, qui sépare le Territoire de Biervliet de celui de Ter-Neuse. Elle est environ à une lieuë au Nord du Sas de Gand, & elle tire son nom de Philippe II. Roi d'Espagne qui la fit bâtir.

Le Comte Guillaume de Nassau la prit le 11. Septembre 1633. [e] après trois jours d'attaque. Peu de tems après les Espagnols tâchérent de la reprendre; mais le Comte Guillaume se servit d'un stratagème qui les obligea à en lever le siège. Il fit venir de Biervliet plusieurs Batteaux vuides; sur

[c] Philip. 4. 16.
[d] Ibid. 1. 12. 13.
[e] Janiçon, Etat présent des Pr. Un. t. 2. p. 360. & suiv.

sur lesquels il mit soixante Tambours, qui de nuit à l'approche de Philippine battoient différentes marches; ce qui causa une si grande allarme parmi les Espagnols, dans la pensée que ces Batteaux étoient remplis de Troupes, qu'ils se retirèrent avec quelque confusion. Après leur retraite le Comte Guillaume fit si bien augmenter les fortifications de cette Place, qu'en 1635. les Espagnols furent encore obligez de lever le siège qu'ils y avoient mis, avec perte de plus de mille hommes, outre quatorze ou quinze cens blessez. Depuis ce tems-là les Etats Généraux des Provinces-Unies sont restez en possession de cette Forteresse, qui leur a été laissée par le Traité de Munster.

Le Rempart a environ une demi-lieue de circuit: il est flanqué de deux Bastions du côté de la Campagne, & environné d'un fossé large & d'une Contrescarpe. Entre les deux Bastions, il y a une demilune par laquelle on passe pour entrer dans la Ville. Du côté de l'eau il y a un Fort à quatre Bastions, qui est dans l'enceinte de la Place & entouré d'un bon fossé. Sur le bord de l'eau est une Redoute, pour couvrir une Ecluse qui sert à inonder tous les environs.

Cette Ville est petite & ne renferme que trois Rues, environ soixante-dix Maisons & quatre-vingt Habitans, sans les femmes & les enfans, & sans la Garnison qui est logée dans des Casernes & sous les ordres d'un Commandant & d'un Major de la Place. L'Eglise est desservie par un Ministre de la Classe de Walcheren. Les Catholiques n'y ont point de Chapelle & vont entendre la Messe à Assenede ou à Bouchoute. La Maison de Ville est sur la Place, vis-à-vis le Château, & n'a rien de remarquable. Le Château sert de meure au Commandant. La Magazin est assez considérable & sous la direction d'un Commis du Conseil d'Etat.

La Régence consiste en un Bailli établi à vie par les Etats-Généraux, en un Bourgmestre & quatre Echevins, qui sont changez ou continuez tous les ans par les Députez de leurs Hautes-Puissances. Le Secrétaire est établi à vie par les Magistrats & est aussi ordinairement le Receveur de la Ville. Ces Magistrats exercent la Justice Civile & Criminelle, & leur Jurisdiction qui est fort petite ne s'étend que jusqu'à celle du Sas de Gand. On appelle de leurs Sentences au Conseil de Flandres.

PHILIPPINES, Isles de la Mer des Indes au delà du Gange, presque vis-à-vis les grandes Côtes des riches Royaumes de Malacca, Siam, Camboia, Chiampa, Cochinchine, Tunquin & la Chine [a]. Le fameux Ferdinand Magellan appella Archipel de St. Lazare la Mer où ces Isles sont situées; & la raison de cette dénomination fut qu'il avoit mouillé l'ancre en 1521. le Samedi de la Dimanche de la Passion, que les Espagnols appellent communément le Vendredi de St. Lazare. Le Général Louis Lopez de Villalobos leur donna en 1543. le nom de Philippines en l'honneur du Prince successeur de la Monarchie d'Espagne, qui s'appelloit Philippe; & selon d'autres elles n'eurent ce nom qu'en 1564. sous le Regne de Philippe le Catholique, lorsque le Général Michel Lopez de Legaspi alla en faire la Conquête. On les appelloit anciennement MANIOLÆ. Voyez ce mot.

[a] Gemelli Careri, Voy. autour du Monde, t. 2. ch. 6.

Les Vaisseaux qui viennent de l'Amérique aux Philippines, lorsqu'ils découvrent la terre, doivent nécessairement voir une de ces quatre Isles, Mindanao, Leyte, Ibabao, ou Manille, depuis le Cap du St. Esprit, parce qu'elles forment une espèce de demi cercle de six cens milles de longueur. Manille est au Nord-Est, Ibabao & Leyte au Sud-Est & Mindanao au Sud. A l'Ouest on trouve Paragua, qui après Manille & Mindanao est la plus grande, & avec laquelle elle forme un triangle, dont la pointe qui est du côté de Borneo appartient au Roi de ce nom, & l'autre au Roi d'Espagne. Au milieu de cette espèce de triangle, outre les cinq Isles qui viennent d'être nommées, il y en a cinq autres grandes & bien peuplées, savoir Mindoro, Panay, l'Isle des Noirs, Sebu & Bool. En sorte que l'on ne compte dans cet Archipel que dix Isles grandes & dignes de remarque, ainsi que Ptolomée l'a mis dans sa Géographie.

Entre les dix Isles dont nous venons de parler, il y en a encore dix autres moindres, qui sont pareillement habitées & se trouvent dans la route que font les Vaisseaux pour la Nouvelle Espagne. Leurs noms sont, Luban, Marinduque, Isla de Tablas, Romblon, Sibugan, Masbate, Ticao, Capul, Catanduanes hors du Détroit. Il n'est pas facile de donner une Relation distincte des autres petites Isles en partie habitées & en partie desertes, mais que les Indiens connoissent bien, à cause des fruits qu'ils y vont chercher. Je dirai seulement en général, que vis-à-vis Manille du côté du Nord entre le Cap de Boxeador & celui de l'Engaño, à vingt-quatre milles de terre, on trouve les petites Isles qu'on appelle de los Babuyanes, dont la première est habitée par des Indiens Chrétiens qui payent tribut & l'autre par des Sauvages qui sont proche des Lequios & de l'Isle de Formosa. Auprès de Paragua vis-à-vis de Manille, il y a trois Isles qu'on appelle de los Calamianes, & puis on en trouve huit ou neuf toutes habitées. Retournant après vers le Midi à quatre-vingt dix milles par delà los Calamianes, vis-à-vis de Caldera, qui est une pointe de Mindanao, on trouve Taguima & Xolo avec plusieurs autres petites aux environs. Les Isles de Cuyo sont entre Calamianes & Panay dans la Province d'Otton & de Maras. L'Isle du Feu est proche de celle des Noirs; Bantayan proche de Sebu; Pangla touche presque à Bool; Panamao, Maripipi, Camiguin, Siargao & Pannon se trouvent entre Mindanao & Leyte; & enfin une quantité d'autres dont il seroit bien difficile de fixer le nombre; ce qui fait voir l'erreur de ceux qui disent que le nombre des Philippines n'est que de quarante. Car s'ils n'entendent

dent parler que des grandes, il n'y en a pas tant, & si c'est de toutes en général, il y en a beaucoup davantage.

Toutes ces Isles sont sous la Zone Torride, entre l'Equateur & le Tropique du Cancer; car la Pointe de Mindanao, qu'on appelle Sarrangan, ou le Cap de St. Augustin, se trouve à la Latitude de cinq degrez trente minutes; Los Babuyanos & le Cap d'Engaño sont au vingtième; l'Embocadero de St. Bernardin au troisième & la Ville de Manille au quatorzième & quelques minutes. La Longitude, selon les meilleures Cartes, est entre le cent trente-deuxième & le cent quarante-cinquième degré, quoique Magellan ait mis les Philippines au cent soixante-unième; mais tout le monde ne commence pas à compter du même point.

Il y a plusieurs opinions sur l'origine de ces Isles. Les uns disent qu'elles ont été formées dès le commencement du Monde; d'autres qu'elles se sont formées après le Déluge; & d'autres veulent qu'elles soient l'effet de quelque inondation particulière, ou des tempêtes, de tremblemens de terre, des feux naturels & autres accidens qui font ces sortes de changemens dans la Terre & dans la Mer; d'autres enfin veulent que les Isles se forment par un assemblage de matière & par les changemens naturels de ces deux Élémens, sur-tout par les Fleuves qui enlevent le terrein d'un endroit & le portent à un autre, ou par ces superfluitez dont les Fleuves sont toujours chargez, & que la Mer par le mouvement de ses eaux rassemble ici & là; ce qui avec le tems forme des Isles. On peut appliquer toutes ces causes non seulement aux Isles des Mers Orientales, mais encore à celles de tout le Monde & sur-tout aux Philippines, où il y a beaucoup de Volcans & de sources d'Eaux chaudes au haut des Montagnes. Les tremblemens de terre y sont si fréquens & si terribles dans certains tems, qu'à peine laissent-ils une maison debout. Les Ouragans que les Indiens appellent Baguyos, sont si furieux qu'outre les desordres qu'ils causent en Mer, ils déracinent sur Terre les plus grands Arbres & chassent une si grande quantité d'eau dans les terres qu'elle inonde des pays entiers. Le fond entre les Isles est plein de séches, sur-tout proche de la terre-ferme; de sorte qu'il y a beaucoup d'endroits où les Vaisseaux ne peuvent aborder & sont obligez de chercher les Canaux qui communiquent d'un endroit à l'autre. Tous ces indices suffisent pour faire conjecturer que s'il y a eu quelques-unes de ces Isles, qui ayent été jointes à la Terre au commencement du Monde, ce n'a été que par les accidens dont nous venons de parler, qu'elles en ont été séparées.

Je n'ai pas envie d'examiner si Tharsis est le premier qui soit venu habiter ces endroits avec ses freres: je dirai seulement que quand les Espagnols y entrèrent, ils y trouvèrent trois sortes de Peuples. Les Mores Malais étoient maîtres des Côtes & venoient, comme ils le disoient eux-mêmes, de Borneo & de la terre-ferme de Malacca. De ceux-ci sont sortis les Tagales, qui sont les originaires de Manille & des environs, comme on le voit par leur langage qui est fort semblable au Malais, par leur couleur, par leur taille, par l'habillement dont ils se servoient, lorsque les Espagnols y entrèrent, & enfin par les coutumes & les manières qu'ils ont prises des Malais & des autres Nations des Indes. L'arrivée de ces Peuples dans ces Isles a pû être fortuite & causée par quelque tempête; parce qu'on y voit souvent arriver des hommes dont on n'entend point le langage. En 1690. par exemple, une Tempête y amena quelques Japonois. Il pourroit bien se faire aussi que les Malais seroient venus habiter ces Isles d'eux-mêmes, soit par rapport au Trafic, soit parce qu'ils avoient été bannis de chez eux, mais tout cela est incertain.

Ceux qu'on appelle Bisayas & Pintados, dans la Province de Camerinos, comme à Leyte, Samar, Panay & autres ... viennent vraisemblablement de Ma... ..., où l'on dit qu'il y a plusieurs Peuples qui se peignent le corps, comme ces Pintados. Pierre Fernandez de Quiros, dans la Relation de la Découverte des Isles de Salomon en 1595., dit qu'ils trouvèrent à la hauteur de 10. deg. Nord, à 1800. lieues du Pérou, à peu près à la même distance des Philippines, une Isle appellée la Magdeleine, habitée par des Indiens bien faits, plus grands que les Espagnols, qui alloient nuds & dont le corps étoit peint de la même manière que celui des Bisayas.

On doit croire que les Habitans de Mindanao, Xolo, Bool, & d'une partie de Sebu, sont venus de Ternate. Tout le persuade: le voisinage, leur Commerce & leur Religion, qui est semblable à celle des Habitans de Ternate. Les Espagnols en arrivant les trouvèrent maîtres de ces Isles.

Les Noirs qui vivent dans les Rochers & dans les Bois dont l'Isle de Manille est couverte, différent entièrement des autres. Ils sont barbares, se nourrissent de fruits, de racines, & de ce qu'ils prennent à la chasse, & n'ont d'autre Gouvernement que celui de la parenté, tous obéïssant au Chef de la Famille. Ils ont choisi cette sorte de vie par amour pour la Liberté. Cet amour est si grand chez eux, que les Noirs d'une Montagne ne permettent point à ceux d'une autre de venir sur la leur; autrement ils se battent cruellement. Ces Noirs s'étant alliez avec des Indiens sauvages, il en est venu la Tribu des Manghians, qui sont des Noirs qui habitent dans les Isles de Mindoro & de Mundos. Quelques-uns ont les cheveux crépus, comme les Negres d'Angola, d'autres les ont longs. Les Sambales autres Sauvages portent tous les cheveux longs, comme les Indiens conquis. Lorsque ces Noirs se voient poursuivis par les Espagnols, ils font signal par le moyen de certains petits morceaux de bois, aux autres qui sont épars sur la Montagne de s'enfuir

au

au plûtôt. Leurs armes sont un arc, des fléches, une lance courte & un cry ou couteau attaché à la ceinture. Ils empoisonnent la pointe des fléches, qui quelquefois sera de fer ou de pierre bien aiguisée: ils la percent dans l'extrémité, afin qu'elle se rompe dans le corps de l'Ennemi, & qu'étant ainsi rompue on ne puisse s'en servir contre celui qui l'a tirée. Ils portent toujours à leur bras pour leur défense un Bouclier de bois, long de quatre palmes & large de deux. Tout ce qu'on sait de leur Religion, c'est qu'ils ont dans leurs Cabanes quelques petites Statues mal-faites. Les trois autres Nations, dont il a été parlé auparavant, paroissent avoir quelque inclination aux Augures aussi-bien qu'aux Superstitions de Mahomet, par la correspondance qu'ils ont avec les Malais & avec ceux de Ternate.

L'opinion la plus reçue veut que les Noirs ayent été les premiers habitans de ces Isles, & qu'étant poltrons naturellement, ils ayent laissé prendre les Côtes ceux qui sont venus de Sumatra, Bornéo, Macassar & auttres endroits, & se sont retirez dans les Montagnes. Aussi dans toutes les Isles où sont ces Noirs & ces hommes sauvages, les Espagnols ne possédent que les Côtes, encore pas par-tout, comme depuis Maribelles jusqu'au Cap de Boliano, dans l'Isle même de Manille, ou dans l'espace de 50. lieues de Rivage, il n'y a pas moyen de descendre, de crainte des Noirs. Tout l'Intérieur de l'Isle étant de même occupé par ces Sauvages contre lesquels quelque Armée que ce fût feroit inutile dans l'épaisseur des Bois, à peine de dix habitans de l'Isle le Roi en a-t-il un qui soit son Sujet. Les Missionnaires vont dans les Bois prêcher à quelques-uns qui ne sont pas d'un caractére si farouche, & qui leur bâtissent une Eglise & une Cabane; mais par le moindre soupçon ils brûlent l'Eglise, la Cabane & tout ce qu'il y a dedans, & se retirent dans le plus épais du Bois. On prétend que cet esprit de défiance est entretenu par les Indiens Chrétiens, qui pour avoir eux seuls le gain de la Cire que les Noirs recueillent dans les Bois, leur ont mis dans la téte d'éviter le joug des Espagnols, qui leur feroient payer tribut.

Il y a encore deux autres sortes de Peuples moins polis que les premiers & moins barbares que les seconds. Les premiers sont ceux qu'on appelle Iluyas ou Thinghians, comme qui diroit habitans des Montagnes: les autres sont appellez Zambales & Igolottes; ils ont commerce avec les Tagalis & les Bisayas. Quelques-uns d'eux payent tribut quoiqu'ils ne soient par Chrétiens, & l'on croit qu'ils sont Metifs des autres Nations barbares. Du reste, il n'est pas non plus sans vraisemblance, qu'il n'ait passé dans les Philippines des habitans de la Chine, du Japon, de Siam, de Camboia & de la Cochinchine.

Les Philippines sont riches en Perles, sur-tout du côté de Calamianes, de Pintados & de Mindanao, en excellent Ambre gris, en Coton & en Civette exquise. L'or cependant est le plus grand & le principal trésor, puisque les Montagnes sont pleines de très-riches Mines & que les Riviéres charrient beaucoup d'or avec leur sable. On en ramasse en tout environ pour deux cens mille Piéces de huit tous les ans; ce qui se fait sans le secours du feu ni du Mercure, d'où l'on peut conjecturer quelle prodigieuse quantité on en tireroit, si les Espagnols vouloient s'y attacher, comme l'on fait en Amérique. Le premier tribut, que les Provinces d'Ilocos & de Pangasinan rendirent au Roi en or, monta à la valeur de cent neuf mille Piéces de huit; parce que les Indiens s'appliquoient à chercher l'or avec plus de soin qu'aujourd'hui, dans la crainte qu'ils ont qu'on ne le leur enleve. La Province de Paracale en a plus qu'aucune autre aussi-bien que les Riviéres de Boutuan, de Pintados, de Catanduanes, de Masbate, & de Bool; ce qui faisoit qu'autrefois un nombre infini de Vaisseaux en alloit trafiquer à Sebu. Les Provinces des Bisayas ont une grande quantité d'Ambre de Civette & de Cire.

Quant ou Climat des Philippines il est généralement chaud & humide. La chaleur n'y est pas si sensible qu'aux jours caniculaires en Italie; mais elle est bien plus incommode à cause de la sueur qui rend les gens foibles. L'humidité y est plus grande, parce qu'il y beaucoup de Riviéres, de Lacs & d'Etangs, & qu'il tombe d'abondantes pluyes la plus grande partie de l'année: de sorte que quoique le Soleil soit vertical deux fois l'année aux Mois de May & d'Août, & qu'il darde des rayons violens, la chaleur n'est pas si grande qu'elle rende le Lieu inhabitable, comme Aristote, & les autres anciens Philosophes ont cru que cela étoit sous la Zone Torride. J'ai observé quelque chose de surprenant, dit Gemelli Careri, c'est qu'en cet endroit premiérement il pleut & il éclaire, & puis quand la pluye est cessée, on entend le Tonnerre. Dans les Mois de Juin Juillet & Août, & une partie de Septembre regnent les vents de Sud & de l'Ouest, qui causent de si grandes pluyes & de si grandes tempétes, que les Champs sont tous inondez, & qu'il faut se servir de petits Batteaux pour aller d'un Lieu à un autre. Depuis Octobre jusqu'à la moitié de Décembre régne le Vent de Nord, & depuis le Mois de Décembre jusqu'au Mois de May régne le Vent d'Est & d'Est-Sud-Est. Il y a ainsi deux Saisons ou Monçons, qui regnent dans ces Mers, la seche & belle qu'on appelle la Brise, & l'humide & l'orageuse, nommée Vandavale.

On remarque encore que dans ce Climat les Européens ne sont point sujets à la vermine, quelque sales qu'ils portent leurs chemises; au lieu que les Indiens en sont tout remplis. De plus on ne sait ce que c'est que la neige & l'on ne boit aucune Liqueur froide, à moins que ce ne soit quelqu'un qui, ne se souciant pas beaucoup de sa santé, rafraichisse son eau avec

avec du Salpêtre, dans le tems que le Vent du Nord ne domine point. On ne peut pas dire certainement qu'il faffe jamais froid dans les Philippines: auffi n'y connoît-on point le changement d'habits, à moins que ce ne foit quand il pleut.

Ce mélange d'humidité & de chaleur ne rend pas l'air fort fain & empêche en quelque façon la digeftion; il incommode les Jeunes gens nouvellement venus d'Europe plus que les Vieillards. L'Auteur de la Nature y a pourtant pourvu en leur donnant des mets plus faciles à digérer. Le pain ordinaire n'eft que de Ris & n'a pas tant de fubftance que celui d'Europe: les Palmiers, que l'humidité dominante du terroir fait croître en abondance, fourniffent l'Huile, le Vinaigre & le Vin. Il y a au refte de toutes fortes de Viandes. Les Perfonnes riches fe nourriffent de Gibier le matin & de Poiffon le foir. Les Pauvres ne mangent guère autre chofe que du Poiffon mal cuit & de la viande les jours de Fête. La grande Rofée qui tombe dans les jours fereins contribue à rendre l'air mal-fain, & il en tombe une fi grande quantité, qu'en fecouant un Arbre il femble que ce foit une pluye qui tombe. Cependant cela n'incommode point ceux qui ont nez dans le Pays: il y vivent jufqu'à quatre-vingt & cent ans; mais les Européens accoutumez à de meilleurs vivres & ayant l'eftomach plus robufte ne s'y trouvent pas bien. D'un autre côté on ne peut pas trouver de terroir plus agréable & plus fertile. En tout tems & un toute faifon les herbes croiffent, les arbres fleuriffent & donnent en même tems des fruits & des fleurs, foit fur les Montagne, foit dans les Jardins; & les vieilles feuilles tombent rarement avant que les nouvelles foient venues. C'eft pourquoi les Thinghians, c'eft-à-dire les habitans des Montagnes n'ont aucune demeure particuliére, mais fuivent toujours l'ombre des Arbres, qui leur fervent de toit & leur donnent à manger. Lorfque les fruits font finis, ils vont dans un autre endroit, où il y en a d'une autre efpèce. Les Orangers, les Citronniers & les autres Arbres d'Europe donnent du fruit deux fois l'année. Si l'on plante un rejetton, il eft Arbre portant fruit l'année fuivante.

Les anciens Habitans des Philippines ont reçu leur langage & leurs caractères des Malais de la terre-ferme de Malacca, à qui ils reffemblent auffi par le peu d'efprit qu'il ont. Dans leur Ecriture, ils fe fervent de trois voyelles, quoiqu'ils en prononcent cinq différentes, & ils ont treize confonnes. Ils commencent à écrire par le bas, & montent toujours en haut, mettant le première ligne à gauche, & continuant vers la droite. Avant que l'ufage du Papier eût été introduit, on écrivoit fur la partie polie de la Canne, ou fur des feuilles de Palme, avec la pointe d'un couteau. Aujourd'hui les Indiens des Philippines ont entiérement oublié leur ancienne Ecriture & ils fe fervent de l'Efpagnol. Il y a tant de Langues, qu'on en compte fix dans Manille; favoir celle des Tagales, de Pampanga, des Bifayas, des Cagayans d'Iloccos & de Pangafinan. Celles des Tagales & des Bifayas, font celles qu'on entend le plus communément. On n'entend point la Langue des Noirs, ni celles des Zambales & des autres Nations fauvages.

La première Loi chez le habitans des Philippines eft de refpecter & d'honorer leurs Ancêtres, fur-tout le pere & la mere. Le Chef de chaque Nation avec plufieurs Anciens étoit juge en toutes fortes de caufes, & l'on déterminoit ainfi les caufes civiles: on appelloit les Parties: l'on faifoit ce que l'on pouvoit pour les engager à s'accommoder, & fi l'on ne pouvoit pas y réuffir, on les faifoit jurer qu'ils feroient contens de la Sentence qui feroit donnée; après quoi on examinoit les témoins. Si les preuves étoient égales, on partageoit la prétention, autrement on prononçoit en faveur de celui qui en avoit le plus. Si celui qui étoit condamné étoit mécontent, le Juge devenoit fa Partie: il lui ôtoit une bonne partie de ce qui lui avoit été adjugé, & la prenoit pour lui: il payoit enfuite les témoins du Demandeur, & il ne laiffoit au mécontent que la moindre partie de ce qu'il auroit pu avoir. Dans les caufes criminelles, on ne donnoit point de Sentence de mort par voix juridique, à moins que le Mort & le Meurtrier ne fuffent des gens pauvres. Quand quelqu'un n'avoit point d'argent pour fatisfaire à la Partie offenfée, le Dato ou le Chef & les principaux de la Nation, venoient avec des Lances & ôtoient la vie au Criminel qui étoit attaché à un Pillier. Mais fi le Mort étoit un des principaux, toute la Parenté faifoit la guerre à celle du Meurtrier, jufqu'à ce que quelque Médiateur propofât la quantité d'or qu'on promettoit pour réparation. Si l'on convenoit, la moitié de la fomme étoit donnée aux Pauvres & l'autre à la femme, aux enfans & aux parens du Défunt.

On voit paître dans les Campagnes une grande quantité de Bufles fauvages comme ceux de la Chine. Les Forêts font pleines de Cerfs, de Sangliers & de Chévres fauvages, femblables à celles de Sumatra. Les Efpagnols y ont apporté de la Nouvelle Efpagne, du Japon & de la Chine, des Chevaux & des Vaches qui ont fort multiplié, ce qui n'eft pas arrivé à l'égard des Brebis, à caufe de l'humidité exceffive de la terre. Dans les Montagnes on trouve un nombre infini de Singes, parmi lefquels il y en a quelques-uns d'une grandeur monftrueufe. Les Civettes font très-communes. Il y a auffi divers autres fortes d'Animaux, parmi lefquels il s'en trouvent qui font particuliers aux Philippines.

Ce fut Ferdinand Magellan Portugais qui découvrit ces Ifles. Il avoit déja été informé de ce qui regardoit cet Archipel, par les Relations de fon Ami François Serrano qui les avoit reconnues le premier par le chemin d'Orient. Il étoit à Malacca en 1511. lors qu'Alphonfe d'Albuquerbuquerque, Portugais en achevoit la conquête; après quoi croyant mieux faire sa fortune en Europe, il retourna en Portugal. Dans le Mois de Décembre de la même année, François Serrano & Antoine d'Abreu firent voile de Malacca vers ces Isles: le second découvrit l'Isle de Banda, où croît la Noix Muscade, & le premier les Moluques, si estimées pour leur Gérofle. Serrano s'y arrêta à la prière de Boleyse Roi de Ternate: il envoya Pierre Fernandez donner avis au Roi de Portugal & à Magellan de la qualité & de l'importance de ces Isles. Magellan voyant que le Roi Manuel ne vouloit pas prêter l'oreille à ce qu'il lui proposoit, passa à la Cour de Charles V. à qui il fut remontrer l'importance de cette Conquête, qui appartenoit à la partie Occidentale, cédée à la Couronne de Castille & nom à l'Orientale, qui appartenoit à celle de Portugal: sur cela l'Empereur donna à Magellan cinq Vaisseaux bien équipez, afin qu'il cherchât un chemin par l'Occident.

Magellan partit de St. Lucar le 10. d'Août 1519. Après avoir passé la Ligne Equinoxiale & navigé le long de la Côte du Brésil, il arriva au 50. d. de Latitude Méridionale, entra dans la Rivière de St. Julien, & delà passa jusqu'au 52. d. & quelques minutes, où il trouva le Détroit & le Cap auxquels il donna son nom. Il entra le 21. d'Octobre dans le Détroit, & sur la fin de Novembre il se trouva dans la Mer Pacifique, après une navigation de trois mois & douze jours, sans avoir essuyé aucune tempête dans l'espace de quatre mille lieues. Il repassa la Ligne & au 15. d. de Latitude Septentrionale il découvrit deux Isles qu'il appella de Velas; au 12. d. de celles de los Ladrones, & peu de jours après la Terre d'Ibabao, qui dépend des Isles Philippines. La première de ces Isles qu'il rencontra fut HUMUNUN, petite Isle inhabitée près du Cap de Guiguan. On l'appelle aujourd'hui la ENCANTADA. Les premiers Indiens qui allèrent le trouver furent ceux de Silohan, qui sont présentement incorporez dans le Gouvernement de Guiguan. Magellan donna à cette Isle le nom de *Beunas Señales*, & à tout l'Archipel celui de SAINT LAZARE. Le jour de la Pentecôte, on dit la première Messe dans le Pays de Boutuan: on y éleva la Croix & on en prit possession au nom de l'Empereur Charles V. comme Roi d'Espagne. Le Seigneur de Dimassava, parent du Roi de Boutuan & de celui de Cebu contribua beaucoup à cette expédition; parce qu'il fit entrer les Vaisseaux dans le Port le 7. d'Avril. Ce Seigneur, le Roi & la Reine de Cebu se firent baptiser avec environ cinq cens personnes, & le lendemain le Roi & ses Sujets prêterent serment de fidélité à la Couronne d'Espagne.

Le Vendredi 26. d'Avril Magellan fut battu & tué dans la première rencontre qu'il eut avec les Principaux de l'Isle de Matan, Frontière de Cebu, qui n'avoit pas voulu se soumettre; & le 1. de Mai, le Roi de Cebu dans un repas, fit couper la tête à vingt-quatre des principaux Officiers de la Flote. Cette trahison fut tramée par un Noir, Esclave de Magellan & son Interprete, qui cherchoit à se vanger de quelque affront que lui avoit fait Duarte Barbosa, parent & successeur de Magellan. Barbosa fut un de ceux qui eurent la tête coupée. Sur cela Juan Carvallo sortit du Port de Cebu, avec les Vaisseaux & l'Equipage, & fit l'Est-Sud-Est. Il s'arrêta lorsqu'il fut à la Pointe de Bool & de Panglao; & quand il eut reconnu l'Isle des Noirs, il fit voile pour Quipit sur la Côte de Mindanao. Delà il passa à Borneo, où il prit des Pilotes Moluques, & étant retourné par les Cagayanes, Xolo, Taguima, Mindanao, Sarrangan, & Sanguil, il découvrit les Moluques le 7. de Septembre. Le 8. il mouilla à Tidore. Le Roi le reçut humainement, lui permit de trafiquer & d'avoir un Comptoir pour acheter le Gérofle & autres Epiceries.

Pendant ce tems-là le Navire *la Trinité*, qui avoit tenté de faire voile droit à Panama, revint & se rendit aux Portugais à Ternate. Le Vaisseau *la Victoire* prit alors pour s'en retourner la route que prennent les Portugais. Après avoir reconnu Amboine, les Isles de Banda & s'être arrêté à Solor & à Timor, il fit voile proche Sumatra, s'éloignant de la Côte des Indiens pour éviter de tomber entre les mains des Portugais, jusqu'à ce qu'il eût doublé le Cap de Bonne-Espérance. Il arriva le 7. de Septembre 1522. dans le Port de St. Lucar après une navigation de trois ans & quelque jours.

Sur les nouvelles que ce Vaisseau avoit apportées, on fit un nouvel Armement. Don François Garcias Jofre de Loaysa, Chevalier de Malthe & Sébastien Cano, qui étoit nommé pour lui succéder en cas de mort, partirent de la Coruña, en 1525. avec une Flote de 7. Vaisseaux. Ils arrivèrent au Détroit de Magellan en Janvier 1526. Ils en sortirent dans le Mois de Mai pour entrer dans la Mer du Sud avec un Vaisseau de moins qu'ils avoient perdu dans le Détroit. Au mois de Juin une grande tempête sépara les Vaisseaux les uns des autres & en fit périr la meilleure partie. Le dernier de Juillet, le Général Loaysa mourut; & quatre jours après son successeur Sébastien Cano & plusieurs autres le suivirent. Ceux qui restérent mirent pied à terre à Mindanao, le 2. d'Octobre; &, ne pouvant passer à Ceb, ils prirent la route des Moluques, où ils furent reçus du Roi de Tidore le dernier de Décembre 1526. Mais ce Roi & celui de Gololo furent si menacez par les Portugais, pour avoir reçu les Espagnols de la Flote de Magellan, qu'ils prirent les quatre Facteurs que le Vaisseau de *la Trinité* y avoit laissez avec l'Equipage du Vaisseau & arrêterent toutes les Marchandises. Ce fut le sujet d'une guerre entre les Espagnols & les Portugais.

Pendant ce tems-là, le Marquis Del Vaste arma trois Vaisseaux dans la Nouvelle Espagne & les envoya sous le commandement d'Alvaro de Savedra, son Parent

rent. Il partit le 27. d'Octobre 1527. & se trouvant le 6. de Janvier à 11. d. de Latitude, il reconnut quelques Isles des Larrons & arriva ensuite à Mindanao par les 8. d. Il racheta quelques Chrétiens qui étoient restez d'un Vaisseau de la Flote de Loaysa, qui avoit échoué à Sanguil; puis passant aux Moluques, il livra combat aux Portugais. Delà il entra dans Tidore, où il trouva les Espagnols qui s'étoient fortifiez, sous le commandement de Ferdinand de la Torre. Ayant remis son Vaisseau en état, il partit sur la fin de Mai pour retourner à la Nouvelle Espagne; mais après avoir passé quelques-unes des Isles des Larrons à l'élévation du 14. d. il fut repoussé premiérement à Mindanao, & delà aux Moluques, d'où il étoit parti.

Dans ces entrefaites il se fit un Traité entre les Couronnes d'Espagne & de Portugal, à l'avantage de cette derniére; & les Espagnols qui restoient dans les Moluques les abandonnerent volontiers, à condition qu'on leur donneroit le passage Franc en Espagne.

Cependant le 1. de Novembre 1542. Ruyz Lopez de Villa-Lobos partit du Port de la Nativité, par ordre du Viceroi du Méxique, pour aller conquérir les Philippines. Il avoit des Instructions pour ne rien attenter sur les Moluques, ni sur aucune autre Conquête des Portugais. Après deux Mois de navigation, à la hauteur de 10. d. il découvrit l'Isle de los Coralès, & ensuite celle de los Ladronès. Mais les Pilotes ne s'accordant pas, il ne put trouver les Isles à l'onzième degré. Les vents contraires le forcérent de mouiller dans la Baye de Caraga au mois de Février 1543. Il perdit en cet endroit beaucoup de monde par la faim & par les maladies, & tous les Vaisseaux, excepté l'Amiral, par les tempêtes. Alors n'ayant plus de provisions que pour dix jours, la nécessité le contraignit d'aller aux Moluques pour en prendre: ainsi il arriva à Tidore le 24. Avril 1544. Il fut trompé dans son attente, les Portugais ne voulurent point souffrir qu'il prît des vivres; de sorte que se voyant déja en Février 1545. sans avoir encore rien fait, il proposa aux Portugais d'entrer en composition pour un Navire, afin de retourner en Espagne. Mais pendant que ce Traité étoit sur le tapis, il mourut de chagrin à Amboine.

On ne songea plus à la Conquête des Philippines pendant dix ans, à cause des mauvais succès que les premiéres tentatives avoient eu. Au bout de ce tems, le Roi Philippe II. à la persuasion du Pere André de Urdaneta, Augustin, ordonna au Viceroi du Méxique d'y envoyer quatre Navires & une Frégate avec quatre cens hommes, sous le commandement de Michel Lopez de Legaspi, natif du Méxique. Il voulut aussi que le Pere André & quatre autres Religieux de son Ordre y allassent. Au Mois de Janvier 1625. cette Flote arriva aux Isles des Larrons; le 13. de Février à l'Isle de Leyta: & passant ensuite heureusement le Détroit, elle alla mouiller dans le Port de Cebu le 27. Avril. Elle avoit été guidée par un More de Borneo qui connoissoit ces Isles. Elle entra paisiblement dans Cebu; mais les Espagnols voyant que le Tupas qui y commandoit les amusoit de belles paroles, pillérent la Place.

Le 1. de Juin, Philippe de Salzedo partit sur l'Amiral avec le Pere André Urdaneta pour découvrir un chemin, par où il pût retourner à la Nouvelle Espagne, où il arriva le 3. d'Octobre; mais il trouva que Don Alfonso de Arellana y étoit arrivé deux mois auparavant avec sa Patache, & qu'il avoit l'honneur d'avoir découvert le premier cette route.

Le Tupas de Cebu & ses Sujets s'étoient rendus à l'obéïssance du Roi d'Espagne & avoient promis de lui payer tribut; mais pendant qu'en 1556. Legaspi bâtissoit la Ville de Cebu, les Portugais tentérent de l'en empêcher sous divers prétextes. Il en donna avis au Viceroi du Méxique, qui lui envoya en 1567. deux cens hommes de secours, sous le commandement de Jean & Philippe Salzedo, ses neveux; de sorte que Gonsalvo de Pereyra étant venu ensuite avec la Flote Portugaise, pour chasser les Espagnols, fut obligé de se retirer honteusement.

En 1570. Legaspi reçut pour la premiére fois des Lettres du Roi, qui approuvoient tout ce qu'on avoit fait dans les Isles dont on le faisoit Général & lui ordonnoient d'en poursuivre la Conquête. Les Espagnols arrivérent en 1571. à la Ville de Manille & la subjuguerent sans effusion de sang. Le 24. de Juin on commença la Ville & on ouvrit commerce avec la Chine; de sorte qu'en Mai 1572. il arriva plusieurs Marchans de Chiapa pour négocier. Legaspi mourut au mois d'Août de la même année & Guido de Labazarris lui ayant succédé au Gouvernement, il continua la conquête de l'Isle, & donna plusieurs Fiefs aux Soldats de mérite, Fiefs que le Roi confirma dans la suite. En 1574. la veille de St. André, Limahon, Corsaire Chinois, alla à Manille avec une Flote de 70. Barques, & il fut repoussé.

Le Roi envoya pour Gouverneur au mois d'Août 1575. Don François de Sande, Alcalde de l'Audience du Méxique. Ce fut lui qui entreprit la fameuse expédition contre ceux de Borneo, dans laquelle le Roi fut vaincu & sa Cour pillée. Il obligea les Isles de Mindanao & de Xolo à payer tribut. Ce Gouverneur & ses Successeurs poursuivirent cette conquête. Le Marquis Stefano Rodriguez de Figueôra entreprit en 1597. avec la permission du Roi la Conquête de Mindanao, à ses propres dépens. Il fit aussi la guerre du côté de Tampecan aux Rois de Malaria, de Silongan, de Buayen, & à Buhisan Pere de Corralt, Roi de Mindanao: mais il mourut dans l'entreprise, par les mains d'Obal, Oncle du Roi de Mongeay; & le Gouverneur de Manille envoya le Colonel Don Juan Ronquillo pour continuer cette Conquête.

Le Général Juan Chaves, avec une bonne Armée composée en partie d'Indiens, s'empara le 6. d'Avril 1635. du Pays de Samboangan & y construisit un Fort. Le Sultan Roi de Mindanao demanda la paix qui fut conclue le 14. Juin 1645. avec le Capitaine Don François Atienza y Bañes, Gouverneur du Fort de Samboangan, par commission de Don Diégo Faxardo Gouverneur de Manille. Les principaux Articles furent: que le Sultan & ses Vassaux devoient être Amis du Roi d'Espagne, comme le Roi d'Espagne devoit être le leur; Que si à l'avenir l'un des deux Souverains se sentoit lezé on s'en donneroit avis réciproquement, afin d'en avoir satisfaction; Que la Paix ne pourroit être rompue que six mois après; Que les Sujets des deux côtez pourroient aller & venir sans aucun empêchement, avec la permission de leur Roi & du Gouverneur de Manille.

En 1662. le Gouverneur de Manille craignant les menaces d'un Corsaire Chinois, abandonna Samboangan au Roi de Mindanao, à condition qu'il le rendroit aux Espagnols, lors qu'ils le demanderoient; mais le Corsaire qui étoit Roi de Formosa, mourut quelque tems après enragé, & délivra ainsi Manille de la peur qu'il lui avoit donnée. Quoiqu'on eût retiré la Garnison de Samboangan, la Province de Caragas étoit toujours sous le Gouvernement d'un Alcalde Major, qu'y mettoit le Gouverneur de Manille, avec bonne Garnison Espagnole: outre cela les Espagnols avoient le Fort d'Iligan dépendant de la Province de Dapitan, & le Peuple de Dapitan payoit tribut à la Couronne d'Espagne, à qui il a gardé une fidélité inviolable.

Don Sébastien Hurtado de Corcuera, Gouverneur & Capitaine Général de Manille, conquit l'Isle & le Royaume de Xolo, en 1638. avec 80. Barques & 600. Espagnols, outre quantité d'Indiens. La Paix que l'on fit avec ces Insulaires, fut rompue peu de tems après par l'imprudence de Gaspar de Moralez. On la renouvella le 4. d'Avril 1646. avec cette condition, que le Roi de Xolo payeroit tous les ans un tribut de trois Xoangas ou Barques de huit brasses de long chargées de Ris. Le Capitaine Don François d'Atienza étoit dans ce Traité Ambassadeur pour l'Espagne; & Batiocan & Arancaya Daran l'étoient par Sultan Korabat Roi de Mindanao Médiateur. Les Hollandois assiégérent Xolo le 27. Juin 1648. mais ils ne purent faire rien contre la valeur des Espagnols. Le Roi de cette Isle rompit ensuite la Paix & fit tant de ravages sur les Espagnols avec sa Flote, qu'il est enfin demeuré Prince absolu de son Royaume; & qu'étant en Paix avec l'Espagne, ses Sujets trafiquent avec les Philippines.

Par le moyen de ces diverses Conquêtes & de quelques autres dont elles ont été suivies, outre la grande Isle de Luçon [a], les Espagnols possédent aujourd'hui neuf Isles considérables & plusieurs autres petites avec une partie du Mindanao. Le Gouvernement est divisé en vingt Alcadies, dont il y en a douze dans la seule Isle de Luçon. L'Archevêque de Manille a trois Eveques Suffragans: celui de CAGAÏAN dans le Nord de l'Isle de Luçon; celui de CAMARINEZ dans la partie de l'Est de la même Isle; & celui de Cebu dans une Isle du même nom, dont dépendent les autres Isles voisines. Il y a dans ces quatre Diocéses sept cens Paroisses & plus d'un million de Chrétiens, beaucoup mieux instruits qu'on ne l'est communément dans plusieurs Paroisses de l'Europe. Ces Paroisses sont desservies la plûpart par des Augustins, par des Religieux de St. François, & par des Jésuites, qui ont converti tous ces Peuples à la Foi de Jesus-Christ & qui les ont soumis à la Monarchie Espagnole.

LES NOUVELLES PHILIPPINES, ou les ISLES DE PALAOS [b]. Ce sont des Isles de la Mer des Indes, situées entre les Moluques, les anciennes Philippines, & les Marianes. On en compte jusqu'à quatre-vingt-sept, qui forment un des plus beaux Archipels de l'Orient, renfermé au Nord & au Sud, entre la Ligne & le Tropique du Cancer; & à l'Est & à l'Ouest entre les Marianes & les Philippines. C'est une des plus curieuses Découvertes qui ayent été faites en ces derniers tems. Ce ne sont point les Européens qui ont découvert ces Isles, comme ils ont fait tant d'autres; ce sont les Insulaires mêmes, qui sont venus se découvrir par une avanture assez extraordinaire. Un des Chefs de la Nation, s'étant embarqué avec sa femme, fille du Roi du pays, & un grand nombre d'autres personnes, pour passer d'une Isle dans une autre assez éloignée, ils furent surpris d'un de ces violens Ouragans qui désolent souvent ces Mers. Ils se soutinrent, pendant plus de deux mois, en ramant de toutes leurs forces contre le Vent qui les poussoit vers l'Occident; mais voyant leurs efforts inutiles & se trouvant épuisez par la faim & par la violence du travail, ils s'abandonnérent enfin à la merci des Vents, qui les portérent malgré eux à la Pointe de l'Isle de Samal, une des plus Orientales des Philippines.

Comme ils ne s'étoient pas imaginez qu'il y eût au Monde d'autres Terres que leurs Isles, ils furent étrangement surpris de se trouver dans un Pays nouveau & au milieu d'une Nation qu'ils ne connoissoient pas. La première vue des Espagnols les effraya: ils se jettérent à leurs pieds, comme pour demander la vie; mais la crainte se changea bien-tôt en joie, quand au lieu de la mort qu'ils apprehendoient, ils virent avec quelle bonté on leur présentoit toute sorte de rafraîchissemens. On étoit dans l'impatience de connoître ces Etrangers & de savoir d'où ils venoient, lorsque deux femmes qu'un semblable accident avoit autrefois jettées dans l'Isle de Samal, reconnurent parmi ces nouveaux Hôtes quelques-uns de leurs parens, de qui elles furent aussi recon-

[a] Lettres Edif. t. 11. p. 139.
[b] Lettres Edif. t. 2. p. 4. & suiv.

reonnues. Après s'être embrassés avec des larmes de joie & de tendresse, les deux femmes servant d'Interprétes, on commença à pouvoir contenter sa curiosité. Ils racontérent d'abord leur Avanture, & peu après l'on apprit ce qui regardoit leur pays. On sut, par exemple, le nom, le nombre, l'étendue & la situation de leurs Isles. Avec les lumiéres qu'ils donnérent, on dressa une Carte Géographique d'une maniére toute nouvelle. Voici comment on s'y prit. On pria les plus habiles d'arranger sur une Table autant de petites pierres qu'il y a d'Isles dans leur pays, & de marquer autant qu'ils pourroient le nom, l'étendue & la distance de chaque Isle. Ils le firent, & c'est sur cette Carte, ainsi tracée par ces Indiens & qui a été gravée, qu'on connoît ces nouvelles Isles, dans lesquelles les Européens n'ont point encore pénétré.

Si l'on ajoute foi aux relations que ces Etrangers ont faites de leur pays, il doit y avoir un Peuple infini; car quand on les interrogeoit sur cet article, ils prenoient à pleines mains le sable qui étoit à leurs pieds & le jettoient en l'air, comme pour dire qu'on compteroit aussi-tôt ces grains de sable que la multitude du Peuple. Ils ne manquoient ni d'esprit ni de vivacité; ce qui joint à une taille avantageuse & bien proportionnée, à un naturel doux, facile, complaisant & porté à la vertu, rendoit ces pauvres Insulaires tout-à-fait aimables. Ils ne se font jamais de violence les uns aux autres: le Meurtre & l'Homicide leur sont inconnus & c'est un Proverbe parmi eux qu'un homme n'en tue jamais un autre. Ainsi ils ne savent ce que c'est que les guerres sanglantes; & si dans un premier mouvement ils ont quelques querelles entr'eux, ce qui arrive de tems en tems, ils se donnent quelques coups de poing sur la tête & se reconcilient presque aussi-tôt. Cela n'empêche pas qu'ils n'ayent des armes assez semblables à celles dont on se sert dans les Isles Mariannes. C'est une espèce de Javelot qui n'est pas armé de fer comme les nôtres, mais de quelque ossement du corps humain, qu'ils savent aiguiser & monter d'une maniére assez propre.

Ces Peuples sont à demi-nuds, la chaleur du Pays ne leur permettant pas d'être fort couverts. Les Personnes de qualité se peignent le corps & se distinguent par-là du Peuple. Les hommes & les femmes laissent croître leurs cheveux, qui leur flottent sur les épaules. La couleur du visage est à peu près la même que celle des Indiens des Philippines; mais leur Langue est entiérement différente de toutes celles qu'on parle dans ces Isles Espagnoles, & même dans les Isles Mariannes. Leur prononciation approche de celle des Arabes.

On présume que ces nouvelles Isles doivent être abondantes en Or, en Ambre & en Drogues; parce qu'elles sont à peu près sous les mêmes parallèles que les Moluques, d'où l'on tire les Noix Muscades & les plus précieuses Epiceries. Cependant il paroît plûtôt par la relation des habitans, qu'il n'y a aucuns métaux. Il n'y a point d'Animaux à quatre pieds; ainsi on ne se nourrit que de Poisson, d'Oiseaux de Mer ou de Volailles, dont on ne mange point les œufs, parce qu'on ne s'en est point apparemment avisé. Ces Peuples ne se chargent jamais de beaucoup de viande dans leurs repas; mais ils s'en dédommagent en mangeant à toute heure du jour & de la nuit sans garder d'autre règle que celle que leur prescrit leur appétit. Leurs divertissemens les plus ordinaires sont le chant & la danse, dont les pas sont mesurez & fort réguliers.

Quoique ces Peuples nous paroissent barbares, il ne laisse pas d'y avoir parmi eux une espèce de politesse, & même un Gouvernement réglé. Chaque Isle obeït à son Chef, qui est lui-même soumis au Roi du Pays. Ce Prince tient sa Cour dans l'Isle de Falu qu'on appelle aussi Lamuirée. Cette multiplicité de noms est apparemment la cause pour laquelle on ne reconnoît sur la Carte que l'on a dressée de leur Pays, presque aucuns des noms qui se trouvent dans les Relations imprimées; ou bien peut-être que les Insulaires, ayant prononcé d'abord les noms de leurs Isles, plusieurs furent écrits par les Espagnols d'une maniére qui les avoit beaucoup déguisez.

Mais une chose des plus dignes de curiosité, par rapport à ce Pays-là, c'est ce que racontérent ces Etrangers d'une de leurs Isles. Elle n'est habitée que par une espèce d'Amazones; c'est-à-dire de femmes, qui font une République, où elles ne souffrent que des personnes de leur séxe. La plûpart ne laissent pas d'être mariées; mais les hommes ne les viennent voir qu'en une certaine saison de l'année, & après quelques jours ils retournent chez eux, emportant avec eux les enfans mâles, qui n'ont plus besoin de nourrices. Toutes les filles restent & les meres les élevent avec un grand soin.

Quoiqu'on n'ait entendu parler de ces Isles en Europe que dans ce Siècle, il y a long-tems que du haut des Montagnes de Samal, on avoit découvert de grosses fumées de ces côtez-là; ce qui arrivoit ordinairement l'Eté, quand ces Insulaires mettoient le feu à leurs terres ou à quelques Forêts pour les défricher. Ces grosses fumées que les Pescheurs de Mindanao & des autres Isles avoient aussi remarquées, lorsqu'ils s'étoient avancez en haute Mer, avoient fait conjecturer, qu'il y avoit des Terres à l'Est des Philippines; mais on n'en avoit eu de connoissance certaine que quelque tems avant que les Insulaires, dont on vient de voir l'Avanture, eussent abordé à l'Isle de Samal, & voici de quelle maniére. Le Frere du Roi de ces nouvelles Philippines, dans un Voyage de Mer avoit été jetté sur la Côte de Carragan, dans la grande Isle de Mindanao. Les Peres Augustins Espagnols qui ont une belle Mission sur cette Côte, reçurent ce Prince avec honneur,

lui

lui firent amitié, l'inftruifirent des Principes de la Réligion Chrétienne & lui conférerent le Baptême, dont il eut tant de joie, qu'il ne fongea plus à retourner dans fon Pays. Cependant le Roi inquiet de ce que fon frére avoit difparu, équipa une Flote de cent petits Bâtimens, qu'il envoya dans toutes les Ifles de fa dépendance pour en apprendre des nouvelles. Un de ces petits Bâtimens furpris de la tempête fut encore pouffé fur la Côte de Carragan, dans l'endroit où le frére du Roi avoit abordé. Ceux qui le cherchoient étant defcendus à terre le reconnurent d'abord : ils fe jetterent à fes pieds, lui expoférent le fujet de leur voyage & l'inquiétude où étoit le Roi fon frere, & le conjurérent les larmes aux yeux de retourner en fon Pays. Le Prince les écouta avec tranquillité, les remercia de la peine qu'ils s'étoient donnée, & leur déclara qu'ayant trouvé la Perle de l'Evangile, & le plus précieux Tréfor qui foit au Monde, il avoit réfolu de le conferver chérement, & pour cela de paffer le refte de fes jours parmi les Chrétiens; qu'il les prioit d'affurer le Roi fon frere qu'il étoit content & qu'il fe portoit bien ; mais qu'étant Chrétien il ne pouvoit demeurer à fa Cour, ni s'expofer à perdre fa foi, ou du moins à en altérer la pureté.

Les Jéfuites des Philippines regardant la découverte de ces nouvelles Ifles, moins comme l'effet du hazard que comme une difpofition particuliére de la Providence pour la converfion de ces Peuples, prirent la réfolution d'y aller établir une nouvelle Miffion. Ils préparérent tout ce qui étoit néceffaire pour une entreprife fi importante. Le Vaiffeau qui devoit porter les Ouvriers Evangéliques n'attendoit qu'un Vent favorable pour mettre à la voile, lors qu'un violent Ouragan l'enleva du Port même & le mit en piéces. Ainfi tout ce qu'on avoit amaffé avec beaucoup de travail & de dépenfe, pendant bien du tems, fut englouti dans un moment au fond de la Mer. Les Miffionnaires n'en perdirent néanmoins ni le courage, ni la vue du deffein qu'ils avoient formé. Tous les fecours leur manquant aux Indes après la perte qu'ils venoient de faire, deux des plus zèlez pafférent en Europe, pour engager le Pape & le Roi Catholique à vouloir s'intéreffer à la converfion d'une Nation, qui paroiffoit avoir de grandes difpofitions à embraffer l'Evangile. Leurs foins ne furent pas inutiles. Le Pape entra dans leurs vues, & n'eut pas de peine à porter le Roi d'Efpagne à appuyer cette bonne œuvre. Ce Monarque fit équiper un Vaiffeau [a], qui porta deux Miffionnaires à la vue d'une des nouvelles Philippines le 30. Novembre 1710. Le Pere Dubéron & le Pere Cortil (c'eft le nom des deux Jéfuites) avoient mené avec eux un Palaos nommé Moac, qui avoit été baptifé à Manille & qui devoit leur fervir d'Interprête. Les maniéres affables des Infulaires engagérent les Peres à débarquer dans l'Ifle pour y planter une Croix & reconnoître de plus près le génie des habitans. Comme leur deffein étoit de revenir le même jour à bord, afin d'aller à la découverte des autres Ifles, ils n'avoient porté avec eux que leur Breviaire, une Etole & un Surplis, & n'étoient accompagnez que du Palaos & de quelques Efpagnols. Peu après leur débarquement le Vaiffeau fut jetté par des Brifes dans des Courans qui l'emportérent fort au large & qui ne lui permirent plus d'approcher de l'Ifle. Ainfi ils retournérent à Manille & les deux Peres dépourvus de tout furent abandonnez à la merci des Infulaires.

L'année fuivante, le Pere Serrano, l'un des Miffionnaires qui avoit fait le Voyage d'Europe, pour folliciter le Pape & le Roi d'Efpagne à s'intéreffer pour la converfion des Habitans des nouvelles Philippines, le Pere Serrano, dis-je, fe mit en Mer, pour aller au fecours des deux Miffionnaires qu'on avoit été forcé d'abandonner. Il partit de Manille le 15. de Décembre avec un autre Jefuite & l'élite de la Jeuneffe du Pays, qui fe faifoit un plaifir d'avoir part à une œuvre fi fainte ; mais le troifiéme jour de leur navigation le Vaiffeau fut brifé par une violente tempête, & tout l'Equipage périt, à la referve de deux Indiens & d'un Efpagnol qui échappérent de ce naufrage & qui allérent en porter la nouvelle à Manille.

C'étoit pour la quatriéme fois qu'on tentoit de pénétrer dans les Ifles de Palaos ou Nouvelles Philippines. Le peu de fuccès des entreprifes a ôté prefque toute efpérance de réuffir dans ce projet, du moins par la voie des Philippines. Il ne refteroit plus qu'à faire une tentative du côté des Ifles Mariannes, qui font plus à portée.

PHILIPPIS, Ortelius [b] qui cite Sénéque, dit qu'il femble que ce foit un Lieu où il y avoit beaucoup de bois dans l'Attique. Il ajoute qu'un MS. qu'il a confulté écrit *Philipis* pour *Philippis*.

1. PHILIPPOPOLIS, Ville de Thrace felon Ptolomée [c], qui la place dans les terres & l'appelle encore TRIMONTIUM & ADRIANOPOLIS; mais c'eft mal-à-propos que ce Géographe confond ainfi la Ville de Philippe avec celle d'Adrien. Philippopolis étoit bâtie fur le Fleuve Hebrus. Elle reconnoiffoit Philippe fils d'Amyntas pour fon Fondateur, ou plutôt pour fon Reftaurateur; & elle étoit déja célèbre lorfque la Ville de Philippes (*Philippi*) commença à faire figure dans le Monde. Elle n'a point [d] aujourd'hui de murailles, mais elle eft bâtie fur trois petites Montagnes, qui fe tiennent prefque & font fur la même ligne. C'eft apparemment fur ces hauteurs qu'étoient autrefois fes Foretereffes. Elle a au Ponant la Marife qui baigne le pied de fes maifons. Cette Riviere, qui eft l'Hebrus des Anciens, y porte toute forte de Batteaux, & par conféquent la plûpart des commodités de la vie. De l'autre côté eft un Fauxbourg affez grand, avec lequel on communique par un beau Pont de bois. Il y a envi-

[a] Lettres Edit. t. 11. Epitre Prélimin.
[b] Thefaur.
[c] Lib. 3. c.11.
[d] *Paul Lucas*, Voy. t. 2. p. 188.

environ cent vingt maisons de Juifs; mais en général les Bourgeois sont presque tous Chrétiens. Il y a jusqu'à six Eglises, & c'est, dit Paul Lucas, la seule Ville de Turquie, où j'aye vu une Cloche qui sonne les heures du jour. Elle est dans une Tour bâtie sur une des trois Montagnes.

Il n'est pas nécessaire, ajoute Paul Lucas, de remarquer que cette Ville est celle que les Latins appellent *Philippi*, rebâtie par Philippe, & auprès de laquelle Auguste & Antoine vainquirent Brutus & Cassius. En effet il n'étoit pas nécessaire de faire une pareille remarque; & en ne la faisant point, Paul Lucas se seroit épargné une des plus grosses bévues. La Ville de *Philippi* (voyez PHILIPPES) étoit aux confins de la Macédoine & de la Thrace, au lieu que *Philippopolis* étoit vers le Nord de la Thrace. Il est vrai que Pomponius Méla [a], Pline [b] & d'autres anciens Géographes mettent PHILIPPI, ou PHILIPPES, dans la Thrace, parce qu'elle étoit à notre égard au delà du Fleuve Strymon, qui sépare la Macédoine d'avec la Thrace; mais cela s'entend de la Macédoine proprement dite & non pas de ce Royaume pris dans une signification plus étendue. Zanchius se trompe d'une autre façon, lorsqu'il dit sur le premier Chapitre de l'Epitre aux Philippiens, que la Ville de Philippes étoit au deçà du Strymon du côté de la Macédoine, & qu'il cite Pline chap. 10. liv. 4. pour appuyer son opinion [c]. Premiérement il s'est trompé en mettant le Chap. 10. au lieu du Chap. 11. En second lieu Pline dit expressément dans le Chapitre 11. que Philippes est au delà du Strymon du côté de la Thrace. Pomponius Méla la met de même entre le Strymon & le Nestus, lib. 2. cap. 2. Les Cartes de Sophianus & des autres Géographes la mettent au même endroit. Tout cela fait voir que Zanchius s'est trompé, & marque en même tems que Philippopolis est une autre Ville que *Philippi*, ou Philippes. En effet Philippopolis est située sur l'Hébre, au lieu que Philippes est située sur le Strymon & le Nestus ou Nessus; Philippes est assez proche de la Mer, & Philippopolis en est fort éloignée. Leunclavius *cap.* 33. *Pandest. Turcicar.* dit que Philippopolis a été bâtie par l'Empereur Philippe, & cite un Auteur Grec Anonyme pour le prouver; mais il se trompe & son Auteur aussi, car Pline parle de Philippopolis, & dit qu'elle a été appellée de ce nom par celui qui l'a bâtie. Or Pline est mort long-tems avant que l'Empereur Philippe fut au monde, c'est à savoir sous l'Empire de Titus fils de Vespasien. De décider si c'est Philippe le Pere d'Alexandre le Grand, ou Philippe le Pere de Persée, dernier Roi de Macédoine, qui lui a donné le nom de Philippopolis, c'est ce que j'ignore.

[a] Lib. 2. c. 2.
[b] Lib. 4. c. 11.
[c] Bespier, Rem. sur Ricaut, t. 2. p. 715.

2. PHILIPPOPOLIS, Ville de l'Arabie. Il en est fait mention dans le Concile de Chalcédoine. Ne seroit-ce point cette Ville que la Notice des Patriarchats d'Antioche & de Jérusalem appelle PHILIPPOLIS, & qu'elle met sous la Métropole de Bostra?

PHILIPSTAD, Ville de Suède [d], dans la partie Orientale du Vermeland; elle est de difficile accés par sa situation entre des Marais & des Etangs.

[d] De l'Isle Atlas.

PHILISBOURG ou PHILIPSBOURG, Ville d'Allemagne, sur la Rive Orientale du Rhin, à l'embouchure de la Riviére Saltza dans ce Fleuve, au Midi de Spire, à l'Orient de Landeau, & au Nord Occidental de Bruchsall. Ce n'étoit autrefois qu'un Village, appellé UDENHEIM. Jean George, Comte Palatin, y fit bâtir un Palais pour l'Evêque de Spire en 1313. & l'Evêque Gerhard l'environna de murailles en 1343. Philippe Christophle de Sotteren, Evêque de Spire & Archevêque de Trèves, ayant fortifié ce Lieu de sept Bastions lui donna le nom de Philipsbourg, en Latin *Philippoburgum*. On y ajouta plusieurs Ouvrages, & tout cela joint au terroir marécageux des environs, en a fait une Place très-forte & très-importante. Elle tomba entre les mains des Impériaux en 1633. par la lâcheté du Gouverneur; & les Suédois qui les en chassérent le 15. de Janvier de l'année suivante la remirent au pouvoir du Roi de France Louïs XIII. Les rigueurs de l'Hyver ayant empêché qu'on n'en achevât les fortifications, les Impériaux la surprirent la nuit du 29. Janvier 1635. Louïs de Bourbon alors Duc d'Anguien, après avoir défait les Bavarois à Fribourg, reprit Spire & Philisbourg au mois de Septembre 1644. Le Roi Louïs XIV. la fit ensuite fortifier réguliérement. Les Allemans & leurs Alliez la tinrent long-tems bloquée, & l'ayant enfin assiégée le 16. Mai 1676. la prirent par Capitulation le 16. de Septembre suivant. Louïs Dauphin de France la reprit sur eux le 1. de Novembre 1688. & elle leur fut rendue en 1697. par le Traité de Paix conclu à Ryswick.

PHILISCUM, Ville de Syrie, sur l'Euphrate: Pline [e] la donne aux Parthes.

[e] Lib. 5. c.

PHILISTHÆI, Peuples de la Terre de Chanaan. Voyez PHILISTINS.

[26].

PHILISTHIM. Voyez PHILISTINS.

PHILISTINÆ FOSSÆ. Pline [f] donne ce nom à l'une des embouchures du Pô, & dit qu'on l'appelloit autrement TARTARUM. Elle a conservé ce dernier nom, selon le Pere Hardouin, qui assure qu'on la nomme aujour d'hui TARTARO.

[f] Lib. 3. c. 16.

PHILISTINS, [g] Peuples venus de l'Isle de Caphtor, dans la Palestine [h], & descendus des Caphtorims qui sont sortis des Chasluims enfans de Mizraïm, comme Moïse nous l'apprend [i]; & par conséquent originairement sortis de Mizraïm pere des Egyptiens. Le même Moïse dit ailleurs [k] que les Caphtorims sortis de Caphtor, chassérent les Hévéens, qui demeuroient depuis Hazerim jusqu'à Gaza, & qu'ils s'établirent dans ce Pays. Ce n'est donc que depuis les Hévéens ou Charaéens, que les Philistins sont venus dans la Palestine, & qu'ils ont occupé le Pays dont ils ont été maîtres si long-tems. On ne

[g] D. Calmet, Dict.
[h] Amos 9. 7. Jérém. 47. 4.
[i] Genes. 10. 13. 14.
[k] Deut. 10. 23.

PHI.    PHI.    295

ne fait point précisément l'Epoque de leur fortie de l'Isle de Caphtor; mais il y a déja long-tems qu'ils étoient dans la Terre de Chanaan, lorsqu'Abraham y vint l'an du Monde 2084. avant Jésus-Christ 1917. avant l'Ere Vulgaire 1921. Nous avons effayé, ajoute Dom Calmet, de montrer dans l'Article de CAPHTOR OU CAPHTORIM, que ce mot marque l'Isle de Crète. Le nom des Philistins n'est point Hébreu. Les Septante le traduisent ordinairement par *Allophyli*, Etrangers. Les Péléthéens & les Céréthéens étoient aussi Philistins; & les Septante traduisent quelquefois Céré- [a] thim [a] par Κρῆται, Crétois. Voyez ce que nous avons dit sous l'Article PHELETI, & sous CERETHI. Les Casluims ou Caslu-chims, peres des Caphtorims demeuroient originairement dans la Pentapole Cyrénaïque, selon le Paraphraste Jonathan, ou dans le Canton Pentaschenite de la Basse Egypte, selon le Paraphraste Jérosolymitain. Nous trouvons dans la Marmarique la Ville d'Axilis ou d'Azylis; & dans la Lybie voisine de l'Egypte, Sagilis ou Satylis: Tout cela dans Ptolomée. Ces noms ont un rapport sensible avec Casluim. Ce Pays est situé près de l'Egypte, où tous les Enfans de Mizraïm ont eu leur demeure; il est assis vis-à-vis de l'Isle de Crète. Strabon [b], ne met que mille Stades de distance, entre le Port de Cyrène & celui de Crète, nommé Criou Metôpon, ou Front de Bélier. Le Commerce étoit autrefois grand entre la Cyrénaïque & l'Isle de Crète, comme il paroît pas Strabon & Pline. Il y a donc beaucoup d'apparence que les Casluims envoyérent de la Cyrénaïque des Colonies dans cette Isle, lesquelles passérent delà sur les Côtes de la Palestine. Ce Systême me paroît le plus probable de tous ceux qui ont été proposez jusqu'ici. Outre la conformité qui se remarque entre les noms de Céréthim, & des Crétois, nous trouvons aussi beaucoup de ressemblance entre les mœurs, les armes, les Divinitez, les coûtumes des Philistins & des Crétois, ainsi qu'on le peut voir dans la Dissertation de Dom Calmet, sur l'origine & les Divinitez des Philistins, imprimée à la tête du premier Livre des Rois. Les Philistins étoient déja puissans dans la Palestine dès le tems d'Abraham, puisqu'ils y avoient des Rois, & y possédoient plusieurs Villes considérables. Ils ne sont point exprimez dans le nombre des Peuples dévouez à l'Anathême, & dont le Seigneur abandonna les Pays aux Hébreux. En effet ils n'étoient pas de la race maudite de Chanaan. Toutefois Josué ne laissa pas de donner leur Pays aux Hébreux [c], & de les attaquer par le commandement du Seigneur, parce qu'ils occupoient un Pays qui étoit promis au Peuple de Dieu [d]. Mais il faut que les Conquêtes de Josué n'ayent pas été bien défendues, puisque sous les Juges, sous Saül, & au commencement du régne de David, les Philistins avoient des Rois ou des Satrapes, qu'ils appelloient Sazenim; que leur Etat étoit divisé en cinq petits Royaumes ou Satrapies; & qu'ils opprimé-

[a] Ezech. 25. 16. Sophron. 11. 5. 6.

[b] Lib. 17. p. 837.

[c] Exod. 15. 45. 46. 47.

[d] Josué 13. 2. 3.

rent les Israélites pendant le Gouvernement du Grand-Prêtre Heli & de Samuel, & pendant le régne de Saül [e]. Il est vrai que Tamgar, Samson, Samuel & Saül leur tinrent tête, & leur tuérent quelque monde: mais ils n'abbatirent point leur puissance; ils demeurerent indépendans jusqu'au régne de David [f], qui les assujettit à son Empire. Ils demeurerent dans la soumission aux Rois de Juda, jusqu'au régne de Joram, fils de Josaphat; c'est-à-dire pendant environ deux cens quarante & six ans [g]. Joram leur fit la guerre, & les réduisit apparemment sous son obéïssance. puisqu'il est remarqué dans l'Ecriture qu'ils se révoltérent de nouveau contre Ozias, & que ce Prince les contint dans le devoir pendant tout son régne [h]. Durant les malheurs du régne d'Achaz, les Philistins firent le dégât dans les terres de Juda [i]. Mais Ezechias, fils & successeur d'Achaz les assujettit de nouveau [k]. Enfin ils se mirent pleinement en liberté sous les derniers Rois de Juda; & nous voyons par les menaces que leur font les Prophétes Isaïe, Amos, Sophonie, Jérémie & Ezéchiel, qu'ils avoient fait mille maux aux Israélites, & que Dieu devoit châtier leur cruauté par les plus grandes calamitez. Assaradon successeur de Sennachérib, assiégea Azoth, & la prit, par les armes de Thasthan Général de ses Troupes [l]. Psammitichus Roi d'Egypte, prit la même Ville, après un siège de vingt-neuf ans, suivant Hérodoté [m], & c'est le plus long siège de Ville que l'on connoisse. Pendant le siège de Tyr, qui dura treize ans, Nabuchodonosor employa une partie de son Armée à soumettre les Ammonites, les Moabites, les Egyptiens, & les autres Peuples voisins des Juifs [n]. Il y a assez d'apparence que les Philistins ne lui résistérent pas, & qu'ils lui demeurérent assujettis avec les autres Peuples de la Syrie, de la Phénicie & de la Palestine. Ils tomberent ensuite sous la domination des Perses; puis sous celle d'Alexandre le Grand, qui ruïna la Ville de Gaze [o], la seule Ville des Phéniciens qui osa lui résister. Après la persecution d'Antiochus Epiphanes, les Asmonéens démembrérent petit à petit diverses Villes du Pays des Philistins, & les assujettirent à leur domination. Tryphon, Régent du Royaume de Syrie, donna à Jonathas Asmonéen le Gouvernement de toute la Côte de la Méditerranée, depuis Tyr jusqu'à l'Egypte [p], & par conséquent tout le Pays des Philistins. Le nom de Palestine, est venu des Philistins, quoique ces Peuples n'en possédassent qu'une assez petite partie.

[e] Pendant environ 120. ans, depuis l'an du Monde 2848. jusqu'en 2960. 2. Reg. 5. 17. 8. 1. 2. &c.

[f] 

[g] Depuis l'an du Monde 2960. qu'ils furent assujettis par David jusqu'en 3116. qu'ils se révoltérent contre Joram, 2. Par. 16.

[h] 2. Par. 26. 6. 7. Ozias commença à régner en 3194.

[i] 2. Par. 28. 18.

[k] 4. Reg. 18. 8.

[l] Isai. 20. 1.

[m] Lib. 2. c. 157.

[n] Joseph. Ant. lib. 10. c. 11.

[o] Strab. l. 16. Arrian. l. 2. de Exped. Alex.

[p] 1. Macc. 9. 59.

PHILIUS. Voyez PHLIUS.

PHILLIS, Contrée de la Thrace, aux environs du Mont Pangée, selon Hérodote [q]. Quelques MSS. de cet Historien &, ceux d'Etienne le Géographe portent PHULLIS pour PHILLIS.

PHILLYRA, Fleuve du Péloponèse, dans l'Arcadie, selon Ortelius [r], qui cite Callimaque [s].

PHILO, Lieu à l'extrémité de l'Egypte. Il en est parlé dans l'Histoire Ecclésiasti-

[q] Lib. 7. c. 112.

[r] Thesaur.
[s] Hymn. in Jovem.

fiaftique de Théodore; mais l'Interprête Latin au lieu de Philo écrit Pheno. Ne seroit-ce point, dit Ortelius [a], la Ville que Ptolomée appelle Philæ? Voyez ce mot.

PHILOBOETUS, Montagne de la Bœotie, dans la Plaine d'Elatée. Selon Ortelius [b], qui cite Plutarque; mais Plutarque [c] dit fimplement qu'il y avoit dans la Plaine d'Elatée une éminence, où Hortenfius & Sylla campérent. Cette éminence étoit très-fertile, couverte d'Arbres, & au pied couloit un Ruiffeau. Plutarque ajoute que Sylla dans fes Commentaires vantoit extrêmement la fituation de ce Lieu. Au refte le Texte Grec porte Φιλοβοιωτός, *Philoboeotos*, & non *Philoboetus*. Mr. Dacier dans fa Traduction de Plutarque écrit *Philoboïote*. Poliænus [d] fait de *Philoboeotus* un Lieu fortifié.

PHILOCALIA, Lieu fortifié dans la Cappadoce, fur le Pont-Euxin, avec une Riviére de même nom, felon Pline [e]. Arrien dans fon Périple du Pont-Euxin [f], met *Philocalia*, ou *Philocalea*, entre Argyria & Coralla à quatre-vingt-dix Stades de la premiére & à cent de la feconde. Il y a faute dans Ptolomée, dit le Pere Hardouin; car Ptolomée écrit Κωκάλια au lieu de Φιλοκάλεια.

PHILOCANDROS, Ifle de la Mer Ægée, & l'une des Cyclades, felon Ptolomée [g]. Pline [h] & Etienne le Géographe écrivent Pholegandros & la mettent parmi les Ifles Sporades. Hefyche écrit *Phlegandros*. On la nomme aujourd'hui Policandro: elle eft entre les Ifles de Milo & de Sikino.

PHILOCRENE, Petite Ville de Bithynie, felon Nicéphore Grégoras, cité par Ortelius [i], qui croit qu'elle étoit aux environs de Nicée. Chalcondyle en fait une Place maritime.

PHILOMELIUM, Ville de la Grande Phrygie, felon Strabon [k], Ptolomée [l] & Etienne le Géographe. Pline [m] fait feulement mention du Peuple qu'il nomme *Philomelienfes*. Dans le premier Concile de Conftantinople [n] il eft fait mention de *Theofebius Philomelienfis* & fon Siège eft placé dans la Pifidie.

PHILOMOLPHUS, Ville de l'Afie Mineure, felon Ortelius [o], qui cite Nicétas.

PHILONIS PAGUS, Village d'Egypte: Strabon [p] le met entre le Nil & le Golphe Arabique.

1. PHILONIS VICUS, Village d'Afrique: il eft placé par Ptolomée [q] dans la Cyrénaïque, & dans les terres.

2. PHILONIS VICUS, Village de Lybie: Ptolomée [r] lui donne auffi le titre de Nome.

PHILONIUS PORTUS, Port de l'Ifle de Corfe. Ptolomée [s] le place, fur la Côte Méridionale près d'Alista. Léandre & Niger difent que c'eft aujourd'hui *Porto-Vecchio*, & d'autres le mettent à *Porto Favone*. Un Ecrivain, dit Ortelius [t], a cru que le Philonius Portus de Ptolomée & le Navonius d'Antonin étoient le même: pour moi, je n'en crois rien & je juge que ce font des Lieux différens.

PHILOPATRIUM [u], Lieu dont fait mention Cédrène: il pouvoit être au voifinage de Byzance.

1. PHILOS. Voyez Phyllos.

2. PHILOS, Ifle que Pline [x] place fur la Côte de la Perfide: elle étoit, dit Ortelius [y], dans le Golphe Perfique.

PHILOTERA, Ville dans le voifinage des Troglodytes, felon Etienne le Géographe. Ortelius juge qu'elle pouvoit être aux environs du Caucafe fur le Bofphore Cimmérien.

PHILOTERIA, Ville de Syrie. Polybe [z] la met fur le Lac de Tibériade.

PHILOTHEI. Voyez Bytharia.

PHILOXENI-LATOMIÆ, Ælien [a] dit qu'on donna le nom du Poëte Philoxéne aux Latomies de Sicile. Voyez Latomiæ.

PHILYRES [b] Peuples qui habitoient fur le Pont-Euxin, felon Etienne le Géographe; & Valerius Flaccus Appollonius [c] met dans le Pont-Euxin une Ifle appellée Philyrida, qui pouvoit tirer fon nom de celui de ces Peuples, ou leur avoir donné le fien; & il y a apparence que ce font les maifons des Philyres qu'Ovide [d] appelle Philyrea Tecta.

PHIN. Voyez Pfin.

PHINA, Ville de Macédoine, dans la Piérie, felon prefque tous les Exemplaires imprimez de Pline [e]. Quelques Exemplaires portent Pygna; & le Pere Hardouin foutient qu'il faut lire Pydna. C'eft ainfi en effet qu'écrivent Strabon [f] & Etienne le Géographe. Cette Ville eft encore appellée Κύδνα par Théagène, cité par Etienne le Géographe, & *Cydne* par Pomponius Mela [g].

1. PHINEUM, Lieu de la Cappadoce dans le Pont, felon Etienne le Géographe & Suidas.

2. PHINEUM, Lieu que Théophrafte [h] met dans l'Arcadie.

PHINICHA, Petite Ville d'Afie dans l'Anatolie, felon Sophien. Elle eft fur la Côte du Montefeli, entre Patera & Satalia, à vingt ou vingt-deux lieues de l'une & de l'autre. Cette Ville nommée *Aperræ* par Ptolomée, *Apyræ* par Pline, & par d'autres *Apheræ* & *Apiræ*, n'eft plus préfentement qu'un méchant Village.

PHINNI. Voyez Fenni.

PHINON, ou Phunon, Station des Ifraélites dans le Defert. Voyez Phunon.

1. PHINOPOLIS, Ville de Thrace, felon Pline [i], Ptolomée [k] & Etienne le Géographe. Les deux premiers la placent à l'Embouchure du Pont-Euxin.

2. PHINOPOLIS, Ville de Bithynie. Elle ne fubfiftoit plus du tems de Pline [l]. Les meilleurs MSS. au lieu de Phinopolis portent Spiropolis, & le Pere Hardouin croit que c'eft ainfi qu'il faut lire.

1. PHINTHA, Fontaine de Sicile. Pline qui en parle d'après Appien, dit que tout ce qui y étoit jetté furnageoit. Elle étoit apparemment au voifinage de la Ville *Phinthia*. Voyez l'Article fuivant.

2. PHINTHIA, Ville de Sicile, felon Orte-

# PHI.

Ortelius <sup>a</sup> qui cite les Lettres de Phalaris <sup>b</sup>. Ptolomée <sup>c</sup> qui écrit *Phtinthia*, la place dans les terres, entre *Ancrina* & *Gela*: Diodore de Sicile la nomme *Phinthias*, au Genitif *Phinthiadis*, & Pline <sup>d</sup> en appelle les habitans *Phintienses*. L'Itineraire d'Antonin connoît aussi cette Ville, dont il corrompt pourtant le nom, écrivant *Plintis* pour *Phintis*. Il la met sur la route d'*Agrigentum* à Syracuse en prenant le long de la mer, & la place entre *Dædalium* & *Refugium Chalis*, à cinq milles de la premiére de ces Places & à dix-huit milles de la seconde. Cette position fait juger qu'elle étoit précisément dans l'endroit où est aujourd'hui *Licata*, & où l'on découvre effectivement un grand nombre d'antiquitez. Diodore de Sicile <sup>e</sup> en fait pareillement une Ville maritime ; ce qui contredit Pline & Ptolomée qui la placent dans les terres.

PHINTONIS INSULA, Isle de la Mer Méditerranée, entre la Sardaigne & l'Isle de Corse, selon Pline <sup>f</sup> & Ptolomée <sup>g</sup>. Les uns croient que c'est aujourd'hui *Isola di Figo*, l'Isle de Figo, & d'autres la prennent pour *Isola Rossa*.

PHIRÆSI, Peuples de l'Isle de Scandinavie. Ptolomée <sup>h</sup> qui en fait mention les place avec les *Phavonæ* dans la partie Orientale. Turnèbe, dit Ortelius <sup>i</sup>, voudroit qu'on lût FRANCI pour PHIRÆSI ; mais Hotoman <sup>k</sup> rejette absolument cette opinion comme très-éloignée de la vérité.

PHIRSTIMUS, ou PHRYSTIMUS, Fleuve de la Perside, & dont l'Embouchure étoit sur le Golphe Persique, selon Pline <sup>l</sup>. Le Pere Hardouin veut qu'on lise HERATEMIS, au lieu de PHIRSTIMUS, au présent les Exemplaires imprimez : il fonde cette correction sur un passage d'Arrien <sup>m</sup> dont l'autorité lui paroît préférable, & qui met à sept cens cinquante Stades de l'Embouchure du Sitacos, une Riviére qu'il nomme Ἡράτεμις.

PHISCON MONS, Montagnes d'Italie dans la Toscane, selon Ortelius <sup>n</sup>, qui cite un Fragment de Caton. Il ajoute que Marianus Victorius veut que ce soit aujourd'hui *Monte Fiascone*.

PHISERA. Voyez FISERA.

PHISON, Fleuve du Paradis terrestre. Voyez PHIZON.

PHITERNUS, Fleuve d'Italie. Ptolomée <sup>o</sup> le met dans le Pays des *Ferentini*. Pline <sup>p</sup> & Pomponius Méla <sup>q</sup> le nomment TIFERNUS. Collenutius & Leander disent que le nom moderne est *Fortoro* : Mazzella l'appelle *Salino*, & Olivier veut que le nom de ce Fleuve soit présentement *Bisano*.

PHITIUSA, Isle de la Mer Egée, au voisinage du Péloponnèse, selon Pomponius Méla <sup>r</sup>. Pintant écrit *Pityusa*, parce que son nom vient du Grec Πιτυῦσα, qui lui a été donné à cause de la quantité de Pins qu'elle produit. Pline <sup>s</sup> nomme effectivement cette Isle *Pityusa*.

PHITOM, ou PHITON, Ville d'Egypte. C'est une de celles que les Hébreux bâtirent <sup>t</sup> à Pharaon, pendant le tems de leur Servitude. Dom Calmet croit que cette Ville est la même que PATHUMOS, dont parle Hérodote <sup>u</sup>, & qu'il place sur le Canal que les Rois Necho & Darius avoient fait pour joindre la Mer Rouge au Nil, & par-là à la Méditerranée. On trouve aussi dans les anciens Géographes <sup>x</sup> un Bras du Nil nommé, PATHMETICUS, PHATMICUS, PHATNICUS, ou PHANITICUS. Brocard <sup>y</sup> dit que Phitom & Ramesse sont à cinq lieues au dessus de la division du Nil, & au delà de ce Fleuve : mais cela n'a aucun fondement dans l'Antiquité. Cet Auteur se contente de rapporter ce que l'on disoit de son tems dans l'Egypte. Marsham veut que Phitom soit la même que Péluse ou Damiette.

PHIUM. Voyez FIUM.

## PHL.

FHLA. Voyez PHILA.

PHLADIRTINGA. Nom qu'Hermannus Contractus donne à une Ville de la Hollande, à l'Embouchure de la Meuse, & appellée vulgairement VLAERDINGEN. Voyez ce mot.

PHLAGUSA, Ville de la Chersonnèse, voisine de la Ville de Troye, & où l'on voyoit le Tombeau de Protésilaüs. Cette Ville avoit un Port nommé Crater, selon Hygin <sup>z</sup> cité par Ortelius <sup>a</sup>.

PHLANEIA, Bourgade de l'Attique, dans la Tribu Cécropide, selon Phavorinus <sup>b</sup>.

PHLANON. Voyez FLAMMONA.

PHLANONICUS-SINUS. Voyez FLANATICUS SINUS qui est le même Golphe.

PHLAVIOPOLIS. Voyez FLAVIOPOLIS.

PHLEGANDROS, Isle Deserte, dont parle Hesyche. Voyez PHALEGANDROS.

PHLEGRA, Ville de la Thessalie, selon Martianus Capella cité par Ortelius <sup>c</sup>. Ce fut, selon les Poëtes, dans les Champs voisins, que les Géans combattirent contre les Dieux, & qu'ils furent foudroyez. Solin fait aussi mention de cette Ville. Voyez PHLEGRÆI CAMPI.

1. PHLEGRÆI-CAMPI, Campagnes d'Italie, aux environs de Capoue & de Nola, selon Polybe <sup>d</sup>. Voyez FORUM-VULCANI.

2. PHLEGRÆI-CAMPI <sup>e</sup>, Campagnes de la Thessalie, au voisinage de la Ville *Phlegra*. Voyez ce mot. Isacius Tzetzès met ces Campagnes dans la Thrace, & Etienne le Géographe les place dans la Chersonnèse de Thrace.

PHLEGYA, Ville de la Bœotie, selon Etienne le Géographe.

PHLEGYÆ, Peuples de la Thessalie. Strabon dit que dans la suite ils furent nommez GYRTONII.

PHLEGYANTIS. Voyez ANDREIS.

PHLEUM. Voyez PHILÆUM & FLEVUM.

PHLIARUS. Voyez HOPLIAS.

PHLIAS. Nom d'une Isle que Polybe <sup>f</sup> place aux environs de l'Etolie.

PHLIASIA. Voyez PHLIUS.

1. PHLIUS, Ville du Péloponèse, dans la Sicyonie, selon Ptolomée <sup>g</sup>, qui place dans les terres. Strabon <sup>h</sup> dit que la Ville d'Aræthyrée, que l'on appelloit de son

son tems PHLIASIA, étoit dans une Contrée de même nom près de la Montagne Cœlossa ; que dans la suite les Habitans changèrent de place, & allérent à trente Stades de ce Lieu bâtir une Ville, qui fut appellée PHLIUS. C'est ce qu'Etienne le Géographe ne distingue point. Il dit simplement que PHLIUS, ou PHLIUNTE, s'appella anciennement *Aranthia* & *Arœthyrea*. Ortelius [a] dit qu'elle paroît nommée *Rupela* dans Chalcondyle.

[a] Thesaur.

2. PHLIUS, Ville maritime du Péloponèse dans l'Argie, selon Ptolomée [b], qui la met entre *Nauplia navale*, & *Hormione*. Elle est appellée, *Foica* par Pinet & *Tri* par Sophien.

[b] Lib. 3. c. 16.

3. PHLIUS, Ville du Péloponèse, dans l'Elide, selon Pline, qui la met à cinq milles de Cyllène. Ortelius [c] dit qu'elle est différente des deux Villes précédentes ; mais le Pere Hardouin soutient que c'est la même qui est placée dans la Sicyonie par Ptolomée & par Strabon.

[c] Thesaur.

PHLOEON, Lieu de l'Isle de Samos, selon Plutarque [d].

[d] In Quæstion. Græcis.

PHLORYIA, Ville de la Mauritanie Césariense : Ptolomée [e] la place dans les terres.

[e] Lib. 4. c. 2.

PHLOSSA, Lieu dans le Territoire de Smyrne, à ce qu'il paroît par un passage de Suidas [f].

[f] In Voce Theocritus.

PHLYA, Bourgade de l'Attique. Elle étoit de la Tribu Ptolémaïde, selon le Marbre des 13 Tribus, rapporté par Mr. Spon [g], & selon Hesyche : ainsi Etienne le Géographe & d'autres Ecrivains qui la mettent sous la Tribu Cécropide peuvent s'être trompez. Cette ancienne Bourgade qui est dans le Mesoia, entre Rasti & le Cap Colonne conserve encore son nom. C'étoit la patrie du Poëte Euripide ; mais il y a eu trois Poëtes célébres de ce nom-là. Pausanias fait mention de plusieurs Temples & Autels qui étoient à Phlya ; entr'autres de ceux d'Apollon, de Diane, de Bacchus & des Euménides. A Athènes, ajoute Mr. Spon, dans l'Eglise *Agioi Apostoli*, on lit cette Inscription :

[g] Liste de l'Attique.

ΣΕΔΕΥΡΟΣ
ΞΕΝΟΝΟΣ
ΦΛΥΣΥΣ

PHLYENSES, Peuples de l'Attique, Habitans de la Bourgade *Phlya*, dans la Tribu Cécropide, selon Etienne le Géographe, & dans la Tribu Ptolémaïde selon Hesyche.

PHLYGADIA, Montagne qui s'étend entre l'Illyrie & la Mer Adriatique, selon Strabon [h]. On la nomme aujourd'hui FLICZ. Voyez FLICZ.

[h] Lib. 4. p. 207.

PHLYGONIUM, Ville de la Phocide : Pausanias [i] & Etienne le Géographe en font mention. Au lieu de PHLYGONIUM, Amaseus lit POLYGONIUM.

[i] Lib. 10. c. 3.

PHLYIA. Voyez PHLYA & PHLYENSES.

PHOBEA. Voyez PHEBOL.

PHOBUS. Mot Grec qui veut dire *Crainte*. Il fut donné à un Lieu de l'Isle ÆGIALA, selon Pausanias [k].

[k] Lib. 2. c. 7.

1. PHOCÆ, Isle sur la Côte de l'Isle de Créte. Pline [l] la place devant le Promontoire Sammonium.

[l] Lib. 4. c. 12.

2. PHOCÆ, Ville de l'Achaie selon Ortelius [m] qui cite Ptolomée. Cependant Ptolomée [n] la place dans la Bœotie, entre *Anthedon* & *Oetei Sinus intima*.

[m] Thesaur.
[n] Lib. 3. c. 15.

3. PHOCÆ, Ortelius [o], qui cite Agatarchides, dit que ce nom a été donné aux Ethiopiens.

[o] Thesaur.

PHOCÆA. Voyez PHOC'EE, N°. 1.

1. PHOC'EE, Ville de l'Asie Mineure, Ptolomée [p] la place dans l'Eolide, parce qu'elle étoit en deçà du Fleuve Hermus, qu'il donne pour borne entre l'Eolide & l'Ionie. Pomponius Méla [q], Pline [r] & Etienne le Géographe la mettent dans l'Ionie, mais aux confins de cette Contrée. Phocée étoit en effet une Ville de l'Ionie, comme le dit clairement Hérodote [s]. Tite-Live [t] nous apprend que cette Ville, qui étoit bâtie en long, se trouvoit au fond d'un Golphe, & qu'elle avoit deux Ports tous deux fort sûrs. Celui qui s'étendoit vers le Midi s'appelloit *Naustathmos*, parce qu'il pouvoit contenir un grand nombre de Vaisseaux : l'autre s'appelloit *Lamptera*. Au lieu de PHOCÆA Pomponius Méla [u] écrit PHOCIS. Cette Ville n'étoit éloignée de Smyrne que de vingt milles, & même il y en a deux voisines l'une de l'autre, qui portent le nom de *Foglia Vecchia* & *Foglia Nova* [x]. La Vieille étoit la fameuse Ville de Phocée, & n'est présentement qu'un misérable Village. Elle tiroit apparemment son nom du mot Phocas, qui signifie un Veau-Marin, parce qu'il se pêche près de là quantité de ce Poisson & même que tout le Golphe de Smyrne. Un Médaillon de l'Empereur Philippe semble le confirmer par son revers, où il y a un Chien qui est aux prises avec un de ces Phocas, & le mot ΦΩΚΑΙΕΩΝ à l'entour, qui veut dire que c'est une Médaille des Phocéens. L'Emblême est difficile à pénétrer ; car pourquoi joindre un Chien avec un Poisson, si ce n'est peut-être pour donner à entendre, que leur puissance sur terre étoit égale à leurs forces maritimes, ou que leur fidélité à l'Empereur Romain & leur vigilance dont le Chien est l'emblême, disposoient leur Ville signifiée par ce Poisson à tous les devoirs que demandoit une si douce domination. Mais, ajoute Mr. Spon, ces sortes d'Enigmes sont des nez de cire qu'on peut tourner de quel côté on veut, & il me suffit d'avoir fait part de cette remarque aux Curieux pour leur en laisser le jugement libre. PHOCÆENSES étoit le nom des Habitans, & PHOCAICUS étoit le possessif, comme on le voit dans ce Vers de Lucain [y] :

[p] Lib. 5. c. 2.
[q] Lib. 1. c. 17.
[r] Lib. 5. c. 29.
[s] Lib. 1. c. 142.
[t] Lib. 37. c. 31.
[u] Lib. 2. c. 3.
[x] Spon, Voy. du Levant, t. 1. p. 186.
[y] Lib. 3. v. 583.

*Phocaicis Romana Ratis vallata Carinis.*

*Phocaicis* est là pour *Massiliensibus*, parce que la Ville de Marseille est une Colonie de Phocéens. A la vérité Lucain se sert aussi ailleurs du nom PHOCICUS qui n'appartient qu'aux Habitans de la Phocide dans la Gréce ; mais Saumaise en a repris ce

# PHO.

[a] Pag. 66.

ce Poëte dans ses Remarques sur Solin [a].

2. PHOCÉE, en Latin PHOCÆA, Ville de la Carie sur le Mont Mycale ; c'est Hermolaüs qui en fait mention dans ses Remarques sur le Chapitre XXX. du V. Livre de Pline.

PHOCAICUM LITTUS. Ce nom se trouve dans le Recueil des Inscriptions de Smith [b]. Antoine Augustin [c] l'entend du Rivage de Marseille & de celui d'Emporiæ.

[b] Fol. 24.
[c] Dialog. 5. de Numinis ant.

PHOCAIS, Territoire d'Asie. Thucydide [d] paroît le placer vers l'Embouchure du Caycus du côté de Mitylène.

[d] Lib. 8. p. 626.

PHOCARIA, Isle de la Mer Egée, sur la Côte de l'Attique, selon Pline [e]. Elle tiroit son nom ou des Phocéens, ou de Phocas, qui veut dire un Veau-Marin.

[e] Lib. 4. c. 12.

PHOCARUM INSULA, Isle sur la Côte de l'Arabie : Strabon [f] la place au voisinage de l'Isle des Tortues & de celle des Epreviers. Elle étoit ainsi nommée à cause de la quantité de Veaux-Marins qu'on y pêchoit. Strabon [g] semble encore mettre une Isle de même nom sur la même Côte, près du Promontoire des Nabatéens.

[f] Lib. 16. p. 773.

[g] Ibid. p. 776.

PHOCEAS, Ville de Sicile. Thucydide [h] la met dans le Territoire de Leontium.

[h] Lib. 5. p. 345.

1. PHOCENSES, Peuples de la Grece, selon Strabon [i], qui les place entre l'Etolie & l'Isthme de Corinthe. Ils habitoient la PHOCIDE. Voyez PHOCIDE.

[i] Lib. 8. p. 332. & 336.

2. PHOCENSES, ou POCENSES [k], Peuples d'Italie, dans l'Etrurie, entre Siène & Lucques, si on s'en rapporte à un Edit du Roi Didier & à un Fragment de l'Itinéraire d'Antonin, dont le Commentateur Annius dit, qu'on voit encore dans le même Quartier une petite Ville & un Lac appellez PHOCEKIUS.

[k] Ortelii Thesaur.

PHOCI, Nation voisine des Ichthyophages, selon Agatarchides cité par Ortelius [l].

[l] Thesaur.

PHOCIAS, Fleuve de la Thessalie, selon Vibius Sequester ; mais au lieu de Phocias Simler lit PHOENIX.

PHOCIDE, Contrée de la Grece, entre la Bœotie & la Locride. Elle avoit anciennement des bornes beaucoup plus étendues, puis que Strabon [m] dit qu'elle étoit bornée au Nord par la Bœotie & qu'elle s'étendoit d'une Mer à l'autre ; c'est-à-dire depuis le Golphe de Corinthe jusqu'à la Mer Eubée. Si nous nous en rapportons à Denys le Périégéte, la Phocide s'est autrefois étendue jusqu'aux Thermopyles :

[m] Lib. 9.

Ἑλκομένη βορέην δὲ, κατὰ ϛόμα Θερμοπυλάων.

Mais les Phocéens perdirent de bonne heure cette partie de leur Pays, & furent resserrez dans des bornes plus étroites.

Deucalion commença à régner dans la Phocide autour du Mont Parnasse, du tems de Cecrops. Les Phocidiens formérent ensuite une République, se conduisant par leurs Assemblées Publiques, & changeant leurs Chefs selon les occasions. Leur Pays avoit pour principaux ornemens le Temple de Delphes & le Mont Parnasse. Les Phocidiens s'aviférent de labourer des terres consacrées à Apollon [n], ce qui étoit les profaner. Aussi-tôt les Peuples d'alentour criérent au Sacrilège, les uns de bonne foi, les autres pour couvrir d'un pieux prétexte leurs vengeances particuliéres. La guerre qui survint à ce sujet s'appella sacrée, comme entreprise par un motif de Religion, & dura dix ans comme celle de Troye. On déféra les Profanateurs aux Amphictyons [o], qui composoient les Etats-Généraux de la Grece, & qui s'assembloient tantôt aux Thermopyles, tantôt à Delphes. L'affaire ayant été discutée, on déclara les Phocéens Sacrilèges & on les condamna à une grosse amende. Un d'entre eux nommé Philomèle, homme audacieux & fort accrédité se révolta contre ce Decret. Il prouva par des Vers d'Homére qu'anciennement la Souveraineté du Temple de Delphes appartenoit aux Phocidiens. Mais il falut soutenir la révolte par les armes. On leva de part & d'autre des troupes. Les Phocidiens s'assurérent du secours d'Athénes & de Sparte & ne se promirent pas moins que d'abattre l'orgueil de Thébes, qui s'étoit montrée la plus ardente à poursuivre le Jugement. Les premiers avantages qu'ils remportérent ne servirent pas peu à fortifier cette espérance. Mais bien-tôt le fonds nécessaire pour les dépenses de la guerre leur ayant manqué, ils y suppléérent par un nouveau Sacrilége. Philomèle avoit eu assez de Religion pour ne pas toucher au Temple de Delphes. Onomarque & Phayllus qui lui succédérent dans le commandement furent moins scrupuleux. Ils enlevérent les Vases Sacrés & tous les précieux dons que la piété des Rois & des Peuples y avoit consacrés. Les sommes qu'ils en retirérent à plusieurs fois montérent à plus de dix mille talens ; c'està-dire à plus de six millions d'or de notre Monnoie. Ils trouvérent ainsi le secret de soutenir la guerre aux dépens de la Divinité qu'ils avoient offensée.

[n] Toureil, Préface Hist. p. 94.

[o] Olympiad. 106. an. 2.

Les Devots d'Apollon criérent alors plus que jamais au Sacrilégé. On en vint souvent aux mains. La Fortune, se rangea tantôt d'un parti, tantôt de l'autre. Les Phocidiens réduisirent enfin les Thébains à se jetter entre les bras de Philippe [p], qui se chargea volontiers de mettre les Ennemis de Thébes à la raison. Ce Prince n'eut qu'à paroître pour terminer une guerre qui duroit depuis dix ans, & qui avoit également épuisé l'un & l'autre Parti. Les Phocidiens desespérérent d'abord de résister à un tel Ennemi. Les plus braves obtinrent la permission de se retirer dans le Péloponése. Le reste se rendit à discrétion, & fut néanmoins traité fort inhumainement. Philippe sauva toutefois les apparences & voulut avoir sur qui se disculper. Dans ce dessein il convoqua les Amphictyons [q], les établit pour la forme souverains Juges de la peine encourue par les Phocidiens ; & sous le nom de ces Juges dévouez à ses volontez, il ordonna qu'on

[p] Diodor. Orof. lib. 3. c. 12.

[q] Toureil, Remarque sur la Harangue touchant la Paix. p. 222.

qu'on ruïnera les Villes de la Phocide; qu'on les réduira toutes en Bourgs de soixante feux au plus, & que ces Bourgs seront à une certaine distance l'un de l'autre; que l'on proscrira irrémissiblement les Sacrilèges & que les autres ne demeureront possesseurs de leurs biens qu'à la charge d'un tribut annuel qui s'éxigera jusqu'à la restitution entière des six mille talens enlevez dans le Temple de Delphes. Cela faisoit une somme d'environ six millions d'Ecus ou dix-huit millions de Livres. On ne doit point être surpris que le butin impie des Phocéens montât si haut. Il y avoit dans le Temple de Delphes des richesses immenses à cause de la multitude innombrable de Vases, de Trépieds, de Statues d'or & d'argent, de Bronze & de Marbre que les Rois, les grands Capitaines, les Villes & les Nations y envoyoient de tous les endroits de la Terre. Le Vainqueur ne s'oublia pas pour prix d'une victoire qui ne lui coûta que la peine de se montrer: outre la réputation de Prince religieux, de fidelle Allié, il eut encore les Thermopyles, l'unique passage qui menât de Macédoine en Italie.

*a Toureil, Remarque sur la Harangue touchant la Paix, p. 122.* Avec le tems les Phocidiens [a] parvinrent à se rouvrir une belle Porte pour leur rétablissement. Car chassez en qualité de Profanateurs éxécrables, ils rentrèrent avec le titre d'insignes Libérateurs. Une œuvre de Religion réhabilita de la sorte ceux qu'une action sacrilège avoit dégradez. On les avoit exclus pour avoir pillé de leurs propres mains le Temple de Delphes; on les y replaça pour l'avoir sauvé du pillage des Gaulois commandez par Brennus.

Les principaux Lieux que Ptolomée place dans la Phocide sont:

| Places Maritimes. | Cyrrha, Crissa, Anticyrrha. |
| Dans les terres. | Pythia, Delphi, Daulis, Elatia, Egosthenia, Bulia. |

1. PHOCIS. Voyez PHOCIDE.

2. PHOCIS, Canton de l'Arcadie, selon Dioscoride [b], qui dit que c'est où croît la Panacée. *b Lib. 3. c. 48.*

3. PHOCIS, Pomponius Méla [c] nomme ainsi la Ville de Phacée dans l'Ionie. C'est une faute. Il faut lire PHOCÆA, comme lisent Strabon, Etienne le Géographe, Hérodote, Xénophon, & en un mot tous les Ecrivains anciens. *c Lib. 1. c. 17.*

PHOCLIS, Ville de l'Arachosie: Ptolomée [d] la place entre *Axola* & *Aricaca*. *d Lib. 6. c. 20.*

PHOCRA, Montagne de la Mauritanie Tingitane. Ptolomée [e] l'étend depuis le Petit Atlas, jusqu'au Promontoire *Bysadium*. Ortelius croit que c'est la même Montagne que Jean Léon nomme *Mons Ferreus* & qu'il doit être appellée vulgairement Gebelelhadich. Ammien Marcellin met dans la Mauritanie Césarienfe une Montagne qu'il appelle aussi *Mons Ferreus*, mais c'est une Montagne différente & qui touche la Ville de *Tubusuptus*. *e Lib. 4. c. 1.*

PHOCUSÆ, Nom de deux Isles que Ptolomée [f] place dans la Mer d'Egypte. Ortelius [g] croit que ce sont les mêmes qu'Etienne le Géographe appelle PHYCUSSÆ. *f Lib. 4. c. 5. g Thesaur.*

PHOCUSSA, Isle de la Mer Egée & l'une des Sporades, selon Pline [h]. Au lieu de PHOCUSSA le Pere Hardouin lit PHACUSSA, parce qu'Etienne le Géographe & Suidas écrivent ainsi. *h Lib. 4. c. 12.*

PHODA, Ville de l'Arabie Heureuse. C'est Pline [i] qui en fait mention. *i Lib. 6. c. 28.*

PHOEBÆA PALUS, Lieu marécageux, sur la Côte de l'Argie, & que l'on nomma dans la suite MARAIS SARONIDE selon Pausanias [k]. *k Lib. 2. c.*

PHOEBATIS, Ville de la Macédoine, selon Ortelius [l], qui cite Polybe; mais Polybe [m] fait entendre que Phoebatis étoit une Contrée où se trouvoient les Villes *Antipatria*, *Chrysondion* & *Gertus*. *l Thesaur. m Lib. 5. n. 108.*

PHOEBE, Isle de la Propontide, selon Pline [n]. *n Lib. 5. c. 32.*

PHOEBEUM, Tite-Live [o] met un Lieu de ce nom dans le Péloponèse, aux environs de Sparte & il dit que ce Lieu étoit tout ouvert & sans murailles. *o Lib. 34. c. 38.*

PHOEBI-PROMONTORIUM, Promontoire d'Afrique, dans la Mauritanie Tingitane: Ptolomée [p] le met dans la Mer d'Ibérie, entre *Alybe Columna* & *Jagath*. *p Lib. 4. c. 1.*

PHOEBI-VADA, Lieu d'Italie, célèbre par la beauté de ses eaux, selon Martial.

1. PHOEBIA, Ville du Péloponèse. Pausanias [q] la donne aux Sicyoniens. *q Lib. 9. c. 15.*

2. PHOEBIA. Voyez RHEGIUM.

PHOEMIUS. Voyez TOEMPHEMIUS.

PHOENEBITIS, Φοενεβυθις, Village que Suidas met dans une Préfecture, qu'il nomme *Panapolitane*. Etienne le Géographe, qui écrit Φενέβηθις, le met en Egypte [r] & St. Epiphane dit que c'étoit un Lieu maritime & la Patrie de l'Hérétique Valentin. *r Ortelii Thesaur.*

PHOENICÆUM, Montagne de la Ville de Corinthe, selon Etienne le Géographe.

1. PHOENICE. Voyez PHENICIE.

2. PHOENICE, ou PHOENICA, Ville de l'Epire, selon Tite-Live [s] & Polybe [t] nous donne sa situation. Il dit qu'elle étoit au dessus du Golphe voisin de *Buthrotum*. Cellarius [x] dit que comme la Table de Peutinger met un espace de 56. milles entre *Phoenice* & *Buthrotum*, il faut qu'il y ait erreur dans cette Table & qu'on ait mis *Buthrotum* pour *Panormus*, ce que confirment les chiffres de Ptolomée. Ainsi *Phoenice* étoit dans la Chaonie, où elle étoit effectivement Ptolomée [y]. Cependant si elle eût été aussi voisine de *Buthrotum* que le dit Strabon, elle se roit trouvée dans la Thesprotie. L'Itinéraire d'Antonin écrit POENICE, pour PHOENICE; c'est une faute. *s Lib. 29. c. 12. t Lib. 2. c. 5. u Lib. 7. x Geogr. Ant. lib. 2. c. 13. y Lib. 3. c. 14.*

3. PHOENICE. Hérodote [z] met un Lieu, ou une Isle de ce nom sur le Golphe Mariandynus en Bithynie; & Ortelius [a] soup- *z Lib. 4. c. 38. a Thesaur.*

## PHO.

soupçonne que ce pourroit être la même Isle dont parle Etienne le Géographe au mot Βεσβικος; mais Berkelius prétend qu'il y a faute dans Etienne le Géographe & qu'il faut lire *Phoebe* & non *Phenice*.

4. PHOENICE. Voyez Phoenissa.

5. PHOENICE, Isle de la Mer Méditerranée, sur la Côte de la Gaule & l'une des plus petites Isles appellées Stoechades. Pline [a] parle de cette Isle & la joint avec celles de *Sturium* & de *Phila*. Ces trois Isles sont aujourd'hui Ribaudas, Langousstier & Baqueou.

[a] Lib. 3. c. 5.

6. PHOENICE, Isle de la Mer Egée & l'une des Sporades. Elle s'appella ensuite Ios selon Pline [b]. Voyez Ios. Le nom de *Phœnice* lui avoit été donné à cause des Palmiers qu'elle produit.

[b] Lib. 4. c. 12.

7. PHOENICE. C'est l'un des noms que l'on donna à l'Isle de Tenedos selon Pline [c].

[c] Lib. 5. c. 31.

PHOENICIUS, Montagne de la Boeotie: Strabon [d] la met dans le Territoire de Thèbes.

[d] Lib. 9. p. 410.

PHOENICODES. Voyez Phoenicusa.

PHOENICON, Ville d'Egypte. L'Itinéraire d'Antonin la met sur la route de *Coptos* à *Berenice* entre *Coptos* & *Didime*, à vingt-quatre milles de la première & à égale distance de la seconde. Cette Ville est aussi connue dans la Notice des Dignitez de l'Empire [e]; & Ortelius [f] croit que c'est la même Ville qui est nommée Hydreuma par Pline.

[e] Sect. 20.
[f] Thesaur.

1. PHOENICUM, c'est-à-dire Lieu planté de Palmiers. Procope dit [g]: Lorsque l'on a passé les Frontières de la Palestine, on trouve la Nation des Sarrasins, qui habitent depuis long-tems au Pays planté de Palmiers & où il ne croît point d'autres Arbres. Abocarabe, qui en étoit le maître, en fit don à Justinien, de qui en récompense il reçut le Gouvernement des Sarasins de la Palestine, où il se rendit si formidable, qu'il arrêta les courses des Troupes étrangères. Aujourd'hui, ajoute Procope, l'Empereur n'est maître que de nom de ce Pays, qui est planté de Palmiers, & il n'en jouit pas en effet; tout le milieu qui contient environ dix journées de chemin étant entiérement inhabité, à cause de la sécheresse; & il n'a rien de considérable que ce vain titre de donation faite par Abocarabe & acceptée par Justinien.

[g] Hist. de la Guerre contre les Perses.

2. PHOENICUM, Ville de l'Arabie Heureuse. Ptolomée [h] la place, sur la Côte du Golphe Elanitique, entre les Villages *Hippos* & *Abaunathi*.

[h] Lib. 6. c. 7.

PHOENICUM INSULÆ. Voyez Pelagiæ.

PHOENICUM NEMUS, Bois de l'Isle de Chios, selon Eustathe cité par Ortelius [i].

[i] Thesaur.

PHOENICUS MONS, Montagne de la Lycie: Strabon [k] dit qu'on la nomma aussi Olympus.

[k] Lib. 14. p. 666.

1. PHOENICUS-PORTUS, Port de la Lycie. Il étoit selon Tite-Live [l] à moins de deux milles de la Ville Patara.

[l] Lib. 37. c. 15.

2. PHOENICUS ou Phoenicis-Portus,

## PHO. 301

Port de l'Isle de Créte selon Ptolomée [m], qui le met sur la Côte Méridionale. Etienne le Géographe y joint une Ville de même nom; mais Ptolomée donne à la Ville le nom de *Phenix*, que l'on rend communément en François par celui de Phénice. Le Port de Phénice, dans les Actes de Apôtres [n], est dit situé au Vent d'Afrique & au Couchant Septentrional; mais au lieu de ces deux mots le Syriaque a traduit au Midi; & en effet dans les Cartes de Géographie, l'Afrique est au Midi de Phénice; mais il ne s'ensuit pas que le Port soit situé au Midi. Le Vent d'Afrique qu'il regarde d'un côté est entre le Midi & le Couchant qu'on nomme encore aujourd'hui dans cette Mer *Libeccio*; & c'est le même mot qui est dans le Grec; c'est-à-dire Vent de Libye ou d'Afrique; nous l'appellons dans l'Océan Sud-Ouest. Quant à la position au Couchant Septentrional, il y a dans le Grec & dans le Latin *Corus*, qui est un mot Latin: c'est le Vent qu'on nomme dans l'Océan Nord-Ouest & dans la Méditerranée *Maestro*. Il faloit selon cette situation que le Port de Phénice ne fût pas droit, mais en forme d'Arc.

[m] Lib. 3. c. 17.
[n] C. 27. 12.

3. PHOENICUS PORTUS, Port de l'Asie propre dans l'Ionie. Thucydide [o] le met au pied du Promontoire Mimas. C'est le même Port que Tite-Live appelle le premier Port du Territoire d'*Erythræ*.

[o] Lib. 8. p. 578.

4. PHOENICUS PORTUS, Port du Péloponése dans la Messénie. Pausanias [p] dit qu'il étoit près du Promontoire *Acritas*, & que l'Isle *Oenussa* étoit dans le voisinage.

[p] Lib. 4. c. 34.

5. PHOENICUS ou Phoenicis-Portus, Port du Nome de Libye, selon Ptolomée [q].

[q] Lib. 4. c. 5.

6. PHOENICUS PORTUS, Port de la Sicile: Ptolomée [r] le place sur la Côte Orientale, près du Promontoire *Pachynus*.

[r] Lib. 3. c. 4.

7. PHOENICUS PORTUS, Port de l'Isle de Cythére, selon Xénophon [s] cité par Ortelius.

[s] Lib. 4. Græcot.

PHOENICUSA, Isle de la Mer Méditerranée, au Nord de la Sicile, & l'une des Isles Eoliennes, selon Strabon [t], Pline [u] & Etienne le Géographe. Elle est située entre les Isles *Vulcania* & *Ericusa*, mais bien plus près de celle-ci que de la première. Ptolomée [x] la nomme *Phœnicodes*. Le nom moderne, selon Cluvier [y], est Felicur. Mr. de l'Isle écrit Felicudi.

[t] Lib. 6.
[u] Lib. 3. c. 9.
[x] Lib. 3. c. 4.
[y] Sicil. Ant. l. 2. p. 414. Atlas.

PHOENICUSSÆ, Ville de Syrie: Etienne le Géographe la donne aux Phéniciens. Il met aussi deux Isles de ce nom dans le Golphe de Carthage.

PHOENISSA Nom que Polyen [z] donne à la Nouvelle Carthage en Espagne. Quelques MSS. portent Οἰνυσσα, qui est apparemment la véritable Orthographe, s'il est vrai, comme le dit Etienne le Géographe, que l'ancienne Carthage ait été appellée Οἰνυσσα. Le Traducteur de Polyen ayant rendu mal-à-propos Φοίνυσσα par *Phœnicia*, Ortelius [a] qui l'a suivi a fait de *Phœnicia*, *Phœnice*, ce qui est faute sur faute.

[z] Lib. 8. c. 16.
[a] Thesaur.

PHOENIUM, Ortelius [b] dit qu'Antigonus

[b] Ibid.

In Mira- gonus [a] donne ce nom au lieu où l'eau du
bili. Styx fort du Rocher. C'est le même lieu
que Pline nomme PHENEUS. Voyez ce mot.

1. PHOENIX. Voyez PHOENICUS POR-
TUS. N°. 2.

2. PHOENIX, Lieu fortifié, dans l'A-
sie propre, sur la Côte Orientale du Gol-
[b] Lib. 5. c. 2. phe de la Doride. Ptolomée [b] le place
entre *Cresso Portus* & *Phusca*. Etienne le
Géographe le dit voisin de Rhodes.

3. PHOENIX, Montagne de l'Asie
[c] Ibid. propre, dans la Doride, selon Ptolomée [c].
Mr. de l'Isle la marque entre le Golphe de
Ceramie & celui de Doride.

4. PHOENIX. Etienne le Géographe
fait entendre qu'il y avoit un Fleuve de
ce nom dans l'Asie propre, au voisinage
de la Ville de Phœnix dans la Doride.

5. PHOENIX, Port de Lycie selon
[d] Thesaur. Ortelius [d] qui cite Zonare.

6. PHOENIX, Bourg d'Egypte. Pal-
[e] In Vita lade [e] dit qu'il y avoit une Communauté
Chronii. de deux cens hommes près de ce Bourg.

7. PHOENIX, Ville d'Italie ou de Si-
[f] De Bel. cile. Appien [f] la met proche du Promon-
Civil. lib. 5. toire *Coccynum* dont la situation n'est point
p. 735. connue.

8. PHOENIX, Fleuve de Thessalie,
[g] Lib. 4. c. 8. selon Pline [g] & Lucain [h]. Vibius Seques-
[h] Lib. 6. v. ter [i] dit qu'il se jettoit dans le Fleuve Api-
374. danus.
[i] Pag. 336.

9. PHOENIX, petite Rivière de l'A-
[k] Lib. 7. c. chaïe propre, selon Pausanias [k].
23.

PHOENUS MONS, Montagne des
[l] Ortelii Gaules [l], près de la Ville *Baioca* [BAYEUX].
Thesaur. Surius dans la Vie de St. Vigor dit que
de son tems on nommoit cette Montagne
CHRISMATUS.

PHOETIÆ ou PHOETEÆ, Ville de l'A-
carnanie selon Etienne le Géographe: Po-
[m] Lib. 4. n. lybe [m] la met dans l'Etolie. Dans un en-
63. droit il la nomme *Phoeteae* & dans un au-
[n] Lib. 5. n. 7. tre [n] *Phoeteum*. Voyez PHYTÆUM.

PHOEZORUM, Lieu de l'Arcadie, se-
[o] Lib. 8. c. lon Pausanias [o].
11.

1. PHOGOR, Montagne célèbre au
[p] Dom Cal- delà du Jourdain [p], qu'Eusébe [q] place en-
met, Dict. tre Hésébon & Liviade. Les monts Né-
[q] In Abarim. bo, Phasga & Phogor étoient près l'un
de l'autre, & ne formoient apparemment
que la même chaîne de Montagnes. Il est
assez croyable que Phogor prenoit son
nom de quelque Divinité de ce nom, qui
y étoit adorée; car Phegor ou Phogor,
ou Béel-Phegor, étoit connue dans ce
Pays-là. Voyez Num. XXV. 3. Deut. IV.
3. Psaum. CV. 28.

2. PHOGOR, Ville de la Tribu de Juda, qui ne se lit plus, ni dans l'Hébreu,
ni dans la Vulgate, mais seulement dans
le Grec, *Josué XV*. 60. Eusébe dit qu'elle
étoit près de Bethléem, & Saint Jérôme
ajoute que de son tems on l'appelloit
PAORA.

PHOIBIA. Voyez RHEGINUM.
PHOLEGANDROS. Voyez PHILO-
CANDROS.

1. PHOLOE, Montagne du Péloponè-
[r] Lib. 2. c. 3. se, selon Pomponius Méla [r]. Pline [s] qui
[s] Lib. 4. c. 6. met cette Montagne dans l'Arcadie y
joint une Ville de même nom.

2. PHOLOE, Montagne de la Thes-

salie, selon Ortelius [t], qui cite Placide Lu- [t] Thesaur.
tatius, sur le troisième Livre de la Thé-
baïde, & Quintus Calaber [u], qui dit que [u] Lib. 7.
c'est le Lieu où Hercule tua le Centaure.

PHOMOTHIS, Village de la Maréo-
tide: c'est Ptolomée [x] qui en fait mention. [x] Lib. 4. c. 5.
Ses Interprètes au lieu de PHOMOTHIS écri-
vent PHAMOTHIS.

PHORA, Ville de la Grande Arménie,
selon Ptolomée [y] qui la place entre *Tusca* [y] Lib. 5. c.
& *Maepa*. 13.

PHORAGA, Ville de l'Arie: Ptolo-
mée [z] la place entre *Godana* & *Chatrische*. [z] Lib. 6. c.
Le MS. de la Bibliothéque Palatine por- 17.
te PHORAVA pour *Phoraga*.

PHORBÆ, Ville de la Thessalie: E-
tienne le Géographe qui en parle la donne aux Achéens.

PHORBANTIA, Ptolomée [a] met une [a] Lib. 3. c. 4.
Isle de ce nom sur la Côte de la Sicile. Elle a aussi été nommée BUCINNA. Voyez
ce mot.

PHORBANTIUM, Montagne de la
Troezène, selon Etienne le Géographe [b], [b] In Verbo
qui ne distingue point dans quelle Troe- *Phorbas*.
zène elle est située; mais apparemment
qu'il entend parler de celle de Thessalie.

PHORCA, Marais d'Italie, à cinq cens
Stades de Rome, selon Isacius sur Lycophron. Ortelius [c] croit que ce Marais [c] Thesaur.
étoit dans le Pays des Marses.

PHORCADUM. Voyez PHARYCADUM.
PHORCYNIDOS ANTRA MEDU-
SÆ, Caverne que Silius Italicus [d] met [d] Lib. 2. v.
dans la Marmarique. Lucain [e] parle des 59.
Champs de Médufe Phorcynide. Le nom [e] Lib. 9. v.
de Phorcynide avoit été donné à Médufe, 626.
à cause que son Pere s'appelloit Phorcus
ou Phorcys, selon Apollodore [f]. [f] Lib. 1. c. 2.

PHORCYNUS, Port de l'Isle d'Ithaque. & [g] Lib. 2. c. 4.
Homére [g] y place l'Antre des Nymphes [g] Odyss. V.
appellées Naïades. Mais Strabon [h] dit vers. 96.
que de son tems on ne voyoit aucun vesti- [h] Lib. 1. p.
ge de cet Antre des Nymphes. Il vaut 59.
pourtant mieux, dit-il, en attribuer la cause
aux changemens qui ont pu arriver, que
d'accuser le Poëte d'ignorance ou de men-
songe.

PHORIAMI, Lieu de l'Elide, près de
*Parthenium*. Etienne le Géographe dit
que ce lieu étoit propre à dresser une embuscade.

PHORIEA, Village de l'Arcadie. C'est
Etienne le Géographe qui en fait mention.

PHORISTÆ, Peuples d'Asie, selon
Pomponius Méla [i]. Ortelius [k] croit qu'ils [i] Lib. 1. c. 2.
pourroient être Scythes. Isaac Vossius, [k] Thesaur.
qui veut deviner le plus souvent, au lieu
de *Phoristae* ou *Phorsitae* a forgé le mot *Pe-
tropboritae*, nom inconnu & que l'on ne
peut recevoir.

PHORMANI, Ville d'Italie. Etienne
le Géographe est le seul, qui la connoisse;
à moins que par *Phormiani* il n'entende la
Ville *Phormiae*. Voyez FORMIÆ.

PHORMIANUM. Sénéque [l] appelle [l] Suaso-
ainsi la Maison de Campagne que Cicéron riar.
possédoit auprès de *Formiae*, & dans laquelle il fut tué, à ce que dit Eusébe [m]. [m] In Chro-
Voyez FORMIÆ. nicis.

PHORMIO. Voyez FORMIO.
PHORMISII, Peuple de l'Attique. On
ignore

ignore de quelle Tribu il étoit. C'est Dinarchus *a* qui fait mention de ce Peuple. Leur Bourg s'appelloit PHORMISIUM.

PHORMISIUM. Voyez PHORMISII.

PHORNACIS, Ville de la Bétique. Ptolomée *b* la donne aux Turdétains. On croit que ce pourroit être présentement HORNACHS.

PHOROBRENTATIUM, Ville de la Libye, selon Etienne le Géographe.

PHORONICUM. Nom que Pausanias *c* & Etienne le Géographe donnent à la Ville d'Argos, Capitale de l'Argie dans le Péloponèse. Elle fut premiérement nommée PHORONICUM du nom de son Fondateur Phoroneus, fils d'Inachus.

PHORONTIS, Ville de l'Asie Mineure, dans la Carie selon Pline *d*.

PHORUM, en Grec Φωρῶν Λιμήν; c'est-à-dire, *le Port des Voleurs*; Port de l'Attique. Strabon *e* le met au voisinage de l'Isle Psyttalia.

PHORUNNA, Ville de Thrace selon Etienne le Géographe qui cite Polybe.

PHOSPHORIUM. Etienne le Géographe nomme ainsi le Fort de la Ville de Byzance. Ortelius *f* qui cite Eustathe dit que par corruption on prononça *Bosporum*. Jean Tzetzés lit PROSPHORIUM; & la Notice des Dignitez de l'Empire écrit PROSPHORIANUM.

PHOSTONIA. C'est le nom que donne Suidas à l'une des Isles Halcyonides. Ortelius *g* dit qu'au lieu de PHOSTONIA, il lit PHTHONIA, dans un autre Ecrivain qu'il ne nomme point.

1. PHOTICA, Ville d'Italie, selon Siméon le Métaphraste *h*.

2. PHOTICA, ou PHOTICE, Siège Episcopal dans la Province de l'ancien Epire, sous la Métropole de Nicopolis, selon la Notice d'Hiéroclés.

PHOTINÆUM, Ville de Thessalie. C'est Etienne le Géographe qui en parle d'après Hécatée.

PHOVIBAGINA, Ville de la Galatie. Ptolomée *i*, qui la donne aux *Troemi*, la place entre *Carissa* & *Dudusa*. Ses Interprétes lisent *Phubatena* pour *Phovibagina*.

PHRAASPA & PHRAATA. Voyez PRAASPA.

PHRAATA, Ville des Médes, selon Appien *k* dans les Guerres des Parthes.

PHRADA, Ville de la Drangiane. Etienne le Géographe dit qu'on l'appelloit aussi PROPHTHASIA. Mais Plutarque *l* met PROPHTHASIA dans la Sogdiane. Pline *m* place aussi Prophthasia dans la Drangiane, & Ammien Marcellin en fait de même, apparemment à l'imitation de Ptolomée. Cependant le Texte Grec de Ptolomée *n* lit PROSPHTHASIA pour PROPHTHASIA. à l'égard de la Ville que Pline *o* appelle PROPHTHASIA OPIDUM ZARIASPARUM, Ortelius *p* n'avoit osé décider si c'étoit la même que PROPHTHASIA DRANGARUM. Le Pere Hardouin a été plus hardi. Il dit que la Ville de PROPHTHASIA de la Drangiane étoit une Colonie des Zariaspes, Peuples de la Bactriane.

PHRAGANDÆ, Peuples de la Thrace, aux confins de la Macédoine, à ce qu'il paroît par un passage de Tite-Live *q*.

PHRANGI, Peuples d'Italie, voisins des Alpes, selon Etienne le Géographe. Ortelius *r* croit qu'ils appartenoient plûtôt à la Gaule Celtique qu'à l'Italie. Voyez BARANGÆ.

PHRAORTUS. Voyez PRAASPA.

PHRATERIA. Voyez FRATERIA.

PHRATI, Ville de la Bactriane: Ptolomée *s* la place sur l'Oxus. Ses Interprétes au lieu de *Phrati*, lisent *Pharatrua*.

PHREARRI, Bourgade de l'Attique, dans la Tribu Léontide, selon Etienne le Géographe. Suidas & Hésyche écrivent PHREARII. C'étoit la patrie du Grand Thémistocle.

PHREATA, Ville de la Cappadoce, dans la Garsaurie, selon Ptolomée *t*.

PHREGDIACUM. Voyez BEBRIACUM.

PHRES, PRETI & PHRETES, Peuple de Libye: c'est Etienne le Géographe qui en parle.

PHRETOMANORUM URBS, Ville d'Italie, chez les Samnites. Diodore de Sicile *u* dit que Q. Fabius s'en rendit maître. Ortelius *x* croit que *Phretomanorum* est là pour *Ferentanorum*.

PHRICIUM, ou FRICIUM, Montagne de la Locride, selon Strabon *y*. Etienne le Géographe place une Montagne de même nom au dessus des Thermopyles, & Tite-Live *z* met dans le même Quartier une Ville aussi nommée PHRICIUM.

PHRICONIS, Ville de l'Eolide, selon Etienne le Géographe.

PHRIGIDOS. Voyez FRIGIDUS N°. 1.

PHRIXA, Ville du Péloponnése, dans la Triphylie, selon Strabon *a* & Polybe *b*. Etienne le Géographe dit qu'on l'appella dans la suite PHÆSTUS.

PHRIXIUM, Ville d'Asie. Strabon *c* la met aux confins de la Colchide & de l'Ibérie. Il ajoute *d* que de son tems on la nommoit IDEESSA & qu'elle étoit assez bien fortifiée.

PHRIXUPOLIS. Voyez PHRIXIUM.

1. PHRIXUS, Ville de Lycie, selon Etienne le Géographe.

2. PHRIXUS, Port de l'Asie dans le Bosphore de Thrace, près de son Embouchure dans le Pont-Euxin, selon Denys de Byzance *e* & Etienne le Géographe.

3. PHRIXUS, Fleuve de l'Argie. Pausanias *f* dit qu'il recevoit les eaux de l'Erasinus, & qu'il alloit se jetter dans la Mer entre *Temenium* & *Lerna*.

PHRUDIS, Fleuve de la Gaule Belgique. Ptolomée *g* place son Embouchure, entre celle de la Seine & le Promontoire *Itium*. Les uns croient que Phrudis est aujourd'hui la Sambre: les autres le prennent pour la Somme.

PHRUGUNDIONES, Peuples de la Sarmatie Européenne. Ptolomée *h* les place au dessous des *Sulanes* & au dessus des *Avarini*, près de la source de la Vistule.

PHRURÆSUM, Montagne de la Mauritanie Césarienne, selon Ptolomée *i*.

PHRURENTANI, Peuples d'Italie. C'est Etienne le Géographe qui en fait mention. Ne sont-ce point, dit Ortelius *k*, les FORENTANI de Pline? Voyez FORENTANI.

PHRU-

PHRURI, Peuples Scythes, selon Denys le Périégéte [a]. Eustathe dit qu'au lieu de PHRURI quelques-uns écrivent PHRYNOS. Ces Peuples étoient voisins de la Mer Caspienne.

[a] Vers 752.

☞ 1. PHRURIUM, mot Grec qui signifie un Lieu fortifié, où l'on tient Garnison. On l'a donné à quelques Lieux fortifiez ou par la Nature ou par l'Art & où il y avoit Garnison.

2. PHRURIUM, Promontoire de l'Isle de Cypre, sur la Côte Méridionale, selon Ptolomée [b]. Lusignan & Mercator l'appellent *Cabo-Blanco*.

[b] Lib. 5. c. 13.

3. PHRURIUM, Ville de l'Inde, en deçà du Gange. Ptolomée [c] la donne aux Arvarnes & dit qu'elle étoit dans les terres.

[c] Lib. 7. c. 1.

PHRYGES, Fleuve de l'Asie Mineure, selon Pline [d], qui dit qu'il se jettoit dans l'Hermus ; qu'il séparoit la Phrygie de la Carie ; & qu'il donnoit son nom à la Phrygie. On doute s'il est différent du Fleuve PHRYGIUS, dont Tite-Live [e] & Appien [f] font mention. Strabon [g] confond le PHRYGIUS avec l'Hyllus, que Pline distingue.

[d] Lib. 5. c. 29.
[e] Lib. 37. c. 37.
[f] Syr. p. 171.
[g] Lib. 13.

PHRYGI, Peuples de l'Illyrie, au voisinage des Monts-Cérauniens, selon Strabon. Voyez BRYGI.

PHRYGIA, Grande Contrée de l'Asie Mineure, sur les bornes de laquelle tous les Auteurs ne sont pas d'accord. Pline [h] étend la Phrygie autour de la Troade & la borne au Nord par la Galatie, au Midi par la Lycaonie, la Pisidie & la Mygdonie ; & à l'Orient par la Cappadoce [i] ; mais toute la Phrygie ne se trouve pas renfermée dans ces bornes ; car elles ne comprennent pas la Phrygie de l'Hellespont qui étoit la partie la plus considérable de la Troade. Elles ne comprennent pas non plus la Mygdonie, qui selon Etienne le Géographe faisoit partie de la Grande Phrygie ; quoique l'on puisse avec encore plus de raison la ranger sous la Phrygie Epictéte de Strabon, à laquelle elle touche. La faute de Pline vient de ce qu'en marquant les bornes de la Phrygie du côté du Midi, il joint la Mygdonie avec la Lycaonie & la Pisidie ; quoique deux Chapitres plus haut [k], il l'eût jointe avec d'autres Pays. Il y a donc du dérangement dans la Description de Pline, & ce dérangement vient ou de la négligence de l'Auteur ou de celle des Copistes.

[h] Lib. 5. c. 32.
[i] Cellar. Geogr. Ant. lib. 3. c. 4.
[k] Cap. 30.

La Phrygie est divisée dans les anciens Auteurs en GRANDE PHRYGIE & en PETITE PHRYGIE ; ce qui fait que Tite-Live [l] en parlant de ce Pays, dit : *Phrygia utraque*, l'une & l'autre Phrygie. Dans un autre endroit il dit, en parlant des Terres que les Romains ôtérent à Antiochus & qu'ils donnérent à Eumènes : *Ils ajoutérent en Asie les deux Phrygies ; l'une qui est sur l'Hellespont & l'autre qu'on appelle la Grande Phrygie.* Strabon & Ptolomée connoissent aussi deux Phrygies ; mais Ptolomée [m] place dans la Grande Phrygie des Villes qui se trouvoient renfermées dans les bornes qu'il donne à la Petite Phrygie ; & Strabon varie pour les noms, appellant la PETITE PHRYGIE, tantôt PHRYGIE DE L'HELLESPONT, tantôt PHRYGIE EPICTETE ; c'est-à-dire Phrygie acquise. Quelquefois il paroît distinguer ces deux noms : quelquefois il les confond comme s'ils signifioient la même chose ; & quelquefois il semble renfermer la Phrygie Epictéte dans la Grande Phrygie. *Le Pays*, dit-il [n], *qui est en deçà du Fleuve Halys, contient la Bithynie, la Mœsie & la Phrygie qui est sur l'Hellespont, & dont la Troade fait partie. . . . Et dans les terres*, ajoute-t-il, *cette Phrygie, dont la Gallogrece, appellée Galatie, l'Epictéte, la Lycaonie & la Lydie font partie.* Mais Strabon étend trop loin les bornes de la Grande Phrygie ; car il y comprend la Lydie & la Lycaonie, que les autres Géographes en séparent. A l'égard des Gallogrecs, il est certain qu'ils s'empárerent d'une partie de la Phrygie. Mais pour ce qui est de l'Epictéte que Strabon joint ici avec la Grande Phrygie ; ailleurs il la comprend sous le nom de Petite Phrygie ; c'est-à-dire sous le nom de la Phrygie qui étoit sous l'Hellespont. Le Fleuve Gallus, dit-il [o], prend sa source près de Modra, dans la Phrygie qui est sur l'Hellespont ; & c'est celle qui est appellée Epictéte. Il ajoute un peu plus bas en parlant de la Phrygie sur l'Hellespont, qu'autrefois on l'appelloit Petite Phrygie & que les Rois Attales la nommoient Epictéte. Enfin il dit dans un autre endroit [p] que la Grande Phrygie est celle dont Midas étoit Roi, & dont les Galates occupérent une partie ; & que la Petite Phrygie étoit sur l'Hellespont, de même qu'au voisinage du Mont-Olympe, & qu'on appelloit Epictéte. On voit par-là que la Petite Phrygie étoit composée de deux parties, l'une qui étoit sur l'Hellespont, & qui en tiroit son nom ; l'autre éloignée de l'Hellespont, & qui s'étendoit du côté du Mont-Olympe. Celle-ci avoit été soumise au Roi Prusias, & fut cédée aux Rois Attales ou à Eumènes ; ce qui fut cause qu'ils la nommérent Epictéte. Ainsi donc l'Epictéte dans un sens étendu étoit la même que la Petite Phrygie ; mais l'Epictéte, proprement dite, étoit distinguée de la Phrygie de l'Hellespont.

[l] Lib. 37. c. 54. & 56.
[m] Lib. 5. c. 2.
[n] Lib. 2.
[o] Lib. 12. p. 543.
[p] Pag. 571.

Eustathe remarque pareillement sur le 810. vers de Denys le Périégete, qu'il y avoit trois Phrygies ; savoir 1°. la Grande qui étoit le Royaume de Midas : 2°. la Petite Phrygie, qui étoit, dit-il, sur l'Hellespont & aux environs de l'Olympe : 3°. la Phrygie Epictéte. Cette distinction est juste par rapport au nombre ; mais il paroît qu'Eustathe se trompe, en joignant la Phrygie qui est au voisinage du Mont-Olympe avec celle qui étoit sur l'Hellespont, & en la séparant de l'Epictéte : quoique cependant, selon Strabon, la Phrygie aux environs de l'Olympe & l'Epictéte soient la même chose : ce qui paroît par les Villes que Strabon place dans l'Epictéte ; qui sont *Azani*, *Nacolea*, *Cotacium*, *Midaium*, *Dorylæum* & *Cadi*. Cependant Strabon ne semble pas s'accorder en cela avec lui-même ; car dans le Livre second il

## PHR.

il met ces Villes dans la Grande Phrygie.

PHRYGIA EPICTETOS, ou la PHRYGIE EPICTETE. Voyez PHRYGIE.

PHRYGIA-HELLESPONTIACA, ou la PHRYGIE SUR L'HELLESPONT. Voyez PHRYGIE. La Notice d'Hiéroclès y met les Evechez suivans dans cette Province:

| | |
|---|---|
| Cyzique Métropole. | Germæ. |
| Prœconefus. | Aptaus. |
| Exoria. | Cergæ. |
| Barifpe. | Sagara. |
| Parium. | Adriani & Theræ. |
| Lampfacus. | Heræ. |
| Abydus. | Pionia. |
| Dardanum. | Coniofine. |
| Ilium. | Argiza. |
| Troas. | Xius Tradus. |
| Samandrus. | Mandacada ou Mandacanda. |
| Polichna. | |
| Pœmanentus. | Ergafterion. |
| Artemea. | Mandræ. |
| Receta ou Recita. | Hippi. |
| Bladus. | Cinderon. |
| Scelenta. | Scepfis. |
| Molis. | |

PHRYGIA-PACATIANA ou CAPATIANA, Province de l'Afie Mineure. Elle eft connue dans les Notices Eccléfiaftiques. Celle d'Hiéroclès y met les Evêchez qui fuivent:

| | |
|---|---|
| Laodicée. | Briana. |
| Hiérapolis. | Sebafte. |
| Mofyna. | Iluza. |
| Allyda. | Acmona. |
| Trapezopolis. | Adii. |
| Colaffæ ou Colafæ. | Jucharatax. |
| Ceretapa. | Dioclia. |
| Themofonius ou Theonefmius. | Ariftium. |
| | Cidiffis ou Cidiffus. |
| Valentia. | Apia. |
| Sanaus. | Eudocias. |
| Coniopolis. | Azana. |
| Sitopolis. | Tiberiopolis. |
| Crafus. | Cadi. |
| Lunda. | Theodofia. |
| Molpe ou Molte. | Ancyra. |
| Eumenia ou Eumenea. | Synaos. |
| | Temenothyræ. |
| Siblia. | Tanopolis. |
| Pepufa. | Pulcherianopolis. |

PHRYGIA-PAROEIA, c'eft-à-dire, PHRYGIE-MONTUEUSE, Contrée de l'Afie Mineure dans la Grande Phrygie. Ortelius [a] croit que c'eft la même Contrée que Ptolomée appelle Pamphylie. [a Thefaur.]

PHRYGIA-SALUTARIS, Province d'Afie dans la Grande Phrygie. La Notice d'Hiéroclès y met vingt-deux Evêchez, qui font

| | |
|---|---|
| Encarpia. | Politices. |
| Hierapolis. | Debalacia ou Debalicia. |
| Oftrus. | |
| Scectorium ou Sectorium. | Lyfias. |
| Bruxus. | Synada. |
| Cleros-Horines. | Prymnefus. |
| Cleros Polemicos ou | Hipfos. |
| | Polygotus. |

## PHR. PHT.

| | |
|---|---|
| Docimium, Metropole. | ou Lycaonum. |
| Merus. | Demu, ou Plebis Auraclia. |
| Nacolia. | |
| Doryllium ou Doryleum. | Demu, ou Populi Alamaffi. |
| Medaium. | Demu, ou Populi Propniafa, ou Prypniafa. |
| Demu Libanon, ou Plebis Libaonum, | |

PHRYGIÆ CAMPUS. Voyez PELTINUS.

PHRYGIE. Voyez PHRYGIA.

PHRYGIUS & PHRYX. Voyez HYLLUS.

PHRYXI TEMPLUM & LUCUS, Temple & Bois facré dans la Colchide, felon Pomponius Mela [b]. [b Lib. 1. c. 19.]

PHTHEIROS. Voyez LATMUS.

PHTHELEON, Ville de Grece. Pomponius Mela [c] la place fur le Golphe Pegafeus. L'Edition d'Oxford au lieu de *Phtheleon* porte *Pteleon*. [c Lib. 2. c. 3.]

PHTHEMBUTI, Nome d'Egypte, felon Ptolomée [d]. Ses Interpretes lifent *Phthemphuthi*, & Pline écrit PHTHEMPHU. Sa Métropole étoit TAVA. [d Lib. 4. c. 5.]

PHTHENEGIUS. Voyez PHTHENOTES.

PHTHENOTES, Nome d'Egypte, & dont la Capitale étoit BUTOS, felon Ptolomée [e]. Goltzius rapporte une Médaille qui fait mention des PHTHENOTI. Ortelius ajoute que dans le fecond Tome des Oeuvres de St. Athanafe, il eft parlé des PHTHENEGII, Peuples d'Egypte. Ce pourroit bien etre le même nom fous une orthographe différente. [e Ibid.]

PHTHERIGIUS MONS, Montagne de Syrie, au Nord de la Ville Rhofus. Le Fleuve Piapes coule aux environs, felon le témoignage de Jean Mofcus [f] cité par Ortelius [g]. [f In Prato Spirit. g Thefaur.]

PHTHEROPHAGI. Voyez PHTHIROPHAGI & TIROPHAGIA.

1. PHTHIA, Ville de Grece dans la Phtiotide, fur le Golphe Maliacus. Pline [h] la donne comme une des plus célèbres Villes de la Phtiotide. Pomponius Mela [i], Etienne le Géographe & d'autres Auteurs la connoiffent. Procope [k] dit que de fon tems la Ville de Phthie ne paroiffoit plus, & que le tems qui détruit tout n'en avoit laiffé aucun veftige; ce qui ne favorife pas le fentiment de ceux qui prétendent qu'on la nomme préfentement *Pharfala*. [h Lib. 4. c. 7. i Lib. 2. c. 3. k Ædif. lib. 4. c. 3.]

2. PHTHIA, Port de la Marmarique. Ptolomée [l] le place entre la Grande Cherfonnéfe & Paliurus. On veut que ce Port s'appelle aujourd'hui *Patriarcha*. [l Lib. 4. c. 5.]

3. PHTHIA, Ville d'Afie, au voifinage du Pont-Euxin. Euftathe [m] dit qu'il avoit été fondée par des Phthiotides Achéens. [m In Dio- nyf.]

PHTHINOPOLIS, Ville de Thrace, felon Ortelius [n], qui cite Sextus Rufus. Il croit que c'eft la même Ville que Ptolomée appelle PINOPOLIS. Voyez ce mot. [n Thefaur.]

PHTHINTHIA, Ville de Sicile felon Ptolomée [o], qui la place dans les terres. Ortelius [p] croit que ce font les Habitans de cette Ville que Pline [q] appelle *Phtinthien-* [o Lib. 3. c. 4. p Thefaur. q Lib. 3. c. 8.]

*thienfes*. La chose n'est pourtant pas certaine, parce que Diodore de Sicile parle d'une Ville de Sicile qu'il nomme *Phintiada* & qu'il place sur la Côte de la Mer.

PHTHIOTIS, Contrée de la Macédoine. Polybe [a] la nomme Phthia & Ptolomée y place les Villes suivantes: [a Lib. 3. c. 13.]

Sur le Golphe Pelasgique.
- Pegafæ.
- Demetrias.
- Pofidium Promontorium.
- Lariffa.
- Echinus.
- Sperchia.
- Thebæ Phthiotidis.
- Sperchii Fluv. Oftia.

Dans les Terres.
- Narthacium.
- Coronia.
- Melitara.
- Eretriæ.
- Lamia.
- Heraclia Phthiotidis.

PHTHIRA, Montagne de la Carie, selon Etienne le Géographe. Eustathe en parle sur Homère [b] & Isaacius sur Lycophron. Suidas la nomme Pthiro. [b Pag. 368.]

PHTHIRO. Voyez Phthira.

PHTHIROPHAGI, Peuples qui habitoient sur les bords du Pont-Euxin, selon Pomponius Mela [c]. Strabon [d] dit qu'ils avoient été nommés ainsi à cause de leur mal-propreté. [c Lib. c. 19. d Lib. 11. p. 499.]

PHTHONIA. Voyez Phosthonia.

PHTHONTHIS, Village d'Egypte; Ptolomée [e] le place dans les terres. [e Lib. 4. c. 5.]

PHTHURIS, Ville de l'Ethiopie sous l'Egypte, selon Pline [f]. Ptolomée [g] écrit Phthur. Il en fait un Village qu'il place sur la Rive Occidentale du Nil, entre *Autoba* & *Piftre*. [f Lib. 6. c. 29. g Lib. 4. c. 7.]

PHTHUTH, Fleuve de la Mauritanie Tingitane, selon quelques Exemplaires Latins de Ptolomée [h] : d'autres portent Tuth comme dans le Texte Grec. Pline met dans la même Province un Fleuve & une Contrée, qu'il appelle Fut. Voyez Phut. [h Lib. 4. c. 1.]

PHTIUM. Voyez Sium.

PHUBATENA. Voyez Phovibagina.

PHUBIA ou Phoebia, Ville des Sicyoniens, selon Pausanias [i]. [i Lib. 9. c. 15.]

PHUCUM. Voyez Pheneus.

PHULA. Ortelius [k] qui cite Nicéphore Calliste, dit que c'est une Ville Episcopale, unie avec Sugda autre Ville Episcopale. La Notice de Léon le Sage nomme cette Ville Phulli & la met au rang des Archevéchés soumis au Patriarche de Constantinople. Elle fait aussi une Ville Archiépiscopale de Sugda qu'elle appelle Sugdia. [k Thefaur.]

PHULPHINIUM. Voyez Fulfinium.

PHUMANA, Ville de la Babylonie. Ptolomée [l] la place dans le voisinage de l'Arabie Deserte, entre *Chuduca* & *Cæfa*. Ses Interprétes au lieu de *Phumana* lisent *Chumana*. [l Lib. 5. c. 20.]

PHUNDUSII, Peuples de la Germanie. Ils habitoient, selon Ptolomée [m], à l'Occident des *Chali*. [m Lib. 2. c. 11.]

PHUPHAGENA, Ville de la Petite Arménie. Ptolomée [n] dit qu'elle étoit dans l'intérieur du pays vers les Montagnes, entre *Arane* & *Mardara*. Ses Interprétes lisent *Phuphatena*. [n Lib. 5. c. 7.]

PHUPHATENSIS, Siège Episcopal de l'Isaurie. Il en est parlé dans le Concile de Nicée. Ortelius [o] croit que *Phuphatenfis* est le nom National de *Phuphatena*. Voyez Phuphagena. [o Thefaur.]

PHUPHENA, Ville de la Petite Arménie, dans les terres & au voisinage des Montagnes, selon Ptolomée [p], qui la place entre *Ifpa* & *Arane*. Ortelius [q] a remarqué après Simler, que cette Ville étoit appellée *Eufpœna* dans l'Itinéraire d'Antonin. [p Lib. 5. c. 7. q Thefaur.]

PHURGISATIS, Ville de la Germanie. Ptolomée [r] la place sur le Danube entre *Abilunum* & *Coridorgis*. [r Lib. 2. c. 11.]

PHURNITA, Ville de Libye; c'est Etienne le Géographe qui en fait mention.

PHUSCA. Voyez Physcus.

PHUSIANA, Ville de l'Assyrie, dans les terres, selon Ptolomée [s] qui la place entre *Gomara* & *Ifone*. [s Lib. 6. c. 1.]

PHUSIPARA, Ville de la Petite Arménie, entre *Cianica* & *Eufimara*, selon Ptolomée [t]. [t Lib. 5. c. 7.]

PHUT, Contrée & Fleuve d'Afrique dans la Mauritanie. C'est Josephe [u] qui en fait mention. Voyez Fut & Phthuth. [u Lib. 1. c. 7]

PHUTI ou Phute, Josephe [x] dit que Phuté l'un des quatre fils de Cham peupla la Libye, & nomma les Peuples de son nom Phutéens. Il y a encore aujourd'hui, ajoute-t-il, un Fleuve de la Mauritanie qui porte ce nom, & plusieurs Historiens Grecs en parlent, comme ils font aussi du Pays voisin qu'ils nomment Phuté; mais il changea de nom depuis à cause d'un des fils de Mesré appellé Libys. [x Ibid.]

PHYCARIE, Peuple Asiatique que Pline [y] met dans la Sarmatie. [y Lib. 37. c.]

PHYCOCLE, Ville d'Italie dans la Romandiole, appellée aujourd'hui Cervia. Ortelius [z], qui cite Leander, dit qu'il est parlé de cette Ville dans les Priviléges de l'Eglise de Ravenne. Rubæus dans son Histoire de Ravenne la place à quinze milles de cette dernière Ville, & Sigonius, qui la met seulement à douze milles, écrit Ficoclæ au lieu de Phycocle. [z Thefaur.]

PHYCTEUM, Ville du Péloponnèse.

PHYCUM, Lieu du Péloponnèse, selon Etienne le Géographe, qui le met près du Promontoire *Tanarum*.

PHYCUS, Promontoire & Forteresse de la Cyrénaïque. Ptolomée [a] les place entre *Aptuchi Fanum* & *Apollonia*. Strabon [b] dit que le Promontoire est fort peu élevé, mais qu'il s'étend beaucoup du côté du Nord. Outre ce Promontoire & la Forteresse à laquelle il donne le titre de Bourgade, ou de petite Ville, il connoît encore dans le même Quartier un Fort nommé Phycus. C'est apparemment ce qui a fait que Synesius a appellé ce Promontoire *Navale* [c]. Marius Niger dit que les Mariniers Italiens le nomment *Cabo de Carena*, & les Barbares *Raxafen*. Il est connu dans Marmol sous le nom d'*Araz Aufen*. [a Lib. 4. c. 4 b Lib. 17. p. 865. c Ortelii Thefaur.]

PHY-

PHYCUSSÆ, Isles de la Libye, selon Etienne le Géographe. Athenée [a], que cite Ortelius [b], écrit PHYCUSÆ. Voyez PHOCUSÆ.

[a] Lib. 1.
[b] Thesaur.

PHYGADUM INSULA, c'est-à-dire l'ISLE DES EXILEZ; Isle que Strabon [c] donne aux Egyptiens.

[c] Lib. 2.

PHYGALÆA. Voyez PHIALIA.

PHYGELA, Ville de l'Ionie. Pline [d] & Pomponius Mela [e] disent qu'elle fut bâtie par des Fugitifs. Strabon [f], Etienne le Géographe qui l'a suivi, & Suidas ne dérivent pas ce nom de Φυγὰς, qui veut dire un Exilé, un Fugitif; mais de Πυγὼν, sorte de maladie dont les Compagnons d'Agamemnon furent attaquez & qui les obligea de demeurer dans ce Lieu: aussi ces Auteurs n'écrivent-ils pas PHYGELA mais PIGELA. Dioscoride [g] fait l'éloge du Vin de Phygela. Selon le Pere Hardouin le nom moderne de cette Ville est FIGELA.

[d] Lib. 5. c. 29.
[e] Lib. 1. c. 17.
[f] Lib. 14. p. 639.
[g] Lib. 5. c. 12.

PHYGOS. Voyez PHAGOS.

PHYLE ou PHYLA ou PHYLON, Bourgade de l'Attique, voisine de *Decelia* ou *Decelea*. Cornelius Nepos [h] l'appelle *Castellum munitissimum*; & Diodore de Sicile [i] qui en parle dans les mêmes termes, ajoute que ce Lieu étoit à cent Stades d'Athènes. Etienne le Géographe place PHYLE dans la Tribu Oenéïde. Cela, dit Cellarius [k], fait naître une difficulté. Il s'agit de savoir si PHYLE étoit bien près de *Decelia* dans la partie Orientale de l'Attique; car la Tribu Oenéïde s'étendoit plûtôt du côté du Couchant. Orose [l] lit PHILENE pour PHYLE; mais c'est une faute. Les Habitans sont appellez PHYLASII par Aristophane, Suidas & Xénophon.

[h] Thrasybulo, c. 2.
[i] Lib. 14. c. 33.
[k] Geogr. Ant. lib. 2. c. 13.
[l] Lib. 2. c. 17.

1. PHYLACE, Ville de la Thessalie, dans la Phthiotide, au voisinage des Maliens, selon Strabon [m], & Etienne le Géographe. Il en est fait mention dans l'Iliade de [n]. On ne sait si elle étoit sur la Côte ou dans les Terres.

[m] Lib. 9. p. 433.
[n] B. v. 696.

2. PHYLACE, Lieu du Péloponnése: Pausanias [o] dit que c'est où le Fleuve Alphée prenoit sa source.

[o] Arcad. c. ult.

3. PHYLACE, Ville de la Molosside, selon Tite-Live [p]. Elle étoit différente de celle de Thessalie.

[p] Lib. 45. c. 26.

4. PHYLACE ou PHILACÆ, Ville de la Macédoine dans la Piérie, selon Ptolomée [q].

[q] Lib. 3. c. 13.

PHYLACENSII, Peuples de Phrygie. Ptolomée les place au-dessous des *Moxiani* & au-dessus des *Hieropolitæ*.

[r] Lib. 5. c. 2.

PHYLAMUS. Ortelius [s] dit: Lieu d'Italie chez les Dauniens, à ce qu'il paroît par un passage de Lycophron, que Scaliger son Interprète rend de la sorte: *Ad Ausonitem exstruebit Phylamum*; mais ajoute Ortelius, à la marge on lit PYRAMOS.

[s] Thesaur.

PHYLARCHI, Arabes qui habitoient au voisinage de l'Euphrate, & dans la Syrie, selon Strabon [t].

[t] Lib. 2. p. 130.

PHYLASII. Voyez PHYLA.

PHYLE. Voyez PHYLA.

PHYLISTIIM. Voyez PALÆSTINA & PHILISTINS.

PHYLITÆ, Peuple de l'Inde en deçà du Gange. Ptolomée [u] les place avec les *Bittigi* au voisinage du Fleuve Nanaguna.

[u] Lib. 7. c. 1.

Quelques Exemplaires portent PHYLLITÆ pour PHILITÆ.

PHILLEIUS. Ortelius [x], qui cite Apollonius [y], dit qu'on donnoit ce nom à une Montagne, à une Ville, & à une Contrée de la Piréfie dans la Macédoine.

[x] Thesaur.
[y] Lib. 1. Argonautr.

PHYLLIS. Voyez PHILLIS & PSILLIS.

PHYLLOS, quelques-uns disent que c'est une Contrée de l'Arcadie. Stace [z] en parle dans sa Thébaïde & dit qu'elle abonde en Bétail, *pecorosaque Phyllos*. Un MS de Stace consulté par Ortelius portoit *Phillos* pour *Phyllos*. Voyez l'Article suivant.

[z] Lib. 4. v. 44.

PHYLLUS, Ville de la Thessalie: Strabon [a] dit que c'est dans cette Ville qu'étoit le Temple de Jupiter Phylléen. Or tellus [b] croit que c'est la Ville PHYLLEIUS d'Apollonius: il croit aussi que c'est la même que Stace appelle PHYLLOS. Il s'embarrasse peu du témoignage de Placidus qui lui est contraire. Placidus, dit-il, est un Grammairien, & ces sortes de gens ne sont pas fort exacts en fait de Géographie.

[a] Lib. 9. p. 435.
[b] Thesaur.

PHYRCUS, Lieu fortifié dans la Grece. C'est Thucydide [c] qui en parle.

[c] Lib. 5. p. 379.

PHYRITES, Fleuve de l'Ionie au voisinage de la Ville d'Ephèse, selon Pline [d]. Quelques MSS. au lieu de Phyrites portent PYRRHITES, & le Pere Hardouin juge que c'est la véritable orthographe.

[d] Lib. 5. c. 29.

PHYRO-CASTRUM, Lieu fortifié dont parlent Cédrène & Curopalate. Ortelius [e] soupçonne que ce Lieu pourroit être dans l'Arménie.

[e] Thesaur.

PHYSÆ, Ortelius [f] qui cite Orose [g], dit que les Grecs donnoient ce nom à certains Lieux de la Mœonie & qu'il appelle *torridæ Voragines*.

[f] Thesaur.
[g] Lib. 6. c. 2.

PHYSCÆ, Ville de la Macédoine: Ptolomée [h] la place dans la Mygdonide, entre *Bærus* & *Terpillus*.

[h] Lib. 3. c. 13.

PHYSCE, ou PHYSCA, Ville de la Mœsie Inférieure, selon Ptolomée [i], qui la place entre les Embouchures de l'Axiacus & du Tyras. Niger dit qu'on l'appelle présentement *Chosabet*.

[i] Lib. 3. c. 10.

PHYSCELLA, Ville de la Macédoine. Pline [k] la met sur le Golphe *Mecybernæus*. Pomponius Mela [l] fait aussi mention de cette Ville.

[k] Lib. 4. c. 10.
[l] Lib. 2. c. 3.

PHYSCIA. Voyez PHYSCUS.

1. PHYSCUS, Ville de l'Asie Mineure, dans la Doride, sur la Côte, vis-à-vis de l'Isle de Rhodes, selon Diodore de Sicile [m] & Strabon [n]. Ce dernier dit qu'elle avoit un Port. Elle est nommée PHYSCIA par Etienne le Géographe & PHUSCA par Ptolomée [o].

[m] Lib. 14.
[n] Lib. 14. p. 652.
[o] Lib. 5. c. 2.

2. PHYSCUS, Ville des Ozoles de la Locride. Plutarque en parle dans ses Questions Grecques.

3. PHYSCUS, Ville de la Carie, selon Etienne le Géographe.

4. PHYSCUS, Ville de la Macédoine. C'est Etienne le Géographe qui en parle d'après Théagènes.

[p] In Mace: donicis.

5. PHYSCUS. Etienne le Géographe donne ce nom à un Port de l'Isle de Rhodes.

6. PHYSCUS, Fleuve dont fait mention Etienne le Géographe, qui cite Sophænelus [q].

[q] In Cyri adscensu.

7. PHYS-

7. PHYSCUS, Fleuve aux environs de l'Assyrie, à ce qu'il paroît par un passage de Xénophon [a] cité par Ortelius.

[a] Lib. 2. de Cyri. Exped.

8. PHYSCUS, Montagne d'Italie dans la Grande Grece près de Crotone, selon Théocrite [b].

[b] Idyl. 4.

PHYSIA, Isle au voisinage de Cyzique [c], selon Etienne le Géographe.

[c] In Verbo Βυζικος.

PHYTÆUM, Ville de l'Etolie, selon Etienne le Géographe qui cite Polybe. Voyez PHOETIÆ.

PHYTALIDÆ, Ortelius [d] croit que c'est le nom d'une Tribu de l'Attique. Il se fonde sur un passage de Plutarque [e]; mais Plutarque & Pausanias disent seulement que les Phytalides étoient les Descendans de Phytalus, à qui Cérès avoit donné l'Intendance des Saints Mystères, pour le récompenser de l'hospitalité qu'il avoit exercée à son égard, l'ayant reçue fort humainement dans sa maison.

[d] Thesaur.
[e] In Theseo.

PHYTEUM, Ville du Péloponnèse dans l'Elide, selon Etienne le Géographe. Thucydide [f] la nomme PHYTHIA.

[f] Lib. 3. p. 244.

PHYTONIA, Isle de la Mer de Tyrrhène. Pomponius Mela [g] la joint avec les Isles qui sont en deçà du Tibre. C'est une faute que Pintaut a remarquée & dont il charge les Copistes. Phytonia nommée Pinton par Martianus Capella & par Pline, & Phinton par Ptolomée, étoit une des Isles qui se trouvent au delà du Tibre.

[g] Lib. 2. c. 7.

PHYXIUM, Ville du Péloponnèse, dans l'Elide. Il en est parlé dans Polybe [h].

[h] Lib. 5. n. 95.

PHYZANIA, Contrée d'Afrique, selon Ptolomée [i]. Ortelius soupçonne que PHYZANIA est la même chose que PHAZANIA.

[i] Quadripart. lib. 2.

## P I.

PI, Ville de la Chine [k], dans la Province de Suchuen, au Département de Chingtu, première Métropole de la Province. Elle est de 13. d. 15′. plus Occidentale que Peking sous les 30. d. 46′. de Latitude Septentrionale.

[k] Atlas Sinensi.

P'I, Ville & Forteresse de la Chine [l], dans la Province de Nanking, au Département d'Hoaigan, huitième Métropole de la Province. Elle est de 0. d. 46′. plus Orientale que Peking, sous les 34. d. 55′. de Latitude Septentrionale.

[l] Atlas Sinensi.

PIACUS, Ville de Sicile, selon Etienne le Géographe.

PIADA, Ville de la Sérique: Ptolomée [m] la place entre *Damma* & *Asmiræa*. Mercator la nomme PEIM.

[m] Lib. 6. c. 17.

PIADÆ, Peuples de la Sérique. Ils habitoient selon Ptolomée [n], au voisinages des *Damnæ*, & s'étendoient jusqu'au Fleuve Oechardus. Les Interprètes de Ptolomée lisent PIALÆ, au lieu de PIADÆ.

[n] Ibid.

PIADENA, Bourgade d'Italie [o], dans la partie Septentrionale du Cremonése, vers les confins du Duché de Mantoue, entre l'Oglio & le Delmona. Ce Lieu est connu principalement pour avoir donné la naissance, à Jean Baptiste Platine. Il y nâquit vers l'an 1420. Nous avons de lui une Vie des Papes, écrite avec assez de fiel: il mourut à Rome en 1481.

[o] Magin, Carte du Cremonése.

PIALA, Ville de Cappadoce, dans le Pont Galatique: Ptolomée [p] la place dans les terres entre *Etonia* & *Pleuramis*.

[p] Lib. 5. c. 6.

PIALÆ. Voyez PIADA.

PIALIA, Ville de Thessalie, au pied du Mont Cercetius, selon Etienne le Géographe.

PIANORO, Bourgade d'Italie [q], dans l'Etat de l'Eglise au Boulonois, sur la Riviere Saucuna, environ à huit milles au Midi de la Ville de Boulogne.

[q] Magin, Carte du Boulonois.

PIANOSA. Voyez PLANOUSE.

PIAOLO, Montagne de la Chine [r], dans la Province d'Iunnan, aux environs de la Ville de Nangan. Il y a dans cette Montagne une riche Mine d'argent.

[r] Atlas Sinensi.

PIARENSII, Peuples de la Mysie Inférieure en Europe, selon Ptolomée [s].

[s] Lib. 3. 4. 10.

1. PIASIDA, PEISEIDA, ou PISIDA, Riviére de l'Empire Russien dans la Tartarie Moscovite. Elle prend sa source dans le Lac d'Esey, & après avoir traversé un Pays auquel elle donne le nom, elle va se perdre dans la Mer Glaciale, environ à trente lieues de l'Embouchure du Fleuve Jenisea. Mr. de l'Isle [t] n'a pas connu le cours entier de cette Riviére. C'est l'Auteur de la nouvelle Carte de l'Empire Russien qui le donne; mais il nomme cette Riviére PASINA.

[t] Atlas.

2. PIASIDA, Pays de l'Empire Russien [u], dans la Tartarie Moscovite. On n'en connoît par bien les bornes. On sait seulement qu'il est traversé par la Riviére qui lui donne son nom.

[u] Ibid.

1. PIASTÆ, Peuples voisins du Pont-Euxin, selon Etienne le Géographe.

2. PIASTÆ, Peuples de la Macédoine. C'est encore Etienne le Géographe qui en fait mention.

PIATES. Voyez PHTERIGINS.

PIAVE, Riviére d'Italie [x], dans l'Etat de Venise. Elle naît dans le Tirol assez près de la source de la Zeia. Après avoir arrosé Trifago, Pieve di Cadore, Belluno & Feltre, elle se partage en deux dont l'un qui prend le nom de Sale passe à Trevigi & va se jetter dans le Golphe de Venise, un peu au delà de l'Embouchure de la Riviére Zero: l'autre qui est le plus considérable & qui conserve le nom de Piave, va pareillement se jetter dans le Golphe de Venise, entre *Punta de Lio Maggior* & *Punta di Tesole*, autrement Punta della Piave. Dans sa course cette Riviére en reçoit plusieurs autres moins considérables; entr'autres celles de Padola, d. d'Ansie, d. Boite, d. Colmeda, d. & Rimonta, g. Quelques-uns croient que la Piave est l'*Anassus* des Anciens. Voyez ANASSUS.

[x] Magin, Carte du Domaine de Venise.

PIAZZA, Ville du Royaume de Sicile [y], dans le Val de Noto, entre Castro Giovanne au Nord Occidental & Calta Girone, sur la route de l'une de ces deux Villes à l'autre.

[y] De l'Isle Atlas.

PIAZZA-VECCHIO, Château ruiné en Sicile [z], dans le Val de Noto, près de la Ville de Piazza du côté de l'Occident.

[z] Ibid.

PIBERI ou PIPERI, Isle de la dépendance du Turc [a], près de la Côte de la Macé-

[a] Ibid.

# PIB. PIC.

Macédoine, entre Monte Santo, au Nord, & l'Isle Lanio ou Pelagifi au Midi. Niger la nomme Limène ; & on prétend que c'est l'ancienne PEPARETHUS. Voyez PEPARETHUS.

PIBRAC, Bourgade de France, dans le Haut Languedoc, Recette de Toulouse.

☞ PIC. Nom que l'on a donné à quelques Montagnes fort élevées & qui se terminent en une seule pointe : il a été occasionné par leur ressemblance à un outil de fer nommé Pic, dont on se sert pour fouir la terre, & qui n'a qu'une pointe.

PIC D'ADAM. Voyez ADAMS-PIC.

1. PIC DI LUGO, Lac d'Italie [a] dans l'Umbrie, entre le Lac de Rieti à l'Orient & celui delle Marmore, avec lesquels il communique par deux Emissaires. Ce Lac nourrit de très-bons poissons & entr'autres des Truites & des Tanches sans arêtes. L'eau de ce Lac couvre de pierres en peu de jours le bois qu'on y plante.

2. PIC DI LUGO, Bourgade d'Italie [b], dans l'Umbrie, sur le bord Septentrional du Lac de même nom, à l'une des Embouchures de la Rivière Fossiella dans le Lac.

PIC DE TENERIFFE. Voyez TENERIFFE.

PICARA, Province de l'Amérique Méridionale, dans le Nouveau Royaume de Grenade. De Laet [c] dit qu'elle s'étend le long de la Province de Pozo, vers le Levant. Elle est fort grande & très-fournie d'habitans, qui ont le même langage que ceux de Pacura. Les grandes Montagnes des Andes la ferment du côté de l'Orient.

PICARDIE, Province de France, regardée long-tems comme le Boulevard de Paris & du Royaume, avant les Conquêtes que les Rois Louis XIII. & Louis XIV. ont faites dans les Pays-Bas, sur les Frontières desquels elle s'étend en longueur. Elle est bornée au Septentrion par le Hainaut, l'Artois & le Pays de Calais ; au Levant par la Champagne ; au Midi par l'Isle de France ; & au Couchant par la Normandie & le Canal de la Manche.

Le nom de Picardie n'est pas ancien [d], & ne se trouve en aucun Monument avant la fin du treisième Siècle, où Guillaume de Nangis a appellé ce Pays Picardie. Le nom de Picard est plus ancien, ayant été en usage cent ans auparavant. Plusieurs veulent que ce nom ait été donné à ces Peuples parce qu'ils portoient des Piques pour armes ; ce qui néanmoins ne paroît pas fort appuyé, n'étant attesté par aucun Ancien ; outre que l'on ne voit pas que ces gens-là se soient plûtôt & plus souvent servis de Piques que les autres, & qu'un Piquier ait jamais été appellé un Picard. Ce nom a commencé à être en usage à Paris, & sur-tout dans l'Université, où la Nation des Picards étoit connue sous Philippe-Auguste. Ainsi il est plus probable que c'est-là où l'on a inventé ce nom de Picard que l'on a donné à ceux du même Pays, à cause de l'humeur prompte & colère, qui est ordinaire à ceux qui se piquent aisément. A quoi il faut ajouter, que Matthieu Paris parlant de la gran-

[a] Magin, Carte du Patrimoine.
[b] Ibid.
[c] Descr. des Indes Occid. liv. 9. c. 12.
[d] Longuerue, Descr. de la France, part. 1. p. 14.

# PIC.

de sédition arrivée l'an 1229. à Paris, entre les Bourgeois & les Clercs ou Ecoliers de l'Université, dit que les Auteurs de ce trouble furent ceux qui étoient voisins de la Flandres, & qu'on appelloit communément Picards : *Qui seminarium tumultuosi certaminis moverunt, erant de Partibus conterminis Flandriæ, quos communiter Picardos nominamus.*

La Picardie ayant été conquise par Clodion [e], tomba sous la domination des Rois de France. Ce Prince établit à Amiens son Siège Royal. Mérovée lui succéda & Childeric son fils la garda aussi comme la Capitale de son Empire. Grégoire de Tours lui donne pour successeur Chararic ou Cararic, à qui Clovis fit trancher la tête de même qu'à son fils : ainsi la Picardie tomba en partage à Clotaire, fils de ce premier Roi Chrétien & fut sous la domination des Rois de France jusqu'à Louis le Débonnaire, qui y établit en 823. des Comtes qui devinrent si puissans, qu'ils étoient presque Souverains. Philippe d'Alsace Comte de Flandres, après la mort de sa femme Elisabeth, Comtesse de Vermandois, de laquelle il n'avoit point d'enfans, retint le Comté d'Amiens qu'elle lui avoit apporté en mariage & refusa de le rendre à Aliénor de Vermandois, Comtesse de St. Quentin, sœur Cadette d'Elisabeth, étant filles l'une & l'autre de Raoul premier, surnommé le Vaillant, Comte de Vermandois & d'Alix fille de Guillaume IX. Duc de Guienne. Philippe-Auguste déclara la guerre à Philippe d'Alsace, & par le Traité qu'ils conclurent, il fut convenu que Philippe d'Alsace & Aliénor jouïroient successivement de cette Province, & qu'après leur mort elle appartiendroit au Roi. En 1435. Charles VII. engagea toutes les Villes situées sur la Rivière de Somme au Duc de Bourgogne pour quatre cens mille Ecus. Louis XI. les retira en 1463. & depuis ce tems-là la Picardie n'a plus été aliénée.

Cette Province comprenoit ci-devant dix petits Pays ; savoir [f] :

l'Amiénois,          la Thiérache,
le Boulenois,        le Pays-reconquis,
le Ponthieu,         le Beauvoisis,
le Santerre,         le Noyonnois,
le Vermandois,       le Laonnois.

Ces trois derniers ont été démembrez de la Picardie & font maintenant du Gouvernement de l'Isle de France ; mais on a depuis ajouté le Comté d'Artois au Gouvernement de Picardie.

Les principales Rivières qui arrosent cette Province sont la Somme, l'Oyse, la Canche, l'Authie, la Lis, l'Aa, la Scarpe & la Deule ; voyez ces différens noms dans leur ordre. Il y a outre cela trois choses singulières à remarquer par rapport à l'Histoire Naturelle. Ce sont deux Fontaines minérales & les Isles flottantes près de St. Omer. La FONTAINE DE VERBERIE, près de Compiègne donne une eau froide & insipide, qui participe d'un sel semblable au sel commun. Celle

[e] Pigañol, Descr. de la France, t. 3. p. 121.
[f] P. réc.

de Boulogne est à deux ou trois cens pas de cette Ville, sur le Chemin de Calais. On l'appelle la FONTAINE DE FER. Le mérite n'en est connu que depuis peu d'années. L'eau en est claire, fort légère & passe fort vîte sans laisser aux buveurs d'autre goût que celui du fer. Elle coule toujours également par un seul petit Jet qui n'est pas plus gros que le Robinet d'un tonneau. Cette eau est si claire & si limpide, que rien ne peut la rendre trouble, pas même les plus grandes pluyes. Parmi les principes dont elle est composée, on ne peut pas douter qu'il n'y ait du fer. Les plus grossiers s'en apperçoivent & on en trouve dans toutes les évaporations: l'Alun & le Souffre n'y sont pas si développez ni si sensibles. La Noix de Gale ne la change guère davantage que la Royale de Forges. Ces eaux sont bonnes contre les maladies d'obstruction, & sont capables d'émousser les pointes d'un acide très-actif. Les Isles flottantes qui sont entre la Ville de St. Omer & l'Abbaye de Clairmarêts méritent bien d'être remarquées. Ce sont des Isles qui flottent sur le Marais, & que l'on fait aller de côté & d'autre à peu près de la même manière que l'on conduit un Batteau. Comme il y a dans ces Isles des Pâturages excellens, ceux du Pays y menent paître leurs Bestiaux & ont grand soin d'en tenir les Arbres fort bas, afin qu'ils ne donnent point de prise aux Vents, & que par ce moyen ces Isles n'en soient point le joüet.

La Picardie en général est un Pays plain & assez uni. Il n'y croît point de Vin; mais elle produit en récompense beaucoup de grains, des fruits de toutes espèces & beaucoup de foin, sur-tout le long de la Rivière d'Oyse. La Forêt de Crecy est la plus grande qu'il y ait du côté d'Amiens. Le bois est rare & cher dans ce Canton & les gens peu aisez n'y brûlent que des Tourbes. C'est une espèce de terre noire qui se forme dans les Marais, où l'on trouve à trois pieds en terre. On la tire avec une bêche pointue, fermée de manière que chaque tourbe prend en même tems les dimensions qu'elle doit avoir. Elles ont la figure d'une brique, neuf pouces de long sur trois pieds de large & un pouce & demi d'épaisseur. Le feu qu'on fait avec ces tourbes est puant & pâlit le visage. On trouve dans le Boulenois deux Mines de charbon de terre, mais il n'est pas à beaucoup près aussi ardent que celui d'Angleterre. On y trouve aussi des Carrières de pierres de Stinkal. Cette pierre est dure & de plusieurs couleurs. Elle est d'un très-bon usage & très-propre pour les revêtemens des Placés & pour les ornemens d'Architecture.

Les Picards conservent encore aujourd'hui la valeur & le courage que César éprouva dans les Belges. Ils préférent le service de la Cavalerie à celui de l'Infanterie pour lequel ils ont moins de goût. Généralement parlant les Picards sont paresseux par tempérament & laborieux par nécessité. Ils demeurent volontiers dans l'état où ils se trouvent & l'on en voit peu qui sortent de leur situation. Ils ne sont ni assez patiens ni assez souples pour faire fortune. Leur œconomie leur en tient lieu. Ils sont sincéres, libres, brusques, attachez à leurs opinions & fermes dans leurs résolutions. La bonté de leur cœur ne doit pas prévenir contre la solidité ni contre la beauté de leur esprit. La Picardie a produit des Ecrivains qui se sont distinguez par les progrès qu'ils ont faits dans les Sciences & par la délicatesse de leur génie.

On compte quatre Evêchez dans le Gouvernement de Picardie, tel qu'il est aujourd'hui: Amiens & Boulogne sont Suffragants de l'Archevêché de Rheims: Arras & St. Omer en Artois, sont sous la Métropole de Cambray. Il y a deux Sénéchaussées, six Bailliages, vingt Prevôtez, cinq Sièges de l'Amirauté, quatre Maîtrises des Eaux & Forêts, & autant de Justices de Seigneurs qu'il y a de Terres ou Fiefs Seigneuriaux. Il n'y a point de Villages en Picardie dont les Seigneurs n'ayent Haute, Moyenne & Basse Justice; mais aucune de ces Justices ne ressortit directement au Parlement. Dans ces différentes Jurisdictions la Justice est rendue conformément à différentes Coûtumes, selon les Cantons où les Jurisdictions sont situées.

La proximité de la Mer [a], les Riviéres navigables, les Canaux & l'industrie des habitans rendent le Commerce qui se fait en Picardie un des plus considérables du Royaume. Les Manufactures & Fabriques occupent & font subsister un grand nombre de personnes de tout séxe & de tout âge, à la Ville & à la Campagne. La principale Fabrique est appellée *Sayeterie*; parce que le fil fait de Sayéte, ou de Laine peignée & filée au petit Rouet, fait seul la chaîne de ces Etoffes qu'on appelle Serges de Crevecœur ou d'Aumale, Bouracans, Camelots, Ras de Génes, Ras façon de Châlons, Serges façon de Nismes, Serges façon de Seigneur, qui sont toutes de pure laine. On en fait encore plusieurs autres où la laine est employée avec la soie, le fil de lin & le poil de Chévre, telles que sont les Camelots façon de Bruxelles, les Pluches, Ras de Génes avec un fil de soie tord autour de la chaîne, Etamines façon du Mans & du Lude. Ces derniéres ne sont façonnées que dans les Villes d'Amiens & d'Abbeville, au lieu que le travail de la Sayéterie est répandu dans un grand nombre de Bourgs & de Villages. Les Laines dont on se sert dans ces Manufactures sont pour la plus grande partie du crû du pays. On en tire aussi de Brie, du Soissonnois, d'Artois, du Nord d'Irlande, & quelques Bouchons d'Angleterre pour les Ouvrages les plus fins. En 1665. on établit à Abbeville une Manufacture de Draps. Voyez ABBEVILLE, AMIENS, SAINT-QUENTIN, & PERONNE.

Le fond des terres est si excellent que les Grains de toute espèce qu'elles produisent font la ressource du Pays & son principal

*a* P. 183.

cipal Commerce. On en transporte une grande quantité en Flandres & même dans les autres Provinces du Royaume, par St. Valery, lorsque le Roi le permet. Le Commerce des Lins est aussi très-considérable. Le Ponthieu, l'Amiénois & le Vermandois en produisent abondamment, outre celui qui se consume dans les Manufactures du pays. On en envoye beaucoup à Rouen & en Bretagne. La graine de ces Lins fait aussi partie du Commerce de cette Province. On en envoye en Normandie & en Bretagne pour y être transplantée. Cette graine s'use & se consume, si on ne la change de terroir: elle prend une nouvelle fertilité dans un nouveau Pays. Les Marchands de Normandie achetent tous les ans cinq à six mille Poulains dans les Gouvernemens de Calais & de Boulogne: ils les mettent dans les Pacages de la Basse Normandie & les vendent ensuite sous le nom de Chevaux Normans. On transporte des Mines du Boulenois beaucoup de Charbon de terre en Artois & en Flandres par le Canal de Calais & par la Riviére d'Aa, pour les Corps de garde, pour les Briqueteries, pour les Fours-à-Chaux & pour les Forges des Maréchaux. Il sort aussi de la Fosse du Boulenois beaucoup de Beurre qu'on transporte en Artois, en Champagne & même jusqu'à Paris. Il y a dans la Foret de la Fère plusieurs Verreries, où l'on fabrique toutes sortes d'Ouvrages de terre que l'on transporte à Paris & ailleurs. Mais la Manufacture des Glaces est infiniment plus utile. Elle est au milieu de cette Foret dans le Château de SAINT-GOBIN. Le Volume des Glaces qu'on y fait n'est borné que par la difficulté du poli; car il est impossible qu'un Ouvrier puisse polir des Glaces qui auroient plus de soixante pouces de large. On en a vu sortir de cette Manufacture qui avoient cent cinq pouces de hauteur, sur soixante de largeur. Ces Glaces se coulent sur une Table de Métal. Le Fourneau où la matiére se prépare est ouvert de quatre côtez, pour recevoir une quantité égale de bois, de la longueur des cotterêts qu'on vend à Paris. Un des Ouvriers que l'on relève de six heures en six heures, tant le jour que la nuit, tourne continuellement autour du Fourneau, pour jetter successivement dans chaque ouverture le bois nécessaire pour entretenir le feu, qui est le plus ardent que l'on puisse s'imaginer. La matiére est renfermée dans de grands Creusets de terre cuite, d'une composition particuliére, & propre à résister au feu. C'est une chose surprenante de voir avec quelle adresse les Ouvriers manient, tournent & portent ces Creusets jusqu'à l'endroit où l'on coule les Glaces. On se sert, pour étendre également la matiére, d'un gros Rouleau soutenu par les extrémitez sur deux tringles de fer couchées sur le bord de la Table. Le plus ou le moins d'élévation de ces deux tringles décide de l'épaisseur de la Glace coulée. Aussi-tôt que la matiére moins ardente a pris consistence, ce qui arrive au plus tard dans l'espace d'une minute, la Glace est formée: on la pousse alors dans un Four bien échauffé, où l'on la laisse cuire pendant vingt-quatre heures; après quoi il n'est plus question que de la polir. Pour cet effet on les envoye toutes brutes à Paris & elles prennent leur derniére perfection au Fauxbourg St. Antoine.

Les Côtes de la Mer fournissent abondamment de très-bon Poisson frais de toutes espéces, dont environ un tiers est consumé dans le Pays; un tiers en Flandres, en Artois; & un autre tiers à Paris. Les Ports de Boulogne, d'Estaples & de St. Valery, font par an pour plus de quatre cens mille Livres en Harangs & en Maquereaux.

Les Marchandises de dehors, qui entrent en Picardie, viennent des autres Provinces du Royaume ou des Pays étrangers. Celles du crû du Royaume sont les Vins de Champagne & de Bourgogne, ceux de Mante, d'Andresy & de Trielle; les Eaux de Vie de l'Orléanois; les Cidres de Caen; les Bœufs, Vaches & Taureaux de Normandie; les Laines du Soissonnois & de la Brie; les Miels blancs du Soissonnois; le Pastel, le Safran du Gâtinois; les Fruits de Carême & autres Denrées de Paris; les Galons d'or & d'argent & les Etoffes de même matiére de Paris; les Toiles de la Flandre Françoise & de l'Artois; les Huiles de Colsat ou de Navette; les Laines filées qu'on nomme Fil de lin, le Houblon, les Toiles & Dentelles de la Flandre, des Mocades & Serges d'Ypres & d'Houscot. Il arrive outre cela dans le Port de Calais plusieurs Bâtimens François, chargez de Sel de brouage, de Vins & d'Eaux de Vie de Bourdeaux, de la Rochelle & de Nantes, qu'on conduit à la faveur des Canaux dans l'Artois & dans la Flandre Françoise. Les Anglois y apportent des Beurres & des Cuirs d'Irlande, des Bouchons de laine d'Angleterre, nonobstant les défenses sévéres d'en faire sortir. Cependant le Commerce de ce Port n'est pas fort considérable. Il entre dans le Port d'Estaples quelques Vins, Eaux de Vie, Vinaigre, Huile de Baleine, & environ cinq ou six cens muids de Sel, dont la plus grande partie est transportée en Artois. Le Commerce du Port de Boulogne ne consiste qu'en Harangs & Maquereaux, dont la Pêche s'y fait avec plus de succès qu'ailleurs: celle des Maquereaux pendant les Mois de Mai & de Juin, & celle du Harang dans les Mois d'Octobre, Novembre & Décembre. A l'égard du Commerce de St. Valery & de l'Artois, voyez au mot SAINT l'Article SAINT-VALERY. Voyez aussi ARTOIS. Je me contenterai de dire ici en général, qu'il se fait trois sortes de Pêches sur les Côtes de Picardie. Celle du Poisson frais, principalement depuis le commencement de Décembre jusqu'à la fin de Mai, ou en pleine Mer, par Batteaux de cinq à six tonneaux appellez Dragueurs, ou à l'hameçon par de petits Batteaux Côtiers. Les Poissons de cette Pêche sont des Vives, des Soles, des Barbues, des Turbots, des Limandes, des Flétes, des Carlets, & autres, dont la qualité

lité est d'autant meilleure que les Pêcheurs approchent des Côtes d'Angleterre. La seconde Pêche est celle des Maquereaux, qui se fait comme je l'ai déja dit pendant les Mois de Mai & de Juin. Le Poisson de cette pêche se debite sans être salé. La troisiéme est celle du Harang, que les Bâtimens de Picardie vont faire sur les Côtes d'Angleterre, pendant les Mois d'Octobre, de Novembre & de Décembre.

Quant au Gouvernement Militaire de Picardie [a] ; il comprend les Lieutenances Générales de Picardie, de Santerre & d'Artois; six Lieutenances de Roi, savoir celle du Boulenois, de Ponthieu, de Vermandois, du Pays de Santerre, & deux pour le Pays d'Artois, avec un grand nombre de Gouvernemens Particuliers. Les Gouvernemens Particuliers de la Lieutenance Générale de Picardie, sont la Ville & Citadelle de Calais ; le Fort de Nieulay, Ardres, Boulogne & le Pays Boulenois. Le Gouvernement de ce dernier Pays est indépendant du Gouvernement de Picardie. Les autres sont la Ville & Citadelle de Montreuil, Saint Valery sur Somme ; Abbeville, dont les Maires & Echevins ont le Commandement, suivant d'anciens Privilèges ; mais en tems de guerre le Roi y établit un Commandant. Enfin ce sont, Dourlens, la Ville & Citadelle d'Amiens, Saint Quentin, la Ville & Château de Ham, Guise, la Ferté, Ribemont & Marle. La Lieutenance Générale de Santerre comprend les Gouvernemens de Péronne, de Roye & de Montdidier. Dans la Lieutenance Générale d'Artois sont les Gouvernemens de St. Omer, d'Aire, du Fort de St. François d'Aire, de Béthune, d'Hesdin, de la Ville & Citadelle d'Arras & celui de Bapaume.

[a] Pag. 193.

Le détail de ces Gouvernemens Particuliers dispense de mettre ici les noms des Places fortifiées de cette Province. Au lieu de cette répétition il vaut mieux remarquer que les Habitans du Boulenois forment un Corps de troupes dans lequel tous ceux qui sont en état de porter les armes sont engagez. Ces Troupes ont plus d'une fois dans ces derniéres guerres signalé leur valeur & leur fidélité. Elles consistent en six Régimens d'Infanterie de dix Compagnies chacun, dont les Officiers sont nommez par le Gouverneur ; ont Commission du Roi, de même que ceux des Troupes réglées de sa Majesté ; & roulent suivant leur ancienneté avec les Officiers des Armées du Roi. La Cavalerie est de cinq Régimens de quatre Compagnies chacun. Il y a encore une Compagnie de Carabiniers de trente Maîtres & deux Compagnies de Dragons aussi de trente Maîtres chacune. Toutes ces Troupes composent un Corps de trois mille hommes, & ont un Inspecteur particulier, commis par sa Majesté.

On compte jusqu'à sept Duchez-Pairies dans la Picardie ; savoir

Guise,  Magnelers,
Crouy,  Chaunes,
Bournonville,  Poix,
Saint Simon.

Il y a dans le Département de Picardie & d'Artois un Prevôt Général établi à Amiens, avec un Lieutenant, un Asseffeur, un Procureur du Roi & un Greffier : à Abbeville un Lieutenant, un Asseffeur, un Procureur du Roi & un Greffier: à Arras un Lieutenant, un Asseffeur, un Procureur du Roi & un Greffier ; & à Boulogne de même.

La Picardie est ordinairement divisée en Haute, Moyenne & Basse. La Haute renferme le Vermandois & la Tiérache : la Moyenne comprend le Comté d'Amiens & le Pays de Santerre ; & la Basse est composée du Bourbonnois, du Pays reconquis, du Comté de Ponthieu & du Vimeu.

PICAUVILLE, Bourg de France dans la Normandie, Diocèse de Coûtances, Election de Valognes. C'est une grande Paroisse où est situé le Bourg du PORT L'ABBE', qui appartient aux Religieux Prémontrez de Blanche-Lande. Le Château de l'ISLE-MARIE appartient aux Héritiers du Maréchal de Bellefons, qui sont en partie Seigneurs de cette paroisse. Les Chanoines de la Sainte Chapelle y ont un Fief & la meilleure partie des Dixmes. Cette Paroisse est presque par-tout bordée de Marais & l'on y a fait plusieurs passages pour y arriver par eau. Le terrein est fort bon pour les légumes.

PICELLO, Ville dans la Natolie, sur la Mer Noire, entre Penderachi & Samastro. C'est l'ancienne *Psyllium* de Ptolomée. Voyez PSYLLIUM.

PICENA REGIO. Voyez PICENUM.

PICENDACA, Ville de l'Inde en deçà du Gange: Ptolomée [b], qui dit qu'elle étoit dans les terres, la donne aux *Aruani*. [b] Lib. 7. c. 1.

PICENSES. Voyez PICESII.

PICENTIA, Ville d'Italie : Strabon [c], Pomponius Mela [d] & Pline [e] en font la Capitale des Picentins. Pline donne à entendre, que cette Ville étoit dans les terres, & Strabon nous apprend que les habitans de *Picentia* furent chassez de leur Ville, pour avoir pris le parti d'Annibal. C'est la Ville Picentum d'Étienne le Géographe ; & Leander de même que Mazella disent qu'on la nomme présentement *Vicentia*. Voyez PICENTINORUM GENS. [c] Lib. 5. p. 251. [d] Lib. 2. c. 4. [e] Lib. 3. c. 5.

2. PICENTIA, Ville d'Italie dans le *Latium*, selon Denis d'Halicarnasse [f], qui la met près de *Fidenæ* ; mais Gelenius son Interprète, au lieu de *Picentia* écrit PICULIA. Elle étoit au delà de l'Anio, à ce que juge Ortelius [g]. [f] Lib. 5. [g] Thesaur.

PICENTINORUM GENS, PICENTINI & PICENTES, Peuples d'Italie. Ils habitoient sur la Côte de la Mer de Toscane [h], depuis le Promontoire de Minerve, qui les séparoit de la Campanie, jusqu'au Fleuve Silarus, qui étoit la borne entre les Picentins & les Lucaniens. Dans les terres ils s'étendoient jusqu'aux Limites des Samnites & des Hirpini, Limites qui nous sont néanmoins absolument inconnues. Les Campaniens occupérent anciennement ce Pays ; ce qui est cause que Strabon [i] en donnant les bornes de l'an- [h] Cellarius, Geogr. Ant. lib. 2. c. 9. [i] Lib. 5. ex tremo.

# PIC.

l'ancienne Campanie plus grande que la nouvelle ; car il l'étend jufqu'au Fleuve Silarus. Mais il appelle PICENTES, ces Peuples qu'un peu au deſſus il avoit appellés de leur véritable nom PICENTINI : *Poſt Campanos*, dit-il, *& Samnitas uſque ad Fentanos ſuper Tyrrhenum Mare Picentinorum gens habitat*, avulſa *à Picentinis* (Picentibus) *qui ad Hadriaticum Mare habitant, ab Romanis transducta ad Picentinum Sinum, qui nunc Pæſtanus nominatur* ; & plus bas il dit : *Picentum* (Picentinorum) *Caput fuit Picentia*. Pline[a] eſt plus exact à diſtinguer les noms de ces Peuples dans cette occaſion. Il appelle PICENTES les Habitans du *Picenum* ſur la Mer Supérieure ; & il nomme *Picentini* ceux que les Romains tranférérent des bords de la Mer Supérieure ſur ceux de la Mer Inférieure, entre la Campanie & la Lucanie. Ptolomée diſtingue pareillement les *Picentini* des *Picentes* ou *Piceni* ; mais il ſe trompe en ce qu'il attribue aux premiers *Nola, Nuceria, Sapi, Oſtia & Surrentum*, Lieux que tous les Anciens mettent dans la Campanie. Pomponius Mela[b] ſe trompe encore davantage, en attribuant à la Lucanie tous les Lieux qui ſe trouvent depuis le Golphe *Pæſtanus* & la Ville de même nom, jufqu'au Promontoire de Minerve, ſans en excepter même ce Promontoire.

PICENTINUM, PEZENTINUM, ou PERCENTINUM, Ville de la Pannonie : l'Itinéraire d'Antonin la met ſur la Route d'Aemona à Sirmium en paſſant par Sifcia. Elle étoit entre Inicerum & Leuconum, à vingt-cinq milles de la première de ces deux Villes & à vingt-ſix de la ſeconde.

PICENUM, Contrée d'Italie à l'Orient de l'Umbrie & connuë auſſi ſous le nom d'AGER PICENUS. Céſar[c] dit qu'il faiſoit des levées dans tout le Picenum ; & Pline[d] appelle le Picenum la cinquième Région d'Italie. Cicéron[e], Salluſte[f] & Tite-Live[g] ſe ſervent preſque toujours du nom de PICENUS AGER. Tacite[h] en uſe de la même façon : *Qua Picenus Ager*, dit-il, *Hadria alluitur* ; & Silius Italicus[i] dit :

*Et qui Picenæ ſtimulat telluris alumnos.*

Les Habitans de cette Contrée étoient appellés PICENTES. Il étoient différens des PICENTINI, qui habitoient ſur la Côte de la Mer Inférieure, quoique la plûpart des Ecrivains Grecs appellent auſſi les premiers Πικεντίνοι. Ce Peuple étoit ſi nombreux que Pline[k] fait monter à trois cens ſoixante mille le nombre des PICENTES qui ſe ſoumirent aux Romains. Les bornes du PICENUM, proprement dit, s'étendoient le long de la Côte, depuis le Fleuve *Æſus* juſqu'au Pays des *Prætutiani*. Dans un ſens plus étendu, le Picenum comprenoit le Pays des *Prætutiani* & le Territoire de la Ville Adria. On prétend que Picenum venoit de *Picus*, en François *Pivert* ; parce qu'un Oiſeau de cette eſpéce conduiſit ces Peuples lorſqu'ils laiſſèrent la Sabine pour venir s'établir dans ce Pays. Voici les Places que Ptolomée met dans le Picenum :

[a] Lib. 3. c. 5. & 13.
[b] Lib. 2. c. 4.
[c] Clv. Lib. 1. c. 12.
[d] Lib. 3. c. 13.
[e] In Catil.
[f] Catil. bel. c. 27. 30. 42. & 57.
[g] Lib. 22. c. 9.
[h] Hiſt. l. 3. c. 42.
[i] Lib. 8. v. 425.
[k] Lib. 3. c. 18.

# PIC.

Sur le bord de la Mer
{ *Caſtrum*,
*Cupra Maritima*,
*Truenti Fluv. oſtia*.
*Potentia*,
*Numana*,
*Ancona*,

Dans les Terres
{ *Trajana*,
*Urbs Salvia*,
*Septempeda*,
*Cupra Montana*,
*Firmum*,
*Hadria*,

PICHANGES, Annéxe de la Paroiſſe de Solongey dans la Bourgogne, Diocèſe de Langres. Ce lieu eſt ſitué ſur le chemin de Langres, à quatre lieues de Dijon, dans un Pays aſſez uni.

PICHAR, petit Peuple de l'Amérique Septentrionale dans la Louïſiane, aux environs du Pays que traverſa le Sr. de la Salle, pour aller de la Baye de St. Louïs aux Cénis.

PICHERIE, petite Ville de France dans le Haut Languedoc, Diocèſe de Carcaſſonne.

PICHITON. Voyez PICIGHITONE.
PICHTLAND. Voyez PENTLANDT.
PICIANTES, Peuple d'Italie, ſelon Etienne le Géographe. PICIANTES, dit Ortelius[l], ne ſeroit-il point corrompu de PICENTES ? [l Theſaur.

PICIE, Foreterſſe de la Chine[m], dans la Province de Queicheu. Elle eſt de 13. d. 6ʹ. plus Occidentale que Peking, ſous les 26. d. 30ʹ. de Latitude Septentrionale. [m Atlas Sinenſ.

PICINÆ, Lieu d'Italie, entre Rome & Nole. C'eſt l'endroit[n], où Sylla reçut la ſeconde Ambaſſade du Sénat, qui le prioit de ne pas marcher à main armée contre la Ville de Rome. Ortelius[o] remarque qu'un ancien Interprète écrit *Tiripa*. [n Plutarch. in Sylla. [o Theſaur.

PICIS MONS[p], Montagne d'Italie. Jornandès dit que c'eſt celle où le Fleuve Natizo prend ſa ſource. Le Biondo & Leander appellent préſentement cette Montagne VESONE. [p Ortelii Theſaur.

PICNESII, Peuples de la Haute Myſie, ſelon Ptolomée[q]. Ses Interprètes écrivent PICENSII. Ce pourroit être les Picenſes d'Ammien Marcellin. [q Lib. 3. c. 9.

PICKERING, Bourg d'Angleterre[r], dans le Comté d'Yorck. Il a droit de Marché. [r Etat préſent de la Gr. Br. t. 1. p. 126.

PICO, Iſle de l'Océan & l'une des Açores. A trois lieues Sud-Eſt de Faial, à quatre lieues Sud-Oueſt de St. George[s] & à douze lieues Sud-Oueſt quart à l'Oueſt de Tercére, gît l'Iſle Pico, qui a environ quinze lieues de circuit & qu'on nomme de la ſorte, à cauſe d'une haute Montagne, qui y eſt, & qu'on appelle le PIC, parce que les Portugais donnent le nom de *Pico* à toutes les Montagnes faites en forme Pyramidale. Quelques-uns croient que cette Montagne ſurpaſſe en hauteur le Pic de Tenériffe[t]. Elle eſt toute remplie de concavitez & de Cavernes obſcures, & jette quelquefois des flammes fort loin. Au pied de cette Montagne, vers l'Orient, on voit une Fontaine d'eau douce, qui de tems en tems pouſſe des eaux chau- [s 1. Voy. des Hollandois aux Indes Or. p. 439. [t Ortelius, Theatr. Orbis.

chaudes & des pierres ardentes, avec tant de violence, qu'elle les porte jusqu'à la Mer par des lieux penchans. Elle y a entraîné une si grande quantité de ces pierres, qu'il s'en est formé un haut Promontoire nommé vulgairement *Misterios*, & qui se trouve éloigné de cette Fontaine d'environ douze mille pas. Les Lieux les plus remarquables de cette Isle sont,

| Pico, | St. Sebastien, |
| Lagoas, | St. Rocq, |
| Sainte Croix, | Plaia, |
| Nesquin, | La Magdeleine. |

Les Habitans subsistent du rapport que fait la terre qu'ils cultivent, & du Bétail qu'ils entretiennent. L'Isle est fertile en diverses sortes de vivres & produit de meilleur vin que toutes les autres Açores. Elle produit un bois [a] qu'on nomme Teixo, qui est aussi dur que du fer, & qui étant mis en œuvre est plein d'ondes comme le Camelot, & aussi rouge que l'Ecarlatte, avec un beau lustre. Il a encore cette qualité que plus il est vieux plus il est beau; ce qui le rend tellement précieux que personne n'oseroit en abattre, si ce n'est pour le Roi, ou par la permission de ses Officiers.

[a] 1. Voy. des Hollandois aux Indes Or. p. 437.

PICO, ou SIERRA DE PICO, Montagne d'Espagne, aux confins de la Vieille & de la Nouvelle Castille, & de l'Estremadure. C'est proprement la partie Méridionale de deux chaînes de Montagnées appellée Sierra d'Avila, & Sierra de Tablada, qui se joignent en cet endroit.

PICO, ou PORTO DE PICO, Bourgade d'Espagne, au Royaume de Léon, dans l'Estremadure, aux Frontières de la Vieille Castille, au pied de la Montagne Pico, du côté du Couchant.

PICO-SACRO, Montagne d'Espagne [b], dans la Galice, entre la Ville de Compostelle & celle d'Orense. Elle est faite en forme de Pyramide, & l'on tient qu'on y a découvert autrefois des Mines d'or.

[b] Baudrand, Dict.

PICOLMAYO. Voyez PILCOMAYO.

PICONIA. Nom de la Fontaine qui fournissoit à Rome, l'eau appellée AQUA-MARCIA, selon Pline [c]. Le Pere Hardouin prétend qu'au lieu de PICONIA il faut lire PITONIA.

[c] Lib. 31. c. 31.

PICQUIGNY. Voyez PEQUINY.

PICRA, Πικρὰ, nom Grec qui signifie amer. Diodore de Sicile le donne à un Lac d'Afrique [d] qu'Alexandre trouva sur sa route, lorsqu'il alla consulter l'Oracle de Jupiter Ammon; & ce LAC-AMER, selon le même Historien, étoit à cent Stades des Villes qui portoient le nom d'Ammon. Voici le passage en question: *Ac primum ad amaram (ut nominant) paludem devenit. Inde Stadia contum emensus, Urbes Hammonis nomine célèbres præterit.*

[d] Lib. 17. c. 49.

PICRIDIUS. Voyez PEREA.

PICTÆ, Hôtellerie sur la Voie Latine, à deux cens dix Stades de Rome, selon Strabon [e]. L'Itinéraire d'Antonin connoît aussi ce Lieu, il l'appelle AD PICTAS & le place sur la même Voie, entre Roboraria & Compitum, à dix-sept milles du premier de ces Lieux & à quinze milles du second.

[e] Lib. 5. p. 237.

PICTAVI. Voyez PICTONES.

PICTAVIA. Voyez AUGUSTORITUM & POITIERS.

PICTES, en Latin PICTI, anciens Peuples de la Grande-Bretagne; mais dont l'origine est assez obscure. Voyez l'Article ÉCOSSE. Lorsque les Romains attaquerent la Grande-Bretagne, les Pictes occupoient la partie Orientale de l'Isle, depuis la Tine jusqu'à l'extrémité Septentrionale. Sous les premiers Empereurs Romains, il ne se passa dans la Bretagne rien de remarquable où les Pictes paroissent avoir eu part. Mais Julien, à qui Constance sur la fin de son régne avoit donné le Gouvernement de l'Occident, instruit des courses que les Pictes & les Ecossois faisoient en Bretagne, envoya Lupicinus pour les réprimer; ce qu'il n'exécuta pas, parce qu'il fut rappellé. Ce ne fut que sous Valentinien I. que l'on commença à attaquer les Pictes. Ces Peuples de concert avec leurs voisins ayant attaqué la Province Romaine, Nectaridius, Gardien des Côtes, le Duc Buchobaudes, Sévére & Jovin entreprirent de les soumettre. Ce fut encore inutilement, car ils furent défaits tour-à-tour. Enfin Théodose l'ancien y ayant été envoyé, augmenta les Terres des Romains d'un grand Pays qui appartenoit aux Pictes. Dans la suite les Pictes remuant encore; on envoya contre eux Maxime, qui dans le dessein de conquerir toute l'Isle, fit alliance avec les Pictes, & avec leur secours il se rendit maître du pais des Ecossois; mais lors qu'il voulut tomber sur les Pictes mêmes, il lui survint des affaires qui l'en detournérent. Stilicon Tuteur d'Honorius envoya Victorinus en Bretagne pour réprimer les Pictes, qui depuis la mort de Théodose recommençoient à faire des courses dans la Province Romaine. Victorinus agissant en maître leur défendit de nommer un Successeur à Hengust leur Roi qui venoit de mourir. Cette action de hauteur irrita les Pictes qui crurent qu'il vouloit les chasser de leur Isle, comme il en avoit chassé les Ecossois avec leur secours. Dans cette crainte ils rappellérent les Ecossois & Fergus Prince du sang Royal d'Ecosse, qui fit de nouveaux ravages dans le Pays des Romains, & se fit céder tout le Pays au Nord de l'Humber, dont les Pictes & les Ecossois se mirent en possession. Vers l'an 511. les Pictes s'étant alliez des Saxons assiégerent Aréclute; mais Arthur fit lever le siège, ravagea leur Pays d'un bout à l'autre & l'auroit entièrement ruiné, sans l'intercession des Evêques. Depuis l'irruption des Anglo-Saxons, la Bretagne avoit été partagée entre les Bretons ou Gallois, les Ecossois, les Pictes & les Anglo-Saxons. Les Pictes & les Ecossois habitoient la partie Septentrionale de l'Isle. L'Esca & la Twede & les Montagnes qui sont entre ces deux Riviéres, les séparoient des Anglois. Les Pictes étoient à l'Orient, les Ecossois à l'Occident. Le Mont Grasbain étoit leur borne commune, depuis l'Embouchure de la Nysse jus-

# PIC.

jusqu'au Lac Lomond : Alberneth étoit la Capitale des Piétes & Edimbourg étoit encore à eux. Ils ne se contentérent pas de ces terres. En 670. ils attaquérent Egfrid Roi de tout le Northumberland, qui les battit & les contraignit de lui céder une partie de leur pays pour avoir la paix. Peu de tems après ils eurent leur revanche & s'emparérent d'une Province de la Bernicie. Mais enfin dans l'année 840. ayant perdu deux grandes Batailles contre Kneth Roi d'Ecosse, le Vainqueur qui vouloit venger la mort de son pere qu'ils avoient tué & dont ils avoient traité le corps avec indignité, agit envers eux de la maniére la plus inhumaine. Il les extermina tellement, que depuis ce tems-là il n'est plus resté de la mémoire de cette Nation, qui avoit fleuri si long-tems dans la Grande-Bretagne : & c'est par la destruction des Piétes que Kneth est regardé par les Ecossois comme un des principaux fondateurs de leur Monarchie.

PICTIACA-SILVA, Forêt de France. Il en est parlé dans la Vie de St. Avite Prêtre, cité par Ortelius [a]. Voyez PITIACUS.

*a* Thesaur.

PICTONES, Peuples de la Gaule Aquitonique [b]. Ils étoient connus dès le tems de César, qui, lorsqu'il voulut faire la guerre aux Venetes, rassembla les Vaisseaux des PICTONES, des SANTONES & des autres Peuples qui étoient en paix. Vercingetorix se joignit avec les Piétons & divers autres Peuples, pour s'opposer aux Romains ; & les Princes de la Gaule ordonnérent aux Piétons de fournir huit mille hommes, lors qu'il fut question de faire lever le siège de devant Alise. Strabon dit que la Loire couloit entre les PICTONES & les NAMNETES ; il met les Piétones avec les Santones sur l'Océan & il les range au nombre des vingt-quatre Peuples qui habitoient entre la Garonne & la Loire, & qui étoient compris sous l'Aquitaine. Pline [c] met pareillement les PICTONES parmi les Peuples d'Aquitaine. Lucain [d] fait entendre qu'ils étoient libres :

*b* Hadr. Valesii, Not. Gal. p. 448.

*c* Lib. 4. c. 19.

*d* Lib. 4. v. 436.

*Pictones immunes subigunt sua rura.*

Ptolomée écrit PECTONES, & ajoute qu'ils occupoient la partie Septentrionale de l'Aquitaine le long de la Loire, & le long de la Côte de l'Océan. Il leur donne deux Villes, savoir

*Augustoritum*, & *Limonum*.

Mr. Samson, dans ses Remarques sur la Carte de l'ancienne Gaule, dit que les Piétones sont les Peuples des Diocéses de Poitiers, Maillezais & Luçon, qui ont été autrefois tous compris sous le Diocése de Poitiers.

PICTONIUM, Promontoire de la Gaule, dans l'Aquitane : Ptolomée [e] le place entre l'Embouchure du Fleuve *Canentellus* & le Port *Sigor*. Le Texte Grec porte *Pectonium* au lieu de *Pictonium*, Mercator nomme ce Promontoire Vornoc : Clusius dit que c'est Talmondo ; selon toutes les apparences c'est la Pointe des Sables d'Olonne.

*e* Lib. 2. c. 7.

# PIC. PID. PIE.

PICUENTUM, Ville de l'Istrie. Elle est placée par Ptolomée [f] dans les terres, entre *Pucinum* & *Aluum*. Quelques Exemplaires portent *Piquentum*. Leander dit qu'on la nomme présentement PINGUENTO.

*f* Lib. 3. c. 1.

PICULIA. Voyez PICENTIA.

PIDA, Ville de la Cappadoce dans le Pont Galatique. Ptolomée [g] la met dans les terres, entre Pleuramis & *Sermusa*.

*g* Lib. 5. c. 6.

PIDEN, Ville de l'Ethiopie, sous l'Egypte selon Pline [h].

*h* Lib. 6. c.

PIDIBOTAS, Ville de l'Ethiopie sous l'Egypte. C'est Pline [i] qui en parle.

*i* Ibid.

PIDO. Le Lexicon de Phavorinus donne ce nom là à un Peuple de l'Isle d'Ithaque.

PIDORUS, ou PIDOR, Ville de Macédoine dans la Chalcidie, sur le bord Occidental du Golphe Singitique. Il est parlé de cette Ville dans Hérodote [k].

*k* Lib. 7. n.

PIDOSUS, Isle sur la Côte de la Carie : Pline [l] dit qu'elle n'étoit pas éloignée d'Halicarnasse. Il fait entendre pourtant qu'elle étoit hors du Golphe Céramique.

*l* Lib. 5. c. 31.

PIDRI, Ville d'Egypte dans l'Ambrène, au voisinage de la Ville Héliopolis, selon Siméon le Métaphraste, dans la Vie de St. Theodore l'Archimandrite.

☞ PIED, sorte de mesure. Voyez MESURES-ITINERAIRES.

PIE-DI-LUCO, c'est ainsi que Leander [m] écrit le nom d'un Lac d'Italie, dans l'Umbrie, autrement dans le Duché de Spolete, d'autres écrivent PIC-DI-LUCO. Voyez au mot Pic l'Article PIC-DI-LUCO.

*m* Ducato di Spoleto, p. 99. verso.

PIEHAI, petit Lac de la Chine [n], dans la Province de Chekiang, près de la Ville de Caihoa. On l'a nommé Piehai à cause des Ecrevisses blanches qu'il produit. Piehai en Langue Chinoise veut dire une Ecrevisse blanche.

*n* Atlas Sinens.

PIELA, Bourg de l'Isle de Cipre, à deux heures de chemin de Larnica, sur la Route de cette Ville à Famagouste. Le Brun dit dans son Voyage au Levant [o] qu'il trouva à PIELA les restes d'un grand Bâtiment & quatre petites Eglises à l'antique. On y voit un Ruisseau d'eau courante, qui vient des Montagnes voisines, & qui fait que ce Bourg ne manque jamais d'eau.

*o* T. 2. p. 475.

PIE'MONT, Contrée d'Italie, bornée au Nord par le Vallais, à l'Orient par le Duché de Milan, au Midi par le Comté de Nice & par la Seigneurie de Génes, & à l'Occident par le Dauphiné. Cette Contrée qui a le titre de Principauté est une de plus considérables, des plus fertiles & des plus agréables de toute l'Italie. Le nom de Piémont que l'on rend en Latin par celui de *Pedemontium* n'est guère usité que depuis six à sept Siècles. Il a été occasionné par la situation du pays au pié des Alpes Maritimes, Cottiennes & Grecques, au milieu desquelles se trouve le Piémont. Autrefois cette Contrée faisoit partie des Plaines de la Ligurie : dans la suite elle fit partie de la Cisalpine ; & après cela elle devint une portion du Royaume de Lombardie. Sa longueur peut être de cent vingt mille pas, & sa largeur d'environ quatre vingt-dix mille. Le Pô, le Tanaro, la Doire, la Sture, le Belbo & la Bormia passent au milieu de ce Pays, sans parler de près d'une vingtaine d'autres Riviéres qui l'arrosent.

On croit que le Piémont [a] fut premiérement habité par les Umbriens, les Étrusques & les Liguriens; les Gaulois qui entrèrent en Italie sous la conduite de Brennus & de Bellovése, s'établirent en partie dans ce Pays, qui dans la suite fut occupé par divers Peuples & partagé entr'eux. Les Liguriens surnommez *Statielli* habitérent la partie Orientale. Les *Vagenni* ou *Bagienni*, leur succédérent dans le Pays qui est entre le Pô & le Tanaro. Les *Taurini*, s'établirent entre le Pô & la petite Doire, *Doria Riparia*, & s'étendirent dans la suite jusqu'aux Alpes. Les *Salassi*, divisez en supérieurs & inférieurs habitérent entre les deux Doires. Enfin les *Libici*, *Lebui* ou *Lebetii*, occupérent cette partie de la Gaule Cisalpine, qui forme les Territoires de Verceil & de Biele, entre la grande Doire, *Doria Baltea* & la *Sesia*.

[a] Theatrum Pedemontii, t. 1. p. 1.

Les Montagnes qui entourent le Piémont abondent en Mines d'or, d'argent de cuivre & de fer: les Riviéres produisent des poissons excellens & les Forêts nourrissent quantité de Bêtes fauves dont la chasse est reservée au Prince. La terre produit outre cela en abondance toutes les choses nécessaires à la vie; ce qui a fait de tout tems que le pays a été très-peuplé. Aussi voit-on qu'anciennement il y a eu dans cette Contrée un grand nombre de Villes dont la situation est connue & dont la plûpart subsistent encore aujourd'hui; de ce nombre sont:

*Taurinorum Augusta*, Turin.
*Eporedia*, Ivrée.
*Vercellæ Libicorum*, Verceil.
*Augusta Prætoria*, Aouste.
*Asta Pompeia*, Asti.
*Alba Pompeia*, Albe.
*Segusium* ou *Secusium*, Suze.
*Careja Potentia*, Chieri.
*Augusta Bagiennorum*, Benne.
*Ceba*, Ceva.
*Verricium* ou *Varrez*, Verrue.
*Bardum*, Bardo.
*Ocella* ou *Ocellum*, Usseglio.
*Cottia*, Coazze.
*Salatiæ*, Salassa.
*Caristium*, Cairo.
*Mons-Jovis*, Mont-Jouet.
*Pollentia*, Pollenzo Ville ruïnée.

Les anciennes Villes dont on connoît le nom; mais dont on ignore la situation, sont:

*Forum Julii*. *Iria*.
*Forum Vibii*. *Antilia*.

Entre les anciennes Villes du Piémont, Turin, Aouste, Verceil, Asti, Jorée, & Albe eurent l'avantage de recevoir de bonne heure l'Evangile & d'avoir des Evêques; mais ce ne fut que plusieurs siécles après que Mondovi, Saluffes & Fossano eurent le même avantage. Tous ces Evêques furent d'abord Suffragans de l'Archeveque de Milan; mais comme la Ville d'Aouste passa sous la domination des derniers Rois de la Bourgogne Cis-Jurane, son Evêque fut fait Suffragant de l'Archevêque de Tarantaise, à qui il est encore aujourd'hui soumis. Depuis l'an 1515. l'Evêque de Turin a été élevé à la dignité Archiépiscopale, & les Evéques d'Ivrée, de Mondovi, de Fossano reconnoissent sa Métropole. A l'égard des autres Evêques de Piémont on continué à reconnoître la Jurisdiction de l'Archevêque de Milan, à l'exception de celui de Salusses qui dépend immédiatement du Pape.

Outre les Villes Episcopales, il y en a encore un grand nombre d'autres décorées du titre de Citez Ducales, & qui sont plus considérables que la plûpart des Villes Episcopales des autres Pays. Charles Emanuel, premier du nom, choisit douze de ces Villes pour en faire les Capitales d'autant de Provinces, afin que la Justice pût être administrée avec plus d'ordre dans le Piémont. Ces douze Villes furent:

Turin. Savigliano.
Ivrée. Chieri.
Asti. Biele.
Verceil. Suze.
Mondovi. Pignerol.
Salusses. Aouste.

Il est à remarquer que la plûpart de ces Villes sont fortifiées & qu'il y a encore diverses autres Forteresses & Châteaux où l'on tient Garnison pour la sûreté du Pays. A l'égard des petites Villes & des Bourgs, dont les uns sont tout ouverts & les autres fermez de murailles, on en sait monter le nombre à mille. Ils sont si voisins les uns des autres, que l'on pourroit dire en quelque manière que le Piémont n'est pas une Contrée, mais une Ville de trois cens mille pas de circuit. Un Pays si peuplé produit beaucoup à son Souverain; ce qui fait que lorsque Henri IV. Roi de France demanda au Duc Charles Emanuel I. quel revenu il tiroit de ses Etats, le Duc ne craignit point de dire: *Je tire ce que je puis de la Savoie, & du Piémont j'en tire ce que je veux.*

La grande fertilité du Pays fait que dans quelques endroits le Habitans sont un peu paresseux & s'adonnent beaucoup aux plaisirs de la table. Cependant en général on peut dire qu'ils aiment le travail, qu'ils sont industrieux, qu'ils cultivent également l'art Militaire & les Belles-Lettres, caractères que l'on remarque principalement, dans ceux à qui il arrive de sortir de leur Pays. On loue aussi les Piémontois des bonnes maniéres qu'ils ont pour les Etrangers; du soin avec lequel ils exercent l'hospitalité, de leur gayeté naturelle, de leur fidélité pour leur Souverain & de leur attachement pour la Religion de leurs peres. Mais comme chaque Nation a ses bonnes & mauvais qualitez, on trouve pareillement des défauts mêlez parmi les vertus des habitans du Piémont. On reproche, par exemple, aux habi-

# PIE.     PIE.

habitans de Turin un défaut de fincérité: un grand babil à ceux de Chieri: une diffimulation extrême à ceux de Biele: l'humeur querelleufe à ceux de Mondovi: une grande rufticité à ceux du Val d'Aoufte: une extrême ftupidité à ceux du Marquifat de Saluffe & de la Province de Coni, qui font naturellement fujets aux gouétres: enfin on reproche la fainéantife & l'oifiveté à ceux de Turin. Au refte un des plus grands avantages du Piémont, c'eft d'avoir une Nobleffe nombreufe & des plus diftinguées. On y trouve plufieurs familles qui tirent leur origine de quelques Rois ou de quelques Princes Souverains, ce qui fait que la Cour de Turin a toujours été une des plus brillantes de l'Europe.

Quant à la Religion, on n'en fouffre point d'autre dans le Piémont que la Catholique Romaine: auffi y compte-t-on plus de trente Abbayes; outre un grand nombre de Prieurez, de riches Commanderies & d'autres Bénéfices.

PIEMONTE, Ville d'Italie [a], dans l'Iftrie dans les terres entre les Riviéres Dragonna & Quieto, au Midi de Portolo & au Nord de Grifignana.

*a* Magin, Carte de l'Iftrie.

PIENCOURT, *Pica in Curia*, Bourgade de France dans la Normandie, Election de Lifieux.

PIENGITÆ, Peuples de la Sarmatie en Europe: Ptolomée [b] les place avec les *Bieffi* au pied du Mont Carpatus.

*b* Lib. 3. c. 5.

PIENNE, Abbaye de France dans le Berry. Elle eft en Règle & à la nomination du Roi.

PIENZA, Ville de la Toscane [c], dans le Siénois, vers les confins de l'Etat de l'Eglife entre Monte Pulciano & St. Quirico. Ce n'étoit autrefois qu'un Bourg [d] appellé CORIGNANO, mais le Pape Pie II. qui étoit originaire de ce Lieu, lui ayant donné fon nom en fit une Ville Epifcopale. François George Siénois fut l'Architecte. Il bâtit la Cathédrale, le Palais Epifcopal, les murailles & les fortifications de la Ville, & le Palais du Gouverneur & du Public.

*c* Magin, Carte du Siénois.
*d* Corn. Dict.

P'IENXIAO, Foreterffe de la Chine [e], dans la Province de Queicheu, au Département de Chinyuen, quatriéme Métropole de la Province. Elle eft de 9. d. 30'. plus Occidentale que Peking, fous les 27. d. 20'. de Latitude Septentrionale.

*e* Atlas Sinenf.

PIEPHIGI, Peuples de la Dacie. Ptolomée [f] dit qu'ils habitoient au Midi des *Senfii*.

*f* Lib. 3. c. 8.

PIERA, Fontaine du Péloponéfe, dans l'Elide. Elle étoit felon Paufanias [g] dans la Campagne que l'on trouvoit en allant de la Ville Olympia dans l'Elide.

*g* Lib. 5. c 16.

PIERES, Peuples voifins de la Macédoine. Pline [h] les met dans la Macédoine même auprès des *Treres* & des *Dardani*. Hérodote [i] & Thucydide [k] parlent auffi de ces Peuples, qui étoient les Habitans de la Piérie. Voyez PIERIA. Nº. 10.

*h* Lib. 4. c. 10.
*i* Lib. 7.
*k* Lib. 2. p. 168.

PIERGO ou PIRGO [l], Riviére de l'Albanie, avec une Ville de même nom. Cette Riviére a fon embouchure à l'entrée du Golphe de Venife, entre le Port-Chevraft & Porto Novo. On croit que c'eft la Riviére *Aous* de Strabon. Voyez AOUS. Mr. de l'Ifle [m] qui appelle la Ville PIRGO, nomme la Riviére la PALLONA.

*l* Corn. Dict.
*m* Atlas.

1. PIERIA, Contrée dans la partie Orientale de la Macédoine fur le Golphe Thermaïque. Ptolomée [n] la borne au Nord par le Fleuve Ludias & au Midi par le Fleuve Penée. Il y met les Places fuivantes:

*n* Lib. 3. c. 13.

Sur la Côte.
{ Lydii fluv. oftia.
Pidna.
Aliacmonis fluv. oftia.
Dium Colonia.
Pharybi fluv. oftia.
Penei fluv. oftia. }

Dans les Terres.
{ Phylacæ.
Vallæ. }

Strabon [o] donne des bornes différentes à la Piérie. Il la commence du côté du Midi qu'au Fleuve Aliacmon & la termine du côté du Nord au Fleuve Axius. Il nomme les Habitans PERIOTÆ.

*o* Excerpt. ex lib. 7. fine.

2. PIERIA, Contrée de Syrie, dans la Seleucide dont elle faifoit partie. Elle tiroit fon nom du Mont PIERIUS ou PIERIA, que les Macédoniens avoient ainfi nommé à l'imitation du Mont Pierius, qui étoit dans leur patrie. Voyez PIERIA Nº. 5. On ne peut point dire quelle Ville Maritime Ptolomée [p] donne à la Piérie; car [q] dans fa Defcription de la Syrie, il fe contente de rapporter tout de fuite les Lieux qui font le long de la Côte, depuis la Cilicie jufqu'à la Phénicie, fans diftinguer ceux qui appartiennent à la Piérie, a la Seleucide & à la Cafiotide. Il donne feulement à la Piérie trois Places dans les Terres; favoir

*p* Lib. 5. c. 15.

Pinara.    Pagæ.
Syriæ Pylæ.

3. PIERIA, Ville de Macédoine, felon Suidas [q].

*q* In Verbo Κριπαν.

4. PIERIA, Montagne de Thrace, felon Ortelius [r] qui cite le Scholiafte d'Appollonius. C'eft fur cette Montagne que demeuroit Orphée; & ce pourroit être la même que le Mont Pangée.

*r* Thefaur.

5. PIERIA, Montagne de Syrie, ainfi appellée à l'imitation d'une Montagne de même nom en Grece. cette Montagne donnoit le nom à une Contrée qui faifoit partie de la Seleucide. Strabon [s] dit qu'elle s'étendoit du Midi au Nord, & alloit fe joindre avec le Mont Amanus. Ortelius [t] foupçonne que ce pourroit être la même Montagne, que Guillaume de Tyr [u] appelle MORTANA NIGRA.

*s* Lib. 16. p. 751.
*t* Thefaur.
*u* Lib. 4. c. 10.

6. PIERIA, Lieu du Péloponéfe, au voifinage de Lacédemone, felon Etienne le Géographe [x].

*x* In Verbo Χλανι.

7. PIERIA, Ville de la Bœotie. C'eft Jean Tzetzès qui en fait mention. Il ajoute que dans la fuite elle fut appellée *Lyncos Λυγκός*.

8. PIERIA, Montagne de la Bœotie, felon Jean Tzetzès cité par Ortelius [y].

*y* Thefaur.

9. PIERIA. Voyez SELEUCIA.

10. PIERIA.

PIE.

10. PIERIA SILVA, Forêt de la Macédoine dans la Piérie. Tite-Live [a] dit que ce fut dans cette Forêt que se sauva Persée, après avoir été battu par les Romains.

*a* Lib. 44. c. 43.

PIERICUS-SINUS, On l'appelloit ainsi, selon Thucydide [b], un espace de terre qui se trouvoit dans la Piérie entre le Mont Pangée & le bord de la Mer.

*b* Lib. 1. p. 168.

PIERIOTÆ. Voyez PIERIA, N°. 1.
PIERIUS. Voyez PIERUS.

PIERORUM MURI, Murailles de la Macédoine, au voisinage du Mont Pangée. Ortelius [c], qui cite Hérodote, dit que ces murailles étoient au nombre de deux, l'une appellée Niphrage & l'autre Pergame. Je ne sai de quelle Edition Ortelius s'est servi: celle de Gronovius appelle ces murailles MURI-PIERUM & porte [d] qu'on nommoit l'une PHAGRA & l'autre PERGAMUS: Voici le passage en question; *Xerxes secundo loco transiit muros Pierum, quorum uni nomen est Phagræ, alteri Pergamo.*

*c* Thesaur.

*d* Lib. 7. N°. 112.

1. PIERRE. Mot qui signifie un corps dur qui ne se liquifie point & que la Nature a formé d'une terre simple, sans beaucoup d'altération; ce mot, dis-je, a été employé dans la Géographie, pour désigner des Forts, des Châteaux & des Tours bâties sur des Rochers. Des Villes mêmes en ont pris leur nom ainsi que divers autres Lieux. Il est parlé dans l'Ecriture Ste. de diverses Pierres ou Rochers remarquables par quelques événemens particuliers. Les Hébreux ont donné quelquefois le nom de pierre aux rochers aux Rois, aux Princes & à Dieu même. Joseph dans l'Egypte devint la Pierre d'Israël [e].

*e* Genes. 49. 24.

2. PIERRE, Lieu de France, dans la Lorraine, au Diocèse de Toul. C'est une Annéxe de la Paroisse de St. Christophle, & c'étoit autrefois une Paroisse en titre. On trouve dans son Territoire le Prieuré de St. Nicolas de la Rochotte, fondé vers la fin du onzième siècle, par Lutuphle Doyen de l'Eglise de Toul. L'Evêque Pitou en fit la Dédicace. Son revenu est de cinq cens livres. Il fut uni à l'Abbaye de St. Léon en 1537. Il y a aussi un Hermitage dédié à Ste. Reine. Il est bâti sur sur un Rocher, au bord de la Moselle.

3. PIERRE, ou la PIERRE, Paroisse de France, dans la Haute Normandie [f], au Diocèse de Séez, avec titre de Baronnie. Elle est située près de l'Abbaye de St. Victor en Caux, un peu au-dessous de la source d'une petite Rivière nommée la SCIE.

*f* Corn. Dict.

4. PIERRE (Rivière de la) Rivière de l'Amérique Septentrionale, dans l'Isle de St. Domingue, à la Côte Occidentale du Quartier du Nord de l'Isle, près & au Midi du Port à Piment & des Salines de Coridon.

5. PIERRE ANGULAIRE (la). C'est celle qu'on met à l'Angle du Bâtiment [g], soit qu'on l'explique de celle qui se met au fondement de l'Edifice, ou de celle qui se met au haut du mur. JESUS-CHRIST est la Pierre Angulaire qui a été rejettée par les Juifs; mais qui est devenue la Pierre Angulaire de l'Eglise, & Pierre qui réunit la Synagogue & la Gentilité dans l'union d'une même Foi, d'un même Baptême, d'une même Eglise.

*g* Dom Calmet, Dict.

6. PIERRE DE BOHEN, ou ABEN-BOHEN. La Frontière de la Tribu de Juda [h] passoit de l'Aquilon à Beth-Araba & montoit à la Pierre de Bohen ou Boen, fils de Ruben.

*h* Josué, 15. 6. 18. 17.

7. PIERRE - BRUNE, Montagne de France dans le Limousin, à six lieues de Limoges. Cette Montagne est très-haute. Le Sieur de Rodez y trouva en 1703. quelques Mines de plomb & d'étain, qui n'ont pas réussi.

8. PIERRE-BUFFIERE, petite Ville de France [i], dans le Limousin, à quatre lieues de Limoges sur le chemin de Brive. Elle a le titre de première Baronnie du Limousin, titre qui lui est néanmoins disputé par la Baronnie de Lastours. Elle a été autrefois possédée par des Seigneurs du nom de Pierre-Buffiere, dont la maison étoit très-considérable; mais qui est à présent éteinte. Elle appartient présentement aux Héritiers du feu Marquis de Sauveboeuf.

*i* Piganiol, Descr. de la France, t. 6. p. 375.

9. PIERRE-CLOS, Paroisse de France, dans la Bourgogne, Diocèse de Mâcon. Elle est située dans des Montagnes incultes. Le Pays est couvert du côté de Mâcon, & il y a un petit Vignoble. Le Ruisseau de Gosne passe par cette Paroisse & y fait tourner quelques Moulins.

10. PIERRE-COURT, Paroisse de France dans la Haute Normandie, au Diocèse de Lisieux, entre Bernay, Lisieux, & Cormeilles, près de Marolles. Cette Paroisse qui a un Château à titre de Marquisat.

11. PIERRE DU DESERT. C'est la Ville de Petra. Voyez l'Article PETRA.

12. PIERRE DE DIVISION, C'est le Rocher où David & ses gens étant assiégez par Saül, on vint dire à ce Prince [k] que les Philistins avoient fait irruption dans le Pays; ce qui l'obligea d'abandonner son entreprise.

*k* 1. Reg. 23. 28. &c.

13. PIERRE-ENCISE, ou PIERRE-SCIZE, Château de France, dans le Lyonnois, proche de la Saone, vis-à-vis de Lyon, en Latin *Petra-Scissa*. C'étoit autrefois la demeure des Archevêques de Lyon; mais comme il étoit un peu trop éloigné de la Cathédrale, ils en firent bâtir un autre auprès de cette Eglise, & celui de Pierre-Encise fut fort négligé. Louïs XIII. ayant trouvé à propos d'y mettre Garnison, Dom Alphonse du Plessis-Richelieu, Archevêque de Lyon & Cardinal, en céda la propriété à ce Prince, moyennant la somme de cent mille livres, qui fut employée à l'embellissement du nouveau Palais Archiépiscopal. Il y a dans ce Château un Capitaine entretenu, une Compagnie de trente hommes d'Infanterie, un Lieutenant & un Sergent.

*l* Piganiol, Descr. de la France, t. 6. p. 252.

14. PIERRE D'ETHAN (la) Rocher dans lequel Samson demeura caché pendant qu'il faisoit la guerre aux Philistins [m].

*m* Judic. 15. 8.

15. PIERRE D'EZEL (la). C'est la Pierre,

re, ou le Rocher près duquel David devoit attendre la réponse de son ami Jonathas [a]. [a 1. Reg. 20. 19.]

16. PIERRE-FITTE, Bourg de France dans l'Orléanois, Election d'Orléans.

17. PIERRE-FONDS, Ville de France, dans la Picardie, Election de Crépy. Il y a une Prevôté, un Bailliage & une Châtellenie. Le Château qui est sur le Rocher, vis-à-vis de la Forêt de Guise, étant échu aux Rois de France, devint une Place de bonne défense, & fut rebâti sur ses anciens fondemens par Louïs Duc d'Orléans, Comte de Valois, vers l'an 1390. Il n'étoit pas encore achevé lorsque ce Prince fut assassiné sur le Pont de Montereau : ainsi l'ouvrage demeura imparfait & le Château est depuis tombé peu à peu en décadence.

La Châtellenie & la Prevôté de Pierrefonds ressortissent au Siège Présidial de Senlis, & s'étendent d'un côté jusqu'au Bourget en Parisis, & d'un autre jusqu'auprès de Rheims en Champagne. Les environs de Pierre-fonds sont fort agréables.

1. PIERRE-FORT, Bourg de France, dans l'Auvergne, Election de St. Flour.

2. PIERRE-FORT, Seigneurie de France & l'un des anciens Fiefs du Barrois [b]. Cette Terre de même que celle de l'Avant-Garde fut comprise dans la Donation que le Cardinal de Bar fit à René d'Anjou. Le Château de Pierre-Fort fut bâti en 1314. pour Pierre de Bar, par Renaud de Bar, son frére, Evêque de Metz. Pierre de Bar le laissa à son fils Henri, Seigneur de Pierre-fort, dont le fils Pierre mourut six mois après Henri & eut pour successeur son Coussin Germain Everard, Comte de deux Ponts, fils de sa tante, qui vendit peu après tout ce qui venoit de cet héritage à Robert Duc de Bar. La Terre de Pierre-Fort, fut donnée en Fief au Comte de Nassau-Sarbruc, mais il y renonça l'an 1448, & il cessa d'être Vassal du Duc de Bar, qui étoit René d'Anjou, Roi de Sicile. Néanmoins ce Duc de Lorraine, héritier du Duché de Bar, ne prit pas paisiblement possession de Pierre-fort ; car ce Château tomba entre les mains de Charles Duc de Bourgogne ; qui l'unit à son Duché de Luxembourg, & ce fut là le sujet de la guerre, dans laquelle le Duc de Lorraine fut dépouillé pour un tems de ses Etats, & le Duc de Bourgogne perdit la vie ; car Comines dit au Chapitre II. du quatrième Liv. de ses Mémoires, que les Lorrains prirent sur le Duc de Bourgogne, & raserent une Place, appellée Pierre-Fort, assise à deux lieues de Nanci, qui étoit du Duché de Luxembourg, & qu'ils l'avoient envoyé défier devant Nuz, c'est-à-dire, lorsque le Duc de Bourgogne assiégeoit Nuz ; car quoiqu'alors le véritable propriétaire du Duché de Bar fût René d'Anjou, le Duc de Lorraine son petit-fils étoit son héritier, & jouïssoit d'une partie du Pays. [b Longuerue, Descr. de la France, part. 2. p. 186.]

3. PIERRE-LATTE, Bourg de France, dans le Dauphiné, Diocèse de St. Paul Trois-Châteaux, Election de Montelimar. Ce Bourg, qui appartient à Mr. le Prince de Conti, est situé auprès d'un Rocher, au milieu d'une Plaine. Il y a dans le Château un Gouverneur sans appointemens du Roi.

4. PIERRE D'ODOLLAM (la) Rocher où il y avoit une Caverne [c], dans laquelle David se retira, quand les Philistins allerent camper dans la Vallée de Raphaïm. [c 1. Paral. 11. 15.]

5. PIERRE, ou ROCHER-D'OREB. C'est où Gédéon fit mourir Oreb, Prince de Madian.

6. PIERRE-PERCÉE, Ancien Château de France [d], au Comté de Salmes. Henri de Salmes, fils de Fréderic & petit-fils d'Henri, Comte de Salmes, fit si mal ses affaires qu'il fut contraint de vendre à Jacques de Lorraine, Evêque de Metz, le Château de Salmes & celui de Pierre-Percée, qui étoit un Franc-Aleu. Ce Château de Pierre-Percée avoit déja été retiré des mains des Usurpateurs par Etienne de Bar, Evêque de Metz, vers l'an 1140. mais il avoit été peu après aliéné de nouveau. Il ne demeura guère aux Evêques de Metz ; car Henri & ses Descendans furent Seigneurs de Salmes & de Pierre-Percée, dont ils faisoient foi & hommage aux Evêques de Metz. Les Seigneurs de Salmes durant long-tems ne refusérent pas de s'acquitter du devoir de Vassal. Les Descendans d'Henri de Salmes, qui vivoit en 1258., jouïrent de Salmes & de Pierre-Percée, appellée en Allemand Langestein. Voyez SALMES. [d Longuerue, Descr. de la France, part. 2. p. 214.]

1. PIERRE-PERTUIS, ou PIERRE-PERTUS. Voyez TERMENEZ.

2. PIERRE - PERTUIS, en Latin Petra-Pertusa, Chemin de Suisse, percé au travers d'un Rocher [e]. Le Val St. Imier, avec les terres qui sont en deçà sont dans l'enceinte de l'ancienne Suisse : les autres qui sont au delà sont le véritable Pays des anciens Rauraques. Elles sont séparées les unes des autres par une chaîne de Montagnes & de Rochers qui sont une branche du Mont Jura. Dans ce Quartier-là pour avoir un passage libre d'un Pays à l'autre, on a percé un Rocher épais, & taillé un Chemin à travers. Il a quarante-six pieds de longueur, dans l'épaisseur du Rocher & quatre toises de Suisse de hauteur. Ce Passage appellé PIERRE-PERTUIS, est à une grande journée de Bâle & à une demi-journée de Bienne, près de la source de la Brys. Ce Chemin n'est pas nouveau. On voit au dessus de l'ouverture une Inscription Romaine qui fait juger que c'est là un Ouvrage des anciens Romains ; mais comme elle a été mutilée par les coups de quelques Passans indiscrets, on n'en peut pas tirer grande lumière : Voici ce qui s'en est conservé : [e Etat & Délices de la Suisse, t. 3. p. 274.]

NUMINIB. AUGUST.
.... UM ....
VIA FACTA PER
UR.... UM PATER.... UM
II. VIR. COL. HELVET.

On apprend par ce peu de mots que ce Chemin a été fait par les soins d'un Paterius ou Paternus, Duumvir ou Chef de la Colonie Helvétique, qui étoit à Avenche sous l'empire des deux Antonins.

PIERRE DU SECOURS.[a] C'est le Lieu où les Philistins prirent l'Arche du Seigneur.

[a] 1. *Reg.* 5. 1.

PIERRE DE ZOHALETH, ou ZOHELETH. Adonias [b] immola des Béliers, des Veaux & toutes sortes de Victimes grasses, auprès de la Pierre de Zoheleth. C'étoit, disent les Rabbins, une pierre qui servoit aux Exercices des Jeunes gens, qui éprouvoient leur force à la rouler ou à la jetter; car on ne convient pas tout-à-fait de son usage. Voyez Zach. 12. 3. Une Pierre d'épreuve.

[b] 1. *Reg.* 1. 9.

PIERREGARD, ou PERRIGARD, Rocher de Suisse, dans le Haut Vallais [c], au Département de Siders ou Sierre, près du Village de Ste. Euphémie. Il y avoit anciennement sur ce Rocher un Château fort; mais il est démoli depuis long-tems.

[c] Etat & Délices de la Suisse, t. 4. p. 192.

1. PIERRES, ou LES PIERRES, Abbaye de France, dans le Berry, ressort d'Issoudun. Elle est de l'Ordre de Cîteaux & de la Filiation de Clairveaux. Son nom lui vient de sa situation, dans un Vallon environné de précipices, de rochers & de bois, dans la Paroisse de Sideailles, à quinze lieues de Bourges.

2. PIERRES, ou LES PIERRES, *Abbatia de Petris*: Abbaye de France, dans le Berry près de Culant. C'est une Abbaye de l'Ordre de Cîteaux, fille d'Aubepierre & en Règle.

PIERSHILL [d], Village des Pays-Bas, dans l'Isle de Beyerland au voisinage de Korndyck.

[d] Dict. Géog. des Pas-Bas.

1. PIERUS, Fleuve de l'Achaïe propre. Il traversoit, dit Pausanias [e], le Territoire de la Ville PHARÆ, & c'est, je pense, ajoute-t-il, le même qui coule au travers des ruïnes de la Ville OLENUS, & que les habitans de la Côte appellent PIRUS. Strabon [f], qui écrit PEIRUS, dit qu'on nommoit aussi ce Fleuve Teutheas, & qu'il se jettoit dans l'Acheloüs.

[e] Lib. 7. c. 22.
[f] Lib. 8. P. 342.

2. PIERUS, Ville de Thessalie, selon Ortelius [g] qui cite Pline [h]; mais Pline ne dit point que ce soit une Ville. Il fait entendre au contraire qu'il parle d'une Contrée, qui s'étend depuis *Pheræ* jusqu'à la Macédoine. Le Pere Hardouin qui l'entend aussi d'une Contrée, prétend qu'il faut lire PIERIS au lieu de PIERUS.

[g] Thesaur.
[h] Lib. 4. c. 8.

3. PIERUS, Montagne de la Thessalie, selon Pline [i]. Pausanias [k] la place dans la Macédoine, & dit qu'elle tiroit son nom de Pierus qui y établit le Culte des Muses sous le nom de Piérides. Quelques-uns veulent, ajoute-t-il, que Pierus ait eu neuf filles, auxquelles il donna le nom des neuf Muses. Rien n'est plus connu que la Fable des neuf Piérides; c'est-à-dire des neuf filles de Pierus, Roi de Macédoine, qui furent changées en Pies pour avoir fait un défi aux Muses. Voyez les Métamorphoses d'Ovide [l]. Je me contenterai de dire ici de quelle manière cette Fable a été racontée par un autre Ecrivain. Je veux parler d'Antonius Liberalis. Voici ce qu'il dit [m]: Jupiter ayant eu commerce dans la Piérie avec Mnemosyne, il en eut les Muses. Pierus regnoit alors dans l'Emathie, sa patrie, & avoit neuf filles, qui osèrent défier les Muses à chanter, de sorte qu'on vit sur l'Hélicon un combat de Musique. Or quand les Filles de Pierus chantoient, des nuages obscurcissoient tout & rien n'obéissoit à leur voix: au contraire celle des Muses arrêtoit le Ciel, les Astres la Mer, les Fleuves, & l'Hélicon, attendri de plaisir, s'elevoit jusques au Ciel, jusqu'à ce que Pégase l'en empêcha, par le conseil de Neptune, en frappant du pied la cime de cette Montagne. Au reste parce que des mortelles avoient eu l'insoleuce d'entrer en dispute avec des Déesses, les Piérides furent changées par les Muses en des Oiseaux, que les hommes appellent encore aujourd'hui du nom de Colymbes, Plongeurs. Thucydide [n] appelle cette Montagne PIERIUS.

[i] Lib. 4. c. 8.
[k] Lib. 9. c. 29.
[l] Lib. 5. Fab. 5.
[m] Metamorph. c. 9.
[n] Lib. 5. p. 352.

4. PIERUS, Lac de Thessalie, selon Ælien [o].

[o] Hist. Anim. l. 3. c. 37.

PIETRA-MALA, Village d'Italie, aux confins de la Toscane & de l'Etat de l'Eglise. Kircher dit qu'il a observé vers le Village de PIETRA-MALA, l'air étincelle quelquefois pendant la nuit. Misson raconte quelque chose d'aussi curieux. J'ai vu, dit-il [p], proche de ce Village, à un quart de lieue de la Route de Florence à Boulogne, une flâme aussi pure que celle d'un fagot de menu bois sec, sans aucune odeur, & qui s'élève continuellement au milieu d'un Chemin fort dur & pierreux, sans qu'il y paroisse aucune ouverture. Les très-grandes pluyes éteignent cette flâme; mais elle renaît un moment après plus fort qu'auparavant; & les pluyes médiocres l'irritent & la rendent plus belle & plus vive. On appelle dans le Pays cette flâme *Fuogo del Legno*. Pour voir ce Phénomène, il faut laisser les Chevaux à Pietra-mala & aller à pied jusqu'à l'endroit en question. Un peu en deçà, ajoute Misson, entre PIETRA-MALA & LOYANO, au Village de SCARI-CALASSINO, sont les limites de Toscane: les Armes du Grand-Duc se voient sur un côté du Poteau & de l'autre côté sont celles du Pape.

[p] T. 2. p. 345.

PIETRA-MARIZZI, Bourg d'Italie [q], dans le Duché de Milan, sur le Tanaro, à une lieue au-dessous d'Aléxandrie. Il est maintenant réduit en Village & l'on croit que c'est l'ancienne *Petra - Maricorum*.

[q] Baudrand, Dict. Ed. 1705.

PIETRA-PELOSA, Ville d'Italie, dans l'Istrie, dans les Terres, sur un Roc à cinq milles au Midi Occidental de Pinguente, & au voisinage de Sdregna.

PIETRA-SANTA, Ville d'Italie [r], dans la Toscane, entre l'Etat de la République de Lucques & la Principauté de Massa. C'est aujourd'hui une Ville Episcopale & l'on croit que c'est l'ancienne Ville appellée *Lucus Feroniæ*.

[r] Magin, Carte de la Toscane.

PIETERKOW. Voyez PETERKOW.

PIEVE, Ville d'Italie [s], dans l'Etat de Venise.

[s] Magin, Carte de l'Etat de Venise.

de Venise, sur la Piave, entre Trisago & Belluno. On l'appelle ordinairement PIEVE DI CADORE, parce qu'elle est la Capitale du Cadorin.

PIEVE D'INCINO, Village d'Italie [a], au Duché de Milan, près du Lambro, à deux lieues de Come vers le Midi. On prend communément ce Village pour l'ancienne Ville *Forum Licinii*.

[a] *Baudrand Dict. Ed. 1705.*

PIEUSE, Bourg de France, dans le Haut Languedoc, au Diocèse de Narbonne, dans un Canton nommé la Hayne, à deux lieues de Briquebec & à cinq de Valognes. C'est un Doyenné & il y a deux Cures, qui sont à la nomination de St. Sauveur le Vicomte. Pieuse a le titre de Baronnie. On y tient plusieurs Foires dans l'année, & il y a une jurisdiction qui tient ses séances tous les Vendredis qui sont les jours de marché. Le terroir des environs est bon pour les bleds.

PIEUX (les), Bourg de France dans la Normandie, au Diocèse de Coutances, Election de Valognes. Ce Bourg a titre de Baronnie.

PIEXAN, Ville de la Chine [b], dans la Province de Suchuen, au Département de Changking, cinquième Métropole de la Province. Elle est de 10. d. 57. plus Occidentale que Peking, sous les 29. d. 55. de Latitude Septentrionale.

[b] *Atlas Sinens.*

PIEXE, Lac de la Chine [c], dans la Province de Nanking, entre les Villes de Hoaigan & de Yangcheu. A l'entrée de ce Lac du côté du Midi est la Ville de Caoyeu.

[c] *Atlas Sinens.*

1. PIEYANG, Ville de la Chine [d], dans la Province d'Honang, au Département de Nanyang, huitième Métropole de la Province. Elle est de 4. d. 15. plus Occidentale que Peking, sous les 33. d. 57. de Latitude Septentrionale.

[d] *Atlas Sinens.*

2. PIEYANG, petite Ville de la Chine [e], dans le Pays de Laotung, au Département de Tieling. Elle est de. 5. d. 47. plus Orientale que Peking, sous les 38. d. 44. de Latitude Septentrionale.

[e] *Atlas Sinens.*

PIGAVIA. Voyez TIGAVIÆ.

PIGELASUS, Ville de la Carie, selon Etienne le Géographe.

PIGINDA, Ville de la Carie. C'est Etienne le Géographe qui en fait mention.

PIGNAN, Bourg de France, dans la Provence, au Diocèse de Frejus. Il y a un Chapitre de Chanoines Réguliers de l'Ordre de St. Augustin, sous le titre de l'Assomption de la Ste. Vierge. Ce Chapitre étoit fondé dès le sixième Siécle. Il est composé d'un Prevôt, de cinq autres Dignitez, & de douze Chanoines, outre plusieurs autres Ecclésiastiques. Le Prevôt est Seigneur du Bourg. Il y a encore des Cordeliers & des Ursulines, outre quatre Chapelles hors les murs. L'air de ce Bourg est très-sain & la Campagne fort belle. Elle est arrosée de plusieurs Ruisseaux & Fontaines, qui font tourner plusieurs petits Moulins, dont les uns servent à fouler des Draps, les autres à battre du Cuivre, & d'autres à faire du papier. Le terroir est fort abondant.

PIGNEL. Voyez PINHEL.

PIGNEROL, Ville d'Italie dans le Piémont, à l'entrée de la Vallée de Pérouse, sur la Rivière de Chiuson, ou Cluson. Ce n'étoit autrefois qu'un méchant Bourg [f], que Thomas Comte de Savoie commença de faire fortifier pour la sûreté du Piémont, dont il défendoit l'entrée. La Ville est petite mais fort peuplée. Elle passa en 1040. ou 1042, dans la Maison de Savoie, par le mariage d'Alix fille de Mainfroi, Marquis de Suze, avec Amédée II. Comte de Maurienne. François I. s'en rendit maître en 1536. & la conserva par le Traité de Château-Cambresis, à cause des prétentions qu'il avoit contre le Duc de Savoie; mais il fut dit que ces prétentions seroient réglées dans trois ans, & que ce tems expiré la Place seroit rendue au Duc. Charles IX. pressé en 1561. d'exécuter ce Traité, remit à Emanuel Philibert, Turin, Quiers, Chivas & Villeneuve d'Ast ; mais il retint Pignerol, qu'Henri III. rendit contre l'avis de son Conseil au Duc de Savoie l'an 1574. Ses successeurs la conservérent jusqu'en 1630. qu'elle fut prise le 20. Mars par le Cardinal de Richelieu. On convint par le Traité de Ratisbonne du 3. Octobre de la même année qu'elle seroit rendue au Duc de Savoie. Ce Traité fut confirmé par celui de Quierasque du 6. Avril 1631. La Garnison en sortit le 20. Septembre ; mais par un Traité secret du 30. Mars, conclu à Quierasque, le Duc de Savoie avoit entiérement cédé cette Place au Roi. Cependant il feignit de la remettre en dépôt pour six mois par le Traité de Mirefleur du 19. Octobre 1631. pour ne pas donner d'ombrage aux Espagnols. Enfin il déclara par le Traité du 5. Juillet 1632. qu'il la remettoit au Roi en toute propriété & Souveraineté. L'Empereur prétendit que le Duc de Savoie n'avoit pu vendre cette Ville au Roi de France, parce que c'étoit un Fief de l'Empire; mais cette prétention étoit très-mal fondée ; tous les Jurisconsultes Allemans demeurant d'accord que les Princes & autres Vassaux de l'Empire peuvent aliéner leurs Fiefs sans le consentement de l'Empereur. L'Empire céda depuis à la France par les Traitez de Westphalie tous les droits qu'il y pouvoit avoir. D'ailleurs la plus grande partie des Docteurs des plus célébres Universitez d'Italie soutiennent que Pignerol est un Franc-Aleu ; parce que si c'eut été un Fief de l'Empire, Alix de Suze n'auroit pu faire donation en 1078. à l'Abbaye de Pignerol qu'elle fonda en 1064. d'une partie du Domaine de cette Ville, qui consistoit en la moitié du Château de Pignerol & des Villages des Portes, Touron, Malavor, Villars, Villaret, Pragelas & autres. Pendant que Pignerol [g] demeura entre les mains des François ils la fortifiérent si bien, qu'elle passoit pour une des meilleures Places de l'Europe, & servoit même de prison aux Criminels d'Etat ; mais l'ayant démolie avant que de la rendre au Duc, en exécution du Traité de 1696. ils lui ont comme

[f] *f d'Audiffred. Géogr. anc. & moderne t. 2. p. 405.*

[g] *La Forêt de Bourgon, Géog. Hist. t. 2. p. 488.*

fait

fait perdre l'espérance d'être jamais rétablie dans son ancien lustre. La Citadelle avoit été bâtie avec un grand soin sur le sommet de la Montagne, & outre cette Citadelle, il y avoit le Château de Pérouse, qu'on avoit bâti à l'entrée de la Vallée de ce nom, pour empêcher les approches qu'on auroit pu faire de ce côté-là. Enfin on avoit construit au dessus de Pignerol le Fort de Ste. Brigitte, qui tint quinze jours en 1693. contre les efforts des Alliez. Ils bombardèrent ensuite la Ville de Pignerol; & voilà à quoi se bornèrent les desseins qu'ils avoient formez contre cette Place.

La BANLIEUE DE PIGNEROL comprend Riva, Baudenasco, Biacosco Supérieur, Costa grande & son finage, les Villages de l'Abbaye, & le Valdelemie avec leurs finages; le Village & Fort de la Pérouse, Pinnache, Villars les Portes, le Grand & Petit Diblon, avec toutes les terres situées dans la Vallée de la Pérouse, qui sont sur le côté gauche de cette Vallée, en allant de Pignerol à Pragelas & au delà de la Rivière de Chiuson.

PIGNEY, ou PINEY, Ville de France, dans la Champagne, Election de Troyes. Ce n'étoit autrefois qu'une Baronnie [a], qui fut érigée en Duché par le Roi Henri III. au Mois de Septembre 1576. & depuis en Pairie au Mois d'Octobre 1581. en faveur de François de Luxembourg & de ses enfans mâles & femelles. Cette Duché-Pairie étant tombée dans une des Branches de la Maison de Montmorency par le mariage de Magdeleine Charlotte-Bonne-Thérèse de Clermont, fille de Charles-Denis de Clermont-Tonerre, & de Marguerite-Charlotte de Luxembourg, avec Henri de Montmorency, Comte de Bouteville en 1661. ce dernier obtint du Roi des Lettres Patentes au Mois de Mars de la même année portant traslation de ce Duché en sa personne avec confirmation de Duché-Pairie, & il fut reçu au Parlement en cette qualité le 22. de Mai 1662. Il prétendit depuis avoir rang avant tous les Ducs, dont les Erections sont postérieures; & ce fut le sujet d'un grand procès, qui a été décidé par l'Edit du Roi de l'an 1711. par lequel il n'a rang que du 22. de Mai 1662.

[a] *Pigniol*, Descr. de la France, t. 3. p. 333.

PIGNISUS, Lieu de la Galatie: Strabon [b] le met au voisinage de la Lycaonie.

[b] Lib. 12. p. 568.

PIGNIUS, Ortelius [c], qui cite Gyraldi [d], dit que ce fut par le moyen de l'inondation de ce Fleuve qu'Hércule nétoya l'Etable du Roi Augias. Voyez AUGIÆ STABULUM. Ce Fleuve étoit dans le Péloponnèse & il se pourroit faire que ce seroit le même que le PENEIUS.

[c] Thesaur.
[d] In Hercule.

PIGNOL, Village du Pays de Grisons [e], dans la Ligue Haute ou Grise & dans la Communauté de Schams. Ce Village est assez considérable, & on y trouve de bons bains.

[e] Etat & Délices de la Suisse, t. 4. p. 27.

PIGRETEM FLUVIUM. On trouve ce nom, dit Ortelius [f], dans les Exemplaires Latins de Xénophon; mais le Texte Grec porte *Tigris* & non *Pigris*.

[f] Thesaur.

PIGRUM MARE. Voyez au mot MER l'Article MER BALTIQUE.

PIGUNTIÆ. Voyez PEGUNTIUM.

PIHACHIROTH. Voyez PHI-HAIROTH.

1. PILA, Ville de la Palestine: *Ululate habitatores Pilæ* [g]. L'Hébreu porte *habitatores Machtès*: ou *habitans de la Dent Macheliére*, ou *habitans du Mortier*. *Machtès* se met pour une dent machelière dans l'Histoire de Samson, où il est dit que ce Héros but de l'eau que Dieu lui fit sortir d'une dent machelière, ou d'un Rocher qui en avoit la forme. Le Lieu où cela arriva conserva le nom de *Lechi*, ou de *Machtès*; & il est assez croyable que c'est à ce Lieu que Sophonie adresse ces paroles: Jettez des cris de douleur, habitans de Machtès. Philistins, habitans de *Machtès* vous allez être ravagez. Voyez l'Article LECHI. D'autres Interprètes [i] croient que *Machtès* signifie dans l'endroit cité de Sophonie, la Ville de Jérusalem, qui est nommée dans un sens figuré, le *Mortier*, dans lequel devoient être broyez & mis en poudre tous ceux qui s'y rencontreroient, au tems de sa prise par Nabucodonosor. St. Jérôme semble croire que *Machtès* étoit un Quartier de Jérusalem près de la Fontaine de Siloé. Ce Quartier pouvoit être nommé le Mortier, à cause de sa profondeur. Le Rabbin Salomon l'explique de Tibériade, à cause qu'elle étoit située dans l'endroit le plus creux du pays. Le Chaldéen l'entend de la Ville de Cédron.

[g] Sophron. 1. 11.
[h] Dom Cal. met. Dict.
[i] Sanct. Tirin. Ribera, &c.

2. PILA, Montagne de France, aux confins du Lyonnois & du Forez [k], dans l'Election de St. Etienne, entre St Chaumont, Condrieu, St. Etienne & Argental. Cette Montagne s'étend en long du Midi Occidental au Nord Oriental.

[k] Samson, Carte du Lyonnois.

PILA-TERRÆ, Varron cité par Ortelius [l], donne ce nom au Globe de la Terre.

[l] Thesaur.

PILACA, Rivière d'Italie, dans la Calabre Ultérieure [m]. Elle a son cours du Nord au Sud & son embouchure dans la Mer Ionienne, non près du Cap della Colonne, comme le dit Mr. Corneille, après Mr. Maty; mais entre *Cabo di Rizzuto* & *Cabo di Jacopini*.

[m] Magin, Carte de la Calabre Ultér.

PILÆ. Voyez PYLÆ.

PILARTES. Voyez PYLARTES.

PILATE (le Mont de). Voyez FRACMONT.

PILATE (la Plaine de.) Voyez l'Article suivant.

PILATE (le Trou de), c'est un Passage, dans l'Isle de Saint-Domingue, entre des Montagnes. Ce Passage communique du Port St. François & de la Côte du Nord de l'Isle à la Rivière d'Artibonite. Il y a aux environs de ce trou une belle Plaine qu'on appelle la PLAINE DE PILATE. Elle est arrosée de la Rivière nommée les TROIS RIVIERES.

PILAU, ou PILLAU, Village de Prusse dans le Sambland à l'entrée du Frisch-Haven. Il est remarquable par sa Douane, & par son Port, d'où en remontant la Pregel on remonte à Konigsberg [n], qui n'en

[n] Zeyler. Prus. Topogr. p. 42.

n'en eft qu'à fept milles par eau, car par terre la route eft plus longue. Quand de cette Ville ou vient au Pilau, à un mille de Konigsberg on entre dans une épaiffe Forêt de Sapins qui dure trois milles jusqu'à *Forckheim*, & delà un mille jusqu'à *Fifchhaufen*: delà un mille au Village de Lochftett où eft un Château; & enfin un bon mille delà jusqu'au Pilau, toujours au travers des Bois. Le Pilau n'eft habité que par des Pécheurs & on y pêche l'Efturgeon en quantité. Auprès du Village eft une Montagne ronde couverte de Bois, fur laquelle eft une jolie Maifon, où demeure le Commis de la Douane; devant eft une Place verte, d'où l'on voit tout le Port, & fur le Mole la Fortereffe jusqu'en pleine Mer. Tous les Vaiffeaux qui arrivent doivent envoyer au Commis. Le Mole dont on vient de parler eft une hauteur d'une terre fablonneufe, d'une centaine de pas de largeur, qui s'avance comme un bras, & au bout de laquelle il y a un Fort avec Garnifon, pour arrêter tout ce qui paffe, à moins qu'on ne foit en état de la forcer, comme fit Guftave Adolphe Roi de Suède en 1626. Le Port eft beau & grand & appartient au Roi de Pruffe, à qui la Douane de ce Village apporte un bon revenu. On y amaffe beaucoup d'Ambre aux environs fur-tout après les tempêtes.

PILCOMAYO, ou Rio PILCOMAYO [a], Riviére de l'Amérique Méridionale, dans le Paraguay. Elle a fa fource dans le Pays de Los Charcas, près du Lac de los Aullagas. Son cours eft du Nord Occidental au Midi Oriental. Après avoir traverfé les Gouvernemens, de los Chicas, de Chaco & en partie celui de Paraguay, elle va fe perdre dans la Riviére de Paraguay à la droite, & à quelques lieues au deffous de la Ville de l'Affomption qui eft à la gauche.

PILEATI, Peuples compris au nombre des Goths, felon Ortelius [b] qui cite Jornandès & qui leur donne le titre de *generofa Gens*. Mais Jornandès dit feulement que Dicenus choifit parmi les Goths les plus nobles & les plus prudens, à qui il enfeigna la Théologie, leur confeillant de s'adonner au Culte de quelques Divinitez & d'avoir des Oratoires. Jornandès ajoute que Dicenus fit de ces gens-là des Prêtres à qui il donna le nom de *Pileati*, à caufe de la coëffure dont ils fe couvroient la tête dans les facrifices. Voici le Paffage en queftion: *Elegit namque* [Dicenus] *ex eis* [Gothis] *tunc nobiliffimos prudentiores viros, quos Theologiam inftruens, Numina quædam & Sacella venerari fuafit, fecitque Sacerdotes, nomen illis* PILEATORUM *contradens, ut reor, quia opertis capitibus Tiaris, quos Pileos alio nomine nuncupamus, litabant.* Ainfi le nom de PILEATI n'a aucun rapport à la Géographie.

1. PILE, Bourgade de l'Ifle de Chypre, dans la partie Méridionale de l'Ifle, fur un Cap de même nom. On croit que c'eft l'ancienne *Throni*. Voyez THRONI.

2. PILE. Voyez PYLÆ & PYLOS.

PILE DE SAINT MARS [c], Monument ancien, en France dans la Touraine, à une lieue au-deffus de Langeai, près du Château de SAINT MARS. C'eft un Pilier de briques fi dures, qu'on le dit à l'épreuve du Canon. La tradition veut que ce foit Céfar qui l'ait fait bâtir, de même que celui du Port de Pile, fur les limites de la Touraine & du Poitou.

PILESCH. Voyez PITESK qui eft la vraie orthographe.

PILEUM, Village d'Italie, dans la Pentapole, felon Paul Diacre [d] cité par Ortelius [e]. Cependant on ne lit pas dans Paul Diacre que *Pileum* ou *Pilleus* fût dans la Pentapole. Il dit feulement que lorsque l'Armée de Liutprant eut du deffous pour la feconde fois, Liutprand étoit dans la Pentapole: *Rege*, dit-il, *in Pentapoli demorante*.

PILIGRI. Voyez PELIGNI.

PILIER, Ifle de France, fur la Côte de Bretagne, à l'embouchure de la Loire. On a bâti dans cette Ifle une Tour pour défendre l'entrée de la Riviére aux Corfaires.

PILLAC, Bourg de France dans l'Angoumois, Election d'Angoulême.

PILON (le). Nom que l'on donne en France [f], à une petite Plage, fur la Côte de Provence, vers le Cap de la Garoupe, du côté du Nord-Eft. On y peut mouiller lorsque les Vents font à l'Eft-Nord-Eft. Il y a 4. à 5. braffes d'eau, fond d'herbe vafeux. On peut même porter des amarres à terre, prenant garde de ne pas trop s'approcher de la Côte, près de laquelle il y a quelques roches aux environs.

PILORUS, Ville qu'Etienne le Géographe place dans la Macédoine, aux environs du Mont Athos. Ortelius [g] foupçonne qu'il y a faute dans Etienne le Géographe & qu'il faut lire Pidorus, à quoi il y a grande apparence. Voyez PIDORUS.

PILSEN, Ville de Bohême en Latin PELSINA, & PELZINA [h]. Elle eft affez belle & fituée aux frontiéres du Haut Palatinat de Baviére, dans un Cercle dont elle eft la Capitale & qu'on appelle PILSNER KRAIS, entre deux petites Riviéres, favoir la MISA & le WATTO qui fe réuniffent au-deffous de cette Ville. Au Couchant & au Midi elle eft défendue par un Boulevard accompagné d'un bon foffé; au dedans du foffé il y a de bonnes murailles avec des Tours & des Baftions. Comme le fonds eft de Roche il eft difficile de la miner. Il y avoit d'affez beaux Fauxbourgs, mais durant le Siége de 1618. ils furent brûlez entiérement; & la Ville entiére a beaucoup fouffert dans les différentes guerres de Bohême, ayant été prife, reprife, & incendiée plufieurs fois.

PILSNA, ou PILSNO, ou PILEZNA [i], Ville de la Petite Pologne, dans le Palatinat de Sandomir, aux confins de celui de Cracovie, fur une petite Riviére qui fe jette dans la Wiftule. Il y a dans cette Ville une fort belle Eglife.

Le TERRITOIRE DE PILSNA comprend entre autres places:

[a] De l'Ifle Atlas.
[b] Thefaur.
[c] Piganiol, Defcr. de la France, t. 7. p. 44.
[d] Longobard. lib. 6. c. 54.
[e] Thefaur.
[f] Michelot, Portulan de la Méditer. p. 82.
[g] Thefaur.
[h] Zeyler Bohæm. Topogr. p. 81.
[i] De l'Ifle Atlas.

Zarnowitz, Przezlau,
Sechow, Zaclycin,
Lezaizko.

PILTEN ou PILTYN, Ville du Duché de Courlande: sur la Riviére de Win- daw [a], entre Goldinge & le Fort de Win- daw. Vers l'an 1219. Waldemar Roi de Dannemarc, ayant conquis la plus grande partie de la Livonie & la Courlande, son- gea à faire établir un Evêché dans ces Quartiers, sous la Métropole de Lunden; & comme les Danois étoient en différent sur le lieu où l'on bâtiroit un Château pour la résidence de l'Evêque, il ordonna de le construire dans l'endroit où le *Pil- ten*, c'est-à-dire *Garçon* en vieux Danois, étoit debout. C'est delà que le Diocèse eut le nom de PILTEN. Quelques années après, la Livonie & l'Evêché de Courlan- de ayant été faits Membres de l'Empire Germanique, les choses continuérent dans cet état jusqu'à l'an 1559. que le dernier Evêque de Pilten, épouvanté de l'irrup- tion des Moscovites, vendit les deux Evê- chez de Pilten & d'Oesel à Friderіc II. Roi de Dannemarc, qui les donna en ap- panage à son frére Magnus, Duc de Hols- tein. Comme ce Prince étoit Luthérien il sécularisa cet Evêché & conféra de grands Domaines à la Noblesse, & à ses Domestiques, qui cultivérent & fourni- rent si bien le Pays de Bétail, en y intro- duisant le commerce, qu'ils le rendirent une des plus considérables Provinces de ces Quartiers.

Lorsque Godhard dernier Grand-Maî- tre de l'Ordre Teutonique, soumit la Livonie à la Pologne, il stipulé que le Roi Sigismond-Auguste joindroit le Pays de Pilten au Duché de Courlande; que Magnus, Duc de Holstein se contenteroit du Château de Sounenbourg en échange de l'Evêché de Courlande, & que le Grand- Maître Godhard jouïroit de l'Evêché de Courlande & du reste de la Courlande.

Après la mort du Duc Magnus, arrivée en 1583. le Duc Godhard députa à la No- blesse de Pilten, pour lui représenter qu'il étoit de la justice, de la nécessité & mê- me de son interêt qu'elle se soumît à son Gouvernement; que les Rois Sigismond- Auguste & Etienne avoient accordé qu'a- près la mort du Duc Magnus, la Souverai- neté de ce Pays appartiendroit au Duc Godhard; que même le Duc Magnus avant sa mort, avoit donné & légué cet Evêché au jeune Duc de Courlande, & que dans le même tems la Noblesse de Pilten avoit déclaré, qu'après la mort du Duc Magnus, elle ne se soumettroit qu'à l'obéissance du Duc de Courlande. D'ailleurs le Cardinal Radziwil la sollicita en même tems au nom du Roi de Pologne de se réunir à la Cou- ronne, ou du moins de se soumettre au Duc Godhard, qui étoit un Prince de leur Nation & de leur Religion, & à qui la Pologne étoit prête de confirmer la posses- sion de cette Province. Mais la Noblesse de Pilten tint ferme. Elle déclara que le droit qui avoit appartenu au Duc Magnus étoit dévolu à la Couronne de Dannemarc,

[a] Descr. de la Livonie, Lettre 15.

à qui le Pays avoit deja eu recours. Cet- te déclaration fut le Signal des hostilitez entre les Polonois & ceux de Pilten. Etien- ne Roi de Pologne résolut même de rédui- re ces derniers par la force. De son côté le Roi de Dannemarc se disposoit à main- tenir son droit par les armes. Mais Geor- ge Friderіc, Margrave de Brandebourg & Duc de Prusse, s'étant entremis, ménagea un accommodement. Il fut dit que le Pays de Pilten seroit rendu au Duc de Po- logne; & comme les habitans avoient de- puis plusieurs années embrassé la Confes- sion d'Ausbourg, on conserva la Religion en son entier. D'autre part le Roi de Po- logne devoit payer au Roi de Dannemarc la somme de trente mille Ecus. Le Margra- ve de Brandebourg compta l'argent pour lequel on lui donna en hypothéque la Vil- le de Pilsen. En 1617. on transporta l'hy- pothéque à la Margrave de Brandebourg- Anspach, Sœur de Chrétien, Duc de Lune- bourg & de Brunsvic. Mais un Gentil- homme de Courlande, nommé Maydel, acheta ce Domaine de la Margrave en ac- quittant l'hypothéque, & la jouïssance lui en fut confirmée par le Roi de Pologne sous le titre de Staroste de Pilten.

Depuis ce tems-là la Maison de Cour- lande a tâché de recouvrer son droit & de faire valoir ses prétentions sur cette Pro- vince, par la voie de droit. Elle a obte- nu plusieurs Decrets favorables dans les Cours de Justice & dans les Diètes de Po- logne. Mais une partie de la Noblesse de Pilten refusa opiniâtrement de s'y sou- mettre: les uns vouloient dépendre im- médiatement de la Couronne de Pologne, & travailloient à ériger une Cour de Jus- tice entr'eux & dont on pourroit appeller au Roi de Pologne. Les autres, qui étoient d'un sentiment plus favorable, vouloient bien reconnoître la Jurisdiction du Duc; mais ils lui lioient tellement les mains, & rognoient ses droits de telle sorte, qu'ils ne lui laissoient que le nom de Souverain. Ce différent a duré plusieurs années & a coûté des sommes très-considérables aux Ducs de Courlande; outre que cette af- faire a été une source continuelle de brouil- leries. Car quand le Pays étoit menacé de guerre, ou d'invasion, ou de quartiers & de taxes par la Pologne, la Noblesse étoit bien aise alors de se soumettre au Duc & de rechercher sa protection.

Dans la guerre entre la Pologne & la Suède en 1656. les Suédois prirent des Quartiers dans le Pays de Pilten, comme Province de Pologne. Jacques, Duc de Courlande le soulagea de ce pesant far- deau en payant une somme d'argent aux Suédois, & le fit jouïr de l'avantage de la Neutralité, qui fut cependant violée quel- que tems après par les Suédois. La Paix ayant été conclue en 1660. la Noblesse de Pilten se soumit au Duc par le Traité de Grobin, à des conditions très-avantageu- ses, en attendant qu'on obtint le consente- ment du Roi de Pologne. Maydel garda la Ville & le Bailliage de Pilten; & le Duc ayant racheté tous les autres Domaines engagez, obtint par un acte de la Couron- ne ne & de la République de Pologne, la Souveraineté de toute la Province, qu'il conferve encore aujourd'hui. Quelques Gentilshommes mécontens prirent néanmoins occasion de plusieurs clauses de cet Acte, & de différentes explications qu'ils y donnoient, pour en suspendre l'exécution. D'un autre côté les Polonois, qui étoient bien aises de tenir l'affaire en suspens favorisoient ces mécontentemens; & enfin le Clergé reclama le Pays de Pilten, comme un Evêché dépendant du Siége de Rome. En effet à la faveur des Lettres Monitoriales du Pape, on établit un Evêque sur la partie de la Livonie qui appartenoit à la Pologne & sur Pilten; & il intervint un Acte de la République de Pologne, qui nommoit des Commissaires pour examiner le différent, & en remettre la décision au Roi. Lorsque les Commissaires furent arrivez à Pilten, & qu'ils eurent fait citer les Parties devant eux, les Nobles protestérent contre la procédure, comme étant directement contraire à leurs privilèges & à l'accord fait entre le Dannemarc & la Pologne. Il se joignirent tous à cette fois au parti du Duc, & sortirent de Pilten, après avoir laissé dans la Ville un Lieutenant-Colonel avec quelques troupes. Les Commissaires ne laissérent pas de décider en faveur de l'Evêque; mais la Sentence ne fut point exécutée. Le Roi Jean III. à qui la République avoit remis la décision finale de l'affaire, s'en tint toujours à délibérer, & mourut sans confirmer la Sentence; de sorte que l'affaire est demeurée indécise. Cependant les Ducs de Courlande se sont maintenus dans la possession de cette Province, & y ont établi une Cour de Justice, qui juge des differens de la Noblesse & du Bourgeois. Dans toutes sortes de causes & de procès on est obligé de comparoître devant cette Cour, qu'on appelle la *Cour de premiére instance*; parce qu'on appelle delà au Duc.

Comme la Noblesse de Pilten a joüi pendant un grand nombre d'années, dans un Pays si fertile des douceurs de la paix, elle a eu le tems & le moyen de s'enrichir, à la faveur d'une espèce d'indépendance. Le voisinage de la Mer lui est d'un grand avantage. Elle a la commodité de faire débiter ses denrées, principalement le froment que le pays produit en abondance, & qui est fort recherché par les Hollandois à cause de sa bonté. Tous les ans il viennent le prendre avec leurs Vaisseaux & l'achetent argent comptant. Il n'y a point aujourd'hui de différence entre la Noblesse de Courlande, de Semigalle & de Pilten. Leurs biens, leurs terres & leurs familles, tout cela s'est mêlé ensemble par des alliances réciproques; de sorte qu'elle ne fait plus en quelque maniére qu'une même Nation.

Voici le nom des Forteresses que Matthias Strubycz [a] met dans le Pays de Pilten:

[a] Livoniæ Ducat. Descr. c. 4. §. 2.

Pilten.
Edwalen.
Hasenpot.
Angermunt.
Irven.
Dondangen.
Neuhaus.
Ambothen.
Dalse.
Sacke.

PILTZA, PITZIA, & PILCA, Riviére de Pologne [b]. Elle a sa source aux confins du Palatinat de Cracovie & de celui de Sendomir, près de la Forteresse de Pilcz; & elle va se perdre dans la Wistule à quelques milles au dessus de Varsovie. [b] Andr. Cellar. Descr. Polon. p. 181.

PIMBES, PIMBO, ou PIMBOU, petite Ville de France [c], dans le Pays de Chalosse, au Tursan, entre Miramont & Roquefort de Tursan; mais plus près de cette derniére. Il y avoit autrefois une Abbaye de même nom, en Latin *Beata Maria de Pimbo*. C'est présentement une Eglise Collégiale. [c] De l'Isle Atlas.

PIMEVILLE, Bourg de France dans l'Anjou, Election de la Fléche.

PIMITEONI, Lac de l'Amérique Septentrionale, environ à trente lieues du grand Village des Ilinois, & à cent quarante, ou cent cinquante du Lac appellé aussi des Ilinois. Le Lac Pimiteoni peut avoir sept lieues de long sur une de large. Il est formé par la Riviére des Ilinois, qui n'est jamais glacée entiérement au delà de ce Lac.

PIMOLISA, Lieu de la Cappadoce dans le Pont. Etienne le Géographe, qui le place en deçà du Fleuve Halys, dit que ce Lieu étoit fortifié & qu'il donnoit le nom à la Contrée Pimoliséne. Voyez l'Article suivant. Cédréne qui écrit Πημολισσα ajoute ce Lieu étoit situé sur un Rocher.

PIMOLISENA, Contrée de la Cappadoce dans le Pont, aux environs du Fleuve Halys, selon Strabon [d], qui dit qu'elle prenoit son nom d'une Forteresse Royale appellée PIMOLISÆ & qui étoit détruite de son tems. [d] Lib. 12. p. 561. & 562.

PIMPLA, PIMPLEIUS, ou PIMPLEUS, Montagne que divers Géographes joignent avec l'Hélicon & qu'ils disent avoir aussi été consacrée aux Muses; ce qui fait qu'Horace [e] en s'adressant à sa Muse l'appelle, *Pimplea Dulcis*; & ce qui a fait dire à Catulle [f]: *Pimpleum scandere Montem*. Mais peut-être, dit Cellarius [g], seroit-il plus naturel, de placer cette Montagne dans la Piérie, Province de la Macédoine; parce que Strabon [h] dit que ce furent les Thraces qui consacrérent aux Muses la Piérie & les Monts *Olympe*, *Pimpla* & *Libethrus*; mais que de son tems les Macédoniens possédoient tous ces Lieux; à moins qu'on ne dise que comme il y eut dans la Macédoine & sur l'Hélicon des Antres des Libethrides, consacrez aux Muses; de même les Thraces purent sacrer dans les deux endroits deux Montagnes nommées *Pimpla*, & deux Fontaines chacune sous le nom de *Pimpleius*. Festus [i] remarque que les Muses furent appellées *Pimpleides* du nom d'une Fontaine de Macédoine, qui avoit été ainsi nommée à cause de la légéreté de ses eaux. [e] Lib. 1. Od. 26. [f] Carm. 103. [g] Geogr. Ant. lib. 2. c. 13. [h] Lib. 10. p. 471. [i] Lib. 14.

PIMPRAMA, Ville qu'Arrien [k] place vers la source du Fleuve Indus. [k] De Exped. Alex. l. 5. 20. 22.

1. PIN, Abbaye de France, dans le Poitou, à cinq lieues de Poitiers, dans une

une belle Vallée, fur la Riviére de Bœfvre. C'eſt une Abbaye d'hommes de l'Ordre de Cîteaux, Filiation de Pontigny. Elle fut fondée en 1120. fous le nom d'Abbaye de St. Benoît du Pin par Géraud de Sala. Titio de Bares fut l'un de ſes plus illuſtres Bienfaiteurs. Elle eſt en Régle & vaut en tout ſix mille livres de rente. Ses bâtimens ſont neufs & beaux.

2. PIN, Bourg de France, dans le Perche, au Dioceſe de Seez.

3. PIN, Montagne de la Chine [a] dans la Province de Suchuen, prés de la Ville de Guei. Cette Montagne eſt ſi élevée, qu'on lui donne communément juſqu'à ſoixante Stades de hauteur. C'eſt dans cette Montagne que prend ſa ſource le grand Fleuve Kiang.

[a Atlas Sinenſ.]

4. PIN, Ville & Fortereſſe de la Chine [b], dans la Province de Chantung, au Département de Cinan premiére Métropole de la Province. Elle eſt d'un d. 22'. plus Orientale que Peking, fous les 37. d. 40'. de Latitude Septentrionale.

[b Ibid.]

5. PIN, Ville & Fortereſſe de la Chine [c], dans la Province de Quangſi, au Département de Lieucheu, ſeconde Métropole de la Province. Elle eſt de 9. d. 3'. plus Occidentale que Peking, fous les 24. d. 21'. de Latitude Septentrionale.

[c Ibid.]

PIN-FERRAND, Abbaye de France dans le Berry. Elle eſt de l'Ordre de St. Benoît & fut fondée en 1145. Son revenu eſt de quinze cens livres.

PINACA. Voyez SARASA.

PINAMUS, Ville d'Egypte, ſelon Etienne le Géographe.

1. PINARA, Ville d'Aſie, dans la Lycie. Strabon, qui met dans les terres au pied du Mont Cragus, dit que c'étoit une des plus grandes Villes de la Lycie; Etienne le Géographe la place mal à propos dans la Cilicie. Il ajoute qu'elle étoit bâtie ſur une Montagne. Dans un autre endroit [d] il dit qu'une partie des Xanthiens habitoit une Colline ronde ſur une Montagne, qu'ils avoient nommée leur Ville PINARA, & que dans la Langue des Lyciens πίναρα, ſignifioit une choſe ronde. Je crois dit Cellarius [e], que Pinara, étoit bâtie ſur une Colline au pied du Mont Cragus. Il y avoit, ſelon Strabon, ſur le Mont Cragus une Ville de même nom; c'eſt-à-dire nommée auſſi Cragus: ainſi il n'y a pas d'apparence que la grande Ville de Pinara fût ſur la même Montagne. Les Habitans de cette Ville étoient appellez PINARITÆ.

[d In voce Ἀςρόμπατος.]
[e Geogr. Ant. lib. 3. c. 3.]

2. PINARA, Ville de la Cœleſyrie, dans la partie Septentrionale, ſur le Gindarus, car la Cœleſyrie s'étendoit juſque-là, ſelon Pline [f]. Ptolomée [g] la place dans la Piérie de Syrie.

[f Lib. 5. c. 23.]
[g Lib. 5. c. 15.]

PINARIA, Iſle de la Mer Egée, ſelon Pline [h] qui la place ſur la Côte de l'Etolie.

[h Lib. 4. c. 12.]

PINARITÆ. Voyez PINARA, No. 1.
PINARUS. Voyez PYRAMUS.
PINCIANÆ. Voyez SEGESTA.

PINCO, Riviére de l'Iſle de Candie, dans le Territoire de Canée [i]. Elle court en ſerpentant du Midi au Nord, & elle a ſon embouchure dans la Mer à l'Occident de la Ville de Canée.

[i De Wit, Atlas.]

PINEUM, Ville de la premiére Myſie. Il en eſt parlé dans la Notice des Dignitez de l'Empire [k].

[k Sect. 30.]

PINDARUS. Voyez PYRAMUS.

PINDASUS, Montagne que Pline [l] met dans la Myſie Aſiatique. Pauſanias [m] dit qu'Archias fils d'Ariſtechmus fut bleſſé à la chaſſe ſur cette Montagne, ou du moins dans un Lieu de même nom, apud Pindaſum.

[l Lib. 5. c. 30.]
[m Lib. 2. c. 26.]

PINDE. Voyez PINDUS.

PINDENISSUS, Ville de Cilicie, chez les Eleuthérociliciens. Cicéron [n] dit qu'elle étoit prés du Mont Amanus; & ailleurs [o] il ajoute qu'il prit cette Ville. Voyez ELEUTHERO-CILICIA, & PEDNELISSUS.

[n Lib. 5. ad Atticum.]
[o Epiſt. lib. 2. ad Cœlium.]

PINDICITORA, Ville de l'Ethiopie ſous l'Egypte, ſelon Pline [p].

[p Lib. 6. c.]

1. PINDUS, Montagne de la Grece, & célébrée par les Poëtes, parce qu'elle étoit conſacrée aux Muſes. Ce n'étoit pas proprement une Montagne ſeule [q], mais une chaîne de Montagnes, habitée par différens Peuples de l'Epire & de la Theſſalie, entre autres par les Athamanes, par les Aethices, & par les Perhébes. Elle ſéparoit la Macédoine, la Theſſalie & l'Epire. Le Pinde, dit Strabon [r], eſt une grande Montagne, qui a la Macédoine au Nord, les Perhébes au Couchant, les Dolopes au Midi, & qui étoit compriſe dans la Theſſalie. Pline [s] la place dans l'Epire. Pour accorder ces deux Auteurs, il ſuffit de dire, que le Pinde étoit entre l'Epire & la Theſſalie, & que les Peuples qui l'habitoient du côté de l'Epire étoient réputez Epirotes, comme ceux qui l'habitoient du côté de la Theſſalie étoient appellez Theſſaliens. Tite-Live [t] nomme cette Montagne LYNCUS & Chalcondyle de même que Sophien diſent que le nom moderne eſt MEZZOVO.

[q Cellar. Geogr. Ant. l. 2. c. 13.]
[r Lib. 9.]
[s Lib. 4. c. 1.]
[t Lib. 32.]

2. PINDUS, Ville de Grece dans la Dorique, ſelon Pomponius Mela [u]. Strabon [x] nous apprend qu'elle étoit au bord d'une Riviére de même nom laquelle ſe perdoit dans le Fleuve Céphiſe.

[u Lib. 2. c. 3.]
[x Lib. 9.]

3. PINDUS, Fleuve de Cilicie: Strabon [y] le met prés de la petite Ville Iſſus.

[y Lib. 14. p. 676.]

4. PINDUS, Riviére de l'Epire, ou de la Macédoine, ſelon Florus [z]; mais les meilleures Editions au lieu de PINDUS portent Aoüs. Cette Riviére rouloit ſes ondes par des ſauts & à travers des Rochers,

[z Lib. 2. c. 7.]

5. PINDUS, Montagne de Thrace, à ce qu'il paroît par un paſſage de Sénéque [a].

[a In Hercule furente.]

6. PINDUS. Voyez THRACIS.

PINEPTINI, fauſſe Embouchure du Nil: Ptolomée [b] la place entre l'Embouchure Sebennytique & la fauſſe Embouchure qu'il nomme Diolcos.

[b Lib. 4. c. 5.]

PINES, Mr. Corneille dit [c]: Iſle ſituée, à 28. d. de Latitude au delà de la Ligne Equinoxiale vers le Midi. Elle étoit autrefois inhabitée. En 1589. une Flotte de quatre Navires Anglois, allant aux Indes Orientales fut battue vers l'Iſle de Madagaſcar d'une tempête, qui ayant écarté ou fait périr trois de ces Bâtimens, pouſſa

[c Dict.]

# PIN.

poussa le quatrième qu'on appelloit le *Marchand Indien*, vers un Rivage rempli de Rochers. Chacun tâcha de se sauver dans l'Esquif, où un homme & quatre filles ne se purent jetter; de sorte qu'étant demeurez dans le Vaisseau, ils n'eurent pour tout secours que quelques planches sur lesquelles, ils gagnérent terre dans cette Isle quand le Vaisseau fut brisé. Ils n'y trouverent aucunes Bêtes sauvages; mais il y avoit quantité d'Arbres fruitiers & un grand nombre d'Oiseaux qui pondoient des œufs en abondance. L'homme n'avoit que trente ans & les femmes étoient la fille du Capitaine du Vaisseau, ses deux Servantes & une Esclave Maure. Il devint le mari de toutes les quatre, & en eut une si nombreuse postérité, qu'en 1667. il se trouva dans cette Isle onze ou douze mille personnes. Aucun Navire n'y étoit abordé depuis ce naufrage & enfin l'an 1667. un Vaisseau Hollandois faisant voyage au delà du Cap de Bonne-Espérance vers l'Orient, fut poussé par un Vent impétueux à la rade de cette Isle. Les gens de ce Vaisseau y étant entrez furent étonnez d'y trouver des habitans qui professoient la Religion Chrétienne. Ils apprirent d'eux l'événement du naufrage; & c'est d'une Lettre d'Amsterdam du 19. de Juillet 1668. que ce Mémoire a été tiré.

☞ C'est dommage que le Mémoire en question ne nous ait pas marqué le degré de Longitude, comme celui de Latitude.

PINEY, ancienne Baronnie de France en Champagne; maintenant Duché-Pairie. Voyez PIGNEY.

1. PINETUM, ou PINETA, Lieu d'Italie à trois milles de la Ville de Ravenne, selon Jornandès [a]. Ortelius [b] dit que ce Lieu se nomme encore aujourd'hui *la Pineda*, & qu'il y a un grand Canton entre Ravenne & Ferrare tout planté de Pins.

[a] De reb. Get. c. 57.
[b] Thesaur.

2. PINETUM, Lieu d'Italie, dans la Toscane, selon Servius cité par Ortelius [c].

[c] Ibid.

PINETUS, Ville d'Espagne: Ptolomée [d] la donne aux *Callæci Bracarii*. L'Itinéraire d'Antonin la met sur la route de *Bracara* à *Asturica*, entre *Ad Aquas* & *Roboretum*, à vingt milles de la premiére & à trente-six de la seconde.

[d] Lib. 2. c. 6.

1. PINGCHAI, Forteresse de la Chine [e], dans la Province de Queicheu au Département de Tunggin, sixième Métropole de la Province. Elle est de 8. d. 58'. plus Occidentale que Peking, sous les 28. d. 23'. de Latitude Septentrionale.

[e] Atlas Sinensi.

2. PINGCHAI, Forteresse de la Chine [f], dans la Province de Suchuen, au Département de Jungning autre Forteresse de la Province. Elle est de 9. d. 36'. plus Occidentale que Peking, sous les 29. d. 16'. de Latitude Septentrionale.

[f] Ibid.

PINGCHEU, Forteresse de la Chine [g], dans la Province de Queicheu, au Département de Tucho, huitième Métropole de la Province. Elle est de 10. d. 44'. plus Occidentale que Peking, sous les 26. d. 2'. de Latitude Septentrionale.

[g] Ibid.

# PIN. 327

PINCHUEN, Ville de la Chine [h], dans la Province de Junnan, au Département de Tali, seconde Métropole de la Province. Elle est de 17. d. 10'. plus Occidentale que Peking, sous les 25. d. 43'. de Latitude Septentrionale.

[h] Ibid.

PINGCIANG, Ville de la Chine [i], dans la Province de Quangsi, au Département de Suming, neuvième Métropole de la Province. Elle est de 12. d. 17'. plus Occidentale que Peking, sous les 23. d. 6'. de Latitude Septentrionale.

[i] Ibid.

PINGFA, Forteresse de la Chine [k], dans la Province de Queicheu, au Département de Queiyang, première Métropole de la Province. Elle est de 11. d. 57'. plus Occidentale que Peking, sous les 26. d. 6'. de Latitude Septentrionale.

[k] Ibid.

1. PINGHIANG, Ville de la Chine [l], dans la Province de Kiangsi, au Département de Ivencheu, onzième Métropole de la Province. Elle est 3. d. 46'. plus Occidentale que Peking, sous les 28. d. 28'. de Latitude Septentrionale.

[l] Ibid.

2. PINGHIANG, Ville de la Chine [m], dans la Province de Peking, au Département de Xunte, cinquième Métropole de la Province. Elle est de 2. d. 44'. plus Occidentale que Peking, sous les 37. d. 37'. de Latitude Septentrionale.

[m] Ibid.

PINGHO, Ville de la Chine [n], dans la Province de Fokien, au Département de Changcheu, troisième Métropole de la Province. Elle est de 0. d. 7'. plus Orientale que Peking, sous les 24. d. 37'. de Latitude Septentrionale.

[n] Ibid.

PINGHU, Ville de la Chine [o], dans la Province de Chekiang, au Département de Kiahing, seconde Métropole de la Province. Elle est de 4. d. 20'. plus Orientale que Peking, sous les 30. d. 54'. de Latitude Septentrionale.

[o] Ibid.

PINGJAO, Ville de la Chine [p], dans la Province de Chansi, au Département de Fuencheu, cinquième Métropole de la Province. Elle est de 5. d. 36'. plus Occidentale que Peking, sous les 38. d. 10'. de Latitude Septentrionale.

[p] Ibid.

Près de Pinjäo, dans les Montagnes, il y a une chûte d'eau ou Catarate, dont le bruit s'entend à plusieurs Stades, & qui ne céde guère aux fameuses Cataractes du Nil.

PINGKIANG, Ville de la Chine [q], dans la Province de Huquang, au Département d'Yocheu, septième Métropole de la Province. Elle est de 4. d. 26'. plus Occidentale que Peking, sous les 29. d. 15'. de Latitude Septentrionale.

[q] Ibid.

PINGKO, Ville de la Chine [r], dans la Province de Peking, au Département de Xuntien, première Métropole de la Province. Elle est de 0. d. 26'. plus Orientale que Peking, sous les 39. d. 55'. de Latitude Septentrionale.

[r] Ibid.

PINGLANG, Forteresse de la Chine [s], dans la Province de Queicheu, au Département de Tucho, huitième Métropole de la Province. Elle est de 20. d. 30'. plus Occidentale que Peking, sous les 26. d. 13'. de Latitude Septentrionale.

[s] Ibid.

1. PINGLEANG, Montagne de la Chi-

328  PIN.

*a* Atlas Si‑ Chine [a], dans la Province de Suchuen, au voisinage de la Ville de Paoning. Au sommet de cette Montagne on voit une grande Plaine, bordée par les autres Montagnes de ce Quartier & qui lui servent comme de rempart.

2. PINGLEANG, Ville de la Chine [b], dans la Province de la Chensi, où elle a le rang de quatrième Métropole. Elle est de 9. d. 41′. plus Occidentale que Peking, sous les 37. d. 12′. de Latitude Septentrionale. Son Territoire est tout coupé de Montagnes, agréables à la vue & très-fertiles ; ce qui fait qu'il abonde en toutes choses nécessaires à la vie. On remarque entre autres dans la Ville de Pingleang trois Temples dédiez à des Héros, & un magnifique Palais bâti par la Famille Taminga ; car un des Rois de cette Famille fit sa demeure ordinaire dans cette Ville. L'Empereur Yvas unit le Territoire de Pingleang à la Province d'Yung. Sous la Famille Hana la Ville s'appelloit Janti ; la Famille Sunga la nomma Kingyven, c'est-à-dire la source du Fleuve King, parce qu'elle est bâtie à la source de ce Fleuve. Les autres Familles lui donnèrent le nom de Pingleang, à cause de la température de l'air qu'on y respire. Il y a dix Villes dans le Territoire de Pingleang, savoir

[a] Atlas Sinens.
[b] Ibid.

| Pingleang, | King ☉, |
| Cungsin, | Lingt'ai, |
| Hoating, | Choangleang, |
| Chinyven, | Lungte, |
| Kuyven ☉, | Cingning ☉, |

[c] Ibid. PINGLI, Ville de la Chine [c], dans la Province de Chensi, au Département de Hanchung, troisième Métropole de la Province. Elle est de 7. d. 57′. de Latitude Septentrionale.

[d] Ibid. 1. PINGLO, Ville de la Chine [d], dans la Province de Quansi, où elle a le rang de quatrième Métropole. Elle est de 7. d. 0′. plus Occidentale que Peking, sous les 26. d. 25′. de Latitude Septentrionale. On l'a bâtie sur la Rive Orientale du Fleuve Ly, qui traverse le Territoire de P'inglo en coulant dans des Vallées très-étroites & très-profondes, & dans plusieurs endroits entre des pierres & des Rochers. On prétend que dans son cours on rencontre jusqu'à trois cens soixante précipices ou cascades ; ce qui fait qu'il ne peut porter Bateau. Sous la Famille Cina le Territoire de P'inglo dépendoit du Pays de Queilin : celle de Hana lui donna le nom de Cangçu ; celle de Tanga celui de Locheu & celle d'Iuena l'appella Pinglo. Il y a huit Villes dans ce Territoire, & toutes sont renfermées de Montagnes. Ces Villes sont

| P'inglo, | Lipu, |
| Cuniching, | Siengin, |
| Fuchuen, | Junggan ☉, |
| Ho, | Chaoping, |

[e] Ibid. 2. PINGLO, petite Forteresse de la Chine [e], dans la Province de Chensi, au

PIN.

Département de Changyn, Forteresse du second rang dans la Province. Elle est de 11. d. 40′. plus Occidentale que Peking, sous les 35. d. 12′. de Latitude Septentrionale.

3. PINGLO, Ville de la Chine [f], dans la Province de Chansi, au Département de Pingyang, seconde Métropole de la Province. Elle est de 6. d. 31′. plus Occidentale que Peking, sous les 36. d. 10′. de Latitude Septentrionale.

[f] Ibid.

1. PINGLU, Forteresse de la Chine [g], dans la Province de Chensi, au Département de Iunchang, première Forteresse de la Province. Elle est de 10. d. 10′. plus Occidentale que Peking, sous les 39. d. 0′. de Latitude Septentrionale.

[g] Ibid.

2. PINGLU, Forteresse de la Chine [h], dans la Province de Chansi, au Département de Gueiyven, première Forteresse de la Province. Elle est de 5. d. 50′. plus Occidentale que Peking, sous les 40. d. 15′. de Latitude Septentrionale.

[h] Ibid.

1. PINGNAN, Ville de la Chine [i], dans la Province de Quangsi, au Département de Cincheu, sixième Métropole de la Province. Elle est de 7. d. 36′. plus Occidentale que Peking, sous les 24. d. 5′. de Latitude Septentrionale.

[i] Ibid.

2. PINGNAN, Forteresse de la Chine [k], dans la Province de Queicheu, au Département de Tunggin sixième Métropole de la Province. Elle est de 9. d. 20′. plus Occidentale que Peking, sous les 28. d. 48′. de Latitude Septentrionale.

[k] Ibid.

PINGPA, Forteresse de la Chine [l], dans la Province de Queicheu. Elle est de 10. d. 14′. plus Occidentale que Peking, sous les 27. d. 9′. de Latitude Septentrionale.

[l] Ibid.

PINGSA, Forteresse de la Chine [m], dans la Province de Queicheu, au Département d'Yangy, quatrième Cité Militaire de la Province. Elle est de 10. d. 59′. plus Occidentale que Peking, sous les 26. d. 0′. de Latitude Septentrionale.

[m] Ibid.

PINGTEN, Forteresse de la Chine [n], dans la Province de Queicheu, au Département de Tunggin, sixième Métropole de la Province. Elle est de 9. d. 5′. plus Occidentale que Peking, sous les 28. d. 40′. de Latitude Septentrionale.

[n] Ibid.

1. P'INGTING, Forteresse de la Chine [o], dans la Province de Queicheu, au Département de Tucho, huitième Métropole de la Province. Elle est de 10. d. 20′. plus Occidentale que Peking, sous les 26. d. 26′. de Latitude Septentrionale.

[o] Ibid.

2. PINGTING, Ville & Forteresse de la Chine [p], dans la Province de Xansi, au Département de Taiyven, première Métropole de la Province. Elle est de 3. d. 55′. plus Occidentale que Peking, sous les 38. d. 15′. de Latitude Septentrionale.

[p] Ibid.

1. PINGTU, Montagne de la Chine [q], dans la Province de Suchuen, près de la Ville de Fungta. C'est une des soixante & douze Montagnes, dont fait l'éloge le Livre Chinois appellé Toasu.

[q] Ibid.

2. PINGTU, Ville & Forteresse de la Chine [r], dans la Province de Chantung, au Département de Laicheu, cinquième Métro-

[r] Ibid.

# PIN.                    PIN.

Métropole de la Province. Elle est de 2. d. 58'. plus Orientale que Peking, sous les 36. d. 26'. de Latitude Septentrionale.

*a Magin, Carte de l'Istrie.*
PINGUENTE, Bourg d'Italie [a], dans l'Istrie, vers la source du Quieto, environ à vingt milles de Capo d'Istria vers le Levant Oriental. C'est l'ancienne Picuentum. Voyez ce mot.

*b Lib. 3. c. 26.*
PINGUS, Fleuve de la Mœsie en Europe. Pline [b] le met chez les *Darduni*. Le Pere Hardouin dit qu'il se jette dans la Morave.

*c Atlas Sinens.*
PINGXAN, Ville de la Chine [c], dans la Province de Peking, au Département de Chinting, quatrième Métropole de la Province. Elle est de 3. d. 24'. plus Occidentale que Peking, sous les 38. d. 33'. de Latitude Septentrionale.

*d Ibid.*
P'INGXUN, Ville de la Chine [d], dans la Province de Chansi, au Département de Lugan, seconde Métropole de la Province. Elle est de 3. d. 55'. plus Occidentale que Peking sous les 36. d. 56'. de Latitude Septentrionale.

*e Ibid.*
1. PINGYANG, Ville de la Chine [e], dans la Province de Xansi, où elle a le rang de seconde Métropole. Elle est de 5. d. 58'. plus Occidentale que Peking, sous les 37. d. 19'. de Latitude Septentrionale. Pingyang est située sur la Rive Orientale du Fleuve Fuen, qui vient de Taiyven & qui porte Batteau. Elle est dans un pays entrecoupé de Montagnes & de Plaines & dont le terroir est fertile. Il n'y a pas un pouce de terre qui ne soit cultivé, si ce n'est dans quelques Montagnes hérissées de Rochers. L'air que l'on y respire est très-sain, & il y a peu de Contrées qui soient peuplées de Villes & de Villages. Quoique cette Ville n'ait que le second rang parmi les Métropoles de la Province, elle ne céde à la premiére Métropole ni pour l'ancienneté, ni pour la beauté, ni pour le nombre des habitans; de sorte qu'elle est regardée comme une des principales Villes de l'Empire. Le Roi Javus qui regnoit deux milles trois cens cinquante-sept ans avant la Naissance de Jesus-Christ avoit son Palais dans cette Ville. A l'Occident & au Midi son territoire est baigné par le Fleuve Croceus, & le Fuen de même que l'Hœi le traversent. L'Empereur Yvus mit ce Territoire sous la dépendance de la Province de Kicheu. Anciennement il appartint aux Rois Cyn, ensuite à ceux de Han, puis à ceux de Caho. Les Familles Impériales de Cina & de Hana le comprenoient dans l'étendue de la Province de Hotung: la Famille Tanga donna à la Ville le nom de Cinchen: celle d'Utai l'appella Tinchang; la Famille Tartare connue sous le nom d'Yvon l'appella Cinning & la Famille de Taminga lui rendit l'ancien nom de Pingyang, qui lui avoit été donné par l'Empereur Ivus.

Cette Métropole a dans son Territoire trente quatre Villes qui sont.

| Pingyang, | Hungt'ung, |
| Sianglin, | Fuxan, |
| Chaoching, | Hia, |
| T'aiping, | Venhi, |
| Yoiang, | Pinglo, |
| Jeching, | Juiching, |
| Kioyao, | Kiang, |
| Fuensi, | Cienan, |
| P'u, | Kiang, |
| P'u ⊙, | Juenkio, |
| Lincin, | Ho ⊙, |
| Yungo, | Kie ⊙, |
| Yxi, | Hiangning, |
| Van Civen, | Cie ⊙, |
| Hocin, | Taming, |
| Kiai ⊙; | Xeleu, |
| Ganye, | Yungho. |

*f Ibid.*
2. PINGYANG, Ville de la Chine [f], dans la Province de Chensi, au Département de Fungciang, seconde Métropole de la Province. Elle est de 9. d. 29'. plus Occidentale que Peking, sous les 36. d. 25'. de Latitude Septentrionale.

*g Ibid.*
3. PINGYANG, Ville de la Chine [g], dans la Province de Chekiang, au Département de Vencheu, onzième Métropole de la Province. Elle est de 4. d. 4'. plus Occidentale que Peking, sous les 27. d. 10'. de Latitude Septentrionale.

*h Ibid.*
P'INGYN, Ville de la Chine [h], dans la Province de Chantung, au Département d'Yencheu, seconde Métropole de la Province. Elle est de 0. d. 25'. plus Orientale que Peking, sous les 36. d. 25'. de Latitude Septentrionale.

*i Ibid.*
PINGYVE, Ville de la Chine [i], dans la Province de Queicheu, où elle a le rang de troisième Cité Militaire. Elle est de 10. d. 30'. plus Occidentale que Peking, sous les 27. d. 0'. de Latitude Septentrionale. Sous la Famille Cina, le Teritoire de cette Ville appartenoit aux Princes de Kiuchung. Aujourd'hui la Ville de Pingyve a dans sa dépendance deux Forteresse qui sont:

Yangy & Loping.

*k Ibid.*
1. PINGYVEN, Ville de la Chine [k], dans la Province de Chantung, au Département de Cinan, première Métropole de la Province. Elle est sous le même dégré de Longitude que Peking, sous les 37. d. 28'. de Latitude Septentrionale.

*l Ibid.*
2. PINGYVEN, Ville de la Chine [l], dans la Province de Quantung, au Département de Chaocheu, cinquième Métropole de la Province. Elle est de 0. d. 30'. plus Occidentale que Peking, sous les 24. d. 20'. de Latitude Septentrionale.

*m Délices de Portugal. p. 720.*
PINHEL, Ville de Portugal, au Midi du Douro [m], au Confluent de la Coa & d'une autre petite Rivière nommée Rio de Pinhel. La Ville de Pinhel est Capitale d'une *Comarca*. On prétend quelle a été bâtie par les anciens Turdules. Elle jouit de grands privilèges qu'elle a reçus des Rois de Portugal.

*n Lib. 3. c. i.*
*o Lib. 8. v. 516.*
*p Lib. 8. c. 3.*
PINNA, Ville d'Italie: Ptolomée [n] la donne aux *Vestini*. Silius Italicus [o] l'appelle *Pinna Virens*, & Vitruve [p] la nomme *Pinna Vestina*. Le nom moderne, est

Tt                                Pen-

Penna, ou *Pennadi S. Giovanni*, ou *Civita de Penna*. Les Habitans font nommez PINNENSES par Pline [a].

[a] Lib. 3. c. 12.

PINNENBERG, Forteresse du Holstein, dans la Stormarie au Comté de Pinnenberg, à deux milles de Hambourg [b]. Cette Place devant laquelle, le Général de Tilly fut blessé en 1627. est assez forte. En 1644. les Suédois s'en emparérent. Les Danois essayérent de la reprendre; mais ils furent repoussez par Helm-Wrangel. Les premiers la rendirent à ceux-ci en 1645. Les Suédois s'en rendirent encore maîtres dans la guerre que Charles-Gustave fit au Dannemarc: mais ils l'abandonnérent, à l'arrivée des Troupes de l'Empereur, du Roi de Pologne, & de l'Electeur de Brandebourg.

[b] Rutgeri, Hermanid. Daniæ, Descript. p. 1140.

Le COMTE DE PINNENBERG est borné au Nord par la Préfecture de Steinberg [c]: à l'Orient par celles de Segeberg, de Tremsbuttel, de Steinhorst & de Trittow: au Midi par le Fleuve de l'Elbe; & au Couchant par le Territoire de Crempen. Il y a eu des tems où ce Comté a appartenu à la Maison de Holstein, & d'autres où il a été en la puissance des Comtes de Schauwenburg. Après la mort du dernier de ces Comtes, il retourna par droit de succession à la Maison de Holstein; c'est-à-dire au Roi de Dannemarc & au Duc de Sohleswic. Autrefois ce Comté étoit partagé en trois Préfectures, ou Bailliages, qui avoient chacun leur Bailli: savoir celui de Pinnenberg, celui de Hatsburg & celui de Barmstede; & ces trois Baillifs dépendoient du Bailli Général appellé *Drost*. Après la mort du dernier Comte Otton, le Comté de Pinnenberg se trouvant hypothéqué, Christian IV. Roi de Dannemarc eut en partage les Bailliages de Pinnenberg & de Hatsburg, à la charge de payer les deux tiers des dettes; & le Bailliage de Barmstede passa à Frideric IV. Duc de Schleswic & de Holstein, avec l'obligation de payer le reste des dettes. Ce Prince ayant échangé sa portion pour d'autres Domaines que lui céda le Comte de Rantzaw, le Château de Barmstede & son Bailliage furent érigez en Comté par l'Empereur sous le titre de COMTE' DE RANTZAW.

[c] Ibid. p. 1132. & suiv.

PINARUS. Voyez PYRAMUS.

PINON, Ville de la Dace: Ptolomée [d] la place entre *Phrateria* & *Amutrium*. Le nom moderne est *Phistona*, selon Niger, & *Wynez*, selon Lazius.

[d] Lib. 3. c. 8.

1. PINOS, Isle de l'Amérique Septentrionale [e], sur la Côte Méridionale de l'Isle de Cuba, entre le Cap Coriente & les Hermanos. Elle n'est séparée de l'Isle de Cuba [f] que par un Détroit peu profond. Sa longueur est de dix lieues & sa largeur de six ou sept. Quelques Montagnes s'élevent dans le milieu de cette Isle, qui est plate par-tout ailleurs & inhabitée. Elle est remplie de bocages, fournie d'eau douce, & abondante en bétail, à cause de la bonté de ses pâturages; ce qui fait que les Espagnols la vont visiter en certains tems.

[e] De l'Isle Atlas.
[f] De Laet, Descr. des Indes Occ. l. 1. c. 14.

2. PINOS. Voyez COMAGRE.

PINSEN, Fort du Brabant Hollandois, près de Berg-op-Zom.

PINSERAIS, *Pagus Pinciasensis*: petit Pays de France au Diocése de Chartres, du côté de Poissy. Il n'en est fait mention présentement que lorsqu'il s'agit des choses Ecclésiastiques du Diocèse de Chartres: ainsi on n'en connoît guère bien aujourd'hui les bornes. Un des Archidiaconez de Chartres porte le nom de Pinserais.

PINSKO ou PINSK, Ville du Grand Duché de Lithuanie & le Chef-lieu d'un Territoire auquel elle donne son nom. Elle prend elle-même son nom de la petite Riviére sur laquelle elle est bâtie, & qu'on nomme Pinsk. Cette Ville étoit fort grande, bien peuplée & très-marchande; mais les Cosaques l'ont tellement ruïnée, à ce que dit Mr. Corneille [g] qui cite Audiffred, qu'on n'y trouve plus que quelques maisons écartées les unes des autres. Mais André Cellarius, sur le témoignage de Pastorius, donne une autre cause de la ruïne de cette Ville. Il dit [h] que Plesko étant tombée entre les mains des Cosaques, par la trahison des habitans, les Lithuaniens l'ayant reprise la réduisirent en cendres & en passérent la plus grande partie des habitans au fil de l'épée; afin que cette sévérité servît d'exemple, pour retenir les autres Ville du Duché dans leur devoir.

[g] Dict.
[h] Descr. Poloniæ, pag. 297.

1. PINTIA, Ptolomée [i] place deux Villes de ce nom dans l'Espagne Tarragonnoise. Il donne l'une aux *Callaici-Lucensii*, & l'autre aux *Vaccei*. Charles Clusius & Mariana [k] prétendent que cette derniére est aujourd'hui Valladolid; d'autres la mettent pourtant un peu à côté de cette derniére Ville. Villeneuve dit que l'autre Pintia est *Cherogy*: mais Surita veut que ce soit *Pennafiel*. L'Itinéraire d'Antonin qui ne connoît en Espagne qu'une Ville du nom de PINTIA, la met sur la Route d'*Asturica* à Sarragosse, entre *Tela* & *Rauda*, à ving-quatre milles de la premiére & à vingt-six de la seconde.

[i] Lib. 2. c. 6.
[k] Lib. 10. c. 7.

2. PINTIA, Ville de Sicile. Elle étoit, selon Ptolomée [l], sur la Côte Méridionale, entre l'Embouchure du Fleuve Mazara & celle du Fleuve Sossius. Il y avoit un Temple dédié à Pollux, selon Claudius Aretius, qui dit que le nom moderne est *Polluci*. Leander appelle son Territoire *Terra di Pulici*, & ajoute qu'on y trouve quantité d'anciens Monumens.

[l] Lib. 3. c. 4.

PINTON. Voyez PHINTONIS.

1. PINUM. Voyez PINON.

2. PINUM. Voyez au mot AD, l'Article AD PINUM.

PIOBICO, Bourg d'Italie, au Duché d'Urbin [m], au Confluent du Bras Occidental du Fleuve Cantiano & de la Riviére Menatoio, entre San Angelo in Vado & Cagli. Il y a un Château.

[m] Magin. Carte du Duché d'Urbin.

PIOMBA, Riviére d'Italie, dans l'Abruffe Ultérieure [n]. Elle a sa source au Mont Appennin, & son cours du Midi Occidental au Nord Oriental. Son em-

[n] Magin. Carte de l'Abruzze Ultérieure.

bouchure est sur la Côte de la Mer Adriatique. Cette Riviére est le *Matrinus* des Anciens.

PIOMBINO, Ville d'Italie, sur la Côte de la Toscane, & la Capitale de la Principauté de même nom. A cinq milles au Sud-Ouest de la pointe du Cap Baratte [a] est la POINTE DU CAP PIOMBIN & celle qui s'avance le plus en Mer. Elle forme avec l'Isle d'Elbe le passage appellé communément le Canal de Piombin : au bout & tout près de cette pointe il y a un gros Ecueil & quelques autres moindres auprès. La Ville de Piombin est de l'autre côté de cette pointe, vers le Sud-Est environ deux milles. Cette Ville est fort petite ; mais assez bien fortifiée , quoique à l'antique. Sa Forteresse est bien entendue. Les Rois d'Espagne y ont tenu garnison depuis 1548. quoiqu'elle dépendît de son Prince particulier. L'Empereur Charles VI. en s'emparant du Royaume de Naples se saisit de cette Forteresse, que le nouveau Roi de Naples lui a enlevée. On conjecture [b] que c'est la Ville Populinum des Anciens ; c'est-à-dire la Petite Populonie ; car la Grande, des ruïnes de laquelle la Petite avoit pris naissance, étoit à trois milles de Piombino, vers le Port de Baratte.

La PRINCIPAUTÉ DE PIOMBINO, est une petite Contrée [c] le long de la Mer, entre les Siénois & le Pisan. Elle fut autrefois partie de la République de Pise, d'où elle vint à la Maison d'Appiani, qui en prit le titre de Prince, & l'a conservé jusqu'en 1603. que Jacques VII. Prince de Piombino, étant mort sans enfans mâles, l'Empereur Ferdinand II. remit cette Principauté à Philippe IV. Roi d'Espagne l'an 1631. Ce Prince la vendit trois ans après à Nicolas Ludovisio, qui avoit épousé la petite-fille, par femmes, de Jacques, se réservant le droit d'avoir toujours garnison Espagnole dans la Forteresse de Piombino, comme cela s'étoit pratiqué depuis 1548. La maison de Ludovisio étoit fort connue à Boulogne, avant qu'Alexandre Ludovisio eût été élevé à la première dignité de l'Eglise le 9. de Février 1621. sous le nom de Grégoire XV.

A cinq milles au Sud-Sud Est de la pointe du Cap Baratte [d] est celle du Cap de Piombin & c'est celle qui s'avance le plus en Mer, & qui forme avec l'Isle d'Elbe ce Passage qu'on appelle communément le CANAL DE PIOMBIN. Au bout & tout près de cette Pointe il y a un gros Ecueil & quelques autres auprès. Vers le milieu du Canal, il y a deux grosses Isles presque rondes, sur le haut desquelles est une Tour de garde. Elles ont environ un mille de tour & elles sont fort hautes. Proche de la première qui s'appelle Palmaria, il y a un Ecueil hors de l'eau [e]. On peut néanmoins ranger ces Isles, & même passer entre-deux, mais avec prudence. Du Cap Piombin au Cap Troya il y a environ 20. milles vers le Sud-Est : entre les deux il se fait un grand enfoncement d'environ 13. milles en certains endroits, avec des Plages & un bas terrein rempli de marécages & d'étangs. On appelle ce Lieu la Plaine de CALVA-VETLETA. Il y en a un autre du côté du Sud-Est, dans un autre enfoncement nommé SCALINO.

PION, Montagne au voisinage d'Ephése, selon Pline [f]. Pausanias [g], qui la met dans le Territoire d'Ephése, exâlte sa fertilité. C'est dans cette Montagne que fut enterré Timothée, Disciple de l'Apôtre St. Paul, selon Ortelius [h] qui cite Freculphe.

PIONCET, Abbaye de France, au Diocése de Valence. Elle est de l'Ordre de Citeaux & fut fondée en 1137. Aujourd'hui elle est en Commande & vaut trois milles livres à l'Abbé.

PIONIÆ, petite Ville de la Mysie Asiatique, sur le Fleuve Cayeus, selon Pline [i] & Pausanias [k]. C'est sans doute la même que Strabon [l] appelle PIONIA & qu'il place au voisinage de l'Etolie. Le Concile de Chalcédoine, qui fait mention de cette Ville, la met dans la Province de l'Hellespont. Ce sont les Habitans de PIONIÆ que Pline [m] appelle PIONITÆ.

PIONITÆ. Voyez PIONIÆ.

PIONSAT, Bourg de France, dans le Bourbonnois, Election de Gannat. C'est une Paroisse située en Plaine, dans la Montagne de Nuit. Le terroir y est bon. Il y a un commerce de bestiaux qui est considérable. Il s'y tient un fort beau Marché toutes les Semaines, & deux Foipar an. On y trouve beaucoup de Bois taillis & quelques Futayes.

PIOU, petit Peuple de l'Amérique Septentrionale, dans la Louïsiane, aux environs de la route, que tint la Troupe du Sieur de la Sale, pour arriver de la Baye de St. Louïs aux Cénis, dont il est voisin.

PIPA [n], Montagne de la Chine, dans la Province de Queicheu, au Midi de la Ville de Xecien.

1. PIPELY, Riviére des Indes [o], au Royaume de Bengale. Elle court en serpentant du Nord Occidental au Midi Oriental. Elle a son Embouchure sur la Côte Occidentale du Golphe du Gange, entre l'Embouchure de ce Fleuve & la Rade de Balassor. Cette Riviére a si peu de profondeur que les Vaisseaux Hollandois sont obligez de mouiller l'ancre à deux lieues de la Côte, où ils sont comme en pleine Mer, sans aucun abri & exposez aux gros tems, pendant que les Vents de Sud y regnent [p]. Mais durant le Mois de Novembre & les trois suivans , les Vents de Nord-Est, qui soufflent alors, ramenant le beau tems, la Rade se trouve fort bonne, & elle est propre pour les plus grands Vaisseaux. Ceux qui sont petits vont ancrer vers le Gange, & derriére l'Isle de Gale.

Les légers Bâtimens, même les Yachts, peuvent aussi pendant le vif de l'eau, remonter & descendre la Riviére de Pipely : mais ils vont quelquefois toucher à des bancs

bancs qui font au delà de l'Embouchure de cette Riviére, & ils ont bien de la peine à fe relever. Il y a beaucoup de difficulté à y conduire la Chaloupe, ou le Canot, fur-tout quand la Mer eft groſ- & que les Briſans redoublent leur force. Ils jettent fouvent les Bâtimens hors du Canal que l'on ne trouve pas aifément, & l'on eft quelquefois en danger d'être fubmergé.

2. PIPELY, Ville des Indes, au Royaume de Bengale, dans les Terres & dans une très-belle Plaine fur le bord d'une Riviére de même nom, à quatre ou cinq lieues au-deffus de fon Embouchure. Cette Ville eft d'une médiocre grandeur & paffablement peuplée; mais elle n'eft pas murée. Les principales Maifons, les Pagodes & les autres grands Edifices, font accompagnez de grands eſpaces, de Galéries, de Jardins, de Quarrés, de Peloufes, & de Vergers.

Les Maures y poffedent les plus belles Maifons, auffi-bien qu'à Ougli. Celles des Benjanes, & des Gentives ne font ordinairement bâties, que de bouze de Vache, & d'argile mélées enfemble, c'eſt-à-dire les planchers & les murailles, pour les garantir du feu: mais elles font couvertes de rofeaux, de bambouc, & de feuilles de Cocos.

Toutes ces maifons des Idolâtres font pofées fur des monceaux d'argile, qui font encore plus hauts à Pipely que dans les autres Lieux, à caufe des débordemens d'eaux qui arrivent fouvent pendant la monfon des pluyes, fi bien que quelquefois toutes les terres en font inondées, & il fe perd beaucoup de gens & de bétail.

PIPERIA, Pyperia, Ville Archiépiſcopale d'Afie. La Notice du Patriarchat d'Antioche en fait mention.

PIPERNO, petite Ville d'Italie, dans la Campagne de Rome, au Nord des Palus Pontines, en tirant vers l'Orient, près de la fource du Baudino, ou de l'Aufente. Cette Ville qu'on nomme auffi *Priverno Novello*, eft bâtie fur une Montagne [a] ou haute Colline; ce qui fait voir que ce ne peut être l'ancienne *Pivernum*, qui étoit dans la Plaine à deux milles au delà, fur la Route d'Agnani, où l'on trouve encore des veftiges d'anciens Edifices. Quelques-uns difent que *Priverum* fut nommée Piperno [b], parce qu'en édifiant celle-ci des débris de l'autre, on trouva dans le lieu où eft aujourd'hui Piperno, un Arbre qui porte le Poivre: d'où vient, ajoûte-t-on, que la Ville a mis cet Arbre dans l'Ecu de fes Armes, avec la tête de Camille portée par un Lion. D'autres ne font pas de ce fentiment; ils croyent que Piperno s'eft dit par corruption pour Privernum: & ils prétendent que l'Arbre dont il s'agit n'eft point un Poivrier, mais un Laurier; particularité dont ils tirent de grandes conféquences, en faveur de la bravoure des anciens *Privernati*. L'Evêché de Piperno fut réuni à celui de *Terracina* [par Honoré III.] à caufe de fa pauvreté; *ob indecentem paupertatem*, dit Favonius Leo. La Chaire Epifcopale fe garde encore dans le Chœur de l'ancienne Cathédrale.

[a] Leander Latium Méditer. p. 41.

[b] Miffon, Voy. d'Italie, t. 2. p. 8.

Ils ont dans l'Eglife de S. Benoît une célèbre Image de la Sainte Vierge, peinte par St. Luc. On dit qu'elle réfifta au feu, pendant le fac de Privernum; elle eft le grand objet de la dévotion de Piperno, avec St. Sébaftien, & St. Thomas d'Aquin.

Les Lis & les Narciffes, croiffent, dit-on, naturellement fur le Côteau de Piperno, nommé *Colle roffo*. On y trouve auffi une certaine terre fine, qu'ils appellent Buccaro, & qui eft très-bonne pour faire de la poterie. Du haut de ce Côteau on découvre la petite Ville de Maenza, Rocca-Gorga, Rocca-Secca, Afprano, Proffedi, Sonnino & quelques autres petites Villes du voifinage, qui font comme autant de Colonies qui fe formérent des débris de l'ancienne *Privernum*.

En fortant de Piperno, on trouve des Côteaux fablonneux, tout templis de ces diverfes fortes d'Arbriffeaux qui font verds en toute faifon. Il y a beaucoup de Liéges dans le Bois où l'on entre enfuite. Cet Arbre reffemble fort au Chêne-verd & on pourroit le prendre pour une eſpèce de Chêne, car il porte du gland. C'eſt une chofe admirable que la nature de cet Arbre s'accommode fi heureufement à l'utilité que les hommes en retirent. Quand on ôte aux autres Arbres leur écorce, on leur ôte en même tems leur fuc & leur vie; mais bien loin d'offenfer celui-ci en le dépouillant de fon écorce, cela le fortifie & il en reproduit incontinent une autre, comme les brebis pouffent une nouvelle toifon.

PIPERNO VECCHIO [c], petite Ville d'Italie, dans la Campagne de Rome, environ à deux milles de Piperno. C'eſt apparemment l'ancienne Pivernum. Voyez ce mot.

[c] Magin, Carte de la Campagne de Rome.

PIPLAS, Ortelius [d], qui cite Feftus Avienus, dit qu'on donnoit ce nom à fept Ifles de la Mer Méditerranée vis-à-vis de Narbonne. L'Edition d'Oxford ne parle que de quatre Ifles; & au lieu de Piplas elle lit *Triplas*, faifant entendre qu'anciennement on ne comptoit que trois Ifles dans ce Quartier: Voici le Paffage en queftion [e]:

[d] Theſaur.

[e] Avieni Ora Marit. v.782. & feq.

*Nec longe ab iſto ceſpitis rupti Sinus*
*Alter debiſcit, infulaſque quattuor*
*[At priſcus uſus dixit has omnis triplas]*
*Ambit profundo.*

PIQUE, ou la Pique de Montvallier [f], Montagne la plus haute des Pyrénées. Elle termine le Diocèfe de Conferans & paroît de quinze à vingt lieues élevée par deffus les autres Montagnes en forme de Pique. Son fommet eft au deffus de la moyenne Région de l'air. Il n'y tombe ni pluye ni neige & l'on n'y fauroit monter qu'après les grandes chaleurs de l'Eté. On découvre delà la France & l'Eſpa-

[f] Corn. Dict. fur des Mémoires Manufcrits.

l'Espagne également, & l'on entend gronder sous ses pieds les Tonnerres qui sont assez fréquens dans ces Montagnes. Il y fait froid dans la Canicule même, & l'on y trouve des Oiseaux qui viennent se poser quelquefois sur les gens qui y arrivent. Si l'on en prend quelqu'un en vie il meurt quelques heures après qu'il a respiré l'air qui convient au reste des Animaux. Ceux qui y montent sont obligez aussi, pour n'étouffer pas, d'avoir à leur nez, dès qu'ils sont parvenus à une certaine hauteur, une éponge ou un linge trempé dans l'huile, afin d'épaissir l'air par ce moyen.

PIQUENTUM. Voyez PICUENTUM.

PIR-BUONO, Lieu très-agréable dans la Perse [a], à deux lieues de la Ville de Schiras, du côté du Sud-Ouest, au pied d'une grande Montagne. C'est un Hermitage où demeurent trois ou quatre Dervis. Ces Dervis cherchent toujours les Lieux les plus beaux pour s'y camper, & ils y tiennent tellement leur gravité, en fumant une pipe de Tabac, que si le Roi venoit, ils ne se leveroient pas pour le saluer. Ce qui embellit cet Hermitage est une grande source d'eau qui arrose le Jardin, & quantité de beaux Arbres qui sont aux environs. Elle donne un Canal d'eau un peu plus loin que la maison des Dervis, & c'est ce qui donna lieu à Iman-Couli-Kan de faire tout proche un grand Enclos pour un Parc qu'il remplit de quantité de Bêtes. C'étoit un plaisir de s'y aller promener du vivant de ce Seigneur, qui avoit soin de le bien entretenir; car depuis sa mort on l'a négligé & toutes les murailles en tombent en ruïne.

[a] Tavernier, Voy. de Perse liv. 5. c. 21.

PIRÆA, Ortelius [b] qui cite Isocrate [c], dit que c'étoit une Ville située au milieu de la Grece & qui servoit d'entrepôt.

[b] Thesaur.
[c] In Panegyr. & Areopag.

1. PIRÆUS, C'est le nom qu'on donnoit au Port de la Ville d'Athènes, bâti par Themistocle. Le Port de Phalère, dit Cornelius Nepos [d] ne se trouvant ni assez grand, ni assez commode, par l'avis de Themistocle, on fit un triple Port & on l'entoura de murailles; de sorte qu'il égaloit la Ville en beauté & la surpassoit en dignité. Thucydide [e] dit aussi que le Pirée étoit triple, parce qu'il y avoit trois Ports ouvrages de la Nature. Selon Pausanias [f], avant que Themistocle fut venu au Gouvernement de la République, le Pirée n'étoit pas un Port, mais seulement un Village. Les Grecs modernes l'appellent *Porto Draco* & les Francs *Porto-Lione*; l'un & l'autre à cause d'un beau Lion de marbre de dix pieds de haut, trois fois plus grand que nature; & qui est sur le rivage au fond du Port. Il est assis sur son derriére, la tête fort haute, percée par un trou qui répond à la gueule, & à la marque d'un tuyeau qui monte le long du dos, on connoît qu'il servoit à une Fontaine, comme celui qui est proche de la Ville. Je ne pus apprendre, ajoute Mr. Spon, de nouvelles de celui qu'on dit être dans la Citadelle; si ce n'est qu'on ait pris un devant de Cheval dans le mur au Nord du Château, pour

[d] In Themistocle. cap. 6.
[e] Lib. 1. p. 62.
[f] Attic. c. 1.
[g] Spon. Descr. des Antiq. d'Athènes. t. 2. p. 134.

celui d'un Lion. Quelques-uns attribuent à l'imagination frappée de ces Lions, le Monstre dont une Femme Turque accoucha à Athènes dans la Citadelle, l'an 1665. au mois d'Octobre. Elle le porta neuf mois comme un enfant. Quand il vint au monde, il sauta aussi-tôt en terre, & commença à marcher, à crier & à marmotter certains accens, qui approchoient de l'abboyement d'un Chien. Il avoit les oreilles droites comme une Lièvre, & son museau ressembloit à celui d'un Lion. Ses yeux étoient étincelans: deux grosses dents lui sortoient de la bouche. Ses pieds paroissoient comme ceux d'un enfant & ses mains comme des serres d'un Oiseau de rapine. Enfin on eut de la peine à pouvoir discerner son sexe. Le Vayvode & le Cadis l'allérent voir trois jours après sa naissance, & portérent sentence de mort contre lui, ordonnant qu'on feroit une grande fosse & qu'après y avoit été jetté on la rempliroit de pierres; ce qui fut exécuté le 8. d'Octobre.

L'entrée du Port est étroite; de sorte qu'à peine y pourroit-il passer deux Galéres à la fois. Mais quand on est dedans, il y a bon fonds par-tout, si ce n'est dans un de ces enfoncemens, qui étoit peut-être comme une darse pour les Galéres & qui est presque tout comblé. Il est de bonne tenue & bien fermé; & ce qui le rend plus considérable, c'est que quand même les Vaisseaux seroient portez à terre par quelque tempête, ils ne se romproient pas, parce qu'il y a assez d'eau & qu'il n'y a point de rochers, ni de brisans cachez; ce que l'on a vu par l'expérience de cinq Vaisseaux Anglois, qui eurent tous leurs cables rompus dans une nuit par une bourasque. Pline [h] dit que ce Port étoit capable de contenir mille Vaisseaux; mais Strabon qui est plus exact ne dit que quatre cens. A présent que nos bâtimens sont de grandes Machines quarante ou cinquante auroient de la peine à s'y ranger. On voit le long du Port quelques fondemens de murailles, & ceux d'une Tour quarrée vers l'embouchure. Le Tombeau de Themistocle, qui bâtit le Pirée, est près delà; mais on n'oseroit assurer que ce soit un grand Cercueil de pierre qui est environ à cent pas du Port, proche de quelques Grottes taillées dans le roc. Il ne reste plus rien de la petite Ville du Pirée, ni de ces beaux Portiques dont Pausanias fait mention. Le seul Bâtiment qui subsiste est un Magasin pour recevoir les Marchandises & y payer les droits de la Douane.

[h] Lib. 7. c. 27.

En revenant delà à Athènes, on voit presque tout le long du chemin, les fondemens de la muraille, qui joignoit le Pirée à la Ville & qui fut détruite par Sylla. On l'appelloit *Macra-Teichi*; c'est-à-dire les longues murailles: car elles n'avoient pas moins de cinq milles de longueur; puisqu'il y en a autant depuis le Port de Pirée jusqu'à Athènes. Environ à moitié chemin il y a un Puits avec quelques Oliviers auprès; mais il est trop profond pour se per-

persuader que ce fut la Fontaine, qui étoit proche d'un petit Temple dédié à Socrate. On appelloit ce chemin la Rue du Pirée, & les côtez en étoient habitez, au lieu qu'à préſent ce ne ſont que des Champs & des Oliviers.

2. PIRÆUS, Etienne le Géographe donne ce nom au Port de Corinthe.

3. PIRÆUS, Peuple de la Tribu Hippothoontide: c'eſt Etienne le Géographe qui en parle.

PIRÆENSES, Bourgade l'Attique, dans la Mégaride, ſelon Plutarque [a].

*a In Quæſt. Græc.*

PIRÆUM. Voyez SPIRÆUM.

PIRAICA, Contrée de la Bœotie. Thucydide [b] dit qu'elle étoit habitée par les Oropes, Peuples ſujets des Athéniens.

*b Lib. 2. p. 215.*

PIRAN ou PIRANO, Ville d'Italie dans l'Iſtrie [c], environ à quatorze milles de Capo d'Iſtria, en tirant vers le Midi Occidental. Elle eſt ſur une petite Preſqu'Iſle formée au Midi par le Golphe Largone & au Nord par le Golphe de Trieſte. L'air y eſt fort bon. & elle contient environ ſix mille habitans. Ses Ports ſont beaux & toujours remplis de Vaiſſeaux & de Galéres. Les Vénitiens en ſont les maîtres depuis 1583.

*c Magin, Carte de l'Iſtrie.*

PIRASIA, Ville de la Magnéſie, ſelon Etienne le Géographe. Ortelius [d] croit que c'eſt la même que PIRESIA. Voyez ce mot.

*d Theſaur.*

PIRATARUM HOMINUM, en Grec Ἀνδρῶν Πειρατῶν: Ptolomée [e] donne ce nom à un Peuple de l'Inde en deçà du Gange. Il met deux Places dans leur pays; ſavoir.

*e Lib. 7. c. 1.*

*Olochœra & Muſopalle.*

PIRE PENJALE [f], Haute Montagne du Royaume de Cachemire, & l'une de celles qui forment ſon enceinte du côté du Sud-Oueſt. Il y a pluſieurs choſes admirables dans cette Montagne; car elle eſt toute couverte de Plantes, mais avec cette différence que dans le côté qui eſt expoſé au Midi vers les Indes, c'eſt un mélange de Plantes Indiennes & Européennes, & dans celui qui eſt expoſé au Nord, on n'en trouve que d'Européennes. On y remarque avec étonnement une ſuite naturelle de générations, & de corruptions dans les Arbres. On en voit au bas de la Montagne dans des précipices où perſonne ne fut jamais, des centaines tombés les uns ſur les autres, morts & à demi pourris de vieilleſſe; d'autres jeunes & frais qui renaiſſent du pied de ceux qui ſont morts. On y en a remarqué quelques-uns de brûlés, ſoit qu'ils euſſent été frapés de la foudre, ſoit que dans le cœur de l'Eté, ils ſe fuſſent enflammés ſe frottans les uns contre les autres, étant agités par quelque Vent chaud & furieux. On admire entr'autres un Torrent d'eau, qui deſcendant d'une Montagne du voiſinage, par un canal ſombre & couvert d'arbres, ſe précipite tout d'un coup en bas d'un Rocher droit & eſcarpé d'une hauteur prodigieuſe, avec un bruit qui étourdit

*f Franc. Bernier, Voyage de Cachemire, t. 1. Lett. 9.*

les oreilles. Enfin on y reſſent très-ſouvent deux Vents tout contraires l'un à l'autre, principalement en approchant du ſommet, comme ſi cette Montagne pouſſoit de tous côtés une exhalaiſon de ſes entrailles, qui, venant à ſortir, formât un Vent qui deſcend & prend ſon cours dans les deux Vallons oppoſés.

PIRENE. Voyez ACROCORINTHE.

PIRESIA, Ville de la Theſſalie, ſelon Etienne le Géographe, qui dit qu'on la nommoit auparavant ASTERION. Il y a eu en effet dans la Theſſalie une Ville nommée ASTERION. Voyez ASTERION. N°. 2.

PIRET, en Latin *Pompeiacum* [g], Château de France en Dauphiné, près de la Ville de Vienne. Il étoit fortifié; mais on le fit démolir en 1630.

*g Baudrand, Ed. 1705.*

PIRGO. Voyez PERGO.

PIRI, Contrée de la Baſſe Ethiopie, au Royaume de Loango. C'eſt, dit Dapper [h], un Pays plat, bien peuplé & plein de Bois & d'Arbres fruitiers. Il abonde en volaille & on y trouve quelque bétail. Les habitans ſont toujours en paix & n'ont même aucune connoiſſance de la guerre. Ils ſont aimez de leur Prince & plus riches en terre que ſes autres Sujets. Leur principale nourriture conſiſte en laitage & en ce qu'ils prennent à la chaſſe.

*h Deſcr. de l'Afrique, p. 320.*

PIRIDIS ou PYRIDIS INSULA, Iſle de la Mer Egée, entre la Dalmatie & l'Iſtrie, ſelon l'Itinéraire d'Antonin [i].

*i Itiner. Maritim.*

PIRIES, nom qu'Heſiche donne à l'Iſle ASTERIA. Voyez ce mot.

PIRINA, Ville de Sicile, ſur la route d'*Agrigentum* à *Lilybeum* entre Petrine & Panormus, à vingt quatre milles de la première & à égale diſtance de la ſeconde, ſelon l'Edition de l'Itinéraire d'Antonin par Simler, & ſelon l'Exemplaire du Vatican. D'autres MSS. portent *Pyrama*, *Pirama*, *Pirma* ou *Pirima*.

PIRIOUS, Peuples de l'Amérique, dans la France Equinoxiale. Ils habitent à trente lieues au deſſus de la Cayenne, & à ſeize lieues de la Mer.

PIRITO [k], nom de deux Iſles de l'Amérique Septentrionale, dans le Gouvernement de Veneznela. Elles ſont ſéparées l'une de l'autre & à la même diſtance de la Terre-ferme. Ces Iſles ſont baſſes & preſque égales à la Mer; ce qui eſt cauſe qu'elles n'ont point d'habitans. Il y a dans la Terre-ferme, vis-à-vis de ces Iſles, une petite Riviére appellée Rio de Ermacito, & dont les bords ſont habitez par des Caraïbes.

*k De Laet, Deſcr. des Indes Occ. l. 18. c. 17.*

PIRITZ. Voyez PYRITZ.

PIRLAN, Tribu Tartare, dont parle Mr. Petits de la Croix [l] dans ſon Hiſtoire de Timur-Bec.

*l Liv. 3. c. 55.*

PIRN. Voyez PYRN.

PIROBORIDAVA, Ville de la Myſie Supérieure en Europe. Ptolomée [m] la place dans les terres près du Fleuve *Hieraſus*. Dominique Niger dit qu'elle ſe nomme préſentement BRAILANO.

*m Lib. 3. c. 10.*

PIROS ou PIROT [n], petite Ville de la Bulgarie, que quelques-uns prennent pour l'ancienne Remiſciana. Elle eſt ſituée en-

*n De l'Iſle Atlas.*

# PIR.　　　PIR. PIS.

entre Niſſa & Sophie, la premiére au Nord Occidental, & la ſeconde à l'Orient Méridional. On la nomme auſſi CHERCUI.

PIROSSUS ou PEIROSSUS, Lieu de la Myſie Aſiatique, ſelon Ortelius [a] qui cite Strabon [b]. Mais cet Ancien ne qualifie pas ainſi PIROSSUS : il dit ſeulement que le Mont Rhea étoit in *Peiroſſo* : de ſorte que Peiroſſus pouvoit être un petit Pays : voici le paſſage de Strabon : *Jam Rheæ Montem, alii Montes ajunt eſſe in Peiroſſo.*

[a] Theſaur.
[b] Lib. 13. p. 589.

PIROU, ancien Château de France [c], ſur la Côte de la Baſſe Normandie, dans le Coûtantin, vis-à-vis des Iſles de Jerſey & de Garneſay. On compte au pied de ce Château dix-huit ou vingt niches de pierre, où l'on a ſoin tous les ans de mettre des nids faits de paille ou de foin, pour les Oyes ſauvages, qui ne manquent pas tous les premiers jours de Mars de venir la nuit faire pluſieurs rondes tout à l'entour, pour voir au clair de la Lune & des Etoiles, ſi ces nids ſont prêts. Les jours ſuivants ces Oiſeaux viennent prendre poſſeſſion des nids qu'ils trouvent les plus molets & les plus commodes, & ſouvent ce n'eſt pas ſans quelque combat entr'eux à coup d'ongles & de bec, où il ſe répand du ſang ; ce qui ſe fait avec tant de bruit, qu'on ne s'entend preſque point dans les appartemens du Château, ni dans les Mazures des environs. Lorſque tous ces nids ſont pris, on en met d'autres ſur les parapets des murailles, & il ne demeurent pas long-tems vuides. Comme ces murailles ſont extrêmement hautes, les Oyes qui y couvent ont accoûtumé, dès que leurs petits ſont éclos, d'avertir en criant qu'on vienne les deſcendre dans le foſſé. Si on tarde à le faire, les meres y deſcendent elles-mêmes, étendent leurs aîles, & reçoivent leurs petits à la deſcente, de crainte qu'ils ne ſe bleſſent. Chaque Oye a ſon mâle auprès d'elle, & ce qu'il y a de remarquable, c'eſt qu'encore que ce ſoit de vrayes Oyes ſauvages, aucun de ces Oiſeaux ne paroît dans les Campagnes voiſines, pendant que l'on en voit des milliers qui flottent ſur les Lacs de Pirou. Quand ils ſont hors du Château, on n'en ſauroit approcher de ſix cens pas, ſans qu'ils s'envolent ; mais quand ils ſont dans le Château, ils ceſſent d'être ſauvages, & viennent prendre du pain & de l'avoine à la main, comme s'ils avoient de la conſidération pour ceux qui leur ont fourni des nids. Quelque bruit même que l'on faſſe dans les Cours, quand même on tireroit des coups de fuſil, ils ne s'effarouchent point, & couvent depuis le commencement de Mars juſque dans le Mois de May. Lorſque les petits ſont aſſez forts pour les ſuivre, ils les dérobent la nuit, & ſe retirent par des faux-fuyants dans les Lacs voiſins, pour ne revenir que l'année ſuivante. Les Spéculatifs du pays augurent bien de la fertilité de l'année, toutes les fois que ces Oyes ſauvages viennent à Pirou en grand nombre.

[c] Mélanges, d'Hiſt. & de Littérat. 1699. Corn. Dict.

PIROUZNOUR, Ville que Mr. Petis de la Croix [d] place ſur le bord Occidental du Gange.

[d] Hiſt. de Timur Bec. l. 4. c. 23.

PIRUM, Ville de la Dace, ſelon Ptolomée [e]. Elle étoit entre *Phamidana* & *Zuſidana*. Quelques-uns croient que c'eſt Pixendorf, Bourg de la Baſſe Autriche.

[e] Lib. 3. c. 8.

PIRUSTÆ, Peuples de l'Illyrie. Ils envoyérent des Ambaſſadeurs à Céſar [f] pour faire leurs ſoumiſſions. Quelques Exemplaires de Ptolomée [g] les nomment *Piruſſæ*, & les placent du côté de la 17. Macédoine : Strabon [h] écrit *Pyriſſæ*, & Ortelius [i] croit que ce ſont les *Pyræi* de Pline : peut-être ſont-ce auſſi le *Pyriſſæi* d'Appien.

[f] De Bel. Gal. lib. 5. c. 1.
[g] Lib. 2. c. 17.
[h] Lib. 7. p. 413.
[i] Theſaur.

1. PISA, Foreteſſe des Perſarméniens. Ortelius [k], qui cite le Continuateur de Glycas, dit qu'elle étoit ſur l'Euphrate & qu'elle fut priſe par Emanuel Commène.

[k] Ibid.

2. PISA, ou PIZA. Voyez OLYMPIA.

PISÆ, Ville d'Italie, dans la Toſcane. Pluſieurs anciens Ecrivains tant Grecs que Latins, en ont parlé. Pline [l] la place entre les Fleuves *Auſer* & *Arnus*. Elle avoit été fondée par les *Piſæi*, Peuples du Péloponnéſe, qui l'avoient nommée Alphée, du nom d'un Fleuve de leur patrie. C'eſt du moins ce que dit Virgile, au dixième livre de l'Enéïde [m].

[l] Lib. 3. c. 5.
[m] V. 179.

. . . . . *Alphææ ab origine Piſæ,*
*Urbs Etruſca ſolo.*

On trouve la même choſe dans Rutilius [n].

[n] Itiner. lib. 1. v. 565.

*Alphææ veterem contemplor originis Urbem,*
*Quam cingunt geminis Arnus & Auſur aquis.*

Il appelle Auſur le Fleuve que Pline nomme Auſer. Polybe [o], Ptolomée [p], Lycophron [q] & les autres Grecs écrivent *Piſſæ* pour *Piſæ* ; mais toutes les Inſcription Romaines portent PISÆ. Elle eut le titre de Colonie Romaine, & elle a conſervé ſon ancien nom. C'eſt aujourd'hui la Ville de PISE. Voyez PISE.

[o] Lib. 2. c.
[p] Lib. 3. c. 1.
[q] Vers 1241.

PISÆUS, Montagne du Péloponnéſe, à ce qu'il paroît par un paſſage de Plutarque [r].

[r] In Paral. Græc. cum Roman.

PISAN. Voyez PISE.

PISAOM, Ville de la Pélagonie, ſelon Etienne le Géographe. Polybe [s] & Orphée [t] écrivent *Piſſæum*. Le premier dit qu'elle fut détruite par Scerdilaïdas.

[s] Lib. 5. c. 108.
[t] In Argonaut.

PISARO, Ville d'Eſpagne [u], dans l'Eſtremadoûre, au Quartier de *la Vera de Plazencia*. Elle eſt aſſez conſidérable & dépend pourtant de la Cité de PLAZENCIA. Sa ſituation eſt au milieu d'un profond Vallon entre de hautes Montagnes & qui abonde en figues, en citrons & autres fruits exquis.

[u] Délices d'Eſpagne p. 365.

PISATELLO, Riviére d'Italie [x], dans la Romagne. Elle a ſa ſource au pied de l'Apennin. Son cours eſt du Midi Occidental au Nord Oriental. Elle ſe jette dans la Riviére Rigoſa, environ à un mille de la Côte du Golphe de Veniſe. C'eſt le Rubicon des Anciens. Voyez RUBICON.

[x] Magin; Carte de la Romagne.

PISA-

**PISATIS.** Voyez OLYMPIA, N°. 1.

**PISAURUM**, Ville d'Italie, appellée aujourd'hui PESARO. Voyez ce mot. Ptolomée [a] qui la donne aux *Semnones*, la place entre *Fanum Fortunæ* & *Ariminum*. Céfar [b] fe rendit maître de cette Ville. Tite-Live [c], Velleïus Paterculus [d] & d'anciennes Inscriptions Romaines lui donnent le titre de Colonie.

[a] Lib. 3. c. 1.
[b] Civ. lib. 1. c. 11.
[c] Lib. 39. c. 44.
[d] Lib. 1. c. 15.

**PISAURUS**, Riviére d'Italie, dans le Picenum. Elle donnoit le nom à la Ville Pifaurum. Vibius Sequefter dit qu'on la nommoit auffi ISAURUS. En effet on lit dans Lucain : [e]

[e] Lib. 2. v. 406.

*Cruftumiumque rapax & juncto fapis Ifauro.*

Mais peut-être la quantité a-t-elle obligé Lucain de dire *Ifauro* pour *Pifauro*. Cette Riviére s'appelle aujourd'hui la Foglia, felon Magin [f].

[f] Carte de la Marche d'Ancone.

**PISAY**, Bourg de France, dans la Saintonge, Election de Saintes.

**PISCA**, Ville de l'Inde, en deçà du Gange. Ptolomée [g] la place fur le bord de ce Fleuve, entre *Pardabathra* & *Pafipeda*.

[g] Lib. 7. c. 1.

**PISCADORES** ou PESCADORES, c'eſt-à-dire Ifles du Pêcheur. Mr. de l'Iſle [h] ne marque qu'une Iſle de ce nom dans ſa Carte des Indes & de la Chine ; mais Dampier [i] comprend fous ce nom pluſieurs Iſles. Il dit : les Piſcadores ſont pluſieurs grandes Iſles, deſertes & ſituées près de l'Iſle Formoſa, entre cette Iſle & la Chine, à 23. degrez ou environ de Latitude Septentrionale, & presque à la même élévation que le Tropique du Cancer. Les Iſles Piſcadores ſont d'une raiſonnable hauteur, & ont beaucoup de l'air des Dunes de Dorſetſhire & de Wiltſhire en Angleterre. Elles produifent une groffe herbe courte, & quelques arbres. Elles ſont paſſablement arroſées, & nourriſſent quantité de Chévres, & quelque gros bétail. Il y a beaucoup de hauteurs, & ſur ces hauteurs de vieilles fortifications ; mais elles ne ſervent de rien à l'heure qu'il eſt, de quelque uſage qu'elles ayent été autrefois. Entre les deux Iſles les plus Orientales, il y a un bon Havre qui n'eſt jamais ſans Vaiſſeaux. A l'Occident de la plus Orientale de ces Iſles, il y a une grande Ville & un Fort qui commande le Havre. Les Maiſons on ſont baſſes, mais bien bâties, & la place fait une belle perſpective. Il y a une Garniſon de 3. ou 4. cens Tartares, qui, après trois ans de féjour, ſont envoyez dans une autre Place. A l'Occident du Havre de cette Iſle, tout proche de la Mer, il y a une petite Ville de Chinois, & la plûpart des autres Iſles ont des habitans de la même Nation, les unes plus & les autres moins.

[h] Atlas.
[i] Voyages autour du Monde, t. 2. p. 92.

**PISCENA**, Ville de la Gaule Narbonoife, felon Pline [k] : fur quoi le Pere Hardouin remarque que c'eſt préſentement, la Ville de PEZENAS au Dioceſe d'Agde.

[k] Lib. 3. c. 4.

**PISCINA**, Petite Ville d'Italie, au Royaume de Naples, dans l'Abruffe Ultérieure. Mr. Corneille, qui cite Maty la met fur le Lac de Celano ; mais Magin [l] la recule à plus d'un mille de la Rive Orientale de ce Lac. Clément VIII. transféra à Piſcina la Réſidence de l'Evêque de *Marfi* [m]. Cet Evêché qui relève immédiatement du Pape étoit établi dès l'an 600. L'ancienne Réſidence de l'Evêque étoit à *Marruvium*, dont les ruïnes ſont au Village de St. Benoît fur la rive du Lac de Celano.

[l] Carte de l'Abruffe Ult.
[m] Commant. ville, Table des Arch. & Evêchez.

**PISCIOTTA**, Bourgade d'Italie, au Royaume de Naples, dans la Principauté Citérieure [n], entre Caſtel à Mare de la Bruca, vers le Nord & Acqua della Frecaglio, vers le Midi. Elle eſt ſituée à l'embouchure d'une petite Riviére, à laquelle elle communique ſon nom, ainſi qu'au Cap voiſin. Piſciotta, ſelon Leander eſt le *Buxentum* des Anciens, & la Riviére eſt à ce qu'on croit l'ancienne *Elea*.

[n] Magin, Carte de la Principauté Cit.

**PISCO**, Ville de l'Amérique Méridionale, au Pérou, dans l'Audience de Lima [o]. Cette Ville qui étoit autrefois au bord de la Mer en eſt à préſent éloignée d'un quart de lieue. Ce changement arriva en 1682. par un tremblement de terre ſi rude, que la Mer ſe retira d'une demi-lieue & remonta enſuite avec tant de violence, qu'elle inonda presque autant de terrein au delà de ces bornés ; de ſorte qu'elle ruïna la Ville de Piſco, dont on voit encore les Maſures s'étendre depuis le rivage jusqu'à la nouvelle Ville. Pluſieurs Curieux ayant ſuivi la Mer à meſure qu'elle ſe retiroit, furent engloutis à ſon retour. Depuis ce tems-là, on a bâti la Ville dans un lieu où le débordement n'atteignit pas. Elle eſt diviſée par Quartiers réguliers. L'Egliſe paroiſſiale eſt au milieu de la Ville ſur une Place de l'étendue d'un Quartier. Derriére cette Egliſe eſt celle des Jéſuites. Plus à l'Eſt, on trouve celle de St. François, qui eſt petite, mais fort propre. Au Nord eſt l'Hôpital de St. Jean de Dieu, & au Sud de la Place, eſt la Magdeleine, Chapelle des Indiens, & au devant de laquelle il y a une petite Place. Environ trois cens Familles compoſent cette Ville, & la plûpart ſont Métifs, Mulâtres & Noirs : les Blancs y ſont le plus petit nombre. Il y a un Corregidor & un Cavildo, pour adminiſtrer la Juſtice, & fort ſouvent un Juge, pour empêcher le commerce en fraude des Pignes qu'on apporte des Miniéres.

[o] Frezier, Voy. de la Mer du Sud, t. 2. p. 320.

LA RADE DE PISCO, [p] eſt d'une grandeur à pouvoir contenir une Armée navale. Elle eſt au Nord, d'où il ne vient point de Vent dangereux dans ce Quartier, qui eſt de 13. d. 40′. de Latitude Méridionale. On y eſt à couvert des Vents ordinaires qui régnent depuis le Sud-Sud-Oueſt jusqu'au Sud-Eſt. Si l'on vouloit caréner, il faudroit entrer au fond de l'Ance de Paraca, où il n'y a point de Mer ; & il y a par-tout mouillage depuis onze jusqu'à cinq braſſes d'eau. Du côté de l'Oueſt, on trouve pluſieurs petites Iſles qui ſont toutes ſaines, & entre lesquelles on peut paſſer ſans crainte ; mais ordinairement

[p] Pag. 318.

rement il convient mieux de passer au dedans de celle de Saint Galland & de ranger la Terre de Paraca pour gagner au vent. On vient ensuite mouiller vers les Maisons à quatre ou cinq brasses d'eau. Parmi ces petites Isles, il y en a une qui est percée à jour en deux endroits, de maniére qu'elle paroît comme un Pont. Depuis les Maisons de Paraca jusqu'à la Ville de Pisco, il y a deux lieues de Plaine fablonneuse & aride. On aime mieux mouiller devant les Maisons de Paraca [a], quoique à deux lieues de Pisco, que d'aller devant cette Ville; parce que la Mer est si male au rivage, qu'il est presque impossible d'y débarquer pendant la journée. On peut néanmoins quelquefois au matin mettre pied à terre avec un bon grelin & une bonne ancre; mais c'est toujours avec beaucoup de peines & de risques. Les Navires qui mouillent devant la Ville font le bois & l'eau demi-lieue plus au Nord dans la coulée, où passe la Riviére de Pisco; & ceux qui mouillent à Paraca font l'eau dans le fable à une demi-lieue au Sud-Est des Maisons.

[a] Pag. 317.

Les Campagnes [b] de Pisco sont presque toutes remplies de Vignes, qui portent des raisins en abondance, dont on fait un vin excellent. Cette seule Ville en fournit Lima, & plusieurs autres endroits. Tous les Vaisseaux qui partent de Callao, ou pour la Côte du Nord, ou pour celle du Sud, vont prendre à Pisco leurs provisions de Vin & d'Eau de Vie; quelques Navires en chargent pour Panama, qu'on transporte ensuite par terre à Porto-Belo, & de-là à Carthagène. L'air de Pisco est un des meilleurs de toute la Côte; on y fait la vendange dans le Mois de Mars & d'Avril; il y a de toutes les espèces de fruits que nous avons en Europe, qui sont d'un goût merveilleux: ceux qui sont propres au Pays sont en abondance; & on peut avancer sans témérité que Pisco est l'un des plus beaux endroits de toute la Côte du Pérou.

[b] Feuillée, Journal des Observat. 1. part. p. 394.

1. PISCOPIA, Bourgade de l'Isle de Chypre, avec un Evêché Grec, selon Mr. Corneille, qui ne cite aucun garant. Il ajoute que ce Bourg est sur la Côte Méridionale, entre Basso & Limisso, & qu'on le prend pour l'ancienne Curias. Selon le Brun [c], qui au lieu de *Piscopia* écrit *Bisscopia*; c'est une belle Plaine unie, où l'on voit beaucoup d'anciennes ruïnes, & qui est arrosée d'une belle Rivière. Anciennement il y croissoit beaucoup de cannes de sucre; mais aujourd'hui elle est plantée d'arbres qui portent le coton.

[c] Voy. au Levant, t. 2. p. 498.

2. PISCOPIA, Ville ancienne de Chypre, qu'on nomme présentement Arnica, & dont les ruïnes font connoître qu'elle a été autrefois très-considérable.

☞ Mr. Corneille qui me fournit cet Article, ne cite aucun garant; ce qui me le rend suspect. D'ailleurs je ne connois aucun ancien Auteur qui ait mis dans l'Isle de Chypre une Ville nommée Piscopia. Quant à ARNICA ou LARNICA, le Brun [d] dit que ce n'est aujourd'hui qu'un méchant Bourg.

[d] Ibid.

3. PISCOPIA, Isle de l'Archipel [e], entre celle de Lolango ou Stanchio & celle de Rhodes, près de l'Isle de Nissari, en tirant vers le Nord Oriental. C'est l'Isle TELUS des Anciens.

[e] De l'Isle Atlas.

PISCURI. On donnoit ce nom, selon Strabon [f] à des Peuples d'Asie, qui avec les *Aparni* & les *Xanthii* étoient compris sous le nom commun de DAÆ.

[f] Lib. 11. p. 511.

PISE, Ville d'Italie dans la Toscane, sur la Riviére d'Arne dans une Plaine entiérement [g] unie. Cette Ville qui est très-ancienne, a été la Capitale d'une République qui se rendit fameuse par ses conquêtes en Afrique [h] & dans la Méditerranée, où elle s'étoit emparée des Isles Baléares & de celles de Corse & de Sardaigne qu'elle avoit conquises sur les Sarrasins. Son Port à deux lieues de l'Embouchure de la Riviére d'Arne dans la Mer, étoit un Lieu d'un très-grand Commerce. Elle a autrefois entretenu jusqu'à cinquante Galéres; mais les guerres civiles de ses habitans & leurs divisions domestiques les ayant à la fin extrémement affoiblis, les Florentins assiégerent la Ville de Pise, & après un long Siège, ils la prirent en 1406. De Ville libre qu'elle étoit elle devint sujette, de façon qu'elle ne s'est jamais pu relever depuis. Elle est encore à présent fort deserte, & malgré les soins que le Grand-Duc se donne pour augmenter le nombre de ses habitans, ses belles Rues, presque toutes tirées au cordeau & bordées de très-belles Maisons sont couvertes d'herbe comme un pré. C'est dans la vue d'y attirer du monde que le Prince y a établi l'Arsenal de Construction de ses Galéres, qu'il y a mis le Chef d'Ordre des Chevaliers de St. Etienne, qu'il a augmenté le nombre des Professeurs de l'Université & qu'il n'épargne rien pour y attirer d'habiles gens & un grand nombre d'Ecoliers. Cette attention a déja eu quelque succès; de sorte qu'on y comptoit en 1715. environ seize à dix-huit mille ames. Mais qu'est-ce que cela pour une Ville si grande que cent mille ames ne rempliroient pas suffisamment.

[g] Misson, Voy. d'Italie, t. 2. p. 317. & suiv.
[h] Labat, Voy. d'Italie, t. 2. p. 107. & suiv.

La Cathédrale qu'on appelle le Dôme, est d'une grande beauté, quoiqu'elle soit bâtie dans le goût Gothique, qu'on appelle à la *Tedesca* en Italie. Elle a des proportions si justes; elle est si claire; les Ornemens sont distribuez si à propos; elle est si propre, & entretenue avec tant de soin, qu'on ne peut se lasser de l'admirer, quand on y est. Ses Portes sont couvertes de bas reliefs de bronze, qui représentent plusieurs Histoires de l'Ancien & du Nouveau Testament & qui sont d'un goût exquis. Le pavé de l'Eglise est de pierres rapportées de marbre de différentes couleurs. Il y a quelques Tombeaux magnifiques, des Statues, des peintures des meilleurs Maîtres, avec un grand nombre de Colonnes de Marbre, qui séparent la grande Nef des côtez, qui aussi-bien que l'Eglise sont incrustez de Marbre, quoique les gens du pays par une vanité mal-entendue disent que les murailles sont entiérement de Marbre. On dit que les

les Chanoines de cette Eglise étoient vêtus autrefois de rouge comme les Cardinaux; mais aujourd'hui ils ont seulement le camail violet.

C'est au côté droit du Chœur de cette Cathédrale, & en dehors qu'est ce fameux Clocher, ou cette Tour ronde penchante, si célèbre dans les Relations de tous les Voyageurs. Elle est de Marbre, avec une rampe spirale pratiquée dans l'épaisseur du mur, & par laquelle on monte sur la platte-forme. Bien des gens s'imaginent que le hazard, ou la négligence d'avoir bien affermi les fondemens de cet Edifice sont cause qu'il penche considérablement d'un côté. Si cela étoit tout l'Edifice pencheroit, & cependant il n'y a que le côté qui regarde la Ville qui ait ce défaut. Celui qui regarde l'Eglise est bien à plomb: le vuide qui est au milieu & qui ressemble à un Puits est à plomb de tous ses côtez; de sorte qu'on ne doit taxer l'Architecte qui l'a bâtie ni de négligence, ni d'ignorance; mais convenir qu'il a voulu donner par-là une preuve de son habileté, & faire voir qu'il pouvoit faire un Edifice hors de son à plomb sans l'exposer à tomber. De dire, comme un Auteur moderne, que c'est la figure ronde qui l'empêche de tomber, c'est se moquer du monde. Combien est-il tombé de Tours rondes qui étoient bien à plomb? Et pourquoi la Tour de Boulogne, appellée la *Carisenda* ne tombe-t-elle pas, elle qui est quarrée, assez menue, plus haute que celle de Pise & pour le moins aussi penchante. La hauteur de cette Tour est de cent quatre-vingt-huit pieds: l'Escalier en a cent quatre-vingt-treize. La platte-forme, ou terrasse du haut est environnée d'une balustrade, du bord de laquelle ayant jetté un plomb à l'endroit qui penche le plus, il s'est trouvé que le plomb tomboit à quinze pieds justes du fondement.

Le Cimetiére de toute la Ville est au bout de l'Eglise. On l'appelle le *Campo-Santo*, comme dans tout le reste de l'Italie. C'est un très-grand terrein quarré, environné de Portiques, comme un Cloître soutenu de Colonnes de marbre, couvert de plomb & dont les murs sont peints à fresque par d'habiles Maîtres. On prétend que cinquante Galéres de Pise, qui étoient allées au secours de l'Empereur Frédéric Barberousse à la Terre-Sainte en 1228. se lesterent & se chargerent de la terre de Jérusalem à leur retour, & que cette terre fut mise dans le Preau de *Campo-Santo*. On voit dans ce Lieu quantité de Tombeaux & d'Inscriptions. On y en remarque une entr'autres, que l'on a enchâssé dans la muraille sous un des Portiques, & qui est un Decret de la Ville de Pise. Il est ordonné par ce Decret, que *nunciata morte Cæsaris*, on en portera le deuil pendant une année entière & qu'on s'abstiendra de tous divertissemens publics.

Le Baptistére qui a cent quatre-vingt pas de tour, se voit à trente ou quarante pas de l'Eglise Cathédrale de l'autre côté de la Tour penchante sur une même ligne. C'est encore un Edifice considérable. Il est rond, de beau Marbre, & voûté en Coupe, comme le Dôme de St. Pierre de Rome. Il s'y fait un Echo qui augmente beaucoup le bruit; & si l'on frappe un coup, ou que l'on fasse un cri, le retentissement en dure aussi long-tems que le tintement d'une Cloche. On a gravé sur une des Colonnes de ce Baptistére que l'Eglise fut achevée en 1153.

L'Arne qui est une Riviére considérable passe dans le milieu de la Ville & la partage en deux parties presque égales, qui sont jointes par trois Ponts, dont le plus grand est de Marbre blanc. C'est sur ce Pont que se donne tous les ans le combat de Massues, entre le Peuple de deçà & celui de delà la Riviére. C'est une coutume très-ancienne dans cette Ville, & dont il n'est pas aisé de démêler la véritable origine, parce qu'on la rapporte de trop de façons différentes. Peut-être est-ce une imitation du combat qui se donne à Venise sur le Pont de *Rialto*. Quoiqu'il en soit celui de Pise est plus sérieux, & à souvent des suites fâcheuses que les grands Ducs & même la République n'ont pu ou n'ont pas jugé à propos d'empêcher pour des raisons dans lesquelles il n'est pas permis d'entrer. Les Combattans sont armez de bonnes cuirasses, avec les brassarts & cuissarts, le casque en tête & la visiére baissée. Ils ont pour armes de grosses Massues de bois très-dur; & qui outre cela sont garnies de fer. Ils les tiennent entre leur bras, & sous des peines griéves il n'est pas permis de les prendre entre les mains. En cet état ils s'approchent les uns des autres au son des Trompettes, & des Tambours, se poussent rudement & se frappent à la tête avec leurs Massues, & tâchent de faire reculer le parti contraire & de se rendre maîtres du Pont. L'animosité est si grande entre les deux partis que les femmes s'en mêlent. Elles exhortent leurs maris & leurs enfans à tenir ferme, & à soutenir la gloire du parti: elles chantent injure aux autres, & souvent la fureur les emporte au point de se jetter les unes sur les autres & de déchirer les autres à coups d'ongles & de dents. Cela ne manque jamais d'arriver, quand elles voient que ceux qui leur appartiennent ont la tête ou les brassarts cassez; car malgré les casques & les brassarts, & la maniére genée dont ils sont obligez de se servir de leurs Massues, la pesanteur en est si grande & les coups qu'ils se portent sont si furieux, qu'ils se cassent la tête & se rompent les bras, & souvent il y a des morts de part & d'autre. A la fin le parti le plus foible est obligé de céder: les Vainqueurs demeurent maîtres du Pont, y mettent des gardes, & les Vaincus sont obligez de s'accommoder avec les Vainqueurs pour avoir la liberté d'y passer. Ce combat pourroit être un reste de ceux que les Citoyens de Pise se livroient les uns aux autres, lors qu'ils étoient divisez en plusieurs factions, & surtout quand une partie eut pris le parti du Pape & l'autre celui de l'Empereur, sous le nom de Guelphes & de Gibelins. Leur acharnement fut si grand, qu'ils détruisirent enfin

enfin leur République & devinrent la proye des Florentins qui étoient beaucoup plus unis. On prétend que l'Architecte qui a bâti leur Tour penchante l'avoit fait à dessein de leur faire connoître que leur République étoit aussi prête à tomber à cause de ses divisions qu'une maison qui penche est prête à se renverser & à écraser ceux qui s'y trouvent, ou qui en sont proche.

Le mauvais air dont on se plaint à présent à Pise, & qu'on regarde comme la cause principale de ce qu'elle est si fort dépeuplée, n'est qu'une suite de ce manque d'habitans ; car quoiqu'elle soit dans un Pays assez plat & uni, il n'est pourtant pas marécageux. Les marais de Livorne en sont bien éloignez. Mais l'air se corrompt à Pise, parce qu'il est trop en repos, qu'il y a peu de feu & peu de mouvement dans la Ville : en un mot parce que le grand nombre de ses maisons est inhabité ; & cela parce que les Grands & le Peuple de cette malheureuse République, se voyant privez de leur liberté, aimèrent mieux abandonner leur patrie que de la voir dans la servitude : ils se retirèrent dans les Etats voisins, même jusqu'en France & en Espagne. Les Epitaphes du Campo-Santo en fournissent des preuves. On y voit les noms de quantité de Familles, établies dans ce tems-là à Pise, & que l'on trouve à présent à Rome, à Naples, à Génes, à Turin, à Marseille, où elles portent les mêmes Armes que l'on voit sur les Monumens du Campo-Santo.

La plûpart des maisons considérables de Pise ont des Tours. On remarque la même chose dans plusieurs autres Villes bien moins considérables que Pise. Misson s'est trompé quand il a dit que ces Tours étoient des récompenses que les Villes donnoient à ceux de leurs Concitoyens qui s'étoient distinguez par quelque service signalé qu'ils avoient rendu à leur Patrie. Rien de cela : les Villes ne faisoient point bâtir ces Tours à leurs Citoyens ; elles permettoient seulement à ceux qui avoient exercé la Magistrature d'en bâtir sur leur propre fonds, & à leurs dépens. C'étoit une marque que le maître de la Maison où il y avoit une Tour jouissoit de la qualité de Patrice, ou que ses Ancêtres en avoient joui, qu'il étoit du Corps du Sénat, & qu'il avoit les priviléges & la noblesse attachée à cette Dignité. Ces Tours à Pise étoient dans le tems des divisions des Citoyens comme autant de Forteresses, où ils se retiroient quand leur parti n'étoit pas le plus fort. C'étoit du haut de ces Tours qu'ils se battoient à coups de trait & de pierre. Elles servent à présent à prendre l'air & le frais, & à jouir de la vue du Paysage des environs, qui est charmant & bien cultivé.

La Ville de Pise a encore ses anciennes murailles défendues par quantité de Tours hautes & fortes avec un fossé. Les Florentins s'en étant rendus maîtres desarmérent les habitans, prirent nombre d'ôtages, ruïnerent une partie des murailles & bâtirent trois Forteresses. La plus considérable qu'on peut regarder comme une Citadelle de conséquence a été fortifiée presque de nos jours à la moderne par Julien de St. Gal excellent Architecte & médiocre Ingénieur. Elle est près de la Porte St. Marc qui conduit à Florence. L'autre Fort est près de l'Arsenal ; & le troisième est sur le bord de la Rivière. Ces deux derniers sont petits & ne valent pas grand chose.

Le Grand-Duc a établi à Pise la Maison Chef d'Ordre des Chevaliers de St. Etienne Pape, & dont il est le Grand-Maître. Ces Chevaliers portent sur leurs habits une Croix à huit pointes, de satin rouge, un cordon de couleur de feu & une petite Croix d'or sur leur poitrine. Ils ne sont pas obligez au Célibat, ni par une suite nécessaire au Vœu de pauvreté. Ils n'ont que le Vœu d'obéïssance, & celui de faire la guerre aux Infidéles. Il y a de bonnes Commanderies dans cet Ordre. Ceux qui ne sont point mariez (il y en a même peu qui le soient) ont droit de demeurer dans le Palais de l'Ordre à Pise, où ils sont nourris & logez magnifiquement. Ils font preuve de Noblesse à peu près comme les Chevaliers de Malthe, & sont obligez à faire leurs Caravanes avant que de pouvoir posséder des Commanderies. On voit dans leur Eglise quantité d'Etendarts qu'ils ont enlevez aux Infidéles. Côme I. institua cet Ordre en 1561. La Statue de ce Prince est dans la Place vis-à-vis l'Eglise des Chevaliers.

L'Université de Pise est considérable. Les Chaires des Professeurs ont de bons revenus qui y sont attachez, & qui sont payez régulièrement. Les Professeurs n'ont pour l'ordinaire, en entrant, que cent ou six vingt piastres d'appointemens. Ils augmentent tous les ans & arrivent enfin à quatre cens piastres qui est la haute paye, sans compter les honoraires, & le logement dans le Collége. Il y a cinq Colléges, celui des Loix & celui de la Sapience sont les plus fameux : c'est le Grand-Duc qui nomme à toutes les Chaires. Il n'y a rien d'extraordinaire dans le Jardin des simples, non plus que parmi les raretez naturelles que l'on voit dans l'École de Médecine.

Il y a quatorze milles de Pise à Livorne. Le pays est plat & la plus grande partie du chemin se fait entre des Bois de Chênes verds, de Liéges & de Myrtes sauvages. On dit que la Mer couvroit autrefois ces Forêts, & qu'elle venoit à trois milles de Pise, jusqu'au Lieu où l'on voit une assez grande Eglise à l'entrée du Bois. On raconte que St. Pierre étant à la pesche, il s'éleva une tempête qui le poussa jusqu'à cet endroit, & qui l'y fit échouer. On ajoute qu'ils érigea un Autel autour duquel un Pape fit bâtir l'Église quelques siécles après.

Le PISAN est ainsi nommé de sa Capitale. Sa plus grande étendue n'est pas aujourd'hui de trente milles du Nord au Sud ; mais celle de l'Est à l'Ouest va bien à cinquante milles. Le Florentin & la République de Lucques lui servent de bornes au Nord, le Siénois à l'Orient, & la Mer

340   PIS.

Mer à l'Occident. C'est un des meilleurs pays de la Toscane. Sa plus grande richesse vient de ces Liéges. Ses principales Villes sont.

Pise, Livorne,
Volterre.

PISELLO, ou CABO PISELLO. Voyez au mot CAP l'Article CAP DE PISELLO.

PISIDÆ, Peuples de l'Asie Mineure, selon Pline [a]. Ce sont les Habitans de la Pisidie. On les nomma d'abord SOLYMI. Voyez PISIDIA.

[a] Lib. 5. c. 27.

PISIANECTEA. Voyez POECILE.

PISIDIA, Contrée d'Asie, renfermée entre la Lydie, la Phrygie, la Pamphylie & la Carie. C'étoit un pays situé dans les Montagnes, pour la plus grande partie, & qui comprenoit l'extrémité Occidentale du Mont Taurus, selon Pline [b] & Strabon [c]. Delà, dit Cellarius, [d] il n'aît une question assez difficile à décider, savoir si la Pisidie doit être rangée dans la partie de l'Asie qui est en deçà du Mont Taurus, ou dans celle qui est au-delà. Par le Traité de Paix fait entre Antiochus & les Romains, l'Asie étoit tellement partagée, que ce qui étoit en deçà du Mont Taurus étoit ôté à Antiochus & ce qui étoit au-delà lui étoit laissé. Les Romains eux-mêmes ont été la cause du doute qui se trouve dans cette question; car le Decret qu'ils rendirent à cette occasion ne parle point de la Pisidie, & ne prescrit point les Limites du Pays qu'on ôtoit à Antiochus, en deçà du Taurus. Tite-Live [e] en rapportant ce partage dit seulement que la Lycie & la Carie jusqu'au Méandre, furent cédées aux Rhodiens ; & que le Roi Eumènes eut l'une & l'autre Phrygie, la Mysie, la Lycaonie, la Myliade & la Lydie. Cependant, selon le même Tite-Live [f], les Ambassadeurs de Rhodes dirent en plein Sénat, que toute la Pisidie avoit été ôtée à Antiochus. D'ailleurs une chose semble décider ; c'est que la Lycaonie, qui est au-delà de la Pisidie, fut comprise dans la partie qui étoit en deçà du Taurus. Au reste soit que la Pisidie ait été à l'extrémité du Taurus, soit qu'elle ait occupé une partie considérable de cette Montagne, il est certain qu'elle ne s'étendoit pas au-delà du Taurus.

[b] Ibid.
[c] Lib. 12. Geogr.
[d] Ant. lib. 3. c. 4.

[e] Lib. 38. c. 39.

[f] Lib. 37. c. 54.

Les Villes que Ptolomée [g] met dans la Pisidie sont:

[g] Lib. 5. c. 5.

Dans la Phrygie de Pisidie.
{ Seleucia Pisidiæ, Antiochia, Antiquum Beudos, Baris, Conare, Lysinia, Cormasa,

Dans la Pisidie propre.
{ Prostama, Adada, Olbasa, Dyrzela, Orbanassa, Talbonda, Cremna Colonia, Commatum,

Pletenessus, Unzela, Selge.

La Notice de Léon le Sage y place les Evêchez suivans.

Antiochia, Adadorum,
Sagalassus, Zarkelorum.
Sozopolis, Tiberias,
Apamea, Tomandus,
Cybira, Conana,
Tyrænum, Malus,
Baris, Siniandus,
Adrianopolis, Tityassus,
Portus, Metropolis,
Laodicea combusta, Papporum,
Seleucia ferrea, Parallos,
Bindeus.

PISIDON, Port de l'Afrique propre: Ptolomée [h] le place entre Sabathra & Heoa. Marmol dit qu'on l'appelle aujourd'hui ZOARAT.

[h] Lib. 4. c. 1.

PISIE, Montagne de la Chine [i], dans la Province de Quantung, aux environs de Lincao. Cette Montagne est fameuse dans le pays. On raconte qu'il s'y trouva un certain Animal très-rusé, qui a l'usage de la Raison, & la figure d'un Chien. On ajoute à cette fable qu'un Animal de cette espece conduisit anciennement l'Armée des habitans des Isles par des sentiers inconnus ; leur facilita le moyen de fermer l'entrée du pays aux Ennemis qui venoient de la Cochinchine & leur donna occasion de remporter une grande Victoire. On a élevé dans le Lieu même un Temple en l'honneur de cet Animal.

[i] Atlas Sinens.

PISILIS, Ville de la Carie: Strabon [k] la met entre le Fleuve Calbis & la Ville Caunus.

[k] Lib. 14. p. 651.

PISIN-NUOVO, Lieu d'Allemagne [l] dans la Basse Carniole, près de la source Méridionale du Quieto. Ce Lieu & celui qu'on appelle PISIN-VECCHIO composent un petit Pays possédé par la Maison d'Autriche, qui en retire environ dix-sept mille florins de revenu.

[l] Magin. Carte de l'Istrie. Samson Atlas.

PISIN-VECCHIO. Voyez PISIN-NUOVO.

PISINATES, Peuples d'Italie, dans l'Umbrie, selon Pline [m]. Quelques Manuscrits portent Pisiates pour Pisinates.

[m] Lib. 3. c. 14.

1. PISINDA, Ville de l'Afrique propre: Ptolomée [n] la place parmi les Villes qui étoient entre les deux Syrtes.

[n] Lib. 4. c. 3.

2. PISINDA, Ville de la Pamphylie, dans la Carbalie, selon Ptolomée [o].

[o] Lib. 5. c.

PISINGARA, Ville de la petite Arménie : Ptolomée dit qu'elle étoit éloignée de l'Euphrate & qu'elle étoit située vers les Montagnes. Ses Interpretes écrivent Pesingara pour Pisingara.

PISINOE. Voyez SIRENUSSÆ.

PISINNUS, ou PISINUS. Voyez PESSINUS.

PISIS, Ville & Montagne de l'Arménie, ou de la Susiane, selon Etienne le Géographe.

PISISTRATI-INSULÆ, On appelloit ainsi trois Isles, sur la Côte de l'Ionie, pro-

# PIS.

proche d'Ephése, & que Pline [a] nomme: *Anthinæ*, *Myonnesos* & *Diarrheusa*.

PISITANA URBS. Voyez PISITENSIS.

PISITENSIS, Siège Episcopal d'Afrique. *Ambibius* est qualifié *Episcopus Plebis Pisitensis*, dans la Conférence de Carthage [b]. Mr. Baluse place cette Ville aux confins de la Byzacène & de la Province de Tripoli, parce que la Table de Peuttinger met *Pisida*, entre *Putea*, Ville de la Byzacène & *Sabrata* Ville de la Province de Tripoli ; mais le Pere Noris attribue à la Province Proconsulaire la Ville PISITANA, & dit qu'il en est fait mention dans le Livre [c] des miracles de St. Etienne attribué à Evodius. Ce qu'il y a de certain, c'est que Félix adversaire d'Ambibius, & nommé au Chapitre 133. de la Conférence de Carthage, est différent de *Felix Episcopus Putiensis*, dont il est parlé au Chapitre 204. car l'un étoit présent & l'autre absent.

PISONIS-VILLA, Maison de plaisance en Italie, près de la Ville de Bayes. Tacite [d] dit que l'Empereur Néron se plaisoit fort dans ce lieu & s'y rendoit fréquemment. Ortelius [e], qui cite Ferd. Lofredus, dit que ce Lieu se nomme aujourd'hui TRUGLIO.

PISONIUM. Voyez POSONIUM.

PISONOS, Ville de la Petite Arménie : L'Itinéraire d'Antonin la met sur la route de Sébaste à Cocuson, entre *Ad Prætorium* & *Metilene*, à vingt deux milles de la première & à égale distance de la seconde.

PISORACA, Fleuve d'Espagne. Il en est fait mention dans quelques anciennes Inscriptions. Ortelius [f], qui cite Moralis & Florianus, dit que ce Fleuve se nomme aujourd'hui PISUERGA.

PISPIRI, Montage d'Egypte, nommée aussi la MONTAGNE D'ANTOINE. Il en est parlé dans l'Histoire Ecclésiastique de Ruffin & dans Ferculphe citez par Ortelius [g], qui ajoute reçu par Palladius donne la description de cette Montagne [h].

PISSA, Ville d'Italie, dans la Tyrrhénie, selon Isacius sur Lycophron. Pissa, dit Ortelius [i], ne seroit-il point la pour PISA.

PISSÆUM. Voyez PISAON.

PISSANTINI, Peuples de la Macédoine. C'est Polybe [k] qui en fait mention.

PISSOTIS, Peuples d'Asie, aux environs de Bactra, à ce qu'il paroit par un passage de Plutarque [l].

PISSURI. Voyez PISCURI.

PISSYRUS, Ville de Thrace. Il y avoit dans cette Ville, selon Hérodote [m], un Lac de presque trente Stades de circuit, très-poissonneux & dont l'eau étoit extrêmement salée. Les meilleures Editions portent PYSTIRUS au lieu de PISSYRUS.

PISTAS, Lieu de France. Ortelius [n], qui cite le Moine Aimoin & Odon Abbé de St. Maur, dit que ce Lieu étoit sur la Seine. On croit que c'est le Village de Poissy.

PISTENSIS, ou PISCENSIS. Voyez au mot FLUMEN l'Article FLUMEN-PISCENSIS.

# PIS. 341

PISTICCIO, petite Ville d'Italie [o], au Royaume de Naples dans la Basilicate. Elle est dans les terres environ à dix milles de la Côte du Golphe, entre les Riviéres Basiento & Salandrella à peu près à égale distance de l'une & de l'autre. Cette Ville fut endommagée en 1688. par un tremblement de terre qui renversa la plûpart de ses maisons.

[o] *Magin*, Carte de la Basilicate.

PISTIRUM, Ville de Thrace, selon Etienne le Géographe, qui en fait un entrepôt. Ortelius [p] soupçonne que ce pourroit être la Ville PISSYRUS d'Hérodote. Voyez PISSYRUS.

PISTOIE, Ville d'Italie, dans la Toscane [q], entre Lucques & Florence, à vingt-milles de l'une & de l'autre, dans une Plaine très-fertile. Elle a été autrefois en République ; mais quand le Grand-Duc se rendit maître de Pise, les Habitans de Pistoie lui présentérent les Clefs de leur Ville & se soumirent à son obéïssance. Cette Ville est fermée du murailles, fortifiées de bastions ; mais on n'y fait point de garde. Quoiqu'elle soit assez bien bâtie, que ses Rues soient belles, longues & larges, & pavées de fort grandes pierres commodes pour marcher, elle est peu peuplée. Il lui manque des Habitans & du Négoce. La graisse du Pays la fait vivre ; mais elle n'est pas capable de l'enrichir : aussi ne peut-on pas voir une Ville plus pauvre ni plus deserte ; surtout depuis qu'elle a perdu sa liberté.

L'Eglise Cathédrale est assez belle malgré le proverbe qui dit : *Citta Pistoyese ; chiate Case, oscure Chiese*. Il y a trente Chanoines & sept Dignitez. On remarque deux Balustrades de Marbre devant le Maître-Autel ; mais ce qui est plus considérable c'est une Chapelle de St. Jacques qui est au bas de la Nef, où il y a plusieurs lampes pour honorer quelques Reliques du Saint qui sont conservées dans ce Lieu, & par reconnoissance des secours qu'on prétend avoir reçus par son intercession. L'Autel est tout couvert de lames d'argent. On remarque dans cette Chapelle une Oraison en l'honneur de ce Saint qui y est appellé le premier des Apôtres : *Tu qui primatum tenes inter Apostolos, imò qui eorum primus*, &c. Dans l'Eglise de l'Humilité, on voit les Effigies entiéres de Léon X. & de Clément VII. Papes ; & celles de Côme & d'Alexandre Grands-Ducs de Florence.

La Plaine qui se trouve entre Pistoie & Florence est remplie de fruits de toutes sortes, & peuplée de Villes, de Bourgades, de Villages, de Métairies, de Palais & de Maisons de Plaisance ; ce qui fait que ce Quartier est un des plus beaux de la Toscane.

Clément IX. appellé *Julio Ros Pigliosi* étoit de Pistoie, où il nâquit d'une famille très-noble en 1599.

PISTORIA, Ville d'Italie, dans la Toscane : Ptolomée [r] la place dans les terres, entre *Lucus Feroniæ Colonia* & *Florentia*. Pline [s] l'appelle *Pistorium* & Antonin [t] la nomme *Ad Pistores*. C'est aujourd'hui la Ville de PISTOIE. Voyez ce mot.

PIS-

PISTRA, ou PISTRE, Village de l'Ethiopie. Il est mis par Ptolomée sur le bord Occidental du Nil entre *Pthur* & *Ptemythis*.

PISTRENSIS-VILLA, Lieu de la Pannonie, selon Ammien Marcellin [a], qui le place à vingt-six milles de Sirmium. Lazius [b] dit que ce Lieu étoit sur le bord du Danube, & qu'on le nomme présentement *Vistricia*, Bistricz.

*a* Lib. 29. c. 6.
*b* Rep. Rom. lib. 1. c. 2.

PISTRINUM, Ville au voisinage de l'Illyrie, selon Chalcondile cité par Ortelius [c].

*c* Thesaur.

PISTYRUS, ou PYSTIRUS. Voyez PISSYRUS.

PISUERGA, ou PIZUERGA, Riviére d'Espagne [d]. Elle prend sa source aux confins de la Vieille Castille, à quelques lieues de la source de l'Ebre, près de Melgar. Elle passe à Valladolid & se jette dans le Douere à Simancas.

*d* Delices d'Espagne, p. 145.

PISUERTES. Voyez PITULANI.

PISUETÆ. Voyez PISYE.

PISUM, Lieu dont il est parlé dans le Code Théodosien [e].

*e* Tit. 6. de Honorariis Codicil.

PISYE, ou PITYE, Ville de la Carie; selon Porphyrogénete & Etienne le Géographe, qui la nomme aussi PITYUSSA. Tite-Live [f] appelle les Habitans PISUETÆ, & dit qu'ils donnérent du secours aux Rhodiens. Voyez PITUS.

*f* Lib. 33. c. 18.

PITAIUM. Voyez PITAON.

PITANATÆ. Voyez SAMNITES.

PITAN, Province des Indes, dans les Etats du Mogol, au delà du Gange. Elle est bornée au Nord par le Mont Purbet ou de Naugracut; à l'Orient par les Royaumes de Lassa & d'Asem ou d'Acham; au Midi par la Province de Jésuat & par le Royaume de Morang; à l'Occident par les Provinces de Varal & de Mévat. Mr. de l'Isle donne à cette Province le nom de Raja-Nupal, ou de Royaume de Necbal.

1. PITANÉ, Ville de l'Asie Mineure, dans la Mysie, proche du Caicus, de l'embouchure duquel Strabon [g] dit qu'elle étoit éloignée de trente Stades. Le Fleuve Evenus arrosoit cette Ville. Etienne le Géographe la met dans l'Eolide. Elle étoit aux frontiéres de cette derniére Province, & peut-être avoit-elle été bâtie par les Eoliens. Ptolomée [h] la place entre *Poroselene* & l'embouchure du Caicus. Vitruve [i] dit qu'on y faisoit des briques qui nâgeoient sur l'eau; ce qui est appuyé du témoignage de Strabon.

*g* Lib. 13. p. 607.
*h* Lib. 5. c. 2.
*i* Lib. 2. c. 3.

2. PITANE, Fleuve de l'Asie Mineure, dans l'Eolide selon le Texte Latin de Ptolomée [k], qui porte que ce Fleuve arrosoit la Ville de Pitane; mais il pourroit bien y avoir faute dans le Texte de Ptolomée. Strabon nomme Evenus le Fleuve qui arrosoit les murs de la Ville de Pitane.

*k* Lib. 5. c. 2.

3. PITANE, Lieu de la Laconie, sur le bord du Vasilipotamos, où l'on en voit encore les ruïnes, en venant de Magula à Misitra. La Guilletiére [l] dit qu'il y a de l'erreur dans toutes les Cartes qui ont voulu marquer la situation de cette Ville. Elles en font une Place éloignée de Lacédémone, tantôt plus tantôt moins, selon le caprice des Auteurs. C'étoit un Quartier de Lacédémone, ou tout au plus un Fauxbourg détaché de la Ville. Pausanias qui est très-exact à nommer les Villes de la Laconie ne dit par un mot de Pitane. Par ce silence il demeure si bien d'accord que ce Lieu étoit être confondu avec Sparte, qu'il parle d'un Tribunal de Lacédémone appellé la Jurisdiction des Pitanates, où apparemment ceux du Quartier venoient répondre. Plutarque le marque assez dans son Traité de l'Exil par ces paroles: Tous les Athéniens ne demeurent pas dans le *Colytos*, tous les Corinthiens dans le Cranaon & tous les Lacédémoniens dans le Pitane. Le Colytos étoit un Quartier d'Athènes; le Cranaon un Fauxbourg de Corinthe; & il n'y auroit eu ni proportion ni justesse dans la comparaison de Plutarque, si le Pitane n'eût été dans la même proximité de Lacédémone.

*l* Lacédémone anc. & nouv.

La premiére Eglise des Chrétiens fut autrefois bâtie à Pitane, quand St. André annonça les Véritez de l'Evangile à Lacédémone. Aussi tous les Grecs appellent St. André l'Apôtre de Misitra, comme ils appellent St. Paul l'Apôtre d'Athènes.

Ménélas reçut la naissance à Pitane. Entre plusieurs témoignages, le Chœur de la Troade d'Euripide le justifie, quand il fait des imprécations contre Ménélas, souhaitant qu'il ne revienne jamais dans Pitane sa patrie.

PITANUS, Fleuve de l'Isle de Corse. Ptolomée [m] marque son embouchure sur la Côte Occidentale de l'Isle, entre la Ville Pisera & le Promontoire Marianum. On croit que c'est aujourd'hui *Talabo*.

*m* Lib. 3. c. 2.

PITAON, Ville de la Carie, selon Etienne le Géographe. C'est la Ville PITAIUM de Pline [n].

*n* Lib. 5. c.

PITARA, Ville d'Ethiopie, sous l'Egypte, selon Pline [o].

*o* Lib. 6. c. 29.

PITAREVIL, Village de l'Isle de Chypre, dans les terres: on le prend pour l'ancienne EPIDARUM.

1. PITCHIBOUROUNI, Peuples sauvages de l'Amérique Septentrionale dans la Nouvelle France, près des Côtes de la Baye d'Hudson. Ce Peuple habite le long d'une grande Riviére à laquelle il donne le nom.

2. PITCHIBOUROUNI, Riviére de l'Amérique Septentrionale dans la Nouvelle France. Cette Riviére se décharge dans la Baye d'Hudson, à la bande de l'Est.

PITESK, Bourg de la Valaquie [p] sur la Riviére de Telk, aux confins de la Transylvanie.

*p* De Wit, Atlas.

1. PITHA, ou PITHEA, Riviére [q] de la Laponie Suédoise qu'elle traverse presque toute entiére d'Occident en Orient. Elle prend sa source dans le Lac Sagatojerwi, & son embouchure sur la Côte Occidentale du Golphe de Bothnie, entre les embouchures des Riviéres Luhlea & Skellestii.

*q* De l'Isle Atlas.

2. PITHA, ou PITHEA [r], Province de la Laponie Suédoise, appellée LAPONIE

*r* Ibid.

## PIT.

DE PITHEA. Elle tire son nom de la Riviére PITHA ou PITHEA qui la traverse. Elle est bornée au Nord par la Laponie de Luhlea, à l'Orient par la Bothnie Occidentale, au Midi par la Laponie d'Uhma, & au Nord par la Norwege. Elle est partagée en diverses petites contrées, qui sont:

Nord-Westerby,  Wisierby,
Nassa-Fielt,    Arieplogsby,
Westerby,       Graotreskby,
Lochteby, ou Lochtari.

PITHA ou PITHEA [a], Bourgade de Suède, dans la Bothnie Occidentale, dans une Isle à l'embouchure de la Riviére de Pitha qui lui donne son nom. Il y a tout auprès la VIELLE PITHEA. C'est une autre Bourgade, à l'embouchure de la même Riviére sur le bord Septentrional.

PITHECI-PORTUS, Lieu voisin de Constantinople, selon Pierre Gilles, dans sa Description du Bosphore de Thrace.

PITHECON-PORTUS, C'est-à-dire le PORT DES SINGES, Port de Libye, selon Etienne le Géographe qui le met proche de Carthage.

PITHECUSA. Voyez JARIME.

1. PITHECUSSÆ, Isles de la Mer de Tyrrhène, selon Etienne le Géographe. Ortelius croit que c'est la même Isle que PITHECUSA. Voyez INARIME.

2. PITHECUSSÆ, ou PITHECUSÆ, Diodore de Sicile [b] met trois Villes de ce nom dans l'Afrique propre. Il dit qu'on y rendoit un culte divin aux Singes, qui fréquentoient les Maisons des habitans & qui usoient librement des provisions qu'ils y trouvoient.

PITHENE, Nom d'une Ville quelque part dans le monde selon Ortelius [c] qui cite Hesyche.

PITHEUS, Bourgade de l'Attique dans la Tribu Cécropide [d]. Elle prenoit son nom du mot PITHOS, qui signifie un tonneau, parce qu'anciennement il s'y en faisoit une grande quantité, selon Mr. Spon [e]. Etienne le Géographe écrit Πιθεὺς pour Πιθεὺς.

PITHIA, Ville du Pont. Il en est parlé dans la Notice des Dignitez de l'Empire [f].

PITHIVIERS PLUVIERS.

PITHOLAI, Promontoire de l'Ethiopie: Strabon [g] le place au voisinage du Détroit du Golphe Arabique.

PITHONIS COME. Voyez PYTHONOS.

PITHONABASTÆ, Ville de l'Inde au delà du Gange. Ptolomée [h] la donne aux Lesti. Ses Interprétes en font un Entrepôt & lisent THIPONOBASTI pour PITHONOBASTÆ.

PITHOS. Voyez PITHEUS.

PITIACUS, Lieu de la France, au milieu d'une grande Solitude; aujourd'hui la CELLE ST. AVI, selon Ortelius [i]. Surius parle de PITIACUS dans la Vie de St. Carilephe. C'est le même Lieu que PICTIACA.

PITIE', Bourg de France, dans la Nor-

[a] Ibid.

[b] Lib. 20. c. 59.

[c] Thesaur.

[d] Phavorini Lexic.

[e] Liste de l'Attique.

[f] Sect. 27.

[g] Lib. 16. p. 774.

[h] Lib. 7. c. 2.

[i] Thesaur.

## PIT. 343

mandie, au Diocése de Rouen. Ce Bourg qui est du Pays de Caux a droit de Marché.

PITIE'-LEZ-RAMERU (la) Abbaye de France, dans la Champagne, au Diocése de Troyes. Elle est de l'Ordre de Cîteaux & en Regle. Elle fut fondée en 1160. & occupée d'abord par des Filles. On y mit en leur place des Religieux en 1440. Cette Abbaye n'est que de quinze cens livres de rente.

PITIGLIANO, Ville d'Italie, dans la Toscane [k], aux confins du Duché de Castro, près de la Riviére Lente, qui se jette un peu au dessous dans la Fiore. Cette petite Ville qui est à l'Orient de Sovana, est le Chef-lieu d'un Comté [l], possédé par le Comte de Pitigliano, l'un des Seigneurs absolus de Toscane & de la Maison des Ursins.

PITINAS-AGER, Territoire d'Italie, au delà de l'Apennin: Pline [m] dit qu'il étoit arrosé par le Fleuve Novanus. Ce Territoire tiroit son nom de la Ville PITINUM sa Capitale. Voyez PITINUM.

PITINUM, Ville d'Italie. Ptolomée [n] la donne aux Umbres, qui habitoient dans les terres au Nord des Toscans. Elle donnoit le nom au Territoire appellé Pitinas-Ager par Pline. PITINUM fut une Ville Episcopale, comme il paroît par le Concile Romain tenu sous le Pape Symmaque [o] Holstenius dit qu'on ignore sa véritable situation; qu'elle n'étoit pas éloignée du Fleuve Amiternus, & qu'on en trouve le nom & des vestiges, dans un Lieu, à un peu plus de deux milles d'Aquila, appellé aujourd'hui Torre di Pitino.

PITIUSA. Voyez OPIUS.

PITNISSA, Ville de la Lycaonie, selon Etienne le Géographe. C'est la même que Ptolomée nomme PETENISSUS. Voyez ce mot.

PITORNIUS, Fleuve d'Italie, selon Vibius Sequester [p], qui dit qu'il passe au milieu du Lac Fucinus (Lago di Celano) sans mêler ses eaux avec celles du Lac. Quelques Exemplaires défectueux de Pline [q] nomment ce Fleuve Juvencum. Dans les Editions postérieures au lieu de JUVENCUM on lit invectus, qui n'est plus un nom propre. Cette correction donnoit quelque embarras. On s'étonnoit de ce que Pline si exact à nommer chaque Fleuve de l'Italie, passoit le nom de celui-ci sous silence. Mais le Pere Hardouin a remarqué que Pline nomme ce Fleuve ailleurs [r] Piconium ou Pitonium; ce qui approche un peu du nom que lui donne Vibius Sequester.

PITSCHEN, petite Ville de Silésie, dans la Principauté de Briëg; quelques-uns écrivent PITZSCHEN. Cette Ville qui est fort ancienne est aux confins de la Pologne & pendant quelque tems elle a été la Résidence d'un Evêque avant que le séjour en eût été fixé à Breslau. En 1588. Maximilien, Archiduc d'Autriche ayant été appellé à la Couronne de Pologne par une partie de la Diète, y passa avec des Troupes, fut battu, se sauva en Silésie, s'enferma à Pitschen, y fut assiégé

[k] Magin, Carte de la Toscane.

[l] Corn. Dict.

[m] Lib. 2. §. 103.

[n] Lib. 3. c. 1.

[o] Annot. in Geogr. Sacr. Car. as. Paulo. pag. 16.

[p] Pag. 335.

[q] Lib. 2. c. 103.

[r] Lib. 31. c. 3.

[s] Zeyler, Silesi. Topogr. p. 172.

gé, fait prisonnier & forcé de renoncer à son Election. Cette Ville fut fort maltraitée à cette occasion, tout y fut au pillage, & l'honneur des femmes & des filles à la discrétion du Soldat. Les Troupes confédérées contre la Maison d'Autriche en 1627. pillérent cette Ville de nouveau & tout fut saccagé sans en excepter les Eglises.

PITTACIUS AGER, Territoire de l'Isle de Rhodes, au voisinage de Mitylène, selon Ortelius [a] qui cite Diogène Laerce [b] & Plutarque [c].

[a] Thesaur.
[b] In Pittaco.
[c] De Herodot. malignit.

PITTEA. Ortelius [d] dit Ville du Péloponnèse, près de Trezène & cite Ovide [e], où on lit:

[d] Thesaur.
[e] Metamorph. lib. 15. v. 296.

*Est prope Pittheam tumulus Troezena, sine ullis*
*Arduus arboribus . . . . . . . . .*

Ortelius ajoute que peut-être PITTEA est la même Ville que Trezène. Il n'avoit aucun lieu d'en douter. Ovide dans cet endroit donne à Trezène le surnom de Pitthée, parce que cette Ville avoit été bâtie par Pitthée, Ayeul maternel de Thésée, comme Plutarque nous l'apprend dans la Vie de Thésée.

PITTHENSIS, Démosthène [f] donne ce surnom à un certain Héliodore du nom de sa patrie. Ortelius [g] soupçonne qu'il étoit du Bourg de PITHOS. Voyez PITHEUS.

[f] Adversus Lacritum.
[g] Thesaur.

PITTLINGEN, ou PUTELANGE, Seigneurie de France, dans la Lorraine Allemande, au-deçà de la Sarre [h]. Putelange est un des plus anciens Fiefs mouvans de l'Evêché de Mets. Il a eu dès il y a long-tems ses Seigneurs Vassaux de l'Evêché de Metz. Cette Seigneurie passa par mariage & héritage aux Barons de Créange. Les anciens Comtes de Salme y avoient aussi des prétentions ; mais ceux de la Maison de Créange demeurérent en possession, ayant eu les droits de ceux de la Maison de Bacourt par le mariage de Jean, Baron de Créange, avec Marguerite, fille de Fréderic, Seigneur de Bacourt, & ils devinrent propriétaires de Beaucourt, de Putlange, de Ravile, de Helfeange, de Tettingen & de Tellingen ; ce que ces Seigneurs de Créange reconnurent devant la Chambre de Metz en 1680. avouant qu'eux & leurs Ancêtres avoient tenu toutes ces Seigneuries en Fief des Evêques & de l'Eglise de Metz ; qu'ils avoient été comptez entre les principaux Vassaux pour ces Fiefs & non pour leur Baronnie, aujourd'hui Comté de Créange, qui ne relevoit que de l'Empire.

[h] Longuerüe. Descr. de France, part. 2. p. 166.

PITULANI, Peuples d'Italie, dans l'Umbrie. Pline [i] qui les met dans la sixième Région de l'Italie les partage en deux Peuples, dont les uns étoient surnommez PISUERTES & les autres MERGENTINI. La Ville de PITULUM n'étoit pas dans leur Pays ; car Pline la place dans la première Région.

[i] Lib. 3. c. 14.

PITULUM, Ville d'Italie, dans le Latium. Elle est rangée par Pline [k] au nombre des principales Villes du pays.

[k] Lib. 3. c. 5.

1. PITYA. Voyez PISYE.

2. PITYA. Voyez PITYEA.

PITYE. Voyez PISYE.

PITYASSUS, Ville de l'Asie Mineure, dans la Pisidie, selon Strabon [l] qui cite Artémidore.

[l] Lib. 12. p. 570.

1. PITYEJA, Ville de la Troade, dans le Pityunte, au Territoire de *Parium*, selon Strabon [m], qui dit qu'au-dessus de cette Ville il y avoit une Montagne qui portoit une grande quantité de Pins. Il ajoute que Pityeja étoit située entre *Parium* & *Priapus*. Quelques MSS. au lieu de PITYEJA portent PITYA ; & c'est ainsi qu'écrivent les Interprétes d'Apollodore [n], qui disent que Pitya est l'ancien nom de la Ville de Lampsaque & qu'il lui avoit été donné parce que Phrixus, y avoit caché son Trésor. Πιτύην chez les Thraces signifioit un trésor.

[m] Lib. 13. p. 588.
[n] Ad lib. 1. v. 932.

2. PITYEJA, Isle de la Mer Adriatique, sur la Côte de la Liburnie, selon Ortelius [o] qui cite Apollonius [p].

[o] Thesaur.
[p] Lib. 4.

PITYNDA, Ville de l'Inde en deçà du Gange : Ptolomée [q] la donne aux Mesoles, en fait leur Métropole, & la place dans les terres. Dans le Livre huitième il écrit PITYNDRA pour PITYNDA : le MS. de la Bibliothéque Palatine porte aussi PITYNDRA.

[q] Lib. 7. c. 1.

1. PITYODES [r], Montagne dont parle Eustathe, sur le second Livre de l'Iliade.

[r] Ortelii Thesaur.

2. PITYODES, Isle de la Propontide. C'est Pline [s] qui en fait mention.

[s] Lib. 5. c. 32.

3. PITYODES, Etienne le Géographe dit qu'Alcmannus appelle ainsi les Isles PITYASSÆ. Voyez ce mot.

PITYOESSA, nom que Plutarque [t] donne à la Ville de Lampsacus.

[t] De Virtutib. Mulier.

PITYONESUS, Isle sur la Côte du Péloponnèse, vis-à-vis d'Epidaure à six milles du Continent, selon Pline [u]. PITYONESUS veut dire l'Isle des Pins. Quelques MSS. portent SCINTHIONESUS. C'est aujourd'hui l'Isle de DAMALA, selon le Pere Hardouin.

[u] Lib. 4. c. 12.

PITYS, c'est-à-dire *le Pin*. Lieu de l'Ionie, ou de la Carie, selon Hérodote [x]. Ne seroit-ce point dit Ortelius [y] la même Ville qu'Etienne le Géographe appelle PITYE ?

[x] In Homer. 10.
[y] Thesaur.

PITYUNS. Voyez PITYEJA.

1. PITYUS, Ville sur le Pont-Euxin. Arrien [z] la met à trois cens cinquante Stades de Dioscuriade. Il la donne pour la borne de l'Empire Romain de ce côté-là ; ce qui est confirmé par le témoignage de Suidas. Pline [a] connoît aussi dans ces Quartiers une Ville nommée *Pityus* & il dit qu'elle fut ruïnée par les Henochii.

[z] l. Peripl. p. 18.
[a] Lib. 6. c. 5.

2. PITYUS, Fleuve de la Colchide, selon Pline [b]. Le Pere Hardouin remarque qu'avant Hermolaüs qui a introduit ce mot Pityus dans Pline, on lisoit PENIUS ; & pour prouver que c'est ainsi qu'il faut lire, outre l'autorité de divers MSS. il allégue celle d'Ovide [c] qui se sert du mot Penius :

[b] Ibid.
[c] Lib. 4. de Ponto, Eleg. 10. v. 47.

*Huc Lycus, huc Sagaris, Peniusque, Hypanisque,*
*Cratesque*
*Influit, & crebro vertice tortus Halys.*

PITYUSA,

PITYUSA, Isle de la Mer Egée, aux environs du Péloponnèse, selon Pomponius Mela [a]. Pline [b] nous apprend qu'elle étoit dans le Golphe d'Argos; & Ortelius remarque que l'on écrit indifféremment PITYUSA & PITYUSSA.

[a] Lib. 2. c. 7.
[b] Lib. 4. c. 12.

PITYUSES, Isles d'Espagne [c], dans la Mer Méditerranée. Les Anciens ne comptoient que deux Isles Baléares; savoir celles que nous appellons aujourd'hui MAJORQUE & MINORQUE. Ils comprenoient sous le nom de Pityuses les deux autres Isles qu'on appelle YVIÇA & FRUMENTARA. Le Nom de Pityuses leur avoit été donné à cause des Pins qui s'y trouvoient en quantité. Aujourd'hui on ne s'arrête plus à cette distinction, & l'on comprend toutes ces Isles sous le nom de Baléares, depuis qu'elles ont fait un Royaume à part sous l'Empire des Maures. Etienne le Géographe dit que les Isles Pityussæ sont nommées PITYODES par Alemannus.

[c] Délices d'Espagne, p. 581.

PIURI. Voyez PLEURS.

PIXENDORF, [d] Bourg d'Allemagne, dans la Basse-Autriche, près du Danube, à six milles d'Allemagne au dessus de Vienne. On croit que c'est l'ancienne PIRUM TORTUM d'Antonin.

[d] Baudrand, Ed. 1681.

PIZA. Voyez PISA.

PIZENACI. Voyez SCYTHÆ.

PIZZIGHITONE, ou PICIGHITONE [e], Ville d'Italie, dans le Cremonois, vers les confins du Cremasque, sur la petite Riviére de Serio, qui se jette un peu au dessous dans l'Adda. Cette Place qui a un bon Château au pied duquel passe l'Adda fut prise sur l'Empereur par les Troupes alliées de France & de Sardaigne en 1733.

[e] Magin, Carte du Cremonois.

PIZZO, [f] Bourg d'Italie, au Royaume de Naples, dans la Calabre Ultérieure, dans la partie Méridionale du Golphe de Sainte Euphémie, à deux petites lieues de Monte-Leone, vers le Nord. On croit que c'est l'ancienne NAPITIA.

[f] Magin, Carte de la Calabre-Ult.

## PL.

PLACE, Bourg de France, dans le Maine, Election du Mans.

1. PLACENTIA, Ville d'Italie, dans la Gaule Cisalpine, sur la rive Méridionale du Pô. Elle fut bâtie ainsi que Cremone à la nouvelle que l'on eut qu'Annibal, avoit passé l'Ebre [g] & se préparoit à porter ses armes en Italie. Tite-Live & Velleius Paterculus lui donnent dès lors le titre de Colonie Romaine. Dans la suite, comme tant d'autres Villes, elle eut le titre de Municipe. Cicéron [h] l'appelle *Placentinum Municipium*, & Tacite [i] dit qu'elle étoit recommandable par sa force & par ses richesses. C'est aujourd'hui la Ville de Plaisance. Voyez PLAISANCE.

[g] Polybius, lib. 3. c. 40.
[h] In Pison.
[i] Hist. lib. 2. c. 19.

2. PLACENTIA, Ville d'Espagne, au Royaume de Castille, selon Ortelius [k], qui cite Vasæus & dit que cette Ville retient son ancien nom. Elle s'appelle en effet PLASENCIA: mais le mot d'ancien est trop: celui d'*Ambrocium*, *Ambrozium* ou *Ambrotia*, n'est pas même d'une grande antiquité. Je ne connois aucun ancien Auteur qui en ait parlé. Voyez PLASENCIA.

[k] Thesaur.

PLACIA, Ville de Mysie, selon Pline [l]. Après Cyzique, dit Pomponius Mela [m] viennent *Placia* & *Scylace*, deux petites Colonies des Pelasgiens, au dessus desquelles s'éleve le Mont Olympe, ou le Mont Mysius dans la Langue du Pays. Hérodote [n] écrit Πλακίη, selon le Dialecte Ionien, & Etienne le Géographe écrit Πλάκη. Denis d'Halicarnasse [o] appelle les habitans PLACIANI.

[l] Lib. 5. c. 32.
[m] Lib. 1. c. 19.
[n] Lib. 1.
[o] Lib. 1.

PLACIADÆ, Municipe de l'Attique, selon Suidas. Voyez PLACTIADÆ.

PLACIANI. Voyez PLACIA.

PLACOENTA, Village des Ciliciens, à six Stades de la Ville de Thèbes Hippoplacienne, selon Athénée [p], qui place cette Ville au pied du Mont Placus, aux environs de Troie.

[p] Lib. 1.

PLACTIADÆ, Tribu de l'Attique. C'est Favorinus [q] qui en fait mention; Suidas écrit PLACIADÆ.

[q] Lexic.

PLACUS, ou PLACUSIUS, selon quelques-uns: Montagne au Pays des Ciliciens, selon Hesyche, cité par Ortelius [r]. La Ville de Thèbes Hippoplacienne étoit bâtie au pied. Elle étoit au voisinage de Troie, selon Athénée, qui en parle & met les Ciliciens dans ce Quartier. Voyez CILICIENS.

[r] Thesaur.

PLADÆ. Voyez BESADÆ.

PLADARÆI, Peuples qu'Etienne le Géographe place au Septentrion sans nous dire au Septentrion de quoi.

PLAGA. Voyez PLAGE.

PLAGA, ou PLAGIA CALVISIANA, Lieu de Sicile. L'Itinéraire d'Antonin le met sur la route d'Agrigentum à Syracuse, en prenant le long de la Mer entre *Refugium Chalis* & *Plagia Mesopotamia*, à huit milles du premier de ces Lieux & à douze milles du second. Sur la même route, le même Itinéraire place PLAGA MESOPOTAMIA, entre *Plaga Calvisiana* & *Plaga Hereo* ou *Cymba*, à douze milles du premier de ces Lieux & à vingt-quatre milles du second; PLAGA-HEREO ou CYMBA, entre *Plagia Mesopotamia* & *Refugium Apollinis*, à vingt-quatre milles du premier de ces Lieux & à vingt milles du second; PLAGA, ou PLAGIA SYRACUSIS, à vingt-deux milles au de là de *Refugium Apollinis*.

PLAGA, ou PLAGIA-HEREO, ou CYMBA. Voyez PLAGA CALVISIANA.

PLAGA-MESOPOTAMIA. Voyez PLAGA-CALVISIANA.

PLAGA-SYRACUSIS. Voyez PLAGA-CALVISIANA.

☞ 1. PLAGE, Mot qui vient du Latin *Plaga* & du Grec Πλάξ, qui signifie une chose plate & unie. On la employé en divers sens dans la Géographie.

2. PLAGE, signifie en général une partie ou un espace de la Terre, par le rapport qu'elle a avec quelque partie du Ciel, comme par exemple avez les Zones, avec les Climats, ou avec les quatre grandes parties du Monde, le Septentrion, l'Orient, le Midi & l'Occident. Dans ce sens il veut dire presque la même chose que Région: ainsi dire qu'une telle Ville est

X x

est vers telle Plage du Ciel, c'est comme si l'on disoit qu'elle est vers telle Région du Ciel.

3. PLAGE a la même signification que Rumb de vent. Voyez RHUMBS DE VENT.

4. PLAGE, est une Mer basse, vers un rivage étendu en ligne droite, sans qu'il y ait ni Rades ni Ports, ni aucun Cap apparent, où les Vaisseaux se puissent mettre à l'abri.

PLAGE DE PAMPELUNE, De l'Isle [a] qui est à la pointe du Cap Lardiez au Cap de la Moutte, ou de St. Tropez en France, sur la Côte de Provence, la route est Nord quart de Nord-Est cinq milles. Entre les deux il y a un enfoncement & une grande Plage de sable qu'on appelle Pampelune. On y peut mouiller par 5. 6. à 7. brasses d'eau, fond de sable vazeux, & où les ancres tiennent bien. On y voit près de la Côte du Sud quelques magasins de Pêcheurs. On peut aussi mouiller dans une nécessité avec des Galéres proche de la petite Isle par 10. à 12. brasses d'eau, ayant une amarre à terre. On y est bien pour les vents de Sud-Ouest & d'Ouest; mais on est tout à decouvert des vents d'Est & de Sud-Est. Ces mouillages ne sont bons que dans la nécessité, lorsqu'on vient du côté de l'Est.

[a] *Michelot, Portulan de la Méditer. p. 78.*

PLAGE DE PISE, [b] Plage d'Italie, sur la Côte de Toscane. Toute la Côte depuis Via-Regio, où commence la plaine de Pise, est bordée de grandes Plages de sable, où il se trouve quelques pointes qui s'avancent fort loin sous l'eau; mais principalement par le travers de l'Eglise de St. Pierre, où il y a un Banc de sable qui s'étend vers l'Ouest environ neuf à dix milles; sur lequel il n'y a que cinq à six brasses d'eau; & à son extrémité on trouve un autre banc aussi de sable, sur lequel il n'y a que deux brasses d'eau.

[b] *Ibid. p. 97.*

PLAGE ROMAINE, Partie de la Mer Méditerranée [c], sur la Côte de l'Etat de l'Eglise. Elle est appellée par ceux du Pays la *Spiaggia Romana*, & s'étend depuis le Mont Argentaro à l'Occident, jusqu'au Mont Circello & au petit Golphe de Terracine.

[c] *Corn. Dict.*

PLAGE DE TOURILLE, [d] Plage sur la Côte de la Catalogne. A cinq milles vers le Nord & cinq degrez vers l'Est de la pointe du Nord du Cap de Begu, sont les Isles des Medes: entre cette pointe & ces Isles est une grande Anse bordée d'une Plage de sable, qui a deux à trois milles d'enfoncement, & qu'on appelle communément la Plage de Tourille. On y peut mouiller lorsqu'on a le vent à terre; cependant il ne faut point trop s'approcher de la Plage, sur tout proche le Cap Begu, vis-à-vis d'un petit Vallon, où sont quelques magasins à Pescheurs. Pour le reconnoître on voit au dessus le vieux Château & la Tour bâtis sur le Cap de Bega, qui se voit de l'autre côté. On mouille vis-à-vis de cette Plage à telle distance que l'on veut; car à la petite portée du canon de terre, il y a 10. 12. & 15. brasses d'eau, fond de sable vazeux. Vers le Nord-Ouest du Lieu où l'on mouille, il y a une petite Tour de Garde & quelques magasins de Pêcheurs sur le bord de la Mer. Ce mouillage n'est propre que lorsqu'on va du côté de l'Ouest. La Pointe de Begu y met à couvert des vents depuis le Sud-Est jusqu'à l'Ouest.

[d] *Michelot, Portulan de la Méditer. p. 47.*

PLAGES DU BREGAT, [e] Plages en Espagne, sur la Côte de la Mer Méditerranée dans la Catalogne. Environ quinze milles vers l'Est de la pointe de Castel Ferre; est la Montagne de Mont-Jouï qui est proche de Barcelone. Il y a entre cette pointe & le Mont-Jouï une plaine couverte d'arbres & une longue Plage de sable, dont il y a des pointes qui s'avancent beaucoup en Mer, & c'est ce qu'on appelle les Plages du Bregat; en sorte que partant du Cap de Castel Ferre, pour venir à Barcelone, il faut faire un grand tour pour éviter ces Plages.

[e] *Ibid.*

PLAGES DE CANET, Plages de France [f], sur la Mer Méditerranée dans le Roussillon, depuis la pointe de Colioure jusqu'au Cap de Leucate; il y a trois Isles plates, bordées de Plages: de l'autre côté de ces Isles sont de grands Etangs qui ont presque une lieue de large en certains endroits.

[f] *Ibid.*

PLAGENARUM, Peuple aux environs de la Hongrie, selon Curopalate cité par Ortelius [g].

[g] *Thesaur.*

PLAGEREUM, ou CYMBA, Lieu de Sicile, selon quelques MSS. de l'Itinéraire d'Antonin, qui le placent entre Agrigentum & Syracuse. D'autres MSS. portent PLAGA, ou PLAGIA-HEREO, ou CYMBA. Voyez PLAGIA CALVISIANA.

1. PLAGIA, Port de Ligurie, selon Ortelius, qui cite l'Itinéraire d'Antonin [h], & dit que ce Port étoit à douze milles de Vintimile. Les MSS. ne sont pas d'accord sur cette mansion: dans les uns elle ne se trouve point marquée; dans d'autres cet endroit est déchiré, & il y en a qui lisent différemment les uns des autres.

[h] *Itiner. Maritim.*

2. PLAGIA. Voyez PLAGA-CALVISIANA.

3. PLAGIA. Voyez PLAGIARIA.

PLAGIARA, ou PLAGIARIA, Ville de la Lusitanie: l'Itinéraire d'Antonin la met sur la route d'*Olisipo* à *Emerita*, entre *Budua* & *Emerita*, à douze milles de la premiére & à trente milles de la seconde. Quelques MSS. nomment cette Ville PLAGIA. On en voit encore présentement les ruïnes, près du Bourg de Botua dans l'Estremadure.

PLAIN (le) Autrement le COUTENTIN: Noms que l'on donne au second Doyenné de l'Archidiaconé du Coûtentin, qui est le quatrième de l'Evêché de Coûtances. Il contient vingt-deux Paroisses toutes dans le meilleur terrein du Pays.

PLAIN-BON, Bois de France au Bourbonnois dans la Maîtrise des Eaux & Forêts de Moulins. Il est de quatre-vingt-un arpens.

☞ PLAINE, en Latin *Planities*. On appelle ainsi un petit espace de Pays, plat, & qui n'est distingué ni de Bois, ni de Riviéres, ni de Hayes. Par le mot de Plaine on entend à peu près ce que les Romains entendoient par le mot Campus; quel-

# PLA.           PLA. 347

quelques-uns veulent pourtant que la Plaine soit quelque chose de moins qu'une Campagne. Il y a des plaines qui sont célébres par des Batailles qui s'y sont données, & il y en a de fort grandes sur des Montagnes; ainsi une Plaine peut se trouver au milieu d'un Pays de Montagnes.

PLAINE (la) Bourg de France dans l'Anjou, Election de Montreuil-Belay.

PLAINE, & HAINEAU DE ST. LANGE, Lieu de France dans la Champagne, Election de Bar-sur-Aube.

PLAINE DE PLAISANCE, Plaine de l'Isle de St. Domingue, vers la Bande du Nord. Elle est située au milieu des Montagnes qui sont au Midi du Port Margot, à quatre ou cinq lieues de la Mer, à la source de la Riviére, appellée les trois Riviéres, à l'Orient de la Plaine de Pilate. On dit qu'il y a des Mines d'argent dans ces Quartiers.

PLAINE-SELVE, ou PLEINE-SELVE, PLENA-SYLVA, Abbaye de France, au Diocése d'Agen. C'est une Abbaye d'hommes de l'Ordre de Prémontré. Elle a été fondée par Gaudefred.

PLAINES, Quartier de la Guadeloupe, à deux lieues du Quartier de l'Isle à Goiaves. Le chemin de l'un à l'autre est fort escarpé. Quoique le terrein du Quartier de Plaines soit pierreux, les terres ne laissent pas d'y être bonnes, bien peuplées & cultivées. Ce terrein est divisé en deux plaines par un gros Cap dont les pentes sont douces & de bonne terre. La plus grande de ces Plaines est d'environ mille pas de large: elle est arrosée d'une Riviére assez grosse: la plus petite a environ sept cens pas de large, sur douze cens de longueur.

PLAINPIED, Abbaye de France, dans le Berry, Election de Bourges, au bord de la Riviére d'Auron, à deux lieues de Bourges. Elle est de l'Ordre de St. Augustin & fut fondée vers la fin du dixiéme Siécle, par Richard Archeveque de Bourges, qui est inhumé dans le Chœur de l'Eglise. Cette Abbaye a été presque ruïnée par les guerres.

1. PLAISANCE, Ville d'Italie, dans le Duché de même nom dont elle est la Capitale, avec Evêché suffragant de Boulogne. Cette Ville, qui est grande & belle, est située dans un Pays charmant, & bien cultivé. Elle a au Nord le Pô; à l'Orient la petite Riviére de Resuto, & à l'Occident celle de Trebia. Les Latins l'appelloient *Placentia*: ceux du Pays la nomment *Placenza*; & on prétend qu'elle tire le nom de Plaisance de son agréable situation, dans un Pays tout charmant, ou de ce que ses magnifiques Palais, ses rues droites & spacieuses en rendent le séjour plaisant. Elle est à cinq ou six cens pas [a] de la Riviére du Pô, qui sert à son trafic, & à sa défence de ce côté-là. On vante beaucoup ses fortifications. Ses murailles, dit Mr. Corneille, sont d'une grande épaisseur, faites toutes de briques: Elles sont entremelées de quelques demi-lunes & défendues par de larges fossez qui sont pleins d'eau en plusieurs endroits, si ce n'est du côté de la Citadelle flanquée de cinq bastions. Mr. Misson parle néanmoins bien différemment: Les fortifications de cette Ville, dit-il, ne valent pas grand' chose encore qu'on se soit fait une coutume de les vanter beaucoup. La Citadelle renferme une belle Eglise & une grande Place, où sont les logemens des Officiers & le grand Palais du Gouverneur. La Maison de Ville est à l'autre côté de la même Place. La façade en est soutenue par de hautes Colonnes, en façon d'une grande Galerie. Sa Cour est fort large & les Chambres qui l'environnent sont admirées pour leurs peintures, & pour les Statues de marbre qu'on y voit. Il y a deux hautes Tours. Celle de l'Horloge est la principale. La grande Place est ornée d'un grand nombre de fort beaux Palais, & on est surpris de la magnificence de deux belles Figures de bronze, qu'on y voit de deux Ducs de Parme de l'Illustre Maison des Farnéses. Ce sont les Statues d'Alexandre Farnése, Gouverneur des Pays-bas Espagnols, & celle de Ranuce I. son fils. On regarde ces deux morceaux comme quelque chose de rare pour la Sculpture.

La Ville est traversée d'un bout à l'autre par trois grandes rues: celle du milieu commence proche des deux grands Couvens de St. Barnabé & de St. Barthelemi. Celle où l'on voit la superbe Eglise des Jésuites, finit dans la grande Place du Dôme, où est l'Eglise Cathédrale, ornée d'une belle Tour, du haut de laquelle on découvre le Plan & les environs de Plaisance. Les maisons qui sont dans cette Place peuvent passer pour autant de Palais, soutenus de grands portiques, sous lesquels on se promène à couvert de l'incommodité de la pluie & des ardeurs du Soleil. La grande Place du Bourg renferme les belles Eglises de St. Mathieu, de Ste. Brigitte, de St. Antoine, de St. Etienne, & le Palais du Prince Landi, l'un des quatre plus beaux qui soient à Plaisance. Les trois autres sont le Palais de Scotti, celui de St. Séverin, & celui de Madame, élevé sur une éminence au bout de la Ville du côté du Pô, où les Jardins sont très-agréables, à cause d'une petite Riviére qui les arrose, & qui en fait un Printems perpétuel. Ce Palais a quatre grands corps de logis qui forment une Cour dans le milieu, & on y pourroit recevoir un Roi avec toute sa suite, tant les chambres y sont en grand nombre & superbement meublées. L'Eglise de St. Sixte est tout proche. C'est la plus belle de toutes, sans excepter celles des Dominicains, des Augustins & des Carmes, qui sont les Maisons Réligieuses les plus remarquables de la Ville, & qui ont chacune quelque chose de particulier, soit pour l'Architecture, soit pour la Sculpture, soit pour la Peinture.

Il n'y a que cinq portes qui ferment Plaisance. En y arrivant par la porte de St. Lazare, on voit à main gauche l'Eglise du même Saint, qui est un lieu de dévotion & de promenade pour les Bourgeois

[a] *Misson, Voy. d'Italie, t. 2. p. 7.*

Xx 2

geois de la Ville. On passe dans les Fauxbourgs la petite Rivière de Refiuto, dont une partie entre dans un côté de la Ville, où elle arrose les Jardins du Palais de Madame. On donne à Plaisance cinq milles de circuit en y comprenant les fossez; mais quatre seulement dans l'enceinte de ses murailles. Le nombre des Habitans est d'environ vingt-huit mille, entre lesquels on compte deux mille Ecclésiastiques.

Quant aux révolutions qu'a eu cette Ville, voyez l'Article PARME.

2. PLAISANCE, Ville d'Espagne. Voyez PLASENCIA.

3. PLAISANCE, Bourg de France, dans l'Armagnac, au Diocèse d'Auch, Election d'Armagnac. Il est situé près de l'Adour, à sept lieues de Tarbes & à huit d'Auch.

4. PLAISANCE, Bourg de France, dans le Rouergue, au Diocèse de Vabres. Il est situé près du Tarn, sur les frontières de l'Albigeois, à quatre lieues de Vabres en tirant vers l'Occident.

5. PLAISANCE, Port de l'Amérique Septentrionale, sur la Côte Méridionale de l'Isle de Terre-Neuve, à l'entrée du Golphe de St. Laurent. C'étoit pour les François le poste le plus avantageux de toute l'Amérique Septentrionale [a]. Ils y trouvoient un asyle pour les Vaisseaux qui étoient obligez de relâcher, quand ils alloient en Canada, ou quand ils retournoient, & même pour ceux qui revenoient de l'Amérique Méridionale, soit qu'ils eussent besoin de faire de l'eau, ou qu'ils manquassent de vivres, ou qu'ils eussent été démâtez ou incommodez par quelque coup de Vent. Mais aujourd'hui ils sont privez de ces avantages par la cession qu'ils ont faite de ce Port & de l'Isle de Terre-Neuve aux Anglois. Ce Port est situé au 47. degré & quelques minutes de Latitude Nord, au Fort de la Baye de même nom, qui a vingt & quelques lieues de longueur & dix ou douze de largeur. Le Fort appellé aussi le FORT DE PLAISANCE est placé sur le bord d'un Goulet ou petit Détroit de soixante pas de largeur & de six brasses de profondeur. Il faut que les Vaisseaux rasent, pour ainsi dire, l'angle des bastions pour entrer dans le Port, qui peut avoir une lieue de longueur & un demi quart de lieue de largeur. Ce Port est précédé d'une grande & belle rade, d'une heure & demie d'étendue, mais trop exposée au Vent de Nord-Ouest & de Nord-Nord-Ouest, qui sont les plus terribles & les plus opiniâtres de tous les Vents, & aux furieux souffles desquels ni cables ni ancres ni gros Vaisseaux ne sauroient résister; ce qui n'arrive guère que dans l'arriére saison. Cette Rade qui n'est exposée qu'à ces Vents cache quelques rochers de la Bande du Nord, outre ceux de la Pointe verte, où divers habitans ont coutume de faire la pêche.

[a] Voy. du Baron de la Hontan, t. 2. p. 32.

Il alloit d'ordinaire trente à quarante Vaisseaux de France à Plaisance tous les ans & quelquefois plus de soixante. Les uns y alloient pour faire la pêche & les autres pour faire la troque avec les habitans qui demeurent l'autre côté du Fort. Le terrein des habitations s'appelle la GRAND-GRAVE, parce qu'en effet ce n'est que du gravier sur lequel on étend les Morues pour les faire secher au Soleil, après qu'elles sont salées. Les habitans & les Vaisseaux pêcheurs envoyent tous les jours leurs Chaloupes à la pêche à deux lieues du Port. Elles reviennent quelquefois si chargées qu'elles paroissent comme enfévelies dans la Mer ne restant que les fargues. Cela passe l'imagination: il faut avoir vu la chose pour la croire. Cette pêche commence à l'entrée de Juin & finit à la mi-Août. On pêche dans le Port la Bœte, c'est-à-dire les petits poissons dont on se sert pour garnir les ameçons des Morues. Les Graves manquent à Plaisance; ce qui fait que ce Lieu n'est pas si peuplé qu'il le devroit être. Il ne croît ni bled, ni segle, ni pois à Plaisance; car la terre n'y vaut rien : outre que quand elle seroit aussi bonne & aussi fertile qu'en Canada, personne ne s'amuseroit à la cultiver; un homme gagne plus à pêcher des Morues durant l'Eté que dix autres ne gagneroient à travailler à la terre. Il y a quelques autres petits Ports dans la grande Baye de Plaisance. On les nomme le PETIT & le GRAND-BURIN, SAINT LAURENT, MARTIR, le CHAPEAU-ROUGE, & autres.

PLAISANTIN, Contrée d'Italie, avec titre de Duché, & qui fait partie des Etats du Duc de Parme. Ce Pays qui est situé à l'Occident du Duché de Parme est borné au Nord & à l'Occident par le Duché de Milan & au Midi par l'Etat de Gênes. Plaisance est sa Capitale. On ajoute au Plaisantin les petits Etats de Bussetto & de Landi, qui font trois parties avec le Duché de Plaisance. Les autres Lieux principaux sont Nebio & San Stephano. Le Pô, la Trebia, la Nura & quelques autres Riviéres arrosent le Plaisantin, où l'on y trouve des Mines d'airain & de fer & des Fontaines salées, dont on fait du Sel fort blanc. Il s'y fait de même que dans le Parmesan des fromages excellens, qu'on transporte dans toutes les parties de l'Europe.

PLAMUS, Ville dont parle Etienne le Géographe: il la place dans la Carie.

PLAN, Bourg de France, au Comté de Cominges. Il y a dans ce Bourg une Justice Royale.

PLANA, petite Isle de l'Archipel [b], entre l'Isle Stampalia au Nord, celle de Scarpante à l'Orient & celle de Candie au Midi.

[b] Berthelot, Carte de la Méditer.

1. PLANARIA, Isle d'Italie, dans la Mer de Ligurie, à soixante milles de l'Isle de Corse, selon Pline [c]. Ce nom lui avoit été donné à cause de sa figure; car elle est unie & basse. Elle conserve encore son ancien nom; car on l'appelle aujourd'hui *Pianosa* & en François PLANOUSE. Voyez ce mot.

[c] Lib. 3. c. 6.

2. PLANARIA, Pline [d] donne ce nom à une des Isles Fortunées. Le Pere Hardouin

[d] Lib. 6. c.

dit

# PLA.

dit que c'est *l'Isle d'Enfer* ou *l'Isle Teneriffe*.

1. PLANASIA, Isle de la Mer Tyrrhenienne, selon Ptolomée [a] : Pline [b] connoît aussi une Isle de même nom dans le même Quartier ; & il paroît que c'est la même que quelques lignes auparavant il avoit appellée *Planaria*. Voyez PLANARIA N°. 1.

[a] Lib. 3. c. 1.
[b] Lib. 3. c. 6.

2. PLANASIA, Isle sur la Côte de la Gaule Narbonnoise : Strabon [c] la place avec l'Isle de Lero immédiatement après les Isles Stœchades.

[c] Lib. 4. p. 184.

PLANCHE-MINIER, Lieu de France dans l'Angoumois. Il y a des Mines de fer dont on fait des munitions de guerre pour l'Arsenal de Rochefort.

PLANCTÆ. Voyez CYCLOPUM-SCOPULI.

PLANCY, Bourg de France, dans la Champagne au Diocése de Troyes, avec titre de Marquisat. Il y a dans ce Lieu un Chapitre fondé sous le nom de St. Laurent, avant 1200. par les Seigneurs de Plancy. Ce n'est que depuis la Paix des Pyrénées que Plancy a été érigé en Marquisat : il n'avoit auparavant que le titre de Baronnie.

PLANE, Isle de la Méditerranée [d] sur la Côte d'Espagne, près de la Baye d'Alicant, environ à une petite demi-lieue à l'Est Sud-Est de St. Paul. Cette Isle est basse. Presque vers le milieu du passage qui la sépare du Cap de St. Paul, il y a sous l'eau une Roche fort dangereuse, & qui est tant soit peu plus près de l'Isle que du Cap. On peut néanmoins passer avec des Vaisseaux & des Galéres entre le Cap St. Paul & cette Isle, rangeant un peu plus le Cap que l'Isle pour éviter cette Roche. Dans le milieu de ce passage, il y a cinq à six brasses d'eau, & l'on voit le fond, lors qu'on passe dans cet endroit. Il y a aussi quelques Roches près de la Pointe de St. Paul. L'Isle de Plane a une demi-lieue de long. Le bout de l'Ouest est le plus haut, & du côté du Sud-Est, il y a deux gros Ecueils & plusieurs autres petits tant à fleur d'eau que sous l'eau. Comme ils s'avancent très loin il faut passer fort au large ou bien ranger la terre.

[d] Michelot, Portulan de la Mer Méditerranée, p. 20.

PLANESIA, petite Isle de la Côte d'Espagne, aux environs du Promontoire *Ferraria*, selon Strabon [e]. Voyez FERRARIA, N°. 3.

[e] Lib. 3. p. 159.

PLANGENSES, Peuples de l'Umbrie, selon Pline [f].

[f] Lib. 3. c. 14.

PLANIA. Voyez OSURTRU.

PLANIBOBISTA, nom d'une Ville, selon Ortelius [g] qui cite les Constitutions des Empereurs d'Orient. Il soupçonne que cette Ville étoit dans l'Epire.

[g] Thesaur.

PLANICENSES. Voyez PLENINENSES.

PLANIEZ, (l'Isle), Isle de la Mer Méditerranée [h] sur la Côte de France dans la rade de Marseille environ cinq milles vers le Sud-Ouest de la pointe du Cap Cavaux, qui est le plus au Sud-Ouest de l'Isle St. Jean ou Pomegue. On l'appelle Planiez parce qu'elle est unie & basse. Il y a sur cette Isle une Tour qui n'est point habitée & qui ne sert que pour en donner la connoissance. On peut passer entre la terre & cette Isle y ayant 40. à 45. brasses d'eau ; mais

[h] Michelot, Portulan de la Mer Méditerranée, p. 65.

# PLA. 349

il ne faut pas s'en approcher, sur-tout du côté du Sud-Est & de l'Est, à cause de quelques Roches qui s'étendent environ un mille, sur lesquelles il y a fort peu d'eau & où la Mer brise par tout lorsqu'il fait mauvais tems.

PLANIZZA, Rivière de la Morée, dans la Saconie. Elle prend sa source dans la Montagne Crevie. On la nommoit autrefois Cramavar : C'est l'*Haliacmon*, & l'*Inachus* des Anciens.

PLANONE, Forêt de France, dans la Bourgogne, & dans la Maîtrise des Eaux & Forêts d'Autun. Elle contient cinq mille trois cens-quatre arpens.

PLANOUSE (l'Isle de) Isle d'Italie, dans la Mer de Toscane [i], entre l'Isle d'Elbe au Nord Oriental, & l'Isle de Corse, au Midi Occidental. Elle est à neuf milles au Sud-Ouest & à cinq degrez vers l'Ouest de la pointe de la droite du Cap de S. Pedro dans l'Isle d'Elbe. L'Isle Planouse est fort basse & remplie de bruscages. Elle a environ quatre milles de longueur & une demi-lieue de largeur. On la peut ranger du côté du Nord & du Nord-Ouest ; mais du côté du Sud, il y a plusieurs Rochers hors de l'eau qui s'avancent plus d'un mille & demi. On peut mouiller du côté de l'Ouest & du Nord-Est suivant le Vent : mais il faut être toujours prêt à serper, & tourner l'Isle vers la pointe du Nord, qui est assez nette. On y peut faire du bois aisément : on mouille à un quart de lieue de l'Isle par 10. à 12. brasses d'eau.

[i] Ibid. p. 102.

PLANTAS, ou PLANTATS, petite Riviére de France dans le Gevaudan. On y ramasse souvent de petites perles.

PLARÆI, Peuples de l'Epire, selon Etienne le Géographe. Les PLARÆI, PLARII & PLERÆI sont le même Peuple.

PLARASSA, Ville qu'Etienne le Géographe place dans la Carie.

PLARII. Voyez PLARÆI.

PLASENCIA, Ville d'Espagne, dans l'Estremadoure, avec titre de Cité Episcopale. Cette Ville est fort belle & très-bien bâtie [k], au milieu des Montagnes sur une hauteur, au bord d'une petite Riviére nommée XERTE. Elle est défendue par un bon Château. Les Montagnes qui l'environnent ont leur cime toujours blanche de neige, & sont couvertes d'arbres fruitiers. Le Vallon qui est tout joignant n'est pas moins fertile que le reste, & l'on y recueille du grain dont on fait du pain d'une blancheur & d'une bonté merveilleuse. Alfonse IX. Roi de Castille, bâtit cette Ville vers l'an 1170. à l'endroit où étoit autrefois un Village nommé AMBRACIUS & y mit un Evêché suffragant de Tolède, avec quarante mille Ducats de revenu, qui depuis son tems ont monté jusqu'à cinquante milles. Cette Ville étoit autrefois possédée par des Seigneurs particuliers en titre de Duché ; mais l'an 1488. les Rois Catholiques la réunirent à la Couronne, donnant en échange la Ville de Béjar à ces Seigneurs avec titre de Duché. Elle a sous sa dépendance deux autres Villes qui sont assez

[k] Délices d'Espagne, p. 304.

con-

considérables ; savoir Pisaro & Xarahis.

La VERA DE PLASENCIA, est un petit Canton [a], dans la partie Septentrionale de l'Estremadoure, ainsi appellé du nom de la principale Ville qui s'y trouve. C'est une Vallée ou plûtôt un Pays de Montagnes & de Vallées, très-agréable, très-delicieux, & le plus fertile de toute l'Espagne après l'Andalousie. Il a douze lieues de longueur sur trois de largeur, & quoiqu'il soit fort petit sa fertilité y attire tant de monde, qu'on y compte jusqu'à dix sept Places bien peuplées. Les Campagnes y sont couvertes de beaux Jardins, où croissent d'excellens melons ; de champs qui produisent du grain en abondance, & l'on voit dans les Vallons & dans les Montagnes des Forêts d'arbres fruitiers, d'où l'on recueille des châtaignes, des poires, des noix, des avelines, des olives, des cerises, des prunes, des pêches, des coins, des abricots, des citrons, des limons, des oranges, des grenades, des figues, & en général tous ces fruits y viennent en abondance & sont d'un goût exquis. Il s'y trouve aussi quantité d'arbrisseaux & de plantes odoriférantes & médicinales, des romarins, des pommes de Mandragores, que les Espagnols appellent *Cebollas de Villano*, & des Lentisques qui portent le mastic. On y fait d'excellent vin & on y cultive le lin qui est d'un très grand rapport. Les Fontaines y donnent de belle eau vive & les petites Riviéres, qui serpentent dans les Vallons nourrissent des Truites fort délicates. Tout rit dans ce petit pays : on peut dire qu'il est particuliérement favorisé du Ciel & que le Soleil le regarde de ses plus doux rayons. C'est-là que se trouve le célèbre Monastère de St. Just, de l'Ordre des Hiéronymites.

[a] Délices d'Espagne, p. 363.

PLASENCIA, Ville d'Espagne [b], dans la Biscaye, dans la Vallée de Marquina, au bord de la Riviére de Deva, à trois lieues de Mondragon. Sa situation est fort agréable. On y fabrique toutes sortes d'instrumens de guerre.

[b] Ibid. p. 87.

PLASSAC, Bourg de France, dans la Saintonge, Election de Saintes.

PLASSAY, Bourg de France, dans la Saintonge, Election de Saintes.

1. PLATA, Ville de l'Amérique Méridionale, au Pérou, dans la Province de los Charcas. Voyez CHAQUI. On commença [c] à bâtir cette Place en 1535. on la fit Evêché sous Lima en 1553. & enfin on l'érigea en Archevêché en 1605. Ses suffragans sont [d] :

[c] Commiainville, Table des Evêchez, &c.
[d] Ibid. Table Chronol. p. 143.

La Paz de Chuquiaga,
Santa Crux de la Sierra ou de Barança,
L'Assomption le Paraguai,
St. Michel del Estero,
La Trinité de Buenos-Ayres.

2. PLATA, ou RIO DE LA PLATA, Riviére de l'Amérique Méridionale, au Paraguay. Elle gît par son embouchure à 35. d. de Latitude Sud [e]. On lui donne vingt & trente lieues de large à mesure qu'elle approche de la Mer, où son embouchure

[e] Fr. Coreal, Voy. aux Indes Occ. t. 1, p. 253.

en a bien soixante & dix. Cette Riviére croît & décroît en certains tems de l'année ; ce qui rend le Pays fertile. Lorsque la Riviére croît les habitans des environs ont recours à des Canots, où ils se jettent errant de côté & d'autre ; jusqu'à ce que l'inondation soit passée. Plusieurs grandes Riviéres se joignent à Rio de la Plata, comme la PARANA, RIO VERMEJO & autres. Les Espagnols qui se sont établis sur la Riviére de la Plata, ou aux environs, comme à Buenos-Ayres, à Santa Fe, ou à l'Assomption, ont remonté plusieurs fois jusqu'à la source de cette Riviére, & couru les bords du Paraguay & de la Parana ; de sorte qu'insensiblement on s'est frayé un chemin jusqu'au Potosi & au Pérou. Cette route est maintenant très-fréquentée & le Voyage peut se faire en un mois. Tout le Pays est fort beau le long de la Côte depuis Cabo Frio, jusqu'à Rio de la Plata. Il y a entre autres beaucoup de bois de bresil & d'ébène : du reste ces Côtes ne sont pas trop bien connues.

Juan Dias de Solis découvrit le premier [f] cette grande Riviére en 1515. Ayant été porté dans son embouchure, il monta jusqu'à une Isle qui est sur le 34. d. 40'. de la Ligne vers le Sud. Il y vit plusieurs cabanes de Sauvages qui l'invitoient à descendre ; ce qu'il fit inconsidérément ; & il fut tué & mangé avec plusieurs de ces gens par les Sauvages. Le nom de Solis qui fut alors donné à cette Riviére lui demeura quelque tems. En 1520. Sebastien Cabot qui avoit laissé les Anglois pour aller aux Espagnols fut envoyé pour passer par le Détroit de Magellan dans la Mer du Sud & delà aux Moluques ; mais la disette des Vivres ayant porté ses gens à se mutiner, cette mutinerie l'obligea d'entrer dans cette Riviére & de la remonter environ trente lieues, jusqu'à une Isle, à laquelle il donna le nom de ST. GABRIEL. Sept lieues plus haut, il trouva une Riviére qu'il nomma S. SALVADOR, & trente lieues encore plus haut, il trouva une autre Riviére appellée ZARCARANA par les Sauvages. Ce Quartier étoit habité par des Sauvages d'une industrie peu commune à ces Nations ; ce qui fut cause qu'il donna le nom de ST. ESPRIT, ou de CABOT, à un Château qu'il y fit bâtir. Après y avoir laissé des Soldats pour le garder, il entra dans la Riviére de Parana, où il trouva plusieurs Isles, & passa plusieurs Riviéres qui se déchargent dans ce grand Canal. Lorsqu'il eut monté deux cens lieues, il arriva à une autre Riviére que les Sauvages appelloient Paraguay. Il la remonta environ jusqu'à trente-quatre lieues, laissant celle de Parana à main droite ; & il rencontra des Sauvages occupez à la culture des terres. Il perdit vingt-cinq de ses gens dans un combat qu'il eut avec eux, & bâtit dans ce Lieu un Fort auquel il donna le nom de STE. ANNE. Ce fut dans ce Fort que Diego Garsias Portugais trouva Cabot en 1527. & parce qu'ils recouvrérent quelque argent des Sauvages, & qu'on n'en avoit point encore apporté de l'Amérique en Espa-

[f] De Laet, Descr. des Indes Occ. l. 14. c. 2.

Espagne; ils appellérent cette Riviére, la Riviére d'argent, ce que signifie *Rio de la Plata*. Cabot étant retourné en Espagne, la découverte de cette Riviére fut suspendue jusqu'en 1535. que Pedro de Mendoza y fut envoyé avec onze Navires & huit cens hommes. Il monta dans la Riviére jusqu'à l'Isle de St. Gabriel, commença de bâtir une Ville sur la rive gauche en remontant la Riviére, & qu'il appella *Nuestra Sennora de Buenos Ayres*. Il y perdit la plus grande partie de ses gens par la famine: ce qui l'obligea d'envoyer son Lieutenant Juan de Ayola pour en traiter avec les Sauvages. Mendoza s'en retourna après cela; mais il mourut en chemin. Les Espagnols ne se donnérent pas beaucoup de mouvement pour s'établir dans ce Quartier jusqu'en 1540. qu'Alvaro Nunnez Cabeça de Vaca y arriva. Le Pays se découvrit alors peu à peu, & se peupla de diverses Colonies Espagnoles.

3. PLATA, ou RIO DE LA PLATA; Province de l'Amérique Méridionale au Paraguay. Elle s'étend des deux côtez de la Riviére de la Plata, qui lui donne son nom. On la borne au Nord par les Provinces de Chaco, de Paraguay & de Parana; à l'Orient par l'Urvaig; au Midi par le Pays des Pampas; & à l'Occident par le Tucuman. La CONCEPTION a été une de ses principales Villes; mais elle est présentement détruite. Les Villes qui subsistent sont:

| Buenos Ayres, | Corrientes, |
| Santa Fé, | Santa Lucia. |

4. PLATA, Isle de l'Amérique Méridionale au Pérou, sur la Côte de l'Audience de Quito, à 1. d. 10'. de Latitude Méridionale. On la trouve à quatre ou cinq lieues du Cap St. Laurent, faisant route à l'Ouest Sud-Ouest & ¼ d'Ouest. Les Espagnols lui donnérent le nom de Plata, après que le Chevalier François Drake eut pris le Cacafoga, Vaisseau dont la principale carguaison étoit d'Argenterie, parce qu'il amena ce Vaisseau dans cette Isle, & y partagea son butin avec son équipage. Elle a près de quatre milles de long, & un mille & demi de large, & est assez haute. Elle est entourée de rochers hauts & escarpez, si ce n'est à un seul endroit du côté de l'Orient. Le sommet en est plat & uni, le terroir sablonneux & sec. Les arbres qu'elle produit sont menus de corps & bas; & il n'y a que trois ou quatre sortes d'arbres qui nous soient inconnus, & ils sont fort couverts de mousse, il y a de bonne herbe, & principalement au commencement de l'année, il n'y a qu'un endroit dans cette Isle ou il y ait de l'eau, & cet endroit est près de la Mer du côté de l'Orient. Cette eau coule lentement des rochers, & il est aisé de la recevoir dans des Vaisseaux. On y a vu force Chévres; mais à présent il n'y en a du tout plus, ni d'autres animaux de terre. Il y a quantité de Boubies, & de Soldats, qui sont des Oiseaux. L'Ancrage est à l'Orient vers le milieu de l'Isle, près de terre à la longueur de deux cables de la Baye sablonneuse. Il y a près de 18. ou 19. brasses d'un fonds bon & ferme, & d'une eau calme; car la pointe de l'Isle, qui est au Sud-Est met à couvert des vents du Sud qui y regnent sans interruption. Depuis cette pointe jusqu'à un quart de mille en Mer, il y a un petit endroit où l'eau est basse, & où les vagues sont fortes, & coupées durant le flux. La Marée est assez grande, & coule assez rapidement; soit en montant vers le Sud, ou en descendant vers le Nord. On peut faire descente dans la Baye près du lieu où l'on ancre; & de cette Baye on peut entrer dans l'Isle, mais on n'y sauroit entrer que par-là. A la pointe du Sud-Est, à la longueur d'un cable de terre, il y a deux ou trois petits rochers hauts, & escarpez; & un autre rocher beaucoup plus gros du côté du Nord-Est. Il y a beaucoup d'eau tout autour de l'Isle, si ce n'est à l'endroit où l'on ancre, & à la pointe du Sud-Est dont on a déja parlé.

PLATÆA, ou PLATEA; Isle sur la Côte d'Afrique. Le Périple de Scylax [a] la met sur la Côte de la Marmaride; mais Hérodote [b], qui est pour la première orthographe, semble la mettre sur la Côte de la Cyrénaïque. Il est difficile de marquer au juste la position de cette Isle parce que Ptolomée ne la connoît point.  [a] Pag. 45. [b] Lib. 4. c. 151. & 156.

1. PLATÆÆ, ou PLATEÆ, Isle de l'Asie Mineure, sur la Côte de la Troade: Pline [c] dit qu'elles étoient au nombre de trois. [c] Lib. 5. c. 31.

2. PLATÆÆ. Voyez PLATÉE.

PLATAGÆ. Voyez AMORGOS.

PLATAMODES, Lieu du Péloponnèse: Strabon [d] le place à cent vingt Stades de Coryphasium. [d] Lib. 8. p. 348.

PLATAMONA, Riviére des Etats du Turc en Europe, dans le Comenolitari. Elle a sa source dans les Montagnes de la Macédoine, à l'Orient d'Ocrida ou Hohori. Après avoir couru un assez long espace de chemin du Nord au Sud le long des Montagnes d'Ocridra, elle fait un coude & tourne tout d'un coup de l'Ouest à l'Est. Elle traverse ensuite le Comenolitari, & va se jetter dans le Golphe de Salonique, entre l'Embouchure de la Riviére Castroro & la Ville Santa Dia. Mr. Corneille fait de cette Riviére une Ville & la place dans la Thessalie, comme s'il y avoit aujourd'hui une Thessalie. Peut-être que cette Riviére est le *Platomonus* de Phavorin. Voyez PLATOMONUS.

PLATAMONUS. Nom d'un Fleuve, dont fait mention Phavorinus [e]. [e] Lexic.

PLATANE, Village des Sidoniens, près de la Ville de Beryte. C'est le Lieu où Hérode laissa ses deux fils, pendant qu'il faisoit examiner leur cause [f]. Ne seroit-ce point, dit Ortelius [g], le même Lieu qui est appellé ailleurs PLATANUS. Voyez ce mot. [f] Joseph Ant. lib. 16. c. ult. [g] Thesaur.

PLATANENSIS; Siège Episcopal de la Galatie, selon Ortelius [h] qui cite le Concile de Nicée. [h] Thesaur.

PLATANEUS, Fleuve de la Bithynie, selon Pline [i]. [i] Lib. 5. c.

PLATANI, ou PLATANO, Riviére de Sicile, dans le Val de Mazzara [a]. Elle a sa source dans une Montagne, près de Castro Novo. Dans sa course elle reçoit la petite Riviére de San Pietro, d. la Riviére Salso, g, celle de Turbulo, d. & elle va se perdre dans la Mer, où elle a son embouchure, sur la Côte Méridionale de l'Isle, entre Cala del Panaro & Capo Bianco. Cette Riviére est le Fleuve CAMICUS ou HALYCUS des Anciens.

[a] De l'Isle Atlas.

PLATANISTUNS ou PLATANISTÛS, Promontoire de la Laconie: Pausanias [b] dit qu'il étoit éloigné de quarante Stades du Promontoire appellé la *Machoire d'Ane.*

[b] Lib. 3. c. 23.

1. PLATANISTUS, ou PLATANISTON, Fleuve de l'Arcadie. Il baignoit la Ville Lycosura selon Pausanias [c].

[c] Lib. 8. c. 39.

2. PLATANISTUS, Promontoire de l'Elide, selon Pline [d]. Le Pere Hardouin remarque sur cet endroit de Pline que tous les MSS. portent PLATANODES, & il accuse Hermolaüs d'avoir corrompu les Exemplaires de Pline en substituant PLATANISTÛS pour le vrai nom, qui est PLATANODES. Le sentiment du Pere Hardouin est confirmé par le témoignage de Strabon [e], quoique pourtant on lise dans ce dernier *Platamodes* & non *Platanodes*.

[d] Lib. 4. c. 5.

[e] Lib. 8. p. 348.

3. PLATANISTUS, Lieu de la Cilicie, sur le bord de la Mer, selon Strabon [f].

[f] Lib. 14. p. 669.

PLATANIUS, Fleuve de la Bœotie: C'est Pausanias [g] qui en fait mention.

[g] Lib. 9. c. 25.

PLATANUS, Ville de la Phénicie, selon Etienne le Géographe & Polybe [h]. L'Itinéraire d'Antonin en fait aussi mention; mais il place dans la Syrie, entre Antioche & Laodicée. Voyez PLATANE.

[h] Lib. 5. No. 68.

1. PLATE, Petite Ville d'Allemagne, au Cercle de la Basse Saxe dans le Duché de Mecklenbourg, sur la Stoer entre Schwerin & Neustadt, à deux milles de la première & à trois de la seconde.

2. PLATE, Isle sur la Côte de la Troade, selon Pline [i]. Voyez PLATIA.

[i] Lib. 5. c. 31.

1. PLATEA, Ville d'Espagne. Martial [k] en parle dans deux endroits. Dans le premier il lui donne l'Epithéte de *Sonans*, à cause des Boutiques de Forgerons, qui y étoient.

[k] Lib. IV. Ep. 55 & l. II. Ep. 18.

2. PLATEA, Ville d'Espagne, dans le Royaume d'Aragon; on croit que c'est le Bourg de *Castejon de las Armas*. A l'égard du titre d'Eveché que Mr. Baudrand [l] lui attribue, je n'en trouve aucune trace dans les Notices Episcopales. Voyez CASTEJON DE LAS ARMAS. Il n'est pas plus aisé de décider si cette PLATEA est celle qui a été connue de Martial. Voyez PLATEA No. I.

[l] Dict.

PLATEA-INSULA, Isle que Pline [m] met dans la Mer Egée, à soixante milles d'Astypalæa. Il est, je pense, le seul qui fasse mention de cette Isle.

[m] Lib. 4. c. 12.

PLATEA-PETRA, Lieu fortifié quelque part dans l'Asie Mineure, selon Ortelius [n] qui cite Cédréne. Xylander au lieu de PLATEA-PETRA traduit *Latum-Saxum*; Gabius lit dans Curopalate *Lata-Petra*, & dans un autre endroit *Antiqua-Petra*, qu'il place dans la Thrace.

[n] Thesaur.

PLATEE, Ville de Bœotie, dans les terres au Midi de Thèbes, aux confins de l'Attique & de la Mégaride, sur le Fleuve Asopus, en Latin PLATÆÆ, selon Cornelius Nepos, & PLATÆÆ, selon Justin, Pline & la plus grande partie des Grecs. Thucydide [o] écrit PLATÆA au singulier. Hérodote se sert tantôt [p] de PLATÆA & tantôt [q] de PLATÆÆ. Ce fut près de cette Ville que les Grecs gagnerent une fameuse Bataille contre Mardonius, dans la soixante-quinzième Olympiade, l'an 275. de Rome. Après la Bataille de Salamine Xerxès, Roi de Perse, se retira dans ses Etats, & laissa à Mardonius, son Lieutenant & son Beau-frere, le soin de dompter la Grece. Dans cette vue, Mardonius songea à corrompre les Athéniens qui prétérent l'oreille à ses propositions; mais à peine le Sénateur Lycidas eut-il ouvert l'avis de les accepter, que les autres Sénateurs & le Peuple l'entourérent pele-mêle, & le lapidérent. Si-tôt que les femmes eurent appris son avanture, & ce qui l'avoit causée, elles coururent en foule à la maison de Lycidas & y massacrérent sa femme & ses enfans, comme autant de complices de sa perfidie. Mardonius irrité d'avoir fait des avances honteuses & inutiles mit à feu & à sang toute l'Attique & tourna vers la Bœotie où les Grecs se postérent pour l'attendre. Là Bataille s'étant donnée Mardonius la perdit avec la vie & l'on tailla aisément en piéces les restes d'une Armée sans Chef.

[o] Lib. 2. p. 100.
[p] Lib. 8. c.
[q] Lib. 9. c. 50.

La Ville de Platée étoit fort ennemie des Thébains [r]; & si dévouée aux Athéniens, que toutes les fois que les Peuples de l'Attique s'assembloient dans Athénes pour la célébration des Sacrifices [s], le Héraut ne manquoit pas de comprendre les Platéens, dans les vœux qu'il faisoit à haute voix pour la République. Les Thébains avoient deux fois détruit la Ville de Platée [t]. Archidamns Roi de Sparte [u], la cinquième année de la guerre du Péloponnèse, bloqua les Platéens, & les força de se rendre à discrétion, Ils auroient eu bonne composition du Vainqueur; mais Thébes unie avec Lacédémone demanda, qu'on exterminât ces malheureux, & le demanda si vivement, qu'elle l'obtint. Le Traité d'Antalcidas, dont parle Xénophon [x], les rétablit. Cela ne dura pas; car trois ans avant la Bataille de Leuctre, Thébes indignée du refus qu'ils firent de se déclarer pour elle contre Lacédémone, les remit dans le déplorable état, qu'ils avoient éprouvé déja par sa barbarie.

[r] Tourreil, Rem. sur la 2. Philip.
[s] p. 177. t. 4. Hérod. lib. 6.
[t] Tourreil, Rem. sur la Harang.
touchant la Paix, t. 4. p. 121.
[u] Thucyd. lib. 3.

Dans le Lieu même où les Grecs défirent Mardonius, on éleva un Autel à Jupiter Eleuthérien ou Libérateur; & auprès de cet Autel les Platéens célébroient tous les cinq ans des jeux appellez *Eleutheria*. On y donnoit de grands prix à ceux qui couroient armez & qui devançoient leurs compagnons. Quand les Platéens vouloient brûler leurs Capitaines après leur mort, ils faisoient marcher un Joueur d'instrumens devant le corps, & ensuite des chariots tout couverts de branches de Lauriers & de Myrtes avec plusieurs

[x] Lib. 5.

# P L A.   P L A.   353

fleurs chapeaux de fleurs. Etant arrivez proche du bucher, ils mettoient le corps dessus, après qu'ils avoient offert du vin & du lait aux Dieux. Cela fait, le plus considérable d'entre eux, vêtu de pourpre, faisoit retirer les Esclaves, & immoloit un Taureau. Le Sacrifice étant accompli, après avoir adoré Jupiter & Mercure, il convioit à souper les meres de ceux qui étoient morts à la guerre, & offrant du vin dans une tasse, comme le portant au mort, il achevoit la cérémonie. Ils faisoient chaque année des Sacrifices solemnels & des Aniversaires aux Grecs qui avoient perdu la vie en leur Pays pour la défense commune. Le seizième jour du mois qu'ils appelloient *Monasterion*, ils faisoient une Procession, devant laquelle marchoit un Trompette qui sonnoit l'allarme. Il étoit suivi de quelques Chariots chargez de myrte & de chapeaux de triomphe, avec un Taureau noir, & quelques Nobles qui portoient des Vases à deux anses pleins de vin, & d'autres jeunes garçons de condition libre, qui tenoient des huiles de senteur dans des Phioles. Le Prevôt des Platéens, à qui il n'étoit pas permis de toucher du fer, ni d'être vêtu d'étoffe blanche toute l'année, venoit le dernier portant une Saye de pourpre & tenant en une main une Buire, qu'il prenoit en l'Hôtel de Ville, & en l'autre une épée nue. Il marchoit en cet équipage par toute la Ville jusqu'au Cimetière, où étoient les sépulcres de ceux qui avoient été tuez à la Bataille de Platée. Alors il puisoit de l'eau dans la Fontaine de ce lieu-là: il en lavoit les Colonnes & les Images, qui étoient sur ces sépulcres & les frottoit d'huiles de senteur. Ensuite il immoloit un Taureau; & après quelques prières faites à Jupiter & à Mercure, il convioit au Festin général les ames des vaillans hommes morts, & disoit à haute voix sur leurs sépultures: Je bois aux braves & vaillans hommes morts autrefois en défendant la liberté de la Grece.

1. PLATEIS, Isle de Lycie, selon Etienne le Géographe.

2. PLATEIS, Isle du Golphe Saronique, à ce qu'il paroît par un passage de Pline [a].

PLATIA, Isle de la Propontide. Ortelius [b] dit qu'il en est parlé dans les Constitutions de l'Empereur Comnène. Il ajoute que ce pourroit être l'Isle de PLATE de Pline. Voyez PLATE.

PLATIÆ, Isle sur la Côte de l'Isle de Crète, selon Pline [c], qui les place au devant du Promontoire Sammonium.

PLATINA, ou PLATÉNA, Ville de l'Anatolie dans l'Amasie, entre la Ville de Chirison & celle de Trébifonde. C'est à ce qu'on croit l'ancienne PHARNACEA.

PLATINA, nom Latin du Bourg que les Italiens appellent PIADENA. Voyez ce mot.

PLATON-SAINTE-CROIX (Le), Langue de terre, dans l'Amérique Septentrionale, au Canada, dans le Gouvernement de Quebec. Cette Langue de terre, qui a la forme d'un fer à cheval, est à la Rive du Sud du Fleuve de S. Laurent, un peu plus haut que la Rivière de Jacques Cartier. Elle a seize arpens de superficie, & est située au pied d'une petite Montagne faite en Amphithéâtre, au haut de laquelle est un pays plat, où sont de belles campagnes de bled. Jacques Cartier avoit eu dessein d'y bâtir une Ville. On y fait une pêche d'anguilles très-abondante. Le courant du Fleuve les amene du Lac Ontario ou de Frontenac, qui est a plus de cent lieues. Un seul habitant en prend quelquefois jusqu'à trois milliers dans une Marée. Elles sont communément plus grosses que celles de France.

PLATYPEGIUM, PLATIPEGIA, ou PLATIPEDIA, Ville de la Scythie de Thrace: il en est parlé dans la Notice des Dignitez de l'Empire [d].

1. PLAUEN [e], Ville d'Allemagne avec un Château au Cercle de la Basse Saxe dans le Duché de Meckelbourg, aux confins de la Marche de Brandebourg, au bord Septentrional de l'Elde & près d'un Lac qui en prend le nom de PLAUER-SE'E. Cette Ville fut brûlée à quelques maisons près en 1456. par un Danois, qui ayant eu querelle avec un des habitans, mit le feu à une maison pour se vanger. Elle est située entre Weren à l'Orient & Parchim au Couchant, à quatre milles & demi de la première, à quatre de la seconde, & à neuf de Schwerin.

2. PLAUEN [f], Ville d'Allemagne dans l'Electorat de Saxe au Voigtland sur l'Elster, à un mille d'Oelnitz, on y tient quatre grandes Foires par an. Il y avoit ci-devant une belle Paroisse sous l'invocation de St. Jean, un bon Château sur une Montagne d'où il commandoit la Ville & que l'on appelloit Ratschauer; & une Eglise avec un Couvent de Dominicains, une jolie Maison de Ville & une Ecôle bien établie, de laquelle il est sorti d'habiles gens. Les Seigneurs de Reussen qui sont entre les Etats de l'Empire se qualifient encore de Plauen: ce lieu en effet leur a appartenu autrefois. La Chronique de Bohême par Martin Boregk porte que l'an 449. les Bohémiens prirent le Château de Plauen, ne garderent point la Capitulation, massacrerent tous ceux qui s'étoient rendus, & qu'il y eut en cette occasion plus de cent Gentilshommes égorgez. Ils tournerent ensuite leur fureur contre les Bourgeois en tuerent plus de neuf cens; & se jettant enfin sur les Ecclésiastiques, & sur les Religieux, ils ne firent grace à aucun. Il y avoit dans la Ville une Eglise sous l'invocation de Notre-Dame, bâtie par les Burgraves de Misnie. Les Seigneurs de Danise étoient fondateurs du Couvent des Dominicains. Après que les Bohémiens eurent commis toutes ces cruautez, ils démolirent le Château, & mirent le feu aux maisons, cela arriva le jour de la couversion de St. Paul. L'an 1548. la Ville fut encore une fois brûlée par un accident. Le Fauxbourg même fut consumé: on a depuis rebâti la Ville & la Paroisse.

[a] Lib. 4. c. 12.
[b] Thesaur.
[c] Lib. 4. c. 12.
[d] Sect. 28.
[e] Mém. dressez sur les Lieux.
[f] Zeyler. Saxon. Super. Topogr. p. 152.

Y y   PLAU-

PLAUZAT, Ville de France dans l'Auvergne, Election de Clermont.

PLAZENTIA. Voyez PLASENTIA.

PLEAU-LA-ROQUÉBON (le) Bourg de France dans le Limousin au Diocèse de Tulle; sur le passage du Languedoc dans le Limousin.

PLEGERIUM, Ville de l'Inde, sur le Fleuve Choasphes, selon Strabon [a]. [a Lib. 15. p. 697.]

PLEGRA, Ville de la Galatie dans les terres: Ptolomée [b] qui la donne aux Paphlagoniens la met entre *Zagira* & *Sacora*. [b Lib. 5. c. 4.]

PLEIBURG [c], petite Ville d'Allemagne, au Cercle d'Antioche, dans le Duché de Carinthie sur la Rivière de Feistriz, sur une Colline, au pied d'une haute Montagne. On l'appelloit auparavant Auffenstein, & elle appartenoit à une Famille de ce nom, après l'extinction de laquelle elle vint à la Maison d'Autriche. Ensuite le Comte Jean Ambroise de la Tour la posséda par engagement: d'autres disent par achat; & il fit bâtir un beau Château. Il eut pour Héritiers ses cousins les Comtes de la Tour, dont l'aîné la possède encore. C'est ainsi que parle Zeiler. [c Zeyler, Corinthiæ. Topogr. p. 96.]

PLEISSE [d] (la) Rivière d'Allemagne en Basse Saxe. Elle a sa source à l'extrémité Septentrionale du Voigtland, d'où serpentant vers le Nord dans la Misnie, elle baigne Werda g. Merau d. Aldenbourg, d. Born, Rota & se jette dans l'Elster à Leypsig, où elle donne le nom au Fort de PLEISSENBOURG. [d Zeyler, Saxon. Sup. Tabula.]

PLEISSENBOURG. Voyez LEIPSIG.

PLEMMYRIUM, Promontoire de Sicile sur la Côte Orientale, vis-à-vis de Syracuse, dont il formoit le Port. Virgile [e] & Thucydide [f] parlent de ce Promontoire. Etienne le Géographe écrit PLEMYRIUM. On l'appelle aujourd'hui *Cabo di Massa Oliviera* ou *d'Olivero*. Il y avoit sur ce Promontoire un Château, qui appartenoit aux Syracusains. Ortelius [g] dit que Fazell met auprès de ce Promontoire une Isle, qu'il appelle PLEMMYRIA, sans citer aucun garant. A la vérité Thucydide fait mention d'une petite Isle voisine du Promontoire *Plemmyrium*; mais il ne la nomme point. Elle n'est point nommée non plus par Mr. de l'Isle qui la place à la tête du Promontoire dans sa Carte de la Sicile. [e Æneid. lib. 3. v. 693. f Lib. 7. g Thesaur.]

PLENE-SELVE, ou ST-GINIE' DE LA PLAINE, *Plenæ Silvæ Abbatia*; Abbaye de France, au Diocèse de Bourdeaux, dans l'Archiprêtré de Blaye. Elle fut fondée en 1148. par Godefroy Archevêque de Bourdeaux. Cette Abbaye est de l'Ordre de Prémontré, & ne vaut que douze cens livres à l'Abbé.

PLENINENSES, Peuples d'Italie, dans le Picenum & que Pline [h] place dans la cinquième Région. Ortelius [i] dit que de plusieurs MSS. qu'il a consultez, les uns portent PLYNIENSES, d'autres PLYNITENSES, d'autres PLENIENSES & d'autres PLANINENSES. [h Lib. 3. c. 13. i Thesaur.]

PLENOS. Voyez PLYNOS.

PLERA, Ville d'Italie: l'Itinéraire d'Antonin la met sur la route de Bénévent à Tarente, entre *Silvium* & *Sub Lupatia*, à treize milles de la première & à quatorze de la seconde. Quelques Exemplaires portent BLERA pour PLERA.

PLERÆI, Peuples que Strabon [k] met dans la Dalmatie, sur le bord du Fleuve Naro. Ortelius [l] soupçonne les PLARÆII d'Etienne le Géographe, & que ce dernier place dans l'Epire, Contrée limitrophe de la Dalmatie. [k Lib. 7. p. 315. l Thesaur.]

PLEROSELENO, Ville de l'Asie Mineure, sur la Côte. Ælien en parle dans son Histoire des Animaux. Il se pourroit faire que ce seroit la même que PORDOSELENE. Voyez ce mot.

1. PLESKOW, ou PSKOW, Ville de l'Empire Russien [m], dans la Seigneurie de laquelle elle donne son nom, sur la Rivière de Muldow à son Embouchure dans le Lac de Pleskow, à la droite. Cette Ville est divisée en quatre Quartiers, dont chacun a ses murailles, & elle est défendue par un Château bâti sur un rocher. Les Ducs de Livonie [n] l'ayant prise en 1241. Alexandre, Grand Duc de Moscovie, la remit en liberté, & elle y fut maintenue jusqu'en l'année 1414. que Vitold, Grand Duc de Lithuanie s'en empara. Elle secoua le joug peu d'années après; mais enfin le Grand Duc Jean Basilowitz trouva moyen de la réunir à sa Couronne, avec la Seigneurie de Pleskow. Etienne Battori, Roi de Pologne l'assiégea en 1507. & fut obligé de lever le siège. Pleskow est le Siège d'un Archevêché du Rit Moscovite. [m De l'Isle Atlas. n D'Aviffred, Géogr. anc. & mod. t. I. p. 401.]

2. PLESKOW, ou PSKOW; Seigneurie de l'Empire Russien, entre le Duché de la Grande Novogorod, à l'Orient, l'Ingrie & l'Estonie au Nord, la Livonie au Couchant & le Palatinat de Poloczk au Midi. Cette Seigneurie à laquelle on donne communement le titre de Duché a été autrefois une République. Voyez ses révolutions dans l'Article précédent.

3. PLESKOW ou PSKOW [o], Lac de l'Empire Russien, aux confins de l'Ingrie & de la Livonie, dans la Seigneurie de Pleskow. Il a sa décharge dans le Lac de Peipus ou Czud-Kow. La Moldow, ou Velika Reca est la principale Rivière qu'il reçoit. [o De l'Isle Atlas.]

PLES, PLESS, ou PSCZINA [p], petite Ville & Château de Silésie, au bord Septentrional de la Wistule aux confins de la Pologne, entre Oswenzi qui est en Pologne, & Strummen qui est de la Silésie; sur la route de Cracovie à Vienne [q]. La Rivière & les Marais qui l'environnent lui tiennent lieu de fortifications qu'elle n'a point. Le Château est un grand Pavillon quarré, où l'on tient qu'il y a autant de Fenêtres qu'il y a de jours à l'an. Il est à l'entrée de la Ville dans une grande rue qui s'élargit à mesure qu'on y avance, ce qui la fait devenir une grande Place, toute environnée de jolies Maisons occupées par des Marchands. Les Catholiques y ont leur Eglise & les Luthériens qui y sont en plus grand nombre y ont aussi leur Temple. [p Zeyler, Siles. Topogr. p. 172. q Jouvin de Rochefort. Corn. Dict.]

PLESSE [r], ancien Château, & Seigneurie qui donnoit le nom à une Famille il- [r Zeyler, Hass. & Vicinia Topogr. p. 66.]

illustre d'Allemagne qui est éteinte. Ce Château est situé dans les Etats de la Maison de Brunswig, dans la Principauté de Grubenhagen, entre Göttingen & Münden, sur une Montagne aux Confins de Hesse. Les Seigneurs de Plesse etoient puissans. Beaucoup de Gentilshommes du voisinage & de Bourgeois relevoient d'eux pour les biens qu'ils avoient à la Campagne. Thierri III. n'eut que deux fils, Thierri IV. & Gotschalk qui n'eut point d'enfans. L'aîné eut quatre fils, Gotschalk, Jean, Thierri V. & François. Thierri V. n'eut qu'un fils, Christophle, qui mourut l'an 1567. avant son pere & ne laissa qu'une fille nommée Walburg. Thierri V. mourut en 1571. & comme il étoit le dernier, Guillaume Landgrave de Hesse, en qualité de Seigneur Féodal, s'empara de la Seigneurie, & de tous les droits & prétentions des Seigneurs de Plesse. Walburge épousa en 1582. François, Comte de Waldeck, fils du Comte Jean.

1. PLESSIS, Paroisse de France dans la Normandie, Diocèse de Coûtances Election de Carentan. Il y a dans cette Paroisse un Prieuré de Ste. Anne, où il y a une Chapelle. Ce Prieuré est bon, son Territoire étant d'une grande étendue. Il se tient tous les ans dans cette Paroisse une Foire le jour de la Saint Jean, & les droits appartiennent au Prieur. Il y avoit anciennement un Château, bâti sur une hauteur. Il est présentement ruïné, & on ne voit plus que les vestiges des Tours.

2. PLESSIS (du) Riviére de la Guadeloupe, au Nord de l'Ance du gros François. Elle arrose le pied du Morne qui forme l'Ance de ce côté-là & sépare la Paroisse du Baillif de celle des habitans. Cette Riviére n'a que six lieues de cours. Elle a beaucoup de pente & peu d'eau. Son passage est toujours difficile, à cause des rochers & des pierres au travers desquelles elle coule. Son eau passe pour être la plus saine de l'Isle. Le chemin pour y descendre du côté de la Riviére du Baillif est fort difficile & très-roide, quoique fait en zigzague pour en adoucir la pente. L'autre côté de la Riviére a un chemin plus doux, quoiqu'il faille monter une Falaise fort haute.

3. PLESSIS-GRIMOULT (le) Bourg de France, dans la Normandie, Diocèse de Bayeux, Election de Vire. Il y a un Prieuré de Chanoines Réguliers fondé en 1130. Il vaut environ dix mille livres tant au Prieur qu'aux Religieux.

4. PLESSIS-MACÉ, Ville de France dans l'Anjou, Election d'Angers. Il tire son nom de Macé ou Mathieu du Plessis, qui en étoit Seigneur vers la fin du onzième siécle, & qui y fit bâtir le Château.

5. PLESSIS LEZ TOURS (le) Maison Royale de France [a], près de la Ville de Tours. Ce fut Louïs XI. qui la bâtit dans un Lieu appellé auparavant les Montils. Ce Prince en trouva le séjour si agréable, qu'il y passa une partie de sa vie & y mourut en 1483. Ce Château est bâti de bri-

[a] Piganiol, Descr. de la France, t. 7. p. 42.

ques, & a de beaux appartemens pour ce tems-là. Il est situé entre un grand Parc & de beaux Jardins. Louïs XI. fonda en ce Lieu une Eglise Collégiale & un Couvent de Minimes, qui est le premier que ces Religieux ayent eu en France. La situation de ce Couvent est d'autant plus belle, qu'il est sur un Canal de la Riviére du Cher. Ce fut le même Roi Louïs XI. qui fit creuser ce Canal.

PLESSUR, Riviére du Pays des Grisons [b], dans la Ligue des Dix Jurisdictions. Elle a sa source dans la Montagne Strela, qui sépare le Pays de Davos de celui de Schansick: après être descendue de cette Montagne, elle arrose toute la Vallée de Schansick, & tenant un cours assez droit, elle va se jetter dans le Rhin au-dessous de la Ville de Coire.

[b] Etat & Délices de la Suisse, t. 4. p. 86.

PLESTICA. Voyez PILISTIA.

PLESTINIA, ou PLESTINA, Ville d'Italie, selon Tite-Live [c] qui la donne aux Marses.

[c] Lib. 10. c. 3.

PLETENESSUS. Voyez PEDNELISSUS.

PLEUMARIS, Ville de la Cappadoce, dans le Pont Galatique. Ptolomée [d] la place sur la Côte, entre Piala & Pida. Le Manuscrit de la Bibliothéque Palatine lit PLEURAMIS au lieu de PLEUMARIS.

[d] Lib. 5. c. 6.

PLEUMOSII, Peuples de la Gaule Belgique, dans la dépendance des Nerviens. Comme Jules César [e] est le seul qui ait nommé ces Peuples & qu'il ne dit rien qui puisse faire connoître où ils habitoient, on s'est exercé à les placer à fantaisie. Les uns on dit que c'étoient les habitans de la Flandre; les autres les ont mis dans la Flandre Orientale; d'autres disent que ce sont les habitans de Courtray; & les Remarques de Mr. Samson, sur la Carte de l'ancienne Gaule, disent que c'est le Pays de Peule, au Diocèse de Tournay, dans la Flandre Wallonne ou Gallicane.

[e] Lib. 5. & 39.

PLEURON, Ville de l'Etolie. Homére en parle [f] & Strabon [g] donne sa situation. Il dit qu'elle étoit bâtie dans un terrein uni & gras, au voisinage de Calydon. Il y eut une autre Ville de même nom; ce fut la nouvelle PLEURON, qui fut bâtie après que l'ancienne eut été détruite. La situation de celle-ci ne fut pas la même que celle de l'ancienne; car Strabon la met au pied du Mont Aracynthus. Pline [h], qui fait mention de cette seconde PLEURON, dit qu'elle étoit dans les terres.

[f] Catalog. v. 146.
[g] Lib. 10. p. 451.
[h] Lib. 4. c. 2.

PLEURONIA, Canton de l'Etolie, ainsi appellé de la Ville Pleuron [i]. On le nomma auparavant Curétide, parce qu'il étoit habité par les Curétes, anciens habitans de l'Etolie.

[i] Strabon, lib. 10. p. 465.

1. PLEURS, petite Riviére de France, dans la Brie Champenoise. Elle prend son nom d'un Village qu'elle arrose, & elle se jette dans la Riviére d'Auge à deux lieues & demie de Sezanne.

2. PLEURS, Marquisat de France, dans la Brie Champenoise, Election de Sezanne, sur une petite Riviére à laquelle il donne le nom. Il y a dans ce Lieu éri-

érigé en Marquifat depuis la Paix des Pyrénées, une Collégiale dédiée à St. Remy. Elle fut fondée en 1180. pour six Chanoines par Henri II. Comte de Champagne, & par les anciens Seigneurs de Pleurs. Il n'y a plus aujourd'hui que quatre Chanoines, qui ont cinq cens livres chacun.

3. PLEURS, dans la Langue du pays *Piuri* [a], Bourg d'Italie, au Comté de Chiavenne, l'une des dépendances des Grifons. Ce Bourg avoit déja dans les anciens tems tiré son nom des pleurs, que sa ruine avoit fait verser aux habitans, lorsqu'il avoit été abymé par un débordement d'eaux & par la chûte de quelques Rochers. On l'avoit transporté dans un autre endroit au bord de la Riviére de Maira, près d'un Château nommé BELFORTE, à une lieuë au-dessus de Chiavenne, & l'on en avoit fait un très-beau Bourg, grand & bien peuplé, magnifiquement bâti & orné de somptueux Edifices. La beauté du Lieu, la bonté du terroir, la pureté de l'air & la douceur du Gouvernement y avoient attiré quantité de Marchands qui y alloient ordinairement passer les grandes chaleurs de l'Eté & s'y divertir. Ils y avoient bâti quantité d'Hôtels magnifiques & on y voyoit entre autres celui des Franken, qui avoit coûté plusieurs Millions. On en peut juger par un autre qui est encore sur pié; car quoique ce ne soit qu'une simple Maison appartenante à la Famille des Franken, elle peut aller de pair avec plusieurs Palais d'Italie: aussi n'a-t-elle pas coûté moins de cent mille écus. Mais en 1618. par un funeste accident toutes ces beautez furent ensévelies. Le 25. d'Août la Montagne voisine se détacha & tombant sur ce malheureux Bourg, l'abyma entiérement; de sorte qu'il n'en réchapa pas seulement une personne pour porter les nouvelles de cet affreux desastre. Il y périt 1500. ames: d'autres disent 2000. Ceux de Chiavenne, quoique proche voisins n'en furent rien que lorsqu'ils virent tarir leur Riviére. Pendant trois heures il ne leur vint pas une goutte d'eau, la Montagne qui étoit tombée ayant retenu la Riviére & lui ayant fait prendre un autre cours. On raconte une circonstance remarquable, qui arriva ce jour-là même. Un habitant de Pleurs alla criant par-tout que chacun eût à se retirer, parce qu'il avoit vu une Montagne se fendre, qui alloit se renverser sur la Ville & l'abymer; mais on se moqua de lui. Une fille seulement qu'il avoit le crut & le suivit; mais étant hors du Bourg, elle se souvint qu'elle n'avoit point fermé la porte d'une chambre, où elle avoit quelque chose de prix. Cela l'obligea de retourner sur ses pas & fût cause de sa mort: à peine fut-elle rentrée dans la maison, que la Montagne se renversa.

Il y a divers Villages qui faisoient ci-devant une Communauté avec Pleurs. Les principaux sont Cilano, où il y a un Château, Polino, Roncaglia, & dans les Montagnes Davonio, Dasile, Carotto & autres. C'est dans ces Montagnes que se trouvent les Mines de cette espéce singuliére de pierre dont on fait au tour des pots & d'autres piéces de Vaisselle. Cette pierre est verdâtre, tirant sur le noir, huileuse, un peu molle, & si écailleuse que quand on la manie l'écaille s'attache aux doigts; c'est une espéce d'ardoise. Il s'en trouve trois Mines dans ce pays-là: la premiére & la meilleure est celle des Montagnes dont il vient d'être parlé: la seconde est au dessus des Bains de Maseno, dans la Valteline, & la troisiéme qui est la moindre est aussi dans le même pays. Il s'en trouve aussi dans la Vallée de Verzascha au Bailliage de Locarno & dans la Vallée de Mallenga. On a beaucoup de peine à tirer cette pierre des Mines, dont l'ouverture est petite, n'ayant pour l'ordinaire que trois pieds de hauteur; de sorte que les Mineurs sont obligez de se couler sur le ventre près d'un demi mille, avec une chandelle attachée au front; & après avoir coupé la pierre, ils la rapportent en cette même posture sur leurs hanches qu'ils couvrent de coussins pour ne la pas casser. On leve ces pierres en rond, d'environ un pied & demi de diamétre & de douze ou quinze pouces d'épaisseur; après quoi on les porte à un moulin à eau, où par le moyen d'une roue qui fait jouer quelques ciseaux, avec une grande vitesse, d'abord la grosse croûte en est ôtée, puis elles sont polies, tant qu'enfin en appuyant le ciseau sur diverses lignes, on en enleve divers pots les uns plus grands & les autres moins, selon que la circonférence approche du centre. C'est ainsi que se font les pots. On les garnit ensuite d'anses & d'autres accompagnemens nécessaires, pour servir dans les cuisines. Cet usage n'est pas nouveau. Il étoit déja connu du tems des Romains. Pline [b] dans son Histoire naturelle parle de cette pierre sous le nom de pierre de Côme. Il ne faut pourtant pas s'imaginer que cette pierre se trouvât alors aux environs de Côme, ainsi que l'a avancé Agricola [c]: on ne lui donna le nom de pierre de Côme que parce que les Vases qui avoient été fabriquez à Chiavenne étoient portez à Côme, pour être de là distribuez dans toutes les parties de l'Italie. Les Italiens les appellent *Lavezzi* ou *Laveggi*, & les Allemans les nomment *Lavetzen*, ou *Lavetz-Steinen*. Ces pots ont ceci de particulier qu'ils bouillent plûtôt que ceux de métal, qu'ils demeurent toujours fort chauds; qu'ils ne donnent aucun mauvais goût à la liqueur, ni à la viande qu'ils contiennent; & ce qui plaît fort aux ménagers qu'ils ne cassent jamais au feu. Cela ne leur arrive que quand on les laisse tomber, ou quand on les heurte trop rudement: encore en peut-on facilement rassembler les piéces & les lier ensemble avec du fil d'archal, de sorte qu'ils servent comme auparavant. On dit encore qu'ils ont cette excellente & merveilleuse propriété qu'ils ne souffrent point le poison; mais qu'en bouillant ils le chassent dehors; ce qui fait qu'ils sont fort estimez par toute la Lombardie & dans le reste de l'Italie. Il s'en fait un très-grand débit, & les anciens ha-

[a] Etat & Délices de la Suisse, t. 4. p. 155.

[b] Lib. 36. c. 22.

[c] Lib. 7. de Nat. fossil.

habitans de Pleurs en tiroient jufqu'à foixante mille Ducats par an. Au refte on ne fait pas feulement de cette pierre des pots pour le feu ; mais auffi toutes fortes de pieces de vaiffelle, des taffes à Caffé, des fou-coupes, des plats, & autres.

2. PLEURS (Le Lac des), ou le Lac Pepin : Lac de l'Amérique Septentrionale, dans la Louïfiane. Ce Lac eft formé par le Fleuve de Miffiffipi, à quelques vingt-cinq lieues au deffus de la Riviére Noire. Le Pere Hennepin qui l'a découvert lui donne fept lieues de longueur fur quatre de largeur. Il lui donna le nom de Lac des Pleurs, à caufe qu'une partie des Sauvages qui l'avoient fait prifonnier, y pleurérent toute la nuit pour faire confentir les autres à le tuer.

PLIBURG. Voyez PLEIBURG.

PLIEOS, Fleuve de l'Ifle de Cypre, felon le Grand Etymologique cité par Ortelius [a] ; qui dit qu'il ne connoît en aucune façon le nom de ce Fleuve.

[a] Etat préfent de la Gr. Br. t. 1. p. 16.
[b] Thefaur.

1. PLIMOUTH, Ville d'Angleterre [b], dans le Devonshire, fur la Côte Méridionale, à l'embouchure du Plim, qui lui donne le nom de Plimouth. C'eft un des meilleurs & des plus fameux Ports d'Angleterre. Il y a trois Forts, un Château & une Citadelle bâtie par Charles II. avec une chaîne pour la fûreté du Havre en tems de guerre. Ce fut de Plimouth que le Chevalier Drake fit voile en 1577. pour faire le tour du Monde. Cette Ville a titre de Comté.

2. PLIMOUTH, ou la NOUVELLE PLIMOUTH, Ville de l'Amérique Septentrionale [c], dans la Nouvelle Angleterre, fur la Côte Orientale d'une Baye que forme le Cap de Cod, vers le Midi de Bofton. Ceux qui établirent cette Colonie partirent du Port de Plimouth en Angleterre au commencement de Septembre 1520 [d]. Lorfqu'ils eurent paffé le Cap de Cod le 9. de Novembre, le vent contraire les empêchant de gagner le Port, où ils prétendoient aller, ils mouillerent l'ancre dans une grande Baye formée par la courbure du Cap. Etant defcendus à terre & cherchant de tous côtez un lieu commode, ils trouvérent quelques cabanes abandonnées, & ils fe furent à peine avancés qu'ils fe virent attaquées par des Sauvages, qui prirent la fuite prefqu'auffi-tôt. Ce lieu ne leur plaifant pas, ils entrérent le 16. Décembre dans un autre Havre vis-à-vis du Cap vers l'Oueft. C'étoit une Baye beaucoup plus grande que la premiere, avec un Terroir très-fertile tout à l'entour & qui comprenoit deux Ifles pleines de Bois & d'autres Ifles defertes. Il y avoit beaucoup de poiffon, & quantité d'Oifeaux aquatiques. Il n'y trouvérent aucuns habitans quoiqu'il y eût des Campagnes qui paroiffoient avoir été cultivées. Il n'y virent point de Riviéres navigables ; mais feulement plufieurs ruiffeaux & torrens d'une eau claire & bonne à boire. La terre étoit d'une fertilité merveilleufe en plufieurs lieux, & en d'autres, il y avoit du fable & même de l'argile propre à faire des pots. Il y avoit auffi de fort agréa-

[c] De l'Ifle Atlas.
[d] De Laet, Defcr. des Indes Occ. liv. 3. c. 6.

bles bocages & des champs couverts d'herbes. Ce fut dans le Continent, près de cette Baye qu'ils marquérent la NOUVELLE PLIMOUTH, au penchant d'une Colline, qui avoit autrefois été cultivée par les Sauvages. Dans la Vallée couloit un Torrent, qui pouvoit feulement porter de petits Batteaux & des Chaloupes. Beaucoup de Fontaines & de fources arrofoient la terre de tous côtez. On commença par y placer dix-neuf Familles. Leurs maifons furent bâties à double rang, vis-à-vis l'une de l'autre, afin que ceux qui les habitoient fe puffent prêter du fecours plus commodément. Au mois de Mars ils apprirent par un Sauvage qui favoit un peu d'Anglois, que le pays, où ils s'étoient établis, s'appelloit PATUXES, & qu'il y avoit quatre ans que tous ceux qui y demeuroient avoient été emportez par une maladie extraordinaire, fans qu'il en fût échappé aucun; que proche delà habitoient les MASSASOITES, dont à peine foixante étoient propres à la guerre ; & que vers le Sud-Eft on trouvoit les Nufites, qui pouvoient être environ cent hommes. Peu de tems après Maffafoit, Caffique des Provinces voifines habitées par les Sauvages, nommez SAGAMOS, vint avec fon frere & plufieurs autres Sauvages, qui contractérent alliance avec les Anglois. Ce furent là les fondemens de la Nouvelle Plimouth, qui s'augmenta confidérablement par la venue d'autres habitans qui étoient pour la plus grande partie Brouviftes ou Puritains.

PLINIENSES. Voyez PLENIENSES.

PLINTÆ, Lieu de Sicile. L'Itinéraire d'Antonin le met fur la route, d'*Agrigentum* à *Syracufa*, en prenant le long de la Mer. Il étoit entre *Dædalium* & *Refugium Chalis*, à vingt milles du premier de ces Lieux & à dix-huit du fecond.

PLINTHINE, Promontoire d'Egypte, felon Ortelius [e], qui cite Ptolomée & [e] Thefaur. Etienne le Géographe ; cependant ces deux Auteurs ne parlent en aucune façon de Promontoire, mais bien d'une Ville. Ptolomée [f] la place dans la Marmarique fur [f] Lib. 4. c. 5. la Côte du Nôme Maréotique. Strabon [g] [g] Lib. 17. p. nomme cette Ville PLINTHYNA ; & Héro- 799. dote [h] qui ne connoît que le Golphe de [h] Lib. 2. c. 6. Plinthine (*Plinthonetes Sinus*) dit que la longueur de l'Egypte fe prenoit le long de la Mer depuis le Golphe jufqu'au Lac Serbonide. PLINTHINE s'appelle préfentement *la Tour des Arabes*.

PLISCOBA, Ville aux environs de la Bulgarie, felon Ortelius [i] qui cite Cédré- [i] Thefaur. ne, Zonare, & Curopalate.

PLISTIA, Ville des Samnites, ou du moins dans leur voifinage. Tite-Live [k] [k] Lib. 9. c. dit qu'elle fut prife par les Samnites. Peut- 21. & 22. être eft-ce la même Ville que Diodore de Sicile [l] appelle PLISTICA. [l] Lib. 9.

PLISTICA. Voyez PLISTIA.

PLISTINA. Voyez TRASUMENUS.

PLISTUS, Fleuve de la Phocide, il avoit fon Embouchure dans la Mer, près du Port de Delphes, felon Paufanias [m]. [m] Lib. 10. c.

PLITANIÆ INSULÆ, Ifles de l'Afie [n] [n] Lib. 5. c. Mineure ; felon Pline [n], qui les place fur 31. la la Côte de la Troade. Ces Isles étoient au nombre de deux.

PLITENDANS, Ville de l'Asie Mineure, selon Tite-Live [a]. Il paroît qu'elle étoit dans la Galatie.

[a] Lib. 38. c. 18

PLIZOGE, Riviére d'Afrique [b], au Pays des Négres, dans le Royaume de Quoja. Elle se jette dans la Mer à une lieue de Cabo-Monte vers le Nord, & jointe à l'Embouchure de la MAVAH, elle couvre toute la Côte. Quelquefois pourtant elle se séche entièrement dans un endroit, & se déborde incontinent en un autre. C'est à quatre lieues au dessus de l'Embouchure de cette Riviére qu'elle forme un grand Lac qui a bien deux lieues de large dans les endroits les plus étroits, & où est l'Isle de MASSAGH.

[b] Dapper, Pays des Négres, p. 253.

PLOAGUE, ou PUAGORA, méchant Bourg de l'Isle de Sardaigne [c], dans les terres, vers la source d'une Riviére qui circule autour de Sallari. On le nomme en Latin *Plubium* ou *Planatum*. C'étoit autrefois le Siège d'un Evêché, qui a été uni à Torré par Aléxandre VI.

[c] Commainville, Table des Archev. & Evêchez, p. 190.

1. PLOCSKO, Ville de Pologne, sur la Rive Septentrionale de la Wistule [d], au Palatinat de Plocsko, entre Inouladislaw & le lieu où la Wistule reçoit le Bourg. C'est le Siège de l'Evêque & Palatin de Plesko. Cette Ville qui est bâtie sur une éminence a des Eglises magnifiques & riches. La plus considérable est dans le Fauxbourg. Elle appartient aux Religieuses de la Magdeleine. Il y a dans le Château des Bénédictins, dont l'Abbaye & l'Eglise, sont également bien bâties [e]. On y voit le Chef de St. Sigismond, que Sigismond III. y déposa, après avoir fait bâtir l'Eglise sous l'invocation de ce Saint. Les revenus du Chapitre de la Cathédrale sont égaux à ceux de l'Evêque. Le Prevôt possède entièrement le droit Territorial & il est le Souverain de la Noblesse qui y est établie, comme l'Evêque est le Souverain du Territoire de Pultausk, d'où les appels ne sont point portez devant le Roi. Les Jésuites ont à Plocsko le Collége où ils instruisent la Jeunesse. Il y a aussi un Collége dans le Château, qui est sous la direction du Chapitre, qui nomme les Professeurs & les tire de l'Université de Cracovie. L'Evêché de Plocsko fut érigé en 965. Il est sous la Métropole de Gnesne.

[d] De l'Isle, Atlas.

[e] Andr. Cellar. Descr. Polon. p. 598.

2. PLOCSKO, Palatinat de la Grande Pologne [f]. Il est borné au Nord par le Royaume de Prusse, à l'Orient par le Palatinat de Mazovie, au Midi par la Wistule & à l'Occident par le Palatinat d'Inowladislaw. Il renferme les Chatellenies de Plocsko, de Zaveren, de Mlau & de Stene. Sa Ville principale est Plocsko.

[f] De l'Isle, Atlas.

PLOEN, Ville du Duché de Holstein dans la Wagrie & le Chef-lieu de la Principauté à laquelle elle donne son nom [g]; ainsi qu'au Lac sur lequel elle est bâtie & qui l'environne presque entièrement. Elle est située entre Kiel & Lubec, à quatre milles d'Allemagne de la première & à six milles de la seconde. Cette Ville est si ancienne, qu'on ignore son origine. Elle étoit deja célèbre dès le tems que les Venedes maîtres de la Wagrie assassinèrent leur Prince Gotschalck, parce qu'il étoit Chrétien, & reconnurent en sa place Crucon, qui étoit Idolâtre comme eux. Peu de tems après Bunne, fils aîné de Gotschalck s'empara de la Ville de Ploen; mais les Venedes l'y assiégerent; le forcèrent à capituler & le tuèrent avec tous ses gens par l'ordre de Crucon, qui ne s'embarrassa pas de violer le Traité, pour se défaire d'un Ennemi dangereux. Ce fut dans la même Ville, que le Prince Schuentepole soutenu par les habitans du Holstein assiègea son frère Canut, avec lequel il partagea ensuite le pays. Au tems de la guerre que se firent le Duc Henri le Superbe, & le Margrave Albert surnommé l'Ours, pour la possession du Duché de Saxe, les habitans du Holstein prirent la Ville de Ploen & la détruisirent. Mais Adolphe Comte de Holstein la répara & y fit bâtir une Citadelle. En 1151. St. Vicolin fit bâtir l'Eglise. Dans la suite cette Ville ayant été fortifiée de plus en plus Henri le Lion qui avoit chassé du Holstein le Comte Adolphe, s'empara de cette Place. En 1201. elle passa sous la puissance du Duc Waldemar qui avoit vaincu le Comte Adolphe III. & Adolphe IV. Comte de Ploen & de Holstein rendit la liberté à la Ville de Lubec. En 1456. Ploen fut toute réduite en cendres. Elle eut à peu près la même sort en 1534. que les Habitans de Lubec après avoir exigé de cette Ville une grosse somme d'argent, y mirent le feu. En 1552. elle fut fort maltraitée par le feu du Ciel, ainsi qu'en 1574. par un incendie fortuit. La pêche fait le principal négoce des habitans, qui ne possèdent presque ni champs ni prairies, leur Ville se trouvant entourée par les eaux. Ploen n'a que deux Portes, qui répondent à deux Ponts, par lesquels elle communique avec le Continent.

[g] Hermnid. Descr. Daniæ, p. 106.

LA PRINCIPAUTÉ DE PLOEN [h] comprend le Bailliage de Ploen, & tous les biens qui ont autrefois appartenu aux Abbayes de Reinfeldt & d'Arensbock. Frideric II. Roi de Dannemarc donna toutes les terres en fief avec la Principauté de Sunderbourg à Jean Duc de Schleswic & de Holstein son frere.

[h] Ibid.

Le LAC DE PLOEN [i], autrement le Marais de Ploen, environne presque entièrement la Ville qui lui donne son nom. Ce Lac est composé de plusieurs autres parties qui communiquent l'une à l'autre par de petits canaux. Il abonde en poissons de toute espéce. Ses anguilles sur-tout sont fameuses, & on en fait commerce en divers Contrées du voisinage.

[i] Ibid.

PLOERMEL, Ville de France dans la Bretagne, Recette de St. Malo, à dix-huit lieues de Rennes, à huit de Vannes, près de la Riviére d'Ouest & de Malestroit. Cette petite Ville qui députe aux Etats de la Province a un Gouverneur.

PLOIMION, Bourg de France dans la Picardie, Election de Laon.

PLOMBIERE, Paroisse de France, dans la Bourgogne, au Diocèse de Langres, dans un beau Vallon, à une lieue de Di-

Dijon, sur la Riviére d'Ouche, dans un pays de Vignes. C'est le passage pour Semur & pour toutes les autres Villes de l'Auxois. Les Granges, de la Cros & de la Blanchisserie, la Papeterie de Bruant, la Métairie de Bourault & celle de Champmoron dépendent de cette Paroisse.

PLOMBIE´RES, [a] Ville de Lorraine qui est sans murailles, & à laquelle les Montagnes servent de clôture. Davity, qui en parle ainsi, dit qu'elle n'est connue que par ses Bains. Elle est à deux lieues de Remiremont, à trois de Dampaire, à quatre de Luxeul & à douze ou quinze au dessous de Langres. Plombiéres est un Lieu bas & étroit, entre deux hautes Montagnes escarpées, sans Rochers ni Bois. Les Bains qui le rendent renommé, sont des eaux chaudes qui sortent de ces deux Montagnes. Il y en a de trois sortes, savoir pour le bain, pour suer & pour boire. On y trouve deux grands Bains. L'un qui est couvert en figure ronde, appartient aux Chanoinesses de Remiremont comme Dames & Patrones de ce Lieu. On y descend par trois ou quatre degrez, jusqu'à ce qu'on trouve assez d'eau pour s'y baigner. Il ne s'y baigne ordinairement que des femmes, ce que les Dames Chanoinesses leur permettent, à cause qu'il est particulier & à couvert. Le fond de ce Bain est pavé de pierres de Lias. Le grand Bain commun est de figure ovale & à decouvert: on y descend de même par quelques degrez, & il est aussi pavé de pierres de Lias. Il y a place pour cent ou six-vingt personnes, & chacun s'y baigne selon son mal, c'est-à-dire, l'un le pied, l'autre les jambes ou les cuisses, & les autres le corps entier. Il faut pour cela que ces derniers descendent jusqu'au bas, au lieu que les autres demeurent assis sur les degrez. Les lieux destinez pour y suer, sont comme des guérites de bois. Les Malades y entrent nuds en chemises, & ils y restent une espace de tems suivant l'Ordonnance du Médecin, qui est présent, jusqu'à ce qu'ils soient traversez de suer & très-foibles par le moyen de ces eaux, qui étant audessous d'eux, exhalent leurs vapeurs au travers des trous faits au plancher de la guérite. Cela étant fait, on les met au lit. L'eau propre à boire est dans un autre distance delà, & sort de l'une des deux Montagnes par un petit robinet. L'acrimonie de cette eau, qui est fort claire, & tiéde, produit un limon blanc, qui se recuit comme des feuilles de Coquillages brisez. Il y a dans Plombiéres une petite Paroisse, qui est divisée en deux par un ruisseau. La partie la plus considérable est du Diocèse de Toul, & l'autre du Diocèse de Besançon. L'Eglise Paroissiale est dédiée à Sainte Anne, & le Chapitre de Remiremont est Patron de la Cure. Il nomme pour la desservir un Religieux du Prieuré d'Hérival qui est de la Paroisse. On y voit encore un Hermitage dédié à la Sainte Famille & un Couvent de Capucins, qui ne subsistent que par le moyen de ces eaux, qui attirent successivement

[a] Mémoires dressez sur les Lieux en 1705. Corn. Dict.

pendant six mois de l'année, une infinité de Malades de toutes parts, auxquels les habitans fournissent toutes les choses dont ils ont besoin. On vient à ces Bains dans le Printems; & on finit de les prendre dans les derniers jours de Septembre, quand les gelées blanches commencent à refroidir l'air.

PLOTÆ, Isles de la Mer Ionienne. Pliné [b] dit qu'on les nommoit autrement STROPHADES, & qu'elles étoient au nombre de deux. On les appelle aujourd'hui Strofadi & Strivali.

[b] Lib. 4. c. 12.

PLOTHIÆ. On appelloit ainsi une Partie de la Tribu Ægeïde, selon Etienne le Géographe. Démosthéne [c] surnommé Plothensis un certain Apollodore, sans doute parce qu'il étoit de cette Tribu.

[c] Contra Ebulidem.

PLOTINOPOLIS, Ville de Thrace, sur le Fleuve Hébrus. Elle fut ainsi nommée par la femme de Trajan. L'Itinéraire d'Antonin la place à vingt-deux milles au dessous de Trajanopolis.

PLOUGASTEL, Lieu de France, dans la Bretagne, au Diocèse de St Pol de Léon. Ce Lieu est entre Brest & Landerneau. Il y a dans la Cour de l'Hôtellerie un Puits dont l'eau descend quand la Mer monte & monte quand la Mer descend.

PLOUTIN, Bourgade de la Turquie en Europe, dans la Romanie, entre Andrinople au Nord & Trajanopolis au Midi, près de la Mariza, à la gauche. C'est l'ancienne Plotinopolis.

PLUBIUM, Ville de l'Isle de Sardaigne: Ptolomée [d] la place sur la Côte Septentrionale, entre Errebantium Promontorium & Juliola Civitas. Niger croit que c'est aujourd'hui SAFFARI. On croit communément que c'est le Bourg de PLOAGUE, qui a été si devant le Siège d'un Evêché. Cependant Ploague au lieu d'être sur la Côte se trouve dans les terres; de sorte que s'il n'y a pas faute dans Ptolomée, il faut dire que la Ville Episcopale de PLUSIUM étoit différente de celle à laquelle Ptolomée donne le même nom.

[d] Lib. 3. c. 3.

PLUDENTZ, petite Ville du Tirol [e], dans le Comté auquel elle donne le nom. Elle est située dans une Plaine agréable, sur la rive droite de la Riviére d'Ill, près de l'endroit où le Ruisseau d'Alfens se jette dans cette Riviére.

[e] Jaillot, Atlas.

Le COMTE´ DE PLUDENTZ, qui tire son nom de la petite Ville de Pludentz [f], qui en est le Chef-lieu, est situé dans la partie Occidentale du Tirol, au Nord du Walgow, au Midi du Comté de Soxenberg & à l'Orient du Pays des Grisons.

[f] Ibid.

PLUGNOUX, Bois de France, dans l'Angoumois & dans la Maîtrise des Eaux & Forêts d'Angoulême. Il est de trois cens quarante-six arpens.

PLUITALA, Ptolomée [g] donne ce nom à l'une des Isles fortunées. Quelques Exemplaires portent PLUITANA. C'est la même Isle que Pline [h] appelle PLUVIALIA, & on la nomme présentement l'Isle de Fer.

[g] Lib. 4. c. c.
[h] Lib. 6. c. 32.

PLUMBARIA, Isle sur la Côte d'Espagne. C'est l'une des deux Isles que Strabon [i] met près du Promontoire DIANIUM.

[i] Lib. 3. p. 159.

PLUM-

PLUMBARII. Voyez MEDUBRICENSES.

PLUMBEA. Voyez MOLYBODES.

PLUME (la), petite Ville de France, dans le Bas Armagnac, Election de Lomagne. Il y a dans ce Lieu une Justice Royale.

PLUSIANUM. Voyez SIPLUSIANUM.

PLUTIA, Ville de la Sicile : Cicéron [a] en parle & Ortelius [b] dit qu'Aretias la nomme Plaza.

[a] Act. 3. contra Verr.
[b] Thesaur.

PLUTIUM, Ville des Tyrrhéniens, selon Etienne le Géographe.

PLUTONIA. Voyez CHARONIA.

PLUTONIS-FLUVIUS, Fleuve de la Libye, selon Ortelius [c], qui cite Eschyle dans sa Tragédie de Prométhée.

[c] Ibid.

PLUTONIS-HIATUS, Lieu des Indes. Aelien [d] le place dans le Pays des Ariens.

[d] Hist. Anim. lib. 16. c. 16.

PLUTONIUM, Lieu aux environs d'Hérapolis de Phrygie. Strabon [e] dit qu'on y voyoit un Bois sacré, avec un Temple dédié à Pluton & à Junon, ou plûtôt à Proserpine, comme quelques-uns prétendent qu'on doit lire.

[e] Lib. 14. p. 649.

PLUVIALIA. Voyez PLUITALIA.

PLUVIERS, petite Ville de France, dans la Beausse [f], à 6. lieues de Jainville, à sept d'Estampes, à huit de Montargis à neuf d'Orléans & à dix-huit de Paris. Quelques-uns écrivent PETIVIERS & PIVIERS & PUVIERS, en Latin Pituerium, Pithiverium, Castrum Piveris, ou Pitiveris : nom que cette Ville a pris à ce qu'on croit communément de la quantité de plusieurs Pluviers qu'on vit aux environs [g]; & c'est pour cette raison que Robert Canal l'appelle Aviarium. Pluviers est située sur un petit Ruisseau qui fait tourner plusieurs Moulins & près de la Forêt d'Orléans. Il y avoit autrefois un ancien Château proche de l'Eglise de St. George & dont on voit encore les ruïnes. Cette Eglise de St. George, qui est Collégiale, est composée d'un Chantre, nommé par l'Evêque d'Orléans, & de dix Chanoines qui sont nommez par le Chapitre. L'Evêque d'Orléans est Seigneur de cette Ville. Le Monastère & Prieuré de St. Pierre dépend de l'Abbaye de Cluny : il est dans un des Fauxbourgs. Les Religieux doivent faire deux fois la semaine des aumônes générales aux pauvres passans. L'Eglise Paroissiale reconnoît St. Salomon pour son Patron. Il y a à Pluviers trois Fauxbourgs, & quatre Portes où commencent quatre rues qui se terminent à une belle Place, dans laquelle se tient un Marché tous les samedis. Cette Ville est le Siège d'une Election & d'une Châtellenie de laquelle relevent quarante-huit Vassaux nobles. Le Territoire produit du Bled, dont il s'y fait un grand Commerce. On y recueille aussi des Vins & du Saffran, & il y a de basses Prairies.

[f] Corn. Dict. sur des Mém. dressez sur les Lieux en 1716.

[g] Piganiol, Descr. de la France, t. 6. p. 94.

PLUVIERS LE VIEUX [h], Village de France, dans la Beausse, à une lieue de la Ville de Pluviers. L'Evêque d'Orléans en est Seigneur, comme de la Ville.

[h] Ibid.

PLYMILIMON, ou PLINILLIMON, Montagne d'Angleterre, dans la Principauté de Galles, dans le Comté de Cardigan, aux confins du Montgomery Shire. Les Riviéres de Saverne ou Head, de Wye, & de Bydal ont leurs sources dans cette Montagne.

PLYNEÆ, Isle située dans le Nil, selon Etienne le Géographe.

PLYNIENSES. Voyez PLENINENSES.

PLYNUS, [i] On trouve ce nom dans Lycophron, & Isacius dit que c'étoit une Ville de Libye, qui avoit donné la naissance à Atlas. Peut-être est-ce le même Lieu qu'Hérodote [k] appelle PLENOS PORTUS & qu'il place dans la Marmarique.

[i] Ortelii Thesaur.
[k] Lib. 4. c. 168.

PLYSENUM, Lieu fortifié dans la Thrace, selon Procope [l].

[l] Lib. 4. Ædif. c. 11.

PLYTHANI, Peuples de l'Inde : Arien [m] dans son Périple de la Mer Rouge dit qu'on apportoit quantité de pierres, d'Onyx de leur Ville, qu'on croit avoir été nommée PLYTHANA. Ce dernier nom ne se trouve pas dans cet Auteur ; mais ses Commentateurs disent qu'il a été oublié par les Copistes.

[m] Pag. 29.

PNEBEBIS, Ville de l'Egypte : C'est Etienne le Géographe qui en parle.

PNEVENTIA, Ville d'Italie : Strabon [n] la place dans le Picenum ; mais Xylander sçait ce nom pour suspect. Il croit qu'il y a faute dans cet endroit & qu'il pourroit être question d'une Ville des Peuples que Pline appelle PLENINENSES. Voyez ce mot.

[n] Lib. 5. p. 241.

PNIGEUS, Village de la Marmarique. Il étoit sur la Côte, selon Strabon [o]. Ptolomée [p] le place néanmoins dans les terres.

[o] Lib. 17. p. 799.
[p] Lib. 4. c. 5.

PNIGITIS. Les Anciens [q] ont donné ce nom à une certaine terre, à cause du Lieu où on la prenoit. Quelques Exemplaires de Pline [r] portent Pignitis ; mais les meilleurs lisent PNIGITIS. Le Pere Hardouin remarque qu'Agricola dit que cette terre tiroit son nom du Village PNIGEUS dans la Libye Maréotide ; mais que d'autres le dérivent de Πνίγω ; parce que ceux qui avaloient de cette terre étoient en péril d'être suffoquez.

[q] Galen. de Simpl. Medic. l. 9. c. 6.
[r] Lib. 35. c. 6.

PNUPS, Village de l'Ethiopie, sous l'Egypte : Ptolomée [s] le place sur la rive Orientale du Nil.

[s] Lib. 4. c. 7.

# P O.

PO, Fleuve d'Italie & le plus considérable de tous ceux qui sont dans cette partie de l'Europe. Il a sa source dans le Piémont, au Marquisat de Saluces, dans le Mont Viso, & il prend son cours d'Occident en Orient en serpentant. Après avoir passé la Vallée du Pô, une partie du Marquisat de Saluces, & la Province de Quiers, il entre dans le Montferat, traverse le Duché de Milan, coule entre le Crémonois & le Parmesan, traverse le Duché de Mantoue, entre dans l'Etat de l'Eglise où il se divise en deux Bras appellez PO-GRANDE & PO DE VOLANA, qui forment encore plusieurs autres Branches, dont les plus considérables sont nommées PO-DI-FORNACI & PO-DI-ARIANO : enfin il se jette dans le Golphe de Venise, par diverses emboubouchure dont voici les plus remarquables en les prenant du Nord au Midi:

*Porto del-Po* ou *delle Fornaci,*
*Bocca Serrata,*
*Bocca Trombona,*
*Porto Padus Levante,*
*Bocca Maestra,*
*Bocca della Donzella,*
*Bocca di Ariano,*
*Sacca di Goro,*
*Porto di Goro,*
*Porto di Mezola,*
*Porto dell Abbate,*
*Porto di Volana,*
*Porto di Magnavacca,*
*Bocca di Bellocchio,*
*Porto Primaro volta del Abbate.*

Ce Fleuve que ses débordemens rendent dangereux arrose diverses Villes & Bourgs dans sa course; savoir, Villa-Franca, g. Polonghera, d. Carmagnole, d. Carignan, g. Moncalier, d. Turin, g. Chivas, g. Verrue, d. Casal, d. Bremme, d. Valence, g. Borgo-Franco, g. Plaisance, d. Cremone, g. Casal-Maggiore, d. Viadana, g. Bressello, d. Borgo-Forte, g. San-Benedetto, d. Figarolo, g. Stellata, d. Ferrara, g. Ariano, d. Mezola, g. Bel-Riguardo, d. Comachio, g. Molimella, g.

Les Principales Riviéres que le Pô reçoit sont, le Groezo, d. la Gambasca, d. le Torrent de Bronda, d. le Ghiandon, g. le Torrent de Riseco, g. le Torrent de Sebial, g. la Vraita, d. le Cluson, g. la Maira, d. l'Otina, g. la Lemna, g. le Non, g. le Sangon, g. la Doria Baltia, g. la Gardina, g. la Sessia, g. la Grana, d. le Tanaro, d. la Scrivia, d. la Gogna, g. le Corone, d. le Canal d'Abbogna, g. la Staffora, d. le Terdoppio, g. la Copa, d. le Ticino, g. la Vera, d. la Versa, d. la Trebbia, d. la Nura, d. la Chiavenna, d. l'Adda, g. la Larda, d. le Tarro, d. la Parma, d. le Crostolo, d. l'Oglio, g. la Secchia, d. le Mincio, g.

[a] *Atlas Sinensis.* PO, Ville & Forteresse de la Chine [a], dans la Province de Chantung, au Département de Tungchang, troisième Métropole de la Province. Elle est d'un d. 24. plus Occidentale que Peking, sous les 36. d. 28'. de Latitude Septentrionale.

[b] *Ibid.* PO, Forteresse de la Chine [b], dans la Province de Suchuen, au Département de Kienchang, Cité Militaire de la Province. Elle est de 11. d. 50. plus Occidentale que Peking, sous les 27. d. 35. de Latitude Septentrionale.

[c] *Piganiol. Descr. de la France, t. 7. p. 121.* POANCÉ, ou POUANCÉ, [c] petite Ville de France, dans l'Anjou, sur un Etang des eaux duquel se forme la Versée, qui se perd dans l'Oudon auprès de Segré. Ménage croit que Poancé a été appellé anciennement *Pudentiacum* en Latin. Elle porte aujourd'hui le titre de Baronnie, & elle appartient à la Maison de Villeroi. On y compte environ quatre cens vingt-huit feux.

[d] *La Potherie, Hist. de l'Amér. Sept p. 144.* POAOURINAGAOU, Riviére de l'Amérique Septentrionale [d]. Elle a son Embouchure dans la Baye d'Hudson, à sept lieues au-dessus de celle de la Riviére de Penechiou & Chiou. Les François l'ont nommée la Riviére de Bourbon [e]. [e] *Ibid. pag. 168.* Elle fut découverte par Desgrozeliers. Cette Riviére est très-belle, large d'une lieue à son embouchure, & habitée par les Mashkegonhyrinis, autrement Savanois. A cinq lieues en dedans l'on trouve deux petites Isles d'une lieue de tour chacune, où il y a de grands Arbres. Cette Riviére n'est qu'à cinq lieues par terre de Penechiou & Chiou & de sept par Mer. Toute cette Côte a environ 100. lieues de platin, & l'on ne trouve que neuf brasses d'eau à six lieues au large. Elle est même tout-à-fait dangereuse, lorsque les vents de la Mer regnent, principalement ceux d'Est, Est-Sud-Est, Est-Nord-Est, ce qui fait que les Vaisseaux qui viennent au Fort Nelson gagnent d'abord une fosse qu'on appelle LE TROU. Voyés ce mot. A une lieue dans cette Riviére & sur la rive à Stribord est situé le Fort Nelson. Cette Riviére prend sa source d'un grand Lac qui se nomme Michinipi, qui est le véritable pays des Kricqs, d'où il y a communication aux Assiniboüels, quoique extrêmement éloignés les uns des autres.

POBLET, ou POBLEDO, Bourgade d'Espagne, dans la Catalogne, au petit Pays de Pradas, en Latin *Populetum* [f]. [f] *Délices d'Espagne, p. 593.* Cette Bourgade est située au Nord-Est de Ginestar, dont elle est éloignée de trois à quatre lieues, sur une petite Riviére qui va se jetter dans l'Ebre. Il y a dans ce Lieu une riche Abbaye de l'Ordre de Cîteaux, bâtie par Alfonse, Comte de Barcelone premier Roi d'Arragon de ce nom. L'Eglise de cette Abbaye est dédiée à St. Bernard. On y voit une Chapelle fort riche, qui étoit la Sépulture ordinaire du Roi & des Reines d'Arragon. Ils y sont ensevelis dans des tombeaux de Marbre. On compte de ce Lieu vingt-quatre milles jusqu'à Tarragone & cinquante milles jusqu'à Barcelone. Il y a dans le voisinage des mines d'alun & de vitriol.

PORCEVERA, ou PORZEVERA. Voyez PORCIFERA.

POCHUNG, Montagne de la Chine [g] [g] *Atlas Sinensis.* dans la Province de Xensi, au voisinage de la Ville de Cin. Il y croît une herbe qui a la propriété de rendre steriles les personnes qui en mangent.

POCUTIE, ou POKUTIE, Contrée de la Petite Pologne [h], dans le Palatinat de [h] *De l'Isle Atlas.* Russie au Nord de la Transilvanie, & à l'Occident de la Moldavie. Elle fait partie du Territoire d'Haliez. Elle fut vendue aux Polonois par Alexandre Vaivode de Valaquie pour la somme de soixante marcs d'argent. On y trouve diverses [i] [i] *André Cellar. Descr. Polon. pag. 328. & 333.* petites Villes & Forteresses, & elle est arrosée par plusieurs Riviéres dont la principale est le Pruth.

PODALIA, Ville de l'Asie Mineure, dans la Lydie selon Etienne le Géographe, qui la met près de Limgra. Le Concile de Constantinople la place dans la Pisidie. Elle doit cependant être plutôt attribuée à la Lycie, Province où elle est placée par [k] [k] *Lib. 5. c. 27.* Pline [k], & par Ptolomée [l] qui la nomme [l] *Lib. 5. c. 3.*

Zz Podal-

*Podallia Myliadis*. En effet la Myliade étoit une partie de la Lycie. La Notice de Léon le Sage & celle d'Hieroclès s'accordent à mettre PODALIA parmi les Evêchez de la Province de Lycie.

PODAMICUS-LACUS. Voyez au mot CONSTANCE l'Article de LAC DE CONSTANCE.

PODANDO, Nom d'un Lieu selon Ortelius [a] qui cite Cédrène & Zonare, & le mettent près de la Ville *Tharsus*. L'Itinéraire d'Antonin le place sur la route de Constantinople à Antioche, entre Faustinopolis & Nampirotone, à seize milles de la premiére & à vingt-sept milles de la seconde. On lit *Pondado* dans Curopalate: c'est une faute; car ce même Auteur dans un autre endroit écrit *Podandi Clausuræ*, Voyez POLYANDUS.

[a] Thesaur.

PODARGI, Peuples de la Thrace, selon Etienne le Géographe.

PEDENSTEIN, [b] petite Ville d'Allemagne, dans le Cercle de Franconie, dans la partie Orientale de l'Evêché de Bamberg, sur la petite Riviére de Putlach, qui se jette dans le Wisent.

[b] Jaillot, Atlas.

PODERADOS, Ville de Cilicie; la Notice du Patriarchat d'Antioche, & celle de l'Evêque de Cathare la mettent au nombre des cinq Evêchez dépendans de Tarsus seconde Métropole de ce Patriarchat.

PODHAICE, *Podhajecia* [c], Ville de la Petite Pologne au Palatinat de Russie dans le Territoire d'Haliez sur le Krepiecz, un peu au dessus de Monasterzis. Elle a d'assez bonnes murailles pour sa défense.

[c] André Cellar. Descr. Polon. pag. 332.

☛ 1. PODIUM, mot Latin, qui signifie balustrade, un appui, le Lieu du Théâtre où jouoient les Mimes & la place destinée au Théâtre pour les Consuls & pour les Empereurs. On l'a employé dans le moyen âge pour signifier un Lieu qui est sur le haut d'une Montagne, particuliérement lorsque cette Montagne est tellement d'un des côtez voisin du Lieu en question, que l'on n'y puisse point monter; à peu près comme ce que l'on appelle sur le bord de la Mer une Falaise. Plusieurs Villes, Bourgs & Villages de France, entre autres du côté de la Provence & du Languedoc, où la Langue Latine a subsisté plus long-tems, en ont emprunté leur nom. C'est de ce mot PODIUM que les François ont leur mot PUY, qui veut dire le même chose; comme le PUY EN VELAY *Podium*; le PUY STE. MARIE, *Podium Sanctæ Mariæ*; PUY-LAURENT, *Podium-Laurentii*, & tant d'autres. Le mot est différemment prononcé dans la plûpart des Provinces. Dans le Languedoc & dans les Provinces voisines, on dit tantôt *Puy*, tantôt, le *Pech*, ou le *Puech*; en Berri on prononce *Pie*, en Poitou le *Peux*, en Dauphiné *Poet*, & en d'autres Lieux *Poch*, *Peu*, *Puis*, *Pi*, ou *Pis*.

2. PODIUM, ou PODIUM-BEATÆ-MARIÆ, nom Latin de la Ville du Puy en Velay. Voyez au mot PUY l'Article le PUY EN VELAY.

PODIUM CELSUM, [d] nom Latin d'un Château du Diocèse d'Alby, dont il est parlé par Pierre Moine de Vaux Cernay, dans son Histoire de la guerre des Albigeois. Catel dit que quelques-uns ont par corruption appellé ce Château *Podium-Celsis* & *Podium Cliquenum*. On le nomme vulgairement PECHCELSIS.

[d] Adrian. Valef. Not. Gal. p. 452.

PODIUM-LAURENTII, Nom Latin de la Ville de Puy-Laurent en Languedoc. Pierre Moine de Vaux Cernay en parle dans son Histoire de la guerre des Albigeois [e]. Il y en a qui écrivent *Podium Laurentium*. Voyez PUY-LAURENT.

[e] Lib. 52.

PODIUM-NAUTERIUM, Lieu de France, dans le Languedoc, près de Carcassone. C'est Guillaume de Puy-Laurent qui en parle dans son Histoire de la guerre des Albigeois. Ce Lieu se nomme présentement PI-NAUTIER pour PUY-NAUTIER.

PODIUM-SORIGUER, Nom Latin d'un Château de France dont fait mention Pierre Moine de Vaux Cernay, dans son Histoire de la guerre des Albigeois [f]. D'autres ont appellé ce Château *Podium-Soricarium*, c'est-à-dire la Montagne des Souris, à cause qu'on y voyoit une grande quantité de ces animaux. Ce Lieu s'appelle vulgairement PUY-SALGUIER.

[f] Cap. 27.

PODIUS CERETANUS, nom Latin de la Ville de Puicerda, en Espagne. Voyez PUICERDA.

PODOCE, Ville des Indes dans l'Isle de Taprobane, selon Ptolomée [g] qui la met dans les Terres. L'Exemplaire de la Bibliotheque Palatine porte PODUCE pour *Podoce*. Cette Ville est aussi nommée *Poduce* dans Arrien cité par Ortelius [h].

[g] Lib. 7. c. 4.
[h] Thesaur.

PODLAQUIE, Duché & Palatinat en Pologne [i]. La Podlaquie est bornée au Nord partie par les terres du Royaume de Prusse, partie par celles du Grand Duché de Lithuanie, à l'Orient encore par la Lithuanie; au Midi par le Palatinat de Lublin, & à l'Occident par le Palatinat de Mazovie [k]. Par rapport au Temporel, ce Pays est gouverné par un Palatin & par un Castellan, & pour le Spirituel il est soumis à l'Evêque de Lucko. On divise ordinairement le Palatinat de Podlaquie en trois Districts, qui sont,

[i] De l'Isle, Atlas.
[k] André Cellar. Descr. Polon. p. 601.

Drogieczin,    Mielnick,
     Bielsk.

PODOLIE, Palatinat de la Petite Pologne [l], borné au Nord par le Palatinat de Volhinie, à l'Orient par le Palatinat de Braclaw; au Midi partie par la Moldavie, partie par la Pokucie, & à l'Occident par le Palatinat de Russie. Il ne manqueroit à ce pays [m] pour devenir un des plus riches de l'Europe que d'être délivré des courses des Barbares qui le ravagent continuellement. On y trouve des Marbres de diverses couleurs & de l'Albâtre en plusieurs lieux. Les bœufs & les chevaux, dont on fait commerce jusque dans les Pays les plus éloignez, témoignent la bonté de la terre, qui est arrosée par plusieurs Riviéres entre autres par le Bogh du côté du Nord & par le Niester du côté du Midi. Il y a dans ce Palatinat trois Séna-

[l] De l'Isle, Atlas.
[m] André Cellar. Descr. Polon. p. 347.

Sénateurs du Royaume, favoir le Palatin de Podolie, l'Evêque de Caminiec & le Caftelan de Kaminiec. On divife communément ce Palatinat en trois Territoires, qui font celui de Framblowa, & celui de Lahiczow. Les habitans font guerriers, & les Barbares auxquels ils font obligez à tous momens de tenir tête fortifient l'inclination qu'ils ont pour les armes. C'eft encore ce qui fait qu'on entretient dans le Pays plufieurs Fortereffes afin de le mettre en fûreté.

PODOPERURA, Ville de l'Inde en deçà du Gange: Ptolomée [a] la donne aux *Limyrices*. [a Lib. 7. c. 1.]

PODUCA. Voyez PODUCE.

POEANTHE, Ifle du Pont Euxin, près de l'Embouchure du Phafe & du Zarange, felon Ortelius [b] qui cite Orphée. Il ajoute: J'ai cru quelque tems que c'étoit l'Ifle que Sigismond Herberftein [c] appelle *Satabella*, & j'étois dans cette erreur à caufe du nom de Phafe que tout le monde fait être un Fleuve de la Colchide; mais il paroît que le Phafe de la Colchide eft différent de celui dont parle Orphée qui le place au voifinage du Bofphore Cimmérien. [b Thefaur. c Commentar. Mofcovit.]

POECILE, Portique de la Ville d'Athènes. C'étoit l'Ecole des Stoïciens. On l'appelloit auparavant *Pifianactea*, felon Suidas [d] qui cite Plutarque [e] & Diogène Laerce [f]. [d In voce Polemo. e In Cimone. f In Zenone.]

POECILE-PETRA, Ville de la Cilicie, felon Ortelius [g] qui cite Strabon. Cependant cet Ancien ne dit rien qui puiffe faire penfer que ce foit une Ville. Il femble que ce n'étoit qu'une Roche dans laquelle on avoit taillé des degrez pour aller à Séleucie. Voici le paffage de Strabon [h]: *Poft Calycadnum eft* PETRA POECILE *dicta cui incifi funt gradus qua Seleuciam itur*. [g Thefaur. h Lib. 14. p. 670.]

POECILASIUM, Ville de l'Ifle de Créte. Ptolomée [i] la place fur la Côte Méridionale. Mercator la nomme *Pentalo* & Niger l'appelle *Selino*. [i Lib. 3. c. 17.]

POECILUS, Montagne de l'Attique, felon Paufanias [k]. [k Lib. 1. c. 37.]

POEDICLI. Voyez PEDICULI.

POEDICUM, Ville du Norique, felon Ptolomée [l] qui la place au Midi du Danube, entre *Vacorium* & *Virunum*. Lazius dit qu'elle étoit près de Villac dans la Plaine de *Peckfeldt*. [l Lib. 2. c. 14.]

POEEESSA. Voyez PÆEESSA.

POEESSE. Voyez RHODUS.

POEMÆNIUM, Montagne de la Macédoine, felon Etienne le Géographe.

POEMÆNIUM, Lieu de la Paleftine, felon Ortelius [m] qui cite Palladius [n]. [m Thefaur. n In Pofidon.]

POEMÆNIUM, [o] Lieu de la Bithynie: c'eft Nicetas qui en fait mention. [o Ortelii Thefaur.]

POEMANDRIA. Voyez TANAGRA, & THEBÆ.

POEMANENI. Voyez POEMANINUM, N. 2.

POEMANETINUS, [p] Siège Epifcopal, dans la Province de l'Hellefpont. Il en eft parlé dans le fixième Concile de Conftantinople. [p Ibid.]

1. POEMANINUM, Campagne de la Myfie; Ortelius [q] qui cite Ariftide, dit qu'il y avoit un Temple d'Efculape dans cette Campagne. [q Ibid.]

2. POEMANINUM, petite Contrée de l'Ifle de Cyfique, felon Etienne le Géographe qui connoît auffi une Ville & une Fortereffe de même nom. La Ville eft fans doute la même qui eft qualifiée Siège Epifcopal dans le VI. Concile de Conftantinople, fous le nom de POEMANETINUS. Voyez ce mot. C'eft auffi la même Ville qui eft nommée *Poemanii* par la Notice de Léon le Sage & *Poemanentus* dans la Notice d'Hieroclès. Ces deux Notices la mettent dans la Province de l'Hellefpont. Pline [r] appelle les habitans de cette Ville POEMANENI. [r Lib. 5. c. 30.]

POEMEN, Montagne du Pont. Le Fleuve Parthenius y avoit fa fource, felon Etienne le Géographe.

POEMEUM, Lieu fortifié, dans la Perrhebie, felon Tite-Live [s]. [s Lib. 44.]

POENÆ-DEORUM, Ptolomée [t] dit qu'on donnoit ce nom à des Montagnes de l'Inde en deçà du Gange & qu'on nommoit auffi APOCOPI-MONTES ἀποκοποὶ ὄροι. [t Lib. 7. c. 1.]

POENESSA. Voyez PÆEESSA.

POENI. Voyez CARTHAGE.

POENICA. Voyez PHOENICE.

POENINÆ ALPES. Voyez au mot ALPES, l'Article ALPES-PENNINES.

POENINUS-LACUS, Ptolomée [u] met un Lac de ce nom en Italie, près de la fource de la Riviére *Doria*, mais aujourd'hui, dit Ortelius, on ne trouve aucun Lac en cet endroit. [u Lib. 3. c. 1.]

POEONES, Peuples de Thrace. Voyez PANNONIA, SYROPOEONES, & PÆONES.

POEONIA. Voyez PÆONIA.

POEONIDAE, Municipe de l'Attique, dans la Tribu Léontienne, felon Suidas qui remarque que ces Peuples différoient des PÆNIENSES & des POEONIDI, deux autres Municipes des Athéniens dans la Tribu Pandionide.

POEONIDI. Voyez POEONIDÆ.

POETANION, Ifle d'Espagne, au voifinage du Pays des *Cempfi*, felon Feftus Avienus cité par Ortelius [x]. [x Thefaur.]

POETOVIO. Voyez PETOVIO.

POEUS, Montagne de Gréce: Strabon [y] dit qu'elle étoit vers la fource du Fleuve Pénée. [y Lib. 7. p. 327.]

POGGIO, ou POGGIO-CASANO, Bourg d'Italie, dans la Tofcane, à dix mille de Florence & à égale diftance de Piftoie. Ce Bourg eft confidérable [z], par une Maifon de Plaifance du Grand-Duc, qui y eft bâtie. Ce Palais eft fitué fur une Colline, environné de grandes Plaines du côté du Levant, du Septentrion & du Couchant, & à une affez bonne diftance des Collines de Carmignano fi renommées par leurs bons vins. Il fut commencé par Laurent de Médicis furnommé le *magnifique*, pere du Prince Jean qui fut depuis Léon X. Souverain Pontife. Ce Pape continua le Bâtiment & particuliérement ce qui regarde les ornemens & une partie des peintures du grand Salon, qui fut achevé par le Grand-Duc François, auffi-bien que tout le refte qui reftoit encore à faire, [z Labat, Voy. d'Italie, t. 7. p. 232.]

re, en suivant toujours les desseins qu'en avoit fait Julien de St. Gal, Architecte, sous les ordres duquel ce magnifique Bâtiment avoit été commencé. Quoiqu'on ne puisse pas dire que ce Palais soit vaste, il a pourtant un air de grandeur & de magnificence qui le fait estimer. Il est environné d'une prairie renfermée d'une forte muraille assez large pour qu'on s'y puisse promener à découvert, & aussi haute que les appartemens du premier étage. On y monte par des escaliers doubles à rampes cordonnées, qui donnent entrée dans une terrasse à balustrades, qui environne la circonférence du jardin, & qui a d'espace en espace des loges couvertes, & voutées en Cul de Lampe, du dessein de Luc de la Robbia. Des loges on entre dans le grand Salon, dont la voute, comme celles des loges est ornée de Stucs & de Sculptures, que Julien de St. Gal a fait sur les modèles qu'il avoit vus à Rome. André del Sarto, Jacques Pontorno, & Francia Bigio l'ont enrichi de leurs ouvrages. On y voit comme César étant en Egypte, reçoit les honneurs, les hommages & les présens de plusieurs Nations par allusion à ce qui arriva à Laurent le Magnifique, à qui les Peuples & les Princes Etrangers se faisoient honneur d'envoyer des présens & qui en reçut même de Gaitheo, Soudan d'Egypte, qui entre autres choses lui envoya une Girafe autrement un Caméléopard, dont Politien nous a donné la description dans ses mélanges de Littérature. Les peintures que le Saro avoit entreprises furent achevées par Alexandre Allori. Francia Bigia a peint dans un des côtez Cicéron, qui étant rappellé d'éxil, fut appellé le Père de la Patrie, pour faire allusion au retour glorieux du vieux Côme de Médicis, qui ayant été banni de Florence, & obligé de se retirer hors de l'Etat, y fut rappellé & acquit une autorité, qui éleva enfin ses enfans sur le trône. Le même Peintre a représenté sur un autre côté du Salon de quelle manière Titus-Quintus Flaminius Consul haranguant dans le Sénat des Achéens contre l'Orateur des Etoliens & du Roi Antiochus, il empêcha les premiers de soutenir la Ligue que les Orateurs mêmes des Achéens leur vouloient persuader de former. Cette Histoire a un rapport très-juste à ce qui arriva dans l'Assemblée de Crémone dans laquelle Laurent le Magnifique découvrit & rompit les desseins & les mesures que les Vénitiens avoient prises pour se rendre maîtres de toute l'Italie. Alexandre Allori a peint le souper que Siface, Roi des Numides, donna à Scipion après qu'il eut défait Asdrubal en Espagne. Ce Tableau est encore une allusion au souper que le Roi de Naples donna à Laurent le Magnifique, dans le voyage qu'il fit chez ce Prince. Jacques de Pontorno a peint dans les extrémitez du Salon, où sont placées les lunettes qui y introduisent la lumière, Vertumne avec ses Laboureurs une serpe à la main. Rien n'est plus beau ni plus naturel que cette peinture, aussi-bien que l'Histoire de Pomone, de Diane & d'autres Déesses; & comme ces Tableaux ont été faits en concurrence les uns des autres; on peut dire qu'ils sont excellens & que les Auteurs n'ont rien épargné pour se surpasser.

Des deux extrémitez de ce Salon on entre dans deux Galeries auxquelles le S. P. Ferdinand, fils aîné du Grand Duc faisoit travailler dans le tems du voyage du Pere Labat. Ces Galeries doivent être magnifiquement ornées: c'est par elles que se communiquent les quatre grands appartemens qui composent ce Palais. Le Grand Salon, dont il vient d'être parlé, donne entrée dans un autre d'une moindre grandeur, mais orné de Stucs dorez, de peintures exquises, de marbres & de meubles précieux. Gabblani fameux Peintre Florentin a représenté dans la voute la Toscane dans la figure d'une Déesse, qui présente à Jupiter le Prince Côme Pere de la Patrie, qui par sa Sagesse avoit appaisé les guerres civiles & les émotions populaires, qui avoit détruit les vices qui régnoient dans le Pays, y avoit introduit la Vertu, les Sciences & les Arts, & y avoit amené l'abondance & les richesses. Elle semble prier Jupiter de le mettre au rang des Héros qui sont avec lui. On a placé autour de cette grande pièce dans des Médailles, les portraits des glorieux Ancetres du feu Grand Prince Ferdinand. Le Tableau de l'Autel de la Chapelle est de George Vasari; il représente Notre-Dame de Pitié.

Les Ecuries, qui sont bâties magnifiquement, sont peu éloignées du Palais. Elles ont chacun cent-vingt pas de longueur, & au-dessus un Coridor de même longueur qui donne entrée dans les chambres destinées aux Officiers du Prince.

Après qu'on est descendu de cette agréable Colline, en passant par des avenues, ou rangées d'arbres les plus beaux & les mieux entretenus, on trouve la Ménagerie avec les logemens de l'Intendant & des Domestiques qui sont sous ses ordres. On voit autour d'une très-spacieuse Cour les Etables où l'on met les différentes espèces d'animaux que l'on y nourrit, avec une grande pièce d'eau au milieu pour les abreuver. Il y a des terres dans cette vaste enceinte: on y fait de grandes récoltes d'excellent ris, & on a des inventions très-belles pour le monder. En continuant de se promener dans ces belles allées, on arrive à un endroit nommé la Pavonière qui sert aujourd'hui à courir les Daims qui sont en grand nombre dans cet enclos.

POGGIO IMPÉRIALE, Maison de Plaisance en Italie [a], au Duché d'Urbin, environ à deux milles de Pesaro, du côté du Couchant, & environ à égale distance du Golphe de Venise. Ce Palais fut bâti par Constance, Seigneur de Pesora [b], & est surnommé Impériale, parce que l'Empereur Fridéric III. y mit la première pierre. François-Marie de la Rovére, Duc d'Urbin & Marquis de Pesora, l'aggrandit

[a] *Magin, Carte du Duché d'Urbin.*
[b] *Davity, Etat du Duché d'Urbin.*

grandit enfuite & l'orna de plufieurs beaux Bâtimens.

*a Megin, Carte de la terre de Labour.*

POGGIO-REALE, Bourgade d'Italie [a], au Royaume de Naples, dans la terre de Labour. Elle eft fituée environ à deux milles de Naples du côté de l'Orient Septentrional. Quelques-uns croient que c'eft l'ancienne PALÆPOLIS. Voyez PALÆPOLIS.

*b Lib. 5. c. 5.*

POGLA, Ville de la Pamphilie, dans la Carbalie: Ptolomée [b] la place entre *Cretopolis* & *Menedemium.*

POGLISI, Niger donne ce nom à une Montagne de la Morée, & que les Anciens appelloient *Stymphalus.* Voyez STYMPHALUS.

*c Lib. 6. c. 29.*

POGOARGAS, ou PAGOARGAS, Ville de l'Ethiopie, fous l'Egypte; felon Pline [c].

*d De l'Ifle Atlas.*

POGOIANA, petite Ville des Etats du Turc [d], dans la Macédoine, à quelques lieues au Nord de Salonique.

POGON, Πώγων; c'eft-à-dire *Barbe;*

*e Lib. 8. p. 373.*

Strabon [e] nomme ainfi un Port du Péloponnéfe, qu'il donne aux Troezéniens. Il dit que la petite Ifle CELAURIA étoit au devant. Hérodote [f] & Suidas connoiffent auffi ce Port. Il y a apparence que c'eft le même port que Pomponius Méla [g] appelle *Pagonus Portus,* pour *Pogonus Portus,* comme on lit préfentement dans les meilleures Editions de ce Géographe.

*f Lib. 8. c. 42.*

*g Lib. 2. c. 3.*

PAGONUS-PORTUS. Voyez PAGON.

*b Dict.*

POHEM, Foritereffe de Mofcovie dans la Tartarie, felon Mr. Corneille [h] qui cite Maty, qui a trouvé ce nom dans la Carte de Mofcovie de Samfon; mais comme Samfon s'eft trompé dans cet endroit, il a entraîné avec lui tous ceux qui l'ont fuivi fans examen. C'étoit PELUN qu'il falloit lire & non *Pohem.* Cette Fortereffe ou petite Ville [i] eft dans la Sibérie, fur la Rivière de PELUN, au Nord Occidental de Tobolskoy, entre l'Oby & le Kama.

*i Carte nouv. de l'Empire Ruffien.*

*h Atlas Sinenf.*

POHING, Ville de la Chine [k], dans la Province de Chantung, au Département de Cincheu, quatrième Métropole de la Province. Elle eft d'un d. 32'. plus Orientale que Peking, fous le 37. d. 10'. de Latitude Septentrionale.

*i Atlas Sinenf.*

POI, Cité de la Chine [l], dans la Province de Nanking, au Département de Sincheu, quatrième grande Cité de la Province. Elle eft de o. d. 14'. plus Occidentale que Peking, fous les 35. d. 26'. de Latitude Septentrionale.

POIGNAC, Bois de France, dans la Haute-Marche, Maîtrife des Eaux & Forêts de Gueret. Il contient cinq cens cinquante-huit arpens.

POIGNY, Vieux Château de l'Ifle de France, aux environs de Rambouillet [m].

*m Piganiol, Defcr. de la France, t. 2, p. 672.*

Il eft flanqué de quatre Pavillons: autrefois il appartenoit à la Maifon d'Angennes; aujourd'hui il eft entre les mains de Mr. le Comte de Touloufe qui l'a acheté pour les commoditez de la chaffe.

POILLY, Bourg de France dans le Gatinois, Election de Gien.

☞ POINTE, Mot François qui fignifie l'extrémité pointue de quelque chofe que ce foit. On l'a employe dans la Géographie comme dans la Marine pour défigner une longueur de terre qui avance dans la Mer. On dit par exemple la pointe *de l'Eft, de l'Ouest, du Sud,* ou *du Nord,* pour dire la pointe d'une Terre qui regarde quelqu'une de ces différentes parties du Monde. Affez fouvent on prend le mot Pointe pour dire une Langue de terre & même un Cap: il répond aux mots *Promontorio, Capo,* ou *Ponta* des Italiens & aux mots *Promontorio, Cabo,* & *Punta* des Efpagnols.

POINTE DE L'ALGALOGNE, Pointe fur la Côte d'Italie, dans le Golphe de Naples [n], à un mille vers l'Eft de l'Ifle de Nizita. Elle eft fort haute, & au bout il y a une petite Ifle: On ne peut paffer à terre d'Elle qu'avec des batteaux. Sur le haut de cette Ifle il y a quelques ruïnes d'une Tour, & du côté de terre eft encore un ancien Temple qu'on appelle *l'Ecole de Virgile.*

*n Michelot, Port. de la Médit. p. 119.*

POINTE D'ARCACHON, Pointe, ou Cap fur la Côte Occidentale de la France, à l'embouchure du Baffin d'Arcachon, dans la Mer de Gafcogne. On l'appelloit anciennement *Curianum Promontorium.* Aujourd'hui on le nomme affez communément le CAP FERET.

POINTE DES BADINES, Pointe fur la Côte de France [o], dans la Mer Méditerranée, environ à trois milles vers le Nord-Eft de l'Ifle de Ribaudas, fur la Côte de Provence. Cette Pointe fait le commencement de la Baye d'Hières. Elle eft de moyenne hauteur, & il y a au bout de cette Pointe tout proche de cette terre un Ecueil. On peut mouiller cependant du côté du Nord à demi portée de Canon, vis-à-vis d'une Plage, par cinq à fix braffes d'eau, fond de fable. Ce mouillage eft propre pour les Vents de Sud-Sud-Oueft & Oueft; mais il ne faut pas s'y laiffer furprendre des Vents d'Eft, auquel cas il faut aller mouiller à Capeau.

*o Michelot, Port. de la Médit. p. 76.*

POINTE DE BUCHAM, Cap d'Ecoffe, fur la Côte Orientale. On l'appelle dans le Pays *Buchanneff.* Voyez BUCHAM.

POINTE DES CELEBES, Cap de l'Ifle de Célèbes, dans la partie Septentrionale de cette Ifle du côté de l'Orient, au Royaume de Manado.

POINTE DE L'ESPIQUETTE (la) Pointe fur la Côte de France [p] dans la Mer Méditerranée, près du Gras d'Aiguemorte. Entre cette Pointe & le Gras d'Aiguemorte, il y a une retinte qui conduit au Fort Pecaix où font plufieurs Salines. Sur la pointe d'Efpiquette on voit plufieurs Cabanes de Pefcheurs. Voyez POINTE DE LA PINEDE.

*p Michelot, Port. de la Médit. p. 58.*

POINTE DE MALALANGUE, Pointe fur la Côte de Savoie, dans la Méditerranée [q]. C'eft proprement la Pointe de l'Eft de la Baye de Ville-France. Elle eft haute & elle avance beaucoup en Mer. L'extrémité en eft baffe; & tant foit peu au-dedans de cette Pointe & vers l'Oueft, il y a une roche prefque à fleur d'eau, où

*q Michelot, Port. de la Médit. p. 84.*

la mer brife quelquefois; mais elle n'eſt pas loin de terre.

POINTE DE LA MAYRE [a], ſur la Côte d'Italie, à l'extrémité Orientale de la Côte de Génes. De la Citadelle de Ste. Marguerite à la Pointe de la Mayre, il y a environ ſept milles, vers l'Eſt-Sud-Eſt. Cette pointe eſt fort groſſe & fait l'entrée du Golphe de la Mayre, qui eſt aſſez profond, & c'eſt où finit la Côte de Génes. Près de cette pointe il y a un gros Ecueil hors de l'eau.

[a] Michelot, Portulan de la Méditer. p. 97.

POINTE DE LA PINEDE [la]: Pointe ſur la Côte de France [b], dans la Méditerranée, près de la Pointe de l'Eſpiquette vers l'Eſt. C'eſt une Pointe baſſe, bordée de ſable, auprès de laquelle il y a un bocage de pins, ce qui a fait qu'on a appellé ce Lieu-là la Pointe de la Pinede. Ces arbres & les Cabanes de Peſcheurs qui ſont ſur la Pointe de l'Eſpiquette donnent la connoiſſance de ces deux Pointes; car comme le terrein eſt fort bas, on ne le peut voir à moins que d'en être fort près.

[b] Michelot, Port. de la Médit. p. 58.

POINTE DE POZILIPPE, Pointe ſur la Côte d'Italie [c], dans le Golphe de Naples. De la petite Iſle qui eſt à la Pointe de l'Algalogne, juſqu'à la Pointe de Pozilippe il peut y avoir une demi-lieue: Entre ces deux la Côte eſt de moyenne hauteur, remplie de grandes maiſons; mais la plûpart abandonnées. Il y en a pluſieurs le long de cette Côte qui ſont abîmées ſous l'eau. On en voit encore les murailles à fleur d'eau & ſous l'eau & pluſieurs rochers fort au large, c'eſt pourquoi il faut paſſer au large, du moins à un mille. Au bout de la Pointe de Pozilippe, on commence à découvrir la Ville de Naples. En y allant le long de cette Côte, il y a pluſieurs Pilliers, Tours, & Maiſons abîmées; & quelques roches à fleur d'eau & ſous l'eau qui s'avancent près de quatre-cens toiſes au large, à quoi il faut bien faire attention en allant à Naples. On reconnoît cette Pointe par une grande Maiſon, qui eſt ſur le haut & qui eſt fort blanche. On peut néanmoins ranger les dangers apparens de cette Pointe à deux longueurs de Cable. On y trouvera trois à quatre braſſes & un peu après douze & quinze braſſes.

[c] Michelot, Port. de la Médit. p. 119.

POINTE-RICHE (la) Pointe ſur la Côte de France, dans la Méditerranée [d], environ quatre à cinq cens toiſes vers l'Eſt-Sud-Eſt du Cap Couronne. Elle eſt de moyenne hauteur. Entre cette Pointe & ce Cap, il y a un grand enfoncement bordé d'une Plage de ſable, appellée la Plage de Verdun, où l'on pourroit mouiller en cas de beſoin, lorſque les Vents ſont à la terre. Au-deſſus de cette Plage, à une grande portée de fuſil, on voit le Village de la Couronne. Environ un mille vers l'Eſt de la Pointe-Riche, il y a un Ecueil plat hors de l'eau, qu'on appelle le Ragnon, auquel il y a une Madrague. Il y en a auſſi pluſieurs autres le long de cette Côte juſqu'au fond de la Baye. Elles s'avancent en Mer environ ſix à ſept-cens toiſes; mais on ne les tend qu'en Eté.

[d] Michelot, Port. de la Médit. p. 63.

POINTE DE SAINT-PIERRE (la): On donne aujourd'hui ce nom [e] à la partie la plus Orientale de l'Iſle de Cadix ſur la Côte d'Eſpagne. L'origine de ce nom vient d'un Iſlet ſur lequel il y a une Tour & une Chapelle ou Hermitage dédié à l'Apôtre Saint Pierre, qui, à ce qu'on prétend y a prêché autrefois. Ce Lieu s'appelloit anciennement Heraclium, à cauſe du fameux Temple d'Hercule, qui y étoit ſitué.

[e] Labat, Voy. d'Eſpagne, t. 2. p. 47.

POINTE DE SAINT-SEBASTIEN [la]: On donne ce nom en Eſpagne à la partie la plus Occidentale de l'Iſle de Cadix, & qui étoit autrefois Cronium [f], à cauſe d'un Temple de Saturne qui y étoit. On la nomme préſentement la Pointe de Saint-Sebaſtien, à cauſe d'une Chapelle & d'un Hermitage dédié à ce Saint. On y va en pélerinage le 20. de Janvier. Comme cet endroit eſt éloigné, & déſert, on prétend que le prétexte de dévotion donne quelquefois occaſion à diverſes avantures.

[f] Labat, Voy. d'Eſpagne, t. 2. p. 47.

POINTE DES SAINTES-MARIES (la) Pointe ſur la Côte de France [g], dans la Méditerranée, environ ſix milles vers l'Eſt, cinq dégrez vers le Sud de la Pointe de la Pinede. Il y a ſur cette Pointe pluſieurs Cabanes deſtinées pour la retraite des Peſcheurs, qui ordinairement font la Peſche de la Melette, & autre poiſſon pendant l'Eté, & entre ces deux Pointes eſt l'entrée, ou le gras des Saintes-Maries; il ne peut y entrer que des batteaux, encore avec peine: il y a auſſi une Baye à l'entrée; mais ordinairement les Tartanes qui apportent le poiſſon en ces lieux, où à Arles, mouillent vis-à-vis de la Pointe. La Ville des Saintes-Maries eſt environ demi-lieue dans les terres: elle ſe voit d'aſſez loin & paroît comme les voiles d'un Vaiſſeau.

[g] Michelot, Port. de la Médit. p. 59.

Lorſqu'on navige le long de ces Côtes, à une diſtance de trois à quatre lieues, on a peine à découvrir les terres, parcequ'elles ſont extrêmement baſſes; mais on découvre les Clochers & les Tours des Villes & des Villages, & les Cabanes des Pêcheurs, qui ſont ſur le bord de la Mer. On peut néanmoins ranger à diſcrétion toutes ces Côtes avec un beau tems, principalement, lorſque les Vents ſont à terre.

POINTE DES TIGNES (la) Pointe ſur la Côte de France [h], dans la Mer Méditerranée, à l'embouchure de la Riviére du Rhône, à 45. milles à l'Eſt quart Sud-Eſt du Port de Cette, & à 13. milles au Sud-Eſt quart de Sud de la Pointe des Saintes-Maries. Il y a entre ces deux Pointes un grand enfoncement dans lequel on peut mouiller dans une néceſſité, y ayant 5. a 6. braſſes d'eau, fond de vaze molle, & où l'on eſt à couvert des Vents d'Eſt & de Sud-Eſt; mais il faut bien prendre garde de ne pas ſe laiſſer ſurprendre par les Vents du large; car on ne pourroit doubler les Pointes ni d'un côté ni d'autre. Ce qu'on appelle ordinairement les Tignes ou Tignaux, ſont pluſieurs baſſes

[h] Michelot, Port. de la Médit. p. 59.

Poin-

Pointes de Marécages, & petits bancs de fable, qui font aux environs, & qui s'avancent le plus au large de tout le Golphe de Lyon. C'est le lieu où se vient jetter la Riviére du Rhône, & l'endroit le plus dangereux de ces Côtes, à cause des bords de la Mer qui y font fort bas.

POIRE (le) Bourg de France, dans le Poitou, Election des sables d'Olonne.

POISARTEMIS. Voyez PENSATEMIDOS.

POISEUX, Paroisse de France, dans le Nivernois, Election de Nevers. Elle est située partie dans des Vallons & partie dans les Montagnes. Ses terres sont propres pour le froment, l'orge & l'avoine. Les foins y sont aussi abondans. Il s'y fait un petit commerce de Bestiaux, & il y a un fourneau, une forge & quelques bois taillis. Cette Paroisse a titre de Baronnie, mouvante de l'Evéché de Nevers. Le Seigneur est tenu de porter l'Evéque le jour de son entrée.

POISSONNIE'RE (la) Château de France, dans le Vendomois. C'est la Patrie du Poëte Ronsard.

POISSONS-BLANCS, Peuples sauvages, dans l'Amérique Septentrionale, dans la Nouvelle France. Ils habitoient autrefois au bord de la Riviére de Maitabirofine & fort avant. Ils sont descendus vers son embouchure au Cap de la Magdelaine, à deux lieues de la Ville de Trois-Riviéres, afin de commercer plus aisément avec les François.

POISSY, petite Ville de l'Isle de France, sur le bord de la Forêt de St. Germain, & à six lieues de Paris. Ce lieu qui est [a] *Longuerue*, fort ancien [a] ne se nomme point en Latin *Descr. de la Pisciacum* & ne vient point à *Piscibus*, *France*, *Part.* I. *p.* 16. comme quelques Modernes l'ont cru; mais il se nomme *Pinciacum*, comme il est marqué dans les anciennes Chartres & dans les Capitulaires des Rois. Le Pays des environs s'appelle *Pagus Pinciacensis*, & en François le PINCERAIS, qui donne encore son nom à un des Archidiaconez de l'Eglise de Chartres. Les anciens Rois ont quelquefois demeuré à Poissy. Ils y avoient un beau Château où ils se plaisoient avant que celui de St. Germain en Laye fût bâti. Saint Louïs [b] *Piganiol*, y nâquit & y fut baptisé; aussi [b] prenoit-*Descr. de la* il plaisir à se qualifier Louïs de POISSY. *France*, *t.* Philippe-le-Bel son petit-fils fit bâtir la *3. p. 93.* magnifique Eglise & le Monastère de Religieuses de l'Ordre de St. Dominique, qu'il dota de grands revenus. Il y avoit auparavant une Eglise de Notre-Dame, que la Reine Constance femme de Robert avoit fondée & où elle avoit mis des Chanoines de la Règle de St. Augustin. Les Religieuses de St. Dominique ont succédé à ces Chanoines. On a remarqué que Philippe-le-Bel fit bâtir l'Eglise au même lieu où étoit le Château, & que le Grand-Autel fut placé au même endroit où étoit le lit de la Reine Blanche, lorsqu'elle accoucha du Roi St. Louïs; ce qui est cause que cette Eglise n'est pas orientée comme elle devroit l'être. Ce Prince n'ayant pu achever cet Edifice, il le recommanda par son Testament à ses Successeurs, & il ne put être achevé qu'en 1330. par le Roi Philippe de Valois. Depuis ce tems-là ce saint Lieu a toujours été en grande vénération, & le Monastère a été gouverné plusieurs fois par des Princesses. Plusieurs Rois, Princes & Princesses y ont leur sépulture. Me. de Chaunes, Prieure de cette Maison, faisant en 1687. réparer le Chœur des Religieuses, on trouva dans un petit Caveau une manière d'Urne d'étain, posée sur des barres de fer: dans cette Urne étoient enveloppez d'une étoffe d'or & rouge, deux petits-Plats d'argent, avec cette Inscription sur une lame de plomb: Ci gît le cœur du Roi Philippe-le-Bel, Fondateur de cette Eglise & Abbaye, qui trépassa à Fontainebleau le vingt-neuf Novembre 1314. Il s'y trouva aussi plusieurs autres tombeaux de Princes & Princesses du Sang. Le feu du Ciel tomba sur cette Eglise le vingt & un de Juillet 1695. & consuma en moins de deux heures tout le comble avec le beau Clocher, ou Pyramide revêtue de plomb, qui avoit quarante-cinq toises de haut. Outre ce fameux Monastère, il y a encore à Poissy une Eglise Collégiale, une Paroisse, un Couvent de Capucins, un d'Ursulines & un Hôpital, sous le titre de la Charité, & qui est gouverné par des Filles de St. Thomas. On tient tous les Jeudis à Poissy un fameux marché de gros bestiaux qu'on y améne pour la nourriture de Paris. Il y a encore un marché ordinaire tous les Mardis & Vendredis. Au bout de la Ville est un Pont qu'on appelle le *Pont de Poissy*: il est renommé tant par sa largeur qui ne céde qu'à bien peu de Ponts du Royaume que par l'agrément de la vue qui est des plus charmantes & fort étendue. C'est au bas de ce Pont qu'on prend les Batteaux pour descendre à Rouën.

On tint dans cette Ville une Assemblée publique de Prélats & de quelques-uns des Sectateurs de Calvin. Cette Assemblée qu'on appelle le Colloque de Poissy, commença le quatrième de Septembre 1561. en présence du Roi Charles IX. de Catherine de Médicis sa mere & de toute la famille Royale, & finit le 25. de Novembre de la même année, sans aucun fruit.

POITEVINIEZE (la) Bourg de France, dans l'Anjou, Election d'Angers.

POITIERS, Ville de France, la Capitale du Haut-Poitou, & même de toute la Province. Elle fut appellée par les Latins *Augustoritum*, du nom d'Auguste son Fondateur. Cette Ville est bâtie sur une Colline, à la rive gauche de la petite Riviére de Clain [c]. Si l'on jugeoit du mérite [c] *Piganiol*, d'une Ville par son enceinte, Poitiers se-*Descr. de la* roit peut-être la premiére Ville du Royau-*France*, *t.* me après Paris; mais elle est des plus dé-*5. p. 94. &* fertes, & des plus ruinées par les Guerres *suiv.* Civiles. Les Romains y érigérent des monumens, dont les restes lui font encore honneur. L'Amphithéâtre étoit un des plus remarquables. Il est tellement ruïné qu'on a peine à reconnoître sa grandeur,

deur, & sa figure. Un peu au-dessous on trouve un grand Arc construit de grosses pierres de taille, qu'on croit avoir été un Arc de Triomphe. Il sert actuellement de Porte à une rue qui va au Pont, & à la Porte de St. Cyprien. Les ruïnes du Palais Galien sont encore des restes précieux d'antiquité. Voici ce qu'en dit l'Auteur de l'Histoire d'Aquitaine : *La commune renommée fait bruit d'un Palais, lequel y fut autrefois édifié, appellé le Palais Galien, & des Arenes, dont on peut conjecturer par les vestiges qui encore apparoissent, que ce fut un Palais somptueux, & de grande structure; mais je n'ai trouvé absolument qui l'a fait faire. Toutefois on pourroit dire qu'il fut fait du tems que Galienus étoit Empereur de Rome, qui fut l'an de salut 257. & aussi le Palais Galienne de Bordeaux; car les somptueux Edifices qu'on faisoit ès Villes, & Régions, & Provinces, étant sous l'Empire Romain, prenoient communément leur nom des Empereurs qui lors étoient; & le dit Galienus tint son Empire en Aquitaine, comme il appert par l'Histoire & Legende de Monsieur S. Cler, qui fut martyrisé sous son dit Empire. Et quant au lieu des Arenes qui est joignant ledit Palais, c'étoit le lieu, pour faire joustes & tournois. Et pour l'entendre est à présupposer que les Romains eurent les exercices & Discipline Militaires, ... & avoient Places sablonneuses qu'ils appelloient Arenes, & près d'elles Cavernes, & fosses voutées où ils exerçoient les Lions, Léopards, Ours, & autres Bêtes cruelles, contre lesquelles les gens qu'on vouloit envoyer en guerre, qu'ils appelloient Gladiateurs, se combattoient sur l'Arene, c'est-à-dire sur le sable, tant pour les passe-tems des Princes, que pour les rendre plus hardis en guerre.... Et au regard des grands Arceaux qu'on voit hors la Ville de Poitiers correspondans à ce Palais, c'étoient Conduits & Canals, pour faire distiller & venir l'eau de quelque Fontaine en icelui Palais.* Ces Aqueducs, qu'on appelle aujourd'hui les Arceaux de Periginy, sont à un quart de lieue de la Ville, du côté de la Porte de la Tranchée. On voit au milieu de la Ville de Poitiers une grosse Tour ronde, construite de grandes pierres, & ornée par les dehors de plusieurs figures, qu'on dit avoir été le Château d'un homme de crédit appellé Maubergeon.

L'Eglise Cathédrale est dédiée à St. Pierre. Elle est fort longue & fort large. Si son élévation répondoit aux deux autres dimensions, ce seroit sans contredit une des plus belles Eglises du Royaume. Les Antiquaires y remarquent un ancien marbre blanc, long de six à sept pieds, d'un pied & demi ou environ en quarré & sur lequel est une Inscription qu'on peut lire dans le supplément de la Diplomatique du Pere Mabillon. Ce marbre fut tiré il y a quelques années de l'Eglise de Saint Jean, que la plûpart des Antiquaires croient avoir été un Temple d'Idoles.

Après la Cathédrale, l'Eglise Collégiale de St. Hilaire est la plus considérable de cette Ville. On y remarque le Tombeau de Gilbert de la Porrée, qui avoit été Trésorier de Saint Hilaire avant que d'être Evêque de Poitiers & qui voulut y être enterré. Ce Tombeau qui est de marbre blanc a quatre-vingt trois pouces de long, sur trois pieds de large & autant de profondeur. Il est orné de deux rangs de Bas-reliefs, qui représentent une partie de la vie de Jesus-Christ, depuis son entrée dans Jérusalem. Ce Monument a été moitié brisé par les Calvinistes qui en tirèrent le corps du Prélat & le jettèrent au feu. Il est élevé sur de bas Pilastres d'environ deux pieds. Du côté opposé, derrière le Chœur, est le reste d'un ancien sépulcre, à peu près de la grandeur du précédent & couvert. Il est d'une espèce de pierre calcinée, tirant sur le blanc, & orné de quelques figures en bas-relief. On prétend qu'il a la propriété de consumer en vingt-quatre heures les Cadavres que l'on y renferme. Ce tombeau est rompu en deux endroits. Dans une chambre qui est à côté de l'orgue on garde le Berceau de St. Hilaire. C'est la moitié d'une Souche de chêne d'environ six pieds de long, sur deux pieds & demi de diamètre & creusée en forme d'auge. On y met dedans & on y attache les fols & les insensez pour les guérir.

L'Abbaye de Sainte-Croix est un Monument de la piété de Ste. Radegonde, Reine de France. L'Eglise d'aujourd'hui est, à ce qu'on prétend, du tems de Charlemagne. La Nef sert de Chœur aux Religieuses & les Sièges sont ornez chacun d'un tableau peint sur cuivre. Ces peintures sont fort belles & font un présent du Prince d'Orange, qui les envoya à Madame de Nassau sa sœur Abbesse de ce Monastère. Une des plus saintes curiositez de cette Abbaye est la Cellule de Sainte Radegonde, & que l'on nomme le Pas de Dieu à cause du miracle dont je vais parler. Bandomine qui avoit été élevée dès le berceau avec Sainte Radegonde & qui la suivit dans le Cloître, rapporte dans la Vie de cette Reine que le 3. d'Août de l'an 590. cette Sainte après avoir été comme absorbée dans la prière & dans la contemplation, revint de cette extase, & rendue à elle-même vit dans sa Cellule un beau jeune homme tout resplendissant de gloire. Elle fut troublée de cette apparition; mais il la rassura en lui disant qu'il étoit le Christ qui venoit pour la consoler, en l'assurant qu'il étoit toujours avec elle & qu'elle étoit une des belles pierreries de sa couronne. Jesus-Christ disparut, mais il laissa l'impression d'un de ses pieds dans cette Cellule, & c'est ce qu'on appelle le *Pas de Dieu.*

L'Eglise de Notre-Dame la Grande fut bâtie, à ce qu'on dit, du tems de l'Empereur Constantin. Sur un des murs extérieurs on voit la Statue Equestre de cet Empereur accompagnée de ces quatre Vers:

*Quam Constantini pietas erexerat olim,*
*Ast Hostis rabies stravarat effigiem.*
*Restituit veteres cupiens imitarier usus,*
*Visus Eques Templi Cœnobiarcha pius.*

Cette

Cette Eglise fut d'abord dédiée à St. Nicolas Evêque de Mirrhe; mais elle changea de nom à l'occasion d'un miracle arrivé par l'intercession de la Sainte Vierge. Les Jésuites ont à Poitiers un fort beau Collége; mais leur Bibliothéque est très-peu de chose. Celle des Capucins au contraire est fort bonne.

Au milieu de la Place Royale est une Statue pedestre de Louïs le Grand, en Stuc bronzé sur un piédestal cubique, cantonné de termes qui représentent des Nations. Sur le piédestal sont gravées quelques Inscriptions à la louange du Héros qu'il supporte.

On compte dans Poitiers quatre Chapitres, outre celui de la Cathédrale; vingt-deux Paroisses, neuf Couvens d'Hommes, douze Couvens de filles sans compter les Abbayes; deux Séminaires, trois Hôpitaux & six Portes qui sont celles de *Saint-Lazare*, de *Rocheyeul*, du *Pont-Joubert*, de *St. Cyprien*, qui ont chacune un Pont sur le Clain: la Porte de la *Tranchée* étant sans eau & d'ailleurs d'un accès facile, on l'a fortifiée: la sixième est celle du *Pont à Char*, où les Carosses ne peuvent passer. Proche de la porte de Saint Lazare étoit un vieux Château dont il reste encore quelques Tours rondes & des murailles d'une épaisseur extraordinaire. On croit que c'est un Ouvrage des Romains. A mille pas de cette Ville, en sortant par la Porte du Pont-Joubert, on trouve une Pierre de forme ovale, qu'on appelle la *Pierre levée*, & qui a environ vingt pieds de circuit. Elle est élevée sur cinq Piliers, qui ont chacun trois pieds de haut. La Tradition du Pays veut que Sainte Radegonde l'ait apportée sur sa tête dans ce lieu, & les Piliers dans son Tablier, & que le Diable ramassa le sixième Pilier qu'elle laissa tomber. On verra dans l'Article suivant qu'il y a dans la Ville de Poitiers un Bureau des Finances, un Présidial, une Election, une Maréchaussée, une Monnoye, une Jurisdiction des Eaux & Forêts & un Corps de Ville composé d'un Maire, de vingt-cinq Eschevins & de soixante & quinze Bourgeois. La Charge de Maire donne le Privilège de Noblesse. Cette Ville est presque sans commerce. Ses habitans sont naturellement paresseux, adonnez aux plaisirs, d'ailleurs doux & sociables.

Ce fut, comme parle du Chêne, à quatre jets de pierre de Poitiers, entre Beauvoir & Maupertuis que se donna en 1356. une Bataille fameuse, entre les François & les Anglois. Les premiers y furent défaits & le Roi Jean y fut fait prisonnier.

L'EVECHÉ DE POITIERS, qui est Suffragant de l'Archevêché de Bourdeaux fut établi vers l'an 260. Il est célébre dans l'Histoire ancienne tant profane qu'Ecclésiastique, ayant eu des Evêques de grande réputation, & entre autres le Grand Saint Hilaire. Cependant tout ce qu'on dit des Evêques de Poitiers avant ce Saint [a] n'est point prouvé. Les Visigoths Ariens [a] qui s'étoient établis à Poitiers dans le cinquième siécle y maltraitérent les Catholiques & c'est probablement ce qui engagea l'Eveque à se retirer à l'extrémité de son Diocèse dans une Place nommée *Ratiatum*, en François *Rais*. C'est pour cela que dans les souscriptions du premier Concile d'Orléans tenu en 511. Adelphius, Evêque de Poitiers est appellé *Episcopus Ratiatensis*. C'est dans ce Pays qu'étoit le Comté d'Erbauges, en Latin *Abatilicensis*, qui étoit du Poitou, comme l'assurent tous les anciens Auteurs. Ce fut Charles le Chauve qui donna en 851. à Herispée Prince des Bretons tout le Pays de Rais *Ratiatensis*, qu'il unit à la Bretagne, & au Diocèse de Nantes; en sorte qu'il cessa de dépendre de Poitiers au temporel & au spirituel. L'Evêché de Poitiers fut encore rétranché de la moitié par le Pape Jean XXII. lorsqu'il érigea les nouveaux Sièges de Maillezais & de Luçon. Cet Evêché vaut aujourd'hui environ vingt-cinq mille livres de revenu.

J'ai déja dit qu'il y avoit cinq Chapitres dans la Ville de Poitiers. Saint Pierre le Grand est l'Eglise Cathédrale. Son Chapitre est composé d'un Doyen, d'un Grand Archidiacre, d'un Chancelier, d'un Prevôt, des Archidiacres de Briançon & de Thouars, d'un Sous-Doyen, d'un Chantre, d'un Sous-Chantre, d'un Théologal, & de vingt-quatre Chanoines, dont les Canonicats valent huit cens livres de revenu. L'Eglise de St. Hilaire le Grand a le Roi pour Abbé, & la dignité de Trésorier est de nomination Royale. Les Canonicats valent environ seize cens livres de revenu. Le Trésorier est toujours Chancelier de l'Université de Poitiers. Dans le Chapitre de Sainte Radegonde, le Prieuré est la première dignité, & le revenu des Chanoines est de six-cens livres. Le Chapitre de Notre-Dame a pour Chef un Abbé, & le revenu des Chanoines est de quatre-cens livres. Dans le Chapitre de Saint Pierre le Puillier, les Canonicats sont de cinq-cens livres de rente. Outre ces Chapitres qui sont dans la Ville, il y en a quelques autres dans le reste du Diocèse; mais dont le revenu est peu considérable. L'Abbaye de Saint Hilaire le Grand de Poitiers étoit de l'Ordre de St. Benôît, & fut fondée dans les premiers siécles, mais ayant été détruite par les Payens elle fut rebâtie en 1049. par les soins d'Agnès Comtesse de Poitiers. Elle a été sécularisée. Le Trésorier a droit de porter la mitre. Elle est immédiatement soumise au St. Siège, & jouït de plusieurs beaux Privilèges. L'Abbaye de St. Cyprien bâtie hors des murailles de la Ville de Poitiers, est de l'Ordre de St. Benôît. Elle fut fondée par Pepin Roi d'Aquitaine; mais la plus grande partie de ses biens lui ont été donnez par Raoul Roi de France en 936. Elle vaut environ neuf mille livres de revenu. Montier-Neuf de Poitiers est du même Ordre & fut fondé par Guillaume Geoffroy Comte de Poitiers & Duc d'Aquitaine en 1068. Guillaume Duc d'Aquitaine & fils de

[a] *Longuerue Descr. de la France*, Part. I. pag. 148.

Guil-

Guillaume la dota en 1077. Elle vaut mille livres de revenu. L'Abbaye de Sainte Croix de Poitiers est du même Ordre & pour des Filles. Elle fut fondée par Sainte Radegonde, Reine de France & femme de Clotaire premier. Cette Sainte Princesse y mit sa sœur Agnès pour premiere Abbesse; & ayant envoyé dans le Levant pour avoir un morceau de la Croix sur laquelle *Jesus-Christ* fut crucifié, & l'ayant obtenu, elle voulut que ce Monastère portât le nom de Sainte-Croix. Sainte Radegonde mourut dans cette Abbaye en 590. La Trinité de Poitiers est aussi une Abbaye de Filles de l'Ordre de Saint Benoît : Adéles femme d'Eble II. Comte de Poitiers & Duc de Guienne la fonda vers l'an 936. car les Lettres de Confirmation du Roi Lothaire sont de cette année. Il y a encore vingt-cinq autres Abbayes dans le reste de cet Evêché.

POITOU [a], Province de France, & dont la Capitale est POITIERS. Elle est d'une assez grande étendue ayant soixante & quinze lieues de longueur d'Orient en Occident, & vingt-cinq lieues de largeur du Midi au Septentrion. Elle est bornée à l'Orient par la Touraine, le Berry, & la Marche, au Nord par la Bretagne & l'Anjou, au Couchant par la Mer de Gascogne, & au Midi par l'Angoumois & la Saintonge.

[a] *Piganiol, Descr. de la France*, t. 5. p. 70.

Le Poitou & sa Capitale Poitiers [b] ont pris leurs noms des anciens Peuples *Pictones* ou *Pictavi*, qui étoient célèbres entre les Celtes du tems de Jules César, & ensuite Auguste les attribua à l'Aquitaine. Leur Territoire étoit de beaucoup plus grande étendue que n'est le Poitou, parce qu'il comprenoit celui des *Cambolectres Agesinates*, qui leurs étoient joints, comme Pline l'assure, & outre cela les Poitevins s'étendoient jusqu'à la Riviére de Loire, qui les séparoit des Nantois, comme nous l'apprenons de Strabon.

[b] *Longuerue, Descr. de la France*, Part. 1. pag. 147.

Du tems qu'Ammien Marcellin faisoit la guerre dans les Gaules sous Julien, la seule Novempopulanie étant distinguée de l'Aquitaine, il n'y avoit alors qu'une Aquitaine, dont le Poitou faisoit partie; mais sous l'Empire de Valentinien I. l'Aquitaine ayant été divisée en deux, le Poitou fut attribué à la seconde, & soumis à la Métropole de Bourdeaux.

Après l'invasion des Barbares dans les Terres de l'Empire Romain au cinquième Siècle, les Visigots s'étant emparez de la seconde Aquitaine, ils se rendirent les Maîtres du Poitou, que les François conquirent après la défaite d'Alcria, qui fut tué en Bataille par Clovis dans les Plaines de Voclade, aujourd'hui Vouglé près de Poitiers.

On voit par Grégoire de Tours & les autres anciens Monumens de notre Histoire, que par le partage qui fut fait de l'Aquitaine entre les fils & petit-fils de Clovis, le Poitou obéïssoit au Rois d'Austrasie, qui jouyrent toujours de ce pays jusqu'au tems de Childeric II. lequel réunit les deux Royaumes & quoiqu'ils fussent encore séparez pendant quelques années, à cause du retour en Austrasie de Dagobert, revenu des Isles Britanniques; néanmoins comme ce Prince n'eut pas le pouvoir que ses prédécesseurs avoient eu en Aquitaine, on n'y reconnut plus que le Roi de Neustrie & les Maires de son Palais. On ne trouve point que les Poitevins ni les autres Aquitains se soient séparez de l'obéïssance de ces Rois & de leurs Maires avant la mort de Pepin le gros: c'est dans ce tems-là qu'on voit qu'Eudes étoit Duc & maître absolu de l'Aquitaine, dont il se maintint toujours en possession, nonobstant les efforts de Charles Martel, aussi-bien que Hunaud, fils d'Eudes; ce fut Gaifre, fils de Hunaud, qui ayant été attaqué par le Roi Pepin, perdit ses Etats & la vie.

Ce fut ce Roi, pere de Charlemagne, qui se rendit maître du Poitou, qui fut gouverné sous les Carlovingiens par plusieurs Comtes qui n'étoient que de simples Gouverneurs. Enfin les Rois de cette Race ayant perdu leur autorité, ce fut sous Louïs d'Outremer, que Guillaume surnommé Teste d'Etoupes, se rendit maître absolu de Poitiers, dont il fut fait Comte par le Roi Louïs d'Outremer, aussi-bien que de Limoges, d'Auvergne & du Velay. Comme nous l'apprenons de la Chronique de Maillezais & de celle du Moine Aimar, il eut le titre de Duc d'Aquitaine, qui le rendit Supérieur à tous les autres Seigneurs des Pays situez entre la Loire & la Garonne. Ses Successeurs acquirent ensuite les pays qui sont entre la Garonne & les Pyrénées, avec la Ville de Bourdeaux. Le dernier Duc d'Aquitaine nommé Guillaume, comme ses prédécesseurs, eut une fille & unique héritiére, nommée Alienor ou Eleonor, qui ayant été répudiée par Louïs le Jeune, Roi de France, son premier mari, épousa Henri, Roi d'Angleterre, & lui apporta en mariage le Poitou avec ses autres grands Etats, qui furent confisquez & conquis pour la plûpart sur Jean Sansterre par Philippe Auguste.

Alphonse son petit-fils, frere de St. Louïs, eut le Poitou en partage, & Henri III., Roi d'Angleterre céda cette Province à la France par le Traité de l'an 1259. Philippe le Bel donna le Comté de Poitou, à son fils Philippe dit le Long, qui fut Roi de France, V. du nom. Il ne laissa que trois filles, pour l'aînée desquelles Eudes, Duc de Bourgogne demanda le Poitou; mais il ne put venir à bout de ses prétentions, & ce pays ayant été conquis après la défaite & la prise du Roi Jean, par les Anglois, il leur fut cédé en toute souveraineté par le Traité de Bretigny. Après la mort du Roi Jean, Charles V. son Successeur ayant recommencé la guerre contre les Anglois, conquit sur eux le Poitou, qu'il donna à son frere Jean, Duc de Berry, pour lui & ses Successeurs mâles. Le Duc Jean n'eut que des filles, & après sa mort Charles VI. donna le Poitou à son fils Jean qui mourut jeune & sans enfans; depuis ce tems-là le Poitou n'a pas été séparé du Domaine,

ni

ni donné en appanage à aucun Prince.

Par rapport au Spirituel le Poitou est divisé en deux Evêchez, qui sont POITIERS & LUÇON. Voyez ces deux Articles.

Quant au Temporel le Gouvernement du Poitou est du ressort du Parlement de Paris, & il n'y a qu'un seul Présidial, qui est d'une grande étendue & qui est établi dans la Ville de Poitiers. On compte dans l'étendue de ce Présidial cinq Sénéchausfées Royales y comprise celle de Poitiers, qui est unie au Présidial. Les quatre autres sont:

Chatelleraut,      Civray,
Montmorillon,   Fontenay.

Il y a trois Sièges Royaux, savoir:

Niort,              Saint-Maixent,
        Lusignan.

Et six Prevôtez Royales:

Melle,         Usson,
Aunay,        Parthenay,
Chizé,         Vouran.

Les deux dernières ont été unies depuis quelque tems au Domaine du Roi. Les Sénéchaux de Poitiers de Chatelleraut, & de Civray sont d'Epée; & ceux de Montmorillon & de Fontenay sont de robe longue. Dans les Sénéchaussées de Poitiers, Chatelleraut, Civray & Fontenay, la Justice se rend au nom de Sénéchal; mais dans la Sénéchaussée de Montmorillon les Sentences ne sont intitulées d'aucun nom. Au Siège Royal de Niort, qui est dans la Sénéchaussée de Poitiers, & à ceux de Saint-Maixent, Melle, Usson, Aunay & Chizé, qui sont dans la Sénéchaussée de Civray, les Sentences s'intitulent au nom du Sénéchal. Les droits de ces Sénéchaux sont de présider aux Audiences & de convoquer l'Arrière-ban. Les appointemens ou gages du Sénéchal de Poitiers sont de cent quatre-vingt-sept livres dix sols sur le Domaine. Il jouit aussi de trois cens cinquante livres cinq sols sur la Recette des tailles de Poitiers. Les appointemens du Sénéchal de Montmorillon devroient être de vingt-cinq livres sur le Domaine; mais l'Engagiste ne prétendant pas être tenu des charges locales, ces gages ne se payent point. Il ne paroît pas non plus aucun fonds pour les appointemens du Sénéchal de Civray, ni dans les Etats des charges locales dont le Marquis de Dangeau est tenu, ni dans les Etats de Fontenay. Il est à remarquer que Saint-Maixent ne veut pas être de la Sénéchaussée de Civray, mais prétend être séparé. Cependant il en est & l'on en a plusieurs titres. On y voit même, que le Lieutenant Général de Civray alloit tenir les Assises à Saint-Maixent une fois l'an pendant trois jours; ce qui a été négligé par crainte d'un grand procès, quoiqu'on soit très-bien fondé.

Il y a aussi à Poitiers une Jurisdiction conservatoire des priviléges de l'Université, composée d'un Juge Conservateur & d'un Assesseur: une Jurisdiction des Eaux & Forêts, composée d'un Lieutenant Particulier, d'un autre Lieutenant, d'un Garde-Marteau & d'un Procureur du Roi: une Jurisdiction Consulaire pour les Marchands. Le Siège d'Amirauté est établi aux Sables d'Olonne & le Bureau des Finances est à Poitiers. Il est composé d'un nombre considérable d'Officiers.

Toute la Province du Poitou se divise par rapport aux Finances & aux Impositions en neuf Elections qui sont:

Poitiers             Fontenay le Comte,
Chatelleraut,    Les Sables d'Olonne,
Saint-Maixent,  Thouars,
Niort,                Mauléon,
        Confolans.

Les habitans du Poitou de même que ceux d'Auvergne de Limousin & de la Marche ayant appris en 1549. que le Roi Henri II. avoit résolu de mettre une Impôt, ou Gabelle sur le Sel eurent recours à ce Prince, qui moyennant une certaine somme qui fut portée dans ses Cofres, les exempta pour le présent de toutes sortes d'impositions sur le Sel sauf aux Fermiers de mettre sur les frontières du Berg & du Bourbonnois où la Gabelle est établie, tel nombre de Gardes qu'ils jugeroient à propos, pour empêcher le versement de sel dans ces deux Provinces. Voilà la raison pour laquelle le Poitou l'Auvergne, le Limousin & la Marche sont appellez Pays rédimez. Les Fermiers ont pris delà occasion de les regarder comme Pays étrangers & de faire payer à leurs habitans des droits d'entrée & de sortie, comme s'ils étoient véritablement étrangers, quoiqu'ils se trouvent au centre du Royaume. A la Gabelle du Sel près, le Poitou est sujet à tous les droits compris dans le Bail des cinq grosses Fermes, & à toutes les impositions tant ordinaires qu'extraordinaires, de même que toutes les autres Provinces du Royaume.

L'Université de Poitiers fut établie par Charles VII. en 1431. Elle est composée des Facultez des Arts de Théologie de Droit & de Médecine. Outre cette Université, il y a plusieurs petits Colléges dans la plûpart des Villes de cette Province.

Il se fait peu de commerce dans l'Election de Poitiers. Il consiste principalement dans le débit des bas & des bonnets de laine qu'on y fait & en peaux de chamois qu'on apprête assez bien. On vend aux Foires qui se tiennent dans l'étendue de cette Election quelques Bestiaux, des laines & des grains. On fabrique à Parthenay des Droguets dont le commerce étoit autrefois assez considérable; mais il est fort diminué. Voyez sous le nom de chaque Election le commerce qui s'y fait.

Il y a un Gouverneur Général de cette Province. Il a sous lui un Lieutenant Général & deux Lieutenans de Roi pour le Haut Poitou; & un Lieutenant Général & deux Lieutenans de Roi pour le Bas Poitou. Il y a aussi des Gouverneurs Particuliers pour la Ville & Château de Loudun & Pays de Loudunois; à Poitiers, à Châtelleraut, à Lufignan, à Saint-Maixent, à Niort, à Fontenay le Comte & au Château de la Chaume. Outre la Maréchauffée Générale, on comptoit en Poitou huit Maréchauffées Provinciales, établies à Poitiers, Chatelleraut, Montmorillon, Civray, Niort, Thouars, Saint-Maixent; mais le Roi par l'Edit du mois de Mars 1720. ayant éteint & fupprimé les anciennes Compagnies des Maréchauffées, en a créé de nouvelles & par fa Déclaration du neuf Avril de la même année a établi à Poitiers un Prevôt Général, dont la finance de la charge eft fixée à quarante mille livres; un Lieutenant dont la finance de la Charge eft de quinze mille livres, un Affeffeur un Procureur du Roi & un Greffier. Il y a à Fontenay le Comte un Lieutenant, un Affeffeur, un Procureur du Roi & un Greffier; à Montaigu un Lieutenant, un Affeffeur, un Procureur du Roi & un Greffier; à Montmorillon un Lieutenant, un Affeffeur, un Procureur du Roi & un Greffier.

Suivant la fituation des lieux, le terroir eft plus ou moins fertile. En général on peut dire qu'il eft partie en Plaines partie en Bois & en Pâturages. Il y a quelques Forêts & peu de Montagnes. On n'y remarque que deux Riviéres navigables, la Vienne & la Sevre Niortoife. Le Clain a été autrefois navigable de Poitiers à Chatelleraut. Cette navigation feroit facile à rétablir, & d'une très-grande utilité pour la Ville de Poitiers. Il n'y a dans cette Province qu'une Fontaine minérale, qui ait quelque réputation: c'eft celle d'Availlés, dont l'eau eft limpide, & de faveur un peu falée.

On compte neuf petit Ports de Mer ou Havres en Poitou; favoir

Les Sables d'Olonne, Saint Benoît,
Beauvoir, La Thranche,
La Barre de Mons, Saint Gilles,
Jard, Noirmoutier,
L'Ifle Dieu,

Tous ces petits Ports ne font que pour des Barques, excepté celui des Sables d'Olonne, où il peut entrer des Navires de cent cinquante tonneaux tout au plus.

Le POITOU, eft divifé en HAUT & BAS.

Le HAUT-POITOU, eft la partie Orientale qui touche à la Touraine & au Berry.

Le BAS-POITOU eft la partie Occidentale qui confine avec l'Océan & le Pays Nantois.

POIX, Bourg de France, dans la Picardie, ou Bailliage d'Amiens [a], à quelques lieues d'Aumale, fur une petite Riviére, nommée auffi Poix, & qui fe joint à la Selle. La Terre de Poix fut érigée en Duché-Pairie, en faveur de Charles de Blanchefort, Sire de Crequi, fous le nom de CREQUI, par Lettres du mois de Juin de l'an 1652. vérifiées au Parlement le 15. de Décembre 1663. Cette Duché-Pairie s'éteignit à la mort de Charles de Blanchefort arrivée le 11. Février 1687. qui ne laiffa qu'une fille, Magdeleine de Crequi. Par le Mariage de cette fille avec Charles Belgique-Hollande de la Trimouille, la Terre de Poix paffa dans cette Maifon, d'où elle eft fortie par le mariage de Marie Victoire de la Trimouille, avec Emanuel Théodofe de la Tour d'Auvergne, Duc d'Albret. Poix porte [b] depuis fort long-tems le titre de Principauté, quoiqu'il n'y ait jamais eu d'Acte d'érection en Principauté. Les anciens Seigneurs de ce Lieu prenoient la qualité de *Domini & Principes de Caftello de Poix*. Le plus ancien titre que l'on trouve avec cette qualité eft de l'an 1259. & par un autre de l'an 1256. Vautier Tirel fe qualifie *par le grace de Dieu Seigneur de Poix*.

1. POLA, Ville d'Italie, dans la partie Méridionale de l'Iftrie [c], fur la Côte Occidentale, au fond d'un Golphe affez profond. C'eft une des plus anciennes Villes de l'Iftrie [d], & elle fe fent auffi beaucoup de fon antiquité. A peine y a-t-il maintenant fept ou huit cens habitans; & fi l'on n'y voyoit pas des marques de fon ancienne grandeur, perfonne ne croiroit qu'elle a été une République comme on l'apprend d'une Infcription gravée fur la bafe d'une Statue de l'Empereur Sévére, où elle eft appellée *Refpublica Polenfis*. Ce Marbre eft à la Cour du Dôme, & on faillit à la mettre aux fondemens du Clocher qu'on y a bâti. Ce Dôme autrement l'Eglife Cathédrale a été élevée apparemment fur les ruînes de quelque Temple Payen, car on trouve auprès quelques reftes de Colonnes de Chapiteaux, & d'Infcriptions antiques, & un petit baffin de Fontaine fort ancien, qui fert préfentement de Benitier. Pola, felon le Poëte Callimachus a été une Colonie de la Colchide, qui pourfuivoient les Argonautes; car ne pouvant favoir ce qu'ils étoient devenus ils n'oférent retourner vers leur Roi, & fe bannirent volontairement de leur Pays; ce qui donna le nom de POLA, à la Ville qu'ils bâtirent, *Pola* fignifiant en leur Langue des *Gens bannis*, comme le remarque Strabon. On eft en peine du chemin qu'ils tinrent pour venir en ce Lieu là; car quelques Auteurs veulent qu'ils ayent remonté le Danube appellé anciennement *Ifter*: ce qui fit donner le nom d'Iftrie à la Province qu'ils vinrent habiter. On ajoute qu'enfuite ils firent voile dans la Mer Adriatique avec leurs mêmes Vaiffeaux, ce qu'ils ne pouvoient faire qu'en les chargeant fur les épaules, le Danube n'ayant point de communication avec ce Golphe. Quoiqu'il en foit les Antiquitez qui paroiffent à Pola ne font point des fiécles fi reculés, mais feulement du tems des Empereurs Romains. Proche de la Place il y a un petit Temple avec quatre Colonnes Corinthiènnes à la façade & huit aux côtez, & une frife de feuillages qui regne autour & qui eft fort bien exécutée. Le Peuple dit que c'étoit un Temple de Diane; mais mes yeux, & Mr. Spon, me repréfentérent la chofe autrement. J'y vis fous le Fronton l'Infcription de fa Dédicace à Rome

me & à Auguste : aussi les noms que donne le Vulgaire nous servent peu à reconnoître les Antiquitez. En voici deux autres exemples dans cette même Ville de Pola. L'Amphithéâtre appellé *l'Orlandine*, ou *Maison de Roland*, & un espèce d'Arc de triomphe qu'on nomme la *Porta dorata*. Il sert maintenant de Porte à la Ville, & il n'en étoit pas autrefois un des moindres ornemens. Il avoit été érigé à l'honneur d'un certain *Sergius Lepidus* par les soins de sa femme. Quant à l'Amphithéâtre, il est à peu près de la grandeur de celui de Rome & tout bâti de belles pierres d'Istrie, à trois rangs de fenêtres l'une sur l'autre, & il y en a soixante & douze à chaque rang. L'enceinte en est fort entière ; mais il n'y paroît aucuns degrez & l'on prétend qu'il étoient de bois. Palladius dans son Architecture en a donné le plan & les dimensions, que je n'entreprens pas de corriger.

Les Vénitiens envoyent un Gouverneur à Pola, & il porte le titre de Comte. Ils ont bâti une petite Citadelle à quatre Bastions, & l'ont laissée imparfaite. On ne tient dedans que dix à douze Soldats, qui craignent plus la famine que la guerre. Le voisinage de Venise fait leur sûreté.

2. POLA, Isle de l'Amérique Septentrionale, sur la Côte Orientale de la Floride. De Laet [a] qui parle de cette Isle la place à 26. d. 30'. de Latitude de Nord. Il ajoute que Ponce la découvrit dans sa Navigation ; & qu'au reste elle est peu remarquable.

[a] *Descr. des Indes Occ. l. 1. c. 16.*

POLABINGI. Voyez SLAVI.

POLAQUES, nom que quelques-uns ont donné aux POLONOIS. Voyez POLOGNE.

POLAQUIE, POLASSIE, ou PODLAQUIE. Voyez PODLAQUIE.

POLATI, ou PULATI, [b] Peuples des Etats du Turc en Europe, dans la Haute Albanie. Ils habitent à l'Orient du Lac de Scutari, à l'Occident des Hassi, au Nord du Drin-Noir & au Midi des Clementi. Mr. Corneille [c] qui cite des Relations venues de ce Pays-là, dit qu'on divise ordinairement ces Peuples en HAUTS & BAS-POLATI. Dans le Pays qui est occupé par les premiers on voit les ruïnes du Château de *Glionbovichio* ; & chez les autres il y a deux Vallées très-bien cultivées, où l'on voit les restes de la Forteresse de Mouricchio. Comme ces Peuples avoient autrefois un Evêque dans la Ville de Chiros qui est présentement ruïnée, ils en ont obtenu un depuis 1654. & cet Evêque est Suffragant de l'Archevêque d'Antivari. Les Polati possedent cinq petites Villes qui sont en assez mauvais état, & trente-sept Villages, où il y a beaucoup de Chrétiens, tous sous la puissance des Turcs.

[b] *De l'Isle Atlas.*
[c] *Dict.*

POLATICUS-SINUS, Pomponius-Mela [d] nomme ainsi un Golphe de la Mer Adriatique ; entre l'Istrie & l'Illyrie. C'est le même que Pline nomme FLANATICUS-SINUS. Voyez FLANATICUS-SINUS.

[d] *Lib. 2. c. 3.*

☞ POLE. On appelle ainsi deux points opposez l'un à l'autre & éloignez chacun de 90. d. de l'Equateur ; deux points où se rencontrent tous le Méridiens possibles, tant du Ciel que de la Terre. Ce mot vient du Grec Πολέω, *je tourne*, c'est en effet par rapport à l'action de tourner que ces deux points ont été nommez ainsi.

Si on suppose une ligne droite qui passe par le centre de la Terre, & qui de chaque côté soit prolongée jusqu'au Ciel, & jusques aux dernières extrémitez de l'Univers, de sorte quelle coupe le Plan de l'Equateur à angles droits, les extrémitez de cette ligne marqueront les Poles du Ciel, dont l'un sera au Septentrion, & l'autre au Midi ; & les points où cette ligne sortira de la superficie du Globe terrestre, seront les véritables Poles de la Terre. Comme c'est autour de cette ligne que se font tous les mouvemens des Etoiles fixes ; ces deux points peuvent être regardez comme deux pivots autour desquels tourne incessamment le Ciel ; si on parle le langage de l'ancien Système, qui suffit pour ce moment-ci.

Il ne faut pas prendre à la lettre ces pivots, comme s'il y avoit réellement un Aissieu qui passât au travers du Globe. Cet Aissieu que l'on appelle *Axe* en Géographie n'est qu'un secours que l'on prête à l'imagination, afin de lui faire concevoir avec moins d'effort le véritable mouvement des Corps Célestes.

Nous avons observé ailleurs que la Ligne Méridienne chez les Peuples placez comme nous, en deçà du Tropique, est toujours tournée vers le point vrai du Septentrion. Toutes les Méridiennes que l'on peut tracer dans toute la circonférence du Globe dans l'espace déjà limité, vont également se perdre ensemble dans un même point. Nous avons observé de plus que ce point est également distant par-tout de la circonférence du Cercle de l'Equateur. Il en résulte que cette Ligne Méridienne tirée de ce point & continuée jusqu'à l'Equateur est un quart de Cercle de 90. dégrez. Ainsi quoique nous ignorions absolument si ce point du Globe est Terre ou Mer, ou Roche ou Glace, on ne laisse pas de le marquer avec la dernière précision sur les Globes Géographiques. Mais comme nous n'avons point de Voyageur digne de foi, qui ait été plus loin vers le Midi que sous le Cercle Polaire, & au Nord plus loin que le 82. d. & quelques minutes ; il faut se donner de garde de tomber, dans l'absurde témérité d'un Géographe moderne nommé Plancius qui suppose un Pole Septentrional, où le caprice a placé une Montagne, & tout à l'entour une Mer enfermée dans des Terres ; d'où elle sort par quatre Détroits. L'un aboutit au Nord du Groenland, un autre à la nouvelle Zemble, le troisième au Détroit d'Anian ; & le dernier quelque part au Nord de l'Amérique vers le 280. degré de Longitude dans une Mer que l'Auteur appelle Glaciale. Mais ce qu'il y a de divertissant dans cette idée du Pole Septentrional, c'est que quoique la Mer Vermeille ne passe pas le trente-quatrième dégré de Latitude, Plancius ne laisse pas de la mettre tout entiére au delà du Cercle Polaire. Il est pourtant bon que ces sortes de Cartes se conservent, quand ce ne seroit que pour faire mieux sentir quelle obligation on a aux Géographes qui nous ont délivrez de ces Chimères.

Les mêmes règles, qui font trouver si juste le Pole du Globe terrestre servent à le marquer exactement dans le Ciel. Il n'a pas plu à Dieu de placer précisément à ces deux points quelque Constellation remarquable qui les distinguât ; ainsi c'est au Calcul Astronomique à les trouver ; mais ce Calcul est aisé ; puisque chacun de ces points est à 90. d. du Cercle de l'Equateur en suivant une Ligne qui coupe le Plan de ce Cercle à angles droits, comme il a déja été dit.

Le Globe terrestre empêche par sa convéxité qu'on puisse voir les deux Poles Celestes d'un même lieu : il faudroit pour cela que l'on fût situé sur la ligne droite qui passe par le Centre de la Terre. Or il y a un demi diametre entre elle & un homme situé sous l'Equateur. Ceux pour qui le Pole Septentrional est visible, ne sauroient voir le Pole Méridional, & ceux qui sont vers le Pole Méridional ont le Pole Septentrional caché sous leur Horison.

Les gens de Mer ont deux moyens pour savoir de quel côté du Ciel est le Pole. Le premier, & le plus ancien est la Constellation de l'Ourse. Ces Vers de Manille [a] expliquent très-bien la Doctrine que je viens de développer:

[a] Astronom. l. 1. v. 275.

*At qui fulgentes Calo consurgit ad Arctos,*
*(Omnia quae summo despectant Sidera Mundo ;*
*Nec norunt obitus, unique in Vertice tantum*
*In diversa sitae, Calumque & sidera torquent,)*
*Atra per gelidum tenuis deducitur Axis,*
*Libratumque gerit diverso cardine Mundum ;*
*Sidereus circa Medium quem volvitur Orbis,*
*Ætheresque rotat cursus. Immotus at ille*
*In binas Arctos magni per inania Mundi,*
*Perque ipsum Terrae directus constitit Orbem.*
*Nec vero è Solido stat robur corporis ejus,*
*Nec grave pondus habet, quod onus ferat Ætheris alti :*
*Sed cum Aër omnis semper volvatur in orbem,*
*Quoque semel capit, totus volet undique in ipsum,*
*Quodcumque in Medio est, circa quod cuncta moventur,*
*Usque adeo est tenuis, ut verti non possit in ipsum,*
*Nec jam inclinari, nec se convertere in orbem.*
*Hoc dixere Axem quia motum non habet ullum,*
*Ipse videt circa volitantia cuncta moveri.*

Ce qui suit regarde proprement l'unique Pole, que nous puissions voir. Il a dans son voisinage deux Constellations que les Anciens ont appellées la grande Ourse. Ils avoient remarqué que la grande composée principalement de quatre grandes Etoiles qui ressemblent également à un Chariot, & de trois autres qui font la queue, tourne autour d'un point qui est le vrai Pole. Ils la nommérent HELICE ἑλίκη, du mot Grec ἑλίςω circumvolvo. C'est de ces sept Etoiles qu'est venu le mot de SEPTENTRION ; que l'on a donné à cette partie du Monde. D'ailleurs les quatre Etoiles qui font le Corps de la grande Ourse, ne représentent pas mal un Chariot, comme je viens

de le dire. On les nomme donc *Plaustrum Majus*. Festus Avienus [b] dit : [b] In Arat.

*Fabula namque Ursas, species dat Plaustra videri.*

La Fable y a mis deux Ourses, & la figure représente deux Chariots : ainsi ; cette Constellation de la grande Ourse étant la plus aisée à remarquer au premier coup d'œil, on se servit d'elle assez long-tems pour trouver un Nord à peu près. Mais les Phœniciens qui étant Navigateurs avoient besoin d'un Nord plus précis, lui préférerent la *Cynosure*. Elle est moins brillante, & frappe moins, mais on ne laissa pas de la préférer. Ce mot de CYNOSURE est Grec, & signifie la queue du Chien. La petite Ourse ne ressemble pas plus à une Ourse qu'à un Chien. On l'a même appellée aussi le petit Chariot *Plaustrum minus*. Les Grecs qui navigeoient autour du Péloponnèse, ou de l'Archipel, se servoient de la grande Ourse, cela suffisoit à des gens qui ne perdoient presque point la Terre de vue. Les Phœniciens qui s'abandonnoient davantage au large, faisoient attention à la petite. En effet on observa qu'elle a en sa queue une Etoile qui n'est éloignée que d'environ deux degrez & demi du véritable point Polaire, autour duquel elle tourne ; mais le Cercle qu'elle décrit est si petit qu'il est imperceptible à la simple vue, & on seroit porté à croire qu'elle est toujours en la même place, si les instrumens employez avec une précision infinie n'avoient point desabusé de cette erreur ; c'est cette Etoile la derniere de la queue de la petite Ourse, qu'on appelle L'ETOILE POLAIRE.

Ces deux Ourses ne sont pas rangées de la même façon, elles sont l'une au dessus de l'autre, l'une ayant le dos tourné vers le dos de l'autre, l'une ayant la tête du côté où l'autre a la queue. La Constellation du Dragon, les sépare même l'une de l'autre par un grand tour que fait sa queue, c'est ce que remarque très-bien Manilius après les Vers déja citez, dont voici la suite. Il vient de parler de l'Axe du Monde [c] : [c] L. 1. v. 294.

*Summa tenent ejus miseris notissima nautis*
*Signa, per immensum cupidos ducentia Pontum.*
*Majorem que Helice Major decircinat arcum ;*
*Septem illam Stellae certantes lumine figuant,*
*Qua duce per fluctus Grajae dant vela Carinae,*
*Angusto Cynosura brevis torquetur in orbe,*
*Tam spatio quam luce minor. Sed judice vincit*
*Majorem Tyrio ; Pœnis hac certior auctor*
*Non apparentum Pelago querentibus Orbem.*
*Nec paribus positae sunt frontibus. Utraque caudam*
*Vergit in alterius rostro, sequiturque sequentem.*
*Has interfusus, circumque amplexus utramque*
*Dividit & cingit Stellis ardentibus Anguis,*
*Ne coeant, abeantque suis à sedibus unquam.*

Comme la petite Ourse à sept Etoiles, aussi bien que la grande Ourse, le nom de Septentrion lui convient aussi & l'on peut dire que lors que l'on la regarde, on est tourné vers le vrai Nord. Voilà un des moyens que l'ancienne Navigation avoit trouvez pour connoître le Septentrion ; mais

mais il y a un terrible inconvénient. Quand le Ciel eſt couvert, dans les tems de pluye & d'orage, lorsqu'il ſeroit le plus néceſſaire de ne point perdre de vue ce guide ſi utile, il n'eſt pas poſſible de le voir. Durant le jour même le Soleil ne luit pas toujours. La moindre manœuvre peut changer la route du Vaiſſeau. Il falloit un moyen à l'épreuve des mauvais tems & des Saiſons; que l'on pût conſulter durant un jour ſombre & couvert & dans les plus épaiſſes obſcuritez de l'orage & de la nuit. On le trouva dans l'*Aimant*. Cette Pierre a la propriété d'avoir deux extrémitez dont l'une ſe tourne naturellement vers l'un des Poles & l'autre vers le Pole oppoſé; pourvû que cette pierre ſoit poſée ſur quelque choſe qui ſe prête facilement à cette inclination & qui par un frotement trop difficile ne gêne point ſa liberté: par exemple, une pierre d'aimant poſée ſur une Table qui eſt fixe ne ſe tournera point d'elle-même. Le frotement qu'il faudroit ſurmonter, l'en empêchera; mais ſi on la met dans un plat de Bois ſur de l'eau, alors le frotement du liquide étant plus aiſé à vaincre, elle ſe tournera vers les deux poles. Comme cette pierre communique la même vertu à des aiguilles de fer qu'elle a touchées, la Navigation a ſaiſi avidement ce ſecours qui eſt très grand: & c'eſt ce qu'on appelle la Bouſſole.

Ce moyen a pourtant une eſpèce d'imperfection. La matiére fluide qui donne ce mouvement à l'aiguille ne vient pas toujours du Pole avec tant de préciſion, qu'elle ne s'écarte ſouvent de la Méridienne. Cela fait une variation qui eſt différente ſelon les lieux, & qui même change ſouvent & n'eſt pas toujours la même dans un même lieu. On a cherché divers Syſtèmes pour rendre raiſon de ce Phénomène & j'en marque le plus vraiſemblable au mot VARIATION. Revenons aux Poles du Monde dont il eſt ici queſtion.

Par ce que nous venons de dire il eſt aiſé de voir pourquoi on a donné tant de noms au Pole vers lequel nous ſommes placez. On l'appelle SEPTENTRIONAL, à cauſe des ſept Étoiles de l'Ourſe, ARCTIQUE du mot ARCTOS qui veut dire une Ourſe; BOREAL à cauſe du Vent Borée qui ſouffle de ce côté-là; AQUILONAIRE par une même raiſon.

Le Pole qui lui eſt oppoſé eſt appellé MERIDIONAL, parce qu'il eſt à notre Midi, ANTARCTIQUE parce qu'il eſt oppoſé au Pole Arctique, AUSTRAL, à cauſe du vent *Auſter* qui à notre égard vient du Midi. Ceux qui navigent entre l'Équateur & ce Pole perdent notre Étoile de vue. Les Pilotes ſe ſervent alors de quatre Étoiles diſpoſées en croix & que l'on appelle la *Croix* ou la *Croiſade*: ce n'eſt pas qu'il n'y ait des Etoiles bien plus près du Pole que celles-là; mais c'eſt que cette Conſtellation à quelque choſe de plus ſimple & de plus frappant.

Ces deux Poles, entr'autres uſages, ſervent à faire connoître que la Figure du Ciel eſt ronde. Parce que les Etoiles qui ſont plus éloignées de l'un des deux Poles font de plus grands circuits que celles qui en ſont plus proche. Plus elles ſont loin du Pole & voiſines de l'Equateur, plus le cercle qu'elles décrivent eſt grand. Par exemple, la Ceinture d'Orion fait un grand circuit par cette raiſon. La grande Ourſe en fait un moindre parce qu'elle eſt plus proche du Pole; la petite Ourſe en fait un qui eſt encore plus petit, & l'Etoile Polaire en fait un ſi petit que, comme nous avons dit, les yeux ne s'en apperçoivent preſque pas. Cela ne ſeroit pas ainſi, ſi la figure du Ciel n'étoit pas Sphérique.

Mais juſqu'ici nous n'avons parlé que des deux Poles du Monde. Il y en a d'autres que la Géographie doit connoître; ce ſont ceux de l'Écliptique. Si on ſe ſouvient de ce que nous avons dit à l'Article Ecliptique, il n'eſt pas néceſſaire de répeter ici qu'elle eſt oblique à l'Équateur & qu'elle le coupe au commencement des Signes d'Aries & de la Balance. L'Angle qui fait cette Section eſt ſelon les plus habiles Aſtronomes de 13. d. 29′. ou 23. d. 28′. 41″. Cela étant, ſi au Plan de l'Ecliptique on donne un Axe qui le coupe à Angles droits, on voit bien qu'il ne ſauroit etre parallèle à l'Axe de l'Equateur; mais que la Section de ces deux Axes ſera la même que la Section des deux Plans. Ainſi le Pole de l'Ecliptique ſera diſtant du Pole de l'Equateur de 23. d. 29′. ou environ: & décrira autour de lui ce même Cercle que nous appellons le Cercle Polaire, qui eſt préciſément à cette même diſtance du Pole du Monde.

Je pourrois remarquer ici que chaque Planete a ſes Poles, mais ce détail appartient à l'Aſtronomie. Ajoutez à ce que nous venons d'expliquer ici, ce qui eſt traité aux mots HAUTEUR & LATITUDE.

POLEMONIACUS. Voyez PONTUS.

POLEMONIUM, Ville de la Cappadoce: Ptolomée [a] la place dans le Pont Polémonique, au deſſus de *Jaſonium Promontorium*. Niger veut que ce ſoit aujourd'hui *Vatiza*. [a] Lib. 5. c. 6.

POLENDOS, Iſle deſerte, dont fait mention Pline [b]. Ortelius [c] ſoupçonne qu'elle étoit aux environs du Cherſonneſe de Thrace. [b] Lib. 4. c. 12. [c] Theſaur.

POLENTA. Voyez POLENTINA-PLEBS, POLLENTIA, & POLLENTINI.

POLENTIA. Voyez POLLENTIA.

POLENTINA PLEBS. On trouve ce nom dans Suétone [d], qui veut déſigner par là les habitans de POLLENTIA, mais comme il y a eu pluſieurs Villes de ce nom, ſavoir l'une dans les Iſles Baléatres, une autre dans le Picenum & l'autre dans les Alpes; voilà la difficulté de décider de laquelle Suétone entend parler. Il ſemble néanmoins qu'il doit être queſtion de celle qui ſe trouvoit dans les Alpes. Ce que Suétone ajoute un peu plus bas du Royaume de Cottus paroît le prouver. Ce Royaume étoit dans le quartier des Alpes appellé les *Alpes Cottiennes*. Voyez POLLENTIA, N°. 1. [d] In Tiberio.

POLENZO. Voyez POLLENTINA.

POLESENSIS, Siége Epiſcopal, dont fait

fait mention Paul Diacre [a] où un certain Lombard. Hadrien est qualifié, *Episcopus Polesensis*. Ortelius [b] soupçonne qu'il est question de Pola Ville de l'Istrie.

[a] Longobard. lib. 3.
[b] Thesaur.

POLESIE, Quelques-uns ont donné ce nom à une Contrée de Pologne, connue sous le nom de Palatinat de Brzescie. Voyez au mot BRZESCIE, l'Article le PALATINAT DE BRZESCIE.

POLESII. Voyez POLLESII.

POLESIN, (le) Quelques-uns écrivent la POLESINE & l'on dit aussi le POLESIN, ou la POLESINE DE ROVIGO. C'est une Province d'Italie, dans les Etats de Venise. Elle est ainsi nommée de sa Capitale, & de sa situation entre le Pô, l'Adige & l'Adigetto, qui en font une Presqu'Isle; car POLESIN & *Presqu'Isle* signifient à peu près la même chose. Cette Province est fertile en bled, & nourrit quantité de Bétail, qui fait la plus grande richesse de ces habitans. Son étendue du Nord au Sud-Est est d'environ vingt-milles, & celle de l'Est à l'Ouest est de plus de cinquante milles. Le Padouan lui est contigu au Septentrion, le Duché de Ferrare au Midi; le Dogado ou Duché de Venise à l'Orient & le Veronése ou Veronois à l'Occident; Roigo est sa Capitale. On y trouve l'ancienne Ville d'Adria, avec Lendenara, Labadia & Cavarzore, outre une vingtaine de Villages. Ce Pays fut autrefois sujet aux Ducs de Ferrare. Ensuite les Vénitiens le conquirent & il leur demeura par la paix qui se fit entre eux & le Duc Hercule I. Leur Armée ayant été défaite à Ghiara d'Ade en 1509. par les troupes de Louïs XII. Roi France, le Duc Alphonse reprit ce Pays, dont les Vénitiens se rendirent maîtres encore une fois quelque tems après. Ils l'ont toujours possédé depuis & la République y envoye quelques Nobles Vénitiens pour le gouverner.

POLESIN-DI-ARIANO, petite Contrée d'Italie, au Duché de Ferrare [c]. Elle est bornée au Nord Oriental par le grand bras du Pô, au Nord par une branche qui sort du grand bras de ce même Fleuve, à l'Orient par le Golphe de Venise & au Midi par un bras du Pô appellé *Pô di Ariano*. Les deux principaux lieux qui se trouvent dans ce Polesin sont Ariano & San Basilio.

[c] Magin, Carte du Duché de Ferrare.

POLESIN-DE-FERRARE, Contrée d'Italie [d], au Duché de Ferrare, entre le grand Bras du Pô au Nord & le Pô de Ferrare ou de Volana au Midi. La Ville de Ferrare & celle de Francolino en sont les lieux les plus remarquables.

[d] Ibid.

POLESIN DE ROVIGO. Voyez POLESIN.

POLESINO-DI-SAN-GEORGIO, petit Pays d'Italie [e], dans l'Etat de l'Eglise, au Duché de Ferrare. Il s'étend entre les deux petits Bras du Pô, appellez le Pô de Ferrrare ou de Valana, & le Pô d'Argenta, jusqu'aux marais appellez *Valli di Comacchio*.

[e] Ibid.

POLETUM, Fleuve de la Mauritanie Céfariense. L'Itinéraire d'Antonin le met sur la route de Tingis à Carthage entre *Lemnæ* & le Lieu nommé *Ad Fratres*, à trente milles du premier de ces lieux & à six milles du second. Quelques Exemplaires portent Popletum Flumen pour Poletum Flumen.

POLEUR, Ville de l'Inde en deçà du Gange. Ptolomée [f] qui la donne aux *Arvarni* la place dans les terres, entre *Carige* & *Picendaca*.

[f] Lib. 7. c. 1.

POLI, Bourg d'Italie, dans la Campagne de Rome environ à vingt milles au Nord Oriental de cette Ville [g], sur une éminence. Ce Bourg qui a titre de Duché appartient à la Maison de Conti & est bâti en forme de Galére. Le Château du Duc est au bout comme à la pouppe. Il est petit; mais assez bien meublé, & il y a une petite Bibliothèque avec une Galerie de Tableaux où l'on montre les portraits des Papes que la Maison de Conti a fournis à l'Eglise.

[g] Magin, Carte de la Campagne de Rome.

POLIA, ou POLIS, Ville des Etats du Turc, en Asie, sur la route de Constantinople à Ispahan, entre les Villages, de Cargueslar & celui de Bendourlour. Cette Ville dont la plûpart des habitans sont Grecs est bâtie au pied des Montagnes [h]. Ces Montagnes sont très-hautes & continuent le long de la route pendant deux journées de chemin. Elles sont remplies de toutes sortes d'arbres, qui sont droits & hauts comme des Sapins, & traversées de quantité de torrens, qu'il seroit difficile de passer, sans les Ponts que le grand Visir Kuprigli y a fait bâtir. Comme dans toutes ces Montagnes le terroir est gras, il n'y auroit pas moyen que les chevaux s'en pussent tirer, quand il tombe de grosses pluyes, ou quand les neiges viennent à fondre, si le même Visir n'eût eu soin de faire paver tous les mauvais chemins de ces Montagnes jusqu'à Constantinople. Cela ne s'est pu faire qu'avec une très-grande dépense parce qu'il a fallu charrier la pierre de fort loin, & qu'il ne se trouve pas un caillou dans toutes ces Montagnes. Entre la Ville & les Montagnes, il y a une belle Plaine qui dure près de deux heues : après cela on passe une Riviére qui arrose cette Plaine & qui contribue à sa fertilité. C'est un terroir excellent, & qui produit en abondance tout ce qui est nécessaire pour la vie. On voit de chaque côté du chemin plusieurs grands Cimetières. C'est la coûtume des Turcs de se faire enterrer sur les grands chemins & ils croient que les passans font des priéres pour les ames des défunts. Sur chaque tombeau on voit une Colonne de Marbre, & qui est à moitié en terre. Il y en a une si grande quantité de différentes couleurs, qu'on peut juger par là qu'il y a eu un grand nombre de belles Eglises Chrétiennes à Polia & aux environs. On dit qu'il y a encore une grande quantité de ces Colonnes en plusieurs Villages de ces Montagnes & que les Turcs en abattent toujours pour les mettre sur leurs tombeaux. Dans ces mêmes Montagnes on voit une quantité prodigieuse de Colombes grosses comme des poules & qui sont d'un très-bon goût.

[h] Tavernier, Voy. de Perse, l. 1. c. 2.

POLI-

POLIBII, Isle que Ptolomée [a] place près du Golphe Arabique, sur la Côte de l'Arabie, entre les Isles *Dæmonum* & *Jeracum*. Le MS. de la Bibliothéque Palatine porte POLBII pour POLIBII.

[a] Lib. 6. c. 7.

POLICANDRO, Isle de l'Archipel & l'une des Cyclades [b], à l'Orient de l'Isle de Milo, à l'Occident de celle de Sikine & au Midi de celles de Paros & d'Antiparos. Il y a beaucoup d'apparence, dit Mr. de Tournefort [c], que POLICANDRO est l'Isle nommée PHOLEGANDROS par Strabon & par Pline. Outre la ressemblance des noms, le premier de ces Auteurs marque précisément que navigeant d'Ios vers le Couchant on rencontre *Sicenos*, *Lagusa* & *Pholegandros*. Pour Lagusa je crois que c'est Cardiotissa, méchant Écueil entre Sikino & Poligandro, sur lequel il y a une fameuse Chapelle de la Vierge, où l'on va en célébrer les Fêtes avec de grandes réjouïssances. Ce qu'Aratus dit de Polegandros dans Strabon convient bien à Policandro, savoir qu'on l'appelloit une Isle de fer; car elle est toute hérissée de Rochers. Etienne le Géographe qui cite le même passage d'Aratus assure qu'elle a pris le nom de Pholegandros l'un des fils de Minos.

[b] De l'Isle Atlas.
[c] Voy. du Levant, Lett. 6. p. 99.

Cette Isle n'a point de Port. Il y a une Cale, dont l'entrée regarde le Sud-Est. Le Bourg, qui est à trois milles du côté du Nord-Est, assez près d'un Rocher effroyable, n'a d'autres murailles que celles qui forment le derriére des maisons, & contient environ cent vingt familles du Rite Grec, qui en 1700. payérent pour la Capitation & pour la Taille réelle 1020. Ecus. Quoique cette Isle soit pierreuse, seche, pelée, on y recueille assez de bled & assez de vin pour l'usage des habitans. On y manque d'huile, & l'on y sale toutes les Olives pour les jours maigres. Le Pays est couvert de Tithymale, arbrisseau que l'on y brûle faute de meilleur bois. L'Isle d'ailleurs est assez pauvre & l'on n'y commerce qu'en toiles de coton. La douzaine de serviettes n'y vaut qu'un écu. Mais elles n'ont guère plus qu'un pied en quarré; pour le même prix on en donne huit qui sont un peu plus grandes & bordées de deux côtez d'un passement.

On ne manque dans cette Isle ni de Papas ni de Chapelles. Celle de la Ste. Vierge est assez jolie. Elle est située sur la grande Roche tout près des ruïnes de Castro, vieux Château des Ducs de Naxie, bâti sans doute sur les ruïnes de l'ancienne Ville qui portoit le nom de Policandros, suivant Ptolomée. Il reste dans cette Chapelle quelques morceaux de Colonnes de Marbre. Pour la Statue ancienne dont parle Mr. Thevenot, on assure qu'elle a été sciée & employée à des montans de portes. On y découvrit il y a quelques années le pied d'une Figure de bronze, que l'on a fondu pour en faire des Chandeliers à l'usage de la Chapelle. L'ancien Monastère des Caloyers ne subsiste plus: celui des Filles dont l'Eglise est dédiée à St. Jean-Baptiste, ne renferme que trois ou quatre Religieuses. Au reste cette Isle paroît assez gaye dans sa sécheresse. On dit qu'il y a une fort belle Grotte dans cette effroyable Roche; mais on ne peut y entrer que par Batteau dans la bonace. Cette Roche est le plus bel endroit de l'Isle pour la recherche des Plantes. On a fait sur cette Roche les observations suivantes:

Cardiotissa décline de l'Est-Nord-Est à l'Est.

Le Milo reste entre l'Ouest-Nord-Ouest & l'Ouest.

Polino, ou l'Isle brûlée est entre l'Ouest-Nord-Ouest & le Nord-Ouest.

L'Argentiére, est en ligne droite derriére Polino.

Siphno, est entre le Nord-Ouest & le Nord-Nord-Ouest.

Antiparos, entre le Nord-Est & le Nord-Nord-Est.

Paros entre le Nord-Nord-Est & l'Est-Nord-Est.

Naxos, entre le Nord-Est & l'Est-Nord-Est.

POLICASTRO, Ville d'Italie au Royaume de Naples [d], dans la Principauté Citérieure, sur la Côte Méridionale du Golphe auquel elle donne son nom. Cette Ville qu'on nommoit autrefois PALÆOCASTRUM, & qui, à ce qu'on croit avoit été bâtie des ruïnes de l'ancienne BUXENTUM, Ville de Lucanie est aujourd'hui dans un état si déplorable, que son Evêque, Suffragant de Salerne, fait sa résidence dans un Bourg de son Diocèse. L'Evêché, de Policastro étoit érigé dès l'an 500. sous la Métropole de Salerne.

[d] Magin, Carte de la Principauté Citér.

Le GOLPHE DE POLICASTRO, s'étend sur la Côte de la Principauté Citérieure & en partie sur celle de la Basilicate depuis *Torre Calabianca*, à l'Occident, jusqu'à Capo di Castro Cucco, du côté de l'Orient. La Ville de Policastro, qui lui donne son nom est au fond, presque au milieu.

1. POLICHNA, Ville de la Troade, près de Palæscepsis, qui étoit, comme nous l'apprend Strabon [e], au sommet du Mont Ida. Il est parlé de cette Ville dans Thucydide [f], ainsi que dans la Notice d'Hiéroclès, qui la place dans la Province de l'Hellespont. Les habitans de Polichna sont nommez POLICHNÆI par Pline [g].

[e] Lib. 13. p. 603.
[f] Lib. 8. p. 571.
[g] Lib. 5. c. 30.

2. POLICHNA, Ville de Créte, selon Etienne le Géographe. Hérodote [h] nomme les habitans de cette Ville POLICHNITANI.

[h] Lib. 7. c. 170.

3. POLICHNA, Ville de l'Argie: Polybe [i] dit qu'elle fut prise par Lycurgue.

[i] Lib. 4. n.

4. POLICHNA, Ville de Sicile, au voisinage de Syracuse, selon Diodore de Sicile [k].

[k] Lib. 13. & 14.

POLICHNION, selon Denys de Byzance & FANUM EUROPÆ BYZANTINORUM, selon Strabon & Polybe [l]. Aujourd'hui on nomme cette petite Ville JERON ROMElius, de Bosphoro Thradlias, parce qu'elle est située en Europe dans la Romélie. Elle est au voisinage de Constantinople.

[l] Petr. Gyllius, de Bosphoro Thradcio, l. 2. c. 19.

POLIDIUM. Voyez POLYDE.

POLIDORORUM CIVITAS, Ville Epis-

378 POL. POL.

Épiscopale de l'Asie Mineure, dans la Phrygie selon Ortelius [a], qui cite le Concile de Chalcédoine. Voyez POLYDORA.

[a] Thesaur.

POLIGNAC, Bourg de France, dans le Languedoc, au Diocèse du Puy, avec un Château dans une situation qui en a fait autrefois une Place forte. Ce Bourg est très-ancien. Entre autres Antiquitez on y voit une Pierre où est gravée la Figure d'Apollon, & qui est accompagnée d'une Inscription. C'étoit anciennement une Vicomté qui avoit donné le nom à une Maison très-ancienne, que l'on appelloit les *Rois des Montagnes*, du tems de la guerre des Albigeois. Cette Terre est présentement érigée en Marquisat.

POLIGNANO, en Latin *Polinianum*, & *Pulinianum*, Ville d'Italie [b], au Royaume de Naples, dans la Terre de Bari, sur le Golphe de Venise, à huit milles à l'Orient de Bari. Cette Ville avoit un Port sur le Golphe; mais les Vénitiens le comblérent au commencement du XVI. Siècle. Son Evêché qui fut établi au X. Siècle est sous la Métropole de Bari.

[b] La Forêt de Bourgon. Géogr. Hist. tom. 2. p. 563.

POLIGNY, petite Ville de France, dans la Fhranche-Comté, au Diocèse de Besançon [c], & le Chef-lieu d'un Bailliage & d'une Recette. Cette petite Ville est située dans un Pays de grains & de vignobles, sur un petit Ruisseau qui se perd dans le Doux. Poligny est appellé *Polemniacum* dans le partage de Lothaire, entre Louis le Germanique & Charles le Chauve, en l'année 870. Dans le siècle suivant il est nommé *Poliniacum* ou *Polinei*. C'est un Lieu ancien qui étoit situé dans le Pays & le Comté de Warafch comme l'assure (dans une Lettre datée de la vingt-deuxième année du Regne de Charles le Simple) la Comtesse Adelaïs mere de Raoul, qui fut depuis Roi de France. Ce Pays nommé Pagus *Warafcus* ou *Varefcus* avoit pris son nom des Peuples *Warafci*, qui faisoient partie des Séquaniens & étoient établis sur le Doux, des deux côtez de la Riviére, comme nous l'apprenons de l'Auteur contemporain de la Vie de Saint Salaberge, lequel vivoit dans le septième Siècle. Poligny est une des plus jolies Villes de la Province. Son Bailliage est mouvant du grand Bailliage d'Aval. Il y a une Collégiale fondée en 1457. par Jean Conseiller, de Philippe le Bon, Duc de Bourgogne. Ce Chapitre est composé d'un Doyen, d'un Chantre & de douze Chanoines. Il est exempt de la Jurisdiction de l'Archevêque. Il y a une Maison de Prêtres de l'Oratoire, quatre Couvents de Religieux, un Couvent d'Ursulines, & une Commanderie de l'Ordre du St. Esprit. On ne compte qu'environ trois mille cinq cens personnes dans cette Ville.

[c] Piganiol. Descr. de la France, t. 7. p. 570.

POLIMATRIUM, ou POLYMARTIUM, selon Ortelius [d] qui cite le Recueil des Conciles & Massa [e]; mais Paul Diacre [f] & Cluvier [g] après lui écrivent POLIMARTIUM. C'étoit une Ville d'Italie & l'une de celles qui Lombards se rendirent maîtres, & que l'Exarque de Ravenne reprit. Elle subsiste encore aujour-

[d] Thesaur.
[e] De Falisicis.
[f] Longobard. lib. 4. c. 8.
[g] Ital. Ant. lib. 2. c. 3.

d'hui. On la nomme par corruption BOMARZO & quelquefois BONMARZO Voyez BOMARZO.

POLIMURE, ou POLIMEUR, Ville des Etats du Turc, dans l'Anatolie [h], sur la bord de la Mer de Marmora, au fond du Golphe de Montagna, à l'Occident d'Isnich ou Nicée.

[h] De l'Isle Atlas.

1. POLINA, ou POLLONA. Voyez AEAS, N°. 2.

2. POLINA, Marais de la Hongrie, l'un des plus grands du Royaume, dans le Duché de Sirmium, & dans le Comté de Valpo. On croit que c'est le Marais *Hiulca* que décrit Flavius Vopiscus [i], & où l'Empereur M. Aurelius Probus fut assassiné. Ce Prince étant venu à Sirmium, dont il prétendoit rendre les environs fertiles, essaya de dessecher un Marais & d'en porter les eaux à la Mer par le moyen des Riviéres voisines. Les Soldats qu'il employoit à ce pénible Ouvrage, rebutez du travail se souleverent, le poursuivirent jusque dans la Tour de Fer qu'il avoit fait bâtir & le tuérent dans ce lieu.

[i] In Probo.

POLINGEN, ou POULIGEN. Mr. Corneille [k] est pour la première orthographe & Jaillot [l] pour la seconde. C'est un Bourg de France, sur la Côte Méridionale de la Bretagne près de l'embouchure de la Loire, au Midi de Guerrande & à l'Orient Méridional du Croisic. Il y a devant ce Bourg un petit Port de Mer, & quelques Salines dans le voisinage.

[k] Dict.
[l] Atlas.

POLINO, ou l'ISLE BRULÉE, petite Isle de l'Archipel, & l'une des Cyclades. Elle est sur la Côte de l'Isle de Milo, du côté de l'Orient Septentrional. Mr. Corneille [n] s'est trompé lorsqu'il a dit que cette Isle étoit la *Præpesinthus* des Anciens. L'Isle *Præpesinthus* est l'Isle Kimolo ou l'Argentiere: celle de Polino s'appelloit anciennement *Polyegos*.

[m] De l'Isle Atlas.
[n] Dict.

POLIPERGA, nom d'une Ville connue seulement, par une Médaille recueillie dans le Tresor de Goltzius.

POLIRONE. ou SAN-BENEDETTO, en Latin *Monasterium Sancti Benedicti de Pado Lirone* [o], Abbaye d'Italie dans le Mantouan, à douze ou quatorze milles au Midi de Mantoue entre le Pô & le Liron; ce qui lui a fait donner le nom de *Polirone*, corrompu de *Palirone*. Cette Abbaye est un des plus célèbres Monastéres d'Italie. Elle fut fondée par Thedald de Canosse, Marquis de Mantoue, grand-pere de la Comtesse Matilde, dotée par Boniface Marquis de Mantoue, pere de cette Comtesse & enrichie par les bienfaits de cette même Comtesse qui y fut inhumée en 1115. Cette Abbaye fut d'abord possédée par des Bénédictins de la Congrégation de Cluni; mais depuis plus de deux Siècles, les Religieux de la Congrégation du Mont-Cassin y ont été installez. Ils possedent de grandes Terres & sont Seigneurs Temporels & Spirituels des Villages de Governolo & de Quissello. Ils sont aussi Curés Primitifs de trente-huit Paroisses, tant du Diocèse de Mantoue, que de quelques autres. Leurs Terres sont d'une si grande étendue, qu'il faudroit, à ce qu'on prétend

[o] Lubin, Abbatiar. Italiæ Not.

POL.   POL.   379

rend trois mille huit cens paires de Bœufs pour les labourer ; & leur Enclos seul, a quatre milles de tour. Le Monastère est bâti sur les ruïnes du Palais de la Comtesse Matilde, dont le Tombeau étoit d'abord à l'entrée de l'Eglise, à la main gauche entre le premier & le second Pilier [a]. Ce Tombeau étoit soutenu par huit Colonnes, qui en 1445. se trouvérent rompues par la pesanteur du Mausolée. Cela obligea de transférer plus loin le Tombeau de cette Comtesse. On le plaça plus avant, toujours à la gauche, près de la muraille, à côté de celui de Saint Siméon Religieux de ce Monastère. Pour mieux constater la vérité, dans le tems de cette translation, on fit en présence de témoins l'ouverture du Sépulcre, où l'on trouva un corps de femme encore tout entier. On ferma ensuite le Sépulcre, jusqu'à ce qu'Urbain VII. fit transporter à Rome le Corps de cette illustre Comtesse, & le fit mettre dans l'Eglise de St. Pierre, où on lui éleva un magnifique Mausolée. C'est la seule personne de son sexe qui ait sa sépulture dans la Basilique du Prince des Apôtres. On a voulu honorer par là la mémoire d'une Princesse, qui tant qu'elle vécut protégea puissamment le St. Siège, & lui donna la partie de la Toscane appellée depuis le Patrimoine de St. Pierre. Le Tombeau que l'on voit encore aujourd'hui dans l'Abbaye de St. Benoît de Polirone est une Urne de marbre blanc, sur laquelle est la Statue de cette Comtesse à cheval, habillée de rouge, avec une grenade à la main, & ces deux vers gravez sur le Marbre.

[a] *Leibnitii Scriptor. rer. Brunsvicens. pag. 701.*

*Stirpe, opibus, fama, gestis & nomine quondam*
*Inclita Mathilaus hic jacet, Astra tenet.*

☞ 1. POLIS, Πόλις, mot Grec qui répond proprement à ce que nous appellons une Ville. Ce nom a été donné à diverses Villes quelquefois seul, quelquefois joint avec un autre, dont il étoit tantôt précédé & tantôt suivi

2. POLIS, en Grec Πωλις, Village qu'Etienne le Géographe dit être dans les Isles, sans dire de quelles Isles il entend parler.

3. POLIS, Πόλις, Village dans le Pays de Locres Ozoles: Thucydide [b] le donne aux Peuples *Hyæi.*

[b] *Lib. 3. p. 240.*

4. POLIS, en Grec Πόλις: Ville de l'Egypte selon Etienne le Géographe.

POLISMA, petite Ville de la Troade: Strabon [c] dit qu'elle étoit sur le bord du Fleuve Simoente.

[c] *Lib. 13. p. 601.*

POLITANORUM DINASTIA. On trouve ce mot dans la Chronique d'Eusébe; mais un MS. consulté par Ortelius [d] porte *Diopolitanorum*; ce qui fait penser qu'il pourroit être question des DIOSPOLITANI, habitans de la Ville de Diospolis en Egypte.

[d] *Thesaur.*

POLITEIA, Ville de l'Achaïe, selon Etienne le Géographe.

POLITICEORGAS, Contrée de l'Asie propre, selon Pline [e], qui dit qu'elle fut depuis appellée Aphrodisias. Pintaut lit POLITICE & ORGAS & en fait deux différentes Contrées ; mais le Pere Hardouin qui lit POLITICE-ORGAS, dit que le surnom de POLITICE avoit été donné à la Contrée ORGAS pour la distinguer d'une autre ORGAS, qui étoit dans l'Attique & dont parle Pausanias. Quoiqu'il en soit, cette Contrée devoit, dit Ortelius [f], être quelque part vers la Grande Phrygie, car c'est dans ce Quartier que Strabon [g] place APHRODISIAS. Voyez APHRODISIAS, No. 15.

[e] *Lib. 5. c. 30.*
[f] *Thesaur.*
[g] *Lib. 12. p. 576.*

POLITIO, POLIZZI, Ville de la Sicile [h], dans le Val de Mazzara aux confins du Val Demone, au pied du Mont Madonia, à l'Orient de Castro-Novo.

[h] *De l'Isle Atlas.*

POLITIUM, Ville d'Italie: Diodore de Sicile [i] la donne aux Marrucini.

[i] *Lib. 19.*

POLITORIUM, Ville d'Italie, dans le Latium, & dans la première Région, selon Pline [k]. Tite-Live [l] dit que cette Ville fut prise par le Roi Ancus. On ne sait pas au juste sa véritable position.

[k] *Lib. 3. c. 5.*
[l] *Lib. 1. c. 33.*

POLIUM, Lieu de l'Isle de Lesbos, selon Etienne le Géographe.

POLLA, Ville de Macédoine, selon quelques Exemplaires de Thucydide [m]; mais l'Edition de Francfort chez les Wechels, porte PELLA, au Lieu de POLLA.

[m] *Lib. 2. circa finem.*

1. POLLENTIA, Ville de la Ligurie: Ptolomée [n] qui écrit POLENTIA place cette Ville dans les terres. Pline [o] dit qu'elle étoit située près des Alpes. Il la nomme *Pollentia Carrea*, & ajoute qu'elle étoit surnommée POTENTIA. Les habitans de cette POLLENTIA sont appellez *Pollentina Plebs* par Suétone [p]. Selon Columelle [q], on faisoit cas anciennement des laines noires & brunes de *Pollentia*, ce qui a fait dire à Martial [r]:

[n] *Lib. 3. c. 5.*
[o] *Lib. 3. c. 5.*
[p] *In Tiberio.*
[q] *Lib. 7. c. 2.*
[r] *Lib. 4. Epigr. 157.*

*Non tantum pullo lugentes vellere lanas:*

Et à Silius Italicus [s]:

[s] *Lib. 8. v. 599.*

*. . . Fuscique ferax Pollentia villi.*

Cette Ville conserve encore son ancien nom. On l'appelle présentement POLENZA. Elle est au Confluent du *Tanaro* & de la *Stura*. Voyez POLLENTINA-PLEBS.

2. POLLENTIA, Ville d'Italie, dans le Picenum. Tite-Live [t] lui donne le titre de Colonie Romaine. Comme Pline [u] joint *Pollentini* avec *Urbs-Salvia*, le Pere Hardouin en conclud que les habitans d'Urbs-Salvia [*Urbisaglia*] s'appelloient POLLENTINI, & qu'Urbs-Salvia, étoit surnommée POLLENTIA. Holstenius approche fort de ce sentiment; il fait à la vérité deux Villes d'*Urbs-Salvia* & de *Pollentia* ; mais il ajoute qu'elles étoient si voisines, qu'elles n'en formoient, pour ainsi dire, qu'une seule ; ce que prouvent les ruïnes que l'on voit près d'URBISAGLIA.

[t] *Lib. 39. c. 44.*
[u] *Lib. 3. c. 13.*

3. POLLENTIA, Ville que Strabon [x], Pline [y], Ptolomée [z] & Pomponius Mela [a] mettent dans la plus grande des Isles Baléares. Il lui donne le titre de Colonie Romaine. On la nomme présentement PUGLIENZA.

[x] *Lib. 3.*
[y] *Lib. 3. c. 5.*
[z] *Lib. 2. c. 6.*
[a] *Lib. 2. c. 7.*

POLLENTINI. Voyez POLLENTINA PLEBS & POLLENTIA, No. 2.

POLLERVIN. Voyez PULORIN.

POLLESII, Ville dont fait mention Etienne le Géographe, sans rien dire davantage. L'Edition des Aldes porte POLESII pour POLLESII.

1. POLLINA, Riviére de Sicile [a], dans le Val Demone. Elle a sa source aux confins du Val de Mazzara, dans les Montagnes de Madonia. Son cours est du Midi au Nord Oriental en serpentant, & son embouchure se trouve sur la Côte Septentrionale, entre le Cap de Cefalu & celui de Mariazo. Vers le milieu de sa course elle reçoit à la droite la Riviére appellée *Fiume di Gerace*. La Pollina est la Riviére *Monalus* des Anciens.

2. POLLINA, Baronnie, dans la Sicile [b], au Val Demone, à l'Occident de la Riviére Pollina. Le Chef-lieu, qui porte le même nom, est sur une élévation, au Nord de la Principauté de Castelbuono & au Couchant de la Baronnie de Tusa.

POLLISA, Ville d'Italie, selon Ortelius [c] qui cite Phlégon [d]. Xylander rend ce nom par POLLENTIA.

POLLUPICE, Ville de la Ligurie. L'Itinéraire d'Antonin la met sur la Voye Aurélienne, qui conduit de Rome à Arles, en passant par la Toscane & par les Alpes Maritimes. Pullopice étoit entre *Vada Sabbatia* & *Albingaunum*, à douze milles de la premiére & à huit milles de la seconde. Quelques Exemplaires portent PULLOPICE & d'autres LOLLUPICE pour POLLUPICE. Simler croit que c'est aujourd'hui Final.

POLLUSTINI, Peuples d'Italie. Pline [e] les place dans la premiére Région. Ortelius croit que ce sont les habitans de POLUSCA, que le Pere Hardouin appelle POLLUSTIA, apparemment sur la foi de quelque MS. qu'il aura consulté.

POLNA, petite Ville du Royaume de Bohême [f], aux confins de la Moravie proche de la source de la Sazawa; quelques-uns la mettent dans la Bohême propre, d'autres disent que le Château est en Bohême & la Ville en Moravie. L'un & l'autre sont assez bien bâtis & on trouve sur le chemin de Prague des Etangs fort poissonneux. Le terroir est des terres labourables, de pâturages, & la chasse y est très-bonne. La Paroisse & la Maison de Ville sont à remarquer. Entre le Château & la Ville il y a un Etang.

1. POLO, POLLO, ou PULLA, Isle de la Mer Méditerranée [g], sur la Côte Orientale de l'Isle de Sardaigne, près du Cap Saroch, du côté de l'Orient, à l'entrée du Golphe de Cagliari.

2. POLO, POLLO ou PULLO, Cap de l'Isle de Sardaigne, sur la Côte de l'Isle de Sardaigne dans la partie Méridionale du Golphe de Cagliari [h], à l'Occident & tout près du Cap Saroch, qui n'en est séparé que par une petite Baye.

POLO, Ville de la Chine [i], dans la Province de Quantung, au Département de Hoeicheu, quatriéme Métropole de la Province. Elle est de 2. d. 48'. plus Occidentale que Peking, sous les 23. d. 29'. de Latitude Septentrionale.

1. POLOCZKO, Palatinat du Grand Duché de Lithuanie, dans sa partie Septentrionale. Il est borné au Nord par les Etats de l'Empire Russien, à l'Orient par le Palatinat de Witepsk, au Midi par la Dwine & au Couchant par la Livonie Polonoise. Il est gouverné par deux Sénateurs du Royaume, qui sont le Palatin & le Castelan de Poloczko. Ce Pays qui est desert & rempli de Bois portoit anciennement le titre de Duché & a eu long-tems des Princes particuliers. On trouve qu'Olech fut le premier [k]. Lorsque sa Postérité s'éteignit, le Peuple se gouverna lui-même jusqu'à ce que Michel, Duc de Novogrod l'ait assujetti. Boris son petit-fils embrassa le Christianisme, & Heleb l'un de ses successeurs n'ayant point laissé d'enfans, les Polociens érigérent de nouveau leur Pays en République. Ce gouvernement dura peu de tems: Ciewciwilo, neveu de Mingad, Roi de Lithuanie les obligea de le reconnoître pour leur Souverain, & Trognats, Grand-Duc de Lithuanie, l'ayant fait assassiner s'empara de cet Etat qu'il réunit à la Lithuanie. Depuis ce tems-là il n'en a point été séparé.

2. POLOCZKI, ou POLOCZK, en Latin *Polocium* & *Polocia*; Ville du Grand Duché de Lithuanie, autrefois la Capitale du Duché de Ploczko & aujourd'hui la Métropole du Palatinat de même nom. Cette Ville située à 50. milles au Nord Oriental de Vilna, se trouve au confluent de la Dwine & de la Polotta, qui l'entourent en grande partie [m]. C'est une Place fortifiée & qui est défendue par deux Châteaux. Elle a été sujette à diverses révolutions. Quelquefois on l'a vue libre & quelquefois elle a eu des maîtres; mais elle a toujours été sous la protection des Rois de Pologne, auxquels elle a constamment été fidelle. Le 15. de Février 1563. les Moscovites s'en emparérent, & noyérent dans la Riviére tous les Juifs qui refusérent d'être baptisez. En 1579. le Roi Etienne assiégea Ploczko, & la reprit le 1. d'Octobre de la même année, malgré toute la résistance que purent faire les Moscovites. Ce Prince y établit un Collége de Jésuites. Le Czar Alexis s'étant rendu maître de cette Ville en 1654. la garda fort peu de tems. Les Moscovites l'ont encore assiégée depuis, mais sans succès.

POLOGNE, Royaume de l'Europe, borné au Nord par la Prusse, & par le Grand-Duché de Lithuanie : à l'Orient par la Russie Moscovite: au Midi par la Hongrie, la Transsilvanie, la Moldavie, par le Pays des Tartares d'Oczakow & par la petite Tartarie ; à l'Occident par le Brandebourg & par la Silésie. C'est la plus grande partie du Pays appellé anciennement Sarmatie [n], & dès le septiéme siécle la Nation Polonoise étoit considérable parmi les Peuples que l'on comprenoit sous le nom de Slaves ou Esclavons [o]. Mais il est difficile de dire l'origine du nom de Pologne. Les uns le dérivent du Pole Arctique, & veulent que ce soit Charlemagne qui leur ait donné ce nom: d'autres prétendent qu'il vient du nom d'une Forteresse nommée POLE, qui étoit aux confins de la Poméranie: d'autres le font venir

nir d'une Ville de la Colchide appellée POLA & disent que Lechus venant de ces quartiers-là en prit occasion de le donner à la Nation qu'il gouvernoit: d'autres dérivent le nom de Pologne de celui des Polaques, & celui des Polaques de celui de Lechus: d'autres le tirent de Polizna, Ville de la Sclavonie d'où ils font sortir les Polonois: un grand nombre d'Ecrivains veulent qu'il vienne du Polonois *Pole*, qui signifie une Campagne unie, parce que, disent-ils, la Pologne n'a pas de hautes Montagnes. Mais quelque vraisemblance qu'on puisse trouver dans ces différentes origines, il seroit encore plus naturel de dire que le nom des Polonois [ *Poloni* ] vient de celui des *Bulani*, anciens Peuples Sarmates, dont parle Ptolomée ᵃ. En effet *Poloni* & *Bulani* peuvent être regardez comme le même nom; & on peut d'autant moins en disconvenir, que les anciens Ecrivains Allemans ont appellé les Polonois BOLANI ou BOLANII.

ᵃ Lib. 3. c. 10.

Selon les Ecrivains du pays, la Pologne fut d'abord gouvernée par des Ducs, ensuite par des Rois, puis par des Ducs, & enfin par des Rois. On peut partager ce tems en quatre Classes. La première dont l'Histoire est obscure & mêlée de fables prend depuis Lechus I. qui vint en Pologne vers la fin du sixième Siècle, ou au commencement du septième & elle finit avec Popiel second, qui gouvernoit la Pologne dans le neuvième Siècle. On prétend qu'il fut mangé des rats avec toute sa famille & que ce fut un effet de la Justice divine, qui le punissoit du crime qu'il avoit commis, en empoisonnant vingt-quatre de ses parens, dans le dessein de se rendre maître de leurs Etats. La seconde Classe commence à *Piastus*, Laboureur, habitant de Kruswik, qui fut choisi pour Roi de Pologne. On trouve dans cette Classe beaucoup plus de lumière, sur-tout depuis Miecislas qui fut le premier Duc Chrétien, dont le fils Proleslas I. fut le premier Roi de Pologne. C'est l'Empereur Otton III. qui le créa Roi, en reconnoissance de la réception qui lui fut faite à Gnesne, lors qu'il alla en Pologne pour un voyage de dévotion. Boleslas II. perdit le titre de Roi. Son frere Uladislas qui gouverna la Pologne, lorsqu'il eut abdiqué la Couronne, ne prit point le titre de Roi, soit à cause de l'Interdit que le Pape avoit lancé, soit parce qu'il s'attendoit que Boleslas pourroit retourner. Ce fut Primislas II. qui reprit le titre de Roi, que ses successeurs ont conservé jusqu'à présent. Sous ces deux Classes la Pologne, soit qu'on la regarde comme un Duché, ou comme un Royaume fut toujours héréditaire. Elle passa toujours des peres aux enfans; & jamais il n'y eut d'Election, si ce n'est lorsque la Race Ducale, ou Royale se trouva éteinte. La troisième Classe commence à Jagellon, Grand Duc de Lithuanie, qui promit que lui & ses Peuples renonceroient au Culte des faux Dieux, pour embrasser la Religion Chrétienne & qu'à l'avenir la Lithuanie seroit unie à la Pologne. Il jura de plus qu'il ne montoit point sur le Trône de Pologne par droit de succession, mais seulement en vertu de la libre Election des Polonois qui lui avoient donné la Couronne; serment que tous ses Successeurs ont été obligez de faire depuis. La quatrième Classe comprend les Rois qui ont été choisis dans différentes Familles soit du Pays soit étrangéres. Cette Classe est fameuse par ses différens interrégnes. Elle commença à la mort de Sigismond Auguste le dernier de la Race des Rois Jagellons. Les Polonois restreignirent alors considérablement l'autorité Royale, & de tems en tems ils l'ont encore restreinte de plus en plus dans les interrégnes qui ont précédé les Elections des Rois de cette dernière Classe; de sorte qu'aujourd'hui la Pologne est proprement une Monarchie Aristocratique gouvernée sous le nom d'un Roi par les Evêques & par les Nobles. Les fils mêmes du Roi ne peuvent parvenir à la Couronne, & si outre leur naissance, ils n'ont les suffrages de la meilleure partie des Nobles, qui se trouvent à la Diéte, l'Etranger leur est préféré. C'est une Politique de la République de proposer plusieurs Candidats, quand ce ne seroit que pour faire voir la condition libre du Royaume.

Quand le Roi est mort ᵇ, on ne lui rend point les honneurs funèbres qu'il n'ait un Successeur élu & souvent couronné. Ce doit être une des premières actions du nouveau Roi. Pendant l'Interrégne l'Archevêque de Gnesne Primat du Royaume en a l'administration. Il convoque les Diétes, & détermine le tems de l'Election, la quantité de jours qu'elle doit durer & le Lieu où elle doit se tenir. C'est ordinairement dans la Plaine de Varsovie entre les Villages de Vola & de Powascki. On y dresse des tentes pour les Prélats, les Sénateurs & autres Nobles. Ce lieu est environné d'un grand fossé, & on n'y peut arriver que par une seule porte. Tout à l'entour sont les pavillons des Soldats & la Campagne est couverte de Corps de garde. Avant qu'on s'y rende on assiste à une Messe solemnelle que chante l'Archevêque de Gnesne, pour invoquer l'assistance du St. Esprit. Quand on est sur le lieu, on admet les Ambassadeurs, non pas selon le rang des Couronnes, mais suivant l'ordre de leur arrivée. Ils sont conduits par le Maréchal des Ambassadeurs que l'on crée exprès pour cette Cérémonie, & qui leur porte aussi quelquefois les résolutions de l'Assemblée. Tant que dure la Diéte, il faut qu'ils demeurent dans les Lieux qui leur ont été assignez, à quelque distance de Varsovie, afin qu'ils ne puissent rien tenter, contre la liberté des délibérations. Tous les Nobles sont disposez par Palatinats. Chacun a droit de suffrage, aussi-bien que les Villes de Dantzic, de Cracovie & de Vilna. Les voix étant récueillies l'Archevêque de Gnesne qui préside, fait un Discours & dit tout haut: *Je nomme Roi de Pologne & Grand-Duc de Lithuanie N..... & prie le Roi Céleste qu'il veuille*

ᵇ Le Laboureur, Traité du Royaume & du Gouvern. de Pologne, pag. 4.

veuille aider dans une si pesante charge ce Roi qu'il nous a de tout tems ordonné par sa Providence, & qu'il lui plaise que son Election soit heureuse à la République; mais salutaire principalement pour la Religion Catholique. Ensuite il commande aux Maréchaux de publier la nomination; ce qui étant fait il entonne une Hymne en actions de graces, au bruit du Canon des Trompettes & des Tambours. L'Election ayant été signifiée au Prince élu, il se hâte d'arriver à Varsovie, où après avoir fait serment dans l'Eglise de St. Jean, & à genoux, d'observer les conditions que ses Ambassadeurs ont accordées, le Primat lui remet entre les mains le Décret de son Election signé & scellé des Sceaux des principaux Seigneurs qui y ont assisté. Les Généraux publient alors à la porte que le Roi légitimement élu a accepté son Election; & l'Archevêque entonne le *Te Deum*. Le Sénat délibère ensuite avec le Primat sur le jour du couronnement, que l'on envoye signifier aux particuliers de chaque Province; & le Roi élu leur écrit parce qu'il ne peut encore dépêcher ni des Députez ni des Ambassadeurs. Il y a encore d'autres différences entre un Roi élu & un Roi couronné: les Maréchaux ne tiennent point devant le Roi élu leurs Bâtons de cérémonie levez, mais baissez; il ne peut faire aucune fonction Royale, avant que d'en avoir les Enseignes, qui sont la Couronne & le Sceptre; les Chanceliers ne scellent rien, que le Roi défunt ne soit inhumé, qu'ils n'ayent rompu leurs Sceaux sur sa sépulture, & qu'il en ait été donné de nouveaux; ce qui ne se fait qu'après le Couronnement.

Le Roi élu, en arrivant à Cracovie pour son Couronnement y fait une Entrée Royale. Il descend au Château & se rend ensuite à l'Eglise Cathédrale de St. Stanislas, où le Chapitre le reçoit avec les honneurs royaux. On chante le *Te Deum* & quelques jours après on fait la cérémonie du Sacre. Auparavant il faut qu'il aille dans un Char à un Lieu de dévotion de la Ville, nommé Skalka, où St. Stanislas Evêque de la Ville fut, en disant la Messe, martyrisé par les Emissaires du Roi Boleslas en 1079. la Couronne Royale, dont la Pologne avoit été long-tems privée pour ce meurtre ne lui ayant été rendue qu'à cette condition. De-là le Roi va à pied à l'Eglise Cathédrale, & le lendemain il y doit retourner, pour communier devant le Tombeau de ce Saint Martyr. Le jour suivant est celui du Couronnement. L'Archevêque de Gnesne, dans l'Eglise duquel la cérémonie se faisoit autrefois, la fait, comme Primat du Royaume, dans l'Eglise de Cracovie. Il dit la Messe solemnellement, assisté des principaux Evêques: il donne la communion au Roi, lui met sur la tête une Couronne d'or, lui donne le Sceptre à la main droite & en la gauche une pomme d'or, avec la Croix telle que celle de l'Empereur. Le Roi monte ensuite sur un Trône élevé, & l'on chante le *Te Deum*, qui est la fin de la cérémonie.

Le lendemain du Couronnement le nouveau Roi fait une Cavalcade par la Ville, la Couronne sur la tete. Le Peuple marche devant & il est suivi des Evêques & des Sénateurs, qui lui viennent faire serment de fidélité. Il descend dans la Place de Bracka, où il monte sur un Trône dressé sur un haut échaffaut. Le Sénat s'assied autour de lui sur des Sièges plus bas, & on lui présente de nouveau le Sceptre, la pomme d'or & l'épée. Il se leve & tourne cette épée vers les quatre Parties du Monde, après quoi il en donne l'accolade à ceux des Nobles, qui se présentent à genoux devant lui pour la recevoir, & qui ensuite se peuvent qualifier *Chevaliers dorez*; c'est-à-dire à l'*Eperon d'or*. Les Magistrats de la Ville lui font aussi le serment de fidélité: après quoi il retourne au Château où selon la coutume il tient table pendant plusieurs jours.

Quelques bornes que l'on ait donné à l'autorité Royale, le Roi de Pologne ne laisse pas d'être maître absolu de la vie & de la mort de ses Sujets [a]. On appelle à lui de tous les Magistrats des Villes & des Provinces. Il est l'unique Interprete des Loix & du Droit Public. La fonction du Sénat est de lui donner conseil sans lui rien prescrire; comme celle du Roi est d'entendre les opinions & de décider par lui même. Les Edits se proposent dans le Sénat & se font dans le Cabinet du Roi. Il reçoit les avis des autres, mais il n'y a que lui qui donne les ordres. Le Sénat est le témoin & non l'Arbitre des actions & de la vie du Roi, qui ne n'est interdit, que l'injustice & la violence. De plus on ne peut obtenir aucun titre d'honneur, ou de préeminence, ni même aucuns biens que par la faveur & par la libéralité du Roi: ainsi il est le Maître des loix, de l'honneur, des biens & de la vie de ses Sujets, qui ne peuvent espérer aucune dignité que par ses bienfaits. Par ce moyen il peut quelquefois faire mouvoir, arrêter & régler l'Etat, comme il le désire. Dans le fond cependant, ces droits lui donnent plûtot le pouvoir de faire du bien à ses Sujets, que du mal. Il ne peut lever ni subsides ni tailles quelque besoin d'argent qu'il puisse avoir en son particulier. S'il parvient à la Couronne avant qu'il soit marié, c'est au Sénat à lui choisir une Epouse, dont l'alliance ne puisse point être suspecte: du moins le Roi est obligé de faire agréer le choix qu'il pourroit faire. La Reine reçoit des présens de la Noblesse & des Communautez aux cérémonies de son mariage & à son Couronnement, qui se fait aussi dans Cracovie par l'Archevêque de Gnesne. Après leur Couronnement le Roi & la Reine vont en Cavalcades; mais on ne doit à la Reine aucun hommage ni serment de fidélité. La Reine a ses Grands Officiers comme le Roi; sçavoir un Grand-Maréchal qui porte le Bâton levé devant elle, un Grand-Chancelier ou Secrétaire, un Trésorier, un Coupier ou Echanson. Elle a aussi, à cause de son sexe, une Grande-Maréchale qu'on appelle autrement

[a] Vie du Cardinal Commendon, Liv. 4. p. 439.

m... Majordôme. Son Douaire s'assigne par les États sur le revenu de plusieurs Castellanies jusqu'à la concurrence d'une somme. C'est aussi la coutume que le Roi accorde les Charges à sa prière & que ceux qui en sont pourvus lui fassent présent d'une ou de deux années du revenu, ce qui ne va point à la charge du Royaume. Les Loix lui défendent aussi-bien qu'au Roi d'acquérir soit par achapt ou par confiscation aucun bien en fond, ni dedans ni sur les confins de la Pologne, afin de leur ôter toute occasion de lever des troupes contre l'État pendant l'Interrégne, ou autrement. Les revenus du Roi étoient autrefois plus considérables: chaque feu lui devoit quelque cens: aujourd'hui les Nobles & les Ecclésiastiques ont ce droit chacun sur leurs Terres, & même celui des péages & passages, dont il en demeure peu au Domaine Royal; de sorte que ce Domaine Royal ne consiste guère aujourd'hui qu'en quelques Oeconomies; en une part aux Salines, aux Mines d'or & d'argent & autres métaux; en quelques Pêches, dont le droit lui appartenoit autrefois tout entier, avec la chasse que quelques Rois ont eu l'autorité de défendre à la Noblesse; enfin dans le tribut des Juifs, qui peut être regardé comme quelque chose de considérable, tant par leur grand nombre, que par les charges énormes qui leur sont imposées.

Les Évêques tiennent le second rang dans la République, & ont la première séance au Sénat, comme Sénateurs nez, à l'exception de ceux de Russie, qui suivent la Religion Grecque & qui sont mi-partis de côté & d'autre, à la droite & à la gauche du Roi. Il y a toujours un Évêque qui est Chancelier ou Vice-Chancelier. Ils ont encore obtenu ce Privilège, que l'un des Référendaires seroit Ecclésiastique, & qu'on éliroit encore des Chanoines en chaque Église Cathédrale de Gnesne & de Cracovie & un dans toutes les autres, pour assister à l'Assemblée qui se tient tous les ans à Peterkau & à Lublin, afin qu'ils jugent avec un pareil nombre de Gentilshommes les Causes des Palatinats en dernier ressort. Les Évêques de Pologne ne sont que quinze sous deux Archevêques celui de Gnesne & celui de Léopold. Ce petit nombre fait que les Evéchez sont d'un grand revenu. Ils étoient autrefois électifs, & chaque Chapitre devoit choisir un de ses Chanoines; mais depuis Jagellon la plûpart des Eglises ont perdu ce Privilège. C'est aujourd'hui le Roi qui nomme, ou bien il fait élire qui il lui plaît, pour récompenser ses créatures; mais il ne peut nommer que des Gentilshommes du Royaume, si ce n'est qu'il fasse agréer au Sénat l'Étranger qu'il voudroit pourvoir.

La Noblesse du Royaume est représentée par deux Corps presque également considérables, qui sont le Sénat & l'Ordre des Gentilshommes. Le Sénat est composé des grands & petits Sénateurs. Leurs Charges sont à la nomination du Roi, qui ne les sauroit donner qu'à des Nobles Polonois, sans qu'elles soient héréditaires dans leurs familles. Les grands Sénateurs sont les Archeveques de Gnesne & de Léopold, & les Évêques de Cracovie, de Cujavie, de Vilna, de Posnanie de Poloczko, de Warmie, de Culm, de Lucko, de Premislie, de Samogitie, de Chelm, de Kiow, de Kaminieck & de Smolensko. Les Seculiers sont le Castelan de Cracovie, les Palatins de Cracovie & de Posnanie, qui alternent ensemble pour la préséance, ceux de Vilna, de Sendomir, de Kalisch, de Troki, de Siradie, de Leneicie, de Breste, de Kiow, d'Inowladislaw, de Russie, de Wolhinie, de Podolie, de Smolensko, de Lublin, de Poloczko, de Blesk, de Novogrod, de Ploczko, de Vitepsk, de Masovie, de Podlachie, de Rava, de Brzescie, de Chelm, de Culm, de Mzislaw, de Marienbourg, de Bracklaw, de Pomeranie, de Minsko, & de Czernicow; les Castelans de Vilna, de Trocki, & le Starofte de Samogitie. Les petits Sénateurs sont les Castelans, qui sont les Lieutenants des Palatins & les Chefs de la Noblesse, dans leurs Castellanies. Ils sont divisez en grands & en petits Castelans. Quant aux Officiers Sénateurs, ce sont les grands Officiers du Royaume de Pologne & du Grand-Duché de Lithuanie; savoir le Grand-Maréchal du Royaume, & le Grand-Maréchal du Duché; les Chanceliers Vice-Chanceliers de ces deux États; les deux Grands Tréforiers; le Petit Maréchal, ou Maréchal de la Cour du Royaume & celui de la Cour du Duché. Le Conseil dont le Grand-Maréchal de la Couronne est le Président perpétuel, régle toutes les affaires de l'État avec le Roi & sans son consentement, il ne se peut rien conclurre d'important, comme d'établir des impôts, de créer des loix, de faire la paix ou la guerre & de battre de nouvelles monnoies. Cette Charge de Grand-Maréchal est une des plus lucratives de la Cour. Son pouvoir y est très-grand, & il n'y a aucun Sénateur qu'il ne précéde. Il est comme Grand-Maître de la Maison du Roi, comme Grand-Prevôt, comme Grand-Maître des Cérémonies & comme Juge & Maître de la Police, avec pouvoir de faire des Loix & d'exécuter ses Arrets meme capitalement. Il a jurisdiction sur tous les Officiers de la table du Roi, & sur toute la Noblesse de la Cour. Il juge souverainement les crimes qui s'y commettent; met le prix aux vivres, reçoit les Ambassadeurs, prend soin de leur traitement, les conduit à l'Audience, admet au Sénat ceux qui ont droit d'y entrer & fait sortir ceux qui n'en sont point. La Reine a aussi son Grand-Maréchal, mais

il

il n'est absolu que dans sa Maison, dont il a la Surintendance.

L'Ordre des Gentilshommes est composé de toute la Noblesse de Pologne & de Lithuanie. Ce Corps est extrêmement puissant soit par son nombre, soit par ses richesses. Il peut seul posséder toutes les Charges & les biens du Royaume & du Duché. Il a le droit d'élire le Roi & de lui prescrire lorsqu'il est élu certaines conditions nommées en Pologne *Pacta Conventa*, par lesquels il fait serment sur les Autels de conserver les Droits & les Privilèges de la République. Lorsqu'on le convoque pour marcher contre les Ennemis, il ne peut-être assemblé que pendant l'espace de six semaines, avec cette différence qu'on oblige la Noblesse de Pologne, d'aller trois lieues hors du Royaume & que celle de Lithuanie peut n'en pas sortir si elle veut. Chaque Gentilhomme a droit de vie & de mort sur ses Paysans, & l'on n'en peut arrêter aucun s'il n'est convaincu du crime dont on l'accuse. C'est de ce Corps qu'on tire les Nonces, qui sont les Députez des Palatinats aux Diétes. Le Roi Casimir III. établit ces Nonces, lorsque cherchant les moyens d'avoir de l'argent pour payer l'Armée, il ordonna à tous les Palatinats d'envoyer des Députez à la Diéte. Ils n'y assistérent ensuite que pour recevoir les nouvelles Constitutions & les faire publier dans leurs Provinces; mais sous le Régne de Sigismond Auguste, autorisez par la licence des Religions nouvelles, ils voulurent entrer en connoissance de toutes leurs affaires, & l'autorité qu'ils usurpérent les rendit presque aussi puissans que le Sénat. Les Successeurs de ce Prince les ayant appuyez sous main, les ont maintenus dans leurs prérogatives, afin de n'être pas moins absolus par eux dans les Provinces qu'ils tâchent de l'être dans le Sénat. Ils ont dans les Diétes une Chambre particuliére où ils s'assemblent, pour rapporter ensuite au Roi & au Sénat les résolutions qu'ils ont prises. Ils ont un pouvoir qu'ils ne peuvent excéder & un seul est capable de rompre la Diéte si son sentiment est contraire à tous les autres & s'il y persiste. La Diéte qui est l'Assemblée Générale des Etats du Royaume & du Grand-Duché de Lithuanie, se tient deux années à Varsovie & dans la troisiéme année on la convoque à Vilna, ou à Grodno, pour contenter les Lithuaniens, qui murmuroient de ce qu'on n'en tenoit point dans leur Pays. Elle consiste au Sénat composé d'environ cent cinquante personnes, lorsque tous ceux qui ont droit d'y être reçus s'y rendent, & aux Nonces, dont la Chambre est composée, des Députez des Palatinats & Térritoires. Leur nombre n'est point réglé & ils ont leur Maréchal à leur tête.

Le Roi, le Sénat & la Noblesse [a] sont les trois Ordres qui composent la République; & c'est le titre qu'on leur donne dans les Diétes. On pourroit néanmoins ces trois Ordres ou Etats à deux; savoir le Sénat & la Noblesse; car le Roi est plûtôt le Chef de ces deux Ordres qu'un Ordre particulier. Outre cela il y a des Bourgeois, qui habitent dans les Villes & des Paysans qui demeurent dans la Campagne; mais en Pologne ces sortes de gens ne sont point compris dans les Etats ou Ordres du Royaume, parce qu'ils n'ont aucune part au Gouvernement de la République; si ce n'est les trois principales Villes; savoir Cracovie pour la Pologne, Vilna pour la Lithuanie, & Dantzic pour la Prusse. Le Gouvernement, qui est Monarchique & Aristocratique tout ensemble, appartient aux Ecclésiastiques & aux Nobles, qui sont comme les Princes du Peuple. Cependant les Bourgeois des bonnes Villes ont quelques prérogatives par dessus les Paysans. Ce qu'ils possédent est absolument à eux, & ils sont eux-mêmes à eux; privilège que n'ont point les Paysans, qui ne peuvent sans la permission de leur Seigneur sortir de sa Terre pour passer au service d'un autre. Leurs maisons sont de chétives Cabanes faites d'arbres chevillez, & pour la plûpart ils n'ont qu'un seul endroit, où sont avec eux les Vaches & les Chevaux, ou du moins les Veaux, les Moutons qui y sont rares & de peu de goût, les Pourceaux & les Poules. Leurs enfans couchent sur la paille & la plûpart nuds & sans chemise, à cause de leur pauvreté. Ce n'est pas que la Pologne n'abonde en beaucoup de choses nécessaire à la vie. On y recueille une grande quantité de miel & de cire & ses Campagnes produisent assez de bled pour en fournir aux Royaumes du Nord & aux Pays-bas. Il n'y a aucun Pays en Europe où les pâturages soient aussi bons & où le Bétail soit en aussi grand nombre. Les Etangs donnent du poisson en quantité, & les Forêts sont remplies de toutes sortes de Bêtes fauves. Si la Pologne étoit une Monarchie absolue peu de Puissances seroient capable de lui résister; mais le Roi ne peut se vanger d'une injure dans le premier feu de sa colére. Il faut que le Sénat composé de tant de têtes consente à la guerre, s'il la veut faire, & il ne s'y résoud que fort difficilement, à cause que le plus souvent les Prélats qui ont la premiére voix aiment mieux joüir en paix des grands revenus de leurs bénéfices, que de les employer aux frais de la guerre. Les Armées des Polonois sont puissantes quand ils en font & leurs troupes sont nombreuses. Ainsi quand la République est menacée de quelque danger pressant, il y a toujours plus de cent mille Gentilshommes prêts à monter à cheval. Ils sont vaillans & guerriers, jaloux de leur liberté & de leur droits, souffrant difficilement que les Etrangers se mêlent de leurs affaires; si ce n'est depuis le commencement de ce siécle, que la puissance de l'Empire Russien les tient comme en échec, & leur donne la Loi, sous prétexte de secours & de maintien des alliances.

Leurs forces consistent plus en Cavalerie qu'en Infanterie, & il n'y a pas moins de variété dans leurs armes que de bisarrerie dans leurs habits. Les uns sont vêtus

[a] *Hartknoch*, de Repub. Polon. lib. 2. c. 1.

tus à la mode du Pays, les autres à la Hongroise, quelques-uns à la Turque, ou à la manière des Tartares. Il y a des Compagnies armées d'un arc, d'une trousse & d'un sabre & d'autres qui portent des boucliers & des lances: quelques-uns prennent le casque & la cuirasse & on en voit qui se servent d'armes pesantes. Cette différence n'excite pas moins leur courage dans les combats qu'elle donne de frayeur à leurs Ennemis. En général on peut dire que les Polonois sont robustes & de taille médiocre; ils ont le teint blanc & la couleur vive & vermeille. Ils sont assez polis: ils obéïssent volontiers à leurs Magistrats; mais on leur reproche, comme aux autres Peuples du Nord, l'excès dans le boire & dans le manger; ce qui est cause que leurs Festins sont quelquefois suivis de querelles & qu'avec leurs sabres ils s'abattent nez & oreilles. Les Gentilshommes, pour peu qu'ils soient aisez, entretiennent un grand nombre de gens à leur service, & quelquefois au-dela de leurs revenus: ils en ont même qui ne sont obligez qu'à les suivre sans les servir. Les Dames lorsqu'elles vont par la Ville ou à la promenade sont précédées par leurs Valets, & suivies de leurs femmes de chambre & de leurs servantes. Les Bourgeoises même marchent rarement, si elles n'en ont quelques-unes après elles. Leurs maisons pour la plus grande partie sont couvertes de paille & bâties de bois & de terre grasse. Ce n'est pas qu'ils n'y puissent employer la brique & la pierre; mais comme leur Pays n'est pas très-bien fortifié & qu'il est souvent exposé aux courses des Turcs, des Tartares & des Moscovites, si-tôt qu'ils sçavent l'approche de leurs ennemis ils mettent le feu à ces maisons de peu d'importance, après en avoir enlevé ce qu'ils avoient de plus précieux. Alors ils s'assemblent en Corps d'Armée, pour faire tête à ceux qui viennent les attaquer. Presque tous les Polonois, même les gens du commun font apprendre la Langue Latine à leurs enfans, & la plûpart des Gentilshommes, outre la Langue Esclavone qui leur est naturelle, parlent Allemand, François, Italien & Espagnol. La Langue Polonoise est un Dialecte de l'Esclavonne; mais elle est mêlée de plusieurs mots Allemans. Leurs vêtemens sont fort riches: ils portent pour la plûpart des bottines couleur de soufre qui ont le talon ferré, un bonnet fourré & des Vestes fourrées de Zibelines, qui ne leur vont que jusqu'à mi-jambe. Il y a de ces fourrures qui vont jusqu'à mille écus; mais ces sortes de Vestes ne paroissent guère que dans les Diétes, ou dans les Fêtes de cérémonie. Ils n'ont pour tout linge que des chemises & des caleçons, & ils portent les cheveux coupez jusqu'au dessus des oreilles. Il se rasent la barbe, à la reserve des moustaches qu'ils se laissent croître, pour donner de la terreur à ceux qui ne sont pas accoutumez à les voir. Ils marchent fort gravement, toujours le sabre au côté qu'ils ne quittent que pour se coucher. Ce sabre est soutenu par une courroye de cuir, où ils portent leur mouchoir pendu, avec un couteau dans une gaine & une pierre pour l'éguiser tous les matins. Ils se lavent le visage & le cou avec de l'eau froide quelque tems qu'il fasse. Dans tous les mois de l'année on se baigne en Pologne. Il n'y a point de maison de personnes de qualité qui n'ait des bains particuliers, & on en trouve de publics dans les principales Villes. On baigne les enfans deux fois le jour si-tôt qu'ils sont nez; ce qui se continue plus de deux ans. Cela est cause qu'étant endurcis au froid dès leur plus tendre jeunesse, ils deviennent extrêmement forts. Les personnes qui ne sont pas de l'Ordre de la Noblesse, sont habillées de la même sorte que les Nobles, si ce n'est que leurs vestes & leurs fourrures sont moins magnifiques & que leurs bottines sont rouges ou bleues; car il n'y a que les Gentilshommes qui ayent droit d'en porter de couleur de soufre. Les Dames sont honnêtes, civiles, simples en leurs mœurs & pompeuses en leurs habits. Elles portent une Jupe assez courte, d'une riche étoffe, avec une espèce de juste-au corps de même, fourré de Zibelines, qui descend fort bas, & sur cela un nombre infini de pierreries, tant en nœuds d'or émaillé, qu'en chaînes & autres façons. Elles ont aussi la tête parée de pierreries & un bonnet par dessus. Ce faste donne à penser que les mariages des Gentilshommes Polonois leur causent bien de la dépense. Les Fêtes des nôces & les funérailles en causent aussi beaucoup. Il n'y a ni pauvre ni riche, qui, lorsqu'il se marie, ne donne pendant trois jours des festins à tous ses parens & amis. Les enterremens se font avec une pompe extraordinaire & sont suivis d'un grand Festin.

La Justice se rend selon les Statuts du Royaume, que Sigismond-Auguste fit rédiger en un Corps en 1520. C'est ce qu'on appelle Droit Polonois; & quand il arrive certains cas qui n'y sont pas compris on se sert du Droit Saxon. En 1578. sous le Régne d'Etienne Battori, il fut résolu à la Diéte de Varsovie qu'on établiroit trois Tribunaux Supérieurs: le premier à Petrikow, pour les affaires de la Grande Pologne & de la Prusse Royale; le second à Lublin pour celles de la Petite Pologne, & le troisième à Vilna pour celles de la Lithuanie. Ces Tribunaux sont composez, de Nobles Ecclésiastiques choisis, comme je l'ai déja remarqué ci dessus, entre les Chanoines des Eglises Cathédrales, & de Séculiers choisis dans les Palatinats. Les premiers font deux ans en exercice & les autres quatre. Les Jugemens s'y rendent à la pluralité des voix, & on peut appeller au Roi. Ces Tribunaux jugent en dernier ressort les affaires civiles de la Noblesse. Pour les criminelles un Gentilhomme ne peut être emprisonné ni jugé, que par le Roi & le Sénat [a]. Il n'y a point de confiscation & la proscription n'a lieu que pour les crimes capitaux au premier chef, qui sont les meurtres, les assas-

[a] *Le Laboureur, Gouvernem. de la Pologne, p. 41.*

assassinats & la conjuration contre l'Etat. Si le Criminel n'est point arrêté prisonnier dans l'action, il n'est pas besoin de lever de troupes ni de l'aller investir. Il est cité pour subir le Jugement du Roi & du Sénat. S'il ne comparoît pas on le déclare infame & convaincu; par là il est proscrit & tout le monde peut le tuer en le rencontrant. Les Magistrats sont obligez de le faire chercher dans leurs Districts, & de l'arrêter prisonnier pour le représenter au Tribunal du Roi. La Pologne qui obéit ponctuellement à ses Loix n'a point de pitié pour ceux qui les offensent, & si un Gentilhomme proscrit ne garde son ban, on l'arrête & on le punit. Les Palatins qui ont aussi leur Jurisdiction ne connoissent que des affaires des Juifs; & la Justice des Maréchaux s'étend seulement sur les Officiers de la Maison du Roi, sur les Marchands & sur les Etrangers. Chaque Starostie a pareillement sa Jurisdiction dans l'étendue de son Terroir. On appelle des Magistrats des Villes au Chancelier, & la Diète en décide quand l'affaire est importante.

La Religion Catholique domine en Pologne, quoique le voisinage des Allemans ait attiré beaucoup d'Hérétiques aux environs de Cracovie. Elle règne dans la Mazovie toute entière, & il en est presque de même de la Cujavie. La Lithuanie est infectée de diverses Sectes, & on y trouve grand nombre de Grecs, de Sociniens & d'Ariens. Il y a dans la Russie Polonoise beaucoup d'Arméniens qui font leur principale demeure à Léopold. La Podolie & l'Ukraine sont pleines de Ruthéniens, qui suivent la Foi & les Cérémonies des Grecs, sous le Métropolitain de Kiow, dont la Jurisdiction est soumise à celle du Patriarche de Constantinople. Il y a aussi dans la Pologne plus de cinquante mille Juifs, qui vivent épars dans les Villages, avec liberté entière de pratiquer leur Religion. Ils sont vêtus d'une robe courte, & noire avec de méchantes fraises, & ils fournissent au Roi & au Sénat qui les protègent toutes les sommes dont ils ont besoin dans les pressantes nécessitez.

Il y en a qui ont voulu assurer [a], que, sous les premiers Ducs, la Pologne comprenoit non seulement toute l'étendue des Terres qu'on entend aujourd'hui sous le nom de Pologne, avec la Silésie; mais encore la Lusace, la Poméranie, les Duchez de Mecklenbourg, & de Lunenbourg, la Marche de Brandebourg, la Misnie & partie de la Saxe. Ils ajoutent que Lescus III. partagea toutes ces Provinces entre ses Enfans & qu'il donna la Pologne à Popiel son fils légitime, & les autres Etats à ses enfans illégitimes, d'où il s'ensuivroit que les anciennes bornes de la Pologne se seroient étendues aussi loin que l'ancienne Sarmatie, & auroient compris encore une grande partie de la Germanie. D'autres ont avancé que la longueur de la Pologne se prenoit depuis le trente-deuxième degré de Longitude, jusqu'au soixantième, vers le Tanaïs, & sa largeur depuis les Monts de Sarmatie jusqu'à la Mer Baltique. Il y a de l'excès en tout cela, & ces bornes ne s'accordent point avec l'ancienne Histoire, qui nous apprend en quel tems la Lithuanie, la Prusse, la Russie, & tant d'autres Provinces ont été unies à la Pologne. De plus il est certain, selon le témoignage des plus anciens Historiens de l'Allemagne, que la Pologne étoit bornée du côté de l'Orient par la Russie, & que la Russie qui confinoit à la Pologne, en étoit séparée par la Wistule. Il est bien plus naturel de dire que l'ancienne Pologne comprenoit ce que nous appellons aujourd'hui Grande & Petite Pologne, avec une partie de la Masovie, de la Silésie & de la Nouvelle Marche. Radevic [b] nous apprend que dans le douzième siècle la Pologne étoit bornée à l'Occident par l'Oder, à l'Orient par la Vistule, au Septentrion par les *Rutheni*, ou Rugiens, & par la Mer de Scythie ou Baltique, & au Midi par les Forêts de la Bohême. Mais depuis le tems où vivoit Radevic, la domination des Polonois s'étendit peu-à-peu au delà de la Vistule; ce qui leur fournit occasion d'en venir souvent aux mains avec les Lithuaniens, jusqu'à ce que leur Duché eût été uni avec la Pologne.

Ce Royaume tel qu'il est aujourd'hui est différemment divisé par les Géographes. En général on le divise en POLOGNE & en Grand Duché de Lithuanie, parce que la Nation n'est proprement composée que de deux Peuples, les POLONOIS & les LITHUANIENS, qui fournissent chacun séparément un certain nombre de Sénateurs, & de Grands Officiers. D'autres divisent ce Royaume en trois portions, qui sont la PETITE POLOGNE, la GRANDE POLOGNE & le GRAND DUCHÉ DE LITHUANIE. Cette division se suit principalement dans les Diètes; car lorsqu'il est question d'élire un Maréchal des Nonces, on le prend premièrement dans la Petite Pologne, ensuite dans la Grande Pologne, & enfin dans la Lithuanie. On a encore égard à cette division dans les différentes Commissions, lorsqu'il s'agit de charger quelqu'un d'une affaire qui regarde toute la République: ordinairement on choisit quelques Commissaires dans la Grande Pologne, d'autres dans la Petite & d'autres dans la Lithuanie. On s'est encore conformé à cette division dans l'Etablissement des Tribunaux Supérieurs; car on en a mis un dans chacune de ces trois portions du Royaume. Enfin la POLOGNE se divise en Duchez & en Provinces que l'on subdivise en Palatinats, Terres & Districts. Voici suivant Samson une Table ou une Division Géographique de ce Royaume.

[a] *Hartknoch*, Lib. 1. c. 2. & seq.

[b] Lib. 1. c. 1. De Reb. Friderici.

*TABLE*

# POL.

## TABLES ou DIVISIONS DE POLOGNE.

| | | | |
|---|---|---|---|
| Sous le Nom de Pologne sont compris. | Le Royaume de | | Pologne. |
| | Le Grand Duché de | | Lithuanie. |
| | Les Duchés de | | Prusse. Samogitie. Mazovie. Russie Noire. Curlande. |
| | Les Provinces de | | Cujavie. La Polaquie. Volhynie. Podolie. |

| | | | |
|---|---|---|---|
| La Pologne se divise en | Haute ou Petite Pologne où sont les | Palatinat de Krakow. | Crakow. Wownicz. Sandez. Biecz. Ozwieczin. Wiclicz. Zator. Tarnow. Ilkusck. Slankow. Czentchow. Le Low. Mstow. Nowopol. Curzelow. Olstyn. Miehow. Wisnicz. Wounicz. Landkron. Ziwiecz. Lubowla. |
| | | Palatinat de Sandomirie. | Sandomirz. Vislicza. Polaniecz. Zawiehost. Radom. Zarnaw. Malopocz. Opoezno. Schidlowicz. Salecz. Opatow. Baranow. Reschow. Lezaisko. Debicza. Mielec. Smigrod. Chintiny. Conary. Ojek. |
| | | Palatinat de Lubin. | Lubin. Kasimiers. Pietrouin. Lenezna. Koczk. Barowecz. Czetochow. Oczzka. Lukow. Kurow. Clotniza. Kratnick. Bistupice. |
| | Basse ou Grande Pologne où sont les | Palatinat de Posna. | Posna. Srim. Krziwin. Priment. Miedzirzec. Rogosho. Fridlanzick. Wielin. Kembliew. Koscian. Vtonki. Babinost. Lesno. |
| | | Palatinat de Kalisch | Kalisch. Gnesna. Plessew. Landick. Kamin. Nakle. Labissin. Kleczko. Znin. Conin. Grabow. Pysdry. Chocz. |
| | | Palatinat de Sirad. | Sirad. Vielun. Krzcpice. Bretniczo. Camiensko. Pietrkow. Warta. Schiblberg. Ostrossow. Boleslaw. Werstad. |
| | | Palatinat de Lencici. | Lencici. Bresini. Inowlocz. Wolwortz. Lezow. Vnienow. Sobota. Piateck. Pholucz. |
| | | Palatinat de Rava. | Rava. Gostynia. Sochaczow. Blonic. Tarczin. Grodziecz. Moutnicza. Novemiasto. Ravamolczna. |
| | | Palatinat de Ploczko. | Ploczko. Rasuntz. Scheps. |
| | | Palatinat de Dobrzin. | Dobrzin. Rippina. |
| | La Li- Vers la | Palatinat de Wilna. | Wilna. Ossmiana. Wilkomirz. Braslaw. Miadzial. Umiata. Dziesna. Dubinki. Bystrzyc. Giedrocie. Koltyniani. Drys- |

| | | | | | | | |
|---|---|---|---|---|---|---|---|
| THUANIE a | | PRUSSE LES | Dryswiath. Druia. Zamofce. | | | | |
| | | PALATINAT DE TROKI. | Troki. Kowno. Grodno. Lida. Bielica. Wolkowiska. Nodwidwor. Merecz. Philippow. Olita. | | | | |
| | VERS LA POLOGNE LES | PALATINAT DE BRESSICI. | Breffici. Pinsk. Davidow Horo-Tarow. (deck. Buckcza. Dobrowica. Motol. Kobinol. Janow. | | | | |
| LA LITHUANIE a | | PALATINAT DE NOWOGRODECK. | Nowogrodeck. Slonim. Mifty. Neflwiess. Sluczk. Periecze. Petrikowicze. Lachowice. Koffow. Krzemienka. | | | | |
| | VERS LA MOSCOVIE LE | PALATINAT DE MINSK. | Minsk. Boriffow. Rohaczow. Mozir. Rzeczyca. Swislocz. Dukora. Jehumain. Dozice, | LA PRUSSE fe divife en | PRUSSE ROYALE où font | Sur la Viftule | Culm. Thorn. Graudentz. Sehwetz. Newenburg. Meawue. Dirfchaw. |
| | | PALATINAT DE MZEISLAW. | Mzeislaw. Orffa. Mokilow. Propoisk. Cruyczow. Bychow. Szklow. Odruczko. Dubrowna. Radomil. | | | A l'Orient de la Viftule | Newmarck. Lobaw. Lauterburg. Strasburg. Colmienfee. Wartenberg. Gutftat. Wormdit. Stum. |
| LA LITHUANIE a encore. | VERS LA MOSCOVIE LES | PALATINAT DE WITEPSK. | Witepsk. Wieliss. Surass. Uswiath. Oskala. Porodeck. Ula. Lukomla. Lepel. | | | A l'Occident de la Viftule | Bern. Mirchaw. Schonek. Kifchaw. Konicz. |
| | | PALATINAT DE POLOCZK. | Poloczk. Turowla. Waronicez. Suffa. Pliffa. Sokol. Nieffewa. Sitno. Kofian. Dantzick. Elbing. Marienburg. | | PRUSSE DUCALE. | Sur la Mer | Frewenberg. Braunsberg. Pautsko. Hella. Konigsberg. Brandeburg. Memel. |
| | | | | | | Sur les Coftes | Pillaw. Fifchaufen. Heyligpeil. Tilfe. Rangnit. Georgenburg. Infterburg. Allerburg. |
| | | | | | LA PRUSSE DUCALE a | Vers la Lithuanie | Fridlant. Bartenftein. Landsperg. Goldap. Oleczko. |
| | | | | | | Dans les Terres | Lick. Senburg. Johansburg. Ortelsburg. Wildenberg. Hohenftein. |
| | | | | | | Vers la Pologne | Libftat. Mulhaufen. Holland. Salfeldt. Marien Werder. Gardenfée. |
| | | | | | LA SAMO- | Dans le milieu du Pays. | Midnick. Rofienne. Betygola. Grynkiski. Radziwiliski. Uzweta. Lubniki. Telffe. Kroze. |
| | | | | | | Vers la Pruffe | Kroetany. Swiexma. Tauragen. Georgenburg. Nevavol. |
| | | | | | | Dans les Terres. Vers la Lithuanie. | Wiclona. Hoyragola. Kyedany. Remygola. Ponicwiess. |

Wo-

| | | | | | |
|---|---|---|---|---|---|
| GITIE a | | | | | |
| LA MAZOVIE comprend | Sur les Costes | Vers la Curlande. | Wobolniki. Birze. Przwale. Pokroie. Szawle. Nowiemiasteczko. Maziady. Helgaw. Palangen. | | |
| | Sur les Rivières savoir | Sur la Vistule. | Warzaw. Czersko. Wischegrod. Nowedwor. Skawa. | | |
| | | Sur le Bug. | Zakrotzin. Serolzeck. Wiskow. Szlubow. Kamienicz. Ostrowie. Nar. | | |
| | Dans les Terres. | Entre la Vistule & la Pologne. | Nadarzin. Warka. | | |
| | | Entre la Vistule & le Bug. | Minsko. Latowiecz. Liw. Wegrow. Dobre. Pultausk. | | |
| | | Entre le Bug & la Prusse. | Chiechanow. Korchellen. Rosan. Grodno. Wizna. Kolno. Zembrow. Chiechanowice. | | |
| LA RUSSIE NOIRE comprend les | PALATINAT DE LEMBERG où sont | Entre le Niester & le Buge. | Lemberg. Clymany. Zborow. Rohatin. Zawolow. Chodorostaw. Baloka. | | |
| | | Au Midi du Niester & dans la Pokutie. | Halycz. Sniatyn. Kolomcy. Dobroilow. Boroczane. Jesupol. Zarnawo. Zydachow. Stry. Komarna. Sumbor. | | |
| | | Aux environs de la Rivière de Son | Przemisll. Sanoek. Felstyn. Grodeck. Saroslaw. Restow. Strzow. Latzki. Lesko. Dambrowa. | | |
| | PALATINAT DE BELCZ PALATINAT DE CHELM | | Belcz. Zamoscie. Goray. Szebirzezin. Grabowicze. | | |
| DANS LA RUSSIE NOIRE sont les | PALATINAT DE BELCZ où sont | A l'Occident du Bug. | Oborkow. Horodla. Krylow. Tyssoucze. Masty. Magierow. Buck. Patilic. Lubazow. Dobre. | | |
| | | A l'Orient du Bug. | Olesko. Broddy. Tiporow. | | |
| | PALATINAT DE CHELM où sont | A l'Occident du Bug. | Chelm. Krasnoslaw. Woylawice. Dubno. Wianice. | | |
| | | A l'Orient du Bug. | Turfcisk. Puziechow. Maziecow. Opalim. Wodowa. | | |
| LA CURLANDE se divise en | SEMIGALLEN où sont | Dans le Pays. | Mittaw. Bauske. Tourkalen. Dobelen. | |
| | | Sur la Dzwine. | Dubenaw. Selburg. | |
| | CURLANDE où sont | Dans le Pays. | Goldingen. Neihaus. Piltyn. Angeren. | |
| | | Sur la Coste. | Windaw. Liba. Angermund. Plenen. | |
| LA CUJAVIE comprend | LES PALATINATS | DE BREST. | Brzestye. Cowale. Kruswick. Warzimow. Tnowlocz. Wladislaw. | |
| | | DE INOWLOCZ. | Bedgoski. Crone. Pakosch. Lokosch. | |
| LA POLAQUIE où est | LE PALATINAT DE BIELSK où sont | Vers le Septentrion. | Bielsk. Bransk. Tykozin. Gunintz. Augustow. Knyssin. Wasilkow. Suras. Narew. | |
| | | Vers le Midi. | Drogiezyn. Crodek. Mielnick. Lozicze. Luzuc. Criminiec. Wisnowiecz. Dubno. Olyka. Wlodimirow. Dorohobuss. Ostrog. Zaslaw. Jampol. Basilia. Krusilow. | |

Con-

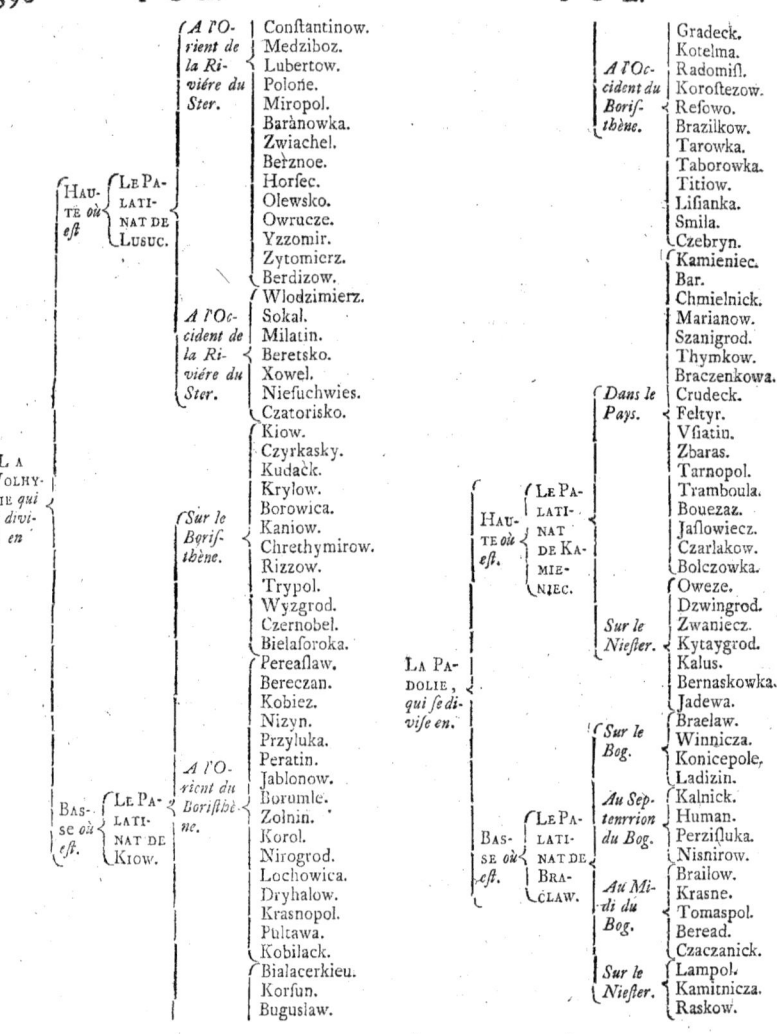

POLONITÆ. Voyez PHALTI.

POLOSUS, ou POLOSON, Village de la Bœotie. Paufanias [a] dit qu'on vouloit que ce fut dans ce Lieu, qu'Atalante fixa fa demeure.

[a] Lib. 9. c. 20.

POLPA, Ville de Macédoine, felon Ortelius [b] qui cite Phlégon.

[b] Thefaur.

POLSENGHIN. Voyez TACHKUPRU.

POLUNG, Montagne de la Chine, dans la Province d'Iunnan [c], au Couchant de la Ville de Chinyven ; Elle eft formée par une grande quantité de Collines qui s'élevant infenfiblement les unes fur les autres repréfentent affez bien les vagues d'une Mer agitée. De-là vient le nom qu'on lui a donné ; car Polung, fignifie la grace de la Mer.

[c] Atlas Sinenf.

POLURA, Ville de l'Inde en deçà du Gange : Ptolomée [d] la place entre la première Embouchure de ce Fleuve du côté de l'Occident & fa feconde Embouchure. Le Manufcrit de la Bibliothéque Palatine porte PALURA.

[d] Lib. 7. c. 1.

POLUS. Voyez POLUSCA.

POLUSCA, Ville d'Italie, dans le Pays des Volfques. Ce fut felon Tite-Live [e] une des Places que Coriolan enleva au Peuple Romain. Elle étoit peu éloignée de Longula autre Ville des Volfques. Denis d'Halicarnaffe [f] lit POLUS pour POLUSCA. Il y a apparence que c'est une faute de Copifte. Dans un autre endroit [g] il écrit Πολύσκη. Il appelle les Habitans POLUSCANI, mais Pline [h] les nomme POLLUSTINI & POLLUSTII.

[e] Lib. 2. c. 39.
[f] Lib. 6. p. 412.
[g] Lib. 8. p. 509.
[h] Lib. 3. c. 5.

POLYÆGOS, Ifle que Pline [i] met au nombre des Ifles Sporades. Pomponius Mela [k] connoît cette Ifle, & dans le Tre-

[i] Lib. 4. c. 12.
[k] Lib. 2. c. 7.

for de Goltzius on trouve une Médaille avec cette Infcription: ΠΟΛΥΑΙΓΙΩΝ. Le Pere Hardouin dit que c'eft aujourd'hui l'Ifle Polegafa près de celle de Standia.

POLYANDRIUM. Voyez MORASTI.

POLYANDUS, Ville de la Petite Arménie. Ptolomée [a] la place dans la Prefecture appellée Cataonie, entre *Dalifandus* & *Comana*. Au lieu de POLYANDUS, le Manufcrit de la Bibliothéque Palatine porte PADYANDUS. La Ville Podandum de l'Itinéraire d'Antonin étoit dans ces quartiers.

[a Lib. 5. c. 7.]

POLYANUS, Montagnes de la Macédoine, felon Strabon [b].

[Lib. 7. p. 327.]

POLYARA, Ville de la Carie: C'eft Etienne le Géographe qui en parle.

POLYARRIS. Voyez TAURUS.

POLYBIANUM, Ville de la Haute Pannonie, felon Lazius qui cite le Livre des Prefectures [c]. Il ajoute que le nom moderne eft LEYBNICZ.

[c Codex Prefecturatum.]

POLYBOTI, Siège Épifcopal d'Afie. La Notice de Léon le Sage le met parmi les Évêchez de la feconde Galatie. Il eft encore parlé de cette Ville dans le Concile de Chalcédoine.

POLYCHALANDUS, Siège Epifcopal de Lydie. Ortelius [d] dit que St. Epiphane parle d'un certain Phœbus, qui étoit Evêque de ce Siège.

[d Thefaur.]

POLYCTORIUM, Lieu de l'Ifle d'Ithaque, felon le Grand Etymologique.

POLYDE, Ville d'Italie. Solin [e] qui parle de cette Ville, dit qu'elle fut bâtie par les Compagnons d'Hercule. Voici le paffage de cet Auteur: *Nam quis ignorat vel dicta vel condita*. ... *à Comitibus Herculis Polyden, ab ipfo in Campania Pompeios*. Martianus Capella [f] qui ne connoiffoit point en Italie de Ville nommée POLYDE, a fupprimé, ce qui la concernoit, en copiant cet endroit de Solin. Au lieu de dire *a Comitibus Herculis Polyden, ab ipfo in Campania Pompeios*, il dit fimplement, *ab Hercule Pompeios*. C'eft ainfi qu'on lit dans les Manufcrits de Martianus Capella; car dans les Exemplaires imprimez, la faute eft bien plus grande. Le paffage y a été entiérement corrompu par l'ignorance de l'Editeur. Il lit: *Ab Hercule Herculianum ad radicem Vefuvii, a quo haud procul Pompeios*. Il fait dire ainfi à fon Auteur chofe à laquelle il n'a jamais penfé; car Martianus Capella s'étoit contenté de fupprimer ces mots: *a Comitibus Herculis Polyden*. Quelques Manufcrits & même les meilleurs portent *Polyclen* pour *Polyden*. Ne feroit-ce point, dit Saumaife [g], la même Ville qu'Etienne le Géographe appelle *Polieon*, Πολίειον, & qu'on appelloit auparavant SIRIS. Le même Géographe place la Ville de SIRIS près de Métaponte & dit qu'on changea fon nom pour l'appeller Polieon du nom de Minerve Poliade. Pline nous apprend encore, que cette Ville de Siris avoit été appellée HERACLE'E. Strabon [h] dit que quelques-uns, vouloient qu'elle eût été bâtie par les Rhodiens; mais qu'Antiochus écrivoit, que les Tarentins s'étant battus pour la propriété de cette Ville contre les Thuriens & Cléandrias,

[e Cap. 2.]
[f Lib. 6. de Italia.]
[g Plinian: Exercit. in Solin. t. 1. p. 57.]
[h Lib. 6.]

fugitif de Lacédémone, par l'accord qu'ils firent entre eux la Ville de SIRIS fut adjugée aux Tarentins. Il ajoute qu'elle fut dans la fuite nommée Héraclée, & comme Etienne le Géographe, il la met au voifinage de Métaponte; mais il écrit mal à propos Πολίειον pour Πολίειον. Selon le même Strabon, Siris étoit une Ville d'Italie, fondée par les Troyens, enfuite appellée *Polieon* par les Chones, & enfin nommée Héraclée. Ce dernier nom, felon Solin, lui fut donné par les Compagnons d'Hercule: tout cela femble dire qu'il faut lire Polieon pour Polyden dans Solin. Le Scholiafte de Lycophron change les tems où cette Ville porta fes différens noms. Il dit qu'elle fe nomma d'abord Polieon, enfuite Héraclée, & enfin Siris, & Lycophron lui-même ne s'accorde pas mieux avec Strabon touchant la fondation de cette Ville; tant eft grande la différence qui fe trouve dans les origines de la plûpart des Villes.

POLYDEGMON, Montagne d'Italie. Ortelius [i] qui cite Lycophron, dit que tous les Fleuves d'Italie prennent leur fource dans cette Montagne.

[i Thefaur.]

POLYDEUCEA, Fontaine de la Laconie, près de la Ville Théraphe: Quelques-uns veulent, dit Paufanias [k] que cette Fontaine ait autrefois été appellée MESSEÏDES.

[k Lib. 3. c. 20.]

POLYDIPSION. Voyez ARGOS, N°. 1.

POLYDORA, Ifle au voifinage de Cyzique, felon Etienne le Géographe, Pline & Diodore de Sicile. Voyez POLIDORORUM.

POLYDORI-TUMULUS, Lieu de la Thrace. Solin [l] le place fur le Mont Æmus, dans la partie qui étoit habitée par les *Aroteres*; & Pline [m] femble le mettre dans le voifinage de la Ville *Ænum*, ou *Ænos*.

[l Cap. 10. p. 28.]
[m Lib. 4. c. 11.]

POLYGIUM, Ville de la Gaule Narbonnoife, felon Ortelius [n] qui cite Sextus Avienus.

[n Thefaur.]

POLYGONIUM. Voyez PHRYGONIUM.

POLYMEDIUM, Village de l'Afie Mineure, dans la Myfie. Strabon [o] dit qu'il étoit à quarante Stades de Lecton. C'eft le même Lieu que Pline [p] place dans la Troade & qu'il appelle POLYMEDIA.

[o Lib. 13. p. 606.]
[p Lib. 5. c. 30.]

POLYMELI. Voyez ORCHOMENII.

POLYPHAGI, Peuples qui habitoient fur le Mont Caucafe, felon Strabon [q].

[q Lib. 11.]

POLYPODUSA, Ifle fur la Côte de la Cnidie, felon Etienne le Géographe.

[p. 506.]

POLYPORUS, Fleuve de la Troade: Strabon [r] dit qu'on l'appelloit auffi HEPTAPORUS.

[r Lib. 13. p. 602. & 603.]

POLYREN, Ville de l'Ifle de Créte, felon Etienne le Géographe: Polybe [s] appelle les habitans *Polyrhenii*. C'eft la même Ville qui eft appellée *Polyrrhenium* par Pline [t] & *Polyrrhenia* par Ptolomée [u].

[s Lib. 4. n. 53. & 61.]
[t Lib. 4. c. 12.]

POLYRRHETIUS, Lieu voifin de Conftantinople, felon Pierre Gilles dans fa Defcription du Bofphore.

[u Lib. 4. c. 17.]

POLYSTEPHANUS. Voyez TIBUR & PRÆNESTE.

POLYTELIA, Ville de Méfopotamie, à ce qu'il paroît par un paffage de Pline [x].

[x Lib. 6. c. 14.]

POLY-

POLYTIMETOS, Fleuve de Scythie. Ptolomée[a] le place en deçà de l'Imaüs. Arrien & Quinte-Curce le mettent dans la Sogdiane, aussi-bien que Strabon, dont l'Interprete (Xylander) rend ce nom par un nom Appellatif, *multi pretii*. Niger appelle ce Fleuve *Amo*.

[a] Lib. 6. c. 14.

POLYZELI-VILLA, Lieu de Sicile, dont parle Théophraste[b]. C'étoit une Ferme, où Démosthène, second Général de l'Armée des Athéniens envoyée en Sicile sous la conduite de Nicias, fut enveloppé & fait prisonnier, avec toute son Armée, après s'être défendu long-tems avec courage. Plutarque appelle en cet endroit ἀυλὴν, ferme ce que Thucydide nomme χωρίον τῷ κύκλῳ μὲν τειχίον περίον, un Lieu environné d'une muraille sèche. C'étoit proprement une Ferme comme on en voit encore plusieurs de cette manière, ou une espèce de petit Bourg. Cette remarque est de Mr. Dacier[c].

[b] In Nicia.
[c] Ibid.

POMAR, Châtellenie de France, dans la Bourgogne, au Bailliage de Beaune. La Métairie de l'Irville en dépend. Il y passe une petite Rivière nommée Vanderne sur laquelle il y a deux Ponts. Le Village de Pomar est situé sur la pente de la Montagne. C'est un Vignoble, dont le Vin est très-bon.

POMARES, Bourg de France dans la Gascogne, Election des Lannes.

POMBO, nom général dont on se sert pour désigner le fond du Pays en Afrique[d], à l'Orient du Royaume de Loango, au Midi de celui de Micocco ou d'Anzico & au Nord du Royaume de Congo.

[d] D'Anville, Carte du Royaume de Congo.

POMEGUE, Isle de France sur la Côte de Provence, près de l'Isle d'If. C'est une des trois petites Isles communément appellées ISLES DE MARSEILLE, parce qu'elles en défendent le Port, n'étant qu'à une lieue de son entrée. Elle n'a qu'un mille & demi de longueur & un demi mille de largeur. Cette Isle forme une partie du Canal qui est entre les trois Isles de Marseille. Il n'y a qu'une Tour où l'on envoye un Détachement de la Garnison d'If. Elle est stérile comme les autres Isles voisines.

POMERANIE, Province d'Allemagne, avec titre de Duché. Elle est située le long de la Mer Baltique, qui la baigne au Nord, & elle est bornée à l'Orient par la Prusse & la Pologne, au Midi par la Marche de Brandebourg & à l'Occident par le Duché de Mecklenbourg. Le nom de Poméranie[e] n'est point connu avant le XI. Siècle. Le Pays prenoit auparavant le nom des Venedes & des Sueves qui l'habitèrent, & ensuite celui des Sclaves, qui s'y établirent & prirent ce qu'on croit le nom de Poméraniens de leur habitation proche de la Mer Baltique[f]. En effet *Pomo Moris* signifieroit en vieux Langage Sclave *auprès de la Mer*. Ces Peuples occupèrent le rivage de la Mer Baltique depuis l'Embouchure de la Wistule jusqu'à la Chersonnèse Cimbrique, ou Presqu'Isle de Jutland. Ce Pays fut ensuite divisé en plusieurs Principautez qui eurent chacune leurs Seigneurs particuliers: la Vandalie & le Duché de Mecklenbourg, demeurérent à Udon, fils aîné de Mistevoï, Roi des Vandales, & la Poméranie fut le partage de Ratibor & de Bogislas. Le premier laissa huit enfans qui furent tous massacrez par Magnus Roi de Dannemarc, dans le Duché de Schleswic en 1048. Bogislas fut pére de Suantibor à qui les Polonois firent long-tems la guerre, parce qu'il refusoit de leur obéir; en mourant, il partagea ses Etats entre ses enfans qui se firent Chrétiens, & qui après avoir secoué le joug de la domination des Polonois enlevérent l'Isle d'Usedom aux Danois. Wratislas & Ratibor eurent la Poméranie Citérieure & firent la Branche de ce nom; & Suantopulce I. & Bogislas eurent la Poméranie Ultérieure; mais Suantopulce fut pris par Boleslas Crivouste, Duc de Pologne, & mourut sans enfans en 1120. de sorte que Bogislas continua la Branche de la Poméranie Ultérieure. Il mourut en 1187. laissant d'Anne fille de Mieceslas, Duc de Pologne, Sambor & Mestovin II. qui eut entre autres enfans Suantopulce II. qui reprit sur les Danois ce que ses Ancêtres avoient perdu. Il fit aussi la guerre au Polonois qu'il refusa de reconnoître pour ses Souverains. Lescus le Blanc, Duc de Pologne, mit tout en usage pour le surprendre; mais Suantopulce l'ayant surpris lui-même dans le bain, le tua comme il vouloit s'enfuir. Wratislas & Mestovin ses fils tâcherent d'enlever aux Chevaliers de Prusse, les biens qu'ils avoient pris à leurs Cousins: ensuite Wratislas voulut priver son frère de ceux qui lui appartenoient & le tint prisonnier dans un Château; celui-ci ayant trouvé moyen de se sauver en 1272. appella à son secours Conrad Margrave de Brandebourg & lui engagea la Ville de Dantzic; mais comme il se préparoit à faire la guerre à son frère, il mourut subitement en 1275. Mestovin enleva Dantzic au Margrave de Brandebourg, & ensuite par l'accommodement qu'il fit avec lui, il lui donna une somme d'argent en dédommagement des frais qu'il avoit faits. Il mourut en 1295. & comme il ne laissa que des filles, ils instituà son Héritier Premislas, Duc de Pologne, au préjudice de ses Cousins, de la Branche de la Poméranie Citérieure, qui disputérent cette Succession à Premislas. Ils en vinrent aux hostilitez de part & d'autre. Les Chevaliers de Prusse s'emparérent d'une grande partie de la Prusse, & tout ce qui étoit en deçà de la Rivière de Stolpe demeura aux Ducs de Poméranie de la Branche Citérieure.

[e] Seburtz fleisch, Origin. Pomeranic. pag. 8.
[f] D'Audifred, Géogr. anc. & mod. t. 1. p. 332.

Cette Branche venoit de Wratislas & de Ratibor, fils de Suantibor, qui avoient eu en partage cette partie de la Poméranie, comme il a déja été dit. Ratibor enleva Tripzée, Grim & Bart aux Princes de Rügen & eut de Pribislie, fille de Boleslas Crivouste, Duc de Pologne, Wratislas II. & Suantibor. Ce dernier mourut sans avoir été marié, & l'autre fut presque toujours en guerre contre les Danois & contre

tre Henri le Lion Duc de Saxe, qui avoit chassé Pribislas Duc de Mecklenbourg de ses Etats: il obligea en 1164. les Comtes Adolphe d'Holstein, Christian d'Oldenbourg, Renaud de Dithmarse & Gunzelin de Schwerin de lever le Siège de Demmin, & reprit sur Henri le Lion les Villes qu'il lui avoit enlevées. Il laissa un fils unique nommé Barthelemi qui mourut sans enfans en 1224. Wartislas II. frere aîné de Ratibor fut baptisé en 1124. par Otton Evêque de Bamberg: il fonda l'Evêché de Julin & se rendit maître de la Nouvelle Marche de Brandebourg & de l'Ukermarck jusqu'à Gustrow. Casimir I. & Bogislas II. qu'il eut d'Ide fille de Canut, Roi de Dannemarc, furent créez Ducs de Poméranie par l'Empereur Frideric I. en 1181. au Camp devant Lubec en présence de Waldemar Roi de Dannemarc, & ils eurent dès lors voix & séance aux Assemblées de l'Empire. La postérité de Casimir qui fit sa résidence à Demmin finit en 1273. en Casimir III. son petit-fils. Bogislas II. transféra l'Evêché de Julin à Camin, & Bogislas III. son fils fit la guerre à Albert Margrave de Brandebourg, & introduisit le Droit de Lubec dans ses Etats. Barnim I. dit le Bon, qu'il eut de Vidave, fille de Jarophle, Prince de Russie hérita de son frere & de ses Cousins & fit la guerre à Jean I. Electeur de Brandebourg, au sujet de la Nouvelle Marche; mais cette guerre fut terminée par le mariage d'Hedwige sa fille avec cet Electeur, auquel elle porta en dot la Ville de Prenslow avec l'Uker-Marck. Il laissa entr'autres enfans Otton, qui eut en partage le Duché de Stetin & fit la Branche de ce nom. Bolislas IV. qui eut le Pays compris depuis Demmin jusqu'à Anclam avec les Villes d'Usedom, Wollin, Camin & Stargard, & fut le Chef de la Branche de Wolgast.

Otton Duc de Stetin fit la guerre au Duc Mecklenbourg, & ensuite à Louïs de Baviére Electeur de Brandebourg, auquel l'Evéque de Camin se joignit. Barnim le Grand son fils lui succéda en 1345. Il remporta une grande victoire sur Louïs Electeur de Brandebourg auprès de Prentzlow en 1392. & ensuite il reconnut cet Electeur & ses Descendans pour ses Successeurs, s'il mouroit sans enfans; ce qui fut confirmé par l'Empereur Louïs de Baviére dans la Diéte de Francfort. Il mourut en 1368. laissant d'Agnès, fille d'Otton Duc de Brunsvic, Bogislas VII. & Casimir III. morts sans postérité en 1404. & en 1375, & Suantibor II. qui acquit par son mariage, avec Anne fille de Poppon, Comte de Henneberg, la Ville de Konigsberg en Franconie, qu'il vendit quelque tems après à Baltazar Landgrave de Turinge. Casimir VI. son fils fut défait en 1420. par Frideric I. Electeur de Brandebourg auquel il fut obligé de restituer l'Uker-Marck. Il fut pere de Joachim I. qui laissa d'Elisabeth fille de Jean Margrave de Brandebourg, Otton III. qui mourut en 1404. & fut le dernier de sa Branche. Sa succession fut fortement disputée par ses Cousins de la Branche de Wolgast & par les Margraves de Brandebourg, auxquels l'Empereur Frideric III. en avoit donné l'Investiture.

Bogislas IV. commença la Branche de Wolgast & enleva la Ville de Stargard à Conrad, Jean, & Waldemar Margraves de Brandebourg. Wartislas IV. son fils s'empara de la Principauté de Rugen en 1325. après la mort de Wartislas son Oncle, malgré les prétentions du Roi de Dannemarc & du Duc de Mecklenbourg, qui furent contraints d'y renoncer: ensuite il fit la guerre aux Margraves de Brandebourg qu'il chassa de Prenslow & de Pasevalck, & après aux Polonois & aux Chevaliers de Prusse, auxquels il enleva les Villes de Stolpe, de Slage, de Rugenwald & de Belgardt. Il mourut en 1326. laissant d'Elisabeth, fille d'Henri, Duc de Breslaw, entr'autres enfans Bogislas V. & Barnim IV. qui firent les Branches de Poméranie Orientale & de Poméranie Occidentale.

Bogislas V. acquit le Comté de Gutzkow, à la mort de Jean dernier de sa race. Il défit Louïs *le Romain*, Electeur de Brandebourg & reprit sur lui plusieurs Terres qui avoient été incorporées à la Marche de Brandebourg, Il eut plusieurs enfans d'Elisabeth fille de Casimir, Roi de Pologne. Wartislas VII. & Bogislas VIII. continuérent sa postérité. Le premier eut en partage les Villes de Stargard, de Camin, de Greifenberg & de Treptow; & le second eut celles de Rugenwalde, de Stolpe & de Slage. Bogislas IX. qu'il eut de Sophie, fille de Procope, Marquis de Moravie, lui succéda en 1417. Il ne laissa qu'une fille nommée Sophie, qui épousa Eric II. son Cousin de la branche Occidentale; de sorte que tous les biens qu'il avoit eus de son pere passérent à Eric II. fils de Wartislas VII. qui fut Roi de Suéde, de Dannemarc & de Norwége; mais comme ces Royaumes étoient presque toujours agitez de guerres civiles, il se vit à la fin chassé par ses Sujets; & préférant alors les douceurs d'une vie tranquille à la possession de ces trois Couronnes, il s'en démit en 1349. & se retira en Poméranie, où il vécut encore près de vingt ans, sans avoir eu d'enfans de Philippine, fille d'Henri IV. Roi d'Angleterre. Les Margraves de Brandebourg s'emparérent de ses Etats, dont ils prétendoient hériter; ce qui excita une nouvelle guerre entre ces Princes & les Ducs de Poméranie de la Branche Occidentale.

Barnim IV. Chef de cette Branche reçut de l'Empereur Charles IV. la Charge de Veneur de l'Empire; il défendit l'Isle de Rugen contre les Ducs de Mecklenbourg & mourut en 1365. laissant de Sophie fille de Nicolot Prince des Vandales, Bogislas VI. mort sans enfans & Wartislas VI. qui eut d'Anne fille de Jean, Duc de Mecklenbourg, Wartislas VIII. qui eut pour sa portion l'Isle de Rugen avec les Villes de Bardt & de Stralsund; & Barnim VI. qui fut pere de Barnim VII. & de Wartislas IX. lesquels hériterent en 1451. de l'Isle de Rugen & des Villes

Villes de Bardt & Stralfund par la mort de Suantibor III. & de Barnim VIII. leurs Coufins. Wartiflas IX. fut pere de Wartiflas X. à qui il donna la Principauté de Rugen avec la Seigneurie de Bardt; & d'Eric II. qui eut en partage la Seigneurie de Wolgaft. Ils s'unirent contre Frideric II. Electeur de Brandebourg, qui prétendoit hériter du Duché de Stetin, vacant en 1464. par la mort d'Otton III. en vertu de l'expectative qu'il avoit obtenue de l'Empereur Frideric III. & qui étant entré dans la Poméranie avec une puiffante Armée affiégea Stetin; Wartiflas & Eric fe jettérent dans la Marche de Brandebourg & en ravagérent une grande partie. Ces hoftilitez auroient eu des fuites funeftes fi Cafimir Roi de Pologne n'eut offert fa médiation. Il rétablit la paix entre ces Princes en 1472. & il fut ftipulé par le Traité que les Ducs de Poméranie poffèderoient le Duché de Stetin en Fief de l'Electeur de Brandebourg; ce qui fut confirmé par l'Empereur Frideric III. Bogiflas X. furnommé le Grand, fils d'Eric II. réunit toute la Poméranie fous fa domination par la mort d'Erdman & de Suantibor IV. fes Coufins de la Branche de Bardt: il refufa de faire hommage du Duché de Stetin à Albert Electeur de Brandebourg, qui fe trouvant offenfé de ce refus lui déclara la guerre. Elle finit en 1476. par le mariage de Bogiflas avec Marguerite fille de l'Electeur Frideric II. & trois ans après il fit une tranfaction avec l'Electeur Albert, & il fut dit que la paix devoit être perpétuelle entre les Maifons de Brandebourg & de Poméranie. George I. fon fils acquit en 1526. les Seigneuries de Lawenbourg & de Buttow, que Sigifmond Roi de Pologne, fon Oncle, lui donna en Fief de la Couronne de Pologne; & pour empêcher que la fucceffion du Duché de Poméranie ne donnât matiére à de nouvelles conteftations, il fit à Grim un nouveau Pacte héréditaire avec Sigifmond Electeur de Brandebourg. Il confentit que cet Electeur jouïroit de l'Inveftiture fimultanée du Duché de Poméranie, en attendant qu'il fût vacant, & que lui ou fes Defcendans fuccéderoient à l'Electeur de Brandebourg, fi la Poftérité mafculine de Jean Sigifmond venoit à manquer. Barnim X. fon frere abolit de concert avec le Duc Philippe fon neveu la Religion Catholique dans la Poméranie en 1534. & entra dans la Ligue de Smalcad en 1536. Jean Frideric fils de Philippe étoit Evêque de Camin, lors qu'il fuccéda à fon pere. Il préfida au nom de l'Empereur Maximilien II. à l'Affemblée qui fe tint à Stetin pour la paix en 1570. & prefque dans le même tems cet Empereur lui confirma la fucceffion de la Nouvelle Marche, fi la Maifon Electorale de Brandebourg venoit à manquer. Bogiflas XIV. troifiéme fils de Bogiflas XIII fut le dernier Duc de Poméranie. L'Armée Impériale entra dans fes Etats en 1627. & en tira dix millions en trois ans: les defordres & les cruautez qu'elle y exerça, obligérent Bogiflas de fe mettre fous la protection de Guftave Adolphe Roi de Suéde, qui étant defcendu en Allemagne en 1630. chaffa les Impériaux de la Poméranie, & mit Garnifon du confentement de ce Prince dans Stetin. Bogiflas mourut en 1637. & pour exclure l'Electeur de Brandebourg du Duché de Poméranie qui lui étoit dévolu légitimement, tant en vertu des Pactes de fucceffion, qu'en vertu des Inveftitures fimultanées que fes Prédéceffeurs avoient obtenues des Empereurs, il fit un Teftament en faveur du Roi de Suéde du confentement des Etats du Pays. La guerre qui étoit alors allumée dans toute l'Allemagne empêcha l'Electeur George Guillaume de prendre poffeffion de ce Duché, d'autant plus que les Suédois en étoient prefque les maîtres & qu'ils prétendoient le conferver. Enfin après de grandes conteftations, il fut arrêté par le dixiéme Article du Traité d'Ofnabrug que pour dédommager la Suéde des Places qu'elle devoit reftituer, l'Empereur & l'Empire lui céderoient en Fief perpétuel & immédiat de l'Empire toute la Poméranie Citérieure & l'Ifle de Rugen, contenues dans les limites qu'elles avoient fous les derniers Ducs de Poméranie; & de plus dans la Poméranie Ultérieure les Villes de Stetin, Gartz, Dam & Golnow, & l'Ifle de Wollin avec la Riviére d'Oder & le Bras de Mer appellé communément le Frifch-Haff; les trois. Embouchures de Péne ou Pfin, de Swine & de Divenow, & le Rivage de l'un & de l'autre côté de l'Oder, depuis le commencement du Territoire Royal, jufqu'à la Mer Baltique, dont les Commiffaires de Suéde & de Brandebourg conviendroient à l'amiable; que le refte de la Poméranie Ultérieure avec l'Evêché de Camin demeureroit à l'Electeur de Brandebourg; que le Roi de Suéde & cet Electeur fe ferviroient des Titres, Qualitez & Armes de Poméranie, fans aucune différence; & que fi la Race Mafculine de Brandebourg venoit à manquer, la Poméranie Ultérieure, & l'Evêché de Camin appartiendroient à perpétuité aux feuls Rois & Couronne de Suéde, qui cependant jouïroient de l'Inveftiture fimultanée, fans que la Maifon de Brandebourg pût prétendre aucun droit fur la Poméranie Citérieure, fur l'Ifle de Rugen ni fur les autres Lieux cédez à la Couronne de Suéde. Frideric Guillaume, Electeur de Brandebourg, fe rendit maître de la plus grande partie de la Poméranie Citérieure pendant la derniere guerre; mais comme le Roi très-Chrétien ne voulut écouter aucune propofition de paix à Nimégue fi la Suéde n'étoit rétablie dans tous les Etats qu'elle avoit perdus, l'Electeur de Brandebourg fut obligé de lui reftituer la Poméranie Citérieure & l'Ifle de Rugen par le Traité conclu à St. Germain en Laye en 1679. Pour lui donner néanmoins quelque dédommagement, on lui laiffa toutes les Terres & dépendances du Duché de Stetin, qui étoient fituées au delà de l'Oder, avec le Rivage Oriental de cette Riviére & les Villes de Dam & de Golnow, qui lui furent données en engagement

ment pour la somme de cinquante mille écus, à condition de rachat en payant cette somme. En 1713. le Roi de Prusse profitant de la déroute des affaires de Charles XII. Roi de Suède, se fit remettre Stetin en sequeste, moyennant une somme d'argent qu'il paya aux Ennemis de la Couronne de Suède, qui avoient assiégé cette Place; & ce sequestre est devenu une possession réelle, le Roi de Prusse n'ayant pas jugé à propos de restituer une Ville qui étoit si fort à sa bienséance.

La Poméranie est divisée par l'Oder en POMÉRANIE-CITÉRIEURE & en POMÉRANIE-ULTÉRIEURE, que l'on nommoit autrefois POMÉRANIE ORIENTALE & POMÉRANIE OCCIDENTALE.

LA POMÉRANIE CITÉRIEURE est en deçà de l'Oder & s'étend le long de l'Oder, depuis la Marche de Brandebourg jusqu'à la Mer Baltique, & depuis les Frontières de Mecklenbourg jusqu'à l'Oder. On y trouve les Villes suivantes [a]:

[a] *Hubner*, Geogr.

| | |
|---|---|
| Dans le Territoire de Stetin. | Stetin; Dam, Uckermunde, Gartz, Anclam, Demmin. |
| Dans le Territoire de Gutskow. | Gutskow, Wolgast, Gripswalde. |
| Dans le Territoire de Barth. | Barth, Damgarten, Tribeses, Stralsund. |
| Quelques Isles entr'autres. | Rugen, Usedom, Wollin. |

LA POMÉRANIE ULTÉRIEURE est entre la Mer Baltique, la Prusse, la Marche de Brandebourg & l'Oder. Elle comprend les Villes qui suivent:

| | |
|---|---|
| Dans la Poméranie propre. | Stargard, Camin. |
| Dans le Duché de Cassubie. | Colberg, Belgard, Coslin. |
| Dans le Duché de Wenden. | Rugenwalde, Stolpe. |
| Deux Seigneuries. | Lawenbourg, Butau. |

POMERANZA, Bourg d'Italie, dans la Toscane, dans le Territoire de Pise, près d'une petite Riviére qui se jette dans le Cecina. Ce Bourg qui est environ à deux lieues de Volterra est appelé LE POMERANCE par Magin dans sa Carte du Florentin.

POMERELLE, ou PETITE POMÉRANIE; en Latin *Pomerellia*, Contrée de la Pologne, bornée au Nord par la Mer Baltique, à l'Orient par la Prusse, au Midi par la Pologne & à l'Occident par la Poméranie Ultérieure. Les habitants de cette Contrée [b] se donnérent à Primislas II. Roi de Pologne. Vers le milieu du treiziéme Siècle, il y avoit dans la Pomerelle deux Palatinats, savoir celui de Dantzig & celui de Succaw [c]. Aujourd'hui la Pomerelle renferme les Lieux suivans:

[b] *Hartknoch*, De Statu Regni Polon. lib. 1. c. 6. & lib. 2. c. 9.
[c] *Hubner*, Geogr.

| | |
|---|---|
| Dantzig, | Bromberg ou Bidgoso, |
| Weixelmunde, | Mewe, |
| Oliva, | Dirschau. |

POMERIEUX, Bourg de France, dans l'Anjou, Election de Château-Gontier.

POMERIOLÆ, Village du Diocèse de Cambray. Il en est parlé dans la Vie de Ste. Maxellenide; & à ce que croit Ortelius [d] le nom moderne de ce Village est POMEREULX.

[d] *Thesaur.*

POMÉSANIE, Contrée du Royaume de Prusse [e]; dans le Cercle d'Hockerland. On a appelé Pomésanie la plus grande partie de ce Cercle, sans que ses bornes soient bien distinctes. L'Evêque de Pomésanie avoit sa Résidence à Riesenburg.

[e] Ibid.

POMETIA, ou SUESSA-POMETIA, Ville d'Italie & la Capitale des Volsques, selon Strabon [f]. Denis d'Halicarnasse [g] lui donne le même titre. Cet Auteur de même que Tite-Live [h] se sert du nom de SUESSA-POMETIA. *Pometia* est un surnom qui fut donné à cette Ville pour la distinguer d'une autre *Suessa*, qui étoit chez les *Arunci*; mais comme la Capitale des Volsques étoit plus considérable que celle-ci, on la nomme quelquefois simplement SUESSA & quelquefois on ne la désigne que par son surnom. Strabon, par exemple, dit que Tarquin le Superbe prit *Suessa*, entendant par ce mot SUESSA-POMETIA; & Tite-Live [i] qui dans les deux endroits déja citez écrit *Suessa-Pometia*, dit simplement *Pometia* dans deux autres endroits. De POMETIA on fit POMETINUS. Tite-Live [k] en parlant des dépouilles faites sur les habitans de *Pometia*, les appelle POMETINÆ MANUBIÆ; &, par contraction, il dit [l] POMPTINUS AGER en parlant du Territoire de cette Ville. Strabon écrit Πομέντιον Πεδίον, *Pomentinus Campus*, parce que la plûpart des Grecs écrivoient *Pomentia* pour *Pometia*, que quelques-uns ont écrit *Pomtia* & *Pontia* par contraction. Ce nom se conserve encore aujourd'hui dans les MARAIS PONTINES.

[f] Lib. 5.
[g] Lib. 6. p. 364.
[h] Lib. 1. c. 53. & Lib. 2. c. 25.
[i] Lib. 2. c. 16.
[k] Lib. 1. c. 55.
[l] Lib. 4. c. 25.

POMMAREZ, Bourg de France dans la Gascogne, Election des Lanes.

POMMERAU, Forêt de l'Isle de France, dans la Maîtrise des Eaux & Forêts de Villers-Cotterêts. Elle est de douze cens quatre-vingt dix-neuf arpens treize verges.

1. POMMERAYE (La), Bourg de France, dans l'Anjou, Election d'Angers.

2. POMMERAYE (La), Bourg de France dans l'Anjou, Election de Thouars.

POMMERÊT, Riviére de France, dans le Cotentin [m]. Cette petite Riviére a sa source à l'extrémité des Landes des Bouillons, & après avoir passé par Saint Siméon & par Languetot, à l'Occident du Bois de Briquebec, elle va se perdre dans la Riviére d'Ouve.

[m] *Corn Dict. sur des Mém. MSS.*

POMMIERS-AIGRES ou GRAMMONT: Prieuré de France dans la Touraine, près de de Chinon. Il fut fondé par Henri II., Roi d'Angleterre. Le revenu du Prieur est de douze cens livres, & celui des Religieux qui ne sont que deux est de cinq cens livres.

POMONA. On trouve ce nom dans Solin, dont voici le Passage: *Sed Thyle* (Thule) *larga & diutina Pomona copiosa est.* J'avoue que cet endroit de Solin est fort obscur. Quelques-uns [a] veulent que par POMONA Solin ait voulu parler de la plus grande des Isles Orcades; & Cambden, qui est de même sentiment, dit que Solin l'appelle *diutina*, à cause que l'on y a les jours très-longs. Saumaise [b] n'y a point cherché tant de façon. Comme il ne connoissoit point d'Isle nommée POMONA, il a expliqué le mot par l'abondance des pommes, à laquelle on donne quelquefois le nom de la Déesse Pomone; & comme l'Epithéte *diutina* devenoit pour lors embarrassante, il l'a passée sous silence.

[a] H. Boethius, & Buchanan.
[b] Plinian. Exercit. p. 250.

POMONAL, Lieu d'Italie [c], à douze milles de Rome, sur la Voie qui conduit de Rome à Ostie, dans le Territoire d'une Maison de Campagne appellée *Solonium*. Tite-Live [d] & Plutarque [e] mettent SOLONIUM entre Rome & Ostie.

[c] Festus, de verbor. significat. lib. 14.
[d] Lib. 8.
[e] In Mario.

POMPÆLONA. Voyez POMPELON.

POMPEIA-PALUS, Marais d'Italie, dans la Campanie, au voisinage de la Ville POMPEII, qui lui donnoit son nom. Columelle [f] dit qu'il y avoit des Salines dans le voisinage:

[f] Lib. 10. v. 135.

*Quæ dulcis Pompeia Palus, vicina Salinis Herculeis.*

POMPEIA-TROPHÆA, Lieu maritime dans l'Espagne Tarragonnoise, entre l'Embouchure de l'Iberus & l'extrémité des Pyrénées, selon Strabon [g]. Pline [h] met ce Lieu dans les Pyrénées mêmes. Mais peut-être y avoit-il deux Lieux de ce nom, l'un sur le bord de la Mer, l'autre dans les Pyrénées. Voyez PAMPELUNE.

[g] Lib. 3. p. 156.
[h] Lib. 3. c. 3.

POMPEIÆ ou POMPEI, Ville de la Mœsie. L'Itinéraire d'Antonin la met sur la Route du Mont d'Or à Chalcédoine, entre Hræa Margi & Naissum, à trente-trois milles de la premiére & à vingt-quatre milles de la seconde.

POMPEIANÆ, Port de la Gaule Narbonnoise, selon l'Itinéraire d'Antonin [i], qui le place entre *Heraclia Caccabaria Alconis* & *Telo Martius*, à trente milles du premier & à quinze milles du second.

[i] Itiner. Maritim.

POMPEIANI, Peuples d'Italie. Appien [k] les met au nombre des Ennemis du Peuple Romain. Je crois qu'il entend parler des habitans de la Ville de POMPEIUM. Voyez ce mot.

[k] De Bel. Civil. Lib. 1. p. 374.

1. POMPEII. Voyez POMPEIUM.

2. POMPEII VILLA, Ferme ou Maison de Campagne en Italie, sur le Lac Averne. Elle appartenoit apparemment au Grand Pompée; & elle étoit dit Ortelius [l], sur le témoignage de Ferd. Lofredus, dans le lieu qu'on nomme aujourd'hui *Magnarello*. Ne seroit-ce point du surnom de Pompée que ce Lieu auroit pris le nom de *Magnarello*, qui pourroit être formé de *Magnus*, Grand?

[l] Thesaur.

POMPEIANUM, Maison de Campagne de Cicéron en Italie, environ à douze milles de Naples près de Nola. Salluste en parle dans son Oraison contre Cicéron, & Cicéron lui-même en fait mention en plus d'un endroit dans ses Lettres à Atticus. Quelques-uns disent que ce Lieu se nomme aujourd'hui *S. Maria Annunciata*, & d'autres le nomment *Pomilianum*. Voyez POMPONIANUM.

1. POMPEIOPOLIS. Voyez POMPELO.

2. POMPEIOPOLIS ou SOLI, Ville de Cilicie, entre les Embouchures du Lamus & du Cydnus, selon Ptolomée [m]. Pomponius Mela [n] l'appelle SOLOE, & dit qu'elle appartenoit aux Rhodiens. Tacite [o] & Dion Cassius [p] nous apprennent qu'elle étoit située sur la Côte, & le dernier ajoute, qu'avant d'avoir le nom de POMPEIOPOLIS on la nommoit SOLI. Les habitans de cette Ville sont appellez SOLENSES par Diogène Laerce [q].

[m] Lib. 5. c.
[n] Lib. 1. c.
[o] An. l. 2. c. 58.
[p] Lib. 36. p. 18.
[q] In Solone.

3. POMPEIOPOLIS, Ville de la Galatie, dans la Paphlagonie. Ptolomée [r] la place dans les Terres entre *Sacorsa* & *Conica*; & Etienne le Géographe dit qu'ordinairement on écrivoit POMPEIUPOLIS, mais que quelques-uns écrivoient POMPEIOPOLIS & POMPEIOPOLITES.

[r] Lib. 5. c. 4.

4. POMPEIOPOLIS, Ville de Mysie, selon Ortelius [s] qui cite Cédrène & l'Histoire Miscellanée, où il est dit que cette Ville souffrit beaucoup d'un tremblement de Terre arrivé du tems de l'Empereur Justinien.

[s] Thesaur.

POMPEIUM, POMPEIA ou POMPEII, Ville d'Italie, dans la Campanie sur la Côte, à l'Embouchure du *Sarnus* aujourd'hui le Sarno, selon Pline [t] & Strabon [u]. Stace [x] en a pris occasion de surnommer ce Fleuve *Pompeianus*.

[t] Lib. 3. c. 5.
[u] Lib. 5. p. 147.
[x] Lib. 2. Carm. 2. (sive) v. 265.

*Nec Pompeiani placeant magis otia Sarni.*

Servius a recours à la Fable pour l'origine du nom de cette Ville: Hercule, dit-il, fit voir dans une certaine Ville de la Campanie la pompe de son triomphe, & delà cette Ville fut appellée POMPEII.

POMPELON, Ville de l'Espagne Tarragonnoise: Strabon [y] & Ptolomée [z] la donnent aux *Vascones*. C'est aujourd'hui la Ville de Pampelune, Capitale du Royaume de Navarre. Il semble qu'on devroit écrire POMPÆLON, au lieu de POMPELON; car d'anciennes Inscriptions, selon Andr. Schottus [a] portent POMPÆLONENSES. Il y en a qui veulent que cette Ville ait aussi été appellée MARTUA.

[y] Lib. 3. p.
[z] Lib. 2. c. 6.
[a] Ad Antonin. Itiner.

POMPONE, Village de l'Isle de France, dans l'Election de Paris. Il y a un Prieuré de mille livres de revenu, & qui appartient maintenant aux Jésuites d'Amiens.

POMPONIANA. Voyez STOECHADES.

POMPONIANUM, Lieu d'Italie, apparemment dans le Territoire de Cumes; [b] puisque Pline [b] dit qu'il n'étoit séparé de STABIÆ que par un Golphe. Ortelius [c] soupçonne que ce pourroit être le même Lieu que *Pompeianum*.

[b] Lib. 6. Epist. ad Tacitum suum.
[c] Thesaur.

POMPOSE, Abbaye d'Italie, dans le Duché de Ferrare, à trois quarts de lieue du Bras Méridional du Pô, appellé Volane, à deux lieues de la Mer. Saint Guyon natif de Cafemar, à trois lieues de Ravenne, en fut fait Abbé l'an 998. & la gouverna pendant quarante-huit ans, felon Mr. Baillet [a] dans fa Topographie des Saints.

[a] Pag. 385.

POMPTINA-PALUS, Marais d'Italie, dans le Latium; felon Pline [b] qui dans un autre endroit écrit PONTINA par contraction. Ce Marais tiroit fon nom de la Ville POMETIA. Voyez ce mot.

[b] Lib. 3. c. 5.

POMPTINUS-AGER. Voyez POMETIA & PONTINA.

PONÆ [c], dans le Concile de la premiére Galatie tenû fous l'Empereur Léon Euphanius eft qualifié *Ponæ Epifcopus*.

[c] Ortelii Thefaur.

PONAMUS, Fleuve d'Afie, aux confins des Peuples appellez *Pandæ*, felon Pline [d]. Au lieu de *Ponamus* le Pere Hardouin lit POMANUS.

[d] Lib. 6. c. 23.

☞ PONANT, en Italien PONENTE, Terme dont on fe fert fur les Côtes de la Méditerranée, pour fignifier l'Occident. Voyez VENTS.

PONCE ou PONZA, ou PONTIA, (l'Ifle de) Ifle de la Mer Méditerranée, fur la Côte d'Italie, à l'entrée du Golphe de Gaëte. Elle gît environ vingt-cinq milles au Sud-Sud-Oueft du Mont Cercelle [e]. Elle appartient au Duché de Parme & a environ douze à quinze milles de tour. Elle eft très-haute principalement à la pointe du Sud-Oueft & elle paroît de bien loin. On la reconnoît facilement par le Mont Cercelle & par les autres Ifles voifines. Elle eft au milieu de deux autres Ifles, dont celle de l'Oueft s'appelle Palmaria & celle de l'Eft Senone. L'Ifle de Ponce reffemble de loin à plufieurs Iflots, principalement lorfqu'on vient du côté de l'Oueft.

[e] Michelot, Port. de la Médit. p. 111.

La RADE DE PONCE Eft du côté du Sud-Eft de l'Ifle. On y peut mouiller, principalement avec des Galéres & autres moyens Bâtimens. C'eft une affez grande Ance, où fur la pointe du Sud-Eft il y a un petit Fort quarré, armé de quelques piéces de Canon. Au bout de cette pointe il y a un gros Ecueil, entre lequel on pourroit paffer dans un befoin, y ayant quinze à feize braffes: tout proche fur la droite en entrant, il y a un autre gros Ecueil plus haut, & environné de plufieurs autres petits. Mais prefque entre ces deux Rochers & au milieu du paffage, il y a fous l'eau une roche très-dangereufe & dont les marques, lorfqu'on eft deffus le plus haut, font de voir le premier Ecueil de l'Ifle de Gabia, par le bout de l'Oueft de l'Ifle de Senone, qui eft la premiére marque; & pour l'autre, il faut voir l'extrémité du côté du Nord-Eft de ce gros Ecueil, le plus voifin de la pointe où eft le Fort, par l'Ecueil du large, nommé la Boutte de Ponce, qui en eft environ à neuf milles. Pour aller mouiller dans la Rade de Ponce, lorfqu'on vient du côté de l'Oueft, après avoir paffé proche de l'Ifle de Gabia, il faut aller chercher directement le gros Ecueil, qui eft à la Pointe du Fort & le ranger à difcrétion pour éviter la SECHE DE PONCE: après qu'on l'a doublée, on conduit encore une autre route. On mouille le fer de la droite, par douze braffes d'eau, & l'on porte une amarre à terre au-deffous du Fort; de cette maniére on demeure affourché; & les autres Galéres mouillent aux environs, tellement qu'on refte par 6. à 7. braffes d'eau, fond d'herbe vazeux. Au delà du Fort, il y a un grand enfoncement; mais on y trouve fort peu d'eau; & il ne convient guére de paffer plus avant que la pointe où eft le Fort. Dans cet enfoncement du côté du Nord-Oueft, il y a une efpéce de ruiffeau où on peut faire de l'eau; mais pendant l'Eté il tarit affez fouvent. Aux environs de ce Fort & en divers autres endroits, il y a plufieurs concavitez & logemens fouterrains que quelques Empereurs Romains y avoient fait tailler dans le roc. On y voit des Bains curieux, foit par leur fituation, foit par la patience avec laquelle ils ont été faits. Aux environs du rivage de cette Ifle, flotte une grande quantité de pierres ponces; ce qui pourroit faire croire qu'elle tire fon nom delà. Au dehors de ce gros Ecueil, qui eft à la Pointe du Fort, en tirant vers le Sud, il y en a un autre plus gros prefque joignant l'Ifle. Voyez PONTIA.

PONDADO. Voyez PODANDO.

PONDAINS, Ville de France, dans la Breffe, avec titre de Marquifat. Cette Ville eft fituée fur la Riviére d'Ain, d'où elle prend fon nom. Elle députe aux Affemblées de Breffe.

PONDEREYLE, petite Ville de France dans la Breffe.

PONDICHERY ou PONTICHERY, Ville des Indes Orientales [f], fur la Côte de Coromandel, à la bande de l'Eft de la Presqu'Ifle des Indes, en deçà du Gange. C'eft le plus bel Etabliffement que les François ayent aux Indes. On y voit une Foptereffe réguliére, & où il ne manque aucun des Ouvrages néceffaires pour une bonne défenfe. Elle eft toujours bien fournie de munitions de guerre & de bouche. La Ville eft grande & les Rues font tirées au cordeau. Les maifons des Européens font bâties de brique, & celles des Indiens ne font que de terre enduite de chaux; mais comme elles forment des Rues droites elles ont leur agrément. Dans quelques-unes des Rues, on voit de belles allées d'Arbres, à l'ombre defquels les Tifferans travaillent ces toiles de coton fi fort eftimées en Europe. Les Peres Capucins y ont un Couvent: les Jéfuites & Mrs. des Miffions Etrangéres y ont auffi chacun une Maifon & une Eglife. En 1693. les Hollandois fe rendirent maîtres de Pondichery, mais ils reftituérent cette Place aux François environ cinq ans après.

[f] Lettres Edif. t. 15. p. 19.

☞ Après plufieurs obfervations des Eclypfes du premier Satellite de Jupiter, on a trouvé que la différence du tems entre le Méridien de Paris & celui de Pondichery étoit de cinq heures onze ou douze mi-

Ddd 3

minutes qui valent environ 78. degrez; & par conséquent comme dans les hypothéses de l'Observatoire de Paris la Longitude de Paris est de 22. d. 30′. il faut conclure que la véritable Longitude de Pontichery est de 100. d. 30′. Par-là on peut voir l'erreur énorme qui s'étoit glissée dans les Cartes de Géographie qui ont eu le plus de cours en Europe, comme sont celles de Mrs. Samson & Duval, où l'on éloignoit cette Côte de plus de quatre cens lieues qu'elle n'est éloignée effectivement.

Pour ce qui est de la Latitude de Pondichery, on a trouvé qu'elle étoit un peu plus considérable que celle qu'on avoit arretée dans les premières observations, où l'on n'avoit remarqué par la distance du Zenith à l'Equateur que 11. d. 56′. 28″. Peut-être y a-t-il de l'erreur dans les chiffres.

[a] De l'Isle Atlas.

PONDIGO, PONDICO, ou PONTICO, Isle de l'Archipel [a], à la pointe Septentrionale de l'Isle de Négrepont. C'est celle que les Anciens appelloient CICYNETHUS. Elle est petite & deserte.

PONEROPOLIS. Voyez PHILIPPOPOLIS.

PONESE (La) Bourg de France dans l'Anjou, Election d'Angers.

PONEVATA. Voyez NAVATA.

[b] Délices d'Espagne, p. 146.

PONFERRADA, Ville d'Espagne, dans la partie Septentrionale du Royaume de Léon [b], à quatorze lieues d'Astorga, dans une Vallée au milieu de hautes Montagnes. Cette Ville qui est passablement grande est L'INTERAMNIUM FLAVIUM des Anciens.

[c] Jean Ribeyro, Hist. de l'Isle de Ceylan, liv. 1. c. 25.

PONGARDIVA, ou PANGARDIVA, Isle des Indes [c], sur la Côte Septentrionale de l'Isle de Ceylan, à la pointe du Royaume de Jafanapatan. Cette Isle qui n'est pas d'une grande étendue a environ neuf cens habitans, & l'on tient que les hommes y sont d'une taille presque gigantesque. La Chasse & la Pêche sont très-bonnes dans cette Isle. Il y a beaucoup de Cerfs, de Biches, de Busles & de Paons, & sur la Côte beaucoup de poisson.

PONGO. Voyez GABON.

[d] Dict.
[e] Atlas.

PONGONE, Selon Mr. Corneille [d] & de l'Isle [e], Rivière d'Afrique dans la Haute-Guinée. Elle a sa source dans le Royaume de Melli, où elle sort d'un grand Lac. Elle court du Nord au Midi en serpentant, & elle se jette dans la Mer, entre le Cap Verga & le Cap Tagrin.

1. PONS, ou PONTES. Voyez dans la Liste des PONTS l'Article PONT DE TRAJAN.

In Getifcis
[g] Thesaur.

2. PONS, nom d'un Lieu de la Scythie, selon Jornandès [f] cité par Ortelius [g].

3. PONS, En Latin Pontes; Petite Ville de France dans la Saintonge à quatre lieues de Saintes. Elle est sur une Colline au pied de laquelle passe la Riviére de SUIGNE, ou SEGNE, qu'on croit avoir anciennement été connue sous le nom de Santona & l'avoir donné à la Saintonge & à la Ville de Saintes, au dessous de laquelle elle se jette dans la Charente. La Ville de Pons quoique petite est assez célèbre. Elle étoit environnée de fortes murailles [h] & commandée par un bon Château, le tout fortifié à l'antique: les Huguenots qui s'en étoient rendus maîtres, & qui le tenoient comme une Place de sûreté, y avoient ajouté des fortifications à la moderne; en sorte qu'elle pouvoit passer pour une forte Place. Mais quoiqu'ils eussent une nombreuse Garnison de troupes réglées, ils la rendirent sans coup férir, après la réduction de Saint Jean d'Angely, en 1621. à Louis XIII. qui la fit démanteler. Elle se divise en haute Ville qu'on appelle *Saint Vivien*, & en basse que l'on nomme *les Aires*, ou St. Martin. Cette derniere est encore partagée par la Suigne sur laquelle il y a plusieurs Ponts, qui probablement ont donné le nom à la Ville. Il y a trois Eglises paroissiales, trois Couvens, trois Hôpitaux & une Commanderie de l'Ordre de St. Jean de Jérusalem.

[h] Longuërüe, Descr. de la France, Part. 1. p. 161.

Pons a ses Seigneurs qu'on appelloit Sires. C'est cette Ville qui a donné son nom à la plus Noble famille de la Saintonge; leurs Prédécesseurs y étoient fort puissans, & en ont possédé les plus belles Terres. Quant à celle de Pons, elle est de grande étendue, puisque cinquante-deux Paroisses, & plus de deux cens cinquante Fiefs nobles en relevent. Elle a toujours été tenue par des Seigneurs de la même Maison, de mâles en mâles, jusqu'à la fin du seizième Siècle. Il y a seulement eu quelques années durant lesquelles ils en ont été dépossédez par l'autorité Royale; Jacques Sire de Pons ayant été condamné comme Criminel de leze Majesté, & ses biens ayant été confisquez au profit du Roi par un Arrêt du Parlement de Paris, rendu l'an 1461. mais son fils Guy, Sire de Pons, qui épousa Isabelle de Foix, fille de Gaston, Comte de Foix, & d'Eléonor d'Aragon, obtint une Révocation de ce qui avoit été fait contre son pere, & une abolition de ses crimes prétendus; de sorte qu'il fut remis en possession de ses Biens, & particulierement de la Sirie de Pons, dont il fut reçu à faire hommage au Roi. C'est que ses Successeurs prouvérent l'an 1533. contre le Procureur du Roi en Saintonge, qui vouloit réunir Pons au Domaine. Le dernier mâle de la Branche aînée de Pons a été Antoine, qui mourut sans enfans mâles, & laissa pour héritière sa fille Antoinette, mariée à Henri D'Albret, Baron de Miossens, pere d'Henri D'Albret, Comte de Miossens & Sire de Pons, qui eut plusieurs enfans, dont il ne reste aujourd'hui aucune postérité masculine. L'aîné César Phebus d'Albret, Maréchal de France laissa une fille, qui épousant le Comte de Marsan de la Maison de Lorraine, lui donna en propre tous ses Biens & mourut sans enfans. Le Comte de Marsan devenu propriétaire des Biens de la Maison d'Albret a épousé une seconde femme de la Maison de Matignon, de laquelle il a eu deux enfans, dont l'aîné porte aujourd'hui le titre de Prince de Pons.

Guil-

# PON.         PON.

Guillaume de Nangis fait mention de la Ville de Pons, dans sa Chronique, & rapporte que le Seigneur de Pons, nommé Renaud, alla trouver Saint Louïs en 1242. & fit en sa présence hommage à Alphonse Comte de Poitiers, frere du Roi. La maniére dont les Sires de Pons rendoient hommage est assez singuliére, pour mériter d'être rapportée. Le Sire de Pons, armé de toutes piéces, ayant la visiére baissée, se présentoit au Roi & lui disoit: *Sire, je viens à vous pour vous faire hommage de ma Terre de Pons & vous supplie de me maintenir en la jouïssance de mes Priviléges.* Le Roi le recevoit & lui devoit donner par gratification l'Epée qu'il avoit à son côté.

*a André du Chêne Antiq. des Villes de France, p. 771.* Quelques-uns [a] qui ont voulu rechercher l'ancienneté de cette Ville, ont conjecturé qu'Ælius Pontius, neveu de Pompée le Grand, en avoit jetté les fondemens, & qu'il lui avoit donné son nom. Ils s'appuyent sur quelques Médailles trouvées en fouillant les fondemens d'un Pilier, qui soutenoit le Château du côté de la Place des Juifs, & sur l'une desquelles on lisoit cette Inscription: ÆLIUS PONTIUS NEPOS POMP. MAG. TUMUL. Ils ajoutent d'autres témoignages tirez des vieilles Chartes du Trésor de cette Ville, & prétendent prouver que les Seigneurs de Pons sont descendus de ce Pontius Romain. Voici un de ces témoignages: *Armandus Ulnerius Pontius & Anabalda uxor Dii volent.* Un autre porte: *Albinus Cosseius Pontius Filius Anab. Ulneri D. A. Pont. & Helbeida uxor hic jacent.*

PONS-ÆLII, Ville de la Grande-Bretagne, selon la Notice des Dignitez de l'Empire [b]. L'Itinéraire d'Antonin qui la nomme AD PONTEM, la place, &c.; voyez au mot AD l'Article AD-PONTEM.
*b Sect. 63.*

PONS-AUFIDI. Voyez PENTAUFIDUS.

PONS-CANDIDUS, Pont d'Italie, selon Ortelius [c] qui cite la Chronique de Cassiodore. Ce Pont ajoute-t-il étoit au voisinage de Ravenne, & c'est le Lieu où Théodoric défit Odoacre.
*c Thesaur.*

PONS-FERRI [d], Pont de Syrie. Guillaume de Tyr dit qu'il étoit, sur l'Oronte, à sept milles d'Antiochus. Il en est aussi fait mention dans Marcel. Comès.
*d Ibid.*

PONS-LONGUS, Pont d'Italie. L'Itinéraire d'Antonin le met sur la Voie Flaminienne, entre *Corneli* & *Sipuntum*, à trente milles du premier de ces Lieux & à égale distance du second.

PONS LUCANUS, Pont d'Italie au dessous de Tibur. Ortelius [e], qui en parle, cite Guillaume de Tyr [f].
*e Thesaur.*
*f Lib. 18. c. 2.*

PONS-MANSUETIANUS, Lieu de la Pannonie: L'Itinéraire d'Antonin le place sur la route de *Sirmium* à *Carnuntum*, entre *Sopianæ* & *Tricciana*, à vingt-cinq milles de la premiére & à trente milles de la seconde.

PONS MILVIUS, MOLVIUS, ou MULVIUS, Pont d'Italie, sur le Tibre près de Rome. Ce Pont est célèbre dans l'Histoire, sur-tout par la Victoire que le Grand Constantin y remporta sur le Tyran Maxence [g]. Aujourd'hui ce Pont n'a rien de beau: il est vieux, fort simple, assez mal bâti & n'est remarquable que par quelques Inscriptions que l'on y voit sur des Tables de marbre, & par une petite Douane où les Caléches qui passent sont obligées de payer. Le Pont ancien a été détruit. C'est sur ses fondemens qu'on a bâti celui d'aujourd'hui, à qui on a donné le nom de PONTE MOLE. De ce Pont à Rome il y a deux milles, ou deux tiers de lieue. Tout ce chemin peut être regardé comme le Fauxbourg de Rome, parce qu'on y voit des deux côtez presque continuellement des maisons de Plaisance qu'on appelle Vignes, & entre autres celle du Pape Jules III.
*g Labat, Voy. d'Italie, t. 3. p. 43.*

PONS-NEVIÆ, ou PONS-NEVIUS, ou NOBIUS, Lieu d'Espagne. L'Itinéraire d'Antonin le met sur la route de Bracara à Asturica, entre *Timalinum* & *Uttaris*, à douze milles de la premiére de ces Places, & à vingt milles de la seconde.

PONS-SARVIX, ou PONS-SARAVI, Ville de la Gaule Belgique, sur la Sare. L'Itinéraire d'Antonin la met sur la route de *Lugdunum* Capitale des Germanies, à Strasbourg, entre *Divodurum* & Strasbourg, à vingt-quatre milles de la premiére & à vingt deux milles de la seconde. Cette position fait juger que ce doit être aujourd'hui la Ville de Sarbrug.

PONS SCALDIS. Voyez SCALDIS.

PONS-SEPTIMIUS. Voyez PONSORME.

PONS-SOCIORUM, Ville de la Pannonie, selon l'Itinéraire d'Antonin qui la met sur la route de *Sopianæ* à *Acincum*, entre *Sopianæ* & *Vallis Carixiana*, à vingt-cinq milles de la premiére & à trente milles de la seconde. Lazius dit qu'on la nomme aujourd'hui *Baboleza*.

PONS-TILURI, Lieu de la Dalmatie. L'Itinéraire d'Antonin le met sur la route de *Salonæ* à *Dyrrhachium*, entre *Salonæ* & *Tronum*, à seize milles de la premiére de ces Places & à douze milles de la seconde.

PONS-TRAJANI. Voyez dans la Liste des PONTS, l'Article le PONT DE TRAJAN.

PONSORME, En Latin *Pons-Septimius*, ou *Septimus*; ancien Pont du Languedoc au voisinage de Narbonne. Ce Pont, qui est fort long, est bâti dans un Marais, sur le chemin qui conduit à Beziers. Je tire cet Article de Mr. Baudrand [h], qui cite Castel. Mr. Corneille écrit mal à propos PONFORME pour PONSORME.
*h Ed. 1681.*

1. PONT, en Latin PONS, en Italien PONTE, en Espagnol PUENTE, en Allemand *Bruck* ou *Pruck* & en Anglois BRIDGE. C'est un Bâtiment de pierre ou de bois, élevé au dessus d'une Riviére, d'un Ruisseau, ou d'un fossé pour la facilité du passage. Il y en a aussi qui sont faits de plusieurs Batteaux attachez ensemble & couverts de planches, pour communiquer d'une Riviére à l'autre. Les Ponts sont marquez dans les Cartes Géographiques par deux petites lignes, droites & parallèles entre elles, au travers des Riviéres

viéres. La commodité des Ponts pour le Commerce & leur importance pour la communication d'un Pays à l'autre les a quelquefois fait fortifier de Châteaux ou de Tours; & les Peuples étant venus peu à peu s'établir auprès de ces Ponts, il s'y est enfin formé de grandes Villes. Il y a néanmoins des Villes plus anciennes que leurs Ponts. On reconnoît la plûpart de celles auxquelles les Ponts ont donné naissance par les mots de PONT, PONTE, PUENTE, BRUCK ou BRIDGE, joints à leurs noms avec le nom de la Riviére sur le bord de laquelle elles sont bâties. De tous tems on a vu aussi des Ponts, qui n'avoient point de Ville voisines & qui servoient seulement pour l'usage des Voyageurs, ou pour le passage des Armées.

2. PONT, Forteresse de la Pannonie Inférieure, ou plutôt de la Moesie, près de la Ville de Zane [a]. Le Fleuve se coupe en cet endroit pour entourer une partie de son rivage, après quoi il se remet dans son cours ordinaire. Ce n'est pas de lui même qu'il fait ce détour: il y est forcé par l'artifice des hommes. Voyez dans cette Liste des PONTS l'Article PONT DE TRAJAN, on y voit pourquoi ce Fort a été appellé PONT & pourquoi le cours du Danube a été détourné en cet endroit-là.

[a] *Prixop. lib. 4. Ædif. c. 6.*

3. PONT. Voyez PONTUS.

4. PONT, ou ALPONT, Paroisse du Pays des Grisons [b], dans la Ligue de la Maison de Dieu. Elle dépend de la Haute Engadine, & Campogase, *Campus vastus* dépend de cette Paroisse.

[b] *Etat & Délices de la Suisse, t. 4. p. 62.*

5. PONT. Les François donnent ce nom à une Ville de l'Isle de la Barbade que l'on nomme aussi SAINT MICHEL, & que les Anglois ont appellée BRIDGE-TOWN & INDIAN BRIDGE. Elle est située dans le Fonds de Carliste [c], dans la partie Méridionale de l'Isle, près de la Baye de Carliste, qui est large, profonde, assûrée pour les Vaisseaux & assez grande pour contenir cinq cens Vaisseaux à la fois. La Ville, dit le Pere Labat dans son Voyage de l'Amérique, est belle & assez grande: ses Rues sont droites, larges, propres & bien percées.

[c] *Amérique Angloise. p. 50.*

Les Maisons sont bien bâties, dans le goût de celle d'Angleterre, avec beaucoup de fenêtres vitrées: elles sont meublées magnifiquement; en un mot, tout y a un air de propreté, de politesse, & d'opulence, qu'on ne trouve point dans les autres Isles, & qu'il seroit difficile de rencontrer ailleurs. La Maison de Ville est très-belle & très-bien ornée. Les Boutiques, & les Magasins des Marchands sont remplis de tout ce qu'on peut souhaiter de toutes les Parties du Monde. On voit quantité d'Orfévres, de Jouailliers, d'Horlogeurs, & autres Ouvriers qui travaillent beaucoup, & qui paroissent fort à leur aise; aussi s'y fait-il un Commerce des plus considérable de l'Amérique. On prétend que l'air de la Ville n'est pas bon, & que le Marais qui en est proche, rend le Lieu fort mal sain; c'est pourtant, dit le Pere Labat, ce que je n'ai point remarqué dans le teint des habitans, qui est beau, & sur-tout celui des femmes: tout y fourmille d'enfans; car tout le monde est marié, & les femmes sont fort fécondes. Il est vrai, que le mal de Siam enleve bien des gens, mais cela leur est commun avec les François, Hollandois, Portugais, & autres Européens qui habitent l'Amérique. Cette Ville est la Résidence du Gouverneur ou de ses Députez, le Siège de la Justice & du Bassin du commerce, & il y a un grand nombre de Marchands & de Facteurs qui y ont ou des Magasins ou des Boutiques remplis des Marchandises d'Europe pour échanger contre celles que l'Isle produit. Du reste cette Ville est fort mal située, étant plus basse que les bancs de la Mer; ce qui fait que les marées du Printems forment autour une espéce de Marais, ou de fondriére, qui quoiqu'en dise le Pere Labat, rend cette partie de l'Isle plus mal saine que le reste. On a bâti deux Forts opposez l'un à l'autre pour la défense & pour la sûreté des Vaisseaux, & au milieu régne une Plate-forme qui commande aussi sur la Rade. Tout cela est garni de gros Canon.

1. PONT-L'ABBÉ, Bourg de France, dans a Normandie, Election de Valognes, dans la Paroisse de Picauville sur la Riviére d'Ouve. On y passe en batteau depuis la ruïne du Pont qui y étoit autrefois. Ce Bourg a droit de Marché.

2. PONT-L'ABBÉ, Bourg de France, dans la Saintonge Election de Saintes.

PONT-D'ABSAL. Voyez DEZ-FOUL.

PONT-D'ADAM, Bancs de sable, qui se trouvent dans le Canal de la Mer des Indes, entre le Royaume de Madure à l'Occident, & l'Isle de Manar, sur la Côte de l'Isle de Ceylan à l'Orient. Les Hollandois appellent ces Bancs de sable *Adams Brugh*; c'est-à-dire Pont d'Adam.

PONT-D'AINS. Voyez PONDAINS.

PONT DE LARCHE [d], petite Ville de France dans la Haute Normandie, sur la Seine, Diocése d'Evreux, en Latin *Pons-Arcus*, *Pons Arcuensis* ou *Pons Arcuatus*. Elle est située trois lieues au-dessus de Rouen, à quatre d'Andely, à deux de l'Ouviers, & à une d'Elbeuf, avec Vicomté, Bailliage, Grenier à Sel, Election, Maîtrise des Eaux, & Forêts, & un bon Château de l'autre côté de son Pont de pierre, composé de vingt deux Arches sur la Seine; c'est le plus beau, le plus long, & le mieux bâti qui soit sur cette Riviere: le reflux de la Mer vient jusque-là. Il est fait mention de cette Ville dans d'anciens Actes, il y a près de sept cens ans. Elle a été bâtie par l'Empereur Charles le Chauve, & elle est célèbre dans l'Histoire de France; car on la jugeoit importante par sa situation. Cette Ville a de bons fossez, des murailles flanquées de bonnes Tours, & renferme dans son enceinte une Paroisse de Saint Vigor, un Couvent de Pénitens & un Monastére de Bernardines. Il y a Gouverneur, Lieutenant de Police, un Maire, deux Echevins, & une Maison de Ville. C'est une Place très-importante par sa situation. Son Château bâti dans une

[d] *Corn. Dict. sez sur les Mémoires dressez sur les Lieux, en 1702.*

une petite Isle, & de figure quarrée, bien entretenu, & bien logeable, flanqué de quatre Tours. Au dedans il y a une fort haute Tour qui sert de Donjon. Ce Château est séparé de la Prairie par deux petits Ponts. Une Chauffée d'une très-grande longueur commence au pied de la Côte du côté de Rouen. Elle est bien pavée revêtue de pierres des deux côtez, & de distance en distance il y a des Arches, pour laisser passer l'eau de la Seine, lorsqu'elle déborde dans la Prairie. Celle d'Eure s'y décharge un quart de lieue au-dessus du Pont de cette Ville, au Midi de laquelle la Forêt du Pont de l'Arche commence, continuant jusqu'aux environs de l'Ouviers. Elle fournit quantité de bois à Paris, & à Rouen. La Ville du Pont de l'Arche est la premiére Place qui se mit sous l'obéïssance du Roi Henri IV. après son avénement à la Couronne en 1589. L'Abbaye de Bon-Port n'en est éloignée que d'une mousquetade.

1. PONT-AUBERT, Ville de France, dans la Bourgogne, au Diocèse d'Autun, dans un plat-pays entouré de Montagnes de toutes parts. La petite Riviére du Serin passe dans ce Bourg, & il y a un Pont. Le Commandeur de Pont-Aubert est Patron de la Cure.

2. PONT-AUBERT, Commanderie de France, dans la Bourgogne, & dans le Bourg de Pont-Aubert. C'est une Commanderie de l'Ordre de Malthe, dans la dépendance du Grand-Prieuré de Champagne.

PONT-AUDEMER, Ville de France, dans la Normandie, Diocèse de Lisieux, sur la Rille ou Risle, à douze lieues de Rouen, à sept de Lisieux & du Pont-l'Evêque, à trois ou quatre de Cormeilles, à cinq d'Honfleur & environ à une lieue des Abbayes de Preaux & de Corneville. Elle a pris son nom du Pont qui est sur la Riviére de Rille, & que bâtit autrefois un François nommé Audomer ou Aumer [a]: ainsi on ne doit point écrire cette Ville le Ponteau-de-Mer ou le Pont-eau-de-Mer, ni traduire en Latin, *Ponticulus Maris* ou *Pons aquæ marinæ*. Cette Place avoit été donnée au Roi de Navarre, Charles d'Evreux, par le Roi Jean l'an 1353. mais Charles III. Roi de Navarre céda ses prétentions sur cette Ville au Roi Charles VI. l'an 1404. & ensuite les Anglois ayant conquis la Normandie & même la plus grande partie de la France, Henri qui se disoit Roi de France, & d'Angleterre, réunit le Pont-Audemer, & plusieurs Lieux au Domaine de Normandie; ce qui fut confirmé par Charles VII. lorsqu'il eut chassé les Anglois de cette Province.

Cette Ville, qui a un Bailliage [b], une Vicomté, une Election, un Grenier à Sel & une Maîtrise des Eaux & Forêts est au pied d'une Montagne & presque par-tout environnée de Prairies. La Riviére de Rille la sépare du Diocèse de Rouen. Elle est fermée du murailles, elle a quatre Portes & l'on peut faire couler l'eau dans tous ses fossez. Il y a de belles Rues & de grandes Places publiques, où l'on tient les Mar-

[a] Longuerue, Descr. de la France, p. 73.

[b] Corn. Dict. sur des Mém. dressez sur les lieux en 1704.

chez Lundi & le Vendredi & les Foires à la Saint Gilles & le Lundi Gras. Son enceinte renferme deux Eglises paroissiales, Notre-Dame dite autrement le Sépulcre & Saint Ouen; les Monastères des Carmes, des Cordeliers, des Carmélites & un Hôtel-Dieu. On trouve dans le Fauxbourg de Rouen la Paroisse de Saint Aignan & une Chapelle avec un Hermitage; & dans le Fauxbourg du Pont-l'Evêque, l'Eglise paroissiale de St. Germain, le Couvent des Ursulines & le Prieuré Claustral des Chanoines Réguliers de St. Augustin, du titre de Saint Gilles. Son Election comprend cent cinquante-neuf Paroisses. Les petites Barques qui viennent de la Mer remontent avec le reflux près des Ecluses de cette Ville, où le Roi Louïs le Grand a fait creuser & revêtir de pierre un petit Port, pour le cours de la Rille, qui entre dans la Seine à la Roque. Pont-Audemer a un Gouverneur, un Lieutenant de Police, un Maire, deux Echevins & une Maison de Ville. Son Commerce consiste principalement en bleds, en laines & en tanneries. Henri Roi d'Angleterre, se disant Héritier & Régent du Royaume de France, unit cette Ville au Duché de Normandie. André de Villars, depuis Amiral de France la surprit en 1592. pour le Parti de la Ligue.

PONT-BEAUVOISIN, ou PONT-DE-BEAUVOISIN, Ville de France dans le Dauphiné, Election de Grenoble, sur la petite Riviére de Giers ou Guyer, qui sépare le Dauphiné de la Savoie, & divise cette petite Ville en deux. La partie Occidentale est du Dauphiné, & l'autre est de la Savoie. Il y a une Fontaine dont les eaux sont spécifiques pour la fiévre tierce.

PONT-DE-CAMAMAREZ, Lieu de France, dans le Rouergue, au Diocèse de Vabres, Election de Milhaud. Il y a auprès de ce Lieu des Eaux qui participent du Vitriol. Elles sont en grande réputation. On dit qu'elles purgent & rafraîchissent.

PONT-CHATEAU. Voyez PONT-CHASTEL.

PONT-CHARRA, Bourg de France [c], dans le Dauphiné; il est situé vis-à-vis du Fort Barraut de l'autre côté de l'Isére. Proche de ce Bourg sur une Côte, on voit un Monastère d'Augustins Déchauffez, appellé Villars Benoît. Ce Couvent, qui est le premier de la Congrégation de France, fut fondé l'an 1596. par Guillaume d'Avançon, Archevêque d'Ambrun, & Prieur Commandataire du Prieuré de Villars Benoît, dont il leur avoit cédé une partie de la Mense par la permission du Pape Clément VIII. le 23. de Décembre 1595. Le Pere Matthieu Lorrain & le P. François Amet de Montargis, tous deux Profez de la Congrégation des Augustins Déchauffez d'Italie, en prirent possession l'année suivante, vers le mois de Juillet, du consentement d'André Firtzani, qui étoit alors Général de tout l'Ordre des Freres Hermites de Saint Augustin. C'est à présent une Maison complete, & fort bien bâtie, d'où l'on découvre le Fort de Mont-mé-

[c] Corn. Dict. sur des Mém. dressez sur les lieux en 1707.

mélian, & la belle Vallée de Graisivaudan, fertiles en Vins, Bleds, Pâturages & Bois avec des Mines de fer.

PONT-CHARRAUD, Bourg de France, sur les confins de l'Auvergne, au Diocèse de Limoges, Election de Combrailles. C'est une Paroisse située dans un Vallon entouré de Montagnes, & dont le terroir est assez bon pour le Seigle & pour le Bled noir. La petite Rivière de Creuse passe à Pont-Charraud. Il s'y fait un petit Commerce de Brebis & de Moutons. Les habitans vont travailler dans les Provinces voisines. Il y a dans cette Paroisse une Forêt qui appartient à trois particuliers.

PONT DU CHASTEL, ou PONT DU CHATEAU, petite Ville de France, dans l'Auvergne, sur l'Allier, en Latin *Pons-Castelli* [a]. Comme cette petite Ville est plus proche de Clermont que Maringue & par conséquent plus commode pour le Commerce qui se fait par eau, d'Auvergne à Paris, la Ville de Pont du Château devient tous les jours plus considérable aux dépens de Maringue. La Seigneurie de cette Ville a appartenu au Prince Alphonse, & après lui aux Dauphins de Viennois. Humbert Dauphin donna le Pont-du-Chastel & plusieurs autres Seigneuries à Guillaume Roger, Seigneur de Chambon & de Saint Exuperi, le 25. Septembre 1343. Cette donation fut confirmée par Lettres du Roi Philippe de Valois, données à Poissy le 14. Novembre 1663. Cette Terre est venue par succession dans la Maison de Montboissier-Canillac & a été érigée en Marquisat.

[a] Piganiol, Descr. de la France, t. 6. p. 334.

PONT-AUX-DAMES, Abbaye de France dans la Brie, au Diocèse de Meaux. C'est une Abbaye de Filles de l'Ordre de Citeaux. Elle fut fondée en 1236. près du Pont de Couilly par Hugues de Châtillon, Comte de Brie & de Champagne, puis transférée à Rue sur la rive gauche du Petit-Morin, à une lieue au dessus de Crecy. La Communauté est nombreuse & jouit de douze mille livres de revenu.

PONT-DU-DIABLE, Pont dans la Suisse [b], au Canton d'Ury. A une lieue de Gestinen, le chemin conduit à un Pont de pierre d'une hauteur surprenante, d'une seule Arcade & dont les deux pieds reposent sur deux Rochers extrêmement élevez au bas desquels coule la Reuss parmi des Rochers. On a de la peine à s'imaginer comment on a pu bâtir là un Pont. Aussi dit-on dans le Pays que c'est un Ouvrage du Diable ; c'est pourquoi on l'appelle communément *Teuffelsbruk*, c'est-à-dire le *Pont du Diable*. On rapporte que les habitans du Pays étant en peine, comment on pourroit s'y prendre pour faire un Pont en cet endroit, le Diable vint offrir ses services pour en faire un, à condition que le premier Animal qui y passeroit seroit à lui. Le Diable comptoit d'y gagner un homme : mais il fût pris pour dupe : les habitans plus fins que lui voyant le Pont fait, y firent passer un chien, qui d'abord fut mis en pièces. L'Esprit malin fut si outré de se voir joué qu'il voulut détruire son ouvrage : il chargea sur ses épaules un gros quartier de rocher, qu'il alloit faire tomber sur le Pont pour l'abîmer, si un Saint homme qui se trouva là n'eut mis le Diable à la raison. Pour convaincre les Incrédules, on montre encore aujourd'hui le Rocher près du chemin au dessous de Gestinen.

[b] Etat & Délices de la Suisse, t. 1. p. 413.

PONT-ELAND. Voyez PONTELAND.
PONT-ELIE. Voyez PONTARLIER.

PONT L'EVEQUE, petite Ville de France [c], en Normandie, avec Bailliage, Vicomté, Election, Maîtrise des Eeaux & Forêts, Gouverneur, Lieutenant de Police, Maire & autres Officiers de Ville, en Latin *Pons Episcopi*. Elle est située sur la Touque, à dix lieues de Caën ; à sept de Pont-Audemer, à quatre de Liseux, à deux du Bourg de Touque, & à trois de Honfleur & de la Mer, & toute ouverte, sans murailles ni Forteresse. Son Eglise Paroissiale dédiée à Saint Michel, est bien bâtie & a dix Piliers de chaque côté de sa longueur. Elle est assez belle, & assez propre, mais plusieurs de ses ornemens sont demeurez imparfaits. La Calone entre dans la Touque au-dessous du Chœur de cette Eglise, & une autre petite Rivière coule près de l'Hôpital. Le Monastère des Religieuses de Saint Dominique est dans la grande Rue qui traverse toute la Ville, où l'on voit plusieurs Ponts & des Moulins à eau. Cette Ville est renommée par ses bons fromages, dont on débite un grand nombre tous les Lundis dans son gros Marché. Les Foires de la Saint Michel, & de la Saint Martin contribuent fort à faire valoir son Commerce. Son Territoire consiste principalement en herbages & en prairies, où l'on nourrit quantité de gros Bétail ; il y a aussi des terres à grains, & des arbres à fruits. Son Election comprend cent trente-huit Paroisses.

[c] Corn. sur des Mémoires dressez sur les lieux en 1704.

PONT-EUXIN. Voyez au mot PONTUS, l'Article PONTUS-EUXINUS.

PONT-FRAET, PONTE-FRAET, ou POMFRET, Ville d'Angleterre, dans l'Yorkshire [d]. C'est une Ville assez considérable. Elle avoit autrefois un beau Château, mais il fut détruit dans les guerres civiles, sous le Regne de Charles I. Ce fut dans ce Château que Richard II. fut assassiné, après avoir résigné la Couronne à son Cousin Henri IV. Cette Ville se distingue par sa réglisse. On dit qu'elle a pris son nom d'un Pont de bois sur l'Are, & qui se rompit dans le tems du passage de Guillaume Archevêque d'York, neveu d'Etienne Roi d'Angleterre.

[d] Etat présent de la Gr. Br. t. 1. p. 130.

PONT-DU-GARD. Voyez au mot GARD l'Article PONT-DU-GARD.

PONT-DE-GENNES, Bourg de France, dans le Maine, Election du Mans.

PONT-GIBAUD, Bourg de France, dans l'Auvergne, Election de Clermont. Il y a auprès de cette Ville le Village de Rore, où est une Mine d'argent, mais qui n'est pas assez abondante pour engager à la fouiller. Il y a aussi une Fontaine d'eau minérale, aigrette & vineuse.

PONT-GOING, Bourg de France, dans

dans la Beauce, Election de Chartres.

PONT-DE-LAMAREZ, Ville de France dans le Rouergue, Election de Milhaud.

1. PONT-LEVOI, Bourg de France, dans le Blefois, par delà la Loire, à cinq lieues d'Amboife. Il y a dans ce Bourg une célèbre Abbaye de Bénédictins. Voyez l'Article fuivant.

2. PONT-LEVOI, Abbaye de France, dans le Blefois, par delà la Loire, dans un Bourg de même nom, autrefois du Diocèfe de Chartres, maintenant du Diocèfe de Blois. C'eft une Abbaye de l'Ordre de St. Benoît, fondée en 1035. fous le nom de *Ste. Marie* [*Beata Maria de Ponte-Levio*, ou *de Ponte-Leviaco*]. Le Fondateur fut Gelduin, Seigneur de Pont-Levoi, & de Mont-Trichard. Il fit venir des Religieux de St. Florent de Saumur. Les Calviniftes prirent & détruifirent cette Abbaye en 1562. Depuis elle a été rebâtie & la Réforme de Saint Maur y a été reçue. Les Bénédictins y ont un Collége & une Penfion célèbre. La Menfe Abbatiale fut unie à l'Eveché de Blois, lors de fon érection.

PONT-LIEVE, ou PONLIEVE, Bourg de France dans le Maine, Election du Mans.

PONT DE LA MAGDELAINE (Le). Du Mole de Naples à la Tour Géomare [a], qui eft fur une baffe pointe dans le fond du Golphe, la route eft prefque le Sud-Eft quart de Sud environ dix milles: entre les deux c'eft prefque une Côte ùnie & baffe, bordée de plages de fable, & ornée de plufieurs Villes & Villages, dont le premier & le plus voifin de la Ville de Naples s'appelle Cavalerifa; & tout auprès il paffe une petite Rivière, fur laquelle il y a un grand Pont de Pierre appellé le PONT DE LA MAGDELAINE, qui eft proche de la Mer.

[a] Michelot, Port. de la Médit. p. 121.

PONT-A-MOUSSON, En Latin *Muffipontum*, Ville avec titre de Marquifat dans le Duché de Lorraine. Elle eft fituée des deux côtez de la Mofelle, qui la fépare en deux Villes, dont l'une eft du Diocèfe de Metz & l'autre du Diocèfe de Toul. La première eft la plus ancienne: la feconde qui eft en deçà de la Rivière eft la plus grande & la mieux bâtie; mais c'eft la plus nouvelle, puis qu'elle n'a été fondée que dans le douzième Siècle par les Comtes de Bar, qui l'appellérent d'abord la VILLE NEUVE DEVANT MONSON, ou MOUSSON. Voyez MONSON [b]. L'Empereur Charles IV. qui dès l'an 1354. avoit érigé le Pont à Mouffon en Marquifat, la créa enfuite Cité de l'Empire avec les prérogatives des autres Citez. Il fit cette création à Metz & il la confirma étant à Prague en 1373. déclarant qu'il n'entendoit pas que l'honneur qu'il faifoit à cette Ville détruisît ou affoiblît les droits du Comte ou Duc de Bar, Marquis de PONT, ou PONT-A-MOUSSON. La partie de cette Ville qui eft du Diocèfe de Toul contient trois Paroiffes, qui font Saint Laurent, Sainte Croix en Rus & St. Jean-Baptifte. Le Chapitre de la Cathédrale de Metz eft Patron & Décimateur de la Paroiffe de St. Laurent, le Curé n'ayant qu'une penfion & le Cafuel. Le Chapitre de Sainte Croix de cette Ville eft Patron de la Paroiffe de Ste. Croix en Rus. Ce Chapitre fut fondé dans le treizième Siècle par Thibaut Comte de Bar, & augmenté dans le nombre de fes prébendes par les Succeffeurs de ce Prince. Il eft compofé d'un Prevôt, de fix Chanoines & de deux demi-Chanoines. La prébende eft de quatre cens livres, & la demi-prébende de deux cens cinquante livres. Il y a une Abbaye des pauvres Dames de Sainte Claire, fondée en 1431. par Marguerite de Bavière femme de Charles I. Duc de Lorraine. Leur établiffement ne fut achevé qu'en 1444. fous le Régne de René I. Pierre du Châtelet Evêque de Toul a fondé le Séminaire pour huit jeunes Clercs, dont deux doivent être nez fur les Terres de l'Evêché de Toul, deux fur les Terres de l'Abbaye de St. Martin, deux fur la Terre de Sorey & deux fur celle du Châtelet. Le Maître du Séminaire a cent foixante livres & les huit Bourfiers ont enfemble huit cens quatre-vingt-dix livres, à prendre fur la Grurie de Pont-à-Mouffon. Les Religieux de St. Antoine le Viennois s'établirent à Pont-à-Mouffon, à la fin du douzième Siècle, dans la partie de cette Ville qui eft du Diocèfe de Metz. Mais comme leur Maifon fut donnée aux Jéfuites dans le tems de la fondation de l'Univerfité, ces Religieux de St. Antoine fe font retirez dans la partie de la Ville qui eft du Diocèfe de Toul. Leur Menfe peut être de trois mille cinq ces livres. L'Hôpital dédié à *Jefus Circoncis* eft adminiftré par les Bourgeois. Il y a une Maifon de Chanoines de St. Auguftin de la Congrégation de Notre Sauveur. Elle fut fondée par Mr. de Maillane Evêque de Toul: ils élevent des Novices & enfeignent les enfans. Leur revenu eft d'environ dix-huit cens livres. Les Capucins s'établirent dans cette Ville en 1607. par les foins du Cardinal Charles de Lorraine. Les Carmes qui font hors de la Ville furent appellez en 1623. & les Minimes en 1632. Outre l'Abbaye des pauvres Dames de Sainte Claire, on compte quatre Maifons de Religieufes de la Congrégation de Notre-Dame, fondées en 1604. & qui prirent la Clôture le 2. Juillet 1633: les Carmélites fondées en 1627. & les Religieufes de la Vifitation de Notre-Dame.

[b] Longuerue, Defcr. de la France, Part. 2. pag. 190.

L'UNIVERSITÉ DE PONT-A-MOUSSON [c] fut fondée en 1572. par Charles III. à la follicitation de Charles Cardinal de Lorraine, Archevêque de Rheims & Adminiftrateur de l'Evêché de Metz. Ce font les Jéfuites qui rempliffent les Chaires de Profeffeurs dans les Facultez des Arts & de Théologie. Ils occupent la belle Maifon des Religieux de St. Antoine le Viennois & leur Eglife eft magnifique.

[c] Piganiol, Defcr. de la France, t. 7. p. 336.

Le MARQUISAT DE PONT-A-MOUSSON [d], Eft compofé de deux Châtellenies, qui font celle de Pont & celle de Mouffon. Il ne comprend néanmoins que le Barrois d'au delà la Meufe; & c'eft ce qu'il

[d] Longuerue, Defcr. de la France Part. 2. pag. 179.

qu'il faut seulement entendre quand Albert de Strasbourg qui vivoit alors, dit que l'Empereur Charles IV. avoit érigé le Barrois de Comté en Marquifat. Auſſi tous les Empereurs qui ont ſuivi Charles IV. juſqu'à Ferdinand II. en donnant l'Inveſtiture des Fiefs Impériaux de Lorraine, n'ont fait mention que du Marquifat de Pont. Voyez BAR.

PONT-ORSON, en Latin *Pons Urſionis* : petite Ville de France, dans la Baſſe-Normandie, ſur la Riviére de Coueſnon, ou Coeſnon, aux confins de la Bretagne, à trois lieues d'Avranches & à pareille diſtance du Mont Saint-Michel. Cette petite Place, qui eſt ſituée aſſez avantageuſement[a] a long-tems ſervi de Boulevard contre les Bretons. Robert Duc de Normandie ayant la guerre avec Alain Barbe-torte, Comte de Bretagne, y bâtit un Château & fortifia la Ville ; mais le Roi Louïs XIII. après la reddition de la Rochelle voulant ôter aux Seigneurs de Montgommery, qui étoient Calviniſtes, toute occaſion de ſoutenir ce parti, la fit entiérement démanteler.

[a] *Piganiol, Deſcr. de la France,* t. 5. p. 240.

PONT-D'OUILLY, Bourg de France, dans la Normandie, au Dioceſe de Bayeux, Election de Vire. Il ſe tient un Marché dans ce Bourg & il y a un paſſage ſur la Riviére d'Orne.

PONT-DE-REMY, Lieu de France, dans la Picardie[b], Election d'Abbeville ſur la Somme, à deux lieues au-deſſus d'Abbeville. Il y a ſur cette Riviére un Pont qui communique à une petite Iſle dans laquelle on voit un Château. C'eſt un paſſage important. Au voiſinage on montre les reſtes d'un Camp de Céſar. Il y a un Prieuré qui vaut deux mille livres de revenu, & qui dépend de l'Abbaye du Bec. Le Prieur nomme à la Cure qui vaut huit cens livres.

[b] *De l'Iſle Atlas.*

PONT-DE-ROYAN, petite Ville de France, dans le Dauphiné[c], dans le Marquifat de Royanez, dont elle eſt le Chef-lieu. Elle eſt ſituée à l'Orient de Romans, au Midi de St. Marcellin, à l'Occident Méridional de Grenoble & au Nord de Die ; mais bien plus éloignée de cette derniére Ville que des autres. Il paſſe à Pont-de-Royan une petite Riviére qui va ſe jetter dans l'Iſtre, ſur la rive gauche.

[c] *Ibid.*

PONT-SAINT-ESPRIT, Ville de France, au Languedoc, dans l'Uſége ou l'Uſegais. C'eſt une Place forte[d], ſur la rive droite du Rhône, ſur lequel il y a dans ce Lieu un Pont, l'un des plus beaux de l'Europe & dont la conſtruction paroît merveilleuſe, à cauſe de la largeur, de la profondeur & de la rapidité du Fleuve. Ce Pont a quatre cens vingt toiſes de long, ſur deux toiſes quatre pieds quatre pouces de large[e]. Il eſt ſoutenu par vingt-ſix Arches, dix-neuf grandes & ſept petites, qui ſont aux extrémités, & forment les rampes. Il fut commencé en 1265. & Jean de Tianges Prieur de Saint Pierre en poſa la premiére pierre. Ce Pont fut bâti des Offrandes que faiſoient les Fidelles à un petit Oratoire dédié au Saint Eſprit, & fameux par beaucoup de miracles. Il étoit ſitué à la tête du Pont, au même lieu, où ſont encore les Peres Blancs

[d] *Louguerue, Deſcr. de la France,* Part. 2. p. 259.

[e] *Piganiol, Deſcr. de la France,* t. 4. p. 398.

établis par Philippe le Bel pour deſſervir l'Egliſe & l'Hopital du Saint Eſprit, qui fut bâti par ordre de ce Prince. Le Pont fut achevé environ l'an 1309. le Pape Nicolas V. dans une Bulle qui accorde beaucoup d'Indulgences à ceux qui vont viſiter l'Egliſe & l'Hôpital du Saint Eſprit, dit que Dieu étant touché du malheur des Fidéles qui faiſoient naufrage en cet endroit du Rhône, avoit envoyé un Ange ſous la figure d'un Berger, qui avoit marqué le Lieu, où il falloit faire un Pont, & bâtir une Egliſe & un Hôpital. Ce qu'il y a de certain, c'eſt que le Pont, l'Egliſe, & l'Hôpital ont été bâtis & ſubſiſtent encore avec des revenus conſidérables pour les entretenir. Nos Rois ont permis, afin qu'il fût mieux entretenu, qu'on levât un droit ſur le Sel qui paſſe ſous ce Pont, ce qui monte à huit ou neuf mille livres par an. Depuis que ce Pont a été bâti la Ville s'eſt accrue[f] & a été nommé le SAINT-ESPRIT ou le PONT-SAINT-ESPRIT, à cauſe de ce fameux Pont. Ce Lieu s'appelloit autrefois le *Port*, dont le nom eſt demeuré au Monaſtére de S. Savournin fondé ſur le Rhône, dans un endroit nommé le Port, à cauſe de l'abord des Marchans & des Voyageurs. Aimar qui a été le troiſième Abbé de Clugny établit ſes Moines dans le Monaſtére de St. Savournin vers l'an 950. & depuis ce tems-là ce Monaſtére du Port eſt devenu un Prieuré Conventuel, qui eſt à la collation libre de l'Abbé de Clugny. Le Pont-Saint-Eſprit eſt un paſſage fort fameux ſur le Rhône, & c'eſt le dernier Pont qui ſoit aujourd'hui ſur ce Fleuve, n'y ayant au deſſous que des Ponts de bateaux. Quatre Baſtions Royaux font le Plan de la Citadelle & renferment l'Egliſe du Saint Eſprit, de laquelle la Ville après le nom qu'elle porte aujourd'hui.

[f] *Louguerue, Deſcr. de la France,* Part. 2. p. 260.

Il y a au deſſous du Pont-Saint Eſprit un Territoire de cinq à ſix lieues de longueur le long du Rhône. Ce Territoire, pour le Temporel, eſt de la Province de Languedoc du reſſort du Parlement de Toulouſe. Il eſt auſſi du Dioceſe d'Uſez pour les Tailles & Subſides ; mais pour le Spirituel il eſt d'Avignon, dont il dépendoit autrefois pour le Temporel ; car on ne voit pas que les Comtes de Toulouſe ni les autres Seigneurs de Languedoc ayent eu aucune Seigneurie directe & utile ſur ce Territoire. Les Comtes de Toulouſe n'en ont joui que parce qu'ils étoient Marquis de Provence, dont ils poſſédoient une partie avec la Ville d'Avignon.

PONT SAINTE MAIXANCE, ou SAINTE MAXENCE en Latin *Pons Sanctæ Maxentiæ*, petite Ville[g] dans l'Iſle de France ſur la Riviére d'Oyſe, à deux lieues de Senlis. Elle eſt fort marchande. C'eſt un Gouvernement particulier du Gouvernement Militaire de l'Iſle de France.

[g] *Piganiol, Deſcr. de la France,* t. 3. p. 63.

PONT-SAINT-NICOLAS, ancien Pont de France dans le Bas Languedoc, ſur la Riviére de Gardon, à une lieue d'Uſez & à deux de Niſmes au Nord de cette Ville. Ce Pont dont on eſtime fort l'Architecture eſt un Ouvrage des Romains.

PONT-SAINT-PIERRE, Bourg de France

# PON.

France dans la Normandie, Election de Rouen [a], à quatre lieues de cette Capitale, & à trois lieues d'Ecouis & d'Andely, au pied d'un Bois & de la Côte du Prieuré Clauftral des Chanoines Réguliers des deux Amans en Latin *Pons Sancti Petri*. C'eft le titre de la première Baronnie de Normandie, & il y a haute Juftice. Cette Baronnie comprend en Seigneurie & en Patronage les Paroiffes de PONT-SAINT-PIERRE, de SAINT-NICOLAS, de ROUMILLY, & de PITRE, toutes quatre fur la Riviére d'Andelle. On tient Marché tous les Samedis à Pont-Saint-Pierre, qui a deux Paroiffes, l'une appellée Saint-Nicolas & l'autre Saint-Pierre. Le Château eft dans un fond: il a plufieurs Tourelles.

[a] *Corn. Dict. fur des Mém. dreffez fur les Lieux en 1704.*

PONT-SAINT-VINCENT, Lieu de France, au Duché de Bar, dans le Comté de Chavigny & dans le Bailliage de Nancy. Son Eglife Paroiffiale eft dédiée à St. Julien, & il y a quatre Chapelles en titre. Catherine de Lorraine, Abbeffe de Remiremont, y a fondé une Maifon de Bénédictines, à laquelle on a uni l'Hôpital & la Chapelle des Seigneurs qui font les Ducs de Lorraine; mais il n'y a plus qu'un Religieux dans cette Maifon. L'Hermitage de Sainte Barbe dépend de cette Paroiffe.

PONT-DE-SE', petite Ville de France dans l'Anjou. La Riviére du Maine, qui paffe à Angers fe jette à deux petites lieues au deffous dans la Loire [b], vis-à-vis d'une Ifle fort longue dans laquelle eft bâtie une petite Ville avec un Château & qui prend le nom d'un Pont de pierre fur la Loire, nommé le PONT DE SE' OU LES PONTS DE SE', parce que la Loire qui a plufieurs Bras dans cet endroit a auffi plufieurs Ponts. On l'appelle en Latin *Pons Saii*; car l'ancien nom de ce Lieu eft *Saus*, ou *Saum* & quelquefois *Sæium*, ou *Seium* & en quelques titres *Saiacum*. Ce Lieu étoit connu fous ce nom là, il y a environ fept cens ans; de forte que c'eft mal-à-propos que plufieurs Modernes ont nommé le Pont de Sé *Pons*, ou *Pontes Cæfaris*, & quelquefois *Pons Caii* fur quelques conjectures mal tirées & fur un rapport de noms. On ne peut point abfolument écrire le PONT DE CE'; mais le PONT-DE-SE'. Ceux qui font venir [c] ce nom du mot Allemand *Cée* qui fignifie un Etang fe trompent également. Cette petite Ville eft un des plus importans paffages qui foient fur la Loire. Elle fut donnée à l'Abbaye de Fontevraud par Foulque Nerra, Comte d'Anjou & par Aremburge du Maine fa femme. Cette donation fut confirmé par Henri II. Roi d'Angleterre & Comte d'Anjou, qui y ajouta la Juftice & les Péages. Charles Comte de Valois & d'Anjou & Marguerite d'Anjou Sicile fa femme retirérent cette Ville de l'Abbaye de Fontevraud en 1293. moyennant trois cens Seftiers de froment & foixante & dix livres de rente qu'ils donnérent en échange, l'Abbaye fe réfervant le Péages. Philippe de Valois, fils du Comte Charles, étant parvenu à la Couronne de France en 1328. y réunit le Pont-de-Sé, comme faifant partie du Comté d'Anjou. Cette Ville qui renferme environ trois cens foixante-feize feux eft défendue par un Château. On dit que le Pont de pierre, ou plutôt moitié pierre & moitié bois, a mille pas de longueur. Ce Pont eft connu dans l'Hiftoire par la défaite de l'Armée de la Reine Marie de Médicis & de fes Confédérez, qui étant dans un Lieu prefque inacceffible en 1620. fut néanmoins mife en déroute par celle de Loüis XIII. que commandoit le Maréchal de Créquy. Mrs. Samfon dans leurs Remarques fur la Carte des Gaules, difent que le Pont qui eft appellé dans les Commentaires de Céfar [d] PONS LIGERIS, eft fans difficulté le PONT-DE-SE', par où Dumnacus, Chef des Angevins, faifoit fa retraite & où il fut battu par Fabius.

[b] *Longuerue, Defcr. de la France, Part. 2. p. 101.*

[c] *Piganiol, Defcr. de la France, t. 7. p. 119.*

[d] *Lib. 8. c. 27.*

PONT-SUR-SAMBRE ou PONT-QUARTES-SUR-SAMRRE, Seigneurie de France dans la Province de Haynaut. Les habitans de ce Lieu font exempts de Mortemain; il y a un revenu en Maffardarie de cinq cens livres de France, & autant de charges. Cette Seigneurie contient quinze cens quatre-vingt-fix mencaudées de terres labourables, cent foixante-fept mencaudées en Pâtures ou Vergers, & trois cens quatre-vingt-fept mencaudées en Prairies ou Marais ; la mencaudée eft de quatre-vingt-feize Verges, & la Verge de dix-fept pieds trois quarts. Les habitans font commerce de houblon, fromages, & fils de lin. La Sambre qui y paffe venant de Landrecy à Maubeuge, leur en facilite le tranfport. Cette Riviére y porte Batteau, & on pouroit y faire un gros Commerce de grains, de charbon & d'autres Marchandifes. Elle fait la féparation de la Terre de Maubeuge d'avec celle de Bavay. Il y a à Pont-fur-Sambre un Curé particulier fans Vicaire. Son revenu fixe eft une portion de dixme, & cent quatrevingt dix-fept livres dix fols en argent, ce qui monte en tout, année commune, à trois cens foixante & quinze livres de France.

PON-SUR-SEINE, en Latin *Pons ad Sequanam*: petite Ville de France dans la Champagne, à fept lieues au deffus de Troyes [e]. Loüis XIII. démembra à perpétuité cette Ville de fon domaine, & la donna à Louïfe Marguerite de Guife, Veuve de François de Bourbon, Prince de Conti, en échange de la Souveraineté de Château Renaud, que cette Princeffe lui céda. Avant fa mort elle traita de cette Ville & de fes autres domaines, qu'elle vendit au Sur-Intendant Bouthillier de Chavigny. Celui-ci y fit bâtir un Château, qui mérite l'attention des Curieux [f]. Il eft du deffein & de l'éxécution de Le Muet, un des plus habiles Architectes de fon tems. La première entrée de ce Château eft une grande Porte à boffages, terminée par un grand fronton, chargé des Armes de Bouthillier & accompagné de deux petits Pavillons bas & quarrez. On entre par là dans une vafte Cour en face de laquelle paroît toute la façade du Château. A droite & à gauche de cette Cour, font deux Bâtimens féparez, qui forment chacun un Edifice particulier & au milieu de l'un

[e] *Longuerue, Defcr. de la France, Part. 2. p.*

[f] *Piganiol, Defcr. de la France, t. 5. p. 448.*

& de l'autre est une grande Cour: celui qui est à droite n'est formé que de trois Corps de Bâtimens sur le devant des deux côtés; car en face l'on découvre le Jardin, & il n'y a point de Bâtiment de ce côté-là.

La Cour de l'autre Bâtiment qui est à gauche, est formée par quatre Corps de Logis, qui en occupent les quatre faces. Tous ces Bâtimens sont d'une égale symétrie, & d'une belle proportion. Les quatre Angles extérieurs de chacun, sont occupez par autant de Pavillons quarrez & avancez, dont les combles sont plus élevez que ceux du reste.

Le Château est entouré d'un large fossé, tout revêtu de pierres de taille. Il est fermé sur le devant par un beau Portail; & les deux autres faces, c'est-à-dire le fond & les deux côtéz de la Cour, sont occupez par quatre Corps de Bâtimens à deux étages, dans une parfaite symétrie & dont toutes les fenêtres sont ornées d'un bossage & d'un fronton. La facade est ornée à droite & à gauche d'un Pavillon de la même hauteur, & de la même symétrie que le reste du Bâtiment. Les angles de l'autre côté sont occupez par deux grands Pavillons qui ne sont pas plus larges que les autres, mais qui sont plus longs; & au milieu d'une fenêtre, les côtés en présentent trois. Enfin les Angles extérieurs de ces deux grands Pavillons sont encore occupez par deux autres Pavillons parfaitement quarrez, & qui s'avancent sur le fossé du Château plus que les autres parties de l'Edifice.

Les Parterres & les Jardins son parfaitement beaux: compartimens, balustrades, Statues rien n'y manque.

PONT-DE-TRAJAN, en Latin *Pons Trajani*, Procope dit [a]: L'Empereur Trajan étant d'un naturel ardent & ambitieux sembloit avoir de l'indignation de ce que son Empire n'étoit pas d'une étendue infinie, & de ce que le Danube y servoit de bornes. Il désira dont d'en joindre les deux bords avec un Pont, afin qu'il n'apportât plus d'obstacle à ses conquêtes. Je n'entreprendrai pas, continue Procope, d'en faire la description. Il faudroit pour cela avoir la suffisance de cet Apollodore de Damas qui en donna le dessein. Mais quelque grand que fût cet Ouvrage, il devint inutile aux Romains, parce que la suite du tems & le cours du Fleuve le ruinèrent. Dion-Cassius [b] moins modeste que Procope à ébauché la description de ce Pont. Trajan, dit-il, fit faire sur le Danube un Pont de pierre, entreprise qu'on ne sauroit assez admirer. Car quoique les autres Ouvrages de Trajan soient magnifiques, cependant celui-ci l'emporte sur tous les autres. Les Piles de ce Pont, ajoute-t-il, qui étoient de pierres de taille [*Lapide quadrato*] étoient au nombre de vingt, & chacune, sans y comprendre les fondemens, avoit cent cinquante pieds de hauteur, sur soixante de largeur: il y avoit entre chacune un espace de cent soixante & dix pieds, & elles étoient jointes par des Arches ou ceintres. La dépense d'un pareil Ouvrage devoit être excessive, mais ce qui est encore plus surprenant, c'est qu'on ait fait ce Pont sur un Fleuve rempli de gouffres, dont le lit n'est que vase, & dont le cours ne pouvoit être détourné ailleurs. Quoique la largeur du Danube ne soit pas immense en cet endroit, puis qu'il y en a quelques-uns, où il est du double & même du triple plus large, il est constant qu'il n'y avoit point d'endroit moins commode que celui-là, pour y construire un Pont. Comme le Fleuve se rétrecissoit aux dessus & s'élargissoit un peu au dessous, il en avoit plus de rapidité & plus de profondeur; ce qui augmentoit la difficulté de l'entreprise. Ce Pont, du tems de Dion Cassius, n'étoit plus d'aucun usage: on n'y passoit plus, & il n'en restoit que les Piles, qui prouvoient encore son ancienne magnificence. Enfin, dit-il, l'Empereur Adrien, craignant que si les Barbares venoient à se rendre maîtres du Fort qui étoit à la tête, ne se servissent de ce Pont, pour entrer dans la Mœsie, fit détruire toute la partie supérieure. Elle étoit de pierre, selon Dion Cassius; mais Mr. de Marsilly, après avoir examiné à Rome la Colonne de Trajan, sur laquelle est représenté ce fameux Pont, & où tout le haut paroît être en bois reprend Dion Cassius d'avoir dit qu'il étoit de pierre. Il relève pareillement cet Ancien de quelques autres erreurs dans lesquelles il est tombé dans sa discription. Voyez l'Ouvrage de Mr. de Marsilly sur le Danube [c].

Selon Procope [d] Trajan fit bâtir deux Forts aux deux bouts du Pont. L'un de ces Forts fut depuis nommé PONT & l'autre THEODORA. Les ruïnes du Pont remplirent de telle sorte le Canal du Danube qu'il changea son cours; il se coupa en deux, entoura une partie de son rivage, après quoi il se remit dans son Canal ordinaire. Les deux Forts ayant été ruïnez tant par la longueur du tems que par les irruptions des Barbares, Justinien fit réparer très-solidement le Fort du PONT, qui étoit au côté droit du Danube, & assura par ce moyen le repos de l'Illyrie. Quant au Fort de THEODORA, il le négligea, parce qu'il étoit trop exposé aux courses des Nations étrangéres.

PONT-SUR-YONNE, en Latin *Pons ad Icaunam*: [e] petite Ville de France dans la Champagne, à deux lieues de Sens, en allant vers Montereau, sur le bord de l'Yonne qui lui donne son nom. Cette petite Ville est moderne. Du reste elle est très-peu de chose.

PONT-DE-SORGUE, Place du Comtât d'Avignon [f], près de l'Embouchure de la Sorgue dans le Rhône, un peu au dessus d'Avignon. Quelques-uns croient que cette Ville est ancienne & que c'est celle dont Florus & d'autres Auteurs parlent sous le nom de *Vindelium*, ou *Undalus*. Voyez UNDALUS.

PONT-DE-VAUX, Ville de France, dans la Bresse [g], sur le bord de la Rivière de Reſſouze, à six lieues de Bourg, à trois de Mâcon, à deux de Tournus & de Beaugé &

[a] Ædif. lib. 4. c. 6. *Trajani*,
[b] Hist. Rom. lib. 68. Ex Xiphilino.
[c] Lib. 2. Part. 1. d Lib. 4. c. 6.
[e] Piganiol, Descr. de la France, t. 3. p. 382.
[f] De l'Isle Atlas.
[g] Piganiol, Descr. de la France, t. 2. p. 524.

à une

à une demi-lieue de la Riviére de Saone, dont les Batteaux remontent jufqu'aux Portes de cette Ville dans les grandes eaux. Pont-de-Vaux a cent toifes de long, quatre-vingt de large & cinq cens foixante de circuit. L'Eglife de Notre-Dame eft la feule Paroiffiale, & eft unie au Chapitre de cette Ville. L'Hotel-Dieu eft affez bien bâti: il a environ dix-huit cens livres de rente, qui fervent à l'entretien de douze lits. Le Couvent des Cordeliers, non plus que celui des Urfulines n'ont rien de remarquable. Les Seigneurs de Pont-de-Vaux ont haute, moyenne & baffe Juftice fur cette Ville, & fur cinq Paroiffes qui en dépendent. Pont-de-Vaux n'étoit d'abord qu'une petite Seigneurie, qui fut érigée en Comté & enfin en Duché en faveur de Philibert Emanuel de Gorrevod en 1623. Cette Maifon étant éteinte le Duché l'eft auffi. Il y a dans cette Ville un Grenier à Sel, dont celui de Pont-de-Vefle eft une dépendance.

PONT-DE-VESLE, petite Ville de France, dans la Breffe [a], à cinq lieues de Bourg, à dix de Lyon & à une de Mâcon. Elle a pris fon nom du Pont qu'elle a fur la Riviére de Vefle. Sa longueur depuis la Porte de Mâcon qui eft au Nord, jufqu'à celle de Lyon qui eft au Midi, eft de deux cens toifes de Paris; mais fa largeur d'Orient en Occident n'eft que de cinquante toifes. Cette Ville a le titre de Comté. Ce fut Emanuel Philibert Duc de Savoie qui le lui donna pour en faire échange avec le Comté de Bonne en Piémont. Il n'y a qu'une feule Paroiffe à Pont-de-Vefle. L'Hotel-Dieu fut fondé en 1300. & n'a que mille livres de revenu. Le Seigneur a toute Juftice. Il a payé au Roi la finance de la Charge de Maire & la fait exercer par Commiffion. Quoique cette Ville ne foit pas fortifiée, elle a un Gouverneur qui jouït de dix-huit cens livres d'appointement.

[a] Piganiol, Defcr. de la France, t. 3. p. 225.

PONTAC, Ville de France, dans le Bearn, Recette de Pau.

PONTACUM. Voyez PONTES.

PONTAILLIER, Bourg de France, dans la Bourgogne, au Confins des Diocèfes de Langres & de Befançon, avec titre de Châtellenie. Ce Bourg confifte en deux Paroiffes; favoir celle de Saint Maurice & celle de St. Jean-Baptifte. La Rue de Saint Jean dépend de l'Evêché de Langres, & le refte dépend de l'Archevêché de Befançon. La même Rue de Saint Jean eft de la Recette de Dijon, & le refte de celle d'Auffone. Il y a un Prieuré de Chanoines Réguliers de l'Ordre de Sainte Géneviéve fondé en 1246. avec un Collége. Pontaillier eft au bas d'une Colline entre deux Bras de la Saone, dans un Pays où l'on voit plus de Bois que de Plaines.

PONTAL, C'eft ainfi qu'on appelle le vafte Canal qui fert de Port à Cadix; car l'efpace qui eft devant la Ville [b] & qui s'étend jufqu'au Port de Sainte Marie, ne peut être regardé que comme la partie intérieure & la plus faine d'une Baye, dont l'entrée eft entre Rota & la pointe de St. Sébaftien, & qui eft partagée en deux parties par les Rochers appellez *los Puertos*, ou *les Pourceaux* & *le Diamant*. L'entrée du Port du PONTAL paroît large d'environ cinq cens toifes. Elle eft défendue par deux Forts bâtis fur deux pointes de terre & de Rochers, qui s'avancent à la Mer vis-à-vis l'un de l'autre. Le Fort du côté de Cadix s'appelle auffi le PONTAL, mais quand les Efpagnols parlent de tous les deux, ils les appellent los Pontalès. Ce Fort par dehors a la forme d'un quarré long. La Mer fert de foffez aux trois quarts de fon enceinte. La quatriéme partie eft couverte de deux Baftions, d'un foffé que la Mer remplit d'eau, d'une demi-Lune & d'un chemin couvert, paliffadé. Il y a quelques batteries au dehors de ce Fort, à droite & à gauche. Le Fort qui eft à l'oppofite s'appelle MATAGORDA.

[b] Labat, Voy. d'Efpagne, t. 1. p. 150.

PONTARCI, Bourg de France, dans la Picardie. Election de Soiffons.

PONTARESINA, Lieu du Pays des Grifons [c], dans la Ligue de la Maifon de Dieu, dans la Haute Engade, à la droite de l'In, du côté du Mont Bernina. C'eft là qu'on trouve le chemin qui conduit de l'Engadine à Pufchiavo.

[c] Etat & Défc. de la Suiffe, t. 4. p. 62.

PONTARLIER, autrefois PONT-ELIE, Ville de France, dans la Franche-Comté fur le Doux, près du Mont Jura ou Mont-Joux [d], au paffage le plus commode, pour paffer de France en Suiffe. Il étoit déja très-important du tems de Céfar qui le décrit au premier Livre de fes Commentaires de la guerre des Gaules [e]. Ce Paffage eft aujourd'hui défendu par un Château fitué fur un Rocher prefque inacceffible, à demi-lieue de Pontarlier & qu'on nomme le CHATEAU DE JOUX du Mont Jura ou Joux. La Ville de Pontarlier eft le Siége d'un Bailliage & d'une Recette [f]. Il y a une Paroiffe, une Familarité, trois Couvens de Religieufes, une Maifon où il y a quatre ou cinq Jéfuites, & en tout environ deux mille fix cens foixante-quatre habitans.

[d] Longuerue, Defcr. de la France, Part. 2. p. 313.
[e] Cap. 6.
[f] Piganiol, Defcr. de la France, t. 7. p. 570.

PONTAUBAULT, en Latin *Pons Albatus*, ou *Albado*, Lieu de France, dans la Normandie Diocèfe & Election d'Avranches. Il y a dans ce Lieu un beau Pont fur la Seine & c'eft un grand Paffage.

PONTAVEDRA. Voyez PONTEVEDRA.

PONTAULT, Lieu de France, dans la Gafcogne, Election & Riviére de Verdun. Il y a dans ce Lieu une Abbaye de l'Ordre de St. Benoît. Elle fut fondée en 1115. fa fituation eft très-agréable. Elle eft dans une Vallée fertile, à quatre lieues au Midi de la Ville d'Aire, au bord de la Riviére de Luy, qui fépare le Diocèfe d'Aire de celui de Lefcar.

PONTCHARRA. Voyez l'Article PONT-CHARRA.

1. PONTCHARTRAIN, Terre de l'Ifle de France, aux environs de Paris, à une lieue de Montfort. Il y a une belle Maifon de même nom. La Terre & la Mai-

Maison appartenoient à Mr. de Pontchartrain ci-devant Chancelier de France.

2. PONTCHARTRAIN [Le Fort] petit Fort de l'Amérique Septentrionale. Il a été conſtruit par les François, à la Côte des Eskimaux, & à l'Embouchure de la Riviére qui porte le nom de ce Peuple ſauvage.

3. PONTCHARTRAIN [Le Lac de] Lac de l'Amérique Septentrionale dans la Louïſiane. C'eſt par ce Lac que l'on communique le plus aiſément de la Mer au Fleuve Miſſiſſipi. Pour éviter les grandes difficultez qu'on trouve à remonter ce Fleuve par ſa principale embouchure: de ce Lac on entre dans celui de Maurepas d'où par le Canal ou la Riviére d'Ibervile, l'on paſſe aiſément dans le Fleuve de Miſſiſſipi; ou bien on fait un portage depuis le Bayę dans laquelle ſe décharge le Lac de Pontchartrain, juſqu'à l'endroit où ſont établis les Oumas ſur le bord du Fleuve.

PONTDALAMIA, C'étoit le Village le plus conſidérable des Ilinois, lors que les Sieurs de la Salle & Tonty allérent reconnoître ce Peuple. Il étoit au deſſus du Lac PIMITOUÏ le long de la Riviére des Ilinois.

PONTE. Voyez PONT No. 1. & PUENTE.

PONTE-DI-CALLIGOLA, ou le PONT DE CALIGULA, Pont d'Italie, au Royaume de Naples, tout joignant la Ville de Pouzol. C'étoit un Pont extravagant que les uns attribuent à Caligula & d'autres à Néron. Je crois, dit le Pere Labat [a] qui a vu les reſtes de ce Pont, que ces deux Empereurs, auſſi fols l'un que l'autre, y avoient eu part tous les deux. Il y a encore treize ou quatorze Piles debout: elles tiennent à la Ville, & quelques-unes ont encore leurs arches ou ceintres. On convient que ce Pont n'a jamais été pouſſé juſqu'à Baya, comme il devoit l'être, & qu'au bout de ce qu'on a pu faire d'Arches de maçonneries, le reſte ne fut compoſé que de Bâtimens accolez & bien affermis par des ancres. Ces Bâtimens étoient couverts de Planches & de terre; & ce fut là le Pont ſur lequel Caligula paſſa. Les Piles qui ſubſiſtent ſont de briques plus longues, plus larges & plus épaiſſes, qu'on ne les fait actuellement & liées par un mortier de pouſſolane. Les joints ont un bon pouce de hauteur. Je ne ſai, continue le Pere Labat, ſi c'étoit pour épargner la brique qu'on fit les joints ſi larges, ou ſi c'eſt que le mortier qu'on a employé pour les joindre, étoit eſtimé auſſi fort pour le moins que la brique. Il l'eſt en effet: il fait corps dans l'eau ſalée, & comme il y a abondance de ſable rouge aux environs de Pouzol, on peut attribuer le deſſein extravagant de cet ouvrage à la facilité de trouver ſans peine & ſans beaucoup de dépenſe les matériaux dont il eſt compoſé. Voyez POUZOL.

[a] Voy. d'Italie, t. 5. p. 60.

PONTE-CENTESIMO, Bourg d'Italie [b], avec Château dans le Duché de Spoléte, ſur une petite Riviére qui ſe jette dans le Topino. Ce Bourg eſt environ à trois milles de Paſano, du côté du Midi; à ſept milles de Nocera vers le Midi Occidental & à égale diſtance de Fuligno, vers le Nord Oriental. Le Pere Labat dans ſon Voyage d'Italie [c], donne ſeulement le nom d'Hôtellerie à *Ponte-Centeſimo*. Il ajoute qu'il y a auprès un Poteau avec les Armes de l'Egliſe; & que c'eſt en effet le premier Lieu du Domaine du Pape, que l'on appelle le Patrimoine de St. Pierre, ſi l'on vient du côté de Radicofani qui eſt à ſept milles de Ponte Centeſimo.

[b] Magin, Carte du Duché de Spoléte.
[c] Tom. 3. p. 34.

PONTE-CENTINO, Bourg d'Italie, dans l'Etat de l'Egliſe [d], au Territoire d'Orviéte, ſur un Torrent nommé Centino, qui ſe jette dans la Paglia. Ponte Centino eſt environ à cinq milles d'Acquapendente, en tirant vers le Nord.

[d] Magin, Carte du Territ. d'Orviète.

PONTE-CHIARO, petite Ville d'Italie, dans l'Etat de Veniſe, au Breſſan, dans la Campagne de Monte-Chiaro, ſur Chieſa, ſelon Mr. Corneille [e] qui ne cite aucun garant. Magin [f] appelle cette Ville MONTE-CHIARO, & non *Ponte Chiaro*. Il marque pourtant un Pont ſur le Fleuve Chieſe.

[e] Dict.
[f] Carte du Breſſan.

PONTE-CORVO, Bourg d'Italie, au Royaume de Naples [g], dans la Terre de Labour, vers les Frontiéres de la Campagne de Rome, ſur le Garigliano, environ à quatre milles d'Aquino, vers le Midi Occidental.

[g] Magin, Carte de la Campagne de Rome.

PONTE-A-ERA, Bourg d'Italie dans la Toſcane [h], au Territoire de Piſe. Il eſt ſitué ſur la Riviére d'Era, près de ſon Embouchure dans l'Arno.

[h] Magin, Carte du Florentin.

PONTE A FELLA, ou PONTE FELLA. Voyez PONTEBA.

PONTE GALLE. Voyez GALLE.

PONTE-GREGORIANO, Pont d'Italie, dans la Province du Patrimoine, ſur la Riviére de la Paglia, à trois milles d'Acquapendente [i] qui eſt à l'Eſt de ce Pont. Ponte-Gegoriano tire ſon nom du Pape Grégoire XIII. qui le fit bâtir, comme on le voit par ſes Armes & par l'Inſcription qui les accompagne. Ce Pont eſt de pierre.

[i] Labat, Voy. d'Italie, t. 3 p. 34.

PONTE-DE-LIMA, Ville de Portugal, dans la Province d'entre-Douro & Minho [k], au bord de la Riviére de Lima, au deſſous de Viana, environ à trois lieues. Cette Ville qui peut paſſer pour belle, tire ſon nom d'un magnifique Pont conſtruit ſur la Riviére de Lima. Elle eſt outre cela embellie d'un ſuperbe Palais, & environnée d'une Campagne très-fertile. On ne donne guére que cinq cens habitans à Ponte-de-Lima [l]. Il y a un Tribunal de Juſtice dont la Juriſdiction s'étend ſur trois autres Lieux.

[k] Délices de Portugal, p. 703.
[l] Deſcr. ſumar. del Regno del Portugal.

PONTE-MAMOLO, Pont d'Italie, dans l'Etat de l'Egliſe, ſur le Teverone, à ſix milles de Rome, ſur le chemin de Tivoli, en allant dans la Sabine, ſelon Mr. Corneille [m] qui ne cite aucun garant.

[m] Dict.

PONTE-MOLLE, ou PONTE-MOLE. Voyez au mot Pons l'Article PONS MILVIUS.

PONTE-NURA, Bourgade d'Italie [n], dans le Duché de Plaiſance, près de la Riviére Nura, à deux lieues de Plaiſance du

[n] Magin, Carte du Plaiſantin.

du côté de l'Orient Méridional. La Voie Emilienne paſſoit par ce Lieu qu'on croit être l'*Emporium* des Anciens & elle paſſoit auſſi par le Pont, qui eſt ſur la Riviére Nura, d'où le Bourg tire ſon nom.

PONTE-OGLIO, Bourgade d'Italie [a], dans le Breſſan, aux confins de Bergamaſque, ſur la Rive Méridionale de l'Oglio. Il y a un Pont qui traverſe cette Riviére.

[a] *Magin*, Carte du Breſſan.

PONTE-RICCIOLI, ſelon Mr. Corneille [b] & PONTE RICEVOLE, ſelon Magin [c], Village d'Italie, au Duché d'Urbin, ſur le bord du Cantiano, entre la Ville de Cagli au Nord, & celle de Cantiano, au Midi Oriental, environ à quatre milles de chacune. On croit que ce Village eſt l'ancien *Luceolum Caſtrum*.

[b] Dict.
[c] Carte du Duché d'Urbin.

PONTE-SAN-AMBROGIO, Lieu d'Italie [d], dans le Duché, de Modène, ſur la route qui conduit de Modène à Boulogne, ſur la Rive Occidentale du Panaro. Ce Lieu où il y avoit autrefois un Pont eſt renommé par la victoire, que les Bolonois y remportérent en 1249. ſur les Modénois & ſur Entio, Roi de Sardaigne, qu'ils y firent priſonnier.

[d] *Magin*, Carte du Modénois.

PONTE-STURA, Bourgade d'Italie [e], dans la Montferrat, à l'Embouchure de la Stura dans le Pô, environ à cinq milles de Caſal. Ce Bourg a été autrefois fortifié.

[e] Ibid. Carte du Montferrat.

PONTE-VEDRA, Ville d'Eſpagne, dans la Gallice [f], à huit lieues plus bas que le Cap de Finiſterre, à la tête d'un Golphe que l'Océan forme à l'Embouchure de la petite Riviére de Leriz. C'eſt une grande Ville ſans défenſe & même qui n'eſt pas peuplée à proportion de ſa grandeur. Elle peut contenir environ quinze cens feux. On y voit une grande Place publique, avec une belle Fontaine au milieu. La principale richeſſe de cette Ville conſiſte dans le debit des Sardines, dont la pêche y eſt fort abondante. On en charge des Bâtimens pour les tranſporter en divers Pays.

[f] Délices d'Eſpagne, pag. 128.

PONTE-VICO, petite Ville d'Italie [g], dans l'Etat de Veniſe, au Breſſan ſur l'Oglio. Cette Ville eſt aſſez bien fortifiée par ſa ſituation. Elle a un Port ſur l'Oglio.

[g] La Forêt de Bourgon, Géogr. anc. & mod. t. 2. p. 456.

PONTACUM. Voyez PONTES.

PONTEBA ou PONTE-FELLA, Ville aux Frontiéres de l'Italie & de la Carinthie, ſur les bords de la Riviére FELLA, qui ſépare les Terres de l'Empereur de celles des Vénitiens [h]. La Ville de Ponteba fait auſſi cette ſéparation; & l'on ne peut paſſer plus vîte d'un Pays à un autre qu'on y paſſe dans cette Ville. D'un côté du Pont ce ſont des Italiens Sujets de la République de Véniſe qui y demeurent, & de l'autre ce ſont des Allemans qui obéïſſent à l'Empereur. D'un côté les Bâtimens, les façons de vivre, les Maiſons où l'on ne voit perſonne, les grandes fenêtres, & enfin les dos de lit de fer: tout cela fait voir que ce ſont des Italiens; & de l'autre côté les Etuves, les lits de plume, les uns ſur les autres, les Tables quarrées & les baſſins font juger

[h] Ed. Brown, Voy. de Vienne, p. 199.

qu'ils ſont Allemans. Il n'y a pas même juſqu'au Pont qui eſt moitié Italien & moitié Allemand; car il y en a une partie qui eſt bâtie de pierre; & l'autre eſt conſtruite de grands Arbres, comme ſont ordinairement les Allemans lorſqu'ils bâtiſſent des Ponts. Il y a entre Ponteba & Venſone pluſieurs chûtes d'eau; mais de tous les divers paſſages des Alpes, il n'y en a point de meilleur ni de plus aiſé que celui-là.

PONTERIS, Village de l'Ethiopie ſous l'Egypte: Ptolomée [i] dit qu'il étoit ſur la Rive Orientale du Nil, entre *Patæta* & *Premnis Parva*.

[i] Lib. 4. c. 7.

1. PONTES ou PONS. Voyez au mot PONT l'Article PONT N°. 2. & PONT DE TRAJAN.

2. PONTES, Ville d'Angleterre. L'Itinéraire d'Antonin la met ſur la Route de *Regnum* à Londres, entre *Calleva Attrebatum* [Henley] & Londres, à dix-huit milles du premier de ces Lieux & à vingt-deux milles du ſecond. C'eſt aujourd'hui COLEBROOK qui tire ſon nom de la Riviére COLE, qui ſe partage en quatre Bras ſur chacun deſquels il y avoit un Pont, & ces quatre Ponts font l'origine de l'ancien nom PONTES. Mr. Thomas Gale [k], de qui eſt cette remarque, avertit que l'Itinéraire d'Antonin eſt fautif dans les milles, pour la poſition de PONTES. L'erreur vient de ce qu'il ne marque que dix-huit milles entre *Calleva Attrebatum* & *Pontes*, au lieu qu'il devoit en mettre vingt-deux.

[k] Antonin. Iter. Brit. p. 107.

3. PONTES, Ville de la Gaule Belgique. L'Itinéraire d'Antonin la place ſur la Route de Lyon, entre *Ambiani* & *Geſſoriacum*, à trente-ſix milles du premier de ces Lieux & à trente-neuf milles du ſecond.

PONTES-FERREI, en Grec σιδηρᾶς γεφυρας, nom d'un Lieu de la Perſe-Arménie, ſelon Ortelius [l] qui cite Cédrène & Curopalate.

[l] Theſaur.

PONTES-TESFENII ou AD-PONTES-TERSENINOS, Ville de la Germanie dans la Vindelicie, ſelon l'Itinéraire d'Antonin qui la met ſur la Route de *Lauriacum* à *Veldidena*, entre *Ambre* & *Parthanum*, à quarante milles du premier de ces Lieux & à vingt milles du ſecond.

PONTESIUM, nom Latin de la Ville de Pontoyſe ſelon Yves de Chartres [m].

[m] Epiſt. 105.

PONTHIEU, Contrée de France, dans la Picardie, avec titre de Comté, en Latin *Pagus-Pontivus*. Le Ponthieu s'étend depuis la Riviére de Somme juſqu'à celle de Canche & la partie qui s'étend depuis la Somme juſqu'à la Riviére de Breſle, s'appelle le VIMEUX, en Latin *Pagus-Vimacenſis*, ou *Vinemacus*. Ce Pays a pris ſon nom de la quantité des Ponts qu'on y trouve. Il appartenoit autrefois, de même que le Vimeux aux Egliſes, & ſur-tout à l'Abbaye de Centule [n], nommée depuis Saint Riquier, du nom de ſon ancien Fondateur; à laquelle appartenoit non ſeulement toute la Seigneurie du Lieu de Centule, où eſt ſitué le Monaſtère, mais celle d'Abbeville, en Latin *Abbatisvilla*; DOMMAR (*Domni Medardi Caſtrum*) & MONTREUIL, ou *Monaſ-*

[n] Longuerue, Deſcr. de la France, Part. 1. p. 55.

*Monasteriolum*, qui a pris son nom d'un Monastère qui y étoit situé. Hugues Capet voyant que les Dannois, ou les Normands faisoient ordinairement leur descente à l'Embouchure de la Rivière de Somme & à celle de la Rivière de Canche, fit bâtir des Forteresses à Abbeville, à Dommar, & ailleurs: tous ces faits sont déduits fort au long dans l'ancienne Chronique de Saint Riquier dont l'Auteur nommé Hariulphe vivoit il y a plus de six cens ans. Il nous apprend que les premiers qui commanderent en Ponthieu, n'étoient pas vrais Seigneurs propriétaires; mais que peu après ils prirent le nom de Comtes, & se rendirent indépendans. Ce Comté étant tombé en quenouille l'an 1085. Agnès, à qui il appartenoit, épousa Robert, Comte de Perche & d'Alençon. Le dernier descendant mâle de ce Comté, fut Jean, qui étant mort sans enfans, eut pour héritière sa Sœur marie femme de Simon de Dammartin. De ce mariage vint Anne de Dammartin, Comtesse de Ponthieu, qui épousa Ferdinand III. Roi de Castille: il n'y eut qu'une fille de ce mariage nommée Léonor, qui épousa Edouard I. Roi d'Angleterre, qui par elle fut Comte de Ponthieu & de Montreuil; & leur fils Edouard II. Roi d'Angleterre, hérita de ce Comté, qu'il laissa à son fils Edouard III. Ce Prince ayant vaincu & pris prisonnier le Roi Jean à la bataille de Poitiers, on fut forcé de céder aux Anglois non seulement la propriété, mais la Souveraineté des Comtez de Ponthieu & de Montreuil. Neuf ans après Charles V. ayant conquis ce Pays le réunit à sa Couronne, où il est demeuré attaché jusqu'au Traité d'Arras. Les Bourguignons ont joui depuis ce tems-là du Ponthieu jusqu'après la mort de Charles Duc de Bourgogne, tué devant Nancy, après laquelle Louïs XI. réunit pour la seconde fois ce Comté de Ponthieu à la Couronne.

Il y avoit autrefois dans le Ponthieu, une Ville & un Port fort connus, appellez QUENTOUVICUS, QUENTAVICUS, ou WICUS, c'est-à-dire *Quantiæ Vicus*, parce que cette Ville étoit située à l'Embouchure de la Canche; voyez QUENTOVIC. Ce Pays est abondant en grains, en fruits, en pâturages & il a l'avantage du Commerce de la Mer. Ses principaux Lieux sont.

Abbeville,         Rue,
Montreuil,         Saint Valery,
l'Abbaye de Saint Riquier.

Le Ponthieu a sa Coûtume particuliére.

*a* De Verbor. signif.
*b* Lib. 9. c. 28.
*c* Lib. 3. c. 6.
*d* Lib. 2. c. 7.
*e* Lib. 9. c. 28.
*f* Lib. 3. c. 1.
*g* Lib. 19. c. 111.
*h* In Caligula.

1. PONTIA, Ville d'Italie, chez les Volsques, proche de Terracine. Festus[a] en fait mention, & Tite-Live[b] lui donne titre de Colonie Romaine. Dans un autre endroit il appelle les Habitans PONTIANI.

2. PONTIA, ou PONTIÆ, Isle de la Côte d'Italie, dans la Mer de Toscane vis-à-vis de la Ville de Formies. Pline[c], Pomponius Mela[d], & Tite-Live[e] écrivent PONTIÆ; mais Ptolomée[f], Diodore de Sicile,[g] Suétone[h] & quelques autres disent

*i* In Tiberio, c. 54.
*k* Lib. 59. pag. 657.

PONTIA. Cette Isle étoit fameuse du tems des Romains par le malheur de plusieurs illustres personnes qu'on y avoit envoyées en éxil. L'Empereur Tibère y rélégua Néron, selon Suétone[i], & selon Dion-Cassius[k], Caligula y rélégua ses sœurs. Cette Isle fut aussi choisie pour être le Lieu de l'éxil de divers Martyrs & Confesseurs réléguez principalement de la Ville de Rome. L'Empereur Domitien y rélégua Ste Flavie Domitille, niéce du Consul St. Clément, & selon St. Jérôme cette Isle devint célébre par les souffrances de cette Sainte. Sainte Paule Dame Romaine, allant de Rome en Palestine, visita l'Isle de Ponce par dévotion. Le Pape Saint Silvére, qui avoit d'abord été rélégué à Patare en Lycie par le Général Belissaire, du tems de l'Empereur Justinien, fut après son retour rélégué dans l'Isle de Ponce en 538. où il mourut de misére & de faim. On alloit par dévotion à son Tombeau dans le IX. Siècle, selon Athanase le Bibliothéquaire. Cependant Liberat Auteur de créance, & presque contemporain, nous apprend que le Lieu de son éxil & de sa mort, étoit l'Isle de Palmaria. Cette Remarque est de Mr. Baillet dans sa Topographie des Saints. Il eût levé la difficulté, s'il eût dit que le nom de PONTIA étoit commun aux trois Isles *Pontia*, *Palmaria* & *Pandaria*; mais que la premiére, comme la plus considérable, étoit appellée *Pontia*; ce qui a fait aussi qu'elle seule a retenu ce nom.

En 1583. on bâtit quelques Maisons en cette Isle, qui étoit demeurée deserte depuis fort long-tems; car anciennement elle avoit été peuplée par les Volsques, & elle avoit même eu le titre de Colonie Romaine. Jérôme Zurita[l] remarque que les Génois remporterent près de cette Isle une grande Victoire le 5. Aout 1435. sur l'Armée d'Alphonse V. Roi d'Aragon, qu'ils firent prisonnier, aussi-bien que Jean Roi de Navarre son frere. Cette Isle se nomme aujourd'hui PONZA & les François l'appellent PONCE. Voyez ce mot. Elle appartient à l'Etat Ecclésiastique, & elle a appartenu autrefois aux Ducs de Parme. Cette Isle est petite, mais comme le terrein est bon & l'air assez sain, on ne laisse pas de la cultiver. Il y a une grosse Tour où les habitans se retirent, quand il y a quelque chose à craindre de la part des Corsaires de Barbarie, qui rodent souvent sur ces Côtes.

*l* Annal. Aragon.

3. PONTIA, Isle sur la Côte d'Italie, dans la Mer de Toscane, vis-à-vis de Velia & dans le voisinage de l'Isle Iscia. C'étoit, à ce que nous apprennent Strabon[m] & Pline[n], l'une des Isles *Oenotrides*, sans doute parce qu'elles avoient été peuplées par les *Oenotri*.

*m* Lib. 6.
*n* Lib. 3. c. 8.

4. PONTIA, Isle que Ptolomée[o] place sur la Côte d'Afrique près de celle de *Mysinus*.

*o* Lib. 4. c. 3.

PONTICI. Pomponius Mela[p] donne ce nom à divers Peuples qui habitoient aux environs du Pont-Euxin, les uns à un bout les autres à l'autre, & que l'on comprenoit tous sous le nom général de PONTICI.

*p* Lib. 1. c. 2.

PON-

PONTICO-VILLA, Lieu de la France, selon Ortelius [a], qui cite Grégoire [b] de Tours. Il ajoute que dans un autre endroit il trouve le nom de ce Lieu écrit simplement Pontico. Il y a apparence que c'eſt le même Lieu que Pontico. Voyez Pontyon.

[a] Theſaur.
[b] Hiſt. Lib. 4.

PONTICUM-MARE. Voyez Pontus-Euxinus.

PONTIFICENSE. Voyez Obulco.

PONTIFFROY, en Latin *Pons Theofredi*; Abbaye de France au Pays Meſſin. C'eſt une Abbaye de l'Ordre de Cîteaux, Fille de Villers-Bethnach. Elle fut d'abord fondée en 1232. ſelon d'autres en 1230. à la Porte de la Ville de Metz. Depuis en 1532. elle fut transférée dans l'Egliſe Paroiſſiale de St. Georges de la même Ville. Elle eſt en Règle & vaut par an trois mille livres de revenu.

1. PONTIGNY, Bourgade de France, dans la Champagne, aux Confins de la Bourgogne, à quatre lieues d'Auxerre, ſur la Rivière de Serain. Ce Lieu eſt remarquable par une Abbaye célèbre de l'Ordre de Cîteaux. Voyez l'Article ſuivant.

2. PONTIGNY, Abbaye de France, dans la Champagne au Confins de la Bourgogne. C'eſt une Abbaye de l'Ordre de Cîteaux, dont elle eſt la ſeconde Fille. Elle fut fondée en 1114. par Thibaud le Grand, ſecond du nom, Comte de Champagne [c]. L'Egliſe de cette Abbaye eſt belle & à un air de grandeur. On y conſerve le Corps de St. Edmond ou Edme, Archevêque de Cantorbery, qui eſt en chair & en os dans une grande Châſſe de bois doré. On voit par un Criſtal la tête de ce Saint qui eſt toute nue, le reſte du corps eſt revêtu des habits Pontificaux. Un de ſes bras en fut ſéparé à la prière de St. Louïs, qui le fit mettre dans un Reliquaire d'or, où on le voit à nud; mais la chair en eſt toute noire, au lieu que celle de ſon corps eſt toute blanche; parce que les Religieux craignant que ce bras détaché ne ſe corrompît l'embaumerent. On voit, dans le Treſor, l'Anneau paſtoral de ce Saint, le Calice & la Patène avec leſquels il fut enterré, ſa Coupe & le bras de St. Irénée Martyr. On voit derrière cette Egliſe les Maſures de la première qui étoit petite. Le logis de l'Abbé étoit tout proche Il conſiſtoit en quatre petites chambres, dans leſquelles il y avoit une cheminée. On voit à l'entrée du Monaſtère un ancien Palais des Comtes de Champagne. Il ſert aujourd'hui d'Ecurie & de Cuiſine à l'Abbé, qui a tout auprès un Palais magnifique. Cette Abbaye [d] a ſervi de retraite à trois Saints Archevêques de Cantorbery en Angleterre, perſécutez par leurs Rois & par les Grands du Pays, ſavoir à St. Thomas, dit *Becket*, à Eſtienne Langton, mort en 1228. dont la Canoniſation n'a point été terminée, & à St. Edme, qui mourut l'an 1241. près de Provins en Brie, & dont le Corps fut rapporté à Pontigny. On l'y a choiſi pour Patron du Lieu, & l'Abbaye s'appelle de ſon nom Saint Edme de Pontigny.

[c] *Baugier*, Mém. Hiſt. de Champagne, t. 2. p. 248.

[d] *Baillet*, Topogr. des Saints, p. 387.

PONTINES, ou Palus ou Marais Pontines, en Latin *Palus Pontina*, grand Marais d'Italie dans la Campagne de Rome, environ à quarante milles de l'Orient Méridional de cette Capitale. Tite-Live [e] nous apprend que le Conſul Cornelius Cethegus fit deſſecher la meilleure partie de ce Marais, & le mit en état de pouvoir être cultivé; mais comme on le négligea dans la ſuite, les eaux gagnèrent, & le Marais retourna dans ſon premier état. Theodoric Roi des Goths le fit deſſecher pour la ſeconde fois, comme le porte une Inſcription qui s'eſt conſervée; mais par le peu de ſoin que l'on a eu d'entretenir l'ouvrage, preſque tous les Champs ſe trouvent maintenant inondez, tant par l'eau des Rivières qui ont leur cours dans ce quartier, que par les ſources abondantes qui ſortent du pied des Montagnes voiſines.

[e] Lib. 46.
[f] *Leander* Latium torale, p. 135.

PONTINUS AMNIS. Voyez Pontinus-Mons.

PONTINUS-MONS, Montagne du Péloponéſe dans l'Argie, ſelon Pauſanias [g], qui dit qu'il en ſortoit une Rivière que portoit le même nom.

[g] Lib. 2. c. 36.

PONTIVIACUM, ou Pontiniacum. Voyez Onia.

PONTIUM. Voyez Potium & Trapontium.

PONTIVY [h], petite Ville de France, dans la Bretagne, Dioceſe de Vannes & dans les terres ſur la Rivière de Blavet, entre Guemené à l'Occident & Rohan à l'Orient. Il y a dans cette petite Ville une Manufacture de toiles.

[h] *Jaillot*, Atlas.

PONTO, [i] C'eſt le nom de la ſeconde Communauté du troiſième Gouvernement de la Valteline. Le Bourg qui en eſt Chef-Lieu s'appelle auſſi Ponto. Il eſt beau & grand & il ne le cède à aucun autre de la Vallée. Il eſt ſituée ſur la Rive droite de l'Adda.

[i] Etat & Délic. de la Suiſſe, t. a. p. 144.

PONTOISE ou Pont-Oyse; Ville de France, dans le Vexin-François, dont elle eſt la Capitale. Cette Ville a pris ſon nom d'un Pont ſur la Rivière d'Oiſe, & au bout duquel elle eſt ſituée ſur une hauteur & ſur le penchant d'une Colline. L'ancien nom de Pontoiſe eſt *Briviſara*, ou *Brivaiſura*, ſelon l'Itinéraire d'Antonin & *Brivaiſara* ſelon la Table de Puttinger; ce qui ſignifie la même choſe, que Pont-Oiſe; car *Brive* en ancien Gaulois veut dire un Pont & *Iſara* eſt l'Oiſe [k]. Le nom d'*Iſara* a été changé en *Æſia* ou *Eſia*, ſelon le témoignage de Vibius Sequeſter dans ſon Traité des Fleuves. Cette Rivière fut auſſi appellée *Iniſa*, comme nous l'apprenons de l'Auteur de la Vie de Saint Ouen. Cet Anonyme vivoit au commencement du huitième Siècle, & il aſſure que Thierry Roi de France avec la Reine, & tous les Grands allèrent conduire le Corps de Saint Ouen mort à Clichy près de Paris, juſqu'au Pont de l'Oiſe: *usque ad Pontem Iniſæ*. Il ajoute que les Prélats & le Clergé ayant pris le Corps du Saint, le portèrent à la Ville du Vexin: *ad Oppidum Vulgaſſinum*, qui eſt Pontoyſe: & delà le Convoi alla à Rouen où le Saint fut enterré.

[k] *Longuerue*, Deſcr. de la France, Part. I. p. 23.

La séparation du Vexin en Normand & en François n'apporta aucun changement à la Jurisdiction des Archevêques de Rouen, qui furent reconnus également pour Prélats Diocésains par les Habitans de Pontoise & du Vexin. Les Abbez du Monastère de Saint Martin ont toujours reconnu la Jurisdiction de ces Archevêques & de leur Chapitre, s'étant fait confirmer à Rouen en prêtant le serment de fidélité & d'obéïssance à cette Eglise Métropolitaine, jusqu'au Concordat de Léon X. avec François I. C'est donc une pure imagination que le Dépôt d'un prétendu Diocése de Pontoise fait à l'Archevêque de Rouen, qui est aussi-bien Pasteur du Vexin François que du Normand. On appelloit ce Vexin, sur la fin du douzième Siècle, *la partie de l'Archevêché de Rouen qui est située dans le Royaume de France.*

Roger de Hoveden dans la Vie de Richard I. qui régnoit en Angleterre sur la fin du douzième Siècle, rapporte que Philippe-Auguste Roi de France, voulut obliger Gautier, Archevêque de Rouen, à lui faire serment de fidélité pour cette partie de son Archevêché, *de parte Archiepiscopatus Rothomagensis quæ est in Regno Franciæ, diciturque, Vougesin le François.*

L'an 1255. Saint Louïs, donna & unit à l'Archevêché de Rouen l'Archidiaconé de Pontoise, qui étoit de Collation Royale, à la charge que l'Archevêque Odo & ses Successeurs auroient un Vicaire à Pontoise, pour juger les Causes des Bourgeois, & des Habitans des Village voisins, qui en dépendent & qui sont en petit nombre. On réservoit à l'Archevêque & à son Official de Rouen, la connoissance du Crime d'Hérésie & de Faux, avec l'appel au Tribunal Ecclésiastique de Rouen, du jugement du Vicaire de Pontoise, ce qui confirme invinciblement le droit des Archevêques. Il n'est point fait mention dans les Actes avant Saint Louïs, du Vexin François, & ce n'est qu'en exécution des Ordonnances des Rois, que le Grand Vicaire de Pontoise, connoît des causes de la partie de l'Archevêché de Rouen, qui est du Ressort de Paris.

Après que Pontoise avec Chaumont, & Meulan eurent été séparez du Vexin, appellé Normand depuis Charles le Simple, ces Villes furent possédées avec le titre de Comtes par un Seigneur nommé Galéran, qui véquit jusqu'au Regne de Lothaire. Il eut pour Héritier son fils Gautier, qui fut aussi Comte d'Amiens. Son arriére petit-fils Gautier III. fut Comte du Maine. Après lui, vers l'an 1100. le haut Domaine, & la principale Seigneurie furent réunis à la Couronne, & Raoul neveu de Gautier, n'avoit qu'une portion de la Seigneurie de Pontoise; car le Roi Louïs le Gros, & son pere possédoient ce Pays, comme le rapporte Orderic Vital, pag. 700. 784. & 813. qui dit que le Roi Philippe donna Pontoise, & tout le Comté de Vexin, à son fils Louïs. Ce Comté relevoit de l'Eglise de Saint Denis, dont les Comtes du Vexin, étoient Advouez; & le Roi Louïs le Gros dans une Patente de l'an 1124. nous apprend que ces Comtes portoient la Banniére de Saint Denis, pour la défense du Temporel de cette Eglise. C'est cette Banniére, qui a été appellée *l'Oriflamme.* Le Roi Louïs le Gros dans cette Patente de l'an 1124. témoigne que le droit de l'Eglise de Saint Denis étoit bien établi sur les Comtes du Vexin; & comme il leur avoit succédé, il ne dédaigna pas d'être Vassal des Martirs & de prendre leur Banniére; ce que ces mots prouvent: *Vexillum ab Altario Beatorum Martirum, ad quos Comitatus Vilcassini, quem nos ab ipsis in feodum habemus, spectare dinoscitur, morem antiquum Antecessorum nostrorum* [les Comtes du Vexin] *servantes & imitantes significari jure, sicut Comites Vilcassini soliti erant, suscepimus.* Cela démontre l'absurdité de la fable qui rapporte l'origine de l'Oriflamme à Dagobert I. ou à Charlemagne. Sur quoi on peut voir du Cange dans sa dix-huitième Dissertation sur Joinville & dans son Glossaire.

Outre la Rivière d'Oise, il y en a encore une autre moins considérable [a] qui passe à Pont-Oise. Elle se nomme la VIONE & traverse la Ville avant que de se jetter dans l'Oise. Le Château commande la Ville. On voit dans son avant-cour l'Eglise Collégiale de Saint Mellon premier Évêque de Rouen, dont le Corps fut porté à Pontoise en 880. Il y est toujours demeuré depuis. En 1296. on en fit une translation pour le mettre dans une Eglise Collégiale, que l'on bâtit en son honneur, & qui porte encore aujourd'hui son nom. C'est Mr. Baillet qui marque dans sa Topographie, des Saints cette fondation en 1296. Mr. Piganiol l'avance de dix ans. Il dit que cette Collégiale fut fondée par le Roi Philippe le Bel en 1286. pour dix Chanoines, dix Chapelains & autres Officiers, auxquels il donna une partie du Domaine de Pontoise & de la Ville-Neuve-le-Roi, qui est un Village situé entre Beauvais & Pontoise, & plusieurs autres rentes & censives. Dans la Ville sont les deux Paroisses de Saint Maclou & de Saint André. Le Convent des Cordeliers est aussi dans la Ville : il étoit auparavant hors les murs; mais il fut rasé dans le tems des guerres des Anglois. Ces Religieux s'établirent alors dans l'endroit de la Ville où il y avoit une petite Chapelle, qui portoit le nom de St. Jacques, & qui dépendoit des Religieux de Saint Martin des Champs de Paris. C'est dans leur Eglise que fut inhumé le Chœur de George d'Amboise, Cardinal & Archevêque de Rouen. L'Abbaye de Saint Martin de Pontoise fut fondée en 1050. par Amaury le premier Abbé; & le Roi Philippe I. âgé de 8. à 9. ans s'en fit l'Avoué. Gautier y mit la Régle de St. Benoît, & en fit dédier l'Eglise sous le nom de St. Germain, qu'elle a quitté depuis, pour prendre celui de St. Martin.

La Ville de Pontoise fut prise d'assaut par l'Armée de Charles VII. sur les Anglois le 16. de Septembre 1442. Les Etats-Généraux du Royaume y furent assemblez en 1561. & le Roi Louïs XV. par sa Dé-

[a] *Piganiol, Descr. de la France,* t. 3. p. 87.

# PON. PON. 413

Déclaration du 21. Juillet 1720. y transféra le Parlement de Paris, qu'il rappella enfuite & rétablit dans la Capitale du Royaume, par une Déclaration du 16. Décembre de la même année. Le Pont de Pontoife eft de pierre & eft compofé de douze Arches, en y comprenant le premier Pont-Levis, en entrant dans la Ville. La Paroiffe de Saint Ouen de l'Aumône n'eft féparée de la Ville que par ce Pont.

*a* Ibid. pag. 31. Il y a dans la Ville de Pontoife *a* un Lieutenant Particulier du Bailli de Senlis, & deux Prevôtez Royales, dont les appellations reffortiffent par devant ce Lieutenant-Particulier. L'un des Prevôts eft appellé le *Prevôt Maire* & juge les procès entre les habitans: l'autre eft nommé le *Prevôt en Garde* & connoît des caufes de tous les Forains de la Châtellenie. Du refte cette Ville eft régie en partie par la Coûtume de Senlis & en partie par celle du Vexin François.

PONTONATES. Il femble, dit Ortelius *b*, que Caffiodore *c* ait ainfi nommé un Peuple d'Italie.

*b* Thefaur.
*c* Lib. N°. 38.

PONTONS, Bourg de France, dans la Gafcogne, Election des Lannes.

1. PONTREMOLI, Ville d'Italie, dans la Tofcane *d*, fur la Rivière de Magra aux confins du Parmefan, du Plaifantin, & des Terres de la République de Gènes. C'eft une Ville bien fortifiée & défendue d'un bon Château. Elle appartenoit autrefois à la Maifon de Fiefque fur laquelle les Efpagnols la faifirent dans le feizième Siècle. Ils la vendirent près de cent ans après à Ferdinand II. Grand-Duc de Tofcane, dont la Pofterité la poffède encore aujourd'hui. On croit que c'eft l'ancienne APUA. Voyez ce mot.

*d* La Forêt de Bourgon, Géogr. Hift. t. 2. p. 531.

2. PONTREMOLI, Bois d'Italie, dans la Tofcane, au Val de Magra, près de la Ville de Pontremoli, felon Mr. Corneille, qui ne cite aucun garant. Il ajoute qu'on dit que c'eft le *Marci-Saltus*, ou *Quintus-Marcius*, Conful Romain fut défait par les Liguriens: il devoit dire le *Marcius-Saltus*, & non pas le *Marci-Saltus*. Voyez MARCIUS-SALTUS. Ces Liguriens étoient les APUANI Peuples de Ligurie; c'eft-à-dire des habitans de la Ville APUA. Voyez APUA.

PONTRON, *Pons-Oftranus*, ou *Beata Maria de Ponte Altronii* *e*: Abbaye de France dans l'Anjou, à fix lieues d'Angers. Cette Abbaye eft de l'Ordre de Cîteaux, de la Filiation de Loroux. Elle fut fondée le vingt-quatre de Mai 1134. Le revenu de l'Abbé eft de quatre mille livres.

*e* Piguiol, Defcr. de la France, t. 7. p. 89.

1. PONTUS, Mot Grec, qui dans fa fignification générale fe prend pour toutes fortes de Mers, & qui en particulier a été appliqué à quelques Mers & à certains Fleuves. Voyez l'Article MER.

2. PONTUS, ou REGIO-PONTICA, en François le PONT: grande Contrée d'Afie. Elle s'étendoit depuis le Fleuve Halys *f* jufqu'à la Colchide, & elle prenoit fon nom du Pont-Euxin le long duquel elle s'étendoit. Pline & Ptolomée la joignent avec la Cappadoce; mais Strabon a eu raifon de l'en féparer. En effet le Royaume du Pont, & celui de Cappadoce furent bien différens; Mithridate poffeda le premier, & Ariarathes le fecond. On peut dire même que la Nature les avoit divifez par les longues Montagnes qui fe trouvoient entre deux; ce qui a fait dire à Strabon *g* que des chaînes de Montagnes parallèles au Mont Taurus féparoient la Cappadoce du Pont. Ce font ces mêmes Montagnes que Cicéron *h* appelle les remparts du Pont. On a auffi donné au Pont le nom de ROYAUME DE MITRIDATE. Cependant le Royaume de Mitridate étoit d'abord d'une bien moindre étendue que le Pont: il s'accrut peu à peu & à la fin il s'étendit même au delà des bornes du Pont. Ptolomée n'a décrit le Pont que de la manière qu'il étoit fous les Empereurs: il le diftingue en trois parties, & donne à chacune le nom de PONT, & point celui de CAPPADOCE. Il appelle la partie Occidentale du Pont, le Pont-Galatique; la partie Orientale, le Pont de Cappadoce; & celle du milieu, le Pont Polémoniaque.

*f* Cellar, Geog. ant. lib. 3. c. 8.
*g* Lib. 12.
*h* Pro. Ar- chia, c. 9.

L'origine de la première divifion du Pont vint de Marc-Antoine, qui dans le partage qui fut fait des Terres de la République entre les Triumvirs, ayant eu l'Orient, fit divers changemens dans les Royaumes & dans les Provinces. Il donna premiérement le Pont à Darius fils de Pharnace, comme nous l'apprend Appien *i*: enfuite il le donna à Polémon, qui dans le tems qu'Antoine marcha contre les Médes régnoit dans le Pont, felon le témoignage de Dion-Caffius *k*. La Veuve de Polémon nommée Pythodoris régnoit dans ce Pays du tems de Strabon, qui fait *l* l'éloge de cette Reine. Caligula rendit à Polémon fils de cette Princeffe le Royaume qu'avoit poffedé fon pére *m*; & de fon confentement l'Empereur Néron en fit une Province Romaine, comme le difent Suétone *n* & Eutrope *o*. Les bornes de ce Royaume que poffédérent les deux Polémons & Pythodoris, n'avoient pas la même étendue que le Pont Polémoniaque que décrit Ptolomée; ce dernier eft beaucoup plus refferré. En effet Strabon *p* dit que Pythodoris poffédoit le Pays des Tibarènes & celui des Chaldéens jufqu'à la Colchide, avec les Villes de Pharnacia & de Trapezunte, que Ptolomée place dans le Pont Cappadocien. Il faut ainfi que du tems de Ptolomée la divifion de Provinces Romaines fût différente; car il divife tellement le Pont, que le PONT GALATIQUE comprenoit fur la Côte du Pont-Euxin la Ville de Themifcyre, & dans les Terres *Sebaftopolis*, *Amafia*, & *Comana-Pontica*. Le Pont Polémoniaque renfermoit fur la Côte l'Embouchure du *Thermodonte*, *Polemonium* & *Cotyorum* & dans les terres Néocéfarée, Zela, Sébafte, & Megalaffus: enfin le Pont-Cappadocien, comprenoit fur la Côte *Pharnacie*, *Cerafus*, & *Trapezus*; & dans les terres *Cocalia*, *Cordyle*, *Trapezufæ*, *Afiba* & quelques autres Lieux peu connus. Cette divifion ne fut même pas conftante depuis Ptolomée. A la vérité le nom de Pont Polémoniaque fe conferva,

*i* Civil. lib. 5. p. 1135.
*k* Lib. 49. p. 407.
*l* Lib. 12.
*m* Dio-Caffius, lib. 59. p. 649.
*n* Cap. 18.
*o* Lib. 7. c. 9.
*p* Lib. 12.

Fff 3

serva, mais on y comprit d'autres Villes comme *Neocésarée, Comana, Polemonium, Cerasus, Trapezus,* qui sont les cinq seules Villes que les Notices Episcopales mettent dans cette Province.

Nicoméde Roi de Bithynie en mourant [a], ayant fait don de ses Etats au Peuple Romain, son Royaume fut réduit en Province Romaine, que l'on appella la PROVINCE DU PONT *Provincia Ponti* ou *Pontica Provincia.* Les Romains n'en tirérent pourtant grand fruit, que lorsque Mitridate qui avoit fait alliance avec Sertorius, pour s'emparer de la Bithynie, eut été défait par Lucullus. Mais après que la guerre de Mitridate fut finie; Pompée augmenta la Province du Pont d'une partie du Royaume de ce Prince & des Terres dont il s'étoit emparé. Enfin Auguste ajouta à cette Province la Paphlagonie, lorsque la race de ses Rois fut éteinte dans Déjotarus Philadelphe. Mais quoique cette Province fût ainsi accrue, elle ne laissa pas de conserver encore son ancien nom, en même tems qu'on l'appelloit Province du Pont ou Province Pontique. Le premier nom lui est donné par Pline le Jeune [b]; & le second dans une Inscription conservée à Milan. C'est cette même Bithynie avec ses accroissemens, que gouverna Pline le Jeune; & par ses Lettres à Trajan on peut juger qu'elles étoient les bornes de cette Province; car il les étend depuis la Ville de Chalcédoine jusqu'à celle d'Amisus.

[a] Livius Epitom. 93.

[b] Lib. 4. Epist. 9.

Voici la Description que Ptolomée donne du Pont.

Sur la Côte du Pont-Euxin.
- Dans le Pont Galatique.
  - *Themiscyra,*
  - *Herculis Promontorium,*
  - *Thermodontis Fluvii Ostia,*
- Dans le Pont Polémoniaque.
  - *Fontes Fluvii,*
  - *Polemonium,*
  - *Jasonium Promontorium,*
  - *Cyteorum,*
  - *Hermonassa.*
- Dans le Pont Cappadocien.
  - *Ischopolis,*
  - *Cerasus,*
  - *Pharnacia,*
  - *Hyssi Portus,*
  - *Trapezus.*
- Dans le Pont Galatique.
  - *Boenassa,*
  - *Sebastopolis,*
  - *Tebenda,*
  - *Amasia,*
  - *Chologi,*
  - *Etonia,*
  - *Piala,*
  - *Pleuramis,*
  - *Pida,*
  - *Sermusa,*
  - *Comana Pontica,*
  - *Eudoxiana.*
  - *Gozalina,*
  - *Eudiphus,*
  - *Caruanis,*
  - *Barbanissa,*
  - *Ablata,*
  - *Neocæsarea,*

- Dans les Terres.
  - Dans le Pont Polémoniaque.
    - *Saurania,*
    - *Megaluda,*
    - *Zela,*
    - *Danati,*
    - *Sebastia,*
    - *Mesorome,*
    - *Tabalia,*
    - *Megalossus.*
  - Dans le Pont Cappadocien.
    - *Zephyrium,*
    - *Aza,*
    - *Cocalia,*
    - *Cordyle,*
    - *Trapezusæ,*
    - *Asiba,*
    - *Mardara,*
    - *Camure Sarbum.*

Les Notices Ecclésiastiques ne connoissent que deux Provinces du Pont; savoir la Province du Pont ou de Bithynie & la Province du Pont Polémoniaque. La Notice d'Hiéroclès met dans ces deux Provinces les Evêchez suivans:

- Dans la Province du Pont, ou de Bithynie.
  - *Chalcédon,*
  - *Nicomedia,*
  - *Prinetus,*
  - *Elenopolis,*
  - *Nicæa,*
  - *Basilinopolis,*
  - *Cius,*
  - *Apamea,*
  - *Prusa,*
  - *Cæsarea,*
  - *Apolionias,*
  - *Dascilium,*
  - *Neocæsarea,*
  - *Adriani,*
  - *Regetataios,*
  - *Regodorie.*
- Dans la Province du Pont Polémoniaque.
  - *Neocæsarea,*
  - *Comana,*
  - *Tolemonium,*
  - *Serasus,*
  - *Trapezus.*

3. PONTUS, Fleuve de la Macédoine, prés de la Ville de Sintia, selon Etienne le Géographe. Ortelius [c] dit que Nicander [d] le met dans la Thrace, aux confins de laquelle il couloit. Il avoit sa source dans les Montagnes de l'Illyrie [e]; il couroit du Nord au Sud en serpentant, & se jettoit dans le Strymon un peu au dessous de la Ville de Scotusa. C'est ce même Fleuve qu'Elien [f] dit être dans la Médie & dans la Péonie, *in Medica & Pæonica regione.*

[c] Thesaur.
[d] In Theriacis.
[e] De l'Isle, Atlas.
[f] Hist. Anim. lib. 9. c. 20.

4. PONTUS, Fleuve que Galien [g] place dans la Scythie. Aristote & Antigonus font aussi mention de ce Fleuve, qui doit être le même que le précédent [h].

[g] De Simplic. Medicament.
[h] Ortelii Thesaur.

5. PONTUS, L'Auteur de la Vie de St. Anselme, donne ce nom à une Contrée voisine de la Flandre, & il est aussi parlé de cette Contrée dans la Vie de Saint Riquier, où elle est nommée PONTINA REGIO. C'est présentement le PONTHIEU. Voyez ce mot. Cette même Contrée est appellée PONTINORUM SOLUM dans la Vie de Saint Geofroi d'Amiens.

6. PONTUS, Les Annales de Gueldres,

dres, dit Ortelius [a], donnent ce nom à un Canton de la Gueldres, au voisinage de la Ville de ce nom, & il ajoute qu'il y a encore aujourd'hui un Village qu'on nomme PONT.

PONTUS-CAPPADOCICUS, ou CAPPADOCIUS. Voyez PONTUS, N°. 2.

PONTUS-EUXINUS, en François le PONT-EUXIN, & plus communément la MER-NOIRE. Mer d'Asie & qu'on nommeroit plus proprement un Lac qu'une Mer, parce qu'elle est enfoncée dans les terres, comme dans un cul de sac. Pline [b] dit que cette Mer s'appelloit autrefois AXENUS, qui veut dire inhospitalier, selon Pomponius Mela [c], qui ajoute que ce nom lui avoit été donné à cause de la barbarie des Peuples qui habitoient sur ses bords; mais que ce nom fut changé en celui d'EUXINUS, lorsque ces mêmes Peuples furent devenus plus humains par le commerce qu'ils eurent avec les autres Nations. Cette Mer est entre la Petite Tartarie & la Circassie au Nord, la Georgie à l'Orient, la Natolie au Midi, & la Turquie d'Europe à l'Occident. Elle s'étend en longueur depuis les 45. d. 12'. de Longitude jusqu'au 60. d. 10'. en largeur, environ depuis les 40. d. 12'. de Latitude Septentrionale, jusqu'au 45. d. quoiqu'en certains endroits elle avance bien au-delà. Pline [d] lui donne la figure d'un Arc Scythique, & Strabon [e] aussi-bien qu'Agathémère [f] disent la même chose : Surquoi le Pere Hardouin remarque, que la partie Méridionale, en la prenant depuis Chalcédoine jusqu'au Phase, représentoit la corde de cet Arc, & la Côte Méridionale formoit comme les deux branches, dont les deux courbures étoient représentées par les deux Golphes qui sont sur cette Côte; parce que l'Arc Scythique avoit la figure du Σιγμα des Grecs; car ajoute-t-il, quoiqu'il soit constant que cette ancienne Lettre des Grecs étoit formée comme le C des Latins, il n'est pas moins vrai, qu'ils en eurent une autre qui comme le dit Agathemère, avoit la figure d'un Arc Scythique. Cette Mer a encore eu divers autres noms. Elle est nommée : PONTUS-AMAZONIUS par Claudien : PONTUS-SCYTHICUS par Valerius Flaccus: SCYTHICUS-SINUS par Martianus Capella : PONTUS-TAURICUS par *Festus-Avienus* : MARE-CIMMERIUM par Hérodote & par Orose : MARE-COLCHICUM par Strabon : MARE-CAUCASEUM par Apollonius : MARE-PONTICUM par Strabon, par Tacite & par Plutarque : PHASIANUM-MARE par Aristide : SARMATICUM-MARE par Ovide; MARE BOREALE par Hérodote. Procope dit : que les Goths l'appelloient TANAÏS. Aujourd'hui les Italiens la nomment *Mar-Majore* ; les Turcs lui donnent le nom de KARA-DIGNISI & les François celui de MER-NOIRE. A cette occasion, Mr. Tournefort [g] remarque que quoiqu'en ayent dit les Anciens, la Mer-Noire n'a rien de Noir, pour ainsi dire, que le nom. Les Vents n'y soufflent pas avec plus de furie & les orages n'y sont guère plus fréquens que sur les autres Mers. Il faut pardonner ces exagérations aux Poëtes anciens & sur-tout au chagrin d'Ovide. En effet le sable de la Mer Noire est de même couleur que celui de la Mer Blanche, & ses eaux en sont aussi claires. En un mot si les Côtes de cette Mer, qui passe pour si dangereuse, paroissent sombres de loin, ce sont les Bois qui les couvrent, ou le grand éloignement qui les font paroître comme noirâtres. Mr. de Tournefort ajoute qu'il a éprouvé pendant un voyage sur cette Mer, un Ciel beau & serain; ce qui l'obligea de donner une espèce de démenti à Valerius, Flaccus, qui en décrivant la Route des Argonautes, assure que le Ciel de la Mer Noire est toujours embrouillé, & qu'on n'y voit jamais de tems bien formé. Il y a apparence que dans l'état de perfection où l'on a porté la Navigation, on y voyageroit aujourd'hui aussi sûrement que dans les autres Mers, si les Vaisseaux étoient conduits par de bons Pilotes. Mais les Grecs & les Turcs ne sont guère plus habiles que Tiphys & Nauplius, qui conduisirent Jason, Thésée & les autres Héros de Gréce jusque sur les Côtes de la Colchide, ou de la Mengrelie. On voit par la Route qu'Apollonius de Rhodes leur fait tenir, que toute leur science aboutissoit, suivant le conseil de Phinée, cet aveugle Roi de Thrace, à éviter les Ecueils qui se trouvent sur la Côte Méridionale de la Mer-Noire, sans oser pourtant se mettre au large; c'est-à-dire qu'il faloit n'y passer que dans le calme. Les Grecs & les Turcs ont presque les mêmes maximes : ils n'ont pas l'usage des Cartes marines; & sachant à peine qu'une des pointes de la Boussole se tourne vers le Nord, ils perdent, comme l'on dit, la tramontane, dèsqu'ils perdent les Terres de vue. Ceux qui ont le plus d'expérience parmi eux, se croient fort habiles, quand ils savent, en fortant du Canal de la Mer-Noire; & que pour aller à Trebizonde, il faut détourner à droite. On a beau dire que les vagues de la Mer-Noire font courtes, & par conséquent violentes; il est certain qu'elles sont plus étendues & moins coupées que celles de la Mer-Blanche, laquelle est partagée par une infinité de Canaux qui sont entre les Isles. Ce qu'il y a de plus fâcheux pour ceux qui navigent sur la Mer-Noire, c'est qu'elle a peu de bons Ports & que la plûpart de ses Rades sont découvertes; mais ces Ports seroient inutiles à des Pilotes qui dans une tempête n'auroient pas l'adresse de s'y retirer. Pour assurer la Navigation de cette Mer, toute autre Nation que les Turcs, formeroit de bons Pilotes, répareroit les Ports, bâtiroit des Moles, établiroit des Magasins; mais leur génie n'est pas tourné de ce côté-là. Les Génois n'avoient pas manqué de prendre toutes ces précautions, lors de la décadence de l'Empire des Grecs, & sur-tout dans le commerce de la Mer-Noire, après en avoir occupé les meilleures Places. On y reconnoît encore les débris de leurs Ouvrages, & sur-tout de ceux qui regardent la Marine. Mahomet II. les en chassa entiérement, & depuis ce tems-là les Turcs, qui ont tout laissé ruïner

---

[a] Thesaur.

[b] Lib. 4. c. 12.

[c] Lib. 1. c. 19.

[d] Lib. 4. c. 12.

[e] Lib. 2. p. 125.

[f] Geogr. Lib. 2. c. 14.

[g] Voy. du Levant, Lettre 16.

416 PON. PON.

ruïner par leur négligence n'ont jamais voulu permettre aux Francs d'y naviger, quelques avantages qu'on leur ait proposés pour en avoir la permission.

Arrien nous a laissé un excellent Périple du Pont-Euxin: il place sur les Côtes de cette Mer les Lieux, les Peuples & les Fleuves qui suivent: savoir,

Depuis le Bosphore de Thrace jusqu'à Trébizonde:

Le Temple de Jupiter Urien,
Le Fleuve *Rhebas*,
*Acra*,
*Melæna*,
Le Fleuve *Artanes*,
Le Temple de *Vénus*,
Le Fleuve *Psilis*,
Le Port *Calpes*,
*Rhoë*,
L'Isle *Apollonia*,
*Chelæ*,
Le Fleuve *Sangarius*,
Le Fleuve *Hyppius*,
*Lillium*
*Elæum*,
*Cales*,
Le Fleuve *Lycus*,
*Heraclea*,
*Metroum*,
*Posideum*,
*Tyndaridæ*,
*Nymphæum*,
Le Fleuve *Oxinas*,
*Sandaraca*,
*Crenidæ*,
*Psylla*,
*Tios*,
Le Fleuve *Billæus*,
Le Fleuve *Parthenius*,
*Amastris*,
*Erythini*,
*Cromna*,
*Cytorus*,
*Aegiali*,
*Thymena*,
*Carambis*,
*Zephyrium*,
*Aboni Mænia*,
*Aeginetis*,
*Cinolis*,
*Stephane*,
*Potami*,
*Lepte acra*,
*Harmene*,
*Sinope*,
*Carusa*,
*Zagora*,
Le Fleuve *Halys*,
*Naustathmus*,
*Conopeium*,
*Eusene*,
*Amisus*
Le Port *Ancon*,
Le Fleuve *Iris*,
Le Port *Heracleum*,
Le Fleuve *Thermodon*,
Le Fleuve *Beris*,
Le Fleuve *Thoaris*,
*Oenœ*,
Le Fleuve *Phigamus*,
*Phadisana*,
*Polemonium*,
Le Promontoire de *Jason*,
L'Isle des *Ciliciens*,
*Boon*,
*Cotyora*,
Le Fleuve *Melanthius*,
Le Fleuve *Pharmatenus*,
*Pharnacea*, ou *Cerasus*,
L'Isle *Arrhentias*,
*Zephyrium*,
*Tripolis*,
*Argyria*,
*Philocalea*,
*Caralla*,
*Hermonassa*,
*Trapesus*.

Les Fleuves depuis Trébizonde jusqu'à Dioscurias ou Sebastopolis sont:

L'*Hyssus*,
L'*Ophis*,
Le *Psychrus*,
Le *Calus*,
Le *Rhisius*,
L'*Ascurus*,
L'*Adienus*,
Le *Zagatis*
Le *Prytanis*,
Le *Pyxites*,
L'*Archabis*,
L'*Apsarus*,
L'*Acampsis*,
Le *Bathys*,
L'*Acinasis*,
L'*Isis*,
Le *Mogrus*,
Le *Phasis*,
Le *Chariens*,
Le *Chobus*,
Le *Singames*,
Le *Tarsuras*,
L'*Hippus*.

Dans ce même espace étoient les Peuples suivans:

*Trapesuntii*,
*Colchi*,
*Drillæ* ou *Sanni*,
*Machelones*,
*Heniochi*,
*Zydretæ*,
*Lazi*,
*Apsilæ*,
*Abasci*,
*Sanigæ*.

Depuis Dioscurias, jusqu'au Bosphore Cimmérien:

*Pityus*,
*Nitica*,
*Scythæ Phthirophagi*,
Le Fleuve *Abascus*,
*Borgys*,
*Nesis*,
Le Promontoire d'*Hercule*,
*Musætica*,
Le Fleuve *Achæus*,
Le Promontoire d'*Hercule*,
La Vieille *Lazica*,
L'Ancienne *Achaia*,
Le Port de *Pagra*,
Le Port *Hieros*,
*Sindica*
Le Bosphore *Cimmérien*,
*Panticapæum*,
Le Fleuve *Tanaïs*,
Les Palus *Méotides*.

Depuis le Bosphore Cimmérien jusqu'au Bosphore de Thrace.

*Kazeca*,
*Theodosia*,
Le Port de *Tauro-Scythes*,
*Halmitis*,
*Lampas*,
*Symboli Portus*,
La Cherronèse *Taurique*,
*Cercinetis*,
Le Port de *Calus*,
*Eonæ*,
Le Fleuve *Borysthène*,
*Oblia*,
Une Isle sans nom,
Le Port des *Istriani*,
Le Port des *Isiaci*,
*Psilum* ou l'Embouchure du *Danube*,
L'Isle d'*Achille*, ou la Course d'*Achille*,
L'Embouchure du *Danube*,
*Istria*,
*Tomea*,
*Callantra*,
Le Port des *Cariens*,
*Caria*,
*Tetrisias*,
*Bisus*,
*Dionysiopolis*,
*Odessus*,
Le Mont *Hæmus*,
*Mesembria*,
*Anchialus*,
*Apollonia*,
*Cherronèse*,
*Aulei mænia*,
*Thynias*,
*Salmydessus*,
*Sutha Thrax*,
*Thraces*,
*Phrygia*,
*Cyaneæ*,
Le Temple de *Jupiter Urien*,
L'Embouchure du *Pont*,
Le Port de *Daphné*,
*Byzance*.

PONTUS-GALATICUS. Voyez Pontus.

PONTUS-POLEMONIACUS. Voyez Pontus.

PONTYON, Village de France [a], dans la Champagne, près de Vitry-le-Brûlé sur la Rivière de Sault en Latin *Pontigo*. Les Rois de France Carlovingiens avoient là autrefois un Palais célèbre par les Assemblées Ecclésiastiques qui s'y sont tenues. Flodoart dit dans sa Chronique à l'an 952. que Pontyon étoit situé près du Château de Vitry.

[a] *Longuerue, Descr. de la France, Part. 1. p. 41.*

PONZONÉ, Bourgade d'Italie, dans le Montferrat: Mr. de l'Isle [b] qui la nomme Pozan la place au Nord Oriental de Ponte & à l'Occident de Castelazzo.

[b] *De l'Isle Atlas.*

POOL, ou POULE, petite Ville d'Angleterre

gleterre [a], dans le Dorsetshire. C'est un Port riche & fort bien bâti. Il est presque tout environné d'un Bras de Mer qu'on appelle Luxford-Luke, & l'on n'y peut entrer par terre que d'un côté. La Marée monte & descend ici quatre fois dans 24. heures.

1. POPAYAN, Province de l'Amérique Méridionale [b], au Nouveau Royaume de Grenade, dont elle forme la partie Méridionale. Elle confine en partie à l'Audience de Panamada du côté du Nord, & elle s'étend assez avant dans les terres du côté de l'Orient. L'Audience de Quito la borne au Midi & la Mer du Sud la baigne du côté du Couchant. Sebastien Balalcaçar, Gouverneur de la Province de Quito [c], après avoir découvert plusieurs Régions qui la bornoient vers l'Ouest du côté de la Mer du Sud, résolut de découvrir aussi celles qui étoient au Nord de son Gouvernement, afin d'avoir un chemin vers la Mer du Nord. Il apprit qu'il y avoit dans ce Quartier-là deux Freres nommez *Calatubaz* & *Popayan* qui possédoient une grande Province riche en or. Sur cela il partit de Quito en 1536. & malgré les hautes Montagnes & les Vallons raboteux qu'il eut à passer, il arriva dans le Pays du Cassique *Popayan*, où il rafraîchit ses gens, & plaça une garnison; à quoi il fut invité par les belles Plaines qu'il trouva & par le nombre des Villages que les Sauvages avoient bâtis dans la Campagne, & qui occupoient un espace de quatorze lieues, jusqu'aux bords d'une Rivière bordée de divers Arbres fruitiers que le Pays produisoit. Quoique les Sauvages voisins, qui étoient presque tous Antropophages apportassent de grands obstacles aux projets des Espagnols, ceux-ci n'acquirent pas seulement cette Province; mais encore les Contrées voisines. Il y bâtirent plusieurs Villes, entre lesquelles furent:

Popayan,
Santa Fé de Antiochia,
San Jago de Cali,
Caramanta,
San Jago de Arma,
Santauna de Anzerma,
Agreda,
San Sebastia de la Plata,
San Juan de Trunillo,
Pasto,
Almaguer,

Quelques-unes de ces Places ont été abandonnées, parce que les Espagnols n'étoient pas assez forts pour se rendre maîtres de la multitude des Sauvages qui les incommodoient par leurs courses. La Route de Quito à Popayan est assez agréable jusqu'à Pasto [d], pourvû qu'on ait passé les Montagnes de Quito. On suit toujours le chemin Royal qui finit à Pasto. Cette Ville est à cinquante-cinq lieues de Quito & à cinquante de Popayan. Tout le Plat-Pays jusqu'à la Mer est habité par des Nations Indiennes que les Espagnols confondent sous le nom d'*Indios Bravos*, ou *Indios de guerra*, parce que ces Peuples leur font bonne guerre. Ceux que l'on peut attraper, sont envoyez aux Mines du Pérou & du Popayan. Quant à eux, ils massacrent les Espagnols. Ces Peuples occupent des Montagnes pleines de Mines fort riches, & l'on en tirera de grands avantages si on vient à civiliser ces Sauvages. De Pasto la Route est difficile & dangereuse jusqu'à Popayan, tant à cause des Indiens Sauvages qui ne font aucun quartier à ceux qu'ils attrapent, que pour les Montagnes qu'il faut passer & qui sont pleines de précipices dangereux; aussi ceux qui voyagent dans ces Quartiers-là se munissent de bons fusils pour éloigner de tems en tems les Indiens & les Bêtes sauvages. On prend garde encore de ne pas s'écarter des Convois & de se tenir toujours dans le grand chemin, parce qu'il y a ordinairement des Indiens en embuscade dans les défilez & dans les bois. Ces Indiens sont fins & subtils & dissimulent fort bien leur haine quand ils ne se sentent pas les plus forts. Ils ont pour demeures les creux des Rochers, où tout au plus de petites huttes ou cabanes faites de Palmite. Ils parlent si fort du gosier qu'on a peine à distinguer leurs paroles, à moins qu'on y être accoutumé. Les femmes ont pour habillement une jupe de toile, ou un tablier de coton qui leur ceint le corps. Les hommes portent une espèce de chemise qui passe à peine la moitié de la cuisse. Ils ont au nez & aux oreilles des anneaux d'or & des pierres qui ressemblent aux émeraudes: aux bras & aux jambes il portent des bracelets de verre & de corail qu'ils préferent à tout l'or du monde; & ils ont sur la tête des plumes de diverses couleurs. On leur voit pour le moins autant d'attachement pour les petites bagatelles qu'on leur troque, que nous en avons pour l'or & pour l'argent. À l'égard du courage ils en ont jusqu'à la fureur, & traitent impitoyablement les Espagnols, comme je l'ai déja dit ci-dessus. Ils ont soin d'entretenir cette haine dans l'esprit de leurs enfans, & ils leur apprennent avec soin la date & l'époque de la conquête de leurs terres. Ils ont certains cordons de coton auxquels ils font des nœuds d'espace en espace; & ces nœuds par leur grosseur ou par leur couleur signifient les choses qu'ils veulent se représenter. Ils appellent ces cordons *Guappas*. Les Peuples de l'Amérique n'avoient pas l'usage de l'Ecriture avant l'arrivée des Européens, & la plus grande partie d'entre eux ne conservoit la mémoire des choses que par le moyen de ces cordons.

Les Créoles de cette Province sont fort adroits aux armes & très-propres à la fatigue. Ils ont beaucoup de courage & ne songent pas tant à leurs plaisirs que ceux du Méxique & du Pérou. On peut attribuer ce caractère aux guerres continuelles qu'ils ont avec les Indiens. On a remarqué qu'aussi-tôt que ces Indiens sont convertis par les Missionnaires, on les mélange avec les Créoles & que les Espagnols s'allient même avec eux, afin de leur

[a] Etat présent de la Grande-Bretagne, t. 1. p. 57.
[b] De l'Isle Atlas.
[c] De Laet, Descr. des Indes Occ. liv. 9. c. 7. & 8.
[d] Coréal, Voy. aux Indes Occ. t. 2. p. 113.

Ggg

leur faire oublier leurs parens & leurs amis. Cette politique qui est très-bonne se pratique dans le Popayan & dans le Paraguay bien plus que dans les autres Pays des Indes Occidentales.

La Province de Popayan a beaucoup d'or & diverses sortes de pierres précieuses. On en tire aussi du Baume, du Sang-Dragon, du Jaspe & une espèce d'Agate. Sa situation est très-forte, à cause qu'elle a d'un côté la Mer & de l'autre les Montagnes, où se tiennent ordinairement les Naturels du Pays que l'on n'a pas encore pu soumettre. Les Espagnols trafiquent avec eux par le moyen des Indiens convertis; mais les trocs ne se font jamais selon la valeur réelle des choses, parce que ces Peuples estiment ce qu'on leur offre à proportion du besoin qu'ils en ont, & du plaisir qu'ils trouvent à le posséder. Les Marchandises que l'on trafique sont des choses fabriquées, de la Canelle, qui croît dans la Province de *los Quixos*, du Fer, du Cuivre, du Vin, diverses Etoffes de soie & autres fabriquées en Europe, des Dentelles d'or, d'argent & de fil, & quantité de petits ouvrages de mercerie, qui se négocient à quatre ou cinq cens pour cent de profit. On y transporte encore beaucoup de Mays & d'autres grains.

2. POPAYAN, Ville de l'Amérique Méridionale [a], au Royaume de la Nouvelle Grenade dans la Province de Popayan, dont elle est la Capitale. Cette Ville située dans les terres sur le bord de la Riviére Cauca, à quelques lieues au dessous de sa source, est le Siège d'un Evêché suffragant de *Santa Fé* [b]. Il y a une Maison de Religieux de la Mercy; & le Lieutenant Gouverneur pour le Roi fait sa résidence dans cette Ville. Les habitans sont tous Créoles ou Indiens, à l'exception d'un petit nombre d'Espagnols. Ils vivent fort à leur aise & très-agréablement; mais les courses des Indiens rendent les environs de la Ville de Popayan peu sûrs; & généralement on peut dire que le Plat-Pays de la Province n'est point encore soumis. On a même été obligé d'abandonner plusieurs Etablissemens à cause des Indiens qu'on n'a pu dompter. Il est à croire que les Missionnaires y réussiront mieux. En effet on remarque qu'il se convertit tous les jours quelques Indiens, dont les mœurs s'adoucissent beaucoup par la conversion.

POPE, Ville de la Chine [c], dans la Province de Quangsi, au Département de Gucheu, cinquième Métropole de la Province. Elle est de 7. d. 56'. plus Occidentale que Peking, sous les 22. d. 53'. de Latitude Septentrionale.

POPENSIS, Siège Episcopal de l'Asie Mineure, selon Ortelius [d] qui cite le Concile de Nicée.

POPERINGUE, Bourg de France, dans la Flandre, dans la Châtellenie de Cassel, à trois lieues de la Ville de ce nom & à deux lieues d'Ypres. Poperingue [e] est un Lieu ancien, & qui s'appelloit autrefois *Pupurnengahemum*. C'est maintenant un gros Bourg tout ouvert & qui vaut mieux que bien des Villes, & qui est assez peuplé; car on y compte cinq cens quatre-vingt-six Maisons & un peu plus de deux mille habitans. Il appartenoit autrefois à un Gentilhomme nommé Walbert Darques, grand Bienfaiteur de l'Abbaye de Saint Bertin à St. Omer. Mais ce Lieu ayant été occupé dans la suite par d'autres Gentilshommes, il fut restitué ou confirmé à cette Abbaye par Baudouin Halchette, du consentement des Comtes de Flandres. Il y a à Poperingue, que quelques-uns appellent Ville, une belle & grande Place environnée de maisons très-bien bâties [f] & peintes à la mode du Pays. La Maison de Ville est l'une des plus considérables & la Grande Eglise n'en est pas fort loin. Elle échappa au feu qui consuma presque toute la Ville en 1563. Il se tient dans ce Lieu une Foire tous les ans au mois d'Avril. Quoique Poperingue ne soit réellement aujourd'hui qu'une Place toute ouverte, il y a apparence qu'elle étoit autrefois fermée de quelques clôtures, puisque la réputation qu'elle s'étoit acquise par ses Manufactures de Draps, de Serges & autres Etoffes, lui ayant attiré l'envie des Tisserans d'Ypres, elle résista à douze mille Bourgeois de cette Ville, qui la voulurent surprendre. Il y a un petit Canal qui va de cette Ville dans l'Iser & qui a porté de certains Bâtimens, que ceux du Pays nomment *Belandres*; mais on la laissé combler depuis qu'on a fait la Chaussée d'Ypres à Dunquerque, & ce Canal n'est plus propre que pour de petits batteaux. L'Abbé de St. Bertin à St. Omer est Seigneur Propriétaire de Poperingue. La Justice lui appartient: il a même une Cour Féodale d'où relevent dix-sept à dix-huit Fiefs. La moitié du Territoire de Poperingue est en Bois & en Houblon, qui se debitent fort bien: le reste est en terres labourables.

POPFINGEN, Ville d'Allemagne, dans la Suabe sur l'Eger, à trois lieues Dünckelspeil. Cette petite Ville est Impériale, & située dans un Pays qui produit de bon bled. Les habitans de Popfingen eurent part à la guerre des Villes de Suabe contre le Würtemberg en 1378.

POPI, Selon Mr. Corneille [g] & Poppi [h]; Bourgade d'Italie, dans le Florentin, sur la Rive droite de l'Arno, environ à vingt-six milles à l'Orient de Florence.

POPILIUM, Lieu d'Italie: Surius en parle dans la Vie de St. Maur. Ortelius [i] soupçonne que Surius employe dans cet endroit Popilium pour FORUM POPILII.

POPING, Ville de la Chine [k], dans la Province de Chantung, au Département de Tungchang, troisième Métropole de la Province. Elle est de o. d. 16'. plus Occidentale que Peking, sous les 37. d. 5'. de Latitude Septentrionale.

POPOCATEPEC, Montagne de l'Amérique Septentrionale, au Méxique, à huit lieues de Cholofa [l]. Ce nom de POPOCATEPEC signifie *Montagne de Fumée*. On le lui a donné parce qu'elle jette souvent

[a] *De l'Isle Atlas.*
[b] *Coréal, Voy. aux Indes Occ. t. 2. p. 118.*
[c] *Atlas Sinenf.*
[d] *Thesaur.*
[e] *Longuerue, Descr. de la France, Part. 2. p. 61.*
[f] *Corn. Dict. Le Pere Bousingent, Voy. des Pays-Bas. Mémoires manuscrits.*
[g] *Dict.*
[h] *Magin, Carte du Florentin.*
[i] *Thesaur.*
[k] *Atlas Sinenf.*
[l] *Thomas Gage, Relat. des Indes Occ. tom. 1. part. 2. c. 1.*

vent du feu & de la fumée. Elle est toute couverte de Cyprés, de cendres, de Pins & de Chênes remarquables par leur grandeur & par la beauté de leur bois. Le chemin par où l'on y peut monter est fort difficile à cause de la quantité de pierres que l'on y rencontre. Avant que Cortez passât par ce chemin pour aller au Méxique, il y envoya dix Espagnols pour le reconnoître, avec plusieurs Indiens qui leur servoient de guides. Lorsqu'ils approchoient du haut de la Montagne ils ouïrent un si grand bruit qu'ils n'osèrent avancer, parce que la terre n'étoit pas ferme sous leurs pieds & qu'il y avoit tant de cendres qu'ils avoient peine à marcher. Deux des plus hardis plus curieux que les autres passèrent ce desert de cendres, & arrivèrent enfin à un endroit où ils virent une fumée fort épaisse. Après qu'ils s'y furent arrêtez un peu de tems, l'obscurité s'evanouït en partie & le Volcan, ou la bouche de la Caverne parut fort à découvert. Elle a environ une demi-lieue de tour; ils croyoient voir un Fourneau de Verrerie, & l'air en sortoit avec un sifflement si violent, que toute la Montagne en trembloit. La fumée & la chaleur étoient trop grandes pour leur permettre d'y demeurer bien long tems. Ils reprirent promptement le chemin par où ils étoient venus, & ils n'étoient par encore loin, lorsque le Volcan commença à vomir des flames, des cendres, des charbons & des pierres ardentes; en sorte que s'ils n'eussent rencontré un Roc sous lequel ils se mirent à couvert, ils auroient péri sous ce déluge de feu. Cette Montagne ressemble à celle d'Etna en Sicile: elle est haute & ronde, & sur le haut il y de la neige toute l'année. Elle n'avoit jetté ni vapeur ni fumée plus de dix ans avant que Cortez fut arrivé dans ce Pays là; mais en 1543. elle recommença à brûler, & fit un bruit qui fut entendu à plus de quatre lieues de-là, jettant des cendres jusqu'à Tlaxcallan, qui en est à douze lieues. Quelques-uns disent qu'il y en eut qui furent portées beaucoup plus loin & qu'elles brûlerent les herbes dans les Jardins, les bleds à la Campagne & les toiles qu'on avoit étendues pour secher. Cependant les Champs voisins de cette Montagne sont estimez les plus fertiles de toute la Nouvelle Espagne.

POPOCHAMPECHE, Montagne ardente [a], dans l'Amérique Septentrionale au Méxique. C'est un Volcan. On n'y monte que difficilement, le chemin étant extrêmement rude.

[a] *Thomas Gage, Relat. des Indes Occ. tom. I. part. 2. c. 1.*

POPOLO, Ville d'Italie, au Royaume de Naples dans l'Abruzze Citérieure, sur la Rivière de Pescara, où elle a un Pont. Elle est située à huit milles au Nord de Salmone.

POPULIENSES, ou Foro-Popilienses. Voyez au mot Forum, l'Article Forum-Popilii.

POPLIZUM. Voyez Toplizum.

POPULONIA, Ville d'Italie, dans la Toscane [b], selon Pomponius Mela [c]. Pline [d] la nomme POPULONIUM ETRUSCORUM, &

[b] *Lib. 2. c. 4.*
[c] *Lib. 3. c. 5.*
[d] *Lib. 14. c. 1.*

dans un autre endroit simplement POPULONIUM. Elle a été Episcopale. Son Evêché subsistoit [e] dès l'an 550. Comme elle a été détruite le Siège Episcopal a été transféré à Massa, qui en est à cinq ou six lieues. Les uns veulent que Piombino ait été bâtie de ses ruïnes; mais d'autres soutiennent que c'est *Porto Barato*. Saint Cerboney étoit Evêque de *Populonia* au milieu de cinquième siècle.

[e] *Commainville, Table des Evêchez, p. 192*

PORAMA, petite Ville de la Morée, dans le Braccio di Maina [f]. Elle est située au pied des Montagnes de Maina du côté de l'Orient, entre Misitra au Nord Oriental & Zarnata vers le Couchant Méridional. On la nomme aussi Sapito, & Niger croit que c'est l'ancienne *Cardamyla*. Voyez CARDAMYLA.

[f] *De Wit, Atlas.*

PORATA, Hérodote [g] dit que les Scythes donnent ce nom à un certain Fleuve que les Grecs appellent PYRETON. Ce Fleuve est grand, ajoute-t-il, coule du côté du Levant, & mêle ses eaux avec celles du Danube. Peucer croit que c'est du Prut qu'Hérodote parle.

[g] *Lib. 4. n. 48.*

1. PORCA, ou PORCAH, Royaume des Indes sur la Côte de Malabar [h]. Il est borné au Nord par le Royaume de Cochin, & au Midi par celui de Calicoulan. Il s'étend le long de la Côte de Malabar; ainsi la Mer le baigne à l'Occident; ses bornes ne sont pas trop bien connues du côté de l'Orient. Sa Capitale s'appelle aussi PORCA. Voyez l'Article Suivant. Les habitans de ce Royaume [i] s'occupent à la pêche pendant l'Hyver, & ils cherchent à voler pendant l'Eté. Ils partagent le butin avec leur Roi qui doit être de la Race des Bramins ou Baracmanes. Ce Prince est adonné au culte des Idoles; & il en a un nombre si prodigieux qu'on les fait monter jusqu'à neuf cens. La Foi Chrétienne commença de s'établir dans ce Pays en 1591. & le Roi lui-même quoiqu'il fût Idolâtre lui donna entrée. Il permit aux Jésuites de planter des Croix par-tout & de bâtir des Eglises auprès desquelles, il leur accorda qu'il n'y auroit aucun Temple de Gentils, ni Synagogue de Juifs, ni Mosquées de Sarasins. Il leur donna aussi le privilège d'avoir des Cloches dans ces Eglises & d'aller par-tout son Royaume donner le bâptême à ceux de ses Sujets qui le voudroient recevoir. Lorsque ceux du Pays se font quelque promesse, ils mettent jusqu'à trois fois les mains les unes sur les autres.

[h] *De l'Isle Atlas.*
[i] *Davity, Royaume de Porca.*

2. PORCA, Ville des Indes, sur la Côte de Malabar [k], dans le Royaume dont elle est la Capitale & auquel elle donne son nom. Elle appartient présentement aux Hollandois. Il y avoit une Eglise, sous le titre de Sainte-Croix. Elle avoit été bâtie par le Roi tout Payen qu'il étoit. Ce Prince vouloit témoigner par-là sa reconnoissance d'une victoire qu'il avoit remportée, après avoir fait mettre des Croix dans ses Etendarts par l'avis d'un Prêtre Portugais. Cette Eglise avoit été donnée aux Jésuites qui s'étoient établis dans ce Lieu. Le Roi de Porca fit ensuite alliance avec celui de Portugal, & Meneses

[k] *De l'Isle Atlas.*

nefes [a], Archevêque de Goa s'étant rendu à Cochin, y fit la Cérémonie de donner au Roi de Porca qui avoit été le trouver, le titre de Frere d'armes du Roi de Portugal.

[a] La Crose, Hist. du Christianisme des Indes, liv. 4.

PORCARI, ou PORCARIA, Ruisseau ou Torrent de Sicile [b], dans le Val-de Noto. Il arrose le Territoire de Lentini & va se jetter dans la Mer sur la Côte Méridionale du Golphe de Catane, près du Cap de Santa Croce. Mr. de l'Isle marque ce Ruisseau dans sa Carte de la Sicile; mais il ne le nomme point. C'est le *Pantachus*, ou *Pantagias* des Anciens.

[b] Le Pere Coronelli, Carte de la Sicile.

PORCELLI, petits Ecueils sur la Côte de l'Isle Ustica la plus Occidentale des Isles de Lipari.

PORCHENA, ou PORCENA, Bourg d'Espagne [c], au Royaume de Grenade, au pied des Montagnes, entre Guadix & Muxacra, à quelques lieues de la Mer.

[c] Jaillot, Atlas.

PORCHUNA. Voyez PORCUNNA.

PORCIDAMUS. Voyez APUSCIDAMUS.

PORCIEN, Principauté de France, dans la Champagne & dont la Ville de Château-Porcien est la Capitale. Cette Principauté qui est de grande étendue est célèbre dans l'ancienne Histoire de France & dans les Capitulaires où ce Pays est nommé *Pagus Porticensis*. Flodoard Historien de Rheims le nomme *Porcensis* & *Porcianus*. Il s'étendoit jusqu'à la Riviére de Meuse, puisqu'il est dit dans l'ancienne Chronique de Mouzon, qu'Othon Comte de Porcien fit bâtir dans ses Terres le Château de Warcq, qui est un Lieu situé sur la Meuse, à demi-lieue de Meziers. On voit aussi dans la même Chronique que Saint Arnauld, Martyr sortant de la Forêt de Froimont fut assassiné sur les confins du Pays de *Porcien* & de *Castrice* près du Village de Gruyéres. Cette Terre de Porcien a appartenu autrefois aux Comtes de Grand-Pré. Ils la possédoient en 1222. & en faisoient hommage aux Comtes de Champagne, qui tenoient de l'Eglise de Rheims, le Fief de Porcien, comme celui de Retel selon les Bulles d'Aléxandre III. & d'Innocent III. & les Comtes de Champagne avoient mis ceux de Porcien au nombre de leurs sept Pairs. Voyez au mot CHATEAU l'Article CHATEAU-PORCIEN, où j'ai décrit les différentes révolutions de cette Terre. J'ajouterai seulement ici que dans le partage des Biens du Duc Mazarin entre ses Enfans, la Principauté de Porcien avec d'autres Terres échut à la Marquise de Richelieu sa Fille; & que par la Château-Porcien est entré dans la Branche Cadette de *Richelieu-Wignerod*.

PORCIFERA, Fleuve d'Italie, dans la Ligurie, selon Pline [d]. C'est aujourd'hui selon le Pere Hardouin la petite Riviére de *Bisagna* ou *Bisagno*, qui mouille la Ville de Gènes du côté de l'Orient & s'y jette dans la Mer Méditerranée. Leander & Magin disent cependant que c'est le Porzevera qui est la Riviére *Porcifera* des Anciens. Le Porzevera coule au voisinage de Gènes, mais à quelque distance de cette Ville du côté du Couchant.

[d] Lib. 3. c. 5.

PORCUNNA, Ville d'Espagne [e], au Royaume de Cordoue, dans le voisinage de Castro-Rio & de Valna, à quatre grandes lieues de Guadalquivir. C'est une Commanderie de l'Ordre de Calatrava. Elle étoit connue anciennement sous les noms d'*Obulco*, *Obulcula*, & *Municipium Pontificense*, & elle fut célèbre dans l'Histoire Romaine, parce que Jule César y vint de Rome dans vingt-sept jours, pour n'être pas prévenu par les fils du Grand Pompée, qui étoient en Espagne. Cette Ville a changé de nom, & on lui a donné avec le tems celui de PORCUNNA, en mémoire, comme on croit, d'une Truye qui y fit trente petits d'une ventrée, événement dont on perpétua le souvenir, en faisant dresser une Statue de cette Bête, avec l'Inscription suivante:

[e] Délices d'Espagne, p. 412.

C. CORNELIUS C. F.
C. N. GAL. CÆSO.
AED. FLAMEN. II. VIR.
MUNICIPII PONTIF.
C. CORN. CÆSO. F.
SACERDOS. GENT. MUNICIPII.
SCROFAM CUM PORCIS XXX.
IMPENSA IPSORUM.
D. D.

La Statue & l'Inscription se voyent encore aujourd'hui à Porcunna dans l'Eglise des Bénédictins.

PORCUS, Monastère de France, sur la Somme, selon Ortelius qui cite la Vie de Sainte Austreberte.

PORDACUM, Strabon [f] dit que dans une ancienne Comédie ce nom étoit donné à un Lieu situé sur un Etang. Il y en a qui ont voulu lire Πάρδακον pour Πόρδακον; mais l'Edition de Casaubon retient cette derniére orthographe.

[f] Lib. 13. p. 619.

PORDENONE, Bourg d'Italie, au Frioul dans la Campagne d'Aviano [g], sur la petite Riviére de Naucello, qui se jette dans la Meduna. Ce Bourg qui est fortifié, appartenoit autrefois aux Patriarches d'Aquilée, & a été long-tems possédé par les Archiducs d'Autriche. Les Vénitiens l'ont souvent pris; mais enfin il leur fut cédé par l'Empereur Charles V. Cependant l'Empereur ne laisse pas de prendre encore parmi ses Titres celui de Seigneur de Pordenone.

[g] Magin; Carte du Frioul.

PORDOSELENE, Isle d'Asie, dans le Détroit qui se trouve entre l'Isle de Lesbos & le Continent de la Mysie, selon Hesyche, cité par Cellarius [h]. Le Périple de Scylax [i] fait aussi mention de cette Isle, & dit qu'il y avoit une Ville de même nom. Dans la suite on changea ce nom obcène en un nom plus honnête. On appella cette Isle POROSELENE, comme nous l'apprend Strabon [k]. Pline [l] écrit aussi PO-ROSELENE & donne aussi une Ville à cette Isle. Voyez PLEROSELENO.

[h] Geogr. Ant. Lib. 3. c. 3.
[i] Pag. 34.
[k] Lib. 13. p. 619.
[l] Lib. 5. c. 31.

Le nom de Poroselene est corrompu dans Pausanias qui écrit Ἐμπυροσελήνη.

PORENTRU, Mot corrompu pour PONT-RENTRUD, ou PONT-RAINTRU, en Latin *Pons-Rcintrudis*, ou *Pons-Raintrudis*, ou *Pons-Regintrudis*, & en Allemand *Bruntrout* ou *Pourrentrout* [m]. C'est une Ville

[m] Longuerue, Descr. de la France, Part. 2. p. 280.

P O R.　　　P O R.　　421

Ville de Suisse, dans l'Elsgaw au bord d'une petite Rivière nommée Halle ou Hallen. Il est parlé de cette Ville dans les Archives de l'Eglise de Besançon dont elle dépend pour le Spirituel; car l'Evéque de Bâle n'en est que le Seigneur temporel [a]. Porentru est une Ville médiocrement grande & médiocrement peuplée. Elle n'est pas forte; mais elle se trouve commandée par un Château qui est assez bon & où l'Evéque fait sa résidence ordinaire. Il fut bâti en 1466. On remarque dans cette Ville l'Eglise Paroissiale de St. Etienne, & le Collége des Jésuites. Porentru appartenoit autrefois aux Comtes de Neufchâtel; mais Henri de Neufchâtel Evéque de Bâle l'acheta du Comte en 1274. L'Etat & les Délices de la Suisse [b] mettent néanmoins cette acquisition en 1271. Ce Prélat unit à son Evêché cette Ville & ses dépendances, parmi lesquelles on compte la petite Ville de Saint Ursan ou Ursicin sur le Doux.

[a] Etat & Délices de la Suisse, t. 3. p. 265.
[b] Pag. 266.

La Ville de Porentru est aujourd'hui la Capitale des Etats de l'Evêque de Bâle. Le Pays qui est encore sujet à ce Prince n'est pas proprement du Corps Helvétique; car l'Evêque est Prince de l'Empire & Membre du Cercle du Haut-Rhein, étant par conséquent sujet aux Taxes de l'Empire; & effectivement après la conclusion de la Paix de Westphalie, les François ayant restitué ce Pays qu'ils avoient occupé durant la guerre d'Allemagne, l'Evêque fut taxé par la Diéte pour la satisfaction de la Milice l'an 1650. à 11214. florins. Néanmoins les Suisses, pour leur sûreté particulière, & leur repos, ont garanti depuis 45. ans des fureurs de la guerre le Territoire de cet Evêque.

Il y a beaucoup de Montagnes, en ce Pays, à cause qu'il est traversé par une branche du Mont Jura, qui va se joindre aux Montagnes de Vosge. Il est aussi situé entre l'Alsace, la Franche-Comté, la Principauté de Montbéliard, & les Suisses, & il a environ dix lieues de longueur & autant de largeur.

PORIENSES, Peuples de la Tribu Acamantide, selon Hesyche cité par Ortelius [c], qui soupçonne que c'étoit le nom des Habitans de Poràs Municipe de l'Attique, & de la même Tribu; je veux dire de la Tribu Acamantide.

[c] Thesaur.

PORIES, Peuples Sauvages de l'Amérique Méridionale au Brésil [d], du côté du Midi, sur le bord Septentrional de *Rio Doce*, à l'Orient des Carajes. Ces Peuples habitent fort avant dans le Pays & à près de cent lieues de la Mer. Ils sont petits [e]; ils aiment la paix, & ne vont point nuds comme beaucoup d'autres. Leurs femmes peignent la peau de bleu, de rouge & de jaune. Ils vivent de pinons de pommes de Pin & de Cocos, qu'ils appellent *Erines*. Ils ont des lits pendans, faits d'écorce d'arbres, & se défendent de la pluye & des autres injures de l'air, avec des branches entrelassées ensemble & couvertes par dessus de feuilles de Palmite. C'est en quoi consistent leurs Maisons. L'Huile

[d] De l'Isle Atlas.
[e] De Laet, Descr. des Indes. Oc. liv. 15. c. 4.

de Baume est toute leur richesse, encore en donnent-ils une grande quantité pour des bagatelles apportées de l'Europe. Ils se trouve dans leur Pays beaucoup de Léopards, de Lions & de Chats sauvages.

PORITUS, Fleuve de la Sarmatie Européenne: Ptolomée [f] place l'Embouchure de ce Fleuve entre la Ville Hygris, & le Village *Caroea*.

[f] Lib. 3. c. 5.

PORMAYE, grand Enfoncement sur la Côte de France en Provence [g], à l'Est de l'Isle de Porto-Cros. On y peut mouiller avec des Galéres, principalement du côté du Nord proche de terre, où il y a trois à quatre brasses d'eau fond d'herbe vaseux & dix à douze brasses par le milieu, même fond. Il n'y a à craindre que le Vent de Nord-Est qui y donne à plain. On voit sur la pointe de la gauche en entrant une vieille Tour ruinée qui en donne la connoissance: dans le fond de la Plage il y a une petite source d'eau. Entre l'Isle de Porto-Cros & celle de Levant qui en est proche, il y a une Roche sous l'eau presque dans le milieu du passage: ainsi il est imprudent d'y passer à moins d'en avoir une grande pratique. Il y a aussi directement par le milieu de cette Isle du côté du Sud un petit Islot, qui est à deux longueurs de Cable de l'Isle: on trouve 6. brasses d'eau entre deux.

[g] Michelot, Port. de la Médit. p. 75.

FORMIOU, grande Calangue, en France, sur la Côte de Provence [h], près de la Ville de Cassis, du côté de l'Ouest. Cette Calangue est fort profonde & elle est étroite à son entrée. On peut y mettre plusieurs Galéres à couvert de toutes fortes de tems. Il est difficile d'en voir l'entrée, à moins que d'en être bien proche. On y voit seulement une petite Chapelle blanche sur la pointe de la droite en entrant.

[h] Ibid. p. 69.

PORNIE, Bourgade de France, dans la Bretagne, au Diocèse de Nantes. Il y a dans ce Lieu une Abbaye de l'Ordre de St. Augustin. Elle est située dans des Marais salans, près de la Loire, au Duché de Retz, vers l'Océan. Elle vaut par an mille livres à l'Abbé.

POROLISSUM, Ville de la Dace: Ptolomée [i] la place entre *Docirana* & *Arcobadara*. Quelques Editions portent PAROLISSUM pour POROLISSUM.

[i] Lib. 3. c. 8.

POROS, ou PORRO, Isle de l'Archipel, à l'entrée du Golphe d'Engia [k], sur la Côte de la Sacanie, au Nord du Cap-Skilli ou Mayo. C'est l'Isle *Calauria* des Anciens. Vis-à-vis de cette Isle, il y a sur la Côte de la Sacanie un grand enfoncement, qu'on appelle le PORT DE POROS, ou PORRO.

[k] De l'Isle Atlas.

POROSELENE. Voyez PORDOSELENE.

PORPAX, Fleuve de Sicile, selon Elien dans son Histoire mêlée. Il le place dans le Pays des *Ægestani*. Cluvier [l] dit qu'on ne connoît point aujourd'hui ce Fleuve: Thomas Fazel [m] néanmoins veut que l'on entende par Porpax ces Eaux chaudes qui se jettoient vers le Termesse dans le Scamandre, & qu'on appella ÆGESTANÆ, ou SEGESTANÆ-AQUÆ. On les nomma aussi dans la suite PINCIÆ A-QUÆ;

[l] Sicil. Ant. lib. 2.
[m] Decad. 1. lib. 7. c. 4.

Ggg 3

QUÆ ; mais on ignore l'origine de cette dénomination.

PORPHIRIONE, Isle de la Propontide : Pline *a* eſt je crois le ſeul qui la connoiſſe.

*a Lib. 5. c. 32.*

PORPHYREUM, ou PORPHYREON, Ville de Phénicie ſelon Polybe *b* & Etienne le Géographe. Schelſtrate *c* qui cite un MS. de la Bibliothéque de la Reine de Suède dit que cette Ville qu'il appelle PORPHYRIUM étoit à ſix milles de Scariathia, à deux du Mont Carmel. Il ajoute que c'étoit autrefois une belle Ville au pied du Mont Carmel, ſur le bord de la Mer dans une aſſez bonne ſituation. La Notice du Patriarchat d'Antioche, celle de l'Abbé Milon, & celle de l'Evêque de Cathara font de Porphyreon une Ville Épiſcopale ſous la Métropole de Tyr. On l'appelloit auſſi CAIPHA & HELPHA, ſelon Guillaume de Tyr. Quelques-uns veulent que le nom moderne ſoit *Hayphe*, d'autres l'appellent pourtant *Scafaſſo*. Poſtel croit que cette *Caipha* ou *Caypha* n'étoit pas une Ville ancienne *d*, ou du moins elle a été inconnue aux Anciens, à moins que ce ne ſoit *Aca* ou *Ptolemaïs*.

*b Lib. 5. n. 68.*
*c Append. ad. Opus Geograph. pag. 564.*

*d Ortelii Thesaur.*

1. PORPHYRITÉ, Ville de l'Arabie, près de l'Egypte, ſelon Etienne le Géographe.

2. PORPHYRITE, Ville de la Thébaïde. Euſébe *e* dit qu'on y trouvoit des pierres de Porphyre; & Ortelius *f* juge qu'elle pouvoit être dans la Montagne *Porphyritus* de Ptolomée. Voyez PORPHYRITUS.

*e Lib. 8. c. 18.*
*f Thesaur.*

PORPHYRITUS, Montagne d'Egypte : Ptolomée *g* la donne aux Libyægyptiens.

*g Lib. 4. c. 5.*

PORQUEROLLE, PORQUEROLES, ou PORQUEYROLES, Iſle de France ſur la Côte de Provence. Le Golphe ou la Baye d'Hiéres *h* ſe forme par deux longues pointes, dont celle de l'Oueſt s'appelle Pointe des Badiues & celle de l'Eſt le Cap Benat. Il y a entre les deux un grand enfoncement, bordé de Plages, & au dehors de ces Pointes, il y a quatre Iſles qui renferment cet eſpace & cette Baye; ce qui fait en même tems qu'il y a pluſieurs bons mouillages. L'Iſle de Porquerolle qui eſt la première de ces Iſles du côté de l'Eſt, ſe trouve la plus conſidérable, ſoit par ſes fortifications ſoit parce qu'elle eſt plus habitable que les autres. Elle couvre auſſi davantage des Mers du large aux Rades voiſines. Cette Iſle qui eſt la plus grande des Iſles Stœchades des Anciens, & qui à cauſe de cela fut nommée d'un nom Grec, *Prote*, c'eſt-à-dire première, a pris ſon nom moderne de la quantité de Sangliers qui y paſſent à la nage de la terre ferme, pour manger le gland des Chênes-verds qui s'y trouvent en abondance. Elle peut avoir quatre lieues de longueur ſur une de largeur, & elle eſt défendue par un vieux Château. Voyez au mot Hiéres les ISLES D'HIÉRES. Il y a un Monaſtère très-ancien dans l'iſle de Porquerolle. On le nommoit *Monaſterium Arearum*; & il fut détruit pluſieurs fois par les Sarraſins. Les Moines de Cîteaux s'y étant établis dans le douzième Siècle furent enlevez par les Barbares. Le Pape Junocent III. dit dans une Lettre que de ſon tems vers l'an 1200. les Chanoines Réguliers avoient fait un établiſſement dans le Monaſtère *Arearum*, & il ordonna que ces Chanoines Réguliers, ou rendroient ce Monaſtère aux Moines de Cîteaux ou embraſſeroient leur Inſtitut; ce que l'on ne voit pas que les Chanoines Réguliers ayent exécuté. Ce qui eſt ſûr c'eſt que ceux-ci eurent le même ſort que les Moines; & depuis on n'a pas entrepris de rétablir cette Abbaye dont on voit encore les ruïnes.

*h Michelot, Port. de la Médit. p.*

PORRELTA, ou BAGNI DE LA PORELTA. Voyez au mot BAGNI, l'Article BAGNI DE LA PORETTA.

PORRI, petite Iſle ſur la Côte Méridionale de la Sicile, à quelques milles à l'Occident de *Punta de Marza*.

1. PORSAS, Paroiſſe du Duché de Lorraine, au Dioceſe de Toul dans le Bailliage de Vôges, à un quart de lieue de la Ville de Mircourt. Elle a pris ſon nom de la célèbre Abbaye de Porſas qui eſt ſon diſtrict, & auprès de laquelle elle s'eſt formée. C'eſt le Chef-lieu d'un Doyenné qui a environ neuf lieues de long ſur quatre & demie de large. Il comprend trente-ſix Paroiſſes & deux Abbayes. L'Egliſe Paroiſſiale de Porſas eſt dédiée à St. Maurice. Le Patronage de la Cure, qui ſe donne au concours, appartient à l'Abbaye de qui dépend la plus grande partie des Dixmes. Il y a dans l'Egliſe de Porſas une Chapelle en titre.

2. PORSAS, en Latin *Portus Suavis*, Chapitre de Chanoineſſes, au Duché de Lorraine, dans le Dioceſe de Toul, près de la Ville de Mircourt. C'étoit autrefois une Abbaye qui fut commencée vers l'an 1023. par Herman Evêque de Toul : Elle reçut ſa perfection de Léon IX. pendant qu'il étoit Evêque de Toul en 1033. Il conſacra l'Egliſe ſous l'Invocation de Sainte Manne, ſœur des Saints Euchaire & Eliphe premiers Martirs du Dioceſe, & il donna aux Religieuſes la Règle de St. Benoît, qu'elles ont dans la ſuite changée pour ſuivre l'exemple des Dames de Remiremont & d'Epinal. Les Chanoineſſes ſont obligées de faire preuve de Nobleſſe. Ce Chapitre eſt compoſé à préſent d'une Abbeſſe & de quinze Dames. Il y a quatre Chanoines qui leur ſervent d'Aumôniers. Leur revenu n'eſt que de trois mille cinq cens livres. L'Abbeſſe en prend un quart excepté un vingtième.

*i Longuerue, Deſcr. de la France, pag. 361.*

☞ 1. PORT, petit Golphe, Ance, Avance ou Enfoncement d'une Côte de Mer qui entre dans les terres, où les Vaiſſeaux peuvent faire leur décharge, prendre leur chargement ou éviter les tempêtes, & qui eſt plus ou moins propre au mouillage, ſelon que le Lieu a plus ou moins de fond & d'abri. Ce mot PORT vient du Latin *Portus* & répond au λιμήν des Grecs : Les Italiens diſent *Porto*, & *Porticello* ſi le Lieu eſt petit; & les Eſpagnols écrivent *Puerto*. C'eſt ce que les Allemands entendent par leur mot *Meer-haffen*, & les Anglois & les Hollandois par celui de *Haven*,

# POR.

*ven*, d'où les François ont fait leur mot Havre qui veut dire la même chose que Port.

Comme les Vaisseaux ne peuvent pas aborder indifféremment à toutes les Côtes, parce qu'elles sont ou trop hautes, ou parce que la Mer qui les lave est trop basse pour porter des Bâtimens : parce quelles sont garnies d'écueils, ou parce qu'elles sont trop exposées à la fureur des Vents ; on a donné le nom de Port aux endroits où ces difficultez ne se rencontrent pas, & où les Navires peuvent facilement arriver, décharger & demeurer. C'est sur la connoissance de ces Ports & sur celle de la route des Vents qui y peuvent porter les Vaisseaux, qu'est fondée ce que nous appellons la Carte Marine ; & cette connoissance fait aussi une des parties les plus essentielles de la Géographie.

La figure des Ports, comme on a pu le voir par la définition que j'en ai donnée, est ordinairement en forme de petit Golphe, d'Ance ou d'Enfoncement, & la Côte est communément bordée, ou en tout ou en partie de Montagnes, ou de Collines, qui mettent les Vaisseaux à l'abri des Vents. La Nature a donné elle même quelques-uns de ces avantages à certains Ports : c'est l'industrie des hommes qui les a perfectionnez dans d'autres, ou même qui les leur a entiérement donnez. Sur les Cartes, pour connoître un Port & la sûreté qu'il y a d'y mouiller, on représente ordinairement la figure d'une Ancre.

On donne le nom de Port aux Places Maritimes, qui ont des endroits sûrs pour la retraite des Vaisseaux, qui y peuvent outre cela charger & décharger leurs Marchandises. On le donne aussi aux lieux qui sont destinez pour y construire des Vaisseaux ou pour les y conserver. On le donne encore à quelques Places situées sur des Riviéres, où il y a des Ports, comme celui de la Seine à Rouen, celui de la Garonne à Bourdeaux ; celui de la Tamise à Londres, celui de l'Elbe à Hambourg & tant d'autres. Enfin le mot Port se prend en divers sens, qui en marquent les avantages ou les inconvéniens.

LE PORT, ou HAVRE DE BARRE, est un Port dont l'entrée est fermée par un banc de roches ou de sable, & dans lequel on ne peut entrer que de pleine Mer.

LE PORT DE HAVRE, ou de TOUTE MARE'E, est celui où les Vaisseaux peuvent entrer en tout tems, y ayant toujours assez de fond.

LE PORT, ou HAVRE BRUTE, est celui qui est fait par la Nature & auquel l'Art n'a en rien contribué. Les Américains donnent le nom de Cul-de-Sac à ces sortes de Ports.

LE PORT-SOUS LE VENT est un Lieu de retraite pour le besoin.

PORT-FERME'. On dit que les Ports sont fermez, lorsqu'il est défendu de laisser sortir une Bâtiment pour aller à la Mer.

☞ 2. PORT, Ce mot se dit aussi d'un Col, Trau, Pas, ou chemin serré entre deux Montagnes, & par lequel on peut passer pour aller d'un Pays à un autre.

3. PORT, Archidiaconé, au Diocèse de Toul, partie dans les terres de la France, partie dans celles du Duc de Lorraine. Cet Archidiaconé comprend cinq Doyennez qui sont ceux de Port, de Deneuvre, de Salmes, de Dieu-Louart, & de Perny. Il a près de vingt-cinq lieues de longueur ; mais sa largeur est inégale. C'est le plus grand Archidiaconé du Diocèse de Toul, & il en renferme la partie la plus belle & la plus agréable. On a uni au titre d'Archidiacre de Port la Prevôté de Liverdun. Voyez au mot PORT, N°. 5. l'origine du nom de cet Archidiaconé.

4. PORT, Doyenné Rural, dans l'Archidiaconé de même nom au Diocèse de Toul. Sa plus considérable portion est comprise dans les Etats du Duc de Lorraine. Il a neuf lieues de longueur sur cinq de largeur. L'Evêché de Metz le borne au Nord & à l'Orient ; & les Doyennez de Toul, de Saintois & de Deneuvre le bornent au Midi & à l'Occident. Ce Doyenné renferme soixante-sept Paroisses, au nombre desquelles se trouvent la Ville Capitale du Duché & plusieurs Villes & Chefs-Lieux de Prevôtez, vingt Annéxes, cinq Abbayes, douze Prieurez, quatre Chapitres, deux Commanderies de Malthe, & dix-neuf Couvens de Religieux. On y compte cent Villages & environ vingt-cinq mille ames. Il est arrosé des Riviéres de Meurte, de Lagne, de Vesouse, de l'Amsule & de Sanon. Voyez à l'Article suivant l'origine du nom de ce Doyenné.

5. PORT, Ville du Duché de Lorraine, & que l'on nomme aujourd'hui plus communément Saint-Nicolas. Voyez SAINT-NICOLAS. Le véritable nom [a] de cette Ville est PORT ; d'où vient que le Doyenné Rural de Saint-Nicolas, s'appelle jusqu'aujourd'hui le DOYENNE' DE PORT ; d'où vient encore qu'un des Archidiaconez du Diocèse de Toul s'appelle aussi L'ARCHIDIACONE' DE PORT. Les Ducs de Lorraine ont eu la Seigneurie de Port il y a plus de six cens ans. Ce n'étoit alors qu'un Village. Le Duc Ferry II. donna l'an 1265. la Loi de Beaumont en Argonne, avec des privilèges aux habitans de Port ; & il consentit que le Comte de Champagne en fut garant. Mais les Ducs ont été Souverains à St. Nicolas. L'abord continuel des Pélerins a fait changer l'ancien Village de Port en une Ville assez grande & peuplée.

[a] *Longuerue, Descr. de la France, Part. 2 p. 146.*

PORT ANGELS ou PORT-DES-ANGES, Port de l'Amérique Septentrionale, dans la Nouvelle Espagne, sur la Côte de la Mer du Sud, dans la Province de Guaxuca. C'est une grande Baye ouverte [b] avec deux ou trois Rochers à l'Ouest. On peut ancrer sûrement dans toute la Baye, à trente, vingt, ou douze brasses d'eau. Mais on est exposé à tous les Vents, à la reserve des Vents de terre, jusqu'à ce qu'on soit à douze ou treize brasses d'eau : on est alors à couvert des Vents d'Ouest-Sud-Ouest,

[b] *Dampier Voy. autour du Monde, t. 1. c. 9.*

Ouest, qui sont les Vents ordinaires. La Marée hausse jusqu'à cinq pieds dans ce Port. Le flux va au Nord-Est, & le reflux au Sud-Ouest. Il est difficile de mettre pied à terre sur cette Baye. L'endroit où l'on peut débarquer avec le plus de commodité est à l'Ouest derriére des Rochers. La Mer y est toujours grosse. Les Espagnols comparent ce Port pour la bonté à Guatulco; mais il y a pourtant entre ces deux Ports une grande différence. Le Port de Guatulco est presque renfermé, & celui des Anges est une Rade toute ouverte. La Latitude de ce dernier Port est de 15. d. Nord. Il n'est pas aisé à reconnoître & des Navigateurs qui le cherchoient s'y sont mépris, ne pouvant s'imaginer que ce fût-là un beau Port. La Côte qui le borne est assez élevée. Le terrein en est sablonneux & jaune & rouge en certains endroits. Une partie est en Bois & l'autre en pacages. Les Arbres sont gros & grands, & les pacages fournissent quantité de bonne herbe.

1. PORT-BAIL, En Latin *Portus Baldus*; Port de France dans la Normandie, au Diocése de Coûtances, Election de Valognes. C'est un petit Port de Mer, qui s'avance au pied du Bourg de même nom. Voyez l'Article suivant.

2. PORT-BAIL, Bourg de France dans la Normandie, au Diocése de Coûtances, Election de Valognes, sur un petit Port de Mer de même nom. Il y a aux environs de ce Bourg plus de trente Salines, qui fournissent de Sel le Coutentin & autres Pays voisins. Ce Bourg est vis-à-vis de l'Isle de Jersey, qui en est à sept lieues. Il y a à l'extrémité de cette Paroisse une Chapelle de Saint Simeon, où l'on prétend que ce Saint a demeuré étant Hermite. C'est un Pélerinage assez célèbre.

PORT DE BARCELONE, Port d'Espagne, dans la Mer Méditerranée, sur la Côte de la Catalogne. Voyez Barcelone [a]. Lorsqu'on veut entrer dans le Port ou Mole de Barcelone, il faut s'éloigner de la tête du Mole d'environ un demi Cable, à cause de quelques Roches perdues que la Mer a emportées au large. Il n'y a rien à craindre du côté de Montjouy & l'on peut passer à mi-Canal si l'on veut, pour aller mouiller ensuite en dedans du Fanal, vis-à-vis la seconde Batterie. On observe seulement de se ranger le long du Mole, la poupe vers la Ville & la proue en Mer, où l'on donne deux ancres & deux amarres sur le Mole. Il ne faut pas s'approcher entiérement du Mole, ni trop avancer, n'y ayant que sept à huit pieds d'eau à une longueur de Galére du Mole. Entre cette Batterie & la Ville, il y a sur le Mole une petite Chapelle & un Bureau de la Santé. Les Galéres mouillent ordinairement entre la derniére Batterie & cette Chapelle, le long du Mole, où il y a dix, douze & treize pieds d'eau, fond de sable vaseux. Il ne faut pas aller plus avant que cette Chapelle, pas même par son travers; car il n'y a que six pieds d'eau; mais dans le milieu du Port où les Vaisseaux mouillent,

[a] *Michelot*, Port. de la Méditer p. 4.

il y en a quinze à seize pieds. Lorsque les Vents sont au Sud-Sud-Est, qui est le Traversier, la Mer est fort grosse dans ce Port, & fait un grand ressac ; ensorte qu'on a peine à débarquer sur le Mole. On fait de l'eau à un puits hors de la Ville proche les fossés du côté du Mole; & à quelques autres puits à l'entrée de la Ville. La Latitude est de 41. d. 21′. & la variation de cinq à six dégrez Nord-Ouest. On mouille ordinairement avec les Vaisseaux à une portée de Canon du Fanal du côté de l'Est, par quinze, dix-huit & vingt brasses d'eau, bon fond de vase & d'argile, où il faut avoir soin de tems en tems de soulever les ancres. Les Courans vont pour l'ordinaire fort vîte au Sud-Ouest, & quelquefois aussi vers le Nord-Est, suivant les Vents qui ont régné. Depuis Barcelone jusqu'à Blane, la Côte est fort haute en avançant dans les terres; mais sur le bord de la Mer ce sont de très-belles Plaines, remplies de Villes, Villages & Tours, bordées de plages devant lesquelles on peut par-tout mouiller avec les Vents à la terre.

PORT-BESSIN, Port de France, sur la Côte de Normandie [b], dans le Pays appelle Bessin. Ce Port est assez beau. Il est formé par deux petites Riviéres nommées Aure & Dronim, qui s'assemblant près du Village de Maisons, coulent ensemble jusque sur le bord de la Mer & y forment le Port Bessin.

[b] *Du Chêne*, Ant. des Villes de France, liv. 7. c. 12.

PORT DE BEAUVOIR, En Latin *Castrum Bellivisus* [c], Bourgade de France, dans le Dauphiné au Royanez, sur la Rive gauche de l'Isére. C'étoit autrefois le séjour des Princes Dauphins [d]; mais on ne voit plus aujourd'hui que quelques restes de murailles de leur Palais, & la Maison des Carmes fondée par un Humbert Dauphin.

[c] *De l'Isle*, Atlas.
[d] *Davity*, Dauphiné.

PORT-DE-BOUC, Port de France, dans la Mer Méditerranée sur la Côte de Provence. Environ à quatre ou cinq milles du Golphe de Fos [e], est le Port de Bouc, situé dans un bas terrein. Il est fort grand en apparence, mais il n'y a de profondeur d'eau que dans le milieu. On y pourroit échouer sur les Vases dans une nécessité, le fond étant vase molle & herbiez. L'entrée est fort petite n'ayant que cent cinquante toises d'ouverture. Sur la pointe de la droite en entrant, on trouve une Forteresse, au milieu de laquelle est une Tour quarrée de pierre blanche & qui se voit de fort loin. Elle est située sur une basse pointe d'une Isle qui n'est séparée de la terre ferme que par un petit ruisseau. Les Hollandois & quelques autres Ecrivains marquent dans leur Miroir de Mer l'entrée de ce Port du côté de l'Est de cette Isle, où est la Tour de Bouc; ce qui fait voir qu'ils n'ont jamais bien pratiqué cette Côte. L'Auteur du petit Flambeau de la Mer imprimé au Havre-de-Grace est tombé dans le même défaut.

[e] *Michelot*, Port. de la Médit. p. 61.

PORT-DE-LA-CABRERA, Port d'Espagne, dans la Méditerranée [n], sur la Côte de l'Isle de Cabrera, du côté du Nord-Ouest. Il est fort bon pour des Galéres

léres & même pour des Vaiſſeaux. L'Embouchure en eſt large de la portée d'un fuſil & l'enfoncement eſt d'une portée de Canon. Il gît Sud-Sud-Eſt. Son Traverſier eſt Nord-Nord-Oueſt; mais on y eſt à couvert preſque en tout tems. En entrant dans le Port, il faut ranger du côté de la droite pour bien découvrir l'entrée de ce Port. On peut approcher de la Pointe de la droite à deux longueurs de Galéres, la laiſſant à la droite du côté de l'Oueſt. Sur la pointe de la gauche, qui eſt de moyenne hauteur, il y a une petite Foreteteſſe ſituée ſur une éminence de Rochers fort raboteux, & devant laquelle il faut mouiller, ſi-tôt qu'elle reſte au Nord. On s'y affourche Eſt-Nord-Eſt & Oueſt-Sud-Oueſt, ayant une ancre au large par neuf à dix braſſes d'eau, fond de ſable vaſeux; & mettant une amarre à terre on peut mouiller par-tout par quatre à cinq braſſes d'eau.

PORT-COLOM, Port d'Eſpagne, dans la Mer Méditerranée [a], ſur la Côte de l'Iſle de Majorque. Environ douze milles au Nord-Eſt de Porto-Pedro, il y a une grande Calangue qu'on appelle Port-Colom. Il étoit bon autrefois; mais préſentement qu'il s'eſt comblé, on ne peut s'en ſervir. Entre le Port-Pedro & ce Port, il y a deux Tours de garde. Lorſqu'on vient du côté de l'Eſt, on ne voit point la Tour de Porto-Pedro, à moins d'être preſque vis-à-vis de l'entrée du Port, principalement lorſqu'on eſt proche de la Côte, à cauſe d'une groſſe pointe remplie d'arbres, qui couvrent l'entrée du Port, & empêchent qu'on ne voye la Tour.

[a] Michelot, Port. de la Médit. p. 29.

PORT-CROS, ou PORTE-CROS. Voyez PORTO-CROS.

PORT-DESIRE', Port de l'Amérique Méridionale [b], dans la Magellanique. Il fut ainſi appellé par Jean le Maire, qui y ſéjourna en 1616. lorſqu'il alla découvrir le Détroit qui porte ſon nom. Ce Port eſt ſous le 47. degré 30′. de Latitude Méridionale, & ſi le Vent eſt bon, un Vaiſſeau peut y entrer à quelque heure de la marée que ce ſoit, parce qu'il y a toujours aſſez d'eau en baſſe marée. Aux trois quarts de l'Ebbe, ou au quart du flux, on peut voir tous les dangers: mais il n'y a pas de ſûreté à y entrer pour une perſonne qui n'auroit pas vu le Havre en baſſe marée; car ce n'eſt qu'alors qu'on voit diſtinctement les Ecueils, & qu'on peut même avoir une marque à terre pour ſervir de guide. Quand on vient du Nord du Cap Blanco, & qu'on range la Côte vers le Nord du Cap-Deſiré, il y a une chaîne de Briſans qui s'élevent beaucoup hors de l'eau, & qui ſont à une lieue ou environ du rivage, outre pluſieurs autres qui en ſont ſéparés. On voit au Sud la Baye des Penguins, avec cinq ou ſix Iſles plus petites, & au Nord le Port-Deſiré, qui au Sud de ſon entrée, environ un demi-mille du côté de la Mer, & à peu près autant de la Riviére, a un Rocher en forme de Piramide qui reſſemble beaucoup à un Clocher ou une Tour, & peut ſervir de très-bonne marque. Ce Rocher eſt environné de quantité d'autres de couleur bleuâtre.

[b] Wood. Voy. aux Terres Auſtrales Tom. 4. c. 2.

A l'égard de la marée de ce Parage, le vif de l'eau eſt à Midi en pleine & nouvelle Lune: & au tems des hautes marées le flux & reflus ſont fort rapides, & l'eau monte environ trois braſſes. L'Entrée du Port eſt ſi étroite qu'il n'y a pas plus d'un coup de Mouſquet d'un côté à l'autre. D'ailleurs quoique la terre ſoit ici ſtérile, & qu'il n'y ait preſque point de Forêts ni d'eau douce, on y trouve quantité de Brebis d'Eſpagne, qui ſont auſſi groſſes que nos Daims; mais qui ſont devenues ſauvages. On y voit auſſi quelques Liévres, & quelques Autruches qui ne laiſſent guére approcher, des Canards des Corbeaux des Shags noirs, & d'autres gros Canards dont le plumage eſt bleu, & qui ſont aſſez familiers.

PORT-FORNELLE, Port de la Mer Méditerranée, dans l'Iſle de Minorque [c]. C'eſt un aſſez bon Port pour toutes ſortes de Bâtimens. Il eſt ſitué du côté du Nord-Eſt de l'Iſle. Sa reconnoiſſance eſt une petite Tour ronde & blanche, qui eſt ſur la pointe du Sud-Eſt de l'entrée du Port: environ cinq milles au Nord-Oueſt quart d'Oueſt de cette pointe, il y en a une autre très-haute & eſcarpée; entre les deux on voit un grand enfoncement. Un peu en dedans de la pointe de la droite, en entrant dans le Port, il y a une Forteteſſe à quatre Baſtions. Lorſqu'on vient du Sud-Eſt pour entrer dans le Port-Fornelle, il faut ranger à diſcrétion la pointe du Sud-Eſt, ſur laquelle eſt cette Tour blanche qui reſte ſur la gauche. En faiſant cette route, on découvre l'entrée du Port & la Forteteſſe qui eſt ſur la droite. Cette entrée du Port eſt fort étroite n'ayant qu'environ deux cens braſſes d'ouverture; mais elle s'élargit à meſure qu'on entre dans le Port, qui a près de deux milles de longueur & eſt preſque de figure ronde. Il y a dans le fond du Port une petite Iſle. Les Traverſiers ſont depuis le Nord-Eſt, juſqu'au Nord-Nord-Oueſt, & le Vent du Nord y donne à plain. Le mouillage ordinaire eſt du côté de l'Oueſt, à une petite portée du Canon de la Forteteſſe: on y trouve quatre à cinq braſſes d'eau fond d'herbe vaſeux. Du côté de l'Eſt de ce Port, il n'y a point de profondeur d'eau, non plus que dans le fond. Il y a même quelques roches qui pourroient gâter les Cables. A l'entrée du Port on trouve dix à onze braſſes d'eau, & juſqu'auprès de l'Iſle cinq braſſes. Du côté du Sud-Oueſt de l'Iſle de Minorque, il y a un peu d'enfoncement, où l'on pourroit mouiller; mais il ne faut pas approcher de cette Côte de trop près, parce qu'il y a quelques roches proche de l'Iſle. La Latitude de ce Port eſt de 40. d. 41′.

[c] Michelot, Port. de la Médit. p. 32.

1. PORT-FRANÇOIS, Port de l'Amérique Méridionale au Breſil, ſur la Côte Orientale, dans la Capitainerie de Fernambuc, entre la Riviére de St. Antoine de Padouë & celle de St. François. Mr. de l'Iſle [d] appelle ce Lieu *Port Vieil des François*.

[d] Atlas.

Hhh                    PORT-

2. PORT-FRANÇOIS, Port de l'Amérique Septentrionale, dans l'Isle de Saint Domingue, sur la Côte du Nord, à l'Occident du Cap-François, qui le forme.

PORT-GENOVEZ, Port d'Espagne, au Royaume de Murcie [a], dans le Gophe de Carthagène. A huit à neuf milles à l'Est-Nord-Est de l'Isle d'Ascombrera est le Port de Genovez. C'est une petite Anse avec quelques Plages au pied des Montagnes, dans laquelle on peut mouiller trois à quatre Galéres, derrière une pointe de moyenne hauteur, sur laquelle on voit une Tour ronde à la droite en entrant. Pour y aller mouiller il faut ranger sur la droite, à cause d'une séche qui est presque par le milieu de l'entrée, & à cause de quelques autres roches qui sont proche de la pointe de l'Ouest. Le Traversier est le Vent de Sud, qui est violent & fort dangereux. Entre l'Isle d'Ascombrera & ce Port, il y a une grosse pointe peu avancée en Mer qu'on appelle Cap-Suga; & environ deux milles au Sud-Est quart d'Est du Port-Genovez est une autre grosse pointe fort escarpée qu'on appelle Cap-Négre, au dessus duquel est une haute Montagne en pain de sucre. Toute la Côte est fort haute & fort escarpée, depuis cette Isle jusqu'au Cap de Palle.

PORT D'IVICA, Port de la Mer Méditerranée, sur la Côte de l'Isle d'Iviça au devant de la Ville de même nom [b]. A deux ou trois milles au Sud-Ouest quart de Sud du Cap Saint Hilaire, sont deux Ecueils hors de l'eau qu'on appelle les Fornigues de St. Hilaire. On peut passer à terre de ces deux Ecueils sans rien craindre; & environ trois à quatre milles à l'Ouest quart Sud-Ouest des Fornigues est l'entrée du Port d'Iviça, qui est presque vers le milieu de l'Isle du côté du Sud. Ce Port est d'une assez grande étendue; mais il y a peu d'eau dans le fond. En entrant, sur la pointe de la gauche, il y a une Forteresse assez considérable: cette pointe est d'une hauteur médiocre. La Ville d'Iviça est au pied de cette Forteresse en dedans du Port. Dans le fond du Port du côté de la Ville, il y a un petit Village, & presque vers le milieu du Port, il y a deux Moulins à Vent, proche desquels on va faire de l'eau. Vers le Nord-Est de la Ville, il y a une Isle de moyenne hauteur, & qui est assez longue. Lorsqu'on vient du côté de l'Est, elle ne paroît pas isolée. On ne peut point passer à terre de cette Isle, pas même avec des Batteaux. Du côté de l'Est de cette même Isle, il y a une grande Anse que bien des gens prennent pour le Port d'Iviça, lorsqu'ils viennent de l'Est. Plusieurs personnes s'y sont trompées faute d'attention & de connoissance: c'est un endroit à éviter, le fond n'en valant rien. A la pointe de cette Isle il y a un gros Ecueil, où il n'y a passage que pour des Batteaux. Il faut ranger cette Isle à discrétion. Le mouillage ordinaire est du côté de l'Isle, dont il vient d'être parlé, par trois, quatre, ou cinq brasses d'eau, fond d'herbe & de vase. Avec des Galéres on porte des amarres sur l'Isle & on a un fer en Mer vers le Sud-Ouest. Entre l'Isle & la pointe où est le Château d'Iviça, il y a cinq à six brasses d'eau. Devant la Ville on apperçoit un petit Mole, qui ne sert que pour les débarquemens; & il n'y a que des Tartanes ou petits Bâtimens qui puissent s'en approcher. Le Port d'Iviça est fort grand, mais il est rempli de vase & d'herbiez, & l'on va mouiller d'ordinaire proche de l'Isle, comme il a déja été dit. La Latitude de ce Port est de 39. d. 3'. Les Traversiers sont les Vents de Sud & de Sud-Est qui donnent droit à l'Embouchure. Environ quatre milles au Sud-Ouest quart de Sud de l'entrée du Port, il y a deux Ecueils hors de l'eau, de la grosseur d'un Batteau, entre lesquels on peut passer avec des Vaisseaux & des Galéres, y ayant six à sept brasses d'eau. Environ sept à huit milles au Sud-Ouest de la pointe du Port d'Iviça, il y a une longue pointe fort haute, qu'on appelle Cap-Saline. Entre ces deux pointes, il y a un grand enfoncement dans lequel on pourroit mouiller, proche de la pointe d'Iviça par six, sept & huit brasses d'eau en dedans des deux Ecueils, dont il vient d'être parlé. Cet endroit n'est propre que pour les Vents de Nord-Est, Nord, & Nord-Ouest, & lors qu'on ne peut gagner le Port d'Iviça.

PORT-LIGAT, Port d'Espagne, dans la Mer Méditerranée, sur la Côte de la Catalogne. Environ à deux milles vers le Nord-Est de l'entrée de Cadequié [c], il y a une grande Calangue qu'on appelle Port-Ligat. On y pourroit mouiller sept à huit Galéres pour les Vents de Sud-Est, Sud, jusqu'au Nord-Est, en portant des amarres d'un côté ou d'autre. On y est par trois, quatre & cinq brasses d'eau, fond d'herbe vaseux. L'Entrée de ce Port est du côté de l'Est qui est son Traversier. On y voit dans le fond sur une Montagne les débris d'une Tour que les François démolirent lors de la prise de Cadequié. C'est dans ce Port qu'on débarqua toutes les Troupes, les Canons, les Mortiers & les munitions pour le Siège de cette Place, qui n'en est éloignée que d'un quart de lieue. On y voit aussi sur le bord de la Mer deux petits Magasins de Pescheurs. Il ne se trouve point d'eau douce en cet endroit, à moins que d'aller fort loin dans un Vallon, où il y en a. A l'entrée de ce Port sur la gauche, il y a une roche à fleur d'eau, où la Mer brise presque toujours; mais elle est proche de terre. La pointe de la gauche en entrant est une grosse Isle, auprès de laquelle il y en a une autre encore plus grande & qui en est si proche, qu'il est difficile de distinguer de loin que ce soient des Isles, n'y ayant passage entre deux que pour des Batteaux. La pointe de la droite est fort haute & escarpée. Le Vent du Nord y souffle par dessus avec beaucoup de violence & par rafales. Vers l'Est-Sud-Est de l'entrée du Port-Ligat, il y a deux gros Ecueils, l'un auprès de l'autre, & quelques petits aux environs qu'on appelle les *Fornigues*. On peut passer sans crainte

[a] Michelot, Port. de la Médit. p. 18.

[b] Ibid. p. 24.

[c] Ibid. p. 51.

crainte entre eux & la terre, les rangeant à diſcrétion. On y mouille même, lorſqu'on ne peut gagner ni Cadequié, ni le Port-Ligat. Le fond y eſt bon.

PORT-LOUIS, Ville de France, dans la Bretagne, à l'Embouchure de la Riviére de Blavet [a]: elle ſe nommoit elle même auparavant BLAVET. C'eſt la ſeconde Place du Dioceſe de Vannes. Elle a une Citadelle & des Fortifications qui ont été faites par Louïs XIII. Ce Prince donna ſon nom à cette Ville & elle l'a conſervé depuis. Son Port eſt bon [b] & les plus grands Vaiſſeaux y arrivent aiſément, & paſſent juſqu'au fond de la Baye dans un Lieu nommé l'Orient, à l'Embouchure de Pontcrof. C'eſt dans ce Lieu qu'eſt le Magaſin & le principal Etabliſſement de la Compagnie des Indes depuis l'an 1666. Le Roi Louïs XIV. s'eſt avantageuſement ſervi de ce Port pendant la guerre, y ayant fait conſtruire & armer des Vaiſſeaux du premier rang. La ſituation de ce Port eſt ſi belle, que l'on a de la peine à s'imaginer pourquoi ſi peu de Marchands s'y ſont établis. La raiſon en eſt qu'ils ſeroient obligez de tirer de Nantes les Marchandiſes dont ils voudroient faire commerce, & qu'en ce cas-là ils ne pourroient les vendre au même prix que les Marchands de Nantes. Ainſi tout le commerce de cette Ville ſe reduit à celui de la Sardine & du Congre. On dit que la Ville de Port-Louïs vend tous les ans quatre mille Barriques de Sardine aux Marchands de Saint-Malo, qui ſont en poſſeſſion d'en faire le debit par toute l'Eſpagne & le long des Côtes de la Méditerranée. Le Bâtimens dont on ſe ſert pour cette pêche ſont de deux à trois tonneaux, montez de cinq hommes & allans à voile & à rame. Chaque Batteau porte au moins douze filets de vingt à trente braſſes, pour en changer, ſelon la quantité de poiſſons que l'on prend, qui eſt toujours très-grande. La pêche du Congre ſe fait dans l'Iſle de Groix ſur des bancs de rochers qui ſont. Il y a ordinairement trente à quarante Chaloupes employées à cette Pêche. Le Congre ne ſe ſale pas. On le ſèche comme la Morue de Terre-Neuve.

Le Duc de Mazarin eſt Seigneur de Port-Louïs. C'eſt un Gouvernement de Place; & il y a Etat Major, avec bonne Garniſon dans la Citadelle.

PORT-MAHON, Port de la Mer Méditerranée, ſur la Côte de l'Iſle de Minorque [c]. A la pointe du Sud de cette Iſle, il y a un Iſlet fort bas nommé LAIRE DE MAHON: il eſt éloigné de la pointe de Minorque d'une bonne portée de fuſil. On peut paſſer à terre de cet Iſlet avec des Galéres & des Barques, y ayant quatre braſſes d'eau dans le plus étroit paſſage, dont on voit le fond fort aiſément. De la pointe du Sud de l'Iſle Minorque à celle du Nord-Eſt, nommée la pointe de la Carde, la route eſt Nord-Eſt quart de Nord environ ſix milles. Sur le haut de cette pointe il y a une Tour de garde qui eſt ronde, & qui eſt ſituée ſur une éminence. Environ à une bonne portée de fuſil vers l'Oueſt-Sud-Oueſt de cette pointe de la Garde, eſt l'entrée du Port-Mahon. Il eſt tré-bon & reſſemble à une Riviére. Il n'a à ſon entrée qu'une demi-portée de fuſil de largeur; & une lieue de longueur. Le Vent qui y donne à plain dans l'entrée eſt le Sud-Eſt quart de Sud. Du côté du Sud-Oueſt de l'entrée, il y a une Citadelle ſur le bord de la Mer, & quelques maiſons auprès qu'il faut laiſſer ſur la gauche en entrant, obſervant de paſſer à mi-Canal, à cauſe de quelques petits rochers qui ſont des deux côtez. Il y a auſſi dans le Port quelques petits Iſlets qu'on laiſſe ſur la droite, avant qu'on ſoit arrivé devant la Ville de Mahon, qui eſt du côté du Sud-Oueſt. On mouille ordinairement devant la Ville qui eſt éloignée d'environ trois quarts de lieue de l'entrée du Port. Il faut s'y amarrer à quatre; ſavoir deux fers à la proue par ſept à huit braſſes d'eau fond d'herbe vaſeux & deux amarres qu'on porte à terre, ayant la poupe de la Galére vers la Ville à une demi-longueur de Galére de terre, où l'on trouve cinq à ſix braſſes d'eau. On fait de l'eau devant la Ville proche de la Mer. La Latitude eſt de quarante degrez deux minutes. On peut auſſi mouiller après avoir dépaſſé la Citadelle qui eſt à l'entrée du Port; mais il faut s'affourcher à quatre comme devant la Ville. On y peut auſſi faire de l'eau dans le fond de quelques Calangues qui y ſont. On peut paſſer tout autour des Iſles qui ſont dans le Port, ſi l'on en a beſoin. Il en faut pourtant excepter le côté Nord-Nord-Eſt de celle qui eſt devant la Ville, où il n'y a point de paſſage. On eſt tellement à l'abri de toutes ſortes de Vents dans ce Port, qu'il y a un Proverbe qui dit: Que dans la Méditerranée Juin, Juillet, Aout, & le Port-Mahon ſont la ſûreté des Vaiſſeaux. La Couronne d'Eſpagne céda ce Port avec toute l'Iſle de Minorque aux Anglois par l'Article XI. du Traité d'Utrecht.

Ce Port tire ſon nom de la Ville de Mahon [d], qui doit le ſien au fameux Magon, Capitaine Carthaginois, qui rendit tant de ſervices ſignalez à la République de Carthage, & qui eſt regardé comme le fondateur de Mahon. Cette Ville n'eſt pas grande; mais elle eſt paſſablement riche, à cauſe du commerce qui s'y fait. La Citadelle qu'on voit à l'entrée du Port, eſt le fameux Château de St. Philippe, qui ſelon *Dameto* paſſe pour imprenable, tant à cauſe de ſa ſituation qu'à cauſe de la grande quantité d'Artillerie, dont il eſt muni. Cependant dans la derniére guerre, on put remarquer que cet Auteur donnoit dans l'hyperbole, en parlant de la forte, puiſque les Anglois s'en rendirent maîtres ſans grands efforts.

PORT-DE-MALA-MORTE, Port d'Italie, ſur la Côte du Golphe de Naples. Vers le Nord du Cap de Mizène, environ à une demi-lieue, il y a un long enfoncement [e], où autrefois étoit un très-bon Port, qu'on appelle aujourd'hui le Port de Malamorte, dans lequel on peut pourtant encore aller mouiller, principalement avec

[a] Longuerue, Deſcr. de la France, p. 91.

[b] Piganiol, Deſcr. de la France, t. 6. p. 235.

[c] Michelot, Port. de la Médit. p. 32.

[d] Vayrac; Etat preſent de l'Eſpagne, t. I. p. 471.

[e] Michelot; Port. de la Médit. p. 116.

avec des Galéres. Ce Port a environ quatre cens toifes d'ouverture & un peu plus d'enfoncement. Du côté de la droite, il y a une longue pointe baſſe de roches unies, qui ſemble faite de main d'homme, au bout de laquelle il y a une longue traînée de roches ſous l'eau. Elles s'étendent à plus d'un Cable vers le Sud-Eſt, & au-deſſus il y a fort peu d'eau. De l'autre côté vers le Monte-Miſène, ou ſur la gauche en entrant, on voit encore cinq Piliers de brique, qui ſont des reſtes d'un ancien Mole ou Pont que les Romains avoient fait. On les voit au ras de l'eau & du même côté on trouve un Magaſin à Peſcheur & une Chapelle au-deſſus. Le fond de ce Port ſe rétrecit par le moyen de deux pointes. Sur celle de la droite en entrant, il y a une aſſez grande maiſon; & l'autre pointe qui eſt haute eſt une Preſqu'Iſle. Au dedans de ces deux pointes dans le fond du Port, il y a un grand eſpace de figure ronde, mais il n'y a que quatre à cinq pieds d'eau. Au delà c'eſt un grand Lac qu'on appelle MAREMORTE, & il y avoit autrefois dans cet endroit une Ville qui a été abîmée. Ce Lac n'a d'autre communication avec la Mer que par le moyen d'une Ecluſe qui eſt dans le fond du Port de Malamorte. Lorſqu'on veut entrer dans ce Port, il faut premiérement voir directement toute l'embouchure du Port, & venir ranger autant proche qu'on pourra le dernier Pilier que j'ai dit être à fleur d'eau, du côté de la gauche en entrant, où il y a quatre à cinq braſſes d'eau. Du côté droit il y a ſous l'eau pluſieurs ruïnes de Maiſons abîmées. On voit encore les appartemens de ces maiſons au travers de l'eau, & il ne faut pas s'en approcher. En continuant ſa route vers le fond du Port, on va mouiller un peu au dedans de cette maiſon à Peſcheur qui eſt du côté gauche; on y eſt par trois à quatre braſſes d'eau, fond d'herbe vaſeux. Mais il ne faut pas paſſer un Monticule de Rocher qui eſt au dedans de cette Maiſon ſur la gauche; car le fond manque tout-à-coup. Il ne faut pas non plus s'approcher à plus d'un Cable de cette Côte, parce qu'il y a auſſi pluſieurs maiſons abîmées, que l'on voit au travers de l'eau. Dès qu'on eſt entré dans ce Port, de la maniére qui vient d'être dite, on ne doit rien craindre de toutes ſortes de Vents. Celui du Sud-Eſt donne à plain dans ce Port; mais il n'y peut cauſer de Mer, à cauſe de tous ces Ecueils qui ſont à l'entrée. Cependant, avec un grand Vent de Sud-Sud-Eſt, on ne pourroit entrer dans ce Port, parce que le reſſac de la Mer eſt trop gros; & l'on auroit peine à gouverner, l'entrée briſant par-tout. A l'extrémité de cette longue traînée de roches de la droite en entrant, il y a cinq à ſix braſſes d'eau.

PORT-MARQUIS, Port de l'Amérique Septentrionale dans la Nouvelle Eſpagne ſur la Côte de la Mer du Sud [a], dans l'Audience de Mexico. C'eſt un bon Port ſitué à une lieue de celui d'Acapulco, du côté de l'Eſt. Mr. de l'Iſle écrit le PORT DE MARQUIS.

[a] De l'Iſle Atlas.

PORT-MAURICE, Port de la Mer Méditerranée, ſur la Côte de Gènes [b]. Ce Port eſt à huit ou neuf milles de la pointe de S. Eſtevent. Il y a un Bourg, ou une petite Ville du même nom, entourée de murailles & de quelques Fortifications. Elle eſt ſituée ſur une éminence près de la Mer. Auprès de la Ville du côté de l'Eſt, il y a un Couvent & quelques maiſons auſſi près de la Mer. On voit dans cet endroit une pointe baſſe de rochers, qui donnent un peu d'abri. On y tire les Barques & les Batteaux à terre. Ce Port a été comblé par ordre de la République de Gènes, ainſi que quelques autres dépendans du même Etat, pour faire rechercher le Port principal & le rendre plus fameux.

[b] Michelot, Portulan de la Méditer. p. 87.

PORT-MEZENO, Port de l'Iſle d'Iviça, dans la Mer Méditerranée [c]. Environ vingt milles à l'Eſt quart Nord-Eſt du Cap Comigiur, eſt une groſſe pointe où du côté de l'Eſt il y a une Anſe qu'on appelle MEZENO ou le PORT-MEZENO. Dans cette diſtance on trouve une autre petite Anſe où on peut mouiller des Vents à la terre. On la nomme MAGNO. Il y a cinq, dix, ou quinze braſſes d'eau; & elle eſt environ ſix à ſept milles à l'Oueſt de Mezeno, qui eſt une petite Anſe du côté du Nord de l'Iſle d'Iviça. On y peut mouiller par ſix, huit, ou neuf braſſes d'eau, fond d'herbe vaſeux. Les Habitans de l'Iſle appellent cette Anſe *Garache-Fraque*. C'eſt un Lieu fort deſert entre deux Montagnes fort eſcarpées, où il n'y a aucune habitation. Cet endroit néanmoins eſt bon pour des Galéres qui viendroient du côté du Nord, lorſque les Vents ſont au Sud-Eſt, Sud & Sud-Oueſt. Dans le fond de l'Anſe il y a une petite Plage, derriére laquelle on trouve de l'Eau douce aſſez bonne. Le Traverſier eſt le Vent de Nord. Il y faut faire attention pour ne pas ſe laiſſer ſurprendre, & il faut être diligent à tourner la pointe de l'Iſle d'Iviça.

[c] Ibid. p. 22.

LE PORT MOUNTAGUE, dans l'Amérique Méridionale [d]; il eſt à 6. degrez 10′. de Latitude & à 151. milles Oueſt du Méridien du Cap St. Georges. Le Pays des environs eſt montagneux rempli de Bois, de Vallées & d'agréables Ruiſſeaux. La terre des Vallons eſt profonde & jaunâtre, mais celle des Collines eſt d'un brun fort obſcur, peu profonde & pierreuſe au deſſous, quoique admirable pour le plantage. Les Arbres en général n'y ſont pas fort droits, ni épais, ni hauts; mais ils paroiſſent verds, & font plaiſir à la vue. Les Cacaotiers ſur-tout viennent bien dans le Pays tant ſur les Bayes de la Mer que dans les plantations. Leurs noix ſont d'une groſſeur médiocre, mais le lait & le noyau ſont fort épais & d'un goût admirable. On y trouve du Gingembre, des Yams, & d'autres racines pour le pot. Les Animaux terreſtres que l'on y a vus en y abordant, ſont des Cochons & des Chiens: à l'égard des Oiſeaux il y a des Pigeons, des Perroquets, des Cockadores & des Corneilles, comme celles que l'on voit en Angleterre.

[d] Dampier, Voy. de la Nord Hollande, tom. 4. p. 4.

ré. La Mer & les Riviéres y abondent en poisson.

PORT-AUX-MOUTONS, Port de l'Amérique Septentrionale, sur la Côte de l'Acadie, à sept lieues au Midi Occidental du Port de la Hayve, & environ à neuf lieues du Cap de Sable. Ce Port est à la hauteur de 44. d. quelques minutes de Latitude, & comme fermé par une petite Isle que l'on voit à son entrée [a]. Ce Port est rond & reçoit la Mer par deux embouchures. Celle qui est du côté du Nord n'a que deux brasses de profondeur, & celle qui est du côté du Sud en à trois ou quatre & le Port sept à huit. Deux petites Riviéres y entrent, & il y a au milieu six petites Isles. La Côte qui l'environne est toute couverte de Bocages, à cause des Marais voisins. Il s'y trouve quantité de Cerfs & d'autres Bêtes sauvages.

[a] De Laet. Descr. des Indes Occ. liv. 2. c. 14.

PORT-DE-NEPTUNE, ou NATON, Port d'Italie, sur la Côte de la Campagne de Rome. Tout près du Cap d'*Antio*, ou d'*Anzo* & du côté de l'Est [b], il y a un Mole en forme d'un chrochet que le Pape fit faire en 1699. On l'appelle le Port-Neptune, ou vulgairement le PORT-NATON. On y peut mouiller avec des Galéres & autres moyens Bâtimens; c'est un grand secours pour les Vaisseaux de trouver un Azyle au milieu de toutes ces Plages dangereuses. Ce Port a déja sauvé bien des Bâtimens & des personnes qui seroient péries sur ces Côtes. Ce Mole est situé au bord d'une plage de sable, sur les débris d'un Port que l'Empereur Néron avoit fait faire. Il s'avance en Mer deux cens toises vers le Sud. A l'extrémité il y a un crochet avancé vers l'Est de quatre-vingt-dix toises. Ce Mole à crochet ferme le Port, & met les Bâtimens à l'abri des Vents & de la Mer du large. Sur cette extrémité il y a un petit Fort quarré, armé de quelques pièces de Canon, & une Tour au milieu, où est un Fanal qu'on allume le soir pour la reconnoissance. Dans l'Angle, autrement dans le coude du Mole, il y a un autre petit Fort semblable au premier, proche duquel on a bâti de grands Magasins pour les Galéres du Pape & pour l'entretien du Port; & joignant ces Magasins il y a une Chapelle. Entre la Pointe du Cap d'Ancio & ce Mole, il y a environ quatre cens toises, & depuis cette Pointe en venant vers le Mole, on voit encore les ruines du Port que l'Empereur Néron avoit fait bâtir. La plûpart de ces ruines sont hors de l'eau & quelques autres sous l'eau. On voit encore d'autres ruines de ce même Port près du Mole qu'on a fait nouvellement. Tous ces débris qui sont bâtis de brique renferment un grand espace, où étoit anciennement le Port d'*Antium* qui est maintenant comblé de sable. Quand on veut entrer dans le nouveau Mole ou Port de Neptune, si l'on vient du côté de l'Ouest, il faut premiérement s'écarter un peu de tous ces débris, ensuite ranger à discrétion la pointe du Mole où est le Fanal & conduire le long de ce Mole, mouillant à discrétion le fer de la droite: ensuite on porte deux amarres à poupe vers l'Est du Mole & une autre de proue sur l'autre Mole vers le Nord-Ouest. Ainsi on reste la poupe au Mole, vers la Mer & la proue vers la plage étant amarré à quatre. Tout proche la tête du Mole il y a seize pieds d'eau & en dedans quinze à quatorze. Le fond est vase & sable. On y peut mettre six Galéres aisément avec leurs rames & huit à dix ayant leur rames retirées. On ne doit point appréhender les Vents, ni la Mer du large dans ce Port. Le Vent Est-Nord-Est en est le Traversier; mais comme il vient du côté de la terre, il ne peut causer de grosse Mer, qui est ce qu'il a de plus à craindre dans un Port. De la tête du Mole allant vers la Plage environ cent dix toises, il y a depuis quinze jusqu'à dix pieds d'eau; de sorte qu'on ne doit point appréhender de s'amarrer de ce côté-là pour bien prendre son poste. Il ne faut pourtant pas s'avancer plus avant que les Magasins qui sont sur le grand Mole. Presque au milieu de ce Mole, il y a une Fontaine avec plusieurs tuyeaux, où l'on peut faire de l'eau sans sortir même des Bâteaux, & cette eau est fort bonne. Il y a une autre Fontaine très-considérable au commencement du Mole & elle est très-magnifique. Au delà on voit une grande Maison qui facilite la reconnoissance de ce Port, lors qu'on vient du large. La Ville de Neptune ou Nettuno est à deux milles au Nord-Est quart d'Est du Mole de Neptune.

[b] Michelot, Portul. de la Méditer. p. 109.

PORT DE PAIX, ou PORT PEY, Bourg & Paroisse considérable, dans l'Isle de St. Domingue, à la Bande du Nord, vis-à-vis l'Isle de la Tortue, entre la Pointe des Palmiers & l'Embouchure des trois Riviéres. Ce Bourg fut brûlé par les Espagnols & par les Anglois en 1669. Il n'a pas laissé que de se rétablir, & il est à présent bien peuplé d'habitans qui sont fort riches. L'Eglise Paroissiale étoit autrefois desservie par les Capucins. Ce sont les Jésuites qui la desservent à présent. Le Port est le premier Poste où les François se sont établis à la grande Terre, & c'étoit autrefois la résidence du Gouverneur des Côtes Françoises de Saint Domingue. Son Port est couvert du côté du Nord par l'Isle de la Tortue, & l'ancrage est bon.

Le Fort de Port-Paix [c] est situé sur une hauteur, qui peut avoir environ quatre cens cinquante pas de long, sur cent cinquante à deux cens pas de large. Le côté du Nord regarde la Mer qui bat au pied de son escarpe, qui naturellement est inaccessible de ce côté-là. La pointe de l'Est regarde le Bourg; elle est couverte d'un Bastion & d'un demi Bastion, avec un fossé, & un chemin couvert palissadé. Le côté du Sud a des redans & des plateformes aussi-bien que le côté, ou la pointe de l'Ouest. L'Angle qui joint ces deux côtez étoit couvert d'un Bastion, que les Batteries des ennemis avoient éboulé. Ce Fort est élevé de quinze à dix-huit toises au-dessus du terrain où le Bourg est bâti,

[c] Le Pere Labat, Voy. de l'Amérique, t. 2. p. 227.

& tout le côté du Sud & de l'Oueſt juſqu'à la Mer, eſt environné d'une Savanne de cinq à ſix cens pas de large, qui ſe termine à une Côte de la même hauteur à peu près que celle où le Fort eſt ſitué. De l'autre côté du Bourg, & ſur la pointe de l'Eſt qui forme l'Anſe ou le Port, il y a une hauteur qui commande le Fort, mais qui en eſt éloignée de plus de huit à neuf cens pas.

Toute l'enceinte du Fort eſt de bonne maçonnerie, & fort entiére, n'y ayant de ruïné que le Baſtion du Sud-Oueſt, & la Maiſon du Gouverneur. C'étoit un Ouvrage de M. de Cuſſy qu'on peut regarder comme le Pere & le Fondateur de la Colonie Françoiſe de Saint Domingue, quoiqu'il n'ait pas été le premier qui ait porté le titre de Gouverneur. Cette Maiſon étoit ſituée à la gauche de l'entrée de la Forteresſe, dans une très-belle ſituation. Elle étoit en plate-forme, grande, & ſi ſolidement bâtie, que les Ennemis avoient été obligés de la miner pour la détruire. Il y avoit encore quantité de poutres, de ſolives, & d'autres bois entremêlez dans les ruïnes. Il ne coûteroit pas beaucoup à la rétablir, & elle le mérite bien; mais les interêts de ceux qui font travailler pour le Roi, ou pour le Public dans ces Pays éloignez, ne s'accommodent pas avec l'économie qu'on pourroit avoir dans ces ſortes d'Ouvrages, & c'eſt ce qui empêche ſouvent les Miniſtres de les entreprendre. On voit autour de cette Maiſon beaucoup de ruïnes de Bâtimens, comme de Magazins, Offices, & autres dépendances d'une Maiſon de conſéquence: il y en a même encore quelques-unes debout & tout entiéres. Le côté du Fort qui regarde la Mer étoit rempli de Bâtimens, qui étoient, ſelon les apparences, les logemens de la Garniſon & des Officiers, qui pour la plûpart étoient encore aſſez en bon état; un d'eux ſervoit de priſon. L'eſpace entre ces derniers Bâtimens & la Maiſon du Gouverneur ſervoit de Place d'armes. Les Corps de Garde des deux côtez de la Porte, & le Pont-Levis étoient tout entiers. La Pointe du Fort du côté de l'Oueſt étoit occupée par un Jardin, qui avoit été très-beau, & qui bien que négligé depuis tant d'années, étoit encore le plus beau que l'on vît en Amérique.

Ce Fort fut attaqué par les Eſpagnols & les Anglois unis enſemble pendant la Guerre de 1688. ils avoient, ſelon le rapport d'un Officier, trois Batteries. Celle qui étoit à la Pointe de l'Eſt tiroit dans le Fort qu'elle découvroit beaucoup; mais comme elle étoit fort éloignée, & que les meilleures piéces de Canon des François étoient de ce côté-là pour défendre la Rade, elle ne fit pas grand mal, & fut bien-tôt démontée. Les deux autres étoient ſur la Côte qui regarde le côté du Sud de la Forteresſe. La plus voiſine du Bourg, tiroit ſur la Maiſon du Gouverneur, qu'on regardoit comme le Donjon. L'autre qui étoit éloignée d'environ deux cens pas de celle-là battoit en brêche le Baſtion de l'Angle du Sud-Oueſt. Après qu'ils eurent bien conſumé de la poudre & des boulets, ils vinrent enfin à bout de faire une brêche conſidérable au pied de ce Baſtion, & même de le faire ébouler, ſans que les François plus ſavans dans l'art de prendre les Places que de les défendre, ſe miſſent en devoir de faire ni épaulement, ni foſſé, ni retranchement derriére cette brêche. La conſternation ſe mit parmi eux dès qu'ils virent ce Baſtion renverſé, & ils prirent la réſolution d'abandonner le Fort, & de ſe ſauver du côté de l'Oueſt, vers un endroit qu'on nomme les trois Riviéres.

PORT-PALLEAU, Paroiſſe de France, dans la Bourgogne au Dioceſe de Dijon. C'eſt une Paroiſſe ſituée dans des lieux bas & marécageux. Quatre Riviéres ſe joignent dans cette Paroiſſe ; ſavoir la Dueſne, la Vauduine, la Bourgeoiſe & la Riviére de Nuits. Cette derniére eſt navigable l'Hyver & pourroit l'être en tout tems, ſi l'on vouloit. Il y a dans la Paroiſſe de Port-Palleau beaucoup de Vignes & d'aſſez bonne qualité.

PORT-PAQUET, Port de l'Iſle Majorque, dans la Mer Méditerranée [a], Environ neuf à dix milles au Sud-Eſt quart d'Eſt de la Dragonniére eſt la pointe de l'Oueſt du Port-Paquet. Elle eſt fort groſſe & fort eſcarpée, & l'on peut ranger cette Côte fort proche. Près de quatre milles à l'Eſt Sud-Eſt de la pointe de l'Oueſt du Port Paquet, il y a une longue pointe appellée le Cap de la Savatte, ſur laquelle eſt une Tour de garde qui eſt quarrée, & vis-à-vis de laquelle il y a un gros Iſlet, & un plus petit auprès, avec quelques Roches ſous l'eau. Il y en a auſſi d'autres ſous l'eau, dont il faut s'éloigner lorſqu'on paſſe de ce côté là: on peut pourtant paſſer à terre de ces Iſlets avec des Batteaux. Entre ces deux pointes il y a un grand enfoncement, dans le fond duquel vers le Nord-Oueſt il y a une groſſe pointe, ſur laquelle eſt une Tour de garde : & derriére laquelle ſe trouve du côté du Nord une grande Calanque, où l'on peut mouiller avec dix à douze Galéres, par quatre à cinq braſſes d'eau, fond d'herbe & vaſe; c'eſt ce qu'on appelle le Port-Paquet. Le Vent qui incommode le plus eſt le Vent du Sud; mais ſi l'on n'a que cinq à ſix Galéres, on peut y être à couvert de tous les Vents du large: il n'y a que le *Reſſac* de la Mer qui puiſſe nuire. Du côté du Nord on voit une petite Plage, ſur laquelle à quelque diſtance de la Mer, il paroît deux maiſons & deux puits, où l'on peut faire de l'eau.

PORT DE PILES, Bourg de France, dans le Poitou Ce Lieu eſt renommé parce que c'eſt un grand paſſage. Il eſt ſitué ſur la Creuſe, près de ſa chûte dans la Vienne, aux Frontiéres de la Touraine.

PORT-DE-POMEGUE, Port de France dans la Mer Méditerranée [b], ſur la Côte Méridionale de l'Iſle de Saint-Jean, ou

[a] *Michelot, Portulan de la Méditer. p. 26.*
[b] *Ibid. p. 64.*

de

de Pomégue, & presque vers le milieu de l'Isle. Voyez POMEGUE. Ce Port est proprement une grande Calanque formée par une petite Isle presque contiguë à l'Isle de Pomégue. Il y a dans le fond depuis trois jusqu'à six brasses d'eau, fond d'herbe vaseux. Les Vaisseaux qui viennent du Levant font ordinairement quarantaine dans cet endroit. On s'y amarre à quatre; savoir de poupe & de proue, avec une bonne ancre à la Mer vers l'Est. Le Traversier est le Vent de Nord-Est.

PORT-AU-PRINCE, PORT-DU-PRINCE, ou PORTO-DEL-PRINCIPE, Ville de l'Amérique Septentrionale, sur la Côte Méridionale de l'Isle de Cuba, selon Mr. Corneille [a], qui devoit dire sur la Côte Septentrionale pour parler juste. Elle est située entre Porcalho, à l'Occident Septentrional & Barracoa, qui est du côté de l'Orient Méridional. Mr. Corneille ajoute: Oexmelin dans son Histoire des Indes Occidentales dit que cette Ville à un Port appellé Sainte Marie, & qu'elle est située au milieu d'une grande Prairie, où les Espagnols ont quantité de Parcs qu'ils nomment *Hatos*, dans lesquels ils nourrissent quantité de Bêtes à corne, pour en avoir le suif & les cuirs. Ils ont aussi beaucoup de *Materias* ; c'est-à-dire des lieux, où les Boucaniers se retirent pour tuer des Bêtes sauvages & y faire secher les Cuirs. Ces Cuirs sont appellés de *Havana*, parce qu'on les porte de la Ville de Port-au-Prince à celle de Havana Capitale de l'Isle.

De Laet, dans sa Description des Indes Occidentales [b] dit que PORTO DEL PRINCIPE, passe pour le quatrième Lieu de l'Isle & que son Port est fort estimé des Navigateurs. Il la met pareillement sur la Côte Septentrionale de l'Isle, à quarante lieues de San Yago vers le Nord-Nord-Ouest. Dans le voisinage de Porto-del-Principe, près du rivage de la Mer, il se trouve des Fontaines de bitume. Monardès en a parlé [c]. Ce bitume est noir comme de la poix, d'une mauvaise odeur, & les Indiens s'en servent contre les maladies froides. Les Espagnols en usent pour enduire leurs Vaisseaux & le mêlent avec du suif pour le mieux étendre. Oviedo [d] parle aussi de ce bitume: il dit que quoiqu'il coule de tems en tems, on le tire le plus souvent hors de terre par morceaux.

PORT-AUX-PRUNES, Port d'Afrique, sur la Côte Orientale de l'Isle de Madagascar, entre Sahaveh & la Riviére de Maroharats [e]. On nomme aussi ce Port Tametavi. Il est situé sous les 18. d. 30'. de Latitude Méridionale; & il donne le nom à une assez grande étendue de Pays aux environs.

Le PAYS DU PORT-AUX-PRUNES, s'étend le long de la Côte de la Mer, depuis le Port de Tametavi jusqu'à la Baye d'Antongil, nommée aussi Manghabei, qui est située par les 15. degrez. Il est bordé du côté de la terre par les Montagnes & les Provinces des Vohits-Anghombes & Ansianach. C'est un Pays riche & très-fertile en Ris & en excellens Pâturages. Les Habitans sont bons naturellement, ennemis du meurtre & du vol, & fort soigneux de travailler. Ils s'appliquent entre autres à cultiver la terre: ils vont le matin à leurs plantages & ne retournent que le soir. Ils nourrissent des Taureaux & des Vaches uniquement pour le laitage & pour les sacrifier, lorsqu'il y a quelqu'un d'entre eux de malade. Il n'y a parmi eux que ceux qui savent une certaine priére qu'ils nomment Mivoreche, qui ont droit de couper la gorge aux Bêtes; en quoi ils sont si scrupuleux, qu'ils mourroient de faim, plûtôt que de manger de la viande d'une Bête qu'un Chrétien ou un autre homme auroit tuée. Ils sont tous sortis d'une même race qu'ils nomment *Zaffehibrahim*, c'est-à-dire de Race d'Abraham. Ils ne connoissent point Mahomet & nomment ceux de sa Secte Cafres. Ils connoissent Noé, Abraham, Moyse & David; mais ils n'ont aucune connoissance des autres Prophétes, ni de JESUS-CHRIST. Ils sont circoncis. Ils ne travaillent point le Samedi & ils ne font aucune priére ni jeûne; mais seulement des sacrifices de Taureaux, de Vaches, de Cabrits & de Cocqs. Ils se sentent un peu du Judaïsme. Ils sont hospitaliers & assistent volontiers ceux qui sont dans quelque peine. Les Esclaves ne sont point chez eux en qualité d'Esclaves; mais leurs Maîtres les nomment leurs enfans, ils leur donnent même leur Filles en mariage, quand ils s'en rendent dignes par leurs services. Ils se gouvernent par Villages, dont les Maîtres se nomment Philoubei. Ils élisent entre eux un Ancien de la Lignée, pour être l'Arbitre des autres Philoubei; & chacun exerce la Justice dans son Village. S'ils ont la guerre contre des Peuples qui ne sont point de la Lignée, la querelle devient commune: ils s'arment pour se soutenir; mais si ce sont quelques Philoubei qui ayent la guerre entre eux, on tâche de les accorder, ou bien on les laisse s'entre-battre. Les Villages sont mieux situez & disposez qu'en aucun autre Pays. Ils sont tous sur le haut des Montagnes, qui sont peu élevées & très-fertiles, où le long des Riviéres tous entourez de pieux. Il n'y a que deux portes à cette enceinte. L'une est pour passage ordinaire, l'autre regarde le Bois & leur sert pour s'enfuir quand ils sont attaquez par leurs Ennemis & qu'ils se trouvent les plus foibles. Ils sement leur Ris dans les Montagnes & dans les Vallées, après avoir coupé les bois qui sont pour la plûpart des espéces de Cannes creuses, que l'on nomme par toute l'Isle Voulou & dans les grandes Indes Bambu ou Mambu. Lorsqu'elles sont seches, ils y mettent le feu. Ce sont les femmes & les filles qui sement ou plûtôt plantent le Ris; ce qu'elles font en un même jour, s'assemblant pour cela dans tous les Villages de la Contrée. Elles tiennent chacune un bâton pointu, avec lequel elles font un trou dans la terre & y jettent deux grains de Ris qu'elles couvrent avec le

1. PORT-ROYAL, Abbaye de l'Isle de France, à six lieues de Paris entre Chevreuse & Versailles. C'étoit une Abbaye de Filles de l'Ordre de Cîteaux, & qui étoit Eléctive & Triennale depuis 1629. Elle avoit été fondée en 1204. par le Roi Philippe-Auguste, ou plûtôt par Eudes de Sully, Evéque de Paris, & par Mathilde, Fille de Guillaume de Garlande Seigneur de Livry, & femme de Mathieu de Montmorency, Seigneur de Marly. Mr. Arnaud s'y étant retiré pendant un certain tems, auprès de la Mere Angélique sa sœur, qui en étoit Abbesse, plusieurs Ecclésiastiques & même des Séculiers l'y suivirent & y composérent divers Ouvrages François, qui furent fort recherchez. Elle fut détruite dans le commencement de ce siècle par les ordres de Louis XIV. On nommoit aussi cette Abbaye Port-Royal des Champs, pour la distinguer de l'Abbaye de Port-Royal de Paris, qui étoit un demembrement de Port-Royal des Champs. Ce démembrement fut fait en 1627. La Fille a succédé à la Mere. On lui a uni les revenus de celle-ci qui étoient de vingt-deux mille livres.

2. PORT-ROYAL aujourd'hui ANNAPOLIS, Ville de l'Amérique Septentrionale, Capitale de l'Acadie, ou de la Nouvelle Ecosse, sur la Côte de la Baye des Chaleurs. Elle est située à 44. d. 40'. de Latitude sur le bord d'un très-beau Bassin, qui a près de deux lieues de long & une lieue de large. Celui où les François s'établirent en 1605 [a]. ne consistoit qu'en un petit nombre de Maisons à double étage où peu de gens de distinction habitoient. Il ne subsistoit que par le commerce des pelleteries, que les Sauvages y alloient échanger pour des Marchandises de l'Europe. Il s'aggrandit un peu depuis le commencement de la guerre de 1689. par l'abord de quantité d'habitans des Côtes du voisinage de Boston, Capitale de la nouvelle Angleterre. Il s'y en jetta beaucoup par la crainte qu'ils eurent que les Anglois ne les pillassent & ne les emmenassent dans leur Pays. Mais en 1690. [b]. Williams Phips, ayant attaqué le principal Fort de Port-Royal, le 2. de Mai avec sept cens hommes, s'en empara après deux ou trois jours de résistance. Cette Ville a eu le sort de l'Acadie; après avoir plusieurs fois changé de maître elle a enfin été cédée à la Couronne de la Grande-Bretagne par le Traité d'Utrecht.

Le Port qui donne le nom à la Ville a, comme je l'ai déja remarqué, près de deux lieues de longueur & une lieue de largeur. A l'entrée on trouve dix-huit à vingt brasses d'eau, & quatre à six brasses entre la terre & l'Isle aux Chévres, qui est au milieu & semble partager ce Bassin en deux. Ce Pont passe pour un des plus beaux de tout le Pays; ce qui a été cause qu'on lui a donné le nom de Port-Royal. Il y peut mouiller de grands Vaisseaux [c], & ils y sont en toute sûreté. Le mouillage est bon par-tout. Dans le fond du Bassin il y a comme une pointe de terre sur laquelle on a bâti un Fort assez considérable. Cette pointe est baignée par deux Riviéres qui ne viennent pas de bien loin. L'une est à la droite & l'autre à la gauche. La marée y peut monter jusqu'à huit ou dix lieues. On voit quantité de Prairies des deux côtez. La marée les couvroit avant qu'elles eussent été desséchées. Outre ces deux Riviéres il s'en décharge encore une autre dans le Bassin, & celle-ci est très-poissonneuse.

Le Pays des environs de Port-Royal n'est point trop montagneux. La Vigne sauvage y croît naturellement, ainsi que le Noyer. Il y a même fort peu de neige dans ce Quartier & fort peu d'Hyver. La chasse y est bonne toute l'année : le Lapin, la Perdrix, les Tortues, & diverses autres sortes de Gibier de bois s'y trouvent en abondance, ainsi que les Oiseaux de Riviére & de Mer. Enfin on peut dire que le Pays y est très-agréable soit en Eté soit en Hyver.

3. PORT-ROYAL. Voyez PORTO-ESCONDEDO.

4. PORT-ROYAL, Port de l'Amérique Septentrionale, sur la Côte Méridionale de la Jamaïque, à quatre lieues ou environ de la Capitale de l'Isle qu'on appelle S. Yago. Port-Royal étoit autrefois Caguay. La Ville qui prend son nom de ce Port est située [d] au bout de cette longue pointe de terre qui fait le Port : il n'en fut jamais de meilleur ni de plus commode ; il est commandé par l'un des plus forts Châteaux que le Roi d'Angleterre ait en toute l'Amérique, où il y a bonne Garnison, & soixante pièces de Canon. Le Port est fermé naturellement par une pointe de terre, qui s'étend douze milles de long vers le Sud-Est : la grande Riviére qui passe par *los Angelos* & par S. Yago, se décharge dans le Port ; on fait aiguade avec plaisir dans cette Riviére, & l'on y fait aussi telle provision de bois qu'on veut. Le Port presque par-tout a deux ou trois lieues de largeur. L'ancrage y est bon par-tout, & la profondeur y est si grande, qu'un Vaisseau de mille tonnaux peut aborder le rivage, jetter des planches à terre, charger & décharger sans aucune cérémonie. Cela est cause que les Vaisseaux de guerre & les Vaisseaux Marchands, préférent ce Port à ceux de l'Isle. Et la même considération y attire force Marchands Cabaretiers, Brasseurs de Biére, & force Magasins : car c'est le Lieu de tout le pays où se fait le plus de commerce. Il peut contenir environ huit cens Maisons, & a douze milles & demi de longueur. Les Maisons ne sont pas plus chéres dans les Rues de Londres qu'elles sont à Port Royal. Cependant la situation n'en est pas belle & elle est même assez incommode : car il n'y a ni terres, ni bois, ni eau douce, le fond n'y est autre chose qu'un sable chaud & sec, & le grand nombre d'Etrangers & d'Habitans ou Colonies qui s'y transportent de tous côtez pour leurs affaires, & pour le commerce, dont ce Port

[a] Voy. du Baron de la Hontan, t. 2.
[b] Etat présent de la Gr. Br. t. 3. p. 156.
[c] Denis, Descr. de l'Amér. Sept. t. 1. c. 2.
[d] Thomas, Relat. de la Jamaïque, pag. 13.

POR.  POR.

Port est le centre, y rendent toutes choses extrémement chéres.

PORT-SAINT. Voyez PORTO-SANTO.

PORT-SAINT-JULIEN, Port de l'Amérique Méridionale [a], dans la Terre Magellanique, sur la Côte de la Mer du Nord au Pays des Patagons, à l'Embouchure de la Riviére de Saint-Julien. Ce fut en 1520. que Ferdinand Magellan donna le nom de St. Julien à ce Port; il fit pendre Jean Carthagena, Evêque de Burga, son cousin, pour avoir voulu se mutiner contre lui & il laissa l'Aumônier à terre, qui fut ensuite massacré par les Naturels du Pays. Ce fut encore dans ce Port que le Chevalier François Drake arriva le 20. de Juin 1572. & qu'il y fit décapiter sur une Isle qui y est enclavée, un certain Thomas Doughty, qui avoit conjuré sa perte, & formé le dessein de retourner en Angleterre avec son Vaisseau. C'est pour cela qu'il la nomma l'Isle de la Bonne-Justice.

La température de l'air paroît au Port St. Julien en Hyver la même qu'en Angleterre. Le Pays à 20. milles à la ronde, est sec, stérile, plein de Rochers & de gravier, sans bois & sans eau. Il n'y a que peu de buissons du côté de la Mer, & plus l'on avance dans le Pays & moins l'on en trouve. La Péche & la Chasse y sont bonnes. On y voit grand nombre de Bêtes sauvages ou de Brebis sauvages que les Espagnols nomment Wianaques. Elles ont douze palmes de haut. Pour la figure de la tête & la longueur du cou, elles ressemblent au Chameau; mais pour le reste du corps & de la croupe elles approchent beaucoup du Cheval. Leur laine, est la plus fine qu'on puisse voir. Elles sont fort craintives, vont par troupes de six ou sept cens, & dès qu'elles apperçoivent quelqu'un elles ronflent avec leurs narines & hennissent comme les Chevaux. On voit encore ici quantité d'Autruches qui courent si vîte, qu'il est impossible de les attraper sans Chiens; des Liévres qui sont extrémement gros, des Renards plus petits que les nôtres, & de toute sorte de Gibier. On y trouve aussi un petit Animal qui n'est pas tout-à-fait si gros que la Tortue de terre, & qui est couvert sur le d'os d'une écaille séparée en deux pièces qui se joignent ensemble. Sa chair est d'un goût exquis: les Espagnols l'appellent le Cochon cuirassé. Il y en a un autre bien plus singulier, qui a la queue épaisse & à qui l'on a donné le nom de Grondeur ou de Souffleur; parce qu'il ne voit pas plûtôt quelqu'un, qu'il gronde, souffle & grate la terre avec ses pieds de devant, quoiqu'il n'ait pour toute défense que son derriére, qu'il tourne vers celui qui l'approche, & d'où il fait sortir des excrémens d'une odeur détestable.

L'Eau est rare à la vérité dans ce Pays, mais ce n'est qu'en Eté, puisqu'en Hyver on trouve de l'eau de neige en plusieurs endroits, dont le plus commode est dans le Havre. Pour le Bois, quoiqu'il y en ait plus ici qu'au Port-Desiré, si quelques Vaisseaux y devoient passer l'Hyver, ils auroient assez de peine à en trouver pour leur besoin; il n'y en a que fort peu dans le voisinage de la Mer, & ce n'est même que du menu bois, propre à faire des fagots.

*Avis aux Navigateurs.*

Il ne sera pas inutile d'avertir ici les Navigateurs, que pour entrer dans ce Port, il faut observer ce qui suit. Quand on est arrivé au Nord du Cap de Saint George, ou du Port-Desiré, on doit passer entre la premiére terre haute que l'on voit sous le 48. degré 40'. de Latitude Mérid. qui est aussi celle du Port, & la terre basse. Mais si l'on arrive au Sud de ce Havre, on trouve que la terre y est sous le 50. degré 20'. de Latitude, qu'elle est basse, sans arbres ou hauteurs, & qu'il n'y a que des Collines blanches & escarpées du côté de la Mer. Après qu'on a fait le Havre, on peut venir mouiller vis-à-vis, à sept, huit, neuf ou dix brasses d'eau; mais il y a un banc de Roche à son embouchure, qui en haute Mer est couvert de quatre brasses d'eau, & où il n'en reste que quatre pieds, lorsque la Mer a refoulé. Pour traverser cette Barre, le plus sûr est de sonder le Canal & d'y mettre quelque Balise, parce que le fond de la Baye change sans doute par la violence des tempêtes; mais il ne faut pas oublier de laisser au Nord-Ouest le Cap-Pierreux, de même que certains endroits blancs d'une Montagne qui est dans les terres. Quand on voit que l'un & les autres s'enfilent, alors on peut entrer & sortir sans risque. D'ailleurs pour avoir une marque certaine, qu'on est sur la Barre, il y a dans la Baye au Nord-Est, à un mille & demi, ou environ de l'Embouchure du Havre, quelques Collines blanches qui ressemblent à des Isles; quand on est vers le milieu de ces Collines, vis-à-vis une ouverture en forme de celle qui paroît au delà dans les terres, alors on est sur la Barre. Après l'avoir passée, on n'a qu'à continuer tout droit sa route environ un mille & demi, où l'on peut donner fond à six ou sept brasses d'eau; mais le meilleur endroit pour amarrer, est entre l'Isle de la Bonne-Justice, & une autre qui est voisine. Enfin les marées sont quelquefois incertaines dans ce Havre, car si le Vent est au Sud, l'eau monte autant par les basses marées que par les hautes.

PORT-St. LOUIS. La Carte du Canal Royal de Languedoc [b], donne ce nom au Port de Sette. Voyez SETTE.

1. PORT-SAINTE-MARIE, Ville d'Espagne dans l'Andalousie, environ six à sept milles au Nord-Est de la Ville de Cadiz. Cette Ville que les Espagnols nomment El Puerto de Santa Maria, c'est-à-dire le Port de Sainte Marie, n'est pas moins grande que Cadiz. Elle peut aussi passer pour belle. Elle est située dans une Plaine fort agréable [c], à l'Embouchure de la Guadalete, à la gauche en entrant, à trois lieues de Saint Lucar & deux de Xeres. Elle n'a aucune Fortification;

[a] *Wood, Voy. aux Terres Australes*, t. 4. c. 2.

[b] Chez Nolin.

[c] *Delices d'Espagne*, p. 460.

cation: les Rues y font passablement larges & les Maisons bien bâties. La grande Eglise est un très-bel Edifice, orné de quantité de figures de bronze. Le Palais du Gouverneur n'est pas grand; mais il est fort bien entendu. Il est accompagné d'un fort beau Jardin avec une belle Fontaine, de belles Grottes, une Volière & une Ménagerie. On voit en entrant dans cette Ville quantité de Croix & de grands monceaux de Sel. Aussi se fait-il dans les environs quantité de beau sel blanc, que l'on transporte dans les Pays Etrangers, comme en Angleterre & en Hollande. Les dehors de la Place sont très-agréables: la Campagne est remplie de Jardins où l'on trouve quantité d'Orangers.

La Ville de Sainte Marie est Capitale d'un Comté, érigé par les Rois Catholiques en faveur de Louïs de la Cerda, premier Duc de Medina-Celi.

Le PORT DE SAINTE MARIE étoit connu dans l'Antiquité sous le nom de *Mnesthei-Portus*. Il n'y peut [a] entrer que de petits Bâtimens; car il ne reste de basse Mer qu'une brasse & demie d'eau en certains endroits & de haute Mer trois brasses. Devant la Ville presque par le milieu de la Rivière, il y a encore deux Masures ou ruïnes de Piles d'un ancien Pont, près desquelles on peut mouiller; car c'est l'endroit le plus profond. Il faut s'amarrer à quatre amarres pour rester le long du Ruisseau de basse Mer, où on trouve encore huit à neuf pieds d'eau, & de pleine Mer vingt à vingt-deux pieds. En dedans de ces Piles on trouve sept à huit pieds d'eau. Le fond est de vaze molle: on y est assez en sûreté pourvû que les Bâtimens soient le long de la Rivière. Il faut bien s'amarrer du côté de l'Est & du Sud-Est, portant ses ancres sur le terrein qui est fort bas. Ces sortes de Vents y sont fort rudes & prennent en travers. On peut faire de l'eau dans cette Ville en plusieurs endroits. Pour entrer dans la Rivière, il faut bien connoître le Chenal & prendre un Pilote; car de pleine Mer qui est le tems pour entrer, tous les dangers sont couverts. Sur le bord de la pointe de la Rivière à la gauche en entrant, est la Chapelle de Sainte-Catherine, où il y a une Tour & quelques Fortifications auprès. Sur la droite il y a un Banc de sable, un peu plus en dedans, & qui découvre de basse Mer. Cette Tour est éloignée de la Ville d'environ une demie lieue. On peut aussi mouiller vers l'Ouest de cette Tour dans une nécessité pour les Vents d'Est: on y est par quatre à cinq brasses. Entre le Village de Rotte & Sainte Catherine, il n'y a que des Dunes de sable de moyenne hauteur, où presque à moitié chemin, il y a deux ou trois maisons & un ruisseau. Dans le beau tems les Vaisseaux y envoyent quelquefois faire de l'eau; mais la meilleure eau est dans le fond du Pontal, vers la Maison-Blanche.

On peut voir Cadiz fort commodément du Port-de-Sainte-Marie [b], tant la Baye est découverte entre ces deux Places. C'est

[a] *Michelot, Portul. de la Méditer.* p. 3.

[b] *Délices d'Espagne*, p. 459. & suiv.

dans le Port de la dernière que le Roi d'Espagne tient ses Galéres. Ce Port est un peu avant dans la Mer, & c'est-là qu'il faut nécessairement s'embarquer pour aller à Cadiz. Comme les Barques ne peuvent s'approcher du bord, des Mores, qui se trouvent là y portent les gens sur leurs épaules; ils gagnent leur vie à ce métier. Quand la marée est basse, la Rivière est large comme la Seine à Paris; mais le trajet de ce Port à Cadiz est fort dangereux, particuliérement lorsque le Vent du Nord régne, & il y périt souvent des Barques. Les Matelots se mettent en prière quand ils y passent & avertissent ceux qu'ils conduisent d'en faire de même.

A une lieue de la Ville de Sainte-Marie, en tirant du côté de Medina-Sidonia, on voit un vieux Château, où le Roi Don Pedro le Cruel tint autrefois prisonnière la Reine Blanche de Bourbon sa femme, pour complaire à Marie de Padilla sa Maîtresse.

2. PORT-SAINTE-MARIE, petite Ville de France [c], dans l'Agenois, sur la Rive droite de la Garonne, à deux lieues au dessus d'Eguillon, au voisinage de Clermonto.

PORT DE SALLAGUA, Port de l'Amérique Méridionale, dans la Nouvelle Espagne, sur la Côte de la Mer du Sud [d]. Il est situé à 13. degrez 52'. de Latitude Septentrionale. C'est une Baye assez profonde, divisée au milieu par deux Rochers pointus, qui font en quelque manière deux Havres de cette Baye. On y peut sûrement ancrer par-tout à 10. ou 12. brasses d'eau. Il y a un Ruisseau d'eau douce qui se jette dans la Mer. Sur la Côte Occidentale on voit la Ville de Sallagua qui donne le nom à ce Port.

PORT-SUR-SAONE, Bourg de France, dans la Franche-Comté, sur la Saone à deux lieues de Vesoul [e]. C'est un Lieu fort considérable. On y tient Foire & Marché, & l'Eglise Paroissiale est assez belle. Il est renommé, parce qu'il est sur une passage qui conduit de France en Suisse & en Alsace. On y passoit autrefois la Saone sur un Pont de pierre, & le passage de ce Pont étoit défendu par un Fort construit dans une petite Isle au milieu de la Rivière. On y voit encore aujourd'hui les ruïnes de ce Fort, aussi-bien que celles du Pont qui s'y trouvoit joint. On passe présentement la Rivière dans un Bac, à une portée de fusil au dessous de l'endroit où étoit le Fort. Mr. de Vauban se transporta sur les lieux en 1699. & y traça une Citadelle, sur une petite Colline, qui est à quatre ou cinq cens pas delà; mais quelques raisons ont empêché l'exécution de ce dessein.

PORT-VENDRE, Port de France, dans la Mer Méditerranée sur la Côte du Roussillon. Ce Port est environ à un mille & demi, vers le Nord-Ouest du Cap d'Esbiére [f], & situé au pied de plusieurs Montagnes. On le reconnoît par un gros Ecueil qui est sur la gauche en entrant, & qui est séparé de la pointe d'environ tren-

[c] *De l'Isle Atlas.*

[d] *Dampier, Voy. autour du Monde*, t. 1. c. 9.

[e] *Corn. Dict. sur des Mém. dressez du Lieux en* 1704.

[f] *Michelot, Portul. de la Méditer.* p. 53.

POR.  POR. 435

trente à quarante toises. On voit aussi sur la pointe de la droite un petit Fortin, muni de quelques Canons, & au milieu duquel il y a une petite Tour quarrée, qu'on appelle le Fanal. Le Port de Vendre est une espèce de Calanque d'environ 400. toises de longueur sur 100. de largeur en certains endroits. C'étoit autrefois un très-bon Port du tems qu'il appartenoit à l'Espagne. Les Galéres alloient dans le fond, d'où l'on ne voyoit point l'entrée du Port; de sorte qu'on y étoit comme dans une Darse; mais présentement il s'est comblé en plusieurs endroits. Quand on veut entrer dans le Port de Vendre, il faut laisser le gros Ecueil sur la gauche, & passer entre cet Ecueil sur le Fanal qui est sur la droite. Il y a environ cent toises d'espace & neuf à dix brasses d'eau. On peut ranger d'un côté & d'autre. Il y a cinq à six brasses tout proche: il vaut pourtant mieux ranger l'Ecueil, pour pouvoir mieux tourner la Galére & lui faire prendre son poste. On voit sur une hauteur une Redoute de pierre à la gauche, & un peu plus en dedans sur la droite, il y a deux petites maisons sur une autre pointe, au dessus desquelles on voit une Redoute semblable à la précédente. Le mouillage ordinaire est depuis le Fanal jusqu'à ces Magasins; mais il ne faut pas les passer, parce que le fond manque tout d'un coup. On y range les Galéres par andanes la proue en Mer, ayant un fer du côté de & l'Est, & trois amarres à terre de côté & d'autre. Alors on est par quatre, trois & deux brasses d'eau, fond d'herbe & de vase. Présentement néanmoins il y a des pontons entretenus qui donnent du fond jusque dans l'enfoncement du Port, du côté de la droite. Dans le fond de ce Port, sur une basse pointe qui regarde l'entrée, il y a une espèce de Forteresse, derrière laquelle on trouve dans un Jardin une source de bonne eau, qui est facile à faire. Mais lorsqu'on a plusieurs Galéres, une partie va faire son eau à Colioure, qui n'est éloignée que d'une petite demi-lieue. Un peu au dedans des deux Maisons qui sont sur la droite, il y a une petite Chapelle. Par-tout le fond du Port principalement sur la gauche, il n'y a point d'eau; le plus profond est du côté de la droite. Les Traversiers sont les Vents de Nord-Est & d'Est-Nord-Est, qui causent quelquefois une grosse Mer. Les Vents de Sud-Ouest, qui viennent entre deux hautes Montagnes, y sont aussi fort rudes; de sorte qu'il faut y prendre garde. Dans un besoin on pourroit avec une Galére passer entre le gros Ecueil qui est à l'entrée & la pointe du Sud, près de laquelle on voit quelques petits Ecueils hors de l'eau. Il y a dans le milieu de ce passage trois, quatre & cinq brasses d'eau. On pourroit aussi mouiller en dedans de ces Ecueils, dans une grande Anse, si l'on ne pouvoit pas entrer dans le Port. La Latitude du Port de Vendre est, de 40. d. 30′. & la variation de six degrez Nord-Ouest.

[a] *De Laet, Descr. des Indes Occ. Liv. 2. c. 4.*

PORT-DES-TRECOASSEZ, Port de l'Amérique Septentrionale [a], dans l'Isle de Terre-Neuve, sur la hauteur de 46. d. à deux lieues de Cabo-Ras, vers le côté du Sud de cette Isle en tournant à l'Ouest. Ce Port est fort commode, la Mer y étant profonde & n'ayant ni Rochers ni Bancs.

PORTA-AUGUSTA, Ville d'Espagne, chez les Vacciens, selon Ptolomée [b] qui la place entre *Viminatium* & *Antraca*. Aucun autre Auteur ancien n'en fait mention; car ce ne peut pas être, dit Cellarius [c], la NOVA-AUGUSTA de Pline, qui étoit une Ville des *Arevaci*; outre que Ptolomée [d] connoît cette derniére & la distingue de *Porta-Augusta*.

[b] *Lib. 2. c. 6.*
[c] *Geogr. Ant. lib. 2 c. 1.*
[d] *Lib. 3. c. 6.*

PORTA-FERREA. Voyez CAUCASIENS.

PORTACRA, Ville de la Chersonnèse Taurique, selon Ptolomée qui la place dans les terres.

1. PORTÆ. Voyez PYLÆ, & CAPI.

2. PORTÆ, Lieu de l'Inde: Plutarque [e] qui en parle le met au voisinage du Fleuve Indus.

[e] *De Flu. minib.*

3. PORTÆ, Lieu au voisinage de l'Euphrate. Il étoit selon Xénophon [f] entre Thapsacus & Babylone.

[f] *Cyriacor. Lib. 1.*

4. PORTÆ, ou PYLÆ ALBANIÆ, Lieu de la Sarmatie Asiatique, selon Ptolomée [g].

[g] *Lib. 5. c. 9.*

5. PORTÆ-MEDIÆ, Lieu de la Médie. Voyez ZAGRI-PYLÆ.

6. PORTÆ-SARMATIÆ, Lieu de la Sarmatie Asiatique. C'est Ptolomée [h] qui en parle.

[h] *Ibid.*

PORTAGES [Riviére aux] Riviére de l'Amérique Septentrionale, dans le Pays des Sioux de l'Est. Cette Riviére prend sa source dans un petit Lac voisin, à l'Orient de celui de Buade. Après un cours de trente-cinq à quarante lieues, plein de Sauts & de petits Lacs, elle se jette dans la Riviére de Sainte-Croix, à huit ou dix lieues au dessus de son Embouchure dans le Fleuve de Mississipi. Son nom lui vient des portages, qu'y causent les différens Sauts dont je viens de parler.

PORTALEGRE, Ville de Portugal, dans la Province d'Alentejo [i]. C'est une jolie Ville avec titre de Cité, bâtie au pied d'une Montagne fort haute dans une Campagne agréable. Elle est environnée de bonnes murailles, flanquées de douze Tours & arrosée de très-belles Fontaines. Il y a un Evêché qui vaut huit mille Ducats de rente. Il fut érigé par le Pape Paul III. à la priére du Roi Jean III. & il est Suffragant de Lisbonne. Cette Place est située fort avantageusement. Philippe V. Roi d'Espagne, l'ayant attaquée en personne le 7. de Juin 1704. la Garnison composée de sept cens Anglois & de mille Portugais fut contrainte de se rendre à discrétion de peu de jours après. La Ville où l'on trouva vingt piéces de Canon & une grande quantité de munitions & de provisions, donna cinquante mille Ecus pour se racheter du pillage; mais on ne put en exempter les Fauxbourgs.

[i] *Délices de Portugal, p. 792.*

PORTALOON, ou PUTELAN, Province de l'Isle de Ceylan, au Couchant de l'Isle, dans le Royaume de Candy, vis-à-vis de l'Isle de Calpenteyn, le Canal entre deux. Cette Province [k] a un Port de Mer d'où une

[k] *Robert Knox, Relat. de l'Isle de Ceylan, liv. 1. c. 2.*

une partie du Royaume tite du Sel & du Poiſſon. C'eſt dans ce Port que les Habitans entretiennent quelque Commerce avec les Hollandois, qui ont un Fort à la Pointe de terre, pour empêcher les Batteaux d'approcher.

[a] Pag. 209. PORTATORE, L. Holſtenius [a] dans ſes Remarques ſur Cluvier, dit qu'on appelle aujourd'hui Portatore, la Riviére que les Anciens nommoient *Ufens*, & que nos Géographes modernes nomment tantôt *Aufente*, tantôt *Baudino*. Cette Riviére a ſa ſource dans la Campagne de Rome, près d'un Lieu nommé *Caſenuove*, à deux milles au deſſous de Setia.

PORTBURJE. Voyez ABONIS.

[b] Blaew, Atlas. PORTCHESTER, Village d'Angleterre [b], dans le Comté de Hant, ſur la Côte, entre Farham au Nord Occidental & Portſmouth, au Midi Oriental. Mr. Corneille & Maty diſent qu'on prend ce Village pour l'ancienne *Carperis*: j'avoue que je ne connois point d'ancien Auteur qui ait fait mention d'une Ville nommée Carperis; je ſerois aſſez porté à croire qu'il n'y en a jamais eu, ni dans l'Angleterre, ni dans le reſte du Monde.

PORTCROS. Voyez PORTO-CROS.

PORTE. Voyez PYLÆ.

PORTE-DE-FER, Détroit de Montagnes, dans la Transoxiane, vers Thermed, à 100. d. 30'. de Longitude & à 35. d. de Latitude, ſelon Mr. Petis de la [c] Liv. 3. c. 2. Croix dans ſon Hiſtoire de Timur-Bec [c].

[d] Délices de Portugal, p. 804. PORTEL, petite Ville de Portugal [d], dans la Province d'Alentejo, au Nord-Eſt de Beja, entre cette Ville & Ebora, près de la ſource de l'Alvito. Cette petite Place eſt ſituée ſur une Colline dont la hauteur eſt occupée par un Fort. Quelques-uns la nomment PORTELLO.

PORTES, Monaſtères de Chartreux en France dans la Bourgogne. Il a été rendu célèbre dans l'Hiſtoire par trois [e] Baillet, Topogr. des Saints, p. 388. Saints Perſonnages [e] des XII. & XIII. Siécles; ſavoir le *Bienheureux Bernard* Prieur de ce Lieu, à la prière du quel Saint-Bernard de Clairvaux ſon ami particulier avoit fait ſon expoſition ſur le Cantique; *Saint Anthelme*, qui de Prieur de la Grande Chartreuſe de Grenoble, fut fait Evêque de Belley, & *Saint-Etienne* qui de Prieur des Portes fut fait Evêque de Die en Dauphiné l'an 1208.

PORTET & PINSAGUEL, Bourg de France, dans le Haut-Languedoc, Recette de Touloufe, à une lieue & demie de cette Ville, dans l'endroit où l'Ariége ſe jette dans la Garonne.

PORTHMIA, ou PORTHMIUM, Village près du Détroit des Palus Méotides, ſelon Etienne le Géographe, qui eſt, je penſe, le ſeul qui le connoiſſe.

1. PORTHMUS, Ville de l'Eubée, [f] Lib. 4. c. 12. ſur la Mer Egée. Pline [f], Suidas & Dé[g] Orat. 3. In Philip. moſthène [g] parlent de cette Ville. Elle étoit ſituée à l'Occident de l'Iſle de Chius & au Midi de celle de Skyrus. La Notice de Hiéroclès en fait une Ville Epiſcopale.

[h] Lib. 3. c. 5. 2. PORTHMUS, Pline [h] dit que les Grecs donnoient ce nom au Détroit que les Latins appelloient *Gaditanum Fretum*, aujourd'hui le Détroit de Gibraltar. *Porthmus*, Πορθμός, ſignifie ſimplement un Détroit.

PORTICANI TERRA, ou PORTICA-TERRA, Contrée de l'Inde, ſelon Strabon [i] [i] Lib. 15. p. 701. Diodore de Sicile [k] nous apprend que [k] Lib. 17. c. 102. c'étoit le Royaume de Porticanus & qu'il étoit voiſin de celui de Muſicanus, vers l'Embouchure du Fleuve Indus.

PORTICENSES, Ville de l'Iſle de Sardaigne. L'Itinéraire d'Antonin la met ſur la route du Port de *Tibula* à *Caralis*, entre *Sulci* de *Sarcopi* à vingt-quatre milles de la première & à vingt milles de la ſeconde.

PORTICIVOLO, ſelon Mr. Corneille, & POTI-COVOLI, ſelon la Nouvelle Carte de [l] Amſterdam chez Van Keulen. Sardaigne [l]; petit Port ſur la Côte Occidentale de cette Iſle, entre Monte-Giraro au Nord, & Monte-Dolio, au Midi.

PORTIMANO. Voyez VILLA-NOVA-DE-PORTIMAON.

PORTIMO, petite Ville de l'Iſle de Négrepont, ſur la Côte du Détroit de Négrepont, entre Valia, & Poliri, ſelon Mercator [m]. [m] Atlas.

PORTIUNCULE, petit Champ qui appartenoit autrefois aux Bénédictins du Mont-Sublace, près de la Ville d'Aſſiſe en Italie [n]. Du tems de St. François d'Aſſi- [n] Corn. Dict. ſur des Mémoires MSS. ſe, il y avoit dans ce Champ une petite Egliſe, nommée *Notre-Dame de la Portiuncule*, parce que le Champ où elle étoit bâtie n'étoit qu'une petite Portion des Domaines des Bénédictins. On la nomma auſſi Notre-Dame des Anges, à cauſe qu'elle étoit dédiée à la Vierge & que les Anges, ſelon la Tradition du Lieu y étoient quelquefois apparus. Cette Egliſe conſerva l'un & l'autre nom, parce qu'on prétend que St. François y fut viſité par la Sainte Vierge que les Anges y accompagnoient; & parce que c'étoit au commencement l'unique poſſeſſion des Religieux de Saint-François. Le Pape Honoré III. accorda à cette Egliſe une Indulgence plénière, qui fut publiée par ſept Evêques à Aſſiſe le 1. d'Aout 1223. & qui a ſubſiſté depuis, divers Papes l'ayant non ſeulement confirmée, mais étendue à toutes les Egliſes du Premier, du Second & du Tiers-Ordre de Saint-François. La dévotion eſt ſi grande à la Portiuncule, le 2. d'Août, jour de cette Fête, que les Officiers d'Aſſiſe & de Pérouſe ſont obligez de ſe mettre ſous les armes, pour empêcher le deſordre que la multitude de Pélerins y pourroit cauſer. On y en va, dit-on, en certaines années juſqu'au nombre de cent mille.

POSTLAND, Iſle d'Angleterre, dans la Manche, ſur la Côte Méridionale du Dorſetſhire [o], à quelques milles au Midi [o] Etat préſent de la Gr. Br. t. I. p. 59. de Dorcheſter. Elle n'eſt pas de grande étendue, mais elle eſt très-fertile, & remarquable principalement par ſes belles Carriéres de pierre preſque auſſi dure que le Marbre. Il y a un Château qu'on appelle PORTLAND-CASTLE, qui fut bâti par le Roi Henri VIII. & du côté de la terre on voit un autre Château nommé SAN-
FORD-

PORD-CASTLE. Ces deux Châteaux commandent tous les Navires qui passent dans cette Rade qu'on appelle la COURSE DE PORTLAND, parce que la Mer a dans cet endroit un gros courant. Cette Isle est à titre de Comté.

1. PORTO, Ville de Portugal, dans la Province d'Entre-Douro & Minho, sur le Duero, à une lieue au dessus de son Embouchure [a]. Cette Ville est ancienne. Elle portoit autrefois le nom de *Portu-Cale*; & lorsqu'elle eut donné son nom à tout le Royaume de Portugal elle tronqua son nom de la moitié, ne retenant que celui de PORTO. Quelques-uns l'appellent aujourd'hui PORT à PORT. Elle est bâtie sur la pente d'une Montagne assez roide, dont le pied est mouillé par le Douero. Ce Fleuve y forme un bon Havre de Barre, dont l'entrée est très-difficile, pour ne pas dire impossible, à cause des Bancs de sable & des Ecueils, les uns cachez sous l'eau & d'autres découverts à fleur d'eau. Les Vaisseaux n'y peuvent entrer que dans le tems de la pleine Mer, & sous la conduite de quelque Pilote de la Ville. La Rade est fort spacieuse & peut contenir une grande & nombreuse Flote. Celle du Bresil y arrive quelquefois. La situation de cette Ville sur le penchant d'une Montagne, est cause qu'il y faut toujours monter ou descendre; mais du reste elle est belle: les Rues sont propres & bien pavées; & sur la Rive du Fleuve il régne un grand & beau Quay d'un bout de la Ville à l'autre. On y attache les Vaisseaux & chaque Bourgeois a le plaisir de voir le sien devant sa Maison. Porto est la seconde Ville de la Province. Elle est honorée d'un Evêché fort ancien & d'un Conseil Souverain qui est le second du Royaume. L'Evêque qui est Suffragant de Braga a quinze mille Ducats de revenu. Il y a des Académies où les jeunes gens peuvent apprendre leurs Exercices, & un Arsenal, où l'on équipe les Vaisseaux de guerre, que l'on construit sur les chantiers de cette Ville. Du reste cette Place n'est pas fort grande: on n'y compte guère plus de quatre mille Bourgeois: mais en tems de paix, il s'y trouve toujours un grand nombre d'Etrangers, que le Commerce y attire, principalement des François, des Anglois & des Hollandois. Entre les Bâtimens somptueux qui s'y voyent, l'un des plus considérable est la Maison des Chanoines Réguliers de St. Augustin. Leur Eglise est ronde & richement ornée. On remarque dans le Cloître une Galerie d'une longueur extraordinaire.

Quoique Porto soit une Place très-importante, elle n'est cependant que très-peu fortifiée par l'Art; mais elle l'est si bien par la Nature, & elle est tellement inaccessible par Mer, que les Portugais n'ont pas jugé fort nécessaire de la munir avec beaucoup de soin. Elle n'est environnée que de vieilles murailles de cinq ou six pieds d'épaisseur, flanquées d'espace en espace de méchantes Tours à demi-ruïnées. Elle n'a proprement pour toute fortification qu'un petit Fort à quatre Bastions, avec une demi-lune.

La Ville de Porto est dans un terroir très-bon & très-fertile.

2. PORTO, Ville d'Italie, dans l'Etat de l'Eglise, à la droite du Tybre, environ à deux ou trois milles d'Ostie, & à une distance à peu près égale de la Mer [b]. C'est un Evêché attaché au Sous-Doyen des Cardinaux. La Ville de PORTO doit son origine à la décadence de celle d'Ostie, & au nouveau Canal que le Tybre s'ouvrit, lorsque le limon qu'il entraîne sans cesse eut presque bouché son ancien lit. On prétend que Jules César fut son fondateur, c'est-à-dire, qu'il commença à bâtir la Ville & le Port; mais on convient que ce fut l'Empereur Claude qui fit le grand Port, & que Trajan ne fit que le petit ou l'intérieur, que l'on nommeroit aujourd'hui la Darce, si l'un & l'autre subsistoient. J'avois vu, dit le Pere Labat, les desseins de ces Ports dans Blaew, & je m'en étois formé une idée qui se trouva tout-à-fait fausse, quand je fus sur les lieux. Le port de Claude paroît dans ce dessein bâti dans la Mer, composé de deux Jettées circulaires avec un avant-mur, lequel étoit la Tour de la Lanterne, ou le Phare. Celui de Trajan paroît avoit été creusé dans la terre. La Ville ceinte d'une muraille fortifiée de Tours environnoit ce dernier Port ou Darce, & ses murs du côté de l'Est étoient baignez par le nouveau bras du Tybre appellé le petit Fleuve, ou *Fiumicino*. L'Isle Sacrée qui étoit à l'Orient n'avançoit pas en Mer tant que les Jettées circulaires, & beaucoup moins que l'avant-mur. Il faut que depuis le tems de Trajan les choses ayent bien changé de face, & que l'Isle Sacrée, & la Terre-ferme ayent crû, & occupé un très-grand espace de la Mer, puisque les ruïnes de la Ville & des Ports de Claude & de Trajan sont à près de deux milles de la Mer, du moins c'est en cet endroit que l'on voit des ruïnes & des Masures en très-grande quantité, & que malgré le sable, qui a tout couvert, on distingue encore les vestiges de ces Ports. Il n'y auroit rien eu d'extraordinaire dans leur construction, ny qui méritât que les Ecrivains de ce tems-là chantassent si haut les louanges de ces Empereurs, si ces Ports avoient été à l'endroit, où l'on prétend voir aujourd'hui leurs ruïnes & leurs vestiges; à quoi auroit servi cette Tour magnifique, bâtie sur le prodigieux Vaisseau qui avoit apporté d'Egypte le grand Obélisque, qui étoit dans le Cirque, & qu'on avoit enfoncé & maçonné, pour servir de fondement à cette superbe Tour, qui devoit être un second Phare d'Aléxandrie. Tout cela auroit été inutile, si le Port avoit été sur la Rivière, à près de deux milles de la Mer. Il faut donc convenir ou que la Mer s'est prodigieusement retirée, ou que le limon du Tybre a augmenté prodigieusement l'Isle Sacrée, & la Terre-ferme des deux côtez des deux Bouches du Tybre, ou que le Port du Tybre n'a jamais été dans le lieu, où l'on fait voir ses prétendus vestiges. Il y a deux

[a] Délices de Portugal, p. 705.

[b] Labat, Voy. d'Espagne & d'Italie t. 8. p. 66.

deux Tours de garde fur la Côte Occidentale de l'Ifle, & une troifième fur la Côte Orientale de la Terre-ferme, & dans l'Ifle & dans la Terre-ferme, quelques méchantes Cabanes, où fe retirent les Pêcheurs, les Paftres, & ceux qui travaillent au Sel, avec un Hôtellerie.

On ne fait pas au jufte dans quel tems la Ville de Porto a reçu la lumière de l'Evangile. Il y a pourtant toutes les apparences que les Apôtres St. Pierre & Saint Paul ne la laifférent pas dans le ténèbres de l'Idolâtrie, & qu'ils y établirent un Evêque immédiatement après en avoir établi un à Oftie. Le Pere Labat, devoit s'en tenir-là; c'étoit affez pour un Architecte peu verfé dans l'Antiquité, d'avoir fait entendre que Porto avoit pu embraffer le Chriftianifme dès le tems des Apôtres. Mais quand il dit que c'eft de cet établiffement fait par St. Pierre & Saint Paul, que l'Evêché de Porto a le fecond rang & qu'il eft affecté encore aujourd'hui au Sous-Doyen des Cardinaux, il nous debite des rêveries qui n'ont aucun fondement. Il ignoroit apparemment le tems où l'Evêché de Porto devint le titre du Sous-Doyen des Cardinaux. Il a voulu deviner, & il s'eft trompé. Voici la véritable origine de ce titre. La Ville de Ste. Rufine ou de Silve-Candide, ayant été ruinée au commencement du douzième Siècle, le Siège Epifcopal qui faifoit le fecond titre des Cardinaux, Evêques Affiftans du Siège Apoftolique, fut réuni l'an 1120. à celui de Porto par le Pape Callifte II. Ce que le Pere Labat ajoute n'eft guère plus raifonnable. Après avoir dit que l'Eglife Cathédrale étoit fous l'Invocation de Saint Hypolite, Martyr & Evêque de la même Ville, qui y fouffrit le Martyre en 229. il pourfuit: mais il ne paroît point qu'il en ait été le premier Evêque: au contraire tout nous porte à croire qu'il y en a eu plufieurs avant lui & que la grande & magnifique Eglife Cathédrale que l'on y bâtit après que Conftantin eut renoncé au Culte des Idoles, fut édifiée par des perfonnes qui avoient une vénération pour ce Saint Martyr. Il eft vrai que fi l'Eglife Cathédrale fut mife dès lors fous l'Invocation de St. Hypolite, ce fut par une vénération particulière pour ce Saint; mais quel argument en peut-on tirer pour prouver qu'il y a eu plufieurs Evêques avant lui? C'eft ce que je ne vois pas. Le Pape Simmaque, continue le Pere Labat, fit bâtir un Hôpital fameux dans cette Ville, vers la fin du cinquième Siècle, pour y retirer les Pélerins qui alloient à Rome, ou ceux qui y alloient attendre les embarquemens pour s'en retourner chez eux. La grande Tour de l'Eglife Cathédrale eft ce qui a réfifté plus long-tems à la fureur des Barbares, qui ayant maffacré ou fait Efclaves les Habitans qui ne purent échapper, détruifirent prefque entièrement la Ville. Les Romains ne voyant point de remède à ce malheur, parce que les habitans qui s'étoient retirez ailleurs ne voulurent point y retourner, acheverent d'abattre & de ruïner la Ville, & de combler le Port, afin qu'il ne prît plus envie aux Barbares d'y revenir & de s'y établir. La Mer & le Tybre ont fi bien fecondé leurs deffeins, qu'on ne peut voir fans gémir que ce Port autrefois fi célébre, cette Ville Epifcopale fi riche, fi marchande, ayent tellement difparu qu'on ne fait plus où ils ont été. Le Pere Labat finit fon Article de Porto par une nouvelle étourderie. On prétend, dit-il, que Callixte II. voyant l'impoffibilité de rétablir cette Ville & ne voulant pas laiffer anéantir le Titre Epifcopal, l'unit à celui de LA FORET-BLANCHE, autrement des Saintes Rufine & Seconde, Martyres, en l'an 1120. Il veut dire que cette union fe fit en 1120. ce qui eft vrai; mais ce ne fut pas l'Evêché de Porto qui fut uni à celui de la Forêt-Blanche ou Silve-Candide: mais celui de Silve-Candide qui fut uni à celui de Porto. Voici apparemment ce qui a trompé le Pere Labat. Il n'a pu croire que l'on eût uni un Evêché à celui d'une Ville ruïnée, telle que fe trouve Porto, où l'on ne voit qu'une douzaine de pauvres Maifons; mais il ignoroit apparemment que la Ville Epifcopale de Silve-Candide étoit encore dans un pire état depuis le douzième Siècle.

3. PORTO, Ville d'Italie, dans l'Etat de Venife, fur l'Adige [a], au Véronois, environ à huit lieues au-deffus de Vérone en tirant vers l'Orient Méridional. Cette Ville eft fortifiée.

[a] *Magin, Carte du Véronois.*

PORTO-D'ASCOLI, Bourg de l'Etat de l'Eglife [b], dans la Marche d'Ancone fur le Golphe de Venife, à l'Embouchure du Tronto, aux confins de l'Abruzze.

[b] *Ibid. Carte de la Marche d'Ancone.*

PORTO-BARATTO, Port d'Italie, fur la Côte de Tofcane [c], dans la Principauté de Piombino, à cinq milles de la Ville de Piombino du côté de l'Occident. On croit communément que c'eft le *Populonium* des Anciens. Les Ruïnes de *Populonia* en font peu éloignées. Ce Port n'eft pas fort fréquenté préfentement.

[c] *Ibid. Carte du Florentin.*

1. PORTO-BELO, Port de l'Amérique, fur la Côte Septentrionale de l'Ifthme de Panama, & dans la Province de ce nom. Ce fut Chriftophle Colomb qui le découvrit [d]. Ce Port lui parut fi beau qu'il lui donna le nom de PORTO-BELO, c'eft-à-dire *Port-Beau*. Il y entra le 2. de Domingue. Novembre 1504. & en fortit le 9. du même mois. Porto-Belo eft à cinq lieues de Nombre de Dios, vers l'Occident. Il a toutes les qualitez que peut avoir un bon Port. Il eft vafte & commode: l'abri & le mouillage y font merveilleux & l'entrée en eft étroite: le fond qui eft propre pour retenir les ancres, eft mou & fablonneux; il n'y a ni roches, ni baffes, & la Mer eft haute prefque contre le rivage de cinq à fix braffes au milieu du Port. Plufieurs petites Rivières & Ruiffeaux y defcendent; ce qui fait qu'on y peut faire de l'eau en tout tems. Les Galions d'Efpagne y chargent les Tréfors du Pérou, qu'on y conduit de Panama par terre.

[d] *Le P. Charlevoix, Hift. de St. Domingue. l. 2. p. 17.*

2. PORTO-BELO, Ville de l'Amérique fur la Côte Septentrionale de l'Ifthme de Panama, au fond du Port qui lui donne fon nom. Philippe II. Roi d'Efpagne [e], & 6: ayant

[e] *De Laet, Defcr. des Indes Oc. liv. 8. c. 5.*

ayant permis qu'on abandonnât Nombre de Dios, il fut résolu qu'on bâtiroit une autre Ville fur Porto-Belo, à laquelle on donneroit le nom de Saint-Philippe ; mais le Public s'eſt obſtiné à donner à cette Ville l'ancien nom du Port. Antonelli ayant reçu le Decret du Roi pour bâtir une Ville à Porto-Belo, en traça l'enceinte, & fortifia un Château. Il avoit choiſi la place du ſecond Château de l'autre côté du Port, lorſque le Chevalier François Drake Anglois, après avoir pris & pillé la Ville de Nombre de Dios, entra dans ce Port avec ſa Flote. Il n'y avoit alors que huit ou dix Maiſons bâties, & on avoit ſeulement poſé les fondemens d'une Forteresse & d'un rempart de Sommiers en travers, remplis avec des pierres & de la terre. L'expédition de Drake penſa faire abandonner le deſſein de cette nouvelle Ville, qui fut pourtant achevée auſſi-bien que le Château ſi-tôt que les Anglois furent partis. Les Habitans de Nombre de Dios, qui en délogérent après ſa ruïne, accrurent de quantité de Maiſons la Ville de Saint-Philippe. Williams Parker étant parti d'Angleterre en 1591. avec deux Navires & une Barque & deux cens Soldats la ſurprit & la pilla pendant tout un jour, après quoi il ramena ſa troupe dans ſes Vaiſſeaux, ſans faire aucun dommage à la Ville & ſans en avoir reçu beaucoup du Château en ſe retirant. Il y avoit déja deux Egliſes bâties dans ce tems-là, ſix ou ſept Rues garnies de Maiſons des deux côtez & pluſieurs Boutiques d'Artiſans. On y a bien fait des augmentations depuis s, tant pour l'embelliſſement que pour la défenſe.

Aujourd'hui il y a un bon Fort ſur la droite du Port & une plate-forme à la gauche. C'eſt ce qui défend l'entrée. La Ville eſt bâtie au fond du Port en maniére de Croiſſant, ſur le milieu duquel & tout auprès de la Mer, il y a un autre petit Fort aſſez bas, qui eſt environné de Maiſons du côté de la Place [a]. A ſon Oueſt & à cent cinquante pas ou environ du rivage, l'on en voit un autre aſſez grand, & bien conſtruit ſur une petite éminence ; mais il eſt commandé par une Montagne voiſine, dont le Chevalier Henri Morgan ſe ſervit pour le prendre. Il y peut avoir dans tous ces Forts 2. ou 300. Soldats Eſpagnols en Garniſon. La Ville eſt étroite & longue : il y a deux Rues principales, outre celles qui croiſent, avec une petite Place d'armes au milieu, qui eſt environnée d'aſſez jolies Maiſons. Les autres ne ſont pas laides, non plus que les Egliſes, & tous ces Bâtimens ſont faits à la maniére d'Eſpagne. Il n'y a ni muraille, ni ouvrage de dehors à cette Ville, & l'on trouve à l'Eſt le grand chemin qui conduit à Panama, avec une longue Ecurie, qui s'étend au Nord & au Sud de Portobel, dont elle n'eſt pas ſéparée. D'ailleurs, le paſſage le plus court ſeroit au Sud de la Ville ; mais les Montagnes qu'il y a de ce côté-là s'y oppoſent, & font un obſtacle inſurmontable. Quoiqu'il en ſoit, cette Ecurie eſt deſtinée pour les Mules du Roi qui vont d'ici à Panama. La Maiſon du Gouverneur eſt tout auprès du grand Fort, ſur la même éminence, & à l'Oueſt de la Ville. Entre la Place d'armes & cette Maiſon, il y a un petit Ruiſſeau, ſur lequel on a bâti un Pont ; & à l'Eſt proche de l'Ecurie, il y en a un autre d'eau douce. L'air eſt mauvais à Porto-Belo : Auſſi le terrain y eſt-il bas & marécageux à l'Eſt, & lorſque la Mer ſe retire, on voit ſur le Rivage une bourbe noire, & puante, qui ne peut qu'exaler de pernicieuſes vapeurs dans un Climat auſſi chaud que celui-ci. Au Sud & au Nord, le terrain s'éleve inſenſiblement juſques au ſommet des Montagnes, qui ſont en partie couvertes de Bois, & en partie de Savanes ; mais il n'y a pas beaucoup d'Arbres fruitiers ni de Plantations près de la Ville.

PORTO-BOTA, Port de l'Iſle de Sardaigne [b], ſur la Côte Méridionale de cette Iſle, entre le Cap-Tolar à l'Orient, & Paringiano à l'Occident, vis-à-vis de l'Iſle Vacca, ou Buccina. La Pointe Orientale qui forme ce Port s'appelle Pointe-Bota & celle qui eſt à l'Occident ſe nomme Budelo.

PORTO-DELLE-BOTTE, ou ſimplement Le Botte [c], Port de la Morée, ſur la Côte de Brazzo di Meno, entre Napoli di Romania au Nord & Malvaſia au Midi. Il ſemble que Mr. de l'Iſle dans ſa Carte de la Gréce nomme ce Port Porto-Boe. Ce Port à une Ville auſſi nommée Porto-Botte, & la Guilletiére [d] veut que ce ſoit l'ancienne Ville de Cyphanta : Niger eſt auſſi de ce ſentiment.

PORTO-CAGLIE, Port de la Morée, dans le Brazzo di Meno, à ſept lieues du Cap-Matapan, du côté de l'Orient Septentrional. L'ancrage de ce Port eſt excellent [e] & il ne craint que le ſeul Vent de Sud-Eſt. Pour entrer dans ce Port il faut tenir le côté du Sud : on y trouvera ſeize braſſes de fond ; mais vers le côté du Nord, à une portée de Piſtolet de terre, il faut prendre garde à un rocher d'autant plus dangereux qu'il eſt preſque à fleur d'eau. Il y a ſur le bord de ce Port un Bourg de même nom, qui eſt fort gros & qui a une des plus belles Fontaines qui ſoient au monde. Il s'appelloit autrefois Teuthrone. C'étoit une Colonie d'Athéniens. C'eſt là que la Côte fait un grand Arc dans les terres, pour former le Golphe de Colochina, appellé anciennement le Golphe de Laconie. Porto-Caglie, ou Porto delle Quaglie a été ainſi nommé à cauſe de la quantité des Cailles qui s'y aſſemblent tous les ans.

De Porto-Caglie, le Rivage courant au Nord, on trouve au delà du Lieu que les Anciens nommoient l'Autel de Jupiter, deux gros Ruiſſeaux, où les Barques ont accoutumé d'aller faire de l'eau. Celui qui gît au Nord-Eſt à l'égard de l'autre, conſerve encore aujourd'hui les qualitez de ſes Eaux, qui paſſoient anciennement pour les plus pures, les plus délicieuſes & les moins ſujettes à ſe corrompre qui fuſſent dans toute la Gréce. Ce Ruiſſeau eſt appellé

[a] Wafer, Deſc. de l'Iſthme de l'Amérique, p. 53.

[b] Carte de l'Iſle de Sardaigne, chez van Keulen.

[c] Blaew, Atlas.

[d] Athénes Anc. & Mod. p. 399.

[e] La Guilletiére, Athénes Anc. & Nouv. p. 56.

pellé *Potamo* par les Habitans; ce qui signifie simplement Riviere. Pyrrhus l'appella autrefois *Scyras*, du nom de l'Isle de *Scyros*, où il s'étoit embarqué, quand il passa dans la Laconie pour les Nôces d'Hermione. Au delà de ce Ruisseau, la Côte forme un Golphe, où l'on voit le Bourg de *Pagana*.

PORTO-DEL-CASTELLACIO, ou CASTELLAZZO, Port de l'Isle de Sicile, dans le Val de Noto sur la Côte Méridionale de l'Isle, à dix milles du Cap de Passaro, vers l'Occident. Castellazzo qui donne le nom à ce Port est un Château ruïné. Mr. Corneille [a] dit que PORTO-DEL-CASTELLACIO est l'*Odyscia* des Grecs & l'*Ulyssis Portus* des Latins. Cependant la plûpart des Géographes en font d'eux Lieux différens. Leander entr'autres dit qu'*Ulyssis Portus* est *Cabo-Rascaranchi* & qu'*Odyssea* est *Porto de Pali*. Voyez ODYSSEA, & ULYSSIS-PORTUS.

[a] Dict.

PORTO-CONSTANZA, Port de l'Isle de Chypre, avec un Bourg ou Village qui lui donne son nom. Il est situé sur la Côte, près de Famagouste du côté du Nord. On croit que c'est l'ancienne Salamis, qui s'appelloit *Constantia*, selon Etienne le Géographe.

PORTO-CROS, ou PORTE-CROS, Isle de France, dans la Mer Méditerrannée [b], sur la Côte de Provence. C'est la seconde des Isles d'Hiéres, anciennement nommée *Mese*; c'est-à-dire celle du milieu, ou *Mediana*, comme on l'appella après l'abolition de la Langue Grecque dans ce Pays-là. Cette Isle qui est tout près de l'Isle de Bagneaux [c] & qui est la plus haute des Isles d'Hiéres, a du côté de l'Isle de Bagneaux, un petit enfoncement qu'on appelle PORTO-CROS & qui a donné son nom à l'Isle. On y peut mouiller six à huit Galéres, mais fort pressées. Il y a trois à quatre brasses d'eau suivant les endroits. Le Traversier de ce mouillage est le Vent de Nord-Ouest. Il faut s'approcher du côté de la droite en entrant, où est le plus profond, on tourne la poupe vers le fond de l'Anse, & une bonne ancre vers le Nord-Ouest & des amarres à terre. L'Isle de Porto-Cros est fort haute & remplie de Bruscages. Il y a sur la pointe du Nord-Ouest de l'entrée du Port, une petite Forteresse, & au-dessus un Fort à étoile, avec une Tour au milieu. Dans le fond de l'Anse il y a un grand Jardin, dans lequel on peut faire de l'eau. A la pointe où est le Château, il y a quelques Sequans qu'il faut éviter quoiqu'ils ne soient pas loin. On peut aussi mouiller dans une nécessité entre ces deux Isles proche de celle de Bagneaux, par quinze à seize brasses d'eau, fond d'herbe vaseux, ayant une amarre à terre, pour être à couvert des Vents d'Ouest & Nord-Ouest, qui sont les Traversiers de Porto-Cros. On peut passer avec toute sorte de Bâtimens, entre ces deux Isles, où il y a plus de vingt brasses d'eau. De l'autre côté du Château vers le Nord-Est, il y a un gros Rocher, derriére lequel on trouve un peu d'enfoncement, & une pe-

[b] Longuerue, Descr. de la France, pag. 361.

[c] Michelot, Port. de la Médit. p. 75.

tite plage de sable, où dans un besoin on pourroit mouiller avec deux Galéres, par quatre à cinq brasses d'eau, fond d'herbe vaseux. Il n'y a que le Vent Nord-Nord-Ouest qui y donne. On trouve dans cet endroit une source d'assez bonne eau.

PORTO-ERCOLE. Voyez PORTO-HERCULE.

PORTO-ESCONDEDO, ou PORT-ROYAL, Port de l'Amérique Septentrionale, dans la Baye de Campêche, sur la Côte du Yucatan. C'est une grande entrée [d] dans un Lac salé qui peut avoir neuf ou dix lieues de longueur, sur trois ou quatre de largeur, avec deux Embouchures, une à chaque bout. L'Entrée du Port-Escondedo ou du Port-Royal a un Barre sur laquelle on trouve neuf ou dix pieds d'eau. Au delà de la Barre on a beaucoup plus de profondeur, & l'ancrage y est bon de l'un & l'autre côté. L'Entrée peut avoir un mille de large & deux de long, & il y a de fort jolies Bayes sablonneuses à droite & à gauche, où l'on peut aborder commodément. Les Vaisseaux mouillent d'ordinaire du côté de l'Est après Champeton, tant à cause de quelques puits que les Boucaniers & les Coupeurs de Bois ont creusé sur les Bayes, que pour être plus à l'abri du Courant de la marée qui y est là très-violente. Cet endroit est remarquable, parce que la terre s'y détourne tout d'un coup vers l'Ouest & s'étend ainsi l'espace de 65. ou 70. lieues. Il y a une petite Isle basse à l'Ouest de ce Havre. On l'appelle l'Isle de Port-Royal & elle fait un des côtez de l'Embouchure, comme le Continent fait l'autre. Elle a environ deux milles de largeur & trois de longueur & s'étend à l'Est & à l'Ouest. La partie Orientale de cette Isle est sablonneuse : il n'y a presque point de bois ; mais on y trouve une espèce de Bardane qui porte de petits boutons de la grosseur d'un pois gris, & qui sont fort incommodes pour ceux qui marchent nuds pieds, comme il arrive souvent à ceux qui demeurent sur la Baye. Il y a quelques buissons de bois de Burton, & un peu plus avant vers l'Ouest on voit de grands Sapadillos dont le fruit est long & fort agréable. Le reste de l'Isle est plus garni d'arbres sur-tout au Nord, où le Pays est couvert de Mangles blancs jusqu'au rivage. A l'Ouest de cette Isle il y en a une autre petite & basse qu'on nomme *Trist*. Une Crique salée les sépare ; mais elle est si étroite qu'à peine un Canot y peut-il nager. L'Isle de Trist est en quelques endroits large de trois milles & longue de près de quatre, & s'étend vers l'Est & l'Ouest. Sa partie Orientale est marécageuse & pleine de Mangles blancs. Son Sud est à peu près de même. L'Ouest est sec & sablonneux, & produit une forte d'herbe longue, qui vient en touffes assez minces. C'est une espèce de *Savana*, où il croît quelques Palmiers qui sont fort gros, mais fort bas. Le Nord d'Ouest est rempli de buissons de pranes de Coco, & de quelques arbres qui portent des raisins. A l'Ouest de cette Isle, tout contre la Mer

[d] Dampier, Voy. à la Baye de Campêche, pag. 75.

# POR.   POR.   441

Mer on peut creufer cinq ou fix pieds dans le fable & trouver de très-bonne eau douce. Il y a ordinairement des Puits tout faits que les Mariniers ont creufés pour faire aiguade; mais ils font bien-tôt comblez, fi l'on n'a pas le foin de les nétoyer; on trouve même l'eau falée fi l'on creufe trop avant. Il y avoit toujours quelques perfonnes qui habitoient dans cette Ifle, lorfque les Anglois fréquentoient la Baye pour en tirer du Bois de teinture, & les plus gros Vaiffeaux mouilloient à fix ou fept braffes de fond tout près du rivage; mais ceux qui étoient plus petits pouffoient trois lieues plus haut, jufqu'à une autre Ifle.

La feconde Embouchure qui conduit dans ce Lac, que Mr. de l'Ifle [a] appelle LAC DE TRIS, eft entre l'Ifle de Trift & l'Ifle des Bœufs, & peut avoir trois milles de large. Elle eft pleine de Bancs de fable au-dehors, & il n'y a que deux Canaux pour y entrer. Le plus profond a douze pieds d'eau dans le tems des hautes Marées, & il eft vers le milieu de l'Embouchure. Le Canal de l'Oueft a près de dix pieds d'eau, & il n'eft pas fort éloigné de l'Ifle des Bœufs. On y entre par une brife de Mer, la fonde toujours à la main, & il faut fonder du côté de l'Ifle des Bœufs. Le fond eft de vafe, & l'on y trouve plus d'eau infenfiblement & par degrez. Lorfqu'on eft avancé jufqu'à la pointe de l'Ifle des Bœufs, on a trois braffes d'eau, alors on peut tourner vers Trift, jufqu'à ce qu'on foit près du rivage, où l'on peut mouiller à fon choix. L'ancrage eft bon par-tout au delà de la Barre, entre Trift & l'Ifle des Bœufs; mais la Marée y eft beaucoup plus forte qu'à Port-Royal. Les Efpagnols nomment cette feconde Embouchure, *Lagana-Termina*, ou le Lac des Marées, à caufe qu'elles y font extrêmement fortes. Les petits Vaiffeaux, comme les Barques, les Pirogues & les Canots peuvent naviger fur tout ce Lac & traverfer d'une Embouchure à l'autre, ou bien dans les Criques, Riviéres ou autres petits Lacs qui fe déchargent dans celui-ci, & qui font en grand nombre. La première Riviére confidérable qu'on trouve à l'Eft de ce Lac, lorfqu'on entre à *Porto-Efcondedo*, ou *Port-Royal* eft celle de *Sammafenta*.

PORTO-FARINA, ou PORT-FARINE, Port d'Afrique, fur la Côte de la Mer Méditerranée, au Royaume de Tunis. Marmol dit [b]: Entre la Ville de Biferte & le Promontoire de Carthage, il y a un Defert qu'on nomme communément PORT-FARINE, ou dans la Langue du Pays GAR-EL-MELHA; on voit d'un côté de ce Port les ruïnes d'une ancienne Ville qu'on dit être Utique, fi fameufe de la mort de Caton. Elle fut détruite par les Succeffeurs de Mahomet & ne s'eft jamais repeuplée depuis, quoiqu'il y ait autour quantité de Villages de Bérébéres qui parlent un Arabe corrompu & font Vaffaux du Royaume de Tunis. Les Vaiffeaux qui navigent le long de la Côte font aiguade dans ce Port, & c'eft où aborda l'Armée de Charles V. quand il alla attaquer Tunis.

1. PORTO-FERRAIO, que quelques-uns appellent COSMOPOLI, Ville d'Italie dans l'Ifle d'Elbe, fur la pointe de l'Oueft d'une grande Baye qui lui donne fon nom. C'eft une petite Ville, fort jolie, fituée fur une longue pointe fort-haute & efcarpée prefque de toutes parts. Elle eft cenfée la Capitale de l'Ifle, & elle appartient au Grand Duc, qui l'a fait fortifier & qui y entretient une Garnifon confidérable; voyez Elbe. Elle a une bonne Citadelle & un bon Port. Voyez l'Article fuivant.

2. PORTO-FERRAIO, Port d'Italie, fur la Côte de l'Ifle d'Elbe. C'eft une grande Baye [c] fituée au Nord de l'Ifle & qui a environ quatre milles de longueur fur deux de largeur. Sur la pointe de l'Oueft ou de la droite en entrant, eft la Ville, de Ferrario. Cette pointe eft une Presqu'Ifle. Sur fes deux extrémitez, font deux Fortereffes très-confidérables par leur fituation. Du côté du Nord de la Ville, à environ cinq cens toifes, il y a une petite Ifle ronde; & l'on peut paffer à terre de cette Ifle, fans crainte, en paffant à demi-Canal; mais au Nord de cette Ifle, à une demi-longueur de Cable, il y a quelques Roches. Du côté du Sud de la Ville & dans cette Baye, il y a un Port qui ferme à chaîne. On y peut mettre cinq à fix Galéres fort aifément, y ayant trois à quatre braffes d'eau. Quand on veut aller mouiller à Porto-Ferraio, il ne faut pas ranger à plus de deux longueurs de Cable la pointe de la Ville : enfuite tournant à l'entour, on vient mouiller vis-à-vis d'une Tour qui eft à l'entrée du Mole qui s'avance en Mer; on y eft par fix à fept braffes d'eau fuivant les endroits. Ordinairement la Commandante, & quelques-autres Galéres portent des amarres au pied de cette Tour ou de l'autre côté du Mole; le fond y eft très-bon, il eft d'herbe & de vafe. Les autres Galéres mouillent aux environs. Les Vaiffeaux mouillent un peu plus au large, pour être plus près pour apareiller. C'eft cette Tour qui falue, ou qui rend le falut en entrant. La Latitude de Porto-Ferraio eft de 43. d. 53'. & la variation de près de fept dégrez vers le Nord-Oueft. Du côté de l'Oueft de la Ville il y a quelques Salines dans un bas terrein & quelques autres au dedans d'une pointe, en allant vers le fond de la Baye. Lorfqu'on vient mouiller dans ce Port, il ne faut pas trop s'approcher du côté de la Ville où eft ce bas terrein, car il n'y a point d'eau; n'y aller trop avant dans la Baye, quoiqu'il y ait un grand efpace; mais bien à trois ou quatre Cables de la Tour, dont il a été parlé. On va faire de l'eau de l'autre côté de la Baye, près d'une pointe de Rochers qu'on voit à la Rive de la Mer. Lorfqu'on eft mouillé à l'entrée du Port, on ne peut voir la Mer du large. Il n'y a que les Vents de Nord-Oueft & de Sud-Oueft qui incommodent; mais ils ne peuvent caufer de groffe Mer, parce qu'ils

[a] Atlas.

[b] Royaume de Tunis. liv. 6. c. 14.

[c] Michelot; Port. de la Méditer. p. 101.

K k k   vien-

viennent par dessus la terre. Environ un bon mille vers le Nord-Ouest quart d'Ouest de la pointe de la Ville de Porto-Ferraio, il y a une grosse Pointe, proche de laquelle sont deux séches, éloignées d'environ deux longueurs de Cable, où la Mer brise quelquefois.

1. PORTO-FINO, (LE MONT), On nomme ainsi une grosse Pointe [a], sur la Côte de Gênes, environ six milles à l'Ouest de la Pointe du Porto-Fino. Le Mont Porto-Fino paroît de loin de figure ronde, & il est fort escarpé de toutes parts. Entre ce Mont qui est à l'Est, ce sont de hautes terres fort escarpées. Presque au milieu de l'espace qui est entre deux, il y a un Couvent de Religieuses, & quelques maisons auprès : On appelle cet endroit Fortoza. Il est sur le bord de la Mer.

[a] Michelot, Port. de la Médit. p. 93.

2. PORTO-FINO, Pointe de la Côte de Gênes [b]. Elle fait l'entrée du Golphe de Rapallo ; & est facile à reconnoître par quelques Tours & par un petit Fort quarré qui est sur le haut ; outre qu'on y voit une Chapelle entre deux Rochers, comme une espèce de coupure. Cette Pointe est escarpée de toutes parts, & basse à son extrémité. On la peut ranger de fort près.

[b] Ibid. p. 94.

3. PORTO-FINO, Port de la Mer Méditerranée [c], sur la Côte de Gênes. Ce n'est proprement qu'une petite Calangue, située entre deux Montagnes, en dedans de la Pointe appellée aussi Porto-Fino, environ à un quart de lieue. Elle a près de cent quarante toises de long & soixante & dix de large. On n'en peut découvrir l'entrée, à moins d'en être presque par son travers. On voit sur le haut de la pointe de la gauche en entrant un petit Fort presque quarré, armé de quelques Canons, & sur la droite du Port est le Village PORTO-FINO, où tout le long il y a un Quay, avec des piliers pour amarrer les Bâtimens. On y peut mettre sept à huit Galéres ; si elles avoient les rames tirées en dedans pour occuper moins d'espace, on en pourroit ranger jusqu'à douze. A l'entrée du Port il y a dix à douze brasses d'eau & trois à quatre par le milieu, fond d'herbe vaseux. La Commandante mouille le fer de la droite à l'entrée du Port par dix à douze brasses d'eau ; elle tourne la poupe dans le fond, & reste le long du Quay, où l'on porte des amarres de poupe & de proue. Les autres Galéres se rangent de la même façon auprès d'elle. On porte des amarres dans le fond du Port, à quelques Ecueils, qui y sont. Il n'y a que le Vent de Nord-Est qui donne dans l'entrée du Port. Il ne peut causer de grosse Mer, d'autant qu'il vient du côté de terre. On ne sauroit découvrir la Mer du large, lorsqu'on est dans ce Port, qui n'est propre que pour les Galéres & les Barques ; car les Vaisseaux y seroient trop engagez & trop resserrez. On va faire de l'eau dans une Calangue, hors du Port, environ à un quart de lieue, dans le Golphe de Rapallo, où il y a une Plage & quelques Magasins. Sur la pointe droite de cette Calangue, il y a un petit Fort quarré.

[c] Ibid.

4. PORTO-FINO, Bourg d'Italie, sur la Côte de Gêne [d], à quinze ou seize milles à l'Orient de la Ville de Gênes. Voyez l'Article précédent. Porto-Fino, dit le Pere Labat, est un méchant Bourg ou Village, qu'on a pourtant honoré du titre de Ville. Il croit qu'il n'y a pas plus de soixante ou quatre-vingt Maisons, bâties de pierre, & dont les Portes, les Fenêtres & les toits sont de Lavagne, espèce d'ardoise noire que l'on tire dans les carrières du Pays, de telle épaisseur & grandeur que l'on veut. Il y a quelques restes de fortes murailles du côté du Port & un Château sur un rocher escarpé à une de ses extrémités.

[d] Voy. d'Italie, t. 3, p. 14.

PORTO-FORMOSO, Port de l'Amérique Septentrionale, sur la Côte Orientale de l'Isle de Terre-Neuve. Il est à une lieue de celui de Renonse [e], & à 46. d. 45'. de Latitude Nord. Ce Port qui entre plus de quatre lieues dans les terres vers l'Ouest peut contenir de fort grands Vaisseaux.

[e] De Laet, Descr. des Indes Occ. liv. 2. c. 3.

PORTO-DELLE-FORNAU, ou PORTO-DEL-PÔ, Port d'Italie, sur le Golphe de Venise, dans le Polesin de Rovigo, à l'Embouchure de la Principale Branche du Pô, appellée delle Fornaci. Ce n'est plus présentement un Port, parce qu'il est tout comblé de sable, & que ce Bras du Pô, se décharge en grande partie d'un autre côté.

PORTO-DI-FOSSONE, ou PORTO-DEL-ADIGE, Port d'Italie, sur le Golphe de Venise à l'Embouchure de l'Adige.

PORTO-GALETTE, petite Ville d'Espagne [f], dans la Biscaye, près de l'Océan, sur le bord d'une Riviére qui la baigne après avoir passé à Bilbao, & qui entre jusque dans les Maisons.

[f] Délices d'Espagne, p. 99.

PORTO-DI-GALIERA, Port sur la Côte Occidentale de l'Isle de Corse [g]. Du côté de l'Est de Girelatte, & au derriere d'une pointe, il y a un petit enfoncement : c'est ce qu'on appelle PORTO-DI-GALIERA ; on y peut mouiller par les Vents de Nord-Est. Auprès de ce Port en allant au Nord-Est, il y a une grosse pointe nommée Cap Cavalle, sur le haut de laquelle on voit une Tour de garde. Proche de cette Pointe est un gros Ecueil. On voit ensuite une grosse pointe qu'on appelle la Revelatte ; & du côté de l'Ouest il y a un peu d'enfoncement, avec quelques Ecueils hors de l'eau. Environ à un mille vers l'Est-Nord-Est de cette pointe, on trouve le Cap de Revelatte qui fait l'entrée de la Baye de Calvi. Près de ce Cap il y a un gros Ecueil, entre lequel & la terre on ne peut passer qu'avec peine en Batteau ; mais on le peut ranger de fort près, y ayant six à sept brasses d'eau au pied. La reconnoissance de Calvi est facile par cet Ecueil, outre qu'on voit un grand enfoncement où presque par le milieu & sur une pointe on découvre la Forteresse de Calvi, sur un Rocher élevé.

[g] Michelot, Port. de la Médit. p. 141.

PORTO-GRÆCO. Voyez AGASUS.
PORTO-EL-GRAJO, Bourg d'Espagne

# POR.    POR.

gne au Royaume de Valence [a], à une demi-lieue de la Capitale, du côté de l'Orient. Ce Bourg est fermé: du côté de la Mer il est défendu par des Bastions munis d'Artillerie, & orné d'un grand Mole de bois de la longueur de cent cinquante pas.

PORTO-GRUARO, Ville d'Italie, dans le Frioul [b], sur la Riviére de Leme ou Liænne, environ à trois milles au dessus de Concordia [c], dont l'Evêque réside à Porto-Gruaro. Cette Ville que quelques-uns appellent simplement Bourg, est assez commerçante. On y charge sur des Bateaux toutes les Marchandises d'Allemagne qui doivent être portées à Venise.

PORTO-GUISCARDO, Bourg, avec un Port, dans l'Isle de Céfalonie, sur la Côte Septentrionale de cette Isle. On croit que c'est la Ville *Samos* des Anciens. Voyez Samos. Mr. de l'Isle [d], au lieu de Porto-Guiscardo écrit Porto-Viscardo.

1. PORTO-HERCOLE, Bourg fortifié, ou petite Ville d'Italie, avec un Port qui lui donne son nom. Ce Bourg qui est sur la Côte de la Toscane, dans l'Etat appellé *Delli-Presidii*, est défendu d'un bon Château. Voyez l'Article suivant. Cette Ville est très-ancienne, supposé qu'elle ait eu Hercule pour Fondateur, & que la Flote des Argonautes y ait mouillé. Elle est située dans la partie Orientale du Mont Argentaro.

2. PORTO-HERCOLE, Port d'Italie dans la Mer de Toscane. Environ deux milles à l'Est-Nord-Est de la pointe du Sud-Est du Mont Argentaro, il y a une petite Isle assez haute [e], appellée Isle Hercule, & qui est séparée de la Côte de près d'une longueur de Cable. Vis-à-vis cette Isle vers le Nord-Ouest, il y a un Fort quarré situé sur une hauteur. Entre cette Isle & la Côte on trouve quelques Ecueils; on pourroit cependant passer à terre d'eux avec une Galére aprés avoir reconnu le lieu. Il y a trois ou quatre brasses dans le milieu; mais il faut prendre garde à quelques rochers sous l'eau, qui sont du côté de l'Est-Nord-Est de la pointe de l'Isle: ensuite il faut tourner la Galére & gouverner vers l'Est jusqu'à l'entrée du Port Hercule. Ce Port est environ un mille au Nord-Nord-Est de cette Isle. C'est une petite Anse resserrée entre deux hautes pointes, sur lesquelles sont deux Forteresses très-considérables. Au pied de celle de la gauche en entrant est une petite Ville de guerre, nommée aussi Porto-Hercole, & située sur le penchant de cette hauteur jusque sur le bord de la Mer. De l'autre côté sur l'autre pointe qui est un peu moins haute, il y a prés de la Mer un petit Fort très-bien armé; & l'autre Forteresse est au dessus de ce Fort, sur une hauteur: on l'appelle le Fort de Dom Philippe. Il est considérable par sa construction & par sa situation qui est très-avantageuse. L'Entrée de cette Anse qui est ce qu'on appelle Porto-Hercole, n'excéde pas cent vingt-cinq toises & n'a pas plus de cent cinquante toises d'enfoncement. Autrefois il pouvoit être appel-

lé Port; mais présentement qu'il s'est rempli, on ne peut demeurer qu'à l'Embouchure. On peut néanmoins encore y mouiller avec cinq à six Galéres; mais lorsqu'on y entre il faut mouiller le fer de la gauche, ensuite faire tourner la Galére la poupe dans le Port & la proue en Mer, & être prolongé le long de la Ville, où l'on porte des amarres de poupe & de proue, & une ancre à poupe du côté de la gauche: ainsi on est à quatre amarres. Il y a huit à dix brasses d'eau à l'entrée, & quatre à cinq dans l'endroit où l'on mouille. Le fond est d'herbe vaseux. Les Galéres font deux andanes & quelques-unes portent des amarres du côté de la gauche. Dans le fond de cette Anse il y a quelques Maisons & Magasins à Pêcheurs, & une Fontaine où on va faire de l'eau. On voit plusieurs grands Arbres aux environs dans une Plaine. Le Vent qui donne à plein est le Sud-Est, dont on n'a aucun abri & la Mer y doit être très-grosse. On reconnoît aisément ce lieu. Le Mont Argentat, l'Isle dont il a été parlé & toutes ces Forteresses le font reconnoître visiblement, outre qu'il est à l'extrémité d'une grande plage de Sable.

PORTO-DE-LOS-LEONES, ou le Port des Lions, Port de l'Amérique Méridionale [f], sur la Côte Orientale de la Terre Magellanique. Il est situé au Nord de la Baye *de los Camerones*, & au Midi de la Baye Saint Mathias ou la Baye Sans Fond.

PORTO-LIONE, nom moderne du Pirée, Port d'Athènes. Voyez Pireus.

1. PORTO-LONGONE, petite Ville d'Italie dans l'Isle d'Elbe, prés du Port d'où elle tire son nom [g]. Elle est bâtie sur la Côte Orientale de l'Isle, en tirant vers le Nord, & elle a une bonne Forteresse sur le haut d'un Rocher, où le Roi d'Espagne tient Garnison, quoique la Place soit au Prince de Piombino. Les Espagnols ne pouvant souffrir que ce Prince se fût accommodé d'une partie de ses droits sur cette Isle avec le Grand-Duc de Toscane, vinrent s'emparer de cet endroit, dont ils avoient besoin parce qu'il leur fournissoit un Port pour retirer leurs Galéres, quand ils étoient obligez de les envoyer de la Côte d'Espagne, ou des Isles de la Méditerranée en Sicile ou au Royaume de Naples. Ils s'y fortifièrent vers l'an 1577. & voyant l'importance du Port & l'avantage qu'en recevoient leurs Bâtimens; outre qu'ils avoient par là un moyen de tenir en bride les Etats du Pape, ceux de Toscane & de Lucques & l'Isle de Corse, ils y bâtirent en 1606. une Forteresse considérable, flanquée de cinq Bastions & de quantité d'ouvrages extérieurs. Elle est à la droite du Port [h], sur une Montagne haute, presque entièrement de rocher, ou de tuf, escarpée, où inaccessible du côté de la Mer qui l'environne, & en fait une presqu'Isle qui ne tient à la terre de l'Isle que par un front que deux Bastions occupent aisément. C'est le seul endroit par lequel cette For-

teresse peut être attaquée. Ce front est couvert d'une grande demi-lune à flancs, défendue de deux Contre-gardes, d'un double chemin couvert, avec des fossez secs & des redoutes sur le glacis. Il seroit aisé d'isoler cette Place, en creusant un Canal aussi large qu'on voudroit & qui serviroit d'avant-fossé au glacis le plus éloigné du corps de la Place. Tous ces Ouvrages forment un Amphithéâtre, dont le coup d'œil est très-beau, de quelque côté qu'on se place. Au delà du chemin couvert, il y a deux Redoutes, qui peuvent incommoder avec le Canon & leur mousquetterie les Bâtimens qu'on ne voudroit pas souffrir près de la Forteresse. Quoique cette Place n'ait que cinq Bastions, elle ne laisse pas d'être grande, parce que les Bastions & les Courtines sont considérables. Il n'y a qu'un fossé & qu'un chemin couvert du côté de la Mer. Les Ouvrages seroient inutiles de ce côté-là, parce qu'elle n'y peut pas être attaquée. On a jetté tous les Ouvrages du côté de la terre, par où la Place est accessible. Elle a soutenu deux Sièges fameux, l'un en 1646. & l'autre en 1650. Les François la prirent en 20. jours & les Espagnols la reprirent en quarante sept jours de tranchée ouverte.

2. PORTO-LONGONE, ou PORT-LONGON [a], ou simplement LONGONE, & en Latin *Portus-Longinus*, ou *Portus-Longonis*; Port d'Italie sur la Côte de l'Isle d'Elbe. Il a été ainsi appellé à cause de sa longueur. Son entrée n'a pas plus d'un demi-mille de largeur, sur plus de trois milles de profondeur. Sa largeur n'est pas égale par-tout: elle s'augmente considérablement à un mille en dedans de l'entrée, & fait un coude à la droite, qui est un Port naturel fermé presqu'entièrement de tous côtez, où les plus gros Bâtimens peuvent mouiller assez près de la terre & y être dans une sûreté entière, à couvert de la plus grosse Mer & des Vents. Le fond est bon par-tout; il ne manque à la droite en entrant que quelque Fort, Redoute ou Batterie fermée pour défendre l'entrée; car le Canon de la Forteresse ne peut pas plonger assez pour cela. Il y a sur la gauche un petit Fort ou Château qui paroît fort ancien, & dans lequel on met un médiocre Détachement de la Garnison de la Forteresse. Il est assez bien pourvû d'Artillérie: & s'il y en avoit seulement autant du côté droit au dessous de la Forteresse, les feux se croiseroient & rendroient l'entrée du Port impossible à ceux à qui on ne la voudroit pas permettre. Il y a à la vérité deux Redoutes sous la Forteresse au delà du dernier chemin couvert, mais il faudroit quelque chose de plus.

PORTO-MALFETAN, Bourg d'Asie, dans l'Anatolie, sur la Côte Méridionale, vis-à-vis de l'Isle de Rhodes. C'est à ce qu'on croit la CRESA ou CRESSA des Anciens. Voyez CRESA.

PORTO-MORISO. Voyez au mot Port, l'Article PORT-MAURICE.

PORTO-MARIN, petite Ville d'Espagne [b] dans la Galice, sur le Migno, à dix lieues au dessus d'Orense, & à quelques lieues au dessous de Lugo. La Rivière la partage en deux Villes & c'est la grande Route par où l'on va du Royaume de Léon à St. Jacques de Compostelle.

PORTO DE MOOS, Bourg de Portugal dans l'Estremadoure [c], au Nord du Tage, de même que de Batalha, & à l'Orient d'Aljubarota: ce Bourg est défendu par un bon Château.

PORTO-NUOVO, Bourg & Port de l'Isle de Corse [d], sur la Côte Orientale. Il est au Nord de Bonifacio & au Midi de Porto-Vecchio, environ à égale distance de ces deux Lieux.

PORTO DI PAULA, Port d'Italie, dans la Campagne de Rome [e], sur la Côte des Palus Pontines, au voisinage de Monte-Circello, en tirant du côté du Nord. Ce Port autrefois considérable est présentement comblé de sable.

PORTO-PEDRO [f], Port d'Espagne dans la Mer Méditerranée, sur la Côte de l'Isle de Majorque. Environ quinze à seize milles à l'Est quart du Nord-Est du Cap-Saline, qui est la pointe du Sud de l'Isle, est le PORTO-PEDRO. Entre les deux la Côte est fort unie & basse, & on la peut ranger d'assez proche. Un peu plus près du Cap-Saline que du Porto-Pedro, il y a une Calangue en forme de Rivière, que quelques-uns par méprise ont pris pour Porto-Pedro & à quoi il faut prendre garde. On ne peut aller dans cette Calangue qu'avec des Tartanes encore avec peine.

La reconnoissance de Porto-Pedro est facile, étant presque par le milieu de la Côte du Sud de l'Isle de Majorque, sur le bord de laquelle il y a cinq Tours de garde, & celle du milieu est celle de Porto-Pedro. Elle est quarrée: il y a une petite maison au pied, & toutes les autres Tours sont rondes. On la découvre de plus loin venant de l'Ouest que du côté de l'Est; en sorte qu'il n'y a qu'à compter ces Tours depuis le Cap-Saline, & on trouvera que la troisième est celle du Porto-Pedro. Il en est de même du côté de l'Est: on y voit aussi deux Tours rondes & la cinquième est celle de Porto-Pedro. Ce Port est dans un terrein bas. L'entrée en est fort étroite n'ayant que cent cinquante toises. Il est assez spacieux, mais il n'y a pas de profondeur d'eau vers le fond. Sur la pointe de la gauche en entrant, il y a comme je l'ai déja dit une Tour quarrée & une petite maison auprès; & du même côté de la Tour & au dedans du Port, il y a une grande Calangue, où on ne trouve point de profondeur d'eau; mais entre les deux pointes de l'entrée, il y a quinze à seize brasses d'eau. Le Traversier est le Vent Sud-Sud-Est. On peut mouiller dans ce Port avec des Vaisseaux & des Galéres. Il peut contenir dix-huit à vingt Galéres. Le meilleur mouillage est du côté de la droite en entrant, où l'on est plus à l'abri des Vents du large. Il y a par-tout dans le milieu depuis dix jusqu'à quatre brasses d'eau: on a un fer en Mer & des amarres à Terre. On s'y amarre

[a] Ibid. p. 109.
[b] Délices d'Espagne, p. 133.
[c] Délices de Portugal, p. 742.
[d] Magin, Carte de l'Isle de Corse.
[e] Magin, Carte de la Campagne de Rome.
[f] Michelot; Port. de la Médit. p. 29.

POR.

re quelquefois à quatre, ayant la poupe vers le Nord-Eſt; & alors on eſt par trois à quatre braſſes d'eau, fond d'herbe & de vaſe. Du côté de l'Oueſt il ne faut pas s'approcher d'une groſſe pointe qui s'y trouve. Il n'y a pas d'eau, non plus que dans le fond du Port. On peut faire du bois ſur la droite en entrant; mais il n'y a point d'eau douce. On fait néanmoins des trous dans un bas terrein qui eſt dans le fond du Port, proche de quelques joncs, quoique cette eau ſoit ſaumâtre. La Latitude eſt de 39. d. 29'. & la variation de cinq degrez vers le Nord-Oueſt.

*a Délices d'Espagne, p. 578.*

1. PORTO-PIN, Cap d'Eſpagne ſur la Côte de l'Iſle Majorque [a], au Couchant du Port de la Capitale de l'Iſle & dans la même Baye. Derriére ce Cap la Mer fait un Port auquel on donne le même nom. Voyez l'Article ſuivant.

*b Michelot, Portul. de la Méditer. p. 27.*

2. PORTO-PIN, Port de l'Iſle de Majorque, dans la Mer Méditerranée. Environ ſept milles à l'Eſt quart de Nord-Eſt des Iſles du Port-Paquet, ou du Cap de la Savatte, eſt l'entrée de Porto-Pin [b]. Entre les deux il y a un peu d'enfoncement; environ vers le milieu on voit une Tour quarrée qu'on appelle *Garachicque*, & ſur la pointe de l'Oueſt, il y a une petite Forterſſe à quatre Baſtions. Le PORT-PIN eſt une petite Calangue en forme d'une Riviére, dont l'entrée eſt fort étroite; car elle n'a qu'environ ſoixante toiſes entre les deux pointes; mais un peu plus avant en dedans des pointes, on trouve un plus grand eſpace. Ce Port a environ cent cinquante toiſes de long. Il y peut entrer ſept à huit Galéres lors qu'elles ſont coſſillées; c'eſt-à-dire en retirant les rames dans la Galére, où on les range par andanes. Il faut obſerver que les Galéres doivent mouiller un fer à l'entrée de porter des amarres à terre d'un côté & d'autre. Entre les deux pointes de l'entrée, il y a cinq à ſix braſſes d'eau & au dedans dix-huit, quinze & dix pieds d'eau; fond d'herbe & vaſe. Il ne faut pas trop s'enfoncer dans ce Port, n'y ayant pas d'eau dans le fond. Lors qu'il n'y a point de Galéres, on peut y entrer avec un Vaiſſeau, s'amarrant à quatre amarres. Les Majorquins y font hiverner leurs Vaiſſeaux & leurs Barques. A la pointe de la gauche en entrant, il y a une Tour quarrée & une Maiſon auprès. Cette Tour ſert de Fanal. On l'allume le ſoir pour les reconnoiſſances. Sur l'autre pointe il y a une eſpèce de Tour quarrée & une Chapelle auprès. Le Traverſier eſt le Vent du Sud-Eſt.

PORTO-PRIMARO, Port d'Italie, dans le Duché de Ferrare, ſur la Côte du Golphe de Veniſe, à l'Embouchure d'un des bras du Pô. Ce Port eſt défendu par une Tour appellée *Torre Gregoriana*.

PORTO-DEL-PRINCIPE, Ville & Port de l'Amérique Septentrionale dans l'Iſle de Cuba. Mr. Corneille en fait un Lieu différent du PORT AU PRINCE; c'eſt cependant le même. Voyez au mot PORT, l'Article PORT-DU-PRINCE.

PORTO-RAGUSEO, Port de l'Alba-

POR. 445

nie, dans la Côte de la Canina, à l'entrée du Golphe de Veniſe. Mr. Corneille [c] dit que ce Port eſt vers le fond du Golphe de la Valone; mais ſelon Mr. de l'Iſle [d], il eſt hors du Golphe, derriére le gros Cap qui forme le Golphe de la Valone du côté du Midi.

*c Dict.*
*d Atlas.*

PORTO-RAPHTI, Port de la Morée dans la Sacanie. On le met communément à quatre lieues d'Athènes; mais Wehler prétend qu'il n'en eſt guère qu'à deux lieues. La Baye qui fait ce Port, eſt ſituée ſur la Côte Orientale de l'Attique, & a la plus haute pointe du Mont Hymette du Nord-Oueſt au Nord, & le Cap Méridional de Négrepont à l'Eſt. Il eſt diviſé en deux petites Bayes par une pointe aigue qui régne au milieu, & il a deux Iſlets ou Rochers vers l'Embouchure. Le plus gros eſt Eſt-Sud-Eſt du milieu de la pointe. Il donne le nom au Port; & ce nom vient d'une eſpéce de Coloſſe de marbre blanc, qui repréſente un Tailleur qui coupe du drap que les Grecs appellent *Raphti*. Le Rocher couvre le Port contre tous les Vents qui viennent de la Mer; en ſorte qu'il n'y en a aucun qui puiſſe empêcher les Vaiſſeaux d'y entrer n'y d'en ſortir. On y mouille ſur ſept à huit braſſes d'eau, fond de vaſe mêlé d'herbes marines & de bonne tenue. Sur un petit Écueil qui eſt tout auprès & qui eſt rond & fort aigu par en haut, il y a une autre figure. Je crois, ajoute Wehler que ce Port s'appelloit autrefois *Panormus*. On y voit encore les ruïnes d'une Ville. Elles ſont ſur la Côte, & cette Ville s'appelloit *Praſſæ*. Ce fut le Port où vingt Villes d'*Iſſadi* ſe joignirent avec la Flote des Romains, lorsqu'ils furent appellez au ſecours des Athéniens, contre Philippe, Roi de Macédoine. La Guillétiére dans ſon Athènes Ancienne & Nouvelle, dit que ce Port eſt le *Potamus* des Anciens. Voyez l'Article POTAMUS, & non *Geronthræ* comme le dit Mr. Corneille [f], qui ajoute fauſſement que ce Voyageur donne à *Porto-Raphti* le nom de PORTO-RAPANI ou RAPINI. La Guillétiére n'étoit pas capable de tomber dans une pareille erreur. Auſſi diſtingue-t-il parfaitement ces deux Ports. Il met comme Wehler *Porto-Raphti* dans la partie Orientale de la Morée; & il place *Porto-Rapani* dans le Golphe de Colochina. Voyez l'Article ſuivant.

*e Voy. d'Athènes, liv. 3. p. 259.*

*f Dict.*

PORTO-RAPINI, ou RAPANI, Port de la Morée & le dernier du *Brazzo di Mainá* dans le Golphe de Colochina ſelon la Guillétiére [g]. Après *Sapico*, dit-il, on rencontre *Porto-Rapani* ou *Rapini*, qui étoit autrefois la Ville de *Geronthræ*; & il y a dans ce lieu des eaux douces très-excellentes. Le Port de *Rapani* ſe découvre de loin, ſur-tout quand on vient du Sud-Sud-Eſt, à cauſe de deux Montagnes extrêmement rondes qui l'enferment. Le mouillage y eſt bon, & à deux lieues de là, courant au Sud-Eſt, on trouve le Port d'*Eſapo* ou d'*Aſopo*, qui eſt l'ancienne *Aſopus*.

*g Athènes ancienne & nouv. p. 66.*

PORTO-RAVAGLIOSO, Port d'Italie, ſur la Côte Occidentale de la Calabre Ulté-

Kkk 3

Ultérieure. Ce Port est voisin de *Palma*. C'est l'*Orestis-Portus* de Pline. Voyez ORESTIS-PORTUS.

PORTO-REAL [a], Bourg d'Espagne, dans l'Andalousie au Nord-Est de la Baye de Cadix. C'est dans ce Bourg que sont les Magazins des vivres, des agrets & des munitions du Port de Cadix. Michelot appelle Porto-Real une petite Ville. Il dit: Environ une bonne lieue du Fort de Matagorde est la petite Ville de Porto-Real, située sur le bord de la Mer & devant laquelle on ne sauroit aller qu'avec des Batteaux. Pour y passer il faut entrer dans le Ruisseau de Trocadero ; autrement il faut faire le tour des Isles où est la Batterie. Ce sont des Terreins marécageux & de sable, ou de basse-Mer ; il y a fort peu d'eau. Entre le Port de Sainte-Marie & le Porto-Real ce sont aussi toutes basses terres, avec quelques Salines & marécages. Il y a aussi une petite Riviére qu'on nomme la Riviére de San Pedro. Entre la Tour de Sainte Catherine & le Fort de Matagorde, du côté de l'Est, il y a un grand enfoncement ; mais il n'y a pas de profondeur d'eau & aucun Bâtiment n'y mouille.

PORTO-REAL, ou PORT-ROYAL. Voyez l'Article PORTO-ESCONDEDO.

1. PORTO-RICO, PUERTO-RICCO, ou PORTORIC, Isle de l'Amérique Septentrionale, l'une des Antilles, à l'Orient de l'Isle de St. Domingue, & au Couchant des Isles sous le Vent. Elle s'appelloit premiérement Boriquen [b]. Christophle Colomb l'ayant découverte en 1493. l'appella l'Isle de ST. JEAN BAPTISTE. On ajouta depuis celui de PUERTO-RICCO, & les François ne la connoissent guere que sous celui de PORTORIC. Ce ne fut qu'en 1509. que l'on y commença des Etablissemens solides, dont on avoit jetté les fondemens un an auparavant [c]. Cette Isle qui est située par les 17. & 18. d. de Latitude Nord, n'a pas vingt lieues dans sa plus grande largeur qui se prend du Nord au Sud ; mais la longueur de l'Est à l'Ouest est de quarante lieues. Elle a peu de Plaines, beaucoup de Collines, des Montagnes trés-hautes, des Vallées extrêmement fertiles & d'assez belles Riviéres. Il paroît que ses Habitans ainsi que ceux de l'Isle Espagnole avoient une même origine : on remarquoit dans les uns & dans les autres la même douceur ; mais comme ceux de Portoric étoient sans cesse aux prises avec les Caraïbes des petites Antilles, ils étoient encore moins policez & un peu plus aguerris.

L'Or qui se trouvoit dans cette Isle fut cause du dessein que les Espagnols formérent d'en faire la Conquête. Jean Ponce de Léon, Gouverneur de la Ville de Salvaleon, ayant appris qu'il y avoit beaucoup d'or dans l'Isle de Portoric, y passa sur une Caravelle, avec quelques Castillans & des Insulaires du pays qui lui servoient de Guides. Il aborda sur les Terres d'un Cacique nommé *Agueynaba*, qui le reçut bien, & poussa la générosité jusqu'à offrir de lui abandonner les Mines de son pays, pourvû que le Commandant voulût lui accorder ses bonnes graces. Jean Ponce de Léon accepta l'offre, combla de presens le Cacique qui depuis ne voulut plus être appellé que *Jean Ponce de Léon*. Cependant le Gouverneur de Salvaleon ayant pris des Montres de toutes les Mines qu'il avoit visitées se rendit à San-Domingo, pour instruire le grand Commandeur Oyando du succés de son Voyage. On mit au creuset l'or de Portoric qui fut estimé moins pur que celui de l'Isle Espagnole ; mais c'étoit de l'Or, & la Conquête de l'Isle fut résolue. Ponce de Léon en fut chargé. Il n'y trouva pas toute la facilité qu'il s'étoit figurée. Il commença par bâtir une Bourgade : il voulut ensuite faire des Départemens d'Indiens, comme il se pratiquoit dans l'Isle de Saint-Domingue ; mais il s'apperçut bien-tôt qu'il avoit été trop vîte. Les Insulaires qui sur le bruit de ce qui s'étoit passé dans le voisinage se figuroient les Espagnols comme autant de Dieux descendus du Ciel, subirent d'abord le joug sans oser faire la moindre résistance ; mais ils n'en eurent pas sitôt ressenti la pesanteur qu'ils pensérent au moyen de le secouer. Ils s'assemblérent & convinrent qu'on commenceroit par éclaircir le Point de l'Immortalité de ces Etrangers. La commission en fut donnée à un Cacique nommé *Brayau* qui s'en acquitta en cette maniére. Un jeune Espagnol, nommé Salzedo, faisant voyage, passa chez lui ; Brayau le reçut & le régala de son mieux. Salzedo voulant partir, le Cacique l'obligea de prendre quelques-uns de ses gens pour lui aider à passer quelques endroits difficiles qui étoient sur la route. En effet aprés qu'il eut marché quelque tems, il se trouva au bord d'une Riviére qu'il faloit traverser. Un de ses guides à qui Brayau avoit donné ses ordres, se présenta pour le charger sur ses épaules ; mais quand il fut au milieu de la Riviére, le Porteur le laissa tomber & avec l'aide de ses Camarades qui le suivoient, il le tint dans l'eau, jusqu'à ce qu'il ne remuât plus. Alors ces Sauvages tirérent le corps à terre, & ne pouvant encore s'assurer qu'il fût mort, ils se mirent à lui demander pardon de lui avoir laissé avaler tant d'eau, lui protestant que c'étoit par mégarde qu'ils l'avoient laissé tomber ; & qu'on n'avoit pû faire plus de diligence pour le tirer. En disant cela ils pleuroient, comme s'ils eussent été les hommes du monde les plus affligez & ne cessoient de tourner le cadavre & de le retourner, pour voir s'il ne donneroit pas quelque signe de Vie. Ce jeu dura trois jours au bout desquels la puanteur qui exhaloit de ce corps les rassura, & ils donnérent avis à leur Cacique de ce qui s'étoit passé. Brayau ne voulut s'en rapporter qu'à ses yeux : il vint & fut convaincu. Il fit son rapport aux autres Caciques & tous détrompez de la prétendue Immortalité de leurs Conquérans, résolurent de s'en délivrer à quelque prix que ce fût. L'affaire fut conduite avec beaucoup de secret ; & comme les Castillans ne se défioient de rien,

[a] Labat, Voy. d'Espagne, t. 1. p. 232.

[b] Le P. Carlevoix, Hist. de St. Domingue, t. 1. p. 149.

[c] Ibid. t. 2. p. 66. & suiv.

# POR.

il y en eut une centaine de maſſacrez, avant qu'on ſe fût apperçu de la moindre altération dans les Indiens. A la fin les Eſpagnols ſe trouvans réduits à la moitié de ce qu'ils avoient été, Ponce de Léon qui ne pouvoit plus douter d'où venoit le mal, ſe mit en campagne & vengea d'une maniére ſi terrible la mort de ſes gens; qu'il ôta pour toujours aux Inſulaires l'envie de remuer. Il n'avoit avec lui que des Braves; mais aucun d'eux ne contribua plus à lui ſoumettre les Habitans de Portoric, qu'une grand Chien qu'on appelloit Berezillo. Cet Animal avoit plûtôt étranglé un homme, qu'il ne l'avoit regardé & dans les rencontres qu'il y eut entre les deux Nations, il faiſoit plus de beſogne qu'aucun Soldat. Auſſi avoit-il la paye d'Arbalêtrier, qui étoit la plus groſſe de toutes. Il fut tant qu'il vécut la terreur des Ennemis, & il finit ſa carriére au lit d'honneur. Pluſieurs années après la Conquête de Portoric, des Caraïbes ayant fait à leur ordinaire une irruption dans cette Iſle, ils y trouvérent les Caſtillans & leur Chien, qui après avoir étendu ſur la place un très grand nombre de ces Barbares, obligérent le reſte à s'embarquer au plus vîte. Le Brave Berezillo, emporté par l'ardeur du combat, ſe jetta à la nage & les pourſuivit aſſez loin; mais s'étant approché trop près d'un Canot, on lui tira une fléche dont il fut tué tout roide. Il fut extrêmement regretté, & ſa Mémoire s'eſt long-tems conſervée dans les Indes, où le bruit de ſes exploits avoit pénétré par-tout.

Il y a pourtant bien de l'apparence que les Habitans de Portoric ne ſe ſeroient pas tenus ſi aiſément pour ſubjugez, ſi en voyant les Eſpagnols ſe multiplier de jour en jour dans leur Iſle, ils ne s'étoient pas ſottement perſuadez que les nouveaux venus étoient ceux-là mêmes qu'ils avoient fait mourir, & qui étoient reſſuſcitez. Dans cette penſée, ils crurent que ce ſeroit folie à eux de continuer à faire la guerre, & qu'il valoit mieux plier de bonne grace ſous l'autorité de gens qui renaiſſoient de leurs cendres, que de les irriter de nouveau par une opiniâtre réſiſtance. Il s'abandonnerent donc à la diſcrétion de leurs Vainqueurs, qui les envoyérent ſur le champ aux Mines, où en peu de tems ils périrent preſque tous.

*a De Laët, Deſcr. des Indes Occ. liv. ...c. 2.*

Cette Conquête étant ainſi achevée, on abandonna la Colonie [a] qui avoit été d'abord placée à une lieue de la Mer & à égale diſtance du principal Port qu'on nomme *Puerto-Rico*. Cette premiére Colonie étoit nommée *Cappara*; l'incommodité de ſa ſituation, & la peine qu'il y avoit à en approcher furent cauſe qu'on l'abandonna. Les Habitans furent tranſportez à Ganica, près du lieu où l'on voit aujourd'hui la Ville de St. Germain. On quitta quelque tems après ce Lieu pour s'aller établir à *Sotomajor*, au voiſinage d'Aguada. Dans la ſuite on changea encore de place, pour aller s'établir à St. Germain qui devint un Colonie fixe; & enfin dans l'année 1614. après que par ordre du Roi d'Eſpagne on eut joint la petite Iſle qui eſt à l'embouchure du principal Port avec la grande; par le moyen d'une Chauſſée qui fut faite au travers du Havre, on donna le commencement à la principale Ville, qu'on appelle aujourd'hui *Porto-Rico* & qui a donné ſon nom à toute l'Iſle, & qui tire le ſien du Port ſur lequel elle eſt ſituée. Voyez l'Article ſuivant.

2. PORTO-RICO, Portoric, ou Puerto-Rico [b], Ville de l'Amérique Septentrionale, & la Capitale de l'Iſle de *Saint-Jean de Porto-Rico*; Elle eſt ſituée au Nord de l'Iſle, à 18. d. & quelques minutes de Latitude. Elle n'eſt point fortifiée. Elle n'a ni murs ni remparts. Ses Rues ſont larges & ſes Maiſons bien bâties à la maniére d'Eſpagne. Elles ont peu de Fenêtres, mais de larges portes par leſquelles entre le Vent, qui ſouffle depuis huit heures du matin juſqu'à quatre heures du ſoir & tempére la grande chaleur. L'Egliſe Cathédrale eſt d'une belle Sculpture. Elle a double rang de Colonnes, & les Fenêtres qui ſont petites ne ſont garnies que d'un fin canevas faute de vitres. On y voit deux petites Chapelles entre le Maître-Autel. Près de la Ville, vers l'Eſt-Nord-Eſt, il y a un Monaſtére de Bénédictins.

*b Ibid.*

En 1595. le Chevalier François Drake attaqua Porto-Rico, & étant entré dans le Havre avec pluſieurs Barques, il brûla les Vaiſſeaux Eſpagnols qui étoient à l'ancre. Il ne put prendre la Ville & fut contraint de ſe retirer avec perte de quarante ou cinquante hommes. Deux ans après, le Comte de Combrie ayant fait deſcendres ſes Troupes de débarquement ſur le rivage de la grande Iſle, les conduiſit juſqu'à la Chauſſée par un paſſage & entra dans la Ville où il trouva peu de monde. La Forterèſſe qui commande l'Embouchure du Havre ſe rendit par compoſition, après avoir ſoutenu huit jours de ſiège. Le Comte de Combrie avoit réſolu de s'arrêter dans ce lieu & d'y établir une Colonie Angloiſe; mais diverſes maladies ayant emporté en peu de tems quatre cens de ſes gens, il abandonna la Place, ſe contentant d'y avoir fait un riche butin.

Le Port qui donne le nom à la Ville & même à toute l'Iſle eſt commode, ſpacieux, & aſſuré tant contre les Vents que contre les inſultes des Ennemis. Il reçoit la Mer par une étroite Embouchure, commandée par un Château très-fort, augmenté de nouveaux Ouvrages en 1590. par l'ordre de Philippe II. Roi d'Eſpagne. Ce Château eſt bien muni de Canons & de tout ce qui eſt néceſſaire pour une bonne défenſe. Près de ce Château, mais un peu plus avant vers le Sud Oueſt de la Ville, il y en a un autre appellé Fortalezza, où ſont conſervez les tréſors du Roi. Le reſte de la petite Iſle, qui eſt jointe à la grande par une Chauſſée faite au travers du Havre, eſt impénétrable, à cauſe d'un Bois épais qui la couvre toute, à la réſerve d'une Place & des ſentiers qui ménent à la Chauſſée. Il y a dans cet endroit deux

*petites*

petits Châteaux, pour empêcher le passage à l'Ennemi, s'il vouloit aller par là vers la Ville.

PORTO-DI-SANT-ELPIDIO, Port d'Italie, dans la Marche d'Ancone [a], sur la Côte du Golphe de Venise. Il est situé entre les Embouchures du Chiento & de la Tenna. Il y a sur le Rivage une Bourgade de même nom. On croit que c'est la Ville *Potentia* des Anciens. Voyez POTENTIA.

1. PORTO-SAN-STEPHANO, Bourg d'Italie, sur la Côte de France, dans l'Etat appellé *Delli Presidii*. Ce Bourg a un Port & une Forteresse bâtie sur le Mont Argentaro. Voyez l'Article suivant.

2. PORT-SAN-STEPHANO, Port d'Italie, sur la Mer de Toscane, à sept milles d'Orbitelle. J'ai peine, dit le Pere Labat [b], à donner le nom de Port à ce mauvais Acul, qui n'est à couvert que des Vents qui viennent de la Bande de l'Est, & un peu de ceux qui viennent du Sud, & qui est exposé à tous les autres. Il y a sur le bord une Chapelle, & sur une hauteur au dessus de cette Chapelle, on voit un Fortin ou une Tour fortifiée. Il y avoit, à ce qu'on dit, une petite Ville auprès de l'endroit où est la Chapelle; mais il y a long-tems qu'il n'en est plus mention; peut-être parce que les courses des Barbares ont obligé les Habitans à se retirer. Il ne reste plus que trois ou quatre mauvaises Maisons. On ne reconnoît la Chapelle qu'à une Croix qui est sur la porte, & à un Autel de pierre tout nud. Les Matelots s'y retirent quand ils relâchent cet endroit. Ils y font du feu, & selon les apparences leur Cuisine.

PORTO-SANTO, Isle d'Afrique, au Nord Oriental de celle de Madére [c]; à deux degrez & demi du premier Méridien, sous les trente-deux degrez, trente minutes de Latitude Septentrionale. Elle fut découverte en 1412. par deux Gentilshommes Portugais [d], que l'Infant Henry, Fils de Don Jean I. Roi de Portugal avoit envoyez, pour doubler le Cap Bojador & aller plus loin à la découverte, sur un petit Bâtiment qu'il leur fit équiper. Ils furent surpris d'une violente tempête, qui les ayant jettés en haute Mer, leur fit trouver pour Azyle, dans le tems qu'ils se croyoient perdus, une Isle jusqu'alors inconnue, à laquelle ils donnérent le nom de Porto Santo, parce qu'elle fut pour eux un Port de salut. Cette Isle étoit deserte, mais elle fut peuplée peu de tems après [e]. On en défricha les terres, & les Portugais s'y sont toujours maintenus depuis. Cette Isle est petite & n'a, selon Cadamoste, que quinze milles, ou cinq lieues de tour. Sanut dit qu'elle est plus grande. Elle manque de Ports & a seulement un Golphe fort assuré, si ce n'est quand quelques Vents du côté du Sud-Ouest y soufflent. Ce Golphe est commode pour donner retraite aux Vaisseaux qui viennent des Indes & à ceux d'Europe qui vont en Afrique. Ainsi les Marchands s'y arrêtent fort souvent, & leur abord cause un grand profit aux Habitans de cette Isle. Quelques-uns la prennent pour la *Cerne* de Ptolomée & d'autres pour l'*Ombrio* de Pline. Sanut croit que c'est la *Pena* de Ptolomée, à cause que sa Latitude est presque la même. On y recueille assez de Froment & d'autres grains pour l'usage des Habitans. Ils ont quantité de Boeufs & de Sangliers & une infinité de Lapins. Ils ont aussi une drogue appellée Sang de Dragon; qui est fort recherchée des Marchands, & qu'on tire de certains arbres qui se trouvent dans l'Isle. On donne quelques coups de coignée au pied de ces arbres, & l'année suivante dans un certain tems, la Gomme se pousse hors des fentes qui ont été faites. Cette Gomme étant recueillie cuite & bien purgée, on en fait le Sang de Dragon, si renommé chez les Droguistes. Ces mêmes Arbres portent un fruit qui ressemble à la Cerise, mais dont la couleur est jaune. Il est mûr au mois de Mars & d'un goût fort agréable. On trouve encore dans cette Isle une grande abondance de Cire & de Miel; & la Mer des environs a quantité de Dorades & d'autres Poissons; en sorte que la pêche est très-bonne. Les Habitans vivroient fort tranquillement sans les Ecumeurs de Mer, aux courses desquels ils sont sujets, & qui étant descendus dans l'Isle en 1617. en emmenérent six cens soixante & trois personnes. Ces Insulaires sont tous Catholiques & obéïssent en tout ce qui regarde le Spirituel à l'Evêque de Funzal de l'Isle de Madére.

PORTO-SEGURO, Gouvernement ou Capitainerie de l'Amérique Méridionale [f], sur la Côte Orientale du Bresil. Il est borné au Nord par la Capitainerie de *Rio dos Ilheos*, à l'Orient par la Mer du Nord, au Midi par la Capitainerie de *Spiritu Santo*, dont il est séparé par *Rio Doce*, & à l'Occident par la Nation des Tupiques. Antoine Herrera donne à ce Gouvernement trois petites Villes, dont l'une porte le nom de *S. Amaro*, l'autre celui de *S. Crux*, & la troisième garde le nom de *Porto Seguro*. Mr. de l'Isle dans sa Carte du Bresil n'en nomme pas d'avantage. Il marque seulement quelques Riviéres qui sont:

Rio S. Antonio,
Rio dos Frades,
Rio de Sernaubitibe,
Rio Ilahæm,
Rio des Caravellas,
Rio Peruipe,
Rio Cororupe,
Rio dos Reys Magos,

Les Portugais [g] qui demeurent dans ce Gouvernement navigent beaucoup le long de la Côte, & transportent dans les autres Gouvernemens du Bresil, toutes sortes de vivres, qui abondent extraordinairement dans la Capitainerie de Porto-Seguro; ce qui fait le principal profit des Habitans. Assez près de ce Rivage, les Rochers & les Bancs vulgairement nommez *Abrolhos*, & si fameux par les naufrages de tant de Navires, commencent à s'étendre en pleine Mer.

*a Magin, Carte de la Marche d'Ancone.*

*b Voy. d'Italie, t. 7. p. 114.*

*c De l'Isle Atlas.*

*d Lafitau, Conquête des Portugais dans le Nouv. Monde, liv. 1. p. 12.*

*e Corn. Dict. Davity, Etats du Roi de Portugal en Afrique.*

*f De l'Isle; Atlas.*

*g De Laet, Descr. des Indes Occ. liv. 15. c. 20.*

## POR.

Ce fut Alvaro Cabral Portugais qui le premier découvrit ce Pays, en 1500. Il prit tellement au large pour éviter les calmes des Côtes d'Afrique [a], que le 24. d'Avril il se trouva à la vue d'une Terre inconnue située à l'Ouest. La grosse Mer l'ayant obligé de ranger la Côte, il courut jusque vers le quinzième degré de Latitude Australe, où il trouva un bon Port, qu'à cause de cela il nomma *Porto-Seguro*, après avoir imposé le nom de Sainte-Croix à la Terre du Continent, où il avoit abordé. Ce nom fut depuis changé en celui de Bresil, ou Brasil qui est celui d'un bois assez connu aujourd'hui.

[a] *Le Pere Lafiteau, Conquêtes des Portugais dans le Nouv. Monde*, t. I. p. 160.

2. PORTO-SEGURO, Ville de l'Amérique Méridionale [b], au Bresil, dans la Capitainerie à laquelle elle donne le nom, à l'Embouchure d'une Rivière sur la Côte de la Mer du Nord. Elle est bâtie sur le sommet d'une roche blanche, auprès de laquelle on voit la terre fort haute montant vers le Nord. Elle s'applanit de l'autre côté & se termine en un rivage sablonneux & bas. Ce Lieu n'est habité, selon quelques-uns que par cent cinquante Familles Portugaises: d'autres cependant en font monter le nombre plus haut. Il y a à Porto-Seguro quelques moulins à Sucre.

[b] *De Laet, Descr. des Indes Occ.* liv. 15. c. 20.

PORTO-DE-TORES, petit Port d'Espagne, au Royaume de Grenade [c], sur la Côte de la Mer Méditerranée. Depuis la Pointe de l'Est de Vellez Malaga, jusqu'à celle de l'Est de Porto de Tores la Côte court à l'Est quart de Sud-Est, environ huit milles: c'est une Côte basse presque unie. Il y a trois Tours de garde dans cet espace & sur la pointe de l'Ouest de Porto de Tores une espèce de petit Château quarré flanqué de quatre Tours, & une au milieu qui est quarrée. Au dessus du côté du Nord-Est environ un mille dans les terres, il y a un Village qu'on nomme Marcas. On peut mouiller à l'Est de la pointe de l'Ouest de Porto de Tores, vis-à-vis de ce Village, par dix à douze brasses d'eau; mais ce mouillage n'est propre que pour les Vents de Terre.

[c] *Michelot, Portul. de la Méditer.* p. 12.

PORTO-TORRE, Port de l'Isle de Sardaigne [d], sur la Côte Occidentale de cette Isle, vis-à-vis de l'Isle Zavara, qui le couvre du côté de l'Occident. Il est à l'Embouchure de la Rivière Torre, où l'on voit encore quelques ruïnes de la Ville de même nom. On voit que Porto-Torre est l'ancien *Libissonis Portus*.

[d] *Magin, Carte de l'Isle de Sardaigne.*

PORTO-VECCHIO, anciennement *Syracusanus-Portus* [e], grande Baye sur la Côte Orientale de l'Isle de Corse, vers la pointe du Sud. On y pourroit mouiller plusieurs Vaisseaux & Galères & y être à couvert de plusieurs Vents. La reconnoissance de cette Baye est facile, principalement en venant du côté de l'Est. On y voit une haute Montagne hachée ou dentelée, très-facile à connoître & dans une basse-terre. Le *Porto-Vecchio* est tant soit peu plus au Sud de cette terre. Lorsqu'on approche du Port on voit quelques petits Ecueils, qui paroissent comme des batteaux hors de l'entrée. Il y en a un

[e] *Michelot, Portul. de la Méditer.* p. 135.

## POR. 449

droit par le milieu de l'entrée, à une demi-lieue au large, & un autre proche de la pointe de la gauche en entrant à la portée du fusil. A l'Est Sud-Est de l'Ecueil du Nord, environ à deux cables, il y a une Seche. La pointe de la droite en entrant est fort haute. Au dessus il y a une Tour de garde & quelques Rochers hors de l'eau auprès, & des plages de sable. On voit une autre Tour vers l'Ouest de l'entrée, sur une moyenne pointe, entourée de plusieurs Rochers hors de l'eau & à fleur d'eau. Entre ces deux pointes il y a un peu d'enfoncement & une plage de sable, avec une petite Rivière, où l'on peut faire de l'eau. A deux milles à l'Ouest-Nord-Ouest du Cap Cigli, il y a une grosse pointe fort haute qui fait l'entrée de ce Port, & au pied est une pointe de sable qui s'avance sous l'eau un cable & demi au large, à quoi il faut prendre garde. Il ne faut pas non plus ranger trop sur la droite, ni approcher trop près de la pointe du Nord, où est cette Tour, car il y a des Rochers sous l'eau fort au large. Dans le fond de cette Baye, vers le Sud-Ouest, il y a une Citadelle en assez mauvais ordre, située sur le haut d'une Colline, & au dessous dans le fond de la Baye, il y a une grande plage de sable & un terrein bas où est un Etang, avec quelques gros Arbres de Pin. Presque par-tout le fond de cette Baye du côté de l'Ouest, il y a une grande quantité d'Ecueils, hors de l'eau & sous l'eau; ainsi il ne faut point en approcher. Pour entrer dans le Port-Vecchio, en venant du côté du Nord, il faut laisser sur la gauche les Ecueils de l'entrée; & si on vient du côté du Sud, on peut passer si on veut au milieu de ces gros Rochers dont il vient d'être parlé, ou bien entre le Cap Cigli qui est la pointe du Sud-Est de Porto-Vecchio, & le premier Ecueil, où il y a dix brasses d'eau: ensuite il faut s'écarter de la pointe de la gauche en entrant dans le fond, où on mouille au dehors de l'Isle par trois, quatre & cinq brasses d'eau fond d'herbe vaseux. La Commandante peut porter si elle veut une amarre sur cette Isle. On ne voit presque point la Mer du large à cause des pointes. La Latitude est de 41. d. 39'. & la variation de sept degrez Nord-Ouest. Le Traversier du Porto-Vecchio est l'Est-Nord-Est qui y donne à plein; mais on ne le sent point dans le lieu où l'on est mouillé.

PORTO-VENDRES. Voyez au mot PORT l'Article PORT-VENDRE.

1. PORTO-VENERE, Port d'Italie, sur la Côte de Gênes, à l'entrée du Golphe de Specia ou Spezza. Il y a sur ce Port une petite Ville, située au pied d'une haute Montagne couverte d'Oliviers. Voyez l'Article suivant.

2. PORTO-VENERE, petite Ville d'Italie, sur la Côte de Gênes, à l'entrée du Golphe de Specia, à vingt-cinq milles ou environ de Sestri di Levante. C'est, dit le Pere Labat [f], un Bourg qu'on a honoré du nom de Ville; & cette Ville est petite, mal-bâtie, pauvre, & située sur la

[f] *Voy. d'Italie*, t. 2. p. 75.

L l l

la pointe Occidentale du Golphe de la Specia ou Spezza. Elle a quelques restes de vieilles murailles sur le bord de la Mer, avec une porte qu'on fermoit quand il y avoit des Ventaux. Porto-Venere est sur le penchant d'une hauteur, dont le sommet est occupé par une espèce de Forteresse, au pied de laquelle on a rebâti depuis peu l'Eglise dont la porte donne sur une Esplanade, qui a une très-belle vue sur la Mer, sur l'Isle Palmaria, ou Palmacia qui est vis-à-vis & sur tout le Golphe. Il y a un petit Couvent de *Zocolanti* ou Récolets hors de la porte de la Ville. Entre les deux pointes du Golphe Specia; mais plus près de celle où est bâtie PORTO-VENERE, est l'Isle de Palmaria, où, à ce qu'on dit, l'on voit encore les ruïnes du Monastère de Saint Venérée que Mr. Baudrand prétend avoir donné le nom à la Ville de Porto-Venere. Il se trompe: on l'auroit appellée *Porto-Venereo* & non pas *Porto-Venere*, qui signifie le *Port de Venus*.

PORTO-VIEJO, Port de l'Amérique Méridionale, au Pérou dans l'Audience de Quito [a], sur la Côte de la Mer du Sud. Il y a un bon Port devant cette Ville.

[a] *De l'Isle, Atlas.*

PORTO-VIERO, Port d'Italie, dans le Ferrarois, aux Frontières de l'Etat de Venise, selon Mr. Corneille [b] qui ne cite aucun garant. Il ajoute que ce Port est à l'endroit où le Bras le plus Septentrional du Pô, nommé le grand Pô, se jette dans le Golphe de Venise à cinq milles du Port *Delle Fornaci*, du côté du Sud & à dix milles de *Porto-Goro*. Magin ne nomme point ce Port.

[b] *Dict.*

PORTO-VITULO, Port de la Morée, dans le Brazzo di Maina [c], sur la Côte Occidentale du Golphe de Coron près de *Chielafa*.

[c] *De l'Isle Atlas.*

PORTOLE, Bourg d'Italie [d], dans l'Istrie, & dans les terres, environ à sept milles au Nord Oriental de Montona. La Rivière de Quieto coule entre deux.

[d] *Magin, Carte de l'Istrie.*

PORTOPANA, Ville de la Perside: Ptolomée [e] la place dans les terres, entre *Axima* & *Persepolis*. Le Manuscrit de la Bibliothéque Palatine au lieu de PORTOPALA, lit PORYOSPANA.

[e] *Lib. 6. c. 4.*

PORTOSPANA, Ville de la Caramanie, selon Ptolomée [f] qui la place dans les terres. C'est la même Ville qu'Ammien Marcellin appelle ORTOSPANA.

[f] *Lib. 6. c. 8.*

PORTSMOUTH, en Latin *Portus-Magnus*, Ville d'Angleterre, dans le Hampshire, ou Hanthire [g]. C'est un des plus fameux Ports d'Angleterre & une Place bien fortifiée. Elle est située dans l'Isle de Portsey, qui a environ quatorze milles de tour. Quoique l'air y soit assez mal sain, & que l'eau douce n'y abonde pas, elle ne laisse pas d'être fort peuplée, & il s'y fait un grand négoce. C'est une Pepinière de Mariniers, & SPITHEAD dans son voisinage est le Rendez-vous de la Flote Royale, allant à l'Ouest, ou revenant de l'Est. Il y a un Chantier pour bâtir des Vaisseaux de guerre, & des Magazins pour les équiper.

[g] *Etat présent de la Gr. Br. t. 1. p. 69.*

PORTSEY. Voyez PORTSMOUTH.

PORTU-CALE. Voyez PUERTO-CALE.

PORTUGAL, Royaume situé dans la partie la plus Occidentale de l'Europe, entre le 37. & le 42. Degré de Latitude Septentrionale, & entre les 9. & 12. d. de Longitude [h]. Il s'étend en Longueur du Nord au Sud, penchant un peu du Nord-Est au Sud-Ouest. L'Océan le mouille de deux côtez, savoir à l'Occident & au Midi: du côté de l'Orient il confine à l'Andalousie, à la Castille Nouvelle & au Royaume de Léon & du côté du Nord à la Galice. Il est séparé de l'Andalousie par la Guadiana, depuis l'Embouchure de cette Rivière, jusqu'au confluent de la Chanca, & par cette même Rivière de Chanca: de la Castille Nouvelle par une ligne imaginaire tirée de Frenenal à Ferreira, & delà vers Badajoz, par la Rivière de la Caye & par celle d'Elia: du Royaume de Léon, par des Montagnes, par la Rivière de Touroes par le Douero, & par une ligne tirée de la Miranda de Douro, jusqu'à la source de la Rivière de Sor: de la Galice enfin par une ligne tirée de la source de la Rivière de Sor jusqu'à Melgazo, & par le Migne ou Minho jusqu'à l'Océan. On donne communément à ce Royaume cent dix lieues de Longueur, cinquante de Largeur, cent trente-cinq de Côtes, & trois cens de tour.

[h] *Délices de Portugal, p. 690.*

Le Royaume de PORTUGAL [i] est la LUSITANIE des Anciens: Cependant la Lusitanie comprenoit des Pays qui ne font point aujourd'hui du Portugal; & le Portugal renferme quelques Contrées qui n'étoient point de la Lusitanie. Voyez LUSITANIE. Le nom de PORTUGAL est Moderne. Voyez PORTO, & PUERTO-CALE.

[i] *Maugin; Abrégé de l'Hist. de Portugal, p. 1. & suiv.*

Les premiers Habitans du Portugal, ou de la Lusitanie étoient divisez en divers Peuples indépendans les uns des autres, & se gouvernoient chacun selon leurs Loix ou leurs Coutumes. Peu obéissoient à des Rois; ce nom ne leur plaisoit pas. Ils formoient presque tous autant de Républiques, mais ils avoient des Capitaines, qui étoient simples Particuliers en tems de Paix & Souverains en tems de guerre. On prétend néanmoins que la Lusitanie obéït à un seul Roi, jusqu'à une grande sécheresse, qui dépeupla presque toute l'Espagne, & qui dura trente ans selon quelques-uns & trente mois selon d'autres. Après cette fameuse sécheresse diverses Colonies se jettérent dans le Pays, & ne voulurent pas reconnoître l'autorité des anciens Habitans. Ces Peuples furent presque toujours Ennemis: il prirent souvent les Armes les uns contre les autres, & ne s'unirent que sous Viriatus & sous Sertorius. Leurs coutumes & leurs mœurs n'eurent rien de commun qu'après une longue suite de siècles; mais généralement parlant ils étoient attachez au culte de Mars, de Minerve & d'Hercule. Ils leur sacrifioient les mains droites de leurs prisonniers de guerre, qu'ils égorgeoient aux pieds des Autels de ces faux Dieux. Prêts à déclarer la guerre, ou à la veille d'une Bataille, ils tuoient un de leurs Ennemis & jugeoient par ses entrailles du bon ou du mauvais succès de l'entreprise. Vouloient-ils jurer une Alliance qui pût être inviolable, ou faire une Promesse solemnelle, ils tuoient un Cheval & un Ennemi, leur fendoient le ventre au pied d'un Autel de Mars, ou d'Hercule, puis mettoient leurs mains dans le ventre de ces deux victimes, & les posoient ensuite toutes sanglantes sur l'Autel. Les Résolutions pour le bien de l'Etat se prenoient dans des Assemblées Générales où tout le monde se trouvoit. On approuvoit les propositions en frappant de l'épée sur le Bouclier, ou on les rejettoit par un murmure universel. Tout le monde portoit des habits longs : les seuls Esclaves en avoient de courts. Cette mode ne s'est perdue dans le Portugal que depuis environ deux siècles. Les hommes ne s'occupoient que de la guerre, de la chasse & de la garde des Troupeaux. Les femmes avoient soin du ménage, des habits & du commerce. Les Esclaves étoient employez à l'Agriculture. Les Dames ont souvent paru les Armes à la main; & la Lusitanie aussi bien que le Portugal ont eu des Amasones célèbres.

On ne sait point la véritable origine des Lusitaniens, l'on ignore quand le Pays commença d'être peuplé. Il y en a qui veulent qu'un certain Tubal, cinquième fils de Japhet, bâtit Setubal & que son fils Iberus fut son Successeur. Cela sent bien la Fable. Il y a plus de probabilité à dire que les Egyptiens entrérent dans la Lusitanie, avant que les Carthaginois occupassent ce Pays. En effet les Lusitaniens comptoient leurs années de quatre en quatre Mois comme les Egyptiens, usage qu'ils conservèrent jusqu'au tems d'Auguste. Ainsi l'on pourroit recevoir la tradition qui porte qu'Osiris célèbre dans l'Histoire des Dieux, passa dans la Lusitanie & y défit le fameux Gérion qui y étoit venu de l'Afrique & qui y regnoit. On regarde comme constant, que l'Hercule de Libye, qu'on croit fils d'Osiris, vint aussi dans la Lusitanie où il battit les trois fils de Gérion. Long-tems, après un certain *Gargoris* regna dans le Portugal, & sa Fille unique eut d'un Amant un fils nommé *Abidis*, qui, si l'on en croit Justin, fut exposé aux Bêtes, & élevé par une Chévre. Ce fut sous le regne de cet Abidis, qu'arriva cette fameuse Sécheresse qui tarit les Fleuves, brûla les herbes & les Arbres & fit mourir la plus grande partie des Habitans du Pays. Il fut, à ce qu'on croit, le dernier Roi des Lusitaniens.

Peu de tems après sa mort les Phéniciens abordérent sur les Côtes de la Lusitanie, se fortifièrent dans l'Isle de Cadix, d'où ils passèrent dans le Continent & y firent des conquêtes. Les Lusitaniens & les Gaulois qui s'étoient habituez dans le Pays les battirent souvent & les auroient entiérement chassez, si les Phéniciens n'eussent imploré le secours de Carthage, l'une de leurs Colonies. Les Carthaginois leur amenérent du renfort, environ 510. ans avant la naissance du Sauveur. Meherbal leur Chef s'empara de quelques Places, où il se fortifia si bien qu'il ne fut pas possible de le chasser. Les Lusitaniens ne furent point Sujets des Carthaginois, mais leurs Amis pendant plus de deux siècles & ensuite leurs Alliez. Barcino, Pere d'Annibal, fit alliance avec la plus grande partie de ces Peuples, environ 310. ans avant la naissance de J. C. Annibal eut dans ses intérêts la Lusitanie entiére, & en tira les meilleures Troupes avec lesquelles il mit Rome à deux doigts de sa ruïne. Les Romains ayant fait la conquête de l'Espagne, trouvérent dans les Lusitaniens des Ennemis terribles, & qu'ils n'auroient jamais soumis, si ceux-ci avoient eu soin de profiter de leurs Victoires, ou seulement de se tenir sur leurs gardes, après avoir battu l'Ennemi; mais s'abandonnant à la joie & au plaisirs, ils étoient surpris & défaits à leur tour. Le Préteur Galba desespérant de soumettre les Lusitaniens par les armes en fit assembler neuf à dix milles dans trois Vallées, où il les fit presque tous égorger. Ce massacre se fit environ 133. ans avant la naissance de Notre Sauveur: il affoiblit les Lusitaniens, mais au lieu de les réduire, il les rendit Ennemis irréconciliables des Romains; ni la force ni la douceur ne put rien sur leur esprit, & il ne furent entiérement soumis que sous Auguste, deux ans avant la naissance de J. C.

La Lusitanie fut assez tranquile sous les Romains. Les Lusitaniens qui jusqu'alors s'étoient adonnez aux armes, ne s'occupérent plus que du soin de parvenir aux charges de la Cour des Empereurs, ou de celui de s'enrichir par le Commerce. Ainsi il n'est pas surprenant que les Alains, les Suèves & les Vandales ayent trouvé tant de facilité à se rendre maîtres du Pays. Les Suèves s'y maintinrent; les autres en furent chassez, & passérent en Afrique. On dit que la Lusitanie fut quelquefois appellée Suevosie ou Sue'vie, sous les Rois Suèves, & qu'elle ne perdit ce nom qu'après l'extinction de la Monarchie des Suèves par les Goths. Il ne se passa rien de bien remarquable, depuis l'union de la Lusitanie à la Monarchie des Goths, jusqu'à la fin de cette Monarchie, qui, après avoir subsisté trois cens & un ans sous trente trois Rois, finit en Don Rodrigue, que les Maures venus d'Afrique au nombre de cent trente mille hommes de pié, & de trente-quatre mille chevaux le défirent entiérement, s'empararent de la plus grande partie de l'Espagne & de la Lusitanie. Les Vainqueurs y établirent des Gouverneurs qui se firent Rois; & des Gouverneurs particuliers s'emparérent des Places qui leur avoient été confiées.

Don Alphonse III., Roi de Léon fut le premier des Rois Chrétiens qui porta ses armes dans le Portugal depuis que les Maures l'eurent conquis; mais il y fit peu de progrès. Fruila son fils y défit un Roi Maure & poussa ses Conquêtes jusqu'au Tage; mais il ne put les conserver. Les armes de leurs Successeurs n'y firent guère de plus grands progrès jufqu'à Ferdinand I. dit le Grand, Roi de Caftille qui prit Viféo, Lamego & Coimbre, & les joignit à la Ville de Porto que fes Prédéceffeurs avoient prife quelques années auparavant. Ferdinand I. partagea fes Etats entre fes trois fils Sanche, Alphonfe & Garcias. Don Sanche ufurpa les Etats de fes deux freres ; mais étant mort au bout de fept ans de régne, Don Alphonfe qu'il avoit contraint de fe fauver chez les Maures, rentra dans la Caftille & s'y fit couronner Roi de Caftille, de Galice, de Léon & de Portugal. Ce Prince donna en mariage, fa fille Thérèfe légitimée de Caftille, à Henri de Bourgogne, qui avoit été le compagnon de fa mauvaife fortune & l'avoit fuivi dans fa retraite chez les Maures ; & pour dot il lui donna la Ville de Porto, avec fes dépendances fous le titre de *Comté de Portugal*. Sous fon gouvernement le Portugal prit une nouvelle face. Les Chrétiens animez par fa préfence reprirent courage. Il gagna dix-fept Batailles rangées fur les Maures, leur enleva quantité de Villes, de Châteaux & de Places, qu'il trouva moyen de conferver. Il fonda ainfi le Royaume de Portugal : il ne porta cependant point la Couronne, quoiqu'il jouît de toutes fes prééminences ; mais fon fils Alphonfe I. furnommé Henriquez, après avoir gagné en 1139 la fameufe Bataille d'Ourique, fut couronné par les Portugais ; & le Pape Alexandre III. lui confirma ce titre fous condition de payer annuellement au Saint Siège deux marcs d'or. La Bulle de confirmation fignée de ce Pape & de vingt Cardinaux fe conferve dans les Archives de Portugal.

Ce nouveau Royaume dura l'efpace de quatre cens quarante-neuf ans fous feize Rois, & finit en 1578, par la mort tragique de l'infortuné Don Sébaftien, qui périt en Afrique dans une bataille contre les Maures. On peut dire néanmoins que ce Royaume ne finit qu'en 1580. dans la perfonne de Don Henri II. qui, quoique Prêtre & Cardinal, fut reconnu Roi de Portugal, après la mort de fon Neveu Don Sébaftien. Philippe II. Roi d'Efpagne fe trouvant plus à portée que les autres Prétendans pour faire valoir fes pretentions fur la Couronne de Portugal, s'empara de ce Royaume & le réunit à la Monarchie Efpagnole en 1580. Il fut le premier qui après les Rois Goths eut la gloire de voir toute l'Efpagne fous fa Domination, après avoir été divifée près de huit cens ans. Les Succeffeurs de Philippe II. la poffédérent dans le même état après lui jufqu'à l'an 1640. que les Portugais par un foulévement général fecouérent le joug des Rois Caftillans & élevérent fur le Trône Jean Duc de Bragance de la Maifon des anciens Rois de Portugal & Grand-Pere de celui qui regne aujourd'hui.

Le Royaume de Portugal eft divifé en deux parties principales qui font le Royaume d'Algarve & le Royaume de Portugal ; & chacun de ces Royaumes fe divife en différentes Provinces comme on peut le voir dans la Table fuivante.

| I. La Couronne de Portugal, où font | | | |
|---|---|---|---|
| *Le Royaume d'Algarve*, où font | La Château de Lagos. | Le Cap S. Vincent. Sagres, Lagos. Villa Nova de Portimaon. Silves. | |
| | La Château de Tavira. | Soulée, Faro. Tavira, Cap. du Royaume d'Algarve. Caftro Marino, Alcontimo. | |
| *Le Royaume de Portugal*, où font | La Province d'Alentejo. | Beja, Elvas. Portalégre. Eftremos, Evora. | |
| | La Province d'Eftremadure Portugaife. | Alcocer do Sal. S. Ubes, Almada. Le Cap de Rocca. Cafcaes, Belem. Lisbonne, Cap de la Couronne de Portugal. Sintra, Villa Franca. Alanguer, Santaren. Tomar, Leiria. | |
| | La Province de Beira. | Coimbra, Caftel Branco. Idanha, Guarda. Vifeu, Aveiro. Lamego. | |
| | La Province d'entre Douero & Minho. | Porto, Viana de Foz de Lima. Ponte de Lima, Braga. Guimarenes, Amarant | |
| | La Province de Tralos Montes. | Villa Real, Mirandela. Terre de Moncorvo. Bragance, Miranda, Pinhel. | |

Le Roi de Portugal poffède outre cela les Ifles du Cap-Verd, celles des Açores ou Tercéres & diverfes autres. De plus il eft maître de la Contrée du Bréfil dans l'Amérimérique; de divers Forts dans les Royaumes de Guinée & de Congo & dans la Caffrerie; de plusieurs belles Places sur la Côte Orientale d'Afrique, & d'un plus grand nombre encore dans les Indes.

Quant au Portugal c'est un très-beau & très-bon Pays, riche, fertile & abondant en tout ce qu'on peut souhaiter pour les besoins & pour les délices de la vie. L'Air y est tempéré. Si l'Afrique est brûlée des rayons du soleil & si l'Espagne est incommodée sans cesse par les Vents, le Portugal, sans se ressentir de l'une ni de l'autre de ces incommoditez, jouit d'une chaleur modérée & à des Vents, rafraîchissans & des pluyes suffisantes pour donner la fécondité à la terre. Le Terroir seroit très-fertile, si les Habitans avoient soin de le cultiver; mais ils aiment mieux s'occuper aux sciences, aux voyages & au Commerce dans les Indes, où ils font des profits considérables que de labourer leurs terres; ce qui les oblige de prendre chez les Etrangers ce qu'ils leur fournissoient autrefois. Le Pays est arrosé d'un grand nombre de Riviéres, & entre-coupé de Montagnes fertiles. Les Montagnes les plus considérables sont:

| | |
|---|---|
| L'*Estrella*, | L'*Algarve*, |
| Le *Marvan*, | Le *Gerez*, |
| La *Sintra*, | Le *Tapeio*, |
| L'*Arabida*, | L'*Alcobace*, |
| Le *Monte-Jano*, | Le *Montemuro*, |
| Le *Minde* ou *A-bordes*, | L'*Ossa*, |
| | Le *Portel*, |
| Le *Pomares*, | |

Les principales Riviéres sont:

| | |
|---|---|
| Le *Tage*, | *lando*, |
| Le *Duero*, | L'*Ave-Conte*, |
| La *Guadiane*, | Le *Neiva*, |
| Le *Mondego*, | Le *Zezere*, |
| Le *Lima*, | L'*Alba*, ou l'*Albula*, |
| Le *Sadon*, | |
| Le *Vouga* ou *Va-cum*, | Le *Nabancia*, ou *Navaron*, |
| Le *Leça* ou *Ce-* | La *Gaya*. |

Il y a des eaux fraîches dans le Portugal & il y en a de chaudes & de minérales, qui servent de reméde à diverses sortes de maladies. Les Bains d'OBIDOS sont de ce nombre, ainsi que ceux d'Albor, dans l'Algarve. Aux environs d'Estremos, on trouve une Fontaine qui tarit entiérement aux commencement de l'Hyver, & qui redonne ses eaux au Printems, & en si grande abondance qu'elles font tourner les roues de plusieurs moulins. On en voit d'autres près de Tentugal, qu'on appelle *bouillantes*. Elles attirent ce qu'elles touchent. On en a fait l'expérience sur des animaux vivans & sur des troncs d'arbres. Pline en rapporte les particularitez & nomme *Campus-Catinensis* le lieu de leur situation. Il a conservé son ancien nom car on l'appelle aujourd'hui le *Champ-de-Cadina*.

On auroit de la peine à trouver un Pays plus abondant en toutes sortes de grains que le Portugal. Tout le monde sait que depuis le regne de Don Denis, jusqu'à celui de Don Ferdinand les Etrangers venoient chercher dans ce Royaume les grains que les Portugais vont présentement chercher chez eux. La Flandre, l'Allemagne, la Vieille Castille, le Royaume de Léon, la Galice, les Indes & le Bresil ne se servent guère d'autre huile que de celle du Portugal. Les environs de Santaren, de Tomar, d'Abrantes, d'Estremos, de Moura, de Lisbonne, de Coimbre, d'Elvas & de Beja en produisent d'excellentes. Celles de Coimbre sont estimées les meilleures & on prétend qu'il n'y en a pas en Europe qui les égalent en bonté. On doit la même louange aux vins de l'Algarve & de l'Alentejo. Ceux de Lisbonne sont fort bons; mais ceux de la Province d'Entre-Duero & Minho sont verds & ne se gardent pas. On recueille une prodigieuse quantité de miel aux environs d'Evora, de Torres-Vedras & d'Abrantes, dans la Province d'Entre-Duero & Minho & dans les Campagnes d'Ourique. Les pacages nourrissent un grand nombre de gros & de menu bétail & les Landes fournissent du gibier en assez grande quantité. Les Laines sont admirables, quoiqu'un peu grossiéres: on en fait néanmoins de bons draps dans les Villes de Portalegre, de Couillan & de Castel-de-Vide. Les Salines sont très-abondantes. Celles de Setubal sont toujours ouvertes. Il y en a de bonnes aux environs d'Alcacer-do-Sal, de Lisbonne & de Porto & l'on en voit beaucoup dans l'Algarve.

A l'égard des arbres; il y a peu de Maisons qui n'ayent des Bois d'Orangers, de Limoniers, de Limes, de Cédres & de Lauriers, qui sont continuellement couverts de fruits, de fleurs & de feuilles. On ne finiroit point s'il falloit parler des diverses autres sortes d'arbres qui se trouvent dans le Pays. Les herbes y sont toujours dans leur force. Le Printems regne perpétuellement, & l'on voit de très-belles roses au mois de Décembre. Il y a dans la Province d'Entre-Duero & Minho des seps de vigne qui tendent jusqu'à cinquante *Arobes* de Vin, & un homme peut aisément se reposer à l'ombrage qu'ils font. Les herbes odoriférantes ne manquent point, non plus que celles qui servent à la teinture. Pline fait mention de la bonté de la graine d'écarlate de ce Pays. Les Montagnes d'Arabida, de St. Louis, de Cezimbre & de Beja en produisent en quantité.

Les Mines de Métaux sont aussi en grand nombre dans le Portugal. Il y a peu de Riviéres qui ne traînent des grains d'or, & peu de Montagnes qui n'en renferment quelques Mines. Les Grecs, les Romains & les Peuples de Tyr venoient chercher l'or que les Portugais vont chercher aux Indes. Le Roi Don Denis se fit faire une Couronne & un Sceptre des grains d'or qu'on avoit ramassez dans le Tage; & Don Jean III. se fit faire un Sceptre d'autres grains pris dans le même

Fleu-

Fleuve. On en trouve souvent dans le Duero & dans le Mondego. On croit que les Montagnes de la Province de Tra-los-Montes en ont beaucoup, & que la Mine qui eſt à Todon, ſur le chemin de Viane à Beja eſt la plus riche du monde. Les Mines d'argent, d'étain, de plomb & de fer ſont en très-grand nombre. Il y a auſſi quantité de pierres précieuſes. Pline donne le nom d'Eſcarboucles à ces Rubis que les Anciens venoient chercher dans le Portugal, & il dit qu'on trouvoit pluſieurs autres pierres précieuſes dans la Mer du voiſinage. Il appelle *Obſidiana*, un Criſtal moins clair, mais plus pur que le Criſtal ordinaire, & dans lequel les Anciens renfermoient les larmes qu'ils verſoient ſur leurs Morts. Le même Auteur parle avantageuſement du Criſtal du même Royaume. On en trouve d'excellent aux environs d'Ocrato. La Ville de Belas a des Carriéres de Hyacinthes fort fins. Borba dans la Province d'Alentejo fournit quantité de Cianées; ce ſont des pierres vertes qui ne cédent en rien aux Emeraudes pour la beauté. Les Montagnes d'Eſtremos ont des Carriéres de toutes ſortes de marbres très-beaux, & Philippe II. en fit tirer beaucoup pour ſon Palais de l'Eſcurial. Le Territoire de Lisbonne eſt auſſi rempli de Carriéres de Marbre, & l'on en tire de la Montagne de Sintra qui le diſpute à l'ébène pour ſon beau noir & à la glace pour ſa netteté.

Le Portugal jouït outre cela de tout ce que les Indes, qui lui appartiennent, ont de plus riche. On voit arriver chaque jour dans ſes Ports les Marchandiſes de l'Afrique, de l'Arabie, de la Perſe, de l'Inde, de la Chine & des Moluques, comme le piment, le clou de gérofle, la Canelle, le Gingembre, la Noix muſcade; les pierres précieuſes, comme les Diamans, les Rubis, les Saphirs les Hyacinthes, les Topaſes, les Agathes, les Turquoiſes & quantité d'autres; les perles les plus fines, l'ambre, le muſc, la civette, le Storax, les beaumes, & les autres gommes ſalutaires. Les Portugais tirent encore de ces Pays, l'Yvoire, l'ébène, les tapis de Perſe; les toiles fines, les peintures, les meubles, les porcelaines de la Chine, quantité d'animaux rares & inconnus dans l'Europe, des Eſclaves de différentes Nations; en un mot tout ce qui peut contribuer à la magnificence, aux plaiſirs & à la Santé.

Les revenus du Royaume ſeroient aſſez conſidérables s'ils n'étoient diſperſés pour la plus grande partie en penſions & en récompenſes. Les droits de la Douane qui ſont un des plus clairs revenus de la Couronne ſont affermez à des Marchands & donnez au dernier enchériſſeur étranger ou autre. La ferme ne dure que trois ans & on la renouvelle toujours au bout de ce terme. Les Impôts ſont grands en Portugal. Les Marchandiſes étrangéres payent vingt-trois pour cent d'entrée: le Poiſſon de Terre-Neuve paye vingt-cinq pour cent: le poiſſon qu'on prend dans la Mer & dans le Tage paye quarante-ſept pour cent, & les immeubles auſſi-bien que le bétail qu'on vend payent dix pour cent. L'Impôt ſur le Tabac en poudre rapporte cinquante mille écus. Outre cela le Roi eſt le Grand-Maître de tous les Ordres de Chevalerie de Portugal; il tire les revenus des Grandes-Maîtriſes; & il a outre cela la Bulle de *la Croiſade* qui produit tous les ans une ſomme conſidérable. Dans le tems que les Rois d'Eſpagne étoient maîtres du Portugal, il n'en tiroient que trois millions cinq cens mille écus par an: tout le reſte des revenus de la Couronne s'en alloit en penſions & en récompenſes. On prétend qu'ils en avoient uſé de la ſorte par un rafinement de Politique, afin que ſi les Portugais entreprenoient de remuer, celui qui ſeroit appellé pour être leur Roi ne trouvât point de revenus pour ſe ſoutenir, ou que s'il vouloit réunir à la Couronne les biens qui en avoient été alienez, ils s'attirât ſur les bras des Ennemis domeſtiques. Ce fut ce qui engagea le Roi Jean à ne retrancher aucune penſion, lorſqu'il fut mis ſur le trône par les Portugais. Ces penſions ont été en augmentant depuis ce tems-là, bien loin de diminuer. Du reſte ſi la Politique de la Cour d'Eſpagne échoua dans cette occaſion; c'eſt que les Portugais furent trop puiſſamment ſecourus par la France & par l'Angleterre: ſans cela les Portugais auroient eu apparemment ſujet de ſe repentir de leur ſoulévement, & leur foibleſſe les auroit fait ſuccomber ſous les grands efforts des Eſpagnols. On pourroit remédier à la diſſipation des revenus de la Couronne, en remettant ſur pié une Loi ancienne, qui fut faite vers l'an 1436. par le Roi Edouard I. Par cette Loi tous les biens que le Roi donne à ſes Sujets reviennent à la Couronne après leur mort.

Le Gouvernement eſt réglé à peu près ſur le même pié que celui d'Eſpagne, auquel la Cour de Lisbonne ſe conforme en beaucoup de choſes. Le Roi donne audience à ſes Sujets trois fois la ſemaine: le Mardi & le Jeudi il la donne à tous ceux qui la demandent, ſans diſtinction de perſonnes; & le Samedi il la donne à la Nobleſſe & aux Officiers d'Etat. Il fait adminiſtrer exactement la Juſtice, & il a purgé ſon Royaume des vols, des aſſaſſinats & de divers deſordres qui y régnoient auparavant. Sa Maiſon eſt compoſée d'un nombre conſidérable d'Officiers. Le premier eſt le *Mor-Dome-Mor*, qui eſt la même choſe que le *Mayor-Dome-Mayor* des Eſpagnols, où le Grand-Maître. Il a la préſéance dans le Palais, & il nomme à pluſieurs Charges qui en dépendent. Le *Camereiro-Mor*, ou Grand-Chambellan habille & déshabille le Roi. Deux *Camerifies* ou Gentilshommes de la Chambre ſervent alternativement & ont chacun leur ſemaine. L'*Eſtribeiro-Mor*, où le Grand-Ecuyer prend le pas dans l'Anti-chambre quand le Roi ſort: il ſe met à la premiére place de la portiére du Caroſſe du Roi. Le *Porteiro-Mor*, ou le Grand-Huiſſier, eſt à la porte avec une Verge à la main dans les jours d'action publique. Le *Copeiro-Mor*,

*Mor*, ou Grand Echanson, fait l'essai du vin, & présente le verre au Roi, quand il mange en public. L'*Armador-Mor* a la garde des Habits de guerre du Roi, & c'est lui qui l'en revêt. L'*Amotacel-Mor*, a le soin des vivres pour la Maison du Roi. L'Esmoler-Mor, ou le Grand-Aumônier est toujours l'Abbé d'Alcobaça: l'Aposentador-Mor est le Grand-Maréchal des Logis. Il y a encore divers autres Officiers, dont le détail meneroit trop loin. Je me contenterai de dire que le Roi a trois Compagnies de Gardes du Corps, commandées chacune par un Capitaine: de plus il entretient diverses Garnisons dans les Places frontiéres & quelques Régimens, dont celui de l'*Armada* seul a le Privilège d'entrer dans Lisbonne. Le Roi nomme à tous les grands Bénéfices qui sont dans ses Etats, soit en Portugal, soit aux Indes. Dans le Portugal on compte trois Archevêchez, & dix Evêchez, savoir:

Archevê- ché de Brague. { Porto, La Guarda, Viseo, Lamego, Miranda.

Archevê- ché de Lisbonne. { Coimbra, Elvas, Leiria, Portalegre.

Archevê- ché d'E-vora. { Faro.

Dans les Pays conquis soit en Afrique soit dans les Indes on compte deux Archevêchez & Evêchez, savoir:

### En Afrique.

Evêchez suffragans de l'Archevêché de Lisbonne. { Ceuta, en Barbarie. Funchal, dans l'Isle de Madére. Angra, dans la troisième Isle, ou l'Isle Tercére. San-Salvador, dans le Royaume de Congo. Ribera-Grande, dans les Isles du Cap-Verd. San-Thome, dans l'Isle de ce nom vers la Guinée. Angola, dans la Ville de Laonda.

Evêché suffragant d'E-vora. { Tanger, en Barbarie uni à l'Evêché de *Ceuta*.

### Dans les Indes Orientales.

Archevêché de Goa. { Cochin, Malaca, } Sous la domination des Hollandois. San Thomé, Macao, dans la Chine. Nanghazachi, dans le Japon. Angamale, ou Cranganor de la Serra, sûr la Côte de Malabar.

[ Ces deux derniers Sièges ne subsistent plus depuis longtems.]

### Dans l'Amérique.

Archevê- ché de San-Salvador. { Pernambouc, Rio-Janeiro.

Il y a dans le Portugal divers Conseils établis pour le Gouvernement [a]. Les Principaux sont: Le Conseil d'Etat, où le Roi assiste, a la connoissance des Affaires Domestiques & Etrangéres. Les Conseillers ont le titre d'Excellence, comme à la Cour de Madrid. Le Conseil de guerre est le second du Royaume. On y traite des affaires qui regardent la guerre tant par terre que par Mer. Le Conseil du Roi appellé *O Desembargo de Paço*, est celui où l'on fait les Loix, où l'on en dispense, & où l'on examine les Brefs des Nonces que la Cour de Rome y envoye. Le Conseil *da Fazenda* ou des Finances a trois *Veadors* ou Surintendans dont le premier a l'Inspection des affaires du Royaume, le second l'Inspection de la Marine, des Magasins, du Commerce & des Manufactures. Le Conseil d'Outremer a soin des fonds destinez pour l'entretien des Places qu'on possède dans les Indes.

De tems en tems les trois Etats du Royaume s'assemblent, lorsque le Roi le trouve à propos, pour des affaires importantes. Outre cela il y a deux Cours Souveraines ou Parlemens: celui de Lisbonne & celui de Porto. Ils sont composez l'un & l'autre d'un Président, d'un Chancelier & d'un certain nombre de Conseillers. Tout le Royaume est partagé en vingt-quatre *Comarcas*, ou Jurisdictions inférieures qui sont comme autant de Bailliages. Il y a des Juges établis dans la Capitale de chaque *Comarca*. Les Nouveaux Chrétiens qu'on distingue en Portugal d'avec les Vieux ne peuvent parvenir à aucune dignité de quelque nature qu'elle soit, à moins que le Roi ne leur accorde ce Privilège par une grace particulière.

Le Pape entretient toujours un Nonce à Lisbonne avec l'autorité de Légat; & ce Ministre exerce sa Jurisdiction dans son propre Tribunal sur tout le Clergé du Royaume. Les appels de ses décisions sont portez directement à Rome. On prétend que le Clergé en y comprenant ceux qui en dépendent fait bien la moitié du Royaume; & qu'il possède tout au moins les deux tiers des revenus du Pays. Le Clergé séculier fournit de très-grandes sommes au Pape, tant pour la Collation des Bénéfices que pour les Bulles des Evêques. Il faut payer par exemple à Rome plus de quatre-vingt dix mille écus avant qu'un Archevêque d'Evora soit établi dans son Siège. Tout le reste paye à proportion. Les Moines ont recours au Tribunal du Nonce pour diverses affaires de leurs Couvens. Outre cela le Pape a dans le Portugal ses Collecteurs Apostoliques

[a] Délices de Portugal, p. 953.

ques pour lever le Tribut des Sujets du Roi, & pour retirer une part des Taxes que le Souverain leve par une permiſſion particuliére du St. Siège. Enfin les diſpenſes pour les mariages dans les dégrez défendus ſont encore un fonds d'un grand revenu pour le Pape.

Généralement parlant toutes les Egliſes de Portugal ſont riches [a] & magnifiques, & celles qui le ſont le moins l'emportent ſur celles qui le ſont le plus dans les autres Etats. L'or y éclate par-tout; & il y a même peu d'Egliſes célèbres chez les Nations étrangéres qui ne portent quelques marques de la magnificence & de la pieté des Rois de Portugal. Les Ordres Réligieux ſont auſſi très-floriſſans. L'Ordre de Saint Benoît poſſéde dans le Royaume vingt-ſix Abbayes, tant d'hommes que de femmes. Elles ſont très-riches. La principale eſt Tiabens dans la Province d'Entre-Duero & Minho. L'Ordre de St. Bernard a cinquante Abbayes ou Prieurez: Alcobace en eſt le Chef. L'Ordre de St. François ſe diviſe en diverſes Congrégations & Provinces. La plus conſidérable Province eſt celle qu'on appelle la Province de Portugal: elle a cinquante-neuf Couvens; & le Chef de cette Congrégation eſt à Lisbonne. Celle qui porte le nom de Province de l'Algarve comprend cinquante-trois Couvens: celui de Xabregas dans un des Fauxbourgs de Lisbonne en eſt le Chef. La Congrégation de *la Pitié* a trente-quatre Maiſons; & le Chef eſt Tavira dans l'Algarve. Celle de St. Antoine en a dix-huit: celle d'Arabida un pareil nombre, ſous la direction d'un Monaſtère bâti ſur la Montagne de même nom; & la Congrégation de Notre-Dame de Jeſus de Cardais a quinze Maiſons dont le Chef eſt à Lisbonne. L'Ordre de St. Dominique poſſéde trente-huit Maiſons: celle de la Bataille eſt la plus conſidérable. La Congrégation des Chanoines Réguliers eſt compoſée de dix-huit Maiſons, dont celle de Sainte-Croix de Coimbre eſt la plus riche & le Chef. Les Auguſtins en ont vingt: la plus célèbre eſt celle de Notre-Dame de Grace. Les Chartreux n'ont dans le Portugal que deux Maiſons: celle d'Evora eſt une des plus belles pièces de l'Europe. L'Ordre de St. Jérôme en poſſéde dix-huit, dont Belem eſt le Chef. Les Carmes Chauſſez en ont quinze dont le principal eſt à Lisbonne: les Carmes Déchauſſez en ont huit ou neuf dont celui de Lisbonne eſt le Chef. Les Trinitaires ont ſept Maiſons, dont la principale eſt celle de Lisbonne. L'Ordre de St. Eloi que l'on nomme auſſi l'Ordre de St. Jean l'Evangéliſte poſſéde neuf Monaſtères: leur Chef eſt St. Benoit lez-Lisbonne. Les Peres de la Congrégation de Jeſus paſſent pour les plus riches du Royaume. Ils jouïſſent dans le Portugal ſeul, ſans parler de ſes conquêtes, de plus de douze cens mille écus de rente.

Les Ordres Militaires ont toujours été très-floriſſans dans le Portugal, & leurs biens ne ſont donnez qu'à des Officiers qui les ont méritez par leurs ſervices. L'Ordre de Malthe a pluſieurs Commanderies dans ce Royaume: la principale eſt le Grand-Prieuré d'Ocrato; celle du Bailliage de Leça dans la Province d'Entre-Duero & Minho, eſt très-illuſtre; & la Ville d'Eſtremos a un Monaſtère de Dames du même Ordre. L'Ordre d'Avis inſtitué par Don Alphonſe-Henri premier Roi de Portugal a pluſieurs riches Commanderies: ſon Chef-d'Ordre eſt dans la Ville de même nom. Les Chevaliers de l'Ordre de Saint Jacques en Portugal ont relevé du Grand-Maître de Caſtille, juſqu'au Regne de Don Denis qui leur donna un Grand-Maître dans ſon Royaume: leur principale Maiſon eſt dans la Ville de Palmele, dans la Province d'Alentejo. L'Ordre de Chriſt eſt le plus conſidérable des Ordres Militaires dans le Portugal, quoique ſon Inſtitution ſoit plus récente que celle des autres. Son Chef d'Ordre eſt dans la Ville de Tomar. Le Roi eſt Grand-Maître de cet Ordre, qui peut être regardé en Portugal comme celui de la Toiſor d'Or en Eſpagne.

Quant à la Religion, on n'en tolére point d'autre dans le Portugal que la Catholique. Ceux qui avoient été élevez dans le Judaïſme furent obligez de ſe faire baptiſer ou de ſortir du Royaume. On nomme *Nouveaux-Chrétiens* ceux qui reçurent le Baptême & leurs Deſcendans; & comme parmi ces derniers il s'en trouve qui ne ſont Chrétiens que de nom; lorsqu'on apprend qu'ils ont judaïſé, l'Inquiſition les entreprend & leur fait ſouvent payer chérement leur mauvaiſe foi. Elle a trois Tribunaux dans le Portugal: l'un à Lisbonne: un autre à Coimbre, & le troiſième à Evora. Il y en a un quatrième à Goa. Celui-ci étend ſa Juriſdiction dans tous les Pays dépendans du Roi de Portugal, au delà du Cap de Bonne-Eſpérance.

Les Portugais paſſent pour être polis généreux & braves [b]. Ils ſe mettent en colére avec peine; mais irritez, ils veulent ſe venger. Ils ſont honnêtes & affables avec les Etrangers. Ils réüſſiſſent également à l'étude des Sciences & à l'exercice des armes, & ils ont un attachement inviolable à la Religion & un grand amour pour leur Souverain. Les Dames n'y cédent en rien aux hommes ni pour l'eſprit, ni pour le mérite. On en trouve dans l'Hiſtoire un grand nombre qui ſe font admirer par leur profonde connoiſſance dans les Belles-Lettres & dans les Langues. Les Romains ont ſouvent éprouvé leur valeur, & les Infidèles les ont mille fois admirées.

La Langue Portugaiſe eſt compoſée de la Latine, de la Françoiſe & de la Caſtillanne. Lorsque le Comte Don Henri paſſa dans le Portugal, on y parloit un Latin corrompu. Le grand nombre de François qui rempliſſoient ſa Cour, & les Caſtillans qui avoient ſervi la Princeſſe ſon Epouſe en Caſtille, formérent une ſeule Langue des trois qui leur étoient particuliéres. Cette Langue eſt ſi excellente qu'elle renferme en ſoi des propriétez qui ſembleroient incompatibles. Elle eſt également grave & élégante; & comme elle

a de

[a] *Maugin, Deſcr. du Portugal*, p. 26. & ſuiv.

[b] Ibid. pag. 2.

a de la pompe & de l'élévation pour les Sujets Héroïques, de même elle a une grande douceur pour les délicatesses de l'Amour.

PORTUGALETTE, ou PORTO-GA-LETTE, petite Ville d'Espagne, dans la Biscaye [a], près de l'Océan, & sur le bord d'une petite Rivière qui la baigne, après avoir passé à Bilbao. Les eaux de cette Rivière entrent quelquefois jusque dans les Maisons.

[a] Délices d'Espagne, pag. 99.

PORTUNATA, Isle de la Mer d'Illyrie, selon Pline [b]. Le Pere Hardouin croit pourtant que *Portunata* n'est qu'une Epithéte que Pline donne à l'Isle de *Gissa*, comme s'il eût voulu dire que cette Isle avoit un Port commode & assuré.

[b] Lib. 3. c. 21.

PORTUOSUS-SINUS, Golphe de la Grande-Bretagne : Ptolomée [*] place les *Parisi* sur la Côte de ce Golphe. Il y met aussi une Ville nommée PETUARIA.

[*] Lib. 2. c. 3.

1. PORTUS. Voyez l'Article PORT, No. 1.

2. PORTUS, Ville d'Italie ; à l'Embouchure du Tybre & à cent vingt-six Stades de Rome, selon Procope [c]. L'Itinéraire d'Antonin l'appelle le *Port de la Ville d'Auguste* ; Xiphilin [d] le nomme le *Port d'Auguste* ; & Cassiodore [e] lui donne le nom de *Port de la Ville de Rôme*. C'est le *Portus Romanus* de Jornandès, qui nomme l'Evêque de ce Lieu Glicérius. Ortelius [f] dit qu'un ancien Commentateur de Juvenal écrit que l'Empereur Trajan réparâ ce Port, le rendit beaucoup plus sûr pour les Vaisseaux, & lui donna son nom. Ortelius ajoute, que ce Commentateur appelle ce Port *Tyrrhenum Pharon* à cause d'un Phare qui étoit à l'entrée ; & qu'il trouvoit la même chose sur une Médaille de cuivre qu'il avoit entre mains. On y voit, dit-il, d'un côté la figure de l'Empereur Trajan, & sur le revers ce Port, qui ressemble à celui que j'ai vu lorsque j'étois sur les lieux, quoiqu'il soit étrangement ruiné aujourd'hui. Ce Lieu a conservé son ancien nom. On le nomme encore présentement PORTO. Voyez ce mot.

[c] Gothicor. lib. 1. c. 26.
[d] In Seve- ro.
[e] Variar. lib. 7.
[f] Thesaur.

PORTUS-ÆPATIACUS ; La Notice des Dignitez de l'Empire [g] nomme ainsi un Port sur la Côte du Pays des Saxons.

[g] Sect. 62.

PORTUS-ALBUS. Voyez PORTUS.

PORTUS-ANNIBALIS, Ville de la Lusitanie selon Pomponius Mela [h]. Selon quelques-uns c'est aujourd'hui *Albor* ou *Alvor* Bourgade du Portugal, & selon d'autres, c'est *Villa-Nova di Porti-Maon*, deux lieux voisins l'un de l'autre sur la Côte Méridionale de l'Algarve.

[h] Lib. 3. c. 1.

PORTUS-AUGUSTI, Port des Gaules, à l'Embouchure du Rhône, à ce qu'il paroît par l'Itinéraire d'Antonin [i], qui le place à trente milles de la Ville d'Arles.

[i] Itiner. Marit.

1. PORTUS-HERCULIS, Port d'Italie, dans l'Etrurie, selon Strabon [k]. C'est aujourd'hui PORTO-HERCOLE. Voyez au mot PORTO, l'Article PORTO-HERCOLE.

[k] Lib. 6. p. 256.

2. PORTUS-HERCULIS, Port de la Ligurie : Valère Maxime [l] & Ptolomée [*] en font mention. Léander croit que c'est présentement Ville-Franche. Voyez plus bas l'Article PORTUS-MONOECI.

[l] Lib. 1. de Prodigiis, No. 7.
[*] Lib. 3. c. 1.

PORTUS-JULIUS, Port d'Italie, dans la Campanie, selon Suétone [n], qui dit qu'Auguste fit ce Port près de Bayes, en faisant entrer la Mer dans le Lac Lucrin & dans le Lac Averne.

[n] In Augusto.

1. PORTUS-MAGNUS, Port de la Bœotie : on le nommoit aussi le Port profond, à ce que nous apprend Strabon [o] qui le place entre les Villes *Oropus* & *Aulis*.

[o] Lib. 9. p. 403.

2. PORTUS-MAGNUS, Port de l'Espagne Bétique, selon Ptolomée [p] qui le place sur la Mer d'Ibérie, entre *Abdara* & le Promontoire de Charidême. Quelques-uns veulent que ce soit présentement *Almeria*.

[p] Lib. 2. c. 4.

3. PORTUS-MAGNUS, Port de la Mauritanie Césariense : Pline [q], Pomponius Mela [r] & Ptolomée [s] font mention de ce Port ; & le Pere Hardouin croit que c'est présentement *Melilla*. Mercator, Marmol, & Gomez disent que le nom moderne est *Marzachibir*, qui signifie la même chose que *Magnus-Portus*.

[q] Lib. 5. c. 2.
[r] Lib. 1. c. 5.
[s] Lib. 4. c. 1.

4. PORTUS-MAGNUS, Port d'Afrique : Strabon [t] le place entre Césarée & Triton. Il ajoute qu'on le nommoit aussi SARDA.

[t] Lib. 17. p. 832.

5. PORTUS-MAGNUS, Port de la Grande-Bretagne : Il étoit selon Ptolomée [u] sur la Côte Méridionale de l'Isle, entre l'Embouchure du Fleuve *Alaunius* & celle du Trisanton. Ortelius [x] qui cite Hamfredus dit que c'est aujourd'hui *Portsmouth*. Voyez PORTSMOUTH.

[u] Lib. 2. c. 3.
[x] Thesaur.

PORTUS-MAURITIUS, Ville de la Ligurie, sur la Côte de la Mer selon l'Itinéraire d'Antonin [y]. Ce Port a conservé son ancien nom ; car on le nomme présentement *Porto-Morisio*.

[y] Itiner. Maritim.

PORTUS-MENESTHEI. Voyez MENESTHEI-PORTUS.

PORTUS-MONOECI, Ville de la Ligurie, selon Strabon [z] & Ptolomée [a]. Le nom de cette Ville est corrompu dans Antonin [b] où on lit Herclemannicus. On convient assez généralement que c'est présentement la Ville de Monaco ; mais je crois qu'à l'exception de Ptolomée, il n'y a pas un Géographe ancien qui fasse deux Villes de Ligurie de *Portus-Monœci* & de *Portus-Herculis*. Tacite [c] & Pline [d] disent PORTUS-HERCULIS-MONOECI ; ce qui doit faire juger qu'il y a faute dans Ptolomée.

[z] Lib. 4. p. 201. & 202.
[a] Lib. 3. c. 1.
[b] Itiner.
[c] Hist. lib. 3. p. 72.
[d] Lib. 3. c. 5.

PORTUS-MONOECIUS, Port du Péloponnèse, au voisinage d'Athènes selon Frontin [e] ; mais Ortelius [f] prétend qu'il faut lire *Munychia*.

[e] Stratagem. lib. 1. c. 5.
[f] Thesaur.

PORTUS-NAVONIUS. Voyez NAVONIUS.

PORTUS-ROMATINUS. Voyez ROMATINUM.

PORTUS-SANTONUM. Voyez SANTONUM-PORTUS.

1. PORTUS-VENERIS, Port de la Ligurie, selon l'Itinéraire d'Antonin [g] qui le met à trente milles de Segesta.

[g] Itiner. Marit.

2. PORTUS-VENERIS, Port de la Gaule Narbonnoise, selon Pomponius Mela [h] qui dit que ce Port étoit célèbre par un Tem-

[h] Lib. 2. c. 5.

Temple de Venus: Voici le passage: *Tum inter Pyrenaei Promontoria Portus Veneris insignis fano & Cervaria locus finis Galliæ*; & au lieu de *Portus Veneris insignis fano*, on lit dans quelques Exemplaires *Portus Veneris in sinu Salso*. Mais ni l'une ni l'autre de ces Leçons n'a contenté Pintaut. Il voudroit qu'on lût: *Tum in Pyrenaei Promontorio Templum Veneris, & in sinu Salso Cervaria*, &c. Car dit-il tout le monde connoît dans ce quartier le Promontoire Pyrénée, & le Temple de Venus qui étoit sur ce Promontoire; mais personne n'y a jamais placé un Port: outre cela il soupçonne que l'Epithete *Salso* pourroit avoir été ajoutée par quelque Copiste. Olivier ne paroît pas s'éloigner du sentiment de Pintaut; car il rend *Portus-Veneris* par le Cap de Creus.

PORTUS-ULYSSIS. Voyez ULYSSIS-PORTUS.

PORUARI, Peuples de l'Inde en deçà du Gange: Ptolomée [a] qui les place au Midi des *Brolingæ*, leur donne les Villes suivantes:

*Bridama*, *Tholubana*, *Malæta*.

PORUM, Lieu de la Thrace, aux environs de Selymbria, selon Diodore de Sicile [b].

1. PORUS, Municipe d'Athènes, dans la Tribu Acamantienne, selon Suidas.

2. PORUS, Isle sur la Côte de la Morée [c], entre Egine & le Promontoire *Schillæum*. Elle a environ neuf lieues de circuit & n'est habitée que par des Albanois, qui ont la plus grande partie de leur bien sur les Côtes de la Morée. Cette Isle s'appelloit autrefois CALABREA ou CALAURIA. Voyez CALAURIA N°. 1.

1. POSEGA, ou POSSEGA, Comté de Hongrie [d] dans l'Esclavonie. Il est borné au Nord par le Comté de Verocz, à l'Orient par le Comté de Valpo, au Midi par la Save & à l'Occident par la Petite Valaquie. Posega est son Chef lieu. Voyez l'Article suivant. Il y a dans ce Comté deux autres Villes fortifiées; savoir Gradisca & Brod.

2. POSEGA, ou POSSEGA, Ville de Hongrie [e], dans l'Esclavonie, & le Chef-lieu du Comté auquel elle donne le nom. Elle est située sur la Rivière d'Orlava, à quelques lieues au Nord de la Save. Les Impériaux la prirent sur les Turcs en 1687.

POSES, ou PISTRES, Bourg de France dans la Normandie, au Diocèse d'Evreux, & dans l'Election du Pont de l'Arche. On croit que c'est le Lieu que nos anciens Historiens appellent *Pistæ*, ou *Castellum novum ad Pistas*.

POSIDIANÆ-AQUÆ, Eaux Minérales en Italie: Pline [f] dit qu'elles étoient sur la Côte du Golphe de Bayes, & qu'elles avoient pris leur nom de celui d'un Affranchi de l'Empereur Claude.

1. POSIDIUM, Ville d'Egypte selon Strabon [g]. Ortelius [h] qui cite Ziegler dit que cette Ville étoit dans la partie la plus enfoncée du Golphe Arabique, & que c'est présentement la Ville de *Zuez* ou *Quez*. Il ajoute que c'étoit autrefois un Entrepôt pour les Marchandises d'Asie, qui passoient de là au Caire & ensuite à Alexandrie pour être transportées à Venise.

2. POSIDIUM, Promontoire de Bithynie, sur la Côte de la Propontide. Ptolomée [i] le place entre Nicomédie & l'Embouchure du Fleuve Ascanius. C'est selon Ortelius le Neptuni Fanum de Pomponius Mela; & selon Thevet, le nom moderne est *Cabo-Fagona*.

3. POSIDIUM, Lieu de la Bithynie, sur la Côte du Pont-Euxin. Arrien dans son Périple du Pont-Euxin [k] met Posidium entre Metroum & Tyndaridæ à quarante Stades du premier de ces lieux & à quarante-cinq du second.

4. POSIDIUM, Promontoire de Macédoine, dans la Phthiotide, sur la Côte du Golphe Pelasgique. Ptolomée [l] le place entre Démétriade & Larisse. Strabon [m] connoît aussi ce Promontoire; & Thevet, à ce que dit Ortelius [n], l'appelle *Selassis*.

5. POSIDIUM, Hérodote [o] met une Ville de ce nom aux confins de la Cilicie & de la Syrie, & ajoute qu'elle avoit été bâtie par Amphiloque fils d'Amphiaraus. Etienne le Géographe parle de cette Ville; & c'est sans doute la même que Ptolomée [p] met dans la Syrie auprès d'Héraclée.

6. POSIDIUM, Promontoire de l'Ionie, vers les confins de la Carie, selon Pomponius Mela [q] & Pline [r]. Ce dernier y met une Ville de même nom. Strabon [s] y place pareillement une Ville qu'il appelle *Posideum Milesiorum*. Ce Promontoire retient ainsi quelque chose de son ancien nom; car comme le remarque le Pere Hardouin on le nomme aujourd'hui *Capo di Melazzo*.

7. POSIDIUM, Promontoire de l'Isle de Samos, selon Strabon [t].

8. POSIDIUM, Promontoire de l'Isle de Chio. Strabon [u] dit qu'en faisant le tour de l'Isle & partant du Port de la Ville, on trouve d'abord à la droite le Promontoire *Posidium*.

9. POSIDIUM, Ville de l'Asie Mineure: Ptolomée [x] la place dans l'Isle Carpathus.

10. POSIDIUM, Lieu de l'Epire dans la Thesprotie: Strabon [y] qui parle de ce Lieu ne dit point si c'est un Promontoire ou une Ville. Mais Ptolomée [z] décide la question; car il met chez les Thesprotiens un Promontoire nommé *Posidium*. S'il y avoit une Ville de même nom, c'est ce qu'on ne sauroit dire, puis qu'aucun Ancien n'en parle clairement.

1. POSIDONIA, Nom que les Grecs donnoient à la Ville de *Pæstum* en Italie. *Opidum Pæstum*, dit Pline [a], *Græcis Posidonia adpellatum*. Velleïus Paterculus [b] rend le nom Grec par NEPTUNIA. C'étoit une Colonie Romaine.

2. POSIDONIA, Tribu de l'Attique, selon Ortelius [c] qui cite Pollux.

POSIDONIATÆ, Peuples d'Italie, qu'Athénée [d] place sur le Golphe de Tyrrhéne, rhène, en remarquant néanmoins que ces Peuples étoient Grecs. Ortelius soupçonne qu'ils habitoient aux environs de *Neptunium*. Strabon [a] nous apprend qu'ils furent vaincus par les Lucaniens qui s'emparérent de leurs Villes.

POSIDONIATES-SINUS : Strabon [b] donne ce nom à un Golphe d'Italie que les Latins appelloient *Pæstanus-Sinus* de la Ville de *Pæstum*, qui y étoit bâtie ; & comme cette Ville étoit appellée *Posidonia* par les Grecs, ils avoient donné ce nom au Golphe.

1. POSIDONIUM, Lieu d'Italie, chez les Brutiens, au voisinage de la Ville de RHEGIUM, à l'opposite du Promontoire *Pelorum* selon Strabon [c]. On ne peut pas assurer que POSIDONIUM fût une Ville ; mais on sait qu'il y avoit un Temple de Neptune, au voisinage de Rhegium ; ce qui suffit pour dire que *Posidonium* étoit différent de la Ville de *Posidonia* ou *Pæstum*.

2. POSIDONIUM, Selon quelques Exemplaires de Solin [d] & POSIDEUM, selon l'Edition de Saumaise ; c'est le nom d'un des trois Canaux qui conduisoit les Vaisseaux dans le Port d'Aléxandrie. Pline [e] qui parle de ces trois Canaux en nomme un POSIDEUM ; & il n'y a pas de doute que c'est ainsi qu'il faut lire. Ce Canal tiroit son nom d'un Temple de Neptune, comme nous l'apprend Strabon [f]. Quelques MSS. de Pline & de Solin portent *Postideum* pour *Posideum* ; mais on préfere généralement le dernier.

POSILIPPO. Voyez PAUSILIPPE.

POSIMARA, Ville de l'Inde, au delà du Gange. Elle étoit sur le bord de ce Fleuve, selon Ptolomée [g], qui la place entre *Arisabium* & *Pandassa*.

POSINGÆ, Peuples de l'Inde, selon Pline [h].

1. POSNANIE, Palatinat de la Grande Pologne, borné au Nord par la Pomeranie, à l'Orient par la Pomérelle, & par le Palatinat de Kalish, au Midi partie par le Palatinat de Kalish, partie par la Silésie, & à l'Occident partie par la Silésie partie par la Marche de Brandebourg. POSNANIE ou POSEN est sa Capitale ; voyez l'Article suivant.

Le Palatin de Posnanie a le même rang que celui de Cracovie. [i] Cellarius dit après Pierre Bertius, que ce Palatinat a sous sa Jurisdiction huit Villes ; savoir :

Posnanie,  Osterfow,
Koscien,  Wschow,
Miedzyrzecze ou  Sremick,
Meseritz  Pronelz,
Rogetzno.

2. POSNANIE, ou POSEN, en Latin *Posna*, Ville de la Grande Pologne & la Capitale du Palatinat auquel elle donne le nom, sur la Warta. Cette Ville qui se dit non seulement la Capitale du Palatinat de Posnanie, mais encore la Métropole de toute la Grande-Pologne, est située dans une belle Plaine bordée de Côteaux agréables. Son enceinte n'est pas fort grande ; mais elle n'en est pas moins belle. Elle est ceinte d'une double muraille & d'un fossé très-profond. Ses Maisons sont bâties de pierre de taille : elle a une Forteresse bâtie dans une Isle que forme la Warta ; & au delà de cette Rivière de grands Fauxbourgs environnez d'un Lac très-vaste & de quelques marais ; ce qui fait qu'ils reçoivent quelquefois de grandes incommoditez dans les grandes inondations de la Warta [k]. La Ville même n'est pas à l'abri de ces incommoditez. On a vu les Eaux y entrer jusqu'à une telle hauteur, qu'on étoit obligé d'aller en Batteau dans les Rues & dans la Place publique. Heureusement ces inondations ne durent pas plus de deux ou trois jours : au bout de ce tems elles se retirent dans leur lit ordinaire. Posnanie est une Ville Marchande & un entrepôt considérable pour les Marchandises qu'on apporte d'Allemagne en Pologne, ou qu'on transporte de Pologne en Allemagne, Il se tient en cette Ville trois Foires par an, & on y voit venir de toutes parts une grande quantité de Marchands. Dans la principale Eglise de la Ville dédiée à Ste. Magdeleine, & qui est ornée d'une très-belle Tour on montre le tombeau du Duc Mieciflas, qui introduisit la Réligion Chrétienne dans la Pologne. Il y a aussi une Maison de Religieux Dominicains. L'Eglise Cathédrale est bâtie hors de la Ville du côté de l'Orient dans un lieu fort agréable. C'est un Edifice magnifique avec deux belles Tours. A la droite de cette Eglise, on voit le Palais Episcopal bâti dans des marais : A la gauche, sont le Collége de Lubrantius, la Chapelle de St. Michel & les Maisons des Chanoines de la Cathédrale. Jusque-là s'étend le Fauxbourg de Valisow, qui pourroit passer pour une Ville & qui meriteroit d'être fortifié. Jean Lubrantius Evêque de Posnanie fonda dans ce Fauxbourg le Collége public auquel il donna son nom. Adam Cornarius son Successeur embellit considérablement le Bâtiment & le Comte Rosrasevy en augmentant les revenus. On y enseigne les Mathématiques & le Droit. Les Jésuites ont leur Collége dans la Ville, où ils élevent la Jeunesse. Au couchant d'hyver de la Ville, il y a une Eglise magnifique, sous le titre du Corps Sacré de Jesus-Christ, & qui sert d'Eglise aux Carmes. C'est aussi de ce côté-là que sont les Freres Mineurs de l'Etroite Observance. Au Nord de la Ville, est l'Eglise Paroissiale de Saint-Martin ; & dans la Ville on voit le Couvent des Réligieuses de Saint-Dominique, l'Eglise de Saint-Stanislas & le Collége des Jésuites qui y est joint. Les rues sont larges : la Place publique est belle : la Maison de Ville est un grand Bâtiment d'une belle Architecture & les Maisons des particuliers sont propres : Posnanie l'emporte sur toutes les Ville de Pologne, si on en excepte celle de Cracovie.

Le Duc de Bohême Predistlas fils d'Ulrich, brûla cette Ville, après l'avoir pillée, selon le témoignage de Cromerus, qui ajoute [l] que Mieciflas Duc de Pologne, qui

460 POS.

qui mourut en 1202. fonda à Posnanie un Hôpital pour l'entretien des Pauvres, auprès de l'Eglise de St. Michel, qu'il lui donna un grand nombre de Villages & qu'il confia le foin de cet Hôpital aux Chevaliers de St. Jean de Jérusalem.

POSON, Riviére de France, dans le Berry: elle passe à Chabris, & se jette dans le Cher à Selles en Berry.

POSONIUM [a], Nom Latin de la Ville de Presbourg en Hongrie. Lazius dit que dans les Archives de cette Ville on trouve d'anciens Titres, dans lesquels elle est appellée *Pisonium*, du nom, à ce qu'on prétend, d'un certain Pison dont se servit l'Empereur Tibère, pour soumettre les Habitans de la Pannonie. Le même Lazius croit néanmoins que l'ancien nom de Presbourg pourroit être FLEXUM. Voyez ce mot.

[a] Ortelii Thesaur.

POSSENI, Peuples de l'Illyrie [b]. Appien les compte parmi ceux qui composoient la Nation des Japodes.

[b] De Bel. Illyr. p. 764.

POSSOMY, Bourg de France dans le Rouergue; Election de Milhaud.

POSTDAM, ou POTZTEIN, Ville & Maison de Plaisance du Roi de Prusse, dans la Moyenne Marche de Brandebourg, à quatre milles d'Allemagne de Berlin [c]. Le chemin est marqué par des Piliers de pierre de taille posez de milles en milles, avec des Inscriptions & le nombre des milles. Les Palais Royal de Postdam est situé dans une Isle que forment le Havel & la Sprée & qui a environ quatre lieues de tour. La Ville qui porte le même nom a aussi été bâtie dans cette Isle & elle est environnée de Colines, de Bois taillis, de Bocages & de Forêts. Postdam est un lieu charmant, soit pour ses Bâtimens, soit pour ses Cascades. A un quart de lieue de distance on voit une belle Ménagerie. L'Isle est diversifiée par de grandes & épaisses forêts, par des pierres & par de belles Campagnes. La Maison de Plaisance & le Jardin de Bornheim sont à peu près au milieu de cette Isle. D'une petite Colline voisine de cet endroit, on a une très-belle vue, & on découvre d'un bout de l'Isle à l'autre. On voit plusieurs Villages & la jonction des deux Riviéres qui forment l'Isle. Postdam est presque au milieu entre deux Maisons du même Prince, qui sont à la vérité plus petites, mais admirablement situées, & très-bien meublées, comme le sont toutes celles qui lui appartiennent. KAPPUT l'une de ces Maisons n'est qu'à une petite lieue plus bas. La Riviére est beaucoup plus large en cet endroit & forme une espèce de Lac depuis-là jusqu'à Postdam. KLEINIKEN qui est l'autre Maison, n'est qu'une demi-lieue plus haut, du côté de Berlin. La Riviére y est aussi large qu'à Kapput; ce qui provient du confluent de plusieurs eaux & de la division de la Sprée & du Havel. De cette manière le Roi peut aller dans ses Yachts de Postdam à l'une ou l'autre de ces Maisons, lorsqu'il le juge à propos.

[c] Relation des Cours de Prusse & de Hanover. 1702.

POSTIGIA, Ville de la Chersonnèse Taurique: Ptolomée [d] la place dans les terres.

[d] Lib. 3. c. 6.

POS.

POSTOINA, Lieu fortifié dans la Carniole. Au lieu de POSTOINA, dit Ortelius [e], Corneille Scepper écrit PISTO-NIA, & dit que les Allemans nomment ce lieu *Adelsperg*.

[e] Thesaur.

POSTROPÆA, Lieu de la Calabre selon Gab. Barri, qui cite Etienne de Byzance. Il ajoute que le nom moderne est TROPEA. Ortelius [f] dit, sans citer aucun garant, qu'il faut écrire PROSTROPÆA; & il croit que c'est la Ville Tropas τροπας de Cedrène.

[f] Ibid.

POSTUMIA-VIA, Route d'Italie, aux environs de la Ville *Hostiliæ*, selon Tacite [g]. Il en est aussi fait mention dans une ancienne Inscription conservée à Gênes. Augustin Justiniani dans son Histoire de Gênes dit qu'on nomme aujourd'hui cette Route VIA-COSTUMIA ou COSTUMA; qu'elle conduit, depuis Runco jusqu'à Novæ, & qu'elle passe par Vola, Arquata & Seravalla.

[g] Hist. lib. 3.

POSTUS-ALBUS, Lieu de l'Espagne Bétique: l'Itinéraire d'Antonin le met sur la route de Malaca à Gadis entre *Calpe Carteja* & *Mellaria*, à six milles du premier de ces deux Lieux & à douze milles du second. Simler prétend qu'il faut lire PORTUS-ALBUS; & c'est ainsi que lit Surita.

POTACHIDÆ, Pausanias [h] nomme ainsi une des Tribus dans l'Arcadie. Etienne le Géographe qui écrit Botachidæ en fait un Lieu de l'Arcadie.

[h] Lib. 8. c. E. 45.

POTAMIA, Contrée de la Galatie, selon Strabon [i]. Ce nom lui avoit été donné parce qu'elle étoit entrecoupée de Riviéres. Voyez POTAMOS, N°. 3.

[i] Lib. 12. p. 562.

POTAMIUM. Voyez POTAMOS, N°. 2.

POTAMONIUM, Lieu voisin de Constantinople selon Pierre Gylles dans sa Description du Bosphore.

☞ 1. POTAMOS, ou POTAMUS, Ποταμός; Mot Grec qui signifie en François un Fleuve ou une Riviére. On l'a donné quelquefois seul à des Lieux qui étoient situez sur des Riviéres; & quelquefois on le trouve joint à un autre nom. Voyez RIVIERE.

2. POTAMOS, ou POTAMUS, Bourg du Peloponnèse, dans l'Attique. C'étoit un Bourg maritime de la Tribu Léontide [k]; au de-là du Promontoire Sunium, en regardant du côté de l'Europe; & c'est ce qu'on appelle maintenant le Port de Raftis, où il n'y a aucune habitation. C'étoit là qu'on voyoit le Monument d'Jon fils de Xuthus. A Athènes on lit dans l'Eglise d'Agioi Apostoli un fragment d'Inscription où il est fait mention des Habitans de ce Bourg.

[k] Spon, Liste de l'Attique.

. . . . . . . . . .
ΣΤΡΑΤΟΚΛΕΟΥΣ
ΠΟΤΑΜΙΟΥ . . .
ΘΥΓΑΤΗΡ

Les Habitans de Potamos furent autrefois l'objet des railleries du Théâtre d'Athènes, par leur facilité & leur inconstance à créer de nouveaux Magistrats. Ce Bourg est le même que Pausanias [l] appelle la Tribu des Potamiens.

[l] Lib. 7. c. 1.

3. PO-

3. POTAMOS, ou POTAMUS, Lieu Maritime dans la Galatie: Arrien dans son Périple du Pont-Euxin [a] le met entre Stephanes & Leptes-Acra à cent cinquante Stades du premier de ces Lieux, & à cent vingt Stades du second. Ce Potamos ne seroit-il point la même chose que le POTAMIA de Strabon. Voyez POTAMIA.

[a] Pag. 15.

POTAMOSACON, Isle & Fleuve de l'Eolide, selon Etienne le Géographe.

1. POTAMUS, Nom que Jornandès [b] donne au Fleuve qui passe à Marcianopolis.

[b] De reb. Get. c. 16.

2. POTAMUS. Voyez AEGOSPOTAMUS.

POTANA. Voyez PATALA.

POTELITSE, Village de Pologne, dans le Palatinat de Russie [c]. Il est situé à deux lieues de Nimirouf, & il est assez grand pour mériter le nom de petite Ville. Le Pays d'alentour est fort beau, découvert, cultivé, uni & plein de Villages.

[c] Corn. Dict. sur les Mémoires du Chevalier de Beaujeu.

1. POTENTIA, Ville d'Italie, chez les Lucaniens: Ptolomée [d] la place dans les terres, entre Compsa & Blanda. Pline [e] nomme les Habitans de cette Ville POTENTINI. Elle retient son ancien nom. C'est aujourd'hui POTENZA dans la Basilicate. Voyez POTENZA.

[d] Lib. 3. c. 1.
[e] Lib. 3. c. 11.

2. POTENTIA, Ville d'Italie, dans le Picenum; sur le bord de la Mer selon Pomponius Mela [f]. Sur quoi Olivier remarque que c'est aujourd'hui la Ville de Lorette. Le Pere Hardouin n'est pas de ce sentiment. Dans sa Note, sur le passage de Pline [g] où il est parlé de cette Ville, il dit qu'on en voit aujourd'hui les ruines du voisinage du Port de Recanati, où il y a une Abbaye qui retient le nom de B. Maria ad pedem Potentiæ, sur le bord de la Rivière Potenza.

[f] Lib. 2. c. 4.
[g] Lib. 3. c. 13.

3. POTENTIA, Ville d'Italie, dans la Ligurie, & dans les terres. On la nommoit autrement Pollentia-Carrea selon Pline [h]. Quelques-uns veulent néanmoins que Pollentia & Carrea soient deux Villes différentes & que ce soit cette dernière qui ait été surnommée POTENTIA. Quoiqu'il en soit, on trouve des traces du nom Pollentia dans celui de Polenza, petite Ville au confluent de Tanaro, & de la Stura.

[h] Lib. 3. c. 5.

1. POTENZA, Rivière d'Italie, dans la Marche d'Ancone [i]. Elle a sa source dans le Mont Apennin, entre Nibbiano au Nord & Nocera au Midi. Son cours est du Midi Occidental au Nord Oriental, & elle a son Embouchure sur la Côte du Golphe de Venise, près de Lorette, entre l'Embouchure de l'Aspido Musone & celle d'Asino Torrente. Mr. Corneille [k] qui connoît cette Rivière & son cours dit qu'à mille pas de son Embouchure du côté du Levant on voit les ruines de l'ancienne Potentia Ville du Piémont. Il devoit dire Ville du Picenum; car il ne nous fera pas croire que le Piémont & la Marche d'Ancone soient la même chose, quoique chacune de ces Contrées ait eu une Ville nommée Potentia. Voyez POTENTIA.

[i] Magin, Carte de la Marche d'Ancone.
[k] Dict.

2. POTENZA, Ville d'Italie au Royaume de Naples, dans la Basilicate, vers les Frontières de la Principauté Citérieure, vers les sources du Basiento. Cette Ville nommée anciennement POTENTIA, étoit Evêché dès l'an 506. sous la Métropole d'Acerenza. Elle fut ruinée par un tremblement de terre le 8. de Septembre 1694.

[l] Magin, Carte de la Basilicate.

POTERON, On lit dans la cinquante cinquième Epigramme de Martial, Livre quatrième [m].

[m] Ad Lucium.

*Et textis Poteron rosis rubentem.*

Sur quoi un Commentateur remarque que POTERON est le nom d'un Lieu. Les dernières Editions au lieu de POTERON, lisent PETERON.

POTES, petite Ville d'Espagne [n], dans l'Asturie de Santillane, & la Capitale de la petite Province de Liebana. Elle est située sur la Rivière de Deva, à neuf lieues de Santillane.

[n] Délices d'Espagne, p. 115.

POTHERUS, Fleuve de l'Isle de Crète, entre Gnossus & Cortyne, selon Ortelius [o] qui cite Vitruve P. Il ajoute qu'au lieu de *Potherus* Turnèbe lit Prytereus, & qu'il prétend que c'est le *Catarrhactus* de Ptolomée. On voyoit sur les bords de ce Fleuve de beaux pâturages: les Animaux qui paissoient près de Gnossus avoient une rate, & ceux qui paissoient de l'autre côté proche de Gortyne n'en avoient point qui parût. Cette différence étoit attribuée à une herbe qui croissoit de ce côté-là & qui avoit la vertu de diminuer la rate.

[o] Thesaur.
[p] Lib. I.

POTICARA, Ville de la Perside: Ptolomée [q] la place dans les terres entre Cotiamba & Ardea.

[q] Lib. 6. c. 4.

POTICHE, petite Montagne de l'Amérique Septentrionale dans l'Isle de la Martinique, à la Bande du Nord près de l'Embouchure de la grande Rivière.

POTIDÆA, Ville de Macédoine, & l'une des cinq Places que le Périple de Scylax met dans la Péninsule de Pallène. Elle étoit bâtie précisément sur l'Isthme qui joignoit Pallène à la Macédoine [r]. Le Roi Cassander l'accrut ou la rétablit & lui donna son nom; ce qui fait que Tite-Live [s] dit qu'elle fut bâtie par le Roi Cassander. Trois ans avant que Philippe de Macédoine parvint à la Couronne, Timothée se rendit maître de la Ville de Potidée [t], & Philippe l'ayant conquise peu de jours après la prise de Pydne la céda aux Olynthiens pour les attacher plus étroitement à ses intérêts.

[r] Thucyd. Lib. 1. p. 41. & 77.
[s] Lib. 44. c. 11.
[t] Toureil, Rem. sur la 3. Philippique.

POTIDANIA, Ville de l'Etolie, selon Etienne le Géographe: Thucydide [u] la donne aux Etoliens qui habitoient dans les terres. Tite-Live [x] connoît aussi cette Ville.

[u] Lib. 3. p. 238.
[x] Lib. 28. c. 8.

POTIGIPEBA, petite Rivière de l'Amérique Méridionale au Bresil, dans la Capitainerie de Seregippe. Elle se jette dans la Baye de Vazabaris; ce qui fait que les Portugais l'appellent quelquefois RIO DE VAZABARIS. Son Embouchure est entre celle de la Rivière Seregippe & celle de Rio Real.

462

POTINIA, ou BETUNIA. Voyez BETUNIA.

PETINIO-CAPO, Cap de l'Anatolie sur la Côte de la Mer-Noire, près de l'Embouchure du Bosphore. Mr Baudrand [a] qui cite Molet dit que c'est le BITHYNIÆ-PROMONTORIUM de Ptolomée.

[a] Ed. 1682.

POTIOLI. Voyez PUTEOLI.

POTIPASON, Siège Episcopal de la Province d'Afrique, selon Ortelius [b] qui cite le cinquième Concile de Constantinople. Seroit-ce le Siège TIPASITANUS dont Reparatus est qualifié Evêque dans la Notice Episcopale d'Afrique.

[b] Thesaur.

POTIUM, Lieu fortifié, aux environs du Frioul, sur le bord de la Mer selon Paul Diacre [c]. Quelques MSS. portent PONTIUM au lieu de POTIUM.

[c] De Gestis Longob. l. 6. c. 51.

POTIVOL, ou PUTIVOL, petite Ville de l'Empire Russien [d], dans la partie Méridionale du Duché de Séverie, sur la Riviére de Sem, un peu au dessus de son confluent avec le Nevin. Elle est située entre Baturin Capitale des Cosaques & Rylsk, à l'Orient de la premiére & au Couchant de la seconde.

[d] De l'Isle Atlas.

1. POTNIÆ, Ville de Boeotie, selon Etienne le Géographe, qui dit que quelques-uns l'appelloient HYPOTHEBÆ. Pausanias [e] écrit que de son tems on voyoit les ruïnes de cette Ville au milieu desquelles subsistoient les Bois Sacrez de Cerés & de Proserpine. On dit [f] que Glaucus fils de Sisyphe y nourrissoit ses Jumens de chair humaine, afin que dans les combats, elles se jettassent avec plus d'ardeur sur les Ennemis pour les devorer. Il fut puni de cette inhumanité; puisqu'il en fut dévoré lui-même, après qu'elles eurent bu un jour de l'eau d'une Fontaine, qui étoit proche de la Ville, & qui mettoit en fureur les chevaux qui en buvoient. Quelques-uns au lieu de POTNIÆ écrivent POTNÆ.

[e] Lib. 9. c. 18.

[f] Hygin, Fab. 250. & 273.

2. POTNIÆ, Contrée de la Boeotie, selon le Grand Etymologique. Elle n'étoit pas éloignée de Thèbes & à ce que dit Elien [g], on y voyoit une Fontaine nommée POTNIES.

[g] Hist. Anim. lib. 15.

1. POTOSI, Montagne de l'Amérique Méridionale, au Pérou, dans l'Audience de Charcas, près de la Ville de Potosi. Elle paroît par dessus les Montagnes voisines [h], & à la figure d'un pain de Sucre. Sa couleur est d'un brun rouge, & elle est agréable à voir mais difficile à monter, quoique les chevaux y montent présentement. Son pied occupe une lieue de terrein ; & de son sommet qui finit en pointe, on compte jusqu'au bas seize cens quatre-vingt aunes communes, qui font un quart de lieue mesure d'Espagne. Au pied il y a une Montagne, mais moindre & qui fait partie de la grande. On y a trouvé autrefois des masses d'argent, comme en des cachettes & fondues hors des veines qui étoient fort riches; mais en petit nombre. Les Indiens nomment cette partie de la Montagne *Potosi Guyana*; c'est-à-dire, petit Potosi. C'est du penchant de ce Potosi Guyana que commencent les Edifices des Espagnols & des Indiens: ils ont près de deux lieues de circuit; ce qui rend la Ville la plus grande du Pérou. Les Mines de la Montagne de Potosi ne furent connues que par hazard, douze ans après que les Espagnols furent entrez dans ce Royaume. D'abord Villaroele Espagnol & Guanca, Indien commencérent en 1545. pas ouvrir deux Mines. On appella l'une RICA & l'autre DIEGO CENTENO. La première étoit élevée par dessus la terre, comme la crete d'un Coq de la hauteur d'une lance, ayant trois cens pieds de longueur & treize de largeur. On jugea qu'elle avoit été ainsi laissée nuë du tems du Déluge & que l'eau ne la put sapper à cause de sa dureté. Cette Mine étoit si riche qu'il y en avoit presque la moitié d'argent pur & fin, jusqu'à cinquante ou soixante brasses de profondeur, où elle commença un peu à changer. La troisième Mine qu'on appela DEL-ESTAUNO, à cause de la dureté de ses cailloux fut commencée peu de tems après les deux autres, & la quatrième appellée MENDIETA fut ouverte au mois d'Août de la même année 1645. Rien ne sauroit égaler les richesses de ces Mines. On voit par les comptes des Livres Royaux que plusieurs années après qu'elles eurent été découvertes, on apportoit tous les Samedis au Licentié Pol, qui étoit Président à Potosi, cent cinquante & quelquefois deux cens mille *Pesos*, dont chacun vaut huit réales d'Espagne afin qu'il en prît le Quint pour le Roi ; & du tems du Viceroi Don Francisco de Toledo, selon le compte exact de ceux qui étoient instruits de ces affaires, on trouva que depuis la premiére découverte jusqu'à l'an 1574. on avoit déja tiré pour ce Quint soixante & seize millions. Ce qui fait d'autant plus connoître l'excellence de ces Mines, c'est qu'on a creusé des puits de deux cens brasses de profondeur, sans qu'ils ayent été incommodez d'aucunes eaux. Les quatre principales veines dont on vient de voir les noms sont situées selon Joseph d'Acosta au côté Oriental de la Montagne & s'étendent du Nord au Sud. Leur Largeur la plus grande est de six pieds , & il est dans les endroits où la Veine est la plus étroite. Elles se dispersent en différens petits rameaux, qui ont différens Seigneurs. La plus grande contient quatre-vingt aunes & la plus petite quatre. On compte dans celle que l'on nomme *Rica* soixante & dix-huit puits, qui descendent en Bas de la profondeur de cent quatre-vingt & quelquefois de cent hauteurs d'hommes. Dans la Veine *Centeno* il y a vingt-quatre puits, qui descendent jusqu'à soixante & quatre-vingt des mêmes hauteurs, & pour éviter une telle profondeur les Espagnols ont trouvé le moyen de faire des Mines, ou des Cavernes qu'ils nomment *Socabones* par lesquelles on pénétre du côté de la Montagne jusqu'aux Veines. Ces Cavernes sont presque de la hauteur d'un homme & larges de huit pieds. Elles se ferment avec des portes, & les proprietaires prenent le Quint du Métal que l'on en tire. En 1590. qu'Acosta écrivoit, il y avoit

[h] De Laet, Descr. des Indes Occ. liv. 11. c. 8. & 9.

y avoit neuf de ces Cavernes ouvertes, & l'on travailloit à en ouvrir plusieurs autres. Celle qu'on nomme *Del Venino*, qui va à la Veine *Rica*, avoit été achevée en vingt-neuf ans avec un fort long travail, quoique son Embouchure ne soit que de deux cens cinquante aunes d'Espagne du Lieu où elle se joint au puits qu'on appelle *El-Crusero*. La riche Mine est de même couleur que l'Ambre jaune.

POTOSI, Ville du Pérou [a], dans la Province de *Los Charcas*, ou de *la Plata*, au pied d'une Montagne qui est faite comme un pain de sucre. Cette Ville est renommée dans tout le Monde par les immenses richesses qu'on a tirées & qu'on tire encore de la Montagne au pied de laquelle elle est bâtie [b]. On y compte plus de 60000. Indiens, 10000. Espagnols ou Blancs & environ 5000. Maisons: Le Roi oblige les Paroisses circonvoisines d'y envoyer tous les ans un certain nombre d'Indiens pour travailler aux Mines, ce qu'on appelle la *Mita*. Les Corregidors les font partir le jour de la Fête de Dieu, la plûpart emmennent avec eux leurs femmes & leurs enfans, qu'on voit aller à cette servitude la larme à l'œil & avec répugnance : néanmoins après l'année d'obligation, il y en a quantité qui oublient leurs habitations, & s'accoutument à demeurer au Potosi, ce qui fait que cette Ville est si peuplée.

[c] Il y a beaucoup d'Eglises, beaucoup de Prêtres & encore plus de Moines au Potosi. Les Espagnols & *Creoles* y possédent de grandes richesses. Ils ne sont vêtus que d'étofe d'or & d'argent, car tout autre habillement ne seroit pas assez bon pour eux. Leur vaisselle est toute d'argent ce qui n'est pas extraordinaire dans un Pays où ce métal est aussi commun que le cuivre & le fer en Espagne. Les Eglises reluisent d'or & d'argent, & l'on peut assurer que les Edifices sacrés du Pérou & du Paraguai en renferment plus qu'il n'en faudroit pour remplacer tout ce qu'on a tiré de *Porco* de *Plata* & de *Potosi* depuis plus de 100. ans. Les ameublemens des maisons sont magnifiques à l'excès, & cela paroît même chez les plus simples Bourgeois qui passent facilement du nécessaire au superflu quand l'or & l'argent sont communs.

Les Habitans du Potosi voyagent dans des branles portez par des Naturels du Pays, à la façon des Portugais de San-Salvador & de Rio-Janeyro. Quatre Indiens supportent ordinairement ce branle sur leurs épaules. Les femmes n'épargnent rien pour satisfaire le luxe si naturel à leur sexe. Elles reçoivent les visites couchées sur un petit lit de repos couvert d'une étofe très-riche d'or ou d'argent & bordée d'une crépine de même façon. La seule gêne qu'elles ayent est la présence de leurs maris ou de quelque vieille Gouvernante ce qui est un mal assez ordinaire ; & pour lors elles sont moins visibles que n'y au Méxique ni à Madrid. Leur occupation familière lorsqu'elles sont ainsi obsédées est de dormir l'après-dinée & de jouer ensuite de la guittarre. Au defaut de ces occupations, elles disent leur chapelet mâchant en même tems du *Coca*, jusqu'à ce qu'elles en soient enivrées. Elles ont aussi l'habitude de prendre à toute heure de la teinture de l'herbe du *Paraguay*. Cette teinture & le *Coca* sont fort en usage dans tout le Pérou & il est ordinaire dans l'Amérique Méridionale de régaler de l'une & de l'autre ceux que l'on invite chez soi.

Cette Ville est extrêmement fréquentée à cause de quantité d'Espagnols qui font intéressez aux mines. Ces mines attirent au Potosi plus de 60000. personnes sans compter les travailleurs. Ces Mines cependant ne donnent plus comme elles faisoient autrefois, & la Monnoye ne bat pas le quart de ce qu'elle faisoit. Mais il y a d'autres Mines dans la Province de Plata ; & on pourra les ouvrir avec le tems. Les Indiens disent qu'il y a beaucoup d'or & d'argent plus haut vers le Nord; que les Habitans du Pays boivent dans des coupes d'or & mangent dans des plats de même métal ; qu'ils portent des plaques d'or sur la poitrine, que leurs boucliers en sont garnis, de même que leurs massues ; mais qu'ils mangent les gens tout en vie. Ils débitent d'autres pareils contes que l'on croira si l'on veut. Quoiqu'il en soit, il est très-sûr qu'il y a beaucoup de Mines d'or & d'argent dans tous ces pays Méridionaux. Les Sauvages qui habitent au delà du Potosi ont accoutumé de crier aux Espagnols, d'aussi loin qu'ils les apperçoivent *Oro oro Plata* ; (deux mots qu'ils ont sans doute appris à force de les entendre dire) & leur font signe d'approcher ; mais personne ne s'y fie.

Les Indiens des Mines travaillent nuds, afin qu'ils ne puissent rien cacher [d]. On dit que ce lieu est si froid qu'autrefois les femmes Espagnoles ne pouvoient y accoucher, & qu'elles étoient obligées d'aller jusqu'à vingt ou trente lieues de là, pour ne pas s'exposer au danger de mourir avec leur fruit. C'étoit un effet de leur délicatesse, & on le regardoit comme une punition du Ciel ; parce que les femmes Indiennes n'étoient point sujettes à cet inconvénient. Mais aujourd'hui, il y a bien des femmes Espagnoles qui ne se font point une peine d'accoucher au Potosi, & elles ne s'en trouvent pas mal.

POTTEREL, Bois de France, dans la Basse-Normandie, & dans la Maîtrise d'Argentan. Il n'est que de treize arpens.

POTULATENSII, Peuples de la Dacie : Ptolomée [e] les place avec les *Sensii* & les *Albocensii*, au Midi des *Caucoensii* & de quelques autres Peuples.

POVANCÉ, ou SAINT-AUBIN DE POVANCE, petite Ville de France dans l'Anjou, au Craonois, sur un Etang d'où sort la petite Rivière de Verfé qui se perd dans l'Oudon. Povancé est une Baronnie qui appartient à la Maison de Villeroi. Sa Jurisdiction s'étend sur onze Paroisses. Elle est le Siège d'une Maîtrise des Eaux &

& Forêts & d'un Grenier à Sel. Il y a des Forges de fer.

POUCELOUC, Ville des Indes Orientales [a], au Royaume de Siam, dans la partie appellée communément le Haut-Siam. Elle est située dans les terres sur la Rivière de Menam.

[a] De l'Isle, Atlas.

POUCHINIERE, petite Riviére de France [b], dans la Normandie au Côtentin. Elle a sa source vers Soule. Elle reçoit le Marguerant dont la source est à Villebaudon & grossie des eaux de la Sansonniere elle va se perdre dans la Riviére de Vire.

[b] Corn. Dict. Vaudôme, MSS. Géographiques.

POUESSE (La), Bourg de France, dans l'Anjou, Election d'Angers.

POUGUES, Paroisse de France, dans le Nivernois, Election de Vezelai à deux lieues de la Ville de Nevers, au pied d'une Montagne, & sur le chemin de Paris. A deux cens pas de cette Paroisse, il y a une Fontaine minérale. C'est un reservoir rond qui a trois pieds de diamétre, & du fond duquel sortent des bouillons d'eau. Ce reservoir est au milieu d'une Cour murée, près de laquelle il y a des promenoirs couverts d'un toit, qui est soutenu par des pilliers. Les Eaux de cette Fontaine sont froides, aigrettes, vineuses, & ressemblent fort à celles de St. Albans; mais leur acidité n'est pas si piquante. Certaines petites pailles qui n'agent sur l'eau & qui ressemblent à des raclures de rouille font suffisamment connoitre qu'elle est ferrugineuse. Elle a toujours eu quelque réputation; mais depuis que le feu Roi Louis XIV. les alla prendre en 1686. leur réputation s'est fort augmentée.

POUGY, Bourg de France, dans la Champagne, Election de Troyes. Il y a dans ce Bourg un Chapitre qui fut fondé par Henri le Liberal, Comte de Champagne, en 1154.

POUHLHON, Bourg de France, dans la Gascogne, Election des Lannes. Il y a dans ce Bourg une Justice Royale.

POULANGIS [c], Abbaye de France en Champagne, de l'Ordre de S. Benoît. Elle se prétend sujette immédiatement au Saint Siège. Il y a dans ce Monastère une Abbesse & quatorze filles toutes Demoiselles, qui ont chacune dans son enceinte une petite maison séparée, & à chacune desquelles l'Abbesse donne une certaine quantité de vivres en espèce pour leur subsistance, ce qui ne monte pas à plus de deux cens livres par an. Quoique ces filles ne soient pas obligées à la Clôture, & qu'elles paroissent quelques fois dans le monde avec un habillement assez propre, noir, elles ne laissent pas que d'être de véritables Religieuses, puisqu'elles font vœu de garder la Règle de S. Benoît comme elles l'ont vû pratiquer, & qu'elles font toutes dans la Maison tous les Offices des Religieuses; lorsqu'elles vont au Chœur, elles mettent de grands Manteaux noirs. L'Abbesse ne donne à ses Religieuses séparément les vivres en espèce, que pour s'exempter de tenir une Table où elles puissent manger ensemble. Il en coûte dix-huit à vingt mille livres pour y être reçue.

[c] Baugier, Mémoires Hist. de la Champagne, t. 2. p. 89.

LA POUILLE, Contrée d'Italie, au Royaume de Naples [d]. Elle est située le long du Golphe de Venise entre l'Abruzze Citerieure, le Comté de Molisse, la Principauté & la Capitanate. Elle n'a pas plus de cinquante-cinq milles d'étendue du Septentrion au Midi; mais en longueur du Nord-Ouest au Sud-Est on y compte plus de deux cens milles. On la divise en trois parties; savoir la Capitanate, la Terre de Bari & la Terre d'Otrante. Elle consiste presque toute en Plaines assez peuplées & assez fertiles, excepté du côté de Manfrédonia où est le Mont Gargan. Cette Province servit de titre dans l'onzième Siècle à Robert Guischard & à son fils Roger, qui devint Roi de Sicile après la mort de son Oncle. Les Latins la nommoient anciennement APULIA. Voyez ce mot. Aujourd'hui les Italiens l'appellent *la Puglia*.

[d] La Forêt de Bourgon, Géogr. Hist. t. 2. p. 559.

1. POUILLY, Bourg de France dans la Bourgogne, au Diocése d'Autun, au pied d'une Montagne. Il y a dans l'Eglise de cette Paroisse deux Chapelles dont l'une vaut 280. livres & l'autre 140. Ce Bourg, d'où dépend Velars, a droit de Foire & de Marchez.

2. POUILLY, Ville de France, dans le Nivernois, Election de la Charité. Elle est située sur la Loire, entre Cosne & la Charité. Cette Ville est ancienne. On la nommoit *Pulliacum*. Charles le Chauve y passa en 868. & Carloman y séjourna en 882. La Cure vaut douze cens livres. Le Prieur de la Charité y nomme & les Religieux sont Seigneurs de Pouilly. Il y a peu de bleds aux environs; mais on y recueille beaucoup de vin. On s'en sert pour les mélanger avec ceux d'Orleans.

POULAD, Forteresse d'Asie, dans la Georgie. Mr. Petis de la Croix [e], dit dans son Histoire de Timur-Bec que cette Forteresse est située dans un Détroit de Montagnes fort escarpé.

[e] Liv. 3. c. 58.

POULADOU, ou POULISDOU [f], Isle de la Mer des Indes & l'une des Maldives. C'est proprement un petit Archipel, entre celui qu'on appelle l'Isle du Roi au Nord, & celui de Moluque au Midi.

[f] De l'Isle Atlas.

POULAVA, ou POULOW, nom d'un Château de Pologne, à deux lieues du Village Wissokikolo [g], en allant de Varsovie à Léopold. Il est situé sur le sommet d'une petite Montagne, & passe pour la plus belle piéce moderne de ce Royaume. Ce Château est bâti à l'Italienne & embelli de peintures au dedans, de vestibules exhaussez, d'ornemens de Marbre, avec un Salon au milieu & très-bien pratiqué pour sa petitesse. On voit au-dehors des terrasses avec des balustrades, des jardins proprement entretenus, un Escalier à Perron & un Portail qu'on peut dire magnifique. Ce Château appartient à la Maison Lubomirsky.

[g] Corn. Dict. sur les Mém. du Chevalier de Beaujeu.

POULDAVY, ou POLDAVID, Port & Ville de France, dans la Basse-Bretagne [h], au fond de la Baye de Douarnenez & vis-à-vis de l'Isle de Tristan.

[h] Jaillot, Atlas.

POULIGNY, Bourg de France, dans le Berry, Election de Blanc.

POUL-

POULLAINES, Bourg de France, dans le Blesois, Election de Romorantin.

☞ POULO. Plusieurs écrivent ainsi conformément à la Prononciation Françoise, le mot *Pulo*, dont les Portugais se servent dans les Indes pour dire une Isle. Voyez PULO.

POULTIE'RES, POUTIERS, ou POTIERS, en Latin *Abbatia Pultariarum* ou *de Pulteriis*; Abbaye de France, dans le Diocèse de Langres, près de la Seine, entre le Mont Lassois ou de Roussillon & Châlons. C'est une Abbaye d'hommes de l'Ordre de St. Benoît. Elle fut fondée vers l'an 1160. par Gérard Comte de Roussillon & par Berthe sa femme, qui y ont leurs Tombeaux, où ils sont enterrez. Le Pape Jean VIII. en fit la dédicace, & elle est soumise immédiatement au St. Siège. Elle rapporte deux mille Livres par an à l'Abbé.

POURAIN, Bourg de France, dans la Champagne, Election de Tonnerre.

POUNTUN, Forteresse de la Chine [a], dans la Province de Chekiang, au Département de Chinxan première Forteresse de la Province. Elle est de 5. d. 6'. plus Orientale que Peking, sous les 28. d. 10'. de Latitude Septentrionale.

POURRIE'RES, en Latin *Castrum de Porrera*, Bourg de France dans la Provence, au voisinage de la Ville d'Aix. C'est le Lieu où Caïus Marius remporta une célèbre victoire sur les Teutons & les Ambrons. On y voit encore les Trophées, qui furent élevez à l'honneur de ce grand Capitaine Romain, en mémoire de sa victoire. Henri III. érigea cette Terre en Comté l'an 1581. Elle a depuis été honorée du Titre de Marquisat. Son Eglise Paroissiale est sous l'Invocation de Notre-Dame du Bois, *Beatæ Mariæ de Bosca* ou *de Saltu*. En 1578. les Minimes s'établirent dans ce Lieu.

POUSANGES, petite Ville de France, dans le Poitou, Election de Thouars.

POUSIN, ou le POUZIN, petite Ville de France, dans le Vivarez, sur la Rive Occidentale du Rhône, entre la Voulte & Baix, presque vis-à-vis de Livron & de Lauriel.

POUSSOL, ou POZZUOLO, Ville d'Italie, au Royaume de Naples, à huit milles à l'Occident de cette Capitale, au bord de la Mer sur une basse pointe. On la nommoit anciennement PUTEOLI. Voyez ce mot. Cette Ville autrefois si fameuse n'est que peu de chose en comparaison de ce qu'elle étoit autrefois. Les guerres, les tremblemens de terre, les assauts de la Mer & le tems enfin qui ronge tout l'ont presque entièrement détruite. Quantité de superbes Masures témoignent encore son ancienne magnificence; & la douceur de l'air qu'on y respire, l'agrément de la situation, l'abondance des eaux les plus excellentes & la fertilité de la campagne font voir que ce n'étoit pas sans raison que les Romains faisoient leurs délices de ce Lieu [b], & y employoient une partie de leurs richesses en Bâtimens & en Jardins de plaisance. A la vérité on ne peut rien voir de si charmant que l'assiette de ce Lieu, rien de si beau que son Port; & l'on ne peut rien s'imaginer de plus agréable que la Colline qui commence vers Pozzuolo & regne le long de la Mer qui en bat le pied. Cette Colline devoit recevoir un nouvel ornement des Maisons de plaisance de Cicéron, de Néron, d'Hortensius, de Pison, de Marius, de César, de Pompée, de Servilius & de tant d'autres. De plus la Mer est si tranquille dans ce Quartier, qu'on croit voir une Rivière. Enfin tout y est si riant, que les Poëtes ont feint qu'Ulysse s'arrêta dans ce Lieu, dont les délices lui firent oublier les travaux & les périls auxquels il avoit été exposé.

Les Romains envoyerent pendant quelques années un Préfet pour gouverner cette Ville, & ensuite ils y établirent une Colonie. Elle devint alors une Place importante, soit pour sa grandeur soit pour sa force, à cause de ses murailles & de sa situation, sur une Colline ou sur un Rocher dans la Mer, n'y ayant qu'un seul passage étroit avec un Pont pour y rentrer. La Mer noye présentement la meilleure partie de cette grande Ville, où l'on trouve néanmoins divers anciens Monumens qui ont été épargnez. Presque joignant l'Eglise de St. Jacques [c] on trouve les ruïnes d'un Amphithéâtre, bâti de pierres de taille & dont les Arènes avoient cent soixante & douze pieds de longueur fur quatre-vingt-huit de largeur. Il étoit au milieu de l'ancienne Ville. La Tradition veut que St. Janvier avec six autres Chrétiens; savoir Sosius, Proculus, Euticetes, Acutius, Festus, Desiderius, y ayent été exposez aux Bêtes farouches en 299. & selon d'autres en 405. On dit que ces Bêtes au lieu de les devorer les respecterent & se prosternerent à leurs pieds; & quelque tems après ces sept Martirs eurent la tête tranchée près de la *Solfatara* ou la Souffrière, dans l'endroit où est présentement bâtie l'Eglise de St. Janvier. On y lit sur l'Autel ces paroles: *Locus decollationis S. Januarii & Sociorum ejus.* Joignant l'Amphithéâtre auquel ceux de Poussol donnent sans beaucoup de fondement le nom de Colisée, on voit de grandes ruïnes presque toutes enterrées. Le Peuple croit, que ce sont les restes d'un Labyrinthe; mais il se pourroit faire que c'étoit un Réservoir. La Cathédrale est bâtie sur les ruïnes d'un Temple de Jupiter, & en partie des propres matériaux de ce Temple, particulièrement la façade, où l'on voit une ancienne Inscription qui prouve que ce Temple, qui est de l'Ordre Corinthien, avoit été bâti par Calphurnius, Chevalier Romain, en l'honneur d'Auguste.

CALPHURNIUS L. F. TEMPLUM
AUGUSTO CUM ORNAMENTIS
D. D.

Cette Eglise est présentement dédiée à St. Procule Martir & Diacre de la même Eglise de Poussol, où le Corps de St. Janvier est conservé. On tient même par

[a] Atlas Sinens.

[b] Journal d'un Voy. d'Italie, p. 552.

[c] *Misson*, Voy. d'Italie, t. 2. p. 68.

tradition que les Corps de St. Celfe, Difciple de l'Apôtre St. Pierre & de Ste. Nicée, Mere de St. Procule y font pareillement. La forme de l'ancien Temple paroît encore aujourd'hui par le dehors, où l'on voit des Colonnes & de gros carreaux de marbre, qui faifoient face des deux cotez de la muraille; mais par le dedans la nouvelle Eglife a été réduite en une meilleure forme. Elle eft plus grande que n'étoit le Temple & elle peut paffer pour très-belle. Le Maître-Autel eft orné de marbres excellemment travaillez. On y voit un Tableau de Rome & peint par un des meilleurs Maîtres, qui repréfente le Martire de St. Janvier & de St. Procule. Au milieu de cette Eglife & au deffus des deux portes font les Statues des deux Saints, l'une à droite & l'autre à gauche. Derriére le Maître-Autel eft une Sale appellée la *Canonica*, où font peints à fresque tous les Evêques de Pouffol, commençant par St. Patrobe, l'un des foixante & douze Difciples de J. C. qui reçut avec refpect St. Paul paffant par Pouffol. Au milieu du chemin par où l'on va de l'Amphithéâtre à St. François, on trouve à main gauche le Temple de Neptune avec les veftiges de fon Portique, dont parle Cicéron. Toutes les Niches qu'on y voit, étoient anciennement remplies de Statues. Le refte des Colonnes, la magnificence de la Structure & la grandeur des Arcades, dont il y en a encore une entière, ne laiffent point douter que ce n'ait été un des plus beaux Temples de ce tems-là. De l'autre côté de ce chemin, presque vis-à-vis du même Temple, font les ruïnes de celui de Diane. Il étoit petit, bâti de briques, de figure quarrée par dehors & rond par dedans. Il y avoit une Statue de quinze coudées de haut, qui avoit deux grandes aîles attachées aux épaules, avec un Lion à fa droite & une Panthere à fa gauche. On a trouvé dans le même Lieu plufieurs Colonnes fort hautes avec des Chapiteaux d'Ordre Corinthien d'une délicateffe admirable. Dans un Jardin qui eft au bas de celui de Tolède, on voit en diftance égale trois groffes Colonnes de marbre blanc d'une feule piéce. Elles font encore élevées fur leurs Piédeftaux & ont chacune dix-huit pieds de diamètre. On ne fait à quel deffein on les a mifes dans cet endroit-là, où il n'y a aucune autre antiquité ni aux environs. Vers les Dominicains de *Jefus-Maria*, quand la Mer eft fort agitée elle apporte toujours quelques nouvelles marques de l'ancienne magnificence de Pouffol. On trouve ordinairement des pierres fines de diverfes fortes, comme Cornioles, Agathes, Diafpres, Améthyftes & autres. Les Antiquaires prétendent que vers cet endroit-là, il y avoit autrefois un grand nombre de Boutiques de Jouailliers & d'Orfévres. La Mer amene auffi d'autres fortes de pierres fur lesquelles auffi-bien que fur les premières font gravées diverfes fortes de figures, comme Coqs, Aigles, Cigognes, Liévres, Serpens, Grenouilles, Fourmis; fur quelques-unes on voit des branches de Vigne, des grappes de raifin; fur d'autres on voit des têtes humaines & des mots Grecs & Latins. Vers la fin de l'année 1698. en creufant fous la Maifon des Frères *Migliarefi*, qui eft fur la Place devant l'Hôtel de Tolède, on trouva un Marbre blanc, très fin de la longueur de fept pans. La largeur eft égale à la hauteur, qui eft de quatre pans & fept pouces & demi. Il y a autour quatorze Statues d'un bon deffein, favoir trois de chaque côté, fix derrière, & deux avec un petit Garçon devant. Au milieu de ces Statues qui ont chacune leur nom gravé fous les pieds, on lit cette Infcription:

TI. CÆSARI DIVI
AUGUSTI F. DIVI
JULI N. AUGUSTO
PONTIF. MAXIMO COS. IIII.
IMP. VIII. TRIB. POTESTAT. XXXII.
AUGUSTALES
RESPUBLICA
RESTITUIT.

Les Antiquaires [a] tombent d'accord que c'eft le Piédeftal d'une Statue érigée à Tibère par les quatorze Villes d'Afie qui furent renverfées par un tremblement de terre, le même qui, felon l'opinion de divers Savans, arriva le jour du Crucifiement de Notre Sauveur. Ils ont trouvé dans les Lettres, qui font encore lifibles les noms de plufieurs Villes, & ils découvrent dans chaque figure quelque chofe de particulier à la Ville dont elle repréfente le Genie. En fuivant le chemin qui va de Pouffol à Capoue, après avoir paffé l'Amphithéâtre, on trouve parmi des brouffailles, proche du Lieu nommé *Campana*, quantité de ruïnes des anciens Sépulcres dont ce Lieu étoit rempli. On y voit même les Niches des Urnes où l'on confervoit les cendres des corps qu'on avoit brûlez. Ces Tombeaux attirent les Curieux. On y admire fur-tout celui qui eft devant la petite Eglife de *S. Vito*, à deux milles de Pouffol. Il y a au même lieu des Ouvrages de Stuc & des Figures Arabesques d'un travail fi rare, qu'elles font l'admiration des plus excellens Ouvriers modernes. Ce Tombeau eft long de vingt-trois pieds, large de dix-neuf & haut de feize, jufqu'où la terre a rempli. Il y a deux foupiraux & quarante-fix Niches, où les Urnes fe mettoient. Au chef & aux deux côtez du plan fur la terre, il y a trois grandes Niches presque en forme de petites Chapelles, où l'on mettoit des Vafes fépulcraux.

Au bas de Pouffol, fur le bord de la Mer, ou plûtôt dans la Mer, on voit les reftes du Pont que Caligula fit faire pour aller par Mer de cette Ville à Bayes, qui en eft éloignée de quatre milles. Voyez au mot PONT, l'Article PONT DE CALIGULA. Miffon [b] qui n'eft point d'avis que ce foit-là le Pont de Caligula, s'élève contre le fentiment général; & dit: On admire cette merveille & on en fait fête aux Etrangers comme de la chofe du Monde la plus rare & la plus fur-

[a] *Addiffon*, Voy. d'Italie, p. 142.

[b] Voy. d'Italie, t. 2. p. 69.

surprenante; & l'on auroit, beaucoup de raison sans doute de faire attention à un Ouvrage si hardi ; on le pourroit même mettre au rang des plus grands prodiges ; si par malheur ce prétendu Pont n'étoit pas une Chimère. Suétone, ajoute Misson, a si positivement raconté l'Histoire du Pont de Caligula, qui étoit un Pont de batteaux, & non pas un Pont de brique ou de pierre, qu'il est tout-à-fait étonnant que tant de gens se soient fait une idée si fausse. Cet Historien rapporte clairement le fait : *Bajarum*, dit-il, *medium intervallum, Puteolanas ad moles, trium millium & sexcentorum fere passuum Ponte conjunxit; contractis undique onerariis navibus, & ordine duplici ad anchoras collocatis; superjectoque aggere terreno, ac directo in Appiæ viæ formam. Primo die phalerato equo.... Postridie quadrigario habitu*, &c. Misson remarque que Suétone ne dit pas *Puteolos*, mais *Puteolanas moles*. Cela explique clairement, dit-il, ce que c'est que ces Arcades qui se voient encore. C'étoit proprement ce que nous appellons dans notre Langue un Mole, un rempart contre l'impétuosité des vagues, pour mettre les Vaisseaux à l'abri dans le Port. Il est vrai que le Mole étoit fait en arcades; mais cela ne doit faire aucune difficulté; & outre qu'il est inutile de contester contre un fait si bien attesté, on pourroit ce semble alléguer de bonnes raisons pour faire voir qu'un Mole avec des arches doit être de meilleure durée qu'un autre; qu'il doit suffire pour rompre les Flots, & pour abattre assez les grand coups de Mer.

Dans le fond la découverte de Misson se réduit à peu de chose. Il dit qu'on doit donner à ces Arcades le nom de *Mole* & non celui de *Pont*. Il ne nous apprend rien de nouveau. Avant lui Augustin Babelonius, Commentateur du Suétone Dauphin, avoit remarqué que ces Arcades retenoient leur ancien nom & qu'on les appelloit *il Mole*. En second lieu il remarque que le Pont de Caligula étoit un Ouvrage différent du Mole. Personne n'en a jamais douté : mais rien n'empêche aussi qu'on ne puisse en quelque façon donner à ce Mole le nom de Pont de Caligula puis qu'elles faisoient la continuation du Pont & que Caligula en étoit le fondateur, ou en tout, ou en partie.

[a] P. 140.

Adisson dans son Voyage d'Italie [a] a soutenu la même Thèse que Misson; mais sans prouver d'avantage. L'Inscription qu'il rapporte, fait voir seulement que l'Empereur Antonin le Pieux fut le réparateur du Mole de *Puteoli*; mais on n'y voit point que ce Mole n'ait pas fait partie du Pont de Caligula.

Quoiqu'il en soit, il auroit été bien difficile de faire un Mole comme celui de *Puteoli* dans un lieu où l'on n'auroit pas eu une commodité aussi naturelle que la terre ou le sable dont on se sert pour bâtir à Poussol & qu'on nomme communément Poussolane [b], C'est un sable que l'on trouve presque tout autour de la Ville de Poussol. Quoiqu'on en tire tous les jours depuis

[b] Le P. Labat, Voy. d'Italie, t. 5. p. 61.

bien des Siècles, il est inépuisable. Ce sable est d'un rouge de brique. Il se trouve par lits de différentes épaisseurs. On en découvre quelquefois de deux à trois toises d'épaisseur. Quelquefois il y a des lits où le sable est fort fin, quelquefois il est gros ou inégal. On employe le plus fin pour les enduits, & le gros dans la maçonnerie. Ce qu'ils ont de commun, c'est qu'ils font une liaison admirable qui fait corps & qui se séche d'autant plus promptement qu'on a plus de soin de l'arroser, ou pour mieux dire, de le noyer à force d'eau. Il prend dans l'eau & fait corps avec toutes sortes de pierres. En un mot rien n'est égal à ce sable pour faire des Moles & des jettées dans la Mer & dans les Riviéres; mais il n'est pas bon au feu. Il ne faut pas s'imaginer qu'on ne trouve ce sable rouge qu'à Poussol, & aux environs. Il y en a au voisinage de Rome & dans bien d'autres endroits. Le Pere Labat [c] dit en avoir découvert à la Martinique, & ajoute qu'on s'en sert à la Guadeloupe sous le nom de ciment rouge. Vitruve en fait un grand cas, & Pline le vante aussi beaucoup.

[c] Pag. 62.

Entre la Ville de Poussol & le Lac d'Averne [d] régne sur le Rivage de la Mer une petite Plaine sur une Colline dont la longueur est d'environ cinq cens pas ; mais sa largeur est bien moindre à cause des Montagnes qui la resserrent. C'est dans ce Lieu que Cicéron avoit sa Maison de Campagne, où il avoit bâti une longue Galerie, dans laquelle il discouroit de l'Eloquence en se promenant ; ce qui fit qu'il l'appella *Académie*, à l'imitation des Athéniens. Les Livres qu'il composa dans ce Lieu sont appellez les *Questions Académiques*. Il y faisoit son séjour en tems de paix ; mais plus ordinairement dans les tems fâcheux de la République. Il l'avoit ornée de belles Sculptures, de Peintures exquises & d'autres raretez qu'Atticus lui avoit envoyées de Gréce. Ce fut dans ce même Lieu que Caïus Cesar l'alla visiter pour le consulter, après qu'il eût remporté la Victoire durant la guerre Civile. Dans un Pré qui n'est pas éloigné, on trouve des sources d'eau chaude, dans une Caverne sous terre. Cette eau remplit les Bains qu'on appelle les Bains de Cicéron. Voyez au mot BAGNI l'Article BAGNI DI CICERONE.

[d] Journal d'un Voy. d'Italie, p. 574.

*Avis aux Navigateurs.*

Environ deux milles & demi vers l'Est-Nord-Est du Fort de Baya [e] est la Ville de Poussol. Entre les deux il y a un grand enfoncement ; mais il ne faut pas y aller, à cause de plusieurs Rochers qu'il y a à fleur d'eau & sous l'eau, le long de cette Côte. On voit encore aujourd'hui le haut de quelques Tours abîmées à ras de l'eau & fort au large. Il y a à l'entour quelques autres débris sous l'eau & on trouve sept, huit & dix brasses au pied. Entre la pointe des Bains & ces ruïnes, il y a une Plage de sable derriére laquelle est un petit Étang qu'on appelle le Lac

[e] Michelot, Port. de la Médit. p. 118.

de Lucrine. Au milieu de ce Lac on a trois braſſes d'eau. Il y avoit autrefois une Ville qui s'abîma. Ce Lac n'a point de communication avec la Mer; & l'on ne peut aller mouiller dans cette Plage à cauſe des Sécans, dont il vient d'être parlé.

La Ville de Pouſſol eſt ſituée ſur une baſſe pointe, & l'on voit encore devant quatorze Piliers dans la Mer, qui ſont les reſtes du Pont de Caligula, ou les débris d'un Mole. De là juſqu'à Baya il y a deux milles & demi & dans cet eſpace on trouve juſqu'à vingt & vingt-cinq braſſes d'eau. Les quatorze Piliers occupent cent quatre-vingt toiſes Eſt & Oueſt. Il y a auprès du dernier ſept à huit braſſes d'eau. On peut aiſément aller mouiller devant la Ville avec des Vaiſſeaux & des Galéres. Il a une Plage de ſable au Nord du Pont, où l'on trouve dix-huit à vingt-quatre braſſes d'eau, fond d'herbe & de vaſe, à deux longueurs de Cable de la Ville; on peut porter ſi l'on veut une amarre ſur les Piliers. Il ne faut pas s'approcher de la Côte du Nord, à cauſe que le fond manque tout-à-coup, & qu'il y a quelques Roches tout du long: de même le long de la Ville du côté de la Mer, il y a bien des Rochers à fleur d'eau & ſous l'eau. La Mer y fait un gros reſſac des Vents du large.

Au deſſus de la Ville de Pouſſol, environ un mille, il y a une grande Montagne qui brûle continuellement; & qu'on appelle la Souffriére de Pouſſol, parce qu'on y trouve beaucoup de ſoufre. De Pouſſol à l'Iſle Miſita il y a quatre milles vers le Sud-Eſt; & entre deux on voit un grand enfoncement & une grande Plage de Sable, où l'on pourroit mouiller dans un beſoin, avec les Vents à terre; mais il ne faudroit pas s'y laiſſer ſurprendre de ceux du large. Toute la Côte depuis Pouſſol juſqu'au commencement de cette Plage eſt remplie d'Ecueils, hors de l'eau & ſous l'eau. On ne peut en approcher. Dans le fond de cette Plage, il y a une très-belle Plaine, où ſont pluſieurs Bains antiques.

POUTEOUATÉMIS, Peuples de l'Amérique Septentrionale, dans la Nouvelle France, au Nord de la Baye des Puants & du Lac des Ilinois. Ils ſont Alliez des François & une partie des Outaouacs & des Hurons ſe ſont retirez chez eux. Ils ont été reconnus, par le Sr. Perrot. Ces Peuples, quoique ſauvages ſont bienfaiſans, careſſans & généreux. Ils ont beaucoup d'eſprit, ſont grands parleurs, de bon ſens & de bon conſeil. Ils recherchent l'eſtime des Etrangers & n'ont rien à eux. Ils ſe ſont partagez en pluſieurs endroits au bord de la Baye des Puants & du Lac des Ilinois, afin de pouvoir rendre ſervice à un plus grand nombre de perſonnes. C'eſt chez eux que ſe portent les Marchandiſes que les Outaouacs traitent avec les François.

POUTROU, Abbaye de France, dans l'Anjou. Elle eſt de l'Ordre de Cîteaux & de la Filiation de Leuroux. Sa fondation eſt rapportée à l'an 1134. Il y a neuf Religieux qui avec l'Abbé n'ont que quatre mille Livres de rente.

POUY, Abbaye de France dans la Champagne au Diocèſe de Sens. C'eſt un des premiers lieux qu'Abelard habita dans ſa retraite. Il y fit bâtir une Chapelle & une Maiſon dont on trouva divers veſtiges en 1720. dans les terres qui appartiennent encore aujourd'hui à l'Abbaye du Paraclet; mais ayant eu des difficultez avec l'Archevêque de Sens il fut obligé de quitter cet endroit. C'étoit autrefois un Bourg conſidérable, que les guerres civiles & les incendies ont en partie ruïné.

POWHATAN. Voyez PAWHATAN.

POWYS, C'eſt le nom d'un des trois Royaumes qui furent établis dans le Pays de Galles [a], lorſque Rodrigue Roi de Galles diviſa ſes Etats entre ſes trois fils. Le Royaume de Powys échut à Mervin le plus jeune des trois freres. Ce Pays comprenoit les Provinces de Mont-Gomery & de Radnor, avec partie de celles de Denbigh & de Flint, & tout le Shropshire, au delà de la Saverne, avec la Ville de Shrewshury. Ce Royaume relevoit de la partie Septentrionale de Galles qui avoit été le Partage de l'Aîné.

[a] Etat préſent de la Gr. Br. t. 1. p. 147.

POY-DARRIEUX, Bourg de France, dans le Bas Armagnac, Election d'Aſtarac.

POY-DE-MONSOE, Montagne de France, la plus haute de toute la Guïenne, ſelon Mr. Corneille [b] qui cite je ne ſai quel Atlas. Il ajoute: On la découvre quelquefois de Langen, qui en eſt éloignée de quatorze lieues de Gaſcogne. Cette Montagne eſt de forme ronde & couverte en ſon ſommet de pluſieurs Arbres, qui forment la figure d'une Couronne. Les doubles remparts que l'on y voit font connoître que ce lieu a ſervi autrefois de Campement.

[b] Dict.

POYANCE (la Baye de), ſur la Côte de l'Iſle de Majorque [c]. Elle eſt entre le Cap d'Alcudy & le Cap Fromentel. On lui donne ſix à ſept milles de largeur & huit à neuf de profondeur. Les Galéres & les Vaiſſeaux de guerre peuvent fort bien y mouiller & l'on y peut arriver de nuit ſans aucun danger. Du côté du Nord de la Baye, il y a une pointe un peu avancée en Mer; ſur cette pointe eſt une Tour hexagone, armée de trois à quatre pièces de Canon; & au-deſſus vers la Montagne eſt une autre Tour plus petite & ronde. Le mouillage ordinaire principalement pour les Galéres eſt de l'autre bord de cette pointe, par trois, quatre, ou cinq braſſes d'eau, fond d'herbe vazeux & où il ſe trouve quantité de grandes Nacres. On porte, ſi l'on veut, une amarre à terre ſur cette pointe, qui met à couvert des Vents d'Eſt & de Sud-Eſt; de ſorte que pour peu qu'on en ſoit proche on eſt auſſi à couvert de la Mer & des Vents du large. A l'égard des Vaiſſeaux ils mouillent un peu plus au large au dedans de la pointe, à la portée du Pierrier de la Côte, par ſept à huit braſſes d'eau, même fond. Du côté du Sud de la Baye, on

[c] Michelot, Port. de la Médit. p. 31.

on voit la Ville d'Alcudy, dans un bas terrain entre deux montagnes; & dans le fond de la Baye vers l'Ouest où l'on mouille, on voit la petite Ville de Poyance située sur une éminence, éloignée de la Mer d'environ une demi-lieue. Proche de la Mer, vis-à-vis de cette Ville, il y a quelques Arbres & quelques Jardins, avec des *Pouseraques* où l'on fait de l'eau; mais elles sont un peu éloignées du bord de la Mer. Le Traversier est le Vent d'Est, qui y donne à plein; mais le Vent qui incommode le plus est le Sud-Sud-Ouest qui vient par dessus la Ville d'Alcudy: comme il vient de l'autre Baye & qu'il passe entre deux Montagnes, il souffle quelquefois violemment. Depuis la pointe de Poyance, où est la Tour jusqu'à la Ville d'Alcudy, en traversant, on voit presque par-tout le fond de la Mer, parce qu'il n'y a dans cet endroit que huit à dix brasses d'eau, & que les Eaux y sont fort claires: le fond est de matte, de vaze & d'herbes. La Latitude est de quarante degrez & la variation de cinq vers le Nord-Ouest.

POYANG, Lac de la Chine [a], dans la partie Septentrionale de la Province de Kiangsi. Il est formé par diverses Riviéres qui s'y jettent, & il se décharge par un large Canal dans le Fleuve de Kiang.

1. POYE, Montagne de la Chine [b] dans la Province de Kiangsi, près de la Ville de Tegan. Elle occupe un espace de trente Stades, & forme comme une espéce de rempart presque tout autour de la Ville de Tegan.

2. POYE, Ville de la Chine [c], dans la Province de Peking, au Département de Paoting seconde Métropole de la Province. Elle est d'un d. 46'. plus Occidentale que Peking, sous les 39. d. 0'. de Latitude Septentrionale.

POZON, Canton de l'Amérique Septentrionale, dans la Province de Popayan. Il est voisin de la Contrée de Paucura [d], baigné d'un côté par la grande Riviére Cauca, & borné de l'autre par les Cantons de Carrapas & de Picara. Le Pays de Pozon abonde en Mines d'or particuliérement près du rivage de la grande Riviére & dans le Territoire même de la Bourgade de Pozon qui donne le nom au Canton. Les Naturels ne différent des Habitans de la Contrée d'Arma, ni en mœurs ni en langage.

POZZEN. Voyez BOLSANO.
POZZUOLO. Voyez POUSSOL.

## P R.

PRAASPA, Ville d'Asie dans la Médie. Dion-Cassius [e] & Étienne le Géographe lui donnent le titre de Ville Royale. C'est la PHRAATA d'Appien [f]. Plutarque écrit PHRAORTUS, & dit que Marc Antoine se rendit maître de cette Ville; & l'on croit que c'est la même qui est nommée PHARASPA par Ptolomée [g].

PRABIOTÆ, Peuples de l'Inde en deçà du Gange, selon Ptolomée [h], qui les place à l'Orient de ce Fleuve. Le Manuscrit de la Bibliothéque Palatine au lieu de Prabiotœ porte PARAPIOTÆ; & Ortelius [i], je ne sai sur quel fondement fait de *Parapiotæ* une Fontaine de l'Inde. Il cite cependant Ptolomée dont voici le passage: *a parte Orientali Fluvii tenent Prabiotæ, in quibus sunt Rhamnæ*. Ces Peuples possedoient quatre Villes, savoir:

*Cognabanda,*      *Osta,*
*Ozoabis,*         *Cosa,*

PRACA, Ville de la Cilicie: Ortelius [k] qui cite Nicétas dit qu'elle étoit voisine de Séleucie.

PRACIÆ, ou PRACES, Peuples qu'Etienne le Géographe semble mettre dans la Laconie.

PRACNUS, Ville de l'Illyrie selon Etienne le Géographe.

PRACTIUM, ou PRACTIUS, Fleuve d'Asie dans la Troade. Strabon [l] dit qu'il couloit entre *Abydus* & *Lampsacus*. Homére parle de ce Fleuve vers la fin du second Livre de l'Iliade.

PRADAS, petite Ville d'Espagne dans la Viguerie de Monblan, sur une petite Riviére qui se jette dans l'Ebre [m]. Elle est la Capitale d'un Comté, & tous les ans il s'y tient une grande Foire.

PRADELLES, petite Ville de France, dans le Bas-Languedoc au Vivarais, sur un Rocher assez près des sources de l'Allier, à cinq lieues du Puy. Le terroir des environs de cette Ville est fort propre pour élever du Bétail.

PRADES, petite Ville de France dans le Roussillon [n], sur la Tet, dans une Plaine, & dans une situation riante. La Ville est jolie & plus longue que large. Elle dépend pour la Seigneurie de l'Abbaye de la Grace. Hors des murs est un Couvent de Capucins fort joli; & l'Abbaye de Saint Michel de Coxa en est à un quart de lieue vers le Canigou.

PRÆCAUSENSIS, Siège Episcopal d'Afrique, dans la Byfacene, selon la Notice des Evéchez d'Afrique, où Adeodatus est qualifié Episcopus Præcausensis. C'est peut-être PRÆCISU, Ville voisine de la petite Leptis.

PRÆCUTHANI. Voyez PRÆTUTIANA.

☞ PRÆDIUM, Mot Latin qui signifie un Héritage, un Fonds de terre, un Domaine, un Bien que l'on faisoit valoir par la main des Esclaves. Il y en avoit dans les Villes aussi-bien qu'à la Campagne. Quelques-uns veulent cependant que *Prædium* désignât les fonds que l'on avoit dans la Ville & que *Fundus* signifiât ceux de la Campagne. L'Ecriture a usé de ce mot. St. Marc [o] dit: *Et veniunt in Prædium cui nomen Gethsemani.* On lit dans St. Jean [p] que la Ville de *Sichar* étoit: *juxta Prædium quod dedit Jacob Joseph filio suo*; Dans les Actes des Apôtres [q] on lit que dans l'endroit où aborda St. Paul dans l'Isle de Malthe il y avoit des Terres qui appartenoient à un Seigneur de l'Isle nommé Publius: *erant Prædia Principis*

470 PRA. PRA.

*cipis Infulæ nomine Publii*. Le mot *Prædium* répond au χώριον, ou au κτῆμα des Grecs. C'eſt proprement, dit le Pere Lubin. une Maiſon avec des Terres. On l'appelle un Héritage parce qu'on la poſſede communément par droit d'hérédité. On la nomme diverſement dans les Provinces. Quelques-uns l'appellent *Domaine*, d'autres *Ferme*, *Métairie*, *Borderie*, *Gaignage*, *Clauſerie* & autres. C'eſt ce qu'on nomme en Italien *Poſſeſſione*, *Heredità*, ou *Vinea*: En Eſpagnol *Heredad*, *Alcaria* ou *Alqueria*, *Cenſa*, *Quinta*, *Arrendiamento*: En Allemand *Erbgat*: En Anglois *à Poſſeſſion*. PRÆDIOLUM eſt le diminutif pour ſignifier que l'Héritage eſt petit ou de peu de valeur.

PRÆDONES. Strabon dit qu'on donnoit ce nom aux Peuples BESSI à cauſe de leurs brigandages. Voyez BESSI.

PRÆFECTURA-MESOPOTAMIÆ. C'eſt ainſi que Pline [a] appelle l'Oſroëne. [a Lib. 5. c. 12.]

PRÆGUTTII, Peuples d'Italie, ſelon Ptolomée [b]: il dit qu'ils étoient plus à l'Orient que les *Marſi*, & plus à l'Occident que les *Veſtini*. Il leur donne deux Villes, ſavoir: [b Lib. 3. c. 1.]

*Beretra & Interamnia*.

Ce ſont les PRÆGUTIANI de Tite Live. Voyez PRÆTUTIANA.

PRÆLABUM, Lieu d'entrepôt dans la Valachie, ſelon Ortelius [c] qui cite Calchondyle [d], & ſoupçonne que ce pourroit être la même choſe que PRILLAPUM. Voyez ce mot. [c Theſaur. d Lib. 20.]

PRÆMIACUM, Lieu de France, dans le Territoire de Bourdeaux [e], ſur la Garonne, ſelon Fortunat [f]. On le nomme aujourd'hui PREUGNAC, ſelon Elie Vinet, dans ſon Diſcours de l'Antiquité de Bourdeaux. [e Ibid. f Lib. 1.]

PRÆMONSTRATUM, ou PRATUM-MONSTRATUM. Voyez PRE MONTRÉ.

PRÆNESTÆ, ou PRÆNESTE, Ville d'Italie, aux confins des Eques. Elle étoit bâtie ſur une Montagne; ce qui fait qu'elle eſt appellée par Virgile [g] *Altum Præneſte*, & par Horace [h] *Frigidum Præneſte*. PALESTRINE, qui a ſuccédé à PRÆNESTE, eſt bâtie au pied de la Montagne. Voyez PALESTRINE. L'Ancienne Ville étoit une Place forte par ſa ſituation & par les murailles que l'Art y avoit ajoutées; & c'étoit ſelon Strabon [i] la retraite de ceux qui avoient tramé quelque choſe contre la République. Les Habitans ſont nommez PRÆNESTINI par Tite-Live [k] & par Pline [l]. Ce dernier ajoute qu'autrefois la Ville de Præneſte avoit été appellée STÉPHANE; & en Grec Πολυϛέφανον, comme écrit Strabon [m]. [g Æneid. lib. 7. v. 682. h Lib. 3. Od. 4. i Lib. 5. k Lib. 6. c. 29. l Lib. 3. c. 5. m Lib. 5.]

PRÆNESTINA-VIA, Route d'Italie, ſelon Capitolin [n]. Elle conduiſoit de Rome à la Ville de Præneſte qui lui donnoit ſon nom. [n In Gardiano.]

PRÆNETUM [o], Ville de Bithynie, ſelon Cédrène: Xylander ſon Interprète écrit PRONETUM, & Socrate [p] PRENETUM. Les Conſtitutions des Empereurs d'Orient mettent Πραινητον au voiſinage de Nicomédie. [o Ortelii Theſaur. p Lib. 6. c. 14.]

PRÆPENISSUS, Ville de la Grande Phrygie, dans les terres, entre Alydda & Pergamus, ſelon Ptolomée [q]. Le MS. de la Bibliothéque Palatine porte PERPENISSUS. Ortelius [r] remarque que Tzetzès écrit *Prepeneſſus*, quoiqu'il diſe dans cet endroit qu'il occupe Ptolomée. [q Lib. 5. c. 2. r Theſaur.]

PRÆPESINTHUS, Iſle de la Mer Egée & l'une des Cyclades, ſelon Pline [s]. Strabon [t] écrit PREPESINTHUS. On la nomme aujourd'hui *Arzentara*, ſelon Niger; mais le Pere Hardouin dit que le nom moderne eſt *Fermina*. [s Lib. 4. c. 12. t Lib. 10. p. 485.]

PRÆPETEM PORTUM: Aulu-Gelle qui cite Q. Ennius, nomme ainſi un Port d'Italie, au voiſinage de *Brindiſi*.

PRÆSENTIA, Ville d'Egypte, ſelon la Notice des Dignitez de l'Empire [u]. [u Sect. 20.]

PRÆSIDÆ. Voyez PRÆSTI.

1. PRÆSIDIUM, Mot Latin qui ſe prend en général pour tout ce que l'on met au devant de quelque choſe pour la conſerver. On l'a employé dans les Itinéraires Romains pour déſigner certains Lieux hors des Camps militaires, & dans leſquels on tenoit un certain nombre d'hommes en Garniſon, pour rendre le Pays plus aſſuré contre tous événemens. C'eſt ce que nous apprend Varron [x]: *Præſidium eſt dictum, quia extra Caſtra præſidebant in loco aliquo, quo tutior Regio eſſet*; & dans ce ſens PRÆSIDIUM ſignifie moins une Place forte, que les gens de guerre établis dans un Lieu pour le défendre. On s'en eſt ſervi néanmoins pour déſigner les Places fortes, où les Romains mettoient des Garniſons ſoit pour la défenſe du Pays contre les inſultes des Ennemis, ſoit pour prévenir les révoltes des Habitans. Auſſi avoit-on pour Maxime de mettre des Troupes étrangéres dans les Provinces conquiſes, afin de les empêcher par la diverſité des mœurs & du langage de ménager des intelligences avec ceux du pays & de faire des projets de ſoulévement. [x Lib. 4 de Ling-Lat.]

Ces Places fortes étoient de deux ſortes. Les unes étoient bâties exprès par les Romains [y], & ne différoient en rien des Châteaux où il y avoit du monde pour les défendre. C'eſt pour cela que Florus ſe ſert indifféremment des mots *Caſtella*, *Cuſtodiæ*, *Præſidia*, quand, parlant de ces ſortes de Places que Druſus fit bâtir ſur les bords de la Meuſe, du Rhin & des autres Fleuves voiſins, il dit [z]: *In tutelam Provinciarum Præſidia atque Cuſtodias ubique diſpoſuit per Moſam flumen per Albim per Viſurgim. Nam per Rheni quidem ripam quinquaginta amplius Caſtella direxit*. C'eſt de même genre de Forterèſſe que le Rhéteur Eumenius entend parler quand il dit [a]: *Nam quid ego Alarum & Cohortium Caſtra percenſeam, toto Rheni, Iſtri & Euphratis limite reſtituta*. Ces deux témoignages nous apprennent encore que ces Forts ou Châteaux bâtis exprès étoient, ordinairement ſituez ſur les Rives des grands Fleuves qui ſervoient de limites à l'Empire, comme étoient le Rhin, le Danube & l'Euphrate. Les autres Places fortes n'étoient pas bâties exprès. C'étoient des Villes que l'on choiſiſſoit pour y mettre une Garniſon, parce [y Bergier, Hiſt. des Grands Chemins, p. 628. z Lib. 4. c. Ult. a Orat. pro Scholis inſtaurandis.]

ce que leur situation & leurs murailles les rendoient propres pour la défense du Pays. De cette espèce étoit une Ville d'Egypte nommée Hydreumavetus, ou Troglo- [a] Lib. 6. c. dyticum, & dans laquelle Pline [a] dit que 23. *Præsidium excubabat*. C'est de l'une ou de l'autre de ces sortes de Garnisons que quelques Places dans l'Itinéraire d'Anto- nin & dans la Carte de Peutinger on été surnommées du mot *Præsidium* ; comme Bellene - Præsidium & Tamaricetum- Præsidium. Quelquefois même le nom de *Præsidium* se trouve seul sans qu'aucun autre le précede ni le suive.

2. PRÆSIDIUM, Lieu de l'Isle de Corse. L'Itinéraire d'Antonin le met sur la route de *Marianæ* à *Platæ*, entre *Ale- ria* & *Portus-Favoni*, à vingt milles de la premiére de ces Places & à trente milles de la seconde.

3. PRÆSIDIUM, Ville d'Espagne, se- lon l'Itinéraire d'Antonin qui la place, sur la route de *Bracara* à *Asturica*, entre *Sala- cia* & *Caladunum*, à vingt-six milles de la premiére & à égale distance de la se- conde.

4. PRÆSIDIUM, Ville d'Espagne, sur la route de l'Embouchure du Fleuve *Ana* à *Emerita*, à vingt-trois milles de l'Em- bouchure de ce Fleuve & à vingt-sept mil- les du Lieu nommé Ad Rubras.

5. PRÆSIDIUM, Lieu de la Maurita-
[b] De l'Isle, nie Césariense [b], assez prés des confins Atlas. de la Mauritanie Sitifense, au Midi du Mont Atlas. C'est à peu près la position que lui donne la Table de Peutinger.

6. PRÆSIDIUM, Lieu de la Grande- Bretagne, selon la Notice des Dignitez
[c] Sect. 63. de l'Empire [c]. Camden [d] veut que ce soit
[d] Britanniæ aujourd'hui la Ville de Warwicke.
Descr. p. 245.
[e] Sect. 21. 7. PRÆSIDIUM, La Notice des Di- gnitez de l'Empire [e] met un Lieu de ce nom dans la Palestine.

PRÆSII, Peuples de l'Isle de Créte,
[f] Thesaur. selon Ortelius [f] qui cite Athénée, & soup- çonne que ce sont les Habitans de la Ville Præsus. Voyez Præsus.

PRÆSTI. Quinte-Curse nomme ainsi
[g] Ibid. un Peuple de l'Inde. Ortelius [g] croit que
[h] Lib. 3. c. ce nom est corrompu dans Orose [h] qui 19. écrit Præsidæ, au lieu de Præsti.

PRÆSUS, Ville de l'Isle de Créte, selon
[i] Lib. 10. Etienne le Géographe: Strabon [i] qui écrit p. 475. Prasum, dit que c'étoit une Ville des Eteocretes.

PRÆTETIA, Etienne le Géographe, met une Contrée de ce nom au voisinage de la Mer Adriatique. Peut-être , dit
[k] Thesaur. Ortelius [k], est-ce la même que Prætu- tiana. Voyez ce mot.

PRÆTORIA, Village de Sicile, pro-
[l] Ibid. che d'Agrigente [l]: Siméon le Métaphras- te parle de ce Village dans la Vie de St. Grégoire d'Agrigente.

PRÆTORIA-AUGUSTA, Ville de la
[m] Lib. 3. c. Dace: Ptolomée [m] la place entre *Salinæ* & 8. *Sandana*.

PRÆTORIADES, Ville de Cilicie,
[n] Thesaur. selon Ortelius [n], qui cité Siméon le Méta- phraste dans la Vie de Sainte Dule Marty- re de Nicomédie.

☞ 1. PRÆTORIUM, mot Latin qui signifie le Lieu où le Préteur rendoit la justice. Il ne fut d'abord en usage que pour la Ville de Rome; mais comme dans la suite on créa des Préteurs pour chaque Province conquise pour y rendre la justi- ce, il y eut alors autant de Prétoires. Par ce mot *Prætorium* on entendoit non seu- lement le Lieu du Tribunal, mais aussi le Palais du Préteur ; c'est-à-dire le Lieu de la résidence du Préteur, soit aux Champs, soit à la Ville: leurs Tentes meme ou Pa- villons au milieu de la Campagne ont été nommez Præsidia. Il arrivoit quelque- fois que dans les Camps durables appellez *Stativa*, ces Pavillons étoient bâtis de ma- çonnerie, & subsistoient après que le Camp avoit changé de place, ce qui fai- soit qu'ils conservoient le nom de Prétoi- re. C'est de là que l'on trouve divers Lieux, appellez de ce nom, quoiqu'il n'y eût plus ni Préteur, ni Ville, ni Villages, ni Ha- bitans.

2. PRÆTORIUM, Lieu d'Angleterre: L'Itinéraire d'Antonin le donne pour le terme de sa première route, qui part du *Vallum*, ou Retranchement. Il le met à vingt-cinq milles de *Delgovitia* ; & selon le nombre des milles, ce lieu devoit être sur la Côte, dans l'endroit où est aujour- d'hui *Patrington*, selon Mr. Gale [o]. [o] Anton. Iter. Brit.

3. PRÆTORIUM, Ville de la Panno- nie Supérieure: Ptolomée [p] qui l'éloigne du [p] Lib. 2. c. Danube la place entre *Visontium* & *Ma- gniana*. C'est la même Ville qu'Antonin [q] 15. nomme Prætorium-Latum-Vicorum. La- [q] Itiner. zius veut que le nom moderne soit *La- kium*; mais Molet dit que c'est *Prida- nisch*.

4. PRÆTORIUM, Ville que l'Itiné- raire d'Antonin met au voisinage de l'Ar- ménie Mineure. Elle étoit sur la route de Césarée à *Anazarbus*, entre *Badimum* & *Flaviada*, à vingt-deux milles de la pre- miére & à égale distance de la seconde.

5. PRÆTORIUM, Lieu de la Dal- matie, selon l'Itinéraire d'Antonin, qui la place sur la route du Golphe de Libur- nie à *Jader*, entre *Aransa* & *Tragurium*, à trente milles du premier de ces Lieux & à seize milles du second.

6. PRÆTORIUM, Ville d'Espagne: l'Itinéraire d'Antonin la place sur la route de Carthage à *Spartaria*, entre *Secerræ* & Barcelone, à quinze milles de la pre- miére & à dix-sept milles de la seconde.

PRÆTUTIANA-REGIO, ou Prætu- tianus-Ager, Contrée d'Italie, voisine du *Picenum* du côté de l'Orient. Tite-Li- ve [r] & Pline [s] parlent de cette Contrée. [r] Lib. 22. Voyez l'Article suivant. [s] Lib. 3. c. 13.

PRÆTUTII, Peuples d'Italie. Ils ha- bitoient à l'Orient des Marses, selon Pto- lomée qui leur donne deux Villes. Ce sont les Habitans de la Contrée appellée *Prætutiana Regio*. Quelques Exemplaires portent Prægutii. Voyez ce mot. C'est de ces Peuples que parle Silius Italicus [t] [t] Lib. 15. dans ces vers: v. 588.

*Tum qua vitiferos domitat Prætutia pubes
Lata laboris agros.*

PRAGA, ou Prague, petit Village de la Grande Pologne, dans la Mafovie, fur la Rive droite de la Viſtule, vis-à-vis de Varſovie. Il eſt renommé par la Victoire que Charles-Guſtave Roi de Suéde y remporta fur les Polonois en 1656. La bataille dura trois jours.

PRAGOCA, Montagne de Phénicie, felon Mr. Baudrand [a], qui dans l'Edition de 1705. écrit Pragosa. Il ajoute que cette Montagne avance un Cap dans la Mer Méditerranée. C'eſt le Promontoire Lithoprosopos des Anciens. Voyez Lithoprosopos.

[a] Ed. 1682.

PRAGUE, ou Prag, Ville Capitale du Royaume de Bohême, dans le Cercle auquel elle donne le nom, fur la Mulde. Elle eſt ſituée à peu près comme la Ville de Lyon [b] en France; c'eſt-à-dire en partie fur une Montagne & en partie dans la Plaine, qui eſt pourtant enfermée par d'autres Montagnes, qui font de l'autre côté de la Riviére de Mulde. Cette Riviére paſſe entre ces Montagnes qui font aſſez hautes. On ne voit la Ville de Prague que quand on eſt bien près [c]; & du moment que l'on commence à la voir, il ſe préſente aux yeux un agréable mélange de Maiſons, de Jardins & de Champs renfermez dans la Plaine ou dans le Vallon, qui paroît de figure Ovale. La Ville eſt non ſeulement la plus grande du Royaume mais encore de toute l'Allemagne. Ce font proprement trois grandes Villes jointes enſemble. On y diſtingue la Vieille-Ville, la Ville-Neuve, & les endroits ou Quartiers ſituez à côté. Quelques-uns même comptent juſqu'à ſept Villes; parce qu'entre les parties les plus conſidérables de la Ville, on voit des ſéparations aſſez grandes pour donner à chacune d'elles le nom de Ville. Les deux principales parties font la Vieille-Ville, autrement la Ville-Haute, & la Nouvelle-Ville, ou la Ville-Baſſe. Elles font jointes par un aſſez long Pont, qui a treize grands pas de large, & ſix cens ſoixante pas de long. La Ville haute renferme l'ancienne Réſidence des Rois de Bohême & l'Egliſe Cathédrale. Cette Réſidence des Rois eſt aujourd'hui le Palais de l'Empereur. C'eſt un vaſte Bâtiment, ſitué ſur le haut de la Montagne, dans un bel aſpect, ayant vue ſur toute la Ville qui eſt au pied. On y tient encore aujourd'hui les Aſſemblées de Ville & les Conſeils. Mais ce grand Logement eſt deſert pour la plus grande partie. Le Gouverneur ou Viceroi qui l'habite n'en occupe qu'une petite portion: Le reſte ſert ſeulement quand l'Empereur eſt à Prague; ce qui arrive bien rarement. L'Architecture & les Ornemens de ce Palais n'ont rien que de Royal [d]. On voit au dedans les plus belles peintures du monde. Du tems que Charles Patin y paſſa, il y avoit plus de cinquante Tableaux du Titien; une petite chambre pleine d'Ouvrages de Raphael & quatre ou cinq grandes chambres pleines de Tableaux des premiers Maîtres. On regrettoit les Livres & les Médailles. La guerre n'épargne rien; & ce qu'on n'avoit pas oſé tenter à force ouverte, a été exécuté par la trahiſon d'un Particulier qui en enrichit le Général Konigsmarck, qui, à ce qu'on dit, en donna une partie à la Reine Chriſtine, & fit porter le reſte dans un Château qu'il avoit du côté de Brême. Il y a dans ce Palais deux grandes Cours principales, ou pour mieux dire deux Places, dont l'une eſt environnée de Maiſons qu'occupent divers Artiſans, & l'autre de deux grands Palais & de deux Egliſes. L'un de ces Palais eſt celui où demeure l'Archevêque & la juſtice eſt rendue dans l'autre. Quant aux Egliſes l'une eſt la Métropolitaine & l'autre une ancienne Abbaye de Filles, dont l'Abbeſſe avoit une Autorité Souveraine. Cette Place a pour dernier ornement une Fontaine, au milieu de laquelle s'éleve un St. George de bronze, qui de deſſus ſon Cheval terraſſe un Dragon. C'eſt une Piéce des plus remarquables du Palais Royal. Ce Palais a deux milles.

[b] Moncenis, Voy. d'Allemagne t. 3. p. 115.

[c] Remarques Hiſt. & Critq. d'un Voy. fait en 1704.

[d] Charles Patin. Voy. p. 222.

Le Dome de l'Egliſe Cathédrale [e] eſt un Bâtiment à l'antique, avec des ornemens au dehors ſelon le génie de l'Architecture Gothique, qui a regné ſi long-tems en Europe. Il ne paroît pas être achevé: le deſſein ſur lequel on le voit bâti ſuppoſe un Edifice beaucoup plus grand. Le dedans eſt aſſez bien orné. Les Autels font riches; le Chœur des Chanoines eſt garni de belles Tapiſſeries; & tout y eſt d'une propreté extraordinaire. On y remarque le Tombeau de St. Jean Nepomucène, Prêtre Bénéficier de cette Egliſe. Comme il étoit Confeſſeur de la Reine femme du Roi Wenceſlas ſurnommé le Brutal, ce Prince le fit jetter du Pont dans le Fleuve de la Mulde, parce qu'il n'avoit pas voulu lui révéler la prétendue infidélité de la Reine. Ce Tombeau eſt au côté droit du Chœur, & à chaque bout, ſavoir à la tête & aux pieds, il y a deux petits Autels où l'on dit la Meſſe. Ils ſont renfermez d'un treillis ou baluſtrade de fer doré, qui ſépare le Célébrant de la foule du Peuple qui eſt grande à ce Tombeau. Il y a dans cette Egliſe quantité de Tombeaux de perſonnes qualifiées, les uns plus ornez les autres moins. Le plus magnifique eſt celui du Roi Charles IV. & de ſa femme: ils y ſont repréſentez en relief, & le Tombeau eſt ſurmonté d'un Baldaquin, ſoutenu de Colonnes de marbre; le tout entouré d'une Baluſtrade au travers de laquelle on découvre tous les autres ornemens. Les voutes de l'Egliſe ſont chargées d'Etendarts pris à la Bataille dans laquelle Friderric Electeur Palatin perdit la Couronne de Bohême que les Etats du Royaume lui avoient déférée. On dit que Saint Vinceſlas Duc de Bohême & Patron de Prague fit bâtir cette Egliſe qui eſt conſacrée à St. Vaire, dont le Tombeau ſe voit derrière le Chœur. Celui de Ferdinand I. de l'Impératrice ſa femme & de Maximilien II. qui repoſent tous trois ſous un même Monument, ſont au milieu de la Nef. Celui de St. Vinceſlas eſt dans la première Chapelle à main droite lorſqu'on entre dans l'Egliſe. C'eſt dans cette Cha-

[e] Remarques Hiſt. & Crit. pag. 128.

Chapelle qu'on couronne les Rois de Bohême. Charles IV. la fit bâtir & orner de plusieurs sortes de pierres fines de différentes couleurs, dont elle est comme tapissée.

La Nouvelle Ville est encore plus grande que la Vieille [a]. Il est vrai qu'il y a de grands Jardins en certains endroits & même des vignes & des terres labourables. Mais cette Ville n'en est pas moins belle. Toutes les Rues sont larges & droites, la plûpart bâties de Palais & de grandes maisons à la moderne. La Rue du Marché est la plus considérable, étant dans toute sa longueur comme une grande Place où le Marché se tient tous les jours. La Maison de Ville qui est près d'une grande Place attire les regards des Curieux, aussi-bien que l'Eglise de Sainte Catherine & le Collége des Jésuites L'Eglise de Ste. Catherine est dans la Rue qui s'étend le long de la Riviére, où est le Quartier de la Ville Neuve le plus habité. Elle est grande & estimée principalement à cause de ses Chapelles qui sont belles, & très-bien ornées. La Maison des Jésuites est à l'un des bouts de la Ville, & la Place qui y fait face est d'une grandeur proportionnée aux maisons qui l'environnent. Cette Ville Neuve est distinguée de la Vieille par ses anciennes murailles, dont on a abattu une partie & rempli les fossez pour y bâtir des Maisons. Il y a une grande Rue qui borde ces vieilles murailles, dont on voit encore plusieurs portes, principalement dans les endroits où sont les Magasins faits en façon de grandes Halles couvertes. C'est-là que beaucoup de Marchands se tiennent. Les Juifs y ont aussi leur Quartier. Ils sont en bien plus grand nombre à Prague qu'en aucune Ville d'Allemagne. Ces Magasins sont sous des Portiques, autour d'une grande Place, & il y en a d'autres sous un grand toit long au moins de cinq cens pas. Les Carmes ont leur Maison près de ces Magasins. Les Cloîtres en sont fort beaux; & ils ont une Chapelle de la Vierge, très-bien parée. Mais ce qui surpasse tout dans cette Ville, c'est la grande Place, où est la Maison de Ville; Bâtiment superbe pour l'étendue de ses chambres & de ses appartemens. On y voit de belles Peintures, qui représentent les Empereurs & les Rois de Bohême. Il y a plusieurs de ces Princes qui ont leurs figures placées contre la façade de ce grand Palais. On y voit aussi une Tour d'Horloge de divers mouvemens comme celle de St. Jean de Lion. Ses Bas-reliefs ne contribuent pas peu à son ornement & à la faire paroître le Chef-d'œuvre de cette grande Place, qui est d'ailleurs ornée d'une grande Colonne de pierre, avec une Statue de la Vierge de bronze doré, & de quatre Anges tenant quatre Démons enferrez aux quatre coins. Assez proche de cette Colonne on voit un grand Bassin de Fontaine. Il est à douze faces, d'une pierre rouge qui de loin paroît Porphire; mais qui de près n'est pas seulement un Marbre passable. Les douze Signes sont gravez autour; il y a une figure au milieu sur un piédestal. Entre les grands Edifices dont cette Place est ornée, l'Eglise de Notre-Dame est un des plus considérables. Elle a deux Clochers fort élevez; & son Maître-Autel est d'une menuiserie toute dorée enrichie de plusieurs figures. L'Eglise de St. Jacques, desservie par les Cordeliers est tout près, & remarquable par la grandeur de son Bâtiment, par la hauteur de sa Tour, par la beauté de son Maître-Autel & par sa Chapelle de Notre-Dame, ornée de deux belles Colonnes & d'un Cadre fait ainsi que les Colonnes d'un Cristal de roche taillé en pointes de Diamant, le tout élevé au dessus de l'Autel, au milieu duquel on voit la figure de la Vierge. Il y a diverses autres Eglises, Maisons Religieuses & Couvens. Les Jésuites seuls en ont trois, & elles ne sont pas desertes puis qu'on prétend que ces Peres y sont au nombre de deux mille.

Il y a un fort beau Pont sur la Mulde [b], qui sépare la Ville. A chaque bout il y a des Portes comme pour entrer dans des Villes séparées. Sur le Pont on trouve deux Chapelles, l'une dans l'endroit d'où l'on précipita le Bienheureux Népomucène, dont le corps fut trouvé dans l'eau à la faveur d'une lumiére, qui brilloit dans cet endroit-là & formoit comme un cercle d'Etoiles. L'Autre Chapelle vis-à-vis est dédiée à St. Vinceslas Duc ou Roi de Bohême. On remarque encore sur ce Pont un très-beau & très-grand Crucifix jetté en bronze.

La troisième Ville nommée la Petite n'est habitée que par les Juifs. Ils y sont en grand nombre & par conséquent la plûpart très-misérables. Les occasions de gain sont rares, à cause du peu de commerce qui se fait. La nécessité les oblige de se fourrer par-tout, jusqu'à incommoder les gens: ils obsédent sur-tout les Etrangers dans les Auberges, & cherchent à leur rendre toutes sortes de services. On s'apperçoit aisément que le défaut de commerce empêche les Chrétiens comme les Juifs d'être à leur aise. Si Prague peut passer pour une belle Ville par rapport à ses Eglises, à ses Palais, à ses Places & à ses Rues, il y a bien de la misére & de la gueuserie dans les Familles: les Boutiques des Marchands sont si pauvres que la Ville ne paroît pas agréable. On diroit d'ailleurs que les Habitans ont tellement mis tout leur bien à se bâtir des demeures logéables, qu'ils n'ont pas gardé dequoi la faire netoyer, tant les Places & les Rues sont sales.

Les femmes de Prague [c] portent des bonnets fourrez à la Grecque, & des Manteaux sur les épaules. Ces Manteaux sont longs comme ceux des hommes, & à grands Collets. Les uns sont de Satin doublé de tafetas. Les Jupes sont de même. On trousse le Manteau & la Jupe fort haut de peur des crottes. Les femmes du Peuple ont la tête bandée d'une toile assez large. Les Juifves en ont qui leur entourent le cou & les font paroître des coqs en pâte. Elles portent aussi des

[a] Mémoires divers.
[b] Remarq. Hist. & Crit. p. 130.
[c] Monconis, Voy. d'Alemagne, p. 117.

474 PRA.	PRA.

Justes-au-corps noirs, dont la manche est ouverte, comme le Pourpoint des hommes.

*a* Hubner, Geogr. p. 602.

La Ville de Prague [a] n'est point fortifiée; mais elle a deux bons Châteaux: l'un s'appelle WISSENRAD & l'autre RATSHIN. Il y a aussi une célèbre Université que l'Empereur Charles IV. y fonda en 1347.

Il se débite à Prague des Cristaux qu'on appelle Cristaux de Bohème. On en forme des Pendeloques, des Pierres qu'on enchâsse dans des bagues, des boutons de chemise & divers autres Bijoux. L'éclat de ces Cristaux est assez vif. Les Juifs s'occupent à les travailler & à les mettre en œuvre. Le plus grand usage de ces Cristaux est en Lustres, & en Verres à boire, sur lesquels on grave fort adroitement toutes sortes de figures. On les débite maintenant par toute l'Europe.

Ce fut à un demi mille de Prague, sur la Montagne blanche, que se donna cette célèbre Bataille qui décida en 1620. le différent de la Couronne de Bohème en faveur de l'Empereur Ferdinand II. contre Frédéric V. Electeur Palatin, qui avoit été élu Roi de Bohème par les Etats du Pays.

*b* De l'Isle Atlas.

PRA-SAN-DISIER, Bourgade du Piémont [b], dans le Val d'Aouste, près de l'endroit où les différentes sources de la Doria-Baltea s'assemblent pour couler dans un même lit. Quelques-uns le prennent pour l'ancien *Arebrigum* que l'on met plus communément au Bourg appellé la TUILE, situé dans le voisinage sur la grande route des Romains.

*c* Etat & Délic. de la Suisse, t. 2. p. 285.

PRANGIN, Village de Suisse, au Canton de Berne [c], dans le Bailliage de Nyon, à demi-lieue de la Capitale de ce Bailliage. Prangin est une ancienne Terre Seigneuriale décorée du titre de Baronnie. Ce titre avec les masures qu'on voit autour de ce Village font juger qu'il a été autrefois plus considérable qu'il n'est aujourd'hui; outre qu'il y a quelques Villages qui dépendent de ce lieu entre autres GLAND qui est bâtie comme un Bourg. Le Château de Prangin est bâti à l'antique, dans un endroit fort élevé; de sorte qu'on le voit de fort loin, sur-tout de dessus le Lac. On y a trouvé cette Inscription Romaine:

C. JUL. C. F. VOLT.
SEMATO
II VIRUM ITERUM
FLAMINI AUG.
L. JUL. CAPITO AMICO
OPTIMO.

Prangin est célèbre aujourd'hui par ses bonnes eaux minérales qui sont fort fréquentées tous les Etez.

*d* Thesaur.
*e* Lib. 1.

PRAMNIUM, Montagne ou Rocher, dans l'Isle Icaria, selon Ortelius [d] qui cite Athénée [e]. Il y croissoit une sorte de vin qu'on appelloit *Vin de Pramnium*.

*f* Hist. Græcæ lib. 4.

PRANTES, Montagne de la Thessalie, selon Xénophon [f]; la Traduction Latine porte PAPRANTES.

PRAS, Ville de la Perrhébie: Xénophon [g] & Etienne le Géographe parlent de cette Ville.

*g* Ibid.

PRASIÆ, Bourg de l'Attique dans la Tribu Pandionide. C'étoit un Lieu maritime du côté de l'Eubée, & où il y avoit un Temple d'Apollon. On y envoyoit les Prémices qu'on vouloit consacrer à ce Dieu dans l'Isle de Délos: les Athéniens avoient soin de les y faire transporter. Erysichton revenant de cette Isle mourut à *Prasia*, & on lui fit son tombeau dans ce lieu. Dans une Eglise sur le chemin d'Athènes à Rafty on trouve cette Inscription:

ΟΝΗΤΩΡ
ΠΑΝΑΙΟΥ
ΠΡΑΣΙΕΥΣ

Harpocration parle d'un certain Onétor à qui Demosthène adresse quelques Harangues; & Suidas selon sa coutume copie mot à mot ce qu'en dit Harpocration.

PRASIÆ, Contrée de l'Inde en deçà du Gange: Ptolomée [h] lui donne cinq Villes, qui sont:

*h* Lib. 7. c. 1.

Sambalaca,   Canagora,
Adisdara,   Cindia,
       Sagala.

Ortelius [i] soupçonne que cette Contrée pourroit être la PRASIANA d'Elien.

*i* Thesaur.

PRASIÆ. Voyez PRASIA.

PRASIANA, ou PRASIANE, Contrée de l'Inde, dans laquelle Elien dit que les Singes étoient de la grandeur des Chiens. Quelques Exemplaires portent Praxiana. Selon Pline [k] *Prasiane* étoit une très-grande Isle formée par le Fleuve Indus: sur quoi le Pere Hardouin après avoir remarqué que cette Isle prenoit son nom des Peuples *Prasi* qui l'habitoient, ajoute que c'est cette Contrée que Virgile dans le quatrième Livre des Georgiques [l] appelle l'Egypte verte, *viridum Ægyptum*. Voyez PRASII.

*k* Lib. 6. c. 20.
*l* Vers. 291.

PRASIANE. Voyez PRASIANA.

PRASIAS, Marais de la Thrace, ou de la Péonie. Hérodote [m] dit que ce Marais étoit peu éloigné de la Macédoine, & que tout auprès de ce Marais il y avoit une Mine d'argent.

*m* Lib. 5.
*n* 17.

PRASIDIUM, Ville de la Thrace, selon Ptolomée [n] qui la place dans les terres.

*n* Lib. 3. c. 11.

PRASII, Peuples de l'Inde: Arrien [o] dit que la Ville Palimbotra étoit dans leur Pays, *in Prasiorum terra*; Plutarque [p] écrit *Præsii*, & Diodore de Sicile *Tabræsii*, mais Ortelius [q] croit qu'il faut lire dans ce dernier *Bræsii* pour *Tabræsii*.

*o* In Indic. c. 10.
*p* In Alexand.
*q* Thesaur.

PRASIUS, ou PRASSIUS, Golphe de l'Isle de Taprobane: Ptolomée le place entre *Anubingara* & *Jovis-Extrema*. Les meilleures Editions portent *Prasodes* pour *Prasius*.

1. PRASLON, Paroisse de France dans la Bourgogne, au Diocèse de Langres, dans le Doyenné de Saint-Seine. Elle est située dans un Vallon entre deux Montagnes, & il y passe un petit Ruisseau

feau qui est à sec le quart de l'Eté.

2. PRASLON, Abbaye de France, dans la Bourgogne au Diocèse de Langres, dans la Paroisse qui lui donne son nom. Voyez l'Article précédent. C'est une Abbaye de Filles de l'Ordre de St. Benoît & qui est dédiée à Notre-Dame. Elle fut fondée en 1149. par Guy de Sombernon, à la sollicitation de St. Bernard. L'Abbesse a joint à l'Abbaye le revenu de la Cure de la Paroisse; moyennant quoi elle nourrit & loge le Curé.

PRASOBUS, Montagne entre la Dace & la Pannonie, selon Ortelius [a] qui cite Laonic.

[a] Thesaur.

PRASOVO. Voyez Hæmus.

PRASSÆBI, Nom d'un des Peuples qui habitoient la Thesprotie, selon Etienne le Géographe.

PRASSIA. Voyez Prasia.

PRASSUM, ou Prasum, Promontoire de l'Ethiopie Intérieure, selon Ptolomée [b]. On croit que c'est la Ville de Mozambique.

[b] Lib. 4. c. 9.

PRASTIA, ou Prestan, Port du Péloponnèse dans le Brazzo-di-Maina, avec un Village bâti sur les ruïnes de l'ancienne Thalamæ [c]. Ce misérable Village étoit autrefois renommé, à cause d'un Temple de Pasiphaé & d'un Oracle célèbre. Le long de la Côte qui mene de Prestia à Bytilo, il y a au bord de la Mer une source d'eau excellente, & qui est bien connue des Corsaires. Elle étoit anciennement consacrée à la Lune, & tout auprès étoit le Temple d'Ino, remarquable par un Oracle célèbre, qui découvroit en songe à ceux qui le consultoient les secrets de l'avenir.

[c] La Guilletière, Athènes, anc. & mod pag. 26.

PRASUM, petite Ville de l'Isle de Crète. Strabon [d] dit qu'elle étoit sur la Côte Méridionale, & qu'il y avoit un Temple de Jupiter Dictéen. Meursius [e] prétend que Prasum n'est pas la véritable Orthographe & qu'il faut lire Praïbon Πραιβον.

[d] Lib. 10. p. 475.
[e] Creta, c. 14. pag. 56.

PRATCULANT, petite Ville de France, vers les frontières du Berry & du Beaujolois, selon Mr. Corneille [f]; comme si une Ville aux frontières d'une de ces deux Provinces pouvoit être aux frontières de l'autre. Il parle un peu plus juste quand il dit qu'elle est à une lieue de l'Abbaye de Bussière. Pratculant ou plûtôt Pra-de-Culant [g], est un Lieu situé dans le Berry, Election de St. Amand, à une petite lieue de la Ville de Culand, & à près de deux lieues de l'Abbaye de Bussière.

[f] Dict.
[g] Jaillot, Atlas.

1. PRATA, Ville d'Italie au Royaume de Naples, dans la Principauté Ultérieure selon Mr. Corneille [h] qui fait l'honneur à un méchant Village de lui donner le titre de Ville. Ce Village [i] est situé sur la rive droite du Sabbato, entre Spitaletto & Bénevent, un peu plus près de la première que de la dernière. Mr. Corneille ajoute qu'il y a des Mines d'or & d'argent dans le Territoire de Prata; mais qu'on n'y travaille point à cause du peu de profit qu'on en tireroit.

[h] Dict.
[i] Magin, Carte de la Princip. Ultér.

2. PRATA, ou l'Isle d'Argent [k], pe-

[k] De l'Isle, Atlas.

tite Isle de la Mer des Indes, à 20. d. 40'. de Latitude Septentrionale, sur la route de Manille à Quanton, & environ sous les 130'. d. de Longitnde. Elle est basse & toute environnée de rochers. Plusieurs gros Vaisseaux Espagnols [l] s'y sont perdus, en venant de Manille & avec eux de grands trésors, avec la plus grande partie des Equipages. Les Chinois n'osent y aller chercher ces richesses; crainte de se perdre eux-mêmes; & la même raison empèche les Espagnols d'aller pêcher ces trésors.

[l] Dampier; Voy. autour du Monde. t. 2. p. 81.

PRATES. Voyez Mazula.

PRATITÆ, Peuples d'Asie. Pline [m] dit qu'ils étoient voisins des Cordueni, qu'on les surnommoit Paredoni, qu'ils étoient maîtres des Portes-Caspiennes, & qu'ils habitoient à l'Occident des Parthes.

[m] Lib. 6. c. 15.

PRATO, en Latin Pratum [n], Ville d'Italie dans le Florentin, sur le Bisentio, entre Florence & Pistoie, environ à égale distance de chacune de ces Villes. Elle avoit un Evêché qui a été uni à celui de Pistoie. Prato est une agréable Ville située dans une belle prairie. La Ceinture de la Ste. Vierge est conservée dans l'Eglise du Dôme [o] que bâtit Jean Pisan, qui l'orna de Statues & de Bas-reliefs. Il y a un Pupitre aussi à Bas-reliefs du Donatillo, & de fort belles Peintures des meilleurs Maîtres de leur tems, entre autres d'Ange Gaddi & de Philippe Lippi. Ce dernier qui avoit été Carme travailla beaucoup aux Religieuses de Ste. Marguerite, où il reste encore le Tableau du Maître-Autel. Il en fit aussi deux dans l'Eglise de Saint François. Il étoit aidé dans ses Ouvrages par Frére Diamant aussi Carme & son Confrére.

[n] Magin; Carte du Florentin.
[o] Corn.Dict. fur un Voy. d'Italie.

PRATODINO, ou Petit-Pré', Maison de Plaisance du Grand-Duc de Toscane, en Italie, au Voisinage de Florence. Rien n'est plus agréable ni plus charmant que cette demeure pendant l'Eté; parce qu'on y trouve la fraîcheur du Printems, au milieu des Bosquets, des Fontaines & des Allées couvertes qui y sont en grand nombre & toujours impénétrables aux chaleurs de la plus brûlante Saison. Bernard & François Bontalenti ont été les Architectes de ce superbe Palais, que le Grand-Duc François premier du nom fit commencer dès les fondemens & qu'il acheva & mit dans l'état où on le voit aujourd'hui. Cela est marqué dans une Inscription qui est au milieu de la voûte de la Grand' Sale. Elle contient ces mots:

[p] Labat, Voy. d'Italie. t. 7.p. 241. & suiv.

*Fontibus, vivariis*
*Xistis has ædes Francisus*
*Med. Mag. Dux Ætruria II.*
*Exornavit, hilaritatique*
*Et sui amicorumque suorum*
*Remissioni animi dicavit*
*Anno Domini M. D. LXXV.*

On monte au premier Appartement par des Escaliers doubles découverts qui sont du côté du Nord. Ils se terminent à une Terrasse sur laquelle est la Porte magnifique qui donne entrée dans un vaste Salon à voûte furbaiffée, à côté duquel eft un autre Salon plus petit. Ils font tous deux ornez de Stucs dorez, de Miroirs & de Peintures. C'eft par ces deux pièces qu'on entre dans les différens appartemens dont ce Palais eft compofé. Quelques-uns font ornez de Peintures à fresque qui repréfentent des morceaux d'Architectures: les autres ont des ameublemens très-riches avec des Tableaux de grand prix. On voit dans une Sale une Orgue hydraulique, qui fans avoir befoin de Soufflets, comme les autres pour lui fournir du vent, n'a qu'un robinet par lequel l'eau en fortant produit le même effet, & d'une maniére plus particuliére & plus fûre. Le fecond Etage contient entre autres appartemens un Théatre fpacieux & très-commode pour les Comédies qu'on y repréfente: la diftribution des Chambres des Cabinets, en un mot de tout ce qui peut faire connoître le vafte génie du Prince qui l'a ordonné & l'habileté des Architectes qui ont conduit l'Ouvrage, éclate par-tout & fe fait admirer.

Les dehors du Palais femblent le difputer avec les dedans: à peine peut-on croire ce qu'on voit, quand on confidére la quantité prefque infinie de Fontaines, de cafcades, de napes, de jets & de pièces d'eau qui environnent ce Palais. Ils font répandus avec ordre & fymmétrie dans les Parterres les Boulingrins, en un mot dans tout ce qui compofe ce délicieux Jardin. François de Rieti Florentin en a fait une ample defcription dans la Vie du Grand Duc François. Je n'y ajouterai rien autre chofe finon que les Grands-Ducs Succeffeurs de François n'ont rien changé, détruit ni laiffé détruire tant dans le Palais que dans les Jardins. Ils les ont entretenus avec foin & fe font fait une efpèce de religion de n'y pas faire le moindre changement; tant on a eftimé & refpecté ce qui étoit fait, comme ayant toute la perfection qu'il pouvoit avoir.

On trouve devant la porte du Nord de ce Palais un Boulingrin fpacieux demi-oval fermé par le bas d'un grillage de fer, foutenu de fix pilaftres ornez de rocailles, au bout duquel eft une pièce d'eau de grande étendue plus élevée que le Boulingrin. On y monte prefque fans s'en appercevoir, tant la pente des voutes qui y conduifent eft douce & aifée. Elle font formées ou plutôt ornées d'Arbres touffus entretenus avec foin dans une même hauteur & épaiffeur, accompagnez de Statues, de Vafes, de Pyramides & d'autres embelliffemens diftribuez avec fageffe & d'une manière qu'aucune de ces pièces ne nuit aux autres. Le Mont Apennin fous la figure d'un Géant d'une grandeur extraordinaire eft au haut de cette grande pièce, affis fur un Dragon d'une groffeur énorme qu'il femble pourtant écrafer par fon poids & l'obliger de rendre par fa gueule épouvantable des torrens d'eau qui tombent dans la grande pièce & qui la rempliffent. Ces figures font fi grandes que fi elles étoient debout elles auroient plus de trente-fix braffes de hauteur, & comme elles font groffes à proportion on a ménagé dans leur capacité, des chambres en manière de Grottes, ornées de Rocailles, de Coquilles de Mer, de Perles, de Corail, de pétrifications & d'autres curiofitez naturelles, accompagnées d'une infinité de jets d'eau tous différens les uns des autres.

Il y a derrière la figure de l'Apennin un Dragon volant d'une grandeur extraordinaire. Il vomit une Riviére d'eau, & entre ces deux figures il y a une terraffe découverte, ornée de rocailles & de tout ce qui a du rapport à la Montagne qu'on a eu deffein de repréfenter & aux Cavernes qu'on y fuppofe. On voit plus haut une Grotte magnifique, aux côtez de laquelle il y a trois Allées très-larges & très-longues toutes couvertes d'Arbres qui confervent une verdure continuelle. Ces trois Allées conduifent à un Labyrinthe formé par des Arbres toujours verds, fi touffus qu'ils font impénétrables aux rayons du Soleil, & entre lefquels on voit plufieurs Fontaines d'un travail & d'un deffein encore plus riche. Celle du milieu eft ornée d'un Jupiter qui a la main gauche appuyée fur un Aigle d'un Marbre noir, & qui tient à la droite un Foudre d'or qui jette l'eau de tous côtez. L'Allée où eft cette Fontaine monte infenfiblement par une pente douce. Elle eft fermée à fon extrémité par un grillage de fer d'un très-beau travail, afin de ne point interrompre la vue de l'Allée intérieure. Les deux autres Allées font ornées de rocailles & d'éponges de Corfe, qui jettent une quantité prodigieufe d'eau. Elle font accompagnées d'allées couvertes, une defquelles conduit à un petit Temple héxagone qui fert de Chapelle. Il eft orné de Stucs dorez & il a un Dôme environné d'une Galerie. Il y a fur l'Autel un Tableau de l'Affomption, copié par Jean Baptifte Marmi, fur l'Original d'André *Del Sarto* que l'on conferve au Palais de Pitti. On voit au milieu d'un Baffin, au deffous de cette Fontaine un Perfée de marbre, affis fur un Serpent de même matiére, qui jette l'eau par la gueule; dans le Baffin oppofé il y a un Efculape, qui tient dans les mains un Serpent qui jette auffi de l'eau, & dans le troifième il y a une Ourfe avec fes petits qui jettent pareillement de l'eau.

Lorfqu'on a fait le tour de ce Jardin enchanté, on reprend le chemin de Florence, où l'on trouve les Ecuries, les remifes & tous les logemens des Officiers de la Maifon du Grand Duc. Il y a une Cour fermée d'un grillage de fer, & où l'on voit plufieurs Jeux, entre autres celui de Tournoi où quatre perfonnes courent la bague, fur des Chevaux de bois & fur des Sièges.

Quand on fort du Palais par la porte du Midi, on trouve deux Efcaliers ou allées découvertes, remplies de jets d'eau de tous côtez, & qui conduifent à une grande Grotte appellée la Grotte du Déluge, à caufe de la quantité d'eau qui tombe de toutes parts fur ceux qui font entrez. Vis-à-vis il y a une autre Grotte appellée la Galatée: elle eft bâtie de manière qu'elqu'elle semble menacer ruïne. Toutes deux sont ornées de toutes sortes de rocailles, de coquilles rares avec des Rochers feints au travers desquels on voit courir des ruisseaux avec des jets d'eau en quantité. Il sort d'entre ces Rochers un Triton qui sonne une Conque marine, qui fait ouvrir un grand Rocher d'où Galatée sort, portée sur une grande Coquille d'or tirée par deux Dauphins qui jettent de l'eau par la gueule ; & dans le même tems on voit sortir de deux autres endroits deux Nayades dans de grandes Coquilles & qui servent de cortège à Galatée. La grande Grotte est ornée de deux Tables de Marbre dans des Niches de même matière, embellies de rocailles, & d'autres productions marines qui jettent l'eau de manière qu'elles représentent des Fanaux de cristal avec des lumières. Le fond de la même Niche est orné de deux Arbres un Arbouzier & un Houx, sous lesquels on voit plusieurs Animaux de bronze qui jettent de l'eau, & deux Niches de Mosaïque dorée dans lesquelles il y a deux Harpies dorées qui jettent une grande quantité d'eau avec une telle adresse qu'elles ne manquent jamais de mouiller entièrement ceux qui se trouvent à leur portée. L'autre côté de la Grotte vis-à-vis les Harpies est occupé par un autre Bassin où il y a un enfant qui se joue avec une grosse boule, comme une Mappemonde que l'eau fait tourner, & à ses pieds il y a deux Canards qui boivent.

Un côté de la même Grotte est occupé par l'appartement des Bains. Il y a une Etuve & une chambre ornées de Stucs avec de grandes Fenêtres accompagnées de Miroirs qui semblent inviter les Curieux de s'approcher ; mais il ne le font jamais impunément : sitôt qu'ils se sont approchez, le plancher leur manquant sous les pieds, ils se trouvent baignez depuis les pieds jusqu'à la tête. Il y a encore un Bassin de Marbre rouge avec une petite Montagne artificielle au-dessus, d'où il tombe une pluye qui est reçue dans ce Bassin orné de branches de Corail, de Limaçons, de Nacres de Perles & de plusieurs Animaux rares. On a pratiqué trois chambres vis-à-vis un Bassin. Dans la première on a peint le Ciel que l'on voit au travers d'une treille dorée. Une grosse Eponge de Marbre blanc occupe le milieu de la chambre : elle est couverte d'une quantité de petits Animaux, de niches & de tanieres, de coques de Limaçons & de branches de Corail qui jettent de l'eau. Le pavé est de petits carreaux comme ceux de l'Etuve. A côté de cette chambre on a placé un grand Vase antique sous une niche d'Eponge & de rocailles, au-dessus de laquelle on voit un Pasteur avec son troupeau, & une Europe ravie par Jupiter, qui jette beaucoup d'eau par la bouche. Neptune par deux Dauphins, jettant aussi l'eau par la bouche est tout auprès ; & au dessus il y a un Satyre qui presse un Outre d'où il fait sortir de l'eau au lieu de vin. Il est accompagné de deux petits Satyres, qui jettent aussi de l'eau sur les Curieux qui s'approchent de trop près ; de manière qu'il n'y a rien dans toute cette Grotte qui ne jette de l'eau en abondance. On voit ensuite une Table à huit pans avec autant de cavitez pour mettre rafraîchir les Liqueurs & un plat au milieu. Un homme de pierre est à côté de la Table. Il tient un Bassin & donne à laver aux Conviez comme feroit un serviteur. Un peu plus loin on trouve des Moulins que l'eau fait tourner. Elle fait en même tems marcher de petites figures, chanter des Oiseaux & mouvoir une figure de femme haute de plus de quatre pieds, qui après avoir ouvert une porte grillée, vient avec sa Cruche puiser de l'eau à une Fontaine éloignée de plusieurs pas. Elle y trouve un Pasteur qui joue de la Musette, tourne la tête & donne les tons à son Instrument par ce mouvement. La femme que le Peuple appelle la Samaritaine, s'en retourne après avoir regardé quelque tems, & referme la porte par laquelle elle étoit entrée. On voit encore dans le même Lieu une Forteresse attaquée & défendue par des Soldats qui battent le Tambour, tirent le Canon, & font différens mouvemens : le tout par le moyen de l'eau. Il y a des Soldats qui font une sortie & qui mouillent d'importance les Curieux.

Sous la grande Grotte & sous les Escaliers du Palais, il y a deux Niches avec des Statues. La première est une Belette portée par un Serpent avec cette Inscription : *Amat Victoria curam*, qui étoit la devise du Grand Duc François. On voit dans l'autre Niche des Pescheurs qui se remuent & se donnent de grands mouvemens pour tuer des grenouilles qui se cachent dans l'eau à chaque coup qu'on leur porte, & qui jettent de l'eau chaque fois qu'elles reviennent dessus.

A la sortie de cette Grotte, on trouve un grand Boulingrin qui environne tout le Palais avec de petits Murs propres à servir de Sièges & de grands Escaliers par lesquels on monte au Parc qui est orné de plusieurs belles Fontaines. On a placé entre ces Escaliers la Statue d'un Vieillard qui représente le Fleuve Mugnone, qui fournit l'eau à toutes ces Fontaines. Il est dans une Grotte au fond de laquelle il y a une Renommée avec ses aîles & une Trompette d'or, un Dragon qui boit & un Paysan qui tient une tasse. L'eau fait mouvoir la Renommée, qui remue ses aîles, sonne de la Trompette & remplit la tasse du Paysan ; mais quand il la leve pour la porter à sa bouche, le Dragon hausse la tête, la met dans la tasse & boit l'eau. Il y a une autre Grotte vis-à-vis celle de la Renommée. On y voit le Dieu Pan qui joue du Sifflet à sept tuyeaux qu'on appelle Compogne ou Sifflet de Chatreux. Il se leve, se tient debout, joue, remue la tête, regarde & puis se couche : on y voit encore une Seringue qui se change en roseau. On trouve enfin au bout du degré de cette grande Grotte qui est partagée en tant d'autres une grande

Allée

Allée dont la rampe est fort douce, qui a de part & d'autre de petites cuves en façon de siéges, sur lesquels de distance en distance, il y a des tasses ou petits Bassins avec de petits jets d'eau de différentes fortes, qui s'élevent fort haut, se croisent & forment une espèce de berceau sous lequel on peut se promener à son aise sans crainte d'être mouillé. Il y a au bout de cette Allée une grande pièce d'eau, avec une Blanchisseuse qui presse un linge & en fait sortir l'eau : elle a à son côté un petit enfant qui pisse.

En reprenant le chemin du Palais, à côté de la Blanchisseuse par une Allée composée de Sapins, & autres Arbres qui font beaucoup d'ombrage, on voit trois pièces d'eau en manière d'Etangs, à côté desquels il y a un Bois de Lauriers & au milieu le Mont Parnasse avec les neuf Muses, le Cheval Pégase & une Orgue hydraulique que l'eau fait jouer. En continuant la promenade on arrive à un grand Chêne au pied duquel on trouve deux Escaliers qui conduisent sur un Terre-plain où il y a une très-belle Fontaine; & un peu plus bas en retournant au Palais, un petit Estrade quarré avec une Balustrade de Marbre d'un dessein & d'un goût particulier. C'est un Ouvrage de l'Architecte Amanti; & il y a un Bassin au milieu avec cinq figures qui jettent l'eau. Celle du milieu représente un Paysan qui taille la vigne, dont les seps jettent quantité d'eau. Le Théatre est orné de quatre troncs de Lierre, qui semblent des Arbres rompus. Ils ont environ dix brasses de hauteur, & sur chacun on voit un oiseau de différente espèce. A côté il y a une cage ou voliére longue de cent brasses & large de cinquante, composée de barres de fer pour soutenir les treillis. Dans cette voliére sont des Lauriers des Lierres & d'autres Arbres toujours verds, avec une Fontaine au bout, & une infinité d'Oiseaux de toutes les espèces qui chantent. Au dessus de cette voliére & à côté du Palais, il y a un Jardin de fleurs les plus belles & les plus rares.

On a placé une Salamandre à côté droit de la Blanchisseuse. Elle jette de l'eau dans une espèce de Marais d'une grande étendue. Il y a tout auprès une Horloge qui marque & sonne les heures par le moyen de l'eau. Au dessus de l'Horloge est un Globe qui fait une harmonie comme celle de plusieurs petites Cloches, avec une Girouette que l'eau fait mouvoir. Tout auprès on trouve un Vivier plein de poissons, & ensuite une petite Grotte avec un Canal d'eau très-fraîche, qui sort d'un tonneau de Marbre, & d'une bouteille, qu'un petit Satyre de bronze tient à la main. Cette eau est excellente & on ne manque pas d'inviter les Curieux d'en goûter ; mais dès qu'ils se mettent en devoir de le faire, ils sont rafraîchis & baignez d'une manière extraordinaire par quantité de jets d'eau qui ne paroissent point & qui semblent n'attendre que ce signal pour se montrer.

On trouve un peu plus loin une petite Grotte ronde appellée la Grotte de Cupidon, parce qu'il y en a une petite Statue de bronze au milieu. Elle est toute pleine d'artifices pour baigner ceux qui y entrent : le pavé, la voute les murailles sont tous pleins de jets d'eau. Un peu au delà on voit un Théâtre rond au milieu duquel il y a un Bassin de Marbre, soutenu sur des Piédestaux. On a placé sur les bords du Bassin des Coqs qui jettent l'eau sur ceux qui s'aprochent. Ceux qui veulent se promener dans de petites routes fort ombragées trouvent une Table environnée de Lauriers & d'autres Arbres toujours verds, avec des siéges de pierre pour se reposer. Ce lieu est orné de trois Statues de Marbre, dont celle du milieu représente un Paysan, qui vuide un baril dans une grande Urne sur laquelle il y a des Bas-reliefs qui représentent la chûte de Phaéton.

En voilà assez pour le dessein que nous avons de ne donner qu'un abregé des merveilles de l'Art que l'on voit dans ce Lieu de délices.

PRATO-MAGNO, Campagne d'Italie, dans le Florentin. Elle passe pour une des plus belles Contrées d'Italie: aussi est elle très-peuplée. Mr. Corneille [a] qui cite Mati, dit que cette Campagne, que les Anciens nommoient ETRUSCI-CAMPI est à l'Orient de Florence : cela est vrai. Mais ils ajoutent qu'elle est environnée presque de tous côtez par la Riviére d'Arno : cela est faux. Si Mr. Corneille & son Guide avoient jetté les yeux sur Tite-Live [b], ils auroient vu qu'il donne des bornes plus étendues à cette Contrée. Elle s'étendoit selon cet Historien depuis *Fezulæ* jusqu'à *Arretium*, c'est-à-dire depuis Fiezzole jusqu'à Arezzo.

[a] *Dict.*

[b] *Lib. 22. c. 3.*

PRATS DE MOLO, de MOILLO, ou de MOULIOU, petite Ville de France, dans le Roussillon, sur la Tec, au milieu des Montagnes, & la principale Place du Val-Spir. C'étoit [c] déja une Forteresse il y a environ cinq cens ans. On la nommoit *Forcia de Pratis* & elle appartenoit en 1232. à Nunio Sanche Comte de Roussillon. Aujourd'hui une partie de cette petite Ville est bâtie en Amphithéâtre, & la Paroisse est sur la hauteur [d]. L'Eglise qui est fort belle est presque bâtie sur le Modèle de Saint Jean de Perpignan, excepté qu'elle n'a point de croisée. Il y a un chemin sous terre, bien voûté pour monter de cette Eglise au Château. Dans le bas de la Ville, il n'y a qu'une simple Chapelle, où le Commandant fait dire la Messe pour sa commodité.

[c] *Longuerue, Descr. de la France, Part. 1. p. 224.*

[d] *Piganiol, Descr. de la France, t. 7. p. 621.*

Le feu Roi Louïs XIV. fit fortifier Prats de Molo, qui peut passer pour une Place très-forte, mais des plus irréguliéres. Elle est ceinte d'une vieille muraille, avec des Tours rondes à l'antique, & quelques petits Bastions irréguliers. Du côté des hauteurs elle est entourée d'un fossé sec, dans lequel il n'y a qu'une demi-lune, qui couvre la porte par laquelle on va au Fort de la Garde. L'autre partie de la Ville est fermée par la Riviére. Il tombe même dans cette Riviére un un petit Ruisseau qui enferme la Ville d'un côté, & au confluent de ces deux eaux est une demi-lune, couverte d'un petit fossé sec, & d'un chemin couvert qui va gagner celui de l'enceinte qui est sur la hauteur. Le Fort de la Garde a été construit pour s'emparer d'une hauteur qui commande la Ville. Il consiste en un grand Ouvrage à corne de la construction du Maréchal de Vauban. Il est couvert par une demi-lune & entouré d'un fossé sec qui l'isole entièrement & qui est accompagné d'un chemin-couvert & de son glacis. Ce chemin-couvert regne jusqu'à la Riviére, & est défendu par deux Redoutes pentagonales entourées chacune d'un petit fossé. Il y a à la tête du Fort de la Garde sur une autre hauteur une Redoute quarrée, entourée aussi d'un fossé sec, & couvert du côté de la Campagne d'un chemin-couvert & de son glacis. Le Fort de la Garde renferme trois grands corps de Casernes, la Maison du Gouverneur & quelques Cantines.

☞ 1. PRATUM, Mot Latin qui signifie un *Pré*. C'est une terre qui porte de l'herbe, dont on fait le foin & qui sert au pâturage. Ce nom a été donné à quelques petites Contrées, & répond au Prato des Espagnols & des Italiens. On a appellé Préau un petit Pré & ce nom s'est conservé jusqu'à présent dans notre Langue. Quand l'étendue de terre en Pré est grande on lui donne le nom de Prairie.

2. PRATUM-PALLIORUM, Lieu de la [a] Cilicie, selon Ortelius [a] qui cite Guillaume de Tyr [b]. Ce lieu étoit au dessous de la Ville Anabarzus.

PRAUSI, Peuples dont parle Strabon [c], mais dont il dit qu'il ignore la demeure. Il dit que Brennus qui s'empara de Delphes étoit appellé *Prausus* par quelques-uns parce qu'il étoit originaire du Pays de ces Peuples.

PRAXIANA. Voyez PRASIANA.

PRAXILUS, Ville de Macédoine, selon Etienne le Géographe.

1. PRAYA, ou PLAYA. Voyez VILLA DA PRAYA.

2. PRAYA [d], Ville de l'Isle de St. Jacques l'une des Isles du Cap-Verd. Elle est bâtie sur la Côté Orientale, au Levant Septentrional de la Ville de San-Jago, sur une éminence entourée de deux Riviéres [e], qui se vont rendre dans la Mer, & font deux petits Golphes, dont l'un est capable de recevoir un grand nombre de Vaisseaux. Ils y sont en sûreté à cause d'une Isle qui est au devant du Golphe & qui les met à couvert des Vents.

1. PRE'. Voyez PRATUM.

2. PRE', Abbaye de France, dans le Fauxbourg du Mans. C'est un Abbaye de Filles de l'Ordre de Saint Benoît & le plus ancien Monastére de la Province. L'Eglise de cette Abbaye a été bâtie par Saint Julien premier Evêque du Mans, & la Maison fondée par St. Innocent Evêque de la même Ville, qui y mit des Religieuses sous la conduite d'une Sainte Fille nommée Aduesta. Il y a trente Religieuses & leur revenu est de huit mille Livres.

3. PRE', Abbaye de France, aux confins des Diocéses de Bourges & de Limoges: en Latin *Abbatia Beatæ Mariæ Virginis de Prato Benedicto*. C'est un Abbaye d'hommes de l'Ordre de Cîteaux Fille de Dalon & bâtie près de la Riviére de Creuse. Elle fut fondée par les Seigneurs de Maleval en 1140. & dotée par les Vicomtes de Bresse, dont on voit encore quelques tombeaux devant le Grand-Autel.

1. PRE'AUX. Voyez PRATUM, N°. 1.

2. PRE'AUX, Bourg de France, dans le Perche, Election de Mortagne.

3. PRE'AUX, Bourg de France, dans l'Anjou Election de la Fléche. C'est un Prieuré dépendant de l'Abbaye de Marmoutier.

4. PRE'AUX, Bourg de France aux Frontiéres du Berri & de la Touraine, près de l'endroit où l'Indrois prend sa source.

5. PREAUX, Paroisse de France, dans la Normandie [f], avec titre de Baronnie, & Haute Justice. Elle est située à deux lieues de Rouen, près de Blainville, de Martinville sur Ry, & du Prieuré Claustral des Chanoines Réguliers de Beaulieu, en Latin *Pratellum*. Cette Baronnie est d'un revenu fort considérable. Les Bois de Préaux s'étendent jusqu'à Dernetal, à demi-lieue de Rouen. L'an 1200. Jean de Préaux, Chevalier, Sieur Châtelain de Préaux, fonda le Prieuré de Beaulieu en présence de Gautier, Archevêque de Rouen, & cette Fondation se fit en la Forêt de Préaux. Préaux est aussi le nom de deux Paroisses & de deux Abbayes, l'une de Bénédictins & l'autre de Bénédictines situées dans le Diocése de Lisieux, à une grande lieue de Pont-Eaudemer, dans un Vallon, & près de la source d'un Ruisseau qui y fait tourner plusieurs Moulins. L'Abbaye de Saint Pierre de Préaux *Sancti Petri Pratellensis*, est possédée par les Bénédictins de la Congrégation de Saint Maur, & fut bâtie vers l'an 1055. Elle reconnoît pour Fondateur Onfroy de Vieilles, Baron de Préaux, Seigneur de Pont-Eaudemer, Comte de Meulan & de Beaumont-le-Roger. L'Eglise construite en Croix est belle, complette, & a dix Piliers de chaque côté dans sa longueur, avec des bas côtez, une bonne Orgue, & un gros Clocher en façon de Dôme. Le Chœur dont les Chaises sont neuves & d'une riche menuiserie, est entiérement couvert de plomb. Le Grand-Autel est assez bien doré, & la Sacristie est fournie d'ornemens fort propres, & d'argenterie pour le Service divin. Il y a deux Châsses posées aux deux côtez du Maître-Autel qui renferment diverses Reliques, sans celles que l'on conserve dans le Trésor de l'Eglise de cette Abbaye, qui nomme à vingt-six Cures, & entre autres à celle de Nôtre-Dame de Préaux, & aux quatre Cures de Pont-Eaudemer. Elle fut Reformée en 1650. par les Bénédictins de la Congrégation de Saint Maur. Anfroy & Gaufrid en ont été les premiers Abbez. Ce fut la femme du même Onfroy de Vieilles qui fonda

[a] Thesaur.
[b] Lib. 13. c. 27. & 15. c. 23.
[c] Lib. 4. p. 187.
[d] Samson, Atlas.
[e] Corn. Dict. Davity.
[f] Mémoires dressez sur les lieux, en 1704.

l'Abl'Abbaye des Bénédictines de Préaux sous le Titre de Saint Léger. Leur Eglise est assez grande & a son Autel isolé, beau & fort dégagé. Six Colonnes de Marbre y portent une demi-Couronne Impériale dont les branches ouvertes sont dorées, ornées & accompagnées de plusieurs Ouvrages de Sculpture. Le Tabernacle est aussi de Marbre. L'Abbesse présente aux trois portions de la Cure de St. Michel de Préaux ; & ces trois Curez font les fonctions Curiales à l'alternative par semaines.

PREBELIS, ou PRÆBELIS. Voyez TAURESIUM.

PREBONITIS, Lieu Maritime, sur la Côte d'Egypte, au voisinage d'Aléxandrie. Ortelius [a] qui cite St. Epiphane, dit qu'on croit que c'étoit la patrie de l'Hérésiarque Valentin.

[a] Thesaur.

PRECETIO. Voyez PETOVIO.

PRECHEUR (L'Isle du), petite Isle ou Rocher de l'Amérique Septentrionale sur la Côte de l'Isle de la Martinique. Elle a été ainsi nommée à cause de sa figure qui représente un Prédicateur en Chaire. Cette Isle donne son nom à une Paroisse de la Martinique, & à une petite Riviére qui tombe du pied de la Montagne Pelée.

PRECIANI, Peuples des Gaules dans l'Aquitaine du côté de l'Espagne selon César [b]. Mrs. Samson dans leurs Remarques sur la Carte de l'ancienne Gaule disent : Les Modernes donnent des explications bien différentes touchant ce Peuple. Nous croyons que le meilleur est de corriger PRECIANI, en BENEARNI, & d'entendre ce mot du Bearn, tant que les Diocéses de Lescar & d'Oleron peuvent s'étendre. Que s'il faut retenir le nom PRECIANI, nous n'en changerons point l'explication ; nous l'entendrons toujours du Bearn & nous dirons que le Bearn ayant été divisé en six *Parsans* ou Quartiers ; savoir de Pau, de Vicuilh, d'Oleron, d'Ossau, de Navarrens, & d'Ortes, ces PARSANS tirent leur nom des PRECIANI.

[b] De Bel. Gal. lib. 3. c. 27.

PRECIUS-LACUS, Lac d'Italie : Cicéron en parle dans l'Oraison pour Milon [c]. Voyez PRILLIS.

[c] Cap. 27.

PRECOPS. Voyez PERECOP.

PRECTEUM, Ville d'Egypte, selon la Notice des Dignitez de l'Empire [d]. Quelques MSS. portent PRECTIS pour PRECTEUM.

[d] Sect.

1. PRECY, ou PRECIACUM, Bourg de France dans le Berry, Election de la Charité. Il y a des Mines de Fer qui font le commerce de ce Lieu. On l'estime pour les Ouvrages de Serrurerie que l'on transporte à Paris par la Riviére de Loire. Le Seigneur a un beau Château avec des Jardins magnifiques.

2. PRECY, Bourg de France, dans la Bourgogne, Diocése d'Autun. C'est une Paroisse située en Pays de Plaines & de Montagnes. On y tient plusieurs Foires par an ; & il y a un Prieuré, dont le Prieur est Curé Primitif du Bourg.

3. PRECY & BLAINCOURT, Bourg de France, dans la Picardie, Election de Senlis.

PREDA (la) Bourgade d'Italie dans le Modénois, sur le bord du Tassobio à la droite, environ à quatre milles au Nord de Rebecco, & à l'Orient de Monte Castagneto.

1. PREE [ le Fort de la ] ; Forteresse de France, dans l'Isle de Ré au Gouvernement du Pays d'Aunia. Ce Fort est un quarré parfait. Il défend l'entrée du Pertuis-Breton, & celle d'un petit Port.

2. PREE (la) Lieu de France, dans le Berry, Election d'Issoudun. Il y a dans ce Lieu une Abbaye d'hommes. Voyez l'Article suivant.

3. PREE, ou la PREE-SUR-ARNON, Abbaye de France, dans le Berry, au Diocése de Bourges, en Latin *Pratea secus Arnonem*. C'est une Abbaye d'hommes de l'Ordre de Cîteaux, Fille de Clairveaux. Elle est située à dix lieues de Bourges sur le bord de l'Arnon. Raoul Seigneur d'Issoudun & du Mareuil commença à la fonder & à la faire bâtir en 1128. & la mit sous l'Invocation de la Sainte Vierge ; mais elle ne fut achevée que vers l'an 1145. On y honore d'un culte particulier Sainte Fauste Vierge & Martyre, dont on conserve quelques Reliques dans un Tombeau de pierre. Gauches de Passac, Seigneur de la Croisette, & l'un des Bienfaiteurs de cette Maison y a un fort beau Mausolée. L'Abbaye appellée de BOSDABERT *de Bosco-Dagoberti* a été unie à celle de la Prée.

PREGEL, Riviére du Royaume de Prusse [e], dont elle arrose la plus grande partie, étant composée de diverses branches qui ont des sources différentes & se réunissent enfin dans un seul lit à quelques lieues au dessus de Conigsberg [f]. Elle se jette près de cette Ville dans le Frisch-Haff.

[e] De l'Isle Atlas.
[f] Audr. Cellar. Descr. Poloniæ p. 24.

PREGNITZ, ou PRIEGNITZ [g], Comté d'Allemagne, qui comprend l'une des cinq parties de la Marche de Brandebourg. Il est au delà de l'Elbe sur les Frontiéres du Mecklenbourg. Ses principaux Lieux sont :

[g] Hulner, Geogr.

| | |
|---|---|
| Perleberg, | Witstock, |
| Havelberg, | Kyrits. |

PREGOLE, Riviére de Pologne, selon Mr. Corneille qui cite Davity. Le véritable nom de cette Riviére est Prégol & elle court dans le Royaume de Prusse & non dans la Pologne. Voyez PREGEL.

PREGUILLÆ, Bourg de France dans la Saintonge, Election de Saintes.

PREILLE, Bourg de France, dans l'Anjou Election d'Angers.

PREIVERNUM. Voyez PRIVERNUM.

PREIX, Paroisse de France au Diocése de Toul, Bailliage de Chaumont. C'est un Prieuré Régulier de l'Ordre des Prémontrez. L'Abbé de Mureaux en est Patron. L'Eglise Paroissiale est sous l'Invocation de St. Didier.

PREMERY, Ville de France dans le Nivernois, Election de Nevers. Elle a titre de Chatellenie & elle appartient à l'Evêque de Nevers. Il y a dans cette Ville un Chapitre. Le terrein des environs

# PRE. PRE.

virons est en Plaine entrecoupée de quelques hauteurs. Il y a beaucoup de Bois un Fourneau & deux Forges.

PRE´MIAN, Seigneurie Royale dans le Haut-Languedoc au Diocése de St. Pons.

PRE´MISLAU. Voyez Przemysl.

PREMNIS, Ville de l'Éthiopie sous l'Egypte: Strabon [a] en fait une Place fortifiée par la Nature. Voyez Primnis.

[a] Lib. 17. p. 810.

PREMNUSIA, Fontaine de l'Attique, selon Favorinus [b].

[b] Lexic.

PRE´MONTRE´, *Præmonstratum Sancti Joannis Baptistæ*, Abbaye de France dans la Picardie, Election de Laon, dans le Bois de Voy, au Territoire de Coucy. Cette Abbaye est le Chef de l'Ordre de Prémontré qui en tire son nom. Elle est située dans un Vallon marécageux & si profond, qu'on ne peut la voir que l'on ne soit à la porte. Elle occupe toute la profondeur de ce Vallon. Ce Lieu étoit fort desert au douzième Siècle [c]. Il ne s'y trouvoit que quelques restes d'une Chapelle abandonnée par les Religieux de St. Vincent de Laon, qui étoient les maîtres du fonds. Barthelemy Evêque de Laon s'étant accommodé de ce fonds avec l'Abbé & les Moines de St. Vincent [d], marqua ce Lieu à Saint Norbert Allemand, pour qu'il s'y retirât avec ses Compagnons en 1119. Mais St. Norbert ayant été fait Archevêque de Magdebourg en Allemagne fit établir en sa place son Disciple Hugues, qui fut Abbé de Prémontré & Supérieur Général de l'Ordre. Les Religieux de cette Abbaye sont commodément logez, mais bien éloignez du commerce des hommes. On prétend que leurs revenus montent à près de quarante-cinq mille Livres. Cette Abbaye est élective & en Régle.

[c] Baillet, Topogr. des Saints, p. 391.

[d] Longuerue, Descr. de la France, p. 19.

PRE´MY, Abbaye de Chanoines Réguliers de St. Augustin au Fauxbourg de Cantipré à Cambrai [e]. Cette Abbaye fut fondée en faveur de quelques Dames Nobles qui voulurent se retirer, pour se donner entiérement à la piété. Ces Dames après avoir reçu le Bénédiction de Jean Antoine Evêque de Cambrai se fournirent à la direction des Religieux de Cantipré, qui employérent tous leurs soins à leur bâtir une Eglise & un Cloître dans le voisinage de leur Abbaye. La piété y fleurit d'abord, mais le relâchement s'étant introduit dans ces deux Maisons, on s'apperçut bien-tôt qu'elles étoient trop voisines, pour que le relâchement ne conduisît pas à la dissolution. Les Registres publics des Cours de Cambrai sont pleins des Histoires de ces desordres. Mais enfin l'Evêque Jean de Béthune voyant que ces deux Abbayes avoient abandonné les bornes mêmes de la bienséance, trouva bon de les séparer & de délivrer les Dames de la Jurisdiction des Abbés de Cantipré vers l'an 1214. & depuis on a remarqué avec édification qu'elles ont vécu dans une piété très-parfaite. Leur Monastère fut détruit de fonds en comble par les guerres sur la fin du quinzième siècle, & elles furent contraintes de se retirer dans la Ville où elles joignirent quelque tems leurs

[e] Le Carpentier, Hist. de Cambray, part. 2. c. 14.

priéres avec celles de Religieuses de St. Lazare. Elles obtinrent ensuite la permission de se domicilier dans le Cloître des Hiéronimiens, ou Guillemins, où elles vivent aujourd'hui dans tous les exercices d'une piété consommée. Les Seigneurs des Maisons d'Oisy, de Couci, de Montmirail, d'Ivri, de Luxembourg & plusieurs autres sont reconnus pour les principaux Bienfaiteurs de cette Abbaye. Son revenu est cependant aujourd'hui assez modique.

PRENDAVESII, Peuples de la Dacie, selon Ptolomée [f]. Le MS. de la Bibliothéque Palatine, au lieu de *Prendavesii* lit *Predavensii*.

[f] Lib. 3. c. 8.

PRENETUM. Voyez Prænetum.

PRENEI, Preni ou Perni, en Latin *Perniacus*: Bourgade, Chef-lieu d'une Prevôté [g] dans le Pays de Scarpone ou Charpaigne, entre la Meuse & la Moselle. Elle n'est point du Barrois, mais du Duché de Lorraine. Le Duc Matthieu I. ayant offensé l'Evêque Etienne de Bar, ce Prélat assisté de son Frere Renaud Comte de Bar attaqua Preni; & comme il étoit prêt de le prendre, il fit la paix avec le Duc Matthieu, par l'entremise de son Frere Renaud. Cet Evêque vivoit du tems de St. Bernard, qui le loue comme un zélé défenseur des droits de son Eglise.

[g] Longuerue, Descr. de la France, part. 2. p. 147.

PRENICUS-MONS, Lieu d'Italie, dans la Ligurie, selon Ortelius [h], qui cite une ancienne Inscription conservée à Gênes.

[h] Thesaur.

PRENSLOW, Ville d'Allemagne, dans la Marche Uckerane [i], dont elle est la Capitale. Cette Ville qui est située sur le Lac Uckerzée, fut enlevée aux Ducs de Poméranie en 1224. par l'Electeur de Brandebourg Frideric I.

[i] D'Audifred, Géogr. anc. & mod. t. 3. p. 329.

PRENUSSUM. Strabon [k] dit que quelques uns donnoient ce nom au Promontoire de Minerve en Italie, sur la Côte de la Campanie; mais Casaubon prétend qu'il y a faute dans cet endroit de Strabon, & qu'il faut lire *Sirenusæ*.

[k] Lib. 5. p. 247.

PREPENESUS. Voyez Præpenissus.

PREPESINTHUS. Voyez Præpesinthus.

PREPICE. Voyez Przypietz.

PRES (les) Abbaye de France, au Diocése d'Arras. C'est une Abbaye de Filles de l'Ordre de Cîteaux. Elle fut d'abord fondée auprès de Douay; & depuis elle a été transférée dans la Ville.

PRES-EN-PAIL, Bourg de France dans le Maine, Election du Mans.

PRESBOURG, Ville de Hongrie, sur la Rive Septentrionale du Danube, entre Vienne & Comore, environ à égale distance de l'une & de l'autre. Presbourg est une Ville considérable [l], Cependant d'une petite étendue, son enceinte n'étant guère que de mille toises de circuit. Elle est en quelque maniere d'une figure triangulaire, dont les côtés sont inégaux: mais ce qui peut manquer à la grandeur de cette Ville est suppléé par l'étendue des Fauxbourgs. Cette Ville a été brûlée plusieurs fois, comme en 1515. 1563. 1590. 1642. &c. Malgré les nouveaux Édifices

[l] Tollii Epist. Itiner.

Ppp

difices qu'on a élevés & les Maisons que l'on a rebâties, on y apperçoit encore de tristes restes de ces incendies. La Place publique est belle, & on la peut dire grande eu égard à la petitesse de la Ville. Elle est ornée de deux Fontaines & de Maisons autant propres & autant bien bâties que la richesse des Bourgois à pu le permettre. On n'y compte que trois Eglises & trois Portes, à moins qu'on ne veuille y en joindre deux petites qui ne sont que des fausses portes destinées à faire des sorties en cas de siège, qui cependant sont ouvertes tous les jours pour la commodité des Habitans. La Porte de St. Michel est chargée d'une Inscription en Lettres d'Or qui contient ces mots: *Omne Regnum in se ipsum divisum desolabitur.* Sentence qui auroit du ce semble empêcher tous les troubles de la Hongrie, & apprendre d'avance aux Habitans les tristes suites de la division, dont l'expérience ne les à que trop malheureusement convaincus. Presbourg est entourée de fossés qui d'un côté de la Ville sont secs & de l'autre marécageux. Ils ne sont ni assez profonds, ni assez larges pour mettre la Ville en état de faire une bonne défense. La Citadelle, qui est située sur une élévation qui commande la Ville, a paru suffisante pour la défendre. Cette Forteresse est très-proprement bâtie & chaque Angle est flanqué d'une Tour. Celle qui est du côté de Vienne est un peu plus grande que les autres, & sert à garder la Couronne de Hongrie, depuis que le Fort de Plindebourg, & la Ville de Vicegrade ont été pris par les Turcs. Il y a sept Serrures à la porte de cette Tour, dont les Clefs sont gardées par sept Seigneurs de Hongrie. La garde de la Couronne & de la Citadelle appartenoit autrefois au Comte Palfy, qui en est le Burgrave & y fait sa demeure; mais la fidélité des Hongrois étant devenue suspecte dans les dernières guerres, l'Empereur y a mis un Commandant Allemand qui a sous lui cinquante hommes de sa Nation. Le Burgrave a aussi cinquante hommes de la sienne sous lui, de façon que l'on voit aux Portes les Gardes mêlées d'Allemands & de Hongrois. Cette Citadelle est quarrée; mais elle est un peu plus longue que large. Le côté exposé au Midi donne sur le Danube: l'aspect en est parfaitement beau, & peut avoir quarante-cinq toises de longueur, en y comprenant le mur qui communique au Côteau voisin, qui est épais de six pieds, & percé de six Embrasures. Le côté de la Ville est fortifié d'un double mur, de trois Tours rondes, mais peu élevées, & d'un petit fossé: celui qui regarde à l'Orient est défendu par la Nature du Lieu & par quelques Ouvrages de l'Art. Mais ce qui est surprenant, c'est que le côté qui regarde l'Occident qui est commandé par quelques éminences, n'est presque point fortifié, n'y ayant qu'un très-mauvais fossé, & des palissades qui le couvrent, quoiqu'il seroit très-facile de mettre cette Citadelle en état de défense de ce côté-là; d'autant que l'éminence est faite de manière qu'elle ressemble à une demi-lune, & qu'elle pourroit faire une Fortification complette avec le corps de la Place, pour peu que l'on se donnât la peine d'y faire travailler. Il faut cependant convenir que toutes ces Fortifications n'ont point été faites suivant les règles de l'Art, & qu'elles ne se flanquent point les unes & les autres. On monte à cette Citadelle par cent quinze marches qui ont chacune un demi-pied de hauteur. Au milieu de la Place on voit un puits fort profond, percé dans le Roc, dont l'eau vient du Danube; & sur les Côteaux de cette même Forteresse du côté de l'Occident & du Septentrion, il y croît un Vin des plus excellens.

La Ville de Presbourg est la Capitale du Comté de Posnon, le Siège d'un Archevêque & la Demeure d'un Palatin de Hongrie; ce Palatin est un Vicaire ou Lieutenant de Roi, dont l'autorité est très-grande, & l'Archevêque est celui de Strigonie.

Les Habitans en sont très-polis, & les manières de vivre & la propreté des Maisons ne le cédent en rien à celles de Vienne.

On voit dans les environs de cette Ville une espèce de Béliers dont la grosseur du corps & la beauté des cornes, qui font plusieurs tours sur leurs têtes, l'emportent sur ceux que l'on voit dans les autres Pays. Les Bœufs y sont aussi d'une grandeur extraordinaire: & il y avoit une si grande quantité de Bétail de toutes espèces, avant les guerres civiles, qu'il arrivoit souvent qu'un Pere de Famille, demeurant même à la Campagne, ne pouvoit savoir le nombre de celui qui lui appartenoit. Les fruits y sont délicieux, les bleds abondants, les vins excellents; ce qui doit s'attribuer à la fertilité du Pays qui est telle, que l'on auroit de la peine à trouver une seule Contrée en Europe, & peut-être même dans tout le Monde, qui pût l'égaler. Malgré tous ces avantages, ce Pays ne laisse pas d'avoir ses incommodités. Toutes les eaux de Puits sont mal-saines, & l'on ne peut boire que de celles de Fontaines ou de Riviéres; encore ne sont-elles pas toutes bonnes. Les Vins aussi sont dangereux, ils causent souvent la pierre & la gravelle, ils sont mortels aux goûteux, & leur force est si grande qu'ils causent cette Maladie que l'on nomme *Fiévre de Hongrie*.

PRESCHAS, ou PREISSAS, petite Ville, ou Bourg de France, dans l'Agenois sur une petite Riviére, qui quelques lieues plus bas va se jetter dans la Garonne au Port Sainte Marie.

PRESIDII. Voyez au mot STATO l'Article STATO DELLI PRESIDII.

PRESLE, Bourg de l'Isle de France, dans le Soissonnois [a], sur le bord Méridional de la Riviére d'Aisne, un peu au dessus de l'endroit où elle reçoit la Vesle entre Soissons & Pont-Arcis. C'est le Lieu anciennement nommé TRUEC [b] dont il est parlé dans l'Histoire de France,

[a] Jaillot, Atlas.
[b] Corn. Dict. sur les Mém. du Temps.

ce, & où Landry Maire du Palais gagna la fameuſe bataille donnée entre l'Armée de Clotaire II. Roi de France, ſous la Tutelle de Frédégonde ſa mere, veuve de Chilperic I. & l'Armée de Childebert Roi d'Auſtraſie, ainſi que la prouvé Mr. Robbe dans une Diſſertation très-curieuſe ſur Truec.

PRESPA, Ville de la Macédoine, ſelon Gregoras cité par Ortelius [a]. Cédréne fait auſſi mention d'un Lieu & d'un Marais nommez PRESPA, près de la Ville ACHRIS.

[a] Theſaur.

PRESQU'ISLE. Voyez l'Article QUERSONNESE.

PRESSIGNE', Bourg de France dans l'Anjou, Election de la Fléche.

1. PRESSIGNY-LE-GRAND, petite Ville de France, dans la Touraine, ſur la Riviére de Clére, dans l'Election de Chinon [b]. On l'appelle Preſſigny le Grand, pour la diſtinguer d'un autre Lieu de même nom. Il y a un Château, avec un petit Chapitre compoſé de ſept Chanoines, & une ſeule Paroiſſe dans la Ville qui renferme ſeulement cent quatre-vingt-ſeize feux & huit cens Habitans. Cette Ville a donné le nom à une ancienne Famille, de laquelle, ſelon du Tillet, étoit Renaud de Preſſigny, Maréchal de France ſous le Roi St. Louis.

[b] Pigniol, Deſcr. de la France, t. 7. p. 65.

2. PRESSIGNY, Bourg de France dans le Poitou, Election de Poitiérs.

PRESSY, *Preſſiacum*, ou *Patricinum*, Prieuré de France, dans la Bourgogne, au Dioceſe d'Autun. C'eſt un Prieuré Conventuel d'hommes de l'Ordre de St. Benoît. Il a pour Auteur & pour Bienfaiteur Echard très-riche Seigneur de Bourgogne, qui fit preſent au Monaſtère de Fleury dans la même Province, d'une fort belle Métairie qu'il avoit dans le Territoire d'Autun. Ce pieux Fondateur fut inhumé à Fleury auprès de l'Egliſe de Notre-Dame, qui eſt un Monaſtère que les Religieux de l'Abbaye de Fleury bâtirent ſur le terrein de cette même Métairie, en l'honneur de la Sainte Vierge & de St. Benoît.

PRESTAIN, Ville d'Angleterre dans le Radnorshire [c]. C'eſt une Ville aſſez grande & bien bâtie. Elle a droit de Marché, on y tient les Aſſiſes.

[c] Etat préſent de la Gr. Br. t. 1. p. 145.

PRESTEAN. Voyez PRASTIA.

PRESTON, Ville d'Angleterre dans les Lancashire, ſur la Ribble [d]. C'eſt une des principales Villes du Royaume pour ſa beauté & pour ſon étendue. Auſſi la Cour de Chancellerie de la Province, comme Province Palatine, ſe tient en cette Ville & les Officiers de Juſtice y réſident.

[d] Ibid. p. 81.

PRETANICA, C'eſt ainſi qu'Etienne le Géographe écrit le nom de la Grande-Bretagne, & il appelle les Habitans PRETANI, pour *Britanni*.

PRETER-CAPUT-SAXI, Nom que Pline [e] dit qu'on donnoit à un Chemin du côté des Garamantes.

[e] Lib. 5. c. 5.
[f] Lib. 6. c. 19.

PRETI, Peuples de l'Inde au delà du Gange, ſelon Pline [f].

PRETTIGÆU, Pays chez les Griſons [g], dans la Ligue des dix Juriſdictions, au Nord-Eſt de la Communauté de Davos. Son nom eſt corrompu de RHETIGÆW, (*Rhætigoſa*) & vient de celui du mont RHÆTICO, qui s'étend dans toute la longueur du Pays & le couvre du côté du Tirol. Le Prettigæu eſt proprement une longue Vallée au pied du Mont *Rhætico*, arroſée dans toute ſa longueur par une Riviére nommée LANQUART, *Langarus*, qui ſort du ſommet du Mont Rhætico, dans un lieu nommé *Selex-Rhæta* derriére la Vallée de Montbello, & qui va ſe jetter dans le Rhin au deſſus de Meyenfeld. Ce Pays eſt partagé en trois grandes Communautez qui ſont

[g] Etat & Déſices de la Suiſſe, t. 4. p. 76. & 78.

| Le Cloître ou Kloſter, | Caſtels, & Schiers. |

En Hyver le Prettigæu qu'on nomme en Latin *Regio Rucantiorum*, eſt preſque entiérement fermé par les neiges, & ſouvent les avalanches ou éboulemens de neige *Labinæ*, y cauſent de grands dommages. Le 15. de Janvier de l'année 1689. il s'en fit une auprès de SAAS. Elle s'étoit détachée du Mont Calmure; & tombant avec un fracas horrible, elle entraîna une partie d'un Bois, roula avec elle quantité de bois & de pierres, alla tomber juſqu'au delà du Lanquart, renverſa neuf maiſons avec pluſieurs étables & fit périr vingt perſonnes. Le même jour il s'en fit une autre près delà, dans le Nollenwald; elle renverſa 157. maiſons & étables, tua 57. perſonnes & en bleſſa pluſieurs.

PRETTOT, Bourg de France dans la Normandie, au Dioceſe de Coûtances, Election de Carentan, dans un Canton nommé Bautois. Il ſe tient dans ce Bourg un Marché.

PREVESA, Fortereſſe de l'Albanie, ſur la Côte du Golphe de Larta [h]. Cette Fortereſſe eſt ſur la gauche en entrant dans le Golphe. C'eſt la ſituation de l'ancienne Nicopolis, bâtie par Auguſte en mémoire de la victoire qu'il remporta ſur Marc Antoine. Au lieu de PREVESA quelques-uns écrivent PREVENTZA & d'autres la PRETISA.

[h] Spon, Voy. tie & de l'Archipel, t. 1. p. 82.

PREUILLE', Bourg de France dans le Maine, Election du Mans. Il y a dans ce Bourg qui n'eſt pas fort conſidérable, une Collégiale. Ce ne fut d'abord qu'une Confrairie [i] fondée en 1329. par Pierre de Chelles, Chevalier Seigneur de Lucé. Depuis, à la priére de Brigaud de Coëſine & de Marie de Chelles ſa femme, cette Confraire fut érigée en Collégiale compoſée de cinq Prébendes.

[i] Pigniol, Deſcr. de la France, t. 5. p. 469.

1. PREUILLY, PRUILLY, en Latin *Prulliacum*, petite Ville de France, dans la Touraine, Election de Loches, avec titre de Baronnie [k]. Elle eſt ſituée ſur la Claiſe, & elle a été poſſédée pendant plus de cinq cens ans par une Famille qui portoit le nom de Preuilly, & de laquelle étoit Geoffroi de Preuilly, qui, ſelon l'opinion commune des Hiſtoriens, fut le premier qui mit en uſage les Tournois en France: *Hic Gauffridus de Prulliaco Torneamenta invenit,*

[k] Ibid. t. 7. p. 66.

*venit*, dit la Chronique de St. Martin de Tours. Ce même Geoffroi de Preuilly fit des Loix pour les Tournois. Il y a dans la Ville cinq Paroisses qui comprennent trois cens soixante-dix-neuf feux & mille cinq cens Habitans, y compris ceux de la Campagne qui dépendent de ces Paroisses. Le Seigneur Baron de Preuilly est en cette qualité Chanoine honoraire & Porte-Etendart de l'Eglise de St. Martin de Tours. Il assiste à l'Eglise avec le Surplis & l'Aumusse sur le bras gauche. Il se place dans une des Stalles du côté droit du Chœur, vers le Grand-Autel au dessous du Doyen. Dans les Processions, il marche entre les Dignitez & les Prevôts de l'Eglise. La Justice de Preuilly s'étend sur vingt-quatre Paroisses, & relève du Présidial de Tours. A une demi-lieue de la Ville sont des Mines de fer, dont le Seigneur de Preuilly tire un revenu considérable.

2. PREUILLY ou PRUILLY, Abbaye [a] de France dans la Touraine [a], sur la Riviére de Claye ou Claise, à deux lieues de la Rochepofay. C'est une Abbaye d'hommes de l'Ordre de St. Benoît. Elle fut fondée en 1001. par Ecfroi Seigneur de Preuilly & de la Rochepofay. Le revenu de l'Abbé est d'environ quatre mille Livres. Quant aux Religieux, ils sont au nombre de sept conformément à leur fondation, & ils jouïssent chacun en particulier des Offices Clauftraux & tous ensemble de trois mille cinq cens Livres de revenu.

[a] *Piganiol. Defcr. de la France, t. 7. p. 20.*

3. PREUILLY, Lieu de France, dans la Brie, au Diocèse de Sens, Election de Montereau-Faut-Yonne. Il y a dans ce Lieu une Abbaye de l'Ordre de Cîteaux. Elle fut fondée en 1116. par Thibault Comte de Champagne. Elle a reçu la Réforme & l'Abbé jouït de huit mille Livres.

4. PREUILLY-LA-VILLE, Bourg de France dans le Berry, Election de Blanc.

PREVINGUIERES, Bourg de France dans le Rouergue, Election de Milhaud.

PREUMERY. Voyez PREMERY.

PREVOISIN, Prieuré de France, au Pays de Gex, & à la nomination des Princes de Condé, Engagistes du Pays de Gex. Ce Prieuré qui est en Commande vaut dix-huit cens Livres de rente.

PRÆSUS, Ville de l'Isle de Créte, selon Etienne le Géographe. Ortelius croit que c'est la même que PRÆSUS.

PRIAMI-PERGAMUM, Ville de l'Asie Mineure, dans la Troade. Hérodote [b] là place sur le bord du Fleuve Scamandre.

[b] *Lib. 7. n. 43.*

1. PRIAMUM, Ville des Dalmates: Strabon [c] dit que ce fut une de celles qu'Auguste réduisit en cendres.

[c] *Lib. 7. p. 315.*

2. PRIAMUM, ou PRIAMI-URBS. Arrien [d] met une Ville de ce nom aux environs de la Phrygie & ajoute qu'elle ouvrit ses Portes à Alexandre. Il est aussi parlé de cette Ville dans le troisième Concile d'Ephèse.

[d] *De Exped. Alex. lib. 1.*

PRIANIEI, Peuple dont fait mention une Médaille rapportée dans le Tréfor de Goltzius.

PRIANTÆ. Voyez BRIANTICA.

PRIAPI-VILLA, Maison de Campagne, en Italie [e], dans le Latium. Il en est parlé dans la Chronique des Papes par Onuphre & elle ajoute que le Pape Léon V. étoit né dans ce Lieu.

[e] *Ortelii Thefaur.*

PRIAPIUS-PORTUS, Port de l'Isle de Taprobane: Ptolomée [f] la place entre *Sindocanda* & *Anubingara*. Le Manuscrit de la Bibliothéque Palatine porte *Priapidis-Portus*, pour PRIAPIUS-PORTUS.

[f] *Lib. 7. c. 4.*

1. PRIAPUS, Ville de l'Asie Mineure dans la Mysie, selon Strabon [g] qui la place entre l'Embouchure du Granique & la Ville Parium. Pline [h] lui donne la même position. C'étoit une Ville Maritime qui tiroit son nom du Dieu Priape qu'on y adoroit.

[g] *Lib. 13. p. 587.*
[h] *Lib. 4. c. 12. & lib. 5. c. 32.*

2. PRIAPUS, Isle d'Asie, aux environs de l'Ionie, selon Pline [i].

[i] *Lib. 5. c.*

PRIATICUS-CAMPUS, Canton de la Thrace. Voyez BRIANTICA. [31.]

PRIBUS. Voyez PRYBUS.

PRIDANICA, Bourgade d'Allemagne, dans la Carniole, sur la Riviére de Gurck, vers le Lac de Czernick. Molet prend ce Lieu pour le *Prætorium-Latobicorum* des Anciens.

PRIENÆ, Ville de la Bithynie. Il en est parlé dans le sixième Concile de Constantinople.

PRIENE, Ville de l'Asie Mineure, dans l'Ionie, & bâtie en même tems que Myunte, comme on le peut voir dans Pausanias [k]. Hérodote [l] la place dans la Carie, où la met pareillement Ptolomée; ce qui ne fait pas une difficulté, puisqu'Hérodote met parmi les Villes de l'Ionie toutes celles de la Carie. Mais on ne peut passer à Ptolomée de l'avoir placée dans les Terres. Tous les autres Géographes la mettent sur le bord de la Mer, ou du moins près de la Côte. Le Périple de Scylax donne deux Ports aux Habitans de Priene, & de ces deux Ports il y en avoit un qui étoit fermé. Pausanias [m] parle de la Mer qui étoit entre Milet & Priene; & Denys le Périégéte [n] dit que le Méandre se jettoit dans la Mer entre ces deux Villes:

[k] *Achaic. c. 2.*
[l] *Lib. 1. n. 142.*
[m] *Arcad. c. 24.*
[n] *Vers 825.*

*Miletum inter & spatiosam Prienem.*

Strabon [o] s'explique de la même maniére: *Post Mæandri ostia*, dit-il, *est prienense litus: supra quod ipsa Priene & Mons Mycale*. Par le mot *supra* il semble que Priene étoit dans les terres; mais elle ne pouvoit pas être beaucoup éloignée du rivage, puisqu'elle étoit bâtie au pied de la Montagne Mycale, que tous les Géographes placent proche de la Côte. Bias l'un des sept Sages de la Gréce étoit de Priene. Outre les témoignages de Strabon & de Diogène Laërce, nous avons celui de Cicéron, qui fait l'Eloge de ce grand homme dans son premier Paradoxe.

[o] *Lib. 14.*

PRIE'RES, Abbaye de France dans la Bretagne, au Diocèse de Vannes, sur le bord de la Mer, près de l'Embouchure de la

PRI.  PRI.  485

*a Piganiol,* la Riviére de Vilaine [a], dans la Paroiſſe de Bélair, que par corruption on nomme aujourd'hui *Biliers.* D'Argentré, dans ſon Hiſtoire de Bretagne, dit que cette Abbaye fut bâtie en 1280. pour faire prier Dieu pour le repos des Ames de ceux qui faiſoient naufrage ſur les Côtes voiſines. Mais cet Hiſtorien ſe trompe ſur l'année de la fondation; car il eſt certain qu'on commença à bâtir cette Abbaye en 1250. & qu'en 1252. les Bâtimens étoient achevez, comme il paroît par les Chartes rapportées dans la France Chrétienne de Mrs. de Sainte-Marthe. C'eſt Jean I. Duc de Bretagne qui en fut le Fondateur; & l'Acte de fondation eſt du mois de Novembre 1252.

[a] *Deſcr. de la France,* t. 5. p. 148.

PRILLAPUM, Lieu fortifié dans la Thrace, ou dans la Bulgarie, ſelon Ortelius [b] qui cite Glycas, Gregoras & Cédréne. Il ajoute, que dans la Carte de la Gréce par Caſtald, ce Lieu eſt appellée PRILEPPO.

[b] *Theſaur.*

PRILLIS, Lac d'Italie dans la Toſcane, appellé aujourd'hui il Lago de Caſtiglione. Voyez au mot CASTIGLIONE l'Article LAGO-DI-CASTIGLIONE. C'eſt le même Lac que l'Itinéraire d'Antonin appelle A-PRILIS-LACUS. Cicéron dans ſon Oraiſon pour Milon nomme ce Lac *Lacus Prelius.* Quelques Exemplaires néanmoins portent *Lacu Pretio,* & d'autres *Lacu Perelio*; mais Cluvier [c] dit que Cicéron a écrit *Lacu Prelio,* & que de ſon tems les Romains donnoient ce Lac le nom de *Lacus Prelius.* Du tems de Pline [d] on diſoit *Prillis* ou *Prilis*; depuis quelqu'un s'étant ſans doute imaginé quelque rapport entre ce Lac & le Mois d'Avril on a écrit *Aprilis,* a-moins que ce changement ne ſoit venu de l'ignorance ou de la négligence des Copiſtes. Voyez la remarque de Cluvier [e] ſur le nom PRILLE que Pline donne à ce Lac. Je me contenterai de remarquer ici que l'Iſle que Cicéron [f] dit être dans le Lac *Prelius* ou *Prillis,* s'y trouve encore aujourd'hui. Elle eſt vis-à-vis la Ville Caſtiglione.

[c] *Ital. Antiq. lib.* 2. p. 474.
[d] *Lib.* 3. c. 5.
[e] *Ital. Antiq. lib.* 2. p. 474.
[f] *Pro Milone.*

1. PRIMA, Ville d'Egypte, dans la Thébaïde, ſelon Ortelius [g] qui cite les Extraits d'Olympiodore, faits pas Foſſius [h].

[g] *Theſaur.*
[h] *Cod.* 8.

2. PRIMA. Voyez PROTE.

PRIMA-JUSTINIANA, Nom que donna l'Empereur Juſtinien à une Ville appellée auparavant *Achrydus,* ſelon Nicéphore Calliſte [i].

[i] *Lib.* 17. c. 28.

PRIMARO. Voyez au mot PORTO l'Article PORTO-PRIMARO.

PRIMEL, Paroiſſe de France, dans le Berry, Election d'Iſſoudun. Un Gentilhomme de la Province de Berry donna la Seigneurie de cette Paroiſſe à Ste. Bertoard, Abbeſſe de Notre-Dame des Sales, dans le tems que cette Abbaye étoit encore occupée par des Filles, la dixiéme année du Regne du Roi Gontran.

PRIMIS. Voyez PRIMNIS.

PRIMNIS, Ville de l'Ethiopie ſous l'Egypte, ſelon Pline [k], qui dans un autre endroit écrit PRIMIS. Ptolomée [l] écrit auſſi PRIMIS, lui donne le ſurnom de *Grande,* & la met ſur le bord Oriental du Nil après *Pſeolis.* Il y a apparence que c'eſt la même Ville que Strabon [m] appelle PREMNIS, & c'eſt ſelon le Pere Hardouin la Prima d'Olympiodore.

[k] *Lib.* 6. c. 29.
[l] *Lib.* 4. c. 7.
[m] *Lib.* 17. p. 820.

PRIMNESIENSES. Voyez PRYMNESIA.

PRIMOPOLIS, Siège Epiſcopal, dont fait mention le Concile de Chalcédoine. Il paroît que ce Siège étoit dans l'Aſie Mineure. C'eſt du moins le ſentiment d'Ortelius [n].

[n] *Theſaur.*

PRIMORIA-INFERIORE, Contrée de la Dalmatie [o], ſous l'obéïſſance des Vénitiens; elle s'étend le long de la Riviére Cettina, qui la borne à l'Orient & au Nord. Elle a au Midi le Canal de Brazza, & à l'Occident la Terre de Cliſſa.

[o] *Coronelli,* Carte de la Dalmatie.

PRIMORIA SUPERIORE, Contrée de la Dalmatie [p]. Elle eſt ſituée le long du Canal de Brazza, & de celui de Lieſina, depuis la Riviére Cettina juſqu'auprès de Porto Tolaro; mais elle n'avance pas beaucoup dans les terres, étant bornée par les Provinces Radobiglia & Zagold.

[p] *Ibid.*

PRIMULIACUM, Lieu de la Gaule où St. Sulpice Sévére avoit bâti une Egliſe, ſelon St. Paulin dans ſa onziéme Lettre au même Sulpice Sévére. Mr. Baillet dans ſa Topographie des Saints [q] dit que Primuliacum eſt le Mont-Primlau en Aquitaine.

[q] *Pag.* 649.

PRIMASSUS, Ville de l'Aſie Mineure. Polybe [r] dit que le Roi Philippe la prit par Stratagême.

[r] *Lib.* 16. c. 10.

PRINCESSE (la) petite Riviére de l'Amérique Septentrionale. Elle eſt remplie de roſeaux & ſe jette dans la Riviére aux Vaches.

PRINCIPAUTÉ-CITERIEURE, Province d'Italie au Royaume de Naples. Elle faiſoit autrefois partie de la Principauté de Capoue, & aujourd'hui elle fait partie de la Terre de Labour. Elle eſt ſituée le long de la Mer qui la borne au Midi & à l'Occident; entre la Principauté Ultérieure au Nord, & la Baſilicate à l'Orient. Sa largeur du Nord au Sud eſt d'environ cinquante milles, & ſa longueur du Nord-Oueſt au Sud-Eſt de ſoixante & quinze milles, ſes principaux Lieux ſont:

| | |
|---|---|
| Salerne, | Campagna, |
| Cava, | Evoli |
| Minuri ou Minori, | Cagiano, |
| | Satriano, |
| Amalfi, | Marſico, ou Marſio Nuovo, |
| Scala, | |
| Ravello, | Policaſtro, |
| Lettere, | Le Cap de Palinure, |
| Nocera, | Caſtellamare-della- |
| Sarno, | Brucca, |

PRINCIPAUTÉ-ULTERIEURE, Province d'Italie, au Royaume de Naples. Elle faiſoit autrefois, comme la Principauté-Citérieure, partie de la Principauté de Capoue. Elle peut avoir du Nord au Sud environ trente milles & près de cinquante milles de l'Eſt à l'Oueſt. Ses bornes ſont au Septentrion le Comté de Moliſſe & la Capitanate; la Principauté Citérieure au Midi; la même Capitanate &

& la Bafilicate à l'Orient; & la Terre de Labour propre à l'Occident. Ses principaux Lieux font:

Benevent,
Monte-Foscolo,
Ariano,
Trevico ou Vico, della Baronia,
Cedogna,
Bifaccia,
Monte-Verde,
Sant-Angelo de Lombardi,
Fricenti,
Nufco,
Conza,
Volturara,
Tripaldi ou Tripalda.

PRINCIPIS-INSULA, Ifle de la Propontide. Il en eft parlé dans les Conftitutions de l'Empereur Emanuel Comnène, & Ortelius [a], qui cite Nicétas, dit qu'elle étoit voifine de Conftantinople.

[a] Thefaur.

PRINISTA, Ville dont il eft fait mention dans les Conftitutions des Empereurs d'Orient. Ne feroit-ce point, dit Ortelius [b] la même que PRONISTA?

[b] Ibid.

PRENISTUM. Voyez PRÆNESTE.

PRINON, Lieu de l'Arcadie, felon Paufanias [c].

[c] Lib. 8. c. 6.

PRINOESSA, Ifle fur la Côte de l'Epire: Pline [d] la met au devant de l'Ifle Leucade.

[d] Lib. 4. c. 12.

PRIOLA, Ville qu'Etienne le Géographe place au voifinage d'Héraclée; mais il y a au bien des Villes nommées Héraclée; c'eft l'embarras.

PRION. Voyez PRIUM.

1. PRIONOTUS, Montagne d'Ethiopie fous l'Egypte. Elle étoit felon Ptolomée [e] au voifinage du Promontoire Bazium.

[e] Lib. 4. c. 7.

2. PRIONOTUS, Montagne de l'Arabie Heureufe: Ptolomée [f] la place au Pays des Adramites, entre le Village Mætbath, & l'Embouchure du Fleuve Prion.

[f] Lib. 6. c. 7.

PRIOTISSA, ou CASTEL PRIOTISA, ou PRIOTIZA [g], Bourgade de l'Ifle de Candie, fur la Côte Méridionale de l'Ifle, entre le Cap de Pirono & celui de Malata, à l'embouchure du Fleuve Malogniti à la gauche. Quelques-uns croient que c'eft l'ancienne Plychium. Voyez ce mot.

[g] Corneille, Carte de l'Ifle de Candie.

PRIPET. Voyez PRZYPIECZ.

1. PRISCINIACUM, aujourd'hui PRESSIGNY, ou plutôt PERSIEU, Lieu dans le Lyonnois, fur les Limites du Mâconnois, ou plutôt de la Breffe & de la Souveraineté de Dombes [h], près de la Riviére de Chalarine & du Ruiffeau de Bief ou Bieu. C'eft le Lieu de l'Affaffinat de St. Didier de Vienne. D'autres prétendent que le PRISCINIACUM eft préfentement Brinais, fur la Riviére de Garon, au delà de Lyon, mais l'Hiftoire du Saint y eft contraire.

[h] Baillet, Topogr. des Saints, p. 649.

2. PRISCINIACUM, aujourd'hui PRESCIGNY [i], Village & Solitude en France, dans le Berry, fur le Cher, près du Confluent de la Saudre. C'eft le Lieu de la retraite de Saint Eufice.

[i] Ibid.

3. PRISCINIACUM, Lieu de France dans la Touraine, felon Ortelius [k] qui cite la Vie de St. Nicot.

[k] Thefaur.

4. PRISCINIACUM AD CALORNAM. Voyez PRISCINIACUM N°. I.

☞ 1. PRISDENE, Mr. Corneille qui cite Davity, dit que PRISDENE eft une Ville de Servie, fur le Lac d'Erzire & que c'eft le Pays de l'Empereur Juftinien. Autant de fautes que de mots. On voit bien que par Prisdene Mr. Corneille ou plutôt Davity fon guide entend PRISREND, Ville qui porta le nom de l'Empereur Juftinien, & par le Lac d'Erzire il veut parler du Lac d'Ocrida. Mais Prisrend n'eft point fur un Lac, & le Lac d'Ocrida n'eft point dans la Servie, d'ailleurs Prifrend n'étoit point la Patrie de Juftinien. Voilà l'affaire. Davity voyant une Ville de la Servie qui portoit le nom de l'Empereur Juftinien a jugé fans autre examen que c'étoit la Patrie de ce Prince; & comme il favoit que la Patrie de Juftinien étoit proche du Lac d'Ocrida autrefois Lychnidus, il a tranfporté ce Lac dans la Servie, & ainfi de deux Lieux bien différens il n'en a fait qu'un. Mr. Corneille a fait pis; car après avoir adopté les fautes de Davity, il va prendre encore dans Maty une Ville de Prisrendi, & en fait un Article différent de celle de Prisdene. Voici ce qu'il faloit dire pour parler jufte:

2. PRISDENE, PRISREND ou PRISRENDI, Ville des Etats du Turc en Europe [l], aux confins, de la Servie, de la Macédoine & de la Haute-Albanie, dans l'endroit où le Drin Blanc reçoit une petite Riviére qui vient des Montagnes voifines du côté de l'Orient. Les Anciens la nommoient ULPIANUM ou ULPIANA-URBS, & quand l'Empereur Juftinien l'eut rétablie il lui donna fon nom, & l'appela JUSTINIANA SECUNDA. Voyez ULPIANUM. A l'Egard de la Patrie de l'Empereur Juftinien, ce n'eft pas à Ulpianum, Juftinienne feconde, ou Prisrend qu'il faut la chercher, mais plus bas fur le Drillo, aujourd'hui le Drin-Noir, dans l'endroit où étoit la Ville nommée Taurefium. C'eft de cette Ville Taurefium que ce Prince tiroit fa naiffance, comme nous l'apprend Procope [m] au quatriéme Livre des Edifices. Voyez TAURESIUM.

[l] De l'Ifle Atlas.
[m] Cap. 1.

PRISDRIANA, Ville aux environs de la Bulgarie, felon Ortelius [n] qui cite Curopalate. Je ferois fort tenté de croire que Prisdriana eft la Ville de Servie qu'on appelle aujourd'hui Prisrend. La Bulgarie s'eft étendue autrefois jufque-là & même bien au delà.

[n] Thefaur.

PRISREND. Voyez PRISDENE, & PRISDRIANA.

PRISTA, Ville de la Seconde Mœfie. Il en eft parlé dans la Notice des Dignitez de l'Empire [o]. Voyez l'Article TIRISTA.

[o] Sect. 29.

PRISTINA, ou PRESTINA, Ville des Etats du Turc en Europe [p], dans la partie Orientale de la Servie, aux confins de la Bulgarie.

[p] De l'Ifle Atlas.

PRISTHLABA. Voyez OGYGIA.

PRITZWALCK, ou PREUTZWALCK, Bourgade d'Allemagne dans la Marche de Brandebourg, au Comté de Priegnitz, environ à quatre milles d'Allemagne à l'Orient de Parlberg.

PRIVAS, petite Ville de France, dans le

le Vivarais, environ à trois lieues au Nord du Pas Daleyrou, près de la jonction de deux petites Riviéres, qui à trois lieues de là vont se jetter dans le Rhône. Elle s'est rendue fameuse [a] par la hardiesse qu'elle eut le Siècle passé de soutenir un Siège où le Roi Louis XIII. étoit en personne. C'étoit la retraite des Huguenots du Vivarez. Cette Ville, qui avoit été donnée à la fameuse Diane de Poitiers, est possédée avec son Domaine par des Seigneurs particuliers qui ont la Justice du Lieu. Il s'y fait un grand commerce de Cuirs, & il y a quelques Manufactures de laine.

[a] Corn. Dict.

PRIVATUM, ou PRIVATENSIS, Siège Episcopal d'Afrique, dans la Mauritanie Sitifense. La Notice Episcopale d'Afrique nomme l'Evêque de ce Lieu *Adeodatus*.

PRIVERNUM, Ville d'Italie dans le Latium, au Pays des Volsques, au voisinage des Palus Pontines, à quelques lieues de la Mer sur le bord du Fleuve *Amasenus*. Virgile parle de cette Ville dans son Enéide [b]; & il nous apprend qu'elle étoit ancienne [c]:

[b] Æneid. lib. 9. v. 576.
[c] Ibid. lib. 11. v. 539.

*Pulsus ob invidiam regno, viresque superbas;*
*Priverno antiqua Metabus cum excederet Urbe.*

Tite-Live [d] appelle les Habitans *Privernates*; & Pline [e] nomme les *Vins* qui croissoient aux environs *Privernatia Vina*. *Privernum* est mise par Frontin au nombre des Colonies Romaines.

[d] Lib. 8. c. 21.
[e] Lib. 14. c. 6.

1. PRION, Fleuve de l'Arabie Heureuse: Ptolomée [f] le place dans le Pays des Adramites au voisinage du Mont *Prionotus*. Quelques Cartes Modernes nomment ce Fleuve *Prim*.

[f] Lib. 6. c. 7.

2. PRION, Fleuve de l'Inde, selon Etienne le Géographe, qui le met dans le Pays des Chadramotites.

3. PRION, Nom d'une Montagne, que Pline [g] dit être dans l'Isle de Ceos.

[g] Lib. 5. c. 31.

4. PRION, Colline au voisinage de la Ville d'Ephèse: Strabon [h] dit qu'on la nommoit aussi LEPREACTA. Elle commandoit la Ville selon la Remarque de Casaubon sur cet endroit de Strabon.

[h] Lib. 14. p. 634.

5. PRION, Lieu d'Afrique au voisinage de Carthage selon Polybe [i].

[i] Lib. 1. No. 85.

6. PRION, Lieu de l'Asie propre, près de la Ville de Sardis. Polybe [k] nous apprend que c'étoit une Colline qui joignoit la Citadelle avec la Ville.

[k] Lib. 7. No. 4.

PRIZI, petite Ville de Sicile, dans le Val de Mazzara [l], au milieu des terres sur une hauteur, à la source du Fleuve Termini, à l'Occident de *Castro-Novo*. Elle a titre de Baronnie.

[l] De l'Isle, Atlas.

PROANA, Ville de Thessalie, selon Etienne le Géographe.

PROBAC, Ville d'Allemagne, la derniére des Etats du Landgrave de Hesse [m], pour ceux qui y viennent de Mayence. On y voit un assez bon Château qu'on appelle Mallebourg, & qui est bon seulement pour le coup de main.

[m] Corn. Dict. sur les Mém. & Plans Géogr. 1698.

PROBALINTHUS, Lieu de l'Attique, selon Pline [n] & Strabon [o]: Etienne le Géographe en fait un Municipe de la Tribu Pandionide; & c'étoit selon Mr. Spon une Ville Maritime de cette même Tribu du côté de Marathon, & une des quatre plus anciennes Villes de l'Attique. Celui qui étoit de ce Lieu, ajoute-t-il, se nommoit aussi-bien Probalisios que Probalinthios, quoique veuille prononcer là-dessus le savant Meursius; car les Marbres nous en font foi. Hors d'Athènes, dans une Chapelle de St. George, proche du Monastère Asomato, on voit l'Inscription suivante:

[n] Lib. 4. c. 7.
[o] Lib. 8. p. 383. & lib. 9. p. 389.

ΕΡΜΟΚΛΗΣ
ΕΡΜΟΓΕΝΟΥ
ΠΡΟΒΑΛΙΣΙΟΣ

Et à Salamine dans l'Eglise Panagia d'Ampelaki on lit celle-ci:

ΘΕΟΦΙΛΟΣ ΦΙΛΙΣΤΙΔΟΥ ΠΡΟΒΑΛΙΣΙΟΣ
ΔΙΟΚΕΙΑ ΑΡΧΕΒΙΟΥ
ΣΚΑΜΒΟΝΙΔΟΥ ΘΥΓΑΤΗΡ
ΦΙΛΙΣΤΙΔΗΣ ΘΕΟΦΙΛΟΥ ΠΡΟΒΑΛΙΣΙΟΣ

C'est-à-dire: *Théophile fils de Philistides de Probalinthus, Diocleia fille d'Archebius de Scambonidæ, Philistides fils de Théophile de Probalinthus.*

PROBALISUS. Voyez PROBALINTHUS.

PROBATIA, Riviére de Bœotie. Elle venoit de Lebadia, selon Théophraste [p], qui ajoute qu'on y cueilloit les meilleurs roseaux.

[p] Hist. Plant. lib. 4.

PROBATUM, Lieu fortifié, dans la Thrace, sur le bord de la Riviére de Saint Grégoire, selon Ortelius [q] qui cite l'Histoire Miscellanée [r].

[q] Thesaur.
[r] Lib. 23. & 24.

PROCAVUS, Montagne d'Italie dans la Ligurie, aux environs de Gênes: Ortelius [s] cite en preuve une ancienne Inscription que l'on conserve dans la Ville de Gênes.

[s] Thesaur.

PROCERASTIS, Nom que Pline [t] dit qu'on donnoit anciennement à la Ville de Chalcédoine.

[t] Lib. 5. c. 32.

PROCHONE. Voyez PROCONNESUS.

PROCHONIXUS. Voyez GORDUM.

PROCHYTA, Isle de la Mer de Tyrrhène, dans le Golphe de Naples près de l'Isle Ænaria, dont Pline [u] dit qu'elle avoit été séparée, sans doute par un tremblement de terre. Quelques-uns écrivent *Porchyte* au lieu de *Porchyta*. Ovide, Silius Italicus, Pomponius-Mela, Strabon, Ptolomée, & la plûpart des autres Anciens font mention de cette Isle. Elle conserve encore son ancien nom; car on l'appelle aujourd'hui PROCITA. Voyez ce mot.

[u] Lib. 2. c. 88.

1. PROCITA, ou PROCIDA, Isle sur la Côte d'Italie, dans le Golphe de Naples, environ à une bonne demi-lieue vers l'Est-Nord-Est du Château d'Ischia, & à moitié chemin de l'Isle d'Ischia au Cap de la Mesa, qui fait le commencement du Golphe de Naples. Cette Isle est de moyenne hauteur. Le terrein en est très-fertile & on y voit de superbes Palais avec beaucoup de Maisons de Plaisance, & plusieurs Antiquitez remarquables [x]. On lui donne huit à neuf milles de circuit, & l'on y trouve un certain nom-

[x] Michelot, Port. de la Médit. p. 115.

nombre de Calangues, où l'on pourroit mouiller dans un besoin. Du côté de l'Isle d'Ischia, il y a une petite Isle, fort haute, sur laquelle est une Tour de Garde. Cette Isle n'est séparée de celle de Procita que de l'espace qu'occupe un Batteau. On peut passer avec des Vaisseaux & des Galéres entre le Château d'Ischia & cette petite Isle. Il y a douze, quinze & vingt brasses d'eau; mais il faut ranger le Château, y ayant sept à huit brasses tout auprès. On évite ainsi un petit banc de roches, sous l'eau, environ à six cens toises au Nord-Ouest de cette petite Isle, & sur lequel il n'y a que quatre à cinq pieds d'eau. On pourroit dans un besoin passer entre ce banc de roches & l'Isle où est la Tour de Garde, rangeant du côté de l'Isle, où on trouve cinq à six brasses; mais le plus sûr est de passer à un tiers de chemin du Château à cette Isle, n'y ayant rien à craindre. Entre cette Isle & celle de Procita, il y a un grand espace, au milieu duquel on pourroit mouiller par quatre à cinq brasses d'eau fond de sable & d'herbe. On y est à couvert de plusieurs Vents le long de la Plage: il n'y a que le Sud & le Sud-Est qui y donnent à plain. Depuis cette Isle, venant du côté du Nord, jusqu'à la pointe de Chiopatre, qui est celle du Nord-Ouest de Procita, il y a environ trois milles: entre les deux on trouve un peu d'enfoncement, & une Plage qu'on appelle la Queolle, dans laquelle on peut aussi mouiller, & où l'on est à couvert des Vents de Nord-Est, Sud, & Sud-Ouest. Il y a quatre à cinq brasses d'eau fond d'herbe vaseux. Mais depuis cette Plage jusqu'à la pointe de Chiopatre, il y a plusieurs roches sous l'eau, à plus de trois longueurs de Cable au large. Du côté du Sud-Est de l'Isle de Procita, il y a aussi plusieurs Ances & Calangues de sable, où on pourroit mouiller dans un besoin, avec les Vents d'Ouest-Nord-Ouest & Nord. On ne doit pas craindre de ranger la Côte de ce côté-là; car il y a une grande profondeur d'eau même près de terre.

De la pointe du Nord-Ouest de l'Isle de Procita, à la pointe du Sud-Est, il y a environ une demi-lieue: entre deux on a un peu d'enfoncement & une Plage où l'on peut mouiller par quatre, cinq, à six brasses d'eau, fond d'herbe vaseux. Tout le long de cette Plage il y a plusieurs grandes Maisons, des Palais à l'antique, & une Eglise avec un grand nombre de Villages le long de la Mer. Cette Isle est extrêmement peuplée. Il y a plusieurs Villages au dessous de la Ville de Procita, & du côté du Sud-Est sur-tout, il y en a un fort considérable sur le bord d'une Plage.

*Ibid.*

2. PROCITA, Ville d'Italie dans l'Isle qui lui donne son nom. Elle est située [a] sur l'extrémité de la pointe du Sud-Est de l'Isle de Procita. C'est une petite Place, entourée de fortifications assez bonnes, quoique antiques; mais ce qui fait sa plus grande force, c'est sa situation avantageuse sur une pointe haute & fort escarpée vers la Mer. Au pied de la Pointe sur laquelle la Ville de Procita est bâtie, & qu'on appelle Pointe d'Aleme, il y a quelques rochers hors de l'eau à deux longueurs de Cable loin de terre; mais tout auprès il y a trois brasses d'eau. Lorsqu'on veut mouiller du côté du Nord-Est de cette Isle sous la Ville, il ne faut pas s'approcher à plus d'un quart de lieue de la Plage, parce qu'il n'y a pas beaucoup d'eau. On doit rester sur une ancre, à moins qu'on ne veuille s'affourcher sur deux. On y est fort bien pour les Vents depuis le Sud-Est-Sud, jusqu'au Sud-Ouest. Il y a à craindre du Nord & du Nord-Est qui y donnent à plain.

PROCLAIS, Selon Ptolomée [b] & PROCLIS selon Arrien dans son Périple de la Mer Rouge [c]. C'est une Ville de l'Inde en deçà du Gange. [b] Lib. 7. c. 1. [c] Pag. 27. & 28.

PROCLE, Ville de Lydie, selon Etienne le Géographe.

PROCLI-VALLUM. Voyez PATROCLI-INSULA.

PROCLIAN. Voyez SCARDONIUS-LACUS.

PROCLIS. Voyez PROCLAIS.

PROCLONIUM, Lieu de la Thessalie, selon Ortelius [d] qui cite Hesyche. [d] Thesaur.

PROCOBERA. Voyez PORCIFERA.

PROCOLITIA, Ville de la Grande-Bretagne. Il en est parlé dans la Notice des Dignitez de l'Empire [e]; & Camden juge que c'est présentement COLECESTER dans le Northumberland. [e] Sect. 65.

PROCONNESUS, Isle de la Propontide, vis-à-vis de Cyzique: Pline [f] dit qu'on l'appelloit aussi ELAPHONNESUS & NEVRIS. Le Périple de Scylax [g] paroît d'abord contredire ce témoignage, en ce qu'il fait de Proconnesus une Isle différente de celle d'Elaphonnerus; mais Strabon [h] leve la difficulté, en nous apprenant qu'il y avoit deux Isles PROCONNESUS, l'une surnommée la nouvelle & l'autre l'ancienne, & séparées sans doute par un petit Canal. C'est de ces Isles qu'on tiroit le Marbre appellé le Marbre de Cyzique. [f] Lib. 5. c. 32. [g] Pag. 33. [h] Lib. 13. p. 588.

PROCOPIA. Busbec donne ce nom à la Chersonnése Taurique; mais je crains dit Ortelius [i] qu'il n'y ait dans ce mot quelque faute d'Imprimeur. Peut-être, ajoute-t-il, faut-il lire PRECOPIA de PRECOP, nom que l'on a donné à l'Isthme de la Chersonnése Taurique & à la Ville qui y est située. Herberstein [k] est de même sentiment. [i] Thesaur. [k] De rebus Moscovit.

PROCOPIAS, Nom de Lieu dont il est fait mention sur une Médaille de l'Empereur Hadrien, rapportée dans le Trésor de Goltzius, & Ortelius [l] remarque que Felix Petancius fait mention d'un Lieu qu'il appelle *Magna Villa Propopiana*, qui pourroit être la même chose. [l] Thesaur.

1. PROCRUSTES, Lieu qu'il semble que Plutarque [m] mette au voisinage d'Athènes. [m] In Romulo.

2. PROCRUSTES, Peuples Barbares dont parle Sidonius Apollinaris dans le Panégyrique de Majoranus.

PROCURI, Ville de l'Isle de Taprobane: Ptolomée [n] la place sur le grand rivage & dit qu'elle étoit située sur un Promontoire. [n] Lib. 7. c. 4.

**PRODANO**, Prodeno, ou Prodino, Ifle fur la Côte Occidentale de la Morée, dans le Golphe de Zonchio. Elle s'étend du Nord au Sud, depuis l'Embouchure du Fleuve Gardia ou Selas jusqu'à la hauteur du Vieux Navarin.

**PROECONNESUS**. Voyez Proconnesus.

**PROERNA**, Ville de la Phthiotide, felon Strabon [a]. Il paroît par un paffage de Tite-Live [b] qu'elle étoit aux environs des Thermopyles. Voyez Proarna.

[a] Lib. 9. p. 434.
[b] Lib. 36. c. 14.

**PROFUNDUS-PORTUS**: Diodore de Sicile [c] donne ce nom à un Port voifin de la Bœotie.

[c] Lib. 19.

**PROFASIA**, Ville de l'Afie Mineure dans la Lydie, felon Etienne le Géographe.

**PROGNE'**, Ifle que Pline [d] met aux environs de celle de Rhodes. Le nom de Progné lui avoit été donné à caufe de la quantité d'Hirondelles qu'on y voyoit.

[d] Lib. 5. c. 31.

☞ **PROJECTION**, nom fubftantif feminin. J'entends par projection en Géographie la Courbure des Méridiens, felon laquelle ces Lignes fe rapprochent l'une de l'autre à mefure qu'elles s'écartent de l'Equateur, pour s'approcher de l'un ou de l'autre des deux Poles. Ceux qui auront lu avec attention ce que j'ai dit aux mots Equateur, Méridien & Parallele, n'auront pas de peine à comprendre que l'Equateur eft un Cercle perpendiculaire à un Axe, que l'on fuppofe paffer par le Centre de la Terre, & par les deux Poles. Par conféquent chaque point de l'Equateur eft à égale diftance du point central de de chaque Pole. Donc toutes les lignes droites que l'on peut tirer de l'Equateur à ce point central font égales. Cela eft exactement vrai fur un Globe fait avec une extrême juftelle. Il n'en eft pas de même de la Mappemonde, & des Cartes tant Générales que Particuliéres pour peu qu'elles contiennent un Pays un peu grand. C'eft l'ufage que dans les Cartes, le Méridien du milieu eft droit. Les autres ont une inclinaifon, vers lui à proportion de leur éloignement de l'Equateur. L'Optique demande ce changement. Comme toutes ces lignes font terminées par deux parallèles, il s'enfuit que la ligne droite, qui eft celle du milieu, eft plus courte que toutes celles qui font des deux autres côtez, puifqu'elles font courbes. Cela n'a pas befoin d'être prouvé.

Sur l'Equateur qui eft de trois cens foixante degrez, il eft libre de marquer chacun de ces degrez féparément, ou de ne les marquer que de dix en dix, pour ne pas faire un Hemifphere trop noir, & trop confus. Or que du point final de chaque dixième degré de l'Equateur, on tire une ligne jufqu'au point central du Pole, il arrivera que chaque efpace enfermé entre ces lignes, fera un triangle, dont le côté commun avec l'Equateur fera de dix degrez, les deux autres côtez chacun de nonante degrez fe termineront à un point qui eft le Pole, felon la fuppofition faite. Il y a donc depuis l'Equateur jufqu'au Pole une diminution progreffive dans chacun de ces triangles. Ce rapprochement des deux Méridiens, comme je viens de dire, eft égal dans la réalité & fur le Globe; mais l'Optique demande que le Méridien du milieu d'une Carte etant une ligne droite, le rapprochement des autres lignes ne fe faffe que par une courbure, que l'œil leur prête en cette occafion, & c'eft ce rapprochement que nous appellons ici projection.

Cette projection doit être très-exacte, fans quoi la Carte eft très-vicieufe. Pour entendre la proportion que cette diminution doit avoir depuis l'Equateur jufqu'au Pole, il faut fe fouvenir de ce que nous avons dit ailleurs, que chaque Cercle grand ou petit fe divife en 360. degrez. Cela eft commun à tous les Cercles quelconques. Cela pofé, il s'enfuit que fi un grand Cercle, & un petit font également divifez, les divifions du grand feront plus grandes que les divifions du petit; à proportion de la différence totale qu'il y a entre les deux Cercles. Quoique l'Equateur foit plus grand que tous les parallèles qui font entre lui & les Poles, on ne laiffe pas de les divifer tous également chacun en trois cens foixante degrez. Il faut donc qu'un degré de l'Equateur foit plus grand que celui du parallèle qui fuit, & celui-ci plus grand que celui qui le fuit immédiatement & ainfi à proportion jufqu'au Pole, où les 360. d. font réduits à un feul point.

Pour trouver cette proportion, on divife chaque degré de l'Equateur en foixante minutes, & chaque minute en foixante fecondes, & chaque feconde en foixante autres parties, mais cette extrême précifion ne feroit prefque d'aucune utilité, & l'attention qu'on y fairoit ne produiroit qu'une exactitude embaraffante, dont l'effet ne feroit prefque pas fenfible dans la pratique. Cependant pour la fatisfaction de ceux qui aiment ces Calculs rigoureux, je les mettrai dans la Table qui fuit dans ce même Article.

J'ai dit qu'un petit Cercle a autant de degrez qu'un grand; & que chacun de fes degrez a le même nombre de minutes, que chacune de fes minutes contient foixante fecondes, & ainfi du refte. Pour avoir une quantité qui ferve de mefure à toutes les autres, on prend un degré de l'Equateur, qui a, comme on vient de dire, foixante parties appellées minutes, & on applique ces minutes fur le parallèle fuivant de degré en degré. Il fe trouve alors que ces minutes ou foixantièmes parties, fuppofées toujours d'une grandeur connue & toujours la même, ne fe trouvent plus en même quantité dans chaque parallèle à mefure qu'on s'éloigne de l'Equateur. Mais comme les minutes ne fuffiroient pas pour exprimer cette diminution au jufte, on appelle au fecours les fecondes, & même les fecondes de fecondes. Il faut fe fouvenir, en étudiant cette Table, que les minutes, les fecondes, & les fecondes de fecondes font par-tout telles qu'elles font dans un degré de l'Equateur qui vaut foixante minutes;

car hors le cas pour lequel cette Table est faite, chaque parallèle a 360. d. & chacun de ses degrez a 60'. Il faut remarquer aussi que cette Table commence au premier degré de Latitude jusqu'au 90. qui est sous le Pole.

*TABLE où l'on voit les rapports d'un degré du plus grand Cercle avec les degrez de chaque parallèle depuis l'Equateur jusqu'au Pole*

| Degrez. | Minutes. | Secondes. | S. de S. |
|---|---|---|---|
| 1 | 59' | 59" | 27''' |
| 2 | 59 | 58 | 48 |
| 3 | 59 | 55 | 4 |
| 4 | 59 | 51 | 14 |
| 5 | 59 | 46 | 19 |
| 6 | 59 | 40 | 16 |
| 7 | 59 | 33 | 31 |
| 8 | 59 | 25 | 58 |
| 9 | 59 | 15 | 51 |
| 10 | 59 | 5 | 19 |
| 11 | 58 | 33 | 50 |
| 12 | 58 | 41 | 20 |
| 13 | 58 | 27 | 44 |
| 14 | 58 | 13 | 3 |
| 15 | 57 | 57 | 21 |
| 16 | 57 | 40 | 32 |
| 17 | 57 | 22 | 43 |
| 18 | 57 | 3 | 49 |
| 19 | 56 | 43 | 52 |
| 20 | 56 | 22 | 53 |
| 21 | 56 | 0 | 53 |
| 22 | 55 | 37 | 51 |
| 23 | 55 | 13 | 56 |
| 24 | 54 | 48 | 59 |
| 25 | 54 | 22 | 49 |
| 26 | 53 | 55 | 28 |
| 27 | 53 | 29 | 28 |
| 28 | 52 | 58 | 37 |
| 29 | 52 | 38 | 38 |
| 30 | 51 | 57 | 49 |
| 31 | 51 | 25 | 55 |
| 32 | 50 | 52 | 59 |
| 33 | 50 | 19 | 13 |
| 34 | 49 | 44 | 33 |
| 35 | 49 | 8 | 57 |
| 36 | 48 | 32 | 28 |
| 37 | 47 | 55 | 6 |
| 38 | 47 | 16 | 50 |
| 39 | 47 | 38 | 36 |
| 40 | 47 | 57 | 45 |
| 41 | 45 | 17 | 5 |
| 42 | 44 | 35 | 20 |
| 43 | 43 | 52 | 51 |
| 44 | 43 | 10 | 1 |
| 45 | 42 | 24 | 35 |
| 46 | 41 | 40 | 46 |
| 47 | 40 | 45 | 12 |
| 48 | 40 | 8 | 52 |
| 49 | 39 | 21 | 39 |
| 50 | 38 | 34 | 3 |
| 51 | 37 | 45 | 33 |
| 52 | 36 | 56 | 23 |
| 53 | 36 | 6 | 33 |
| 54 | 35 | 16 | 3 |
| 55 | 34 | 24 | 53 |
| 56 | 33 | 33 | 5 |
| 57 | 32 | 40 | 43 |
| 58 | 31 | 47 | 43 |
| 59 | 30 | 54 | 9 |
| 60 | 30 | 0 | 0 |
| 61 | 29 | 5 | 19 |
| 62 | 28 | 10 | 5 |
| 63 | 27 | 15 | 24 |
| 64 | 26 | 18 | 39 |
| 65 | 25 | 21 | 26 |
| 66 | 24 | 24 | 15 |
| 67 | 23 | 26 | 37 |
| 68 | 22 | 28 | 36 |
| 69 | 21 | 30 | 8 |
| 70 | 20 | 31 | 16 |
| 71 | 19 | 32 | 31 |
| 72 | 18 | 32 | 28 |
| 73 | 17 | 32 | 32 |
| 74 | 16 | 32 | 13 |
| 75 | 15 | 31 | 45 |
| 76 | 14 | 30 | 55 |
| 77 | 13 | 29 | 49 |
| 78 | 12 | 28 | 29 |
| 79 | 11 | 26 | 55 |
| 80 | 10 | 25 | 9 |
| 81 | 9 | 23 | 9 |
| 82 | 8 | 21 | 1 |
| 83 | 7 | 18 | 44 |
| 84 | 6 | 16 | 18 |
| 85 | 5 | 17 | 7 |
| 86 | 4 | 11 | 8 |
| 87 | 3 | 8 | 4 |
| 88 | 2 | 5 | 39 |
| 89 | 1 | 2 | 51 |
| 90 | 0 | 0 | 0 |

La Table commence au premier degré de l'Equateur, où commence la diminution, laquelle augmente son progrès jusqu'au Pole où la valeur d'un degré est Zero. La différence d'un degré de l'Equateur à un degré d'un parallèle pris à un degré de distance de ce grand Cercle, n'est que de 33'''. au-lieu que la différence du pénultième degré au dernier est 1'. 2". 51'''.

Il faut remarquer que plus une Carte contient de degrez de Latitude plus la projection y devient sensible. Elle ne l'est presque pas dans une Carte qui a moins de cinq de ces degrez.

Comme toute la Géographie de Ptolomée n'est qu'une description de Cartes, il a eu soin dans son huitième Livre de marquer le rapport qui se trouve entre les degrez du parallèle qui, comme on vient de voir, sont d'une grandeur inégale avec les degrez du Méridien, qui sont tous égaux

# PRO.

gaux & de même grandeur que les degrez de l'Equateur. Si l'on suppose, comme il a été dit, que le Méridien a des degrez toujours égaux & que le parallèle les a toujours plus petits à mesure qu'il approche de l'un des Poles, par cette proportion qui est entre les degrez d'un parallèle & ceux du Méridien, on peut juger du voisinage, ou de l'éloignement du Pole, à l'égard du Pays que la Carte représente. C'est ce que veulent dire ces mots si souvent employez dans le huitième Livre de la Géographie de Ptolomée: *medius ipsius parallelus rationem habet ad Meriadianum quam duo ad tria*, ou *quam tria ad quinque*. On voit bien que cet Auteur ne prend cette proportion que d'une manière générale sans fractions, & par conséquent son calcul est bien éloigné de la précision des Modernes; mais ce n'est point dans ce huitième Livre que les Géographes iront prendre les proportions de leurs Cartes; quoiqu'il contienne d'ailleurs des Remarques fort utiles & bien précieuses.

PROLAQUE, ou PROLAQUEUM, Lieu d'Italie: l'Itinéraire d'Antonin le met sur la Route de Rome à Ancone & de là à Brindes, en passant par le Picenum: il étoit entre *Dubii* & *Septempeda*, à huit milles du premier de ces Lieux & à quinze milles du second.

PROM, Ville des Indes [a], au Royaume d'Ava, sur le bord Oriental de la Rivière de Menamkiou, autrement la Rivière d'Ava. Elle a été ci-devant la Capitale d'un Royaume; mais le Roi d'Ava l'a soumise à son obéïssance.

[a] *De l'Isle, Atlas.*

PROMALEUM, Promontoire de la Laconie, selon Ortelius [b] qui cite Hesyche. Voyez MALEA.

[b] *Thesaur.*

PROMENTEAU, Bourg ou Village de la Touraine, selon Mr. Corneille [c]. C'est une faute. On dit Fromenteau & non Promenteau. Voyez au mot LOCHES où l'Article FROMENTEAU est traité.

[c] *Dict.*

PROMETHEI-ANTRUM, Caverne au milieu du Mont Caucase appellée *Paropamisus*, selon Diodore de Sicile [d].

[d] *Lib. 17.*

PROMETHEI-JUGA, ou PROMETHEI-CUBILE. Voyez CAUCASE.

PROMIUM, Village d'Italie, selon l'Itinéraire d'Antonin qui le place sur la Route de Milan à la Colonne, en passant par le Picenum: il étoit entre *Aternum* & *Sulmo*, à vingt-cinq milles de la première de ces Villes & à vingt-neuf milles de la seconde.

PROMONA, Ville de la Liburnie, selon Appien [e] qui dit que les Dalmates la leur enlevèrent. Ortelius veut que ce soit la Ville PRIAMUM de Strabon.

[e] *De Bel. Illyr. p. 762.*

PROMONTOIRE. Voyez l'Article CAP.

PRONÆ, Ville de la Thessalie. Démétrius la réduisit sous sa puissance, selon Diodore de Sicile [f].

[f] *Lib. 20.*

PRONÆI. Voyez PRONUS.

PRONASTÆ, Peuples de la Bœotie, selon Etienne le Géographe.

PRONEA. Voyez NEMESA.

PRONECTOS, Ville de Bithynie,

# PRO.

auprès de Drépane selon Etienne le Géographe. Ortelius croit que ce pourroit être la même Ville que PRÆNETUM. Voyez ce mot.

PRONESUS. Voyez PRONUS.
PRONETUM. Voyez PRÆNETUM.
PRONII. Voyez PRONUS.

PRONISTA, Nom que quelques-uns ont donné à la Montagne Brochotus. Voyez BROCHOTUS.

PRONOS, Montagne du Péloponnèse, dans l'Argie: Pausanias [g] la met près d'Hermione.

[g] *Lib. 2. c. 34.*

PRONUS, Lieu fortifié dans l'Isle de Céphalénie, selon Polybe [h]. Ortelius soupçonne que c'est le *Pronesus* de Strabon; & que les Habitans sont les *Pronii* de Lycophron: Outre qu'Isacius dit que ces PRONII sont des Peuples de l'Isle de Céphalénie, Thucydide [i] fait de PRONII une des quatre Villes de cette Isle. Il écrit pourtant PRONÆI pour PRONII.

[h] *Lib. 5.*
[i] *Lib. 2. p. 119.*

PROPALA, Ville de la Sicile, selon Etienne le Géographe.

PROPAXOS, Isle que l'Itinéraire d'Antonin [k] met entre la Sicile & l'Afrique.

[k] *Itin. Marit.*

PROPHETES (Rivière des); Rivière de l'Amérique Septentrionale, au Pays des Sioux.

PROPO, Isle d'Italie, dont l'Itinéraire d'Antonin parle en ces termes: *Insula Propo circa à Misedone de Campania, Stadia XXX*. Ortelius avertit qu'au lieu de Propo il faut lire PORCHYTA, & il donne l'honneur de cette remarque à Simler qui l'a faite avant lui. Voyez PORCHYTA.

PROPONTIS, en François Propontide: grand Golphe de la Mer, entre l'Hellespont & le Pont-Euxin, & qui communique à ces deux Mers par deux Détroits, l'un appellé le Détroit de l'Hellespont, & l'autre le Bosphore de Thrace. Jean Tzetzès [l] donne à la Propontide le nom de BEBRYCIUM-MARE, sans doute parce qu'elle baigne une partie considérable des Côtes de la Bithynie qui est la Bébrycie; elle est nommée THRACICUM-MARE par Antigonus. Le nom de Propontide [m] lui vient de ce qu'elle est devant la Mer-Noire appellée autrement le Pont, ou le Pont-Euxin. On l'a encore appellée MER-BLANCHE ou MER DE MARMARA. Le nom de Mer-Blanche lui a été donné par comparaison avec le Pont-Euxin, auquel on prétendoit que les fréquens naufrages & un Ciel presque toujours couvert avoient acquis le titre de Mer-Noire. Enfin les Isles de Marmara, qui sont environ neuf ou dix lieues avant dans cette Mer, lui font porter leur nom.

[l] *In Varia Hist.*
[m] *Grelos, Voy. de Constantinople, p. 33.*

Tout le circuit de la Propontide qui est d'environ cent soixante lieues se trouve renfermé entre le trente-huitième & le quarante & unième degré de Latitude Septentrionale, & entre le cinquante-cinquième & le cinquante-huitième degré de Longitude ou environ. On peut juger par cette situation que la Propontide est dans un Climat fort tempéré, qui ne se ressent en rien des glaces cruelles du Septentrion, ni des chaleurs étouffantes du Midi. Aussi voit-on bien peu d'endroits dans

dans l'Univers, où dans un si petit espace il y ait eu autant de Villes bâties qu'il y en a eu autour de ce grand Bassin. Cyzique, Nicée, Apamée, Nicomédie, Chalcédoine & plusieurs autres en sont des preuves. Toutes ces Villes sont à la droite des Vaisseaux qui vont de Galipoli à Constantinople ; & l'Europe qu'ils ont à la gauche montre encore sur ses bords les Villes de Rodosto, l'Ancienne & la Nouvelle Périnthe ou Héraclée, Sélivrée, Bévado, Grand-Pont & diverses autres qui ne sont pas moins recommandables.

Les Isles les plus considérables & que l'on rencontre les premières, sont celles de Marmara qui donnent leur nom à toute cette Mer. Voyez MARMARA.

PROPHTHASIA. Voyez PHRADA.

PROSANCTIUM, Fleuve de l'Asie Mineure. Il tombe, selon Arrien, du Mont Ida, & a son Embouchure entre l'Hellespont & le Pont-Euxin.

PROSACUM. Voyez PROSIACUM.

PROSCHIUM. Voyez PYLENE.

PROSCINA, Ville de Grèce dans la Bœotie, sur une Montagne [a]. Elle est composée d'environ cent Familles Chrétiennes pour la plûpart ; & elle paroît une Place ancienne, étant vrai-semblablement celle que Strabon & Pausanias appellent ARÆPHIUM, ou ACRÆPHNIUM, située sur le Mont Ptoos. On trouve sur la Montagne un Pays bien cultivé ; ce qui fait croire que c'est la Plaine d'ATHAMAS. Les Montagnes voisines qui sont couvertes de Bois ne manquent pas plus de gibier qu'autrefois.

[a] Webler, Voy d'Athènes, t. 2. p. 293.

PROSDA, Ville de l'Ethiopie sous l'Egypte, selon Pline [b].

[b] Lib. 6. c. 29.

PROSECHO, Bourg d'Italie, dans l'Istrie [c], sur la Côte Septentrionale du Golphe de Trieste, environ à six milles au Nord Occidental de la Ville de Trieste. Quelques-uns écrivent PROSECIO pour PROSECHO. Les Vins de son Territoire ont de la réputation.

[c] Magin, Carte de l'Istrie.

PROSELEMMENITÆ, Peuples de la Galatie ; Ptolomée [d] les place au dessous des Trœmi, & au Nord des Byceni.

[d] Lib. 5. c. 4.

PROSELENE, Ville de l'Asie Mineure, dans la Petite Phrygie, selon Ptolomée [e]. Il la place sur la Côte, entre Adramyttium & Pitane.

[e] Lib. 5. c. 2.

PROSENSES, Peuples de l'Arcadie, selon Pausanias [f].

[f] Lib. 8. c. 27.

PROSIACUM, petite Ville que Grégoras semble placer quelque part dans la Gréce [g]. Au lieu de PROSIACUM Cédrène & Nicétas écrivent PROSACUM ; & ce dernier la met sur le bord du Fleuve Axius. Curopalate lit PROSASCUM.

[g] Ortelii Thesaur.

PROSLAVIZA, ou PROSTAVIZA; Mr. Corneille [h] dit sur l'autorité de Maty : Ville de la Bulgarie anciennement Istropolis. Il ajoute qu'elle est dans les Pays des Tartares Dobruce, sur la Branche Méridionale du Danube, à deux lieues de la Mer-Noire & environ à neuf de Temeswar vers le Nord. Cependant il est certain qu'une Ville qui seroit à deux lieues de la Mer-Noire, se trouveroit éloignée de Temeswar de plus de trente lieues d'Allemagne.

[h] Dict.

PROSODITÆ, Peuples de la Marmarique de Libye, selon Ptolomée [i] qui les place dans les terres avec les Goniates.

[i] Lib. 4. c. 5.

PROSOPITIS. Voyez APROSOPITICA-PRÆFECTURA.

PROSOPUM, Isle au voisinage de Carthage, selon Etienne le Géographe. Ortelius [k] dit qu'une Médaille de l'Empereur Hadrien porte cette Inscription : ΠΡΟΣΩΠIAC.

[k] Thesaur.

PROSPALEA, Village de la Tribu Acamantide, selon Etienne le Géographe. Les autres Géographes écrivent PROSPALTA ; & c'est l'Orthographe que suit Mr. Spon dans la Liste des Peuples de l'Attique. Prospalta, dit-il, avoit un Temple dédié à Cérès & à Proserpine. Ses Habitans passoient pour des Critiques ; & un ancien Poëte nommé Eupolis avoit fait une Comédie contre eux intitulée *Prospaltii*. Aristophane, Athénée & Suidas en font souvent mention.

PROSPALTA. Voyez PROSPALEA.

PROSPATROS, Lieu de la Tribu Acamantide, selon Phavorinus [l].

[l] Lexic.

PROSPHORIUM. Voyez PHOSPHORIUM.

PROSPHTHASIA. Voyez PHRADA.

PROSTAMA, Ville de la Pisidie, selon Ptolomée [m].

[m] Lib. 5. c.

PROSTROPÆA, Ville de Sicile : c'est [s]. Etienne le Géographe qui en parle. Voyez POSTROPÆA.

PROSYMNA, Canton de l'Argie, selon Pausanias [n] & Etienne le Géographe. Strabon [o] fait de Prosymna une Ville, où il dit qu'il y avoit un Temple de Junon. Stace [p] a parlé de ce Temple :

[n] Lib. 2. c.
[o] 17.
[] Lib. 8. p. 373.
[p] Thébaid. l. 1. v. 383.

——— *Hinc celsa Junonia Templa Prosymna Lævus bubens.* . . . . . . . . . .

PROTA, Isle du Bosphore de Thrace : Etienne le Géographe en parle, ainsi qu'Emanuel Comnène dans ses Constitutions [q]. Pierre Gylles dit que les Grecs la nomment présentement PROTI. Elle est appellée PROTEN par Cédrène & par Paul Diacre, & PRIMA dans l'Histoire Miscellanée. On la met à quarante Stades de l'Isle de Chalcis.

[q] Ortelii Thesaur.

1. PROTE, Isle de la Mer Ionienne, proche de la Côte de la Messénie, selon Ptolomée [r]. Le MS. de la Bibliothéque Palatine porte *Prima-Insula* au lieu de *Prote* ; ce qui signifie la même chose. Pline [s] fait aussi mention de cette Isle. On la nomme présentement PRODENO. Voyez PRODANO.

[r] Lib. 3. c. 17.
[s] Lib. 4. c. 12.

2. PROTE. Voyez PORQUEROLLES, & STOECHADES.

PROTE-JUSTINIANÆ. Voyez TAURESIUM.

PROTEI-COLUMNÆ, On trouve ce nom dans le onzième Livre de l'Enéïde [t], où on lit :

[t] Vers. 262.

*Atrides Protei Menelaüs ad usque Columnas Exulat.* . . . . . . . . . . . . . . .

Menelaüs Roi de Sparte & fils d'Atrée, fut jetté par la tempête sur la Côte d'Egypte,

gypte, où il demeura huit ans avant que de retourner dans ses Etats. Protée régnoit dans ce tems-là en Egypte. C'est ce qui fait que Virgile donne à la partie de ce Pays où Menelaüs aborda le nom de Colonnes de Protée pour signifier l'extrémité de ses Etats. On entend communément [a] par les Colonnes de Protée le Port d'Alexandrie. En effet Homére [b] dit que Menelaüs aborda à l'Isle de Pharos.

[a] *Turneb. Adversar.* l. 5.
[b] *Odyss.* l. 4. v. 355.

PROTERIATE, ou PROTERIATO, Riviére d'Italie [c], au Royaume de Naples, dans la Calabre Ultérieure. Elle a sa source au Mont Apennin, & après avoir passé à Grottaria, où elle se grossit des eaux d'une autre Riviére, elle va se jetter dans la Mer Ionienne, entre l'embouchure du *Turbelo* au Nord & celle du *Novito* au Midi. Quelques-uns veulent que ce soit le *Locanus* de Ptolomée. Voyez LOCANUS.

[c] *Magin, Carte de la Calabre Ult.*

PROTESILAI-DELUBRUM. Voyez PROTESILEUM.

PROTESILAI-TURRIS. Voyez PROTESILEUM.

PROTESILEUM, Ville du Quersonése, selon Strabon [d] qui la place à l'opposite du Promontoire Sigée. C'est ce que Pline [e] entend par TURRIS & DELUBRUM PROTESILAI.

[d] Lib. 13. p. 595.
[e] Lib. 4. c. 11.

PROTHINGI, Peuples Scythes, qui passérent le Danube du tems des Empereurs Gratien & Théodose, selon Zosime [f]. Sur quoi Lindebrog remarque, que ces Peuples sont appellez GRUTHUNGI par Ammien Marcellin [g] & par Claudien [h]; GAUTUNNI par Flavius Vopiscus [i], TRUTUNGI par Pollion [k], & VITHUNGI par Sidonius Apollinaris [l]. Il ajoute que les JUTHUNGI, dont fait mention Ammien Marcellin au douzième Chapitre du dix-septième Livre, paroissent être les mêmes que les GRUTHUNGI & les PROTHINGI.

[f] *Hist.* Lib. 4. c. 38.
[g] Lib. 27. c. 11.
[h] *De 4. Cons. Honor.*
[i] *In Probo*, c. 8.
[k] *In Claudio*, c. 6.
[l] *Carm.* 7. v. 233.

PROTOMACRÆ, Ville de Bithynie. Ptolomée [m] la place dans les terres entre *Dedacana* & *Claudiopolis* ou *Bithynium*.

[m] Lib. 5. c. 1.

PROVENÇAY, Prieuré de France, dans l'Anjou. Il dépend de l'Abbaye de Marmoutier, & on lui a uni le Prieuré de St. Vincent.

PROVENCE, Province de France dans sa partie Méridionale. Du côté du Septentrion elle a le Dauphiné [n]; au Midi elle est bornée par la Mer Méditerranée; à l'Orient elle est séparée des Etats de la Maison de Savoye par les Alpes, & la Riviére du Var; vers l'Orient elle embrasse l'Etat d'Avignon, & de ce même côté le Rhône la sépare du Languedoc.

[n] *Longuerue, Descr. de la France*, Part. 1. p. 341. suiv.

Le nom de Provence vient de *Provincia*, que les Romains donnérent à cette partie des Gaules, qu'ils conquirent la premiére; elle étoit de plus grande étendue que la Provence d'aujourd'hui; car outre le Languedoc, cette Povince Romaine contenoit encore le Dauphiné & la Savoye jusqu'à Genève; néanmoins on voit que communément dans le IX. le X. & le XI. Siécles le nom de Provence etoit donné au Pays qui est à l'Orient du Rhône; & l'on n'a appellé en particulier le Comté de Provence, que ce qui est enfermé entre la Mer Méditerranée, le Rhône, la Durance & les Alpes.

Ce Pays étoit autrefois habité par les SALYES ou SALUES, que quelques-uns écrivent en Latin *Salvi*, & d'autres *Saluvii* & *Salluvii*, qui étoient Liguriens d'origine. Les Marseillois venus des Grecs de Phocée en Ionie, s'étoient établis sur les Côtes de ce Pays-là, où ils avoient fondé plusieurs Villes. Les anciens Habitans, qui haïssoient & souffroient avec peine ces nouveaux-venus, les incommodoient par de fréquentes hostilitez; de sorte que les Marseillois furent contraints d'implorer le secours des Romains leurs alliez. *Fulvius*, Consul Romain fut envoyé contre les Salyes l'an 629. de la Ville de Rome, & 125. ans avant JESUS-CHRIST. L'année suivante il les battit dans quelques combats, mais il ne les subjugua point; ce fut le Consulaire *Sextius* qui acheva cette Conquête, & chassa le Roi Teutomale de ce Pays, qu'il abandonna pour se retirer chez les Allobroges l'an 631. de Rome, & 123. avant JESUS-CHRIST. Ainsi les Romains commencerent alors à avoir le pied dans la Gaule Transalpine. Ce Pays fut des derniers qui leur resta, & qu'ils ne perdirent qu'après la prise de Rome par Odoacre.

Euric, Roi des Visigots s'empara de la Provence, & son fils Alaric en jouit jusqu'à ce qu'il fût tué en bataille par Clovis. Les Visigots, qui étoient maîtres de ce Pays, le donnérent à Théodoric, Roi des Ostrogots, qui le laissa à sa fille Amalasunte & à son petit fils Athalaric. Après la mort d'Athalaric & d'Amalasunte, les Ostrogots pressez par Bélisaire, Général de l'Empereur Justinien, abandonnérent la Provence aux Rois François Merovingiens, qui la partagérent entre eux.

Sous les Carlovingiens la Provence fut possédée par l'Empereur Lothaire, & par ses fils Charles & Lothaire, & ensuite par Charles le Chauve & son fils Louïs le Bégue, après la mort duquel Boson se fit couronner Roi, & fut détrôné par Carloman, puis rétabli par Charles le Gros. Boson étant mort, & Charles le Gros ayant été détrôné, le Viennois & la Provence demeurérent quelques tems dans l'anarchie & la confusion; ce qui donna lieu aux Sarrazins de faire descente à la Côte voisine de *Fréjus*, à un Lieu nommé *Fraxinet*, ou *Fraissinet*, dans lequel ils se fortifierent, & de là ils ravagerent la Province, pénétrant jusques dans les Alpes.

Les Sujets de Boson élurent enfin Roi son fils Louïs, qui eut l'ambition de se faire Empereur & Roi d'Italie, ce qui lui réussit mal. Après qu'on lui eût crevé les yeux, il fut contraint de se retirer dans son premier Royaume, où un Seigneur nommé Hugues avoit usurpé toute l'autorité; c'est lui qui le premier s'empara du Comté d'Arles, & après la mort du Roi Louïs son Souverain, il se rendit maître absolu de tout son Royaume, sans prendre néanmoins la qualité de Roi de Bourgogne & d'Arles; car il n'eut le titre de Roi

Roi qu'après avoir été couronné Roi d'Italie l'an 926. C'est alors qu'il céda le souverain pouvoir qu'il s'étoit attribué dans le Royaume de Bourgogne à Rodolphe Roi de la Bourgogne Transjurane, qui avoit quitté l'Italie, & Hugues ne se reserva dans le Pays, qui est à l'Occident des Alpes, que le seul Comté d'Arles, qui est le même que celui de Provence. Hugues craignant le retour de Rodolphe en Italie, lui céda l'an 930. ce qui lui restoit entre les Alpes & le Rhône; en sorte que Rodolphe se vit Roi de toutes les Provinces qui s'étendent depuis le Haut Rhin jusqu'à la Mer Méditerranée. Il souffrit néanmoins qu'un Seigneur nommé Boson, qui avoit épousé Berthe niéce de Hugues fût reconnu Comte d'Arles. Boson jouïssoit de ce Comté comme Vassal de Rodolphe l'an 934. & ce Roi mourut l'an 937.

Conrad le Pacifique, fils & Successeur de Rodolphe, donna le Comté d'Arles à un autre Boson, après la mort du premier Boson qui n'avoit point laissé d'enfans. Ensuite le Roi Hugues ayant été chassé d'Italie & n'ayant plus rien, il se jetta dans le Monastère de Saint Pierre de Vienne où il mourut.

Quant à Boson II. on ne sait point s'il étoit parent du premier, mais on sait seulement qu'il vivoit sous le Roi Conrad, dont il étoit Vassal; on sait aussi que le même Boson étoit fils d'un nommé Rotbald, qui n'est point qualifié Comte. Ce Boson, différent du Boson mari de Berthe, niéce du Roi Hugues, avoit une femme qui s'appelloit Constance, autrement Folcoare, dont il eut un fils nommé Guillaume qui fut son Successeur. Celui-ci chassa enfin les Sarrazins de Fraxinet après quoi il rétablit les Villes maritimes de Provence qui étoient désertes, lesquelles avoient été détruites par les Barbares, qui avoient été long-tems les maîtres de la Mer & des Côtes de ce Pays-là. C'est de Guillaume que sont descendus par mâles les premiers Comtes de Provence jusqu'à Bertrand, qui étant mort vers l'an 1079. ne laissa qu'une fille nommée Giberge ou Tiburge, selon quelques-uns, qui épousa Gilbert, Comte de Millau en Rouergue. Raymond de Saint-Gilles lui fit la guerre pour le dépouiller de ses Etats, & il ne le laissa en repos que pour aller à la première Croisade.

Gilbert n'eut point d'enfans mâles de la Comtesse sa femme, mais une fille nommée Douce ou Doulce, qui épousa Raymond-Bérenger, Comte de Barcelone. Ce fut ce Prince qui accommoda les différends que les Comtes de Toulouse avoient eus avec ceux de Provence. Dans le Traité fait l'an 1125. avec Alphonse, Comte de Toulouse fils de Raymond de S. Gilles, Douce Comtesse de Provence & Faydide Comtesse de Toulouse sont nommées plusieurs fois; il n'est néanmoins jamais dit dans ce Traité qu'elles fussent Sœurs; ni les deux Comtes beau-frères; de sorte que l'opinion des Modernes qui ont voulu que Douce & Faydide fussent filles du Comte Gilbert, ne paroît appuyée sur aucun témoignage certain.

Par l'accord de l'an 1125. non seulement la Terre d'Argence avec le Château de Beaucaire, furent cédez au Comte de Toulouse, mais tout ce qui est au Nord de la Durance, à la réserve de la moitié de la Ville & du Territoire d'Avignon, que Raymond-Bérenger retint, tant pour lui que pour ses Successeurs.

Le Comte de Barcelone eut deux fils de sa femme Douce; l'aîné Raymond-Bérenger épousa Pétronille héritière du Royaume d'Arragon, & le Cadet Bérenger-Raymond fut Comte de Provence. Son héritier fut son fils Raymond-Bérenger, dont la fille unique Douce mourut sans postérité & sans avoir été mariée.

La Provence revint à la Branche aînée de Barcelone, sortie du Prince Raymond-Bérenger, dont le fils Alphonse fut le Roi d'Arragon & Comte de Barcelone, & ensuite de Provence, après la mort de la Comtesse Douce. Ce Roi eut deux fils, l'aîné Pierre fut Roi d'Arragon & Comte de Barcelone, & le puîné Alphonse fut Comte de Provence. Celui-ci épousa Garsende héritière du Comté de Forcalquier. Son fils Raymond-Bérenger, qui lui succéda en tous ses Etats, n'eut que des filles. L'aînée Marguerite, épousa le Roi S. Louïs. Raymond-Bérenger son pere la desherita, instituant héritière sa plus jeune fille Beatrix, selon le pouvoir qu'avoient les Comtes de Provence, de disposer de leur Comté, sans avoir égard à la règle commune des successions.

Le Comte Raymond-Bérenger étant mort l'an 1245. sa fille Beatrix lui succéda sans contestation. Charles Comte d'Anjou l'épousa, & fut reconnu par les Provençaux pour Prince légitime. Saint Louïs n'avoit jamais reconnu que la Reine sa femme eût droit à la Provence; mais cette Reine après la mort de son mari soûtint que cet Etat lui appartenoit, parce qu'elle étoit la fille aînée du Comte Raymond-Bérenger, qui n'avoit pu la desheriter sans cause. Elle s'adressa donc à l'Empereur Rodolphe de Hapsbourg, comme Juge compétent & Souverain des Comtes de Provence; à cause du Royaume d'Arles uni à l'Empire. Charles alors Roi de Sicile, ne déclina point ce Tribunal, & il fut maintenu en possession de la Provence par un Jugement Impérial rendu l'an 1279. sans que Marguerite pût rien obtenir. Elle sollicita le Pape d'agir en sa faveur; ce qui ne lui servit de rien, & ses enfans ne l'appuyerent pas.

Les descendans de Charles joüirent de la Provence jusqu'à la Reine Jeanne I. petite fille de Robert, Roi de Naples, lequel avoit été institué héritier par Charles II. son pere, au préjudice du Roi d'Hongrie, frere aîné de Robert. Jeanne se voyant sans enfans, fit son héritier Louïs Duc d'Anjou, fils du Roi Jean, & oncle de Charles VI. en rejettant de sa succession les Princes de sa Maison.

Louïs perdit bien-tôt le Royaume de Naples, qui fut occupé par les Cadets de l'an-

## PRO.

l'ancienne Maison d'Anjou, descendans du Roi Charles I.; mais Louïs conserva la Provence qu'il laissa à son fils Louïs II. René, petit-fils de Louïs, & fils de Louïs II. qui portoit le titre de Roi de Sicile, mais ne jouïssoit que de la Provence en Souveraineté, se voyant sans enfans mâles, voulut sur la fin de sa vie instituer son héritier universel Charles Duc de Bourgogne au préjudice de sa fille Yoland, mere de René, Duc de Lorraine, & en rejettant son neveu Charles d'Anjou Comte du Maine. Louïs XI. détourna ce coup, en gagnant ceux qui gouvernoient le Roi René, lesquels lui persuaderent de donner tous ses Etats à son Neveu Charles du Maine, à la réserve du Barrois qui demeura à Yoland. Le Roi René étant mort l'an 1480. Charles lui succéda au Comté de Provence. René Duc de Lorraine se portant pour héritier de son Ayeul maternel, René D'Anjou fit entrer des Troupes en Provence, & y excita des troubles qui furent aussi-tôt appaisez par l'autorité de Louïs XI. Charles n'ayant point d'enfans, fit son héritier le Roi de France Louïs XI. son fils Charles alors Dauphin, & tous les Rois leurs Successeurs. Ce Testament fut passé par devant des Notaires, & en présence de plusieurs témoins dans la Ville de Marseille au mois de Décembre l'an 1481. Charles Roi de Sicile Comte de Provence étant mort, Louïs XI. prit possession de toute la Provence, & fit ouïr en Justice plusieurs témoins qui affirmerent que Charles avoit déclaré hautement avant sa mort, qu'il vouloit que le Roi de France fut héritier de tous ses Etats qu'il laissoit à la Couronne de France. On promit néanmoins aux Provençaux qu'on leur conserveroit leurs Loix particulieres & leurs Privileges, sans que par l'union à la Couronne leur Pays pût devenir Province de France. C'est pour cela que dans les Arrêts rendus au Parlement d'Aix, on met, *Par le Roi Comte de Provence*; & les Rois dans leurs Lettres adressées à ce Pays-là, prennent la qualité de Comtes de Provence.

Après la mort de Louïs XI. durant le bas âge de Charles VIII. René Duc de Lorraine profitant de la circonstance des affaires, & de la foiblesse du Gouvernement, renouvella ses prétentions sur la succession du Roi René son Ayeul maternel; mais sans fruit; car il en fut débouté par une Sentence arbitrale, après quoi le Roi Charles unit ou annéxa à perpétuité la Provence à la Couronne l'an 1487. à la priére des trois Etats du Pays. Si l'on en veut croire les Provençaux [a] l'Eglise de Marseille & celle d'Aix sont des premiéres des Gaules. Ils prétendent que les Juifs chasserent de Jérusalem Lazare, avec Marthe & Marie Magdeleine ses sœurs, Marcelle leur servante, Maximin, St. Célidoine qu'on croit être l'Aveugle né, Joseph d'Arimathie Disciple de Jésus-Christ, & qu'ils les expoférent dans un Vaisseau sans gouvernail, sans voiles & sans armes; mais que la Provi-

[a] Piganiol. Descr. de la France, t. 4. p. 84. & suiv.

## PRO. 495

dence pourvut à tout, & qu'ils arrivérent heureusement à Marseille. De là ils allérent prêcher l'Evangile dans la Provence. Maximin & Célidoine plantérent la Foi dans la Ville d'Aix dont ils ont été les premiers Evêques. Marthe & Marcelle allérent faire la même chose à Tarascon, & Madeleine & Lazare demeurérent à Marseille, dont Lazare fut le premier Evêque. Il y a de fort bonnes raisons pour prouver le contraire de ces Traditions; mais il ne faut pas les contredire. Les Provençaux sont si peu traitables sur cet Article que le Parlement d'Aix condamna au feu un Livre de Mr. de Launoy, où ce fameux Critique combattoit ces Traditions.

Il y a en Provence deux Archevêchez & onze Evêchez: savoir,

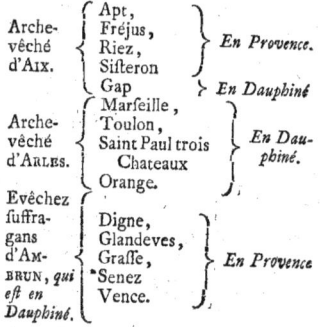

| Archevêché d'AIX. | { Apt, Fréjus, Riez, Sisteron Gap } | En Provence. |
| | Gap | En Dauphiné |
| Archevêché d'ARLES. | { Marseille, Toulon, Saint Paul trois Chateaux Orange. } | En Dauphiné. |
| Evêchez suffragans d'AMBRUN, qui est en Dauphiné. | { Digne, Glandeves, Grasse, Senez Vence. } | En Provence |

La Provence n'ayant point été comprise dans le Concordat, le Roi ne nomme aux Evêchez & aux Abbayes qui sont dans cette Province qu'en vertu d'un Indult du Pape.

La Religion de Malthe possède de grands Biens dans cette Province: aussi l'Auberge de Provence est-elle la premiére de cette Religion. Elle a deux grands Prieurez, qui sont celui de St. Gilles & celui de Toulouse. Cinquante Commanderies dépendent du Grand Prieuré de St. Gilles, & vingt & une ou vingt-deux de celui de Toulouse. Parmi toutes ces Commanderies il y en a huit d'affectées aux Chevaliers servans & aux Diacots ou d'Eglise. Le plus considérable de ces huit Benefices est le Prieuré de St. Jean d'Aix.

On a établi en différens tems douze Siéges ou Senéchaussées Royales en Provence. Elles ont chacune un Senéchal d'épée dont la Charge étoit héréditaire & rapportoit cent cinquante Livres de gages & un Minot de Sel; mais l'hérédité a été supprimée par les Arrêts du Conseil d'Etat du Roi du 26. Octobre 1719. & du 26. Décembre de la même année. Ils fut dit que lorsque ces Charges viendroient à vacquer S. M. y pourvoiroit conformement aux Ordonnances des années 1560. & 1579. Quand ces Senéchaux vont dans leurs Senéchaussées ils y siégent l'épée au côté, & ont la place la plus honorable. S'ils assistent aux Jugemens, ils y ont voix délibérative, & leurs Lieutenans Généraux

raux prononcent ainsi : *Monsieur le Senéchal dit, &c.* au lieu que quand ils n'y sont pas présens on ne parle point d'eux. Il n'y a que le Senéchal d'Aix qui porte la qualité de Grand Senéchal de Provence. Les autres ne sont Senéchaux que dans leur ressort. Ces Senéchaussées ont été établies à

Aix,
Marseille,
Arles,
Forcalquier,
Grasse,
Brignoles,
Toulon,
Draguignan,
Digne,
Sisteron,
Castelane,
Hiéres.

Outre ces Jurisdictions subalternes, il y a encore dans les principales Villes un Officier Royal de Robe courte qu'on appelle *Viguier*. Il marche avec les Consuls ou Echevins dans les Cérémonies publiques, assiste aux Assemblées de la Ville & a toujours la préséance. Il y a aussi des Juges de Police établis depuis peu, des Juges pour les Marchands, des Sièges d'Amirauté dans tous les Ports de Mer & un Tribunal qu'on appelle *Prud'hommie* parce que ce sont quatre Pescheurs qu'on nomme *Prud'hommes* qui y administrent la Justice en dernier ressort. Ces quatre Juges sont élus tous les ans & prêtent leur serment entre les mains du Viguier & des Consuls. Ils connoissent des différens qui surviennent entre eux pour la pêche, & de ce qui y a du rapport. Presque toutes ces Jurisdictions ressortissent au Parlement d'Aix établi par Louïs XII. le 10. de Juillet 1501. Ce Parlement est aujourd'hui composé de la Grand-Chambre, de la Tournelle & d'une Chambre des Enquêtes. Il y a huit Présidens à Mortier, trois aux Enquêtes, & cinquante & un Conseillers, dont il y a un qui est d'Eglise. Le Parquet consiste en deux Avocats & deux Procureurs Généraux. On juge les procez dans toute cette Province, selon les Ordonnances des Rois & selon les Loix Romaines.

Quant à la *Finance*, il faut observer qu'en Provence on assemble les principaux des trois Ordres, pour imposer les sommes que chacun doit payer & que la Province donne au Roi. Par ces trois Ordres on entend le Clergé, la Noblesse & les Députez des Communautez les plus considérables. Sous l'Ordre du Clergé on entend les Archevêques, les Evêques, les Abbez croisez, le Prevôt de Pignan, les Prevôts des Cathédrales & quelques autres Ecclésiastiques qui possèdent des Bénéfices Consistoriaux; sous l'Ordre de la Noblesse sont compris non seulement les Nobles d'origine; mais encore les Roturiers qui possèdent des Fiefs en toute Justice & à fouage. Il y eut autrefois un Réglement qui excluoit les Roturiers qui ne possédoient que des Arrière-Fiefs; mais ce Réglement n'a jamais été observé : sous le troisième Ordre ou Tiers-Etat, on met les Députez de trente-sept Communautez & ceux de vingt Vigueries. Depuis l'Assemblée des Etats qui se tint à Aix en 1639. il ne leur a pas été permis de s'assembler ; mais on y a suppléé par des Assemblées générales qu'on convoque tous les ans par ordre du Roi. C'est l'Archevêque d'Aix qui y préside, & en son absence le plus ancien Prélat. Il y a toujours un Commissaire du Roi ; c'est ordinairement l'Intendant. Celui qui commande dans la Province fait l'ouverture de l'Assemblée par une Harangue qui est suivie de celle que fait le Commissaire; après quoi celui qui commande soit Gouverneur, soit Lieutenant-Général de la Province n'entre plus dans l'Assemblée. Le Commissaire suivi des Députez qui sont les principaux de la Noblesse vont à l'issue de chaque Séance chez le Commandant pour l'informer de tout ce qui s'y est passé. Ces Assemblées-Générales se tiennent depuis quelque tems dans la petite Ville de Lambesc.

Quant aux Jurisdictions qui concernent les Finances, il y a à Aix un Bureau de vingt-trois Trésoriers Généraux, dont le Doyen est Président. Outre ce nombre il y a un Avocat & un Procureur du Roi & deux Greffiers, l'un pour la Finance & l'autre pour le Domaine. Dans toute la Provence il n'y a eu qu'un Trésorier Général des Finances jusqu'en 1552. La Chambre des Comptes, Aides & Finances est beaucoup plus ancienne, puisqu'elle étoit déja du tems des Comtes de Provence. Ce ne fut néanmoins que sous Henri II. qu'elle fut érigée sur le pied qu'elle est aujourd'hui. On y compte quatre Présidens, vingt-trois Conseillers, deux Avocats Généraux, un Procureur Général, huit Auditeurs & cinq Correcteurs. L'Edit d'Henri II. fut donné à Anet en 1555. Il porte *Etablissement de la Chambre des Comptes & Création de la Cour des Aides au Pays de Provence.* Les Tailles sont réelles en Provence ; & il y a deux Chambres des Monnoies, l'une & l'autre à Marseille.

La Maréchaussée de cette Province étoit composée d'un Prevôt en Chef, de deux Lieutenans, d'un Assesseur, d'un Greffier & de deux Archers entretenus. Le Roi par son Edit du mois de Mars 1720. ayant supprimé tous les Officiers & Archers des Maréchaussées a établi de nouvelles Compagnies de Maréchaussées dans toute l'étendue du Royaume. Par son Edit le Roi crée, forme, & établit en chaque Généralité ou Département du Royaume une Compagnie de Maréchaussée, qui doit être composée d'un Prevôt Général, d'un nombre de Lieutenans, Assesseurs, Greffiers, Exempts, Brigadiers, Soubrigadiers, Archers & Trompettes, fixé par l'Etat qui en a été arrêté. C'est en conséquence de cet Edit que le Roi a établi un Prevôt Général à Aix, un Lieutenant, un Assesseur, un Procureur du Roi & un Greffier ; & à Digne un Lieutenant, un Assesseur, un Procureur du Roi & un Greffier.

Outre les différens Collèges où les Jésuites, les Peres de l'Oratoire & les Prêtres de la Doctrine Chrétienne enseignent les Humanitez & la Philosophie, il y a à Aix une Université fondée par le Pape Aléxanlexandre V. en 1409. Les Etudians doivent jouïr des mêmes privilèges que ceux de l'Université de Paris, ainsi que les Rois de France l'ont ordonné & sur-tout Louis le Grand en 1660. On a aussi établi à Arles une Académie des Belles-Lettres, qui doit être composée de quarante Académiciens. Les Lettres patentes en furent expédiées en 1668. & vérifiées au Parlement d'Aix le 8. du mois de Juin 1669.

Le Commerce de Provence est très-considérable; car presque tout le Commerce que la France fait avec l'Italie & l'Espagne, & tout celui qu'elle a dans les Echelles du Levant se fait à Marseille.

Premièrement ont porte tous les ans de Marseille en Italie pour environ trois millions cinquante mille Livres de marchandises; savoir six mille balles de Draps, de Cadisseries & de Serges, qu'on envoie à Marseille des Manufactures de Languedoc, de Dauphiné & de Provence. Ce seul Article qui à la vérité est le plus fort monte à deux millions. Les amandes cassées montent à deux cens milles Livres: Deux cens barils de miel montent à cinquante mille Livres; autant en Prunes & en Figues: pour quatre-vingt mille Livres d'Anguilles salées, Capres, Olives & Anchois: pour vingt mille Livres d'huile, de graine & de fleur d'Aspic: six mille Pièces de toiles cottonines à voile, fabriquées à Marseille, qu'on vend trois cens cinquante mille Livres: pour cent mille Livres d'eau de vie; & pour environ deux cens mille Livres en chemisettes pour hommes femmes & enfans & en bas de fil & bas de laine travaillez à l'aiguille. On rapporte en retour six mille quintaux de Chanvre de Piémont, autant de quintaux de Ris du même Pays: deux mille quintaux de Ris de Lombardie: quinze mille charges de Bled de Venise & d'Ancone, mille charges de Bled de Sardaigne & de Sicile, & autant de Civita-Vecchia; quinze cens quintaux de Souffre de Civita-Vecchia & d'Ancone: deux cens quintaux d'Anis des Etats de Rome: environ sept cens cinquante caisses de Manne qu'on prend en Sicile, dans les Etats de Rome, & au Mont St. Ange en Calabre: deux mille six cens balles de Soie fine de deux quintaux chacune & du cru de Savoie, Piémont, Milanez, Lombardie, Bologne, Ferrare & Sicile; cette Soie entre en France par le Pont Beauvoisin; & mille balles de soie fine de deux quintaux chacune, qu'on transporte à Marseille par Mer. Toutes ces marchandises & quelques autres montent à trois millions trois cens trente-cinq milles trois cens cinquante Livres.

Le Commerce qu'on fait de Marseille en Espagne est beaucoup plus considérable, que celui qu'on fait avec l'Italie. On y envoie pour un million deux cens dix mille Livres en toile de toutes sortes, faites en France ou hors du Royaume; & en étoffes de Tours, brocards & taffetas de soie: Pour trente mille Livres ou environ en Galon d'or & d'argent, en Dentelles d'or & d'argent, en Dentelles & Galons faux & en Epingles: pour dix mille Livres de Peignes de bouis & de figuier qui se font à Marseille & aux environs. Mais tout cela n'est rien en comparaison du Commerce des Etoffes de Lyon, Brocards, & Soie, Or & Argent, des Rubans & Dentelles de St. Chaumont, des Taffetas d'Avignon, des Quinquailleries de St. Etienne, des Dentelles de fil du Puy, des Toiles de Bretagne, Rouen, & autres endroits, des Camelots & Bouracans de Lille en Flandres, des Cadis, Burailles & Serges de Nismes, des Burailles d'Auvergne, des pièces de Futaines & des Basins. Cela fait six millions deux cens quatre-vingt mille Livres. Les Marchandises de Marseille comme Chapeaux, Galles legeres du Pays, papier à la Cloche, Castors à l'Espagnole, Tabac de Clerac, prunes de Brignoles, Toiles de lin crues, Buffles & autres, pour cent quatre-vingt mille Livres: en Cottons filez de Jerusalem, Encens, Gomme Arabique, Galles d'Alep, Droguerie de toutes sortes, Saffrans & autres, pour un million cinq cens mille Livres. Toutes ces sommes font un Total de neuf millions cent soixante & dix mille Livres. On retire d'Espagne pour huit millions cent quatre-vingt-cinq mille Livres en Cochenille, Quinquina, Indigo, bois de Campesche, Laines de Ségovie & autres, Salcepareille, Sucre en cabas, grain de Vermillon, Soies, Reglisse, Piastres, Huiles, Raisins secs & autres effets.

Le Commerce de Marseille au Levant est très vif. Les Vénitiens & les Génois ont été les premiers qui ont commencé ce Commerce. Les François n'y pensèrent sérieusement que vers l'an 1550. Ils firent alors des Etablissemens à Constantinople, dans l'Isle de Chypre, à la Côte de Syrie, & à Alexandrie en Egypte. Dans ces commencemens le plus ancien Marchand faisoit la fonction de Consul, & il n'y en eut point en titre jusqu'au regne de Charles IX. Voici en gros l'état ordinaire de ce Commerce. J'avertirai pourtant que je donnerai le nom d'*Echelle* à des lieux qui dans la derniére exactitude ne le doivent pas porter; car on n'a appellé proprement *Echelle* qu'un endroit pour lequel on destine les Bâtimens, au lieu que conformément à l'usage je le donnerai à quelques lieux où les Bâtimens touchent & où ils ne chargent que par occasion.

Il part tous les ans de Marseille pour l'*Echelle de Constantinople* douze ou quinze Voiles; savoir quatre ou cinq Vaisseaux & huit ou dix Barques d'environ deux mille cinq cens quintaux chacune. Pour l'*Echelle de Smyrne* il part sept ou huit Vaisseaux de six ou huit mille quintaux & quatre ou cinq Barques. L'*Echelle de Salonique* est nouvelle & les Juifs y font le plus grand Commerce. Il ne part aucun Bâtiment de dessein prémédité pour l'*Echelle d'Athènes*; & ce n'est que par occasion que quelques Barques y chargent quelques effets. On ne peut pas fixer le nombre des Bâtimens qui vont dans l'*Echelle de la Canée* en Candie; c'est la recolte de l'huile ou du bled qui en décide. Il y a été quel-

quelquefois cens Bâtimens dans une année. Il y a dans quelques Isles de l'Archipel des Consuls François & les Provençaux y font quelque Commerce. Par exemple dans l'Isle de Tines qui est la seule de l'Archipel qui soit restée aux Vénitiens, qui y font un grand Commerce de Soie, il y a un Consul François; mais jusqu'à présent le commerce de Marseille n'a pas eu beaucoup de succès de ce côté-là. L'Isle de Malthe ne produit rien; mais elle est une retraite de Corsaires, les Provençaux y vont quelquefois pour acheter des marchandises provenantes des prises. En tems de guerre il va plusieurs Bâtimens de Marseille à l'Isle de Naxe, pour charger de l'huile, du vin & du fromage, qu'ils portent d'une Isle à l'autre aux Armées Chrétienne & Ottomane; mais comme en tems de paix ce Commerce est entiérement libre, il n'y va point pour lors de Bâtimens François. L'Echelle de Satalie est particuliére à une seule Compagnie de Marchans de Marseille, qui y font un Commerce d'environ cinquante-quatre mille six cens quatre-vingt-neuf Livres par an. Le Commerce que l'on fait dans l'Echelle de Lernica est fort borné, à cause de la misére des Habitans de l'Isle, qui sont opprimez par les Officiers de la Porte. Les Bâtimens de Provence qui vont à Seide & à Alexandrette passent à Lernica & mouillent dans la Rade des Salines. Le Commerce de l'*Echelle d'Alep* ou d'*Alexandrette* qui en est le Port, étoit autrefois très-considérable; mais les Droits excessifs que les Bachas levoient sur les Caravanes qui venoient de Perse & des Indes fit qu'on se détourna pour passer à Smyrne, où la proximité de la Porte empêche qu'on ne léve rien au delà de ce qui est du. Il va tous les ans à Alexandrette deux ou trois Vaisseaux de Provence de six à sept mille quintaux chacun, & autant de Barques de deux mille cinq cens quintaux chacune. On ne peut rien dire de précis sur le nombre des Bâtimens qui vont dans l'*Echelle de Tripoli*, parce qu'il n'y touchent qu'en passant après avoir chargé à Alep ou à Seyde. Le Commerce de l'*Echelle de Seyde* est fort diminué par les mêmes raisons que celui de Tripoli. Il y va tous les ans six ou sept Vaisseaux du port de six ou sept mille quintaux & quatre ou cinq Barques de deux mille ou deux mille cinq cens quintaux chacune. On débarque à Alexandrie les Marchandises qu'on destine pour le Caire à quarante lieues au delà. On les porte à Rosette qui est à l'entrée du Nil & de là on les transporte sur ce Fleuve jusqu'au Boulac, Bourg à une demi-lieue du Caire. On envoye tous les ans dans cette *Echelle du Caire & d'Alexandrie* dix ou douze Vaisseaux & quatre ou cinq Barques.

Cet Etat de Commerce fut dressé dans le tems que le Negoce étoit sur un pied florissant: il peut maintenant y avoir quelque diminution. Ceux qui voudront savoir l'espéce & la quantité des Marchandises qu'on porte dans ces Echelles & de celles qu'on en rapporte peuvent avoir recours à la Nouvelle Description de la France par Piganiol [a].

[a] Tom. 4. p. 109. & suiv.

Dans la Provence l'air & le terroir ne sont pas par tout les memes. La Haute-Provence est un Pays assez tempéré, riche en pâturages & en bestiaux, qui produit du bled, des pommes, des poires mais fort peu de vin; mais celui qui croît en quelques endroits est le meilleur de la Province: celui de Riez entre autres ressemble au Vin de Volnai. Dans la Basse Provence au contraire l'air y est excessivement chaud & il le seroit encore davantage le long de la Mer sans un petit Vent qu'on appelle la Bise qui regne ordinairement depuis neuf ou dix heures du matin jusqu'au soir. Le Vent de Nord-Ouest rafraîchit encore beaucoup ce Pays-ci, quelquefois même un peu trop. C'est ordinairement quand il a plu. S'il s'en tenoit là ce ne seroit encore rien; mais il desséche tellement le terroir qui l'est deja beaucoup, qu'on dit en proverbe: *Que le Mistrau, le Parlement & la Durance sont les trois fléaux de la Provence.* Mr. Godeau a eu raison d'appeller la Basse Provence une Gueuse parfumée; car on n'y recueille pas la moitié des grains qu'il faut pour nourrir les Habitans; & son terroir sec & sablonneux est couvert de Grenadiers, d'Orangers, de Citronniers, d'Oliviers, de Lentisques, de Cyprés, de Palmiers, de Figuiers, d'Acacias d'Afrique & de plusieurs arbrisseaux, tels que le Bruc, l'Arbouzier & l'Azerollier. Le Bruc ressemble assez au bouïs, à cela près que ses feuilles sont plus longues & plus aigues; son fruit est petit & rouge; il se conserve toute l'année, & il a cela de singulier qu'il naît du milieu de la feuille. L'Arbouzier a les feuilles comme celles du Kermès & son fruit est de la grosseur & de la couleur d'une grosse Cerise. Il a un goût de stipticité. L'Azerollier produit un petit fruit rouge qui a trois ou quatre noyaux, & est d'un goût aigrelet & agréable. Mr. Garidel dans son Histoire des Plantes qui naissent aux environs d'Aix assure qu'on éléve en Provence de vingt & une espéce de figuiers & de quarante-sept sortes de seps de vignes & de raisins. On y cultive encore de belles Fleurs. On vante sur-tout les Tubéreuses & les Narcisses de différentes espéces, sans parler des Oeillets d'Avignon qui sont beaucoup plus grands que ceux des autres Pays; mais néanmoins fort au dessous de ceux de Flandres & de Picardie pour la finesse des couleurs. La Basse Provence produit assez de vin; mais communément il est gros, fumeux & doux. Les muscats de Provence sont excellens & les truffes se trouvent en quantité; mais elles ne valent rien non plus que le Gibier, à l'exception des Becsfigues. Le poisson de la Mediterranée n'est pas non plus à beaucoup près aussi bon que celui de l'Océan.

Quant aux Plantes médicinales le savant Botaniste Mr. Garidel remarque que le terroir de Provence est si avantageusement disposé qu'il produit la plupart des Plan-

Plantes particuliéres aux autres Pays. Celles des Alpes & des Pyrenées se trouvent sur les Montagnes de Seine, de Colmars & autres : les marines & les maritimes se trouvent le long de la Côte : les marécageuses du côté d'Arles & de Tarascon, les sauvages dans les Forêts de l'Esterel, d'Ouliéres, de la Sainte-Baume & autres : celles de l'Espagne, de l'Italie, de la Gréce & même de l'Egypte, dans les Isles de Porquerolles & dans les autres Isles voisines. On trouve aussi dans cette Province des Plantes qui sont fort rares dans le reste du Royaume, telles que le petit Aconit, l'Aloés vulgaire, les espéces de Fer-à-cheval, le Bec de grue à aiguilles fort longues, le Lys asphodéle à fleur Ponceau, l'Arbre du Storax à feuilles de Coignassier & autres. Quant à l'Aloés il assure que cette plante croît en haye dans le terroir de Cagne & rapporte comme un fait certain l'Histoire fameuse de l'accroissement subit de cette Plante jusqu'à cinq ou six pieds.

Pour les Mines on dit qu'il y en a de Fer à Barles & près de Trans, d'Or le long des Côtes de la Mer près de la Ville d'Hiéres & du Village de la Garde Freynet. Paul de Rochas Sieur d'Aiglun, dans le Chapitre où il traite des Eaux ensouffrées rapporte qu'un Potier de terre étant allé chercher du bois sur une Montagne assez près de Toulon, appellée QUARQUEYRANE, ou COLENEGRE, entendit dans une fosse un agneau & qu'y étant descendu il y trouva un Lingot d'Or. Aux MAURES DU LUC, Terre appartenante aux Marquis du Luc, on prétend qu'il y a des Mines d'Or, d'Argent de Cuivre, d'Etain & de Plomb. On y a fait construire en 1720. un grand Bâtiment renfermant plusieurs fourneaux, les logemens des Officiers, Fondeurs, Mineurs & Commis ; les Magasins pour les Mines & Matiéres & une Forge pour forger les gros Fers, & les Outils nécessaires. Le 22. de Septembre de cette même année on fit les premiéres fontes & l'on eut trois saumons de plomb, l'un de 65. Livres, le second de 87. & le troisième de quatre-vingt-cinq ; ce qui est surprenant, car la plupart des fourneaux neufs ne rendent rien ou du moins très-peu de chose à la premiére fonte. A la Sainte-Baume & ailleurs il y a des Mines de Jayet ; mais les unes & les autres sont fort négligées. On trouve des filons d'une Mine de savon à Marseille, près de Notre-Dame de la Garde. La Matiére de cette Mine dissoute dans l'eau la rend blanche & blanchit le linge & les étoffes comme le Savon artificiel dont elle a aussi la marbrure. Elle est grasse & limoneuse ; & il semble que la Nature ait assemblé les mêmes choses que l'on emploie pour faire le Savon.

Quoique les chaleurs excessives de la Provence empêchent qu'il n'y ait autant de Forêts & de Bois que dans les autres Provinces Limitrophes, il ne laisse pas néanmoins d'y avoit une assez grande quantité de bois qui est d'une utilité considérable pour la Marine & pour d'autres usages. Dans le Bois du Comté de Sault, il y a un grand nombre de Verreries. Le Bois de CONIOLS sur le chemin d'Aix à Toulon rapportoit beaucoup aux Propriétaires par la quantité de raisine qui découloit de ses Pins ; mais le froid excessif de l'hyver fit mourir tous ces Arbres en 1709. Le Bois de MEAILLES au Diocése de Glandéves a été plus utile que tous les autres à cause de la bonté & de la quantité de ses Sapins, dont on s'est servi assez long-tems pour les mâts des Vaisseaux. Ce fut un Gentilhomme Normand nommé la Londe, qui dans le seizième Siécle trouva une route pour les faire conduire jusqu'au Var & de-là jusqu'à la Mer. Outre ces Bois il y a encore celui des MAURES, près du Golphe de Grimauld ; celui de CROMPAT sur le chemin de Forcalquier à Sisteron ; celui d'AUBES, au voisinage de celui de MEAILLES ; celui de BEAUVEZET, près de Colmars ; celui de BERTAUD, près de St. Tropez, & quelques autres.

Les Riviéres de Provence sont peu considérables pour la plûpart. Celles qui méritent quelque considération, sont :

La Durance,     L'Hubaye,
La Sorgue,     Le Baune, ou
La Largens,     Weaume,
Le Larc,     Le Var.
Le Verdon,

Par Lettres patentes du 4. May 1718. sur Arrêt du Conseil d'Etat du Roi, rendu le 25. Avril de la même année, sa Majesté homologue l'Acte de Délibération passé à Paris par devant Richard Notaire & son Confrére le 13. Mars précédent, entre S. A. S. Louis Henri de Bourbon, & les personnes fondées en procuration de Louis Antoine de Pardaillan de Gondrin Duc d'Antin, de Louis Marquis de Brancas & de Jean Baptiste Henri de Forbin Marquis d'Oppede, tous Associez au Droit de dériver les eaux de la Riviére de Durance pour en faire un Canal navigable qui sera tiré depuis la Méditerranée au lieu de St. Chamas en Provence & conduira d'un côté à Avignon & de l'autre à Donzére en Dauphiné. Le Roi permet en conséquence aux dits Associez d'établir un Bureau à Paris, & ailleurs où il leur conviendra, & d'y faire des Regîtres sous la direction des personnes qu'ils choisiront & commettront, pour y insérer & recevoir les soumissions des Particuliers qui voudront participer au produit des Droits du dit Canal, & prendre des Actions en la forme & aux clauses & conditions énoncées dans le dit Acte de Délibération. Ce Canal doit traverser quarante lieues de Pays, où il ne manque que de l'eau pour qu'il soit le plus beau & le plus fertile de l'Europe. On a supputé que moyennant quatre millions on mettroit cet ouvrage dans sa derniére perfection & en une année & demie de tems. Cependant on crut devoir faire un fonds de cinq millions. On doit prendre sur ce Canal les mêmes Droits qu'au Canal de Languedoc ; c'est-à-dire six deniers par lieue pour chaque Quintal & trois sols par lieue pour chaque Voyageur. Quelques difficultez survenues ont empêché que ce Canal n'ait été exécuté aussi promptement que le portoit le Projet.

Il y a en Provence des Etangs & plusieurs Golphes d'une grande étendue. L'Etang ou Golphede Berres, ou de Martigues au bord de la Mer entre Marseille & le Rhône, a quatre ou cinq lieues de largeur: Ceux de Meyran, d'Entrecens, du Port, de Galejon, de Valduech & autres quoique moins connus, ne laissent pas d'être fort grands. Le Golphe de Grimauld entre Frejus & Hiéres a quatre lieues de long & une de large: celui de Toulon est à peu près aussi grand que celui de Grimauld.

Les Ports de la Provence les plus renommez sont:

| | |
|---|---|
| Le Port de Bouc | pez, |
| Le Port de Marseille | Le Mouillage appellé Canabiers, |
| Le Port de Toulon, | Le Goujan, |
| | Les Isles d'Hiéres |
| Le Port ou Golphede St. Tropez, | Le Brusq. |

Les Caps les plus connus sont:

| | |
|---|---|
| Le Cap Negre, | Le Cap Taillat, |
| Le Cap de Garoup, | Le Cap Ardier de Benat, |
| Le Cap de Théoulé, | Le Cap de Siffié, |
| | Le Cap de l'Aigle, |
| Le Cap Roux, | Le Cap de la Croisette, |
| Le Cap des Portes | Le Cap de Colonne. |

Les Isles les plus connues sont:

| | |
|---|---|
| Les Isles d'Or ou d'Hiéres, | L'Isle de Tête de Can, |
| L'Isle de Martegue, | L'Isle de Ribaudas, |
| L'Isle de Pomegue, | L'Isle du Langoustier, |
| L'Isle de Lerins, | L'Isle de St. Fereol. |
| L'Isle des Lions, | |

Parmi les Fontaines de cette Province, qui paroissent dignes de la curiosité du Public, une des plus remarquables est celle de DIGNE. Ses eaux sont chaudes, un peu piquantes & sentant la Boue. Elles ont beaucoup de sel Alkali & beaucoup de Souffre & purgent par les selles. Avec la Noix de galle elles ne prennent aucune teinture: avec le suc de Tourne-sol elles sont devenues de Couleur amarante un peu foncée: la dissolution du Vitriol blanc les rend jaunes; & le sel de Tartre les rend laiteuses, puantes & d'une saveur désagréable. Par évaporation on a eu d'une Livre & demie d'eau trente cinq grains d'une résidence grisâtre & extrêmement salée. Non seulement l'eau en est bonne à boire; mais elle est encore excellente pour se baigner. Au mois de Mai & de Juin il tombe des Rochers, d'où sortent ces eaux, des Serpens qui ne sont point de mal. Les enfans les prennent sans crainte & s'en jouent de même, pendant que les Serpens qu'on trouve à une portée de mousquet au delà sont venimeux, & mordent comme par-tout ailleurs. Ce trait d'Histoire Naturelle parut si curieux aux fameux Gassendy qu'il a tâché d'en rendre raison dans la vie de Peiresc [a]. a Pag. 102.

On découvrit en 1704. dans le Fauxbourg de la Ville d'Aix où est le Couvent des Peres de l'Observance, une Fontaine minérale, qui eut d'abord beaucoup de réputation. La découverte se fit en démolissant une Maison qui menaçoit ruïne. On trouva des restes de Chapiteaux, de Conniches & d'autres Ornemens. La curiosité des Ouvriers fut animée: ils cherchérent & trouvérent enfin dans ces precieux décombres une source d'eau chaude qui sortit de la Terre à gros bouillons. Les Antiquaires opinérent aussi-tôt que c'étoit l'endroit où étoient situez les BAINS DE SEXTIUS. Leur opinion fut confirmée par les Médailles, les Inscriptions & autres Monumens antiques qu'on trouva dans le même lieu. En 1705. l'on en tira une pierre d'environ trois pieds de long & d'un pied & demi de large. On voit sur cette pierre un Autel, au dessus duquel est un Priape ou *Mentula* d'une grosseur extraordinaire & sur cette figure sont ces trois Lettres I. H. C. dont on donna aussi tôt plusieurs explications différentes. Voici les deux qui semblent les plus Naturelles: *In Hortorum Custodiam*, ou *Jucundo Hortorum Custodi*. Du reste ces Eaux minérales sont très claires & aussi legeres que de l'eau de pluye. Elles n'ont aucune odeur ni saveur & ne sont point extrêmement chaudes. Quand on les mêle avec la dissolution de coupe rose il se fait au fond de la bouteille une précipitation de quelque matiere rousse; & avec de l'eau de chaux il se fait une précipitation de matiere blanchâtre. Avec la poudre de Noix de galle elles ne prennent d'autre couleur que celle de la poudre même, que l'esprit de Vitriol & l'huile de Tartre ne font point changer. Ces eaux mêlées avec l'Esprit de Sel commun n'ont reçu aucun changement ni dans leur couleur ni dans leur chaleur, non plus qu'avec le Sublimé corrosif & le Sel armoniac. Par l'évaporation on en tire une résidence rousse, qui pique les fibres de la langue comme le Salpêtre.

A Tartone, à deux lieues de Digne, on voit une Fontaine dont les eaux sont salées & les Habitans ont la permission de s'en servir pour leurs usages. On n'a qu'à mettre de cette eau dans un chaudron qui soit sur du feu, & on en tire du sel qui est assez bon; mais qui pourtant est inférieur à celui de Moriez.

Dans le Territoire de Moriez, à deux lieues de Senez, il y a une autre Fontaine salée, de l'eau de laquelle on fait du Sel, non seulement par le moyen du feu; mais encore en en versant sur du Drap, ou sur une Table. Sur le champ elle se congele & se convertit en Sel beaucoup plus salé que celui de la Mer. Gassendy a remarqué, qu'il falloit une plus grande quantité d'eau commune pour dissoudre le Sel de Moriez que

que pour diffoudre une pareille quantité de celui de la Mer. Cette Fontaine fut découverte en 1636. à l'occafion d'une augmentation du prix du Sel.

A un petit quart de lieue de Caftelane, il y a auffi une Fontaine falée, qui eft fi abondante, qu'à fa fource elle fait moudre un moulin, & puis fes eaux fe perdent dans le Verdon.

La Fontaine de Levant eft près de la Ville de Colmars. Elle a cela de particulier que fes eaux imitent le flux & le reflux de la Mer.

Dans la Paroiffe de Peyrefc, au Diocèfe de Glandève, il y a une Caverne merveilleufe. Voyez PEYRESC. On appelle MER DE PROVENCE la partie de la Mer Méditerranée, qui eft au Midi de cette Province. Elle comprend les Mers de Marfeille, de Martegues & le Golphe de Griauld.

PROUILLAN, Prieuré de France, au Diocèfe de Condom, & près de cette Ville. C'eſt un Prieuré de Filles de l'Ordre de Saint Dominique. Le Roi nomme la Prieure.

☞ PROVINCIA, mot Latin, dont les François & les Anglois ont fait leur mot PROVINCE. On entend par ce mot une étendue confidérable de Pays, qui fait partie d'un grand Etat, & dans laquelle on comprend plufieurs Villes, Bourgs, Villages & autres Lieux fous un même Gouvernement. C'eſt ce que les Grecs & particuliérement Ptolomée appellent Επαρχία, les Allemands ont le mot *Landfchafft* qui veut dire la même chofe & les Italiens & les Efpagnols ont confervé fans aucune altération l'ancien nom *Provincia*. Originairement les Romains[a] donnérent le nom de PROVINCES aux Contrées qu'ils avoient acquifes hors de l'Italie ou par les armes, ou par Droit d'hérédité, ou par quelque autre voye; ce qui a fait dire à Hégéfipe que les Romains, *cum in jus fuum vincindo redigerent procul pofitas regiones appellaviſſe Provincias*. Il dit *procul pofitas*; car d'abord aucune Contrée d'Italie n'eut le nom de Province. Auffi Dion-Caſſius[b] en donnant la Divifion de l'Empire Romain fous Augufte ne met point l'Italie parmi les Provinces de l'Empire. Cependant fous l'Empire d'Hadrien l'Italie paroît avoir été divifée en deux parties principales, dont l'une comprenoit les Pays d'au deça & d'au delà du Pô, qui avec les Contrées voifines furent fous Conftantin le Grand appellez du nom de Province d'Italie, dont Milan étoit la Métropole. Les autres Pays d'Italie demeuroient pendant ce tems-là fous le Vicaire de la Ville.

Lorfque les Romains avoient érigé quelque Contrée en Province, il y envoyoient ordinairement tous les ans un homme, qui s'il avoit été Conful faifoit prendre à cette Province le nom de CONSULAIRE & s'il avoit été Préteur lui faifoit prendre celui de PRÉTORIENNE[c]. La charge de cet homme Confulaire ou Préteur étoit de gouverner la Province felon les Loix Romaines. Il établiſſoit fon Tribunal dans la principale Ville, où il rendoit la Juſtice aux Peuples; ce qui avoit quelque rapport à ce qu'on appelle préfentement en France Gouvernement. Le Pere Lubin auroit fouhaité que quelqu'un fe fût donné la peine de faire des Cartes de tout l'Empire Romain bien divifé par ces Provinces: ce que nous avons, dit-il, dans la Notice de l'un & de l'autre Empire, y pourroit fervir. Oui, mais il faut avec cela lire avec une grande attention l'Hiſtoire Romaine & les Ecrivains Eccléfiaſtiques & Prophanes, y chercher les matériaux qui font difperfez de côté & d'autre & les réunir pour en compofer l'Edifice; ce qui demande un travail immenfe, & un courage à l'épreuve de tous les dégoûts d'une étude auffi ingrate.

Onuphre nous apprend que fous Auguſte les Provinces de l'Empire Romain[d] furent partagées en vingt-fix Diocèfes, dont ce Prince, du confentement du Sénat, en réferva quatorze, où il fe chargea d'envoyer des Commandans fous le nom de Recteurs ou de Procureurs; & il laiffa les autres à la difpofition du Sénat. Sous les Succeffeurs d'Auguſte le nombre des Provinces accrut, & on les divifa en différentes maniéres, comme on en divife encore quelques-unes de notre tems. On les diſtingua en GRANDE & PETITE, en PREMIÈRE, SECONDE & TROISIE'ME. Quelques-unes à caufe des Eaux médicinales furent nommées SALUTAIRES: d'autres furent partagées en ORIENTALE & OCCIDENTALE, en MAJEURE & MINEURE & quelques-unes prirent leur nom de leur Capitale. Les Grecs ont diſtingué quelques Provinces compofées de Montagnes & de Plaines, en *Tracheia*, en Latin *Afpera*; c'eſt-à-dire RUDE & RABOTEUSE; & en *Cœle* qui veut dire CREUSE ou PLAINE. On a divifé encore les Provinces en CITE'RIEURE & ULTE'RIEURE, & cette diſtinction eſt quelquefois caufée par la fituation de quelque Montagne qui fe trouve entre-deux. Le Cours d'un Fleuve a quelquefois auffi le même effet. On trouve encore chez les Anciens une divifion de Provinces en INTE'RIEURE & EXTE'RIEURE, par rapport à la fituation d'une Montagne, comme par rapport au cours d'un Fleuve on divife une Province en PROVINCE EN DEÇA & PROVINCE AU-DELA. La Domination met quelquefois auffi de la diſtinction dans une même Province, comme on a dit le BRABANT-ESPAGNOL & le BRABANT-HOLLANDOIS.

Aujourd'hui la plus commune divifion d'une Province eſt en HAUTE & BASSE. Le Cours des Riviéres donne quelquefois ce nom. Mais il faut prendre garde que quoique ces deux mots foient toujours rélatifs, il y a cependant des Pays qui font appellez PAYS-BAS, fans que l'on en trouve qui ayent le nom de HAUT à leur égard. On trouve bien par exemple la BASSE-NORMANDIE, quoique l'autre foit appellée fimplement NORMANDIE: on dit de même la BASSE-BRÉTAGNE. Au contraire en Auvergne il y a feulement le mot de HAUTE-AVERGNE, qui eſt la partie montagneufe;

[a] Schelftrate, Antiq. Eccleſiæ, pag. 495.

[b] Lib. 53. p. 103.

[c] Schelftrate, pag. 258.

[d] Ibid. p. 223.

502 PRO.

& l'autre partie n'est point ordinairement appellée BASSE.

On a donné à des Provinces du Nouveau Monde les noms des Provinces de notre Hemisphére, avec l'addition du mot de NOUVELLE.

Ce mot de PROVINCE a encore été employé à divers autres usages. On dit *aller en Province*, pour dire aller en quelque endroit éloigné de Paris, & celui qui en est appellé à Paris *Provincial*.

Les Ordres Religieux voulant mettre quelque Réglement dans leur Police, ont commencé depuis environ le XIII. siècle à se diviser en Provinces auxquelles ils ont donné pour titre, ou le nom d'un Saint qu'ils élisoient pour Patron, ou le nom de la Province séculiére, en laquelle la plupart des Couvens étoient situez, ou le nom du principal Couvent.

Le mot de PROVINCE est enfin devenu si commun, que l'on s'en sert indifféremment pour signifier toute sorte de Pays. Un seul en a retenu le nom avec un très-leger changement. On l'appelle aujourd'hui la PROVENCE; mais encore en Latin sans changement, PROVINCIA. Voyez PROVENCE.

J'ai parlé à l'Article DIOCESE des PROVINCES ECCLESIASTIQUES. Il ne me reste plus qu'à donner ici la Notice des Provinces la plus complette qui nous ait été conservée. Le Manuscrit de cette Notice est conservé dans la Bibliothèque du Vatican; & il a plus de sept cens ans d'ancienneté. Il commence ainsi:

*Incipiunt Nomina XI. Regionum continentium intra se Provincias CXIII.*

Italia,
Gallia,
Africa,
Hispania,
Illyricum,
Thracia,
Asia,
Oriens,
Pontus,
Ægyptus,
Britannia.

*Nomina Provinciarum & Civitatum quarumdam Præmissarum Regionum.*

*In Italia sunt Provinciæ XII.*

Campania, *in qua est Capua.*
Tuscia *cum* Umbria *& Æmilia.*
Flaminia, *in qua est Ravenna.*
Picenum, Liguria, *in qua est Mediolanum*
Venetia *cum* Histris, *in qua est Aquileia.*
Alpes Cottiæ, Samnium, Apulia *cum* Calabria, *in qua est Tarentum.*
Bruttium *cum* Lucania, Retia prima, Retia Secunda;
Sicilia, Sardinia, Corsica, Alpes Graiæ.

*Galliarum Provinciæ sunt XVII.*

Viennensis.
Narbonensis prima.
Narbonensis secunda.
Aquitanica prima.
Aquitanica secunda.
Novempopulana.
Alpes Maritimæ.
Belgica prima, *in qua est Treveris.*
Belgica secunda, *in qua est Transitus ad Britanniam.*
Germania prima *super Renum.*
Germania secunda.
Lugdunensis prima.
Lugdunensis secunda *super Oceanum.*
Lugdunensis tertia.
Senonia.
Maxima Sequanorum.
Alpes Graiæ.

*In Africa sunt Provinciæ VI.*

Proconsularis, *in qua est Carthago.*
Numidia.
Bazanzium, Byzazium.
Tripolis.
Mauritania Sitifensis.
Mauritania Cæsareensis.

*In Hispania sunt Provinciæ VII.*

Tarraconensis.
Carthaginensis.
Betica.
Lusitania, *in qua est Emerita.*
Gallicia.
Insulæ Baleares.
Tingitana *trans fretum, quod ab Oceano infusum trans intrat inter Caluen vel Albinam, inter Alpem & Apenninum.*

*In Illyrico sunt Provinciæ XIX.*

Dalmatia *supra mare.*
Pannonia prima, *in qua est Sirmium.*
Pannonia secunda.
Valesia, Prevales.
Mysia superior.
Epirus vetus.
Pampica.
Noricus Ripensis *super Danubium.*
Noricus Mediterranea.
Favia.
Dardania.
Hermemontis.
Dacia.
Scythia.
Creta Insula.
Achaia.
Macedonia.
Thessalia.

*In Thracia Provinciæ VI.*

Thracia prima.
Thracia secunda.
Mysia inferior.
Scythia inferior.
Europa, *in qua est*
*Constantinopolis, quæ prius sic dicta, sive Byzantium.*
Rodopa.

*In Asia Provinciæ XII.*

Asia ipsa, *in qua est Ilium, id est Troia.*
Lycia.
Galatia.
Lydia.
Caria.
Hellespontus.
Pamphilia.
Pisidia.
Phrygia prima.
Phrygia secunda.
Phrygia salutaris.
Lycaonia.
Cyclades.

*In Oriente sunt Provinciæ.*

Syria Ciliciæ, *in qua est Antiochia.*
Syria Palæstinæ.
Syria Phœniciæ.
Isauria.
Cilicia *juxta montem Taurum.*
Cyprus.
Mesopotamia *inter Ortum & Euphratem.*
Euphratesia.
Hosdroene.
Sophanee.

*In Ponto sunt Provinciæ VIII.*

Pontus Polemaicus.
Pontus Amasia.
Honorida.
Bitania.
Paflagonia.
Armenia minor.
Armenia major.
Cappadocia.

### In Ægypto Provinciæ VI.

Ægyptus ipſa, *in qua eſt Alexandria*.
Auguſtamnis.
Thebaida.
Libya Sicca.
Libya Pentapolis.
Arcadia.

### In Britannia Provinciæ V.

Britannia prima.
Britannia ſecunda.
Valenciana.
Flavia.
Maxima.

PROVINCES LIBRES. Voyez FREY-ÆMPTER.

PROVINCES-UNIES, Provinces des Pays-bas ainſi appellées à cauſe de l'Union ou Confédération qu'elles firent entre elles à Utrecht, au mois de Janvier 1579. pour la défenſe de leur liberté contre Philippe II. Roi d'Eſpagne [a]. Les Provinces qui compoſent cette République ſont au nombre de ſept ſavoir le DUCHÉ DE GUELDRES dans lequel eſt compris le Comté de Zutphen; les COMTEZ DE HOLLANDE & de ZÉLANDE; les SEIGNEURIES d'UTRECHT, de FRISE, d'OVERISSEL & de GRONINGUE. Outre ces ſept Provinces qui compoſent l'Etat, la République poſſéde pluſieurs Villes conquiſes depuis l'Union d'Utrecht, ou qui ſe ſont incorporées dans les Provinces-Unies & que l'on appelle le Pays de la Généralité, parce qu'elles dépendent immédiatement des Etats Généraux & non d'aucune Province particuliére. Ces Places ſont ſituées dans le Brabant, dans le Pays de Limbourg, en Flandres & dans le Haut-Quartier de Gueldre. Le Pays de Drenthe qui eſt une Province Souveraine, ſituée entre la Weſtphalie, Groningue, Friſe & Overiſſel fait auſſi partie de la République & contribue un pour cent aux frais de la Généralité: Auſſi cette Province prétend-elle avoir Droit d'entrée dans l'Aſſemblée des Etats Généraux; mais on lui a toujours donné l'excluſion. Les deux COMPAGNIES DES INDES ORIENTALES & OCCIDENTALES & la SOCIÉTÉ de SURINAM poſſédent auſſi, ſous la protection des Etats Généraux de vaſtes Etats en Aſie, en Afrique & en Amérique. Outre tous ces Pays, la République depuis la Paix d'Utrecht en exécution du Traité de Barriére, entretient des Garniſons juſqu'au nombre de douze mille hommes dans les Places d'Ipres, Furnes, Menin, Dendermonde, Tournai & Namur.

Les Provinces-Unies & les Pays de leur Domination ſont ſituez entre le 24. & le 26. degré de longitude, & entre le 51 & le 54. degré de Latitude Septentrionale. Ces Pays ſont contigus les uns aux autres & bornez au Midi par la Flandre, le Brabant, l'Evêché de Liége, la Gueldre Pruſſienne & Autrichienne; au Levant par les Duchez de Cleves & de Juliers, l'Evêché de Munſter, le Comté de Bentheim & par le Pays d'Ooſt-Friſe; la Mer du Nord ou d'Allemagne les baigne au Septentrion & au Couchant. On donne à toutes ces Provinces environ quarante-huit lieues de longueur depuis l'extrémité du Limbourg-Hollandois, juſqu'à celle de la Seigneurie de Groningue. Leur largeur depuis l'extrémité de la Hollande Méridionale juſqu'à celle de l'Overiſſel eſt d'environ quarante lieues.

L'air de ces Provinces en général eſt plus humide que ſec, par conſéquent plus froid que chaud & cependant aſſez ſain. Les Hivers ſont un peu longs, mais ſupportables & les Etez ſont très-agréables. Il eſt vrai que quelquefois l'on y voit les quatre Saiſons de l'année dans un même jour.

Le terroir dans quelques Provinces eſt aſſez fertile en grains; mais dans les autres il abonde en pâturages qui nourriſſent une quantité prodigieuſe de Bêtes à corne. Il y a des Vaches qui donnent juſqu'à trois grands ſceaux de lait par jour en Eté: auſſi n'y a-t-il point de Pays où l'on voye une ſi grande abondance de beurre & de fromage. Quoiqu'il n'y croiſſe point de Vin, & que le Pays ne produiſe pas aſſez de Bled pour la ſubſiſtance des Habitans, cependant par le moyen de la Mer & des Riviéres, on y trouve une abondance extraordinaire de tout ce qui eſt utile ou agréable à la vie. Les Peuples ont eu l'art de réparer la ſtérilité de leur Pays, de le rendre un des plus abondans qu'il y ait au monde, & d'y apporter tout ce qu'il y a de plus rare & de meilleur dans les quatre parties de la Terre. Ils tirent tous les ans du Holſtein & du Jutland une grande quantité de Bœufs qu'ils engraiſſent & vendent au mois d'Octobre & de Novembre. Ils élevent auſſi une grande quantité de Chevaux qui ſont fort recherchez pour en faire des attelages de Caroſſe & pour la Cavalerie. On voit dans ce Pays beaucoup de Cigognes qui ſe nichent ſur les Maiſons, où on les laiſſe tranquillement parce qu'elles dévorent les grenouilles dont les prairies regorgent. Vers la fin du mois d'Aout elles ſe retirent en Afrique & en reviennent vers le commencement de Mars. Les Canaux & les Marais ſont couverts de Canards ſauvages qui viennent vers la fin de l'Automne de Norwégue & des environs de la Mer Baltique. On voit auſſi dans ce tems-là une grande quantité d'Oies ſauvages, de Herons & d'autres Oiſeaux étrangers. Le Pays dans pluſieurs endroits abonde en Gibier, mais non en Bêtes fauves. Il y a fort peu de Loups; mais pour des Renards on en voit en quantité.

Deux principales Riviéres arroſent ce Pays: j'entends le Rhin & la Meuſe. Il y a quelques autres Riviéres moins conſidérables, comme une branche de l'Eſcaut, l'Ems, le Vieux Iſſel & le petit Iſſel. Outre ces Riviéres il y a une infinité de Canaux capables de porter de grands Batteaux & que le terrein bas & mou a permis de faire ſans beaucoup de frais. Ces Canaux ſont d'une très-grande commodité pour les Voyageurs & pour tranſporter les Marchandiſes d'une Ville à l'autre. Les Barques dont on ſe ſert ſur ces Ca-

[a] Janiçon, Etat préſent des Provinces-Unies, t. I. pag. I. & ſuiv.

Canaux font tirées par des Chevaux, partent & arrivent réguliérement à une certaine heure. En Hiver toutes les prairies font inondées & au Printems on les defféche par le moyen des moulins à vent, qui jettent l'eau dans les Canaux, d'où elle fe décharge dans les Riviéres par diverfes Eclufes.

Si la Mer & les Riviéres procurent l'abondance aux Provinces-Unies, on peut dire en même tems que ce font les plus cruels Ennemis qu'elles ayent à redouter, à caufe de leur fituation baffe & platte qui les expofe à de fréquentes inondations. Pour s'en garentir on a par-tout oppofé des Digues à la fureur de l'Océan & à l'impétuofité des Riviéres. Ces Digues ont coûté des fommes immenfes, & l'on prétend que leur entretien monte tous les ans à d'auffi grandes fommes qu'il en faudroit pour maintenir fur pied une Armée de quarante mille hommes.

Il n'y a point de Pays en pareille étendue à celui-ci, où l'on voie un fi grand nombre de belles Villes, de Bourgs & de Villages, ni une fi grande quantité d'Habitans que la Liberté, & le Commerce y attirent. On peut dire auffi que la Liberté y fait fleurir les Arts & les Sciences. C'eft dans cette vue que l'on entretient plufieurs Univerfitez & un nombre infini d'Ecoles dans les Villes, & jufque dans les moindres Villages où les Habitans ont grand foin de faire inftruire leurs enfans.

La Langue du Pays eft la Flamande, qui eft un idiome de l'Allemand; mais on la prononce différemment dans chaque Province & même dans chaque Ville. La Langue Françoife y eft auffi fort en ufage par le grand nombre des François Proteftans qui s'y font réfugiez depuis la Révocation de l'Edit de Nantes, en 1685. Et comme prefque toutes les Négociations entre la République & les autres Puiffances de l'Europe, fe font aujourd'hui en François, il n'y a point de Membre de la Régence qui ne fe pique de favoir cette Langue & de la faire apprendre à fes Enfans: les Négocians & les autres Bourgeois ont la même ambition.

L'Union conclue à Utrecht en 1579. laiffoit à la difpofition de chaque Province d'en ufer comme elle le fouhaiteroit fur le fujet de la Réligion, à condition que perfonne ne pourroit être inquietté à cet égard, & que chaque Particulier jouïroit de la Liberté qui avoit été établie par la Pacification de Gand. Cependant en 1583. il fut réfolu du confentement unanime des Provinces, que la feule Réligion *Réformée* y feroit exercée publiquement, & qu'elle feroit la dominante dans toute la République. Depuis ce tems-là il n'y a que ceux qui en font profeffion ouverte, qui foient admis au Gouvernement & aux Emplois excepté les Militaires. Cependant on a laiffé aux Catholiques une entiére Liberté de confcience, & ils jouïffent actuellement dans toute l'étendue des Provinces-Unies du libre exercice de leur Réligion, excepté dans le Pays de Drenthe, où il n'eft permis à aucun Prêtre de refter plus d'une nuit dans un même endroit. Les Catholiques ont dans toutes les Villes & à la Campagne un nombre infini de Chapelles, où ils font le Service divin, au fon des orgues, des voix & des Inftrumens. Il eft vrai que ces Chapelles quelque grandes qu'elles foient pour la plupart ne font que des chambres renfermées dans des Maifons particuliéres où les Prêtres ont leur logement; mais ils y entrent & en fortent en foule, auffi publiquement & auffi librement que les *Proteftans* fortent de leurs Eglifes. Il eft vrai encore que cette liberté n'eft proprement qu'une tolérance, limitée par divers Placards qui les retiennent dans les bornes d'une entiére foumiffion aux ordres de l'Etat, tant pour le Spirituel que pour le temporel. Du refte ils jouïffent des mêmes droits & des mêmes prérogatives que les Proteftans par rapport à la Juftice, au Commerce & aux Impôts. Quoique privez des Emplois publics, il leur eft permis d'exercer toutes fortes de Profeffions. On trouve parmi eux un grand nombre d'Avocats & de Médecins qui font indifféremment employez par les Proteftans & par les Catholiques. Ils peuvent parvenir à tous les Emplois Militaires, excepté celui de Velt-Maréchal. Il faut qu'ils foient contens de la douceur du Gouvernement à leur égard, puifqu'on compte qu'ils font le tiers des Habitans du Pays. Auffi peut-on dire à leur honneur qu'ils font une pleine partie de l'Etat, qu'ils payent les taxes auffi volontiers que les Proteftans, qu'ils n'ont jamais troublé le repos de la République, ni témoigné aucun penchant à la révolte, pendant les différentes Guerres que l'Etat a eu à foutenir.

Il y a un grand nombre d'autres Réligions ou Sectes qui font tolérées dans l'étendue des Terres de la République. De ce nombre font les Arminiens ou Remontrans, les Luthériens, les Anabaptiftes, les Quakers ou Trembleurs, les Labadiftes. Il y a auffi des Colléges particuliers ou Conventicules de certaines perfonnes, qui fans s'attacher à aucune Communion Chrétienne fe contentent de lire & de méditer l'Ecriture Sainte. Dans ces Colléges on raifonne par forme d'entretien fur ce qu'on a lu & médité. Outre ces Sectes il y en a une autre qu'on nomme *Prophètes, Collégiens* ou Rhinsbourgeois. Ils tiennent quelque chofe des Arminiens, des Anabaptiftes & des Quakers. On prétend qu'il y a parmi eux des Sociniens & des Deïftes, qui fe font bannis de toutes les autres Communautez Chrétiennes, & qui font en affez grand nombre dans les Provinces-Unies; mais ils n'ofent fe déclarer ouvertement. Les Grecs & autres Chrétiens Orientaux ont le libre Exercice de leur Réligion à Amfterdam. Enfin les Juifs exercent publiquement la leur, & ont des Synagogues dans toutes les Villes où ils fe font habituez.

Pour revenir à la Réligion dominante, l'Ordre Eccléfiaftique eft partagé en différentes Claffes, qui font les Docteurs ou Profeffeurs en Théologie, les Miniftres

ou

ou Pasteurs des Eglises, les Anciens & les Diacres. Les Professeurs, dont quelques-uns sont en même tems Ministres, enseignent la Théologie, la Morale & l'Histoire Ecclésiastique. La Charge de Ministre ou Pasteur est une des plus pénibles & des moins lucratives. Ils sont chargez de prêcher deux ou trois fois par semaine, sans parler des Catéchismes qu'ils sont obligez de faire, & des autres fonctions pastorales. Ils sont tous égaux & l'on ne connoît point dans les Provinces-Unies les noms d'Evêque, de Sur-Intendant, d'Inspecteur Général, quoique ces Dignitez Ecclésiastiques soient reconnues en d'autres Pays Protestans. Les Anciens sont des personnes distinguées par leur âge, leur rang & leurs mœurs, choisis par le Consistoire pour avoir conjointement avec les Pasteurs inspection sur la conduite de tous les Membres de l'Eglise, pour faire observer la discipline Ecclésiastique & pour reprimer les Scandales. Les Diacres élus comme les Anciens, ont soin de recueillir les aumônes, de recevoir les autres deniers des pauvres, d'en faire la distribution & de rendre compte tous les ans au Consistoire de la recette & de la dépense.

Il y a quatre différentes sortes d'Assemblées Ecclésiastiques: les Consistoires, les Classes, les Synodes Provinciaux & le Synode National. Dans chaque Eglise il y a un Consistoire où l'on délibère des affaires Ecclésiastiques. Les Classes sont des Assemblées des Eglises voisines qui y députent chacune un Ministre & un Ancien. Elles se tiennent ordinairement tous les trois mois. Les Synodes Provinciaux s'assemblent une ou deux fois par an dans chaque Province: chaque Classe y envoye deux Ministres & deux Anciens. Les Etats de la Province y envoyent aussi deux Députez ou Commissaires Politiques, pour être informez de toutes les affaires qui s'y traitent. Chaque Synode entretient une correspondance avec ceux des autres Provinces, &, toutes les fois qu'il se sépare, on convient du lieu & du tems auquel il doit se rassembler. Depuis le Synode de Dordrecht, tenu en 1618. & 1619. il n'y a point eu de Synode National. Cependant un des Articles de cette fameuse Assemblée porte qu'on convoqueroit le Synode National dans trois ans; mais avec cette restriction que ce seroit avec l'agrément & la permission des Etats-Généraux.

Le Synode de Dordrecht avant que de se séparer résolut de remettre sous la garde des Etats Généraux l'Original des Actes de cette Assemblée & de confier aux Magistrats de la Ville de Leyde la Version de la Bible, qu'il avoit fait faire. Pour s'assurer de leur conservation, on députe tous les trois ans un Ministre de chaque Synode Provincial. Ces Ministres qui sont au nombre de neuf, parce qu'il y a deux Synodes en Hollande: un en Sud-Hollande & l'autre en Nord-Hollande & que le Synode Wallon joint aussi une Députation; ces Ministres, dis-je, se rendent à la Haye & forment ce qu'on appelle le *Cœtus*; c'est-à-dire l'Assemblée. Ils s'adressent au Président des Etats, pour voir les Actes du Synode de Dordrecht; ce qui leur est aussi-tôt accordé. De là ils se rendent à Leyde pour examiner de même l'Original de la Version Hollandoise de la Bible, & ils sont accompagnez dans ce voyage de deux Députez des Etats Généraux.

Voici la Subordination qu'il y a dans le Gouvernement Ecclésiastiques des Provinces-Unies. Les Consistoires sont subordonnez aux Classes, les Classes aux Synodes Provinciaux & ceux-ci au Synode National. On compte dans toute l'étendue de la République quatorze cens quarante-sept Ministres Hollandois, outre soixante & un aux Indes Orientales & huit aux Indes Occidentales. Il y a à Londres quatre Ministres Hollandois, un à Norwich & un autre à Colchester: dans les Colonies Angloises en Amérique il y en a sept. L'Etat en entretient seize en diverses Villes d'Allemagne, un en Espagne, un à Paris, trois en Russie, deux en Turquie, un à Lisbonne, un à Coppenhague, un à Stockholm, un à Bruxelles, un autre à Stevenswaard, outre six dans les Places de la Barriére.

Le Synode Wallon est le plus ancien Corps Ecclésiastique. Il commença en 1563. à s'assembler secrétement à Tournai & à Anvers, où il continua ses Assemblées jusqu'en 1577. qu'il se tint un Synode National à Embden où les Eglises Flamandes envoyérent leurs Députez. Mais dans un Synode tenu à Dordrecht en 1577. la Compagnie considéra qu'il y avoit des inconvéniens à réunir dans une même Assemblée les Ministres des Eglises Flamandes avec ceux des Eglises Wallonnes. Depuis ce tems-là ces Ministres se sont assemblez séparément; ce qui a subsisté jusqu'à présent. Les Eglises Wallonnes ou Françoises répandues dans les sept Provinces-Unies & dans les Pays de la Généralité forment une espèce de Synode National, qui s'assemble deux fois par an, au mois de Mai & au mois de Septembre, tantôt dans une Province tantôt dans une autre. Quand dans cet intervalle il survient des affaires qui doivent être examinées & décidées, le Synode nomme quatre ou cinq Eglises, qui par leurs Députez forment ce qu'on appelle une Classe, dont les décisions, pour être valables, doivent être confirmées par le Synode suivant. Ce Synode entretient une correspondance fraternelle avec les Synodes Flamans & se gouverne par la même Discipline. On compte environ cinquante Eglises, qui composent ce Synode; & plus de cent Ministres, qui les desservent.

Il y a des Eglises Angloises à Dordrecht, à Leyde, à Amsterdam, à Rotterdam, à la Haye, à Middelbourg, à Flessingue, à Veere, à Utrecht. Ces Eglises sont Membres des Synodes Flamans, & leurs Ministres sont entretenus par l'Etat. On trouve aussi des Eglises Episcopales Angloises à Amsterdam & à Rotterdam;

mais

mais le service ne se fait que dans des Chapelles particuliéres.

La plûpart des Provinces ont chacune une Cour de Justice à laquelle il est permis d'appeller des Villes particuliéres & des Tribunaux du Plat-Pays, excepté dans les causes criminelles. Si la Partie condamnée veut voir la révision du procès elle peut la demander aux Etats de sa Province, qui alors nomment un certain nombre de personnes versées dans les Loix & dans les coutumes du Pays, pour revoir la Sentence; & leur jugement est sans appel. La Justice est fondée sur les Loix municipales de chaque Province & de chaque Ville, sur les Placards des Etats & sur le Droit Romain.

Certainement il n'y a point de Pays au monde, où les Habitans soient plus chargés d'Impôts, que ceux des Provinces-Unies. Ces Impôts se lévent sur le pain, le vin, la biére, la viande, le beurre, le poisson, le chauffage, les fruits & sur tout ce qui sert à l'entretien de la vie. On les appelle Accises; & ils sont si considérables qu'ils font le tiers du prix qu'on paye du pain, du vin, de la biére, &c. Cependant ils se lévent d'une maniére, que le petit Peuple ne s'en apperçoit point, parce qu'accoutumé de tout tems à voir le prix des denrées sur ce pied-là, il n'y trouve rien qui l'effarouche, & les regarde comme valant ce qu'il en paye, sans considérer que les Impôts, qui sont payés par les Boulangers, les Bouchers, les Cabaretiers & autres, en font monter le prix si haut. Personne n'est exempt de ces Accises & ceux qui les fraudent sont sévérement punis. Outre ces Impôts on en léve une infinité d'autres comme sur le Sel, le Savon, le Caffé, le Thé, le Tabac & enfin sur toutes les denrées qui se consument dans le Pays. Il y une Taxe annuelle sur chaque Doméstique; sur les chevaux, les carosses, les chaises & autres voitures, & sur les Bêtes à corne. Une autre taxe considérable est celle qu'on appelle *Verponding*, ou la taille sur les Maisons & sur les terres. Dans des besoins pressans, on double ou triple ce *Verponding*. Dans ces mêmes cas, on léve le centiéme & le deux-centiéme denier de la valeur de tous les biens des Habitans, tant en fonds de terre qu'en obligations sur l'Etat. On léve aussi une taxe sur toutes les terres ensemencées. On la nomme Bezaay-geld; mais elle n'a lieu que dans les Pays de la Généralité & dans les Provinces qui produisent du grain. Le quarantiéme denier, qu'on tire de la vente de tous les biens en fonds de terre, des Vaisseaux & des Successions collatérales, est un revenu considérable, aussi-bien que le papier timbré. Les droits d'entrée & de sortie sont fort tolérables. Ils sont perçus par les cinq Colléges de l'Amirauté qui en ont fait un fonds pour l'entretien de la Marine.

Les Revenus ordinaires de la République consistent en ce qui se léve dans les Pays de la Généralité dont le Conseil d'Etat a seul l'administration; ou bien dans les sommes ordinaires & extraordinaires que les sept Provinces & le Pays de Drenthe fournissent tous les ans, suivant leur contingent sur la pétition ou la demande que le Conseil d'Etat en fait aux Etats-Généraux, pour la dépense qu'il juge que la République sera obligée de faire l'année suivante.

Les Forces de l'Etat consistent, premierement en un grand nombre de Places de guerre sur les Frontiéres, pour se mettre à couvert de l'invasion de ses Ennemis. En second lieu la République paye près de cinquante quatre mille hommes de Troupes réglées, qui se réduisent à cinquante mille Combattans effectifs, à cause d'un homme par Compagnie pour le service de la Société de Surinam, un autre pour les Solliciteurs, deux cens hommes accordés à la Compagnie des Indes Orientales & les Valets pour les Officiers d'Infanterie. En troisième lieu l'Amirauté entretient en tems de paix trente à quarante Vaisseaux de guerre dont quelques-uns sont employés à escorter les Flottes Marchandes, & d'autres à former une Escadre de neuf ou dix Vaisseaux, pour aller en course contre les Corsaires de Barbarie, ou pour d'autres usages. Une quatriéme force de la République consiste dans cette multitude de Riviéres, dont on peut se servir pour inonder la plûpart des Provinces & les garantir de l'approche de l'Ennemi. D'ailleurs il est presque impossible à une Flotte ennemie d'entrer dans les Ports du Pays, dont il n'y en a point qui ne soit dangereux, excepté ceux de *Helvoet-Sluis* & de *Flissingue*.

Toutes les Troupes de l'Etat étoient autrefois commandées par un Capitaine-Général, qui avoit sous lui un Velt-Maréchal; mais depuis la mort de Guillaume III. Roi de la Grand-Brétagne, il n'y a point eu de Capitaine-Général, ni de Velt-Maréchal depuis la mort de Mr. d'Auverkerque; & l'Armée de l'Etat a été commandée par le plus ancien Général de la Cavalerie assisté des conseils des Députez des Etats Généraux.

Il y a onze Gouvernemens de Places de guerre, & dans chacun de ces Gouvernemens il y a des Commandeurs, qu'on nommeroit en France Lieutenans de Roi & en Angleterre sous-Gouverneurs. Outre ces onze Gouvernemens, il y a quarante & un Commandemens. L'Etat entretient des Magazins dans tous ces lieux avec des Commis pour en avoir soin.

Quoique les Ports de mer dans les Provinces-Unies soient fort incommodes & même dangereux, il n'y a cependant point de Pays au monde, où l'on voye un si grand nombre de Navires & où il se fasse un plus grand Commerce. La premiére source du Commerce est la Pêche du Harang sur les Côtes de la Grande-Brétagne depuis qu'un nommé Guillaume Biervliet inventa dans le quatorziéme Siècle la maniére de les saler & de les encaquer. On l'appelloit autrefois la Mine d'or: aujourd'hui on la nomme la grande Pêche pour la distinguer de la petite Pêche, qui est celle

celle des Baleines qu'on prend sur les Côtes de Groenland & de Spitzberg, & dans le Détroit de Davis. Ces deux Pêches rapportent un profit immense à l'Etat & font subsister un nombre infini de personnes qui s'y appliquent. Les Manufactures n'occupent pas une moindre quantité de monde ; mais quelque considérables que soient ces deux branches de Commerce, elles ne font presque rien en comparaison de celui de la Compagnie des Indes Orientales, qui s'est comme rendue maîtresse absolue de tout le Commerce de l'Orient. Les riches Marchandises qui lui viennent de ce Pays-là, donnent les moyens aux Hollandois & aux Zelandois de faire un commerce très avantageux en France, en Espagne, en Italie, dans la Mer Méditerranée & en Allemagne, & les rend aussi maîtres de celui qui se fait dans le Nord, en Moscovie, en Pologne & dans toute la Mer Baltique, où les épiceries leur procurent toutes les denrées de ces quartiers là.

Malgré les grands avantages que le Commerce procure à l'Etat, & les revenus considérables qu'il retire des Droits & des Impositions ; il n'est pas surprenant que la République, après tant de longues & de cruelles guerres qu'elle a eu à soutenir, ait contracté des dettes immenses. Tout cet argent a été emprunté des Sujets de l'Etat ; & quoique les intérêts en ayent été diminuez, même jusqu'à deux & demi pour cent en Hollande, les Particuliers seroient fâchez d'être remboursez, parce qu'ils ne sauroient mieux employer leur argent.

Les Etats Généraux représentent les sept Provinces-Unies ; mais ils n'en sont point les Souverains, comme la plûpart des Etrangers se l'imaginent : & leur Assemblée a quelque rapport à la Diète de Ratisbonne, qui représente tout le Corps Germanique. Quoiqu'ils paroissent revêtus du pouvoir Souverain, ils ne sont que les Députez ou Plénipotentiaires de chaque Province, chargés des ordres des Etats leurs Principaux ; & ils ne peuvent prendre de résolution sur aucune affaire importante, sans avoir eu leur avis & leur consentement. D'ailleurs on peut considérer l'Union des sept Provinces comme celle de plusieurs Princes qui se liguent pour leur sûreté commune, sans perdre leur Souveraineté ni leurs Droits en entrant dans cette confédération. Ces Provinces forment ensemble un même Corps ; il n'y en a pas une seule qui ne soit Souveraine & indépendante des autres, & qui ne puisse faire de nouvelles Loix pour sa conservation ; mais sans pouvoir en imposer aux autres. Voilà l'idée qu'il faut avoir des Provinces-Unies.

L'Assemblée des Etats Généraux est composée des Députez des sept Provinces. On leur donne le Titre de *Hauts & Puissans Seigneurs* à la tête des Lettres qui leur sont écrites, des Mémoires & des Requêtes qui leur sont présentés ; & on les qualifie dans ces mêmes Ecrits de *Leurs Hautes Puissances*. Tous les Souverains leur donnent ce titre, excepté le Roi d'Espagne, qui les nomme seulement *Messieurs les Etats Généraux* & leur donne le simple titre de *Vos Seigneuries*. Louis XV. est le premier Roi de France qui leur ait donné le titre de *Hauts & Puissans Seigneurs*. Ce fut après la Conclusion du Traité de la triple Alliance en 1717. Le nombre des Députez n'est ni fixe ni égal : chaque Province en envoie autant qu'elle juge à propos, & se charge de les payer. On ne compte pas les suffrages des Députez, mais ceux des Provinces ; de sorte qu'il n'y a que sept voix, quoique le nombre des Députez de toutes les Provinces, présens ou absens, monte à environ cinquante personnes, dont il y en a entre autres dix-huit de Gueldre. Chaque Province préside à son tour & sa présidence dure une Semaine entière, depuis le Dimanche à minuit jusqu'à la même heure de la Semaine suivante. Tous les Députez sont assis suivant le rang de leur Province, autour d'une longue Table, au milieu de laquelle est le fauteuil du Président. A sa droite sont assis les Députez de Gueldre, à sa gauche ceux de Hollande, & ainsi des autres suivant le rang des Provinces, qui est tel.

| Gueldre, | Utrecht, |
| Hollande, | Frise, |
| Zelande, | Overissel, |
| Groningue. | |

Tous ceux qui possèdent des charges Militaires ne peuvent prendre séance dans l'Assemblée des Etats-Généraux. Le Capitaine Général n'est pas même exempt de cette Loi : il peut seulement entrer dans l'Assemblée, pour y faire des propositions, & il est obligé de se retirer, lorsqu'il s'agit de délibérer sur ce qu'il a proposé. Quelque grand que puisse être le nombre des Députez, il n'y a que six chaises pour chaque Province & tous les Surnuméraires sont obligés de se tenir debout. La plûpart des Députez ne sont que pour trois ou six ans dans l'Assemblée des Etats-Généraux, à moins que leur Commission ne soit renouvellée. Il en faut excepter la Province de Hollande, qui y député un Membre de ses Nobles pour toute sa vie, & celle d'Utrecht, qui y envoie un Député du Corps Ecclésiastique & un autre du Corps de la Noblesse, qui y sont aussi à vie. Il en est encore de même des Députez de Zelande qui sont ordinairement au nombre de quatre.

Outre les Députez ordinaires, tous ceux qui sont chargés d'une Ambassade ou de quelque Négociation importante dans les Pays étrangers, ont une Commission pour entrer dans l'Assemblée des Etats Généraux : le Conseiller Pensionnaire d'Hollande assiste tous les jours à cette Assemblée en qualité de Député ordinaire ; & c'est lui qui y fait les Propositions de la part de cette Province. Il est le seul avec le Député de la Noblesse d'Hollande, qui ait l'avantage de paroître tous les jours dans cette Assemblée. Tous les autres Députez de cette

cette Province sont obligés par une Résolution de l'an 1653. d'avoir une Commission pour y assister. Deux Conseillers Députez de Hollande y prénent aussi séance tous les jours, tour à tour. Le Pays de Drenthe, qui fait une petite Province à part, a fait diverses instances pour obtenir le droit d'envoyer des Députez aux Etats Généraux, sans avoir jamais pu l'obtenir. Quelques Villes de Brabant, entre autres celle de Bois-le-Duc, prétendoient aussi y être admissibles par l'Union d'Utrecht; mais on leur a toujours donné l'exclusion.

La Charge de Greffier ou Secrétaire des Etats Généraux, est une des plus importantes & des plus onéreuses de l'Etat. Il est obligé d'assister tous les jours à l'Assemblée des Etats Généraux, d'écrire toutes les Résolutions qu'ils prénent, toutes les Lettres & les Instructions qu'on adresse aux Ministres de l'Etat dans les Pays étrangers. Il assiste aussi aux Conférences qu'on tient avec les Ministres étrangers & y donne sa voix. C'est lui qui expédie & scelle toutes les Commissions des Officiers Généraux, des Gouverneurs & Commandans des Places, les Placards, les Ordonnances des Etats Généraux & autres Actes. Il est nommé à cette Charge par les Etats Généraux. Il a sous lui un premier Commis & deux premiers Clercs qu'on nomme aussi Commis, avec un grand nombre de Clercs ou d'Ecrivains qui travaillent tous les jours au Greffe, qui est proprement ce qu'on appelle dans d'autres Pays la Sécretairerie d'Etat.

Du nombre des Députez qui composent l'Assemblée des Etats Généraux, on en nomme de toutes les Provinces qui sont chargés de diverses Commissions. Il y a par exemple les Députez pour les affaires des Finances, pour celles de la Marine & autres. Chacune de ces Commissions est composée de huit Membres; savoir d'un Député de chaque Province & du Pensionnaire d'Hollande qui fait le huitième. Il assiste à toutes les différentes Commissions dans lesquelles le Député de Gueldres préside toujours. Le Greffier des Etats Généraux y a aussi sa voix. Ces Députez s'assemblent ordinairement dans la *Chambre de Trève*; & lorsqu'ils ont pris une Conclusion sur quelque affaire, ils en font rapport à l'Assemblée des Etats-Généraux, qui en forment une résolution.

Il y a des Députez des Etats Généraux qui sont envoyés en Commission, pour changer ou renouveller les Magistrats, ou pour quelque autre affaire. Ils ont dix florins par jour pendant tout le tems de leurs Commissions, outre les frais de leurs Voyages. Les Etats Généraux envoyent aussi tous les deux ou tous les trois ans deux Députez à Maestricht, avec le titre de Commissaires Déciseurs, pour terminer avec les Commissaires du Prince de Liége les procès & les autres affaires, & leur jugement est sans appel. Le Conseil d'Etat a son tour pour nommer ces Commissaires Déciseurs, qui sont aussi chargés du renouvellement des Magistrats de la Ville de Maestricht & des Juges des environs. En tems de guerre les Etats Généraux envoyent des Députez à l'Armée, & le Conseil d'Etat en envoie un autre. Ils ont chacun 70. florins par jour. Le Général en Chef ne peut livrer Bataille, ni former un Siège, ni faire aucune entreprise d'éclat sans leur avis & consentement.

La Salle où les Etats Généraux s'assemblent, est dans l'enceinte de la Cour, qui est le Palais des anciens Comtes de Hollande. La Chambre de Trève est ainsi nommée, parce que la Trève de douze ans y fut concluë en 1609. entre l'Espagne & la République. C'est dans cette Salle que s'assemblent les Députez chargés de quelques affaires, & que se tiennent les Conférences entre les Députez de l'Etat & les Ministres Etrangers.

Comme par l'Union d'Utrecht les sept Provinces se sont reservé l'autorité Souveraine, leurs Députez qui forment l'Assemblée des Etats Généraux, ne peuvent rien conclure dans les affaires importantes. Ils ne peuvent faire la Guerre ou la Paix sans un consentement unanime de toutes les Provinces, que l'on consulte auparavant. Le même consentement est nécessaire pour lever des Troupes: leurs Loix doivent être approuvées par les Provinces: ils ne peuvent révoquer les anciens Réglemens, ni élire un Stadhouder; & chaque Province a même la disposition de tous les Régimens & des Officiers de son ressort.

La nécessité de ce consentement des Provinces cause un grand retardement à la conclusion des affaires, & quelquefois un préjudice considérable aux intérêts de l'Etat. Cela vient de ce que chaque Province ne peut envoyer sa résolution, sans que les Etats de cette Province se soient assemblés & n'ayent eu un pareil consentement unanime de tous les Membres, dont ils sont composez. Il ne faut qu'une partie de la Noblesse ou une seule Ville, pour arrêter la conclusion d'une affaire ou du moins pour la faire traîner longtems. Toutes ces restrictions n'empêchent pas que les Etats Généraux ne soient revêtus d'une grande autorité; & leurs résolutions ont généralement beaucoup d'influence sur celles des Provinces. C'est dans cette Assemblée que l'on reçoit toutes les Propositions des Puissances Etrangéres & le Serment des Généraux, des Gouverneurs, des Commandans de Places: Elle confére tous les Gouvernemens, & nomme les Généraux. Son pouvoir s'étend sur toutes les Villes de la Généralité, dont ils nomment les Magistrats.

Outre l'Assemblée ordinaire des Etats-Généraux, il s'en est tenu quelquefois une extraordinaire qu'on nomme la Grande Assemblée, parce qu'elle est composée d'un plus grand nombre de Députez de toutes les Provinces, que la première. Cette Assemblée n'est jamais convoquée que du consentement unanime de toutes les Provinces, pour délibérer sur des affaires de la dernière importance pour la République: Elle est supérieure à celle des Etats Généraux. Cependant les Députez qui

qui la composent ne peuvent rien conclure sans l'avis & le consentement de leurs Provinces.

Après le départ du Duc d'Alençon, qui avoit été appellé par les Confédérez à la place de l'Archiduc Matthias au Gouvernement des Pays-bas, quelques Provinces de concert avec Guillaume I. Prince d'Orange, Fondateur de cette République, dressèrent un Plan de Gouvernement pour remédier à une espèce d'Anarchie, qui se glissoit insensiblement dans les Provinces, qui avoient pris le parti de s'unir contre l'Espagne. Ce Plan formé en 1584. par les Provinces de Hollande de Zélande & d'Utrecht, fut approuvé par celles de Brabant, de Flandre, de Malines & de Frise. C'est sur ce Plan que le Conseil d'Etat fut institué au mois d'Août de la même année; & les sept Provinces, qui restèrent attachées à l'Union d'Utrecht lui confièrent le soin de la guerre, des finances & de tout ce qui regardoit la conservation & la défense de la République naissante. Ce Conseil se trouva par là chargé du Gouvernement général de la République, à certaines conditions stipulées dans l'Acte de son établissement; & il étoit obligé entre autres par l'Article XXV. de convoquer les Etats Généraux au moins deux fois par an.

Le Conseil d'Etat ne conserva pas longtems cette autorité. Environ un an après les Provinces-Unies furent obligées de déférer le Gouvernement Général de la République au Comte de Leycester, que la Reine Elisabeth avoit envoyé pour commander le secours, dont les Etats étoient convenus avec elle par le Traité du 10. Août 1585. Ce Traité portoit entre autres Articles que le Capitaine Général du Secours auroit séance au Conseil d'Etat; & c'est en conséquence de cette condition que le Gouvernement de la République fut déféré au Comte de Leycester. Deux Seigneurs Anglois avoient aussi séance au Conseil d'Etat au nom de la Reine, qui se conserva ce droit jusqu'à ce qu'on lui eut remboursé les sommes qu'elle avoit prêtées & que les Villes de Flissingue, Veere, & Ramekens qui lui étoient hypothéquées fussent restituées à la République; ce qui arriva en 1616.

Pendant le Gouvernement du Comte de Leycester, qui dura environ deux ans & demi, le Conseil d'Etat n'étoit presque que l'exécuteur des ordres de ce Comte; mais par son rappel & par sa démission faite au mois de Décembre 1587. le Conseil rentra dans sa première autorité, qui lui fut confirmée par une Résolution des Etats Généraux du 7. Février 1588.: & par un Edit du 12. Avril de la même année, le Gouvernement Général des Provinces-Unies fut rendu au Conseil d'Etat. Ce Conseil ne jouit pas encore long-tems du pouvoir qui lui avoit été conféré, à cause de la Résolution qui fut prise peu après de rendre l'Assemblée des Etats Généraux Sédentaire à la Haye. Depuis ce tems-là le Conseil d'Etat ne s'est étendu que sur les affaires Militaires & sur celles des Finances. Celles qui regardent le Gouvernement de la République & particulièrement les affaires Etrangères ont passé insensiblement de ce Conseil à l'Assemblée des Etats-Généraux. Ainsi le Conseil d'Etat ne se mêle aujourd'hui que de deux choses principales; savoir les affaires Militaires & l'administration des Finances. Il est composé de douze Conseillers ou Députez des Provinces, qui sont un de Gueldre, trois de Hollande, deux de Zélande, un d'Utrecht, deux de Frise, un d'Overissel, & deux de Groningue & des Ommelandes. De ces douze Députez il n'y en a que trois qui soient à vie; savoir celui qui est nommé par le Corps des Nobles de Hollande, & les deux de Zélande. Les autres n'y sont ordinairement que pour trois ans. Après avoir été nommés par leurs Provinces, ils prêtent le serment aux Etats Généraux, & ils reçoivent leurs Commissions de leurs Hautes Puissances. Il n'en est pas de même du Conseil d'Etat, que de l'Assemblée des Etats Généraux; car on y compte les suffrages des Députez, & non ceux des Provinces; & la Présidence, qui est d'une Semaine, roule tour à tour entre les douze Députez suivant leur rang. Outre ces Députez le Trésorier Général a le titre de Conseiller d'Etat. C'est un Officier à vie & il a séance au Conseil d'Etat. Il est en quelque manière le Controlleur Général des Finances: il a l'inspection sur la conduite du Conseil d'Etat; mais plus particulièrement sur l'administration du Receveur Général & des autres Receveurs subalternes de la Généralité. Il ne peut s'absenter de la Haye sans la permission des Etats Généraux.

La Chambre des Comptes de la Généralité fut établie en 1607. du consentement des sept Provinces, pour soulager le Conseil d'Etat dans la direction des Finances. Cette Chambre est composée de deux Députez de chaque Province, qui font le nombre de quatorze, & qui ordinairement changent de trois en trois ans, suivant le bon plaisir des Provinces. Les fonctions de ce Collège consistent à examiner & arrêter les Comptes du Receveur Général, des autres Receveurs de la Généralité & de tous les Comptables. On donne aux Députez qui composent cette Chambre, les titres de Nobles & Puissans Seigneurs.

La Chambre des Finances de la Généralité a été établie avant celle des Comptes, & est composée de quatre Commis & d'un Secrétaire, qui sont nommés par les Etats Généraux. Il y a un Clerc ou Ecrivain. Cette Chambre est chargée de régler tous les comptes qui regardent les frais de l'Armée, de tous les hauts & bas Officiers, de ceux de l'Artillerie, des batteaux, des Chariots, des Chevaux, &c. comme aussi de ceux qui ont soin des munitions, des vivres de l'Armée, & de tout ce qui sert à son entretien & à sa subsistance.

Toutes les Provinces en s'unissant pour former entre elles une seule République, se sont reservé le droit de battre monnoie, com-

comme une marque essentielle de leur Souveraineté particuliére; mais elles sont convenues en même tems que la monnoie de chaque Province qui auroit cours dans toute l'étendue de la République, seroit d'une même valeur intrinséque. Pour l'observation d'un si juste Réglement on établit à la Haye une Chambre des monnoies de la Généralité, composée de trois Conseillers Inspecteurs Généraux, d'un Secrétaire & d'un Essayeur Général. Il y avoit autrefois un plus grand nombre de Conseillers dans ce Collège: on appelloit les uns Conseillers ordinaires, & les autres Conseillers extraordinaires. Les premiers étoient nommés par les Etats Généraux & les autres par les Etats de Hollande; mais depuis environ cent ans il n'y en a point d'extraordinaires. Tous les Membres de cette Chambre sont encore aujourd'hui à la nomination des Etats Généraux. Cette Chambre a une inspection générale sur toute la monnoie frappée au nom des Etats Généraux, ou des Etats des Provinces particuliéres, de même que sur toutes les espéces étrangéres. Elle a soin que la monnoie soit de l'aloi & de la valeur intrinséque, ordonnée par leurs Hautes Puissances; & elle procéde contre les Maîtres de la monnoie qui contreviennent aux Réglemens de l'Etat sur ce sujet. Sa Jurisdiction s'etend aussi sur les Jouailliers, les Orfevres, les Essayeurs, les Changeurs & autres. Ses Jugemens sont sans appel. Cependant tout ce qui est criminel est du ressort du Conseil d'Etat; & à l'égard des Faux monoyeurs, le Jugement en appartient aux Juges des Provinces ou des Villes, où le Crime s'est commis. Par l'Article XXI. du Traité de Paix conclu à Munster le 30. Janvier 1649. entre Philippe IV. Roi d'Espagne & les Etats-Généraux des Provinces Unies, il fut stipulé qu'on nommeroit des Juges en nombre égal de part & d'autre pour former une Chambre mi-partie, & qui s'assembleroient alternativement dans les Etats de l'une & l'autre Puissance. Ces Juges étoient chargés de décider les différens entre les Sujets de part & d'autre à l'occasion du Commerce & des droits sur les Marchandises, de même que des contraventions faites au Traité de Paix, & enfin de toute autre dispute entre les Sujets des deux Puissances Cette Chambre étoit composée de huit Juges subdeléguez de la part du Roi d'Espagne & de huit autres de la part des Etats-Généraux. Elle résidoit la première année à Malines, la suivante à Dordrecht & ainsi d'année en année. Cette Chambre ne subsiste plus depuis un grand nombre d'années; & il n'en est fait aucune mention dans le Traité de Barriére, conclu à Anvers entre l'Empereur & les Etats-Généraux en 1715.

Il y avoit autrefois un Haut Conseil de guerre établi à la Haye. Il avoit un Président perpétuel, un Fiscal & un Greffier, & il connoissoit de toutes les affaires militaires; mais depuis la mort du Lieutenant Général Unkel, qui en étoit Président, cette Place est restée vacante & le Conseil d'Etat fait les fonctions de ce Suprême Conseil de guerre. La Charge de Fiscal subsiste pourtant encore: on le nomme Fiscal de la Généralité. Cependant les Régimens des Gardes à pied & celui des Gardes à cheval, forment chacun un Conseil de guerre lorsqu'il s'agit de juger des Officiers, des Cavaliers ou des Soldats de leur corps. Dans toutes les Places fortes de la République il se tient de pareils Conseils de guerre, dans lesquels l'Auditeur de la Garnison fait les fonctions de Fiscal, excepté quelques Régimens qui ont leurs Auditeurs particuliers. Le Président d'un de ces Conseils de guerre doit être un Haut Officiers, comme Colonel, Lieutenant Colonel, ou Major. On en use de même en Campagne. Le Brigadier ordonne le nombre d'Officiers des Régimens de sa Brigade, dont le Conseil de guerre doit être composé, & nomme un des Hauts Officiers pour en être le Président. Le Jugement de ce Conseil de guerre doit être approuvé par le Général en Chef de l'Armée. Aujourd'hui tous ces Conseils de guerre sont subordonnez au Conseil d'Etat, auquel il est permis d'en appeller, tant pour le Civil que pour le Criminel.

Autrefois chaque Province avoit son Amirauté particuliére; mais par un Réglement que firent les Etats Généraux en 1597. l'Amirauté de la République fut partagée en cinq Collèges; savoir trois en Hollande qui sont ceux de Rotterdam, d'Amsterdam, Horn & Enkhuisen alternativement; un à Middelbourg en Zélande, un à Harlingue en Frise; & les Droits d'entrée & de sortie sont levez au profit du corps entier de la République pour l'entretien des Vaisseaux de guerre & autres frais de la Marine. Chacun de ces Collèges est composé de plusieurs Députez, tirés partie des Provinces où les Collèges sont établis, & partie des Provinces voisines. Il n'y a point d'appel de leurs sentences pour ce qui concerne les fraudes des Droits d'entrée & de sortie, & les différens sur les prises faites par Mer aussi-bien que dans les Causes Criminelles; mais dans les Causes civiles où il s'agit d'une somme au delà de six cens florins, on peut demander révision de la sentence aux Etats Généraux. Lorsque les Etats Généraux, de l'avis du Conseil d'Etat ont résolu de faire un Armement naval, & qu'ils se sont déterminez sur le nombre & la qualité des Vaisseaux, le Conseil d'Etat en expédie les ordres à tous ces Collèges, qui arment séparement à proportion de leur contingent. Celui d'Amsterdam fait toujours la troisième partie de tous les Armemens, & les autres une sixième partie chacun. La Charge d'Amiral Général a été ordinairement unie à celle de Stadhouder; mais depuis la mort de Guillaume III. Prince d'Orange, il n'y a point eu d'Amiral Général, & aujourd'hui tous les Collèges de l'Amirauté ont leurs Officiers particuliers, dont le premier a le titre de Lieutenant Amiral. Cependant la Province de Gueldres a conféré le titre d'Ad'Amiral-Général au Prince de Naſſau-Orange, avec la dignité de Stadhouder & de Capitaine Général.

A la naiſſance de la République on avoit beſoin d'un Chef habile pour affermir la liberté chancelante: Guillaume I. de Naſſau, Prince d'Orange de la Branche de Dillembourg parut le plus propre à remplir cet Emploi & à jetter les premiers fondemens de la République. Il étoit déja Gouverneur de Provinces de Hollande, de Zélande & d'Utrecht. Les Etats de Hollande & de Zélande aſſemblez à Delft le premier d'Avril 1576. lui conférérent la Dignité de Stadhouder : quelque tems après les Provinces de Gueldres, d'Utrecht & d'Overiſſel le reconnurent en la même qualité, & les Provinces de Friſe & de Groningue nommérent pour leur Stadhouder le Comte de Naſſau ſon Couſin, qui étoit Gouverneur de ces deux Provinces, lorſque les Pays-Bas ſe ſoulevérent contre Philippe II. Roi d'Eſpagne. Les Provinces accordérent à ces deux Stadhouders les mêmes Droits & le même pouvoir, dont ils avoient été revêtus par le Roi d'Eſpagne ; mais elle ſe reſervérent toute l'autorité qui eſt inſéparable de la Souveraineté, comme le pouvoir de conclure la paix ou la guerre, de faire des alliances, de battre monnoie & de lever des ſubſides.

Guillaume I. ayant été aſſaſſiné à Delft en 1584. les Provinces lui firent ſuccéder le Prince Maurice ſon fils, qui n'étoit que dans la dix-ſeptième année de ſon âge. Ce Prince étant mort en 1625. ſans avoir été marié, Fréderic-Henri ſon Frére lui ſuccéda le 24. de Mai de la même année. Il mourut en 1687. laiſſant un fils, nommé Guillaume qui fut ſon Succeſſeur. Il ſe livra aux mouvemens d'une jeuneſſe ambitieuſe & bouillante, par où il donna de grands ombrages aux cinq Provinces qui l'avoient élu pour leur Stadhouder, & après ſa mort arrivée en 1650. les Etats de ces Provinces prirent des méſures pour donner des bornes plus étroites au pouvoir du Stadhouder. La Hollande forma même le deſſein d'exclure Guillaume III. fils poſthume de Guillaume II. de toutes les charges que ſon Pere avoit poſſédées ; & la Faction de Wit obtint en 1667. des Etats de Hollande l'Edit perpétuel, par lequel ce jeune Prince & ſes Deſcendans étoient exclus pour jamais de la Charge de Stadhouder que ſes glorieux Ancêtres avoient poſſédée depuis la fondation de la République.

Cependant l'autorité de Mrs de Wit ne put empêcher en 1670. que le Prince d'Orange, qui n'avoit qu'environ vingt ans ne prît ſéance au Conſeil d'Etat , & qu'il ne fût déclaré en 1672. Stadhouder & Capitaine Général des Armées de la République, qui ſe trouvoit alors en grand danger par les Conquêtes rapides de Louïs XIV. Les Habitans de Dordrecht accuſérent hautement les de Wit de trahiſon, ſe ſoulevérent & obligérent les Magiſtrats à déclarer le Prince pour Stadhouder, & quelques autres Villes ayant ſuivi leur exemple, les Etats de Hollande ne purent ſe diſpenſer d'abolir l'Edit perpétuel d'élire le Prince pour Stadhouder & de le revêtir du même pouvoir dont ſes Ancêtres avoient jouï. D'autres Provinces ſuivirent bientôt l'exemple de la Hollande. L'émotion fut ſi grande à la Haye que la Populace immola à ſa rage les deux de Wit. Les affaires ayant changé de face dans l'Etat après la nomination du Stadhouder, les Etats de Hollande en cette conſidération accordérent le 2. de Fevrier 1674. aux Héritiers mâles du Prince d'Orange, nés d'un légitime mariage la ſurvivance de toutes les Charges qu'il poſſédoit, & la Province de Gueldres ayant enfin pris la même réſolution, le Prince ſe trouva reconnu Stadhouder par cinq Provinces, les deux autres étant toujours reſtées ſous le Gouvernement des Stadhouders de l'autre Branche de Naſſau.

La Race des Princes de Naſſau-Orange ſe trouva éteinte à la mort de Guillaume III. Roi d'Angleterre, & Stadhouder de cinq Provinces, Gueldre, Hollande, Zélande, Utrecht & Overiſſel. Ce Monarque par ſon Teſtament avoit inſtitué ſon héritier Univerſel le Prince de Naſſau-Dietz, deſcendu de Guillaume Louïs de Naſſau, Couſin de Guillaume I. & Stadhouder des Provinces de Friſe & de Groningue. Ce Jeune Prince d'Orange prit le titre de Prince d'Orange ; mais ce titre & la Succeſſion de Guillaume III. lui furent conteſtées, entre autres par le Roi de Pruſſe comme deſcendu de Louïſe-Henriette, Fille de Fréderic Henri, & mariée à Fréderic Guillaume Electeur de Brandebourg. Le Roi de Pruſſe s'empara par proviſion d'une partie de cette Succeſſion, & une autre fut adjugée au Prince de Naſſau-Orange, en attendant que leurs différens fuſſent terminés. Ils ne purent l'être, parce que le Prince d'Orange fut malheureuſement noyé au paſſage de Moerdyk le 14. Juillet 1711. Ce triſte accident auroit éteint la race de la ſeconde Branche de la Maiſon de Naſſau dans les Pays-Bas, ſans la naiſſance d'un Prince qui vint au monde le 3. Septembre 1711. trois mois après la mort de ſon Pere, & qui eſt aujourd'hui Stadhouder des Provinces de Gueldre, Friſe & Groningue.

Après avoir décrit la forme eſſentielle du Gouvernement des Provinces-Unies, il ne reſte plus qu'à parler de la Souveraineté dans les Pays, qui ont été conquis par les armes de la République, ou qui ſe ſont ſoumis d'eux mêmes à ſa Domination. Ces Pays ſont une partie conſidérable de l'Etat. On les nomme les Pays de la Généralité, parce qu'ils dépendent immédiatement des Etats Généraux & non d'aucune Province particuliére. On les diviſe en quatre, qui ſont

Le Brabant-Hollandois,
Le Pays d'Outre-Meuſe ou le Limbourg Hollandois,
La Flandre-Hollandoiſe,
Le Quartier de Venlo.

Quant

Quant aux Compagnies des Indes Orientales & Occidentales & à la Société de Surinam, voyez l'Article COMPAGNIE.

PROVINS, Ville de France dans la Basse Brie, à quatre lieues de la Seine sur la Riviére de Morin, qui se rend dans la Marne près de Lugny. La petite Riviére de Vouzie y passe aussi. Le nom Latin de cette Ville est *Pruvinum*, *Provinum*, ou *Provignum-Castrum*. Elle étoit connue du tems de Charlemagne, & il en est fait mention dans les anciennes Chroniques & dans les vieux Cartulaires [a]. Elle a appartenu au Rois de France jusqu'à ce que les Comtez devinssent héréditaires. Alors Provins fut usurpée par ses Comtes, dont il y a eu deux Races: la premiére étoit de l'ancienne Maison de Vermandois & l'autre de la Maison de Blois & de Chartres. Les uns & les autres l'ont possédée pendant trois cens vingt ans, après lesquels elle a été réunie à la Couronne. Ces Comtes accordérent de grands priviléges à cette Ville & y fondérent diverses Eglises & plusieurs Monastères. On voit plusieurs monnoies des Descendans de Charlemagne fabriquées à Provins & sur lesquelles on lit cette Legende, *Castris Pruvinis* ou celle-ci *Pruvino*, ou enfin celle-ci *Moneta-Pruvinensis*. Dans les Auteurs & dans les titres du commencement & du milieu de la troisième Race, il est souvent fait mention des sols & des Livres de Provins.

[a] Piganiol, Descr. de la France, t. 3. p. 387.

Provins ne fut d'abord composée que de la Ville haute, qui étoit une Place forte; mais les Comtes héréditaires l'augmentérent de la Ville basse [b]. Les Comtes de Champagne & de Brie estimérent beaucoup cette Ville: ils y firent bâtir un Palais, dans lequel ils demeuroient quelquefois avec leur Cour; & ce fut dans la Grande Sale de ce Palais que Thibaud IV. du nom Comte de Champagne & de Brie, fit écrire avec le pinceau les chansons qu'il avoit composées pour la Reine Blanche Mere de St. Louis.

[b] André du Chêne Antiq. des Villes de France, p. 354. Baugier, Mem. de Champagne, p. 369.

On compte à Provins quatre Paroisses, huit Maisons Réligieuses, quatre d'Hommes & quatre de Filles. L'Abbaye de St. Jacques est possédée par les Chanoines Réguliers de St. Augustin de la Congrégation de France. M. d'Aligre, qui a commencé d'en être en possession en 1643. & qui la gouvernée pendant soixante-six ans, a rétabli les lieux réguliers, orné l'Eglise & le Chœur de douze Piéces de tapisserie estimées vingt-mille livres, & a fait mettre le Cœur & les entrailles de S. Edme Archevêque de Cantorbery, dans une riche chasse. Le Prieuré de S. Ayon possédé par les Bénédictins de la Congrégation de S. Vanne, dont S. Robert a été autrefois Prieur, a été fondé sous le Regne du Roi Robert ou d'Henri I. son fils.

Le Présidial de Provins est de la premiére Création des Présidiaux & l'on y juge conformément à la Coutume de Meaux. Le seul commerce de l'Election dont cette Ville est le Siège, consiste en bleds qu'on transporte à Paris par le moyen de la Seine qui passe à deux lieues de Provins. Il y avoit autrefois dans cette Ville une Manufacture de draps qui s'est anéantie. La Tradition du Pays veut que lorsque les Anglois se retirérent du Royaume, ils emmenérent de Provins plusieurs Ouvriers en laine qui leur ont donné le secret des draps d'Angleterre. On faisoit autrefois dans cette Ville de la Conserve de roses, qui avoit de la réputation & qui y apportoit de l'argent; mais ce petit commerce est presque tombé.

PROUAT, ou PROWAD [c], Ville des Etats du Turc, dans la Bulgarie, assez près de la Mer Noire, entre Varna, & Marcenopoli, au Confluent de deux petites Riviéres, au Midi du Lac Dewina.

[c] De l'Isle Atlas.

1. PRUCK, Ville d'Allemagne dans l'Autriche, sur la Riviére de Leita éloignée de Presbourg de trois grandes lieues. Elle est de médiocre grandeur, & fortifiée d'un bon fossé & d'une muraille: le Pays d'alentour est excellent, & très-abondant en toute chose nécessaire à la vie. Il y a même plusieurs belles Maisons & Châteaux, sur-tout celui de Rarcew qui n'en est qu'à un quart de lieue. Il est de forme quarrée, environné de fossez très-larges, remplis d'eau; & il a toutes les commoditez d'une Terre de plaisance & de grand revenu. Quelques Géographes prennent cette Ville pour l'ancienne Rhispia.

2. PRUCK, ou PRUCK AN DEN MUER [d]; Ville d'Allemagne dans la Haute Stirie sur la Muer, dans l'endroit où cette Riviére reçoit les eaux du Murcz. Cette Ville n'est pas mal bâtie. Elle a une fort belle Place publique.

[d] Jaillot, Atlas.

3. PRUCK, Ville d'Allemagne [e] dans la Haute Bavière, sur la Riviére d'Amber, entre Furstenfelt & Dachaw; mais bien plus éloignée de cette derniére que de la premiére.

[e] Ibid.

PRUEL, Prieuré de France, au Diocèse de Tarbes: il est de l'Ordre de Grammont.

PRUILLE, Bourg de France, dans l'Anjou, Election d'Angers.

PRUILLE-LE-CHETIF, Bourg de France dans le Maine.

PRUILLY. Voyez PREUILLI.

1. PRUIM, PRÜM, ou PROM, Abbaye d'Allemagne, au Diocèse de Trèves, à douze lieues de cette Ville, dans la Forêt d'Ardenne, sur une Riviére de même nom [f]. Elle eut pour Fondateur Pepin, qui fit construire le Monastére à la priére de la Reine Berte ou Bertrade sa femme; & il y mit pour premier Abbé Asuer, dont il estimoit fort la vertu & à qui il donna ensuite l'Hermitage de St. Goar. Pepin Fils de Charlemagne & d'Himiltrude, s'étant laissé surprendre à la flatterie & aux mauvais Conseils de quelques Grands, se révolta contre le Roi son Pere, qui étoit alors dans la Bavière occupé à faire la guerre aux Huns. La conspiration fut découverte par Fardulphe depuis Abbé de St. Denis & réprimée par la mort de la plûpart des coupables: mais le Roi ne voulut point que l'on ôtât la vie à Pepin qui étoit son fils aîné. Il lui fit seulement couper les cheveux & le rélégua dans le Monastère de Prom. Selon Egi-

[f] Abregé de l'H. st. de l'ordre de St. Benoît liv. 4. c. 25.

Eginard le jeune Prince y entra volontiers & dans le dessein de pratiquer les exercices de la vie Religieuse. L'Electeur de Trèves [a] est Administrateur perpétuel de cette Abbaye, dont la manse Abbatiale fut unie à l'Archevêché de Tréves par le Pape Grégoire XIII. en faveur de l'Electeur Jean d'Elst & de ses successeurs.

[a] *Longuerue*, Descr. de la France, Part. 2. pag. 133.

2. PRUIM, Pruym, ou Prom, Riviére d'Allemagne, dans la partie Occidentale de l'Electorat de Trèves. Elle a sa source dans l'Eyffel [b], au Nord Occidental de Neuwenstein; elle coule du Nord au Midi; & après avoir arrosé divers petits lieux, elle se joint à la Nyms, avec laquelle elle va se jetter dans la Moselle, près de Wasserbillich.

[b] *Jaillot*, Atlas.

PRUNAY, Bourg de France, dans la Beauce, Election de Vendosme.

1. PRUSA, ou PRUSIAS, Ville de Bithynie: Strabon [c] dit il y a un Golphe contigu à celui d'Astacène, & qui entre dans les terres du côté de l'Orient. C'est sur le premier de ces Golphes qu'est la Ville Prusa qu'on nommoit autrefois Cius.

[c] Lib. 12. p. 563.

2. PRUSA, Ville de Bithynie, selon Ptolomée [d] qui la place dans les terres sur le Fleuve Hippius, dans le Pays des Heracléotes. Memnon [e] dit qu'on l'appelloit autrefois *Cieros*. Il y en a qui ont confondu cette Ville avec la précedente; &, qui, trompés par la ressemblance des noms anciens & modernes, n'ont fait qu'une seule Ville de ces deux Pruses.

[d] Lib. 5. c. 1.
[e] Excerpt. pag. 94. Ed. H. Step. 1557.

3. PRUSA, en François Pruse, Ville Capitale de l'ancienne Bithynie. Elle est la plus grande & la plus magnifique Ville d'Asie [f]. Cette Place s'étend du Couchant au Levant au pied des premiéres Collines du Mont Olympe, dont la Verdure est admirable. Ces Collines sont, pour ainsi dire, autant de degrez pour aller sur cette fameuse Montagne. Du côté du Nord la Ville se trouve à l'entrée d'une grande & belle plaine où l'on ne voit que Meuriers & arbres fruitiers. Il semble que Pruse ait été faite exprès pour les Turcs, car le Mont Olympe lui fournit tant de sources, que chaque Maison a ses Fontaines; & on ne voit guère de Ville qui en ait autant, si ce n'est Grenade en Espagne. La plus considérable des sources de Pruse, est au Sud-Ouest auprès d'une petite Mosquée. Cette source qui fournit de l'eau, de la grosseur du corps d'un homme, coule dans un Canal de Marbre & va se distribuer dans la Ville. On assure qu'on y compte plus de trois cens Minarets. Les Mosquées sont très-belles, la plûpart son couvertes de plomb, embellies de dômes, de même que les Caravanserais. Au-delà de la Rue des Juifs, à main gauche en allant aux Bains, est une Mosquée Royale, dans la Cour de laquelle sont les Mausolées de quelques Sultans, dans des chapelles solidement bâties & séparées les unes des autres. On peut consulter Leunclaw qui a fait un fort beau Traité des Tombeaux des Sultans.

[f] *Tournefort*, Voy. du Levant, Lettr. 21. p. 187.

Le nouveau Serrail est sur une Colline escarpée dans le même quartier; c'est l'Ouvrage de Mahomet IV, car le Vieux Serrail fut bâti du tems d'Amurat ou Mourat I. Les Caravanserais de la Ville sont beaux & commodes. Le Bezestein est une grande Maison bien bâtie où sont plusieurs Magazins & boutiques semblables à celles du Palais de Paris, & l'on y trouve toutes les Marchandises du Levant, outre celles que l'on travaille dans cette Ville. Non seulement on y consomme la soye du pays, qui passe pour la plus belle soye de Turquie; mais encore celle de Perse, qui n'est ni si chére ni si estimée. La soye de Pruse vaut jusques à 14. ou 15. piastres l'Oque & demi. Toutes ces soyes y sont bien employées, car il faut convenir que les meilleurs Ouvriers de Turquie sont à Pruse, & qu'il exécutent admirablement les desseins de Tapisseries qu'on y envoye de France ou d'Italie.

La Ville d'ailleurs est agréable, & bien pavée, propre, sur-tout dans le Quartier du Bazar. On y boit d'assez bons vins à l'Oque. Le pain & le sel y sont à bon marché. La viande de boucherie y est fort bonne. On y mange d'excellentes Truites & de bons Barbeaux. Les Carpes y sont d'une grandeur, & d'une beauté surprenante, mais fades & mollasses à quelque sauce qu'on les mette. En venant d'Angora à Pruse on passe un beau ruisseau, sur un pont assez bien bâti, ce ruisseau coule ensuite dans des Vallées de Chênes du côté du Midi. Je crois que c'est le Loufer qui va passer vers *Montania*. Il y a dix ou douze mille Familles de Turcs dans Pruse, lesquelles font plus de quarante mille ames, à ne compter que quatre personnes par Famille. On compte quatre cens cases ou familles de Juifs, cinq cens cases d'Arméniens, & trois cens Familles de Grecs. Néanmoins cette Ville ne nous parût pas fort peuplée, & son enceinte n'a pas plus de trois milles de tour. Les murailles sont à moitié ruïnées & n'ont jamais été belles, quoique fortifiées par des Tours quarrées. On n'y remarque ni vieux marbres ni Inscriptions. On ne voit même que peu de marques d'antiquité dans la Ville, parce qu'elle à été rebâtie plusieurs fois. Sa situation n'est pas si avantageuse qu'elle paroît, puisqu'elle est dominée par des collines du côté du Mont Olympe. Il n'est permis qu'aux Musulmans de loger dans la Ville. Les Fauxbourgs qui sont incomparablement plus grands, plus beaux & mieux peuplés, sont remplis de Juifs, d'Arméniens, & de Grecs. Les Platanes y sont d'une beauté surprenante & font un païsage admirable, entremêlez avec des Maisons dont les terrasses ont une vue toute à fait charmante.

Les Tombeaux d'Orcan, de sa femme & de ses Enfans, sont dans une Eglise Grecque couverte en Mosquée, qui n'est ni grande ni belle. A l'entrée sont deux grosses Colomnes de marbre, & tout au bord quatre petites qui ferment le Chœur, auquel les Turcs n'ont pas touché; ainsi leur bases ne sont pas à la place de leur chapiteaux, ni les chapiteaux à la place des bases, comme

Mrs. Spon & Wheler l'ont écrit. Le chœur quoique revêtu de marbre, n'a jamais été beau; la pierre est d'un blanc sale, sombre, & jaspée en quelques endroits. Le Sanctuaire y subsiste encore avec un perron à quatre marches. On fait voir aux étrangers, dans le Vestibule de la Mosquée, le prétendu Tambour d'Orcan, lequel est trois fois plus grand que les Tambours ordinaires. Quand on le remue il fait beaucoup de bruit, par le moyen de quelques boules de bois ou d'autre matière qui le font résonner, au grand étonnement des gens du pays. Le Chapelet de ce Sultan est aussi dans le même lieu, ses grains en sont de jaï & gros comme des noix. Il reste encore à la porte de cette Mosquée une pièce de Marbre sur laquelle on lisoit autrefois une Inscription Grecque, car pour aujourd'hui on n'y connoît plus rien. Outre les Mosquées dont j'ai parlé, il y a dans Pruse plusieurs Collèges d'Institution Royale, où les Ecoliers sont nourris & instruits gratuitement dans la Langue Arabe & dans la connoissance de l'Alcoran. On les distingue par la sesse blanche de leurs Turbans, laquelle forme des nœuds gros comme le poing, disposés en étoiles. On garde dans une Chapelle Turque, auprès de la Ville une ancienne épée fort large que l'on prétend être l'épée de Roland. La Chapelle est sur une éminence du côté du Sud-Ouest.

Il y a un Bacha dans Pruse, un Janissaire Aga qui commande environ 250. Janissaires & un Moula ou grand Cadi qui est le plus puissant Officier de la Ville. Dans le tems que nous y étions, c'étoit le fils du Moufti de Constantinople qui occupoit cette place, & même il avoit la survivance de la charge de Moufti, qui est une chose sans exemple en Turquie, il suivit peu de tems après le sort de son pere; non seulement le fils fut dépouillé de ses biens & honneurs, mais mis à mort dans le tems que le pere fut traîné sur une Claye à Andrinople.

Les Arméniens n'ont qu'une Eglise dans Pruse. Les Grecs en ont trois. Les Juifs y ont quatre Synagogues. On est surpris, en se promenant dans cette Ville, d'y entendre aussi parler bon Espagnol que dans Madrid. Les Juifs ont toûjours conservé leur Langue naturelle, depuis que leurs peres s'étoient retirés de Grenade en Asie. Il est vrai qu'ils choisirent la Ville du Monde, qui par sa situation & par ses Fontaines, ressemble le plus à Grenade, comme je l'ai dit ci-devant.

Le nom de Pruse & sa situation au pied du Mont Olympe ne permettent pas de douter que cette Ville ne soit l'ancienne PRUSA bâtie par Annibal, s'il faut s'en rapporter à Pline, ou plûtôt par *Prusias* Roi de Bithynie, qui fit la guerre à *Crasus* & à *Cyrus*, comme l'assurent Strabon & son singe Etienne de Byzance. Elle seroit même plus ancienne s'il étoit vrai qu'Ajax s'y fut percé la poitrine avec son épée, comme il est représenté sur une Médaille de Caracalla. Il est surprenant que Tite-Live qui a si bien décrit les environs du Mont Olympe, où les Gaulois furent défaits par Manlius n'ait point parlé de cette Place. Après que *Lucullus* eut battu Mithridate à *Cyzique*, *Triarius* assiégea Pruse & la prit. Les Médailles de cette Ville frappées aux têtes des Empereurs Romains montrent bien qu'elle leur fut attachée fidélement. Les Empereurs Grecs ne la possédérent pas si tranquillement. Les Mahométans la pillérent & la ruïnérent sous Alexis Comnéne. L'Empereur Andronic Comnéne, à ce que dit Nicétas, la fit saccager à l'occasion d'une révolte qui s'y étoit excitée. Après la prise de Constantinople par le Comte de Flandre, Theodore Lascaris, Despote de Romanie, s'empara de Pruse à l'aide du Sultan d'Iconium, sous prétexte de conserver les Places d'Asie à son Beau-pere Alexis Comnéne, surnommé Andronic. Pruse fut assiégée par Bem de Bracheux, qui avoit mis en fuite les Troupes de Théodore Lascaris. Les Citoyens firent une si belle résistance, que les Latins furent contraints d'abandonner le Siège, & la Place resta à Lascaris par la paix qu'il fit en 1214. avec Henri II. Empereur de Constantinople & frere de Baudouin.

Pruse fut le second Siège de l'Empire Ottoman en Asie; car il faut convenir qu'*Angora* fut la première Place où les Turcs s'établirent. Ils se rendirent les Maîtres de Pruse par famine & par la négligence des Empereurs Grecs. Cet illustre Ottoman que l'on peut comparer aux plus grands Heros de l'Antiquité sit bloquer la Ville par deux Forts qui l'empêchérent de recevoir aucunes provisions. L'un étoit aux vieux Bains de *Capliza* avec une forte Garnison de gens choisis, commandés par son frere Actemur grand homme de guerre : l'autre qui étoit sur une des Collines du Mont Olympe, qui divisoient la Ville se nommoit le Fort *Balabausouc*; & il étoit commandé par un Officier général de grande réputation. Comme Pruse s'affamoit tous les jours, Ottoman, que la goutte attachoit dans son lit, ordonna à son fils Orcan d'en faire le Siège. D'autres assurent pourtant qu'il s'y trouva en personne. Quoiqu'il en soit Berofes, Gouverneur de la Place, capitula le plus honorablement qu'il put, en 1327. Calvisius rapporte la prise de Prusa en 1326.

Après la défaite de Bajazet, Tamerlan se rendit à Prusa, où il trouva les Trésors que cet Empereur y avoit amassés & dont il avoit dépouillé les Princes voisins. On y mesuroit, à ce que dit Ducas, les pierres précieuses & les perles par boisseaux. Mais quand Tamerlan fut descendu du côté de Babylone, le Sultan Mahomet, fils de Bajazet & qui régna dans la suite sous le nom de Mahomet I. prit possession de Pruse, quoiqu'il eût établi le Siège de ses Etats à Tocat. Isa-Beg un de ses freres se présenta devant la Ville; mais les Habitans l'abandonnérent pour se retirer dans le Château, & s'y défendirent avec tant de fermeté, qu'Isa-Beg ne pouvant l'emporter fit brûler & raser la Ville. Elle fut

fut rétablie quelque tems après par Mahomet qui battit les Troupes de son frere. Il semble que cette Place étoit destinée à servir de jouet aux Ottomans. Solyman, qui étoit un autre fils de Bajazet, se saisit du Château de Pruse par une fausse Lettre qu'il fit donner au Gouverneur de la part de son frere Sultan Mahomet, par laquelle il lui ordonnoit de remettre ce Château à Solyman; mais Mahomet le recouvra par le moyen du même Gouverneur, qui par un remords de conscience de s'être laissé tromper la fit passer entre les mains de son premier Maître dans le tems que Solyman fut obligé de passer en Europe pour aller défendre ses États qu'un autre de ses freres avoit envahis; & par un malheur bien extraordinaire cette Place qui ne s'attendoit pas à changer de maître, se vit encore exposée aux insultes de Caraman, Sultan d'Iconium, qui la prit & la pilla en 1413. Il fit déterrer les os de Bajazet & les fit brûler pour se venger de ce que cet Empereur avoit fait couper la tête à son pere. Leunclaw ajoute que Caraman fit brûler Pruse en 1415.

Après la mort de Mahomet I. son fils Mourat ou Amurat II. qui se tenoit à Amasia, vint à Pruse pour se faire déclarer Empereur. On lit dans les Annales des Sultans qu'il y eut un si grand incendie à Pruse en 1490. que les vingt-cinq Régions en furent consumées; ce qui apprend que la Ville étoit divisée en plusieurs Régions. Zizime cet illustre Prince Ottoman, fils de Mahomet II. disputant l'Empire à son frere Bajazet, saisit la Ville de Pruse pour s'assurer de l'Anatolie; mais ayant été battu deux fois par Acomathe Général de Bajazet, il fut obligé de se retirer chez le Grand-Maître de Rhodes.

PRUSENUM, Lieu fortifié dans la Thrace selon Ortelius [a] qui cite Nicetas.

[a] Thesaur.

PRUSIAS. Voyez Prusa.

PRUSIO, Ville de l'Isle d'Ægine selon Diodore de Sicile [b].

[b] Lib. 20.

PRUSSE, Pays d'Europe, entre la Mer Baltique au Nord, la Samogitie & la Lithuanie à l'Orient, la Pologne au Midi, le Brandebourg, la Poméranie Brandebourgeoise & la Cassubie au Couchant. On ne sait point comment on appelloit anciennement les Prussiens [c]. Ils ne le savent pas eux mêmes. Tantôt on les confond avec les Allemans, tantôt avec les Polonois. Ils sont aujourd'hui mêlés des uns & des autres, mais autrefois ils n'avoient aucun commerce avec ces Peuples: aussi ne sont-ils presque point connus. On rapporte comme une merveille que sous l'Empire de Neron, un Chevalier Romain passa de Hongrie jusque dans cette Province pour y acheter de l'Ambre. Ils ont tiré leur nom des Borussiens, qui étant partis de la Scytie & des extrémités de l'Europe, où est la source du Fleuve Tanaïs s'arretérent dans cette Province qui avoit été ravagée & abandonnée par les Goths. Ils y vesquirent à la manière de leur pays. Ils n'avoient point de Maisons & ils ne connoissoient d'autres fruits que ceux que la nature produit sans culture.

[c] Ficebier, Vie du Card. Commendon, Liv. 11. p. 169.

Ils n'avoient ni Religion, ni respect pour les Dieux & pour les hommes; & ils vivoient sans aucune Loi & sans aucune forme de Gouvernement. Ils se nourrissoient de miel sauvage, qu'ils recueilloient dans les Forets, ou de sang de cheval & de chair de bêtes fauves. Ils étoient si sauvages qu'ils ignoroient toutes les formalités & le nom même du mariage, habitant avec les femmes sans nul choix & sans nulle distinction selon que le hazard ou leurs passions brutales les y engageoient. De cet amas de mariages confus & fortuits, le peuple se multiplia de telle sorte, & en si peu de tems que leur grand nombre leur fut à charge. Dans l'appréhension d'en être trop incommodés, ils resolurent de faire mourir toutes les Filles qui naîtroient & de ne conserver que les mâles. Ils executérent leur resolution & pendant deux ans ils ne sauvérent pas une fille. Ils donnoient beaucoup de peine à leurs voisins, car ils faisoient tous les jours des courses sur eux & ravageoient toute la Campagne: & il étoit difficile de régler de jeunes gens, qui n'avoient aucune politesse, & qui vivoient sans Loix & sans Magistrats.

Ils s'assemblérent un jour pour se régler entre eux, & pour y établir quelque forme de Republique; & un de ces Barbares nommé Vidvut, qui n'avoit pas l'esprit si grossier que les autres, & qui par ses pyrateries avoit amassé quelques biens leur tint ce langage: *Pourquoi nous contentons-nous de tirer des abeilles de quoi nourrir nos corps tous les jours? Que ne prenons nous des instructions & des exemples d'elles pour régler aussi notre vie? Ne voyons-nous pas qu'elles ont un Roi à qui elles obéissent? Elles sont gouvernées avec équité. Celles qui sont oiseuses sont forcées de travailler; celles qui sont plus mesnageres plus industrieuses & plus occupées sont dans les places les plus honorables de leurs ruches.*

Ce discours plut à l'Assemblée & d'un commun consentement, ils élûrent ce sage Barbare pour leur Broter; c'est ainsi qu'il nomment en leur Langue le Roi des Abeilles. Cet homme eut un esprit & un cœur de Roi. Il régla les mariages & la différence des enfans, & il abolit cette confusion & ce mélange de brutalités passées. Il donna quelques Loix à ses Sujets. La première chose qu'il fit fut de leur imprimer quelque opinion, & quelque crainte des Dieux & de leur faire une espèce de Religion; ce qui retient les Peuples dans leur devoir plus que toutes les Loix ensemble. Il leur apprit à adorer des Serpens, qui sont fort rares dans ces Regions froides, & leur donna l'exemple des Samogites & des Peuples de Lithuanie. Quelque tems après, afin qu'on ne dépeuplât point les Forêts de Bêtes, qu'on alloit chasser tous les jours, il leur persuada que les Bêtes étoient les Divinités des Bois & des Forêts. Il consacra même quelques Forêts & partagea la Campagne à ses Sujets les obligeant à la cultiver. Ces Barbares se rendirent d'autant plus redoutables à leurs voisins que vivant sous un Roi, ils avoient ajouté & leur force & à leur valeur, de l'Ordre &

de la Discipline. Ils ravagérent la Province des Mazoviens, qui sont des Peuples de Pologne; ils défirent plusieurs fois leurs Armées, & leur firent appréhender leur entière ruïne: Ce qui obligea Conrad qui étoit leur Roi, d'aller à Rome pour obtenir du Pape quelque secours, & pour le solliciter en son nom & au nom des Allemans & des Saxons, qui avoient aussi de la peine à se défendre des irruptions fréquentes de ces Barbares.

Comme c'étoit des Chrétiens qui demandoient du secours contre des Infidèles, le Pape envoya dans la Prusse les Chevaliers Teutoniques, qui ayant été chassés de Syrie par les Sarazins demandoient à sa Sainteté une retraite & un asyle pour leur Ordre. Ils étoient au nombre de trente mille, tous Allemans de Nation selon les règles de leur Institut qui n'admettoit aucun Etranger. Cette société Militaire avoit eu de très-petits commencemens, & s'étoit augmentée peu à peu; & ayant été confirmée par l'autorité des Souverains Pontifes, elle avoit acquis de grands honneurs & de grandes richesses. Les Chevaliers se rendirent dans la Prusse, se campérent au delà de la Vistule, dans le Territoire de Culm, & combatirent ces Peuples, durant plusieurs années, sans aucun avantage. Enfin, ils les défirent en quelques Batailles, ils en tuérent une Multitude prodigieuse, & se rendirent Maîtres de toute la Prusse. On obligea ceux qui restérent de ces Infidèles à recevoir la Foi & la Réligion Chrétienne. Le Pape leur envoya des personnes de grande piété & fort zèlées pour les instruire; mais ils eurent tant d'aversion pour leurs Maîtres qu'ils attaquérent même l'Archevêque Audebert, que sa vie innocente & les Miracles ont rendu vénérables à toute l'Eglise, & lui arrachèrent la tête comme il offroit à Dieu le St. Sacrifice de la Messe. Ils ont souvent quitté la Réligion, qu'ils n'avoient embrassée que par contrainte. Mais les Papes ayant divisé cette Province en Evêchés, ces hommes cruels & grossiers se sont enfin adoucis par les soins, & par les instructions de leurs Evêques, qui les ont réduits à abolir leurs Forêts Sacrées, à tuer leurs Serpens & leurs Idoles & à recevoir les Loix de la piété Chrétienne.

La Prusse demeura donc sous la Domination des Chevaliers Teutoniques & sous l'autorité du St. Siège, jusqu'à ces derniers Siècles. Cet Ordre étoit venu si puissant qu'on avoit vû un Corps d'Armée de soixante mille de ces Chevaliers. Des Princes du sang Royal & des Souverains se tenoient fort honorés de les commander, & croyoient avoir mis une grande gloire, & un grand titre dans leurs Familles, lorsqu'ils avoient été élus Chefs d'une si vaillante & si nombreuse Noblesse. Celui qui les gouvernoit s'appelloit Grand-Maître. Il avoit une autorité Souveraine, & on lui rendoit les mêmes honneurs que l'on rend aux Rois. Tant qu'ils eurent à s'exercer contre de si fiers Ennemis, ils obsérvèrent leurs Loix & leur Discipline, par une crainte raisonnable & par une honnête émulation. Mais après qu'ils les eurent soumis ils tombérent dans de grands dérèglemens & dans une licence extrême. Enflés de leurs prospérités & de leurs victoires, ils ne furent pas contens de s'être rendus Maîtres de la Prusse, ils portérent plus loin leurs vues & firent plusieurs efforts pour s'emparer des terres des Samogites & de la Lithuanie. Ils firent une très-longue & cruelle guerre aux Polonois, qui leur avoient obtenu cette retraite, lorsqu'ils étoient errans; & durant plus de cinquante ans, ils disputérent ensemble la Gloire de vaincre & de commander. Enfin ils se revoltérent contre l'Eglise & perdirent leur Souveraineté en perdant la Foi Catholique.

La Doctrine de Luther s'étant répandue dans toutes les parties de l'Allemagne, ces Chevaliers, qui étoient dans la Prusse & dans la Livonie, où ils avoient aussi été envoyés pour s'opposer à la fureur de quelques Peuples Barbares, s'engagérent dans la Nouvelle Doctrine, usurpérent les Commanderies qu'ils possédoient & les rendirent Héréditaires. Ils ne se contentérent pas de quitter toutes les marques de leur profession, il devinrent eux mêmes Ennemis de la Réligion qu'ils étoient obligés de défendre.

Alors Albert Margrave de Brandebourg qui étoit Grand-Maître de l'Ordre, sous prétexte de finir les différens qu'il avoit avec la Pologne, & de terminer une guerre qu'il ne pouvoit plus soûtenir, ayant ruïné tous les droits & tous les priviléges de la Société, qui l'avoit élevé à cette dignité par ses suffrages, réduisit à ses usages particuliers les richesses communes de l'Ordre; & méprisant l'autorité du Pape & celle de l'Empereur, il partagea la Prusse, avec les Polonois, & se mit sous leur protection, à condition qu'il porteroit la qualité de Duc de Prusse & que ses Héritiers & ses descendans succèderoient au Duché. Pour lui, il renonça à l'Eglise & à tous les voeux qu'il avoit faits: il embrassa la Doctrine de Luther, se maria & eut un enfant à l'age de soixante & dix ans. La partie de la Prusse qui demeura aux Polonois fut appellée PRUSSE ROYALE, & celle que garda le Margrave de Brandebourg fut nommée PRUSSE-DUCALE.

Depuis la PRUSSE-DUCALE a été érigée en Royaume [a]. On la nomme présentement le ROYAUME DE PRUSSE, & pour éviter l'équivoque on appelle PRUSSE-POLONOISE celle qui étoit auparavant connue sous le nom de PRUSSE-ROYALE. L'occasion de l'érection de la Prusse Ducale en Royaume fut telle. L'Empereur Léopold cherchant à se faire un parti puissant en Europe pour empêcher l'effet du Testament de Charles II. Roi d'Espagne, & connoissant que l'Electeur de Brandebourg étoit un des Princes d'Allemagne de qui il pouvoit attendre les plus grands services, il se servit alors habilement du penchant que l'Electeur avoit naturellement pour la Gloire; ainsi pour l'attacher à sa Maison il érigea le Duché de Prusse en Royaume Héréditaire. Friderik III. en con-
fé-

[a] Introduction à l'Histoire de l'Univers. Tom. 3. p. 231.

#### PRU.

séquence fut couronné à Konigsberg le 18. Janvier 1706. & fut reconnu en cette qualité par tous les Alliés de l'Empereur, & dans la suite par les Puissances contractantes au Traité d'Utrecht.

La Prusse est bâtie plus agréablement que la Pologne [a]. Les Peuples qui l'habitent sont presque tous venus d'Allemagne: aussi y garde-t-on toutes les coûtumes des Allemans. Il n'y a que les Bergers & les gens de la Campagne qui vivent d'une façon particuliére, & qui n'entendent pas même la langue Allemande. On dit que ce sont les restes des anciens Peuples de la Prusse, qui n'ont pas suivi comme les autres la Doctrine de Luther, soit parce qu'ils n'ont aucun commerce avec les Villes, soit parce qu'ils n'entendent pas celui qu'on parle communément dans le Pays, soit enfin parce qu'ils ont retenu avec plus de fermeté la Religion dans laquelle ils avoient été élevés.

[a] Vie du Card. Commendon, Liv. 2. p. 168.

Les soins & la prudence du Cardinal Hosius empêchérent que toute la Province ne se jettât dans les nouvelles Sectes; & quoique son Diocése fut de grande étendue il n'y laissa point entrer l'hérésie qui s'étoit répandue dans tout le voisinage. Il fonda à Brunsberg un Collége, où il établit les Peres Jésuites comme des Sentinelles pour veiller sur son Troupeau & pour le défendre, contre les Hérétiques. La Sainteté & le soin pastoral de ce grand Prélat retinrent plusieurs personnes dans l'obéïssance de l'Eglise; & quoique le torrent de ces nouveautés ait inondé toute la Prusse, il s'y touve pourtant des familles considérables parmi la Noblesse qui sont demeurées dans la Foi & dans la discipline ancienne.

On voit entre autres dans la Prusse [b] deux espéces de Bœufs sauvages, que l'on appelle des Ures & des Buffles; le naturel en est presque le même; mais l'espéce en est diverse. La force, la vitesse, la férocité, la grandeur sont presque semblables dans les uns & dans les autres, & la forme en a beaucoup de rapports avec nos Bœufs ordinaires, si l'on en excepte que le poil en est un peu hérissé, plus noir, & que la masse en est plus grande. Jules César la met un peu au dessous de celle des Elephants.

[b] Ibidem. p. 176.

On en trouve des Troupes dans les Forêts de Mazovie; & ce n'est qu'aux environs de Rava qu'on prend des Ures, soit que la nature du lieu leur soit propre, soit qu'ils s'y retirent comme dans un asyle, parce qu'il est defendu sur peine de la vie d'y aller chasser sans la permission du Roi. Les Polonois se nourrissent de leur chair & l'on en sert aux meilleures Tables, après qu'on les a laissé mortifier quelque tems au froid. Le goût cependant n'en différe guères de celui des Bœufs ordinaires. On rapporte que ces Animaux sauvages s'accouplent quelquefois avec des Vaches qui paissent à la Campagne; mais outre que les Veaux qui en viennent, ne vivent pas, ceux qui se font ainsi mêles à des Bêtes étrangéres sont chassés de leurs Troupeaux. On coupe leur cuir & l'on en fait des ceintures, qu'on dit être d'un grand secours pour les femmes qui sont en travail.

Les Buffles ont plus de force & leur figure est plus terrible. Ils ont la tête large & courbée, des cornes longues, plus grandes que celles des Ures, tortues comme celles des Taureaux, dressées & pretes à frapper, aigues & de couleur noire, fort polies & creuses au dedans; les oreilles petites, les yeux grands, rouges & pleins de feu; le regard farouche & menaçant. Lorsque cet animal est irrité, il souffle d'une maniére horrible. Une touffe de poil lui pend au menton en façon de Barbe, un crin noir & hérissé lui couvre le col, les flancs & les jambes de devant; son dos va en penchant depuis le col jusqu'aux épaules; le derriére est fort menu, & d'une peau fort séche & fort ridée; sa queue est comme celle d'un Taureau, il la dresse, il la secoue en courant, lorsqu'il est en colère. Les Buffles sont plus rares que les Ures.

Il n'est pas facile de prendre ces deux sortes d'animaux. On assure que le Buffle est si fort que d'un coup de corne il renverse un homme à cheval & le Cavalier; & qu'il est si vite que lorsqu'il poursuit quelqu'un avec ardeur le Cheval le plus léger ne sauroit le sauver. Ceux qui veulent les prendre en vie, ce qui arrive ordinairement, les trompent & les font tomber dans des creux qu'ils font exprès & qu'ils couvrent adroitement: mais on ne les pousse pas comme on veut.

Il y a deux maniéres de les attaquer, tout furieux qu'ils sont. On met en des endroits commodes des hommes à cheval fort adroits à tirer l'Arc, qui fuyant à toute bride savent tirer des fléches derriére eux à la maniére des Scythes. On lâche des chiens qui relancent la bête; elle trouve les chasseurs qui l'attendent; le premier sur qui elle s'élance, lui tire sa fléche & prend la fuite. Comme on le poursuit, un autre Cavalier l'arrête, & lui tire son coup tout de même: ce qui fait qu'elle abandonne le premier, pour se jetter sur le dernier qui l'a blessée. Ainsi plusieurs viennent à la charge successivement & la bête attaquant toujours celui qui vient de la fraper, elle tombe enfin fatiguée & percée de coups.

Il y a une autre adresse pour les attaquer & les prendre. Les Chasseurs choisissent des Arbres qui ne soient pas d'une grosseur extraordinaire, mais qui soient propres à couvrir leurs corps contre la fureur de cet animal irrité. Ils se postent donc assés près les uns des autres. Le Buffle pressé des chiens, & animé par les fléches qu'on lui tire, se jette sur le premier qu'il rencontre. Celui-ci se couvre de l'Arbre & tournant agilement selon la nécessité évite le coup & l'attaque avec son epieu. La bête s'acharne contre l'Arbre, comme contre un ennemi, & dans l'excès de sa rage baissant les cornes comme si elle vouloit arracher l'Arbre par ses racines, elle devient d'autant plus furieuse qu'elle est frapée plus rudement par le Chasseur. L'on assure que dans cette chaleur du combat, ses cornes ne sont pas plus à craindre que sa langue & que sa sa queue, qu'elle dresse, & qu'elle lance de tems en tems, est si rude, que si elle touche l'habit du chasseur, elle l'accroche & l'entraine infailliblement. Ceux qui se trouvent fatigués d'un exercice si violent & si dangereux & qui veulent se retirer, ou écarter cette bête d'auprès de l'Arbre, pour prendre un peu de repos, n'ont qu'à jetter un bonnet rouge qu'ils portent sur leur tête. D'abord elle s'élance & se jette dessus avec une impétuosité incroyable. On l'attire par des cris, & par des fléches qu'on lui tire d'un Arbre à l'autre, jusqu'à ce qu'elle tombe accablée de lassitude ou des blessures qu'elle a reçues.

On prend, dans les mêmes forêts, une autre bête, dont la figure est semblable à celle d'un cerf, excepté qu'elle est un peu plus puissante. Ses cornes sont grandes & rameuses; elles ne sont ni élevées ni droites, mais tortues & recourbées par derrière. Leurs branches ne sont ni polies, ni arondies, mais larges, & jointes ensemble, & d'une forme à peu près semblable à une pâte d'oye: aussi ne s'en sert-elle point pour sa défense contre les chiens qui la poursuivent. Toute sa force est dans ses pieds, dont les coups sont souvent mortels. On la prend dans des Filets très-forts, dans lesquels elle se précipite, & s'embarrasse elle-même, lorsqu'elle est pressée par les chiens qui l'attaquent, & par les chasseurs qui l'épouvantent avec leurs cris. Quand on a soin d'élever ses fans, ils deviennent privés, & s'accoutument avec les hommes comme les biches.

C'est une opinion commune que la corne de son pied guérit de l'épilepsie. Quelques-uns tiennent qu'elle a la même vertu en quelque tems & en quelque manière qu'on la coupe; les autres croyent qu'il faut que ce soit la corne du pied droit; que l'animal soit vivant, & que ce soit dans le tems qu'il est le plus en chaleur. Mais ils sont tous persuadés qu'il suffit d'appliquer une partie de cette corne, quelque petite qu'elle soit, sur le corps du malade, lorsqu'il est dans le fort de son accès, hors de tout sentiment, pour le faire révenir, & pour lui faire reprendre ses esprits. On en fait communément des bagues; & l'on tient pour certain que ceux qui en portent ne sont jamais atteints de ce mal. Quoiqu'il en soit, les Italiens appellent cet animal la grande Bête à cause de la grandeur de son corps. Les Polonois lui donnent le nom d'Ane sauvage; & les Ecrivains modernes celui d'Elan. Les Anes sauvages d'Asie & d'Afrique, particulièrement ceux de Phrygie & de Lycaonie ne lui ressemblent pourtant en rien.

Jules César attribue aux Elans la forme & la varieté des chévres. Il dit qu'ils ont des cornes tronquées & des jambes sans jointure & qu'ils ne se couchent jamais pour dormir; mais qu'ils s'appuyent contre des Arbres, que les Chasseurs ont accoûtumé de déraciner, afin de les faire tomber tout d'un coup avec ces Arbres à demi-coupés, lorsqu'ils se jettent contre, un peu rudement, pour s'y appuyer. Mais toutes ces particularitez ne conviennent point à l'Elan de Prusse. Pline rapporte, que l'Elan se nourrit dans les terres Septentrionales, & qu'il ressemble aux Jumens, hormis qu'il a le col plus étendu, & les oreilles plus longues.

On trouve encore dans les Forêts des Chevaux Sauvages; mais ils ne sont d'aucun usage. Car outre qu'ils sont petits & difformes, ils ne peuvent être domptés, & ne portent point de fardeaux à cause de la foiblesse de leurs jambes. Ils fuyent dès qu'ils apperçoivent un homme. Les Habitans se nourrissent de leur chair comme de celle des autres Bêtes.

Parmi les impuretez que la Mer jette sur les Côtes de la Prusse, on recueille de l'Ambre. Ceux qui ont cette passion, le vont chercher dans les flots & dans les sables & le tirent même des bourbiers. On vend la permission de le recueillir, & souvent ceux qui en font trafic, l'achétent fort chérement par ce qu'ils enchérissent les uns sur les autres. Le profit en est assez considérable; mais il n'est pas si grand qu'autrefois. Il étoit si estimé dans le tems du luxe & de la magnificence des Romains, qu'on a écrit que l'Empereur Domitien voulut faire la guerre à ces peuples, par cette seule raison qu'ils avoient de l'Ambre; & que ces Barbares surpris de ce que les Romains faisoient tant d'état d'une chose de nul usage, leur offrirent assez plaisamment de leur donner sans peine, ce qu'ils étoient résolus de venir chercher si loin avec tant de bruit & qu'ils achetérent leur repos à ce prix-là. La composition leur parut très-avantageuse, & jamais Traité de paix ne fut conclu plus volontiers. Pline rapporte que la plus petite figure d'homme, faite d'Ambre, étoit plus estimée que des hommes vivans & qui avoient même du mérite.

Le peu d'empressement que l'on a eu dans ces derniers siècles pour les figures de Jesus-Christ, & des Saints faites d'Ambre que des personnes pieuses achetoient autrefois très-cher, en a fort diminué le prix. On ne débite plus ce grand nombre de chapelets & de couronnes, dont les Dames se servoient pour leurs prières & même pour leur ornement, faisant ainsi d'une même chose une matière de luxe & de piété tout ensemble. Aujourd'hui, l'on ne se sert plus de cette précieuse matière, que pour des usages prophanes; & l'on ne travaille plus qu'à en faire des Echecs, des Dames, des Cuilliers, mille sorte de petits Vases, & des cages même tournées agréablement, mais de nul usage, à cause de leur fragilité. De là vient qu'on n'en est plus si curieux & qu'on ne vend plus l'Ambre comme auparavant.

Plusieurs ont recherché avec beaucoup de soin & d'étude la nature & les causes de l'Ambre: personne ne les a encore bien connues, & les Auteurs anciens & modernes ont des sentimens fort différens là-dessus. Il est croyable que dans les Isles du Septentrion, il se forme sur les arbres, ou sur les rochers une certaine liqueur, com-

comme cette gomme qu'on voit quelquefois sur les cerifiers; que cette liqueur se congéle en coulant, & que tombant dans la Mer, elle se durcit dans les eaux, & est entraînée par les flots & rejettée sur les rivages opposés.

L'on conjecture qu'il se forme ainsi, par des pailles, & par de petits animaux qui se trouvent quelquefois, comme enchâssés dans cette matiére transparente. On y a vu des moucherons, des abeilles, des mouches & des araignées qui s'étoient prises à cette humeur gluante & qui s'y étoient trouvées renfermées lorsqu'elle durcissoit, sans en être blessées ni corrompues en aucune de leurs parties. Martial qui avoit coûtume de faire des vers plaisans sur tous les sujets qui se présentoient, a fait des Epigrammes fort ingénieuses sur une abeille, sur une fourmi, & même sur une vipére, qui avoient été surprises dans de l'Ambre.

La Prusse, comme je l'ai déja remarqué est divisée en deux parties qui sont la Prusse-Polonoise & le Royaume de Prusse.

La Prusse-Polonoise est composée de quatre Provinces [a], dans lesquelles les trois Religions, la Catholique, la Luthérienne & la Réformée ont un libre exercice. Ces quatre Provinces sont:

[a] Hubner, Géogr. pag. 715.

| | |
|---|---|
| Le Territoire de Marienbourg. | Marienbourg, Elbing, Stum. |
| Le Territoire de Culm. | Culm, Thorn, Strasbourg, Graudentz, Michalow, *petit Pays*. |
| Le Wermland l'Ermland, ou la Warmie. | Heilsberg, Brunsberg ou Braunsberg, Frauenburg, Wartenburg. |
| La Pomerelle. | Dantzig, Weixelmunde, Oliva, Bromberg, Mewe, Dirschaw. |

Le Royaume de Prusse est partagé en trois Provinces, où les trois Religions, la Catholique, la Luthérienne & la Réformée, on aussi un libre exercice. Ces trois Provinces sont:

| | |
|---|---|
| Le Samland. | Koenigsberg, Pilau, Welau, Fischhausen, Memel. |
| Le Natangen. | Brandenburg, Heilgenbeil, Bartenstein, Rastenburg, Johannesburg. |
| L'Hockerland. | Marienwerder, Holland, Gilgenburg, Christburg, Riesenburg, Osterode. |

PRUTH, Riviére qui a sa source au Royaume de Pologne [b] dans les Montagnes de la Pocutie. Elle traverse la Moldavie & va se jetter dans le Danube, un peu avant qu'il se jette dans la Mer Noire & au dessous de l'endroit où il reçoit le Seret autrement la Moldova. Les principaux lieux que le Pruth baigne, sont Sniatyn, Pruth ou Czudnow, Stephaneste ou Sepetanosce, Hus, Felxin ou Falczyn. La Riviére la plus considérable qu'il reçoit est la Scisia.

[b] De l'Isle, Atlas.

PRYBUS, Ville d'Allemagne dans la Silésie, sur la Riviére de Neisse dans la Principauté de Sagan.

1. PRYMNESIA, Ville de l'Asie Mineure dans la Grande Phrygie selon Ptolomée [c] qui la place entre *Eucarpia* & *Docimæum*. Pausanias [d] la nomme Prymnessus; & elle fut dans la suite une Ville Episcopale. La Notice d'Hiérocles qui écrit Prymnesus la met parmi les Evêchez de la Phrygie Salutaire. Il est aussi fait mention de ce Siège dans le premier Concile de Constantinople, où il est appellé *Primnesiensis*.

[c] Lib. 5. c.
[d] Lib. 5. c. 21.

2. PRYMNESIA, Ville de la Carie selon Etienne le Géographe.

1. PRYTANEUM, Lieu de la Ville d'Athènes, selon Pausanias [e]. La Guilletiére, dans son Athènes ancienne & nouvelle [f], dit: Qu'on voit près du Palais de l'Archevêque les ruïnes du Prytanée, ce Tribunal où s'assembloient les cinquante Sénateurs, qui avoient l'administration des affaires de la République & à qui on donnoit le nom de Prytanes. C'étoit dans le Prytanée qu'on faisoit le procès aux fléches, Javelots, épées, pierres & autres choses inanimées qui avoient contribué à l'exécution d'un crime. On en usoit ainsi lorsque le Coupable s'étoit sauvé; & nous gardons encore parmi nous quelque chose de cet usage, lorsque pour faire plus d'horreur d'un parricide & d'un assassinat énorme, on comprend dans les suites du supplice l'anéantissement des poignards ou des couteaux qui ont été les instrumens du crime. Le Prytanée étoit proprement la maison de Ville d'Athènes; & il y avoit des Prytanées à Megare, à Olympia dans l'Elide, à Lacédemone & dans beaucoup d'autres Villes de la Gréce. Dans le Prytanée d'Athènes on conservoit le feu perpétuel: les Loix de Solon y étoient en dépôt; & les hommes illustres qui avoient rendu des services signalés à l'Etat y étoient nourris eux & leur postérité aux dépens du Public.

[e] Lib. 1. c. 18. & 28.
[f] Pag. 296.

2. PRYTANEUM, Ortelius [g] qui cite Julius Pollux dit qu'on appelloit de ce nom tous les Lieux où l'on conservoit le feu perpétuel.

[g] Thesaur.

PRYTANIS, Fleuve de la Colchide, selon le Périple d'Arrien [h], qui place son embouchure à quarante Stades d'Athènes; il ajoute qu'on y voyoit le Palais d'Anchialus, & que ce lieu étoit éloigné de quatre-vingt-dix Stades du Fleuve Pyxites,

[h] Peripl. 1. p. 7.

tes. On croit que c'eſt le même Fleuve que le Périple de Scylax [a] appelle Ποταμός Πορδωνὶς, & qu'il place dans le Pays des Ecechiries.

PRZOWORSK [b], petite Ville de Pologne, au Palatinat de Ruſſie, dans le Diſtrict de Przemyslie, au confluent du San & du Wiſlock.

PRZYTUKA, ou PRZYLUKA, petite Ville de l'Ukraine, ſur la rive droite d'une petite Riviére, qui ſe jette dans la Sula. Elle eſt environ à quinze lieues au Nord Oriental de Pereaſlaw.

PRZYPIETZ, ou PRIPET, ou PRIPECZ, Riviére de Pologne. Elle commence à ſe former dans le Grand-Duché de Lithuanie, au Palatinat de Bzefcie, où tout d'un coup elle devient une Riviére conſidérable par le Concours des Riviéres Jaſiolda, Pina, Strumien, Ster & autres qu'elle reçoit dans ſon lit. Son cours eſt d'abord de l'Oueſt à l'Eſt juſque vers Babica; où elle fait un coude pour courir du côté de l'Orient Méridional. Elle traverſe ainſi une partie de la Ruſſie Polonoiſe, & va ſe jetter enfin dans le Boryſthène. Elle mouille dans ſa courſe divers lieux dont les principaux ſont Davidow, Horodak, d. Turow, g. Mozyr, g. Babica, d. Biela Soroka, d. Czernobel, d. Outre les Riviéres qui la forment elle reçoit dans ſon lit; l'Horin, d. l'Olewsko, d. la Pcznie, g. l'Uſza, d. le Brachin, g. le Ciecieref, d.

## P S.

PSACUM, Promontoire de l'Iſle de Créte: Ptolomée [c] le place ſur la Côte Septentrionale entre *Dictamum* & *Ciſamus*. Niger dit que le nom moderne eſt Spata.

PSALMODIE, Lieu de France, dans le Bas Languedoc, Diocêſe & Election de Nîſmes. C'étoit ci-devant une Abbaye d'une fondation ancienne, & célèbre du tems de Louïs le Débonnaire. Elle fut ſécularifée ſous François I. qui transféra les Réligieux à Aigues-mortes avec titre de Chapitre. Depuis ce Chapitre a été transféré à Alais & eſt devenu le Chapitre de cette nouvelle Cathédrale. La Manſe Abbatiale qui eſt unie à l'Evêché d'Alais eſt de dix mille livres de rente.

PSALYCHIADÆ, Bourgade de la Tribu Ægine ſelon Ortelius [d] qui cite Pindare.

1. PSAMATHÆ, Fontaine de la Laconie ſelon Pline [e]. Valerius Flaccus [f] fait auſſi mention de cette Fontaine.

2. PSAMATHÆ, ou PSAMATHE, Fontaine de la Bœotie. Elle eſt connue de Pline [g] & du Scholiaſte de Nicander. [h]

PSAMATHIA, Nom que l'on donnoit à un Fauxbourg de Nicomédie, ſelon Ortelius [i] qui cite Socrate & Nicéphore Calliſte [k].

PSAMATHUS. Voyez PSAMMATHUS.

PSAMMATHUS, Ville de la Laconie, ſelon Pline [l] & Etienne le Géographe. Pauſanias [m] & le Périple de Scylax en font un Port; mais ils écrivent PSAMATHUS. L'Orthographe de Strabon eſt encore plus altérée, car on convient que ſa Ville AMATHUS eſt la meme choſe que PSAMMATHUS. La Guilletière dit dans ſon Athènes ancienne & nouvelle [n], qu'au pied du Cap de Matapan, en tirant au Nord-Eſt on voit un vieux Château & que ce ſont les ruines de PSAMATHUS.

PSAMMITÆ. Voyez HECATES.

PSAMMIUS, Mot Grec qui veut dire *Fabuleux* [o]. On le donna ſelon Hérodote à une Montagne d'Egypte.

PSAPHARA. Voyez ANTIGONA-PSAPHARA.

PSAPHIDÆ, Mr. Spon [p], dans ſa Liſte de l'Attique dit: PSAPHIDÆ que le Marbre des treize Tribus range ſous l'Aiantide eſt inconnu à Meurſius. Il ſe trouve pourtant dans Strabon qui le met prés d'Oropus & dit que c'étoit là proche qu'étoit l'Oracle d'Amphiaraus: Εἶτα Ψαφὶς ἡ τῶν ὁροπίων. Sur quoi Caſaubon qui n'avoit point vu ailleurs ce nom de Pſaphis, doutoit s'il n'y falloit rien changer; mais le Marbre des treize Tribus de l'Attique léve tout ſcrupule. Au lieu de PSAPHIS, Etienne le Géographe écrit PSOPHIS.

PSAPIS, Fleuve de la Sarmatie Aſiatique ſelon Ptolomée [q]. Il étoit entre l'Embouchure du Tanaïs & le Boſphore Cimmérien, près de la Ville *Geruſa*. Le Manuſcrit de la Bibliothéque Palatine lit PSATIS pour PSAPIS; & Ortelius [r] ſoupçonne que ce pourroit être le *Thapſis* de Diodore de Sicile.

PSARA. Voyez PSYRA.

PSAROS. Voyez PHAROS.

PSEAUME, ou SEAUME, en Latin *Pſalmodii Abbatia*: Abbaye de France, dans le Velay, au Diocêſe & à cinq lieues du Puy, vers le Couchant. C'eſt une Abbaye de Filles.

PSEBÆI. Voyez PSEBO.

PSEBARAS, Montagne, dans le Pays des Troglodytes ſelon Diodore de Sicile [s].

PSEBO, Contrée de l'Afrique. Etienne le Géographe dit qu'elle étoit plus avant dans les terres que l'Ethiopie, dont elle étoit éloignée de cinq journées de chemin. Il ajoute qu'il y avoit un Lac de même nom. C'eſt peut-être le Lac PSEBOA que Strabon [t] place au deſſus de l'Iſle de Meroé, & dans lequel il met une Iſle qui étoit aſſez peuplée. Cette Iſle pourroit être la SEMBOBITIS de Pline. Les Montagnes PSEBÆI d'Agatharchis & de Diodore de Sicile étoient auſſi dans ces Quartiers.

PSEBOA. Voyez PSEBO.

PSECIUM, Montagne de l'Ethiopie: Diodore de Sicile [u] la met ſur le Golphe Arabique.

PSELCHA, Ville de l'Ethiopie ſous l'Egypte. Elle étoit ſur le bord du Nil ſelon Strabon [x]. Pline [y] & Ptolomée [z] la nomment PSELCIS. C'eſt la même Ville que l'Itinéraire d'Antonin appelle PSELCIS, & peut-être eſt-ce auſſi la même qui eſt nommée PESCLA dans la Notice des Dignitez de l'Empire [a]. Jean Evêque de Pſelcis fouſcrivit au Concile de Chalcédoine.

PSEL-

PSELCIS. Voyez PSELCHA.

PSEMITHUS, Fleuve de Sicile, au voisinage de Catane, selon Siméon le Métaphraste dans la vie de Ste. Agathe; mais peut-être faut-il lire SYMETHUS, au lieu de PSEMITHUS.

PSENACO, Village d'Egypte, dans le Nome Athribitide. C'est Étienne le Géographe qui en parle d'après Artemidore.

PSENERITES-NOMUS, Nome d'Egypte, selon Etienne le Géographe.

PSENERUS, Village d'Egypte: Etienne le Géographe qui fait mention de ce Village le nomme *Psenurus*, dans un autre endroit. Il donnoit sans doute le nom au Nome PSENERITE.

PSENTRIS, Village d'Egypte, selon Etienne le Géographe. C'étoit apparemment le Chef-lieu du Nome Psentrite, qui en prenoit le nom.

PSENTRITES-NOMUS, Nome d'Egypte, selon Etienne le Géographe. Voyez PSENTRIS.

PSENYRUS, ou PSENURUS. Voyez PSENERUS.

PSEPHIS, Lieu de l'Isle Ægylium, aujourd'hui Giglio, sur la Côte de la Toscane. C'est Aristote [a] qui fait mention de ce Lieu. Ses Interprètes rendent ce mot PSEPHIS par AD-CALCULOS. Voyez au mot AD l'Article AD-CALCULOS.

[a] In Mirabil.

PSERMO, Isle de la Mer Egée, selon Davity [b] qui la place, vis-à-vis de Smyrne. Il ajoute qu'elle est habitée par des Chrétiens Grecs, & qu'on y voit deux ou trois Villes & plusieurs Villages.

[b] Etats du Turc en Asie, p. 54.

PSESSI, Peuples de la Sarmatie Européenne. Ils habitoient la même Contrée que les *Tauri*; car Etienne le Géographe dit que leur Pays se nommoit *Taurinie*. Voyez TAURI.

PSEUDARTACE; Colline de Scythie, derrière la Montagne appellée Sainte selon Etienne le Géographe.

PSEUDOCELIS, Ville de l'Arabie heureuse: Ptolomée [c] la place dans le Pays des *Elesari*, entre *Sosippi-Portus* & *Ocelis*.

[c] Lib. 6. c. 7.

PSEUDOCORASIUM, grand espace de Côte en Asie, dans la Cilicie entre Corycus & Séleucie, selon Etienne le Géographe. Il ajoute, sur le témoignage d'Artemidore [d], que la Côte formoit un enfoncement, où les Vaisseaux pouvoient mouiller.

[d] Lib. 9. Géograph.

PSEUDOPENIAS, Promontoire d'Afrique dans la Cyrenaïque. Strabon [e] dit: Que la Ville Bérénice étoit bâtie sur ce Promontoire.

[e] Lib. 17. p. 836.

PSEUDOPOLIS, Ville de la Drangiane, selon Marcellinus Comes, de la manière dont lisoit Accurse cité par Ortelius [f], qui ajoute que le MS. de Froben ne la connoissoit pas.

[f] Thesaur.

PSEUDOPYLÆ. Voyez PYLÆ.

1. PSEUDOSTOMUM, PSEUDOSTOMON, ou PSEUDOSTOMA: Pline [g], & Ptolomée [h] donnent ce nom à la quatrième Embouchure du Danube, dans le Pont-Euxin. Solin [i] connoit aussi cette Embouchure nommée PSEUDOSTOMUM.

[g] Lib. 4. c. 12.
[h] Lib. 3. c. 10.
[i] Cap. 13.

2. PSEUDOSTOMUM, Nom que Ptolomée [k] donne à la quatrième Embouchure du Gange.

[k] Lib. 7. c. 1.

3. PSEUDOSTOMUM, Fleuve de l'Inde en deçà du Gange. Ptolomée [l] place son Embouchure dans le Pays des Limyrices, entre *Calecariæ extrema* & *Podoperura*.

[l] Ibid.

PSILE, Isle que Pline [m] met quelque part vers la Côte de l'Ionie.

[m] Lib. 5. c. 31.

PSILIS. Voyez PSILLIS.

PSILIUM, Fleuve de Bithynie: Etienne le Géographe le place entre Thynias & Bithynias, *inter Thyniam & Bithyniam*, & avertit que ce Fleuve est différent de celui qu'on appelle PSILIS quoique l'usage fût d'appeler indifféremment PSILIANI les Peuples qui habitoient sur les bords de ces Fleuves.

PSILLI, Peuples aux environs de la Colchide selon Ortelius [n] qui cite Agathias [o]; mais il croit qu'il faut lire *Apsitli*; & il a raison. Ce sont les ABSILÆ d'Arrien & les ABSILIENS de Procope. Voyez ABSILÆ, & ABSILIENS.

[n] Thesaur.
[o] Lib. 4.

PSILLIS, Fleuve de Bithynie, selon Pline [p] & Ptolomée. Strabon [q] écrit PSILLES, & les autres Géographes PSILIS. Apollonius même, à ce que dit Ortelius [r], lit PHYLIS, & Pinet le rend par *Fenesia*.

[p] Lib. 6. c.
[q] Lib. 12. p. 543.
[r] Thesaur.

PSILOCASTRUM. Voyez XYLOCASTRUM.

PSILON, Arrien dans son Périple du Pont-Euxin [s] donne ce nom à l'Embouchure la plus Septentrionale du Danube. Il la met à douze cens Stades du Port des *Isiaci*, & à soixante Stades de la seconde Embouchure du Fleuve. Il ajoute qu'à l'Embouchure Psilon il y avoit une Isle appellée par quelques-uns l'Isle d'Achille, par d'autres la Course d'Achille, & LEUCA par d'autres.

[s] Pag. 21. & 23.

PSILORITI, Nom que quelques-uns donnent, à la Montagne de l'Isle de Candie, anciennement appellée Ida ou Idæus-Mons: mais on la nomme aujourd'hui communément MONTE-GIOVE. Voyez IDA No. 2.

PSILTUCIS, ou SILLUSTIS, Isle de la Mer des Indes: Plutarque en parle dans la Vie d'Alexandre. Elle est appellée CILLUTA par Arrien [t]; & Quinte-Curse qui ne la nomme pas, dit qu'elle étoit à quarante Stades de l'Embouchure du Fleuve Indus, en pleine Mer.

[t] De Ex. ped. Alex. lib. 6. n. 19.

PSINOUNATON, C'est-à-dire NATION DE LA FOLLE AVOINE; Nation de l'Amérique Septentrionale & l'une de celles des Sioux de l'Est. Elle erre entre le Mississipi & les Lacs de Buade & des Assinibouels, ne s'embarrassant pas beaucoup de leur nourriture que leur procure la folle avoine, d'où ils prennent leur nom.

PSIMADA, Contrée de l'Isaurie, selon Etienne le Géographe qui cite Capiton.

PSINAPHUS, petite Ville d'Egypte. C'est Etienne le Géographe qui en parle d'après Alexandre [u].

[u] Lib. 1. Ægyptiacor.

PSINAULA, Ville d'Egypte, selon la Notice des Dignitez de l'Empire [x]. Ortelius [y] croit que c'est la même que St. Athanase met dans la Thébaïde.

[x] Sect. 20.
[y] Thesaur.

V v v                     PSIN-

**PSINCHUS**, Ville d'Egypte. Il en est fait mention dans le troisième Concile d'Ephése.

**PSINECTABIS**, Village d'Egypte selon Etienne le Géographe.

*a Lib. 3. c. 32.*
**PSIPHÆUM MARE**, Pausanias [a] place cette Mer au voisinage de l'Argie.

**PSITARAS**, Fleuve d'Asie, dans le Pays des Seres, selon Pline [b].
*b Lib. 6. c. 17.*

**PSITTACE**, Ville qu'Etienne le Géographe place sur le bord du Tigre; & il cite Damophilus.

**PSITTACINA**, Contrée de la Perside selon Aristote [c]. Ortelius [d] croit que c'est la même que la SITTACENE.
*c In Mirabil.*
*d Thesaur.*

**PSITTACHEMNIS**, Village d'Egypte, selon Etienne le Géographe.

**PSITTALIA**. Voyez PSYTTALIA.

**PSITTANICA**, Contrée de la Perside: Aristote [e] dit qu'on y voyoit très-souvent sortir des feux de la terre.
*e In Mirabil.*

**PSOA**, Contrée quelque part vers le Pont-Euxin, selon Diodore de Sicile [f].
*f Lib. 20.*

**PSOCHEMMIS**, petite Ville d'Egypte: Etienne le Géographe en parle d'après Artemidore.

**PSOPHILII**, Peuples du Péloponnèse, à ce que juge Ortelius [g] qui cite Elien; mais il prétend qu'il faudroit lire PSOPHIDII. Ce seroit alors les Habitans de la Ville PSOPHIS.
*g Thesaur.*

1. **PSOPHIS**, Ville du Péloponnèse, près de l'Erymanthe. On la nomma d'abord Erymanthus; ensuite PHEGIA selon Pausanias [h] & Etienne le Géographe. Le premier en marque la situation. Elle est dit-il, à trente Stades de *Siræ*; le Fleuve Aroanius passe au travers, & l'Erymanthe coule à un petit espace de la Ville. Cette description est plus claire que celle que donne Polybe [i]. Il dit que la Ville de Psophis, si on la regarde par rapport à tout le Péloponnèse est située au milieu du Pays; & que si on considère seulement l'Arcadie, elle est à l'Occident de cette Contrée, du côté qu'elle touche l'extrémité Occidentale du Pays des Achéens. Il est aisé de comprendre qu'elle ait été dans la partie Occidentale de l'Arcadie; mais qu'elle ait en même tems au milieu du Péloponnèse c'est ce qui est difficile à concilier. Voyez DIMIZANA, N°. 3. & ERYMANTHUS.
*h In Arcad. cap. 24.*
*i Lib. 4. No. 70.*

2. **PSOPHIS**, Forteresse de l'Isle de Zazinthus ou Zacinthus, selon Pausanias [k].
*k Lib. 8. c. 24.*

3. **PSOPHIS**, Ville de l'Acarnanie, selon Etienne le Géographe qui la surnomme PALÆA; c'est-à-dire la Vieille.

4. **PSOPHIS**, Ville de l'Achaïe: C'est Etienne le Géographe qui en parle.

5. **PSOPHIS**, Ville de la Libye: c'est encore Etienne le Géographe qui en fait mention.

**PSYCHIA**. Voyez AMORGOS.

**PSYCHIUM**, Ville de l'Isle de Crète, selon Ptolomée [l] & Etienne le Géographe. Le premier la place sur la Côte Méridionale, entre les Embouchures des Fleuves *Masalia* & *Electra*. Elle est appellée *Sichino* par Ger. Mercator, & *Prioliza* par Niger.
*l Lib. 3. c. 17.*

1. **PSYCHRUS**, Ψυχρος; C'est-à-dire *Froid*. On donna anciennement ce nom à un Fleuve de la Thrace, à cause de l'extrême fraîcheur de ses eaux. Il couloit dans l'Assyritide au Territoire de Chalcis. Aristote [m] dit que si les Brebis viennent à être couvertes après avoir bu de l'eau de ce Fleuve, les Agneaux qu'elles feront seront noirs.
*m De Anim. mal. lib. 3.*

2. **PSYCHRUS**, Fleuve de la Colchide. Arrien [n] dans son Périple du Pont-Euxin, dit que ce Fleuve étoit environ à trente Stades d'Ophis, & à peu près à égale distance du Fleuve Calus.
*n Pag. 6. & 7.*

3. **PSYCHRUS**, Fleuve de la Sarmatie Asiatique, selon Ptolomée [o].
*o Lib. 5. c.*

4. **PSYCHRUS**, Montagne aux environs de la Cilicie, à ce que croit Ortelius [p], qui cite Porphyrogenète.
*p Thesaur.*

**PSYCTERIUS**, Lieu de la Thrace, selon Etienne le Géographe.

**PSYGMUM**, Grand Port de l'Ethiopie sous l'Egypte. Strabon [q] le met près du Mont Elephas.
*q Lib. 16. p. 774.*

**PSYLACENSES**, Peuples de l'Arcadie. C'étoit selon Pausanias [r] une Tribu des Tégéates; mais Sylburge prétend qu'il faut lire PYLACENSES, au lieu de PSYLACENSES.
*r Lib. 8. c. 45.*

**PSYLLA**. Voyez PSYLLIUM.

1. **PSYLLI**, Peuples d'Afrique dans la Cyrénaïque. Strabon [s] semble seulement les mettre au voisinage de cette Contrée; mais Ptolomée [t] les place dans la Cyrénaïque même, & Pline [u] confirme en quelque manière ce sentiment. Il dit qu'il y avoit eu en Afrique une Nation nommée Psylli, & qu'elle tiroit son origine du Roi Psyllus, dont le tombeau se voyoit dans un quartier de la grande Syrte; mais que cette Nation avoit presque entièrement été exterminée par les Nasamons, qui s'étoient établis dans le Pays. On prétendoit que la nature avoit mis dans leurs corps un poison contre les Serpens & que l'odeur seule de leurs corps suffisoit pour assoupir ces animaux. On lit même dans Dion-Cassius & dans Suétone, qu'Auguste cherchant par toutes sortes de moyens à conserver Cléopatre pour la mener en triomphe fit sucer par des Psylles le venin qu'elle avoit tiré de la piqueure d'un aspic. Mais Corn. Celse [x] ne convient pas de cette vertu des Psylles contre les Serpens.
*s Lib. 17. p. 814.*
*t Lib. 4. c. 4.*
*u Lib. 7.*
*x Lib. 5. c. 27. Sect. 3.*

2. **PSYLLI**, Peuples de l'Inde, selon Ortelius [y] qui cite Elien. Il ajoute que dans le Pays des Psylles les Beliers, les Brebis, les Anes, les Mulets & les Bœufs étoient extraordinairement petits.
*y Thesaur.*

**PSYLLICI-CANES**, Jul. Pollux fait l'éloge d'une race de chiens ainsi appellée du nom d'une Ville de l'Achaïe.

**PSYLLICUS-SINUS**, Golphe sur la Côte de la Libye, selon Etienne le Géographe, qui dit que ce Golphe étoit grand, profond, & de trois jours de navigation.

**PSYLLIUM**, Ville de Bithynie, selon Ptolomée [z]. Elle étoit sur la Côte Septentrionale, entre *Heraclea Ponté* & *Tion*. C'est la même Ville qu'Arrien [a] & Etienne
*z Lib. 5. c.*
*a Peripl. t. pag. 14.*

## PSY. PTA. PTE.     PTE.     523

tienne le Géographe appellent PSYLLA.

1. PSYRA, Isle voisine de celle de Chios, selon Etienne le Géographe. Strabon la met vis-à-vis d'un Promontoire de cette Isle appelé *Melæna*. Il dit qu'elle en étoit éloignée de cinquante Stades, que son circuit étoit de quarante Stades & qu'elle avoit une Ville de même nom. Cicéron [a] la nomme PSYRIA ; & le nom moderne selon Ortelius [b] est PSARA.

[a] Ad Atticum.
[b] Thesaur.

2. PSYRA, Isle sur la Côte de la Doride, dans le Golphe Céramique selon Pline [c]. Homére [d] en parle & la nomme PSYRIA : Elle a aussi été connue d'Hesyche qui l'appelle PSYRIÆ.

[c] Lib. 5. c. 31.
[d] Odyss. lib. 3. v. 171.

PSYTHIUM-VINUM, Ortelius [e] croit que le vin auquel Athénée donne ce nom etoit ainsi appellé du nom du lieu qui le produisoit.

[e] Thesaur.

PSYTTALIA, petite Isle du Golphe Saronique, selon Etienne le Géographe, qui la met près de celle de Salamine dont elle étoit éloignée de cent vingt Stades. Strabon [f] après avoir dit que cette Isle étoit toute déserte & pleine de rochers, ajoute que quelques-uns l'avoient appellée le Port de Pirée λιμένα τοῦ Πειραιέως: C'est ce que je ne puis comprendre, dit Casaubon, & ce que personne je pense ne comprend non plus. Pourquoi auroit-on appellé cette Isle le Port de Pirée ? Ce n'est pas parce qu'elle étoit déserte & pleine de rochers, ni parce qu'elle étoit proche du Pirée. J'aimerois mieux dire qu'au lieu de λιμένα il faut lire λύμην : Alors on sera fondé à dire, que cette Isle déserte & pleine de rochers étoit λύμην τοῦ Πειραιέως ; c'est-à-dire qu'elle nuisoit autant au Port de Pirée qu'une taye porte de préjudice à un œil. En effet elle étoit tellement située, que les Vents y poussoient quelquefois les Vaisseaux qui vouloient entrer dans le Port d'Athénes ; ce qui les exposoit à se perdre. Il ne faut que lire Eschyle, pour se persuader combien cette Isle étoit dangereuse pour les Vaisseaux, qui cherchoient à entrer dans le Port de Pirée. Voici la description qu'il en donne [g] :

[f] Lib. 9. p. 395.

[g] Persis, vers. 447.

*Insula quædam est è regione Salaminis*
*Parva, Statio carinis malefida, quam chorus gaudens*
*Pan incolit, super littore maris.*

Mr. Spon [h] dans sa Liste de l'Attique, ajoute : je ne mets pas l'Isle de Psyttalée entre les Peuples de l'Attique ; parce que selon le témoignage de Strabon, c'étoit une Isle déserte : supposé même qu'elle ait été habitée en certains tems, elle étoit plutôt de la dépendance de l'Isle de Salamine, dont elle est voisine, que du ressort de l'Attique.

[h] Pag. 399.

## P T.

PTANDARUM. Voyez TANADARIS.

PTARENUS, & SAPARNUS, Noms de deux Fleuves, qui à ce que dit Arrien [i] se jettent dans l'Indus.

[i] In Indic. pag. 317.

PTEGOUADEBA, Riviére de l'Amérique Septentrionale, au Pays des Sioux, ou Nadouessi : Elle tombe dans celle de Sainte-Croix à la bande du Nord, à quatre ou cinq lieues au dessus du saut qui interrompt le cours de cette derniére. La Riviére de Ptegouadeba est de peu conséquence & ne sert qu'à écouler les eaux des prairies voisines, qui sont souvent inondées.

1. PTELEA, Bourgade de l'Attique, dans la Tribu Oeneïde, selon Etienne le Géographe. Elle se trouve aussi dans la Liste des Bourgs de l'Attique publiée par Mr. Spon.

2. PTELEA, Nom d'un Lieu de l'Isle de Cos. Il y croissoit un vin excellent selon Ortelius [k] qui cite Winsemius [l].

[k] Thesaur.
[l] In suo Theocrito.

PTELEASIMUM, Lieu du Péloponése dans l'Elide selon Strabon [m], qui le place au voisinage d'Helos. Ce Lieu étoit champêtre & inhabitable.

[m] Lib. 8 p. 351.

1. PTELEON, Ville de Thessalie : Elle a été connue d'Homére [n], qui dit dans le second Livre de l'Iliade :

[n] V. 697.

*Herbosam Pteleum, Pontoque Antrona propinquam.*

Tite-Live [o] nous apprend que le Consul P. Licinius ayant trouvé que les Habitans avoient abandonné *Pteleum* ruïna cette Ville de fond en comble.

[o] Lib. 42. c. 67.

2. PTELEON, Lieu vers les confins de la Chersonnése de Thrace, selon Ortelius [p] qui cite Demosthène [q].

[p] Thesaur.
[q] In Halonéso.

3. PTELEON, Ville de l'Ionie. C'est Etienne le Géographe qui en fait mention, & elle est aussi connue de Quintus Calaber qui en parle Ortelius [r].

[r] Thesaur.

4. PTELEON [s], Ville de la Troade, selon Quintus Calaber & Etienne le Géographe.

[s] Ibid.

5. PTELEON, Ville du Péloponnése dans l'Elide. Strabon [t] dit que c'étoit une Colonie de la Ville PTELEON en Thessalie. Pline [u] parle aussi de cette Ville.

[t] Lib. 8. p. 349.
[u] Lib. 4. c.

6. PTELEON, Ville de la Bœotie [x], Pline [x] la place sur la Côte.

[x] Lib. 4. c.

7. PTELEON, Forêt de la Thessalie, selon Pline [y]. Elle étoit au voisinage d'une Ville de même nom. Voyez PTELEON, N°. 1.

[y] Lib. 4. c. 8.

PTELEOS, Lac de l'Asie Mineure dans la Troade : Strabon [z] le place au voisinage d'*Ophrynium* & de *Rhoetejum*.

[z] Lib. 13. p. 595.

PTEMENGYRIS - DOMICILIUM, Lieu d'Egypte [a], dans le Nome Antéopolite. St. Athanase en parle dans sa Lettre à Jean Pinnes Prêtre de ce Lieu.

[a] Ortelii Thesaur.

PTENETHU, Nome d'Egypte selon Pline [b]. C'est le même Nome que Ptolomée appelle Phthenoti, & dont Butos étoit la Métropole. Ortelius [c] en fait mal à propos deux Nomes différens. On trouve dans le Concile de Chalcédoine la souscription d'*Heraclius Ptenethensis.*

[b] Lib. 5. c. 9.
[c] Thesaur.

1. PTERA, Mot Grec qui signifie des *Ailes.* Ortelius [d] dit que Procope le donne à un Lieu fortifié au voisinage de Zenobie ; mais Ortelius à lu Procope un peu à la hâte, ou ne l'a pas bien compris. Ce dernier ne dit pas que Ptera πτερα, soit un lieu fortifié ; mais des fortifications mê-

[d] Ibid.

524 PTE. PTI. PTO.

*a Ædif. lib. 2. c. 8.*

mes: Voici le passage en question [a]: Justinien ne se contenta par des idées de ceux qui avoient bâti la Ville de Zénobie dans le commencement. Il en chercha d'autres pour la rendre plus forte qu'elle n'avoit jamais été. Comme les rochers qui l'environnoient pouvoient donner moyen à des Assiegeans de tirer sur ceux qui défendoient les murailles, il inventa certains Ouvrages qu'on appelle des Ailes; parce qu'ils sont étendus pour couvrir les Soldats.

2. PTERA, Quelques-uns, dit Etienne le Géographe, donnent ce nom à la Citadelle de Babylone.

PTERIA, Contrée & Ville de la Cappadoce, près du Pont-Euxin & au voisinage de la Ville de Sinope. Hérodote [b] & Etienne le Géographe en font mention.

*b Lib. 1. n. 76.*

PTERIUM, Villes des Médes, selon Etienne le Géographe.

PTERON, Promontoire de la Basse-Mysie. Ptolomée le place entre l'Embouchure du Danube nommée *Sacrum-Ostium*, & la Ville Istropolis.

PTEROPHORES, Contrée de la Scythie, vers les Monts Riphées. Ce nom qui veut dire *qui produit des plumes*, lui avoit été donné, selon Pline [c], à cause de la neige qui y tombe continuellement en gros flocons comme des plumes. Le Pere Hardouin remarque que c'est ce qui avoit donné occasion à la Fable qu'Ovide rapporte dans le quinzième Livre de ses Métamorphoses [d]:

*c Lib. 4. c. 12.*

*d Vers 356.*

*Esse viros fama est in Hyperborea Pallene,*
*Qui soleant levibus velari corpora plumis,*
*Cum Tritoniacam novies subiere paludem.*

PTEROS, Isle de l'Arabie Heureuse, dans la Mer des Indes selon Pline [e].

*e Lib. 6. c. 28.*

PTEROTON-STRATOPEDON. Voyez ÉDIMBOURG.

PTIMYNIS. Voyez DELTA.

P'TISCIANA, Ville de la Mauritanie Tingitane: Ptolomée [f] la place dans les terres entre Baba & Vobrix. Ortelius [g] croit que ce pourroit être la Ville *Vipotianæ* d'Antonin; & il ajoute que le nom Moderne PTISCIANA est *Dar-el-Hamara*, selon Marmol.

*f Lib. 4. c. 1.*
*g Thesaur.*

PTOEMBARI, Peuples de l'Ethiopie sous l'Egypte, selon Pline [h].

*h Lib. 6. c. 30.*

PTOEMPHANÆ, Peuples de l'Ethiopie sous l'Egypte: Pline [i] dit qu'ils avoient un chien pour Roi, & qu'ils lui obéissoient selon les mouvements qu'il faisoit & qu'ils prenoient pour des Commandemens.

*i Ibid.*

PTOLEDERMA, Ville de l'Arcadie. C'est Pausanias [k] qui en parle.

*k Lib. 8. c. 27.*

PTOLEMÆI-FOSSA. Voyez au mot CANAL, l'Article CANAL DE PTOLOMÉE.

1. PTOLEMAIS, Ville d'Egypte dans la Thebaïde. Strabon [l] dit qu'elle étoit la plus grande Ville de la Thebaïde, qu'elle ne la cédoit pas même à Memphis pour la grandeur & que son Gouvernement avoit été établi sur le modèle des Républiques de la Gréce. Pline [m] place cette Ptolomaïde entre Abydus & Panopo-

*l Lib. 17. p. 813.*

*m Lib. 5. c. 9.*

P T O.

lis. Zozime [n] l'appelle Ptolemaïde de la Thebaïde; Theodoret [o] fait mention de son Evêque qu'il nomme *Secundus* [Episcopus] *Ptolemaïdis Ægyptiæ*; & les Notices Ecclesiastiques font cette Ville la Metropole de la seconde Thebaïde. Ptolomée [p] qui la surnomme HERMII dit qu'elle étoit la Métropole du Nome Thinite. Sur quoi Cellarius [q] remarque que le surnom d'HERMII pouvoit lui avoir été donné à cause de quelque culte particulier qu'on y rendoit peut-être à Mercure; & il soupçonne qu'elle n'avoit eu le titre de Métropole qu'après la destruction de la premiére Métropole qui avoit donné le Nom au Nome, à moins qu'il n'y ait faute dans le passage de Ptolomée.

*n Lib. 1. c. 71.*
*o Lib. 1. c. 7. de Niceno Concilio.*
*p Lib. 4. c. 5.*
*q Géogr. ant. lib. 4. c. 1.*

2. PTOLEMAIS, Ville d'Afrique dans la Cyrenaïque. On la nommoit anciennement *Barce*, selon Strabon [r]. Pline & Etienne le Géographe disent le même chose; mais Ptolomée [t] distingue Barce de Ptolemaïde: il marque la premiére dans les terres & la seconde sur le bord de la Mer. Le Periple de Scylax donne pourtant le moyen d'accorder Ptolomée avec les autres Géographes. Du Port de Cyrène, dit le Periple de Scylax [u], au Port de Barce on compte cinq cens Stades; mais la Ville de Barce est éloignée de la Mer de cent Stades; de sorte que Ptolemaïde ne fut pas bâtie précisément sur les ruines de Barce; mais dans l'endroit où étoit son Port. Le nom moderne est Tolometa.

*r Lib. 17. p. 837.*
*s Lib. 5. c. 5.*
*t Lib. 4. c. 4.*
*u Pag. 109.*

3. PTOLEMAIS, Ville d'Ethiopie, selon Pomponius Mela [x] qui la place sur le Golphe Arabique. Elle est surnommée *Epitheras* par Pline [y], & *Theron* par Strabon [z]. On la surnommoit aussi *Troglodytica*; ce dernier surnom avoit été occasionné par les Pays des Troglodytes, où on l'avoit bâtie; & le premier & le second dont l'un signifie *pour la chasse* & l'autre des *Bêtes farouches* avoient rapport au dessein du Fondateur, qui avoit eu en vue la commodité de la chasse des Elephans. Ptolemaïde, dit Strabon [a] fut bâtie dans le lieu de la chasse des Elephans par Eumede, à qui Philadelphe avoit ordonné d'aller prendre de ces animaux. Pline [b] qui la met sur le bord du Lac Monoleus, dit qu'elle fut bâtie par Philadelphe. Il ajoûte [c] qu'elle étoit à mille huit cens vingt Stades de Berenice, sur le bord de la Mer rouge.

*x Lib. 3. c. 8.*
*y Lib. 6. c. 29.*
*z Lib. 2. sub finem.*
*a Lib. 16.*
*b Lib. 6. c. 29.*
*c Lib. 2. c. 75.*

4. PTOLEMAIS. Voyez ACRE.

5. PTOLEMAIS, Ville de la Pamphylie, selon Strabon [d]. Ortelius [e] qui cite ce même Auteur dit que cette Ptolemaïde étoit dans la Cicile. Il se trompe, Strabon dit positivement le contraire. Voici le passage qui décide. *Melas Fluvius ac Statio, & Urbs Ptolemais. Inde fines Pamphyliæ.*

*d Lib. 14. p. 667.*
*e Thesaur.*

6. PTOLEMAIS, Port d'Egypte, dans le Nome Arsenoïte. C'étoit selon Ptolomée [f] le Port de la Ville Arsinoé.

*f Lib. 4. c. 5.*

PTOLIS, Lieu d'Arcadie: On y voyoit du tems de Pausanias [g] les ruïnes de la Vieille Mantinée.

*g Lib. 8. c. 12.*

PTOON. Voyez PTOUS.

PTOSON, Lieu quelque part dans l'Asie

# PTO. PTU. PTY. PU. &c.    PUC. PUD. PUE.

fie Mineure, aux environs de la Contrée Lalacaum, selon Ortelius [a] qui cite Cedréne, Zonare & Curopalate.

PTOUS, Montagne de la Bœotie, dont Plutarque parle dans la Vie de Pelopidas. Paufanias [b] dit que la Ville d'*Acræphnium* étoit bâtie sur cette Montagne, & que presque à quinze Stades de cette Ville sur la droite, on trouvoit le Temple d'Apollon Ptous. Apollon selon Plutarque [c] étoit né dans ce Lieu.

PTUA, Ville de la petite Arménie: Ptolomée [d] la marque entre *Dizaca* & *Glisma*.

PTUCCI, Ville d'Espagne, dans la Bétique, aux confins de la Lusitanie. Ptolomée [e] la donne aux Turditains & la place entre *Setida* & *Sala*. C'est la même que la Ville Tucci d'Antonin [f].

PTYCHIA, Ville de l'Isle de Corcyre, selon Ortelius [g] qui cite Ptolomée, Pline & Thucydide; mais de ces trois anciens Géographes il n'y a que Ptolomée qui mettent Ptychia dans l'Isle de Corcyre. Pline [h] fait Ptychia une Isle séparée de Corfou, mais dans son voisinage. Thucydide [i] le dit aussi positivement, & on peut joindre à ces deux témoignages celui d'Etienne le Géographe, où on lit *Ptychia, Insula juxta Corcyram*. Elle étoit à l'Orient de l'Isle de Corcyre, & si près de celle-ci que c'est ce qui a fait croire à Ptolomée que la Ville Ptychia n'étoit pas dans une Isle séparée. Niger qui a suivi Ptolomée & Ortelius, dit que la Ville Ptychia n'est plus présentement qu'un Village nommé *Paleopoli*.

## P U.

1. P'U, Ville de la Chine [k] dans la Province de Chansi, au Département de Pingyang seconde Métropole de la Province. Elle est de 6. d. 40'. plus Occidentale que Peking, sous les 37. d. 25'. de Latitude Septentrionale.

2. P'U, Ville & Forteresse de la Chine, dans la Province de Chansi [l], au Département de Pingyang, seconde Métropole de la Province. Elle est de 7. d. 28'. plus Occidentale que Peking, sous les 36. d. 27'. de Latitude Septentrionale.

PUANI, Ville de Arabie heureuse: Ptolomée [m] la donne aux Elesari. Le Manuscrit de la Bibliothéque Palatine ne connoît point cette Ville.

PUANTS (la Baye des) ou BAYE-SALÉE. Voyez au mot BAYE, l'Article BAYE DES PUANTS.

PUBLICANI. Voyez au mot AD l'Article AD PUBLICANOS.

PUBLIUS, Nom d'une Montagne, près du Mont Sinaï selon Metaphraste, dans la vie de St. Galaction.

PUCARA, Ville ou Bourgade de l'Amérique Méridionale au Pérou, dans la Province de los Charcas, à quatre lieues d'Ayavire en suivant le chemin Royal [n]. Le nom *Pucara* signifie une Place forte; mais aujourd'hui on n'y voit que les ruïnes de plusieurs grands Bâtimens, avec des images d'hommes taillées de pierre.

Il y a eu anciennement un grand nombre d'Habitans. Ce fut en ce Lieu que se donna une fameuse Bataille, dans laquelle Don Françisco Hernandez de Giron fut vaincu. Les Histoires Espagnoles en font mention.

PUCHEY, Bourg de France dans la Normandie, au Diocèse de Rouen, dans l'Election de Lions. Il dépend de l'Abbaye de Poissy; mais l'Abbesse de St. Amand présente à la Cure.

1. PUCHING, Ville de la Chine [o], dans la Province de Xensi, au Département de Sigan, première Métropole de la Province. Elle est de 7. d. 46'. plus Occidentale que Peking sous les 36. d. 0'. de Latitude Septentrionale.

2. PUCHING, Ville de la Chine [p], dans la Province de Fokien, au Département de Kienning, quatrième Métropole de la Province. Elle est d'un d. 12'. plus Orientale que Peking sous le 27. d. 47'. de Latitude Septentrionale.

PUCHOR, Ville de Hongrie sur la Drave [q]. Elle est située dans un endroit où cette Riviére continue à s'élargir, & où les Montagnes s'applanissent pour faire des vallons fertiles. Cette Ville est assez jolie & tous ses Habitans travaillent en serges & en laines. Elle étoit du Patrimoine de Géorge Ragotski, Duc de Transilvanie qui avoit près de là un fort Château appelé LEDNICE.

PUCIALIA, Ville d'Espagne: Ptolomée [r] la donne aux Bastitans, & la place dans les terres.

PUCINUM, Château que Pline [s] met dans le Pays des Carniens, près du Timave. Il ajoute qu'il étoit célèbre par le vin qui croissoit aux environs & qu'on nommoit *Pucinum Vinum*. Ptolomée [t] fait de PUCINUM une Ville de l'Histrie. Le nom moderne de ce Lieu est *Castel Duino*; & ses vins sont connus sous le nom de *Reinfall*.

PUDAIA, ou PUCLATA, Ville de Macédoine: l'Itinéraire d'Antonin la marque dans la route de la Côte de l'Epire, de la Thessalie & de Macédoine, entre Dium & Bœrea, à dix-neuf milles de la première de ces Places & à dix-sept milles de la seconde. Quelques MSS. écrivent PUDNA; & Surita soupçonne que ce pourroit être la Pautalia de Ptolomée.

PUDENTIANENSIS, Siège Episcopal d'Afrique, dans la Numidie. Il en est fait mention dans la Conférence de Carthage [u], où Crefconius est qualifié *Episcopus Pudentianensis*. St. Grégoire le grand [x] appelle l'Evêque de ce Siège *Maximianus Ecclesiæ Pudentianæ in Numidia constitutæ Episcopus*. La Notice des Evêchez d'Afrique différe en quelque chose pour l'Orthographe de ce mot. On y trouve Peregrinus nommé *Episcopus Punetianensis*, pour *Pudentianensis*.

PUDNI, Ville de l'Arabie heureuse: Ptolomée [y] la donne aux Elesari.

☞ 1. PUEBLA, Mot de la Langue Espagnole. Il peut se rapporter au mot VICUS des Latins; & il signifie un Bourg ou une Bourgade. Il veut dire un Lieu plus petit que LUGAR.

2. PUE-

2. PUEBLA [la] petite Ville d'Espagne au Royaume d'Aragon [a]. De Saragosse en allant à Lerida en Catalogne on passe la Riviere du Gallego, & l'on fait deux lieues de chemin jusqu'à la Puebla dans un Pays agréable planté de Jardins & embelli de Maisons de plaisance.

*a Délices d'Espagne, p. 653.*

La PUEBLA-DE-ALFINGEN, petite Ville d'Espagne [b], au Royaume d'Aragon, à quelques centaines de pas de l'Ebre. C'est une jolie Ville, dans une Campagne très-fertile & bien cultivée. Elle a un Château bâti sur une hauteur.

*b Ibid.*

PUEBLA-DE-LOS-ANGELOS, ou VILLE-DES-ANGES, Ville de l'Amérique Septentrionale dans la Nouvelle Espagne, dans l'Audience de Menico, au Gouvernement de Flascala, à l'Orient de la Ville de Mexique qui en est éloignée d'environ vingt lieues. *La Puebla de los Angelos* est située dans une Vallée agréable nommée ATLISCA, à dix lieues d'une haute Montagne qui est toujours couverte de neige. Elle fut bâtie en 1530. selon Thomas Gage [c]: Gemelli Careri [d] cependant en met la fondation au 26. Avril 1531. Elle fut appellée VILLE DES ANGES, parce que dit-on pendant qu'on la bâtissoit, la Reine Isabelle vit en songe plusieurs Anges qui en traçoient le plan au cordeau. Quoiqu'il en soit, on partage la gloire de sa fondation, entre Don Antoine de Mendoza, Viceroi de Mexique, & Sebastien Ramirez Evêque, qui avoit été auparavant Président à Saint Domingue & qui exerçoit en 1530. la Charge de Président de la Chancellerie du Mexique. Ce Prélat eut à ce qu'on dit la plus grande part à cette fondation. Assisté de quatre Conseillers qu'il eut pour Adjoints il gouverna le Pays avec beaucoup de sagesse, & peupla la nouvelle Ville en mettant en liberté les Indiens que le mauvais traitement avoit fait fuir, les uns à Xalisco & les autres à Honduras, à Guatimala & en d'autres endroits, où il y avoit guerre entre les Espagnols & les Indiens. Les gens du Pays nommerent cette Ville *Cuetlax Compan*; c'est-à-dire Couleuvre d'eau, à cause qu'il y a deux Fontaines dont l'une donne de l'eau mauvaise à boire & l'autre de bonne eau. Tous les Bâtimens de *Puebla de los Angelos* sont de pierre & ne le cedent pas à ceux de Mexico. Les rues sont même plus propres; quoiqu'elles ne soient pas pavées. Elles sont bien formées & droites, se croisant les unes les autres aux quatre Vents principaux, au Lieu que celles de Mexico sont si puantes & si sales qu'on est obligé de s'y servir de bottes. La place publique est renfermée de trois côtez par de bons portiques uniformes & ornés de riches boutiques de toutes sortes de Marchandises. A l'autre côté fait face l'Eglise Cathédrale dont le magnifique portail est orné d'une Tour fort élevée, vis-à-vis de laquelle on doit en bâtir une autre. L'Eglise est bâtie sur le modèle de celle de Mexico, mais un peu plus petite. Elle a sept piliers de chaque côté qui forment trois nefs. Le Chœur & l'Autel sont comme ceux de Mexico, mais plus bas; & le Chœur est orné seulement de douze Colonnes de Marbre, & de grillages de Fer. Il y a dans cette Eglise vingt-cinq Autels en tout, une Sacristie fort ornée & une petite chambre, où l'on conserve les choses les plus précieuses: elle est toute dorée ainsi que sa petite coupole. Les Chapelles sont aussi ornées de dorures & de peintures. Près de cette Eglise du côté de la Place, on voit une autre Chapelle à trois Autels & dans laquelle on garde le St. Sacrement. Dans un des côtez de l'Eglise Cathédrale il y a trois portes, par où l'on va au Palais Episcopal & au Séminaire. Le Daiz de l'Evêché est du côté de l'Evangile. Cet Evêché rend quatre-vingt mille piéces de huit; outre deux cens mille piéces de huit qui sont distribuées aux Chanoines & aux Officiers de cette Cathédrale, qui jouït en tout de trois cens mille piéces de huit par an. Il y a dix Chanoines qui ont chacun huit mille piéces de revenu. L'Ecolâtre en a sept mille, l'Archidiacre & le Trésorier un peu moins. Les six Chapelains, les six demi Chapelains & les autres Officiers inférieurs à proportion.

*c Relat. des Indes Occ. part. 1. c. 12.*
*d Voy. tom. 6. p. 228.*

La bonté de l'Air fait que le nombre des Habitans s'accroît tous les jours. Lorsque la Ville de Mexico fut à la veille d'être submergée par l'inondation du Lac, plusieurs personnes qui en sortirent vinrent demeurer avec leurs familles à *la Puebla de los Angelos*. Cette Ville est renommée pour les bons draps qu'on y fait & qu'on transporte en divers Pays. On fait aussi de fort bons chapeaux; & il y a une verrerie. Ce qui l'enrichit le plus, c'est la Monnoie où l'on fabrique la moitié de l'Argent qui vient des Mines de Saatecas. On y voit diverses Maisons Religieuses; savoir des Jésuites, des Dominicains, des Carmes déchaussez & quatre Maisons de Filles. Il y a cinquante ou soixante Réligieux dans la seule Maison des Dominicains.

On trouve beaucoup d'eaux Minérales autour de la Ville. Elles sont pleines de Soufre du côté de l'Occident, & d'Alun vers le Nord; & elles sont douces du côté de l'Orient & du Midi. Aux environs de la Ville on voit plusieurs Jardins qui fournissent les Marchez d'herbages. Le terrein abonde en froment; & il y a quantité de fermes, où l'on cultive des Cannes de Sucre.

☞ PUEBLO, Mot de la Langue Espagnole. Il a selon le Pere Lubin, la même signification que PUEBLA. Voyez ce mot, N°. 1. Il veut dire aussi Nation & Peuple, comme nous disons le Peuple d'un tel Lieu. Son Diminutif est PUEBLEZUELO, qui veut dire un petit Village.

PUEBLO BARBANCON, Bourgade d'Espagne dans la petite Province d'Alava [e], sur la route de Vittoria à *Miranda-de-Ebro*. C'est un Lieu formé, & dont les environs sont assez cultivés.

*e Délices d'Espagne, p. 98.*

PUECH. Voyez PODIUM.

PUECH-D'USSELOU, PUECH D'ISSOUDUN, ou PUECHE D'USSELOU, Montagne de France, dans le Quercy, aux confins de

# PUE.

[a] *Lsuguerue*, de ce Pays & du Limoufin [a]. Sur cette
[Defcr. de la] Montagne qui eft efcarpée, il y a un lieu
[France, part. 2. pag. 180.] nommé USSELDUN, qui doit être l'*Uxellodunum* des Anciens, comme non feulement le nom le porte ; mais comme plufieurs hommes fort habiles l'ont foutenu, & particuliérement le favant Adrien de Valois, qui a fi folidement refuté Samfon.

PUELLE. Voyez PEULE.

PUERORUM-SEPULCRUM, Lieu de l'Eubée, au voifinage de la Ville de Chalcis, fur le chemin qui conduifoit de cette Ville au Détroit de l'Euripe, felon Plutarque [b].

[b] In Quæft. Græcis.

PUENTE. Voyez l'Article PONS.

PUENTE DEL ARÇOBISPO, Ville d'Efpagne, dans l'Eftramadoure [c]. C'eft la première Place que l'on trouve au Septentrion du Tage en venant de la Caftille nouvelle. Elle eft à fix lieues de la *Talavera la Reyna*. Cette Ville qui eft fort belle appartient à l'Archevêque de Tolède ; ce qui a occafionné fon nom qui veut dire le Pont de l'Archevêque. Elle eft fituée au bord du Tage, qu'on y paffe fur un beau Pont, qui eft bâti d'une pierre fort dure, taillée en gros carreaux. On trouve aux environs de *Puente del Arçobifpo* des Verreries qui font d'un grand revenu.

[c] Délices d'Efpagne, p. 362.

PUENTE DE GARAY, ou fimplement GARAY [d], Bourgade d'Efpagne dans la Vieille Caftille, vers la fource du Douere, un peu plus haut que Soria. Ce Lieu eft remarquable parce que c'eft l'endroit où étoit l'ancienne Numance, dont on voit encore les mafures.

[d] Ibid. p. 188.

PUENTE-DE-LIMA. Voyez au mot PONTE l'Article PONTE-DE-LIMA.

PUENTE-DE-NEBOA, Bourgade d'Efpagne dans la Galice [e], fur la Riviére de Neboa, au couchant Septentrional de Monte Furado. Quelques-uns la prennent pour l'ancienne *Pons-Nebius*.

[e] Jaillot, Atlas.

PUENTE-DE-NEYRA, Bourgade d'Efpagne dans la Galice [f], fur la Riviére de Neyra, à quelques lieues au Midi de Lugo.

[f] Ibid.

PUENTE-DE-LA-REINA, petite Ville d'Efpagne [g], au Royaume d'Aragon, fur la Riviére d'Arga. En prenant le chemin de Pampelune pour aller dans la Bifcaye, on paffe à Puente de la Reine. Son terroir le long de l'Arga rapporte d'excellent vin rouge.

[g] Délices d'Efpagne, p. 680.

PUENTE DE LA REYNE, Bourgade d'Efpagne [h], au Royaume de Leon, fur la route de Leon à Aftorga. Elle eft bâtie au bord de la Riviére Orbega.

[h] Jaillot, Atlas.

PUENTE-SEGOVIANA. Voyez SEGOVIE.

PUENTE DE SEGOVIA. Voyez l'Article MADRID.

PUENTE-DE-SORO, Bourgade de Portugal, dans l'Eftramadoure, fur la Riviére de Soro, environ à dix lieues de Portalegre vers le Couchant. Quelques-uns la prennent pour l'ancienne *Matufarum*.

PUENTE-DE-SUAÇO, ou PONT-DE-SUAÇO. Voyez CADIX.

PUENTE-VEDRA. Voyez au mot PONTE l'Article PONTE-VEDRA.

# PUE. 527

PUERTO. Voyez l'Article PORTUS.

PUERTO-DE-LOS-CAVALLEROS, ou PORTA-DE-LOS-HIDALGOS, Détroit de Montagne dans l'Ifle de St. Domingue [i], & qui eft communément regardé comme le commencement du Pays Efpagnol de ce côté-là. On appelle aujourd'hui ce Détroit LA PORTE.

[i] Le P. Charlevoix. Hift. de l'Ifle de St. Domingue, l. 9. p. 299.

PUERTO-DE-CAVALLOS, Port de l'Amérique Septentrionale dans la Nouvelle Efpagne [k], au Gouvernement de Honduras, à 15. d. de Latitude Nord felon Herrera, à onze lieues de San Pedro & à quarante de Valladolid. On y avoit [l] bâti autrefois une Ville à caufe de la bonté & de la grandeur du Port, qui eft proprement une Baye, & on y voyoit des Marchands & des Négres. Mais comme le lieu eft mal-fain l'Etabliffement s'eft en partie difperfé. Les Officiers chargez de recevoir les droits du Roi fe tiennent ordinairement à San-Pedro : il vont feulement à *Puerto de Cavallos* quand il y a des Vaiffeaux.

[k] De Laet, Defcr. des Indes Oc. l. 7. c. 16. & 17.

PUERTO-GUASCO. Voyez l'Article GUASCO.

PUERTO-DE-LA-MADALENA, Port ou Baye de la Mer du Sud, fur la Côte Occidentale de la Californie, près de la Baye de St. Martin, en tirant vers le Midi. On nomme affez communément ce Port la BAYE DE LA MADELAINE. Les Efpagnols y touchent ordinairement en venant des Ifles Philippines à la Nouvelle Efpagne.

PUERTO-DE-LA-NATIVIDAD, c'eft-à-dire, PORT DE LA NATIVITE' [l], Port de l'Amérique Septentrionale, dans la Nouvelle Efpagne, fur la Côte de la Mer du Sud, dans la partie Méridionale du Gouvernement de Xalifco, entre les Villes Mifta & Colima.

[l] De l'Ifle Atlas.

PUERTO-QUEMADO, où le PORT-BRULE', Port de l'Amérique Septentrionale, fur la Côte de la Mer du Sud, dans l'Audience de Panama, au Nord de los Affogados.

PUERTO-DI-PLATA [m], Port de l'Ifle de St. Domingue, à la bande du Nord. Au fortir du Port de Grace, une Montagne fort haute fe préfente à la vue ; Chriftophle Colomb en decouvrant les Côtes de l'Ifle, crut d'abord voir le fommet de cette Montagne couvert de neiges ; mais il reconnut bien-tôt que la blancheur qui l'avoit trompé venoit d'une pierre, qui couvroit toute la cime de la Montagne, laquelle pour cette raifon fut appellée *Monte-di-Plata*. C'eft au bas de cette Montagne qu'eft le *Port-di-Plata*, qui fut auffi nommé *Puerto-di-Plata*. Les François l'appellent par corruption PORTO-PLATTE. Colomb & fon Frere formérent le deffein de faire un établiffement à *Puerto-di-Plata*, qu'ils trouvoient commode ; mais ce deffein ne fut point exécuté alors. Ce ne fut qu'en 1502. [n] qu'Ovando, Gouverneur-Général de l'Ifle, voyant la Ville Ifabelle fe dépeupler tous les jours, fongea à l'établiffement d'un autre Port fur cette Côte, fur laquelle il étoit

[m] Le P. Charlevoix, Hift. de l'Ifle de St. Domingue. l. 2. p. 131.

[n] Liv. 3. p. 282.

d'une

d'une extrême conséquence aux Espagnols d'avoir un abri en cas de besoin. Il se détermina pour *Puerto-di-Plata*. Ce Port avoit encore d'autres avantages très-considérables sur celui de San Domingo. Il abrégeoit beaucoup le chemin des Navires, qui étoient encore plus assurez d'y trouver toutes sortes de rafraichissemens. Il n'est qu'à dix ou douze lieues au plus des Mines de Cibao qui étoient regardées comme les plus abondantes du Pays, & celles dont l'or étoit le plus pur. San-Yago n'en étoit guère plus éloigné : la Conception de la Vega n'en est qu'à dix lieues, & il pouvoit servir d'Echelle à ces deux Villes. D'ailleurs il falloit s'assurer des Habitans de ces quartiers-là qui étoient encore assez peuplés. Ainsi un tel établissement étoit très-avantageux. Ovando arma une Caravelle à San-Domingo, & il y fit embarquer tous ceux qu'il destinoit à peupler la nouvelle Ville. En 1521. *Puerto-di-Plata* étoit un Port très-florissant, il y alloit un grand nombre de Vaisseaux de Castille, qui tous y trouvoient leur charge de sucre. Mais ce Port étant devenu le Rendez-vous des Interlopes [a], la Cour d'Espagne fit raser la Ville en 1606. & ordonna aux Habitans de se retirer dans les terres. Ils s'approchérent de la Capitale & bâtirent *Monte-di-Plata*, auprès de Boya.

[a] Lib. 6. p. 330.

PUERTO-REAL, petite Ville d'Espagne, dans l'Andalousie. En allant de *Medina-Sidonia* à Gibraltar, on laisse à l'Occident cette petite Ville, qui est située sur le rivage de l'Océan, & ornée de plusieurs beaux Priviléges qu'elle a reçus des Rois Catholiques ses Fondateurs.

PUERTO-DE-SANT-ANTONIO, Port de l'Amérique Septentrionale, sur la Côte de la Mer du Sud [b], entre le Cap Corrientes & le Port de San-Jago. Le nom de *Puerto-Sant-Antonio* ne paroît pas s'être conservé.

[b] Samson, Atlas.

PUERTO-DE-SAN-JUAN, Port de l'Amérique [c], sur la Côte Orientale de l'Isthme de Panama, dans l'Audience de Guatimala, entre la Soufrière & le Golphe du Papa Gallio.

[c] De l'Isle Atlas.

PUERTO-DE-SAN-PEDRO, ou BARRA-DE-RIO-GRANDE DE ALAGOA [d], Port de l'Amérique Méridionale, sur la Côte du Bresil, dans la Capitainerie *del Rey*, entre Rio Taramandahu & Rio de Martin Alfonço de Sousa. Ce Port avance tellement dans les terres qu'on lui donne le nom de Riviére du St. Esprit.

[d] Ibid.

PUERTO-SANTA-MARIA. Voyez au mot PORT, l'Article PORT-SAINTE-MARIE.

PUERTO-VEYO, Ville de l'Amérique Méridionale au Perou, dans l'Audience de Quito. On la nomme aujourd'hui plus communément Sant-Jago; voyez au mot SAN, l'Article SANT-JAGO.

PUERTOLAS, Vallée d'Espagne, au Royaume d'Aragon [e]. C'est une de celles que comprend la Principauté de Sobrarve.

[e] Délices d'Espagne, p. 662.

P'UGAN, Cité & Forteresse de la Chine [f], dans la Province de Queicheu, où elle a le rang de première Grande Cité. Elle est de 13. d. 5'. plus Occidentale que Peking, sous les 25. d. 25'. de Latitude Septentrionale. On dit communément que P'ugan est la clef de trois Provinces, parce qu'elle est aux confins des Provinces de Queicheu, d'Junnan & de Quangsi. Son Territoire est un peu mieux cultivé que celui des Villes voisines, & les Habitans des Montagnes sont passablement civilisez. Mais ils ne se fient du tout point aux Chinois. Ils s'appliquent beaucoup au Commerce. Ils adorent les Idoles, croyent la Metempsicose, & ont une vénération particuliére pour Fé Auteur de cette doctrine. Ils ont bâti la Ville de Pugan, dans le passage même par lequel entrérent les Tartares de la Famille Juena.

[f] Atlas Sinens.

PUGET, en Latin *Castrum de Pugeto*, Bourg de France, dans la Provence au Diocése d'Aix.

PUGLIENZA, petite Ville d'Espagne, sur la Côte de l'Isle de Majorque près du Cap Lapedra. On la nommoit anciennement POLLENTIA. C'étoit une Colonie Romaine ; mais aujourd'hui à peine merite-t-elle le nom de Ville, quoiqu'elle ait un assez bon Port. On l'appelle aussi POGANCE ; voyez ce mot.

PUGNIARAN, ou PUGNIATAN, Isle de la Mer des Indes, au devant du Détroit de la Sonde par les 5. d. & demi de Latitude Sud, & non de Latitude Nord, comme le marque faussement Davity [g], & après lui Mr. Corneille [h]. Les Portugais donnent à cette Isle le nom d'ENGANO. Elle est à seize lieues en deçà de la grande Isle de Sumatra [i]. De trois lieues en deça on sent la bonne odeur des Epiceries qui y croissent. Les Habitans de cette Isle sont de grande taille, & d'un teint jaune comme celui des Bresiliens. Ils ont de longs cheveux qui leur tombent jusque sur les épaules. Ils vont tout-nuds sans avoir la moindre chose sur le corps.

[g] Isle de Pugniaran. [h] Dict. [i] Voy. des Hollandois aux Indes Or. p. 263.

PUHO, petite Ville de la Chine [k], dans le Pays de Leaotung, au département de Tieling. Elle est de 4. d. 5'. plus Orientale que Peking, sous les 39. d. 48'. de Latitude Septentrionale.

[k] Atlas Sinens.

PUICELEY, en Latin *Podium celsum*, petite Ville de France, dans le Haut Languedoc, au Diocése d'Alby. Cette petite Ville est très-forte par sa situation. Elle est bâtie sur un lieu élevé, peu éloigné de la Vere, & elle est le siège d'un Bailliage.

PUICERDA. Voyez PUYCERDA.

PUIDES, Village de France dans la Bourgogne, au Bailliage de Semur, sur une Montagne. Il est de la Paroisse d'Etaye & il y a un Prieuré à simple tonsure.

PUILEVES, petite Ville de France, selon Mr. Corneille [l], qui cite Atlas ; mais il vouloit, ou devoit écrire PUY-L'EVEQUE, non Puileves ; voyez au mot PUY l'Article PUY-L'EVEQUE.

[l] Dict.

PUILIA-SAXA, Lieu d'Italie, selon Festus qui cite Fabius Pistor ; mais ni l'un ni l'autre ne nous donnent pas de grandes lumiéres : Voici le passage : *Pulia Saxa*

## PUI. PUK. PUL. PUL.

*esse ad portum qui sit secundum Tiberim, ai Fabius Pictor, quem locum putat Labeo dici, ubi fuerit Ficana via Ostiensi ad Lapidem undecimum.*

PUIRAVAUX, Bourg de France dans le Pays d'Aunix, Election de la Rochelle.

PUIMOISSON. Voyez au mot Puy l'Article Puy-Moisson.

PUISAYE (La), petit Pays de France, entre l'Auxerrois à l'Orient, le Hurepoix au Nord, le Berry au Couchant, & le Nivernois au Midi. Ce Pays est de la Généralité d'Orléans. Ses principaux lieux sont:

Saint-Fargeau & Saint-Amand.

PUISEAUX, Puteolus, Ville de France dans l'Orléanois, Election de Pithiviers, aux confins du Dunois & de la Beauce propre. Elle fut presque entièrement ruinée la nuit du 19. de Juin 1698. par un torrent d'eau, qui s'étant engouffré dans la Ville & se trouvant resserré par les rues qui sont étroites renversa plus de cent cinquante maisons, entraîna une grande quantité de chevaux & de bétail & fit périr plus de cent personnes.

[a] *Atlas Sinens.* PUKI, Forteresse de la Chine [a], dans la Province de Huquang, au Département de Vuchang, première Métropole de la Province. Elle est de 3. d. 40'. plus Occidentale que Peking, sous les 29. d. 50'. de Latitude Septentrionale.

[b] *Ibid.* PUKIANG, Ville de la Chine [b], dans la Province Chekiang, au Département de Kinhoa, cinquième Métropole de la Province. Elle est de 2. d. 31'. plus Orientale que Peking, sous les 29. d. 20'. de Latitude Septentrionale.

[c] *Ibid.* PUKIANG, Cité de la Chine [c], dans la Province de Suchuen, au Département de Kiung, quatrième grande Cité de la Province. Elle est de 13. d. 10'. plus Occidentale que Peking, sous les 30. d. 17'. de Latitude Septentrionale.

[d] *Ibid.* PUKIVE, Forteresse de la Chine [d], dans la Province de Chensi, au Département d'Junchang, première Forteresse de la Province. Elle est de 10. d. 10'. plus Occidentale que Peking, sous les 38. d. 15'. de Latitude Septentrionale.

[e] *Davity, Isles Philippines, p. 778. Magin, Géogr. Mercator. Pigaf. Viag.* PULAON, Isle de la Mer des Indes, vers l'Ouest des Philippines, à neuf degrez & demi de Latitude Nord [e]. On la prend dit Davity pour Bazacate de Ptolomée. On y trouve du Ris, de fort bonnes figues longues de demi-brasse & grosses comme le bras, & d'autres qui n'ont qu'une paume de longueur, & qui sont encore meilleures que les premières. Il y a aussi des cocos, des batates, des cannes de sucre, certaines racines semblables à des raves & fort bonnes à manger, du Gingembre; de diverses sortes d'animaux comme pourceaux, chevres, poulets & de fort grands coqs. Cette Isle a son Roi qui est Vassal de celui de Borneo. La plûpart des Habitans labourent la terre & vont presque nuds. Ils font grand état des anneaux & des chaines de laitton, des sonnettes, des patenôtres & des fils de cuîvre dont ils se servent pour attacher leurs hameçons à pêcher. Ils ont des sarbatanes & des flêches de bois, longues de plus d'une paume, & ornées au bout d'épines empoisonnées. Ils ont aussi des cannes pointues avec des crochets envenimés; & quand ils veulent demander la paix ils se frappent avec un couteau à l'estomach & mettent sur leur langue & sur leur front le Sang qu'ils font sortir de la playe. Ces Insulaires boivent un certain vin distilé qu'ils nomment *Arach*. Ce vin est tiré du ris, & passe pour être meilleur que celui des Palmes.

PULCHER-PORTUS, c'est-à-dire Beau-Port. Il est dit dans les Actes des Apôtres [f] que le Vaisseau qui portoit St. Paul à Rome avec d'autres prisonniers, ayant pris au dessous de l'Isle de Créte, & rangeant l'Isle, se vit en un certain Lieu nommé beau Port autrement Bons-Ports, & que près de ce Lieu étoit la Ville Thalasse. [f] *Act. Apos. tol. c. 27.*

PULCHRA-SILVA, Ville de Lombardie selon Paul-Diacre. On l'a nommée *Mortaria*, à cause que ce fut près delà que fut vaincu Didier Roi des Lombards par Charlemagne. Voyez Mortara.

PULCHRUM-LITTUS, Ville de Sicile sur la Côte Septentrionale. C'est la Galeate d'Antonin [g], qui écrit *Galeate* par corruption pour Galeacte qui veut dire la même chose que Pulchrum-Littus. [g] *Itiner.*

PULCHRUM-PROMONTORIUM, Promontoire d'Afrique, selon Tite-Live [h]. Ce Promontoire étoit à l'Orient d'Eté d'Alexandrie. C'est le *Calon-Acroterium* de Polybe & le *Mercurii-Promontorium* de Ptolomée, suivant Ortelius [i] qui cite Xylander. [h] *Lib. 29. c.* [i] *Thesaur.*

PULENDENA, & Pulpudena. Voyez Philippopolis.

PULICI, ou Terra delli Pulici, Lieu de la Sicile [k], dans le Val de Mazzara sur la Côte Méridionale, non à l'Embouchure du Belice, comme le disent Mrs. Maty & Corneille, mais à quelques milles plus à l'Occident. Il y a apparence que c'est le Selinus des Anciens. [k] *De l'Isle Atlas.*

PULINDÆ, Peuples de l'Inde en deça du Gange, selon Ptolomée [l]. [l] *Lib. 7. c. 1.*

PULIPULA, Ville de l'Inde en deça du Gange: Ptolomée [m] la marque dans le Golphe Barigazene. [m] *Ibid.*

PULLARIA, Isle que Pline [n] met auprès de la Côte de l'Istrie. [n] *Lib. 3. c. 26.*

PULLIGNY, Paroisse du Duché de Lorraine au Diocèse de Toul. Les Seigneurs de ce Lieu qui sont au nombre de seize sont Patrons de la Cure & partagent les Dixmes. L'Eglise Paroissiale est dédiée à St. Pierre aux liens. Il y a un Hôpital & l'Hermitage de St. Savignon, outre treize Chapelles en titre. La plus considérable est la haute Chapelle de St. Jacques & St. Philippe, qui est de neuf cens Livres de revenu & dont les seize Seigneurs sont Patrons. Les autres sont bien moins considérables.

PULO, ou Poulo, Ce mot veut dire Isle: Pulo-Condor, Pulo Way, c'est-à-dire l'Isle de Condor, l'Isle de Way.

PULO-

PULO-BARDIA, Isle de la Mer des Indes [a], dans le Golphe de Siam près de la Côte Orientale de la Presqu'Isle de Malaca, au Midi de la Ville de Couïr & au Nord de Pulo Sangori.

PULO-BOUTON, Isle de la Mer des Indes [b], à l'entrée du Détroit de Malaca, près de la Côte du Royaume de Queda, au Voisinage de l'Isle au poivre & au Midi de l'Isle de Junsalan.

PULO-CAMBIR, Isle de la Mer des Indes [c], sur la Côte Orientale du Royaume de Cochinchine, entre ce Royaume & le Pracel, à quelques lieues au Nord de Quinin.

PULO-CANTON, Isle de la Mer des Indes [d], sur la Côte Orientale du Royaume de Cochinchine, entre cette Côte & le Pracel, mais bien plus près de la Côte de Cochinchine, vis-à-vis de Falin.

PULO-CAPAS, Isle de la Mer des Indes [e], dans le Golphe de Siam, près de la Côte Orientale de la Presqu'Isle de Malaca au Midi de Pulo Ridang.

PULO-CARA, Isle de la Mer des Indes [f], dans le Golphe de Siam, près de la Côte Orientale de la Presqu'Isle de Malaca, presque vis-à-vis de la Ville de Ligor, & au Nord de l'Isle de ce nom.

PULO-CECIR, Isle de la Mer des Indes [g], sur la Côte du Royaume de Ciampa, à quelques milles au Midi de la Baye de Comorin. On appelle cette Isle PULO-CECIR-DA-TIERRA, ou *Pulo-Cecir-de-terre* pour la distinguer d'une autre Isle nommée aussi PULO-CECIR. Voyez l'Article suivant.

PULO-CECIR-DO-MAR, ou PULO-CECIR-DE-MER, Isle de la Mer des Indes [h], à l'entrée du Golphe de Siam, à l'Orient de la Bouche de l'Est de la Rivière de Camboge; près de l'Isle de Capato qui lui demeure à l'Orient.

PULO-CHAMPELO, l'Isle de la Mer des Indes [i], sur la Côte Orientale du Royaume de Cochinchine, entre la Baye de Touran au Nord Occidental, & Pulo Canton vers le Midi.

PULO-COFFIN, Isle de la Mer des Indes [k], dans le Golphe de Siam, à quelques lieues à l'Orient du Cap de Patane.

PULO-CONDOR, Isle de la Mer des Indes, environ à quinze lieues au Midi du Royaume de Camboge. Ce n'est pourtant par une Isle [l]; c'est un petit Archipel formé de huit ou dix tant Isles que Rochers. La plus grande de ces Isles n'a pas plus de quatre lieues en longueur. C'est la seule qui soit habitée, encore n'y a-t-il qu'un Village dans presque l'unique Plaine qu'on y trouve. Il est au fond d'une grande Baye, dans laquelle on entre par trois grandes passes, & il est entre plusieurs petites Riviéres [m]. La Plaine où il se trouve situé a la figure d'un demi-cercle, dont le demi-diamètre est d'un quart de lieue du Sud-Est au Nord-Ouest, & autant du Sud-Ouest au Nord-Est. Les Maisons [n] ne sont qu'un assemblage assez informe de bambous couverts d'une herbe fort longue qu'ils coupent sur le bord de leurs ruisseaux. Il n'y a dans ces cabanes ni portes ni fenêtres. Pour y entrer & pour avoir du jour, on laisse un des côtés de la cabane tout ouvert, & on fait déborder le toit de ce côté là. On les élève de terre de quelques pieds: par là on évite l'humidité, & on a où loger les animaux domestiques pendant la nuit. La mauvaise odeur n'est pas une chose dont on s'embarrasse beaucoup. Le plancher de distance en distance est rehaussé de quatre ou cinq pouces. On reçoit les Etrangers dans le fond sur des nattes. Leur reception est douce & affable, & on ne manque pas de leur présenter de l'aréque, du bétel & une pipe. Ces Insulaires sont basanés, presque entièrement nuds, excepté dans les cérémonies où ils s'habillent, & quelques-uns même assez proprement. Les dents les plus noires sont chez eux les plus belles: aussi n'oublient-ils rien pour se les noircir. Il laissent croître leurs cheveux, qui leur viennent communément fort longs. Il y en a qu'ils descendent plus bas que les genoux.

Comme les Insulaires de Pulo-Condor ne sont la plûpart que des Réfugiez de la terre-ferme où il y a des Missionnaires, plusieurs paroissent avoir été instruits des Mystéres de la Réligion Chrétienne. Il ne croit dans leur Isle que très-peu de ris, des patates, & quelques ananas assez bons. Les Montagnes sont presque par-tout couvertes de beaux Arbres propres à toutes sortes d'ouvrages, & même à mâter des Vaisseaux. Il y en a un fort commun, qui est gros, droit & dont le bois est dur, les feuilles & l'écorce approchent de celles du Chataignier. Il découle de cet Arbre une résine que les Habitans employent à faire leurs flambeaux. Pour ramasser cette résine & même pour la faire découler, ils creusent le tronc de l'Arbre, à trois ou quatre pieds au dessus de terre, & ils y font une profonde & large ouverture, dont le bas représente une espèce de récipient. En certaine saison de l'année ils allument du feu dans cette concavité: la chaleur détermine la liqueur à couler & à remplir le récipient. De cette résine ils enduisent des coupeaux de bois fort minces & ils les enveloppent de longues feuilles d'Arbre. Quand le tout est sec, ces coupeaux enduits de résine éclairent parfaitement une chambre; mais aussi ils la remplissent bien-tôt de fumée. Dampier donne à cette résine le nom de goudron: d'autres [o] l'appellent huile, parce que la matière est d'abord liquide & à la couleur de l'huile de ris: ensuite elle est blanchâtre, & dans sa consistance elle est roussâtre. Elle a la même consistance que le beurre & elle est d'une odeur très agréable. Rien n'est plus commun à Poulo-Condor que la noix d'arecque & la feuille de bétel. Les Insulaires en portent toujours dans de petits paquets & en mâchent continuellement.

On ne trouve dans cette Isle [p] aucune sorte de gibier à la reserve des poules sauvages & des ramiers; mais on y voit beaucoup de serpens & de lezards d'une grandeur monstrueuse. On en a tué de la lon-

---

[a] *De l'Isle Atlas.*
[b] Ibid.
[c] Ibid.
[d] Ibid.
[e] Ibid.
[f] Ibid.
[g] Ibid.
[h] Ibid.
[i] Ibid.
[k] Ibid.
[l] *Lettres Edif. Tom. 16. p. 22.*
[m] *Sonciet, Observations. p.118.*
[n] *Lettres Edif. Tom. 16. p. 23.*
[o] *Journal litter. 1729. t. 14. 2. part. p. 465.*
[p] *Lettres Edif. t. 16. p. 28.*

P U L.  P U L.

longueur de 22. pieds, & plufieurs Lezards que quelque-uns appellent *Govenos*, qui avoient fept à huit pieds de longueur. Ce qu'il y a de plus curieux dans cette Ifle c'eft le Lezard & l'Ecureuil volant. Le Lezard volant eft petit & n'a pas plus de fept à huit pouces de longueur. L'Ecureuil eft de la grandeur de ceux qu'on voit en France. L'un & l'autre ont des ailes fort courtes qui leur prennent le long du dos depuis les pattes de devant jufqu'à celles de derrière: l'Ecureuil les a couvertes d'un poil fort ras & fort fin: celles du Lezard ne font qu'une pellicule toute unie. On les voit voler d'Arbre en Arbre à la diftance de vingt à trente pas. Peuvent-ils voler plus loin? C'eft ce qu'on n'a pas encore eu occafion de remarquer. Le Lezard a encore de particulier au deffus de la tête une bourfe affez longue & pointue par le bas. Elle s'enfle de tems en tems fur-tout lorfqu'il vole.

L'Ifle de Pulo-Condor eft foumife au Roi de Cambodge. Les Anglois l'avoient achetée dans le Siècle précédent & avoient bâti un Fort à la tête du Village. Ils avoient recherché cette Ifle parce que quoi qu'elle ne vaille pas grand' chofe elle avoit un Port affez bon, & dont la fituation fur la route de la Chine leur étoit avantageufe. Mais comme ils étoient en petit nombre dans le Fort & obligés de fe fervir de Soldats Malais, ils furent tous égorgés il y a environ trente ans. Leur Fort fut démoli & on en voit encore aujourd'hui les ruines. Depuis ce tems-là l'Ifle eft rentrée fous la Domination des Cambogiens. Quelquefois l'Ifle eft entiérement déferte. Les Habitans qui, comme je l'ai deja remarqué, font des Réfugiez de la terre-ferme s'en retournent à la Cochinchine. Quand ils font dans cette Ifle ils s'occupent à la Pêche, à faire de l'huile de Tortue, des flambeaux, des bordages & de la faumure pour faler de petits poiffons, femblables aux anchois, que la Mer y fournit en abondance.

On place l'Ifle de Pulo-Condor à 8. d. 36'. de Latitude Septrionale, & on la met à un dégré plus à l'Orient que Batavia. La Déclinaifon de l'Aimant y eft d'un dégré vers l'Oueft. Les jours de la nouvelle & de la pleine Lune il eft haute Mer à deux heures trois quarts après Midi, & la Mer hauffe & baiffe ordinairement de neuf pieds. La Mouffon du S. O. y commence fix à fept femaines après l'Equinoxe de Mars & celle de N. E. environ cinq femaines après l'Equinoxe de Septembre, des intervalles de quinze jours ou trois femaines de Vents variables & violents féparant les Mouffons. La Saifon des pluyes commence avec le mois de Mai & dure jufqu'à milieu de Novembre.

Le Plan que Dampier donne du Port de Pulo-Condor eft fautif en bien des chofes. Il met par exemple le Nord où il faut placer le Nord-Eft & il ne dit rien de la grande Paffe. Voici de quoi le rectifier. Il faut diftinguer le Port & le Village. J'ai déjà marqué la fituation de ce dernier. J'ajouterai feulement [a] qu'entre deux Riviéres on voit vers le Sud-Oueft un Magazin, un four & les mafures du Fort que les Anglois avoient conftruit. Dans un endroit du Village eft un Lieu où l'on voit plufieurs Oratoires difpofés en demi rond; au milieu eft un grand Arbre, où l'on met le pavillon les jours de Fêtes. Ce Lieu s'appelle *Tour* qui veut dire Seigneur. C'eft là que les Infulaires rendent beaucoup d'honneur aux ames des Héros, des Princes & des Lettrés morts. Ils ont prefque tous dans leurs Cabanes de petits Oratoires qu'ils appellent *tlan*, c'eft là qu'ils honorent leur Ancêtres. Le fonds de la Baye eft admirable, mais les Vents d'Eté y font terribles. Le Port eft petit, mais beau. L'eau y eft pleine de Vers qui ruïnent les Canots & les Chaloupes. Les Montagnes aboutiffent prefque au bord des Rivages. Les Vaiffeaux y font à l'abri, mais en tems de pluye l'endroit eft affreux. On entre & on fort par deux endroits felon la Mouffon: entre la terre de la grande Ifle & un Iflot il y a un paffage, on y trouve huit braffes d'eau; mais il eft dangereux d'y paffer. C'eft l'endroit où les François en 1721. s'étoient poftés & où ils ont beaucoup fouffert. Le Village & la Plaine font remplis de Marécages, mais avec de la dépenfe on pourroit pratiquer au moins dans le Village des Jardins, des allées &c. On pourroit femer du ris, des Legumes, planter des Arbres fruitiers nourrir de la Volaille, des Cochons des Brebis &c. Le terrain en bien des endroits, plus detaillés dans l'Auteur cité, eft fablonneux; par tout ailleurs ce n'eft que Rochers, Precipices, Montagnes efcarpées, couvertes à la verité de beaux Arbres, mais coupées par mille ravines, remplies d'infectes, de Serpens, fans fruits fans fleurs &c. Tout cela fur-tout en tems de pluye, c'eft-à-dire près des deux tiers de l'année, fait de Pulo-Condor un des plus mauvais endroits du monde. Les Infulaires font tout venir de la terre ferme. L'eau des Riviéres du Village & des Fontaines tarit vers les mois de Mars & d'Avril, & alors les Infulaires ont recours à d'affez mauvais puits.

PULO-CORNAN, Ifle de la Mer des Indes [b], dans le Golphe de Siam, près de la Côte Orientale de ce Royaume, au Midi de Pulo-Sangori.

[b] De l'Ifle Atlas.

PULO-DINDING [c], petite Ifle des Indes Orientales fur la Côte de Malacca. Elle eft fi proche du Continent que les Vaiffeaux qui paffent par là ne fauroient diftinguer fi elle y eft attachée ou non. Le Pays eft affez haut & bien arrofé par des ruiffeaux. Le Terroir eft noirâtre, & aux endroits bas il y eft gras & profond; mais les Collines font affez pierreufes, quoi qu'en général couvertes de Bois. Il y a diverfes fortes d'Arbres, la plûpart font de bois de charpante, & affez gros pour toute forte d'ufages. Il y en a auffi quelques-uns fort propres pour des mâts & pour des vergues. Le bois en eft leger, quoi que dur, la Rade eft bonne du côté de l'Eft, entre l'Ifle & le Continent. On peut y entrer avec une brife

[c] *Dampier*, Supplement, 1. part. c. 9.

[a] *Souciet*, Obfervat. p. 118.

brife de Mer & en fortir avec un vent de terre. L'eau y eft affez profonde & le Havre eft fûr. Les Hollandois qui l'habitent feuls y ont un Fort du Côté de l'Eft, tout proche de la Mer dans une courbure de l'Ifle. Cela fait une petite Anfe où les Vaiffeaux peuvent monter. Le Fort eft quarré, fans être flanqué ni revêtu de baftions. Chaque face peut avoir dix ou douze verges en quarré. Les murailles font d'une épaiffeur confidérable, bâties de pierres hautes d'environ trente pieds, & au deffus couvertes d'un toit. Il peut y avoir douze ou quatorze Canons braqués tout à l'entour aux diverfes faces. Ils font montés fur une bonne plate-forme, qui eft ménagée dans la muraille, & haute à peu près de feize pieds. Il y a des marches en dehors pour monter à la porte qui donne fur la plate-forme, & ce chemin eft le feul qui conduife dans le Port. On y tient un Gouverneur & vingt ou trente foldats qui y logent tous. Les foldats ont leurs Cazernes fur la plate-forme parmi les Canons, & au deffus eft une affez belle Chambre où couche le Gouverneur, avec quelques-uns des Officiers. A cent verges ou environ de ce Fort fur la Baye & près de la Mer, eft une Maifon baffe bâtie de Charpante, où le Gouverneur paffe tout le jour. Elle eft compofée de quelques Chambres. La principale qui eft celle où il mange, fait face à la Mer, & fon extrémité regarde le Fort. L'on y voit deux grandes fenêtres de fept ou huit pieds en quarré, & dont le bas eft à quatre ou cinq pieds de terre. On les laiffe ordinairement ouvertes le jour pour donner entrée aux brifes rafraîchiffantes, la nuit on les ferme avec des bons volets, ainfi que les portes quand le Gouverneur fe retire dans le Fort. Le Continent de Malacca à l'oppofite de cette Ifle, eft une affez belle Campagne, un peu baffe, revêtue de grands Bois; & directement vis-à-vis de la Baye, où eft le Fort des Hollandois, il y a une Rivière navigable pour les petits Bâtimens. Outre le Ris & les autres chofes qui fervent à la nourriture, le Pays d'alentour produit le Tutang, qui eft une efpèce d'Etain plus groffier que celui d'Angleterre. Les Habitans font Malayens, gens hardis & traitres, qui reffemblent aux autres Malayens, tant dans leur Religion, que pour leurs coûtumes & manière de vivre. Ils ont des Canots & des barques, dont ils fe fervent pour pêcher & pour trafiquer les uns avec les autres. Ce fut le Négoce de l'Etain, qui attira d'abord les Marchands en ce Pays-là. Quoiqu'il s'y trouve une grande quantité de ce Métal, & que les Naturels fouhaitent avec paffion de négocier avec les Etrangers, ils en font exclus par les Hollandois qui fe font emparés de tout ce Commerce. Il eft à croire qu'ils y bâtirent leur Fort pour fe l'affûrer à eux feuls; mais comme ils n'en peuvent tout-à-fait venir à bout par ce moyen, à caufe de la diftance qui fe trouve entre ce Fort & l'Embouchûre de la Rivière qui eft de quatre ou cinq milles, ils ont un Garde-Côte qui fe tient-là, & un petit Bâtiment, avec vingt ou trente hommes armés deffus, afin d'empêcher les autres Nations d'entreprendre ce Négoce.

PULO-GOMEZ, Ifle de la Mer des Indes, & l'une de celles qui forment le Canal d'Achem, autrement le Détroit de Malaca, & qui font au Nord-Oueft de Sumatra. Mr. De l'Ifle la marque fur fa Carte des Indes & de la Chine; mais il ne la nomme pas. Elle eft affez grande & fituée à vingt milles ou environ à l'Oueft de Pulo-way & à près de cinq lieues du Nord-Oueft de Sumatra. Il y a trois ou quatre autres petites Ifles entre Pulo-Gomez & la Haute Mer.

PULO-JAQUA, Ifle de la Mer des Indes [a], & l'une des Moluques. Elle eft fituée à l'Orient de l'Ifle des Célèbes, au Nord de l'Ifle Bouton & au Midi de celle de Tabuco. C'eft un Royaume. [a] De l'Ifle Atlas.

PULO-JARA, Ifle de la Mer des Indes [b], dans le Détroit de Malaca, affez près de la Côte du Royaume d'Achem, vis-à-vis de la Ville de Dely, & au Nord de Pulo-Sanbila. [b] Ibid.

PULO-LAOR, Ifle de la Mer des Indes [c], près de la Côte Orientale de la Presqu'Ifle de Malaca, entre Pulo-Pifang au Nord, & Pulo-Tingi au Midi. [c] Ibid.

PULO-LEPOCK, Ifle de la Mer des Indes [d], près de la Côte Septentrionale de l'Ifle de Java, vis-à-vis la Ville de Tuban. [d] Ibid.

PULO-LOUT, ou LANDA; Ifle de la Mer des Indes [e], entre l'Ifle de Borneo & celle des Célèbes; mais beaucoup plus près de la première. Elle eft fituée à l'Embouchure Méridionale du Détroit de Macaffar, au Midi de Matapura. Elle a la figure d'un fer à cheval. [e] Ibid.

PULO-MINTON, ou NOUVELLE-ZELANDE, Ifle de la Mer des Indes [f], affez près & au Couchant de l'Ifle de Sumatra, au Nord de l'Ifle Mantabey ou de bonne Fortune. [f] Ibid.

PULO-NEERO, ou PULO-NERA. Voyez l'Article BANDA, N°. 1.

PULO-NIAS, ou PULLO-NIAS, Ifle de la Mer des Indes [g], affez près & au Couchant de l'Ifle de Sumatra. Elle gît presque Nord-Oueft & Sud-Eft entre l'Ifle de Baniaoc au Nord & celle de Pulo-Minton au Midi. Cette Ifle eft très-peuplée. L'Ifle de Barby lui demeure au Sud-Eft. [g] Ibid.

PULO-PANJAG, Ifle de la Mer des Indes [h], dans le Golphe de Siam, à quelques lieues de la Côte Occidentale du Royaume de Camboge, au Midi Oriental de Pula-Way. [h] Ibid.

PULO-PENJOCHA, Ifle de la Mer des Indes [i], & l'une des Moluques. Elle eft fituée, à l'Orient de la Pointe la plus Méridionale de l'Ifle des Célèbes, au Midi Oriental de l'Ifle Bouton & au Nord Oriental de Terralte. C'eft un Royaume. [i] Ibid.

PULO-PIFAG, Ifle de la Mer des Indes [k], dans le Détroit de Malaca, fur la Côte Orientale de l'Ifle de Sumatra, au Nord de la Ville Siaqua & vis-à-vis la Pointe Occidentale de la Presqu'Ifle de Malaca. [k] Ibid.

1. PULO-PISANG, Ifle de la Mer des In-

Indes [a], sur la Côte Orientale de la Presqu'Isle de Malaca, entre l'Isle Timon au Nord Occidental & Pulo-Laor au Midi.

2. PULO-PISANG, Isle de la Mer des Indes [b], dans le Détroit de Malaca, sur la Côte Occidentale de la Presqu'Isle de Malaca, au Midi Oriental de l'Isle au poivre & vis-à-vis de Queda.

PULO-RIDANG, Isle de la Mer des Indes [c], dans le Golphe de Siam, à quelques milles de la Côte Orientale de la Presqu'Isle de Malaca, presque vis-à-vis l'Embouchure de la Riviére de Calanta, & au Nord de Pulo-Capas. Il y a plusieurs petites Isles dans le voisinage.

PULORON, ou PULORIN. Voyez l'Article BANDA, N°. 1.

PULO-RONDO, Isle de la Mer des Indes, dans la Jurisdiction du Royaume d'Achem. C'est la principale de celles qui sont entre Pulo-Gomez & Pulo-Ways dans la courbure du Cercle [d]. Elle est ronde & haute, & n'a guère plus de deux ou trois milles de circuit. Sa situation est presque à l'extrémité de la courbure du Cercle au Nord-Est, quoique plus proche de Pulo-Way que de Pulo-Gomez. Il y a de grands canaux fort profonds des deux côtez; mais le Canal le plus fréquenté est celui du côté de l'Ouest qu'on nomme le Canal de Bengale, à cause qu'il va vers cette Baye, & que les Vaisseaux qui viennent de la Côte de Coromandel passent & repassent par-là.

PULO-ROSSA, Isle de la Mer des Indes, au Sud-Est de celle de Baly [e] qui est à l'Orient de la Grande Java. Ces mots *Pulo-Rossa* signifient *Isle-Sauvage*. On y envoie ceux qui sont condamnés au bannissement. Elle est à présent bien cultivée & peuplée, parce que ces Exilés y ont mené quantité d'Esclaves qui labourent la terre. Ils y ont aussi conduit du Betail qui s'est fort multiplié.

PULO-SANBILA, Isle de la Mer des Indes [f], dans le Détroit de Malaca, assez près de la Côte Orientale du Royaume d'Achem, au Nord Oriental de la Ville de Dely & au Midi de Pulo-Jara.

PULO-SANGORI, Isle de la Mer des Indes [g], dans le Golphe de Siam, sur la Côte Orientale de ce Royaume, au Nord & près de Pulo-Cornan.

PULO-TIMON, ou TIMON, Isle de la Mer des Indes, dans le Golphe de Siam [h], sur la Côte Orientale de la Presqu'Isle de Malaca, à quelques lieues à l'Orient Méridional de la Ville de Paha, & près de Pulo-Pisang. Cette Isle qui est fort agréable est à huit journées de Batavia, en faisant route de cette Ville vers le Royaume de Camboge. [i] Elle est fort élevée & paroît grande. Ses Montagnes sont toutes couvertes d'arbres, & ses vallées qui forment le plus bel aspect du monde sont arrosées de quantité d'eaux claires & fraiches. Devant la pointe qui regarde le Nord-Est il y a une petite Isle, entre laquelle & celle de Timon on peut passer sans danger y ayant même dequoi descendre sans peine. Cette Isle produit cette herbe si renommée qu'on appelle Betel. Il n'y a presque point d'homme ni de femme aux Indes qui n'en mâche le matin en se levant, après les repas & dans les rues. Elle rend l'haleine douce, fortifie les gencives & aide à la digestion. Le meilleur Betel est celui qu'on tire des Pays les plus tempérés. Les feuilles se conservent assez long-tems, pourvu qu'on ne les manie pas souvent. Les Javans en vont chercher des barques toutes pleines à Pulo-Timon. Elles sont à bon marché sur la Côte & fort chéres dans le Pays.

PULO-TINGI, Isle de la Mer des Indes [k], près de la Côte Orientale de la Presqu'Isle de Malaca, au Midi de Pulo-Laor & presque vis-à-vis de la Ville de Ihor.

1. PULO-UBI, Isle des Indes, dans le Golphe de Siam [l], assez près & au Midi de la pointe la plus Méridionale du Royaume de Camboge, Pulo-Panjag lui reste au Nord-Ouest.

2. PULO-UBI, Isle de la Mer des Indes [m], sur la Côte Septentrionale de l'Isle de Java, à quelques lieues à l'Occident Septentrional de Batavia, près de l'entrée du Détroit de la Sonde.

PULO-VERELLA, Isle de la Mer des Indes [n], dans le Golphe de Siam, sur la Côte Orientale de la Presqu'Isle de Malaca; vis-à-vis de la Ville de Paha, & au Nord de PULO-TIMON.

1. PULO-WAY, Isle de la Mer des Indes [o], dans l'Archipel des Moluques, au Sud-Ouest de l'Isle de Banda, à l'Occident de Pulo-Nera & au Midi de l'Isle de Pulo-Ron ou *Pulo-Rin*.

2. PULO-WAY, Isle de la Mer des Indes près de Sumatra. C'est la plus Orientale d'une rangée d'Isles qui sont situées au Nord-Ouest de l'Isle de Sumatra & qui forment l'entrée du Canal d'Achem. Avec la rangée des autres Isles elle fait un demi cercle d'environ sept lieues de diamétre. Cette Isle est la plus grande de toutes, quoiqu'elle ne soit habitée que par des malheureux que leurs crimes ont fait exiler d'Achem. On les y envoie avec une main coupée, & quelquefois même toutes les deux, selon la grandeur du crime. Ils ne laissent pas quoique sans mains de ramer très-bien & de travailler à diverses autres choses avec une adresse merveilleuse; ce qui leur fournit les moyens de gagner leur vie. S'ils n'ont point de mains ils trouvent quelqu'un qui attache des cordes ou des Osiers à leurs rames, en sorte qu'ils y puissent passer le tronc de leurs bras avec quoi ils tirent vigoureusement la rame. Ceux qui ont une main peuvent encore assez bien pourvoir à leur subsistance, & on en voit un grand nombre dans cette Isle.

PULORIN. Voyez l'Article BANDA, N°. 1.

PULPUD, Lieu d'Afrique, à ce que croit Ortelius [p], qui cite Priscien, où on lit ces mots: *Et ipse circa Pulpud oram tuebatur*. Ce Passage de Priscien étoit tiré du cent treiziême Livre de Tite-Live que nous n'avons plus.

PULTAUSK, petite Ville de la gran-

## 534 PUL. PUM. PUN.

*a De l'Isle, Atlas.*

de Pologne [a], dans le Palatinat de Mazovie, sur la Riviére de Nareu, environ trois lieues au dessus de l'endroit où elle se jette dans le Boug.

*b Ibid.*

PULTAWA, Place fortifiée dans l'Ukraine [b], sur la rive droite du Wortslo. Cette Place passe pour être ancienne. Elle est devenue fameuse dans ces derniers tems par la victoire signalée que Pierre le Grand Empereur des Russies y remporta sur Charles XII. Roi de Suède.

PUMENTUM, Ville d'Italie, chez les Lucaniens dans les terres, selon Strabon [c]; mais les meilleurs Interprêtes lisent GRUMENTUM. Ortelius [d] qui cite Gab. Barri met cette Ville dans la Calabre & dit qu'on la nomme présentement GERENTIO.

*c Lib. 6. p. 254.*
*d Thesaur.*

PUMILONES. Voyez PYGMÆI.

*e Atlas Sinens.*

PUMUEN, Forteresse de la Chine [e], dans la Province de Fokien, où elle a le premier rang entre les Forteresses de la Province. Elle est de 4°. d. 25′. plus Occidentale que Peking, sous les 27. d. o′. de Latitude Septentrionale.

*f Dampier, Voy. autour du Monde.*

PUNA, Isle de la Mer du Sud [f], dont la pointe la plus Occidentale, appellée PUNTA ARENA, ou *Pointe de Sable*, est à sept lieues de l'Isle de Sainte Claire. Tous les Vaisseaux qui viennent de la Riviére de Guiaquil, mouillent à cette Pointe pour y attendre un Pilote, à cause que l'entrée en est fort dangereuse pour les Etrangers. L'Isle de Puna est assez grande, mais platte & basse; sa longueur de l'Est à l'Ouest est à peu près de quatorze lieues, & sa largeur de quatre ou cinq. Le flux & reflux sont violens tout à l'entour, mais ils coulent par tant d'endroits différens à raison des branches, des bras de mer, & des Riviéres qui se jettent dans la Mer près de cette Isle, qu'ils laissent de tous côtez des fonds bas fort dangereux. Il n'y a dans cette Isle qu'une Ville d'Indiens qui porte le nom de PUNA, & qui est située au Midi de la Mer, à sept lieues de la Pointe de Sable. Ses Habitans sont tous Matelots, & les seuls Pilotes qu'il y ait sur ces Mers, principalement pour la Riviére de Guiaquil. Quand ils ne sont point en Mer, la Pêche leur sert d'occupation, & lorsqu'il vient des Vaisseaux qui mouillent à la Pointe de Sable, les Espagnols les obligent à faire garde; le lieu où ils la font est une Pointe de Terre de l'Isle qui s'avance en Mer, & d'où ils découvrent tous les Vaisseaux qui mouillent à la Pointe de Sable, laquelle est éloignée de celle de terre de quatre lieues, tout Pays-bas & rempli de Mangles. Entre ces deux Pointes, à moitié chemin de l'une à l'autre, il y en a une troisième fort petite où les Indiens sont obligés de tenir une autre garde, lorsqu'ils ont quelques Ennemis à craindre. La sentinelle y va le Matin dans un Canot, & revient le soir; car il n'y a pas moyen d'y aller par terre, à cause des racines de Mangles. Le milieu de l'Isle est Savanas ou Pacage. Il y a quelque morceau de Pays boisé, qui est une terre jaunâtre ou sablonneuse, produisant de grands arbres,

## PUN.

la plûpart inconnus aux Voyageurs. On y en voit quantité qu'on appelle *Palmeto* en langage du Pays. Cet arbre est à peu près de la grandeur d'un frêne ordinaire, & a trente pieds de haut. Le Corps en est droit sans feuilles ni branches à l'exception de la tête où il s'en trouve beaucoup de petites. Les unes sont grosses comme la moitié du bras, & les auttres environ comme le doigt. Elles ont trois ou quatres pieds de long sans aucun nœud. Au bout de la branche croît une feuille large de la grandeur à peu près d'un grand évantail. Quand cette feuille commence à pousser, elle est toute pliée comme un évantail fermé, & elle s'ouvre à mesure qu'elle croît, desorte qu'elle paroît un évantail étendu. Vers la queue elle est fortifiée de plusieurs petites côtes qui y poussent & deviennent feuilles; mais comme elles poussent près du bout de la feuille, elles sont plus petites & plus déliées. Aux Isles Bermudes & ailleurs, ces feuilles servent à faire des Chapeaux, des Paniers, des Balais, des Vans à souffler le feu au lieu de soufflets, & divers autres meubles de ménage. Dans les espaces vuides où croissent ces arbres, les Indiens ont des plantations de Mahis, d'Yanas & de Patates. La Ville de Puna n'a guère que vingt Maisons avec une Eglise. Ces Maisons sont bâties sur des pilotis élevés à dix ou douze pieds de terre, & on y monte par des échelles qui sont en dehors. Elles sont couvertes de feuilles de Palmeto, & les Chambres bien plancheyées. Le meilleur pour mouiller est contre le milieu de la Ville. Il y a cinq brasses d'eau à la longueur d'un Cable de la Côte, & un fond marécageux & profond, où les Vaisseaux peuvent être carenés. La Mer monte à la hauteur de quatorze à quinze pieds. On compte sept lieues de Puna à Guiaquil.

Laet, parlant de cette Isle dans sa Description des Indes Occidentales [g], dit qu'elle étoit fort renommée parmi les Sauvages du Continent, comme abondante en toute chose nécessaire à la vie, que ses Habitans ne manquoient point de savoir le trafic; qu'ils étoient vaillans & fort courageux; & qu'ils eurent une longue guerre avec leurs voisins de la Riviére de Tumbez, qui n'est éloignée de l'Isle de Puna que de douze lieues. Les Rois du Perou les mirent enfin d'accord. Ils étoient de moyenne taille, de couleur brune, vêtus d'étoffes de Coton, & ornés tant hommes que femmes de Chaînes d'or, & autres Joyaux. L'Isle est pleine de toutes sortes d'Oiseaux, principalement de perroquets: il y a aussi force Guenons, Renards & autres Bêtes Sauvages. La terre y produit de la Salseparielle, du Mays, & plusieurs racines bonnes à manger; mais il faut aller chercher de l'eau douce dans le Continent, dont elle n'est séparée que d'un Canal fort étroit; le Port en est pourtant à deux lieues. On y fait force navires, dont les Habitans se servent pour voyager dans la Mer du Sud, car il y descend le long de la Riviére

*g Liv. 10. c. 18.*

## PUN.

viére de Guiaquil, grande abondance de bois que l'on transporte à Lima, & dans les autres Ports du Perou. Thomas Candise surprit cette Isle en 1587. & s'en étant rendu maître, il la pilla & brûla plusieurs Maisons. Celle du Cassique étoit près du Port, fort bien bâtie, avec ses Galéries & un Magasin où l'on trouva beaucoup de Poix, & de Cordes faites d'écorce d'arbres. Il y avoit tout proche environ deux cens Maisons du commun peuple, & un Temple avec son Clocher garni de Cloches. Au milieu de l'Isle étoient deux autres Bourgades. Les Habitans de Puna portoient anciennement leurs Morts, dans l'Isle que les Espagnols appellent de Sainte Claire, qui est en pleine mer. Elle est déserte, & n'a ni bois ni eau douce.

PUNDA. Voyez GUNDA.

PUNGCIO, Montagne de la Chine [a], dans la Province de Peking, au voisinage de la Ville de Nuikieu. On y trouve des Simples dont les Médecins font beaucoup de cas.

[a] Atlas Sinens.

PUNGLAI, Forteresse de la Chine [b], dans la Province de Chantung, au Département de Ningc'ing, première Forteresse de la Province. Elle est de 3. d. 50'. plus Orientale que Peking, sous les 37. d. 10'. de Latitude Septentrionale.

[b] Ibid.

PUNHETE, Bourg de Portugal, dans l'Estramadoure, au confluent du Zezere & du Tage, à l'Occident d'Abrantes. Ce Bourg est défendu par un Château.

PUNING, Ville de la Chine [c], dans la Province de Quantung, au Département de Chaocheu, cinquième Métropole de la Province. Elle est de o. d. 30'. plus Occidentale que Peking, sous les 23. d. 40'. de Latitude Septentrionale.

[c] Ibid.

PUNNATA. Voyez PURATA.

PUNSA, Ville de la Libye intérieure. Ptolomée [d] la marque sur la rive Méridionale du Niger entre *Thupæ* & *Saluce*.

[d] Lib. 4. c. 6.

PUNTA. Voyez PROMONTORIUM.

PUNTA DE CARNERO, Montagne d'Espagne [e], dans l'Andalousie, à trois lieues de Gibraltar du côté de l'Océan.

[e] Délices de Portugal, p. 476.

PUNTA-DEL-EMPERADOR, Cap sur la Côte d'Espagne [f], au Royaume de Valence. Entre Denia & Altea, la Terre forme un Cap fort avancé, à trois lieues de la première de ces Places. Les Anciens appelloient ce Cap *Artemisum* du nom de la Ville la plus célèbre du voisinage. Ils le nommèrent aussi *Tunebrium* & *Ferraria*, à cause des Mines de fer qui s'y trouvoient. Ce nom d'*Artemisum* lui est encore demeuré en quelque manière; car on appelle quelquefois ce Cap ARTEMUS. D'autres lui donnent le nom de CAP-MARTIN; & d'autres l'appellent PUNTA-DEL-EMPERADOR.

[f] Délices d'Espagne, p. 555.

PUNTA-DELLA-FRASCHIA, ou FRASCHEA, C'est le nom moderne du Promontoire Dion des Anciens. Voyez DION.

PUNTA-DEL-GUDA, Ville Capitale de l'Isle de Saint Michel [g], l'une des Açores. Il y a un Château où les Portugais entretiennent une Garnison.

[g] 1. Voy. des Hollandois aux Indes. Or. p. 438.

PUNTA-DE-HILO, ou de YLO,

## PUN. PUO. PUP.

Pointe, sur la Côte de la Mer du Sud, au Perou, dans l'Audience de los Charcas, entre la Rivière de Nombre de Dios & celle de Juan de Dias [h]. Le Port qui est au pied de cette Pointe du côté du Nord étoit autrefois le Port de Potosi. Il y a encore quelques habitations; & l'on y va toujours chercher de la farine & d'autres vivres.

[h] Voy. d'Olivier de Noort, p. 52.

PUNTA-DELLA-SÆTTA. Pointe sur la Côte d'Italie [i], dans la Calabre Ultérieure. C'est la partie la plus Méridionale de l'Italie, à l'Occident de l'Embouchure du Fleuve Tuccio.

[i] Magin, Carte de la Calabre-Ult.

PUNTA-DE-SAN-SEBASTIANO. Pointe sur la Côte d'Espagne, dans la Baye de Cadix.

PUNTAL (El). Voyez PONTAL.

PUOLA, Ville d'Italie dans l'Istrie. Voyez POLA.

PUONCHANG, Montagne de la Chine [k], dans la Province d'Iunnan, au Midi de la Ville de Lingan. Cette Montagne est très-haute.

[k] Atlas Sinens.

PUONQUEN, Montagne de la Chine [l], dans la Province d'Iunnan, au voisinage de la Ville de Kiangchuen. Elle est hérissée de rochers & remplie de cavernes. L'horreur de cette Solitude n'a pas empêché qu'on y bâtit un Temple & un Monastère de Bonzes.

[l] Ibid.

PUPIANENSIS. Voyez PUPPIANENSIS.

PUPINIA, Contrée d'Italie dont M. Varron [m] parle en ces termes: *In Pupinia neque arbores prolixas neque vites feraces neque stramenta crassa videre poteris.* Valere Maxime [n] qui appelle ce Canton PUPINIÆ SOLUM & PUPINIA dit qu'il étoit stérile & brûlant, & que le Bien de Campagne [o] de Q. Fabius y étoit situé. Tite-Live met PUPINIENSIS AGER dans le Latium, & Festus nous laisse entrevoir qu'il étoit au voisinage de Tusculum; c'est du moins où il place la Tribu Pupinienne *Pupinia Tribus*. Voyez QUINTIA-PRATA.

[m] Lib. 1. de Agricultura.
[n] Lib. 4. c. 4.
[o] Lib. 4. c.

PUPPIANENSIS, Siège Episcopal d'Afrique, selon la Notice des Evêchez, où Reparatus est dit *Puppianensis Episcopus*. Victor Senex Puppianensis assista au Concile de Carthage en 397. & *Gaudiosus Episcopus Puppianensis* assista au Concile tenu dans la même Ville en 525. & parmi les Souscriptions des Evêques de la Province Proconsulaire qui se trouvèrent au Concile de Latran sous le Pape Martin, on voit celle de Bonifacius *Episcopus Sanctæ Ecclesiæ Puppianensis*.

PUPPINIUM. Voyez POPULONIUM.

PUPPITANA, Ville Episcopale d'Afrique dans la Province Proconsulaire. Elle est nommée *Putput* par Antonin [p]; *Pud-put* dans la Table de Peutinger, *Pulpu* par l'Anonyme de Ravenne, & *Pulpud* par St. Cyprien & par Tite-Live. Fortunat assista au Concile de Carthage en 525. il y est qualifié *Episcopus Plebis Puppitanæ*; & on trouve que Gulosus *Episcopus Puppitanus* souscrivit le premier la Lettre Synodale des Evêques de la Province Proconsulaire, Lettre qui fut lue dans le Concile de Latran. Il y a faute apparemment dans la Notice des Evêchez d'Afrique;

[p] Itinér.

que, où Reparatus est appellé *Episcopus Puppinatus* pour *Puppitanus*. La Conférence de Carthage [a] nomme Pannonius *Episcopus plebis Puppitanæ*.

[a] N°. 126.

PUPPUT, Pudput ou Putpud. Voyez l'Article précédent.

PUPULA, Pays ou Lieu dont parle Frontin [b] : Voici le passage : *Digiti in Campania : & in plerisque Italiæ locis : uncia in Pupula*.

[b] De Aquæd. lib. 2.

PUPULUM, Ville de l'Isle de Sardaigne : Ptolomée [c] la marque sur la Côte Méridionale.

[c] Lib. 3. c. 3.

PURA, Arrien [d] dit qu'on appelloit ainsi le Lieu où étoit bâti le Palais du Roi des Gadrosiens.

[d] De Exped. Alex. lib 6. n. 24.

PURATA, Ville de l'Inde en deçà du Gange : Ptolomée [e] la place entre le Pseudostome & & le Fleuve Baris, près du Curellur & d'Haloe. Le MS. de la Bibliothèque Palatine porte PUNNATA, au lieu de PURATA.

[e] Lib. 7. c. 1.

PUREME'ES, ou EPUREME'ES, Peuples de l'Amérique Méridionale dans la Guiane, selon Mr. Corneille [f] qui ne cite aucun garant. Il ajoute que ces Peuples habitent fort avant dans les terres du côté de la Province d'Apanta. Mr. de l'Isle [g] ne connoît point ces Peuples.

[f] Dict.

[g] Atlas.

PURIFICATION (la) Ville de l'Amérique Septentrionale, dans la Nouvelle Espagne. Elle est située dans les Terres & dans la Province de Xalisco, aux confins du Mechoacan, presque au Nord de Colima.

PURMEREND, D'autres écrivent PURMEREND, ou PURMERENDE en Latin *Purmerenda*, petite Ville de Nord-Hollande au Midi du Beemster. Son nom marque sa situation ; car elle est au bout du Purmer. Blaeu [h] & Janson [i] dans leurs descriptions des Villes des Pays-bas disent que son nom vient de ce qu'elle est au bout de la Riviére de Purmer ; en quoi ils ont été copiés par d'autres qui ont fait mention de cette Riviére de laquelle des personnes qui connoissent très-bien l'état présent de ce Pays nient l'existence. Peut-être qu'elle se perd à présent dans les Canaux, qu'on a creusés pour dessécher les Marais. On attribue les premiers commencemens de Purmerend à Guillaume Eggard, Tresorier de Guillaume le Bavarois, qui lui donna la Seigneurie de Purmerend, & y joignit les deux Villages Neck & Ilpendam en récompense de ce que lorsque ce Prince étoit dans la disgrace du vivant de son pere, Eggard lui avoit souvent ouvert sa bourse. Il y fit bâtir un bon Château vers l'an 1410. Jean Eggard son fils, se voyant inquieté par les guerres civiles vendit Purmerend à Gerard de Zyl qui le revendit à Jean Burgrave de Montford. Un des Successeurs de ce dernier ayant eu part à une revolte, Maximilien d'Autriché, confisqua Purmerend & le donna vers l'an 1486. à Balthazar de Volckenstein l'un de ses Officiers ; celui-ci le vendit à Jean Comte d'Egmond. Cette Ville demeura à cette famille jusqu'à l'année 1590. que les Etats de Hollande l'achéterent & l'unirent à leur Domaine [k] avec trois Villages qui en dépendoient alors, à savoir *Purmerland*, *Ilpendam* & *Neck* ; les deux premiers ont à present des Seigneurs particuliers, & il n'y a que le dernier qui appartient encore à la Ville de Purmerend.

[h] Theatr. Urb. Reg. Fœd.

[i] Urbium totius Belgii Tab.

[k] Mem. partic.

Elle a séance, & voix dans l'Assemblée des Etats de Hollande depuis l'an 1572. & l'année suivante on l'entoura de remparts à l'occasion des guerres contre l'Espagne. Elle envoie tous les trois ans alternativement avec la Ville de Schoonhoven un Député à l'Amirauté de Frise. Le Magistrat de Purmerend consiste présentement en quatre Bourgmestres... Echevins, un *Schout* ou *Bailli*, & quinze Conseillers ; le Bailli peut être l'un des Bourgmestres en même temps. L'Eglise paroissiale étoit sous l'invocation de Saint Nicolas, & de Sainte Cathérine. Les Armes [l] de cette Ville sont de sable à trois crochets d'argent.

[l] Janson, Ibid.

PURPURARIÆ-INSULÆ, Isles de la Mer Atlantique, selon Pline [m] qui les met à six cens vingt-cinq milles, au Midi Occidental des Isles Fortunées. Ce sont dit le Pere Hardouin les Isles de *Madere*, & de *Porto-Santo*.

[m] Lib. 6. c. 32.

PUSCHIAVO, en Allemand *Pesclaf* [n], Communauté du Pays des Grisons, dans la Ligue de la Caddée, où elle a le huitième rang. C'est une belle Vallée, voisine de celle de Prégel & qui est environnée de la Valteline de trois côtez. Elle fait une seule Communauté générale, qui comprend deux petites Vallées ; savoir celle de Puschiavo, & celle de Pisciadel. Son terroir est assez fertile.

[n] Etat & Delic. de la Suisse, t. 4. p. 56.

2. PUSCHIAVO, ou PESCLAF, en Latin *Pesclavium* [o] ; Bourg du Pays des Grisons, dans la Ligue de la Caddée, & le Chef-lieu de la Communauté générale de Puschiavo à laquelle il donne le nom. C'est un gros Bourg, bien peuplé, & assez agréable au bord d'une Riviére, qui porte le même nom, & près d'un petit Lac qui abonde en poisson. C'est dans ce Lieu que se tiennent la Régence & la Communauté. Le Juge qu'on nomme *Podestà* décide seul les affaires civiles. Les appels de ses jugemens se portent par devant cinq Juges qu'on nomme *Accollateri*. Il y a un Doyen & deux Officiaux, qui sont les Intendans des Finances. Ils sont élus par le sort, & choisissent à leur tour les douze Conseillers & les cinq *Accollateri*. Les douze Conseillers élisent le Podestà & le Chancelier. Ils décident sous la présidence du Podestà les affaires Criminelles & Matrimoniales.

[o] Ibid.

PUSGUSA-PALUS, Marais d'une si grande étendue qu'il ressemble à une Mer ; & dans lequel y a un grand nombre d'Isles, selon Ortelius [p] qui cite Necétas, & juge que ce Marais pouvoit être aux environs de la Ville *Iconium* de Phrygie. Il soupçonne même que ce pourroit être le Fleuve Ascanius.

[p] Thesaur.

PUSIANO, petit Lac d'Italie, dans le Milanez [q], au Territoire de Como, environ à six milles de la Ville de ce nom, en tirant du côté de l'Orient. Ce Lac prend

[q] Magin, Carte du Territoire de Como.

PUS. PUT. PUT.

prend fon nom du Village de Pufiano, qu'on trouve fur fon bord Septentrional. Le Lac de Pufiano eft une des fources du Lambro.

PUSIGNAN, petite Ville de France dans le Dauphiné, Election de Vienne.

PUSIO, ou Rusium, Noms modernes de l'ancienne Topiris. Voyez Topiris.

P'UTAI, Ville de la Chine [a], dans la Province de Chantung, au Département de Cinan, première Métropole de la Province. Elle eft d'un d. 30'. plus Orientale que Peking, fous les 37. d. 32'. de Latitude Septentrionale.

[a] Atlas Sinenf.

PUTBUS, Ville d'Allemagne, dans la Poméranie Suedoife, fur la Côte Méridionale de l'Ifle de Rugen, au fond d'un grand Golphe, & au Midi de la Ville de Berghen.

1. PUTEA, Ville de l'Afrique propre, felon Ptolomée [b] qui la met au Midi d'Adrumentum, entre *Campfa* & *Caraga*.

[b] Lib. 4. c. 3.

2. PUTEA, Ville de Syrie, dans la Palmyrène, entre *Oriza* & Adada, felon Ptolomée [c].

[c] Lib. 5. c. 15.

PUTEOLANA-MOLES. Voyez au mot Pont, l'Article Pont de Caligula. Voyez auffi Pouzzol.

PUTEOLI, Ville d'Italie dans la Campanie heureufe, aujourd'hui Pozzuolo, ou Pouzzol. Voyez Pouzzol. Les Grecs nommèrent cette Ville Δικαιαρχία, ou Δικαιάρχεια; & c'eft le plus ancien nom de cette Ville: *Dicæarchia*, dit Etienne le Géographe, *Urbs Italiæ quam Puteolos vocari ajunt*. Feftus & lui rendent raifon du nom Latin. Ils difent que le nom de *Puteoli* vient de la puanteur des eaux chaudes qui font aux environs *ab aquæ calidæ putore*: Feftus ajoute pourtant que, felon quelques-uns ce nom a été occafionné par la grande quantité de puits qu'on avoit creufés à caufe de ces eaux, *a multitudine Puteorum earumdem aquarum cauffa factorum*. Dès le tems de la guerre d'Annibal *Puteoli* étoit une Place forte [d], où les Romains tenoient une garnifon de fix mille hommes, qui refiftèrent aux efforts d'Annibal. Tite-Live [e] & Vellejus Paterculus [f] nous apprennent qu'après que cette guerre fut finie, les Romains firent de *Puteoli* une Colonie Romaine. Comme Tacite [g] dit qu'elle acquit le droit & le nom de Colonie fous l'Empereur Néron, il ne faut pas l'entendre du fimple droit de Colonie, dont elle jouïffoit & y avoit déja longtems; mais du droit de Colonie Augufte, qui étoit plus confidérable que le premier. Frontin [h] appelle Puteoli *Colonia Augufta*, & ajoute *Auguftus deduxit*; mais peut-être, dit Cellarius [i], faut-il lire *Nero Auguftus deduxit*.

[d] Tit-Liv. lib. 24. c. 13.
[e] Lib. 34. c. 45.
[f] Lib. 1. c. 15.
[g] Lib. 14. c. 27.
[h] De Coloniis.
[i] Géogr. ant. lib. 2. c. 9.

PUTEUS. Voyez l'Article Puy.

PUTEUS-BITUMINIS. Voyez Siddim.

PUTEUS-VIVENTIS & VIDENTIS. Voyez au mot Puy.

PUTIENSIS, ou Putiziensis, La Notice des Evêchés d'Afrique connoît deux Sièges Epifcopaux du nom de Putiensis; l'un dans la Numidie & dont étoit Evêque Gaudentius & l'autre dans la Byzacène & dont elle nomme l'Eveque Servandus. La Conférence de Carthage [k] ne nomme qu'un de ces Sièges & elle écrit *Putizienfis* pour *Putienfis:* Mr. Dupin croit que Florianus qui y eft qualifié *Epifcopus Putizienfis*, étoit Evêque dans la Byzacène.

[k] No. 149.

PUTIGLIANO, petite Ville d'Italie, au Royaume de Naples [l], dans la Terre de Barri. Elle eft fituée dans l'intérieur du Pays près de Lugo Ritondo; & il y a un beau Château qui appartient aux Chevaliers de Malthe.

[l] Leander, Defcr. de Barri, p. 245.

P'UTING, Ville de la Chine [m], dans la Province de Queicheu, où elle a le rang de première Ville Militaire. Elle eft de 12. d. 7, plus Occidentale que Peking, fous les 26. d. 4'. de Latitude Septentrionale. Cette Ville eft indépendante de toute autre. Elle doit fa fondation à la Famille Juena. On prétend qu'anciennement une Nation appellée Lotien habita le Territoire de cette Ville. Les Habitans des Montagnes du côté du Midi font fauvages: ils ne connoiffent ni Lettres ni Loix; & chacun parmi eux fait tout ce qu'il veut.

[m] Atlas Sinenf.

PUTOMAYO, ou Iza, Riviére de l'Amérique Méridionale, dans la Province de Popayan [n]. Elle a fa fource dans les Montagnes de la Cordellière, affez près de la Ville de Pafto. Sa navigation eft confidérable, à caufe du grand nombre de Nations qu'elle arrofe & des diverfes Riviéres qui mêlent leurs eaux avec les fiennes. Elle paffe fous la Ligne beaucoup au deffus de la moitié de fon cours & rend fertiles quantité de grandes Campagnes dans un efpace de plus de trois cens cinquante lieues. Son embouchure dans la grande Riviére des Amazones eft à quatre cens cinquante trois lieues des fources de ce Fleuve au côté du Nord, à deux degrez trente minutes de Latitude Méridionale.

[n] Corn. Dict. Le Comte de Pagan, Ré- lat. du Fleuve des Amazones.

PUTTANS, Peuples des Indes qu'on appelle auffi Bottantes. Leur Pays eft fitué près du Royaume de Lahor en tirant vers le Fleuve de l'Inde [o] & au Mont Cumæ ou Imæ. Il a d'un côté le Pays des Bolloches ou Bulloques, voifin de la Ville de Norry & de l'autre la Perfe, dont il eft féparé par la Riviére qui fert de limites aux Etats du Roi de Perfe & du Grand Mogol. La Ville Capitale de ce Pays eft Candabara: les autres font Dados, Vagefton & Langora. Il y a quelques cent courfes ou cinquante lieues de Pays raboteux & plein de Montagnes entre les Villes de Daddos & de Vagefton. Ces Peuples font blancs & pour la plupart rouges de vifage. Leurs cheveux font blonds & leurs membres renforcés. Ils portent la barbe fort longue & font de moyenne taille. Leurs habits font des Sultanes à la Turque, fi bien ajuftées au corps qu'on n'y voit pas un feul pli. Ils ne les quittent ni nuit ni jour jufqu'à ce qu'elles foient tout-à-fait déchirées ou pourries. Leurs bonnets font faits en forme de Pyramide. Ils ne fe lavent jamais les mains fous prétexte qu'ils ne doivent

[o] Corn. Dict. Davity, Etats du Grand Mogol.

538 PUT. PUY. PUY.

vent pas souiller de leurs ordures un Elément aussi pur que l'eau. Ils ne prennent qu'une femme, & lorsqu'ils en ont eu deux ou trois enfans, ils gardent le célibat quoiqu'ils demeurent ensemble. Quand l'un des deux meurt l'autre ne se peut remarier. Ils mangent & boivent des cranes ou têtes de mort, & se conduisent par augures, ayant des Maîtres & des Devins expérimentés dans cet Art. Lorsqu'un de leurs parens ou de leurs amis est mort ils vont demander à ces Devins ce qu'ils doivent faire de son corps. Ils le brûlent ensuite ou en disposent suivant le conseil qui leur a été donné: si le Devin trouve à propos qu'ils le mangent, ils s'en repaissent, quoique d'ailleurs ils ne vivent pas de chair humaine. Ils sont courageux & fort portés à la guerre qu'ils font d'ordinaire à pied. Ils se servent dans les combats de l'Arc ou de l'épée. Vers l'an 1590. que Perufchi écrivoit, ce Peuple étoit libre & n'obéïssoit à aucun Roi; mais le Mogol s'étant emparé de leur Pays depuis ce tems-là, a mis un Gouverneur à Candabara, qui tenoit quarante mille chevaux dans cette Province, prêts à marcher s'il y avoit quelque révolte. Les PUTTANS sont charitables & fort enclins à secourir ceux qui sont dans la nécessité. Ils n'ont point d'Idoles & ne permettent pas volontiers que les Mahométans ou les Maures demeurent dans leur Pays; parce qu'ils adorent le Grand Dieu du Ciel & méprisent Mahomet. Leurs Prêtres portent la haire ou le cilice, avec de grandes chaînes très-pesantes, dont ils se serrent le ventre; & quand ils veulent prier ils se mettent à genoux & se veautrent dans la cendre. La Riviére de Salbana éloignée de quinze lieues de la Ville de Langora sert de borne à leur Pays. C'est où l'on paye le peage pour les chameaux.

☞ Ce recit de Mrs. Corneille & Davity pouvoit être exact autrefois. Aujourd'hui, du moins à en juger par les Cartes de Mr. de l'Isle les choses paroissent un peu changées. On ne connoit plus les Puttans. Leur Pays est ce qu'on appelle Patane ou le Royaume de Pattan. Voyez PATTAN.

a Dict. Géog. des Pays-Bas.

PUTTE, Beau Village des Pays-bas [a], dans le Brabant Espagnol. Il est situé à deux lieues de Malines. Sa Jurisdiction est d'une grande étendue.

b Ibid.

1. PUTTEN, Village des Pays-bas [b] dans la Weluwe à deux lieues de Harderwyck.

c Ibid.

2. PUTTEN, Isle des Pays-bas [c] dans la partie Méridionale de Hollande, entre les Isles de Beyerland & de Voorn.

1. ☞ PUY, ou PUITS, Mot François, qui signifie un trou profond creusé de main d'homme & ordinairement revêtu de pierre, pour avoir de l'eau. Ce mot vient du Latin *Puteus* & il repond au Pozzo des Italiens, & au Pozo des Espagnols. Les Puits suppléent au défaut des Fontaines & n'en différent qu'en ce que les Puits sont des sources sous terre & dont on ne peut se servir qu'en creusant. On fait un trou dans la terre jusqu'à ce qu'on y ait trouvé l'eau & on l'accommode ensuite de telle sorte que l'on en puisse tirer quand on veut avec une corde ou autrement. Le Puy est rond d'ordinaire, & on le fait ovale quand il doit seulement servir à deux Propriétaires sous un mur mitoyen, auquel cas une languette de pierre dure en fait la séparation, jusqu'à quelques pieds au-dessous de la hauteur de son appui.

On appelle PUY-COMMUN celui qui est dans une rue, ou dans une place pour la commodité du Public. On lui donne plus de largeur qu'à un Puy particulier.

Le PUY-PERDU est un Puy qui ne retient pas son eau, tant il a le fond d'un sable mouvant. Il n'a pas ordinairement deux pieds d'eau pendant l'Eté.

On rapporte qu'il y a une Province de la Chine, où il se trouve des PUITS-DE-FEU, comme nous en avons d'eau. On met des vaisseaux sur leur ouverture, pour y faire cuire tout ce qu'on veut.

On appelle PUY l'ouverture d'une Mine, & PUY DE CARRIERE une ouverture ronde & creusée à plomb par laquelle on tire les pierres d'une carriére avec une roue. Elle doit avoir douze à quinze pieds de diametre & l'on y descend par un Eschelier.

Le nom de PUY se donne à certaines grandes profondeurs qui se trouvent à la Mer dans un fond uni.

Il est souvent parlé de PUY dans l'Ecriture-Sainte, & sous ce nom, dit Dom Calmet [d], on entend quelquefois des Fontaines dont la source sortoit de terre & bouillonnoit comme du fond d'un Puy. Tel est ce Puy dont parle l'Epouse du Cantique des Cantiques [e]: *Puteus aquarum viventium quæ fluunt impetu de Libano*. On montre à une lieue de Tyr un Puy d'eau vive que l'on prétend être celui dont parle ici l'Epouse. Le *Puy de Jacob* près de Sichem est aussi quelquefois appellé la *Fontaine de Jacob* [f].

d Dict.

e Cap. 4. 15.

f Joan. 4. 6.

Il y avoit autrefois dans la Plaine de Sodome, c'est-à-dire dans la Plaine qu'occupe à présent le Lac de Sodome [g] & quantité de PUITS DE BITUME, d'où l'on tiroit le Bitume qui se trouve à présent dans les eaux mêmes du Lac Asphaltite.

g Genes. 14. 10.

Moyse parle aussi du PUY DU VIVANT & DU VOYANT [h], qui est entre Cadès & Barad & que l'Ange montra à Agar dans le Désert, pour désalterer son fils Ismaël, qui étoit en danger de mourir de soif. Dans ce Pays-là où l'eau est très-rare, on cache les Puits en couvrant leur bouche avec du sable, afin que les Etrangers ne les voyent point & n'en tirent point d'eau. Quelquefois il se donne de grosses Batailles entre les Pasteurs & les Gens de la Campagne pour un Puy. Voyez dans la Genèse les disputes [i] qu'il y eut entre les Gens d'Abimelech, Roi de Gerare & ceux d'Isaac pour semblables Puits.

h Genes. 16. 13.

i Genes. 26. 15. 20. 21. 32.

On montre [k] aux Voyageurs des Puits d'une structure admirable à Ascalon, & que l'on prétend avoir été bâtis par Abraham & par Isaac. Et les PUITS DE JACOB près de la Ville de Sichem, où Notre-Seigneur eut

k Origen. lib. 3 contra Celsum. Euseb. ad vocem Ἀσαρ. Antonin. Martyr. Itiner. Vide Reland. l. 3. Palæst. p. 589.

eut un Entretien avec la Samaritaine. On bâtit dans la suite une Eglise sur cette Fontaine, & St. Jérôme en parle dans sa Lettre intitulée l'Épitaphe de Ste. Paule. Antonin Martyr la vit encore au sixième Siècle, Adamnanus au septième & Saint Villibalde au huitième Siècle [a].

[a] Reland. Palæst. l. 3. p. 1007. 1008.

Les Hébreux appellent un Puy Beer, d'où vient que ce nom se trouve assez souvent dans la composition des noms propres: Par exemple dans *Beer-Sabé*, dans *Beeroth-Bene-Jacan*, *Beeroth*, Beera & autres.

2. PUY, Ville de France dans le Languedoc & la Capitale du Velay. Elle est située près de la Borne & de la Loire, sur la Montagne d'Anis, d'où elle a pris les noms d'*Anicium* & de *Podium*; car le mot *Puig* ou *Puech*, signifie en Langue Aquitanique une Montagne [b]. Elle s'est accrue des ruïnes de *Reussium*, qui étoit la Capitale des Velauniens. Le Puy est aujourd'hui une Ville considérable, & aussi peuplée qu'aucune autre du Languedoc, excepté Touloufe [c]. L'Eglise Cathédrale est renommée par la dévotion à la Vierge. Elle conserve quantité de Reliques & d'ornemens magnifiques. Il y a dans la Ville plusieurs Maisons Réligieuses de l'un & l'autre Sexe. Le Collége des Jésuites est une très-belle maison. On trouve hors de la Porte de St. Geron la Prairie *du Breuil*, qui est la plus belle promenade de la Ville.

[b] Longuerue, Descr. de la France, Part. 1. p. 267.

[c] Pigniol, Descr. de la France, t. 4. p. 407.

L'Evêché du Puy si l'on en veut croire la Tradition, reconnoît St. George pour son premier Evêque. On dit qu'il fut envoyé par St. Pierre, avec St. Front premier Evêque de Périgueux. On prétend que Raoul Roi de France donna à l'Evêque du Puy la Seigneurie de cette Ville en 923. D'autres disent pourtant que cette donation fut faite par Louïs le Gros en 1134. Le Velay ayant été attribué à la première Aquitaine, les Evêques ont toujours reconnu l'Archevêque de Bourges pour leur Métropolitain, jusqu'au milieu du onzième Siècle, que le Pape Léon IX. voulant favoriser Etienne de Mercœur, Evêque d'Anis & Neveu de St. Odilon Abbé de Clugny, exempta l'Evêque du Puy de la soumission au Métropolitain de Bourges, l'assujettit immédiatement au Siège de Rome, & donna même à l'Evêque Etienne le *Pallium*, dont les Evêques du Puy ne jouïssent plus. Cependant pour la Police intérieure l'Evêque du Puy est toujours de la Province Ecclésiastique de Bourges. Jean de Cumenis Evêque du Puy appella en 1304. le Roi Philippe le Bel en pariage de la Seigneurie de cette Ville. La Transaction passée entre ce Roi & l'Evêque, contient les causes de cette association. Le Pape Clément IV. avoit été Evêque du Puy. L'Evêché vaut vingt-six mille livres de revenu, & n'a que cens vingt-neuf Paroisses. Le Diocèse est renfermé dans une petite Contrée appellée le Velay: voyez ce mot. Le Chapitre de la Cathédrale est composé d'un Prevôt, d'un Chantre, d'un Tréforier, d'un Sacristain, de l'Abbé de

[d] Ibid. p. 258.

St. Pierre & de quarante-trois Chanoines.

La Senechaussée du Puy a été érigée en Préfidial par Edit du Mois d'Octobre 1689. & l'on y a incorporé les deux Bailliages du Puy & de Montfaucon. Le Senéchal est d'Epée. La Justice se rend en son nom & il a droit de présider à la Sénéchaussée & au Préfidial sans voix délibérative. Il jouït de deux cens trente-deux livres dix sols de gages qui sont payés sur la Recette générale des Finances. Il y a encore au Puy une Cour commune, qui est en pariage entre le Roi & l'Evêque.

3. PUY, Bourg de France, dans la Gascogne, Election des Lannes.

4. PUY, Bourg de France, dans le Bas-Armagnac, Election de Lomagne.

PUY-EN-ANJOU. Voyez plus bas Puy-Notre-Dame.

PUY-BELIARD, Lieu de France dans le Poitou, Election de Fontenay. C'est un Entrepôt pour le commerce du Sel, qui vient des Marais salans d'Olonne, Jars, & autres lieux.

PUY-BRISSON, Lieu de France dans la Provence, au Diocèse de Frejus. Il y a aux environs plusieurs Bois taillis, où l'on a établi une Verrerie. Ce lieu est presque tout détruit à présent.

PUY-LA-BROQUE, petite Ville de France, dans le Quercy, Election de Montauban.

PUY-BRUN, Bourg de France [e], dans le Haut-Quercy, Election de Figeac sur la Dordogne, un peu au dessus de l'endroit où elle reçoit la Rivière de Sere. Il y a dans ce Bourg un Prieuré de quinze cens livres de rente.

[e] Taillot, Atlas.

PUY-CASQUIER, Ville de France dans la Gascogne, au Comté d'Armagnac, selon Mr. Corneille [f] qui cite Davity. Ou cette prétendue Ville a un autre nom, ou ce n'est pas même un Village; car ce nom ne se trouve point sur la Carte de l'Armagnac par Mr. de l'Isle quelque detaillée qu'elle soit. Les autres indications que nous donne Mr. Corneille ne nous avancent pas beaucoup, Il dit que Puy-Casquier appartient à Mauvesin Ville principale de la Vicomté de Fezensagues. Mais on sait que Mauvesin est un méchant Bourg, & que bien loin d'être la Ville principale de la Vicomté de Fezensagues il ne se trouve seulement pas dans l'étendue de cette Vicomté ou plutôt de ce Comté.

[f] Dict.

PUY-DE-DOME, Montagne de France en Auvergne [g], en Latin *Mons-Dominans*. C'est la plus haute Montagne de la Province & celle sur laquelle Mr. Pascal fit ses expériences sur la pesanteur de l'air. Elle a huit cens dix toises d'élévation sur la surface de la terre, & l'on y trouve des plantes très-curieuses.

[g] Pigniol, Descr. de la France, t. 6. p. 281.

PUY-L'EVEQUE, petite Ville de France dans le Querci, Election de Cahors.

PUY-FERRAND, Abbaye de France, dans le Berry, Archiprêtré de Châtre. C'est une Abbaye d'hommes de l'Ordre de St. Benoît, autrefois de l'Ordre de St. Augustin. Le Pape Eugène III. en fait men-

mention, l'an 1145. mais on ne sait précisément en quel tems ni par qui elle a été fondée.

PUY-DE-FROTÉ, autrement PUY-FRAIS, Puy singulier en France, dans la Franche-Comté, près du Village de Froté, à une lieue de Vesoul. Sa largeur d'enhaut est d'environ quinze toises sur vingt de profondeur [a]. Dans le fond il est fort retraissi, & on y trouve une petite Fontaine dans une fente de Rocher. Lorsqu'il a plu deux jours de suite, on voit monter l'eau, remplir ce Puy, s'élever quatre ou cinq toises au dessus, & comme une Montagne d'eau venir se répandre dans les Campagnes voisines qui en sont inondées. Ce regorgement d'eau sauva la Ville de Vesoul du pillage de l'Armée du Baron de Polvilliers, lorsque revenant de Bresse, il l'assiégea en 1557. Le Puy de Froté commença le 15. de Novembre à vomir tant d'eau, quoiqu'il n'eût plu que 24. heures, qu'en moins de cinq ou six heures de tems toute la Campagne qui est aux environs de la Ville de Vesoul en fut inondée. Les Assiégeans croyant pour lors que les Assiégez avoient quelque grand reservoir d'eau, par le moyen duquel ils alloient submerger l'Armée gagnérent les Montagnes avec tant de hâte & tant de frayeur, qu'ils abandonnérent non seulement leur Artillerie; mais encore leurs flacons & leurs barils, chose remarquable dans les Allemans. Cette Histoire est très-infidélement rapportée, par Corneille à l'Article de VESOUL.

[a] *Piganiol, Descr. de la France, t. 7. p. 478.*

PUY-DE-LA-GARDE, Bourg & Maison d'Augustins en France, dans l'Anjou, Election de Montreuil-Bellay. C'est un Pélérinage de grande reputation dans ces Quartiers-là. On y voit un grand concours de Peuple qui y est attiré par la dévotion des gens du Pays pour une Image de Notre-Dame. Cette dévotion est établie depuis long-tems dans ce Lieu.

PUY-GAILLARD, Bourg de France, dans le Querci, Election de Montauban.

PUY DE LA GARDE VIALARS, Ville de France, dans le Quercy, Election de Montauban.

PUY-DE-GONAGOBI, Bourg de France, dans la Provence. Il y a un Prieuré Conventuel de l'Ordre de Clugny.

PUY-GUILLAUME, Bourg de France, dans le Bourbonnois, Election de Moulins. Il dépend de la Paroisse de St. Hilaire, & est situé partie en Plaine, partie en Montagnes, proche de la Riviére de Dore. Les terres rapportent de bons grains, & beaucoup de Voituriers par eau y conduisent différentes marchandises.

PUY-JAUDRAN, Bourg de France, dans le Bas-Armagnac, Election de Lomagne.

PUY-LAURENS, petite Ville de France, dans le Lauraguais, sur la Frontiére du Roussillon, à trois lieues de Castres & de Lavaur. Cette Ville a eu autrefois ses Seigneurs particuliers [b], qui relevoient des Comtes de Toulouse & tenoient leur parti. Pierre des Vaux de Cernay fait mention de cette Place, qui avoit le titre de Château noble, *nobile Castrum*, durant la guerre des Albigeois. Elle avoit dans ce tems-là un Seigneur nommé Sicard qui avoit deux fils, Isarn & Jourdain, qui donnérent en 1231. la moitié de la Ville, du Château & de la Seigneurie de Puy-Laurens à Raymond le Jeune Comte de Toulouse, & ils lui firent en 1237. hommage de la part qui leur restoit. Cette Ville fut érigée en Duché sous le Roi Louïs XIII. en faveur de la Niéce du Cardinal de Richelieu. Les Calvinistes en ont été long-tems les maitres: ils y avoient érigé une Académie qui a subsisté jusqu'à la revocation de l'Edit de Nantes.

[b] *Longuerue, Descr. de la France, Part. 1. p. 233.*

PUY-MAURIN, Bourg de France, dans le Comté de Commenges. Il y a une Justice Royale.

PUY-MOISSON, en Latin *Castrum de Podio Moissorio*; Commanderie de l'Ordre de Malthe en France, dans la Provence, au Diocése de Riez. Elle fut donnée à l'Ordre en 1150. par Raymond de Belanger, Comte de Barcelone & de Provence. Ce Lieu est la Patrie de Guillaume Durand.

PUY-NOTRE-DAME, ou PUY-EN-ANJOU [c], petite Ville de France en Anjou, Election de Montreuil-Bellai, environ à une lieue de Montreuil-Bellai en tirant vers l'Occident Méridional. Elle appartient au Comte de Garavas Gouffier. Il n'y a rien de remarquable dans cette petite Ville, qu'une Eglise bâtie par Guillaume, Duc d'Aquitaine, & dans laquelle Louïs XI. fonda un Chapitre composé d'un Doyen & de douze Chanoines qui ont chacun deux cens livres, & de douze Semi-prébendes de cent livres chacune. Il y a de plus dans cette Ville un Prieuré simple de six cens livres de revenu & un Couvent de Filles Cordeliéres.

[c] *Piganiol, Descr. de la France, t. 3. p. 291.*

PUY-D'ORBE, Abbaye de France, au Diocése de Langres, à cinq lieues de Châtillon sur Seine vers le Couchant d'Hiver. C'est une Abbaye de Filles [d], de l'Ordre de St. Benoit & dont la fondation m'est inconnue. Les Religieuses furent transférées à Châtillon-sur-Seine en ... par le Conseil de St. François de Sales.

[d] *De l'Isle Atlas.*

PUY-D'ORNANS, Puy singulier en France, dans la Franche-Comté, près d'Ornans [e]. Il croit tellement aux grandes pluyes, que quoiqu'il soit très profond, il regorge d'une maniére prodigieuse, & jette une si grande quantité d'Ambres qu'elles rempoissonnent la Riviére de Louve.

[e] *Piganiol, Descr. de la France, t. 7. p. 478.*

PUY-PEROUX, Bourg de France dans l'Angoumois, Election de Cognac.

PUY-DE-PLOUGASTEL, Puy singulier en France dans la Bretagne [f]. Il est dans la Cour de l'Hôtellerie du Passage de Plougastel, entre Brest & Landernau. L'eau de ce Puy monte quand la Mer qui est fort proche descend, & au contraire l'eau descend quand la Mer monte. Cela est si fort établi dans le Pays comme un prodige, que Mr. Robelin, habile Mathématicien, l'a cru digne qu'il l'examinât; & il en envoya à l'Académie Royale des Sciences à Paris une Relation avec une explication fort simple. Le fond du Puy est

[f] *Hist. de l'Acad. Royale des Sciences, an. 1717. p. 11.*

## PUY. PUZ. PYC. PYC. PYD. PYE. PYG.

eſt un peu plus haut que le niveau de la baſſe Mer en quelque marée que ce ſoit: de là il arrive que l'eau du Puy qui peut s'écouler s'écoule, & que le Puy deſcend tandis que la Mer commence à monter, ce qui dure juſqu'à ce qu'elle ſoit arrivée au niveau du fond du Puy, après cela tant que la Mer continue à monter le Puy monte avec elle. Quand la Mer ſe retire, il y a encore un tems conſidérable, pendant lequel un reſte de l'eau de la Mer qui eſt entré dans les terres les pénétre lentement & tombe ſucceſſivement dans le Puy, qui monte encore, quoi que la Mer deſcende. Cette eau ſe filtre ſi bien dans les terres qu'elle y perd ſa ſalure. Quand elle eſt épuiſée, le Puy commence à deſcendre, & la Mer achève. Comme ce Puy, qui n'a pas été creuſé juſqu'à l'eau vive, & qui n'eſt revêtu que d'un mur de pierre ſéche, reçoit auſſi des eaux d'une Montagne voiſine quand la pluye a été abondante, il faut avoir égard aux changemens que ces eaux peuvent apporter à ce qui ne dépend que de la Mer. Elles l'empêchent de tarir entiérement en hiver, quand la Mer eſt bue par une terre trop aride.

PUY-SALGUIER, Château de France dans le Bas-Languedoc, à deux lieues de Beziers. Il eſt fait mention de ce Château dans l'Hiſtoire de la Guerre des Albigeois, par Pierre Moine des Vaux de Cernay, ſous le nom de *Caſtrum Podii Soriguer in Territorio Biterrenſi*.

PUY-VALADOR, Lieu de France, dans le Rouſſillon, Viguerie de Conflans. C'eſt le Lieu principal du Pays de Capſir, qui faiſoit autrefois partie de la Cerdaigne. Ce Lieu eſt fortifié.

PUY-DE-VESSON, Bois de France, dans la Bourgogne, Châtellenie de Vergy, Maitriſe des Eaux & Forêts de Dijon. Il contient cinq cens quatre-vingt-neuf arpens trois quarts.

PUYCERDA, en Latin *Puteus*, ou *Podius-Ceretanus*; Ville d'Eſpagne [a], le long des Pyrénées dans la Cerdaigne, entre le Carol & la Ségre. C'eſt une grande Ville ſituée dans une belle Plaine, au pied des Montagnes, fermée de bonnes murailles, très-bien fortifiée à la moderne, & habitée par des gens qui paſſent pour de forts & de vaillans hommes. On a fait encore au dehors quelques ouvrages avancés, comme un Ouvrage à corne & un autre à couronne pour la mettre en meilleur état de défenſe. Le terroir des environs eſt fertile en fruits: la chaſſe y eſt abondante & l'on y prend entre autres des Perdrix blanches très-délicates. On y voit diverſes ſortes d'herbes médicinales l'une froide & l'autre chaude.

PUZANE, Lieu fortifié aux environs de Conſtantinople, à ce qu'il paroit par l'Hiſtoire Miſcellanée [b] que cite Ortelius [c].

[a] Delices d'Eſpagne.
[b] Lib. 12.
[c] Theſaur.

## P Y.

PYCATA, nom d'un Lieu dont Strabon [d] fait mention. Il devoit être dans la Troade; mais les Commentateurs de Strabon ſoupçonnent qu'il pourroit y avoir faute dans cet endroit.

[d] Lib. 13. p. 588.

PYCNA, Lieu quelque part dans la Gréce. C'eſt Thucydide [e] qui en parle dans ſon huitième Livre. Quelques-uns ont voulu lire PNIX ou PNYCE pour PYCNA & Ortelius [f] approuve cette Leçon. Voyez PNYX.

[e] Lib. 8. p. 625.
[f] Theſaur.

PYCNUS, Fleuve de l'Iſle de Créte: Ptolomée [g] place ſon Embouchure ſur la Côte Septentrionale, entre *Minoa* & *Cydonis*.

[g] Lib. 3. c. 17.

PYDARAS, Pline [h] dit qu'on donnoit quelquefois ce nom au Fleuve Athyras. Voyez ATHYRAS.

[h] Lib. 4. c. 11.

PYDES, Ville & Fleuve de la Piſidie, ſelon Etienne le Géographe.

PYDIUS, Fleuve de la Troade, à ce qu'il paroit par un paſſage de Thucydide [i].

[i] Lib. 8. p. 629.

1. PYDNA, Ville de Macedoine, dans la Pierie, ſelon Ptolomée [k] & Etienne le Géographe qui dit qu'on la nommoit auſſi CYDNA. Cette Ville étoit ſur la Côte du Golphe *Thermæus*, à quelques milles au Nord de l'Embouchure de l'Aliacmon. Ce fut auprès de cette Ville [l] que les Romains gagnerent ſur Perſée la Bataille qui mit fin au Royaume de Macédoine. Diodore de Sicile [m], Tite-Live [n] & Juſtin [o] font auſſi mention de cette Ville. Les Habitans ſont nommés Πυδναῖοι par Etienne le Géographe & Pydnæi par Tite-Live [p].

[k] Lib. 3. c. 13.
[l] Strabo, Excerpt. lib. 7.
[m] Lib. 19. c. 44.
[n] Lib. 44. c. 43.
[o] Lib. 14. c. 6.
[p] Lib. 44. c. 45.

2. PYDNA, Ville des Rhodiens, ſelon Strabon [q].

[q] Lib. 10. p. 472.

3. PYDNA, Montagne de l'Iſle de Créte. C'eſt Strabon [r] qui en fait mention.

[r] Ibid.

4. PYDNA, ou PYTNA, Ville & Colline de Phrygie: Strabon [s] les place au voiſinage du Mont Ida.

[s] Ibid.

PYENIS, Ville de la Colchide, ſelon Etienne le Géographe.

PYGELA, Ville de l'Aſie-Mineure, dans l'Ionie. Strabon dit que c'étoit une petite Ville où il y avoit un Temple de Diane-Munychienne. Etienne le Géographe lit auſſi Πύγελα, *Pygela*, mais Pomponius-Mela [t] & Pline [u] écrivent PHYGELA, & dérivent ce mot du Grec Φυγή, qui ſignifie fuite, comme ſi elle avoit été bâtie par des gens fugitifs. Strabon [x] néanmoins donne à cette Ville une autre origine. Selon Suidas PYGELA étoit ſur la Côte & dans le Lieu où l'on s'embarquoit pour paſſer dans l'Iſle de Créte; mais au Lieu de PYGELA, il écrit PHYGELLA.

[t] Lib. 1. c. 17.
[u] Lib. 5. c. 29.
[x] Lib. 14. p. 639.

☞ PYGMÉES, Peuples fabuleux: les Anciens ont ſuppoſé qu'ils habitoient différens endroits de la terre & qu'ils étoient d'une Stature extrêmement petite n'ayant pas plus d'une coudée de hauteur. Ils en ont mis dans l'Inde, dans l'Ethiopie & à l'extrémité de la Scythie. Cette Fable ſubſiſte encore en quelque manière préſentement. Combien de gens mettent des Pygmées dans les parties les plus Septentrionales de la Terre? Cependant il n'eſt pas plus poſſible de trouver des Nations entières de Pygmées que d'en trouver qui ne soient composées que de Géans. Il est vrai que la plupart des Nations qui habitent les Terres Arctiques comme les Lapons & les Samoyedes sont d'une petite taille; ce qui provient du froid excessif & de la qualité des alimens, comme je l'ai remarqué à l'Article LAPONIE. Voyez ce mot. Mais quelque petite que soit la taille de ces Peuples, ils ont plus d'une coudée, & ils ne peuvent par conséquent passer pour Pygmées. Ils ont communément trois coudées de hauteur & quelquefois davantage. On en a vu même qui avoient jusqu'à quatre coudées, & qui égaloient ainsi la taille commune des autres hommes.

Quoique la Fable des Pygmées fut autrefois fort répandue, bien des Ecrivains anciens n'y ont pas ajouté plus de foi qu'elle méritoit. Pline [a] dit simplement, que quelques-uns avoient rapporté que la Nation des Pygmées habitoit dans les marais où le Nil prenoit sa source; & Strabon [b] les regarde absolument comme un Peuple imaginaire, en disant qu'aucune personne digne de foi ne soutenoit en avoir vu. Il n'en faut pas d'avantage pour se persuader que ces Peuples n'ont jamais existé que dans l'imagination & dans les Ecrits des Poëtes. A la vérité il est parlé de Pygmées dans le Texte Latin d'Ezechiel [c]; & même le Terme Hebreu *Gamadim* a quelque rapport à *Pygmæi* puisqu'à la Lettre il peut signifier des hommes d'une coudée. Mais remarque Dom Calmet [d], qu'auroient fait des Pygmées sur les murailles de Tyr, pour les défendre; car c'est là ou Ezéchiel les place, comme de bons guerriers? Les Septante ont rendu *Gamadim* par *des Gardes*, comme s'ils avoient lu *Somerim*. Symmaque a mis *les Medes*, comme ayant lu *Gam-Madai*, & *les Medes*; le Caldéen lit *les Cappadociens*. On pourroit par un leger changement lire *Gomerim* au lieu de *Gamadim*. Or les *Gomerims* sont fort connus dans la Genèse parmi les Enfans de Japhet, & dans Ezéchiel qui en parle comme d'un Peuple très-belliqueux. Pline [e] fait mention d'une Ville de Phénicie nommée Gamade; à moins qu'il n'y ait faute dans son Texte, & que *Gamade* n'y soit mise pour *Gamale*.

[a] Lib. 6. c. 30.
[b] Lib. 17.
[c] C. 27. v. 11.
[d] Dict.
[e] Lib. 2. c. 91.

PYLACÆUM, Ville de la grande Phrygie: Ptolomée [f] la place, entre *Themisonium* & *Sala*. [f] Lib. 5. c. 2.

☞ 1. PYLÆ, Ce mot Latin vient du Grec Πύλη, qui signifie une Porte, ou une Colonne soit de pierre de taille soit de brique. On entend communément dans l'ancienne Géographie par le mot PYLÆ des passages étroits entre des Montagnes, & on appelle aussi ces Passages PORTÆ des Portes, parce qu'elles sont comme les Portes d'un logis par lesquelles il faut nécessairement entrer & sortir. Quelquefois ces passages sont l'ouvrage de la Nature; quelquefois ils sont faits de main d'hommes dans des Montagnes que l'on a coupées; ce qui répond au mot CLAUSTRA des Anciens & à ce que nous appellons présentement un PAS, un PORT, un COL. Voyez ces mots.

2. PYLÆ, Lieu de l'Arcadie, selon Etienne le Géographe. Pline [g] écrit PYLE: peut-être est ce une faute de Copiste. [g] Lib. 4. c. 6.

3. PYLÆ, & PSEUDOPYLÆ, Isles du Golphe Arabique; Pline [h] dit que les deux Isles appellées PSEUDOPYLÆ étoient au devant du Port d'Isis chez les Troglodytes, & que les Isles PYLÆ, qui étoient en pareil nombre se trouvoient au dedans du même Port. [h] Lib. 6. c. 29.

4. PYLÆ, Montagnes d'Ethiopie sous l'Egypte, selon Ptolomée [i]. [i] Lib. 4. c. 8.

5. PYLÆ, Lieu de la Bithynie aux environs du Golphe Astacéne, selon Ortelius [k], qui cite Porphyrogennéte. [k] Thesaur.

PYLÆ-ALBANIÆ. Voyez PYLÆ-SARMATICÆ.

PYLÆ-AMANICÆ, ou AMANIDES. Voyez AMANUS.

PYLÆ-CICILIÆ. Voyez AMANUS.

PYLÆ-GETHICÆ, [l] Nom que les Anciens ont donné à un Lieu de la Transylvanie appellé aujourd'hui *Vascapu* par les Hongrois & *Eysnthor* par les Allemans. Ce dernier mot veut dire *Porte de Fer*. [l] Ibid.

PYLÆ PERSIDES, ou SUSIADES; Détroit célèbre entre la Perside & la Susiane, ce qui fait qu'on l'appelle indifféremment du nom de l'une ou de l'autre de ces Contrées. Diodore de Sicile [m] se sert du mot PERSIDES & Arrien [n] de celui de SUSIADES. Strabon [o] en parlant de cet endroit le nomme PORTÆ-PERSICÆ, ce qui revient au même. [m] Lib. 17. c. 68.
[n] Lib. 3. c. 18.
[o] Lib. 15.

PYLÆ-SARMATICÆ; Le Mont Caucase borne la Sarmatie au Midi & la sépare des Contrées voisines: Ptolomée [p] distingue dans cette fameuse Montagne deux passages étroits, dont l'un qui donnoit entrée dans l'Iberie s'appelloit PORTÆ CAUCASIÆ & l'autre qui donnoit entrée dans l'Albanie s'appelloit PYLÆ ALBANIÆ. [p] Lib. 5. c. 9.

PYLÆ-SUSIADES. Voyez PYLÆ-PERSIDES.

PYLÆA, Ville de la Macedoine dans la Trachinie à ce qu'il paroît par un passage d'Herodote [q]. Elle étoit au pied du Mont Oeta selon Philostrate [r] & Theophraste [s]. Elle donnoit le nom au Golphe Pylaïque dont parle Strabon [t]. [q] Lib. 7. n. 213.
[r] Lib. 4.
[s] Hist. Plantar. lib. 9.
[t] Lib. 9. p. 430.

PYLÆMENIA. Voyez PAPHLAGONIA.

PYLÆUS-MONS, Montagne de l'Isle de Lesbos, selon Strabon [u]. [u] Lib. 13. p. 621.

PYLAICUS-SINUS. Voyez PYLÆA.

PYLARTES [x], Montagne de l'Illyrie, dans la Contrée appellée Dyrrachium selon Vibius Sequester. [x] Ortelii Thesaur.

PYLENE, Ville de l'Etolie selon Homére [y]. Pline [z] la place sur le Golphe de Corinthe; & Strabon nous apprend qu'elle changea de nom & prit celui de PROSCHIUM, quand on la changea de place pour la bâtir sur les hauteurs du voisinage. [y] Catalog. v. 146.
[z] Lib. 4. c. 2.

PYLLEON, Ville de Thessalie à ce qu'il paroît par un passage de Tite-Live [a]. [a] Lib. 42. c. 42.

PYLORA, Isle de la Carmanie selon Arrien [b]. [b] In Indic.

PYLOROS, Ville de l'Isle de Créte. Pline [c] la met dans les terres; mais comme il est le seul qui en fasse mention, le [c] Lib. 4. c. 12.

Pere

## PYL. PYR.

Pere Hardouin soupçonne qu'il faut lire ÉLYROS, parce qu'Étienne le Géographe marque une Ville de ce nom dans l'Isle de Créte. Peut-être aussi ajoute le Pere Hardouin Pline a-t-il écrit PYLOROS pour Oleros qu'Etienne le Géographe met pareillement dans la même Isle, ou pour Alloros, [a] Ville dont il est parlé dans Gruter [a]. Cependant non seulement les Exemplaires imprimés, mais encore tous les MSS. de Pline portent PYLOROS.

PYLUM, ou PYLON, Ville de Macédoine : Ortelius [b] dit que Strabon semble la placer aux confins de l'Illyrie. Mais Strabon [c] ne dit point que PYLON fut une Ville : il en fait un Lieu qui étoit la borne entre la Macédoine & l'Illyrie.

PYLUS, Ville du Peloponnèse, dans la Messenie, & que Ptolomée [d] marque entre l'Embouchure du Fleuve Sela & le Promontoire Coryphasium. Mais Strabon [e] connoît trois Villes appellées *Pylus* dans le Peloponnèse, l'une se trouvoit dans l'Elide près du Mont Scollis, l'autre dans la Messenie près du Promontoire Coryphasium, & la troisième dans la Triphylie, aux confins de l'Arcadie. Les Habitans de chacune de ces Villes soutenoient que c'étoit la leur qui avoit anciennement été nommée Emathœntus, & qui avoient été la Patrie de Nestor; mais Strabon juge que la Ville Pylus de la Triphylie étoit la Patrie de Nestor, parce que le Fleuve Alphée couloit dans la Contrée où elle étoit bâtie. Il donne à cette PYLUS les surnoms de *Lepreaticus*, *Triphyliacus*, & [f] *Arcadius*, quoique Pausanias [f] dise positivement qu'il ne connoissoit dans l'Arcadie aucune Ville nommée Pylus. La Ville Pylus de Messenie est la même que la Nelea d'Homère selon Pausanias : la même Ville est nommée *Pylus* & *Abarmus* dans les Exemplaires Latins de Ptolomée; mais Ortelius [g] croit qu'au Lieu d'*Abarmus* il faut lire *Abarinus*, comme lisent Gemiste & Sophien. Etienne le Géographe donne à la Ville Pylus de Messenie le nom de *Coryphasium*, quoique Pylus & Coryphasium fussent deux lieux distincts mais pourtant voisins.

PYLUS-ABARMUS. Voyez PYLUS.
PYLUS-ARCADIUS. Voyez PYLUS.
PYLUS - LEPREATICUS. Voyez PYLUS.
PYLUS - MESSENIACUS. Voyez PYLUS.
PYLUS - TRIPHYLIACUS. Voyez PYLUS.

PYNDIS, Ville de l'Ethiopie sous l'Egypte, selon Pline [h].

1. PYRA, Tite-Live [i] donne ce nom à la partie du Mont Oeta où fut brûlé le corps d'Hercule. Cet endroit produisoit beaucoup d'Ellebore selon Pline & Theophraste.

2. PYRA. Voyez PYRRHA.

PYRACI, Nom d'un Peuple, selon Ortelius [k] qui cite Antigonus [l]. Il y avoit dans le Pays qu'habitoit ce Peuple un Marais qui prenoit feu quand il étoit à sec.

1. PYRÆ, Ville d'Italie, dans le Latium, au delà de la Ville de Formies. Il semble qu'elle ne subsistoit plus du tems de Pline [m]; car il dit : *Ultra fuit oppidum Pyræ*.

2. PYRÆ, Ville d'Egypte : Pline [n] qui en fait mention, dit que la pierre *Aromatites* s'y produisoit; & que cette pierre avoit une odeur de Myrrhe. Quelques-uns croient que c'est l'Ambre-gris.

1. PYRÆA, Contrée de la Thessalie, selon Etienne le Géographe.

2. PYRÆA, Bois du Peloponnèse : Pausanias [o] le marque entre Sicyon & Phlyunte.

PYRÆI, Peuples de la Dalmatie, selon Pline [p] : Pomponius Mela [q] les connoît aussi, & dit : *Tum Pyræi & Liburni & Istria*. Voyez PERUSTÆ.

PYRÆTHI, Peuples de la Cappadoce. Ortelius [r] qui cite Eustathe [s] dit que ces Peuples allumoient du feu pour tirer des présages de l'avenir.

PYRALAON, ou PYRALAORUM-INSULÆ, Isles près de la Côte de l'Ethiopie. Arrien [t] dans son Periple de la Mer Érythrée en place près du Lieu nommé la NOUVELLE FOSSE.

PYRAMIA, Lieu du Peloponnèse, dans le Canton appellé Thyréatide. Plutarque en parle dans la Vie de Pyrrhus.

PYRAMIDE, Corps solide qui a trois ou quatre côtés, & qui depuis sa base jusqu'à sa plus grande hauteur va toujours en diminuant, & s'éleve & se termine en pointe. Les plus fameuses sont celles d'Egypte, & les Anciens qui en ont parlé tombent tous d'accord qu'elles ont été bâties pour servir de tombeaux à ceux qui les ont élevées [u]. Diodore de Sicile & Strabon le disent clairement : les Arabes confirment ce sentiment; & le tombeau qu'on voit encore aujourd'hui dans la plus grande Pyramide, met la chose hors de doute.

Si l'on cherche la raison qui porta les Rois d'Egypte à entreprendre ces grands Bâtimens; Aristote insinue que c'étoit un effet de leur tyrannie : Pline dit qu'ils les ont bâtis en partie par ostentation & en partie pour tenir leurs Sujets occupés, & leur ôter les occasions de penser à quelque révolte. Mais quoique ces raisons puissent y être entrées pour quelque chose, je crois trouver la principale dans la Théologie même des Egyptiens. Servius en expliquant cet endroit de Virgile :

. . . . . *animamque Sepulchro*
*Condimus.*

dit que les Egyptiens croyoient que l'ame demeuroit attachée au corps tant qu'il restoit en son entier; que les Stoïciens étoient de la même opinion. Les Egyptiens dit ce savant Commentateur embaumment leurs corps, afin que l'ame ne s'en sépare pas sitôt pour passer dans un autre corps. C'est pour conserver les corps plus long-tems que les Egyptiens avoient inventé ces précieuses compositions dont ils les embaumoient & qu'ils leur ont bâti de si superbes monumens; en quoi on peut dire qu'ils faisoient plus de dépense &

& montroient plus de magnificence que dans leurs Palais qu'ils ne regardoient que comme des demeures passagéres, ainsi que le remarque Diodore de Sicile. Comme le baume servoit à rendre les corps incorruptibles, on s'efforçoit de dresser des Monumens qui pussent durer aussi long-tems que ces corps embaumez. Ce fut par cette même raison que les Rois de Thèbes bâtirent de pareils Monumens qui ont bravé tant de siécles ; & Diodore de Sicile nous apprend qu'il paroissoit par les Commentaires sacrés des Egyptiens qu'on comptoit quarante-sept de ces superbes Monumens ; mais qu'il n'en restoit plus que dix-sept du tems de Ptolomée Lagus. Ces tombeaux que vit Strabon proche de Syéne dans la Haute Egypte avoient été bâtis pour la même fin.

Long-tems après le régne des premiers Rois de Thèbes, ceux de Memphis s'étant trouvé les Maîtres & ayant la même croyance sur la résidence des ames auprès des Corps, il n'y a point à s'étonner qu'ils ayent élevé ces superbes Pyramides qui font encore aujourd'hui l'admiration de l'Univers. Les Egyptiens de moindre condition, au lieu de Pyramides faisoient creuser pour leurs tombeaux de ces caves qu'on découvre tous les jours en si grande quantité & dans lesquelles on découvre tant de Momies.

Si l'on vient à chercher la raison de la figure qu'on donna aux Pyramides, il faudra dire qu'elles furent bâties de la sorte, parce que de toutes les figures qu'on peut donner aux Edifices celle là est la plus durable, le haut ne chargeant point le bas ; & la pluye qui ruïne ordinairement les autres bâtimens ne pouvant nuire à des Pyramides parce qu'elle ne s'y arrête pas. Peut-être aussi qu'ils ont voulu par là représenter quelques-uns de leurs Dieux ; car dans ce tems-là les Egyptiens représentoient leurs Divinités par des Colonnes & par des Obelisques. Ainsi nous voyons dans Clement Alexandrin, que Callirhoé, Prêtresse de Junon, mit au haut de la figure de sa Déesse des couronnes & des guirlandes ; c'est-à-dire, comme l'a expliqué Scaliger dans son Eusébe, au haut de l'Image de sa Déesse ; car dans ce tems-là les Statues des Dieux avoient la figure de Colonnes ou d'Obelisques. Pausanias dit que dans la Ville de Corinthe, *Jupiter Melichius* étoit représenté par une Pyramide & Diane par une Colonne. C'est là-dessus que Clément Alexandrin appuye sa conjecture lorsqu'il veut prouver que les Pyramides & les Colonnes ont été la plus ancienne Idolâtrie. Ainsi avant que l'Art de tailler les Statues eut été trouvé les Egyptiens dressoient des Colonnes & les adoroient comme les Images de leurs Dieux. Les autres Nations ont quelquefois imité ces Ouvrages des Egyptiens & ont dressé des Pyramides pour leurs sépulcres. Sur ce passage de Virgile,

. . . . *Fuit ingens monte sub alto*
*Regis Dercenni terreno ex aggere bustum*
*Antiqui Laurentis, opacáque ilice tectum.*

Servius remarque qu'anciennement les personnes de condition se faisoient enterrer sous des Montagnes & qu'ils ordonnoient qu'on dressât sur leurs sépulcres des Colonnes & des Pyramides.

Je joindrai à ces recherches les remarques que fit le Pere Vansleb [n], dans le Voyage qui fit en Egypte en 1672. Le lieu, dit-il, où sont les Pyramides, est un Cimetiére ; & cela est si évident, que qui voudroit le nier passeroit pour ridicule. C'est sans doute le Cimetiére de Memphis ; car tous les Historiens Arabes nous apprennent que cette Ville étoit bâtie dans l'endroit où sont les Pyramides, & vis-à-vis du Vieux-Caire.

[a] *Relat. d'Egypte, p. 137.*

Toutes les Pyramides ont une ouverture, qui donne passage dans une allée basse, fort longue & qui conduit à une chambre où les anciens Egyptiens mettoient les corps de ceux pour lesquels les Pyramides étoient faites. Quoiqu'on ne voye pas ces ouvertures dans toutes les Pyramides ; cela vient de ce qu'elles sont bouchées par le sable que le vent y a apporté. Sur quelques-unes on trouve des Caractéres Hiéroglyfiques assez bien conservés.

Toutes les Pyramides étoient posées avec beaucoup de régularité. Chacune des trois grandes, qui subsistent encore, sont placées à la tête de dix petites, que l'on ne peut néanmoins connoître que difficilement, parce qu'elles sont couvertes de sable, & l'on juge qu'il pouvoit y en avoir en tout une centaine tant grandes que petites.

Toutes sont construites sur un terrein qui est un Rocher uni caché sous du sable blanc ; & il y a quelque apparence que les pierres dont on les a bâties ont été tirées sur le lieu meme, & n'ont point été apportées de loin comme le prétendent quelques Voyageurs & comme le supposent quelques anciens Ecrivains.

Aucune de ces Pyramides n'est égale ni parfaitement quarrée. Toutes ont deux côtés plus longs que les deux autres. Le lieu où elles sont bâties est un rocher couvert de sable blanc. On le connoit par les fossés & par les caves qui sont aux environs des Pyramides, le tout taillé dans le roc. Les Pyramides ne sont point bâties de Marbre comme quelques-uns l'ont écrit ; mais d'une pierre de sable blanc & fort dure.

Dans toutes les Pyramides il y a des puits profonds, & quarrés tous taillés dans le Roc. Il y a aussi de ces Puits dans les grottes qui sont au voisinage des Pyramides & toutes creusées au côté d'une Roche en assez mauvais ordre, & sans symmétrie par dehors ; mais fort égales & bien proportionnées par dedans. Le Puits que l'on voit en chacune est quarré & taillé dans le Roc. C'est le lieu où les Egyptiens mettoient les corps de ceux pour qui la grotte avoit été faite. Les murailles de quelques-unes sont pleines de figures Hiéroglyphiques taillées aussi dans le Roc. Dans quelques-unes ces figures sont fort petites & dans d'autres elles sont grandes comme nature.

On

#### PYR.

On ne compte ordinairement que trois Pyramides, quoiqu'il y en ait une quatrième ; mais comme elle est beaucoup plus petite que les autres, on n'y fait point d'attention.

La Première & la plus belle de toutes est située sur le haut d'une Roche, dans le Désert de sable d'Afrique, à un quart de lieue de distance vers l'Ouest des Plaines d'Egypte. Cette Roche s'élève environ cent pieds au dessus du niveau de ces Plaines, mais avec une rampe aisée & facile à monter : elle contribue quelque chose à la beauté & à la majesté de l'Ouvrage ; & sa dureté fait un fondement proportionné à la masse de ce grand Edifice.

Pour pouvoir visiter cette Pyramide par dedans, il faut ôter le sable qui en bouche l'entrée [a] ; car le vent y en pousse continuellement avec violence une si grande quantité qu'on ne voit ordinairement que le haut de cette ouverture. Il faut même avant que de venir à cette porte monter sur une petite colline, qui est vis-à-vis, tout auprès de la Pyramide, & qui sans doute s'y est élevée du sable que le vent y a poussé, & qui ne pouvant être porté plus loin à cause de la Pyramide qui l'arrêtoit, s'y est entassé de la sorte. Il faut aussi monter seize marches avant que d'arriver à l'entrée dont il vient d'être parlé. Cette ouverture est à la hauteur de la seizième marche du côté du Nord. On prétend qu'autrefois on la fermoit après y avoir porté le corps mort, & que pour cet effet il y avoit une pierre taillée si juste que lorsqu'on l'y avoit remise, on ne la pouvoit discerner d'avec les autres pierres ; mais qu'un Bacha la fit emporter, afin qu'on n'eût plus le moyen de fermer la Pyramide. Cette entrée est quarrée & elle a la même hauteur & la même largeur depuis le commencement jusqu'à la fin. La hauteur est d'environ trois pieds & demi & la largeur de quelque chose moins. La pierre qui est au-dessus en travers est extrêmement grande, puisqu'elle a près de douze pieds de longueur & plus de dix-huit pieds de largeur. Le long de ce chemin on trouve une chambre longue de dix-huit pieds & large de douze : sa Voute est en dos d'âne. Quelques-uns disent qu'auprès de cette Chambre, mais dans un lieu plus élevé, il y a une fenêtre par où l'on pourroit encore aller dans d'autres chemins ; mais il n'est pas aisé à cause de la hauteur d'en faire la recherche. Quand on est venu jusqu'au bout de ce premier chemin on rencontre une autre allée pareille, mais qui va un peu en montant : elle est de la même largeur mais si peu élevée principalement dans l'endroit où ces deux chemins aboutissent qu'il faut se coucher sur le ventre & s'y glisser en avançant les deux mains, dans l'une desquelles on tient une chandelle allumée pour s'éclairer dans cette obscurité. Les personnes qui ont de l'embonpoint ne doivent pas se hazarder à y passer, puisque les plus maigres y ont assez de peine. Il y en a qui disent que ce passage a plus de cent pieds de longueur & que les pierres qui le couvrent & qui font une espèce de Voute ont vingt-cinq à trente paumes. Il n'y a pas un grand inconvénient à les en croire sur leur parole ; car la fatigue que l'on a à essuyer & la poussière qui étouffe presque, ne permettent guère d'observer ces dimensions. Selon les apparences néanmoins, on trouveroit à l'endroit que je décris la même hauteur qu'à l'entrée, si les Arabes vouloient se donner la peine d'ôter le sable qui y est poussé par le vent. De plus l'air est extrêmement incommode & presque étouffant, parceque comme le passage est très étroit, & qu'il n'y a aucune ouverture on ne retire presque point d'autre air que celui qu'on y met en respirant.

Au commencement de ce chemin qui va en montant, on rencontre à main droite un grand trou, où l'on peut aller quelque tems en se courbant, & l'on trouve par-tout la même largeur ; mais à la fin on rencontre de la résistance, ce qui fait croire que ce n'a jamais été un passage, mais que cette ouverture s'est ainsi faite par la longueur du tems. Après qu'on s'est ainsi glissé par ce passage étroit, on arrive à un espace où l'on peut se reposer, & l'on trouve deux autres chemins, dont l'un descend & l'autre va en montant. A l'entrée du premier il y a un Puits qui, à ce qu'on dit, descend en bas à plomb ; mais selon d'autres après que l'on a compté soixante-sept pieds en y descendant, on rencontre une fenêtre quarrée, par où on entre dans une grotte, qui est creusée dans une Montagne de sable coagulé & ferré ensemble, & elle s'étend en sa longueur de l'Orient à l'Occident. Quinze pieds plus bas, ajoute-t-on, & par conséquent à quatre-vingt-deux pieds depuis le haut, on trouve un chemin creusé dans le Roc : il a deux pieds & demi de large & il descend en bas & fort de travers dans la longueur de cent vingt-trois pieds, au bout desquels il est plein de sable & de l'ordure qu'y font les chauves-souris : au moins est-ce ce qui a été remarqué par un Gentilhomme Ecossois dont le Sr. de Thevenot parle dans ses voyages. Peut-être ce Puits a-t-il été fait pour descendre en bas les corps qu'on mettoit dans les cavités qui sont sous les Pyramides.

Lorsqu'on est revenu de ce premier chemin qui est à la main droite, on entre à gauche dans le second qui a six pieds & quatre pouces de largeur, & qui monte aussi la longueur de cent soixante-deux pieds. Des deux côtés de la muraille, il y a un banc de pierre haut de deux pieds & demi & raisonnablement large, auquel on se tient ferme en montant, & à quoi servent les trous qu'on a fait presque à chaque pas, afin qu'on pût y mettre les pieds. Ceux qui vont voir les Pyramides doivent avoir obligation à ceux qui ont fait ces trous : sans cela il seroit impossible d'aller au haut, & il faut encore être alerte & vigoureux pour en venir à bout, à l'aide du banc de pierre qu'on tient ferme d'une main, pendant que l'autre est occu-

[a] *Le Brun, Voy. en Egypte,* t. 1. p. 609.

occupée à tenir la chandelle. Outre cela il faut faire de fort grands pas, parce que les trous sont éloignés de six paumes l'un de l'autre. Cette montée qu'on ne peut regarder sans admiration peut bien passer pour ce qu'il y a de plus considérable dans les Pyramides. Les pierres qui en font les murailles sont unies comme une glace de miroir, & si bien jointes les unes aux autres qu'on diroit que ce n'est qu'une seule pierre. Il en est de même du fond où l'on marche; & la Voute est élevée & superbe.

Ce chemin qui conduit à la Chambre des Sépulcres persuade que ce n'est point là qu'étoit la véritable entrée de la Pyramide. Il faut que celle qui conduisoit à cette chambre soit plus aisée & plus large; car si les Pyramides étoient les tombeaux des anciens Pharaons qui les ont fait élever, comme il y a toute apparence par la Tombe qu'on trouve dans celle dont il est ici question, il faut qu'on ait ménagé une route plus facile & plus commode pour y porter les cadavres; & comment les faire passer par ce chemin où l'on ne peut marcher qu'en grimpant, ou en rampant sur le ventre. Si nous en croyons Strabon [a] on entroit dans la grande Pyramide en levant la pierre qui est sur le sommet. A quarante Stades de Memphis, dit-il, il y a une Roche sur laquelle ont été bâties les Pyramides & Monumens des anciens Rois..... L'une de ces Pyramides est un peu plus grande que les autres. Sur son sommet il y a une pierre, qui pouvant être aisément ôtée, découvre une entrée qui méne par une descente à vis jusqu'au tombeau: ainsi on pourroit avoir élevé cette Tombe par le moyen de quelque Machine sur le haut de la Pyramide, avant que les pierres qui la couvrent y fussent posées & l'avoir fait descendre ensuite dans la Chambre.

[a] Lib. 7.

Au bout de la montée on entre dans cette Chambre. On y voit un Sépulcre vuide, taillé d'une seule pierre, qui lorsqu'on frappe dessus rend un son comme une cloche. La largeur de ce Sépulcre est de trois pieds & un pouce; la hauteur de trois pieds & quatre pouces & la longueur de sept pieds & deux pouces. La pierre dont il est fait a plus de cinq pouces d'épaisseur: elle est extraordinairement dure, bien polie & ressemble au Porphyre. Les murailles de la Chambre sont aussi incrustées de cette pierre. Le Sépulcre est tout nud, sans couverture, sans balustrade, soit qu'il ait été rompu, ou qu'il n'ait jamais été couvert, comme le disent les Egyptiens. Le Roi qui a fait bâtir cette Pyramide, n'y a jamais été enterré. L'Opinion commune veut que ce soit Pharaon, qui par le jugement de Dieu fut noyé avec toute son Armée dans la Mer Rouge, lorsqu'il poursuivoit les Enfans d'Israël. D'anciens Auteurs disent que le Fondateur de cette Pyramide étoit *Chemmis* & quelques-uns assurent que son corps en a été retiré; mais il ne paroît point qu'il y ait jamais eu de corps dans cette Tombe. Diodore de Sicile en parlant de ce Prince & de Cephren qui a fait construire une des autres Pyramides, dit que quoique ces deux Rois ayent fait élever ces deux superbes Monumens pour en faire leur Sépulcre, il est vrai néanmoins qu'aucun d'eux n'y a été enterré. Le Peuple revolté à cause des maux qu'il avoit soufferts en y travaillant & des impôts qu'il avoit été obligé de payer, les ayant menacés de tirer un jour leurs cadavres de ces Sépulcres & de les mettre en piéces, ces Princes priérent leurs amis de les ensévelir dans des lieux qu'on ne put pas découvrir. Dans cette même Chambre à main droite, en entrant, il y a un trou par où, selon quelques-uns, on peut entrer dans un autre appartement, & de là encore dans une autre allée. Le Brun dit qu'il trouva ce trou sans beaucoup de peine, qu'il n'avoit que cinq ou six pieds de profondeur, & que s'y étant fait descendre il ne vit rien autre chose qu'un petit espace quarré tout plein de chauves souris; mais il n'apperçut aucune ouverture qui conduisît quelque part.

En retournant sur ses pas, le Brun & ceux qui l'accompagnoient après avoir descendu la montée, trouvérent un appartement qui leur étoit échappé. Il étoit grand & quarré. Son plancher ou sa Voute avoit beaucoup d'élévation, mais le bas étoit plein de pierres & de terre; & comme on y sentoit une puanteur insupportable, nos Curieux furent contraints d'en sortir au plus vîte & de chercher le passage par où ils étoient entrés en se couchant sur le ventre.

Pour visiter la Pyramide par dehors on monte en reprenant de tems en tems haleine. Environ à la moitié de la hauteur, à un des coins du côté que le Brun & ses compagnons montérent, savoir entre l'Est & le Nord, qui est l'endroit par où l'on peut monter avec moins de peine, on trouve une petite Chambre quarrée, où il n'y a rien à voir & qui ne sert qu'à se reposer; ce qui n'est pas sans besoin; car on ne grimpe pas sans beaucoup de peine.

Quand on est parvenu en haut, on se trouve sur une belle Platte-forme, d'où l'on a une agréable vue sur le Caire, & sur toute la Campagne des environs, sur sept Pyramides qu'on découvre à la distance de sept lieues & sur la Mer que l'on a à la main gauche. La Platte-forme qui, à la regarder d'embas, semble finir en pointe est de dix ou douze grosses pierres, & elle a à chaque côté qui est quarré seize à dix-sept pieds. Quelques-unes de ces pierres sont un peu rompues; & la principale de toutes sur laquelle étoient la plûpart des noms de ceux qui avoient pris la peine de monter au haut de cette Pyramide, a été jettée du haut en bas par l'emportement de quelques Voyageurs François.

On ne peut descendre autrement par le dehors; quand on a bâti la Pyramide, on a tellement disposé les pierres les unes sur les autres, qu'après en avoir fait un rang, avant que d'en poser un second on a laissé un espace à se pouvoir tenir dessus,

*ou*

PYR.      PYR. 547

ou du moins suffisant pour asseoir les pieds fermes; de sorte qu'on monte & descend comme par des degrés. Le Brun qui dit les avoir comptés, assure en avoir trouvé deux cens dix rangs de pierre, les unes hautes de quatre paumes, les autres de cinq & quelques-unes de six. Quant à la largeur, quelques-unes ont deux paumes & d'autres trois, d'où il est aisé de comprendre combien il doit être difficile de monter. En effet il faut quelquefois travailler en même tems des pieds & des genoux, & se reposer de tems en tems. Il est néanmoins encore plus mal-aisé de descendre que de monter; car quand on regarde du haut en bas les cheveux dressent à la tête. C'est pourquoi le plus sûr est de descendre à reculons, & de ne regarder nulle part sinon à bien poser les pieds à mesure que l'on descend. D'ailleurs de toutes les pierres dont la grande Pyramide est faite, il n'y en a presque point qui soit entière. Elles sont toutes rongées par le tems ou écornées par quelque autre accident; de sorte que quoiqu'on puisse monter de tous côtés jusqu'à la Platte-forme, on ne trouve pas pourtant par-tout la même facilité.

Le Brun en mesurant la Pyramide d'un coin à l'autre par le devant, trouve qu'elle avoit trois cens bons pas, & ensuite ayant mesuré la même face avec une corde il trouva cent vingt-huit brasses qui font sept cens quatre pieds. L'entrée n'est pas entièrement au milieu: le côté du Soleil couchant est plus large d'environ soixante pieds. La hauteur de la Pyramide en la mesurant aussi par devant avec une corde se trouva de cent douze brasses, chacune de cinq pieds & demi; ce qui revient à six cens seize pieds. On ne peut pas néanmoins dire de combien elle est plus large que haute, parce que le sable empêche qu'on ne puisse mesurer le pied. Le côté de cette Pyramide qui regarde le Nord est bien plus gâté que les autres, parce qu'il est beaucoup plus battu du Vent du Nord, qui dans les autres Pays est un Vent sec, mais qui est humide en Egypte.

La Seconde PYRAMIDE ne peut être vue que par dehors, parce qu'on n'y peut entrer, étant entièrement fermée. On ne peut pas non plus monter au haut, parce qu'elle n'a point de degrés comme celle qui vient être décrite. De loin elle paroît plus haute que la première, parce qu'elle est bâtie dans un endroit plus élevé; mais quand on est auprès on se détrompe. Elle est quarrée. Mr. Thevenot [a] donne à chaque face six cens trente & un pied. Elle paroit si pointue, qu'on diroit qu'un seul homme ne sauroit se tenir sur son sommet. Le côté du Nord est aussi gâté par l'humidité comme la première.

La Troisieme est petite & de peu d'importance. On croit qu'elle a été autrefois revêtue de pierres semblables à celle du Tombeau qui est dans la première Pyramide. Ce qui donne lieu de le penser, c'est qu'on trouve aux environs une grande quantité de semblables pierres, & il y en a encore de fort grosses.

Pline parlant de ces Pyramides dit que celle qui est ouverte fut faite par trois cens soixante & dix mille Ouvriers dans l'espace de vingt ans, & qu'il y fut dépensé dix-huit cens Talens seulement en raves & oignons.

Au devant de chacune de ces Pyramides, on voit encore quelques vestiges de certains Bâtimens quarrés, qui semblent avoir été autant de Temples, & à la fin du prétendu Temple de la seconde Pyramide, il y a un trou par lequel quelques-uns croient qu'on descendoit du Temple pour entrer dans l'Idole, qui est éloignée de quelques pas de ce trou. Les Arabes appellent cette Idole *Abulhon* [b] qu'on écrit *Abul-Houl*, c'est-à-dire *Pere Colonne*. Pline la nomme Sphinx, & dit qu'elle servit de Tombeau au Roi Amasis. Il n'y a pas de difficulté à croire que ce Sphinx ait pu être un Tombeau; mais que ç'ait été celui d'Amasis, on n'en trouve aucune preuve assurée. On juge qu'il a servi de Sepulcre, parce que premièrement il est dans un Lieu qui étoit anciennement un Cimetiére, & auprès des Pyramides & des Grottes qui n'étoient autre chose que des Tombeaux: En second lieu on le juge aussi de sa forme. Ce Sphinx a par derrière une Cave sous terre, d'une largeur proportionnée à la hauteur de la tête, & qui n'a pu servir qu'à y mettre le corps de quelque personne morte. D'autres disent que ce fut un Roi d'Egypte qui fit tailler cette Figure en mémoire d'une certaine Rhodope Corinthienne qu'il aimoit fort. On ajoute que ce Sphinx rendoit réponse de ce qu'on lui demandoit, & qu'un Prêtre entroit dans cette Idole par le Puits de la grande Pyramide. Mais pour montrer que cette opinion n'a aucun fondement, il suffit de dire comment elle est faite. C'est un Buste taillé sur le Lieu même dans le vif du Roc dont il n'a jamais été séparé, quoiqu'il semble être de cinq pierres ajustées les unes sur les autres; mais quand on y regarde attentivement, on trouve que ces espéces de jointures ne sont que des veines du Roc. Ce Buste représente une tête de femme avec son cou & son sein, d'une prodigieuse hauteur; car il a 26. pieds de haut. Il y a 16. pieds depuis son oreille jusqu'à son menton, & cependant toutes les proportions y sont fort bien observées. Or quelle apparence y a-t-il qu'un homme tous les jours ait pris la peine de descendre dans ce Puits au hazard de se rompre le col, & quand il auroit été au fond du Puits, comment auroit-il pu parvenir jusqu'au Sphinx, puisqu'il n'y a point de passage, comme l'ont remarqué ceux qui y sont entrés. Il y auroit plus de vraisemblance à dire qu'on y entroit par le trou qui est par derrière; mais cela supposé, comment seroit sortie la voix de ce prétendu Oracle, puis qu'il n'y a point de trou à la bouche ni au nez de la Figure, ni à ses yeux, ni à ses Oreilles. On dira peut-être que cette voix sortoit par

[a] Voy. du Levant, pag. 254.

[b] Le P. Vansleb, Relat. d'Egypte, pag. 144.

le haut de la tête où il y a un trou; mais ceux qui y sont montés ont trouvé que ce trou descend toujours en s'étrécissant jusqu'au sein de la Figure, où il finit. De là Thevenot conclud que s'il entroit quelqu'un dans ce trou, c'étoit de nuit. Du reste ce trou est aujourd'hui plein de sable. Le cou est fort rongé; de façon qu'il ne pourra pas soutenir long-tems la pesanteur de la tête.

PYRAMIDE D'HAVARA; Pyramide en Egypte, dans la Province de Fium, & l'une des deux qui se trouvent entre les Villes de Fium & de Benesuef. Cette Pyramide s'appelle dans la Langue du Pays *Haram Havara*, c'est-à-dire la *Pyramide d'Havara*, & ce nom lui a été donné parce qu'elle est près du Village d'Havara. Elle est à une heure & demie du chemin de Fium du côté du Sud, bâtie dans un Desert sablonneux & entiérement semblable à celui qui est vis-à-vis du Caire, & où sont les plus fameuses Pyramides. Celle d'Havara dans sa hauteur & dans sa largeur approche fort de la seconde des Pyramides de Gizé; mais la longueur du tems l'ayant presque réduite en poudre, elle ressemble plutôt à une Montagne aigue de Sable qu'à une Pyramide faite de main d'hommes.

PYRAMIDE d'ILAHUN; Pyramide d'Egypte, dans la Province de Fium, au Cascieflick de Bénéfuef. Les Historiens Arabes disent que c'est Joseph fils du Patriarche Jacob qui l'a fait bâtir. On l'a appellée Ilahun à cause du Village Ilahun, dont elle est voisine. Voyez ce qu'en dit Macrizi.

PYRAMIDE DE PORSENNA, ancien Monument en Italie dans l'Etrurie près de la Ville de Clusium. Porsenna Roi d'Etrurie fut selon Varron enterré hors de la Ville de Clusium. On lui dressa un Monument de pierres quarrées. Chaque côté étoit de trois cens pieds & la hauteur de cinquante. Au dessous de la base il y avoit un Labyrinthe, dont on ne pouvoit sortir. Au haut on voyoit cinq Pyramides, quatre sur les angles & une au milieu: elles avoient soixante & quinze pieds par embas, cent cinquante de hauteur, & finissoient en pointe. Sur le sommet étoit un cercle de bronze auquel on avoit attaché une chaîne qui portoit des sonnettes qu'on entendoit au moindre Vent, ce qui ressembloit au Bruit que faisoient les chaudrons de la Forêt de Dodone. Enfin Varron ajoute que sur chacune de ces plaques de bronze il y avoit quatre autres Pyramides de quatre cens pieds de hauteur, lesquelles portoient à leur tour un second plan sur lequel étoient cinq Pyramides, dont il ne dit pas la hauteur.

PYRAMIDE DE RHODOPE; Pyramide d'Egypte, dans le Champ des Momies. C'est la plus considérable de celles qui sont dans ce Champ, le tems ayant presque entiérement détruit les autres, qui ne sont plus que des monceaux de sable, & n'ont que la figure de ce qu'elles ont été autrefois. Elle est batie en forme de Pavillon, & les François disent [a] que ce fut Rhodope fameuse Courtisane, qui la fit élever de l'argent qu'elle avoit gagné aux dépens de son honneur. Mais c'est sans doute une erreur, du moins si ce que Pline dit est vrai, que la Pyramide de Rhodope étoit petite, quoique d'ailleurs très-belle, ce qui ne peut convenir à celle-ci, puisqu'elle est une des plus grandes qui soit en Egypte. Si elle avoit été achevée, elle ne cederoit point en beauté aux trois principales. En montant au haut on compte cent quarante huit degrés de fort grandes pierres, tels que sont ceux de la plus grande Pyramide. La Platte-forme qui est au sommet n'est pas unie, les pierres y étant posées sans aucun ordre, d'où il est aisé de juger qu'elle n'a point été achevée; & cependant elle paroit beaucoup plus ancienne que les autres; car les pierres sont presque toutes mangées & s'en vont pour ainsi dire en poudre. Elle a de chaque côté six cens quarante-trois pieds. Son entrée est au quart de sa hauteur, & tournée vers le Nord comme celle de la grande. Elle est à trois cens seize pieds de l'extremité Orientale, & par conséquent à trois cens vingt-sept pieds de l'extrémité Occidentale. Il n'y a qu'une seule allée, qui a de largeur trois pieds & demi, & quatre pieds de hauteur. Elle va en descendant l'espace de deux cens soixante-sept pieds, & aboutit à une Sale, dont la Voute est faite en dos d'âne. Sa longueur est de vingt-sept pieds & demi, & sa largeur d'onze pieds. Au coin de la Sâle il y a une autre allée parallèle à l'Horison de trois de largeur, d'égale hauteur, & de neuf pieds & demi de longueur. Elle conduit à une autre chambre, qui a vingt & un pieds de longueur, onze de largeur, & dont la Voute qui est faite en dos d'âne est extrêmement haute. Cette chambre a du côté d'Occident, où s'étend sa longueur, une Fenêtre quarrée à vingt-quatre pieds & un tiers au dessus du pavé: par cette Fenêtre on entre dans une allée assez large, à hauteur d'homme, qui est parallèle à l'Horison, & qui a treize pieds & deux pouces de longueur. Au bout de cette allée est une grande Sale, dont la Voute est aussi faite en dos d'âne. Sa longueur est de vingt-six pieds huit pouces & sa largeur de vingt-quatre pieds un pouce. Le fond ou pavé est de roche vive, qui avance de tous côtés inégalement, & laisse seulement un peu d'espace uni dans le milieu, qui est entouré de tous côtés du rocher, & beaucoup plus bas que ne sont l'entrée de la Sale & le bas de la muraille.

PYRAMUS, Fleuve de la Cilicie, selon Ptolomée [b] & Pline [c]. Etienne le Géographe dit qu'on l'appelloit anciennement *Leucosyrus*. Le nom moderne, selon Niger, est MALMISTRA. Le nom de ce Fleuve est corrompu dans Polybe [d] & dans Plutarque [e]; car le premier écrit *Pyrus* & le second *Pindarus*.

[a] *Le P. Vansleb, Relat. d'Egypte,* p. 151.
[b] *Lib.* 5. c. 8.
[c] *Lib.* 5. c. 27.
[d] *Lib.* 11.
[e] *In Alexandro.*

PYRANTHUS, Etienne le Géographe donne ce nom à un Lieu de l'Isle de Créte qu'il ne sait s'il doit appeller Ville, ou ou Village. Ce Lieu étoit au voisinage de Gortyna.

PYRASUS, Ville de Gréce dans la Thessalie. Strabon [a] dit qu'elle avoit un Port commode, & qu'elle étoit à vingt Stades de la Ville de Thébes. On croit communément que c'est la même que Demetriade. Voyez DEMETRIADE, N°. 1.

[a] Lib. 9. p. 435.

PYREÉ. Voyez PIRÆEUS.

PYRENÆA, Ville de la Locride, selon Etienne le Géographe. Voyez PYRONÆA.

PYRENÆA-VENUS. Voyez APHRODISIUM, N°. 3.

PYRENÆÆ-ALPES, Nom qu'Ortelius [b], qui cite Gellius [c], donne aux Monts Pyrenées. L'Auteur de la Vie de Louïs le Debonnaire donne le même nom à ces Montagnes, selon un passage de cet Auteur cité par Mr. de Marca [d]. Voyez PYRENEÉS.

[b] Thesaur.
[c] Ex Varrone.
[d] Marca Hisp. lib. 3. c. 18.

PYRENÆUM-SUMMUM, Lieu d'Espagne dans les Pyrenées: L'Itineraire d'Antonin le met sur la route de Nismes à Castulo, entre le Lieu *ad Centuriones* & *Juncaria*, à cinq milles du premier de ces Lieux & à seize milles du second.

PYRENÆUS-MONS, Montagne de la Germanie & qui fait partie des Alpes, selon Ortelius [e]. Il cite pour garans Appien, le Panégyrique de Pline, Sénécae, Denis le Periégéte, & une Epigramme de Bassus. Mais ce qu'il y a d'étonnant, c'est qu'aucun de ces Auteurs ne peut appuyer le sentiment d'Ortelius. Voici ce qui l'a trompé. Appien [f] s'est servi de termes peu précis dans sa description des Pyrenées qu'il étend depuis la Mer de Tyrrhène jusqu'à l'Océan Septentrional; Ortelius a cru sans doute, que par cet Océan Septentrional Appien vouloit parler de l'Océan Germanique, ou Mer du Nord, au lieu qu'il entend la Mer, qui est au Nord de l'Océan Atlantique. Cette méprise une fois faite, Ortelius s'est persuadé que toutes les autres autorités confirmoient ce qu'Appien sembloit avoir dit; mais dans le fond à les examiner toutes séparement, il n'y en a pas une qui mette un Mont Pyrénée dans les Alpes. Voici enfin tre autres le passage de Sénéque [g]: *Pyrenæus Germanorum transitus non inhibuit*. Or étoit-il plus difficile aux Germains de passer les Pyrenées, & de pénétrer en Espagne, que de transporter les Pyrenées dans la Germanie?

[e] Thesaur.
[f] De Bellis Hisp. p. 255.
[g] Consolat. ad Helviam. c. 6.

PYRENÆUS-SALTUS, Cornelius Nepos [h] donne ce nom aux Monts Pyrénées, ou plutôt à cette partie des Monts Pyrénées que traversa Annibal, lorsqu'il passa d'Espagne dans la Gaule, pour se rendre en Italie. Tite-Live [i] en rapportant ce même trait de l'Histoire, se sert aussi du même mot *Pyrenæus Saltus*, pour désigner cette Montagne.

[h] In Hannibal.
[i] Lib. 21. c. 23.

1. PYRENE. Voyez PYRENEÉS.

2. PYRENE, Ville de la Gaule Celtique: Herodote [k] dit que le Danube prenoit sa source auprès de cette Ville.

[k] Lib. 2. n. 23.

PYRENEES, Montagnes d'Europe, aux Frontiéres de la France & de l'Espagne dont elles font la séparation. Elles ont toujours été réputées la borne naturelle de ces deux Etats. *Mons ille*, dit Strabon [l], *continenter ab Austro versus Boream porrectus Galliam ab Hispania dirimit*. Ce que Silius Italicus exprime dans ces Vers:

[l] Lib. 3.

*Pyrene celsa Nimbosi verticis arce*
*Divisos Celtis longe prospectat Iberos,*
*Atque æterna tenet magnis divortia terris.*

Pline [m] dit aussi la même chose, & nous marque de plus les bornes précises de cette séparation; *Pyrenei Montes*, dit-il, *Hispanias Galliasque disterminant, Promontoriis in duo diversa maria projectis*. Il veut parler du Promontoire de Venus ou *Aphrodisium*, qui s'avance dans la Mer Méditerranée, & du Promontoire *Olearso*, ou *Oeaso*, qui avance dans l'Océan. Quant au nom de ces Montagnes, on en donne deux origines différentes: l'une est fabuleuse. Les Poëtes [n] ont feint, qu'Hercule passant par ces Montagnes leur donna le nom de Pyrène en l'honneur de la fille du Roi des Bebryces qu'il avoit aimée. La seconde origine est fondée sur le témoignage de Diodore de Sicile & de divers autres anciens Ecrivains. Il dérivent le nom Pyréne du Grec πυρός qui signifie du feu, & ils prétendent qu'il a été occasionné par un fameux embrasement causé par des Bergers, qui mirent le feu aux forêts qui couvrent ces Montagnes. Aristote [o] parle de cet embrasement.

[m] Lib. 3. c.
[n] Silius Italic. Punicor. lib. 3. v. 420. & suiv.
[o] De Mirandis Auscultat.

Les Monts Pyrenées s'étendent depuis la Mer Méditerranée jusqu'à l'Océan, l'espace de quatre-vingt-cinq lieues en longueur [p]: leur largeur est différente selon les Lieux, & la plus grande est de quarante lieues. Elles commencent au Port de Vendres, dans le Roussillon sur la Méditerranée, & à St. Jean de Luz dans la Biscaye Françoise sur l'Océan, d'où elles s'étendent jusqu'à St. Sebastien, fameux Port de Mer dans la Biscaye Espagnole; à Pampelune dans la Navarre, à Venasca dans l'Aragon; à Lerida & Tortose dans la Catalogne. Tout le terrein que ces Montagnes occupent est partagé aujourd'hui entre la France & l'Espagne. La France y a cinq petit-Pays, qui sont la Biscaye, la Principauté de Bearn & les Comtés de Bigorre, de Comminges & de Roussillon. L'Espagne y possède quatre Provinces qui sont la Biscaye, la Navarre, l'Arragon & la Catalogne.

[p] Délices d'Espagne.

Ce Montagnes ont divers noms selon les divers lieux qu'elles avoisinent. Vers le Roussillon elle se partagent en deux branches, dont celle qui sépare ce Comté du Languedoc s'appelle ANTI-PYRENEÉ & celle qui le sépare de la Catalogne se nomme Col de Pertuis, quoique ce mot de Col signifie proprement les passages étroits qui sont dans ces Montagnes. Il y a du même côté MONTE-CANIGO, SIERRA DE GUARA, COL DE LA PREXA, COL DE L'ARGENTIERE & PORTO DE VIELLA. Celles qu'on voit entre la Gascogne & l'Aragon sont les Montagnes de JACCA, & de STE. CHRISTINE. Enfin celles qui s'étendent dans la Navarre, s'appellent les Montagnes d'Adula & de Roncevaux.

Les Anciens ont cru que les Pyrenées s'étens'étendoient par toute l'Espagne jusqu'à l'Océan Atlantique, & ils ne se trompoient pas beaucoup; toutes les Montagnes de l'Espagne n'étant que des rameaux de celles-ci. Elles sont effroyablement hautes & si serrées qu'elles laissent à peine cinq routes étroites pour passer de France en Espagne. On n'y peut même aller qu'à pied ou bien avec des mulets accoutumés à grimper sur ces hauteurs, où un Cavalier peu expérimenté courroit risque mille fois de se rompre le cou avec sa bête. Toutes ces Montagnes sont coupées par un grand nombre de Vallées & couvertes de hautes forêts, la plupart de Pins. Un Ancien Géographe a écrit que les Pyrénées sont couvertes d'Arbres du côté de l'Espagne, & qu'on n'en voit point du côté de la France; mais cela ne se trouve pas vrai aujourd'hui. La Sierra d'Occa autrefois Idubeda est une autre branche de Montagnes qui sort des Pyrénées.

PYRETON. Voyez PORATA.

PYREUM-MAGNUM, Lieu de la Perse-Arménie, selon Procope [a] qui dit que les Mages y gardoient un feu perpétuel, y offroient des Sacrifices & y consultoient l'Oracle. Les Perses adoroient ce feu comme leur Dieu. C'étoit le plus grand de leurs Dieux, & c'étoit le même feu que les Romains révéroient sous le nom de Vesta. Strabon [b] qui nomme ce feu *Pyratheia*, dit que c'étoit une grande enceinte au milieu de laquelle il y avoit un Autel, où les Mages conservoient le feu perpétuel dont parle Procope. Ortelius [c] soupçonne que ce Pyreum pourroit être la même chose qu'ORCHOA & UR. Voyez ORCHOA & UR.

PYRGANUM, Lieu maritime de la Toscane, selon Ortelius [d] qui cite l'Itinéraire d'Antonin. Il ajoute que ce Lieu étoit entre Rome & Graviscæ, & qu'Antonin le nommoit aussi PYRGI. Ce dernier nom est connu dans l'Edition des Aldes, dans celle des Juntes, dans celle de Surita & dans celle qu'a publiée Schelstrate; mais dans aucune on ne trouve PYRGANUM. Comme Ortelius se servoit d'un Manuscrit de l'Itinéraire d'Antonin, il pourroit fort bien se faire que PYRGANUM seroit une faute de Copiste. Voyez PYRGI.

PYRGENSES, Peuples du Péloponnèse dans l'Achaïe propre, selon Pline [e]. Leur Ville se nommoit *Purgos*. Hérodote [f] en parle & la met dans l'Arcadie.

PYRGESSA, Bourgade d'Italie, selon Etienne le Géographe.

1. PYRGI, Ville d'Italie, dans la Toscane sur la Côte, selon Pline [g]. Virgile [h] donne à cette Ville le surnom de *Veteres*:

*Et Pyrgi veteres, intempestaque Gravisca.*

Tite-Live [i] nous apprend que c'étoit une Colonie Romaine. Ptolomée [k] la place entre *Castrum Novum* & *Alsium*; & dans l'Itinéraire d'Antonin elle est marquée sur la Route Aurélienne, entre *ad Turres* & *Castrum Novum*, à douze milles de la premiére de ces Places & à huit milles de la seconde. Quelques-uns croient que le nom moderne est S. MARINELLO, parce que l'Eglise de ce Lieu s'appelle *S. Maria de Territorio Purgano.*

2. PYRGI, Ville de la Messénie, selon Etienne le Géographe. Ortelius [l] croit que c'est la Ville Pyrgos qu'Hérodote met dans l'Arcadie, & dont Pline appelle les Habitans Pyrgenses. Tite-Live [m] met dans l'Elide un Lieu fortifié nomme Pyrgus; & Polybe [n] connoit une Ville de même nom dans la Triphylie. Peut-être, ajoute Ortelius, est-il question dans tous ces Auteurs du même Lieu; car toutes ces Contrées étoient voisines.

PYRGUS, Mercator dans sa Carte de l'Europe, nomme une Ville de la Marmarique Pyrgus, & dit que le nom moderne est BARDA. Je ne connois pourtant, dit Ortelius [o], aucun Ecrivain où se trouve le nom ancien que Mercator donne à cette Ville.

PYRI. Voyez TAPYRI.

PYRI-MONS, Montagne de la Germanie, selon Ammien Marcellin [p]. Quelques-uns prétendent que c'est la Ville de Spire: d'autres disent que c'est *Knytlinger-Staig*; mais François Junius l'entend de la Montagne Heyligberg, au voisinage de la Ville de Heydelberg. Si quelqu'une de ces opinions est véritable, c'est celle de Junius; du moins c'est celle qui s'accorde le mieux avec Ammien Marcellin, qui dit que PYRI-MONS étoit au delà du Rhin. Mr. de Valois dans son Edition d'Ammien Marcellin écrit *in Monte Piri*, au lieu de *in Pyri-Monte*.

PYRINTHUS, Ville de la Carie. C'est Etienne le Géographe qui la connoit; l'Edition des Aldes lit PYRINDUS pour PYRINTHUS.

PYRIPHLEGETON, Fleuve d'Italie, selon Ortelius [q] qui cite Lycophron. Aristote [r] semble mettre un Fleuve de même nom au voisinage de l'Epire; mais dans cet endroit d'Aristote ἤπειρο n'est pas un nom propre, il veut dire *Continent*. Car puisqu'il ajoute que ce Fleuve étoit près de Cumes, il ne pouvoit être au voisinage de l'Epire. Strabon [s] place aussi le Pyriphlegeton au voisinage de Cumes. Ainsi il n'y a pas de doute que ce ne soit le même Fleuve. Ortelius croit que par ce Fleuve on entend les eaux sulphureuses de Pouzzol.

PYRISABORA. Voyez BERSABORA.

PYRISSAAI. Voyez PIRUSTÆ.

PYRITZ, Ville d'Allemagne [t], dans la Poméranie, au Duché de Stettin, au Midi du Lac de Maldui, dont elle n'est guère qu'à une lieue.

PYRMARAAS, Village de Perse, à trois lieues de Scamachie. Oléarius dans son Voyage de Perse [u] dit que ce Lieu est fort célèbre à cause d'un prétendu Saint du Pays, nommé Seid-Ibrahim dont on voit la sépulture. Les Perses disent que ce Saint est fort ancien & qu'il a toujours été tellement révéré que Tamerlan, qui ne respectoit rien, ne voulut point toucher à son Sépulcre, quoiqu'il ruinât tout ce qui se se rencontroit en son chemin. Ce Bâtiment a des murailles & deux Cours comme un Château. Quelque envie qu'eut Oléarius de le voir, on ne lui permit que l'entrée de la première Cour, qui étoit remplie de pierres quarrées, dreſſées debout, pour diſtinguer les foſſes des Particuliers. Il ajoute qu'ayant trouvé le moyen d'y retourner ſans qu'on l'obſervât, il ſe gliſſa dans la ſeconde Cour, où il copia pluſieurs Inſcriptions Arabes qu'il y trouva. Il ſe hazarda enſuite d'ouvrir la porte qui menoit dans le Bâtiment, & qui n'étoit fermée que d'une Cheville. Ce Bâtiment étoit compoſé de pluſieurs appartemens voutés, qui ne recevoient le jour que par quelques petites fenêtres. Il y avoit dans le premier un Tombeau élevé de deux pieds, vis-à-vis de la porte, avec deux degrés pour y monter. Ce Tombeau étoit fermé d'une baluſtrade en grille de fer. A main gauche on entroit par une porte dans une grande Gallerie bien claire, dont les murailles étoient blanchies & le plancher couvert de beaux Tapis. A la droite il y avoit dans un autre appartement vouté huit tombes élevées, & c'eſt par cette derniére Voute que l'on paſſe dans une troiſième où eſt le Tombeau de Seid-Ibrahim. Ce Tombeau eſt élevé de deux pieds de terre & couvert d'un Tapis de Damas jaune. A la tête & aux pieds, de même qu'aux deux côtés, il y avoit pluſieurs cierges & quantité de lanternes, ſur de grands Chandeliers de cuivre, avec quelques lampes pendues à la voute.

A deux portées de mouſquet de ce Village, du côté du Levant, on voit dans un roc le Sépulcre d'un autre Saint, nommé *Tiribabba*, & qui à ce que diſent les Perſans étoit Précepteur de *Seid-Ibrahim*. Ils ajoutent que celui-ci avoit une vénération ſi particuliére pour ſon maître, qu'il pria Dieu de lui accorder que même après ſa mort on le pût voir dans la poſture en laquelle il avoit accoutumé de ſe mettre, lorſqu'il faiſoit ſes dévotions. En effet on le voit encore aujourd'hui habillé d'une robbe griſe & à genoux, dans l'état où il ſe mettoit quand il faiſoit ſa priére. On n'aura pas beaucoup de peine à le croire, ſi on fait attention à ce que dit Camerarius [a], après Varron & Ammien Marcellin, que les corps des Perſes ne ſe corrompent point, & qu'ils ſe deſſéchent ſeulement. Mais, continue Oléarius, mon opinion eſt, que cela ne ſe doit entendre que des corps que l'on n'enterre point, & qu'on laiſſe à l'air: encore faut-il que ce ſoient des corps fort exténués, ou par l'âge, ou par la maladie; car les corps replets ſont ſujets à la corruption en Perſe, auſſi-bien qu'ailleurs. Les Bâtimens qui accompagnent le Tombeau de *Tiribabba*, ſont beaux. Sur la porte il y a cette Inſcription en Lettres Arabeſques: *Alla Mufethi bil ebuad*; c'eſt-à-dire: ô Dieu! *ouvre cette porte*. On a taillé dans le roc pluſieurs Chambres, Niches & Cavernes, où les Pélérins logent & font leurs dévotions; & il y en a de ſi hautes, qu'il faut des Echelles de douze ou quinze pieds, pour y

[a] Meditat. Hiſtor.

monter. Nous fûmes trois, dit Oléarius, qui montâmes juſques ſur le haut du roc, par des précipices effroyables, nous entr'aidans les uns les autres. Nous y trouvâmes quatre grandes Chambres, & au dedans pluſieurs Niches taillées dans le roc, pour ſervir de lit. Ce qu'il y a de particulier, c'eſt que l'on trouve dans cette Voute, ſur le haut de la Montagne des Coquilles de moules, & on en voit en quelques endroits une ſi grande quantité, qu'il ſemble que toute cette roche ne ſoit compoſée que de ſable & de Coquilles.

Ces deux Tombeaux ſont fort célèbres, à cauſe des Pélérinages que les Perſans y font, particuliérement vers le tems où l'on couvre *Tiribabba* d'une robbe neuve, & que l'on met la vieille en piéces pour la diſtribuer aux Pélérins.

Les Habitans du Village de Pyrmaraas ne boivent jamais de Vin, de peur, diſent-ils, qu'en violant les Loix de Mahomet & les Ordonnances de l'Alcoran, la Sainteté du Lieu ne ſoit prophanée. A l'entrée de ce Village, auprès du Sépulcre de *Seid-Ibrahim*, on voit une grande Voute ou Citerne de cinquante-deux pieds de longueur, ſur vingt pieds de largeur. Elle eſt revêtue de pierre de taille, & en Hiver on la remplit d'eau de neige & de glace, pour s'en ſervir pendant les chaleurs de l'Eté. Les hommes & le bétail en boivent.

PYRMONT, Bourg, Montagne & Château d'Allemagne, dans la Weſtphalie [b], à deux lieues de Hamelen, Ville du Duché de Brunſwic. Jean Rideritius dit dans ſa Chronique du Comté de Lippe, que le Château de Pyrmont, préſentement ruïné, a été un Lieu fortifié, ſur le haut de la Montagne de Pyrmont, où les anciens Habitans d'Emmerlande conſervoient le feu ſacré, qu'ils adoroient, & où ils ſe réfugioient dans la néceſſité. Le dernier Comte Philippe de Spigelberg & Pyrmont fut tué à la Bataille de St. Quentin en 1557. & ſa ſœur Urſule ſe maria avec Herman Simon Comte de Lippe, dont le fils unique Philippe, Comte de Lippe, de Spigelberg & de Pyrmont, mourut en 1582. ſans avoir été marié, & ſa Mere étant auſſi décédée après lui, ſa ſœur mariée au Comte de Gleichen & Tonna en Thuringe, née Comteſſe de Pyrmont, hérita des meubles, bijoux & autres biens, & le Duc de Brunſwic Eric le jeune rendit à ſes fils en fief le Comté de Spigelberg, dont il s'étoit ſaiſi, avec la Maiſon de Coppenburg. Quant au Comté de Pyrmont il leur fut diſputé par l'Evêque de Munſter, qui prétendoit que ce Comté lui appartenoit comme un Fief maſculin échu, quoique ſes Prédéceſſeurs en euſſent laiſſé tranquillement jouir la Comteſſe de Gleichen. La Succeſſion mâle des Comtes de Gleichen étant entiérement éteinte, l'Archevêque de Cologne, comme Evêque de Paderborne, fit prendre poſſeſſion du Comté de Pyrmont, par ſon Envoyé à la Diète de l'Empire en 1541. mais depuis il a été cédé aux Comtes de Waldeck qui le poſſédent, en vertu d'une

[b] Zeylr, Topog. Weſtph. p. 69.

d'une Transaction passée entre Ferdinand de Furstenberg, Evêque de Paderborne, & le Comte de Waldeck alors régnant.

Le Comté de Pyrmont n'est pas loin de Corvey sur le Weser. Il est fort petit, mais assez fameux par ses eaux minérales.

PYRN, Ville d'Allemagne, au Marquisat de Misnie [a], dans le Cercle de ce nom. Elle est située à deux lieues de Dresde, vers la Bohême, sur l'Elbe. Il y a un Château très-bien fortifié & que l'on appelle Sonnenstein. Il y a aussi de très-beaux ponts de pierre.

[a] Hubner, Géogr.

PYRNOS, Ville de la Carie, selon Pline [b] & Etienne le Géographe.

[b] Lib. 5. c. 28.

PYROGERI, Peuples de Thrace. Tous les Exemplaires imprimés & les Manuscrits de Pline [c] portent généralement PYROGERI: aussi le Pere Hardouin n'a-t-il pas cru devoir corriger ce mot dans le Texte, mais il avertit qu'il est fort tenté de soupçonner qu'il faut lire PYRGOCERI, ou en changeant l'Ordre des Lettres *Cereopyrgis* ce qui reviendroit au même. La Notice d'Hieroclès qui met *Cereopyrgus* dans la Province de Rhodope autorise son soupçon.

[c] Lib. 4. c. 11.

PYRONÆA, Ville de la Locride, selon Etienne le Géographe. Ne seroit-ce point, dit Ortelius [d], la même Ville que Pyrenæa?

[d] Thesaur.

PYRPILE, on PYRPYLE, Pline [e] dit que c'est un des noms que l'on donna à l'Isle de Delos, parce que le feu y avoit été trouvé. Solin [f] ajoute, que non seulement le feu y fut trouvé, mais encore la manière de le produire. Il écrit PYRPOLE, & c'est ainsi qu'il faut écrire; car ce nom dérive du Grec πυρπόλειν, qui veut dire allumer le feu.

[e] Lib. 4. c. 12.
[f] C. 11. p. 30.

1. PYRRHA, Ville de l'Isle de Lesbos. Ptolomée [g] la marque entre le Promontoire Sigrium, & la Ville Eressus. Pomponius Mela [h], Thucydide [i] & Etienne le Géographe parlent de cette Ville; mais les deux premiers écrivent PYRHA pour PYRRHA. Elle donna le nom au Détroit qui est entre l'Asie-Mineure & l'Isle de Lesbos, qu'Aristote appelle en plus d'un endroit PYRRHÆUS EURIPUS: Elle donna aussi le nom à une forêt de la même Isle & qui est nommée PYRRHÆUM NEMUS par Pline [k].

[g] Lib. 5. c. 2.
[h] Lib. 2. c. 7.
[i] Lib. 3. p. 183.
[k] Lib. 16. c. 10.

2. PYRRHA, Montagne de l'Isle de Lesbos selon Ortelius [l], qui cite Théophraste, & ajoute qu'il couloit de la poix de cette Montagne. C'étoit peut-être cette Montagne qui donnoit le nom à la Ville PYRRHA. Voyez ce mot N°. 1.

[l] Thesaur.

3. PYRRHA, Village de la Ligurie. C'est Etienne le Géographe qui en fait mention.

4. PYRRHA. Voyez ASTYPALÆA, N°. 1.

5. PYRRHA, Ville de l'Eubée, selon Pomponius Mela [m] & Pline [n].

[m] Lib. 2. c. 7.
[n] Lib. 4. c. 12.

6. PYRRHA, Promontoire de la Thessalie, sur la Côte de la Phthiotide: Strabon [o] dit, qu'au devant de ce Promontoire il y avoit deux Isles, dont l'une étoit aussi appellée PYRRHA, & l'autre DEUCALION.

[o] Lib. 9. p. 435.

7. PYRRHA, Ville de l'Ionie. Il y avoit, dit Strabon [p], environ cent Stades par mer d'Héraclée à Pyrrha, & un peu plus bas il ajoute que de Pyrrha à l'embouchure du Méandre on comptoit cinquante Stades.

[p] Lib. 14. p. 636.

8. PYRRHA, Ville de la Phocide, selon Pline [q].

[q] Lib. 4. c. 3.

9. PYRRHA, Ville de la Magnésie. C'est Pline [r] qui la nomme. Le Pere Hardouin doute si ce ne seroit point la Ville Πειρεσίαι, que le Scholiaste d'Apollonius [s] dit être une Ville de la Magnésie.

[r] Lib. 4. c. 9.
[s] Ad lib. 2. Argon. v. 584.

10. PYRRHA, Ville de la Lycie, selon Pline [t].

[t] Lib. 5. c.

11. PYRRHA, Ville de la Carie; Pline [u] & Ptolomée [x] en font mention.

[u] Lib. 5. c. 27.
[x] Lib. 5. c. 29.

12. PYRRHA, Ville des environs du Palus Méotide. Elle ne subsistoit plus du tems de Pline [y], qui dit qu'elle avoit été submergée de même que la Ville d'Antissa.

[y] Lib. 2. c. 93.

PYRRHÆA. Voyez THESSALIE.

PYRRHÆI, Peuples d'Ethiopie, dans la Libye intérieure. Ptolomée [z] les place au Midi du Fleuve Gir.

[z] Lib. 4 c. 6.

PYRRHASAS, Ville de Gréce: Homére [a] lui donne le surnom de *Florida*.

[a] Iliad. B.

PYRRHE, Isle de la Doride, dans le Golphe Céramique, selon Pline [b]. Le Pere Hardouin remarque que des Manuscrits portent *Pyrrhæusa*.

[b] Lib. 5. c. 31.

PYRRHENES. Voyez PYRENÆUS.

PYRRHEUM, Tite-Live [c] donne ce nom à une partie de la Ville Ambracia dans l'Epire.

[c] Lib. 38. c. 5.

PYRRHI-VALLUM, ou PYRRHI-CASTRA, Lieu de la Laconie: Polybe [d], & Tite-Live [e] en font mention.

[d] Lib. 5. n. 19.
[e] Lib. 35.

PYRRHIAS-CYON, Lieu au voisinage de Constantinople selon Pierre Gylles dans sa Description du Bosphore de Thrace.

[c] 27.

PYRRHICHUS, Ville de la Laconie. Pausanias [f] la met au nombre des dix-huit Villes libres de la Laconie. Elle étoit à quelque distance de la Mer & à quarante Stades du Fleuve Scyras. Les uns vouloient [g] que Pyrrhus fils d'Achille lui eut donné son nom; mais d'autres soutenoient qu'elle avoit pris celui de Pyrrhicus, l'un des Dieux des Curétes. Dans la Place publique de cette Ville il y avoit un Puits, si nécessaire aux Habitans, qu'ils souffroient beaucoup de la soif lorsqu'il venoit à tarir. La Ville de Pyrrhichus avoit dans son Territoire un Temple de Diane Astratée.

[f] Lib. 3. c. 21.
[g] Ibid. c. 25.

PYRRHIDÆ, Justin [h] dit qu'on donnoit anciennement ce nom aux Habitans de l'Epire qui furent depuis nommés Epirotes; voyez EPIRE.

[h] Lib. 17. c. 3.

PYRRHITES. Voyez PHYRITES.

PYRRHUS-MONS, C'est-à-dire *la Montagne rouge*; Lieu de l'Inde en deçà du Gange. Le Périple d'Arrien [i] place ce Lieu sur le bord de la Mer.

[i] Pag. 33.

1. PYRRHUS-CAMPUS, ou PYRRHON PEDIUM, Canton de la Mauritanie Tingitane. Ptolomée [k] le place après le Pays des Nectiberes.

[k] Lib. 4. c. 1.

2. PYRRHUS-CAMPUS, Canton de la Libye Intérieure. Il est marqué par Ptolomée [l] entre le Pays des *Leucæthiopes* & celui des *Perorsi*.

[l] Lib. 4. c. 6.

PYR-

# PYR. PYS. PYT.   PYT.

PYRRHUM, Ville de la Pannonie. L'Itinéraire d'Antonin la marque sur la route de *Pætovio* à *Sifcia*, entre *Aquaviva* & *Dautonia*, à trente milles de la première de ces Places & à vingt-quatre milles de la seconde.

PYRUS. Voyez PYRAMUS.

PYRUSTÆ. Voyez PIRUSTÆ.

PYRENE, Montagne d'Europe, selon Etienne le Géographe, qui entend sans doute par ce mot les Monts Pyrénées.

PYRENÆA, Ville de la Locride: c'est Etienne le Géographe qui en fait mention.

PYSECK, Ville Royale du Royanme de Bohême [a], dans le Cercle de Prachin, située, au Midi de la Ville de Prag, vers les confins de l'Evêché de Passau, assez près du Muldaw, sur la Rivière d'Ottawa. En 1619. le Comte de Bucquoy Général de l'Empereur brûla les Fauxbourgs de cette Ville & la somma de se rendre. Sur le refus qu'en fit le Commandant nommé Hack, le Comte de Bucquoy donna assaut en quatre endroits différens, tout à la fois, & ayant pris la Ville il fit passer les Habitans au fil de l'épée, fit pendre le Commandant, pilla & brûla la Ville.

[a] Zeyler, Topogr. Bohem. p. 53.

PYSTRIA, Isle sur la Côte de l'Asie Mineure, vis-à-vis de Smyrne, selon Pline [b].

[b] Lib. 5. c. 31.

PYSTUS. Voyez PHYSCUS.

PYTHANGELI-ARÆ & COLUMNÆ, Autels & Colonnes que Strabon [c] place dans l'Ethiopie sous l'Egypte. Il fait mention aussi au même endroit d'un Port qu'il nomme PYTHANGELI-PORTUS, & d'un Lieu appellé PYTHANGELUS, où se faisoit la chasse des Eléphans, sur le Golphe Arabique.

[c] Lib. 16. p. 773. & 774.

PYTHEUM, Ville de la Macédoine: Ptolomée la donne aux Pelasgiotes & la place entre *Azorium* & *Gonnus*. Voyez PYTHION.

PYTHIA, Lieu de Bithynie, où il y avoit des Sources d'eau chaude. Procope au cinquième Livre des Edifices de Justinien, dit [d], que plusieurs personnes & principalement les Habitans de Constantinople, trouvoient dans ces eaux un soulagement notable à leurs maladies. L'Empereur Justinien laissa dans cet endroit des marques d'une magnificence toute Royale, en y faisant bâtir un superbe Palais & un Bain pour l'usage du Public. De plus il y fit conduire par un Canal tout neuf des eaux fraîches, afin de tempérer la chaleur des autres.

[d] Cap. 3.

PYTHIAS. Elien au troisième Livre de son Histoire diverse [e], dit qu'on appelloit ainsi un Chemin de Thessalie, qui traversoit la Pélagonie, le mont Oeta, la Contrée Æniane, la Méliade, la Doride, le Pays des Locres Hespériens & conduisoit à Tempé de Thessalie. Au lieu de dire que ce Chemin traversoit la Pélagonie, Ortelius [f] voudroit dire la Pélasgie, & la Carte de Ptolomée, ajoute-t-il, me confirme dans ce sentiment.

[e] Cap. 1.

[f] Thesaur.

PYTHICUS, Fleuve de l'Asie Mineure. Il vient de la Lidye & se jette dans le Golphe que les Anciens nommoient *Eleates Sinus*. A son Embouchure étoit bâtie la Ville Myrrina, Patrie d'Agathias, comme il le témoigne lui-même dans le commencement de son Histoire.

1. PYTHIUM, Ville de Macédoine, selon Tite-Live [g]. Plutarque [h] & Etienne le Géographe parlent aussi de cette Ville. Ortelius [i] croit que c'est la même Ville que Ptolomée nomme PYTHEUM.

[g] Lib. 42. c. 53. & Lib. 44. c. 2.
[h] In Æmilio.
[i] Thesaur.

2. PYTHIUM, Lieu de l'Isle de Créte. Etienne le Géographe le place près de Cortina.

3. PYTHIUM, Lieu de Bithynie. Etienne le Géographe dit que ce Lieu étoit sur le Golphe Astacène.

PYTHIS, Promontoire de la Marmarique. Ptolomée [i] le marque sur la Côte du Nome de Libye.

[i] Lib. 4. c. 5.

PYTHO. Voyez DELPHES.

PYTHOLAI PROMONTORIUM, ARÆ & COLUMNÆ, Promontoire, Autels & Colonnes dans l'Ethiopie, sous l'Egypte, selon Strabon [k].

[k] Lib. 16. p. 774.

PYTHON, Ville dont il est parlé dans les Oracles des Sibylles [l]. Ortelius [m] croit qu'elle étoit en Egypte.

[l] Fol. 180.
[m] Thesaur.

PYTHONOS-COME. On appelloit ainsi dit Pline [n], un Lieu de l'Asie en pleine campagne, où les Cigognes s'étant assemblées murmuroient entre elles, déchiroient la dernière arrivée & se séparoient ensuite. Voici le passage: *Pythonos Comen, vocant in patentibus campis, ubi Ciconiæ congregatæ, inter se commurmurant, eamque quæ novissime advenit, lacerant atque ita abeunt.* Solin met ce Lieu d'assemblée dans l'Asie Mineure; mais il écrit PITHOMOS pour PYTHONOS.

[n] Lib. 10. c. 23.

1. PYTHOPOLIS, Ville de Bithynie, sur le Fleuve Soloonte. Thésée en fut le Fondateur comme nous le lisons dans Plutarque [o]. Un certain Ménécrates dit-il, dans une Histoire qu'il a faite de la Ville de Nicée en Bithynie, écrit que Thésée emmenant avec lui Antiope, séjourna quelque tems dans ce Lieu-là: Que parmi ceux qui l'accompagnoient il y avoit trois jeunes Athéniens qui étoient freres, Eunée, Thoas & Soloon: Que le dernier étant devenu amoureux d'Antiope découvrit son secret à un de ses Camarades, qui alla sans différer parler de sa passion à cette Reine: Qu'elle rejetta fort loin ses propositions & que du reste elle prit la chose avec beaucoup de douceur & de sagesse, en ce qu'elle ne fit aucun éclat & ne découvrit rien à Thésée: Que Soloon au desespoir se jetta dans un Fleuve où il se noya, que Thésée averti de cette avanture en fut très fâché: Que la douleur qu'il en eut le fit ressouvenir d'un certain Oracle que la Prêtresse d'Apollon lui avoit rendu autrefois à Delphes, par lequel elle lui ordonnoit que quand il se trouveroit en Terre étrangère il bâtît une Ville dans le Lieu où il seroit le plus triste & le plus chagrin, & qu'il en donnât le Gouvernement à quelques-uns de ceux qui auroit à sa suite: Qu'il bâtit donc là une Ville qu'il nomma Pythopolis, donna au Fleuve qui coule tout auprès le nom de Soloonte en mémoire du jeune homme

[o] In Theseo; de la Traduction de Mr. Dacier.

Aaaa qui

qui s'y étoit noyé, & laissa dans la Place pour Gouverneurs ses deux freres avec un autre homme d'une des meilleures Maisons d'Athènes nommé Hermus; d'où vient qu'encore les Habitans de Pythopolis appellent leur Ville le Domicile d'Hermès, transportant ainsi par une prononciation vicieuse au Dieu Mercure l'honneur qui est dû à ce Héros. Mr. Dacier remarque que le Grec dit: *en mettant mal à propos un accent sur la derniére Syllabe :* ce qui ne peut être entendu que par ceux qui savent le Grec: dans cette Langue Ἑρμοῦ οἰκία, l'accent aigu sur le première Syllabe signifie *la Maison d'Hermus* ; & Ἑρμοῦ οἰκία l'accent circonflexe sur la derniére signifie *la Maison d'Hermès* , c'est-à-dire de Mercure. Voilà comme un accent changé transportoit au Dieu l'honneur qu'on avoit fait au Héros.

2. PYTHOPOLIS, Ville de la Carie. Etienne le Géographe dit qu'on l'appela ensuite Nyssa: & comme au mot Ἀντιόχεια [Antiochia] il remarque que la onzième Antioche Ville de la Carie avoit été autrefois nommée *Pythopolis*; cela donne à penser que Pythopolis, Nyssa & Antiochia sont la même Ville. Plutarque dans son Livre des Vertus des Femmes dit que le Fleuve *Pythopolites* mouilloit la Ville de Pythopolis.

3. PYTHOPOLIS, Ville de la Mysie-Asiatique, selon Etienne le Géographe.

PYTHOPOLITES. Voyez PYTHOPOLIS , N°. 2.

PYTIONIA, ou PYTHIONIA, Isle que Pline [a] nomme parmi celles qui sont autour de celle de Corcyre. [a] Lib. 4. c. 12.

PYTIOVITA. Voyez PETOVIO.

1. PYTNA, Voyez au mot HIERA l'Article HIERA-PETRA.

2. PYTNA, Colline du Mont Ida dans l'Isle de Créte. Strabon dit qu'elle donnoit le nom à la Ville *Hiera-Pytna*. Voyez au Mot HIERA l'Article HIERA-PYTNA.

PYXA [b], Ville dont parle Théocrite. Elle étoit dans l'Isle de Cos, selon son Interprête Winsemius. [b] Ortelii Thesaur.

PYXIRATES , Pline [c] donne ce nom à l'Euphrate vers sa source. [c] Lib. 5. c. 24.

PYXIS. Voyez BUXENTUM.

PYXITES, Fleuve de la Cappadoce. Il avoit son Embouchure dans le Pont-Euxin près de la Ville de Trapezunte, selon Pline [d]. Le Périple d'Arrien [e] marque le Pyxites entre le Prytanis & l'Archabis, à quatre vingt-dix Stades de l'un & de [d] Lib. 6. c. 4. [e] Pag. 7.

FIN DE LA LETTRE P.

www.ingramcontent.com/pod-product-compliance
Lightning Source LLC
Chambersburg PA
CBHW070800020526
44116CB00030B/923